Ihr Online-Zugang zum Formularhandbuch Datenschutzrecht

Wegweiser zur elektronischen Version:

1. Rufen Sie die Internetadresse www.freischaltung.beck.de auf.
2. Geben Sie Ihren persönlichen Freischaltcode (s. unten) ein und folgen Sie den Anweisungen auf dem Bildschirm.
3. Ihre Zugangsdaten, mit denen Sie sich unter www.beck-online.de einloggen können, erhalten Sie umgehend per E-Mail. Wenn Sie bereits beck-online-Kunde sind, wird das *Formularhandbuch Datenschutzrecht* Ihrem Konto zugeschaltet.
4. Sie können nun mit Ihrem **Benutzernamen** und Ihrem **Passwort** von jedem beliebigen PC, Tablet oder Smartphone auf die Online-Version des Formularhandbuchs zugreifen.

Ihr Freischaltcode: FORMD–28DH3–HVS8C–39HXP

Koreng/Lachenmann
Formularhandbuch Datenschutzrecht

Formularhandbuch Datenschutzrecht

Herausgegeben von

Dr. Ansgar Koreng
Leipzig

Dr. Matthias Lachenmann
Bonn

Bearbeitet von
den Herausgebern und von

Bilal Abedin, Aachen; *Dr. Holger Achtermann*, Leer; *Matthias Bergt*, Berlin; *Nikolaus Bertermann*, Berlin; *Dr. Martin Braun*, Frankfurt a. M.; *Dr. Stefan Brink*, Stuttgart; *Christian Diekmann*, LL. M., Essen; *Michael Huth*, Bonn; *Jörg Jaenichen*, Köln; *Dr. Olaf Koglin*, Berlin; *Sascha Kremer*, Pulheim; *Dr. Joachim Müller*, Köln; *Malaika Nolde*, LL. M., Düsseldorf; *Dr. Carlo Piltz*, Berlin; *Dr. Frederike Rehker*, Langenhagen; *Stefan Sander*, LL. M., B. Sc., Duisburg; *Stephan Schmidt*, Mainz; *Sebastian Schwiering*, Aachen; *Steffen Weiß*, LL. M., Bonn; *Bernhard C. Witt*, Ulm

2. Auflage 2018

C.H.BECK

Zitiervorschlag: Koreng/Lachenmann/*Bearbeiter*

www.beck.de

ISBN 978 3 406 69542 1

© 2018 Verlag C. H. Beck oHG
Wilhelmstraße 9, 80801 München
Druck und Bindung: Kösel GmbH & Co. KG
Am Buchweg 1, 87452 Altusried-Krugzell

Satz und Umschlaggestaltung: Druckerei C. H. Beck, Nördlingen

Gedruckt auf säurefreiem, alterungsbeständigem Papier
(hergestellt aus chlorfrei gebleichtem Zellstoff)

Vorwort

Der Regelungsanspruch des Datenschutzrechts ist im Zeitalter von künstlicher Intelligenz, Big Data und Wearables allgegenwärtigen Herausforderungen ausgesetzt und praktisch umfassend. Gleichwohl ist dieses Rechtsgebiet nach wie vor von einer erheblichen Sein-Sollen-Dichotomie geprägt.

Maßgebliche Akteure interessieren sich häufig nicht für das Europäische Datenschutzrecht, insbesondere die im außereuropäischen Ausland ansässigen. Dies führt bei anderen Wettbewerbern zu Frustration und setzt nicht selten hinsichtlich der datenschutzrechtlichen Compliance eine Abwärtsspirale in Gang. Hinzu kommt ein gewisses, allgemeines Akzeptanzdefizit. Das gilt für den privatwirtschaftlichen und den öffentlich-rechtlichen Bereich gleichermaßen. Während sich die Aufsichtsbehörden mit privaten Akteuren teilweise erbitterte und für den Normalbürger kaum nachvollziehbare Auseinandersetzungen über Social Plug-ins und die Verschlüsselung von Messenger-Apps liefern, greifen staatliche Akteure mit immer größerer Nonchalance nach den Daten der Bürger. Diese wiederum lassen das nicht nur größtenteils widerstandslos geschehen, sondern rufen teilweise sogar, beeinflusst durch das staatliche Versprechen nach mehr Komfort und Sicherheit, nach weiteren Einschränkungen der Privatsphäre. Für einen jüngst gestarteten Test einer automatischen Gesichtserkennung am Berliner Bahnhof Südkreuz fanden sich innerhalb kurzer Zeit 300 Freiwillige, die bereit waren, gegen einen Amazon-Gutschein (sic!) in Höhe von 25 Euro an der Erprobung dieser datenschutzrechtlich mehr als zweifelhaften Technologie mitzuwirken.

Den Defiziten des geltenden Rechts und den bisweilen erkennbaren datenschutzrechtlichen Dismembrationsbewegungen hat der europäische Gesetzgeber nun die Datenschutz-Grundverordnung (DS-GVO) entgegengesetzt. Sie stellt den Versuch dar, das nach 22 Jahren etwas angestaubte Datenschutzrecht in Europa den heutigen Gegebenheiten anzupassen und ihm gleichzeitig zu stärkerer Durchsetzung zu verhelfen. Noch keine datenschutzrechtliche Reform war derart umfassend. Es wird viel Zeit in Anspruch nehmen, bis alle Akteure ihre Prozesse an die Erfordernisse des geltenden Rechts vollständig angepasst haben. Umso mehr Zeit wird es brauchen, dem neuen Regelwerk tatsächlich zur Geltung zu verhelfen.

Es liegt in der Natur der Sache, dass die Datenschutz-Grundverordnung sehr unterschiedlich rezipiert wird. Gleichwohl kann es sicherlich nicht geleugnet werden, dass Unternehmen sich mit Blick auf die erheblichen Sanktionsandrohungen und Eingriffsmittel der Aufsichtsbehörden eine stiefmütterliche Behandlung des Datenschutzrechts spätestens jetzt nicht mehr erlauben können. Es liegt im Interesse eines jeden Unternehmens, der datenschutzrechtlichen Compliance künftig einen großen Stellenwert zuzuweisen. Bei der unternehmensinternen Umsetzung des neuen Rechts soll dieses Formularhandbuch als Hilfestellung dienen.

Im Vergleich zur ersten Auflage wurde die Gliederung vollständig neu konzipiert, eine Reihe von Formularen wurde neu entwickelt und sämtliche Kapitel wurden intensiv überarbeitet. Die zweite Auflage ist konsequent am neuen Recht ausgerichtet.

Auf die bisherige Rechtslage wird nur dort Bezug genommen, wo es zum besseren Verständnis des neuen Rechts geboten erscheint. Einige Muster schildern die Organisation des Datenschutzes und die Anpassung bestehender Prozesse an das neue Recht. Die meisten Formulare des Buches sind zum Einsatz unter Geltung der DS-GVO bestimmt und können daher unter Geltung des BDSG a. F. nicht mehr eingesetzt werden.

Als Herausgeber bedanken wir uns an erster Stelle bei den Autoren dafür, dass sie gerade in Zeiten, in denen ihre datenschutzrechtliche Expertise am Markt ohnehin stark nachgefragt ist, neben ihrer erheblichen Arbeitsbelastung viel Zeit und Mühe für das Buch aufgebracht haben. Bedanken möchten wir uns auch bei den Mitarbeiterinnen und Mitarbeitern des Verlags C. H. Beck, in erster Linie bei Frau Ruth Schrödl, die uns stets mit Rat und Tat zur Seite standen.

Wir hoffen, dass dieses Buch dem Rechtsanwender eine Hilfestellung sein wird, um die aus der Datenschutz-Grundverordnung resultierenden Herausforderungen in der unternehmerischen Praxis zu meistern. Das Buch ist im Wesentlichen auf dem Stand von August 2017. Sollten trotz aller Anstrengungen noch Fehler verblieben sein, so bitten wir dafür um Entschuldigung und bedanken uns für entsprechende Hinweise – ebenso wie freilich für alle anderen Kommentare, Anmerkungen und Anregungen (lachenmann@paulypartner.de; ansgar@koreng.eu).

Leipzig/Bonn, November 2017   *Dr. Ansgar Koreng*
                                                              Dr. Matthias Lachenmann

Inhaltsverzeichnis

C. Dokumentationspflichten im Unternehmen

D. Richtlinien des Unternehmens

E. Technische und organisatorische Datensicherheit

F. Rechte der betroffenen Person

H. Beschäftigtendatenschutz

I. Kundendatenschutz

J. Behördliches und verwaltungsgerichtliches Verfahren

Bearbeiterverzeichnis

Stephan Schmidt, TCI Rechtsanwälte, Mainz	G.I.4.
Sebastian Schwiering, Abedin & Schwiering Partnerschaft von Rechtsanwälten, Aachen	G.I.1., 2., IV.1.
Steffen Weiß, LL. M., GDD e. V., Bonn	D.II.; G.VII.1.
Dipl.-Inf. Bernhard C. Witt, it.sec GmbH, Ulm	C.V.; G.I.6.

Abkürzungsverzeichnis

BfD .... Bundesbeauftragter für den Datenschutz (bis 2006)
BfDI .... Bundesbeauftragter für den Datenschutz und die Informationsfreiheit
BFH .... Bundesfinanzhof
BGB .... Bürgerliches Gesetzbuch
BGBl. .... Bundesgesetzblatt
BGH .... Bundesgerichtshof
BGHZ .... Bundesgerichtshof, Entscheidungssammlung in Zivilsachen
BGSG .... Bundesgrenzschutzgesetz
BHO .... Bundeshaushaltsordnung
BIA .... Business Impact Analysis
BIOS .... Basic Input Output System
BilMoG .... Bilanzrechtsmodernisierungsgesetz
Bitkom .... Bundesverband Informationswirtschaft, Telekommunikation und
                             neue Medien e. V.
BIZ .... Bank für Internationalen Zahlungsausgleich
BlnDSB .... Berliner Datenschutzbeauftragter
BlnDSG .... Gesetz zum Schutz personenbezogener Daten in der Berliner Verwaltung
BMI .... Bundesministerium des Inneren
BMWi .... Bundesministerium für Wirtschaft und Technologie
BNDG .... Gesetz über den Bundesnachrichtendienst
BNetzA .... Bundesnetzagentur für Elektrizität, Gas, Telekommunikation, Post
                             und Eisenbahnen
BPersVG .... Bundespersonalvertretungsgesetz
BRAO .... Bundesrechtsanwaltsordnung
BR-Drs. .... Bundesrats-Drucksache
Brem. LfDI .... Die Landesbeauftragte für Datenschutz und Informationsfreiheit der Freien
                             Hansestadt Bremen
BremDSAuditV .... Bremische Datenschutzauditverordnung
BremDSG .... Bremisches Datenschutzgesetz
BSI .... Bundesamt für Sicherheit in der Informationstechnik
BSIG .... Gesetz über das Bundesamt für Sicherheit in der Informationstechnik
BStatG .... Gesetz über die Statistik für Bundeszwecke
BT-Drs. .... Bundestags-Drucksache
BvD .... Bundesverband der Datenschutzbeauftragten Deutschlands e. V.
BVDW .... Bundesverband Digitale Wirtschaft e. V.
BVerfG .... Bundesverfassungsgericht
BVerfGE .... Bundesverfassungsgericht, Entscheidungssammlung
BVerfSchG .... Bundesverfassungsschutzgesetz
BVerwG .... Bundesverwaltungsgericht
BWAGVwGO .... Gesetz zur Ausführung der Verwaltungsgerichtsordnung Baden-Württem-
                             berg
BYOD .... Bring Your Own Device
BY1D .... Bring Your One Device
BZRG .... Bundeszentralregistergesetz
bzw. .... beziehungsweise

CAD .... Computer Aided Design
CCO .... Chief Compliance Officer
CD-ROM .... Compact Disc – Read-Only Memory
CDR .... Call Detail Records
c. i. c. .... culpa in contrahendo
CISO .... Chief Information Security Officer
CISPA .... Cyber Intelligence Sharing and Protection Act
CLS .... Controllable Local Systems
CMDB .... Configuration Management Database
CMS .... Compliance Management System

CNIL	Commisssion Nationale de l'Informatique et des Libertés (franz. Datenschutzbehörde)
CoC	Code of Conduct
COPPA	Children's Online Privacy Protection Act
CPNI	Customer Proprietary Network Information
CR	Computer und Recht
CRM	Customer Relation Management (Verwaltung der Kundenbeziehungen)
DCGK	Deutscher Corporate Governance Kodex
DDOW	Deutscher Datenschutzrat Online-Werbung
DDV	Deutscher Direktmarketing Verband
ders.	derselbe
DEVO	Datenerfassungsverordnung
DGRI	Deutsche Gesellschaft für Recht und Informatik e. V.
d. h.	das heißt
DIHT	Deutscher Industrie- und Handelstag
DL-InfoV	Dienstleistungs-Informationspflichten-Verordnung
DMS	Dokumentenmanagement-System
DOJ	United States Department of Justice (Justizministerium der USA)
DPIA	Data Protection Impact Assessment (Datenschutz-Folgenabschätzung)
DRV	Deutsche Rentenversicherung
DSAnpUG-EU	Gesetz zur Anpassung des Datenschutzrechts an die Verordnung (EU) 2016/679 und zur Umsetzung der Richtlinie (EU) 2016/680
DSB	Datenschutzbeauftragter
DS-BvD-GDD-01	Standard „Anforderungen an Auftragnehmer nach § 11 BDSG" von GDD und BvD
DSG	Datenschutzgesetz
DSG BW	Gesetz zum Schutz personenbezogener Daten des Landes Baden-Württemberg
DSG SH	Schleswig-Holsteinisches Gesetz zum Schutz personenbezogener Informationen
DSG MV	Gesetz zum Schutz des Bürgers bei der Verarbeitung seiner Daten Mecklenburg-Vorpommern
DSG NRW	Datenschutzgesetz Nordrhein-Westfalen
DSG RLP	Landesdatenschutzgesetz Rheinland-Pfalz
DSG LSA	Gesetz zum Schutz personenbezogener Daten der Bürger Sachsen-Anhalt
DSGSVO	Datenschutzgütesiegelverordnung
DS-GVO	Verordnung (EU) 2016/679 des europäischen Parlaments und des Rates vom 27. April 2016 zum Schutz natürlicher Personen bei der Verarbeitung personenbezogener Daten, zum freien Datenverkehr und zur Aufhebung der Richtlinie 95/46/EG (Datenschutz-Grundverordnung)
DS-GVO (E)	Entwurf der EU-Datenschutz-Grundverordnung
DSRL	Richtlinie 95/46/EG des Europäischen Parlaments und des Rates vom 24. Oktober 1995 zum Schutz natürlicher Personen bei der Verarbeitung personenbezogener Daten und zum freien Datenverkehr
DÜVO	Datenübermittlungsverordnung
DV	Datenverarbeitung
E.	Entwurf
EA	European Cooperation for Accreditation
ebs.	ebenso
EDSB	Europäischer Datenschutzbeauftragter
EDV	Elektronische Datenverarbeitung
eFA	elektronische Fallakte
EFI	Extensible Firmware Interface (erweiterbare Firmware-Schnittstelle)
EG	Europäische Gemeinschaft

HAN	Home Area Network
Hess. DSB	Hessischer Datenschutzbeauftragter
HessDSG	Hessisches Datenschutzgesetz
HGB	Handelsgesetzbuch
h. L.	herrschende Lehre
h. M.	herrschende Meinung
HOAI	Honorarordnung für Architekten und Ingenieure
HR	Human Resources (Personal), Handelsregister
Hrsg.	Herausgeber
Hs.	Halbsatz
HTTP	Hypertext Transport Protocol
IaaS	Infrastructure as a Service
IAM	Identitäts- und Access-Management
ICOFR	Internal Controls Over Financial Reporting
ID	Identifikationsnummer
i. d. F.	in der Fassung
IDS	Intrusion Detection System
IDMS	Identitätsmanagementsystem
IDW	Institut der Wirtschaftsprüfer in Deutschland e. V.
IEC	International Electrotechnical Commission
IFG	Informationsfreiheitsgesetz
i. H. v.	in Höhe von
IPR	Internationales Privatrecht
IMAP	Internet Message Access Protocol
insb.	insbesondere
IPbpR	Internationaler Pakt über bürgerliche und politische Rechte
IPS	Intrusion Prevention System
i. S. d.	im Sinne des
ISO	Internationale Organisation für Normung
i. S. v.	im Sinne von
ISDN	Integrated Services Digital Network
IT	Informationstechnik
ITIL	IT Infrastructure Library
ITK	Informationstechnologie und Telekommunikation
ITRB	Der IT-Rechtsberater
IT-SiG	IT-Sicherheitsgesetz
IKS	Internes Kontrollsystem
i. V. m.	in Verbindung mit
IuKDG	Informations- und Kommunikationsdienstegesetz
JAmt	Das Jugendamt
Kap.	Kapitel
KG	Kammergericht Berlin
KO	Konkursordnung
KonTraG	Gesetz zur Kontrolle und Transparenz im Unternehmensbereich (Kontroll- und TransparenzG)
KSchG	Kündigungsschutzgesetz
KUG	Kunsturhebergesetz
KVP	Kontinuierlicher Verbesserungsprozess
KWG	Gesetz über das Kreditwesen
LAG	Landesarbeitsgericht
LAN	Local Area Network
LDSG	Landesdatenschutzgesetz

LDSG SH	Schleswig-Holsteinisches Gesetz zum Schutz personenbezogener Informationen
LfD BW	Landesbeauftragter für den Datenschutz Baden-Württemberg
LfD Nds.	Der Landesbeauftragte für den Datenschutz Niedersachsen
LG	Landgericht
LIFG	Landesinformationsfreiheitsgesetz
lit.	litera, Buchstabe
LMN	Local Metrological Network
LoI	Letter of Intent
Ls.	Leitsatz
LuftSiG	Luftsicherheitsgesetz
m. Anm.	mit Anmerkung
MAR	Marktmissbrauchsverordnung (VO (EU) Nr. 596/2014)
MaRisk	Mindestanforderungen an das Risikomanagement
MDM	Mobile Device Management
MDStV	Mediendienstestaatsvertrag
MIIT	Ministerium für Industrie- und Informationstechnologie
Mio.	Million(en)
MiStra	Anordnung über Mitteilungen in Strafsachen
MMR	Multimedia und Recht
MüKo	Münchener Kommentar
m. w. N.	mit weiteren Nachweisen
NDA	non-disclosure agreement
NdsAGVwGO	Niedersächsisches Ausführungsgesetz zur Verwaltungsgerichtsordnung
NdsDSG	Niedersächsisches Datenschutzgesetz
NetzDG	Netzwerkdurchsetzungsgesetz
n. F.	neue Fassung
NIS	Netzwerk- und Informationssicherheit
NIST	National Institute of Standards and Technology
NJW	Neue Juristische Wochenschrift
NPSI	Nationaler Plan zum Schutz der Informationsinfrastrukturen
Nr.	Nummer
Nrn.	Nummern
NSA	National Security Agency
NStZ	Neue Zeitschrift für Strafrecht
NVwZ	Neue Zeitschrift für Verwaltungsrecht
NWJustG	Gesetz über die Justiz im Land Nordrhein-Westfalen
NZA	Neue Zeitschrift für Arbeitsrecht
NZS	Neue Zeitschrift für Sozialrecht
NZV	Neue Zeitschrift für Verkehrsrecht
o. Ä.	oder Ähnliches
o. g.	oben genannt
OECD	Organization for Economic Cooperation and Development (Organisation für wirtschaftliche Zusammenarbeit und Entwicklung)
OLG	Oberlandesgericht
OTT	Over-the-top
OVG	Oberverwaltungsgericht
OWiG	Ordnungswidrigkeitengesetz
PaaS	Platform as a Service
PAG	Polizeiaufgabengesetz
PC	Personalcomputer
PCI DSS	Payment Card Industry Data Security Standard

PDPO .... Personal Data Privacy Ordinance
PDSV .... Verordnung über den Datenschutz bei der geschäftsmäßigen Erbringung von
Postdiensten
PIA .... Privacy Impact Assessments
PIAF .... Privacy Impact Assessment Framework
PIN .... Persönliche Identifikationsnummer
PIPA .... Personal Information Protection Act
PolG .... Polizeigesetz
POLP .... Principal of Least Privilege
PostG .... Postgesetz
PR .... Personalrat

QM .... Qualitätsmanagement

RAID .... Redundant Array of Independent Disks (= redundante Anordnung unabhän-
giger Festplatten)
RBerG .... Rechtsberatungsgesetz
RDG .... Rechtsdienstleistungsgesetz
RefE .... Referentenentwurf
RegE .... Regierungsentwurf
RFC .... Request for Comments
RFID .... Radio-Frequency Identification
RL .... Richtlinie
RL 95/46/EG .... Richtlinie 95/46/EG des Europäischen Parlaments und des Rates vom
24. Oktober 1995 zum Schutz natürlicher Personen bei der Verarbeitung
personenbezogener Daten und zum freien Datenverkehr
Rn. .... Randnummer
RStV .... Rundfunkstaatsvertrag
RVO .... Reichsversicherungsordnung

S. .... Seite
s. .... siehe
SaarDSG .... Saarländisches Gesetz zum Schutz personenbezogener Daten
SaaS .... Software as a Service
SächsDSG .... Gesetz zum Schutz der informationellen Selbstbestimmung im Freistaat
Sachsen
SCHUFA .... SCHUFA Holding AG (früher: Schutzgemeinschaft für allgemeine
Kreditsicherung)
SEC .... Securities and Exchange Commission
SGB .... Sozialgesetzbuch
SGb .... Die Sozialgerichtsbarkeit
SGG .... Sozialgerichtsgesetz
SIEM .... Security Incident Event Management
SigG .... Signaturgesetz
SigV .... Signaturverordnung
SLA .... Service-Level-Agreement
Slg. .... Sammlung
s. o. .... siehe oben
sog. .... sogenannt, -e, -er
SOX .... Sarbanes-Oxley Act
SpBG .... Gesetz über die Zulassung öffentlicher Spielbanken in Berlin
SSD .... Solid State Disk
StAnz. .... Staatsanzeiger
StGB .... Strafgesetzbuch
StPO .... Strafprozessordnung
str. .... strittig

s. u. .... siehe unten
SÜG .... Sicherheitsüberprüfungsgesetz

TB .... Tätigkeitsbericht
TDDSG .... Teledienstedatenschutzgesetz
TDG .... Teledienstegesetz
TDSV .... Telekommunikations-Datenschutzverordnung
ThürDSG .... Thüringer Datenschutzgesetz
TKG .... Telekommunikationsgesetz
TKÜ .... Telekommunikationsüberwachung
TOM .... technische und organisatorische Maßnahmen
TMG .... Telemediengesetz
TMZ .... telemonitorisches Zentrum
TÜV .... Technischer Überwachungsverein
TVöD .... Tarifvertrag für den Öffentlichen Dienst

u. a. .... unter anderem
u. ä. .... und ähnliches
UEFI .... Unified Extensible Firmware Interface (= vereinheitlichte erweiterbare
                           Firmware-Schnittstelle)
UGP-RL .... Richtlinie 2005/23/EG des Europäischen Parlaments und des Rates
                           vom 11. Mai 2005 über unlautere Geschäftspraktiken von Unternehmen
                           gegenüber Verbrauchern im Binnenmarkt und zur Änderung der
                           Richtlinie 84/450/EWG des Rates, der Richtlinien 97/7/EG, 98/27/EG
                           und 2002/65/EG des Europäischen Parlaments und des Rates sowie der
                           Verordnung (EG) Nr. 2006/2004 des Europäischen Parlaments und des
                           Rates (Richtinie über unlautere Geschäftspraktiken)
ULD SH .... Unabhängiges Landeszentrum für Datenschutz Schleswig-Holstein
UmwG .... Umwandlungsgesetz
Urt. .... Urteil
USB .... Universal Serial Bus
UStDV .... Umsatzsteuer-Durchführungsverordnung
u. U. .... unter Umständen
UrhG .... Urheberrechtsgesetz
URL .... Universaldienstrichtlinie
USV .... Unterbrechungsfreie Stromversorgung
UWG .... Gesetz gegen den unlauteren Wettbewerb

v. .... vom, von
v. a. .... vor allem
VerfGH .... Verfassungsgerichtshof
VerfSchG .... Verfassungsschutzgesetz
VG .... Verwaltungsgericht
VGH .... Verwaltungsgerichtshof
vgl. .... vergleiche
VO .... Verordnung
VOB .... Vergabe- und Vertragsordnung für Bauleistungen
Vorb. .... Vorbemerkung
VPN .... Virtual Private Network
VwGO .... Verwaltungsgerichtsordnung
VwVfG .... Verwaltungsverfahrensgesetz

WAN .... Wide Area Network
W-LAN .... Wireless Local Area Network
WP .... Working Paper
WpHG .... Wertpapierhandelsgesetz
WWW .... World Wide Web

ZAG	Gesetz über die Beaufsichtigung von Zahlungsdiensten
z. B.	zum Beispiel
ZD	Zeitschrift für Datenschutz
ZDA	Zertifizierungsdiensteanbieter
Ziff.	Ziffer
ZPO	Zivilprozessordnung
zust.	zustimmend, zustimmender

Allgemeines Literaturverzeichnis

Achtermann, Wahrung von Betriebs- und Geschäftsgeheimnissen, Edewecht 2015;
Ascheid/Preis/Schmidt (Hrsg.), Kündigungsrecht, 4. Aufl., München 2012;
Auernhammer (Hrsg.), Bundesdatenschutzgesetz, 4. Aufl., Köln 2014;
Auer-Reinsdorf/Conrad (Hrsg.), Handbuch IT- und Datenschutzrecht, 2. Aufl. München 2017;
Bahr, Recht des Adresshandels, Berlin 2011;
Bamberger/Roth/Hau/Poseck (Hrsg.), BeckOK BGB, München 2017;
Bauer/Lingemann/Diller/Haußmann, Anwalts-Formularbuch Arbeitsrecht, 6. Aufl., Köln 2017;
Bergmann/Möhrle/Herb, Kommentar zum Datenschutzrecht, 52. Ergänzungslieferung, Stuttgart 2017;
Besgen/Prinz (Hrsg.), Handbuch Internet.Arbeitsrecht: Rechtssicherheit bei Nutzung, Überwachung und Datenschutz, 3. Aufl., Bonn 2013;
Bräutigam (Hrsg.), IT-Outsourcing und Cloud-Computing: eine Darstellung aus rechtlicher, technischer, wirtschaftlicher und vertraglicher Sicht, 3. Aufl., Berlin 2013;
Buchholz, Internationale Rechnungslegung, 13. Aufl., Berlin 2017;
Bungartz, Handbuch Interne Kontrollsysteme (IKS): Steuerung und Überwachung von Unternehmen, 4. Aufl., Berlin 2014;
von dem Bussche/Voigt (Hrsg.), Konzerndatenschutz, München 2014;
Coenenberg, Jahresabschluss und Jahresabschlussanalyse: Betriebswirtschaftliche, handelsrechtliche, steuerrechtliche und internationale Grundsätze – HGB, IFRS und US-GAAP, 24. Aufl., Stuttgart 2016;
Conrad/Grützmacher (Hrsg.), Recht der Daten und Datenbanken im Unternehmen, Köln 2014;
Crosby, Quality is free, New York 1978;
Däubler, Internet und Arbeitsrecht, 6. Aufl., Frankfurt a. M. 2017;
Dörner/Luczak/Wildschütz/Baeck/Hoß (Hrsg.), Handbuch des Fachanwalts Arbeitsrecht, 13. Aufl., Köln 2016;
Ehmann/Selmayr (Hrsg.), DS-GVO: Datenschutz-Grundverordnung, Kommentar, München 2017;
Emmerich/Habersack (Hrsg.), Aktien- und GmbH-Konzernrecht, 8. Aufl., München 2016;
Fischer, Strafgesetzbuch: StGB und Nebengesetze, 64. Aufl., München 2016;
Forgó/Helfrich/Schneider (Hrsg.), Betrieblicher Datenschutz, 2. Aufl., München 2017;
Geppert/Schütz (Hrsg.), Beck'scher TKG-Kommentar, 4. Aufl., München 2013;
Gietl/Lobinger, Leitfaden für Qualitätsauditoren: Planung und Durchführung von Audits nach ISO 9001:2008, 5. Aufl., München 2016;
Gola (Hrsg.), Datenschutz-Grundverordnung, VO (EU) 2016/679, München 2017;
Gola/Reif, Kundendatenschutz: Leitfaden für die Praxis, 3. Aufl., Berlin 2011;
Gola/Schomerus, Bundesdatenschutzgesetz, 12. Aufl., München 2015;
Goette/Habersack/Kalss (Hrsg.), Münchener Kommentar zum AktG, Band 2, 4. Aufl., München 2014;
Grützner/Jakob (Hrsg.), Compliance von A–Z, 2. Aufl., München 2015;
Härting, Datenschutz-Grundverordnung, Köln 2016;
Hauschka (Hrsg.), Formularhandbuch Compliance, München 2013;
Heidel/Hüßtege/Mansel/Noack, BGB, Bd. 1. Allgemeiner Teil, EGBGB, 3. Aufl., Baden-Baden 2016;
Hoeren/Bensinger (Hrsg.), Haftung im Internet, Berlin/Boston 2014;
Hoeren/Sieber/Holznagel (Hrsg.), Handbuch Multimedia-Recht: Rechtsfragen des elektronischen Geschäftsverkehrs, Loseblattsammlung, 35. Ergänzungslieferung, München 2013;
Hümmerich/Reufels (Hrsg.), Gestaltung von Arbeitsverträgen, 3. Aufl., Baden-Baden 2015;
Kersten/Klett, Der IT Security Manager: Aktuelles Praxiswissen für IT Security Manager und IT-Sicherheitsbeauftragte in Unternehmen und Behörden, 4. Aufl., Heidelberg 2015;
Kopp/Ramsauer, Verwaltungsverfahrensgesetz, 18. Aufl., München 2017;
Kopp/Schenke, Verwaltungsgerichtsordnung, 23. Aufl., München 2017;

Kühling/Buchner (Hrsg.), Datenschutz-Grundverordnung: Kommentar, München 2017;
Lachenmann, Datenübermittlung im Konzern, Edewecht 2016;
Lang, Private Videoüberwachung im öffentlichen Raum, Hamburg 2008;
Laue/Nink/Kremer, Das neue Datenschutzrecht in der betrieblichen Praxis, Baden-Baden 2016;
Lenz (Hrsg.), Die Rechtsabteilung, 2. Aufl., Wiesbaden 2015;
Leupold/Glossner (Hrsg.), Münchener Anwaltshandbuch IT-Recht, 3. Aufl., München 2013;
Little/Chapa, Implementing Backup and Recovery, New York 2003;
Loomanns/Matz/Wichtermann, Anforderungen an ein Datenschutz-Managementsystem, Mainz 2010;
Lützenkirchen, Anwalts-Handbuch Mietrecht, 5. Aufl., Köln 2015;
Marly, Praxishandbuch Softwarerecht: Rechtsschutz und Vertragsgestaltung, 7. Aufl., München 2017;
Meyer-Goßner/Schmitt, Strafprozessordnung: Gerichtsverfassungsgesetz, Nebengesetze und ergänzende Bestimmungen, 60. Aufl., Munchen 2017;
Moos (Hrsg.), Datennutzungs- und Datenschutzverträge, Köln 2014;
Müller-Glöge/Preis/Schmidt (Hrsg.), Erfurter Kommentar zum Arbeitsrecht, 17. Aufl., München 2017;
Münch, Technisch-organisatorischer Datenschutz, 4. Aufl., Heidelberg, München, Landsberg, Frechen, Hamburg 2010;
Neumann/Pahlen/Majerski-Pahlen, Sozialgesetzbuch IX, Rehabilitation und Teilhabe behinderter Menschen, 12. Aufl., München 2010;
Oelschlägel/Scholz (Hrsg.), Rechtshandbuch Online-Shop – E-Commerce – M-Commerce – Apps, 2. Aufl., Köln 2016;
Paal/Pauly (Hrsg.), Datenschutz-Grundverordnung, München 2017;
Palandt (Hrsg.), Bürgerliches Gesetzbuch, 76. Aufl., München 2017;
Pein, Der Social Media Manager, 2. Aufl., Bonn 2015;
Piper/Ohly/Sosnitza (Hrsg.), Gesetz gegen den unlauteren Wettbewerb, 7. Aufl., München 2016;
Plath (Hrsg.), BDSG, DSGVO: Kommentar zum BDSG und zur DSGVO sowie den Datenschutzbestimmungen des TMG und TKG, 2. Aufl., Köln 2016;
Redeker (Hrsg.), Handbuch der IT-Verträge, 30. Ergänzungslieferung, Köln 2016;
Redeker, IT-Recht, 6. Aufl., München 2017;
von Rössing, Betriebliches Kontinuitätsmanagement, Frechen 2005;
Sachs (Hrsg.), Grundgesetz, 7. Aufl., München 2014;
Säcker (Hrsg.), TKG – Telekommunikationsgesetz, 3. Aufl., Frankfurt a. M. 2013;
Schaffland/Wiltfang, Datenschutz-Grundverordnung (DS-GVO), Bundesdatenschutzgesetz (BDSG): Kommentar, Loseblattsammlung, Berlin 2017;
Schaub (Hrsg.), Arbeitsrechts-Handbuch, 16. Aufl., München 2015;
Scheurle/Mayen (Hrsg.), Telekommunikationsgesetz: TKG, 2. Aufl., München 2008;
Schlechtriem/Schwenzer (Hrsg.), Kommentar zum einheitlichen UN-Kaufrecht: das Übereinkommen der Vereinten Nationen über Verträge über den internationalen Warenkauf, 6. Aufl., München 2013;
Schmidt (Hrsg.), Münchener Kommentar zum Handelsgesetzbuch, Band 4, 3. Aufl., München 2013;
Schmidt-Bens, Auftragsdatenverarbeitung und globaler Datenschutz mit Fokus U.S.A., Edewecht 2017;
Schmidt-Futterer (Hrsg.), Großkommentar des Wohn- und Gewerberaummietrechts, 13. Aufl., München 2017;
Schneider/von Westphalen (Hrsg.), Software-Erstellungsverträge, 2. Aufl., Köln 2014;
Schönke/Schröder (Hrsg.), Strafgesetzbuch: StGB, 29. Aufl., München 2014;
Schröder/Taeger (Hrsg.), Scoring im Fokus: ökonomische Bedeutung und rechtliche Rahmenbedingungen im internationalen Vergleich, Oldenburg 2014;
Schwartmann/Keber (Hrsg.), Social Media im Unternehmen – aber sicher!, Heidelberg 2014;
Simitis (Hrsg.), Bundesdatenschutzgesetz, 8. Aufl., Baden-Baden 2014;
Solmecke/Taeger/Feldmann (Hrsg.), Mobile Apps – Rechtsfragen und rechtliche Rahmenbedingungen, Berlin 2013;
Spindler/Schuster (Hrsg.), Recht der elektronischen Medien, 3. Aufl., München 2015;

Staub, Legal Management: Management von Recht als Führungsaufgabe, 2. Aufl., Zürich 2006;

Stelkens/Bonk/Sachs (Hrsg.), Verwaltungsverfahrensgesetz, 8. Aufl., München 2014;

Taeger/Gabel (Hrsg.), Kommentar zum BDSG, 2. Aufl., Frankfurt a. M. 2013;

Taeger/Wiebe (Hrsg.), Inside the cloud: neue Herausforderungen für das Informationsrecht, Edewecht 2009;

Taeger (Hrsg.), Die Welt im Netz: Folgen für Wirtschaft und Gesellschaft, Edewecht 2011;

Taeger (Hrsg.), IT und Internet mit Recht gestalten, Edewecht 2012;

Taeger (Hrsg.), Law as a service (LaaS) – Recht im Internet- und Cloud-Zeitalter, Edewecht 2013;

Taeger (Hrsg.), Big Data & Co – Neue Herausforderungen für das Informationsrecht, Edewecht 2014;

Taeger (Hrsg.), Internet der Dinge – Digitalisierung von Wirtschaft und Gesellschaft, Edewecht 2015;

Taeger (Hrsg.), Smart World – Smart Law? Weltweite Netze mit regionaler Regulierung, Edewecht 2016;

Taeger (Hrsg.), Recht 4.0 – Innovationen aus den rechtswissenschaftlichen Laboren, Edewecht 2017;

Thüsing, Beschäftigtendatenschutz und Compliance, 2. Aufl. München 2014;

Tschöpe (Hrsg.), Anwalts-Handbuch Arbeitsrecht, 8. Aufl., Köln 2013;

von Westphalen/Thüsing (Hrsg.), Vertragsrecht und AGB-Klauselwerke, 35. Ergänzungslieferung, München 2014;

Weichert, Die Europäische Datenschutz-Grundverordnung – ein Überblick, Kiel 2016;

Wolff/Brink (Hrsg.), Beck'scher Online-Kommentar Datenschutzrecht, 20. Edition, Stand: 1.5.2017, München 2017;

Ziebe, Qualitätsmanagement, Freiburg 2010.

A. Organisationsstruktur Datenschutz

I. Rechenschaftspflicht (Art. 5, 24 DS-GVO)

Unter der DS-GVO ist es nicht ausreichend, dass Unternehmen die Datenschutzbestimmungen „nur" einhalten. Die Verantwortung des Unternehmens für die Einhaltung der gesetzlichen Vorgaben muss überprüfbar wahrgenommen werden (so bereits Artikel-29-Datenschutzgruppe, Working Paper 173, auf das die Regelung zurückgeht). Dazu wird ein dokumentierter Nachweis der Bewertung und Umsetzung gefordert (Rechenschaftspflicht bzw. Accountability nach Art. 5 Abs. 2 DS-GVO). Ergänzend ist festgelegt, dass Unternehmen geeignete technische und organisatorische Maßnahmen zu treffen haben, um sicherzustellen, dass die Datenverarbeitung entsprechend den gesetzlichen Vorgaben erfolgt (Art. 24 DS-GVO). Der Umfang des Nachweises wird nicht näher festgelegt, sondern bestimmt sich nach Art, Umfang, Umständen und Zwecken der Datenverarbeitung sowie Eintrittswahrscheinlichkeit und Schwere der Risiken für die Rechte und Freiheiten der Betroffenen. Die DS-GVO folgt dem risikobasierten Ansatz (→ C.V.; ausführlich Artikel-29-Datenschutzgruppe, Working Paper 173; Working Paper 243, S. 17; Kühling/Buchner/*Hartung*, DS-GVO, Art. 24 Rn. 13 ff.; Gola/*Piltz*, DS-GVO, Art. 24 Rn. 19 ff.; *Veil*, ZD 2015, 347). Die Nachweispflicht ist bußgeldbewehrt, Art. 83 Abs. 5 DS-GVO.

Noch ist das Konzept der datenschutzrechtlichen Rechenschaftspflicht in Europa weitgehend unbekannt, künftig wird es einen elementaren Bestandteil der Datenschutzmanagement-Prozesse darstellen. Nicht ausreichend dürfte es sein, den Nachweis nur über das Verzeichnis von Verarbeitungstätigkeiten oder durch Umsetzung der Grundsätze der Datenminimierung zu führen (Gola/*Pötters*, DS-GVO, Art. 5 Rn. 32 f.; so jedoch Kühling/Buchner/*Herbst*, DS-GVO, Art. 5 Rn. 80; zu kurz greifend auch Paal/Pauly/*Frenzel*, DS-GVO, Art. 5 Rn. 52). Vielmehr stellen diese Bereiche jeweils Teilaspekte dar, die um den Nachweis interner Richtlinien (nicht etwa „Strategien", wie die deutsche Übersetzung des englischen Begriffs „policies" in der DS-GVO fälschlich lautet), eine klare Zuteilung von Verantwortlichkeiten und die Umsetzung aller Regelungen der DS-GVO ergänzt werden müssen (vgl. ErwG 78 f. DS-GVO). Eine vollständige Umsetzung kann sinnvollerweise nur über ein umfassendes Datenschutzmanagement-System erfolgen, wofür in den nächsten Jahren Modelle entwickelt werden müssen. Vorliegend sollen die grundlegenden Folgen aus dem Grundsatz der Rechenschaftspflicht nach Art. 5, 24 DS-GVO dargestellt werden, um Unternehmen eine praktische Handhabung für den Nachweis der Umsetzung der DS-GVO zu geben.

Eine Orientierung für die Entwicklung des Accountability-Systems bieten das Working Paper 173 der Artikel-29-Datenschutzgruppe und die ISO-Norm 29100. Es ist wünschenswert, dass die europäischen Aufsichtsbehörden eine systematisierte

Darstellung veröffentlichen und so der Wirtschaft eine Handreichung geben. Da Unternehmen bereits ab Geltung der DS-GVO die Accountability sicherzustellen haben, kann das Herausbilden von Standards nicht abgewartet werden. Im Folgenden wird daher eine allgemeine, systematisierte Darstellung zum grundlegenden Nachweis der Umsetzung der Datenschutzvorschriften gegeben. Das Dokument kann als Ausgangspunkt für die Umsetzung der detaillierten Regelungen und Nachweis der einzelnen Umsetzungsschritte dienen.

Maßnahmen zur Umsetzung der datenschutzrechtlichen Vorgaben

[Unternehmen] hat sich als Ziel gesetzt, die datenschutzrechtlichen Anforderungen der EU-Datenschutz-Grundverordnung (DS-GVO) umzusetzen. Das vorliegende Dokument dient der Dokumentation der einzelnen Schritte bei der Umsetzung der gesetzlichen Bestimmungen. Das Dokument hat den Zweck, einen Überblick über die Umsetzung der formellen Vorgaben zu geben und dadurch die Einhaltung der organisatorischen und technischen Maßnahmen zum Schutze personenbezogener Daten nachzuweisen.

Das Dokument wird regelmäßig aktualisiert und ist im Intranet abrufbar unter [...]. Für Fragen steht Ihnen der Datenschutzbeauftragte unter [...] zur Verfügung.

Nr.	Maßnahme	Beschreibung	Versions-Nr. und letzte Aktualisierung	Prüfung durch/ am	Bewertung
I.	Formalia				
I.1	Zuweisung von Verantwortlichkeiten im Datenschutz[1]	Das die Verantwortlichkeiten beschreibende Dokument ist abrufbar unter [...]			
I.2	Bestellung Datenschutzbeauftragter[2]	Als Datenschutzbeauftragter ist unter folgenden Kontaktdaten bestellt: [...]			
I.3	Einbeziehung Betriebsrat[3]	Zuständige Person für den Datenschutz im Betriebsrat ist [...]			
I.4	Bereitstellung Verzeichnis der Verarbeitungstätigkeiten[4]	Das Verzeichnis der Verarbeitungstätigkeiten ist abrufbar unter [...]			
I.5	Bereitstellung IT-Sicherheitshandbuch[5]	Das IT-Sicherheitshandbuch ist abrufbar unter [...]			

Lachenmann

Nr.	Maßnahme	Beschreibung	Versions-Nr. und letzte Aktualisierung	Prüfung durch/ am	Bewertung
I.6	Bereitstellung IT-Governance-Konzept[6]	Das IT-Governance-Konzept ist abrufbar unter [...]			
II.	Organisation				
II.1	Bereitstellung Organisationsanweisung[7]	Die Organisationsanweisung ist in Version [...] abrufbar unter [...]			
II.2	Verpflichtung der Beschäftigten auf Verschwiegenheitspflichten[8]	Das Muster zur Verpflichtung auf die Verschwiegenheitspflichten ist abrufbar unter [...]			
II.3	Schulungen: Führungskräfte und jeweils untergeordnete Abteilungen[9]	Ein Konzept zur Durchführung von Datenschutzschulungen ist entwickelt und abrufbar unter [...] Die Führungskräfte wurden erstmalig am [...] zur DS-GVO geschult. Die Schulungen werden alle zwei Jahre wiederholt. Für die Datenschutzschulungen der weiteren Abteilungen ist der Zeitplan abrufbar unter [...]			
II.4	Auditierung, Dokumentation und Bewertung Datenverarbeitungsprozesse[10]	Der Erhebungsbogen zur Auditierung der Datenverarbeitungsprozesse im Unternehmen ist abrufbar unter [...] Der Durchführungsplan für alle Abteilungen ist abrufbar unter [...]			

Lachenmann

Nr.	Maßnahme	Beschreibung	Versions-Nr. und letzte Aktualisie-rung	Prüfung durch/ am	Be-wertung
II.5	Anpassung Datenverar-beitungspro-zesse ent-sprechend der Umset-zung-Analyse	Die Ergebnisse der GAP-Analyse nach erfolgter Auditierung sind abrufbar unter [...] Der Plan zur Umsetzung der Ergebnisse ist abruf-bar unter [...]			
II.6	Durchfüh-rung Wirk-samkeits-kontrollen[11]	In regelmäßigen Abstän-den wird ein Kurzaudit durchgeführt, mit dem die Wirksamkeit der getroffe-nen Maßnahmen kontrol-liert wird. Das Auditkon-zept ist abrufbar unter [...] Die Auditberichte der je-weiligen Jahre sind abruf-bar unter [...]			
II.7	Daten-schutz-Folgenab-schätzung[12]	Die Organisationsanwei-sung zur Datenschutz-Folgenabschätzung ist ab-rufbar unter [...] Das Formular zur Prüfung, ob eine Datenschutz-Folgenabschätzung durch-geführt werden muss, ist abrufbar unter [...]			
II.8	Datenmini-mierung[13]	Die Vorgaben zur Prüfung der datenschutzfreundli-chen Voreinstellungen und Datenschutzgestaltung durch Technik bei Einfüh-rung neuer Verfahren sind abrufbar unter [...]			
II.9	Verfahren zur Reak-tion auf An-fragen von Aufsichtsbe-hörden[14]	Das Konzept für die Reak-tion auf Anfragen von Aufsichtsbehörden ist ab-rufbar unter [...]			

Lachenmann

Nr.	Maßnahme	Beschreibung	Versions-Nr. und letzte Aktualisierung	Prüfung durch/ am	Bewertung
III.	Einzelpflichten				
III.1	Sicherstellung Auftragsverarbeitung[15]	Die Organisationsanweisung zur Durchführung der Auftragsverarbeitung ist abrufbar unter [...] Der Mustervertrag zur Vorlage bei Dienstleistern ist abrufbar unter [...] Die Dokumentation über die Durchführung der Kontrollrechte bei Dienstleistern ist abrufbar unter [...]			
III.2	Einschlägige Rechtsgrundlagen für Datenverarbeitung[16]	Die Prüfung der Erfüllung einer Rechtsgrundlage für eine Datenverarbeitung erfolgt durch [...] Bei Nutzung einer Einwilligung werden die Anforderungen der DS-GVO gewährleistet durch [...] Bei Verarbeitung auf Basis der Interessenabwägung werden die Interessen das Ergebnis dokumentiert durch [...] Bei besonderen Kategorien personenbezogener Daten werden die erhöhten Anforderungen berücksichtigt durch [...]			
III.3	Interne Meldepflicht bei Datenschutzverstößen („Data Breach Notification")[17]	Die Organisationsanweisung mit Prozessbeschreibung und Nennung der Verantwortlichen zum Verhalten bei (möglichen) Datenschutzverstößen ist abrufbar unter [...]			

Lachenmann

Nr.	Maßnahme	Beschreibung	Versions-Nr. und letzte Aktualisie-rung	Prüfung durch/ am	Be-wertung
		Die interne Dokumenta-tion über meldepflichtige und nicht-meldepflichtige Verstöße ist abrufbar un-ter [...]			
III.4	Umsetzung Betroffenen-rechte[18]	Die Organisationsanwei-sung zum Umgang mit Rechten der Betroffenen ist abrufbar unter [...]			
III.5	Bereitstel-lung Zugriffsbe-rechti-gungskon-zept[19]	Das Muster für den Stan-dard des Zugriffsberechti-gungskonzeptes ist abruf-bar unter: [...]			
III.6	Bereitstel-lung Archi-vierungs- und Lösch-konzepte[20]	Das unternehmensweite Archivierungs- und Löschkonzept ist abrufbar unter [...] Für die einzelnen Systeme sind Löschkonzepte erar-beitet, die in der jeweiligen Dokumentation enthalten sind			
III.7	Datentrans-fers in Dritt-staaten[21]	Die Organisationsanwei-sung zum Umgang mit Datenübertragungen in Drittstaaten ist abrufbar unter [...] Die Musterverträge für Drittstaatentransfers sind abrufbar unter [...]			
IV.	Daten-schutz-Manage-ment				
IV.1	Zertifizie-rung Daten-schutz-Prozesse[22]	Eine Zertifizierung einzel-ner Prozesse nach den Vorgaben der DS-GVO soll durchgeführt werden,			

Nr.	Maßnahme	Beschreibung	Versions-Nr. und letzte Aktualisierung	Prüfung durch/ am	Bewertung
		sobald die Aufsichtsbehörden geeignete Prüfstellen zugelassen haben. Anschließend wird eine Prüfung der akkreditierten Stellen mit deren Prüfkatalogen durchgeführt und ein Zertifizierungsverfahren ausgewählt. Bereits jetzt wurde intern ein Datenschutz-Audit durchgeführt, durch das eine künftige Zertifizierung vorbereitet und die interne Umsetzung der datenschutzrechtlichen Anforderungen sichergestellt werden soll.			
IV.2	Einhaltung genehmigter Verhaltensregeln[23]	Wir haben uns den folgenden genehmigten Verhaltensregeln unterworfen: […] Ansprechpartner für die Verhaltensregeln ist: […]			
IV.3	Datenschutz-Management-System[24]	Das Datenschutz-Management erfolgt über: […]			

Anmerkungen

1. Zuweisung von Verantwortlichkeiten. Zunächst liegt die Verantwortung für die Einhaltung des Datenschutzes bei der Geschäftsleitung des Unternehmens (und nicht etwa bei dem Datenschutzbeauftragten, → B.I.1. Anm. 8). Daraus folgt die Notwendigkeit, durch entsprechende Vorgaben die nachgelagerten Führungsebenen in die Verantwortung für die Einhaltung des Datenschutzes einzubeziehen. So kann auf jeder Leitungsebene die Berücksichtigung der Datenschutz-Anforderungen implementiert werden. Dies kann innerhalb der Organisationsanweisung oder durch eine gesonderte Arbeitsanweisung erfolgen.

Lachenmann

2. Bestellung des Datenschutzbeauftragten. Durch die Bestellung eines Datenschutzbeauftragten, selbst wenn sie gesetzlich nicht vorgeschrieben ist, kann die besondere Sachkunde genutzt werden, um die Einhaltung der datenschutzrechtlichen Anforderungen sicherzustellen (→ B.).

3. Einbeziehung Betriebsrat. Der Betriebsrat ist bei allen Datenverarbeitungsvorgängen einzubeziehen, die der verpflichtenden Mitbestimmung nach § 87 BetrVG oder der freiwilligen Mitbestimmung nach § 88 BetrVG unterliegen. Relevant in Bezug auf datenschutzrechtliche Themen sind insbesondere Fragen zur Ordnung des Betriebs und zum Verhalten der Arbeitnehmer im Betrieb (§ 87 Abs. 1 Nr. 1 BetrVG) sowie zur Einführung und Anwendung von technischen Einrichtungen, die dazu bestimmt sind, das Verhalten oder die Leistung der Arbeitnehmer zu überwachen (§ 87 Abs. 1 Nr. 6 BetrVG). Der Betriebsrat kann einen wichtigen Beitrag zur Einhaltung der datenschutzrechtlichen Verpflichtungen im Unternehmen leisten, → H.

4. Verzeichnis von Verarbeitungstätigkeiten. Das Verzeichnis von Verarbeitungstätigkeiten stellt den Ausgangspunkt für die Festlegung und Kenntnis bestehender Datenverarbeitungsvorgänge im Unternehmen dar. Es bildet damit die Basis für die detaillierte Rechenschaft über die Einhaltung des Datenschutzrechts. Vor der Erstellung sollte eine Erfassung aller relevanten Datenverarbeitungsvorgänge im Unternehmen erfolgt sein, → C.II.

5. IT-Sicherheitshandbuch. Teil der Sicherstellung der technischen und organisatorischen Datensicherheit (Art. 32 DS-GVO) ist ein IT-Sicherheitsmanagement, → C.V., → E.

6. Bereitstellung IT-Governance-Konzept. → E.I.

7. Organisationsanweisungen als Ausgangspunkt für die Rechenschaftspflicht. In den meisten Fällen stellt eine unternehmensinterne Anweisung, etwa in Form einer Arbeitsanweisung zum Datenschutz, den optimalen Ausgangspunkt für die Sicherstellung der Rechenschaftspflichten dar. Darin sollte geregelt sein, wie die datenschutzrechtlichen Regelungen der DS-GVO im Unternehmen umgesetzt werden sollen. Dabei ist sicherzustellen, dass die Datenschutzanforderungen nach Art. 5 Abs. 1 DS-GVO beschrieben und umgesetzt werden (Muster für eine Organisationsanweisung bzw. Unternehmensrichtlinie → D.II.).

8. Verschwiegenheitsverpflichtungen der Mitarbeiter. Anders als noch § 5 BDSG a. F. sieht die DS-GVO keine ausdrückliche Verpflichtung der Mitarbeiter auf das Datengeheimnis vor. Stattdessen wird über Art. 30 Abs. 4, Art. 28 Abs. 2 S. 2 lit. b, Art. 29 DS-GVO deutlich weitergehend verlangt, dass die Mitarbeiter auf die Verschwiegenheit verpflichtet werden und die Einhaltung der Verschwiegenheitspflicht kontrolliert wird. Daher stellt die Verpflichtung der Mitarbeiter auf Verschwiegenheitspflichten einen wichtigen Bestandteil der Rechenschaftspflicht dar, → C.VII.1.

9. Schulungen der Mitarbeiter. Die unternehmensinterne Einführung der Organisationsanweisung sowie weitere Umsetzungsschritte zur Sicherstellung des Datenschutzes sind über Schulungen der Führungskräfte und einzelner Mitarbeiter sicherzustellen. Die Hauptadressaten solcher Arbeits- bzw. Organisationsschulungen sind die Führungskräfte, da sie die Pflicht trifft, die Einhaltung der Datenschutzvorgaben

Lachenmann

in ihren jeweiligen Verantwortungsbereichen sicherzustellen. Dementsprechend sollten vorrangig die Führungskräfte zur Teilnahme an den Schulungen verpflichtet werden. In einem zweiten Schritt sollten alle Mitarbeiter mit den wesentlichen Grundlagen der Arbeitsanweisung Datenschutz vertraut gemacht werden. Die Durchführung von Schulungen muss dokumentiert werden, da so ebenfalls dem Grundsatz der Rechenschaftspflicht Rechnung getragen wird.

10. Auditierung, Dokumentation und Bewertung der Datenverarbeitung. In einem Fragebogen sollen einzelne Verfahren im Sinne des Datenschutzrechts abgebildet und anschließend die datenschutzrechtliche Zulässigkeit der Datenverarbeitungsprozesse geprüft und dokumentiert werden. Daher geht es um die Zusammenstellung einzelner Datenverarbeitungsvorgänge, die für einen bestimmten Zweck vorgenommen werden und hinreichend abgrenzbar sind.

11. Durchführung von Wirksamkeitskontrollen. Ein ständiger Nachweis der Einhaltung der Datenschutzgrundsätze und internen Datenschutzrichtlinien erfordert die Durchführung von Wirksamkeitskontrollen im Unternehmen. Folge der Auswertungen muss die Implementierung von Verbesserungsmaßnahmen sein. Mit der Durchführung der Wirksamkeitskontrollen können Personen, die über die erforderlichen Qualifikationen im Datenschutz verfügen, beauftragt werden. Da der Datenschutzbeauftragte ohnehin die Einhaltung der Bestimmungen der DS-GVO zu kontrollieren hat, liegt es nahe, ihm auch diese Aufgabe zu übertragen. Alternativ könnte die Compliance-Abteilung oder die interne Revision die Aufgaben durchführen. Die Wirksamkeitskontrollen umfassen die technischen und organisatorischen Maßnahmen, die in der Organisationsanweisung festgelegt sind. Durch die Kontrollen soll im zweiten Schritt geprüft werden, ob die Vorgaben tatsächlich befolgt werden. Zwingend notwendig ist es daher, die Ergebnisse der Prüfung zu dokumentieren. Die Wirksamkeitskontrollen sollten wie folgt durchgeführt werden:
a) Unmittelbar nach Umsetzung der Organisationsanweisung ist stichprobenartig zu prüfen, ob die Vorgaben tatsächlich eingehalten werden. Im Anschluss sollte eine regelmäßige Überprüfung in festgelegten Zeitabständen (halbjährlich oder jährlich) erfolgen.
b) Durchgeführt werden können die Wirksamkeitskontrollen mittels Arbeitsplatzbegehung, Beobachtungen im allgemeinen Betrieb oder der Befragung der Mitarbeiter durch Auditbögen.
c) Zu dokumentieren sind die Zeitpunkte und Ergebnisse der durchgeführten Kontrollen, die erfassten – und anschließend zu beseitigenden – Defizite („Findings") sowie die resultierenden Folgemaßnahmen. Bei einer nachfolgenden Überprüfung sind die erfassten Defizite in die Kontrollen einzubeziehen.
d) Abschließend sollte festgelegt werden, wie an die Geschäftsleitung berichtet wird („Reporting"). Da die Geschäftsleitung die Gesamtverantwortung für die Einhaltung des Datenschutzes trägt, ist eine regelmäßige Weitergabe der Prüfergebnisse sicherzustellen. Weiterhin sollte ein Reporting an die Person erfolgen, in deren Verantwortungsbereich die Wirksamkeitskontrollen durchgeführt werden.

12. Datenschutz-Folgenabschätzung. → C.III.

13. Datenminimierung. → C.V.5.

Lachenmann

14. Verfahren zur Reaktion auf Aufsichtsbehörden. Die Datenschutz-Aufsichts-behörden verfügen nach Art. 58 DS-GVO über weitreichende Befugnisse gegenüber Verantwortlichen und Auftragsverarbeitern. Insbesondere ist ihnen Zugang zu allen personenbezogenen Daten und Informationen, die zur Erfüllung ihrer Aufgaben notwendig sind, zu gewähren (Art. 58 Abs. 1 lit. a, e DS-GVO). Die Nichtgewäh-rung des Zugangs ist gem. Art. 83 Abs. 5 lit. e DS-GVO bußgeldbewehrt. Es ist demnach von großer Bedeutung, dass die von den Aufsichtsbehörden gesetzten Fris-ten eingehalten werden. Daher müssen alle Mitarbeiter dahingehend geschult wer-den, dass Anfragen der Aufsichtsbehörden umgehend an die zuständige Stelle im Unternehmen weitergeleitet werden.

15. Auftragsverarbeitung. → G.I.; → G.II.

16. Einschlägige Rechtsgrundlagen für Datenverarbeitung. Jede Verarbeitung personenbezogener Daten muss gem. Art. 6 Abs. 1 DS-GVO von einem Erlaubnis-tatbestand abgedeckt sein. Daher ist für jeden Verarbeitungsvorgang sicherzustellen, dass er durch eine Rechtsgrundlage abgedeckt ist.

17. Interne Meldepflicht bei Datenschutzverstößen zur sog. Data Breach Notifi-cation → C.VI.

18. Umsetzung Betroffenenrechte. → F.

19. Zugriffsberechtigungskonzepte. → E.IV.

20. Bereitstellung Löschkonzepte. → D.IV.

21. Datentransfers in Drittstaaten. → G.VII.

22. Zertifizierung des Datenschutzmanagements. Eine Zertifizierung kann einen wichtigen Bestandteil für den Nachweis der datenschutzkonformen Arbeit im Un-ternehmen darstellen, → C.IV.

23. Genehmigte Verhaltensregeln. → C.IV.

24. Datenschutzmanagementsystem. Die Einhaltung der Vorgaben der Rechen-schaftspflicht nach Art. 5, 24 DS-GVO kann umfassend durch ein Datenschutzma-nagementsystem (DSMS) sichergestellt werden. Ein solches DSMS unter Berücksich-tigung der Vorgaben der DS-GVO kann in besonderem Maße zur Umsetzung der Datenschutzvorgaben dienen.

Lachenmann

II. Datenschutz-Compliance

1. Vorstandspflichten – Die Lücke zwischen Datenschutzbeauftragtem und Datenschutz-Compliance

Das deutsche Recht legt dem Vorstand bzw. der Geschäftsleitung an mehreren Stellen Pflichten auf, für die **Schaffung einer angemessenen und wirksamen Organisation** zur Verhinderung von **Compliance-Verstößen** Sorge zu tragen (siehe hierzu die nachfolgende Checkliste).

Inhaltlich betrifft dies zunächst die „Klassiker" der Compliance, also die Vermeidung von Korruption und die Unterbindung von Abstimmungen mit Wettbewerbern; bei entsprechender Marktmacht auch weitere kartellrechtliche Aspekte. Im Anwendungsbereich des AktG ergibt sich aus dessen §§ 91 Abs. 2, 107 Abs. 3 S. 2 auch die Pflicht zur Einrichtung eines **Risiko-Management-Systems** sowie eines **internen Kontrollsystems (IKS)**. Hinzu kommen, je nach Branche und Ausrichtung (B2B/B2C), weitere Themen wie **Datenschutz**, Exportkontrolle und, wie zum Beispiel im Medizin- und Pharmasektor oder im Bank- und Finanzbereich, weitere regulatorische Anforderungen.

Datenschutz ist somit **ein Element des Compliance-Programms** eines Unternehmens. Die Unternehmensführung ist verpflichtet, angemessene und wirksame Maßnahmen zu ergreifen, um Verstöße zu vermeiden. Datenschutz darf daher nicht nur aus den datenschutzrechtlichen Gesetzen (insbesondere DS-GVO und ePrivacy-VO, nebst den entsprechenden Gesetzen der Mitgliedstaaten wie etwa dem BDSG) heraus verstanden werden, sondern auch aus der organisatorischen Pflicht der Unternehmensleitung, für eine „Datenschutz-Compliance" zu sorgen.

Diese Pflicht ist **nicht schon dadurch erfüllt,** dass ein Datenschutzbeauftragter bestellt und ihm die notwendigen Informationen und Ressourcen zur Verfügung gestellt werden. Im Gegenteil ist der Datenschutzbeauftragte nach Art. 39 DS-GVO gerade nicht dafür verantwortlich, dass im Unternehmen die datenschutzrechtlichen Gesetze eingehalten werden.

Daher verbleibt **eine Umsetzungslücke,** wenn Vorstände und Geschäftsführer (und häufig genug auch Compliance- und Revisionsabteilungen) glauben, dass sie ihre datenschutzrechtlichen Organisationspflichten durch die Bestellung eines geeigneten Datenschutzbeauftragten erfüllt hätten. Die Bestellung eines oder mehrerer Datenschutzbeauftragten ist nur ein Baustein der Compliance-Anstrengungen, so wie nach § 9 Abs. 2 Nr. 1 Geldwäschegesetz (GwG) ein Geldwäschebeauftragter bestellt werden muss, der aber nur ein begrenztes Aufgaben- und Verantwortungsspektrum hat.

Die zwischen der notwendigen Bestellung eines betrieblichen Datenschutzbeauftragten und der Erfüllung der Compliance-Pflichten der Geschäftsleitung bestehende Lücke muss durch weitere **Maßnahmen geschlossen werden.** Hierzu sind organisatorische und personelle Aspekte sowie die Aufgabenverteilung gegenüber dem – im Rahmen der gesetzlichen Vorgaben – weisungsfrei agierenden Datenschutzbeauftragten zu regeln:

Koglin

Themengebiet	Organisatorische Maßnahmen zur Einhaltung der datenschutzrechtlichen Gesetze (Datenschutz-Compliance)
Gesamtorganisation	Aufbau einer grundsätzlichen Struktur, die im Konzern Zuständigkeiten und Verantwortlichkeiten für die Information über und Einhaltung von datenschutzrechtlichen Themen regelt[1]
	Orientierung des Aufbaus an IDW PS 980 oder anderen anerkannten Standards[2]
	Richtlinie/interne Policy, die Organisation und die Verantwortlichkeiten regelt[3]
Personell/Leitung („Chief Privacy Officer")	Leitung durch Führungskraft auf „C-Level" (einen „Chief" Officer, etwa den Chief Compliance Officer oder Chief Privacy Officer)[4]
	Koordination von Datenschutz-Compliance bei Konzerngesellschaften[5]
	„Orchestrierung" der Datenschutzbeauftragten (unter Wahrung von deren Unabhängigkeit)[5]
Datenschutzbeauftragte	Bestellung/Benennung von geeigneten Datenschutzbeauftragten[6] (soweit rechtlich erforderlich). Ggf. Benennung eines Konzerndatenschutzbeauftragten[7]
	Erfüllung der Rechte des Datenschutzbeauftragten (Ausstattung, Informationen; Unabhängigkeit)[8]

Anmerkungen

1. Compliance-Management-Organisation. Die Gesamtorganisation zur Datenschutz-Compliance sollte – je nach Unternehmensgröße, Datenschutzrisiken und gewünschter Strategie und Reifegrad zum Datenschutz (→ A.III.1.; → A.III.5.) mindestens aus den hier dargestellten Elementen bestehen und sich idealerweise an Standards wie dem IDW PS 980 orientieren.

2. IDW PS 980. Der Prüfungsstandard (PS) 980 des Instituts der Deutschen Wirtschaftsprüfer (IDW) fasst best practices zu Compliance-Management-Systemen zusammen und ist der Maßstab, an dem sich Wirtschaftsprüfer in der Regel orientieren (→ A.II.3.).

3. Richtlinie/interne Policy zu Datenschutz-Compliance. Bei der Richtlinie/internen Policy zu Datenschutz-Compliance handelt es sich nicht um eine inhaltliche Anweisung zum Umgang mit personenbezogenen Daten, wie sie in üblichen Datenschutz-Richtlinien oder entsprechenden Betriebsvereinbarungen enthalten ist. Vielmehr soll hier der äußere, organisatorische Rahmen für die Einhaltung der datenschutzrechtlichen Gesetze gesetzt werden (→ D.I.2.).

4. Chief Privacy Officer. Um Teile ihrer Organisationspflichten im Rahmen einer sog. qualifizierten Beauftragung delegieren zu können, sollte der Beauftragte auf höchster Ebene unter dem Vorstand bzw. der Geschäftsleitung angesiedelt sein (Führungsebene 1 bzw. „C-Level"). Eine vollständige Delegation ohne jegliche Kontrollpflichten ist freilich in keinem Fall möglich; siehe hierzu die nachfolgend unter → A.II.2. dargestellte Rechtslage.

5. Koordination unter Konzerngesellschaften und „Orchestrierung" von Datenschutzbeauftragten. Die thematische Koordination von Gesellschaften im Konzern wird eine der Hauptaufgaben der für Datenschutz-Compliance zuständigen Organisation sein, und häufig sowohl Diplomatie als auch Durchsetzungskraft erfordern. Die Koordination von Datenschutzbeauftragten im Konzern darf selbstredend nur unter Wahrung ihrer gesetzlichen Freiheitsrechte erfolgen.

6. Datenschutzbeauftragte. Nach der Terminologie des Art. 37 Abs. 1 DS-GVO erfolgt eine bloße „Benennung" (und keine „Bestellung") der Datenschutzbeauftragten (→ B.I.1; Verträge mit einem internen oder externen Datenschutzbeauftragten → B.II.; zur Arbeitsweise und zur Datenschutzorganisation insgesamt → A.III.).

7. Benennung eines Konzerndatenschutzbeauftragten. Nach Art. 37 Abs. 2 DS-GVO kann unter der DS-GVO ein Konzerndatenschutzbeauftragter benannt werden. Dies war unter dem BDSG nicht geregelt, auch wenn faktisch dieselbe Person für alle Konzerngesellschaften einzeln als jeweiliger Datenschutzbeauftragter bestellt werden konnte.

8. Ausstattung von Datenschutzbeauftragten. Art. 38 Abs. 2 DS-GVO stellt klar, dass der Datenschutzbeauftragte nicht nur mit den erforderlichen Informationen, sondern auch mit ausreichend Ressourcen auszustatten ist, um u.a. seine Pflichten aus Art. 39 DS-GVO zu erfüllen. Hierzu Kühling/Buchner/*Bergt*, DS-GVO, Art. 38 Rn. 21.

2. Pflichten und Haftung bei Vorständen bzw. Geschäftsleitung sowie bei Aufsichtsräten

Gesetzliche Regelungen zur Compliance sind im deutschen Recht nicht zentral kodifiziert, sondern ergeben sich aus einer Vielzahl von Normen sowie einigen wenigen Urteilen. Die nachfolgende Checkliste gibt einen Überblick über die wesentlichen rechtlichen Grundlagen für die Notwendigkeit eines Compliance-Systems, die sich aus den Pflichten (und den Haftungsrisiken) von Organen ergeben.

Art der Norm	Quelle	Inhalt (verkürzt)
Gesetze	OWiG § 130 Abs. 1	Bußgeld, falls im Unternehmen Aufsichtsmaßnahmen unterlassen werden und es dadurch zu straf- oder bußgeldbewährten Gesetzesverstößen kommt, sofern die unterlassene Aufsichtsmaßnahme den Verstoß erleichtert hat[1]
	OWiG § 30	Weiteres Bußgeld gegen das Unternehmen auf Grund von Handlungen (u.a.) der Organe

Art der Norm	Quelle	Inhalt (verkürzt)
	AktG § 91 Abs. 2	Pflicht zur Einrichtung eines Frühwarnsystems (internes Kontrollsystem): Der Vorstand hat geeignete Maßnahmen zu treffen, insbesondere ein Überwachungssystem einzurichten, damit den Fortbestand der Gesellschaft gefährdende Entwicklungen früh erkannt werden[2]
	AktG § 93 Abs. 2 S. 1 (ähnlich § 43 Abs. 2 GmbHG)	Vorstandsmitglieder, die ihre Pflichten verletzen, sind der Gesellschaft zum Ersatz des daraus entstehenden Schadens als Gesamtschuldner verpflichtet[3]
	AktG § 107 Abs. 3 S. 2	Bestellung eines Prüfungsausschusses durch den Aufsichtsrat („Audit Committee")[4]
	AktG § 116 S. 1	Sorgfaltspflichten des Aufsichtsrates[5]
Grundsatz-Urteile	BGH zu Garantenpflicht	Grundsatzentscheidung des BGH zur strafrechtlichen Garantenpflicht von Führungspersonen bei Compliance-Verstößen[6]
	LG München zu Compliance-Pflichten	Grundsatzentscheidung des LG München zur zivilrechtlichen Haftung von Vorständen für die Folgen von Rechtsverstößen in Konzerngesellschaften; darin: Voraussetzungen an wirksame Compliance-Systeme[3]
Soft Law	DCGK	Deutscher Corporate Governance Kodex[7]
	IDW PS 980	Prüfungsstandard PS 980 des IDW
sonstige Verpflichtung	CoC	Code of Conduct des jeweiligen Unternehmens, der regelmäßig eine Verpflichtung des Unternehmens auf Einhaltung von Recht und Gesetz beinhaltet[8]
	Gesellschafter-Beschlüsse	Beschlüsse zu bestimmten Compliance-Themen, wie die Einführung eines Code of Conduct, von Compliance-Systemen oder Richtlinien in Tochtergesellschaften[9]
	Dienstverträge Führungskräfte	Dienst- bzw. Anstellungsverträge mit Geschäftsleitern (Vorstände, Geschäftsführer) und Chief Compliance/Chief Privacy Officer

Anmerkungen

1. Compliance-Maßnahmen („Aufsichtsmaßnahmen") nach § 130 Abs. 1 OWiG. Wer als Inhaber eines Betriebes oder Unternehmens vorsätzlich oder fahrlässig die

Aufsichtsmaßnahmen unterlässt, die erforderlich sind, um in dem Betrieb oder Unternehmen „Zuwiderhandlungen gegen Pflichten" zu verhindern, die den Inhaber treffen und deren Verletzung mit Strafe oder Geldbuße bedroht ist, handelt ordnungswidrig, wenn eine solche Zuwiderhandlung begangen wird, die durch gehörige Aufsicht verhindert oder wesentlich erschwert worden wäre. Zu den erforderlichen Aufsichtsmaßnahmen gehören die Bestellung, die sorgfältige Auswahl und die Überwachung von Aufsichtspersonen.

2. Pflicht zum Aufbau eines internen Kontrollsystems (IKS). Checkliste zum IKS bei Hauschka/*Hauschka,* Formularhandbuch Compliance, 1. § 5 B. Dok. 7; ausführlich *Bungartz,* Handbuch Interne Kontrollsysteme (IKS).

3. Grundsatzurteil des LG München I (Siemens ./. Neubürger) zur Schadensersatzpflicht von Vorständen bzw. Geschäftsführern. In diesem Grundsatzurteil zu Compliance-Pflichten der Organe einer Gesellschaft hat das Gericht über die Organisationspflichten des verklagten ehemaligen Vorstandsmitglieds entschieden und darauf basierend auf eine persönliche Haftung gegenüber der Gesellschaft erkannt, weshalb dieser gegenüber der Siemens AG auf Schadensersatz von rund 15 Mio. EUR verurteilt wurde (LG München I, Urt. v. 10.12.2013 – 5 HK O 1387/10, CCZ 2014, 142 (→ A.IV.5. Anm. 1). Die Parteien haben sich in der Folge vergleichsweise auf eine Zahlung von 2,5 Mio. EUR geeinigt, weshalb das Urteil nicht rechtskräftig wurde. Dieser Vergleich war Gegenstand der Hauptversammlung 2015 und ist daher öffentlich einsehbar (http://www.siemens.com/investor/pool/de/investor_relations/events/hauptversammlung/2015/hv2015_einberufung_de.pdf, S. 40). Die persönliche Haftung der Organe wird als ein sehr hartes, aber auch besonders wirksames Mittel für die tatsächliche Umsetzung von Compliance-Maßnahmen angesehen.

4. Prüfungsausschuss. Gem. § 107 Abs. 3 S. 2 AktG kann der Aufsichtsrat optional insbesondere einen Prüfungsausschuss bestellen, der sich u. a. mit der Überwachung der Wirksamkeit des internen Kontrollsystems und des Risikomanagementsystems befasst.

5. Sorgfaltspflichten auch für Aufsichtsratsmitglieder. Nicht nur die Pflichten und damit das Haftungspotential der Vorstandsmitglieder wurden in den vergangenen Jahrzehnten erweitert, sondern auch die Aufsichtsräte unterliegen ähnlichen Pflichten. Für die Sorgfaltspflicht und Verantwortlichkeit der Aufsichtsratsmitglieder gilt § 93 AktG mit Ausnahme des Abs. 2 S. 3 über die Sorgfaltspflicht und Verantwortlichkeit der Vorstandsmitglieder.

6. BGH zur Garantenstellung bei Compliance-Verantwortlichen (sog. BSR-Entscheidung). Mit dem Grundsatzurteil zur Garantenstellung von Compliance-Verantwortlichen hat der V. Strafsenat des BGH entschieden, dass auch durch die Übernahme einer speziellen Position (hier: Leiter der Innenrevision bei der Berliner Stadtreinigung, einer Anstalt des öffentlichen Rechts) eine strafrechtliche Garantenpflicht i. S. d. § 13 Abs. 1 StGB, also eine Strafbarkeit durch Unterlassung (hier der Beihilfe zu Betrug und Untreue) entstehen kann, vgl. BGH, Urt. v. 17.7.2009 – 5 StR 394/08, NJW 2009, 3173.

7. Deutscher Corporate Governance Kodex (DCGK). Der DCGK beinhaltet Regeln für gute Unternehmensführung (Corporate Governance) bei börsennotierten

Unternehmen. Es handelt sich dabei jedoch nicht um verbindlich einzuhaltende Regeln. Vorstand und Aufsichtsrat von börsennotierten Gesellschaften sind gem. § 161 Abs. 1 AktG lediglich verpflichtet, jährlich im Wege einer Entsprechenserklärung die Übereinstimmung mit dem DCGK zu erklären oder alternativ zu erklären, welche Regeln des DCGK nicht eingehalten werden, und Abweichungen zu begründen („comply or explain"). Für diese Art von Regelwerk hat sich der Begriff „soft law" eingebürgert.

8. Code of Conduct. Der Code of Conduct ist ein wichtiges Element zur Compliance-Struktur eines Unternehmens und zur Datenschutz-Compliance. Ein Muster für die Datenschutzpassage im CoC ist abgedruckt unter → A.IV.1.

9. Gesellschafterbeschlüsse zu Compliance-Themen. Zur Einführung von Complianer-Maßnahmen wie einer Richtlinie zur Datenschutzorganisation siehe das Muster in → D.I.1.

3. Anforderungen an ein Compliance Management System nach IDW PS 980

Vor dem Hintergrund der in → A.II.2. dargestellten Rechtspflichten hat der Vorstand bzw. die Geschäftsleitung nicht nur die Pflicht, nach den Vorgaben der DS-GVO einen Datenschutzbeauftragten zu bestellen, sondern darüber hinaus die Voraussetzungen für eine **funktionierende Datenschutz-Compliance** schaffen (→ A.II.1., 2.).

Zu etlichen Themenfeldern ist das Vorliegen einer wirksamen und angemessenen Compliance-Struktur im Rahmen der Prüfung des Jahresabschlusses durch Wirtschaftsprüfer zu prüfen. Das „Institut der Deutschen Wirtschaftsprüfer" (IDW) hat für verschiedene Prüfungsfelder Standards verabschiedet. Diese sog. **Prüfungsstandards** („PS") haben keine Gesetzeskraft. Da sie aber regelmäßig als Maßstab für Prüfungen herangezogen werden, haben sie – grob mit DIN-Normen vergleichbar – eine starke faktische Wirkung (vgl. hierzu BGH, Urt. v. 14.5.1998 – VII ZR 184/97, NJW 1998, 2814). Wie bei DIN-Normen unterliegen auch die IDW Prüfungsstandards urheberrechtlichem Schutz ohne die für Gesetze und Urteile geltenden Ausnahmen des § 5 Abs. 1 UrhG, so dass der Text der Prüfungsstandards **nicht frei verfügbar** ist (§ 5 Abs. 3 S. 1 UrhG).

Der IDW PS 980 beinhaltet **best practices** für Compliance-Management-Systeme (CMS). Sie dienen nicht nur der Prüfung, sondern können auch als Anforderungskatalog für eine allgemein anerkannte Konzeption eines CMS herangezogen werden. Der IDW PS 980 unterstützt dadurch **Führungs- und Aufsichtsorgane** (Vorstand bzw. Geschäftsführung sowie ggf. Aufsichtsrat), ihre Pflichten bezüglich der Corporate Governance zu erfüllen. Wie die meisten Compliance-Maßnahmen hilft sie zugleich bei der **Vermeidung einer persönlichen Haftung** von Organmitgliedern.

PS 980 ist in **zwei Dimensionen** zu verstehen: Er enthält **sieben inhaltliche Kapitel**, etwa zur Compliance-Organisation und zur Compliance-Kommunikation. Diese sieben Themen sind in **drei Ausbaustufen** (A1 bis A3) zu betrachten: Konzeption, Angemessenheit und Wirksamkeit.

Die inhaltlichen Elemente sind **nicht als starre Anforderungen** zu verstehen und wären dafür auch nicht konkret genug. Sie lassen vielmehr Gestaltungsspielraum zu, um im Rahmen der Angemessenheits- und Wirksamkeitsbetrachtungen auf die konkrete Situation des Unternehmens und die **spezifischen Risiken** eingehen zu können (zur risikoorientierten Datenschutzstrategie → A.III.2., 5.).

A. Ausbaustufen des Compliance Management Systems (CMS)

1. Konzeptionsprüfung des CMS (1. Ausbaustufe)[1]

2. Angemessenheitprüfung des CMS (2. Ausbaustufe)[2]

3. Wirksamkeitsprüfung des CMS (3. Ausbaustufe)[3]

B. Inhaltliche Anforderungen an das Compliance Management Systems (CMS)

1. Compliance-Kultur

Nach IDW PS 980 ist die Compliance-Kultur die Grundlage für die Angemessenheit und Wirksamkeit des CMS. Die Compliance-Kultur werde maßgeblich davon geprägt, wie das Management (Vorstand/Geschäftsleitung und Aufsichtsorgane) es durch seine Grundeinstellungen und tatsächlichen Verhaltensweisen vorlebt („tone from the top").[4] Die Compliance-Kultur beeinflusst, welche Bedeutung die Belegschaft regelkonformen Verhalten beimisst, und damit ihre Bereitschaft zu Compliance.

2. Compliance-Ziele

Die Organe legen auf Grundlage der relevanten Regeln fest, welche Ergebnisse mit dem CMS angestrebt werden. Diese Ziele stellen die Basis für die Bewertung von Compliance-bezogenen Risiken in Ziff. 4 dar.[5]

3. Compliance-Organisation

Die Organe definieren die Verantwortlichkeiten und tragen dafür Sorge, dass die für ein wirksames CMS notwendigen Ressourcen vorhanden sind.[6]

4. Compliance-Risiken

Auf Basis der Compliance-Ziele werden diejenigen Compliance-Risiken festgestellt, die zu einem Verstoß gegen relevante Vorschriften führen können. Diese Risiken werden bezüglich der Wahrscheinlichkeit ihres Eintritts und der möglichen Folgen bewertet (Größe des direkten Schadens, eventuelle weitere Folgen wie Reputationsverlust).[7]

5. Compliance-Programm

Basierend auf den Bewertungen der Compliance-Risiken sind „Grundsätze und Maßnahmen" zu veranlassen, um die festgestellten Compliance-Risiken zu reduzieren und letztlich Compliance-Verstöße zu vermeiden.[8]

6. Compliance-Kommunikation

Über das Compliance-Programm und die definierten Verantwortlichkeiten werden sowohl die relevanten Teile der Belegschaft als auch Dritte informiert, damit diese ihre Rollen im CMS ausüben können. Außerdem ist zu definieren, wer bei Hinweisen auf Compliance-Verstöße zu informieren ist.[9]

7. Compliance-Überwachung und -Verbesserung

Abschließend sieht IDW PS 980 vor, dass die Angemessenheit und Wirksamkeit des CMS überwacht werden. Hierfür ist eine entsprechende Dokumentation des CMS zwingend erforderlich.

Koglin

Anmerkungen

1. Konzeption des CMS. Im Rahmen der Konzeptionsprüfung ist festzustellen, ob die in der Beschreibung des CMS getroffenen Aussagen zur Konzeption in allen wesentlichen Punkten zutreffend dargestellt wurde und ob alle erforderlichen Grundelemente eines CMS – d.h. die oben dargestellten sieben inhaltlichen Anforderungen – enthalten sind. Zudem ist die Aufbauorganisation des Compliance-Managements zu beurteilen.

2. Angemessenheit. Im Rahmen der Angemessenheitsprüfung ist festzustellen, ob die im CMS dargestellten und implementierten Grundsätze und Maßnahmen geeignet sind, Risiken für wesentliche Regelverstöße mit hinreichender Sicherheit zu erkennen und zu verhindern.

3. Wirksamkeit. Im Rahmen der Wirksamkeitsprüfung ist festzustellen, ob die im CMS dargestellten Grundsätze und Maßnahmen zu einem bestimmten Zeitpunkt implementiert und in einem bestimmten Zeitraum wirksam waren. Zudem ist zu überprüfen, ob diese Grundsätze und Maßnahmen den relevanten Personen bekannt waren und von ihnen beachtet wurden.

4. Compliance-Kultur. Die Compliance-Kultur und der „tone from the top", also die Sprache und Sichtweise von Inhabern, Vorstand/Geschäftsführung und Führungskräften, wird leicht als „soft fact" abgetan. Durch eine vom Management glaubhaft vorgelebte Compliance-Kultur und den dazugehörigen „tone from the top" wird aber ernsthaft vermittelt, dass die Bemühung um eine (Datenschutz-)Compliance ein echtes Anliegen der Unternehmensleitung ist und nicht nur „Gedöns", das allenfalls der Exkulpation des Vorstandes dient.

5. Compliance-Ziele. Zu Compliance-Zielen siehe die Checklisten zur gewünschten Datenschutzstrategie (→ A.III.1.) und dem Reifegrad einer Organisation in Datenschutzthemen (→ A.III.5.).

6. Compliance-Organisation. Zur Compliance-Organisation → A.III., sowie das Muster einer Richtlinie zur Datenschutzorganisation, → D.I.2.

7. Compliance-Risiken. Die Datenschutzrisiken ergeben sich aus der Datenschutzstrategie (→ A.III.1.) und dem bestehenden bzw. erwünschten Reifegrad der Datenschutzorganisation (→ A.III.5.). Die Erfassung der Risiken gehört zu den Aufgaben des Vorstandes einer Aktiengesellschaft und erfolgt durch ein internes Kontrollsystem und ein Risikomanagement (→ A.II.2. Vorb., Anm. 2).

8. Compliance-Programm. Aspekte des Compliance-Programms werden sich in der Praxis häufig mit Aspekten aus dem Katalog der Datenschutzorganisation (→ Anm. 6) überschneiden. Zum Compliance-Programm gehörende Maßnahmen sind neben der Richtlinie zum Aufbau einer Datenschutz-Compliance-Organisation und der Definition von Verantwortlichkeiten (→ D.I.2.) u.a. inhaltliche Richtlinien oder Betriebsvereinbarungen zum Umgang mit personenbezogenen Daten von Mitarbeitern oder Dritten (→ D.II., III; → H.).

Koglin

9. Compliance-Kommunikation. Die im Rahmen der Compliance-Kommunikation durchzuführenden Maßnahmen umfassen z.B. Schulungen und überschneiden sich daher mit den operativen Tätigkeiten der Datenschutzbeauftragten. Berichtswege und Verantwortlichkeiten können sich z.B. über das Muster → D.I.2. festlegen lassen, die detaillierten Zuständigkeiten bedürfen dann – wie im Muster vorgesehen – weiterer Konkretisierung.

III. Datenschutzorganisation im Unternehmen

Aus den Vorlesungen von *Leo Staub* (vgl. *Staub*, Legal Management) stammt die treffende Parabel über einen Bauherren, der neben seinem Haus eine große Doppelgarage errichten lässt. Er hat nur einen kleinen Pkw und ist sich sicher, mit der komfortablen Garage für die Zukunft mehr als genug Platz zu haben. Doch schon bald fragt der Nachbar, ob er seinen Rasenmäher dort unterstellen kann, die Kinder lagern ihre Fahrräder in der Garage, und nachdem sich der älteste Sohn einen reparaturbedürftigen Oldtimer zugelegt hat, ist für den Wagen des Garagenbesitzers nur noch auf der Straße Platz. Was ist passiert? Genau wie in vielen Rechts- und Datenschutzabteilungen gab es zwar zunächst eine passable Ausstattung mit den notwendigen Ressourcen (Raum bzw. Personal), aber kein Konzept, von wem und in welcher Intensität diese genutzt werden sollen. So wurden die Mittel aus einer Mischung von Hilfsbereitschaft und Planlosigkeit vergeudet.

Dieses Beispiel verdeutlicht, wie wichtig für den unternehmensinternen Datenschutzbereich ein klares Konzept und dessen konsequente Umsetzung sind. Im Folgenden wird daher ein Muster-Aufbau für ein langlebiges Konzept zum Datenschutz im Unternehmen dargestellt, das als Ausgangspunkt für den Aufbau und Betrieb der Organisation dienen kann.

1. Organisatorischer und strategischer Aufbau

Die Frage nach den **Zuständigkeitsfeldern,** wer also die Leistungen der Datenschutzorganisation nutzen darf oder auch muss, ist ein wichtiger Baustein der **Organisation und Strategie** einer solchen Abteilung. Welche Unternehmensbereiche rechtliche Begleitung benötigen bzw. erhalten müssen, hängt u.a. von der **Unternehmensgröße,** der Branche, den Märkten und den Produkten ab (*Reimann* in: Lenz (Hrsg.), Die Rechtsabteilung, S. 61; vgl. allgemein zum Aufbau der Rechtsberatung im Unternehmen *Wilke* in: Lenz (Hrsg.), Die Rechtsabteilung, S. 44 ff.). Die Zuständigkeiten sollten im Rahmen einer **einheitlichen Strategie** festgelegt werden und mit anderen Abteilungen (wie Rechtsabteilung, Compliance, Revision und IT-Sicherheit sowie ggf. lokalen Rechtsabteilungen aus Tochtergesellschaften) abgestimmt sein. Kernfragen einer solchen Strategie sind,

– ob sie lediglich die gesetzlichen **Pflichten des bzw. der Datenschutzbeauftragten** präzisiert und etwaige Mitarbeiter der Datenschutzabteilung nur dem Support des Datenschutzbeauftragten dienen, womit die Datenschutzabteilung lediglich unverbindliche Empfehlungen abgibt und auf die Einhaltung des Datenschutzes „hinwirkt", wie es im BDSG a. F. formuliert war,

– wie in diesem Fall die Lücke zu einer strukturierten **Datenschutz-Compliance** geschlossen wird, wer im Unternehmen also die Zuständigkeit für organisatorische und prozessuale Maßnahmen hat, um die tatsächliche Einhaltung des Datenschutzes zu gewährleisten,

Koglin

– ob die Datenschutzabteilung oder ein **Chief Privacy Officer** über formale Pflichten hinaus das **Mandat zu verbindlichen Anweisungen** oder zumindest einem **Veto** hat,
– ein gewisses **Risiko** akzeptiert wird und, wenn ja, eine Systematik existieren soll, Datenschutzrisiken oder gar leichte Verstöße nicht zufällig, sondern konzernweit strukturiert und damit auch bewusst in Kauf zu nehmen, sowie die über allem stehende Frage:
– Sind die Antworten hierauf heterogene Einzelentscheidungen, oder leiten sie sich von einem übergeordneten, **über das Tagesgeschäft hinausgehenden Konzept** ab. In anderen Worten: Existiert etwas, was die Bezeichnung Plan, Strategie oder gar Vision verdient?

Diese Festlegungen haben großen Einfluss auf die erforderliche fachliche Qualifikation und vor allem die Persönlichkeit des (Konzern-)Datenschutzbeauftragten bzw. eines Chief Privacy Officers, aber auch auf die organisatorische und hierarchische Stellung „seiner" Abteilung (→ D.I.; → E.I.). Doch häufig erfolgt der Aufbau nicht deduktiv von der Strategie zum Setup der Abteilung, sondern induktiv vom Bestand der vorhandenen Ressourcen und ihren jeweiligen Fähigkeiten und Neigungen. Im schlechtesten, aber leider nicht seltenen Fall liegt statt einer wirklichen Strategie nur ein unstrukturiertes Mosaik vor, das sich mit der Zeit aus einer zufälligen Kombination von eigenen Neigungen und externen Anforderungen gebildet hat.

Daher sollte vor dem Aufbau oder auch dem Evaluieren der Struktur einer bestehenden Datenschutzorganisation zunächst eine Strategie zum Umgang mit datenschutzrechtlichen Anforderungen festgelegt werden. Fünf verbreitete Konzepte sind nachfolgend typisiert dargestellt. In der Praxis wird ein größeres Unternehmen freilich Merkmale mehrerer Typen erfüllen. Im Rahmen einer risikoorientierten Compliance- und Datenschutzstrategie erscheint es nicht sachfremd, dass Kerngeschäfte und risikobehaftete Bereiche wie z.B. der Umgang mit sensitiven Daten intensiver geregelt werden als Randbereiche. Art. 39 Abs. 2 DS-GVO zielt in eine ähnliche Richtung, wonach der Datenschutzbeauftragte bei seinen Tätigkeiten „dem mit den Verarbeitungsvorgängen verbundenen Risiko gebührend Rechnung" tragen soll.

Die Strategietypen eignen sich nicht nur für eine Bestandsaufnahme und Entwicklung der eigenen Datenschutzorganisation, sondern sie können auch im Rahmen einer **Due Diligence** auf potentielle Targets angewendet werden. So kann ein Eindruck des Risikos vermittelt werden, das sich aus der Organisation insgesamt und nicht aus einzelnen im Datenraum abgelebten Dokumenten ergibt.

Nr.	*Bezeichnung der Strategie*	*Beschreibung, Verbreitung und Vorteile*
1.	Keine Datenschutzorganisation Deutliche Unterschreitung der datenschutzrechtlichen Anforderungen (bewusst oder unbewusst)	Typische Merkmale: Bei Geschäftsbeziehungen und der Verarbeitung von Mitarbeiterdaten besteht keine datenschutzrechtliche Sensibilisierung. Vereinbarungen über Auftragsverarbeitung werden meist nur auf Aufforderung von Vertragspartnern und dann in der von ihnen gewünschten Form geschlossen. Ein Verarbeitungsverzeichnis wird nicht geführt. Keine individualisierte Datenschutzerklärung auf Unternehmens-Websites.

Koglin

Nr.	Bezeichnung der Strategie	Beschreibung, Verbreitung und Vorteile
		Teilweise erfolgt das Unterschreiten der rechtlichen Anforderungen unbewusst. Meist liegt jedoch eine Art dolus eventualis vor, bei dem der Geschäftsleitung bekannt ist, dass gewisse datenschutzrechtlichen Anforderungen bestehen, die Thematik aber bewusst nicht vertieft wird, um nicht „bösgläubig" zu werden. Sofern die Geschäftsleitung hingegen den Aufwand betreibt, sich über den Datenschutz zu informieren, wird in der Folge meist auch mindestens zur sog. „Feigenblatt-Strategie" (Nr. 2) gewechselt.
		Verbreitung: Diese Variante ist immer seltener zu finden, aber bei Unternehmen ohne B2C-Geschäft, kleinen Unternehmen und Tochtergesellschaften nicht-europäischer Konzerne anzutreffen.
		Vorteil: Kosten- und aufwandsminimiert, sofern keine Verstöße publik werden.
		Nachteil: Bußgelder und hoher Aufwand drohen, wenn die Verstöße bekannt werden. Wegen der formalen und damit schnell feststellbaren Verstöße[1] ist das Entdeckungsrisiko sehr hoch. Die Gefahr eines Image-Schadens ist angesichts der Größe und der Branche der nach dieser Strategie verfahrenden Unternehmen häufig nicht relevant.
2.	„Feigenblatt-Strategie" Bemühen um Einhaltung der Vorschriften in formaler Hinsicht	Typische Merkmale: Die zentralen datenschutzrechtlichen Anforderungen werden formal eingehalten, um sich insbesondere gegenüber den Aufsichtsbehörden rechtskonform präsentieren zu können. Um den Anforderungen auch materiell zu entsprechen, fehlen der Wille und das Budget. Hinsichtlich der DS-GVO wird eine Anpassung der Datenschutzpraxis nur sehr schleppend erfolgen.
		Ein Datenschutzbeauftragter ist schriftlich bestellt; jedoch steht ihm für diese Aufgabe neben seinen anderen Tätigkeiten kaum freie Arbeitszeit zur Verfügung.
		Allenfalls geringes Budget für Fortbildungen. Bei externen Datenschutzbeauftragten erfolgen über die Bestellung hinaus kaum Mandatierungen zu Einzelfragen; ein vertieftes Nachfragen

Nr.	Bezeichnung der Strategie	Beschreibung, Verbreitung und Vorteile
		oder gar Auditieren durch den bestellten Datenschutzbeauftragten ist nicht erwünscht. Ein Austausch mit der Geschäftsleitung zu einzelnen datenschutzrechtlichen Themen findet kaum statt.
		Vereinbarungen über Auftragsverarbeitung werden meist nur auf Aufforderung von Vertragspartnern geschlossen. Ein Verarbeitungsverzeichnis wird allenfalls als knappes, allgemeines Dokument geführt („Wir verarbeiten Daten von Mitarbeitern, Kunden, Lieferanten und anderen Geschäftspartnern."). Datenschutzerklärungen werden nur geringfügig individualisiert und nicht strukturiert aktualisiert.
		Verbreitung: sehr häufig
		Vorteile: sehr effizient, da den Anforderungen in formaler Hinsicht mit geringem Aufwand entsprochen wird und die Entdeckungsgefahr angesichts der Einhaltung der formalen Vorgaben für viele Unternehmen (abhängig von Größe, Branche und Bekanntheit) überschaubar ist.
		Nachteile: Gefahr von ausführlichen Audits mit aufwändigen Nacharbeiten für das Unternehmen; die Gefahr von Bußgeldern dürfte dabei zumindest bei kleineren Unternehmen überschaubar bleiben, sondern es nicht zu Datenschutzvorfällen (Gesetzesverstößen oder Security Incidents) kommt. Großes Risiko für den betreffenden Datenschutzbeauftragten, der seine gesetzlichen Pflichten nicht ausübt und damit auch Grund zu seiner Abberufung und Kündigung setzt.
3.	Einhaltung von zentralen Vorschriften Ernsthaftes Bemühen um Einhaltung des Mindestmaßes der zentralen gesetzlichen Vorgaben auch in inhaltlicher Hinsicht	Typische Merkmale: Der Datenschutzbeauftragte hat ein passables Budget an Zeit und Mitteln, auch wenn generell jedes Budget zu knapp erscheint.
		Einige der wesentlichen Pflichten der DS-GVO und BDSG n. F. können ohne gravierende Lücken umgesetzt werden. Dies sind insbesondere: Verpflichtung neuer Mitarbeiter auf den Datenschutz,[2] Abschluss von Vereinbarungen über Auftragsverarbeitung,[3] Erstellung eines ansatzweise individualisierten und etwa jährlich überarbeiteten Verarbeitungsverzeichnisses,[4] Indivi-

Nr.	Bezeichnung der Strategie	Beschreibung, Verbreitung und Vorteile
		dualisierung von Datenschutzerklärungen.[5] Kunden bzw. Betroffene erhalten, wenn auch mit zeitlicher Verzögerung, eine Antwort.[6] Anderen zentralen Pflichten, wie der Rechenschaftspflicht und einer entsprechenden Dokumentation, wird indes nicht nachgekommen. Verbreitung: Sehr häufig anzutreffen in Unternehmen mit größerer Präsenz in Deutschland und Unternehmen mit hohem, aber unkritischem B2C-Anteil (d. h. keine Gesundheitsdaten, keine Finanzdienstleistungen). Vorteile: Ernsthafte Einhaltung etlicher datenschutzrechtlicher Vorgaben; Gefahr von öffentlich gemachten Verstößen ist in den vielen Branchen gering. Nachteil: Fehlende organisatorische Vorgaben und die unvollständige Einhaltung des Datenschutzes können ein Compliance-Problem darstellen. Keine Verknüpfung der Arbeit des Datenschutzbeauftragten bzw. der Datenschutzabteilung mit der aus der Presse- oder Marketing-Abteilung.
4.	Datenschutz im Gesamtkontext Weitgehende Einhaltung der zentralen gesetzlichen Vorgaben sowie Behandlung zusätzlicher Themen im Rahmen einer Risiko- und Image - Strategie, jedoch limitierte Mittel	Typische Merkmale: Der Datenschutz nach der DS-GVO und auch Nebengesetzen wie BDSG n. F. und ePrivacy-VO wird in formeller und materieller Hinsicht ernsthaft ausgeführt, auch wenn an einigen – vornehmlich unkritischen Stellen – Lücken bleiben. Über die rein datenschutzgesetzlichen Pflichten hinaus wird der Datenschutz zugleich aus Risiko- und Imagegründen, bisweilen sogar aus ernsthafter Überzeugung gelebt und steht in einem Gesamtkontext mit Unternehmensphilosophie, Pressearbeit und/oder interner Organisation, auch wenn die Ressourcen für die Gesamtheit dieser Themen knapp erscheinen mögen. Die Basispflichten (siehe oben bei Strategie 3 - „Einhaltung der zentralen Vorschriften") werden vergleichsweise sorgfältig eingehalten. Darüber hinaus gibt es z. B. Schulungen für Mitarbeiter aus datenschutzrechtlich relevanten Abteilungen, grundsätzliche Überlegungen zu Themen wie Cloud oder Social Plug-Ins (ohne diese gleich unterbinden zu müssen), häufig

Nr.	*Bezeichnung der Strategie*	*Beschreibung, Verbreitung und Vorteile*
		auch Guidelines zu Social Media[7] und eine Abstimmung wichtiger datenschutzrechtlicher Themen mit der Presseabteilung und der Geschäftsleitung. Die Geschäftsleitung interessiert sich für die Arbeit und die Themen des Datenschutzbeauftragten, und es finden zwischen ihnen regelmäßige Gespräche statt. Verbreitung: Noch wenig, aber zunehmend verbreitet. Durch DS-GVO ist mit einer verstärkten Annäherung an dieses Modell auszugehen. Zum einen in kleinen Unternehmen anzutreffen, bei denen die Gründer/Geschäftsführer aus eigener Überzeugung echtes Interesse am Datenschutz haben. Zum anderen aus Image-Gründen bei Konzernen mit bekannten Marken anzutreffen. Vorteile: Sehr weitgehende und ansatzweise nachhaltige Einhaltung datenschutzrechtlicher und anderer Themen. Image-fördernd. Homogene Behandlung datenschutzrechtlicher Themen durch die verschiedenen Abteilungen des Unternehmens. Nachteil: Erhöhter, aber überschaubarer Aufwand. Keine durchgängigen organisatorischen und prozessualen Vorgaben zur Umsetzung der Datenschutzgesetze, daher z. T. fehlende Datenschutz-Compliance und entsprechendes Haftungsrisiko von Vorstand/Geschäftsleitung.[8]
5.	Datenschutz als wichtiger Aspekt für Compliance und Image Hoher Grad an Compliance	Typische Merkmale: Datenschutz ist ein Baustein des gesamten Compliance-/Risikokonzeptes. In der Regel ist eine eigene Datenschutzabteilung vorhanden. Auch wenn jede Organisation noch vergrößert und verbessert werden kann, ist die Umsetzung des Datenschutzes und verwandter Themen sehr ausgeprägt und grundsätzlich mit anderen Abteilungen abgestimmt. Die Datenschutzmitarbeiter kennen sich mit fast allen für das Unternehmen relevanten Datenschutzthemen einschließlich anstehender Novellen und den maßgeblichen Richtlinien detailliert aus und sind häufig – auch als Referent – auf einschlägigen Kongressen oder als Autor aktiv. Teilweise wird freiwillig ein Datenschutzbericht veröffentlicht, in

Nr.	Bezeichnung der Strategie	Beschreibung, Verbreitung und Vorteile
		dem z. B. auch die Anzahl staatlicher Anfragen offengelegt wird. Seitens des Unternehmens wird Datenschutz – gezwungenermaßen oder aus Überzeugung – über den gesetzlichen Standard hinaus als Image-Bestandteil oder gar als Wettbewerbsvorteil („Unique Selling Proposition") angesehen.
		Verbreitung: Quantitativ immer noch sehr geringe Verbreitung von vermutlich weniger als 1 % der deutschen Unternehmen; in dieser Liga – etwa DAX-Konzernen, Banken und Versicherungen – ist diese Strategie und die entsprechende Ausstattung jedoch üblich und beinahe unvermeidlich, da es sich um Großunternehmen mit starker Präsenz, sehr bekannten Marken und/oder der Gefahr von Image-Problemen handelt. Typische Branchen: Banken, Versicherungen, Finanzindustrie, seriöse Wirtschaftsauskunfteien, Gesundheitsbranche, große Online-Portale mit sehr vielen registrierten Usern.
		Vorteile: Hoher Grad an Datenschutz-Compliance und Image-Gewinn.
		Nachteil: Hoher Aufwand, der bei der entsprechenden Unternehmensgröße und -branche allerdings „state of the art" ist.

Anmerkungen

1. Bußgelder bei Datenschutzverstößen. Insbesondere bei den formellen Verstößen drohen Bußgelder, wenn Beanstandungen der Aufsichtsbehörden nicht schnell abgeholfen wird. Vgl. zu den Eingangsprüfungen bei einem Audit durch die Aufsichtsbehörde → A.III.4.

2. Verpflichtung auf das Datengeheimnis. Die bisherige Vorgabe zur Verpflichtung von Mitarbeitern auf den Datenschutz (§ 5 S. 2 BDSG a. F.) wurde nicht in die DS-GVO aufgenommen, sondern ergibt sich mittelbar aus der DS-GVO (→ A.I. Anm. 8; → C.VII.1.). Die dem früheren Recht entsprechende Regelung des § 53 S. 2 BDSG n. F. gilt nur im Rahmen der Umsetzung der RL (EU) 2016/680.

3. Auftragsverarbeitung. → G.I.

4. Erstellung eines Verarbeitungsverzeichnisses. → C.II.

5. Erstellung von Datenschutzerklärungen. → F.I.

6. Antworten auf Auskunftsersuchen von Betroffenen. → F.II. ff.

Koglin

7. Social Media Guidelines. → D.III.5.

8. Datenschutz-Compliance und entsprechendes Haftungsrisiko von Vorstand/Geschäftsleitung. → A.II.1. und 2.

2. Pflichtübung, Kür oder Privacy-Manager: Vom Datenschutzbeauftragten zu Datenschutz-Compliance

Datenschutz wurde unter dem BDSG a. F. vor allem als Einhaltung des damaligen BDSG und weniger Nebengesetze angesehen. Darauf aufbauend wurde als notwenige Datenschutzorganisation die Bestellung eines betrieblichen Datenschutzbeauftragten angesehen, der gem. § 4f Abs. 5 S. 2 BDSG a. F. mit den entsprechenden personellen, räumlichen und sonstigen Mitteln auszustatten war. Dies bedeutete in fachlicher Hinsicht vor allem, dass der Datenschutzbeauftragte und „seine" Abteilung lediglich unverbindlich auf die Einhaltung des Datenschutzes „hinwirkt" (§ 4g Abs. 1 S. 1 BDSG a. F.); seine Mitarbeiter bezeichne § 4f Abs. 5 S. 1 BDSG a. F. als „Hilfspersonal" des Datenschutzbeauftragten.

Im Rahmen der immer stärkeren Durchdringung rechtlicher Themen durch einen organisatorischen Compliance-Ansatz und als direkte Folge eines zentralen Urteils zur persönlichen Haftung von Vorständen für Schäden, die Unternehmen durch fehlende organisatorische Maßnahmen erlitten haben (LG München I, Urt. v. 10.12.2013 – 5 HK O 1387/10, CCZ 2014, 142 = ZIP 2014, 570 – Neubürger; → A.II.2. Anm. 3), wurde schon vor der DS-GVO die Notwendigkeit von organisatorischen Maßnahmen zur Datenschutz-Compliance erkannt. Dies hat sich nochmals verstärkt durch die Bußgeldrahmen von bis zu 20 Mio. EUR bzw. 4 % des konzernweiten Jahresumsatzes gem. Art. 83 DS-GVO. Zur Notwendigkeit einer Datenschutz-Compliance ausführlich → A.II.

Ist die grundsätzliche Strategie zum Datenschutz festgelegt worden, sind anschließend die **konkreten Zuständigkeiten** festzulegen. Diese betreffen zum einen die Details innerhalb des Spektrums der von DS-GVO und Nebengesetzen vorgesehenen Aufgaben sowie die Zuständigkeiten für Tochter- oder Beteiligungsgesellschaften im **internationalen Konzernverbund.** Zum anderen müssen Festlegungen für zusätzliche, über den Pflichtenkanon von DS-GVO und Nebengesetzen hinausgehende Aufgaben getroffen werden. Letzteres ist – sowohl bei internen als auch bei externen Datenschutzbeauftragten – vollkommen üblich. Sehr unterschiedlich gehandhabt wird aber, welche Leistungen zusätzlich erbracht werden sollen. Hinzu kommt die Entscheidung, ob der (Konzern-)Datenschutzbeauftragte **verbindliche Anweisungen** erteilen kann oder – wie es auch Art. 39 Abs. 1 DS-GVO vorsieht – lediglich eine **unterrichtend-beratende** sowie **die Einhaltung überwachende, also kontrollierende Funktion** haben soll. So wird sich schnell herauskristallisieren, welches Set-Up die Datenschutzorganisation haben soll: Ist ein externer oder interner Datenschutzbeauftragter als „Einzelkämpfer" passend, eine Datenschutzabteilung angemessen oder eine wirklich für die Einhaltung von Datenschutz-Compliance verantwortliche Führungskraft, also etwa ein Chief Privacy Officer, gewünscht?

Die Zuständigkeiten und Befugnisse sollten schriftlich in einer **Stellenbeschreibung** vereinbart werden (im Kontext von Binding Corporate Rules Paal/Pauly/*Paal*, DS-GVO, Art. 39 Rn. 4 und Art. 47 Rn. 26; vgl. zur früheren Rechtslage *Gola/*

Schomerus, BDSG, § 4g Rn. 8 f.; im Kontext von Datenschutz-Compliance und IDW PS 980 → A.II.2. und 3.). Denn nur durch eine schriftliche Aufgabenzuweisung liegt eine ausreichende Dokumentation vor, um u. a. im Rahmen der Rechenschaftspflicht (Art. 5 Abs. 2 DS-GVO, → A.I.) die Zuständigkeiten für einzelne Aufgaben nachweisen zu können. Für einzelne Beispiele siehe Tabelle → A.III.3. und 4. Personalseitig gilt dabei: Je weiter die Aufgaben über die gesetzlichen (Mindest-) Aufgabenbereich des Datenschutzbeauftragten hinausgehen und je verbindlicher Entscheidungen des Datenschutzbeauftragten sind, desto stärker wandelt sich das **Anforderungsprofil** vom beratenden IT-/Datenschutzspezialisten zum entscheidenden und durchsetzenden Manager, dessen Aufgabe nicht mehr von einen externen Datenschutzbeauftragten wahrgenommen werden kann. Dabei ist zu entscheiden, ob verbindliche Datenschutzaufgaben noch vom Datenschutzbeauftragten wahrgenommen werden sollen oder hierfür eine Compliance-ähnliche Funktion wie ein „Chef Privacy Officer" geschaffen werden soll.

Zusammengefasst können Datenschutzabteilungen hinsichtlich des Verantwortungsumfangs in vier Kategorien unterteilt werden:

Nr.	Bezeichnung	Beschreibung
1.	Datenschutzbeauftragter „Pflicht"[1]	Die Aufgaben beschränken sich auf das vorgegebene Pflichtprogramm aus der DS-GVO und den jeweiligen Nebengesetzen.[2]
2.	Datenschutzbeauftragter „Kür"	Über die Pflichtaufgaben hinaus bestehen weitere Zuständigkeiten mit Datenschutzkontext,[3] jedoch ohne Weisungsbefugnis oder sonstige Verantwortung für die tatsächliche Einhaltung der datenschutzrechtlichen Vorgaben.[4]
3.	Privacy-Manager „Weisungsbefugt"	Zusätzliche Aufgaben wie bei der „Kür", jedoch mit Weisungsbefugnis,[4] so dass die Abteilung bzw. deren Leiter über ein entsprechendes Mandat gegenüber anderen Abteilungen verfügt.[5]
4.	Chief Privacy Officer „Datenschutz-Compliance"	Der Vorstand bzw. die Geschäftsleitung hat seine bzw. ihre Pflichten hinsichtlich der Compliance mit datenschutzrechtlichen Vorgaben auf eine bestimmte Person (hier als Chief Privacy Officer bezeichnet) delegiert.[6] Er/Sie trägt auch gegenüber Dritten eine Garantenpflicht für das Einhalten dieser Bestimmungen.[7] Seine/Ihre Aufgabe besteht nicht nur darin, in Einzelfragen und reaktiv rechtlich zutreffende Antworten oder verbindliche Weisungen zu erteilen, sondern umfasst – entsprechend der Delegation der Pflichten des Vorstandes – die Verantwortung für die proaktive Einführung

Nr.	Bezeichnung	Beschreibung
		wirksamer und angemessener organisatorischer Maßnahmen, um Datenschutzverstöße zu verhindern.[8]

Anmerkungen

1. Pflicht und Kür bei Datenschutz-Compliance. Siehe zur Datenschutz-Compliance auch den mit „Einführung eines Datenschutz-Management-Systems in Unternehmen – Pflicht oder Kür?" betitelten Beitrag von *Wichtermann* (ZD 2016, 421), der auch auf die Rechtslage unter der DS-GVO eingeht, jedoch das Datenschutzmanagement stark auf die Pflichten des Datenschutzbeauftragten fokussiert. Zu Datenschutz- und Compliance-Management-Systemen → Anm. 8; → A.II.3.

2. Tätigkeitsumfang und Qualifikation. Vgl. den möglichen Verantwortungsumfang von Datenschutzbeauftragten in → A.III.4. sowie die Differenzierung nach service- oder kontrollorientierten Tätigkeiten in → A.III.3.

3. Weitere Zuständigkeiten. In der finalen Fassung des Art. 39 DS-GVO finden sich deutlich weniger Zuständigkeiten, als in den Entwürfen der Kommission und des Parlaments vorgeschlagen wurde (Paal/Pauly/*Paal*, DS-GVO, Art. 39 Rn. 3). Art. 39 DS-GVO ist jedoch nicht als abschließender Katalog von Tätigkeiten des Datenschutzbeauftragten zu verstehen; es handelt sich vielmehr um seine Mindestaufgaben (Gola/*Klug*, DS-GVO, Art. 39 Rn. 1; Paal/Pauly/*Paal*, DS-GVO, Art. 39 Rn. 4). Dies ergibt sich bereits aus dem Wort des Art. 39 Abs. 1 S. 1 DS-GVO („zumindest folgende Aufgaben"). Mögliche weitere Aufgaben – die freilich nicht zu einem Interessenkonflikt führen dürften – finden sich in → A.III.3. und 4. Festzulegen ist auch, ob – sofern die Datenschutzorganisation aus mehreren Personen besteht – es sich um Mitarbeiter handelt, die lediglich Annex zum betrieblichen Datenschutzbeauftragten und dessen gesetzlichem (Mindest-)Auftrag sind.

4. Weisungsbefugnis. Ob eine Datenschutzabteilung verbindliche Weisungen erteilen soll, berührt den Kern ihres Mandats und ihres Selbstverständnisses. § 4f Abs. 1 S. 1 BDSG a.F. enthielt noch die sehr weiche und unverbindliche Aufgabe, auf die Einhaltung des Datenschutzes „hinzuwirken". Art. 39 Abs. 1 DS-GVO enthält hingegen etwas konkretere Aufgaben, neben der Schulungs- und Beratungsaufgabe insbesondere die Pflicht zur Überwachung der Einhaltung der Datenschutzgesetze (Art. 39 Abs. 1 lit. b DS-GVO; zum Vergleich zwischen dem Aufgabenkreis nach §§ 4g, 4f BDSG a.F. und den Regelungen der DS-GVO Paal/Pauly/*Paal*, DS-GVO, Art. 39 Rn. 15). Allerdings beinhaltet diese Auditierungspflicht noch nicht, auch für die tatsächliche Einhaltung Sorge zu tragen. Wenn kein entsprechendes Mandat vorliegt, sollte die Geschäftsleitung festlegen, wer stattdessen für die tatsächliche Einhaltung zuständig ist, etwa die Compliance- oder die Rechtsabteilung. Anderenfalls bleibt die Verantwortung für die Einhaltung des Datenschutzrechts bei der Geschäftsleitung (→ A.II.).

5. Mandat zur Erteilung von Weisungen. Häufig wird von der Geschäftsleitung implizit erwartet, dass die Datenschutzabteilung, zumindest in bestimmten Umfang, auch für die Durchsetzung des Datenschutzes zuständig ist. Gleichwohl liegt hierzu nur selten ein klares Mandat von der Geschäftsleitung an die Datenschutzorganisation vor. Falls es erteilt wird, sollte dies eindeutig und schriftlich erfolgen. Ein solches Mandat zu verbindlichen Anweisungen kann allerdings im Konflikt zu den gesetzlichen Aufgaben des Datenschutzbeauftragten stehen. Aus dem Grundsatz der Weisungsfreiheit wurde nach verbreiteter Auffassung bislang darauf geschlossen, dass Entscheidungen von der Geschäftsleitung, aber nicht vom Datenschutzbeauftragten zu treffen sind (vgl. zum BDSG a.F. *Gola/Schomerus*, BDSG, § 4f Rn. 48; offener aber *Gola/Schomerus*, BDSG, § 4g Rn. 8; vgl. auch Taeger/Gabel/*Scheja*, BDSG, § 4f Rn. 87; unter der DS-GVO offener Gola/*Klug*, DS-GVO, Art. 39 Rn. 4 („In Betracht kommen aber auch abgeleitete Weisungsbefugnisse") sowie Rn. 6 (im Kontext der Kommunikation mit Aufsichtsbehörden). Unter der DS-GVO wird zunehmend anerkannt, dass die Geschäftsleitung bestimmte Verantwortungsbereiche für die Wahrung des Datenschutzes an den Datenschutzbeauftragten oder dessen Mitarbeiter delegieren kann, wozu der Erlass oder zumindest die Mitarbeit an Richtlinien oder Betriebsvereinbarungen gehören können. Zum Meinungsstand hinsichtlich einer sich aus Art. 38 Abs. 1 DS-GVO ergebenden Mitwirkung an Richtlinien und der sich daraus ergebenden Stellung eines „starken" Datenschutzbeauftragten siehe Gola/*Klug*, DS-GVO, Art. 39 Rn. 4; Paal/Pauly/*Paal*, DS-GVO, Art. 39 Rn. 6; Kühling/Buchner/*Bergt*, DS-GVO, Art. 39 Rn. 13 f.; zu Betriebsvereinbarungen unter der früheren Rechtslage Taeger/Gabel/*Scheja*, BDSG, § 4f Rn. 87. Zwar besteht sowohl unter dem BDSG a.F. als auch der DS-GVO der Grundsatz, dass der Datenschutzbeauftragte der datenverarbeitenden Stelle primär beratend zur Stelle steht, um seine Position als neutrale Kontrollinstanz nicht durch den Zwang zu operativen oder vermeintlich „pragmatischen" Entscheidungen zu unterminieren. Da dann aber im Rahmen einer modernen Compliance-Struktur eine zweite Einheit im Unternehmen für die tatsächliche Durchsetzung des Datenschutzes zuständig sein müsste (zur Datenschutz-Compliance → A.II.) und damit neben der neutralen, aber unverbindlichen Abteilung des Datenschutzbeauftragten noch eine zweite (häufig die Rechts- oder Compliance-Abteilung) für die Umsetzung des Datenschutzes mandatiert wäre, erscheint es in den meisten Fällen im Sinne einer effektiven und vor allem effizienten Umsetzung des Datenschutzes angebracht, beide Aufgaben in einer einzigen, von allen Mitarbeitern anerkannten Abteilung zu konzentrieren.

6. Delegation von Pflichten des Vorstandes/der Geschäftsleitung. Zur Delegation von Pflichten ausführlich → A.II.2.; organisatorische Richtlinie → D.I.2.

7. Garantenstellung von leitenden Compliance-Verantwortlichen. Aufbauend auf der Garantenstellung von bestimmten Beamten und besonderen Funktionsträgern hat der 5. Strafsenat des BGH festgestellt, dass auch über die Verpflichtung im Arbeits- oder Dienstvertrag eine strafrechtlich relevante Garantenstellung entstehen kann (BGH, Urt. v. 17.7.2009 – 5 StR 394/08, NJW 2009, 3173 = ZIP 2009, 1867 – BSR; dazu auch → A.II.2. Anm. 6): „Eine solche, neuerdings in Großunternehmen als ‚Compliance' bezeichnete Ausrichtung, wird im Wirtschaftsleben mittlerweile dadurch umgesetzt, dass sog. ‚Compliance Officers' geschaffen werden [...]. Deren Aufgabengebiet ist die Verhinderung von Rechtsverstößen, insbesondere auch von Straftaten, die aus dem Unternehmen heraus begangen werden und diesem erhebliche Nachteile durch Haftungsrisiken oder Ansehensverlust bringen können [...]. Derartige Beauftragte wird regelmäßig strafrechtlich eine Garantenpflicht im Sinne des § 13 Abs. 1 StGB treffen, solche im Zusammenhang mit der Tätigkeit des Unternehmens stehende Straftaten von Unternehmensangehörigen zu verhindern. Dies ist die notwendige Kehrseite ihrer gegenüber der Unternehmensleitung übernommenen Pflicht, Rechtsverstöße und insbesondere Straftaten zu unterbinden." (vgl. hierzu *Kraft/Winkler*, CCZ 2009, 29; *Wybitul*, BB 2009, 2263). Neben der persönlichen Strafbarkeit eines Chief Officers bringt die Strafbarkeit die zivilrechtliche Haftung nach § 823 Abs. 2 BGB mit sich.

8. Einführung organisatorischer Maßnahmen. Das Institut der Wirtschaftsprüfer (IDW) hat einen Prüfungsstandard („PS") für die Prüfung von Compliance-Management-Systemen erstellt (IDW PS 980). Dieser ist keine rechtlich verbindliche Norm, setzte aber faktisch und bezüglich der Chancen einer etwaigen Exculpation Maßstäbe. Zum IDW PS 980 und den Anforderungen an datenschutzbezogene Compliance-Systeme → A.II.3., vgl. auch ausführlich *Egle/Zeller* in: von dem Bussche/Voigt (Hrsg.), Konzerndatenschutz, S. 45 ff.; *Marschlich* in: Hauschka (Hrsg.), Formularhandbuch Compliance, S. 107.

3. Dienstleister oder Kontrolleur: Die zwei Gesichter von Datenschutzabteilungen

In der Praxis ist zu berücksichtigen, dass Datenschutzabteilungen – ähnlich wie Rechts- oder Compliance-Abteilungen – zwei gänzlich verschiedene Aufgabenarten erfüllen sollen. Zum einen haben Sie gegenüber ihren Kollegen in der Regel eine gewisse **Aufsichts- und Kontrollfunktion,** etwa bezüglich des Einhaltens der Datenschutzgesetze oder der Durchführung einer Datenschutz-Folgenabschätzung. Dies gilt auch dann, wenn ihre Bewertungen gänzlich unverbindlich sein sollen. Zum anderen dienen sie denselben Kollegen meist im Rahmen einer **Service-Funktion** und geben z.B. Hilfe bei der Umsetzung von praktikablen Werbekampagnen oder beraten bei der Entwicklung neuer Geschäftsmodelle. Beides gilt es, fachlich und menschlich, zu vereinen.

Eine Einordnung typischer Tätigkeiten findet sich in der nachfolgenden Auflistung:

Primär kontrollierend *(Compliance)*	*Primär unterstützend* *(Service)*
Einhaltung der zwingenden Vorgaben der DS-GVO und der Nebengesetze.[1]	**Drängen auf Einhaltung von höheren, aber nicht verbindlich vorgesehenen Standards.**[2]
	Unterstützung bei Randthemen, die nicht zum Datenschutz gehören, wie dem Schutz von nicht personenbezogenen Unternehmensinformationen, Insidergeheimnissen, IT-Sicherheit ohne Bezug zu personenbezogenen Daten, Unterstützung bei der Gestaltung von Werbeeinwilligungen und Gewinnspielen auch in

Primär kontrollierend (Compliance)	Primär unterstützend (Service)
	wettbewerbsrechtlicher Hinsicht, Impressumspflichten sowohl im Sinne des Anbieters digitaler Dienste als auch nach Presse-/Rundfunkrecht.[3] Unterstützung beim Erstellen von Ausschreibungen und bei der Abgabe von Angeboten.
Unterstützung bei der Erstellung von Datenschutzerklärungen; diesbezügliche Beratung und Überwachung nach Art. 39 Abs. 1 DS-GVO.	Vollständige Erstellung von Datenschutzerklärungen als Service-Einheit. Bereitstellen von einfach zu verwendenden Musterdokumenten und Erläuterungen.
Unterrichtung der verantwortlichen Stelle, dass diese nach Art. 30 DS-GVO ein Verarbeitungsverzeichnisses zu führen hat, und Kontrolle desselben im Rahmen der Pflicht nach Art. 39 Abs. 1 DS-GVO.	Koordination der Zusammenführung der Informationen aus den Fachbereichen; Organisation und Verantwortung einer geeigneten Softwarelösung.[4]
Unterrichtung, Beratung und Überwachung hinsichtlich der Auftragsvereinbarung.	Federführung hinsichtlich der Initiierung von Vereinbarungen über die Auftragsvereinbarung einschließlich Formulierung, Inhalt und Verhandlung; Bereitstellen von geeigneten Mustern und Handlungsanweisungen.
Überwachung der Einhaltung von Datenschutzstrategien (Art. 39 Abs. 1 lit. b DS-GVO).	Vorschlag und Festlegung von Datenschutzstrategien und Datenschutzrichtlinien.[5] Erstellung von Musterverträgen und anderen Vorlagen, um Kollegen zu unterstützen und zu entlasten.
Schulungen im Rahmen der Pflicht zu Unterrichtung und Beratung (Art. 39 Abs. 1 lit. a und c DS-GVO).	Darüber hinausgehende Schulungen, Konzeption von eLearning und anderen geeigneten Schulungsmaßnahmen wie Workshops, Q&A-Sessions etc.
Unterrichtung, Beratung und Überwachung hinsichtlich der Beantwortung von Auskunftsersuchen sowie weiterer Betroffenenrechte (Art. 15 ff. DS-GVO).	Konzeption und Organisation eines angemessenen und funktionsfähigen Auskunfts-Services, Beantwortung von zusätzlichen Anfragen, Weiterleitung von eingehenden Vertragskündigungen; Konzeption von Löschkonzept und Recht auf Vergessenwerden, Festlegungen zur Datenportabilität etc.[6]

Primär kontrollierend (Compliance)	Primär unterstützend (Service)
Durchführung von Pflichtaudits nach Art. 39 Abs. 1 lit. b DS-GVO.	Zusätzliche Auditierungen, die über das Mindestmaß der DS-GVO hinausgehen, Nachhalten von festgestellten Mängeln und der Umsetzung vereinbarter Maßnahmen.
Auf Anfrage: Rat bei der Datenschutz-Folgenabschätzung im Rahmen der gesetzlichen Vorgaben (Art. 35 Abs. 2, 39 Abs. 1 lit. c DS-GVO), z. B. bei Projekten oder M&A-Aktivitäten.	Proaktive Unterstützung auch im Vorfeld und über die gesetzlichen (Mindest-) Pflichten hinaus, z. B. Lösungsfindung sowie Vertragsgestaltung und -verhandlung für den datenschutzrechtlichen Teil.[7]

Anmerkungen

1. Kontrollierende Tätigkeiten. Zwar ist es wünschenswert, wenn auch der kontrollierende Teil der Datenschutztätigkeit konstruktiv, proaktiv und im Team (→ A.V.1.) erfolgen kann. Hierbei muss es jedoch Grenzen geben, wenn Hinweise oder gar Untersagungen der Datenschutzabteilung nicht befolgt werden. In der deutschen Unternehmenspraxis wird jedoch schon unterschiedlich gehandhabt, ob überhaupt verbindliche Anweisungen ausgesprochen werden. Häufig deklarieren Datenschutzabteilungen, wie auch manche Rechtsabteilungen, ihre Stellungnahmen lediglich als unverbindlichen Hinweis. Die DS-GVO sieht ebenso wie das frühere BDSG keine verbindlichen Anordnungen des betrieblichen Datenschutzbeauftragten vor (→ A.III.2.).

2. Beispiele für höhere Standards. Aus Imagegründen können Einwilligungen oder Datenschutzerklärungen z. B. für den Nutzer rechtlich günstiger sein als nach der DS-GVO erforderlich oder zusätzliche, rechtlich nicht notwendige Informationen bereithalten. Um eine Regulierung durch den Gesetzgeber zu vermeiden, wird teilweise auch der Selbstverpflichtung einer Branche oder eines Verbandes beigetreten, die dann höhere Standards setzt.

3. Weitere Zuständigkeiten. Eine Übersicht möglicher weiterer rechtlicher Zuständigkeiten einschließlich der Vor- und Nachteile solcher Zuständigkeiten ist nachfolgend in → A.III.4. abgedruckt.

4. Verantwortung für Verarbeitungsverzeichnisse. Anders als beim Verfahrensverzeichnis nach § 4g Abs. 2 S. 1 BDSG a. F., das dem Datenschutzbeauftragten durch die verantwortliche Stelle zur Verfügung zu stellen war und dem dabei wohl eine Prüfpflicht zukommen sollte (so Plath/*von dem Bussche*, BDSG, § 4g Rn. 22 f.), liegt die Verantwortung für das Verzeichnis von Verarbeitungstätigkeiten nach Art. 30 DS-GVO ausschließlich bei dem Verantwortlichen bzw. dem Auftragsverarbeiter, aber nicht beim Datenschutzbeauftragen (Kühling/Buchner/*Hartung*, DS-GVO, Art. 30 Rn. 13; Paal/Plath/*Martini*, DS-GVO, Art. 30 Rn. 36). Da dem Datenschutzbeauftragten unter der DS-GVO zusätzliche Pflichten übertragen werden

Koglin

können (Art. 39 Abs. 1 S. 1 DS-GVO: ihm „obliegen zumindest" die dort aufgeführten Aufgaben, dazu → A.III.2. Anm. 3) und bei der Organisation der Rahmenbedingungen des Verarbeitungsverzeichnisses, wie z. B. der Auswahl einer geeigneten
Softwarelösung, kein Interessenkonflikt erkennbar ist, können solche Aufgaben
durchaus von ihm übernommen werden. Gleiches dürfte auch für die Organisation
der einzelnen Informationen aus den Fachbereichen gelten. Zumindest unter dem
BDSG a. F. war umstritten, ob dem Datenschutzbeauftragten die gesamte Führung
des Verfahrensverzeichnisses aufgebürdet werden darf (Übersicht über den Streitstand bei Kühling/Buchner/*Hartung*, DS-GVO, Art. 30 Rn. 13, dort Fn. 10; *Hansen-
Oest*, PinG 2016, 79 (81)).

5. Datenschutzstrategien und -richtlinien. Nach dem Wortlaut des Art. 39 Abs. 1
lit. b DS-GVO obliegt dem Datenschutzbeauftragten lediglich die Überwachung
existierender Datenschutzstrategien, nicht aber deren Erstellung (zutreffend Küh-
ling/Buchner/*Bergt*, DS-GVO, Art. 39 Rn. 22). Gleichwohl wird vertreten, dass sich
über die „Generalklausel" zur Stellung des Datenschutzbeauftragten (Art. 38 Abs. 1
DS-GVO) eine Pflicht zur Beteiligung des Datenschutzbeauftragten bei der Ausarbeitung solcher Strategien ergibt (so Kühling/Buchner/*Bergt*, DS-GVO, Art. 39
Rn. 14; vgl. hierzu auch *Jaspers/Reif*, RDV 2012, 78 (81); zu Richtlinien unter der
früheren Rechtslage klar bejahend *Gola/Schomerus*, BDSG, § 4g Rn. 8; → A.III.2.).
Unzweifelhaft dürfte eine maßgebliche Beteiligung an der Erstellung von Datenschutzstrategien einem aktiven und „starken" Datenschutzbeauftragten entgegenkommen und damit dem Datenschutz dienen. Formulare für Richtlinien zum
Datenschutz nebst entsprechendem Gesellschafterbeschluss → D.I. und II. Zur Erstellung verbindlicher Richtlinien oder einer unternehmensweiten „Datenschutzordnung" unter dem BDSG a. F. vgl. *Gola/Schomerus*, BDSG, § 4g Rn. 8 f.; zu formalen verbindlichen internen Datenschutzvorschriften, die gem. Art. 47 Abs. 1 DS-
GVO von der zuständigen Aufsichtsbehörde genehmigt werden müssen und wegen
dieses Aufwands entsprechend selten bleiben werden (sog. **Binding Corporate Rules,** BCR) vgl. Art. 47 DS-GVO.

6. Unterstützung bei sonstigen Tätigkeiten. Die Unterstützung und Einbringung
bei grundsätzlichen Fragen ist sicherlich ein Einsatz, die der Stärkung des Daten-
schutzbereichs und dem Datenschutz selbst dient. Angesichts beschränkter Ressourcen besteht indes bei zu intensiver Unterstützung bei Einzelfragen und Projekten latent die Gefahr, sich zu „verzetteln" und wichtigere, strategische Arbeiten
aufzuschieben (→ A.III., Einl. und 1.). Allgemein hierzu *Heine* in: Lenz (Hrsg.), Die
Rechtsabteilung, S. 98.

7. Aktive Unterstützung bei Datenschutz-Folgenabschätzung. Zum Gegenüberstellung von einer formal durchgeführten Datenschutz-Folgenabschätzung und
Teamarbeit → A.V.1.; Formulare zur Datenschutz-Folgenabschätzung → C.III.

4. Von der Auftragsverarbeitung bis zur Verbandsarbeit: Zuständigkeitsbereiche im Einzelnen

Nachfolgend sind mögliche **Zuständigkeiten und Befugnisse** aufgelistet, die in die
Stellenbeschreibung des Datenschutzbeauftragten bzw. der Datenschutzabteilung
aufgenommen werden können.

Koglin

Zuständigkeit	*Pro/Contra*
(Allein-)Zuständigkeit[1] für weitere regulatorische Themen mit unmittelbarem Bezug zum Datenschutz, z. B. – TMG, insbesondere Datenschutzerklärungen und Webanalyse/ Tracking,[2] – TKG, insbesondere Telekommunikationsdatenschutz und Telekommunikationsgeheimnis, sowie – UWG, insbesondere Werbemaßnahmen und Einwilligungen (§ 7 UWG) sowie Gewinnspiele.[3]	Pro: Naheliegende, beinahe zwingende Ergänzung, um Doppelzuständigkeiten zu vermeiden.
(Allein-)Zuständigkeit für weitere Themen, die selbst keine originäre Datenschutzanforderung sind, jedoch eine große Nähe zum Datenschutz haben und in der Praxis meist gemeinsam mit Datenschutzthemen auftreten. Dies können sowohl rechtliche als auch technische Themen sein, z. B.: – Impressumspflicht bei Websites und Apps,[4] – Pflichtangaben in E-Mail-Signaturen, – Social Media, – technische und organisatorische Maßnahmen nicht nur im Kontext des Schutzes personenbezogener Daten, sondern konzernweiter IT- und Informationssicherheit.	Pro: Thematisch sinnvolle Ergänzung, um Datenschutzthemen im Rahmen eines einheitlichen Gesamtkonzeptes in einer Abteilung zu bündeln. Abgrenzungs- und Zuständigkeitsfragen gegenüber anderen Abteilungen werden vermieden. Contra: Hier und nachfolgend ist zu berücksichtigen, dass mit den zusätzlichen Aufgaben auch der Bedarf an finanziellen und personellen Ressourcen steigt. Zusätzliche Pflichten dürfen nicht dazu führen, dass der Datenschutzbeauftragte seinen gesetzlichen Pflichten nicht mehr nachkommen kann.[5]
Zuständigkeit und Federführung bei gerichtlichen und außergerichtlichen Streitigkeiten, die Datenschutz betreffen, u. a.:[6] – „Single point of contact" gegenüber den Datenschutzbehörden, – Leitung von Prozessen und Prozessstrategien (sowohl bei Verfahren gegen Aufsichtsbehörden als auch bei Verfahren der ordentlichen Gerichtsbarkeit, insbesondere wegen UWG).	Pro: Bündelung der Datenschutzthemen in einer Abteilung ermöglicht Synergieeffekte, einheitliche Ansprechpartner für interne und externe Kontaktpersonen sowie einen einheitlichen Umgang mit allen relevanten Themen. Contra: Insbesondere die Leitung und Lenkung von Rechtsstreitigkeiten kann beim Datenschutzbeauftragten zu Interessenkonflikten führen, da er geneigt sein kann, das Obsiegen in den Streitigkeiten über die tatsächliche Durchsetzung des Datenschutzes zu stellen.

Koglin

Zuständigkeit	Pro/Contra
Bei Unternehmen im B2C-Bereich: Lenkung von oder zumindest Einbindung bei einer konzernweiten Datenschutz- und Risikostrategie für den CRM-Bereich.	Pro: Die Endkundenansprache und damit CRM sind eine nach außen sehr sichtbare Betätigung, die erhebliche Risiken birgt. Sie gilt Datenschützern oft als „heißes Eisen", das lieber nicht angefasst wird. Umso wichtiger ist jedoch, in diesem Bereich proaktiv präsent zu sein und ihn mit Augenmaß zu begutachten.[7] Contra: Schwache und externe Datenschutzbeauftragte können der Gefahr ausgesetzt sein, sich von dem Thema und den dahinter stehenden Führungskräften vereinnahmen zu lassen und schlechte oder gar massiv rechtswidrige Lösungen abzusegnen.
Zuständigkeit oder zumindest Einbindung hinsichtlich politischer, Verbands- und ggf. Lobbytätigkeit bei Datenschutzthemen.	Pro: Verstärkt nochmals den konzernweit einheitlichen Umgang mit datenschutzrelevanten Themen. Contra: Kann den Interessenkonflikt verstärken.[8]
Konzerninterne Weisungsbefugnis und Informationsrecht für datenschutzrechtliche Themen wie: – Datenspeicherung, -löschung und -weitergabe, – Informationen, die für die Erfüllung der Auskunftsrechte der Betroffenen erforderlich sind, – Auftragsverarbeitung und entsprechende Vereinbarungen, – Entscheidung, ob Datenverarbeitungsprozesse als Auftragsverarbeitung oder als Funktionsübertragung ausgestaltet werden,[9] – Webanalyse/Tracking, Social Media, – Werbeeinwilligungen und Werbekampagnen, – datenschutzrechtliche Aspekte bei Due Diligences und M&A.	Pro: Dient einer tatsächlichen Umsetzung des Datenschutzes im Unternehmen. Verbindlichkeit stärkt die Stellung der Datenschutzorganisation, während Unverbindlichkeit dazu führen kann, dass die Organisation nur begrenzt ernst genommen wird. Contra: Eine solche Weisungsbefugnis ist im Gesetz nicht vorgesehen. Sie kann bezüglich der Neutralität und Aufgabenverteilung zwischen Datenschutzbeauftragten und Geschäftsführung als problematisch angesehen werden.[10]

Anmerkungen

1. Alleinzuständigkeit. Die Definition einer Alleinzuständigkeit vermeidet Abgrenzungsprobleme zu anderen Abteilungen, sollte sich jedoch auch in die Zuständigkeiten anderer Abteilungen einfügen und für die internen Mandanten einfach nachzuvollziehen sein (→ A.III.1.; zur Rationalisierung von Datenschutzthemen → E.I.).

2. Datenschutzerklärung. Zur inhaltlichen Ausgestaltung von Datenschutzerklärungen → F.I.

3. § 7 UWG als Datenschutznorm. Die Einteilung des § 7 UWG, insbesondere § 7 Abs. 2 Nr. 3 nebst Abs. 3 UWG, zur Zuständigkeit des Datenschutzes ist auch deswegen naheliegend, weil mit diesen Normen Art. 13 Datenschutzrichtlinie für die elektronische Kommunikation (2002/58/EG) umgesetzt wurde, es sich also weitgehend um die Umsetzung europäischen Datenschutzrechts handelt. Die Vorgaben aus Art. 13 der Richtlinie werden voraussichtlich weitgehend in Art. 16 ePrivacy-VO-E übernommen werden.

4. Impressumspflichten. Zur Impressumspflicht allgemein z. B. *Oelschlägel* in: Oelschlägel/Scholz (Hrsg.), Handbuch Versandhandelsrecht, S. 21 ff.; zu Informationspflichten bei Apps *Wiedemann* in: Solmecke/Taeger/Feldmann (Hrsg.), Mobile Apps, S. 159 ff.

5. Überforderung des Datenschutzbeauftragten. Wenn der Datenschutzbeauftragte mit der Erfüllung all seiner Aufgaben überfordert ist, dies bislang zum Teil als Gefährdung von dessen Zuverlässigkeit i. S. d. § 4f Abs. 1 S. 1 BDSG a. F. angesehen (Simitis/*Simitis*, BDSG, § 4g Rn. 90; Plath/*von dem Bussche*, BDSG, § 4g Rn. 27). In jedem Fall sind dem Datenschutzbeauftragten die erforderlichen Ressourcen zur Verfügung zu stellen, Art. 38 Abs. 2 DS-GVO. Der Verantwortliche bzw. der Auftragsverarbeiter hat nach Art. 38 Abs. 6 DS-GVO sicherzustellen, dass die zusätzlichen Aufgaben dabei nicht zu einem Interessenkonflikt führen.

6. Federführung bei Rechtsstreitigkeiten. Teilweise wird es als problematisch angesehen, wenn der Datenschutzbeauftragte maßgeblicher Ansprechpartner gegenüber der Aufsichtsbehörde ist, vgl. *Gola/Schomerus*, BDSG, § 4f Rn. 23a. Einer Bündelung und Zentralisierung des Kommunikationsweges solle dies jedoch nicht entgegenstehen; so im Ergebnis auch *Heine* in: Lenz (Hrsg.), Die Rechtsabteilung, S. 98. Auch kann es zu Interessenskonflikten führen, wenn der Datenschutzbeauftragte ein wirtschaftliches Interesse am Ausgang hat (Kühling/Buchner/*Bergt*, DS-GVO, Art. 38 Rn. 41); dies kann sowohl durch Budgetziele als auch durch eine besonders hohe variable Vergütung für den Falls eines bestimmten Verfahrensausgangs entstehen.

7. Entscheidungsbefugnis. Eine zu weitreichende Entscheidungskompetenz kann hinsichtlich der Neutralität des Datenschutzbeauftragten als problematisch angesehen werden, → A.III.2. Anm. 4 und 5.

8. Interessenkonflikt. Auch eine zu intensive oder gar einseitige Verbands-/Lobbyarbeit kann als problematisch hinsichtlich der Neutralität des Datenschutzbeauftragten (Art. 38 Abs. 6 S. 2 DS-GVO) angesehen werden.

Koglin

9. Abgrenzung zur Funktionsübertragung. Dazu ausführlich → G.I.1.; Kühling/Buchner/*Hartung*, DS-GVO, Art. 28 Rn. 41 ff.

10. Weisungsbefugnis. Dazu ausführlich → A.III.2. Anm. 4 und 5.

5. Risikoverständnis und Reifegrad einer Datenschutzorganisation

Zusammen mit den Zuständigkeiten der Datenschutzabteilung sollte auch eine realistische **Risikostrategie** festgelegt werden (vgl. Art. 39 Abs. 2 DS-GVO). Denn gerade im vergleichsweise jungen Datenschutzrecht findet sich nur selten eine eindeutige Rechtsprechung oder eine „herrschende Meinung". Im Datenschutzrecht ist dieses Problem sogar noch vielschichtiger als in den meisten anderen Rechtsgebieten: Es existieren kaum höchstrichterliche Entscheidungen. Zudem stammen Entscheidungen häufig aus verschiedenen Gerichtsbarkeiten, etwa aus der Verwaltungsgerichtsbarkeit für Streitigkeiten über Verwaltungsakte der Aufsichtsbehörden, aus dem Zivilrechtsweg insbesondere bei Unterlassungsstreitigkeiten mit Verbraucherschutzverbänden wegen der Verwendung von Datenschutzerklärungen oder Einwilligungen, aus der Arbeitsgerichtsbarkeit im Zusammenhang mit Arbeitnehmerdaten, und schließlich von Strafgerichten im Zusammenhang mit Strafverfolgung und Straftaten. Darüber stehen noch das BVerfG sowie der EuGH. Häufig sind Urteile eines Rechtsweges nicht ohne Weiteres auf Rechtsfragen aus anderen Rechtswegen anzuwenden, wie z. B. bei den strafprozessualen Urteilen zur Verwendung von E-Mails und der verwandten, aber nicht identischen Thematik des arbeitgeberseitigen Zugriffs bei der privaten Nutzung eines dienstlichen E-Mail-Accounts (→ D.III.1.). Hinzu kommen zahllose Stellungnahmen von Gremien wie dem Düsseldorfer Kreis, der Konferenz der Datenschutzbeauftragten des Bundes und der Länder oder der Artikel-29-Datenschutzgruppe, die freilich unverbindlich sind und inhaltlich die teils einseitigen Positionen der Datenschutzbehörden widerspiegeln.

Auch wenn es unter der DS-GVO u.a. durch von den Verbänden initiierte Verhaltensregeln (Art. 40 DS-GVO), durch eine verbindlichere Rolle von Zertifizierungen (Art. 42 DS-GVO; zu Zertifizierungen und Verhaltensregeln → C.IV.) und insbesondere durch einheitliche und verbindliche Vorgaben infolge des Kohärenzverfahrens zwischen den Aufsichtsbehörden (Art. 63 ff. DS-GVO) Hoffnung auf klarere Regeln gibt, wird wohl es auch nach Mai 2018 noch einige Zeit benötigen, bis solche Regeln existieren.

Vor dem Hintergrund dieser großflächigen Grauzonen muss der Datenschutzbeauftragte eine generelle **Entscheidung über seine Positionierungen** treffen. Wenn auf fast jede Frage die Antwort sinngemäß lautet „Das ist rechtlich nicht klar, aber die Aufsichtsbehörde sieht das eher skeptisch; daher muss ich Ihnen von dem geplanten Vorhaben abraten, aber letztlich müssen Sie es selber verantworten", erkennen die Kollegen bald nicht mehr den Mehrwert dieser Antworten und werden die Datenschutzabteilung zukünftig eher spät oder gar nicht einbinden.

Der Mehrwert einer guten **Datenschutzorganisation** kann gerade darin liegen, den anfragenden Mitarbeitern und Abteilungen trotz der rechtlichen Unsicherheit klare **Handlungsanweisungen** an die Hand zu geben und ihnen bei ihren Problemen und Projekten zu helfen, um dabei gleichzeitig die möglichst **einheitliche Handha-**

Koglin

bung vergleichbarer Rechtsfragen zu erzielen. Dies erfordert eine Strategie zum Umgang mit datenschutzrechtlichen Risiken. Zunächst ist zu unterscheiden, ob es sich – vor allem im Zusammenhang mit unbestimmten Rechtsbegriffen wie der Sicherheit der Verarbeitung (Art. 32 DS-GVO) oder den Abwägungen z.B. beim berechtigten Interesse (Art. 6 Abs. 1 lit. f DS-GVO) – um rechtliche Grauzonen oder um eindeutige, aber vielleicht geringe Verstöße handelt. Letztere freizugeben oder zumindest, wie es dann ebenso häufig wie euphemistisch heißt, „**pragmatisch zu handhaben**", erscheint angesichts des gesetzlichen Auftrags des Datenschutzbeauftragten und auch den Anforderungen von **Rechtmäßigkeit** und **Rechenschaftspflicht** (Art. 5 Abs. 1 lit. a, Abs. 2 DS-GVO) sowie den drohenden **Bußgeldern** problematisch. Doch wer z.B. die Entscheidungen des EU-Parlamentes und der europäischen Administration zur Weitergabe von Fluggastdaten ansieht, kann sich des Eindrucks nicht verwehren, dass eine „**pragmatische Handhabung**" auch beim staatlichen Handeln eine anerkannte Vorgehensweise darstellt. Um den Datenschutzbeauftragten und sämtliche damit befasste Mitarbeiter im Umgang mit solchen „**Grauzonen**" abzusichern, empfiehlt es sich, eine Haftungsfreistellung zu Gunsten der handelnden Mitarbeiter zu vereinbaren. Hierdurch können sie in rechtlich heiklen **Themen** agieren, ohne aus Sorge um eine **persönliche Haftung** oder um den Bestand ihres Arbeitsverhältnisses stets nur zu praxisfernen, aber rechtlich vermeintlich sicheren Wegen zu raten.

Der Arbeits- bzw. Dienstvertrag mit dem Datenschutzbeauftragten (→ B.II.) sowie den betreffenden Mitarbeitern sollte eine Klausel zur Haftungsbeschränkung enthalten. Je größer seine Haftung ist, umso eher wird der Datenschutzbeauftragte aus Selbstschutz riskante Entscheidungen vermeiden wollen (siehe zu dieser Motivation auch die Haftungsbeschränkung für Beamte durch § 839 BGB). Interne Datenschutzbeauftragte unterliegen dabei der Haftungsprivilegierung durch die Grundsätze des innerbetrieblichen Schadensausgleichs, haften also nur für Vorsatz und grobe Fahrlässigkeit (ausführlich *von dem Bussche/Voigt* in: von dem Bussche/Voigt (Hrsg.), Konzerndatenschutz, S. 31).

Um für eine abschließende **Risikobetrachtung** die datenschutzrechtliche Durchdringung des Unternehmens einheitlich und systematisch zu erfassen, kann auf die Einteilung in **Reifegrade** zurückgegriffen werden:

Reifegrad[1]	1 Chaos/ Black Box	2 Managed	3 Defined	4 Optimized
Merkmale				
Allgemeine Beschreibung	Keine oder ad hoc und inhomogen festgelegte Prozesse. Art und Dauer der Erledigung hängt maßgeblich von dem bearbeitenden Mitarbeiter ab.	Einzelne Aufgaben und Projekte werden vernünftig erledigt („managed"), jedoch nicht im Rahmen einer einheitlichen Strategie.	Über die Qualität der einzelnen Arbeiten hinaus ist die Art und Weise der Bearbeitung definiert.	Zusätzlich zur Definition der Art und Weise der Bearbeitung wird das System kontinuierlich verbessert; neue Themen werden antizipiert.

Koglin

Reifegrad[1] Merkmale	1 Chaos/ Black Box	2 Managed	3 Defined	4 Optimized
Was wird bearbeitet?	Es werden hauptsächlich die Themen abgearbeitet, die durch Anfragen an die Datenschutzabteilung herangetragen werden. Von sich aus wird die Abteilung nur selten tätig.	Es werden überwiegend Themen abgearbeitet, die durch Anfragen an die Datenschutzabteilung herangetragen werden.	Entsprechend der bestehenden Definition ist vorgegeben, welche Themen in welcher Intensität und mit welchem Risiko bearbeitet werden. Dies schließt die Themen ein, die proaktiv angegangen werden sollen.	Wie bei Reifegrad 3; zusätzlich werden neue Themen aufgenommen und die Organisation kontinuierlich verbessert.
Konsistenz von Entscheidungen	Ähnliche Anfragen werden mangels vorheriger Festlegung auf verschiedene Weise bearbeitet und daher auch häufig unterschiedlich beantwortet.	Ähnliche Anfragen werden auf verschiedene Weise bearbeitet und teilweise unterschiedlich beantwortet.	Ähnliche Anfragen werden einheitlich beantwortet.	Ähnliche Anfragen werden einheitlich beantwortet. Für erstmalig aufkommende Anfragen wurde meist schon vor der Anfrage ein Umgang mit dem Thema definiert.

Anmerkungen

1. Reifegrade. Die Einteilung von Unternehmensteilen und -prozessen in eine Abstufung von Reifegraden (engl. *Maturity Grid*) geht auf *Philip B. Crosby,* Quality is free: the art of making quality certain) zurück. Sie wurde insbesondere bei der Qualitätssicherung von Software populär und floss in ISO/IEC 15504 (SPICE) sowie das Qualitätsmanagementmodell Capability Maturity Model Integration (CMMI) ein, kann jedoch auch im Datenschutzschutzbereich angewendet werden. Das eigentliche System mit fünf Reifegradstufen wurde hier verkürzt und abgewandelt dargestellt, um es auf Datenschutzorganisationen anwenden zu können.

Koglin

6. Umgang mit Anfragen und Audits der Aufsichtsbehörden

Die Aufsichtsbehörden haben weitreichende Befugnisse. Neben ihrer Pflicht, den Datenschutzbeauftragten und damit den Verantwortlichen zu beraten und zu unterstützen (als „Sensibilisierung" nach Art. 57 Abs. 1 lit. d DS-GVO; für die vorherige Konsultation im Rahmen der Datenschutz-Folgenabschätzung Art. 36 DS-GVO), haben sie weitreichende Auskunfts- und Auditierungsrechte (Art. 58 Abs. 1 DS-GVO). Zudem können sie Maßnahmen und gegebenenfalls Untersagungen anordnen und Bußgelder festsetzen (Art. 58 Abs. 2 DS-GVO).

Die Wahrscheinlichkeit, in den Fokus des Interesses einer Datenschutzbehörde zu geraten, ist stark abhängig von Größe, Branche und Tätigkeitsfeld eines Unternehmens. Ein Großteil der deutschen Unternehmen wird wohl nie von einer Aufsichtsbehörde behelligt werden. Ein weiterer maßgeblicher Faktor ist die personelle Ausstattung der jeweiligen Behörde, die von Bundesland zu Bundesland stark variiert. Hinsichtlich der Ausstattung und auch der Aktivität scheint in der Bundesrepublik immer noch ein Nord-Süd-Gefälle erkennbar zu sein. Für Unternehmen mit Standorten in mehreren Bundesländern gibt es, zumindest inoffiziell, die Möglichkeit, sich auf eine zentral zuständige Aufsichtsbehörde zu verständigen. Ein erster Schritt zur Reduzierung des Audit-Risikos kann daher sein, die zentrale Zuständigkeit einer süddeutschen Aufsichtsbehörde zu vereinbaren. Angesichts der formalen Zuständigkeit der jeweiligen Landesdatenschutzbehörde für die datenverarbeitenden Stellen in ihrem Zuständigkeitsbereich wird eine „ausgeschlossene" Behörde aber gleichwohl nicht die Augen vor Datenschutzverstößen verschließen können und wollen, die ihr bekannt werden. Inwieweit und ab wann die durch die DS-GVO beabsichtige europaweite Harmonisierung diesbezüglich durchgreifende Änderungen bringen wird, bleibt abzuwarten.

§ 1 Kooperation und Taktik

Wie bei allen regulatorischen Aufsichtsbehörden stellt sich dem Unternehmen die Frage, in welcher Form und in welchem Umfang bei Anfragen und Audits informiert und kooperiert wird. Entsprechendes gilt für die Meldungen von Datenschutzpannen nach Art. 33 DS-GVO, wo die Meldung nebst sehr umfangreichen Informationen binnen 72 Stunden seit Bekanntwerden erfolgen muss.[1] Dabei sind sowohl der aktuell vorliegende Fall als auch die dauerhafte Beziehung zu der zuständigen Aufsichtsbehörde im Auge zu behalten. Klar ist: Eine „Salami-Taktik" ist fast immer eine unkluge Vorgehensweise. Aber auch das Gegenteil, eine ausufernde Antwort und das Darstellen von nicht abgefragten Sachverhalten, ist in der Regel unklug. Entweder provozieren die zusätzlich gemachten Angaben ein Nachhaken, oder sie rufen den Verdacht hervor, es handle sich um „Nebelbomben", die die Sicht auf die eigentliche Antwort erschweren sollen. Keines von beidem ist förderlich. Teils wird auch für ein „Spielen auf Zeit" entschieden. Dies fällt insofern leicht, als die Behörden ihrerseits nur begrenzte Ressourcen für Nachfragen und Audits haben und daher Fristverlängerungen – auch mehrfachen – meist zustimmen. Ob aber durch eine solche Verzögerungstaktik mehr gewonnen wird, als auf beiden Seiten latent Ressourcen zu binden, muss jedes Unternehmen im Einzelfall selbst beurteilen. Wenn von der Anfrage der Behörde und ihrer zeitnahen Zustimmung aber zeit-

Koglin

kritische Entscheidungen über neue Produkte oder Unternehmensakquisitionen abhängen, ist dies mit Sicherheit die falsche Taktik.[2]

§ 2 Zeitlicher Vorlauf

Audits werden in aller Regel mit ausreichendem zeitlichem Vorlauf von der
Datenschutzbehörde angekündigt. Unangekündigte Hausdurchsuchungen wie im
Kartell- oder Strafrecht finden – zumindest bislang – praktisch nie statt und begegnen auch rechtlichen Bedenken.[3] Meist werden vorab Unterlagen angefordert und
der Umfang des Audits geklärt.

§ 3 Prüfungsinhalt

Ein erstes Audit wird in aller Regel auf einzelne Konzerngesellschaften und/oder
auf einzelne (IT-)Bereiche beschränkt. Geprüft werden vorrangig die
zentralen und operativ tätigen Konzerngesellschaften, hingegen werden beispielsweise interne Immobilienverwaltungsgesellschaften weniger häufig von Interesse
für Datenschutzbehörden sein. Inhaltlich stehen neben den formalen Kriterien zu
Recht die datenschutzrechtlich sensiblen Bereiche im Fokus der Prüfung. Im Rahmen eines Audits werden die folgenden Punkte geprüft:
a) formale Aspekte wie die ordnungsgemäße Benennung des betrieblichen Datenschutzbeauftragten, die Führung eines Verarbeitungsverzeichnisses, und die Dokumentation der Rechenschaftspflicht,
b) die Personalverwaltung,
c) die Verpflichtung der Mitarbeiter auf den Datenschutz[4] sowie weitere Schulungsmaßnahmen,
d) der Abschluss und Inhalt von Vereinbarungen zur Auftragsverarbeitung (Art. 28
   DS-GVO),[5]
e) eventuelle Problembereiche, die der Behörde aus der Vergangenheit, durch Beschwerden oder aus der Presse bekannt sind
sowie (je nach Branche)
f) die Kundenverwaltung,
g) die Bereiche CRM/Marketing und Werbeeinwilligungen,
h) Cookies/Fingerprinting bei Web und App nebst Webanalyse, Tracking und Retargeting (Einhaltung der Anforderungen nach §§ 13 ff. TMG bzw. ePrivacy-
   VO),[6]
i) die Datenverarbeitung von (insbesondere Kranken- und Lebens-)Versicherten
   oder Bankkunden.

§ 4 Priorisierung seitens der Aufsichtsbehörde; Vorfragen

Die Auditierung kann dabei gleichermaßen rechtliche Aspekte als auch IT-Fragen,
namentlich die Sicherheit der Verarbeitung nach Art. 32 DS-GVO, betreffen. Ver-
ständlicherweise beginnt die Behörde aus Effizienzgründen mit der Prüfung von
formalen Themen, da Verstöße hier mit sehr wenig Aufwand aufgedeckt werden
können. Außerdem wird die Sorgfalt und Aktualität im Umgang mit den formalen Pflichten gerne als Lackmustest herangezogen, wie ernst der Datenschutz in
dem betreffenden Unternehmen genommen wird. In der Regel werden bereits
vor der Durchführung eines Vor-Ort-Audits entsprechende Unterlagen angefordert,
u. a.

Koglin

a) die schriftliche Benennung von Datenschutzbeauftragten sowie Unterlagen zu ihren Qualifikationen und Fortbildungen,[7]
b) ein Überblick über die hierarchische Eingliederung des Datenschutzbeauftragten im Unternehmen sowie die ihm zur Verfügung stehenden Ressourcen,[8]
c) etwaige Zuständigkeitsbeschreibungen und Datenschutz-Richtlinien,[9]
d) Unterlagen zur Rechenschaftspflicht (Art. 5 Abs. 2 DS-GVO),[10]
e) das Verarbeitungsverzeichnis (Art. 30 DS-GVO),[11]
f) Mustertexte für die Verpflichtung der Mitarbeiter auf den Datenschutz,
g) Informationen über Schulungen und ähnliche Maßnahmen für Mitarbeiter, die personenbezogene Daten verarbeiten (Art. 39 Abs. 1 lit. a DS-GVO),
h) Mustertexte für Werbeeinwilligungen sowie
i) Auflistungen der existierenden Vereinbarungen zur Auftragsvereinbarung.

§ 5 Vor-Ort-Audit

Bei einem sich gegebenenfalls anschließenden Vor-Ort-Audit kann die Behörde vertieft rechtliche und IT-seitige Themen prüfen und Informationen verlangen.[12] Es empfiehlt sich im Interesse beider Seiten, die Themen und die dafür veranschlagte Zeit vorab zu klären, um unternehmensseitig vorbereitet zu sein und die richtigen Ansprechpartner zur Verfügung zu haben. In der Regel erstellt die Behörde hiernach einen schriftlichen Auditbericht. Soweit keine schwerwiegenden Mängel gefunden wurden, sollen kleinere Mängel meist innerhalb einer von der Behörde gesetzten Frist abgestellt werden. Sofern dies erfolgt ist, kann das Audit durch einen Abschlussbericht auch formal beendet werden.

Anmerkungen

1. Meldung von Verletzungen des Schutzes personenbezogener Daten. Zur Meldung nach Art. 33 DS-GVO → C.VI.

2. Umgang mit Aufsichtsbehörden. Ein Muster für einen Widerspruch gegen den Bescheid einer Aufsichtsbehörde findet sich in → J.I.; eines für gerichtliches Vorgehen gegen eine Anordnung in → J.III.

3. Hausdurchsuchungen durch Aufsichtsbehörden. Zum Rechtschutz in solchen Fällen → J.I., → J.III.

4. Verpflichtung auf das Datengeheimnis. Eine Verschwiegenheitsverpflichtung wird auch unter der DS-GVO für notwendig erachtet; → A.I. Anm. 8; → C.VII.1.

5. Vereinbarungen zu Auftragsverarbeitung. → G.I.

6. Online-Datenschutz. Zur Datenschutzerklärung → F.I.

7. Benennung eines Datenschutzbeauftragten. → B.I.1.

8. Organisation des Datenschutzbeauftragten. → A.III.1.–5.

9. Zuständigkeitsbeschreibungen und Richtlinien. Zu den Zuständigkeiten ausführlich → A.III.3. und 4.; zu Datenschutz-Richtlinien → D.I. und II.

10. Rechenschaftspflicht. → A.I.

Koglin

11. Verarbeitungsverzeichnis. → C.II.

12. Vor-Ort-Audit. → C.I.; → J.

7. Formale Datenschutz-Folgenabschätzung oder Teamarbeit

Eng verknüpft mit dem Aufbau der Datenschutz-Organisation, ihrem Zuständigkeitsumfang und ihrer **Arbeitsweise** (→ A.III.1.–5.) ist die Frage, wie der Datenschutzbereich bei Projekten oder der Entwicklung neuer Produkte mit den anderen Abteilungen des Unternehmens zusammenarbeitet.

Exemplarisch kann dies am Beispiel der **Datenschutz-Folgenabschätzung** gezeigt werden, die wegen der englischen Bezeichnung *Data Privacy Impact Assessment* auch als „DPIA" abgekürzt wird. Durch das das in Art. 35 DS-GVO festgelegte Erfordernis einer Datenschutz-Folgenabschätzung soll sichergestellt werden, dass bei datenschutzrechtlich heiklen System vor deren Inbetriebnahme eine datenschutzrechtliche Prüfung stattfindet und der Datenschutzbeauftragte eingebunden wird. Auch wenn die Aufsichtsbehörden betonen, die Datenschutz-Folgenabschätzung sei keine „Vorabkontrolle 2.0", ist ein ähnlicher Grundgedanke wie bei der Vorabkontrolle nach § 4d Abs. 5, 6 BDSG a.F. nicht zu leugnen. Bei der Datenschutz-Folgenabschätzung ist nach Art. 35 DS-GVO zunächst durch das Unternehmen zu prüfen, ob eine Datenschutz-Folgenabschätzung erforderlich ist (hierzu → § 2 sowie → C.III.). Ist dies der Fall, so ist die Datenschutz-Folgenabschätzung **durch den Verantwortlichen** durchzuführen. Denn sie ist nach dem eindeutigen Wortlaut des Art. 35 Abs. 1 S. 1 DS-GVO („führt der Verantwortliche [...] durch") Aufgabe des Unternehmens, nicht des Datenschutzbeauftragten (vgl. auch Gola/*Nolte*/*Werkmeister*, DS-GVO, Art. 35 Rn. 33, 56). Im Rahmen der Datenschutz-Folgenabschätzung wird gem. Art. 35 Abs. 2 DS-GVO vom Verantwortlichen lediglich der „Rat" **des Datenschutzbeauftragten** eingeholt.

Zwar heißt es in Art. 35 Abs. 2 DS-GVO, dass dieser Rat „bei" der Durchführung der Datenschutz-Folgenabschätzung und nicht erst danach eingeholt wird. Gleichwohl wird, wie schon früher bei der Vorabkontrolle, der Ablauf klassisch so verstanden, dass in einem recht fortgeschrittenen Stadium eine **ausführliche Darstellung des jeweiligen Vorhabens** sowie die vorläufige Folgenabschätzung mit dem Mindestinhalt des Art. 35 Abs. 7 DS-GVO beim Datenschutzbeauftragten „eingereicht" wird (vgl. Gola/*Nolte*/*Werkmeister*, DS-GVO, Art. 35 Rn. 58: „Ausreichend ist [...] eine nachträgliche Überprüfung des finalen Entwurfs"). Nach angemessener Bearbeitungszeit und ggf. nach weiteren Gesprächen wird dieser dann seinen abschließenden datenschutzrechtlichen Rat abgeben.

Ein solcher statisch-serieller Ablauf kollidiert in der Praxis teilweise mit schnellen Produkt- und Entwicklungszyklen, bei denen zusätzliche **Freigabeprozesse** nur schwer möglich sind, sowie mit **agilen Projektmethoden.** Das Dilemma des richtigen Zeitpunkts liegt auf der Hand: Bei einer sehr frühen Abgabe der Unterlagen verändert sich das Vorhaben eventuell noch so stark, dass die eingereichten Beschreibungen obsolet werden. Bei einer späten Einbindung indes sind häufig schon so viele Entscheidungen und Investitionen getätigt, dass der Rat des Datenschutzbeauftragten nur noch in gravierenden Fällen Berücksichtigung finden kann. Im schlechtesten Fall erfolgt lediglich ergebnisorientiert eine minimale Maßnahme zur Eindämmung

Koglin

der Datenschutzrisiken, um den Folgen des Art. 36 Abs. 1 DS-GVO, der **vorherigen Konsultation** der zuständigen Aufsichtsbehörde, zu entgehen.

Im Rahmen einer modernen Arbeitsweise der Inhouse-Datenschutzorganisation bietet es sich daher an, die nach Art. 35 DS-GVO vorgesehene Datenschutz-Folgenabschätzung **dynamischer** zu gestalten. Insbesondere sollte der Datenschutz bei großen Projekten schon früh in die Produktentwicklung eingebunden werden, um hinsichtlich der Produktidee und deren IT-seitiger Umsetzung **bereits in der Planungsphase Hinweise** geben zu können (so auch Gola/*Nolte/Werkmeister*, DS-GVO, Art. 35 Rn. 58 a. E.). Nach dem bisherigen BDSG wurde zumindest verlangt, dass die Einbindung des Datenschutzbeauftragten so „rechtzeitig" (vgl. § 4g Abs. 1 S. 4 Nr. 1 BDSG a. F.) erfolgt, dass dieser der präventiven Zielsetzung der Vorabkontrolle noch nachkommen kann (dazu Taeger/Gabel/*Scheja*, BDSG, § 4d Rn. 72). Eine entsprechende Formulierung ist in Art. 35 DS-VO nicht enthalten. Die entsprechende inhaltliche Anforderung ergibt sich jedoch letztlich aus dem Sinn und Zweck der Art. 35, 36 DS-GVO, wonach der Rat des Datenschutzbeauftragten auch in die konkrete Umsetzung einfließen soll und ggf. noch Zeit für die vorherige Konsultation der Aufsichtsbehörde verbleiben sollte. Daher sollte die Datenschutzorganisation so frühzeitig eingebunden werden, dass diese nicht nur mit einem rechtzeitigen negativen Votum, sondern auch noch gestaltend eingreifen kann. So kann effektiv und kollegial von der Idee bis zur Umsetzung zusammengearbeitet werden, um zum Beispiel „**data protection by design**" (Art. 25 Abs. 1 DS-GVO, vgl. zur Datenminimierung auch Art. 5 Abs. 1 lit. c, ErwG 78 DS-GVO) sowie „**data protection by default**" (datenschutzfreundliche Voreinstellungen gem. Art. 25 Abs. 2, ErwG 78 DS-GVO) umzusetzen.

Dies kann, im Zusammenspiel mit der generellen Ausrichtung der Datenschutz-Organisation, folgende Aspekte umfassen:

§ 1 Rolle des Datenschutzbeauftragten bei der Datenschutz-Folgenabschätzung

„Dienst nach Vorschrift"	*Durchführung als Teammitglied*
Der Datenschutzbeauftragte wird durch formale Mitteilung über ein beabsichtigtes Verfahren informiert, da der Verarbeiter gem. Art. 35 Abs. 2 DS-GVO dessen Rat einzuholen hat.	Der Datenschutzbeauftragte kennt die Geschäftsbereiche und ihre wesentlichen Projektvorhaben.
Die Zusammenfassung des Vorhabens durch das Unternehmen einschließlich einer weitgehend abgeschlossenen Bewertung nach Art. 35 Abs. 7 DS-GVO wird dem Datenschutzbeauftragten wie ein formaler Antrag zugeleitet.	Der Datenschutzbeauftragte ist bei großen oder neuartigen Projekten frühzeitig in die Projektidee und deren datenschutzrechtliche Realisierbarkeit eingebunden.
Rückfragen erfolgen formal und reaktiv.	Feedback und lenkende Hinweise werden frühzeitig und proaktiv gegeben und gehen laufend in die Entwicklung und das Datenschutz-Design ein.

Koglin

„Dienst nach Vorschrift"	*Durchführung als Teammitglied*
Die Hauptarbeit des Datenschutzbeauftragten im Rahmen der Datenschutz-Folgenabschätzung liegt in der Ausarbeitung eines schriftlichen Rates gem. Art. 35 Abs. 2 DS-GVO.	Der inhaltliche Beitrag wurde bereits im Team eingebracht und berücksichtigt; abschließend erfolgt allenfalls noch die erforderliche Dokumentation.
Ob sein Rat umgesetzt wird und ob ggf. eine vorherige Konsultation nach Art. 36 DS-GVO durchgeführt wird, liegt nicht im Zuständigkeitsbereich des Datenschutzbeauftragten.	Der Datenschutzbeauftragte hat den Ehrgeiz, dass notwendige Ratschläge auch tatsächlich umgesetzt werden und eine Konsultation der Aufsichtsbehörde nicht erforderlich wird.

§ 2 Checkliste: Voraussetzungen für eine Datenschutz-Folgenabschätzung

Norm	*Voraussetzung/ Einschränkung*	*Anmerkung*
Art. 35 Abs. 1, Art. 4 Nr. 2, Art. 2 Abs. 1 DS-GVO	Anwendungsbereich; Grundsätzliches: Gegenstand der Datenschutz-Folgenabschätzung muss „eine Form der Verarbeitung" (Art. 35 Abs. 1 S. 1 DS-GVO) sein.	Über den in Art. 4 Nr. 2 DS-GVO definierten Begriff der „Verarbeitung" fallen praktisch alle Vorhaben in den Anwendungsbereich des Art. 35 DS-GVO, die Berührung mit personenbezogenen Daten (Art. 4 Nr. 1 DS-GVO) Kontakt haben.[1] Dies umfasst grundsätzlich auch nichtautomatisierte Verfahren.[2]
Art. 35 Abs. 4 DS-GVO	Positivliste: Eine Datenschutz-Folgenabschätzung ist auf jeden Fall durchzuführen, wenn diese Form der Verarbeitung auf einer Positivliste i. S. d. Art. 35 Abs. 4 DS-GVO aufgeführt wird.	Die Artikel-29-Datenschutzgruppe hat hierzu im Rahmen des Working Paper 248 bereits eine kleine Liste veröffentlicht. Jedoch ist derzeit nicht abzusehen, wann offizielle Positivlisten der Aufsichtsbehörden erscheinen. Für Deutschland ist dabei zu beachten, dass es einschließlich der Bundesbeauftragten für den Datenschutz insgesamt 17 Aufsichtsbehörden für den nicht-öffentlichen Bereich gibt.[3]
Art. 35 Abs. 5 DS-GVO	Negativliste: Eine Datenschutz-Folgenabschätzung muss nicht durchgeführt werden,	Auch die im Gegensatz zur Positivliste nach Art. 35 Abs. 4 DS-GVO nur optionalen („kann des Weiteren … erstel-

Norm	Voraussetzung/ Einschränkung	Anmerkung
	wenn diese Form der Verarbeitung auf einer Negativliste i.S.d. Art. 35 Abs. 5 DS-GVO aufgeführt wird.	len") Negativlisten sind zunächst nicht zu erwarten. Zudem wird ihre Aussagekraft aller Voraussicht nach begrenzt sein.[4]
Art. 35 Abs. 10 DS-GVO	Datenschutz-Folgenabschätzung bereits in Gesetzgebungsverfahren enthalten: Freistellung, wenn gesetzlich konkret vorgesehen.	Hierbei handelt es sich um eine Sonderregelung, für die derzeit noch kein Anwendungsfall in Sicht ist.[5]
Art. 35 Abs. 3 lit. a DS-GVO	Profiling u. a.: Bei rechtlichen oder anderen erheblichen Entscheidungen, die auf Bewertungen/Profiling beruhen.	Die Regelung umfasst neben Profiling i.S.d. Art. 4 Nr. 4 DS-GVO auch andere Fälle systematischer und umfassender Bewertungen, sofern hierauf eine Entscheidung mit Rechtswirkung oder ähnlich erheblicher Beeinträchtigung beruht.
Art. 35 Abs. 3 lit. b DS-GVO	Besonders sensible Daten: Bei umfangreicher Verarbeitung besonderer Kategorien von personenbezogenen Daten sowie bei personenbezogenen Daten über Straftaten oder strafrechtliche Verurteilungen.	Zu beachten ist dabei das von den Mitgliedstaaten festzulegende Presseprivileg bei der Verarbeitung von personenbezogenen Daten, das in Deutschland über Art. 5 Abs. 1, 2 GG abgesichert ist und unter der DS-GVO wohl nicht unter das bisherige Niveau sinken wird.
Art. 35 Abs. 3 lit. c DS-GVO	Systematische Überwachung: Bei systematischer und umfangreicher Überwachung öffentlich zugänglicher Bereiche.	Dies betrifft insbesondere, aber nicht nur Videoüberwachung, sondern kann z.B. auch bei der automatischen Erfassung von Kfz-Kennzeichen in öffentlichen Parkhäusern einschlägig sein.
Art. 35 Abs. 1 S. 1 DS-GVO	Generalklausel: Datenschutz-Folgenabschätzung ist durchzuführen, wenn voraussichtlich ein hohes Risiko vorliegt.	Als Generalklausel subsidiär zu prüfen.[6] Die Durchführung einer Datenschutz-Folgenabschätzung ist hiernach erforderlich, wenn

Norm	Voraussetzung/ Einschränkung	Anmerkung
		– die Form der Verarbeitung, insbesondere bei Verwendung neuer Technologien, – aufgrund der Art, des Umfangs, der Umstände und der Zwecke der Verarbeitung – voraussichtlich ein hohes Risiko – für die Rechte und Freiheiten natürlicher Personen zur Folge hat.
(ohne)	Freiwillige Durchführung; Zweifelsfälle: Datenschutz-Folgenabschätzung auch dann möglich, wenn gesetzlich nicht zwingend vorgesehen.	Die DS-GVO verbietet nicht, auch ohne zwingendes Erfordernis i.S.d. Art. 35 DS-GVO auf freiwilliger Basis eine Datenschutz-Folgenabschätzung durchzuführen. Ebenso kann der Verantwortliche Zweifelsfälle abkürzen, indem er die Vorfrage, ob eine Datenschutz-Folgenabschätzung gesetzlich vorgeschrieben wäre, nicht zu akademisch ausarbeitet und das sie stattdessen direkt durchführt.[7]

Anmerkungen

1. Anwendungsbereich und personenbezogene Daten. Da heute fast jede Software über eine Anmeldung oder gar eine Nutzerverwaltung verfügt und zumindest eine Internetanbindung und damit eine IP-Adresse hat, dürfte die Voraussetzung der Verarbeitung personenbezogener Daten bei fast jedem Verfahren erfüllt sein.

Im Rahmen der Zuständigkeiten und der Verantwortlichkeiten für die Initiierung einer Datenschutz-Folgenabschätzung ist zu beachten, dass nicht nur „offizielle" IT-Projekte oder Eigenentwicklungen, sondern auch durch andere Abteilungen eingekaufte Software oder Dienstleistungen wie Cloud-Angebote eine Datenschutz-Folgenabschätzung erforderlich machen können.

Zur Durchführung der Datenschutz-Folgenabschätzung ausführlich → C.III.3.; vgl. hierzu auch Working Paper 248 der Artikel-29-Datenschutzgruppe; zum Prozess ausführlich *Kranig/Sachs/Gierschmann*, Datenschutz-Compliance nach der DS-GVO, S. 99 ff.; *Wybitul*, EU-DSGVO im Unternehmen, Rn. 118 ff.; ISO-Standards ISO/IEC 29134 (derzeit im Entwurfsstadium) sowie losgelöst von der DS-GVO für den Finanzsektor ISO/IEC 22307 aus 2008.

Koglin

Verstöße gegen die Regeln zur Datenschutz-Folgenabschätzung oder der vorherigen Konsultation (Art. 36 DS-GVO) können nach Art. 83 Abs. 4 lit. a DS-GVO mit dem „kleineren" Bußgeld in Höhe von max. 10 Mio. EUR oder 2 % des Vorjahresumsatzes geahndet werden.

2. Nichtautomatisierte Verfahren („Papierakten"). Art. 35 Abs. 1 DS-GVO setzt „eine Form der Verarbeitung" voraus. Die Legaldefinition der Verarbeitung findet sich in Art. 4 Nr. 2 DS-GVO. Für die nichtautomatisierte Verarbeitung ist daneben der diesbezügliche sachliche Anwendungsbereich nach Art. 2 Abs. 1 DS-GVO zu beachten: Zwar umfasst Art. 4 Nr. 2 DS-GVO „jeden mit oder ohne Hilfe automatisierter Verfahren" ausgeführten Verarbeitungsvorgang. Nach Art. 2 Abs. 1, 2. Alt. DS-GVO gilt die DS-GVO bei nichtautomatisierten Verarbeitungen nur dann, wenn die personenbezogenen Daten „in einem Dateisystem gespeichert sind oder gespeichert werden sollen." Insoweit ergibt sich ein größerer Anwendungsbereich als nach dem BDSG a. F., wo bei Papierakten keine Vorabkontrolle erforderlich war.

3. Positivlisten. Für die Positivliste (wie auch für die Negativliste nach Art. 35 Abs. 5 DS-GVO) sind nach Art. 25 Abs. 4 DS-GVO die Aufsichtsbehörden der Mitgliedstaaten zuständig; nach Art. 51 Abs. 3 DS-GVO ist weiterhin möglich, wie in Deutschland mehrere Aufsichtsbehörden zu haben. Im Interesse einer einheitlichen Rechtspraxis sollten die deutschen Aufsichtsbehörden (angesichts der zwei bayerischen Aufsichtsbehörden für den öffentlichen sowie den nicht-öffentlichen Bereich insgesamt 18 Behörden) eine abgestimmte, einheitliche Liste herausgeben. Die Zusammenarbeit im europäischen Kontext regeln neben Art. 51 ff. DS-GVO die §§ 17 ff. BDSG n. F., die jedoch nicht die Erstellung nationaler Positivlisten betreffen dürften. Zur Konstellation mit 17 Landes- und einer Bundesdatenschutzbehörde (vor Erlass des BDSG n. F.) auch Gola/*Nolte*/*Werkmeister*, DS-GVO, Art. 35 Rn. 29. Bei der deutschen Fassung des Art. 35 Abs. 4 DS-GVO ist nicht eindeutig, ob die Aufsichtsbehörde zur Erstellung einer Positivliste verpflichtet ist. Angesichts der englischen Fassung („shall") ist davon auszugehen, dass – im Gegensatz zur Negativliste nach Art. 35 Abs. 5 DS-GVO – eine entsprechende Pflicht vorliegt (Paal/Pauly/*Martini*, Art. 35 Rn. 37; ausführliche Begründung bei Kühling/Buchner/*Jandt*, DS-GVO, Art. 34 Rn. 13). Im Working Paper 248 der Artikel-29-Datenschutzgruppe, das die Datenschutz-Folgenabschätzung und ihre Voraussetzungen behandelt, findet sich auf S. 10 auch ein Vorschlag für vier Anwendungsfälle, in denen eine Datenschutz-Folgenabschätzung erforderlich sei sowie zwei Anwendungsfälle, wonach sie nicht zwingend notwendig sei. Bei dieser Position der Artikel-29-Datenschutzgruppe handelt es sich freilich nicht verbindliche Position, wie es bei den Listen der Aufsichtsbehörden der Fall wäre.

4. Negativlisten. Über die Negativlisten können die Aufsichtsbehörden bestimmte Verarbeitungsvorgänge von der Pflicht zur Datenschutz-Folgenabschätzung freistellen. Sie sind jedoch nicht verpflichtet, eine solche zu erstellen oder geprüfte und für unkritisch befundene Verarbeitungsvorgängen dort aufzunehmen (Kühling/Buchner/*Jandt*, DS-GVO, Art. 35 Rn. 20). Dabei wird es sicherlich keine vorbehaltslosen Freigaben oder gar „Blankoschecks" für bestimmte Verfahren geben. Vielmehr ist zu vermuten, dass im Rahmen der Negativlisten etliche Voraussetzungen zu einer typischen Nutzung aufgeführt werden und letztlich durch den Verantwortlichen eine nicht unaufwändige Prüfung erfolgen muss, um festzustellen ob sich das kon-

krete Vorhaben im Rahmen dieser Vorgaben liegt und wirklich von der Datenschutz-Folgenabschätzung freigestellt ist. Entsprechend sind auch Formulierungen
der Artikel-29-Datenschutzgruppe im Working Paper 248, wo es zum Erfordernis
der Datenschutz-Folgenabschätzung statt „not required" lediglich „not necessarily"
heißt (S. 10, zitiert nach der englischen Fassung).

5. Sonderregelung des Art. 35 Abs. 10 DS-GVO. Diese Privilegierung betrifft nur
Verarbeitungsvorgänge, die auf die Rechtsgrundlage der Erfüllung von rechtlichen
Verpflichtungen oder der Wahrnehmung öffentlicher Aufgaben (Art. 6 Abs. 1 lit. c
bzw. lit. e DS-GVO) gestützt werden. Unter den in Art. 35 Abs. 10 DS-GVO
genannten Voraussetzungen kann eine entsprechende Norm, bei deren Erlass eine
Datenschutz-Folgenabschätzung für den dort geregelten „konkreten Verarbeitungsvorgang" bereits integriert ist, die Durchführung einer einzelfallbezogenen Folgen-
einschätzung durch den Verarbeiter ersetzen. Entsprechende Normen sind derzeit
noch nicht in Sicht.

6. Prüfung anhand der Generalklausel. Art. 35 Abs. 1 S. 1 DS-GVO ist als Generalklausel subsidiär gegenüber den konkreten Beispielen des Absatz 3 (*Gola/
Nolte/Werkmeister,* DS-GVO, Art. 35 Rn. 22), die nach dem eindeutigen Wortlaut
des Absatz 3 Satz 1 nicht abschließend sind („insbesondere"). Fälle, die auf die Generalklausel gestützt werden, sollten in ihrer Schwere mit den Beispielsfällen des
Art. 35 Abs. 3 lit. a–c DS-GVO vergleichbar sein.

7. Durchführung in Zweifelsfällen. Ein vorsorgliches oder gar freiwilliges Durchführen der Datenschutz-Folgenabschätzung ist im Sinne eines „Im Zweifel für den
Datenschutz" nicht nur akzeptabel, sondern sollte auch im Rahmen der datenschutzrechtlichen Accountability (→ A.I.) sowie bei einer etwaigen Bußgeldbemes-
sung nach Art. 83 Abs. 2 DS-GVO als besonders verantwortungsbewusst honoriert
werden. Gleichwohl muss die Frage, ob es sich um ein gesetzlich zwingende Datenschutz-Folgenabschätzung oder um eine freiwillige Maßnahme handelt, für die Frage eines eventuellen Bußgeldes und gesetzliche Dokumentationspflichten berücksichtigt werden; diese gelten nur bei einer „echten", also gesetzlich vorgesehenen
Datenschutz-Folgenabschätzung.

Koglin

IV. Code of Conduct und Selbstverpflichtung zum Datenschutz

1. Datenschutz im Code of Conduct

Ein **Code of Conduct** (deutsch: Verhaltenskodex) ist meist eine **Selbstverpflichtung** eines Unternehmens zu bestimmten, größtenteils von ihm selbst festgelegten Themen (*Grützner/Jakob,* Compliance von A-Z, S. 45). Er wird in der Regel durch ausführliche Richtlinien konkretisiert, stellt aber selbst nur eine **sehr allgemeine und abstrakte Zusammenfassung** einzelner Themen dar. Häufig enthalten sind, je nach Branche und Geschäftsfeldern: Korruption, Kartellrecht, Kinderarbeit, Diskriminierungsfreiheit, Einhaltung der Gesetze insgesamt, aber auch der respektvolle Umgang mit Kollegen und das Verbot von Mobbing. Meist finden sich auch **wohlwollende Absätze zum Datenschutz,** die häufig mit Aussagen zu Datensicherheit und Vertraulichkeit zu einem Themenkomplex zusammengefasst werden.

Die (Selbst-)Verpflichtungen im Code of Conduct sind in aller Regel außenwirksame und positive Darstellungen. Konkrete rechtliche Angaben, die über „das Einhalten aller einschlägigen Gesetze" hinausgehen, fehlen in aller Regel und wären in einem allgemeinen, konzernweit geltenden Dokument auch fehl am Platz. Allerdings ergibt sich aus der **Reihenfolge der im Code of Conduct genannten Themen** eine Gewichtung, die häufig wohl eher den Lesern als den dahinterstehenden Unternehmen bewusst wird: Was im Code of Conduct zuerst erwähnt wird, wird für das Unternehmen eine besondere Priorität haben. Eine Erwähnung am Ende unter „ferner liefen" erweckt hingegen den Eindruck, dass dem Unternehmen dieses Thema weniger wichtig ist. Es erscheint dann auch unstimmig – und damit wenig überzeugend – wenn diesen „B-Themen" sprachlich eine Wichtigkeit beigemessen wird, die der Platzierung im Code of Conduct zu widersprechen scheint. Wenn ein Thema erst am Ende des Code of Conduct erwähnt wird, scheint es für dieses Unternehmen schlicht nicht die höchste Priorität zu haben.

Problematisch ist es auch, wenn Themen oder Werte im Code of Conduct übermäßig betont werden, obwohl sie im betreffenden Unternehmen in dieser Form so nicht gelebt werden. Treffend ist insoweit der Schlusssatz im Code of Conduct der Deutschen Telekom (abrufbar über http://www.telekom.com/code-of-conduct): „Unternehmen werden insbesondere daran gemessen, was sie tun und was sie sagen. Positive Auswirkungen hat unser Code of Conduct also nicht dadurch, dass er vorliegt – sondern nur, indem wir ihn im Tagesgeschäft ‚leben' und einhalten."

Die in einem Code of Conduct zu erwähnenden Themen hängen maßgeblich von der **Branche, den Märkten und den Ländern** ab, in denen das Unternehmen aktiv ist. Das folgende Muster beschreibt nur die Klausel zum **Datenschutz,** die in einen Code of Conduct aufgenommen werden kann. Diese kann in der gebotenen Kürze z. B. lauten:

Datenschutz[1]

(1) Der Datenschutz und die Vertraulichkeit der uns anvertrauten Informationen[2] haben für uns einen hohen[3] Stellenwert.

Koglin

(2) Wir werden Ihre Daten nach den Vorgaben der jeweils anwendbaren Daten-schutzgesetze[4] verarbeiten[5] und verpflichten uns zu entsprechenden Maßnahmen der Daten- und IT-Sicherheit.[6]

Anmerkungen

1. Bedeutung des Code of Conduct; Umsetzung. Ob der Code of Conduct ledig-lich eine Selbstverpflichtung darstellt oder ob Dritte in Ausnahmefällen aus ihm unmittelbare Rechtsansprüche ableiten können, ist umstritten und hängt vom Ein-zelfall ab. In jedem Fall sollte es flankierend noch klare Vorgaben an die Konzernge-sellschaften zur inhaltlichen und organisatorischen Umsetzung geben. Dies kann durch verbindliche Richtlinien oder Konzernprinzipen erfolgen, die die Zuständig-keiten und Verantwortlichkeiten verbindlich regeln (→ D.I.2.). Wie diese sollte auch der Code of Conduct in den Tochtergesellschaften durch einen Gesellschafterbe-schluss eingeführt werden (→ D.I.1.).

2. „Informationen" versus (personenbezogene) Daten. Nach dem formalen An-wendungsbereich des Datenschutzrechts würde die Selbstverpflichtung nur perso-nenbezogene Daten umfassen. Hier scheint es indes einfacher, schlicht von Informa-tionen zu sprechen. Zwar wird der Anwendungsbereich dadurch erweitert. Angesichts der unverbindlichen Rechtsfolge („hat für uns einen hohen Stellenwert") führt dies aber zu keinen zusätzlichen konkreten Pflichten oder Risiken für das Un-ternehmen.

3. Zusicherungen und Superlative vermeiden. Ob der Code of Conduct lediglich eine Selbstverpflichtung darstellt oder ob Dritte in Ausnahmefällen aus ihm unmit-telbare Rechtsansprüche ableiten können, ist umstritten und hängt vom Einzelfall ab. Wie bei jedem rechtlichen Dokument sollten Formulierungen vermieden werden, die die Abgabe von Garantien oder Zusicherungen nahelegen. Daher sollten im Code of Conduct entsprechende Formulierungen („sichern wir Ihnen die jederzeiti-ge Einhaltung des Datenschutzes zu") ebenso vermieden werden wie Superlative („… hat für uns höchste Priorität"; „nach höchsten datenschutzrechtlichen Stan-dards"). Denn auch wenn keine direkte rechtliche Wirkung eines konkreten Code of Conduct gegeben sein sollte, stellt er zumindest ein Image-Instrument dar – und ge-rade für das Image wäre es kontraproduktiv, eine Relevanz des Datenschutzes zuzu-sagen, die ihm tatsächlich im Unternehmen nicht beigemessen wird. In diesem Zu-sammenhang wirkt es in einem Code of Conduct auch wenig überzeugend, die Bedeutung des Datenschutzes mit Worten ins Unermessliche steigen zu lassen, wenngleich diese Thematik – für jeden Leser offensichtlich – erst am Ende des Code of Conduct Platz gefunden hat. Die Formulierung aus dem Code of Conduct sollten im Übrigen mit Standardeinleitungen aus Datenschutzerklärungen und ähnlichen Dokumenten vereinheitlicht werden, um Widersprüchlichkeiten zu vermeiden.

4. Verweis auf DS-GVO oder andere Normen. Der Verweis auf einzelne Gesetze, wie z.B. auf die DS-GVO, ist heikel: Zum einen gibt es neben diesen Hauptnormen auch datenschutzrechtliche Nebenbestimmungen in anderen Gesetzen, in Deutsch-land etwa bislang dem TMG oder auf EU-Ebene zukünftig der ePrivacy-VO. Zum anderen muss ein international tätiger Konzern auch die außerhalb Deutschlands

Koglin

und der EU geltenden Gesetze beachten, weshalb im Code of Conduct die Nennung nationaler bzw. europäischer Normen wie der DS-GVO oder dem BDSG n. F. für internationale Unternehmen unpassend ist. Zudem vermittelt es nicht gerade eine globale Ausrichtung, im Code of Conduct nur lokale oder kontinentale Normen zu nennen.

Für Zielgruppen in Deutschland war in der Vergangenheit ein Verweis auf das BDSG a. F. üblich und wirkte vertrauenszweckend. Daher war es bislang opportun, bei entsprechenden, also national ausgerichteten, Unternehmen etwa zu formulieren „nach den Vorgaben des Bundesdatenschutzgesetzes bzw. der jeweils geltenden Gesetze" (so auch dieses Muster in der ersten Auflage). Zwar könnte dies auch mit dem BDSG n. F. so fortgeführt werden. Da dann aber zumindest auch die DS-GVO mit genannt werden müsste, sprechen Praktikabilitätsgründe dafür, zukünftig auch im nationalen Kontext keine Normen zu nennen. Sofern ein Unternehmen maßgeblich außerhalb der Bundesrepublik Deutschland tätig ist, sollte bereits in der Vergangenheit im Code of Conduct die Benennung des BDSG ausbleiben und lediglich formuliert werden „nach den Vorgaben der jeweils anwendbaren Datenschutzgesetze" (siehe zu beiden Fällen die Anmerkungen in der Vorauflage).

Ein Code of Conduct ist ein langfristiges Regelwerk, dessen Einführung und Umsetzung in den Konzerngesellschaften – zum Beispiel durch jeweilige Gesellschafterbeschlüsse (→ D.I.1.) aufwändig und häufig auch langwierig ist. Änderungsbedarf sollte daher vermieden werden. Daher sollte bereits während der „Restlaufzeit" des BDSG vermieden werden, eine Umformulierung im Mai 2018 notwendig werden zu lassen. Da auch ein vorzeitiger Verweis auf die DS-GVO unkorrekt und unnötig erklärungsbedürftig wäre, ist zumindest für den Zwischenzeitraum anzuraten, weder bisherige noch zukünftige Rechtsgrundlagen konkret zu benennen.

5. Keine weiteren Einschränkungen. Teilweise finden sich unnötige zusätzliche Einschränkungen wie „wenn eine eindeutige rechtliche Norm dies erlaubt." Das Erfordernis von *eindeutigen* Rechtsgrundlagen sollte jedoch nicht freiwillig postuliert werden. Das Datenschutzrecht hält schlichtweg kaum „eindeutige" Rechtsgrundlagen bereit. Dies galt bereits früher für Normen wie den in seiner Systematik und Komplexität kaum überschaubaren § 28 BDSG a. F. und gilt unter der DS-GVO mit der Vielzahl von Interessenabwägungen und indirekt mitzulesenden Erwägungsgründen umso mehr. Hinzu kommt, dass mit der DS-GVO und der ePrivacy-VO neues Recht vorliegen wird, für das noch keine Urteile existieren und – wie bei neuen Normen üblich – eine entsprechende Rechtsunsicherheit besteht.

Üblich und angemessen ist, auf die „jeweils anwendbaren" oder die „jeweils geltenden" Gesetze Bezug zu nehmen, auch wenn dies freilich keine konkrete Hilfe für den Leser beinhaltet.

6. Daten- und IT-Sicherheit. Verpflichtungen zu technischen und organisatorischen Maßnahmen der Datensicherheit beinhaltet bereits das Datenschutzrecht (u.a. Art. 5 Abs. 1 lit. f sowie Art. 32 DS-GVO; → E.II.) sowie Nebengesetze wie der bisherige § 13 Abs. 7 TMG. Gleichwohl scheint es angesichts der wiederkehrenden Meldungen über Sicherheitslücken angemessen, dieses Thema im Code of Conduct zu erwähnen. Im vorliegenden Muster wurde es über das reine Datenschutzrecht hinaus erweitert und umfasst auch die generelle IT-Sicherheit, d.h. es beschränkt sich nicht nur auf Maßnahmen zur Sicherheit von personenbezogenen Daten (→ Anm. 2). Durch die bloße Verweisung auf den jeweils anwendbaren Daten-

Koglin

schutzgesetzen „entsprechende" Maßnahmen geht das Unternehmen mit dieser Formulierung keine zusätzlichen Pflichten ein.

2. Übersicht zu Hinweisgebersystemen (Whistleblower-Hotlines)

Unter einem Whistleblower, wörtlich also einer Person, die (zur Benachrichtigung anderer) in die Pfeife bläst, versteht man einen **Hinweisgeber,** der durch Insider-Kenntnisse über unrechtmäßige Geschäftspraktiken andere Personen oder auch ein Unternehmen „verpfeift". Zum Teil ist dieser Begriff wegen des denunziatorischen Elementes negativ besetzt. Gleichwohl besteht Einigkeit, dass das „**Whistleblowing**" grundsätzlich ein hilfreiches und notwendiges Instrument ist, um – ggf. auch anonym – Hinweise auf schwerwiegende Verfehlungen abzugeben. Einigkeit besteht auch darüber, dass Unternehmen und Organisationen ab einer bestimmten Größe durch ein entsprechendes Hinweisgebersystem den **Erhalt von Hinweisen erleichtern** und zugleich **kanalisieren** sollten. Ein **Hinweisgebersystem,** auch als Whistleblower-Hotline bezeichnet, kann Hinweise z.B. über ein Web-Formular und/oder die Schnittstelle zu einer telefonischen Hotline entgegennehmen. So kann teilweise auch vermieden werden, dass mögliche Hinweisgeber sich an Dritte, an Ermittlungsbehörden oder an die **Presse** wenden. Stattdessen bleibt das Unternehmen bzw. die Organisation **Herr des Geschehens.**

Empirische Untersuchungen haben gezeigt, dass das Abgeben eines Hinweises oft eine große Überwindung des Whistleblowers erfordert. Dies gilt erst recht, wenn Gründe vorliegen, weshalb sich ein aktiver oder ehemaliger Mitarbeiter nicht an seinen Vorgesetzen oder den Compliance Officer wenden will. Insbesondere für Mitarbeiter im bestehenden Arbeitsverhältnis ist typisch und auch nachvollziehbar, dass sie in der weiteren Zeit an ihrem Arbeitsplatz nicht als „**Nestbeschmutzer**" dastehen wollen und Sorge vor **Repressalien** haben, seien es klare rechtliche und wirtschaftliche Nachteile wie der Ausschluss von Beförderungen oder gar dem Verlust des Arbeitsplatzes, oder aber die ähnlich schwerwiegenden immateriellen Repressalien wie Sticheleien von Vorgesetzten und Kollegen, Ausgrenzung und andere Spielarten des Mobbing. Auch fallen beim Stichwort Whistleblower schnell die Namen *Snowden* und *Manning,* die sich freilich nicht an die betroffene Organisation, sondern an die Presse bzw. WikiLeaks gewandt haben. All dies wird potenzielle Whistleblower überlegen lassen, ob sie wirklich den Aufwand und die mit dem Hinweis verbundenen möglichen Nachteile auf sich nehmen, ohne hierdurch mehr zu erreichen als die Befriedigung des eigenen Gerechtigkeitsgefühls und eventuell die Genugtuung gegenüber Personen, deren Verhalten man jahrelang als unrechtmäßig angesehen hat.

Daher ist es wichtig, die **Hemmschwelle** für das Abgeben von relevanten Hinweisen möglichst niedrig zu halten. Bürokratie, Regeln und zu viele Vorgaben bei den Eingabefeldern schrecken ab und verhindern oder verzögern so die Meldung von vielleicht sehr wichtigen Informationen. Eine zu große Anzahl von Hinweisen, Erläuterungen, Links und Unterseiten ist hier fehl am Platz. Jedes Lesen, Klicken und Suchen kostet wertvolle Zeit und Nerven, in der sich der potenzielle Hinweisgeber vielleicht doch noch von der Abgabe des Hinweises abbringen lässt. Das Eingeben der Hinweise darf daher nicht durch Bürokratie oder Technologie erschwert oder nach dem Durchhaltevermögen des Whistleblowers vorgefiltert werden. Eine Selektion der Hinweise hat ausschließlich nach deren Abgabe im Wege der inhaltlichen Überprüfung durch die zuständigen Stellen (Ombudsmann, Compliance Officer) zu erfolgen.

Empfehlenswert ist daher, die Gelegenheit zum Whistleblowing nicht mit Einschränkungen, Anmeldeprozeduren oder Richtlinien zu überfrachten – egal um welches der folgenden Dokumente es sich handelt:

Dokument/Textart	Inhalt und Risiken
Erläuterung der Möglichkeiten zum Whistleblowing im Code of Conduct[1]	Sofern ein Hinweisgebersystem existiert, sollte dies als zentraler und nach außen sichtbarer Bestandteil der Compliance-Organisation im Code of Conduct genannt und die Bedingungen der Nutzungen in der für einen Code of Conduct gebotenen Kürze erläutert werden.
Erklärung auf der entsprechenden Seite des Hinweisgebersystems; Datenschutzerklärung[2]	Eine Erläuterung zu dem Hinweisgebersystem ist auf der entsprechenden Website selbstverständlich. Auch sollte aus Transparenzgründen in der Datenschutzerklärung angegeben werden, wie die Daten genutzt und welche zusätzlichen Daten ggf. gespeichert werden. Jedoch besteht die Gefahr, mit den Verlinkungen von der Unternehmens-Website, den Seiten der Compliance-Abteilung, allgemeinen Seiten zum Compliance-Programm und zum Hinweisgebersystem sowie der häufig externen Seite des Hinweisgebersystems eine so komplexe Struktur zu schaffen, dass ein potenzieller Hinweisgeber eher abgelenkt als zur Abgabe eines Hinweises geleitet wird.
technisch-organisatorische Richtlinie (über die Existenz und die technischen Bedingungen des Hinweisgebersystems sowie Datenschutz und Datensicherheit)[3]	Eine solche Richtlinie ist sinnvoll, um die Bedingungen für das Hinweisgebersystem einschließlich eines Konzeptes zum Zugriff auf die Daten verbindlich festzulegen und zu dokumentieren.
interne Richtlinie (mit Wirkung gegenüber den Mitarbeitern)	Ohne die kollektiv-arbeitsrechtliche Wirkung einer Betriebsvereinbarung hat eine solche Richtlinie oft nur begrenzten Nutzen. Es besteht die Gefahr, dass Mitarbeiter durch überlange Richtlinien oder durch Drohungen für Fälle von wahrheitswidrigen Meldungen abgeschreckt werden.
Betriebsvereinbarung	Teilweise verlangen Betriebsräte den Abschluss einer Betriebsvereinbarung für den Einsatz von Hinweisgebersystemen.

Anmerkungen

1. Whistleblowing im Code of Conduct. Die Möglichkeiten zum Whistleblowing sollten knapp im Code of Conduct beschrieben werden (→ A.IV.3.). Auf auch der Website des Unternehmens (bzw. der Konzerngesellschaften) sollte eine entsprechende Information vorhanden sein, um Transparenz über die Möglichkeiten zum „Whistleblowing" zu schaffen und um es für Personen mit Kenntnissen über Missstände möglichst leicht zu gestalten, sich an den Compliance-Bereich zu wenden. Diese Informationen können etwas konkreter sein als die Erwähnung im Code of Conduct, da sich diese Texte leichter überarbeiten lassen, als der eher starre Code of Conduct.

2. Datenschutzerklärung für ein Hinweisgeberportal. Auch Webseiten, mit denen Unternehmen (oder eine gemeinnützige Institution) ein Portal für Hinweisgebersysteme betreiben, sind Telemedien und bedürfen einer Datenschutzerklärung. Selbst falls im Ausnahmefall eine Datenschutzerklärung rechtlich nicht erforderlich sein sollte, empfiehlt sich zur Transparenz und auf Grund der Erwartungshaltung der User, bei einem solchen Portal über den Datenschutz zu informieren. Auch versteht sich von selbst, dass eine solche Seite so datensparsam wie möglich betrieben werden sollte, um die Identität des Hinweisgebers bestmöglich zu schützen. Webanalyse-Dienste wie Google Analytics oder gar Werbenetzwerke (Tracking, Retargeting) sollten ebenso tabu sein wie die Einbindung von Social Media-Tools, etwas den Login-Funktionen von Facebook, Google+ oder Twitter, oder einem „Like"-Button für diese Seite. Dadurch kann die Datenschutzerklärung regelmäßig sehr knapp und damit übersichtlich gestaltet werden. Für entsprechende Mustertexte → A.IV.4.

3. Technisch-organisatorische Richtlinie. Die Erhebung und Verarbeitung von Hinweisen zu möglichen Compliance-Verstößen einschließlich der dabei als Hinweisgeber („Whistleblower") oder als Beschuldigte/Beteiligte genannten Personen sind unabhängig von ihrem Wahrheitsgehalt sehr sensible Daten. Daher hat die Verarbeitung auch in technisch-organisatorischer Hinsicht äußerst sorgfältig und exakt geregelt zu erfolgen. Hierzu gehört auch ein klares Konzept über die Rollen und Rechte der mit dem System arbeitenden Personen (Rollen-/Rechtekonzept). Weitere Ausführungen und ein Muster finden sich in → A.IV.5.

3. Hinweisgebersystem (Whistleblower-Hotline) im Code of Conduct

Sofern im Unternehmen ein **Hinweisgebersystem** implementiert wurde, sollte dies im Code of Conduct erwähnt werden. Die Beschreibung ist, wie im Code of Conduct üblich, knapp und allgemein gehalten. Der Text ist selbstverständlich abhängig von dem konkreten Hinweisgebersystem nebst den angebotenen Kommunikationskanälen und sollte auch sprachlich an den Code of Conduct angepasst werden. Ein generischer Textvorschlag lautet wie folgt:

So können Sie uns Hinweise über Compliance-Verstöße mitteilen:

(1) **Wir möchten über rechtswidriges Verhalten in unserem Unternehmen informiert werden, um solche Verhaltensweisen aufklären und abstellen zu können. Daher ermutigen wir Jedermann – egal ob Mitarbeiter, ehemaliger Kollege, Kunde, Lieferant oder Dritter – uns Hinweise auf Rechtsverstöße mitzuteilen.**

Koglin

(2) Allen Hinweisgebern sichern wir eine vertrauliche Bearbeitung zu.[1] Mitarbeiter sollten sich zunächst an ihren Vorgesetzen wenden. Wir haben Verständnis, dass dies nicht in allen Fällen opportun erscheint. Daher kann sich jeder auch unmittelbar an den Chief Compliance Officer[2] wenden (Kontaktdaten: […]) oder unser Hinweisgeberportal ([URL]) nutzen. Hierüber können Sie auch ohne Nennung Ihres Namens Hinweise absenden. Wir bitten Sie jedoch, sich dort zumindest unter einem anderen Namen, der keine Rückschlüsse auf Sie zulässt ein Postfach einzurichten, so dass wir Rückfragen an Sie stellen können.

(3) Wir bitten um Verständnis, dass das Hinweisgeberportal nur zur Meldung von Verstößen gegen Gesetze, Richtlinien oder gegen unseren Code of Conduct genutzt werden soll. Allgemeine Beschwerden sowie Produkt- und Gewährleistungsanfragen werden nicht bearbeitet.[3]

Anmerkungen

1. Vertraulichkeit. Das Unternehmen kann sich nicht über die Rechte von Gerichten und Strafverfolgungsbehörden hinwegsetzen. Daher sollte nicht durch Superlative („sichern wir absolute Vertraulichkeit zu") oder andere Formulierungen der Eindruck erweckt werden, dass die abgegebenen Hinweise einschließlich der ggf. bekannten Identität des Hinweisgebers unter keinen Umständen weitergegeben werden. Einer Compliance-Abteilung steht nach deutschem Recht kein Zeugnisverweigerungsrecht und kein Privileg gegen Ermittlungen zu; das Gleiche gilt für Rechtsabteilungen (EuGH, Urt. v. 14.9.2010 – C-550/07 P – „Akzo/Nobel"), und (in der Regel per Auftragsverarbeitung beauftragte) Dienstleister, die ein Hinweisgebersystem betreiben. Selbst zugelassene Rechtsanwälte, die extern (also nicht in der eigenen Rechtsabteilung) tätig sind, aber als Ombudsmann eines Unternehmens agieren und Hinweise von Dritten entgegennehmen, wird teilweise mangels einer anwaltlichen Tätigkeit im konkreten Mandat die Privilegierung gegen Ermittlungen abgesprochen (so zumindest LG Bochum, Urt. v. 16.3.2016 – 6 Qs 1/16, NStZ 2016, 500: § 97 Abs. 1 Nr. 3 StPO sei dahingehend einschränkend auszulegen, „dass allein das Vertrauensverhältnis des Beschuldigten im Strafverfahren zu einem von ihm in Anspruch genommenen Zeugnisverweigerungsberechtigten durch ein Beschlagnahmeverbot geschützt sein soll", nicht jedoch die Beziehung eines Nichtbeschuldigten zu einem Berufsgeheimnisträger; vgl. hierzu *Meyer-Goßner/Schmitt*, StPO, § 97 Rn. 10).

2. Kontaktpersonen. Entsprechend der jeweiligen Compliance-Organisation können hier auch ein Ombudsmann, der Leiter der internen Revision oder andere Personen genannt werden. Jedoch sollte dem Leser eine klare Leitlinie gegeben werden, an wen er sich wenden sollte, und auch unternehmensintern sollte eindeutig geregelt sein, wer für die Entgegennahme von Hinweisen zuständig ist.

3. Relevanz der Verstöße. Nicht zuletzt zur Entlastung der Compliance-Organisation sollte klargestellt werden, dass das Hinweisgebersystem keine allgemeine Beschwerdestelle ist. Die Entgegennahme von Hinweisen erfordert meist keine Vollzeitstelle; je nach Geschäftsfeldern und Risiken kann grob von jährlich ca. fünf bis 50 relevanten Hinweisen je 1.000 Mitarbeiter ausgegangen werden.

Koglin

4. Datenschutzerklärung für ein elektronisches Hinweisgeberportal

Sofern das Hinweisgebersystem ein Web-basiertes Interface für die Entgegennahme von Hinweisen hat, benötigt dieses **Hinweisgeberportal** – wie alle Websites – eine **Datenschutzerklärung** (→ F.I.2.). Da Hinweisgeberportale in der Regel keine umfangreichen Webanalysedienste einbinden, dürfen deren Datenschutzerklärungen recht kurz ausfallen (→ A.IV.2. Anm. 2). Aus Transparenzgründen sollte in der Datenschutzerklärung des Hinweisgeberportals auf die Verarbeitung der erfassten Daten eingegangen werden. Der entsprechende Textbaustein für die Datenschutzerklärung kann lauten:

Verarbeitung der von Ihnen eingegebenen Daten

Wir verwenden die von Ihnen im Rahmen des Hinweisgebersystems angegebenen Informationen u. a. zum Zweck der Überprüfung, der Dokumentation und für interne Ermittlungen.[1] Allen Hinweisgebern sichern wir eine vertrauliche Bearbeitung zu.[2]

Anmerkung

1. Verwendungszweck. Da diese Angaben für die Bestimmung des Zweckes der Datenverarbeitung im Rahmen der allgemeinen datenschutzrechtlichen Zweckbindung relevant sind, sollten sie nicht zu eng (aber dennoch nicht intransparent) gestaltet sein.

2. Vertraulichkeit. Dem Unternehmen und den internen Personen, die diese Hinweise bearbeiten, steht kein Zeugnisverweigerungsrecht zu. Daher darf an dieser Stelle nicht der Eindruck vermittelt werden, dass die abgegebenen Hinweise in keinem Fall an Dritte gelangen. Hierzu ausführlich → A.IV.3. Anm. 1.

5. Richtlinie zum Einsatz eines Hinweisgebersystems

Die folgende Richtlinie zum Einsatz eines Hinweisgebersystems legt neben den Mindestvorgaben zu Datenschutz und Datensicherheit auch generell die Existenz eines Hinweisgebersystems sowie seine organisatorische Einbettung im Unternehmen fest. Es sollte nicht nur isoliert auf das Hinweisgebersystem im Sinne einer meist externen IT-Plattform eingehen, sondern auch den Gesamtkontext der Möglichkeiten zur Abgabe von Hinweisen umfassen, sofern letzteres nicht bereits in anderen Dokumenten geregelt wird.

Richtlinie zum Einsatz des Hinweisgebersystems [Name/Bezeichnung] im [...]-Konzern

§ 1 Zielsetzung, Zweck und Geltungsbereich dieser Richtlinie[1]

(1) Wir möchten über rechtswidriges Verhalten in unserem Unternehmen informiert werden, um solche Verhaltensweisen aufklären und abstellen zu können. Da-

Koglin

her ermutigen wir Jedermann – egal ob Mitarbeiter, ehemaliger Kollege, Kunde, Lieferant oder Dritter – uns Hinweise auf Rechtsverstöße mitzuteilen.[2]

(2) Diese Richtlinie soll im Rahmen des Code of Conduct und der Compliance-Organisation des [Konzerns] die Rahmenbedingungen für die Mitteilung von Hinweisen auf mögliche Compliance-Verstöße an bestimmte Personen oder über ein elektronisches Hinweisgebersystem schaffen. Hierbei soll diese Richtlinie die ausreichende Berücksichtigung der berechtigten Interessen des Unternehmens, der Hinweisgeber, der betroffenen Personen sowie der Allgemeinheit gewährleisten.

(3) Diese Richtlinie soll darüber hinaus in technisch-organisatorischer Hinsicht gewährleisten, dass Hinweise auf Verstöße gegen Gesetze, den Code of Conduct oder Richtlinien[3] entsprechend den Vorgaben des Code of Conduct sowie von Datenschutz und Datensicherheit entgegengenommen und mit der gebotenen Vertraulichkeit verarbeitet, gespeichert und archiviert werden können.[4]

(4) Diese Richtlinie findet Geltung für alle Unternehmen des [Konzerns], an denen die [AG] eine Beteiligung von mehr als [50 %] mittelbar oder unmittelbar hält oder deren wirtschaftliche Führung sie innehat.[5]

§ 2 Hinweisgeber

(1) Zur Abgabe von Hinweisen ist jede Person berechtigt. Insbesondere ist unerheblich, ob sie Mitarbeiter, Geschäftspartner oder Dritter ist.[6]

(2) Durch diese Richtlinie wird niemand verpflichtet, Hinweise abzugeben. Sofern jedoch gesetzliche, vertragliche oder anderweitige Pflichten oder Obliegenheiten zur Abgabe von Hinweisen bestehen, bleiben diese von Satz 1 unberührt.

§ 3 Abgabe von Hinweisen

(1) Die Abgabe von Hinweisen zu tatsächlichen oder vermuteten Verstößen soll an folgende Personen bzw. Systeme ermöglicht werden:[7]
– bei Hinweisen von Mitarbeitern durch das Angebot, Hinweise vertraulich an den Vorgesetzten zu melden; außerdem für alle Personen
– durch direkte Meldung an den [Chief] Compliance Officer,
– durch Hinweise an den externen Ombudsmann, sowie
– durch die Möglichkeit, Hinweise über unser Web-basiertes Hinweisgeberportal direkt in das Hinweisgebersystem einzugeben.

(2) Beim Hinweisgeberportal sind die Arten der Meldung technisch vorgegeben. Im Übrigen ist die Abgabe von Hinweisen nicht an bestimmte Formen gebunden. Insbesondere können sie persönlich, fernmündlich, per Telefon, Telefax oder via E-Mail mitgeteilt werden.[8]

§ 4 Relevante Hinweise; Gutgläubigkeit

(1) Das Hinweisgebersystem dient ausschließlich der Entgegennahme und Bearbeitung von Meldungen zu tatsächlichen oder vermeintlichen Verstößen gegen Gesetze, Richtlinien oder den Code of Conduct. Es steht insbesondere nicht für allgemeine Beschwerden oder für Produkt- und Gewährleistungsanfragen zur Verfügung.[9]

(2) Es sollen nur solche Hinweise abgegeben werden, bei denen der Hinweisgeber im guten Glauben ist, dass die von ihm mitgeteilten Tatsachen zutreffend sind.[10] Er

ist nicht im guten Glauben, wenn ihm bekannt ist, dass eine gemeldete Tatsache unwahr ist.[11] Bei Zweifeln sind entsprechende Sachverhalte nicht als Tatsache, sondern als Vermutung, Wertung oder als Aussage anderer Personen darzustellen.

(3) Es wird darauf hingewiesen, dass sich ein Hinweisgeber strafbar machen kann, wenn er wider besseren Wissens unwahre Tatsachen über andere Personen behauptet.[12]

§ 5 Schutz des Hinweisgebers

Sämtliche Hinweise, einschließlich der Bezüge zum Hinweisgeber, werden vertraulich und im Rahmen der geltenden Gesetze verarbeitet.[13]

§ 6 Vertraulichkeit und Datenschutz

(1) Sämtliche Hinweise sind unabhängig von ihrem Wahrheitsgehalt geeignet, das Ansehen der Betroffenen, der Hinweisgeber und/oder Dritter sowie des Unternehmens in höchstem Maße zu beschädigen.[14] Sie werden daher von uns über die sich aus den Datenschutzgesetzen ergebenen Pflichten hinaus besonders vertraulich behandelt.[15]

(2) Über das ordnungsgemäß und stets aktualisiert zu führende Verarbeitungsverzeichnis[16] hinaus ist schriftlich festzuhalten, welche Personen auf die Hinweise und die damit verbundenen Daten zugreifen dürfen und welche Rechte sie im Rahmen der Datenverarbeitung haben. Diese Personen sind über etwaige gesetzliche Anforderungen hinaus auf die besondere Vertraulichkeit zu verpflichten. Das Nähere regelt die Anlage „Rollen- und Rechtekonzept Hinweisgebersystem" (Anlage 1).[17]

§ 7 IT- und Datensicherheit

(1) IT-Lösungen für die Entgegennahme und Verarbeitung von Hinweisen müssen vom Chief Information Security Officer (CISO), dem Chief Compliance Officer (CCO) sowie dem Konzerndatenschutzbeauftragten vor dem Einsatz geprüft und freigegeben werden.[18]

(2) Die Mindestanforderungen ergeben sich für den Geltungsbereich der Datenschutz-Grundverordnung aus Art. 32 DS-GVO, den [Konzernrichtlinien zur IT-Sicherheit sowie zum Datenschutz] sowie den Anforderungen der ISO 27001. Der besonderen Sensibilität der Hinweise sowie der Gefahren für Personen und das Unternehmen im Fall des Bekanntwerdens von hinweisbezogenen Daten ist in besonderer Weise Rechnung zu tragen.[19]

§ 8 Löschkonzept

Die Löschung von Daten im elektronischen Hinweisgebersystem hat ausschließlich nach den jeweiligen zeitlichen Vorgaben des Löschkonzepts[20] oder nach der Löschfreigabe durch zwei separate Benutzer (Vier-Augen-Prinzip entsprechend der Anlage „Rollen- und Rechtekonzept Hinweisgebersystem", Anlage 1) zu erfolgen.[21]

§ 9 Weitere Regelungen/Sonstiges[22]

[...]

Koglin

Anlage 1: Rollen- und Rechtekonzept Hinweisgebersystem

In dem Hinweisgebersystem sind ausschließlich die folgenden Rollen mit den jeweils aufgeführten Berechtigungen einzurichten:

Rolle	Rechte	Beispiel/Anmerkung
technischer Administrator	– Anlegen und Löschen von Usern (Aktivierung dieser Aktionen jeweils erst nach Bestätigung durch Chief Compliance Officer (CCO)) – technische Administration	kein Zugriff auf Inhaltsdaten
Hinweisempfänger	– Einsicht in alle eingehenden Hinweise – ggf. Zuordnung zu einem Hinweisbearbeiter	CCO sowie dessen Vertreter
Hinweisbearbeiter	– Bearbeitung von zugewiesenen Fällen	i.d.R. Mitarbeiter der Compliance-Abteilung
Hinweis-Löschung	– Abschluss und Löschung von bearbeiteten Fällen	i.d.R. Mitarbeiter der Compliance-Abteilung. Dies sollte eine andere Person als der jeweilige Hinweisbearbeiter sein oder durch das Erfordernis der nachfolgenden Bestätigung durch den CCO dem Vier-Augen-Prinzip unterliegen.
Mitarbeiter (Bearbeitung)	– temporäre (Mit-)Bearbeitung eines konkreten Falles durch Mitarbeiter anderer Abteilungen des Unternehmens	Mitarbeiter der Rechtsabteilung oder Revision; ggf. Geschäftsführung
Mitarbeiter (Lesezugriff)	– wie zuvor, jedoch nur mit Leserechten	dito; Mitarbeiter aus Fachbereichen
Externe (Bearbeitung)	– temporäre (Mit-) Bearbeitung eines	Rechtsanwälte, Wirtschaftsprüfer

Rolle	Rechte	Beispiel/Anmerkung
	konkreten Falles durch Externe	
Externe (Lesezugriff)	– wie zuvor, jedoch nur mit Leserechten	Staatsanwaltschaft
Bestätigungen	– Bestätigungen nach der Anlage oder dem Löschen von Usern sowie den Veränderungen von Berechtigungen bei bestehenden Usern – ggf. Bestätigungen nach der Löschung von Hinweisen	CCO

Anmerkungen

1. Regelungstiefe. Dieses Muster verfolgt den Ansatz, nur die relevanten Punkte zu regeln und dadurch übersichtlich zu bleiben. Insbesondere vor dem Urteil des LG München I, das vor dem Hintergrund der persönlichen Haftung der Vorstände erstmals über die Anforderungen an Compliance-Organisationen geurteilt hat (LG München I, Urt. v. 10.12.2013 – 5 HK O 1387/10, CCZ 2014, 142 m. Anm. *Fett*; dazu *Meyer*, DB 2014, 1063; → A.II.2. Anm. 3), empfiehlt es sich nicht, zum Beispiel die Möglichkeiten zur Abgabe von Hinweisen auf Compliance-Verstöße zu beschränken oder nur bestimmte Kategorien von Mitarbeitern oder Führungskräften zur Abgabe von Hinweisen zuzulassen. Vgl. hierzu noch vor dem Hintergrund der früheren Rechtslage in einem sehr ausführlichen Muster *Bauer* in: Moos (Hrsg.), Datennutzungs- und Datenschutzverträge, S. 537.

2. Einleitung. Die Einleitung ist wortgleich mit der entsprechenden Formulierung im Code of Conduct, → A.IV.3.

3. Definition relevanter Verstöße. Die Definition, welche Normen bei einem Verstoß Anlass zu einer Überprüfung durch die Compliance-Organisation geben, hat einheitlich mit den übrigen Compliance-Richtlinien zu erfolgen. In Frage kommen insbesondere:
– der Code of Conduct,
– Gesetze (ggf. „und Verordnungen" oder allgemein „anwendbares Recht"),
– interne Regularien wie Richtlinien, Betriebsordnungen, Geschäftsordnungen oder Hausordnungen,
– Tarifverträge, Betriebsvereinbarungen und andere kollektivrechtliche Regelungen sowie
– Selbstverpflichtungen.
Zwar bedeutet Compliance generell die Einhaltung aller internen und externen Verpflichtungen (→ A.II.). Dabei sollte jedoch überlegt werden, ob jedes Fehlverhal-

ten, wie z. B. eine versehentliche Fehllieferung an einen Kunden oder ein kleiner Verstoß gegen die Hausordnung zu einem formalen Ermittlungsverfahren der Compliance-Abteilung führen muss. Dies ist jedoch eine generelle Frage der Zuständigkeitsdefinition der Compliance-Organisation und kein Aspekt des Datenschutzes.

4. Definition des Zweckes. Der Zweck der Datenerhebung und -nutzung setzt den Rahmen für den zulässigen Umfang der Datenverarbeitung (Grundsatz der Zweckbindung, vgl. u. a. Art. 5 Abs. 1 lit. b DS-GVO). Auch im Hinblick auf spätere Dauer von Speicherung bzw. Archivierung der Daten ist es daher sinnvoll, diese als Zweck zu benennen. Siehe diesbezüglich die Musterklausel zum Löschkonzept (§ 8) in dieser Muster-Richtlinie sowie → D.IV.

5. Geltung im Konzern. Zum Zuständigkeitsbereich der Compliance-Organisation → A.II. und III.; für eine Datenschutzrichtlinie → D.I.2.

6. Kreis der Hinweisgeber. Das Unternehmen und die für es handelnden Organe sind dafür verantwortlich, eine Organisation bereitzustellen, die sich Hinweisen auf Compliance-Verstöße nicht verschließt (→ Anm. 1 zum Urteil des LG München I). Daher sollte, schon aus Gründen der persönlichen Haftung der Organe, der Kreis der meldeberechtigten Personen keinesfalls eingeschränkt werden.

7. Kreis der Adressaten. Die Formulierung zum Kreis der Adressaten, an die Hinweise gegeben werden können, ist entsprechend den im Unternehmen bestehenden Gegebenheiten anzupassen. Es empfiehlt sich aus den in → Anm. 6 geschilderten Gründen, ihn möglichst breit und offen zu gestalten.

8. Kommunikationskanäle. Für die verschiedenen Hintergründe der möglichen Hinweisgeber (Persönlichkeit, Kommunikationsstil, Sprache, Kultur) sollten verschiedene Kommunikationskanäle bereitgehalten werden. Typische Kanäle sind E-Mail, Briefpost, Telefonanrufe sowie web-basierte Hinweisgeberportale. Die Nutzung dieser Kanäle hängt häufig auch von Art und Umfang des Hinweises ab: Ein vager Verdacht wird mitunter lieber (fern-)mündlich mitgeteilt, wohingegen sich für die Übermittlung eines umfangreichen Konvoluts von Dokumenten und Belegen eher der Upload über ein Hinweisgeberportal, eine E-Mail oder auch der klassische Postweg eignet.

9. Abgrenzung zu sonstigen Anfragen. Zwar sollten die Möglichkeiten zur Abgabe relevanter Hinweise nicht eingeschränkt werden. Gleichwohl ist eine Selektion zwischen relevanten Hinweisen und sonstigen Beschwerden nötig, damit die Compliance-Abteilung nicht von sachfremden Anfragen blockiert wird (→ A.IV.3. Anm. 3).

10. Gutgläubigkeit. Der Umgang mit dem Thema Verleumdung ist eine Gratwanderung: Einerseits soll selbstverständlich vermieden werden, dass Dritte wider besseren Wissens eines Verstoßes bezichtigt werden und daraufhin vielleicht sogar interne Ermittlungen gegen den vermeintlichen Täter erfolgen. Andererseits muss das Unternehmen auch Interesse an solchen Hinweisen haben, bei denen sich der Hinweisgeber nicht über jedes Detail absolut sicher ist. Daher wurde hier die sanfte Formulierung „Es sollen nur …" gewählt, statt ein Verbot zu formulieren.

11. Definition von Gutgläubigkeit. Die hier verwendete Definition weicht bewusst von der Legaldefinition des § 932 Abs. 2 BGB ab, die guten Glauben auch

Koglin

dann ausschließt, wenn die relevanten Tatsachen „infolge grober Fahrlässigkeit unbekannt" geblieben sind. Denn die Einbeziehung des Kennen-Müssens ist bei § 932 BGB sachgerecht, wo es um einen Interessenausgleich zwischen dem gutgläubigen Erwerber und dem tatsächlichen Eigentümer geht. Die Compliance-Meldung hat allerdings eine andere Zielsetzung als § 932 BGB; hier soll vielmehr absichtliche Falschverdächtigung vermieden werden. Zudem wäre die zusätzliche Formulierung für Nichtjuristen kaum verständlich. Auch in diesem Kontext ist das Urteil des LG München I zu Compliance-Systemen (→ Anm. 1) zu berücksichtigen, wonach sich der Vorstand darum bemühen sollte, Hinweise auf Fehlverhalten zu erhalten.

12. Warnung vor falscher Verdächtigung. Warnungen vor der Strafbarkeit von unzutreffenden Hinweisen sollten vorsichtig eingesetzt werden, um etwaige Hinweisgeber nicht zu verschrecken und damit von der Abgabe des Hinweises abzuhalten. Denn dies könnte dazu führen, dass wichtige Informationen nicht an das Unternehmen gegeben werden, so dass die Verstöße mangels Kenntnis entweder nicht abgestellt werden können und sich der Hinweisgeber im schlimmsten Fall direkt an die Presse wendet. Da Konzernrichtlinien in der Regel nicht auf Deutschland begrenzt sind, ist es ratsam, sich nicht spezifisch am deutschen Recht (hier insbesondere §§ 164, 186, 187 StGB) auszurichten und in der Richtlinie keine Gesetze zu nennen.

13. Schutz des Hinweisgebers. Ein knapper Hinweis zu dieser Thematik sollte ausreichen. Ausführlichere Hinweise oder eine stärkere Betonung des Schutzes des Hinweisgebers würden dazu führen, dass auch die Ausnahmen des Schutzes dargestellt werden müssten, was den Absatz unnötig komplex macht und wieder dazu führen könnte, dass potentielle Hinweisgeber von der Abgabe der Information abgehalten werden könnten. Zum fehlenden Zeugnisverweigerungsrecht von Compliance-Abteilungen → A.IV.3. Anm. 1.

14. Sensibilität der Hinweise. Seitens des Unternehmens besteht angesichts des großen Kreises der Hinweisadressaten und der diversen Kommunikationskanäle die Notwendigkeit, die Hinweise möglichst zentral, zumindest aber koordiniert zu verwalten und Doppelmeldungen über die verschiedenen Kanäle zu identifizieren und zusammenzuführen. Spätestens hier ist besonderes Augenmerk auf die IT-Sicherheit und im Rahmen des Berechtigungsmanagements für den Datenzugriff ganz besonders auf ein sehr restriktives Rollen-/Rechtekonzept zu legen (dazu → Anl. 1 dieser Richtlinie sowie → E.IV.). Denn der zentrale Datensatz ist höchst sensibel und kann bei Bekanntwerden gravierende Auswirkungen haben. Dies betrifft sowohl die Daten des Hinweisgebers, der des Denunzierens bezichtigt werden kann, als auch einen vielleicht zu Unrecht Verdächtigten, der bei Bekanntwerden der Hinweise schnell gesellschaftlich ruiniert sein kann. Darüber hinaus enthält das Hinweisgebersystem höchst sensible Informationen über das Unternehmen selbst: Wenn diese Informationen, die eine geordnete Übersicht zu tatsächlichen oder vermeintlichen Rechtsverstößen innerhalb des Unternehmens enthalten, durch IT-Angriffe oder Sicherheitslücken in falsche Hände gerät, wäre dies der größtmögliche Unfall in einer Compliance-Organisation. Hacker, Presse oder Ermittlungsbehörden würden eine Liste aller möglichen Verstöße wie auf dem Silbertablett präsentiert bekommen.

Koglin

15. Zusagen bezüglich Vertraulichkeit und Datenschutz. Auch hier gilt, dass Superlative oder nicht einzuhaltende Zusagen ausbleiben sollten (→ A.IV.1. Anm. 3).

16. Verarbeitungsverzeichnis. Zum Verzeichnis von Verarbeitungstätigkeiten nach Art. 30 DS-GVO ausführlich → C.II.

17. Verweis auf Anlage „Rollen- und Rechtekonzept Hinweisgebersystem". Gerade bei höchst sensiblen Daten wie Hinweisen auf Verstöße sollte das Unternehmen, schon im eigenen Interesse, über ein eindeutiges und restriktives Konzept zu Berechtigungsrollen verfügen. Hierin ist zu regeln, welche Rollen existieren, wie z. B. einem Chief Compliance Officer, der Zugriff auf alle eingehenden Hinweise hat und die Bearbeitung einzelnen Mitarbeitern oder Anwälten zuweisen darf, jedoch wegen des Vier-Augen-Prinzips nicht alleine über die Löschung eines Hinweises entscheiden kann. Ohne das Vier-Augen-Prinzip bestünde die Gefahr, dass Hinweise, die die löschberechtigte Person betreffen, ohne Gegenkontrolle gelöscht werden können. Daneben sollten eingeschränkte Berechtigungsrollen für Mitarbeiter aus der Compliance-Abteilung vorhanden sein, die die ihnen zugeordneten Fälle verantwortlich bearbeiten, sowie weiter eingeschränkte (Lese-)Rechte für jeweils namentlich zu benennende Mitarbeiter der Rechtsabteilung, der Revision, externen Anwälten und ggf. zur Kooperation und Offenlegung gegenüber Staatsanwaltschaften oder anderen Ermittlungsbehörden. Dies sollte auch mit Funktionen wie der Pseudonymisierung von Daten kombiniert werden. Zum Löschkonzept siehe § 8 des Musters sowie → D.IV.

18. Freigabeverfahren. Die Prozeduren und Rollen für die Freigabe von IT-Lösungen müssen selbstverständlich an das konkrete Unternehmen angepasst werden und in der Praxis auch so durchgeführt werden. Zu der Einordnung der verschiedenen Sicherheits- und Datenschutzbeauftragten im Unternehmen → E.I. Häufig sieht der Betriebsrat auch ein Mitbestimmungsrecht nach § 87 Abs. 1 Nr. 1 und 6 BetrVG, und zwar nicht nur wegen der Angaben zu den verdächtigten Mitarbeitern, sondern auch wegen einer möglichen Leistungskontrolle bei denjenigen Mitarbeitern, die diese Hinweise im Hinweisgebersystem oder in einem separaten Compliance Management System (CMS) verarbeiten.

19. Technische und organisatorische Mindestanforderungen. Die hier referenzierten Anforderungen sind an die im Unternehmen bzw. Konzern bestehenden Richtlinien und Vorgaben anzupassen. Das Erfordernis der formalen Zertifizierung nach einer Norm wird dadurch unterlaufen, indem lediglich inhaltlich auf die Anforderungen der ISO 27001 (alternativ: der IT-Grundschutz-Kataloge des BSI etc.) Bezug genommen wird.

20. Speicherdauer und Löschfristen. Noch stärker als bei den allgemeinen Speicher- und Löschungsfristen (→ D.IV.) befinden sich Unternehmen bei der Speicherung von Hinweisen auf Compliance-Verstöße in einem Dilemma: Um sich auch noch Jahre später rechtfertigen zu können, weshalb einem angeblichen Hinweis nicht nachgegangen worden sei, müssen die Hinweise und die eingeleiteten Maßnahmen, ggf. auch eine dokumentierte und begründete Entscheidung, weshalb einem Hinweis nicht nachgegangen wurde, möglichst langfristig gespeichert werden.

Koglin

Angesichts der höchst sensiblen, für die betreffenden Personen bei Bekanntwerden womöglich vernichtenden Verdächtigungen, könnten diese indes gelöscht werden, sobald sie sich als unwahr herausgestellt haben oder aus anderen Gründen nicht mehr erforderlich sind. Nach Art. 17 Abs. 1 lit. a DS-GVO sind für eigene Zwecke gespeicherte Daten zu löschen, wenn sie für die Erfüllung des Zwecks der Speicherung nicht mehr erforderlich sind (zu den entsprechenden Betroffenenrechten → F.IV.). Daher ist es sinnvoll, nicht nur die Überprüfung von abgegebenen Hinweisen als Zweck der Datenerhebung zu definieren, sondern – wie oben in § 1 Abs. 3 dieser Musterrichtlinie erfolgt – auch die Archivierung.

Neben den Extrempolen der vollständigen Speicherung sowie der vollständigen Löschung sollte gerade bei Compliance-Daten auch auf die Anonymisierung oder Pseudonymisierung zurückgegriffen werden (Art. 32 Abs. 1 lit. a, ErwG 28, 29, 75 und 78 DS-GVO). Eine Pseudonymisierung, die viele elektronische Hinweisgebersysteme systemseitig bereithalten, kann z.B. auch nur dann eingesetzt werden, wenn Nutzer mit Rollen, die nur begrenzte Rechte haben, auf den Fall zugreifen (vgl. hierzu das Rollen- und Rechtekonzept, § 6 Abs. 2 nebst Anl. 1; → Anm. 17). So kann bestimmten Personen, etwa einem Kollegen aus der Buchhaltung oder einem externen Ermittler, nur ein begrenzter Zugriff auf die Daten gewährt werden. Eine endgültige Anonymisierung kann verwendet werden, wenn der Fall endgültig abgeschlossen ist, keine Pflichten zur Aufbewahrung der Namen der Betroffenen mehr vorliegen, aber zur Möglichkeit der Rechtfertigung bei späteren Nachfragen eine Fassung ohne die Namen der Betroffenen behalten werden soll.

Doch nicht nur im Interesse des Datenschutzes und der betroffenen, vielleicht zu Unrecht belasteten, Personen ist eine überlange Speicherung zu vermeiden. Auch für das Unternehmen ist es riskant, alle eventuellen oder tatsächlichen Verstöße im Umfeld des Unternehmens in einer zentralen Datenbank zu speichern. Da es in Deutschland für Unternehmensdaten, egal ob in Rechtsabteilungen oder in Compliance-Abteilungen, anders als bei externen Rechtsanwälten oder Steuerberatern kein Auskunftsverweigerungsrecht gibt (vgl. etwa EuGH, Urt. v. 14.9.2010 – C-550/07 P – „Akzo/Nobel"; → A.IV.3. Anm. 1), besteht die latente Gefahr der Beschlagnahme und Auswertung durch eine Aufsichts- oder Ermittlungsbehörde. Auch wenn wegen einer Sache ermittelt wurde, können die Informationen zu einer anderen Sache – im schlechtesten Fall also die gesamte, seit Jahren befüllte Datenbank etwaiger Verstöße im Unternehmensumfeld – nach den Regelungen über Zufallsfunde vermutlich verwendet werden (§ 108 StPO, vgl. aber §§ 161 Abs. 2 und 477 Abs. 2 StPO).

21. Vier-Augen-Prinzip. Zum Vier-Augen-Prinzip → Anm. 17.

22. Schlussbestimmungen. Abschließende allgemeine Regelungen (wie allgemeine Regelungen für Richtlinien des Unternehmens, salvatorische Klausel, ggf. Recht und Gerichtsstand) sollten sich an den Standardformulierungen des jeweiligen Unternehmens orientieren.

6. Internal Investigations: Unternehmenspflicht vs. Datenschutz

Aus den **Grundsätzen der Unternehmensführung,** die erstmalig durch LG München I, Urt. v. 10.12.2013 – 5 HK O 1387/10, CCZ 2014, 142 (→ A.IV.5. Anm. 1 sowie → A.II.2. Anm. 3) von einem deutschen Gericht konkretisiert wurden, ergibt

Koglin

sich, dass der Vorstand bzw. die Geschäftsleitung Hinweisen auf Compliance-Verstöße angemessen nachgehen muss. Wenn sich die Hinweise als zutreffend erweisen, muss das Fehlverhalten abgestellt und die Organisation nebst der **internen Prozesse und Kontrollmaßnahmen** ggf. angepasst werden. Erforderlichenfalls sind die Täter oder etwaige Versicherungen in Regress zu nehmen. Auch muss das Unternehmen vorbereitet sein, falls es in den Fokus von Ermittlungen durch Strafverfolgungs-, Kartell- oder anderer Aufsichtsbehörden kommen wird. Dies beinhaltet auch, eine **Strategie für die Öffentlichkeitsarbeit** in dieser Angelegenheit vorbereitet zu haben.

Hierzu ist es essenziell, schnellstmöglich detaillierte Informationen zu dem Fall zu erhalten. Auch besteht die Gefahr, dass Daten routinemäßig gelöscht oder von Mitarbeitern angesichts der bevorstehenden Ermittlungen bewusst gelöscht werden. Vor diesem Hintergrund bestehen unternehmensseitig, ähnlich wie bei Strafverfolgungsbehörden, Begehrlichkeiten nach der Auswertung, zumindest aber Sicherung von möglichst umfangreichen Daten, wie E-Mails, Kalendereinträgen, Telefonverbindungen, Dienstreisen sowie gespeicherten Dateien auf lokalen Rechnern, Mobiltelefonen, Gemeinschaftslaufwerken und in ERP-Systemen wie (beim Verdacht auf Fälschung von Abrechnungen) z.B. den SAP-Modulen FI (Finance) und CO (Controlling).

Offensichtlich ist, dass der Datenschutz und weitere Schutzgesetze, wie das Briefgeheimnis (Art. 10 GG) oder das Telekommunikationsgeheimnis (§ 88 Abs. 1 TKG, § 206 StGB), hier Grenzen setzen (Vertraulichkeitsverpflichtungen der Mitarbeiter → C.VII.1. und 2.; allgemein *Oenning/Oenning* in: von dem Bussche/Voigt (Hrsg.), Konzerndatenschutz, S. 289 ff.). Diese Grenzen werden in Unternehmen oft durch Betriebsvereinbarungen konkretisiert oder sogar enger gezogen, etwa betreffend Einsichtnahme in E-Mails oder in Daten, die auf dem vom Arbeitgeber zur Verfügung gestellten Notebook gespeichert wurden. Auch wenn an dieser Stelle nicht auf die jeweils individuellen Betriebsvereinbarungen eingegangen werden kann, gibt es hinsichtlich der Auswertung von Daten durch den Arbeitgeber stets wiederkehrende Konstellationen. Typische Probleme sind in der nachfolgenden Tabelle aufgeführt:

Nr.	*Datenart, Kontext*	*Rechtliche Bewertung/Konflikt*
1.	**E-Mails bis zum Abschluss des Übertragungsvorgangs**	Auch der Versand von E-Mails unterliegt dem Telekommunikations-/Fernmeldegeheimnis nach dem bisherigen § 88 TKG sowie Art. 10 GG. Insoweit darf der Arbeitgeber nicht auf E-Mails zugreifen, bei denen der Übertragungsvorgang noch nicht beendet ist. Dies wird klassisch mit dem Herunterladen vom Mail-Server angenommen. Mit dem Online-Zugriff durch mehrere Endgeräte bzw. Webbrowser ergeben sich jedoch Abgrenzungsschwierigkeiten, wann der Übermittlungsvorgang – vergleichbar mit dem Erhalt und Öffnen eines Briefumschlages durch den Empfänger – beendet ist.

Nr.	Datenart, Kontext	Rechtliche Bewertung/Konflikt
		Zudem wird zum Teil vertreten, der Arbeitgeber sei kein „Diensteanbieter" i. S. d. § 3 Nr. 6 i. V. m. Nr. 10, 24 TKG; zum Teil wird differenziert, ob die private Nutzung gestattet ist.[1]
2.	E-Mails nach Abschluss des Übertragungsvorgangs	Das Telekommunikations-/Fernmeldegeheimnis ist nicht einschlägig, da lediglich der Übertragungsvorgang geschützt wird. Häufig lässt sich jedoch nicht eindeutig bestimmen, wann der Übertragungsvorgang als beendet anzusehen ist.
3.	Daten aus einem elektronischen Kalender, Dienstreisenabrechnungen	Das Telekommunikations-/Fernmeldegeheimnis ist nicht einschlägig, da es sich um gespeicherte Inhaltsdaten und nicht um die in der Übertragung befindliche Kommunikation zwischen zwei Personen handelt.
4.	Dateien auf Festplatte des persönlichen Rechners eines Mitarbeiters	Wie zuvor, jedoch können insbesondere bei erlaubter Privatnutzung des Geräts der Schutz von Daten und Persönlichkeitsrechten ein höheres Gewicht haben.
5.	Gemeinschaftslaufwerke	Die auf Gemeinschaftslaufwerken gespeicherten Daten sind datenschutzrechtlich eher unkritisch, da dem jeweiligen Mitarbeiter die (Teil-)Öffentlichkeit der von ihm dort abgelegten Daten bewusst ist.

Anmerkung

1. Einsicht in E-Mails. Siehe auch die entsprechende Richtlinie → D.III.1. sowie allgemein *Thüsing*, Arbeitnehmerdatenschutz und Compliance, Rn. 59 ff., 220 ff.; *Scheben/Klos*, CCZ 2013, 88 ff.; *Gräfin v. Brühl/Sepperer* in: Taeger (Hrsg.), Big Data & Co, S. 513. Zuletzt die Stellung des Arbeitgebers als Telekommunikationsdiensteanbieter ablehnend ArbG Weiden, Urt. v. 17.5.2017 – 3 Ga 6/17, unter ausführlicher Darstellung des Meinungsstandes (Rn. 17). Hiernach ist die E-Mail-Kontrolle alleine nach § 32 BDSG a. F., also § 26 BDSG n. F., zu beurteilen. Ausführlich auch Plath/*Stamer/Kuhnke*, BDSG/DSGVO, § 32 BDSG Rn. 95 ff. Jedenfalls sollte für eine klare Trennung von privaten und dienstlichen E-Mails gesorgt werden.

Koglin

B. Der Datenschutzbeauftragte

I. Benennung und Abberufung des Datenschutzbeauftragten

1. Benennung als Datenschutzbeauftragter

Eine **Verpflichtung zur Benennung** (nicht länger „Bestellung") eines Daten-schutzbeauftragten (DSB) besteht für Verantwortliche und Auftragsverarbeiter nach der DS-GVO nur in den sich aus Art. 37 Abs. 1 DS-GVO sowie aus Art. 37 Abs. 4 DS-GVO i. V. m. §§ 5 Abs. 1, 38 Abs. 1 BDSG n. F. ergebenden Fällen. Die Benen-nungspflicht gilt auch für Berufsgeheimnisträger, etwa Rechtsanwälte, Steuerberater und Wirtschaftsprüfer. Liegen die Voraussetzungen einer verpflichtenden Benennung nicht vor, kann der Verantwortliche einen DSB – mit denselben Rechtsfolgen – gem. Art. 37 Abs. 4 S. 1 DS-GVO **freiwillig benennen.** Ist ein DSB benannt, sind dessen Kontaktdaten (mindestens Anschrift, E-Mail-Adresse, nicht jedoch der Name, vgl. *Laue/Nink/Kremer,* Das neue Datenschutzrecht in der betrieblichen Praxis, Kap. 6, Rn. 19) zu veröffentlichen, z. B. auf der Website des Verantwortlichen. Der Aufsichts-behörde ist der Beauftragte mitsamt den Kontaktdaten namhaft zu machen. Ergän-zend sind Name und Kontaktdaten des DSB im Verzeichnis der Verarbeitungtätigkei-ten (→ C.II.) nach Art. 30 Abs. 1 lit. a, Abs. 2 lit. a DS-GVO sowie in den Informationen für betroffene Personen nach Art. 13 Abs. 1 lit. b, Art. 14 Abs. 1 lit. b DS-GVO aufzunehmen, ferner der Aufsichtsbehörde gem. Art. 33 Abs. 3 lit. b DS-GVO bei Datenschutzverletzungen i. S. v. Art. 4 Nr. 12 DS-GVO sowie bei Konsulta-tionen im Zusammenhang mit Datenschutz-Folgeabschätzungen gem. Art. 36 Abs. 3 lit. d DS-GVO mitzuteilen. Jeglicher Verstoß gegen die Pflichten des Verantwortlichen oder Auftragsverarbeiters betreffend den DSB aus Art. 37–39 DS-GVO ist nach Art. 83 Abs. 4 lit. a DS-GVO bußgeldbewehrt. Die Meldepflichten aus §§ 4d Abs. 1, 4e BDSG a. F. gegenüber der Aufsichtsbehörde sind mit der DS-GVO ersatzlos ent-fallen. Die Benennung eines DSB, die nach § 4d Abs. 2 BDSG a. F. die Meldepflicht entfallen ließ, bietet insoweit keine Vorteile mehr.

Zwingend zu benennen ist ein DSB **durch nicht-öffentliche Stellen** nach Art. 37 Abs. 1 DS-GVO zunächst, wenn die **Kerntätigkeit** des Verantwortlichen oder Auf-tragsverarbeiters in der Durchführung von Verarbeitungsvorgängen besteht, die aufgrund ihrer Art, ihres Umfang und/oder ihrer Zwecke eine umfangreiche regel-mäßige und systematische Überwachung betroffener Personen erforderlich machen (Art. 37 Abs. 1 Nr. 2 DS-GVO). Ferner ist ein DSB zwingend zu benennen, wenn die Kerntätigkeit des Verantwortlichen oder Auftragsverarbeiters in der umfangreichen Verarbeitung besonderer Kategorien von Daten i. S. v. Art. 9 DS-GVO oder Daten über strafrechtliche Verurteilungen i. S. v. Art. 10 DS-GVO besteht (Art. 37 Abs. 1 Nr. 3 DS-GVO). Unter Kerntätigkeit ist nach ErwG 97 jeweils die Haupttätigkeit und nicht die Verarbeitung personenbezogener Daten als bloße Nebentätigkeit zu

verstehen. Nicht erfasst ist deshalb insbesondere die Verarbeitung von Beschäftigtendaten durch den Arbeitgeber (vgl. *Laue/Nink/Kremer*, Das neue Datenschutzrecht in der betrieblichen Praxis, Kap. 6, Rn. 8). Der Anwendungsbereich der Benennungspflicht aus Art. 37 Abs. 1 Nr. 2, Nr. 3 DS-GVO dürfte deshalb gering
bleiben. **Behörden und andere öffentliche Stellen,** mit Ausnahme von Gerichten im
Rahmen ihrer justiziellen Tätigkeit, haben demgegenüber nach Art. 37 Abs. 1 Nr. 1
DS-GVO stets einen DSB zu benennen. Wie bislang schon bei Bundesbehörden darf
bei einer Behörde oder anderen öffentlichen Stelle auch ein Externer als Datenschutzbeauftragter benannt werden. Für Landesbehörden kann dies neu sein, sofern
bisheriges Landesdatenschutzrecht zwingend einen internen DSB vorsah, wie z.B.
§ 32a Abs. 1 S. 1 LDSG-NRW. Die Zustimmung der Aufsichtsbehörde zur Benennung eines Externen, der gleichzeitig Bediensteter einer anderen Behörde oder anderen öffentlichen Stelle ist (§ 4f Abs. 2 S. 4 BDSG a.F.), wird unter der DS-GVO
nicht mehr benötigt. Ergänzend zu den Fällen des Art. 37 Abs. 1 DS-GVO hat der
deutsche Gesetzgeber von der Öffnungsklausel in Art. 37 Abs. 4 DS-GVO Gebrauch
gemacht, § 4f Abs. 1 BDSG a.F. mit den Benennungspflichten fortgeführt und damit
weitere Fälle definiert, in denen **zwingend ein DSB zu benennen** ist.

Gem. § 38 Abs. 1 S. 1 BDSG n.F. ist ein DSB demnach durch nicht-öffentliche
Stellen zu benennen, wenn in der Regel mindestens **zehn Personen** ständig mit der
automatisierten Verarbeitung personenbezogener Daten beschäftigt sind. Entscheidend ist weiterhin allein die „Kopfzahl", ohne dass es auf eine Stellung der Personen als Beschäftigte i.S.d. § 26 Abs. 8 BDSG n.F. ankommt. Auch geringfügig Beschäftigte, Auszubildende, Praktikanten, Teilzeitkräfte und freie Mitarbeiter werden
jeweils als eine Person gezählt (so zum bisherigen BDSG Plath/*von dem Bussche*,
BDSG, § 4f Rn. 8). Eine „ständige" Beschäftigung liegt vor, wenn die betreffende
Person in Ausübung ihrer Tätigkeit immer wieder mit der automatisierten Verar-
tung personenbezogener Daten befasst ist, ohne dass dies den Schwerpunkt der Tätigkeit ausmachen muss (BayLDS, TB 2011/2012, S. 16). Hinzu tritt die **von der
Anzahl** der mit der Verarbeitung beschäftigten Personen **unabhängige** Benennungspflicht aus § 38 Abs. 1 S. 2 BDSG n.F., wenn der Verantwortliche oder Auftragsverarbeiter **Verarbeitungen vornimmt, die** einer Datenschutz-Folgenabschätzung nach
Art. 35 DS-GVO unterliegen **oder** sie personenbezogene Daten geschäftsmäßig zum
Zweck der Übermittlung, der anonymisierten Übermittlung **oder** für Zwecke der
Markt- oder Meinungsforschung verarbeiten. Ein geschäftsmäßiges Handeln der
verantwortlichen Stelle liegt dabei in jeder nachhaltig, also auf Dauer oder Wieder-
holung ausgerichteten Tätigkeit, ohne dass ein entgeltliches oder in Gewinnerzie-
lungsabsicht erfolgendes Handeln erforderlich ist (so zum bisherigen BDSG
Plath/*von dem Bussche*, BDSG, § 29 Rn. 7). Dass der deutsche Gesetzgeber die
Pflicht zur Benennung an bestimmte Verarbeitungszwecke knüpft, ist zwar eine der
DS-GVO fremde Regelungstechnik. Gleichwohl sind damit „andere Fälle" i.S.v.
Art. 37 Abs. 4 S. 1 DS-GVO wirksam beschrieben, die nach Einschätzung des deutschen Gesetzgebers für betroffene Personen im Vergleich zu den Fällen des Art. 37
Abs. 1 DS-GVO ähnlich gefahrgeneigt sind. Die Erweiterung der Benennungspflich-
ten ist damit europarechtlich unbedenklich. § 5 Abs. 1 S. 1 BDSG n.F. enthält gegenüber dem Wortlaut von Art. 37 Abs. 1 lit. a DS-GVO scheinbar eine Erweiterung
der Benennungspflichten auf **Gerichte.** Aus der Einschränkung der Aufgaben in § 7
Abs. 1 S. 2 BDSG n.F. ergibt sich jedoch, dass der deutsche Gesetzgeber den Wortlaut von Art. 37 Abs. 1 lit. a DS-GVO nur in seinem Sinne klarstellen wollte. § 5

Kremer/Sander

Abs. 1 S. 2 BDSG n. F. dürfte indes mehr als nur eine Klarstellung sein, der den **öffentlichen Stellen** ungeachtet ihrer **Teilnahme am Wettbewerb** die Pflicht zur Benennung auferlegt, auch wenn sie im Übrigen zur Vermeidung einer Wettbewerbsverzerrung wie nicht-öffentliche Stellen behandelt werden sollen (§ 2 Abs. 5 BDSG).

Zum Zwecke der Rationalisierung stellt Art. 37 Abs. 2 DS-GVO die Zulässigkeit der Benennung eines DSB durch eine Unternehmensgruppe klar und legalisiert damit das sog. Einheitsmodell beim **Konzern-DSB**. Der insoweit missverständliche Wortlaut von Art. 37 Abs. 2 DS-GVO, der von einer Ernennung des DSB durch die Unternehmensgruppe als solche spricht, beschreibt nur das gängige Vorgehen, wonach für alle Unternehmen in einer Unternehmensgruppe ein einheitlicher DSB jeweils durch jedes einzelne Unternehmen benannt wird (vgl. *Laue/Nink/Kremer*, Das neue Datenschutzrecht in der betrieblichen Praxis, Kap. 6, Rn. 12). Gem. Art. 37 Abs. 3 DS-GVO kann das Einheitsmodell auch bei **öffentlichen Stellen** angewendet werden, unter Berücksichtigung ihrer Organisationsstruktur und ihrer Größe. Besondere Voraussetzung für die Benennung eines einheitlichen DSB ist jedoch stets dessen leichte Erreichbarkeit von jeder Niederlassung bzw. Behörde aus. Diese bedingt jedoch keine ubiquitäre Vor-Ort-Präsenz des DSB selbst; es genügt insoweit auch die Erreichbarkeit über das dem DSB zur Verfügung stehende Hilfspersonal (bzw. die „Ressourcen" i. S. v. Art. 38 Abs. 2 DS-GVO) in den Niederlassungen, z. B. sog. Datenschutz-Koordinatoren, die den DSB in seiner Tätigkeit unterstützen. Aus den allgemeinen Voraussetzungen für die Benennung („Fähigkeit zur Aufgabenerfüllung" i. S. v. Art. 37 Abs. 5 DS-GVO) ergibt sich für den einheitlichen DSB eines multinationalen Konzerns eine besondere, bislang nicht gerichtlich geklärte Fragestellung: Muss der DSB lediglich die einheitlich im Konzern gesprochene Sprache (z. B. Englisch) oder vor dem Hintergrund von Art. 39 Abs. 1 lit. d DS-GVO alle Amtssprachen beherrschen, die von den betroffenen Aufsichtsbehörden verwendet werden (so die Artikel-29-Datenschutzgruppe, Working Paper 243, S. 10)? Würde man dem Verständnis der Artikel-29-Datenschutzgruppe folgen, wäre faktisch ein EU-weit tätiger DSB ausgeschlossen; nahezu niemand beherrscht alle Amtssprachen der betroffenen Aufsichtsbehörden. Die Fähigkeit zur Aufgabenerfüllung wird auch nicht dadurch beeinträchtigt, dass der DSB sich eines Übersetzers oder der Amtssprache mächtigen Datenschutzkoordinators vor Ort als „Ressource" i. S. v. Art. 38 Abs. 2 DS-GVO bedient. Es genügt demnach, wenn der DSB die einheitlich im Konzern gesprochene Sprache beherrscht, wenn ihm im Übrigen die für die Ausübung seiner Tätigkeit erforderlichen Ressourcen bereitgestellt werden.

Für den Text der Benennung kann folgendes Muster genutzt werden:

§ 1

Die   [Name des Verantwortlichen, Straße/Hausnummer, PLZ/Ort]
            – im Folgenden *Auftraggeber* genannt –

benennt[1] hiermit [Name des zu benennenden Datenschutzbeauftragten][2]

            – im Folgenden *Beauftragter* genannt –

ab dem Beginn des [ENTWEDER:] mit dem Beauftragten abgeschlossenen Arbeitsvertrags[3] [ODER:] mit dem Beauftragten abgeschlossenen Dienstvertrags[3] [ODER:]

Kremer/Sander

mit [Name des Dienstleistungsunternehmens, Straße/Hausnummer, Postleitzahl/
Ort] abgeschlossenen Beratungsvertrags[3] [ENDE DER VARIANTEN], also ab dem
[Datum][4] [EVENTUELL ZUSÄTZLICH:] und bis zum [Datum][5] [ENDE DES ZU-
SATZES] zum Datenschutzbeauftragten gem. Art. 37 DS-GVO [EVENTUELL ZU-
SÄTZLICH:] und § 38 Abs. 1 BDSG n. F.[6] Der Beauftragte wird seine Leistungen
zur Wahrnehmung des Amtes als Datenschutzbeauftragter auf der Grundlage des
vorgenannten Vertrags und der gesetzlichen Bestimmungen erbringen.[7]

§ 2

Der Beauftragte wird für den Auftraggeber die in Art. 39 DS-GVO definierten
Aufgaben eines Datenschutzbeauftragten erfüllen, darunter[8]
– Unterrichtung und Beratung des [ENTWEDER:] Verantwortlichen [ODER:] Auftragsverarbeiters [ENDE DER VARIANTEN] und der Beschäftigten, die Verarbeitungen durchführen, hinsichtlich ihrer Pflichten nach der DS-GVO sowie nach
sonstigen anwendbaren Datenschutzvorschriften,
– die Überwachung der Einhaltung der DS-GVO, anderer anwendbarer Datenschutzvorschriften sowie der Strategien des Verantwortlichen oder des Auftragsverarbeiters für den Schutz personenbezogener Daten einschließlich der Zuweisung von Zuständigkeiten, der Sensibilisierung und Schulung der an den
Verarbeitungsvorgängen beteiligten Mitarbeiter und der diesbezüglichen Überprüfungen,
– auf Anfrage Beratung im Zusammenhang mit der Datenschutz-Folgenabschätzung und ihrer Durchführung gem. Art. 35 DS-GVO,
– Zusammenarbeit mit der Aufsichtsbehörde sowie
– Tätigkeit als Anlaufstelle für die Aufsichtsbehörde in mit der Verarbeitung zusammenhängenden Fragen, einschließlich der vorherigen Konsultation bei der Datenschutz-Folgenabschätzung gem. Art. 36 DS-GVO und ggf. Beratung zu allen
sonstigen Fragen.
[EVENTUELL ZUSÄTZLICH:] Der Beauftragte wird für den Auftraggeber zusätzlich die folgenden Aufgaben erfüllen:[8]
– [weitere Aufgaben aufzählen].

§ 3

Der Beauftragte berichtet gem. Art. 38 Abs. 3 S. 2 DS-GVO unmittelbar der
höchsten Managementebene des Auftraggebers.[9] [BEI EINEM EXTERNEN BE-
AUFTRAGTEN ZUSÄTZLICH:] Der Beauftragte wird jedoch nicht weitergehend
in den Betrieb des Auftraggebers eingebunden, insbesondere wird ihm kein Weisungsrecht gegenüber Beschäftigten des Auftraggebers eingeräumt.[9] [ENDE DES
ZUSATZES] Dem Beauftragten steht kein Recht zu, den Auftraggeber zu
vertreten.[9] Dem Auftraggeber ist bekannt, dass der Beauftragte in Ausübung seines
Amtes keinem Weisungsrecht unterliegt, dass sich der Beauftragte durch ihm zu diesem Zweck ggf. vom Auftraggeber bereitgestelltes Hilfspersonal unterstützen lassen
kann, dass er dem Beauftragten und seinem Hilfspersonal unverzüglich alle zur Erfüllung seiner Aufgaben und zur Erhaltung seines Fachwissens erforderlichen Ressourcen sowie den Zugang zu personenbezogenen Daten und Verarbeitungsvorgängen zur Verfügung zu stellen hat. Der Auftraggeber wird sicherstellen, dass der

Beauftragte ordnungsgemäß und frühzeitig in alle mit dem Schutz personenbezogener Daten zusammenhängenden Fragen eingebunden wird.[10] Dem Auftraggeber ist bekannt, dass er den Beauftragten gem. §§ 6, Abs. 4, 38 Abs. 2 BDSG n. F. nur bei Vorliegen eines wichtigen Grundes entsprechend § 626 BGB abberufen[11] kann, wenn eine Benennungspflicht besteht.

§ 4

(1) Die vorliegende Benennung steht unter der auflösenden Bedingung, dass der in § 1 genannte, der Benennung zugrundeliegende Vertrag endet, [ENTWEDER:] durch eine Kündigung oder sonstige Erklärung des Beauftragten [ODER:] durch eine Kündigung oder sonstige Erklärung des [Name des Dienstleistungsunternehmens].[12]

(2) [IM FALLE DES VERTRAGS MIT EINEM UNTERNEHMEN ZUSÄTZLICH:] Dem Beauftragten wird mitgeteilt, dass [Name des Dienstleistungsunternehmens] dem Auftraggeber vertraglich garantiert hat, dass dem Beauftragten in Ausübung seiner Tätigkeit als Datenschutzbeauftragter für den Auftraggeber keine Weisungen erteilt werden.[13] Die vorliegende Benennung steht unter der weiteren auflösenden Bedingung, dass das Arbeits- bzw. Dienstverhältnis zwischen dem Beauftragten und [Name des Dienstleistungsunternehmens] endet, ungeachtet des Rechtsgrunds der Beendigung.[12]

Für den Auftraggeber:

_____   _____
(Ort, Datum)   (Unterschrift, Funktion des Unterzeichners)

Ich habe vorstehende Benennung zur Kenntnis genommen:

_____   _____
(Ort, Datum)   (Unterschrift des Beauftragten)[14]

Anmerkungen

1. Die Benennung. Der Terminus „jemanden als Datenschutzbeauftragten benennen" bezeichnet den Vorgang einer Bestallung, also der Einsetzung einer Person in ein Amt. Entgegen einer in der Literatur verbreiteten Auffassung vollzieht sich die Bestallung nicht durch Abschluss eines Vertrags i. S. d. §§ 145 ff. BGB zwischen Verantwortlichem und Auftragsverarbeiter und der zu benennenden Person (so jedoch Simitis/*Simitis*, BDSG, § 4f Rn. 57 ff. m. w. N.; Taeger/Gabel/*Scheja*, BDSG, § 4f Rn. 30; Plath/*von dem Bussche*, BDSG, § 4f Rn. 17). Denn bereits zur früheren „Bestellung" nach § 4f Abs. 1 S. 1 BDSG a. F. war höchstrichterlich entschieden, dass diese als rechtsbegründender Akt eine einseitige Erklärung des Verantwortlichen oder Auftragsverarbeiters ist (siehe BAG, Beschl. v. 22.3.1994 – 1 ABR 51/93, NZA 1994, 1049; BAG, Urt. v. 13.3.2007 – 9 AZR 612/05, NJW 2007, 2507). Hieran hat sich durch die DS-GVO nichts geändert. Auch dort wird zwischen der Benennung (Art. 37 Abs. 1 DS-GVO) und dem der Benennung zu Grunde liegenden Rechtsverhältnis zwischen Verantwortlichem oder Auftragsverarbeiter und DSB (Art. 37

Kremer/Sander

Abs. 6 DS-GVO) unterschieden, sog. „Trennungsprinzip". Diese Zweiteilung ergibt
sich auch im Übrigen unmittelbar aus dem Gesetz, da zwecks Beendigung der Zusammenarbeit einerseits die einseitig erklärte Benennung durch Abberufung des
DSB zu beenden (Art. 38 Abs. 3 S. 2 DS-GVO, § 37 Abs. 2 i. V. m. § 6 Abs. 4 S. 1
BDSG n. F.), andererseits das zugrundeliegende und zweiseitig begründete Vertragsverhältnis zu kündigen ist (§ 38 Abs. 2 i. V. m. § 6 Abs. 4 S. 2, S. 3 BDSG n. F.). Im
systematischen Vergleich ist hier eine aus anderen Rechtsgebieten bekannte Unterscheidung zu erkennen, bspw. aus dem Gesellschaftsrecht (z. B. Anstellung eines
GmbH-Geschäftsführers und die seine organschaftlichen Rechte und Pflichten be-
gründende Bestellung), aus dem Sozialrecht (z. B. Bestellung eines Beauftragten des
Arbeitgebers i. S. v. § 98 SGB IX) oder aus vielen Bereichen des Umweltrechts (Beispiele bei *Gola/Schomerus*, BDSG, § 4f Rn. 5 m. w. N.).

Die Benennung hat das Amt des DSB zum Gegenstand (→ Anm. 6). Das Amt des
DSB als solches ist ein Bündel von Aufgaben, die teils privatrechtlich durch Vertrag,
teils öffentlich-rechtlich durch die Benennung (und die daran anknüpfenden gesetzlichen Zuweisungen) zugewiesen werden (→ Anm. 7). Die Benennung ist im Gegensatz zur Begründung des zugrundeliegenden Vertrags eine einseitige, empfangsbedürftige Erklärung des Verantwortlichen oder Auftragsverarbeiters (→ Anm. 14). Es
handelt sich nicht um eine Willenserklärung, sondern um eine rechtsgeschäftsähnliche Handlung, weil die Rechtsfolgen der Erklärung insbesondere in Art. 38, 39 DS-
GVO und §§ 38 Abs. 2, 6 Abs. 4, Abs. 5 S. 2, Abs. 6 BDSG n. F. gesetzlich bestimmt
und nicht der Privatautonomie zugänglich sind (zur Einseitigkeit einer Bestellung in
anderen Kontexten z. B. Palandt/*Ellenberger*, BGB, § 27 Rn. 1; MüKoAktG/*Spindler*,
§ 84 Rn. 22; Neumann/Pahlen/Majerski-Pahlen/*Pahlen*, SGB IX, § 98 Rn. 3). Wegen
der Einseitigkeit der rechtsgeschäftsähnlichen Handlung gibt es auch keine Annahme i. S. v. § 147 BGB in Bezug auf die Benennung. Die Erklärung der Benennung ist
anders als noch mit der Anordnung einer Schriftlichkeit in § 4f Abs. 1 S. 1 BDSG
a. F. nicht an eine bestimmte Form gebunden. Aus Gründen der Beweisbarkeit bei
einer Benennungspflicht empfiehlt sich weiterhin zumindest eine Benennung in
Textform (§ 126b BGB). Soweit in der Literatur zum BDSG a. F. gefordert wurde,
dass die Bestellung sowohl vom Erklärenden als auch vom Erklärungsempfänger unterschrieben werden müsse (Simitis/*Simitis*, BDSG, § 4f Rn. 57 m. w. N.), be-
ruhte diese Schlussfolgerung auf der – sachlich weiterhin unzutreffenden – Annahme, die Benennung, bzw. vormalige Bestellung sei ein zweiseitiger Vertrag und § 126
Abs. 2 BGB sei anwendbar. Die im Muster vorgesehene Unterschrift des Erklärenden dient, ebenso wie die Unterschrift des DSB, ausschließlich der Dokumentation
(→ Anm. 14).

Anders verhält es sich mit dem privatautonom gestaltbaren, zugrundeliegenden
Vertrag (→ Anm. 3). Dieser Vertrag ist der Rechtsgrund (i. S. v. § 812 Abs. 1 S. 1
BGB) für Leistung und Gegenleistung. Die Benennung setzt jedoch zu ihrer Wirksamkeit voraus, dass es einen solchen Vertrag über die Ausübung der mit dem Amt
verbundenen Tätigkeiten gibt, wie Art. 37 Abs. 6 DS-GVO bestätigt (→ Anm. 3).
Für das zugrundeliegende Vertragsverhältnis ist ebenfalls keine bestimmte Form zu
beachten (siehe jedoch bei einem internen DSB § 2 Abs. 1 S. 1 NachwG). Die durch
Zugang der Benennung vollzogene Bestallung begründet, anders als der zugrundeliegende privatautonome Vertrag, die besonderen gesetzlichen Rechte und Pflichten
des DSB (→ Anm. 8). Dazu zählt insbesondere die Pflicht zur Verschwiegenheit aus
Art. 38 Abs. 5, Abs. 2 i. V. m. § 6 Abs. 5 S. 2 BDSG n. F., die dem früheren § 4f

Kremer/Sander

Abs. 4 BDSG entspricht und auch gegenüber dem Verantwortlichen oder Auftragsverarbeiter besteht (→ B.III.1.). Diese ist gem. § 203 Abs. 2a StGB strafbewehrt und durch das Zeugnisverweigerungsrecht gem. § 383 Abs. 1 Nr. 6 ZPO geschützt (wobei letzteres nicht zu verwechseln ist mit der zusätzlichen, an einen anderen Bezugspunkt anknüpfenden Sonderregelung des § 38 Abs. 2 BDSG n. F. i. V. m. § 6 Abs. 6 BDSG n. F., → B.III.1.).

2. Tauglichkeit des DSB. Hinsichtlich der Frage, wer tauglicher Erklärungsempfänger der Benennung sein kann, ist darauf hinzuweisen, dass trotz des offenen Wortlauts in Art. 37 Abs. 6 DS-GVO nur eine natürliche Person als DSB benannt werden kann (ähnlich Paal/Pauly/*Paal*, DS-GVO, Art. 37 Rn. 15). Dies ergibt sich daraus, dass nur eine natürliche Person über die für die Ausübung des Amts gem. Art. 37 Abs. 5 DS-GVO zwingend zu erfüllenden Voraussetzungen der beruflichen Qualifikation, des Fachwissens sowie der Fähigkeit zur Erfüllung der sich aus Art. 39 DS-GVO ergebenden Aufgaben verfügen kann (zu der für das Amt des DSB erforderlichen „persönlichen Integrität" (vgl. Gola/Schomerus/*Gola/Klug/Körffer*, BDSG, § 4f Rn. 23; *Laue/Nink/Kremer*, Das neue Datenschutzrecht in der betrieblichen Praxis, Kap. 6, Rn. 25). Die Benennung ist zwingend gegenüber der zum DSB zu benennenden Person abzugeben, was jedoch nicht gleichzeitig bedeutet, dass auch der zugrundeliegende Vertrag, zu dessen Erfüllung der DSB seine Leistung erbringen wird, mit der zum DSB benannten natürlichen Person abgeschlossen werden muss (→ Anm. 3). Denn ob es sich bei der natürlichen Person um einen Arbeitnehmer oder Bediensteten (interner DSB), um eine selbstständig tätige Person (→ B.II.1.) oder um eine für ein Dienstleistungsunternehmen tätige Person (→ B.II.2.) (in beiden Fällen: externer DSB) handelt, bleibt gem. Art. 37 Abs. 6 DS-GVO ausdrücklich dem Wahlrecht des Verantwortlichen oder Auftragsverarbeiters vorbehalten (Organisationsentscheidung). Soll es einen internen DSB geben, muss im Hinblick auf den der Benennung zugrundeliegenden Arbeits- oder Dienstvertrag die Stellenbeschreibung auf das Amt des DSB zugeschnitten sein. Denn die Aufgaben eines DSB sind in der Regel so andersartig, dass sie einem beliebigen Arbeitnehmer vom Arbeitgeber nicht einseitig durch Ausübung des Direktionsrechts i. S. v. § 106 GewO zugewiesen werden können (BAG, Urt. v. 13.3.2007 – 9 AZR 612/05, NJW 2007, 2507). Gleiches gilt für die Aufgabenzuweisung gegenüber einem Beamten. Dies ist jedoch eine Frage des Einzelfalls und maßgeblich von der vorherigen Stellenbeschreibung abhängig. In der Regel ist entweder eine Neueinstellung oder ein Änderungsvertrag mit dem Arbeitnehmer bzw. Bediensteten erforderlich. Trotz der Einzigartigkeit des Amtes des DSB innerhalb der Behörde und damit der Konzentration dieser Aufgaben auf die Person des DSB erstreckt sich die „dienstliche Beurteilung" des DSB auch auf seine Tätigkeiten, die er in Ausübung des Amtes als DSB vollbringt (VG Köln, Urt. v. 11.8.2016 – 15 K 2423/15; VG Düsseldorf, Urt. v. 6.4.2004 – 2 K 1445/03). Die regelmäßige Beurteilung der „fachlichen Leistung" ist durch § 21 S. 1 BBG i. V. m. §§ 48 ff. BLV zwingend angeordnet, ohne eine Ausnahme für den als DSB tätigen Beamten.

Durch ein Mitglied eines Organs des Verantwortlichen oder Auftragsverarbeiters, etwa den Geschäftsführer einer GmbH, kann das Amt des DSB nicht ausgeübt werden, weil es dann an der für die Ausübung der Kontrollfunktion notwendigen Unabhängigkeit fehlt. Gem. ErwG 97 DS-GVO soll der DSB seine „Pflichten und Aufgaben in vollständiger Unabhängigkeit" ausüben (→ Anm. 13). Daraus ist abzu-

Kremer/Sander

leiten, dass das Amt des DSB insgesamt mit einer umfänglichen Vertretungsmacht für den Verantwortlichen oder Auftragsverarbeiter, bspw. bei Prokura oder Handlungsvollmacht i.S. v. § 54 HGB, oder mit den Aufgaben diverser leitender Angestellter (Beispiele bei Simitis/*Simitis*, BDSG, § 4f Rn. 99 ff.) unvereinbar ist. Denn mit seiner Stellung und Funktion wäre es nicht zu vereinbaren, wenn der DSB in erster Linie seine eigene Tätigkeit kontrollieren müsste. Eine derartige Überschneidung der Interessensphären beeinträchtigt die geforderte vollständige Unabhängigkeit (so zum BDSG a. F. bereits BAG, Beschl. v. 22.3.1994 – 1 ABR 51/93, NZA 1994, 1049). Anderenfalls läge ein Interessenkonflikt vor, zu dessen Verhinderung Verantwortlicher oder Auftragsverarbeiter nach Art. 37 Abs. 6 DS-GVO ausdrücklich angehalten sind. Entgegen einer verbreiteten Literaturmeinung (etwa Simitis/*Simitis*, BDSG, § 4f Rn. 108 m. w. N.) liegt eine solche, die Unabhängigkeit beeinträchtigende Überschneidung der Interessensphären nicht generell vor, falls der interne DSB zum Mitglied des Betriebsrates gewählt wird (BAG, Urt. v. 23.3.2011 – 10 AZR 562/09, NZA 2011, 1036).

3. Das zugrundeliegende Rechtsverhältnis. Wie bereits dargestellt, bestehen zwischen dem Verantwortlichen oder Auftragsverarbeiter und dem DSB zwei Rechtsverhältnisse. Das Trennungsprinzip (→ Anm. 1) gilt auch, wenn das zugrundeliegende Rechtsverhältnis auf demselben Blatt Papier wie die trotz der Formlosigkeit ggf. schriftlich erfolgte Benennung enthalten sein sollte. Das Rechtsverhältnis (zumeist ein Vertrag) kann zwischen dem Verantwortlichen oder Auftragsverarbeiter und einer natürlichen Person geschlossen werden. In diesem Fall kann der Vertragspartner personenidentisch zum DSB benannt werden (Zwei-Personen-Verhältnis). Dieses der Tätigkeit zugrundeliegende Rechtsverhältnis kann ein zivilrechtlicher Arbeitsvertrag oder, bei Beamten, ein öffentlich-rechtliches Dienstverhältnis sein, sofern sich der Verantwortliche oder Auftragsverarbeiter im Rahmen seiner Organisationsentscheidung für einen internen DSB entscheidet. Falls der Vertrag mit einer Person abgeschlossen werden soll, die nicht Teil des Verantwortlichen oder Auftragsverarbeiters ist (→ B.II.1.), d. h. die Organisationsentscheidung „Einsatz eines externen DSB" getroffen wurde, wird das Rechtsverhältnis ein zivilrechtlicher Dienstvertrag (→ B.II.1. Anm. 2) sein. Im Gegensatz dazu ist es jedoch auch möglich, dass der Verantwortliche oder Auftragsverarbeiter den Vertrag mit einer juristischen Person abschließt, etwa einem entsprechend spezialisierten Dienstleistungsunternehmen (→ B.II.2.). In diesem Fall bestehen die beiden Rechtsbeziehungen des Verantwortlichen oder Auftragsverarbeiters, also Benennung und zugrundeliegendes Rechtsverhältnis, mit zwei verschiedenen Personen (Drei-Personen-Verhältnis). Eine mit dem Dienstleistungsunternehmen verbundene natürliche Person – z. B. ein Arbeitnehmer oder ein Mitglied eines Organs jener juristischen Person – würde in diesem Fall zum externen DSB des Verantwortlichen oder Auftragsverarbeiters benannt. Die Tätigkeiten dieser natürlichen Person stellen sich im Außenverhältnis gegenüber dem Verantwortlichen oder Auftragsverarbeiter dann aber nicht als Leistung (i. S. v. § 362 Abs. 1 BGB) dieser natürlichen Person, sondern als Leistung des Dienstleistungsunternehmens dar. Im Innenverhältnis gegenüber dem Dienstleistungsunternehmen ist für den Verantwortlichen oder Auftragsverarbeiter die von der natürlichen Person erbrachte Tätigkeit jedoch eine Leistung zur Erfüllung ihrer Pflicht aus dem zugrundeliegenden Rechtsverhältnis. Dies könnte die Pflicht zur Arbeitsleistung eines Arbeitnehmers oder die Leistung des versprochenen Dienstes aus

Kremer/Sander

einem Dienstvertrag, z. B. des Geschäftsführers einer GmbH, oder die aktive Gesellschaftsförderungspflicht, z. B. eines persönlich haftenden Gesellschafters einer OHG, sein, je nachdem, wie das Dienstleistungsunternehmern organisiert ist und wer für dieses als DSB bei dem Verantwortlichen oder Auftragsverarbeiter tätig wird. In den Drei-Personen-Verhältnissen i. S. v. Art. 37 Abs. 3 DS-GVO (die es auch bei Bundesbehörden schon gab, vgl. § 4f Abs. 2 S. 4 BDSG a. F.) kann es vorkommen, dass es keines in vorstehendem Sinne der Tätigkeit des DSB zugrundeliegendes Rechtsverhältnis zwischen dem Verantwortlichen und dem „Dienstleistungsunternehmen" gibt, falls es sich um zwei Behörden desselben Rechtsträgers handelt (Insich-Geschäft, zivilrechtliche Konfusion). Wird hingegen der Bedienstete einer Behörde als DSB einer anderen Behörde benannt, bei Verschiedenheit der Rechtsträger (z. B. Bediensteter eines Landes oder eines Zweckverbandes als DSB einer Kommunalbehörde), handelt es sich bei diesem Leistungsaustausch um fiskalisches Handeln der Behörden, so dass ein zivilrechtlicher Dienstleistungsvertrag (bei Unentgeltlichkeit ein Auftrag) zugrunde liegt.

4. Beginn der Benennung. Wirksamkeitsvoraussetzung der Benennung ist das Bestehen des zugrundeliegenden Rechtsverhältnisses (→ Anm. 3). Dieses wurde deshalb in dem Muster für die Benennung referenziert. Die Nennung des Datums für den Vertragsbeginn soll lediglich eine deklaratorische Wiederholung des bereits Vereinbarten sein. Die Angabe ist erforderlich, damit z. B. die Aufsichtsbehörde im Falle einer Überprüfung allein aus der Benennung heraus erkennen kann, seit wann der DSB benannt ist. Dann muss das zugrundeliegende Rechtsverhältnis der Aufsichtsbehörde (oder anderen zur Prüfung berechtigten Personen, → B.III.3. Anm. 1) nicht offenbart werden.

Liegt aufgrund eines Übertragungsfehlers oder sonstigen Missgeschicks das Datum der Benennung vor dem Beginn der Laufzeit des zugrundeliegenden Vertrags, ergeben sich zahlreiche Probleme. Der DSB ist z. B. in dieser Zeit noch nicht verpflichtet, Tätigkeiten zu entfalten, weil er solche noch nicht vertraglich versprochen hat. Durch die einseitige Erklärung des Verantwortlichen oder Auftragsverarbeiters kann er nicht dazu gezwungen werden, selbst wenn er die Erklärung zur Kenntnis genommen hat (→ Anm. 14). Sollte der DSB gleichwohl Tätigkeiten allein in Ansehung der Benennung geleistet haben, handelt es sich insoweit um eine Geschäftsführung ohne Auftrag i. S. d. §§ 677 ff. BGB, falls ein späterer Beginn des zugrundeliegenden Vertrags bereits vereinbart ist. Fehlt es an einem ausdrücklichen zugrundeliegenden Vertrag gänzlich oder ist dieser noch nicht geschlossen, weil noch über ihn verhandelt wird, wird der DSB aber gleichwohl schon tätig, ist zu prüfen, ob das Verhalten beider Seiten dahingehend auszulegen ist, dass ein der Benennung zugrundeliegender Vertrag bereits durch wechselseitige konkludente Erklärungen geschlossen wurde. Komplexer wird die Situation im Drei-Personen-Verhältnis, so dass im Einzelfall eine anwaltliche Prüfung zu empfehlen ist. Liegt hingegen andersherum das Datum der Benennung nach dem Beginn der Laufzeit des zugrundeliegenden Rechtsverhältnisses, könnte der DSB in dieser Zwischenzeit bereits durch den Verantwortlichen oder Auftragsverarbeiter zu den Tätigkeiten angehalten werden, die er – im Zwei-Personen-Verhältnis – vertraglich versprochen hat. Gleichzeitig sind diese Leistungen vor dem Datum der Benennung regulär nach dem Vertrag zu vergüten. Diese Tätigkeiten stellen sich allerdings im Außenverhältnis gegenüber betroffenen Personen und insbesondere auch gegenüber der Auf-

Kremer/Sander

sichtsbehörde nicht als Tätigkeiten eines DSB dar, weil es insoweit (noch) an der wirksamen Benennung fehlt. Letzteres ist ebenso im Drei-Personen-Verhältnis der Fall, wobei hier das Verlangen nach Leistungserbringung natürlich nicht gegenüber dem DSB geäußert werden kann.

5. Befristung der Benennung. Der Zusatz ist einzufügen, wenn lediglich eine befristete Benennung erklärt werden soll. Im Gegensatz zur Frage der Zulässigkeit von Bedingungen (→ Anm. 12) ist die Zulässigkeit einer Befristung (die der Sache nach nichts anderes ist, als die auflösende Bedingung des Erreichens eines bestimmten Datums) zu bejahen, selbst wenn der Vorschlag zu einer regelmäßigen Befristung der Benennung auf jeweils zwei Jahre aus dem Kommissions-Entwurf nicht in die finale Fassung der DS-GVO gelangt ist (vgl. Paal/Pauly/*Paal*, DS-GVO, Art. 37 Rn. 16). Allgemeine Meinung ist jedoch, dass eine zu kurz bemessene Befristung die Unabhängigkeit des DSB und damit seine persönliche Integrität (→ Anm. 2) gefährdet (so zum bisherigen BDSG Simitis/*Simitis*, BDSG, § 4f Anm. 62 ff.). Angesichts des von BDSG und DS-GVO gleichermaßen gewollten Schutzes des DSB vor unmittelbarer oder mittelbarer Benachteiligung führt die DS-GVO insoweit zu keiner abweichenden Bewertung. Zur Laufzeit des der Benennung zugrundeliegenden Vertrags kann daher auf Bekanntes zurückgegriffen werden, so insbesondere die Empfehlungen des Düsseldorfer Kreises, die bei Erstverträgen ein bis zwei Jahre, bei Folgeverträgen mindestens vier Jahre vorsehen (so zum bisherigen BDSG Düsseldorfer Kreis, Beschl. v. 24./25.11.2010).

6. Das Amt des DSB. Die DS-GVO kennt die Pflicht zur Benennung eines DSB beim Verantwortlichen oder Auftragsverarbeiter außerhalb von Behörden und öffentlichen Stellen nicht als Regelfall. Mit der Erweiterung der Benennungspflicht durch § 38 Abs. 1 BDSG n. F. (insgesamt zu den Erweiterungen, → Vorb.) wird jedoch die deutsche Rechtstradition fortgeführt, die sich im nicht-öffentlichen Bereich gegen eine Fremdkontrolle durch den Staat und für eine Selbstkontrolle der Privaten ausgesprochen hatte (Simitis/*Simitis*, BDSG, § 4f Rn. 1). Dem Institut Datenschutzbeauftragter werden damit durch das BDSG n. F. weit über den in der DS-GVO vorgesehenen Anwendungsbereich hinaus Aufgaben zugewiesen, die ansonsten von den Aufsichtsbehörden in Ausübung der ihnen durch Art. 57 DS-GVO zugewiesenen Aufgaben vollständig hätten erfüllt werden müssen. Diese Verbreiterung des Anwendungsbereichs, die in Art. 37 Abs. 4 S. 1 Hs. 2 DS-GVO ausdrücklich vorgesehen ist, dürfte wohl auch der geringen personellen Ausstattung der Aufsichtsbehörden geschuldet sein, die wiederum den etatmäßigen Beschränkungen Rechnung trägt. Zu beachten ist jedoch, dass die interne Selbstkontrolle des Verantwortlichen oder Auftragsverarbeiters durch den DSB innerhalb des durch DS-GVO und BDSG n. F. geschaffenen Rahmens nur eine ergänzende Funktion gegenüber der staatlichen Kontrolle hat. Hieraus erklärt sich, warum die Verschwiegenheitsverpflichtung des DSB gem. Art. 37 Abs. 4 S. 1 DS-GVO i. V. m. §§ 38 Abs. 2, 6 Abs. 5 S. 2 BDSG n. F. auch gegenüber dem Verantwortlichen oder Auftragsverarbeiter besteht und der DSB keine Hilfsperson des Verantwortlichen oder Auftragsverarbeiters ist. Obwohl er Aufgaben von dem Verantwortlichen oder Auftragsverarbeiter übertragen bekommt, dient die Erfüllung dieser Aufgaben nicht dem Verantwortlichen oder Auftragsverarbeiter, sondern dem öffentlichen Interesse. Der DSB ist jedoch umgekehrt auch keine Hilfsperson der Aufsichtsbehörden, sondern eine selbstständige „Kontrollstelle" (vgl. umfassende Darstellung von *Walz*, RDV 1994, 173). Dieser Terminus entspringt noch Art. 28 der Richtlinie 95/46/EG, die durch Art. 94 Abs. 1 DS-GVO aufgehoben wurde. Indes wurden die zugrundeliegenden Gedanken und Prinzipien des Instituts Datenschutzbeauftragter durch die DS-GVO nicht geändert. Daher besteht selbst gegenüber der Aufsichtsbehörde die vorgenannte Verschwiegenheitspflicht. Die damit aus dem Trennungsprinzip (→ Anm. 1) folgende Selbständigkeit des Amtes des DSB sowohl gegenüber dem Verantwortlichen oder Auftragsverarbeiter als auch gegenüber der Aufsichtsbehörde hat zur Folge, dass das Amt nicht auf einen anderen Rechtsträger übergeht (sondern erlischt), wenn der der Benennung zugrundeliegende Vertrag kraft Gesetzes auf einen anderen Rechtsträger übergeht (zu § 144 Abs. 4 S. 2 SGB V, vgl. BAG, Urt. v. 29.9.2010 – 10 AZR 588/09, NJW 2011, 476; zu § 613a Abs. 1 S. 1 BGB vgl. ArbG Cottbus, Urt. v. 14.2.2013 – 3 Ca 1043/12). Die gem. Art. 39 Abs. 1 lit. d DS-GVO vorgeschriebene Tätigkeit des DSB („Zusammenarbeit mit der Aufsichtsbehörde") verdeutlicht zudem die Vorstellung des Gesetzgebers von der strukturellen Trennung der beiden Kontrollstellen.

7. Grundlagen des Tätigwerdens. Die Tätigkeiten des DSB stellen sich in Abhängigkeit vom jeweiligen Vertrag jeweils als Leistung gegenüber dem Vertragspartner dar. Gleichwohl wird der DSB auch unabhängig vom Vertrag allein auf Grundlage von DS-GVO und BDSG n. F. bzw. der dort ihm zugeschriebenen Rechte und Pflichten tätig. Dies begründet sich in seiner öffentlich-rechtlichen Funktion als Kontrollstelle (→ Anm. 6). Würden DS-GVO und BDSG n. F. als unmittelbare Grundlage seines Handelns fehlen, wäre z. B. kein Raum für die Verschwiegenheit des DSB gegenüber Aufsichtsbehörden und dem Verantwortlichen oder Auftragsverarbeiter. Denn der mit dem Verantwortlichen oder Auftragsverarbeiter bestehende Vertrag könnte ansonsten als Nebenpflicht i. S. v. § 241 Abs. 2 BGB auch eine Aufklärungspflicht des DSB gegenüber dem Verantwortlichen oder Auftragsverarbeiter über alle personenbezogene Daten mit sich bringen, die dem DSB zur Kenntnis gelangt sind (MüKoBGB/*Bachmann/Roth*, § 241 Rn. 130 ff.; Nomos Kommentar/*Krebs*, BGB, § 241 Rn. 56; Erman/*Westermann*, BGB, § 241 Rn. 14). Anders als noch § 4g Abs. 1 S. 3 BDSG a. F. sehen jedoch weder DS-GVO noch BDSG n. F. ein ausdrückliches Recht des DSB vor, sich in Zweifelsfällen unmittelbar an die Aufsichtsbehörde wenden zu dürfen, ggf. gegen die hierdurch berührten Interessen des Verantwortlichen oder Auftragsverarbeiters. Insoweit spricht Art. 39 Abs. 1 lit. d DS-GVO nur von einer „Zusammenarbeit mit der Aufsichtsbehörde", Art. 39 Abs. 1 lit. e DS-GVO von einer Tätigkeit des DSB als „Anlaufstelle". Dass der DSB auf Befragen durch die Aufsichtsbehörde wahrheitsgemäß und umfassend über seine Erkenntnisse und Einschätzungen zu berichten hat, unbeschadet seiner Verschwiegenheitspflichten zum Schutze betroffener Personen und ggf. derjenigen zum Schutze eines Berufsgeheimnisses (→ B.III.1. Anm. 2), steht außer Frage. Zwar sieht Art. 58 Abs. 1 lit. a DS-GVO lediglich den Verantwortlichen, den Auftragsverarbeiter und gegebenenfalls deren Vertreter in der Pflicht, der Aufsichtsbehörde Rede und Antwort zu stehen. Gleiches ergibt sich aus der Auslegung der Pflicht zur „Zusammenarbeit". Art. 38 Abs. 5 DS-GVO hat jedoch insoweit Rechtsunsicherheit geschaffen, als dass unklar ist, ob der DSB von ihm als rechtswidrig angesehene Umstände beim Verantwortlichen oder Auftragsverarbeiter, auch soweit er aufgrund tatsächlicher oder rechtlicher Unsicherheit nur einen Verdacht hat, aktiv an die Aufsichtsbehörde herantragen darf (Stichwort: „Whistleblowing"). Ob dies zulässig ist, überlässt die

Kremer/Sander

DS-GVO in jener Norm dem Recht der Mitgliedstaaten. Im deutschen Recht könnte die sich aus § 241 Abs. 2 BGB resultierende Pflicht zur Rücksichtnahme auf die Interessen des Verantwortlichen oder des Auftragsverarbeiters, sofern es sich um ein Zwei-Personen-Verhältnis handelt und daher ein Vertrag des DSB mit dem Verantwortlichen oder Auftragsverarbeiter besteht, der aktiven Offenbarung von Missständen durch den DSB gegenüber der Aufsichtsbehörde entgegenstehen. Im Unterschied zum Betriebsrat (§ 2 Abs. 1 BetrVG, „zum Wohl des Betriebs") besteht zu Lasten des DSB kein Gesetz, welches ihn auf die innerbetriebliche bzw. innerbehördliche Klärung des Missstands verpflichtet. Insoweit unterscheidet sich die Stellung des DSB deutlich von der des Betriebsrats, der parallel zum DSB auf die Einhaltung von DS-GVO und BDSG n. F. als „zugunsten der Arbeitnehmer geltender Gesetze" hinzuwirken hat (§ 80 Abs. 1 Nr. 1 BetrVG). Eine solche Beschränkung auf die interne Klärung ist mit der Kontrollfunktion des DSB (d. h. den Aufgaben des DSB im öffentlichen Interesse, → Anm. 6) nicht vereinbar und würde dem DSB die einzige Handlungsoption bei von ihm erkannten Datenschutzverletzungen nehmen, falls Verantwortlicher oder Auftragsverarbeiter hierauf nicht reagieren sollten. Gleichwohl hätte der Gesetzgeber des BDSG n. F. besser daran getan, eine Regelung dazu zu erlassen – in Ausübung der ihm durch die Öffnungsklausel in Art. 38 Abs. 5 DS-GVO verliehenen Kompetenz. Der Umstand, dass § 4d Abs. 6 S. 3 BDSG a. F. aufgehoben wurde, ist lediglich der Tatsache geschuldet, dass es keine Vorabkontrolle durch den DSB mehr gibt. Mit Aufhebung dieser Norm hat der deutsche Gesetzgeber jedoch nicht zum Ausdruck gebracht, dass er es in Ausübung seiner Kompetenz aus Art. 38 Abs. 5 DS-GVO dem DSB verbieten wollte, unaufgefordert über Missstände mit der Aufsichtsbehörde zu sprechen. Vielmehr muss die aktuelle deutsche Rechtslage mit Blick auf die Ziele der DS-GVO so verstanden werden, dass der DSB befugt ist, sich ggf. auch gegen den Willen des Verantwortlichen oder Auftragsverarbeiters mit der Aufsichtsbehörde über – ggf. auch datenschutzrechtswidrige – Verarbeitungstätigkeiten auszutauschen und insoweit mit dem Ziel der Erreichung einer Datenschutzkonformität zusammenzuarbeiten. Anderenfalls könnte der DSB die ihm durch Art. 39 Abs. 1 lit. b DS-GVO ebenfalls übertragene Überwachungsfunktion nicht effektiv ausüben.

8. Umfang der Aufgaben. Die Benennung selbst bedarf keiner Aufzählung von Aufgaben. Diese erfolgt im Muster lediglich, um Verantwortlichem oder Auftragsverarbeiter und DSB die Reichweite der Benennung deutlich zu machen. Die Aufgaben, deren Erfüllung der DSB zivilrechtlich schuldet, auch im Hinblick auf das „Ob?" bezüglich bestimmter Teilaufgaben, ergibt sich aus dem der Benennung zugrundeliegenden Vertrag. Daneben tritt als zweite Rechtsquelle – als gesetzliche Folge der Benennung – die DS-GVO mit den zwingenden öffentlich-rechtlichen Pflichten, die sich an das Amt knüpfen (→ Anm. 6 und nachfolgend). Insoweit beschreibt Art. 39 Abs. 1 DS-GVO die dem DSB kraft Gesetzes zugewiesenen Aufgaben abschließend. Eine Öffnungsklausel zugunsten nationaler Sondervorschriften gibt es nicht. Die beiden Pflichtenkreise stehen parallel nebeneinander, auch wenn sie sich zu großen Teilen überschneiden. Sie sind daher vom Ausgangspunkt her getrennt zu betrachten. Übergeordnet für beide Pflichtenkreise stellt Art. 39 Abs. 2 DS-GVO klar, dass der DSB bei der Erfüllung seiner Aufgaben (gleich ob aus Art. 39 Abs. 1 DS-GVO oder dem Vertrag mit Verantwortlichem oder Auftragsverarbeiter) „dem mit den Verarbeitungsvorgängen verbundenen Risiko gebührend

Rechnung [trägt], wobei er die Art, den Umfang, die Umstände und die Zwecke der Verarbeitung berücksichtigt." Der DSB schuldet also nicht die bestmögliche Aufgabenerfüllung im Sinne der Durchsetzung eines maximalen Datenschutzniveaus, sondern eine Kontrollfunktion „mit Augenmaß".

Die zivilrechtlichen Pflichten des DSB, die nahezu beliebig ausgestaltbar sind, ergeben sich aus dem Vertrag. Art. 39 Abs. 1 DS-GVO formuliert dies dahingehend, dass dort nur die gesetzlichen Mindestaufgaben des DSB beschrieben werden. Fehlt es im zugrundeliegenden Vertrag an klaren Regelungen bezüglich des „Ob?" einzelner (Teil-)Aufgaben, weil z. B. nur eine grobe Beschreibung des Tätigkeitsfelds enthalten ist, ist der Vertrag gem. §§ 133, 157 BGB auszulegen. Die zivilrechtlichen Pflichten können auch durch den Verantwortlichen oder Auftragsverarbeiter durch Ausübung seines Direktionsrechts konkretisiert werden. Dieses erlaubt es, einzelne (Teil-)Aufgaben zur Erledigung zuzuweisen, etwa in Bezug auf die Frage, in welchem Umfang der DSB an der Erstellung und Führung des Verzeichnisses von Verarbeitungstätigkeiten i. S. v. Art. 30 DS-GVO mitzuwirken verpflichtet ist (→ C.II.). Eine Schranke ergibt sich lediglich mit Blick auf das „Wie?" der Ausführung einzelner Tätigkeiten. Weisungen zur Art und Weise der Ausführung der Tätigkeiten durch den DSB sind – auch im Falle eines internen DSB – zur Absicherung der Kontrollfunktion des DSB gesetzlich ausgeschlossen (Art. 38 Abs. 3 S. 1 DS-GVO). Mit Blick auf diese Sonderregelung empfiehlt z. B. der Landesbeauftragte für den Datenschutz Rheinland-Pfalz (Der betriebliche Datenschutzbeauftragte – Eine Orientierungshilfe, S. 7), die Aufgaben bzw. Aufgabenbereiche des DSB schon im Arbeitsvertrag konkret festzulegen. Werden detaillierte Konkretisierungen der geschuldeten Tätigkeiten bereits im Arbeits- oder Dienstvertrag vorgenommen, wird damit (ggf. unter Einschränkung des Direktionsrechts) potentiellen Streitigkeiten vorgebeugt. Diese Streitigkeiten könnten sich auch auf die Frage beziehen, ob Art. 38 Abs. 3 S. 1 DS-GVO generell jeglichem Weisungsrecht entgegensteht, was jedoch abzulehnen ist. Wäre jegliches Weisungsrecht gegenüber dem internen DSB ausgeschlossen, würde dieser seine Arbeitnehmereigenschaft verlieren. Das Direktionsrecht als solches zählt zu den konstitutiven Merkmalen eines Arbeitsverhältnisses; das Fortbestehen des Weisungsrechts bezogen auf das Ordnungsverhalten des Arbeitnehmers im Unternehmen ist insoweit nicht ausreichend. Wenn abweichend hiervon in der Literatur nicht vom Direktionsrecht, sondern von „Prüfaufträgen" gesprochen wird, die keine Weisungen des Arbeitgebers i. S. v. § 106 GewO seien (etwa Simitis/*Simitis*, BDSG, § 4f Rn. 124), kann dem nicht gefolgt werden. Abgesehen davon, dass hier keine Aufträge als selbständige Vereinbarungen i. S. v. § 662 BGB vorliegen, bleiben auch derartige „Prüfaufträge" Konkretisierungen der Arbeits- bzw. Dienstpflichten des DSB im Hinblick auf das „Ob?" einzelner Teilaufgaben. Zu beachten ist, dass die Zuweisung von über Art. 39 Abs. 1 DS-GVO hinausgehenden Aufgaben gem. Art. 38 Abs. 6 DS-GVO nicht zu Interessenkonflikten beim DSB führen dürfen. Solche liegen regelmäßig vor, wenn – ebenso wie bei der Ausübung anderer Tätigkeiten durch den DSB (→ Anm. 2) – der DSB die von ihm nach Art. 39 Abs. 1 lit. b DS-GVO zu überwachende inhaltliche Tätigkeit selbst ausführt. Dies dürfte etwa gelten, wenn der DSB selbstständig und eigenverantwortlich die Datenschutz-Folgenabschätzung nach Art. 35 f. DS-GVO durchführen oder die Meldung von Datenschutzverletzungen nach Art. 33 f. DS-GVO vornehmen soll. Anders ist dies lediglich für die Durchführung von Schulungen als einer formalen Pflicht des Ver-

Kremer/Sander

antwortlichen oder Auftragsverarbeiters, die entgegen Art. 39 Abs. 1 lit. b DS-
GVO trotz der insoweit nur noch vom DSB geschuldeten Überwachung ebenso
wie früher nach § 4g Abs. 1 S. 2 Nr. 2 BDSG a. F. vollständig dem DSB übertragen
werden könnte. Ein Interessenkonflikt ist bei der Delegation der Aufgabe „Mitar-
beiterschulung" insbesondere deshalb nicht zu befürchten, weil der DSB gem.
Art. 39 Abs. 1 lit. a DS-GVO ohnehin zur Unterrichtung der Beschäftigten über
ihre Pflichten nach der DS-GVO verpflichtet ist.

Neben die zivilrechtlichen Pflichten treten die unmittelbar an das Amt anknüpfenden Pflichten. Diese dienen im öffentlich-rechtlichen Sinne der Gefahrenabwehr für
das Grundrecht der betroffenen Personen auf informationelle Selbstbestimmung als
einem der wesentlichen Ziele der DS-GVO nach Art. 1 Abs. 1 DS-GVO. Die Verletzung dieser Pflichten (insbesondere durch Unterlassen) kann strafrechtlich sanktioniert werden (→ B.II.1. Anm. 17). Schon deshalb setzt die Übernahme des Amtes
zwingend die Mitwirkung des DSB voraus. Diese Mitwirkungshandlung liegt in der
Begründung des der Benennung zugrundeliegenden Vertragsverhältnisses, welches
zur Wirksamkeit der Benennung vorhanden sein muss (→ Anm. 1, → Anm. 3). Die
unmittelbar an das Amt anknüpfenden Pflichten sind die gesetzlichen Aufgaben des
DSB, die nicht durch den zugrundeliegenden Vertrag eingeschränkt werden können.
Der öffentlich-rechtliche Aufgabenkreis ist von dem zivilrechtlichen unabhängig (→
Anm. 6) und im Wesentlichen in Art. 39 Abs. 1 DS-GVO formuliert. Entfallen ist mit
der DS-GVO die vormals vom DSB nach § 4d Abs. 6 S. 1 BDSG durchzuführende Vorabkontrolle, an deren Stelle die vom Verantwortlichen oder Auftragsverarbeiter gem.
Art. 35, 36 DS-GVO durchzuführende Datenschutz-Folgenabschätzung getreten ist,
bei welcher der DSB nur noch auf Anfrage des Verantwortlichen oder Auftragsverarbeiters gem. Art. 39 Abs. 1 lit. c DS-GVO beratend tätig wird. Zudem ist der DSB unmittelbarer Ansprechpartner für alle betroffenen Personen (Art. 38 Abs. 4 DS-GVO),
sowohl für den Regelfall der externen betroffenen Person als auch für diejenige beim
Verantwortlichen oder Auftragsverarbeiter selbst. Daher sind die Kontaktdaten des
DSB vom Verantwortlichen oder Auftragsverarbeiter gem. Art. 37 Abs. 7 DS-GVO zu
veröffentlichen und der Aufsichtsbehörde mitzuteilen (→ Vorb.).

9. Eingliederung. Art. 38 Abs. 3 S. 3 DS-GVO verlangt keine Eingliederung des
DSB in den Betrieb des Verantwortlichen oder Auftragsverarbeiters, wie sie z. B. als
„Eingliederung in den Betrieb" als konstitutives Merkmal für jedes Arbeitsverhältnis angesehen wird oder Bezugspunkt von kollektivarbeitsrechtlichen Vorschriften
ist, etwa in § 80 Abs. 1 Nr. 4 BetrVG. Mit der Wendung „berichtet unmittelbar der
höchsten Managementebene" ist lediglich die Berichtslinie gemeint, wobei – soweit
vorhanden – höchste Managementebene die 2. Führungsebene unterhalb der Unternehmensleitung aus Geschäftsführung oder Vorstand bezeichnet (*Laue/Nink/
Kremer,* Das neue Datenschutzrecht in der betrieblichen Praxis, Kap. 6, Rn. 38).
Welcher Person der DSB innerhalb der höchsten Managementebene beim Verantwortlichen oder Auftragsverarbeiter zu berichten hat, legt die DS-GVO nicht fest. Es
ist auch nicht zwingend erforderlich, eine derartige Festlegung in der Benennung zu
formulieren. Die optional im Muster vorgesehene Ergänzung ist für den Fall des
Drei-Personen-Verhältnisses gedacht (→ Anm. 3). In derartigen Sachverhalten
ist Vorsicht geboten, da das zur Verfügung Stellen eines externen DSB durch einen
Dritten für den Verantwortlichen oder Auftragsverarbeiter unter bestimmten Umständen als Arbeitnehmerüberlassung i. S. v. § 1 Abs. 1 S. 1 AÜG bewertet werden

Kremer/Sander

könnte. Dies hätte zur Folge, dass – bei fehlender Erlaubnis des Dienstleistungsunternehmens zur Arbeitnehmerüberlassung – der bei dem Verantwortlichen oder Auftragsverarbeiter als externer DSB eingesetzte Arbeitnehmer des Dienstleistungsunternehmens durch Ausübung seiner Tätigkeit gem. § 10 Abs. 1 S. 1 AÜG zu einem Arbeitnehmer des Verantwortlichen würde. Die Abgrenzung erfolgt dabei auch nach Maßgabe der tatsächlichen Durchführung des Vertrags (zur Abgrenzung und Beweislast: BAG, Urt. v. 18.1.2012 – 7 AZR 723/10, NZA-RR 2012, 455; LAG Baden-Württemberg, Urt. v. 1.8.2013 – 2 Sa 6/13, NZA 2013, 1017; *Greiner*, NZA 2013, 697; *Francken*, NZA 2013, 985). Daher ist es wichtig, dass der externe DSB rein tatsächlich nur der höchsten Managementebene berichtet und „im Unternehmen nichts zu entscheiden hat", ihm insbesondere nicht die Ausübung von Weisungsbefugnissen gegenüber Beschäftigten beim Verantwortlichen oder Auftragsverarbeiter oder dessen Vertretung überlassen wird.

10. Unterstützungspflicht des Verantwortlichen oder Auftragsverarbeiters. Weil der DSB nicht nur zur Erfüllung des zugrundeliegenden Vertrags tätig ist, sondern auch zur Erfüllung seiner Funktion als Kontrollstelle (→ Anm. 6, → Anm. 7) und er aufgrund dessen mit den Interessen des Verantwortlichen oder Auftragsverarbeiters permanent potentiell im Konflikt steht, statuiert Art. 38 Abs. 3 S. 2 DS-GVO ein spezialgesetzliches Benachteiligungsverbot zu Gunsten des DSB. Dieses ergänzt für den internen DSB die allgemeinere Regelung des § 612a BGB. Die unter dem Stichwort Benachteiligungsverbot geäußerten Erwägungen des Düsseldorfer Kreises zur Ausgestaltung des der Benennung zugrundeliegenden Vertrags mit einem externen DSB gehören zum Thema Unabhängigkeit i. S. v. ErwG 97 und damit zum Merkmal der persönlichen Integrität des DSB (Düsseldorfer Kreis, Beschl. v. 24./25.11.2010, S. 2, → Anm. 2). Die Unabhängigkeit gewährleistet das BDSG jenseits des Verbots der Zufügung von Nachteilen durch eine Pflicht zur Gewährung von Vorteilen (zum durch das BDSG n. F. erweiterten Abberufungs- und Kündigungsschutz des DSB → Anm. 11).

Art. 38 Abs. 2 DS-GVO enthält einen umfassenden Anspruch des DSB auf aktive Unterstützung. Interner und externer DSB müssen zusätzlich zu ihrer vertraglich vereinbarten Vergütung mit den erforderlichen Ressourcen für die Erfüllung ihrer Aufgaben (→ Anm. 8) unterstützt werden. Die Unterstützung ist begrenzt auf die zur Erfüllung der Aufgaben „erforderlichen" Ressourcen. Entgegen der in der Literatur verbreiteten Ansicht ist die Frage, was im Einzelfall erforderlich ist, nicht durch den Verantwortlichen oder Auftragsverarbeiter einseitig zu beantworten (so aber Simitis/*Simitis*, BDSG, § 4f Rn. 143; *Gola/Schomerus*, BDSG, § 4f Rn. 55; Plath/*von dem Bussche*, BDSG, § 4f Rn. 44) und unterliegt auch nicht dem vorrangigen Einschätzungsspielraum des Verantwortlichen oder Auftragsverarbeiters (so aber Taeger/Gabel/*Scheja*, BDSG, § 4f Rn. 88). Aus dem Wortlaut der DS-GVO ergibt sich keinerlei Bevorzugung des Verantwortlichen oder Auftragsverarbeiters bei der Festlegung der Erforderlichkeit. „Erforderlich" i. S. v. Art. 38 Abs. 2 DS-GVO ist ein unbestimmter Rechtsbegriff, dessen Auslegung allein und vollständig durch die Gerichte bestimmt wird. Selbstverständlich kann der DSB seinen Leistungsanspruch aus Art. 38 Abs. 2 DS-GVO einklagen, dies ungeachtet der Möglichkeit zur Einholung einer – unverbindlichen – Bewertung der Erforderlichkeit durch die Aufsichtsbehörde. Zuständig für die Klage sind gem. § 40 Abs. 1 VwGO die Verwaltungsgerichte. Bei den streitentscheidenden Normen, welche den Anspruch des DSB auf aktive Unterstützung begründen sowie dessen Unabhängigkeit und persönliche In-

Kremer/Sander

tegrität als Bestandteil seines Amtes und der ihm öffentlich-rechtlich auferlegten Rechte und Pflichten (→ Anm. 6) gewährleisten, handelt es sich um solche des öffentlichen Rechts. Die Klage des DSB führt deshalb zu einer öffentlich-rechtlichen Streitigkeit, für die der Gesetzgeber keine abdrängende Sonderzuweisung an eine andere Gerichtsbarkeit erlassen hat.

Als Teil der geschuldeten aktiven Unterstützung ist der Verantwortliche oder Auftragsverarbeiter gem. Art. 38 Abs. 2 DS-GVO auch zur Mitwirkung verpflichtet, soweit diese für den DSB zur Erfüllung seiner Aufgaben erforderlich ist. Dies gilt z.B. bei der Erteilung von Zugriffsmöglichkeiten auf personenbezogene Daten und Verarbeitungsvorgänge, für Zutrittsberechtigungen zu Gebäuden und Anlagen sowie im Hinblick auf die von dem Verantwortlichen oder Auftragsverarbeiter mitzuteilenden Informationen. Ein besonderes Fragment des Anspruchs auf aktive Unterstützung ist die Pflicht zur ordnungsgemäßen und frühzeitigen Einbindung des DSB in alle mit dem Schutz personenbezogener Daten zusammenhängenden Fragen aus Art. 38 Abs. 1 DS-GVO. Auch derartige Realakte können eingeklagt werden, wobei für die Vollstreckung des stattgebenden Urteils Besonderheiten gelten (§ 167 Abs. 1 VwGO i.V.m. § 888 ZPO).

Eine weitere Ausprägung dieses Anspruchs, die in Art. 38 Abs. 2 DS-GVO beispielhaft ausformuliert wurde, ist die Verpflichtung des Verantwortlichen oder Auftragsverarbeiters, dem DSB die erforderlichen Ressourcen zum Erhalt seines Fachwissens zur Verfügung zu stellen. Jedoch hat diese gesetzliche Regelung primär den internen DSB vor Augen. Der Erhalt des eigenen Fachwissens und damit der eigenen Leistungsfähigkeit gehört bei einem Selbstständigen zum Kernbereich seiner eigenen wirtschaftlichen Betätigung, was besonders deutlich wird in Drei-Personen-Verhältnissen (→ Anm. 3). In dem der Benennung zugrundeliegenden Vertrag sollte daher der Umgang der Parteien mit dem Fortbildungsunterstützungsanspruch des DSB geregelt werden (→ B.II.1. §§ 3, 7; → B.II.2. §§ 2, 7).

11. Beendigung des Amtes als DSB. Aufgrund des Trennungsprinzips (→ Anm. 1) sind die beiden Rechtsbeziehungen (Benennung und zugrundeliegender Vertrag) separat zu beenden. Gestaltungsrechte wie die Abberufung des DSB zur Beendigung einer Benennung oder die Kündigung eines Vertrags werden stets durch einseitige, empfangsbedürftige Erklärungen ausgeübt. Die Abberufung des DSB ist nur wirksam, wenn die nachfolgenden fünf Anforderungen eingehalten werden.

Konnexität: Gehört die Tätigkeit des internen DSB zum arbeitsvertraglichen Pflichtenkreis des Arbeitnehmers, kann die Abberufung wirksam nur bei gleichzeitiger (Teil-)Kündigung dieser arbeitsvertraglich geschuldeten Aufgabe erfolgen (BAG, Urt. v. 13.3.2007 – 9 AZR 612/05, NJW 2007, 2507). Ohne Kündigungserklärung ist die Abberufung unwirksam. Dies ist verallgemeinerungsfähig und gilt auch bei Beauftragung eines externen DSB. Der Dienstvertrag mit dem externen DSB unterscheidet sich in diesem Punkt nicht von dem Arbeitsvertrag des internen DSB. Praktisch ist dies jedoch nur für Drei-Personen-Verhältnisse (→ Anm. 3) bedeutsam, weil die Rechtsprechung in eine im Übrigen wirksame Abberufungserklärung gleichzeitig eine entsprechende (Teil-)Kündigung hinein interpretiert (zum Widerruf der Bestellung nach dem BDSG a.F. vgl. BAG, Urt. v. 23.3.2011 – 10 AZR 562/09, BB 2011, 2683 m.Anm. *Wybitul*), was nach der Literatur auch für den externen DSB gelten soll (Simitis/*Simitis*, BDSG, § 4f Rn. 191). Durch Inkrafttreten der DS-GVO ändert sich die Grundlage dieser Rechtsprechung nicht.

Kremer/Sander

Zugang: Die Abberufung muss dem Erklärungsempfänger analog § 130 Abs. 1 S. 1 BGB zugehen. Da die rechtsgeschäftsähnliche Handlung der Erklärung der Benennung gegenüber dem DSB vorzunehmen ist, ist auch die aufhebende rechtsgeschäftsähnliche Handlung der Abberufung gegenüber dem DSB vorzunehmen (sog. „actus contrarius").

Grund: Besteht keine Benennungspflicht für einen DSB (→ Vorb.) ist die Abberufung jederzeit möglich. Dies gilt auch für einen amtierenden DSB, wenn die frühere Benennungspflicht mit Wirksamwerden der DS-GVO und Außerkrafttreten des BDSG a. F. entfallen sollte (*Laue/Nink/Kremer*, Das neue Datenschutzrecht in der betrieblichen Praxis, Kap. 6, Rn. 21). Ist eine Benennungspflicht wegen Art. 37 Abs. 1 DS-GVO oder § 38 Abs. 1 BDSG n. F. gegeben, ist die Abberufung des internen oder externen DSB nach § 38 Abs. 2 BDSG n. F. i. V. m. § 6 Abs. 4 BDSG n. F. nur aus wichtigem Grund entsprechend § 626 BGB möglich, was dem früheren § 45 Abs. 3 S. 4 BDSG entspricht. Ein wichtiger Grund für die Abberufung eines DSB i. S. v. § 626 BGB liegt insbesondere dann vor, wenn die weitere Ausübung dieser Funktion und Tätigkeit unmöglich ist oder sie zumindest erheblich gefährdet erscheint, beispielsweise weil der DSB die erforderliche persönliche Integrität oder das erforderliche Fachwissen nicht (mehr) besitzt (BAG, Urt. v. 23.3.2011 – 10 AZR 562/09, BB 2011, 2683 m. Anm. *Wybitul*). Eine Abberufung aus wichtigem Grund wegen der Nicht- oder Schlechterfüllung dürfte ausnahmsweise als „ultima ratio" zulässig sein, wenn hierdurch die persönliche Integrität des DSB endgültig entfallen ist oder von einer Aufgabenerfüllung i. S. v. Art. 39 Abs. 1 DS-GVO nicht mehr ausgegangen werden kann (vgl. dazu *Laue/Nink/Kremer*, Das neue Datenschutzrecht in der betrieblichen Praxis, Kap. 6 Rn. 34).

Form: Schon mangels eines Formerfordernisses für die Benennung (→ Anm. 11) ist die Abberufung ebenfalls ohne Beachtung einer Form wirksam. Weder die DS-GVO noch das BDSG n. F. schreiben eine Form für den Widerruf i. S. v. § 125 S. 1 BGB vor. Ausnahmsweise ist die Einhaltung einer Form jedoch wegen § 125 S. 2 BGB erforderlich, falls im zugrundeliegenden Vertrag der Verantwortliche oder Auftragsverarbeiter für die Abberufung die Einhaltung einer bestimmten Form versprochen hat. Verlangt der DSB die Darlegung des wichtigen Grundes für den Widerruf, muss der Verantwortliche oder Auftragsverarbeiter diesen unverzüglich (also ohne schuldhaftes Zögern) „schriftlich mitteilen", wofür jedoch die Textform i. S. v. § 126b BGB genügt (Palandt/*Weidenkaff*, BGB, § 626 Anm. 32). Eine Missachtung dieses Formerfordernisses oder der Frist zur Mitteilung des wichtigen Grundes führt nicht zur Unwirksamkeit der Abberufung (sinngemäß BGH, Urt. v. 18.6.1984 – II ZR 221/83, NJW 1984, 2689).

Frist: Ist die Abberufung grundlos möglich, ist keine Frist zu beachten. Beruht die Abberufung bei einer Benennungspflicht auf einem wichtigen Grund, muss sie innerhalb von zwei Wochen entsprechend § 626 Abs. 2 S. 1 BGB dem DSB zugehen. Die Frist beginnt mit dem Zeitpunkt, in dem der Verantwortliche oder Auftragsverarbeiter von den für den Widerruf maßgebenden Tatsachen Kenntnis erlangt (§ 626 Abs. 2 S. 2 BGB).

Durch § 38 Abs. 2 BDSG n. F. i. V. m. § 6 Abs. 4 S. 2, S. 3 BDSG n. F. wird der frühere Kündigungsschutz des internen DSB aus § 4f Abs. 3 S. 4, S. 5 BDSG a. F. fortgeführt. Die Kündigung eines Arbeitsverhältnisses soll hiernach während der Amtstätigkeit und innerhalb von einem Jahr nach der Abberufung nur aus wichtigem

Kremer/Sander

Grund gem. § 626 BGB zulässig sein. Für die Einzelheiten zur Kündigung gelten die obigen Ausführungen zur Abberufung entsprechend.

12. Auflösende Bedingungen. Entgegen einer in der Literatur verbreiteten Ansicht (etwa Simitis/*Simitis*, BDSG, § 4f Rn. 64) ist die Benennung nur grundsätzlich bedingungsfeindlich. Zutreffend ist zwar, dass ein Umgehen der Beschränkungen des Verantwortlichen oder Auftragsverarbeiters bei der Abberufung in Art. 38 Abs. 3 S. 2 DS-GVO und § 38 Abs. 2 BDSG n. F. i. V. m. § 6 Abs. 4 BDSG n. F. (→ Anm. 11) verhindert werden muss, was bei auflösenden Bedingungen denkbar ist. Allerdings müssen für die Benennung als einseitige Erklärung des Verantwortlichen oder Auftragsverarbeiters (→ Anm. 1) dieselben Ausnahmen gelten, die auch für andere einseitige Erklärungen, wie z. B. Kündigungen, gelten (dazu BAG, Urt. v. 15.3.2001 – 2 AZR 705/99, NJW 2001, 3355). Hängt der Eintritt der auflösenden Bedingung von einem Ereignis oder Zustand ab, auf dessen Eintritt der Erklärende keinen Einfluss hat (z. B. bei Abhängigkeit vom Willen des Erklärungsempfängers), spricht nichts gegen die Wirksamkeit einer solchen auflösenden Bedingung für die Benennung, weil keine Umgehung des Abberufungs- und Benachteiligungsschutzes droht (für die Zulässigkeit auflösender Bedingungen auch *Reinhard*, NZA 2013, 1049, 1052 im Anschluss an BAG, Urt. v. 23.3.2011 – 10 AZR 562/09, NZA 2011, 1036, 1039). § 4 Abs. 1 des Musters enthält nicht nur eine zulässige, sondern auch zweckmäßige Bedingung mit Blick auf die von der Rechtsprechung angenommene Konnexität zwischen Benennung und zugrundeliegendem Vertrag (→ Anm. 11). Als Hauptanwendungsfall der „sonstigen Erklärung" ist, abgesehen von der Kündigung, die Anfechtung zu nennen. Die in § 4 Abs. 2 S. 2 des Musters formulierte Bedingung ist sogar geboten. Entfällt im Drei-Personen-Verhältnis (→ Anm. 3) die Vertragsbeziehung zwischen dem DSB und dem Dienstleistungsunternehmen, ist das für die Wirksamkeit der Benennung erforderliche und in diesem Fall mittels zweier Verträge „übers Eck gespielte" Vertragsverhältnis gestört. Eine schlichte Substitution des DSB durch einen anderen Arbeitnehmer des Dienstleistungsunternehmens kann dieses Unternehmen nicht einseitig vornehmen, obwohl seine Leistungsverpflichtung gegenüber dem Verantwortlichen oder Auftragsverarbeiter unverändert fortbesteht. Zusätzlich zu der auflösenden Bedingung für die Benennung sind daher ebenso Klauseln im zugrunde liegenden Vertrag geboten, welche die in diesem Fall zwingend notwendige Mitwirkung des Verantwortlichen oder Auftragsverarbeiters regeln: In Bezug auf den ausgeschiedenen Arbeitnehmer die Abberufung des DSB (sofern nicht wie hier vorgeschlagen durch Bedingung aufgelöst), Prüfung des als Ersatz angebotenen Arbeitnehmers des Dienstleistungsunternehmens durch den Verantwortlichen oder Auftragsverarbeiter mit Blick auf die Eignung i. S. d. Art. 37 Abs. 5 DS-GVO sowie Erklärung der Benennung dieses Arbeitnehmers zum neuen externen DSB (→ B.II.2. § 2).

13. Absicherung der Unabhängigkeit. Für die Ausübung der Kontrollfunktion (→ Anm. 6, → Anm. 7) ist die Unabhängigkeit des DSB zwingende Voraussetzung (→ Anm. 1). Art. 38 Abs. 3 S. 1 DS-GVO gilt jedoch nur für das Verhältnis zwischen dem Verantwortlichen und dem DSB. In Zwei-Personen-Verhältnissen ist insoweit nichts weiter zu beachten. In Drei-Personen-Verhältnissen (→ Anm. 2) ist es demgegenüber geboten, in dem der Benennung zugrundeliegenden Vertrag die Unabhängigkeit vertraglich abzusichern (→ B.II.2. § 3). Den DSB in der Benennung auf diese Vereinbarung hinzuweisen erscheint zweckmäßig, weil der DSB an dem Vertrag zwischen Verantwortlichem oder Auftragsverarbeiter sowie Dienstleistungsunternehmen nicht als Partei beteiligt ist und daher davon sonst keine Kenntnis haben muss.

14. Unterschrift des DSB. Da es sich um eine empfangsbedürftige Erklärung handelt (→ Anm. 1), setzt die Wirksamkeit der Benennung ihren Zugang bei dem DSB voraus (analog § 130 Abs. 1 S. 1 BGB). Eine Erklärung ist jedenfalls dann dem Erklärungsempfänger zugegangen, wenn er von ihr Kenntnis erlangt hat. Die hier im Muster vom DSB vorgesehene Unterschrift als Empfangsbestätigung ist eine reine Wissenserklärung, keine Willenserklärung i. S. d. §§ 130 ff. BGB. Weil für den Verantwortlichen oder Auftragsverarbeiter schon mit Blick auf den Bußgeldtatbestand in Art. 83 Abs. 4 lit. a DS-GVO das Bedürfnis besteht, die Wirksamkeit der Benennung gegenüber der Aufsichtsbehörde belegen zu können, sollte der Verantwortliche oder Auftragsverarbeiter die Wirksamkeit der Benennung einschließlich des Zugangs beim DSB nachweisen können. Nur für diesen Zugangsnachweis ist daher die Unterschriftenzeile für den DSB vorgesehen. Wirksamkeitsvoraussetzung der Benennung ist die Unterschrift des DSB jedoch nicht (→ Anm. 1). Das Muster sollte daher zweifach (bei gewollter schriftlicher Benennung) ausgefertigt und von der Geschäftsführung des Verantwortlichen oder Auftragsverarbeiters unterzeichnet werden, wobei eine Kopie für den DSB und die von diesem zusätzlich unterzeichnete Kopie für den Verantwortlichen oder Auftragsverarbeiter gedacht ist.

2. Abberufung durch den Arbeitgeber

§ 1

Hiermit widerruft[1] [Name des Verantwortlichen, Straße/Hausnummer, PLZ/Ort] die Benennung von [Vor- und Nachname des Datenschutzbeauftragten] zum Datenschutzbeauftragten mit sofortiger Wirkung aus wichtigem Grund[2] [EVENTUELL ZUSÄTZLICH], nämlich aufgrund des Verlangens der Aufsichtsbehörde – Bescheid des [Bezeichnung der Behörde, Aktenzeichen], der am [Datum des Zugangs des Verlangens beim Verantwortlichen] zugegangen ist[3] [ENDE DES ZUSATZES].

§ 2

Gleichzeitig wird hiermit der Arbeitsvertrag zwischen [Name des Verantwortlichen, Straße/Hausnummer, PLZ/Ort] und [Vor- und Nachname des Datenschutzbeauftragten] mit sofortiger Wirkung aus wichtigem Grund insoweit gekündigt,[4] als die Tätigkeiten als Datenschutzbeauftragter die vertraglich geschuldete Leistung darstellten. [EVENTUELL ZUSÄTZLICH:] Gleichzeitig wird [Vor- und Nachname des Datenschutzbeauftragten] von [Name des Verantwortlichen, Straße/Hausnummer, PLZ/Ort] der Abschluss eines neuen Arbeitsvertrags angeboten, der als Anlage beigefügt ist [ENDE DES ZUSATZES].

Für den Arbeitgeber:

_____   _____
(Ort, Datum)   (Unterschrift, Funktion des Unterzeichners)

Ich habe vorstehende Abberufung und Kündigung zur Kenntnis genommen:

_____   _____
(Ort, Datum)   (Unterschrift des Datenschutzbeauftragten)[5]

Sander/Diekmann

Anmerkungen

1. Der Widerruf der Benennung, bzw. die Abberufung. Der actus contrarius zur Benennung als DSB wird in der DS-GVO nahezu gar nicht betrachtet. Der einzige Textnachweis dafür, dass die DS-GVO überhaupt einen Widerruf der Benennung kennt, bzw. für möglich hält, findet sich in Art. 38 Abs. 3 S. 2 DS-GVO. Dort heißt es, dass der DSB nicht wegen der Erfüllung seiner Aufgaben „abberufen" werden darf. Weitere Textnachweise zu diesem Thema gibt es nicht, insbesondere nicht bei den Befugnissen der Aufsichtsbehörden in Art. 58 DS-GVO. Welche Anforderungen an den Widerruf der Benennung, die Abberufung, zu stellen sind und unter welchen Voraussetzungen diese möglich ist, ist damit prinzipiell offen und der Rechtsprechung überlassen.

Es sind an die „Abberufung" als einseitige, empfangsbedürftige Erklärung, genauer, rechtsgeschäftsähnliche Handlung, dieselben Anforderungen zu stellen, die auch für die Benennung gelten (→ B.I.1. Anm. 1). Wie andernorts bereits ausführlicher dargestellt, ist die Abberufung des DSB nur wirksam, wenn die nachfolgenden fünf Anforderungen eingehalten werden (→ B.I.1. Anm. 11): Konnexität von Bestellung und zugrunde liegendem Vertrag im Hinblick auf das Trennungsprinzip (→ B.I.1. Anm. 3), Zugang der Erklärung beim DSB, Vorliegen eines wichtigen Grundes bei vorliegender Benennungspflicht, gesetzlicher Formfreiheit und angemessener Berücksichtigung allgemeiner Dokumentationspflichten des Verantwortlichen (→ B.I.1. Anm. 5) sowie Einhaltung der Zwei-Wochen-Frist bei vorliegender Benennungspflicht.

Hervorzuheben ist insoweit jedoch, dass sich die beiden Voraussetzungen „wichtiger Grund" und „Zwei-Wochen-Frist" nicht aus der DS-GVO ergeben, sondern nur aus den §§ 6 Abs. 4 S. 1, 38 Abs. 2 BDSG n. F. Damit beanspruchen diese Voraussetzungen einer Abberufung keine europaweite Geltung, sondern sind nur in Deutschland zu berücksichtigen. Für die nähere Ausgestaltung der Abberufung eines DSB enthält die DS-GVO jedoch keine Öffnungsklausel zugunsten der nationalen Gesetzgebers, ein Umstand, der in anderen Zusammenhängen regelmäßig die Frage nach der Wirksamkeit der deutschen Regelung nach sich gezogen hat. Durchgreifende Bedenken gegen die Wirksamkeit des BDSG n. F. insoweit bestehen jedoch nicht, da die DS-GVO im Hinblick auf die Abberufung eine (wohl planwidrige) Regelungslücke enthält. Da Art. 37 Abs. 4 S. 1 DS-GVO für die – spiegelbildliche – Benennung, bzw. die dazugehörige Pflicht einen Spielraum zugunsten der nationalen Gesetzgeber vorsieht, kann die aus einer einzigen großen Regelungslücke bestehende Rechtslage im Hinblick auf die Abberufung nicht als abschließende, bewusst in diesem Umfang vollständige Regelung auf europäischer Ebene gesehen werden, die auch mit dem nicht geregelten Teil der Rechtslage Anwendungsvorrang gegenüber den nationalen Gesetzen verdienen würde.

Soweit § 40 Abs. 6 S. 2 BDSG n. F. den Aufsichtsbehörden die Befugnis verleiht, die Abberufung des DSB verlangen zu können, ist dies unbedenklich. Art. 58 Abs. 6 S. 1 DS-GVO sieht ausdrücklich vor, dass die nationalen Gesetzgeber den Aufsichtsbehörden zusätzliche Befugnisse verleihen können.

2. Der wichtige Grund. Aus § 626 Abs. 2 S. 3 BGB ergibt sich (im Umkehrschluss) eindeutig, dass der Grund in der Abberufung nicht angegeben werden muss

Sander/Diekmann

(→ B.I.1. Anm. 11). Verlangt der DSB die Darlegung des wichtigen Grundes für den Widerruf der Benennung, muss der Verantwortliche oder Auftragsverarbeiter diesen unverzüglich (also ohne schuldhaftes Zögern) „schriftlich mitteilen", wofür jedoch die Textform i. S. v. § 126b BGB genügt (Palandt/*Weidenkaff*, BGB, § 626 Anm. 32). Eine Missachtung dieses Formerfordernisses oder der Frist zur Mitteilung des wichtigen Grundes führt nach hier vertretener Auffassung nicht zur Unwirksamkeit der Abberufung (sinngemäß BGH, Urt. v. 18.6.1984 – II ZR 221/83, NJW 1984, 2689). Zur Klarstellung sei nochmals darauf hingewiesen, dass weder ein wichtiger, noch sonst ein Grund für die Abberufung erforderlich ist, falls die Benennung eines DSB für den Verantwortlichen oder Auftragsverarbeiter im Zeitpunkt der Abberufung nicht verpflichtend ist (§ 38 Abs. 2 Hs. 2 BDSG n. F.). Zu den Voraussetzungen einer verpflichten Bestellung des DSB, → B.I.1.

3. Angaben zum Verlangen der Aufsichtsbehörde. Ein Verwaltungsakt gegenüber dem Verantwortlichen, den die Aufsichtsbehörde in Ausübung ihrer Befugnisse aus § 40 Abs. 6 S. 2 BDSG n. F. erlässt, hat eine belastende Wirkung für den DSB. Daher kann der DSB selbst, aus eigenem Recht, vor den Verwaltungsgerichten (ausnahmsweise) den nicht an ihn adressierten Verwaltungsakt anfechten und damit einer gerichtlichen Überprüfung zuführen. Als besondere Zulässigkeitsvoraussetzung ermöglicht § 42 Abs. 2 VwGO auch einem Dritten, welcher nicht unmittelbar Adressat eines Verwaltungsaktes ist, gegen diesen vorzugehen, sofern der Dritte durch den Verwaltungsakt in seinen eigenen subjektiv-öffentlichen Rechten beeinträchtigt wird. Dies ist in dem vorbezeichneten Fall gegeben, wenn die Aufsichtsbehörde das Unternehmen als Verantwortlichem die Aufforderung adressiert, die Bestellung des DSB zu widerrufen. Hierzu sind die konkreten Angaben zum Bescheid dem DSB mitzuteilen, der vor dem Hintergrund des potentiellen Wegfalls seines besonderen Kündigungsschutzes (bei Wirksamkeit des Bescheides) auch einen Auskunfts- und Einsichtsanspruch aus § 242 BGB gegenüber dem Verantwortlichen hat, im Hinblick auf jenen Bescheid. Für die Anfechtung dieses Bescheids sei hingewiesen auf BVerwG, Beschl. v. 11.3.2010 – 7 B 36/09, NJW 2010, 1686ff.: „Wird bei einem Verwaltungsakt mit Drittwirkung in einer ihm beigefügten Rechtsbehelfsbelehrung abstrakt darüber belehrt, dass gegen den Bescheid Widerspruch eingelegt werden kann, bezieht sich die Rechtsbehelfsbelehrung ohne Weiteres auch auf einen potenziell Drittbetroffenen und setzt – wenn ihm der Verwaltungsakt bekanntgegeben wird – ihm gegenüber die Widerspruchsfrist in Lauf."

4. Die (Teil-)Kündigung des Arbeitsvertrags. Durch § 38 Abs. 2 BDSG n. F. i. V. m. § 6 Abs. 4 S. 2, S. 3 BDSG n. F. wird der frühere Kündigungsschutz des internen DSB aus § 4f Abs. 3 S. 4, S. 5 BDSG a. F. fortgeführt. Die Kündigung eines Arbeitsverhältnisses soll hiernach während der Amtstätigkeit und innerhalb von einem Jahr nach der Abberufung nur aus wichtigem Grund gem. § 626 BGB zulässig sein. Liegt ein wichtiger Grund vor, der die Abberufung rechtfertigt – wie z. B. ein dahingehendes Verlangen der Aufsichtsbehörde oder die nachträglich vom Verantwortlichen erkannte oder nachträglich eingetretene Untauglichkeit des DSB für die Erfüllung der ihm kraft Gesetzes zukommenden Aufgaben – so rechtfertigt dieser Grund auch die Kündigung des Arbeitsvertrags des internen DSB (bzw. bei einem „Teilzeit"-DSB nur die Teilkündigung des Arbeitsvertrags, eben insoweit, wie der Arbeitnehmer als DSB tätig werden sollte). Denn diese (Teil-)Kündigung und die Abberufung hängen untrennbar zusammen (BAG, Urt. v. 23.3.2011 – 10 AZR 562/09,

Sander/Diekmann

NZA 2011, 1036 ff.). Da die Beendigungskündigung nur ultima ratio sein kann, ist sie unwirksam, wenn eine Änderungskündigung in Betracht kommt. Daher wurde im Muster ein entsprechender Eventualzusatz vorgesehen.

5. Unterschrift des DSB. Die Abberufung bedarf nicht der Schriftform i. S. v. § 126 BGB, ist also auch ohne eigenhändige Unterschrift wirksam. Die hier vorgesehene Unterschrift des DSB soll lediglich der Dokumentation dienen (→ B.I.1. Anm. 1 und 14).

II. Verträge mit externen Datenschutzbeauftragten

1. Dienstvertrag mit einem externen Datenschutzbeauftragten

§ 1 Vertragsgegenstand

Zwischen der [Name des Verantwortlichen oder des Auftragsverarbeiters, Straße/Hausnummer, PLZ/Ort]
– im Folgenden *Auftraggeber* genannt –

und [Name des zu beauftragenden Datenschutzbeauftragten]
– im Folgenden *Beauftragter*[1] genannt –

wird folgender Dienstvertrag[2] geschlossen:

Der Beauftragte übernimmt im Zusammenhang mit seiner Benennung zum externen Datenschutzbeauftragten des Auftraggebers für den Auftraggeber die Erbringung von Leistungen eines Datenschutzbeauftragten nach Maßgabe dieses Dienstvertrags.[3]

§ 2 Pflichten des externen Datenschutzbeauftragten

(1) Seine Verpflichtungen aus diesem Dienstvertrag wird der Beauftragte nach eigenem billigem Ermessen höchstpersönlich oder durch von ihm zu beschäftigendes Hilfspersonal als Ressource i.S.v. Art. 38 Abs. 2 DS-GVO erfüllen. Als Hilfspersonal wird der Beauftragte nur seine Arbeitnehmer einsetzen.[4] Höchstpersönliche Leistungen schuldet der Beauftragte maximal im Umfang von 15 Stunden pro Kalenderwoche. Im Übrigen kann er die Leistungen durch sein Hilfspersonal erbringen lassen.[5]

(2) Zum Nachweis seines Fachwissens i.S.v. Art. 37 Abs. 5 DS-GVO hat der Beauftragte dem Auftraggeber im Rahmen der Vertragsverhandlungen Aus- und Fortbildungsbescheinigungen in Kopie auszuhändigen.

(3) Der Beauftragte wird sich während der Laufzeit dieses Dienstvertrags selbstständig um seine Fortbildung zwecks Aufrechterhaltung des notwendigen Fachwissens kümmern.[6] Von Bescheinigungen über Fortbildungen, die der Auftraggeber dem Beauftragten gem. § 7 Abs. 6 finanziert, lässt der Beauftragte dem Auftraggeber unaufgefordert Kopien zukommen. Im Übrigen wird der Beauftragte eigene Fortbildungsbescheinigungen auf Anforderung des Auftraggebers in Kopie übermitteln.

§ 3 Organisatorische Absprachen, kein Weisungsrecht

(1) Nach Abschluss dieses Dienstvertrags werden die Parteien organisatorische Absprachen [OPTIONAL:, soweit sich diese nicht aus der Anlage zu diesem Vertrag ergeben,] einvernehmlich treffen.[7] Diese betreffen insbesondere die Eingliederung

Kremer/Sander

des Beauftragten und den Umfang der Präsenz des Beauftragten im Betrieb des Auftraggebers sowie die vom Auftraggeber dem Beauftragten zur Verfügung zu stellenden Ressourcen für den Kontakt der Arbeitnehmer und Kunden des Auftraggebers sowie sonstigen betroffenen Personen unmittelbar und ausschließlich mit dem Beauftragten.[8] Diese einvernehmlichen Konkretisierungen der Zusammenarbeit bedürfen abweichend von § 11 Abs. 2 der Textform (§ 126b BGB).[9]

(2) Dem Beauftragten werden keinerlei Weisungsrechte gegenüber den Arbeitnehmern des Auftraggebers eingeräumt und dem Beauftragten steht kein Recht zu, den Auftraggeber zu vertreten.[10]

§ 4 Vergütung des externen Datenschutzbeauftragten

(1) Die in § 1 genannten Leistungen erbringt der Beauftragte gegen eine pauschale monatliche Vergütung in Höhe von [...] EUR, soweit einzelne Leistungen nicht ausdrücklich durch § 5 ausgenommen sind.[11] Pauschal abgegolten sind
– die Mitwirkung an der Bearbeitung der kalendermonatlich jeweils ersten [zehn] Auskunfts-, Löschungs-, Berichtigungs-, Beschränkungs-, Datenübertragungs- und Widerspruchsersuchen von betroffenen Personen, in Form der zielgerichtete Weiterleitung dieser an den Auftraggeber gerichteten Ersuchen an die zuständigen Mitarbeiter des Auftraggebers, welche der Auftraggeber auf jederzeitiges Verlangen benennen wird und einer Beratung des Auftraggebers in Bezug auf diese Ersuchen, falls im Einzelfall gewünscht;
– die Bearbeitung von oder, je nach Einzelfall, zielgerichtete Weiterleitung von datenschutzrechtlich relevanten Anfragen (Art. 38 Abs. 4 DS-GVO) an die zuständigen Mitarbeiter des Auftraggebers, welche der Auftraggeber auf jederzeitiges Verlangen dem Beauftragten benennen wird;
– die Kommunikation mit der gem. Art. 55, 56 DS-GVO zuständigen Aufsichtsbehörde, von der ausdrücklich diejenige im Zusammenhang mit Sachverhalten betreffend die Verletzungen des Schutzes personenbezogener Daten („Datenschutzverletzung", Art. 33 DS-GVO) ausgenommen ist;
– die Bereitstellung und Pflege von Formularen und Mustern (z. B. standardisierte Antwortmuster für Anfragen betroffener Personen) sowie
– die Erstellung jährlicher Tätigkeitsberichte.

(2) Die Pauschale i. S. v. § 4 Abs. 1 ist nur das Entgelt für die Leistungen des Beauftragten. Der Anspruch des Beauftragten auf Unterstützung durch den Auftraggeber gem. Art. 38 Abs. 2 DS-GVO wird davon nicht berührt, ebenso wie Ansprüche auf Aufwendungsersatz.

§ 5 Vergütung

Die nachfolgend aufgezählten Teilbereiche der in § 1 genannten Leistungen erbringt der Beauftragte gegen eine aufwandsbezogene Vergütung zu einem Stundenhonorar von [...] EUR. Diese Leistungen können vom Auftraggeber jederzeit durch Anforderung in Textform (§ 126b BGB) in Anspruch genommen werden. Gesondert vergütungspflichtig sind
– die Mitwirkung an der Bearbeitung von Auskunfts-, Löschungs-, Berichtigungs-, Datenübertragungs- und Widerspruchsersuchen von betroffenen Personen ab dem [elften] Ersuchen pro Kalendermonat;

– die Schulung der mit dem Umgang mit personenbezogenen Daten befassten Mitarbeiter des Auftraggebers bezüglich der Erfordernisse des Datenschutzes (Art. 39 Abs. 1 lit. b DS-GVO);[12]
– die Mitwirkung bei der Durchführung der Datenschutz-Folgenabschätzung bei Verarbeitungen, die voraussichtlich hohe Risiken für Rechte und Freiheiten von betroffenen Personen haben (Art. 35 DS-GVO);[12]
– die Mitwirkung bei der Erstellung betrieblicher Anweisungen und Richtlinien zum datenschutzkonformen Umgang mit personenbezogenen Daten, etwa hinsichtlich des Umgangs mit E-Mail und Internet am Arbeitsplatz; [12]
– die Wahrnehmung von Besprechungen und anderen Terminen, die nicht am Sitz des Auftraggebers stattfinden;
– die Durchführung von Vor-Ort-Prüfungen („Audits") bei Subunternehmern, Vorlieferanten oder anderen für den Auftraggeber tätigen Dienstleistern, insbesondere auch die Durchführung von Kontrollen im Rahmen von Auftragsverarbeitungsverhältnissen i. S. v. Art. 28 DS-GVO;[12]
– alle Tätigkeiten im Zusammenhang mit Sachverhalten betreffend Verletzungen des Schutzes personenbezogener Daten („Datenschutzverletzungen i. S. v. Art. 4 Nr. 12 DS-GVO, Art. 33 DS-GVO), einschließlich vorbeugender Maßnahmen zur Verhinderung und vorbereitender Maßnahmen im Hinblick auf adäquate Reaktionen;
– die Beantwortung konkreter Anfragen von Beschäftigten oder der Unternehmensleitung zum Datenschutz jenseits des Tagesgeschäfts (z.B. datenschutzrechtliche Machbarkeit neuer Geschäftsmodelle);[13]
– die datenschutzrechtliche Beurteilung von konkreten Marketing-, Werbe- oder Vertriebsmaßnahmen (z.B. Durchführung von Gewinnspielen);[13] sowie
– der Aufbau, die Bewertung oder Fortentwicklung eines etwaig vorhandenen, umfassenden Datenschutzmanagementsystems oder Teile desselben z.B. nach den Empfehlungen der IT-Grundschutz-Kataloge des BSI.

§ 6 Rechnungsstellung und Leistungsnachweise

(1) Die Vergütung nach §§ 4 und 5 ist zum Ende eines jeden Kalendermonats fällig und wird jeweils zu Beginn eines Kalendermonats für den vorausgegangenen Kalendermonat in Rechnung gestellt.

(2) Für die nach Aufwand zu vergütenden Leistungen i. S. v. § 5 werden den Rechnungen Leistungsnachweise beigefügt, aus denen ein Überblick zu den erbrachten Leistungen ihrem Umfang und ihrem Inhalt nach hervorgeht.[14] Die Abrechnung erfolgt in Einheiten von vollen 15 Minuten.[15]

(3) Die Vergütung versteht sich jeweils zzgl. Umsatzsteuer in gesetzlicher Höhe im Zeitpunkt der Leistungserbringung.

§ 7 Aufwendungen des Datenschutzbeauftragten

(1) Alle durch An- und Abreise zum Sitz des Auftraggebers verursachten Reisezeiten werden nicht gesondert vergütet. In diesem Zusammenhang dem Beauftragten entstehende Aufwendungen sind mit der Vergütung nach §§ 4, 5 abgegolten.

(2) Durch An- und Abreise zu Terminen an anderen Orten als dem Sitz des Auftraggebers oder dem Ort der geschäftlichen Niederlassung des Beauftragten verursachte Reisezeiten werden [ENTWEDER:] mit [...] EUR pro Stunde vergütet, be-

rechnet ab dem Ort der geschäftlichen Niederlassung des Beauftragten. [ODER:] ebenfalls nicht vergütet. [ENDE DER ALTERNATIVE]

(3) Der Auftraggeber wird bis zu den Grenzen nachfolgend benannter Höchstbeträge die dem Beauftragten selbst oder seinem Hilfspersonal entstandenen Aufwendungen erstatten:

– [Höchstbeträge für Unterkunft, Verpflegung, Parkgebühren etc.]
– [Entfernungsabhängige Pauschale für Anreisen mit eigenem PKW]
– [Erstattungsfähige Klassen von Fahrkarten öffentlicher Verkehrsmittel/Flugtickets]

Der Beauftragte und sein Hilfspersonal sind frei in der Wahl des Reisemittels, der Unterkunft und der Verpflegung. Zu erstattende Aufwände bzw. zu vergütende Reisezeiten werden auf den monatlichen Rechnungen des Beauftragten i.S.v. § 6 Abs. 1 separat ausgewiesen. Seinen Rechnungen wird der Beauftragte Kopien der entsprechenden Rechnungen Dritter beilegen.

(4) Der Beauftragte wird die wegen des Hilfspersonals zu erstattenden Aufwände mit seinen Rechnungen i.S.v. § 6 Abs. 1 gegenüber dem Auftraggeber abrechnen und dort separat ausweisen. Für alle Tätigkeiten des Hilfspersonals wird der Beauftragte seinen Rechnungen Stundennachweise entsprechend § 6 Abs. 2 beifügen, aus denen sich auch die Zuordnung jeder Tätigkeit zu pauschal oder aufwandsbezogen vergüteten Leistungen entsprechend §§ 4, 5 ergibt. Die wegen des Hilfspersonals zu erstattenden Aufwände entsprechen dem beim Beauftragten tatsächlich angefallenen Aufwand, in Ansehung von pauschal vergüteten Leistungen begrenzt auf die Hälfte des Stundenhonorars i.S.v. § 5, in Ansehung von aufwandsbezogen vergüteten Leistungen begrenzt auf die Höhe des Stundenhonorars i.S.v. § 5.[5]

(5) Der Auftraggeber ersetzt dem Beauftragten seine Aufwendungen, die er zwecks Fortbildung seiner eigenen Person z.B. als Kosten für Fachlektüre oder der Teilnahme an Lehrgängen hatte, bis zu einer kalenderjährlichen Grenze von [...] EUR.[6] Zu diesen Aufwendungen zählen auch die Aufwendungen für An- und Abreise zu den Fortbildungsveranstaltungen entsprechend § 7 Abs. 2, 3. Im Übrigen wird die Zeit, die der Beauftragte für Fortbildungen oder für An- und Abreise zu Fortbildungsveranstaltungen aufwendet, nicht vergütet. Die zu erstattenden Aufwände werden vom Beauftragten auf seinen Rechnungen nach § 6 Abs. 1 separat ausgewiesen. Seinen Rechnungen wird der Beauftragte Kopien von Rechnungen Dritter beilegen.

§ 8 Laufzeit, Beendigung

(1) Dieser Dienstvertrag hat eine Laufzeit von [zwei] Jahren ab dem Tag der Unterzeichnung. Er verlängert sich jeweils zum Laufzeitende um weitere [vier] Jahre, wenn er nicht vor Ablauf der jeweiligen Laufzeit unter Einhaltung einer Kündigungsfrist von drei Monaten zum Laufzeitende gekündigt wird.[16] Das Recht beider Parteien zur außerordentlichen Kündigung aus wichtigem Grund bleibt unberührt.

(2) Der Beauftragte verzichtet im Voraus auf sein Recht, das ihm durch die Benennung zum Datenschutzbeauftragten des Auftraggebers übertragene Amt vor der Beendigung der Laufzeit dieses Dienstvertrags einseitig niederzulegen. Jede Kündigung dieses Dienstvertrags durch den Beauftragten werden die Parteien gleichzeitig als Niederlegung des Amtes zum Zeitpunkt des Wirksamwerdens der Kündigung behandeln.[17]

Kremer/Sander

(3) Für den Auftraggeber liegt ein zur außerordentlichen Kündigung dieses Dienstvertrags berechtigender wichtiger Grund insbesondere darin, dass er die Benennung des Beauftragten zum Datenschutzbeauftragten wirksam widerrufen hat oder die Benennung des Beauftragten zum Datenschutzbeauftragten aus einem anderen vom Beauftragten zu vertretenden Grund vor Ablauf dieses Dienstvertrags endet.[18]

§ 9 Haftung des externen Datenschutzbeauftragten

(1) Die Haftung des Beauftragten für leicht fahrlässig verursachte Schäden ist ausgeschlossen.[19] Im Übrigen ist die Haftung des Beauftragten kalenderjährlich auf […] EUR begrenzt.[20]

(2) § 9 Abs. 1 findet keine Anwendung auf Schäden aus der Verletzung des Lebens, des Körpers oder der Gesundheit, oder wenn der Beauftragte oder seine Ressourcen den Schaden vorsätzlich verursacht hat.

(3) Der Beauftragte haftet dem Auftraggeber für das Verschulden des von ihm eingesetzten Hilfspersonals wie für eigenes Verschulden. § 9 Abs. 1, 2 gelten für den Fall einer Inanspruchnahme des Hilfspersonals durch den Auftraggeber zugunsten des Hilfspersonals entsprechend.[21]

(4) Der Beauftragte verpflichtet sich, während der Laufzeit dieses Dienstvertrags eine Berufshaftpflichtversicherung mit einer Mindestdeckungssumme von […] EUR aufrecht zu erhalten, die auch diejenigen Schäden abdeckt, für die der Beauftragte gem. § 278 BGB oder § 831 BGB einzustehen hat.[21] Er wird dem Auftraggeber unmittelbar nach Abschluss dieses Dienstvertrags und sodann alle [zwei] Jahre unaufgefordert eine Bestätigung seines Versicherers über die bestehende Berufshaftpflichtversicherung und deren Deckungssumme zukommen lassen.

§ 10 Verschiedenes

(1) Der Beauftragte verpflichtet sich, die Geschäfts- und Betriebsgeheimnisse des Auftraggebers wie ein Handelsvertreter entsprechend § 90 HGB zu schützen, auch nach Beendigung dieses Vertrags.[22]

(2) Der Beauftragte unterliegt der aus seiner Benennung zum Datenschutzbeauftragten erwachsenden Verschwiegenheitsverpflichtung nach Art. 38 Abs. 5 DS-GVO, § 38 Abs. 2 i.V.m. § 6 Abs. 5 S. 2 BDSG n.F. sowie § 203 Abs. 2a StGB.

(3) Bei der Beantwortung von Anfragen betroffener Personen wird der Beauftragte die schützenswerten Interessen des Auftraggebers beachten. Dem Auftraggeber ist bekannt, dass der Beauftragte in datenschutzrechtlichen Angelegenheiten gem. Art. 39 Abs. 1 lit. d, e DS-GVO berechtigt ist, sich selbstständig und unmittelbar an die zuständige Aufsichtsbehörde zu wenden. Ebenso ist dem Auftraggeber bekannt, dass den Beauftragten gegenüber der zuständigen Aufsichtsbehörde nur die Verschwiegenheitsverpflichtung zum Schutz der betroffenen Personen trifft. [EVENTUELL ZUSÄTZLICH: Vor diesem Hintergrund verständigen sich die Parteien darauf, dass der Beauftragte dem Auftraggeber die Kontaktaufnahme mit der Aufsichtsbehörde im Regelfall vorab ankündigen soll, um dem Auftraggeber Gelegenheit zu geben, zeitnah für Abhilfe zu sorgen und dadurch eine Kontaktaufnahme mit der Aufsichtsbehörde zu vermeiden.][23]

Kremer/Sander

(4) Der Auftraggeber darf die Benennung des Beauftragten sowie die Nachweise seines Fachwissens i. S. v. Art. 37 Abs. 5 DS-GVO bei berechtigtem Interesse gegenüber Dritten offenlegen, etwa gegenüber der Aufsichtsbehörde oder seinen Auftraggebern bei einer Auftragsverarbeitung nach Art. 28 DS-GVO. Dieser Dienstvertrag ist vom Auftraggeber geheim zu halten. Auch Teile davon dürfen nur nach vorheriger, schriftlicher (§ 126 Abs. 1 BGB), in jedem Einzelfall erneut einzuholender, Zustimmung des Beauftragten gegenüber Dritten offengelegt werden. Hiervon ausgenommen ist die Offenlegung des Vertrags, soweit der Auftraggeber dazu gesetzlich oder kraft behördlicher Anordnung verpflichtet ist oder sie gegenüber einem Dritten erfolgt, der von Berufs wegen zur Verschwiegenheit verpflichtet und vom Auftraggeber angewiesen ist, den Vertrag im Übrigen geheim zu halten.[24]

§ 11 Schlussbestimmungen

(1) Streitigkeiten aus oder im Zusammenhang mit diesem Dienstvertrag beurteilen sich nach deutschem Recht. Der Auftraggeber bindet sich an diese Festlegung auch für Streitigkeiten zwischen ihm und dem Hilfspersonal des Beauftragten, soweit diese Streitigkeiten im Zusammenhang mit diesem Dienstvertrag stehen.[21]

(2) Änderungen und Ergänzungen dieses Dienstvertrags, die Erklärung einer Kündigung sowie die Abänderung dieser Klausel bedürfen zu ihrer Wirksamkeit der Schriftform (§ 126 Abs. 1, 2 BGB). Die Ersetzung der Schriftform durch die elektronische Form (§§ 126 Abs. 3, 126a BGB) oder die Textform (§ 126b BGB) ist ausgeschlossen. Der Vorrang individueller Vertragsabreden bleibt hiervon unberührt.[9]

(3) Die Informationen gemäß DL-InfoV liegen diesem Dienstvertrag als Anlage bei.[25]

Für den Auftraggeber: Der Beauftragte:

_____   _____
(Ort, Datum)   (Ort, Datum)

_____   _____
(Unterschrift, Funktion des Unterzeichners)   (Unterschrift des Beauftragten)

Anmerkungen

1. Person des Vertragspartners. Hat der Verantwortliche oder Auftragsverarbeiter die Organisationsentscheidung für die Benennung eines externen Datenschutzbeauftragten (DSB) getroffen, kann der nach dem Trennungsprinzip (→ B.I.1. Anm. 1) erforderliche, die Benennung ergänzende, zivilrechtliche Vertrag entweder wie hier mit der zum DSB zu benennenden natürlichen Person oder mit einem hierauf spezialisierten Dienstleistungsunternehmen (→ B.II.2.) abgeschlossen werden.

2. Rechtsnatur des Dienstvertrags. Hat sich der Verantwortliche oder Auftragsverarbeiter für einen internen DSB entschieden, wird dieser auf Grundlage eines Arbeitsvertrags tätig. Bei der Benennung eines externen DSB handelt es sich bei dem zugrundeliegenden Vertrag um einen Dienstvertrag i. S. d. §§ 611 ff. BGB (*Wybitul*, MMR 2011, 372 (376)). Dies gilt unabhängig davon, ob der Vertrag unmittelbar mit dem externen DSB (Zwei-Personen-Verhältnis) oder mit einem spezialisierten Dienstleistungsunternehmen (Drei-Personen-Verhältnis, → B.II.2., zur Abgrenzung → B.I.1. Anm. 3) geschlossen wird. Für die Arbeit des DSB ist unerheblich, ob diese im Einzelfall eine Geschäftsbesorgung i. S. v. § 675 Abs. 1 BGB zum Gegenstand hat und daher ergänzend zum Dienstvertragsrecht einzelne Regelungen des Auftragsrechts Anwendung finden könnten. Denn die Unterschiede wirken sich wegen vorrangiger Regelungen in DS-GVO und BDSG n. F. kaum aus. So würde eine etwaige Rechenschaftspflicht aus § 666 BGB durch die den DSB treffende Verschwiegenheitsverpflichtung aus Art. 38 Abs. 5 DS-GVO, § 38 Abs. 2 i. V. m. § 5 Abs. 5 S. 2 BDSG n. F. erheblich eingeschränkt. Der Aufwendungserstattungsanspruch aus §§ 675, 670 BGB ist entbehrlich, da es für ihn wegen der Unterstützungspflicht aus Art. 38 Abs. 2 DS-GVO keine Anwendungsfälle gibt (§ 7 dieses Musters; → Anm. 5, → Anm. 6; ergänzend → B.I.1. Anm. 10). Das „Gepräge des Vertrags" ändert sich mithin durch die Geschäftsbesorgung im Einzelfall nicht (vgl. BGH, Urt. v. 25.4.1966 – VII ZR 120/65, NJW 1966, 1452). Deshalb bleibt es insgesamt bei der Anwendung des Dienstvertragsrechts.

3. Grundlagen des Tätigwerdens. Die weit gefasste Beschreibung des Tätigkeitsbildes „Datenschutzbeauftragter" (→ Anm. 8) ist dem Umstand geschuldet, dass neben den sich aus diesem Vertrag ergebenden Aufgaben des DSB auch die sich aus der Benennung (→ B.I.1. Anm. 1) kraft gesetzlicher Anordnung ergebenden Aufgaben geschuldet sind. Dabei steht es dem Auftraggeber frei, innerhalb des vertraglichen Aufgabenkreises einzelne (Teil-)Aufgaben qua Weisung als zu erledigende Tätigkeiten dem DSB zuzuweisen (→ B.I.1. Anm. 8). Es liegt nicht im Interesse des Verantwortlichen oder Auftragsverarbeiters, den Aufgabenkreis des DSB im Vertrag zu konkretisieren und damit das Weisungsrecht einzuschränken. Die §§ 4, 5 des Musters betreffen deshalb nur die Frage der Vergütung, ohne den Umfang der versprochenen Leistungen zu begrenzen. Im Grenzbereich liegt § 10 Abs. 3 des Musters mit den Regelungen zur Beantwortung von Anfragen betroffener Personen und der Kommunikation zur Aufsichtsbehörde durch den DSB. Hier werden die aus der Benennung kraft Gesetzes folgenden Pflichten durch den Vertrag erweitert. Eine Vereinbarung, welche die gesetzlichen Aufgaben des DSB aus Art. 39 Abs. 1 lit. d, e DS-GVO beeinträchtigen oder gegen die gesetzliche Regelung „ausgestalten" würde, wäre demgegenüber wegen eines Verstoßes gegen § 307 Abs. 2 Nr. 1 BGB unwirksam.

4. Leistungserbringung durch Hilfspersonal. Anders als im Arbeitsrecht (§ 613 S. 1 BGB) ergibt sich mittelbar aus Art. 38 Abs. 2 DS-GVO, dass die Leistungspflichten des DSB keine höchstpersönlichen Pflichten sind. Denn Ressourcen des DSB sind auch das ihm zur Verfügung stehende Hilfspersonal, auch wenn dies in Art. 38 Abs. 2 DS-GVO anders als noch in § 4f Abs. 5 S. 1 BDSG nicht ausdrücklich aufgeführt wird (Paal/Pauly/*Paal*, DS-GVO, Art. 38 DS-GVO Rn. 6). Anders als durch sein Hilfspersonal könnte sonst etwa ein nach Art. 37 Abs. 2 DS-GVO zulässiger Konzern-DSB (→ B.I.1., → Vorb.) seine Aufgaben nicht erfüllen. Der DSB ist deshalb grundsätzlich zur Leistungserbringung durch Dritte auch ohne Einwilligung des Auftraggebers berechtigt, vgl. § 267 Abs. 1 S. 1 BGB. § 2 Abs. 1 S. 1 dieses Musters wirkt deshalb nur deklaratorisch und betont die Stellung des externen DSB als selbstständiger Unternehmer (→ Anm. 11, → Anm. 14).

§ 2 Abs. 1 S. 2 des Musters legt fest, welche Personen unter den Begriff „Hilfspersonal" als Ressourcen i. S. v. Art. 38 Abs. 2 DS-GVO fallen. Bei einem internen DSB werden dies wegen der sich aus Art. 38 Abs. 2 DS-GVO ergebenden Kostentragungspflicht des Auftraggebers (*Laue/Nink/Kremer*, Das neue Datenschutzrecht in der betrieblichen Praxis, Kap. 6, Rn. 30) regelmäßig Arbeitnehmer des Verantwortlichen oder Auftragsverarbeiters sein. Der denkbare Rückgriff auf dienstvertraglich tätige Dritte dürfte wegen der Strafbarkeitslücke in § 203 StGB (siehe unten) und der in diesem Fall erforderlichen, aber mangels gesetzlicher Grundlage rechtswidrigen Übermittlung personenbezogener Daten durch den DSB an diesen Dritten regelmäßig ausscheiden. Auch bei einem externen DSB könnten Arbeitnehmer des Verantwortlichen oder Auftragsverarbeiters als Hilfspersonal des DSB tätig werden. Regelmäßig wird es sich jedoch wegen der Stellung des externen DSB als selbstständigem Unternehmer um Arbeitnehmer des externen DSB handeln (zu der Konstellation bei einem Drei-Personen-Verhältnis → B.II.2. Anm. 7).

§ 2 Abs. 1 S. 2 dieses Musters begrenzt den Begriff des Hilfspersonals bewusst auf eigene Arbeitnehmer des externen DSB. Dadurch kann eine Verarbeitung personenbezogener Daten ohne rechtliche Schwierigkeiten erfolgen. Der externe DSB ist bei der gebotenen juristischen Betrachtungsweise zwingend selbst als ein Verantwortlicher und als Empfänger personenbezogener Daten i. S. v. Art. 4 Nr. 9 DS-GVO zu begreifen. Die ihm gegenüber erfolgende Offenlegung personenbezogener Daten i. S. v. Art. 4 Nr. 2 DS-GVO ist jedoch durch Art. 9 Abs. 2 lit. g, Art. 6 Abs. 1 lit. c, e DS-GVO gerechtfertigt. Dies ergibt sich aus der Funktion des DSB als Kontrollstelle beim Verantwortlichen oder Auftragsverarbeiter (→ B.I.1. Anm. 6). Gibt der externe DSB sodann seinen eigenen Arbeitnehmern personenbezogene Daten des Auftraggebers zur Erfüllung seiner Pflichten aus dem Dienstvertrag weiter, liegt hierin keine Verarbeitung in Form der Offenlegung durch Übermittlung an einen Dritten i. S. v. Art. 4 Nr. 10 DS-GVO, sondern nur eine Nutzung innerhalb des externen DSB als (eigenem) Verantwortlichen. Wird das Hilfspersonal demgegenüber von einem externen Dienstleister als Unterauftragnehmer des externen DSB gestellt, läge bei der Weitergabe personenbezogener Daten eine Übermittlung vor, die in jedem Einzelfall einer Rechtfertigung durch Einwilligung oder einer Vorschrift der DS-GVO bedarf, vgl. Art. 6 Abs. 1, Art. 9 Abs. 2 DS-GVO. Anders wäre dies nur, wenn der Unterauftragnehmer im Rahmen einer Auftragsverarbeitung i. S. d. Art. 28 DS-GVO die als Hilfspersonal geschuldeten Leistungen gegenüber dem externen DSB erbringen würde. In diesem Fall wäre der Unterauftragnehmer (des externen DSB) wegen Art. 4 Nr. 10 DS-GVO kein Dritter mehr, sodass der Übermittlungstatbestand allein durch eine Legitimierung über die Auftragsverarbeitung entfallen könnte (zur Auftragsverarbeitung → G.I.). Wegen der damit einhergehenden Unwägbarkeiten wurde ein Unterauftragnehmer als mögliches Hilfspersonal im Muster vertraglich ausgeschlossen.

Ihre Grenze findet das Tätigwerden des Hilfspersonals bei besonderen Kategorien personenbezogenen Daten i. S. d. Art. 9 Abs. 1 DS-GVO. Alle damit im Zusammenhang stehenden Aufgaben hat der externe DSB selbst zu erledigen. Insoweit besteht ausnahmsweise eine höchstpersönliche Leistungspflicht. Art. 9 Abs. 3 DS-GVO lässt zwar eine Leistungserbringung durch Hilfspersonal zu, wenn dieses ebenso wie der DSB einer Geheimhaltungspflicht unterliegt. Dies ist allerdings beim Hilfspersonal mangels ausdrücklicher Anordnung einer solchen Geheimhaltungspflicht in § 38 Abs. 2 BDSG n. F. i. V. m. § 6 Abs. 5 S. 2 BDSG n. F. nicht der Fall. Dem Hilfspersonal räumt § 38 Abs. 2 BDSG n. F. i. V. m. § 6 Abs. 6 S. 1 BDSG n. F. lediglich ein Zeugnisverweigerungsrecht ein (zu § 4f Abs. 4a S. 1 BDSG a. F. *Gola/Schomerus*,

Kremer/Sander

BDSG, § 4f Rn. 52b). Auch droht dem Hilfspersonal keine Strafbarkeit wegen Verletzung von Privatgeheimnissen, weil es von § 203 Abs. 3 S. 2 StGB, welcher die Strafbarkeit der berufsmäßig tätigen Gehilfen regelt, nicht erfasst wird. § 203 Abs. 3 S. 2 StGB nimmt nur auf § 203 Abs. 1 und Abs. 3 S. 1 StGB Bezug, nicht jedoch auf § 203 Abs. 2a StGB. Auch dies spricht gegen eine Beauftragung eines externen Dienstleisters als Hilfspersonal.

5. Auswahl und Vergütung von Hilfspersonal. Handelt es sich bei den Leistungen des DSB um vertretbare Handlungen (→ Anm. 4), gehen DS-GVO und BDSG n. F. davon aus, dass der DSB sein Hilfspersonal als Erfüllungsgehilfen i. S. v. § 278 BGB selbst auswählt, obwohl der Verantwortliche oder Auftragsverarbeiter die Kosten für die Einschaltung des Hilfspersonals zu tragen hat (→ Anm. 4). Zwischen der gesetzlichen Förderungspflicht (→ B.I.1. Anm. 10) und Kostenübernahmeverpflichtung des Verantwortlichen oder Auftragsverarbeiters und der dem DSB unter dem zivilrechtlichen Vertrag geschuldeten Vergütung besteht ein Spannungsverhältnis, insbesondere bei Vereinbarung einer Pauschalvergütung (→ Anm. 11). Im Vertrag sollte deshalb geregelt sein, ab welcher Arbeitsbelastung der DSB Hilfspersonal einsetzen darf und wie dies durch den Verantwortlichen oder Auftragsverarbeiter zu vergüten ist. Die im Muster vorgeschlagene Grenze von 15 Stunden pro Kalenderwoche soll dem Vorwurf der Scheinselbständigkeit des externen DSB begegnen (zu Scheinselbständigkeit und Abgrenzungskriterien *Lembke*, NZA 2013, 1312). Der nach § 7 Abs. 5 des Musters für das Hilfspersonal von dem Verantwortlichen oder Auftragsverarbeiter zu vergütende, tatsächlich angefallene Aufwand schließt auch die vom DSB als Arbeitgeber des Hilfspersonals zu leistenden Sozialversicherungsbeiträge oder Pauschalversteuerungen ein. Weiter ausdifferenziert werden könnte das Muster etwa noch mit Blick auf die Umlagefähigkeit von betrieblichen Gemeinkosten auf die einzelne Arbeitsstelle beim Hilfspersonal und deren Erstattung durch den Verantwortlichen oder Auftragsverarbeiter. Im Übrigen sieht das Muster die Übernahme aller Kosten des DSB durch den Verantwortlichen oder Auftragsverarbeiter vor, allerdings mit dem unternehmerischen Risiko des externen DSB geschuldeten betragsmäßigen Begrenzungen.

6. Aufrechterhaltung der eigenen Leistungsfähigkeit. Als Selbstständiger hat sich der externe DSB selbst um die Aufrechterhaltung und Verbesserung seiner eigenen Fähigkeiten zu kümmern. Gleichzeitig besteht ein Interesse des Verantwortlichen oder Auftragsverarbeiters an der Aufrechterhaltung des Fachwissens i. S. v. Art. 37 Abs. 5 DS-GVO beim externen DSB, weil er bei Fortfall des Fachwissens Gefahr läuft, seine (nach Art. 83 Abs. 4 lit. a DS-GVO bußgeldbewehrte) Benennungspflicht (→ B.I.1. Vorb.) zu verletzen. § 2 Abs. 3 S. 1 und § 7 Abs. 6 des Musters sind eine Möglichkeit, wie die Parteien die für einen internen DSB gedachte Regelung des Art. 38 Abs. 2 DS-GVO (→ B.I.1. Anm. 10) umsetzen können. Im hier vorgeschlagenen Modell einer auf einen Maximalbetrag beschränkten Kostenübernahme durch den Verantwortlichen oder Auftragsverarbeiter ist der externe DSB vorleistungspflichtig bezüglich der Fortbildung und verzichtet auf einen Kostenvorschuss. Eine summenmäßig unbegrenzte Kostenübernahme zugunsten des externen DSB, so wie dies Art. 38 Abs. 2 DS-GVO bei einem internen DSB vorsieht, wäre wegen § 307 Abs. 2 Nr. 2 BGB in allgemeinen Geschäftsbedingungen unwirksam. Denn der externe DSB, der nach Art. 37 Abs. 5 DS-GVO und § 2 Abs. 3 des Musters einer Fortbildungspflicht zur Erhaltung seines Fachwissens unterliegt, ist regelmäßig für

Kremer/Sander

mehrere Verantwortliche oder Auftragsverarbeiter tätig, so dass die Gefahr einer Mehrfachvergütung (von verschiedenen Auftraggebern) zu Gunsten des DSB für eine nur einmalig durchgeführte Fortbildung besteht.

7. Organisatorische Festlegungen. Die Absprache über konkrete organisatorische Festlegungen muss nicht zwingend im Vertrag geschehen; dies hätte bei späteren Änderungen jeweils eine Vertragsanpassung zur Folge. Die Festschreibung der Einvernehmlichkeit organisatorischer Festlegungen, welche ggf. auch schon mit Vertragsschluss in einer Anlage zum Vertrag erfolgen können, ist Folge der Selbstständigkeit des externen DSB. Einseitige Weisungen des Verantwortlichen oder Auftragsverarbeiters wären hiermit nicht zu vereinbaren und wegen eines Verstoßes gegen das gesetzliche Verbot aus Art. 38 Abs. 3 S. 1 DS-GVO gem. § 134 BGB unwirksam.

8. Gegenstand der organisatorischen Festlegungen. Die in § 3 des Musters aufgezählten Beispiele organisatorischer Festlegungen sind nicht abschließend („insbesondere"). Sie betreffen höchst unterschiedliche Regelungsgegenstände: Zur Einbindung i. S. v. Art. 38 Abs. 1 DS-GVO und Eingliederung i. S. v. Art. 38 Abs. 3 S. 3 DS-GVO ist zunächst die Berichtslinie festzulegen. Darüber hinaus sind (auch mit Blick auf Art. 38 Abs. 2 DS-GVO) interne Zugangs- und Zugriffsberechtigungen zu erteilen sowie Absprachen in Bezug auf Arbeitsabläufe zu treffen. Mit „Umfang der Präsenz" ist nicht nur die Modalität der Leistung des DSB, sondern auch der Umfang der Hauptleistungspflicht des DSB adressiert. Innerhalb des durch den Dienstvertrag begründeten Aufgabenkreises können einzelne Aufgaben einseitig als zu erledigende Tätigkeiten von dem Verantwortlichen oder Auftragsverarbeiter dem externen DSB zugewiesen werden (→ Anm. 3; → B. I. 1. Anm. 7). Diese Rechtslage führt auch zu § 5 S. 2 dieses Musters. Weil die Art und Weise der Ausführung der Tätigkeiten dem Weisungsrecht des Verantwortlichen oder Auftragsverarbeiters gem. Art. 38 Abs. 3 S. 1 DS-GVO entzogen ist, sind auch diejenigen Themen den einvernehmlichen Vereinbarungen zugewiesen, die nicht eindeutig dem „Ob?" und „Wie?" der Leistungserbringung zugeordnet werden können, etwa die Frage nach dem Umfang der Präsenz im Betrieb. Die „zur Verfügung zu stellenden Ressourcen und Zugänge zu personenbezogenen Daten und Verarbeitungsvorgängen" sind dem Anspruch des DSB aus Art. 38 Abs. 2 DS-GVO auf Unterstützung geschuldet. Mit den „zur Verfügung zu stellenden Ressourcen […] für den Kontakt der Arbeitnehmer und Kunden […] sowie sonstigen betroffenen Personen" wird die Ausgestaltung des externen DSB als unmittelbarer und ausschließlicher Ansprechpartner für alle internen und externen betroffenen Personen aus Art. 38 Abs. 4 DS-GVO, § 5 Abs. 1 S. 1 BDSG n. F. unter Beachtung der den DSB treffenden Verschwiegenheitsverpflichtung aus § 38 Abs. 2 BDSG n. F. i. V. m. § 5 Abs. 5. S. 2 BDSG n. F. umgesetzt (→ B. I. 1. Anm. 6).

9. Formklausel. Die Vereinbarung von Formklauseln in AGB außerhalb von Arbeitsverträgen (dazu *Hromadka*, DB 2004, 1261 (1264)) ist unter Beachtung der Grenze des § 309 Nr. 13 BGB grundsätzlich zulässig. Ausnahmsweise ist sie unwirksam, wenn sie den Zweck verfolgt, nach Vertragsschluss mündlich getroffene Individualvereinbarungen zu unterlaufen, die gem. § 305b BGB Vorrang gegenüber den AGB genießen, indem sie beim anderen Vertragsteil den Eindruck erweckt, die mündliche Abrede sei entgegen allgemeinen Grundsätzen unwirksam (BGH, Urt. v.

Kremer/Sander

10.5.2007 – VII ZR 288/05, NJW 2007, 3712; ausführlich *Noack/Kremer*, Nomos Kommentar, BGB, § 125 Rn. 59 ff.). Unter Beachtung des Vorrangs individueller Vertragsabreden darf sich die Formklausel auch auf jederzeit mögliche Vereinbarungen über deren Aufhebung erstrecken (sog. doppelte Schriftformklausel, BGH, Beschl. v. 25.1.2017 – VII ZR 69/16; Urt. v. 2.6.1976 – VIII ZR 97/74, NJW 1976, 1395; anders im Arbeitsrecht BAG, Urt. v. 20.5.2008 – 9 AZR 382/07, NJW 2009, 316). Soweit BGH und BAG damit die formlose Aufhebung einer vertraglich vereinbarten Schriftformklausel selbst durch schlüssiges Handeln zulassen (BGH, Beschl. v. 25.1.2017 – VII ZR 69/16; BAG, Urt. v. 25.4.2007 – 5 AZR 504/06, NZA 2007, 801; BGH, Urt. v. 21.9.2005 – XII ZR 312/02, NJW 2006, 138; Brandenburgisches OLG, Urt. v. 18.7.2001 – 4 U 184/00, NJW-RR 2001, 1673) ist dem nicht zu folgen, weil damit der im Vertrag niedergelegte Parteiwille in sein Gegenteil verkehrt würde (KG, Urt. v. 18.8.2005 – 8 U 106/04, NZM 2005, 908; LG Köln, Urt. v. 7.1.2010 – 8 O 120/09, BeckRS 2010, 00846; Palandt/*Ellenberger*, § 125 BGB Rn. 19). Leben die Parteien die formunwirksame Änderung des Vertrags allerdings sodann in der Praxis, ist diesen die Berufung auf die Formunwirksamkeit mit Blick auf Treu und Glauben gem. § 242 BGB verwehrt (ausführlich *Noack/Kremer*, Nomos Kommentar, BGB, § 125 Rn. 45 ff.).

10. Vertragliche Klarstellung zur organisatorischen Eingliederung. Diese Vereinbarung dient der Klarstellung der Befugnisse und Rechtsverhältnisse. Diese Klausel soll, sofern sie auch so gelebt wird, einer Eingliederung in den Betrieb im arbeitsrechtlichen Sinne und damit dem ggf. nachfolgenden Vorwurf einer Scheinselbstständigkeit entgegenwirken. Zudem soll eine so gelebte Vertragspraxis einer strafrechtlichen Haftung des externen DSB als Täter einer Datenschutz-Straftat i.S.d. § 42 BDSG n.F. vorbeugen, selbst wenn sie eine Haftung als Teilnehmer nicht verhindern kann (→ Anm. 19). Unmittelbar damit verbunden ist die zivilrechtliche Haftung des DSB im Außenverhältnis auf Schadensersatz i.S.v. § 823 Abs. 2 BGB i.V.m. § 42 BDSG n.F. i.V.m. §§ 27, 13 StGB (→ Anm. 19).

11. Pauschale und aufwandsbezogene Vergütung. Die Beschreibung, welche Leistungen der DSB dem Verantwortlichen oder Auftragsverarbeiter vertraglich zu leisten versprochen hat, findet sich nur in § 1 (→ Anm. 3). In § 4 ist die pauschale Vergütung als Regelfall ausgestaltet und die aufwandsbezogene Vergütung in § 5 nur für die dort abschließend aufgezählten (Teil-)Leistungen vorgesehen. Die Verteilung einzelner Aufgaben zwischen § 4 und § 5 ist ein Vorschlag und kann beliebig verändert werden. § 4 Abs. 2 dient der Klarstellung, dass auch in Bezug auf pauschaliert vergütete Leistungen der Einsatz von Hilfspersonal denkbar und von dem Verantwortlichen oder Auftragsverarbeiter gesondert zu vergüten ist. Anderenfalls wären diese Aufwände des externen DSB mit seiner pauschalen Vergütung abgegolten, weil der externe DSB als selbstständiger Unternehmer bei der Kalkulation von Pauschalpreisen das unternehmerische Risiko selbst trägt. Zum, mit Blick auf Art. 38 Abs. 2 DS-GVO hier erforderlichen, beiderseitigen Interessenausgleich, wurde in § 7 Abs. 5 des Musters eine betragsmäßig eingeschränkte Aufwendungserstattung vorgesehen (→ Anm. 6).

12. Übertragung weiterer Aufgaben auf den DSB. Dem Verantwortlichen oder Auftragsverarbeiter steht es frei, dem DSB über Art. 39 Abs. 1 DS-GVO hinaus weitere Aufgaben vertraglich zu übertragen (→ B.I.1. Anm. 8). Strittig ist insoweit, ob

nach dem Wortlaut von Art. 39 Abs. 1 lit. b DS-GVO dem DSB gesetzlich nur noch
die Aufgabe der Überwachung und Überprüfung von Strategien des Verantwortlichen oder Auftragsverarbeiters zur Sensibilisierung und Schulung zukommt (so
Laue/Nink/Kremer, Das neue Datenschutzrecht in der betrieblichen Praxis, Kap. 6,
Rn. 46 ff. oder ob Sensibilisierung und Schulung mit ergänzendem Blick auf Art. 39
Abs. 1 lit. a DS-GVO weiterhin in den gesetzlichen Aufgabenbereich des DSB fallen
(so Paal/Pauly/*Paal,* DS-GVO, Art. 39 Rn. 6; offen gelassen von *Laue/Nink/Kremer,*
Das neue Datenschutzrecht in der betrieblichen Praxis, Kap. 6, Rn. 46 ff.; Plath/*von
dem Bussche,* DS-GVO, Art. 39 Rn. 3). Die Artikel-29-Datenschutzgruppe hat sich
in ihrem Working Paper 243 zum Datenschutzbeauftragten nach der DS-GVO hierzu leider nicht positioniert. Zur Vermeidung von Auseinandersetzungen hierüber
empfiehlt sich deshalb wie im Muster vorgeschlagen eine Klarstellung dazu, ob der
DSB Schulungen selbst durchzuführen hat und ob diese gesondert vergütungspflichtig sind oder bereits von der Pauschalvergütung erfasst werden (→ Anm. 11). Bei
anderen Aufgaben ist vor deren vertraglicher Übertragung auf den DSB zu klären,
ob dies zu einem Interessenkonflikt i. S. d. Art. 38 Abs. 5 DS-GVO mit der zwingend
nach Art. 39 Abs. 1 lit. b DS-GVO vom DSB auszuübenden Überwachungsaufgabe
führt (→ B.I.1. Anm. 8) führt oder die Zuverlässigkeit des DSB beeinträchtigt. Ein
solcher Widerspruch wird zwar von der Artikel-29-Datenschutzgruppe im Zusammenhang mit der Führung des Verzeichnisses der Verarbeitungstätigkeiten i. S. v.
Art. 30 DS-GVO durch den DSB anstelle des Verantwortlichen oder Auftragsverarbeiters verneint, allerdings ohne dass für diese schwer nachvollziehbare Ansicht eine
Begründung gegeben wird (siehe Working Paper 243 v. 13.12.2016, S. 18, krit.
→ C.II. Anm. 1). Ebenso dürfte eine vollständige Übertragung der Datenschutz-
Folgenabschätzung in den Verantwortungsbereich des DSB mit dessen Überwachungsfunktion schwerlich vereinbar sein (anders *Laue/Nink/Kremer,* Das neue Datenschutzrecht in der betrieblichen Praxis, Kap. 6, Rn. 41). Die DS-GVO sieht hier
jedoch ausdrücklich ein Zusammenwirken des DSB mit dem Verantwortlichen vor,
ordnet die Verhältnisse indes dahingehend eindeutig, dass der DSB maximal beratend gegenüber dem Verantwortlichen tätig ist und im Übrigen den Verantwortlichen in Bezug auf die Folgenabschätzung überwacht (Art. 35 Abs. 2, 39 Abs. 1 lit. c
DS-GVO).

13. Schranken der zulässigen Betätigung eines externen DSB. Die inhaltlichen
Grenzen der Betätigung eines DSB sind bislang ungeklärt. Denkbar wäre, die Tätigkeit als externer DSB durch eine natürliche Person als mit § 3 RDG unvereinbar anzusehen. Dies gilt insbesondere, wenn es nicht mehr um gesetzliche Aufgaben des
DSB i. S. v. Art. 39 Abs. 1 DS-GVO mit dem Ziel der Umsetzung der DS-GVO und
anderer datenschutzrechtlicher Bestimmungen seitens des Verantwortlichen oder
Auftragsverarbeiters durch Veränderungen im Tatsächlichen geht, sondern um die
rechtliche Bewertung von Vorhaben und Verfahren im Rahmen von Art. 39 Abs. 1
lit. b DS-GVO (Überwachung) oder der Unterstützung bei der Datenschutz-
Folgenabschätzung nach Art. 35 DS-GVO. Die Annahme, dass es sich bei Teilen der
Tätigkeit eines externen DSB um eine Rechtsdienstleistung handelt, ist nicht fernlie-
gend. Denn gem. § 2 Abs. 1 RDG fällt hierunter jede Tätigkeit in konkreten fremden
(→ Anm. 4) Angelegenheiten, die eine rechtliche Prüfung des Einzelfalls erfordert.
Insoweit ist – außer für den internen DSB, der keine fremde Angelegenheit be-
sorgt – fraglich, ob sich der externe DSB wegen der von ihm vorzunehmenden

rechtlichen Prüfungen in Angelegenheiten seines Auftraggebers auf § 5 Abs. 1 S. 1 RDG berufen kann. Diese Norm erlaubt Rechtsdienstleistungen durch Nichtanwälte dann, wenn sie im Zusammenhang mit einer anderen Tätigkeit als Nebenleistungen zum Berufs- oder Tätigkeitsbild gehört. In einer die Gewerbesteuerpflichtigkeit der Tätigkeit eines externen DSB betreffenden Entscheidung hat der BFH entschieden, dass es sich bei der Tätigkeit des DSB um ein eigenständiges, neues Berufsbild handele, zu dessen Ausübung „umfangreiche juristische Kenntnisse" erforderlich seien (BFH, Urt. v. 5.6.2003 – IV R 34/01, BB 2003, 2108). Ob in dieser juristischen Tätigkeit eine Nebenleistung liegt, ist gem. § 5 Abs. 1 S. 2 RDG nach ihrem Inhalt, Umfang und sachlichen Zusammenhang mit der Haupttätigkeit unter Berücksichtigung der Rechtskenntnisse zu beurteilen, die für die Haupttätigkeit erforderlich sind. Insoweit erkennt der BFH an, dass die Ausübung des Berufs des externen DSB „nicht nur vertiefte Kenntnisse der Regelungen des Bundes- und des jeweiligen Landesdatenschutzgesetzes, sondern auch Kenntnisse bzgl. der datenschutzrelevanten Spezialregelungen im Zivil-, Straf-, Steuer-, Sozial-, Arbeits- und Verwaltungsrecht voraussetzt". Damit liegt es nahe, auch bei umfänglicheren oder schwierigeren juristischen Fragestellungen von einer zulässigen Nebenleistung des externen DSB auszugehen. So hat dies bereits das OLG Düsseldorf zur Vorgängerregelung in §§ 1, 5 Rechtsberatungsgesetz (RBerG, außer Kraft) für einen Jugendschutzbeauftragten entschieden (OLG Düsseldorf, Urt. v. 11.2.2003 – 20 U 7/03, NJW 2003, 2247). Überträgt man die dortigen Erwägungen, liegt eine erlaubnispflichtige Rechtsdienstleistung bei rechtlichen Prüfungen des externen DSB nicht vor.

14. Detailtiefe von Rechnungen. Sollte für die Leistungen des externen DSB insgesamt eine Pauschalvergütung vereinbart sein, bedarf es in der Rechnung des DSB keiner Angaben zu den von ihm erbrachten Leistungen. Ähnliches gilt für den Fall einer vollständig aufwandsbezogenen Vergütung. Der DSB schuldet dann nur die Darlegung, wie viele Stunden er für die Erbringung der vertraglichen Leistungen an welchem Tag aufgewendet hat, weil diese Angabe zur Durchsetzung seines Vergütungsanspruchs ausreichend wären (BGH, Urt. v. 28.5.2009 – VII ZR 74/06, NJW 2009, 3426).

Sollte wie in den §§ 4, 5 des Musters vorgesehen, die Vergütung aus pauschalen und aufwandsbezogenen Komponenten bestehen, muss der Rechnung ein Stundennachweis in Form einer detailliert aufgeschlüsselten Beschreibung der ausgeführten Tätigkeiten beigefügt sein. Denn der DSB schuldet dem Verantwortlichen oder Auftragsverarbeiter eine prüffähige Rechnung und trägt die Darlegungs- und Beweislast für die inhaltliche Richtigkeit der Rechnung (BGH, Urt. v. 28.5.2009 – VII ZR 74/06, NJW 2009, 3426; Urt. v. 27.11.2003 – VII ZR 288/02, NJW-RR 2004, 445). Dabei müssen die Angaben in der Rechnung so prüffähig sein, dass dem Auftraggeber die sachliche und rechnerische Überprüfung der Vergütung möglich ist (BGH, Urt. v. 27.11.2003 – VII ZR 288/02, NJW-RR 2004, 445). Mangels spezialgesetzlicher Regelung (anders z.B. § 10 RVG, § 12 GOÄ, §§ 8 ff. HOAI, § 14 VOB/B) ist das eine Einzelfallentscheidung. Zur Bestimmung der objektiv unverzichtbaren Angaben ist vorrangig zu berücksichtigen, welche Bemessungsgrundlagen für die Höhe der Vergütung vereinbart wurden und welche Angaben der DSB vertraglich versprochen hat (BGH, Urt. v. 27.11.2003 – VII ZR 288/02, NJW-RR 2004, 445; vgl. § 6 Abs. 2, § 7 Abs. 3, 5, 6 des Musters). Im Übrigen kann § 14 Abs. 4 UStG als Orientierungshilfe dienen. Demnach erscheinen Angaben zu „Umfang und Art der Leis-

Kremer/Sander

tung", „Zeitpunkt der Leistung" und zur Höhe des berechneten „Entgelts für die
Leistung" i.S.v. § 14 Abs. 4 Nr. 5, 6 und 7 UStG unverzichtbar. Da die Tätigkeit des
externen DSB das Betreiben eines Gewerbes ist und kein freier Beruf, ist der externe
DSB umsatzsteuerpflichtig, sodass ohnehin von ihm Rechnungen entsprechend § 14
Abs. 4 UStG zu stellen sind (BFH, Urt. v. 5.6.2003 – IV R 34/01, BB 2003, 2108).
Der externe DSB sollte deshalb den tatsächlich angefallenen Zeitaufwand bei ihm
selbst und bei seinem Hilfspersonal zeitnah erfassen und mit stichwortartigen Be-
schreibungen der Tätigkeiten versehen.

15. Zu vergütender Aufwand. Wird ein Zeithonorar vereinbart, ist der DSB gem.
§ 241 Abs. 2 BGB zur Ausführung seiner Tätigkeiten in der Art einer „wirtschaftlichen Betriebsführung" verpflichtet (BGH, Urt. v. 28.5.2009 – VII ZR 74/06, NJW
2009, 3426, Rn. 18). Darüber hinausgehender Aufwand ist zwar von dem Verantwortlichen oder Auftragsverarbeiter ebenfalls als Vergütung zu zahlen. Ihm steht
dann jedoch ein gegenläufiger Schadensersatzanspruch aus §§ 280 Abs. 1, 241
Abs. 2 BGB wegen Verletzung dieser Schutzpflicht in Höhe eben dieses unwirt-
schaftlichen Aufwands zu. Ob bei der Erfassung des zu vergütenden Aufwands ge-
rundet oder sekundengenau zu erfassen ist, hängt davon ab, welcher Zeittakt in allgemeinen Geschäftsbedingungen wirksam vereinbart werden kann. Dies ist
höchstrichterlich noch nicht entschieden. Das OLG Düsseldorf erblickte in einer
Klausel, die bei angefangenen Zeitabschnitten eine Aufrundung auf die jeweils
nächste volle Viertelstunde bezweckte, eine in allgemeinen Geschäftsbedingungen
unwirksame Vereinbarung (OLG Düsseldorf, Urt. v. 18.2.2010 – I-24 U 183/05,
AnwBl 2010, 296). Dieses Urteil wurde vom BGH aus anderen Gründen (BGH, Urt.
v. 21.10.2010 – IX ZR 37/10, NJW 2011, 63) aufgehoben und ist nicht rechtskräftig geworden. Zwischenzeitlich hält das OLG Düsseldorf jedenfalls bei der letzten pro Tag angebrochenen Viertelstunde eine Aufrundung für zulässig (OLG Düsseldorf, Urt. v. 8.2.2011 – 24 U 112/09, AnwBl 2011, 964). Es empfiehlt sich
angesichts dieser Unsicherheiten, nicht nur die Tätigkeiten stichwortartig im Stundennachweis zu dokumentieren, sondern von Aufrundungsregeln mit Kumulie-
rungswirkung zum Nachteil des Auftraggebers grundsätzlich abzusehen.

16. Laufzeit und Kündigung. Während der interne DSB über § 38 Abs. 2 i.V.m.
§ 6 Abs. 4 BDSG n.F. einen besonderen Kündigungsschutz vergleichbar einem Betriebsrat genießt (→ B.I.1. Anm. 11), gibt es für die Kündigung des Dienstvertrags
mit einem externen DSB keine besondere Gesetzesbestimmung. Es gelten die allgemeinen Regeln des Dienstvertragsrechts (§§ 611 ff. BGB). Durch § 8 Abs. 1 S. 1 des
Musters ist im Rahmen der ersten Laufzeit ein befristeter Vertrag vorgesehen, der
als solcher der ordentlichen Kündigung nicht zugänglich ist, soweit dies nicht ausdrücklich im Vertrag vorgesehen ist (§ 620 Abs. 1 BGB). Durch § 8 Abs. 1 S. 2 des
Musters ist der Vertrag auch nach Ablauf der ursprünglichen Laufzeit wieder ein
befristeter Vertrag, womit § 625 BGB abbedungen wird. Daher findet auch im Ver-
längerungszeitraum die Regelung für ordentliche Kündigungen (§§ 620 Abs. 2, 621
BGB) keine Anwendung.
Sollte in Abweichung vom Muster ein unbefristeter Vertrag vereinbart werden, ist
dringend zu einer vertraglichen Regelung zu raten, die von den Kündigungsfristen in
§§ 620 Abs. 2, 621 BGB abweicht und die Kündigungsfrist zu Gunsten des DSB verlängert. Sofern in Abweichung vom Muster keinerlei pauschale Vergütung geschuldet wird, d.h. keine festen Bezüge vereinbart werden, muss vertraglich der – in die-

sem Fall tatbestandlich erfüllte – § 627 Abs. 1 BGB ausgeschlossen werden; anderenfalls wäre eine jederzeitige Kündigung des externen DSB durch den Auftraggeber möglich. Würden die gesetzlichen Regelungen Anwendung finden, wäre dies ein Eingriff in die Unabhängigkeit des DSB (vgl. ErwG 49 RL 95/46/EG), wodurch die persönliche Integrität i. S. v. Art. 37 Abs. 5 DS-GVO entfallen würde. Bei der Bemessung der ursprünglichen Laufzeit und der Dauer des Verlängerungszeitraums wurden die Empfehlungen des Düsseldorfer Kreises zugrunde gelegt (Düsseldorfer Kreis, Beschl. v. 24./25.11.2010, S. 2). § 309 Nr. 9 BGB, der zu Gunsten von Verbrauchern bestimmte Mindestlaufzeiten und Kündigungsbeschränkungen in AGB verbietet, ist gem. § 310 Abs. 1 S. 1 BGB auf den Vertrag zwischen externem DSB und Auftraggeber als Unternehmern nicht anwendbar. Ihm kommt im unternehmerischen Geschäftsverkehr auch keine Indizwirkung im Rahmen des § 307 Abs. 1 S. 1 BGB zu (Ulmer/Brandner/Hensen/*Christensen*, AGB-Recht, § 309 Rn. 22).

17. Kündigungen durch den DSB und Amtsniederlegungen. Da in der Literatur angenommen wird, der DSB könne – ohne Grundlage in DS-GVO oder BDSG n. F. – das ihm durch die Benennung übertragene Amt einseitig durch Erklärung gegenüber dem Verantwortlichen oder Auftragsverarbeiter niederlegen (Simitis/*Simitis*, BDSG, § 4f Rn. 179), bedarf es einer Regelung im Vertrag zur Aufrechterhaltung der von der Rechtsprechung angenommenen Konnexität zwischen der Benennung und dem zugrundeliegenden Vertrag (→ B.I.1. Anm. 11). Urteile zur Zulässigkeit der einseitigen Amtsniederlegung sind nicht ersichtlich. Der im Muster vorgesehene Verzicht des DSB auf die Möglichkeit zur Amtsniederlegung begegnet mit Blick auf § 307 Abs. 2 Nr. 1, Abs. 1 S. 1 BGB keinen Bedenken, weil dieser ausschließlich der Aufrechterhaltung der Konnexität dient und den DSB in seinen Kündigungsmöglichkeiten in keiner Weise einschränkt.

18. Außerordentliche Kündigungen. Regelungen zur Ausgestaltung des beiderseitigen Rechts auf außerordentliche Kündigung sind nur wirksam, soweit sie nicht von wesentlichen Grundgedanken der §§ 626, 624, 314 BGB abweichen (ErfK/*Müller-Glöge*, § 626 Rn. 194; MüKoBGB/*Henssler*, § 624 Rn. 11; NomosKommentar/*Krebs*, BGB, § 314 Rn. 55). Das wäre etwa der Fall, wenn versucht würde, die wichtigen Gründe abschließend vertraglich zu definieren. § 8 Abs. 3 dieses Musters trägt wiederum der von der Rechtsprechung angenommenen Konnexität zwischen der Benennung und dem zugrundeliegenden Vertrag Rechnung (→ B.I.1. Anm. 11). Der Verantwortliche kann die Benennung zum DSB beispielsweise wirksam widerrufen, wenn die Aufsichtsbehörde von ihm den Widerruf verlangt (§ 40 Abs. 5 S. 2 BDSG n. F.).

19. Haftung des DSB. Für das Innenverhältnis, also die Haftung des externen DSB gegenüber dem Verantwortlichen oder Auftragsverarbeiter, ist ein pauschaler Haftungsausschluss für leicht fahrlässige Pflichtverletzungen vorgesehen. § 9 Abs. 1 S. 1 des Musters genügt damit auf den ersten Blick wegen § 307 Abs. 2 Nr. 2 BGB nicht den Anforderungen an einen wirksamen Haftungsausschluss (vgl. BGH, Beschl. v. 24.10.2001 – VIII ARZ 1/01, NJW 2002, 673), denn es fehlt die Rückausnahme vom Haftungsausschluss bezüglich der wesentlichen Vertragspflichten, die zur Erreichung des Vertragszwecks unabdingbar sind. Gleichwohl wurde bewusst die Haftung für leicht fahrlässige Vertragspflichtverletzungen pauschal ausgeschlos-

Kremer/Sander

sen, weil das Tätigkeitsbild eines externen DSB dem Tätigkeitsbild eines internen DSB deckungsgleich ist. Trotz der marktüblichen Versicherung des Haftungsrisikos durch den externen DSB (vgl. § 9 Abs. 4 des Musters) liegt kein Unterschied vor, der es unter Berücksichtigung von Treu und Glauben (§ 242 BGB) rechtfertigen würde, den Dienstleister als externen DSB gegenüber dem Arbeitnehmer als internen DSB schlechter zu behandeln. Denn letzterer profitiert vom Institut des sogenannten „innerbetrieblichen Schadensausgleichs" (BAG, Beschl. v. 27.9.1994 – GS 1/89, NJW 1995, 210), dessen Anwendung zu einem pauschalen Haftungsausschluss für einfache Fahrlässigkeit zu Gunsten des Arbeitnehmers führt. Daher kann es nicht als „unangemessene Benachteiligung" des Verantwortlichen oder Auftragsverarbeiters i. S. v. § 307 Abs. 1 S. 1 BGB bewertet werden, dass ein vergleichbares Haftungsregime durch vertragliche Vereinbarung für eine nahezu identische Interessenlage herbeigeführt wird. Zudem sehen die für den Datenschutz im nicht-öffentlichen Bereich zuständigen Aufsichtsbehörden in der gesetzlich vorgesehenen, umfassenden Haftung des externen DSB im Innenverhältnis zum Auftraggeber eine Beeinträchtigung von dessen Unabhängigkeit, weshalb die Aufsichtsbehörden weitergehende Haftungsfreistellungen durch den Verantwortlichen oder Auftragsverarbeiter fordern (Düsseldorfer Kreis, Beschl. v. 24./25.11.2010, S. 2). Gleichwohl ist die Wirksamkeit eines solchen Haftungsausschlusses zugunsten des externen DSB bei einfacher Fahrlässigkeit nicht höchstrichterlich geklärt.

In Bezug auf das Außenverhältnis, also die Haftung gegenüber betroffenen Personen, läuft der DSB bei Schlecht- oder Nichterfüllung des von ihm kraft der Benennung zu beachtenden öffentlich-rechtlichen Aufgabenkreises (→ B.I.1. Anm. 6) immer Gefahr, sich strafbar zu machen und in Folge dessen gegenüber betroffenen Personen auf Schadensersatz gem. § 823 Abs. 2 BGB i. V. m. § 42 BDSG n. F. i. V. m. §§ 27, 13 StGB zu haften (→ Anm. 10). Selbst bei Erfüllung seiner ihm öffentlich-rechtlich zugewiesenen Aufgaben kommt eine Haftung des externen DSB im Außenverhältnis aus der Verletzung der von ihm gegenüber dem Auftraggeber vertraglich übernommenen Pflichten in Betracht. Der BGH hat im Urteil zur Haftung eines sog. „Compliance Officer" (BGH, Urt. v. 17.7.2009 – 5 StR 394/08, NJW 2009, 3173) eine strafrechtliche Verantwortlichkeit durch „Nichtstun" bejaht, weil der Compliance Officer wegen der von ihm vertraglich für das Unternehmen übernommenen Obhutspflichten eine Garantenstellung habe. Auch das OLG Frankfurt hat bereits 1987 einen Gewässerschutzbeauftragten, der gem. § 21b WHG auf die Einhaltung bestimmter gesetzlicher Pflichten hinzuwirken hat, allein aus der gesetzlichen Aufgabenzuweisung heraus als Überwachungsgaranten in die strafrechtliche Haftung genommen (OLG Frankfurt a. M., Urt. v. 22.5.1987 – 1 Ss 401/86, NJW 1987, 2753). Angesichts der nun über § 4g Abs. 1 S. 1, S. 3 Nr. 1 BDSG a. F. hinausgehenden Ausdehnung der Überwachungsfunktion durch Art. 39 Abs. 1 lit. b DSGVO dürfte damit die Haftung des DSB als Überwachergarant bei Untätigkeit außer Frage stehen. Ebenso deutlich tritt damit die zuvor benannte, dem Strafrecht akzessorische Haftung auf Schadensersatz zu Tage. Diese Haftung entspringt dem deutschen Recht, welches als „das Recht eines Mitgliedstaats" von der Artikel-29-Datenschutzgruppe gar nicht betrachtet wurde, als diese äußerte, dass den DSB „unter der DS-GVO" keine persönliche Haftung treffen würde (Working Paper 243, S. 4: „DPOs are not personally responsible in case of non-compliance with the GDPR."). Ergänzend sei darauf hingewiesen, dass sich haftungsrechtlich die sehr komplexe Frage nach der sog. „gestörten Gesamtschuld" von DSB und Auftragge-

Kremer/Sander

ber stellt (vgl. z.B. Palandt/*Grüneberg*, BGB, § 426 Rn. 18 ff.), auf die hier nicht weiter eingegangen werden soll.

20. Haftungsbeschränkung. Die summenmäßige Beschränkung der Haftung ist nur dann wirksam, wenn die Höchstsumme der Haftung die vertragstypischen, vorhersehbaren Schäden abdeckt (BGH, Urt. v. 11.11.1992 – VIII ZR 238/91, NJW 1993, 335). Der Betrag sollte entsprechend hoch bemessen sein. Hierbei sind die durch Art. 83 Abs. 4–6 DS-GVO deutlich erhöhten Bußgeldrisiken für Verantwortliche und Auftragsverarbeiter zu berücksichtigen. Im Übrigen sollte der externe DSB darauf hinwirken, dass der Haftungshöchstbetrag die Deckungssumme seiner Berufshaftpflichtversicherung nicht übersteigt. Für das anwaltliche Tätigwerden gestattet § 51 Abs. 4 BRAO als Ausnahmevorschrift die Vereinbarung einer summenmäßigen Haftungsbeschränkung in AGB auf 1.000.000 EUR je Angelegenheit. Ob dies auf den externen DSB, der auch zulässigerweise Rechtsdienstleistungen erbringt (→ Anm. 13), übertragbar ist, wurde bislang gerichtlich nicht entschieden.

21. Übertragung auf das Hilfspersonal. Setzt der externe DSB Hilfspersonal ein (→ Anm. 4, → Anm. 5), besteht die Gefahr, dass der Auftraggeber den Haftungsausschluss (→ Anm. 19) und die summenmäßige Haftungsbeschränkung (→ Anm. 20) dadurch aushöhlt, dass er versucht, Ansprüche gegenüber dem Hilfspersonal des externen DSB durchzusetzen. Durch die im Muster vorgeschlagenen Ergänzungen werden – entsprechend dem Regelungsgedanken der §§ 436, 437 HGB – die Privilegierungen vom externen DSB auch auf dessen Hilfspersonal übertragen (vgl. BGH, Urt. v. 7.12.1961 – VII ZR 134/60, NJW 1962, 388; dazu z.B. *von Westphalen* in: Schneider/von Westphalen (Hrsg.), Softwareerstellungsverträge, S. 1025 ff.).

22. Geheimhaltungsinteressen des Verantwortlichen und Auftragsverarbeiters. Die Strafandrohung des § 17 UWG bei Verrat von Geschäfts- und Betriebsgeheimnissen trifft den externen DSB nicht, weil er selbstständiger Unternehmer ist (→ Anm. 4, → Anm. 11, → Anm. 14). Zwar ist der Begriff der bei einem Unternehmen beschäftigten Person i.S.v. § 17 Abs. 1 UWG weit auszulegen. Selbstständige Gewerbetreibende wie der externe DSB fallen jedoch nicht darunter (BGH, Urt. v. 26.2.2009 – I ZR 28/06, NJW 2009, 1420). Demgegenüber greifen die Strafdrohungen der §§ 18, 19 UWG für jedermann und damit auch für den externen DSB. Sie haben jedoch einen nur sehr eingeschränkten Anwendungsbereich. Für den externen DSB gelten auch nicht die den Betriebsräten gem. §§ 79, 120 BetrVG und den Wirtschaftsprüfern gem. §§ 323 Abs. 1, 333 HGB vorbehaltenen Strafdrohungen, obwohl er einen ähnlich tiefen Einblick in das Unternehmen erhält. Damit besteht in der Summe kraft Gesetzes keine besondere Pflicht des externen DSB zur umfassenden Geheimhaltung von Geschäfts- und Betriebsgeheimnissen seines Auftraggebers. Auch aus dem allgemeinen Dienstvertragsrecht ergibt sich eine solche nicht und die allgemeine Pflicht zur Rücksichtnahme auf die Interessen des Vertragspartners gem. § 241 Abs. 2 BGB bietet keinen hinreichenden Geheimnisschutz.

Gegenüber einem externen DSB muss deshalb vertraglich eine Pflicht zur Geheimhaltung von Geschäfts- und Betriebsgeheimnissen begründet werden. Durch die im Muster vorgesehene Unterwerfung unter § 90 HGB wird dieses Ziel auch über das Ende des Vertragsverhältnisses hinaus erreicht. Gleichzeitig trägt diese Lösung den berechtigten Interessen des externen DSB Rechnung, ohne dass es hierfür langer Ausführungen im Vertrag zu nicht der Geheimhaltung unterfallenden Ausnahmen

Kremer/Sander

bedarf (vgl. *Henkel* in: Moos (Hrsg.), Datennutzungs- und Datenschutzverträge, S. 45). Soweit hierin eine Abweichung von der gesetzlichen Regelung in § 38 Abs. 2 BDSG n. F. i. V. m. § 5 Abs. 5 S. 2 BDSG n. F. erblickt wird, wäre dies aus den vorgenannten Gründen sachlich gerechtfertigt, sodass die im Muster vorgeschlagene Klausel in AGB nicht wegen § 307 Abs. 2 Nr. 1 BGB unwirksam ist. Alternativ könnte der Auftraggeber mit dem externen DSB eine separate – ggf. auch vertragsstrafenbewehrte – Geheimhaltungsvereinbarung abschließen (→ G.IV. sowie → C.VII.5.).

Das Muster könnte um eine Regelung ergänzt werden, die es dem externen DSB zu Gunsten des Auftraggebers untersagt, bei Wettbewerbern des Verantwortlichen oder Auftragsverarbeiters ebenfalls als externer DSB tätig zu werden. Insoweit ist jedoch auf die Stellung des externen DSB als selbstständigem Unternehmer und seine von Art. 12 GG garantierte Unternehmerfreiheit zu achten. Eine solche Regelung müsste sich zudem am gesetzlichen Leitbild des § 90a HGB messen lassen, welches u. a. die Zahlung einer Karenzentschädigung vorsieht.

23. Verschwiegenheit und Kommunikation mit der Behörde. Aus seiner Position als Kontrollstelle des Verantwortlichen oder Auftragsverarbeiters folgen für den externen DSB besondere Rechte und Pflichten, die latent mit den Interessen des Verantwortlichen oder Auftragsverarbeiters in Konflikt stehen. Unproblematisch ist insoweit, dass der DSB bei Bearbeitung der Anfragen betroffener Personen gegenüber dem Verantwortlichen oder Auftragsverarbeiter zur Verschwiegenheit gem. § 38 Abs. 2 BDSG n. F. i. V. m. § 5 Abs. 5 S. 2 BDSG n. F. verpflichtet ist. Anfragen, die sich an den Verantwortlichen oder Auftragsverarbeiter richten, wie z. B. Auskunfts- oder Löschungsersuchen, kann er nicht ohne Namhaftmachung der betroffenen Person an den Verantwortlichen oder Auftragsverarbeiter weitergeben (im Einzelnen → B.III.1.) Mit Wirksamwerden von DS-GVO und BDSG n. F. entfällt die bisherige Verpflichtung des externen DSB aus § 4f Abs. 6 S. 3 BDSG, bei datenschutzrechtswidrigen Vorgängen in der Vorabkontrolle gem. § 4d Abs. 5 BDSG a. F. die Aufsichtsbehörde hierüber zu unterrichten, also den Auftraggeber „anzuschwärzen" (*Laue/Nink/Kremer*, Das neue Datenschutzrecht in der betrieblichen Praxis, Kap. 6, Rn. 47 ff.). Diese öffentlich-rechtliche Pflicht konnte durch den zivilrechtlichen Vertrag nicht ausgeschlossen werden. Aus Art. 39 Abs. 1 lit. d, e DS-GVO ergibt sich jedoch, dass der DSB weiterhin zur Kommunikation mit der Aufsichtsbehörde über konkrete Verarbeitungsvorgänge beim Auftraggeber oder Verantwortlichen berechtigt ist (→ B.I.1. Anm. 7). Es ist daher für den DSB ein Vabanque-Spiel, wenn er sich zum Schutz des Auftraggebers gegenüber der Aufsichtsbehörde bedeckt hält. Denn auf eine vertraglich (also durch eigenes Handeln) begründete Verschwiegenheitsverpflichtung (→ Anm. 22) und auf seine Verpflichtung gem. § 38 Abs. 2 BDSG n. F. i. V. m. § 6 Abs. 5 S. 2 BDSG n. F. kann er sich insoweit nicht berufen.

24. Einverständnis zur Offenlegung der Qualifikation. Das hier vom DSB erklärte Einverständnis betrifft nur Dokumente, deren Veröffentlichung der eigenen wirtschaftlichen Tätigkeit nicht schaden. Demgegenüber ist für die Bedingungen des Dienstvertrags selbst und damit insbesondere für die vereinbarten Honorare eine Geheimhaltung durch den Verantwortlichen oder Auftragsverarbeiter vorgesehen (→ B.III.3., § 2). Die Pflicht zur Geheimhaltung findet ihre Grenzen dort, wo gesetzliche oder aus behördlichen Anordnungen resultierende Pflichten zur Offenlegung bestehen. Eine Pflicht zur Geheimhaltung gegenüber Berufsgeheimnisträgern (z.B. den Anwälten des Verantwortlichen) wäre unbillig. Es ist jedoch darauf zu achten ist, dass das Berufsgeheimnis (§ 203 StGB) nur den jeweiligen Mandanten schützt und daher nicht den DSB, der die Geheimhaltung begehrt. Daher sieht das Muster die Einschränkung vor, dass die Offenlegung gegenüber dem Berufsgeheimnisträger nur dann erlaubt ist, wenn dieser angewiesen wird, dieses Geheimnis nicht anderen Personen zu offenbaren.

25. Informationspflichten. Auch wenn davon ausgegangen wird, dass das Amt des DSB nur von natürlichen Personen wahrgenommen werden kann (→ B.I.1. Anm. 1), liegt in der Ausübung der Tätigkeit als DSB das Betreiben eines Gewerbes (→ Anm. 13). Daher treffen den externen DSB als Dienstleister die Informationspflichten gem. §§ 2ff. DL-InfoV. Verstöße gegen diese sind gem. § 6 DL-InfoV i.V.m. § 146 GewO mit bis zu 1.000 EUR bußgeldbewehrt.

2. Beratungsvertrag mit einem Dienstleistungsunternehmen

§ 1 Vertragsgegenstand

(1) Zwischen der [Name des Verantwortlichen oder des Auftragsverarbeiters, Straße / Hausnummer, PLZ / Ort]
– im Folgenden *Auftraggeber* genannt –

und [Name des Dienstleistungsunternehmens]
– im Folgenden *Dienstleister*[1] genannt –

wird folgender Dienstvertrag[2] geschlossen:

Der Dienstleister übernimmt im Zusammenhang mit der Benennung einer für ihn tätigen natürlichen Person[1] zum externen Datenschutzbeauftragten des Auftraggebers für den Auftraggeber die Erbringung von Leistungen eines Datenschutzbeauftragten nach Maßgabe dieses Dienstvertrags.

(2) Für diesen Dienstvertrag gelten die Allgemeinen Geschäftsbedingungen des Dienstleisters, die diesem Dienstvertrag nebst den Informationen gemäß DL-InfoV als Anlage beiliegen.[3]

§ 2 Pflichten der Parteien

(1) Im Rahmen der Vertragsverhandlungen werden dem Auftraggeber vom Dienstleister zum Nachweis des Fachwissens i.S.v. Art. 37 Abs. 5 DS-GVO Kopien von Aus- und Fortbildungsbescheinigungen seines qualifizierten Personals[1] ausgehändigt. Der Auftraggeber hat von diesem qualifizierten Personal zunächst folgende Person ausgewählt, die mit dem Abschluss dieses Dienstvertrags von ihm zeitgleich mit separater Erklärung zum externen Datenschutzbeauftragten benannt wird:

[Name des Beauftragten]
– im Folgenden *Beauftragter* genannt –

(2) Der Dienstleister wird seine Verpflichtungen aus diesem Dienstvertrag durch den Beauftragten erfüllen. Der Beauftragte wird diese Pflichten vorrangig höchstpersönlich erfüllen. Übersteigt der vom Auftraggeber in Anspruch genommene Umfang der Leistungen des Dienstleisters zwanzig Stunden in einer Kalenderwoche, ist der Beauftragte berechtigt, sich im Übrigen bei der Erbringung der vom

Kremer/Sander

Dienstleister geschuldeten Leistungen durch Hilfspersonal als Ressourcen i.S.v. Art. 38 Abs. 2 DS-GVO unterstützen zu lassen.[4]

(3) Der Dienstleister sichert dem Auftraggeber zu, jederzeit in ausreichender Zahl eigene Arbeitnehmer zu beschäftigen, die der Beauftragte als Hilfspersonal einsetzen kann. Alle für den Dienstleister tätigen Personen haben diesem gegenüber vertraglich zugesichert, im Falle ihrer Benennung zum externen Datenschutzbeauftragten des Auftraggebers ihr Hilfspersonal nur aus den Reihen der Arbeitnehmer des Dienstleisters auszuwählen.[5]

(4) Der Dienstleister ist verpflichtet, das Fachwissen des Beauftragten i.S.v. Art. 37 Abs. 5 DS-GVO aufrecht zu erhalten.[6] Diesbezügliche Aufwendungen sind mit der vereinbarten Vergütung abgegolten. Der Dienstleister wird dem Auftraggeber unaufgefordert einmal jährlich aktuelle Fortbildungsbescheinigungen des Beauftragten in Kopie zukommen lassen.

(5) Ist für den Dienstleister erkennbar, dass der Beauftragte künftig nicht mehr für ihn tätig oder für einen durchgehenden Zeitraum von mehr als einem Monat an der Leistungserbringung gehindert sein wird, wird der Dienstleister dem Auftraggeber unverzüglich den voraussichtlichen Tag des Ausscheidens des Beauftragten beim Dienstleister oder den Tag des Eintritts des Leistungshindernisses mitteilen. Die Parteien sind sich einig, dass in einem solchen Fall ein Wechsel in der Person des Beauftragten notwendig ist. Hierfür gilt § 2 Abs. 1 entsprechend mit der Maßgabe, dass der Auftraggeber die Benennung des bisherigen Beauftragten zum Tag seines Ausscheidens oder des Beginns der Verhinderung beenden und den neuen Beauftragten benennen wird.[7] Im Übrigen gilt § 8 Abs. 3.[8]

(6) § 2 Abs. 5 gilt entsprechend, falls der Beauftragte gegenüber dem Auftraggeber sein Amt niederlegen sollte. Wird das Amt mit sofortiger Wirkung niedergelegt, gilt § 2 Abs. 5 mit der Maßgabe, dass der Wechsel des Beauftragten unverzüglich zu vollziehen ist.[9]

(7) Der Auftraggeber sichert zu, während der Laufzeit dieses Dienstvertrags ausschließlich Personen zum Datenschutzbeauftragten i.S.d. Art. 37 DS-GVO, §§ 5 Abs. 1, 38 Abs. 1 BDSG n.F. zu benennen, die zum qualifizierten Personal des Dienstleisters gehören.[10]

§ 3 Organisatorische Absprachen, kein Weisungsrecht

(1) Nach Abschluss dieses Dienstvertrags wird der Auftraggeber mit dem Beauftragten organisatorische Absprachen einvernehmlich treffen.[11] Diese betreffen insbesondere die Eingliederung des Beauftragten i.S.v. Art. 38 Abs. 1, Abs. 2, Abs. 3 S. 3 DS-GVO und den Umfang der Präsenz des Beauftragten im Betrieb des Auftraggebers sowie die vom Auftraggeber dem Beauftragten zur Verfügung zu stellenden Ressourcen zur Erfüllung seiner Aufgaben sowie die zu stellenden Kommunikationsmittel für den Kontakt der Arbeitnehmer und Kunden des Auftraggebers sowie sonstigen betroffenen Personen unmittelbar und ausschließlich mit dem Beauftragten und den Zugang zu personenbezogenen Daten und Verarbeitungsvorgängen. Diese einvernehmlichen Konkretisierungen der Zusammenarbeit bedürfen der Textform (§ 126b BGB) und werden dem Dienstleister unaufgefordert und unverzüglich in Kopie überlassen. Abweichungen von diesem Dienstvertrag sind nicht zulässig.

Kremer/Sander

(2) Dem Auftraggeber werden keinerlei Weisungsrechte gegenüber dem Beauftragten oder dessen Hilfspersonal eingeräumt. Einer weitergehenden Eingliederung des Beauftragten als gem. Art. 38 Abs. 1, Abs. 2, Abs. 3 S. 3 DS-GVO erforderlich, wird sich der Auftraggeber in Ansehung aller für den Dienstleister tätigen Personen enthalten.[12] Dem Dienstleister und dem Beauftragten werden keinerlei Weisungsrechte gegenüber den Arbeitnehmern des Auftraggebers und kein Recht zur Vertretung des Auftraggebers eingeräumt.

(3) Der Dienstleister sichert dem Auftraggeber zu, dass er dem Beauftragten und dessen Hilfspersonal keine Weisungen in Bezug auf die Ausübung des Fachwissens auf dem Gebiet des Datenschutzes erteilen wird, ferner, dass er dem Beauftragten Weisungsrechte gegenüber anderen Arbeitnehmern des Dienstleisters einräumen wird, soweit diese als Hilfspersonal bei der Leistungserbringung gegenüber dem Auftraggeber tätig sind.[13]

§ 4 Pauschalvergütung

Die in § 1 genannten Leistungen erbringt der Dienstleister gegen eine pauschale monatliche Vergütung in Höhe von [...] EUR, soweit einzelne Leistungen nicht ausdrücklich durch § 5 ausgenommen sind.[14]

§ 5 Aufwandsbezogene Vergütung

(1) Die in § 5 Abs. 2 aufgezählten Teilbereiche der in § 1 genannten Leistungen erbringt der Dienstleister gegen eine aufwandsbezogene Vergütung. Für jede Stunde Arbeit des Beauftragten wird ein Stundenhonorar von [...] EUR, für jede Stunde Arbeit des Hilfspersonals ein Stundenhonorar von [...] EUR vereinbart.[5]

(2) Die nachfolgenden Leistungen können vom Auftraggeber jederzeit durch Anforderung in Textform (§ 126b BGB) gegenüber dem Dienstleister in Anspruch genommen werden. Gesondert vergütungspflichtig sind
- die Überprüfung von Verarbeitungsvorgängen auf die Einhaltung der rechtlichen Vorgaben zum Datenschutz und zur Datensicherheit;
- die Schulung der mit dem Umgang mit personenbezogenen Daten befassten Mitarbeiter des Auftraggebers bezüglich der Erfordernisse des Datenschutzes;
- die Beratung bei der Durchführung der Datenschutz-Folgenabschätzung von Verarbeitungen, die voraussichtlich hohe Risiken für Rechte und Freiheiten von betroffenen Personen haben (Art. 35 DS-GVO);
- die Mitwirkung bei der Erstellung betrieblicher Anweisungen und Richtlinien zum datenschutzkonformen Umgang mit personenbezogenen Daten, etwa hinsichtlich des Umgangs mit E-Mail und Internet am Arbeitsplatz;
- die Wahrnehmung von Besprechungen und anderen Terminen, die nicht am Sitz des Auftraggebers stattfinden;
- die Durchführung von Vor-Ort-Prüfungen („Audits") bei Subunternehmern, Vorlieferanten oder anderen für den Auftraggeber tätigen Dienstleistern, insbesondere die Durchführung von Kontrollen im Rahmen von Auftragsverarbeitungsverhältnissen i. S. v. Art. 28 DS-GVO;
- alle Tätigkeiten im Zusammenhang mit Sachverhalten betreffend Verletzungen des Schutzes personenbezogener Daten („Datenschutzverletzungen", Art. 4 Nr. 12 DS-GVO, Art. 33 DS-GVO), einschließlich vorbeugender Maßnahmen zur Ver-

hinderung und vorbereitender Maßnahmen im Hinblick auf adäquate Reaktionen;
– die Beantwortung konkreter Anfragen von Beschäftigten oder der Unternehmensleitung zum Datenschutz jenseits des Tagesgeschäfts (z.B. datenschutzrechtliche Machbarkeit neuer Geschäftsmodelle);
– die datenschutzrechtliche Beurteilung von konkreten Marketing-, Werbe- oder Vertriebsmaßnahmen (z.B. Durchführung von Gewinnspielen) sowie
– der Aufbau, die Bewertung oder Fortentwicklung eines etwaig vorhandenen, umfassenden Datenschutzmanagementsystems oder Teile desselben z.B. nach den Empfehlungen der IT-Grundschutz-Kataloge des BSI.

§ 6 Rechnung, Leistungsnachweise

(1) Die Vergütung nach §§ 4, 5 Abs. 1 ist zum Ende eines jeden Kalendermonats fällig und wird jeweils zu Beginn eines Kalendermonats für den vorausgegangenen Kalendermonat in Rechnung gestellt. Es handelt sich hierbei nur um die Vergütung für die Leistungen des Dienstleisters. Die gesetzlichen Ansprüche des Beauftragten werden dadurch nicht berührt.[15] Insoweit gilt § 7 Abs. 1.

(2) Für die nach Aufwand zu vergütenden Leistungen i.S.v. § 5 Abs. 1 werden den monatlichen Rechnungen Leistungsnachweise beigefügt, aus denen die Person, die die Leistungen erbracht hat, und ein Überblick zu den erbrachten Leistungen ihrem Umfang und ihrem Inhalt nach hervorgeht. Die Abrechnung erfolgt in Einheiten von vollen 15 Minuten.

(3) Die Vergütung versteht sich jeweils zzgl. Umsatzsteuer in gesetzlicher Höhe im Zeitpunkt der Leistungserbringung.

§ 7 Aufwendungen des Dienstleisters

(1) In Ansehung seiner Vergütung verpflichtet sich der Dienstleister, den Auftraggeber von Ansprüchen des Beauftragten freizustellen, soweit dieser vom Auftraggeber gem. Art. 38 Abs. 2 DS-GVO Mittel zur Fortbildung oder Teilnahme an Schulungsveranstaltungen oder die Bereitstellung sachlicher oder personeller Ressourcen verlangen sollte.[15] Die Parteien werden den Beauftragten darauf hinweisen, dass diese Ansprüche direkt gegenüber dem Dienstleister geltend gemacht werden sollen.[16]

(2) Alle durch An- und Abreise zum Sitz des Auftraggebers verursachten Reisezeiten werden nicht gesondert vergütet. In diesem Zusammenhang entstehende Aufwendungen sind mit der Vergütung nach §§ 4, 5 abgegolten.

(3) Durch An- und Abreise zu Terminen an anderen Orten als dem Sitz des Auftraggebers oder dem Ort der geschäftlichen Niederlassung des Dienstleisters verursachte Reisezeiten werden [ENTWEDER:] mit […] EUR pro Stunde vergütet, berechnet ab dem Ort der geschäftlichen Niederlassung des Dienstleisters. [ODER:] ebenfalls nicht vergütet. [ENDE DER ALTERNATIVE]

(4) Der Auftraggeber wird bis zu den Grenzen nachfolgend benannter Höchstbeträge die dem Beauftragten selbst oder seinem Hilfspersonal entstandenen Aufwendungen erstatten:
– [Höchstbeträge für Unterkunft, Verpflegung, Parkgebühren, etc.]
– [Entfernungsabhängige Pauschale für Anreisen mit eigenem PKW]

Kremer/Sander

– [Erstattungsfähige Klassen von Fahrkarten öffentlicher Verkehrsmittel/Flug-tickets]
Der Beauftragte und sein Hilfspersonal sind frei in der Wahl des Reisemittels, der Unterkunft und der Verpflegung. Zu erstattende Aufwände, bzw. zu vergütende Reisezeiten werden auf den monatlichen Rechnungen des Dienstleisters i.S.v. § 6 Abs. 1 separat und getrennt nach Personen ausgewiesen. Seinen Rechnungen wird der Dienstleister Kopien der entsprechenden Rechnungen Dritter beilegen.

§ 8 Laufzeit, Beendigung

(1) Dieser Dienstvertrag hat eine Laufzeit von [zwei] Jahren ab dem Tag der Unterzeichnung. Er verlängert sich jeweils zum Laufzeitende um [zwei] weitere Jahre, wenn er nicht vor Ablauf der jeweiligen Laufzeit unter Einhaltung einer Kündigungsfrist von drei Monaten zum Laufzeitende gekündigt wird. Auf den Bestand dieses Dienstvertrags hat ein Wechsel in der Person des Beauftragten keinen Einfluss.

(2) Das Recht beider Parteien zur außerordentlichen Kündigung aus wichtigem Grund bleibt unberührt. Für den Auftraggeber liegt ein zur außerordentlichen Kündigung dieses Dienstvertrags berechtigender wichtiger Grund insbesondere darin, dass er bei seiner Prüfung gem. § 2 Abs. 5 in Bezug auf die Geeignetheit des qualifizierten Personals i.S.v. Art. 37 Abs. 5 DS-GVO feststellt, dass keine dieser Personen als Datenschutzbeauftragter vom Auftraggeber benannt werden darf.

(3) Für den Dienstleister liegt ein zur außerordentlichen Kündigung dieses Dienstvertrags berechtigender wichtiger Grund insbesondere darin, dass der Auftraggeber eine erforderliche Mitwirkungshandlung zur Erfüllung dieses Dienstvertrags nicht binnen einer vom Dienstleister bestimmten angemessene Frist ausgeführt hat, sofern der Dienstleister bei Bestimmung der Frist die vorzunehmende Handlung konkret bezeichnet und erklärt hat, dass er den Vertrag außerordentlich kündige, wenn die Handlung nicht bis zum Ablauf der Frist vorgenommen werde.[17]

§ 9 Verschiedenes

(1) Der Dienstleister verpflichtet sich, jeweils vor Beginn der Leistungserbringung für den Auftraggeber die in diesem Zusammenhang tätigen Personen
– durch separaten Vertrag zugunsten des Auftraggebers auf die Geheimhaltung von Geschäfts- und Betriebsgeheimnissen des Auftraggebers zu verpflichten, so dass die jeweils tätige Person diese Geheimnisse entsprechend § 90 HGB wie ein Handelsvertreter zu schützen hat, auch nach Beendigung ihrer Tätigkeit für den Auftraggeber.[18]
– anzuweisen, dass der Anschein einer Vertretung des Auftraggebers zu vermeiden ist. Dies gilt insbesondere bei der unmittelbaren Beantwortung von Anfragen betroffener Personen durch den Beauftragten.[19]
– anzuweisen, dass den gesetzlich vorgesehenen Rücksichtnahmepflichten (§ 241 Abs. 2 BGB) gegenüber dem Auftraggeber dadurch Rechnung zu tragen ist, dass der Beauftragte dem Auftraggeber eine von ihm ausgehende unmittelbare Kontaktaufnahme mit der Aufsichtsbehörde vorab ankündigen soll, um dem Auftraggeber Gelegenheit zu geben, zeitnah für Abhilfe zu sorgen und dadurch eine Kontaktaufnahme mit der Aufsichtsbehörde zu vermeiden.[19]

Kremer/Sander

(2) Die Verträge über die Geheimhaltungspflichten i. S. v. § 9 Abs. 1 erhält der Auftraggeber vom Dienstleister unaufgefordert und unverzüglich in Kopie.[18]

(3) Beiden Parteien und dem qualifizierten Personal des Dienstleisters sind die dem Beauftragten aus seiner Benennung zum Datenschutzbeauftragten erwachsende Verschwiegenheitsverpflichtung gem. § 38 Abs. 2 BDSG n.F. i.V.m. § 6 Abs. 5 S. 2 BDSG n.F. sowie der Straftatbestand des § 203 Abs. 2a StGB bekannt.

(4) Der Auftraggeber darf die Benennung des Beauftragten sowie die Nachweise seines Fachwissens i. S. v. Art. 37 Abs. 5 DS-GVO bei berechtigtem Interesse gegenüber Dritten offenlegen, etwa der zuständigen Aufsichtsbehörde oder seinen Auftraggebern bei einer Auftragsverarbeitung nach Art. 28 DS-GVO. Dieser Dienstvertrag ist vom Auftraggeber grundsätzlich geheim zu halten. Auch Teile davon dürfen nur nach vorheriger, schriftlicher (§ 126 Abs. 1 BGB), in jedem Einzelfall erneut einzuholender Zustimmung des Dienstleisters gegenüber Dritten offengelegt werden. Dies gilt nicht für eine Offenlegung des Vertrags, soweit der Auftraggeber dazu gesetzlich oder kraft behördlicher Anordnung verpflichtet ist oder sie gegenüber einem Dritten erfolgt, der von Berufs wegen zur Verschwiegenheit verpflichtet und vom Auftraggeber angewiesen ist, den Vertrag im Übrigen geheim zu halten.

(5) Der Auftraggeber verpflichtet sich, das qualifizierte Personal des Dienstleisters während der Laufzeit dieses Dienstvertrags nicht abzuwerben, sowie für den Fall, dass das Vertragsverhältnis zwischen einer zum qualifizierten Personal gehörenden Person und dem Dienstleister gleich aus welchem Rechtsgrund enden sollte, die betroffene Person bis zum Ablauf von zwölf Monaten nach Beendigung jenes Vertragsverhältnisses nicht zu beschäftigen, sofern nicht der Dienstleister die Beendigung herbeigeführt oder im Einzelfall vorher schriftlich (§ 126 Abs. 1 BGB) zugestimmt hat.[10]

(6) Ungeachtet seiner Verpflichtung aus Art. 32 Abs. 1 DS-GVO garantiert der Dienstleister dem Auftraggeber eine physikalische Trennung von den Vorgängen anderer Auftraggeber.[20]

Für den Auftraggeber: Für den Dienstleister:

_____   _____
(Ort, Datum)   (Ort, Datum)

_____   _____
(Unterschrift, Funktion des   (Unterschrift, Funktion des
Unterzeichners)   Unterzeichners)

Anmerkungen

1. **Vertragsparteien.** Dieses Muster gilt für das Drei-Personen-Verhältnis (→ B.I.1. Anm. 3). Der Kreis der potentiell für das Dienstleistungsunternehmen bei dem Verantwortlichen oder Auftragsverarbeiter als Datenschutzbeauftragter (DSB) tätigen natürlichen Personen ist nicht auf diejenigen Personen beschränkt, die mit dem Dienstleistungsunternehmen in einem Arbeitsverhältnis stehen (→ B.I.1. Anm. 3). Für das Hilfspersonal wurde der Kreis der in Betracht kommenden Personen bewusst auf Arbeitnehmer beschränkt (→ Anm. 5).

Kremer/Sander

2. Dienstvertrag. Bei der Benennung eines externen DSB handelt es sich im Zwei- und im Drei-Personen-Verhältnis (→ B.I.1. Anm. 3) bei dem der Benennung zugrundeliegenden Vertrag um einen Dienstvertrag i. S. d. §§ 611 ff. BGB (→ B.II.1. Anm. 2). Im Folgenden sind nur die Bestimmungen des Musters kommentiert, die den Besonderheiten des Drei-Personen-Verhältnisses geschuldet sind oder als Gestaltungsvorschlag vom Muster in → B.II.1. abweichen.

3. Allgemeine Geschäftsbedingungen und ihre Einbeziehung. Die Verwendung allgemeiner Geschäftsbedingungen (AGB) ist im unternehmerischen Geschäftsverkehr üblich. Deshalb wurden verschiedene Dinge in diesem Muster nicht geregelt, die sich typischerweise in derartigen Bedingungen finden und insoweit als dort vorhanden für dieses Muster unterstellt werden (ausführlich zur Erstellung allgemeiner Geschäftsbedingungen und Musterklauseln *von Westphalen/Thüsing*, Vertragsrecht und AGB-Klauselwerke). Dies gilt insbesondere für die Festlegung von Zahlungszielen und Zahlungsmodalitäten, die Verbindlichkeit terminlicher Absprachen, die Haftung des Dienstleisters einschließlich etwaiger Garantien sowie die Schlussbestimmungen (Formerfordernisse, Rechtswahl, Gerichtsstand und salvatorische Klausel; dazu auch → B.II.1., § 11). Für AGB ist auch im unternehmerischen Verkehr eine Einbeziehungsvereinbarung erforderlich, sodass AGB nicht durch die bloße Branchenüblichkeit der Verwendung einbezogen werden (BGH, Urt. v. 15.1. 2014 – VIII ZR 111/13, NJW 2014, 1296). Zwar finden die strengen Anforderungen des § 305 Abs. 2 BGB aufgrund von § 310 Abs. 1 S. 1 BGB keine Anwendung, gleichwohl verlangt der BGH eine „Vereinbarung", mithin nichts anderes als die von § 305 Abs. 2 BGB verlangte Zustimmung des Vertragspartners des Verwenders. Da die Tätigkeit eines externen DSB die Informationspflichten gem. §§ 2 ff. DL-InfoV auslöst (→ B.II.1. Anm. 24), treffen diese Pflichten hier den Dienstleister.

4. Arbeitsbelastung des Beauftragten und Hilfspersonal. Wie in → B.I.1. ist auch in diesem Muster eine Bestimmung enthalten, ab welcher Arbeitsbelastung sich der externe DSB durch Ressourcen unterstützen lassen kann. Diente diese Festlegung beim Vertrag zwischen Auftraggeber und externem DSB im Zwei-Personen-Verhältnis der Vermeidung einer Scheinselbstständigkeit (→ B.II.1. Anm. 5), bezweckt sie hier einen flexibleren Einsatz der Arbeitskräfte des Dienstleisters. So kann etwa ein in Vollzeit tätiger Arbeitnehmer für mehr als einen Auftraggeber als externer DSB eingesetzt werden.

5. Auswahl des Hilfspersonals. Der Anspruch des DSB auf Unterstützung gem. Art. 38 Abs. 2 DS-GVO kann nicht durch einen Vertrag ausgeschlossen oder begrenzt werden, an dem der DSB nicht als Partei beteiligt ist. Dies wäre ein unwirksamer Vertrag zulasten eines Dritten (Palandt/*Grüneberg*, BGB, Einf. v. § 328 Rn. 10). Auch eine entsprechende Vereinbarung unmittelbar mit dem externen DSB wäre unwirksam, weil der Unterstützungsanspruch zu den unmittelbar aus der Benennung folgenden öffentlich-rechtlichen Rechten des DSB folgt. Zudem beeinträchtigt eine solche vertragliche Verkürzung der Rechte des DSB dessen Zuverlässigkeit i. S. v. Art. 37 Abs. 5 DS-GVO (→ B.I.1. Anm. 2).

Die Auswahl des Hilfspersonals steht dem DSB zu. Zulässig sind insoweit Vereinbarungen darüber, was als „erforderlich" i. S. v. Art. 38 Abs. 2 DS-GVO mit Blick auf das vom externen DSB benötigte Hilfspersonal anzusehen ist. Durch das mit dem Muster begründete stete Angebot einer ausreichenden Anzahl von Hilfspersonen seitens des Dienstleisters und durch Vereinbarung einer gesonderten (geringe-

Kremer/Sander

ren) aufwandsbezogenen Vergütung für Hilfspersonal in § 5 Abs. 1 des Musters, die zu einer möglichst geringen Belastung des Auftraggebers als Schuldner des Unterstützungsanspruchs aus Art. 38 Abs. 2 DS-GVO führt, wird die Auslegung des Begriffs „erforderlich" beeinflusst. Die Beschränkung des als Hilfspersonal i. S. v. Art. 38 Abs. 2 DS-GVO in Betracht kommenden Personenkreises auf Arbeitnehmer des Dienstleisters ist mit Blick auf Verschwiegenheitspflichten und die Zulässigkeit der Weitergabe personenbezogener Daten des Auftraggebers an das Hilfspersonal sinnvoll (→ B.II.1. Anm. 4). Es ist zwar grundsätzlich denkbar, dass der externe DSB auf weitere externe, bislang nicht beteiligte Dritte als Hilfspersonal zurückgreift und mit diesen Personen selbst Arbeits- oder Dienstverträge schließt. Eine solche Auswahl der Personen läuft jedoch den Interessen von Auftraggeber und Dienstleister zuwider und verletzt wegen der damit einhergehenden Einbeziehung Dritter in die Pflichtenerfüllung des DSB die diesem aus § 241 Abs. 2 BGB als vertragliche Nebenpflichten auferlegten Rücksichtnahmepflichten gegenüber beiden Parteien, sodass dies vertraglich ausgeschlossen sein sollte.

6. Aufrechterhaltung des Fachwissens. Auch wenn der Unterstützungsanspruch des DSB durch den Dienstvertrag zwischen Auftraggeber und Dienstleister nicht beschränkt werden kann (→ Anm. 5), ist gleichwohl wegen der Verpflichtung des Auftraggebers zur Kostenübernahme nach Art. 38 Abs. 2 DS-GVO für Fort- und Weiterbildungsmaßnahmen des DSB (→ B.II.1. Anm. 4) eine Schuldübernahme i. S. v. § 415 Abs. 1 BGB durch den Dienstleister wegen der insoweit mangels zwingendem Recht freien Vertragsgestaltung durch die Parteien möglich. Zwar ist für die Wirksamkeit der Schuldübernahme die Genehmigung des DSB erforderlich (§ 415 Abs. 1 S. 1 BGB). Der Dienstleister wird jedoch schon durch § 2 Abs. 4 gegenüber dem Auftraggeber verpflichtet, den Anspruch des DSB rechtzeitig zu erfüllen (§ 415 Abs. 3 S. 1 BGB). Weil der Kostenübernahmeanspruch aus Art. 38 Abs. 2 DS-GVO insoweit gerade die Aufrechterhaltung des Fachwissens i. S. v. Art. 37 Abs. 5 DS-GVO bezweckt, ist diese Vereinbarung damit zusätzlich zur Freistellung gem. § 7 Abs. 1 geboten (→ Anm. 15).

7. Verhinderung oder Ausscheiden des DSB. Ist der Beauftragte an der Erfüllung seiner Aufgaben als DSB gehindert, liegt ein wichtiger Grund für den Widerruf seiner Benennung i. S. v. § 38 Abs. 2 BDSG n. F. i. V. m. § 6 Abs. 4 S. 1 BDSG n. F. vor. Da – soweit derzeit ersichtlich – in Rechtsprechung und Literatur nicht geklärt ist, ob im Drei-Personen-Verhältnis die Beendigung des Vertrags zwischen DSB und Dienstleistungsunternehmen ein wichtiger Grund für den Widerruf der Benennung ist, sollte die Benennung vorsorglich auf diesen Fall auflösend bedingt werden (→ B.I.1., § 4 Abs. 2). Nach hier vertretener Auffassung ist die Beendigung des Dienstvertrags des Verantwortlichen oder Auftragsverarbeiters mit dem Dienstleistungsunternehmen ein wichtiger Grund, der für sich bereits zum Widerruf der Benennung berechtigt. Denn mit der Beendigung des Dienstvertrags entfällt das der Benennung zugrundeliegende Vertragsverhältnis, welches für die Wirksamkeit der Benennung notwendig ist (→ B.I.1. Anm. 1, → Anm. 11). Die auflösende Bedingung in der Benennungserklärung ist deshalb ausschließlich zur Vermeidung entbehrlicher Auseinandersetzungen erforderlich.

8. Konnexität. Die Benennung zum DSB und der zu Grunde liegende Dienstvertrag sind in ihrem Bestand wechselseitig voneinander abhängig, sog. Konnexität (→ B.I.1. Anm. 11). Es liegt jedoch im Interesse des Dienstleisters, den Dienstvertrag

Kremer/Sander

auch dann fortzusetzen, wenn ein Wechsel in der Person des DSB erforderlich ist. Dem wird durch die Bestimmungen in §§ 2 Abs. 6, 8 Abs. 3 Rechnung getragen. Die Konnexität wird gewahrt, indem der Widerruf der Benennung des alten DSB nur wirksam ist, wenn gleichzeitig ein neuer DSB benannt wird. Verfügt der Dienstleister nicht über i.S.d. Art. 37 Abs. 5 DS-GVO zuverlässiges und fachkundiges qualifiziertes Personal, ist der Auftraggeber nach § 8 Abs. 2 des Musters zur außerordentlichen Kündigung des Dienstvertrags aus wichtigem Grund berechtigt und hierzu nach dem Widerruf der Benennung des alten DSB auch gezwungen.

9. Niederlegung des Amtes durch den DSB. Weil der Beauftragte an diesem Dienstvertrag nicht beteiligt ist, kann kein Verzicht auf das Recht zur Amtsniederlegung vereinbart werden (anders in → B.II.1. § 8 Abs. 2). Das in diesem Fall drohende Problem mit der Konnexität (→ Anm. 8) wird mit § 2 Abs. 6 gelöst. Bei sofortiger Niederlegung des Amtes durch den alten DSB ist gem. § 2 Abs. 6 unverzüglich ein neuer DSB zu benennen. Im Übrigen gelten § 8 Abs. 2, Abs. 3 des Musters.

10. Schutzklauseln zugunsten des Dienstleisters. § 2 Abs. 8 des Musters schützt den Dienstleister davor, dass der Auftraggeber einen Dritten zum DSB benennt und sodann versucht, vertragswidrig unter Berufung auf § 626 BGB oder § 313 BGB sich vom Dienstvertrag zu lösen oder unter Hinweis auf fehlende Gegenleistungen des Dienstleisters wenigstens weitere Vergütungszahlungen einzustellen. Hiermit wird ein Aushebeln des Vertrags durch den Auftraggeber verhindert, sodass die Klausel nicht wegen eines Verstoßes gegen § 307 Abs. 2 Nr. 1, Nr. 2 BGB unwirksam ist. § 9 Abs. 5 begründet ergänzend ein Abwerbungsverbot zugunsten des Dienstleisters, da § 4 Nr. 4 UWG mangels Wettbewerbsverhältnis zwischen Auftraggeber und Dienstleister in den meisten Fällen nicht greifen dürfte. Wegen des Verzichts auf eine Vertragsstrafe zu Lasten des Auftraggebers bei Zuwiderhandlungen ist dies auch ohne Verstoß gegen § 307 Abs. 1 S. 1 BGB in AGB zulässig (u.a. OLG München, Urt. v. 26.1.1994 – 7 U 5841/93, NJW-RR 1994, 867; OLG Köln, Urt. v. 19.12.2013 – 15 U 99/13, BeckRS 2014, 02437).

11. Organisatorische Absprachen. Die von Auftraggeber und DSB zu treffenden organisatorischen Absprachen betreffen unterschiedliche Regelungsgegenstände (→ B.II.1. Anm. 8). Vermieden werden muss allerdings, dass der DSB in Vertretung des Dienstleisters den Dienstvertrag ändert. Ist in den AGB des Dienstleisters (→ Anm. 3) Schriftform i.S.v. § 126 Abs. 1, Abs. 2 BGB für Änderungen und Ergänzungen dieses Dienstvertrags vorgesehen (zur Zulässigkeit → B.II.1. Anm. 9), scheitert eine Änderung des Dienstvertrags durch organisatorische Absprachen, wenn diese nur in Textform (§ 126b BGB) zwischen Auftraggeber und DSB getroffen werden, jedenfalls auch an § 3 Abs. 1 S. 4 des Musters. Die organisatorischen Absprachen sind im Übrigen zwingend zwischen Auftraggeber und DSB zu treffen, weil der Dienstleister nicht über die Ausübung des Unterstützungsanspruchs durch den DSB aus Art. 38 Abs. 2 DS-GVO entscheiden darf (→ Anm. 5).

12. Eingliederung. Die Bestimmung soll einer gelebten Vertragspraxis vorbeugen, die zur Bewertung des Dienstvertrags als Arbeitnehmerüberlassungsvertrag führen könnte (*Ludwig*, BB 2013, 1276). Schuldhafte Zuwiderhandlungen durch den Auftraggeber lösen Schadensersatzansprüche des Dienstleisters gem. § 280 Abs. 1 BGB aus. Damit kann der Aufwand aufgefangen werden, der dem Dienstleister dadurch entsteht, dass er neues qualifiziertes Personal suchen und einstellen muss, falls der

Kremer/Sander

DSB gem. § 10 Abs. 1 S. 1 AÜG zum Arbeitnehmer des Verantwortlichen oder des Auftragsverarbeiters wurde (→ B.I.1. Anm. 9).

13. Absicherung der Unabhängigkeit. Weil die Anordnung der Weisungsfreiheit des Handelns des DSB durch Art. 38 Abs. 3 S. 1 DS-GVO im Verhältnis von Dienstleister zu DSB nicht greift (→ B.I.1. Anm. 13), ist eine Bestimmung im Vertrag erforderlich, welche die Weisungsfreiheit des DSB absichert. Sollte der DSB nicht Arbeitnehmer des Dienstleisters sein, sind ggf. weitergehende Handlungen erforderlich. Wird z. B. ein Organmitglied oder geschäftsführender Gesellschafter des Dienstleisters beim Auftraggeber als externer DSB tätig, bedarf es zusätzlich zu § 3 Abs. 3 des Musters eines Gesellschafterbeschlusses beim Dienstleister, wonach dem DSB in Ausübung seines Fachwissens auf dem Gebiet des Datenschutzes keine Weisungen durch den Dienstleister erteilt werden. In diesem Fall genügt ein Weisungsverzicht durch den Dienstleister nicht, weil dessen Gesellschafter durch Gesellschafterbeschlüsse ihre Organmitglieder oder geschäftsführende Gesellschafter jedenfalls im Innenverhältnis binden könnten, was einer Weisung gleichkommt.

14. Pauschalvergütung. Abweichend zum Muster für das Zwei-Personen-Verhältnis (→ B.II.1., § 4 Abs. 1) wurde hier auf die exemplarische Benennung von durch die Pauschalvergütung erfassten Tätigkeiten verzichtet. Während im Zwei-Personen-Verhältnis der externe DSB vom Auftraggeber gestützt auf Art. 38 Abs. 2 DS-GVO einen Ersatz seiner Aufwendungen für das Beschäftigen eigener Arbeitnehmer als Hilfspersonal verlangen kann (→ B.II.1., § 7 Abs. 4; zu den umlagefähigen Kosten → B.II.1. Anm. 5), führt der strukturelle Unterschied zwischen Zwei- und Drei-Personen-Verhältnis dazu, dass der Dienstleister eine feste Vergütung unter Einbeziehung des Hilfspersonals vereinbart und dabei alle anfallenden Kosten in der Pauschale wirtschaftlich üblicherweise mit einkalkuliert.

15. Freistellung des Auftraggebers. § 6 Abs. 1 S. 2 stellt klar, dass der gesetzliche Unterstützungsanspruch des DSB gegen den Auftraggeber (→ Anm. 6) von der Vergütungsvereinbarung zwischen Auftraggeber und Dienstleister unberührt bleibt. Weil eine Schuldübernahme durch den Dienstleister der Genehmigung durch den DSB bedürfte (→ Anm. 6), dient die Freistellung des Auftraggebers durch den Dienstleister in § 7 Abs. 1 des Musters der Absicherung des Auftraggebers für den Fall, dass der DSB den gesetzlichen Unterstützungsanspruch unmittelbar gegenüber dem Auftraggeber geltend macht und eine Schuldübernahme durch den Dienstleister vertragswidrig ablehnt. Da eine solche schuldbefreiende Leistung durch den Dienstleister nach § 267 Abs. 1 S. 2 BGB wiederum der Zustimmung durch den Auftraggeber bedürfte, wird durch § 7 Abs. 1 des Musters sichergestellt, dass der Auftraggeber der Leistungserbringung durch den Dienstleister nicht widerspricht. Damit steht dem DSB kein Recht mehr zu, Leistungen des Dienstleisters anstelle des Auftragnehmers in Erfüllung des Unterstützungsanspruchs aus Art. 38 Abs. 2 DS-GVO abzulehnen, vgl. § 267 Abs. 2 BGB. Die Begrenzung in § 7 Abs. 1 auf nicht höchstpersönliche Leistungspflichten des Auftraggebers ist unverzichtbar. Eine Leistungserbringung durch den Dienstleister ist nämlich nicht möglich, wenn der Auftraggeber gem. Art. 38 Abs. 2 DS-GVO eine aktive Mitwirkung, mithin Realakte schuldet (vgl. § 8 Abs. 4; siehe auch → B.I.1. Anm. 10).

16. Hinweis an den DSB. Der Hinweis an den DSB, wonach er die ihm kraft DS-GVO zustehenden Unterstützungsansprüche (gegenüber dem Auftraggeber als Verantwortlichem oder Auftragsverarbeiter) unmittelbar gegenüber dem Dienstleister geltend machen soll, macht den Dienstvertrag nicht zu einem echten Vertrag zugunsten eines Dritten i.S.v. § 328 Abs. 1 BGB. Hierdurch wird kein separater Leistungsanspruch des DSB geschaffen, sondern lediglich vereinbart, dass der DSB als Gläubiger des Anspruchs gegen den Auftraggeber sich unmittelbar an den Dienstleister wenden kann, der seinerseits dem Auftraggeber Freistellung versprochen hat.

17. Außerordentliche Kündigung bei unterlassener Mitwirkung. Die Bestimmung ist § 643 BGB nachempfunden, der im Werkvertragsrecht eine Kündigungsmöglichkeit des Auftraggebers bei unterlassener Mitwirkung des Auftragnehmers vorsieht. Ohne eine solche Klausel könnte der Auftraggeber durch Nichtvornahme unvertretbarer Handlungen, die für den externen DSB zur Erfüllung seiner Aufgaben erforderlich sind (→ B.I.1. Anm. 10), diesen an Ausübung seiner Tätigkeit hindern und damit den Dienstleister an der Erbringung der aus dem Dienstvertrag dem Auftraggeber gegenüber geschuldeten Leistungen.

18. Geheimhaltungspflichten. Den Dienstleister und alle für ihn tätigen Personen treffen gegenüber dem Auftraggeber kraft Gesetzes keine besonderen Geheimhaltungspflichten (→ B.II.1. Anm. 22, → Anm. 23, → Anm. 24). § 17 Abs. 1 UWG ist zwar auf die für den Dienstleister tätigen Personen anwendbar, schützt aber nicht die Geheimnisse des Auftraggebers, sondern die des Dienstleisters vor einer Offenbarung durch den DSB. Deshalb ist die vertragliche Vereinbarung eines Geheimnisschutzes mit dem DSB und dem Hilfspersonal erforderlich. Genügt der entsprechend § 90 HGB geschuldete Geheimnisschutz den Interessen des Auftraggebers nicht oder soll dieser auf den Dienstleister, ggf. unter Vereinbarung einer Vertragsstrafe erweitert werden, bieten sich gesonderte Geheimhaltungsvereinbarungen an (→ G.IV. sowie → C.VII.5.).

19. Weisungen an den DSB. Die hier vorgesehenen Weisungen an den DSB beziehen sich nicht auf die Ausübung seines Fachwissens auf dem Gebiet des Datenschutzes für den Auftraggeber (→ Anm. 13) und sind deshalb zulässig. Durch die zweite Weisung zur vorherigen Ankündigung einer Kontaktaufnahme mit der Aufsichtsbehörde wird der DSB nicht zu einem bestimmten Vorgehen beim Umgang mit Datenschutzvorfällen gezwungen. Das Recht des DSB, sich unmittelbar an die Aufsichtsbehörde zu wenden (→ B.I.1. Anm. 7), wird hierdurch nicht eingeschränkt. Die Verwendung des Wortes „soll" stellt klar, dass eine Information an den Auftraggeber nicht zwingend zu erfolgen hat, sondern nur, wenn dies mit der Rechtslage nach DS-GVO und BDSG n.F. noch vereinbar ist.

20. Physikalische Mandantentrennung. Die für den Auftraggeber als DSB tätige natürliche Person ist als Kontrollstelle im Sinne der DS-GVO (→ B.I.1. Anm. 6) kein eigener Verantwortlicher i.S.d. Art. 4 Nr. 7 DS-GVO wegen ihres Umgangs mit personenbezogenen Daten des Auftraggebers. Verantwortlicher ist im Drei-Personen-Verhältnis zwischen Auftraggeber, Dienstleister und DSB allein der Dienstleister (→ B.II.1. Anm. 4). Deshalb ist der Dienstleister bereits durch Art. 32 Abs. 1 DS-GVO verpflichtet, die erforderlichen technischen und organisatorischen Maßnahmen zum Datenschutz zu treffen. Danach ist mindestens eine logische Trennung ver-

Kremer/Sander

schiedener Datenbestände zu realisieren, die insbesondere durch die Verwendung mandantenfähiger Software erreicht wird (siehe BayLDA, Orientierungshilfe Mandantenfähigkeit vom 11.10.2012).

§ 9 Abs. 6 des Musters sieht demgegenüber eine aufwändigere physikalische Trennung vor, die sich nicht nur auf personenbezogene Daten des Auftraggebers bezieht, sondern auf den gesamten Vorgang. Hiernach sind alle Akten und anderen Dokumente sowie Datenträger des Auftraggebers von denen anderer Verantwortlicher oder Auftragsverarbeiter physikalisch getrennt zu halten. Diese strikte Trennung soll es dem Dienstleister ermöglichen, auch für Berufsgeheimnisträger i.S.v. § 203 Abs. 1 StGB tätig zu werden. Denn dies setzt voraus, dass das dem DSB zustehende Zeugnisverweigerungsrecht zum Schutze der Privatgeheimnisse auf den externen DSB gem. § 38 Abs. 2 BDSG n.F. i.V.m. § 6 Abs. 6 S. 1 BDSG n.F. ausgedehnt wird. Diese Normen würden unterlaufen, falls es das flankierende Beschlagnahmeverbot des § 38 Abs. 2 BDSG n.F. i.V.m. § 6 Abs. 6 S. 3 BDSG n.F. nicht gäbe. Ohne die durch § 9 Abs. 6 zugesicherte strikte physikalische Trennung würde § 38 Abs. 2 BDSG n.F. i.V.m. § 6 Abs. 6 S. 3 BDSG n.F. jedoch leerlaufen. Deshalb ist der externe DSB jedenfalls bei einem Tätigwerden für Berufsgeheimnisträger ohnehin gesetzlich zur physikalischen Trennung verpflichtet. Anderenfalls wäre der Schutz der Privatgeheimnisse latent gefährdet, sodass der Auftraggeber mit Blick auf § 203 StGB schon gar nicht mit dem externen DSB bzw. dem Dienstleister zusammenarbeiten dürfte. Wird die im Muster vorgeschlagene Klausel als AGB nicht vom Dienstleister, sondern vom Auftraggeber verwendet, ist dies mit Blick auf § 307 Abs. 2 Nr. 2 BGB nur dort zulässig, wo das Schutzbedürfnis für die zu verarbeitenden personenbezogenen Daten des Auftraggebers ausnahmsweise eine physikalische Trennung erforderlich macht, etwa in dem ausführlich zuvor beschriebenen Fall eines Tätigwerdens für einen Berufsgeheimnisträger.

3. Aufhebungsvertrag der Parteien

§ 1

Die Parteien sind sich darüber einig, dass der zwischen ihnen bestehende Dienstvertrag über die Tätigkeiten eines externen Datenschutzbeauftragten mit sofortiger Wirkung beendet wird.[1]

§ 2

Der Auftraggeber widerruft hiermit die Benennung des Beauftragten zum externen Datenschutzbeauftragten mit sofortiger Wirkung.[2]

§ 3

[Vor- und Nachname des Datenschutzbeauftragten] wird dem Auftraggeber unverzüglich nach Zustandekommen dieses Aufhebungsvertrags folgende Gegenstände am Sitz des Auftraggebers übergeben bzw. zurückgeben:[3]
• [...]

Sander/Diekmann

§ 4

Die Parteien sind sich darüber einig, dass alle bislang entstandenen, wechselseitigen Ansprüche der Parteien, gleich ob bekannt oder unbekannt, mit Erfüllung der vorstehenden Übergabe- bzw. Rückgabepflichten erledigt sein sollen.[4]

§ 5

Von diesem Aufhebungsvertrag unberührt bleiben die zwischen den Parteien vereinbarten sowie die mit den Tätigkeiten zusammenhängenden, gesetzlich bestimmten Verschwiegenheitspflichten und alle wechselseitigen Ansprüche im Hinblick auf diese Pflichten sowie wegen Verletzung dieser Pflichten. Vereinbarte Geheimhaltungspflichten gelten zeitlich unbefristet fort.[5]

Für den Auftraggeber: Der Beauftragte:

_____   _____

(Ort, Datum)   (Ort, Datum)

_____   _____

(Unterschrift, Funktion des Unterzeichners)   (Unterschrift des Beauftragten)

Anmerkungen

1. Beendigung des zugrundeliegenden Vertrags. Vorliegendes Muster betrifft den unmittelbar mit dem externen Datenschutzbeauftragten abgeschlossenen Dienstleistungsvertrag (Zwei-Personen-Verhältnis) (→ B.II.1. Anm. 1). Bei einem freiberuflich tätigen Rechtsanwalt, welcher gleichzeitig als externer DSB bestellt ist, endet damit die durchgeführte Dienstleistung als externer DSB, die, anders als die originäre Rechtsberatung, dem Gewerberecht unterfällt. Insofern sollten derartige Personengruppen ggf. eine zusätzliche Berufshaftpflichtversicherung vor Bestellung zum externen DSB abschließen, da die übliche Berufshaftpflichtversicherung für die anwaltliche Tätigkeit die als gewerblich einzustufende Tätigkeit eines externen DSB regelmäßig nicht mit abdeckt. Die Einkünfte aus der Tätigkeit unterliegen der Gewerbesteuerpflicht (BFH, Urt. v. 5.6.2003 – IV R 34/01). Ob die Tätigkeit als externer DSB auch der anwaltlichen Tätigkeit das „gewerbliche Gepräge" gibt und so ggf. die gesamten Einkünfte insgesamt der Gewerbesteuerpflicht unterfallen, ist Frage des konkreten Einzelfalls (näher Auer-Reinsdorff/Conrad/*Conrad*, Handbuch IT- und Datenschutzrecht, § 34 Rn. 365 ff.).

2. Abberufung des DSB. Vor dem Hintergrund des Trennungsprinzips sowie der Konnexität (→ B.I.1. Anm. 1 und 11) ist die Benennung separat, nicht notwendiger Weise in einer getrennten Urkunde, zu widerrufen, um eine wirksame Beendigung zu erreichen. Diese Abberufung ist zudem ausdrücklich als eine einseitige Erklärung formuliert. Lässt es sich in den Vertragsverhandlungen besser „verkaufen", bzw. ist es zur Gesichtswahrung einer der Parteien erforderlich, wäre statt der Abberufung ebenso die einseitige Amtsniederlegung durch den DSB (→ B.II.1. Anm. 17) denkbar. Diese würde auf dasselbe Ergebnis hinauslaufen.

3. Herausgabe bestimmter Gegenstände. Dieser Absatz im Muster ist als Merkposten vorgesehen, damit der Blick im Zeitpunkt des Streits nicht auf die Frage ver-

Sander/Diekmann

engt wird, ob denn auch tatsächlich alle potentiellen wechselseitigen Zahlungsansprüche erledigt sind und damit Rechtsfrieden geschaffen wird. Ggf. sind noch Schlüssel, Zugangsberechtigungen, Notebook etc. an den Auftraggeber herauszugeben, die dem DSB im Zuge seiner Eingliederung in die Betriebsabläufe überlassen wurden (→ B.II.1. Anm. 8). Für die Kopien von Fortbildungsbescheinigungen, die andersherum dem Auftraggeber überlassen wurden, dürfte es wohl kaum ein Rückgabeinteresse des DSB geben.

4. Umfassende Erledigungsklausel. Die Klausel soll alle wechselseitigen Ansprüche erledigen, nicht nur Zahlungsansprüche. Begrenzt ist sie in ihrer Wirkung auf alle zum Zeitpunkt des Abschlusses des Aufhebungsvertrags bereits entstandenen Ansprüche. Nicht erfasst sind demnach Ansprüche der Parteien, die erst danach entstehen. Im Muster nicht vorgesehen ist die Vereinbarung einer „Abstandssumme" oder sonstigen Kompensation für die vorzeitige Beendigung des Dienstleistungsvertrags, welche natürlich noch aufzunehmen wäre, wenn der DSB sich nichts hat zu Schulden kommen lassen und der Auftraggeber ggf. schlicht aus geschäftspolitischen Gründen die Vertragsbeziehung möglichst schnell beenden möchte. Insoweit sind auch etwaige Erstattungsansprüche noch zu bedenken (→ B.II.1. Anm. 5, 6 und 11).

5. Schweigepflichten. Damit ursprünglich eingegangene Geheimhaltungsvereinbarungen (→ B.II.1. Anm. 22; → G.IV.) nicht unterlaufen werden, wurden die sich aus diesen ergebenden Ansprüche von der umfassenden Erledigung ausgenommen. Die Fortgeltung von Geheimhaltungsvereinbarungen, z. B. aus einem separaten nondisclosure agreement (NDA), ist vorsorglich hier aufgenommen worden, sollte indes in der ursprünglichen Geheimhaltungsvereinbarung schon enthalten sein.

Sander/Diekmann

III. Tätigkeiten des Datenschutzbeauftragten

1. Entbindung von der Schweigepflicht

[An das Gericht ...]

Sehr geehrte Damen und Herren,

in dem Verfahren

[Rubrum]

[gerichtliches Aktenzeichen][1]

entbinde ich hiermit Herrn/Frau [Name des Datenschutzbeauftragten] von seiner/ihrer Schweigepflicht[2] über meine Identität und Umstände, die Rückschlüsse auf mich zulassen.[3, 4] [EVENTUELL ZUSÄTZLICH:] Mir ist bekannt, dass hierdurch auch personenbezogene Daten gegenüber dem Gericht und Dritten offengelegt werden können, die einem Berufs- oder besonderen Amtsgeheimnis beim [ENTWEDER/Oder:] Verantwortlichen/Auftragsverarbeiter unterliegen, für die Herrn/Frau [Name des Datenschutzbeauftragten] als Datenschutzbeauftragter tätig ist.[5]

[EVENTUELL ZUSÄTZLICH:] Über die Entbindung von der Schweigepflicht hinaus stimme ich der Heranziehung und Einsichtnahme in die von meinem Arbeitgeber über mich und in die durch mich im Betrieb meines Arbeitgebers geführten Akten und Dateien durch das Gericht zu. Dies bezieht sich insbesondere auf das auf meinen Namen von meinem Arbeitgeber eingerichtete elektronische Postfach mit der Adresse [E-Mail-Adresse].

In die dazu erforderlichen Verarbeitungen der auf meine Person bezogenen personenbezogenen Daten durch meinen Arbeitgeber und die zur Entscheidung meines Falls berufenen Gerichte willige ich hiermit ein.[6] Mir ist bekannt, dass ich diese Einwilligung jederzeit in gleicher Form widerrufen kann und dass die Rechtmäßigkeit der bis zum Widerruf erfolgten Verarbeitungen durch den Widerruf nicht berührt wird.

_____   _____

(Ort, Datum)   (Unterschrift der betroffenen Person)[7]

Anmerkungen

1. Sachverhalt. Der Datenschutzbeauftragte (DSB) ist nach § 38 Abs. 2 BDSG n. F. i. V. m. § 6 Abs. 5 S. 2 BDSG n. F. zur Verschwiegenheit verpflichtet (→ B.II.1. Anm. 23). Die Entbindung von dieser Schweigepflicht kommt praktisch nur in Situationen vor, in denen eine Aussage des DSB für die betroffene Person günstig ist. Das Muster bezieht sich beispielhaft auf die Aussage des DSB über einen Gegenstand seiner Wahrnehmung in einem vor dem Arbeitsgericht geführten Rechtsstreit zwischen dem Arbeitgeber (Verantwortlicher oder Auftragsverarbeiter) und dem Arbeitnehmer (betroffene Person).

Kremer/Sander

2. Wahrung der Geheimhaltung und Vertraulichkeit durch den DSB. Die Schweigepflicht des DSB ist mit Blick auf Art. 4f Abs. 4 BDSG a. F. nur bezogen auf den Schutz der betroffenen Person wegen der Kenntnisnahme des DSB von personenbezogenen Daten – insbesondere von „Tippgebern" – diskutiert worden. Hiermit befasst sich auch das Muster. Über § 4f Abs. 4 BDSG a. F. hinaus adressiert Art. 38 Abs. 5 DS-GVO jedoch zusätzlich die „Geheimhaltung" und „Vertraulichkeit" des DSB, überlässt die Ausgestaltung aber dem Recht der Union neben der DS-GVO und den Mitgliedstaaten. Der deutsche Gesetzgeber hat in Ausgestaltung dieser Öffnungsklausel jedoch lediglich den bisherigen § 4f Abs. 4 BDSG a. F. im (ggf. i. V. m. § 38 Abs. 2 BDSG n. F. anzuwendenden) § 6 Abs. 5 S. 2 BDSG n. F. fortgeschrieben. Zugleich wurde aber der bisherige § 4f Abs. 2 BDSG a. F. gestrichen, welcher die Klarstellung enthielt, dass sich die Kontrolle des DSB auf einem Berufs- oder besonderen Amtsgeheimnis unterliegende personenbezogene Daten erstreckte. Mit dieser Streichung ist allerdings keine Beschränkung der Überwachungsrechte des DSB aus Art. 39 Abs. 1 lit. b DS-GVO verbunden. Denn die DS-GVO geht insgesamt davon aus, dass sich ihr Anwendungsbereich und damit die Aufgaben des DSB auch auf Berufs- oder Amtsgeheimnisträger sowie die von diesen verarbeiteten personenbezogenen Daten erstreckt (*Laue/Nink/Kremer*, Das neue Datenschutzrecht in der betrieblichen Praxis, Kap. 10, Rn. 23; zum DSB als Whistleblower gegenüber der Aufsichtsbehörde → B.I.1. Anm. 7). Eine Fortschreibung von § 4f Abs. 2 BDSG n. F. hätte insoweit nur deklaratorische Wirkung.

3. Ursprung und Gegenstand der Schweigepflicht. Jeden internen und externen DSB (zur Abgrenzung → B.I.1. Anm. 2) trifft die Pflicht aus § 38 Abs. 2 BDSG n. F. i. V. m. § 6 Abs. 5 S. 2 BDSG n. F. Hiernach ist der DSB zur Verschwiegenheit über die Identität der betroffenen Person sowie über Umstände, die Rückschlüsse auf die betroffene Person zulassen, verpflichtet, soweit er nicht davon durch die betroffene Person befreit wird. Der DSB soll nur dann ihm anvertraute Informationen offenbaren, wenn dies die betroffene Person nicht belasten kann. Zum Teil wird vertreten, dass auch andere Personen als die betroffene Person den Schutz durch die Schweigepflicht genießen (zur wortgleichen Vorgängernorm etwa Simitis/*Simitis*, BDSG, § 4f Rn. 167f.). Dem kann nicht zugestimmt werden, weil einem derartigen Verständnis der klare Wortlaut des Gesetzes entgegensteht und es sich bei der Schweigepflicht um eine Ausnahmeregel zu Lasten des DSB handelt. Ausschließlich die betroffene Person kann den DSB von seiner Verschwiegenheitspflicht befreien, vgl. § 38 Abs. 2 BDSG n. F. i. V. m. § 6 Abs. 5 S. 2 BDSG n. F. Die Befreiung kann entsprechend § 167 Abs. 1 BGB gegenüber dem DSB, oder wie hier gegenüber einem Dritten erklärt werden, dem der DSB die Informationen offenbaren können soll. Eine besondere Berechtigung des DSB zur Verweigerung der Aussage, etwa als Zeuge in einem Zivilprozess, lässt sich aus der allgemeinen Verschwiegenheitspflicht nicht ableiten. Soweit die Verschwiegenheitspflicht reicht, kann sich der DSB jedoch auf § 383 Abs. 1 Nr. 6 ZPO berufen.

4. Strafrechtliche Konsequenzen bei Zuwiderhandlungen. Ein Verstoß gegen die Schweigepflicht aus § 38 Abs. 2 BDSG n. F. i. V. m. § 6 Abs. 5 S. 2 BDSG ist nicht nach § 203 StGB (Verletzung von Privatgeheimnissen) strafbar. Strafrechtliche Konsequenzen bei Verstößen drohen gleichwohl. Der externe DSB ist wegen der von ihm in Ausübung seiner Befugnisse verarbeiteten personenbezogenen Daten selbst Verantwortlicher i. S. v. Art. 4 Nr. 7 DS-GVO (→ B.II.1. Anm. 4, → B.II.2. Anm. 20).

Kremer/Sander

Bei einer Verletzung seiner Verschwiegenheitspflicht kann deshalb eine unbefugte Übermittlung vorliegen, die unter den Straftatbestand in § 42 Abs. 2 Nr. 1 BDSG n. F. oder einem entsprechenden, vorrangigen Straftatbestand in einem Landesdatenschutzgesetz fallen kann. Der externe DSB gilt in Ausübung seiner durch die Bestellung begründeten öffentlich-rechtlichen Aufgaben (→ B.I.1. Anm. 6 f.) „für diese Tätigkeiten" als öffentliche Stelle, § 2 Abs. 4 S. 2 BDSG n. F. (zur wortgleichen Vorgängernorm BeckOK DatenSR/*Hanloser*, BDSG, § 2 Rn. 43), dies ungeachtet der Tatsache, dass diese Tätigkeiten einen Großteil des von ihm ausgeübten Gewerbes (→ B.II.1. Anm. 14) darstellen. In der Gesetzesbegründung zur Vorgängernorm § 2 Abs. 4 S. 2 BDSG a. F. heißt es, dass der hoheitliche Funktionen ausübende Unternehmer „hinsichtlich der ihm übertragenen Verwaltungstätigkeit" zu den öffentlichen Stellen gehört und dass die damit in untrennbarem Zusammenhang stehenden Tätigkeiten, die nicht unmittelbar selbst hoheitliches Handeln darstellen, ebenfalls der übertragenen Verwaltungstätigkeit zuzurechnen und nicht den Regelungen für nicht-öffentliche Stellen zu unterwerfen sind (BT-Drs. 11/4306, S. 40). Die Begründung zum BDSG n. F. geht darauf nicht ein, so dass in Anbetracht der wortgleichen Fortgeltung die alte Begründung heranzuziehen ist. Hieraus ergibt sich, dass der externe DSB wie andere öffentliche Stellen des Landes der nach Landesrecht zuständigen datenschutzrechtlichen Aufsicht für den öffentlichen Bereich unterfällt. Soweit der interne DSB in seiner Funktion als unabhängige öffentlich-rechtliche Kontrollstelle tätig ist (→ B.I.1. Anm. 6 f.), ist er ebenfalls selbständig zu betrachten. Er kann im Hinblick auf die mit der Aufsichtstätigkeit einhergehende Verarbeitung personenbezogener Daten nicht Teil des Verantwortlichen oder Auftragsverarbeiters als seinem Arbeitgeber sein. Eine solche Betrachtung ist unvereinbar mit der Unabhängigkeit des DSB (ErwG 97 DS-GVO a. E.). Daher kann auch ihn die Strafandrohung des jeweiligen Landesdatenschutzgesetzes, die tatbestandlich § 42 Abs. 2 Nr. 1 BDSG n. F. entspricht, gleichermaßen wie den externen DSB treffen. Neben strafrechtlichen Sanktionen begründet ein Verstoß gegen die Verschwiegenheitspflicht stets Zweifel an der Fähigkeit des DSB zur Erfüllung der in Art. 39 Abs. 1 DS-GVO genannten Aufgaben i. S. v. Art. 37 Abs. 5 DS-GVO. Zudem löst ein solches Handeln gegen den DSB persönlich gerichtete Schadensersatzansprüche der betroffenen Person gem. § 823 Abs. 2 BGB i. V. m. § 38 Abs. 2 BDSG n. F. i. V. m. § 6 Abs. 5 S. 2 BDSG n. F. aus (zur wortgleichen Vorgängernorm etwa *Gola/Schomerus*, BDSG, § 4f Rn. 51).

5. Verschwiegenheitspflicht des DSB eines Berufsgeheimnisträgers. Eine zweite, nur von wenigen DSB zu beachtende Verschwiegenheitspflicht kann sich aus § 203 Abs. 2a StGB ergeben. Diese Vorschrift gilt ausschließlich für solche DSB, deren Verantwortlicher oder Auftragsverarbeiter ein Berufsgeheimnisträger i. S. v. § 203 Abs. 1, 2 StGB ist (etwa Arzt, Steuerberater, Wirtschaftsprüfer, Rechtsanwalt) und wirkt auch nach dem Tod des Berechtigten fort (BGH, Urt. v. 31.5.1983 – VI ZR 259/81, NJW 1983, 2627; → B.III.2 Anm. 4). Offenbart der DSB unbefugt ein ihm in dieser Funktion vom Berufsgeheimnisträger anvertrautes „fremdes Geheimnis", macht er sich strafbar. Die Schweigepflicht leitet sich also von derjenigen des Berufsgeheimnisträgers ab und ist keine originäre Verpflichtung des DSB (Schönke/Schröder/*Lenckner/Eisele*, StGB, § 203 Rn. 61b). Neben Betriebs- und Geschäftsgeheimnissen i. S. v. § 17 UWG sind auch zum persönlichen Lebensbereich gehörende Geheimnisse erfasst, z. B. die Angabe, dass eine Schwangere eine Kon-

Kremer/Sander

fliktberatung vor einer möglichen Abtreibung aufgesucht hat (→ C.VII.6.). Damit wird über § 203 Abs. 2a StGB das Berufsgeheimnis akzessorisch auf den bei einem Berufsgeheimnisträger tätigen internen oder externen DSB ausgedehnt. Anderenfalls dürfte der Berufsgeheimnisträger trotz einer gesetzlichen Verpflichtung aus Art. 37 Abs. 1 DS-GVO oder §§ 5, 38 BDSG n. F. (→ B.I.1.) keinen DSB bestellen, ohne sich selbst strafbar zu machen (→ Anm. 2). Der Ausnahmetatbestand des § 203 Abs. 3 S. 2 StGB für Gehilfen des Amtsträgers greift für den DSB nicht, weil die Gehilfeneigenschaft ein Weisungsrecht des Verantwortliche oder Auftragsverarbeiters voraussetzt, welches dem DSB gegenüber gerade nicht besteht, Art. 38 Abs. 3 S. 1 DS-GVO (→ B.I.1. Anm. 8). Das akzessorische Aussageverweigerungsrecht und das Beschlagnahmeverbot in § 38 Abs. 2 BDSG n. F. i. V. m. § 6 Abs. 6 BDSG beziehen sich ausschließlich auf § 203 Abs. 2a StGB (→ B.II.2. Anm. 20).

6. Einwilligung in Einsichtnahme. Regelmäßig ist die Entbindung von der Verschwiegenheitspflicht mit der Einwilligung in die Einsichtnahme in die die betroffene Person betreffenden oder von ihr geführten Akten und Dateien verbunden. Beispielhaft wird im Muster der Einblick in das E-Mail-Postfach des betroffenen Arbeitnehmers genannt, der regelmäßig in arbeitsgerichtlichen Streitigkeiten von Interesse ist. Eine entsprechende Einwilligung wird der betroffene Arbeitnehmer nur dann erteilen, wenn er sich davon ein ihr günstiges Beweismittel verspricht. Die Formulierung entspricht der üblichen Standardvorlage der Gerichte, die insbesondere von Sozialgerichten im Hinblick auf die Heranziehung und Einsichtnahme in Akten der Kranken- und Rentenversicherungen verwendet wird, z. B. in Rechtsstreitigkeiten über Rentenansprüche. Sie wurde allerdings wegen Art. 7 Abs. 4 DS-GVO ergänzt. Seitens der Gerichte als Dritte i. S. v. Art. 4 Nr. 10 DS-GVO ist zu beachten, dass die DS-GVO auf diese Anwendung findet (vgl. z. B. Art. 9 Abs. 2 lit. f DS-GVO: „bei Handlungen der Gerichte im Rahmen ihrer justiziellen Tätigkeit"), sich jedoch der Tätigkeitsbereich des DSB nicht auf Verarbeitungen im Rahmen der justiziellen Tätigkeiten des Gerichts erstreckt (Art. 37 Abs. 1 lit. a DS-GVO, § 7 Abs. 1 S. 2 BDSG n. F.).

7. Unterschrift. Die Entbindung des DSB von der Schweigepflicht gem. § 38 Abs. 2 BDSG n. F. i. V. m. § 6 Abs. 5 S. 2 BDSG n. F. ist eine höchstpersönliche Erklärung der betroffenen Person. Diese bedarf keiner besonderen Form und kann auch mündlich erteilt werden. Aus Beweisgründen empfiehlt sich jedoch stets eine schriftliche Einwilligung (§ 126 Abs. 1 BGB). Demgegenüber entfällt bei der Verschwiegenheitspflicht des § 203 Abs. 2a StGB (→ Anm. 5) die Strafbarkeit nicht nur bei einer formfrei möglichen Entbindungserklärung durch die betroffene Person, sondern auch bei einer Befreiung des DSB durch den jeweiligen Berufsgeheimnisträger. Soweit in der Literatur bisweilen noch vertreten wird, dass eine Offenbarungsbefugnis des Berufsgeheimnisträgers allein nicht ausreichend sei, sondern der DSB darüber hinaus auch eine eigene Entbindung durch die betroffene Person benötige (z. B. Schönke/Schröder/*Lenckner/Eisele*, StGB, § 203 Rn. 23, 61b a. E.), steht dem der Wortlaut § 38 Abs. 2 BDSG n. F. i. V. m. § 6 Abs. 6 S. 2 BDSG n. F. entgegen: „Über die Ausübung dieses [Zeugnisverweigerungs-]Rechts entscheidet die Person, der das Zeugnisverweigerungsrecht aus beruflichen Gründen zusteht, […]". Eine Entbindung von der Schweigepflicht allein durch die betroffene Person genügt indes sowohl für § 38 Abs. 2 BDSG n. F. i. V. m. § 6 Abs. 5 S. 2 BDSG n. F. als auch für

Kremer/Sander

§ 203 Abs. 2a StGB, sofern die betroffene Person gleichzeitig auch diejenige ist, zu deren alleinigem Schutz das Berufsgeheimnis wirkt.

2. Antwort auf ein Auskunftsverlangen der Aufsichtsbehörde

Sehr geehrte Damen und Herren,

unter Ihrem Az. [behördliches Aktenzeichen] forderten Sie uns mit Schreiben vom [Datum] auf, in Bezug auf die uns gegenüber erhobenen Vorwürfe eines Betroffenen[1] Stellung zu nehmen sowie in Ihrem Schreiben im Einzelnen näher bezeichnete Auskünfte zu erteilen.[2]

1.

Zu dem von Herrn/Frau [Name des Betroffenen] geäußerten Vorwurf der rechtswidrigen Datenverarbeitung nehmen wir wie folgt Stellung: Der vom Betroffenen geschilderte Sachverhalt ist unvollständig und führt deshalb zu unzutreffenden rechtlichen Bewertungen.

Die Daten von Herrn/Frau [Name des Betroffenen] erlangten wir [...]. Unzutreffend ist die Behauptung, wir würden [...]. Vom ursprünglichen Zweck der Speicherung umfasst war auch [...]. Anhaltspunkte für einen der Datenverarbeitung entgegenstehenden Willen von Herrn/Frau [Name des Betroffenen] waren für uns nicht erkennbar.[3]

Aus Anlass Ihres Schreibens vom [Datum] erfuhren wir erstmals von einem der weiteren Datenverarbeitung entgegenstehenden Willen des Betroffenen. Einer Löschung der Daten steht jedoch entgegen, dass die weitere Speicherung erforderlich ist für [...].

2.

Ihrem Auskunftsverlangen kommen wir gerne wie folgt nach:

Das angefragte Verzeichnis der Verarbeitungstätigkeiten entnehmen Sie bitte der Anlage zu diesem Schreiben.[4] Um Ihnen eine schnellere Einschätzung zu ermöglichen, ob unsere Verarbeitungen personenbezogener Daten mit hohen Risiken für die Rechte und Freiheiten natürlicher Personen einhergehen, fassen wir zudem die Kategorien von personenbezogenen Daten, die durch uns verarbeitet werden, wie folgt zusammen:[5]

– [Aufzählung]

[EVENTUELL ZUSÄTZLICH:] Wir führen keine Kerntätigkeiten aus, die in der Durchführung von Verarbeitungsvorgängen besteht, welche die umfangreiche regelmäßige und systematische Überwachung von betroffenen Personen mit sich bringen würde, die in der umfangreichen Verarbeitung von besonderen Kategorien personenbezogener Daten i.S.v. Art. 9 DS-GVO oder in der umfangreichen Verarbeitung personenbezogener Daten über strafrechtliche Verurteilungen und Straftaten i.S.v. Art. 10 DS-GVO bestehen würde. [ENDE DES ZUSATZES]

Sollten Sie ergänzende Fragen haben, stehen wir selbstverständlich jederzeit für weitere Auskünfte zur Verfügung.

_____   _____
(Ort Datum)   (Geschäftsführung des Verantwortlichen)

Kremer/Sander

Anmerkungen

1. Sachverhalt. Beispielhaft unterstellt wird hier der Fall, in dem der Betroffene sich bei einer Aufsichtsbehörde (→ J.I.) beschwert, weil er vom Verantwortlichen – angeblich gegen seinen Willen – Werbung zugesandt bekommen hat.

2. Maßnahmen der Aufsichtsbehörde, Auskunftspflicht. Anders als die Staatsanwaltschaft, die bei der Verfolgung von Straftaten über einen Opportunitätsspielraum verfügt, muss die Aufsichtsbehörde jedem Verdacht eines Verstoßes gegen das Datenschutzrecht nachgehen (Legalitätsprinzip; Art. 57 Abs. 1 Hs. 1 DS-GVO: „muss"). Vor dem Gebrauch machen von Abhilfebefugnissen i.S.d. Art. 58 Abs. 2 DS-GVO gegenüber dem Verantwortlichen, die bis zum Verbot von Verarbeitungen personenbezogener Daten reichen und damit wie eine Betriebsstilllegung wirken können (Art. 58 Abs. 2 lit. f DS-GVO), muss die Aufsichtsbehörde jedoch zunächst den Sachverhalt aufklären. Dazu stehen ihr die in Art. 58 Abs. 1 DS-GVO verankerten Untersuchungsbefugnisse zu. Verweigert der Verantwortliche die Vor-Ort-Prüfung, obwohl er zu deren Duldung gem. Art. 58 Abs. 1 lit. f DS-GVO verpflichtet war („Zugang zu den Geschäftsräumen, einschließlich aller Datenverarbeitungsanlagen und -geräte"), liegt hierin eine im Gegensatz zu den anderen Untersuchungsbefugnissen der Aufsichtsbehörde deutlich härter sanktionierte Ordnungswidrigkeit (Art. 83 Abs. 5 lit. e DS-GVO: „Nichtgewährung des Zugangs"). Die Duldungspflicht führt dazu, dass der Verantwortliche an der Ermöglichung einer effektiven Kontrolle seiner Verarbeitungen personenbezogener Daten aktiv mitwirken muss (Gola/*Nguyen*, DS-GVO, Art. 58 Rn. 8; so schon zum alten Recht Simitis/*Petri*, BDSG, § 38 Rn. 65), ohne dass bei einer rechtmäßigen Kontrolle ein Kostenerstattungsanspruch des Verantwortlichen gegenüber der Aufsichtsbehörde besteht, z. B. für Produktionsausfälle. Zudem können in Abhängigkeit vom jeweiligen Kostenrecht für die aufsichtsbehördliche Tätigkeit Gebühren beim Verantwortlichen erhoben werden (VG Lüneburg, Urt. v. 5.7.2007 – 1 A 132/05, openJur 2012, 46050; eine Änderung der Rechtslage trat durch die DS-GVO insoweit nicht ein). Die Vor-Ort-Kontrolle ist damit deutlich belastender als eine schriftliche Selbstauskunft, welche von der Aufsichtsbehörde deshalb zur Aufklärung des Sachverhalts unter dem Gesichtspunkt der Verhältnismäßigkeit regelmäßig zuerst eingeholt wird. Zur Erteilung von Auskünften ist der Verantwortliche, jedenfalls im Rahmen einer „Zusammenarbeit mit der Aufsichtsbehörde", jederzeit verpflichtet (Art. 30 Abs. 4, Art. 31 DS-GVO). Die Auskunfts- bzw. Mitteilungspflichten gehen sogar über die Grenze der Selbstbezichtigung hinaus und verpflichten zur Schaffung von Beweismitteln gegen sich selbst (Art. 33 Abs. 1, 5 DS-GVO). Bemerkenswert ist insoweit, dass die DS-GVO zwar den Grundsatz hervorhebt, dass niemand wegen derselben Tat zweimal „bestraft" werden darf, etwa durch verwaltungs- und strafrechtliche Sanktionen (ErwG 149 a.E. DS-GVO). Aber die Freiheit, sich nicht selbst belasten zu müssen, die den europäischen Staaten ebenso vertraut ist (Art. 14 Abs. 3 lit. g IPbpR und Art. 6 Abs. 1 S. 1 EMRK) wie dem deutschen Staat (siehe nur § 55 Abs. 1 StPO), wird nicht erwähnt, wenngleich es mehr Anlass dazu gegeben hätte, sich zu diesem Grundsatz anstatt zum Verbot der Doppelbestrafung zu äußern. Für die Rechtsanwendung in Deutschland ist es begrüßenswert, dass §§ 40 Abs. 3, 42 Abs. 4, 43 Abs. 4 BDSG n.F. die frühere Regelung in §§ 38 Abs. 3, 42a S. 6 BDSG

Kremer/Sander

a. F. fortführen, also den sich durch Mitteilungen an die Aufsichtsbehörde Selbstbelastenden von einer persönlichen Sanktionierung freistellen. Dabei kann die Behörde, wie in dem diesem Muster zu Grunde liegenden Sachverhalt geschehen, die Geltendmachung ihres Auskunftsanspruchs mit einer Anhörung nach § 28 Abs. 1 VwVfG verbinden, um gleichzeitig etwaige Maßnahmen nach Art. 58 Abs. 2 DS-GVO gegen den Verantwortlichen vorzubereiten. Für derartige Maßnahmen ist das deutsche Verwaltungsrecht maßgeblich, weil die DS-GVO unter Beachtung der sich aus Art. 291 Abs. 1 AEUV ergebenden Verfahrensautonomie bestimmt, dass die „Ausübung" von der Aufsichtsbehörde übertragenen Befugnissen „gemäß dem Recht des Mitgliedstaats" erfolgt (Art. 58 Abs. 4 DS-GVO). ErwG 129 DS-GVO vereinheitlicht indes ein „Minimum an Verfahrensvorschriften" für das Handeln von Aufsichtsbehörden europaweit, wobei es sich aus deutscher Sicht um Selbstverständlichkeiten handelt. Der Zugang des im hiesigen Sachverhalt unterstellten Schreibens (→ Anm. 1) sollte deshalb beim Verantwortlichen einen strukturierten Prozess auslösen (→ A.III.3.), an dessen Ende ein Antwortschreiben der Geschäftsführung an die Aufsichtsbehörde z.B. nach dem vorliegenden Muster steht. Der Datenschutzbeauftragte sollte sorgfältig abwägen, welche Informationen er der Aufsichtsbehörde preisgibt, wenn er unmittelbar von dieser befragt wird (Art. 39 Abs. 1 lit. d, e DS-GVO; → B.I.1. Anm. 7, → B.III.1.).

3. Eigene Schilderung des Sachverhalts. Ein von der Aufsichtsbehörde betriebenes Verwaltungsverfahren kann zu Maßnahmen nach Art. 58 Abs. 2 DS-GVO, insbesondere zur Verhängung von Geldbußen gem. Art. 58 Abs. 2 lit. i i.V.m. Art. 83 DS-GVO gegen den Verantwortlichen führen. Auf die Formulierung des Antwortschreibens, insbesondere des vom Verantwortlichen dort geschilderten Sachverhalts, ist deshalb besondere Sorgfalt zu verwenden. Mit Blick auf die Höhe der Geldbußen, die nach Art. 83 Abs. 1 DS-GVO „in jedem Einzelfall abschreckenden Charakter" haben sollen, ist eine rechtliche Prüfung zu empfehlen. Mit Blick auf die anderenfalls drohenden Vor-Ort-Kontrollen (→ Anm. 2) empfiehlt sich ein kooperativer Umgang mit der Aufsichtsbehörde ab der ersten Anfrage. Die Wiedergabe eigener Rechtsansichten (etwa: „Der Betroffene hatte eingewilligt.") kann zwar für die Schuldfrage und damit für die Bemessung einer Geldbuße relevant sein. Das Auskunftsverlangen wird damit jedoch nicht erfüllt. Es ist der Sachverhalt zu schildern, aufgrund dessen die Aufsichtsbehörde selbständig eine rechtliche Bewertung vornehmen kann (z.B. durch Vorlage der unterschriebenen Einwilligungserklärung des Betroffenen). Zur Schilderung des Sachverhalts gehört auch die Angabe, welche Gesichtspunkte der Verantwortliche in eine Interessenabwägung etwa i.S.v. Art. 6 Abs. 1 lit. f DS-GVO eingestellt hat.

4. Umfang und Darstellung zu erteilender Auskünfte. Fließtexte sind zur Beantwortung von Auskunftsverlangen nicht zwingend erforderlich. Ist wie hier nach dem Verzeichnis von Verarbeitungstätigkeiten gefragt, wird dieses in Kopie übersandt (→ C.II.). Die darin enthaltenen Angaben werden von der Aufsichtsbehörde nicht jedermann zugänglich gemacht, insbesondere nicht der betroffenen Person in Beantwortung einer an die Aufsichtsbehörde gerichteten Beschwerde übermittelt (vgl. Art. 77 Abs. 2 DS-GVO). Die Aufsichtsbehörde hat insoweit nur zusammenfassend zu unterrichten, da eine Weitergabe der Untersuchungsergebnisse regelmäßig deshalb ausscheidet, weil diese „nur für Zwecke der Aufsicht" verarbeitet werden dürfen (§ 40 Abs. 2 S. 1 BDSG n.F.). Auch eine Gefahr der Offenbarung von der

Kremer/Sander

Aufsichtsbehörde offengelegten Betriebs- und Geschäftsgeheimnisse des Verantwortlichen über die Geltendmachung von Ansprüchen Dritter nach den Informations-
freiheitsgesetzen droht nicht. Denn ebenso wie geistiges Eigentum sind Betriebs- und
Geschäftsgeheimnisse hiernach nicht herauszugeben (§ 6 IFG). Generell gilt für
Auskunftsverlangen, dass Geheimhaltungsinteressen des Verantwortlichen hierdurch
nicht berührt werden, weil die aus Prüfungen und Besichtigungen gewonnenen Erkenntnisse der Geheimhaltungspflicht der Aufsichtsbehörde nach dem jeweiligen
VwVfG unterliegen (so schon zum alten Recht Simitis/*Petri*, BDSG, § 38 Rn. 69); an
diesen allgemeinen verwaltungsrechtlichen Grundsätzen ändert die DS-GVO nichts.
Zu beachten sind allerdings die Ausnahmetatbestände in § 40 Abs. 2 BDSG n. F., die
in bestimmten Fällen eine Weitergabe u. a. an betroffene Personen, an Aufsichtsbehörden, an Gewerbeaufsichtsbehörden sowie an Strafverfolgungsbehörden gestatten.

5. Kategorien von Daten. Die DS-GVO differenziert zwischen verschiedenen Kategorien personenbezogener Daten i. S. v. Art. 4 Nr. 1 DS-GVO. Unter die „besonderen Kategorien" personenbezogener Daten, die als besondere Arten personenbezogener Daten sprachlich schon bekannt waren (§ 3 Abs. 9 BDSG a. F.), fallen nicht
mehr nur personenbezogene Daten, aus denen sich bestimmte Informationen ergeben, sondern nunmehr auch die mit eigenen Begriffsdefinitionen ausgestatteten genetischen Daten (Art. 4 Nr. 13 DS-GVO), zur Identifizierung vorgesehene biometrischen Daten (Art. 4 Nr. 14 DS-GVO) und Gesundheitsdaten (Art. 4 Nr. 15 DS-
GVO). Eine besondere Rolle spielen erstmals personenbezogene Daten, die Informationen über strafrechtliche Verurteilungen und Straftaten oder damit zusammenhängende Sicherungsmaßregeln enthalten (Art. 10 DS-GVO). Neu ist zudem auch,
dass personenbezogene Daten, die sich auf Kinder beziehen, mittelbar einen besseren Schutz erfahren (Art. 8 DS-GVO) und deshalb als eine eigene Kategorie von Daten aufgefasst werden sollten. Trotz der unterschiedlichen Bedingungen für eine
rechtmäßige Verarbeitung, die sich an die verschiedenen Kategorien von Daten
knüpfen, ist daran zu erinnern, dass bereits 1983 das BVerfG davon sprach, dass „es
unter den Bedingungen der automatischen Datenverarbeitung kein belangloses Datum mehr gibt" (BVerfG, Urt. v. 15.12.1983 – 1 BvR 209/83, BVerfGE 65, 1). Allen
Unterscheidungen von Kategorien von Daten ist gemein, dass die Zuweisung von
personenbezogenen Daten zu einer jener Kategorien dazu führt, dass besondere Regelungen für die Rechtmäßigkeit der Verarbeitung gelten. Die Bildung weiterer Kategorien von Daten, für die jedoch keine besonderen Regelungen gelten, ist zwar in
der Praxis üblich (z. B. sog. „Kundendaten"), aber nicht zu empfehlen, weil dies zu
Fehlzuordnungen und der Erschwerung der eigenen Arbeit führen kann. Nur solange sich aus der Bezeichnung der Kategorie von Daten unmittelbar der Rückschluss
auf das zu beachtende Recht ergibt, erleichtert dies die Arbeit des Verantwortlichen,
der es darauf anlegt, die Vorgaben des Datenschutzrechts einzuhalten. Denn die jeweils zu beachtenden Sondervorschriften sind etwa für die Erstellung eines Löschkonzepts hilfreich (→ A.V.4.). Abschließend hinzuweisen ist darauf, dass es „Verarbeitungen" personenbezogener Daten gibt, die besondere Verhaltenspflichten beim
Verantwortlichen nach sich ziehen und die Frage, ob eine solche Verarbeitung vorliegt, auch – aber nicht nur – davon abhängt, welche Kategorien von Daten verarbeitet werden. Betroffen sind die Verarbeitungen, die hohe Risiken für die Rechte
und Freiheiten natürlicher Personen in sich bergen (Art. 34 und 35 DS-GVO).

Kremer/Sander

3. Typische auf den Datenschutzbeauftragten des Vertragspartners bezogene Klauseln anderer Verträge

Die nachfolgenden Klauseln sind kein Muster für einen einheitlichen Vertrag. Es handelt sich um einzelne, voneinander losgelöst zu betrachtende und zu verwendende Bestimmungen. In der Praxis finden sich derartige Bestimmungen in Verträgen unterschiedlicher Art zwischen dem Verantwortlichen und einem Dritten. Ihre Verwendung ist dabei nicht auf bestimmte Arten von Verträgen oder Geschäftsfeldern, bzw. Branchen beschränkt. Typischerweise handelt es sich jedoch um Aufträge über eine Auftragsverarbeitung i.S.v. Art. 28 DS-GVO oder solche Verträge, unter denen personenbezogene Daten zur Nutzung durch Dritte i.S.v. Art. 4 Nr. 10 DS-GVO übermittelt werden (z.B. im Marketing oder der Kundenbetreuung). Dabei kann der Datenschutzbeauftragte, der selbst an diesen Verträgen nicht beteiligt ist, vom Vertragspartner seines Verantwortlichen oder Auftragsverarbeiters durch eine geeignete Vertragsgestaltung zu dessen verlängertem Arm instrumentalisiert werden, sodass der Vertragspartner sich eigene, aufwändige Kontrollen erspart (→ B.I.1. Anm. 6, Stichwort „interne Selbstkontrolle").

1. Benennung eines Datenschutzbeauftragten

Der Anbieter gewährleistet, in den gesetzlich in Art. 37 Abs. 1 DS-GVO, §§ 5 Abs. 1, 38 Abs. 1 BDSG n.F. bezeichneten Fällen einen Datenschutzbeauftragten benannt zu haben.[1]

2. Pflicht zur Benennung eines Datenschutzbeauftragten

(1) Unabhängig davon, ob der Auftragnehmer kraft Gesetzes dazu verpflichtet ist, hat er die vertragliche Pflicht, einen Datenschutzbeauftragten zu benennen, der seine Tätigkeit gem. Art. 38, 39 DS-GVO ausüben kann.[2]

(2) [EVENTUELL ZUSÄTZLICH: Ein Nachweis über die vom Auftragnehmer vorgenommene Benennung eines Datenschutzbeauftragten ist diesem Vertrag als Anlage beigefügt].[3]

(3) [EVENTUELL ZUSÄTZLICH: Die Nachweise der Aus- und Fortbildungen des Datenschutzbeauftragten des Auftragnehmers, die dessen Fachwissen i.S.v. Art. 37 Abs. 5 DS-GVO belegen, sind dieser Vereinbarung als Anlage beigefügt. Von den Nachweisen über zukünftige Fortbildungen wird der Auftragnehmer dem Auftraggeber unaufgefordert unverzüglich nach Abschluss der jeweiligen Fortbildung eine Kopie überlassen].[4]

3. Kontaktdaten des Datenschutzbeauftragten, Mitwirkungspflicht

(1) Name und Kontaktdaten des Datenschutzbeauftragten des Auftragnehmers werden dem Auftraggeber nachfolgend zum Zwecke der unmittelbaren Kontaktaufnahme mitgeteilt.[5] Gegenwärtig ist zum Datenschutzbeauftragten des Auftragnehmers benannt: [Name, Kontaktdaten].

(2) Sollte sich ein Wechsel in der Person des Datenschutzbeauftragten oder eine Änderung in den Kontaktdaten ergeben, wird der Auftragnehmer dies dem Auftraggeber unverzüglich in Textform (§ 126b BGB) anzeigen.[5]

Kremer/Sander

(3) Der Auftragnehmer verpflichtet sich, seinen Datenschutzbeauftragten anzuweisen, die ihm vom Auftraggeber gestellten Fragen zu datenschutzrechtlichen Belangen im Zusammenhang mit den Datenverarbeitungen, die der Auftragnehmer im Auftrag für den Auftraggeber ausführt, unmittelbar und unverzüglich zu beantworten.[6]

4. Inspektionsrecht des Auftraggebers

Der Auftraggeber ist befugt, beim Auftragnehmer alle erforderlichen Überprüfungen einschließlich Inspektionen vor Ort zum Nachweis der Einhaltung der Anforderungen aus Art. 28 Abs. 1 DS-GVO durchzuführen. Hierzu ist der Auftraggeber befugt, Zugang zu allen für die Überprüfungen erforderlichen Informationen zu verlangen. Dazu gehören insbesondere Nachweise über die Benennung eines Datenschutzbeauftragten und dessen Fachwissen, die Verpflichtung der Mitarbeiter auf das Datengeheimnis und Konzepte zu technischen und organisatorischen Maßnahmen zum Schutz personenbezogener Daten.[7]

5. Inspektion durch Dritte

Der Auftraggeber kann seine Einsichts- und Kontrollrechte nicht nur durch eigene, zur Verschwiegenheit gesondert verpflichtete Arbeitnehmer oder seinen internen Datenschutzbeauftragten ausüben, sondern auch durch bevollmächtigte Dritte, sofern es sich bei diesen um berufsmäßig zur Verschwiegenheit Verpflichtete handelt, z. B. vereidigte Wirtschaftsprüfer, Rechtsanwälte oder Steuerberater.[8]

6. Nachweis der Datenschutzkonformität

Unabhängig von den Überprüfungsbefugnissen des Auftraggebers verpflichtet sich der Auftragnehmer, durch ein regelmäßiges, alle [drei] Jahre zu erneuerndes Testat z. B. einer anerkannten Wirtschaftsprüfungsgesellschaft, seines Datenschutzbeauftragten oder durch eine andere, den gesetzlichen Anforderungen aus Art. 42 DS-GVO genügende Zertifizierung, den Nachweis der Einhaltung der getroffenen technischen und organisatorischen Maßnahmen i. S. v. Art. 32 Abs. 1 DS-GVO zu erbringen.[9]

7. Überprüfungsrecht des Betriebsrats

Der Betriebsrat hat das Recht, jederzeit unter Wahrung der Persönlichkeitsrechte der Arbeitnehmer die Einhaltung dieser Betriebsvereinbarung unter Hinzuziehung des Datenschutzbeauftragten zu überprüfen.[10]

8. Pflicht zur Datenschutzkonformität

Der Auftragnehmer wird sich bei Ausführung des Auftrags an das geltende Datenschutzrecht halten. Der vom Auftragnehmer benannte Datenschutzbeauftragte verantwortet die Einhaltung [ENTWEDER:] des geltenden Datenschutzrechts [ODER:] der erforderlichen technischen und organisatorischen Maßnahmen i. S. v. Art. 32 DS-GVO.[11]

9.

_____

(Unterschrift des Datenschutzbeauftragten)[12]

Kremer/Sander

Anmerkungen

1. Gewährleistung der Benennung. Die Klausel berührt die Interessen des Datenschutzbeauftragten (DSB) nur mittelbar. Sie richtet sich allein darauf, dass Verantwortlicher oder Auftragsverarbeiter gewährleisten, im Fall einer Benennungspflicht aus Art. 37 Abs. 1 DS-GVO oder §§ 5 Abs. 1, 38 Abs. 1 BDSG n. F. (→ Vorb. zu B.I.1.) überhaupt einen DSB benannt zu haben. Von einer derartigen Vereinbarung verspricht sich der Vertragspartner mittelbar die Einhaltung datenschutzrechtlicher Bestimmungen, bedingt durch die Arbeit des DSB als unternehmensinterner Kontrollstelle (→ B.I.1. Anm. 6).

2. Vertragliche Pflicht zur Benennung eines Datenschutzbeauftragten. Ungeachtet einer etwaigen gesetzlichen Pflicht zur Benennung eines DSB aus Art. 37 Abs. 1 DS-GVO oder §§ 5 Abs. 1, 38 Abs. 1 BDSG n. F. wird durch diese Klausel eine vertragliche Pflicht zur Benennung eines DSB begründet. Eine solche freiwillige Benennung lässt Art. 37 Abs. 4 S. 1 DS-GVO ausdrücklich zu. Wegen der sich gleichwohl aus dem Gesetz ergebenden Unabhängigkeit des DSB und seiner Aufgabe als interner Kontrollstelle (→ B.I.1. Anm. 6, 7), erreicht der Auftraggeber damit mittelbar eine Kontrolle des Auftragnehmers, ohne selbst Kosten tragen zu müssen. Durch die optionalen Zusätze in den Absätzen 2 und 3 (→ Anm. 3, 4) sowie die ergänzende Klausel in § 4 (→ Anm. 5) kann das Instrument der Selbstkontrolle beim Auftragnehmer noch für den Auftraggeber kostenfrei verschärft werden.

3. Nachweis der Benennung. Die Klausel hat nur deklaratorischen Charakter. Allein der Umstand, dass der Auftraggeber überhaupt zu einem Nachweis der Benennung verpflichtet ist (zum Wegfall der Schriftform für die Benennung → B.I.1. Anm. 1), erzeugt Druck auf den Auftragnehmer mit Blick auf die tatsächliche Vornahme der Benennung eines DSB.

4. Vorlage von Nachweisen für das Fachwissen. Soweit vorhandene Nachweise angesprochen sind, ist die Klausel deklaratorischer Natur. Bezogen auf die Überlassung zukünftiger Nachweise begründet die Klausel eine vertragliche Pflicht des Auftragnehmers. Auch dies dient der Erhöhung des Drucks auf den Auftragnehmer zur gesetzeskonformen Umsetzung des Datenschutzes in seinem Unternehmen. Die für die damit verbundenen Übermittlungen personenbezogener Daten über die Beschäftigten sowie über den DSB an den Auftraggeber erforderliche Rechtsgrundlage ergibt sich aus Art. 6 Abs. 1 lit. f DS-GVO.

5. Ansprache des DSB durch den Auftraggeber. Der DSB ist gem. Art. 38 Abs. 4 DS-GVO Ansprechpartner für alle betroffenen Personen. Nicht erfasst ist jedoch der Auftraggeber als Vertragspartner des Verantwortlichen oder Auftragsverarbeiters, obwohl dieser häufig ein berechtigtes Interesse daran hat, dass beim Verantwortlichen oder Auftragsverarbeiter die Regelungen des Datenschutzes eingehalten werden. Durch die beiden Klauseln räumt der Verantwortliche oder Auftragsverarbeiter dem Auftraggeber das Recht ein, ungefiltert gleich einer betroffenen Person mit dem DSB in Kontakt zu treten. Zur Absicherung der Kontaktmöglichkeit ist in Abs. 2 eine Verpflichtung vorgesehen, Änderungen mitzuteilen (zum Begriff Kontaktdaten und der Veröffentlichungspflicht aus Art. 37 Abs. 7 DS-GVO, → Vorb zu B.I.1.).

Kremer/Sander

6. Antworten des DSB an den Auftraggeber. Ergänzend zum Recht des Auftraggebers zur unmittelbaren Ansprache des DSB (→ Anm. 5) verpflichtet diese Klausel den Auftragnehmer dazu, seinen DSB zur unmittelbaren Antwort an den Auftraggeber anzuhalten. Anderenfalls liefe die Kontrollfunktion des DSB für den Auftraggeber weitgehend ins Leere und beschränkte sich auf die Hoffnung des Auftraggebers, dass allein das Vorhandensein eines DSB zu einer Verbesserung des Datenschutzes beim Auftraggeber führen wird. Die dem DSB zu erteilende Weisung betrifft seinen zivilrechtlichen Aufgabenkreis (→ B.I.1. Anm. 8), steht also nicht in Konflikt zur weisungsfreien Tätigkeit des DSB gem. Art. 38 Abs. 3 S. 1 DS-GVO.

7. Kontrollen durch den Auftraggeber. Zu den Mindestinhalten eines Vertrags über eine Auftragsverarbeitung gehören gem. Art. 28 Abs. 3 lit. h DS-GVO Festlegungen über die Kontrollrechte des Auftraggebers (→ E.III. und → G.I. sowie → G.II.). Bestimmte Mindestinhalte gibt die DS-GVO hier nicht vor. Die Musterklausel geht über den Mindestinhalt einer solchen Bestimmung hinaus. Gem. Art. 28 Abs. 3 lit. h DS-GVO wäre es ausreichend, wenn sich die Kontrolle auf die Einhaltung der sich unmittelbar aus Art. 28 DS-GVO ergebenden Anforderungen beschränkte (dazu ausführlich → G.I.; zur Verpflichtung auf das Datengeheimnis → C.VII.1.).

8. Verschwiegenheitspflichten und Inspektionen. Zu den Mindestinhalten eines Auftrags über eine Auftragsverarbeitung gehört gem. Art. 28 Abs. 3 lit. h DS-GVO die Festlegung, ob der Auftraggeber seine Kontrollrechte nur höchstpersönlich ausüben kann bzw. welche Personen als von dem Auftraggeber beauftragte Prüfer zur Vornahme von Inspektionen beim Auftragnehmer berechtigt sind. Der Auftragnehmer muss verhindern, dass Kontrollen durch unmittelbare oder mittelbare Wettbewerber vorgenommen werden. Als Kompromiss wird deshalb regelmäßig eine Beschränkung der Kontrollbefugnisse auf berufsmäßig i.S.v. § 203 StGB zur Verschwiegenheit Verpflichtete vorgesehen. Eine Prüfbefugnis für den DSB des Auftraggebers ist für den Auftragnehmer stets riskant, weil den DSB des Auftraggebers keine Verschwiegenheitspflichten bezogen auf den Auftragnehmer treffen (→ B.III.1. Anm. 2). Handelt es sich um einen externen DSB ist dieser kraft Gesetzes noch nicht einmal zur Geheimhaltung zu Gunsten des Auftraggebers verpflichtet (→ B.II.1. Anm. 22). Auftragnehmer sollten deshalb Prüfbefugnisse des DSB des Auftraggebers ohne gesondert zu Gunsten des Auftragnehmers mit dem DSB abgeschlossene Geheimhaltungsvereinbarungen (→ B.II.1. Anm. 22) grundsätzlich ablehnen.

9. DSB als Prüfungsautorität. Wegen der Überprüfungsbefugnisse des Auftraggebers aus Art. 28 Abs. 3 lit. h DS-GVO stellt sich die Frage, ob eigene Prüfungen des Auftraggebers dadurch ersetzt werden können, dass der Auftragnehmer sich selbst einer Prüfung durch einen vertrauenswürdigen Dritten unterzieht und das Ergebnis der Prüfung dem Auftraggeber bereitstellt, z.B. ein Testat oder Auditbericht. Dies ist abhängig von der Bedeutung der von der Verarbeitung betroffenen personenbezogenen Daten und der mit der Verarbeitung einhergehenden Eingriffsintensität möglich (*Kremer*, ITRB 2014, 60 m.w.N.). Für die Durchführung derartiger Prüfungen beim Auftragnehmer kommt grundsätzlich auch dessen DSB als vertrauenswürdige und kraft Gesetzes unabhängige Instanz in Betracht (→ B.I.1. Anm. 1). Art. 42 DS-GVO geht zwar davon aus, dass derartige Überprüfungen und Zertifizierungen durch externe Zertifizierungsstellen i.S.d. Art. 43 DS-GVO vorgenommen werden sollen, ist aber keine abschließende Regelung und betrifft auch nicht interne Audi-

Kremer/Sander

tierungen des Verantwortlichen durch seinen DSB (zu Zertifizierungen gem. Art. 42 DS-GVO, → C.IV.; zur Prüfung der technischen und organisatorischen Maßnahmen, → E.II.).

10. Beteiligung des DSB durch den Betriebsrat. Diese Klausel kommt bisweilen in Betriebsvereinbarungen vor. Weil die damit bezweckte Erhöhung des Schutzniveaus Absenkungen an anderer Stelle einer Betriebsvereinbarung rechtfertigen kann (ohne einen solchen Ausgleich wäre eine ausschließlich datenschutzrechtlich belastende Betriebsvereinbarung kein Erlaubnistatbestand i.S.d. § 4 Abs. 1 BDSG, siehe grundlegend BAG, Beschl. v. 27.5.1986 – 1 ABR 48/84, NZA 1986, 643), kann die Klausel für die betroffenen Arbeitnehmer genau den gegenteiligen Effekt haben. Notwendig ist die Beteiligung des DSB jedenfalls nicht. Der Betriebsrat ist aufgrund eigener Aufgabenzuweisung in § 80 Abs. 1 Nr. 1 BetrVG verpflichtet, die Einhaltung der Vorschriften in DS-GVO, BDSG n. F. und anderen datenschutzrechtlich relevanten Vorschriften zu überwachen, soweit diese zugunsten der Arbeitnehmer des Betriebs gelten. Für diese Kontrollen muss der Betriebsrat nicht den DSB hinzuziehen, auch wenn dieser wegen seiner eigenen Aufgabenzuweisung in Art. 39 Abs. 1 lit. b DS-GVO dieselbe Kontrolle durchzuführen hat (→ E.I.3.). Ist jedoch, wie in der Klausel vorgesehen, der DSB zwingend zu beteiligen, führt dies zu einer Erhöhung des Schutzniveaus.

11. Haftung des DSB. Wird die Klausel in einem Vertrag ohne Beteiligung des DSB vereinbart, ist sie als vertragliche Absprache zu Lasten eines Dritten unwirksam (Palandt/*Grüneberg*, Einf. v. § 328 BGB Rn. 10). Nur wenn der Vertrag als dreiseitige Vereinbarung auch vom DSB unterzeichnet wird, kann unter Verwendung einer solchen Bestimmung dem DSB eine Gewährleistung für die Einhaltung datenschutzrechtlicher Bestimmungen beim Auftragnehmer als Verantwortlichem oder Auftragsverarbeiter auferlegt werden. Ein Anspruch des Auftragnehmers gegen seinen DSB auf Unterzeichnung einer solchen Klausel besteht jedoch nicht. Sofern der DSB durch eine derartige Haftungsübernahme finanziell krass überfordert werden sollte oder seitens des Verantwortlichen oder Auftragsverarbeiters zur Unterzeichnung des Vertrags gedrängt wurde, kann die Klausel im Einzelfall gegen die guten Sitten gem. § 138 Abs. 1 BGB verstoßen und unwirksam sein. Auf die §§ 305 ff. BGB kann insoweit nicht abgestellt werden, weil die Klausel der Festlegung der Hauptleistungspflicht des DSB dient und daher wegen § 307 Abs. 3 BGB der AGB-rechtlichen Inhaltskontrolle entzogen ist (Palandt/*Grüneberg*, § 307 BGB Rn. 46).

12. Die Unterzeichnung von Verträgen. Gelegentlich findet sich unter Verträgen, insbesondere über eine Auftragsverarbeitung i.S.v. Art. 28 DS-GVO, eine Unterschriftenzeile, die „im Namen des Auftragnehmers" zur Unterzeichnung durch dessen DSB vorgesehen ist. Da dieser regelmäßig nicht zur Vertretung des Verantwortlichen oder Auftragsverarbeiters befugt ist (→ B.I.1. Anm. 9; → B.II.1., § 3 Abs. 2), kommt bei einer Zeichnung von Verträgen durch den DSB dessen Haftung als vollmachtloser Vertreter i.S.v. § 179 Abs. 1 BGB in Betracht. Der Vertrag ist in diesem Fall bis zur Genehmigung durch den Auftragnehmer gem. § 177 Abs. 1 BGB schwebend unwirksam und ein etwaiger Umgang mit personenbezogenen Daten bei endgültiger Nichterteilung der Genehmigung datenschutzrechtswidrig. Ein DSB, dem ein solcher Vertrag zur Prüfung vorgelegt wird, sollte von der Unterzeichnung absehen und diesen einer vertretungsberechtigten Person seines Verantwortlichen oder Auftragsverarbeiters zur Unterzeichnung vorlegen.

Kremer/Sander

C. Dokumentationspflichten im Unternehmen

I. Datenschutzaudit

Die am 24.5.2016 in Kraft getretene und ab dem 25.5.2018 anwendbare DS-GVO enthält keine spezifischen Vorgaben zu Datenschutzaudits. Jedoch werden sich einzelne Vorgaben der DS-GVO, wie etwa detaillierte Regelungen zur Datenschutz-Folgenabschätzung (Art. 35 DS-GVO) oder auch die Anforderungen des Art. 32 DS-GVO an die Sicherheit der Verarbeitung, gezwungener Maßen in dem Prüfkatalog eines Datenschutzaudits unter Geltung der DS-GVO wiederfinden müssen.

National wurde zwar bereits seit 1997 über eine gesetzliche Regelung zum Datenschutzaudit diskutiert, aber erst mit der Novellierung des Datenschutzrechts im Jahre 2001 wurde das Datenschutzaudit tatsächlich in das Gesetz aufgenommen (§ 9a BDSG a.F.). Die Vorschrift stellt das Ergebnis einer eigenen Entwicklung des deutschen Datenschutzrechts dar und findet keine direkte Grundlage in der DSRL. Das Datenschutzaudit konnte aber als Teil der Selbstregulierung (Art. 27 DSRL) verstanden werden (Simitis/*Scholz*, BDSG, § 9a Rn. 12).

§ 9a S. 1 BDSG a.F. gab den generellen Rahmen einer Prüfung von Datenschutzkonzepten von Produkten oder auch Prozessen vor. Stets zu beachten ist die festgelegte Aufgabe eines Audits, nämlich „die Verbesserung des Datenschutzes und der Datensicherheit". Prüfgegenstand eines Datenschutzaudits stellten nach § 9a S. 1 BDSG a.F. das **Datenschutzkonzept** sowie die **technischen Einrichtungen des Anbieters** von Datenverarbeitungssystemen und datenverarbeitender Stellen dar. Angesprochen ist damit zugleich eine wichtige systematische Unterscheidung: Unter den weiten Begriff des „Datenschutzaudits" lassen sich grundsätzlich sowohl die Prüfung von Produkten (also etwa von Software oder Hardware) als auch die den Datenverarbeitungsprozessen zugrundeliegenden Verfahren und Managementsysteme verstehen. Teilweise spricht man in Bezug auf Produkte von **Produktaudit oder Gütesiegel** und in Bezug auf Verfahren oder Prozesse von **Verfahrensaudit** (Däubler/Klebe/Wedde/Weichert/*Weichert*, BDSG, § 9a Rn. 10).

Ein besonderes Gesetz, nach dem die näheren Anforderungen an die Prüfung und Bewertung, das Verfahren sowie die Auswahl und Zulassung der Gutachter geregelt werden sollten (§ 9a S. 2 BDSG a.F.) wurde nie verabschiedet (siehe den Gesetzesentwurf BT-Drs. 16/12011). Aufgrund des Fehlens einer bundesgesetzlichen Regelung sind vor allem private Anbieter dazu übergegangen, datenschutzrechtliche Zertifizierungsverfahren für Unternehmen anzubieten.

In einigen Landesdatenschutzgesetzen fanden sich dem § 9a BDSG a.F. entsprechende gesetzliche Vorgaben, welche die Möglichkeit der Einführung von Regelungen zu Datenschutzaudits für Landesbehörden vorsehen (so etwa in § 10a DSG-NRW oder § 7b BremDSG). In Schleswig-Holstein wurde etwa zwischen der Erteilung eines Datenschutzgütesiegels für IT-Produkte (§ 4 Abs. 2 LDSG SH) und der Prüfung und Beurteilung von technischen und organisatorischen Maßnahmen bei der Verarbeitung personenbezogener Daten sowie der datenschutzrechtlichen Zulässigkeit der Datenverarbeitung (§ 43 Abs. 2 LDSG SH) unterschieden. Inwiefern diese Landesregelungen die Anwendbarkeit der DS-GVO überdauern, ist fraglich. Aufgrund der unmittelbaren Geltung der DS-GVO (vgl. Art. 288 AEUV) und des Anwendungsvorrangs von europäischem vor nationalem Recht (vgl. EuGH, Urt. v. 15.7.1964 – C-6/64), auch gegenüber den Landesdatenschutzgesetzen, ist davon auszugehen, dass nationale Regelungen zum Datenschutzaudit verschwinden werden. Eine ausdrückliche Öffnungsklausel in der DS-GVO, die es dem nationalen Gesetzgeber gestatten würde im Bundes- oder Landesrecht eigene Regelungen zur Zertifizierung aufzustellen, fehlt.

Im Bereich der **Privatwirtschaft** hat sich in den letzten Jahren eine größere Anzahl an verschiedenen Verfahren zur Prüfung und Zertifizierung sowohl von **Produkten** als auch von **Datenschutzverfahren** und **Datenschutzmanagementsystemen** entwickelt.

Auf europäischer Ebene existiert das Gütesiegel „EuroPriSe – European Privacy Seal", welches für IT-Produkte und IT-Dienstleistungen von der EuroPriSe GmbH vergeben wird. Dabei wird in dem zugrundeliegenden Prüfverfahren die Konformität mit europäischem Datenschutzrecht (seit kurzem auch mit der DS-GVO) untersucht.

Vor allem private Anbieter von Zertifizierungsverfahren bieten nicht nur die Prüfung eines bestimmten Produkts, sondern von ganzen Verfahren und Managementsystemen an. Dabei ist häufig zu beobachten, dass private Anbieter ihre Prüfstandards nicht offenbaren, so dass der konkrete Prüfumfang und die Prüftiefe für Dritte kaum nachvollziehbar sind. Eine positive Ausnahme stellt der Prüfkatalog der EuroPriSe GmbH zur Konformität von IT-Produkten und IT-Dienstleistungen mit der DS-GVO dar (abrufbar unter https://www.european-privacy-seal.eu/).

Aufgrund dieser Entwicklung, hin zu privaten Anbietern von Zertifizierungsverfahren, hat sich der **Düsseldorfer Kreis** (als Zusammenschluss der deutschen Datenschutzbehörden für den nicht-öffentlichen Bereich) des Themas angenommen und im Februar 2014 den Beschluss „**Modelle zur Vergabe von Prüfzertifikaten, die im Wege der Selbstregulierung entwickelt und durchgeführt werden**" gefasst.

Nach Ansicht der Datenschutzbehörden leisten freiwillige Audits einen bedeutenden Beitrag für den Datenschutz, weil sie als aus eigenem Antrieb veranlasste Maßnahme die Chance in sich bergen, zu mehr Datenschutz in der Fläche zu gelangen. Dabei unterstützt der Düsseldorfer Kreis ausdrücklich die Bemühungen der Privatwirtschaft, Erfahrungen mit Zertifizierungen zu sammeln, die in eigener Verantwortung im Wege der Selbstregulierung auf der Grundlage von Standards erfolgen, welche durch die Aufsichtsbehörden befürwortet werden.

Zertifizierungsdienste anbietende Stellen müssen nach Auffassung der Datenschutzbehörden aber geeignete inhaltliche und organisatorische Vorkehrungen für derartige Verfahren mit dem Ziel treffen, eine sachgerechte und unabhängige Bewertung zu gewährleisten.

Zu diesen strukturellen Voraussetzungen gehören nach Ansicht des Düsseldorfer Kreises unter anderem: Prüffähige Standards, die von den Aufsichtsbehörden befürwortet werden, zu entwickeln, zu veröffentlichen und zur Nutzung für Dritte freizugeben; beim Zertifizierungsprozess zwischen verschiedenen Ebenen zu unterscheiden (Prüfung, Zertifizierung, Akkreditierung); Regelungen zur Vermeidung von Interessenkollisionen der an einem Zertifizierungsprozess Beteiligten zu treffen; Anforderungen an die Eignung als Prüfer festzulegen und diesen Personenkreis für Zertifizierungen zu qualifizieren; den geprüften Sachbereich so zu umschreiben, dass Bürger, Kunden die Reichweite der Prüfaussage ohne weiteres dem Zertifikat entnehmen können; Zertifikate zusammen mit den wesentlichen Ergebnissen der Prüfberichte zu veröffentlichen.

Die Fachverbände „Berufsverband der Datenschutzbeauftragten Deutschlands (BvD) e. V." und „Gesellschaft für Datenschutz und Datensicherheit (GDD) e. V." haben im Jahr 2013 eine Datenschutzzertifizierung mit der anschließenden Ausgabe eines Siegels für die **Auditierung der Auftragsdatenverarbeitung** entwickelt. Grundlage der Auditierung ist der öffentlich zugängliche Datenschutzstandard „DS-BvD-GDD-01". Der Standard gilt für alle Branchen und Dienstleistungen. Er beschreibt insbesondere, welche Anforderungen ein Auftragnehmer erfüllen muss. Die Zertifizierung geht in diesem Fall mit einer Auditierung des Datenschutzverfahrens und Datenschutzmanagements einher (es handelt sich also nicht um eine IT-produktbezogene Auditierung). Vor dem Hintergrund der Anwendbarkeit der DS-GVO ist die Überarbeitung des Datenschutzstandards „DS-BvD-GDD-01" durch den GDD für das Jahr 2017 geplant. Die im Rahmen einer Prüfung auf Grundlage dieses Standards untersuchten Bereiche umfassen unter anderem das Input-Management, das Auftragsmanagement, das Datenschutzkonzept, das IT-Sicherheitskonzept und das Datenschutz-Managementsystem. Die Überprüfung selbst wird durch unabhängige akkreditierte Auditoren durchgeführt. Diese erstellen einen Prüfbericht, der von einer unabhängigen Zertifizierungsstelle geprüft und veröffentlicht wird. Dieses Auditverfahren wurde aufgrund des offenen Standards und der Unabhängigkeit der Auditoren und damit auch der Prüfung von dem Landesdatenschutzbeauftragten in Nordrhein-Westfalen befürwortet.

Das Konzept des Datenschutzaudits findet sowohl Fürsprecher als auch Kritiker. So wird etwa darauf verwiesen, dass Prüfungen durch unabhängige Gutachter gerade für kleinere Unternehmen mit erheblichen Kosten und Aufwendungen verbunden sein können (zuletzt *Gola/Schomerus*, BDSG, § 9a Rn. 5). Hervorgehoben wird dagegen etwa der positive Effekt eines freiwilligen Datenschutzaudits, der eine öffentlichkeitswirksame Imagepflege und die Eigenwerbung für Unternehmen zur Folge haben kann (Plath/*Plath*, 1. Aufl., § 9a BDSG Rn. 2). Auch eine stärkere marktwirtschaftliche Effektivierung des Datenschutzes könnte die Folge sein (*Bäumler*, CR 2001, 795 (796)).

Wie schon die DSRL sieht auch die DS-GVO ein Datenschutzaudit nicht ausdrücklich vor. Allerdings enthält die DS-GVO weitreichende Selbstregulierungs- und Zertifizierungsmöglichkeiten, sodass sich jedenfalls die **Zertifizierungskomponente** des bisherigen Audits nach § 9a BDSG in der DS-GVO wiederfindet und darüberhinausgehend ausgebaut wird.

Wichtig ist die Unterscheidung zwischen der Zertifizierung und dem Audit: Die Zertifizierung stellt die Folge eines zuvor durchgeführten Audits dar. Ein Audit (wie hier beschrieben) kann aber auch ohne anschließende Zertifizierung erfolgen. Zertifizierungen werden unter der DS-GVO eine wichtige Rolle für die Praxis spielen. Eine besondere Nähe besteht zwischen dem Datenschutzaudit und den Vorgaben zur Zertifizierung in Art. 42 DS-GVO. Nach Art. 42 Abs. 1 S. 1 DS-GVO sind die nationalen Gesetzgeber, die Aufsichtsbehörden, der Europäische Datenschutzausschuss sowie die Europäische Kommission verpflichtet, die Einführung von Zertifizierungsverfahren und Datenschutzsiegeln sowie -prüfzeichen zu fördern. Die unter der DS-GVO für eine Zertifizierung in Betracht kommenden Gegenstände umfassen, wie auch bisher, Produkte und Dienstleistungen (Gola/*Lepperhoff*, DS-GVO, Art. 43 Rn. 9).

Hauptzweck der Zertifizierung in der DS-GVO ist, den Nachweis gegenüber Aufsichtsbehörden und Verantwortlichen über die Einhaltung der Vorschriften der DS-GVO bei Verarbeitungsvorgängen führen zu können (vgl. Art. 42 Abs. 1 S. 1 DS-GVO). Audits können also eine Erleichterung bei der Erfüllung der **Nachweispflicht** des Art. 5 Abs. 2 DS-GVO sein (dazu → A.I.) Insbesondere für die Praxis im internationalen Datentransfer dürften die Vorgaben des Art. 42 Abs. 2 DS-GVO von Relevanz sein, wonach Zertifizierungen zum Nachweis geeigneter Garantien im Rahmen der Übermittlung personenbezogener Daten an **Drittländer** dienen können. Darüber hinaus können einige durch die DS-GVO etablierte Nachweispflichten, etwa der Nachweis über die Einhaltung geeigneter technischer und organisatorischer Maßnahmen gem. Art. 24 Abs. 3 und Art. 32 Abs. 3 DS-GVO oder der Nachweis der Umsetzung des Datenschutzes durch Technikgestaltung und durch datenschutzfreundliche Voreinstellungen nach Art. 25 Abs. 3 DS-GVO, mittels Zertifizierung erfüllt werden. Dabei soll gem. Art. 42 Abs. 1 S. 2 DS-GVO den besonderen Bedürfnissen von Kleinstunternehmen sowie kleinen und mittleren Unternehmen Rechnung getragen werden. Die Zertifizierungen sollen sich, zumindest dem Grundgedanken nach, also nicht nur an Konzerne und große Unternehmen richten (*Laue/Nink/Kremer*, Das neue Datenschutzrecht in der betrieblichen Praxis, S. 263 f.). Ob Zertifizierungsverfahren in der Praxis unter der DS-GVO tatsächlich auf die Bedürfnisse kleinerer Unternehmen zugeschnitten sein werden, muss sich jedoch zeigen. Potential für die Akzeptanz neuer, leicht umsetzbarer Zertifizierungsverfahren besteht in der Praxis sicherlich.

Nach richtiger Ansicht des Bayerischen Landesamtes für Datenschutzaufsicht, dient die Zertifizierung nach der DS-GVO zudem Kunden und Geschäftspartner eines Unternehmens, sich über die **Einhaltung datenschutzrechtlicher Vorgaben** vergewissern zu können (Arbeitspapier des BayLDA zur Zertifizierung – Art. 42 DS-GVO, https://www.lda.bayern.de/media/baylda_ds_gvo_2_certification.pdf). Die in Art. 42 f. DS-GVO vorgesehenen Zertifizierungen helfen Verantwortlichen und Auftragsverarbeitern insbesondere, ihren Nachweispflichten nachzukommen (Gola/*Lepperhoff*, DS-GVO, Art. 43 Rn. 1). Ein durchgeführtes Audit, welches in der Erteilung eines Zertifikats mündet, bietet damit verschiedenen Stellen die Möglichkeit, schnell und effektiv eine rechtskonforme Verarbeitung bei einer Stelle prüfen zu lassen, ohne selbst zeit- und kostenintensive Prüfungen vornehmen zu müssen. Daneben muss auch auf die außenwirksame Bedeutung eines durchgeführten Audits und einer positiven Zertifizierung für datenverarbeitende Stellen hingewiesen werden. Gerade im B2C-Bereich kann der Nachweis eines Zertifikats Vertrauen bei Kunden schaffen.

Die Art. 42 f. DS-GVO regeln die Anforderungen an das Verfahren für Datenschutzsiegel und -prüfzeichen sowie an die Akkreditierung von Zertifizierungsstellen. Konkrete inhaltliche Anforderungen an das Audit im Rahmen der Zertifizierung oder einen Prüfkatalog fehlen jedoch.

Bertermann/Piltz

Die bisher wirkungslose Regelung des § 9a BDSG a.F. wird nach dem 25.5.2018 keinen Bestand haben (*Kühling/Martini et al.*, Die DS-GVO und das nationale Recht, 2016, S. 362 f.). Allerdings ist mit Einführung der Art. 42 f. DS-GVO zumindest eine Zertifizierung vorgesehen, die der Selbstregulierung von Unternehmen dienen soll (vgl. oben). In § 39 BDSG n.F. ist eine Regelung zur Erteilung der Befugnis, als Zertifizierungsstelle nach der DS-GVO tätig zu werden, vorgesehen. Die Befugnis wird durch die Deutsche Akkreditierungsstelle erteilt, muss aber in Einvernahme mit der zuständigen Aufsichtsbehörde erfolgen. Dies zeigt, dass der deutsche Gesetzgeber ein Interesse daran hat, die Regeln der DS-GVO zu Zertifizierungen national mit Leben zu füllen. In Zukunft werden die Zertifizierung und damit die ihr vorgelagerte Auditierung eine deutlich größere Rolle spielen als derzeit. Je nach konkreter Ausformung in der Praxis bieten die Regelungen der DS-GVO zudem das Potential, Zertifizierungen und Prüfzeichen zu attraktiven Alternativen (etwa im Fall von Datentransfers in Drittstaaten) für Unternehmen zu entwickeln und damit auch Datenschutzaudits weiter zu etablieren.

Der nachfolgende Fragenkatalog ermöglicht eine Basisauditierung von Unternehmen zur Feststellung des im Unternehmen bestehenden Datenschutzstandards. In den Anmerkungen werden jeweils Hinweise auf weitere vertiefende Prüfformulare in diesem Buch gegeben, die mit dem Basisaudit kombiniert werden können.

Nr.	Frage	Anm. Auditor
1	Unternehmen	
1.1	Bitte legen Sie ein aktuelles Organigramm des Unternehmens oder der Unternehmensgruppe vor.[1]	
1.2	Benennen Sie sämtliche Standorte Ihres Unternehmens jeweils mit Angabe der wesentlichen am Standort stattfindenden Datenverarbeitungen (Stichworte).[2]	
1.3	Befinden sich Standorte des Unternehmens außerhalb der EU oder des Europäischen Wirtschaftsraumes („EWR")?	
1.4	Sofern es Standorte außerhalb der EU oder des EWR gibt, erfolgt mit diesen Standorten ein Austausch von Daten oder eine gemeinsame Nutzung von IT-Ressourcen?[3]	
1.5	Geben Sie die Anzahl der Mitarbeiter Ihres Unternehmens an, bei mehreren Standorten bitte auch pro Standort. Differenzieren Sie nach fest angestellten Mitarbeitern, Auszubildenden, Aushilfen, Praktikanten, Studenten etc.[4]	
1.6	Benennen Sie Produkte und Dienstleistungen Ihres Unternehmens und erläutern Sie diese stichwortartig.[5]	
1.7	Werden im Unternehmen – außerhalb der Personalabteilung – besondere Arten personenbezogener Daten (Art. 9 Abs. 1 DS-GVO) verarbeitet?[6]	

Nr.	Frage	Anm. Auditor
1.8	Werden im Unternehmen automatisierte Einzelfallentscheidungen mit unmittelbarer Wirkung für den Betroffenen getroffen? [7]	
1.9	Verarbeitet das Unternehmen (auch) personenbezogene Daten von Kindern? Falls ja, auf welcher Rechtsgrundlage erfolgt die Verarbeitung? [8]	
1.10	Besteht in Ihrem Unternehmen oder der Unternehmensgruppe ein Betriebsrat?[9]	
2	Datenschutzdokumentation	
2.1	Bitte legen Sie das aktuelle Verzeichnis von Verarbeitungstätigkeiten (Art. 30 DS-GVO) vor.[10]	
2.2	Falls das Verzeichnis von Verarbeitungstätigkeiten unvollständig ist oder nicht existiert, benennen Sie bitte die Abteilungen und Prozesse im Unternehmen, die mit personenbezogenen Daten umgehen.[11]	
2.3	Sofern konzernverbundene Unternehmen mit personenbezogenen Daten des Unternehmens umgehen, legen Sie bitte die entsprechenden Vereinbarungen nach Art. 28 DS-GVO vor oder benennen Sie die Rechtsgrundlage für die Übermittlung. [12]	
2.4	Legen Sie bitte eine Liste aller Dienstleister vor, die für Sie im Rahmen einer Auftragsverarbeitung tätig sind und fügen Sie die abgeschlossenen Verträge zur Auftragsverarbeitung bei. Vermerken Sie bitte – soweit bekannt – jeweils, wenn der Vertrag ganz oder teilweise auf Standardvertragsklauseln (Art. 28 Abs. 7, 8 DS-GVO) beruht, ob sich der Auftragsverarbeiter zur Einhaltung genehmigter Verhaltensregeln (Art. 40 DS-GVO) verpflichtet hat und/oder gem. Art. 42 DS-GVO zertifiziert ist.[13]	
2.5	Bitte legen Sie von den Auftragsverarbeitern bereitgestellte Unterlagen zum Nachweis der Einhaltung der Pflichten aus Art. 28 DS-GVO vor.[14]	
2.6	Falls die Liste der Auftragsverarbeiter unvollständig ist oder nicht existiert, übergeben Sie dem Auditor bitte eine Liste der Unternehmen und Dienstleister, die für Sie Datenverarbeitungen vornehmen (inkl. Wartung von Datenverarbeitungsanlagen).	
2.7	Wie wird im Unternehmen sichergestellt, dass die Mitarbeiter, die Zugang zu personenbezogenen Daten haben, diese nur nach Weisung des Verantwortlichen verarbeiten?[15]	

Nr.	Frage	Anm. Auditor
2.8	Verfügt das Unternehmen über ein Datenschutzmanagementsystem und wird dieses aktiv genutzt?[16]	
2.9	Bestehen Zertifizierungen nach Art. 42 DS-GVO?[17]	
3	Datenschutzorganisation	
3.1	Ist im Unternehmen ein Datenschutzbeauftragter („DSB") bestellt? Falls ja, teilen Sie bitte die Kontaktdaten mit und machen Sie Angaben zur Qualifikation des DSB.[18]	
3.2	Falls kein DSB bestellt ist: Bitte legen Sie unter Berücksichtigung von Art. 37 DS-GVO und nationaler Regelungen zum Datenschutzbeauftragten dar, warum eine Bestellung nicht erforderlich ist.[19]	
3.3	Wenn ein DSB bestellt ist: Wie wird sichergestellt, dass er über neue Verfahren oder Änderungen bestehender Verfahren frühzeitig informiert wird?[20]	
3.4	Wie ist organisatorisch sichergestellt, dass vor jeder Verarbeitung von personenbezogenen Daten geprüft wird, ob die geplante Verarbeitung zulässig ist?	
3.5	Besteht ein Prozess für die Durchführung und Dokumentation von Datenschutz-Folgenabschätzungen?[21]	
3.6	Wie ist im Unternehmen sichergestellt, dass die Informationspflichten gegenüber den Betroffenen vollständig und rechtzeitig erfüllt werden?[22]	
3.7	Wie werden im Unternehmen die Grundsätze des „Datenschutz durch Technikgestaltung" (Privacy-by-design) und der „datenschutzfreundlichen Voreinstellungen" (Privacy-by-default) umgesetzt?[23]	
3.8	Hat das Unternehmen ein Datenschutzkonzept?[24] Falls ja: Bitte vorlegen.	
3.9	Gibt es im Unternehmen ein aktuelles Rollen- und Rechtekonzept?[25]	
3.10	Wer legt im Unternehmen fest, welche (Zugriffs-)Rechte Mitarbeiter bei Einstellungen oder Versetzungen erhalten und welche ggf. entzogen werden müssen?	
3.11	Erfolgt die organisatorische Rechtebewilligung getrennt von der technischen Rechteeinräumung? Wie wird dokumentiert, welche Rechte ein User erhält?	
3.12	Besteht ein standardisierter Prozess beim Ausscheiden von Mitarbeitern?[26]	

Nr.	Frage	Anm. Auditor
3.13	Ist die private Nutzung von Internetzugang, E-Mail-Postfach, dienstlichem Telefon und ggf. weiteren dienstlichen Geräten klar geregelt? Bitte Regelung vorlegen.[27]	
3.14	Wie wird bei einem bestehenden Verbot der privaten Nutzung von Internetzugang, E-Mail-Postfach, dienstlichem Telefon und weiteren dienstlichen Geräten die Einhaltung des Verbots kontrolliert?[28]	
3.15	Besteht ein Prozess zur Beauftragung externer Dienstleister, die mit personenbezogenen Daten umgehen? Bitte legen Sie eine Prozessbeschreibung vor.	
3.16	Wer legt die Anforderungen an die technischen und organisatorischen Maßnahmen fest, die externe Dienstleister einzuhalten haben?	
3.17	Existiert ein dokumentierter Prozess zum Umgang mit Auskunftsverlangen nach Art. 15 DS-GVO? Bitte legen Sie die Prozessbeschreibung vor.[29]	
3.18	Wie wird das Recht auf Datenübertragbarkeit vom Unternehmen sichergestellt? Besteht ein entsprechender Prozess?[30]	
3.19	Wie ist sichergestellt, dass Forderungen Betroffener nach Berichtigung, Löschung oder Einschränkung der Verarbeitung von personenbezogenen Daten geprüft und umgesetzt werden können?[31]	
3.20	Sofern personenbezogene Daten öffentlich gemacht wurden: Welche Prozesse sind implementiert, wenn Betroffene ihr Recht auf Vergessenwerden gelten machen?[32]	
3.21	Wie werden Widersprüche Betroffener gegen Datenverarbeitungen auf Grundlage einer Interessenabwägung vom Unternehmen geprüft und umgesetzt?[33]	
3.22	Wie ist die Einhaltung der gesetzlichen Archivierungs- und Löschungsfristen im Unternehmen sichergestellt?	
3.23	Besteht ein Maßnahmenplan für den Fall, dass der Schutz personenbezogener Daten verletzt wird (Art. 33, 34 DS-GVO)?[34]	
3.24	Wie erfolgt die regelmäßige Unterrichtung der Beschäftigten zu Datenschutzthemen? Besteht ein Schulungsplan?[35]	
4	IT-Systeme	
4.1	Bitte legen Sie eine Übersicht über die IT-Infrastruktur und alle Systeme vor, auf denen personenbezogene Daten verarbeitet werden.	

Nr.	Frage	Anm. Auditor
4.2	Bitte benennen Sie, sofern nicht in 4.1 enthalten, die zentralen Standorte von Datenverarbeitungssystemen und deren Hauptaufgaben.	
4.3	Werden die Standorte regelmäßig einer externen Prüfung unterzogen (z. B. ISO 27001, IT-Grundschutz, geprüftes Rechenzentrum)? Bitte legen Sie die jeweils aktuellen Prüfberichte vor.[36]	
4.4	Unterziehen Sie Systeme regelmäßigen Sicherheitsüberprüfungen (z. B. Penetration-Tests oder Security Audit Trails)? Bitte legen Sie aktuelle Prüfberichte oder Logs vor.	
4.5	Setzen Sie eine zentrale Unternehmenssoftware (ERP-System) ein? Falls ja, welche?[37]	
4.6	Sofern Sie eine ERP-Software einsetzen, wird diese auf eigenen Systemen (intern oder Housing), auf fremden Systemen (Hosting) oder als SaaS-Lösung betrieben?[38]	
4.7	Besteht ein externer Zugriff auf einzelne oder alle Systeme im Netzwerk (z. B. für Home Office, E-Mail-Abruf oder Fernwartung)? Bitte listen Sie auf, welche Nutzergruppen auf welche Systeme Zugriff haben und wie dieser Zugriff abgesichert wird.[39]	
4.8	Können Mitarbeiter auf Ihren Clients, Laptops oder Tablets eigenständig Software installieren?[40]	
4.9	Werden die Festplatten/Speichereinheiten mobiler Geräte verschlüsselt?[41]	
4.10	Setzen Sie ein Mobile Device Management ein?[42] Falls ja, welches?	
4.11	Nutzt das Unternehmen oder nutzen Mitarbeiter und Abteilungen Cloud-Speicherdienste wie Google Drive, Dropbox oder Microsoft OneDrive?[43]	
4.12	Nutzt das Unternehmen Cloud-Services wie Salesforce (CRM), Datapine (Data Analytics) oder ähnliche Dienste?[44]	
4.13	Besteht ein IT-Sicherheitskonzept?[45] Bitte legen Sie dieses vor.	

Anmerkungen

1. Organigramm. Anhand des Organigramms kann der Auditor sich einen ersten Überblick über das Unternehmen, die Abteilungen und die verantwortlichen Personen verschaffen. Bei der Prüfung des Verzeichnisses der Verarbeitungstätigkeiten kann abgeglichen werden, ob die Verantwortlichkeiten richtig benannt sind und der Auditor wird in die Lage versetzt, zielgerichtet Fragen an die verantwortlichen Personen zu stellen.

2. Standorte. Die Frage nach Unternehmensstandorten ermöglicht dem Auditor eine Orientierung, ob regelmäßig oder dauerhaft Datenaustausch zwischen Standorten erfolgt. Bei verschiedenen Standorten ist z.B. im Rahmen der Prüfung der technischen und organisatorischen Maßnahmen insbesondere zu beachten, ob diese an den verschiedenen Standorten unterschiedlich ist. Häufig bestehen mindestens beim Zugang zu Gebäuden und Datenverarbeitungsanlagen Unterschiede. Ein Datenaustausch zwischen verschiedenen Standorten eines Unternehmens führt regelmäßig auch dazu, dass der Auditor besonderes Augenmerk auf die Sicherheit des Datenaustausches zwischen den Standorten richten muss (Art. 32 DS-GVO). Handelt es sich bei den verschiedenen Standorten sogar um unterschiedliche Unternehmen, so sind die Anforderungen an eine rechtmäßige Übermittlung zu erfüllen oder es bedarf entsprechender Vereinbarungen zur Auftragsverarbeitung (Art. 28 DS-GVO), dazu → G.I.

3. Drittstaaten. Erfolgt ein Datenaustausch mit Konzerngesellschaften in einem Drittland, muss jeweils die Rechtsgrundlage dafür gesondert geprüft werden (z.B. Einwilligung, EU-Standardvertragsklauseln, EU-US Privacy Shield oder verbindliche interne Datenschutzvorschriften nach Art. 47 DS-GVO), dazu → G.VII.

4. Größe der Standorte. In der Regel hat die Größe eines Standortes datenschutzrechtlich keine Auswirkung, für den Auditor ist sie vor allem bei kleinen Standorten, in denen einzelne Personen möglicherweise mehrere Funktionen ausüben und daher ggf. auch mit umfassenden Rechten ausgestattet sind, von Bedeutung, da er hier ggf. konkret prüfen muss, wie Vier-Augen-Prozesse und innerbetriebliche Kontrollen ausgestaltet sind.

5. Produkte und Dienstleistungen. In gut strukturierten Unternehmen sollte die Frage unnötig sein, da sich alle Datenverarbeitungen unmittelbar aus dem Verzeichnis der Verarbeitungstätigkeiten (Art. 30 DS-GVO) ergeben sollten. Häufig ist dies jedoch nicht der Fall, so dass die Abfrage von Produkten und Dienstleistungen im Freitext dem Auditor regelmäßig wichtige Hinweise auf datenschutzrechtlich relevante Vorgänge gibt.

6. Besondere Kategorien personenbezogener Daten. In der Personalabteilung fallen regelmäßig Angaben zur Gewerkschaftszugehörigkeit oder der Gesundheit an. Für den Auditor ist es wichtig zu wissen, ob außerhalb der Personalabteilung ebenfalls mit besonderen Kategorien personenbezogener Daten umgegangen wird. Die Verarbeitung solcher Daten setzt voraus, dass eine Einwilligung des Betroffenen vorliegt oder einer der aufgeführten Ausnahmetatbestände des Art. 9 Abs. 2–4 DS-GVO vorliegt. Zudem gelten diese Daten als besonders sensibel und bedürfen eines besonderen Schutzes (ErwG 51 DS-GVO), was der Auditor bei seiner Bewertung entsprechend berücksichtigen muss.

7. Automatisierte Einzelfallentscheidungen. Die zunehmende Automatisierung in Unternehmen führ dazu, dass auch immer mehr Entscheidungen in Unternehmen durch – entsprechend parametrisierte – Software getroffen werden. Schon Art. 15

DSRL (umgesetzt in § 6a BDSG a. F.) kannte ein grundsätzliches Verbot der automatisierten Einzelfassentscheidungen, wie es nun in Art. 22 DS-GVO geregelt ist. Unternehmen müssen daher prüfen, an welchen Stellen automatisierte Entscheidungen getroffen werden und ob jeweils ein Ausnahmetatbestand nach Art. 22 Abs. 2 DS-GVO greift. Dies ist zu dokumentieren, um der generellen Nachweispflicht nach Art. 24 Abs. 1 DS-GVO zu genügen. Art. 22 DS-GVO greift jedoch nur, wenn Entscheidungen ausschließlich automatisiert getroffen werden, nicht, wenn Entscheidungen lediglich automatisiert vorbereitet werden (*Roßnagel/Nebel/Richter*, ZD 2016, 455 (459); Plath/*Kamlah*, BDSG/DS-GVO, Art. 22 Rn. 6).

8. Daten von Kindern. Werden im Unternehmen (auch) Daten von Kindern verarbeitet, greifen besondere Regeln zum Schutz der Betroffenen. So muss die Information der Betroffenen in einfacher, für Kinder verständlicher Sprache erfolgen (Art. 12 Abs. 1 DS-GVO i. V. m. ErwG 58 S. 4). Einwilligungen unterliegen außerdem den besonderen Anforderungen des Art. 8 DS-GVO.

9. Betriebsrat. Wenn im Unternehmen ein Betriebsrat (§ 87 BetrVG) besteht, können viele datenschutzrechtlich relevante Regelungen im Rahmen einer Betriebsvereinbarung getroffen werden (*Wybitul/Sörup/Pötters*, ZD 2015, 559). Dies betrifft insbesondere Vereinbarungen zum Einsatz von IT im Unternehmen generell, zur Regelung der privaten Nutzung von Internet und E-Mail (→ D.III.1.), zum Umgang mit privaten Endgeräten im Unternehmen (→ D.III.4.), zur Heimarbeit (→ D.III.2.) und zu betrieblichen Eingliederungsmaßnahmen (BEM).

10. Verzeichnis der Verarbeitungstätigkeiten. Das Verzeichnis der Verarbeitungstätigkeiten („VV") ermöglicht es dem Auditor, sich über die im Unternehmen durchgeführten Verarbeitungen zu informieren. Er hat die Möglichkeit, das VV mit seinen Erkenntnissen und Erwartungen aus dem Organigramm (1.1) und der Beschreibung der Produkte und Dienstleistungen (1.6) abzugleichen und ggf. Unstimmigkeiten aufzudecken. Zudem ermöglicht das VV dem Auditor die Schwerpunktsetzung bei der Prüfung. Ausführlich zum VV → C.II.

11. Unvollständiges/fehlendes Verzeichnis der Verarbeitungstätigkeiten. Ein Verstoß gegen die Pflicht zur Führung eines VV kann nach Art. 83 Abs. 4 lit. a DS-GVO mit einer Geldbuße von bis zu 10 Millionen EUR geahndet werden. Unter der Geltung des BDSG a. F. waren lediglich Bußgelder bis zu 25.000 EUR möglich; war ein DSB bestellt, konnte gar kein Bußgeld verhängt werden.

Der Auditor sieht sich häufig mit einer Situation konfrontiert, in der das VV vollständig fehlt oder wesentliche Verarbeitungen nicht aufgenommen sind. Systematisch wäre es eigentlich richtig, Recherchen zu nicht dokumentierten Verfahren jeweils bei dem für den Prozess verantwortlichen Mitarbeiter zu beginnen. In der Praxis hilft es jedoch meist, Verarbeitungsprozesse gemeinsam mit der IT-Abteilung zu recherchieren, da hier in aller Regel eine gute Kenntnis der Systeme, Programme und Schnittstellen vorhanden ist und dadurch (Auftrags-)Verarbeitungen identifiziert werden können, von denen der formal verantwortliche Mitarbeiter mitunter gar keine Kenntnis hat.

12. Datenverarbeitung im Konzern. Häufig fehlt es innerhalb des Konzernverbundes an entsprechenden Regelungen, obwohl auch die DS-GVO kein generelles Konzernprivileg kennt. ErwG 48 DS-GVO führt zwar aus, dass innerhalb einer Unternehmensgruppe ein berechtigtes Interesse für konzerninterne Datenübermittlungen bestehen kann, gleichwohl muss ein solches berechtigtes Interesse zunächst positiv festgestellt und dokumentiert werden. Sie müssen dem Betroffenen mitgeteilt werden (Art. 13 Abs. 1 lit. d DS-GVO). Kann ein berechtigtes Interesse festgestellt werden, so ist ferner zu prüfen, ob nicht Interessen, Grundrechte oder Grundfreiheiten des Betroffenen überwiegen (Art. 6 Abs. 1 lit. f).

Alternativ können innerhalb des Konzerns auch Verträge zur Auftragsverarbeitung geschlossen werden. Sofern kein Vertrag zur Auftragsverarbeitung geschlossen wurde, sollte schriftlich niedergelegt sein, auf welcher Rechtsgrundlage die Verarbeitung stattfindet. Dabei sollte jeweils auch die Interessenabwägung dokumentiert werden. Erfolgt die Verarbeitung aufgrund einer Einwilligung ist insbesondere bei Beschäftigten zu prüfen, ob die Einwilligung freiwillig erteilt wurde (BAG, Urt. v. 11.12.2014 – 8 AZR 1010/13, NJW 2015, 2140).

13. Auftragsverarbeitung. Die DS-GVO schreibt keine listenmäßige Erfassung aller Auftragsverarbeitungen vor, allerdings erscheint es mehr als zweckmäßig, eine solche Liste zu führen, zumal Auftragsverarbeiter Empfänger i. S. d. Art. 4 Nr. 9 DS-GVO sind und daher auch im VV geführt werden müssen. Die einzelnen Auftragsverarbeitungen sind sowohl hinsichtlich des von Art. 28 DS-GVO vorgeschriebenen Mindestinhalts zu prüfen als auch hinsichtlich der technischen und organisatorischen Maßnahmen (dazu → G. I.).

14. Kontrolle der Auftragsverarbeiter. Anders als § 11 BDSG a. F. und Art. 17 Abs. 2 DSRL enthält die DS-GVO keine ausdrückliche Pflicht mehr für den Verantwortlichen, sich regelmäßig von der Einhaltung der technischen und organisatorischen Maßnahmen durch den Auftragsverarbeiter zu überzeugen und das Ergebnis zu dokumentieren. Gleichwohl verpflichtet Art. 32 Abs. 1 lit. d DS-GVO sowohl den Verantwortlichen als auch den Auftragsverarbeiter zur regelmäßigen Überprüfung, Bewertung und Evaluation der Wirksamkeit der technischen und organisatorischen Maßnahmen. Art. 28 Abs. 2 lit. h DS-GVO stellt wiederum klar, dass der Auftragsverarbeiter Nachweise zu liefern und Überprüfungen zu ermöglichen und zu unterstützen hat. Es empfiehlt sich, in der Liste der Auftragsverarbeiter jeweils zu vermerken, wann eine Kontrolle durchgeführt wurde, wo das Prüfprotokoll abgelegt ist und wann die nächste Prüfung geplant ist.

15. Verpflichtung der Mitarbeiter. Art. 29 DS-GVO schreibt vor, dass Personen, die dem Verantwortlichen oder dem Auftragsverarbeiter unterstellt sind, personenbezogene Daten ausschließlich nach deren Weisung verarbeiten dürfen. Während § 5 BDSG a. F. noch vorsah, dass die Mitarbeiter gesondert schriftlich auf das Datengeheimnis verpflichtet werden müssen, enthält die DS-GVO für den Verantwortlichen eine vergleichbare Pflicht jedenfalls nicht ausdrücklich. Allerdings trifft den Verantwortlichen nach Art. 24 Abs. 1 DS-GVO eine generelle Nachweispflicht zur Einhaltung der Vorgaben der DS-GVO und Art. 32 Abs. 4 DS-GVO verlangt, dass der Verantwortliche sicherstellt, dass die von ihm eingesetzten Mitarbeiter personenbezogene Daten nur nach Anweisung verarbeiten. Neben technischen Maßnahmen wie einem Berechtigungskonzept kann dies auch durch organisatorische Maßnahmen wie einer gesonderten schriftlichen Verpflichtung erreicht werden.

Anders als der Verantwortliche ist allerdings der Auftragsverarbeiter nach Art. 28 Abs. 3 lit. b DS-GVO verpflichtet, alle Mitarbeiter, die keiner gesetzlichen Verschwiegenheitspflicht unterliegen, gesondert auf die Vertraulichkeit zu verpflichten. Ein Grund für diese unterschiedliche Regelung ist nicht erkennbar und muss als redaktionelles Versehen angesehen werden (Ehmann/Selmayr/*Bertermann*, DS-GVO, Art. 29 Rn. 4).

Die gesonderte schriftliche Verpflichtung der Mitarbeiter auf Vertraulichkeit ist nach der DS-GVO also nur für Auftragsverarbeiter ausdrücklich geregelt, stellt aber auch für Verantwortliche eine einfache und wirksame Maßnahme zur Sicherstellung und zum Nachweis der anweisungskonformen Datenverarbeitung dar und ist daher stets anzuraten. Ein Muster dafür bietet → C.VII.

16. Datenschutzmanagementsystem. Nach Art. 5 Abs. 2 DS-GVO ist der Verantwortliche verpflichtet, die Einhaltung der Vorgaben von Art. 5 Abs. 1 DS-GVO nachweisen zu können ("Rechenschaftspflicht" oder "Accountability") (dazu → A.I.). Auch Art. 24 Abs. 1 DS-GVO verpflichtet den Verantwortlichen, die Einhaltung der Vorgaben der DS-GVO nachweisen zu können. Konkrete Vorgaben an die Art des Nachweises stellt die DS-GVO nicht. ErwG 77 verweist auf Leitlinien des Ausschusses und Hinweise des Datenschutzbeauftragten. Daneben nennt die DS-GVO die Einhaltung genehmigter Verhaltensregeln und genehmigter Zertifizierungsverfahren (dazu → Ziff. 15) nach Art. 24 Abs. 3 DS-GVO als Möglichkeit des Nachweises. Besondere Bedeutung kommt daher auch betrieblichen Datenschutzmanagementsystemen zu (*Lepperhoff*, RDV 2016, 197, 198; *Wichertmann*, ZD 2016, 421 (422)), anhand derer der Nachweis einer funktionalen Datenschutzorganisation geführt werden kann.

17. Datenschutzzertifizierungen. Die DS-GVO führt europaweit die Möglichkeit der Zertifizierung ein (dazu → C.IV.; Ehmann/Selmayr/*Schweinoch*/*Will*, DS-GVO, Vorb. Kap. IV Abschn. 5 Rn. 1). Eine Zertifizierung ersetzt nicht die Prüfung durch die Aufsichtsbehörde und mindert auch nicht die Verantwortung des Verantwortlichen oder des Auftragsverarbeiters, sie kann aber Teil des vom Verantwortlichen oder dem Auftragsverarbeiter zu führenden Nachweises der Einhaltung der Vorgaben der DS-GVO sein.

18. Datenschutzbeauftragter. Empfehlenswert ist die schriftliche Bestellung des Datenschutzbeauftragten etwa nach dem Formular → B.I.1. oder – bei externen Datenschutzbeauftragten – durch den Mustervertrag → B.II.1. Anders als § 4f BDSG a.F. enthält Art. 37 DS-GVO keine Formvorgabe mehr für die Bestellung. Ist der DSB auch in anderer Funktion für das Unternehmen tätig, muss der Verantwortliche sicherstellen, dass der DSB durch seine Tätigkeit nicht in einen Interessenskonflikt gerät (Art. 38 Abs. 6 DS-GVO). Konkrete Vorgaben zur fachlichen Qualifikation macht die DS-GVO nicht, verweist lediglich darauf, dass er fachlich in der Lage sein muss, die Aufgaben nach Art. 39 DS-GVO zu erfüllen. Dies wird regelmäßig aktuelle Kenntnisse des europäischen und des deutschen Datenschutzrechts, technischem und organisatorischem Verständnis von Verarbeitungsvorgängen, Erfahrungen im Datenschutzmanagement und Kenntnisse des Risikomanagements voraussetzen (*Klug*, ZD 2016, 315).

19. Bestellpflicht für den Datenschutzbeauftragten. Anders als § 4f BDSG a.F. knüpft Art. 37 DS-GVO die Pflicht zur Bestellung eines DSB nicht mehr an die Zahl der Personen, die mit der Verarbeitung personenbezogener Daten befasst sind, sondern macht sie von der Kerntätigkeit des Unternehmens abhängig (*Klug*, ZD 2016, 315). Eine Bestellpflicht besteht für Unternehmen nur dann, wenn die Kerntätigkeit des Unternehmens in der Verarbeitung von personenbezogenen Daten besteht, diese

Tätigkeit umfangreich ist und entweder eine regelmäßige und systematische Überwachung von Betroffenen erfordert oder die Verarbeitung besonderer Kategorien
personenbezogener Daten umfasst (Art. 37 Abs. 1 lit. b, c DS-GVO). Die Anforderungen der DS-GVO sind leider wenig präzise und erlauben einen weiten Interpreta-
tionsspielraum. Adressaten der Regelung dürften von allem Betreiber sozialer
Netzwerke, Marketingdienstleister (z.B. beim Ad-Targeting), Auskunfteien, Krankenhäuser und Medizindienstleister sowie IT- und TK-Dienstleister (vgl. auch *Klug*,
ZD 2016, 315) sein. Art. 37 Abs. 4 Hs. 2 DS-GVO enthält eine Öffnungsklausel, die
den Mitgliedstaaten eigene Regelungen zur Bestellpflicht ermöglichen. In Deutschland bleibt es nach § 38 Abs. 1 BDSG n.F. bei der regelmäßigen Bestellpflicht für
Unternehmen, in denen mindestens zehn Personen ständig mit der automatisierten
Verarbeitung personenbezogener Daten befasst sind.

20. Informationsfluss an den Datenschutzbeauftragten. Es ist sicherzustellen,
dass der DSB in alle Prozesse eingebunden ist, bei denen personenbezogene Daten
verarbeitet werden können. Zweckmäßig ist es, wenn der DSB generell in Freigabeprozesse eingebunden wird. Um über Entwicklungen im Unternehmen auf dem Laufenden zu bleiben bieten sich außerdem Jour Fixe mit den relevanten Abteilungen
an (z.B. IT oder Personal).

21. Datenschutz-Folgenabschätzung. Sofern eine Verarbeitung voraussichtlich
ein hohes Risiko für die Rechte und Freiheiten natürlicher Personen hat schreibt
Art. 35 DS-GVO die Durchführung einer Datenschutz-Folgenabschätzung
(„DSFA") vor. Im Unternehmen muss daher ein Prozess vorhanden sein, der für
neue Verarbeitungen prüft, ob eine DSFA durchgeführt werden muss (ausführlich →
C. III.). Die Aufsichtsbehörden können im Wege des Kohärenzverfahrens Listen von
Verarbeitungen erstellen, für die eine DSFA erforderlich oder nicht erforderlich sind
(Art. 35 Abs. 4, 5 DS-GVO). Sofern für eine Verarbeitung die Durchführung einer
DSFA erforderlich ist, muss sichergestellt sein, dass die Mindestanforderungen nach
Art. 35 Abs. 7 DS-GVO eingehalten werden.

22. Umsetzung von Informationspflichten. Art. 13, 14 DS-GVO regeln umfassende Informationspflichten, die der Verantwortliche gegenüber den Betroffenen erfüllen muss (dazu *Walter*, DSRITB 2016, S. 367). Im Unternehmen muss daher sichergestellt sein, dass die Betroffenen rechtzeitig und im erforderlichen Umfang
informiert werden. Es bietet sich an, das Verzeichnis der Verarbeitungstätigkeiten
intern um die Rubrik „Erfüllung der Informationspflichten" zu erweitern.

23. Privacy-by-design/Privacy-by-default. Das BDSG a.F. hat in §§ 3a, 9 BDSG
a.F. bereits die Grundsätze der Datenminimierung und des Datenschutzes durch
Technikgestaltung angelegt, in Art. 25 DS-GVO werden beide Grundsätze nun individuell geregelt (Plath/*Plath*, BDSG/DS-GVO, Art. 25 Rn. 4ff.). Dabei müssen Unternehmen bereits bei der Gestaltung von Verarbeitungen datenschutzrechtliche Anforderungen berücksichtigen. Insbesondere bei der technischen Gestaltung von
Verarbeitungen ist der jeweilige Stand der Technik zu berücksichtigen und die Entscheidung für oder gegen den Einsatz einer datenschutzfreundlichen Gestaltung
muss dokumentiert werden, um ggf. den Nachweis nach Art. 24 Abs. 1 DS-GVO
erbringen zu können (dazu → C.V.5.).

24. Datenschutzkonzept. Der Begriff „Datenschutzkonzept" ist gesetzlich nicht
definiert. Eine Pflicht zur Erstellung eines Datenschutzkonzeptes enthalten weder

das BDSG noch die DS-GVO. Nach der Definition in den IT-Grundschutz-Katalogen des BSI hat das Datenschutzkonzept das Ziel, alle datenschutzrechtlichen Aspekte im Unternehmen abzubilden (BSI, IT-Grundschutz-Kataloge, M 2.503). Es geht damit über die Ist-Beschreibung des Verzeichnisses der Verarbeitungstätigkeiten hinaus und legt z.B. risikobasiert den Schutzbedarf für Daten fest und macht Vorgaben zum Umsetzung datenschutzrechtlicher Grundsätze wie z.B. des Grundsatzes der Datensparsamkeit. Insofern ist ein Datenschutzkonzept gut geeignet, überblicksartig die nach Art. 32 DS-GVO vorgeschriebenen Maßnahmen zur Sicherheit der Verarbeitung zu dokumentieren.

25. Rollen- und Rechtekonzept. Gerade bei komplexen IT-Systemen bedarf es einer strukturierten Vergabe von Rechten für die einzelnen Mitarbeiter, so dass sichergestellt ist, dass die Mitarbeiter Zugriff auf die für Ihre Tätigkeit benötigten Daten erhalten, gleichzeitig aber ebenfalls Sorge dafür getragen ist, dass kein Zugriff auf Daten besteht, die für die eigene Tätigkeit nicht benötigt werden (dazu → E.IV.).

26. Ausscheiden von Mitarbeitern. Ein solcher Prozess sollte mindestens beinhalten: Rückgabe von datenspeichernden Geräten (Smartphone, Laptop etc.), Löschung gespeicherter Daten auf Privatgeräten (z.B. E-Mails, Dokumente etc.), Sperrung von Zugangskennungen und Magnetkarten, ggf. Rückgabe von Token, ggf. Sperrung dienstlicher SIM-Karte, ggf. Meldung an Externe über das Ausscheiden, Übergabe Datenbestände an Nachfolger/Vertreter, Regelung für Sperrung oder Auto-Responder für betriebliches E-Mail-Postfach, Zugang für Nachfolger/Vertreter zum dienstlichen E-Mail-Postfach (BSI, IT-Grundschutz-Kataloge, M 3.6).

27. Datenschutzrichtlinien. Die private Nutzung dienstlicher Endgeräte (z.B. des Smartphones für das Abspielen privater Musik oder zur Herstellung von privaten Fotos) sowie die private Nutzung des dienstlichen Internetzugangs und des dienstlichen E-Mail-Kontos bedürfen konkreter und klarer Regelungen. Gleiches gilt für die dienstliche Nutzung privater Geräte und E-Mail-Konten. Die Vermischung dienstlicher und privater Kommunikation und Mediennutzung stellt für Unternehmen eine große Herausforderung dar. Beispiele für übliche Richtlinien sind unter → D.III. abgedruckt.

28. Kontrolle der Einhaltung von Richtlinien. Wichtig ist, dass aufgestellte Richtlinien vom Unternehmen verbindlich gemacht werden und ihre Einhaltung kontrolliert wird. Spätestens, wenn dem Unternehmen Hinweise auf die Missachtung oder Umgehung von Richtlinien bekannt werden, sollte dringend kontrolliert werden. Duldet das Unternehmen dauerhaft Verstöße gegen bestehende Richtlinien, kann dies dazu führen, dass Richtlinien von den Mitarbeitern nicht mehr als verbindlich angesehen werden.

29. Prozess zur Auskunftserteilung. Mustervorlagen zur Beantwortung von Auskunftsverlangen von Betroffenen und von Behörden finden sich unter → F.II. Der entsprechende Prozess hat sicherzustellen, dass entsprechende Anfragen unverzüglich dem für das zu beauskunftende Verfahren zuständigen Mitarbeiter und dem Datenschutzbeauftragten vorgelegt werden, damit eine zügige Bearbeitung der Anfragen möglich ist.

30. Prozess zur Gewährleistung der Datenübertragbarkeit. Betroffene haben nach Art. 20 DS-GVO das Recht, Daten von dem Verantwortlichen in einem strukturierten, gängigen und maschinenlesbaren Format bereitgestellt zu bekommen. Voraussetzung des Anspruches ist im Kern, dass der Betroffene die Daten selbst bereitgestellt hat und dass die Verarbeitung automatisiert auf Grundlage einer Einwilligung oder eines zwischen den Parteien bestehenden Vertrages erfolgt (Art. 20 Abs. 1 DS-GVO). Sofern der Verantwortliche Adressat eines solchen Herausgabeanspruches sein kann, muss in einem Prozess sichergestellt werden, wie Daten, auf die sich der Anspruch bezieht, in den Systemen des Verantwortlichen identifiziert und für einen Export selektiert werden können. Dabei muss der Prozess sicherstellen, dass Daten Dritter nicht selektiert und herausgegeben werden, da solche von dem Anspruch nicht erfasst sind (*Jülicher/Röttgen/v. Schönfeld*, ZD 2016, 358 (359)).

31. Prozesse zur Berichtigung, Löschung und Einschränkung der Verarbeitung. Der Verantwortliche muss dafür Sorge tragen, dass Aufforderungen zu Berichtigung (Art. 16 DS-GVO), Löschung (Art. 17 DS-GVO) oder Einschränkung der Verarbeitung (Art. 18 DS-GVO; im BDSG als „Sperrung" bezeichnet) geprüft und im berechtigten Fall auch umgesetzt werden. Eine Starre Frist sieht die DS-GVO nicht vor, verlangt jedoch ein unverzügliches, d. h. ohne schuldhaftes Zögern (§ 121 Abs. 1 BGB), Handeln des Verantwortlichen.

32. Recht auf Vergessenwerden. Schon nach § 35 Abs. 7 BDSG a. F. war die verantwortliche Stelle verpflichtet, im Falle von Berichtigungen oder Löschungen die bisherigen Empfänger der Daten nach Möglichkeit zu informieren. Gleiches gilt auch nach Art. 19 S. 1 DS-GVO. Hat der Verantwortliche personenbezogene Daten öffentlich gemacht, so ist er nach Art. 17 Abs. 2 DS-GVO verpflichtet, andere Verantwortliche, die die personenbezogenen Daten verarbeiten, davon zu unterrichten, dass der Betroffene die Löschung der Daten verlangt hat. Die DS-GVO verbessert damit die Position des Betroffenen, ohne jedoch rechtlich völliges „Neuland" zu betreten (*Schantz*, NJW 2016, 1841 (1845); Plath/*Kamlah*, BDSG/DS-GVO, Art. 17 Rn. 15). Auch im Äußerungsrecht existiert ein vergleichbarer Folgenbeseitigungsanspruch, der allerdings etwas höhere Anforderungen aufweist (dazu im Einzelnen BGH, Urt. v. 28.7.2015 – VI ZR 340/14 Rn. 40, NJW 2016, 56 (60)).

Der Verantwortliche muss nachvollziehbar dokumentieren, welche Technologien er in solchen Fällen nutzen wird und aus welchen Gründen (z. B. unverhältnismäßig hohen Implementierungskosten) er auf andere Maßnahmen zur Löschung bei Dritten verzichtet.

33. Widerspruchsrecht bei Interessenabwägung. Sofern der Verantwortliche personenbezogene Daten auf Grundlage einer Interessenabwägung (Art. 6 Abs. 1 lit. e, f DS-GVO) verarbeitet, muss ein Prozess implementiert sein, in dem Widersprüche Betroffener nach Art. 21 DS-GVO geprüft und umgesetzt werden. Voraussetzung für die Wirksamkeit des Widerspruchs ist, dass in der Person des Betroffenen besondere Gründe vorliegen und der Verantwortliche keine zwingenden schutzwürdigen Gründe für die Verarbeitung nachweisen kann. Die konkreten Anforderungen an die „besonderen Gründe" in der Person des Betroffene und die „zwingenden Gründe" aus Sicht des Verarbeiters sind in der DS-GVO offen gelassen, ErwG 70 DS-GVO verweist beispielhaft lediglich auf Fälle des Direktmarketings (dazu → I. I.)

34. Maßnahmenplan Datenschutzvorfall. Wird der Schutz personenbezogener Daten verletzt, so muss der Verantwortliche unverzüglich prüfen, ob die Verletzung ein Risiko für die Rechte und Freiheiten der Betroffenen darstellt (hierzu im Einzelnen → C.VI.). Besteht ein solches Risiko, ist die Aufsichtsbehörde binnen 72 Stunden zu informieren (Art. 33 Abs. 1 DS-GVO). Wegen der knappen Frist zur Information der Aufsichtsbehörde muss ein effizienter Prozess implementiert werden. Zudem ist sicherzustellen, dass der Vorfall und die ergriffenen Maßnahmen dokumentiert werden (Art. 33 Abs. 5 DS-GVO).

Birgt die Verletzung des Schutzes personenbezogener Daten ein hohes Risiko für die Rechte und Freiheiten der Betroffenen, so sind die Betroffenen unverzüglich zu informieren. Der Verantwortlich muss daher einen Maßnahmenplan erstellen, wie er die ggf. sehr große Zahl von Betroffenen effizient und sicher informiert.

35. Unterrichtung der Beschäftigten zu Datenschutzthemen. Zu den Aufgaben des Datenschutzbeauftragten gehört auch die Unterrichtung und Beratung des Verantwortlichen, des Auftragsverarbeiters und der Beschäftigten. Diese Aufgabe lässt sich zumindest hinsichtlich der Beschäftigten durch Schulungen, die inhaltlich auf die Tätigkeit der Beschäftigteten abgestimmt sind, erreichen. Zweckmäßig ist hier die Erstellung eines Schulungsplanes, es kommen aber auch andere Formen der Unterrichtung in Betracht, etwa das Erstellen von Merkblättern und Checklisten.

36. Prüfberichte und Zertifikate. Dokumentierte Prüfungen und Zertifikate von dritter Seite können dem Auditor viel Arbeit abnehmen. Besonders wichtig ist es hierbei, den Rahmen („Scope") der jeweiligen Untersuchung genau zu prüfen. Häufig werden nur einzelne Systeme oder Verfahren zertifiziert, so dass der Auditor prüfen muss, ob das Zertifikat für seine Prüfung überhaupt Relevanz hat. Auch ist vom Auditor zu prüfen, welche Qualität das Zertifikat besitzt und ob für den Auditor nachvollziehbar ist, nach welchem Standard die Zertifizierung stattgefunden hat. Sind Standard und Prüfbericht für ihn nicht einsehbar, ist die Aussagekraft des Zertifikats gering.

37. ERP-Systeme. Kommt im Unternehmen eine Software zum Enterprise Ressource Planning („ERP"; z.B. SAP, Oracle, Infor, proALPHA) zum Einsatz, sollte sich der Auditor über die Fähigkeiten und Unzulänglichkeiten des jeweiligen Systems informieren und prüfen, ob – sofern datenschutzrelevant – im Unternehmen geeignete Maßnahmen ergriffen wurden (am Beispiel SAP IT-Grundschutz-Kataloge Baustein B 5.13).

38. Betrieb des ERP-Systems. Wird ein ERP-System von einem Dienstleister gehostet oder betrieben (SaaS), liegt in der Regel eine Auftragsverarbeitung vor, so dass entsprechende Verträge und Nachweise erforderlich sind (dazu → Ziffern 11, 12 sowie → G.I. und II.).

39. Remote-Access. Häufig besteht für Mitarbeiter eine Möglichkeit, von unterwegs auf einzelne oder alle Systeme zugreifen zu können. Hier muss sichergestellt sein, dass ein solcher Zugriff nur über verschlüsselte Verbindungen möglich ist. In der Regel sollte eine Zwei-Faktor-Authentifizierung vorgeschrieben sein, d.h. neben Benutzerkennung und Passwort sollte eine weitere unabhängige Sicherheitseingabe erforderlich sein (z.B. ein Token). Vorschläge zur Auswahl einer angemessenen Authentifikation enthalten die BSI Grundschutz-Kataloge (M 4.133). Ferner ist sicherzustellen, dass der Nutzer durch den Fernzugriff maximal die gleichen Rechte erhält, die er auch bei einer Anmeldung innerhalb des Netzwerkes hätte. Dazu → D.III.2.

Bertermann/Piltz

40. Administratorrechte der Anwender. Verfügen die Anwender selbst über Administratorrechte auf ihren dienstlichen Endgeräten, so erhöht sich zunächst das Risiko, dass sich Schadsoftware auf den Endgeräten einnisten kann. Außerdem können die Anwender dann beliebige Software installieren, die Sicherheitslücken aufweisen kann oder die gezielt für unberechtigte Zugriffe auf Daten genutzt werden kann. Es stellt sich dann die Frage, ob das Unternehmen seinen Pflichten aus Art. 5 Abs. 1 lit. f und Art. 32 DS-GVO in ausreichendem Umfang nachgekommen ist.

41. Verschlüsselung von Festplatten. Bei mobilen Endgeräten besteht ein erhöhtes Risiko, dass diese versehentlich oder durch Diebstahl Dritten in die Hände fallen. Sind die Speichereinheiten solcher Geräte nicht verschlüsselt, können Unbefugte Kenntnis von den Daten erlangen. Handelt es sich um besondere Kategorien personenbezogener Daten oder andere Daten, deren Offenbarung Risiken für die Rechte und Freiheiten der Betroffenen vermuten lassen, kann eine Informationspflicht gegenüber der Aufsichtsbehörde und gegenüber allen Betroffenen entstehen (Art. 33, 34 DS-GVO).

42. Mobile Device Management (MDM). Über MDM ist eine zentrale Administration von mobilen Endgeräten möglich. Der Administrator kann Sicherheitsupdates einspielen, Geräte sperren oder Einschränkungen hinsichtlich der auf den Geräten installierbaren Anwendungen vornehmen (Black- oder Whitelists). Der Auditor muss prüfen, ob die private Nutzung mobiler Endgeräte ausreichend klar geregelt ist, anderenfalls kann der Einsatz eines MDM einen Datenschutzverstoß gegenüber den Mitarbeitern darstellen. Für den Auditor ist auch wichtig, ob die MDM-Software lokal im Unternehmen installiert ist, oder ob es sich um einen Cloud-Service (SaaS) handelt, der in der Regel als Auftragsverarbeitung einzustufen wäre.

43. Cloud-Speicherdienste. Aufgrund der einfachen Bedienbarkeit nutzen sowohl Unternehmen als auch einzelne Mitarbeiter für den Datenaustausch oder den einfachen Zugriff auf Daten vermehrt Speicherdienste in der Cloud. Häufig wird hierbei übersehen, dass für die datenschutzkonforme Nutzung solcher Dienste ein Vertrag zur Auftragsverarbeitung (innerhalb EU und EWR) sowie ein Vertrag nach EU Standardvertragsklauseln (außerhalb EU/EWR) erforderlich ist – was viele der Dienstleister gar nicht anbieten. Hier können leicht erhebliche Datenschutzverstöße erfolgen. Zum Einsatz von Cloud-Speicherdiensten in Unternehmen → G.VI.

44. Cloud-Services. Neben Speicherdiensten gibt es eine Vielzahl von Anwendungen (SaaS), die als Webservice in der Cloud angeboten werden. Auf Business-Kunden ausgerichtete Anbieter bieten inzwischen häufig schon Vereinbarungen zur Auftragsverarbeitung an. Hier ist – neben den Mindestinhalten eines solchen Vertrages nach Art. 28 DS-GVO – regelmäßig zu prüfen, ob die Datenverarbeitung tatsächlich nur innerhalb der EU oder des EWR erfolgt. Anderenfalls reicht eine Vereinbarung zur Auftragsverarbeitung allein nicht aus, da zusätzlich ein angemessenes Schutzniveau für die Daten sichergestellt werden muss (z.B. durch EU-Standardvertragsklauseln, das EU-US Privacy Shield oder durch verbindliche interne Datenschutzvorschriften nach Art. 47 DS-GVO).

45. IT-Sicherheitskonzept. Das IT-Sicherheitskonzept ist das zentrale Dokument im Sicherheitsprozess eines Unternehmens. Es beschreibt die geplante Vorgehensweise, um die gesetzten Sicherheitsziele zu erreichen (BSI, IT-Grundschutz-Kataloge, M 2.195). Typischerweise enthält es Vorgaben zum Rollen- und Berechtigungskonzept, zum Vier-Augen-Prinzip, zur Aktualisierung von Systemen und auch zur Passwortsicherheit. Das IT-Sicherheitskonzept stellt einen Baustein bei der Dokumentation der nach Art. 32 DS-GVO vorgeschriebenen Maßnahmen zur Sicherheit der Verarbeitung dar.

II. Verzeichnis von Verarbeitungstätigkeiten (Art. 30 DS-GVO)

Die nachstehend unter § 1 skizzierte Tabelle ist eine Vorlage für ein vom Verantwortlichen bei Bedarf intern zu führendes Verzeichnis der von ihm für Datenverarbeitungen eingesetzten Anlagen, welches auch als „Dateistatut" bezeichnet wird. Der Begriff „Dateistatut" war und ist BDSG und **DS-GVO fremd**, hat sich jedoch in Deutschland in der Praxis durchgesetzt. Das Anlegen und kontinuierliche Fortführen eines solchen Dateistatuts war gem. § 18 Abs. 2 BDSG a.F. **für öffentliche verantwortliche Stellen des Bundes vorgeschrieben,** aber auch im Übrigen verbreitet. Ob das Dateistatut zukünftig erforderlich ist, um der Rechenschaftspflicht aus Art. 5 Abs. 2 DS-GVO über die Einhaltung der Grundsätze für die Verarbeitung personenbezogener Daten aus Art. 5 Abs. 1 DS-GVO nachzukommen, ergibt sich nicht unmittelbar aus dem Gesetz, ist jedoch zu bejahen. Denn die im Dateistatut zusammengetragenen Informationen sind essentiell zur Realisierung der für ein angemessenes Schutzniveau geeigneten technischen und organisatorischen Maßnahmen i.S.v. Art. 32 Abs. 1 DS-GVO, sowie für weitere Zwecke, etwa ein mit Blick auf § 99 UrhG dringend zu empfehlendes Lizenzmanagement bezüglich der gesamten, zu betrieblichen Zwecken genutzten Software (*Söbbing/Müller,* ITRB 2012, 15; *Kremer/Sander,* ITRB 2012, 275; *Söbbing/Limbacher,* ITRB 2013, 110). „Datenverarbeitungsanlagen und -geräte" i.S.v. Art. 58 Abs. 1 lit. f DS-GVO ist dabei die sperrige Umschreibung für jegliche Computer (insbesondere Server, Arbeitsplatzrechner, Notebooks), mobile Devices (insbesondere Tablets, Smartphones) und sonstige zur Datenverarbeitung geeignete Geräte, z.B. Multifunktionsgeräte mit lokalen Speichermöglichkeiten und Anschluss ans Netzwerk sowie externe Speichermedien, z.B. USB-Sticks, Speicherkarten und Festplatten. Auch bezüglich dieser Geräte müssen Maßnahmen nach Art. 32 Abs. 1 DS-GVO getroffen werden (→ E.II.), zudem fallen Sie unter das Besichtigungsrecht der Aufsichtsbehörde aus Art. 58 Abs. 1 lit. f DS-GVO. Für den Fall, dass der Einsatz privater Hardware der Arbeitnehmer für betriebliche Zwecke erlaubt ist (Bring your own Device (BYOD), → D.III.4.), und deshalb mit den vom Unternehmen als Verantwortlichem verarbeiteten personenbezogenen Daten in Berührung kommt, erstrecken sich die Pflichten des Verantwortlichen aus Art. 32 Abs. 1 DS-GVO auch auf diese Hardware. Deshalb sollten auch **private Geräte** der Beschäftigten **in das Dateistatut** aufgenommen werden, wenn sie planmäßig für Verarbeitungen des Verantwortlichen eingesetzt werden. Verbotswidrig für betriebliche Zwecke genutzte private Hardware ist nach Sinn und Zweck des Dateistatus nicht zu erfassen (Plath/*Roggenkamp,* BDSG, § 18 Rn. 7; a.A. Gola/*Schomerus,* BDSG, § 18 Rn. 5; Simitis/*Dammann,* BDSG, § 18 Rn. 17; Taeger/Gabel/*Heckmann,* BDSG, § 18 Rn. 22). Vielmehr ist das Verbot der Nutzung privater Hardware – in Erfüllung der organisatorischen Pflichten aus Art. 24 Abs. 1, Abs. 2 sowie Art. 32 Abs. 1 DS-GVO – durchzusetzen und dem Dateistatut auf diesem Wege wieder zu Vollständigkeit und Richtigkeit zu verhelfen.

Die nachstehend unter § 2 vorgeschlagene Tabelle ist eine Vorlage für die Erfüllung der sich aus Art. 30 Abs. 1 DS-GVO ergebenden Pflicht des Verantwortlichen und ggf. seines Vertreters i.S.d. Art. 27 DS-GVO zu Führung eines **Verzeichnisses** von Verarbeitungstätigkeiten. Die Erläuterungen zum Muster gehen davon aus, dass insgesamt nur ein Verzeichnis geführt wird und darin alle in den §§ 1 und 2 genannten Angaben enthalten sind. Der Begriff „Verfahrensverzeichnis" war dem BDSG a. F. fremd, hatte sich in der Praxis jedoch durchgesetzt und wird mutmaßlich auch zukünftig für das Verzeichnis von Verarbeitungstätigkeiten verwendet werden. Die früher gebräuchliche Unterscheidung zwischen dem „internen Verfahrensverzeichnis" und dem „Jedermann-Verzeichnis" i. S. d. § 4g Abs. 2 S. 2 BDSG a. F. hat sich mit der DS-GVO erledigt, da es keine Verpflichtung mehr gibt, das Verfahrensverzeichnis ganz oder teilweise jedermann zugänglich zu machen. Mit Art. 30 Abs. 1 DS-GVO ist nur das interne Verfahrensverzeichnis übriggeblieben, welches der Aufsichtsbehörde gem. Art. 30 Abs. 4 DS-GVO nur auf Anfrage zur Verfügung zu stellen ist.

Von der Pflicht zum Führen eines Verzeichnisses der Verarbeitungstätigkeiten **ausgenommen** sind „Unternehmen oder Einrichtungen, die weniger als 250 Mitarbeiter beschäftigen, sofern die von ihnen vorgenommene Verarbeitung nicht ein Risiko für die Rechte und Freiheiten der betroffenen Personen birgt, die Verarbeitung nicht nur gelegentlich erfolgt oder nicht die Verarbeitung besonderer Datenkategorien gemäß Artikel 9 Absatz 1 bzw. die Verarbeitung von personenbezogenen Daten über strafrechtliche Verurteilungen und Straftaten im Sinne des Artikels 10 einschließt", so Art. 30 Abs. 5 DS-GVO. Der praktische Anwendungsbereich dieser Ausnahme dürfte sehr gering bleiben, da Verarbeitungen selten keine Risiken für Rechte und Freiheiten der betroffenen Personen entfalten dürften.

Neu ist, dass gem. Art. 30 Abs. 2 DS-GVO der Auftragsverarbeiter und ggf. sein Vertreter i. S. v. Art. 29 DS-GVO ein zum Verzeichnis des Verantwortlichen akzessorisches Verfahrensverzeichnis für die von ihm im Auftrag ausgeführten Verarbeitungstätigkeiten zu führen hat, die jeweils dem für den Auftrag Verantwortlichen zuzuordnen sind (Paal/Pauly/*Martini*, DS-GVO, Art. 30 Rn. 20). Dem trägt die unter § 3 vorgeschlagene, vom Auftragsverarbeiter alternativ zu § 2 zu befüllende Tabelle Rechnung.

Ist ein Datenschutzbeauftragter benannt (zur Benennung → B.I.1.), sind ihm das Verzeichnis von Verarbeitungstätigkeiten sowie Aktualisierungen hierzu unverzüglich zugänglich zu machen. Zwar ist die diesbezügliche ausdrückliche gesetzliche Anordnung des § 4g Abs. 2 S. 1 BDSG a. F. weggefallen. Aber eine inhaltsgleiche Verpflichtung folgt aus Art. 38 Abs. 1, Abs. 2 DS-GVO, da das Verfahrensverzeichnis eine für die Erfüllung der Überwachungsaufgaben des Datenschutzbeauftragten aus Art. 39 Abs. 1 lit. b DS-GVO **bedeutende Ressource** darstellt.

§ 1[1]

Beschreibung und Identifizierungs-merkmale[2]	
detaillierte Beschreibung[3]	
Schnittstellen und Peripheriegeräte[4]	
Standort oder Name des Beschäftigten[5]	
damit ausgeführte Verfahren[6]	

Kremer/Sander

§ 2

	1	2
Namen und Kontaktdaten des Verantwortlichen[7]		
Namen und Kontaktdaten des Datenschutzbeauftragten[7]		
Namen und Kontaktdaten eines ggf. vorhandenen Vertreters[7]		
laufende Nummer der Verarbeitungstätigkeit[8]	1	2
Zwecke der Verarbeitung		
Namen und Kontaktdaten eines ggf. vorhandenen gemeinsam Verantwortlichen		
Kategorien betroffener Personen:		
Kategorien von Daten bzw. Datenarten		
Regelfristen für die Löschung		
Kategorien von Empfängern[9]		
das Drittland oder die internationale Organisation, an das oder die ggf. übermittelt wird, sowie ggf. die Dokumentierung geeigneter Garantien[10]		
allgemeine Beschreibung der Maßnahmen gem. Art. 32 Abs. 1 DS-GVO[11]		

§ 3[12]

	A1	A2
laufende Nummer der im Auftrag ausgeführten Verarbeitungstätigkeiten	A1	A2
Namen und Kontaktdaten des Verantwortlichen und seines Datenschutzbeauftragten		
Namen und Kontaktdaten eines ggf. gleichzeitig mitbeauftragten Auftragsverarbeiters		
Kategorien von Verarbeitungen		
das Drittland oder die internationale Organisation, an das oder die ggf. übermittelt wird, sowie ggf. die Dokumentierung geeigneter Garantien[10]		
allgemeine Beschreibung der Maßnahmen gem. Art. 32 Abs. 1 DS-GVO[11]		

Anmerkungen

1. Verfahrensverzeichnis. Das Verzeichnis der Verarbeitungstätigkeiten, welches vermutlich weiterhin mit dem gängigen Begriff Verfahrensverzeichnis betitelt wird, ist wegen Art. 30 Abs. 3 DS-GVO in Textform (§ 126b BGB) oder sonst als elektronisches Dokument zu führen (auch Websites sind möglich, siehe *Laue/Nink/Kremer*, Das neue Datenschutzrecht in der betrieblichen Praxis, § 2 Rn. 8; a.A. Paal/Pauly/ *Martini*, DS-GVO, Art. 28 Rn. 75). Abweichend von § 4g Abs. 2 S. 1 BDSG a.F. ist es vom Verantwortlichen oder Auftragsverarbeiter und ggf. dessen Vertreter i.S.d. Art. 27 DS-GVO selbst zu führen, nicht mehr vom Datenschutzbeauftragten (DSB) (vgl. Art. 30 Abs. 1, Abs. 2 DS-GVO). Zuwiderhandlungen können nach Art. 83 Abs. 4 lit. a DS-GVO sanktioniert werden. Die Artikel-29-Datenschutzgruppe (Working Paper 243, S. 18) hält auch unter der DS-GVO die in der Praxis häufige Delegation der „Erstellung des Verzeichnisses" an den DSB für möglich. Das dürfte jedoch mit den Regelungen der DS-GVO unvereinbar sein: Zentrale Aufgabe des Beauftragten ist gem. Art. 39 Abs. 1 lit. b DS-GVO die Überwachung des Verantwortlichen. Das Erstellen und Führen des Verzeichnisses für den Verantwortlichen oder Auftragsverarbeiter kollidiert mit dieser Aufgabe und hätte deshalb einen nach Art. 38 Abs. 6 S. 2 DS-GVO zu vermeidenden Interessenskonflikt beim DSB zur Folge.

Der Begriff der Verarbeitungstätigkeiten i.S.v. Art. 30 Abs. 1 DS-GVO entspricht dem bisherigen Begriff des „Verfahrens". Dieser war im BDSG a.F. nicht definiert und damals aus Art. 18, 19 DSRL abzuleiten. Er umfasst jede einzelne oder mehrere Verarbeitungen i.S.v. Art. 4 Nr. 2 DS-GVO, soweit sie durch einen oder mehrere Zwecke verkettet werden. Unter dem alten Recht war anerkannt, dass das im Verzeichnis geführte Verfahren so konkret zu fassen ist, dass anhand der Beschreibung des Verfahrens eine erste kursorische Prüfung auf dessen Rechtmäßigkeit vorgenommen werden kann (Simitis/*Petri*, BDSG, § 4d Rn. 26). Dies ändert sich durch die DS-GVO nicht. Ausweislich ErwG 82 müssen die Angaben so detailliert sein, dass „die betreffenden Verarbeitungsvorgänge anhand dieser Verzeichnisse kontrolliert werden können". Gewollt ist ausdrücklich eine Kontrolle der Verantwortlichen und Auftragsverarbeiter durch die Aufsichtsbehörden „vom Schreibtisch aus". Zulässig ist die Zusammenfassung von Arbeitsabläufen oder Prozessen in einem Verfahren, etwa zum Bewerbermanagement, der Kreditverwaltung oder der Kundenbetreuung, sofern dadurch nicht die Zielerreichung vereitelt wird, eine Kontrolle der Verarbeitungen durch die Aufsichtsbehörden allein mittels der Verzeichnisse zu ermöglichen.

2. Beschreibung und Identifizierungsmerkmale. In diesem Feld sind alle Angaben aufzuführen, die zur äußeren Identifizierung der Anlage erforderlich sind, etwa Hersteller, Marke, Modellbezeichnung, Seriennummer, eine gegebenenfalls intern von der verantwortlichen Stelle vergebene Inventarnummer sowie die der Identifizierung der Anlage im Netzwerk dienende Bezeichnung (z.B. SERVER91).

3. Detaillierte Beschreibung. Hier sind die nach den individuellen Bedürfnissen des Verantwortlichen zur Beschreibung der jeweiligen Anlage sinnvollen, die allgemeinen Identifizierungsmerkmale (→ Anm. 2) ergänzenden Angaben zu machen. Art und Umfang richten sich nach dem verfolgten Zweck. Mit Blick auf Art. 32 Abs. 1

DS-GVO wäre etwa das jeweilige Betriebssystem zu erfassen (z. B. „Android 7.0"
bei einem Smartphone), um so potentielle Risiken für Datenschutz und Datensicherheit etwa wegen nicht mehr erfolgender Sicherheitsupdates oder bekannter Sicherheitslücken zu erkennen.

4. Schnittstellen und Peripherie. Zur Risikoeinschätzung und Etablierung der
nach Art. 32 Abs. 1 DS-GVO erforderlichen Maßnahmen ist die Erfassung der
Schnittstellen der jeweiligen Anlage bedeutsam, z. B. WLAN-Adapter nebst Verschlüsselungsverfahren. Miterfasst werden sollte, welchen Benutzern die Schnittstelle zur Verfügung steht. Zu ergänzen sind die Angaben zur Schnittstelle um die
hierüber mit der Anlage dauerhaft oder vorübergehend kommunizierenden Peripheriegeräte, z. B. vier USB-C Ports, davon einer mit Drucker [Dateistatut Nr. X], drei
frei für alle Benutzer zugänglich und aktiv). Sind die Peripheriegeräte nicht bereits
im Dateistatut erfasst, sollten hier die Beschreibung und Identifizierungsmerkmale
(→ Anm. 2) sowie ggf. erforderliche detaillierte Angaben (→ Anm. 3) erfasst werden.

5. Standort oder Name des Beschäftigten. Traditionell ist für jede im Dateistatut
verzeichnete Anlage der Standort zu erfassen, etwa durch Angabe von Gebäude und
Raumnummer, in dem die Anlage steht. Angesichts der zunehmenden Verbreitung
mobiler Endgeräte ohne festen Standort sollte alternativ der Name des Nutzers und
unmittelbaren Besitzers der Anlage oder ein sonstiges Identifizierungsmerkmal erfasst werden, etwa dessen Personalnummer.

6. Damit ausgeführte Verfahren. Die Angabe der mit der Anlage ausgeführten
Verarbeitätigkeiten ist für ein Dateistatut nach § 18 Abs. 2 BDSG a.F. nicht
erforderlich gewesen. Für die hier angedachte inhaltliche Verknüpfung des Dateistatus mit den Angaben im Verfahrensverzeichnis ist dies jedoch essentiell. So liefern
die Angaben im Dateistatut wertvolle Informationen für die Beurteilung der Geeignetheit der nach Art. 32 Abs. 1 DS-GVO zu treffenden Maßnahmen (→ Anm. 11).
Erst durch die Gesamtschau auf Anlage und Verfahren lassen sich von einem Verfahren auf eine oder mehrere Anlagen zu vererbende Sicherheitsanforderungen feststellen.

7. Angaben zum Verantwortlichen. Die von Art. 30 Abs. 1 lit. a DS-GVO geforderten Angaben dienen der Aufsichtsbehörde zur Erfüllung ihrer Aufgaben. Die Bezeichnung des Verantwortlichen sowie im Fall des Art. 27 DS-GVO seines Vertreters
bei Verarbeitungen durch einen nicht in der Union niedergelassenen Verantwortlichen dient der Feststellung des Adressaten für aufsichtsbehördliche Maßnahmen.
Ausweislich Art. 4 Nr. 17 DS-GVO vertritt der Vertreter den Verantwortlichen bei
der Erfüllung der ihm nach der DS-GVO obliegenden Pflichten, so dass er bei Verstößen des Verantwortlichen gegen die DS-GVO Durchsetzungsverfahren unterworfen werden kann (ErwG 80 DS-GVO). Ist der Verantwortliche oder Vertreter eine
natürliche Person, ist der vollständige Vor- und Zuname zu benennen oder, sofern es
sich um einen Kaufmann i. S. d. §§ 1 ff. HGB handelt, alternativ dessen „Firma"
i. S. d. § 17 Abs. 1 HGB. Die Angabe einer bloßen Etablissement-Bezeichnung etwa
bei einem Kleingewerbetreibenden ist nicht ausreichend. Handelt es sich beim Verantwortlichen oder Vertreter um eine juristische Person, ist stets deren Firma anzugeben. Zusätzlich ist gem. Art. 30 Abs. 1 lit. a DS-GVO der ggf. benannte DSB (zur
Benennung → B.I.1.) mit seinen Kontaktdaten anzugeben, weil dieser im Rahmen
der Zusammenarbeit und seiner diesbezüglichen Tätigkeit als Anlaufstelle nach

Art. 39 Abs. 1 lit. d, e DS-GVO der Aufsichtsbehörde für inhaltliche Fragen bereitstehen soll (zum Problem des „Datenschutzbeauftragten als Whistleblower"
→ B.III.1.). Als Kontaktdaten anzugeben sind neben der vollen, ladungs- oder zustellungsfähigen Anschrift mit Blick auf ErwG 23 jeweils auch – im Unterschied zu
§ 4e S. 1 Nr. 3 BDSG a. F. – die E-Mail-Adresse, während eine Telefonnummer möglich, aber nicht zwingend ist (*Laue/Nink/Kremer*, Das neue Datenschutzrecht in der
betrieblichen Praxis, Kap. 3, Rn. 7).

8. Angaben zu einzelnen Verarbeitungstätigkeiten. Für eine einfache Darstellung
der nach Art. 30 Abs. 1 lit. b–g DS-GVO erforderlichen Angaben bietet sich eine tabellarische Gestaltung an. Die hier vorgeschlagene Tabelle liest sich so, dass unter
dem Feld mit der vorgesehenen laufenden Nummer des Verfahrens (einer notwendigen Ergänzung zwecks Verknüpfung der Verfahren mit den im Dateistatut erfassten
Anlagen, → Anm. 6) zunächst der Zweck oder die Zwecke der Verarbeitungen festgelegt werden. Der Zweck ist das verbindende Element bei mehreren Verarbeitungen, wenn diese als eine Verfahrenstätigkeit zusammengefasst werden (→ Anm. 1).
Angesichts des eindeutigen Wortlauts von Art. 30 Abs. 1 lit. b DS-GVO dürfte es
anders als unter dem BDSG üblich (vgl. z. B. Simitis/*Petri*, BDSG, § 4e Rn. 7) nicht
ausreichend sein, ausschließlich den Primärzweck zu dokumentieren. Vielmehr sind
alle Zwecke zu erfassen, die bei Geltendmachung des Auskunftsrechts durch eine
betroffene Person gem. Art. 15 Abs. 1 lit. a DS-GVO beauskunftet werden müssten
(→ F.II. Anm. 3).

Anschließend ist bei gemeinsam für die Verarbeitung Verantwortlichen i. S. v.
Art. 26 Abs. 1 DS-GVO der andere Verantwortliche anzugeben (grundlegend zu
„gemeinsamen Verantwortlichen" *Laue/Nink/Kremer*, Das neue Datenschutzrecht
in der betrieblichen Praxis, Kap. 1, Rn. 53 ff.; *Lachenmann*, Datenübermittlung im
Konzern, S. 307 ff.; im Übrigen → G.V.). Gibt es gemeinsam Verantwortliche ist
zwingend zu beachten, dass über das insoweit synchron bei allen Verantwortlichen
zu führende Verfahrensverzeichnis hinaus auch gem. Art. 26 Abs. 1 S. 2 DS-GVO
eine separate Vereinbarung erforderlich ist, aus der sich ergeben muss, „wer von ihnen welche Verpflichtung gemäß dieser Verordnung erfüllt".

Sodann beginnt die immer feiner aufgliedernde Darstellung mit den Kategorien
der von dem Verfahren betroffenen Personen. Für jede Kategorie, also jeden Kreis
betroffener Personen ist unter der Bezeichnung des Verfahrens eine eigene Spalte
anzulegen (im Muster beispielhaft zwei Spalten für zwei Kategorien betroffener Personen; die Tabelle ist entsprechend anzupassen). Ebenso kann in Bezug auf jede Kategorie von Betroffenen mehr als nur eine Kategorie von Daten betroffen sein, so
dass unterhalb einer jeden Kategorie von Betroffenen wieder entsprechend viele
Spalten für die Kategorien von Daten vorzusehen sind (im Muster wiederum beispielhaft zwei Spalten; zur Kategorisierung von Daten → B.III.2. Anm. 5). Gibt es
für die Zulässigkeit der Verarbeitung keine Sondervorschriften, können diese
schlicht als „personenbezogene Daten" eingetragen werden. Die saubere Erfassung
der Kategorien von Daten je Betroffenengruppe erleichtert sodann die Bestimmung
der Regelfristen für die Löschung der Daten.

9. Kategorien von Empfängern. Gem. Art. 30 Abs. 1 lit. d DS-GVO sind die
Kategorien von Empfängern aufzulisten, einschließlich der Empfänger in Drittländern oder internationalen Organisationen nebst weiterer ergänzender Angaben zu
solchen Übermittlungen (→ Anm. 10). Der Begriff des Empfängers ist in Art. 4

Kremer/Sander

Nr. 9 DS-GVO definiert. Über den Begriff des Dritten i.S.v. Art. 4 Nr. 10 DS-GVO hinaus ist jeder Empfänger, dem „personenbezogene Daten offengelegt werden, unabhängig davon, ob es sich […] um einen Dritten handelt oder nicht". Zu erfassen sind insbesondere Auftragsverarbeiter i.S.v. Art. 4 Nr. 8 DS-GVO (*Lauel Nink/Kremer*, Das neue Datenschutzrecht in der betrieblichen Praxis, Kap. 5, Rn. 6) sowie unselbstständige, interne Unterteilungen des Verantwortlichen wie Zweigstellen, Filialen und Abteilungen (*Gola/Schomerus*, BDSG, § 4e Rn. 8). Ausgenommen werden durch Art. 4 Nr. 9 S. 2 DS-GVO lediglich Behörden, die für einen bestimmten Untersuchungsauftrag möglicherweise personenbezogene Daten erhalten.

10. Übermittlung an Drittländer oder internationale Organisationen. Drittländer sind alle Länder, die nicht oder nicht mehr EU-Mitgliedstaaten sind. Es kommt nicht darauf an, ob der Inhalt der DS-GVO als gemeinschaftlicher Besitzstand auch mittelbar für die dem EWR angehörenden Nicht-EU-Mitglieder, also Island, Liechtenstein und Norwegen gilt (mithin die EFTA-Staaten, abgesehen von der Schweiz). Die drei vorgenannten Staaten sind ebenso als Drittländer anzugeben wie etwa Indien, China oder die USA, weil es für den Begriff des „Drittlandes" nicht darauf ankommt, ob dort ein ausreichendes Schutzniveau für einen Angemessenheitsbeschluss i.S.v. Art. 45 DS-GVO vorhanden ist. Ausreichend für die Verpflichtung zur Benennung des Drittlandes im Verfahrensverzeichnis ist eine Planung der Übermittlung; ob diese tatsächlich stattfindet ist ohne Bedeutung (zur Übermittlung in Drittstaaten → B.III.3. Anm. 13–18). Zur internationalen Organisation als Empfänger einer Übermittlung siehe die Definition in Art. 4 Nr. 26.

11. Allgemeine Beschreibung der technischen und organisatorischen Maßnahmen. Die – „wenn möglich" – allgemeine Beschreibung der technischen und organisatorischen Maßnahmen für die einzelnen Verarbeitungstätigkeiten nach Art. 30 Abs. 1 lit. g DS-GVO bei Verantwortlichen, bzw. Art. 30 Abs. 2 lit. d DS-GVO bei Auftragsverarbeitern sind mit Bedacht zu formulieren. Wie schon nach § 4e S. 1 Nr. 9 BDSG a. F. muss die Beschreibung so umfangreich sein, dass allein unter Heranziehung des Verzeichnisses eine vorläufige Beurteilung möglich ist, ob die getroffenen Maßnahmen zur Gewährleistung der Sicherheit der Verarbeitungen geeignet sind. Während nach § 38 Abs. 5 S. 1 BDSG a. F. bei Zuwiderhandlungen keine unmittelbaren Sanktionen, sondern nur Anordnungen zur Mangelbeseitigung drohten, sind Zuwiderhandlungen nunmehr nach Art. 83 Abs. 4 lit. a DS-GVO mit einer Geldbuße von bis zu 10 Mio. EUR oder 2 % des weltweiten Vorjahresumsatzes sanktioniert. Soweit daher früher an die Detailtiefe der Beschreibung der Maßnahmen keine hohen Anforderungen gestellt und eine „Grobskizze" als ausreichend betrachtet wurde (vgl. *Gola/Schomerus*, BDSG, § 4e Rn. 10), sollten die Angaben im Verzeichnis der Verarbeitungstätigkeiten wie bislang nur bei der Verarbeitung besonderer Kategorien personenbezogener Daten i.S.v. § 3 Abs. 9 BDSG a. F. bzw. Art. 9 Abs. 1 DS-GVO zukünftig stets so beschaffen sein, dass diese einer Prüfung durch die Aufsichtsbehörde „von deren Schreibtisch aus" (→ Anm. 1) standhalten. Soweit es bislang schon zwecks Vereinfachung und Übersichtlichkeit des Verzeichnisses zulässig war, Verarbeitungstätigkeiten eine standardisierte Sicherheitsstufe zuzuweisen, die sodann in einem Anhang zum Verfahrensverzeichnis im Detail erläutert wurde (*Simitis/Petri*, BDSG, § 4e Rn. 13), ist dies unter der DS-GVO unverändert möglich.

Kremer/Sander

12. Verfahren im Auftrag. Art. 30 Abs. 2 DS-GVO führt die Verpflichtung des Auftragsverarbeiters zur Führung eines Verzeichnisses der im Auftrag durchgeführten Verarbeitungstätigkeiten ein. Damit ist erstmals ohne Weiteres ersichtlich, welche Verarbeitungstätigkeiten etwa in einem Rechenzentrum für welche Verantwortlichen betrieben werden. Dies kann etwa für die Ermittlung der bei Datenschutzverletzungen i.S.v. Art. 4 Nr. 12 DS-GVO nach Art. 33, 34 DS-GVO meldepflichtigen Verantwortlichen relevant sein. Möglicherweise erlaubt ein solches Verzeichnis auch eine Aussage darüber, welche Anlagen eines Auftragsverarbeiters bei objektiver Betrachtung als „kritische Infrastruktur" i.S.v. § 2 Abs. 10 BSIG gesehen werden sollten. Es bleibt abzuwarten, ob ggf. zukünftige Fassungen der BSI-KRITIS Verordnungen auch auf inhaltliche Kriterien abstellen, die sich aus einem solchen Verzeichnis eines Auftragsverarbeiters ermitteln ließen (zum BSIG und den zugehörigen Verordnungen *Gehrmann* in: Taeger (Hrsg.) DSRITB 2016, S. 263 ff.). Das Verzeichnis beim Auftragsverarbeiter soll wegen der im Auftrag ausgeführten Verarbeitungstätigkeiten dasjenige des Verantwortlichen nach Art. 30 Abs. 1 DS-GVO ergänzen, weshalb die dort nach Art. 30 Abs. 2 lit. a–d DS-GVO zu dokumentierenden Angaben von denen des Verantwortlichen abweichen (→ Anm. 8 ff.). Soweit die Angaben bei Verantwortlichem und Auftragsverarbeiter gleichermaßen zu treffen sind (z.B. Art. 30 Abs. 1 lit. e und Abs. 2 lit. c DS-GVO) oder komplementär zueinander sind (z.B. Art. 30 Abs. 1 lit. a, lit. d und Abs. 2 lit. a DS-GVO), sollten die Angaben in den jeweils zu führenden Verzeichnissen identisch sein. Unklar ist, was der Gesetzgeber in Art. 30 Abs. 2 lit. b DS-GVO mit der Angabe der „Kategorien von Verarbeitungen" bzw. in Art. 23 Abs. 2 DS-GVO mit den „Verarbeitungskategorien" meinte, da die DS-GVO im Übrigen nur Kategorien von Daten (z.B. Art. 9 Abs. 1 DS-GVO), Kategorien von betroffenen Personen (z.B. Art. 28 Abs. 3, 33 Abs. 3 DS-GVO) und Kategorien von Verantwortlichen, Auftragsverarbeitern (z.B. Art. 37 Abs. 4 DS-GVO) und Empfängern (z.B. in Art. 13 Abs. 1, 30 Abs. 1 DS-GVO) kennt. Gedacht haben dürfte der Gesetzgeber dabei wahrscheinlich an eine übergeordnete Beschreibung der vom Auftragsverarbeiter für Verantwortliche erbrachten Leistungen, unter denen es zur Verarbeitungstätigkeit kommt, also z.B. die Angabe „Abfrage von Bonitätsinformationen als Prozessor bei Auskunfteien" oder „Erstellen von Backups für Storage-Systeme" (ebenso *Laue/Nink/Kremer,* Das neue Datenschutzrecht in der betrieblichen Praxis, Kap. 7, Rn. 123).

Kremer/Sander

III. Datenschutz-Folgenabschätzung und Konsultation
(Art. 35 f. DS-GVO)

Trotz einiger Vorläufer gilt die Datenschutz-Folgenabschätzung (DSFA) insbesondere aus nationaler Sicht als „eine der wenigen echten regulatorischen Innovationen" (Paal/Pauly/*Martini*, DS-GVO, Art. 35 Rn. 2) der DS-GVO. Wie sich auch aus ErwG 89 DS-GVO ergibt, tritt dabei an die Stelle „unterschiedsloser allgemeiner Meldepflichten", wie sie die DSRL im Wesentlichen noch vorsah, zur Entbürokratisierung ein risikobasierter Ansatz (→ C.V. 2.).

Technikfolgenabschätzungen sind in der Risikogesellschaft seit Jahrzehnten das Mittel der Wahl, um den Unwägbarkeiten neuer Entwicklungen und Technologien vor ihrer Inbetriebnahme strukturell bestmöglich und effizient Rechnung zu tragen. Obwohl der Bedarf nach einer Analyse gesamtgesellschaftlicher Auswirkungen automatisierter Datenverarbeitung frühzeitig identifiziert war, wurden Technikfolgenabschätzungen in unserem Rechtsraum lange eher mit Themen wie Umwelt, Nachhaltigkeit und Gesundheit in Verbindung gebracht. Es trägt der gewachsenen Bedeutung des Datenschutzes Rechnung, dass die DS-GVO nun eine ausführliche Regelung der Folgenabschätzung in Art. 35 und 36 DS-GVO vorsieht.

Orientiert am Text der Verordnung lassen sich die insgesamt 16 Absätze der Art. 35 DS-GVO (DSFA) und Art. 36 DS-GVO (Vorabkonsultation) für einen ersten Überblick auf folgende Grundaussagen zusammenfassen: Birgt eine Verarbeitung ausgehend von einer Prognose ein – ausdrücklich: hohes – Risiko für die Rechte und Freiheiten natürlicher Personen, hat der Verantwortliche vorab die Folgen für den Schutz personenbezogener Daten abzuschätzen. Er zieht nach Bedarf den Datenschutzbeauftragten zu Rate, holt ggf. den Standpunkt der betroffenen Personen ein und berücksichtigt auch genehmigte Verhaltensregeln gem. Art. 40 DS-GVO. Trifft er keine Maßnahmen zur Eindämmung eines festgestellten hohen Risikos, konsultiert der Verantwortliche vor der Verarbeitung die Aufsichtsbehörde. Erachtet diese die geplante Verarbeitung als nicht im Einklang mit der DS-GVO, unterbreitet sie binnen einer bestimmten Frist Empfehlungen.

Schon diese Kurzversion macht deutlich, dass im Zentrum (auch) dieser Regelung eine Risikoanalyse steht, wie sie für die DS-GVO in zahlreichen Artikeln prägend ist. Im White Paper des Forums Privatheit ist die DSFA entsprechend definiert als „ein Instrument, um das Risiko zu erkennen und zu bewerten, das für ein Individuum in dessen unterschiedlichen Rollen (als Bürger, Kunde, Patient etc.) durch den Einsatz einer bestimmten Technologie oder eines Systems durch eine Organisation entsteht." (*Friedewald/Obersteller/Nebel/Bieker/Rost*, https://www.forum-privatheit.de/forum-privatheit-de/texte/veroeffentlichungen-des-forums/themenpapiere-white-paper/Forum_Privatheit_White_Paper_Datenschutz-Folgenabschaetzung_2016.pdf, S. 7).

Die Vorgaben der DS-GVO werden durch die ErwG 84 und 89-96 DS-GVO näher bestimmt. In ErwG 84 DS-GVO werden Sinn und Zweck der Folgenabschätzung zusammengefasst: „Damit diese Verordnung in Fällen, in denen die Verarbei-

Nolde

tungsvorgänge wahrscheinlich ein hohes Risiko für die Rechte und Freiheiten natürlicher Personen mit sich bringen, besser eingehalten wird, sollte der Verantwortliche für die Durchführung einer DSFA, mit der insbesondere die Ursache, Art, Besonderheit und Schwere dieses Risikos evaluiert werden, verantwortlich sein."

Inzwischen liegen zahlreiche Empfehlungen vor, um die Vorgehensweise gem. Art. 35 DS-GVO zu operationalisieren. Seit April 2017 kann dabei auch auf das Working Paper 248 der Artikel-29-Datenschutzgruppe zurückgegriffen werden.

1. Übersicht über den Verlauf einer Datenschutz-Folgenabschätzung

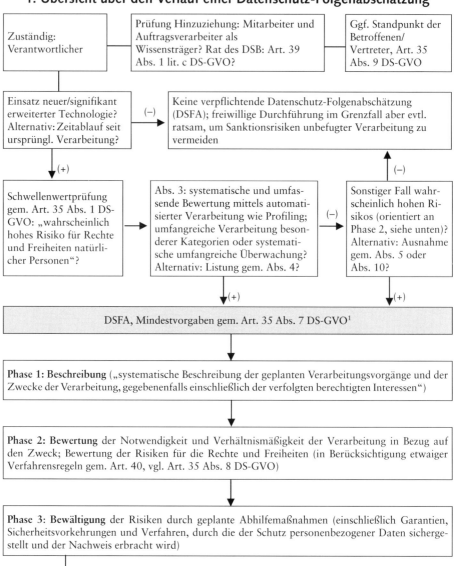

Nolde

2. Schwellenwertprüfung und Erforderlichkeit einer Datenschutz-Folgenabschätzung

– Zuständig:[2] Verantwortlicher, ggf. unterstützt durch beteiligte Mitarbeiter
– Option: Beratung durch den Datenschutzbeauftragten, sofern ein solcher benannt wurde
– Option: Hinzuziehung eines involvierten Auftragsverarbeiters als Wissensträger
– Option: Einholung des Standpunkts betroffener Personen, sowohl einzelner konkreter Personen als auch Interessengruppen- oder Verbandsbeteiligung denkbar
– Wer begleitet und dokumentiert zur Gewährleistung von Nachweispflicht und Accountability?
– Zeitpunkt: vor Beginn einer Verarbeitung
– Werden nachfolgend Bullet Points unter a) und b) jeweils mindestens einmal als zutreffend bejaht, sollte eine DSFA durchgeführt werden. Etwas anderes kann gelten, sofern risikoreduzierende Faktoren gem. c) noch zu einer anderen Prognose führen.

a) Anlass der Prognose
– Handelt es sich um eine neue Technologie oder eine neuartige Verarbeitung (Einführung nach 25.5.2018)?
– Erfährt eine bereits eingesetzte Technologie signifikante Veränderungen?
– Ergibt sich durch eine Veränderung im Prozess eine Risikoerhöhung im Sinne von 2b)?
– Ergibt sich durch eine Zweckänderung eine Risikoerhöhung im Sinne von 2b)?
– Ergibt sich durch eine Änderung der Umstände in der Gesellschaft oder der Organisation eine Risikoerhöhung im Sinne von 2b) (z. B. neue „Randgruppenbildung", EU-Austritt)?
– Ist seit Einführung der ursprünglichen Verarbeitung längere Zeit, z. B. mehr als drei Jahre, vergangen?
– Ist ggf. eine freiwillige DSFA-Durchführung auch für bereits bestehende Verarbeitungsvorgänge sinnvoll zur Vermeidung von Sanktionsrisiken, z. B. aufgrund einer zweifelhaften Rechtsgrundlage oder streitigen Verhältnismäßigkeit?

b) Wahrscheinlichkeit eines hohen Risikos?[3, 4]
– Ist die Verarbeitung in einer Positivliste der Aufsichtsbehörden gem. Art. 35 Abs. 4 DS-GVO aufgeführt?
Allgemein:
– Ergibt sich ein Risiko für die Rechte und Freiheiten natürlicher Personen, das voraussichtlich hoch ist aufgrund
  – der Art der verarbeiteten Daten?
  – des Umfangs der Daten?
  – der Umstände der Verarbeitung? Insbesondere: Erfolgt die Verarbeitung systematisch und umfassend? Erfolgt die Verarbeitung automatisiert? Sind Verarbeitungsvorgänge ihrerseits Grundlage für Entscheidungen?
  – des Zwecks der Verarbeitung?
Die Regelbeispiele in Art. 35 Abs. 3 DS-GVO zeigen in der Gesamtschau, dass eine spezifische Risikoerhöhung bestehen muss, z.B. durch die Kombination aus

Nolde

zwei Risikofaktoren wie besonders sensiblen Daten einerseits und einer umfangreichen oder systematischen Verarbeitung andererseits.

<u>Konkret:</u>
– Handelt es sich um eine systematische und umfassende Bewertung persönlicher
  Aspekte natürlicher Personen, die sich auf automatisierte Verarbeitung – ein-
  schließlich Profiling – gründet? Erfolgt z. B. eine Zusammenführung von Datensätzen, etwa aus Verarbeitungen zu unterschiedlichen Zwecken?
– Entfaltet die Verarbeitung Rechtswirkungen gegenüber natürlichen Personen oder
  beeinträchtigt sie diese in ähnlich erheblicher Weise?
– Kann das Ergebnis der Datenverarbeitung die Rechts- oder Vertragsausübung eines Betroffenen oder Nutzung einer Dienstleistung beeinträchtigen?
– Handelt es sich um eine umfangreiche Verarbeitung besonderer Kategorien von
  personenbezogenen Daten gem. Art. 9 Abs. 1 DS-GVO? Sind die betroffenen Per-
  sonen besonders schutzwürdig, oder besteht ein erkennbares Machtgefälle, z. B.
  Daten von Beschäftigten, älteren Menschen, Kindern, Menschen mit Behinderung,
  Asylsuchenden?
– Handelt es sich um eine umfangreiche Verarbeitung personenbezogener Daten
  über strafrechtliche Verurteilungen und Straftaten gem. Art. 10 DS-GVO?
– Handelt es sich um systematische umfangreiche Überwachung öffentlich zugänglicher Bereiche, z. B. durch Videoanlagen?

<u>Beispiele:</u>
Umfangreiche Sammlung von Social-Media-Einträgen, um sie als Profile in einer
Kontaktdatenbank zusammenzuführen → DSFA (+).
Einsatz einer Mailing-Liste, um Newsletter zu versenden → DSFA (-).

c) Risikoreduzierende Aspekte
– Ist die Verarbeitung in einer Negativliste der Aufsichtsbehörden gem. Art. 35
  Abs. 5 DS-GVO aufgeführt?
– Beruht der konkrete Verarbeitungsvorgang auf einer Rechtsgrundlage im Unions-
  recht oder im Recht des Mitgliedstaats, und erfolgte bereits eine allgemeine
  Folgenabschätzung im Zusammenhang mit dem Erlass dieser Rechtsgrundlage,
  Art. 35 Abs. 10 DS-GVO?
– Wurde bereits eine DSFA für einen ähnlichen Verarbeitungsvorgang vorgenom-
  men, die sich übertragen lässt?
– Gilt die Verarbeitung nicht als umfangreich, weil sie personenbezogene Daten von
  Patienten oder Mandanten betrifft und durch einen einzelnen Arzt, Angehörigen
  eines Gesundheitsberufs oder Rechtsanwalt erfolgt (ErwG 90 DS-GVO a.E.)?

3. Durchführung einer Datenschutz-Folgenabschätzung

– Die Durchführung gliedert sich in die Phasen Beschreibung – Bewertung – Bewäl-
  tigung der Risiken.[5]
– Zuständig: Verantwortlicher, ggf. unterstützt durch beteiligte Mitarbeiter
– Option: Beratung durch den Datenschutzbeauftragten, sofern ein solcher benannt
  wurde
– Option: Hinzuziehung eines involvierten Auftragsverarbeiters als Wissensträger

Nolde

– Option: Einholung des Standpunkts betroffener Personen, sowohl einzelner konkreter Personen als auch Interessengruppen- oder Verbandsbeteiligung denkbar
– Wer begleitet und dokumentiert zur Gewährleistung von Nachweispflicht und Accountability?
– Zeitpunkt: vor Beginn der Verarbeitung
– Haben ähnliche Verarbeitungsvorgänge ein ähnliches Gefahrenpotential und können zusammen einer DSFA unterzogen werden? (Beispiel: Videoüberwachung an mehreren vergleichbaren Standorten)
– Kann ggf. auf eine allgemeine DSFA eines Herstellers zurückgegriffen und darauf spezifisch aufgesetzt werden?

a) Phase 1: Beschreibung
• Systematische Beschreibung der geplanten Verarbeitungsvorgänge
  – Art, Umfang, Umstände und Zwecke der Verarbeitung
  – Art der personenbezogenen Daten, Empfänger und Speicherfristen
  – eingesetzte Datenträger, Wissensträger und/oder Trägermedien (Hardware, Software, Netzwerke, Personen, Papier etc.)
  – Branche, Rolle des Verantwortlichen und Rolle des Betroffenen
  – zusammenfassend: Alle datenschutzrelevanten Sachverhaltsmerkmale und die eingesetzte Technik müssen so konkret beschrieben werden, dass sich die Phasen der Bewertung und der Bewältigung anschließen können.

Phase der Verarbeitung	(betroffene Person)	Verantwortlicher	Auftrags-verarbeiter	Dritte
Erhebung	Registrierung			Informations-bereitstellung
	Daten (welcher Kategorie?)	Zusammenführung und Weiterleitung / Daten	Daten	Daten
Speicherung			Speicherung etc.	
Nutzung				
Übermittlung				
Löschung				

– Systematische Beschreibung der Zwecke der Verarbeitung, z.B. Abrechnung, Diebstahlsschutz, Aufklärung von Straftaten
– Systematische Beschreibung der von dem Verantwortlichen verfolgten berechtigten Interessen: rechtlicher, wirtschaftlicher, ideeller oder sonstiger Art (Überschneidungen mit der Beschreibung des Zwecks möglich).

Nolde

- Identifikation der maßgeblichen Rechtsgrundlagen

b) Phase 2: Bewertung
- Liegen genehmigte Verhaltensregeln i.S.d. Art. 40 DS-GVO vor, die gem. Art. 35 Abs. 8 DS-GVO zu berücksichtigen sind?
- Bewertung der Notwendigkeit und Verhältnismäßigkeit der Verarbeitungsvorgänge in Bezug auf den Zweck
  - Konkret bestimmte spezifische – und legitime – Zwecke der Verarbeitung
  - Einhaltung der Zweckbindung
  - Berücksichtigung von Betroffenenrechten (Benachrichtigung, Berichtigung etc.)
  - Bewertung der Risiken für die Rechte und Freiheiten der betroffenen Personen
  - Welche Schutzziele sind im Rahmen des Art. 35 DS-GVO maßgeblich?
  - Vertraulichkeit
  - Integrität
  - Verfügbarkeit
  - Transparenz
  - Intervenierbarkeit
  - Nicht-Verkettung von personenbezogenen Verfahren
  - Datensparsamkeit
- Im Sinne des DS-GVO-Konzepts „Datenschutzes als Instrument des Vorfeldschutzes" sind auch mögliche physische, materielle oder immaterielle Schäden in die Risikobewertung eines Verarbeitungsvorgangs einzubeziehen (ErwG 4 und insbesondere 75):
  - Einbuße von Rechten oder Freiheiten
  - Diskriminierung
  - Identitätsdiebstahl
  - finanzielle Verluste
  - Rufschädigung
  - Verlust der Vertraulichkeit von dem Berufsgeheimnis unterliegenden Daten
  - Kontrollverlust bezogen auf personenbezogene Daten, die Aufschluss über rassische oder ethnische Herkunft, politische Meinung, weltanschauliche Überzeugung oder Gewerkschaftszugehörigkeit geben, genetische Daten
  - unbefugte Aufhebungen einer Pseudonymisierung
  - Profilerstellung unter Nutzung von Aspekten wie Arbeitsleistung, wirtschaftliche Lage, Gesundheit, persönliche Vorlieben oder Interessen etc.
  - andere erhebliche wirtschaftliche oder gesellschaftliche Nachteile.
- Welche Bedrohungen ergeben sich aus der Perspektive der Betroffenen?
  - unbefugter Zugriff
  - unerwünschte Veränderung von Daten
  - Verlust von Daten.
- Welche Angreifer und Risikoquellen kommen in Betracht? Beispiele: Staatliche Stellen, Unternehmen, Arbeitgeber, Banken, Krankenhäuser, Ärzte etc.
- Das Risiko bemisst sich als Produkt der Faktoren „Schwere des drohenden Schadens" und „Eintrittswahrscheinlichkeit". Für ein hohes Risiko i.S.d. Art. 35 Abs. 1 DS-GVO müssen in der Regel mindestens „wesentliche" in Kombination mit „maximalen" Faktoren aufeinandertreffen:

Nolde

Eintrittswahr-
scheinlichkeit

			(hohes Risiko)	(hohes Risiko)
maximal				
wesentlich				(hohes Risiko)
begrenzt				
vernach-lässigbar				

vernach-　　begrenzt　　wesentlich　　maximal　　Schwere
lässigbar

– Zur Bewertung der einzelnen Faktoren (nach ISO 29134, Annex A):

Bemessung der Schwere

maximal	möglicher Eintritt signifikanter, sogar irreversibler Konsequenzen, die nicht überwunden werden können (Vernichtung der wirtschaftlichen Existenz, Arbeitsunfähigkeit, dauerhafte physische oder psychische Konsequenzen, Tod)
wesentlich	möglicher Eintritt signifikanter Konsequenzen, die sich – wenn auch ggf. mit großen Anstrengungen – wieder überwinden lassen (Verlust der Kreditwürdigkeit, Verlust von Eigentum, gesundheitliche Verschlechterung)
begrenzt	möglicher Eintritt signifikanter Konsequenzen, die sich mit nur geringen Anstrengungen wieder überwinden lassen (Zusatzkosten, Stress, geringe physische Belastungen)
vernachlässigbar	Eintritt allenfalls bloßer Belästigungen, die sich ohne Probleme ertragen lassen (Ärgernisse, kurzer Zeitverlust etc.)

Bemessung der Eintrittswahrscheinlichkeit

maximal	Realisierung der Bedrohung erscheint aufgrund der gewählten Ressourcen sehr leicht möglich (z.B. Aufbewahrung im öffentlich zugänglichen Bereich)
wesentlich	Realisierung der Bedrohung erscheint aufgrund der gewählten Ressourcen möglich (z.B. Aufbewahrung im öffentlich zugänglichen Bereich mit leicht umgehbarer Zutrittskontrolle/-beschränkung)
begrenzt	Realisierung der Bedrohung erscheint aufgrund der gewählten Ressourcen schwer möglich (z.B. einfache Zugangssicherung)
vernachlässigbar	Realisierung der Bedrohung erscheint aufgrund der gewählten Ressourcen nicht möglich (z.B. doppelte Zugangssicherung)

Nolde

c) Phase 3: Bewältigung der identifizierten Risiken[6]

– Beschreibung der zur Bewältigung der Risiken geplanten Abhilfemaßnahmen, einschließlich Garantien, Sicherheitsvorkehrungen und Verfahren, durch die der Schutz personenbezogener Daten sichergestellt wird:
  – Welche Schutzmaßnahmen werden ergriffen, um auf Schaden und/oder Eintrittswahrscheinlichkeit Einfluss zu nehmen, und Eingriffe in die Rechte und Freiheiten und konkrete Schäden so zu vermeiden oder zu reduzieren?
  – „Wer macht was bis wann?": Welche Akteure sind für die Umsetzung zuständig oder einzubinden, bis zu welchem Zeitpunkt?
  – Woran ist die Effektivität der Maßnahme zu messen?
– Berücksichtigung der bereits gem. Art. 32 DS-GVO für die Sicherheit der Verarbeitung zu beachtenden technischen und organisatorische Maßnahmen für ein dem Risiko angemessenes Schutzniveau:
  – Pseudonymisierung und Verschlüsselung
  – Sicherstellung von Vertraulichkeit
  – Verfügbarkeit und Belastbarkeit der Systeme
  – rasche Wiederherstellungsmöglichkeit von Verfügbarkeit und Zugang nach einem Zwischenfall
  – regelmäßige Überprüfung und Bewertung der Maßnahmen.
– Orientiert am jeweils verfolgten Schutzziel und erwarteten Bedrohungsszenario sind ferner Maßnahmen der Risikobewältigung für die Schutzziele gemäß Standarddatenschutzmodell bzw. Art. 5 DS-GVO zu entwickeln, z. B.:

Schutzziel	denkbare Schutzmaßnahme gegen Bedrohung
Vertraulichkeit	– Rollen- und Rechtekonzept mit regelmäßiger Prüfung und beschränkten Admin-Rechten – Beschränkung des User-eigenen Hardware- und Software-Einsatzes – Mandantentrennung, Partitionierung – Verschlüsselung – Protokollierung, Log-Dateien aller Anfragen und Server-Aktivitäten – IT und Privacy-Compliance-Richtlinie/Einbeziehung in Code of Conduct: z. B. Sperrbildschirm bei Verlassen des Arbeitsplatzes aktivieren – Schulungen – Verpflichtungs- und Vertraulichkeitserklärungen, NDAs der involvierten Personen – Risikohinweise, z. B. auf Social Engineering, neue Angriffsformen – gut sichtbare Warnhinweise auf in Dokumenten oder Dateien enthaltene personenbezogene Daten, ggf. sogar besonderer Kategorie gem. Art. 9 DS-GVO
Integrität	– Hash-Werte – Zugriffskontrollen – elektronische Signaturen – Schreibschutz

Schutzziel	denkbare Schutzmaßnahme gegen Bedrohung
	– Lösch- und Korrekturkonzept – Auditierung – Protokollierung, Log-Dateien aller Anfragen und Server-Aktivitäten
Verfügbarkeit	– Zugriffskontrollen – Redundanz – Virenscanner-Einsatz – Firewalls – Partitionierung – angemessene Speichermedien und -Umstände (Schutz gegen Feuer, Korrosion etc.) – Vermeidung von Speicher-/Server-Standort mit geographischen, tektonischen, aber auch rechtlichen Herausforderungen (letzteres z.B. bei plötzlichem Wegfall des angemessenen Schutzniveaus)
Nichtverkettbarkeit und Zweckbindung	– Schulungen – Rollen- und Rechtekonzepte, u.a. Grenzen von Admin-Rechten – Anonymisierung – Pseudonymisierung
Transparenz	– Dokumentation – Protokollierung, auch von Änderungen, z.B. der Konfiguration
Invervenierbarkeit	– Zugriff zur Ausübung von Betroffenenrechten, unmittelbar oder über geeignete Kontaktperson/Hotline/Helpdesk

– Eine andere interessante und übersichtliche Vorgehensweise der Risikobehandlung findet sich in den CNIL-Empfehlungen (S. 13 des ersten Papers) mit der abgeschichteten Reihenfolge:
  – Governance/unternehmensbezogene Kontrollen (Privacy Policy, Risk Management)
  – an personenbezogenen Daten orientierte Ansätze: Datensparsamkeit, Anonymisierung etc., schon zur Vermeidung einer Verletzung
  – an der Wirkung orientierte Ansätze, die das Risiko-/Schadensausmaß im Fall einer erfolgten Verletzung reduzieren (Backups, Integritätsprüfungen etc.)
  – an Risiko- und ggf. Angreiferquellen orientierte Ansätze, die deren Schädigungspotential limitieren sollen (Zugangskontrollen, Verschlüsselung, Schutz gegen Malware)
  – an „supporting assets" wie Trägermedien orientierte Ansätze, die die Verwundbarkeit von Software, Hardware, Papierdokumenten etc. erkennen und einschränken sollen.
– Kommen konkretere als solche generischen „Referenz-Schutzmaßnahmen" in Betracht und sind gleichermaßen effektiv?

Nolde

– Bei einer – sinnvollen – Einbeziehung der Compliance-Sicht in die DSFA lassen sich durch derartige Maßnahmen der Risikobewältigung zugleich auch Compliance-Risiken reduzieren.
– Sind die Risiken durch die getroffenen Maßnahmen aus Sicht des Verantwortlichen ausreichend eingedämmt? Dann kann die DSFA als abgeschlossen betrachtet werden. Art. 35 Abs. 11 DS-GVO sieht allerdings auch nach Abschluss der DSFA eine Überprüfung dahingehend vor, ob die Verarbeitung gemäß der DSFA durchgeführt wird, u. a., wenn sich eine Änderung der Risikolage ergeben hat.

4. Vorherige Konsultation (Art. 36 DS-GVO)

– Führen die im Rahmen der DSFA getroffenen Maßnahmen aus Sicht des Verantwortlichen nicht zu einer „Eindämmung" des Risikos, konsultiert er vor der Verarbeitung die Aufsichtsbehörde.[7]
– Mindestinformationen, die der Aufsichtsbehörde bereitzustellen sind:
  – Angaben zum oder zu den Verantwortlichen und ggf. Auftragsverarbeitern
  – Zweck und Mittel der Verarbeitung
  – Maßnahmen und Garantien zum Schutz der Rechte und Freiheiten
  – Kontaktdaten des Datenschutz-Beauftragten
  – DSFA gem. Art. 35 DS-GVO sowie
  – alle weiteren von der Aufsichtsbehörde angeforderten Informationen.
– Gem. Art. 36 Abs. 2 DS-GVO muss die Behörde im Regelfall innerhalb einer Frist von acht Wochen nach Erhalt des Ersuchens um Konsultation Empfehlungen aussprechen. Bei entsprechender Komplexität ist die Frist um weitere sechs Wochen verlängerbar.

Anmerkungen

1. Bislang vorliegende Leitlinien und Orientierungshilfen. Bei der Implementierung des neuen Instruments kann neben den Erwägungsgründen und dem bereits genannten instruktiven White Paper des Forum Privatheit (*Friedewald/Obersteller/Nebel/Bieker/Rost*, https://www.forum-privatheit.de/forum-privatheit-de/texte/veroeffentlichungen-des-forums/themenpapiere-white-paper/Forum_Privatheit_White_Paper_Datenschutz-Folgenabschaetzung_2016.pdf) inzwischen auf zahlreiche – teils sehr praxisorientierte – Leitlinien aus unterschiedlichen Quellen zurückgegriffen werden. Auch schon vor Bereitstellung der Positiv- und Negativlisten zur Erforderlichkeit, die in Art. 35 Abs. 4 und 5 DS-GVO vorgesehen sind und die einen höheren Grad an Verbindlichkeit versprechen, ist das Material zu DSFA bzw. dem internationalen Pendant der Privacy Impact Assessments (PIA) inzwischen so vielfältig, dass die Informationsflut dem wesentlichen Ziel, datenschutzkonforme Prozesse durch eine gut operationalisierbare Abwägung sicherzustellen, fast schon entgegenläuft. Es ergibt sich jedoch auch eine Schnittmenge gleichlautender Empfehlungen, die überwiegend in die obigen Formulare einbezogen wurde.
Zum Teil sind technik- bzw. bereichsspezifischen Empfehlungen und Erfahrungswerte aus der Entwicklungsphase des Instruments – etwa einem Rahmenwerk zur Folgeabschätzung bei RFID-Einsatz aus den Jahren 2009/2010 oder Empfehlungen

Nolde

der Artikel-29-Datenschutzgruppe im Zusammenhang mit Smart Metering-Systemen (WP 183 v. 4.4.2011) – auch bereits in die allgemeinen Vorgaben der DS-GVO eingeflossen.

Andere – allgemeinere – Leitlinien setzen Schwerpunkte bei unterschiedlichen Themen und können entsprechend punktuell zu Rate gezogen werden, um eine Informationsüberfrachtung zu vermeiden: So wurde u. a. 2011/2012 das rechtsvergleichende Privacy Impact Assessment Framework (PIAF-)Projekt der Europäischen Kommission durchgeführt (http://www.piafproject.eu/), das die Vorgehensweisen der DSFA in Australien, Kanada, Irland, Neuseeland, Großbritannien und den USA verglichen hat (vgl. auch *Wright/Finn/Rodrigues,* A Comparative Analysis of Privacy Impact Assessment in Six Countries, http://www.jcer.net/index.php/jcer/article/view/513). Ein Fokus der Empfehlungen liegt auf der Beteiligung der Stakeholder. Auch wurde damals schon herausgearbeitet, dass neben der Risikobewertung auch die Risikoreduktion ein DSFA-Bestandteil sein muss („forum for the identification of risks and solutions").

Im November 2013 hat der Arbeitskreis „Technische und organisatorische Datenschutzfragen" (AK Technik) als Gremium der Konferenz der Datenschutzbeauftragten des Bundes und der Länder „Anforderungen an Privacy Impact Assessments aus Sicht der Datenschutzaufsichtsbehörden" herausgegeben und damit auf die seit den ersten DS-GVO-Entwurfsfassungen vermehrte Vorlage von DSFA-Berichten reagiert (https://www.datenschutz-mv.de/datenschutz/publikationen/informat/pia/pia.pdf). Ziel dieser Handreichung war vor allem, die „Erwartungen der Aufsicht an Struktur und Inhalt eines PIA zu formulieren", damit der Behörde mit der Übergabe des Dokuments tatsächlich sämtliche von ihr benötigten Informationen vorliegen, um u.a. Schutzperspektive, Risikoquellen, Schutzbedarf und Schutzmaßnahmen erkennen zu können. Entsprechend kann diesen Ausführungen des AK Technik vor allem im Zuge einer DSFA-Berichtsaufbereitung Relevanz zukommen, sei es vor einer Vorabkonsultation gem. Art. 36 DS-GVO, aber auch schon – mit Blick auf die Accountability-Vorgaben gem. Art. 5 Abs. 2 und 24 DS-GVO – im Interesse eines Nachweises der Datenschutzkonformität.

Einen größeren Fokus auf den DSFA-Prozess legen etwa die Impulse des „Privacy Impact Code of Practice" des britischen Information Commissioner Offices (https://ico.org.uk/media/for-organisations/documents/1595/pia-code-of-practice.pdf), das bereits 2014 einen tragfähigen Prozess zum Privacy Impact Assessment entwickelt hat. Die dort vorgesehenen Schritte umfassen, jeweils unter Einbeziehung der internen Projektbeteiligten und der Betroffenen:
– eine Erforderlichkeitsprüfung („Need for a PIA"),
– die Beschreibung des Datenflusses („Information flow"),
– die Identifikation von Risiken („Identifying privacy and related risks"),
– die Bestimmung von Maßnahmen des Risikoumgangs („Privacy solutions") und
– die Ergebnisbeschreibung („recording PIA outcomes").

Die französische Commission Nationale de l'Informatique et des Libertés hat im Juni 2015 ein auch in englischer Sprache verfügbares Manual in drei Teilen – „Methodology (how to carry out a PIA)", „Tools (templates and knowledge bases)" und „Good Practices" – bereitgestellt (https://www.cnil.fr/sites/default/files/typo/document/CNIL-PIA-1-Methodology.pdf, https://www.cnil.fr/sites/default/files/typo/document/CNIL-PIA-2-Tools.pdf, https://www.cnil.fr/sites/default/files/typo/document/CNIL-PIA-3-GoodPractices.pdf). Das einführende Dokument, Teil 1, befasst

Nolde

sich mit Risikoidentifikation und -bewertung anhand von Eintrittswahrscheinlichkeit und Schwere. Dieser Bewertung vorgeschaltet ist dabei jedoch noch ein Prüfungsschritt „Controls: Compliance Components", der sich unter „Legal Controls" mit Zweckbindung, Datensparsamkeit, Löschfristen, Einwilligung etc. und unter „Risk-treatment controls" mit Projektmanagement, Anonymisierung, Verschlüsselung, Partitionierung etc. befasst. Folgende beiden Bausteine sieht das CNIL-Manual als die zwei zentralen DSFA-Säulen an:
– die Berücksichtigung nicht verhandelbarer rechtlicher Prinzipien einerseits und
– technische und organisatorische Maßnahmen des Risikomanagements andererseits.

Zusammengefasst finden sich den DS-GVO-Vorgaben vergleichbare Bausteine in teils neuer Gruppierung und Reihenfolge, was praxisbezogene Anleihen für die unternehmenseigene Entwicklung des Prozesses ermöglicht. Gleiches gilt für das zweite Paper, das als „Tools und Templates" zahlreiche konkrete praxisbezogene Arbeitsblätter bereitstellt. Auch das dritte Dokument stellt Ansätze wie Verschlüsselung, Anonymisierung und Monitoring etc. im DSFA-Zusammenhang vor, mit denen jeweils passgenau auf unterschiedliche Bedrohungsszenarien reagiert werden soll. Es enthält ebenfalls zahlreiche Muster und Formulare, teilweise auch bereichsspezifisch (z. B. „targeted advertising techniques").

Seit April 2017 steht auch das Working Paper 248 der Artikel-29-Datenschutzgruppe zur Verfügung, das auf die zentralen Fragen eingeht, wann eine DSFA erfolgen soll, wie sie auszuführen ist und in welchen Fällen aufgrund verbleibender Risiken die Aufsichtsbehörde zu kontaktieren ist. Die Vorschläge aus dieser Quelle dürften – verglichen mit den anderen Handreichungen und Leitlinien – am genauesten auf die DS-GVO bezogen sein und den höchsten Grad an Orientierungssicherheit vermitteln.

Eine vergleichsweise verbindliche Orientierung über den Anwendungsbereich der DS-GVO hinaus, insbesondere bei angestrebten Zertifizierungen, vermittelt allerdings auch die im Juni 2017 erschienene Befassung der International Organization for Standardization, die mit dem ISO-Standard 29134 sowohl Leitlinien für einen DSFA-Prozess vorgeben will als auch Struktur und Inhalt eines DSFA-Reports. Das Dokument sei dabei „applicable to all types and sizes of organizations, including public companies, private companies, government entities and not-for-profit organizations". Bedeutung dürften auch die Verschränkungen und Referenzen gegenüber den ISO-Risikomanagement-Vorgaben sowie ferner den Standards der 27000-Reihe (Standards der IT-Sicherheit) und 29100 (IT/„Privacy framework") erlangen.

2. Adressatenstellung und andere Unterschiede zur Vorabkontrolle. Zwar hatte der deutsche Gesetzgeber auch bisher Freiräume der DSRL genutzt, bei Bestellung eines Datenschutzbeauftragten die Meldepflicht entfallen lassen und so das Regel-Ausnahme-Verhältnis in § 4d BDSG a. F. weitgehend umgekehrt: Statt durch extern geführte Melderegister wurde ein Datenschutz „„von innen' heraus" (Plath/von dem Bussche, BDSG-DS-GVO, Art. 35 Rn. 2) implementiert. Gewährleistet werden sollte dies auch durch die Vorabkontrolle seitens des Datenschutzbeauftragten, § 4d Abs. 5 BDSG a. F.

Der Prozess der DSFA knüpft prima facie an vergleichbare Parameter an wie die Vorabkontrolle, soweit u. a. auf „besondere Kategorien von personenbezogenen Daten" abgestellt wird (zum Vergleich der Instrumente auch *Kaufmann*, ZD 2012, 358

(361)). Während jedoch § 4d Abs. 5 BDSG a.F. u. a. schon bei Vorliegen einer Verarbeitung solcher personenbezogenen Daten i.S.d. § 3 Abs. 9 BDSG a.F. die Vorabkontrolle vorsah und als Ausschlusskriterien lediglich die Trias „gesetzliche Verpflichtung, Einwilligung oder Erforderlichkeit für ein Schuldverhältnis" ergänzte, erlaubt der risikobasierte Ansatz der DS-GVO ein differenzierteres Vorgehen und kombiniert beispielsweise den Risikofaktor der besonderen Kategorien personenbezogener Daten mit dem des Umfangs der Verarbeitung. Erst das Vorliegen beider Faktoren verlangt eine DSFA.

Der Datenschutzbeauftragte konnte bei der bisher von ihm durchzuführenden Vorabkontrolle die Verarbeitung zudem im Wesentlichen nur beanstanden und sich in Zweifelsfällen an die Aufsicht wenden. Adressat des Art. 35 DS-GVO ist jedoch nun der Verantwortliche selbst mit allen Rechten und Pflichten. Entsprechend kann – und soll gerade auch – im Rahmen der DSFA bereits unmittelbar gestaltend und risikomindernd Einfluss genommen werden (Gola/*Nolte*/*Werkmeister*, DS-GVO, Art. 35 Rn. 9). Das Instrument dient nicht nur einer Privacy-by-design-Gestaltung, sondern maßgeblich auch der Einhaltung der Vorgaben der DS-GVO durch entsprechende Gestaltungs- und Einflussmöglichkeiten.

Auch war in § 4d BDSG die Durchführungsweise der Vorabkontrolle völlig offengelassen. Die DSFA verfolgt dagegen das Ziel eines „operationalisierbaren Grundrechtsschutzes" (*Friedewald*/*Obersteller*/*Nebel*/*Bieker*/*Rost*, https://www.forum-privatheit.de/forum-privatheit-de/texte/veroeffentlichungen-des-forums/themenpapiere-white-paper/Forum_Privatheit_White_Paper_Datenschutz-Folgenabschaetzung_2016.pdf, S. 7) und enthält daher zumindest grundlegende Anforderungen an die Vorgehensweise.

3. Risikoprognose, -management und Compliance. Betrachtet man den Normtext für sich, ist die DSFA zwar kein Compliance-„Risikomanagement" im engeren Sinne, da ein solches in der Regel zentral auf die Haftungs- und Sanktionsrisiken des Verantwortlichen ausgerichtet ist (*Bieker*/*Hansen*/*Friedewald*, RDV 2016, 188 (190)) und nicht – wie die DSFA – auf die Sicht der Betroffenen bezogen auf ihre Rechte und Freiheiten. (Eine nationale Regelung der DSFA ist im Übrigen in § 67 BDSG n.F. vorgesehen und weitgehend deckungsgleich. Sie stellt zentral darauf ab, ob „voraussichtlich eine erhebliche Gefahr für die Rechtsgüter betroffener Personen" besteht.)

Die Kommentarliteratur sieht allerdings – über den auf die Folgen/Gefahren der Verarbeitung für betroffene Personen beschränkten Wortlaut hinaus – die Rechtmäßigkeit des Verarbeitungsverfahrens als Gegenstand der DSFA. Risikobehaftete Verarbeitungen seien sowohl mit Blick auf den Erlaubnistatbestand als auch zu berücksichtigender technischer und organisatorischer Maßnahmen an den Vorgaben der Verordnung zu messen und mit ihr in Einklang zu bringen (Paal/Pauly/*Martini*, DS-GVO, Art. 35 Rn. 22). Dies zu gewährleisten sei das maßgebliche Ziel des neuen Instruments. Regelkonformität und Haftungsvermeidung – somit auch Compliance – kommt somit bei der DSFA ebenfalls zentrale Bedeutung zu. Auch das erste Paper des CNIL (https://www.cnil.fr/sites/default/files/typo/document/CNIL-PIA-1-Methodology.pdf, S. 7) definiert Compliance gerade als die Summe aus Respekt für die fundamentalen Datenschutzprinzipien und Management der Datenschutz-Risiken.

Der Zusammenhang zeigt sich zudem als (Rechts-)Reflex bei einer sanktionsbezogenen Betrachtung des Art. 35 DS-GVO: Denn werden DSFA und/oder Vorabkonsultation unterlassen, führt diese Verletzung von Art. 35, 36 DS-GVO gem. Art. 83 Abs. 4 lit. a DS-GVO unmittelbar zu einem erheblichen Sanktionsrisiko. Hat das Unterlassen wiederum eine unbefugte Verarbeitung zur Folge, könnte sich die dort vorgesehene Höchstgrenze für Bußgelder mittelbar gem. Art. 83 Abs. 5 DS-GVO sogar noch verdoppeln. Eine rechtskonforme und effektive DSFA schützt somit nicht nur die Rechte und Freiheiten natürlicher Personen, sondern mittelbar auch den Verantwortlichen selbst.

Die DSFA ist auch vor diesem Hintergrund nicht isoliert, sondern gerade mit Blick auf den risikobasierten Ansatz (mindestens) i.V.m. Art. 24, 25 und 32 DS-GVO zu sehen, also mit der Verantwortungsregelung sowie den Vorgaben zu Privacy by design und Sicherheit der Verarbeitung (vgl. *Veil*, ZD 2015, 347 (348); *Stoll/Rost*, RDV 2017, 53 ff.).

Der Bitkom e.V. führt daher im Leitfaden „Risk Assessment und DSFA" (https://www.bitkom.org/noindex/Publikationen/2017/Leitfaden/FirstSpirit-149612 9138918170529-LF-Risk-Assessment-online.pdf, S. 38) zutreffend aus, die DSFA erfordere ebenso wie „eine Sicht auf die Rechte und Freiheiten natürlicher Personen" auch eine „Compliance-Sicht", in der (https://www.bitkom.org/noindex/ Publikationen/2017/Leitfaden/FirstSpirit-1496129138918170529-LF-Risk-Assess ment-online.pdf , S. 39) entlang des Lebenszyklus personenbezogener Daten diverse Datenschutzprinzipien geprüft werden müssten. Die genannten Risikoparallelen werden auch deutlich im eingangs erwähnten britischen „Privacy Impact Assessment Code of Practice" des Information Commissioner's Office, wenn es dort heißt: „Identify the key privacy risks and the associated compliance and corporate risks" (https://ico.org.uk/media/for-organisations/documents/1595/pia-code-of-practice. pdf, S. 37). Von diesem doppelten Fokus können beide Perspektiven profitieren. Insbesondere können die Vorerfahrungen der Compliance-Sicht mit dem risikobasierten Ansatz genutzt werden, der sich z. B. auch bei Anti-Geldwäsche-Maßnahmen gemäß dem GwG durchgesetzt hat (*Renz/Frankenberger*, ZD 2015, 158 ff.).

4. In welchen Fällen ist eine DSFA durchzuführen? Aufmerksamkeit und Ressourcen der Verantwortlichen sollen sich entsprechend dem risikobasierten Ansatz auf solche Verarbeitungsvorgänge konzentrieren, die ein hohes Risiko mit sich bringen. Zu analysieren sind dabei Risiken für die Rechte und Freiheiten natürlicher Personen.

Wie in der Einführung bereits dargestellt, ist entscheidender Anlass zur Durchführung einer DSFA, dass
– eine Form der Verarbeitung, etwa bei Verwendung neuer Technologien,
– ein „voraussichtlich hohes Risiko" für die Rechte und Freiheiten natürlicher Personen zur Folge hat.

Der Terminus „Technologie" bzw. „neue Technologie" wird allerdings weder in anderem Zusammenhang der DS-GVO gebraucht noch definiert (*Schmitz/Dall' Armi*, ZD 2017, 57 (58)). Die Kommentarliteratur verweist zur Begriffsausfüllung auf risikogeneigte Verarbeitungsformen wie „Body-Cams, Videoüberwachung, geodatenbasierte Dienste und Online-Bewertungsplattformen" (Paal/Pauly/*Martini*, DS-GVO, Art. 35 Rn. 18), aber auch abstraktere Technologiebeschreibungen wie selbstlernende Algorithmen.

In diesem Zusammenhang ist fraglich, ob DSFA-Durchführungen auch für Verarbeitungen zu erwägen sind, die vor dem 25.5.2018 eingeführt wurden. ErwG 171

Nolde

DS-GVO sieht vor, dass auch bestehende Verarbeitungen mit der DS-GVO binnen zwei Jahren in Einklang zu bringen sind. Die DSFA ist jedoch nur als Prüfinstrument für Verarbeitungsvorgänge, nicht als eigene Verarbeitung in diesem Sinne zu sehen (Gola/*Nolte*/*Werkmeister*, DS-GVO, Art. 35 Rn. 27). Trotzdem ist empfehlenswert, die DSFA nicht primär als verpflichtende Formalie oder Selbstzweck zu begreifen, sondern als gut strukturiertes Hilfsmittel, um komplexe Verarbeitungen auf ihre Konformität zu prüfen. Auch die freiwillige Durchführung kann daher helfen, die durch die DS-GVO noch einmal erheblich verschärften Sanktionsrisiken infolge unbefugter Verarbeitung (gem. Art. 83 f. DS-GVO) zu vermeiden und rechtzeitig ggf. risikosenkende Maßnahmen zu implementieren.

Auch gem. Art. 35 Abs. 1 DS-GVO – wie korrespondierend in Art. 24, 25 und 32 DS-GVO – sind
– Art,
– Umfang,
– Umstände und
– Zwecke der Verarbeitung
als Faktoren der (durch das Wort „voraussichtlich" angezeigten) Risiko-Prognoseentscheidung maßgeblich. Es sind alle Verarbeitungsvorgänge zu erfassen, bei denen die Wahrscheinlichkeit eines hohen Risikos bejaht wird (Gola/*Nolte*/*Werkmeister*, DS-GVO, Art. 35 Rn. 27).

Die Vorgaben der Verordnung bleiben gleichwohl mindestens solange sehr abstrakt, wie die Positiv- und Negativliste der Aufsichtsbehörden gem. Art. 35 Abs. 4 und 5 (bzw. 6 unter Einbeziehung des Kohärenzverfahrens gem. Art. 63 DS-GVO bei einer mitgliedstaatsübergreifenden Verarbeitungstätigkeit) noch nicht vorliegen. Hinzu kommt: Einerseits wird bereits eine – zumindest prognostisch-summarische – Risikobewertung erwartet. Andererseits soll es sich gerade um eine Vorprüfung handeln, ob die eigentliche DSFA – inklusive Risikobewertung unter Berücksichtigung von Schaden und Eintrittswahrscheinlichkeit – überhaupt erfolgen muss.

Erste Konkretisierung liefert der Normtext selbst nur durch die enumerative Auflistung von Alternativen des Art. 35 Abs. 3 DS-GVO, die drei Konstellationen nennt, in denen eine DSFA „insbesondere" durchzuführen sei, nämlich:
– Die systematische und umfassende Bewertung persönlicher Aspekte, die sich auf automatisierte Verarbeitung gründet und die ihrerseits als Grundlage für Entscheidungen dient, Rechtswirkung gegenüber natürlichen Personen entfaltet oder diese in ähnlich erheblicher Weise beeinträchtigt, erfordert eine DSFA.
– Soweit besondere Kategorien von personenbezogenen Daten i.S.d. Art. 9 Abs. 1 DS-GVO betroffen sind, ist zusätzliche Voraussetzung, dass es sich um eine umfangreiche Verarbeitung handelt. Gleiches gilt von dem sicher selteneren Fall personenbezogener Daten über strafrechtliche Verurteilungen und Straftaten gem. Art. 10 DS-GVO.
– Als dritter Fall wird die systematische umfangreiche Überwachung öffentlich zugänglicher Bereiche genannt.

Ähnlich wie Art. 35 Abs. 3 DS-GVO bereits durch diese Beispiele eine gewisse Grundorientierung vermittelt, dürfte dies zukünftig durch die jeweiligen Abgrenzungen zur Positiv- und Negativliste der Aufsicht und die sich in der Gesamtbetrachtung ergebenden Indikatoren gelingen. Inzwischen geben aber auch die Leitlinien im Working Paper 248 der Artikel-29-Datenschutzgruppe weiteren Aufschluss.

Nolde

5. Wie ist eine DSFA durchzuführen? Die Empfehlungen der Artikel-29-Daten-
schutzgruppe verhalten sich in ihrem Kapitel C. „How to carry out a DPIA?" auch
zum Ablauf und zur Methodologie und ordnen dabei im Wesentlichen die oben mit
Bezug auf Art. 35 Abs. 7 DS-GVO genannten Schritte als iterativen Prozess an, indem sie als weitere Schritte neben „Documentation" auch „Monitoring and review"
anfügen und damit den Kreis erneut beginnen lassen. Als Anlage 2 ist den Ausführungen der Artikel-29-Datenschutzgruppe eine mit konkreteren Schritten ausgeführte Checkliste beigefügt, die auch in die nachfolgenden Vorschläge dieses Beitrags
Eingang gefunden hat.

U. a. ist nach diesen Empfehlungen auch der Standpunkt der betroffenen Personen einzuholen. Hierzu sei eine Vielzahl von Wegen der Einbeziehung denkbar, etwa
eine Studie, eine Befragung zukünftiger Kunden oder auch eine konkretere Befragung von Interessenvertretungen. Gem. Art. 35 Abs. 2 DS-GVO muss sich, wie bereits erwähnt, der Verantwortliche selbst mit der DSFA befassen, kann aber gem.
Art. 39 Abs. 1 lit. c DS-GVO auch den Datenschutzbeauftragten beratend hinzuziehen. Soweit Auftragsverarbeiter in den Verarbeitungsvorgang einbezogen sind, sollen diese ebenfalls in die DSFA involviert werden, damit sämtliche Informationen
für die Abschätzung bereitstehen (zur Unterstützungspflicht des Auftragsverarbeiters gem. Art. 28 Abs. 3 lit. f DS-GVO vgl. Forgó/Helfrich/*Schneider*, Betrieblicher
Datenschutz, Kap. 2, Rn. 109).

Wenn keine Einbeziehung solcher Stakeholder erfolgt, sollten die Gründe vorsorglich ebenfalls dokumentiert werden. Auch dies erleichtert die Nachweispflicht
des Verantwortlichen und die „Accountability"-Anforderungen der DS-GVO, Art. 5
Abs. 2 und Art. 24 DS-GVO.

Einsetzen muss die DSFA jedenfalls vor der Verarbeitung, so früh wie möglich,
selbst wenn Teile des Vorgangs noch unbekannt sind. Dies entspricht auch dem Gesamtkontext der Verordnung, etwa Art. 24 DS-GVO. Allerdings bieten sich kontinuierliche Plan-Do-Check-Act-Zyklen an, um die dynamischen Auswirkungen etwaiger Anpassungen und Entwicklungen auf die Risikobewertung erneut umfassend
berücksichtigen zu können.

Die Berücksichtigungs- oder „Ausführungsreihenfolge" der Instrumente gem. Art.
32 und Art. 35 DS-GVO soll maßgeblich davon abhängen, ob es sich um eine gravierende Weiterentwicklung (dann Berücksichtigung von Art. 32 vor (ggf.) Art. 35
DS-GVO) oder eine vollständige Neuentwicklung einer Technologie (dann Art. 35
vor Art. 32 DS-GVO) handelt (so *Stoll/Rost*, RDV 2017, 53 (57)). Auch Art. 32 DS-
GVO fordert für die Sicherheit der Verarbeitung geeignete technische und organisatorische Maßnahmen für ein dem Risiko angemessenes Schutzniveau. Diese Maßnahmen zur Sicherheit der Verarbeitung sind u. a.:
– Pseudonymisierung und Verschlüsselung,
– Sicherstellung von Vertraulichkeit,
– Verfügbarkeit und Belastbarkeit der Systeme,
– rasche Wiederherstellungsmöglichkeit von Verfügbarkeit und Zugang nach einem
  Zwischenfall,
– regelmäßige Überprüfung und Bewertung der Maßnahmen.

Ersichtlich haben auch diese – unabhängig von einer Risikoprognose ohnehin gebotenen – Maßnahmen Einfluss auf die Risikobewertung.

Art. 35 DS-GVO tritt somit sinnvollerweise nur oder primär dann an die erste
Stelle und in den Vordergrund, wenn – über das Verarbeitungsverzeichnis gem.

Nolde

Art. 30 DS-GVO hinaus – zunächst eine systematische Beschreibung (vgl. Art. 35 Abs. 7 DS-GVO) und Auseinandersetzung mit dem geplanten Verarbeitungsvorgang dienlich ist, um die geplante Technologie und die damit verbundenen Risiken überhaupt bewerten und über Abhilfemaßnahmen befinden zu können.

Die Verordnung selbst sieht in Art. 35 Abs. 7 DS-GVO Mindestanforderungen an die Vorgehensweise einer DSFA vor. Erforderlich sind nach diesem Minimalprogramm:

– eine systematische Beschreibung der geplanten Verarbeitungsvorgänge und -zwecke,
– eine auf den Zweck bezogene Bewertung der Notwendigkeit und Verhältnismäßigkeit der Verarbeitungsvorgänge,
– eine Bewertung der Risiken für die Rechte und Freiheiten der betroffenen Person(en) und
– die zur Bewältigung der Risiken geplanten Abhilfemaßnahmen, einschließlich Garantien, Sicherheitsvorkehrungen und Verfahren.

Zusammenfassen lässt sich somit die Trias Beschreibung – Bewertung – Bewältigung.

In der Phase der Beschreibung (Art. 35 Abs. 7 lit. a DS-GVO), teils auch als „Vorbereitungsphase" bezeichnet, geht es um die Identifikation des Prüfungsgegenstandes orientiert an

– der betroffenen Datenart,
– den Verarbeitungsschritten und
– den dabei – und jeweils zu welchem Zweck – involvierten Akteuren.

Diese Phase der Beschreibung steht in enger Beziehung zum (retrospektiven, vgl. Paal/Pauly/*Martini*, DS-GVO, Art. 35 Rn. 47) Verzeichnis gem. Art. 30 DS-GVO. Die Einbeziehung der verfolgten „berechtigten Interessen" bereitet die Prüfung der Rechtsgrundlagen und der entsprechenden Interessenabwägungen in der anschließenden Bewertungsphase vor. Es bieten sich graphische oder tabellarische Übersichten zur systematischen Beschreibung des konkreten Flusses der Verarbeitung an.

Ein Beschreibungsvorschlag aus der CNIL-Tool-Sammlung sieht – als mögliche Alternative zu der in das Formular aufgenommenen Version – folgende Systematik vor:

Datum	Kategorie	Empfänger	Personen mit Zugriffsmöglichkeit	Löschfrist
...				

Je nach Gegenstand kann alternativ auch eine Beschreibung sinnvoll sein, die sich – wie zum Teil in ausführlichen Einwilligungserklärungen, die dem „informed consent"-Prinzip genügen sollen – am konkreten Vorgehen, der eingesetzten IT und weitere Faktoren wie involvierten Mitarbeitern orientiert:

– Erfassen, Besorgung
– Ordnen, Organisieren
– Speichern
– Abfragen
– Verknüpfen

Nolde

– Änderung
– Übermitteln

Phase der Verarbeitung	konkrete Beschreibung des Vorgehens	eingesetztes Informationssystem	nicht-automatisierte Faktoren (andere „assets, on which personal data rely")
Erhebung	z. B. Erfassung von Stamm- und Rechnungsdaten	Mitarbeiter-PC, Spezialsoftware	Mitarbeiter Buchhaltung/ Rechnungswesen Übermittlung von Papier/Hardcopies
Speicherung			
Nutzung			
Übermittlung			
Löschung			

Strukturen wie diese dienen nur dazu, sich operationalisierbar einer vollständigen Erfassung der Verarbeitungsschritte zu nähern. Bei der Beschreibung des DSFA-Prüfungsgegenstands muss jedoch keine starre Zuordnung unter die Punkte wie Technologie, Art, Umfang, Zweck etc. erfolgen (vgl. Kühling/Buchner/*Jandt*, DS-GVO, Art. 35 Rn. 38). Die Beschreibung ist insoweit weder Pflichtübung noch Selbstzweck. Im Zentrum soll vielmehr stehen, die Phasen der Bewertung und Bewältigung zu ermöglichen.

Die nächste – in Art. 35 Abs. 7 lit. b und c DS-GVO angesprochene – Phase der Bewertung wird als „Herzstück" (Paal/Pauly/*Martini*, DS-GVO, Art. 35 Rn. 48) der DSFA bezeichnet. U. a. geht es um die Bewertung der Risiken für die Rechte und Freiheiten der betroffenen Personen gem. Absatz 1. Das Begriffspaar „Rechte und Freiheiten" bezieht sich auf die europäischen Individualgrundrechte und findet sich entsprechend in der Grundrechte-Charta (*Bieker/Hansen/Friedewald*, RDV 2016, 188). Die DS-GVO schützt damit allerdings nicht nur die Privatsphäre, sondern begreift Datenschutz umfassender als Instrument des „Vorfeldschutzes" auch anderer Rechtsgüter und Interessen (so *Härting*, Datenschutz-Grundverordnung, S. 34 f.). Der Gesamtkontext ergibt sich zum einen aus ErwG 4 DS-GVO („Verordnung steht im Einklang mit allen Grundrechten [...], insbesondere Achtung des Privat- und Familienlebens, der Wohnung und der Kommunikation, Schutz personenbezogener Daten, Gedanken-, Gewissens- und Religionsfreiheit, Freiheit der Meinungsäußerung und Informationsfreiheit, unternehmerische Freiheit, Recht auf einen wirksamen Rechtsbehelf und ein faires Verfahren und Vielfalt der Kulturen, Religionen und Sprachen."), aber auch aus der Risikobeschreibung in ErwG 75 DS-GVO. Dessen Katalog (Diskriminierung, Identitätsdiebstahl etc., siehe oben) wird entsprechend auch in ErwG 85 DS-GVO noch einmal im Zusammenhang mit Vorgaben einer Data Breach Notification aufgegriffen.

Die Kommentarliteratur und Vertreter der Aufsichtsbehörden nehmen im Zusammenhang mit der Bewertungsphase häufig Bezug auf das Standard-Datenschutzmodell: Diese im November 2016 von der Konferenz der unabhängigen Datenschutzbeauftragten des Bundes und der Länder veröffentlichte Methodik zur Sicherstellung einer bundesweit einheitlichen Datenschutzpraxis verfolgt ebenfalls das Ziel, Verarbeitungen anhand von Unterkategorien der Gewährleistung systematisch auf ihre Rechtskonformität mit den Datenschutzvorgaben zu überprüfen. Trotz geringer Abweichungen im Prüfungsfokus sei das Standard-Datenschutzmodell eine geeignete Vorlage.

Dieser Ansatz des Modells findet sich nicht nur in Art. 5 DS-GVO nahezu in Gänze widergespiegelt, sondern auch im ISO-Standard 29134, wenn „privacy risks" dort ebenfalls nicht auf die Trias Vertraulichkeit, Integrität, Verfügbarkeit – bzw. CIA: Confidentiality, Integrity, Availability – beschränkt bleiben, sondern u.a. auch der Mangel an Transparenz, Mangel an Datensparsamkeit (excessive collection) sowie unbefugte Verkettung (unauthorized linking) und Weitergabe an Dritte als Risiken genannt werden (ISO-Standard 29134, 6.4.4.1, S. 16).

6. Welche Maßnahmen der Risikoreduktion kommen in Betracht? Ist mit der Bewertung ein umfassender Überblick über die Risikolage gewonnen, ist abschließend in der Bewältigungs- oder Maßnahmenphase (Art. 35 Abs. 7 lit. d DS-GVO) zu prüfen, inwieweit durch geeignete Abhilfe – ggf. durch technische und organisatorische, ferner aber auch rechtliche Maßnahmen – das erkannte Risiko soweit reduziert werden kann, dass es sich als vertretbar und angemessen betrachten lässt und kein Verstoß gegen die DS-GVO begründet wird. In diesem Zusammenhang ist auch nochmals auf das Zusammenwirken von (u.a.) Art. 25, 32 und 35 DS-GVO hinzuweisen (bezogen auf Art. 32 DS-GVO: https://www.lda.bayern.de/media/baylda_ds-gvo_18_privacy_impact_assessment.pdf, S. 2).

Konkret auf Art. 35 DS-GVO bezogen werden verschiedene Risikobewältigungsstrategien aus dem Bereich des Projekt- und Risikomanagements diskutiert. Zu nennen sind grundsätzlich:
– Risikovermeidung
– Risikoreduktion
– Risikoakzeptanz
– Risikoübertragung.

Allerdings ist zu berücksichtigen, dass aufgrund des Ziels der DSFA, eine Konformität mit den Vorgaben der DS-GVO sicherzustellen, grundsätzlich weder eine reine Akzeptanz von Risiken für Rechte und Freiheiten der Betroffenen in Betracht kommt noch eine Risikoübertragung wie etwa der Abschluss einer Versicherung. Üblicherweise sind die Verantwortlichen weder für eine Akzeptanz noch eine Übertragung ausreichend dispositionsbefugt.

Somit sind Risiken entweder durch eine entsprechende Gestaltung oder Anpassung des Prozesses zu vermeiden oder durch Schutzmaßnahmen zu reduzieren. Den jeweiligen Schutzzielen lassen sich verschiedene Schutzmaßnahmen zuordnen. Sehr konkret und praxisnah ist insoweit insbesondere das dritte Paper der CNIL-Empfehlungen (https://www.cnil.fr/sites/default/files/typo/document/CNIL-PIA-3-GoodPractices.pdf, Good Practices – Measures for the risk treatment), das zu verschiedenen Ansatzpunkten „Good Practices"-Vorgehensweisen darstellt und insoweit einen vielfältigen Maßnahmenkoffer der Risikobewältigung bereitstellt.

Ob die DSFA mit der Phase der Bewertung abgeschlossen ist, hängt davon ab, ob die als hoch erkannten Risiken durch die ergriffenen Maßnahmen eingedämmt sind.

Nolde

Ist dies nicht der Fall, steht die vorherige Konsultation der Aufsicht gem. Art. 36 DS-GVO an.

Der Befund einer hinreichend reduzierten Risikolage als Abschluss der DSFA ist – über ErwG 94 DS-GVO hinaus, der auf die „Auffassung" des Verantwortlichen abstellt – gerichtlich voll überprüfbar (Plath/*von dem Bussche*, BDSG/DS-GVO, Art. 36 Rn. 3).

Ohnehin sieht Art. 35 Abs. 11 DS-GVO auch im Nachgang „erforderlichenfalls" eine Beobachtung vor, ob die Verarbeitung entsprechend der DSFA durchgeführt wird.

7. Vorherige Konsultation? Obwohl der Wortlaut in der Kommentarliteratur teils für nicht eindeutig gehalten wird, soll eine vorherige Konsultation der zuständigen Aufsichtsbehörde nicht in jedem Fall eines (initial) als hoch identifizierten Risikos erfolgen müssen. Durch geeignete Maßnahmen der Bewältigung kann der Verantwortliche die von ihm erkannten hohen Risiken vielmehr so reduzieren, dass er damit die in Art. 36 DS-GVO vorgesehene Konsultationspflicht abwenden kann (Plath/*von dem Bussche*, BDSG/DS-GVO, Art. 36 Rn. 3).

Es handelt sich auch nicht um ein Genehmigungsverfahren i.e.S. Eine fehlende Zustimmung der Aufsichtsbehörde macht eine per se zulässige Verarbeitung nicht etwa formell rechtswidrig. Eine Verletzung der Konsultationspflicht bringt aber ein eigenes Sanktionsrisiko gem. Art. 83 Abs. 4 lit. c DS-GVO mit sich, das ggf. auch zu den Haftungs- und Sanktionsrisiken infolge einer etwaigen unbefugten Verarbeitung hinzutritt.

Die vorherige Konsultation ist nach der Kommentarliteratur (vgl. Kühling/Buchner/*Jandt*, DS-GVO, Art. 36 Rn. 5) auch nicht nur dann vorgesehen, wenn die DSFA aus Sicht des Verantwortlichen zu dem Ergebnis kommt, dass keinerlei Sicherheitsvorkehrungen und Mechanismen der Risikobewältigung zur Verfügung stehen. Es soll ausreichen, wenn der Verantwortliche den Aufwand solcher Maßnahmen inklusive Implementierungskosten nicht als vertretbar einstuft. Ein entsprechendes Kostenbewusstsein und in der Konsequenz der Verzicht auf eindämmende Maßnahmen könne allerdings im Ergebnis zur Untersagung der Verarbeitungsform durch die Aufsicht führen.

Im Konsultationsprozess prüft die Aufsichtsbehörde nach einer eigenen Risikobewertung ihrerseits Empfehlungen zur Erreichung einer datenschutzkonformen Verarbeitung durch rechtliche Bewertung und technische Beurteilungen. Sie erteilt ihre Empfehlungen schriftlich binnen festgelegter Frist von bis zu acht bzw. längstens 14 Wochen.

Während des Konsultationsprozesses ist der Verantwortliche zur umfassenden Informationserteilung und zur Mitwirkung verpflichtet. Unter Compliance-Gesichtspunkten ist diese erzwungene Offenheit angesichts der Janusköpfigkeit der Aufsichtsbehörden durch die vielfach gegebene Zuständigkeit auch als Sanktionsbehörde durchaus kritisch zu sehen. Schon die Konsultation selbst kann schließlich dokumentieren, dass der Verantwortliche seine Maßnahmen der Risikobewältigung nicht als ausreichend erachtet. Diesem Eindruck ist bei der Kommunikation im Rahmen der Konsultation ggf. ausdrücklich entgegenzuwirken, wenn die DSFA und die beratende Hinzuziehung der Aufsicht in Grenzfällen nur als überobligatorische Compliance-Maßnahme der bestmöglichen Risikoreduktion wahrgenommen werden.

Nolde

IV. Verhaltensregeln und Zertifizierungen

1. Verhaltensregeln (Art. 40 DS-GVO)

Ein großes Problem der DS-GVO ist die **Unbestimmtheit vieler Regelungen**, etwa der Frage, wann eine Verarbeitung personenbezogener Daten nach Art. 6 Abs. 1 S. 1 lit. f DS-GVO erlaubt ist, weil die Interessenabwägung zu Gunsten des Verantwortlichen ausgeht, welche technisch-organisatorischen Maßnahmen zur Datensicherheit nach Art. 32 DS-GVO erforderlich sind oder wann eine Datenpanne nach Art. 33, 34 DS-GVO meldepflichtig ist. Die DS-GVO sieht **verschiedene Möglichkeiten vor, die gesetzlichen Generalklauseln zu konkretisieren** (zu Verhaltensregeln als Mittel zur Beseitigung der Rechtsunsicherheit in der DS-GVO *Bergt*, CR 2016, 670). Art. 40 DS-GVO gibt dabei auch der **Wirtschaft** ein Initiativrecht, **Verhaltensregeln** aufzustellen und genehmigen zu lassen.

Zwar bedeutet die Einhaltung genehmigter Verhaltensregeln nicht automatisch die Einhaltung des Gesetzes; die eigene Verantwortlichkeit bleibt grundsätzlich unberührt. Doch kann die Einhaltung von genehmigten Verhaltensregeln bei den verschiedenen **Nachweispflichten** der DS-GVO berücksichtigt werden (vgl. die Auflistung bei Kühling/Buchner/*Bergt*, DS-GVO, Art. 40 Rn. 45 f.). Von besonderer Bedeutung ist, dass die Genehmigung von Verhaltensregeln durch die zuständige Aufsichtsbehörde und die Möglichkeit, dass die Europäische Kommission Verhaltensregeln für allgemeingültig erklären kann, eine **Rechtssicherheit** bieten können, wie sie in der DS-GVO selten ist: Die Genehmigung durch die zuständige Aufsichtsbehörde **bindet als feststellender Verwaltungsakt** zunächst die genehmigende Behörde, außerdem auch alle Aufsichtsbehörden, die der Genehmigung zugestimmt haben, etwa durch eine Abstimmung im Düsseldorfer Kreis oder im Kohärenzverfahren (Kühling/Buchner/*Bergt*, DS-GVO, Art. 40 Rn. 41; BeckOK DatenSR/ *Jungkind*, DS-GVO, Art. 40 Rn. 31; a.A. *Wolff*, ZD 2017, 151 (152): Rechtsgutachten mit Zusicherung; zum Streit über die Rechtswirkungen feststellender Verwaltungsakte *Bergt*, CR 2016, 670 (676); Stelkens/Bonk/Sachs/*Sachs*, VwVfG, § 43 Rn. 134 ff.). Hat die **Kommission Verhaltensregeln für allgemeingültig erklärt,** sind **sämtliche Behörden und nationalen Gerichte an die Feststellung gebunden,** dass die Verhaltensregeln der DS-GVO entsprechen (Kühling/Buchner/*Bergt*, DS-GVO, Art. 40 Rn. 51, 53 mit Nachweisen auch zur Gegenansicht).

Teilweise wird darüber hinaus sogar vertreten, dass die Allgemeingültigerklärung durch die Kommission – ein Durchführungsrechtsakt i.S.v. Art. 291 AEUV – im Sinne einer **Allgemeinverbindlichkeit** jeden in den Anwendungsbereich der Verhaltensregeln fallenden Verantwortlichen oder Auftragsverarbeiter verpflichte, die Verhaltensregeln einzuhalten, im Sinne einer Umgestaltung der zunächst privatrechtlichen Verhaltensregeln in eine hoheitliche Rechtsnorm (BeckOK DatenSR/*Jungkind*, DS-GVO, Art. 40 Rn. 32; Paal/Pauly/*Paal*, DS-GVO, Art. 40 Rn. 28; *Wolff*, ZD 2017, 151 (153); *Härting*, DS-GVO, Rn. 788; *Martini*, NVwZ-Extra 6/2016, 1 (11); a.A. Kühling/Buchner/*Bergt*, DS-GVO, Art. 40 Rn. 51; Ehmann/Selmayr/*Schweinoch*, DS-GVO, Art. 40 Rn. 37; Plath/*von Braunmühl*, BDSG/DSGVO, Art. 40

Rn. 23 schließt eine explizite Allgemeinverbindlicherklärung nicht grundsätzlich aus). Da Verhaltensregeln auch strenger sein können als die DS-GVO (*Bergt*, CR 2016, 670 (672); implizit *Wolff*, ZD 2017, 151 (153); Ehmann/Selmayr/*Schweinoch*, DS-GVO, Art. 41 Rn. 28; a.A. Gola/*Lepperhoff*, DS-GVO, Art. 40 Rn. 13), würde der Kommission damit allerdings „durch die Hintertür" die Möglichkeit gegeben, die Regelungen der DS-GVO zu verschärfen (sowie bis zur Ungültigerklärung durch den EuGH auch bindend das Datenschutzniveau zu senken) und somit materiell zu verändern. Der Vorschlag der Kommission, sich entsprechende Rechtssetzungsbefugnisse vorzubehalten (vgl. Kühling/Buchner/*Herbst*, DS-GVO, Art. 92 Rn. 4), konnte sich im Gesetzgebungsverfahren jedoch gerade nicht durchsetzen. Für materielle Rechtsänderungen ist zudem die Form eines Durchführungsrechtsakts nicht das richtige Mittel (EuGH, Urt. v. 16.7.2015 – C-88/14, ECLI:EU:C:2015:499, Rn. 31; Kühling/Buchner/*Bergt*, DS-GVO, Art. 40 Rn. 51; vgl. auch *Spindler*, ZD 2016, 407 (411); Ehmann/Selmayr/*Schweinoch*, DS-GVO, Art. 40 Rn. 37). Nähme man eine Allgemeinverbindlichkeit – oder in den Worten des Art. 290 Abs. 1 S. 1 AEUV: eine allgemeine Geltung – nicht nur der Feststellung der Rechtmäßigkeit der Verhaltensregeln, sondern auch der Verhaltensregeln an sich an, würde damit der normative Inhalt der DS-GVO geändert, was nach der Rechtsprechung des EuGH den Durchführungsrechtsakt vom delegierten Rechtsakt abgrenzt (EuGH, Urt. v. 16.7.2015 – C-88/14, ECLI:EU:C:2015:499, Rn. 42). Die hier vertretene Ansicht dagegen beschränkt die Wirkungen der Allgemeingültigkeitsentscheidung der Kommission darauf, vorbehaltlich einer gegenteiligen Bewertung durch den EuGH verbindlich festzustellen, dass ein bestimmtes Verhalten nicht gegen die Regelungen der DS-GVO verstößt, mithin, den interpretationsbedürftigen „geltenden Vorschriften des Basisrechtsaktes Wirkung zu verleihen" (Mitteilung der Kommission an das Europäische Parlament und den Rat zur Umsetzung von Art. 290 AEUV vom 9.12.2009, (KOM[2009] 673 endg.), Ziff. 2.3), indem sie praktisch anwendbar werden. Der Gesetzgeber hat keine freie Wahl zwischen Durchführungs- und delegiertem Rechtsakt (GenA *Mengozzi*, Schlussanträge v. 7.5.2015 – C-88/14, ECLI:EU:C:2015:304, Rn. 34 ff.; i.E. auch EuGH, Urt. v. 16.7.2015 – C-88/14, ECLI:EU:C:2015:499, Rn. 46; Mitteilung der Kommission an das Europäische Parlament und den Rat zur Umsetzung von Art. 290 AEUV vom 9.12.2009, (KOM[2009] 673 endg.), Ziff. 2.2), was bei der Frage zu berücksichtigen ist, welche Wirkungen ein Rechtsakt haben soll, bei dem das Gesetz sich zu dieser Frage nicht eindeutig äußert. Im Übrigen ist zu beachten, dass alle wesentlichen Grundzüge der zu regelnden Materie in der DS-GVO selbst geregelt werden müssen (EuGH, Urt. v. 17.12.1970 – 25/70, ECLI:EU:C:1970:115, Rn. 6). Hätte die Allgemeingültigerklärung die Wirkung einer Allgemeinverbindlicherklärung, könnte die Kommission allerdings im Verstoß gegen Art. 290 Abs. 1 AEUV auch wesentliche Regelungen der DS-GVO ändern. Unabhängig von diesen dogmatischen Fragen würde ein allgemeiner Anwendungsbefehl für Verhaltensregeln zu **enormen praktischen Problemen** führen – von der Frage, wie die gesetzesändernden Verhaltensregeln bekannt gemacht werden sollen (Art. 40 Abs. 10 DS-GVO sieht nur eine Veröffentlichung „in geeigneter Weise" vor), über den Umgang mit sich widersprechenden Verhaltensregeln bis hin zur Frage, welche Funktion die Überwachungsstelle haben soll.

Durch die Kommission für allgemeingültig erklärte Verhaltensregeln zusammen mit einer rechtlich bindenden Verpflichtung können zudem **Datenexporte in unsi-**

chere **Drittstaaten** rechtfertigen (Art. 40 Abs. 3 DS-GVO; Kühling/Buchner/*Bergt*, DS-GVO, Art. 40 Rn. 15, 47).

Diese große Bedeutung von Verhaltensregeln geht damit einher, dass Art. 40 Abs. 4, Art. 41 DS-GVO eine **Überwachung der Einhaltung der Verhaltensregeln** vorschreiben. Umstritten ist dabei, ob eine **gesonderte Überwachungsstelle** i. S. d. Art. 41 DS-GVO zwingend erforderlich ist (→ Anm. 9).

Zwar enthalten **Verhaltensregeln** mit der Überwachungsstelle auch ein gewisses Element der Kontrolle; primär dienen sie allerdings der **Konkretisierung der Rechtslage.** Für den **Nachweis,** dass die Anforderungen der DS-GVO tatsächlich eingehalten werden, lassen sich **Zertifizierungen** heranziehen (→ C.IV.2.). Beide Elemente lassen sich gut kombinieren.

Bei Erarbeitung, Genehmigung und Einsatz von Verhaltensregeln sind insbesondere folgende Punkte zu beachten:

1. Erarbeitung von Verhaltensregeln

1.1 Berechtigte Verbände

Das Recht, Verhaltensregeln bei der Aufsichtsbehörde zur Genehmigung einzureichen, haben „Verbände und andere Vereinigungen, die Kategorien von Verantwortlichen oder Auftragsverarbeitern vertreten".[1]

1.2 Regelungsgebiet

Verhaltensregeln können beliebige Ausschnitte der Regelungen der DS-GVO präzisieren und, wie Art. 40 Abs. 2 lit. k DS-GVO zeigt, auch darüber hinausgehende Fragen wie außergerichtliche Streitbeilegungsverfahren. Die in Art. 40 Abs. 2 DS-GVO genannten Regelungsgegenstände sind ausdrücklich nur Beispiele. Je größer die Rechtsunsicherheit, die die unbestimmten und auslegungsbedürftigen Begriffe der DS-GVO verursachen, desto größer ist der Nutzen, die damit verbundenen Rechtsfragen durch Verhaltensregeln zu klären.

1.3 Inhaltliche Anforderungen: Präzisierung des Gesetzes

Verhaltensregeln sollen nach Art. 40 Abs. 1 DS-GVO „zur ordnungsgemäßen Anwendung" der DS-GVO beitragen und deren Regelungen nach Art. 40 Abs. 2 DS-GVO „präzisieren". Verhaltensregeln sollen damit insbesondere unbestimmte Rechtsbegriffe und Ermessensspielräume ausfüllen und allgemeine Anforderungen definieren. Verhaltensregeln dürfen ein strengeres Datenschutzniveau als die DS-GVO vorsehen, müssen es aber nicht. Sie dürfen allerdings keinesfalls das Schutzniveau der DS-GVO unterschreiten.[2] Erforderlich für die Genehmigungsfähigkeit von Verhaltensregeln ist es, dass diese ausreichend auf die spezifischen Fragen und Probleme des Datenschutzes in ihrem jeweiligen Anwendungsbereich eingehen und hierfür ausreichend klare Lösungen bieten.[3]

1.4 Sonderfall: Rechtfertigung von Datenexporten

Nach Art. 40 Abs. 9 DS-GVO durch die EU-Kommission für allgemeingültig erklärte Verhaltensregeln können zur Rechtfertigung von Datenexporten in unsichere Drittstaaten verwendet werden, Art. 40 Abs. 3 DS-GVO. Die Entscheidung, ob Verhaltensregeln Datenexporte rechtfertigen können sollen, obliegt dem vorlegenden Verband. Entscheidet er sich für diese Möglichkeit, müssen die Verhaltensregeln

Bergt/Bertermann

selbst ausreichende Regelungen zum Schutz der Grundrechte der betroffenen Personen enthalten.[4]

1.5 Regelungen zur Überwachung der Einhaltung

Diejenigen Verantwortlichen und Auftragsverarbeiter, die sich Verhaltensregeln unterwerfen, müssen zwingend darauf überwacht werden, ob sie die Verhaltensregeln auch tatsächlich einhalten. Art. 40 Abs. 4 DS-GVO schreibt vor, dass die Verhaltensregeln Verfahren vorsehen müssen, die eine Überwachung durch die Überwachungsstelle i.S.v. Art. 41 DS-GVO ermöglichen. Hierzu gehört unter anderem auch eine Festlegung der Rechte, die der Überwachungsstelle gegenüber den überwachten Unternehmen zustehen, insbesondere Kontroll- und Sanktionsbefugnisse.[5] Da umstritten ist, wie sich Verantwortliche und Auftragsverarbeiter den Verhaltensregeln unterwerfen, ist unbedingt eine Regelung hierzu erforderlich, die auch die Frage eines Kostenbeitrags des sich unterwerfenden Unternehmens berücksichtigt.[6] Bevorzugt in den Verhaltensregeln selbst, notfalls in den internen Verfahrensregeln der Überwachungsstelle sollte festgelegt werden, welche Anonymität bei Beschwerden zu erwarten ist.[7]

2. Genehmigung von Verhaltensregeln

2.1 Zuständigkeit

Zuständig für die Genehmigung der Verhaltensregeln ist nach Art. 40 Abs. 5 DS-GVO die nach Art. 55 DS-GVO zuständige Aufsichtsbehörde. Leider regelt das Gesetz nicht, ob sich die Zuständigkeit nach dem Ort der Verarbeitung oder nach dem Sitz des vorlegenden Verbandes richtet. In der Praxis empfiehlt sich eine vorherige informelle Abstimmung mit der Aufsichtsbehörde, bei der der Antrag auf Genehmigung gestellt werden soll.

2.2 Allgemeingültigerklärung

Verhaltensregeln, die von der EU-Kommission für allgemeingültig erklärt worden sind, bieten eine erhebliche Rechtssicherheit (→ Vorb.) und können Datenexporte in unsichere Drittstaaten rechtfertigen (→ Ziff. 1.4). Voraussetzung für eine Allgemeingültigerklärung ist, dass der Europäische Datenschutzausschuss eine positive Stellungnahme zum Entwurf der Verhaltensregeln abgegeben hat, was wiederum erfordert, dass der Entwurf der Verhaltensregeln im Kohärenzverfahren behandelt wird. Das Kohärenzverfahren ist verpflichtend, wenn Verarbeitungen personenbezogener Daten in mehreren Mitgliedstaaten geregelt werden. Ist dies nicht der Fall, greift das nationale Genehmigungsverfahren. Wird trotzdem eine Allgemeingültigerklärung angestrebt, sollte mit der Aufsichtsbehörde abgestimmt werden, dass diese die Verhaltensregeln im optionalen Kohärenzverfahren dem europäischen Datenschutzausschuss vorlegt.[8]

3. Einsatz von Verhaltensregeln

3.1 Notwendigkeit einer Überwachungsstelle

Art. 40 Abs. 4, Art. 41 DS-GVO schreiben eine spezielle Überwachung vor, ob die Verhaltensregeln durch diejenigen Verantwortlichen und Auftragsverarbeiter, die sich ihnen unterwerfen, tatsächlich eingehalten werden. Die in Art. 41 DS-GVO vorgesehene Überwachungsstelle hat zudem von Gesetzes wegen die Aufgabe, die

Verhaltensregeln in ihrer praktischen Anwendung zu evaluieren. Die Selbstkontrolle führt dabei nicht nur zu einer besseren Compliance hinsichtlich der Einhaltung der Verhaltensregeln und damit auch des Gesetzes, sondern ermöglicht es auch, Beschwerden zu den Überwachungsstellen zu kanalisieren. Eine funktionierende Selbstkontrolle durch die Überwachungsstelle führt dann dazu, dass die Aufsichtsbehörden von kleineren Gesetzverstößen überhaupt keine Kenntnis erlangen und diese nicht zum Anlass für aufsichtsbehördliches Einschreiten, insbesondere die Verhängung von Geldbußen, nehmen können. Umstritten ist, ob die Überwachung der Einhaltung von Verhaltensregeln zwingend durch eine gesonderte Überwachungsstelle i. S. v. Art. 41 DS-GVO erfolgen muss.[9] Behörden dürfen sich nach Art. 41 Abs. 6 DS-GVO nicht der Überwachung durch eine Überwachungsstelle unterwerfen.[10]

3.2 Akkreditierung der Überwachungsstelle

Eine Überwachungsstelle i. S. v. Art. 41 DS-GVO bedarf der Akkreditierung durch die zuständige Aufsichtsbehörde, Art. 41 Abs. 1 DS-GVO. Die Kriterien der Akkreditierung werden nach Art. 41 Abs. 3 DS-GVO durch die zuständige Aufsichtsbehörde ausgearbeitet und im Kohärenzverfahren nach Art. 63 ff. DS-GVO durch den Europäischen Datenschutzausschuss beschlossen. Ob eine Überwachungsstelle einen Anspruch auf Akkreditierung hat, wenn sie die Kriterien erfüllt, ist umstritten.[11] Eindeutig regelt Art. 41 Abs. 5 DS-GVO dagegen, dass die Akkreditierung zwingend zu widerrufen ist, wenn ihre Voraussetzungen nicht oder nicht mehr erfüllt sind.

Nach Art. 41 Abs. 1 DS-GVO ist Voraussetzung der Akkreditierung, dass die Überwachungsstelle „über das geeignete Fachwissen hinsichtlich des Gegenstands der Verhaltensregeln verfügt". Da Verhaltensregeln beliebige datenschutzrechtliche Fragen regeln können (→ Ziff. 1.2), kann das erforderliche Fachwissen je nach Regelungsgegenstand sehr eng und spezifisch sein, unter Umständen aber auch sehr weit und umfassend. Es ist stets eine Einzelfallbetrachtung vor dem Hintergrund der konkret zu überwachenden Verhaltensregeln erforderlich und die Akkreditierung der Überwachungsstelle entsprechend zu beschränken, wenn nicht ausnahmsweise eine Überwachungsstelle umfassende Fachkompetenz für jede datenschutzrechtliche und -technische Frage vorweisen kann.

Weitere Anforderungen an die Organisation der Überwachungsstelle stellt Art. 41 Abs. 2 DS-GVO auf: Unabhängigkeit und Abwesenheit von Interessenkonflikten,[12] geregelte Verfahren für Bewertung, Überwachung und Überprüfung[13] sowie geregeltes Beschwerdemanagement.[14]

3.3 Verfahren der Überwachungsstelle

Die Überwachungsstelle muss einerseits gemäß den Vorgaben der Verhaltensregeln und der internen Verfahrensvorschriften proaktiv diejenigen Unternehmen (stichprobenartig) überwachen, die sich den Verhaltensregeln unterworfen haben. Andererseits muss die Überwachungsstelle grundsätzlich jeder Beschwerde nachgehen und jede Beschwerde beantworten.[15] Beschwerdebefugt sind nicht nur Betroffene, sondern jedermann; eine Popularbeschwerde ist damit zulässig, solange sie nicht aus besonderen Gründen missbräuchlich ist. Erhält die Überwachungsstelle Kenntnis von Verstößen gegen die Verhaltensregeln, ist sie verpflichtet, „geeignete Maßnahmen, einschließlich eines vorläufigen oder endgültigen Ausschlusses des Verantwortlichen oder Auftragsverarbeiters von den Verhaltensregeln" zu ergreifen

Bergt/Bertermann

und die für den Verantwortlichen bzw. Auftragsverarbeiter zuständige Aufsichtsbehörde hierüber zu informieren (Art. 40 Abs. 4 DS-GVO).[16] Verstößt eine Überwachungsstelle gegen ihre Pflicht, Maßnahmen zu ergreifen und die Aufsichtsbehörde zu informieren, droht ihr nach Art. 83 Abs. 4 lit. c DS-GVO nicht nur eine
Geldbuße, sondern auch ein Widerruf der Akkreditierung nach Art. 41 Abs. 5
DS-GVO. Ein Widerruf der Akkreditierung kommt auch bei sonstigen Pflichtverstößen der Überwachungsstelle in Betracht.

Anmerkungen

1. Berechtigte Verbände. Erforderlich ist eine gewisse Homogenität der durch
den vorlegenden Verband vertretenen Gruppe, wobei jedoch insoweit keine hohen
Ansprüche zu stellen sind (Kühling/Buchner/*Bergt*, DS-GVO, Art. 40 Rn. 12). Vor-
lageberechtigt sind beispielsweise Wirtschaftsverbände, Konzerne und sogar Vereinigungen, die sich nur zum Zweck der Ausarbeitung der Verhaltensregeln gegründet
haben, nicht aber reine Betroffenenvertretungen (Kühling/Buchner/*Bergt*, DS-GVO,
Art. 40 Rn. 13 f.). Auch wenn Behörden gem. Art. 41 Abs. 6 nicht durch die Überwachungsstelle kontrolliert werden dürfen, sind öffentlich-rechtlich organisierte
Kammern und andere Behörden nicht per se von der Berechtigung ausgeschlossen,
Verhaltensregeln zu erarbeiten und zur Genehmigung vorzulegen (Kühling/
Buchner/*Bergt*, DS-GVO, Art. 40 Rn. 13; Paal/Pauly/*Paal*, DS-GVO, Art. 40 Rn. 11;
a. A. BeckOK DatenSR/*Jungkind*, DS-GVO, Art. 40 Rn. 11; *Wolff*, ZD 2017, 151
(152)). Gerade das Beispiel der Kammern zeigt aber deutlich, dass zwischen Verband (Kammer, öffentlich-rechtlich) und sich unterwerfendem Unternehmen (Kam-
mermitglied, privatrechtlich) zu unterscheiden ist. Auch im Übrigen können sich
private Verantwortliche und Auftragsverarbeiter Verhaltensregeln unterwerfen, die
eine Behörde aufgestellt hat.

2. Verschärfung der DS-GVO. Verhaltensregeln können auch strengere Vorschriften zum Schutz der betroffenen Personen vorsehen als die DS-GVO (*Bergt*, CR
2016, 670 (672); implizit *Wolff*, ZD 2017, 151 (153); Ehmann/Selmayr/*Schweinoch*, DS-GVO, Art. 41 Rn. 28; a. A. Gola/*Lepperhoff*, DS-GVO, Art. 40 Rn. 13;
nur ein niedrigeres Schutzniveau ausschließend Paal/Pauly/*Paal*, DS-GVO, Art. 40
Rn. 15). Die zu § 38a BDSG a. F. von den Aufsichtsbehörden vertretene Ansicht,
Verhaltensregeln müssten für ihre Genehmigungsfähigkeit ein höheres Datenschutzniveau bieten als das Gesetz, kann jedenfalls unter Geltung der DS-GVO nicht beibehalten werden (Kühling/Buchner/*Bergt*, DS-GVO, Art. 40 Rn. 17; Gola/*Lepperhoff*, DS-GVO, Art. 40 Rn. 26; *Martini*, NVwZ-Extra 6/2016, 1 (10)).

3. Ausreichende Präzisierung durch Verhaltensregeln. Verhaltensregeln, die die
spezifischen Probleme ihres Regelungsgebietes nicht ausreichend klar lösen, im
schlimmsten Fall gar im Wesentlichen nur das Gesetz wiedergeben, sind nicht genehmigungsfähig (Kühling/Buchner/*Bergt*, DS-GVO, Art. 40 Rn. 18). Damit Verhaltensregeln tatsächlich ihr Ziel erreichen können, Rechtssicherheit zu schaffen – und
dies besonders bei den in Art. 40 Abs. 1 DS-GVO explizit angesprochenen kleinen
und mittleren Unternehmen, die keine Heerscharen an Rechtsanwälten beschäftigen
können –, sollten Verhaltensregeln klare Ja-Nein-Entscheidungen vorsehen und nur

im Ausnahmefall mit Regelbeispielstechnik arbeiten (Kühling/Buchner/*Bergt,* DS-GVO, Art. 40 Rn. 19).

4. Garantien für den Schutz der Grundrechte bei Datenexporten. Nach Art. 40 Abs. 2 lit. j DS-GVO ist die Übermittlung personenbezogener Daten an Drittländer oder an internationale Organisationen nur ein möglicher, aber kein verpflichtender Regelungsgegenstand von Verhaltensregeln. Es bleibt also die Entscheidung des vorlegenden Verbandes, ob die Verhaltensregeln auch zur Rechtfertigung von Datenexporten dienen sollen. Da es genügt, dass der Datenimporteur sich nach Art. 40 Abs. 3 DS-GVO den Verhaltensregeln auch mit Wirkung zu Gunsten der betroffenen Personen unterwirft, müssen die Verhaltensregeln selbst ausreichende Garantien für den Schutz der Grundrechte der betroffenen Personen bieten (Kühling/Buchner/*Bergt,* DS-GVO, Art. 40 Rn. 15). Dabei müssen sämtliche Anforderungen der Rechtsprechung des EuGH und über Art. 52 Abs. 3 S. 1 GRCh auch des EGMR erfüllt werden, insbesondere aus dem Safe Harbor-Urteil (hierzu Kühling/Buchner/*Schröder,* DS-GVO, Art. 44 Rn. 13; *Bergt,* MMR 2015, 753 (760 ff.); *Bergt* in: Dix/Franßen/Kloepfer/Schaar/Schoch/Voßhoff (Hrsg.), Informationsfreiheit und Informationsrecht Jahrbuch 2015, S. 303 (309 ff.)). Datenexporte stellen zudem besondere Anforderungen an die Überwachung der Datenimporteure (→ Anm. 13).

5. Kontrollrechte und Sanktionsbefugnisse. Die Verhaltensregeln müssen zumindest in Grundzügen regeln, welche Kontrollrechte die Überwachungsstelle gegenüber den Verantwortlichen und Auftragsverarbeitern hat, die sich den Verhaltensregeln unterwerfen. In Betracht kommt etwa eine Pflicht des Unternehmens, Fragen zu beantworten und Auskünfte zu erteilen, Unterlagen vorzulegen und Kontrollen vor Ort und bei Auftragsverarbeitern zu dulden und zu unterstützen. Nach Art. 41 Abs. 4 DS-GVO ist die Überwachungsstelle verpflichtet, bei Verstößen gegen die Verhaltensregeln geeignete Maßnahmen zu ergreifen. Bereits aus dem Gesetz wird sich damit die Befugnis der Überwachungsstelle ergeben, beispielsweise betroffene Personen oder die Öffentlichkeit zu informieren, dem verstoßenden Unternehmen Auflagen zu erteilen und einen Ausschluss von den Verhaltensregeln für den Fall der Nichteinhaltung dieser Auflagen anzudrohen und im Extremfall das Unternehmen von den Verhaltensregeln auszuschließen (Kühling/Buchner/*Bergt,* DS-GVO, Art. 41 Rn. 12). Diese gesetzlichen Befugnisse sind allerdings sehr grob und umfassen letztlich nur die Information Dritter und den Ausschluss von den Verhaltensregeln. Verhaltensregeln sollten deswegen vorsehen, dass die Überwachungsstelle zu weiteren Maßnahmen berechtigt ist, beispielsweise dazu, Vertragsstrafen zu verhängen, das Unternehmen zu Schadensersatzzahlungen zu verpflichten, Anordnungen über die Datenverarbeitung zu erlassen oder dem Unternehmen die Hinzuziehung von externem Rat oder die Durchführung externer Kontrollen vorzuschreiben. Details der Ausübung dieser Rechte können die internen Verfahrensregeln der Überwachungsstelle festlegen, nicht aber Kontrollrechte an sich begründen. Für den Fall, dass sich die Ansicht durchsetzt, dass jedes Unternehmen, das sich Verhaltensregeln unterwirft, ohnehin einen zivilrechtlichen Vertrag mit der Überwachungsstelle abschließen muss (→ Anm. 6), können damit natürlich die internen Verfahrensregeln einschließlich der Kontrollrechte zum Vertragsgegenstand gemacht werden. Auch in diesem Fall scheint es aber empfehlenswert, einen Mindeststandard an Sanktionsmöglichkeiten und Kontrolldichte bereits in den Verhaltensregeln festzuschreiben, um „starke" Verhaltensregeln sicherzustellen und auch den Aufsichtsbehörden zu verdeutlichen, dass bei allen Unternehmen, die sich den Verhaltensregeln unterworfen haben, eine starke Selbstkontrolle besteht und damit weniger staatliche Kontrolle erforderlich ist – unabhängig von der konkreten Überwachungsstelle.

6. Regelung des Unterwerfungsverfahrens und Kostenbeitrag. Die DS-GVO regelt leider nicht, wie Verhaltensregeln für Verantwortliche und Auftragsverarbeiter verbindlich werden. Nur Art. 40 Abs. 4 DS-GVO gibt einen Hinweis, wenn es dort heißt, „die sich zur Anwendung der Verhaltensregeln verpflichten". Das Gesetz betont damit die Freiwilligkeit einer Unterwerfung unter Verhaltensregeln. Unklar bleibt allerdings, ob eine einseitige Verpflichtungserklärung des Unternehmens genügt (so implizit Kühling/Buchner/*Bergt*, DS-GVO, Art. 40 Rn. 22), ob es des Abschlusses eines Vertrages mit der Überwachungsstelle bedarf (so implizit Gola/*Lepperhoff*, DS-GVO, Art. 40 Rn. 21) oder gar zweier Verträge, nämlich sowohl mit dem Verband als auch mit der Überwachungsstelle (so Ehmann/Selmayr/*Schweinoch*, DS-GVO, Art. 40 Rn. 40 ff.). Damit verbunden ist letztlich auch die Frage, ob Verhaltensregeln auch kraft Mitgliedschaft im vorlegenden Verband verbindlich werden können, wenn dieser die Verhaltensregeln mittels Satzung für seine Mitglieder verbindlich macht (vgl. *Wolff*, ZD 2017, 151 (152); BeckOK DatenSR/ *Jungkind*, DS-GVO, Art. 40 Rn. 26; Kühling/Buchner/*Bergt*, DS-GVO, Art. 40 Rn. 8) oder ob er nur seine Mitglieder zur Selbstverpflichtung verpflichten kann (Gola/*Lepperhoff*, DS-GVO, Art. 40 Rn. 22). Dass auch Nichtmitglieder des vorlegenden Verbandes sich Verhaltensregeln unterwerfen können, wird vereinzelt zu Unrecht bestritten (so wohl BeckOK DatenSR/*Jungkind*, DS-GVO, Art. 40 Rn. 27; auch Nichtmitglieder zulassend dagegen Gola/*Lepperhoff*, DS-GVO, Art. 40 Rn. 17; Kühling/Buchner/*Bergt*, DS-GVO, Art. 41 Rn. 13). Dass eine Selbstverpflichtung durch Nichtmitglieder zulässig sein muss, ergibt sich schon aus der Möglichkeit, Verhaltensregeln gem. Art. 40 Abs. 9 DS-GVO für allgemeingültig zu erklären.

Für den Fall, dass sich die Ansicht durchsetzt, dass zumindest ein Vertrag mit der Überwachungsstelle erforderlich ist, können Fragen der Vergütung der Überwachungsstelle in diesem Vertrag geregelt werden. Da die Frage derzeit jedoch offen ist, sollten die Verhaltensregeln selbst unbedingt die Frage eines Kostenbeitrags der überwachten Unternehmen regeln, wobei die nur geringe finanzielle Leistungsfähigkeit kleinster, kleiner und mittlerer Unternehmen zu beachten ist (Kühling/Buchner/ *Bergt*, DS-GVO, Art. 40 Rn. 20). Als Anreiz, die Verhaltensregeln tatsächlich einzuhalten, ist es empfehlenswert, etwa die Kosten der Bearbeitung berechtigter Beschwerden oder für Kontrollen, bei denen Verstöße festgestellt werden, dem jeweils kontrollierten Unternehmen aufzuerlegen. Dies bringt zudem auch einen finanziellen Anreiz für die Überwachungsstelle mit sich, Beschwerden ordnungsgemäß zu bearbeiten. Gegen unberechtigte Auferlegung von Kosten kann sich das Unternehmen gerichtlich wehren; auch eine interne Widerspruchsmöglichkeit kann vorgesehen werden. Damit die Überwachungsstelle nicht aus finanziellen Gründen auf den Ausschluss eines Unternehmens von den Verhaltensregeln verzichtet, sollte die Zahlungsverpflichtung in diesem Fall noch eine gewisse Zeit fortbestehen (Kühling/ Buchner/*Bergt*, DS-GVO, Art. 41 Rn. 7) oder mit einer Vertragsstrafe verbunden werden.

Bis zu einer Klärung sollten die Verhaltensregeln ausdrücklich festhalten, ob zur Unterwerfung ein Vertrag mit der Überwachungsstelle erforderlich ist. Denkbar wäre auch, dass nach Wahl des Unternehmens jede Überwachungsstelle, die von einer Aufsichtsbehörde für den Regelungsbereich der konkret in Rede stehenden Verhaltensregeln akkreditiert ist, die Überwachung vornehmen kann (Gola/*Lepperhoff*, DS-GVO, Art. 41 Rn. 22; in diese Richtung wohl auch Ehmann/Selmayr/*Schweinoch*, DS-GVO, Art. 41 Rn. 30). Selbst wenn sich diese Rechtsauffassung nicht als gesetzlicher Standard durchsetzen sollte, dürfte jedenfalls rechtlich nichts dagegen sprechen, wenn die Verhaltensregeln selbst eine derartige Öffnung oder jedenfalls verschiedene Überwachungsstellen nach Wahl des überwachten Unternehmens oder mit getrennten örtlichen Zuständigkeiten vorsehen. Faktisch allerdings ist zu berücksichtigen, dass die Gefahr eines „race to the bottom" besteht, wenn die zu kontrollierenden Unternehmen sich ihren Kontrolleur aussuchen können oder gar einfach ihre eigene Überwachungsstelle gründen können, wie es skandalgeplagte Produzenten von Bio-Eiern 2017 getan haben. Wie die Bio-Branche deutlich zeigt, sind die Anforderungen, die eine Überwachungsstelle an sich selbst stellt, erheblich bedeutender als die theoretisch bestehende staatliche Überwachung der Überwachungsstellen. Angesichts der chronischen Unterausstattung der Aufsichtsbehörden dürfte auch die der Überwachungsstelle bei Verstößen gegen ihre Pflichten drohende Geldbuße an diesem Befund nichts ändern.

7. Anonymität. Müssen Beschwerdeführer damit rechnen, dass ihre Identität gegenüber dem Beschwerdegegner offengelegt wird, kann dies zu Zurückhaltung führen, Beschwerden an die Überwachungsstelle zu richten. Auch wenn eine Offenlegung gegenüber dem Beschwerdegegner in den meisten Fällen nur mit Einwilligung des Beschwerdeführers zulässig sein dürfte (Kühling/Buchner/*Bergt*, DS-GVO, Art. 41 Rn. 10), empfiehlt sich eine klare, aktiv kommunizierte Regelung. Dies schafft Vertrauen und kann verhindern, dass Beschwerden an die Aufsichtsbehörde gerichtet werden, nutzt damit letztlich auch den kontrollierten Unternehmen.

8. Allgemeingültigerklärung und Verfahren. Die DS-GVO kennt zwei verschiedene Verfahrensarten für die Genehmigung von Verhaltensregeln: einerseits das Verfahren nach Art. 40 Abs. 5, 6 DS-GVO für rein nationale Sachverhalte (hierzu Kühling/Buchner/*Bergt*, DS-GVO, Art. 40 Rn. 27 ff.; BeckOK DatenSR/*Jungkind*, DS-GVO, Art. 40 Rn. 18 ff.), andererseits das Verfahren vor dem Europäischen Datenschutzausschuss nach Art. 40 Abs. 7, 8 DS-GVO für Verarbeitungen in mehreren Mitgliedstaaten (hierzu Kühling/Buchner/*Bergt*, DS-GVO, Art. 40 Rn. 30 ff.; Beck OK DatenSR/*Jungkind*, DS-GVO, Art. 40 Rn. 22 ff.). Es kommt dabei nicht darauf an, ob personenbezogene Daten von Personen aus mehreren Mitgliedstaaten verarbeitet werden, sondern nur auf den Ort der Verarbeitungstätigkeiten (BeckOK DatenSR/*Jungkind*, DS-GVO, Art. 40 Rn. 18; Kühling/Buchner/*Bergt*, Art. 40 Rn. 28). Nur wenn der Europäische Datenschutzausschuss eine positive Stellungnahme abgegeben hat, kann die Europäische Kommission nach Art. 40 Abs. 9 DS-GVO durch einen delegierten Rechtsakt beschließen, dass den Verhaltensregeln allgemeine Gültigkeit in der ganzen Europäischen Union zukommt (hierzu Kühling/Buchner/*Bergt*, DS-GVO, Art. 40 Rn. 49 ff.; zu den Rechtswirkungen a. A. BeckOK DatenSR/*Jungkind*, DS-GVO, Art. 40 Rn. 32 ff.). Art. 64 Abs. 2 DS-GVO ermöglicht allerdings auch die freiwillige Vorlage eines Entwurfs von rein nationalen Verhaltensregeln durch die zuständige Aufsichtsbehörde, wobei die Aufsichtsbehörde zu einer solchen Vorlage im optionalen Kohärenzverfahren im Sinne einer Ermessensreduktion auf Null auch verpflichtet sein dürfte (Kühling/Buch-

Bergt/Bertermann

ner/*Bergt*, DS-GVO, Art. 40 Rn. 29). Um diese Frage nicht im Falle eines Falles vor Gericht klären zu müssen, empfiehlt es sich, entweder mit der Aufsichtsbehörde vorab zu vereinbaren, dass sie nationale Verhaltensregeln im optionalen Kohärenzverfahren beim Europäischen Datenschutzausschuss vorlegt, oder aber, die Verhaltensregeln von vornherein so zu gestalten, dass sie Verarbeitungen in mehreren Mitgliedstaaten regeln. Teilweise wird vertreten, dass Verarbeitungen in mehreren Mitgliedstaaten i.S.v. Art. 40 Abs. 7 DS-GVO bereits dann vorliegen, wenn Verhaltensregeln sich auch nur in mehreren Mitgliedstaaten anwenden lassen (Gola/ *Lepperhoff*, DS-GVO, Art. 40 Rn. 29). Sollte sich diese Rechtsauffassung durchsetzen, gäbe es kaum Anwendungsfälle für das rein nationale Genehmigungsverfahren.

9. Notwendigkeit einer Überwachungsstelle. Umstritten ist, ob eine gesonderte Überwachungsstelle i.S.d. Art. 41 DS-GVO zwingend erforderlich ist (so Kühling/Buchner/*Bergt*, DS-GVO, Art. 40 Rn. 22; wohl auch *Spindler*, ZD 2016, 407 (408); nach Ehmann/Selmayr/*Schweinoch*, DS-GVO, Art. 40 Rn. 32 entfaltet eine Unterwerfung unter Verhaltensregeln jedenfalls nur dann Rechtswirkungen) oder ob eine Überwachung auch durch eine andere externe Stelle wie eine Aufsichtsbehörde (Plath/*von Braunmühl*, BDSG/DS-GVO, Art. 40 Rn. 13) oder den Verband selbst erfolgen kann (Gola/*Lepperhoff*, DS-GVO, Art. 41 Rn. 4), für den dann aber die Anforderungen an Überwachungsstellen entsprechend gelten (Gola/*Lepperhoff*, DS-GVO, Art. 41 Rn. 5).

10. Behörden und Verhaltensregeln. Bei Behörden und anderen öffentlichen Stellen verbleibt es nach Art. 41 Abs. 6 DS-GVO bei der ausschließlichen Überwachungszuständigkeit der Aufsichtsbehörde. Behörden können sich zwar zur Einhaltung der Verhaltensregeln verpflichten, und die Verpflichtung ist gegenüber den betroffenen Personen auch wirksam, soweit die Verhaltensregeln für die betroffenen Personen günstiger sind als das Gesetz. Behörden können allerdings nicht von den rechtlichen Wirkungen genehmigter Verhaltensregeln profitieren (Ehmann/Selmayr/ *Schweinoch*, DS-GVO, Art. 41 Rn. 6), ausgenommen die Feststellungswirkung der Rechtskonformität für allgemeingültig erklärter Verhaltensregeln (→ Vorbem.). Der Begriff der Behörde bzw. öffentlichen Stelle ist europarechtlich zu verstehen, so dass auch in Deutschland öffentlich-rechtlich organisierte Betriebe wie Krankenhäuser oder Krankenkassen keine Behörden sind (*Ehmann*, ZD 2017, 201 (202)).

11. Anspruch auf Akkreditierung der Überwachungsstelle. Nach Art. 41 Abs. 2 DS-GVO „kann" die zuständige Aufsichtsbehörde eine Überwachungsstelle akkreditieren, wenn sie die hierfür aufgestellten Kriterien erfüllt. Man wird davon ausgehen müssen, dass die Überwachungsstelle einen Anspruch auf Akkreditierung hat, wenn sie die Kriterien erfüllt, und dass das Gesetz der Aufsichtsbehörde kein Ermessen (auf Rechtsfolgenseite) einräumt, wenn auch (auf Tatbestandsseite) einen weiten Beurteilungsspielraum (Kühling/Buchner/*Bergt*, DS-GVO, Art. 41 Rn. 4; Paal/Pauly/*Paal*, DS-GVO, Art. 41 Rn. 5; a.A. Gola/*Lepperhoff*, DS-GVO, Art. 41 Rn. 14; BeckOK DatenSR/*Jungkind*, DS-GVO, Art. 41 Rn. 5, die in Rn. 7 und 10 aber dennoch einen Beurteilungsspielraum annimmt; *Feiler/Forgó*, EU-DSGVO, Art. 41 Rn. 1, sehen dagegen sogar das Angebot eines Akkreditierungsverfahrens nicht als klare Pflichtaufgabe der Aufsichtsbehörde; dies widerspricht aber Art. 57 Abs. 1 lit. q DS-GVO).

Bergt/Bertermann

12. Unabhängigkeit und Abwesenheit von Interessenkonflikten. Um eine sinnvolle Überwachung zu gewährleisten, muss die Überwachungsstelle unabhängig von den zu überwachenden Unternehmen sein, und Interessenkonflikte müssen ausgeschlossen sein. Ähnlich wie ein Datenschutzbeauftragter (→ B.I.) muss die Überwachungsstelle insbesondere weisungsfrei handeln können und vor Sanktionen wegen ihrer Aufgabenerfüllung geschützt sein (Kühling/Buchner/*Bergt*, DS-GVO, Art. 41 Rn. 7). Während eine Einbindung in den die Verhaltensregeln vorlegenden Verband für sich genommen noch kein Problem darstellt, wird es bei personellen, gesellschaftsrechtlichen oder sonst wirtschaftlichen Verknüpfungen zwischen Überwachungsstelle und zu überwachendem Unternehmen regelmäßig zu Einschränkungen der Unabhängigkeit und zu Interessenkonflikten kommen (Kühling/Buchner/*Bergt*, DS-GVO, Art. 41 Rn. 7; Gola/*Lepperhoff*, DS-GVO, Art. 41 Rn. 16). Auch eine gleichzeitige Tätigkeit der Überwachungsstelle als Berater oder gar Auftragsverarbeiter für die zu überwachenden Unternehmen führt regelmäßig zu Interessenkonflikten (Kühling/Buchner/*Bergt*, DS-GVO, Art. 41 Rn. 7; BeckOK DatenSR/*Jungkind*, DS-GVO, Art. 41 Rn. 7). Ebenso ist darauf zu achten, dass die Überwachungsstelle keine personellen, gesellschaftsrechtlichen oder sonst wirtschaftlichen Verknüpfungen zu in die Datenverarbeitung involvierten Beratern oder Auftragsverarbeitern der zu überwachenden Unternehmen hat. Voraussetzung der Unabhängigkeit ist auch eine ausreichende finanzielle Ausstattung, wobei eine Finanzierung auch über die zu überwachenden Unternehmen möglich ist, solange einige Vorsichtsmaßnahmen ergriffen werden, etwa durch eine auch bei Ausschluss von den Verhaltensregeln nicht sofort endende Beitragspflicht (Kühling/Buchner/*Bergt*, DS-GVO, Art. 41 Rn. 7; Gola/*Lepperhoff*, DS-GVO, Art. 41 Rn. 16; nach *Feiler/Forgó*, EU-DSGVO, Art. 41 Rn. 2, soll eine Finanzierung durch Zahlungen der überwachten Unternehmen dagegen einen Interessenkonflikt indizieren). Optimal ist eine langfristige, gesicherte Finanzierung durch den vorlegenden Verband.

13. Verfahren für Bewertung, Überwachung und Überprüfung. Art. 41 Abs. 2 lit. b DS-GVO macht zur Voraussetzung für die Akkreditierung der Überwachungsstelle, dass diese verschiedene interne Verfahren festgelegt hat. Naturgemäß von besonderer Bedeutung ist dabei das konkrete Überwachungsverfahren, das in den Verhaltensregeln selbst ggf. nicht im Detail festgelegt ist. Insbesondere organisatorische Regelungen sind erforderlich, etwa zur Frage, nach welchem System die laufende Überwachung stattfinden soll, welche konkreten Kontrollen geplant sind und wie die zu kontrollierende Stichprobe – eine Vollkontrolle aller unterworfenen Verantwortlichen und Auftragsverarbeiter ist weder realistisch noch erforderlich, dafür sind Zertifizierungen (→ C.IV.2) vorgesehen – festgelegt wird. Eine intensivere Überwachung ist erforderlich, wenn Datenimporteure in Drittstaaten die Verhaltensregeln nutzen wollen, um Garantien i. S. d. Art. 46 Abs. 2 lit. a DS-GVO bereitzustellen und damit den Datenexport zu erlauben. Denn in diesem Fall fehlt das Korrektiv der konkurrierenden Zuständigkeit der Aufsichtsbehörde, eine Kontrolle der Datenverarbeitung des Nicht-EWR-Datenimporteurs erfolgt nur durch die Überwachungsstelle.

Entweder in den Verhaltensregeln selbst oder in den internen Verfahren sollte zudem festgelegt werden, welche Anonymität Beschwerdeführer erwarten können (→ Anm. 7). Zudem hat die Überwachungsstelle die Aufgabe einer konzeptionellen

Bergt/Bertermann

Überprüfung, ob die Verhaltensregeln tatsächlich praxisgerecht sind. Dazu gehört, ob die Verhaltensregeln die datenschutzrechtlichen Probleme ausreichend präzise und umfassend genug regeln, ob sie verständlich geschrieben sind und ob sie von den Unternehmen in der Praxis akzeptiert werden (Kühling/Buchner/*Bergt*, DS-GVO, Art. 41 Rn. 8). Geregelt werden sollte auch, dass und ggf. wie die Überwachungsstelle den Verband informiert, wenn sie Defizite in diesen Punkten feststellt.

14. Beschwerdemanagement. Nach Art. 41 Abs. 2 lit. c DS-GVO muss die Überwachungsstelle ein Beschwerdemanagement einrichten, das Beschwerden über Verstöße gegen die Verhaltensregeln oder über die Auslegung der Verhaltensregeln durch unterworfene Unternehmen („Art und Weise, in der die Verhaltensregeln von dem Verantwortlichen oder dem Auftragsverarbeiter angewendet werden oder wurden") nachgeht. Die Überwachungsstelle muss dabei sowohl Verfahren als auch Strukturen festlegen, insbesondere also die interne Aufgabenverteilung. Diese Verfahren und Strukturen muss die Überwachungsstelle „für betroffene Personen und die Öffentlichkeit transparent" machen. Eine prominente Veröffentlichung auf der Website der Überwachungsstelle ist dabei das Minimum. Zusätzlich sollte die Überwachungsstelle auch in jeder Eingangsbestätigung für eine Beschwerde auf ihre Verfahrensregelungen hinweisen (Kühling/Buchner/*Bergt*, DS-GVO, Art. 41 Rn. 9). Bei der technischen Gestaltung des Beschwerdeverfahrens ist insbesondere auf ausreichende technische Sicherheit (→ E.II.) zu achten. Beispielsweise kann es bei elektronisch eingereichten Beschwerden unter Umständen erforderlich sein, ein Online-Beschwerdesystem zu verwenden, das nur unspezifische Benachrichtigungen über Antworten per E-Mail versendet und die eigentliche Antwort nur in dem zugangsgesicherten Online-Beschwerdesystem zugänglich macht, wenn vom Beschwerdeführer weder eine Postanschrift noch eine Möglichkeit zur Ende-zu-Ende-Verschlüsselung bekannt, die Antwort aber vertraulich ist, etwa weil sie personenbezogene Daten enthält (Kühling/Buchner/*Bergt*, DS-GVO, Art. 41 Rn. 10). Unter Umständen kann es auch sinnvoll sein, Anforderungen an die Feststellung der Identität des Beschwerdeführers aufzustellen, wenn diesem in einer Antwort personenbezogene Daten offengelegt werden müssen. Dabei ist allerdings zu beachten, dass eine Verpflichtung zur Bearbeitung der Beschwerde unabhängig davon besteht, ob die Beschwerde namentlich oder anonym erhoben wird (→ Anm. 7). Sollen dem Beschwerdeführer personenbezogene Daten (regelmäßig: zu sich selbst) mitgeteilt werden, ist insbesondere zu beachten, dass eine einfache Personalausweiskopie völlig ungeeignet ist, jemanden zu identifizieren. Ausweiskopien sind sehr einfach zu erhalten oder zu erstellen; Kopien können manipuliert oder in anderer Form elektronisch erzeugt worden sein (VG Wiesbaden, Urt. v. 20.1.2015 – 6 K 1567/14.WI; LG Hamburg, Urt. v. 12.10.2004 – 312 O 407/04; zustimmend *Mayer*, NJOZ 2010, 1316 (1318)). Gerade in Fällen, in denen jemand ein Interesse daran haben könnte, Auskünfte zu nahestehenden Personen zu erhalten, wird regelmäßig auch die Möglichkeit bestehen, eine Ausweiskopie anzufertigen (abwegig daher die Ansicht des BayLDA, TB 2013/2014, S. 77, dass nur die betroffene Person eine Ausweiskopie von sich vorlegen könne, insbesondere nicht Mitbewohner, Ehepartner usw.). Einige Möglichkeiten zur Identifizierung betroffener Personen bei *Bergt*, CRonline Blog v. 24.3.2015. Insbesondere die eIDAS-VO hat zudem neue Möglichkeiten eröffnet. Über eine Videokonferenz lassen sich auch die Sicherheitsmerkmale des Personalausweises prüfen. Auch hat heute fast jeder, der sich online identifizieren muss, auch ein Onli-

Bergt/Bertermann

ne-Banking – Banken wären daher prädestiniert, auch als Identitätsdienstleister aufzutreten.

15. Bearbeitung von Beschwerden. Die Überwachungsstelle ist verpflichtet, jede Beschwerde inhaltlich zu prüfen, den Sachverhalt aufzuklären und den Beschwerdeführer über das Ergebnis der Prüfung zu informieren (Gola/*Lepperhoff*, DS-GVO, Art. 41 Rn. 20). Zu beachten ist, dass die Überwachungsstelle ohne eine entsprechende Einwilligung des Beschwerdeführers regelmäßig nicht befugt ist, dessen Identität oder andere zur Identifizierung geeignete Informationen gegenüber dem Beschwerdegegner offenzulegen (→ Anm. 7).

Da die Überwachungsstelle letztlich wie eine Aufsichtsbehörde auf freiwilliger Basis arbeitet, erscheint es angemessen, an beide dieselben Anforderungen an die Bearbeitung und Beantwortung von Beschwerden zu stellen. Analog Art. 77 Abs. 2 DS-GVO sollte die Überwachungsstelle deshalb den Beschwerdeführer innerhalb einer angemessenen Frist über den Fortgang und das Ergebnis der Untersuchung unterrichten. Es sollte kurzfristig eine Eingangsbestätigung versandt werden, und wie eine Aufsichtsbehörde sollte auch eine Überwachungsstelle versuchen, die Beschwerde innerhalb von drei Monaten abschließend zu bearbeiten und den Beschwerdeführer über die Ergebnisse zu informieren. Ist dies ausnahmsweise nicht möglich, sollte regelmäßig, also spätestens drei Monate nach der letzten Information (für Aufsichtsbehörden vgl. Kühling/Buchner/*Bergt*, DS-GVO, Art. 77 Rn. 22), eine Zwischeninformation erfolgen. Die Antwort auf die Beschwerde sollte, wie bei Aufsichtsbehörden, sowohl die tatsächlichen Feststellungen als auch die rechtliche Bewertung sowie die von der Überwachungsstelle getroffenen bzw. die vom Verantwortlichen bzw. Auftragsverarbeiter freiwillig ergriffenen Maßnahmen beinhalten. Ein Hinweis auf die Möglichkeit Betroffener, gerichtlich gegen den Verantwortlichen bzw. Auftragsverarbeiter vorzugehen, ist nicht erforderlich.

Analog der Regelung über Aufsichtsbehörden in Art. 57 Abs. 4 DS-GVO kann auch von der Überwachungsstelle nicht verlangt werden, offenkundig unbegründete oder exzessive Beschwerden zu bearbeiten. Missbräuchliche und offensichtlich querulatorische Beschwerden müssen nicht beantwortet werden, wobei der Beschwerdeführer zumindest einmalig darüber informiert werden sollte, dass seine Beschwerden im auslösenden Fall und gegebenenfalls auch in Zukunft wegen Missbräuchlichkeit nicht mehr bearbeitet und beantwortet werden (zu Aufsichtsbehörden Kühling/Buchner/*Bergt*, DS-GVO, Art. 77 Rn. 18). Bei offensichtlich unbegründeten Beschwerden ist denknotwendig zumindest eine rudimentäre Prüfung erforderlich, bis die offensichtliche Unbegründetheit ersichtlich wird. Eine Information des Beschwerdeführers ist regelmäßig geboten, alleine schon aus Sicht der unterworfenen Unternehmen, um den Beschwerdeführer von einer weiteren Beschwerde bei der Aufsichtsbehörde abzuhalten. Eine Missbräuchlichkeit wegen exzessiver Beschwerden kann bejaht werden, wenn eine bereits ausreichend bearbeitete Beschwerde erneut eingereicht wird oder der Beschwerdeführer zu Unrecht auf einer weiteren Behandlung seiner Beschwerde besteht (zu Aufsichtsbehörden Kühling/Buchner/*Bergt*, DS-GVO, Art. 77 Rn. 20). Reicht jemand eine Vielzahl zulässiger Beschwerden ein, handelt es sich dagegen nicht um Missbrauch: Selbstverständlich dürfen massenhafte Rechtsverstöße auch massenhaft verfolgt werden (zu Aufsichtsbehörden Kühling/Buchner/*Bergt*, DS-GVO, Art. 77 Rn. 20).

Bergt/Bertermann

16. Verpflichtung zum Ergreifen von Maßnahmen und zur Information der Aufsichtsbehörde. Gelangen der Überwachungsstelle Verstöße gegen die Verhaltensregeln zur Kenntnis, ist sie nach Art. 41 Abs. 4 DS-GVO verpflichtet, geeignete Maßnahmen zu ergreifen. Ziel dieser Maßnahmen sollte zunächst eine Abstellung des Verstoßes und eine Vermeidung künftiger Verstöße sein. Als Beispiel für Maßnahmen nennt das Gesetz den vorläufigen oder endgültigen Ausschluss von den Verhaltensregeln, wodurch das betroffene Unternehmen sich weder auf die Rechtsvorteile der Verhaltensregeln berufen kann noch mit den Verhaltensregeln werben darf (darin läge ein Wettbewerbsverstoß, Kühling/Buchner/*Bergt*, DS-GVO, Art. 41 Rn. 25). Weniger einschneidend wären beispielsweise die Information betroffener Personen oder der Öffentlichkeit oder eine Erteilung von Auflagen an das Unternehmen, verbunden mit der Androhung eines Ausschlusses, wenn die Einhaltung der Auflagen nicht nachgewiesen wird (Kühling/Buchner/*Bergt*, DS-GVO, Art. 41 Rn. 12). Empfehlenswert ist es, dass die Verhaltensregeln der Überwachungsstelle die Befugnis geben, weitere Maßnahmen anzuordnen, beispielsweise Vertragsstrafen zu verhängen, das Unternehmen zu Schadensersatzzahlungen zu verpflichten, Anordnungen über die Datenverarbeitung zu erlassen oder dem Unternehmen die Hinzuziehung von externem Rat oder die Durchführung externer Kontrollen vorzuschreiben (→ Anm. 5).

Die Überwachungsstelle darf nur dann auf Maßnahmen gegen das Unternehmen verzichten, wenn das Unternehmen bereits selbst durch geeignete Garantien die Notwendigkeit einer Maßnahme beseitigt hat. Dazu kann beispielsweise zählen, dass abhandengekommene Daten sicher verschlüsselt waren oder das Unternehmen selbst alle erforderlichen Maßnahmen getroffen hat, um künftige Verstöße zu vermeiden, etwa durch Beauftragung externer Überprüfungen oder das Versprechen von Vertragsstrafen (BeckOK DatenSR/*Jungkind*, DS-GVO, Art. 41 Rn. 14; Kühling/Buchner/*Bergt*, DS-GVO, Art. 41 Rn. 15). Die Überwachungsstelle ist nur dann verpflichtet, die Aufsichtsbehörde nach Art. 41 Abs. 4 S. 2 DS-GVO über den Verstoß zu informieren, wenn sie eine Maßnahme verhängt hat, also einseitig gegen das Unternehmen vorgegangen ist. Einigt sich die Überwachungsstelle kurzfristig mit dem Unternehmen über geeignete Schritte, liegt keine Maßnahme im Sinne des Gesetzes vor, so dass eine Information der Aufsichtsbehörde nicht erforderlich ist (BeckOK DatenSR/*Jungkind*, DS-GVO, Art. 41 Rn. 15; Kühling/Buchner/*Bergt*, DS-GVO, Art. 41 Rn. 15). Eine starke Selbstkontrolle, die Beschwerden bei der Überwachungsstelle kanalisiert, und eine umgehende Reaktion der betroffenen Unternehmen auf Verstöße können so dazu führen, dass die Aufsichtsbehörden von Verstößen letztlich keine Kenntnis mehr erlangen und weder zur genaueren Prüfung veranlasst werden noch Geldbußen verhängen.

2. Zertifizierungen (Art. 42 f. DS-GVO)

Die DS-GVO regelt in Art. 42, 43 erstmals die Einführung von datenschutzspezifischen Zertifizierungsverfahren sowie von Datenschutzsiegeln und -prüfzeichen (nachfolgend einheitlich „Zertifizierungen"). In der DSRL waren lediglich Regelungen zu Verhaltensregeln enthalten. Mit der Aufnahme von Zertifizierungen in die DS-GVO soll dem festgestellten **Vollzugsdefizit** im Datenschutz Rechnung getragen werden (Ehmann/Selmayr/*Will*, DS-GVO, Art. 42 Rn. 1; Kühling/Buchner/*Bergt*,

Bertermann/Bergt

DS-GVO, Art. 42 Rn. 1). Zertifizierungen sind daher ebenso wie Verhaltensregeln wichtige Elemente der Rechenschaftspflicht nach Art. 24 Abs. 1 DS-GVO.

In Deutschland ist der in § 9a BDSG a. F. angelegte Versuch einer nationalen Regelung für ein Datenschutzaudit und die Zertifizierung von Datenschutzkonzepten oder technischen Einrichtungen schon im Gesetzgebungsverfahren gescheitert. In anderen europäischen Ländern wie z. B. in Frankreich und in Großbritannien wurden jedoch erfolgreich Zertifizierungen und Gütesiegelkonzepte eingeführt (Ehmann/Selmayr/*Will*, DS-GVO, Art. 42 Rn. 9).

Trotz der fehlenden gesetzlichen Grundlage werden auch in Deutschland zahlreiche Zertifikate, Prüfzeichen und Siegel angeboten. Das Angebot reicht von reinen Marketing-Zeichen bis hin zu komplexen Datenschutzsiegeln. Dies belegt den **Bedarf für harmonisierte und klare Zertifizierungsregelungen** (Ehmann/Selmayr/*Will*, DS-GVO, Art. 42 Rn. 8; Kühling/Buchner/*Bergt*, DS-GVO, Art. 42 Rn. 1). Die Regelungen in Art. 42, 43 DS-GVO orientieren sich erkennbar am Vorbild der Umwelt-Auditverordnung, lassen selbst aber klare Regelungen zum Verfahrensablauf vermissen (Ehmann/Selmayr/*Will*, DS-GVO, Art. 42 Rn. 4). Die Zertifizierungsstellen selbst sollen Kriterien für die Vergabe von Zertifikaten vorschlagen, die dann einen Genehmigungsprozess durchlaufen müssen und anschließend veröffentlicht werden sollen. Die Kommission kann unter anderem technische Standards für Zertifizierungsverfahren festlegen (Art. 43 Abs. 9 DS-GVO).

Nicht absehbar ist heute, wann erste Zertifizierungsstellen akkreditiert werden und wie schnell sich förmliche Zertifizierungen nach Art. 42, 43 DS-GVO etablieren werden. Es ist daher damit zu rechnen, dass zumindest auf absehbare Zeit **alternative Zertifizierungen durch private Stellen** weiterhin am Markt angeboten und nachgefragt werden. Aus der DS-GVO ergibt sich kein grundsätzliches Verwendungsverbot für private Zertifizierungen, die nicht den Anforderungen der Art. 42, 43 DS-GVO entsprechen (Kühling/Buchner/*Bergt*, Art. 42 Rn. 17). Allerdings werden Verwender und Anbieter sicherzustellen haben, dass die von Ihnen genutzten und angebotenen Zertifikate nicht den Eindruck erwecken, Zertifizierungen i. S. d. Art. 42, 43 DS-GVO zu sein. In der Praxis drohen bei der unlauteren Verwendung von nicht grundverordnungskonformen Zertifikaten **wettbewerbsrechtliche Abmahnungen** wegen Irreführung. Regelmäßig wird ein ausdrücklicher und deutlicher Hinweis erforderlich sein, dass es sich nicht um eine Zertifizierung i. S. d. Art. 42, 43 DS-GVO handelt (Kühling/Buchner/*Bergt*, DS-GVO, Art. 42 Rn. 36). Maßnahmen der Aufsichtsbehörden nach Art. 58 und 83 DS-GVO sind zudem denkbar, wenn im Übrigen Verstöße gegen die DS-GVO vorliegen.

Für Verantwortliche und Auftragsverarbeiter stellt sich daher die Frage, wie sie aussagekräftige und vertrauenswürdige Zertifikate von reinen Marketing-Zertifikaten unterscheiden und wie sie einem angebotenen Zertifikat den richtigen datenschutzrechtlichen Aussagegehalt beimessen können. Wichtig kann für die Beurteilung auch sein, an welcher Stelle alternative Zertifikate von Grundanforderungen der Art. 42, 43 DS-GVO abweichen, wenn man die Zertifikatserteilung durch eine akkreditierte Zertifizierungsstelle anhand genehmigter Kriterien außer Betracht lässt. Die nachfolgende **Checkliste** führt Kriterien auf, die entweder unmittelbar den Art. 42, 43 DS-GVO entnommen sind oder die zusätzlich zu den Vorgaben der DS-GVO für die Bewertung der Belastbarkeit einer Zertifizierung hilfreich sein können. Jedes „Nein" bei der Prüfung der Checkliste mindert die Belastbarkeit des Zertifikats. Solange noch keine Zertifizierungskriterien genehmigt und Zertifizierungsstel-

Bertermann/Bergt

len akkreditiert sind, kann die Checkliste auch dazu dienen, abzuschätzen, ob das konkrete Zertifikat Aussichten hat, künftig die gesetzlichen Anforderungen zu erfüllen.

Checkliste zu Zertifizierungen

Nr.	Anforderung	Erfüllt?	
1.	Die Zertifizierung bezieht sich auf eine konkret beschriebene und abgrenzbare Verarbeitung.[1]	☐ Ja	☐ Nein
2.	Die zertifizierte Verarbeitung ist aus dem Zertifikat klar erkennbar.[2]	☐ Ja	☐ Nein
3.	Die Zertifizierung beruht nicht nur auf der Prüfung von Angaben des Antragstellers, sondern (auch) auf einer eigenen Prüfung der Verarbeitung(en) durch den Prüfer.[3]	☐ Ja	☐ Nein
4.	Die Prüfkriterien sowie Art und Umfang der Prüfungen sind öffentlich zugänglich.[4]	☐ Ja	☐ Nein
5.	Die Prüfkriterien decken alle Anforderungen der DS-GVO ab, denen die zertifizierte Verarbeitung unterliegt.[5]	☐ Ja	☐ Nein
6.	Die Echtheit und der Bestand des Zertifikats lassen sich von jedermann jederzeit überprüfen, z.B. durch eine Datenbank auf der Webseite der Zertifizierungsstelle.[6]	☐ Ja	☐ Nein
7.	Der Prüfbericht zu jedem Zertifikat oder eine Zusammenfassung des Prüfberichts sind öffentlich oder nach Glaubhaftmachung eines berechtigten Interesses einsehbar.[7]	☐ Ja	☐ Nein
8.	Das Zertifikat ist zeitlich auf maximal drei Jahre befristet.[8]	☐ Ja	☐ Nein
9.	Die Einhaltung der Zertifizierungskriterien wird während der Gültigkeit des Zertifikats überwacht.[9]	☐ Ja	☐ Nein
10.	Der Widerruf der Zertifizierung bei Verstoß gegen die Zertifizierungsregelungen ist vorgeschrieben.[10]	☐ Ja	☐ Nein
11.	Die Zertifikatserteilung erfolgt nicht durch den Prüfer selbst, sondern durch eine neutrale Zertifizierungsstelle.[11]	☐ Ja	☐ Nein

Anmerkungen

1. Zertifizierung einer konkreten Verarbeitung. Gegenstand einer Zertifizierung nach Art. 42, 43 DS-GVO können stets nur einzelne, konkret benannte Datenverarbeitungen sein; die Zertifizierung einer Organisation oder eines Unternehmens ist in der DS-GVO nicht vorgesehen (Ehmann/Selmayr/*Schweinoch*/*Will*, DS-GVO, Vorb. Art. 40–43 Rn. 8; vgl. auch Kühling/Buchner/*Bergt*, DS-GVO, Art. 42 Rn. 3). Zwar ist die Prüfung einer gesamten Organisation oder Organisationseinheit auf die Einhaltung der DS-GVO nicht generell ausgeschlossen, es sollte aber stets geprüft werden, ob die behauptete Prüfung einer gesamten Organisation oder Organisationseinheit auch in der erforderlichen Tiefe erfolgt ist (→ Anm. 3, 4). Pauschale Angaben wie „Geprüfter Datenschutz" sollten stets kritisch hinterfragt werden.

2. Angabe der konkret zertifizierten Verarbeitung. Die Art. 42, 43 DS-GVO enthalten keine konkreten Vorgaben zur inhaltlichen und grafischen Gestaltung von Zertifikatsurkunden, allerdings normiert Art. 42 Abs. 3 DS-GVO ein weit gefasstes Transparenzgebot für das gesamte Zertifizierungsverfahren (Ehmann/Selmayr/*Will*, DS-GVO, Art. 42 Rn. 23). Insofern ist sowohl für Zertifizierungen nach Art. 42, 43 DS-GVO als auch für alternative Zertifikate erforderlich, dass diese die jeweils konkret zertifizierte Verarbeitung klar benennen.

3. Eigene Prüfung der Verarbeitung durch einen Prüfer. Eine Vielzahl von aktuell angebotenen „Datenschutz-Siegeln" beschränkt sich bei der Prüfung entweder auf Angaben des Auftraggebers oder auf die Existenzprüfung einer Mindestdokumentation (beispielsweise dem Vorhandensein einer „Datenschutzerklärung" auf der Webseite). In etlichen Fällen findet keine inhaltliche Prüfung der Dokumente statt – geschweige denn eine Prüfung der Verarbeitung selbst. Für eine Zertifizierung nach Art. 42, 43 DS-GVO muss der Verantwortliche (bzw. der Auftragsverarbeiter) nicht nur alle erforderlichen Informationen zur Verfügung stellen, sondern der Zertifizierungsstelle auch Zugang zu den zu prüfenden Verarbeitungstätigkeiten gewähren (Art. 42 Abs. 6 DS-GVO). Damit unterstreicht der Verordnungsgeber, dass die Zertifizierung auf Grundlage einer umfassenden Prüfung der Verarbeitung erfolgen muss (Ehmann/Selmayr/*Will*, DS-GVO, Art. 42 Rn. 40), allein die Prüfung vorgelegter Dokumente reicht für eine Zertifizierung nicht aus. Zwar kann auch eine Prüfung allein der Datenschutzdokumentation bereits wichtige Erkenntnisse über einen Verantwortlichen oder Auftragsverarbeiter bringen; eine Zertifizierung allein der Dokumentation wäre jedoch gegenüber der konkreten Prüfung und Zertifizierung der konkreten Verarbeitung ein erhebliches Minus und würde nicht der gesetzlichen Anforderung entsprechen, wonach die Entscheidung über eine Zertifizierung auf vollständiger und richtiger Tatsachengrundlage getroffen werden muss (zu dieser Anforderung Kühling/Buchner/*Bergt*, DS-GVO, Art. 42 Rn. 20).

4. Transparenz der Prüfkriterien und des Umfangs der Prüfung. Obwohl eine seriöse Bewertung von Prüfungen und Zertifizierungen ohne Kenntnis der konkret angewendeten Prüfkriterien und des Umfangs der durchgeführten Prüfung unmöglich ist, scheint es derzeit weit verbreitete Praxis zu sein, dass selbst ernannte Prüfstellen ihre Prüfkriterien und den Umfang der jeweiligen Prüfungen nicht offenlegen – nicht einmal auf Nachfrage und Hinweis auf ein berechtigtes Interesse oder gar mit Zustimmung des geprüften Unternehmens. Derartige Prüfungen sind mit den Anforderungen von Art. 42, 43 DS-GVO nicht vereinbar. Die Veröffentlichung der Prüfkriterien ist ein zentrales Element des Transparenzgebotes (Ehmann/Selmayr/*Will*, DS-GVO, Art. 42 Rn. 4; Kühling/Buchner/*Bergt*, DS-GVO, Art. 43 Rn. 22). Ohne Kenntnis der Prüfkriterien ist eine Bewertung der erteilten Zertifizierung nicht möglich und die Zertifizierung läuft Gefahr, als datenschutzrechtlich irrelevantes

Marketingmittel eingestuft zu werden. Die DS-GVO schreibt in Art. 43 Abs. 6 eine Veröffentlichung der Zertifizierungskriterien durch die Aufsichtsbehörde zwingend vor. Hierfür bietet sich vor allem das Internet an; aus Transparenzgründen wäre es zudem wünschenswert, wenn der Europäische Datenschutzausschuss eine EU-weite Liste der Kriterien veröffentlichen würde (Kühling/Buchner/*Bergt*, DS-GVO, Art. 43 Rn. 22). Die Verwendung von Datenschutzzertifikaten, die nicht den Anforderungen der Art. 42, 43 DS-GVO entsprechen, ist ab dem Zeitpunkt der Anwendbarkeit der DS-GVO als Irreführung wettbewerbswidrig, wenn nicht deutlich auf den Umstand hingewiesen wird, dass es sich nicht um eine Zertifizierung nach der DS-GVO handelt (Kühling/Buchner/*Bergt*, DS-GVO, Art. 42 Rn. 36).

5. Umfassender Prüfungskatalog. Eine Vielzahl der heute angebotenen „Datenschutz-Siegel" prüft allenfalls einen kleinen Ausschnitt aus dem datenschutzrechtlichen Pflichtenkatalog, im Extremfall etwa nur das Vorhandensein einer Datenschutzerklärung auf der Website, nicht einmal deren Korrektheit. Selbst wenn der Zweck der Verbrauchertäuschung nicht so offen zutage tritt wie im vorgenannten Fall, ist ein Siegel wertlos, das zwar etwa prüft, ob der Webshop HTTPS-verschlüsselt ist, aber unverschlüsselt per E-Mail versandte Bestellbestätigungen mit personenbezogenen Daten ignoriert (dies ist unzulässig, Palandt/*Grüneberg*, BGB, § 312i Rn. 7; *Bergt*, NJW 2011, 3752), möglicherweise nicht einmal Transportverschlüsselung verlangt. So müssen u.a. die Erlaubnisnormen für die Datenverarbeitung (einschließlich ggf. der Wirksamkeit der Einwilligung), die Erfüllung der Betroffenenrechte (einschließlich beispielsweise des Vorhandenseins eines Löschkonzepts mit festgelegten Löschdaten, Art. 17 DS-GVO, und deren Kommunikation, Art. 13 Abs. 2 lit. a und Art. 14 Abs. 2 lit. a DS-GVO, sowie ggf. einer manuellen Überprüfungsmöglichkeit für negative Scoring-Ergebnisse, Art. 22 Abs. 3 DS-GVO), die Einhaltung der allgemeinen und speziellen Verarbeitungspflichten (etwa „Privacy by Design" und „Privacy by Default", Art. 25 DS-GVO, ordnungsgemäße Auftragsverarbeitungsverträge, Art. 28 DS-GVO, die technisch-organisatorische Sicherheit, Art. 32 DS-GVO) und die Einhaltung der Vorschriften für Datenexporte in Drittstaaten (Art. 44 DS-GVO) überprüft werden. Die zu zertifizierende Verarbeitung muss umfassend geprüft werden, eine Beschränkung auf Teilaspekte genügt nicht.

6. Überprüfbarkeit der Zertifizierung. Sämtliche Prüfverfahren und Zertifizierungen sind gem. Art. 42 Abs. 8, 43 Abs. 6 und 70 Abs. 1 lit. o DS-GVO durch den Europäischen Datenschutzausschuss in einem zentralen Register zu veröffentlichen (Kühling/Buchner/*Dix*, DS-GVO, Art. 70 Rn. 15). Dadurch ist sichergestellt, dass die Zertifizierung und ihr aktuelles Bestehen von jedermann bei einer neutralen Stelle überprüft werden können. Ohne ein solches zentrales Register besteht das Risiko, dass gefälschte Zertifikate im Verkehr genutzt werden, ohne dass die Fälschung leicht aufgedeckt werden kann. Insofern sollte auch bei alternativen Zertifikaten zumindest die Zertifizierungsstelle stets eine aktuelle, öffentlich zugängliche Liste der aktiven Zertifikate vorhalten und pflegen.

7. Zugänglichkeit des Prüfberichts. Die Publizitätspflichten nach Art. 42, 43 DS-GVO sind auf die Veröffentlichung der erfolgten Zertifizierungen und die Benennung der akkreditierten Zertifizierungsstellen beschränkt. Eine Pflicht zur Veröffentlichung von Prüfberichten oder von Zusammenfassungen von Prüfberichten im

Rahmen der Zertifizierung besteht nicht. Insofern würde eine solche Veröffentlichung als Teil alternativer Zertifizierungen ein deutliches Mehr an Transparenz bedeuten. Teilweise nutzen private Zertifizierungsgesellschaften die Veröffentlichung von Prüfberichten oder von für die Öffentlichkeit zusammengefassten Prüfberichten zur Erhöhung der Transparenz und damit der Nachvollziehbarkeit von Zertifizierungsentscheidungen. Aus Sicht der Zertifizierungsstelle ist dabei jeweils zu beachten, dass durch die Veröffentlichung des Prüfberichts weder Geschäftsgeheimnisse des Zertifizierten noch potentielle Sicherheitslücken in den Systemen des Zertifizierten für Dritte erkennbar werden.

8. Zeitliche Beschränkung des Zertifikats. Zertifizierungen dürfen nach Art. 42 Abs. 7 S. 1 DS-GVO nur zeitlich befristet für maximal drei Jahre vergeben werden. Eine Verlängerung des Zertifikats ist möglich, wenn die Voraussetzungen der Zertifizierung weiterhin gegeben sind. Dies muss von der Zertifizierungsstelle erneut geprüft werden. Aufgrund der ständig fortschreitenden technischen Entwicklung erscheint eine Befristung für jede Art von Zertifizierung zwingend erforderlich, anderenfalls könnten veraltete Sicherheitsmaßnahmen dauerhaft als angemessen zertifiziert werden. Art. 32 Abs. 1 lit. d DS-GVO sieht zudem vor, dass Verantwortliche und Auftragsverarbeiter Verfahren zur regelmäßigen Überprüfung, Bewertung und Evaluierung der Wirksamkeit von technischen und organisatorischen Maßnahmen zur Gewährleistung der Sicherheit der Verarbeitung einsetzen müssen. Sofern sich technische oder organisatorische Maßnahmen als nicht mehr angemessen herausstellen, bedarf es unter Berücksichtigung des risikobasierten Ansatzes der DS-GVO einer Anpassung der technischen und organisatorischen Maßnahmen (Kühling/Buchner/*Jandt*, DS-GVO, Art. 32 Rn. 29). Ob eine entsprechende Anpassung stattgefunden hat, lässt sich nur im Rahmen einer erneuten Prüfung durch die Zertifizierungsstelle feststellen, weshalb eine zeitliche Beschränkung für jede Art von seriöser Zertifizierung zwingend erforderlich ist.

9. Überwachung des Zertifikats. Nach Art. 42 Abs. 7 i. V. m. Art. 43 Abs. 2 lit. c DS-GVO muss die Zertifizierungsstelle auch während der Gültigkeit einer Zertifizierung regelmäßige Überprüfungen vornehmen. Überprüfungen können sowohl als Stichprobenkontrollen durchgeführt werden als auch in Folge konkreter Beschwerden oder Auffälligkeiten (Kühling/Buchner/*Bergt*, DS-GVO, Art. 42 Rn. 22). Stichprobenkontrollen müssen zumindest in einem Umfang erfolgen, dass eine realistische Gefahr der Entdeckung von Verstößen besteht. Ist eine entsprechende Pflicht der Zertifizierungsstelle für alternative Zertifizierungen nicht in den Zertifizierungskriterien vorgesehen, so besteht die Gefahr, dass der Zertifizierte unmittelbar nach Erteilung des Zertifikats von den geprüften Rahmenbedingungen der Verarbeitung abweicht und dennoch weiter als zertifiziert gilt. Das Fehlen einer entsprechenden Überwachungspflicht wäre daher ein erhebliches Minus gegenüber den Anforderungen für Zertifizierungen nach Art. 42, 43 DS-GVO. Ein Hinweis auf eine Zertifizierung, obwohl deren Anforderungen nicht mehr eingehalten werden, ist wettbewerbswidrig (Kühling/Buchner/*Bergt*, DS-GVO, Art. 42 Rn. 36).

10. Widerruf der Zertifizierung. Wird Rahmen einer Überprüfung festgestellt, dass die Voraussetzungen der Zertifizierung nicht (mehr) vorliegen, so muss die Zertifizierung nach Art. 42 Abs. 7 S. 2 DS-GVO widerrufen werden. Dazu ist auch die

Aufsichtsbehörde befugt (Art. 58 Abs. 2 lit. h DS-GVO). Nur wenn die Zertifizierungsstelle in konkret beschriebenen Situationen das Recht und zugleich auch die Pflicht hat, eine erteilte Zertifizierung zu widerrufen, besteht ausreichender Anlass für den Zertifizierten, die Voraussetzung der Zertifizierung dauerhaft aufrechtzuerhalten. Insofern ist die Widerrufsmöglichkeit ein wichtiges Kriterium für die Bewertung von alternativen Zertifizierungen.

11. Unabhängigkeit von Prüfer und Zertifizierungsstelle. Die Art. 42, 43 DS-GVO machen keine konkreten Vorgaben dazu, ob und ggf. in welcher Weise ein Zertifizierungsverfahren mehrstufig abzulaufen hat. Im Rahmen der derzeit angebotenen privaten Datenschutzsiegel ist vielfach zu beobachten, dass die private Zertifizierungsstelle die Prüfung und im Anschluss daran auch die Vergabe des Zertifikats selbst vornimmt. Einer solchen Konstellation ist das Risiko immanent, dass die selbst prüfende Zertifizierungsstelle in Anbetracht der meist nicht unerheblichen Kosten einer Zertifizierung ein gewisses eigenes Interesse an der Erteilung des Zertifikates entwickelt. Teilweise haben sich aber auch Modelle entwickelt, in denen ein von der Zertifizierungsstelle unabhängiger Auditor die Prüfung bei dem zu Zertifizierenden durchführt, einen Prüfbericht darüber erstellt und eine Empfehlung für oder gegen die Zertifikatserteilung ausspricht. Die Zertifizierungsstelle selbst prüft dann den Auditbericht, kann Nachprüfungen verlangen und anschließend auf Grundlage des Auditberichts und etwaiger Nachprüfungen unabhängig über die Vergabe des Zertifikats entscheidet. Eine Pflicht zur Vornahme einer solchen Trennung der Aufgaben ist der DS-GVO nicht zu entnehmen. Sie ist allerdings in anderen anerkannten Zertifizierungsverfahren (z. B. ISO 27001) üblich.

V. Sicherheit der Verarbeitung und risikobasierter Ansatz

1. Ziele der Maßnahmen zur Sicherheit der Verarbeitung

Gegenüber Art. 17 DSRL wurde in Art. 32 DS-GVO **konkretisiert**, dass sich die technischen und organisatorischen Maßnahmen an Art, Umfang, Umstände und Zwecke der Verarbeitung zu orientieren haben, dass bei den Risiken sowohl deren Schwere (hinsichtlich eines damit verbundenen physischen, materiellen oder immateriellen Schadens) als auch Eintrittswahrscheinlichkeit zu ermitteln sind (entsprechend gängigen Risikomanagementverfahren) und welche Maßnahmen ausdrücklich als geeignet angesehen werden. Die Berücksichtigung des Standes der Technik, der mit der Verarbeitung verbundenen Risiken und der Schutzziele Vertraulichkeit, Integrität und Verfügbarkeit waren bereits in Art. 17 Abs. 1 DSRL vorgesehen (auch wenn die Ziele nicht explizit so aufgelistet wurden). Der Sicherheit der Verarbeitung durch Ergreifung geeigneter technischer und organisatorischer Maßnahmen wird in der DS-GVO insgesamt ein höheres Gewicht verliehen als in der DSRL oder dem BDSG a. F. (sowie in weiterem Spezialrecht).

Neu hinzugekommen ist, dass die Ergreifung unzureichender Maßnahmen bußgeldbewehrt ist, dass die ergriffenen Maßnahmen regelmäßig hinsichtlich ihrer Wirksamkeit zu überprüfen sind und dass die Systeme und Dienste, mit denen personenbezogene Daten verarbeitet werden, auch belastbar sein müssen, d. h. störungsresistent. Die Güte der getroffenen Maßnahmen wird entlastend bei der Festsetzung von Bußgeldern berücksichtigt.

Verstöße gegen die Grundsätze bei der Verarbeitung personenbezogener Daten und damit insbesondere gegen den Grundsatz der Integrität und Vertraulichkeit aus Art. 5 Abs. 1 lit. f DS-GVO können nach Art. 83 Abs. 5 lit. a DS-GVO mit **Geldbußen** von bis zu 20 Mio. EUR oder im Fall eines Unternehmens von bis zu 4 % seines gesamten weltweit erzielten Jahresumsatzes des vorangegangenen Geschäftsjahrs geahndet werden, je nachdem, welcher der Beträge höher ist.

Jeder an einer Verarbeitung beteiligte Verantwortliche haftet zudem nach Art. 82 Abs. 2 DS-GVO für den Schaden, der durch eine nicht dieser Verordnung entsprechende Verarbeitung verursacht wurde. Ein Auftragsverarbeiter haftet für den durch eine Verarbeitung verursachten Schaden nur dann, wenn er speziell den ihm als Auftragsverarbeiter auferlegten Pflichten aus der DS-GVO nicht nachgekommen ist oder unter Nichtbeachtung der rechtmäßig erteilten Anweisungen des für die Datenverarbeitung Verantwortlichen oder gegen diese Anweisungen gehandelt hat.

Nach Art. 32 Abs. 1 lit. b DS-GVO müssen Systeme oder Dienste, mit denen personenbezogene Daten verarbeitet werden, die **Schutzziele** Vertraulichkeit, Integrität, Verfügbarkeit und Belastbarkeit berücksichtigen. Dies kann anhand von Art. 32 Abs. 2 DS-GVO und Art. 32 Abs. 1 lit. c DS-GVO wie folgt konkretisiert werden:

Schutzziele und deren Anforderungen aus der DS-GVO

Schutzziel	Definition	Anforderung aus der DS-GVO
Vertraulichkeit (confidentiality)[1]	Eigenschaft, dass Information unbefugten Personen, Entitäten oder Prozessen nicht verfügbar gemacht oder offengelegt wird (ISO/IEC 27000, Abschnitt 2.12)	Keine unbefugte Offenlegung von personenbezogenen Daten
		Kein unbefugter Zugang zu personenbezogenen Daten, die übermittelt, gespeichert oder auf sonstige Weise verarbeitet werden
Integrität (integrity)[1]	Eigenschaft der Richtigkeit und Vollständigkeit (ISO/IEC 27000, Abschnitt 2.40)	Keine unbeabsichtigte oder unrechtmäßige Veränderung von personenbezogenen Daten
		Keine unbeabsichtigte oder unrechtmäßige Vernichtung von personenbezogenen Daten
		Kein unbeabsichtigter oder unrechtmäßiger Verlust von personenbezogenen Daten
Verfügbarkeit (availability)[2]	Eigenschaft der Zugänglichkeit und Nutzbarkeit, wenn eine befugte Entität Bedarf hat (ISO/IEC 27000, Abschnitt 2.9)	Keine unbeabsichtigte oder unrechtmäßige Vernichtung von personenbezogenen Daten
		Kein unbeabsichtigter oder unrechtmäßiger Verlust von personenbezogenen Daten
		Rasche Wiederherstellung der Verfügbarkeit von bzw. dem Zugang auf personenbezogene Daten bei einem physischen oder technischen Zwischenfall
Belastbarkeit (resilience)[2]	Fähigkeit einer Organisation, einer Beeinträchtigung durch Störung zu widerstehen (ISO/IEC 27031, Abschnitt 3.14)	Rasche Wiederherstellung der Verfügbarkeit von bzw. dem Zugang auf personenbezogene Daten bei einem physischen oder technischen Zwischenfall

Anmerkungen

1. Schutzziele Integrität und Vertraulichkeit. Nach Art. 5 Abs. 1 lit. f DS-GVO müssen personenbezogene Daten in einer Weise verarbeitet werden, die eine angemessene Sicherheit der personenbezogenen Daten gewährleistet. Dies beinhaltet den Schutz vor
– unbefugter Verarbeitung,
– unrechtmäßiger Verarbeitung,

Witt

– unbeabsichtigtem Verlust,
– unbeabsichtigter Zerstörung,
– unbeabsichtigter Schädigung.

Ein entsprechender Schutz ist durch geeignete technische und organisatorische Maßnahmen zu gewährleisten.

Kommt es zu einer Verletzung des Schutzes personenbezogener Daten i. S. v. Art. 4 Nr. 12 DS-GVO, so können sich daraus Meldepflichten nach Art. 33 und 34 DS-GVO ergeben (→ C.VI.). Nach Art. 82 Abs. 1 DS-GVO hat zudem jede Person, der wegen eines Verstoßes gegen diese Verordnung ein materieller oder immaterieller Schaden entstanden ist, Anspruch auf Schadensersatz gegen den Verantwortlichen oder gegen den Auftragsverarbeiter.

Eine Verletzung der Schutzziele Integrität und Vertraulichkeit kann gem. Art. 83 Abs. 5 lit. a DS-GVO ein höheres Bußgeld auslösen, als eine Verletzung der Schutzziele Verfügbarkeit und Belastbarkeit, da die Schutzziele Integrität und Vertraulichkeit in Art. 5 Abs. 1 lit. f DS-GVO als Grundsätze verankert sind, Verfügbarkeit und Belastbarkeit unterfallen demgegenüber dem „kleinen" Bußgeld nach Art. 83 Abs. 4 lit. a DS-GVO. Bei den dokumentierten technischen und organisatorischen Maßnahmen ist es daher von Vorteil, ausdrücklich auszuweisen, welchem Schutzziel die einzelne Maßnahme dient. So kann insbesondere nachgewiesen werden, dass ein ausreichender Schutz der Integrität und Vertraulichkeit der personenbezogenen Daten gewährleistet ist.

2. Schutzziele Verfügbarkeit und Belastbarkeit. Nach Art. 32 Abs. 1 lit. b DS-GVO müssen neben den Schutzzielen Integrität und Vertraulichkeit auch die Schutzziele Verfügbarkeit und Belastbarkeit von den Systemen und Diensten im Zusammenhang mit der Verarbeitung auf Dauer sichergestellt sein. Nach Art. 32 Abs. 1 lit. c DS-GVO haben die ergriffenen Maßnahmen die Verfügbarkeit der personenbezogenen Daten und den Zugang zu ihnen bei einem physischen oder technischen Zwischenfall rasch wiederherzustellen.

2. Einführung zum risikobasierten Ansatz in der DS-GVO

Nach der ISO/IEC 27000, Abschnitt 2.68, ist unter Risiko die „Auswirkung von Ungewissheit auf Ziele" zu verstehen. Zu den gesetzten Zielen zählen einerseits unmittelbar regulatorisch vorgeschriebene Ziele, andererseits selbst gesetzte Ziele und aus Rechtsvorschriften, insbesondere dem Haftungsrecht, abgeleitete Ziele.

Im Kontext der DS-GVO gelten damit (unabhängig von den durch den Verantwortlichen und/oder Auftragsverarbeiter selbst gesteckten Zielen) als **Ziele**
– die Einhaltung der DS-GVO im Allgemeinen und
– die Reduzierung der Haftung beim Umgang mit personenbezogenen Daten im Besonderen auf das akzeptable Maß.

Als zu betrachtende **Risiken** resultiert daraus:
– Einerseits das Risiko der Nichteinhaltung der DS-GVO, in erster Linie sanktioniert durch entsprechende Bußgeldvorschriften und
– andererseits das Risiko auf Schadensersatz durch Verarbeitung personenbezogener Daten, die die Rechte und Freiheiten der Betroffenen nicht angemessen berücksichtigt.

Witt

ErwG 75 DS-GVO liefert konkrete Hinweise, welche Aspekte bei der **Ermittlung der mit der Verarbeitung verbundenen Risiken** für die Rechte und Freiheiten der Betroffenen zu berücksichtigen sind.

Nach ErwG 89 DS-GVO gehören zu den Verarbeitungsvorgängen, die aufgrund
- ihrer Art,
- ihres Umfangs,
- ihrer Umstände und
- ihrer Zwecke

wahrscheinlich ein hohes Risiko für die Rechte und Freiheiten natürlicher Personen mit sich bringen, insbesondere solche,
- bei denen neue Technologien eingesetzt werden oder die neuartig sind und
- bei denen der Verantwortliche noch keine Datenschutz-Folgenabschätzung durchgeführt hat
- bzw. bei denen aufgrund der seit der ursprünglichen Verarbeitung vergangenen Zeit eine Datenschutz-Folgenabschätzung notwendig geworden ist.

Hat gem. Art. 35 Abs. 1 DS-GVO eine Form der Verarbeitung, insbesondere
- bei Verwendung neuer Technologien,
- aufgrund der Art, des Umfangs, der Umstände und der Zwecke der Verarbeitung

voraussichtlich ein hohes Risiko für die Rechte und Freiheiten natürlicher Personen zur Folge, so führt der Verantwortliche vorab eine Abschätzung der Folgen der vorgesehenen Verarbeitungsvorgänge für den Schutz personenbezogener Daten durch. Für die Untersuchung mehrerer ähnlicher Verarbeitungsvorgänge mit ähnlich hohen Risiken kann eine einzige Abschätzung vorgenommen werden.

Zu den Risiken sind jeweils die Schwere der Folgen bei Eintritt des Risikos als auch die zu erwartende Eintrittswahrscheinlichkeit hierfür anzugeben.

Das Risiko sollte nach ErwG 76 DS-GVO **anhand einer objektiven Bewertung** beurteilt werden, bei der festgestellt wird, ob die Datenverarbeitung ein Risiko oder ein hohes Risiko birgt.

Bevor eine Verarbeitung personenbezogener Daten durchgeführt wird, ist unabhängig von der Frage, ob hierzu eine Datenschutz-Folgenabschätzung nach Art. 35 DS-GVO durchzuführen ist oder nicht, zu prüfen, ob durch die geplante Verarbeitung voraussichtlich (!) ein hohes Risiko für die Rechte und Freiheiten der Betroffenen entstehen kann. Dies ist auch für bereits bestehende und noch nicht entsprechend überprüfte Verarbeitungen nach ErwG 89 DS-GVO im Laufe der Zeit zu prüfen. Erst nach dieser Abschätzung ist zu prüfen, welche technischen und organisatorischen Maßnahmen zu ergreifen sind, um die Schwere und/oder die Eintrittswahrscheinlichkeit des festgestellten Risikos eindämmen zu können, bis ein ausreichendes Schutzniveau besteht.

Risikomatrix zur IT-Sicherheit nach DS-GVO

	Schwere des potenziellen Schadens[1]		
Eintrittswahrscheinlichkeit[2]	niedrig	normal	hoch
hoch			handeln[3]
normal		prüfen[4]	
niedrig	akzeptieren		

Witt

Anmerkungen

1. Schaden für die Rechte und Freiheiten natürlicher Personen. Nach ErwG 75 DS-GVO können die Risiken für die Rechte und Freiheiten natürlicher Personen – mit unterschiedlicher Eintrittswahrscheinlichkeit und Schwere – aus einer Verarbeitung personenbezogener Daten hervorgehen, die zu einem
– physischen Schaden,
– materiellen Schaden oder
– immateriellen Schaden
führen könnte.

Nach Art. 82 Abs. 3 DS-GVO wird der Verantwortliche oder der Auftragsverarbeiter von seiner Haftung über eingetretene Schäden befreit, wenn er nachweist, dass er in keinerlei Hinsicht für den Umstand, durch den der Schaden eingetreten ist, verantwortlich ist. Ein solcher Nachweis dürfte jedoch nur möglich sein, wenn für die einzelnen Verarbeitungstätigkeiten (inkl. Planung) dokumentiert ist, dass einerseits die Vorschriften aus der DS-GVO berücksichtigt und andererseits angemessene technische und organisatorische Maßnahmen zum Schutz der personenbezogenen Daten ergriffen wurden.

Der Europäische Datenschutzausschuss kann nach ErwG 77 DS-GVO Leitlinien für Verarbeitungsvorgänge ausgeben, bei denen davon auszugehen ist, dass sie kein hohes Risiko für die Rechte und Freiheiten natürlicher Personen mit sich bringen, und angeben, welche Abhilfemaßnahmen in diesen Fällen ausreichend sein können.

Für die Einstufung zur Schwere des Schadens bietet sich eine dreistufige Einteilung an, da in der DS-GVO nur unterschieden wird zwischen keinem Risiko, einem bestehenden (normalen bzw. durchschnittlich ausgeprägten) Risiko und einem hohen Risiko. Bei den etablierten Risikomanagementmethoden gibt es die Einstufung „kein Risiko" nicht, da Risiko gemäß ISO/IEC 27000, Abschnitt 2.68, als „Auswirkung von Ungewissheit auf Ziele" definiert ist. Bei keinem Risiko gibt es keine Ungewissheit. Insofern wird hier von geringem Risiko gesprochen, zumal ein Ausschluss eines Risikos eher selten postuliert werden kann.

2. Eintrittswahrscheinlichkeit. Nach ErwG 76 DS-GVO sollten Eintrittswahrscheinlichkeit und Schwere des Risikos für die Rechte und Freiheiten der betroffenen Person in Bezug auf
– die Art,
– den Umfang,
– die Umstände und
– die Zwecke der Verarbeitung
bestimmt werden.

Auch für die Einstufung zur Eintrittswahrscheinlichkeit bietet sich aus Symmetriegründen eine dreistufige Einteilung an. Einerseits lassen sich Eintrittswahrscheinlichkeiten nur schwerlich quantitativ valide berechnen. Andererseits kann man jedoch ausreichend gut abschätzen, wie leicht es einem Angreifer fallen würde, unbefugt auf zu schützende Daten zuzugreifen und wie oft fahrlässig ein Verstoß unabsichtlich verursacht werden kann. Nach Art. 4 Nr. 12 DS-GVO ist bei einer Verletzung des Schutzes personenbezogener Daten sowohl die unrechtmäßige als

Witt

auch die unbeabsichtigte Verletzung der Sicherheit und damit von Art. 32 DS-GVO zu betrachten. In drei Stufen lässt sich das erfahrungsgemäß gut abschätzen.

3. Ergreifen geeigneter Abhilfemaßnahmen. Weist ein festgestelltes Risiko für die Rechte und Freiheiten der Betroffenen einen hohen potenziellen Schaden auf oder eine hohe Eintrittswahrscheinlichkeit, ist das Ergreifen geeigneter Abhilfemaßnahmen notwendig.

Während nach Art. 30 Abs. 1 lit. g DS-GVO lediglich eine allgemeine Beschreibung der technischen und organisatorischen Maßnahmen für das Verzeichnis von Verarbeitungstätigkeiten gefordert ist, ist für die risikoadäquate Betrachtung eine spezifische Beschreibung der technischen und organisatorischen Maßnahmen erforderlich. Dabei gilt: Je höher der Schutzbedarf der verarbeiteten personenbezogenen Daten ausfällt (wie für Daten nach Art. 9 Abs. 1 DS-GVO, sofern deren Verarbeitung umfangreich erfolgt, oder für Verarbeitungen zum Zweck des Profilings, sofern deren Verarbeitung systematisch und umfassend erfolgt) bzw. je höher ein Risiko für die Rechte und Freiheiten der Betroffenen ausfallen kann, desto präziser sind entsprechende technische und organisatorische Maßnahmen zu treffen.

Anleitungen, wie der Verantwortliche oder Auftragsverarbeiter geeignete Maßnahmen durchzuführen hat und wie die Einhaltung der Anforderungen nachzuweisen ist, insbesondere was die Ermittlung des mit der Verarbeitung verbundenen Risikos, dessen Abschätzung in Bezug auf Ursache, Art, Eintrittswahrscheinlichkeit und Schwere und die Festlegung bewährter Verfahren für dessen Eindämmung anbelangt, könnten gemäß ErwG 77 DS-GVO insbesondere in Form von
– genehmigten Verhaltensregeln,
– genehmigten Zertifizierungsverfahren,
– Leitlinien des Europäischen Datenschutzausschusses nach Art. 70 Abs. 1 lit. d-m DS-GVO
– oder Hinweisen eines Datenschutzbeauftragten
gegeben werden.

Zum Schutz der in Bezug auf die Verarbeitung personenbezogener Daten bestehenden Rechte und Freiheiten natürlicher Personen ist es nach ErwG 78 DS-GVO erforderlich, dass geeignete technische und organisatorische Maßnahmen getroffen werden, damit die Anforderungen der DS-GVO erfüllt werden. Um die Einhaltung der Vorgaben der DS-GVO nachweisen zu können, sollte der Verantwortliche interne Strategien festlegen und Maßnahmen ergreifen, die insbesondere den Grundsätzen des Datenschutzes durch Technik (data protection by design) und durch datenschutzfreundliche Voreinstellungen (data protection by default) Genüge tun.

Die Ergebnisse der Datenschutz-Folgenabschätzung sind nach ErwG 84 DS-GVO zu berücksichtigen, wenn darüber entschieden wird, welche geeigneten Maßnahmen ergriffen werden müssen, um nachweisen zu können, dass die Verarbeitung der personenbezogenen Daten mit den Vorschriften der DS-GVO in Einklang steht. Geht aus einer Datenschutz-Folgenabschätzung hervor, dass Verarbeitungsvorgänge ein hohes Risiko bergen, das der Verantwortliche nicht durch geeignete Maßnahmen in Bezug auf verfügbare Technik und Implementierungskosten eindämmen kann, so sollte die Aufsichtsbehörde vor der Verarbeitung konsultiert werden.

4. Prüfung, ob Abhilfemaßnahmen zu ergreifen sind. Für alle anderen Risiken, die nicht nur einen niedrigen potenziellen Schaden und zugleich eine niedrige Eintrittswahrscheinlichkeit aufweisen und insoweit im Rahmen des risikobasierten Ansatzes als akzeptabel gelten, ist zu prüfen, ob Abhilfemaßnahmen zu ergreifen sind. In diesen Fällen spielt das Argument der Wirtschaftlichkeit aufgrund der Höhe der Implementierungskosten eine größere Rolle, da es hier in begründeten Fällen unverhältnismäßig sein kann, eine mögliche Maßnahme zeitnah oder vollständig zu ergreifen. Hier besteht insoweit in der Praxis ein größerer Spielraum für den Verantwortlichen.

3. Schema zur Ermittlung von Risiken der Verarbeitungstätigkeiten

Zur Ermittlung der Risiken von Verarbeitungstätigkeiten mit personenbezogenen Daten ist ein systematisches Vorgehen erforderlich. Dabei sind im Einzelnen zu betrachten:
– Welche Datenarten sollen verarbeitet werden?
– Erhöhen ggf. bestimmte Faktoren das Risiko für die Rechte und Freiheiten natürlicher Personen?
– Bestehen besondere Gefährdungspotenziale für die Rechte und Freiheiten natürlicher Personen, die zu einem Schaden für diese Personen führen können?
– Wie lässt sich die Eintrittswahrscheinlichkeit eines festgestellten Risikos ermitteln?

Ermittlung von Risiken der Verarbeitungstätigkeiten

§ 1 Feststellung über die Notwendigkeit zur Datenschutz-Folgenabschätzung

(1) Sollen folgende Datenarten[1] verarbeitet werden? (bitte entsprechend ankreuzen)

Nr.	Datenart	ja	nein
1	Daten über die rassische oder ethnische Herkunft		
2	Daten über politische Meinungen		
3	Daten über religiöse oder weltanschauliche Überzeugungen		
4	Daten über die Zugehörigkeit zu einer Gewerkschaft		
5	Genetische Daten		
6	Biometrische Daten zur eindeutigen Identifizierung		
7	Gesundheitsdaten		
8	Daten über das Sexualleben oder der sexuellen Orientierung		
9	Daten über strafrechtliche Verurteilungen oder Straftaten		
10	Daten zur Bewertung der Arbeitsleistung		
11	Daten zur Bewertung der wirtschaftlichen Lage		
12	Daten zur Bewertung der Gesundheit		
13	Daten zur Bewertung persönlicher Vorlieben oder Interessen		
14	Daten zur Bewertung der Zuverlässigkeit		
15	Daten zur Bewertung des Verhaltens		

Nr.	Datenart	ja	nein
16	Daten zur Bewertung des Aufenthaltsortes oder von Ortswechsel		
17	Daten von Kindern		

(2) Wurde in der Tabelle in Absatz 1 an wenigstens einer Stelle bei „ja" ein Kreuz gesetzt und soll die Verarbeitung zu Nr. 1–9 umfangreich bzw. zu Nr. 10–16 systematisch und umfassend erfolgen, ist nach Art. 35 Abs. 3 DS-GVO die Durchführung einer Datenschutz-Folgenabschätzung erforderlich,[2] sofern die Verarbeitung i. S. v. ErwG 91 DS-GVO nicht durch einen einzelnen Arzt, sonstigen Angehörigen eines Gesundheitsberufes oder Rechtsanwalt erfolgt. Die Verarbeitung weist zudem potenziell ein hohes Risiko für die Rechte und Freiheiten der Betroffenen auf, wenn die Einschränkung nicht einschlägig ist. Für die zugehörigen Verarbeitungstätigkeiten ist daher eine Risikoanalyse durchzuführen.

(3) Wurden in der Tabelle in Absatz 1 nur in der Spalte „nein" Kreuze gesetzt, ist nur dann eine Datenschutz-Folgenabschätzung durchzuführen, wenn die Verarbeitung aus anderen Gründen gem. § 2 ein hohes Risiko für die Rechte und Freiheiten der Betroffenen aufweist.

§ 2 Bestimmung der Schwere des potenziellen Risikos

(1) Treffen folgende Faktoren[3] bei der geplanten bzw. neu zu bewertenden Verarbeitung zu? (bitte entsprechend ankreuzen)

Nr.	Faktor	ja	nein
1	Bei der Verarbeitung soll eine neue, bisher noch nicht in einer Datenschutz-Folgenabschätzung untersuchte Informations- und Kommunikationstechnik eingesetzt werden.		
2	Bei der Verarbeitung soll eine hochkomplexe und stark miteinander vernetzte Informations- und Kommunikationstechnik eingesetzt werden.		
3	Bei der Verarbeitung soll eine große Menge personenbezogener Daten verarbeitet werden.		
4	Von der Verarbeitung ist eine große Anzahl von Personen betroffen.		
5	Die Verarbeitung dient der systematischen und umfangreichen großflächigen Überwachung im öffentlichen Raum.		
6	Die Verarbeitung soll teilweise oder vollständig (z. B. hinsichtlich Speicherung, Datensicherung oder Fernwartung) in einem Drittland durchgeführt werden, welches gemäß der Rechtsauffassung der EU-Kommission über kein angemessenes Datenschutzniveau verfügt.		
7	Die Verarbeitung ermöglicht eine umfassende und mit dem ursprünglichen Zweck der Datenerhebung nicht unmittelbar vereinbare Verknüpfung und Auswertung der gespeicherten Daten unter Berücksichtigung von Art. 6 Abs. 4 DS-GVO.		

Witt

Nr.	Faktor	ja	nein
8	Für die Verarbeitung sollen zahlreiche Auftragsverarbeiter eingesetzt werden, die über einen Fernwartungszugang verfügen.		
9	Die Verarbeitung ermöglicht den Betroffenen keinerlei Form einer unmittelbaren Kontrolle ihrer Daten (z.B. vom Betroffenen aufrufbare Anzeige der über ihn gespeicherten Daten) oder erschwert den Betroffenen die Ausübung ihrer Rechte entgegen der Vorgabe aus Art. 12 Abs. 2 DS-GVO.		
10	Die Verarbeitung soll zu einer automatisierten Entscheidungsfindung führen, die gegenüber dem Betroffenen eine rechtliche Wirkung entfaltet oder den Betroffenen in ähnlicher Weise erheblich beeinträchtigt, ohne dass der Betroffene seinen Standpunkt zur Anfechtung der Entscheidung vortragen kann.		
11	Die Verarbeitung kann die Betroffenen an der Nutzung einer Dienstleistung bzw. an der Durchführung eines Vertrags hindern.		
12	Die Verarbeitung befindet sich auf der von Aufsichtsbehörden veröffentlichten Liste nach Art. 35 Abs. 4 DS-GVO über Verarbeitungsvorgänge, zu denen eine Datenschutz-Folgenabschätzung durchzuführen ist.		

(2) Treffen folgende Gefährdungspotenziale[4] bei der geplanten bzw. neu zu bewertenden Verarbeitung potenziell zu? (bitte entsprechend ankreuzen)

Nr.	Gefährdungspotenzial	ja	nein
1	Die unbefugte Verwendung der gespeicherten Daten ermöglicht eine Diskriminierung des Betroffenen.		
2	Die gespeicherten Daten können von einem Unbefugten für Identitätsdiebstahl oder Identitätsbetrug verwendet werden.		
3	Eine unbefugte Verwendung der gespeicherten Daten kann für den Betroffenen zu einem finanziellen Verlust führen.		
4	Eine unbefugte Verwendung der gespeicherten Daten kann für den Betroffenen zu einer Rufschädigung führen.		
5	Eine unbefugte Einsichtnahme in die gespeicherten Daten verletzt ein bestehendes Berufsgeheimnis, dem die personenbezogenen Daten unterliegen.		
6	Die Pseudonymisierung gespeicherter Daten kann von einem Unbefugten nach Zugriff auf die gespeicherten Daten aufgehoben werden.		

Witt

Nr.	Gefährdungspotenzial	ja	nein
7	Eine unbefugte Verwendung der gespeicherten Daten kann für den Betroffenen zu einem erheblichen wirtschaftlichen Nachteil führen.		
8	Eine unbefugte Verwendung der gespeicherten Daten kann für den Betroffenen zu einem erheblichen gesellschaftlichen Nachteil führen.		

(3) Wurde in mindestens einer Tabelle zu § 1 Abs. 1, § 2 Abs. 1 oder § 2 Abs. 2 an wenigstens einer Stelle bei „ja" ein Kreuz gesetzt, besteht potenziell ein hohes Risiko für die Rechte und Freiheiten der Betroffenen.

(4) Ein geringes Risiko liegt nur dann vor, wenn wenigstens eines der folgenden Kriterien erfüllt ist (bitte entsprechend ankreuzen) und an keiner Stelle ein hohes Risiko für die Rechte und Freiheiten der Betroffenen ermittelt wurde:

Nr.	Kriterium	ja	nein
1	Die Verarbeitung beschränkt sich auf die für die verfolgten Zwecke absolut notwendige Daten und diese weisen nur dann einen Personenbezug auf, wenn dies für den jeweiligen Zweck zwingend erforderlich ist.		
2	Der Betroffene wird umfassend über die Verarbeitungstätigkeiten und die dabei verfolgten Haupt- wie Nebenzwecke informiert, kann die Verarbeitung weitgehend überwachen und an mehreren Stellen der Verarbeitung intervenieren.		

(5) Wurde an keiner Stelle der Tabellen zu § 1 Abs. 1, § 2 Abs. 1, § 2 Abs. 2 und § 2 Abs. 4 im Feld „ja" ein Kreuz gesetzt, liegt ein normales Risiko für die Rechte und Freiheiten der Betroffenen vor. Solche Risiken können in der Regel mit üblichen Basismaßnahmen bereits adäquat adressiert werden. Je höher die Eintrittswahrscheinlichkeit des potenziellen Risikos ausfällt, desto mehr technische und organisatorische Maßnahmen sind zu ergreifen, um auch das normale Risiko geeignet eindämmen zu können.

§ 3 Bestimmung der Eintrittswahrscheinlichkeit des potenziellen Risikos

(1) Von einer hohen Eintrittswahrscheinlichkeit ist auszugehen, wenn wenigstens eines der folgenden Kriterien erfüllt ist (bitte entsprechend ankreuzen):

Nr.	Kriterium	ja	nein
1	Ein Angreifer oder Störer benötigt für einen unbefugten Zugriff auf die gespeicherten oder übertragenen Daten nur alltägliche und weit verbreitete Informations- und Kommunikationstechnik und für seinen Angriff keine besonderen Spezialkenntnisse.		
2	Die gespeicherten Daten sind im verwendeten Informations- bzw. Kommunikationssystem komfortabel und bereits im Zuge vom Nutzer selbst erstellbarer Reports miteinander kombinierbar.		

Witt

Nr.	Kriterium	ja	nein
3	Auf die gespeicherten bzw. übertragenen personenbezogenen Daten besteht für zahlreiche Nutzer ein umfassender Zugriff, um diese Daten wenigstens lesen zu können.		
4	Bei der Entwicklung der Software wurde weder der Grundsatz „Datenschutz durch Technikgestaltung" noch der der Grundsatz „datenschutzfreundliche Voreinstellung" berücksichtigt.		
5	In der Vergangenheit wurden bereits Verletzungen des Datenschutzes festgestellt (die Gründe, die dazu geführt haben, sind unerheblich).		
6	Beim Verantwortlichen bzw. Auftragsverarbeiter wird weder ein Datenschutzbeauftragter (bzw. Data Protection Officer) noch ein IT-Sicherheitsbeauftragter (bzw. Informationssicherheitsbeauftragter oder Chief Information Security Officer) eingesetzt.		
7	Der Schutz der personenbezogenen Daten basiert überwiegend darauf, dass die mit der Datenverarbeitung befassten Personen lediglich organisatorische Vorgaben einhalten müssen.		

(2) Wurde an wenigstens einer Stelle in der Tabelle zu § 3 Abs. 1 bei „ja" ein Kreuz gesetzt, sind technische oder organisatorische Maßnahmen zu ergreifen, um die festgestellten Risiken einzudämmen.

(3) Eine geringe Eintrittswahrscheinlichkeit liegt nur dann vor, wenn wenigstens eine der folgenden Kriterien erfüllt ist (bitte entsprechend ankreuzen) und an keiner Stelle in der Tabelle zu § 3 Abs. 1 ein Kreuz bei „ja" gesetzt wurde:

Nr.	Kriterium	ja	nein
1	Die eingesetzte Software setzt den Grundsatz „Datenschutz durch Technikgestaltung" um.		
2	Die eingesetzte Software setzt den Grundsatz „datenschutzfreundliche Voreinstellung" um.		
3	Die Verarbeitung personenbezogener Daten erfolgt auf der Grundlage von durch die zuständige Aufsichtsbehörde genehmigten Verhaltensregeln oder genehmigten Zertifizierungsverfahren.		
4	Für die Verarbeitungstätigkeiten besteht ein Datenschutzkonzept bzw. Sicherheitskonzept, das spezifisch für die Verarbeitungstätigkeiten konkrete, dem Stand der Technik entsprechende und wirksame technische und organisatorische Maßnahmen aufführt. Diese Maßnahmen müssen sowohl die Grundsätze für die Verarbeitung personenbezogener Daten aus Art. 5 DS-GVO, als auch die Ziele der Maßnahmen zur Sicherheit der Verarbeitung aus Art. 32 DS-GVO adressieren.		

Nr.	Kriterium	ja	nein
5	Für die Verarbeitungstätigkeiten wurde eine Datenschutz-Folgenabschätzung nach Art. 35 DS-GVO durchgeführt, deren Ergebnis nachweist, dass die zur Bewältigung der Risiken getroffenen Abhilfemaßnahmen wirksam den Eintritt eines festgestellten Risikos verhindern.		

Anmerkungen

1. Indikator Datenarten für die Durchführung einer Datenschutz-Folgenabschätzung. Nach ErwG 75 DS-GVO kann die Verarbeitung dieser Datenarten potenziell einen hohen Schaden für die Rechte und Freiheiten natürlicher Personen auslösen.

2. Notwendigkeit zur Durchführung einer Datenschutz-Folgenabschätzung. Die Artikel-29-Datenschutzgruppe empfiehlt in ihrem Working Paper 248, S. 9 f., dass eine Datenschutz-Folgenabschätzung durchzuführen ist, sobald wenigstens zwei Verarbeitungen mit diesen Datenarten bzw. Verarbeitungsweisen zum Einsatz kommen sollen, die potenziell ein hohes Risiko aufweisen (wie automatisierte Entscheidung, Kombination von für unterschiedliche Zwecke erhobene Daten etc.).

3. Weitere Faktoren zur Notwendigkeit von Datenschutz-Folgenabschätzungen. Sowohl in der DS-GVO selbst (in Art. 35 DS-GVO und ErwG 71, 75 und 91 DS-GVO) als auch in dem Working Paper 248 der Artikel-29-Datenschutzgruppe werden neben den Datenarten weitere Kriterien benannt, die die Durchführung einer Datenschutz-Folgenabschätzung erfordern.

4. Gefährdungspotenziale. Nach ErwG 75 DS-GVO können einige Umstände einen hohen Schaden für die Rechte und Freiheiten natürlicher Personen auslösen und sind insoweit als risikoerhöhende Gefährdungspotenziale anzusehen.

4. Verfahren zur Durchführung von Wirksamkeitskontrollen

Nach Art. 32 Abs. 1 lit. d DS-GVO sind Wirksamkeitskontrollen zu etablieren. Das jeweilige Prüfverfahren muss dazu geeignet sein, die jeweiligen Anforderungen auf eine Weise abzuprüfen, dass der Verantwortliche ausreichende Garantien dafür erhält, dass eine angemessene Sicherheit der Verarbeitung besteht. Insoweit ist es notwendig, dass von einer vertrauenswürdigen Stelle kontrolliert wird, ob festgelegte technische oder organisatorische Maßnahme auch tatsächlich eingehalten werden. Wirksamkeitskontrollen stellen ein Instrument zur systematischen Überprüfung der prognostizierten Risiken dar. Negative Feststellungen in durchgeführten Wirksamkeitsprüfungen zeigen ebenso wie eingetretene Vorfälle, dass technische und organisatorische Maßnahmen nicht ausreichend umgesetzt wurden. Bei Bedarf sind daher in diesen Fällen die Ergebnisse durchgeführter Risikoanalysen entsprechend anzupassen. Zur Wirksamkeitskontrolle kommen die folgenden Verfahren in Frage.

Witt

Eignung von Prüfverfahren zur Wirksamkeitskontrolle

Prüfverfahren	Eignung für
Kontrolle durch den Datenschutzbeauftragten[1]	Eigenkontrolle
Kontrolle durch einen externen Dritten[2]	Auftragskontrolle
Selbstaudit der verarbeitenden Stelle[3]	Eigenkontrolle, Auftragskontrolle mit geringem Schutzbedarf
Sample Audit[4]	regelmäßig durchzuführende Kontrollen
Technische Prüfungen[5]	Kontrolle spezifischer Anwendungen oder Infrastrukturen

Anmerkungen

1. Wirksamkeitskontrolle durch Datenschutzbeauftragte. Datenschutzbeauftragte sind aufgrund ihrer Unabhängigkeit nach ErwG 97 DS-GVO dazu prädestiniert, Wirksamkeitskontrollen durchzuführen, zumal sie bei ihrer Tätigkeit keinen Interessenkonflikten nach Art. 38 Abs. 6 DS-GVO ausgesetzt sein dürfen. Die vom Datenschutzbeauftragten durchgeführten Kontrollen sind in einer Weise zu dokumentieren, die sowohl risikosteigernde als auch risikomindernde Umstände aussagekräftig festhält. Kontrolliert der Datenschutzbeauftragte des Auftragsverarbeiters für den Verantwortlichen, ist ggf. der zugehörige Bericht empfängergerecht aufzuteilen.

2. Wirksamkeitskontrolle durch einen externen Dritten. Wenn die Kontrolle durch einen externen Dritten erfolgen soll, ist darauf zu achten, dass der verwendete Prüfplan alle für den Verantwortlichen relevante Punkte beinhaltet. Erfolgt die externe Kontrolle beispielsweise im Rahmen einer von den Aufsichtsbehörden genehmigten Zertifizierung und weist diese Zertifizierung einen geeigneten Anwendungsbereich auf, dient das Zertifikat sowohl für den Auftragsverarbeiter als auch den Verantwortlichen als geeigneter Nachweis i.S.v. Art. 24 Abs. 3, 25 Abs. 3, 28 Abs. 5, 32 Abs. 3 bzw. 46 Abs. 2 lit. f DS-GVO. Dabei ist jedoch vor allem darauf zu achten, dass die Zertifizierung tatsächlich im Einklang mit Art. 42 Abs. 5 DS-GVO von einer bei der Deutschen Akkreditierungsstelle (DAkkS – nationale Akkreditierungsstelle nach Art. 43 Abs. 1 lit. b DS-GVO) oder einer Aufsichtsbehörde nach Art. 43 Abs. 1 lit. a DS-GVO akkreditierten Stelle erteilt wurde und dass sich die Zertifizierung auf einen geeigneten Anwendungsbereich bezieht (ersichtlich aus dem Zertifikat). In der Regel kann durch den Verantwortlichen beim Auftragsverarbeiter auch die der Zertifizierung unterliegende Anwendbarkeitserklärung eingesehen werden. In dieser werden die der Zertifizierung zugrundeliegenden technischen und organisatorischen Maßnahmen im Einzelnen aufgelistet.

3. Wirksamkeitskontrolle durch Selbstaudit. Führt die verarbeitende Stelle selbst unter Verwendung einer Checkliste Wirksamkeitskontrollen durch, spricht man von einem Selbstaudit. Weisen die verarbeiteten Daten nur einen geringen Schutzbedarf auf oder erfolgt wechselseitig zum Selbstaudit ein Fremdaudit, liefert ein Selbstaudit auf der Grundlage einer definierten Checkliste ausreichende Gewissheit.

4. Wirksamkeitskontrolle durch Sample Audit. Unter einem Sample Audit ist die Kontrolle fachkundig ausgewählter Bereiche zu verstehen. Dies stellt sicher, dass im Rahmen des Auditprogramms über einen festgelegten Zeitraum alle Bereiche kontrolliert werden. Sichergestellt wird dadurch auch, dass im folgenden Audit die im vorangegangenen Audit festgestellten Defizite behoben werden. Zertifizierungen berücksichtigen das üblicherweise.

5. Wirksamkeitskontrolle durch technische Prüfungen. Mittels eines Penetrationstests oder Sicherheitsaudits können Spezialisten in der Regel fundierter prüfen, wie anfällig eine Anwendung oder technische Infrastruktur für Angriffe ist. Ziel ist dabei nicht die Verarbeitung personenbezogener Daten, sondern die Ermittlung von Schwachstellen, die durch Angreifer ausgenutzt werden können, um sich unbefugt Zugriff zu verschaffen. Die Berichte der technischen Prüfung sollten aussagekräftig sein, die getroffenen Feststellungen präzise beschreiben und Empfehlungen zur Behebung der festgestellten Schwachstellen enthalten. Anhand der Empfehlungen ist schließlich zu prüfen, welche Abhilfemaßnahmen getroffen werden können, um das Risiko für die Rechte und Freiheiten der Betroffenen zu reduzieren.

5. Prüfkonzept zu Datenschutz durch Technikgestaltung und datenschutzfreundlicher Voreinstellungen

Um die Einhaltung der DS-GVO nachweisen zu können, sollte der Verantwortliche nach ErwG 78 DS-GVO **interne Strategien** festlegen und Maßnahmen ergreifen, die insbesondere den Grundsätzen des Datenschutzes durch Technik (data protection by design) und durch datenschutzfreundliche Voreinstellungen (data protection by default) Genüge tun.

Maßnahmen zu diesen beiden Grundsätzen könnten nach ErwG 78 DS-GVO u. a. darin bestehen, dass
– die Verarbeitung personenbezogener Daten minimiert wird,
– personenbezogene Daten so schnell wie möglich pseudonymisiert werden,
– Transparenz in Bezug auf die Funktionen und die Verarbeitung personenbezogener Daten hergestellt wird,
– der betroffenen Person ermöglicht wird, die Verarbeitung personenbezogener Daten zu überwachen, und
– der Verantwortliche in die Lage versetzt wird, Sicherheitsfunktionen zu schaffen und zu verbessern.

In Bezug auf **Entwicklung, Gestaltung, Auswahl und Nutzung von Anwendungen, Diensten und Produkten,** die entweder auf der Verarbeitung von personenbezogenen Daten beruhen oder zur Erfüllung ihrer Aufgaben personenbezogene Daten verarbeiten, sollten die Hersteller der Produkte, Dienste und Anwendungen nach ErwG 78 DS-GVO ermutigt werden, das Recht auf Datenschutz bei der Entwicklung und Gestaltung der Produkte, Dienste und Anwendungen zu berücksichtigen und unter gebührender Berücksichtigung des Stands der Technik sicherzustellen, dass die Verantwortlichen und die Verarbeiter in der Lage sind, ihren Datenschutzpflichten nachzukommen.

Witt

Prüfung der Datenminimierung

§ 1 Datenschutz durch Technik

Bei der Prüfung zur Einhaltung des Grundsatzes des Datenschutzes durch Technik sind folglich folgende Aspekte näher zu betrachten:[1]

Nr.	Aspekt	ja	nein
1	Wurde das Verarbeitungssystem bereits bei dessen Entwicklung so konstruiert, dass Anforderungen des Datenschutzes (wie frühzeitige Pseudonymisierung mit entsprechender Separierung des Zuordnungsmerkmals, ohne dass dies im Verarbeitungssystem selbst wieder zusammengeführt werden kann) standardmäßig implementiert sind?		
2	Verfügt das Verarbeitungssystem über Funktionen, die der Betroffene selbst oder über einen Vertreter nutzen kann, um die zu seiner Person gespeicherten Daten einsehen zu können?		
3	Unterstützt das Verarbeitungssystem die Erfüllung der Betroffenenrechte aus den Art. 12–23 DS-GVO?		
4	Werden vom Verarbeitungssystem verarbeitete Daten verschlüsselt gespeichert?		
5	Wird die Einhaltung des Grundsatzes des Datenschutzes durch Technik durch Vorlage eines einschlägigen Zertifikats belegt?		

§ 2 Datenschutzfreundliche Voreinstellungen

Bei der Prüfung zur Einhaltung des Grundsatzes datenschutzfreundlicher Voreinstellung sind folgende Aspekte näher zu betrachten:[2]

Nr.	Aspekt	ja	nein
1	Wurde das Verarbeitungssystem bereits bei dessen Entwicklung so konstruiert, dass Anforderungen des Datenschutzes (wie die Implementierung einer Funktion zur Übertragbarkeit der Daten oder zur Löschung der Daten) standardmäßig implementiert sind?		
2	Ist der Datenumfang, der im Verarbeitungssystem verwendet wird, hinsichtlich der personenbezogenen Daten auf das zur Zweckerfüllung absolut Notwendige beschränkt?		
3	Verfügt das Verarbeitungssystem über ein umfassendes Berechtigungskonzept, mit dem ein differenziertes Berechtigungswesen abgebildet werden kann, das den generellen Zugriff nach dem Need-to-know-Prinzip gewährt und den Zugriff auf besonders schützenswerte Daten nur unter Einhaltung eines Vier-Augen-Prinzips zulässt?		

Witt

Nr.	Aspekt	ja	nein
4	Sind die implementierten Sicherheitsfunktionen im Verarbeitungssystem so eingestellt, dass einem Angreifer im Fall eines fehlerhaften Anmeldeversuchs keine Angaben angezeigt werden, die ihm einen verbesserten Angriffsversuch ermöglichen (z. B. aufgrund der Angabe, gegen welche Passwortregel konkret verstoßen wurde)?		
5	Werden Daten im Verarbeitungssystem von vornherein mit einem Verfallsdatum gespeichert und nach Erreichen dieses Verfallsdatums automatisch durch das Verarbeitungssystem gelöscht?		
6	Ist die Nutzung bestimmter Funktionen unmittelbar an das Vorliegen einer wirksamen Einwilligung des Betroffenen gebunden?		
7	Wird die Einhaltung des Grundsatzes datenschutzfreundlicher Voreinstellung durch Vorlage eines einschlägigen Zertifikats belegt?		

Anmerkungen

1. Datenschutz durch Technik. Nach Art. 25 Abs. 1 DS-GVO trifft der Verantwortliche geeignete technische und organisatorische Maßnahmen (wie z. B. Pseudonymisierung)
– sowohl zum Zeitpunkt der Festlegung der Mittel für die Verarbeitung
– als auch zum Zeitpunkt der eigentlichen Verarbeitung.
Diese Maßnahmen sind nach Art. 25 Abs. 1 DS-GVO dafür ausgelegt, die Datenschutzgrundsätze wie etwa Datenminimierung wirksam umzusetzen und die notwendigen Garantien in die Verarbeitung aufzunehmen, um den Anforderungen dieser Verordnung zu genügen und die Rechte der betroffenen Personen zu schützen.
Dies erfolgt nach Art. 25 Abs. 1 DS-GVO unter Berücksichtigung
– des Stands der Technik,
– der Implementierungskosten und
– der Art der Verarbeitung,
– des Umfangs der Verarbeitung,
– der Umstände der Verarbeitung und
– der Zwecke der Verarbeitung sowie
– der unterschiedlichen Eintrittswahrscheinlichkeit und Schwere der mit der Verarbeitung verbundenen Risiken für die Rechte und Freiheiten natürlicher Personen.

2. Datenschutzfreundliche Voreinstellungen. Der Verantwortliche trifft wiederum nach Art. 25 Abs. 2 DS-GVO geeignete technische und organisatorische Maßnahmen, die sicherstellen, dass durch Voreinstellung grundsätzlich nur personenbezogene Daten, deren Verarbeitung für den jeweiligen bestimmten Verarbeitungszweck erforderlich ist, verarbeitet werden. Diese Verpflichtung gilt für die Menge der erhobenen personenbezogenen Daten, den Umfang ihrer Verarbeitung, ihre Speicherfrist und ihre Zugänglichkeit. Solche Maßnahmen müssen insbesondere sicherstel-

Witt

len, dass personenbezogene Daten durch Voreinstellungen nicht ohne Eingreifen der Person einer unbestimmten Zahl von natürlichen Personen zugänglich gemacht werden.

VI. Meldung von Verletzungen des Schutzes personenbezogener Daten (Art. 33 f. DS-GVO)

1. Mitteilung an die Aufsichtsbehörde (Art. 33 DS-GVO)

An die
Datenschutzbehörde [...][1]

[Berlin], den [...]

Mitteilung gemäß Art. 33 DS-GVO

Sehr geehrte(r) Frau/Herr [...],
ich zeige hiermit an, dass ich die [...-GmbH] vertrete.[2] Eine ordnungsgemäße Originalvollmacht sende ich anbei.[3]

Ich zeige Ihnen hiermit an, dass personenbezogene Daten von [1.500] Kunden meiner Mandantin einem oder mehreren Dritten unrechtmäßig zur Kenntnis gelangt sind.

Meine Mandantin ist ein in [...] ansässiges Unternehmen, dessen Geschäftsgegenstand der Verkauf von Elektronikartikeln über das Internet ist. Meine Mandantin ist bereits seit mehr als zehn Jahren erfolgreich am Markt tätig und erfreut sich bundesweit großer Beliebtheit. Obgleich meine Mandantin dies zum Zweck der Bestellung nicht zwingend verlangt, haben sich bis heute [1.500] Kunden dazu entschieden, einen dauerhaften Account bei meiner Mandantin einzurichten und dort ihren Namen, ihre Anschrift, ihre E-Mail-Adresse und ihre Bankverbindung zu hinterlegen. Der Account eines jeden Kunden ist durch Benutzername und Passwort geschützt. Die Accounts werden in einer marktüblichen Datenbank auf einem gesonderten, in den Räumlichkeiten meiner Mandantin befindlichen Server gespeichert, der durch eine Firewall geschützt ist.[4]

Vor drei Tagen erhielt meine Mandantin per E-Mail das diesem Schreiben als Anlage 1 beigefügte Schreiben, das als Absender lediglich ein Pseudonym enthält. Der Autor des Schreibens behauptet, er habe sich durch das Hacken der Firewall Zugang zu der Kundendatenbank meiner Mandantin verschafft und die gesamte Datenbank kopiert. Zum Beweis dessen hat er eine vollständige Excel-Tabelle der Datenbank mitgeschickt. Der Absender droht damit, die Datenbank an Kriminelle zu verkaufen, sollte meine Mandantin nicht pro Nutzer 100 EUR bezahlen, also insgesamt 150.000 EUR. Ich habe im Auftrag meiner Mandantin bereits die Staatsanwaltschaft in [...] eingeschaltet, die in der Sache ermittelt [Az. ...].[5]

Weil durch den Datenverlust für die Betroffenen das Risiko besteht, Opfer eines Betrugs oder Identitätsdiebstahls zu werden, hat meine Mandantin am heutigen Tag an jeden der Betroffenen Kunden ein Schreiben abgesendet, in dem der Sachverhalt geschildert wird. Ein Muster dieses Schreibens habe ich als Anlage 2 beigefügt.[6] Darin empfiehlt meine Mandantin ihren Kunden insbesondere, ab sofort genau-

Koreng

estens auf verdächtige Abbuchungen auf ihren Konten zu achten. Darüber hinaus wird, obwohl die Passwörter in der Datenbank verschlüsselt abgelegt waren, den Kunden empfohlen, das Passwort überall dort zu ändern, wo es ein weiteres Mal verwendet wurde. Außerdem hat meine Mandantin zunächst einmal die Passwörter aller Accounts zurückgesetzt, um irreguläre Zugriffe zu verhindern und das IT-Sicherheitsunternehmen [...] damit beauftragt, den Einbruch zu untersuchen und geeignete Gegenmaßnahmen für die Zukunft zu ergreifen.

Für eventuelle Rückfragen stehe ich Ihnen zur Verfügung.

Mit freundlichen Grüßen

Rechtsanwalt

Anmerkungen

1. Zuständige Behörde. Zu benachrichtigen ist nach Art. 33 Abs. 1 S. 1 DS-GVO die „gemäß Artikel 51 zuständige Aufsichtsbehörde", also die Behörde am Sitz des Verantwortlichen. Insofern wird auf oben, → J.I. Anm. 1 verwiesen.

2. Benachrichtigungspflichtige Stelle. Zur Benachrichtigung der Aufsichtsbehörde verpflichtet ist „der Verantwortliche" (Art. 33 Abs. 1 S. 1 DS-GVO). Dies ist nach der Legaldefinition des Art. 4 Nr. 7 DS-GVO „die natürliche oder juristische Person, Behörde, Einrichtung oder andere Stelle, die allein oder gemeinsam mit anderen über die Zwecke und Mittel der Verarbeitung von personenbezogenen Daten entscheidet". Die nach bisherigem Recht umstrittene (vgl. Taeger/Gabel/*Gabel*, BDSG, § 42a Rn. 9) Frage, ob auch ein Auftragsdatenverarbeiter seinerseits benachrichtigungspflichtig sein konnte, ist von Art. 33 Abs. 2 DS-GVO nun dahingehend gelöst worden, dass der Auftragsverarbeiter nicht zur Benachrichtigung der Behörde, wohl aber zur Benachrichtigung des Verantwortlichen verpflichtet sein soll (vgl. *Spittka* in: Taeger (Hrsg.), Smart World – Smart Law?, S. 387 (388)).

3. Originalvollmacht. → J.I. Anm. 2.

4. Verletzung des Schutzes personenbezogener Daten. Die Vorschrift des Art. 33 DS-GVO knüpft an die Verletzung des Schutzes personenbezogener Daten an und damit an die Legaldefinition aus Art. 4 Nr. 12 DS-GVO. Gemeint ist demnach „eine Verletzung der Sicherheit, die, ob unbeabsichtigt oder unrechtmäßig, zur Vernichtung, zum Verlust, zur Veränderung, oder zur unbefugten Offenlegung von beziehungsweise zum unbefugten Zugang zu personenbezogenen Daten führt, die übermittelt, gespeichert oder auf sonstige Weise verarbeitet wurden". Dies meint eine Verletzung der Sicherheit der Datenverarbeitung i.S.v. Art. 32 DS-GVO sowohl in Form externer Angriffe, als auch in Form eines Fehlverhaltens von Mitarbeitern (*Spittka* in: Taeger (Hrsg.), Smart World – Smart Law?, S. 387 (389)). Nach hier vertretener Meinung dürften aber Verstöße innerhalb des Verantwortlichen i.S.d. Art. 4 Nr. 7 DS-GVO in der Regel nicht unter Art. 4 Nr. 12 DS-GVO zu subsumieren sein, weil die Vorschrift Risiken für die Rechte und Freiheiten natürlicher Personen im Blick hat, die bei Verstößen innerhalb verantwortlicher Stellen nicht ebenso schwer wiegen wie bei Datenlecks, die zu einer unkontrollierten Preisgabe von Daten nach außen führen. Denn trotz der Grundsätze von Erforderlichkeit und Zweckbindung

Koreng

(mit dem „need to know"-Grundsatz als Auswirkung) dürfte für den Betroffenen im Regelfall keine gesteigerte Gefährdung bei einem weitergehenden Zugriff innerhalb des Unternehmens, dem er seine Daten anvertraut hat vorliegen. Interne Verstöße können daher nur dann eine Verletzung des Schutzes personenbezogener Daten darstellen, wenn sich das Risiko für den Betroffenen deutlich erhöht. Nicht jede rechtswidrige Datenverarbeitung führt automatisch zu einer Meldepflicht. Umgekehrt kommt es, weil es für den Betroffenen im Ergebnis keinen Unterschied macht, nicht darauf an, ob Sicherheitsmaßnahmen von vornherein nicht implementiert oder ob sie überwunden wurden. Anders als nach bisheriger Rechtslage ist es zudem nicht mehr Voraussetzung, dass es zur unrechtmäßigen Kenntniserlangung von besonderen Arten personenbezogener Daten durch Dritte kam. Der Tatbestand ist nun wesentlicher weiter und umfasst alle Arten personenbezogener Daten. Zu melden hat der Verantwortliche auch Verletzungen, die er nicht selbst verursacht oder verschuldet hat. So hat der Verantwortliche auch eine Datenschutzverletzung seines Auftragsverarbeiters zu melden, ebenso wie Eingriffe Dritter (Paal/Pauly/*Martini*, DS-GVO, Art. 33 Rn. 17). Zu beachten ist auch, dass Art. 4 Nr. 12 DS-GVO im Gegensatz zur früheren Rechtslage nicht alleine die Verletzung der Vertraulichkeit im Blick hat, sondern auch die Verletzung der Integrität der Daten, da auch die Vernichtung und die Veränderung von Daten für notifikationspflichtig erklärt (weiterführend *Spittka* in: Taeger (Hrsg.), Smart World – Smart Law?, S. 387 (390 f.)).

Während nach alter Rechtslage die positive Feststellung einer „schwerwiegende[n] Beeinträchtigung für die Rechte oder schutzwürdigen Interessen der Betroffenen" Voraussetzung der Meldepflicht war, ist nach nunmehriger Rechtslage lediglich eine Ausnahme von der Meldepflicht für den Fall vorgesehen, dass die Verletzung „voraussichtlich nicht zu einem Risiko für die persönlichen Rechte und Freiheiten" des Betroffenen führt. Die Verordnung verhält sich nicht weiter zu der Frage, welche Risiken sie hier im Blick hat. Richtigerweise wird zur Beantwortung dieser Frage wohl vor allem auf das mögliche Schadensausmaß abzustellen sein (Paal/Pauly/*Martini*, DS-GVO, Art. 33 Rn. 17), wobei es insofern auf Menge und Art der betroffenen Daten und das Missbrauchspotential ankommen dürfte. Die Verordnung selbst spricht in ErwG 85 insbesondere von „Diskriminierung, Identitätsdiebstahl oder -betrug, finanzielle Verluste, unbefugte Aufhebung der Pseudonymisierung, Rufschädigung". Die Datenschutzverletzung darf „voraussichtlich" nicht zu einem solchen Risiko führen. Dies erfordert eine Prognose hinsichtlich der Wahrscheinlichkeit eines Schadenseintritts. Da Prognosen stets ein Element der Ungewissheit anhaftet, kann insofern lediglich verlangt werden, dass sie „auf einer methodisch nachvollziehbaren Analyse des zum Zeitpunkt der Prognose verfügbaren Wissens" beruht (Paal/Pauly/*Martini*, DS-GVO, Art. 33 Rn. 26). Unterlässt der Verantwortliche im Fall einer Datenschutzverletzung die Meldung an die Aufsichtsbehörde, so ist er nach allgemeinen Grundsätzen darlegungs- und beweisbelastet dafür, dass die Datenschutzverletzung voraussichtlich nicht zu einem Risiko für die persönlichen Rechte und Freiheiten des Betroffenen führt (Paal/Pauly/*Martini*, DS-GVO, Art. 33 Rn. 28).

5. Form, Frist und Inhalt. Die Meldung nach Art. 33 DS-GVO ist an keine bestimmte Form gebunden (Paal/Pauly/*Martini*, DS-GVO, Art. 33 Rn. 29). Freilich empfiehlt es sich im Regelfall, die Meldung in schriftlicher Form an die Behörde zu schicken, da Art. 33 Abs. 3 DS-GVO eine Reihe von inhaltlichen Anforderungen an

Koreng

die Meldung aufstellt, die anders als in schriftlicher Form schwer erfüllbar sein dürften.

Art. 33 Abs. 3 DS-GVO macht konkrete Vorgaben zum Mindestinhalt der Meldung an die Aufsichtsbehörde. Neben der Art der Verletzung, der ungefähren Zahl der betroffenen Personen und Datensätze und der Kategorien der Daten (lit. a) sind dies außerdem Name und Kontaktdaten des Datenschutzbeauftragten bzw. einer sonstigen Anlaufstelle für weitere Informationen (lit. b), die Beschreibung der wahrscheinlichen Folgen (lit. c) und die Beschreibung der bereits getroffenen Maßnahmen (lit. d). Auf Art. 33 Abs. 3 lit. b, c und d DS-GVO nimmt auch Art. 34 Abs. 2 DS-GVO Bezug, in dem die Benachrichtigungspflicht gegenüber den Betroffenen (dazu → Anm. 6) geregelt ist. Die Informationen nach Art. 33 Abs. 3 DS-GVO können gem. Art. 33 Abs. 4 DS-GVO unter Umständen auch schrittweise zur Verfügung gestellt werden. Die Möglichkeit einer Teilmeldung dient nicht der Verzögerung der Meldung, sondern im Gegenteil ihrer Beschleunigung. Ist eine Teilmeldung (insbesondere hinsichtlich des „Ob" einer Datenschutzverletzung) bereits möglich, so ist sie Pflicht. Die übrigen Informationen können dann schrittweise nachgeliefert werden (Paal/Pauly/*Martini,* DS-GVO, Art. 33 Rn. 52).

Musste die Benachrichtigung nach früherem Recht „unverzüglich", also ohne schuldhaftes Zögern (§ 121 Abs. 1 S. 1 BGB), erfolgen, so schreibt die Verordnung eine Regelfrist von 72 Stunden vor, von der allerdings in vom Verantwortlichen zu begründenden Ausnahmefällen abgewichen werden kann (Art. 33 Abs. 1 S. 2 DS-GVO). Gleichwohl bleibt es auch nach der DS-GVO bei einer Pflicht zur „unverzüglichen" Meldung, die von der Norm genannten 72 Stunden dürften demnach eher als Höchstfrist zu verstehen sein, die im Einzelfall sogar unangemessen sein kann (Paal/Pauly/*Martini,* DS-GVO, Art. 33 Rn. 34).

6. Information der Betroffenen. Während Art. 33 Abs. 1 DS-GVO regelt, dass der Verantwortliche die Aufsichtsbehörde zu informieren hat, ordnet Art. 34 Abs. 1 DS-GVO an, dass auch die Betroffenen informiert werden müssen. Insofern gilt allerdings, dass der Grad des Risikos, der zu einer Information des Betroffenen verpflichtet, ein höherer ist, als der Grad des Risikos, aufgrund dessen die Aufsichtsbehörde informiert werden muss: Nur, wenn die Datenschutzverletzung „voraussichtlich ein hohes Risiko für die persönlichen Rechte und Freiheiten natürlicher Personen zur Folge" (Art. 34 Abs. 1 DS-GVO) hat, muss der Verantwortliche die betroffene Person von der Verletzung in Kenntnis setzen. Während im Rahmen von Art. 33 Abs. 1 DS-GVO der Verantwortliche in der Pflicht ist, den Nachweis zu erbringen, dass kein Risiko besteht, um sich von der Informationspflicht zu befreien, ist im Anwendungsbereich von Art. 34 Abs. 1 DS-GVO die positive Feststellung eines hohen Risikos erforderlich, um die Informationspflicht auszulösen.

Gemeinsam ist den Pflichten aus Art. 33 und Art. 34 DS-GVO, dass die Information jeweils „unverzüglich" erfolgen muss, wenngleich Art. 34 DS-GVO keine Höchstfrist kennt, wie sie in Art. 33 Abs. 1 DS-GVO mit 72 Stunden definiert wird. Im Gegensatz zur Meldung an die Behörde nach Art. 33 DS-GVO macht Art. 34 DS-GVO in seinem Absatz 2 etwas ausführlichere Vorgaben dazu, in welcher Form der Betroffene informiert werden muss: Gefordert ist eine Information in „klarer und einfacher Sprache", die die „Art der Verletzung des Schutzes personenbezogener Daten enthält" und zumindest die in Art. 33 Abs. 3 lit. b, c und d DS-GVO ge-

Koreng

nannten Informationen beinhaltet. Die Information muss für den Betroffenen zwingend unentgeltlich erteilt werden (Art. 12 Abs. 5 S. 1 DS-GVO).

Die Aufsichtsbehörde kann den Verantwortlichen nach Art. 58 Abs. 2 lit. e DS-GVO anweisen, seiner Verpflichtung aus Art. 34 DS-GVO nachzukommen.

2. Mitteilung an die betroffene Person (Art. 34 DS-GVO)

Nach Art. 34 Abs. 1 DS-GVO hat der Verantwortliche nicht nur die Aufsichtsbehörde, sondern auch „die betroffene Person" über eine Verletzung des Schutzes personenbezogener Daten zu benachrichtigen, sofern diese Verletzung voraussichtlich ein hohes Risiko für die persönlichen Rechte und Freiheiten natürlicher Personen zur Folge hat. Dadurch wird der Betroffene in die Lage versetzt, seine Rechte und ggf. Schadensersatzansprüche auf informierter Grundlage geltend zu machen (Paal/Pauly/*Martini*, DS-GVO, Art. 34 Rn. 1).

Der Unterschied zu Art. 33 DS-GVO liegt auf Tatbestandsseite in dem Grad des Risikos für die Rechte und Freiheiten des Betroffenen, der gegeben sein muss, um die Benachrichtigungspflicht auszulösen. So geht Art. 33 DS-GVO im Ausgangspunkt davon aus, dass jeder Datenschutzverstoß eine Benachrichtigungspflicht auslöst und diese nur entfällt, wenn voraussichtlich kein Risiko für die Rechte und Freiheiten des Betroffenen besteht. Umgekehrt liegt Art. 34 DS-GVO zugrunde, dass eine Benachrichtigungspflicht gegenüber dem Betroffenen prinzipiell nicht besteht, es sei denn, die Verletzung des Schutzes personenbezogener Daten hat voraussichtlich ein hohes Risiko für die persönlichen Rechte und Freiheiten natürlicher Personen zur Folge.

Auf Rechtsfolgenseite sind die Unterschiede ebenfalls erheblich. Die Information des Betroffenen muss gem. Art. 34 Abs. 2 DS-GVO lediglich die in Art. 33 Abs. 3 lit. b–d DS-GVO genannten Informationen sowie Maßnahmen zum Inhalt haben. Sie muss zudem in „klarer und einfacher Sprache" formuliert sein. Aus ErwG 86 folgt, dass der Gesetzgeber eine Absprache mit der Aufsichtsbehörde hinsichtlich des konkreten Inhalts der Benachrichtigung für wünschenswert hält. Verpflichtend ist eine solche Absprache indes nicht. Aus Art. 12 Abs. 5 S. 1 DS-GVO folgt des Weiteren, dass die Information unentgeltlich erfolgen muss.

Gemeinsam ist den Pflichten aus Art. 33 und Art. 34 DS-GVO, dass die Information jeweils „unverzüglich" erfolgen muss, wenngleich Art. 34 DS-GVO keine Höchstfrist kennt, wie sie in Art. 33 Abs. 1 DS-GVO mit 72 Stunden definiert wird. Die Aufsichtsbehörde kann den Verantwortlichen nach Art. 58 Abs. 2 lit. e DS-GVO anweisen, seiner Verpflichtung aus Art. 34 DS-GVO nachzukommen.

Herrn/Frau [...][1]

[Berlin], den [...]

Mitteilung gemäß Art. 34 DS-GVO

Sehr geehrte(r) Frau/Herr [...],
wir schreiben Ihnen, weil Sie sich als Kunde für den Online-Shop unseres Unternehmens unter [URL] registriert haben.[2]

Koreng

Wir sind stets darauf bedacht, unsere IT-Systeme auf dem aktuellen Stand halten. Datenschutz und Datensicherheit sind für uns nicht nur leere Worte, sondern haben für uns einen hohen Stellenwert. Umso mehr bedauern wir es, Ihnen mitteilen zu müssen, dass die IT-Systeme unseres Unternehmens am [...] durch einen Hackerangriff kompromittiert wurden. Dabei erlangten uns bislang unbekannte Dritte Zugriff auf Teile unserer Kundendatenbank. Den Angreifern wurden in diesem Zusammenhang gegen unseren Willen personenbezogene Daten unserer Kunden offengelegt.[3]

Nach den uns bislang vorliegenden Informationen müssen wir bedauerlicherweise davon ausgehen, dass auch Ihre Account-Informationen durch die Angreifer eingesehen werden konnten. Wir haben bereits die zuständige Staatsanwaltschaft eingeschaltet und hoffen, dass die Täter schnell ermittelt werden können. Zudem haben wir die zuständige Datenschutzbehörde in [...] von dem Vorfall in Kenntnis gesetzt. Wir haben außerdem ein spezialisiertes IT-Sicherheitsunternehmen damit beauftragt, den Angriff zu untersuchen und uns dabei zu unterstützen, unsere IT-Systeme gegen vergleichbare Angriffe für die Zukunft noch besser abzusichern.[4]

Weil Sie auch Ihre Bankdaten in unserem System hinterlegt haben, besteht durch den Hackerangriff das Risiko, dass Sie Opfer eines Betrugs oder Identitätsdiebstahls werden könnten.[5] Wir empfehlen Ihnen daher, ab sofort genauestens auf verdächtige Abbuchungen auf ihren Konten zu achten. Darüber empfehlen wir Ihnen auch, Ihr Passwort nicht nur in unserem Online-Shop, sondern auch überall dort zu ändern, wo Sie es ein weiteres Mal verwendet haben. [6]

Für eventuelle Rückfragen stehen wir Ihnen unter folgenden Kontaktdaten gerne zur Verfügung: [...].[7]

Mit freundlichen Grüßen

[Unternehmen]

Anmerkungen

1. Adressat. Zu benachrichtigen ist nach Art. 34 Abs. 1 DS-GVO die „betroffene Person", also alle Personen, die von der Verletzung des Schutzes personenbezogener Daten betroffen sind. Gemeint ist eine individuelle Nachricht an jede Person (Paal/Pauly/*Martini*, DS-GVO, Art. 34 Rn. 47).

2. Sachverhaltsdarstellung. Nach Art. 34 Abs. 2 DS-GVO enthält die Benachrichtigung der betroffenen Person eine Beschreibung der Art der Verletzung des Schutzes personenbezogener Daten und die in Art. 33 Abs. 3 lit. b, c und d DS-GVO genannten Informationen und Empfehlungen. Nach dem Wortlaut der Vorschrift ist es daher nicht zwingend erforderlich, darzustellen, in welcher Beziehung der Verantwortliche zum Betroffenen steht und woher der Verantwortliche die Daten der betroffenen Person überhaupt hatte. Gerade im Fall bestehender Vertragsbeziehungen liegt es allerdings nahe, der betroffenen Person auch zur Vermeidung von Rückfragen zu erläutern, weshalb der Verantwortliche überhaupt über dessen personenbezogene Daten verfügte. Wird eine solche Auskunft nicht proaktiv gegeben, liegt es nahe, dass die betroffene Person eine entsprechende Auskunft einfordert, auf die sie nach Art. 15 DS-GVO auch einen Anspruch hat.

Koreng

3. Darstellung der Art der Verletzung des Schutzes personenbezogener Daten.
Kern der Informationspflicht des Verantwortlichen ist die Auskunft über die Art der
Verletzung des Schutzes personenbezogener Daten. Gemeint ist damit die Darstellung, welche der Modalitäten des Art. 4 Nr. 12 DS-GVO einschlägig ist, der insoweit Vernichtung, Verlust, Veränderung und unbefugte Offenlegung anspricht. Die
reine Nennung eines dieser Stichworte (hier: „Offenlegung") dürfte indes nicht genügen, weil sich für den Betroffenen alleine daraus noch nicht abschätzen lässt, welche Risiken mit der Verletzung für seine eigenen Rechte und Freiheiten einhergehen.
Daher dürfte eine kurze Darstellung der tatsächlichen Umstände, die zur Verletzung
geführt haben, im Regelfall erforderlich sein.

4. Darstellung der Abhilfemaßnahmen. Art. 34 Abs. 2 DS-GVO verweist für den
Inhalt der Information u.a. auf Art. 33 Abs. 3 lit. d DS-GVO. Hiernach hat der Verantwortliche u.a. die von ihm ergriffenen Maßnahmen zur Behebung der Verletzung
des Schutzes personenbezogener Daten und ggf. Maßnahmen zur Abmilderung ihrer
möglichen nachteiligen Auswirkungen mitzuteilen. Der konkrete Inhalt dieser Ausführungen wird stark von den Umständen des Einzelfalls abhängen. Es dürfte ratsam sein, hier ein möglichst großes Maß an Offenheit zu zeigen, da nur durch ein
ehrliches Bemühen um Aufklärung und Vorsorge für die Zukunft das verlorene Vertrauen wiedergewonnen werden kann. Es kann in diesem Zusammenhang jedenfalls
nicht schaden, darauf hinzuweisen, dass der Verantwortliche sich bereits selbst um
die Einschaltung der zuständigen Behörden gekümmert hat, um zu vermeiden, dass
die betroffenen Personen sich selbst noch dazu bemüßigt fühlen oder den Eindruck
erhalten, es solle etwas vertuscht werden.

5. Wahrscheinliche Folgen des Vorfalls. Zum Pflichtinhalt der Mitteilung gehört
nach Art. 34 Abs. 2 DS-GVO i.V.m. Art. 33 Abs. 3 lit. c DS-GVO auch eine Beschreibung der wahrscheinlichen Folgen der Verletzung des Schutzes personenbezogener Daten. Beim Verlust von Bankdaten dürften derartige Folgen vor allem darin
liegen, dass versucht werden wird, an das Geld des Betroffenen zu gelangen. Beim
Verlust von Zugangsdaten oder Informationen über die Identität des Betroffenen
wird die Möglichkeit eines Identitätsdiebstahls zu Betrugszwecken nicht fernliegen.
Die Fallgestaltungen sind freilich zu mannigfaltig, um sie hier abschließend darzustellen und werden stark von den Umständen des jeweiligen Einzelfalls abhängen.
Die Aufsichtsbehörden verfügen insofern über einen reichen Erfahrungsfundus,
weshalb es sicherlich nicht fernliegt, sich bei der Formulierung des Informationsschreibens an den Betroffenen von der Behörde beraten zu lassen, zumal dieser Gedanke der Verordnung ausweislich ErwG 86 DS-GVO zugrunde liegt.

6. Empfehlungen an den Betroffenen. Art. 34 Abs. 2 DS-GVO i.V.m. Art. 33
Abs. 3 lit. d DS-GVO schreibt auch die Mitteilung von Maßnahmen zur Behebung
der Verletzung des Schutzes personenbezogener Daten und ggf. Maßnahmen zur
Abmilderung ihrer möglichen nachteiligen Auswirkungen vor. Vermag der Verantwortliche dem Betroffenen also Ratschläge zu geben, wie er die Folgen der Verletzung abmildern kann, so ist er dazu nach dem Gesetz verpflichtet. Dazu können
insbesondere Maßnahmen wie der Passwortwechsel, die Sperrung von Kreditkarten,
die Beobachtung des eigenen Kontos auf verdächtige Abbuchungen und dergleichen
gehören. Die Einzelheiten werden von den jeweiligen Umständen des Einzelfalls abhängen.

Koreng

7. Angabe von Kontaktdaten. Art. 34 Abs. 2 DS-GVO i. V. m. Art. 33 Abs. 3 lit. b DS-GVO schreibt vor, dass der Name und die Kontaktdaten des Datenschutzbeauftragten oder einer sonstigen Anlaufstelle für weitere Informationen angegeben werden müssen. Die Formulierung ist daher mehr als eine auch ansonsten übliche Floskel, sondern obligatorischer Inhalt des Informationsschreibens.

3. Dokumentation der Verletzungen des Schutzes personenbezogener Daten (Art. 33 DS-GVO)

Nach Art. 33 Abs. 5 DS-GVO ist der Verantwortliche verpflichtet, die Verletzungen des Schutzes personenbezogener Daten einschließlich aller im Zusammenhang mit der Verletzung des Schutzes personenbezogener Daten stehenden Fakten, deren Auswirkungen und die ergriffenen Abhilfemaßnahmen zu dokumentieren. Die Dokumentation muss so beschaffen sein, dass sie es der Aufsichtsbehörde ermöglicht, die Einhaltung der Bestimmungen des Art. 33 DS-GVO zu überprüfen. Darin liegt eine Konkretisierung des aus Art. 5 Abs. 2 DS-GVO folgenden Grundsatzes der Rechenschaftspflicht (Paal/Pauly/*Martini*, DS-GVO, Art. 33 Rn. 54). Die Dokumentation hat den Zweck, einerseits eine Überprüfung dahingehend zu ermöglichen, ob die Meldung sachlich richtig war. Sie soll es andererseits auch ermöglichen, nachzuvollziehen, ob die Einschätzung eines Verantwortlichen, nach der er im Einzelfall nicht zur Meldung verpflichtet gewesen sein soll, weil er kein hinreichendes „Risiko für die Rechte und Freiheiten natürlicher Personen" (Art. 33 Abs. 1 S. 1 Hs. 2 DS-GVO) sah, zutreffend war. Zu berücksichtigen ist freilich, dass nach dem Wortlaut von Art. 33 Abs. 5 DS-GVO die Dokumentationspflicht nur für Fälle besteht, in denen jedenfalls tatbestandsmäßig eine Verletzung des Schutzes personenbezogener Daten i. S. v. Art. 33 Abs. 1 S. 1 DS-GVO vorliegt (Paal/Pauly/*Martini*, DS-GVO, Art. 33 Rn. 55).

Auf welche Art und Weise die Dokumentation zu erstellen ist, schreibt Art. 33 Abs. 5 DS-GVO nicht vor. Die Dokumentation wird auch je nach Unternehmen, Art und Umfang der Verletzung und ergriffener Maßnahmen sehr unterschiedlich ausfallen. Das nachfolgende Muster soll daher keine strikte Vorgabe dazu darstellen, auf welche Art die Verletzung zu dokumentieren ist, sondern mehr als Merkliste für die zu dokumentierenden Fakten dienen. Die Dokumentation muss der Verantwortliche lediglich erstellen und vorhalten. Er ist nicht verpflichtet, sie von sich aus der Aufsichtsbehörde zuzuleiten (Paal/Pauly/*Martini*, DS-GVO, Art. 33 Rn. 58 m. w. N.).

Dokumentation eines Vorfalls nach Art. 33 DS-GVO

Datum, Uhrzeit des Vorfalls und der Kenntnis des Vorfalls[1]	
betroffenes System/Datenbank etc.[2]	
Art des Vorfalls (Vernichtung/Verlust/ Änderung/Offenlegung von Daten)[3]	
Anzahl betroffener Personen[4]	
Art der betroffenen Daten[5]	

Koreng

Ursache (Angriff von Außen, internes Fehlverhalten etc., bitte näher beschreiben)[6]	
Benachrichtigung der Betroffenen erfolgt?[7] falls ja: Wann? falls nein: Warum nicht?	
Benachrichtigung der Aufsichtsbehörde erfolgt?[7] falls ja: Wann? falls nein: Warum nicht?	
ergriffene Abhilfemaßnahmen[8]	

Anmerkungen

1. Identifizierung des Vorfalls. Die Angabe von Datum und Uhrzeit dient primär den Zweck, den Vorfall ein- und von eventuellen anderen Vorfällen innerhalb des gleichen Unternehmens abzugrenzen. Sie kann zudem der Analyse und der Entwicklung von Gegenmaßnahmen dienen, etwa wenn Angriffe typischerweise zu Zeiten erfolgen, in denen nur eine geringe Beobachtung der Systeme besteht, z. B. während der Nacht oder an Feiertagen. Darüber hinaus dient die Dokumentation des Zeitpunkts der Kenntnisnahme des Vorfalls dazu, es der Aufsichtsbehörde zu ermöglichen, zu überprüfen, ob der Verantwortliche den Vorfall fristgerecht nach Art. 33 Abs. 1 S. 1 DS-GVO der Aufsichtsbehörde gemeldet und ggf. auch den Betroffenen „unverzüglich" i. S. v. Art. 34 Abs. 1 DS-GVO informiert hat.

2. Betroffenes System. Auch die Angabe des betroffenen Systems dient einerseits der näheren Identifizierung des Vorfalls, andererseits aber auch der Ermittlung von Schwachstellen innerhalb der IT des betroffenen Unternehmens.

3. Art des Vorfalls. Die Kategorisierung nach der Art des Vorfalls folgt der sich aus Art. 33 Abs. 1 S. 1 DS-GVO ergebenden Unterscheidung. Die sich aus dem Vorfall für die Rechte und Freiheiten der betroffenen Person ergebenden Risiken sind je nach Art des Vorfalls sehr unterschiedlich, so kann die Offenlegung etwa von Bankdaten mit erheblich größeren Belastungen für den Einzelnen einhergehen, als deren Löschung aus den IT-Systemen eines Online-Kaufhauses.

4. Anzahl betroffener Personen. Die Angabe der Anzahl der betroffenen Personen dient der näheren Einschätzung über die Tragweite des Vorfalls. Zudem bezieht sich die Dokumentationspflicht insbesondere auch auf die „Auswirkungen" des Vorfalls (Art. 33 Abs. 5 S. 1 DS-GVO), wozu die Zahl der betroffenen Personen zwanglos zu zählen sein dürfte.

5. Art der betroffenen Daten. Die Risiken, die aus dem Vorfall für die Rechte und Freiheiten der betroffenen Person resultieren, sind je nach Art der betroffenen Daten unterschiedlich. Anders als nach bisher geltendem Recht ist nicht mehr Voraussetzung der Meldepflicht, dass besondere Arten personenbezogener Daten betroffen sind (→ C.VI.1. Anm. 4). Gleichwohl ist es gerade bei solchen Daten besonders naheliegend, dass ihr Verlust besondere Risiken für die Rechte und Freiheiten des Einzelnen mit sich bringt (vgl. im Einzelnen Paal/Pauly/*Martini*, DS-GVO, Art. 33

Koreng

Rn. 23), was nicht zuletzt mit Blick auf die Pflicht zur Benachrichtigung der Betroffenen nach Art. 34 Abs. 1 DS-GVO von Bedeutung ist. Sind also solche Daten betroffen, wird es für den Verantwortlichen schwer sein zu begründen, weshalb er gleichwohl nicht von einer Meldepflicht ausgegangen ist. Gerade die Dokumentation der Art der betroffenen Daten dürfte daher von besonderer Wichtigkeit sein, wenn es darum geht, der Aufsichtsbehörde die Nachprüfung der Einschätzung des Verantwortlichen zu ermöglichen.

6. Ursache. Die Feststellung der Ursache des Vorfalls ist erforderlich, um über die richtigen Abhilfemaßnahmen i. S. v. Art. 33 Abs. 5 S. 1 DS-GVO entscheiden zu können. Sie kann zudem zur Beurteilung der Frage herangezogen werden, welches Risiko für die Betroffenen mit dem Datenverlust einhergeht. Ist der Datenverlust beispielsweise auf einen gezielten Diebstahl von außen (z. B. Hackerangriff) zurückzuführen, so ist die Wahrscheinlichkeit, dass es zu einem Missbrauch der entwendeten Daten kommt, erheblich höher, als wenn der Vorfall darauf zurückzuführen ist, dass beispielsweise ein Mitarbeiter versehentlich für eine gewisse Zeit den Passwortschutz einer über das Internet erreichbaren Webcam deaktiviert und dadurch die eher theoretische Möglichkeit geschaffen hat, dass die übertragenen Bilddaten – beispielsweise des Eingangsbereichs einer Fabrik – für Dritte einsehbar waren. Das ist nicht zuletzt mit Blick auf die Pflicht zur Benachrichtigung Betroffener aus Art. 34 Abs. 1 DS-GVO von Bedeutung.

7. Benachrichtigung der Betroffenen und der Aufsichtsbehörde. Art. 33 Abs. 1 S. 1 DS-GVO schreibt vor, dass der Verantwortliche die Verletzung des Schutzes personenbezogener Daten innerhalb von 72 Stunden an die Aufsichtsbehörde zu melden hat. Diese Pflicht entfällt nur dann, wenn die Verletzung voraussichtlich nicht zu einem Risiko für die Rechte und Freiheiten natürlicher Personen führt. Bringt die Verletzung des Schutzes der Vertraulichkeit personenbezogener Daten voraussichtlich ein hohes Risiko für die persönlichen Rechte und Freiheiten Betroffener mit sich, so ist auch die betroffene Person zu benachrichtigen, wobei diese Benachrichtigung „unverzüglich" zu erfolgen hat (Art. 34 Abs. 1 DS-GVO). Die Dokumentationspflicht dient dazu, der Aufsichtsbehörde die Überprüfung zu ermöglichen, ob der Verantwortliche seine diesbezüglichen Pflichten ordnungsgemäß erfüllt hat. Es ist daher von Bedeutung, dass im Rahmen der Dokumentation festgehalten wird, ob und wann eine Benachrichtigung der Aufsichtsbehörde und ggf. der Betroffenen erfolgt ist bzw. warum ggf. von einer Benachrichtigung abgesehen wurde. Freilich besteht insofern ein gewisses Spannungsverhältnis mit dem Recht des Verantwortlichen, sich nicht selbst belasten zu müssen. Während diese Pflicht in § 42a S. 6 BDSG noch explizit angesprochen wurde, findet sich in Art. 33 DS-GVO keine entsprechende Regelung. Es wird insoweit vertreten, dass diese rechtsstaatliche Garantie im Rahmen der Auslegung in die Norm hineinzulesen ist (Plath/*Glages*, BDSG/DS-GVO, Art. 33 Rn. 18; unklar insoweit Paal/Pauly/*Martini*, DS-GVO, Art. 33 Rn. 27). Daraus soll sich wohl ein Beweisverwertungsverbot hinsichtlich der in der Dokumentation niedergelegten Umstände in einem Straf- bzw. Bußgeldverfahren ergeben. Ob die deutschen Gerichte, die bei der Annahme von Beweisverwertungsverboten traditionell eher zurückhaltend sind, dem folgen werden, bleibt indes abzuwarten.

Koreng

8. Abhilfemaßnahmen. Nach Art. 33 Abs. 5 S. 1 DS-GVO hat der Verantwortliche insbesondere zu dokumentieren, welche Abhilfemaßnahmen er mit Blick auf den Vorfall ergriffen hat. Dies wird unter anderem dann von Interesse sein, wenn es zu wiederholten Vorfällen kommt.

VII. Vertraulichkeitspflichten der Beschäftigten

1. Verpflichtung auf das Datengeheimnis mit Merkblatt

Anders als § 5 BDSG a.F. sieht die DS-GVO **keine ausdrückliche Verpflichtung** aller bei der Datenverarbeitung beschäftigten Personen auf das Datengeheimnis mehr vor. Nach Art. 28 Abs. 2 S. 2 lit. b DS-GVO müssen nur der Verantwortliche und der Auftragsverarbeiter einen **Auftragsverarbeitungsvertrag** abschließen, der „gewährleistet, dass sich die zur Verarbeitung der personenbezogenen Daten befugten Personen zur Vertraulichkeit verpflichtet haben oder einer angemessenen gesetzlichen Verschwiegenheitspflicht unterliegen". Art. 29 DS-GVO sieht vor, dass „der Auftragsverarbeiter und jede dem Verantwortlichen oder dem Auftragsverarbeiter unterstellte Person, die Zugang zu personenbezogenen Daten hat, [...] diese Daten ausschließlich auf Weisung des Verantwortlichen verarbeiten [dürfen], es sei denn, dass sie nach dem Unionsrecht oder dem Recht der Mitgliedstaaten zur Verarbeitung verpflichtet sind". Nach Art. 32 Abs. 4 DS-GVO unternehmen der Verantwortliche und der Auftragsverarbeiter „Schritte, um sicherzustellen, dass ihnen unterstellte natürliche Personen, die Zugang zu personenbezogenen Daten haben, diese nur auf Anweisung des Verantwortlichen verarbeiten, es sei denn, sie sind nach dem Recht der Union oder der Mitgliedstaaten zur Verarbeitung verpflichtet". Daraus und aus der **allgemeinen Organisations- und Rechenschaftspflicht** (vgl. Art. 5, 24 DS-GVO) des Verantwortlichen lässt sich schließen, dass weiterhin alle Mitarbeiter, die mit personenbezogenen Daten in Kontakt kommen, zur Vertraulichkeit zu verpflichten und entsprechend zu schulen sind (vgl. LDA Bayern, Tätigkeitsbericht 2015/2016, Kap. 15.7). Aus der entsprechenden Aufgabenzuweisung an den betrieblichen Datenschutzbeauftragten in Art. 39 Abs. 1 lit. a DS-GVO folgt, dass die **Mitarbeiter über ihre datenschutzrechtlichen Pflichten zu unterrichten** sind, was etwa der bisherigen Belehrung im Rahmen der Verpflichtung auf das Datengeheimnis entspricht (Kühling/Buchner/*Bergt*, DS-GVO, Art. 39 Rn. 12) und ferner durch das Unternehmen **zum Datenschutzrecht zu schulen** sind, wie sich aus der entsprechenden Überwachungspflicht des Datenschutzbeauftragten in Art. 39 Abs. 1 lit. b DS-GVO ergibt (Kühling/Buchner/*Bergt*, DS-GVO, Art. 39 Rn. 13).

Besonders zu beachten ist, dass der Verantwortliche auch den **Nachweis führen** können muss, dass er seine Pflichten einhält (Art. 5 Abs. 2, Art. 24 Abs. 1 DS-GVO). Den Entlastungsbeweis muss das Unternehmen nicht nur für Schadensersatzansprüche (die unter der DS-GVO auch immaterielle Schäden umfassen und in Deutschland unbekannte Höhen erreichen können, Kühling/Buchner/*Bergt*, DS-GVO, Art. 82 Rn. 18) führen, sondern auch im Bußgeldverfahren (Kühling/Buchner/*Bergt*, DS-GVO, Art. 83 Rn. 111), in dem zudem Geldbußen bis zu 20.000.000 EUR oder 4% des weltweiten Konzernjahresumsatzes drohen (Kühling/Buchner/*Bergt*, DS-GVO, Art. 83 Rn. 38ff.) und nicht einmal Verschulden vorausgesetzt wird (Kühling/Buchner/*Bergt*, DS-GVO, Art. 83 Rn. 35ff.; Ehmann/Selmayr/*Nemitz*, DS-GVO, Art. 83 Rn. 17; a.A. *Feiler/Forgó*, EU-DS-GVO, Art. 83 Rn. 10). Dies bedeutet letztlich eine **umfassende Dokumentationspflicht,** der am besten nachzukommen ist, wenn die Mitarbeiter eine **schriftliche Erklärung** abgeben.

Indem den Mitarbeitern durch Unterrichtung und Schulung der Datenschutz nähergebracht und dessen Bedeutung durch die Vertraulichkeitsverpflichtung unterstrichen wird, verbessert sich zudem deren **Sensibilisierung für Datenschutzthemen** und verringert sich damit auch rein praktisch die Wahrscheinlichkeit von Verstößen. Nur wenn der Mitarbeiter Kenntnis von seinen Pflichten hatte, ist ihm zudem Verschulden vorzuwerfen, was wiederum **Voraussetzung für haftungs- und arbeitsrechtliche Konsequenzen** ist.

Art. 28 Abs. 3 lit. b DS-GVO spricht dabei nur von einer Vertraulichkeitsverpflichtung der beim Auftragsverarbeiter „zur Verarbeitung der personenbezogenen Daten befugten Personen". Deutlicher ist insoweit Art. 32 Abs. 4 DS-GVO, der die Pflicht, die Vertraulichkeit sicherzustellen, auf alle „Personen, die Zugang zu personenbezogenen Daten haben", erstreckt. Es ist also weiterhin erforderlich, alle Personen, die eine **tatsächliche Möglichkeit des Zugangs** zu personenbezogenen Daten haben, zur Vertraulichkeit zu verpflichten und zu schulen, unabhängig davon, ob sie zu diesem Zugang **berechtigt** sind **oder nicht** (vgl. BeckOK DatenSR/*Spoerr*, Art. 28 Rn. 81) oder ob sie tatsächlich Zugriff nehmen oder nicht (Gola/*Piltz*, DS-GVO, Art. 32 Rn. 52). Dies sind einerseits praktisch alle Personen, die mit Computern arbeiten (z. B. einen E-Mail-Account haben) oder Papierakten bearbeiten. Selbst bei Produktionsmaschinen ist je nach Steuerung der Umgang mit personenbezogenen Daten denkbar. Andererseits gehören auch Personen wie Reinigungs- und Wachpersonal dazu, bei denen es in der Praxis nicht möglich ist, ihren Arbeitsplatz so „klinisch" von personenbezogenen Daten zu befreien, dass sie mit diesen nicht in Kontakt kommen können (auch wenn die DS-GVO auf einen völlig ungeordneten und auch nicht zu einer strukturierten Ablage vorgesehenen oder aus einer solchen stammenden Stapel handgeschriebener personenbezogener Notizen nicht anwendbar ist, Art. 2 Abs. 1, Art. 4 Nr. 6 DS-GVO, vgl. Kühling/Buchner/*Kühling*/*Raab*, DS-GVO, Art. 2 Rn. 17 ff.; derartige Papierstapel wird es in Unternehmen aber kaum noch geben). Unterrichtungs- und Schulungspflichten beziehen sich nach Art. 39 Abs. 1 lit. a DS-GVO auf alle „Beschäftigten, die Verarbeitungen durchführen" und nach Art. 39 Abs. 1 lit. b DS-GVO auf alle „an den Verarbeitungsvorgängen beteiligten Mitarbeiter".

Auf das **zivilrechtliche Verhältnis** kommt es für die Organisationspflichten letztlich nur insoweit an, dass jedes Unternehmen hinsichtlich der in seinen Geschäftsbetrieb eingebundenen Personen – neben Arbeitnehmern und Geschäftsführern auch Gesellschafter, Leiharbeitnehmer oder Personen, die aufgrund eines Werkvertrages vergleichbar eingebunden sind – selbst für eine Verschwiegenheitsverpflichtung zu sorgen hat, für Auftragsverarbeiter jedoch nur für eine Art. 28 Abs. 3 S. 2 lit. b DS-GVO entsprechende vertragliche Regelung. Bei Leiharbeitern, Werkaufträgen usw. sollte in jedem Fall **vertraglich vereinbart** werden, wer die Verpflichtung übernimmt.

Der Mitarbeiter sollte **neben der Verpflichtungserklärung ein Merkblatt** erhalten, das die wichtigsten Aspekte der Vertraulichkeitsverpflichtung allgemeinverständlich erläutert. Um zu verhindern, dass der Mitarbeiter das Formular nur unterschreibt, das Merkblatt aber nicht liest, sollte auf eine **mündliche Unterrichtung** keinesfalls verzichtet werden, selbst wenn Art. 39 Abs. 1 lit. a DS-GVO nicht ausdrücklich eine mündliche Unterrichtung vorschreibt. Fehlen sollte auch nicht der Hinweis, dass sich die Mitarbeiter nicht scheuen sollten zu fragen, und an wen sie sich wenden

Bergt

können. Die Belehrung sollte dabei **arbeitsplatzbezogen** erfolgen. Deshalb kann das hier entworfene **Merkblatt nur einen groben Rahmen** vorgeben, der je nach den im Unternehmen anfallenden Datenverarbeitungen zu ergänzen, zu kürzen und zu modifizieren ist. Ggf. kommen ergänzende Merkblätter in Betracht, etwa für Personalabteilung, Buchhaltung, EDV-Administratoren, Home-Office-Nutzer oder auch sämtliche Mitarbeiter, die einen Internet-Zugang bzw. E-Mail-Account haben (für Letzteres siehe den Vorschlag am Ende des Musters; für weitere mögliche Inhalte siehe die Muster → D.III.). Im Bereich besonderer Rechte (Medienprivileg, vgl. Art. 85 DS-GVO) oder Verschwiegenheitspflichten (§ 203 StGB) sind ebenfalls Anpassungen erforderlich. Zusätzlich ist in jedem Fall auf drohende Konsequenzen bei Verstößen hinzuweisen. Ergänzend sollten im Merkblatt die wichtigsten Vorschriften im Wortlaut abgedruckt werden. Eine umfassende und verständliche schriftliche Belehrung empfiehlt sich auch im Hinblick darauf, dass Verschulden des Arbeitnehmers vom Arbeitgeber zu beweisen ist (§ 619a BGB). Wird über **unterschiedliche Verschwiegenheitspflichten** (→ C.VII.2., → C.VII.3. und → C.VII.6.) belehrt, bietet sich ein zusammenfassendes Formular an; in jedem Fall sollten die Verpflichtungen aber zeitgleich erfolgen. Der richtige Termin hierfür ist der erste Arbeitstag, bevor es zu einem Kontakt mit personenbezogenen Daten kommt. Anders als noch bei der Verpflichtung auf das Datengeheimnis nach § 5 BDSG a. F. ist zwar auch eine Verpflichtung vor der Aufnahme der Tätigkeit, etwa im Zusammenhang mit dem Abschluss des Arbeitsvertrags bzw. im Arbeitsvertrag, möglich; eine Aufnahme des sprachlich angepassten ersten Absatzes der Vertraulichkeitsverpflichtung in den Arbeitsvertrag ist durchaus empfehlenswert. Doch sollte jedenfalls die Unterrichtung erst zur Tätigkeitsaufnahme erfolgen und die vollständige Vertraulichkeitsverpflichtung dann unterzeichnet werden, wenn zwischen Vertragsschluss und Arbeitsaufnahme mehr als nur wenige Tage liegen.

Eine regelmäßige **Wiederholung der Vertraulichkeitsverpflichtung** ist jedenfalls vor dem Hintergrund der Nachweispflichten empfehlenswert (vgl. LDA Bayern, 7. Tätigkeitsbericht, 2015/2016, Kap. 15.7). Die Mitarbeiter sollten als Minimum von Zeit zu Zeit im Rahmen ihrer Schulungen das jeweils aktuelle Merkblatt erhalten (vgl. Art. 39 Abs. 1 lit. b DS-GVO, der Schulungen als Bestandteil der Datenschutz-Strategie des Unternehmens beschreibt; der Begriff „Datenschutzvorkehrungen" in Art. 24 Abs. 2 DS-GVO meint letztlich die Datenschutz-Strategie, Kühling/Buchner/*Hartung*, DS-GVO, Art. 24 Rn. 21).

1. Vertraulichkeitsverpflichtung

Personenbezogene Daten, also alle Informationen, die sich auf einen benannten oder identifizierbaren Menschen beziehen, dürfen nicht unbefugt erhoben, genutzt, weitergegeben oder sonst verarbeitet werden. Ich verpflichte mich, personenbezogene Daten vertraulich zu behandeln und ausschließlich auf Weisung von [Unternehmen] zu verarbeiten. [Optional: Soweit [Unternehmen] personenbezogene Daten im Auftrag eines Dritten verarbeitet, geht eine eventuelle Weisung dieses Dritten im Rahmen der Gesetze vor.] Diese Vertraulichkeitsverpflichtung besteht auch nach Beendigung meiner Tätigkeit für [Unternehmen] fort.

Verstöße gegen meine Vertraulichkeitsverpflichtung können nach Art. 83 der Datenschutz-Grundverordnung (DS-GVO), §§ 42 und 43 des Bundesdatenschutzgesetzes (BDSG) und anderen Gesetzen mit Geldbuße bis zu 20.000.000 EUR, Geld-

oder Freiheitsstrafe geahndet werden. Eine Verletzung meiner Vertraulichkeitsverpflichtung kann zugleich eine Verletzung arbeitsvertraglicher Pflichten oder spezieller Geheimhaltungspflichten darstellen und beispielsweise zu Abmahnung, fristloser oder fristgerechter Kündigung und/oder Schadensersatzpflichten führen. Gesetzliche Folge von Verstößen gegen meine Vertraulichkeitsverpflichtung können auch Schadensersatzansprüche der Personen, auf die die Daten sich beziehen, gegen mich persönlich sein, für die ich unter Umständen unbeschränkt mit meinem gesamten Vermögen und ohne Möglichkeit einer Restschuldbefreiung in einem Insolvenzverfahren hafte. Sonstige Geheimhaltungsverpflichtungen, etwa aus dem Arbeitsvertrag, bestehen neben dieser Vertraulichkeitsverpflichtung.

[Ort, Datum, Unterschrift des Mitarbeiters]

Ich bestätige, dass ich heute über die Bedeutung meiner Verpflichtung zur Verschwiegenheit über personenbezogene Daten belehrt wurde. Ein Exemplar dieses Formulars sowie ein Merkblatt mit Erläuterungen und dem Text der Art. 29 DS-GVO, Art. 83 Abs. 4–6 DS-GVO, § 42 Abs. 1 und 2 BDSG und § 43 Abs. 1 und 2 BDSG habe ich erhalten.

[Ort, Datum, Unterschrift des Mitarbeiters][1]

2. Merkblatt zur Vertraulichkeitsverpflichtung[2]

Sie werden heute über Ihre Pflichten im Umgang mit personenbezogenen Daten unterrichtet und unterzeichnen eine entsprechende Vertraulichkeitsverpflichtung. Dieses Merkblatt gibt Ihnen die Möglichkeit, das Wichtigste noch einmal nachzulesen. Sollten Sie Fragen haben – insbesondere wenn es darum geht, ob ein bestimmter Umgang mit personenbezogenen Daten erlaubt ist –, zögern Sie nicht, Ihren Vorgesetzten oder den betrieblichen Datenschutzbeauftragten, Telefon […], zu fragen.

Datenschutz schützt das Persönlichkeitsrecht

Ihre Vertraulichkeitsverpflichtung dient – wie das gesamte Datenschutzrecht – dem Schutz des Persönlichkeitsrechts derjenigen Menschen, auf die sich die Daten beziehen. Diese Menschen nennt das Gesetz „betroffene Personen". Das können unsere Kunden sein, Ihre Kollegen – oder auch Sie als unser Mitarbeiter.

Das Persönlichkeitsrecht gibt jedem Menschen das Recht, grundsätzlich selbst darüber zu entscheiden, wer was über ihn wissen darf. Beispielsweise darf jeder Kunde selbst entscheiden, wer seinen Wohnort erfahren soll, und Sie dürfen entscheiden, wer Ihren Gesundheitszustand kennen darf. Es ist Ihre Entscheidung, ob das geheim bleibt oder Sie es veröffentlichen.

Ausnahmen, in denen nicht nur der Wille des Betroffenen gilt, muss es natürlich geben – aber jede Ausnahme braucht nach dem Gesetz eine Rechtfertigung. Das kann nach der Regelung in Art. 6 Abs. 1 DS-GVO eine Einwilligung der betroffenen Person oder eine gesetzliche Erlaubnis sein. Die wichtigste gesetzliche Erlaubnis gilt für diejenigen Daten, die unbedingt benötigt werden, um einen Vertrag mit der betroffenen Person zu erfüllen. Deshalb darf Ihr Vermieter beispielsweise Ihren Namen speichern, ohne dass Sie einwilligen müssten.

Neben der DS-GVO, die in der gesamten Europäischen Union gilt, gibt es auch noch das Bundesdatenschutzgesetz (BDSG), das bestimmte Sonderfälle regelt, insbesondere den Beschäftigtendatenschutz.

Bergt

Ihre Vertraulichkeitspflichten

Sie müssen personenbezogene Daten nicht nur vertraulich behandeln, Sie dürfen sie zum Beispiel nicht an Dritte weitergeben oder offen herumliegen lassen. Das Gesetz verpflichtet Sie vielmehr dazu, nur dann mit personenbezogenen Daten zu arbeiten, wenn dies erlaubt ist – unabhängig davon, ob Sie diese Daten beispielsweise lesen, notieren, löschen oder weitergeben. Diese Erlaubnis muss einerseits [Unternehmen] als Unternehmen haben, andererseits aber auch Sie persönlich nach unserer unternehmensinternen Aufgabenverteilung. Die gesetzlichen Vertraulichkeitspflichten einzuhalten, ist also auch Ihre ganz persönliche Verpflichtung. Diese Pflicht ergibt sich übrigens bereits aus dem Gesetz (unter anderem Art. 29 DS-GVO). Ihre heutige förmliche Verpflichtung zur Vertraulichkeit dient nur dazu, Ihnen deutlich zu machen, wie wichtig diese Pflicht ist.

Bitte beachten Sie: Ihre Vertraulichkeitsverpflichtung gilt zeitlich unbefristet, und zwar selbst dann, wenn Sie nicht mehr für uns tätig sind. Sie gilt gegenüber allen Personen, die nicht dienstlich für die jeweilige Sache zuständig sind – also auch gegenüber allen anderen Kollegen, Ihrer Familie und der Presse.

Wenn Sie mit personenbezogenen Daten arbeiten, müssen Sie sich dabei immer an die Weisungen Ihres Vorgesetzten halten. [Optional: [Unternehmen] verarbeitet auch als sog. Auftragsverarbeiter personenbezogene Daten für unsere Kunden, etwa im Rahmen von [E-Mail-Services, Webhosting, …]. Sollte im Fall von Auftragsverarbeitung Ihr Vorgesetzter Ihnen eine bestimmte Weisung erteilen, unser Kunde aber eine andere Weisung, geht die Weisung unseres Kunden vor, solange unser Kunde nichts Verbotenes verlangt.] In ganz besonderen Fällen kann auch ein Gesetz vorschreiben, personenbezogene Daten z.B. an eine Behörde herauszugeben. [Optional: Widersprüchliche Weisungen und] gesetzliche Verarbeitungspflichten sind sehr selten, und die damit verbundenen komplizierten Rechtsfragen werden Sie kaum alleine entscheiden können. Wenden Sie sich daher bitte immer sofort an Ihren Vorgesetzten oder den betrieblichen Datenschutzbeauftragten, Telefon […].

Der Begriff „personenbezogene Daten"

Das Datenschutzrecht gilt für alle „personenbezogenen Daten". Personenbezogene Daten sind Informationen, die sich auf eine identifizierte oder identifizierbare natürliche Person, also einen Menschen, beziehen (Art. 4 Nr. 1 DS-GVO). Das kann die Angabe sein, dass jemand Mitglied in einem Verein ist, wo er wohnt oder wie viel Geld er auf dem Konto hat.

Personenbezogenes Datum kann aber auch die Angabe sein, dass die Kontonummer 123456 ihren Dispokredit überzogen hat. Denn obwohl hier kein Name genannt wird, ist einfach zu ermitteln, wer Inhaber dieses Kontos ist: Es handelt sich um Angaben zu einer „identifizierbaren" Person. Eine Person ist identifizierbar, wenn man – eigene und fremde – Informationen kombinieren kann und dadurch erfährt, um wen es sich handelt. Das geht sehr viel einfacher als man denkt: So konnten Forscher jeden einzelnen von 1,5 Millionen Menschen eindeutig identifizieren, wenn sie nur wussten, wo er sich zu elf beliebigen Zeitpunkten aufhielt (https://www.taz.de/!5070185/). Auch genügen Geburtsdatum, Postleitzahl und Geschlecht, um 87 Prozent der US-Amerikaner eindeutig zu identifizieren (http://www.chip.de/artikel/Re-Identifizierung-Die-neue-Kunst-der-Datenkraken-3_46575146.html).

Bergt

Auch wenn Sie selbst denken, dass bestimmte Daten niemandem zuzuordnen sind, dürfen Sie diese deshalb nicht ohne Zustimmung Ihres Vorgesetzten und des betrieblichen Datenschutzbeauftragten an Dritte weitergeben oder veröffentlichen – abgesehen davon, dass es sich auch um Betriebsgeheimnisse handeln könnte, die Sie ebenfalls streng vertraulich behandeln müssen.

Für welche Daten das Datenschutzrecht gilt

Das Datenschutzrecht gilt einerseits für Computer-Daten (wozu auch die Daten vieler technischer Geräte zählen). Wichtig ist aber zu wissen, dass es auch für „die nichtautomatisierte Verarbeitung personenbezogener Daten, die in einem Dateisystem gespeichert sind oder gespeichert werden sollen" (Art. 2 Abs. 1 DS-GVO) gilt, wobei unter Dateisystem jede geordnete Ablage zu verstehen ist (Art. 4 Nr. 6 DS-GVO) – etwa eine Patientenkartei auf Papier oder eine alphabetische Sammlung ausgefüllter Formulare. Das Datenschutzrecht gilt zudem auch dann, wenn die Daten später in eine Datei gespeichert werden sollen oder aus einer Datei stammen – etwa eine ausgedruckte Liste mit Kundendaten. Daten von Mitarbeitern oder Bewerbern werden in jeder Form durch das deutsche BDSG geschützt, auch wenn es sich um einen unsortierten Stapel handschriftlicher Notizen handelt, der weggeworfen werden soll.

Die Telefonnummern Ihrer Kinder auf Ihrem Handy dürfen Sie übrigens weiterhin speichern, ohne dass Sie eine Rechtsgrundlage benötigen: solche rein persönlichen oder familiären Tätigkeiten sind von der Geltung des Datenschutzrechts ausgenommen (Art. 2 Abs. 2 lit. c DS-GVO).

Unsere und Ihre Pflichten

Wir als Unternehmen und Sie als unser Mitarbeiter dürfen personenbezogene Daten nur dann verarbeiten, wenn es dafür eine Rechtsgrundlage gibt. Art. 4 Nr. 2 DS-GVO beschreibt den Begriff der Verarbeitung äußerst weit, so dass er letztlich jeden Kontakt mit personenbezogenen Daten umfasst: „jeden mit oder ohne Hilfe automatisierter Verfahren ausgeführten Vorgang oder jede solche Vorgangsreihe im Zusammenhang mit personenbezogenen Daten wie das Erheben, das Erfassen, die Organisation, das Ordnen, die Speicherung, die Anpassung oder Veränderung, das Auslesen, das Abfragen, die Verwendung, die Offenlegung durch Übermittlung, Verbreitung oder eine andere Form der Bereitstellung, den Abgleich oder die Verknüpfung, die Einschränkung, das Löschen oder die Vernichtung". Als mögliche Rechtsgrundlage nennt Art. 6 Abs. 1 DS-GVO eine Einwilligung der betroffenen Person und verschiedene gesetzliche Erlaubnisse.

Für welche Daten es bei welchem Verfahren eine solche Rechtsgrundlage gibt, sagt Ihnen Ihr Vorgesetzter. Bitte beachten Sie: Andere Daten dürfen Sie nicht verwenden. Personenbezogene Daten dürfen zudem nur zu dem jeweils bestimmt festgelegten Zweck verwendet werden. Eine Zweckänderung braucht eine eigene Rechtsgrundlage. Das bedeutet, dass z.B. Kundendaten, die bisher nur für die Vertragsabwicklung verwendet wurden, nicht ohne Weiteres für Werbung genutzt werden dürfen. Auch hier sagt Ihnen Ihr Vorgesetzter, ob eine Zweckänderung erlaubt ist.

Als wichtigste Regel sollten Sie sich hier merken, dass Sie personenbezogene Daten nie aus eigener Entscheidung heraus weitergeben oder für sich selbst nutzen (beispielsweise außerhalb dienstlicher Notwendigkeit lesen) dürfen.

Bergt

Außerdem müssen personenbezogene Daten geschützt werden, so dass Unbefugte keine Kenntnis von ihnen nehmen und dass sie auch nicht versehentlich verloren gehen können. Deshalb verschlüsseln wir personenbezogene Daten, wenn wir sie über das Internet übertragen müssen, und machen regelmäßig Sicherungskopien (Backups). Das Gesetz verpflichtet uns zu vielen weiteren Sicherheitsmaßnahmen. So dürfen z. B. Ausdrucke mit personenbezogenen Daten oder Datenträger wie CDs, USB-Sticks oder Festplatten keinesfalls einfach weggeworfen oder weggegeben werden, sondern müssen ordnungsgemäß geschreddert oder durch die EDV-Abteilung sicher gelöscht werden.

Dass Sie Ihr Passwort nicht an Kollegen oder Dritte weitergeben oder gar auf einem Zettel an den Computer kleben dürfen, sollte sich von selbst verstehen – es ist Ihr persönliches Passwort, und wenn es jemand missbraucht, sind Sie persönlich dafür verantwortlich (siehe „Folgen von Verstößen").

Rechte der betroffenen Personen

Einer der wichtigsten Aspekte des Persönlichkeitsrechts ist es, zu wissen, was andere über einen wissen. Wenn ein Unternehmen Daten über jemanden sammelt, muss es daher fast immer die betroffene Person informieren. Jeder Mensch kann zudem von jedem Unternehmen eine Kopie der Daten verlangen, die das Unternehmen über ihn gespeichert hat (Art. 15 DS-GVO). Dies bedeutet, dass alles, was Sie beispielsweise über einen Kunden notieren, auch schriftlich zu diesem Kunden gelangen kann. Achten Sie deshalb bitte darauf, dass Sie nur Angaben notieren, für die wir auch eine Erlaubnis zum Speichern haben – Ihr Vorgesetzter sagt Ihnen, welche Daten das in Ihrem konkreten Fall sind. Und achten Sie bitte auch darauf, wie Sie es aufschreiben: knapp, neutral und niemals beleidigend o. ä. Das Auskunftsrecht ist ein spezielles Recht des Betroffenen: An andere Personen und Stellen dürfen wir normalerweise keine Auskünfte geben – das wäre eine Übermittlung, für die wir eine Erlaubnis bräuchten.

Benötigen wir bestimmte Daten nicht mehr, müssen wir sie löschen (Art. 17 DS-GVO); falsche Daten müssen wir berichtigen (Art. 16 DS-GVO). Wenn Sie feststellen, dass nicht mehr benötigte Daten weiterhin gespeichert bleiben, sprechen Sie bitte Ihren Vorgesetzten darauf an. Denn die Speicherung von Daten, die eigentlich zu löschen wären, kann mit Geldbußen bis 20.000.000 EUR oder vier Prozent des weltweiten Jahresumsatzes des gesamten Konzerns – je nachdem, was höher ist – bestraft werden. Zusätzlich haben betroffene Personen einen Anspruch auf Schadensersatz einschließlich Schmerzensgeld für die Verletzung ihres Rechts auf Datenschutz.

Jede betroffene Person kann uns zudem verbieten, ihre Daten für Werbezwecke zu benutzen (Art. 21 Abs. 2, 3 und 5 DS-GVO) und hat auch in bestimmten anderen Fällen ein Widerspruchsrecht (Art. 21 Abs. 1 DS-GVO). Betroffene Personen haben zudem weitere Rechte, die aber für Sie als Mitarbeiter normalerweise nicht von Bedeutung sind.

Sollte ein Auskunftsersuchen, ein Widerspruch oder ein anderer Wunsch oder Hinweis mit Datenschutzbezug bei Ihnen eingehen, leiten Sie ihn bitte sofort an [den betrieblichen Datenschutzbeauftragten] weiter. Selbstständig dürfen Sie solche Dinge nur bearbeiten, wenn wir Ihnen diese Aufgabe ausdrücklich zugewiesen haben. In Zweifelsfällen fragen Sie den betrieblichen Datenschutzbeauftragten (Tele-

Bergt

fon [...]). Beachten Sie bitte, dass auch Behörden oder die Polizei nicht ohne Weiteres Daten von uns erhalten können. Wir benötigen hier einen förmlichen Beschlagnahmebeschluss. In bestimmten Fällen genügt ein förmliches Auskunftsersuchen. Wenn Sie von der Polizei oder einer anderen Behörde kontaktiert werden, informieren Sie bitte sofort Ihren Vorgesetzten und den betrieblichen Datenschutzbeauftragten.

Folgen von Verstößen

Verstöße gegen das Datenschutzrecht können für [Unternehmen] schwerwiegende Folgen haben – aber auch für Sie persönlich.

Fast alle Verstöße gegen das Datenschutzrecht können mit Geldbuße bestraft werden (Art. 83 DS-GVO). Diese Geldbuße kann bis zu 20.000.000 EUR pro Verstoß betragen oder für uns als Unternehmen bis zu vier Prozent des weltweiten Jahresumsatzes des gesamten Konzerns, je nachdem, was höher ist. Geldbußen können sogar gegen einzelne Mitarbeiter verhängt werden: Geben Sie beispielsweise ohne eine entsprechende Anweisung von [Unternehmen] personenbezogene Daten weiter oder nutzen Sie sie für Ihre eigenen Zwecke, können Sie persönlich mit einer Geldbuße bis zu 20.000.000 EUR bestraft werden. Zudem sind bestimmte Verstöße gegen das Datenschutzrecht Straftaten, die mit Gefängnis bestraft werden können (§ 42 BDSG): Beispiel: Jemand verkauft weisungswidrig eine Festplatte mit personenbezogenen Daten anstatt sie zu zerstören.

Verstöße gegen das Datenschutzrecht können zudem nach anderen Gesetzen strafbar sein, z. B. nach § 17 UWG (Verrat von Geschäfts- und Betriebsgeheimnissen), § 202a StGB (Ausspähen von Daten) oder § 263a StGB (Computerbetrug).

Jede betroffene Person kann Schadensersatz für eine unzulässige Verarbeitung ihrer Daten verlangen, und zwar einschließlich Schmerzensgeld für die Persönlichkeitsrechtsverletzung (Art. 82 DS-GVO, §§ 823 ff. BGB). Unter Umständen müssen Sie persönlich diesen Schadensersatz ganz oder teilweise bezahlen, wenn Sie mittlere oder schwere Verstöße begangen oder personenbezogene Daten weisungswidrig verarbeitet haben, etwa für Ihre eigenen Zwecke genutzt haben. Fragen Sie daher lieber einmal zu viel als zu wenig.

Schwere Schäden für [Unternehmen] kann es verursachen, wenn eine so genannte Datenpanne öffentlich bekannt wird. Kunden verlieren das Vertrauen und kaufen nicht mehr bei uns, wenn sie nicht sicher sein können, dass ihre Daten bei uns in guten Händen sind. Hinzu kommt, dass wir nach Art. 34 Abs. 1 und Abs. 3 lit. c DS-GVO verpflichtet sein können, eine Datenpanne allen Betroffenen mitzuteilen oder gar öffentlich bekanntzumachen. Bitte helfen Sie mit, dass es niemals dazu kommt.

Nicht zuletzt können wir arbeitsrechtliche Konsequenzen ziehen, wenn Sie gegen Ihre Vertraulichkeitspflichten verstoßen. Denkbar sind je nach Schwere Ihres Fehlverhaltens insbesondere eine Abmahnung, eine fristgerechte Kündigung oder sogar eine fristlose Kündigung ohne vorherige Verwarnung.

Neue Verfahren mit personenbezogenen Daten[3]

Sie sind an einem Projekt beteiligt, bei dem personenbezogene Daten eine Rolle spielen? Dann sorgen Sie bitte dafür, dass der betriebliche Datenschutzbeauftragte von Anfang an einbezogen wird. Er kann Ihnen sagen, ob es überhaupt rechtlich möglich ist, was Ihr Projektteam plant, und Tipps geben, was Sie verbessern könnten, insbesondere, welche Anforderungen wir zu „Privacy by Design" und „Privacy by Default" (Art. 25 DS-GVO) oder zur Sicherheit (Art. 32 DS-GVO) einhalten müssen. Wenn Sie diese Fragen rechtzeitig mit dem betrieblichen Datenschutzbeauftragten klären, können Sie von Anfang an das richtige Verfahren entwickeln. Wenn Sie ihn erst kurz vor Schluss einbeziehen, kann es sein, dass Ihr Projekt komplett scheitert, weil es rechtlich nicht oder nur unter aufwendigen Änderungen umzusetzen ist. [Optional: Außerdem sind Sie nach Art. 38 Abs. 1 DS-GVO verpflichtet, den betrieblichen Datenschutzbeauftragten ordnungsgemäß und frühzeitig in alle mit dem Schutz personenbezogener Daten zusammenhängenden Fragen einzubinden, unter Umständen eine Datenschutz-Folgenabschätzung nach Art. 35 DS-GVO durchzuführen und das Verfahren zum Verzeichnis der Verarbeitungstätigkeiten nach Art. 30 DS-GVO anzumelden. Werden Dritte eingeschaltet, etwa weil wir den Server nicht selbst betreiben, müssen besondere Verträge abgeschlossen werden (Art. 28 DS-GVO).] Wichtig ist, dass wir als Unternehmen jederzeit beweisen können, dass wir das Gesetz vollständig einhalten (Art. 5 und 24 DS-GVO). Können wir diesen Nachweis nicht vollständig erbringen, haften wir auf Schadensersatz und Geldbußen – und auch Sie persönlich, wenn Sie das Verfahren ohne Genehmigung eingeführt haben.

Besondere Hinweise für Nutzer von Internet und E-Mail

Internet und E-Mail sind sehr praktisch, weil man innerhalb von Sekunden Daten ans andere Ende der Welt schicken kann. Gerade diese Geschwindigkeit macht sie aber auch so risikoreich. Hinzu kommt, dass das Internet als Medium zur Kommunikation zwischen Wissenschaftlern erfunden wurde, die sich gegenseitig absolut vertrauen konnten. Deshalb gibt es standardmäßig keine Sicherheitsmaßnahmen. Das ist heute nicht mehr angemessen und eine große Gefahr für vertrauliche Daten. Denn eine E-Mail ist eigentlich nichts anderes als eine elektronische Postkarte, die vom Wind durch die Stadt getrieben und immer wieder von allen möglichen Leuten aufgehoben, angeschaut und wieder in die Luft geworfen wird. Deshalb beachten Sie bitte folgende Grundregeln:

Vertrauliche Daten – insbesondere auch personenbezogene Daten – dürfen Sie niemals per normaler E-Mail versenden. Wenn die EDV-Abteilung Ihren Computer mit einem Programm zur E-Mail-Verschlüsselung ausgestattet hat und der Empfänger der E-Mail ebenfalls solch ein Programm verwendet, können Sie ihm eine verschlüsselte Nachricht schicken, die gegen Abhören und Manipulation geschützt ist. [Optional: Für bestimmte Empfänger hat die EDV-Abteilung eine automatische Verschlüsselung eingerichtet. Hierzu erhalten Sie eine gesonderte schriftliche Nachricht.][4] Bitte prüfen Sie aber in jedem Fall vorher, ob Sie die Daten überhaupt an den Empfänger weitergeben dürfen!

Bevor Sie eine E-Mail versenden, achten Sie bitte unbedingt darauf, ob der richtige Empfänger im Adressfeld steht. Hier liegt eine große Fehlerquelle, wenn mehrere Leute einen ähnlichen Namen oder eine ähnliche E-Mail-Adresse haben. Schauen Sie vor dem Abschicken noch einmal genau darauf! Durch solche Verwechslungen sind schon extrem vertrauliche Informationen an die Öffentlichkeit gekommen.

Bergt

Beachten Sie den Unterschied zwischen „To:/An:" (Empfänger), „CC:" (Kopie) und „BCC:" (Blindkopie): Jeder Empfänger der E-Mail sieht sämtliche anderen Empfänger, die im To:- bzw. CC:-Feld stehen. Soll ein Empfänger für die anderen nicht sichtbar sein, müssen Sie ihn ins BCC:-Feld schreiben. Die Daten aller To:-/CC:-Empfänger übermitteln Sie im rechtlichen Sinne an die anderen Empfänger. Und dafür benötigen Sie, wie Sie wissen, eine Erlaubnis. Wenn Sie Nachrichten an viele Empfänger senden müssen, sprechen Sie deshalb bitte mit der EDV-Abteilung, ob dafür eine Mailing-Liste o.ä. eingerichtet werden sollte, oder ob die Versendung über das BCC:-Feld ausreichend ist. Es wurden bereits Bußgelder gegen Mitarbeiter verhängt, die alle Empfänger ins To:-Feld geschrieben haben![5]

Sie dürfen niemals vertrauliche Daten an Ihren privaten E-Mail-Account weiterleiten oder woanders als auf unseren Servern speichern – insbesondere nicht in der „Cloud". Dies bedeutet unter anderem, dass Sie auch keinesfalls eine automatische Weiterleitung Ihres E-Mail-Accounts an Ihre private E-Mail-Adresse einrichten dürfen.

Sie werden möglicherweise E-Mails erhalten, die Sie im Namen von [Unternehmen] oder einem anderen Unternehmen auffordern, auf einen Link in der E-Mail zu klicken oder eine bestimmte Seite aufzurufen und dort Ihr Passwort oder andere Daten einzugeben. Tun Sie dies niemals! Es handelt sich bei diesen Mails um gefälschte, sog. Phishing-Mails, die darauf abzielen, Ihre Passwörter, Zugangsdaten oder sonstige vertrauliche Informationen „abzufischen". Selbst wenn Sie in der E-Mail persönlich angesprochen werden oder gar Bezug auf bestimmte Personen oder Umstände genommen wird, hat dies nichts zu sagen – diese Daten wurden wahrscheinlich bereits zuvor gestohlen, im Zweifel durch einen erfolgreichen Phishing-Angriff auf einen Ihrer Kollegen. Melden Sie derartige E-Mails bitte immer sofort an die EDV-Abteilung per [Nachricht – Weiterleiten als Anhang] an [phishing@example.com], Telefon [...].

Vertrauen Sie nicht zu sehr auf E-Mails. Absenderangaben von E-Mails lassen sich problemlos fälschen – vertrauen können Sie nur digital signierten und verschlüsselten E-Mails, falls Sie ein entsprechendes Programm von der EDV-Abteilung erhalten haben. Seien Sie daher bitte auch sehr vorsichtig, wenn Sie unaufgefordert E-Mails mit Anhängen (Attachments) erhalten: Oftmals enthalten diese Anhänge Schadprogramme (Viren). Wir versuchen, Viren so gut wie möglich auszufiltern, dass sie überhaupt nicht in Ihrem Postfach ankommen – aber die Kriminellen sind uns häufig ein Stück voraus. Bevor Sie einen solchen Anhang öffnen, fragen Sie bitte im Zweifel bei der EDV-Abteilung nach per [Nachricht – Weiterleiten als Anhang] an [virus@example.com], Telefon [...]. [Optional: Seien Sie auch misstrauisch, wenn vermeintlich Ihr Vorgesetzter per E-Mail intern besondere Vertraulichkeit für ein angebliches besonderes Projekt verlangt.[6] Fragen Sie lieber noch einmal auf einem anderen Kommunikationskanal – im Zweifel im persönlichen Gespräch – nach.]

Bitte ändern Sie nicht die Einstellungen, insbesondere die Sicherheitseinstellungen, Ihrer Programme. Die EDV-Abteilung hat sich etwas bei der Konfiguration gedacht. Wenn Sie Änderungsvorschläge haben, sprechen Sie diese bitte mit der EDV-Abteilung ab – vielleicht können ja alle Mitarbeiter von Ihrer Idee profitieren.

[Beachten Sie bitte außerdem unsere Richtlinie zur E-Mail- und Internetnutzung. Falls Sie ein Home oder Mobile Office nutzen, gilt zudem unsere diesbezügliche

Richtlinie. Private Geräte dürfen Sie nur dann im Betrieb bzw. zum Zugriff auf dienstliche E-Mails nutzen, wenn Sie unsere Bring-Your-Own-Device-Richtlinie einhalten. All diese Richtlinien enthalten auch Regelungen zur Sicherheit und sind für Sie verbindlich.][7]

Wortlaut der Gesetze

[Es ist der Wortlaut der Art. 29, 83 Abs. 4–6 DS-GVO sowie §§ 42 Abs. 1 und 2, 43 Abs. 1 und 2 BDSG einzufügen.][8]

Anmerkungen

1. Unterschrift des Mitarbeiters. Zu berücksichtigen ist, dass nach § 309 Nr. 12 lit. b BGB eine AGB-Bestimmung unwirksam ist, in der der andere Teil bestimmte Tatsachen bestätigt (BGH, Urt. v. 24.3.1988 – III ZR 21/87, NJW 1988, 2106; *von Westphalen/Thüsing* in: von Westphalen/Thüsing (Hrsg.), Vertragsrecht und AGB-Klauselwerke, Vertragsrecht, Nr. 42 Rn. 67 ff. m. w. N.; *Wolf/Lindacher/Pfeifer*, AGB-Recht, § 305 Rn. 106). Dies gilt jedoch nicht für Empfangsbekenntnisse, die gesondert unterschrieben sind, § 309 Nr. 12 a. E. BGB. Vorliegend bestätigt der Mitarbeiter, dass er über seine Pflichten unterrichtet wurde und das Merkblatt erhalten hat, so dass eine nach § 309 Nr. 12 a. E. BGB zulässige Empfangsbestätigung vorliegt. Wer Bedenken hegt, ob S. 1 der Bestätigung des Mitarbeiters eine Empfangsbestätigung i. S. v. § 309 Nr. 12 a. E. BGB darstellt, sollte nach jedem einzelnen Satz der Bestätigung des Mitarbeiters dessen Unterschrift vorsehen. In der Praxis ist dann allerdings peinlich genau darauf zu achten, dass der Mitarbeiter auch tatsächlich zweimal unterschreibt, weil sonst ein Indiz dafür besteht, dass nur dasjenige tatsächlich passiert ist, was der Mitarbeiter auch schriftlich bestätigt hat.

Weigert sich ein Mitarbeiter, die Bestätigung über seine Verpflichtung zu unterschreiben, hat dies keine Auswirkungen auf die Pflichten, die sich ohnehin bereits aus Art. 29 DS-GVO ergeben. Allerdings verlangt Art. 28 Abs. 3 S. 2 lit. b DS-GVO im Rahmen der Auftragsverarbeitung eine Vertraulichkeitsverpflichtung oder eine angemessene gesetzliche Verschwiegenheitspflicht. Bei Arbeitnehmern dürfte als Vertraulichkeitsverpflichtung im deutschen Recht bereits die Verpflichtung aus arbeitsvertraglichen ungeschriebenen Nebenpflichten, ggf. konkretisiert durch arbeitsvertragliche Weisungen, genügen (BeckOK DatenSR/*Spoerr*, Art. 28 Rn. 83); gesetzliche Verschwiegenheitspflichten liegen etwa bei Berufsgeheimnisträgern nach § 203 StGB vor (BeckOK DatenSR/*Spoerr*, Art. 28 Rn. 84). Im Hinblick auf die Nachweispflichten des Arbeitgebers sollte aber zumindest ein Vermerk über die Unterrichtung mit Unterschrift eines Zeugen und dem Hinweis auf die arbeitsrechtlichen Vertraulichkeitspflichten erfolgen. Die Gefahr einer Weigerung spricht dafür, den sprachlich angepassten ersten Absatz der Vertraulichkeitsverpflichtung bereits in den Arbeitsvertrag aufzunehmen.

2. Sprache. Das Merkblatt versucht, das Datengeheimnis auch für Nichtjuristen verständlich zu machen. Denn angesichts der Ubiquität von Datenverarbeitung darf man nicht davon ausgehen, dass nur Studierte zur Vertraulichkeit zu verpflichten sind – im Gegenteil sollte man die Vertraulichkeitsverpflichtung als Standard ansehen, weil selbst der typische Supermarktkassierer (Kartenzahlung, Kundenbindungsprogramme), die typische Reinigungskraft (Unterlagen in den zu reinigenden Räumen) oder die typische Mitarbeiterin der Stadtreinigung (Liste der zu leerenden Mülltonnen) mit personenbezogenen Daten umgehen. Juristensprache verbietet sich ohnehin bei Nichtjuristen, wenn ein Effekt erzielt werden soll, der den Anforderungen der Rechenschaftspflicht (Accountability-Prinzip) genügt. Vielmehr wäre je nach Zielgruppe das Merkblatt noch deutlich verständlicher zu formulieren.

3. Keine Darstellung der Erlaubnistatbestände. In manchen allgemeinen Merkblättern zum Datengeheimnis wird über Seiten ausgebreitet, unter welchen Umständen ein Erlaubnistatbestand greift. Kaum einer der Leser wird das benötigen – und keiner, der es nicht schon weiß, ausreichend verstehen, weil die Darstellung doch nicht ausreichend ist. Das Muster sieht daher nur einen relativ kurzen Hinweis vor, bei allen Projekten, die mit personenbezogenen Daten zu tun haben, rechtzeitig den betrieblichen Datenschutzbeauftragten einzuschalten (ähnlich zur Verpflichtung auf das Datengeheimnis nach dem BDSG a.F. auch *Haag* in: Forgó/Helfrich/Schneider (Hrsg.), Betrieblicher Datenschutz, Teil II Kap. 1 Rn. 49). Zur Verdeutlichung, warum die frühzeitige Einbeziehung des Datenschutzbeauftragten so wichtig ist, sind verschiedene für die Entwicklung neuer Verfahren bedeutsame Vorschriften genannt. Diese können je nach Unternehmenskultur weggelassen werden, unter Umständen auch der nicht als optional markierte Hinweis auf die Rechenschaftspflicht und die Konsequenzen für Schadensersatz und Sanktionen. Der Datenschutzbeauftragte bzw. die Rechtsabteilung werden sich der Sache nach einer Information annehmen und ggf. für eine weitere Information/Schulung der betroffenen Mitarbeiter sorgen. Bei vielen Mitarbeitergruppen kann der Abschnitt auch völlig entfallen, weil sie niemals in Verlegenheit geraten werden, Einfluss auf ein Verfahren zur Verarbeitung personenbezogener Daten zu nehmen. Dagegen sollten Merkblätter für spezielle Gruppen durchaus Erläuterungen der in Betracht kommenden Erlaubnistatbestände enthalten – aber stets am konkreten Bedarf orientiert. So sollte die Personalabteilung Art. 6 DS-GVO und § 26 BDSG n.F. erläutert bekommen; Entwickler von EDV-Anwendungen müssen z.B. die Grenzen des Art. 6 Abs. 1 S. 2 lit. b DS-GVO kennen.

4. Verschlüsselungs-Proxies. Manche E-Mail-Server-Software ermöglicht es, zentral gesteuert und für die Nutzer transparent E-Mails zu ver- und entschlüsseln. Ebenso können abgesicherte Übertragungen mit Transportverschlüsselung (z.B. zwingende Anwendung von TLS mit DANE, RFC 7672) sichern E-Mail-Verkehr zwischen Unternehmen garantieren. Ein Risiko liegt allerdings in genau dieser Transparenz, dass eben die Mitarbeiter nicht ohne Weiteres erkennen können, ob eine E-Mail verschlüsselt (oder sicher transportverschlüsselt übertragen) wird oder nicht.

5. Offene E-Mail-Verteiler. Das Landesamt für Datenschutzaufsicht Bayern verhängte gegen eine Arbeitnehmerin persönlich ein Bußgeld, da sie eine große Anzahl Adressen offen versendet hatte: ZD-Aktuell 2013, 03648; becklink 1027345; *Moers,* RDV 2016, 90. Unternehmen können dies verhindern, indem eine Grenze von maximal zulässigen Adressen im „To:"-Feld vorgesehen wird. Die Entscheidung erging noch unter Geltung des BDSG a.F., aber bei eigenmächtiger Datenverarbeitung wird der Mitarbeiter selbst zum Verantwortlichen und unterliegt entsprechenden Sanktionen (Kühling/Buchner/*Hartung,* DS-GVO, Art. 29 Rn. 6).

Bergt

6. Fake-President-Betrug. In letzter Zeit häufen sich Meldungen, dass Kriminelle gezielt betrügerische Überweisungen veranlassen, indem sie sich als Vorgesetzte ausgeben und besondere Geheimhaltung verlangen („Fake President"). Dies ist kein datenschutzrechtliches Problem, kann aber gut im Zusammenhang angesprochen werden.

7. Richtlinien. Bestehen im Unternehmen Richtlinien, etwa zur E-Mail- und Internetnutzung (→ D.III.1.), zur Nutzung eines Home Offices (→ D.III.2.) oder zu Bring Your Own Device (→ D.III.4.), sollte zur Klarstellung auf diese verwiesen werden.

8. Aktualität der Gesetze. Es ist darauf zu achten, dass bei Änderungen der abgedruckten Gesetzestexte der aktuelle Wortlaut verwendet wird.

2. Verpflichtung auf das Telekommunikationsgeheimnis mit Merkblatt

Die DS-GVO hat die **Rechtslage im Telekommunikations-Datenschutzrecht äußerst unübersichtlich** gemacht. Hintergrund ist, dass nach Art. 95 DS-GVO die Datenschutzrichtlinie für elektronische Kommunikation 2002/58/EG den Vorschriften der DS-GVO vorgeht, soweit die Datenschutzrichtlinie für elektronische Kommunikation Vorschriften enthält, „die dasselbe Ziel verfolgen". Der deutsche Gesetzgeber hat allerdings die Datenschutzrichtlinie für elektronische Kommunikation überschießend umgesetzt und plant derzeit keine Anpassung des TKG an die neue Rechtslage. Dies führt dazu, dass **verschiedene Regelungen des TKG in verschiedenen Konstellationen unter Geltung der DS-GVO nicht mehr angewendet werden dürfen** (im Detail BeckOK DatenSR/*Holländer,* Art. 95 Rn. 4 ff.). Änderungen der Rechtslage werden sich allerdings künftig durch die Verordnung über Privatsphäre und elektronische Kommunikation ergeben, die derzeit als Kommissionsentwurf (COM(2017) 10 final) v. 10.1.2017 vorliegt und die RL 2002/56/EG vollständig ersetzen soll. Da bislang nur der Kommissionsentwurf vorgestellt wurde, sind die weiteren Entwicklungen zu beobachten.

Von besonderer Bedeutung für die Praxis ist, dass Unternehmen, die ihren Arbeitnehmern die **private Nutzung von E-Mail und Internet am Arbeitsplatz** gestatten, nicht mehr den datenschutzrechtlichen Vorschriften des TKG unterfallen, sondern der DS-GVO, weil Art. 3 Abs. 1 der Datenschutzrichtlinie für elektronische Kommunikation regelt, dass diese nur „für die Verarbeitung personenbezogener Daten in Verbindung mit der Bereitstellung öffentlich zugänglicher elektronischer Kommunikationsdienste in öffentlichen Kommunikationsnetzen" gilt, also nicht für geschlossene Nutzergruppen. Davon unberührt bleibt allerdings die Strafbarkeit nach § 206 StGB, weil diese nicht an die datenschutzrechtlichen Vorschriften des TKG anknüpft, sondern eine vollständige eigenständige Regelung – wenn auch vergleichbaren Inhalts – beinhaltet. § 206 StGB bleibt auch unter Geltung der DS-GVO anwendbar; es handelt sich um eine nationale Sanktionsvorschrift gem. Art. 84 DS-GVO (Kühling/Buchner/*Bergt,* DS-GVO, Art. 84 Rn. 26). Allerdings ist für das Tatbestandsmerkmal „unbefugt" aus § 206 Abs. 1 StGB nun auch auf Erlaubnisnormen aus der DS-GVO abzustellen, soweit diese, namentlich bei geschlossenen Nutzergruppen, anwendbar ist. Zur Verwendung gegenüber betroffenen Administratoren können, wenn keine Eigenschaft als Diensteanbieter im Sinne des TKG vorliegt, die allgemeine Verschwiegenheitsverpflichtung und das Merkblatt (→ C.VII.1) um einen Verweis auf § 206 StGB ergänzt werden.

Da angesichts dieses „Dschungels" (BeckOK DatenSR/*Holländer*, Art. 95 Rn. 6) damit zu rechnen ist, dass viele Mitarbeiter sich nicht bewusst sind, dass sie verpflichtet sind, das Telekommunikationsgeheimnis zu wahren, und auch im Fall der Privatnutzung im Unternehmen – und damit Anwendbarkeit der DS-GVO statt des TKG – noch § 206 StGB anwendbar bleibt, erscheint es sinnvoll, auch **weiterhin förmlich auf das Telekommunikationsgeheimnis zu verpflichten.** Es gibt zwar auch hierfür keine ausdrückliche gesetzliche Verpflichtung, doch gilt die DS-GVO neben dem TKG subsidiär. Die **Rechenschaftspflicht (Accountability-Prinzip)** der DS-GVO, dass also das Unternehmen nachweisen muss, dass es das Datenschutzrecht eingehalten hat, dürfte über Art. 95 DS-GVO anwendbar bleiben; für Haftung und Sanktionen enthält sogar Art. 15 Abs. 2 DSRL für elektronische Kommunikation einen ausdrücklichen Verweis auf die DSRL, der nach Art. 94 DS-GVO als Verweis auf die DS-GVO gilt.

Das Telekommunikationsgeheimnis gilt bereits nach dem Gesetz, so dass es sich bei der Verpflichtung auf das Telekommunikationsgeheimnis rechtlich um eine Belehrung handelt, deren Bedeutung nur durch eine eher moralische „Verpflichtung" unterstrichen wird. Doch eine entsprechende **Belehrung und Verpflichtung** ist nicht nur vor dem Hintergrund der Fürsorgepflicht des Arbeitgebers geboten, sondern auch um Gesetzesverstöße zu vermeiden, für die letztlich das Unternehmen haften würde. Arbeitsrechtlich lässt sich Mitarbeitern nur dann ein Verschulden vorwerfen, wenn diese ihre Pflichten kannten. Die **Unterrichtungs- und Schulungspflicht** hinsichtlich des Datenschutzrechts (→ Vorb C.VII.1.) gilt zudem auch für das Telekommunikations-Datenschutzrecht.

§ 88 Abs. 2 S. 1 TKG ist auf den ersten Blick irreführend, weil er nur „Diensteanbieter" zur Wahrung des Fernmeldegeheimnisses verpflichtet. Erst im Zusammenspiel mit der Definition in § 3 Nr. 6 TKG wird deutlich, dass **„Diensteanbieter" nicht nur der eigentliche Anbieter von Telekommunikationsdiensten ist, sondern jeder Mitwirkende.** Erfasst werden alle, die eine Einwirkungsmöglichkeit auf den Schutz des Fernmeldegeheimnisses haben (Spindler/Schuster/*Eckhardt*, Recht der elektronischen Medien, TKG, § 88 Rn. 31), insbesondere **Mitarbeiter und Erfüllungsgehilfen** eines Anbieters.

Wer etwa in einem **Hotel, Krankenhaus oder Restaurant** ein Gästetelefon oder einen freien Internetzugang (z. B. WLAN-Hotspot) bereitstellt, ist Diensteanbieter im Sinne des TKG; eine geschlossene Benutzergruppe, die zu einem Ausschluss der Datenschutzrichtlinie für elektronische Kommunikation und damit hinsichtlich des Datenschutzrechts einer ausschließlichen Anwendbarkeit der DS-GVO führen würde, liegt wegen des Angebots an eine unbestimmte Gruppe nicht vor. Es genügt eine gewisse Dauerhaftigkeit eines Angebots, das sich an Dritte richtet; eine Gewinnerzielungsabsicht ist nicht erforderlich (§ 3 Nr. 10 TKG).

Es empfiehlt sich ein schriftliches Protokoll über Belehrung und Verpflichtung auf das Telekommunikationsgeheimnis, das durch eine schriftliche Bestätigung des Mitarbeiters ergänzt wird. Diese **doppelte Schriftform unterstreicht die Bedeutung** des Telekommunikationsgeheimnisses und dient zudem der **Beweisbarkeit,** insbesondere im Hinblick auf die Beweislastverteilung zu Lasten des Arbeitgebers (§ 619a BGB), die Rechenschaftspflicht (Art. 5, 24 DS-GVO) und die Nachweispflichten auch im Schadensersatz- (Kühling/Buchner/*Bergt*, DS-GVO, Art. 82 Rn. 49 ff.) und Sanktionsrecht (Kühling/Buchner/*Bergt*, DS-GVO, Art. 83 Rn. 111). Der Mitarbeiter sollte **neben der mündlichen Belehrung ein Merkblatt** erhalten, das die wichtigsten Aspekte des Telekommunikationsgeheimnisses allgemeinverständlich erläutert. Um zu verhindern, dass der Mitarbeiter das Formular nur unterschreibt, das Merkblatt aber nicht liest, sollte auf eine mündliche Belehrung keinesfalls verzichtet werden.

Die Verpflichtung auf das Telekommunikationsgeheimnis sollte zeitgleich zu **weiteren Verschwiegenheitsverpflichtungen** und Belehrungen erfolgen (→ C.VII.1., → C.VII.3. und → C.VII.7.). Ein gemeinsames Protokoll für die verschiedenen Verpflichtungen bietet sich an.

1. Verpflichtung auf das Telekommunikationsgeheimnis

Frau/Herr [Name des Mitarbeiters] wurde heute darüber belehrt, dass [Unternehmen] geschäftsmäßig Telekommunikationsdienste erbringt und dass sie/er deshalb nach § 206 StGB und ggf. § 88 TKG zur Wahrung des Fernmeldegeheimnisses verpflichtet ist. Sie/Er wurde auf die Wahrung des Fernmeldegeheimnisses verpflichtet. Diese Verpflichtung besteht auch nach Beendigung der Tätigkeit fort.

Dem Fernmeldegeheimnis unterliegen der Inhalt der Telekommunikation und ihre näheren Umstände, insbesondere die Tatsache, ob jemand an einem Telekommunikationsvorgang beteiligt ist oder war. Das Fernmeldegeheimnis erstreckt sich auch auf die näheren Umstände erfolgloser Verbindungsversuche.

Verstöße gegen das Fernmeldegeheimnis können nach § 206 StGB, ggf. auch nach anderen Gesetzen, mit Geldbuße, Geld- oder Freiheitsstrafe geahndet werden. Eine Verletzung des Fernmeldegeheimnisses kann zugleich eine Verletzung arbeitsvertraglicher Pflichten darstellen und beispielsweise zu Abmahnung, fristloser oder fristgerechter Kündigung und/oder Schadensersatzpflichten führen. Die datenschutzrechtliche Verschwiegenheitspflicht und sonstige Geheimhaltungsverpflichtungen, etwa aus dem Arbeitsvertrag, bestehen neben dem Fernmeldegeheimnis.

[Ort, Datum, Unterschrift der verpflichtenden Person][1]

Ich bestätige, dass ich heute auf das Fernmeldegeheimnis verpflichtet und über seine Bedeutung belehrt wurde. Ein Exemplar dieses Formulars sowie ein Merkblatt mit Erläuterungen und dem Text des § 88 TKG und des § 206 StGB habe ich erhalten.

[Ort, Datum, Unterschrift des Mitarbeiters][2]

2. Merkblatt zum Telekommunikationsgeheimnis[3]

Sie werden heute auf das Fernmeldegeheimnis verpflichtet. Dabei erhalten Sie eine Belehrung über die Pflichten, die sich für Sie aus dem Fernmeldegeheimnis ergeben. Dieses Merkblatt gibt Ihnen die Möglichkeit, das Wichtigste noch einmal nachzulesen. Sollten Sie Fragen haben, zögern Sie nicht, Ihren Vorgesetzten oder den betrieblichen Datenschutzbeauftragten, Telefon […], zu fragen.

Das Fernmelde- oder Telekommunikationsgeheimnis

Das Fernmeldegeheimnis schützt nicht nur Telefonate und Faxe, sondern auch moderne Kommunikationsformen wie E-Mail. Es wird daher auch Telekommunikationsgeheimnis genannt. Es handelt sich um ein Grundrecht (Art. 10 des Grundgesetzes – GG), das in § 88 des Telekommunikationsgesetzes (TKG) und § 206 des Strafgesetzbuches (StGB) genauer geregelt ist. §§ 91 ff. TKG regeln den Datenschutz bei Telekommunikation. In besonderen Fällen kann statt des TKG auch die Datenschutz-Grundverordnung (DS-GVO), ggf. auch das Bundesdatenschutzgesetz (BDSG), anwendbar sein.

Das Fernmeldegeheimnis schützt einerseits den Inhalt der Kommunikation: Was wurde bei dem Telefonat besprochen? Welche Daten wurden übertragen? Was steht in der E-Mail oder der Chat-Nachricht? Und auch: Was steht im Betreff der E-Mail?

Das Fernmeldegeheimnis schützt andererseits aber auch die „näheren Umstände der Telekommunikation": Wer hat wann mit wem telefoniert oder gemailt? Welche WWW-Seiten wurden aufgerufen? Wer hat vergeblich versucht, eine Telefonverbindung aufzubauen?

Nicht nur wir als Unternehmen, sondern auch Sie persönlich müssen das Fernmeldegeheimnis einhalten. Diese Pflicht ergibt sich übrigens bereits aus dem Gesetz (§ 88 TKG, § 206 StGB). Ihre heutige förmliche Verpflichtung auf das Fernmeldegeheimnis dient nur dazu, Ihnen deutlich zu machen, wie wichtig diese Pflicht ist.

Bitte beachten Sie: Das Fernmeldegeheimnis gilt zeitlich unbefristet, und zwar selbst dann, wenn Sie nicht mehr für uns tätig sind (so ausdrücklich § 88 Abs. 1 S. 2 TKG; dies gilt aber auch für § 206 StGB). Es gilt gegenüber allen Personen, die nicht dienstlich für die jeweilige Sache zuständig sind – also auch gegenüber allen anderen Kollegen, Ihrer Familie und der Presse.

Ihre Pflicht zur Wahrung des Fernmeldegeheimnisses

Informationen, die dem Fernmeldegeheimnis unterliegen, müssen Sie absolut vertraulich behandeln. Sie dürfen also beispielsweise nicht Einzelverbindungsnachweise oder Logfiles über Telekommunikationsverbindungen auswerten, E-Mail-Postfächer einsehen oder Ähnliches, außer dies ist ausnahmsweise gesetzlich erlaubt. Die wichtigste Erlaubnis enthält § 88 Abs. 3 S. 1 TKG: Wenn wir den Telekommunikationsdienst nur erbringen können bzw. unsere Telekommunikationssysteme nur schützen können, wenn wir von bestimmten dem Fernmeldegeheimnis unterliegenden Informationen Kenntnis haben, ist uns die Kenntnisnahme erlaubt. §§ 96 und 97 TKG erlauben uns, Verbindungsdaten zu speichern und zu verwenden, soweit das für die Abrechnung erforderlich ist. Zur Störungs- und Betrugsbekämpfung erlaubt uns § 100 TKG in bestimmten Fällen, Verbindungsdaten zu nutzen. (In besonderen Fällen kann statt des TKG auch die DS-GVO, evtl. das BDSG, anwendbar sein.) Welche Daten im konkreten Fall wofür gespeichert und genutzt werden dürfen, erläutert Ihnen Ihr Vorgesetzter.

Beachten Sie bitte, dass diese Erlaubnisse nur soweit bestehen, wie die Kenntnis, Speicherung oder Nutzung unbedingt für den jeweiligen Zweck erforderlich ist. Müssen Sie zur Behebung eines technischen Fehlers beispielsweise zwingend in eine Mailbox schauen, dürfen Sie dies nur insoweit, wie es sich nicht vermeiden lässt: Genügt es etwa, den Header einer E-Mail auszuwerten, dürfen Sie den Nachrichtentext selbst nicht lesen. Natürlich dürfen Sie Dinge, die dem Fernmeldegeheimnis unterliegen, auch dann nicht weitersagen, wenn Sie zur Administration ausnahmsweise legal davon Kenntnis erlangt haben – auch nicht Ihrem Vorgesetzten. Ausnahme: Wenn Sie zufällig davon erfahren, dass eine schwere, in § 138 StGB genannte Straftat geplant wird.

Bergt

Auskunftsverlangen

Es kann sein, dass die Polizei oder andere Stellen auf Sie zukommen und bestimmte Informationen wünschen, etwa zu Nutzern oder Angaben, die dem Telekommunikationsgeheimnis unterliegen. Derartige Anfragen leiten Sie bitte sofort an [Ansprechpartner, Telefon, usw.] weiter. Sie selbst dürfen keine Auskünfte erteilen, wenn dies nicht ausdrücklich zu Ihrem Aufgabengebiet gehört.

Folgen von Verstößen

Verstoßen Sie gegen das Fernmeldegeheimnis, drohen Ihnen dafür unter Umständen bis zu fünf Jahre Haft. § 206 StGB stellt es (unter anderem) unter Strafe, Informationen weiterzugeben, die dem Fernmeldegeheimnis unterliegen. Ebenfalls ist es strafbar, anvertraute Sendungen (insbesondere E-Mails) unbefugt zu unterdrücken, etwa zu löschen oder über längere Zeit zurückzuhalten.

Bestimmte Verstöße gegen das TKG können zudem ein Bußgeld zur Folge haben, z. B. wenn unzulässig Daten erhoben oder nicht gelöscht werden (§ 149 TKG). Unter Umständen kommen weitere Bußgeld- und Straftatbestände in Betracht, etwa Verstöße gegen das Datenschutzrecht (Art. 83 DS-GVO, §§ 42, 43 BDSG), Verrat von Geschäfts- und Betriebsgeheimnissen (§ 17 UWG), Ausspähen von Daten (§ 202a StGB), Computerbetrug (§ 263a StGB).

Schwere Schäden für [Unternehmen] kann es verursachen, wenn eine so genannte Datenpanne öffentlich bekannt wird. Kunden verlieren das Vertrauen und nutzen nicht mehr unsere Dienste, wenn sie nicht sicher sein können, dass ihre Daten bei uns in guten Händen sind. Hinzu kommt, dass wir nach der Datenpannen-Verordnung[4] verpflichtet sein können, eine Datenpanne allen Betroffenen mitzuteilen und ggf. zusätzlich die Öffentlichkeit informieren müssen. Bitte helfen Sie mit, dass das Telekommunikationsgeheimnis bei uns immer gewahrt bleibt.

Kommt es durch Verstöße gegen das Fernmeldegeheimnis zu Schäden, müssen wir und ggf. auch Sie persönlich Schadensersatz leisten. Ihnen persönlich drohen zudem arbeitsrechtliche Konsequenzen, wenn Sie gegen das Fernmeldegeheimnis verstoßen. Denkbar sind je nach Schwere Ihres Fehlverhaltens insbesondere eine Abmahnung, eine fristgerechte Kündigung oder sogar eine fristlose Kündigung ohne vorherige Verwarnung.

Wortlaut der Gesetze

[Es ist der Wortlaut des § 88 TKG und des § 206 StGB einzufügen.][5]

Anmerkungen

1. Zuständigkeit für die Verpflichtung. Da zu einer Verpflichtung auf das Fernmeldegeheimnis keine ausdrückliche gesetzliche Verpflichtung besteht, gibt es auch keine Regelung zur Zuständigkeit hierfür. Es empfiehlt sich allerdings, die Verpflichtung auf das Fernmeldegeheimnis zusammen mit der datenschutzrechtlichen Verschwiegenheitsverpflichtung (→ C.VII.1.) und ggf. weiteren Verschwiegenheitsverpflichtungen vorzunehmen. Für diese Tätigkeit ist unabhängig von der Verantwortung der Geschäftsführung der Datenschutzbeauftragte prädestiniert.

Bergt

2. Unterschrift des Mitarbeiters. Dazu, insbesondere zur AGB-rechtlichen Zulässigkeit, → C.VII.1. Anm. 1.

Weigert sich ein Mitarbeiter, die Bestätigung über seine Verpflichtung zu unterschreiben, hat dies keine Auswirkungen auf die sich ohnehin bereits aus dem Gesetz ergebenden Pflichten. Die Beweissituation des Arbeitgebers (vgl. § 619a BGB, Art. 5 Abs. 2, 24 Abs. 1, 82 Abs. 3 DS-GVO) sollte aber durch Unterschrift eines Zeugen unter einem entsprechenden Vermerk verbessert werden (vgl. zur Verpflichtung auf das Datengeheimnis nach dem BDSG a. F. Taeger/Gabel/*Kinast*, BDSG, § 5 Rn. 25).

3. Sprache. Das Merkblatt versucht, das Fernmeldegeheimnis auch für Nichtjuristen verständlich zu machen. Die Situation ist beim Fernmeldegeheimnis zwar anders als beim Datengeheimnis: Mit personenbezogenen Daten kommen auch Menschen in Kontakt, die sehr einfache Tätigkeiten ausüben, während Personen, die an der Erbringung von Telekommunikationsdiensten mitwirken, typischerweise eine höhere Ausbildung haben. Dennoch verbietet sich Juristensprache.

4. Datenpannen-Verordnung. Die Verordnung (EU) Nr. 611/2013 der Kommission vom 24.6.2013 über die Maßnahmen für die Benachrichtigung von Verletzungen des Schutzes personenbezogener Daten gemäß der Richtlinie 2002/58/EG des Europäischen Parlaments und des Rates (Datenschutzrichtlinie für elektronische Kommunikation) – inoffiziell als Datenpannen-Verordnung bezeichnet – stellt an Telekommunikations- und Internetanbieter schärfere Anforderungen für die Meldung von Datenpannen als die DS-GVO (z. B. Online-Meldung innerhalb von 24 Stunden, Art. 2 i. V. m. Anhang I Datenpannen-VO).

5. Aktualität der Gesetze. Es ist darauf zu achten, dass bei Änderungen der abgedruckten Gesetzestexte der aktuelle Wortlaut verwendet wird.

3. Deklaratorische Belehrung über die Verpflichtung zur Wahrung von Geschäfts- und Betriebsgeheimnissen mit Merkblatt und Protokoll

Arbeitnehmer unterliegen bereits wegen ihrer **arbeitsrechtlichen Treuepflicht** (§§ 241 Abs. 2, 242 BGB) gewissen Verschwiegenheitsverpflichtungen (zu freien Mitarbeitern → C.VII.6.). So sind ihnen während der Dauer des Arbeitsverhältnisses sowohl die Offenbarung von Betriebs- und Geschäftsgeheimnissen an Dritte als auch deren Verwertung zu eigenen Zwecken verboten. Dritter ist jeder, dem das Geheimnis nicht zugänglich ist; insbesondere ein Konkurrent, aber auch ein Mitarbeiter des eigenen Unternehmens, der das Geheimnis nicht kennt (Piper/Ohly/Sosnitza/*Ohly*, UWG, § 17 Rn. 15). Doch auch nach Vertragsende darf ein Arbeitnehmer Geschäfts- und Betriebsgeheimnisse aus arbeitsrechtlicher Sicht nicht an Dritte weitergeben. Die Rechtsprechung des BAG gestattet ihm nur, das im Laufe der bisherigen Tätigkeit erworbene berufliche Erfahrungswissen einschließlich der Kenntnis von Betriebs- oder Geschäftsgeheimnissen für eine eigene Tätigkeit zu nutzen (BAG, Urt. v. 19.5.1998 – 9 AZR 394/97, NZA 1999, 200 (201)). § 24 ArbNErfG normiert zudem eine Geheimhaltungspflicht für Diensterfindungen. Aus **wettbewerbsrechtlicher Sicht** ist dagegen das Ende des Arbeitsverhältnisses die entscheidende Zäsur: Danach ist der Ex-Arbeitnehmer wettbewerbsrechtlich frei in der Verwertung redlich erworbener Geschäfts- und Betriebsgeheimnisse, sofern nicht ganz besondere Umstände vorliegen (BGH, Urt. v. 19.11.1982 – I ZR 99/80, GRUR 1983, 179 (181)). Zu beachten ist, dass Wettbewerbsverletzungen sowohl durch aktuelle als auch durch ehemalige Arbeitnehmer nach § 2 Abs. 1 Nr. 3 lit. d ArbGG in die **ausschließliche Zuständigkeit der Arbeitsgerichte** fallen (dazu *Reuter*, NJW 2008, 3538).

Geschäfts- und Betriebsgeheimnisse sind während des Arbeitsverhältnisses sowohl gegen Offenbarung (an Dritte) als auch gegen Verwertung durch den Arbeitnehmer geschützt. Vor Offenbarung sind sie zudem auch nach Ende des Arbeitsverhältnisses geschützt, nicht aber vor Nutzung durch den Arbeitnehmer zu eigenen Zwecken. Dies gilt jedenfalls, soweit sich der Arbeitnehmer die Geschäfts- und Betriebsgeheimnisse nicht treuwidrig verschafft hat, etwa indem er seine Kenntnis vor seinem Ausscheiden noch einmal „aufgefrischt" hat (BGH, Urt. v. 7.11.2002 – I ZR 64/00, GRUR 2003, 356 (358)). Der Arbeitnehmer ist nach Vertragsende zudem verpflichtet, alle Geschäftsunterlagen herauszugeben (BAG, Urt. v. 14.12.2011 – 10 AZR 283/10, ZD 2012, 385 (386)). Behält ein Arbeitnehmer Unterlagen – auch selbst angefertigte – über Geschäfts- und Betriebsgeheimnisse, ist ein Geheimnis, das er hieraus entnimmt, „unbefugt verschafft" i. S. v. § 17 Abs. 2 UWG (BGH, Urt. v. 27.4.2006 – I ZR 126/03, GRUR 2006, 1044 (1045)).

Strafbar nach § 17 UWG sind die Mitteilung eines Geschäfts- oder Betriebsgeheimnisses während des eigenen Arbeitsverhältnisses (Abs. 1), das Verschaffen bzw. Sichern eines Geschäfts- oder Betriebsgeheimnisses durch jedermann und zu jeder Zeit (Abs. 2 Nr. 1) sowie die Verwertung oder Mitteilung derart unbefugt erlangter Geheimnisse (Abs. 2 Nr. 2).

Sonstige vertrauliche Informationen, die dem Arbeitnehmer zur Kenntnis gelangt sind, können ggf. durch Spezialgesetze geschützt sein, etwa das Datenschutzrecht (→ C. II. 1.).

Aus dieser Rechtslage ergeben sich Schutzlücken sowohl während des Arbeitsverhältnisses als auch danach, die in einem gewissen Maß durch die Vereinbarung von Verschwiegenheitsklauseln beseitigt werden können (→ C.VII.4.). Das hiesige Muster beschränkt sich auf eine deklaratorische Wiedergabe der Rechtslage.

Bis zum 9.6.2018 müssen die Mitgliedstaaten die **GeschäftsgeheimnisseRL** (Richtlinie (EU) 2016/943 des Europäischen Parlaments und des Rates vom 8. Juni 2016 über den Schutz vertraulichen Know-hows und vertraulicher Geschäftsinformationen (Geschäftsgeheimnisse) vor rechtswidrigem Erwerb sowie rechtswidriger Nutzung und Offenlegung) in nationales Recht umsetzen (zur GeschäftsgeheimnisseRL *Lejeune*, CR 2016, 330; *McGuire*, GRUR 2016, 1000; *Kalbfus,* GRUR 2016, 1009; *Ann,* GRUR-Prax 2016, 465). Es spricht vieles dafür, in diesem Zusammenhang das deutsche Recht des Schutzes der Geschäftsgeheimnisse umfassend umzugestalten. Zum Redaktionsschluss dieser Auflage war noch nicht absehbar, wann und wie der deutsche Gesetzgeber die GeschäftsgeheimnisseRL umsetzen wird. Die Entwicklung der Rechtslage ist daher bei Anwendung des Musters unbedingt zu verfolgen.

Die Verpflichtung zur Wahrung von Geschäfts- und Betriebsgeheimnissen sollte zeitgleich zur datenschutzrechtlichen Vertraulichkeitsverpflichtung und ggf. weiterer Verschwiegenheitspflichten erfolgen (→ C.VII.1., → C.VII.2. und → C.VII.6.). Ein gemeinsames Protokoll für alle Verpflichtungen bietet sich an.

1. Deklaratorische Belehrung über die Verpflichtung zur Wahrung von Geschäfts- und Betriebsgeheimnissen

Frau/Herr [Name des Arbeitnehmers] wurde heute über ihre/seine Pflicht zur Wahrung von Geschäfts- und Betriebsgeheimnissen belehrt. Betriebs- und Ge-

schäftsgeheimnisse sind im Zusammenhang mit [Unternehmen] stehende Tatsachen, Umstände und Vorgänge, die nicht offenkundig, sondern nur einem begrenzten Personenkreis zugänglich sind und an deren Nichtverbreitung [Unternehmen] ein berechtigtes Interesse hat.

[Frau/Herr [Name des Arbeitnehmers] wurde darauf hingewiesen, dass [Unternehmen] nicht nur alle ausdrücklich als vertraulich bezeichneten derartigen Angelegenheiten und alle derartigen Informationen, deren Vertraulichkeit offensichtlich ist, als Geschäfts- und Betriebsgeheimnisse ansieht,[1] sondern insbesondere auch – nicht abschließend – einzelne Geschäftsvorgänge, Angebots- und Vertragsunterlagen, Kunden- und Lieferantendaten, Marktdaten, Marktstrategien, Kalkulationen, Preise, Konditionen, Bilanzen, Mitarbeiterdaten, Organisation, Konstruktionspläne und -gedanken, Rezepturen, Kontrollverfahren und -ergebnisse, Eigenschafts- und Wirkungsanalysen, Funktionsweisen, Produktionsmethoden, Verfahrensabläufe, Planungen für neue Produkte oder Änderungen, Entwicklungen einschließlich der angestrebten Aufgabenlösung, Entwicklungsschritte, Konstruktions- oder Programmiermethoden.][2]

Geschäfts- und Betriebsgeheimnisse dürfen auch nach Beendigung der Tätigkeit bei [Unternehmen] Dritten nicht zugänglich gemacht werden. Geschäfts- und Betriebsgeheimnisse dürfen zudem nicht zu eigenen Zwecken des Arbeitnehmers verwendet werden. Alle Geschäftsunterlagen müssen bei Ende des Arbeitsverhältnisses zurückgegeben werden. Auch selbst erstellte Notizen (z.B. Dateien) müssen zurückgegeben bzw. gelöscht werden.

Wer unbefugt Geschäfts- und Betriebsgeheimnisse sich verschafft, an Dritte mitteilt oder verwertet, kann sich nach § 17 UWG strafbar machen. Weitere mögliche Folgen sind insbesondere Schadensersatzpflichten, Unterlassungsklagen und – während des Bestehens des Arbeitsverhältnisses – fristgerechte oder fristlose Kündigung.

Das Datengeheimnis und sonstige Geheimhaltungsverpflichtungen bestehen neben der Verpflichtung zur Wahrung von Geschäfts- und Betriebsgeheimnissen.

[Ort, Datum, Unterschrift der belehrenden Person]

Ich bestätige, dass ich heute über meine Pflicht zur Wahrung von Geschäfts- und Betriebsgeheimnissen belehrt wurde. Ein Exemplar dieses Formulars sowie ein Merkblatt mit Erläuterungen und dem Text des § 17 UWG habe ich erhalten.

[Ort, Datum, Unterschrift des Mitarbeiters][3]

2. Merkblatt zu Geschäfts- und Betriebsgeheimnissen

Sie werden heute über Ihre Pflicht zur Wahrung von Geschäfts- und Betriebsgeheimnissen belehrt. Dieses Merkblatt gibt Ihnen die Möglichkeit, das Wichtigste noch einmal nachzulesen. Sollten Sie Fragen haben, zögern Sie nicht, Ihren Vorgesetzten anzusprechen.

Was sind Geschäfts- und Betriebsgeheimnisse?

Betriebs- und Geschäftsgeheimnisse sind im Zusammenhang mit [Unternehmen] stehende Tatsachen, Umstände und Vorgänge, die nicht offenkundig, sondern nur einem begrenzten Personenkreis zugänglich sind und an deren Nichtverbreitung [Unternehmen] ein berechtigtes Interesse hat.[4]

Geschäftsgeheimnisse betreffen eher kaufmännische Fragen. Beispiele: einzelne Geschäftsvorgänge, Angebots- und Vertragsunterlagen, Kunden- und Lieferantendaten, Marktdaten, Marktstrategien, Kalkulationen, Preise, Konditionen, Bilanzen, Mitarbeiter, Organisation.

Betriebsgeheimnisse beziehen sich eher auf den organisatorischen oder technischen Bereich. Beispiele: Konstruktionspläne und -gedanken, Rezepturen, Kontrollverfahren und -ergebnisse, Eigenschafts- und Wirkungsanalysen, Funktionsweisen, Produktionsmethoden, Verfahrensabläufe, Planungen für neue Produkte oder Änderungen, Entwicklungen einschließlich der angestrebten Aufgabenlösung, Entwicklungsschritte, Konstruktions- oder Programmiermethoden.

Betriebsgeheimnis kann auch die Information sein, dass ein Unternehmen ein eigentlich offenkundiges Verfahren oder ein bestimmtes Computerprogramm nutzt. Betriebsgeheimnis ist beispielsweise auch eine Diensterfindung, sogar wenn Sie selbst die Erfindung gemacht haben und noch niemand außer Ihnen davon weiß.

Bevor Sie eine Information, die Sie ihm Rahmen Ihrer Tätigkeit bei [Unternehmen] erhalten haben, weitergeben oder für sich selbst verwenden, fragen Sie bitte sicherheitshalber bei [Ihrem Vorgesetzten] nach, ob hiergegen Bedenken bestehen. Dies gilt auch nach dem Ende Ihrer Tätigkeit bei [Unternehmen].[5]

Was ist kein Geheimnis?

Wenn eine Tatsache offenkundig ist, stellt sie kein Geschäfts- oder Betriebsgeheimnis mehr dar. Offenkundig ist eine Tatsache, wenn sie beliebigem Zugriff preisgegeben ist, etwa durch Veröffentlichung in einer Zeitung.

Für eine Offenkundigkeit genügt es nicht schon, dass etwa Zusammensetzung und Herstellungsweise eines Produkts durch detaillierte Untersuchungen und Überlegungen aufgedeckt werden können. Auch darf Mitarbeitern das Geheimnis natürlich bekannt gemacht werden, ohne seinen Charakter als Geheimnis zu verlieren, da für Mitarbeiter eine gesetzliche Verschwiegenheitspflicht gilt. Die Einweihung externer Personen ist unschädlich, wenn sich das Erfordernis der Verschwiegenheit ausdrücklich oder aus den Umständen ergibt. Dies nimmt die Rechtsprechung auch ohne Vereinbarung an, wenn beispielsweise ein anderes Unternehmen Pläne ausführen soll oder fremde Experten hinzugezogen werden. Selbst wenn ein Geheimnis verraten wird, beseitigt dies den Geheimnischarakter nicht ohne Weiteres.

Welche Geheimhaltungs- und Rückgabepflichten haben Sie?

Geschäfts- und Betriebsgeheimnisse dürfen Sie während und auch nach Beendigung Ihrer Tätigkeit bei [Unternehmen] nicht an Dritte weitergeben. Dritter ist jeder, dem das Geheimnis nicht zugänglich ist. Dies betrifft nicht nur Konkurrenten, sondern auch Mitarbeiter von [Unternehmen], die das Geheimnis nicht kennen, Familienangehörige usw. Als Arbeitnehmer dürfen Sie Geschäfts- und Betriebsgeheimnisse zudem nicht zu eigenen Zwecken verwenden.

Unterlagen, Materialien, Geräte usw., die Geschäfts- oder Betriebsgeheimnisse enthalten, dürfen Sie nur aus dem Betrieb mitnehmen, wenn Sie dafür die Erlaubnis Ihres Vorgesetzten haben. [Falls Sie im Home oder Mobile Office arbeiten, gilt für Sie zusätzlich die Richtlinie Home Office/Mobile Office (Telearbeit).][6] Andere Geheimhaltungspflichten – etwa Ihre datenschutzrechtlichen Vertraulichkeitspflichten – bestehen zusätzlich.

Alle Geschäftsunterlagen, egal, ob Sie diese von [Unternehmen] oder von Dritten erhalten oder selbst erstellt haben, müssen Sie bei Ende des Arbeitsverhältnisses unaufgefordert zurückgeben. Auch selbst erstellte Notizen (z. B. Dateien) müssen Sie zurückgeben bzw. löschen. Ihr Vorgesetzter kann Sie auch während des Arbeitsverhältnisses jederzeit zur Rückgabe oder Löschung auffordern.

[Wenn Sie im Rahmen Ihrer Tätigkeit bei [Unternehmen] auf Missstände stoßen und der Ansicht sind, diese nicht mit Ihrem Vorgesetzten klären zu können, können Sie sich an unsere interne Whistleblowing-Stelle [Kontaktdaten] wenden und im Rahmen des Notwendigen auch Betriebs- und Geschäftsgeheimnisse benennen.][7]

Welche Folgen drohen bei Verstößen?

Wenn Sie sich unbefugt Geschäfts- und Betriebsgeheimnisse verschaffen oder sichern (beispielsweise ein Geheimnis kopieren oder es aus dem Gedächtnis aufschreiben – auch wenn Ihnen das Geheimnis rechtmäßig bekannt ist), sie an Dritte mitteilen oder verwerten, können Sie nach § 17 UWG mit bis zu fünf Jahren Haft bestraft werden.

Weitere mögliche Folgen sind Schadensersatzpflichten und Unterlassungsklagen (ggf. auch gegen Ihren neuen Arbeitgeber) und (während des Bestehens des Arbeitsverhältnisses) fristgerechte oder fristlose Kündigung.

Wortlaut des Gesetzes
[Es ist der Wortlaut des § 17 UWG einzufügen.][8]

Anmerkungen

1. **Keine Ausweitung der Definition der Geschäfts- und Betriebsgeheimnisse.** Geschäfts- und Betriebsgeheimnisse sind nur diejenigen Informationen, die tatsächlich unter die Definition des Geschäfts- oder Betriebsgeheimnisses gem. § 17 UWG fallen. Es ist dem Arbeitgeber verwehrt, einseitig weitere Informationen als Geschäfts- oder Betriebsgeheimnis zu definieren; allerdings ist in gewissem Rahmen eine Vereinbarung weitergehender – nicht strafbewehrter – Verschwiegenheitpflichten möglich (→ C. II. 4.).

2. **Aufzählung von Geschäfts- und Betriebsgeheimnissen.** Das Merkblatt enthält bereits eine umfangreiche Aufzählung von Geschäfts- und Betriebsgeheimnissen. Es ist nicht erforderlich, aber möglich, diese in das Protokoll der Verpflichtung selbst aufzunehmen, um eine Unterschrift des Mitarbeiters unter der gesamten Liste zu haben und dem Arbeitnehmer möglichst deutlich vor Augen zu führen, bei welchen Informationen er Vorsicht walten lassen sollte. Eine Auflistung derjenigen Informationen, die nach Ansicht des Arbeitgebers Geschäfts- und Betriebsgeheimnisse darstellen, hat zudem den Vorteil, konkret für jeden genannten Typ den nach der überwiegenden Rechtsprechung erforderlichen, wenn auch typischerweise sich aus der Natur der Sache ergebenden subjektiven Geheimhaltungswillen des Arbeitgebers zu dokumentieren. Nachteil einer konkreten Auflistung ist, dass aus dem Fehlen einer bestimmten Art von Geheimnissen geschlossen werden könnte, dass diese gerade nicht vertraulich behandelt werden sollen.

3. **Unterschrift des Mitarbeiters.** Dazu → C.VII.1. Anm. 1.

4. **Geheimhaltungswille.** Die Rechtsprechung verlangt überwiegend zusätzlich einen Willen zur Geheimhaltung, wobei es genügt, dass sich dieser Geheimhaltungs-

Bergt

wille aus der Natur der Sache ergibt. Im Ergebnis kommt es damit nur auf ein Geheimhaltungsinteresse an, aus dem automatisch auch der Geheimhaltungswille gefolgert wird, wenn der Unternehmer nicht mit der Weitergabe des Geheimnisses einverstanden war (vgl. Köhler/Bornkamm/*Köhler*, UWG, § 17 Rn. 10). Wer die Rechtsprechung nicht kennt, könnte durch die zusätzliche Anforderung eines erkennbaren Geheimhaltungswillens in die Irre geführt werden, ob eine bestimmte Information ein Betriebsgeheimnis darstellt. Mindestens gegenüber Arbeitnehmern sollte daher der erkennbare Geheimhaltungswille nicht als zusätzliche Anforderung genannt werden.

Eine wesentliche Änderung durch die Umsetzung der GeschäftsgeheimnisseRL könnte sich daraus ergeben, dass Art. 2 Nr. 1 lit. c der GeschäftsgeheimnisseRL für den Begriff des Geschäftsgeheimnisses „angemessene Geheimhaltungsmaßnahmen" voraussetzt. Art. 1 Abs. 1 UAbs. 1 GeschäftsgeheimnisseRL erlaubt insoweit aber auch einen weitergehenden Schutz.

5. Bitte um Nachfrage. Der Arbeitnehmer wird gebeten, zunächst beim Unternehmen nachzufragen, wenn er eine bestimmte Information weitergeben oder verwerten will. Anwaltlich beratene (Ex-)Mitarbeiter werden darauf wohl verzichten; bei allen anderen führt eine Nachfrage zumindest dazu, dass das Unternehmen von den Plänen des (Ex-)Mitarbeiters erfährt und ggf. geschäftspolitisch gegensteuern kann, auch wenn es rechtlich möglicherweise keine Handhabe gibt.

6. Unternehmensinterne Richtlinien. Es empfiehlt sich eine Klarstellung, dass zusätzliche Anforderungen, etwa aus einer unternehmensinternen Richtlinie zur Nutzung eines Home oder Mobile Office (→ D.III.2.), unberührt bleiben.

7. Whistleblowing-Stelle. Nach h.M. besteht eine Geheimhaltungspflicht auch bei illegalen Geheimnissen, z.B. Beteiligung an einem Kartell, Schmiergeldzahlungen, Verstoß gegen Umweltschutzvorschriften (Köhler/Bornkamm/*Köhler*, UWG, § 17 Rn. 9). Besitzt das Unternehmen eine Whistleblowing-Stelle (→ A.IV., auch zur entsprechenden Richtlinie), sollte daher klargestellt werden, dass diese auch dann eingeschaltet werden darf, wenn dabei Betriebs- oder Geschäftsgeheimnisse (intern) mitgeteilt werden müssen. Aber auch eine Mitteilung an Dritte kann gerechtfertigt sein, etwa nach § 34 StGB oder wenn der Mitarbeiter sich selbst an einer strafbaren Handlung beteiligen würde.

Die Umsetzung der GeschäftsgeheimnisseRL wird insoweit allerdings erhebliche Änderungen mit sich bringen: Denn die Richtlinie schützt nach ihrem Art. 2 Abs. 1 lit. b nur Informationen, die einen echten positiven Vermögenswert haben, also nicht Informationen, die keinen positiven kommerziellen Wert haben, deren Bekanntwerden aber Schaden verursachen könnte, wie Informationen über rechtswidrige Vorgänge im Unternehmen (*Kalbfus*, GRUR 2016, 1009 (1011); a.A. Köhler/Bornkamm/*Köhler*, UWG, § 17 Rn. 9). Insoweit besteht aber nach Art. 1 Abs. 1 UAbs. 1 GeschäftsgeheimnisseRL die Möglichkeit für den nationalen Gesetzgeber, einen weitergehenden Schutz vorzusehen. Diese Option besteht dagegen nicht hinsichtlich Art. 5 lit. b Geschäftsgeheimnisse-RL, wonach die Offenlegung von Geschäftsgeheimnissen nicht verfolgt werden kann, wenn sie der Aufdeckung eines beruflichen oder sonstigen Fehlverhaltens oder einer illegalen Tätigkeit dient, sofern der Täter in der Absicht gehandelt hat, das allgemeine öffentliche Interesse zu schützen. Dadurch werden insbesondere Whistleblower geschützt (*Kalbfus*, GRUR 2016,

1009 (1015); umfassend zum Schutz von Whistleblowern *Eufinger,* ZRP 2016, 229).

8. Aktualität der Gesetze. Es ist darauf zu achten, dass bei Änderungen der abgedruckten Gesetzestexte der aktuelle Wortlaut verwendet wird. Angesichts der anstehenden Umsetzung der GeschäftsgeheimnisseRL ist die Rechtsentwicklung zu beobachten und je nach Inhalt der zu beschließenden Gesetze das Muster anzupassen.

4. Vereinbarung über die Wahrung von Geschäfts- und Betriebsgeheimnissen mit Merkblatt und Protokoll

Der gesetzliche Schutz von **Geschäfts- oder Betriebsgeheimnissen** gegenüber Arbeitnehmern weist **Schutzlücken** auf (siehe die Darstellung des gesetzlichen Schutzes und seiner Grenzen in → C.VII. 3.). Die Berechtigung des Arbeitnehmers, ihm redlich zur Kenntnis gelangte Geschäfts- und Betriebsgeheimnisse nach seinem Ausscheiden zu seinem eigenen beruflichen Fortkommen zu nutzen, kann allerdings durch eine **Vereinbarung** zwischen Arbeitgeber und Arbeitnehmer ausgeschlossen werden. Ein solches Nutzungsverbot kann zeitlich unbeschränkt und ohne Karenzentschädigung vereinbart werden, wenn es sich auf konkret bezeichnete Geschäfts- und Betriebsgeheimnisse bezieht (BAG, Urt. v. 19.5.1998 – 9 AZR 394/97, NZA 1999, 200 (201)).

Die folgenden Vertraulichkeitsklauseln können beispielsweise im Arbeitsvertrag verwendet werden. Die deklaratorische Belehrung über die Verpflichtung zur Wahrung von Geschäfts- und Betriebsgeheimnissen (→ C.VII. 3.) darf dann keinesfalls verwendet werden, weil diese von geringeren Verschwiegenheitsverpflichtungen ausgeht. Im Zusammenhang mit der datenschutzrechtlichen Vertraulichkeitsverpflichtung sollten dem Mitarbeiter seine vertragliche Verpflichtung nochmals durch eine angepasste **Belehrung** in Erinnerung gerufen und ihm ein **Merkblatt** mit einer Zusammenfassung seiner Pflichten übergeben werden.

Wichtig ist eine **regelmäßige Überprüfung,** ob alle zu schützenden Geheimnisse umfasst sind und ob der Schutz möglicherweise einem Wettbewerbsverbot gleichkommt, das bei Bedarf ausdrücklich und korrekt vereinbart werden müsste (beachte §§ 74 ff. HGB).

Bis zum 9.6.2018 müssen die Mitgliedstaaten die **GeschäftsgeheimnisseRL** (Richtlinie (EU) 2016/943 des Europäischen Parlaments und des Rates vom 8. Juni 2016 über den Schutz vertraulichen Know-hows und vertraulicher Geschäftsinformationen (Geschäftsgeheimnisse) vor rechtswidrigem Erwerb sowie rechtswidriger Nutzung und Offenlegung) in nationales Recht umsetzen (zur GeschäftsgeheimnisseRL *Lejeune,* CR 2016, 330; *McGuire,* GRUR 2016, 1000; *Kalbfus,* GRUR 2016, 1009; *Ann,* GRUR-Prax 2016, 465). Es spricht vieles dafür, in diesem Zusammenhang das deutsche Recht des Schutzes der Geschäftsgeheimnisse umfassend umzugestalten. Zum Redaktionsschluss dieser Auflage ist jedoch nicht absehbar, wann und wie der deutsche Gesetzgeber die GeschäftsgeheimnisseRL umsetzen wird. Die Entwicklung der Rechtslage ist daher bei Anwendung des Musters unbedingt zu verfolgen.

Für freie Mitarbeiter siehe das Muster → C.VII. 5.

Bergt

1. Vereinbarung über die Wahrung von Geschäfts- und Betriebsgeheimnissen

(1) Der Arbeitnehmer verpflichtet sich, über Geschäfts- und Betriebsgeheimnisse sowie betriebliche Angelegenheiten vertraulicher Natur, deren Geheimhaltung durch [Unternehmen] angeordnet oder deren Geheimhaltungsbedürftigkeit offensichtlich ist, Verschwiegenheit zu wahren, sie ohne ausdrückliche Zustimmung der Geschäftsleitung Dritten nicht zugänglich zu machen und sie nicht für eigene Zwecke zu verwerten.[1]

(2) Betriebs- und Geschäftsgeheimnisse sind im Zusammenhang mit [Unternehmen] stehende Tatsachen, Umstände und Vorgänge, die nicht offenkundig, sondern nur einem begrenzten Personenkreis zugänglich sind und an deren Nichtverbreitung [Unternehmen] ein berechtigtes Interesse hat, insbesondere – nicht abschließend – einzelne Geschäftsvorgänge, Angebots- und Vertragsunterlagen, Kunden- und Lieferantendaten, Marktdaten, Marktstrategien, Kalkulationen, Preise, Konditionen, Bilanzen, Mitarbeiter, Organisation, Konstruktionspläne und -gedanken, Rezepturen, Kontrollverfahren und -ergebnisse, Eigenschafts- und Wirkungsanalysen, Funktionsweisen, Produktionsmethoden, Verfahrensabläufe, Planungen für neue Produkte oder Änderungen, Entwicklungen einschließlich der angestrebten Aufgabenlösung, Entwicklungsschritte, Konstruktions- oder Programmiermethoden.

(3) Der Arbeitnehmer verpflichtet sich zudem, hinsichtlich aller betrieblichen Informationen vertraulicher Natur, die für das berufliche Spezialgebiet des Arbeitnehmers fachfremd sind (z. B. bei einem Informatiker Daten zu einem chemischen Prozess) Verschwiegenheit zu wahren, sie ohne ausdrückliche Zustimmung der Geschäftsleitung Dritten nicht zugänglich zu machen und sie nicht für eigene Zwecke zu verwerten.[2]

(4) Der Arbeitnehmer verpflichtet sich weiter, über nicht offenkundige betriebliche Informationen vertraulicher Natur, die er im Rahmen des Arbeitsverhältnisses direkt oder über [Unternehmen] von Dritten – insbesondere von Kunden oder Kooperationspartnern von [Unternehmen] – erhalten hat und deren Vertraulichkeit entweder offenkundig ist oder dem Arbeitnehmer mitgeteilt wurde, Verschwiegenheit zu wahren, sie ohne ausdrückliche Zustimmung der Geschäftsleitung Dritten nicht zugänglich zu machen und sie nicht für eigene Zwecke zu verwerten.[3]

(5) Die vorstehenden Verpflichtungen gelten auch über die Beendigung des Arbeitsverhältnisses hinaus.

(6) Sollten die nachvertraglichen Verschwiegenheitsverpflichtungen den Arbeitnehmer in seinem beruflichen Fortkommen unangemessen behindern, hat der Arbeitnehmer gegen [Unternehmen] einen Anspruch auf Befreiung von diesen Verpflichtungen.[4]

(7) Der Anspruch aus Absatz 6 besteht nicht, soweit [Unternehmen] gegenüber dem Dritten, von dem der Arbeitnehmer die Information im Rahmen des Arbeitsverhältnisses direkt oder über [Unternehmen] erhalten hat, zur Vertraulichkeit verpflichtet ist.[3]

(8) Der Arbeitnehmer verpflichtet sich, sämtliche Unterlagen, die Geschäfts- und Betriebsgeheimnisse oder sonstige Informationen beinhalten, über die der Arbeitnehmer nach den vorstehenden Regelungen Verschwiegenheit zu wahren hat, (1) auf Verlangen von [Unternehmen] unverzüglich oder (2) bei Ende des Arbeits-

Bergt

verhältnisses unaufgefordert – je nachdem, was früher eintritt – zurückzugeben.
Auch Kopien und selbst erstellte Notizen (z.B. Dateien) müssen zurückgegeben bzw.
gelöscht werden.[5]

(9) Die Geltendmachung eines Zurückbehaltungsrechts gegen die Pflichten gem.
Absatz 8 ist ausgeschlossen.[6]

(10) Weitergehende gesetzliche [oder tarifvertragliche] Verschwiegenheitspflichten
bleiben unberührt.

2. Merkblatt zu Geschäfts- und Betriebsgeheimnissen

Im Arbeitsvertrag haben wir mit Ihnen vereinbart, dass Sie verschiedene betriebliche Informationen vertraulich behandeln werden. Wir verweisen auf den Wortlaut
des Vertrages, den wir Ihnen insoweit im Protokoll über Ihre Belehrung über Ihre
Verpflichtung zur Geheimhaltung von Geschäfts- und Betriebsgeheimnissen nochmals abgedruckt haben. Die Belehrung wird Sie heute noch einmal an Ihre Pflichten
erinnern. Dieses Merkblatt gibt Ihnen die Möglichkeit, das Wichtigste noch einmal
nachzulesen. Sollten Sie Fragen haben, zögern Sie nicht, Ihren Vorgesetzten anzusprechen.

Was müssen Sie geheim halten?

Geheim halten müssen Sie
– alle Geschäfts- und Betriebsgeheimnisse,
– alle betrieblichen Angelegenheiten vertraulicher Natur, deren Geheimhaltung
  durch [Unternehmen] angeordnet oder deren Geheimhaltungsbedürftigkeit offensichtlich ist,
– alle betrieblichen Informationen vertraulicher Natur, die für Ihr berufliches Spezialgebiet fachfremd sind (z.B. bei einem Informatiker Daten zu einem chemischen Prozess),
– alle nicht offenkundigen betrieblichen Informationen vertraulicher Natur, die Sie
  im Rahmen des Arbeitsverhältnisses direkt oder über [Unternehmen] von Dritten
  – insbesondere von Kunden oder Kooperationspartnern von [Unternehmen] – erhalten haben und deren Vertraulichkeit entweder offenkundig ist oder Ihnen mitgeteilt wurde.

Betriebs- und Geschäftsgeheimnisse sind im Zusammenhang mit [Unternehmen]
stehende Tatsachen, Umstände und Vorgänge, die nicht offenkundig, sondern nur
einem begrenzten Personenkreis zugänglich sind und an deren Nichtverbreitung
[Unternehmen] ein berechtigtes Interesse hat.[7]

Geschäftsgeheimnisse betreffen eher kaufmännische Fragen. Beispiele: einzelne
Geschäftsvorgänge, Angebots- und Vertragsunterlagen, Kunden- und Lieferantenda-
ten, Marktdaten, Marktstrategien, Kalkulationen, Preise, Konditionen, Bilanzen,
Mitarbeiter, Organisation.

Betriebsgeheimnisse beziehen sich eher auf den organisatorischen oder technischen Bereich. Beispiele: Konstruktionspläne und -gedanken, Rezepturen, Kontrollverfahren und -ergebnisse, Eigenschafts- und Wirkungsanalysen, Funktionsweisen,
Produktionsmethoden, Verfahrensabläufe, Planungen für neue Produkte oder Änderungen, Entwicklungen einschließlich der angestrebten Aufgabenlösung, Entwicklungsschritte, Konstruktions- oder Programmiermethoden.

Bergt

Betriebsgeheimnis kann auch die Information sein, dass ein Unternehmen ein eigentlich offenkundiges Verfahren oder ein bestimmtes Computerprogramm nutzt. Betriebsgeheimnis ist beispielsweise auch eine Diensterfindung, selbst wenn Sie selbst die Erfindung gemacht haben und noch niemand außer Ihnen von davon weiß.

Bevor Sie eine Information, die Sie im Rahmen Ihrer Tätigkeit bei [Unternehmen] erhalten haben, weitergeben oder für sich selbst verwenden, fragen Sie bitte sicherheitshalber bei [Ihrem Vorgesetzten] nach, ob hiergegen Bedenken bestehen. Dies gilt auch nach dem Ende Ihrer Tätigkeit bei [Unternehmen].[8]

Was ist kein Geschäfts- oder Betriebsgeheimnis?

Wenn eine Tatsache offenkundig ist, stellt sie kein Geschäfts- oder Betriebsgeheimnis mehr dar. Offenkundig ist eine Tatsache, wenn sie beliebigem Zugriff preisgegeben ist, etwa durch Veröffentlichung in einer Zeitung.

Für eine Offenkundigkeit genügt es nicht schon, dass etwa Zusammensetzung und Herstellungsweise eines Produkts durch detaillierte Untersuchungen und Überlegungen aufgedeckt werden können. Auch darf Mitarbeitern das Geheimnis natürlich bekannt gemacht werden, ohne seinen Charakter als Geheimnis zu verlieren, da für Mitarbeiter eine gesetzliche Verschwiegenheitspflicht gilt. Die Einweihung externer Personen ist unschädlich, wenn sich das Erfordernis der Verschwiegenheit ausdrücklich oder aus den Umständen ergibt. Dies nimmt die Rechtsprechung auch ohne Vereinbarung an, wenn beispielsweise ein anderes Unternehmen Pläne ausführen soll oder fremde Experten hinzugezogen werden. Selbst wenn ein Geheimnis verraten wird, beseitigt dies den Geheimnischarakter nicht ohne Weiteres.

Welche Geheimhaltungs- und Rückgabepflichten haben Sie?

Im Hinblick auf sämtliche oben unter „Was müssen Sie geheim halten?" genannten Informationen müssen Sie jederzeit Verschwiegenheit wahren. Sie dürfen sie ohne ausdrückliche Zustimmung der Geschäftsleitung weder Dritten zugänglich machen noch sie für eigene Zwecke verwerten. Dritter ist jeder, dem das Geheimnis nicht zugänglich ist. Dies betrifft nicht nur Konkurrenten, sondern auch Mitarbeiter von [Unternehmen], die das Geheimnis nicht kennen, Familienangehörige usw.

Ihre Vertraulichkeitspflichten gelten zeitlich unbegrenzt auch über die Beendigung des Arbeitsverhältnisses hinaus. Nur wenn Sie nach Ende des Arbeitsverhältnisses ausnahmsweise durch bestimmte Verschwiegenheitsverpflichtungen in Ihrem beruflichen Fortkommen unangemessen behindert werden, können Sie von [Unternehmen] verlangen, dass diese Verschwiegenheitsverpflichtungen aufgehoben werden. Keinesfalls dürfen Sie ohne Befreiung Ihre Verschwiegenheitsverpflichtungen brechen, nur weil Sie der Ansicht sind, durch diese in Ihrem beruflichen Fortkommen unangemessen behindert werden! Sie müssen unbedingt zunächst eine Befreiung von Ihren Verschwiegenheitsverpflichtungen bei [Unternehmen] beantragen.

Geschäftsunterlagen oder andere Materialien, Geräte oder Unterlagen, die geheim zu haltende Informationen enthalten, dürfen Sie nur aus dem Betrieb mitnehmen, wenn Sie dafür die Erlaubnis Ihres Vorgesetzten haben. [Falls Sie im Home oder Mobile Office arbeiten, gilt für Sie zusätzlich die Richtlinie Home Office/Mobile Office (Telearbeit).][9] Andere Geheimhaltungspflichten – etwa Ihre datenschutzrechtlichen Vertraulichkeitspflichten – können zusätzlich eingreifen.

Bergt

Alle Geschäftsunterlagen, egal, ob Sie diese von [Unternehmen] oder von Dritten erhalten oder selbst erstellt haben, müssen Sie bei Ende des Arbeitsverhältnisses unaufgefordert zurückgeben. Auch selbst erstellte Notizen (z. B. Dateien) müssen Sie zurückgeben bzw. löschen. Ihr Vorgesetzter kann Sie auch während des Arbeitsverhältnisses jederzeit zur Rückgabe auffordern.

[Wenn Sie im Rahmen Ihrer Tätigkeit bei [Unternehmen] auf Missstände stoßen und der Ansicht sind, diese nicht mit Ihrem Vorgesetzten klären zu können, können Sie sich an unsere interne Whistleblowing-Stelle [Kontaktdaten] wenden und im Rahmen des Notwendigen auch Betriebs- und Geschäftsgeheimnisse benennen.][10]

Welche Folgen drohen bei Verstößen?

Wenn Sie sich unbefugt Geschäfts- und Betriebsgeheimnisse verschaffen oder sichern (beispielsweise ein Geheimnis kopieren oder es aus dem Gedächtnis aufschreiben – auch wenn Ihnen das Geheimnis rechtmäßig bekannt ist), sie an Dritte mitteilen oder verwerten, können Sie nach § 17 UWG mit bis zu fünf Jahren Haft bestraft werden.

Weitere mögliche Folgen von Verstößen gegen Ihre Vertraulichkeitspflichten sind Schadensersatzpflichten und Unterlassungsklagen (ggf. auch gegen Ihren neuen Arbeitgeber) und (während des Bestehens des Arbeitsverhältnisses) fristgerechte oder fristlose Kündigung.

Wortlaut des Gesetzes
[Es ist der Wortlaut des § 17 UWG einzufügen.][11]

3. Protokoll der Belehrung über die Pflicht zur Wahrung von Geschäfts- und Betriebsgeheimnissen

Frau/Herr [Name des Arbeitnehmers] wurde heute an seine/ihre Pflicht zur Wahrung von Geschäfts- und Betriebsgeheimnissen erinnert, die sich aus gesetzlichen Regelungen und der folgend abgedruckten Vereinbarung in [§ X] des Arbeitsvertrages vom [Datum] ergibt:

[Klauseln aus dem Arbeitsvertrag einfügen.]

Wer unbefugt Geschäfts- und Betriebsgeheimnisse sich verschafft, an Dritte mitteilt oder verwertet, kann sich nach § 17 UWG strafbar machen. Weitere mögliche Folgen sind Schadensersatzpflichten, Unterlassungsklagen und – während des Bestehens des Arbeitsverhältnisses – fristgerechte oder fristlose Kündigung.

Die datenschutzrechtliche Vertraulichkeitspflicht und sonstige Geheimhaltungsverpflichtungen bestehen neben der Verpflichtung zur Wahrung von Geschäfts- und Betriebsgeheimnissen.

[Ort, Datum, Unterschrift der verpflichtenden Person]

Ich bestätige, dass ich heute an meine Pflicht zur Wahrung von Geschäfts- und Betriebsgeheimnissen erinnert wurde. Ein Exemplar dieses Formulars sowie ein Merkblatt mit Erläuterungen und dem Text des § 17 UWG habe ich erhalten.

[Ort, Datum, Unterschrift des Mitarbeiters][12]

Bergt

Anmerkungen

1. Grenzen der nachvertraglichen Geheimhaltungspflicht. Eine umfassende Verschwiegenheits- und Nichtbenutzungsklausel für die Zeit nach Vertragsende, die nicht nur Geschäfts- und Betriebsgeheimnisse, sondern auch beispielsweise „alle Angelegenheiten des Betriebs" oder allgemein „alle Informationen, die der Arbeitnehmer durch seine Tätigkeit beim Arbeitgeber erlangt hat" umfasst, ist im Hinblick auf die Berufsfreiheit des Arbeitnehmers (Art. 12 GG) unwirksam (vgl. die umfassende Darstellung bei Hümmerich/Reufels/*Reufels*, Gestaltung von Arbeitsverträgen, Rn. 3820 ff., zusammenfassend Rn. 3861 ff.). Die Grenze für nachvertragliche Vertraulichkeitspflichten dürften (objektiv) vertrauliche Informationen darstellen, die entweder ausdrücklich als geheimhaltungsbedürftig bezeichnet oder offensichtlich geheimhaltungsbedürftig sind (vgl. die Regelung in § 3 Abs. 3 TVöD, die von MüKoBGB/*Müller-Glöge*, § 611 Rn. 1219 als Beispiel vertraglicher Erweiterungen der Verschwiegenheitspflicht angegeben wird, und Hümmerich/Reufels/*Reufels*, Gestaltung von Arbeitsverträgen, Rn. 3872). Zwar spricht das BAG regelmäßig davon, dass eine dauerhafte, entschädigungsfreie Vereinbarung über die Nichtnutzung bezüglich ein oder mehrerer konkret bezeichneter Betriebsgeheimnisse zulässig sei; es grenzt eine solche zulässige Vereinbarung gegen eine Vertraulichkeitsklausel ab, die sich „unterschiedslos auf alle Geschäftsvorgänge" – also nicht nur Geschäfts- und Betriebsgeheimnisse – bezieht (etwa BAG, Urt. v. 19.5.1998 – 9 AZR 394/97, NZA 1999, 200 (201)). Damit ist aber noch nicht gesagt, dass eine Begrenzung auf Geschäfts- und Betriebsgeheimnisse – möglicherweise gar auf einzelne – erforderlich ist; zum „Graubereich" trifft das BAG keine Aussage (a. A. Tschöpe/*Rinck*, Anwalts-Handbuch Arbeitsrecht, Teil 2 A Rn. 263; zusätzlich eine Beschränkung auf einzelne Geschäfts- und Betriebsgeheimnisse fordernd Schaub/*Linck*, Arbeitsrechts-Handbuch, § 53 Rn. 53; nach *Diller*, AP BGB § 611 Treuepflicht Nr. 11, darf zudem die berufliche Betätigung des Arbeitnehmers nicht unzumutbar beeinträchtigt werden (→ Anm. 4)). Wer hier allerdings sichergehen möchte, muss sich nachvertraglich auf eine Vertraulichkeitspflicht hinsichtlich konkret zu benennender Geschäfts- und Betriebsgeheimnisse beschränken.

2. Fachfremde Geheimnisse. Eine fortbestehende Vertraulichkeitspflicht für fachfremde Geheimnisse kann den Arbeitnehmer nicht in seinem beruflichen Fortkommen beeinträchtigen, so dass diese Klausel zulässig sein muss (vgl. *Wertheimer*, BB 1999, 1600 (1602)).

3. Geheimnisse Dritter. Die Vereinbarung einer dauerhaften Vertraulichkeit muss auch zulässig sein – wenn sie nicht gar bereits aus § 242 BGB unmittelbar abzuleiten ist – für Informationen, die von einem Dritten stammen und die der Arbeitgeber geheim zu halten verpflichtet ist. Insoweit handelt es sich nicht um Know-how des Arbeitgebers (vgl. Redeker/*Kather*, Handbuch der IT-Verträge, 5.2 Rn. 58). Angesichts der Üblichkeit umfassender Verschwiegenheitsklauseln im geschäftlichen Verkehr muss es Unternehmen zudem möglich sein, allgemein ihre Vertraulichkeitspflichten an ihre Arbeitnehmer weiterzureichen. Hierfür besteht ohne Zweifel ein berechtigtes Interesse des Unternehmens, während die Berufsfreiheit des Arbeitnehmers jedenfalls nicht unbillig beeinträchtigt wird. Deshalb sieht Absatz 5 ein dauerhaftes Fortbestehen der Vertraulichkeitspflichten vor und Absatz 7 schließt Ge-

Bergt

heimnisse Dritter vom Anspruch des Arbeitnehmers nach Absatz 6 aus, von den Vertraulichkeitspflichten befreit zu werden, wenn dadurch sein berufliches Fortkommen unangemessen behindert wird. Streng genommen wäre Absatz 7 verzichtbar und könnte gar problematisch sein, weil er auch unangemessene Beeinträchtigungen erlaubt, wenn diese nur durch Geheimhaltungsvereinbarungen gedeckt sind.

4. Befreiungsanspruch. Hat der Arbeitnehmer einen Anspruch auf Befreiung von den vereinbarten nachvertraglichen Vertraulichkeitspflichten, wenn diese sein berufliches Fortkommen unangemessen behindern, kann seine Berufsfreiheit nicht betroffen sein (vgl. Hümmerich/Reufels/*Reufels,* Gestaltung von Arbeitsverträgen, Rn. 3872, 3874). Zwar darf nicht auf eine Einzelfallprüfung abgestellt werden, ob eine umfassende nachvertragliche Verschwiegenheitsklausel den Arbeitnehmer konkret in seiner beruflichen Tätigkeit behindern würde (*Diller,* AP BGB § 11 Treuepflicht Nr. 11; a.A. LSG Berlin-Brandenburg, Urt. v. 29.11.2005 – L 16 AL 14/02, openJur 2012, 2766, Rn. 30), doch verhindert bereits die vorgeschlagene Klausel an sich eine unangemessene Behinderung, nicht erst ihre Anwendung im Einzelfall.

5. Rückgabepflicht für Unterlagen. Die in Absatz 8 geregelte Rückgabepflicht für Unterlagen ist deklaratorisch, da ein Arbeitnehmer ohnehin analog § 667 BGB wie ein Beauftragter zur Herausgabe von allem verpflichtet ist, was er zur Ausführung der ihm übertragenen Arbeiten erhalten und was er aus dem Arbeitsverhältnis erlangt hat (BAG, Urt. v. 14.12.2011 – 10 AZR 283/10, ZD 2012, 385 (386)). Behält ein Arbeitnehmer Unterlagen – auch selbst angefertigte – über Geschäfts- und Betriebsgeheimnisse, ist ein Geheimnis, das er hieraus entnimmt, „unbefugt verschafft" i.S.v. § 17 Abs. 2 UWG (BGH, Urt. v. 27.4.2006 – I ZR 126/03, GRUR 2006, 1044 (1045)).

6. Zurückbehaltungsrecht. Mangels Gegenseitigkeit, jedenfalls aber aus der Natur des Schuldverhältnisses, steht dem Arbeitnehmer an Geschäftsunterlagen kein Zurückbehaltungsrecht nach § 273 BGB zu (vgl. BGH, Urt. v. 3.7.1997 – IX ZR 244/96, NJW 1997, 2944 (2945); Palandt/*Grüneberg,* § 273 BGB Rn. 15; Dörner/Luczak/Wildschütz/Baeck/Hoß/*Dörner,* Handbuch des Fachanwalts Arbeitsrecht, Kap. 9, Rn. 127). Daher besteht auch in Verträgen mit AGB-Charakter kein Konflikt mit § 309 Nr. 2 lit. b BGB.

7. Geheimhaltungswille. Die Rechtsprechung verlangt überwiegend zusätzlich einen Willen zur Geheimhaltung, wobei genügt, dass sich dieser Geheimhaltungswille aus der Natur der Sache ergibt. Im Ergebnis kommt es damit nur auf ein Geheimhaltungsinteresse an, aus dem automatisch auch der Geheimhaltungswille gefolgert wird, wenn der Unternehmer nicht mit der Weitergabe des Geheimnisses einverstanden war (vgl. Köhler/Bornkamm/*Köhler,* UWG, § 17 Rn. 10). Wer die Rechtsprechung nicht kennt, könnte durch die zusätzliche Anforderung eines erkennbaren Geheimhaltungswillens in die Irre geführt werden, ob eine bestimmte Information ein Betriebsgeheimnis darstellt. Mindestens gegenüber Arbeitnehmern sollte daher der erkennbare Geheimhaltungswille nicht als zusätzliche Anforderung genannt werden, zumal sich bei allen konkret benannten Geheimnissen der Geheimhaltungswille bereits aus der vertraglichen Vereinbarung ergibt.

Eine wesentliche Änderung durch die Umsetzung der GeschäftsgeheimnisseRL könnte sich daraus ergeben, dass Art. 2 Nr. 1 lit. c der GeschäftsgeheimnisseRL für den Begriff des Geschäftsgeheimnisses „angemessene Geheimhaltungsmaßnahmen" voraussetzt. Art. 1 Abs. 1 UAbs. 1 GeschäftsgeheimnisseRL erlaubt insoweit aber auch einen weitergehenden Schutz.

8. Bitte um Nachfrage. Der Arbeitnehmer wird gebeten, zunächst beim Unternehmen nachzufragen, wenn er eine bestimmte Information weitergeben oder verwerten will. So erfährt das Unternehmen möglicherweise von den Plänen des (Ex-) Mitarbeiters und kann ggf. geschäftspolitisch gegensteuern, auch wenn es rechtlich möglicherweise keine Handhabe gibt.

9. Unternehmensinterne Richtlinien. Es empfiehlt sich eine Klarstellung, dass zusätzliche Anforderungen, etwa aus einer unternehmensinternen Richtlinie zur Nutzung eines Home oder Mobile Office (→ D.III. 2.), unberührt bleiben.

10. Whistleblowing-Stelle. Nach h.M. besteht eine Geheimhaltungspflicht auch bei illegalen Geheimnissen, z.B. Beteiligung an einem Kartell, Schmiergeldzahlungen, Verstoß gegen Umweltschutzvorschriften (Köhler/Bornkamm/*Köhler*, UWG, § 17 Rn. 9). Besitzt das Unternehmen eine Whistleblowing-Stelle (→ A.IV., auch zur entsprechenden Richtlinie), sollte daher klargestellt werden, dass diese auch dann eingeschaltet werden darf, wenn dabei Betriebs- oder Geschäftsgeheimnisse (betriebsintern) mitgeteilt werden müssen. Auch eine Mitteilung an Dritte kann gerechtfertigt sein, etwa nach § 34 StGB oder wenn der Mitarbeiter sich selbst an einer strafbaren Handlung beteiligen würde.

Die Umsetzung der GeschäftsgeheimnisseRL wird insoweit allerdings erhebliche Änderungen mit sich bringen: Denn die Richtlinie schützt nach Art. 2 Abs. 1 lit. b nur Informationen, die einen echten positiven Vermögenswert haben, also nicht Informationen, die keinen positiven kommerziellen Wert haben, deren Bekanntwerden aber Schaden verursachen könnte, wie Informationen über rechtswidrige Vorgänge im Unternehmen (*Kalbfus*, GRUR 2016, 1009 (1011); a.A. Köhler/Bornkamm/*Köhler*, UWG, § 17 Rn. 9). Insoweit besteht aber nach Art. 1 Abs. 1 UAbs. 1 GeschäftsgeheimnisseRL die Möglichkeit für den nationalen Gesetzgeber, einen weitergehenden Schutz vorzusehen. Diese Option besteht dagegen nicht hinsichtlich Art. 5 lit. b GeschäftsgeheimnisseRL, der regelt, dass die Offenlegung von Geschäftsgeheimnissen nicht verfolgt werden kann, wenn dies zur Aufdeckung eines beruflichen oder sonstigen Fehlverhaltens oder einer illegalen Tätigkeit dient, sofern der Täter in der Absicht gehandelt hat, das allgemeine öffentliche Interesse zu schützen, so dass insbesondere Whistleblower geschützt werden (*Kalbfus*, GRUR 2016, 1009 (1015); umfassend zum Schutz von Whistleblowern *Eufinger*, ZRP 2016, 229).

11. Aktualität der Gesetze. Es ist darauf zu achten, dass bei Änderungen der abgedruckten Gesetzestexte der aktuelle Wortlaut verwendet wird. Angesichts der anstehenden Umsetzung der GeschäftsgeheimnisseRL ist die Rechtsentwicklung zu beobachten und je nach Inhalt der zu beschließenden Gesetze das Muster anzupassen.

12. Unterschrift des Mitarbeiters. Dazu → C.VII.1. Anm. 1.

Bergt

5. Vereinbarung zur datenschutzrechtlichen Eingliederung freier Mitarbeiter in den Betrieb des Verantwortlichen

Hinsichtlich des Einsatzes **freier Mitarbeiter** im Unternehmen könnte die DS-GVO eine Vereinfachung bringen. Denn Art. 4 Nr. 10 DS-GVO nimmt vom Begriff des „Dritten" – ebenso wie bereits Art. 2 lit. f DSRL – alle „Personen, die unter der unmittelbaren Verantwortung des Verantwortlichen oder des Auftragsverarbeiters befugt sind, die personenbezogenen Daten zu verarbeiten", aus. Die Vorschrift geht damit weiter als § 3 Abs. 8 S. 2 BDSG a. F., der die DSRL nicht vollständig umsetzt und nur den Auftragsdatenverarbeiter von der Definition des „Dritten" ausnimmt. Noch etwas weitergehender verpflichtet Art. 29 DS-GVO – ähnlich Art. 16 DSRL – „jede dem Verantwortlichen oder dem Auftragsverarbeiter unterstellte Person, die Zugang zu personenbezogenen Daten hat", personenbezogene Daten ausschließlich auf Weisung des Verantwortlichen zu verarbeiten. Bisher war schon von einzelnen Aufsichtsbehörden anerkannt, dass Externe, die nach den Vorgaben und unter der Aufsicht der verantwortlichen Stelle, vergleichbar den festangestellten Mitarbeitern (z. B. zur Bewältigung von Arbeitsspitzen), tätig werden, als Teil der verantwortlichen Stelle und damit nicht Dritte angesehen werden können, während z. B. die eigenständige Wartung von Software als Auftragsdatenverarbeitung eingeordnet wurde (BayLDA, TB 2013/2014, S. 41). Nach der hier vertretenen Ansicht geht die DS-GVO über diese Möglichkeiten hinaus.

Leider ist weiterhin **nicht völlig klar, ob freie Mitarbeiter Dritte i. S. v. Art. 4 Nr. 10 DS-GVO** sind oder ob sie auch Teil des Verantwortlichen sein können. Paal/Pauly/*Ernst,* DS-GVO, Art. 4 Rn. 60, verweist zutreffend auf die Funktion einer Person, die Dritter sein soll, wenn sie für sich selbst tätig ist, nennt dann allerdings ohne weitere Differenzierung freie Mitarbeiter als ein Beispiel für Dritte. Kühling/Buchner/*Hartung,* DS-GVO, Art. 4 Nr. 10 Rn. 9 und Art. 29 Rn. 13, differenziert dagegen: Nicht Dritte sollen danach einzelne Personen wie freie Mitarbeiter oder Berater sein, die zwar organisatorisch nicht dem Verantwortlichen oder einem Auftragsverarbeiter angehören, ihm aber fachlich so unterstellt sind, dass sie die Weisungen des Verantwortlichen hinsichtlich der Datenverarbeitung nach Art. 29 DS-GVO beachten müssen. Auch Paal/Pauly/*Martini,* DS-GVO, Art. 29 Rn. 7 und Rn. 14 sieht den Dritten und die unterstellte Person mit Zugang zu personenbezogenen Daten komplementär und nimmt kraft Werkvertrags, Arbeitnehmerüberlassung oder Zeitarbeit in den Geschäftsbetrieb des Verantwortlichen bzw. Auftragsverarbeiters eingebundene Personen vom Begriff des Dritten aus.

Es erscheint zumindest dann richtig, **freie Mitarbeiter nicht als Dritte anzusehen, wenn** der Verantwortliche diesen gegenüber **unmittelbar,** also ohne Zwischenschaltung weiterer Personen, ein **rechtlich abgesichertes Weisungsrecht** hat. Denn anders als die deutsche Sprachfassung unterscheidet die englische Sprachfassung von Art. 4 Nr. 10 und Art. 29 DS-GVO nicht zwischen Verantwortung und Unterstellung, sondern benutzt in beiden Fällen den Begriff der „authority"; ebenso die spanische („bajo la autoridad"), die portugiesische („sob a autoridade") und die rumänische („sub autoritate") Fassung (mit unterschiedlichen Begriffen arbeiten allerdings auch die französische und die italienische Fassung). Der Unterschied zwischen Art. 4 Nr. 10 und Art. 29 DS-GVO liegt dann nur noch in der Frage, ob die Unterstellung direkt sein muss oder auch indirekt sein kann. Mit Art. 4 Nr. 10 DS-GVO verlangt

Bergt

die Definition des Dritten ein direktes Weisungsrecht, so dass vieles dafür spricht, dass dieses erforderlich ist. Der Schutz der betroffenen Personen wird durch die Einschränkung des Begriffs des Dritten nicht geschmälert, da die Rechtsfolgen dieselben sind, wenn ein strikt weisungsgebundener freier Mitarbeiter gegen Weisungen des Verantwortlichen verstößt oder wenn dies ein Arbeitnehmer tut.

Voraussetzung der Unterstellung unter den Verantwortlichen und die damit verbundene Ausnahme vom Begriff des Dritten ist definitionsgemäß das Bestehen eines strikten, direkten und rechtlich abgesicherten Weisungsrechts. Arbeitnehmer unterliegen den Weisungen des Arbeitgebers, § 106 GewO. Für freie Mitarbeiter sind dagegen vertragliche Vereinbarungen erforderlich, die allerdings weniger detaillierte Regelungen erfordern als ein Auftragsverarbeitungsvertrag. Mit der Unterstellung ist der Verantwortliche auch dafür zuständig, **den freien Mitarbeiter zur Vertraulichkeit zu verpflichten** (→ C.VII.1) und zu schulen (vgl. den Wortlaut des Art. 32 Abs. 4 DS-GVO). Vertraulichkeitsverpflichtung und Unterstellung sind erforderlich, sobald der freie Mitarbeiter faktisch – und sei es auch unbefugt – die Möglichkeit hat, mit personenbezogenen Daten in Berührung zu kommen (→ C.VII.1.).

Die Anwendung des Art. 29 darf allerdings nicht dazu missbraucht werden, den Abschluss von Auftragsverarbeitungsverträgen nach Art. 28 DS-GVO zu umgehen (vgl. ähnlich Kühling/Buchner/*Hartung*, DS-GVO, Art. 29 Rn. 14). Fälle, in denen der freie Mitarbeiter Verarbeitungsvorgänge mit seiner eigenen Hard- und/oder Software ausübt, sollten daher über einen **Auftragsverarbeitungsvertrag** (→ G.I.) geregelt werden, weil es sich um den klassischen Fall der Auftragsverarbeitung handelt. Gleiches gilt, wenn der freie Mitarbeiter nicht in den Räumen des Verantwortlichen tätig wird, sondern etwa zu Hause oder in seinem eigenen Büro. Eine Absicherung analog einer Home-Office-Vereinbarung mit Angestellten (→ D.III.2.) erscheint wegen der gleich mehrfachen Abweichung vom Normalfall als Umgehung des Art. 28 DS-GVO. **Anwendungsfall der vertraglichen Unterstellung eines freien Mitarbeiters unter den Verantwortlichen** dürften damit vor allem Fälle sein, in denen Solo-Selbstständige als **Berater, Programmierer, Administratoren o.ä. im Haus des Verantwortlichen** tätig sind.

Erhält der freie Mitarbeiter sonstige **Zugriffsrechte auf personenbezogene Daten** zu eigenen Zwecken oder ohne strikte Weisungsgebundenheit, so liegt darin eine **rechtfertigungsbedürftige Offenlegung durch Bereitstellung** und im Fall des tatsächlichen Zugriffs eine **rechtfertigungsbedürftige Offenlegung durch Übermittlung** (Art. 4 Nr. 2 DS-GVO). Dies gilt natürlich erst recht, wenn **Datenträger mit personenbezogenen Daten übergeben** werden und es sich nicht um eine Auftragsverarbeitung handelt. Hierfür muss nach Art. 6 Abs. 1 DS-GVO entweder eine Rechtsvorschrift bestehen oder eine Einwilligung des Betroffenen vorliegen.

Die folgende Vereinbarung dient nur der **Begründung eines Weisungsverhältnisses hinsichtlich personenbezogener Daten,** das nach der hier vertretenen Ansicht den freien Mitarbeiter vom Begriff des Dritten ausnimmt. Wie jede andere Person, die mit personenbezogenen Daten umgeht, muss auch der datenschutzrechtlich eingegliederte freie Mitarbeiter zur Vertraulichkeit verpflichtet und entsprechend belehrt werden (→ C.VII.1). Kann der freie Mitarbeiter mit sonstigen **vertraulichen Informationen** wie Geschäftsgeheimnissen in Kontakt kommen, sollte zusätzlich eine Vertraulichkeitsvereinbarung (→ C.VII.6) geschlossen werden.

Für den Ausschluss der Einordnung als Dritter sind eine organisatorische Eingliederung und ein striktes Weisungsrecht erforderlich. Dies sind Merkmale, die sozialversicherungs- und arbeitsrechtlich zur Annahme einer abhängigen Beschäftigung (sog. **Scheinselbständigkeit**) führen können. Im Formular wird das Weisungsrecht zwar auf den Umgang mit personenbezogenen Daten beschränkt, doch muss jeder Auftraggeber für sich genau prüfen, ob das Gesamtbild der Tätigkeit des freien Mitarbeiters in solchen Konstellationen nicht für eine abhängige Beschäftigung spricht.

Vereinbarung einer strikten datenschutzrechtlichen Weisungsgebundenheit

§ 1 Gegenstand der Vereinbarung

(1) Die Parteien haben mit Vertrag vom [Datum] vereinbart, dass der Auftragnehmer für den Auftraggeber als freier Mitarbeiter tätig wird. Im Rahmen der Tätigkeit des Auftragnehmers als freier Mitarbeiter ist es möglich, dass der Auftragnehmer für den Auftraggeber personenbezogene Daten verarbeitet. Diese Vereinbarung dient dazu, dass der Auftragnehmer über eine strikte Weisungsbindung und weitere Beschränkungen bei der Verarbeitung personenbezogener Daten datenschutzrechtlich als Teil des Auftraggebers behandelt wird.

(2) Personenbezogene Daten sind nach Art. 4 Nr. 1 DS-GVO alle Informationen, die sich auf eine identifizierte oder identifizierbare natürliche Person beziehen; als identifizierbar wird eine natürliche Person angesehen, die direkt oder indirekt, insbesondere mittels Zuordnung zu einer Kennung wie einem Namen, zu einer Kennnummer, zu Standortdaten, zu einer Online-Kennung oder zu einem oder mehreren besonderen Merkmalen, die Ausdruck der physischen, physiologischen, genetischen, psychischen, wirtschaftlichen, kulturellen oder sozialen Identität dieser natürlichen Person sind, identifiziert werden kann. Im Sinne dieser Vereinbarung beschränkt sich der Begriff der „personenbezogenen Daten" auf solche personenbezogenen Daten, für die der Auftraggeber Verantwortlicher i. S. v. Art. 4 Nr. 7 DS-GVO ist, d. h. für er die allein oder gemeinsam mit anderen über die Zwecke und Mittel der Verarbeitung entscheidet.

(3) Der Begriff des „Verarbeitens" umfasst nach Art. 4 Nr. 2 DS-GVO jeden mit oder ohne Hilfe automatisierter Verfahren ausgeführten Vorgang oder jede solche Vorgangsreihe im Zusammenhang mit personenbezogenen Daten wie beispielsweise (nicht abschließend) das Erheben, das Erfassen, die Organisation, das Ordnen, die Speicherung, die Anpassung oder Veränderung, das Auslesen, das Abfragen, die Kenntnisnahme,[1] die Verwendung, die Offenlegung durch Übermittlung, Verbreitung oder eine andere Form der Bereitstellung, den Abgleich oder die Verknüpfung, die Einschränkung, das Löschen oder die Vernichtung.

(4) Diese Vereinbarung räumt dem Auftragnehmer keinerlei Anspruch auf Zugänglichmachung personenbezogener Daten oder Rechte hieran ein.

§ 2 Außerbetriebliche Verarbeitung und Übermittlung personenbezogener Daten[2]

(1) Eine Verarbeitung personenbezogener Daten durch den Auftragnehmer mittels eigener Hard- und/oder Software des Auftragnehmers oder außerhalb der Räumlichkeiten des Auftraggebers (nachfolgend zusammenfassend „außerbetriebliche Verarbeitungen") oder eine Verarbeitung personenbezogener Daten durch den Auftragnehmer zu eigenen Zwecken oder zu Zwecken Dritter ist strikt untersagt,

solange die Parteien hierüber keinen gesonderten schriftlichen Vertrag abgeschlossen haben.

(2) Soweit Mitarbeiter des Auftraggebers oder andere für den Auftraggeber tätige Personen

(a) den Auftragnehmer zu außerbetrieblichen Verarbeitungen auffordern oder ihm personenbezogene Daten zu diesem Zweck offenlegen oder offenlegen wollen,

(b) dem Auftragnehmer personenbezogene Daten zu eigenen Zwecken des Auftragnehmers oder zu Zwecken Dritter offenlegen oder offenlegen wollen,

ohne dass die Parteien hierüber einen gesonderten schriftlichen Vertrag abgeschlossen haben, wird der Auftragnehmer diese Personen unverzüglich ausdrücklich darauf hinweisen, dass er im Fall (a) zu außerbetrieblichen Verarbeitungen bzw. im Fall (b) zur Annahme und Verarbeitung nicht berechtigt ist, und unverzüglich den Auftraggeber schriftlich sowie vorab mündlich über den Vorfall informieren.

§ 3 Strikte Weisungsgebundenheit hinsichtlich personenbezogener Daten[3]

(1) Der Auftragnehmer verpflichtet sich, ausschließlich nach Maßgabe ausdrücklicher Weisungen des Auftraggebers personenbezogene Daten zu verarbeiten und jede Weisung des Auftraggebers in Bezug auf die Verarbeitung personenbezogener Daten oder deren Unterlassung unverzüglich zu befolgen, soweit die Weisung nicht gegen zwingendes Recht verstößt.

(2) Der Auftragnehmer wird insbesondere

(a) ohne ausdrückliche Weisung des Auftraggebers keinerlei Zugriff auf personenbezogene Daten nehmen (z. B. diese lesen) oder diese anderweitig verarbeiten;

(b) personenbezogene Daten keinesfalls für andere als die vom Auftraggeber festgelegten Zwecke, nur in dem vom Auftraggeber festgelegten Umfang und nur mit den vom Auftraggeber festgelegten Mitteln verarbeiten;

(c) personenbezogene Daten nicht ohne ausdrückliche Weisung des Auftraggebers weitergeben, und zwar weder an Dritte noch an Personen beim Auftraggeber;

(d) ohne ausdrückliche Weisung des Auftraggebers keine Kopien personenbezogener Daten anfertigen.

(3) Die Verpflichtungen aus Absatz 1 und Absatz 2 bleiben auch über das Ende der Tätigkeit des Auftragnehmers als freier Mitarbeiter zeitlich unbeschränkt und ohne Möglichkeit der Kündigung bestehen, Verpflichtungen zu aktivem Handeln jedoch nur, solange der Auftragnehmer im Besitz personenbezogener Daten ist.

(4) Weitergehende Pflichten des Auftragnehmers, beispielsweise aus Vertraulichkeitsvereinbarungen oder anderen Verträgen, bleiben unberührt.

(5) Die Geltendmachung eines Zurückbehaltungsrechts gegen die Pflichten aus § 3 ist ausgeschlossen.

§ 4 Vertragsstrafe,[4] Freistellungsverpflichtung

(1) Für jeden Fall der schuldhaften Verletzung von Verpflichtungen aus § 2 Abs. 1 oder § 3 durch den Auftragnehmer verpflichtet dieser sich, an den Auftraggeber eine Vertragsstrafe zu zahlen, deren Höhe durch den Auftraggeber nach billigem Ermessen festgelegt wird, [5.000,- EUR] nicht unterschreiten und [100.000,- EUR] nicht überschreiten darf und im Streitfall vom zuständigen Gericht zu überprüfen ist.

Bergt

(2) Im Fall von Dauerverstößen gilt jeder angefangene Monat einer Verletzung von Verpflichtungen aus § 2 Abs. 1 oder § 3 als eigenständiger Verstoß. Als Dauerverstoß gilt die fortgesetzte Verarbeitung derselben personenbezogenen Daten.

(3) Weitergehende Schadenersatzansprüche bleiben unberührt.

(4) Die Geltendmachung der Vertragsstrafe durch den Auftraggeber befreit den Auftragnehmer nicht von der Pflicht zur Einhaltung der vertraglichen Verpflichtungen [für die Zukunft].[5]

(5) Der Auftragnehmer verpflichtet sich, den Auftraggeber von sämtlichen Schadensersatzansprüchen, Aufwendungen und sonstigen Verpflichtungen, einschließlich angemessener Anwaltskosten, die aus einer [schuldhaften][6] Verletzung der Verpflichtungen aus § 2 Abs. 1 oder § 3 durch den Auftragnehmer entstehen, freizustellen. Der Auftraggeber wird den Auftragnehmer unverzüglich informieren, wenn Dritte ihm gegenüber unter die vorstehende Freistellungsverpflichtung fallende Ansprüche erheben, und ihm, soweit möglich und zumutbar, Gelegenheit zur Abwehr des geltend gemachten Anspruchs geben. Der Auftragnehmer ist verpflichtet, dem Auftraggeber unverzüglich alle ihm verfügbaren Informationen über den betreffenden Sachverhalt vollständig mitzuteilen. Eventuelle darüber hinausgehende Ansprüche des Auftraggebers bleiben unberührt.

§ 5 Schlussbestimmungen

(1) Diese Vereinbarung unterliegt deutschem Recht unter Ausschluss des Kollisionsrechts. [Als ausschließlicher Gerichtsstand wird das Landgericht [Ort] vereinbart. Der Auftraggeber kann für Streitigkeiten aus diesem Vertrag auch ein nach den allgemeinen Gesetzen zuständiges Gericht wählen. Das Recht der Parteien, einstweiligen Rechtsschutz vor den nach den allgemeinen Gesetzen zuständigen Gerichten zu beantragen, bleibt unberührt.][7]

(2) Sollten eine oder mehrere Bestimmungen dieser Vereinbarung unwirksam oder undurchführbar sein oder werden, bleibt diese Vereinbarung im Übrigen wirksam. Die Parteien verpflichten sich, in diesem Fall über eine wirksame und durchführbare Regelung zu verhandeln, die dem von den Parteien mit der unwirksamen beziehungsweise undurchführbaren Bestimmung verfolgten Zweck möglichst nahe kommt.[8]

Anmerkungen

1. Definition des Verarbeitens. Die Definition des Verarbeitens entspricht im Wesentlichen dem Wortlaut der gesetzlichen Definition in Art. 4 Nr. 2 DS-GVO. Die Kenntnisnahme ist allerdings zur besseren Verständlichkeit hinzugefügt.

2. Außerbetriebliche Verarbeitung und Übermittlung personenbezogener Daten. Die Regelung dient dazu, den Auftragnehmer mit in die Pflicht zu nehmen, dass Mitarbeiter des Auftraggebers nicht rechtswidrig „auf dem kleinen Amtsweg" den Auftragnehmer zum Dritten machen oder eine Auftragsverarbeitung vereinbaren. Hierzu empfiehlt sich auch eine Richtlinie für die eigenen Mitarbeiter (→ D.II.).

3. Strikte Weisungsgebundenheit zum Ausschluss der Klassifizierung des Auftragnehmers als „Dritter". Voraussetzung der Unterstellung unter den Verantwortlichen und die damit verbundene Ausnahme vom Begriff des Dritten ist definitionsgemäß das Bestehen eines strikten, direkten und rechtlich abgesicherten Weisungsrechts. Der Auftragnehmer ist nach der in der Vorbemerkung hergeleiteten Rechtsansicht nur dann nicht als Dritter zu klassifizieren, wenn das Weisungsverhältnis unmittelbar zwischen dem Auftraggeber und dem Auftragnehmer als selbst Handelndem besteht. Dies erfordert zwingend, dass der Auftragnehmer eine natürliche Person ist, die ohne Zuhilfenahme Dritter tätig wird. Die Klausel beschränkt das Weisungsrecht zwar auf den Umgang mit personenbezogenen Daten, doch ist in jedem Einzelfall genau zu prüfen, ob das Gesamtbild der Tätigkeit des freien Mitarbeiters nicht für eine abhängige Beschäftigung und damit eine Scheinselbständigkeit spricht.

4. Vertragsstrafe. Bei Verstößen gegen das Datenschutzrecht lassen sich die beim Auftraggeber als Verantwortlichem entstehenden Schäden zwar besser beziffern und beweisen als bei Verstößen gegen sonstige Vertraulichkeitspflichten (→ C.VII.6. Anm. 12). Rufschädigungen, Umsatzverluste u. ä. bleiben aber praktisch nicht beweisbar, so dass die Vereinbarung einer Vertragsstrafe insoweit die einzige realistische Möglichkeit ist, eine finanzielle Kompensation zu erhalten. Eine drohende Vertragsstrafe führt dem Auftragnehmer auch die Bedeutung seiner Verpflichtung vor Augen und erhöht so die Compliance. Das Vertragsstrafeversprechen ist (ebenso wie die Freistellungsverpflichtung aus Abs. 5) auf aktive unzulässige Verarbeitungen durch den Auftragnehmer und die Missachtung von Weisungen beschränkt, also Verstöße gegen originär eigene Pflichten des Auftragnehmers. Die Vereinbarung einer festen Vertragsstrafe hat den Nachteil, dass sie schnell in die eine oder andere Richtung unangemessen ist. Die Lösung über § 315 BGB hat den Vorteil, dass einerseits der Einzelfall berücksichtigt werden kann; andererseits dient die Vereinbarung von Mindest- und Höchstbeträgen einer gewissen Kalkulierbarkeit. Der Mindestbetrag sollte auch beim leichtesten denkbaren Verstoß noch angemessen sein (vgl. BGH, Urt. v. 20.1.2016 – VIII ZR 26/15, NJW 2016, 1230 (1232)).

Die Vereinbarung, dass bei Dauerverstößen für jeden angefangenen Monat eine neue Vertragsstrafe verwirkt ist, ist zulässig; eine solche Regelung kann sich sogar durch Auslegung der Klausel „für jeden Fall der Zuwiderhandlung" ergeben (BAG, Urt. v. 26.9.1963 – 5 AZR 2/63, Ls. 1). In der Praxis handelt es sich bei einer derartigen Vertragsstrafengestaltung neben gerichtlichem Eilrechtsschutz um die einzige Möglichkeit, eine zeitnahe Abstellung des Verstoßes zu erreichen; anderenfalls hätte der Auftragnehmer nach der Rechtsprechung vieler Gerichte eine „Flatrate". Gerade bei Datenschutzverstößen kommt es auf eine schnelle Beseitigung an, so dass auch eine Verwirkung einer neuen Vertragsstrafe pro angefangene Woche zulässig sein muss. In diesem Fall ist allerdings besonders darauf zu achten, dass der Mindestbetrag der Vertragsstrafe auch bei Minimalverstößen angemessen bleibt. Eigentlich sollte bei den in Rede stehenden Verstößen klar sein, was unter einem Dauerverstoß zu verstehen ist (als Gegenbeispiel für mangelnde Transparenz, allerdings gegenüber einem besonders schutzbedürftigen Arbeitnehmer, BAG, Urt. v. 14.8.2007 – 8 AZR 973/06, NZA 2008, 170 (172)). Vorsichtshalber werden die Dauerverstöße dennoch definiert.

5. Unterlassung neben Vertragsstrafe. § 340 Abs. 1 BGB, wonach ein Vertragsstrafeverlangen an die Stelle des Erfüllungsanspruchs tritt, gilt nicht für den zukünftigen Anspruch bei Dauerverpflichtungen (MüKoBGB/*Gottwald*, § 340 Rn. 2). Die

Klausel ist also hinsichtlich Unterlassungsverpflichtungen rein klarstellend. Individualvertraglich kann zudem vereinbart werden, dass auch bei anderen als Dauerverpflichtungen nicht nur der zukünftige Anspruch bestehen bleibt (Palandt/ *Grüneberg*, BGB, § 340 Rn. 3). In AGB sollten dagegen die Worte „für die Zukunft" eingefügt werden, da die Vertragsstrafe auch die Nichtbefolgung einzelner Weisungen erfasst; im Individualprozess entstehen allerdings keine Rechtsnachteile, wenn dies unterlassen wird.

6. Freistellungsanspruch. Nach der Rechtsprechung des BGH sind verschuldensunabhängige Freistellungsklauseln in AGB unwirksam (BGH, Urt. v. 5.10.2005 – VIII ZR 16/05). Allerdings sieht die Klausel den Freistellungsanspruch nur für solche Vertragsverstöße des Auftragnehmers vor, die zugleich auch einen Verstoß gegen öffentlich-rechtliche Normen (Art. 28, 29 DS-GVO) darstellen. Insoweit sollte eine formularmäßige Freistellungsklausel auch dann wirksam sein, wenn sie sich nicht auf Verschulden beschränkt (*Ayad/Schnell*, BB 2011, 1745 (1747)). Dies gilt insbesondere vor dem Hintergrund, dass die Klausel im Ergebnis nicht weit von der Regelung des Art. 82 Abs. 5 DS-GVO entfernt ist, der für Schadensersatzansprüche der betroffenen Person einen Gesamtschuldnerausgleich zwischen den beteiligten Verantwortlichen und Auftragsverarbeitern vorsieht, der im Fall von Verstößen gegen § 2 Abs. 1 Fall 3 oder 4 oder § 3 des Musters zu einer alleinigen Haftung des Auftragnehmers führen dürfte (im Fall von Verstößen gegen § 2 Abs. 1 Fall 1 und 2 ist ein Mitverschulden des Auftraggebers denkbar), wenn der Auftragnehmer nicht gerade etwa wegen eines Unfalls daran gehindert ist, eine Weisung auszuführen und nachweisen kann, dass ihn an der Nichtausführung der Weisung keinerlei Verschulden trifft und die Nichtausführung der Weisung zudem sein einziger Verstoß ist (zu den Anforderungen vgl. Kühling/Buchner/*Bergt*, DS-GVO, Art. 82 Rn. 49 ff.).

7. Gerichtsstandsvereinbarung. Die Grenzen des § 38 ZPO sind zu beachten, insbesondere muss ein inländischer Auftragnehmer für die Wirksamkeit einer Gerichtsstandsvereinbarung Kaufmann und auch der Auftraggeber prorogationsfähig sein. Bei einem ausländischen Auftragnehmer – der wegen der Beschränkung auf Tätigkeiten im Betrieb des Auftraggebers seltener vorkommen dürfte – empfiehlt sich eine Option für den Auftraggeber, im Heimatland des Auftragnehmers klagen zu können, um Schwierigkeiten bei der internationalen Vollstreckung zu vermeiden.

8. Salvatorische Klausel. Die Klausel sieht kein automatisches Eingreifen einer Ersatzklausel vor, weil eine solche Regelung unwirksam wäre (ErfK ArbR/*Preis*, §§ 305–310 BGB Rn. 95), sondern beschränkt sich auf eine Pflicht der Parteien, über eine Lösung des Problems zu verhandeln. Auch diese Klausel ist nicht frei von Bedenken, sollte aber wirksam sein (im Detail → D. III. 1. Anm. 39).

6. Vertraulichkeitsvereinbarung für freie Mitarbeiter

Hinsichtlich **freier Mitarbeiter** könnte die DS-GVO eine Vereinfachung bringen, weil diese datenschutzrechtlich in vielen Fällen in den Verantwortlichen eingegliedert werden können, wenn Solo-Selbstständige als **Berater, Programmierer, Administratoren o. ä. im Haus des Verantwortlichen** tätig sind (→ C. VII. 5.). Sind die Voraussetzungen einer solchen vertraglichen Unterstellung eines freien Mitarbeiters

Bergt

unter den Verantwortlichen nicht gegeben, gelten die allgemeinen Regeln und es muss eine Auftragsverarbeitung vereinbart werden oder es liegt eine rechtfertigungsbedürftige Offenlegung vor.

Freie Mitarbeiter können aber auch mit anderen vertraulichen Informationen als personenbezogenen Daten in Kontakt kommen – etwa indem ihnen vertrauliche Daten oder Unterlagen mit Geschäftsgeheimnissen bereitgestellt werden. Die **folgende Vertraulichkeitsvereinbarung** dient dem **Schutz vertraulicher Informationen,** bei denen weder eine datenschutzrechtliche Übermittlung noch eine Auftragsverarbeitung vorliegt.

Bis zum 9.6.2018 müssen die Mitgliedstaaten die **GeschäftsgeheimnisseRL** (Richtlinie (EU) 2016/943 des Europäischen Parlaments und des Rates vom 8. Juni 2016 über den Schutz vertraulichen Know-hows und vertraulicher Geschäftsinformationen (Geschäftsgeheimnisse) vor rechtswidrigem Erwerb sowie rechtswidriger Nutzung und Offenlegung) in nationales Recht umsetzen (zur GeschäftsgeheimnisseRL *Lejeune,* CR 2016, 330; *McGuire,* GRUR 2016, 1000; *Kalbfus,* GRUR 2016, 1009; *Ann,* GRUR-Prax 2016, 465). Es spricht vieles dafür, in diesem Zusammenhang das deutsche Recht zum Schutz der Geschäftsgeheimnisse umfassend umzugestalten. Zum Redaktionsschluss dieser Auflage ist jedoch nicht absehbar, wann und wie der deutsche Gesetzgeber die GeschäftsgeheimnisseRL umsetzen wird. Die Entwicklung der Rechtslage ist daher bei Anwendung des Musters unbedingt zu verfolgen.

Für Angestellte siehe das Muster in → C. II.4.

Vertraulichkeitsvereinbarung für freie Mitarbeiter

§ 1 Gegenstand der Vereinbarung

(1) Die Parteien haben mit Vertrag vom [Datum] vereinbart, dass der Auftragnehmer für den Auftraggeber als freier Mitarbeiter tätig wird.[1] Um die Tätigkeit des Auftragnehmers als freier Mitarbeiter zu ermöglichen oder zu erleichtern, ist es möglich, dass der Auftraggeber, selbst oder durch Dritte, dem Auftragnehmer verschiedene vertrauliche Informationen offenlegt bzw. dem Auftragnehmer eine Zugriffsmöglichkeit hierauf eröffnet oder der Auftragnehmer sonst Kenntnis von vertraulichen Informationen erhält.[2]

[(2) Der Auftraggeber hat dem Auftragnehmer bereits seit dem [Datum] Informationen zugänglich gemacht, die die Tätigkeit des Auftragnehmers als freier Mitarbeiter betreffen. Jede dieser Informationen gilt ebenfalls als vertrauliche Information im Sinne dieser Vereinbarung.]

§ 2 Vertrauliche Informationen

(1) „Vertrauliche Informationen" im Sinne dieser Vereinbarung sind sämtliche Informationen, Unterlagen und Materialien, egal ob verkörpert oder nicht, die der Auftraggeber dem Auftragnehmer – einschließlich dessen Mitarbeitern, gesetzlichen Vertretern und Gesellschaftern („nahestehenden Personen") – im Rahmen des § 1 direkt oder indirekt selbst oder durch Dritte zugänglich gemacht hat, sowie Schlussfolgerungen daraus. Das Zugänglichmachen kann in beliebiger Form erfolgen, beispielsweise, aber nicht abschließend, schriftlich, elektronisch, mündlich oder durch

Bergt

Möglichkeit der Kenntnisnahme. Als vertrauliche Informationen im Sinne dieser Vereinbarung gelten auch sämtliche Kopien vertraulicher Informationen, Notizen oder Protokolle über vertrauliche Informationen und sonstige Verkörperungen von vertraulichen Informationen, unabhängig davon, wer diese angefertigt hat.

(2) Vertrauliche Informationen im Sinne dieser Vereinbarung sind zudem sämtliche Informationen i.S.d. Absatzes 1, die der Auftragnehmer im Rahmen seiner Tätigkeit entsprechend nach § 1 alleine oder zusammen mit dem Auftraggeber oder Dritten entwickelt, recherchiert, erstellt oder sonst erfahren hat. Ausgenommen bleiben allgemeine Ideen, Konzepte oder Modelle, die der Auftragnehmer im Rahmen des § 1 entwickelt hat, es sei denn, gerade die Entwicklung einer allgemeinen Idee, eines allgemeinen Konzepts oder eines allgemeinen Modells war Gegenstand des Vertrages zwischen den Parteien.[3]

(3) Diese Vereinbarung räumt dem Auftragnehmer keinerlei Anspruch auf Zugänglichmachung vertraulicher Informationen ein.

(4) Diese Vereinbarung oder im Rahmen dieser Vereinbarung zugänglich gemachte vertrauliche Informationen räumen dem Auftragnehmer keinerlei Lizenzen oder andere Rechte an dem Auftraggeber gehörenden Patenten, Know-how, Geschäftsgeheimnissen oder sonstigen Schutzrechten ein. Gleichfalls ergibt sich kein Recht auf Erteilung solcher Lizenzen oder Rechte.

§ 3 Personenbezogene Daten[4]

(1) Personenbezogene Daten dürfen nur dann an den Auftragnehmer weitergegeben oder ihm der Zugriff ermöglicht werden, wenn die Parteien hierüber einen gesonderten Vertrag abgeschlossen haben.

(2) Der Auftragnehmer verpflichtet sich, personenbezogene Daten nicht wissentlich anzunehmen bzw. auf diese zuzugreifen und bei unwissentlicher Annahme bzw. unwissentlichem Zugriff diese sofort dem Auftraggeber zurückzugeben bzw. alle Kopien zu löschen, soweit kein gesonderter Vertrag nach Absatz 1 vorliegt. Er wird insbesondere die Daten nicht lesen, kopieren, nutzen, weitergeben oder sonst verarbeiten.

(3) Soweit Mitarbeiter des Auftraggebers oder andere für den Auftraggeber tätige Personen dem Auftragnehmer personenbezogene Daten offenlegen oder offenlegen wollen (z.B. durch Übermittlung oder Einräumung von Zugriffsrechten), ohne dass die Parteien hierüber einen gesonderten schriftlichen Vertrag abgeschlossen haben, wird der Auftragnehmer diese Personen unverzüglich ausdrücklich darauf hinweisen, dass eine Offenlegung an ihn nicht zulässig ist, und unverzüglich den Auftraggeber schriftlich sowie vorab mündlich über den Vorfall informieren.

(4) Der Begriff des „Verarbeitens" umfasst jeden mit oder ohne Hilfe automatisierter Verfahren ausgeführten Vorgang oder jede solche Vorgangsreihe im Zusammenhang mit personenbezogenen Daten wie beispielsweise (nicht abschließend) das Erheben, das Erfassen, die Organisation, das Ordnen, die Speicherung, die Anpassung oder Veränderung, das Auslesen, das Abfragen, die Kenntnisnahme,[5] die Verwendung, die Offenlegung durch Übermittlung, Verbreitung oder eine andere Form der Bereitstellung, den Abgleich oder die Verknüpfung, die Einschränkung, das Löschen oder die Vernichtung.

(5) Weitergehende Pflichten des Auftragnehmers bleiben unberührt.

Bergt

§ 4 Vertraulichkeits- und Informationspflichten

(1) Der Auftragnehmer verpflichtet sich, alle vertraulichen Informationen streng vertraulich zu behandeln. Er verpflichtet sich insbesondere, (1) die vertraulichen Informationen des Auftraggebers keinem Dritten – direkt oder indirekt, schriftlich, mündlich oder in sonstiger Weise – zugänglich zu machen, (2) sie ausschließlich im Rahmen des § 1 zu verwenden und (3) alle erforderlichen Maßnahmen zu treffen, um Kenntnisnahme und Verwertung der vertraulichen Informationen durch Dritte zu verhindern („Verpflichtung zur Geheimhaltung, Nichtbenutzung und Sicherung").

(2) Unabhängig von der Verpflichtung aus Absatz 1 wird der Auftragnehmer vertrauliche Informationen mindestens durch die in Anlage 1 aufgeführten technisch-organisatorischen Maßnahmen schützen.[6] Sofern der Auftragnehmer vertrauliche Informationen außerhalb des Betriebes des Auftraggebers speichert oder aufbewahrt, darf dies nur [im Betrieb des Auftragnehmers] erfolgen; Abweichungen bedürfen einer schriftlichen Einwilligung des Auftraggebers. Insbesondere ist die Nutzung von Cloud Services zur Speicherung vertraulicher Informationen verboten.[7] Zur Klarstellung: Die Einhaltung der Verpflichtungen und Beschränkungen dieses Absatzes rechtfertigt nicht die Speicherung oder Aufbewahrung vertraulicher Informationen, sondern der Auftragnehmer bedarf hierfür einer anderweitigen Erlaubnis.

(3) Die vertraulichen Informationen dürfen auch nahestehenden Personen des Auftragnehmers nicht offengelegt werden, außer in dem zur Umsetzung der in § 1 definierten Ziele und zur Erfüllung der Verpflichtungen aus dieser Vereinbarung nötigen Umfang und unter der Voraussetzung, dass diese nahestehenden Personen in mindestens gleichem Umfang zur Geheimhaltung und Nichtbenutzung der vertraulichen Informationen verpflichtet sind. Der Auftragnehmer steht vollumfänglich dafür ein, dass die Bestimmungen dieser Vereinbarung von seinen nahestehenden Personen beachtet werden, und zwar auch nach Beendigung eines etwaigen Vertrags- bzw. Näheverhältnisses zwischen dem Auftragnehmer und der nahestehenden Person.

(4) Sofern der Auftragnehmer Unterauftragnehmer einsetzen oder vertrauliche Informationen an Dritte (einschließlich verbundener Unternehmen und Unterauftragnehmern) weitergeben will, ist dies nur mit vorheriger schriftlicher Zustimmung des Auftraggebers zulässig.

(5) Nicht unter die Verpflichtung zur Geheimhaltung, Nichtbenutzung und Sicherung fallen vertrauliche Informationen, die nachweislich
a) vor der Zugänglichmachung durch den Auftraggeber rechtmäßig im Besitz des Auftragnehmers waren und die weder direkt noch indirekt vom Auftraggeber stammen,
b) öffentlich bekannt sind oder werden, außer aufgrund einer Verletzung von Vertraulichkeitspflichten,
c) grundsätzlich mit Informationen übereinstimmen, die dem Auftragnehmer durch einen Dritten, der rechtmäßig darüber verfügen kann, ohne Verpflichtung zu Geheimhaltung oder Nichtbenutzung übermittelt wurden oder
d) unabhängig von der Offenlegung der vertraulichen Informationen durch den Auftraggeber vom Auftragnehmer entwickelt wurden.

Bergt

(6) Ist der Auftragnehmer aufgrund gesetzlicher, behördlicher oder gerichtlicher Anordnungen verpflichtet, vertrauliche Informationen offenzulegen, ist dies im absolut notwendigen Umfang zulässig, vorausgesetzt, der Auftragnehmer setzt den Auftraggeber hiervon unverzüglich in Kenntnis und unterstützt ihn (auf Kosten des Auftraggebers) bei den erforderlichen Schritten zur Vermeidung oder Begrenzung der Offenlegung. Außerhalb des jeweiligen Verfahrens, das die Offenlegung erfordert, bleiben alle Verpflichtungen zu Geheimhaltung, Nichtbenutzung und Sicherung vollumfänglich bestehen. Im Rahmen derartiger Verfahren sind alle erforderlichen Maßnahmen zu treffen, um eine vermeidbare Kenntnisnahme und Verwertung der Informationen durch Dritte zu verhindern.

(7) Der Auftragnehmer verpflichtet sich, den Auftraggeber unverzüglich im Einzelnen zu informieren, wenn vertrauliche Informationen abhandengekommen oder Unbefugten bekannt geworden sind oder ein derartiger Verdacht besteht („Zwischenfall"). Gleiches gilt, wenn der Auftragnehmer der Ansicht ist, dass für eine vertrauliche Information Absatz 5 oder Absatz 6 eingreift, so dass sie nicht bzw. nur beschränkt der Verpflichtung zur Geheimhaltung, Nichtbenutzung und Sicherung unterfällt.[8]

(8) Strengere Pflichten und Verbote, beispielsweise aus § 3 oder einer gesonderten Vereinbarung in Bezug auf personenbezogene Daten, bleiben unberührt.

§ 5 Herausgabepflichten

(1) Mit (1) Ablauf der Verpflichtung zur Geheimhaltung, Nichtbenutzung und Sicherung, (2) Beendigung der Tätigkeit des Auftragnehmers als freier Mitarbeiter des Auftraggebers oder (3) auf Verlangen des Auftraggebers – je nachdem, was früher eintritt – hat der Auftragnehmer dem Auftraggeber unverzüglich alle vertraulichen Informationen, die nicht im Zusammenhang mit der Tätigkeit des Auftragnehmers nach § 1 aufgebracht wurden, zurückzugeben. Das Eigentum an allen vertraulichen Informationen verbleibt jederzeit beim Auftraggeber; eventuelle Kopien und Verkörperungen vertraulicher Informationen fertigt der Auftragnehmer für den Auftraggeber an, überträgt das Eigentum an den verwendeten Datenträgern an den Auftraggeber und verwahrt die Kopien, Verkörperungen und Datenträger für diesen. Soweit vertrauliche Informationen auf Datenträgern Dritter gespeichert sind, sind diese zu löschen und die Löschung dem Auftraggeber schriftlich zu bestätigen; der Auftraggeber ist berechtigt, die Löschung zu überprüfen, es sei denn, dies ist dem Auftragnehmer ausnahmsweise nicht zuzumuten. Eine Löschung kann auch durch Löschung des Schlüssels erfolgen, wenn die Daten mit einem Verschlüsselungsverfahren nach dem Stand der Technik verschlüsselt sind und der Schlüssel nicht rekonstruiert werden kann.[9] [Um ggf. erheblichen Aufwand bei der Löschung vertraulicher Informationen aus Sicherungskopien zu vermeiden, sollte der Auftragnehmer vertrauliche Informationen daher nur verschlüsselt speichern und den Schlüssel getrennt speichern. Eventuelle diesbezügliche Verpflichtungen des Auftragnehmers nach § 4 Abs. 1 S. 2 und Abs. 2 gehen dieser Empfehlung vor.]

(2) Gesetzliche Aufbewahrungspflichten bleiben von den Pflichten gem. Absatz 1 unberührt. Die gem. Satz 1 aufbewahrten Unterlagen dürfen nur entsprechend den Zwecken der gesetzlichen Aufbewahrungspflicht genutzt werden und unterliegen im Übrigen seitens des Auftragnehmers einem absoluten Nutzungs-, Verwertungs- und Weitergabeverbot. Der Auftragnehmer hat die Einhaltung dieses Verbots durch

Bergt

technische und organisatorische Maßnahmen sicherzustellen, jede unbefugte Kenntnisnahme zu verhindern und den Auftraggeber unverzüglich von jeder tatsächlichen, vermuteten oder beabsichtigten Kenntnisnahme Dritter („Vertraulichkeits-Zwischenfall") zu informieren.

(3) Die Geltendmachung eines Zurückbehaltungsrechts gegen die Pflichten gem. Absatz 1 und Absatz 2 ist ausgeschlossen.

§ 6 Betriebliche Richtlinien

(1) Soweit der Auftragnehmer im Rahmen seiner Tätigkeit nach § 1 Zugriff auf Datenverarbeitungsanlagen des Auftraggebers erhält, vereinbaren die Parteien, dass die dafür im Betrieb geltenden Regelungen, die als Anlage 2 dieser Vereinbarung beigefügt sind, auch für den Auftragnehmer gelten.

(2) Im Sinne der Anlage 2 gilt der Auftragnehmer als [Mitarbeiter].[10]

§ 7 Dauer der Verpflichtungen[11]

(1) Sämtliche Pflichten aus dieser Vereinbarung gelten auch nach Beendigung der Tätigkeit des Auftragnehmers als freier Mitarbeiter fort. Sie gelten auch dann, wenn eine solche Tätigkeit nicht zustande kommt.

(2) Sollten die Verpflichtungen zur Geheimhaltung und Nichtbenutzung nach Absatz 1 den Auftragnehmer in seinem beruflichen Fortkommen unangemessen behindern, hat der Auftragnehmer gegen den Auftraggeber einen Anspruch auf Freistellung von diesen Verpflichtungen.

(3) Der Anspruch aus Absatz 2 besteht nicht, soweit vertrauliche Informationen betroffen sind, bezüglich derer der Auftraggeber gegenüber Dritten zur Geheimhaltung und Nichtbenutzung verpflichtet ist.

§ 8 Vertragsstrafe,[12] Freistellungsverpflichtung

(1) Für jeden Fall der schuldhaften Verletzung von Verpflichtungen aus §§ 4 oder 5 durch den Auftragnehmer („Verstoß") verpflichtet dieser sich, an den Auftraggeber eine Vertragsstrafe zu zahlen, deren Höhe durch den Auftraggeber nach billigem Ermessen festgelegt wird, [5.000,– EUR] nicht unterschreiten und [100.000,– EUR] nicht überschreiten darf und im Streitfall vom zuständigen Gericht zu überprüfen ist.

(2) Die Vertragsstrafe ist auch dann zu zahlen, wenn der Auftragnehmer gem. § 4 Abs. 3 für ein schuldhaftes Handeln oder Unterlassen eines Dritten einzustehen hat, unabhängig von einem eigenen Verschulden des Auftragnehmers. Bei der Ausübung des Ermessens ist an Stelle des Verschuldens des Auftragnehmers auf das Verschulden des Dritten abzustellen.

(3) Erstreckt sich ein Verstoß über mehr als einen Monat („Dauerverstoß"), fällt für jeden angefangenen Monat eine neue Vertragsstrafe an. Als Dauerverstoß gilt es, wenn mehrere auf einem einheitlichen Willen beruhende gleichartige Handlungen rechtlich zu einer Einheit zusammengefasst werden; in diesem Fall ist jedoch die Anzahl der verwirkten Vertragsstrafen auf die Anzahl der einzelnen zu einer rechtlichen Einheit zusammengefassten Handlungen beschränkt. Als Dauerverstöße gelten die folgenden Verstöße:

Bergt

– Als Dauerverstoß gilt im Fall eines Verstoßes gegen § 4 Abs. 1 S. 2 Fall 1 die Beibehaltung eines Zugriffsrechts auf dieselbe vertrauliche Information oder eine
sonstige fortgesetzte Bereitstellung derselben vertraulichen Information.

– Als Dauerverstoß gilt im Fall eines Verstoßes gegen § 4 Abs. 1 S. 2 Fall 2 die fortgesetzte Verwendung derselben vertraulichen Information in einer dauernden
Handlung.

– Als Dauerverstoß gilt im Fall eines Verstoßes gegen § 4 Abs. 1 S. 2 Fall 3 die fortgesetzte Unterlassung der gebotenen Maßnahmen, die es Dritten ermöglicht, von
derselben vertraulichen Information Kenntnis zu nehmen und/oder diese zu verwerten.

– Als Dauerverstoß gilt im Fall eines Verstoßes gegen § 4 Abs. 2 S. 1 die fortgesetzte
Unterlassung derselben technisch-organisatorischen Maßnahme.

– Als Dauerverstoß gilt im Fall eines Verstoßes gegen § 4 Abs. 2 S. 2 die fortgesetzte
Speicherung oder Aufbewahrung derselben vertraulichen Information außerhalb
des Betriebs des Auftraggebers.

– Als Dauerverstoß gilt im Fall eines Verstoßes gegen § 4 Abs. 3 die Beibehaltung
eines Zugriffsrechts auf dieselbe vertrauliche Information oder eine sonstige fortgesetzte Bereitstellung derselben vertraulichen Information.

– Als Dauerverstoß gilt im Fall eines Verstoßes gegen § 4 Abs. 4 die Beibehaltung
der Einsetzung desselben Unterauftragnehmers für dieselbe Tätigkeit.

– Als Dauerverstoß gilt im Fall eines Verstoßes gegen § 4 Abs. 7 S. 1 das fortgesetzte
Unterlassen der gebotenen Information des Auftraggebers hinsichtlich desselben
Zwischenfalls.

– Als Dauerverstoß gilt im Fall eines Verstoßes gegen § 5 Abs. 1 S. 1 das fortgesetzte
Unterlassen der Rückgabe derselben vertraulichen Information.

– Als Dauerverstoß gilt im Fall eines Verstoßes gegen § 5 Abs. 1 S. 3 Hs. 1 das fortgesetzte Unterlassen der Löschung derselben vertraulichen Information.

– Als Dauerverstoß gilt im Fall eines Verstoßes gegen § 5 Abs. 2 S. 3 Fall 1 die fortgesetzte Unterlassung der gebotenen technisch-organisatorischen Maßnahmen, die
es ermöglicht, gegen das Verbot des § 5 Abs. 2 S. 1 zu verstoßen.

– Als Dauerverstoß gilt im Fall eines Verstoßes gegen § 5 Abs. 2 S. 3 Fall 3 das fortgesetzte Unterlassen der gebotenen Information des Auftraggebers hinsichtlich
desselben Vertraulichkeits-Zwischenfalls.

(4) Weitergehende Schadenersatzansprüche bleiben unberührt.

(5) Die Geltendmachung der Vertragsstrafe durch den Auftraggeber befreit den
Auftragnehmer nicht von der Pflicht zur Einhaltung der vertraglichen Verpflichtungen [für die Zukunft].[13]

[(6) § 348 HGB wird ausgeschlossen.][14]

(7) Der Auftragnehmer verpflichtet sich, den Auftraggeber von sämtlichen Schadensersatzansprüchen, Aufwendungen und sonstigen Verpflichtungen, einschließlich
angemessener Anwaltskosten, die aus einer [schuldhaften][15] Verletzung der Verpflichtungen aus §§ 4 oder 5 durch den Auftragnehmer oder dessen nahestehende
Personen (§ 4 Abs. 3 dieser Vereinbarung) entstehen, freizustellen. Der Auftraggeber
wird den Auftragnehmer unverzüglich informieren, wenn Dritte ihm gegenüber unter die vorstehende Freistellungsverpflichtung fallende Ansprüche erheben, und ihm,
soweit möglich und zumutbar, Gelegenheit zur Abwehr des geltend gemachten Anspruchs geben. Der Auftragnehmer ist verpflichtet, dem Auftraggeber unverzüglich

alle ihm verfügbaren Informationen über den betreffenden Sachverhalt vollständig mitzuteilen. Eventuelle darüber hinausgehende Ansprüche des Auftraggebers bleiben unberührt.

§ 9 Schlussbestimmungen

(1) Diese Vereinbarung unterliegt deutschem Recht unter Ausschluss des Kollisionsrechts. [Als ausschließlicher Gerichtsstand wird das Landgericht [Ort] vereinbart. Der Auftraggeber kann für Streitigkeiten aus diesem Vertrag auch ein nach den allgemeinen Gesetzen zuständiges Gericht wählen. Das Recht der Parteien, einstweiligen Rechtsschutz vor den nach den allgemeinen Gesetzen zuständigen Gerichten zu beantragen, bleibt unberührt.][16]

(2) Sollten eine oder mehrere Bestimmungen dieser Vereinbarung unwirksam oder undurchführbar sein oder werden, bleibt diese Vereinbarung im Übrigen wirksam; dies gilt insbesondere auch für die einzelnen Regelungen des § 7. Die Parteien verpflichten sich, in diesem Fall über eine wirksame und durchführbare Regelung zu verhandeln, die dem von den Parteien mit der unwirksamen beziehungsweise undurchführbaren Bestimmung verfolgten Zweck möglichst nahe kommt.[17]

Anlage 1
[Ausgefüllte Checkliste → E.II. 2.]

Anlage 2
[Einbezogene interne Richtlinien des Auftraggebers im Volltext][18]

ABWANDLUNG: Vertraulichkeitsvereinbarung für freie Mitarbeiter unter verstärkter Berücksichtigung des Risikos wirtschaftlicher Abhängigkeit
[§§ 1–6 wie in der Grundfassung]

§ 7 Dauer der Verpflichtungen[19]

(1) Der Auftragnehmer verpflichtet sich, hinsichtlich der Geschäfts- und Betriebsgeheimnisse des Auftraggebers
– [Herstellungsverfahren,
– Bezugsquellen und
– Kalkulationen]
auch über das Ende seiner Tätigkeit als freier Mitarbeiter des Auftraggebers hinaus alle Verpflichtungen zur Geheimhaltung, Nichtbenutzung und Sicherung gemäß dieser Vereinbarung einzuhalten.

(2) Der Auftragnehmer verpflichtet sich, hinsichtlich aller vertraulichen Informationen, die für das berufliche Spezialgebiet des Auftragnehmers fachfremd sind (z.B. bei einem Informatiker Daten zu einem chemischen Prozess) auch über das Ende seiner Tätigkeit als freier Mitarbeiter des Auftraggebers hinaus alle Verpflichtungen zur Geheimhaltung, Nichtbenutzung und Sicherung gemäß dieser Vereinbarung einzuhalten.

(3) Der Auftragnehmer verpflichtet sich, vertrauliche Informationen auch über das Ende seiner Tätigkeit als freier Mitarbeiter des Auftraggebers hinaus nicht an Dritte zu übertragen bzw. Dritten Rechte an ihnen einzuräumen.

Bergt

(4) Der Auftragnehmer verpflichtet sich, vertrauliche Informationen auch über das Ende seiner Tätigkeit als freier Mitarbeiter des Auftraggebers hinaus Dritten nicht in sonstiger Weise zugänglich zu machen.

(5) Sämtliche Pflichten aus dieser Vereinbarung gelten auch im Übrigen auch nach Beendigung der Tätigkeit des Auftragnehmers als freier Mitarbeiter fort oder wenn eine solche Tätigkeit nicht zustande kommt.

(6) Sollten die Verpflichtungen zur Geheimhaltung und Nichtbenutzung nach Abs. 5 den Auftragnehmer in seinem beruflichen Fortkommen unangemessen behindern, hat der Auftragnehmer gegen den Auftraggeber einen Anspruch auf Freistellung von diesen Verpflichtungen.

(7) Der Anspruch aus Absatz 6 besteht nicht, soweit es um vertrauliche Informationen geht, bezüglich derer der Auftraggeber gegenüber Dritten zur Geheimhaltung und Nichtbenutzung verpflichtet ist.

§ 8 Vertragsstrafe,[12] Freistellungsverpflichtung[20]

(1) Für jeden Fall der schuldhaften Verletzung von Verpflichtungen aus §§ 4, 5 oder 7 durch den Auftragnehmer verpflichtet dieser sich, an den Auftraggeber eine Vertragsstrafe zu zahlen, deren Höhe durch den Auftraggeber nach billigem Ermessen festgelegt wird, [5.000,– EUR] nicht unterschreiten und [100.000,– EUR] nicht überschreiten darf und im Streitfall vom zuständigen Gericht zu überprüfen ist.

(2) Die Vertragsstrafe ist auch dann zu zahlen, wenn der Auftragnehmer gemäß § 4 Abs. 3 für ein schuldhaftes Handeln oder Unterlassen eines Dritten einzustehen hat, unabhängig von einem eigenen Verschulden des Auftragnehmers. Bei der Ausübung des Ermessens ist an Stelle des Verschuldens des Auftragnehmers auf das Verschulden des Dritten abzustellen.

(3) Im Fall von Dauerverstößen gilt jeder angefangene Monat einer Verletzung von Verpflichtungen aus §§ 4, 5 oder 7 als eigenständiger Verstoß.

[§ 8 Abs. 3 ab Satz 2 wie in der Grundfassung, ergänzt um den folgenden Satz:]

Als Dauerverstoß gilt im Fall eines Verstoßes gegen § 7 Abs. 4 die Beibehaltung eines Zugriffsrechts auf dieselbe vertrauliche Information oder eine sonstige fortgesetzte Bereitstellung derselben vertraulichen Information.

(4) Weitergehende Schadenersatzansprüche bleiben unberührt.

(5) Die Geltendmachung der Vertragsstrafe durch den Auftraggeber befreit den Auftragnehmer nicht von der Pflicht zur Einhaltung der vertraglichen Verpflichtungen[für die Zukunft].[13]

[(6) § 348 HGB wird ausgeschlossen.][14]

(7) Der Auftragnehmer verpflichtet sich, den Auftraggeber von sämtlichen Schadensersatzansprüchen, Aufwendungen und sonstigen Verpflichtungen, einschließlich angemessener Anwaltskosten, die aus einer [schuldhaften][15] Verletzung der Verpflichtungen aus §§ 4, 5 oder 7 durch den Auftragnehmer oder dessen nahestehende Personen (§ 4 Abs. 3 dieser Vereinbarung) entstehen, freizustellen. Der Auftraggeber wird den Auftragnehmer unverzüglich informieren, wenn Dritte ihm gegenüber unter die vorstehende Freistellungsverpflichtung fallende Ansprüche erheben und ihm,

soweit möglich und zumutbar, Gelegenheit zur Abwehr des geltend gemachten Anspruchs geben. Der Auftragnehmer ist verpflichtet, dem Auftraggeber unverzüglich alle ihm verfügbaren Informationen über den betreffenden Sachverhalt vollständig mitzuteilen. Eventuelle darüber hinausgehende Ansprüche des Auftraggebers bleiben unberührt.

[§ 9 und Anlagen wie in der Grundfassung]

Anmerkungen

1. Kein Projekt. Vertraulichkeitsvereinbarungen definieren typischerweise ein konkretes Projekt und gelten ausschließlich für den Informationsaustausch im Rahmen dieses Projekts. Die Definition eines Projekts ist erfahrungsgemäß schwierig; die vorliegende Vertraulichkeitsvereinbarung stellt dagegen nur auf den Vertrag ab. Nachteil ist, dass die Definition konkreter nachvertraglich bestehenbleibender Vertraulichkeitspflichten erschwert wird (→ Anm. 11). Für Folgeaufträge ist in jedem Fall eine weitere Vereinbarung zu schließen. Diese kann sich allerdings auch darauf beschränken, eine entsprechende Anwendung der Vertraulichkeitsvereinbarung auf den neuen Vertrag vorzusehen.

2. Informationsaustausch vor Abschluss einer Vertraulichkeitsvereinbarung. Es kann vorkommen, dass der Auftragnehmer bereits im Vorfeld eines Vertrages über freie Mitarbeit vertrauliche Informationen erhalten muss, etwa um ein Angebot erstellen oder ein Projekt vereinbaren zu können. Vertrauliche Informationen sollten stets erst nach Abschluss einer Vertraulichkeitsvereinbarung fließen. Dazu kann Absatz 1 dieser Vertraulichkeitsvereinbarung wie folgt gefasst werden: „Die Parteien befinden sich in Verhandlungen über eine Tätigkeit des Auftragnehmers als freier Mitarbeiter des Auftraggebers. Um diese Verhandlungen und eine eventuelle spätere Tätigkeit des Auftragnehmers als freier Mitarbeiter zu ermöglichen oder zu erleichtern, ist es möglich, dass der Auftraggeber, selbst oder durch Dritte, dem Auftragnehmer verschiedene vertrauliche Informationen offenlegt bzw. dem Auftragnehmer eine Zugriffsmöglichkeit hierauf eröffnet oder der Auftragnehmer sonst Kenntnis von vertraulichen Informationen erhält." Die Klausel begegnet durch ihre umfassende Formulierung dem praktischen Problem rein vorvertraglicher Vertraulichkeitsvereinbarungen, die immer wieder nicht oder nicht passend in den eigentlichen Vertrag übernommen werden. Zu beachten bleibt, dass der eigentliche Vertrag nicht versehentlich die Vertraulichkeitsvereinbarung durch Ersetzung „sämtlicher bisheriger Vereinbarungen der Parteien" o. ä. aufhebt.

Sollten vertrauliche Informationen bereits vor Abschluss einer Vertraulichkeitsvereinbarung geflossen sein, bietet Absatz 2 die Möglichkeit einer nachträglichen Einbeziehung dieser Informationen in die Vertraulichkeitsvereinbarung.

3. Definition der vertraulichen Informationen. Der Begriff der vertraulichen Informationen wird sehr weit definiert. Unter Umständen ist die Definition abhängig von den vereinbarten Aufgaben und der (im Vertrag über die freie Mitarbeit zu treffenden) Regelung bezüglich der Rechte an den Arbeitsergebnissen einzuschränken. Im Hinblick auf das Risiko einer unangemessenen Knebelung des Auftragnehmers

Bergt

werden allgemeine Konzepte, Ideen und Modelle ausgenommen, es sei denn, dass gerade die Entwicklung eines derartigen allgemeinen Konzepts Vertragsgegenstand ist. Natürlich lässt sich über die Weite der Vertraulichkeitspflicht und die Bestimmtheit der Begriffe diskutieren. Allerdings ist zu berücksichtigen, dass die umfassende Vertraulichkeitspflicht nach Vertragsende nur eingeschränkt fortgilt (→ Anm. 11, → Anm. 19). Die hier vorgeschlagene „Alles"-Klausel hat zumindest den Vorteil, nicht bereits bei der Positiv-Definition der geschützten Informationen schwammig zu sein und gleichzeitig auch nicht das Risiko, durch eine Aufzählung einzelner Gruppen von Informationen unübersichtlich und am Ende wahrscheinlich trotzdem unvollständig zu werden. Beschränkt sich das Vertraulichkeitsinteresse des Auftraggebers allerdings auf bestimmte, klar zu beschreibende Informationen, sollte der Weg des geringsten Risikos gegangen und sollten nur diese konkreten Informationen als vertraulich definiert werden.

Freie Mitarbeiter arbeiten oftmals intensiv mit Mitarbeitern des Auftraggebers zusammen (in diesem Zusammenhang ist abseits von Vertraulichkeitspflichten auf die Problematik unzulässiger Arbeitnehmerüberlassung hinzuweisen, zur Problematik speziell im IT-Bereich *Karsten/Winstel*, ITRB 2016, 228; *Bäumer/von Oelffen*, ITRB 2016, 280), wobei es typischerweise zu wenig formalisiertem Informationsaustausch kommt. Eine Beschränkung der Vertraulichkeitspflichten auf als vertraulich gekennzeichnete (oder bei mündlicher Bekanntgabe nachträglich schriftlich als vertraulich fixierte) Informationen ist für solche Fälle nicht praxistauglich und kann allenfalls in der Beratung des Auftragnehmers empfohlen werden.

4. Personenbezogene Daten. Die Regelung dient dazu, den Auftragnehmer mit in die Pflicht zu nehmen, dass Mitarbeiter des Auftraggebers nicht rechtswidrig „auf dem kleinen Amtsweg" eine Auftragsverarbeitung vereinbaren oder personenbezogene Daten übermitteln. Hierzu empfiehlt sich auch eine Richtlinie für die eigenen Mitarbeiter (→ D.II.).

5. Definition des Verarbeitens. Die Definition des Verarbeitens entspricht im Wesentlichen der gesetzlichen Definition in Art. 4 Nr. 2 DS-GVO. Die Kenntnisnahme ist allerdings zur besseren Verständlichkeit hinzugefügt.

6. Sicherung. § 4 Abs. 1 S. 2 der Verschwiegenheitsvereinbarung erlegt dem Auftragnehmer pauschal die Verpflichtung auf, „alle erforderlichen Maßnahmen zu treffen, um Kenntnisnahme und Verwertung der vertraulichen Informationen durch Dritte zu verhindern", d.h. letztlich eine Erfolgspflicht. Die Bewertung, welche Maßnahmen der Auftragnehmer konkret anwendet, wird ihm überlassen. Kommt es zu einer Kenntnisnahme Unbefugter, waren die Sicherheitsmaßnahmen nicht ausreichend im Sinne dieser Klausel. Eine solche Regelung mag zwar rechtlich die Verantwortung dem Auftragnehmer zuschieben; in der Praxis ist es aber doch der Auftraggeber, der den Schaden hat, wenn vertrauliche Informationen abhanden kommen, und ihn nicht vom Auftragnehmer ersetzt bekommt. § 4 Abs. 2 schreibt daher ergänzend einen Mindeststandard an Sicherheitsmaßnahmen vor, die der Auftragnehmer in jedem Fall einhalten muss. Als Anlage 1 kann die entsprechend den Sicherheitsanforderungen des Auftraggebers ausgefüllte Checkliste → E.II.2. verwendet werden. Arbeitet der Auftragnehmer ohnehin im Betrieb des Auftraggebers mit dessen EDV, kann es sich empfehlen, dem Auftragnehmer die Nutzung seiner eigenen Geräte zu untersagen. Zu überlegen ist auch, dem freien Mitarbeiter jede

Bergt

Speicherung vertraulicher Informationen auf eigenen Datenträgern zu verbieten (vgl. zu einer Regelung für die Home-Office-Nutzung durch eigene Mitarbeiter → D.III.3.). In der Praxis sollte zudem restriktiv geprüft werden, welche Daten dem freien Mitarbeiter überhaupt zugänglich gemacht werden.

7. Ort der Aufbewahrung/Speicherung. Der Auftraggeber sollte darauf achten, dass er stets weiß, wo seine vertraulichen Informationen aufbewahrt werden. Da die Zugriffsmöglichkeiten im Ausland oftmals anders sind als in Deutschland und viele ausländische Geheimdienste ausdrücklich auch die Aufgabe der Wirtschaftsspionage haben, sollte eine Verbringung vertraulicher Informationen nur nach einer Risikobewertung erfolgen. Das ausdrückliche Verbot der Nutzung von Cloud Services zur Speicherung vertraulicher Daten dient der Risikominimierung und ergänzt die Sicherungsvorschriften, → Anm. 6, ist aber im Zusammenhang insbesondere mit der Nutzung ausreichender Verschlüsselungsverfahren zu sehen.

8. Informationspflicht. Die Klausel verpflichtet den Auftragnehmer einerseits, Datenpannen zu melden, und andererseits, den Auftraggeber zu informieren, wenn er der Ansicht ist, bestimmte Informationen weitergeben oder selbst nutzen zu dürfen. So erhält der Auftraggeber die Möglichkeit, negative Auswirkungen zu minimieren – und zwar nicht nur die Auswirkungen von Datenpannen, sondern auch die einer zulässigen Konkurrenztätigkeit des Auftragnehmers.

9. Probleme bei vertraulichen Informationen in Backups. Speichert der Auftragnehmer vertrauliche Informationen bei sich, werden sich diese auch im Backup des Auftragnehmers wiederfinden. Eine Löschung aus dem Backup kann einen unvertretbaren Aufwand erfordern. Es wäre möglich, dem Auftragnehmer eine Befugnis zur weiteren Speicherung in Backups einzuräumen, etwa durch Anfügung eines Absatz 4: „Absatz 2 gilt innerhalb [eines Jahres] ab dem Zeitpunkt der Verpflichtung zur Löschung entsprechend für Kopien vertraulicher Informationen, die in üblichen Sicherungskopien gemäß den Standard-Richtlinien des Auftragnehmers für Sicherungskopien enthalten sind." Eine andere – aus Gründen der Datensicherheit vorzugswürdige und daher im Formular als Option für den Auftragnehmer vorgesehene – Möglichkeit ist, dass der Auftragnehmer vertrauliche Informationen nur verschlüsselt speichert und die Schlüsseldatei außerhalb des normalen Backups gesichert wird. Wird dann der Schlüssel (nebst Backups des Schlüssels) gelöscht, sind auch die vertraulichen Informationen gelöscht, da nicht wiederherstellbar – jedenfalls soweit eine sichere Verschlüsselungsmethode gewählt wurde, was seinerseits sicherzustellen ist (zum Löschen mittels Verschlüsselung *Greveler/Wegener*, DuD 2010, 467; zur Feststellung des Standes der Technik bei Verschlüsselungsverfahren – wenn auch mit dem Fokus auf Transportverschlüsselung – vgl. *Bergt*, CR 2014, 726 (729f.)). Zu beachten ist, dass eine Verschlüsselung mittels eines einzugebenden Passworts alleine nicht ausreicht, da dieses nicht sicher aus dem Gedächtnis der Mitarbeiter zu „löschen" ist. Die letzten beiden Sätze des Absatzes 1 dienen nur dazu, den Auftragnehmer ausdrücklich auf die Problematik hinzuweisen.

10. Betriebliche EDV-Richtlinien. Wenn der freie Mitarbeiter die EDV des Auftraggebers nutzen soll, muss er auch den dafür geltenden Richtlinien unterliegen, was gesondert vereinbart werden muss. In Betracht kommen z.B. eine Richtlinie zur E-Mail- und Internetnutzung (→ D.III.1.), zur Arbeit im Home/Mobile Office

(→ D.III.2.) oder zur Verwendung eigener Geräte (BYOD → D.III.4.). Soweit eine Einwilligungserklärung erforderlich ist, darf diese nicht vergessen werden. Zur Klarstellung sollte in der Vereinbarung mit dem freien Mitarbeiter festgehalten werden, welchen Status er im Rahmen der Richtlinien hat.

11. Verpflichtung über das Vertragsende hinaus. Arbeitnehmer dürfen wegen ihrer nachwirkenden Treuepflicht Geschäfts- und Betriebsgeheimnisse selbst ohne besondere Vertraulichkeitsvereinbarung auch nach Vertragsende nicht an Dritte weitergeben. Erlaubt ist es ihnen dagegen, ihr im Laufe der bisherigen Tätigkeit erworbenes berufliches Erfahrungswissen einschließlich der Kenntnis von Betriebs- oder Geschäftsgeheimnissen für ihre eigene Tätigkeit zu nutzen. Eine solche Nutzung kann ihnen zwar vertraglich zeitlich unbeschränkt und ohne Karenzentschädigung verboten werden, jedoch nur hinsichtlich konkret bezeichneter Geschäfts- und Betriebsgeheimnisse (BAG, Urt. v. 19.5.1998 – 9 AZR 394/97, NZA 1999, 200 (201)). Eine umfassende Verschwiegenheits- und Nichtbenutzungsklausel für die Zeit nach Vertragsende, wie sie das Muster vorsieht, wäre gegenüber Arbeitnehmern unwirksam (vgl. die umfassende Darstellung bei Hümmerich/Reufels/*Reufels*, Gestaltung von Arbeitsverträgen, Rn. 3820 ff., zusammenfassend Rn. 3861 ff.). Redeker/*Kather*, Handbuch der IT-Verträge, Kap. 5.2, Rn. 58, geht pauschal von einer Übertragbarkeit dieser Rechtsprechung zu Arbeitnehmern auf freie Mitarbeiter aus.

Auch wenn die Interessenlage bei freien Mitarbeitern je nach Einzelfall völlig anders sein kann als bei Arbeitnehmern, ist eine an den Einzelfall angepasste ausdifferenzierte Klausel, welche Verpflichtungen über das Vertragsende hinaus bestehen bleiben sollen, sicher das Optimum (siehe hierzu verschiedenste Vorschläge bei Hümmerich/Reufels/*Reufels*, Gestaltung von Arbeitsverträgen, Rn. 3865 ff. sowie *Wertheimer*, BB 1999, 1600 (1602) zu fachfremden Geheimnissen und einem Verbot der Geheimnisveräußerung). Dies gilt jedenfalls, wenn die Verpflichtung nicht nur als gegebenenfalls nicht durchsetzbare Drohkulisse gegenüber dem Auftragnehmer verwendet werden soll.

Die eingangs angesprochene Rechtsprechung, die Arbeitnehmern die Weitergabe von Geschäfts- und Betriebsgeheimnissen grundsätzlich verbietet und ein vertragliches Verbot auch für deren Nutzung durch den Arbeitnehmer erlaubt, muss auch für Informationen gelten, die von einem Dritten stammen und die der Auftraggeber geheim zu halten verpflichtet ist. Insoweit handelt es sich nicht um Know-how des Auftrag- bzw. Arbeitgebers (vgl. Redeker/*Kather*, Handbuch der IT-Verträge, Kap. 5.2, Rn. 58). Angesichts der Üblichkeit umfassender Verschwiegenheitsklauseln im geschäftlichen Verkehr muss es Unternehmen zudem möglich sein, allgemein ihre Vertraulichkeitspflichten an ihre Arbeitnehmer und sonstigen Mitarbeiter weiterzureichen. Hierfür besteht ohne Zweifel ein berechtigtes Interesse des Unternehmens, während die Berufsfreiheit des Mitarbeiters jedenfalls nicht unangemessen beeinträchtigt wird.

Zu berücksichtigen ist, dass umfassende Vertraulichkeitsverpflichtungen wie in der vorliegenden Vereinbarung je nach der Lage im Einzelfall einem Wettbewerbsverbot gleichkommen können (vgl. BGH, Urt. v. 3.5.2001 – I ZR 153/99, GRUR 2002, 91 (94)). Zwar gelten die §§ 74 ff. HGB grundsätzlich nicht für freie Mitarbeiter. Die Rechtsprechung wendet sie aber entsprechend an, wenn die freien Mitarbeiter wirtschaftlich vom Auftraggeber abhängig sind (BGH, Urt. v. 10.4.2003 –

Bergt

III ZR 196/02, NJW 2003, 1864 (1865)), was daher durch entsprechende Vertragsgestaltung und -praxis vermieden werden sollte. Ein zeitlich unbeschränktes Wettbewerbsverbot wäre bei einem wirtschaftlich abhängigen freien Mitarbeiter unabhängig von der Frage seiner inhaltlichen Grenzen und einer Karenzentschädigung (§ 74 Abs. 2 HGB) unzulässig (§ 74a Abs. 1 S. 3 HGB), könnte jedoch auf das zeitlich zulässige Maß (bis zu zwei Jahre) reduziert werden (BGH, Urt. v. 10.12.2008 – KZR 54/08, NJW 2009, 1751 (1753)). Aber auch außerhalb des Anwendungsbereichs der §§ 74 ff. HGB kann ein Wettbewerbsverbot an § 1 GWB und § 138 BGB scheitern; es muss stets auf das räumlich, gegenständlich und zeitlich notwendige Maß beschränkt werden (BGH, Urt. v. 10.12.2008 – KZR 54/08, NJW 2009, 1751 (1753)).

Absatz 1 sieht eine – jedenfalls bei wirtschaftlich abhängigen freien Mitarbeitern – problematische umfassende Vertraulichkeitspflicht auf Dauer vor. Diese kann faktisch einem Wettbewerbsverbot gleichkommen und wäre in einem solchen Fall wohl gegenüber jedem freien Mitarbeiter unwirksam (§§ 1 GWB, 138 BGB), unabhängig von der Frage einer wirtschaftlichen Abhängigkeit. Absatz 2 sieht, um die umfassende Verpflichtung des Absatzes 1 möglicherweise wirksam zu machen, einen Anspruch auf Befreiung von den Vertraulichkeitspflichten vor, wenn der Auftragnehmer sonst in seinem beruflichen Fortkommen unangemessen behindert würde (vgl. Hümmerich/Reufels/*Reufels*, Gestaltung von Arbeitsverträgen, Rn. 3872, 3874). Problematisch bleibt, dass damit zwar vielleicht die zweite Stufe (§ 74a Abs. 1 S. 2 HGB) – die nicht übermäßige Beschränkung der Berufsfreiheit des Auftragnehmers – erfüllt werden könnte, aber die erste Stufe (§ 74a Abs. 1 S. 1 HGB) – berechtigtes Interesse des Auftraggebers – noch nicht notwendig gesichert ist, weil die Vertraulichkeitspflicht nach Absatz 1 umfassend ist und über den Schutz von Betriebsgeheimnissen hinausgeht.

Eine Freistellungsverpflichtung wie in Absatz 2 vorgesehen darf aber nicht dazu führen, dass der Auftraggeber selbst gegenüber seinen Kunden, für die der freie Mitarbeiter tätig war, übernommene Vertraulichkeitsverpflichtungen nicht mehr einhalten kann. Insoweit handelt es sich nicht um Know-how des Auftraggebers, so dass die Ausnahme in Absatz 3 zulässig sein muss (vgl. Redeker/*Kather*, Handbuch der IT-Verträge, Kap. 5.2, Rn. 58). Die Zulässigkeit weit gefasster Wettbewerbsverbote erkennt auch der BGH grundsätzlich an, wenn etwa zur Ausführung eines Vertrages Betriebsgeheimnisse offenbart werden müssten (BGH, Urt. v. 10.12.2008 – KZR 54/08, NJW 2009, 1751 (1753)).

Das vorstehend beschriebene Muster geht davon aus, dass (1) der freie Mitarbeiter nicht wirtschaftlich vom Auftraggeber abhängig ist und (2) die Vertraulichkeitsverpflichtung nicht zu einem faktischen Wettbewerbsverbot führt, was im Einzelfall durch eine Einschränkung der Definition der „vertraulichen Informationen" in § 2 sicherzustellen wäre. Da sich eine wirtschaftliche Abhängigkeit jedoch auch während der Vertragsdurchführung ergeben kann – insbesondere wenn die Zusammenarbeit besonders erfolgreich ist und der freie Mitarbeiter seine ganze Arbeitskraft in das gemeinsame Projekt steckt – und wegen der auch im Übrigen nicht eindeutigen Rechtslage wäre auch die in der Abwandlung vorgestellte alternative Gestaltung denkbar.

Aus Gründen der Risikominimierung wird jeder Aspekt in einem eigenen Absatz geregelt, um zu erreichen, dass im Fall, dass eine der Klauseln als unwirksam angesehen wird, noch die anderen bestehen bleiben. Zwar könnten die nachvertraglichen

Bergt

Vertraulichkeitspflichten als Gesamtregelung bewertet werden, insbesondere im Rahmen des § 138 BGB; doch sollten die vorgesehenen detaillierten Einzelregelungen in Kombination mit der salvatorischen Klausel in § 9 Abs. 2, die bei Unwirksamkeit einzelner Klauseln die Fortgeltung der übrigen anordnet, einer solchen Gesamtbewertung entgegenstehen (vgl. *Gehle*, DB 2010, 1981 (1983)). Anderenfalls wäre zu beachten, dass die Rechtsprechung des BGH eine geltungserhaltende Reduktion eines seinem Wortlaut nach gegen § 138 BGB verstoßenden Wettbewerbsverbots nur insoweit für zulässig hält, als ausschließlich dessen zeitliche Höchstgrenzen überschritten werden und das Wettbewerbsverbot im Übrigen für im Ganzen nichtig hält, sobald auch nur ein Teilaspekt außer der zeitlichen Höchstgrenze unzulässig ist (BGH, Urt. v. 10.12.2008 – KZR 54/08, NJW 2009, 1751 (1753)). Insoweit besteht ein wesentlicher Unterschied zur Anwendung des (eine lex specialis zu § 138 BGB darstellenden) § 74a Abs. 1 HGB durch das BAG, das die im Gesetz vorgesehene geltungserhaltende Reduktion sowohl in zeitlicher als auch in sachlicher und örtlicher Hinsicht anwendet (so etwa BAG, Urt. v. 21.4.2010 – 10 AZR 288/09, NJW 2010, 2378 (2379 f.)).

12. Vertragsstrafe. Da der Auftraggeber seinen Schaden bei Verstößen gegen Vertraulichkeitspflichten kaum je wird beweisen können, ist die Vereinbarung einer Vertragsstrafe die einzige realistische Möglichkeit, eine finanzielle Kompensation zu erhalten. Die Vereinbarung einer festen Vertragsstrafe hat den Nachteil, dass sie schnell in die eine oder andere Richtung unangemessen ist. Die Lösung über § 315 BGB hat den Vorteil, dass einerseits der Einzelfall berücksichtigt werden kann; andererseits dient die Vereinbarung von Mindest- und Höchstbeträgen einer gewissen Kalkulierbarkeit. Der Mindestbetrag sollte auch beim leichtesten denkbaren Verstoß noch angemessen sein (vgl. BGH, Urt. v. 20.1.2016 – VIII ZR 26/15, NJW 2016, 1230 (1232)).

Die Vereinbarung, dass bei Dauerverstößen für jeden angefangenen Monat eine neue Vertragsstrafe verwirkt ist, ist zulässig; eine solche Regelung kann sich sogar durch Auslegung der Klausel „für jeden Fall der Zuwiderhandlung" ergeben (BAG, Urt. v. 26.9.1963 – 5 AZR 2/63, Ls. 1). In der Praxis handelt es sich bei einer derartigen Vertragsstrafengestaltung neben gerichtlichem Eilrechtsschutz um die einzige Möglichkeit, eine zeitnahe Abstellung des Verstoßes zu erreichen; anderenfalls hätte der Auftragnehmer nach der Rechtsprechung vieler Gerichte eine „Flatrate". Gerade bei Vertraulichkeitsverstößen kommt es auf eine schnelle Beseitigung an, so dass sogar eine Verwirkung einer neuen Vertragsstrafe pro angefangene Woche zulässig sein müsste. In diesem Fall ist allerdings besonders darauf zu achten, dass der Mindestbetrag der Vertragsstrafe auch bei Minimalverstößen angemessen bleibt. Vorsichtshalber werden die Dauerverstöße definiert (als Gegenbeispiel für eine unwirksame Regelung zu Dauerverstößen mangels Transparenz, allerdings gegenüber einem besonders schutzbedürftigen Arbeitnehmer: BAG, Urt. v. 14.8.2007 – 8 AZR 973/06, NZA 2008, 170 (172)). Im Fall der von der Rechtsprechung praktizierten Zusammenfassung mehrerer auf einem einheitlichen Willen beruhender gleichartiger Handlungen zu einer rechtlichen Einheit (BGH, Urt. v. 25.1.2001 – I ZR 323/98, NJW 2001, 2622) sollte eine Behandlung als Dauerverstoß vereinbart werden. Da die rechtliche Einheit auf einer Auslegung des Vertragsstrafeversprechens basiert, sollten dem keine AGB-rechtlichen Bedenken entgegenstehen, solange verhindert wird, dass durch die eigentlich den Schuldner privilegierende Zusammen-

Bergt

fassung zusätzliche Vertragsstrafen verwirkt werden (etwa weil sich, wie im zitierten BGH-Fall, vier rechtlich zusammengefasste Verstöße über mehr als ein Jahr verteilen). Wichtig dürfte sein, im Vertragsstrafeprozess dem Gericht zu verdeutlichen, dass selbst Verstöße, die nicht eine aktive Nutzung umfassen, sondern etwa „nur" die Ermöglichung eines Zugriffs durch Unbefugte, ein enormes Schadenspotenzial haben und deswegen sofort zu unterbinden sind, so dass die Klausel nicht unangemessen ist.

13. Unterlassung neben Vertragsstrafe. § 340 Abs. 1 BGB, wonach ein Vertragsstrafeverlangen an die Stelle des Erfüllungsanspruchs tritt, gilt nicht für den zukünftigen Anspruch bei Dauerverpflichtungen (MüKoBGB/*Gottwald*, § 340 Rn. 2). Die Klausel ist also hinsichtlich Unterlassungsverpflichtungen rein klarstellend. Individualvertraglich kann zudem vereinbart werden, dass auch bei anderen als Dauerverpflichtungen nicht nur der zukünftige Anspruch bestehen bleibt (Palandt/*Grüneberg*, BGB, § 340 Rn. 3). In AGB sollten dagegen die Worte „für die Zukunft" eingefügt werden, da die Vertragsstrafe auch die Nichterfüllung nur einmaliger Handlungspflichten erfasst; im Individualprozess entstehen allerdings keine Rechtsnachteile, wenn dies unterlassen wird.

14. Herabsetzung der Strafe. Ist der Auftragnehmer Kaufmann, so muss bei Vereinbarung einer Vertragsstrafe aus seiner Sicht unbedingt § 348 HGB ausgeschlossen werden. Dies gilt auch, wenn keine feste Vertragsstrafe vereinbart wird, da auch hier existenzgefährdende Summierungen bei mehrfachen Verstößen möglich sind.

15. Freistellungsanspruch. Nach der Rechtsprechung des BGH sind verschuldensunabhängige Freistellungsklauseln in AGB unwirksam (BGH, Urt. v. 5.10.2005 – VIII ZR 16/05).

16. Gerichtsstandsvereinbarung. Die Grenzen des § 38 ZPO sind zu beachten, insbesondere ist eine Gerichtsstandsvereinbarung im Regelfall nur zwischen Kaufleuten möglich. Bei einem ausländischen Auftragnehmer empfiehlt sich eine Option für den Auftraggeber, im Heimatland des Auftragnehmers klagen zu können, um Schwierigkeiten bei der internationalen Vollstreckung zu vermeiden.

17. Salvatorische Klausel. Die Klausel sieht kein automatisches Eingreifen einer Ersatzklausel vor, weil eine solche Regelung unwirksam wäre (ErfK ArbR/*Preis*, §§ 305–310 BGB Rn. 95), sondern beschränkt sich auf eine Pflicht der Parteien, über eine Lösung des Problems zu verhandeln. Auch diese Klausel ist nicht frei von Bedenken, sollte aber wirksam sein (im Detail → D. III. 1. Anm. 39).

18. Feste Verbindung in einer Urkunde. Aus Beweisgründen sollten alle Blätter der Vereinbarung mit beiden Anlagen – also auch dem vollständigen Text der geltenden Richtlinien – fest zu einer Urkunde verbunden werden. Wird etwa eine Richtlinie zur E-Mail- und Internetnutzung (→ D. III. 1.) einbezogen, die eine Einwilligungserklärung erfordert, sollte besonders darauf achtgegeben werden, ob der Auftragnehmer auch die Einwilligungserklärung unterschrieben hat.

19. Abwandlung zur Verpflichtung über das Vertragsende hinaus. Im Hinblick auf eine sich möglicherweise erst während der Vertragsdurchführung ergebende wirtschaftliche Abhängigkeit des freien Mitarbeiters und die auch im Übrigen nicht eindeutige Rechtslage kann die in der Abwandlung vorgeschlagene Formulierung vorzugswürdig sein.

Bergt

Absatz 1 sieht zunächst vor, bestimmte besonders wichtige Betriebs- und Geschäftsgeheimnisse ganz konkret zu definieren, um eine Rückfallebene zu haben, was der freie Mitarbeiter auf jeden Fall dauerhaft geheim halten muss. Denkbar wäre auch, die Klausel auf „alle Geschäfts- und Betriebsgeheimnisse" ohne konkrete Aufzählung zu erweitern. Eine solche Klausel sollte noch wirksam sein (vgl. BGH, Urt. v. 10.12.2008 – KZR 54/08, NJW 2009, 1751 (1753)); sicherheitshalber könnte aber der Freistellungsanspruch aus Absatz 6 dieser Abwandlung auch auf Absatz 1 der Abwandlung bezogen werden. Zumindest in AGB sollte angesichts des Risikos einer Unwirksamkeit wegen Unklarheit (§ 307 Abs. 1 S. 2 BGB) bei einer Erstreckung auf „alle Geschäfts- und Betriebsgeheimnisse" aber der Begriff der Geschäfts- und Betriebsgeheimnisse definiert werden, etwa durch Anfügung des Satzes: „Betriebs- und Geschäftsgeheimnisse sind im Zusammenhang mit dem Auftraggeber stehende Tatsachen, Umstände und Vorgänge, die nur einem begrenzten Personenkreis zugänglich sind und an deren Nichtverbreitung der Auftraggeber ein berechtigtes Interesse hat." (vgl. BVerfG, Beschl. v. 14.3.2006 – 1 BvR 2087/03 und 1 BvR 2111/03, MMR 2006, 375 (376)). Die Definition wird im Rahmen der Umsetzung der GeschäftsgeheimnisseRL anzupassen sein.

Absatz 2 sieht eine fortbestehende Vertraulichkeitspflicht für fachfremde Geheimnisse vor, weil der freie Mitarbeiter dadurch nicht in seinem beruflichen Fortkommen (Grundrecht Berufsfreiheit, Art. 12 GG) beeinträchtigt werden kann (vgl. *Wertheimer*, BB 1999, 1600 (1602)).

Absatz 3 verbietet dem freien Mitarbeiter dauerhaft den Verkauf, die Auslizenzierung bzw. eine vergleichbare Verwertung der vertraulichen Informationen (vgl. *Wertheimer*, BB 1999, 1600 (1602)). Durch dieses Verbot wird die berufliche Entfaltung des Auftragnehmers nicht betroffen, sondern nur eine illoyale rein monetäre Verwertung fremder Geheimnisse verhindert.

Absatz 4 dehnt das Verbot des Absatz 3 auf sämtliche Arten der Zugänglichmachung an Dritte aus. Hier können sich allerdings Probleme ergeben, wenn eine Nutzung eines in das berufliche Fachgebiet des freien Mitarbeiters fallenden Geheimnisses zwangsweise zu einer Zugänglichmachung an Dritte führt. Der BGH dürfte solche Klauseln wohl nur anerkennen, wenn sie sich auf Betriebsgeheimnisse beschränken (vgl. Urt. v. 10.12.2008 – KZR 54/08, NJW 2009, 1751 (1753)). Um die Klausel möglicherweise wirksam zu machen, wäre eine Einschränkung auf „vertrauliche Informationen, die der Auftragnehmer vom Auftraggeber oder Kunden oder Kooperationspartnern des Auftraggebers erhalten hat" denkbar, d. h. es wären vom Auftragnehmer selbst entwickelte vertrauliche Informationen ausgeschlossen. Eine solche Klausel sollte man als „notwendig [anerkennen], um einen Vertragspartner vor einer illoyalen Verwertung der Erfolge seiner Arbeit durch den anderen Vertragspartner zu schützen" (BGH, Urt. v. 10.12.2008 – KZR 54/08, NJW 2009, 1751 (1753)).

Als Absatz 5 folgt dann der leicht modifizierte Absatz 1 der Grundfassung.

Es folgen sodann als Absatz 6 und 7 die in ihren Verweisen angepassten Absatz 2 und 3 der Grundfassung.

Aus Gründen der Risikominimierung wird jeder Aspekt in einem eigenen Absatz geregelt, um zu erreichen, dass im Fall, dass eine der Klauseln als unwirksam angesehen wird, noch die anderen bestehen bleiben. Zwar könnten die nachvertraglichen Vertraulichkeitspflichten als Gesamtregelung bewertet werden, insbesondere im Rahmen des § 138 BGB; doch sollten die vorgesehenen detaillierten Einzelregelun-

Bergt

gen in Kombination mit der salvatorischen Klausel in § 9 Abs. 2, die bei Unwirksamkeit einzelner Klauseln die Fortgeltung der übrigen anordnet, einer solchen Gesamtbewertung entgegenstehen (vgl. *Gehle*, DB 2010, 1981 (1983)). Anderenfalls wäre zu beachten, dass die Rechtsprechung des BGH eine geltungserhaltende Reduktion eines seinem Wortlaut nach gegen § 138 BGB verstoßenden Wettbewerbsverbots nur insoweit für zulässig hält, als ausschließlich dessen zeitliche Höchstgrenzen überschritten werden und das Wettbewerbsverbot im Übrigen für im Ganzen nichtig hält, sobald auch nur ein Teilaspekt außer der zeitlichen Höchstgrenze unzulässig ist (BGH, Urt. v. 10.12.2008 – KZR 54/08, NJW 2009, 1751 (1753)). Insoweit besteht ein wesentlicher Unterschied zur Anwendung des (eine lex specialis zu § 138 BGB darstellenden) § 74a Abs. 1 HGB durch das BAG, das die im Gesetz vorgesehene geltungserhaltende Reduktion sowohl in zeitlicher als auch in sachlicher und örtlicher Hinsicht anwendet (so etwa BAG, Urt. v. 21.4.2010 – 10 AZR 288/09, NJW 2010, 2378 (2379 f.)).

20. Abwandlung. Die Abwandlung des § 8 entspricht der Grundfassung, ausschließlich mit dem Unterschied, dass nicht nur auf §§ 4 und 5, sondern auch auf § 7 verwiesen und ein Dauerverstoß aus § 7 definiert wird, da dieser in der Abwandlung nicht nur auf §§ 4 und 5 verweist, sondern einen eigenen Regelungsgehalt aufweist.

7. Merkblatt zur Wahrung der Vertraulichkeit in der sozialen Arbeit

Wer in der sozialen Arbeit tätig ist, benötigt typischerweise ein **absolutes Vertrauensverhältnis** zu seinen Klienten. Diese müssen sich, wenn sie hilfreiche Unterstützung und Beratung erhalten wollen, bis in die Intimsphäre öffnen. Der Gesetzgeber hat daher in **§ 203 Abs. 1 Nr. 4, 4a und 5 StGB** auch Ehe-, Familien-, Erziehungs-, Jugend- und Suchtberater in anerkannten Beratungsstellen, Schwangerschaftskonfliktberater und anerkannte Sozialarbeiter und Sozialpädagogen einer **strikten Schweigepflicht** unterworfen, ähnlich etwa Ärzten (§ 203 Abs. 1 Nr. 1 StGB) und Rechtsanwälten (§ 203 Abs. 1 Nr. 3 StGB). Da soziale Arbeit oftmals durch kleine Vereine geleistet wird, die nicht über die gebotenen Strukturen verfügen, besteht dennoch ein besonderes Risiko, dass Daten- und Geheimnisschutz grob missachtet werden und etwa Klientenakten einfach ungeschreddert in den Altpapiercontainer entsorgt werden (vgl. den Fall http://www.taz.de/!75836/).

Über die allgemeine Verpflichtung auf das Datengeheimnis hinaus empfiehlt es sich daher, Beratern in der sozialen Arbeit die **Wichtigkeit der Vertraulichkeit deutlich zu machen** und sie für bestimmte immer wieder auftretende Problemfälle zu sensibilisieren. Das vorliegende Merkblatt zur Wahrung der Vertraulichkeit in der sozialen Arbeit **ergänzt die allgemeine datenschutzrechtliche Vertraulichkeitsverpflichtung** nebst Merkblatt (→ C.VII.1.) und ggf. die Richtlinien zur Nutzung von Internet und E-Mail (→ D.III.1.) und Home Office/Mobile Office/Telearbeit (→ D.III.2.). Der Übersichtlichkeit halber kann dieses Muster am Ende des Merkblatts zum Datengeheimnis eingefügt werden, so dass die Mitarbeiter ein einheitliches Merkblatt erhalten. Optimalerweise sollte auch hier eine mündliche Belehrung erfolgen; auch sollte den Mitarbeitern von Zeit zu Zeit die aktuelle Fassung des Merkblatts übergeben und ihnen die Lektüre empfohlen werden.

Bergt

Merkblatt zur Wahrung der Vertraulichkeit in der sozialen Arbeit

Sie wissen selbst, dass Vertrauen die Basis unserer gemeinsamen Arbeit ist. Wer unsere Hilfe und Beratung in Anspruch nimmt, muss teilweise intimste Informationen bekanntgeben, damit wir ihm helfen können. Er muss sich deshalb sicher sein können, dass wir sein Vertrauen nicht enttäuschen und dass die Dinge, die er uns anvertraut, absolut vertraulich bleiben. Mit diesem Merkblatt möchten wir Ihnen einige besonders wichtige Aspekte zur Wahrung der Vertraulichkeit in der sozialen Arbeit ins Gedächtnis rufen. Sollten Sie hierzu Fragen haben, wenden Sie sich bitte an [Ansprechpartner, Telefonnummer].

Datenschutzrechtliche Vertraulichkeitsverpflichtung[1]

Die Informationen, die Sie von oder über unsere Klienten erhalten, stellen in aller Regel personenbezogene Daten im Sinne des Datenschutzrechts dar. Sie müssen daher alle Vorschriften über den Schutz personenbezogener Daten einhalten. Bitte beachten Sie hierzu insbesondere auch das Merkblatt zur Vertraulichkeitsverpflichtung, dessen Inhalt wir hier nicht wiederholen, der aber ergänzend in vollem Umfang gilt.

Spezielle Vertraulichkeitspflichten

Ihre Vertraulichkeitspflichten gehen allerdings noch weit über die datenschutzrechtliche Vertraulichkeitsverpflichtung hinaus. Insbesondere machen Sie sich als [Ehe-, Familien-, Erziehungs-, Jugend-, Sucht-, Schwangerschaftskonfliktberater, Sozialarbeiter, Sozialpädagoge][2] nach § 203 Abs. 1 Nr. [4, 4a, 5] StGB sogar strafbar, wenn Sie Geheimnisse an Dritte gelangen lassen, die Ihnen Ihre Klienten anvertraut haben. Bitte beachten Sie, dass ein Geheimnis nicht nur ist, was der Klient Ihnen berichtet – sondern bereits der Umstand, dass jemand überhaupt entsprechende Beratung sucht oder in Beratung ist. Ob jemand bei uns bzw. Ihnen in Beratung ist, muss daher geheim bleiben. Sobald Sie als Berater einen Namen oder eine Adresse eines Klienten weitergeben, offenbaren Sie das Geheimnis, dass der Klient bei Ihnen in Beratung war oder ist.

Sie müssen deshalb verhindern, dass andere irgendetwas über die Beratung erfahren, was irgendwie auf eine bestimmte Person zurückgeführt werden kann. Dies bedeutet insbesondere, dass Sie Klientenakten keinesfalls an Dritte weitergeben oder herumliegen lassen oder gar in der Bahn lesen dürfen. Bitte beachten Sie, dass Sie Klientenakten überhaupt nur dann aus dem Büro mitnehmen dürfen, wenn es unvermeidbar ist, etwa für einen Vor-Ort-Besuch.

Auch im Büro legen bzw. stellen Sie Akten bitte so ab, dass Besucher nichts lesen können. Verlassen Sie Ihren Arbeitsplatz (und sei es nur kurz, etwa zur Toilette), muss sichergestellt sein, dass kein Dritter auf Klientendaten zugreifen kann. Sie müssen also Ihren Computer sperren, so dass bei Rückkehr zumindest die Eingabe des Passwortes erforderlich ist, [die Chipkarte mitnehmen] und – wenn nicht Kollegen Ihren Arbeitsplatz „bewachen" – Fenster schließen und Türen abschließen. Bei längerer Abwesenheit müssen Sie alle Akten einschließen. Bitte beachten Sie, dass Sie sich auch durch Unterlassen strafbar machen können, etwa wenn Sie nicht einschreiten, wenn ein nicht am Fall beteiligter Kollege die auf Ihrem Tisch liegende Akte eines Ihrer Klienten liest.

Bergt

Ihre Vertraulichkeitspflichten gelten auch gegenüber Kollegen. Sie dürfen Informationen zu Klienten nur dann an Kollegen weitergeben, wenn diese die konkrete Information unbedingt kennen müssen – etwa im Rahmen einer Urlaubsvertretung oder wenn Sie einen Fall gemeinsam bearbeiten. Pausengespräche über identifizierbare Klienten sind tabu: Wenn Sie sich bei einem Kollegen einen Rat zu einem Fall einholen möchten, müssen Sie den Fall anonym darstellen.

Die Vertraulichkeit müssen Sie auch gegenüber Freunden und Verwandten des Klienten wahren: Es ist der Klient, der entscheidet, ob etwa die Familie die Dinge erfahren darf, die er Ihnen anvertraut hat. Eine Ausnahme gilt nur dann, wenn dem Klienten die natürliche Einsichts- und Urteilsfähigkeit fehlt, d. h. er überhaupt nicht versteht, welche Bedeutung und Auswirkungen eine Einwilligung zur Informationsweitergabe hat – dann entscheiden die Personensorgeberechtigten.[3] Dies bedeutet, dass Sie typischerweise zwar über ein sechsjähriges Kind den Eltern berichten dürfen, nicht aber über sechzehnjährige Jugendliche.

Ausnahmen bei Kindeswohlgefährdung

Ihre Verschwiegenheitspflicht wird eingeschränkt, wenn Ihnen in Ihrer Tätigkeit als [Ehe-, Familien-, Erziehungs-, Jugend-, Sucht- oder Schwangerschaftskonfliktberater, Sozialarbeiter, Sozialpädagoge] gewichtige Anhaltspunkte dafür bekannt werden, dass das Wohl eines Kindes oder Jugendlichen gefährdet ist – etwa durch Vernachlässigung, sexuellen Missbrauch oder sonstige Gewalt. § 4 des Gesetzes zur Kooperation und Information im Kinderschutz (KKG) erlaubt Ihnen hier ein gestuftes Vorgehen: Wenn möglich und sinnvoll, sollen Sie das Problem mit dem Kind bzw. den Eltern besprechen. Sie haben dabei einen Rechtsanspruch auf Beratung durch das Jugendamt, dürfen dafür aber nur pseudonymisierte Daten weitergeben – also keine Klarnamen. Wenn der kooperative Ansatz nicht ausreicht oder aussichtslos ist und Sie ein Einschreiten des Jugendamtes für erforderlich halten, dürfen Sie das Jugendamt informieren und die erforderlichen Daten an das Jugendamt weitergeben (aber keinesfalls ungeprüft Ihre komplette Akte). Vorher müssen Sie Kind und Eltern auf Ihre Absicht hinweisen, das Jugendamt einzuschalten, es sei denn, dass damit der wirksame Schutz des Kindes oder Jugendlichen in Frage gestellt wird.

Ungeachtet dieser rechtlichen Möglichkeiten der Einschaltung des Jugendamtes stehen natürlich auch wir Ihnen jederzeit mit Rat und Unterstützung zur Seite. Sie können sich jederzeit an unseren Ansprechpartner für Fälle von Kindeswohlgefährdung [Name, Telefon] wenden, was wir Ihnen dringend ans Herz legen, wenn bei Ihnen ein solcher Fall auftritt. [Er/Sie] steht Ihnen sowohl für eine Unterstützung ohne Nennung der Namen der Betroffenen als auch für eine fachkundige Mitbearbeitung des Falls zur Verfügung.[4]

Zeugnisverweigerungsrecht [– Variante für Schwangerschaftskonflikt- und Betäubungsmittelberater in anerkannten Beratungsstellen][5]

Als [Schwangerschaftskonfliktberater, Berater für Fragen der Betäubungsmittelabhängigkeit] in einer anerkannten Beratungsstelle haben Sie entsprechend Ihrer strafrechtlichen Verschwiegenheitsverpflichtung ein Zeugnisverweigerungsrecht über alles, was Ihnen in dieser Eigenschaft anvertraut worden oder bekanntgeworden ist (§ 53 Abs. 1 Nr. [3a, 3b] StPO, § 383 Abs. 1 Nr. 6 ZPO). Als Berufsgeheimnisträger werden Sie auf dieses Recht nicht gesondert hingewiesen – Sie müssen es selbst kennen und beachten, weil Sie sich ansonsten strafbar machen, wenn Sie Fragen des Gerichts oder der Polizei beantworten.

Zeugnisverweigerungsrecht [– Variante für andere Tätigkeiten]

Sie sind zwar nach § 203 StGB grundsätzlich zur Verschwiegenheit verpflichtet – doch es gibt Ausnahmen. Als Zeuge im Zivil- oder Verwaltungsprozess haben Sie ein Zeugnisverweigerungsrecht über alles, für das Ihre Verschwiegenheitspflicht gilt (§ 383 Abs. 1 Nr. 6 ZPO). Anders im Strafprozess: Nach § 53 StPO haben nur Betäubungsmittel- und Schwangerschaftsberater ein automatisches Zeugnisverweigerungsrecht. Für alle nicht dort genannten Berufsgruppen – also auch Sie – gibt es nur ausnahmsweise ein Zeugnisverweigerungsrecht. In diesem Fall geht Ihre Pflicht zur (wahrheitsgemäßen) Aussage Ihrer Verschwiegenheitspflicht vor.

Aber Achtung: In besonderen Einzelfällen können Sie aus verfassungsrechtlichen Gründen trotzdem ein Aussageverweigerungsrecht haben, etwa wenn es um intime Informationen Ihres Klienten geht, aber nur leichte Kriminalität in Rede steht. Dann dürfen Sie keine Aussage machen. Sollten Sie je in eine solche Situation kommen, halten Sie bitte rechtzeitig mit uns oder einem Rechtsanwalt Ihres Vertrauens Rücksprache. Im Notfall teilen Sie dem Gericht ausdrücklich mit, dass Sie Berufsgeheimnisträger sind und Zweifel haben, ob Sie die konkrete Frage überhaupt beantworten dürfen. Fragen Sie ausdrücklich, ob Sie verpflichtet sind, die Frage zu beantworten. Die Antwort mag zwar nicht immer richtig sein, aber sie kann Sie vor Strafverfolgung schützen. Bitten – einen Anspruch haben Sie nicht – Sie das Gericht, ins Protokoll aufzunehmen, dass das Gericht Ihnen ausdrücklich mitgeteilt hat, dass Sie die Frage beantworten müssen. Beantragen Sie in kritischen Fällen ausdrücklich die Beiordnung eines Zeugenbeistands nach § 68 Abs. 2 StPO, möglichst rechtzeitig vor der Vernehmung.

In jedem Fall gilt: Vor der Polizei sind Sie nicht zum Erscheinen bzw. zur Aussage verpflichtet, sondern nur vor Staatsanwaltschaft und Gericht (§§ 48 Abs. 1, 161a Abs. 1 StPO). Als Berufsgeheimnisträger werden Sie auf Ihr Recht zur Zeugnisverweigerung nicht hingewiesen – Sie müssen es selbst kennen und beachten, weil Sie sich ansonsten strafbar machen, wenn Sie Fragen des Gerichts oder der Polizei beantworten.

Auskunftsrechte des Klienten

Bitte beachten Sie, dass der Klient nach Art. 15 DS-GVO Auskunft über den Inhalt seiner Akte verlangen kann. Unter Umständen kann es erforderlich sein, dem Klienten den Akteninhalt mündlich zu erläutern – etwa wenn dort Feststellungen und Wertungen enthalten sind, die „schwer zu verdauen" sind.[6] Verlangt der Klient aber eine Kopie, muss er auch diese erhalten. Berücksichtigen Sie dies bitte bereits, wenn Sie Eintragungen vornehmen und bleiben Sie immer sachlich und korrekt.

Sicherheit der Kommunikation

Personenbezogene Daten dürfen nicht per normaler (unverschlüsselter) E-Mail versendet werden, siehe die „besonderen Hinweise für Nutzer von Internet und E-Mail" im „Merkblatt zur Vertraulichkeitsverpflichtung".

Bergt

Es kann nun vorkommen, dass Klienten oder auch Dritte per E-Mail mit Ihnen kommunizieren wollen. Um dies zu verhindern, geben Sie bitte Ihre E-Mail-Adresse möglichst nicht von sich aus heraus, sondern verweisen Sie auf sicherere Kommunikationswege wie Post, Fax oder Telefon. Weisen Sie darauf hin, dass unverschlüsselte E-Mails von Unbefugten mitgelesen werden können und dass dies Ihrem Klienten schwere Nachteile verursachen kann.

Will Ihr Klient – bzw., falls dieser nicht einwilligungsfähig ist, dessen Personensorgeberechtigte – unbedingt per E-Mail mit Ihnen kommunizieren, lassen Sie sich die in der Anlage beigefügte Einwilligungserklärung unterschreiben.[7] Bei Jugendlichen zwischen 14 und 17 Jahren sollten sicherheitshalber sowohl der Jugendliche als auch die Eltern unterschreiben.

Sollten Sie von Behörden oder anderen Einrichtungen unverschlüsselte vertrauliche E-Mails erhalten, beschweren Sie sich beim Absender und im Wiederholungsfall beim Datenschutzbeauftragten der Behörde bzw. Einrichtung oder informieren Sie unseren Datenschutzbeauftragten [Name, Telefon, E-Mail] – bitte ohne Nennung von Namen oder gar Informationen zum Klienten. Leiten Sie insbesondere die erhaltene E-Mail nicht weiter.

Sollten Sie von Dritten unverschlüsselte vertrauliche E-Mails erhalten, bitten Sie um Kontaktaufnahme auf einem sicheren Weg. Antworten Sie per Post, nicht per E-Mail.

Sichere Aktenentsorgung

Bitte denken Sie unbedingt daran: Alle Informationen, die Sie zu Klienten aufschreiben, müssen sicher vernichtet werden, wenn sie nicht in die Akte gehören. Unter keinen Umständen dürfen Sie Notizen, Briefe o. ä. zu Klienten ungeschreddert in den Müll oder ins Recycling geben – das wäre ein grober Vertrauensbruch, und Sie könnten dafür bestraft werden. Benutzen Sie bitte immer den Aktenvernichter im Büro. Akten, deren Aufbewahrungsfrist abgelaufen ist, werden von uns ebenfalls sicher vernichtet.[8]

Wortlaut der Gesetze

[Es ist – soweit für die jeweiligen Mitarbeiter von Relevanz – der Wortlaut der § 203 StGB, § 161a Abs. 1, 53, 48 Abs. 1 StPO, § 383 Abs. 1 Nr. 6 ZPO, § 4 KKG einzufügen.][9]

Anlage: Einwilligung in die unverschlüsselte Kommunikation[7]

Kommunikation per unverschlüsselter E-Mail kann von Unbefugten mitgelesen, kopiert und manipuliert werden. [Beratungsstelle] verzichtet daher grundsätzlich auf unverschlüsselte E-Mails, wenn es um vertrauliche Inhalte wie etwa Beratung – einschließlich der Vereinbarung von Terminen – geht. Denn Informationen darüber, dass ich bei [Beratungsstelle] Beratung und Hilfe suche, können unter Umständen später gegen mich verwendet werden.

Ungeachtet dieses Risikos möchte ich per unverschlüsselter E-Mail mit [Beratungsstelle] kommunizieren. Ich willige daher ein, dass [Beratungsstelle] mir unverschlüsselte E-Mails sendet, auch wenn darin personenbezogene Daten – einschließlich besonders vertraulicher Daten über mein(e) [ethnische Herkunft, politische Meinungen, religiöse oder philosophische Überzeugungen, Gewerk-

schaftszugehörigkeit, Gesundheit, Sexualleben] – und Informationen, die der gesetzlichen Verschwiegenheitpflicht der [Ehe-, Familien-, Erziehungs-, Jugend-, Sucht-,
Schwangerschaftskonfliktberater, Sozialarbeiter, Sozialpädagogen] nach § 203 StGB
unterfallen, enthalten sind. Ich kann diese Einwilligung jederzeit mit Wirkung für
die Zukunft widerrufen.

[Datum, Unterschrift]

Anmerkungen

1. Einheitliches Merkblatt. Werden Merkblatt zur Vertraulichkeitsverpflichtung
und Merkblatt zur Wahrung der Vertraulichkeit in der sozialen Arbeit in einem Dokument kombiniert, sollte der einleitende Verweis auf die allgemeine Vertraulichkeitsverpflichtung gestrichen werden.

2. Berufsgruppen. Das gesamte Formular sollte einerseits in seinem Wortlaut und
den zitierten Vorschriften an die jeweilige Berufsgruppe angepasst werden. Andererseits empfehlen sich auch inhaltliche Ergänzungen, soweit möglich.

3. Einwilligungsfähigkeit. Vgl. hierzu Schönke/Schröder/*Lenckner/Sternberg-
Lieben*, StGB, Vor §§ 32 ff. Rn. 39 ff., zur datenschutzrechtlichen Einwilligung Minderjähriger → I.I. Anm. 6.

4. Mitbearbeitung bei Kindeswohlgefährdung. Es sei daran zu erinnern, dass die
Verschwiegenheitsverpflichtung – ebenso wie die datenschutzrechtliche Verschwiegenheitspflicht, vgl. dazu → C.VII.1. – auch gegenüber Kollegen gilt, soweit diese
nicht für ihre Tätigkeit Kenntnis von den Informationen benötigen (vgl. Schön-
ke/Schröder/*Lenckner/Eisele*, StGB, § 203 Rn. 19a; Lackner/Kühl/*Heger*, StGB,
§ 203 Rn. 17; BGH, Urt. v. 10.8.1995 – IX ZR 220/94, NJW 1995, 2915 (2916)).
Für die ebenfalls § 203 StGB unterfallende anwaltliche Verschwiegenheitspflicht ist
anerkannt, dass der Anwalt rechtskundige Mitarbeiter zur Fallbearbeitung einschalten darf, ohne damit ein Mandantengeheimnis unbefugt zu offenbaren (BGH, Urt. v.
10.8.1995 – IX ZR 220/94, NJW 1995, 2915 (2916)). Eine Möglichkeit zur freien
Weitergabe von Geheimnissen an Mitarbeiter ist damit nicht verbunden, so dass
auch eine Anwaltsgehilfin Geheimnisse unbefugt i. S. v. § 203 StGB erlangen kann
(BGH, Beschl. v. 6.3.1997 – IX ZR 92/96). Vielmehr kommt es auf die Erforderlichkeit der Informationsweitergabe für die ordnungsgemäße Bearbeitung des Falls
an (vgl. BGH, Urt. v. 11.11.2004 – IX ZR 240/03, NJW 2005, 507 (508); Schön-
ke/Schröder/*Lenckner/Eisele*, StGB, § 203 Rn. 19a). Im Ergebnis gleichlaufend sind
die Fälle, in denen die betroffene Person ihre Geheimnisse aus ihrer Sicht nicht bestimmten Personen, sondern einer Einrichtung anvertraut, so dass das Geheimnis an
die bei dieser Einrichtung mit der Sachbearbeitung befassten Personen weitergegeben werden darf (vgl. Schönke/Schröder/*Lenckner/Eisele*, StGB, § 203 Rn. 19a und
Rn. 45). Dass oftmals ein Beratungsvertrag mit einer juristischen Person geschlossen
wird, macht deshalb keinen Unterschied. Die konkrete Ausgestaltung des Beratungsvertrags kann allerdings im Einzelfall auch dazu führen, dass alle Mitarbeiter
zur Einsichtnahme in die Akten befugt sein sollen (vgl. zur Einbeziehung später ein-
tretender Sozietätsmitglieder einer Rechtsanwalts-GbR in den Anwaltsvertrag BGH,
Urt. v. 13.6.2001 – VIII ZR 176/00, NJW 2001, 2462 (2463)). Auch datenschutz-

Bergt

rechtlich handelt es sich etwa beim Lesen von Akten oder den Gebrauch des Informationsgehalts personenbezogener Daten um eine rechtfertigungsbedürftige Verwendung personenbezogener Daten (Kühling/Buchner/*Herbst*, DS-GVO, Art. 4 Nr. 2 Rn. 18 und Rn. 28). Angesichts der in der sozialen Arbeit meist besonders sensiblen Informationen wird eine zulässige Weitergabe regelmäßig auf die mitbearbeitenden Personen beschränkt sein. Für eine allgemeine Hilfestellung ist typischerweise keine Namensnennung erforderlich; anders im Fall einer Mitbearbeitung der Angelegenheit.

5. Zeugnisverweigerungsrecht. Zwar sind viele in der sozialen Arbeit Tätige zwischenzeitlich als Berufsgeheimnisträger in § 203 StGB aufgenommen. Ein wichtiger Unterschied zu anderen Berufsgruppen besteht allerdings hinsichtlich des strafprozessualen Zeugnisverweigerungsrechts (§ 53 StPO), das nur für Betäubungsmittel- und Schwangerschaftsberater gesetzlich geregelt ist (so dass für diese ein anderer Merkblattinhalt erforderlich ist als für die anderen Tätigkeiten). Im Fall der Suchtberatung ist zu berücksichtigen, dass das strafprozessuale Zeugnisverweigerungsrecht nur für „Berater für Fragen der Betäubungsmittelabhängigkeit" gilt, d.h. für illegale Drogen nach dem BtMG, während § 203 Abs. 1 Nr. 4 StGB umfassender auf alle „Berater für Suchtfragen" anwendbar ist (vgl. Meyer-Goßner/Schmitt/*Schmitt*, StPO, § 53 Rn. 22).

Dass es kein ausdrücklich geregeltes Zeugnisverweigerungsrecht gibt, bedeutet allerdings nicht, dass die anderen in § 203 StGB genannten in der sozialen Arbeit Tätigen generell kein Zeugnisverweigerungsrecht hätten (und damit die strafprozessuale Aussagepflicht der Verschwiegenheitspflicht nach §§ 48 Abs. 1 bzw. 161a Abs. 1 StPO immer vorginge) – denn ein Zeugnisverweigerungsrecht kann sich auch unmittelbar aus dem Grundgesetz ergeben, was jedoch eine Frage des Einzelfalls ist (BVerfG, Beschl. v. 19.7.1972 – 2 BvL 7/71, BVerfGE 33, 367 (374)).

Der in der sozialen Arbeit tätige Zeuge ist damit in einer Zwickmühle: Verweigert er zu Unrecht die Aussage, ergehen gegen ihn Ordnungsmittel (§ 70, ggf. i.V.m. § 161a Abs. 2 StPO); sagt er unberechtigt aus, macht er sich strafbar. Auch wenn das Gesetz zwischenzeitlich teilweise geändert ist, bleibt somit die Forderung von *Hammer*, NZA 1986, 305 (310) im Grundsatz aktuell, jedem als Zeugen geladenen Berater nach § 68b Abs. 2 StPO einen Zeugenbeistand beizuordnen. Die Beratungsstelle als Arbeitgeber sollte hier idealerweise für eine – unbedingt fundiert rechtskundige, sonst scheidet ein unvermeidbarer Verbotsirrtum aus (*Fischer*, StGB, § 17 Rn. 9) – Beratung sorgen.

6. Auskunftsrechte. Auch bei medizinischen – und erst recht bei anderen § 203 StGB unterfallenden – Daten hat die betroffene Person ein Recht auf Auskunft und Datenkopie nach Art. 15 DS-GVO, vgl. ErwG 63 DS-GVO. Art. 15 Abs. 3 S. 3 DS-GVO bestimmt, dass elektronisch gestellte Auskunftsersuchen nach Möglichkeit auf elektronischem Weg zu beantworten sind, wenn die betroffene Person nichts anderes angibt; Entsprechendes regelt Art. 12 Abs. 3 S. 4 DS-GVO allgemein für die Geltendmachung von Betroffenenrechten. Eine elektronische Auskunftserteilung über das Internet wird jedoch vor dem Hintergrund der Sicherheitsanforderungen (Art. 32 DS-GVO) und des in der sozialen Arbeit kaum denkbaren „Fernzugangs zu einem sicheren System" (ErwG 63 S. 4 DS-GVO) auf absehbare Zeit ausscheiden, wenn nicht ohnehin mit dem Klienten per verschlüsselter E-Mail kommuniziert wird. Auch wenn Art. 15 Abs. 3 S. 3 DS-GVO seinem Wortlaut nach bei elektronischer Antragstellung eine elektronische Übersendung der Datenkopie zwingend vorschreibt, wenn nicht die betroffene Person etwas anderes angibt, ist dieser Anspruch keineswegs unbedingt; vielmehr steht die Form der Auskunft unter dem Vorbehalt ausreichender Sicherheit gem. Art. 32 DS-GVO (vgl. *Franck*, RDV 2016, 111 (117); tendenziell in diese Richtung auch Kühling/Buchner/*Bäcker*, DS-GVO, Art. 15 Rn. 44). Kann die gebotene Sicherheit nicht erreicht werden, etwa weil als elektronischer Kommunikationskanal nur unverschlüsselte E-Mail zur Verfügung steht, muss und darf die Auskunft nicht elektronisch erteilt werden. Als elektronische Auskunft denkbar ist dann allenfalls die Übersendung eines Datenträgers per Post, wobei angesichts der Brisanz der Informationen die Daten verschlüsselt (z.B. verschlüsselte ZIP-Datei, VeraCrypt-Container) und das (sichere, insbesondere lange) Passwort auf anderem Weg übermittelt oder der Brief z.B. als Einschreiben oder Paket mit Ausschluss der Ersatzzustellung verschickt werden sollten (dies gilt regelmäßig ebenfalls für Auskunftserteilungen per Post). Bereits dieser Aufwand spricht dafür, der betroffenen Person anzubieten, die Auskunft persönlich zu erteilen, etwa den Akteninhalt zu erläutern. Auch aus fachlicher Sicht dürfte eine persönliche Erläuterung oftmals empfehlenswert sein, weil die Akten in der sozialen Arbeit Feststellungen und Wertungen enthalten können, deren unbegleitete Kenntnisnahme die betroffene Person psychisch stark belasten kann. Nach Art. 12 Abs. 1 S. 3 DS-GVO erfüllt auch eine mündliche Auskunft nach entsprechendem Verlangen der betroffenen Person den Auskunftsanspruch, so dass bei vollständiger mündlicher Auskunft theoretisch kein weitergehender Anspruch auf eine verkörperte Auskunft besteht. Jedoch wird eine mündliche Auskunft oft nicht vollständig sein, außerdem kann die betroffene Person ohnehin eine Kopie der Daten nach Art. 15 Abs. 3 DS-GVO verlangen oder – in den Grenzen des Rechtsmissbrauchs, Gola/*Franck*, DS-GVO, Art. 15 Rn. 27 hält eine quartalsweise Anfrage für zulässig, jedenfalls bei sich ändernden Daten ist sicherlich auch eine höhere Frequenz zulässig – eine neue Anfrage stellen. Deshalb sollte der betroffenen Person nach der mündlichen Erläuterung unmittelbar die gewünschte Kopie übergeben werden; dies wird oft genug nur ein Auszug sein.

7. Einwilligung in die unverschlüsselte Kommunikation. Grundsätzlich ist davon auszugehen, dass E-Mail-Kommunikation nur (Ende-zu-Ende-)verschlüsselt erfolgen darf, wenn personenbezogene Daten enthalten sind. Dies gilt ganz besonders, wenn – wie vorliegend – hoch vertrauliche Informationen in Rede stehen, oftmals besondere Kategorien personenbezogener Daten i. S. v. Art. 9 DS-GVO.

Bereits unter Geltung des BDSG a. F. war umstritten, ob datenschutzrechtlich eine Einwilligung in unverschlüsselte E-Mail-Kommunikation möglich ist (vgl. im Detail die 1. Aufl. C. II. 6. Anm. 7). Die Einwilligung nach Art. 4 Nr. 11, Art. 6 Abs. 1 lit. a, Art. 7 DS-GVO bezieht sich klar nur auf das „Ob" der Datenverarbeitung, nicht auf das „Wie" (Kühling/Buchner/*Jandt*, DS-GVO, Art. 32 Rn. 40; *Franck*, CR 2016, 238 (239)). Auch ein Abstellen auf die Angemessenheit des Schutzniveaus (zum BDSG vgl. *Bergt*, NJW 2011, 3752 (3755); zustimmend *Wybitul*, ZD 2013, 539 (540 f.)) erscheint wegen des objektiven Ansatzes der Angemessenheitsprüfung nach Art. 32 DS-GVO nicht mehr möglich: Art. 32 Abs. 1 DS-GVO verlangt ein „dem Risiko angemessenes Schutzniveau", nach Art. 32 Abs. 2 DS-GVO sind „insbesondere die Risiken zu berücksichtigen, die mit der Verarbeitung verbunden sind". Das Risiko verändert sich aber nicht, wenn die betroffene Person einwilligt.

Bergt

Dennoch zeigt die umfassende Nutzung von E-Mail für die Übersendung personenbezogener Daten, dass es eine praktische Notwendigkeit hierfür gibt. *Franck* (CR 2016, 238 (240 f.)) zeigt dogmatische Möglichkeiten auf, weiterhin mit Einwilligung der betroffenen Person per unverschlüsselter E-Mail zu kommunizieren. Da Verstöße gegen die Sicherheitsanforderungen des Art. 32 DS-GVO in Art. 83 Abs. 4 lit. a DS-GVO mit Geldbuße bis zu 10.000.000 EUR oder 2 % des weltweiten Konzernvorjahresumsatzes bedroht sind, während ein Verstoß gegen § 9 BDSG a. F. keine Ordnungswidrigkeit darstellte, ist jedoch fraglich, ob das Risiko unverschlüsselten E-Mail-Verkehrs mit Einwilligung eingegangen werden sollte. Zu berücksichtigen ist zudem, dass bei Unwirksamkeit der Einwilligung auch ein erhebliches „Schmerzensgeld" in Rede stehen dürfte, dem nicht einmal ein Mitverschulden in Form der Einwilligung entgegengehalten werden kann (Kühling/Buchner/*Bergt*, DS-GVO, Art. 82 Rn. 59 und zur Höhe Rn. 18). Die Frage der Möglichkeit einer Einwilligung in unverschlüsselten E-Mail-Verkehr erscheint allerdings prädestiniert für eine Regelung in Verhaltensregeln nach Art. 40, 41 DS-GVO, wodurch ein erhebliches Maß an Rechtssicherheit zu erzielen wäre (dazu Kühling/Buchner/*Bergt*, DS-GVO, Art. 40 Rn. 40 ff., 49 ff.).

In jedem Fall ist zu berücksichtigen, dass sich die datenschutzrechtliche Einwilligung nur auf Daten desjenigen beziehen kann, der die Einwilligung erklärt. Ggf. müssen zusätzliche – im Wortlaut auf die Situation angepasste – Einwilligungserklärungen der sonstigen betroffenen Personen, etwa der anderen Familienmitglieder, eingeholt werden.

Unabhängig von einer Einwilligung sollte der verwendete E-Mail-Server zumindest Transportverschlüsselung (STARTTLS) mit zeitgemäßen Verfahren (z.B. TLS 1.2, PFS, DANE) nutzen, möglichst erzwingen (vgl. *Bergt*, CR 2014, 726). Wird sichere Transportverschlüsselung erzwungen, insbesondere auch mit DANE ein Man-in-the-Middle-Angriff verhindert, besteht eine Zugriffsmöglichkeit nur an den E-Mail-Servern des Absenders und des Empfängers. Wird der von der Beratungsstelle verwendete E-Mail-Server selbst betrieben, liegt damit nur eine Offenlegung an den E-Mail-Anbieter des Empfängers vor. Der zweite Absatz der Anlage „Einwilligung in die unverschlüsselte Kommunikation" könnte deshalb auf eine Offenlegung an den E-Mail-Anbieter des Empfängers beschränkt werden, was auch unter Geltung der DS-GVO möglich ist; Grenzen ergeben sich allerdings durch die Bestimmtheit der Einwilligung (→ I.II. Anm. 1), so dass der folgende Formulierungsvorschlag streng genommen geeignet spezifiziert werden muss und nur die genannten Daten in unverschlüsselten E-Mails versendet werden dürfen, was aber etwa für Terminabsprachen machbar sein sollte. Dass der Offenlegungsempfänger nicht namentlich benannt wird, ist unproblematisch, da es schließlich die einwilligende Person selbst ist, die ihren E-Mail-Anbieter ausgewählt hat und damit weiß, um wen es sich handelt.

Formulierungsvorschlag:

„Ungeachtet dieses Risikos möchte ich per unverschlüsselter E-Mail mit [Beratungsstelle] kommunizieren. [Beratungsstelle] nutzt technische Maßnahmen, die sicherstellen, dass die E-Mail-Kommunikation zwischen dem E-Mail-Server von [Beratungsstelle] und dem E-Mail-Server des Empfängers durch sichere Verschlüsselung vor dem Zugriff Unbefugter nach dem Stand der Technik geschützt ist. Der Betreiber des E-Mail-Servers, den ich nutze, kann aber in jedem Fall meine E-Mail-Kommunikation mit [Beratungsstelle] lesen. Ich willige ein, dass der Betreiber des von mir verwendeten E-Mail-Servers durch unverschlüsselte E-Mail-Kommunikation zwischen [Beratungsstelle] und mir die technische Möglichkeit erhält, auf die in der jeweiligen E-Mail-Kommunikation mit mir enthaltenen Informationen zu [Auflistung] zuzugreifen, auch wenn darin personenbezogene Daten – einschließlich besonders vertraulicher Daten über mein(e) [ethnische Herkunft, politische Meinungen, religiöse oder philosophische Überzeugungen, Gewerkschaftszugehörigkeit, Gesundheit, Sexualleben] – und Informationen, die der gesetzlichen Verschwiegenheitspflicht der [Ehe-, Familien-, Erziehungs-, Jugend-, Sucht-, Schwangerschaftskonfliktberater, Sozialarbeiter, Sozialpädagogen] nach § 203 StGB unterfallen, enthalten sind."

Intern ist in diesem Fall deutlich zu kommunizieren, dass ein E-Mail-Versand ausschließlich an Empfänger mit zeitgemäßen Sicherungsmaßnahmen möglich ist, wozu zum Zeitpunkt des Redaktionsschlusses dieser Auflage Anbieter wie GMX, web.de, direktbox.com, mail.de, mailbox.de oder Posteo gehören, nicht aber T-Online, Yahoo, Outlook.com oder Google Mail. Bei erzwungener Transportverschlüsselung mit DANE ist kein E-Mail-Verkehr mit Empfängern möglich, die kein DANE unterstützen.

Als Alternative zur E-Mail-Kommunikation könnte sich unter Umständen eine Ende-zu-Ende-verschlüsselte Kommunikation per App anbieten. Hierbei ist jedoch darauf zu achten, dass keine Übermittlung des Telefonbuchs und damit der Kontakte an den Anbieter oder gar an Dritte erfolgen darf (wie z. B. bei WhatsApp). Wichtig ist, dass für die Kommunikation ein gesondertes dienstliches Gerät verwendet wird, um eine Bring-Your-Own-Device-Problematik (dazu → D.III.4.) zu vermeiden. Dokumentationspflichtige Kommunikation stellt bei App-Nutzung eine technische Herausforderung dar, wenn keine (ggf. parallele) Desktop-Nutzung möglich ist.

8. Sichere Aktenentsorgung. Für die Organisation des Beratungsbüros sollte gerade bei kleineren Einheiten wie Vereinen noch während des laufenden Betriebs Vorsorge getroffen werden, was mit den Akten geschieht, wenn die Aufbewahrungsfrist abgelaufen ist – und zwar auch für den Fall, dass es den Verein nicht mehr gibt. Hierfür müssen Finanzmittel eingeplant werden, sonst besteht eine erhebliche Gefahr, dass der letzte Vorsitzende, der die Akten bei sich zu Hause gelagert hat, diese schlicht in die Altpapiertonne seines Mehrfamilienhauses wirft – so wie es offenbar im Fall http://www.taz.de/!75836/ geschehen ist.

9. Aktualität der Gesetze. Es ist darauf zu achten, dass bei Änderungen der abgedruckten Gesetzestexte der aktuelle Wortlaut verwendet wird.

Bergt

D. Richtlinien des Unternehmens

I. Konzernrichtlinie der Geschäftsleitung

1. Gesellschafterbeschluss zur Einführung Datenschutz-Organisation

Um die nachfolgend dargestellte Konzernrichtlinie Datenschutz-Organisation (→ D.I.2.) in den Tochtergesellschaften verbindlich in Kraft zu setzen, erlässt die Konzern-/Muttergesellschaft einen entsprechenden Gesellschafterbeschluss, mit dem die Geltung der Konzernrichtlinie beschlossen und die Geschäftsführer zur Umsetzung verpflichtet werden.

Gesellschafterbeschluss

der [Name der Muttergesellschaft, HR-Eintrag, weitere Angaben]
– im Folgenden „[M]" –

gegenüber der [Name der Tochtergesellschaft, HR-Eintrag, weitere Angaben]
– im Folgenden „[T]" –

1. [Entsprechend der gesellschaftsrechtlichen Situation und der Standards bei Gesellschafterbeschlüsse des Konzerns bzw. der M: Übliche formale Feststellungen, z.B. über Beteiligungsverhältnisse „Die [M] ist alleinige Gesellschafterin der [T]."].[1]
2. Unter Verzicht auf jegliche Form- und Fristvorschriften hält die M eine Gesellschafterversammlung ab und beschließt was folgt:
   a. Die als Anhang 1 beigefügte „Konzernrichtlinie Datenschutz-Organisation" gilt ab […] verbindlich in […].[2]
   b. Die Geschäftsführer der [T] werden verbindlich angewiesen, (i) die vorbezeichnete Konzernrichtlinie zu beachten, (ii) bis […] alle organisatorischen oder sonstigen Maßnahmen zu treffen, um die Vorgaben der Richtlinie angemessen und wirksam in der T [und ihren Tochtergesellschaften] umzusetzen, und (iii) bis […] sowie anschließend jährlich dem Vorstand der M über die wesentlichen Maßnahmen, ihren Umsetzungsstand sowie etwaige diesbezüglichen Defizite oder Risiken zu berichten.[3]
3. Weitere Beschlüsse werden nicht gefasst. Die Gesellschafterversammlung ist sodann beendet.

Anhang 1: Konzernrichtlinie Datenschutz-Organisation

[Unterschriften]

Koglin

Anmerkungen

1. Formaler Rahmen für den Gesellschafterbeschluss. Der Gesellschafterbeschluss sollte den üblichen Beschlüssen der Muttergesellschaft bzw. des Konzerns entsprechen. Vgl. für entsprechende Muster z. B. *Lorz/Pfisterer/Gerber*, Beck'sches Formularbuch GmbH-Recht, G.IV.1.

2. Beschluss über die Einführung der Richtlinie in der Gesellschaft. Um die Richtlinie in Tochtergesellschaften verbindlich vorzugeben, sollte sie – ebenso wie ein einzuführender Code of Conduct oder andere zentrale Compliance-Anforderungen – bei einer GmbH per Gesellschafterbeschluss (§ 48 GmbHG) beschlossen werden. Es sind die §§ 46 ff. GmbHG sowie die Satzung und gegebenenfalls auch weitere gesellschaftsrechtliche Vereinbarungen wie ein Investment oder Shareholders Agreement zu berücksichtigen.

3. Beschluss über die Verpflichtung der Geschäftsführer. Ergänzend sollten zudem die Geschäftsführer zur Einführung und Umsetzung der Richtlinie verpflichtet werden. Dies dient als weiteres und sehr konkretes Mittel, die tatsächliche Umsetzung der Richtlinie voranzutreiben und dokumentiert zugleich die diesbezügliche Anstrengung der Gesellschafter. Entsprechendes gilt für ein regelmäßiges Reporting an die Gesellschafter, das freilich von diesen eingefordert, mit der Geschäftsführung besprochen und in der Folge auch inhaltlich berücksichtigt werden sollte. Bei einem datenschutzrechtlichen Verstoß können solche Maßnahmen gem. Art. 83 Abs. 2 lit. d DS-GVO bußgeldmindernd berücksichtigt werden.

Die Verpflichtung der Gesellschafter nebst der entsprechenden Dokumentation durch den Gesellschafterbeschluss kann als ein Teil der Rechenschaftspflicht nach Art. 5 Abs. 2 DS-GVO betrachtet werden (→ A.I.). Gesellschaftsrechtlich kann die Verpflichtung des Geschäftsführers nebst dem Reporting eine Maßregel zur Prüfung und Überwachung der Geschäftsführung i. S. d. § 46 Nr. 6 GmbHG darstellen. Zur complianceseitigen Einordnung solcher Vorgaben → A.II.2. unter „Sonstige Verpflichtungen".

2. Konzernrichtlinie Datenschutz-Organisation

Im Konzern umfasst Datenschutz-Compliance nicht nur Schulungen und Verhaltensanweisungen gegenüber den Mitarbeitern der Gesellschaft (→ D.II.). Vielmehr sind auch die Konzerngesellschaften und ihre Geschäftsführungen entsprechend anzuweisen. Dies kann, zumindest gegenüber GmbH-Geschäftsführern, durch Richtlinien mit detailliert ausgearbeiteten Vorgaben erfolgen. Diese haben jedoch den Nachteil, dass sie nicht in allen Situationen und Rechtsordnungen exakt passen werden. Stattdessen kann die Vorgabe im Rahmen einer dezentralen Organisation darauf reduziert werden, nur einen Rahmen mit Mindestanforderungen zu benennen (auch als Konzerngrundsätze oder „Corporate Principles" bezeichnet). Durch welche konkreten organisatorischen Vorgaben und Prozesse diese Anforderungen dann umgesetzt werden, obliegt – sofern die Umsetzung angemessen und wirksam ist – dem Gestaltungsspielraum der lokalen Gesellschaft bzw. ihrer Geschäftsführung. Um in der jeweiligen Tochtergesellschaft verbindlich verankert zu werden, erlässt die Konzern-/Muttergesellschaft einen entsprechenden Gesellschafterbeschluss, mit dem die Geltung der Konzernrichtlinie beschlossen und die Geschäftsführer zur Umsetzung verpflichtet werden (→ D.I.1.).

Konzernrichtlinie Datenschutz-Organisation

Ziel dieser Konzernrichtlinie ist, im Konzern organisatorische[1] Mindeststandards und einen einheitlichen Rahmen für die Nutzung und den Schutz personenbezogener Daten zu schaffen und Imageschäden vom Konzern und seinen Marken abzuwenden. Sie gilt weltweit für alle Mehrheitsbeteiligungen des Konzerns der [… AG] mit Ausnahme von Einheiten, in denen Daten nur in unerheblichem Umfang verarbeitet werden (z. B. Vorratsgesellschaften).

§ 1

Die Geschäftsführung jeder Konzerngesellschaft ist für die Umsetzung dieser Richtlinie, die den Aufbau und die Aufrechterhaltung einer angemessenen Compliance-Organisation für datenschutzrelevante Sachverhalte regelt, und insgesamt für die Einhaltung des Datenschutzes zuständig.[2] Sie muss sich über die jeweiligen landesspezifischen Anforderungen zum Datenschutz informieren.

§ 2

Die Geschäftsführung hat dafür Sorge zu tragen, dass Führungskräfte, Mitarbeiter und etwaige Dritte, die mit personenbezogenen Daten arbeiten, entsprechend der lokalen Anforderungen informiert und, soweit erforderlich, geschult werden.[3]

§ 3

Die Aufgaben und Verantwortlichkeiten im Umgang mit personenbezogenen Daten sind eindeutig festzulegen, regelmäßig zu kontrollieren und zu dokumentieren.[4]

§ 4

Für jede rechtlich selbstständige Einheit ist ein lokaler Privacy Officer zu ernennen. Der Privacy Officer ist über die gesetzlichen Pflichten eines Datenschutzbeauftragten hinaus für die Einhaltung datenschutzrechtlicher Vorgaben verantwortlich.[5] Zudem ist er für die Koordination datenschutzrechtlicher Themen und dieser Konzernrichtlinie in der jeweiligen Konzerngesellschaft zuständig. Er dient auch als Ansprechpartner für den Konzern und den Chief Privacy Officer und stellt ihm Informationen zur Verfügung. Soweit gesetzlich vorgesehen, ist auch ein Datenschutzbeauftragter zu bestellen; dieser kann in Personalunion die Aufgaben des Privacy Officers mit ausüben.[6]

§ 5

Der Chief Privacy Officer des Konzerns unterstützt die Mehrheitsbeteiligungen und ihre lokalen Privacy Officer bei der täglichen Arbeit und koordiniert datenschutzrechtliche Themen mit konzernweiter Relevanz.[7]

Koglin

§ 6

Die datenschutzrechtlichen Risiken einschließlich damit verbundener Reputationsrisiken müssen von der Mehrheitsbeteiligung mindestens einmal pro Jahr erhoben und hinsichtlich möglicher Auswirkungen auf die Geschäftsprozesse bewertet werden. Die Ergebnisse der Risikoanalyse müssen dokumentiert und sofern für den Konzern wesentlich in das zentrale Risikomanagement einfließen.[8]

§ 7

Der Chief Privacy Officer ist, sofern eine Relevanz für den Konzern vorliegt, unverzüglich zu informieren[9]
a) im Fall der Verletzung des Schutzes personenbezogener Daten, bevor eine Meldung an Aufsichtsbehörden getätigt wird, sowie,
b) bei Anfragen von Ermittlungsbehörden, Aufsichtsbehörden oder Rechtsstreitigkeiten mit Bezug zu personenbezogenen Daten; in den letztgenannten Fällen ist auch die Rechtsabteilung einzubinden.

§ 8

Für Anwendungen, die besondere datenschutzrechtliche Betreuung benötigen, ist ein Product Owner namentlich zu benennen, der dort direkt im operativen Betrieb tätig ist und als interne Kontaktperson für datenschutzrechtliche Themen agiert.[10] Solche Anwendungen sind in der Regel (i) Webseiten und Apps, (ii) IT-Systeme, in denen in großer Menge Endkundendaten verarbeitet werden (Kunden- und Userverwaltung, BI, CRM), (iii) die Verwaltung von Einwilligungen (Opt-Ins) und Widersprüchen sowie (iv) die Verarbeitung von Beschäftigtendaten, Gesundheitsdaten, Bank-/Kreditkartendaten oder anderen besonders sensiblen Daten.

§ 9

Bei Geschäftsmodellen und IT-Systemen, die personenbezogene Daten verarbeiten, sind die rechtlichen und technischen Anforderungen des Datenschutzes bereits in der Konzeption zu beachten (u. a. „Privacy by Design"; „Privacy by Default"). Dies beinhaltet insbesondere angemessene aktuelle technische Anforderungen, technische und organisatorische Maßnahmen, die Trennung und Verschlüsselung von Daten sowie die Erstellung und Einhaltung eines Konzeptes für die Aufbewahrung und Löschung der Daten.[11]

Anmerkungen

1. **Organisatorische Mindestanforderungen.** Diese Richtlinie setzt – basierend auf den rechtlichen Anforderungen zu Compliance sowie der IDW PS 980 (→ A.II.3.) – einen organisatorischen Rahmen zur Erreichung von Compliance in datenschutzrechtlichen Themen. Materiell-rechtliche Fragen des Datenschutzes werden mit Ausnahme von den sehr allgemeinen IT-Anforderungen in § 9 nicht geregelt, da sie nicht in allen Ländern (insbesondere nicht in Ländern außerhalb des Geltungsbereichs der DS-GVO) einheitlich sind und einer häufigeren inhaltlichen Überarbeitung bedürfen würden als diese Richtlinie.

Koglin

Daher ist diese organisatorische Richtlinie auch keine Alternative zu inhaltlichen Vorgaben wie z. B. im nachfolgenden Muster einer Datenschutz-Richtlinie bzw. -Betriebsvereinbarung (→ D.II.). Vielmehr werden beide Arten von Richtlinien benötigt, wenn die inhaltliche Befolgung der Datenschutzgesetze durch geeignete organisatorische Maßnahmen umgesetzt werden soll, die durch definierte Verantwortlichkeiten den Anforderungen einer Datenschutz-Compliance genügt.

2. Datenschutz-Compliance als Pflicht der Geschäftsführung. Es sollte klar geregelt sein, dass die jeweilige Geschäftsführung (und nicht die Datenschutzbeauftragten) für die Umsetzung dieser Richtlinie und die Einhaltung der datenschutzrechtlichen Regeln verantwortlich ist. Denn für die Einhaltung der Gesetze einschließlich datenschutzrechtlicher Normen ist das Unternehmen bzw. deren handelndes Organ zuständig (→ A.II.1. und A.II.2.; zur datenschutzrechtlichen Rechenschaftspflicht/Accountability → A.I.). Die Geschäftsleitung sollte nicht der Fehlvorstellung unterliegen, dass der Datenschutzbeauftragte als Compliance-Einheit die von der Geschäftsleitung verantworteten Compliance-Pflichten umsetzt. Daher handelt es sich bei dem hier niedergelegten Prinzip eines Chief Privacy Officers mit lokalen Privacy Officern um eine vom unabhängigen Datenschutzbeauftragten zu unterscheidende Compliance-Einheit (ausführlich → Anm. 5 und 6).

3. Verantwortlichkeit für Informationen und Schulungen. Unabhängig von den Schulungsaufgaben der Datenschutzbeauftragten und ihrer diesbezüglichen Unabhängigkeit – die auch den Mitbestimmungsrechten des Betriebsrates vorgeht – hat die Geschäftsführung die Pflicht, alle relevanten Mitarbeiter und gegebenenfalls auch Dritte über Zuständigkeiten und etwaige Verbote zu informieren und ggf. Schulungen anzubieten. Solche Schulungen können bei Standardthemen durch eLearnings durchgeführt werden. Die Teilnahme der betreffenden Mitarbeiter und Dritten sollte verpflichtend sein und am Ende durch einen kurzen Wissenstest geprüft und dokumentiert werden, dass der Teilnehmer nun über das entsprechende Basiswissen verfügt.

4. Aufgaben und Verantwortlichkeiten im Umgang mit personenbezogenen Daten. Die Aufgaben und Verantwortlichkeiten sind nicht nur klar festzulegen und zu dokumentieren. Vielmehr ist die Einhaltung auch regelmäßig zu kontrollieren. Nur so kommt der Vorstand bzw. die Geschäftsführung ihren Pflichten nach; vgl. zum Internen Kontrollsystem (IKS) → A.II.2. sowie zu Compliance-Programm und Compliance-Risiken im Rahmen der IDW PS 980 → A.II.3.

5. Festlegung lokaler Privacy Officer in Tochtergesellschaften. Da die Datenschutzbeauftragten nur die ihnen durch die DS-GVO auferlegten Aufgaben haben, aber nicht für eine echte Datenschutz-Compliance im Sinne der tatsächlichen Einhaltung der Gesetze (→ A.II.) zuständig sind, wird ein dezentraler Ansprechpartner benötigt, der auch als echter „Umsetzer" für Vorgaben aus der Datenschutz-Compliance agiert. Diese Rolle ist nicht zu verwechseln mit dezentralen Hilfskräften, die dem Datenschutzbeauftragten unterstellt sind und teilweise als „dezentraler Datenschutzkoordinator" bezeichnet werden. Vielmehr ist der (hier so bezeichnet) lokale Privacy Officer eine dezentrale Unterstützung für die Datenschutz-Compliance. Der lokale Privacy Officer berichtet daher nicht an den Datenschutzbeauftragten, sondern ist fachlich dem Chief Privacy Officer unterstellt, und sein Aufgaben-

Koglin

spektrum leitet sich nicht aus dem (recht unverbindlichen) Auftrag des Datenschutzbeauftragten ab, sondern aus einer Compliance-Funktion (vgl. hierzu
→ A.II.1.

**6. Verhältnis der (lokalen) Privacy Officer zum (lokalen) Datenschutzbeauftrag-
ten.** Der lokale Privacy Officer ist Teil der datenschutzbezogenen Compliance-
Struktur des Konzerns und kein Mitarbeiter des (lokalen) Datenschutzbeauftragten
(→ Anm. 5). In entsprechend großen Gesellschaften können die Funktion des lokalen Privacy Officers und die des lokalen Datenschutzbeauftragten durch zwei verschiedene Personen wahrgenommen werden, falls es nicht ohnehin einen (Konzern-)
Datenschutzbeauftragten gibt, der auch für diese Gesellschaft als Datenschutzbeauftragter bestellt ist. Denn die Berichtspflichten oder inhaltliche Vorgaben, die dem
lokalen Privacy Officer gemacht werden, können mit der Unabhängigkeit des lokalen Datenschutzbeauftragten kollidieren. In vielen Fällen wird jedoch der Vorteil
überwiegen, dass beide Aufgaben und Kompetenzen in einer Hand gebündelt sind.
Zumindest theoretisch ist dabei jedoch zu differenzieren, welche (weisungsgebundenen) Tätigkeiten die Person als Privacy Officer durchführt, und wo er als unabhängiger (Teilzeit-)Datenschutzbeauftragter handelt. In jedem Fall sollten aber die verschiedenen Rollen und Personen in kollegialer Kooperation zusammenwirken, da
beide das gemeinsame Ziel haben, dass die datenschutzrechtlichen Vorgaben bekannt sind und eingehalten werden.

7. Chief Privacy Officer. An den (hier so bezeichneten) Chief Privacy Officer
werden von Vorstand/Geschäftsführung wesentliche Teile ihrer Pflichten zur Einhaltung von Datenschutz-Compliance delegiert. Er koordiniert die datenschutzrechtlichen Themen des Konzerns. Von ihm kann im Rahmen einer Transparenz-Kultur
ein Bericht veröffentlicht werden, in dem z. B. quantitativ über Auskunftsersuchen
von Behörden und Strafverfolgungsbehörden informiert wird.

Ob sein Zuständigkeitsbereich wie im vorliegenden Mustertext alle (d. h. weltweite) Mehrheitsbeteiligungen umfasst oder ob die Beschränkung auf 100 %-
Beteiligungen oder eine abschließende Liste die bessere Wahl ist, hängt vom jeweiligen Konzern und seiner Kultur ab. Vor dem Hintergrund der unter der DS-GVO
drohenden exorbitanten Haftung von bis zu 4 % des weltweiten Vorjahresumsatzes,
besteht jedenfalls das Risiko, dass die Aufsichtsbehörden den aus dem Kartellrecht
entlehnten Unternehmensbegriff heranziehen werden.

Im Rahmen der Zuständigkeit sollte bedacht werden, dass der Chief Privacy
Officer in den in seinen Zuständigkeitsbereich fallenden Gesellschaften dann auch
tatsächlich in der Verantwortung steht und hier tätig werden muss, also auch die nötigen Ressourcen benötigt. Zugleich muss die Geschäftsleitung eine Entscheidung
treffen (und idealerweise dokumentieren), wer in den nicht in diesen Zuständigkeitsbereich fallenden Gesellschaften für Compliance in Datenschutzfragen zuständig ist.

8. Risk Assessment. Das Unternehmen ist nach den in → A.II.2. skizzierten
Grundsätzen zu einem Risikomanagement verpflichtet. Hierbei sollten die lokalen
Privacy Officer zur Mitarbeit verpflichtet werden, soweit datenschutzrechtliche Ri-
siken zur Rede stehen.

9. Information des Chief Privacy Officers. Bei Vorfällen mit konzernweiter Relevanz sollte eine Pflicht bestehen, diese von der lokalen Ebene dem Chief Privacy Officer zu melden. So ist er informiert, auskunftsfähig und kann die richtigen Maß-

Koglin

nahmen koordinieren. Auch können Maßnahmen veranlasst werden, die gem. Art. 83 Abs. 2 S. 2 lit. c, f, h und k DS-GVO bußgeldmindernd zu berücksichtigen sind.

10. Product Owner. Schon in mittelgroßen Organisationen ergibt sich das Problem, dass der Datenschutzbeauftragte nicht in jede IT-seitige Änderung eingebunden ist und nicht jeden Betriebsteil überwachen kann. Dadurch können datenschutzrechtlich relevante Umstellungen durch das Netz einer angemessenen Kontrolle „durchrutschen". Auch durch allgemein für eine Tochtergesellschaft oder einen Unternehmensteil zuständige dezentrale Datenschutzkoordinatoren und auch durch einen lokalen Privacy Officer kann dieses Problem nicht gelöst werden. Hier hilft es, konkret in dem jeweiligen Betrieb eine Person zu etablieren, die Kenntnis von solchen Änderungen hat und als „Pate" für den datenschutzrechtskonformen Betrieb zur Verfügung steht.

Eine solche Rolle ist freilich nur bei Systemen erforderlich, von denen besondere datenschutzrechtliche Risiken ausgehen. Die Auflistung im Muster sollte auf das konkrete Unternehmen und seine Risiken hin überprüft und angepasst werden.

11. Grundlegende IT-Anforderungen (u. a. Privacy by Design). Zentrale und abstrakte Anforderungen an die IT-Architektur und IT-Sicherheit können ebenfalls in die Richtlinie aufgenommen werden. Zu Privacy by Design/by Default → C.V.5. Konkrete technische Anforderungen sowie inhaltlich-datenschutzrechtliche Anforderungen sollten hingegen nicht in die grundsätzliche Richtlinie aufgenommen werden, um sie regelmäßig und kurzfristig aktualisieren zu können.

II. Unternehmensrichtlinie Datenschutz für Mitarbeiter

Die Aufforderung zur Einhaltung der Bestimmungen der DS-GVO zieht sich wie ein roter Faden durch Erwägungsgründe und Artikel. Dieser grundlegende und zunächst abstrakt formulierte Appell wird mit der Verpflichtung von Verantwortlichen verbunden, die Einhaltung der gesetzlichen Vorgaben nachweisen zu können, was mit einer Rechenschaftspflicht („Accountability") gleichzusetzen ist. Die Form der Umsetzung dieser Rechenschaftspflicht wird nicht weiter konkretisiert, so dass Dokumentationen und Sensibilisierungsmaßnahmen zugunsten der Mitarbeiter ebenso denkbar sind, wie begleitende und nachvollziehbare technisch-organisatorische Maßnahmen. Eine Unternehmensrichtlinie zum Datenschutz kann einen wesentlichen Beitrag dabei leisten, die Mitarbeiter des Unternehmens in die Einhaltung der gesetzlichen – oder unternehmenseigenen – Bestimmungen einzubeziehen. Gerade diese Personengruppe ist als wichtiger Adressat der Vorgaben zum Datenschutz anzusehen, da ihre Tätigkeit in einer digitalisierten Arbeitswelt einen fortwährenden Umgang mit personenbezogenen Daten bedingt. Entsprechend muss auch sie ihren Teil zu einer unternehmensinternen Umsetzung beitragen. Diese Einbeziehung der Mitarbeiter vollzieht sich in einem ersten Schritt durch eine umfassende Information über bestehende Ge- und Verbote zum Datenschutz.

Hierbei sollten die bestehenden gesetzlichen Anforderungen mit eigenen Vorgaben des Verantwortlichen zum Schutz personenbezogener Daten ergänzt und konkretisiert werden. Hat ein Verantwortlicher alle ihn betreffenden Ge- und Verbote identifiziert, gilt es, diese in die Unternehmensorganisation zu überführen (dazu auch → A.I. bis A.IV.). Das Gestaltungsmittel einer Unternehmensrichtlinie zum Datenschutz ist dabei eine Möglichkeit, bestehende Vorgaben zum Datenschutz in einem **zentralen Dokument** zu verankern und die Adressaten mit den Grundprinzipen des Datenschutzes vertraut zu machen. Sie ist dabei als **übergeordnetes Regelwerk** zu sehen, das an entsprechender Stelle auf weitere Richtlinien, Arbeitsanweisungen oder sonstige Anforderungen verweisen kann. Ferner bietet es sich über eine Unternehmensrichtlinie an, eine verbindliche Grundlage für einen rechtmäßigen Umgang mit personenbezogenen Daten zu schaffen. Ob diese Verbindlichkeit durch eine Verankerung im Arbeitsvertrag selbst oder durch eine Zusatzvereinbarung hergestellt wird, steht im Ermessen des Verantwortlichen. Neben der Schaffung von Verbindlichkeit stärkt die Unternehmensrichtlinie aufgrund einer Bündelung von Datenschutzvorgaben den Schutz der Rechte und Interessen von Betroffenen. Immerhin wird den Mitarbeitern ein zentraler Zugang zu den vorhandenen Unternehmensstandards ermöglicht. Gleichzeitig kann eine Richtlinie das innerbetriebliche Bewusstsein für den Datenschutz stärken.

Die Unternehmensrichtlinie sollte **von der Geschäftsleitung in Kraft gesetzt** werden und für alle Beschäftigten und leitenden Angestellten des Unternehmens sowie etwaiger Tochtergesellschaften oder unselbständiger Niederlassungen verbindlich gelten. Nur so kann ein einheitlicher Standard für sämtliche Datenverarbeitungsvorgänge geschaffen werden.

Weiß

Das nachfolgende Formular verwendet ausschließlich die Begrifflichkeit der Unternehmensrichtlinie, ohne auf die Spezifika bei der Zusammenarbeit mit der Arbeitnehmervertretung und deren Einbeziehung einzugehen. Im Übrigen enthält das Formular allgemeine datenschutzrechtliche Anforderungen und Vorgaben. Es ist im Einzelfall an die Besonderheiten des jeweils Verantwortlichen anzupassen. Ferner bezieht es sich aus Gründen der Vereinfachung auf ein Unternehmen mit Sitz in Deutschland, auch wenn die DS-GVO europaweit einheitliche Vorgaben enthält.

Unternehmensrichtlinie[1] Datenschutz

§ 1 Bedeutung, Ziel, Zugänglichkeit

(1) Diese Unternehmensrichtlinie ist die verbindliche Basis für einen rechtskonformen und nachhaltigen Schutz personenbezogener Daten im Unternehmen.

(2) Mit dieser Unternehmensrichtlinie sollen die Grundrechte und Grundfreiheiten von Betroffenen, insbesondere ihr Recht auf Schutz personenbezogener Daten gewahrt und geschützt werden.

(3) Die Unternehmensrichtlinie muss für alle Beschäftigten und leitenden Angestellten jederzeit leicht zugänglich sein.

§ 2 Geltungsbereich[2]

(1) Diese Richtlinie findet Geltung für alle Unternehmen des [Konzerns], an denen die [AG] eine Beteiligung von mehr als [50 %] mittelbar oder unmittelbar hält oder deren wirtschaftliche Führung sie innehat. Sie gilt jedoch nur, wenn der Sitz oder eine Niederlassung des auftraggebenden Unternehmens in Deutschland ist.

(2) Sie gilt persönlich für alle Beschäftigten sowie leitenden Angestellten des Unternehmens.

(3) Die Gebote und Verbote dieser Unternehmensrichtlinie gelten für jeglichen Umgang mit personenbezogenen Daten, unabhängig ob dieser elektronisch oder in Papierform vonstattengeht. Ebenso beziehen sie alle Arten von Betroffenen (Kunden, Beschäftigte, Lieferanten etc.) in ihren Geltungsbereich ein.

§ 3 Begriffsbestimmungen

(1) Personenbezogene Daten sind alle Informationen, die sich auf eine identifizierte oder identifizierbare natürliche Person beziehen (Betroffener). Kundendaten gehören dabei ebenso zu den personenbezogenen Daten wie Personaldaten von Beschäftigten. Beispielsweise lässt der Name eines Ansprechpartners ebenso einen Rückschluss auf eine natürliche Person zu, wie seine E-Mail-Adresse. Es genügt, wenn die jeweilige Information mit dem Namen des Betroffenen verbunden ist oder unabhängig hiervon aus dem Zusammenhang hergestellt werden kann. Ebenso kann eine Person bestimmbar sein, wenn die Information mit einem Zusatzwissen erst verknüpft werden muss, so z.B. beim Autokennzeichen. Das Zustandekommen der Information ist für einen Personenbezug unerheblich. Auch Fotos, Video- oder Tonaufnahmen können personenbezogene Daten darstellen.

(2) Besondere Arten personenbezogener Daten sind Informationen, aus denen die rassische und ethnische Herkunft, politische Meinungen, religiöse oder weltan-

Weiß

schauliche Überzeugungen sowie eine eventuelle Gewerkschaftszugehörigkeit hervorgehen kann sowie genetische Daten, biometrische Daten, Gesundheitsdaten oder Daten zum Sexualleben bzw. der sexuellen Orientierung einer natürlichen Person.

(3) Verarbeitung ist jeder mit oder ohne Hilfe automatisierter Verfahren ausgeführter Vorgang oder jede solche Vorgangsreihe im Zusammenhang mit personenbezogenen Daten, wie das Erheben, das Erfassen, die Organisation, das Ordnen, die Speicherung, die Anpassung oder Veränderung, das Auslesen, das Abfragen, die Verwendung, die Offenlegung durch Übermittlung, Verbreitung oder eine andere Form der Bereitstellung, der Abgleich oder die Verknüpfung, die Einschränkung, das Löschen oder die Vernichtung.

(4) Einschränkung der Verarbeitung ist die Markierung gespeicherter personenbezogener Daten mit dem Ziel, ihre künftige Verarbeitung einzuschränken.

(5) Profiling bezeichnet jede Art der automatisierten Verarbeitung personenbezogener Daten, die darin besteht, dass diese personenbezogenen Daten verwendet werden, um bestimmte persönliche Aspekte, die sich auf eine natürliche Person beziehen, zu bewerten, insbesondere um Aspekte bezüglich Arbeitsleistung, wirtschaftliche Lage, Gesundheit, persönliche Vorlieben, Interessen, Zuverlässigkeit, Verhalten, Aufenthaltsort oder Ortswechsel dieser natürlichen Person zu analysieren oder vorherzusagen.

(6) Pseudonymisierung ist die Verarbeitung personenbezogener Daten in einer Weise, dass die personenbezogenen Daten ohne Hinzuziehung zusätzlicher Informationen nicht mehr einer spezifischen betroffenen Person zugeordnet werden können, sofern diese zusätzlichen Informationen gesondert aufbewahrt werden und technischen und organisatorischen Maßnahmen unterliegen, die gewährleisten, dass die personenbezogenen Daten nicht einer identifizierten oder identifizierbaren natürlichen Person zugewiesen werden.

(7) Verantwortlicher ist die natürliche oder juristische Person, Behörde, Einrichtung oder andere Stelle, die allein oder gemeinsam mit anderen über die Zwecke und Mittel der Verarbeitung von personenbezogenen Daten entscheidet.

(8) Auftragsverarbeiter ist eine natürliche oder juristische Person, Behörde, Einrichtung oder andere Stelle, die personenbezogene Daten im Auftrag des Verantwortlichen verarbeitet.

(9) Empfänger ist eine natürliche oder juristische Person, Behörde, Einrichtung oder andere Stelle, der personenbezogene Daten offengelegt werden, unabhängig davon, ob es sich bei ihr um einen Dritten handelt oder nicht.

(10) Dritter ist eine natürliche oder juristische Person, Behörde, Einrichtung oder andere Stelle, außer der betroffenen Person, dem Verantwortlichen, dem Auftragsverarbeiter und den Personen, die unter der unmittelbaren Verantwortung des Verantwortlichen oder des Auftragsverarbeiters befugt sind, die personenbezogenen Daten zu verarbeiten.

(11) Eine Einwilligung des Betroffenen ist jede freiwillig für den bestimmten Fall, in informierter Weise und unmissverständlich abgegebene Willensbekundung in Form einer Erklärung oder einer sonstigen eindeutigen bestätigenden Handlung, mit der der Betroffene zu verstehen gibt, dass er mit der Verarbeitung der ihn betreffenden personenbezogenen Daten einverstanden ist.

Weiß

§ 4 Datenschutzorganisation[3]

(1) Das Unternehmen hat einen Datenschutzbeauftragten bestellt. Diesen erreichen Sie unter folgenden Kontaktdaten: [...].

(2) Der Datenschutzbeauftragte überwacht die Einhaltung der DS-GVO sowie anderer gesetzlichen Vorgaben, einschließlich der Vorgaben dieser und anderer Richtlinien des Unternehmens zum Datenschutz. Der Datenschutzbeauftragte berät und unterrichtet die Unternehmensleitung hinsichtlich bestehender Datenschutzpflichten und ist zuständig bei der Kommunikation mit Aufsichtsbehörden. Ausgewählte Prozesse werden stichprobenartig, risikoorientiert und in angemessenen Zeitabständen durch ihn auf ihre Datenschutzkonformität hin kontrolliert.

(3) Der Datenschutzbeauftragte nimmt seine Aufgaben weisungsfrei und unter Anwendung seines Fachwissens wahr. Er berichtet unmittelbar der Unternehmensleitung.

(4) Das Unternehmen bzw. seine Mitarbeiter haben den Datenschutzbeauftragten bei der Erfüllung seiner Aufgaben zu unterstützen.

§ 5 Umgang mit personenbezogenen Daten

(1) Die Verarbeitung personenbezogener Daten ist grundsätzlich verboten, es sei denn, eine gesetzliche Norm erlaubt explizit den Datenumgang. Personenbezogene Daten dürfen nach der DS-GVO grundsätzlich verarbeitet werden:
– Bei einem bestehendes Vertragsverhältnis mit dem Betroffenen.
  Beispiel: Die Speicherung und Verwendung erforderlicher personenbezogener Daten im Rahmen eines Darlehensvertrages.
– Im Zuge vorvertraglicher Maßnahmen auf Anfrage des Betroffenen sowie der Vertragsabwicklung mit dem Betroffenen.
  Beispiel: Kunde K fordert Informationen zu Produkt X an und erwirbt dieses. Die erforderlichen Daten zur Zusendung des Informationsmaterials sowie zur Abwicklung des Rechtsgeschäfts (Lieferung der Ware sowie Zahlung des Kaufpreises) dürfen verarbeitet werden.
– Wenn und soweit der Betroffene eingewilligt hat.
  Beispiel: Der Betroffene meldet sich zum Erhalt eines Newsletters an.
– Wenn eine rechtliche Verpflichtung besteht, der das Unternehmen unterliegt.
  Beispiel: Gesetzliche Aufbewahrungsfristen nach Handelsgesetzbuch (HGB) und Abgabenordnung (AO).
– Wenn berechtigte Interessen des Unternehmens bestehen, sofern nicht die Interessen oder Grundrechte des Betroffenen überwiegen, insbesondere wenn es sich um ein Kind handelt. Datenverarbeitungen unter Berufung auf ein berechtigtes Interesse sollten jedoch nicht ohne vorherige Beratung durch den Datenschutzbeauftragten vorgenommen werden.
  Beispiel: Die Nutzung der postalischen Anschrift zur Aussendung von Werbeschreiben.

(2) Betroffene dürfen nicht einer ausschließlich auf einer automatisierten Verarbeitung – so auch dem Profiling[4] – beruhenden Entscheidung unterworfen werden, die ihnen gegenüber eine rechtliche Wirkung entfaltet oder sie in ähnlicher Weise erheblich beeinträchtigt.

Weiß

(3) Personenbezogene Daten sind für einen zuvor festgelegten, eindeutigen und legitimen Zweck zu verarbeiten. Eine Datenhaltung ohne Zweck, so beispielsweise die Speicherung von Daten auf Vorrat, ist unzulässig.

(4) Falls möglich, sollte auf einen personenbezogenen Datenumgang verzichtet werden. Pseudonyme oder anonyme Datenverarbeitungen sind vorzuziehen.

(5) Die Änderung einer Ziel- und Zweckbestimmung, die einem Datenumgang ursprünglich zugrunde gelegt wurde, ist – neben der erklärten Einwilligung durch den Betroffenen – nur zulässig, wenn der Zweck der Weiterverarbeitung mit dem ursprünglichen Zweck vereinbar ist. Hierbei sind insbesondere die vernünftigen Erwartungen des Betroffenen hinsichtlich einer solchen Weiterverarbeitung gegenüber dem Unternehmen, die Art der verwendeten Daten, die Folgen für den Betroffenen sowie Möglichkeiten einer Verschlüsselung oder Pseudonymisierung zu berücksichtigen.

(6) Der Betroffene ist bei der Erhebung seiner personenbezogenen Daten umfassend über den Umgang mit seinen Daten zu informieren. Die Information hat die Zweckbestimmung, die Identität der verantwortlichen Stelle, die Empfänger seiner personenbezogenen Daten sowie alle sonstigen Information im Sinne des Art. 13 DS-GVO zu beinhalten, um eine faire und transparente Verarbeitung zu gewährleisten. Die Information ist in einer verständlichen und leicht zugänglichen Form sowie einer möglichst einfachen Sprache zu verfassen.

(7) Werden personenbezogene Daten nicht beim Betroffenen erhoben, sondern werden beispielsweise bei einem anderen Unternehmen beschafft, ist der Betroffene nachträglich und umfassend gem. Art. 14 DS-GVO über den Umgang mit seinen Daten informieren. Dies gilt auch für die Änderung einer Ziel- und Zweckbestimmung der Datenverarbeitung.

(8) Personenbezogene Daten müssen sachlich richtig und, wenn nötig, auf dem neusten Stand sein. Der Umfang der Datenverarbeitung sollte hinsichtlich der festgelegten Zweckbestimmung erforderlich und relevant sein. Die jeweilige Fachabteilung hat für die Umsetzung durch die Etablierung entsprechender Prozesse Sorge zu tragen. Ebenso sind Datenbestände regelmäßig auf ihre Richtigkeit, Erforderlichkeit und Aktualität hin zu überprüfen.

§ 6 Besondere Kategorien personenbezogener Daten

Besondere Kategorien personenbezogene Daten dürfen grundsätzlich nur mit Einwilligung des Betroffenen oder ausnahmsweise aufgrund einer expliziten gesetzlichen Erlaubnis erhoben, verarbeitet oder genutzt werden. Ferner sind zusätzliche technische und organisatorische Maßnahmen (z. B. Verschlüsselung beim Transport, minimale Rechtevergabe) zum Schutz besonderer personenbezogener Daten zu ergreifen.

§ 7 Datenübermittlung

(1) Die Übermittlung von personenbezogenen Daten an Dritte ist nur aufgrund gesetzlicher Erlaubnis oder der Einwilligung des Betroffenen zulässig.

(2) Befindet sich der Empfänger personenbezogener Daten außerhalb der Europäischen Union oder des Europäischen Wirtschaftsraums, bedarf es besonderer Maß-

Weiß

nahmen zur Wahrung von Rechten und Interessen Betroffener. Eine Datenübermittlung ist zu unterlassen, wenn bei der empfangenden Stelle kein angemessenes Datenschutzniveau[5] vorhanden ist oder beispielsweise über besondere Vertragsklauseln nicht hergestellt werden kann.

§ 8 Externe Dienstleister

(1) Sofern externe Dienstleister Zugriff auf personenbezogene Daten erhalten sollen, ist der Datenschutzbeauftragte vorab zu informieren.

(2) Dienstleister mit einem möglichen Zugriff auf personenbezogene Daten sind vor der Auftragserteilung sorgfältig auszuwählen. Die Auswahl ist zu dokumentieren und sollte insbesondere die folgenden Aspekte berücksichtigen:
– Fachliche Eignung des Auftragnehmers für den konkreten Datenumgang
– Technisch-organisatorische Sicherheitsmaßnahmen
– Erfahrung des Anbieters im Markt
– Sonstige Aspekte, die auf eine Zuverlässigkeit des Anbieters schließen lassen (Datenschutz-Dokumentationen, Kooperationsbereitschaft, Reaktionszeiten etc.)

(3) Soll ein Dienstleister personenbezogene Daten im Auftrag erheben, verarbeiten oder nutzen,[6] bedarf es des Abschlusses eines Vertrags zur Auftragsverarbeitung. Hierin sind Datenschutz- und IT-Sicherheitsaspekte zu regeln.

(4) Der Dienstleister ist im Hinblick auf die mit ihm vertraglich vereinbarten technisch-organisatorischen Maßnahmen regelmäßig zu überprüfen. Das Ergebnis ist zu dokumentieren.

§ 9 Datenminimierung, Privacy by Desgin/Privacy by Default

(1) Der Umgang mit personenbezogenen Daten ist an dem Ziel auszurichten, so wenige Daten wie möglich von einem Betroffenen zu erheben, zu verarbeiten oder zu nutzen („Datenminimierung"). Insbesondere sind personenbezogene Daten zu anonymisieren oder zu pseudonymisieren, soweit dies nach dem Verwendungszweck möglich ist. Beispielsweise wird es im Rahmen einer statistischen Auswertung von Daten nicht notwendig sein, den vollen Namen eines Betroffenen zu kennen und zu verwenden. Vielmehr kann diese Information durch einen Zufallswert ersetzt werden, der eine Unterscheidbarkeit der zugrunde liegenden Information ebenfalls gewährleisten kann.

(2) Entsprechendes gilt für die Auswahl und Gestaltung von Datenverarbeitungssystemen. Der Datenschutz ist von Anfang an in die Spezifikationen und die Architektur von Datenverarbeitungssystemen zu integrieren, um die Einhaltung der Grundsätze des Schutzes der Privatsphäre und des Datenschutzes zu erleichtern, so insbesondere den Grundsatz der Datenminimierung.

§ 10 Rechte von Betroffenen

(1) Betroffene haben das Recht auf Auskunft über die im Unternehmen über ihre Person gespeicherten personenbezogenen Daten.[7]

(2) Bei der Bearbeitung von Anträgen ist die Identität des Betroffenen zweifelsfrei festzustellen. Bei begründeten Zweifeln an der Identität können zusätzliche Angaben vom Antragsteller angefordert werden.[8]

Weiß

(3) Die Auskunftserteilung erfolgt schriftlich, es sei denn der Betroffene hat den Antrag auf Auskunft elektronisch gestellt. Der Auskunft ist eine Kopie der Daten des Betroffenen beizufügen, die, neben den zur Person vorhandenen Daten, auch die Empfänger von Daten, den Zweck der Speicherung sowie alle weiteren gesetzlich geforderten Informationen nach Art. 15 DS-GVO beinhaltet, um den Betroffenen die Verarbeitung bewusst zu machen und die Rechtmäßigkeit selbst beurteilen zu lassen. Auf besonderen Wunsch des Betroffenen werden die Daten in einem strukturierten, gängigen und maschinenlesbaren Format zur Verfügung gestellt. Die zuständige IT-Abteilung legt den hierfür vorzusehenden Standard fest.

(4) Betroffene haben einen Anspruch auf Berichtigung ihrer personenbezogenen Daten, wenn sich diese als unrichtig erweisen. Ebenso können sie die Vervollständigung unvollständiger personenbezogener Daten verlangen.

(5) Der Betroffene hat das Recht auf Löschung seiner personenbezogenen Daten unter den folgenden Voraussetzungen:[9]
– die Kenntnis der Daten ist für die Erfüllung des Zwecks der Speicherung nicht mehr erforderlich.
– der Betroffene hat eine Einwilligung widerrufen und es fehlt an einer anderweitigen Rechtsgrundlage für die Verarbeitung
– ihre Verarbeitung ist unzulässig,
– der Betroffene legt Widerspruch gegen die Verarbeitung zu Werbezwecken ein oder beruft sich auf ein Widerspruchsrecht aufgrund einer besonderen – zu begründenden – persönlichen Situation,
– es handelt sich um besondere personenbezogene Daten, deren Richtigkeit nicht bewiesen werden kann, oder
– es besteht eine anderweitige rechtliche Verpflichtung zur Datenlöschung.

Besteht eine Verpflichtung zur Löschung und wurden die personenbezogenen Daten zuvor öffentlich gemacht, sind weitere Verantwortliche für die Datenverarbeitung über ein Löschbegehren des Betroffenen hinsichtlich aller Kopien seiner Daten sowie aller Links zu diesen Daten zu informieren.

(6) Der Betroffene kann die Einschränkung der Verarbeitung seiner Daten verlangen, wenn
– die Richtigkeit der personenbezogenen Daten strittig ist, jedoch nur so lange, wie die Richtigkeit durch die zuständige Fachabteilung überprüft wird oder
– die Verarbeitung unzulässig ist, der Betroffene die Datenlöschung aber ablehnt, oder
– das Unternehmen die personenbezogenen Daten für Zwecke der Verarbeitung nicht mehr benötigt, der Betroffene die Daten jedoch zur Geltendmachung, Ausübung oder Verteidigung von Rechtsansprüchen benötigt, oder
– der Betroffene Widerspruch gegen die Verarbeitung aufgrund einer besonderen Situation eingelegt hat und die zuständige Fachabteilung noch mit der Prüfung des Widerspruchs befasst ist.

(7) Der Betroffene ist spätestens innerhalb eines Monats über alle ergriffenen Maßnahmen, die auf seinen Antrag hin erfolgt sind, zu informieren.

(8) Der Datenschutzbeauftragte steht bei der Wahrung der Betroffenenrechte beratend zur Verfügung.

Weiß

§ 11 Auskunftsersuchen Dritter über Betroffene[10]

Sollte eine Stelle Informationen über Betroffene fordern, so beispielsweise Kunden oder Beschäftigte dieses Unternehmens, ist eine Weitergabe von Informationen nur zulässig, wenn
– die Auskunft gebende Stelle ein berechtigtes Interesse hierfür darlegen kann, und
– eine gesetzliche Norm zur Auskunft verpflichtet, sowie
– die Identität des Anfragenden oder der anfragenden Stelle zweifelsfrei feststeht.

§ 12 Verzeichnis von Verarbeitungstätigkeiten[11]

(1) Das Unternehmen hat ein Verzeichnis über alle Datenverarbeitungen zu führen. Jede Fachabteilung hat eine verantwortliche Person zu benennen, die alle notwendigen Informationen zu den Verfahren der jeweiligen Abteilung nach den gesetzlichen Anforderungen des Art. 30 DS-GVO dokumentiert. Der Datenschutzbeauftragte kann zur Beratung hinsichtlich der gesetzlich geforderten Informationen hinzugezogen werden.

(2) Das Unternehmen stellt der Aufsichtsbehörde das Verzeichnis auf Anfrage zur Verfügung. Zuständig hierfür ist der Datenschutzbeauftragte im Einvernehmen mit der Unternehmensleitung.

§ 13 Werbung[12]

(1) Die werbliche Ansprache von Betroffenen per Brief, Telefon, Fax, oder E-Mail ist grundsätzlich nur zulässig, wenn der Betroffene zuvor in die Verwendung seiner Daten zu Werbezwecken eingewilligt hat.

(2) Ausnahmen sind nur beim Vorliegen einer Erlaubnisnorm zulässig. Bitte konsultieren Sie diesbezüglich den Datenschutzbeauftragten.

§ 14 Schulung[13]

Beschäftigte, die ständig oder regelmäßig Zugang zu personenbezogenen Daten haben, solche Daten erheben oder Systeme zur Verarbeitung solcher Daten entwickeln, sind in geeigneter Weise über die datenschutzrechtlichen Vorgaben zu schulen. Der Datenschutzbeauftragte entscheidet über Form und Turnus der entsprechenden Schulungen.

§ 15 Datengeheimnis[14]

(1) Beschäftigten ist es untersagt, personenbezogene Daten unbefugt zu erheben, zu verarbeiten oder zu nutzen. Sie sind vor Aufnahme ihrer Tätigkeit auf einen vertraulichen Umgang mit personenbezogenen Daten zu verpflichten. Die Verpflichtung erfolgt durch die Geschäftsleitung unter Verwendung des hierzu vorgesehenen Formulars.

(2) Mitarbeiter mit besonderen Geheimhaltungsverpflichtungen (z.B. Fernmeldegeheimnis nach § 88 TKG) werden von der Unternehmensleitung ergänzend darauf schriftlich verpflichtet.

§ 16 Beschwerden

(1) Jeder Betroffene hat das Recht, sich über eine Verarbeitung seiner Daten zu beschweren, sollte er sich hierdurch in seinen Rechten verletzt fühlen. Ebenso

Weiß

können Beschäftigte Verstöße gegen diese Unternehmensrichtlinie jederzeit anzeigen.

(2) Die zuständige Stelle für die oben genannten Beschwerden ist der Datenschutzbeauftragte als interne unabhängige und weisungsfreie Instanz.

§ 17 Audits[15]

(1) Um ein hohes Datenschutzniveau zu gewährleisten, werden relevante Prozesse durch regelmäßige Audits interner Stellen oder durch externe Auditoren überprüft. Im Falle der Feststellung eines Verbesserungspotentials sind unmittelbare Abhilfemaßnahmen zu treffen.

(2) Die beim Audit gewonnenen Erkenntnisse sind zu dokumentieren. Die Dokumentation ist dem Datenschutzbeauftragten, der Unternehmensleitung sowie den Fachverantwortlichen für den jeweiligen Prozess zu übergeben.

(3) Ein Audit ist erfolgreich abgeschlossen, wenn alle im Bericht dokumentierten Maßnahmen umgesetzt sind. Bei Bedarf werden Follow-up-Audits durchgeführt, indem Empfehlungen des initialen Audits einer Überprüfung ihrer Implementierung unterzogen werden.

§ 18 Interne Ermittlungen[16]

(1) Maßnahmen zur Sachverhaltsaufklärung und zur Vermeidung oder Aufdeckung von Straftaten oder schwerwiegenden Pflichtverletzungen im Arbeitsverhältnis sind unter genauer Beachtung der einschlägigen gesetzlichen Datenschutzvorschriften durchzuführen. Insbesondere muss die damit einhergehende Datenerhebung und -verwendung zum Erreichen des Ermittlungszwecks erforderlich, angemessen und mit Blick auf die schutzwürdigen Interessen des Betroffenen verhältnismäßig sein.

(2) Der Betroffene ist so bald wie möglich über die zu seiner Person durchgeführten Maßnahmen zu informieren.

(3) Bei allen Formen der internen Ermittlungen ist der Datenschutzbeauftragte hinsichtlich der Auswahl und Ausgestaltung der Maßnahmen vorab einzubeziehen.

§ 19 Verfügbarkeit, Vertraulichkeit und Integrität von Daten

(1) In Abhängigkeit der Art, des Umfangs, der Umstände und Zwecke der Verarbeitung sowie der Eintrittswahrscheinlichkeit hat für jedes Verfahren eine dokumentierte Schutzbedarfsfeststellung und Analyse[17] hinsichtlich der Risiken für Betroffene zu erfolgen.

(2) Zur Wahrung der Verfügbarkeit, Vertraulichkeit und Integrität von Daten wird ein allgemeines Sicherheitskonzept in Abhängigkeit der Schutzbedarfsfeststellung und Risikoanalyse erstellt, das für alle Verfahren verbindlich ist. Hierin ist insbesondere der Stand der Technik ebenso zu berücksichtigen, wie Mittel und Maßnahmen zur Verschlüsselung[18] und Datensicherung. Das Sicherheitskonzept ist hinsichtlich der Wirksamkeit der dort vorgesehenen technisch-organisatorischen Maßnahmen regelmäßig zu überprüfen, zu bewerten und zu evaluieren.

(3) Es ist zu verhindern, dass Datenverarbeitungssysteme von Unbefugten genutzt werden können. Türen unbesetzter Räume sind zu verschließen. Wirksame Maß-

Weiß

nahmen zur Zugangskontrolle an Geräten müssen vorhanden und aktiviert sein. Systemzugänge sind in Abwesenheit stets zu sperren.

(4) Passwörter ermöglichen einen Zugang zu Systemen und den darin gespeicherten personenbezogenen Daten. Sie stellen eine persönliche Kennung des Nutzers dar und sind nicht übertragbar. Es ist sicherzustellen, dass Passwörter stets unter Verschluss gehalten werden. Passwörter müssen eine minimale Länge von zehn Zeichen aufweisen und aus einem Zeichenmix bestehen. Passwörter dürfen nicht in einem Wörterbuch vorkommen oder aus leicht zu erratenden Begriffen gebildet werden, insbesondere nicht Begriffe, die im Zusammenhang mit dem Unternehmen stehen.

(5) Zugriffe auf personenbezogene Daten sollen nur diejenigen Personen erhalten, die im Zuge ihrer Aufgabenwahrnehmung Kenntnis von den jeweiligen Daten erhalten müssen („Need-to-know-Prinzip"). Zugriffsberechtigungen müssen genau und vollständig festgelegt und dokumentiert sein.

(6) Datenübertragungen durch öffentliche Netze sind nach Möglichkeit zu verschlüsseln. Eine Verschlüsselung hat zwingend zu erfolgen, falls der Schutzbedarf der personenbezogenen Daten dies erfordert.

(7) Zu unterschiedlichen Zwecken erhobene personenbezogene Daten sind getrennt voneinander zu verarbeiten. Die Trennung von Daten ist durch geeignete technische und organisatorische Maßnahmen sicherzustellen.

(8) Wartungsarbeiten an Systemen oder Telekommunikationseinrichtungen durch externe Dienstleister sind zu beaufsichtigen. Ferner ist zu gewährleisten, dass Dienstleister nicht unbefugt auf personenbezogene Daten zugreifen können. Fernwartungszugänge sind nur im Einzelfall zu gewähren und müssen dem Prinzip der minimalen Rechtevergabe folgen. Fernwartungsaktivitäten sind nach Möglichkeit aufzuzeichnen oder zu protokollieren.[19]

§ 20 Datenschutz-Folgenabschätzung[20]

(1) Jede Fachabteilung ist zur Durchführung von Datenschutz-Folgenabschätzungen für Verfahren, die unter ihrer Verantwortung erfolgen, verpflichtet, wenn ein hohes Risiko für Rechte und Freiheiten von Betroffen aufgrund der Datenverarbeitung zu erwarten ist. Die Datenschutz-Folgenabschätzung enthält alle gesetzlich geforderten Beschreibungen des Art. 35 Abs. 7 DS-GVO.

(2) Der Datenschutzbeauftragte berät die Fachabteilungen bei der Durchführung der Datenschutz-Folgenabschätzung sowie bezüglich der Frage, wann Verarbeitungen ein hohes Risiko für Betroffene beinhalten können.

§ 21 Verletzungen des Schutzes von Daten („Datenpanne")[21]

(1) Sollten Unternehmensdaten unrechtmäßig Dritten offenbart worden sein, ist darüber unverzüglich das unternehmensinterne Incident Response Team zu informieren. Das Incident Response Team bezieht unverzüglich den Datenschutzbeauftragten im Rahmen der Sachverhaltsaufklärung ein.

(2) Die Meldung hat alle relevanten Informationen zur Aufklärung des Sachverhalts zu umfassen, insbesondere die empfangende Stelle, die betroffenen Personen sowie Art und Umfang der übermittelten Daten.

Weiß

(3) Die Erfüllung einer etwaigen Informationspflicht gegenüber der Aufsichtsbehörde erfolgt ausschließlich durch den Datenschutzbeauftragten. Betroffene werden durch die Geschäftsleitung informiert, wobei der Datenschutzbeauftragte beratend hinzugezogen wird.

§ 22 Folgen von Verstößen

Ein fahrlässiger oder gar mutwilliger Verstoß gegen diese Richtlinie kann arbeitsrechtliche Maßnahmen nach sich ziehen, einschließlich einer fristlosen oder fristgerechten Kündigung. Ebenso kommen strafrechtliche Sanktionen und zivilrechtliche Folgen wie Schadenersatz in Betracht.

§ 23 Rechenschaftspflicht

(1) Die Einhaltung der Vorgaben dieser Richtlinie muss jederzeit nachgewiesen werden können. Hierbei ist insbesondere auf die Nachvollziehbarkeit und Transparenz getroffener Maßnahmen zu achten, so beispielsweise über zugehörige Dokumentationen.

§ 24 Aktualisierung der Richtlinie; Nachweisbarkeit

(1) Im Rahmen der Fortentwicklung des Datenschutzrechts sowie technologischer oder organisatorischer Veränderungen wird diese Richtlinie regelmäßig auf einen Anpassungs- oder Ergänzungsbedarf hin überprüft.

(2) Änderungen an dieser Richtlinie sind formlos wirksam. Die Beschäftigten und leitenden Angestellten sind umgehend und in geeigneter Art und Weise über die geänderten Vorgaben in Kenntnis zu setzen.

Anmerkungen

1. Bezeichnung und Art der Umsetzung. Vorliegend wird das Gestaltungsmittel der Richtlinie als eine unternehmensweite Anweisung für ein aus Datenschutzsicht erwartetes Verhalten gewählt. Im Falle des Vorhandenseins einer Arbeitnehmervertretung kann stattdessen das Mittel der Betriebsvereinbarung gewählt werden (dazu die Formulierungen in → H.II.1. und → H.IV.2.).

2. Geltungsbereich. Die Richtlinie beansprucht einen weiten Geltungsbereich, indem sowohl automatisierte als auch nicht-automatisierte Verarbeitungen personenbezogener Daten pauschal hiervon erfasst sind. Das verfolgt den Zweck, die Bedeutung des Datenschutzes in der Unternehmenskultur hervorzuheben. Ferner kann durch einen weiten Geltungsbereichs vermieden werden, dass gezielt Verarbeitungsformen gewählt werden, die der Geltung der Unternehmensrichtlinie entzogen sind.

3. Datenschutzorganisation. Unabhängig von der gesetzlichen Bestellpflicht eines Datenschutzbeauftragten sollte in der Unternehmensrichtlinie zum Datenschutz zumindest ein Verantwortlicher für den Datenschutz verankert werden, der die Einhaltung der Vorgaben der Richtlinie überwacht. Unterfällt eine verantwortliche Stelle nämlich nicht der gesetzlichen Bestellpflicht, hat die Unternehmensleitung die

Weiß

Einhaltung der gesetzlichen Vorgaben selbst sicherzustellen. Entsprechend ist eine zuständige Person zu bestimmen, die sich für die Erfüllung des Gesetzesauftrags zuständig zeigt und den Datenschutz innerhalb des Unternehmens überwacht und koordiniert. Zur Organisation im Betrieb auch → A.I. bis A.IV.; → B.I. und III.; → E.

4. Profiling. Zum Profiling → I.IV.

5. Angemessenes Datenschutzniveau. Betroffene dürfen durch die Weitergabe ihrer personenbezogenen Daten an Empfänger außerhalb der Europäischen Union oder des Europäischen Wirtschaftsraums keinen unverhältnismäßigen Eingriff in ihre Persönlichkeitsrechte erfahren. Daher müssen hierbei die Bedingungen des Kapitels V der DS-GVO erfüllt werden, um ein angemessenes Schutzniveau beim Datenempfänger im Drittland zu gewährleisten (ausführlich → G.VII.).

6. Erhebung, Verarbeitung oder Nutzung personenbezogener Daten im Auftrag. Im Rahmen der Auftragsverarbeitung fungiert der Dienstleister als verlängerter Arm des Verantwortlichen. Er ist aus Sicht der DS-GVO als Teil des Verantwortlichen anzusehen, so dass ein Datenaustausch zwischen Auftraggeber und Auftragnehmer keine Datenübermittlung an einen Dritten darstellt (ausführlich → G.I.1.). Um diese gesetzliche Privilegierung in Anspruch nehmen zu können, bedarf es jedoch der Erfüllung der Vorgaben aus Art. 28 DS-GVO. Hierzu zählt insbesondere der Abschluss einer Datenschutzvereinbarung nach den Vorgaben des Art. 28 Abs. 3 DS-GVO sowie die sorgfältige Auswahl des Dienstleisters anhand seiner technisch-organisatorischen Maßnahmen vor Auftragserteilung.

7. Auskunftsrechte der Betroffenen. Zur Umsetzung der Auskunftspflicht im Unternehmen → F.II.

8. Identitätsfeststellung. Eine Überprüfung der Identität des Antragstellers wird gesetzlich nur bei der mündlichen Beauskunftung explizit gefordert (vgl. Art. 12 Abs. 1 S. 2 DS-GVO). Die in dieser Unternehmensrichtlinie verankerte Pflicht zur Kontrolle der Identität des Antragstellers bei begründeten Zweifeln soll verhindern, dass personenbezogene Daten – insbesondere auch bei Anfragen per E-Mail - unbefugt übermittelt werden. Die Hürde an eine Identitätsprüfung sollten jedoch nicht zu hoch gesetzt werden. Alle beim Antragsteller vorhandenen Informationen (z.B. Login-Daten bei einer elektronischen Auskunft) oder andere durch ihn bereitgestellten Informationen, die seine Identifizierung ermöglichen, sollen als Grundlage für die Erfüllung eines Betroffenenrechts dienlich sein (Artikel-29-Datenschutzgruppe, Working Paper 242, S 11). Die Ausgestaltung der Identitätsprüfung liegt grundsätzlich im Ermessen des Verantwortlichen. Die Kopie des Personalausweises zur Feststellung der Identität sollte nur in Ausnahmefällen verlangt werden, um einen zweifelsfreien Nachweis zu erhalten (vgl. Kühling/Buchner/*Bäcker,* DS-GVO, Art. 12 Rn. 30). In einem solchen Fall sind Betroffene darauf hinzuweisen, dass ein Schwärzen nicht relevanter Merkmale des Personalausweises geboten ist. Nicht zu empfehlen ist ferner das Einscannen von Personalausweiskopien, da sich aus § 20 Abs. 2 des Gesetzes über Personalausweise und den elektronischen Identitätsnachweis (PAuswG) der Wille des Gesetzgebers entnehmen lässt, das unbeschränkte Erfassen der Daten des Personalausweises zu verhindern (VG Hannover, Urt. v. 28.11.2013 – 10 A 5342/11, ZD 2014, 266 (267); dazu *Seiler* in: Taeger (Hrsg.), Big Data & Co, S. 685).

Weiß

9. Löschkonzept. Zur Einrichtung eines Löschkonzepts im Unternehmen siehe
→ D.IV.

10. Auskunftsersuchen Dritter. Im Falle von Anfragen Dritter über einen Betroffenen besteht die Gefahr einer unzulässigen und als Ordnungswidrigkeit einzustufenden Datenübermittlung. Daher empfiehlt es sich, über die Unternehmensrichtlinie verbindliche Prüfvorgaben vor der Beauskunftung zu kommunizieren.
Wesentliches Merkmal sollte hierbei wiederum die Frage nach der Legitimationsgrundlage sein. Ebenso sollte die anfragende Stelle ein berechtigtes Interesse darlegen können, um der verantwortlichen Stelle die Prüfung zu ermöglichen, ob der
Tatbestand der Datenweitergabe mit der gesetzlichen Erlaubnis im Einklang steht.
Wie bereits im Zuge der Auskunftserteilung nach Art. 15 DS-GVO erwähnt, empfiehlt es sich auch hier, die Identität der anfragenden Stelle zweifelsfrei festzustellen,
wobei die Vorlage einer Personalausweiskopie hierbei nicht zielführend sein dürfte.
Diese Vorgaben zu den Auskunftsbegehren Dritter gelten entsprechend für den Umgang mit staatlichen Ersuchen (hierzu *Kamp*, RDV 2007, 236 (241)).

11. Verfahrensverzeichnis. Gem. Art. 30 DS-GVO hat jeder Verantwortliche ein
Verzeichnis aller Verarbeitungstätigkeiten zu führen, das die gesetzlichen Vorgaben
erfüllt (vgl. das Muster in → C.II.). Diese Verantwortlichkeit wird im Zuge dieser
Unternehmensrichtlinie stellvertretend durch die Fachabteilungen wahrgenommen.
Das Sammeln der für das Verzeichnis relevanten Informationen sollte vor der
Inbetriebnahme eines Verfahrens erfolgen. Entgegen der alten Rechtslage wird dieses Verzeichnis beim Verantwortlichen bzw. der jeweiligen Fachabteilung geführt.
Der Datenschutzbeauftragte wird im Sinne seiner gesetzlich zugewiesenen Aufgaben
beratend hinzugezogen. Verlangt eine Aufsichtsbehörde die Vorlage des Verzeichnisses, erfolgt dies durch den Datenschutzbeauftragten als zentrale Kontaktstelle für
die Zusammenarbeit mit der Behörde (vgl. Art. 39 Abs. 1 lit. d DS-GVO).

12. Werbung. Da die Anwendung der gesetzlichen Ausnahmen zur Verwendung
personenbezogener Daten zu Zwecken der Werbung ohne Einwilligung des Betroffenen einer hinreichenden und vertieften Kenntnis der relevanten Vorschriften
bedarf, die zudem in Abhängigkeit zum Medium der jeweiligen Ansprache stehen,
sollte innerhalb der Unternehmensrichtlinie lediglich der Grundsatz des Einwilligungsvorbehalts kommuniziert und für weitere Details beispielsweise auf den Datenschutzbeauftragten verwiesen werden. Zur Einwilligung in Werbeversand/Newsletter ausführlich → I.III.

13. Schulung. Entsprechend der gesetzlichen Vorgabe des Art. 39 Abs. 1 lit. b
DS-GVO hat der Datenschutzbeauftragte beteiligte Mitarbeiter an Verarbeitungsvorgängen hinsichtlich der Einhaltung der gesetzlichen Anforderungen sowie eigener Richtlinien des Verantwortlichen oder Auftragsverarbeiters zum Schutz personenbezogener Daten zu sensibilisieren und zu schulen. Im Rahmen seiner
vollständigen Unabhängigkeit bei der Ausübung seiner Rolle ist er berechtigt, unter
Berücksichtigung der Erfordernisse und Möglichkeiten des Unternehmens selbst zu
bestimmen, welches die geeigneten Maßnahmen zur Schulung der Mitarbeiter sind
(so zur bisherigen Rechtslage bereits *Gola/Schomerus*, BDSG, § 4g Rn. 20). Folglich
wird dem Datenschutzbeauftragten über die Unternehmensrichtlinie eine Entscheidungsfreiheit über die nähere Ausgestaltung der Schulungsmaßnahmen zugebilligt.

Weiß

14. Verpflichtung auf das Datengeheimnis. Dazu → C. VII. 1.

15. Audits. Dazu → C. I.

16. Interne Ermittlungen. Der ordnungsgemäße Umgang mit personenbezogenen Daten im Rahmen von internen Ermittlungen birgt eine Vielzahl von Herausforderungen, die eine verantwortliche Stelle zu beachten hat (ausführlich hierzu → A. IV. 6.). Es wäre im Rahmen dieser Richtlinie verfehlt, detailliert auf die gesetzlichen Vorgaben zum Umgang mit Beschäftigtendaten bei der Prävention und Aufdeckung von Pflichtverletzungen oder Straftaten einzugehen. Im Rahmen der Unternehmensrichtlinie sollte eine Sensibilisierung dergestalt erfolgen, dass interne Aufklärungsmaßnamen nur unter Wahrung gesetzlicher Vorgaben und der Einbeziehung fachkundigen Personals durchzuführen sind.

17. Risikoanalyse. Mit der Risikoanalyse sollen bereits vor der eigentlichen Implementierung eines Verfahrens zur Verarbeitung personenbezogener Daten die spezifischen Risiken für die Rechte und Freiheiten der Betroffenen identifiziert und bewertet werden, die mit den Verfahren verbunden sind. Die Richtlinie erlaubt dem Verantwortlichen, Art und Umfang der Risikoanalyse von der Schutzbedürftigkeit der personenbezogenen Daten abhängig zu machen. Die diesbezüglichen Kriterien sollten gesondert dokumentiert und den relevanten Adressaten zugänglich gemacht werden.

18. Verschlüsselung. Im Zuge der Novellierung des BDSG 2009 wurde die Verschlüsselung erstmals als konkrete Umsetzungsmaßnahme insbesondere für die Zugangs-, Zugriffs- und Weitergabekontrolle in die Anlage zu § 9 aufgenommen. Auch die DS-GVO erkennt die Verschlüsselung als wirksame Maßnahme für die Eindämmung möglicher Risiken für Rechte und Freiheiten der Betroffenen an (vgl. ErwG 83 sowie Art. 32 Abs. 1 lit. a DS-GVO). Es sollen nach dem Willen des Gesetzgebers jedoch nur solche Verfahren zum Einsatz kommen, die dem Stand der Technik entsprechen.

Bei der Verschlüsselung wird durch ein festgelegtes Verfahren und unter Einsatz eines „Schlüssels" oder Codes die zu verschlüsselnde Information (Klartext) in einen Schlüsseltext (Chiffrat) transformiert. An Verschlüsselungsverfahren kann beispielsweise das symmetrische oder asymmetrische Verfahren zum Einsatz kommen. Symmetrische Verfahren verwenden ein und denselben Schlüssel zum Ver- und Entschlüsseln des Schlüsseltextes. Asymmetrische Verschlüsselungsverfahren benutzen zwei verschiedene, aber zusammengehörende Schlüssel. Der „öffentliche" Schlüssel dient dabei der Verschlüsselung, während der „private" Schlüssel der Entschlüsselung dient. Während der „öffentliche" Schlüssel, wie es der Wortlaut bereits andeutet, bekannt gemacht wird, muss der „private" Schlüssel geheim bleiben. Eine Entschlüsselung darf dabei nur mit dem privaten Schlüssel möglich sein. Ebenso muss gewährleistet sein, dass der öffentliche Schlüssel nachweisbar zum Empfänger der verschlüsselten Nachricht gehört.

Eine Definition der „Stand der Technik" findet sich in der DS-GVO nicht, so dass auf andere Quellen zurückgegriffen werden muss. Hierunter kann das entwickeltes Stadium der technischen Möglichkeiten zu einem bestimmten Zeitpunkt verstanden werden, soweit Produkte, Prozesse und Dienstleistungen betroffen sind, basierend auf entsprechend gesicherten Erkenntnissen von Wissenschaft, Technik und Erfah-

Weiß

rung (vgl. ISO/IEC Guide 2:2004: Normung und damit zusammenhängende Tätigkeiten – Allgemeine Begriffe, Ziff. 1.4).

Die aufgezeigten Verschlüsselungstechniken bergen Risiken, die aus Sicht des Datenschutzes zu beachten sind. Ferner wird die Stärke der jeweiligen Verschlüsse-
lungstechnik im Wesentlichen durch die Schlüssellänge bestimmt (zu den Verschlüsselungsverfahren *Münch*, Technisch-organisatorischer Datenschutz, S. 263 ff.; zur
Gefährdungslage beim Kryptokonzept BSI, IT-Grundschutz-Kataloge, I.III.).

Ob und wann personenbezogene Daten beim Transport über öffentliche Netze
einer Verschlüsselung unterzogen werden sowie die Wahl einer bestimmten Ver-
schlüsselungstechnik, ist zweckmäßigerweise auf Grundlage einer Risikoanalyse zu
entscheiden, die den aktuellen Stand der Technik im Blick hat. Diese Analyse hat
jede verantwortliche Stelle in Abhängigkeit der Schutzbedürftigkeit der Daten
durchzuführen. Je nach Ergebnis der vorgenommenen Einstufung, die außerhalb der
Unternehmensrichtlinie erfolgt, soll eine Verschlüsselung dann verpflichtend vorzunehmen sein. Zum technischen Datenschutz ausführlich → E.

19. Wartungs- und Remotezugriff. Zum Remote-Zugriff durch externe Dritte
siehe → G.III. Zum Zugriff durch Mitarbeiter von externen Orten siehe → D.III.3.
Zu Zugriffsrechten externer Dritten bei sensiblen Daten wie Videoüberwachung
siehe auch → G.III. Zu Vertraulichkeitsvereinbarungen mit Externen siehe → G.IV.

20. Datenschutz-Folgenabschätzung. Zur Einführung eines Privacy Risk Assessments siehe → C.III.

21. Datenpanne. Gem. Art. 33 DS-GVO können eine verantwortliche Stelle In-
formationspflichten gegenüber der zuständigen Aufsichtsbehörde treffen, sollte eine
Verletzung des Schutzes personenbezogener Daten zu einem Risiko für Rechte und
Freiheiten von Betroffenen führen. Ist ein solches Risiko gar hoch einzuschätzen,
bedarf es gem. Art. 34 DS-GVO einer zusätzlichen Information Betroffener (ein
Muster zur Mitteilung einer Datenpanne ist dargestellt unter → C.VI.). Der Anwendungsbereich der Meldung von sog. „Datenpannen" wird vorliegend auf sämtliche
Datenpannen, unabhängig einer Prüfung hinsichtlich bestehender Risiken für Betroffenen, erstreckt, um zu verhindern, dass ein solcher Vorfall nur deshalb nicht
gemeldet wird, weil der jeweilige Mitarbeiter einer solchen Panne fälschlicherweise
keinen Risikobezug zubilligt. Die Einordnung, ob ein meldepflichtiger Sicherheits-
vorfall vorliegt, sollte durch das zuständige Incident Reponse Team unter Beteiligung des Datenschutzbeauftragten vorgenommen werden. Ob als erste Kontaktstelle der jeweiligen Meldung der Datenschutzbeauftragte fungieren soll, oder ein
Verantwortlicher für die Sachverhaltsaufklärung, bleibt dem jeweiligen Unternehmen überlassen.

Weiß

III. Richtlinien zur Nutzung durch Beschäftigte

1. Richtlinie zur Nutzung von Internet und E-Mail

Internet und E-Mail sind aus dem Unternehmensalltag kaum mehr wegzudenken. E-Mail und andere elektronische Kommunikationsformen verdrängen mehr und mehr die herkömmliche Post (für Social-Media-Accounts siehe auch → D.III.5). Doch während für die papierene Post niemand auf die Idee kommen würde, dass ein Mitarbeiter seine privaten Briefe unter der Firmenanschrift und auf Firmen-Briefpapier schreiben darf und bei eingehender Geschäftspost nach Gutdünken entscheiden kann, ob der Chef sie sehen darf, ist die **private Nutzung des dienstlichen E-Mail-Accounts** oftmals völlig ungeregelt. Dabei ist der ungehinderte Zugriff auf dienstliche E-Mails für Unternehmen ebenso wichtig wie der Zugriff auf Briefpost. Hier wie dort können wichtige Nachrichten (z.B. Willenserklärungen wie Kündigungen) eingehen, hier wie dort entstehen **aufbewahrungspflichtige Geschäfts- bzw. Handelsbriefe** (§§ 147 AO, 257 HGB). Dürfen allerdings Mitarbeiter den dienstlichen E-Mail-Account auch privat nutzen, kann der Arbeitgeber seinen Pflichten nicht mehr ohne Weiteres nachkommen. Auch wenn keine ausdrücklichen Regelungen getroffen sind, besteht die Gefahr, dass eine **betriebliche Übung** entsteht, nach der die Privatnutzung zulässig ist (hierzu *Kania/Ruch*, ArbRB 2010, 352; das LAG Nürnberg, Urt. v. 5.8.2015 – 2 Sa 132/15, BB 2015, 2622 (2623) m. zust. Anm. *Schmalz* lehnt in einem obiter dictum eine betriebliche Übung mangels Kenntnis des konkreten Umfangs der Privatnutzung ab, die Revision ist beim BAG unter Az. 5 AZN 872/15 anhängig).

Ob ein Unternehmen die **private Nutzung** des dienstlichen Internetzugangs und/oder des dienstlichen E-Mail-Accounts erlaubt, steht ihm frei (*Däubler*, Internet und Arbeitsrecht, Rn. 180), und zwar auch bei Bestehen eines Betriebsrats. Auch Regeln für die rein dienstliche Nutzung von E-Mail und Internet sind nach § 87 Abs. 1 Nr. 1 und 10 BetrVG **mitbestimmungsfrei**, da es sich dabei um eine Konkretisierung der Arbeitspflicht handelt. Gleiches gilt für ein Verbot bisher geduldeter Privatnutzung (zum PersVG Berlin OVG Berlin-Brandenburg, Beschl. v. 29.9.2016 – OVG 60 PV 10.15, ZD 2017, 94). Ein **Mitbestimmungsrecht** besteht allerdings nach § 87 Abs. 1 Nr. 6 BetrVG, wenn zur Überwachung geeignete Verfahren (wie E-Mail und Internet) neu eingeführt oder angewendet werden, etwa wenn zur Kontrolle des Verbots privater Internetnutzung **Logfiles** geführt werden sollen (ArbG Hamburg, Beschl. v. 7.11.2012 – 27 BVGa 3/12, BeckRS 2013, 68964). Werden **Regeln für die private Nutzung** aufgestellt, handelt es sich um mitbestimmungspflichtige Fragen des Ordnungsverhaltens und der Lohngestaltung i.S.v. § 87 Abs. 1 Nr. 1 und 10 BetrVG (LAG Hamm, Beschl. v. 7.4.2006 – 10 TaBV 1/06, MMR 2006, 700; vgl. zu § 75 Abs. 3 BPersVG entsprechend VG Düsseldorf, Beschl. v. 9.9.2013 – 33 K 1669/12.PVB, BeckRS 2013, 57657).

Eine **Erlaubnis zur privaten Nutzung des dienstlichen E-Mail-Accounts oder Internetzugangs** führt, anders als noch unter Geltung der DSRL (dazu Taeger/Gabel/

Bergt

Munz, BDSG, § 88 TKG Rn. 20 ff.; a. A. (keine Anwendbarkeit des TKG auch unter Geltung der DSRL) *Diercks,* K&R 2014, 1 (3 ff.), jew. m. w. N.), **nicht** dazu, dass der Arbeitgeber **die datenschutzrechtlichen Vorschriften des TKG** einhalten, insbesondere das Fernmeldegeheimnis nach § 88 TKG wahren und die §§ 91 ff. TKG beachten müsste (BeckOK DatenSR/*Holländer,* Art. 95 Rn. 4; Kühling/Buchner/ *Maschmann,* DS-GVO, Art. 88 Rn. 78 f.; a. A. Gola/*Gola,* DS-GVO, Art. 6 Rn. 103). Hintergrund ist, dass Art. 3 Abs. 1 der Datenschutzrichtlinie für elektronische Kommunikation 2002/58/EG regelt, dass diese nur „für die Verarbeitung personenbezogener Daten in Verbindung mit der Bereitstellung öffentlich zugänglicher elektronischer Kommunikationsdienste in öffentlichen Kommunikationsnetzen" gilt, also nicht für geschlossene Nutzergruppen, und die DS-GVO **keine überschießende Umsetzung – wie im deutschen TKG – mehr gestattet.** Insoweit ist das TKG unanwendbar. Eine Beibehaltung im Beschäftigungsverhältnis auf Basis der Öffnungsklausel des Art. 88 DS-GVO scheidet aus, weil die Norm nur eine Konkretisierung, aber keine Verschärfung durch nationales Recht gestattet (Kühling/Buchner/*Maschmann,* DS-GVO, Art. 88 Rn. 32). Änderungen der Rechtslage werden sich durch die Verordnung über Privatsphäre und elektronische Kommunikation ergeben, die derzeit als Kommissionsentwurf (2017/0003 (COD) vom 10.1.2017) vorliegt und die Richtlinie 2002/58/EG vollständig ersetzen soll. Da bislang nur der Kommissionsentwurf vorgestellt wurde, sind die weiteren Entwicklungen zu beobachten.

Davon unberührt bleibt allerdings die **Strafbarkeit nach § 206 StGB,** weil diese nicht an die datenschutzrechtlichen Vorschriften des TKG anknüpft, sondern eine vollständige eigenständige Regelung – wenn auch vergleichbaren Inhalts – beinhaltet. § 206 StGB bleibt **auch unter Geltung der DS-GVO anwendbar;** es handelt sich um eine nationale Sanktionsvorschrift gemäß Art. 84 DS-GVO (Kühling/Buchner/ *Bergt,* DS-GVO, Art. 84 Rn. 26). Allerdings ist für das Tatbestandsmerkmal „unbefugt" aus § 206 Abs. 1 StGB nun auch auf Erlaubnisnormen aus der DS-GVO abzustellen, soweit diese, namentlich bei geschlossenen Nutzergruppen, anwendbar ist.

Maßstab für die Rechtmäßigkeit des Zugriffs auf den betrieblichen E-Mail-Account und für die Überwachung der Internetnutzung im Betrieb ist nunmehr **ausschließlich die DS-GVO** bzw. das auf Basis von Art. 88 DS-GVO erlassene nationale Recht, **unabhängig davon, ob eine Privatnutzung erlaubt oder verboten ist.** Entscheidend für die Frage, ob Art. 6 DS-GVO oder § 26 BDSG n. F. zur Anwendung kommt, ist der Zweck des Zugriffs (vgl. *Brink,* ZD 2015, 295 (297); *Brühl/Sepperer,* ZD 2015, 415 (417)). § 26 Abs. 1 BDSG n. F. übernimmt den bisherigen § 32 Abs. 1 BDSG im Wesentlichen unverändert, insbesondere auch die Anforderung, dass die Kontrollen „erforderlich" sein müssen. Hier empfiehlt sich ein abgestuftes Kontrollsystem (vgl. § 8 Abs. 3 ff. des Musters; → Anm. 29), das zudem auch bei der erforderlichen Interessenabwägung entscheidend sein kann.

Ist **ausschließlich eine dienstliche Nutzung** des E-Mail-Accounts oder Internetzugangs gestattet, darf der Arbeitgeber etwa die Logfiles des E-Mail-Servers auswerten, ob eine verbotene Privatnutzung erfolgt (vgl. Kühling/Buchner/*Maschmann,* DS-GVO, Art. 88 Rn. 80; zum BDSG a. F. Simitis/*Seifert,* BDSG, § 32 Rn. 91 m. w. N.; *Brink/Wirtz,* ArbRAktuell 2016, 255 (258)). Auf dienstliche E-Mails darf der Arbeitgeber in gleichem Maße zugreifen wie auf den dienstlichen Briefverkehr (Gola/*Gola,* DS-GVO, Art. 6 Rn. 103; zum BDSG a. F. Taeger/Gabel/*Zöll,* BDSG, § 32 Rn. 43). Insbesondere darf er grundsätzlich alle eingehenden E-Mails einsehen (Kühling/Buchner/*Maschmann,* DS-GVO, Art. 88 Rn. 80), jedenfalls, soweit es sich

Bergt

nicht um offensichtlich private Nachrichten handelt (*Byers*, Mitarbeiterkontrollen, Rn. 71). Die Verhältnismäßigkeit muss jedoch stets gewahrt bleiben, so dass eine dauerhafte Kontrolle unzulässig ist (Kühling/Buchner/*Maschmann*, DS-GVO, Art. 88 Rn. 80). Entscheidend ist zudem, dass die **Kontrollmaßnahmen nicht heimlich** erfolgen (EGMR, Urt. v. 12.1.2016 – 61496/08, Rn. 37; Kühling/Buchner/ *Maschmann*, DS-GVO, Art. 88 Rn. 47; Gola/*Pötters*, DS-GVO, Art. 5 Rn. 9). Die entsprechende Transparenz lässt sich durch das vorgeschlagene Muster herstellen.

Ist eine **private Nutzung gestattet,** ist der gesetzliche Ausgangspunkt für die Zulässigkeit des Zugriffs auf die E-Mails derselbe wie bei verbotener Privatnutzung, doch fällt die Interessenabwägung anders aus. Der Zugriff auf erkennbar private E-Mails ist, von ganz besonderen Einzelfällen etwa bei der Verfolgung von Straftaten abgesehen, in jedem Fall unzulässig, da der Arbeitgeber hierfür kein berechtigtes Interesse geltend machen kann (Art. 6 Abs. 1 UAbs. 1 lit. f DS-GVO). Unglücklicherweise ist in der Praxis oftmals **nicht erkennbar, ob eine E-Mail privat oder dienstlich ist,** solange sie nicht vollständig gelesen wurde. Gerade wenn sich – wie oft – die Kommunikationspartner auch privat kennen, kann eine vermeintlich private E-Mail auch Dienstliches enthalten und umgekehrt. Denkbar wäre, bei erlaubter Privatnutzung den Mitarbeitern aufzugeben, private E-Mails sofort zu löschen oder in ein gesondertes Verzeichnis zu verschieben – und zwar nicht nur eingehende, sondern auch ausgehende Nachrichten. Die Fehlerquote eines solchen Aussortierens privater E-Mails ist hoch, und es zeigt erst Wirkung, nachdem der Mitarbeiter händisch sortiert hat. Im Vertretungsfall oder wenn grundsätzlich eine Sekretariats-Kopie erfolgt, erhält die Vertretung bzw. das Sekretariat auch die privaten E-Mails. Die gebotene **revisionssichere Archivierung** (§§ 147 AO, 257 HGB) wäre nicht gegeben, wenn es möglich wäre, nachträglich einzelne E-Mails zu entfernen; eine nur selektive Archivierung scheidet aus praktischen bzw. rechtlichen Gründen aus, da nicht sichergestellt werden könnte, dass tatsächlich alle Handelsbriefe erfasst werden, so dass in der Praxis nur die pauschale Archivierung aller ein- und ausgehenden E-Mails in Betracht kommt (a. A. Taeger/*Aßmus*, Big Data & Co, S. 829). Auch für das betriebliche Backup wäre der Aufwand einer Löschung unvertretbar; allenfalls kann der Ordner „privat" vom Backup ausgenommen werden, worüber die Mitarbeiter allerdings wiederum informiert werden sollten. Somit werden sich bei erlaubter Privatnutzung zwangsweise private E-Mails in betrieblichen Datensammlungen finden, wo sie beispielsweise auch dem Zugriff von Ermittlungs- und Aufsichtsbehörden unterliegen. Eine Rechtfertigung dieser Verarbeitungen ist nicht aus Art. 6 Abs. 1 UAbs. 1 lit. c DS-GVO möglich, weil das Gesetz nicht die Speicherung der privaten E-Mails verlangt, sondern nur Praktikabilitätsgründe eine Trennung verhindern.

Es erscheint zwar denkbar, eine **Einwilligung der Mitarbeiter** für diese eigentlich nicht erforderlichen Verarbeitungen einzuholen. Doch ist zu berücksichtigen, dass die Einwilligung **jederzeit widerruflich** ist, Art. 7 Abs. 3 DS-GVO. Ist die Einwilligung die Rechtsgrundlage der Verarbeitung, sind die Daten unverzüglich nach dem Widerruf zu löschen, Art. 17 Abs. 1 lit. b DS-GVO. **Unverhältnismäßiger Aufwand für die Löschung** ist kein Grund, auf diese zu verzichten; § 35 Abs. 1 BDSG n.F., der dies vorsieht, ist europarechtswidrig (Stellungnahme des Bundesrates, BR-Drs. 110/17, 40; Kühling/Buchner/*Herbst*, DS-GVO, Art. 17 Rn. 90). Ob § 242 BGB, der Sachzusammenhang und/oder eine Klausel in der Einwilligungserklärung den Widerruf insoweit ausschließen können, wie er sich auf Zeiten auswirken würde, zu denen die Einwilligung noch bestand (etwa bezüglich einer rückwirkenden

Missbrauchskontrolle oder der revisionssicheren Archivierung), oder ob Art. 6 Abs. 1 UAbs. 1 lit. f DS-GVO in diesem Fall die weitere Verarbeitung rechtfertigen kann, ist unklar (→ Anm. 12). Während es vielleicht im Einzelfall noch zu verschmerzen sein mag, dass ein Widerruf der Einwilligung eine Kündigung wegen unzulässigen „Privat-Surfens" verhindert, muss der Zugriff auf alle E-Mail-Handelsbriefe für die gesamte Zeit der Aufbewahrungspflicht unabhängig von möglicherweise widerrufenen Einwilligungen möglich sein.

Insbesondere internationale Unternehmen können sich zudem Gerichtsverfahren in anderen Rechtsordnungen ausgesetzt sehen, die umfassende Vorlagepflichten für E-Mails vorsehen (**E-Discovery**; dazu z. B. *Deutlmoser/Filip,* ZD 2012, Beilage Heft 6 m. w. N.). Wird die Einwilligungsklausel nun so formuliert, dass sie auch derartige Vorlagepflichten umfasst, dürfte sie mangels Bestimmtheit und Kenntnis der wesentlichen Umstände der Verwendung unwirksam sein.

Eine **Betriebsvereinbarung als Ersatz für die individuelle Einwilligung** des Arbeitnehmers kommt **nicht in Betracht** (Kühling/Buchner/*Maschmann*, DS-GVO, Art. 88 Rn. 79). Denn Art. 88 DS-GVO enthält nur die Möglichkeit, spezifischere Regelungen in Kollektivvereinbarungen zu erlassen. Diese können jedoch nicht Verarbeitungen rechtfertigen, die nach der DS-GVO unzulässig wären (Kühling/Buchner/*Maschmann*, DS-GVO, Art. 88 Rn. 40).

Zu berücksichtigen ist zudem, dass auch E-Mails die **Pflichtangaben** nach §§ 37a, 125a HGB, 35a GmbHG u. ä. enthalten müssen (BeckOK GmbHG/*Schindler*, § 35a Rn. 15; MüKoHGB/*Schmidt*, § 125a Rn. 5). Verkauft nun beispielsweise ein Mitarbeiter unter Verwendung seiner dienstlichen E-Mail-Adresse sein gebrauchtes Notebook online (und übergibt es dem Käufer auch noch auf dem Firmenparkplatz), bestehen für den Arbeitgeber erhebliche Risiken, dass er wegen Sachmängelgewährleistung (oder auch unzulässigen Gewährleistungsausschlusses) in Anspruch genommen wird.

Nach alldem verbleibt trotz Nichtanwendbarkeit der Datenschutzvorschriften des TKG eine derartige Vielzahl von Problemen und Unsicherheiten, dass **von einer Erlaubnis für die private Nutzung des dienstlichen E-Mail-Accounts dringend abzuraten** ist.

Trotzdem bieten sich für Unternehmen verschiedene Möglichkeiten, um ihren Mitarbeitern das Versenden privater E-Mails vom Arbeitsplatz aus zu gestatten. So kommt in Betracht, dass Unternehmen ihren Beschäftigten eine **vollständig getrennte E-Mail-Infrastruktur zur Privatnutzung** bereitstellen, etwa mit E-Mail-Adressen des Typs name@privat.example.com. Um hier Fehler durch die Wahl der falschen Adresse zu vermeiden, ist auch denkbar, diesen Privat-Betriebs-Account beispielsweise nur per Webmail oder über eine App auf dem privaten Smartphone des Mitarbeiters zugänglich zu machen. Ebenfalls relativ unproblematisch ist es, den Mitarbeitern die Nutzung ihrer **privaten Webmail-Accounts** zu gestatten, ebenso wie die private Internetnutzung als solche weniger kritisch ist als die Privatnutzung des dienstlichen E-Mail-Accounts. Die **Gefahr des Abflusses geheimer Daten** besteht stets und lässt sich durch ein reines Verbot der Privatnutzung nicht nennenswert verringern. Besteht die Gefahr eines Datendiebstahls, sind entsprechende technisch-organisatorische Maßnahmen (Art. 32 DS-GVO; → E.II.) zu treffen, die dann allerdings umfassend sein sollten (inklusive Deaktivierung von Schnittstellen wie USB, FireWire usw., Absicherung des Netzwerkzugangs, Verhinderung der Nutzung fremder Software und v. a.; dies zudem unter Berücksichtigung des durch die Restriktio-

Bergt

nen geweckten Umgehungsdrangs der Mitarbeiter). Das Bereitstellen eines vom normalen betrieblichen Netzwerk **getrennten WLANs,** das die Mitarbeiter mit ihren privaten Smartphones nutzen können, vermeidet, dass unsichere Privatgeräte die Firmen-IT gefährden und senkt die Motivation zur Privatnutzung des Dienstrechners. Das Aufstellen spezieller, nicht mit dem eigentlichen Firmennetz verbundener Rechner, an denen die Privatnutzung (ausschließlich) zulässig ist, stellt typischerweise eher eine Maßnahme zur zeitlichen und inhaltlichen Beschränkung der Privatnutzung durch soziale Kontrolle dar als eine Sicherheitsmaßnahme, wenn nicht zugleich die Arbeitsrechner gesichert werden.

In jedem Fall gilt es sicherzustellen, dass **keinerlei (auch) betriebliche Kommunikation über den Privat**-Betriebs-Account oder den Privat-Account geführt wird. Hierfür sollten alle Mitarbeiter und insbesondere auch die Vorgesetzten sensibilisiert und Verstöße geahndet werden. **Schulung und Sensibilisierung** sind – neben Datensparsamkeit, einer strikten Vergabe von Zugriffsrechten nach dem Erforderlichkeitsprinzip und grundlegender technischer Sicherheit – ohnehin die praktisch **wichtigsten Elemente eines IT-Sicherheits- und Datenschutzkonzeptes.**

Angesichts der persönlichkeitsrechtlichen Brisanz einer vollständigen Protokollierung der E-Mail- und Internetnutzung erfordert deren Einführung eine **Datenschutz-Folgenabschätzung** nach Art. 35 DS-GVO (→ C.III.).

Das **folgende Muster** geht nach alledem davon aus, dass die **private Nutzung des Internetzugangs gestattet, die private Nutzung des dienstlichen E-Mail-Accounts jedoch verboten** wird.

Die **Abwandlung** gestattet, auch wenn hiervon nur **dringend abgeraten** werden kann, auch die **private Nutzung des dienstlichen E-Mail-Accounts.**

Ergänzen ließe sich die Richtlinie auch um Regelungen, wie Daten auf den dienstlichen Geräten zu speichern sind (z.B. ausschließliche Server-Speicherung dienstlicher Daten; mobile Datenträger; Kalender/Adressbücher; Privatnutzung; ansatzweise → D.III.1.), und um Regelungen hinsichtlich der Nutzung von Telefon und Fax. Soll die Nutzung privater Endgeräte gestattet werden (BYOD/BY1D), sind auch hierzu Regelungen erforderlich (→ D.III.4.).

Richtlinie[1] zur Nutzung von Internet und E-Mail

§ 1 Ziel [– Variante Zusatzvereinbarung]

[Arbeitnehmer] (folgend: „Mitarbeiter") und [Arbeitgeber] haben mit Datum vom [Datum] einen Arbeitsvertrag geschlossen, der keine[2] Regelungen über die Nutzung des dienstlichen E-Mail- und Internetzugangs enthält. Um die Interessen beider Parteien – insbesondere die gesetzlichen Verpflichtungen von [Arbeitgeber] und das Persönlichkeitsrecht des Mitarbeiters – angemessen in Übereinstimmung zu bringen und die Maßnahmen von [Arbeitgeber] zu Protokollierung, Kontrolle und Datenzugriff transparent zu regeln, schließen [Arbeitgeber] und Mitarbeiter diese Zusatzvereinbarung zum Arbeitsvertrag.

§ 1 Ziel [– Variante Betriebsvereinbarung]

Die Nutzung von E-Mail und Internet bei [Arbeitgeber] ist derzeit weitgehend ungeregelt. Um die Interessen von [Arbeitgeber] – insbesondere die gesetzlichen

Verpflichtungen von [Arbeitgeber] – und das Persönlichkeitsrecht der Mitarbeiter angemessen in Übereinstimmung zu bringen und die Maßnahmen von [Arbeitgeber] zu Protokollierung, Kontrolle und Datenzugriff transparent zu regeln, schließen [Arbeitgeber] und Betriebsrat diese Betriebsvereinbarung.

§ 2 Anwendungsbereich der Vereinbarung

[Variante Betriebsvereinbarung: (1) Diese Betriebsvereinbarung gilt für alle Arbeitnehmerinnen und Arbeitnehmer im Sinne von § 5 BetrVG, die dem Betrieb von [Arbeitgeber] angehören (folgend: „Mitarbeiter").[3] Sonstige bei [Arbeitgeber] tätige Personen werden vertraglich zur Einhaltung der Regeln dieser Betriebsvereinbarung verpflichtet.]

(2) Diese Vereinbarung regelt die Nutzung des durch [Arbeitgeber] bereitgestellten Internetzugangs einschließlich des E-Mail-Zugangs. Sie gilt für alle Arten der Bereitstellung von Internetzugang und E-Mail-Zugang durch [Arbeitgeber], insbesondere im Betrieb, im Home-Office und im Rahmen mobiler Nutzung (z.B. via Notebook, Tablet, Smartphone). Hinsichtlich des von [Arbeitgeber] bereitgestellten E-Mail-Zugangs gilt sie für jede Nutzung, auch etwa von zu Hause.[4]

(3) „E-Mail-Zugang" im Sinne dieser Vereinbarung sind alle von [Arbeitgeber] zur Verfügung gestellten Betriebsmittel, die individuelle elektronische Kommunikation ermöglichen (insbesondere E-Mail, De-Mail, Chat), einschließlich der damit im Zusammenhang stehenden Hard- und Software. „Internetzugang" im Sinne dieser Vereinbarung sind alle von [Arbeitgeber] zur Verfügung gestellten Betriebsmittel, die elektronische Kommunikation, insbesondere den Abruf von Daten aus dem Internet, ermöglichen, einschließlich der damit im Zusammenhang stehenden Hard- und Software, mit Ausnahme des E-Mail-Zugangs.

§ 3 Grundsatz

E-Mail- und Internetzugang werden von [Arbeitgeber] ausschließlich zu dienstlichen Zwecken bereitgestellt und dürfen nur zu betrieblichen Zwecken genutzt werden, soweit nicht diese Vereinbarung ausdrücklich Ausnahmen vorsieht.

§ 4 Stets unzulässige Nutzungen

(1) In jedem Fall – auch bei gestatteter privater Nutzung – unzulässig ist jegliche Nutzung von E-Mail- oder Internetzugang, die geeignet ist, die Interessen von [Arbeitgeber] zu beeinträchtigen. Eine Beeinträchtigung der Interessen von [Arbeitgeber] liegt insbesondere vor, wenn das öffentliche Ansehen von [Arbeitgeber] oder die Sicherheit der EDV von [Arbeitgeber] beeinträchtigt werden, [Arbeitgeber] sonstige Nachteile entstehen oder gegen Rechtsvorschriften oder Weisungen von [Arbeitgeber] verstoßen wird.

(2) Unzulässig sind danach insbesondere, aber nicht abschließend:
– jegliche Preisgabe oder Gefährdung von Betriebs- oder Geschäftsgeheimnissen, personenbezogenen Daten oder sonstigen Informationen von [Arbeitgeber], die als vertraulich gekennzeichnet sind oder bei denen sich die Vertraulichkeit aus der Natur der Information ergibt;
– Abruf, Anbieten, Verbreiten oder Speichern von Inhalten, die gegen Persönlichkeitsrecht, Urheberrecht, Datenschutzrecht oder Strafrecht verstoßen, insbeson-

Bergt

re das unerlaubte Herunterladen oder Anbieten von Musik, Filmen, Software oder anderen urheberrechtlich geschützten Inhalten;[5]
- Abruf, Anbieten, Verbreiten oder Speichern von rufschädigenden, beleidigenden, verleumderischen, diskriminierenden, menschenverachtenden, rassistischen, verfassungsfeindlichen, sexistischen, gewaltverherrlichenden oder pornografischen Inhalten;[6]
- Abruf, Anbieten, Verbreiten oder Speichern von Computerviren oder anderer Schadsoftware sowie sonstige Aktivitäten, die sich gegen die Sicherheit von IT-Systemen richten (z.B. Hacking, Portscans);
- Verwenden, Abruf, Anbieten, Verbreiten oder Speichern von Software, die dem Arbeitnehmer nicht von [Arbeitgeber] bereitgestellt wurde; gegebenenfalls erforderliche Software wird ausschließlich durch die IT-Abteilung beschafft und installiert;
- Abruf von für [Arbeitgeber] kostenpflichtigen Inhalten, soweit dies nicht mit Zustimmung des Vorgesetzten zu betrieblichen Zwecken erfolgt;
- Anbieten oder Verbreiten religiöser, weltanschaulicher oder politischer Inhalte;
- Anbieten oder Verbreiten von Informationen, Behauptungen oder Meinungsäußerungen jeder Art (z.B. durch Einstellen in Diskussionsforen, Mitarbeit an Wikipedia-Beiträgen), wenn dabei entweder
  - die Betriebszugehörigkeit erkennbar ist (z.B. die IP-Adresse gespeichert wird[7] oder eine Angabe erfolgt) oder
  - die Informationen, Behauptungen oder Meinungsäußerungen einen Bezug zur betrieblichen Tätigkeit haben,
  soweit dies nicht mit Zustimmung des Vorgesetzten zu betrieblichen Zwecken erfolgt;[8]
- Nutzung von E-Mail- und Internetzugang zu außerbetrieblichen kommerziellen oder sonstigen geschäftlichen Zwecken;
selbst wenn dies nach Einschätzung des Mitarbeiters betrieblichen Zwecken dient.

(3) Wer feststellt, dass ihm unzulässige Inhalte als Bestandteil von Nachrichten zugesandt wurden, die (beispielsweise wegen ihrer Zugehörigkeit zu einem Auftrag) nicht ohne Weiteres gelöscht werden können, hat die Entscheidung des Vorgesetzten einzuholen. Dieser hat in Zweifelsfällen den Datenschutzbeauftragten zu befragen.

§ 5 Private Nutzung

(1) Ein Anspruch auf private Nutzung von E-Mail- oder Internetzugang besteht nicht. Soweit [Arbeitgeber] im Rahmen dieser Vereinbarung eine private Nutzung ausnahmsweise gestattet, erfolgt dies freiwillig und steht im alleinigen Ermessen von [Arbeitgeber]. Verfügbarkeit und Fehlerfreiheit des Internetzugangs sind nicht geschuldet; Störungen und jederzeitige Beschränkungen, insbesondere Sperrung bestimmter Dienste und Beschränkung der verfügbaren Bandbreite, bleiben vorbehalten. [Arbeitgeber] ist jederzeit nach freiem Ermessen berechtigt, die Gestattung zu beenden oder zu widerrufen. Dies gilt insbesondere (aber nicht abschließend), wenn Mitarbeiter gegen diese Vereinbarung verstoßen oder Tatsachen einen diesbezüglichen Verdacht begründen.[9]

(2) Der E-Mail-Zugang darf ausschließlich betrieblich genutzt werden. Dies gilt sowohl für ausgehende Nachrichten als auch für eingehende (etwa Angabe der betrieblichen E-Mail-Adresse bei privaten Bestellungen). Zur betrieblichen Nutzung

im Sinne dieses Absatzes gehören auch die sogenannte betrieblich veranlasste Privatnutzung, etwa wenn der Mitarbeiter wegen kurzfristiger Überstunden einen privaten Termin absagt, und die Kommunikation mit betrieblichen Interessenvertretungen, dem Betriebsarzt, dem Datenschutzbeauftragten, der betrieblichen Beschwerdestelle nach § 13 AGG und der betrieblichen Whistleblower-Stelle.

(3) Für den Fall und solange der Mitarbeiter entsprechend Anlage 1 in die Kontrolle seiner Nutzung des Internetzugangs eingewilligt hat,[10] gestattet [Arbeitgeber] dem Mitarbeiter die private Nutzung des Internetzugangs vor Dienstbeginn und nach Dienstschluss sowie in den Arbeitspausen.[11] Diese Gestattung gilt nur, soweit die ordnungsgemäße Erbringung der Arbeitsleistung und sonstiger dem Mitarbeiter obliegender Pflichten nicht beeinträchtigt wird; insbesondere muss dem Mitarbeiter trotz der privaten Internetnutzung eine ausreichende Erholung möglich sein. Ebenso dürfen andere Mitarbeiter oder Interessen von [Arbeitgeber] nicht beeinträchtigt werden.

(4) Die Einwilligung entsprechend Anlage 1 ist freiwillig und kann jederzeit mit Wirkung für die Zukunft widerrufen werden. Gesetzliche Erlaubnistatbestände bleiben unberührt. Der Widerruf ist ausgeschlossen, soweit er sich auf Daten und Informationen bezieht, die vor dem Widerruf entstanden sind. Damit kann [Arbeitgeber] insbesondere auch nach einem Widerruf die in § 8 beschriebenen Kontrollen durchführen und Konsequenzen bei Verstößen ziehen, soweit der Zeitraum vor dem Widerruf betroffen ist. Der Ausschluss des Widerrufsrechts gilt nicht, soweit ihm auch unter Berücksichtigung der berechtigten Interessen von [Arbeitgeber] berechtigte Interessen des Mitarbeiters entgegenstehen.[12]

(5) Die Gestattung zur privaten Nutzung des Internetzugangs gemäß Abs. 3 endet
– mit Zugang der Beendigungs- oder Widerrufserklärung von [Arbeitgeber] beim Mitarbeiter,
– [Variante Betriebsvereinbarung: mit Wirksamwerden der Kündigung dieser Betriebsvereinbarung, sobald der Mitarbeiter hiervon Kenntnis erlangt,]
– wenn der Mitarbeiter seine Einwilligung entsprechend Anlage 1 widerruft oder
– wenn die Einwilligung gemäß Anlage 1 unwirksam wird (etwa durch eine Änderung der Rechtslage) und der Mitarbeiter hiervon Kenntnis erlangt,[13]
je nachdem, was früher eintritt.

(6) Der Mitarbeiter kann sich angesichts der nicht sichergestellten Verfügbarkeit des Internetzugangs nicht darauf verlassen, dass dieser tatsächlich zur Verfügung steht, wenn der Mitarbeiter ihn nutzen möchte.

(7) Für die Sicherung privater Nachrichten und anderer privater Daten ist ausschließlich der Mitarbeiter verantwortlich.

§ 6 Betriebliche Kommunikation, E-Mail-Zugang

(1) Sämtliche betriebliche Korrespondenz – einschließlich des E-Mail-Zugangs – unterliegt der ausschließlichen Verfügungsbefugnis von [Arbeitgeber].

(2) Für betriebliche Kommunikation dürfen ausschließlich die von [Arbeitgeber] zur Verfügung gestellten technischen Einrichtungen genutzt werden, insbesondere nur der betriebliche E-Mail-Zugang und keine privaten E-Mail-Accounts und keine privaten Computer.[14]

Bergt

(3) Die Umleitung, Weiterleitung oder Speicherung dienstlicher Informationen, Nachrichten oder Dateien (insbesondere E-Mails) an private Accounts oder auf privaten Datenträgern oder Speicherdiensten (insbesondere Cloud-Services) ist verboten.[15]

(4) Vertrauliche Informationen, insbesondere personenbezogene Daten im Sinne des Datenschutzrechts, dürfen außerhalb von [Arbeitgeber] nur Ende-zu-Ende-verschlüsselt versandt werden. Dies gilt nicht, wenn [Arbeitgeber] für den jeweiligen Einzelfall oder für eine bestimmte Art von Fällen – im Fall personenbezogener Daten mit Zustimmung des Datenschutzbeauftragten – einen unverschlüsselten Versand schriftlich oder elektronisch gestattet hat.[16] Unabhängig von der Verschlüsselung darf eine Weitergabe personenbezogener Daten an Dritte nur erfolgen, wenn sie datenschutzrechtlich zulässig ist.

(5) Gehen auf dem betrieblichen E-Mail-Zugang Nachrichten mit privatem Inhalt ein,[17] ist der Absender darauf hinzuweisen, dass der betriebliche E-Mail-Zugang nur für betriebliche Zwecke verwendet werden darf und daher keine weiteren privaten Nachrichten an die betriebliche Anschrift gesandt werden sollen. Enthält die Nachricht ausschließlich private Inhalte, ist sie unverzüglich durch den Empfänger zu löschen; sie darf zuvor an einen privaten Account des Empfängers weitergeleitet werden. Ebenfalls zulässig ist die Weiterleitung der ausschließlich privaten Teile einer gemischt betrieblich-privaten Nachricht. Die Löschung einer gemischt betrieblich-privaten Nachricht außerhalb des normalen Geschäftsgangs ist nur mit schriftlicher oder elektronischer Zustimmung des Vorgesetzten gestattet. Nicht gelöschte Nachrichten privaten Charakters gelten hinsichtlich der Zugriffsrechte von [Arbeitgeber] als betriebliche Nachrichten, so dass der Mitarbeiter auch in seinem eigenen Interesse seiner Löschpflicht nachkommen sollte.

(6) Im Rahmen der Vertretung (siehe § 7) oder sonstiger betrieblicher Aufgaben (insbesondere Systemadministration, Kontrollen, Vorlagepflichten) kann nicht ausgeschlossen werden, dass Nachrichten privaten Charakters von anderen Personen als dem jeweiligen Inhaber des E-Mail-Zugangs zur Kenntnis genommen werden. Über den Inhalt ist in diesem Fall Stillschweigen zu bewahren, soweit nicht besondere Erlaubnistatbestände außerhalb dieser Vereinbarung (z. B. gesetzliche Erlaubnis zur Verfolgung von Straftaten) vorliegen. Im Rahmen der Systemadministration ist die Erforderlichkeit des Zugriffs auf fremde Nachrichten stets gesondert zu prüfen.

(7) Ein- und ausgehende elektronische Nachrichten werden von [Arbeitgeber] automatisch für die Dauer gesetzlicher Aufbewahrungspflichten (vgl. § 147 AO, § 257 HGB) und gegebenenfalls betrieblicher Notwendigkeiten, insbesondere im Rahmen von Rechtsstreitigkeiten, archiviert. Ebenfalls werden regelmäßig Sicherungskopien des E-Mail-Zugangs angefertigt. Hierbei erfolgt aus technischen Gründen keine Unterscheidung zwischen Nachrichten betrieblichen und privaten Charakters. Eine selektive Löschung bestimmter, insbesondere privater, Nachrichten ist nicht möglich. Es liegt daher auch im Interesse des Persönlichkeitsrechts des Mitarbeiters, das Verbot der privaten Nutzung des E-Mail-Zugangs strikt einzuhalten.

(8) [Arbeitgeber] kann durch in- und ausländische Gesetze verpflichtet sein, auf Nachrichten und Dateien des Mitarbeiters zuzugreifen, diese auszuwerten und sie an in- und ausländische Stellen weiterzugeben. Diese Vereinbarung lässt eventuelle diesbezügliche Rechte und Pflichten von [Arbeitgeber] unberührt.[18]

Bergt

§ 7 Abwesenheit, Ausscheiden

(1) Um sicherzustellen, dass eingehende betriebliche Nachrichten stets rechtzeitig bearbeitet werden können, soll jeder Mitarbeiter im Einvernehmen mit seinem Vorgesetzten mindestens einen Vertreter benennen, der bei Abwesenheit des Mitarbeiters auf den E-Mail-Zugang des Mitarbeiters zugreifen kann.[19] Benennt ein Mitarbeiter keinen Vertreter gemäß S. 1 oder ist bei Abwesenheit des Mitarbeiters kein gemäß S. 1 benannter Vertreter anwesend, bestimmt der Vorgesetzte einen oder mehrere Vertreter und informiert den Mitarbeiter hierüber. Hat der Mitarbeiter einen Vertreter gemäß S. 1 benannt, ist die Bestimmung eines weiteren Vertreters durch den Vorgesetzten nur bei Abwesenheit des Mitarbeiters und aller Vertreter von mindestens einem Tag oder bei schriftlich gegenüber dem Datenschutzbeauftragten zu begründender Gefahr im Verzug zulässig.[20]

(2) Vertreter gemäß Abs. 1 dürfen nur während der Abwesenheit oder nach dem Ausscheiden des Mitarbeiters auf dessen E-Mail-Zugang zugreifen.[21] Erkennbar private Nachrichten dürfen durch Vertreter nicht geöffnet werden. Ergibt sich der private Charakter erst nach dem Öffnen, ist die Nachricht umgehend zu schließen; über den Inhalt ist Stillschweigen zu bewahren. Absender privater Nachrichten sind jedoch auch durch den Vertreter darauf hinzuweisen, dass der betriebliche E-Mail-Zugang nur für betriebliche Zwecke verwendet werden darf und daher keine weiteren privaten Nachrichten an die betriebliche Anschrift gesandt werden sollen.

(3) Unabhängig von den Einschränkungen des Abs. 2 sind [Arbeitgeber] und von [Arbeitgeber] beauftragte Personen im Rahmen der Verhältnismäßigkeit jederzeit berechtigt, lesenden Zugriff auf alle betrieblichen Nachrichten im E-Mail-Zugang des Mitarbeiters zu nehmen, soweit dies betrieblichen Zwecken dient.[22]

(4) Die Einsichtnahme in die Kommunikation des Mitarbeiters mit betrieblichen Interessenvertretungen, dem Betriebsarzt, dem betrieblichen Datenschutzbeauftragten, der betrieblichen Beschwerdestelle nach § 13 AGG und der betrieblichen Whistleblower-Stelle bleibt ausschließlich dem Mitarbeiter vorbehalten.

(5) Nach dem Ausscheiden (auch Versterben) des Mitarbeiters kann [Arbeitgeber] den persönlichen E-Mail-Zugang noch bis zu drei Monate aufrechterhalten und einem Vertreter Zugriff gewähren bzw. eingehende Nachrichten an diesen weiterleiten.[23] Alle Absender sind durch den Vertreter oder automatisch darauf hinzuweisen, dass der Mitarbeiter nicht mehr unter dieser Anschrift erreichbar ist und, im Fall betrieblicher Nachrichten, wer neuer betrieblicher Kontakt ist.

(6) Nach dem Ausscheiden (auch Versterben) eines Mitarbeiters oder wenn ein Mitarbeiter bis zum rechtlichen Ausscheiden freigestellt ist, sind eingehende oder gespeicherte private Nachrichten je nach Weisung des Mitarbeiters zu löschen oder an eine vom Mitarbeiter benannte E-Mail-Adresse weiterzuleiten und danach zu löschen. Die Weiterleitung kann einmal monatlich gesammelt erfolgen, wenn der Aufwand häufigerer Weiterleitung nicht nur unwesentlich ist; in diesem Fall ist der ausgeschiedene Mitarbeiter hierüber zu informieren und sind die betreffenden Nachrichten – soweit technisch möglich, insbesondere bei E-Mails – bis zur Weiterleitung in einen gesonderten Ordner zu verschieben. Erkennbar private Nachrichten dürfen durch Vertreter nicht geöffnet werden. Ergibt sich der private Charakter erst nach dem Öffnen, ist die Nachricht umgehend zu schließen; über den Inhalt ist Stillschweigen zu bewahren.

Bergt

(7) Hat der Mitarbeiter vor seinem Ausscheiden (auch Versterben) oder seiner Freistellung bis zum rechtlichen Ausscheiden keine Weisung zum Umgang mit eingehenden oder gespeicherten privaten Nachrichten erteilt, sind diese in einen gesonderten Ordner zu verschieben. Der Mitarbeiter ist schriftlich oder per E-Mail (bei Versterben schriftlich seine Erben) an seine letzte bekannte Anschrift zu informieren, dass er innerhalb von vier Wochen nach Zugang des Schreibens einen Wunsch gemäß Abs. 6 mitteilen kann. Schweigen auf ein solches Schreiben gilt als Weisung zur Löschung der Nachrichten, worauf in dem Schreiben ausdrücklich hinzuweisen ist. Im Fall des Versterbens des Mitarbeiters sind die Erben zur Entscheidung berechtigt.[24]

§ 8 Filter, Protokollierung, Kontrolle

(1) Der E-Mail-Zugang dient ausschließlich, der Internetzugang vorrangig der betrieblichen Nutzung. [Arbeitgeber] ist daher berechtigt, nach freiem Ermessen die Nutzung von E-Mail- und Internetzugang durch Einsatz von Filtersystemen zu beschränken.[25] In Betracht kommen beispielsweise, aber nicht abschließend, Sperren bestimmter Adressen (z. B. Domains, URLs), Dienste/Protokolle (z. B. Filesharing, Streaming) oder Ports, der Einsatz von inhaltsbasierten Filtersystemen (z. B. Sperrung bestimmter Schlagwörter oder Dateitypen) sowie der Einsatz von Spam- und Virenfiltern. Mit dem Einsatz solcher Systeme ist technisch bedingt in vielen Fällen eine automatische Analyse auch des Inhalts der Kommunikation verbunden.

(2) [Arbeitgeber] ist auch berechtigt, die Annahme von Nachrichten einzelner Absender, Gruppen von Absendern oder Domains zu verweigern, insbesondere wenn zu vermuten ist, dass es sich um eine unzulässige Privatnutzung des E-Mail-Zugangs oder sonstige unerwünschte Nachrichten handelt.[26]

(3) Die Nutzung von E-Mail- und Internetzugang wird protokolliert und gespeichert. Eine Unterscheidung zwischen privater und betrieblicher Nutzung ist aus technischen Gründen nicht möglich. Die Protokollierung erfolgt mit Datum/ Uhrzeit, genutztem Dienst (z. B. E-Mail, HTTP), Daten von Absender und Empfänger (z. B. IP-Adressen, Namen der Rechner, E-Mail-Adressen), gegebenenfalls Benutzerdaten (z. B. Benutzername bei E-Mail-Versand oder bei Einsatz eines Proxy-Servers), gegebenenfalls URLs der aufgerufenen Websites, technischen Statuscodes und übertragener Datenmenge.[27] Die Protokolle werden nach sieben Tagen hinsichtlich der IP-Adresse und des Namens des eine Website aufrufenden bzw. eine Nachricht empfangenden bzw. sendenden betrieblichen Rechners sowie hinsichtlich der als Empfänger bzw. Absender fungierenden betrieblichen Adresse anonymisiert, soweit nicht eine längere Speicherung im Einzelfall aus Gründen der Daten- und Systemsicherheit oder zur Fehleridentifikation und -behebung erforderlich ist oder eine personenbezogene Protokollierung nach Abs. 8 oder Abs. 9 erfolgt.[28]

(4) Soweit aus Gründen der Daten- und Systemsicherheit oder zur Fehleridentifikation und -behebung erforderlich, können ausnahmsweise auch Inhalte der Nutzung von E-Mail- und Internetzugang protokolliert oder kann auf Nachrichten im E-Mail-Zugang zugegriffen werden. Die gewonnenen Informationen dürfen nur zu den in Satz 1 genannten Zwecken und zur Verfolgung von Straftaten genutzt werden und sind unverzüglich zu löschen, sobald sie nicht mehr benötigt werden.

(5) Die Protokolle nach Abs. 3 werden ausschließlich zu Zwecken der Gewährleistung/Wiederherstellung der Systemsicherheit, Analyse und Korrektur technischer

Bergt

Fehler und Störungen, Kapazitätsplanung und Lastverteilung sowie Optimierung der IT-Infrastruktur, statistischen Feststellung des Nutzungsumfangs, Missbrauchskontrolle und -verfolgung sowie bei Verdacht auf eine Straftat verwendet. Die Nutzung der Protokolle muss den Grundsätzen einer datenschutzgerechten Kontrolle entsprechen, insbesondere dem Grundsatz der Verhältnismäßigkeit. Wenn möglich, erfolgt die Auswertung daher zunächst anonymisiert. Bei Hinweisen auf eine Infektion mit Schadsoftware sind die Protokolle unverzüglich umfassend personenbezogen daraufhin auszuwerten, bei welchem Rechner eine Infektion zu vermuten ist, und hat die IT-Abteilung unverzüglich Gegenmaßnahmen zu ergreifen. Eine Nutzung der Protokolle zur individuellen Verhaltens- und Leistungskontrolle ist unzulässig, es sei denn, sie erfolgt unter den Voraussetzungen der Abs. 8 und 9.

(6) Die Protokolle nach Abs. 3 werden regelmäßig nach Anonymisierung durch eine von [Arbeitgeber] beauftragte Person stichprobenartig hinsichtlich der Kommunikationspartner (z.B. Absender eingehender und Empfänger ausgehender E-Mails) sowie der aufgerufenen Adressen (z.B. URLs von Websites) ausgewertet.[29] Die statistische Auswertung erfolgt wenn möglich automatisch.

(7) Ergibt die Auswertung der Protokolle nach Abs. 6 keinen Hinweis auf einen Verstoß gegen die Regeln dieser Vereinbarung („Missbrauch"), sind die Protokolle zu löschen. Ergibt sich dagegen ein Hinweis auf Missbrauch, werden die Mitarbeiter hierauf in allgemeiner, nicht personenbezogener Form hingewiesen. Die Mitarbeiter werden dabei auch darauf hingewiesen, dass bei fortgesetztem Missbrauch personenbezogene Auswertungen der Protokolle erfolgen und (arbeits-)rechtliche Konsequenzen drohen.[30]

(8) Ergibt in der Folge eine Auswertung der anonymisierten Protokolle – die sich nicht auf Stichproben beschränken muss – weiterhin Missbrauch, unterbleibt die Anonymisierung gemäß Abs. 3 S. 4. Ergibt die Auswertung der anonymisierten Protokolle nach Abs. 6 Missbrauch, so ist eine personenbezogene Auswertung der Protokolle hinsichtlich der konkret festgestellten Missbrauchsfälle zulässig; soweit kein Missbrauch festgestellt wurde, sind die Protokolle zu löschen. Die personenbezogene Auswertung darf nur in Anwesenheit des Datenschutzbeauftragten erfolgen. Der Betriebsrat ist mindestens einen Werktag vor Beginn der personenbezogenen Auswertung zu informieren und hat das Recht, der Auswertung beizuwohnen. Nimmt der Betriebsrat an der Auswertung teil, muss keine Informationsfrist eingehalten werden.[31]

(9) Begründen zu dokumentierende Tatsachen den Verdacht, dass E-Mail- oder Internetzugang zur Begehung von Straftaten missbraucht wurden, dürfen die Protokolle nach Abs. 3 und die Nachrichten selbst im erforderlichen Umfang und unter Beachtung des Verhältnismäßigkeitsgrundsatzes ausgewertet werden.[32] Die Auswertung darf nur in Anwesenheit des Datenschutzbeauftragten erfolgen, es sei denn, aus dem Datenschutzbeauftragten mitzuteilenden besonderen Gründen ist eine sofortige Auswertung erforderlich und der Datenschutzbeauftragte an einer Teilnahme gehindert. Der Betriebsrat ist mindestens einen Werktag vor Beginn der Auswertung zu informieren und hat das Recht, der Auswertung beizuwohnen. Nimmt der Betriebsrat an der Auswertung teil oder ist aus dem Betriebsrat mitzuteilenden besonderen Gründen eine sofortige Auswertung erforderlich, muss keine Informationsfrist eingehalten werden. Soweit nicht dadurch Ermittlungen gefährdet oder nicht nur

unwesentlich verzögert werden, ist der betroffene Mitarbeiter von der Auswertung zu benachrichtigen und ist ihm die Teilnahme zu ermöglichen.[33]

(10) Das Ergebnis der personenbezogenen Auswertung gemäß Abs. 8 und 9 ist zu dokumentieren. Der betroffene Mitarbeiter ist über die personenbezogene Auswertung und ihre wesentlichen Ergebnisse zu informieren, sobald hierdurch Sinn und Zweck der personenbezogenen Auswertung nicht gefährdet werden; ihm ist auf Anforderung die vollständige ihn betreffende Auswertung mitzuteilen.[34] Ein Zurückstellen der Information des Mitarbeiters für mehr als drei Monate bedarf der schriftlichen Zustimmung des Datenschutzbeauftragten. Der betroffene Mitarbeiter hat das Recht, zu jeder ihn betreffenden personenbezogenen Auswertung Stellung zu nehmen. Wird der Missbrauchsverdacht entkräftet, sind alle durch das Kontrollverfahren entstandenen personenbezogenen Daten zu löschen, soweit nicht der Mitarbeiter widerspricht.

(11) Spätestens drei Monate nach dem Datum des letzten festgestellten Missbrauchs ist wieder zur Anonymisierung gemäß Abs. 3 S. 4 zurückzukehren.

(12) Unzulässig sind Auswertungen der Protokolle, um Informationen über die Nutzung von E-Mail- und Internetzugang im Zusammenhang mit besonders zu schützenden Funktionen (betrieblichen Interessenvertretungen, Betriebsarzt, Datenschutzbeauftragten, betrieblicher Beschwerdestelle nach § 13 AGG, betrieblicher Whistleblower-Stelle) zu erlangen.[35]

(13) Die Protokolle sind vor unbefugtem Zugriff besonders gesichert aufzubewahren.[36]

§ 9 Folgen von Verstößen

Im Fall eines Missbrauchs ist [Arbeitgeber] berechtigt, sämtliche arbeitsrechtlichen Maßnahmen anzuwenden, einschließlich einer fristlosen oder fristgerechten Kündigung. Ebenfalls kommen strafrechtliche Sanktionen und zivilrechtliche Folgen wie Schadensersatz in Betracht.[37]

§ 10 Normenhierarchie

Soweit Regelungen dieser Vereinbarung im Widerspruch zu anderen Vereinbarungen oder Weisungen stehen, geht diese Vereinbarung vor.

§ 11 Schlussbestimmungen [– Variante Zusatzvereinbarung]

(1) Änderungen dieser Vereinbarung durch individuelle Vertragsabreden sind formlos wirksam. Im Übrigen bedürfen Vertragsänderungen der Schriftform; dies gilt auch für die Änderung dieser Schriftformabrede. Dies bedeutet, dass keine Ansprüche aus betrieblicher Übung entstehen.[38]

(2) Sollte eine Bestimmung dieser Vereinbarung unwirksam oder undurchführbar sein oder werden, wird dadurch die Wirksamkeit des Vertrags im Übrigen nicht berührt. Die Parteien verpflichten sich, in diesem Fall über eine wirksame und durchführbare Regelung zu verhandeln, die dem von den Parteien mit der unwirksamen beziehungsweise undurchführbaren Bestimmung verfolgten Zweck möglichst nahekommt, soweit die Bestimmungen dieser Vereinbarung ohne die unwirksame beziehungsweise undurchführbare Regelung eine unzumutbare Härte für eine der Parteien darstellen würden.[39]

Bergt

§ 11 Schlussbestimmungen [– Variante Betriebsvereinbarung]

(1) Diese Betriebsvereinbarung tritt [mit Unterzeichnung] in Kraft. [Sie löst die Betriebsvereinbarung [Bezeichnung] vom [Datum] ab.]

(2) Diese Betriebsvereinbarung kann mit einer Frist von [drei] Monaten zum Ende eines [Kalenderjahres] gekündigt werden, [erstmalig jedoch zum [Datum]].

(3) Mit dem Wirksamwerden der Kündigung ist jegliche private Nutzung von E-Mail- und Internetzugang verboten. Eine betriebliche Übung wird durch die vor Wirksamwerden der Kündigung im Rahmen dieser Betriebsvereinbarung gestattete Privatnutzung nicht begründet. Diese Betriebsvereinbarung entfaltet nur insoweit Nachwirkung, wie sie die betriebliche Nutzung von E-Mail- und Internetzugang sowie die Protokollierung und Kontrolle regelt.[40]

(4) [Arbeitgeber] stellt sicher, dass alle Mitarbeiter über die Protokollierung und Kontrolle der betrieblichen wie privaten Nutzung des E-Mail- und Internetzugangs informiert werden.

(5) Die in Anlage 1 beigefügte Einwilligungserklärung derjenigen Mitarbeiter, die den Internetzugang auch privat nutzen möchten, ist nicht Bestandteil dieser Betriebsvereinbarung, wird vom Betriebsrat aber zustimmend zur Kenntnis genommen.

[Datum, Unterschriften]

Anlage 1: Einwilligungserklärung zur privaten Nutzung des betrieblichen Internetzugangs

[Variante Betriebsvereinbarung: Mit der vorstehend abgedruckten Betriebsvereinbarung vom [Datum] haben [Arbeitgeber] und Betriebsrat die Nutzung des betrieblichen E-Mail- und Internetzugangs einschließlich Protokollierung und Maßnahmen gegen Missbrauch geregelt. Ich bin damit einverstanden, dass die private Nutzung des betrieblichen E-Mail-Zugangs nicht und die private Nutzung des betrieblichen Internetzugangs ausschließlich in dem in der vorstehend abgedruckten Betriebsvereinbarung geregelten Umfang zulässig ist.][41]

Ich willige ein, dass [Arbeitgeber] meine private Nutzung des betrieblichen E-Mail- und Internetzugangs protokolliert und auswertet und die Daten nutzt wie in der vorstehend abgedruckten[42] Vereinbarung beschrieben.[43]

Ich kann insbesondere bei einer privaten Nutzung des betrieblichen E-Mail- und Internetzugangs keine Vertraulichkeit erwarten.[44]

Diese Einwilligung ist freiwillig. Erteile ich sie nicht, entstehen mir keine weiteren Nachteile als dass ich den betrieblichen Internetzugang nicht privat nutzen darf. Der betriebliche E-Mail-Zugang darf unabhängig von einer Einwilligung nicht privat genutzt werden.

Ich kann diese Einwilligung jederzeit mit Wirkung für die Zukunft widerrufen. Ab meinem Widerruf entfällt die Berechtigung zur privaten Nutzung des betrieblichen Internetzugangs.

Ein Widerruf der Einwilligung ist ausgeschlossen, soweit er sich auf Daten und Informationen bezieht, die vor dem Widerruf entstanden sind, und ein Widerruf lässt gesetzliche Erlaubnistatbestände für die Datenverarbeitung unberührt. Damit

Bergt

kann [Arbeitgeber] insbesondere auch nach einem Widerruf die in § 8 der Vereinbarung beschriebenen Kontrollen durchführen und Konsequenzen bei Verstößen ziehen, soweit der Zeitraum vor meinem Widerruf betroffen ist. Der Ausschluss des Widerrufsrechts gilt nur, soweit ihm auch unter Berücksichtigung der berechtigten Interessen von [Arbeitgeber] meine berechtigten Interessen nicht entgegenstehen.

Die Kontrolle der dienstlichen Nutzung von E-Mail- und Internetzugang richtet sich unabhängig von meiner Einwilligung nach gesetzlichen bzw. kollektivvertraglichen Vorschriften.

Ich weise [Arbeitgeber] zudem an, nach meinem Ausscheiden bei [Arbeitgeber] auf meinem betrieblichen E-Mail-Zugang eingehende und gespeicherte Nachrichten privaten Charakters zu löschen, wenn ich nicht ausdrücklich eine andere Weisung entsprechend § 7 Abs. 6 der vorstehend abgedruckten Vereinbarung erteile.[45]

[Datum, Unterschrift]

Ich bestätige den Empfang eines Exemplars der Vereinbarung und der Einwilligungserklärung.

[Datum, Unterschrift][46]

Abwandlung: Variante mit Erlaubnis auch zur privaten Nutzung des dienstlichen E-Mail-Accounts

[§§ 1 bis 5 Abs. 1 wie in der Grundfassung]

(2) Für den Fall und solange der Mitarbeiter entsprechend Anlage 1 in die Kontrolle seiner Nutzung des E-Mail-Zugangs eingewilligt hat,[10] gestattet [Arbeitgeber] dem Mitarbeiter die private Nutzung des E-Mail-Zugangs vor Dienstbeginn und nach Dienstschluss sowie in den Arbeitspausen[11] unter den folgenden Bedingungen:

– Der Mitarbeiter darf bei ausgehenden Nachrichten private und dienstliche Nutzung nicht vermischen.
– Vermischt ein Kommunikationspartner private und dienstliche Kommunikation in einzelnen Nachrichten, ist der Mitarbeiter verpflichtet, den Kommunikationspartner zu bitten, künftig private und dienstliche Kommunikation zu trennen.
– Ein- und ausgehende private Nachrichten hat der Mitarbeiter sofort in den Ordner „privat" zu verschieben oder zu löschen, außer der jeweilige Kommunikationsdienst ermöglicht beides nicht.
– Alle Nachrichten, die nicht im Ordner „privat" gespeichert sind, dürfen von [Arbeitgeber] als dienstlich behandelt werden. Dies gilt auch, wenn der Mitarbeiter (etwa wegen Krankheit) noch keine Möglichkeit hatte, private Nachrichten in den Ordner „privat" zu verschieben oder zu löschen oder wenn der jeweilige Kommunikationsdienst keinen Ordner „privat" oder die Möglichkeit einer Löschung vorsieht.

Die vorstehenden Bedingungen schränken die Rechte von [Arbeitgeber] nicht ein, sondern dienen ausschließlich der Arbeitserleichterung für [Arbeitgeber].

(3) Im Übrigen darf der Mitarbeiter den E-Mail-Zugang ausschließlich dienstlich nutzen. Zur betrieblichen Nutzung im Sinne dieses Absatzes gehören auch die soge-

nannte betrieblich veranlasste Privatnutzung, etwa wenn der Mitarbeiter wegen kurzfristiger Überstunden einen privaten Termin absagt, und die Kommunikation mit betrieblichen Interessenvertretungen, dem Betriebsarzt, dem Datenschutzbeauftragten, der betrieblichen Beschwerdestelle nach § 13 AGG und der betrieblichen Whistleblower-Stelle.

(4) Für den Fall und solange der Mitarbeiter entsprechend Anlage 1 in die Kontrolle seiner Nutzung des Internetzugangs eingewilligt hat,[10] gestattet [Arbeitgeber] dem Mitarbeiter die private Nutzung des Internetzugangs vor Dienstbeginn und nach Dienstschluss sowie in den Arbeitspausen.[11]

(5) Die Gestattungen gemäß Abs. 2 und 4 gelten nur, soweit die ordnungsgemäße Erbringung der Arbeitsleistung und sonstiger dem Mitarbeiter obliegender Pflichten nicht beeinträchtigt wird; insbesondere muss dem Mitarbeiter trotz der privaten Nutzung von E-Mail- und Internetzugang eine ausreichende Erholung möglich sein. Ebenso dürfen andere Mitarbeiter oder Interessen von [Arbeitgeber] nicht beeinträchtigt werden.

(6) Die Einwilligung entsprechend Anlage 1 ist freiwillig und kann jederzeit mit Wirkung für die Zukunft widerrufen werden. Gesetzliche Erlaubnistatbestände bleiben unberührt. Der Widerruf ist ausgeschlossen, soweit er sich auf Daten und Informationen bezieht, die vor dem Widerruf entstanden sind. Damit kann [Arbeitgeber] insbesondere auch nach einem Widerruf die in § 8 beschriebenen Kontrollen durchführen und Konsequenzen bei Verstößen ziehen, soweit der Zeitraum vor dem Widerruf betroffen ist. Der Ausschluss des Widerrufsrechts gilt nicht, soweit ihm auch unter Berücksichtigung der berechtigten Interessen von [Arbeitgeber] berechtigte Interessen des Mitarbeiters entgegenstehen.[12]

(7) Die Gestattung zur privaten Nutzung des E-Mail- und Internetzugangs gemäß Abs. 2 und 4 endet
– mit Zugang der Beendigungs- oder Widerrufserklärung von [Arbeitgeber] beim Mitarbeiter,
– [Variante Betriebsvereinbarung: mit Wirksamwerden der Kündigung dieser Betriebsvereinbarung, sobald der Mitarbeiter hiervon Kenntnis erlangt,]
– wenn der Mitarbeiter seine Einwilligung entsprechend Anlage 1 widerruft oder
– wenn die Einwilligung gemäß Anlage 1 unwirksam wird (etwa durch eine Änderung der Rechtslage) und der Mitarbeiter hiervon Kenntnis erlangt,[13]
je nachdem, was früher eintritt.

(8) Mit dem Ende der Gestattung zur privaten Nutzung des E-Mail-Zugangs hat der Mitarbeiter unverzüglich die von ihm im betrieblichen E-Mail-Zugang im Ordner „privat" gespeicherten privaten Nachrichten zu löschen.

(9) Der Mitarbeiter kann sich angesichts der nicht sichergestellten Verfügbarkeit des E-Mail- und Internetzugangs nicht darauf verlassen, dass dieser tatsächlich zur Verfügung steht, wenn der Mitarbeiter ihn nutzen möchte.

(10) Für die Sicherung privater Nachrichten und anderer Daten ist ausschließlich der Mitarbeiter verantwortlich.

§ 6 Betriebliche Kommunikation, E-Mail-Zugang

[§ 6 Abs. 1 bis 4 wie in der Grundfassung]

Bergt

(5) Ist der jeweilige Mitarbeiter nicht zur privaten Nutzung des betrieblichen E-Mail-Zugangs befugt und gehen auf seinem betrieblichen E-Mail-Zugang Nachrichten mit privatem Inhalt ein,[17] ist der Absender darauf hinzuweisen, dass der betriebliche E-Mail-Zugang des Mitarbeiters nur für betriebliche Zwecke verwendet werden darf und daher keine weiteren privaten Nachrichten an die betriebliche Anschrift gesandt werden sollen. Enthält die Nachricht ausschließlich private Inhalte, ist sie unverzüglich durch den Empfänger zu löschen; sie darf zuvor an einen privaten Account des Empfängers weitergeleitet werden.

(6) Gehen auf einem betrieblichen E-Mail-Zugang Nachrichten mit gemischtem privatem und dienstlichem Inhalt ein, darf der Mitarbeiter die ausschließlich privaten Teile der Nachricht an seinen privaten Account weiterleiten. Die Löschung einer gemischt betrieblich-privaten Nachricht außerhalb des normalen Geschäftsgangs ist nur mit schriftlicher oder elektronischer Zustimmung des Vorgesetzten gestattet.

(7) Im Rahmen der Vertretung (siehe § 7) oder sonstiger betrieblicher Aufgaben (insbesondere Systemadministration, Kontrollen, Vorlagepflichten) kann nicht ausgeschlossen werden, dass Nachrichten privaten Charakters von anderen Personen als dem jeweiligen Inhaber des E-Mail-Zugangs zur Kenntnis genommen werden. Über den Inhalt ist in diesem Fall Stillschweigen zu bewahren, soweit nicht besondere Erlaubnistatbestände außerhalb dieser Vereinbarung (z. B. gesetzliche Erlaubnis zur Verfolgung von Straftaten) vorliegen. Im Rahmen der Systemadministration ist die Erforderlichkeit des Zugriffs auf fremde Nachrichten stets gesondert zu prüfen.

(8) Ein- und ausgehende elektronische Nachrichten werden von [Arbeitgeber] automatisch für die Dauer gesetzlicher Aufbewahrungspflichten (vgl. §§ 147 AO, 257 HGB) und gegebenenfalls betrieblicher Notwendigkeiten, insbesondere im Rahmen von Rechtsstreitigkeiten, archiviert. Ebenfalls werden regelmäßig Sicherungskopien des E-Mail-Zugangs angefertigt. Hierbei erfolgt aus technischen Gründen keine Unterscheidung zwischen Nachrichten betrieblichen und privaten Charakters.[47] Eine selektive Löschung bestimmter, insbesondere privater, Nachrichten ist nicht möglich. Dies muss der Mitarbeiter bei der privaten Nutzung des E-Mail-Zugangs berücksichtigen.

(9) [Arbeitgeber] kann durch in- und ausländische Gesetze verpflichtet sein, auf Nachrichten und Dateien des Mitarbeiters zuzugreifen, diese auszuwerten und sie an in- und ausländische Stellen weiterzugeben. Diese Vereinbarung lässt eventuelle diesbezügliche Rechte und Pflichten von [Arbeitgeber] unberührt.[18]

§ 7 Abwesenheit, Ausscheiden

(1) Um sicherzustellen, dass eingehende betriebliche Nachrichten stets rechtzeitig bearbeitet werden können, soll jeder Mitarbeiter im Einvernehmen mit seinem Vorgesetzten mindestens einen Vertreter benennen, der bei Abwesenheit des Mitarbeiters auf den E-Mail-Zugang des Mitarbeiters zugreifen kann.[19] Benennt ein Mitarbeiter keinen Vertreter gemäß S. 1 oder ist bei Abwesenheit des Mitarbeiters kein gemäß S. 1 benannter Vertreter anwesend, bestimmt der Vorgesetzte einen oder mehrere Vertreter und informiert den Mitarbeiter hierüber. Hat der Mitarbeiter einen Vertreter gemäß S. 1 benannt, ist die Bestimmung eines weiteren Vertreters durch den Vorgesetzten nur bei Abwesenheit des Mitarbeiters und aller Vertreter von mindestens einem Tag oder bei schriftlich gegenüber dem Datenschutzbeauftragten zu begründender Gefahr im Verzug zulässig.[20]

Bergt

(2) Vertreter gemäß Abs. 1 dürfen nur während der Abwesenheit oder nach dem Ausscheiden des Mitarbeiters auf dessen E-Mail-Zugang zugreifen.[21] Erkennbar private Nachrichten dürfen durch Vertreter nicht geöffnet werden. Ergibt sich der private Charakter erst nach dem Öffnen, ist die Nachricht umgehend zu schließen; über den Inhalt ist Stillschweigen zu bewahren. Stellt sich heraus, dass eine nicht im Ordner „privat" gespeicherte Nachricht eindeutig ausschließlich privaten Charakter hat, soll der Vertreter diese in den Ordner „privat" verschieben. Ist der Mitarbeiter nicht zur privaten Nutzung des E-Mail-Zugangs berechtigt, sind Absender privater Nachrichten auch durch den Vertreter darauf hinzuweisen, dass der betriebliche E-Mail-Zugang des Mitarbeiters nur für betriebliche Zwecke verwendet werden darf und daher keine weiteren privaten Nachrichten an die betriebliche Anschrift gesandt werden sollen.

[§ 7 Abs. 3 bis § 8 Abs. 1 wie in der Grundfassung]

(2) [Arbeitgeber] ist auch berechtigt, die Annahme von Nachrichten einzelner Absender, Gruppen von Absendern oder Domains zu verweigern, insbesondere wenn zu vermuten ist, dass es sich um unerwünschte Nachrichten handelt.[26]

[§ 8 Abs. 3 bis § 11 wie in der Grundfassung]

Anlage 1: Einwilligungserklärung zur privaten Nutzung des betrieblichen Internetzugangs

[Variante Betriebsvereinbarung: Mit der vorstehend abgedruckten Betriebsvereinbarung vom [Datum] haben [Arbeitgeber] und Betriebsrat die Nutzung des betrieblichen E-Mail- und Internetzugangs einschließlich Protokollierung und Maßnahmen gegen Missbrauch geregelt. Ich bin damit einverstanden, dass die private Nutzung des betrieblichen E-Mail- und Internetzugangs ausschließlich in dem in der vorstehend abgedruckten Betriebsvereinbarung geregelten Umfang zulässig ist.][41]

Ich willige ein, dass [Arbeitgeber]
– meine privaten Nachrichten zusammen mit den betrieblichen Nachrichten verarbeitet, insbesondere auch in der revisionssicheren Archivierung speichert, aus der eine Löschung nicht möglich ist,
– meine privaten Nachrichten zu Zwecken der Gewährleistung der Systemsicherheit, zur Analyse und Korrektur technischer Fehler und Störungen und zur Abwehr unerwünschter oder schädlicher Inhalte (z.B. Spam, Viren) automatisch und erforderlichenfalls manuell analysiert,
– [dem mir zugeordneten Sekretariat automatisch auch eine Kopie aller eingehenden privaten Nachrichten übersendet,]
– im Rahmen der vorstehend abgedruckten Vereinbarung auf meine privaten Nachrichten zugreift und anderen Mitarbeitern den Zugriff ermöglicht,
– meine private Nutzung des betrieblichen E-Mail- und Internetzugangs protokolliert und auswertet und
– die Daten verarbeitet, insbesondere zu Kontrollzwecken nutzt, wie in der vorstehend abgedruckten[42] Vereinbarung beschrieben.[43]

Bergt

Andere, insbesondere gesetzliche, Erlaubnisse für [Arbeitgeber], personenbezogene Daten und insbesondere private Nachrichten zu verarbeiten, bleiben unberührt.

Ich kann bei einer privaten Nutzung des betrieblichen E-Mail- und Internetzugangs keine Vertraulichkeit erwarten, auch nicht hinsichtlich als privat markierter oder in den Ordner „privat" verschobener Nachrichten.[44]

Diese Einwilligung ist freiwillig. Erteile ich sie nicht, entstehen mir keine weiteren Nachteile als dass ich den betrieblichen E-Mail- und Internetzugang nicht privat nutzen darf.

Ich kann diese Einwilligung jederzeit mit Wirkung für die Zukunft widerrufen. Ab meinem Widerruf entfällt die Berechtigung zur privaten Nutzung des betrieblichen E-Mail- und Internetzugangs.

Ein Widerruf der Einwilligung ist ausgeschlossen, soweit er sich auf Daten und Informationen bezieht, die vor dem Widerruf entstanden sind, und ein Widerruf lässt gesetzliche Erlaubnistatbestände für die Datenverarbeitung unberührt. Damit kann [Arbeitgeber] insbesondere auch nach einem Widerruf die in § 8 der Vereinbarung beschriebenen Kontrollen durchführen und Konsequenzen bei Verstößen ziehen, soweit der Zeitraum vor meinem Widerruf betroffen ist. Der Ausschluss des Widerrufsrechts gilt nur, soweit ihm auch unter Berücksichtigung der berechtigten Interessen von [Arbeitgeber] meine berechtigten Interessen nicht entgegenstehen.

Die Kontrolle der dienstlichen Nutzung von E-Mail- und Internetzugang richtet sich unabhängig von meiner Einwilligung nach gesetzlichen bzw. kollektivvertraglichen Vorschriften.

Ich verpflichte mich,
– bei ausgehenden Nachrichten private und dienstliche Nutzung nicht zu vermischen,
– meinen Kommunikationspartner zu bitten, künftig private und dienstliche Kommunikation zu trennen, wenn der Kommunikationspartner private und dienstliche Kommunikation in einzelnen Nachrichten vermischt,
– ein- und ausgehende private Nachrichten sofort in den Ordner „privat" zu verschieben oder zu löschen, außer der jeweilige Kommunikationsdienst ermöglicht beides nicht.

Alle Nachrichten, die nicht im Ordner „privat" gespeichert sind, dürfen von [Arbeitgeber] als dienstlich behandelt werden. Dies gilt auch, wenn ich (etwa wegen Krankheit) noch keine Möglichkeit hatte, private Nachrichten in den Ordner „privat" zu verschieben oder zu löschen oder wenn der jeweilige Kommunikationsdienst keinen Ordner „privat" oder die Möglichkeit einer Löschung vorsieht.[48]

Ich habe keinen Anspruch auf private Nutzung des E-Mail- und Internetzugangs und kann mich nicht auf deren Verfügbarkeit verlassen. Ebenso kann ich, insbesondere angesichts des Einsatzes von niemals vollständig fehlerfreien Filtersystemen (z.B. für Spam, Viren), nicht erwarten, dass jede Nachricht tatsächlich ihren Empfänger erreicht.

Ich weise [Arbeitgeber] zudem an, nach meinem Ausscheiden bei [Arbeitgeber] auf meinem betrieblichen E-Mail-Zugang eingehende und gespeicherte Nachrichten privaten Charakters zu löschen, wenn ich nicht ausdrücklich eine andere Weisung entsprechend § 7 Abs. 6 der vorstehend abgedruckten Vereinbarung erteile.[45]

Bergt

[Datum, Unterschrift]

Ich bestätige den Empfang eines Exemplars der Vereinbarung und der Einwilligungserklärung.

[Datum, Unterschrift][46]

Anmerkungen

1. Bezeichnung und Art der Umsetzung. In Betracht kommt entweder, die Geltung der Richtlinie über eine Zusatzvereinbarung zum Arbeitsvertrag mit jedem einzelnen Arbeitnehmer zu vereinbaren, eine Betriebsvereinbarung entsprechenden Inhalts mit dem Betriebsrat zu schließen oder – wenn es keinen Betriebsrat gibt – sie im Rahmen des Direktionsrechts zu erlassen. Ersteres ist – von der Änderungskündigung abgesehen – wohl auch die einzige Möglichkeit, eine bestehende Berechtigung zur Privatnutzung wieder aufzuheben. Die Anlage 1 enthält daher eine entsprechende Erklärung des Mitarbeiters. Je nach Art der Umsetzung (Zusatzvereinbarung, Betriebsvereinbarung, Direktionsrecht) ist die Bezeichnung im gesamten Text anzupassen. Zu beachten ist, dass eine nicht näher definierte „Richtlinie", „Policy" o. ä. für sich wegen ihrer unklaren Rechtsnatur keine geeignete Art der Regelung ist, so dass bei der Bezeichnung als „Richtlinie" jedenfalls ergänzend deutlich gemacht werden muss, dass die „Richtlinie" etwa auf dem Direktionsrecht beruht.

2. Regelungsbestand. Typischerweise wird der Arbeitsvertrag keine Regelungen enthalten. Sollte dies anders sein, ist anders zu formulieren, etwa „nur rudimentäre".

3. Persönlicher Anwendungsbereich. Soweit die Richtlinie als Vorlage für eine Betriebsvereinbarung genutzt werden soll, ist zu beachten, dass diese für die in § 5 Abs. 2 bis 4 BetrVG genannten Personen nicht gilt, sondern hier eine Vereinbarung im Einzelfall erforderlich ist. Entsprechendes gilt für Diplomanden, Schülerpraktikanten und ähnliche Personen, die weder ausgebildet werden noch eine verwertbare Arbeitsleistung für den Betrieb erbringen, Mitarbeiter externer Dienstleister usw.

4. E-Mail-Zugriff von zu Hause. Es ist zu verhindern, dass die Regelungen der Richtlinie dadurch umgangen werden, dass Mitarbeiter etwa von zu Hause auf den dienstlichen E-Mail-Account zugreifen. Siehe zur Arbeit im Home-Office auch → D.III.2., zur Nutzung privater Endgeräte → D.III.4.

5. Störerhaftung. Das reine Bereitstellen eines Internetzugangs an Mitarbeiter ohne konkrete Anhaltspunkte einer drohenden Rechtsverletzung löst mangels Verletzung von Prüfpflichten keine Störereigenschaft des Anschlussinhabers aus (LG München I, Urt. v. 4.10.2007 – 7 O 2827/07, MMR 2008, 422; hierzu *Burkart*, ITRB 2008, 30). Da die Frage der Haftung und Pflichten des Anschlussinhabers trotz oder wegen der Rechtsprechung des EuGH (EuGH, Urt. v. 15.9.2016 – C-484/14, NJW 2016, 3503) und gesetzgeberischer Aktivitäten (§ 8 Abs. 3 TMG) immer noch nicht geklärt ist und auch eine unberechtigte Abmahnung Aufwand und Kosten beim Abgemahnten verursacht, empfiehlt sich dennoch eine Belehrung der Mitarbeiter, die zudem die Compliance erhöhen und die Belastung des Unternehmensnetzes mit Filesharing-Traffic verringern wird.

Bergt

6. Presse u. ä. Soweit der Abruf derartiger Inhalte, etwa für Medien-Recherchen, erforderlich ist, könnte die Klausel wie folgt ergänzt werden: „[…], es sei denn, Abruf und/oder Speicherung sind dienstlich veranlasst, insbesondere im Rahmen von Recherchen. In diesem Fall ist die Nutzung im Hinblick auf eine Missbrauchskontrolle zu dokumentieren."

7. Feste IP-Adresse. Die Speicherung der IP-Adresse ist nur von Relevanz, wenn sich daraus eine offensichtliche Zurückverfolgbarkeit ergibt, etwa über eine feste IP-Adresse des Unternehmens. Surfen die Mitarbeiter über dynamische IP-Adressen im Netz, sollte dieser Punkt gestrichen werden.

8. Meinungen, Schleichwerbung. Soweit eine Regelung nicht bereits z. B. in Social Media Guidelines (→ D.III.5.) erfolgt, sollten derartige Äußerungen verboten werden, soweit der Arbeitgeber Einflussmöglichkeiten hat. Eine solche Einflussmöglichkeit besteht bei der Nutzung betrieblicher IT und sollte hier alleine deswegen genutzt werden, weil über die IP-Adresse oftmals ein Bezug zum Unternehmen herzustellen ist. Zu dem Risiko, dass Wikipedia-Einträge mit Bezug zur beruflichen Tätigkeit als Schleichwerbung gegen § 5a Abs. 6 UWG verstoßen, siehe OLG München, Urt. v. 10.5.2012 – 29 U 515/12, MMR 2012, 534; *Bergt*, IPRB 2013, 38. Gibt es Diskussionsforen im Intranet, können diese ausgenommen werden.

9. Freiwilligkeit und Widerruflichkeit. Wenn der Arbeitgeber eine Privatnutzung seiner betrieblichen Kommunikationsmittel gestattet, darf sich daraus kein Anspruch der Mitarbeiter auf fortgesetzte Gewährung ergeben. Die Klausel enthält daher sowohl einen Freiwilligkeitsvorbehalt, damit gar nicht erst ein Anspruch entstehen kann, als auch einen Widerrufsvorbehalt, um einen dennoch entstandenen Anspruch insbesondere bei Missbrauch wieder beenden zu können. Dem Ausschluss eines Anspruchs aus betrieblicher Übung dient § 11 Abs. 1.

10. Zusätzliche Einwilligungserklärung. Eine zusätzliche Einwilligungserklärung des Mitarbeiters ist bei Nutzung als Betriebsvereinbarung oder Anweisung im Rahmen des Direktionsrecht in jedem Fall erforderlich (→ Vorb.). Im Fall der Nutzung als Zusatzvereinbarung zum Arbeitsvertrag müsste zumindest die Einwilligungserklärung hervorgehoben werden (Art. 7 Abs. 2 S. 1 DS-GVO, Kühling/Buchner/*Buchner/Kühling*, DS-GVO, Art. 7 Rn. 25), so dass eine klare Trennung auch in diesem Fall vorzugswürdig ist.

11. Zeiten. Eine Regelung des zulässigen zeitlichen Nutzungsumfangs sollte unbedingt erfolgen. Fehlt eine solche Regelung, kann der Mitarbeiter davon ausgehen, in einem – letztlich nachträglich vom Gericht festzulegenden – Umfang statt zu arbeiten, auch privat im Internet surfen zu dürfen. Dies dürfte einerseits durch den Arbeitgeber nicht gewollt sein und andererseits eine kaum vertretbare Rechtsunsicherheit mit sich bringen, wie lange denn privates Surfen während der Arbeitszeit erlaubt ist. Soll – entgegen dem hiesigen Vorschlag – das private Surfen auch während der Arbeitszeit erlaubt werden, sollte unbedingt eine feste Zeitbegrenzung eingeführt werden, etwa durch Anfügen von „sowie für bis zu 15 Minuten täglich während der Arbeitszeit". Eine Regelung, die privates Surfen während der Arbeitszeit davon abhängig macht, dass die versäumte Arbeitszeit nachgeholt wird, dürfte in der Praxis selten funktionieren.

Bergt

12. Ausschluss des Widerrufs. Eine Einwilligung ist grundsätzlich für die Zukunft frei widerruflich (Art. 7 Abs. 3 S. 1 DS-GVO), ein vertraglicher Ausschluss des Widerrufs im Grundsatz nicht möglich. Nach Treu und Glauben (§ 242 BGB) muss allerdings ein Widerruf insoweit ausgeschlossen sein als die Einwilligung Gegenstand eines Vertrages ist oder jedenfalls für dessen ordnungsgemäße Abwicklung erforderlich und die andere Vertragspartei sich vertragskonform verhält und auch sonst dem Mitarbeiter ein Festhalten an der Einwilligung nicht unzumutbar ist (ähnlich Gola/*Schulz*, DS-GVO, Art. 7 Rn. 57; Kühling/Buchner/*Buchner/Kühling*, DS-GVO, Art. 7 Rn. 38; für eine teleologische Einschränkung des Widerrufsrechts BeckOK DatenSR/*Riesenhuber*, Art. 88 DS-GVO Rn. 40; a. a. A. *Spelge*, DuD 2016, 775 (781)). Hier gewährt der Arbeitgeber die Erlaubnis zur Privatnutzung nur im Gegenzug zur Einwilligung. Könnte sich der Mitarbeiter durch einen Widerruf nach begangenem Missbrauch vor den angemessenen Konsequenzen seines Handelns schützen, wäre dies ein für den Arbeitgeber unzumutbarer Zustand. Nach hier vertretener Ansicht ist daher die vorgesehene Einschränkung des Widerrufsrechts wirksam; sie enthält sogar ausdrücklich eine Interessenabwägungsklausel für den Einzelfall.

Selbst wenn man nicht der vorstehend dargelegten Ansicht folgt, dürfte die fortgesetzte Verarbeitung in dem durch die Klausel gezogenen Rahmen nach Art. 6 Abs. 1 S. 1 lit. f DS-GVO zulässig sein. Denn wenn der Arbeitgeber auf Basis einer Einwilligung Dispositionen trifft und dem Mitarbeiter die private Nutzung des betrieblichen Internetzugangs freiwillig gestattet, hat dies Auswirkungen auf die Erforderlichkeit bestimmter Verarbeitungen und die Interessen der Parteien (in diese Richtung wohl auch Kühling/Buchner/*Maschmann*, DS-GVO, Art. 88 Rn. 50). Gesetzliche Erlaubnistatbestände bleiben von einem Widerruf der Einwilligung unberührt, Art. 17 Abs. 1 lit. b a. E. DS-GVO, und eine Einschränkung der weiteren Verarbeitung aus dem Gesichtspunkt einer Irreführung bei der Einholung der Einwilligung (vgl. Kühling/Buchner/*Buchner/Petri*, DS-GVO, Art. 6 Rn. 23, 60; Kühling/Buchner/*Buchner/Kühling*, DS-GVO, Art. 7 Rn. 1) scheidet angesichts der klaren Formulierung aus.

13. Änderung der Rechtslage, Kündigung der Betriebsvereinbarung. Art. 88 DS-GVO gestattet den Mitgliedstaaten, Einwilligungen von Beschäftigten nur unter Bedingungen zu erlauben (ErwG 155 DS-GVO). § 26 Abs. 2 BDSG n. F. sieht in S. 1 und S. 2 zwar letztlich keine inhaltlichen Einschränkungen vor, sondern nur in S. 3 ein Schriftformerfordernis. Dennoch ist es möglich, dass nationales Recht oder eine Änderung der DS-GVO künftig die Einwilligung unwirksam werden lässt. Ein automatisches Erlöschen der Erlaubnis zur Privatnutzung des Internetzugangs in solchen Fällen erscheint bedenklich im Hinblick auf § 307 BGB. Entsprechendes gilt, wenn der Mitarbeiter keine Kenntnis vom Wirksamwerden einer Kündigung der Betriebsvereinbarung hat. Da der erste Punkt nur deklaratorisch aufgeführt ist, ist der Regelungsgehalt der Klausel daher nicht viel umfassender als dass die Gestattung automatisch mit dem Widerruf durch den Mitarbeiter erlischt. Das Erlöschen muss dabei nicht an den Zugang des Widerrufs geknüpft werden, da aus der Erklärung des Widerrufs nur Verhaltenspflichten des Mitarbeiters, also des Erklärenden, entstehen.

14. BYOD. Es ist zu verhindern, dass dienstliche Kommunikation über private Kommunikationskanäle (insbesondere E-Mail- oder Messenger-Accounts) und

Computer abgewickelt wird. Soll die Nutzung privater Endgeräte erlaubt werden (BYOD/BY1D, → D.III.4.), muss zumindest sichergestellt werden, dass keine betriebliche Kommunikation über private Accounts abgewickelt wird.

15. Weiterleitungen. Der Arbeitgeber muss unbedingt verhindern, dass betriebliche Daten in privaten E-Mail-Accounts oder Cloud-Speichern landen. Selbst wenn es sich dabei ausnahmsweise einmal nicht um eine rechtswidrige Übermittlung der Daten handeln sollte, könnte der Arbeitgeber zumindest seinen gesetzlichen Pflichten etwa zur Auskunft (Art. 15 DS-GVO) oder Löschung (Art. 17 DS-GVO) nicht mehr nachkommen. Im Übrigen stiege auch die Gefahr eines Missbrauchs der Daten enorm. Automatische Weiterleitungen außerhalb des Betriebs sollten, soweit softwareseitig möglich, bereits technisch unterbunden werden.

16. Verschlüsselung. Personenbezogene Daten dürfen in aller Regel nur dann per E-Mail versandt werden, wenn sie nach dem Stand der Technik verschlüsselt sind (Art. 32 Abs. 1 lit. a DS-GVO; Kühling/Buchner/*Jandt*, DS-GVO, Art. 32 Rn. 21), also in der Regel Ende-zu-Ende-verschlüsselt. In der laufenden Kommunikation zwischen Unternehmen kann allerdings auch eine technisch erzwungene und etwa mittels DANE gegen Man-in-the-Middle-Attacken abgesicherte Transportverschlüsselung genügen. In jedem Fall sollte der verwendete E-Mail-Server Transportverschlüsselung (STARTTLS) mit zeitgemäßen Verfahren (z.B. TLS 1.2, PFS, DANE) nutzen, möglichst erzwingen (vgl. *Bergt,* CR 2014, 726).

Bereits unter Geltung des BDSG a.F. war umstritten, ob datenschutzrechtlich eine Einwilligung in unverschlüsselte E-Mail-Kommunikation möglich ist (vgl. im Detail die 1. Auflage C.III.1. Anm. 16). Die Einwilligung nach Art. 4 Nr. 11, Art. 6 Abs. 1 lit. a, Art. 7 DS-GVO bezieht sich klar nur auf das „Ob" der Datenverarbeitung, nicht auf das „Wie" (Kühling/Buchner/*Jandt*, DS-GVO, Art. 32 Rn. 40; *Franck,* CR 2016, 238 (239)). Auch ein Abstellen auf die Angemessenheit des Schutzniveaus (zum BDSG vgl. *Bergt,* NJW 2011, 3752 (3755); zustimmend *Wybitul,* ZD 2013, 539 (540f.)) erscheint wegen des objektiven Ansatzes der Angemessenheitsprüfung nach Art. 32 DS-GVO nicht mehr möglich: Art. 32 Abs. 1 DS-GVO verlangt ein „dem Risiko angemessenes Schutzniveau", nach Art. 32 Abs. 2 DS-GVO sind „insbesondere die Risiken zu berücksichtigen, die mit der Verarbeitung verbunden sind". Das Risiko verändert sich aber nicht, wenn die betroffene Person einwilligt.

Dennoch zeigt die umfassende Nutzung von E-Mail für die Übersendung personenbezogener Daten, dass es eine praktische Notwendigkeit hierfür gibt. *Franck* (CR 2016, 238 (240f.)) zeigt dogmatische Möglichkeiten auf, weiterhin mit Einwilligung der betroffenen Person per unverschlüsselter E-Mail zu kommunizieren. Denkbar wäre auch eine Einwilligung zur Offenlegung gegenüber dem E-Mail-Anbieter des Empfängers. Da Verstöße gegen die Sicherheitsanforderungen des Art. 32 DS-GVO in Art. 83 Abs. 4 lit. a DS-GVO mit Geldbuße bis zu 10.000.000 EUR oder zwei Prozent des weltweiten Konzernvorjahresumsatzes bedroht sind, während ein Verstoß gegen § 9 BDSG a.F. keine Ordnungswidrigkeit darstellte, ist jedoch fraglich, ob das Risiko unverschlüsselten E-Mail-Verkehrs mit Einwilligung eingegangen werden sollte. Zu berücksichtigen ist zudem, dass bei Unwirksamkeit der Einwilligung auch ein erhebliches „Schmerzensgeld" in Rede stehen dürfte, dem nicht einmal ein Mitverschulden in Form der Einwilligung entgegengehalten werden kann (Kühling/Buchner/*Bergt*, DS-GVO, Art. 82 Rn. 59 und zur Höhe Rn. 18). Die Frage der Möglichkeit einer Einwilligung in unverschlüsselten E-Mail-Verkehr erscheint allerdings prädestiniert für eine Regelung in Verhaltensregeln nach Art. 40, 41 DS-GVO (→ C.IV.1), wodurch ein erhebliches Maß an Rechtssicherheit zu erzielen wäre (dazu Kühling/Buchner/*Bergt*, DS-GVO, Art. 40 Rn. 40 ff., 49 ff.; → C.IV.1 Vorb.).

In jedem Fall ist zu berücksichtigen, dass sich die datenschutzrechtliche Einwilligung nur auf Daten desjenigen beziehen kann, der die Einwilligung erklärt.

17. Private Nachrichten auf dem dienstlichen Account. In der Praxis wird es sich nicht vollständig ausschließen lassen, dass Mitarbeiter unzulässig über die betriebliche E-Mail-Adresse privat kontaktiert werden. Soweit möglich, sollten derartige Nachrichten aber umgehend aus dem betrieblichen Bereich entfernt werden, so dass sie zumindest nicht unnötig lange auf dem E-Mail-Server oder im Backup gespeichert sind. Eine Löschung aus der Archivierung scheidet notwendig wegen der erforderlichen Revisionssicherheit aus.

18. E-Discovery. Eine pauschale Einwilligung in die Datennutzung und -weitergabe im Rahmen einer E-Discovery wäre unwirksam (→ Vorb.). Es wird daher hier nur klargestellt, dass evtl. bestehende andere, insbesondere gesetzliche, Erlaubnistatbestände nicht eingeschränkt werden.

19. Abwesenheits-Benachrichtigung, Vertreter. Eine automatische Benachrichtigung des Absenders über die Abwesenheit des Mitarbeiters ist in vielen Fällen sinnvoll. Sie genügt aber nicht, weil die E-Mail in aller Regel dennoch bereits zugegangen ist (§ 130 Abs. 1 BGB; Palandt/*Ellenberger*, BGB, § 130 Rn. 6; vgl. zum Zugang von E-Mails auch *Bergt*, ITRB 2014, 133). Der Arbeitgeber muss daher eine tatsächliche zeitnahe Bearbeitung sicherstellen.

Als actus contrarius kann der Mitarbeiter die Benennung des Vertreters auch zurücknehmen, und zwar auch dann, wenn der Arbeitgeber im Rahmen seiner Notfallkompetenz nach S. 2 den Vertreter bestellt hat.

20. Sekretariats-Kopie. Erhält beispielsweise das Sekretariat automatisch eine Kopie des eingehenden E-Mail-Verkehrs, sollte die Überschrift aus Transparenzgründen um „Sekretariats-Kopie" ergänzt werden und Abs. 1 könnte wie folgt formuliert werden:

„Um sicherzustellen, dass eingehende betriebliche Nachrichten stets rechtzeitig bearbeitet werden können, erhält das dem Mitarbeiter zugeordnete Sekretariat automatisch eine Kopie aller eingehenden Nachrichten. Für den Fall, dass ein Zugriff auf gesendete Nachrichten, Entwürfe o. ä. erforderlich ist, soll jeder Mitarbeiter im Einvernehmen mit seinem Vorgesetzten mindestens einen Vertreter benennen, der bei Abwesenheit des Mitarbeiters auf den E-Mail-Zugang des Mitarbeiters zugreifen kann. Benennt ein Mitarbeiter keinen Vertreter gem. S. 2 oder ist bei Abwesenheit des Mitarbeiters kein gem. S. 2 benannter Vertreter anwesend, bestimmt der Vorgesetzte einen oder mehrere Vertreter und informiert den Mitarbeiter hierüber. Hat der Mitarbeiter einen Vertreter gem. S. 2 benannt, ist die Bestimmung eines weiteren Vertreters durch den Vorgesetzten nur bei Abwesenheit des Mitarbeiters und aller Vertreter von mindestens einem Tag oder bei schriftlich gegenüber dem Datenschutzbeauftragten zu begründender Gefahr im Verzug zulässig."

Erhält das Sekretariat zudem eine Kopie der ausgehenden Nachrichten, ist nur der erste Satz erforderlich mit der Abwandlung „ein- und ausgehenden"; ferner ist

Abs. 2 anzupassen. Im Fall der Abwandlung auch der entsprechende Punkt der Einwilligungserklärung.

21. Zugangsdaten. Der Zugriff des Vertreters sollte nicht durch Weitergabe der Zugangsdaten des Mitarbeiters erfolgen, weil dann nicht mehr festzustellen wäre, wer die personenbezogenen Daten erhalten, eingegeben, gelöscht oder sonst verarbeitet hat und bei jeder Änderung der Zugangsdaten die neuen Zugangsdaten auch an den Vertreter kommuniziert werden müssten. Stattdessen sollte eine weitere Zugangskennung mit entsprechenden Zugriffsrechten angelegt oder sollten einer bestehenden Zugangskennung die erforderlichen Rechte zugewiesen werden.

22. Zugriff des Arbeitgebers. Der Arbeitgeber hat für betriebliche E-Mails grundsätzlich gleiche Zugriffsmöglichkeiten wie für Briefpost, jedoch ist stets die Erforderlichkeit nach § 26 Abs. 1 BDSG n.F. zu beachten (Gola/*Gola*, DS-GVO, Art. 6 Rn. 103; zum BDSG a.F. Taeger/Gabel/*Zöll*, BDSG, § 32 Rn. 43). Insbesondere darf er grundsätzlich alle eingehenden E-Mails einsehen (Kühling/Buchner/*Maschmann*, DS-GVO, Art. 88 Rn. 80), jedenfalls, soweit es sich nicht um offensichtlich private Nachrichten handelt (*Byers*, Mitarbeiterkontrollen, Rn. 71).

23. Beibehaltung der E-Mail-Adresse. Aus betrieblichen Gründen wird es regelmäßig erforderlich sein, die betriebliche E-Mail-Adresse auch nach dem Ausscheiden eines Mitarbeiters noch eine gewisse Zeit aufrechtzuerhalten, wenn nicht alle Geschäftspartner vom Ausscheiden Kenntnis haben. Im Hinblick auf die Persönlichkeitsrechte des Mitarbeiters – die Absender der Nachrichten erwarten immerhin, den Mitarbeiter persönlich unter dessen persönlicher E-Mail-Adresse zu erreichen – ist dieser Zeitraum so kurz wie möglich zu wählen. Er sollte drei Monate keinesfalls überschreiten.

24. Private Nachrichten nach Ausscheiden. Es kann trotz Verbots der Privatnutzung dazu kommen, dass auch nach dem Ausscheiden eines Mitarbeiters private Nachrichten auf dem dienstlichen E-Mail-Zugang eingehen. Im Hinblick darauf, dass eine Löschung des E-Mail-Accounts eines Mitarbeiters auch nach Vertragsende nur mit Zustimmung des Mitarbeiters zulässig ist, wenn dieser dort private E-Mails speichert (OLG Dresden, Beschl. v. 5.9.2012 – 4 W 961/12; hierzu *Bergt*, ITRB 2013, 56), sollte eine explizite Weisung des Mitarbeiters eingeholt werden, auch wenn die Geltendmachung von Schadensersatzansprüchen bei der vorliegend verbotenen Privatnutzung wohl gegen § 242 BGB verstoßen würde und § 249 Abs. 1 BGB ebenfalls zum Ausschluss von Ansprüchen führen müsste. Um Risiken im Hinblick auf § 308 Nr. 5 BGB zu verringern, sieht die beigefügte Einwilligungserklärung zudem eine ausdrückliche Weisung zur Löschung vor, soweit der Mitarbeiter nichts Abweichendes erklärt. Hat der Mitarbeiter verbotswidrig den E-Mail-Zugang privat genutzt und die Nachrichten vor seinem Ausscheiden nicht gelöscht, schließt der Wortlaut der Vereinbarung nicht aus, dass der Mitarbeiter eine Weiterleitung dieser Nachrichten verlangen kann. Sollten hieraus erhebliche Kosten entstehen, sollte der Arbeitgeber diese – ob über § 304 BGB oder über § 280 Abs. 1 BGB – erstattet verlangen können. Eine Regelung, wer nach dem Tod des Mitarbeiters entscheidungsbefugt sein soll, empfiehlt sich im Hinblick auf die sonst ungeklärte Rechtslage (vgl. *Brisch/Müller-ter Jung*, CR 2013, 446 (448)). Wegen des damit verbundenen Fristbeginns sollte der Zugang der Information über die Möglichkeit, einen Wunsch zum

Bergt

Umgang mit den E-Mails zu äußern, dokumentiert werden (Einwurf-Einschreiben bzw. Logfile-Auszug).

25. Filter. Der Einsatz von Filtersystemen ist bereits vor dem Hintergrund sinnvoll, dass aus rein faktischen Gründen die missbräuchliche Nutzung des Internetzugangs sinken wird. Spam- und Virenfilter sind aus technischen Gründen unabdingbar; eine scharf konfigurierte Firewall verhindert nicht nur viele Arten unzulässiger Internetnutzung, sondern auch etwa, dass der infizierte File-Server auf dem eigentlich für E-Mail vorgesehenen Port 25 „nach Hause telefoniert".

26. Reject statt discard oder bounce. Sowohl beim Einsatz von Spam- und Virenfiltern als auch beim selektiven Blockieren von Absendern ist unbedingt darauf zu achten, dass E-Mails keinesfalls mit „discard" gelöscht oder mit „bounce" eine Fehlermeldung an den (vermeintlichen) Absender generiert wird. Denn in beiden Fällen hat der annehmende E-Mail-Server die Annahme der E-Mail bereits mit dem Quittungscode „250 – OK" bestätigt. Damit hat er nach dem Internet-Standard RFC die volle Verantwortung für die E-Mail übernommen (RFC 5321, Abschn. 6.1). Die Nachricht ist damit im Herrschaftsbereich des Empfängers angekommen, so dass – vom zeitlichen Aspekt abgesehen – Zugang i.S.v. § 130 Abs. 1 BGB vorliegt (*Bergt*, ITRB 2014, 133; ähnlich Hoeren/Sieber/Holznagel/*Kitz*, Multimedia-Recht, Teil 13.1 Rn. 81; *Redeker*, IT-Recht, Rn. 864; *Tiedemann*, MMR 2014, 709 (712)). Ein „bounce" entspricht einem „Annahme verweigert", das allerdings typischerweise an den falschen Absender geschickt wird und zur Blacklistung des Mail-Servers führt.

Dementsprechend sollten auch Spam-Filter keinesfalls Spam-Mails nur mit einer Markierung versehen („taggen") und/oder in einen Ordner verschieben, sondern von vornherein nicht annehmen („reject"), wodurch der Zugang ausgeschlossen wird (Palandt/*Ellenberger*, BGB, § 130 Rn. 17; *Bergt*, ITRB 2014, 133). Denn eine als Spam getaggte E-Mail muss mit derselben Sorgfalt gelesen werden wie eine nicht getaggte (Palandt/*Ellenberger*, BGB, § 130 Rn. 17; LG Bonn, Urt. v. 10.1.2014 – 15 O 189/13, BeckRS 2014, 05275; FG Baden-Württemberg, Urt. v. 15.4.2015 – 1 K 23/13; *Bergt*, ITRB 2014, 133 (134); vgl. auch Hoeren/Sieber/Holznagel/ *Kitz*, Multimedia-Recht, Teil 13.1 Rn. 82). Die Erfahrung zeigt aber, dass der Inhalt von Spam-Ordnern meist ungelesen gelöscht wird, was untragbare Haftungsrisiken mit sich bringt (vgl. etwa LG Bonn, Urt. v. 10.1.2014 – 15 O 189/13, BeckRS 2014, 05275; LG Hamburg, Urt. v. 7.7.2009 – 312 O 142/09, MMR 2010, 654).

Wird eine E-Mail mit (vermeintlich) virenverseuchtem Attachment angenommen und wird das Attachment schlicht von der E-Mail entfernt, so ist es dennoch zugegangen (Schlechtriem/Schwenzer/*Schroeter*, Kommentar zum einheitlichen UN-Kaufrecht, CISG Art. 24 Rn. 25; a.A. grundsätzlich gegen den Zugang von Attachments, die nicht geöffnet werden, Köhler/*Bornkamm*, UWG, § 12 Rn. 1.47; dies ist jedoch abzulehnen, denn dadurch würde der Zugang von tatsächlich angekommenen Attachments ins Belieben des Empfängers gestellt; der Empfänger kann allenfalls Formate, die er nicht lesen kann, zurückweisen, wie sich auch niemand ein Mikrofiche-Lesegerät zulegen muss, weil ihm ein Schriftstück auf Mikrofiche zuschickt wurde; nur in solch offensichtlichen Fällen lässt sich auch ohne Rüge von einer mangelnden Möglichkeit der Kenntnisnahme ausgehen). Was der Empfänger – bzw. sein Mail-Server in seinem Auftrag – nach dem Empfang der E-Mail (Bestätigung mit Statuscode „250 – OK") mit der E-Mail macht, ist Sache des Empfängers, nicht des Absenders. Auch der Empfänger eines Briefes (oder sein Postdienstleister, wenn er einen entsprechenden Auftrag des Empfängers hat) ist frei darin, Teile des Briefes ungelesen wegzuwerfen – er kann sich aber nicht darauf berufen, dass ihm diese nicht zugegangen seien. Dies ist insbesondere bei irrtümlich als Schadsoftware behandelten und deshalb aus einer E-Mail gelöschten Dateien fatal, aber auch, wenn z. B. ein Textdokument neben rechtlich relevanten Inhalten auch Makroviren enthält. Auch (vermeintlich) virenverseuchte E-Mails dürfen – wie Spam – schlicht nicht angenommen werden, so dass zumindest der Absender vom Fehlschlagen der Zustellung Kenntnis erhält.

27. Protokollierung, Informationspflichten nach Art. 14 DS-GVO. Die bei der Protokollierung anfallenden Datentypen sollten so konkret benannt werden, dass sich die Mitarbeiter darunter etwas vorstellen und so informiert einwilligen können, nicht aber in technische Einzelheiten gehen und damit Änderungen unmöglich machen (vgl. Art. 14 Abs. 1 lit. d DS-GVO: „Kategorien" personenbezogener Daten, wofür allgemeine Angaben ausreichen, Kühling/Buchner/*Bäcker*, DS-GVO, Art. 14 Rn. 17). Eine allgemeine Regelung, dass die Nutzung personenbezogen protokolliert wird, genügt nicht. Die Beschreibung ist daher an die konkreten technischen Gegebenheiten im Betrieb anzupassen.

Zu beachten ist, dass bei einer personenbezogenen Protokollierung Informationspflichten nach Art. 14 DS-GVO bestehen können, da etwa externe Absender oder Empfänger von E-Mails regelmäßig nicht alle informationspflichtigen Details kennen werden. Es erscheint allerdings vertretbar, auf eine Information der Absender und evtl. auch der Empfänger auf der Basis von Art. 14 Abs. 5 lit. b S. 1 Hs. 1 Fall 2 DS-GVO zu verzichten, weil der Aufwand hierfür unverhältnismäßig ist. Zwar wäre denkbar, unter jeder ausgehenden E-Mail einen Link auf die Information nach Art. 14 DS-GVO anzubringen und jede eingehende E-Mail automatisch mit dem Link auf die Information zu beantworten. Die betroffenen Personen als Teilnehmer einer E-Mail-Kommunikation können sich aber denken, dass ihre Kommunikation gespeichert wird; im Hinblick auf die revisionssichere Archivierung von Handels- und Geschäftsbriefen ist dies sogar gesetzlich vorgeschrieben (vgl. Art. 14 Abs. 5 lit. c DS-GVO, der allerdings unmittelbar nur für Erhebungen und Offenlegungen gilt). Ihre Interessen werden durch einen Verzicht auf die Information daher nur unwesentlich berührt, während der Verantwortliche eine Vielzahl von Personen informieren müsste (zu diesen Kriterien Kühling/Buchner/*Bäcker*, DS-GVO, Art. 14 Rn. 55) und eine automatische Antwort an alle Absender wegen der üblicherweise erheblichen Anzahl gefälschter Absender-Adressen die Gefahr mit sich bringt, dass der E-Mail-Server geblockt wird. Soll, auch vor dem Hintergrund der Bedrohung mit Geldbuße in Art. 83 Abs. 5 lit. b DS-GVO, jeder Absender und Empfänger informiert werden, sollte (auch im Hinblick auf die Nachweispflicht) eine Protokollierung erfolgen und ein Überfluten des Absenders durch mehrfache Hinweise bei mehrfachen E-Mails vermieden werden. Eine datenschutzfreundliche Protokollierung (Art. 25 Abs. 1 DS-GVO) verwendet statt der Klar-Adresse einen Hashwert der E-Mail-Adresse. Sendet ein Unternehmen allerdings ohnehin Eingangsbestätigungen für E-Mails oder informiert ohnehin wegen der anschließenden Verarbeitung der Daten, gibt es keinen Grund, den Hinweis auf die Informationen nach Art. 14 DS-

GVO hinsichtlich der Protokollierung nicht in diese aufzunehmen. Verzichtet ein Unternehmen auf die Information nach Art. 14 DS-GVO, wird es regelmäßig zumindest die Informationen auf seiner Website veröffentlichen müssen (Art. 14 Abs. 5 lit. b a. E. DS-GVO).

28. Anonymisierung. Aus Gründen der Angriffs- und Fehlererkennung und -beseitigung kann eine kurzzeitige personenbezogene Speicherung der Protokolle erforderlich oder jedenfalls sinnvoll sein. Ein Urteil des BGH (Urt. v. 13.1.2011 – III ZR 146/10, NJW 2011, 1509; hierzu *Rössel,* ITRB 2011, 122; *Breyer,* MMR 2011, 573; zweites Revisionsurteil BGH, Urt. v. 3.7.2014 – III ZR 391/13, NJW 2014, 2500) wird oftmals dahin ausgelegt, dass eine siebentägige anlassunabhängige Vorratsdatenspeicherung durch Provider stets zulässig sei. Tatsächlich gilt dies zwar nur, soweit eine betriebliche Notwendigkeit zur Fehler- und Störungsbekämpfung besteht; in der Praxis wird man diese für Server im Internet aber oftmals bejahen können. Der Betreiber muss dabei auf im normalen Geschäftsbetrieb eingehende Beschwerden noch reagieren können. Da Antispam-Dienste wie SpamCop beispielsweise Beschwerden über zwei Tage alte Spam-E-Mails akzeptieren, muss die zulässige personenbezogene Speicherdauer für einen E-Mail-Server mehr als zwei Tage betragen. Denn reagiert der Server-Betreiber nicht auf die Beschwerden, wofür er die Logfiles benötigt, wenn nicht Informationen über den tatsächlichen Absender im E-Mail-Header enthalten sind, wird sein Server auf die Blockingliste gesetzt und kann keine Mails mehr versenden. Auch die Frage, ob E-Mails von Mitarbeitern tatsächlich dem Empfänger zugestellt werden konnten, stellt sich typischerweise erst nach mehreren Tagen, wenn keine Antwort kommt (auch wenn nach dem hier vorgeschlagenen Wortlaut die Zustellung anhand von Datum/Uhrzeit und Empfänger feststellbar bliebe; diese Daten lassen sich aus dem Postausgangs-Ordner des Absenders ermitteln). Eine siebentägige Speicherung der E-Mail-Logfiles erscheint daher i. S. v. § 100 Abs. 1 TKG oder Art. 6 Abs. 1 S. 1 lit. f DS-GVO erforderlich, jedenfalls wenn man die Grundannahmen des BGH teilt (kritisch Plath/*Jenny,* BDSG/DS-GVO, § 100 TKG Rn. 4 ff.; Geppert/Schütz, BeckTKG-Komm/*Braun,* § 100 Rn. 10 ff.; dagegen auch umfassend mit beachtlichen Argumenten *Breyer,* MMR 2011, 573). Nach der Rechtslage unter der DS-GVO ist der Arbeitgeber allerdings bereits nicht Diensteanbieter im Sinne des TKG (→ Vorb.); die Rechtfertigung ergibt sich hier aus Art. 6 Abs. 1 S. 1 lit. f DS-GVO bzw. § 26 Abs. 1 S. 1 BDSG n. F. Ob dies auch für andere Server im selben Umfang gilt – bei einem Webserver kommt es beispielsweise nur darauf an, die Quelle eines Angriffs zu identifizieren, was bei Geeignetheit, Erforderlichkeit und positiver Interessenabwägung durch Art. 6 Abs. 1 S. 1 DS-GVO gerechtfertigt sein könnte – oder gar für die Protokollierung der Website-Aufrufe, erscheint dagegen zweifelhaft (vgl. das Sachverständigengutachten im Verfahren LG Berlin, Urt. v. 31.1.2013 – 57 S 87/08, http://www.daten-speicherung.de/wp-content/uploads/Surfprotokollierung_2011-07-29_Sachverst_an_LG.pdf). Aus Datenschutzgründen wäre daher die von vornherein anonyme Protokollierung der Web-Zugriffe vorzugswürdig, die nur nach Feststellung von Missbräuchen auf eine personenbezogene Speicherung eskaliert wird. In jedem Fall sollte eine Begründung für die Erforderlichkeit personenbezogener Speicherung für jeden protokollierten Datentyp schriftlich festgehalten werden; die berechtigten Interessen sind im Rahmen der Transparenzpflichten nach Art. 14 Abs. 2 lit. b DS-GVO mitzuteilen. Ist die personenbezogene Protokollierung nicht

Bergt

im strengen Sinne erforderlich, muss sie unterbleiben. Das Muster geht davon aus, dass die Erforderlichkeit im konkreten Fall nachgewiesen werden kann und sieht daher eine personenbezogene Speicherung vor, was in dieser Pauschalität zweifelhaft ist, dennoch aber auch von den Aufsichtsbehörden so vorgeschlagen wird (vgl. Orientierungshilfe der Datenschutzaufsichtsbehörden zur datenschutzgerechten Nutzung von E-Mail und anderen Internetdiensten am Arbeitsplatz, Stand Januar 2016, Anhang 1 und 2, jeweils Ziff. 8).

29. Missbrauchskontrolle. Eine stichprobenhafte Kontrolle der E-Mail- und Internetnutzung auf möglichen Missbrauch kann sich grundsätzlich empfehlen (*Kort*, ZD 2016, 555 (559); *Brink*, ZD 2015, 295 (298); *Fausten* in: Besgen/Prinz (Hrsg.), Handbuch Internet.Arbeitsrecht, § 1 Rn. 146; gar – ohne Begründung – Kontrollpflichten behaupten *Heidrich/Wegener/Scheuch*, RDV 2016, 246; *Brühl/Sepperer*, ZD 2015, 415 (417)). Keinesfalls zulässig ist eine vollständige Überwachung, weil dies unverhältnismäßig in die Persönlichkeitsrechte der Mitarbeiter eingreifen würde (Kühling/Buchner/*Maschmann*, DS-GVO, Art. 88 Rn. 80). Vielmehr sollte eine Kontrolle nach einem Stufenmodell erfolgen, wie es auch an anderer Stelle (zuletzt etwa Orientierungshilfe der Datenschutzaufsichtsbehörden zur datenschutzgerechten Nutzung von E-Mail und anderen Internetdiensten am Arbeitsplatz, Stand Januar 2016, Anhang 1 und 2, jeweils Ziff. 9) in verschiedensten Ausformungen vorgeschlagen wird. Dabei ist eine Vielzahl von Gestaltungen denkbar. Im Sinne eines grundrechtsschonenden Vorgehens empfiehlt es sich, im Grundsatz von einer nicht personenbezogenen Speicherung oder jedenfalls Auswertung auszugehen; nur ein solches Vorgehen dürfte zudem auch den Anforderungen der Art. 6 Abs. 1 S. 1 lit. f DS-GVO, § 26 Abs. 1 BDSG n. F. entsprechen (vgl. aber die Orientierungshilfe der Datenschutzaufsichtsbehörden zur datenschutzgerechten Nutzung von E-Mail und anderen Internetdiensten am Arbeitsplatz, Stand Januar 2016, die in Anhang 1 und 2, jeweils Ziff. 8, eine personenbezogene Speicherung vorsieht und nur, jeweils in Ziff. 9, eine – zunächst – nicht personenbezogene Auswertung).

30. Ankündigung von Kontrollen. Die bloße Ankündigung von Kontrollen hat erfahrungsgemäß bereits eine disziplinierende Wirkung. Für E-Mail-Accounts hat sich in der Praxis – mit beschränkter Reichweite – auch eine Regelung bewährt, wonach zu Kontrollzwecken stichprobenartig Einsicht in die Accounts genommen wird, ob eine unzulässige Privatnutzung vorliegt. Erfolgen die Kontrollen angekündigt, werden private Nachrichten zumindest durch die Mitarbeiter gelöscht, so dass sich die Frage des Umgangs mit ihnen im Fall von Abwesenheit oder Ausscheiden (dazu § 7) nicht mehr stellt.

31. Anwesenheit des Betriebsrats. Die Regelung ermöglicht, in Abstimmung mit dem Betriebsrat eine sofortige personenbezogene Auswertung vorzunehmen, indem ein Betriebsratsmitglied teilnimmt. *Brink* (ZD 2015, 295 (299)) will dagegen im Hinblick auf die – in der DS-GVO so nicht mehr vorgesehene, sondern vor allem technisch ausgestaltete – Datensparsamkeit die Auswertung nur durch eine einzelne Person durchführen lassen.

32. Straftaten. Besteht der Verdacht, dass strafbare Handlungen begangen wurden, ermöglicht die Klausel einen weitgehend unbeschränkten Zugriff auf die Protokolle und Nachrichten. Wegen der hohen Eingriffsintensität sieht die Klausel je-

Bergt

doch vor, dass dieser Verdacht auf Tatsachen beruhen muss, die zudem zu dokumentieren sind (so auch § 26 Abs. 1 S. 2 BDSG n. F.; zum BDSG a. F. vgl. Taeger/Gabel/ *Zöll*, BDSG, § 32 Rn. 50 ff.). Zu beachten ist, dass nach der Rechtsprechung des BAG eine am Verhältnismäßigkeitsprinzip orientierte, die Interessen des Arbeitgebers und des Beschäftigten berücksichtigende Abwägung im Einzelfall notwendig ist, also nicht auf die reine Erforderlichkeit im herkömmlichen Sinne abzustellen ist (BAG, Urt. v. 20.6.2013 – 2 AZR 546/12, ZD 2014, 260 (262)). Dies entspricht dem Maßstab von Art. 6 Abs. 1 UAbs. 1 lit. f DS-GVO, der auch durch Betriebsvereinbarungen nicht unterschritten werden darf (Gola/*Pötters*, DS-GVO, Art. 88 Rn. 21; Kühling/Buchner/*Maschmann*, DS-GVO, Art. 88 Rn. 40; *Kort*, ZD 2016, 555 (557)).

33. Information des betroffenen Mitarbeiters. Im Hinblick auf die Rechtsprechung des BAG (Urt. v. 20.6.2013 – 2 AZR 546/12, NZA 2014, 143), das bei einer heimlichen Spindkontrolle ein Verwertungsverbot angenommen hat, weil eine offene Kontrolle nicht weniger effektiv gewesen wäre, empfiehlt sich bei Verdacht von Straftaten eine Hinzuziehung des Mitarbeiters, wann immer dadurch die Ermittlungen nicht gefährdet oder (etwa wegen Urlaubs oder Krankheit) verzögert werden.

34. Information des Mitarbeiters. Der betroffene Mitarbeiter muss gemäß Art. 14 DS-GVO informiert werden, sobald hierdurch nicht die Verwirklichung der Ziele dieser Verarbeitung unmöglich gemacht oder ernsthaft beeinträchtigt werden, Art. 14 Abs. 5 lit. b S. 1 Hs. 2 Fall 2 DS-GVO.

35. Geschützte Funktionen. Die Kommunikation von Betriebsarzt, Betriebsrat u. ä. ist naturgemäß besonders sensibel im Hinblick auf eine Kenntnisnahme des Arbeitgebers. Denkbar wäre, sie von vornherein von der Auswertung auszunehmen, was durch eine entsprechende Filterung der Protokolle problemlos möglich ist (oder von vornherein nur beschränkt zu protokollieren). Die vorgeschlagene Formulierung lässt dagegen eine allgemeine Missbrauchskontrolle auch bei besonders geschützten Funktionen zu und verbietet nur eine gezielte Auswertung. Eine Kontrolle des Inhalts etwa der E-Mail-Kommunikation zwischen Mitarbeitern und Betriebsrat scheidet allerdings aus (zum BDSG a. F. Orientierungshilfe der Datenschutzaufsichtsbehörden zur datenschutzgerechten Nutzung von E-Mail und anderen Internetdiensten am Arbeitsplatz, Stand Januar 2016, D. II.; *Brink*, ZD 2015, 295 (299); Simitis/*Seifert*, BDSG, § 32 Rn. 91).

36. Besondere Sicherung. Personenbezogene Protokolle der E-Mail- und Internetnutzung sind besonders vertraulich. Sie müssen daher besonders gegen unbefugten Zugriff gesichert werden, Art. 32 DS-GVO. Empfehlen würde sich, die Protokolle von vornherein für die zugriffsberechtigten Personen (asymmetrisch oder aus Performancegründen hybrid) verschlüsselt zu speichern und eine entsprechende Regelung in die Vereinbarung aufzunehmen.

37. Beweisverwertungsverbot. Es ist denkbar, dass der Betriebsrat darauf besteht, Verstöße des Arbeitgebers gegen die Regelungen der Vereinbarung mit einem Beweisverwertungsverbot – insbesondere im arbeitsgerichtlichen Verfahren – zu sanktionieren, da unstreitiger Sachverhalt und auch rechtswidrig erlangte Beweise nur in Ausnahmefällen unberücksichtigt bleiben dürfen (BAG, Urt. v. 13.12.2007 – 2 AZR 537/06, NZA 2008, 1008 (1010 ff.); MüKoBGB/*Henssler*, § 626 Rn. 439 ff.).

Bergt

Eine Betriebsvereinbarung kann allerdings wirksam vorsehen, dass personelle Maßnahmen, die auf Informationen beruhen, die unter Verstoß gegen die Betriebsvereinbarung erlangt wurden, unwirksam sind (LAG Berlin-Brandenburg, Urt. v. 9.12.2009 – 15 Sa 1463/09, NZA-RR 2010, 347 (349 f.). Eine solche Klausel könnte lauten: „Informationen und Beweise, die [Arbeitgeber] unter Verstoß gegen die Bestimmungen dieser Vereinbarung erlangt, genutzt oder gespeichert hat, unterliegen einem Verwertungsverbot einschließlich des Verbots der Verwendung in Sachvortrag; hierauf beruhende personelle Maßnahmen sind unwirksam." Allerdings kann sich ein Verbot, Beweise oder gar bereits den Sachvortrag zu berücksichtigen, bereits aus § 26 BDSG n. F. ergeben (vgl. BAG, Urt. v. 20.6.2013 – 2 AZR 546/12, NZA 2014, 143; dazu *Wybitul/Pötters*, BB 2014, 437; die Vereinbarung von Beweisverwertungsverboten in Betriebsvereinbarungen für unzulässig hält Kühling/Buchner/*Maschmann*, DS-GVO, Art. 88 Rn. 86, der allerdings nicht berücksichtigt, dass es der Arbeitgeber selbst ist, der sich seiner Rechte begibt, was mit einem gesetzlichen Verbot nicht vergleichbar ist; aus prozessrechtlicher Sicht gegen Beweisverwertungsverbote, aber für Umdeutung in Prozessverträge *Reinhard*, NZA 2016, 1233 (1239)).

38. Ausschluss betrieblicher Übung. Siehe hierzu Bauer/Lingemann/Diller/Haußmann/*Lingemann*, Anwalts-Formularbuch Arbeitsrecht, M 2.1a Ziff. 14.

39. Salvatorische Klausel. S. 1 der Klausel entspricht der gesetzlichen Regelung in § 306 Abs. 1 BGB, der eingreift, weil es sich im Fall der einzelvertraglichen Vereinbarung mit allen Mitarbeitern um AGB handelt. S. 2 sieht kein automatisches Eingreifen einer Ersatzklausel vor, weil eine solche Regelung unwirksam wäre (ErfK ArbR/*Preis*, §§ 305–310 BGB Rn. 95), sondern beschränkt sich auf eine Pflicht der Parteien, über eine Lösung des Problems zu verhandeln. Auch diese Klausel ist nicht frei von Bedenken, weil sie die Parteien – und somit auch den Gegner des AGB-Verwenders – dazu verpflichtet, zielgerichtet über einen Ersatz der unwirksamen Klausel zu verhandeln und so die Unwirksamkeitsfolgen zu vermeiden. Allerdings wird diese Verpflichtung auf die Fälle beschränkt, in denen ohnehin nach dem Gesetz ausnahmsweise der Vertrag insgesamt unwirksam ist (§ 306 Abs. 3 BGB), so dass diese sehr eingeschränkte Ersatzklausel daher kaum als unangemessen angesehen werden kann. Ohnehin – selbst ohne die hier vorgesehene Beschränkung entsprechend § 306 Abs. 3 BGB – greift bei einer Verhandlungsklausel nicht die Argumentation gegen salvatorische Ersetzungsklauseln, der Verwender des Formularvertrags wälze „das ihn treffende Risiko der Wirksamkeit in unangemessener Weise auf den [Gegner] und auch auf das Gericht ab, dem zugemutet wird, den jeweils gerade noch zulässigen Inhalt unwirksamer Klauseln zu ermitteln" (BGH, Urt. v. 6.10.1982 – VIII ZR 201/81, NJW 1983, 159 (162)). Denn was Vertragsinhalt wird, ist nicht automatisch aus dem ursprünglichen Vertrag zu entnehmen, sondern von den Parteien – zwar zielgerichtet, aber doch im Ergebnis letztlich frei – zu verhandeln und ggf. zu vereinbaren. *Schelling* (BeckOF-Vertrag, 2.1.10, § 21 Abs. 2) schlägt denn auch eine nahezu wortgleiche salvatorische Klausel ohne die hier vorgesehene Einschränkung vor.

40. Nachwirkung. Die Klausel sieht eine Nachwirkung der Betriebsvereinbarung im Wesentlichen für die Rechte des Arbeitgebers vor (zur Nachwirkung ErfK

Bergt

ArbR/*Kania*, § 77 BetrVG Rn. 100 ff., insbesondere Rn. 103 zur Zulässigkeit des Ausschlusses).

41. Gesonderte Vereinbarung zur Beseitigung einer eventuellen betrieblichen Übung. Sofern Mitarbeiter – etwa aus ausdrücklicher Vereinbarung oder betrieblicher Übung (das LAG Nürnberg, Urt. v. 5.8.2015 – 2 Sa 132/15, BB 2015, 2622 (2623) m. zust. Anm. *Schmalz* lehnt in einem obiter dictum eine betriebliche Übung mangels Kenntnis des konkreten Umfangs der Privatnutzung ab, Revision ist beim BAG unter Az. 5 AZN 872/15 anhängig) – E-Mail- und Internetzugang bisher privat nutzen durften, kann dieser Anspruch nicht durch eine Betriebsvereinbarung beseitigt werden. Es empfiehlt sich daher, in die Einwilligungserklärung eine vertragliche Regelung aufzunehmen, die den Anspruch beseitigt. Für Mitarbeiter, die keine Arbeitnehmer i.S.v. § 5 BetrVG sind, ist in jedem Fall eine gesonderte Vereinbarung erforderlich.

42. Abdruck der Vereinbarung. Durch den vollständigen Abdruck der Betriebsvereinbarung bzw. die Aufnahme der Zusatzvereinbarung zum Arbeitsvertrag und die Einwilligungserklärung in eine einheitliche Urkunde werden nicht nur Streitigkeiten vermieden. Die Bezugnahme auf die Vereinbarung ist zudem erforderlich, um eine lesbare und verständliche Länge des Einwilligungstextes zu erreichen. Die Bezugnahme der Einwilligungserklärung auf andere Dokumente sollte jedenfalls dann unkritisch sein, wenn diese mit dem Einwilligungsformular verbunden sind (vgl. die vom BGH akzeptierte Gestaltung im Urt. v. 16.7.2008 – VIII ZR 348/06, NJW 2008, 3055; die Muster-Einwilligungserklärung in der Orientierungshilfe der Datenschutzaufsichtsbehörden zur datenschutzgerechten Nutzung von E-Mail und anderen Internetdiensten am Arbeitsplatz, Stand Januar 2016, Anhang 1 und 2, jeweils Ziff. 2 der Anlage 1, verweist sogar auf eine nicht beigefügte Betriebsvereinbarung; für die Zulässigkeit spricht auch ErwG 32 DS-GVO, der verlangt, eine elektronische Einwilligung „in klarer und knapper Form und ohne unnötige Unterbrechung des Dienstes" einzuholen, was nur durch Verlinkung der Details möglich ist).

43. Hervorhebung. Da zusammen mit der eigentlichen datenschutzrechtlichen Einwilligungserklärung noch weitere Erklärungen abgegeben werden, muss die eigentliche Einwilligungserklärung hervorgehoben werden, etwa durch Fettdruck (Art. 7 Abs. 2 S. 1 DS-GVO: „von den anderen Sachverhalten klar zu unterscheiden"; Kühling/Buchner/*Buchner/Kühling*, DS-GVO, Art. 7 Rn. 25), was hier im Formular nicht dargestellt werden kann.

44. Ausschluss der Vertraulichkeitserwartung. Die Klausel stellt in Anlehnung an die Rechtsprechung des EGMR (Urt. v. 12.1.2016 – 61496/08, Rn. 37) klar, dass Mitarbeiter bei privater Nutzung des betrieblichen E-Mail- und Internetzugangs keine Vertraulichkeit erwarten können.

45. Weisung zur Löschung privater Nachrichten. Die Klausel soll verhindern, dass das Verfahren nach § 7 Abs. 7 erforderlich wird. Denkbar wäre ebenfalls, dem Mitarbeiter hier eine Auswahlmöglichkeit zu geben. In jedem Fall muss sichergestellt sein, dass Weisungen des Mitarbeiters zum Umgang mit privaten Nachrichten dokumentiert und umgesetzt werden. Es bietet sich an, dies zusammen mit der Frage erlaubter Privatnutzung und erklärter/widerrufener Einwilligung in der Personalakte auf einem Formblatt zu dokumentieren bzw. in einer elektronischen

Personalakte entsprechende Datenfelder einzuführen. Zu beachten ist, dass die Erklärungsfiktion des § 7 Abs. 7 nur dann eingreift, wenn eine diesbezügliche Vereinbarung getroffen ist. Dies ist der Fall, wenn die Vereinbarung als Zusatzvereinbarung zum Arbeitsvertrag genutzt wird. Ob es auch genügt, wenn die Regelung ausschließlich in einer Betriebsvereinbarung enthalten ist, ist unklar.

46. Zweite Unterschrift. → C.VII.1. Anm. 1.

47. Backup-Ausschluss für den Ordner „privat". Denkbar ist ein Ausschluss privater Nachrichten aus dem betrieblichen Backup nur hinsichtlich des Ordners „privat". Da private Nachrichten allerdings ohnehin in der revisionssicheren Archivierung gespeichert werden, erscheint der Gewinn für die Privatsphäre der Mitarbeiter sehr beschränkt. Er dürfte die Nachteile eines fehlenden Backups nicht aufwiegen. Sollte der Ordner „privat" dennoch aus dem betrieblichen Backup ausgenommen werden, sollten die Mitarbeiter explizit hierauf hingewiesen werden.

48. Hervorhebung. Bei der Zustimmung, private Nachrichten als dienstliche zu behandeln, soweit diese nicht im Ordner „privat" gespeichert sind, könnte es sich um eine Einwilligung handeln, die die Voraussetzungen für den Zugriff auf diese Nachrichten erleichtert. Sie müsste dann, da zusammen mit weiteren Erklärungen abgegeben, hervorgehoben werden, etwa durch Fettdruck (Art. 7 Abs. 2 S. 1 DS-GVO: „von den anderen Sachverhalten klar zu unterscheiden"; Kühling/Buchner/ *Buchner/Kühling*, DS-GVO, Art. 7 Rn. 25), was hier im Formular nicht dargestellt werden kann. Anders als unter Geltung des BDSG dürfte eine Hervorhebung grenzwertiger Klauseln nicht mehr schädlich sein, so dass die Klausel jedenfalls sicherheitshalber hervorgehoben werden sollte.

2. Richtlinie Home Office/Mobile Office (Telearbeit)

Dienstliche Tätigkeiten auch von zu Hause („Home Office") und/oder unterwegs („Mobile Office") auszuüben, stellt im Zeitalter allgegenwärtiger Computertechnik und Internetzugänge technisch bei weitem nicht mehr das Problem dar, das „Telearbeit" in ihren Anfangsjahren war. **Im Vordergrund** stehen heute vielmehr Fragen des **Datenschutzes und der Datensicherheit.**

Typischerweise wird ein Mitarbeiter im Home Office auch mit personenbezogenen Daten arbeiten – spätestens sobald er den dienstlichen E-Mail-Zugang nutzt. Der **Arbeitgeber** bleibt voll für die Daten einschließlich ihrer Sicherheit **verantwortlich,** da der **Arbeitnehmer nicht „Dritter",** sondern weisungsgebunden ist (anderenfalls läge eine erlaubnisbedürftige Übermittlung oder jedenfalls eine Auftragsverarbeitung nach Art. 28 DS-GVO vor; zur Abgrenzung → G.I.1.). Der Arbeitgeber muss daher auch – und gerade – bei der Verarbeitung personenbezogener Daten im Home Office die **nach Art. 32 DS-GVO erforderlichen Sicherheitsmaßnahmen** umsetzen (ausführlich zu diesen → E.II.). Die Situation bezüglich eines Home Office ist insoweit mit der Nutzung privater IT für dienstliche Zwecke (Bring Your Own Device, BYOD – → D.III.4.) vergleichbar, als sich in beiden Fällen die IT physisch außerhalb des betrieblichen Zugriffs befindet. Durch die Verlagerung von Daten – ggf. auch Akten – in den außerbetrieblichen Bereich verringern sich die Kontrollmöglichkeiten des Arbeitgebers, während die Gefahr unberechtigter Zugriffe steigt.

Bergt

Die Tätigkeit im **Mobile Office** weist im Wesentlichen dieselben Probleme auf wie die Arbeit im Home Office, nur mit der Verschärfung, dass hierbei notwendig mobile Geräte außerhalb abgrenzbarer Räume verwendet werden, woraus ein ungleich höheres Risiko des Abhandenkommens und damit eines unberechtigten Zugriffs Dritter auf die Daten sowie ihrer Beschädigung bzw. ihres Verlusts folgt (Stichwort Verfügbarkeit, Art. 32 Abs. 1 lit. b Fall 3 DS-GVO). Die folgende Richtlinie behandelt beide Fälle.

Die Geltung dieser Richtlinie sollte durch **Einbeziehung in die (schriftliche) Home-Office-Vereinbarung** sichergestellt oder ihre Regelungen sollten dort eingefügt werden. Eine solche ausdrückliche Vereinbarung kann weder durch das Direktionsrecht noch durch Betriebsvereinbarung ersetzt werden, da die Richtlinie Kontrollrechte vor Ort vorsieht und somit in das Grundrecht auf Unverletzlichkeit der Wohnung eingreift, wozu weder der Arbeitgeber noch der Betriebsrat befugt sind.

Richtlinie Home Office/Mobile Office (Telearbeit)

§ 1 Gegenstand der Richtlinie, Allgemeines

(1) Diese Richtlinie regelt Fragen des Datenschutzes und der Datensicherheit, wenn Mitarbeitern ein Arbeitsplatz in der eigenen Wohnung oder ein mobiler Arbeitsplatz (Home Office/Mobile Office – folgend zusammenfassend „Heimarbeitsplatz") durch [Arbeitgeber] zur Verfügung gestellt wird. Sie ergänzt die allgemeinen betrieblichen Bestimmungen zu Datenschutz und Datensicherheit, die auch am Heimarbeitsplatz stets einzuhalten sind. Im Fall von Widersprüchen geht diese Richtlinie vor.

(2) Ein Heimarbeitsplatz darf nur zur Verfügung gestellt und genutzt werden, wenn die dort zu leistende Tätigkeit zur Erledigung außerhalb des Betriebs geeignet ist, insbesondere mit Blick auf Datenschutz- und Datensicherheitsaspekte.[1] In jedem Fall ist eine schriftliche Vereinbarung mit dem betroffenen Mitarbeiter erforderlich.

(3) Ein Heimarbeitsplatz darf nur zur Verfügung gestellt und genutzt werden, wenn der Mitarbeiter eine Schulung über Datenschutz und Datensicherheit bei Nutzung von Heimarbeitsplätzen absolviert hat, die in angemessenen Abständen zu wiederholen ist. Ist eine solche Schulung ausnahmsweise nicht erforderlich, darf ein Heimarbeitsplatz auch mit Zustimmung des betrieblichen Datenschutzbeauftragten zur Verfügung gestellt und genutzt werden.[2]

§ 2 Umgang mit Daten

(1) Auch wenn Mitarbeiter an ihrem Heimarbeitsplatz tätig werden, bleiben sie Teil von [Arbeitgeber]. Dies bedeutet, dass alle vertraglichen Weisungsrechte bestehen bleiben und insbesondere alle betrieblichen Daten, Informationen und Unterlagen, auf die Mitarbeiter von ihrem Heimarbeitsplatz aus Zugriff haben, ausschließlich im Hoheitsbereich von [Arbeitgeber] bleiben. Allen Mitarbeitern ist es daher untersagt, betriebliche Daten, Informationen oder Unterlagen – insbesondere personenbezogene und sonst vertrauliche Daten – an Dritte weiterzugeben, sie Dritten zur Kenntnis gelangen zu lassen (etwa durch Einsichtnahme am Bildschirm oder auf Ausdrucken), sie auf eigenen Speichermedien abzuspeichern, unbefugt zu kopieren oder zu anderen als betrieblichen Zwecken zu verwenden.

Bergt

(2) Insbesondere
- ist es verboten, Dritten Passwörter oder sonstige Zugangsmöglichkeiten zur dienstlichen EDV (z. B. Chipkarten) mitzuteilen oder zugänglich zu machen, z. B. durch Notieren von Passwörtern oder Lagerung der Chipkarte am Lesegerät;
- ist es verboten, Dritten (z. B. Familienmitgliedern, sonstigen Mitbewohnern, Besuchern) Zugriff auf die betriebliche EDV und/oder betriebliche Unterlagen zu gewähren;
- ist es verboten, betriebliche Daten auf anderen Speichermedien als von [Arbeitgeber] schriftlich zugelassen zu speichern; zugelassen ist die Speicherung auf betrieblichen Servern (Laufwerk [...]).[3] Verboten ist somit insbesondere die Speicherung von betrieblichen Daten auf privaten Smartphones, USB-Sticks, Computern o. ä.;
- ist es verboten, dienstliche Daten mit privaten Geräten zu verarbeiten; dazu gehört auch der Abruf des dienstlichen E-Mail-Accounts mit einem privaten Computer, Smartphone o. ä.;[4]
- ist es verboten, Sicherheitsmaßnahmen zu deaktivieren oder zu umgehen oder sonstige technische Veränderungen an den durch [Arbeitgeber] zur Verfügung gestellten Geräten vorzunehmen. Software darf nur durch die IT-Abteilung installiert werden;
- müssen eventuelle Ausdrucke mit vertraulichen Informationen (z. B. personenbezogenen Daten) sicher vernichtet werden, wenn sie nicht mehr benötigt werden (Aktenvernichter).[5]

(3) Alle Störungen oder Auffälligkeiten bei der EDV-Nutzung sind unverzüglich der IT-Abteilung zu melden.

(4) Die private Nutzung der für den Heimarbeitsplatz bereitgestellten betrieblichen Geräte bzw. Zugangsmöglichkeiten (insbesondere Computer und Internetzugang) ist verboten.[6]

(5) [Arbeitgeber] ist jederzeit berechtigt, vom Mitarbeiter die Herausgabe sämtlicher betrieblicher Daten, Unterlagen und Akten einschließlich sämtlicher Kopien zu verlangen; sind zum Zugriff auf betriebliche Daten Passwörter oder sonstige Schlüssel erforderlich, sind diese mit herauszugeben. Der Mitarbeiter kann hiergegen kein Zurückbehaltungsrecht geltend machen.

§ 3 Sicherheitsmaßnahmen im Home Office

(1) Als Heimarbeitsplatz in der Wohnung des Mitarbeiters darf nur ein Raum genutzt werden, der abschließbar ist. Er soll bei Nichtnutzung durch den Mitarbeiter abgeschlossen werden. Hat der Mitarbeiter Gäste (auch Handwerker) in seiner Wohnung, muss der Raum verschlossen sein. Halten sich Dritte am Heimarbeitsplatz auf (z. B. Handwerker, die hier arbeiten müssen), muss der Mitarbeiter sie jederzeit beobachten.

(2) Verlässt der Mitarbeiter seinen Heimarbeitsplatz (und sei es nur kurz, etwa zur Toilette), muss sichergestellt sein, dass kein Dritter auf betriebliche Daten oder Akten zugreifen kann. Dies bedeutet insbesondere, dass
- der verwendete Computer gesperrt werden muss, so dass bei Rückkehr zumindest die Eingabe des Passwortes erforderlich ist;[7]
- Fenster verschlossen sein müssen, außer bei kurzzeitiger Abwesenheit, während der ein Eindringen realisticherweise ausgeschlossen werden kann (z. B. 10. Stock und keine Möglichkeit, aus der Nachbarwohnung herüberzuklettern);

Bergt

– bei Nutzung von Papier-Akten diese in einem Schrank einzuschließen[8] sind oder der Heimarbeitsplatz-Raum abzuschließen ist; dies gilt nur dann nicht, wenn der Mitarbeiter alleine zu Hause ist und seinen Heimarbeitsplatz nur kurzzeitig verlässt;
– bei Verlassen der Wohnung ein gegebenenfalls genutztes Zugangsmedium (z.B. Chipkarte, Transponder) vom Computer entfernt werden muss und bei Nutzung von Papier-Akten diese in einem Schrank einzuschließen sind.[9]

§ 4 Zusätzliche Sicherheitsmaßnahmen im Mobile Office

Bei der Nutzung eines mobilen Arbeitsplatzes (Mobile Office) außerhalb der Wohnung des Mitarbeiters gilt ergänzend zu den Regelungen in § 3:

(1) Der Mitarbeiter darf den mobilen Arbeitsplatz außerhalb eines verschlossenen Raums nicht – auch nicht kurzzeitig – unbeaufsichtigt lassen, wenn nicht eine Aufsicht durch einen anderen Mitarbeiter von [Arbeitgeber] sichergestellt ist. Ausnahmsweise kann der Vorgesetzte Ausnahmen zulassen, wenn der mobile Arbeitsplatz an feste oder ausreichend große Gegenstände angeschlossen, eine ausreichende soziale Kontrolle sichergestellt, die Abwesenheit nur kurz ist und keine besonders vertraulichen Daten verarbeitet werden.

(2) Bevor der Mitarbeiter seine direkte Aufmerksamkeit vom mobilen Arbeitsplatz entfernt, ist der Computer zu sperren und sind alle Zugangsmedien (z.B. Chipkarte, Transponder) zu entfernen und sicher zu verwahren.

(3) Die mobile Nutzung von Akten bedarf der vorherigen [schriftlichen] Zustimmung des Vorgesetzten. Diese darf nur erteilt werden, wenn der betriebliche Datenschutzbeauftragte im Einzelfall oder für eine bestimmte Art von Akten, gegebenenfalls beschränkt auf einen bestimmten Nutzungsort, zugestimmt hat.[10]

(4) Die Mitnahme des mobilen Arbeitsplatzes ins Ausland bedarf der Zustimmung des Vorgesetzten und des betrieblichen Datenschutzbeauftragten, wenn nicht der betriebliche Datenschutzbeauftragte in Abstimmung mit der Geschäftsführung für sämtliche Ziel- und Transitländer eine allgemeine Freigabe erteilt hat.[11]

§ 5 Sicherheitsmaßnahmen beim Transport und bei der Übertragung von Akten und Daten

(1) Jede Mitnahme betrieblicher Daten und Akten benötigt die vorherige [schriftliche] Zustimmung des Vorgesetzten.[12]

(2) Nimmt der Mitarbeiter betriebliche Akten mit, dürfen diese nur in verschlossenen Behältnissen transportiert werden (z.B. verschlossene Kiste, verschlossener Aktenkoffer). Der Mitarbeiter darf die Akten beim Transport zu keiner Zeit unbeaufsichtigt lassen. Dies gilt auch, wenn das verschlossene Behältnis im Kofferraum eines Autos transportiert wird (z.B. ist ein Verlassen des Fahrzeugs zum Einkaufen auf dem Heimweg nicht zulässig).

(3) Nimmt der Mitarbeiter betriebliche Daten mit, muss der Datenträger mit einem von der IT-Abteilung freigegebenen Verfahren nach dem Stand der Technik verschlüsselt sein.[13]

(4) Jede Datenübertragung zwischen dem Heimarbeitsplatz und dem Betrieb – einschließlich Terminal-Zugriff – muss nach dem Stand der Technik verschlüsselt sein. Hierfür trägt die IT-Abteilung Sorge.[14]

Bergt

(5) Zugriffe und Zugriffsversuche vom Heimarbeitsplatz werden von [Arbeitgeber] protokolliert und regelmäßig ausgewertet.[15] Diese Daten werden nur zur Missbrauchsentdeckung, -bekämpfung und -verfolgung verwendet und nicht zur Leistungs- oder Verhaltenskontrolle.

§ 6 Kontroll- und Zutrittsrechte zur Wohnung

(1) Der Mitarbeiter räumt folgenden Personen das Recht ein, zur Kontrolle des Heimarbeitsplatzes seine Wohnung zu betreten:
a) zur Kontrolle der Arbeitssicherheit einer von [Arbeitgeber] hierfür gesondert beauftragten Person;
b) zur Kontrolle der Datensicherheit dem betrieblichen Datenschutzbeauftragten;
c) zur Einrichtung, Wartung, Reparatur, Änderung, Abholung der von [Arbeitgeber] bereitgestellten Arbeitsmittel der IT-Abteilung bzw. sonstigen hierfür gesondert beauftragten Personen;
d) zu den gesetzlich vorgesehenen Kontrollen allen Behörden, die den Heimarbeitsplatz aufsuchen dürften, wenn sich dieser im Betrieb befände, beispielsweise der Datenschutz-Aufsichtsbehörde;[16]
e) dem Betriebsrat, wenn er eine der unter a) bis d) genannten Personen begleitet.
Das Zutrittsrecht ist auf den Heimarbeitsplatz (einschließlich zugehöriger Einrichtungen, etwa Telefonanschluss im Keller o. ä.) begrenzt und auf das unbedingt Erforderliche zu beschränken. Jeder Zutritt ist rechtzeitig im Voraus abzustimmen, wobei auf die Interessen des Mitarbeiters, wie beispielsweise Kinderbetreuung, Rücksicht zu nehmen ist, und auf Werktage zwischen 8:00 Uhr und 18:00 Uhr zu beschränken, es sei denn, aus besonderen Gründen ist ein sofortiger oder kurzfristiger Zutritt oder ein Zutritt zu einem bestimmten Termin unbedingt erforderlich. Im Fall des Zutrittsrechts nach S. 1 lit. d) (Behörden) richten sich eventuelle Abstimmungspflichten und Zeiten nach den Befugnissen der Behörde, die diese hätte, wenn sich der Heimarbeitsplatz im Betrieb befinden würde, und beschränken sich die Pflichten von [Arbeitgeber] darauf, den Mitarbeiter unverzüglich zu informieren, sobald ihm der Zutrittswunsch bekannt wird, und auf Wunsch des Mitarbeiters zur Behörde zu vermitteln, um einen anderen Termin zu vereinbaren.[17]

(2) Die Erlaubnis zur Einrichtung und Nutzung des Heimarbeitsplatzes steht zudem unter der aufschiebenden Bedingung, dass (der Heimarbeitsplatz kann also erst eingerichtet werden, wenn) sämtliche Mitbewohner des Mitarbeiters die gleichen Zutrittsrechte einräumen.[18] [Arbeitgeber] kann jederzeit verlangen, dass der Mitarbeiter die Zustimmung aller Mitbewohner schriftlich nachweist.

(3) Widerruft der Mitarbeiter oder einer seiner Mitbewohner das Zutrittsrecht oder kommt ein neuer Mitbewohner hinzu, der nicht die Zutrittsrechte nach Abs. 1 einräumt, erlischt automatisch die Berechtigung des Mitarbeiters, den Heimarbeitsplatz zu nutzen. Der Mitarbeiter ist verpflichtet, dies sofort [Arbeitgeber] anzuzeigen, sämtliche betrieblichen Akten und Datenträger sofort in den Betrieb zurückzubringen und seine Arbeitsleistung auf Wunsch von [Arbeitgeber] im Betrieb zu erbringen.[19]

(4) Widerruft der Mitarbeiter oder einer seiner Mitbewohner das Zutrittsrecht oder kommt ein neuer Mitbewohner hinzu, der nicht die gleichen Zutrittsrechte einräumt, kann [Arbeitgeber] zudem verlangen, dass der Mitarbeiter unverzüglich

sämtliche von [Arbeitgeber] bereitgestellten Arbeitsmittel auf eigene Kosten in den Betrieb zurückbringt.[20]

§ 7 Beendigung der Heimarbeitsplatz-Nutzung

(1) Enden die Berechtigung des Mitarbeiters zur Nutzung des Heimarbeitsplatzes oder das Arbeitsverhältnis oder wird der Mitarbeiter unwiderruflich von der Pflicht zur Arbeitsleistung freigestellt, hat der Mitarbeiter unaufgefordert unverzüglich sämtliche betrieblichen Zugangsmedien (z.B. Chipkarten, Transponder), Datenträger und Akten (einschließlich Kopien) in den Betrieb zurückzubringen und dem Vorgesetzten zu übergeben. Sind zum Zugriff auf betriebliche Daten Passwörter oder sonstige Schlüssel erforderlich, sind diese mit zu übergeben.

(2) Der Mitarbeiter hat zudem die Abholung sämtlicher von [Arbeitgeber] bereitgestellter Arbeitsmittel durch von [Arbeitgeber] beauftragte Personen nach angemessener Ankündigungsfrist zu dulden.

§ 8 Hinweis auf rechtliche Folgen bei Verstößen

[Arbeitgeber] weist darauf hin, dass Verstöße gegen diese Richtlinie nicht nur arbeitsrechtliche Folgen (Ermahnung, Abmahnung, fristgerechte oder fristlose Kündigung) haben, sondern auch mit Geldbuße bedroht und/oder strafbar sein können (z.B. im Fall des Kopierens von Daten nach Art. 83 DS-GVO, § 42 BDSG, § 17 UWG [gegebenenfalls: § 203 StGB]). Darüber hinaus können Verstöße gegen diese Richtlinie Unterlassungs- und Schadensersatzansprüche nach sich ziehen.[21]

Anmerkungen

1. Geeignete Tätigkeiten. Bevor ein Home Office eingerichtet wird, ist zu klären, welche Tätigkeiten außerhalb des Betriebs erledigt werden sollen und ob diese Tätigkeiten und der jeweilige Mitarbeiter überhaupt für Home Office geeignet sind. Persönliche Voraussetzung sind umfassendes Vertrauen zu dem jeweiligen Mitarbeiter, ausreichende Kompetenz des Mitarbeiters sowie seine Schulung und Sensibilisierung im Hinblick auf Datenschutz und Datensicherheit. Die Tätigkeit muss auch grundsätzlich auslagerungsfähig sein (keine Präsenz im Betrieb erforderlich), was jedoch nicht Gegenstand dieses Formulars ist. Bezüglich der zu verarbeitenden Daten ist zu differenzieren, wie sensibel diese sind: Daten ohne Personenbezug können aus datenschutzrechtlicher Sicht problemlos im Home Office verarbeitet werden. Hier ist der begrenzende Faktor das betriebliche Geheimhaltungsinteresse, etwa bei Forschungs- oder Konstruktionsdaten.

Bei personenbezogenen Daten sind aus rechtlicher Sicht angemessene Schutzmaßnahmen nach Art. 32 DS-GVO erforderlich. Kann angesichts der erweiterten Zugriffsmöglichkeiten im Home Office und der Vertraulichkeit der konkret in Rede stehenden Daten kein ausreichendes Sicherheitsniveau geschaffen werden, dürfen diese Daten nicht im Home Office verarbeitet werden. Dies dürfte insbesondere bei besonderen Kategorien personenbezogener Daten (Art. 9 DS-GVO – etwa Gesundheitsdaten) typischerweise, sowie bei Daten, die einem Berufs- oder Amtsgeheimnis unterliegen, oftmals der Fall sein (BfD, 18. TB, Kap. 18.9). Dabei ist stets der Einzel-

Bergt

fall zu betrachten: Auch Personaldaten sind nicht per se so vertraulich, dass sie nur im Betrieb verarbeitet werden dürften – Daten über Erkrankungen oder Beurteilungen sollten den Betrieb nicht verlassen, während Angaben über Fortbildungen auch im Home Office verarbeitet werden können (BfDI, 22. TB, Kap. 11.4). Gerade die IT ermöglicht es aber, statt mit Klardaten mit Pseudonymen – z. B. Aktenzeichen – zu arbeiten. Werden beispielsweise bei Zugriff aus dem Home Office Name usw. ausgeblendet, kann auch der Fernzugriff auf eigentlich sensible Daten zulässig sein (vgl. BfD, 20. TB, Kap 6.1.2.1).

Besonders kritisch ist die Home-Office-Arbeit, wenn dafür Papier-Akten benötigt werden. Diese lassen sich naturgemäß nicht pseudonymisieren, müssen mit dem entsprechenden Verlustrisiko physisch transportiert werden, und es gibt typischerweise keine Sicherungskopie. Hier sind besondere Sicherheitsmaßnahmen vorzusehen (siehe § 3 Abs. 2, § 4 Abs. 3 und § 5 Abs. 2).

2. Schulung und Sensibilisierung. Den meisten Mitarbeitern – auch solchen, die im Umgang mit EDV grundsätzlich kompetent sind – sind weder die technischen Risiken unbefugter Datenzugriffe bekannt noch die Gefahren sowohl für die Persönlichkeitsrechte der betroffenen Personen als auch für das Ansehen und den wirtschaftlichen Erfolg des Arbeitgebers (Stichwort Vertrauens- und Kundenverlust bei Datenpannen). Sicherheitsmaßnahmen werden daher nicht verstanden und in der Folge nicht beachtet oder gar umgangen. Sensibilisierung und Schulung der Mitarbeiter in Datenschutzfragen sind daher unerlässlich, wenn ein Arbeitgeber außerbetriebliches Arbeiten gestatten will oder muss. Damit nicht Vorgesetzte leichtfertig von der Teilnahme an der Schulung befreien, sieht die Richtlinie vor, dass hierfür der betriebliche Datenschutzbeauftragte zustimmen muss, der dies nur tun sollte, wenn er sich davon überzeugt hat, dass der Mitarbeiter die Problematik verinnerlicht hat.

3. Datenspeicherung. Der Arbeitgeber bleibt auch dann datenschutzrechtlich Verantwortlicher (Art. 4 Nr. 7 DS-GVO), wenn personenbezogene Daten nicht im Betrieb, sondern im Rahmen eines Home Office bei Mitarbeitern gespeichert werden. Die Erteilung einer Auskunft nach Art. 15 DS-GVO oder auch nur die Führung des Verzeichnisses von Verarbeitungstätigkeiten nach Art. 30 DS-GVO werden unter diesen Voraussetzungen unvertretbar aufwendig, weil der Arbeitgeber letztlich jeden einzelnen Rechner in jedem Home Office untersuchen muss. Doch Aufwand und Kosten, die dem Verantwortlichen durch eine Auskunftserteilung entstehen, sind keine Gründe, die die Auskunftspflicht entfallen lassen würden, wie Art. 12 Abs. 3 DS-GVO zeigt, der in diesem Fall eine Fristverlängerung ermöglicht. Soweit § 34 BDSG n. F. entsprechende Einschränkungen vorsieht, sind sie nicht durch Art. 23 Abs. 1 DS-GVO gedeckt (Kühling/Buchner/*Bäcker*, DS-GVO, Art. 15 Rn. 49). Es ist also Sache des Arbeitgebers, seine EDV so zu organisieren, dass er seinen Auskunftspflichten in der gebotenen Schnelligkeit und mit betrieblich vertretbarem Aufwand nachkommen kann, vgl. Art. 12 Abs. 1 S. 1 DS-GVO. Damit wird es regelmäßig erforderlich sein, dass sämtliche Datenspeicherungen nur zentral auf den Servern des Arbeitgebers erfolgen und Mitarbeiter im Home Office sich nur etwa per Terminal-Zugriff die Daten anzeigen lassen. Ist dies technisch – wie oftmals im mobilen Einsatz wegen schlechter Funkverbindungen – nicht möglich, sollten jedenfalls Lösungen mit automatischer Synchronisierung genutzt werden. Dabei ist sicherzustellen, dass die automatische Synchronisierung regelmäßig erfolgt: Bei-

Bergt

spielsweise können sich in einem nur gelegentlich genutzten E-Mail-Client noch Daten befinden, die auf dem Server längst gelöscht sind. Dies gilt selbst dann, wenn der Zugriff über das IMAP-Protokoll erfolgt, weil die Clients typischerweise eine lokale Kopie des E-Mail-Bestandes oder aber zumindest der Nachrichten-Header vorhalten. Bei IMAP-Clients handelt es sich somit zumeist nicht um geeignete Synchronisierungslösungen, sondern hier ist Spezial-Software zu verwenden.

Eine lokale Speicherung von Daten sollte nur in absolut nicht vermeidbaren Ausnahmefällen erfolgen. Derartige Fälle sollten nicht im Verzeichnis der Verarbeitungstätigkeiten nach Art. 30 DS-GVO versteckt bleiben, sondern geben Anlass, Richtlinien für den Umgang mit Auskunftsersuchen Betroffener zu erstellen und hier genau festzuhalten, welche Datentypen bzw. Gruppen von der lokalen Speicherung betroffen sind und wie die Recherche der zu beauskunftenden Daten erfolgt. Art. 12 Abs. 3 DS-GVO verlangt eine unverzügliche, also ohne schuldhaftes Zögern erfolgende Auskunftserteilung und setzt zusätzlich noch – unabhängig von der Unverzüglichkeit – eine Obergrenze bei einem Monat. Die Obergrenze kann nur ausnahmsweise überschritten werden, wenn gerade die konkrete Anfrage, deren Bearbeitungsfrist verlängert werden soll, im Vergleich zu anderen vergleichbaren Anfragen besonders komplex ist, und die Zahl der Anfragen, die zum Zeitpunkt der Fristverlängerung vorliegen, das bei einem Verantwortlichen dieser Art und Größe üblicherweise zu erwartende Maß deutlich übersteigen (Kühling/Buchner/*Bäcker*, DS-GVO, Art. 12 Rn. 34; Ehmann/Selmayr/*Heckmann/Paschke*, DS-GVO, Art. 12 Rn. 33). Verspätete, falsche, unvollständige oder gar nicht erteilte Auskünfte können mit Geldbuße bis zu 20.000.000 EUR oder vier Prozent des weltweiten Konzernjahresumsatzes bestraft werden. Ebenso droht eine Verurteilung zur Versicherung der Richtigkeit und Vollständigkeit der Auskunft an Eides Statt analog §§ 259 Abs. 2, 260 Abs. 2 BGB (BeckOK DatenSR/*Schmidt-Wudy*, Art. 15 Rn. 31) und entsprechend eine Strafbarkeit des Geschäftsführers bei falscher oder unvollständiger Auskunft.

Lokale Datenspeicherungen stellen zudem besondere Anforderungen an die technisch-organisatorischen Maßnahmen nach Art. 32 DS-GVO. Die Zutrittskontrolle ist naturgemäß eingeschränkt, da Mitarbeiter selten alleine leben und nur in den seltensten Fällen über einbruchshemmende Türen, einen Wachschutz u.ä. verfügen werden. Dieses Manko lässt sich durch konsequente Nutzung von Festplattenverschlüsselung zumindest teilweise ausgleichen. Komplettverschlüsselung hilft – neben der Deaktivierung alternativer Boot-Medien und einer Zwei-Faktor-Authentifizierung – auch, den Zugang zu den Datenverarbeitungsanlagen zu kontrollieren. Hinsichtlich der Verfügbarkeit ist auf eine konsequente Datensicherung zu achten, die sinnvollerweise außerhalb der Wohnung erfolgen sollte.

Die Erlaubnis zu lokaler Datenspeicherung sollte nur schriftlich erfolgen und stets die konkreten Bedingungen (z.B. konkrete Art der Verschlüsselung) benennen.

4. Bring Your Own Device. Diese Richtlinie geht davon aus, dass die IT-Ausstattung des Home oder Mobile Office durch den Arbeitgeber erfolgt. Andernfalls sei auf das Muster zu Bring Your Own Device, BYOD – → D.III.4. verwiesen.

5. Aktenvernichter. Zu jedem Drucker im Home Office gehört ein Aktenvernichter, andernfalls wird es mit an Sicherheit grenzender Wahrscheinlichkeit zu Datenpannen (mit den sich aus Art. 33, 34 DS-GVO ergebenden Folgen, → C.VI.) kommen.

Bergt

6. Privatnutzung. Während im Betrieb ein nachvollziehbares Interesse des Mitarbeiters besteht, den Dienst-Computer nebst Internetzugang gelegentlich privat zu nutzen (→ D.III.1.), verfügen praktisch alle Mitarbeiter zu Hause über eigene Computer. Es besteht daher kein Grund, die private Nutzung des betrieblichen Home-Office-Equipments zu gestatten, zumal Sicherheit und Kontrolle im Home Office viel schwieriger sind. Allenfalls wäre denkbar, über einen entsprechend konfigurierten Router die private Mitnutzung des Internetzugangs über private Computer ohne Anschluss an das betriebliche Datennetz zu gestatten. Hierfür sollten unbedingt ergänzende Regelungen getroffen werden, insbesondere im Hinblick auf das Risiko einer Störerhaftung des Arbeitgebers bei Urheberrechtsverletzungen (dazu Hoeren/Sieber/Holznagel/*Hoeren*, Multimedia-Recht, Teil 18.2 Rn. 72), solange diese Frage nicht endgültig geklärt ist.

7. Bildschirm-Sperrung. Eine automatische Sperrung des Computers nach Inaktivität sollte in den allgemeinen Sicherheitsregeln erfolgen und wird hier vorausgesetzt. Denkbar ist auch die Nutzung einer automatischen Abwesenheitserkennung. In jedem Fall sollten die Mitarbeiter zur manuellen Sperrung verpflichtet werden, sobald ein Zugriff Dritter nicht ausgeschlossen werden kann.

8. Sicherheitsniveau der Arbeitsmittel. Der Arbeitgeber hat dem Mitarbeiter die benötigten Arbeitsmittel zur Verfügung zu stellen; die entsprechende Vereinbarung gehört in die allgemeine Home-Office-Vereinbarung. Der Arbeitgeber sollte im eigenen Interesse darauf achten, dass das Sicherheitsniveau der zur Verfügung gestellten Gegenstände i.S.v. Art. 32 DS-GVO angemessen, der verschließbare Schrank also beispielsweise ausreichend stabil ist.

9. Verlassen der Wohnung. Sobald der Mitarbeiter seine Wohnung verlässt, erhöht sich die Gefahr eines Zugriffs Dritter erheblich. Liegen etwa bei einem Einbruch Chipkarten oder Akten offen herum, besteht ein deutlich erhöhtes Risiko, dass diese entwendet werden – und der Arbeitgeber beispielsweise aus der Zeitung erfährt, dass seine vertraulichen Unterlagen auf einer Parkbank gefunden wurden. Ungezielten Diebstählen lässt sich durch Einschließen gut begegnen; besteht die Gefahr gezielter Diebstähle, ist die Tätigkeit nicht fürs Home Office geeignet.

10. Mobile Nutzung von Papier-Akten. Die mobile Nutzung von Akten hat ein ganz anderes Risikoprofil, da sich diese weder verschlüsseln lassen noch Backups vorhanden sind. Siehe ergänzend → Anm. 12.

11. Ausland. In Anbetracht der Praxis verschiedener Länder (z.B. USA), teilweise Geschäftsreisenden bei Einreise Notebook und Smartphone zeitweise abzunehmen und mutmaßlich Daten zu kopieren oder möglicherweise Systeme mit Spionage-Software zu infizieren, sollten Auslandsreisen mit dem Mobile Office nur nach einer Risikoanalyse zugelassen werden. Zu berücksichtigen ist, dass in manchen Staaten (z.B. Großbritannien) sogar die Herausgabe von Verschlüsselungspasswörtern verlangt und durch drohende mehrjährige Haftstrafen durchgesetzt werden kann (brit. Regulation of Investigatory Powers Act 2000, Part III; vgl. *Bradbury*, RDV 2001, 84; *Ewer/Thienel*, NJW 2014, 30; nicht mehr zutreffend ist die Aussage von Hoeren/Sieber/Holznagel/*Kuner/Hladjk*, Multimedia-Recht, Teil 17 Rn. 11, wonach dieses Gesetz noch nicht in Kraft sei, vgl. Commencement No. 4 Order 2007).

Bergt

12. Erlaubnis bei Mitnahme von Daten und Akten. Um Klarheit zu schaffen und zu verhindern, dass sich ein beim Datendiebstahl ertappter Mitarbeiter vor dem Arbeitsgericht erfolgreich darauf berufen kann, er habe die Daten und Akten seiner Ansicht nach dienstlich benötigt, sollte die Mitnahme von Daten und Akten nur mit vorheriger Erlaubnis des Vorgesetzten gestattet sein. Aus Gründen der Beweisführung und vor dem Hintergrund des Accountability-Prinzips wäre es empfehlenswert, für die Erlaubnis die Schrift- oder zumindest Textform vorzuschreiben. Wichtig ist, dass diese Regelung gelebt wird und Verstöße unbedingt sanktioniert werden.

13. Datenträgerverschlüsselung. Mobile Speichermedien haben ein derart großes Verlustrisiko, dass sie keinesfalls ohne Verschlüsselung genutzt werden dürfen. Dabei ist zu beachten, dass ein betriebsweit bekanntes, für alle Mitarbeiter gleiches Passwort nur einen deutlich geringeren Schutz bietet und die gesetzlichen Benachrichtigungspflichten nach Art. 33, 34 DS-GVO oder Art. 3 VO 611/2013 (Datenpannen-VO) ggf. nicht vermeiden kann (vgl. auch Art. 4 VO 611/2013).

14. Datenübertragungsverschlüsselung. Wegen der leichten Abhörbarkeit und der umfassenden Überwachung des Internet- und Telefonverkehrs dürfen vertrauliche Daten keinesfalls unverschlüsselt über Datennetze übertragen werden. Wichtig ist dabei insbesondere auch die Qualität der eingesetzten Verschlüsselungsverfahren – so gilt das immer noch verbreitete RC4-Verfahren als in Echtzeit entschlüsselbar, auch das insbesondere bei PPTP-VPNs genutzte MS-CHAP ist unsicher. Für die Übertragung personenbezogener Daten dürfen nur Perfect-Forward-Secrecy-fähige Algorithmen eingesetzt werden, und die aktuellen Entwicklungen sollten stets beobachtet werden. Hierfür sollte eine klar definierte Zuständigkeit in der IT-Abteilung geschaffen werden (→ E.I.; Taeger/*Deusch*/*Eggendorfer*, Big Data & Co, S. 539; *Bergt*, CR 2014, 726).

15. Protokollierung und Auswertung. Die Protokollierung und Auswertung der Zugriffe sollte tatsächlich – möglichst (auch) automatisch und zeitnah, etwa jeweils nachts – erfolgen, um Sicherheitsverletzungen erkennen und abstellen zu können. Unauffällige Protokolle sind zu löschen (Art. 17 Abs. 1 lit. a DS-GVO).

16. Zutrittsrecht für Datenschutzaufsicht. Teilweise wird vertreten, dass Telearbeit (wie auch Auftragsverarbeitung) in Privatwohnungen nur zulässig sei, wenn der Arbeitgeber ein Zutrittsrecht entsprechend Art. 58 Abs. 1 lit. f DS-GVO für die Aufsichtsbehörde vereinbart habe (zum BDSG a.F. etwa LfD MV, Orientierungshilfe „Datenschutz bei Telearbeit", Stand Juni 2000, Kap. 5.1; *Fischer*/*Schierbaum*, CR 1998, 321 (325 f.)). Um Auseinandersetzungen zu vermeiden, sollte daher eine solche Regelung getroffen werden. Ohne Erlaubnis des Hausrechtsinhabers einer Wohnung darf die Aufsichtsbehörde diese nicht betreten (zum BDSG a.F. Taeger/Gabel/*Grittmann*, BDSG, § 38 Rn. 31).

17. Zutritt. Ein Zutritt des Arbeitgebers oder Dritter kann je nach Lage des Heimarbeitsplatzes einen erheblichen Eingriff in die Privatsphäre des Mitarbeiters bedeuten. Er ist daher strikt auf das Erforderliche zu beschränken. Nicht immer wird dem Arbeitgeber eine einvernehmliche Terminabstimmung oder auch nur eine rechtzeitige Ankündigung möglich sein. Im Rahmen des absolut Erforderlichen sieht die Klausel daher ein Zutrittsrecht ohne (rechtzeitige) Abstimmung oder Ankündigung vor. Da die Datenschutz-Aufsichtsbehörde nach Art. 58 Abs. 1 lit. f DS-GVO,

§ 40 Abs. 5 BDSG n. F. ohne zeitliche Beschränkung und unangekündigt kontrollieren darf, sind die für betrieblichen Zutritt geltenden Einschränkungen hier nicht vorgesehen.

18. Mitbewohner. Nicht nur der Mitarbeiter, sondern auch seine Mitbewohner müssen die Kontrollrechte einräumen (BfD, 18. TB, Kap. 18.9; *Schwiering/Zurel*, ZD 2016, 17 (19)). Trotz der Erläuterung des Rechtsbegriffs „aufschiebende Bedingung" in der Klammer sollte der Arbeitgeber vom Mitarbeiter zumindest die ausdrückliche, möglichst schriftliche Erklärung verlangen, dass alle Mitbewohner die Zutrittsrechte ebenfalls eingeräumt haben. Am besten stellt der Arbeitgeber dem Mitarbeiter an den Arbeitgeber adressierte Formulare bereit, die die ausdrückliche Regelung beinhalten, dass ein Widerruf gegenüber dem Arbeitgeber erklärt werden muss, und nimmt diese nach Unterschrift der Mitbewohner zur Personalakte.

19. Widerruf. Wird das Zutrittsrecht widerrufen oder im Fall eines neu hinzugekommenen Mitbewohners nicht erteilt, muss die Arbeit im Home Office umgehend beendet werden, da keine Kontrollmöglichkeiten mehr bestehen. Während man bei dem Mitarbeiter selbst eine Einschränkung des Widerrufsrechts entsprechend der Kündigungsfrist für die Home Office-Vereinbarung aus § 242 BGB denken kann, gilt dies nicht für dessen Mitbewohner.

20. Kostentragung bei Widerruf. Einrichtung und Abbau eines Home Offices können nennenswerte Kosten verursachen. Soweit der Grund für die außerordentliche Auflösung des Home Offices beim Arbeitnehmer liegt, erscheint es jedenfalls dann, wenn der Mitarbeiter keinen festen betrieblichen Arbeitsplatz hat, nicht unangemessen (§ 307 BGB), diesem auch die damit verbundenen Kosten aufzuerlegen, zumal der Aufwendungsersatzanspruch nach § 670 BGB dispositiv ist (BAG, Urt. v. 14.10.2003 – 9 AZR 657/02, NJW 2004, 2036). Dies gilt auch unter Berücksichtigung des Umstandes, dass eine ordentliche Kündigung durch den Mitarbeiter möglich wäre: Denn auf eine ordentliche Kündigung kann der Arbeitgeber sich einstellen, wohingegen bei einer plötzlichen Beendigung unter Umständen nicht einmal ein betrieblicher Arbeitsplatz für den Mitarbeiter bereitsteht. Aus Gründen der Risikominimierung ist diese Regelung dennoch in eine gesonderte Klausel ausgelagert.

21. Hinweis auf Folgen bei Verstößen. Ein gesonderter Hinweis auf die rechtlichen Folgen von Verstößen empfiehlt sich bereits zur Verbesserung der Compliance. Er mag aber auch hilfreich sein, wenn es tatsächlich um die Durchsetzung von Sanktionen geht.

3. Richtlinie zur Fernwartung durch eigene Mitarbeiter

Um einen Server – oder auch einen Arbeitsplatzrechner – zu warten, ist heute meist kein Vor-Ort-Einsatz mehr nötig. Bei gemieteten Servern in Rechenzentren hat der Nutzer typischerweise ausschließlich Fernzugriff. Die Vorteile liegen auf der Hand – im Notfall kann sich sogar der Administrator aus dem Urlaub am anderen Ende der Welt schnell auf dem Firmen-Server einloggen und das Problem beseitigen. Doch diese **umfassende Zugriffsmöglichkeit bringt massive Gefahren für die Datensicherheit** mit sich.

Bergt

Die folgende Richtlinie regelt die Fernwartung von Servern und Mitarbeiter-Arbeitsplätzen durch **eigenes Personal** des Unternehmens. Sie enthält spezifische Regelungen zur Fernwartung an sich. Soll die **Fernwartung auch aus dem Home oder Mobile Office** erfolgen, ergänzend → D.III.2. Für Fernwartung durch externe Dienstleister → G.III.

Diese Richtlinie kann im Rahmen des Direktionsrechts erlassen oder als Vorlage für eine Betriebsvereinbarung genutzt werden. Ein **Mitbestimmungsrecht** des Betriebsrats besteht nach § 87 Abs. 1 Nr. 6 BetrVG, wenn zur Überwachung geeignete Verfahren neu eingeführt oder angewendet werden; dies ist hier im Hinblick auf die vorgesehene Protokollierung und den Mitschnitt der Fall.

Zu beachten ist, dass wegen der umfangreichen Überwachungsmöglichkeiten sowohl durch die Ermöglichung von Fernwartung als auch durch die vorgesehene Protokollierung eine **Datenschutz-Folgenabschätzung** nach Art. 35 DS-GVO zu erfolgen hat (→ C.III.).

Richtlinie zur Fernwartung durch eigene Mitarbeiter

§ 1 Gegenstand und Ziel, weitere Richtlinien

(1) Die Sicherheit der gespeicherten Daten, die Persönlichkeitsrechte der Menschen, die diese Daten betreffen und die Persönlichkeitsrechte der Mitarbeiter von [Unternehmen] sind für [Unternehmen] äußerst wichtig. Um Daten und Persönlichkeitsrechte zu schützen und Risiken und Chancen der Fernwartung in einen angemessenen Ausgleich zu bringen, regelt diese Richtlinie, unter welchen Voraussetzungen eine Fernwartung von Servern und Arbeitsplatzrechnern bei [Unternehmen] durch Mitarbeiter von [Unternehmen] zulässig ist, wie sie zu erfolgen hat und welche Vorkehrungen gegen Missbrauch zu treffen sind.

(2) Ergänzend zu dieser Richtlinie sind die Regelungen [der Richtlinie Home Office/Mobile Office (Telearbeit)] zu beachten [, die im Fall von Widersprüchen dieser Richtlinie vorgehen].[1]

§ 2 Begriff der Fernwartung

(1) „Fernwartung" im Sinne dieser Richtlinie liegt vor, wenn durch einen „Servicetechniker" auf ein anderes EDV-Gerät als das physisch genutzte zum Zweck der Konfiguration, Administration, Fehlererkennung, Fehlereingrenzung, Fehlerbeseitigung oder Unterstützung des Nutzers des anderen EDV-Geräts („Nutzer") zugegriffen wird.

(2) „Passive Fernwartung" liegt vor, wenn der Servicetechniker nur den Inhalt des Bildschirms des Nutzers oder sonstige Informationen angezeigt bekommt, selbst jedoch keine Eingaben oder Änderungen vornehmen kann.

(3) „Aktive Fernwartung" liegt vor, wenn der Servicetechniker Eingaben oder Änderungen auf dem ferngewarteten EDV-Gerät vornehmen kann.

§ 3 Grundsatz

(1) Auch bei der Nutzung von Fernwartung ist jederzeit ein hohes Datenschutz- und -sicherheitsniveau nach dem jeweiligen Stand der Technik zu gewährleisten.

Bergt

Eine Fernwartung, die die Vertraulichkeit, Integrität oder Verfügbarkeit personenbezogener oder sonst vertraulicher Daten gefährden könnte, darf nicht erfolgen, selbst wenn die sonstigen in dieser Richtlinie aufgestellten Anforderungen erfüllt werden.

(2) Bei jeder Fernwartung ist der Zugriff auf personenbezogene oder sonst vertrauliche Daten auf das absolut erforderliche Minimum zu beschränken.

(3) Wenn möglich und sinnvoll, sollte eine passive Fernwartung erfolgen. Dies gilt insbesondere beim Zugriff auf aktuell genutzte Arbeitsplatzrechner und von außerhalb des Betriebs.

(4) Die Fernwartung von außerhalb des Betriebs muss stets mit den geringstmöglichen Zugriffsrechten erfolgen. Hierfür sind Anforderungsprofile zu erstellen, mit entsprechend eingeschränkten Zugriffsrechten ausgestattete Benutzerkonten einzurichten und diese je nach Rechtebedarf im Einzelfall zu nutzen. So ist beispielsweise ein Fernzugriff mit vollen Administratorrechten unzulässig, wenn auch ein eingeschränkter Account geeignet wäre.[2]

§ 4 Zulässigkeit der Fernwartung

(1) Fernwartung von Geräten, die nicht (wie z.B. Arbeitsplatzrechner) von bestimmten Nutzern genutzt werden, ist zulässig, wenn (a) der Zugriff betrieblich erforderlich ist und (b) vom Betrieb aus erfolgt.

(2) Fernwartung von Arbeitsplatzrechnern und sonstigen EDV-Geräten, die von bestimmten Nutzern genutzt werden, ist zulässig, wenn die Voraussetzungen des Abs. 1 eingehalten werden und zusätzlich entweder (a) der Nutzer der Fernwartung im Einzelfall aktiv zugestimmt hat und während der gesamten Zeit der Fernwartung diese dem Nutzer deutlich auf seinem Bildschirm angezeigt wird oder (b) die Fernwartung in einer Form erfolgt, die ausschließt, dass der Servicetechniker Bildschirm-Aktivitäten des Nutzers beobachten kann (z.B. Einspielen von Updates nachts oder auf Kommandozeilen-Ebene).[3]

(3) Abweichend von Abs. 1 Anforderung (b) darf eine Fernwartung von außerhalb des Betriebs erfolgen, wenn diese unbedingt erforderlich ist und ein Abwarten, bis die Fernwartung aus dem Betrieb erfolgen könnte, auch unter Berücksichtigung der Risiken unverhältnismäßig wäre.[4]

(4) Eine Fernwartung darf ausschließlich von betrieblichen Geräten aus erfolgen. Die Nutzung privater Computer ist verboten.[5]

(5) Eine Fernwartung darf ausschließlich aus [Deutschland] erfolgen.[6]

§ 5 Technische Anforderungen an die Fernwartung

(1) Die in diesem Paragraphen definierten technischen Anforderungen werden durch die EDV-Abteilung umgesetzt.

(2) Jede Fernwartung – auch im Betrieb – darf ausschließlich über nach dem jeweiligen Stand der Technik verschlüsselte Verbindungen erfolgen.[7]

(3) Jede Fernwartung kann auf Seiten des ferngewarteten Systems (gegebenenfalls mittels eines anderen Servers im Betrieb) protokolliert und vollständig mitgeschnitten werden.

Bergt

(4) Die Fernwartungssoftware stellt sicher, dass eine Fernwartung von Arbeitsplatzrechnern und sonstigen EDV-Geräten, die von bestimmten Nutzern genutzt werden, nur unter den Voraussetzungen des § 4 Abs. 2 möglich ist.

(5) Die Konfiguration der verwendeten Fernwartungssoftware ist gesperrt und kann nur von Personen verändert werden, die mit dem Fernwartungsprozess zu tun haben.

§ 6 Vorgehen bei der Fernwartung

(1) Die Fernwartung ist persönlich unter Verwendung der dem jeweiligen Servicetechniker zugewiesenen persönlichen Zugangsdaten/-schlüssel durchzuführen. Zugangsdaten/-schlüssel dürfen Dritten keinesfalls zugänglich gemacht werden. Allgemeine Rollen-Accounts (wie root) dürfen nur dann verwendet werden, wenn dies technisch unbedingt erforderlich ist.

(2) Jede Fernwartung ist [im Ticket-System] mit Datum, Uhrzeit, ausführendem Mitarbeiter, genutzten Zugangsdaten und ausgeführten Tätigkeiten zu protokollieren.[8]

(3) Sämtliche Anforderungen dieser Richtlinie sind zu beachten, insbesondere dürfen nur sichere betriebliche Rechner zur Fernwartung verwendet werden und sind Zugangsdaten mit den geringstmöglichen Zugangsrechten zu nutzen.

(4) Bei jedem Verbindungsaufbau zur Fernwartung ist das kontaktierte System zu authentifizieren, um Man-in-the-Middle-Angriffe zu verhindern (bei SSH beispielsweise durch Überprüfung des SSH-Fingerabdrucks). Nur bei erfolgreicher Authentifizierung darf ein Login erfolgen.

(5) Sollte es im Rahmen der Fernwartung ausnahmsweise erforderlich werden, Daten auf den für die Fernwartung genutzten Rechner zu kopieren, gilt Folgendes:
a) Die Übernahme von Daten auf den Fernwartungsrechner, die Anfertigung von Ausdrucken oder die Anfertigung von Dumps, Traces oder Debugger-Protokollen und dergleichen (all dies zusammenfassend im Folgenden als „Datenübertragung" bezeichnet) sind nur dann zulässig, wenn und soweit sie unbedingt erforderlich sind.
b) Vor Beginn der Datenübertragung sind der Vorgesetzte und der betriebliche Datenschutzbeauftragte per E-Mail über die beabsichtigte Datenübertragung zu informieren. Die konkret betroffenen Dateien sind zu benennen.[9]
c) Die Datenübertragung darf nur erfolgen, wenn die Daten nach dem Stand der Technik verschlüsselt gespeichert werden.[10]
d) Die auf den Fernwartungsrechner übertragenen Daten sind unverzüglich zu löschen, sobald sie nicht mehr erforderlich sind. Ausdrucke sind unverzüglich im Betrieb oder – wenn der Servicetechniker im Rahmen eines Home Office einen Aktenvernichter erhalten hat – im Home Office im Aktenvernichter zu zerstören.[11]

(6) Ergeben sich bei der Fernwartung irgendwelche Auffälligkeiten oder Störungen, sind diese unverzüglich und möglichst detailliert [dem Sicherheitsbeauftragten] zu melden. Dies gilt insbesondere im Fall von Hinweisen auf Angriffe oder wenn vertrauliche Daten zerstört, verändert, abhandengekommen, unrechtmäßig übermittelt oder Dritten zur Kenntnis gelangt sind oder ein unbefugter (auch interner) Zugang besteht oder bestand oder eine Gefahr der vorgenannten Geschehnisse besteht.

§ 7 Protokollierung und Kontrolle der Fernwartung

(1) Jeder Fernwartungszugriff und jeder entsprechende Zugriffsversuch werden automatisch mit [Datum, Uhrzeit, Herkunft, Ziel, übertragener Datenmenge, Zugriffsverfahren und Zugangskennung] protokolliert.

(2) Bei Systemen mit besonders vertraulichen Daten kann jeder Fernwartungsvorgang mit sämtlichen Eingaben und Anzeigen mitgeschnitten werden; im Übrigen erfolgt der Mitschnitt stichprobenhaft. Begründen zu dokumentierende Tatsachen den Verdacht, dass Fernwartungszugänge missbraucht werden, ist ein Mitschnitt jedes Fernwartungsvorgangs zulässig.[12]

(3) Die Protokolle und Mitschnitte werden ausschließlich zu Zwecken der Gewährleistung/Wiederherstellung der Systemsicherheit, Analyse und Korrektur technischer Fehler und Störungen, statistischen Feststellung des Umfangs der Fernwartung, Missbrauchskontrolle und -verfolgung sowie bei Verdacht auf eine Straftat verwendet. Die Protokolle und Mitschnitte werden regelmäßig durch eine von [Unternehmen] beauftragte Person mit den Protokollen der Servicetechniker gem. § 6 Abs. 2 abgeglichen und auf Hinweise auf Missbrauch (einschließlich Angriffen und Sicherheitsproblemen) geprüft. Sie sind vor Zugriff durch sonstige Personen zu sichern [und nach dem Stand der Technik verschlüsselt zu speichern].[13] Die Nutzung der Protokolle und Mitschnitte muss den Grundsätzen einer datenschutzgerechten Kontrolle entsprechen, insbesondere dem Grundsatz der Verhältnismäßigkeit. Wenn möglich, erfolgt die Auswertung der Protokolle daher automatisiert. Die Protokolle können vollständig geprüft werden, die Mitschnitte werden stichprobenhaft geprüft. Bei Hinweisen auf Missbrauch oder wenn bereits der Mitschnitt nur stichprobenhaft erfolgte, ist eine vollständige Prüfung zulässig.[14]

[(4) Der Betriebsrat und der Datenschutzbeauftragte haben das Recht, an der Prüfung der Mitschnitte teilzunehmen.]

(5) Ergeben sich Hinweise auf Missbrauch durch Servicetechniker, ist der betroffene Servicetechniker über die wesentlichen Ergebnisse zu informieren, sobald hierdurch weitere rechtmäßige Ermittlungen nicht gefährdet werden. Ein Zurückstellen der Information des Servicetechnikers für mehr als drei Monate bedarf der schriftlichen Zustimmung des betrieblichen Datenschutzbeauftragten. Der betroffene Servicetechniker hat das Recht, zu den Vorwürfen Stellung zu nehmen. Wird der Missbrauchsverdacht entkräftet, sind alle durch das Kontrollverfahren entstandenen personenbezogenen Daten unverzüglich zu löschen (Protokolle und Mitschnitte erst nach Ablauf der Fristen des Abs. 7), soweit nicht der betroffene Servicetechniker widerspricht. Der betroffene Servicetechniker ist im Rahmen seiner Anhörung über sein Recht zum Widerspruch zu informieren.

(6) Eine Nutzung der Protokolle und Mitschnitte zur individuellen Verhaltens- und Leistungskontrolle oder zu sonstigen, nicht in Abs. 3 genannten Zwecken ist unzulässig. [Unter Verstoß gegen diese Vorschrift erlangte Informationen und Beweise unterliegen einem Verwertungsverbot einschließlich des Verbots der Verwendung in Sachvortrag; hierauf beruhende personelle Maßnahmen sind unwirksam.][15]

(7) Protokolle der Fernwartungszugriffe von innerhalb des Betriebs sowie sämtliche Mitschnitte werden spätestens nach drei Monaten gelöscht. Für Protokolle der Fernwartungszugriffe von außerhalb des Betriebs beträgt die Frist ein Jahr. Diese

Fristen gelten nicht, solange die Protokolle und Mitschnitte ausnahmsweise, insbesondere bei festgestelltem Missbrauch, länger zu den in Abs. 3 genannten Zwecken benötigt werden.

§ 8 Information der Beschäftigten

Jeder Servicetechniker ist vor Aufnahme seiner Tätigkeit ausdrücklich darüber zu informieren, dass Fernwartungszugriffe protokolliert und mitgeschnitten werden können und die Protokolle und Mitschnitte ausgewertet werden. Ein Exemplar dieser Richtlinie ist zu übergeben.[16]

[§ 9 Regelungscharakter der Betriebsvereinbarung

(1) Diese Betriebsvereinbarung stellt im Rahmen ihrer Regelungen eine datenschutzrechtliche Rechtsgrundlage für die Verarbeitung personenbezogener Daten dar.

(2) Diese Betriebsvereinbarung regelt die Verarbeitung personenbezogener Daten im Anwendungsbereich der Betriebsvereinbarung [nicht] abschließend. [Dem Arbeitgeber bleibt vorbehalten, personenbezogene Daten auch auf der Grundlage sonstiger Rechtsgrundlagen zu verarbeiten.]].[17]

[§ 10 Informationen zur Verarbeitung personenbezogener Daten][18]

Anmerkungen

1. Weitere Richtlinien, Normenhierarchie. Bestehen im Unternehmen weitere Regelungswerke, sollte klargestellt werden, dass diese ebenfalls zu beachten sind. Dabei ist es wichtig, genau zu prüfen und festzulegen, welche Regelungen im Fall von Widersprüchen vorgehen, bei mehreren Richtlinien gestaffelt.

2. Gestufte Rechte für Fernwartung. Natürlich ist es einfacher, jeden Fernzugriff mit Administratorrechten auszuführen, unabhängig davon, ob diese im konkreten Fall überhaupt benötigt werden. Damit besteht jedoch ein erheblich erhöhtes Missbrauchsrisiko, weil nicht nur ein Teil der Daten Gefahr läuft, kompromittiert zu werden, sondern der gesamte Datenbestand und das gesamte System, auf die sich ein Nutzer mit Administratorrechten naturgemäß Zugriff verschaffen kann. Selbst bei kleinen Unternehmen mit beispielsweise nur einem einzigen Server bestehen viele Möglichkeiten gestufter Rechtevergabe, selbst wenn ein Administratorzugriff erforderlich ist: Beispielsweise kann ein Administratorzugriff auf den Webserver erfolgen, ohne den Fileserver zu gefährden, wenn diese in unterschiedlichen virtuellen Maschinen oder Containern laufen und unterschiedliche Zugangskennungen (z. B. SSH-Keys mit unterschiedlichen Passwörtern auf dem Fernwartungsrechner) verwenden.

3. Keine heimliche Beobachtung. Die Aktivitäten von Mitarbeitern dürfen nicht heimlich beobachtet werden (Kühling/Buchner/*Maschmann*, DS-GVO, Art. 88 Rn. 47), wofür sich eine Fernwartungsfreigabe des Arbeitsplatzrechners naturgemäß anbieten würde. Auch Betriebsvereinbarungen können keine heimlichen Datenverarbeitungen rechtfertigen (Kühling/Buchner/*Maschmann*, DS-GVO, Art. 88 Rn. 88). Dass die Art. 12 ff. DS-GVO bestimmte Transparenzpflichten aufstellen, bedeutet noch nicht, dass bereits die allgemeine Information über die geplante Beobachtung ausreichen würde. Vielmehr muss der Mitarbeiter bei Zugriff auf seinen Computer auch im Einzelfall von der Beobachtung wissen (vgl. ErwG 58 S. 3 DS-GVO). Soweit auf Arbeitsplatzrechner zugegriffen werden soll, muss die Software daher so konfiguriert werden, dass die Fernwartung nur mit ausdrücklicher Zustimmung des angemeldeten Mitarbeiters erfolgen kann. Dabei muss der Mitarbeiter vor seiner Zustimmung informiert werden, ob nur passive oder auch aktive Fernwartung erfolgen soll. Die Software sollte auch einen jederzeitigen Abbruch der Fernwartungsverbindung durch den Nutzer ermöglichen. Der Mitarbeiter muss ebenso wissen, wann die Fernwartung beendet ist und er nicht mehr beobachtet wird; dies sollte durch einen während der Fernwartung dauerhaft eingeblendeten deutlichen Hinweis erfolgen, der auch anzeigen sollte, ob es sich um eine aktive oder passive Fernwartung handelt.

Software-Updates, Konfigurationsänderungen usw., die nicht bereits automatisch erfolgen, werden typischerweise ausgeführt, wenn der Rechner gerade nicht genutzt wird; alternativ kommt eine Anmeldung mit einem weiteren Benutzerkonto in Betracht. In diesen Fällen ist eine ausdrückliche Zustimmung des Mitarbeiters zur Fernwartung nicht sinnvoll und typischerweise auch nicht möglich. Sie ist auch nicht zum Schutz der Persönlichkeitsrechte des Mitarbeiters erforderlich, wenn und weil seine Aktivitäten nicht beobachtet werden können. Zwar lässt sich nicht vollständig ausschließen, dass der mit Administratorrechten ausgestattete Servicetechniker sich (etwa durch Ausspähen des Browser-Verlaufs im Benutzerkonto des Mitarbeiters) heimlich gewisse Kenntnisse über die vorangegangene Nutzung des Arbeitsplatzrechners durch den Mitarbeiter verschafft; diese Gefahr besteht bei einem ungenutzten Computer aber stets, weil dann auch ein unbeobachteter lokaler Zugriff möglich ist. Der Umfang der möglichen Erkenntnisse eines derartigen Vorgehens liegt zudem weit unter dem einer Live-Beobachtung. Missbraucht ein Administrator seine Administratorrechte, rechtfertigt dies eine fristlose Kündigung (LAG Köln, Urt. v. 14.5.2010 – 4 Sa 1257/09, MMR 2010, 858; LAG München, Urt. v. 8.7.2009 – 11 Sa 54/09, K&R 2009, 751).

4. Abwägung zwischen Nachteilen des Abwartens und Risiken des Fernzugriffs.
Eine Fernwartung von außerhalb des Betriebs wird sich nicht immer vermeiden lassen, insbesondere bei nächtlichen Störungen, die den Bereitschafts-Administrator zu Hause erreichen und ein schnelles Handeln erfordern. In anderen Fällen mag sich ein etwa von einem gestörten Anwendungsprogramm betroffener Mitarbeiter ohne größere Schwierigkeiten noch zwei Stunden bis zum Eintreffen des Administrators gedulden können. Die wesentliche Frage, ob ein Fernzugriff vertretbar erscheint, dürfte die Sicherheit des für den Fernzugriff verwendeten Gerätes und der Verbindung sein: Ein SSH-Fernzugriff über ein mit BIOS-/UEFI-Passwort und voll verschlüsselter Festplatte gesichertes Notebook, das die Hände des Administrators nie verlassen hat oder zumindest über eine Tamper Detection für physischen Zugriff auf die Festplatte verfügt, stellt kaum ein größeres Sicherheitsrisiko dar, wenn die üblichen Sicherheitsmaßnahmen eingehalten werden. Wurde der Besitzer dagegen etwa bei der Einreise in die USA zwecks Befragung von seinem Notebook getrennt, sollte dieses nicht mehr für vertrauliche Zwecke wie Fernwartung eingesetzt, sondern ersetzt werden. Je nach Bedrohungsprofil mag eine Neuinstallation nebst BIOS-Update genügen.

Bergt

5. Kein BYOD für Fernwartung. Jeglicher Zugriff auf die betrieblichen Daten von privaten Geräten aus (BYOD/BY1D) ist sicherheitstechnisch wie rechtlich äußerst problematisch (→ D.III.4.). Eine Nutzung privater/fremder Geräte zu Fernwartungszwecken lässt sich rechtlich kaum mehr rechtfertigen, weil das Unternehmen damit faktisch jede Kontrolle darüber aufgibt, wer auf seine EDV zugreifen kann. Dies ist besonders problematisch, da es bei Fernwartungszugriffen, die so eilig sind, dass sie nicht warten können, bis ein Firmengerät zur Hand ist, um die kritischsten Systeme und Daten des Unternehmens gehen wird. Die Verfügbarkeit derartig unternehmenskritischer Systeme muss im Zweifel dadurch sichergestellt werden, dass der jeweilige Bereitschafts-Administrator firmeneigene Hardware bereitgestellt bekommt.

6. Ort des Fernzugriffs. Je nach dem Ort des Fernzugriffs können sich Probleme auf Sicherheits- wie auf rechtlicher Ebene ergeben. Denn auch wenn der Administrator als Mitarbeiter Teil der verantwortlichen Stelle ist und dies auch bleibt, wenn er den EU-/EWR-Bereich verlässt, erfolgt bei einem Fernzugriff aus einem Drittstaat eine Offenlegung an einen Empfänger – nämlich den Servicetechniker – in diesem Drittstaat. Nach Art. 44 DS-GVO ist eine derartige Offenlegung nur unter besonderen Bedingungen zulässig; dass die deutsche Fassung von Art. 44 ff. DS-GVO den Begriff der „Übermittlung" verwendet, ist auf eine unpräzise Übersetzung zurückzuführen (vgl. Paal/Pauly/*Pauly*, DS-GVO, vor Art. 44–50 Rn. 2).

Dies bedeutet faktisch, dass die Fernwartung auf den EU-/EWR-Bereich (und die Gebiete, für die die EU-Kommission einen Angemessenheitsbeschluss nach Art. 45 Abs. 1 DS-GVO erlassen hat) beschränkt werden muss, weil sonst eine Rechtfertigung für den Drittstaatentransfer erforderlich wird. Im Hinblick auf die umfassende Überwachung durch auch europäische Geheimdienste und Datenzugriffe insbesondere bei der Einreise (→ D.III.2. Anm. 11) sollte auch innerhalb des EU-Bereichs streng geprüft werden, ob die Mitnahme von betrieblichen Computern ins Ausland und die Möglichkeit einer Fernwartung von dort vertretbar sind.

7. Verschlüsselte Verbindungen. Auch innerhalb des Betriebs besteht die Gefahr, dass Geräte – unternehmenseigene wie (ggf. unzulässig mitgebrachte) private – kompromittiert sind. Deshalb sollte konsequent jede Fernwartungsverbindung nach dem Stand der Technik verschlüsselt sein (dazu *Bergt*, CR 2014, 726 (729 f.)). Vor der Implementierung und sodann regelmäßig sollte geprüft werden, ob das einzusetzende Verfahren noch sicher ist. Bekannt unsichere Protokolle und Chiffren (etwa MS-CHAPv2, SSL, RC4, MD5, SHA-1) sollten unbedingt vermieden werden, auch wenn sie noch standardmäßig vorgesehen sind.

8. Protokollierung durch die Servicetechniker. Unberechtigte Zugriffe lassen sich erheblich schwerer identifizieren, wenn es keine Liste berechtigter Zugriffe gibt. Zum Abgleich mit der automatischen Protokollierung von Fernwartungszugriffen (§ 7) sollten entsprechende Datenfelder im Ticket-System vorgesehen werden.

9. Vorherige Ankündigung. Muss die Übernahme von Daten vor Beginn angekündigt werden, kann sich ein beim Datendiebstahl ertappter Mitarbeiter nicht nachträglich darauf berufen, dass die Übernahme zur Fehlerbehebung erforderlich gewesen sei. Eine solche Ankündigungspflicht verdeutlicht auch die Brisanz der Datenübernahme.

Bergt

10. Verschlüsselte Speicherung. Datenpannen passieren erstaunlich oft dadurch, dass vertrauliche Daten unverschlüsselt gespeichert werden und die Datenträger dann – ggf. im Rahmen von Serviceleistungen oder nach Ausmusterung – an Dritte gelangen, oder dass Daten „nur eben" unverschlüsselt auf öffentlich zugänglichen FTP-Servern abgelegt werden. Vertrauliche Daten sollten daher nach Möglichkeit nur verschlüsselt gespeichert werden. Bei Fernwartungsrechnern sollte die verschlüsselte Festplatte Standard sein, weil bei stationären Rechnern möglicherweise übersehen wird, dass sich hier Reste vertraulicher Datenbestände finden könnten; bei mobilen Rechnern kommt das hohe Verlustrisiko hinzu.

11. Aktenvernichter. Zu jedem Drucker gehört ein Aktenvernichter, jedenfalls wenn sich der Drucker im Home Office befindet (zum Home Office/Mobile Office → D.III.2.).

12. Vollständiger Mitschnitt. Besteht der Verdacht auf Missbrauch, ermöglicht die Klausel eine vollständige Überwachung der gesamten Fernwartung. Wegen der hohen Eingriffsintensität einer derartigen Totalüberwachung sieht die Klausel jedoch vor, dass dieser Verdacht auf Tatsachen beruhen muss, die zudem zu dokumentieren sind (vgl. auch die Formulierung in § 26 Abs. 1 S. 2 BDSG n. F.). Geht es um Systeme mit besonders vertraulichen Daten, ist eine vollständige Überwachung dagegen auch aus Vorsorgegesichtspunkten vertretbar.

13. Sicherungsmaßnahmen für Protokolle und Mitschnitte. Die Protokolle und Mitschnitte müssen vor unbefugtem Zugriff geschützt und die nach Art. 32 DS-GVO erforderlichen Sicherheitsmaßnahmen ergriffen werden. In Betriebsvereinbarungen soll eine ausdrückliche entsprechende Regelung erforderlich sein (Kühling/Buchner/*Maschmann*, DS-GVO, Art. 88 Rn. 87).

14. Auswertung der Protokolle. Sofern die Protokolle der Servicetechniker – etwa im Rahmen eines dafür geeigneten Ticket-Systems – eine automatische Auswertung zulassen, empfiehlt sich ein ständiger automatischer Abgleich, um Hinweise auf Angriffe oder Missbrauch schnellstmöglich zu entdecken. Im Übrigen sollte eine stichprobenhafte Kontrolle erfolgen, und zwar auch hinsichtlich der durch die Servicetechniker durchgeführten Tätigkeiten, um Missbrauch zu entdecken.

15. Verwertungsverbot. Aus Sicht des Betriebsrates empfiehlt es sich, ausdrücklich ein Verwertungsverbot für Informationen und Beweise zu vereinbaren, die unter Verstoß gegen die Vereinbarung erlangt wurden. Anderenfalls wäre ein Verstoß gegen die Betriebsvereinbarung für den Arbeitgeber im Kündigungsprozess regelmäßig sanktionslos, da unstreitiger Sachverhalt und auch rechtswidrig erlangte Beweise nur in Ausnahmefällen unberücksichtigt bleiben dürfen (BAG, Urt. v. 13.12.2007 – 2 AZR 537/06, NZA 2008, 1008 (1010 ff.); MüKoBGB/*Henssler*, § 626 Rn. 439 ff.). Eine Betriebsvereinbarung kann allerdings wirksam vorsehen, dass personelle Maßnahmen, die auf Informationen beruhen, die unter Verstoß gegen die Betriebsvereinbarung erlangt wurden, unwirksam sind (LAG Berlin-Brandenburg, Urt. v. 9.12.2009 – 15 Sa 1463/09, NZA-RR 2010, 347 (349 f.). Allerdings kann sich ein Verbot, Beweise oder gar bereits den Sachvortrag zu berücksichtigen, auch bereits aus § 26 BDSG n. F. ergeben (vgl. BAG, Urt. v. 20.6.2013 – 2 AZR 546/12, NZA 2014, 143; dazu *Wybitul/Pötters*, BB 2014, 437; die Vereinbarung von Beweisverwertungsverboten in Betriebsvereinbarungen für unzulässig hält Kühling/Buchner/

Maschmann, DS-GVO, Art. 88 Rn. 86, der allerdings nicht berücksichtigt, dass es
der Arbeitgeber selbst ist, der sich seiner Rechte begibt, was mit einem gesetzlichen
Verbot nicht vergleichbar ist; aus prozessrechtlicher Sicht gegen Beweisverwertungsverbote, aber für Umdeutung in Prozessverträge *Reinhard,* NZA 2016, 1233
(1239)).

16. Information der Servicetechniker. Ebenso wie eine heimliche Überwachung
der Nutzer der ferngewarteten Geräte unzulässig ist (→ Anm. 3), ist eine heimliche
Überwachung der Systemtechniker unzulässig. Die DS-GVO erweitert in Art. 12 ff.
die Transparenzpflichten des Verantwortlichen deutlich. Es empfiehlt sich, jeden
Servicetechniker schriftlich bestätigen zu lassen, dass er über die Protokollierung,
Mitschnitt und Auswertung der Fernwartungszugriffe informiert wurde und ein Exemplar der Richtlinie erhalten hat, und diese Erklärung zur Personalakte zu nehmen.

17. Regelungscharakter einer Betriebsvereinbarung. Eine Betriebsvereinbarung
kann als solche eine Rechtsgrundlage für die Verarbeitung personenbezogener Daten darstellen, Art. 88 DS-GVO. Dies sollte klargestellt werden. Ebenso sollte geregelt werden, ob die Betriebsvereinbarung abschließende Rechtsgrundlage sein soll
oder nicht.

18. Transparenzpflichten. Das Muster erfüllt auch die Anforderungen des Art. 6
Abs. 1 S. 1 lit. f DS-GVO. Soll nicht eine Betriebsvereinbarung Rechtsgrundlage der
Verarbeitung sein, sondern die gesetzliche Abwägungsnorm des Art. 6 Abs. 1 S. 1
lit. f DS-GVO, sind die Servicetechniker entsprechend sowie über die berechtigten
Interessen des Arbeitgebers zu informieren (Art. 13 Abs. 1 lit. c, d DS-GVO). Dies
kann bei einem Erlass der Richtlinie im Rahmen des Direktionsrechts etwa durch
Anfügung eines entsprechenden Paragraphen erfolgen. Soweit der jeweilige Service-
techniker über die Pflichtinformationen nach Art. 13 DS-GVO nicht bereits verfügt,
Art. 13 Abs. 4 DS-GVO, können auch diese am Ende der Richtlinie angefügt werden.

Streng genommen könnte es oftmals auch erforderlich sein, dem jeweiligen Nutzer des Rechners, auf den ein Fernzugriff erfolgt, vor seiner Einwilligung in die
Fernwartung die Informationen gem. Art. 13 DS-GVO (etwa als Link über dem
Zustimmungs-Button) bereitzustellen, wenn er über diese Informationen nicht bereits verfügt.

4. Nutzungsvereinbarung zu „Bring Your Own Device" (BYOD)

§ 1 Gegenstand der Vereinbarung und zugelassene Endgeräte

(1) Zwischen [Name des Arbeitgebers, Straße / Hausnummer, PLZ/Ort]
            – im Folgenden „Arbeitgeber" genannt –
und [Name des Arbeitnehmers]
            – im Folgenden „Arbeitnehmer" genannt –
wird die folgende Nutzungsvereinbarung geschlossen, welche den Arbeitsvertrag der
Parteien vom [Datum] ergänzt.[1] Mit dieser Nutzungsvereinbarung gestattet der Arbeitgeber dem Arbeitnehmer, dass dieser die im Alleineigentum[2] des Arbeitnehmers

stehenden, nachfolgend aufgelisteten Endgeräte aus dem Bereich Informationstechnologie/Telekommunikation (im Folgenden nur „Endgeräte" genannt) zu betrieblichen Zwecken benutzt.

(2) Zugelassene Endgeräte i. S. v. § 1 Abs. 1 sind ausschließlich:[3]
– [Aufzählung, mit eindeutiger Beschreibung, bzw. Kennzeichnung pro Gerät]

Die Verwendung anderer Endgeräte für betriebliche Zwecke, die dem Arbeitnehmer nicht zu diesem Zweck vom Arbeitgeber zugewiesen wurden, bleibt unzulässig. Die Parteien werden bei Bedarf – etwa bei Verlust oder Zerstörung eines der genannten Geräte – die vorstehende Liste durch einen Zusatz zu dieser Nutzungsvereinbarung in Textform (§ 126b BGB) aktualisieren.

(3) Dritte im Sinne dieser Nutzungsvereinbarung sind alle anderen Personen als der Arbeitnehmer selbst und der Arbeitgeber. Unter den Begriff „Dritte" fallen insbesondere auch Familienangehörige des Arbeitnehmers und andere Arbeitnehmer des Arbeitgebers.[4]

§ 2 Pflichten des Arbeitnehmers

(1) Auf dem Endgerät des Arbeitnehmers sind die betrieblichen Inhalte stets von privaten Inhalten des Arbeitnehmers zu trennen.[5] [EVENTUELL ZUSÄTZLICH:] Der Arbeitnehmer wird dies durch die Verwendung einer vom Arbeitgeber vorgegebenen und kostenfrei zu diesem Zweck bereitgestellten Anwendung sicherstellen. [ENDE DES ZUSATZES]

(2) Der Arbeitnehmer ist verpflichtet, sein Endgerät so aufzubewahren, dass Dritte ohne seine Kenntnis keinen physischen Zugriff hierauf nehmen können. Darüber hinaus stellt der Arbeitnehmer sicher, dass Dritte selbst bei Zugriff auf das Endgerät keine Kenntnis von betrieblichen Inhalten erlangen können.

(3) Personenbezogene Daten, für deren Verarbeitung der Arbeitgeber verantwortlich ist, sowie geheimhaltungsbedürftige Informationen des Arbeitgebers dürfen ohne vorherige Zustimmung des Arbeitgebers in Textform (§ 126b BGB) nicht auf dem Endgerät gespeichert werden. Ohne Zustimmung des Arbeitgebers darf eine Verarbeitung dieser personenbezogenen Daten und Informationen mittels des Endgeräts ausschließlich durch einen Zugriff über eine gesicherte Verbindung auf die im Betrieb des Arbeitgebers vorhandenen IT-Systeme (Fernzugriff) erfolgen.[6]

(4) Der Arbeitnehmer wird für die betriebliche Nutzung seines Endgeräts ausschließlich die Software verwenden, die der Arbeitgeber gem. § 5 Abs. 3 installiert hat oder deren Nutzung zu betrieblichen Zwecken der Arbeitgeber zuvor zugestimmt hat.[7] Die Möglichkeit der Nutzung des Endgeräts zu betrieblichen Zwecken und damit insbesondere auch die Nutzung der Software zur Ermöglichung des gesicherten Fernzugriffs i. S. v. § 2 Abs. 3 muss vom Arbeitnehmer durch ein ausreichend sicheres Passwort [EVENTUELL ZUSÄTZLICH:] nach den Anforderungen der betrieblichen Passwortrichtlinie [ENDE DES ZUSATZES] eingeschränkt werden. In diesem Zusammenhang verwendete Passwörter dürfen nicht auf dem Endgerät gespeichert werden.[7]

(5) Der Arbeitnehmer hat den Arbeitgeber rechtzeitig, in der Regel mindestens zwei Kalenderwochen vor Beginn einer Reise, von jeder Verbringung eines Endgeräts zu einem Ort außerhalb der Bundesrepublik Deutschland zu informieren. Der

Kremer/Sander

Arbeitgeber ist berechtigt, entsprechend § 5 Abs. 4 für die Dauer des Auslandsaufenthalts betriebliche Inhalte vom Endgerät des Arbeitnehmers zu löschen.[8]

(6) Der Arbeitnehmer informiert den Arbeitgeber unverzüglich, wenn sein Endgerät[9]

a) gestohlen oder verloren wurde oder in sonstiger Weise abhandengekommen ist. Dies gilt auch, falls der Verlust des Endgeräts aus Sicht des Arbeitnehmers nur vorübergehend sein wird, oder

b) gepfändet wurde oder die Eröffnung eines Insolvenzverfahrens über das Vermögen des Arbeitnehmers oder dessen Ehe-/Lebenspartner beantragt wurde, oder

c) beschädigt, zerstört oder die Gebrauchstauglichkeit in anderer Weise beeinträchtigt wurde.

(7) Ist das Endgerät beschädigt oder die Gebrauchstauglichkeit in anderer Weise beeinträchtigt, verpflichtet sich der Arbeitnehmer zur unverzüglichen Beauftragung von Reparaturen durch den Gerätehersteller oder qualifiziertes Personal auf eigene Kosten, sofern die auf Basis eines Kostenvoranschlags zu erwartenden Reparaturkosten nicht den jeweils gegenwärtigen Neupreis für ein Gerät desselben Modells übersteigen, bzw. mangels eines solchen den ursprünglichen Neupreis des beschädigten Geräts.[10] Die Reparatur kann auch als Leistung im Rahmen der gesetzlichen Mängelhaftung oder einer Garantie des Herstellers oder Verkäufers erbracht werden. Übersteigen die voraussichtlichen Reparaturkosten die vorgenannte Grenze, behandeln die Parteien dieses Gerät als zerstört.

(8) Wurde das Endgerät zerstört, gestohlen oder verloren oder ist es in sonstiger Weise abhandengekommen, besteht für den Arbeitnehmer keine Pflicht zur Beschaffung eines Ersatzgeräts. Mit der Mitteilung nach § 2 Abs. 5 hat der Arbeitnehmer dem Arbeitgeber mitzuteilen, ob er innerhalb von zwei Wochen ein Ersatzgerät auf eigene Kosten beschaffen wird.[10] [EVENTUELL ZUSÄTZLICH:] Innerhalb von einer Woche ab Kenntnis von der Zerstörung oder dem Verlust des Endgeräts kann der Arbeitgeber vom Arbeitnehmer verlangen, dass dieser unverzüglich ein Ersatzgerät zu beschaffen hat, wenn der Arbeitgeber gleichzeitig die Erstattung der Beschaffungskosten bis zur Grenze des jeweils gegenwärtigen Neupreises für ein Gerät des zerstörten oder verlorenen Modells, bzw. mangels eines solchen bis zum ursprünglichen Neupreis des zerstörten oder verlorenen Geräts verspricht. [ENDE DES ZUSATZES]

(9) Dem Arbeitnehmer steht es frei, sein Endgerät auf eigene Kosten zu versichern.

§ 3 Nutzung des Endgeräts durch den Arbeitnehmer

(1) [ENTWEDER:] Der Arbeitnehmer verpflichtet sich, während der Arbeitszeit die private Nutzung seines Endgeräts zu unterlassen. Ausgenommen davon ist eine Nutzung zu privaten Zwecken, sofern diese nur eine verhältnismäßig nicht erhebliche Zeit in Anspruch nimmt und notwendig ist wegen eines in der Person des Arbeitnehmers liegenden Grundes, den er selbst nicht schuldhaft herbeigeführt hat.[11] [ODER:] Während der Arbeitszeit ist die Nutzung des Endgeräts für private Zwecke in gleichem Umfang und zu denselben Bedingungen zulässig wie die Privatnutzung der betrieblichen Hardware und des betrieblichen Internetanschlusses gemäß der Betriebsvereinbarung vom [Datum]. Darüber hinaus wird der Arbeitnehmer wäh-

Kremer/Sander

rend der Arbeitszeit jede private Nutzung seines Endgeräts unterlassen.[11] [ENDE DER ALTERNATIVE]

(2) Außerhalb der Arbeitszeit stellt der Arbeitnehmer sicher, sein Endgerät ausschließlich zu privaten Zwecken zu nutzen, sodass es vorbehaltlich im Einzelfall angeordneter Überstunden zu keiner Überschreitung der arbeitsvertraglich vereinbarten Arbeitszeit kommt. Es besteht weder beim Arbeitgeber eine Erwartungshaltung der fortwährenden Erreichbarkeit, noch eine Verpflichtung des Arbeitnehmers zur betrieblichen Nutzung seines Endgeräts außerhalb der Arbeitszeit.[12]

(3) Dem Arbeitnehmer ist aus Gründen der Sicherheit betrieblicher Inhalte auf seinem Endgerät verboten,[13] [ENTWEDER:] die in Anlage [...] zu dieser Nutzungsvereinbarung bezeichneten Anwendungen auf dem Endgerät zu installieren. [ODER:] Software auf seinem Endgerät zu installieren, soweit diese nicht in Anlage [...] zu dieser Nutzungsvereinbarung in entsprechender Version aufgelistet ist. Die Installation jeder anderen Software bedarf der vorherigen Einwilligung durch den Arbeitgeber in Textform (§ 126b BGB). [ENDE DER ALTERNATIVE] Dem Arbeitgeber bleibt vorbehalten, die Anlage [...] inhaltlich abzuändern, soweit dies aus Gründen der Datensicherheit oder der Informationssicherheit erforderlich und dem Arbeitnehmer zumutbar ist. Über solche Abänderungen wird der Arbeitgeber den Arbeitnehmer in Textform (§ 126b BGB) in Kenntnis setzen. Dieser hat unverzüglich nach Kenntniserlangung von der neugefassten Anlage etwaige hiernach unzulässige, aber derzeit vorhandene Software von seinem Endgerät vollständig zu deinstallieren.[14]

(4) Sind auf dem Endgerät des Arbeitnehmers betriebliche Inhalte gespeichert, ist der Arbeitnehmer zur Erstellung von Datensicherungen des gesamten Datenbestands des Geräts außerhalb der hierfür vom Arbeitgeber bereitgestellten Dienste nicht berechtigt. Untersagt sind in jedem Fall Datensicherungen von betrieblichen Inhalten in sog. Cloud-Dienste (z.B. Dropbox, OneDrive, Google Drive oder iCloud).[15] Auf private Inhalte begrenzte Datensicherungen kann der Arbeitnehmer in eigener Verantwortung durchführen.

§ 4 Schutz des Endgeräts vor Missbrauch durch den Arbeitnehmer

(1) Der Arbeitnehmer versichert, alleiniger Nutzer des Endgeräts zu sein und jederzeit Dritte von der Nutzung fern zu halten. [EVENTUELL ZUSÄTZLICH:] Dies gilt nicht in Bezug auf Dritte, die mit dem Arbeitnehmer ständig in einem gemeinsamen Haushalt leben, wenn die betrieblichen Inhalte in einem eigenen, verschlüsselten Speicherbereich auf dem Endgerät vollständig isoliert sind und ein Zugriff hierauf im Rahmen der Nutzung des Endgeräts durch Dritte ausgeschlossen ist.[16] [ENDE DES ZUSATZES]

(2) Der Arbeitnehmer verpflichtet sich, das Endgerät während der Laufzeit dieser Nutzungsvereinbarung nicht zu vermieten, zu verleihen oder sich sonst vorsätzlich oder fahrlässig des Besitzes des Endgeräts zu begeben. Zu unterlassen ist eine Besitzaufgabe im Zuge einer Entsorgung des Endgeräts. Ausgenommen vom Verbot der Aufgabe des Besitzes ist die Abgabe des Gerätes zur Reparatur.

(3) Der Arbeitnehmer ermächtigt den Arbeitgeber, im eigenen Namen die gesetzlichen Besitzschutz- und wegen Eigentumsverletzung bestehende Unterlassungsansprüche des Arbeitnehmers gegenüber Dritten geltend zu machen und diese auch gerichtlich durchzusetzen.[17]

Kremer/Sander

(4) Der Arbeitnehmer verpflichtet sich, sein Alleineigentum am Endgerät während der Laufzeit dieser Nutzungsvereinbarung nicht zu belasten (z.B. durch Verpfändung) und nicht zu übertragen (z.B. anlässlich eines Verkaufs).[18]

§ 5 Zugriff des Arbeitgebers auf das Endgerät des Arbeitnehmers

(1) Der Arbeitnehmer ist verpflichtet, alle in § 1 Abs. 2 aufgezählten Endgeräte während seiner Arbeitszeit stets mit in den Betrieb zu bringen, um dem Arbeitgeber auf jederzeitiges Verlangen das Endgerät aushändigen zu können. Der Arbeitgeber wird es unverzüglich zurückgeben, sobald der physische Zugriff für ihn nicht mehr erforderlich ist, spätestens jedoch zum Ende der Arbeitszeit des Arbeitnehmers am Tag der Herausgabe. Der Arbeitgeber darf das Endgerät Dritten zugänglich machen, soweit dies für ihn zur Erfüllung eigener Verpflichtungen, etwa gegenüber Aufsichtsbehörden, erforderlich ist.[19]

(2) Der Arbeitnehmer ist verpflichtet, zur Sicherung der betrieblichen Inhalte auf dem Endgerät dieses durch den Arbeitgeber nach Maßgabe der Anlage [...] administrieren zu lassen und selbst auf die Befugnis zur Administration des Endgeräts zu verzichten.[20] Er hat dazu das Endgerät dem Arbeitgeber auszuhändigen und an der Einräumung von Administrationsbefugnissen zu Gunsten des Arbeitgebers mitzuwirken.

(3) Der Arbeitgeber ist berechtigt, auf dem Endgerät Software zu installieren (zum Schutz betrieblicher Inhalte oder im Hinblick auf die betriebliche Nutzung durch den Arbeitnehmer) und diese so zu konfigurieren, dass sie bei jeder Benutzung des Endgeräts im Hintergrund aktiv ist, sofern er dem Arbeitnehmer mitteilt, welche Software er installiert hat.[20]

(4) Der Arbeitgeber ist jederzeit berechtigt, per Fernzugriff die betrieblichen Inhalte auf dem Endgerät des Arbeitnehmers zu löschen. Verletzt der Arbeitnehmer seine Pflicht aus § 2 Abs. 1 zur Trennung privater und betrieblicher Inhalte auf dem Endgerät, ist der Arbeitgeber zur Löschung sämtlicher auf dem Endgerät gespeicherten Inhalte berechtigt.

(5) Spätestens vier Wochen nach Beendigung dieser Nutzungsvereinbarung hat der Arbeitgeber auf dem ihm zu diesem Zweck ausgehändigten Endgerät seine eigenen Administratorbefugnisse gem. § 5 Abs. 2 und die gem. § 5 Abs. 3 installierte Software zu entfernen sowie dem Arbeitnehmer wieder die Administrationsbefugnisse zu verschaffen, die er vor Beginn der Nutzungsvereinbarung innehatte.

§ 6 Einwilligung des Arbeitnehmers in die Datenverarbeitung durch den Arbeitgeber

In Bezug auf diese Nutzungsvereinbarung hat der Arbeitnehmer eine Einwilligung in die Verarbeitung seiner personenbezogenen Daten erteilt, die als Anlage [...] zu dieser Nutzungsvereinbarung genommen wird.[21] Das Recht des Arbeitnehmers, diese Einwilligung jederzeit mit Wirkung für die Zukunft frei zu widerrufen, wird durch Abschluss dieser Nutzungsvereinbarung nicht eingeschränkt.

§ 7 Unentgeltlichkeit, Aufwandsentschädigung

(1) Für die Nutzung des privaten Endgeräts zu betrieblichen Zwecken erhält der Arbeitnehmer kein Entgelt.[22]

Kremer/Sander

(2) Der Arbeitgeber zahlt an den Arbeitnehmer während der Laufzeit dieser Nutzungsvereinbarung jeweils zeitgleich mit dem Arbeitsentgelt einen pauschalierten Betrag in Höhe von [Betrag] pro [Zeitraum] zur Abgeltung aller Aufwendungsersatzansprüche des Arbeitnehmers im Zusammenhang mit der betrieblichen Nutzung des Endgeräts.[23]

§ 8 Anwendungen auf dem Endgerät des Arbeitnehmers

(1) Der Arbeitgeber beschafft für die von ihm dem Arbeitnehmer zu betrieblichen Zwecken überlassenen Anwendungen die erforderlichen Nutzungsrechte.[24]

(2) Will der Arbeitnehmer andere als vom Arbeitgeber vorgegebene Anwendungen für betriebliche Zwecke einsetzen, stellt der Arbeitnehmer sicher, dass er die hierfür erforderlichen Nutzungsrechte besitzt, insbesondere für die kommerzielle Nutzung der Anwendungen zu Gunsten des Arbeitgebers.[24]

(3) Der Arbeitnehmer wird den Arbeitgeber unverzüglich in geeigneter Weise informieren, wenn Dritte gegenüber dem Arbeitnehmer Ansprüche aus der Verletzung von Schutzrechten wegen der vom Arbeitnehmer für den Arbeitgeber genutzten Anwendungen geltend machen.

§ 9 Laufzeit, Beendigung dieser Vereinbarung

(1) Die durch diese Nutzungsvereinbarung begründeten Rechte und Pflichten können in ihrer Gesamtheit durch eine Kündigung dieser Nutzungsvereinbarung beendet werden.[1] Abweichend von den für den Arbeitsvertrag im Übrigen geltenden Bestimmungen kann die Nutzungsvereinbarung von beiden Seiten unter Beachtung einer Frist von vier Wochen zum Ende eines Kalendermonats jederzeit ordentlich gekündigt werden.[25]

(2) Diese Nutzungsvereinbarung steht unter der auflösenden Bedingung, dass der Arbeitnehmer den Widerruf seiner Einwilligung i. S. v. § 6 erklärt oder im Rahmen eines behördlichen oder gerichtlichen Verfahrens die Unwirksamkeit der Einwilligungserklärung i. S. v. § 6 festgestellt wird.[25]

(3) Verstößt der Arbeitnehmer schuldhaft gegen seine Pflichten aus §§ 4, 5, kann dies ein wichtiger Grund i. S. v. § 626 BGB sein, aufgrund dessen der Arbeitgeber zur außerordentlichen Kündigung dieser Nutzungsvereinbarung aus wichtigem Grund berechtigt ist.

(4) Mit Beendigung dieser Nutzungsvereinbarung, gleich aus welchem Rechtsgrund, hat der Arbeitnehmer die ausschließlich auf seinem Endgerät gespeicherten betrieblichen Inhalte unverzüglich an den Arbeitgeber herauszugeben. Sodann hat der Arbeitnehmer sämtliche betrieblichen Inhalte von den Endgeräten zu löschen. Auf in Textform (§ 126b BGB) zu stellendes Verlangen des Arbeitgebers hat der Arbeitnehmer die Löschung unverzüglich nachzuweisen und zu diesem Zweck das Endgerät zur Überprüfung an den Arbeitgeber unverzüglich herauszugeben.

§ 10 Schlussbestimmungen

Änderungen und Ergänzungen dieser Nutzungsvereinbarung sowie deren Kündigung bedürfen zu ihrer Wirksamkeit der gesetzlichen Schriftform (§ 126 Abs. 1,

Kremer/Sander

Abs. 2 BGB). Die Ersetzung der Schriftform durch die elektronische Form (§§ 126 Abs. 3, 126a BGB) oder die Textform (§ 126b BGB) wird dabei ausgeschlossen.

_____   _____
(Ort, Datum)   (Unterschrift des Arbeitnehmers)

Für den Arbeitgeber:
_____   _____
(Ort, Datum)   (Unterschrift, Funktion des Unter-
                                             zeichners)

Anmerkungen

1. Gegenstand der Vereinbarung, Rechtsnatur und Formbedürftigkeit. Gegenstand der Nutzungsvereinbarung ist die Ermöglichung der Nutzung privater Endgeräte zu betrieblichen Zwecken, etwa Notebooks, Smartphones oder Tablets. Dies ist nicht zu verwechseln mit der rechtlich anders zu bewertenden privaten Nutzung betrieblicher Endgeräte und Einrichtungen (COPE = Corporate Owned, Personally Enabled). Das Muster erlaubt BYOD sowohl als Betriebsmittelersatz als auch dessen optionale Nutzung (zur Abgrenzung *Zöll/Kielkowski*, BB 2012, 2625). Charakteristisch für BYOD ist, dass trotz der betrieblichen Nutzung das Endgerät im Eigentum des Arbeitnehmers bleibt. Anders als bei einer Miete oder Leihe bleibt neben dem Arbeitgeber der Arbeitnehmer weiterhin zur privaten Nutzung des Endgeräts berechtigt. Zudem ist nur der Arbeitnehmer zur Nutzung des Gerätes zu betrieblichen Zwecken berechtigt (*Arning/Moos/Becker*, CR 2012, 592). Aus der besonderen Interessenlage im Arbeitsverhältnis ergibt sich, dass BYOD nicht als selbstständiger Vertrag begriffen werden kann, sondern als Ergänzung des Arbeitsvertrags zu sehen ist (*Kremer/Sander*, ITRB 2012, 275). Möglich ist es, Teile dieser Nutzungsvereinbarung in eine BYOD-Richtlinie auszulagern, die sodann zum Bestandteil der Nutzungsvereinbarung gemacht wird. Als „Gegenleistung" für die Erlaubnis hat der Arbeitnehmer in Bezug auf sein Endgerät eine Reihe von Einschränkungen seiner ihm durch § 903 BGB gewährten Eigentümerfreiheiten für die Laufzeit der Nutzungsvereinbarung zu versprechen (§§ 2 bis 5; → Anm. 4 ff.). Deshalb kann BYOD nicht einseitig durch Ausübung des Direktionsrechts angeordnet (*Zöll/Kielkowski*, BB 2012, 2625) oder mit Wirkung für und gegen alle Arbeitnehmer allein über eine Betriebsvereinbarung eingeführt werden (→ Anm. 20). Weil die Nutzungsvereinbarung für sich betrachtet ein Ergänzungsvertrag zu dem zwischen den Parteien bestehenden Arbeitsvertrag ist, muss sie den für den Arbeitsvertrag vorgesehenen Formvorschriften genügen. Plant der Arbeitgeber die Einführung von BYOD, ist der Betriebsrat gem. § 87 Abs. 1 Nr. 1 BetrVG (*Conrad/Schneider*, ZD 2011, 153) und gem. § 87 Abs. 1 Nr. 6 BetrVG (→ Anm. 20) in die Planung einzubeziehen und zu beteiligen (Hilfestellung für die strategische Entscheidung: Überblickspapier des BSI zu „Consumerisation und BYOD", https://www.bsi.bund.de/DE/Themen/ITGrundschutz/Ueberblickspapiere/Ueberblickspapiere_node.html).

2. Alleineigentum. Das Alleineigentum des Arbeitnehmers am Endgerät ist keine zwingende Voraussetzung für BYOD. Es wurde jedoch im Muster zur Voraussetzung gemacht, weil damit Folgefragen und Probleme vermieden werden, die etwa

Kremer/Sander

aus einem Miteigentum von Ehe-/Lebenspartnern entstehen würden. Die uneingeschränkte Verfügungsbefugnis des Eigentümers ist in der Regel auch erforderlich, um dem Arbeitgeber hinreichende Berechtigungen am Endgerät einräumen zu können, damit dieser seine Pflichten aus Art. 32 Abs. 1 DS-GVO zur Gewährleistung der Sicherheit der Verarbeitung erfüllen kann. Mit der BYOD innewohnenden Vermischung von Privatem und Betrieblichem geht stets eine Risikoerhöhung für den Schutz von Geschäfts- und Betriebsgeheimnissen sowie den Umgang mit personenbezogenen Daten einher, die auch durch diese Nutzungsvereinbarung nicht vollständig neutralisiert wird (zu Problemen juristischen Geheimnisschutzes *Ohly*, GRUR 2014, 1).

3. Festlegung des Endgeräts. Die Nutzungsvereinbarung verzichtet bewusst darauf, dem Arbeitnehmer die Nutzung beliebiger Endgeräte für betriebliche Zwecke zu gestatten. Das liefe den Interessen und datenschutzrechtlichen Verpflichtungen des Arbeitgebers zuwider, der anderenfalls die von ihm nach Art. 32 Abs. 1 DS-GVO auch wegen der privaten Endgeräte zu treffenden technischen und organisatorischen Maßnahmen auf alle denkbaren Kombinationen von Endgeräten und Betriebssystemen ausrichten müsste. Die Vereinbarung muss an dieser Stelle präzise die Geräte bezeichnen (nach Hersteller, Typbezeichnung, Betriebssystemversion), deren Nutzung zu betrieblichen Zwecken erlaubt werden soll. Mit Blick auf § 4 würde sonst auch dem sachenrechtlichen Bestimmtheitsgebot (MüKo/*Oechsler*, BGB, § 929 Rn. 6) nicht genügt.

4. Dritte. Anders als bei vom Arbeitgeber gestellten Betriebsmitteln ist dem Arbeitnehmer nicht zuzumuten, dass das in seinem Eigentum stehende Endgerät auch durch andere Arbeitnehmer zu betrieblichen Zwecken benutzt wird (→ Anm. 1; *Arning/Moos/Becker*, CR 2012, 592). Sonst würde die Möglichkeit des Arbeitnehmers zur privaten Nutzung seines Eigentums über Gebühr eingeschränkt, was ein Verstoß gegen § 307 Abs. 2 Nr. 1 i. V. m. § 903 S. 1 BGB wäre. Anderseits ist nur der Arbeitnehmer beim Arbeitgeber angestellt, nicht auch dessen Familie oder andere potentielle Mitnutzer des Endgeräts. Weil Mitnutzer des Endgeräts neben dem Arbeitnehmer die Risiken für Datenschutz und Geheimnisschutz zu Lasten des Arbeitgebers weiter erhöhen, knüpft die Nutzungsvereinbarung die Berechtigung zur Nutzung des Endgeräts für betriebliche Zwecke an den Verzicht zur Überlassung des Endgeräts zur weiteren privaten Nutzung an Dritte (*Kamps*, ArbRB 2013, 350). Für Haushaltsangehörige kann eine Ausnahme vorgesehen werden, die jedoch Risiken für den Arbeitgeber mit sich bringt (→ Anm. 15).

5. Trennung von Privatem und Betrieblichem. Ohne eine Trennung von betrieblichen und privaten Inhalten auf dem Endgerät stünde die Einführung der für BYOD erforderlichen technischen und organisatorischen Maßnahmen nach Art. 32 Abs. 1 DS-GVO vor erheblichen Schwierigkeiten. Sämtliche Maßnahmen würden dann auch private Inhalte des Arbeitnehmers betreffen und hätten damit eine ungleich höhere Eingriffsintensität, was deren Rechtfertigung sowohl mit Blick auf das Datenschutzrecht als auch auf die Grenzen der Gestaltungsfreiheit einer solchen Nutzungsvereinbarung aus den §§ 305 ff. BGB deutlich erschweren würde. Der Begriff betrieblicher Inhalt ist sehr weit gefasst und erstreckt sich auch auf die vom Arbeitgeber auf dem Endgerät installierten Anwendungen. Die Trennung muss nicht zwingend physisch vorgenommen werden, sondern kann auch – abhängig vom Betriebssystem des Endgeräts und der einzusetzenden Anwendungen – durch Verwendung verschiedener Benutzerkonten oder Virtualisierungstechniken herbeigeführt werden.

6. Datenvermeidung auf dem Endgerät. Der Verzicht auf lokale Verarbeitungen personenbezogener Daten und betrieblicher Informationen auf dem Endgerät dient als technische Schutzmaßnahme i. S. d. Art. 32 Abs. 1 DS-GVO (→ Anm. 20) der Datenvermeidung. Eine denkbare Lösung wäre z. B. der Zugriff mittels eines VPN-Tunnels auf einen Terminalserver beim Arbeitgeber (BlnDSB, TB 2012, S. 37). Alternativ kommt in Betracht, insbesondere für die Nutzung der betrieblichen E-Mail-Adresse und betrieblicher Kontakte auf dem Endgerät, dass personenbezogene Daten und betriebliche Informationen auf dem Endgerät gespeichert werden dürfen, sofern dies ausschließlich verschlüsselt erfolgt und Verarbeitungsprozesse in einer isolierten, abgekapselten Laufzeitumgebung (Virtualisierung, → Anm. 5) ausgeführt werden. Diese Festlegung obliegt allein dem Arbeitgeber als Verantwortlichem. Wird eine lokale Verarbeitung zugelassen, sind ergänzende Maßnahmen wie etwa eine Fernlöschung (Remote Wipe, § 5 Abs. 4 des Musters) bei Nichtverfügbarkeit oder Verlust des Endgeräts erforderlich.

7. Zwecks betrieblicher Nutzung zu verwendende Software. Welche Anwendungen der Arbeitnehmer zu betrieblichen Zwecken zur Erfüllung seiner Arbeitspflicht zu verwenden hat, kann der Arbeitgeber qua Direktionsrecht einseitig vorgeben (zum Lizenzmanagement → Anm. 24). Gleiches gilt für die Anordnung, dass Passwörter nicht auf dem Endgerät gespeichert werden dürfen. Das betrifft insbesondere Funktionen wie „angemeldet bleiben" oder „Passwort merken". Im Falle des Verlusts eines Endgeräts wäre damit die durch das Passwort gewonnene Sicherheit entwertet (dazu z. B. BlnDSB, Umgang mit Passwörtern – Ratgeber zum Datenschutz 3, S. 2 ff.).

8. Vorbereitung von Auslandsaufenthalten. Derartige Vorbereitungen von Auslandsaufenthalten („Säuberungen") sind aus zwei Gründen erforderlich. Zum einen hat der Arbeitgeber das Risiko des Abflusses geheimhaltungsbedürftiger Informationen zu prüfen und bei Bedarf gegenzusteuern. Dies gilt insbesondere auch vor dem Hintergrund der am 5.7.2016 in Kraft getretenen Richtlinie 2016/943 über den Schutz vertraulichen Know-hows und vertraulicher Geschäftsinformationen (Geschäftsgeheimnisse) vor rechtswidrigem Erwerb sowie rechtswidriger Nutzung und Offenlegung, die bis zum 5.7.2018 in deutsches Recht umzusetzen sein wird (dazu *Kalbfus*, GRUR 2016, 1009). Darüber hinaus gibt es in verschiedenen Ländern Zollbestimmungen (etwa in Frankreich, vgl. z. B. https://heise.de/-1856839), die das Mitführen eines Gerätes mit verschlüsselten Inhalten, die nicht auf Aufforderung des Zolls entschlüsselt werden können, untersagen und sanktionieren (→ D. III.2. Anm. 11). Dies steht nicht im Zusammenhang mit den Art. 44 ff. DS-GVO zur Übermittlung personenbezogener Daten an Drittländer oder internationale Organisationen. Der Arbeitnehmer bleibt auch Teil des Verantwortlichen (Arbeitgeber), wenn er Reisen unternimmt, gleich ob ihn diese in EU/EWR oder Drittstaaten führen. Seine geographische Lokalisation ist datenschutzrechtlich irrelevant, so dass für die private oder betriebliche Nutzung des Endgeräts insoweit keine Sonderregeln zu beachten sind (→ D. III.3. Anm. 6).

9. Informationspflichten. Die hier ausformulierten Informationspflichten bestünden auch ohne konkrete Vereinbarung nach § 241 Abs. 2 BGB als ungeschriebene

Kremer/Sander

Nebenpflichten des Arbeitnehmers aus dem Arbeitsvertrag (BeckOK BGB/*Sutschet,* § 241 Rn. 77; Nomos Kommentar BGB/*Krebs,* § 241 Rn. 56). Die mitzuteilenden Informationen sind für den Arbeitgeber essentiell für die Risikobeurteilung hinsichtlich eines potentiellen Abflusses geheimhaltungsbedürftiger Informationen sowie den vom Arbeitgeber zu gewährleistenden Schutz personenbezogener Daten. Zudem kann der Arbeitgeber datenschutzrechtlichen Pflichten, z.B. der Meldepflicht bei Datenschutzverletzungen i.S.v. Art. 4 Nr. 12 DS-GVO nach Art. 33 DS-GVO bei der Aufsichtsbehörde, nur nachkommen, wenn er um den (potentiellen) Verlust personenbezogener Daten weiß. Weitere Informationspflichten des Arbeitnehmers aus § 241 Abs. 2 BGB werden durch die Vereinbarung nicht ausgeschlossen. Auf welche Art und Weise der Arbeitgeber zu informieren ist, sollte in der Nutzungsvereinbarung festgelegt werden. Hier kann etwa auf eine beim Arbeitgeber vorhandene Notfall-Hotline abgestellt oder eine Mitteilung in Textform (§ 126b BGB) an eine bestimmte E-Mail-Adresse vorgesehen werden.

10. Reparaturen und Ersatzbeschaffungen. Durch das bei BYOD beim Arbeitnehmer verbleibende Eigentum am Endgerät (→ Anm. 1) ist der Arbeitgeber gehindert, selbstständig das Endgerät zu reparieren. Ohne vertragliche Vereinbarung besteht auch keine Pflicht des Arbeitnehmers zur Reparatur des Endgeräts oder zur Beschaffung eines Ersatzgeräts bei Zerstörung oder Verlust. Der Arbeitgeber müsste deshalb ungeachtet der Einführung von BYOD im Fall der Nichtnutzbarkeit des privaten Endgeräts dem Arbeitnehmer ein Ersatzgerät stellen oder in Kauf nehmen, dass der Arbeitnehmer ohne sein Endgerät seine Arbeit nicht oder nicht wie mit dem Endgerät ausführen kann. Denn die Einführung von BYOD ändert nichts an der Verpflichtung des Arbeitgebers zur Bereitstellung der vom Arbeitnehmer benötigten Betriebsmittel, vgl. § 615 S. 3 BGB. Eine derartige Verpflichtung des Arbeitgebers zur Vorhaltung einer arbeitgeberseitigen Infrastruktur als Fallback-Lösung für BYOD wäre jedoch unwirtschaftlich und würde die Zielsetzung von BYOD konterkarieren. § 2 Abs. 7 des Musters, der den Arbeitnehmer in bestimmten Grenzen zur Reparatur verpflichtet, und § 7 Abs. 2 des Musters, der einen Aufwendungsersatzanspruch zu Gunsten des Arbeitnehmers vorsieht (→Anm. 23) sind im Zusammenhang zu betrachten. Grundsätzlich sind Reparaturkosten vom Eigentümer zu tragen. Steht die Beschädigung (ebenso Zerstörung oder Verlust) jedoch im Zusammenhang mit der betrieblichen Nutzung des Endgeräts, hat der Arbeitnehmer einen Anspruch auf Ersatz der Reparaturkosten gegen den Arbeitgeber entsprechend § 670 BGB bis zur Grenze des vollständigen Wertersatzes (Palandt/*Sprau,* BGB, § 670 Rn. 5). Dieser Aufwendungsersatzanspruch kann zwar durch Vertrag ausgeschlossen oder begrenzt werden (BAG, Urt. v. 14.10.2003 – 9 AZR 657/02, NJW 2004, 2036). Bei formularmäßiger Vereinbarung wäre eine solche Haftungsbegrenzung jedoch an § 307 Abs. 1 S. 1 BGB zu messen (im Einzelnen → Anm. 23).

11. Privatnutzung während der Arbeitszeit. Einerseits steht das Endgerät im Eigentum des Arbeitnehmers, so dass er es frei nach seinem Belieben nutzen darf. Andererseits ist die Pflicht zur Arbeitsleistung eine vom Arbeitnehmer während der Arbeitszeit zu erbringende höchstpersönliche Pflicht. Die im Muster vom Verbot der Privatnutzung während der Arbeitszeit formulierte Ausnahme ist geboten, um eine unangemessene Benachteiligung des Arbeitnehmers i.S.v. § 307 Abs. 2 Nr. 1 BGB zu vermeiden. Auch wenn die Ausnahme sprachlich schwerfällig klingt, ist sie nach hier vertretener Auffassung nicht intransparent i.S.v. § 307 Abs. 1 S. 2 BGB, denn sie

Kremer/Sander

entspricht dem Regelungsgedanken des § 616 S. 1 BGB. Die alternative Formulierung knüpft an eine ggf. zu einem derartigen Sachverhalt vorhandene Betriebsvereinbarung zur Privatnutzung betrieblicher Kommunikationsmittel an.

12. Klarstellung zur Arbeitszeit. Wird ein Endgerät zu privaten und betrieblichen Zwecken genutzt, führt dies zu einer unmittelbaren Überlagerung dieser beiden Lebenssphären des Arbeitnehmers. Gibt das Endgerät etwa ein akustisches Zeichen für den Eingang einer neuen Nachricht, ist für den Arbeitnehmer bis zum Lesen der Nachricht nicht ersichtlich, ob es sich um eine private oder betriebliche Nachricht handelt. § 5 Abs. 1 ArbZG schreibt jedoch strikt einzuhaltende Ruhephasen zwischen zwei Phasen der Arbeitszeit vor, wobei auch kurze dienstlich veranlasste Tätigkeiten (wie z.B. das Lesen einer neuen betrieblichen Nachricht) als Arbeitszeit bewertet werden und damit die Ruhephase unterbrechen. Deshalb muss vertraglich die Einhaltung des ArbZG sichergestellt werden (*Arning/Moos/Becker*, CR 2012, 592). Um Konflikte mit dem ArbZG zu vermeiden, könnte der Arbeitgeber zusätzlich zu der im Muster vorgesehenen organisatorischen Maßnahme den betrieblichen E-Mail-Dienst im Rahmen einer technischen Maßnahme so konfigurieren, dass dieser zu bestimmten Zeiten eingehende Nachrichten nur verzögert an den Account des Arbeitnehmers weiterleitet. Ein Mitbestimmungsrecht des Betriebsrates gem. § 87 Abs. 1 Nr. 2, 3 BetrVG ist bereits nach dem Wortlaut der Norm nicht gegeben, wenn mit der Einführung von BYOD die Arbeitszeiten nicht verändert werden.

13. Verbotene Software. Das Verbot der Installation bestimmter Anwendungen auf dem Endgerät ist eine organisatorische Maßnahme i.S.v.Art. 32 Abs. 1 DS-GVO, die ggf. durch ein Mobile Device Management (→ Anm. 20) technisch ergänzt werden kann. Derartige Maßnahmen müssen vom Arbeitgeber zum Schutz der in seiner Verantwortung verarbeiteten personenbezogenen Daten ergriffen werden. Anderenfalls hat der Arbeitgeber keine Kontrolle darüber, welche Anwendungen auf welche im Endgerät gegebenenfalls gespeicherten betrieblichen Inhalte zugreifen. So übermittelt etwa die beliebte Messaging-Anwendung WhatsApp mindestens die in der jeweiligen Kontakte-App gespeicherten Rufnummern vollständig an den Anbieter in den USA, während die zusätzlich beabsichtigte Weitergabe sämtlicher Metadaten zur Kommunikation auf WhatsApp an die Konzernmutter Facebook derzeit ausgesetzt ist (untersagt ohne Einwilligung der WhatsApp-Nutzer durch VG Hamburg, Beschl. v. 25.4.2017 – 13 E 5912/16). Eine sorgfältige Vorabkontrolle der auf den Endgeräten installierbaren Anwendungen ist deshalb unvermeidbar, sofern keine vollständige technische Abschottung von privaten und betrieblichen Inhalten vorgenommen wird (→ Anm. 5).

14. Änderungsvorbehalt für Anlage Software. Die vom Arbeitgeber nach Art. 32 Abs. 1 DS-GVO zu treffenden technischen und organisatorischen Maßnahmen unterliegen mit Blick auf die fortlaufende Entwicklung neuer Apps sowie die Entdeckung von Sicherheitslücken in vorhandenen Apps einem stetigen Wandel. Dem Arbeitgeber, der für die Rechtmäßigkeit der Datenverarbeitung die Verantwortung trägt, muss deshalb die Möglichkeit zustehen, die Anlage (vgl. → Anm. 13) inhaltlich zur Umsetzung der von ihm zu treffenden Maßnahmen anzupassen. Da es sich bei der Anlage um eine konkretisierende Leistungsbeschreibung handelt, deren Änderung gesetzlich zwingend vom Arbeitgeber vorzunehmende Maßnahmen absichert, handelt es sich bei dem Änderungsvorbehalt nicht um eine Klausel, die in Be-

Kremer/Sander

zug auf das Hauptleistungsversprechen des Arbeitnehmers (§ 4 Abs. 1 des Musters, s. u. Anm. 16) die geschuldete Leistung „abweichend" vom Gesetz einschränkt, ausgestaltet oder modifiziert. Sie unterliegt daher keiner AGB-Kontrolle (BGH, Urt. v. 15.11.2007 – III ZR 247/06, NJW 2008, 360, Rn. 18).

15. Verbot der Datensicherung. Abgesehen davon, dass sich der Arbeitnehmer bei Datensicherungen von betrieblichen Inhalten unter Beteiligung eines Dritten gem. § 17 Abs. 1 UWG strafbar machen kann (→ C.VII.3.), ist zu beachten, dass die betrieblichen Inhalte auch personenbezogene Daten enthalten können, für deren Verarbeitung der Arbeitgeber Verantwortlicher i. S. v. Art. 4 Nr. 7 DS-GVO ist. Eine Übermittlung dieser Daten an einen Ort außerhalb von EU/EWR ist, auch wenn dies nur zur Erstellung einer Datensicherung geschieht, in der Regel gem. Art. 44 S. 1 DS-GVO verboten, wenn der Verantwortliche nicht die Beachtung der besonderen Anforderungen der Art. 45 ff. DS-GVO für Übermittlungen in Drittländer sicherstellt. Dies kann für den Arbeitgeber ein bußgeldbewehrter Ordnungswidrigkeitentatbestand gem. Art. 83 Abs. 5 lit. c DS-GVO sein. Backups in der Cloud sollten deshalb wie hier vorgeschlagen grundsätzlich unterbunden werden.

16. Nutzung des Endgeräts durch Dritte. Mit der hier vorgeschlagenen Klausel übernimmt der Arbeitnehmer die schuldrechtliche Verpflichtung, jeden Dritten von der Nutzung des Endgeräts auszuschließen. Dies ist keine unangemessene Benachteiligung i. S. v. § 307 Abs. 2 Nr. 1 BGB, auch wenn hierdurch in die Verfügungsbefugnis des Arbeitnehmers als Eigentümer des Endgeräts aus § 903 S. 1 BGB eingegriffen wird. Einerseits ist die Einschränkung angemessen, weil sie für den Arbeitgeber zwecks Ermöglichung eines rechtskonformen Verhaltens unverzichtbar ist. Andererseits macht diese Klausel den Kern der Nutzungsvereinbarung aus, weil sie eine wesentliche Gegenleistung des Arbeitnehmers beschreibt. Daher dürfte sie als sog. Preisvereinbarung (der vom Arbeitnehmer zu zahlende Preis ist der Verzicht auf die Mitnutzung seines Endgeräts durch Dritte) ohnehin der AGB-Kontrolle nicht unterworfen sein (Palandt/*Grüneberg*, BGB, § 307 Rn. 46). Aufgrund familiärer Verbundenheit kann ein erhebliches Interesse des Arbeitnehmers daran bestehen, sein Eigentum auch den mit ihm in einem Haushalt lebenden Familienangehörigen zugänglich zu machen. Lässt sich der Arbeitgeber unter der Voraussetzung einer technisch wirksamen Abschottung betrieblicher Inhalte auf dem Endgerät darauf ein, ist der vorgesehene Zusatz mit aufzunehmen. Gleichwohl kann es zu rechtlichen Folgeproblemen kommen. Ungeklärt ist etwa die Frage der Strafbarkeit des Arbeitnehmers nach §§ 17, 18 UWG im Zusammenhang mit der Weitergabe eines Tablets oder Smartphones innerhalb der Familie zwecks gemeinsamer Nutzung vor dem Hintergrund, dass die Endgeräte bis heute (von Ausnahmen abgesehen) nicht mehr benutzerfähig sind und damit dem Arbeitnehmer gar keine Möglichkeit offensteht, Dritte von einem Zugriff auf seine betrieblichen Inhalte durch Konfiguration mehrerer Benutzer auf dem Endgerät auszuschließen. Im Regelfall dürfte eine Strafbarkeit zwar am Vorsatz scheitern (*Bierekoven*, ITRB 2012, 106), aber dies steht einem Anfangsverdacht und Ermittlungsmaßnahmen der Staatsanwaltschaft gegen den Arbeitnehmer nicht entgegen.

17. Besitzschutz zugunsten des Arbeitgebers. Das Endgerät des Arbeitnehmers ersetzt bei BYOD eigene Betriebsmittel des Arbeitgebers. Deshalb muss der Arbeitgeber ebenso wie bei eigenen Betriebsmitteln neben dem Arbeitnehmer in der Lage

Kremer/Sander

sein, gegenüber Dritten Besitzschutzansprüche i.S.d. §§ 861, 862 BGB geltend zu machen, um die bei Dritten befindlichen Endgeräte herausverlangen zu können. Eigene Besitzschutzansprüche des Arbeitgebers bezogen auf das Endgerät des Arbeitnehmers würden eigenen Besitz des Arbeitgebers voraussetzen, den dieser jedoch weder als Teilbesitz, Mitbesitz noch als mittelbaren Besitz durch BYOD erlangt. Physischen Besitz am Endgerät erlangt der Arbeitgeber am Endgerät nicht, was jedoch Voraussetzung für einen Mitbesitz wäre, denn allein an einem ideellen Teil einer Sache kann kein Mitbesitz bestehen (BGH, Urt. v. 10.11.1982 – V ZR 245/81, NJW 1983, 568). Eine Aufteilung des Endgeräts zur Ermöglichung von Teilbesitz des Arbeitgebers an einem abgrenzbaren Teil i.S.v. § 865 BGB ist praktisch nicht realisierbar. Mittelbarer Besitz wiederum würde verlangen, dass das Endgerät für die Dauer der Nutzungsvereinbarung an den Arbeitgeber übereignet würde (vgl. BGH, Urt. v. 11.6.1953 – IV ZR 181/52, NJW 1953, 1506; Urt. v. 19.1.1955 – IV ZR 135/54, NJW 1955, 499), was mit dem Charakteristikum vom BYOD, die Eigentumsverhältnisse nicht zu verändern, nicht in Einklang zu bringen ist. Der Interessenlage würde es entsprechen, in der Person des Arbeitnehmers unmittelbaren eigenen Mitbesitz und gleichzeitig unmittelbaren Fremdbesitz für den Arbeitgeber zu vereinen, der damit mittelbaren eigenen Mitbesitz erlangen würde. Ein derartiger ungleichstufiger Mitbesitz ist jedoch nicht möglich (BGH, Urt. v. 10.11.1982 – V ZR 245/81, NJW 1983, 568). Besitzschutzansprüche zugunsten des Arbeitgebers lassen sich deshalb nur dadurch erreichen, dass der Arbeitgeber durch den Arbeitnehmer wie im Muster vorgesehen ermächtigt wird, die Ansprüche des Arbeitnehmers selbstständig geltend zu machen (sog. Einziehungsermächtigung, vgl. Palandt/*Grüneberg*, BGB, § 398 Anm. 32).

18. Vertragliche Einschränkung der Verfügungsbefugnis. Damit die dem Arbeitgeber ausschließlich aufgrund der Nutzungsvereinbarung zustehenden Rechte am Endgerät des Arbeitnehmers nicht dadurch entzogen werden, dass der Arbeitnehmer das Endgerät in das Eigentum eines Dritten gibt oder sonst mit Rechten Dritter belastet, untersagt das Muster dem Arbeitnehmer jede Belastung des Eigentums an dem Endgerät oder dessen Übertragung auf einen Dritten. Etwaige unter Verstoß gegen dieses Verbot vorgenommene Verfügungen des Arbeitnehmers wären gleichwohl wirksam, weil ein derartiges vertragliches Verfügungsverbot nicht dinglich wirkt, § 137 BGB. Zuwiderhandlungen des Arbeitnehmers führen deshalb nur zu Schadensersatzansprüchen des Arbeitgebers und können ein Kündigungsgrund sein, wenn die mit der verbotswidrigen Verfügung einhergehende potentielle Offenbarung von Betriebs- und Geschäftsgeheimnissen oder Offenlegung personenbezogener Daten gegenüber einem Dritten i.S.d. Art. 4 Nr. 10 DS-GVO zu einem Vertrauensverlust beim Arbeitgeber führt.

19. Physischer Zugriff des Arbeitgebers auf das Endgerät. Damit der Arbeitnehmer sein Endgerät tatsächlich für den Arbeitgeber einsetzt und mit sich führt, ist eine entsprechende Pflicht des Arbeitnehmers als organisatorische Maßnahme i.S.v. Art. 32 Abs. 1 DS-GVO vertraglich zu begründen (ebenso Auer-Reinsdorff/Conrad/*Conrad*, § 37 Rn. 289). Anderenfalls könnte der Arbeitgeber mangels Zugriff auf das Endgerät die von ihm bei BYOD nach Art. 32 Abs. 1 DS-GVO zu treffenden weiteren technischen und organisatorischen Maßnahmen nicht realisieren (s.u. Anm. 20). Im Übrigen benötigt der Arbeitgeber Zugriffsmöglichkeiten auf das Endgerät, wenn bei ihm selbst Auditierungen und Prüfungen durch Aufsichtsbehörden oder Auftraggeber einer Auftragsverarbeitung i. S. v. Art. 28 DS-GVO durchgeführt werden. Die Beschränkung der Herausgabedauer auf die tägliche Arbeitszeit ist notwendig, um den Arbeitnehmer nicht durch den Entzug der privaten Nutzungsmöglichkeit außerhalb der Arbeitszeit unangemessen i. S. v. § 307 Abs. 2 Nr. 1 BGB zu benachteiligen (für eine längere Herausgabedauer bei Stellung eines Ersatzgerätes *Göpfert/Wilke*, NZA 2012, 765).

20. Mobile Device Management. Ohne die Berechtigung zur Administration des Endgeräts und der Installation arbeitgebereigener Anwendungen auf dem Endgerät bei gleichzeitiger Beschränkung der Administrationsrechte des Arbeitnehmers kann der Arbeitgeber seinen Pflichten aus Art. 32 Abs. 1 DS-GVO nicht nachkommen. Der Arbeitgeber ist für Verarbeitungen auf dem Endgerät zu betrieblichen Zwecken Verantwortlicher i. S. v. Art. 4 Nr. 7 DS-GVO, sodass es dem Arbeitgeber obliegt, Maßnahmen gem. Art. 32 Abs. 1 DS-GVO auch in Bezug auf das im Eigentum des Arbeitnehmers stehende Endgerät zu treffen (*Conrad/Schneider*, ZD 2011, 153; Hilfestellung zu den Maßnahmen: BITKOM e. V., Leitfaden – Bring Your Own Device https://www.bitkom.org/noindex/Publikationen/2013/Leitfaden/BYOD/130304-LF-BYOD.pdf). Das Eigentum des Arbeitnehmers an dem zur Verarbeitung personenbezogener Daten durch den Arbeitgeber genutzten Endgerät ändert nichts daran, dass der Arbeitnehmer auch insoweit Teil des Verantwortlichen (Arbeitgeber) bleibt und kein Dritter i. S. v. Art. 4 Nr. 10 DS-GVO oder Empfänger i. S. v. Art. 4 Nr. 9 DS-GVO ist. Im Verhältnis zum Arbeitnehmer handelt es sich mithin nicht um eine Übermittlung personenbezogener Daten an einen Dritten, sondern um eine interne Verwendung innerhalb des Verantwortlichen i. S. v. Art. 4 Nr. 2 DS-GVO (*Polenz* in: Kilian/Heussen (Hrsg.), Computerrechts-Handbuch, Kap. 138 Rn. 228 zum BDSG). Daher greifen die an Übermittlungen anknüpfenden Spezialvorschriften der Art. 45 ff. DS-GVO (→ Anm. 8) ebenso wenig ein, wie im Verhältnis von Arbeitgeber zu Arbeitnehmer eine Auftragsverarbeitung i. S. v. Art. 28 DS-GVO vorliegt (zum BDSG a. F. ebenso Auer-Reinsdorff/Conrad/*Conrad*, § 37 Rn. 283; a. A. *Koch*, ITRB 2012, 35; *Buchholz* in: Taeger (Hrsg.), IT und Internet, S. 841 (846 ff.)). Bei BYOD kann etwa eine Antivirus-Software, ein Dienst zur Ermöglichung von Fernzugriffen, ein Dienst zum regelmäßigen Backup betrieblicher Inhalte oder gleich eine Anwendung zum Mobile Device Management (MDM) zu installieren sein, die verschiedene Funktionalitäten in sich vereint (ausführlich zu möglichen Maßnahmen Auer-Reinsdorff/Conrad/*Conrad*, § 37 Rn. 296 ff.). Die Pflicht des Arbeitgebers, den Arbeitnehmer darüber zu informieren, welche Anwendungen installiert wurden, was für den Arbeitnehmer bei einem Ablaufen im Hintergrund nicht offenkundig sein muss, wurde vorsorglich zum Schutz des Persönlichkeitsrechts des Arbeitnehmers vorgesehen und steht im Zusammenhang mit der vom Arbeitnehmer ergänzend zum Abschluss der Nutzungsvereinbarung zu erteilenden datenschutzrechtlichen Einwilligung (s. u. Anm. 21). Die potentielle Geeignetheit der zu installierenden Anwendungen zur Überwachung des Arbeitnehmers löst ein Mitbestimmungsrecht des Betriebsrats gem. § 87 Abs. 1 Nr. 6 BetrVG aus. Eine solche Betriebsvereinbarung steht selbständig neben dieser Nutzungsvereinbarung, weil der Betriebsrat nicht über das Eigentum des Arbeitnehmers verfügen kann (→ Anm. 1, ausführlich zu den denkbaren Inhalten einer solchen Betriebsvereinbarung Auer-Reinsdorff/Conrad/*Conrad*, § 37 Rn. 327).

Kremer/Sander

21. Einwilligung i. S. v. Art. 6 Abs. 1 lit. a DS-GVO i. V. m. Art. 7 DS-GVO. Mit der Einführung von BYOD kommt es regelmäßig, etwa bei Nutzung einer Software zum MDM (vgl. Anm. 20) oder einer Befugnis des Arbeitgebers zum Fernzugriff auf das Endgerät des Arbeitnehmers, zu einer Verarbeitung personenbezogener Daten des Arbeitnehmers durch den Arbeitgeber. Soweit auch personenbezogene Daten des Arbeitnehmers aus dessen Privatsphäre betroffen sind, was regelmäßig der Fall ist, fehlt es zumeist an einem gesetzlichen Erlaubnistatbestand i. S. d. Art. 6, Art. 9 DS-GVO zugunsten des Arbeitgebers, so dass es insoweit für eine datenschutzgerechte Ausgestaltung von BYOD einer Einwilligung des Arbeitnehmers als Erlaubnistatbestand i. S. d. Art. 6 Abs. 1 lit. a DS-GVO i. V. m. Art. 7 DS-GVO bedarf. Diese lässt sich nicht abstrakt, sondern nur für den Einzelfall formulieren, und muss den Anforderungen gem. Art. 7 DS-GVO und § 26 Abs. 2 BDSG n. F. genügen. Von der Freiwilligkeit der Einwilligung durch den Arbeitnehmer dürfte dabei mit Blick auf § 26 Abs. 2 S. 2 BDSG n. F. regelmäßig auszugehen sein, da bei BYOD Arbeitgeber und Arbeitnehmer gleichgelagerte Interessen verfolgen. Wegen § 26 Abs. 2 S. 3 BDSG n. F. sollte die Einwilligung in der gesetzlichen Schriftform (§ 126 Abs. 1 BGB) eingeholt und als Anlage zur Nutzungsvereinbarung genommen werden. Der Bestand der Nutzungsvereinbarung kann vom Bestand der Einwilligung trotz des in Art. 7 Abs. 4 DS-GVO formulierten Kopplungsverbots abhängig gemacht werden. Denn wie oben ausgeführt ist die Einwilligung mangels gesetzlicher Erlaubnistatbestände zur Erfüllung der Nutzungsvereinbarung zu BYOD für den Arbeitgeber erforderlich. Für Informationen, die in den Schutzbereich des Fernmeldegeheimnisses fallen (§ 88 Abs. 1 S. 1 TKG; → C. VII.2.) ist zu beachten, dass das TKG insoweit die Möglichkeit einer Einwilligung nicht kennt (str.). Allerdings ist bei Verwendung einer SIM-Karte des Arbeitnehmers davon auszugehen, dass der Arbeitgeber hierdurch nicht zum Diensteanbieter von Telekommunikationsdiensten i. S. v. § 3 Nr. 6 TKG wird (so Auer-Reinsdorff/Conrad/*Conrad*, § 37 Rn. 292).

22. Entgelt für die Nutzung zu betrieblichen Zwecken. Die Einräumung der Nutzungsmöglichkeit am Endgerät des Arbeitnehmers ist für den Arbeitgeber ein Wirtschaftsgut, welches vom Arbeitgeber steuerrechtlich zu bewerten und ggf. zu berücksichtigen ist. Würde man anders als im Muster eine monatliche Vergütung des Arbeitnehmers vorsehen, wären dies Betriebsausgaben des Arbeitgebers, die der Arbeitnehmer als Einnahmen zu versteuern hätte (*Koch*, ITRB 2012, 35 (38)).

23. Aufwendungsersatz. Um als formularmäßige Vereinbarung der Inhaltskontrolle für allgemeine Geschäftsbedingungen nach § 307 Abs. 2 Nr. 1 BGB standzuhalten, muss die Pauschale so bemessen sein, dass sie folgende Kostenfaktoren und typische Risiken beim Arbeitnehmer abdeckt: durch die betriebliche Nutzung des Endgeräts entstandene Entgelte für Telekommunikationsleistungen (differenzierend *Arning/Moos/Becker*, CR 2012, 592), durchschnittlich zu erwartende Reparaturkosten oder Versicherungsprämien gegen Beschädigung, Verlust oder Zerstörung (etwa entsprechend dem Abschreibungswert oder marktüblichen Leasingraten; zum Zusammenspiel mit der Reparaturpflicht des Arbeitnehmers bei Beschädigung des Endgeräts → Anm. 10).

24. Lizenzmanagement. Für Anwendungen, die der Arbeitgeber gem. § 5 Abs. 3 auf dem Endgerät installiert und die der Arbeitnehmer zu betrieblichen Zwecken nutzt, werden regelmäßig ausreichende Nutzungsrechte vorliegen. Problematisch ist die

Kremer/Sander

Verwendung anderer Anwendungen auf dem Endgerät des Arbeitnehmers, etwa ein auf dem Endgerät vorinstalliertes Office-Paket, welches der Arbeitnehmer zu betrieblichen Zwecken nutzen will. Die Lizenzbedingungen können insoweit vorgeben, dass Anwendungen ausschließlich zu privaten Zwecken genutzt werden dürfen. Der Arbeitgeber hat ein erhebliches Interesse daran, dass der Arbeitnehmer durch die betriebliche Nutzung privater Anwendungen keine Urheberrechtsverletzungen begeht, weil der Arbeitgeber für diese verschuldensunabhängig gem. § 99 UrhG haften würde (Wandtke/Bullinger/*Bohne*, Urheberrecht, § 99 Rn. 2). Zudem machen sich Arbeitgeber, die BYOD realisieren, ohne sich der Lizenzierungsfrage anzunehmen, unter Umständen gemäß §§ 106, 108a UrhG als Teilnehmer oder täterschaftlich durch Unterlassen als Überwachergarant oder aus Ingerenz strafbar (*Herrnleben*, MMR 2012, 205). Dem tragen die §§ 2 Abs. 4, 8 Abs. 2 Rechnung. Ein vergleichbares Problem ergibt sich auch in anderem Kontext. Sofern das Endgerät zur Telekommunikation fähig ist (etwa Smartphones), hat der Arbeitnehmer zumeist auch einen Vertrag mit einem Telekommunikationsdiensteanbieter. Diese Verträge enthalten häufig Beschränkungen, wonach der Kunde die vom Telekommunikationsdiensteanbieter erbrachten Leistungen nur im jeweils vereinbarten Umfang nutzen darf. Auch insoweit kann eine betriebliche Nutzung ausdrücklich ausgeschlossen sein (*Imping/Pohle*, K&R 2012, 470). Durch die betriebliche Nutzung könnte der Arbeitnehmer demnach diesen Vertrag verletzen und sich schadensersatzpflichtig machen. Unter Umständen haftet der Arbeitgeber unmittelbar aus dem Gesichtspunkt der sittenwidrigen Schädigung i. S. d. § 826 BGB (BeckOK BGB/*Spindler*, § 826 Rn. 27), wenn er den Arbeitnehmer durch die Nutzungsvereinbarung über BYOD vorsätzlich zum Vertragsbruch verleitet.

25. Kündigungsfristen. Obwohl die Nutzungsvereinbarung eine Ergänzungsvereinbarung zum Arbeitsvertrag ist (→ Anm. 1), gelten für deren Kündigung weder das KSchG noch die arbeitsrechtlichen Kündigungsfristen. Diese Regelungen bezwecken ausschließlich den aus sozialen Gründen gerechtfertigten Bestandsschutz des Arbeitsverhältnisses. Demgegenüber ist das Schriftformerfordernis in § 623 BGB wegen der damit einhergehenden Warnfunktion auch für die Nutzungsvereinbarung zu berücksichtigen (vgl. § 10 Abs. 1). Zu beachten ist, dass dem Arbeitnehmer über den Widerruf seiner datenschutzrechtlichen Einwilligung i. S. v. § 6 im Zusammenspiel mit § 9 Abs. 2 faktisch ein jederzeitiges außerordentliches Kündigungsrecht zusteht. Ohne die als datenschutzrechtliche Rechtfertigung wirkende Einwilligung ist dem Arbeitgeber die Fortführung der Nutzungsvereinbarung nicht möglich.

5. Social-Media-Guideline

Der Umgang von Arbeitnehmern mit Social Media kann durch den Arbeitgeber mit unterschiedlichen Instrumenten beeinflusst werden. Um zu einer sinnvollen Ausgestaltung zu gelangen, sollte der Arbeitgeber sich zuvor auf seine Social-Media-Strategie festlegen. Hierfür ist das Muster keine Vorlage, dieses bildet vielmehr eine Social Media freundliche Strategie ab (Hilfestellung zur Strategiebildung *Silberkuhl* in: Schwartmann/Keber (Hrsg.), Social Media im Unternehmen, S. 12 ff.). Der Kern von Social Media ist die Diskussion über Sachthemen, also das Verbreiten von Inhalten und der anschließende Dialog hierüber. In Betracht kommt deshalb eine Verwendung von Social Media als Absatzkanal oder Recruitment-Option (weitere Bei-

Kremer/Sander

spiele siehe *Köhler* in: IDG Business-Media GmbH (Hrsg.), Social Media Management, S. 9). Heute wird Social Media von Arbeitgebern überwiegend für
Customer Care und das Monitoring der eigenen Marke, des eigenen Images und
des Wettbewerbs genutzt (*Felsenberg* in: BVDW e.V. (Hrsg.), Social Media Kompass 2013/2014, http://www.bvdw.org/medien/Social Media kompass-2013–
2014?media=5146, S. 18).
Teil der Social-Media-Strategie muss neben der eigenen, unternehmerischen Verwendung von Social Media eine eindeutige Positionierung des Arbeitgebers zu der
Frage sein, wie er zur privaten Verwendung von Social Media durch seine Arbeitnehmer steht. Die Einflussnahme hierauf ist Gegenstand dieser Social-Media-
Guideline. Grundsätzlich stehen dem Arbeitgeber für eine solche Einflussnahme sowohl für die betriebliche als auch für die private Nutzung von Social Media durch
die Arbeitnehmer verschiedene Instrumente zur Verfügung. Dies sind unverbindliche
Leitlinien, Weisungen im Rahmen des Direktionsrechts, individualvertragliche Vereinbarungen und kollektivrechtliche Regelungen (*Leist/Koschker*, BB 2013, 2229).
Dabei empfehlen sich stets umfassende Regelungen. Denn 78 % der Internetnutzer
in Deutschland sind in mindestens einem sozialen Netzwerk angemeldet, 67 % nutzen soziale Netzwerke aktiv (*BITKOM e.V.*, Soziale Netzwerke 2013 – Dritte, erweiterte Studie, http://www.bitkom.org/de/markt_statistik/64018_77778.aspx). Für
den Arbeitgeber sind die Gefahren dieselben, gleich zu welcher Zeit der Arbeitnehmer Social Media nutzt (während oder außerhalb der Arbeitszeit) und mittels wessen Hardware die Nutzung vollzogen wird (betriebliche oder private Endgeräte).
Deshalb ist die Nutzung von Social Media durch Arbeitnehmer stets ganzheitlich zu
betrachten und umfassend im Rahmen der rechtlichen Gestaltungsmöglichkeiten zu
beeinflussen.
Allerdings ist die persönliche Lebensgestaltung der Regelungsmacht des Arbeitgebers entzogen. Deshalb können dem Arbeitnehmer außerhalb seiner Arbeitszeit auf
Grundlage des Arbeitsvertrags keine verbindlichen Verhaltensregeln vorgeschrieben
werden (BAG, Beschl. v. 22.7.2008 – 1 ABR 40/07, NJW 2008, 3731). Auch kollektivrechtliche Regelungen entfalten ihre Wirkung nur im Betrieb, so dass auch die Be-
triebspartner oder Tarifparteien keine verbindlichen Regelungen für das Verhalten
von Arbeitnehmern in deren Freizeit treffen können. Es ist jedoch im Einzelfall zu
prüfen, ob ein Verhalten außerhalb der Arbeitszeit tatsächlich nur der „persönlichen
Lebensgestaltung" dient. Denn der Begriff des Betriebs ist nicht räumlich, sondern
funktional zu verstehen, sodass auch Verhalten in der Freizeit, etwa das Tätigen von
Investitionen oder nebenberufliches Engagement, durch mittelbare Auswirkungen
wie bei Interessenkollisionen Teil des betrieblichen Geschehens werden kann (BAG,
Beschl. v. 22.7.2008 – 1 ABR 40/07, NJW 2008, 3731; BAG, Beschl. v. 28.5.2002 –
1 ABR 32/01, NZA 2003, 166). Damit werden Teile des privaten Lebensbereichs
dem Arbeitsverhältnis zugerechnet, sodass sie der Regelungsmacht des Arbeitgebers
und damit auch kollektivrechtlichen Vereinbarungen zugänglich sind. Diese enge
Ausnahme kann allerdings nicht für generelle, an alle Arbeitnehmer gerichtete abstrakte Regelungen in Anspruch genommen werden, wie dies bei einer Social-Media-
Guideline der Fall ist. Wegen der privaten Nutzung von Social-Media-Angeboten
können Arbeitnehmer deshalb weder angewiesen werden, sich in bestimmter Weise
zu verhalten, noch hat der Arbeitgeber ein Recht auf Offenlegung der Korrespondenz, die über diesen Zugang geführt wird (*Oberwetter*, NJW 2011, 417; *Gab-
riel/Cornels*, MMR-Aktuell 2011, 316759). Bei einer ganzheitlichen Betrachtung

bleibt von den genannten Instrumenten also nur die unverbindliche Richtlinie als Regelungsinstrument.

Die Richtlinie im Muster soll Arbeitnehmern vor Augen führen, welche ihrer Verhaltensweisen zu welchen Reaktionen des Arbeitgebers führen kann, wobei es nur um die Ausübung der dem Arbeitgeber ohnehin aufgrund des Arbeitsvertrags und der gesetzlichen Regelungen zustehenden Rechte geht. Mit dieser gleichförmigen Rechteausübung gegenüber allen Mitarbeitern ist die Richtlinie einseitig zu Lasten des Arbeitgebers verbindlich. Wird etwa eine Abmahnung erst für den zweiten Verstoß gegen die Richtlinie und die Kündigung erst für den dritten Verstoß in Aussicht gestellt, bedarf eine sofortige fristlose Kündigung beim ersten Verstoß aufgrund des allgemeinen arbeitsrechtlichen Gleichbehandlungsgrundsatzes eines noch größeren Begründungsaufwands als ohnehin schon, wenn sie denn entgegen der Richtlinie überhaupt möglich ist. Diese Herangehensweise ist vergleichbar mit den Erwägungen zur Selbstbindung der Verwaltung bei Ermessensentscheidungen (Stelkens/Bonk/Sachs/*Sachs*, VwVfG, § 40 Anm. 104 ff.), die auf den verfassungsmäßigen Gleichbehandlungsgrundsatz zurückgehen.

§ 1 Warum eine Social-Media-Richtlinie und an wen richtet sie sich?[1]

(1) [Unternehmen] ist ein modernes Unternehmen mit modernen Mitarbeitern. Deshalb gehört für [Unternehmen] die Nutzung sozialer Netzwerke wie Facebook und Instagram sowie anderer Social Media wie Twitter genauso selbstverständlich zum Geschäftsbetrieb, wie sie für die meisten von Ihnen zu Ihrem Privatleben gehört. [Unternehmen] pflegt seine Profile durch eigens damit beschäftigte Mitarbeiter. Mit Ihren Kollegen, die diese Aufgaben wahrnehmen, haben wir arbeitsvertraglich spezielle Regelungen vereinbart.[2] Demgegenüber richtet sich diese allgemeine Richtlinie an alle Mitarbeiter von [Unternehmen].

(2) Wir wollen Ihnen mit dieser Richtlinie eine Hilfestellung geben, was Sie aus der Sicht von [Unternehmen] immer beherzigen sollten, wenn Sie Social Media nutzen.[3] [EVENTUELL ZUSÄTZLICH:] Die Hinweise gelten gleichermaßen für ihre privaten Tätigkeiten als auch im Einzelfall für die Nutzung von Social Media für die Zwecke von [Unternehmen].[4] [ENDE DES ZUSATZES] Dabei beschränken wir uns jedoch auf Hinweise für alltägliche Vorgänge in Social Media sowie besonders Wichtiges. Mit dieser Richtlinie werden Ihnen also keine neuen Pflichten auferlegt.

(3) [ENTWEDER:] Wir möchten Sie zunächst daran erinnern, dass eine Nutzung der Geräte und Internetverbindung von [Unternehmen] für private Zwecke und damit auch zur Nutzung von Social Media zu privaten Zwecken verboten ist. Daran wird durch diese Richtlinie nichts geändert. [ODER:] Für die nachfolgenden Hinweise kommt es nicht darauf an, ob Sie Social Media mit ihrem privaten Computer oder mit den Ihnen von [Unternehmen] an Ihrem Arbeitsplatz oder sonst zur Verfügung gestellten Geräten nutzen.[5] [ENDE DER ALTERNATIVE]

(4) Anlass für diese Richtlinie ist, dass es leider immer wieder vorkommt, dass von Mitarbeitern die Grenzen „reiner Privatsachen" überschritten werden. Während dies bei Beleidigungen und anderen Straftaten für alle Beteiligten meistens offensichtlich ist, ist z.B. die Grenze zu Verletzungen der allen Mitarbeitern obliegenden arbeitsvertraglichen Treue- und Geheimhaltungspflicht oft nicht eindeutig bestimmbar. Mit dieser Richtlinie wollen wir Sie auf rechtliche Risiken und Gefahren aufmerksam machen, damit Sie diese vermeiden können, um sich selbst und zugleich

Kremer/Sander

auch [Unternehmen] zu schützen, wovon Sie wiederum als Teil von [Unternehmen] profitieren.

§ 2 Die wichtigsten Spielregeln[6]

(1) Treuepflicht: Sie dürfen auch im privaten Bereich unsere Interessen als Ihr Arbeitgeber nicht beeinträchtigen. Vor allem darf der Ruf von [Unternehmen] nicht geschädigt werden. Direkte oder indirekte Bezugnahmen auf [Unternehmen] sollten Sie deshalb vermeiden. Bilder oder Texte aus dem privaten Bereich sind selbstverständlich nicht verboten, aber achten Sie hierbei bitte darauf, keinen erkennbaren Kontakt zu [Unternehmen] herzustellen. [EVENTUELL ZUSÄTZLICH:] Eine klare Trennung zwischen Beruf und Privatleben ist uns sehr wichtig.[5] [ENDE DES ZUSATZES] Zu vermeidende Beispiele: Diskreditierende oder peinliche Aussagen oder Bilder, die einen Bezug zu [Unternehmen] haben, z.B. Partybilder eines Teamleiters mit einem Logo von [Unternehmen] auf dem T-Shirt und Kommentaren wie „Wir saufen uns hier jeden Abend auf Kosten von […] die Hucke voll – wenn der das wüsste" oder „OMG, die Idioten von […] machen für Geld wirklich alles" oder „Mein Chef ist ein rassistischer Mistkerl, der den ganzen Tag ausländerfeindliche Witze reißt".

(2) Äußerungen im Namen von [Unternehmen]: Wie Sie wissen, dürfen Sie sich für [Unternehmen] in der Öffentlichkeit nur äußern, wenn Sie dazu ausdrücklich berechtigt sind. Deshalb sollten Sie immer Ihre Meinung als private Äußerung kenntlich machen, falls die Gefahr besteht, dass Dritte diese Äußerung als eine Äußerung von [Unternehmen] auffassen könnten. Wenn Sie zulässigerweise Angaben über [Unternehmen] machen, müssen diese der Wahrheit entsprechen.[3]

(3) Geheimhaltung: Auch außerhalb Ihrer Arbeitszeit müssen Sie Betriebs- und Geschäftsgeheimnisse von [Unternehmen] geheim halten; das gilt auch gegenüber Freunden und Familienangehörigen. Nicht der Geheimhaltung bedürfen nur solche Angaben, die mit [Unternehmen] im Zusammenhang stehen und die für jedermann offenkundig sind, z.B. weil in den Medien bereits darüber berichtet worden ist. Zu vermeidende Beispiele: Tweet mit dem Inhalt „Morgen fliegt Kollege XY raus – haha, der weiß noch nix davon" oder „Unser neues Produkt […] wird super!" nebst Produktabbildung mit noch geheimem Logo oder Abspeichern von individuellen Kundenverträgen in der „Cloud" anstatt auf unserem zentralen Server.

(4) Urheber- und Markenrechte: Texte, Fotos, Zeichnungen (auch Entwürfe) und Filmmaterial sind meistens durch das Urheberrecht geschützt. Eine Verwendung ist in der Regel nur mit vorheriger Zustimmung des Urhebers oder sonstigen Rechteinhabers (z.B. Verlag) zulässig. Ohne eine solche Zustimmung dürfen derartige Inhalte insbesondere nicht kopiert und/oder über Social Media öffentlich zugänglich gemacht werden. Auch die Verwendung von Logos, Firmennamen oder Produktbezeichnungen ist häufig nur nach vorheriger Zustimmung des Rechteinhabers möglich. Das gilt ebenso für Logos und Schriftzüge von [Unternehmen], die durch das Markenrecht geschützt werden.[5] Zu vermeidende Beispiele: Ein Mitarbeiter verwendet das Logo von [Unternehmen] als Teil seines Profilfotos auf Facebook.

(5) Recht am eigenen Bild: Bilder von anderen Personen dürfen normalerweise nicht ohne deren vorherige Zustimmung veröffentlicht werden. Eine Veröffentlichung ohne Zustimmung verletzt zwar nicht automatisch die Rechte von [Unternehmen], aber die der abgebildeten Person/-en. Zu vermeidende Beispiele: Foto von

der letzten Weihnachtsfeier, auf dem auch drei Kollegen Arm in Arm zu sehen sind, die in die Veröffentlichung des Fotos nicht eingewilligt haben.

(6) Datensicherheit:[7] Die Sicherheit personenbezogener Daten dient nicht nur dazu, dass [Unternehmen] dem geltenden Datenschutzrecht genügt, sondern schützt vor allem auch unsere geschäftlichen Interessen. Betriebs- und Geschäftsgeheimnisse müssen vor unberechtigten Zugriffen Dritter geschützt werden. Dies wird nahezu unmöglich, wenn diese Dritten sich Ihrer Profile bedienen und damit vortäuschen, Sie zu sein. Deshalb sollten Sie stets sichere Passwörter [EVENTUELL ZUSÄTZ-LICH:] entsprechend unserer Passwort-Richtlinie [ENDE DES ZUSATZES] verwenden und regelmäßig Ihre Passwörter abändern. Fragen hierzu beantwortet Ihnen gerne auch unser Datenschutzbeauftragter. Sie sollten niemals darauf vertrauen, dass sich hinter einem Profil, mit dem Sie gerade z. B. chatten, tatsächlich auch der Ihnen persönliche bekannte Freund steckt. Denn auch dessen Profil könnte von einem Dritten missbraucht werden. Tauschen Sie sich deshalb niemals mittels Social Media über geheimhaltungsbedürftige Themen aus, auch dann nicht, wenn Sie glauben, ihr Gegenüber (z. B. ein Arbeitskollege) würde das „Geheimnis" ja ohnehin selber auch kennen.

§ 3 Verstöße gegen Spielregeln

(1) Sie sollten wissen, dass die Pflichten, die den Spielregeln zu Grunde liegen, nicht automatisch enden, wenn sich unsere Wege trennen. Auch nach Beendigung eines Arbeitsverhältnisses können z. B. Treue- und Geheimhaltungspflichten fortwirken und deshalb können Sie auch dann noch dagegen verstoßen.[8]

(2) Es ist nicht unser Anliegen, auf jede Missachtung der Spielregeln in dieser Social Media Richtlinie mit einer Abmahnung oder gar einer Kündigung zu reagieren. Auch wenn dies im Einzelfall notwendig sein kann, wollen wir Sie nicht abschrecken, sondern ganz im Gegenteil ermutigen, Social Media zu nutzen.

(3) Weil Sie selbst ein Gefühl dafür bekommen sollen, was Social Media ist und was mit Social Media möglich ist, wollen wir Ihnen jede Angst nehmen, dass wir in Ihrem Verhalten nach Kündigungsgründen suchen. Wenn wir der Meinung sein sollten, dass Sie Spielregeln missachtet haben, werden wir (abgesehen von Fällen offensichtlicher und schwerwiegender Rechtsverletzungen) zunächst das Gespräch mit Ihnen suchen. Sollten Sie der Meinung sein, dass in einem bestimmten Social Media Angebot eine Geschäftschance für uns liegt, freuen wir uns, wenn Sie mit uns das Gespräch suchen. Über etwaige Belohnungen werden wir im Einzelfall entscheiden. In allen diesen Gesprächen, ob aus positivem oder negativem Anlass, wollen wir Ihnen auf Augenhöhe begegnen. Die Ergebnisse der Gespräche werden wir, mit Ihrem Einverständnis oder auf Ihren Wunsch ohne jeden Bezug zu Ihrer Person, im Kreise aller Mitarbeiter bekannt geben, damit alle von diesen Erfahrungen profitieren können.

(4) Darüber hinaus wollen wir Ihnen anbieten, dass Sie sich immer dann, wenn Sie selbst einen eigenen Verstoß gegen die Spielregeln feststellen, sich vertrauensvoll an uns wenden können. Auch dann, wenn Sie Fragen haben oder im Einzelfall unsicher sind, „was geht und was nicht geht", freuen wir uns, wenn Sie das Gespräch mit uns suchen. Bitte wenden Sie sich direkt an [Name, Kontaktdaten].

(5) Sollten Sie selbst in vorstehendem Sinne mit uns das Gespräch gesucht haben, werden wir dies in jedem Fall berücksichtigen. Da wir jedoch nicht abschätzen kön-

nen, wie ein Verstoß gegen diese Spielregeln im konkreten Fall aussehen wird und ob Sie gegebenenfalls im Einzelfall böswillig eine Straftat begangen haben, müssen wir darauf hinweisen, dass wir gegebenenfalls auch von arbeitsrechtlichen Sanktionsmitteln wie Abmahnungen und Kündigungen Gebrauch machen werden. Selbstverständlich erfolgt die Reaktion immer bezogen auf den konkreten Einzelfall; eine allgemeine Regel, wann eine Abmahnung oder eine Kündigung erfolgt, wollen und können wir nicht aufstellen.

§ 4 Zum Schluss

(1) Wie Sie sehen, wollen wir uns dem wachsenden Einfluss von Social Media auf die Gesellschaft und den damit bestehenden Möglichkeiten, uns im sozialen Netz ein Gesicht zu geben und das positive Bild von [Unternehmen] in die Internetöffentlichkeit zu transportieren, nicht verschließen. Wenn Sie Interesse haben, daran regelmäßig mitzuwirken oder Fotos, Geschichten von und über [Unternehmen] haben, die für eine Veröffentlichung geeignet sind, freuen wir sehr darüber. Bitte wenden Sie sich direkt an [Name, Kontaktdaten].

(2) Diese Social Media Richtlinie gilt nicht auf alle Ewigkeit. Wir freuen uns, wenn Sie Ihre Erfahrungen an uns weitergeben und wir die Spielregeln so im Lauf der Zeit nicht nur an Ihre und unsere Bedürfnisse, sondern auch an den technischen Fortschritt anpassen können. Für Anregungen und ein offenes Gespräch stehen wir deshalb jederzeit zur Verfügung.

Vielen Dank!

Anmerkungen

1. **Zweck der Richtlinie und Vorgehen bei der Einführung.** Für den Arbeitgeber ist das Eingehen einer Selbstbindung durch eine Social-Media-Guideline keinesfalls negativ. Durch die mit einer solchen Richtlinie einhergehende Sensibilisierung der Arbeitnehmer für Verhaltensweisen, welche diese selbst ggf. gar nicht als problematisch eingeschätzt hätten, in Verbindung mit dem Hinweis auf etwaige Sanktionen erreicht der Arbeitgeber eine positive Verhaltenssteuerung (*Braun*, NJ 2013, 104; *Köhler* in: IDG Business-Media GmbH (Hrsg.), Social Media Management, S. 55). Dies kann tatsächlich den Schutz der Interessen und Werte des Arbeitgebers erhöhen, ohne dass er sich durch eine Social-Media-Guideline neue Handlungsoptionen bei Rechtsverletzungen wie Rufschädigungen verschafft. Zur Erreichung dieser Ziele taugt die Richtlinie aber nur, wenn sie von den Mitarbeitern in der überwiegenden Mehrheit berücksichtigt wird. Daher muss sie mindestens leicht verständlich sein (*Diercks*, K&R 2014, 1).

Soweit die Richtlinie sich wie das Muster auf eine Selbstbindung des Arbeitgebers beschränkt und ansonsten keine eigenständigen Rechte und Pflichten begründet, sondern lediglich die geltende Rechtslage sowie die denkbaren Reaktionen des Arbeitgebers bei Zuwiderhandlungen beschreibt, unterfällt die Einführung einer solchen Richtlinie nicht dem Mitbestimmungsrecht des Betriebsrats (*Lützeler/Bissels*, ArbRAktuell 2011, 499). Ob im Übrigen ein Mitbestimmungsrecht des Betriebsrats besteht, ist abhängig von den konkreten Inhalten der Richtlinie und eine Frage des

Einzelfalls. Rechtsprechung ist hier bislang nicht ersichtlich. Abhängig von den Inhalten der Richtlinie kommen als Mitbestimmungstatbestände § 87 Abs. 1 Nr. 1, Nr. 3, Nr. 6 BetrVG und § 95 BetrVG in Betracht. Ungeachtet eines Mitbestimmungsrechts ist der Betriebsrat jedenfalls rechtzeitig und umfassend über die Einführung einer solchen Richtlinie zu informieren, vgl. § 80 Abs. 2 S. 1 BetrVG und gegebenenfalls auch § 102 Abs. 2, 3 BetrVG. Flankierend kann seitens des Arbeitgebers ein sog. Social-Media-Workshop unter Beteiligung der Arbeitnehmer durchgeführt werden (dazu *Köhler* in: IDG Business-Media GmbH (Hrsg.), Social Media Management, S. 240), welcher dem Arbeitgeber zudem wertvollen Input für Problemfelder und Formulierungen liefern kann.

2. Social-Media-Arbeit als Teil der Arbeitsleistung. Für die in § 1 Abs. 1 S. 2 des Musters angesprochenen Arbeitnehmer in Vertrieb, Marketing oder PR-Abteilung kann es zu den arbeitsvertraglich geschuldeten Aufgaben gehören, die auf das Unternehmen angelegten Profile in Social-Media-Angeboten zu betreuen. Die Zuweisung dieser Aufgabe zu einer bestimmten Abteilung im Unternehmen richtet sich nach dessen Social-Media-Strategie (→ Anm. 1, zum Beruf des Social Media Managers siehe *Pein*, Der Social Media Manager). Die Art und Weise der Aufgabenwahrnehmung bedarf sodann der gesonderten Festlegung durch den Arbeitgeber. Gehört es nach dem Anstellungsvertrag zu den Aufgaben des Arbeitnehmers, den Arbeitgeber in Social Media zu repräsentieren, etwa weil er ausdrücklich als „Social-Media-Manager" eingestellt wurde, kann der Arbeitnehmer die Anweisung, einen Account in einem bestimmten Social-Media-Angebot anzulegen und die dafür erforderlichen personenbezogenen Daten preiszugeben, nicht mit „Datenschutzbedenken" verweigern (BAG, Urt. v. 25.9.2013 – 10 AZR 270/12, ZD 2014, 154 m. Anm. *Hornung*). Sollen Arbeitnehmer mit Aufgaben betraut werden, die auch zur Einrichtung von Social-Media-Accounts für den Arbeitgeber führen können, sollte zuvor eine Zuordnung getroffen werden, wem diese Accounts gehören, damit auch eine rechtliche Zuordnung der unter dem Account verfügbaren Inhalte oder Follower möglich ist. Zu differenzieren sind insoweit privat genutzte Accounts, dienstlich genutzte Accounts und selbständige Unternehmens-Accounts (grundlegend BGH, Urt. v. 19.12.2002 – I ZR 119/00, GRUR 2003, 453). Wird eine solche Zuordnung nicht getroffen und „nimmt" ein Arbeitnehmer einen Social-Media-Account „mit", kann dadurch ein erheblicher wirtschaftlicher Nachteil für den Arbeitgeber entstehen, z. B. durch den Verlust langjährig aufgebauter Follower zu einem Twitter-Account. Allerdings setzen Schadensersatzansprüche gegen einen ausgeschiedenen Arbeitnehmer, der den Account „mitnimmt", die konkrete Bezifferung des Schadens voraus, was die Geltendmachung solcher Ansprüche in der Praxis meist verhindert (weiterführend *Hoffmann-Remy/Tödtmann*, NZA 2016, 792 m. w. N.), von prozessualen Fragen der Darlegungs- und Beweislast ganz abgesehen (ArbG Hamburg, Urt. v. 24.1.2013 – 29 Ga 2/13, BeckRS 2013, 68150).

3. Zeitliche Geltung der Richtlinie. Die im Muster formulierte Richtlinie gilt immer, adressiert aber im Wesentlichen das Verhalten des Arbeitnehmers außerhalb der Arbeitszeit. Denn während der Arbeitszeit ist zu arbeiten, nicht privat zu kommunizieren. Private Kommunikation während der Arbeitszeit, die über eine „verhältnismäßig nicht erhebliche Zeit" i. S. v. § 616 S. 1 BGB hinaus geht oder den durch Betriebsvereinbarung festgelegten Rahmen überschreitet, kann als Arbeitszeitbetrug gem. § 263 Abs. 1 StGB strafbar sein (ausführlich *Dörner/Vossen* in:

Kremer/Sander

Ascheid/Preis/Schmidt (Hrsg.), Kündigungsrecht, § 626 BGB, Rn. 285 ff.). Der Arbeitgeber kann zudem zur außerordentlichen Kündigung aus wichtigem Grund berechtigt sein (BAG, Urt. v. 6.9.2007 – 2 AZR 264/06, NJW 2008, 1097; LAG Niedersachsen, Urt. v. 31.5.2010 – 12 Sa 875/09, NJW 2010, 8).

4. Geltung der Richtlinie für Nutzungen zu bestimmten Zwecken. Im Muster wird wegen des hier gewählten ganzheitlichen Ansatzes (→ Anm. 1) nicht zwischen der Nutzung von Social Media zu betrieblichen oder privaten Zwecken differenziert. Die Nutzung zu betrieblichen Zwecken wird ergänzend durch die Arbeitsverträge mit den entsprechenden Arbeitnehmern konkretisiert (→ Anm. 2). Alternativ könnte man in der Richtlinie ein vollständiges Verbot der betrieblichen Nutzung durch arbeitsvertraglich nicht hiermit befasste Arbeitnehmer aussprechen. Dies erscheint auf den ersten Blick sinnvoll wegen der verschuldensunabhängigen Zurechnung vermeintlich privaten Handelns zum Arbeitgeber (z. B. nach § 8 Abs. 2 UWG bei unlauterer Werbung für den Arbeitgeber in einem privaten Facebook-Profil, LG Freiburg, Urt. v. 4.11.2013 – 12 O 83/13, MMR 2014, 118; Zurechnung einer vermeintlich neutralen Rezension zum Arbeitgeber, OLG München, Urt. v. 10.5.2012 – 29 U 515/12, MMR 2012, 534; siehe auch § 99 UrhG) oder drohenden Auseinandersetzungen bei Beendigung von Arbeitsverhältnissen (z. B. wegen der zukünftigen Berechtigung zur Nutzung eines bestimmten Social-Media-Profils, grundlegend *Ernst*, CR 2012, 276; *Hoffmann-Remy/Tödtmann*, NZA 2016, 792; zur Herausgabe oder Löschung von Kontakten in einem Social-Media-Profil ArbG Hamburg, Urt. v. 24.1.2013 – 29 Ga 2/13, BeckRS 2013, 68150). Allerdings führt selbst ein ausdrückliches Verbot der betrieblichen Nutzung als Regelung im Innenverhältnis zwischen Arbeitnehmer und Arbeitgeber wegen der zuvor angesprochenen verschuldensunabhängigen Zurechnung des Arbeitnehmerhandelns nicht zu einer Beschränkung der Haftung des Arbeitgebers im Außenverhältnis gegenüber Dritten, so dass die Vor- und Nachteile eines solchen Verbots wegen seiner (psychologischen) Wirkung auf die Arbeitnehmer sorgfältig abgewogen werden müssen. Zudem kann es gerade zur Social-Media-Strategie des Unternehmens (→ Anm. 1; → D. III.1. Anm. 8) gehören, dieses durch möglichst viele Mitarbeiter in Social Media repräsentieren zu lassen. Insoweit könnten individuelle private Profile mit erkennbarem Bezug zum Unternehmen geduldet oder sogar Arbeitnehmer gezielt ermutigt werden, in Social Media Flagge für den Arbeitgeber zu zeigen.

5. Nutzung von Social Media mittels bestimmter Endgeräte. Das Verbot der Nutzung betrieblicher Hardware zu privaten Zwecken ist die Ausgangslage, die durch diese Richtlinie nicht verändert werden soll. Wurde die private Nutzung betrieblicher Hardware aber durch das Unternehmen bereits im Einzelfall, durch Betriebsvereinbarung oder schlichtweg durch kollektive Duldung erlaubt, ist zur Vermeidung von Widersprüchen die alternative Formulierung zu wählen. Auf eine Differenzierung der Richtlinie nach der Art der Endgeräte oder deren eigentumsrechtlicher Zuordnung zu Arbeitgeber oder Arbeitnehmer (zu Bring Your Own Device, → D. III.4.) wurde verzichtet. Einen Mehrwert bietet eine derartige Differenzierung für den Arbeitgeber nicht.

6. Anpassung des Musters an individuelle Anforderungen. Soll das Muster an individuelle Anforderungen angepasst werden, sollten die in § 1 geregelten Themen (Anwendungsbereich, Adressatenkreis) erhalten bleiben. Ggf. sind Querverweise zwischen dieser Richtlinie und anderen Richtlinien oder Betriebsvereinbarungen im Unternehmen widerspruchsfrei herzustellen (*Diercks*, K&R 2014, 1), z.B. zur erlaubten Privatnutzung (→ D.III.1.) oder zu Bring Your Own Device (→ D.III.4.). Die „Spielregeln" in § 2 sind frei individualisierbar. Dies gilt nicht nur für die anzusprechenden Themen, sondern insbesondere auch wegen des gegenüber den Arbeitnehmern im Unternehmen üblichen Sprachgebrauchs (alternativ zum hier formulierten § 2 könnte etwa das komplette, im Imperativ formulierte Muster von *Weberndörfer/Zieger* in: Moos (Hrsg.), Datennutzungs- und Datenschutzverträge, S. 683ff. verwendet werden). Ggf. sind Selbstverständlichkeiten wie die gewünschten Umgangsformen anzusprechen (sog. Netiquette, vgl. z.B. *Solmecke*, Muster für Social-Media-Guidelines, http://www.wbs-law.de/internetrecht/muster-fuer-Social-Media-Guidelines-5718/). Die Formulierungen in § 3 zu den Folgen von Verstößen gegen die Richtlinie sind von zentraler Bedeutung für die beabsichtigte Steuerung des Verhaltens der Arbeitnehmer. Das Muster ist an dieser Stelle sehr zurückhaltend formuliert, weil das Ziel durch Aufklärung erreicht werden soll (*Köhler* in: IDG Business-Media GmbH (Hrsg.), Social Media Management, S. 55). Alternativ kann im Sinne einer Zielerreichung durch Abschreckung in § 3 deutlich drastischer formuliert werden, welches Instrumentarium an Sanktionen der Arbeitgeber nutzen wird. Dies bietet sich insbesondere an, wenn zuvor in § 2 die Mitarbeiter im Imperativ angesprochen werden. Auf § 4 mit der Aufforderung an die Arbeitnehmer zur Rückmeldung an den Arbeitgeber kann ersatzlos verzichtet werden, wenn im Unternehmen ein anderer Umgang gepflegt wird.

7. Datensicherheit. Die Pflicht des Unternehmens zur Vornahme der erforderlichen technischen und organisatorischen Maßnahmen i.S.d. Art. 32 DS-GVO kann nicht auf dessen Arbeitnehmer abgewälzt werden. Neben der Verarbeitung personenbezogener Daten durch die Arbeitnehmer bei der Nutzung von Social Media ist insbesondere auch auf den Schutz von Betriebs- und Geschäftsgeheimnissen zu achten (zur bis 2018 umzusetzenden Richtlinie 2016/943/EU zum Schutz von Geschäftsgeheimnissen *Kalbfus*, GRUR 2016, 1009; *Heinzke*, CCZ 2016, 179). Die Absicherung der privaten Profile der Arbeitnehmer liegt auch im Interesse des Unternehmens, weil ein sog. Identitätsdiebstahl bei einem Arbeitnehmer auch das Unternehmen bedrohen kann. Mit dem von Arbeitnehmern zu hegenden Misstrauen gegenüber ungeprüften Kontakten in Social Media ist zugleich das sog. Social Engineering (*Ann*, GRUR 2014, 12; Social Engineering als Angriffsvektor, BSI IT-Grundschutz-Kataloge, G 5.42; Warnhinweise des BKA zum CEO-Fraud, https://www.bka.de/SharedDocs/Downloads/DE/IhreSicherheit/CEOFraud.html) als ein wesentliches Instrument der Wirtschaftsspionage und Internetkriminalität angesprochen. Bei gefährdeten Unternehmen ist neben dem Hinweis in der Richtlinie eine umfangreiche Aufklärung und Schulung der Mitarbeiter im Erkennen und Umgang mit Angriffen via Social Engineering angezeigt. Hilfestellungen zur Prävention und im Ernstfall bieten die Verfassungsschutzbehörden der Länder, die von betroffenen Unternehmen eher angefragt werden, als dass Anzeigen bei den Strafverfolgungsbehörden erstattet werden. Aber auch dort haben sich die Behörden den neuen Bedrohungslagen angepasst. So verfügen die meisten Landeskriminalämter mittlerweile über zentrale Abteilungen, die häufig als Cybercrime-Kompetenzzentrum o.ä. betitelt sind und Spezialisten vorhalten, die ganzjährig rund um die Uhr erreichbar sind.

Kremer/Sander

8. **Nachwirkungen eines Arbeitsverhältnisses.** Das Arbeitsverhältnis kann wie alle Dauerschuldverhältnisse nach seiner Beendigung noch nachwirkende Verhaltenspflichten der ehemaligen Parteien mit sich bringen (dazu Formulare → C.VII.).

Kremer/Sander

IV. Löschkonzepte

Das Löschen von Altdaten und vor allem das diesbezügliche Erstellen und Umsetzen einer strukturierten Vorgabe, die die Bezeichnung „Konzept" verdient, wird in der Unternehmenspraxis oft immer noch stiefmütterlich behandelt.

Das Löschkonzept und speziell das Festlegen von konkreten Speicher- bzw. Löschfristen liegt im Spanungsfeld zwischen den grundsätzlich legitimen und teilweise auch gesetzlich vorgegebenen **Speicher- und Archivierungspflichten** einerseits und den gesetzlichen Vorgaben zur **Datensparsamkeit und Löschung** andererseits (Art. 5 Abs. 1 lit. c, Art. 17 f. DS-GVO; vgl. *Kühling/Klar,* ZD 2014, 506).

Neben dem dauerhaften Löschen gibt es auch die datenschutzrechtlichen Werkzeuge des **Anonymisierens** (welches anders als bislang durch § 3 Abs. 6 BDSG a. F. in der DS-GVO nicht mehr legaldefiniert ist), womit die Daten nicht mehr personenbezogen und damit dem Anwendungsbereich der DS-GVO entzogen sind (Art. 2 Abs. 1 i. V. m. Art. 4 Nr. 1 DS-GVO), des **Pseudonymisierens** (Art. 4 Nr. 5 DS-GVO) sowie der „**Einschränkung der Verarbeitung**" (Art. 4 Nr. 3 DS-GVO sowie ErwG 67 DS-GVO), was grob mit dem Sperren von Daten nach dem bisherigen § 3 Abs. 4 S. 2 Nr. 4 BDSG a. F. vergleichbar ist. Zu beachten ist jedoch, dass der bisherige Mechanismus, wonach eine (auch freiwillige) Sperrung von Daten Auswirkungen auf die Auskunfts- und Löschpflichten hatte, in dieser Form entfallen ist (zu Art. 15 DS-GVO Gola/*Franck,* DS-GVO, Art. 15 Rn. 34). Die datenschutzrechtliche Berechtigung zur Speicherung innerhalb gesetzlicher Aufbewahrungspflichten ergibt sich nun aus Art. 6 Abs. 1 S. 1 lit. c DS-GVO; daneben dürfte häufig ein berechtigtes Interesse nach lit. f stehen (→ § 2 mit Anm. 3 und 5).

Ein gutes Löschkonzept sollte mit verwandten Themen wie **Rollen- und Rechtekonzept**, Identity/Access Management und der Umsetzung der **weiteren Betroffenenrechte** (insbesondere Art. 15 ff. DS-GVO, wie die Rechte auf Auskunft, Berichtigung und Vergessenwerden, der Einschränkung der Verarbeitung sowie der Datenportabilität) abgestimmt sein.

Die Erstellung eines konkreten und wirksamen Löschkonzeptes umfasst folgende Schritte:

§ 1 Scope des beabsichtigten Löschkonzeptes

Bei einem neuen Projekt zur Erstellung eines Löschkonzeptes oder bei der Evaluation bestehender Löschprozesse sollte zunächst wohl überlegt sein, in welchem Umfang und in welcher Detailtiefe die Betrachtung erfolgen soll.[1] Hierbei sind das Ziel einer vollständigen Compliance und das praxisnahe Gebot eines risikoorientierten Ansatzes[2] miteinander abzuwägen.

§ 2 Abwägung von Lösch- und Aufbewahrungsinteressen

Eine Übersicht über die allgemeinen Aufbewahrungspflichten ist in der Anlage abgedruckt. Jedoch greift mit dem Ablauf der Aufbewahrungsfrist nicht automatisch eine Löschpflicht, da weiterhin ein berechtigtes Interesse an der Archivierung bestehen kann, um z. B. bei Rechtsstreitigkeiten auskunftsfähig zu sein.[3] Umgekehrt kann bei Massendaten von Endkunden teilweise schon vor Ablauf der gesetzlichen Aufbewahrungsfrist eine weitgehende Pseudonymisierung oder gar Anonymisierung durchgeführt werden.

Die Entscheidung, welche Daten nach welcher Frist gelöscht werden sollten, ist daher keine rein rechtliche Frage.[4] Sie sollte daher unter Einbeziehung der Geschäftsleitung, der „Datenowner" und der IT getroffen werden. Die Verantwortung für das Ergebnis ist aber letztlich vom Verarbeiter zu tragen (u. a. Accountability nach Art. 5 Abs. 2 DS-GVO).

Das frühere Sperren von Daten hat unter der DS-GVO als „Einschränkung der Verarbeitung" (Art. 4 Nr. 3 DS-GVO) für Daten aus Backups und für Daten, die gesetzlichen Aufbewahrungspflichten unterliegen, keine große Relevanz bzw. führt zu keiner besonderen Privilegierung.[5] Insofern ist es außer den in Art. 18 Abs. 1 DS-GVO genannten „Antragssachverhalten" bei neuen Löschkonzepten von keiner großen Bedeutung; jedoch ist bei der Validierung bestehender Löschkonzepte und generell bei der Vorbereitung auf die DS-GVO darauf zu achten, dass die neuen Regeln beachtet werden.

§ 3 Definition von Datenkategorien und ihren Aufbewahrungsfristen

Für den nach § 1 festgelegten Scope sind basierend auf dem Abwägungsergebnis aus § 2 nun Datenkategorien zu bilden, denen jeweils konkrete[6] Fristen für die Löschung und/oder für die Einschränkung der Verarbeitung i. S. d. Art. 4 Nr. 3 DS-GVO zugeordnet werden. Hierfür muss in der Regel bekannt sein, zu welchem Zweck die Daten gespeichert und anderweitig verarbeitet werden.

§ 4 Definition der für die Löschung Verantwortlichen

Nach der Festlegung der Lösch- und Sperrfristen muss konkret festgelegt werden, wer die jeweilige Löschung bzw. die Einschränkung der Verarbeitung (Art. 4 Nr. 3 DS-GVO) umzusetzen hat.[7] Die Löschung selbst kann manuell oder durch einen IT-gestützten Prozess automatisiert erfolgen.

§ 5 Einbettung in verwandte Themen

Ein gutes Löschkonzept sollte keine Insellösung darstellen, sondern abgestimmt sein mit oder idealiter eingebettet sein in Themen wie
1. den Umgang mit individuellen Löschanträgen durch betroffene Personen nach Art. 17 Abs. 1 DS-GVO, die jenseits der standardisierten ggf. automatisierten Prozesse behandelt werden müssen,
2. die Prozesse und Berechtigungen zu den weiteren Rechten der Betroffenen, insbesondere auf Auskunftserteilung, Berichtigung, Vergessenwerden, Einschränkung der Verarbeitung und der Datenportabilität (Art. 15 ff. DS-GVO) sowie der Erteilung von Auskünften an Polizei und Strafverfolgungsbehörden,[8]
3. ein Berechtigungskonzept (Rollen- und Rechtekonzept), das regelt, welche Personen Zugriff auf welche Daten haben.[9] Hierzu gehört auch ein funktionsfähiges Identity & Access Management (IAM), durch das z. B. sichergestellt wird, dass ausgeschiedenen Mitarbeitern automatisch Zutritts- und Zugangsrechte entzogen werden und bei Tätigkeits- oder Abteilungswechseln die Berechtigungen entsprechend geändert werden,

Koglin

4. die Einbindung in ein vollständiges Informationssicherheitskonzept, dass Berechtigungen und Löschungen auch bezüglich nicht-personenbezogener Informationen regelt,
5. rechtliche und technische Aspekte bezüglich der Frage, wann eine „echte" Löschung i. S. d. Art. 4 Nr. 2 DS-GVO erfolgt,[10]
6. die Dokumentation der Zwecke, zu denen Daten erhoben, gespeichert oder anderweitig verarbeitet werden, da deren Kenntnis eine elementare Voraussetzung für die Bewertung der Speicherfrist ist.

§ 6 Standards
Zur Wahrung der Compliance mit den gesetzlichen Löschungspflichten kann, wie generell bei der Datenschutz-Compliance, auf den Standard zu Compliance Management Systemen nach IDW PS 980 zurückgegriffen werden.[11] Zudem setzt DIN 66398 Leitlinien zur Entwicklung eines Löschkonzepts.[12]

Anlage: Rechtsgrundlagen und Aufbewahrungsfristen[13]

Kategorie	Maßgebliche Norm	Rechtliche Bewertung
Aufbewahrungspflicht für „Handelsbriefe"	§ 257 Abs. 1 Nr. 2–3, Abs. 4 HGB	Empfangene und Kopien versendeter „Handelsbriefe" müssen für sechs Jahre archiviert werden. Hierzu gehört ein Großteil der in Zusammenhang mit der Anbahnung und Ausführung von Verträgen geführten Korrespondenz einschließlich E-Mails und der Kommunikation durch Call-Center.[14]
Aufbewahrungspflicht für Bilanzen und Buchungsbelege	§ 257 Abs. 1, insb. Nr. 4, Abs. 4 HGB, § 238 Abs. 1 HGB	Bilanzen, Jahresabschlüsse und weitere datenschutzrechtlich meist weniger relevante Dokumente müssen zehn Jahre aufbewahrt werden. Die gleiche Frist gilt für Buchungsbelege i. S. d. §§ 257 Abs. 1 Nr. 4, 238 Abs. 1 HGB, die datenschutzrechtlich relevant sein können.
Aufbewahrung, weil Löschung unverhältnismäßig wäre (Backup u. a.)	offen	Die Regelungen der DS-GVO hierzu weichen deutlich von § 35 Abs. 3 Nr. 3 BDSG a. F. ab, wonach lediglich eine Sperrung erfolgen musste, wenn die Löschung gar nicht oder nur mit einem unverhältnismäßig großen Aufwand möglich war.

Anmerkungen

1. Vollständigkeit vs. Umsetzungsgeschwindigkeit. Sicherlich klingt es vernünftig, bei der Planung eines Löschkonzepts keine Lücken zuzulassen. Es besteht jedoch die Gefahr des Verzettelns. Denn vielleicht ist unerheblich, wie lange die Daten in einem speziellen Browser-Plugin gespeichert werden, wenn ohnehin nur der User bzw. der Mitarbeiter Zugriff hierauf hat. Daher erscheint es im Rahmen eines risikobasierten Ansatzes (→ A.III., insb. 5.) pragmatisch und auch sinnvoll, zunächst in überschaubarer Zeit ein zwar nicht vollumfängliches, aber zumindest solides Konzept auszuarbeiten.

2. Risikoorientierter Ansatz. Für ein solches risikobasiertes Vorgehen kann man sich grob an den Risiken durch Bußgelder, Imageschäden und Abmahnungen orientieren und den Fokus auf die Vermeidung von Meldungen an die Aufsichtsbehörde oder an die betroffene Person (Art. 33, 34 DS-GVO) sowie auf die Vermeidung von Bußgeldern legen. Bei letzterem ist auch Art. 83 Abs. 2 DS-GVO zu berücksichtigen, der die Umstände für die Höhe eines etwaigen Bußgeldes skizziert. Eine Fokussierung dürfte regelmäßig auf besonders große und risikobehaftete Bereiche erfolgen wie User-/Kunden- und Arbeitnehmerdatenschutz, Daten aus Web-/App-Nutzung und ggf. auch Log-Dateien sowie die E-Mail-Speicherung.

3. Aufbewahrungsinteresse ohne Aufbewahrungspflicht. Ebenso kann bei Daten, für die keine formale Aufbewahrungspflicht aus HGB/AO besteht, für eine bestimmte Zeit ein berechtigtes Aufbewahrungsinteresse vorliegen. Anderenfalls wäre selbst die vorübergehende Speicherung und damit jegliche Verarbeitung von Daten, die nicht als Handels- und Geschäftsbriefe o. ä. (→ Anlage) zu qualifizieren sind, ausgeschlossen. Auch im Rahmen der Einholung von Werbeeinwilligungen und deren Nutzung bestehen umfassende Pflichten und Obliegenheiten zur Dokumentation und Speicherung von (Sekundär-)Daten. (→ I.I., § 3 und Anm. 13).

4. Verantwortung für die Entscheidung über Aufbewahrungsfristen. In der Praxis handelt es sich innerhalb des rechtlichen Rahmens letztlich um eine unternehmerische Abwägung, ob man durch (über-)strenge Vorgaben bei den Löschpflichten Diskussionen mit der Aufsichtsbehörde aus dem Weg geht, aber dafür andere Risiken wie Einschränkungen bei der Rechtsverfolgung in Kauf nimmt, oder ob ein anderer Weg gewählt werden soll (→ A.I.; → A.III.5.). Über die Pflicht zur Datenminimierung (Art. 5 Abs. 1 lit. c DS-GVO) und die Rechenschaftspflicht (Art. 5 Abs. 2 DS-GVO) sowie die den Löschanspruch umfassenden Betroffenenrechte kann im Falle eines Verstoßes gegen Löschpflichten nach Art. 83 Abs. 5 lit. a und b DS-GVO das höhere Bußgeld von bis zu 20 Mio. EUR bzw. 4 % des Vorjahres-Gesamtumsatzes verhängt werden.

5. Geänderte Bedeutung der „Einschränkung der Verarbeitung" gegenüber der früheren Sperrung. Siehe hierzu die Darstellung in der Einleitung zu diesem Teil sowie hinsichtlich des Auskunftsrechtes Gola/*Franck*, DS-GVO, Art. 15 Rn. 33 f.; zur kaum praktikablen Löschung von Daten in Backups Gola/*Gola*, DS-GVO, Art. 18 Rn. 3). Für nicht automatisierte Datenverarbeitungen besteht hinsichtlich der Löschung aus Archiven eine Vereinfachung durch § 35 Abs. 1 BDSG n. F., wobei die

Löschung durch die Einschränkung der Verarbeitung ersetzt werden kann. Diese Regelung gilt nach § 35 Abs. 3 BDSG n. F. „entsprechend" auch dann, wenn die Daten i. S. d. Art. 17 Abs. 1 lit. a DS-GVO für die ursprünglichen Zwecke nicht mehr gespeichert werden müssen, jedoch satzungsmäßige oder vertragliche Aufbewahrungsfristen der Löschung entgegenstehen. Sofern dieser § 35 Abs. 3 BDSG n. F. trotz der Einschränkung auf eine „entsprechend[e]" Geltung als Rechtsgrundverweisung (und nicht nur als Rechtsfolgenverweisung) verstanden wird, gilt auch diese nationale Privilegierung lediglich für nicht automatisierte Datenverarbeitungen, also Papierakten und Ähnliches.

6. Festlegung konkreter Fristen. Das Löschkonzept soll die Umsetzung der Löschung organisatorisch umsetzen und zugleich den Datenschutzbereich und seine Juristen dadurch entlasten, dass sie in Standardfällen nicht mehr befragt werden, weil die Umsetzung der Löschung an festgelegte Mitarbeiter delegiert oder direkt durch die IT automatisiert wird (zur Rationalisierung von Datenschutzthemen → E. I.). Daher müssen die Angaben zu Datenkategorien und Fristen so klar und eindeutig sein, dass jeder Mitarbeiter ohne Rückfragen versteht, wann Daten aus dieser Kategorie zu löschen sind. Falls in der Anweisung an ihn unbestimmte Formulierungen wie „nach Ablauf der gesetzlichen Aufbewahrungsfrist" oder „sofern keine längere Aufbewahrungsfrist einschlägig ist" enthalten sind, wird dieses Ziel verfehlt.

7. Festlegung der für die Löschung Verantwortlichen. Zunächst ist zu festzulegen, ob bezüglich der jeweiligen Datenkategorie die IT-Abteilung oder ein Fachbereich („Daten-Owner") zuständig sein soll. Dabei sind nicht einzelne Personen und Namen aufzuführen, sondern ihr Rolle. Es ist sicherzustellen, dass auch ein Vertreter oder Nachfolger von den Vorgaben erfährt und diese umsetzt. Zur Rechenschaftspflicht → A. I., zur Datenschutz-Compliance → A. II., zu entsprechenden organisatorischen Richtlinien → D. I. und II.

8. Weitere Rechte der Betroffenen. → F. II. bis VI.; zu polizeilichen Auskunftsverlangen → I. V.

9. Rollen- und Rechtekonzept in Verbindung mit Löschpflichten. Siehe exemplarisch für ein Rollen- und Rechtekonzept die Ausführungen zum Löschkonzept, einschließlich eines Rollen- und Rechtekonzepts, bei einem elektronischen Hinweisgebersystem für Compliance-Verstöße (→ A. IV. 5.).

10. Dauerhafte Löschung. Die „Löschung" wird in Art. 4 Nr. 2 DS-GVO nur als Form der Verarbeitung aufgeführt, aber in der DS-GVO – anders als im früheren BDSG, das dabei aber wiederum nicht der DSRL entsprach (siehe die Definition der Verarbeitung in Art. 2 lit. b DSRL) – nicht definiert. Es existiert auch kein Erwägungsgrund zur Erläuterung der Ziele des Verordnungsgebers. Aus der Differenzierung zwischen Löschen (der Information) und Vernichten (des körperlichen Datenträgers) wird teilweise geschlossen, dass an die Löschung keine zu hohen Ansprüche gestellt werden dürften (*Härting*, DS-GVO, Rn. 701; Gola/*Nolte/Werkmeister*, DS-GVO, Art. 17 Rn. 8). Im Wesentlichen wird man auf die bisherige Definition, also „das Unkenntlichmachen gespeicherter personenbezogener Daten" nach § 3 Abs. 4 Nr. 5 BDSG a. F., zurückgreifen können (Kühling/Buchner/*Herbst*, DS-GVO, Art. 17 Rn. 37; Gola/*Nolte/Werkmeister*, DS-GVO, Art. 17 Rn. 8). Nach einer anderen geläufigen Definition meint das Löschen die Unmöglichkeit, die zuvor in den Daten verkörperten Informationen wahrzunehmen. Dabei darf es nach erfolgreichem Löschen niemandem mehr möglich sein, diese Informationen noch wahrzunehmen (Kühling/Buchner/*Herbst*, DS-GVO, Art. 17 Rn. 37 m. w. N.).

Mit der rechtlichen Frage einhergehen die IT-seitigen Aspekte der wirksamen Durchführung einer Löschung auf Speichermedien und in Datenbanken. Häufig existiert lediglich für den Anwender eine Funktion des (vermeintlichen) Löschens, ohne dass die Daten technisch und irreversibel gelöscht werden. Siehe hierzu u. a. Arbeitskreis „Technische und organisatorische Datenschutzfragen" der Konferenz der Datenschutzbeauftragten des Bundes und der Länder, Orientierungshilfe Sicheres Löschen magnetischer Datenträger.

11. Datenschutz-Compliance und IDW PS 980. → A.II.3.

12. DIN 66398 und Vorkonzept. DIN 66398 trägt den Titel „Leitlinie zur Entwicklung eines Löschkonzepts mit Ableitung von Löschfristen für personenbezogene Daten". Sie beinhaltet kein fertiges und generell passendes Löschkonzept, sondern setzt die Rahmenbedingungen für die Erstellung eines individuellen Löschkonzeptes. Neben der offiziellen DIN existiert die gleichnamige Leitlinie von *Hammer/Schüler*, die u. a. vom Bundesministerium für Wirtschaft und Technologie gefördert wurde und nach Angaben der Autoren unter Mitarbeit von Unternehmen wie der Deutschen Bahn und TollCollect zur DIN 66398 weiterentwickelt wurde. Während die DIN-Norm kostenpflichtig erworben werden muss, ist die letztgenannte Leitlinie frei verfügbar: https://www.secorvo.de/publikationen/din-leitlinie-loeschkonzept-hammer-schuler-2012.pdf.

13. Gesetzesgrundlagen. Die gesetzlichen Aufbewahrungspflichten ergeben sich weitgehend gleichlautend aus § 257 HGB und § 147 AO; der besseren Lesbarkeit halber wird in der Tabelle lediglich auf das HGB verwiesen. Spezialnormen etwa aus dem Finanz- oder Sozialversicherungsrecht sind nicht berücksichtigt.

14. Sechsjährige Aufbewahrungsfrist für Handelsbriefe (einschließlich E-Mails). In der Regel ist die Aufbewahrung datenschutzrechtlich schon deutlich früher als bis zum Ablauf der sechsjährigen Aufbewahrungsfrist nicht mehr nötig, nämlich spätestens nach Ablauf von Gewährleistungs- oder Rückforderungsansprüchen. Teilweise kann aber auch ein Interesse an einer längeren Speicherung vorliegen, insbesondere um bei späteren Rechtsstreitigkeiten auskunftsfähig zu sein. Dieses Interesse kann auch Daten umfassen, die handels-/steuerrechtlich nicht als Handelsbriefe klassifiziert gelten und für die daher die Aufbewahrungspflicht aus § 257 HGB nicht gilt (→ Anm. 3; zu § 35 BDSG n. F. → Anm. 5; → I.I. § 3 und Anm. 13).

Koglin

E. Technische und organisatorische Datensicherheit

I. Überblick: Rationalisierung von Datenschutzthemen im Unternehmen

Dieses Kapitel beschreibt eine holistische **Methodik zur Effizienzsteigerung** der Datenschutzorganisation durch Rationalisierung gleichartiger Themenbereiche, wie u.a. Informationssicherheit, IT-Sicherheit und Datenschutz innerhalb der Aufbau- und Ablauforganisation eines Unternehmens. Anhand von Richtlinien zur Ermittlung von **Schnittmengen zu anderen Rollen und Funktionen im Unternehmen** werden im Themenkontext „Datenschutz" Tätigkeitsanalysen verglichen um Rollenüberdeckungen zu ermitteln. Diese Rollenüberdeckungen werden aus Parallelsträngen der Rollen und Funktionen innerhalb der Unternehmensinstitutionen (Abteilungen) zusammengeführt, um so unrationelle Arbeitsweisen zu vermeiden. Es wird in den Anmerkungen zu den Richtlinien aufgezeigt, wie eine praktische Umsetzung unter Anwendung der aufgezeigten Herleitungen erfolgen kann. Ausgehend von branchenspezifischen, wie auch übergreifend gültigen Gesetzesanforderungen und Regelwerken können gleichartige Tätigkeiten aus verschiedenen Rollen und Funktionen unter Anwendung der ganzheitlichen Methodik rationell und damit **betriebswirtschaftlich sinnvoll** betrieben werden.

Die in den folgenden Kapiteln ausgeführten Texte können jeweils als Muster den verantwortlichen Personen (z.B. Datenschutz-, IT- und Compliance-Beauftragte, Vorstände, Geschäftsführer) vorgelegt werden, um so die jeweilige Organisation des Bereiches zu koordinieren und überwachen zu können.

Begriffe und Terminologien werden erklärt, um ein einheitliches Verständnis zu gewährleisten. Diese Festlegung kann als Vorlage für die unternehmensweite Kommunikation verwendet werden um Begriffsverwechslungen entgegenzuwirken.

1. Methodischer Aufbau

§ 1 Begriffe

Compliance | Unter Compliance versteht man die Gesamtheit an rechtlichen, regulatorischen und organisatorischen Maßnahmen zur Erreichung eines ordnungsgemäßen Geschäftsbetriebes.

Informationssicherheit | Sicherheit und Schutz wirtschaftlich sensibler und wirtschaftlich vorteilhafter Informationen und Daten (Informationswert, Asset) wird unter dem Begriff Informationssicherheit zusammengefasst. Diese umfasst die Organisationsmaßnahmen (Aufbau- und Ablauforganisation) und

Müller

beinhaltet die Teilmenge IT-Sicherheit. Informationssicherheit wird irrtümlich auch als Informationsschutz oder Datensicherheit bezeichnet.

ISMS

Ein Informationssicherheits-Managementsystem (ISMS) ist mit seinem prozessorientierten Ansatz die Grundlage für die Ausrichtung hinsichtlich Informationssicherheit im Unternehmen. Ein Informationssicherheits-Managementsystem kann nach der ISO/IEC 27001 zertifiziert werden. Die ISO 27000-Normenreihe enthält sowohl Prüfkriterien wie auch Best-Practice-Vorschläge für Maßnahmen und die Implementierung des Managementsystems innerhalb der Unternehmensorganisation. Aktivitäten durchführende Ressourcen im Unternehmen werden als Prozess bezeichnet. Die prozessorientierte Betrachtung sieht Prozesse als Input für den Folgeprozess (Prozesskette). Wie bei allen Managementsystemen muss auch das ISMS in allen Hierarchieebenen eines Unternehmens implementiert sein und von Verantwortlichen betreut werden.

IT-Sicherheit

IT-Sicherheit meint die rein technische Sicherheit von IT-Systemen und -Infrastruktur zur Sicherstellung der Vertraulichkeit, Verfügbarkeit und Integrität. Teile der IT-Sicherheit sind beispielsweise der Einsatz einer Firewall oder eines Schadsoftwareschutzes (oft auch als Virenschutz bezeichnet).

Informationsschutz

Informationsschutz definiert den Schutz der IT-Systeme und der darin gespeicherten Informationen. Die Ermittlung des Schutzbedarfs[1] wird durch die Verantwortlichen für die Informationssicherheit ermittelt und festgelegt. Der Schutzbedarf für einzelne Informationen variiert nach Geschäftszwecke und Branche des Unternehmens.

Firmenwert

Der Firmenwert (auch Geschäfts-/Vermögenswert) bezeichnet im Rechnungswesen die immateriellen Vermögensposten[2] eines bilanzierenden Unternehmens. Firmenwerte sind demnach auch Stammkundschaft, gutes Management, rationelle Verfahren, Know-how und Anderes. Zum Zwecke der Bilanzierung (Bilanz) wird zwischen derivativem und originärem Firmenwert[3] unterschieden.

Informationswerte

Nach der ISO 27000-Normenfamilie[4] ist der Informationswert weitergehender als nur die Fest-

	legung in Wort, Schrift und Bild. Auch „immaterielle Informationsformen" wie Wissen, Ideen und Marken stellen in Verbindung mit Geschäftsprozessen, Systemen und Personal in einer digital vernetzten Welt organisationseigene Werte dar, die zu schützen sind.
Asset	Als Asset wird jede Ressource oder Fähigkeit eines Unternehmens bezeichnet. Auch das Management, die Organisation, Geschäftsprozesse, Wissen, Mitarbeiter, Informationen, Anwendungen, Infrastruktur und finanzielles Kapital sind Assets und stellen einen Firmenwert dar. Diese werden daher mitunter auch als Firmen- oder Unternehmens-Asset bezeichnet.
Datenschutz	Der Schutz personenbezogener Daten natürlicher Personen vor Verletzung der Persönlichkeitsrechte ist in der DS-GVO und dem BDSG[5] geregelt.
Datensicherung/Datensicherheit	Der Schutz der Hard-, Software, sowie der Daten und der Organisation vor Verlust, Zerstörung oder Missbrauch durch Unbefugte. Oft auch als Datensicherheit bezeichnet.
Rechenschaftspflicht	(engl. Accountability) Der Auftragnehmer ist gegenüber dem Auftraggeber zur Rechenschaft verpflichtet, der Verantwortliche gegenüber den Behörden. D.h. dass er dem Auftraggeber die maßgebenden Informationen seiner Tätigkeiten und Ausführungen aus dem Auftrag, den Status, den Zustand, die Risiken und weitere vertraglich vereinbarte Meldungen berichtet. Die Berichterstattung über die Einhaltung datenschutzrechtlicher Vorgaben hat als dokumentierte Information zum Nachweis schriftlich zu erfolgen um eine Nachvollziehbarkeit sicherzustellen. Eine Rechenschaftspflicht besteht aus Verträgen und deren Anlagen (z.B. Service Level Agreements), Gesetzen und allgemeinen Rechtsgrundsätzen.
Cyber-Security	Kunstwort aus den Begriffen Cyberspace (virtueller Raum, Synonym für das Internet) und Security (Sicherheit). Bedeutet die Absicherung gegen Gefahren aus dem Internet.
Stand der Technik	Der Begriff „Stand der Technik" findet sich in der aktuellen Gesetzgebung zunehmend angewendet. Das Bundesamt für Sicherheit in der Informationstechnik definiert ihn wie folgt: „Stand der Technik" ist ein gängiger juristischer Begriff. Die technische Entwicklung ist schneller als die

Müller

Gesetzgebung. Daher hat es sich in vielen Rechtsbereichen seit vielen Jahren bewährt, in Gesetzen auf den ‚Stand der Technik' abzustellen, statt zu versuchen, konkrete technische Anforderungen bereits im Gesetz festzulegen. Was zu einem bestimmten Zeitpunkt „Stand der Technik" ist, lässt sich zum Beispiel anhand existierender nationaler oder internationaler Standards und Normen von beispielsweise DIN, ISO, DKE oder ISO/IEC oder anhand erfolgreich in der Praxis erprobter Vorbilder für den jeweiligen Bereich ermitteln. Da sich die notwendigen technischen Maßnahmen je nach konkreter Fallgestaltung unterscheiden können, ist es nicht möglich, den „Stand der Technik" allgemeingültig und abschließend zu beschreiben. (BSI: https://www.bsi.bund.de/DE/Service/FAQ/IT-Sicherheitsgesetz/faq_node.html)

In der Methodik kommen die in der folgenden Grafik dargestellten Grundbegriffe zur Anwendung. Weitere Begriffe lassen sich diesen zuordnen und stellen somit Detailbereiche dar, deren Betrachtung bei der Methodik nachrangige Relevanz haben.

Datenschutz (DS)	• Schutz personenbezogener Daten gem. BDSG und EU-DSGVO
IT-Sicherheit (IT-S)	• technische Sicherheit der IT-Systeme
Informationssicherheit (IS)	• Schutz und Sicherheit wirtschaftlich sensibler und wirtschaftlich vorteilhafter Daten
Risiken	• finanzielle, organisatorische, technische Gefahren von innen und außen
Compliance	• Ordnungsgemäßer/rechtmäßiger Geschäftsbetrieb

§ 2 Zielsetzung

ITK-Infrastrukturen (Informations- und Telekommunikationstechnologie) sind für unsere gesamte Volkswirtschaft von existenzieller Bedeutung. Durch die zunehmende Vernetzung und Digitalisierung von geschäftlichen Prozessen werden die Verfügbarkeit, die Integrität von Daten und Prozessen sowie die Vertraulichkeit von Informationen zu einem immer wichtigeren Gut innerhalb der Geschäftstätigkeit aller Unternehmen.

Auf der anderen Seite haben in den letzten Jahren die Bedrohungen infolge von Computerkriminalität und Spionage bzw. Sabotage stetig zugenommen. Tagtägliche Cyber-Angriffe unterstreichen die Notwendigkeit für Cyber-Security.

In Folge der zunehmenden Komplexität der IT-Infrastrukturen ist der Betrieb der Anlagen und Systeme deutlich schwieriger und damit risikobehafteter geworden.

Es gilt wirtschaftliche, finanzielle und Image- Schäden durch geeignete Maßnahmen innerhalb eines integrierten, abgestuften Informationssicherheitskonzepts unter deutlicher Berücksichtigung des Datenschutzes[6] zu entwickeln, umzusetzen und einer ständigen Verbesserung zuzuführen.

Müller

§ 3 Einordnung der Begriffe

Die Methodik basiert auf der Einordnung der Grundbegriffe aus § 1 sowie deren gegenseitiger Abhängigkeiten und Zusammenhänge.

Die Gesamtheit an rechtlichen, regulatorischen und organisatorischen Maßnahmen zur Erreichung eines ordnungsgemäßen Geschäftsbetriebes beinhaltet als wesentlichen Baustein die Informationssicherheit. Kern der Methodik ist die Einordnung des Datenschutzes in die Informationssicherheit, denn auch personenbezogene Daten stellen wichtige schützenswerte Informationen im Sinne dieser Methodik dar. Wie zuvor beschrieben, ist die IT-Sicherheit die technische Absicherung der IT-Infrastruktur und deren Systeme. Hier besteht zwischen dem Datenschutz und der Datensicherung aus der Datenschutzgrundverordnung in Art. 5 lit. e und f DS-GVO (Grundsätze für die Verarbeitung personenbezogener Daten), Art. 24 DS-GVO (Verantwortung des für die Verarbeitung Verantwortlichen), Art. 25 DS-GVO (Datenschutz durch Technikgestaltung und durch datenschutzfreundliche Voreinstellungen), sowie Art. 32 DS-GVO (Sicherheit der Verarbeitung) eine deutliche Überschneidung, die sich nur durch unterschiedliche Begriffe, nicht durch ihre Anforderungen selbst unterscheidet. Eine Änderung der Rechtslage zum bisherigen § 9 BDSG mit Anlage ergibt sich also nicht. Die methodische Zusammenlegung bei der Umsetzung der Disziplinen: Informationssicherheit, IT-Sicherheit und Datenschutz birgt somit wesentliche Rationalisierungspotentiale bei Ressourcen und Kosten und führt zu Effizienzgewinnen innerhalb des Unternehmens.

Risiken finden sich dabei in allen Bereichen und haben eine hohe gegenseitige Abhängigkeit. Sind beispielsweise Berechtigungen für Personalsysteme in den IT-Applikationen nicht korrekt umgesetzt, können Daten von Unbefugten eingesehen werden, wodurch ein Gesetzesverstoß besteht und damit die Gesamtheit an rechtlichen, regulatorischen und organisatorischen Maßnahmen zur Erreichung eines ordnungsgemäßen Geschäftsbetriebes nicht mehr gegeben ist. Dieses Beispiel zeigt, dass die reine Betrachtung finanzieller und rechtlicher Risiken ohne Betrachtung der Informationssicherheits- und IT-Risiken nicht ausreichend ist. Risiken aus den Bereichen Informationssicherheit, IT-Sicherheit und Datenschutz müssen erfasst und bewertet in das übergeordnete Unternehmensrisikomanagement einfließen. Ohne diese zusammenhängende Risikobetrachtung werden Unternehmen immer wieder durch Datenschutzvorfälle oder Hackereinbrüche überrascht, da keine ausreichenden Risikobehandlungsmaßnahmen in den sensiblen und komplexen IT-Landschaften durchgeführt wurden.

Der zuvor beschriebene Zusammenhang zwischen der Informationssicherheit, der IT-Sicherheit und dem Schutz personenbezogener Daten wird auch in der Umsetzung internationaler Normen und Standard zunehmend deutlicher. Dies zeigen Normen wie die ISO/IEC 27018 aus der ISO/IEC 27000-Familie und die ISO/IEC 29100. Die ISO/IEC 29100:2011 ist eine internationale Norm, die ein Rahmenwerk zum Schutz personenbezogener Daten und Informationen (personally identifiable information, abgek. PII) bereitstellt. Dieser internationale Standard ist anwendbar für natürliche Personen und Organisationen die involviert sind in der Spezifikation, Beschaffung, Entwurf, Entwicklung, Test, Wartung, Verwaltung und Betrieb von Informations-und Kommunikationstechnologien, -systemen oder -dienstleistungen, die personenbezogene/beziehbare Daten und Informationen verarbeiten. In der Norm (derzeit nur in englischer und französischer Sprache verfügbar) befindet sich

Müller

eine Vergleichstabelle, die die zuvor beschriebene Vorgehensweise zur Rationalisierung festigt:

Matching ISO/IEC 29100 concepts to ISO/IEC 27000 concepts	
ISO/IEC 29100 concepts	ISO/IEC 27000 concepts
Privacy stakeholder („privat" Interessierter – Privatsphäre)	Stakeholder (interessierte Parteien)
Personally identifiable information -PII (personenbezogene Daten/Informationen)	Information asset (Informations-/Vermögenswert)
Privacy breach (Verletzung der Privatsphäre)	Information security incident (Informationssicherheitsereignis)
Privacy control (private Kontrollen, Maßnahmen)	Control (Kontrollen, Maßnahmen)
Privacy risk (Privatrisiken)	Risk (Risiken)
Privacy risk management (Privatrisikomanagement)	Risk management (Risikomanagement)
Privacy safeguarding requirements (Datenschutzsicherungsanforderungen)	Control objectives (Maßnahmen-Kontrollziele)
Quelle: ISO/IEC 29100:2011: Information technology – Security techniques – Privacy framework, Annex A, S. 20, 15.12.2011 (Übersetzung angelehnt an den im Buch verwendeten Sprachgebrauch)	

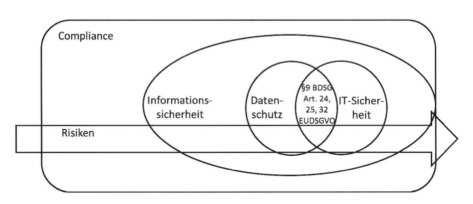

§ 4 Rechtliche Anforderungen

Am 25.7.2015 ist das Gesetz zur Erhöhung der Sicherheit informationstechnischer Systeme (IT-Sicherheitsgesetz)[7] in Kraft getreten. Mit dem Gesetz soll eine signifikante Verbesserung der Sicherheit informationstechnischer Systeme (IT-Sicherheit) in Deutschland erreicht werden. Darüber hinaus werden seitens der EU[8] durch die NIS-Richtlinie weitere Anstrengungen unternommen, IT-Sicherheit einzuführen. Auf der anderen Seite gibt es die DS-GVO, die in Bezug auf personenbezogene Daten konkrete Anforderungen stellt. Aufgrund des Inkrafttretens der DS-

Müller

GVO zum 25.5.2016 gilt für Verträge die vor diesem Zeitpunkt abgeschlossen wurden noch das BDSG. Die Umsetzungsfrist hat somit begonnen und erfordert die Umstellung von „Altverträgen" auf die DS-GVO. Verträge im Umsetzungszeitraum sollten also auf Basis der DS-GVO abgeschlossen werden. Die rechtlichen Anforderungen müssen, in Abhängigkeit zu Branche und Firmensitz, aus vielen verschiedenen Gesetzen zusammengetragen werden. Nur wer einen Überblick über die aktuellen gesetzlichen Bestimmungen hat, kann ein ganzheitliches Informationssicherheitskonzept erstellen und das Unternehmen rechtssicher schützen.

Wichtige Aspekte, die es in diesem Zusammenhang zu beachten gilt, sind haftungsrechtliche Aspekte, datenschutzrechtliche Anforderungen, steuerrechtliche und handelsrechtliche Anforderungen und das Urheberrecht (insbesondere Lizenzrecht). Aber auch gesellschaftsrechtliche Anforderungen aus AktG, GmbHG oder KonTraG, das IT-SiG (sofern das Unternehmen im Sinne der Rechtsverordnung betroffen ist) sind im Zusammenhang mit dem Aufbau eines Managementsystems zu beachten. Somit ist die „Compliance" im Unternehmen natürlich in erster Linie ein rechtliches Thema, auch wenn in vielerlei Hinsicht technische und organisatorische Aspekte dies beeinflussen.

§ 5 Organisatorische Anforderungen

Grundsätzlich sollte die organisatorische Maßnahme immer vor ihrer technischen Umsetzung stehen, da sie die Geschäftsabläufe des Unternehmens darstellt, die dann informationstechnisch abgebildet werden. Niedergelegt sind diese in Ordnungswerken, Anweisungen, Richtlinien, Betriebsvereinbarungen, Dienstvereinbarungen oder Konzepten, wie z.B. dem Notfallplan, einem Wiederanlaufplan, der Brandschutzordnung, der Schlüsselordnung, der Besucherordnung, der Arbeitsplatzordnung, der Datenschutzordnung, der Ordnung zum Datenträgertransport, der Ordnung zur Auftragsdatenverarbeitung, der Archivordnung sowie der Ordnung des zentralen Benutzerservice (Servicedesk/Helpdesk).

Um einen korrekten Betrieb von IT-Systemen sicher zu stellen, ist eine Dokumentation der Betriebsprozesse notwendig. Diese sollte unter anderem die Verarbeitung und Handhabung von Informationen, die Datensicherung (Backup), den Wiederanlauf von Systemen nach einem Ausfall, Anweisungen für die Fehlerbehebung, ein Notfallkonzept und die Systemwiederherstellung beinhalten.

Auch das Change Management muss geregelt und dokumentiert werden, da jede Veränderung an den Systemen eine erhebliche Auswirkung auf die Funktionsweise und die Sicherheit haben kann. Hier müssen Planung und Test von Änderungen, Bewertung der Auswirkungen, formeller Genehmigungsprozess für Änderungsvorschläge und evtl. Rücksetzverfahren („Rollbackszenarien") schriftlich geregelt und dokumentiert werden.

Erforderlich sind außerdem klar definierte Regeln und Prozesse in Zusammenarbeit mit Dienstleistern und externen Mitarbeitern. Besonders wichtig ist in diesem Zusammenhang auch die Vertragsgestaltung, die entsprechende Geheimhaltungsklauseln beinhalten sollte sowie ein Berechtigungskonzept nach dem Minimalprinzip.[9]

§ 6 Personelle Anforderungen

Einer der wichtigsten Faktoren in puncto Sicherheit ist der Mensch. Menschliches Fehlverhalten verursacht in Unternehmen einen Großteil der Schäden. Studien[10] zu-

Müller

folge sind zwischen 50 % und 80 % der Schäden an unternehmenskritischen IT-Systemen in einem Unternehmen auf Fehler eigener Mitarbeiter zurückzuführen. Die Gründe sind dabei vielfältig: Leichtsinn, Unachtsamkeit, Unwissenheit, Spieltrieb, Frustration und negative Motivation, kriminelle Motive, aber auch Übereifer spielen hierbei eine Rolle. Wichtige Maßnahmen sind die regelmäßige Schulung und Sensibilisierung der Mitarbeiter in fachspezifischen Themen (rund um den eigenen Arbeitsplatz), sowie in den Bereichen Informationssicherheit, IT-Sicherheit und Datenschutz. Auch hierbei ist es wichtig, maßvoll und angemessen vorzugehen, um eine Desensibilisierung der Mitarbeiter zu vermeiden.

Erfahrungsgemäß ist neben dem Anstellungsprozess auch auf den Wechsel- und Austrittsprozess von Mitarbeitern besonderes Augenmerk zu legen. Vor der Anstellung gilt es, den Bewerber im gesetzlich zulässigen Rahmen zu überprüfen. Arbeitsverträge sind sorgfältig zu fassen, Aufgaben und Verantwortlichkeiten schriftlich festzulegen und Schulungsmaßnahmen[11] zeitnah einzuleiten.

Während der Beschäftigung eines Mitarbeiters trägt das Management die Verantwortung für den Mitarbeiter. Das bedeutet für den hier interessierenden Kontext, dass Mitarbeiter aus- und fortgebildet (Qualifikation) und für Querschnittsthemen (wie z. B. Informations-, IT-Sicherheit und Datenschutz) sensibilisiert und geschult werden müssen.

Der mit Abstand kritischste Prozess ist die Beendigung der Anstellung. Hier zeigen sich in der Umsetzung oft massive Missstände bei der Rückgabe von Unternehmenswerten oder der Löschung von Zutritts-, Zugangs- und Zugriffsrechten. Der Umgang mit vertraulichen Personaldaten und die Verantwortung der Mitarbeiter für die Einhaltung der Informationssicherheit (Firmengeheimnisse) sowie der Umgang mit externen Mitarbeitern und Dienstleistern (Beaufsichtigung) ist ein integraler Bestandteil für den Fortbestand des Unternehmens. Dies zeigt sich in Vorfällen der vergangenen Jahre.[12]

§ 7 Infrastrukturelle Anforderungen

Die infrastrukturelle Sicherheit definiert Anforderungen an Sicherheitsbereiche wie Zutritts- und Zugangskontrollen, physischer Schutz von Büros, Räumen und Einrichtungen. Physischer Schutz gegen Feuer, Wasser, Erdbeben, Explosionen, zivile Unruhen und andere Formen natürlicher und von Menschen verursachter Katastrophen sollten vorgesehen und umgesetzt sein. Auch unterstützende Versorgungseinrichtungen müssen geschützt werden, was beispielsweise vorbeugende Maßnahmen gegen Stromausfälle in Rechenzentren, Server- oder Technikräumen beinhaltet. Es kann auch notwendig sein, die Verkabelung gegen Beschädigung oder Abhören zu schützen. Durch die zunehmende drahtlose Kommunikation gilt es, auch diese vorrangig mit einzubeziehen und drahtlose Netzwerke wie Bluetooth, Wireless LAN, GSM, UMTS, LTE und All-IP[13] nach dem Stand der Technik abzusichern.

§ 8 Technische Anforderungen

Die unterste Ebene bildet die Technik. Diese stellt unterstützende IT-Systeme vielfältiger Ausprägung bereit und sollte durch ausgebildete IT-Mitarbeiter betrieben werden. Die technischen Sicherheitsmaßnahmen sind Komponenten, Maßnahmen, Konfigurationen und Software, die eine Wahrung der Vertraulichkeit, Integrität und

Verfügbarkeit von Daten und Informationen sicherstellen. Technische Komponenten der IT-Sicherheit sind Firewalls, Clustersysteme, Spam-Filter oder Schadsoftwareschutz. All diese Systeme können nur implementiert und administriert werden, wenn klare Informationssicherheitsleitlinien und IT-Standards (i. S. v. Unternehmensstandards) vorliegen. Grundsätzlich gilt, dass zuerst die organisatorische Maßnahme konzeptioniert/definiert sein muss, bevor eine technische Umsetzung vorgenommen wird.

§ 9 Methodenanwendung

Zur Erreichung der Rationalisierungseffekte und des Effizienzgewinns ist eine Themenverknüpfung vorzunehmen und alle IT- und informationssicherheitsrelevanten Bereiche im Sicherheitskonzept des Unternehmens zu berücksichtigen. Dies schließt insbesondere den Datenschutz mit ein. Die Anwendung der Methodik führt bei konsequenter Umsetzung zu einer deutlichen Minimierung von Aufwänden und Kosten und stärkt in der Außendarstellung das Vertrauen der Kunden in das Unternehmen.

Ziel des integrierten Informationssicherheitsmanagements ist es, eine einheitliche Darstellung IT-sicherheitsrelevanter Fragestellungen im Unternehmen zu erzeugen. Die unternehmensweite Verantwortung für Informationssicherheit, IT-Sicherheit und Datenschutz ist für das gesamte Unternehmen in einer Institution[14] zu bündeln. Eine Ausweitung auf die Themen IT-Risikomanagement und IT-Compliance sollte bereits im Vorfeld des Aufbaus der Organisation aus Optimierungsgründen berücksichtigt werden.

Der Schutz personenbezogener Daten (Datenschutz) wird, was privatwirtschaftliche Unternehmen anbelangt, vornehmlich durch die DS-GVO geregelt. Diese Verordnung verpflichtet Unternehmen entsprechende Schutzmaßnahmen zu treffen. Der Schutz wirtschaftlich sensibler Daten und Informationen ist in branchenspezifischen Gesetzen ebenfalls geregelt. So ergibt sich etwa aus § 6a EnWG, dass die dort angesprochenen Unternehmen die Vertraulichkeit wirtschaftlich sensibler Informationen zu gewährleisten haben. Ungeachtet dessen entspricht es aber auch dem wirtschaftlichen Eigeninteresse eines jeden Unternehmens, die eigenen wirtschaftlich sensiblen und wirtschaftlich vorteilhaften Daten und Informationen gegen Kenntnisnahme durch Unbefugte zu sichern. Hierzu gehören neben Ideen, Konstruktionen und Patenten auch das Wissen und das Know-how der Mitarbeiter; geben diese doch dem Unternehmen entsprechende Marktvorteile gegenüber dem Wettbewerb.

Die Methodik wählt den ganzheitlichen Ansatz, wobei die Sicht auf die Informationssicherheit zu richten ist, in denen die Teilbereiche Datenschutz und IT-Sicherheit eingebettet sind. Die Datensicherung aus dem Datenschutz lässt sich auf diese Weise effizient in den technischen Teil der Informationssicherheit, die IT-Sicherheit integrieren (vgl. Grafik § 3). Zwischen IT-Sicherheit und der Datensicherung gibt es Gemeinsamkeiten, die optimiert und zwischen den Themenbereichen abgestimmt, umgesetzt und am Laufen gehalten werden müssen. Durch den Abgleich zwischen den Bereichen werden parallele Tätigkeiten und damit unnötige Kosten vermieden. Es gibt noch weitere Themen, die unter dem Dach der Informationssicherheit zusammengefasst werden können und so eine Kosten- und Ressourcen-Effizienz, sowie die Vermeidung von Reibungsverlusten ermöglichen: SAS 70[15] oder PS330.[16] Diese Prüfungsstandards finden Anwendung in der Jahresabschluss-

Müller

prüfung der Wirtschaftsprüfungsunternehmen, die das Unternehmen prüfen und den Jahresabschluss testieren. Auch hier werden beispielsweise Berechtigungskonzepte geprüft, um im Bereich des Rechnungswesens Rollenkonflikte und andere Betrugsmöglichkeiten (dolose Handlungen) ausschließen zu können.

Die Besonderheit der Methodik liegt also darin, dass einheitliche Maßstäbe für vergleichbar sensible Daten und Informationen eines Unternehmens angelegt werden, deren Sensibilität aus dem Geschäftszweck heraus beurteilt wird. Die Art der Daten und Information und deren Zuordnung zu einem Unternehmensbereich spielt hierbei eine nachgelagerte Rolle. Entscheidend ist die Zuordnung zum Geschäftsprozess und dessen Kritikalität im Unternehmen.

Dies gilt auch für das Risikomanagement. Berücksichtigt wird der Risikokontext finanzieller, organisatorischer und technischer Gefahren, die von innen wie auch von außen auf das Unternehmen einwirken. Durch die digitale Verarbeitung von massenhaften Informationen und der Möglichkeit der explosionsartigen Verteilung über das Internet können Imageschäden für Unternehmen schnell zu einem existenzbedrohlichen Risiko werden. Dieser Punkt wird bei der Betrachtung der Unternehmensrisiken oft unterschätzt.

Auch die Auswirkung von Vorfällen und Verstößen in den Bereichen Informationssicherheit, IT-Sicherheit und Datenschutz haben als Teil der Unternehmens-Compliance entsprechende Auswirkungen auf ein Unternehmen und dessen Management. Fehlende oder schwache Sicherheitsmaßnahmen in der IT strahlen auf das Gesamtgefüge aus und können Folgen[17] für die verantwortlichen Manager nach sich ziehen.

Das Entfernen einzelner Elemente aus der Methodik führt zu einem erheblichen Mehraufwand in Personal, Dokumentation und Abstimmung. Wird im Rahmen der Informationssicherheit der Themenschwerpunkt Datenschutz nicht beachtet, so müssen die nach Art. 30 DS-GVO technisch und organisatorisch umzusetzenden Maßnahmen zum Schutz personenbezogener Daten eigenständig behandelt werden. Hierbei handelt es sich in großen Teilen um IT-sicherheitsspezifische Anforderungen, die im Rahmen der IT-Sicherheit ebenfalls durchgeführt werden müssen. Allerdings gibt es bei der IT-Sicherheit noch weiterführende Anforderungen, die durch den Datenschutz nicht abgefragt werden. Es entsteht somit eine Kompetenzverwirrung, weil Datenschutzbeauftragter und IT-Sicherheitsbeauftragter jeweils mit unkonsolidierten Anforderungen an IT-Bereiche herantreten und die Umsetzung ihrer Maßgaben fordern. Die entsprechenden Strukturen müssen doppelt und aus unterschiedlichen Perspektiven gepflegt werden. Dies zeitigt weitere Folgen mit Blick auf die Dokumentationsanforderungen aus der DS-GVO. Zu erstellende Verzeichnisse der Verarbeitungstätigkeiten[18] müssen separat erarbeitet werden, obwohl an anderer Stelle im Unternehmen ähnliche Prozessbeschreibungen und Verfahrensabläufe bereits existieren. Eine aussagefähige Dokumentation kann somit aufgrund mangelnder Abstimmung zwischen den beteiligten Parteien nicht im erforderlichen Maß zur Verfügung gestellt werden. Derartige unbefriedigende Doppelstrukturen können häufig der durch die Organisation verursachten Silobildung, das heißt der separierten Zuordnung gesetzlicher Anforderungen an das Unternehmen, geschuldet sein. Ursächlich hierfür ist zumeist ein unzureichendes Interesse der Unternehmensleitung, denn das vordergründige Interesse liegt meist nur im offenkundigen Nachweis der Einhaltung der gesetzlichen Anforderungen zum Zweck der Außendarstellung.

Müller

Im Prinzip ist auch dies ein Versuch der Unternehmensleitung, die Verlagerung der eigenen Verantwortung zu erwirken, aber: Verantwortung ist nur in Grenzen delegierbar.

Gleiches gilt für prozessorientierte Anforderungen aus dem Datenschutz und der Informationssicherheit. Eine konsolidierte Ansicht auf organisatorische Fragestellungen, etwa hinsichtlich Zutritts-, Zugangs- und Zugriffsberechtigung[19] schont Ressourcen und nutzt die vorhandenen Kapazitäten optimal aus.

Wird der Datenschutz nicht im Rahmen der unternehmensweiten Compliance betrachtet, sondern als separate eigene Institution betrieben, vervielfacht sich der Aufwand aufgrund unterschiedlicher Ansätze gemeinsamer Themen. Hinzu kommt, dass durch die separate Risikobetrachtung einheitliche Maßnahmen kaum umsetzbar sind, da unterschiedliche Betrachtungsweisen im Risikokontext zu differierenden Umsetzungswegen führen. Die holistische Bearbeitung der genannten Themenbereiche stellt besonders in wirtschaftlich kritischen Zeiten einen Marktvorteil dar, da alle beteiligten Ressourcen optimal eingesetzt und effizient gesteuert werden können.

Die Grafik aus § 3 stellt die integrative Sicht der beschriebenen Methodik dar. Zwischen den Themenbereichen Datenschutz und IT-Sicherheit bilden die gesetzlichen Anforderungen aus Art. 30 DS-GVO eine große Schnittmenge. Diese hat den zuvor beschriebenen, größten Rationalisierungseffekt bei einer gemeinsamen Bearbeitung beider Bereiche im Unternehmen. Sowohl Datenschutz, als auch IT-Sicherheit stellen gleichermaßen auf die Sicherheit schützenswerter Informationen ab und bilden so eine Teilmenge der Informationssicherheit. Diese wiederum stellt sich als eine der wesentlichen Teilmengen eines ordnungsgemäßen Geschäftsbetriebes dar, ist also Teil der unternehmensweiten Compliance. Alle Disziplinen (Compliance, Informations-, IT-Sicherheit und Datenschutz) werden in ihrer Laufzeit (Bestandszeit des Geschäftsbetriebes) von Gefahren bedroht, die sich sowohl aus dem Inneren des Unternehmens, wie auch von außen ergeben können. Treffen diese Gefahren auf Schwachstellen und Sicherheitslücken in der Organisation oder der Technik, stellen sie ein Risiko dar. Diese Risiken müssen von den zuständigen Beauftragten identifiziert werden (wobei es immer auch nicht identifizierte/identifizierbare Risiken gibt). Alle Disziplinen haben den risikobasierten Ansatz der Risikoanalyse und Bewertung gefolgt von Gegenmaßnahmen (Risikomaßnahmenplan) zur Minimierung, Verlagerung oder Akzeptanz. Durch diesen ganzheitlichen Risikoansatz wird schnell verständlich, dass eintretende Risiken in Teildisziplinen wie Datenschutz, Informations- und IT-Sicherheit Auswirkung auf das Gesamtsystem und somit auf die Compliance des Unternehmens haben. Teilbetrachtungen („Silobildung") sind kontraproduktiv und führen erfahrungsgemäß dazu, dass Sicherheitsereignisse, -vorfälle und -verstöße nicht wahrgenommen werden, da unmethodische Verantwortlichkeiten und Zuständigkeiten Ausschnitts geprägte Sicht- und Bearbeitungsweisen begünstigen.

Anmerkungen

1. Schutzbedarfsfeststellung. Welcher Schutz für die Informationen und die eingesetzte Informationstechnik ausreichend und angemessen ist, wird unter Zuhilfe-

Müller

nahme der Grundschutz-Kataloge ermittelt (BSI, Leitfaden Informationssicherheit – IT-Grundschutz kompakt, S. 69).

2. Immaterieller Vermögensposten. Der Firmenwert entspricht dem Gesamtbetrag, den ein möglicher Käufer für ein Unternehmen als Ganzes bereit ist zuzahlen. D. h. es werden zum Wert der einzelnen Vermögensgegenstände (unter Berücksichtigung aller Schulden) auch wertbildende Faktoren hinzugerechnet, beispielweise Stammkundschaft, gutes Management, rationelle Verfahren, Know-how etc. (*Buchholz*, Internationale Rechnungslegung, S. 74).

3. Derivativer und originärer Firmenwert. Zum Zwecke der Bilanzierung (Bilanz) wird zwischen derivativem und originärem Firmenwert unterschieden. Ersterer entsteht bei dem Kauf eines Unternehmens und darf bilanziert und innerhalb von fünf Jahren steuerlich abgeschrieben werden, Letzterer ist der selbstgeschaffene Firmenwert, welcher nicht bilanziert werden darf (*Coenenberg*, Jahresabschluss und Jahresabschlussanalyse, S. 149).

4. ISO 27000-Normenfamilie. Die ständig erweiterte ISO-27000-Normenreihe der International Organization for Standardization (ISO) enthält eine Sammlung von Standards die Sicherheitsmaßnahmen für den Schutz von Informationen und der Informationstechnik definiert. Sie beinhaltet Best-Practice-Empfehlungen für den Aufbau und Betrieb eines Informationssicherheitsmanagementsystems für die/das gesamte Organisation/Unternehmen (Informationstechnik – IT-Sicherheitsverfahren – Leitfaden für das Informationssicherheits-Management, ISO/IEC FDIS 27002:2013, S. 6).

5. BDSG Übergangsfrist. Ab dem 25.5.2018 endet die Umsetzungsfrist der DS-GVO und das BDSG a. F. ist nicht mehr anwendbar (Art. 8 Abs. 1 DSAnpUG-EU).

6. DS-GVO-Grundsätze des Datenschutzes. In Art. 5 DS-GVO werden Grundsätze der Verarbeitung personenbezogener Daten festgelegt, durch die Rechtmäßigkeit, Treu und Glauben, Transparenz, Zweckbindung, Datenminimierung, Korrektheit, Speicherminimierung, Integrität, Vertraulichkeit, Verfügbarkeit und Rechenschaftspflicht erreicht werden sollen.

7. IT-Sicherheitsgesetz. Am 25.7.2015 ist das Gesetz zur Erhöhung der Sicherheit informationstechnischer Systeme (IT-Sicherheitsgesetz) in Kraft getreten. „Mit dem Gesetz soll eine signifikante Verbesserung der Sicherheit informationstechnischer Systeme (IT-Sicherheit) in Deutschland erreicht werden. Die vorgesehenen Neuregelungen dienen dazu, den Schutz der Systeme im Hinblick auf die Schutzgüter der IT-Sicherheit (Verfügbarkeit, Integrität, Vertraulichkeit und Authentizität) zu verbessern, um den aktuellen und zukünftigen Gefährdungen der IT-Sicherheit wirksam begegnen zu können. Ziel des Gesetzes sind die Verbesserung der IT-Sicherheit von Unternehmen, der verstärkte Schutz der Bürgerinnen und Bürger im Internet und in diesem Zusammenhang auch die Stärkung von BSI und Bundeskriminalamt (BKA)." (weiterführend http://www.bmi.bund.de/; IT-SiG vom 17.7.2015, BGBl. I 1324; BT-Drs. 18/5121; BT-Drs. 18/4096)

8. EU-IT-Sicherheitsrichtlinie. Gemäß EU-Richtlinienentwurf sollen die Mitgliedstaaten eine Strategie für Netzwerk- und Informationssicherheit (NIS) erstellen und eine Fachbehörde für Cybersicherheit einrichten. Größere IT-Sicherheitsvorfälle sollen an die Fachbehörde gemeldet werden, diese soll dann die Vorfälle selbst untersuchen und verbindliche Anweisungen an die betroffenen Betreiber der IT-Infrastrukuren erteilen. Am 13.3.2014 wurde durch das EU-Parlament der Vorschlag für eine EG-Richtlinie über Maßnahmen zur Gewährleistung einer hohen gemeinsamen Netz- und Informationssicherheit in der Union, COM/2013/048 final – 2013/0027 (COD) angenommen, die Zustimmung des Rates steht allerdings noch aus.

9. Minimalprinzip. Das Minimalprinzip wird auch als Need-to-Know-Prinzip („Kenntnis nur, wenn nötig") bezeichnet. „Jeder Benutzer (und auch jeder Administrator) sollte nur auf die Datenbestände zugreifen und die Programme ausführen dürfen, die er für seine tägliche Arbeit auch wirklich benötigt" (BSI, Leitfaden Informationssicherheit – IT-Grundschutz kompakt, S. 41). Die Erstellung eines nachvollziehbaren Berechtigungskonzeptes, in dem genau festgelegt ist, wer bestimmte Daten lesen, ändern, löschen oder versenden darf, ergibt sich auch aus den gesetzlich geforderten technischen und organisatorischen Maßnahmen nach Stand der Technik (Art. 24, 25, 32, 35 DS-GVO).

10. Gartner-Studie. Sowohl die Gartner-Studie (*Colville/Spafford*, Top Seven Considerations for Configuration Management for Virtual and Cloud Infrastructures, Gartner RAS Core Research Note G00208328 RA6 05012011, S. 2.) wie auch Interviews mit bekannten Hackern (dazu auch → E. V. 5.) zeigen, das hinter der Ausnutzung von Sicherheitslücken oft weder böse Absicht oder kriminelle Energie stecken, sondern einfach nur Spieltrieb und Neugierde.

11. Schulungsmaßnahmen. Siehe dazu → A. III. 1. und → C. VII. 1.

12. Insolvenz durch mangelhafte IT-Sicherheit. Ein bekanntes Beispiel im Zusammenhang mit gestohlenen digitalen Zertifikaten und elektronischen Signaturen ist das 1997 gegründete niederländische Unternehmen DigiNotar das auch eine digitale Zertifizierungsstelle für die Regierung der Niederlande betrieb. Nach der Übernahme im Jahre 2011 durch das renommierte Sicherheitsunternehmen VASCO Data Security International wurde im September des gleichen Jahres bekannt, dass sich Unbekannte Zugang zu den DigiNotar-Servern verschafft und gefälschte Zertifikate in Umlauf gebracht hatten. Die Root-Zertifikate und die elektronischen Unterschriften wurden für ungültig erklärt und die niederländische Regierung untersagte DigiNotar, neue Signaturen und Zertifikate auszustellen. Bereits am 20.9.2011 wurde DigiNotar für insolvent erklärt. Untersuchungen der beauftragten IT-Sicherheitsfirma hatten massive Sicherheitslücken und das Fehlen von Sicherheitsmaßnahmen identifiziert (Computer Emergency Response Team Austria, Zwischenbericht DigiNotar Certificate Authority Hack und Relevanz für Österreich; *Prins*, Interim Report DigiNotar Certificate Authority breach „Operation Black Tulip"; Pressemitteilung der VASCO Data Security International GmbH Switzerland, http://www.vasco.com/company/about_vasco/press_room/news_archive/2011/news _diginotar_reports_security_incident.aspx).

13. All-IP. Moderne (rein digitale) All-IP-Netze (AIPN) stellen alle Dienste, wie z. B. Internettelefonie (VoIP, Voice over Internet Protocol), Internetfernsehen (IPTV), Online-Spiele, Datenübertragung, usw. jedem Benutzer zu jeder Zeit an jedem beliebigen Ort zur Verfügung (weiterführende Quelle: LANCOM Whitepaper All-IP – Sprache und Daten in einem Netz, https://www.lancom-systems.de/loesungen/ technoogie/all-ip/uebersicht/). Da alle Dienste digital verarbeitet werden, sind bei

Müller

All-IP auch alle bekannten (und bisher nicht bekannten) IT-Risiken zu betrachten. Mit All-IP lösen die Telekomunternehmen u. a. analoge Leitungen und Dienste, wie auch ISDN-Leitungen und Dienste sukzessive ab.

14. Institutionalisierung. Unter Institutionalisierung im Unternehmen versteht man die Ausrichtung von Prozessen auf Abteilungen, anstatt auf Personen. Viele Unternehmen haben eine auf Personen ausgerichtete Prozesssteuerung („das macht der Müller"), wodurch bei Abwesenheit und Urlaub Abarbeitungsstaus entstehen. Hinzu kommt, dass die personenorientierte Abwicklung von Geschäftsabläufen keine Wachstumsmöglichkeiten innerhalb der Abteilungen (Institutionen) ermöglicht. Die konsequente Ausrichtung von Unternehmensprozessen auf die Fachabteilung (Institution) bieten managementgerechte Entwicklungsmöglichkeiten beim Mitarbeiterwachstum.

15. Sarbanes Oxley Act. Als Folge amerikanischer Bilanzskandale der Unternehmen Enron und MCI Worldcom wurde in den Vereinigten Staaten von Amerika im Jahr 2002 der *Sarbanes Oxley Act of 2002* (http://www.soxlaw.com) als Gesetz zur Verbesserung der Berichterstattung von Unternehmen verabschiedet. Benannt wurde es nach den beiden Verfassern des Gesetzes, dem Senator *Paul. S. Sarbanes* und dem Abgeordneten *Michael Oxley*. Ziel des Gesetzes war und ist es, das Vertrauen der Anleger in die Richtigkeit der veröffentlichten Finanzdaten von Unternehmen wiederherzustellen. Das Gesetz gilt für inländische und ausländische Unternehmen, die an US-Börsen gelistet sind sowie für ausländische Tochterunternehmen börsennotierter amerikanischer Gesellschaften. Eine der wesentlichen durch SOX 404 (https://www.sec.gov/info/smallbus/404guide/intro.shtml) auferlegten Verpflichtungen ist, dass die Geschäftsleitung dazu aufgefordert ist, in den veröffentlichten Jahresabschlüssen zu bestätigen, dass sie für die Einrichtung und Aufrechterhaltung eines angemessenen internen Kontrollsystems (IKS) Sorge trägt. Hierzu werden einige detaillierte Hinweise gegeben:
- Die Funktionalität und Qualität des internen Kontrollsystems muss von der Geschäftsführung zeitnah beurteilt werden.
- Die Geschäftsleitung ist aufgefordert, im Rahmen ihrer Beurteilung mitzuteilen, ob Änderungen am internen Kontrollsystem vorgenommen wurden, um festgestellte Mängel zu beheben.
- Die Geschäftsleitung muss sicherstellen, dass alle wesentlichen Informationen auch allen Mitgliedern der Geschäftsführung zugänglich gemacht wurden.
- Die Geschäftsleitung muss über Schwächen des internen Kontrollsystems unaufgefordert informieren.

In Section 404 des Sarbanes Oxley Act wird der *SAS 70 Audit Report* eingeführt. Dieser ist ein Testat, das durch ein Wirtschaftsprüfungsunternehmen durch Auditierung erstellt wird. Verbunden wird diese Prüfung mit der Effektivität der internen Kontrolle über die Finanzberichterstattung (ICOFR = *Internal Controls Over Financial Reporting*) im Unternehmen. Das *Statement on Auditing Standards* No. 70 (SAS No. 70) wurde von der *Auditing Standards Board of the American Institute of Certified Public Accountants* (AICPA) entwickelt. Ein SAS 70 Report stellt einen Indikator für Transparenz und verantwortliches Handeln des Unternehmens dar, abgesichert durch Zuverlässigkeit (Integrität/Verfügbarkeit) und Sicherheit der Daten. SAS 70 verwendet den prozessorientierten Ansatz der bei der Prüfung der IT-

Müller

Systeme und -Infrastruktur durch eine neutrale Instanz, den akkreditierten Wirtschaftsprüfer, verfolgt wird.

SAS 70 Type I: Das Unternehmen erklärt die beschriebenen Regelungen/Konrollen und die Ausgestaltung (Workflow/Design) in Bezug auf die definierten Ziele als eingeführt. Der Type I Report beschreibt den Grad der Darstellung des Unternehmens, der sich durch die reine Dokumentenprüfung der beschriebenen Regelungen und Kontrollen ergibt. Die Audittiefe ist dadurch stark begrenzt, da nur geprüft wird, wie das Design der Kontrollen und Regelungen ausgestaltet ist und ob diese geeignet sind, die definierten Ziele erreichen zu können. Die Wirksamkeit der Kontrollmaßnahmen wird nicht geprüft.

SAS 70 Type II: Der Auditprozess beginnt mit SAS 70 Type I, setzt sich dann aber bei der Prüfung der Wirksamkeit der beschriebenen Kontrollmaßnahmen fort. Das Audit zum Type II läuft über einen längeren Zeitraum (sechs Monate oder länger) und prüft dabei kontinuierlich die Wirksamkeit der Kontrollmaßnahmen. In seinem Bericht legt der Auditor den Status seiner Prüfungen dar. Das Ergebnis beschreibt, dass die getesteten Kontrollmaßnahmen ausreichende Wirksamkeit liefern, um die Kontrollziele im angegebenen Auditzeitraum zu erreichen, dennoch aber keine absolute Sicherheit liefern können. SAS 70 Type II ist für das Unternehmen von Wert, z. B. bei der Vergabe von Aufträgen und wird mittlerweile von vielen Auftraggebern im Outsourcing/Outtasking-Umfeld gefordert.

SSAE 16: Obwohl seit April 2010 der SSAE 16 (Statement on Standards for Attestation Engagements No. 16) eingeführt wurde und mit seinen „Reporting on Controls at a Service Organization" bereits die Vorgänger (u. a. SAS70) abgelöst hat, wird nach wie vor in Industrie und Wirtschaft der SAS 70 nachgefragt. Der SSAE 16 wurde ebenfalls vom AICPA entwickelt.

16. IDW PS 330. IDW PS 330 bezieht sich auf die Abschlussprüfung bei Einsatz von Informationstechnologie (IT) und ist ein Prüfungsstandard des Instituts der Wirtschaftsprüfer in Deutschland e. V. (IDW). Wirtschaftsprüfer können, unbeschadet ihrer Eigenverantwortlichkeit, im Rahmen von Abschlussprüfungen (Jahres-, Konzern-, Zwischenabschlüsse) Systemprüfungen beim Einsatz von IT durchführen.

Die nachfolgende Grafik aus dem Prüfungsstandard PS330 erläutert die Prüfungskriterien und die Prüfungsziele, die bei der IT-Systemprüfung mit den Themengebieten IT-gestützte Geschäftsprozesse, IT-Anwendungen und IT-Infrastruktur geprüft und testiert werden.

Müller

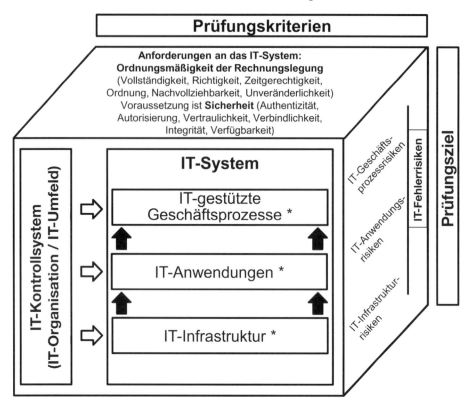

* soweit rechnungslegungsrelevant
IT-Systemprüfung nach IDW (Quelle: [IDW PS 330 2002], Tz. 8)

Der Prüfer muss entsprechend dem Prüfungsstandard anhand der Prüfliste IDW-Prüfungshinweise 9.330.1 (IDW PH 9.330.1) das durch IT-Systeme unterstützte Rechnungslegungssystem des Mandanten beurteilen. Dabei muss dies den gesetzlichen Anforderungen und den im IDW RS FAIT 1 dargelegten Anforderungen an Ordnungsmäßigkeit und Sicherheit entsprechen. Nur so können die nach § 322 Abs. 1 S. 1 HGB i. V. m. § 317 Abs. 1 S. 1 HGB und § 321 Abs. 2 S. 2 HGB geforderten Prüfungsaussagen über die Ordnungsmäßigkeit der Buchführung getroffen werden. In diesem Zusammenhang sei noch auf die Prüfung von Softwareprodukten beim Hersteller IDW PS 880 (IDW (Hrsg.) – IDW Prüfungsstandard: Die Prüfung von Softwareprodukten, IDW PS 880) zur Erteilung und Verwendung von Softwarebescheinigungen hingewiesen. Weiterführende Hinweise können der Website des IDW (http://www.idw.de) entnommen werden.

17. Folgen für Manager. Manager, wie auch Geschäftsführer, IT-Leiter oder Datenschutzbeauftragte haften für ihr Tun oder Unterlassen. So haftet z. B. ein Geschäftsführer nach den Maßstäben eines ordentlichen Geschäftsmannes (§ 43 Abs. 1 und 2 GmbHG), wenn er kein organisatorisches, vertragliches und technisches Sicherheitsmanagement betreibt (Bitkom, Leitfaden Matrix der Haftungsrisiken, http://www.bitkom.org/de/themen/54746_31034.aspx). Zuletzt bestätigte das LG München I (Urt. v. 10.12.2013 – 5 HK O 1387/10, CCZ 2014, 142 m. Anm. *Fett*),

Müller

dass die Einrichtung eines funktionierenden Compliance-Systems zur Gesamtverantwortung des Vorstands gehöre.

18. Verzeichnisse der Verarbeitungstätigkeiten. Verzeichnisse von Verarbeitungstätigkeiten sind eine gesetzlich geforderte Beschreibung von Prozessen (Art. 30 DS-GVO), bei denen personenbezogene Daten verarbeitet werden (dazu → C.II.). Dieses ist nicht zu verwechseln mit der aus der GoBD (Grundsätze zur ordungsmäßigen Führung und Aufbewahrung von Büchern, Aufzeichnungen und Unterlagen in elektronischer Form sowie zum Datenzugriff geforderten Verfahrensdokumentation für jedes DV-gestützte Buchführungssystem (GoBD, 10.1 Verfahrensmentation, Nr. 151 ff., IV A 4 - S 0316/13/10003, 2014/0353090, 14.11.2014).

19. Zugang und Zutritt. Sowohl Zugang als auch Zutritt zu einem Rechenzentrum müssen geregelt sein. Anforderungen hierzu kommen nicht nur aus dem Datenschutz, sondern auch aus dem Gesellschaftsrecht (GmbHG), des HGB oder anderen Gesetzen, Regelwerken und Verordnungen. Eine separate Einzelsicht aus dem Blickwinkel eines Verantwortlichen für ein Gesetz (z.B. nur Datenschutz) ist somit nicht sinnvoll.

2. Richtlinien zur Ermittlung von Schnittmengen zu anderen Funktionen

Die Schnittstellen zu bereits bestehenden Rollen und Prozessen spielen eine besondere Rolle, da das Datenschutzmanagement ein wesentlicher Bestandteil des integrierten Managementsystems des Unternehmens ist. Hier gilt es sicherzustellen, dass sowohl Anforderungen, als auch **Rollen und Verantwortlichkeiten** bei der Datenschutzorganisation (dazu → A.III. und A.IV.) aufeinander abgestimmt werden um Doppelungen und Ineffizienzen zu vermeiden. Folgende Schnittstellen und inhaltliche Gesichtspunkte sind zu berücksichtigen:

Müller

Um die nachfolgenden Anforderungen im Zusammenhang mit der aktuellen Gesetzgebung aus dem IT-Sicherheitsgesetz (IT-SiG) und dem aus dem EnWG in Bezug auf die Kritischen Infrastrukturen besser zu verstehen, soll die nachfolgende Grafik helfen, die Zusammenhänge des Artikelgesetzes IT-SiG und den Anforderungen der Regulierungsbehörde zu verstehen.

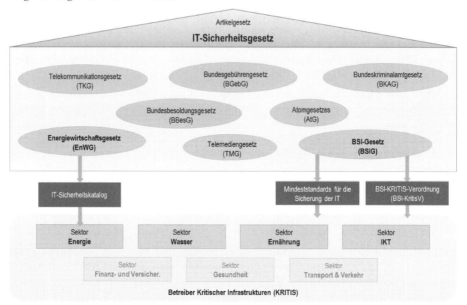

Durch das IT-SiG sind nach Inkrafttreten die Inhaber von Genehmigungen nach dem Atomgesetz (Art. 2 IT-SiG) betroffen. Die Betreiber müssen IT-Sicherheitsvorfälle, die zu einer Gefährdung der nuklearen Sicherheit führen können, an das Bundesamt für Sicherheit in der Informationstechnik melden.

Öffentliche Netze und Dienste bereitstellende Telekommunikations-Provider müssen Ereignisse, die zu beträchtlichen Sicherheitsverletzungen führen können, an die Bundesnetzagentur melden. Sofern den Betreibern Störungen auf den Systemen von Nutzern zur Kenntnis gelangen, müssen die Betroffenen darüber unverzüglich informiert werden. Auch müssen die Betreiber die Nutzer im zumutbaren Rahmen auf Möglichkeiten zur Abhilfe und Behebung hinweisen (Art. 5 Nr. 3 lit. c IT-SiG).

Betreiber, die geschäftsmäßig Websites betreiben oder Telemediendienste erbringen, müssen technische und organisatorische Maßnahmen nach dem Stand der Technik ergreifen, um sowohl unerlaubte Zugriffe auf ihre technischen Einrichtungen und Daten als auch Störungen zu verhindern (§ 13 Abs. 7 TMG).

Für Betreiber kritischer Infrastrukturen im Sinne des BSI-Gesetzes und des Energiewirtschaftsgesetzes ist das IT-Sicherheitsgesetz mit den Pflichten zur Absicherung ihrer IT nach dem Stand der Technik und zur Meldung erheblicher IT-Sicherheitsvorfälle durch die Rechtsverordnung (sog. KRITIS-Verordnung) des Bundesministeriums des Innern am 3.5.2016 in Kraft getreten.

Der zweite Teil der KRITIS-Verordnung mit den Sektoren Finanzen, Transport und Verkehr sowie Gesundheit wird noch 2017 erwartet (https://www.bsi.bund.de/DE/DasBSI/Gesetz/IT-Sicherheitsgesetz.html).

Müller

§ 1 Leitung (Unternehmensleitung)

– Der Datenschutz hat durch geeignete Maßnahmen und Zieldefinitionen die Entwicklung und Umsetzung der Datenschutzorganisation zu unterstützen.
– Die Unternehmensleitung muss durch ein geeignetes Reporting und entsprechende Prozesse in die Lage versetzt werden, ihrer Verantwortung für den gesetzeskonformen Datenschutz im Unternehmen nachzukommen.
– Das Datenschutzmanagement muss wirtschaftlich betrieben werden.

§ 2 Informationssicherheit

– Die Informationssicherheit hat als oberste Aufgabe, die Entwicklung und Umsetzung der Informations-Sicherheitsstrategie zu unterstützen.
– Die Unternehmensleitung muss durch ein geeignetes Kennzahlensystem und daraus resultierendem Reporting in die Lage versetzt werden, ihrer Verantwortung für ein internes Kontrollsystem nachzukommen.
– Das Informationssicherheitsmanagementsystem muss wirtschaftlich betrieben werden.
– Durch konsolidierte Betrachtung, einheitliche Dokumentation und Anforderungsumsetzung kann Aufwand reduziert werden.

§ 3 IT-Sicherheit

– Durch die prozessuale Orientierung im Bereich IT-Betrieb muss die technische Umsetzung den Unternehmenserfordernissen folgen. Bestehende Prozesse und Ziele sind um die Sicherheitsaspekte zu erweitern.
– Standardisierung und Industrialisierung[1] im Bereich der Prozesse (Incident Management, Problem Management, Availability Management, Change Management)[2] münden in einer Verschlankung der Komplexität technischer Verfahren.
– Eine Verzahnung der operativen Sicherheitsprozesse muss dauerhaft sichergestellt werden.

§ 4 IT-Sicherheit (i.S.d. § 109 TKG)

In § 109 Abs. 4 TKG ist die Benennung eines Sicherheitsbeauftragten und die Erstellung eines Sicherheitskonzeptes für Betreiber öffentlicher Telekommunikationsnetze oder öffentlich zugänglicher Telekommunikationsdienste gesetzlich vorgeschrieben. Mit der Novellierung des TKG im Jahre 2013 wurde die Vorschrift erweitert. So müssen seither Betreiber wie auch Diensteanbieter[3] (Service-Provider) Sicherheitsverletzungen in den von ihnen betriebenen Infrastrukturen unverzüglich mitteilen.

§ 5 IT-Sicherheit (i.S.d. § 11 EnWG)

In § 11 Abs. 1a EnWG wird durch den Gesetzgeber ein angemessener Schutz gegen Bedrohungen für Telekommunikations- und elektronische Datenverarbeitungssysteme, die der Netzsteuerung dienen, gefordert. Die Regulierungsbehörde (Bundesnetzagentur) hat hierzu in Abstimmung mit dem Bundesamt für Sicherheit in der Informationstechnik einen Katalog von Sicherheitsanforderungen erstellt und veröffentlicht. Die Einhaltung kann von der Regulierungsbehörde überprüft werden (§ 11 Abs. 1a EnWG)[4].

Müller

Wesentliche Forderungen des IT-Sicherheitskataloges[5] sind:
– sicherer Betrieb der TK- und EDV-Systeme zur Netzsteuerung
– Implementierung und Etablierung eines Informationssicherheits-Managementystems (ISMS) nach DIN ISO/IEC 27001[6] sowie besondere Berücksichtigung der DIN ISO/IEC TR 27019[7]
– Zertifizierung des ISMS bis zum 31. Januar 2018 durch eine akkreditierte[8] Zertifizierungsstelle für Informationssicherheitsmanagementsystem gemäß ISO/IEC 27001 und dem Konformatitätsbewertungsprogramm zur Akkreditierung von Zertifizierungsstellen für den IT-Sicherheitskatalog gemäß § 11 Absatz 1a Energiewirtschaftsgesetz[9] auf Grundlage der ISO/IEC 27006[10]
– Anwendung des kontinuierlichen Verbesserungsprozesses[11]
– die Erstellung eines Netzstrukturplanes mit allen IT-Komponenten
– die offizielle Benennung eines IT-Sicherheitsbeauftragten
– die Einhaltung von Vorgaben (Compliance)
– der Betrieb der Sekundärtechnik[12] nach Stand der Technik

§ 6 IT-Sicherheit (i. S. d. IT-SiG[13])

Ordnungsmäßiger Betrieb im Sinne des IT-SiG und die fortlaufende Verfügbarkeit der angebotenen kritischen Dienstleistungen sind:
– Vermeidung von Störungen der Verfügbarkeit, Integrität, Vertraulichkeit und Authentizität der IT-Systeme, Komponenten oder Prozesse durch organisatorische und technische Vorkehrungen
– die Anwendung branchenspezifischer Mindestanforderungen an die IT-Sicherheit
– die Berücksichtigung des Stands der Technik
– die Umsetzung von Best-Practices, aber auch nationaler, europäischer und internationaler Normen und Standards sowie vergleichbarer Verfahren
– Betreiber dürfen abweichend vom branchenspezifischen Standard eigene den Stand der Technik berücksichtigende Maßnahmen umsetzen

§ 7 Risikomanagement

– Aufbauen, Einführen, Abstimmen unternehmensweiter Risikomanagementprozesse.
– Branchenabhängige gesetzliche und regulatorische Vorgaben sind zu beachten.
– Minimierung des Straf- und Haftungsrechts für die Unternehmensleitung.
– Aufdeckung bestandsgefährdender Unternehmensrisiken.
– Zentrale Anlaufstelle und Ansprechpartner für Mitarbeiter und Führungskräfte.
– Regelmäßige Berichterstattung an die Unternehmensleitung.
– Vermeidung von doppelten Aufwänden in den Fachbereichen aufgrund unklarer Risikoverantwortungen.

§ 8 IT-Risikomanagement

– Aufbauen, Einführen, Abstimmen von IT-Risikomanagementprozessen und deren Einbindung ist das unternehmensweite Risikomanagement.
– Branchenabhängige gesetzliche und regulatorische Vorgaben sind zu beachten.[14]

Müller

§ 9 Geheimschutz

- Planung, Genehmigung, Durchführung und Überwachung aller Maßnahmen zum Schutz von Aufträgen, die dem Geheimschutz unterliegen (Verschlusssachen).
- Sicherheitsüberprüfung und Verschwiegenheitsverpflichtung von Personen.
- Abstimmung mit den Behörden und der Geschäftsleitung, Begleitung von Prüfungen, Überwachung gemäß den Verordnungen VO (EG) Nr. 2580/2001 und Nr. 881/2002.[15] Regelungen des Bundes und der Länder zum Geheimschutz und Sabotageschutz sind weitgehend inhaltlich gleich. So soll gewährleistet werden, dass „die Mindestanforderungen an den Geheimschutz eingehalten werden, die sich aus vertraglichen Verpflichtungen gegenüber anderen Staaten sowie der Mitgliedschaft in internationalen Organisationen ergeben" (weiterführend: http://www.mik.nrw.de/verfassungsschutz/geheimschutz.html).

§ 10 Fachbereiche

- Frühzeitige Berücksichtigung von Sicherheitsrichtlinien und Standards in der Planungsphase von Projekten reduziert die Kosten für Sicherheitsmaßnahmen.
- Abstimmung von Rollen und Verantwortungen zur Unterstützung der Geschäftsziele des Unternehmens unter Berücksichtigung der Sicherheitsaspekte.
- Anforderungen an die Sicherheitsarchitektur des Unternehmens und deren Umsetzung durch mittel- und langfristige Projekte auf der „IT-Roadmap" (strategisch-technologischer Projektplan).

§ 11 Compliance

Compliance bezeichnet den ordnungsgemäßen und rechtmäßigen Geschäftsbetrieb. Compliance fordert vom Unternehmen die Einhaltung von
- Gesetzen
- regulatorischen Vorschriften
- Organisationsgrundsätzen
- Unternehmensrichtlinien
- internen Kodizes
- externen Kodizes.

Verantwortlich für die Einhaltung der Compliance ist die Unternehmensleitung. Die Unternehmensleitung beauftragt den Compliance-Beauftragten (Compliance-Officer)[16] mit der Übernahme der Tätigkeiten für diesen Aufgabenbereich. Die Verantwortung für die Einhaltung der gesetzlichen Vorschriften verbleibt allerdings stets bei der Geschäftsführung.

§ 12 IT-Compliance

IT-Compliance definiert die Einhaltung gesetzlicher Anforderungen und Regularien und deren Umsetzung in der IT (IT-Abteilung, IT-Betrieb, IT-Infrastruktur, IT-System, IT-Applikationen etc.). Die IT-Compliance ist Bestandteil des unternehmensweiten Compliance-Managements.[17] Sie steht ausschließlich im Zusammenhang mit Informationstechnik und befasst sich mit der Recht- und Ordnungsmäßigkeit der IT-Infrastruktur nebst Systemen und Applikationen. In das Themengebiet der IT-Compliance gehören unter anderem die DS-GVO, das Telekommunikationsgesetz (TKG), das Telemediengesetz (TMG), die Grundsätze zur ordnungsmäßigen Führung und Aufbewahrung von Büchern, Aufzeichnungen und

Unterlagen in elektronischer Form sowie zum Datenzugriff (GoBD)[18], die Mindest-
anforderungen an das Risikomanagement (MaRisk), das Gesetz zur Kontrolle und
Transparenz im Unternehmen (KonTraG), die „Basel III"-Vorschriften[19], die
SolvV[20], der Sarbanes-Oxley Act (SOX), und die 8. EU-Richtlinie („Euro-SOX").[21]
Dazu gehören außerdem alle Verträge des Unternehmens mit IT-Bezug.

§ 13 Regulierung (Unbundling, Gleichbehandlung)

Nach § 10e EnWG müssen unabhängige Transportnetzbetreiber[22] verbindliche
Maßnahmen im Rahmen eines Gleichbehandlungsprogrammes festlegen sowie
– der Regulierungsbehörde zur Genehmigung vorlegen,
– den Mitarbeitern bekannt machen,
– die Einhaltung des Programmes überwachen,
– die regulatorischen Maßnahmen überwachen, kontrollieren und berichten,
– Verstöße dokumentieren und melden.

§ 14 Interne Revision

Die interne Revision hat folgende Aufgaben:
– sie erbringt in einem Unternehmen oder einer Organisation eine Prüfungs- und
  Beratungsleistung
– sie unterstützt bei der Erreichung der Unternehmensziele
– sie schafft Transparenz über die Geschäftsprozesse
– sie überprüft die Einhaltung von Gesetzen, Verordnungen und Richtlinien
– sie übt eine interne unabhängige Kontrollfunktion aus.

§ 15 Externe Revision

Demgegenüber hat die externe Revision folgende Funktionen:
– sie arbeitet im Auftrag der Geschäftsleitung
– sie ist eine unabhängige, externe Prüfungsperson oder Gesellschaft (Steuerberater,
  Wirtschaftsprüfer, Unternehmensberater, Rechtsanwalt, Prüfungsgesellschaft)
– sie ist gegebenenfalls gesetzlich vorgeschrieben.[23]

Anmerkungen

1. IT-Industrialisierung. Zunehmend werden mehr individuelle IT-Lösungen
durch Standardprodukte – sog. „Commodities" – ersetzt. Ähnliche Veränderungen
zeigen sich auch im Bereich der IT-Services (*Walter/Böhmann/Krcmar*, HMD Praxis
der Wirtschaftsinformatik, 256, 6).

2. ITIL. Die „IT Infrastructure Library" (ITIL), ist ein Rahmenwerk, welches vor
etwa 20 Jahren für die britische Regierung entwickelt wurde. Schwerpunkt war
damals, „best practices" (bestmögliche bereits erprobte Methoden) für Rechenzentren zu definieren, um so einen standardisierten und gegeneinander vergleichbaren
IT-Betrieb sicherzustellen. In den Publikationen der ITIL Version 3 werden 26 Prozesse beschrieben, von denen Change Management, Incident Management, Problem
Management und Availability Management nur einige sind. In den Publikationen
finden sich Vorgaben, die alles von der strategischen Ausrichtung der IT bis hin zu

Müller

Verbesserungsprozessen in der Service-Erstellung und der Kundenorientierung betreffen (dazu http://www.itil.org/de/vomkennen/itil/index.php).

3. Diensteanbieter. Ein Diensteanbieter i. S. d. § 88 Abs. 1 S. 1 i. V. m. § 3 Nr. 6 TKG ist jeder (privat, wie öffentlich), der ganz oder teilweise geschäftsmäßig Telekommunikationsdienste erbringt oder an der Erbringung dieser Dienste mitwirkt. Nach § 3 Nr. 10 TKG ist das geschäftsmäßige Erbringen von Telekommunikationsdiensten das nachhaltige Angebot von Telekommunikation für Dritte mit oder ohne Gewinnerzielungsabsicht. Sofern ein Arbeitgeber die private Nutzung der dienstlich bereit gestellten Telekommunikationsdienste nicht ausdrücklich untersagt, stellt er im Sinne des Gesetzes nach herrschender Meinung einen Diensteanbieter dar und unterliegt somit allen Rechten und Pflichten aus dem TKG, dazu ausführlich → D.III.1. Eine private Nutzung liegt dann vor, wenn keine dienstliche Begründung zur Nutzung des dienstlichen Telekommunikationsdienstes besteht.

4. Bundesnetzagentur. Im Falle der Nichteinhaltung des Nachweises der Zertifizierung zum genannten Zeitpunkt kann die Bundesnetzagentur ein Bußgeld verhängen oder den Entzug der Betriebserlaubnis erwirken.

5. IT-Sicherheitskatalog. Dazu Bundesnetzagentur Energieabteilung, IT-Sicherheitskatalog gemäß § 11 Absatz 1a Energiewirtschaftsgesetz, veröffentlicht 14.8.2015.

6. DIN ISO/IEC 27001. Dazu bereits → E.I.1. § 1 (siehe auch Informationstechnik – IT-Sicherheitsverfahren – Informationssicherheits-Managementsysteme – Anforderungen (ISO/IEC 27001:2005)).

7. DIN ISO/IEC TR 27019. Die DIN ISO/IEC TR 27019 ist ein Leitfaden für das Informationssicherheitsmanagement von Steuerungssystemen der Energieversorgung auf Grundlage der ISO/IEC 27002. (dazu Leitfaden für das Informationssicherheitsmanagement von Steuerungssystemen der Energieversorgung auf Grundlage der ISO/IEC 27002). Die ISO 27019 gehört zu den sogenannten sektorspezifischen Normen der ISO 2700-Familie. Ihren Ursprung hatte die ISO 27019 in der deutschen DIN 27009, deren Inhalte weitgehend identisch sind.

8. Akkreditierung. „Die DAkkS ist die nationale Akkreditierungsstelle der Bundesrepublik Deutschland. Sie handelt nach der Verordnung (EG) Nr. 765/2008 und dem Akkreditierungsstellengesetz (AkkStelleG) im öffentlichen Interesse als alleiniger Dienstleister für Akkreditierung in Deutschland." (Zitat auf der Website der DAkkS, http://www.dakks.de/). Es ist stets darauf zu achten, dass auf den vorgelegten Zertifikaten für eine Normzertifizierung, also z.B. ISO 9001, ISO 27001, ein Siegel mit Logo der DAkkS aufgedruckt ist. Nur so ist sichergestellt, dass diesem Zertifikat vertraut werden kann.

9. IT-Sicherheitsanforderungen aus dem IT-Sicherheitskatalog. Die auf dem IT-Sicherheitskatalog basierenden Forderungen zum Nachweis der Sicherheitsmaßnahmen sind eine Folge des zunehmenden Einsatzes von Standardtechnologien von IT-Hard- und Software auch im Bereich kritischer Infrastrukturen. Hier sind Ingenieurstechnik und Informatik in einem hohen Grad an Komplexität so eng verzahnt, dass letztlich nur ein geregelter und dokumentierter Betrieb beider Beteiligter annähernd sicher erfolgen kann.

Müller

10. Konformitätsbewertungsprogramm. Als Konformitätsbewertungsstelle gelten gemäß Akkreditierungsverfahren der Deutschen Akkreditierungsstelle (DAkkS) vom 22.4.2016, 72 FB 005–5: Zertifizierungsstellen, Inspektionsstellen, Laboratorien, u. a. Die durchführende Zertifizierungsstelle muss von der DAkkS nach dem „Konformitätsbewertungsprogramm zur Akkreditierung von Zertifizierungsstellen für die Umsetzung des IT-Sicherheitskatalog gemäß § 11 Abs. 1a EnWG auf der Grundlage der ISO/IEC 27006" akkreditiert sein. Dazu muss die Zertifizierungsstelle bei der DAkkS einen Antrag für die Akkreditierung oder Erweiterung der Akkreditierung auf Basis des Konformitätsbewertungsprogramms der Bundesnetzagentur stellen. Hierfür gibt es ein von der DAkkS festgelegtes Akkreditierungsverfahren (http://www.dakks.de/content/dakks-bietet-akkreditierung-nach-konformit%C3% A4tsbewertungsprogramm-der-bundesnetzagentur). Die für die Akkreditierung notwendigen Begutachtungen umfassen eine Geschäftsstellenbegutachtung (der beantragenden Zertifizierungsstelle) sowie ein Witness-Audit (hierbei überprüft ein Begutachter der DAkkS die Kompetenz und Qualifikation der Auditoren des Zertifizierers während eines Audits) in jedem beantragten Sektor (Gasnetzbetreiber/Stromnetzbetreiber; http://www.dakks.de/content/dakks-bietet-akkreditierung-nach-konformit%C3%A4tsbewertungsprogramm-der-bundesnetzagentur).

11. Kontinuierlicher Verbesserungsprozess. Dazu → E.I.5. § 2.

12. Sekundärtechnik. Sekundärtechnik beschreibt die zur Überwachung, Steuerung und Regelung notwendigen Systeme zum Betrieb der Primärtechnik. Als Primärtechnik werden Betriebsmittel bezeichnet, die direkt der Übertragung des eigentlichen Versorgungsproduktes dienen, bei Energie z.B. Leitungen, Kabel, Transformatoren, Umspannwerke u.ä. Die Sekundärtechnik beinhaltet u.a. die IT-Systeme die zur Steuerung und zum Betrieb der Mess-, Steuer- und Regeltechnik (MSR-Technik) und zur Schaltung entfernter Energieanlagen (sog. Fernwirktechnik) benötigt werden (weiterführend *Hiller/Bodach/Castor*, Praxishandbuch Stromverteilungsnetze, S. 25, 65).

13. Rechtsverordnung, BSI-Kritisverordnung – BSI-KritisV. Durch die erste Rechtsverordnung vom Mai 2016 zum IT-Sicherheitsgesetz werden die Betreiber von Kritischen Infrastrukturen in die Lage versetzt, anhand messbarer und nachvollziehbarer Kriterien zu prüfen, ob sie unter den Regelungsbereich des IT-Sicherheitsgesetzes fallen. Die von der Verordnung betroffenen Betreiber sind mit Inkrafttreten verpflichtet, dem BSI (Bundesamt für Sicherheit in der Informationstechnik) innerhalb von sechs Monaten eine zentrale Kontaktstelle zu benennen und dem BSI innerhalb von zwei Jahren die Einhaltung eines Mindeststandards an IT-Sicherheit nachzuweisen. Die Verordnung bestimmt zunächst Kritische Infrastrukturen in den Sektoren Energie, Informationstechnik und Telekommunikation sowie Wasser und Ernährung. Noch im Jahr 2017 sollen per Änderungsverordnung auch die Anlagen in den Sektoren Transport und Verkehr, Gesundheit sowie Finanz- und Versicherungswesen identifizierbar werden. Dies wird die dritte Komponente des Gesamtpaketes sein (weiterführend: http://www.bmi.bund.de).

14. Risikomanagement. Eine Reihe gesetzlicher und regulatorischer Vorgaben fordern die Einführung eines Risikomanagements im Unternehmen. Dazu gehören u.a. das Bilanzrechtsmodernisierungsgesetz (BilMoG), der Sarbanes-Oxley-Act (SOX), die Mindestanforderungen an das Risikomanagement MARisk (BA), die

Müller

Normen ISO 31000, ISO 27005, ONR 49000 ff., sowie dem IDW PS 340 zur Prüfung des Risikofrüherkennungssystems nach § 317 Abs. 4 HGB. In Bezug auf die Institutionalisierung im Unternehmen sei noch das Artikelgesetz zur Kontrolle und Transparenz im Unternehmensbereich (KonTraG) genannt, aus welchem sich gesellschaftsrechtliche Pflichten zum Aufbau eines internen Kontrollsystems (IKS) ergeben (§ 91 Abs. 2 AktG, § 43 Abs. 2 GmbH, § 25a KWG).

15. Verordnungen (EG) Nr. 881/2002 und (EG) Nr. 2580/2001. Die Umsetzung der Sanktionsmaßnahmen und diesbezügliche Hilfestellungen finden sich bei Bundesamt für Wirtschaft und Ausfuhrkontrolle (BAFA), Merkblatt Länderunabhängige Embargomaßnahmen zur Terrorismusbekämpfung, S. 9.

16. Compliance-Beauftragter. Der Compliance-Beauftragte und seine Stellung im Unternehmen, seine Zusammenarbeit mit der Rechtsabteilung oder direkte Eingliederung in diese wird in → A.II. behandelt.

17. IT-Compliance. Teil eines Compliance-Systems ist die IT-Compliance. Um diese nachhaltig herzustellen ist die IT-Sicherheit unumgänglich. Der dauerhafte Erhalt der IT-Compliance wird erreicht durch ihre Integration in bestehende Prozesse und Organisation.

18. GoBD. Durch die GoBD (Grundsätze zur ordnungsmäßigen Führung und Aufbewahrung von Büchern, Aufzeichnungen und Unterlagen in elektronischer Form sowie zum Datenzugriff) wurden die bisher gültigen GoBS (Grundsätze ordnungsmäßiger DV-gestützter Buchführungssysteme) sowie die GDPdU (Grundsätze zum Datenzugriff und zur Prüfbarkeit digitaler Unterlagen) zum 1.1.2015 abgelöst. (weiterführend http://www.bundesfinanzministerium.de)

19. Basel III. Basel III (das im Jahre 2010 die Version II ablöste und seit Anfang 2013 als internationaler Standard gilt) ist ein Paket an Reformen des Basler Ausschusses der Bank für Internationalen Zahlungsausgleich (BIZ) und soll die offenkundigen Schwächen der bisherigen Regulierung für Banken heilen (dazu „Basel III/CRD IV" der Bundesanstalt für Finanzdienstleistungsaufsicht (BaFin)).

20. Solvabilitätsverordnung (SolvV). Die SolvV wurde im Dezember 2006 vom Bundesministerium der Finanzen im Zuge des Bankenaufsichtsrechts erlassen. Darin werden Anforderungen über die Mindesteigenkapitalbestimmungen des Kreditwesengesetzes substantiiert.

21. 8. EU-Richtlinie/BilMoG. Die 8. EU-Richtlinie, wegen ihrer starken Parallelen zum Sarbanes-Oxley-Act auch als „Euro-Sox" bezeichnet, wurde im Mai 2006 beschlossen und ist bis Juni 2008 in nationales Recht umzuwandeln gewesen. Die Vorschriften der 8. EU-Richtlinie wurden mit dem BilMoG (Bilanzrechtsmodernisierungsgesetz) in nationales Recht überführt. Das Gesetz gilt u. a. für börsennotierte Unternehmen und fordert vom Abschlussprüfer über wesentliche Schwächen bei den internen Kontrollen des Rechnungslegungsprozesses zu berichten. Damit soll die Wirksamkeit des internen Kontrollsystems und des Risikomanagementsystems überwacht werden.

22. Transportnetzbetreiber. Ein Transportnetzbetreiber ist jeder Betreiber eines Übertragungs- oder Fernleitungsnetzes gem. § 3 EnWG, wobei Übertragung wie folgt definiert ist: Der Transport von Elektrizität über ein Höchstspannungs- und

Müller

Hochspannungsverbundnetz einschließlich grenzüberschreitender Verbindungsleitungen zum Zwecke der Belieferung von Letztverbrauchern oder Verteilern, jedoch nicht die Belieferung der Kunden selbst.

23. Gesetzliche Vorschrift für die externe Revision. Die externe Revision findet ihre Grundlage in § 316 HGB zur gesetzlich vorgeschriebenen Überprüfung der Ordnungsmäßigkeit des Jahresabschlusses, die der unabhängige Abschlussprüfer durch den Bestätigungsvermerk testiert. Weitere gesetzliche Vorgaben zu externen Prüfungen ergeben sich aus der Abgabenordnung (§§ 193 ff. AO) und dem Steuergesetz zur Regelung des Steuerrechts. Branchenspezifische Prüfungen durch Externe betreffen u. a. Banken und Kreditinstitute, die von der Bundesanstalt für Finanzdienstleistungsaufsicht (BaFin) geprüft werden.

3. Checkliste der Rollen und ihrer Funktionen

Im Folgenden ist die Darstellung der wesentlichen Rollen und deren Funktionen in Bezug auf Informations-, IT-Sicherheit und Datenschutz ausgeführt. Dies soll es ermöglichen, die **Schwerpunkte bei der Auswahl** einer geeigneten Aufbau- und Ablauforganisation richtig zu setzen (dazu → E. I.5.).

Alle Rollen mit Bezug zur Sicherheit erfordern den Einsatz von verantwortungsbewussten, vertrauensvollen und integren Persönlichkeiten. Der IT-Sicherheitskatalog der Bundesnetzagentur fordert: „Bei der Bestimmung des Ansprechpartners sind – soweit einschlägig – die Vorschriften des Sicherheitsüberprüfungsgesetzes (SÜG) und der Sicherheitsüberprüfungsfeststellungsverordnung (SÜFV) zu beachten." (Sicherheitskatalog gem. § 11 Abs. 1a EnWG, Stand August 2015) Gemäß dieser Forderung nach einer Sicherheitsüberprüfung nach § 12 SÜFV durch das BMWi müssen sich die an sicherheitsempfindlichen Stellen der Elektrizitätsübertragungsnetzbetreiber tätigen Personen unterziehen. (http://www.bundesnetzagentur.de/DE/ Sachgebiete/ElektrizitaetundGas/Unternehmen_Institutionen/Versorgungssicherheit/ IT_Sicherheit/IT_Sicherheit_node.html).

Obwohl der Begriff „Mitarbeiter-Screening" negativ behaftet ist, sollte mindestens eine **Führungszeugnisprüfung und ein Antiterrorlistenabgleich** für alle Rollen erfolgen. Die Europäische Gemeinschaft hat auf der Grundlage von Resolutionen des Sicherheitsrates der Vereinten Nationen, als Reaktion auf die Anschläge vom 11.9.2001, verschiedene Verordnungen zur Bekämpfung des internationalen Terrorismus erlassen. Dazu gehören die sog. „Anti-Terror-Listen", die offizielle Verzeichnisse mit Namen von Personen führen, die im Verdacht stehen, terroristischen Organisationen anzugehören oder diese zu unterstützen. Das Verbot soll eine wirtschaftliche Isolation der auf den Listen genannten Personen erreichen „[...] und sicherstellen, dass ihnen keine Gelder – weder unmittelbar noch mittelbar – oder wirtschaftliche Ressourcen zufließen (vgl. Verordnung (EG) Nr. 2580/2001 und Nr. 881/2002). [...] Der BFH erklärte mit seinem Urt. v. 19.6.2012 – VII R43/11, ZD 2013, 129 die Zollvorgabe zur Vergabe des Status „zugelassener Wirtschaftsbeteiligter" (AEO - Authorized Economic Operator) gem. § 32 BDSG a. F. für rechtskonform, dies entspricht auch ErwG 73 DS-GVO. U. U. kann es sinnvoll sein die für das jeweilige Unternehmen zuständige Datenschutzaufsichtsbehörde in die Abstimmungen mit dem Zoll einzubeziehen. Mit diesem Status „zugelassener Wirtschafts-

Müller

beteiligter", der bei der Zollbehörde beantragt werden muss, können Unternehmen innerhalb der EU in einem vereinfachten Verfahren Zollbewilligungen erhalten. Die Vergabe dieses Status erfolgt nach umfangreicher Prüfung von Mitarbeitern, Lieferanten und Auftragnehmern des beantragenden Unternehmens. Ein Abgleich mit diesen Terrorlisten wird unter Zuhilfenahme datenbankgestützter Prüfroutinen durchgeführt (BAFA, Merkblatt Länderunabhängige Embargomaßnahmen zur Terrorismusbekämpfung, 2009). Eine manuelle Einsicht der Listen kann unter http://www.ausfuhrkontrolle.info/ausfuhrkontrolle/de/index.html erfolgen.

§ 1 Datenschutzbeauftragter

Der Datenschutzbeauftragte wird vom Verantwortlichen (Unternehmensleitung, Geschäftsführung) und vom Auftragsverarbeiter (hier ebenfalls Verantwortlicher) benannt. Seine Aufgaben und Pflichten sind in Art. 37, 38, 39 DS-GVO geregelt. In seiner Fachkunde ist der Datenschutzbeauftragte weisungsfrei und darf durch seinen Dienstherrn/Arbeitgeber nicht benachteiligt werden. Seine Hauptaufgaben[1] sind die Unterrichtung und Beratung des Verantwortlichen oder des Auftragsverarbeiters, sowie die Überwachung der Einhaltung der DS-GVO und anderer Datenschutzbestimmungen der EU oder des jeweiligen Mitgliedstaates im Unternehmen. Eine enge Verzahnung der Rollen Informationssicherheitsbeauftragter und Datenschutzbeauftragter ist von hohem Nutzen für das Unternehmen. Denn zu den Aufgaben des Datenschutzbeauftragten gehört die Überwachung der Datenverarbeitung und der Datenverarbeitungsprogramme auf Einhaltung der Datenschutzgesetze[2]. Mit der Datenschutz-Folgenabschätzung (Art. 35 DS-GVO) wird dem Datenschutzbeauftragten eine stärkere Kompetenz zuteil, in Bezug auf die von ihm vorzunehmende Risikoabschätzung[3]. Diese wird in der englischen Fassung der DS-GVO als „Data Protection Impact Assessment" (DPIA) bezeichnet und basiert auf dem Begriff „Privacy Impact Assessments" (PIA).

§ 2 Risikobeauftragter

Kenntnis und abschließende Bewertung von unternehmerischen Risiken sind die wichtigsten Aufgaben des betrieblichen Risikobeauftragten. Alle Tochterunternehmen, Standorte und Geschäftsbereiche einer Unternehmung tragen dazu bei, mögliche Risiken zu identifizieren, zu qualifizieren und mit Hilfe von Risiko-Analysen neutral zu bewerten, um Schaden vom Unternehmen abzuwenden. Präventive Maßnahmen und die Erstellung von Maßnahmenplänen zur Risikominimierung werden durch den betrieblichen Risikobeauftragten koordiniert und zur Umsetzung gebracht. Bei dieser Rolle handelt es sich um das zentrale Unternehmensrisikomanagement, an das die Fachabteilungen ihre Risiken melden – auch IT-Risiken werden an diese zentrale Stelle gemeldet.

§ 3 IT-Risikobeauftragter

Die Rolle des IT-Risikobeauftragten[4] kann durchaus in Personalunion mit der des IT-Leiters wahrgenommen werden. Die Aufgabe liegt in der Erkennung, der Bewertung und dem Management von Informations-, IT- und Datenschutzrisiken im Unternehmen. Der IT-Risikobeauftragte führt Risikoanalysen durch und begleitet Risikoanalysen, die vom Informations- und IT-Sicherheitsbeauftragten, sowie dem Datenschutzbeauftragten durchgeführt werden. Aus den Ergebnissen erstellt er ei-

Müller

nen Risikolagebericht. Er bereitet die Risikoentscheidungen vor und ist beteiligt, wenn risikobasierte Investitionsentscheidungen im Unternehmen getroffen werden. Er ist an der Konzeption, Etablierung und dem Betrieb des Risikofrüherkennungssystems beteiligt und für die Weiterentwicklung, Optimierung und Kontrolle eines Risikomanagementsystems im Themenkontext der ITK-Infrastrukturen mit deren IT-Systemen und Applikationen zuständig.

§ 4 Geheimschutzbeauftragter

Der Geheimschutzbeauftragte ist der bei sicherheitsrelevanten Stellen Beauftragte, der im Rahmen des personellen und materiellen Geheimschutzes Maßnahmen aufgrund des Sicherheitsüberprüfungsgesetzes sowie Verschlusssachenanweisungen,[5] zu treffen hat. Seine Aufgaben liegen in der Sicherstellung des Geheimschutzes und des Sabotageschutzes durch personelle und materielle Maßnahmen. Der Geheimschutzbeauftragte und sein Vertreter werden vom Bundesministerium für Wirtschaft und Technologie (BMWi) bestellt.

Zu personellen Maßnahmen gehört unter anderem die Auswahl des zu Geheimnissen zugangsberechtigten Personenkreises durch die Sicherheitsüberprüfung gemäß Sicherheitsüberprüfungsgesetz (SÜG). Im Rahmen des vom Geheimschutzbeauftragten überwachten Risikomanagements des Unternehmens gilt es, Bedrohungen zu erkennen und Gefährdungen zu analysieren, um einen angemessenen Schutz sicherzustellen, was letztlich der Erreichung der Unternehmensziele dient. Materielle Maßnahmen sind – meist technische – Sicherungsmaßnahmen, die Geheimnisse vor unbefugtem Zugriff und unbefugter Kenntnisnahme schützen sollen. Einer Sicherheits- und Zuverlässigkeitsüberprüfung wird unterzogen, wer an einer sicherheitsempfindlichen Stelle einer lebens- oder verteidigungswichtigen Einrichtung beschäftigt ist. Vorschriften zum Sabotageschutz gibt es auch im Atomgesetz (AtomG) und im Luftsicherheitsgesetz (LuftSiG).

Im Rahmen der Abwicklung von Aufträgen – insbesondere auf dem Gebiet der Wehrtechnik – müssen den ausführenden Unternehmen zum Teil geheimhaltungsbedürftige Informationen oder Materialien überlassen werden oder es entstehen solche Informationen bei den Unternehmen selbst. Das Bundesministerium für Wirtschaft und Technologie arbeitet auf Grundlage öffentlich-rechtlicher Verträge mit Unternehmen zusammen, denen ein geheimschutzbedürftiger Auftrag erteilt wurde. Das BMWi legt die konkreten Maßnahmen für den Geheimschutz in der Wirtschaft fest und hat diese im Geheimschutzhandbuch (GHB) veröffentlicht. Es berät und kontrolliert die Firmen bei der Einhaltung von Vorschriften zum Schutz von im staatlichen Interesse geheimhaltungsbedürftiger Informationen und führt die erforderlichen Sicherheitsüberprüfungen von Firmenpersonal auf der Grundlage gesetzlicher Regelungen durch. Weiterhin unterstützt es beim praktischen Schutz der Staatsgeheimnisse,[6] bei IT-basierter Bearbeitung von Verschlusssachen und bei internationalen Kooperationsprojekten.[7] Aufgrund möglicher Interessenskonflikte ist eine personelle Vereinigung der Rolle des Geheimschutzbeauftragten mit anderen Rollen als kritisch einzustufen.

§ 5 Informationssicherheitsbeauftragter/Chief Information Security Officer (CISO)

Der Informationssicherheitsbeauftragte (CISO[8]) definiert die Informationssicherheitspolitik des Unternehmens in Ableitung zur Unternehmensstrategie[9] und unter

Einbeziehung der IT-Strategie. Er führt regelmäßige Risikoanalysen zur Erstellung der Informations-/IT-Sicherheitskonzepte durch und überprüft deren Wirksamkeit auf Basis der Geschäftsprozesse.[10] Er bereitet den Stellenwert der IT, das anzustrebende Informations-/IT-Sicherheitsniveau und die unternehmensweiten Sicherheitsziele gemäß den von der Geschäftsführung festgelegten Ansprüchen auf, formuliert sie aus und führt Maßnahmen zur Umsetzung ein. Dabei führt er selbst an Systemen und Verfahren keine Änderungen durch, da dies dem Neutralitätsanspruch widerspricht, denn so würde er selbst durchgeführte Änderungen wiederum selbst prüfen. Der CISO berichtet regelmäßig an die Unternehmensleitung, berät sie in Fragen zur Informations-/IT-Sicherheit und führt Managementreviews. Er entwickelt und formuliert die Informations- und IT-Sicherheitsleitlinie des Unternehmens und gibt die abgestimmte und freigegebene Sicherheitsleitlinie/-richtlinie allen betroffenen Mitarbeitern des Unternehmens bekannt.

Der Informationssicherheitsbeauftragte arbeitet an der Erstellung des Notfallvorsorgekonzepts (Business Continuity Management, BCM) mit und koordiniert die Umsetzung in entsprechende Notfallpläne, Wiederanlaufpläne und Katastrophenpläne. Er erstellt Regeln für die Zuweisung von Rollen, Verantwortlichkeiten, Berechtigungen und Haftung. Er entwickelt und pflegt ein Sicherheits- und Kontrollrahmenwerk, bestehend aus Standards, Maßnahmen, Verfahren und Prozeduren. Die regelmäßige Bewertung von Risiken und die Durchführung von Business Impact Analysen[11] gehören ebenso zu seinen Aufgaben, wie die Regelung zur Klassifizierung und Kennzeichnung von Informationen (Assets) im Unternehmen.

Der Informationssicherheitsbeauftragte, seine Mitarbeiter oder Beauftragte führen Kontrollen (Audits) für Personen, organisatorische und technische Prozesse und zu eingesetzten und neuen Technologien durch. Seiner Verantwortung obliegen die Überwachung von Sicherheitselementen und effektiven Prozessen zur Identitäts- und Zugriffsverwaltung für Anwender und Zulieferer von Informationen. Ebenso die Schulung aller Mitarbeiter, Manager und der Unternehmensleitung in Bezug auf die Anforderungen an die Informationssicherheit. Er führt ein Vorfallskataster aller Informations- und Sicherheitsvorfälle. Darin werden die Maßnahmenempfehlungen, also korrektive, detektive und präventive Maßnahmen[12] und deren Wirksamkeit nachvollziehbar dokumentiert.

Eine jährliche Bewertung der Informationssicherheit und Leistungsberichte an die Unternehmensleitung wird gestützt durch aussagekräftige Kennzahlen zur Sicherheitsleistung und die Planung und Durchführung von regelmäßigen Audits (Informationssicherheits-Managementsystem, Prozesse und Projekte).

Alle Tätigkeiten des Informationssicherheitsbeauftragten sind auditiv, das heißt er und sein Stab (seine Mitarbeiter und beauftragte Dritte) führen keine operativen Tätigkeiten selbst aus. Sie beraten (herstellerunabhängig), steuern, unterstützen und auditieren die von den verantwortlichen Abteilungen durchgeführten Sicherheitsmaßnahmen und prüfen deren Wirksamkeit.

§ 6 IT-Sicherheitsbeauftragter

Die Rolle des IT-Sicherheitsbeauftragten hat einen deutlichen Schwerpunkt hinsichtlich der technischen Sicherheit der IT-Infrastruktur, sowie der Systeme und Applikationen. Im Vergleich zum Informationssicherheitsbeauftragten ist das Tätigkeitsfeld des IT-Sicherheitsbeauftragten im Wesentlichen auf die IT-Abteilung

Müller

beschränkt, auch wenn dazu in der Literatur sehr unterschiedliche Auffassungen vertreten werden und es oft zu einer Vermischung mit anderen in diesem Zusammenhang beschriebenen Rollen und Funktionen kommt. Eine solche Vermischung der Verantwortlichkeiten oder Verwechslung mit ähnlichen Rollen und Funktionen[13] gilt es stets zu vermeiden, da diese zu einer Silobildung führen, was letztlich die Entstehung von Risiken zur Folge hat.

Die Aufgabe des IT-Sicherheitsbeauftragten besteht darin, die Unternehmensleitung bei der Wahrnehmung ihrer Aufgaben in Bezug auf die IT-Sicherheit zu beraten und bei deren Umsetzung zu unterstützen. Wie auch der Informationssicherheitsbeauftragte (CISO) muss der IT-Sicherheitsbeauftragte bei allen IT-Projekten einbezogen werden. Er muss sicherstellen, dass sicherheitsrelevante Aspekte ausreichend beachtet werden. Dazu gehören z.B. die Beschaffung von IT-Systemen oder die Gestaltung von IT-gestützten Geschäftsprozessen, wie beispielsweise:

– Erstellung und Pflege der IT-Sicherheitsleitlinie und des IT-Sicherheitskonzeptes
– Entwicklung und Einführung von zielgruppenorientierten, bedarfsgerechten IT-Sicherheitsmaßnahmen
– Aufbau einer Organisationsstruktur für IT-Sicherheit innerhalb des IT-Betriebes
– Integration der Administratoren und Entwickler in die arbeitsplatzbezogenen technischen Sicherheitsprozesse
– Integration der IT-Sicherheit in organisationsweite Verfahren in IT-Strukturen
– Reporting und Kennzahlenbewertungen der IT-Sicherheit (Reporting an den Chief Information Security Officer)
– Aufrechterhaltung der IT-Sicherheit im laufenden IT-Betrieb.

§ 7 IT-Sicherheitsbeauftragter/Sicherheitsbeauftragter nach § 109 TKG

Die Aufgaben des IT-Sicherheitsbeauftragten nach dem TKG umfassen die zuvor beschriebenen Aufgaben, sowie die Telekommunikationsspezifika gem. § 109 TKG. Dazu gehören die:
– Wahrung des Datenschutzes
– Wahrung des Fernmeldegeheimnisses gemäß §§ 88–107 TKG
– Erstellung und Fortschreibung eines Sicherheitskonzeptes
– Umsetzung technischer Schutzmaßnahmen nach § 109 TKG
– Meldung von Sicherheitsverletzungen einschließlich Störungen von Telekommunikationsnetzen oder -diensten
– Bewertung, Anordnung und Überwachung von Folgemaßnahmen
– Möglicherweise notwendige Beauftragung unabhängiger, qualifizierter Unternehmen zur Überprüfung von Sicherheitsmechanismen
– Einhaltung der Anforderungen bezüglich Notruf nach § 108 TKG
– Wahrnehmung interner Aufgaben zur IT-Sicherheit beim Betreiber oder Dienstanbieter.

§ 8 IT-Sicherheitsbeauftragter nach § 11 Abs. 1a EnWG

Die Aufgaben des IT-Sicherheitsbeauftragten nach dem IT-Sicherheitskatalog der Bundesnetzagentur umfassen derzeit:
– Die Koordination, Verwaltung und Kommunikation der IT-Sicherheit

Müller

– Zentraler Ansprechpartner für die Bundesnetzagentur
– Auskunft über den Umsetzungsstand der Anforderungen aus dem vorliegenden IT-Sicherheitskatalog
– Auskunft über aufgetretene Sicherheitsvorfälle sowie Art und Umfang evtl. hierdurch hervorgerufener Auswirkungen
– Sicherstellen, dass der Netzbetreiber an relevanten Kommunikationsinfrastrukturen für Lageberichte und Warnmeldungen sowie zur Bewältigung großflächiger Krisen angebunden ist
– Auswahl geeigneter konkreter Maßnahmen zum Schutz der IT-Infrastruktur.

§ 9 Compliance-Beauftragter/Compliance Officer

Mit dem Begriff „Compliance" ist die Einhaltung von Gesetzen, regulatorischen Vorschriften, Organisationsgrundsätzen und Unternehmensrichtlinien nebst internen und externen (branchenspezifischen) Kodizes gemeint.[14]
Die Aufgaben des Compliance-Officers sind insbesondere die
– Durchführung von Risikoanalysen- und -bewertungen
– Erstellung und Einführung von Regelwerken (Code of Ethics, Code of Conduct)
– Entwicklung und Implementierung von Compliance-Prozessen
– Beratung der Unternehmensleitung, der Manager und Mitarbeiter
– Überwachung und Kontrolle zur Sicherstellung der Umsetzung der Regelwerke
– Bereichsspezifische Schulung aller Mitarbeiter
– Berichterstattung (Reporting) an die entsprechenden Stellen im Unternehmen.

IT-Compliance meint die Konformität der IT-Systeme (Infrastruktur, Hardware, Software) zu rechtlichen Vorgaben aller Art. Das heißt, dass gesetzliche Regelungen, Rechtsverordnungen und Verwaltungsvorschriften, die sich auf den IT-Betrieb des Unternehmens auswirken können, jeweils in ihrer Auslegung durch die gegenwärtige Rechtsprechung, im Rahmen der Compliance Berücksichtigung finden müssen. Da IT-Systeme heute für jedes Unternehmen eine fundamentale Bedeutung haben, wird in Großunternehmen oft auch ein IT-Compliance-Manager benannt, der in diesem Spezialgebiet dem Compliance-Officer zuarbeitet.

§ 10 Gleichbehandlungsbeauftragter nach § 6 EnWG

Die Aufgabe des Gleichbehandlungsbeauftragten[15] (auch Unbundling-Compliance-Officer) umfasst den Aufbau eines Gleichbehandlungsprogrammes zur Sicherstellung der rechtlichen, operationellen, informatorischen und buchhalterischen Entflechtung,[16] umso Transparenz und Diskriminierungsfreiheit, also eine Unbundlingkonforme und datenschutzrechtlich einwandfreie Organisation, sicherzustellen. Das Gleichbehandlungsprogramm legt Pflichten und Sanktionen für den Fall, dass gegen diese verstoßen wird, für die Mitarbeiter fest und ist von der Regulierungsbehörde zu genehmigen. Die Einhaltung wird durch eine natürliche oder juristische Person, den Gleichbehandlungsbeauftragten,[17] überwacht. Er wird durch den Aufsichtsrat des unabhängigen Transportnetzbetreibers benannt, unmittelbar der Unternehmensleitung unterstellt und ist in dieser Funktion weisungsfrei. Ihm sind die zur Erfüllung der Aufgaben notwendigen Mittel zur Verfügung zu stellen, er ist unabhängig und hat fachlich geeignet zu sein. Wegen der Erfüllung seiner Aufgaben darf er nicht benachteiligt werden. Er hat jederzeit unangekündigt Zugang zu allen erforderlichen Daten und Geschäftsräumen. Er dokumentiert und meldet Verstöße an die Re-

Müller

gulierungsbehörde, trifft korrektive Maßnahmen und erstellt einen Jahresbericht über Kontrollen und Maßnahmen, die die Einhaltung der gesetzlichen Einschränkungen sicherstellen.[18]

Anmerkungen

1. Aufgaben des Datenschutzbeauftragten. Europaweit ist nun erstmalig die Bestellung eines Datenschutzbeauftragten vorgesehen, was in vielen Mitgliedstaaten eher als ein Akt der Bürokratie gesehen wird. Siehe hierzu → B.I. bis B.III.

2. Rollenüberdeckungen. Aus den Tätigkeiten des Datenschutzbeauftragten ergeben sich umfangreiche Überschneidungen in den zu Rollenüberdeckungen mit anderen Funktionsträgern innerhalb der Unternehmen führenden Themen. Diese werden in folgenden Beschreibungen und Tabellen dargestellt.

3. Privacy Impact Assessments (PIA). Diese Art der Folgenabschätzung kam bereits auf Empfehlungen der Europäischen Kommission im Zusammenhang mit der Einführung neuer Technologien wie RFID (RFID-Empfehlung) und Smart Meter (Smart Meters-Empfehlung) im Sinne einer Datenschutz-Folgenabschätzung zur Durchführung (*Friedewald/Obersteller/u.a.*, White Paper – DATENSCHUTZ-FOLGENABSCHÄTZUNG - Ein Werkzeug für einen besseren Datenschutz,)

4. IT-Risikobeauftragter. Über die Ausrichtung der IT-Sicherheitsstandards im Unternehmen entscheiden der IT-Sicherheitsbeauftragte, der IT-Risikobeauftragte und der IT-Verantwortliche für den IT-Betrieb (Bitkom e.V., Kompass der IT-Sicherheitsstandards Leitfaden und Nachschlagewerk, S. 15).

5. Verschlusssachenanweisungen. Allgemeine Verwaltungsvorschrift des Bundesministeriums des Innern zum materiellen und organisatorischen Schutz von Verschlusssachen – Verschlusssachenanweisung (VS-Anweisung – VSA).

6. Staatsgeheimnisse. Verstöße sind in Deutschland gem. § 94ff. StGB strafbar (Vergehen des Landesverrats, Offenbaren von Staatsgeheimnissen).

7. Unterstützungsleistungen durch das BMWi. Dazu Schlaglichter der Wirtschaftspolitik, 3/2007, S. 34.

8. CISO. In Konzernen oder Unternehmensgruppen wird i.a. in den jeweiligen Tochter- oder Beteiligungsunternehmen ein ISO (Information Security Officer) benannt, da dem CISO in der Holding oder der Muttergesellschaft die übergreifende Richtlinienkompetenz im Konzern obliegt.

9. Unternehmensstrategie. Vision und Mission eines Unternehmens sind der notwendige Orientierungsrahmen für die Mitarbeiter. Visionen zeigen, wohin das Unternehmen sich in den nächsten zehn bis 15 Jahren entwickeln soll (beispielsweise Marktführer in einem bestimmten Branchenbereich). Hieraus leitet das obere Management die Unternehmensstrategie ab, die dazu beiträgt, die Ziele der Vision zu erreichen (beispielsweise aggressiver Aufkauf von marktbegleitenden Unternehmen). Alle unterstützenden (dienstorientierten) Abteilungen eines Unternehmens müssen Strategien entwickeln, die diesen Weg unterstützen, allen voran die IT-Abteilung, die einen maßgeblichen Anteil im Unternehmen hat. Die IT-Strategie muss also auf der

Müller

Unternehmensstrategie aufsetzen (Ableitung), um die volle Unterstützung sicherstellen zu können (beispielsweise durch eine hochstandardisierte, flexible IT-Infrastruktur, die auf Zukäufe von Unternehmen ausgerichtet ist).

10. Geschäftsprozesse. Im Unternehmen beschreibt ein Geschäftsprozess den gesamten Prozessdurchlauf von der Kundenanfrage bis zur abgeschlossenen Auftragserfüllung. Geschäftsprozesse sind immer eine unternehmensspezifische Kombination optimaler Kernprozesse des Unternehmens zur Erfüllung seiner Marktanforderungen. Da Geschäftsprozesse immer unternehmensübergreifend sind, gibt es gemanagte Schnittstellen zu Partnern, Kunden und Lieferanten. Im Unternehmen selbst gibt es unterstützende Geschäftsprozesse, wie IT-Betrieb, Anwendungsbetrieb, Buchhaltung, Personal und andere (weiterführend z.B. *Aubertin/Hony/Fettke/Loos*, JWI Heft 194).

11. Business Impact Analyse. Die Business Impact Analysis (BIA) ist Bestandteil der Planung eines Business Continuity Managementsystems, welches die Fortsetzung des Geschäftsbetriebs im Not- oder Krisenfall sicherstellen soll. Die BIA steht zu Beginn der Planung eines Business Continuity Managementsystems und hat zur Aufgabe Kernprozesse und Leistungen des Unternehmens zu identifizieren und hinsichtlich maximaler Ausfallzeiten oder Störungen zu bewerten. Dabei sollen die Aufwände für Maßnahmen zur Fortführung des Geschäftsbetriebs auf wesentliche Bereiche beschränkt werden, die durch ihre fehlende oder eingeschränkte Verfügbarkeit erhebliche Auswirkungen für das Unternehmen zur Folge hätten und somit die Existenz gefährden könnten (*von Rössing*, Betriebliches Kontinuitätsmanagement, S. 61 ff. und 76 ff.).

12. Korrektivmaßnahmen, detektive und präventive Maßnahmen. Präventive Kontrollen und Maßnahmen dienen der Verhinderung von Fehlern. Detektive Kontrollen und Maßnahmen dienen dazu, Fehler aufzudecken und zu korrigieren. Korrektive Maßnahmen dienen der Beseitigung, Minimierung oder Verhinderung des erneuten Auftretens erkannter Risiken.

13. Sicherheitsrollen. Ein CISO (Chief Information Security Officer) verantwortet die unternehmensweite Informationssicherheit; ein Sicherheitsbeauftragter (Chief Security Officer) verantwortet alle Sicherheitsthemen des Unternehmens, also auch Gebäudesicherheit, Werkschutz, Arbeitssicherheit u.a. – er ist mithin der Kopf (Head of Security) einer Sicherheitsabteilung des Unternehmens; ein IT-Sicherheitsbeauftragter (IT-Sibe) verantwortet den Teilbereich der technischen Informationssicherheit der Infrastruktur, Systeme und Software. Ein Informationssicherheitsmanager (Information Security Manager) verantwortet die Absicherung der Informationssicherheit aus betriebswirtschaftlicher Sicht und ist der Counterpart zum CISO auf der Seite der IT-Leitung (Chief Information Officer oder auch Chief Technology Officer) – seine Aufgabe ist der wirtschaftliche Betrieb der Informations- und IT-Sicherheit (*Kersten/Klett*, Der IT Security Manager: Aktuelles Praxiswissen für IT Security Manager und IT-Sicherheitsbeauftragte in Unternehmen und Behörden).

14. Code of Conduct (Verhaltenskodex). Ein Verhaltenskodex ist eine Zusammenstellung von Verhaltensweisen. So hat u.a. der Gesamtverband der Deutschen

Müller

Versicherungswirtschaft (GDV) Verhaltensregeln für die Datenverarbeitung in der Versicherungswirtschaft festgelegt. Unternehmen der Branche können diesem Code of Conduct (CoC) beitreten und werden in einer Liste veröffentlicht. Der Umgang mit personenbezogenen Daten der Kunden von der Antragstellung bis zur Schadenregulierung soll so transparent gemacht werden (zur Abgrenzung zu unternehmenseigenem CoC vgl. → A.IV.).

15. Ziele des Gleichbehandlungsbeauftragten. Grundlage des Gleichbehandlungsbeauftragten in Energieversorgungsunternehmen ist die Entflechtung, dessen Ziel es ist, Transparenz und Diskriminierungsfreiheit sicherzustellen. Dabei muss die Unabhängigkeit eines Verteilnetzbetreibers (Betreiber von Strom- und Gasnetzen zur Verteilung an Haushalte) von anderen Bereichen der Energieversorgung sichergestellt werden. Die diskriminierungsfreie Ausgestaltung des Netzbetriebes ist seit dem Jahr 2005 im Energiewirtschaftsgesetz festgeschrieben und definiert Maßnahmen der rechtlichen, operationellen, informatorischen und buchhalterischen Entflechtung für vertikal integrierte Unternehmen nach §§ 6 ff. EnWG n. F. (wortgleich zu § 9 EnWG a. F.). Eine deutliche Verschärfung und Einbeziehung von Gasspeicherbetreibern wurde mit der Energierechtsnovelle 2011 geschaffen. In der Richtlinie zur informatorischen Entflechtung der Regulierungsbehörden des Bundes und der Länder sind technische und organisatorische Maßnahmen zur Umsetzung der Entflechtungsbestimmung des EnWG beschrieben. Es definiert den Gleichbehandlungsbeauftragten in § 10e EnWG n. F.

16. Entflechtung (Unbundling). Entflechtung beschreibt die gesetzliche Vorgabe zur Trennung von Netz und Vertrieb bei Energieversorgungsunternehmen (EVU). Das Ziel der Entflechtung ist ein neutraler Netzbetrieb wie es das Energiewirtschaftsgesetz (EnWG) vorschreibt um so einen entsprechenden Wettbewerb zwischen den Marktteilnehmern zu erzeugen. Das EnWG sieht Maßnahmen zur buchhalterischen, informationellen, organisatorischen und gesellschaftsrechtlichen Entflechtung vor.

Die informatorische Entflechtung fordert die Trennung wirtschaftlich sensibler und vorteilhafter Informationen, beispielsweise Kundendaten. Dies bedeutet, dass der Vertriebsbereich und der Bereich für den Netzbetrieb ausschließlich Daten über Kunden erhalten dürfen, die von diesen Bereichen beliefert werden. Damit soll erreicht werden, dass den Bereichen eines großen Energieversorgers dieselben Informationen vorliegen wie Mitbewerbern.

Die buchhalterische Entflechtung beschreibt die Trennung der Rechnungslegung. Energieversorger müssen demnach getrennte Konten, Bilanzen sowie Gewinn- und Verlustrechnungen für die Erzeugung, Übertragung und den Vertrieb erstellen. Alle Bereiche müssen so behandelt werden, als handele es sich um komplett eigenständige Unternehmen.

Die organisatorische Entflechtung sieht eine Trennung der Organisationsstruktur des Managements vor. Hier ist das Ziel die Eigenständigkeit der Netzgesellschaft zu gewährleisten.

Das Legal Unbundling (rechtliche Entflechtung) behandelt die Gesellschaftsrechtsentflechtung. Die Entflechtung von Netz und Vertrieb sieht in Bezug auf die Gesellschaftsform von Netz und Vertrieb eigenständige juristische Gesellschaften vor (http://www.bundesnetzagentur.de/cln_1411/DE/Sachgebiete/Elektrizitaetund Gas/Unternehmen_Institutionen/EntflechtungKonzessionenArealnetze/entflechtungk onzessionenarealnetze-node.html).

Müller

17. Gleichbehandlungsbeauftragter. Der Gleichbehandlungsbeauftragte kann gem. § 10 Abs. 2 EnWG eine natürliche oder juristische Person sein.

18. Gleichbehandlungsprogramm. Gleichbehandlungsprogramm und Gleichbehandlungsbeauftragter des unabhängigen Transportnetzbetreibers gem. § 10e EnWG.

4. Tabellarische Aufstellung von Rollenüberdeckungen

§ 1 Gegenüberstellung Tätigkeiten DSB und CISO

Tätigkeiten des Datenschutzbeauftragten (DSB)	Tätigkeiten des Informationssicherheitsbeauftragten (CISO) (gem. ISO 27001:2013)
Berichtet direkt an die Unternehmensleitung und erstellt einen jährlichen Datenschutzbericht (Art. 39 Abs. 1 lit. a und Art. 5 Abs. 2 DS-GVO).	Berichtet direkt an die Unternehmensleitung und erstellt einen Jahresbericht zur Sicherheitslage im Unternehmen.
In der Ausübung seiner Aufgaben auf dem Gebiet des Datenschutzes ist er weisungsfrei und darf deswegen nicht benachteiligt werden (Art. 38 Abs. 3 DS-GVO).	Seine Stellung ist unabhängig und in der Organisation deutlich sichtbar (Stabsstelle). Die Tätigkeiten sind grundsätzlich nicht operativ, sondern beratend, steuernd, auditiv und unterstützend.
Wirkt durch sein Tun auf die Minimierung der Haftungsrisiken (Datenschutz-Folgenabschätzung) hin und ist somit Bestandteil des internen Kontrollsystems, wodurch den Fortbestand der Gesellschaft gefährdende Entwicklungen rechtzeitig erkannt werden sollen (Art. 35, ErwG 84, 89–93 DS-GVO).	Wirkt durch sein Tun auf die Minimierung der Haftungsrisiken hin und ist somit Bestandteil des internen Kontrollsystems, wodurch den Fortbestand der Gesellschaft gefährdende Entwicklungen rechtzeitig erkannt werden sollen.
Aufbau und Aufrechterhaltung einer Datenschutzorganisation (ErwG 78 DS-GVO).	Aufbau und Aufrechterhaltung eines Informationssicherheitsmanagementsystems.
Verfügt über Kenntnis der aktuellen Rechtslage zum Datenschutz (Art. 37 Abs. 5 DS-GVO).	Kenntnis der aktuellen Rechtslage im Kontext Informations- und IT-Sicherheit.
Verfügt über die Kontrollkompetenz im Unternehmen und hat Zugang zu allen Betriebsbereichen (Art. 38 Abs. 2 und 3 DS-GVO).	Verfügt über die Kontrollkompetenz im Unternehmen und hat Zugang zu allen Betriebsbereichen.

Müller

Tätigkeiten des Datenschutzbeauftragten (DSB)	Tätigkeiten des Informationssicherheitsbeauftragten (CISO) (gem. ISO 27001:2013)
Führen des Verzeichnisses der Verarbeitungtätigkeiten über IT-Systeme und Verfahren bei denen mit personenbezogenen Daten gearbeitet wird (Art. 30, ErwG 83 DS-GVO).	Bewertet und kategorisiert die IT-Systeme (Applikationen, Services, Server, Netzwerk, Infrastruktur, u.a.) nach Kritikalität und angemessenem Schutz.
Durchführung der Datenschutz-Folgenabschätzung dahingehend, ob bei Verarbeitung personenbezogener Daten der Datenschutz und die -sicherheit eingehalten wird.	Überprüfung von Projekten und IT-Systemen auf IT-Sicherheit vor Inbetriebnahme in Bezug auf sensible und personenbezogene Daten.
Durchführung von Risikoanalysen bei der Verarbeitung von personenbezogenen Daten zur Erstellung des Datenschutzkonzeptes u.a. im Rahmen der Datenschutz-Folgenabschätzung (Art. 35 DS-GVO).	Durchführung von Risikoanalysen zur Erstellung des IS-/IT-Sicherheitskonzeptes und dessen sukzessive Umsetzung auf Basis der Geschäftsprozesse.[1]
Überprüft die Datenschutzkonzepte und -maßnahmen auf deren Wirksamkeit und Nachvollziehbarkeit (Art. 39 Abs. 1 lit. b DS-GVO).	Überprüft die Informations- und IT-Sicherheitskonzepte und -maßnahmen auf deren Wirksamkeit und Nachvollziehbarkeit.
Schulung und Sensibilisierung der Mitarbeiter hinsichtlich der geltenden Vorschriften und besonderen Erfordernissen beim Umgang mit personenbezogenen Daten (Art. 39 Abs. 1 lit. b DS-GVO).	Schulung und Sensibilisierung der Mitarbeiter für Informationssicherheit und IT-Sicherheit.
Anweisung auf Einhaltung der datenschutzrechtlichen Vorschriften durch die Mitarbeiter die an der Verarbeitung beteiligt sind (Art. 39 Abs. 1 lit. b DS-GVO).	Vertraulichkeitsvereinbarungen für den Umgang mit sensiblen Informationen.
Wirkt bei vertraglichen Vereinbarungen mit, wenn personenbezogene Daten involviert sind (Art. 39 Abs. 2 DS-GVO).	Wirkt bei vertraglichen Vereinbarungen im Zusammenhang mit IT-Infrastruktur/-Systemen mit und prüft die Einhaltung der Vertragsinhalte.
Arbeitet an Betriebsvereinbarungen mit und leistet notwendige Zuarbeit (Art. 6 Abs. 3 S. 2 DS-GVO).	Informiert die Unternehmensleitung über betriebsratsrelevante Themen bei der Neueinführung von Systemen und Applikationen.

Tätigkeiten des Datenschutzbeauftragten (DSB)	*Tätigkeiten des Informationssicherheitsbeauftragten (CISO) (gem. ISO 27001:2013)*
Überwachung und Koordination des Datenschutzes und der Datensicherung unter Berücksichtigung der Einhaltung der technischen und organisatorischen Maßnahmen nach Stand der Technik (Art. 32 und 41 DS-GVO).	Sicherstellung der physischen, umgebungsbezogenen und technischen Sicherheit.
Durchführung von Datenschutzaudits und Prüfungen entsprechend den Forderungen der DS-GVO und einzelvertraglicher Vereinbarungen (Art. 32 und 39, ErwG 82 DS-GVO).	Durchführung von Sicherheitsaudits und Schwachstellenprüfungen zur Informationssicherheit.
Vertretung des Unternehmens bei Prüfungen durch Aufsichtsbehörden oder Auftraggeber, sowie bei ggf. notwendiger vorheriger Konsultation der Aufsichtsbehörden.	Umgang mit Behörden bei Computerstraftaten.
Einbindung bei datenschutzrelevanten Richtlinien, Arbeitsanweisungen und Verträgen (Art. 39 DS-GVO).	Erstellung und Implementierung von Richtlinien und Regeln zum Schutz der Unternehmenswerte.
Ansprechpartner für Geschäftsleitung, Betriebsrat, Mitarbeiter, Kunden, Lieferanten und Dritte (Art. 39 DS-GVO).	Ansprechpartner für Geschäftsleitung, Betriebsrat, Mitarbeiter, Kunden, Lieferanten und Dritte.
Führt ein Meldesystem für Datenschutzereignisse und hält korrektive Maßnahmen nach (Datenschutzkataster; Art. 39 Abs. 1 lit. a und Art. 33 DS-GVO)	Führt ein Meldesystem für Informations- und IT-Sicherheitsereignisse und hält korrektive Maßnahmen nach (Informationssicherheitskataster).
Unterstützt bei Auskunftsersuchen Dritter oder bei der Benachrichtigungspflicht (Art. 39 DS-GVO).	Unterstützt bei Auftragsdatenverarbeitung (ADV, Outsourcing) und bei Funktionsübertragung.
Überwachung der Einhaltung des Grundsatzes der Datenvermeidung und Datensparsamkeit in Bezug auf personenbezogene Daten (Art. 5 und 39 DS-GVO).	Überwachung der Einhaltung der Kennzeichnungs- und Klassifizierungsrichtlinien (Need-to-Know-Prinzip[2]).
Hält sich durch geeignete Fortbildungsmaßnahmen auf dem aktuellen Stand (Art. 38 DS-GVO).	Hält sich durch geeignete Fortbildungsmaßnahmen auf dem aktuellen Stand.
Datenschutzrechtliche Beaufsichtigung des Terrorlisten-Screening des Unternehmens.	Prüfung der Voraussetzung für die Notwendigkeit der Sicherheitsüberprüfung von IT-Administratoren.

Müller

§ 2 Gegenüberstellung Tätigkeiten DSB und IT-Sicherheitsbeauftragter und IT-Sicherheitsbeauftragter nach TKG

Tätigkeiten des Datenschutzbeauftragten (DSB)	IT-Sicherheitsbeauftragter und IT-Sicherheitsbeauftragter nach TKG
Berichtet direkt an die Unternehmensleitung und erstellt einen jährlichen Datenschutzbericht (Rechenschaftspflicht) (Art. 39 Abs. 1 lit. a und Art. 5 Abs. 2 DS-GVO).	Berichtet regelmäßig an IT-Leitung und verfügt über direktes Berichtsrecht an die Unternehmensleitung.
In der Ausübung seiner Aufgaben auf dem Gebiet des Datenschutzes ist er weisungsfrei und darf deswegen nicht benachteiligt werden (Art. 38 Abs. 3 DS-GVO).	Seine Stellung in der Organisation ist herausgehoben und unabhängig.
Wirkt durch sein Tun auf die Minimierung der Haftungsrisiken (Datenschutz-Folgenabschätzung) hin und ist somit Bestandteil des internen Kontrollsystems, wodurch den Fortbestand der Gesellschaft gefährdende Entwicklungen rechtzeitig erkannt werden sollen (Art. 35, ErwG 84, 89–93 DS-GVO).	Minimiert Haftungsrisiken der IT-Leitung.
Aufbau und Aufrechterhaltung einer Datenschutzorganisation (ErwG 78).	Aufbau, Betrieb und Weiterentwicklung einer IT-Sicherheitsorganisation.
Verfügt über Kenntnis der aktuellen Rechtslage zum Datenschutz (Art. 37 Abs. 5 DS-GVO).	Verfügt über ständig aktualisiertes Know-how von Sicherheitstechnologien.
Verfügt über die Kontrollkompetenz im Unternehmen und hat Zugang zu allen Betriebsbereichen (Art. 38 Abs. 2 und 3 DS-GVO).	Hat Zutrittsrecht zu allen Bereichen in denen IT-Komponenten eingesetzt werden.
Führen des Verzeichnisses der Verarbeitungtätigkeiten über IT-Systeme und Verfahren bei denen mit personenbezogenen Daten gearbeitet wird (Art. 30, ErwG 83 DS-GVO).	Ist über alle IT-Vorhaben und Projekte frühzeitig informiert und wird in deren Planung und Durchführung einbezogen.
Durchführung der Datenschutz-Folgenabschätzung (PIA) dahingehend, ob bei Verarbeitung personenbezogener Daten der Datenschutz und die -sicherheit eingehalten wird.	Prüft Lasten- und Pflichtenhefte auf IT-Sicherheitsmaßnahmen und kontrolliert deren Umsetzung.

Tätigkeiten des Datenschutzbeauftragten (DSB)	*IT-Sicherheitsbeauftragter und IT-Sicherheitsbeauftragter nach TKG*
Durchführung von Risikoanalysen bei der Verarbeitung von personenbezogenen Daten zur Erstellung des Datenschutzkonzeptes u.a. im Rahmen der Datenschutz-Folgenabschätzung (Art. 35 DS-GVO).	Führt Risikoanalysen für IT-Systeme durch.
Überprüft die Datenschutzkonzepte und -maßnahmen auf deren Wirksamkeit und Nachvollziehbarkeit (Art. 39 Abs. 1 lit. b DS-GVO).	Überprüft IT-Sicherheitskonzepte auf deren Wirksamkeit.
Schulung und Sensibilisierung der Mitarbeiter hinsichtlich der geltenden Vorschriften und besonderen Erfordernissen beim Umgang mit personenbezogenen Daten (Art. 39 Abs. 1 lit. b DS-GVO).	Schult Administratoren, Entwickler und anderes IT-Personal in Bezug auf IT-Sicherheit.
Anweisung auf Einhaltung der datenschutzrechtlichen Vorschriften durch die Mitarbeiter, die an der Verarbeitung beteiligt sind (Art. 39 Abs. 1 lit. b DS-GVO).	Verpflichtung des IT-Personals zur Einhaltung von Sicherheitsverfahren.
Wirkt bei vertraglichen Vereinbarungen mit, wenn personenbezogene Daten involviert sind (Art. 39 Abs. 2 DS-GVO).	Wirkt bei vertraglichen Vereinbarungen im Zusammenhang mit IT-Sicherheit mit.
Arbeitet an Betriebsvereinbarungen mit und leistet notwendige Zuarbeit (Art. 6 Abs. 3 S. 2 DS-GVO).	Unterstützt bei Betriebsvereinbarungen in Bezug auf § 87 BetrVG.[3]
Überwachung und Koordination des Datenschutzes und der Datensicherung unter Berücksichtigung der Einhaltung der technischen und organisatorischen Maßnahmen nach Stand der Technik (Art. 32 und 41 DS-GVO).	Stellt Verfahren und Maßnahmen zur IT-Sicherheit innerhalb der IT-Betriebsorganisation sicher und überwacht deren Einhaltung.
Durchführung von Audits und Prüfungen entsprechend den Forderungen der DS-GVO und einzelvertraglicher Vereinbarungen (Art. 32 und 39, ErwG 82 DS-GVO).	Führt Audits durch oder beauftragt spezialisierte Dritte mit der Durchführung.
Vertretung des Unternehmens bei Prüfungen durch Aufsichtsbehörden oder	Unterstützt bei Prüfungen durch Dritte (Wirtschaftsprüfer, Steuerberater, Er-

Tätigkeiten des Datenschutzbeauftragten (DSB)	*IT-Sicherheitsbeauftragter und IT-Sicherheitsbeauftragter nach TKG*
Auftraggeber, sowie bei ggf. notwendiger vorheriger Konsultation der Aufsichtsbehörden.	mittlungsbehörden, Bundes- und Landesbehörden).
Einbindung bei datenschutzrelevanten Richtlinien, Arbeitsanweisungen und Verträgen (Art. 39 DS-GVO).	Unterstützt und empfiehlt IT-Sicherheitsmaßnahmen für Richtlinien, Verfahrensanweisungen und Vertragsverhandlungen.
Ansprechpartner für Geschäftsleitung, Betriebsrat, Mitarbeiter, Kunden, Lieferanten und Dritte (Art. 39 DS-GVO).	Ansprechpartner für Geschäftsleitung und Mitarbeiter; sofern das Unternehmen dem TKG unterliegt, auch für Betriebsrat, Kunden, Lieferanten und Dritte
Führt ein Meldesystem für Datenschutzereignisse in Form ein Datenschutzkataster und hält korrektive Maßnahmen nach (Art. 39 Abs. 1 lit. a und Art. 33 DS-GVO).	Führt ein Kataster der IT-Sicherheitsereignisse und dokumentiert ergriffene Maßnahmen.
Unterstützt bei Auskunftsersuchen Dritter oder bei der Benachrichtigungspflicht (Art. 39 DS-GVO).	Unterstützt Ermittlungsbehörden bei Ermittlungen und forensischen Untersuchungen (gemäß TKG).
Überwachung der Einhaltung des Grundsatzes der Datenvermeidung und Datensparsamkeit in Bezug auf personenbezogene Daten (Art. 5 und 39 DS-GVO).	Überwacht (technisch) die Einhaltung der korrekten Berechtigungsvergaben in IT-Systemen und Applikationen.
Hält sich durch geeignete Fortbildungsmaßnahmen auf dem aktuellen Stand (Art. 38 DS-GVO).	Nimmt regelmäßig an geeigneten Fortbildungen teil.
Datenschutzrechtliche Beaufsichtigung des Terrorlisten-Screenings des Unternehmens.	Unterliegt dem SÜG[4] gemäß TKG.[5]

§ 3 Gegenüberstellung Tätigkeiten DSB und Gleichbehandlungsbeauftragter

Tätigkeiten des Datenschutzbeauftragten (DSB)	*Gleichbehandlungsbeauftragter*
Berichtet direkt an die Unternehmensleitung und erstellt einen jährlichen Datenschutzbericht (Art. 39 Abs. 1 lit. a und Art. 5 Abs. 2 DS-GVO).	Berichtet an die Regulierungsbehörde und den Aufsichtsrat.

Müller

Tätigkeiten des Datenschutzbeauftragten (DSB)	*Gleichbehandlungsbeauftragter*
In der Ausübung seiner Aufgaben auf dem Gebiet des Datenschutzes ist er weisungsfrei und darf deswegen nicht benachteiligt werden (Art. 38 Abs. 3 DS-GVO).	In seiner Funktion ist er weisungsfrei und darf wegen der Erfüllung seiner Aufgaben nicht benachteiligt werden.
Wirkt durch sein Tun auf die Minimierung der Haftungsrisiken (Datenschutz-Folgenabschätzung) hin und ist somit Bestandteil des internen Kontrollsystems, wodurch den Fortbestand der Gesellschaft gefährdende Entwicklungen rechtzeitig erkannt werden sollen (Art. 35, ErwG 84, 89–93 DS-GVO).	Wirkt durch sein Tun auf die Einhaltung des „Unbundling" hin und ist somit Bestandteil des Unbundling-Compliance" des Transportnetzbetreibers.
Aufbau und Aufrechterhaltung einer Datenschutzorganisation (ErwG 78 DS-GVO).	Aufbau eine Gleichbehandlungsprogramms.
Verfügt über Kenntnis der aktuellen Rechtslage zum Datenschutz (Art. 37 Abs. 5 DS-GVO).	Verfügt über Kenntnisse der aktuellen Gesetzeslage zum „Unbundling".
Verfügt über die Kontrollkompetenz im Unternehmen und hat Zugang zu allen Betriebsbereichen (Art. 38 Abs. 2 und 3 DS-GVO).	Verfügt über das gesetzlich zugesicherte Recht zur Teilnahme an allen Sitzungen der Unternehmensleitung, des Aufsichtsrates oder der Gesellschafter- und/oder Hauptversammlungen.
Führen des Verzeichnisses der Verarbeitungstätigkeiten über IT-Systeme und Verfahren bei denen mit personenbezogenen Daten gearbeitet wird (Art. 30 DS-GVO, ErwG 83).	Dokumentiert Prozess- und Verfahrensabläufe im Zusammenhang mit der diskriminierungsfreien Ausübung des Transportnetzbetriebes.
Durchführung der Datenschutz-Folgenabschätzung dahingehend, ob bei Verarbeitung personenbezogener Daten der Datenschutz und die -sicherheit eingehalten wird.	Kontrolliert (auch ohne Vorankündigung) die Einhaltung der Maßnahmen des Gleichbehandlungsprogrammes.
Durchführung von Risikoanalyse bei der Verarbeitung von personenbezogenen Daten zur Erstellung des Datenschutzkonzeptes u.a. im Rahmen der Datenschutz-Folgenabschätzung (Art. 35 DS-GVO).	Ermittelt und bewertet Risiken im Zusammenhang mit dem Gleichbehandlungsprogramm.

Müller

Tätigkeiten des Datenschutzbeauftragten (DSB)	Gleichbehandlungsbeauftragter
Überprüft die Datenschutzkonzepte und -maßnahmen auf deren Wirksamkeit und Nachvollziehbarkeit (Art. 39 Abs. 1 lit. b DS-GVO).	Überprüft regelmäßig das Gleichbehandlungsprogramm auf Einhaltung der rechtlichen, operationellen, informatorischen und buchhalterischen Entflechtung.
Schulung und Sensibilisierung der Mitarbeiter hinsichtlich der geltenden Vorschriften und besonderen Erfordernissen beim Umgang mit personenbezogenen Daten (Art. 39 Abs. 1 lit. b DS-GVO).	Schulung der Mitarbeiter im Rahmen des Gleichbehandlungsprogrammes.
Anweisung auf Einhaltung der datenschutzrechtlichen Vorschriften durch die Mitarbeiter die an der Verarbeitung beteiligt sind (Art. 39 Abs. 1 lit. b DS-GVO).	Verpflichtung der Mitarbeiter zur informatorischen Entflechtung.[6]
Wirkt bei vertraglichen Vereinbarungen mit, wenn personenbezogene Daten involviert sind (Art. 39 Abs. 2 DS-GVO).	Wirkt bei vertraglichen Vereinbarungen mit, wenn Bezug zum „Unbundling" besteht.
Arbeitet an Betriebsvereinbarungen mit und leistet notwendige Zuarbeit (Art. 6 Abs. 3 S. 2 DS-GVO).	
Überwachung und Koordination des Datenschutzes und der Datensicherung unter Berücksichtigung der Einhaltung der technischen und organisatorischen Maßnahmen nach Stand der Technik (Art. 32 und 41 DS-GVO).	Überwachung und Koordination des Datenschutzes und der Datensicherung[7] unter Berücksichtigung der Einhaltung der rechtlichen, operationellen, informatorischen und buchhalterischen Entflechtung.
Durchführung von Datenschutzaudits und Prüfungen entsprechend den Forderungen der DS-GVO und einzelvertraglicher Vereinbarungen (Art. 32 und 39, ErwG 82 DS-GVO).	Durchführung von Kontrollen gemäß EnWG.
Vertretung des Unternehmens bei Prüfungen durch Aufsichtsbehörden oder Auftraggeber, sowie bei ggf. notwendiger vorheriger Konsultation der Aufsichtsbehörden.	Vertretung des Unternehmens bei der Prüfung durch Aufsichtsbehörden.
Einbindung bei datenschutzrelevanten Richtlinien, Arbeitsanweisungen und Verträgen (Art. 39 DS-GVO).	Einbindung bei der Formulierung von Richtlinien, Arbeitsanweisungen und Verträgen mit Bezug zum Unbundling.

Tätigkeiten des Datenschutzbeauftragten (DSB)	*Gleichbehandlungsbeauftragter*
Ansprechpartner für Geschäftsleitung, Betriebsrat, Mitarbeiter, Kunden, Lieferanten und Dritte (Art. 39 DS-GVO).	Ansprechpartner für Aufsichtsrat, Regulierungsbehörde, Geschäftsleitung, Mitarbeiter, Kunden und Lieferanten.
Führt ein Meldesystem für Datenschutzereignisse und hält korrektive Maßnahmen nach (Datenschutzkataster). (Rechenschaftspflicht) (Art. 39 Abs. 1 lit. a und Art. 33 DS-GVO)	Führt ein Meldesystem über Verstöße gegen das „Unbundling", dokumentiert Maßnahmen und meldet an Regulierungsbehörde und Aufsichtsrat.
Unterstützt bei Auskunftsersuchen Dritter oder bei der Benachrichtigungspflicht (Art. 39 DS-GVO).	Berichtet jährlich an die Regulierungsbehörde.
Überwachung der Einhaltung des Grundsatzes der Datenvermeidung und Datensparsamkeit in Bezug auf personenbezogene Daten (Art. 5 Abs. 1 lit. c, 25 und 39 DS-GVO).	Überwachung der Einhaltung der informatorischen und buchhalterischen Entflechtung in Bezug auf personenbezogene Daten.
Hält sich durch geeignete Fortbildungsmaßnahmen auf dem aktuellen Stand (Art. 38 DS-GVO).	Hält sich durch geeignete Fortbildungsmaßnahmen auf dem aktuellen Stand.
Datenschutzrechtliche Beaufsichtigung des Terrorlisten-Screening des Unternehmens.	

Anmerkungen

1. Geschäftsprozesse. Dazu → E.I.3. § 5.

2. Need-to-Know-Prinzip. Minimalprinzip, „Kenntnis nur wenn nötig", dazu → E.I.1. § 5.

3. § 87 BetrVG. Gem. § 87 Abs. 1 Nr. 6 BetrVG hat der Betriebsrat ein Mitbestimmungsrecht, wenn technische Einrichtungen eingeführt und angewendet werden, die dazu bestimmt sind, das Verhalten oder die Leistung der Arbeitnehmer zu überwachen.

4. Sicherheitsüberprüfungsgesetz (SÜG). Dazu → E.I.3. § 4.

5. Führungszeugnis. Bei Personen, die in Unternehmen in sicherheitsrelevanten Positionen beschäftigt werden, ist deren Überprüfung auf Zuverlässigkeit, insbesondere durch ein polizeiliches Führungszeugnis, zu empfehlen.

6. Informatorische Entflechtung. Seit 2005 sind in §§ 6 ff. EnWG Maßnahmen der rechtlichen, operationellen, informatorischen und buchhalterischen Entflechtung für vertikal integrierte Unternehmen vorgesehen (Bundesnetzagentur, Gemein-

Müller

same Richtlinie der Regulierungsbehörden des Bundes und der Länder zu Umsetzung der informatorischen Entflechtung nach § 9 EnWG).

7. Datensicherung. Diese erfolgt im Sinne der Begriffserläuterung in → E.I.1. § 1.

5. Vermeidung unrationeller Arbeitsweisen

In diesem Abschnitt werden die Themenbereiche zum Aufbau einer Datenschutzorganisation und eines **Datenschutzmanagements** näher beschrieben. Zudem wird aufgezeigt, welche Überschneidungen zu anderen in den vorigen Abschnitten beschriebenen Themenbereichen, Rollen und Funktionen im Unternehmen bestehen und wie diese zu einer **effizienten, ganzheitlichen Organisation** zusammengeführt werden können. Dabei werden die datenschutzrechtlichen Details nicht näher ausgeführt, da diese an anderen Stellen dieses Buches behandelt werden. Auf die jeweiligen Verweise auf die entsprechenden Kapitel dieses Buches ist zu achten.

Als Grundlage für die Rationalisierung dient der folgende **Umsetzungsplan,** der den Weg zur Erreichung einer datenschutzrechtlichen Konformität mit den Regelungen der DS-GVO beschreibt. Dabei werden vor allem die Bereiche Zuständigkeit, Dokumentation, Organisation, Maßnahmen und Berichte zum Datenschutz betrachtet, da hier erfahrungsgemäß die größten Doppelungen existieren. Die nachfolgend aufgeführten Tätigkeiten werden als Umsetzungsvorschläge im Anschluss an die Ist-Analyse genauer beschrieben.

Um einen **Umsetzungsplan** zu erstellen, ist zunächst eine Ist-Analyse durchzuführen. Die Ist-Analyse dient zur Identifikation des Reifegrades (dazu → A.III.5.) und des Status der vorhandenen und verwendbaren Dokumentationen, Prozesse und Verfahren. Die Durchführung der **Ist-Analyse zur Statusaufnahme** liefert die Planungsgrundlage für das weitere Vorgehen. Dabei werden die Ergebnisse der Ist-Analyse gegen die Solldefinition abgeglichen, um durch die Delta-Ermittlung das weitere Vorgehen festzulegen. Ein geeignetes Vorgehensmodell (Prozessmodell) für das Projekt sollte zuvor festgelegt werden. Das **Projektvorgehen** sollte sich dabei an unternehmensgebräuchlichen Methoden oder gängigen Standards des Projektmanagements orientieren. Das Vorgehensmodell ist der organisatorische Rahmen und der zentrale „rote Faden" des Projekts und legt die Aktivitäten und die Reihenfolge der Abarbeitung fest. Es beinhaltet auch Verfahren zur **Qualitätssicherung.**

Übersichtsliste zur Erstellung eines Umsetzungsplanes der durchzuführenden
Datenschutzmaßnahmen durch den Datenschutzbeauftragten

§ 1 Ist-Analyse

Die Ist-Analyse dient der Ermittlung des notwendigen Aufwandes zur Umsetzung datenschutzrechtlicher Anforderungen. Die Ist-Analyse stellt dabei die Informationsgrundlage für die weitere Planung dar. Nach der erfolgten Ist-Analyse kann somit die genaue Projektplanung durchgeführt und der finale Aufwand ermittelt werden. Folgende Punkte sind zu berücksichtigen:
– Durchführung einer Ist-Analyse
– Statusaufnahme und Planungsgrundlage für das weitere Vorgehen

Müller

- notwendige Dokumentationen identifizieren
- Rechenschaftspflicht gem. Art. 5 DS-GVO beachten
- Prüfung vorhandener Dokumente und Vorlagen für die spätere Verwendung bei datenschutzrelevanten Themen
- Audits von Dienstleistern
- Prüfen, welche Audits aus anderen Abteilungen bereits durchgeführt wurden
- vorhandene Zertifizierungen der Dienstleister ermitteln
- Datenschutzkonforme Audits von Dienstleistern die über keine Zertifizierungen verfügen und/oder nicht auditiert wurden
- Abschluss gesetzlich vorgeschriebener Vereinbarungen prüfen
  - Dienstleister (Auftragsverarbeiter) und Kundenverträge nach Art. 28 und 29, sowie ErwG 81 und 82 DS-GVO prüfen
  - Informations-, IT-Sicherheit und andere Sicherheitsabteilungen des Unternehmens auf Integrationsmöglichkeiten in die Datenschutzorganisation prüfen
- weitere Unterstützungsdienstleistungen im Unternehmen zur Erfüllung der gesetzlichen Anforderungen ermitteln
- durchgeführte Sicherheitsschulungen der Mitarbeiter ermitteln
- Schulungsdifferenz zu Datenschutzthemen ermitteln
- Interne und externe Audits ermitteln
  - Prüfungen von Wirtschaftsprüfern und Steuerberatern ermitteln
  - Lieferanten- und Kundenaudits ermitteln
  - Auditergebnisse aus Zertifizierungen ermitteln
  - Audits der internen Revision[1] (bei Vorhandensein) ermitteln
- Prozess- und Verfahrensbeschreibungen sichten und kategorisieren
- Complianceprüfungen, Risikobewertungen und -behandlungspläne heranziehen und bewerten
- Inhalte der Sicherheitsregister/-kataster auf datenschutzrechtliche Relevanz prüfen

In der Ist-Analyse sollten insbesondere die nachfolgend aufgeführten Dokumente auf deren Verwendbarkeit für den Datenschutz geprüft werden und um die datenschutzrechtlichen Aspekte ergänzt werden. Die nachfolgende Aufstellung zu Informations- und IT-Sicherheitsdokumenten kann branchenspezifisch abweichen:

- Informationssicherheitsrichtlinie
- Klassifizierungs- und Kennzeichnungsrichtlinie
- Nutzung von IT Arbeitsplätzen
- Notebook-Richtlinie
- Schutz von eigenentwickelter Software
- Betriebsvereinbarungen
- Kameraüberwachung[2]
- Mitarbeiterausweise
- Richtlinie zur Berechtigungsverwaltung
- Richtlinie zur Datenlöschung[3]
- Richtlinie zur Datensicherung
- Richtlinie zum Einsatz kryptografischer Verfahren
- Richtlinie zur Einhaltung von Vorgaben (Compliance)
- Richtlinie zur Kennzeichnung und Klassifizierung
- Richtlinie zur Nutzung von E-Mail, Telefon und Internetverbindungen[4]
- Richtlinie zum Schadsoftwareschutz

Müller

– Richtlinie zum Umgang mit externen betriebsfremden Parteien
– Richtlinie zum Umgang mit Informationssicherheitsereignissen
– Richtlinie zum Umgang mit IT-Endgeräten
– Richtlinie zum Verhalten am Arbeitsplatz
– Richtlinie zu Zutritt, Zugang und Zugriff
– Richtlinie zum Umgang mit administrativen Kennungen und technischen Benutzern.[5]

§ 2 Aufgaben

Die Durchführung der nachfolgenden Aufgaben und Fragestellungen ist für die Umsetzung der Anforderungen der DS-GVO notwendig. Der nachfolgende Überblick stellt die wesentlichen Aufgaben dar und ist nach Ergebnis der Ist-Analyse zu erweitern oder einzukürzen. Ob und wie er erweitert oder gekürzt werden kann, hängt vom Ergebnis der bereits vorhandenen Dokumentationen und Verfahren ab, die in der Ist-Analyse ermittelt wurden.

1. Vorlagen bereitstellen
   a) Sensibilisierung und Schulung der an den Verarbeitungsvorgängen beteiligten Mitarbeiter und der diesbezüglichen Überprüfungen (Art. 39 Abs. b DS-GVO)[6]
   b) Art. 24, 28 und 29, sowie ErwG 81 und 82 DS-GVO – Technische und organisatorische Maßnahmen[7]
   c) Art. 28 DS-GVO Verarbeitung personenbezogener Daten im Auftrag eines Verantwortlichen[8]
2. Prüfung der Nutzbarkeit bereits dokumentierter Prozesse als Basis für die Verzeichnisse von Verarbeitungtätigkeiten[9]
   a) fehlende, notwendige Informationen für Verfahren ermitteln und ergänzen
   b) zusätzliche Filtermöglichkeit für datenschutzrelevante Prozesse
3. Aufnahme weiterer Verfahren auch unter Zuhilfenahme von Verfahrensdokumentationen gem. GoBD
4. Zusammenarbeit zwischen verschiedenen Managementsystemen und dem Datenschutz
5. Vertragsprüfung der externen Dienstleister
6. Designentwurf für Datenschutz-Flyer und Abgleich mit ähnlichen Mitarbeiterinformationen
7. Vorbereitung von Schulungsunterlagen
   a) Abgleich mit Sicherheits- und Compliance-Schulungen
   b) Planung gemeinsamer Schulungen mit Informations-, IT-Sicherheit, Risikomanagement, Compliance, Antikorruption und Geldwäsche
8. Erstellung eines Datenschutz-Dokumentensets für den Anstellungsprozess
   a) Verpflichtung zur Einhaltung der DS-GVO gem. Art. 39 DS-GVO
   b) Datenschutz-Flyer eigenständig oder integriert
9. Durchführung von Schulungen in ausgewählten Bereichen durch den betrieblichen Datenschutzbeauftragten (Art. 39 Abs. 1 lit. a DS-GVO)
10. Verpflichtung der Mitarbeiter auf das Datengeheimnis
11. Erstellung und Umsetzung von datenschutzrelevanten Prozessen
    a) standardisierte Vertragsprüfung
    b) standardisierter Umgang mit Datenschutzvorfällen.

Müller

Mit den hier vorgeschlagenen Umsetzungsinhalten kann eine umfassende Konformität zu den Vorgaben der EU-Datenschutzgrundverordnung, sowie weiterer Rechtsnormen durch den integrativen Ansatz hergestellt werden. Die Vorgehensweise beruht dabei zum einen direkt auf den Anweisungen aus dem Gesetz sowie auf Best Practice-Ansätzen zum Datenschutz und stellt somit eine allgemeingültige Vorgehensweise dar. Es ist zu bedenken, dass keine vollständige Rechtssicherheit hergestellt werden kann. Auch bedeutet eine implementierte Datenschutzorganisation nicht zwangsläufig, dass keine datenschutzrelevanten Ereignisse oder Vorfälle eintreten. Diese Risiken müssen durch eine kontinuierliche Verbesserung[10] und Überarbeitung des Datenschutzmanagements minimiert werden. Insbesondere nach der Umsetzung von Sensibilisierungsmaßnahmen können Meldungen zu Vorfällen und Verstößen erfahrungsgemäß ansteigen, wenn bis dato keine zentrale Erfassung durchgeführt wurde. Ein Kataster zur Erfassung von Datenschutzereignissen sollte geführt und in ein vorhandenes Meldesystem integriert werden, um datenschutzrelevante Ereignisse und Vorfälle nachhaltig zu dokumentieren und einer strukturierten Bearbeitung zuzuführen.

§ 3 Erstellung notwendiger Dokumentationen

Die EU-Datenschutzgrundverordnung fordert die Erstellung einer durchgängigen Dokumentation in verschiedenen Bereichen. Hierzu zählen u. a. Datenschutzvereinbarungen, technische und organisatorische Maßnahmen, Verzeichnisse der Verarbeitungstätigkeiten, Vorlagen zur Auftragsdatenverarbeitung und Schulungsunterlagen. Im Rahmen der Ist-Analyse ist die Nutzung vorhandener Dokumentationen aus bereits etablierten Managementsystemen geprüft und für die Datenschutzverwendung aufbereitet worden. Zur Erfüllung gesetzlicher Anforderungen zur Auftragsverarbeitung oder dem weiteren Einsatz externer Dienstleister sind mit diesen entsprechende Vereinbarungen abzuschließen.

Die nachfolgend aufgeführten Dokumente sind zu erstellen und vom Datenschutzbeauftragten in Zusammenarbeit mit anderen Informations- und IT-Sicherheitsverantwortlichen zu prüfen:
- Veröffentlichung der Kontaktdaten des Datenschutzbeauftragten (gem. Art. 37 DS-GVO)[11]
- Verzeichnis von Verarbeitungstätigkeiten (gem. Art. 30 DS-GVO)[12]
- Prüfung technischer und organisatorischer Maßnahmen nach „Stand der Technik"[13] (gem. Art. 32 Abs. 1 DS-GVO)[14]
- Vorlagen zu
  - Schulung von Mitarbeitern auf den Datenschutz (Art. 39 Abs. b DS-GVO)[15]
  - Auftragsverarbeitung mit externen Dienstleistern (gem. Art. 28 DS-GVO)[16]
- jährlicher Tätigkeitsbericht des betrieblichen Datenschutzbeauftragten[17]
- Aufnahme von Datenschutzverstößen (u. a. gem. Art. 33 und 34 DS-GVO)[18]
- Schulungsunterlagen für Datenschutzthemen (Art. 39 Abs. b DS-GVO)
- Sensibilisierungs-Flyer für Mitarbeiter (siehe zuvor)
- nachgewiesene Schulungen der Mitarbeiter zum Datenschutz (siehe zuvor)
- Intranet-Bereich zum Datenschutz
- Verzeichnis der Verarbeitungstätigkeiten beim Umgang mit personenbezogenen Daten.[19]

Müller

Hier kommen die Ist-Analyse und die Dokumente aus anderen Sicherheitsthemenbereichen zum Tragen. In bereits vorhandene Dokumente können die Datenschutzthemen einfließen, so dass die Erstellung alleinstehender Dokumente entfällt. Das Datenschutzkonzept ist das zentrale Dokument der Datenschutzorganisation. Es beinhaltet die Darstellung für den Umgang mit personenbezogenen Daten und Informationen. In der beschriebenen Methodik ist das Datenschutzkonzept eine Sammlung von Dokumenten, in denen die Inhalte gemeinsam mit anderen Sicherheitsthemen gebündelt sind. Interessenträger anderer Sicherheitsthemen werden dadurch zu Multiplikatoren für das Thema Datenschutz.

Für die Prüfung von Kunden- und Dienstleisterunterlagen mit Datenschutzbezug wird ein standardisierter Prozess etabliert, um eine schnelle und ergebnisorientierte Bearbeitung zu ermöglichen.

Art. 39 Abs. 1 lit. b DS-GVO fordert eine Sensibilisierung und Schulung des Personals, das personenbezogene Daten verarbeitet oder nutzt. Dies wird in einem mehrstufigen Verfahren durchgeführt. Hierbei werden zuerst die Mitarbeiter aus relevanten Unternehmensbereichen geschult. Die restlichen Mitarbeiter werden dann in einem weiter zu definierenden Rahmen im Hinblick auf den Datenschutz geschult.

Die DS-GVO fordert weiterhin eine Datenschutz-Folgeabschätzung und vorherige Konsultation durch den Datenschutzbeauftragten[20] bei der Neueinführung von Prozessen und Datenverarbeitungsanlagen, die im Zusammenhang mit personenbezogenen Daten stehen. Unter Einbeziehung des Datenschutzbeauftragten kann bei datenschutzrelevanten Themen eine Vorabkontrolle innerhalb von Lenkungsprozessen[21] durchgeführt werden. An die Datenschutz-Folgenabschätzung knüpft sich auch die Kontrollverpflichtung im laufenden Betrieb auf Einhaltung der gesetzlichen Regelungen an. Eingeführte Verfahren und Datenverarbeitungsanlagen sind regelmäßig zu prüfen[22] und die Risiken, bzw. die Durchführung zu aktualisieren. Dies kann mit dem betrieblichen Datenschutzbeauftragten im Rahmen von Regelterminen auch in bestehenden Managementsystemen durchgeführt werden.

Um den Pflichten aus der DS-GVO nachzukommen, etwaige Benachrichtigungen von Datenschutzverstößen und –verletzungen mitzuteilen, der Aufsichtsbehörde zu melden oder diese öffentlich zu machen (Art. 34 Abs. 3 lit. c DS-GVO), ist es notwendig, einen Prozess zur Aufnahme und Bearbeitung von Datenschutzvorfällen zu etablieren. Hierfür muss ein Kommunikations- und Nachverfolgungsweg beschrieben und umgesetzt werden.

§ 4 Schulungen für Mitarbeiter

Mitarbeiter, die mit personenbezogenen Daten umgehen, sind datenschutzrechtlich zu schulen. Im Rahmen der Schulungen werden die internen Maßnahmen zum Schutz personenbezogener Daten sowie deren Erforderlichkeit dargestellt, erläutert und diskutiert.

§ 5 Technische und organisatorische Maßnahmen

Im Rahmen der Prüfung der technischen und organisatorischen Maßnahmen sind weitere Prüfungspunkte abzuarbeiten. Technische und organisatorische Maßnahmen nach Stand der Technik sind dabei so zu treffen, dass die Vorschriften der DS-GVO eingehalten werden.[23]

Müller

– interne Prüfung der DV-Anlagen und Verfahren
– Zugangskontrolle[24]
– Prüfung externer Dienstleister bei Auftragsverarbeitung gem. ErwG 81 DS-GVO[25]
  – Zugangskontrolle
  – Zutrittskontrolle
  – Zugriffskontrolle
  – Weitergabekontrolle/Übermittlungskontrolle
  – Eingabekontrolle/Plausibilitätskontrolle/Transaktionskontrolle
  – Auftragskontrolle/Vertragskonformitätskontrolle
  – Verfügbarkeitskontrolle
  – Datentrennungsgebot/Mandantentrennungskontrolle
  – Rechenschaftspflicht
– Identifikation externer Dienstleister – Auftragsverarbeiter (gem. Art. 28 DS-GVO)
– Prüfung der Verträge mit jedem externen Dienstleister
– Terrorliste/Sanktionsmonitor für Mitarbeiter.

§ 6 Audits von Dienstleistern

Sofern die Verarbeitung von personenbezogenen Daten zu Dienstleistern ausgelagert ist, sind die Dienstleister auf die Einhaltung der gesetzlichen Anforderungen zu prüfen. Das jeweilige Audit umfasst eine Vorort-Prüfung der technischen und organisatorischen Maßnahmen zum Datenschutz, eine Untersuchung der Einhaltung abgeschlossener Vereinbarungen sowie eine Abschlussdokumentation mit Empfehlungen. Die Audits können dabei sowohl vor Beauftragung eines Dienstleisters, als auch bei bestehenden Aufträgen durchgeführt werden.[26]

§ 7 Berichte

Der betriebliche Datenschutzbeauftragte hat jährlich einen Tätigkeitsbericht zu erstellen, in dem er die relevanten Neuerungen zum Datenschutz im Gesetz und im Unternehmen (sofern vorhanden) beschreibt und eine anonymisierte Übersicht über die protokollierten Datenschutzvorfälle und der korrektiven sowie präventiven Maßnahmen gibt. Hierzu sollte ein Regeltermin zur Erstellung eingerichtet werden.

§ 8 Organisation

Für die Tätigkeiten zum Datenschutz muss nach Art. 37 DS-GVO ein Datenschutzbeauftragter bestellt werden. Dieser übernimmt dabei alle Aufgaben, die die DS-GVO (Art. 39) beschreibt.[27]

§ 9 Etablierung einer Datenschutzorganisation

Um dem Unternehmen eine effiziente Bearbeitung und Erfüllung der Anforderungen aus der DS-GVO zu ermöglichen, ist eine angepasste Aufbau- und Ablauforganisation rund um das Thema Datenschutz einzuführen. Deren oberstes Ziel sollte hierbei darin liegen, die Angemessenheit und Wirtschaftlichkeit der umzusetzenden Maßnahmen zu gewährleisten, ohne dabei die gesetzlichen Bestimmungen zu vernachlässigen.

Müller

§ 10 Organisatorische Einordnung

Für den Aufbau der Datenschutzorganisation innerhalb der Unternehmung ist die Institutionalisierung der Rollen und Funktionen von großer Bedeutung. Die nachfolgenden Eingliederungsmodelle in die Aufbau- und Ablauforganisation stellen ganzheitliche Modelle für modernes integriertes Management dar.

§ 11 Stabsstelle

Die Integration der überschneidenden Rollen Informationssicherheit, IT-Sicherheit und Datenschutz in einer Stabsstelle[28] zentralisiert und bündelt gleichermaßen die sich am deutlichsten überschneidenden Themenbereiche und bietet so den größten Effizienz- und Rationalisierungseffekt.

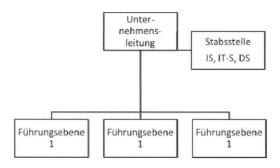

§ 12 Revisionsabteilung

Die Integration des Datenschutzes und der Informationssicherheit in die Revisionsabteilung[29] unterstreicht den auditiven Charakter der Rollen und bieten insbesondere bei der Auditplanung und -durchführung (Kombi-Audit)[30]die Möglichkeit der fachbezogenen Auditzuordnung und schwerpunktmäßigen Akzentuierung bei Unternehmen mit starken branchenspezifischen Regulierungen (Energieversorger, Banken, Versicherungen, u. a.)

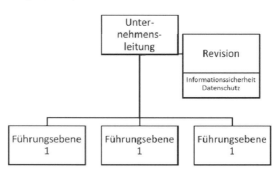

§ 13 Rollenfunktion

In dieser Organisationsform ist die Unternehmensleitung gefordert, die einzelnen Rollen durch gemeinsame Regeltermine integrativ zu fördern. Anfragen müssen von

Müller

ihr grundsätzlich an die Gruppe gestellt werden. Nur so kann das Rationalisierungspotential gehoben werden. Für kleinere und mittlere Unternehmen bietet sich diese Organisationsform durch die Nutzung der Personalunion und der Abbildung der Rollen in einer Person, unter Beachtung möglicher Rollenkonflikte, an.

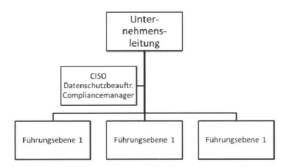

Grundsätzlich ist die beschriebene organisatorische Zusammenlegung des betrieblichen Datenschutzbeauftragten mit anderen Abteilungen (ungeachtet der Stellung (der jeweiligen Abteilung) im Unternehmen) für alle Unternehmensgrößen geeignet. Während Großunternehmen bei dieser Art der Organisationsordnung erhebliche Effizienzgewinne erfahren, können kleine und mittlere Unternehmen (KMU)[31] deutlich an Personal, Ressourcen und Finanzmitteln einsparen, da sich die Rollen und Funktionen auch in Personalunion abbilden lassen. Ungeachtet dessen hat die jeweilige Rolle stets eine exponierte, unabhängige und neutrale Stellung innerhalb des Unternehmens inne. Dies wird erreicht durch die beschriebene auditive Herangehensweise und die strikte Trennung zur operativen Umsetzung. Der Datenschutzbeauftragte ist ebenso wie die Rollen Informations- oder IT-Sicherheitsbeauftragter in der Rolle des Prüfers (Auditor). Er kann Empfehlungen abgeben, wird aber keine Beschreibung der Lösung zur Behebung geben. Würde er dies tun, müsste seine Kompetenz so weitreichend sein, dass seine Fachkompetenz in der geprüften Disziplin äquivalent zu der Fachabteilung wäre. Die allgemein gültigen internationalen Regelungen und Normen für Audits (DIN EN ISO/IEC 17021-1:2015, 3.2ff., 4.2ff.) besagen, dass Beratungstätigkeit in einem Audit[32] oder Prüfverfahren eine Gefährdung und einen Interessenskonflikt durch Selbstbewertung darstellen. Prüfung und Auditierung schließen die Durchführung von Tätigkeiten durch den Prüfer/Auditor am geprüften Verfahren oder Objekt daher grundsätzlich aus. Umgekehrt darf z.B. ein Firewall-Administrator[33] nicht seine eigene Konfiguration prüfen und für sicher erklären. Dies verstößt gegen den Grundsatz der Prüfung nach dem Vier-Augen-Prinzip.

In großen Unternehmen und Konzernen ist darüber hinaus die Zusammenarbeit des betrieblichen Datenschutzbeauftragten mit der Rechtsabteilung und der Compliance-Abteilung (oder dem Compliance-Beauftragten) unentbehrlich.[34]

Das gemeinsame Führen eines Vorfallskatasters für Informations- und IT-Sicherheit sowie den Datenschutz und der gegenseitige vertrauensvolle Umgang der Verantwortlichen mit den Inhalten sichert eine zielgerichtete Kombination aus Maßnahmenempfehlungen und ihrer Umsetzung. Aufgabenteilung bei der Nachbe-

Müller

arbeitung von Ereignissen, Vorfällen und Verstößen sichern zudem eine zeitnahe und fachspezifische Bearbeitung, was in den meisten Fällen von großer Bedeutung für das Unternehmen selbst ist.

Gemeinsam zwischen dem Datenschutzbeauftragten und anderen prüfenden Abteilungen (oder Rollen) abgestimmte Audits, sowohl intern, wie auch bei Lieferanten, minimieren Aufwände und Kosten und sparen darüber hinaus Zeit. In Branchen wie Automotive und Aviation werden regelmäßige Audits mit starker Ausrichtung auf Informationssicherheit, IT-Sicherheit und Typenschutz der auftraggebenden Hersteller durchgeführt. Die Ergebnisse können hier reversibel in den unternehmenseigenen Auditplan einfließen, wodurch die nachhaltige Behebung von Findings[35] sichergestellt wird. Vorbereitungen auf die Jahresabschlussprüfung und die in diesem Zusammenhang anstehende IT-Systemprüfung[36] können im Rahmen interner Audits eingeplant und durchgeführt werden. Je nach Geschäftszweck und Branche sind weitere Rationalisierungseffekte möglich. So sind z.B. bei Anbietern von Outsourcing-Dienstleistungen und bei Cloud-Anbietern[37] erfahrungsgemäß bereits in der Angebotsphase zur Auftragsdatenverarbeitung (Outsourcing, Cloudservices etc.) seitens der Interessenten entsprechende Anfragen zu den technisch-organisatorischen Maßnahmen des Anbieters (der im Rahmen der Auftragsdatenverarbeitung als Auftragnehmer fungiert) zu beantworten, bevor es zu einer konkreteren Geschäftsanbahnung kommt. Vorhandene Normzertifizierungen (z.B. ISO 9001)[38] und die damit verpflichtend durchzuführenden internen Audits können ebenfalls in die Auditplanung des Datenschutzbeauftragten einfließen und als Kombi-Audit durchgeführt werden.

Wie aus den vorherigen Abschnitten ersichtlich, ist eine zusammenhängende Übersicht über gültige Gesetze für das jeweilige Unternehmen (mit dessen Branchenspezifika) überaus wichtig, um innerhalb der Unternehmensorganisation die angesprochenen Themen optimiert bearbeiten und eventuelle Anfragen effizient, nämlich gebündelt, beantworten zu können. Darunter fallen insbesondere auch die ausführlich beschriebenen Prüfungen zu den technischen und organisatorischen Maßnahmen[39]. Somit kann betrieblicher Datenschutz durchaus auch als Business Enabler[40] gesehen werden, z.B. in Hinblick auf Vertriebsunterstützung. Datenschutz muss also nicht als Bremse für Geschäftsaktivitäten angesehen werden, sondern macht (professionell angewandt) Geschäfte im rechtsverlässlichen Rahmen überhaupt erst durchführbar.

Anmerkungen

1. Interne Revision. Im Auftrag der Unternehmensleitung prüft die interne Revision die Ordnungsmäßigkeit, Rechtmäßigkeit, Zweckmäßigkeit und Wirtschaftlichkeit der Organisationseinheiten im Unternehmen sowie die Abwicklung der Prozesse auf allgemeiner Basis und unter dem besonderen Augenmerk der Risikobetrachtung.

2. Kameraüberwachung. Dazu → H.III.

3. Datenlöschung. Dazu → D.IV.

4. Richtlinie zur Nutzung von E-Mail, Telefon und Internetverbindungen. Dazu → D.III.1.

Müller

5. Technische Benutzer. Technische Benutzerkonten (Systemkonto) sind solche mit denen IT-Systemdienste oder Serversysteme authentifiziert werden. Diese Konten (Accounts) müssen strengen Regeln unterliegen, da zyklische Änderungen der Kennworte den Betrieb beeinträchtigen und die Konten generell über hoch privilegierte Berechtigungen verfügen.

6. Sensibilisierung und Schulung beteiligter Mitarbeiter zum Datengeheimnis. Dazu → C.VII.

7. Technische und organisatorische Maßnahmen. Dazu → E.II.

8. Verarbeitung personenbezogener Daten im Auftrag (Auftragsverarbeitung). Dazu → G.I.

9. Verzeichnis von Verarbeitungstätigkeiten. Dazu → C.II.

10. Kontinuierlicher Verbesserungsprozess (KVP). Zur kontinuierlichen Verbesserung (KVP) eines Managementsystems verweisen nationale wie internationale Normen auf den PDCA-Zyklus (auch „Demingkreis" nach *William Edwards Deming*). Dieser setzt sich aus den Komponenten Plan (Planen), Do (Durchführen/Testen), Check (Prüfen), Act (Umsetzen) zusammen (*Zimmermann/Skambraks*, KVP – Sofortwissen kompakt, S. 4; *Egle/Zeller* in: von dem Bussche/Voigt (Hrsg.), Konzerndatenschutz, S. 45 ff.).

11. Veröffentlichung der Kontaktdaten des Datenschutzbeauftragten. Dazu → B.I.

12. Verzeichnis von Verarbeitungstätigkeiten. Dazu → C.II.

13. Stand der Technik. Das BSI definiert diesen Begriff wie folgt: "„Stand der Technik" ist ein gängiger juristischer Begriff. Die technische Entwicklung ist schneller als die Gesetzgebung. Daher hat es sich in vielen Rechtsbereichen seit vielen Jahren bewährt, in Gesetzen auf den „Stand der Technik" abzustellen, statt zu versuchen, konkrete technische Anforderungen bereits im Gesetz festzulegen. Was zu einem bestimmten Zeitpunkt „Stand der Technik" ist, lässt sich zum Beispiel anhand existierender nationaler oder internationaler Standards und Normen von beispielsweise DIN, ISO, DKE oder ISO/IEC oder anhand erfolgreich in der Praxis erprobter Vorbilder für den jeweiligen Bereich ermitteln. Da sich die notwendigen technischen Maßnahmen je nach konkreter Fallgestaltung unterscheiden können, ist es nicht möglich, den „Stand der Technik" allgemeingültig und abschließend zu beschreiben." (BSI, https://www.bsi.bund.de/DE/Service/FAQ/IT-Sicherheitsgesetz/faq_node.html)

14. Prüfung technischer und organisatorischer Maßnahmen nach Stand der Technik. Dazu → E.II.

15. Schulung von Mitarbeitern auf den Datenschutz. Art. 39 Abs. 1 lit. b DS-GVO dazu → C.VII.

16. Auftragsverarbeiter. Dazu → G.I.

17. Tätigkeitsbericht des Datenschutzbeauftragten. Dazu *von dem Bussche/Voigt* in: von dem Bussche/Voigt (Hrsg.), Konzerndatenschutz, S. 25; allgemein auch → B.I.

18. Datenschutzverstöße. Dazu → C.VI.

Müller

19. Verzeichnis von Verarbeitungstätigkeiten zum Umgang mit personenbezogenen Daten. Dazu → C.II.

20. Datenschutz-Folgenabschätzung. Die Prüfungen müssen entsprechend Art. 45 DS-GVO und sodann regelmäßig (Art. 39 Abs. 1 lit. b DS-GVO) erfolgen. Dazu → C.III.

21. Lenkungsprozess. Ein Lenkungs- oder Planungsprozess, an den das Verfahren der Vorabkontrolle optimal angedockt werden kann, ist der Anforderungsprozess. In diesem werden Anforderungen aus Abteilungen des Unternehmens zentral in die IT-Abteilung eingereicht und von dieser auf Durchführungsmöglichkeiten nebst Anschaffungs- und Betriebskosten bewertet. Hier kann schnell geprüft werden, ob eine datenschutzrechtliche Bewertung und Begleitung notwendig wird.

22. Regelmäßige Prüfung. Dazu → C.V.4.

23. Technische und organisatorische Maßnahmen nach Stand der Technik. Dazu → E.II.

24. Zugangskontrolle. Dazu → E.III.2. Anm. 18.

25. Prüfung externer Dienstleister. Dazu → E.III.1.

26. Dienstleisteraudit. Dazu → G.I.3.

27. Tätigkeiten des DSB. Dazu → B.III.

28. Stabsstelle. Die Stabsstelle im Unternehmen ist eine beratende Stelle zur Unterstützung von Leitungsfunktionen. Ihre Aufgabe umfasst die Beratung und Steuerung zur lösungsorientierten Erfüllung von Aufgaben innerhalb des Unternehmens. Die Stabsstelle überwacht Entscheidungen und kontrolliert deren Ausführung. Mitarbeiter von Stabsstellen sind entsprechend ihrer Rolle und Funktion mit den notwendigen Weisungsbefugnissen ausgestattet (*Springer Gabler Verlag* (Hrsg.), Gabler Wirtschaftslexikon, http://wirtschaftslexikon.gabler.de/Archiv/10450/stab-v9.html).

29. Interne Revision. Dazu → E.I.2. § 14.

30. Kombi-Audit. Unter Kombi-Audit versteht man die zeitgleiche Durchführung von Audits mit Prüfungen zu mehreren Regelwerken, Prüfkatalogen oder Normen. Diese sind in den internationalen Normenstandards für akkreditierte Zertifizierungsstellen beschrieben (European Co-operation for Accreditation (EA), EA-7/05 – EA Guidance on the Application of ISO/IEC 17021:2006 for Combined Audits).

31. KMU. Seit 2005 gibt es eine Empfehlung der EU-Kommission nach der Kenndaten bestimmt wurden, welche zur Einordnung von Unternehmen in die Kategorien Mikro-, kleine und mittelgroße Unternehmen dienen. Herangezogen werden dabei die Anzahl der Mitarbeiter/Jahr sowie Umsatz/Jahr oder Bilanzsumme (Europäische Gemeinschaften, Die neue KMU-Definition Benutzerhandbuch und Mustererklärung, S. 14).

32. Firewall-Administrator. Firewall-Administratoren pflegen und konfigurieren IT-sicherheitstechnische Einrichtungen zum Schutz vor fremden und nicht vertrauenswürdigen Netzen wie etwa dem Internet. In den einschlägigen Normen für Auditoren ist festgelegt, dass der Auditor in den letzten zwei Jahren nicht in dem zu zertifizierenden Unternehmen im Umfeld des sicheren IT-Betriebs beratend tätig

Müller

gewesen sein darf (Anforderungen an Stellen, die Managementsysteme auditieren und zertifizieren [ISO/IEC 17021:2015], 2015).

33. Zusammenarbeit von Rechtsabteilung mit Compliance-Abteilung. Dazu → A.II.

34. Finding. Mit dem Begriff „Finding" (Feststellung, Abweichung) wird eine von den Vorgaben des Regelwerkes, Prüfkataloges oder einer Norm abweichende, fehlerhafte oder fehlende Umsetzung oder Dokumentation bezeichnet. Man unterscheidet Haupt- und Nebenabweichungen sowie Hinweise je nach Schwere der Auswirkung auf das gesamte Managementsystem (*Gietl/Lobinger*, Leitfaden für Qualitätsauditoren, S. 33).

35. IT-Systemprüfung. Dazu PS 330 und SAS 70 in → E.I.1. § 9.

36. Einsatz von Cloud-Computing in Unternehmen. Dazu → G.VI.

37. ISO 9001. Die ISO 9001 ist eine international anerkannte Norm für Qualitätsmanagementsysteme. Unternehmen und Organisationen aller Branchen und Größen können eine Zertifizierung nach ISO 9001 durchführen, deren Kern der kontinuierliche Verbesserungsprozess des unternehmensinternen Qualitätsmanagementsystems ist (*Ziebe*, Qualitätsmanagement, S. 7). Mit der ISO 9001:2015 wurde die Norm anderen internationalen Managementsystemen angeglichen und die Prozessorientierung in den Vordergrund gestellt. Die Norm folgt so der festgelegten Grundstruktur von Managementsystemen entsprechend den Forderungen der ISO-Gremien. Die neue ISO 9001:2015 stellt den risikobasierten Ansatz in den Vordergrund und verabschiedet sich von der formalen Forderung nach (nur) *einem* Qualitätsmanagement-Handbuch und erkennt Dokumentationen in unterschiedlichen Formen und Medien, die von der Organisation angewandt wird, als angemessen an.

38. Technische und organisatorische Maßnahmen. Dazu → E.II.

39. Business Enabler. Mit dem Begriff werden solche Tätigkeiten, Prozesse und Verfahren in Unternehmen bezeichnet, die Geschäftsanbahnungen unterstützen und fördern.

II. Technische und organisatorische Maßnahmen (Art. 32, 25 DS-GVO)

1. Anwendung bei interner Verarbeitung und Auftragsverarbeitung

Verantwortliche sind zur **Umsetzung technischer und organisatorischer Maßnahmen nach Stand der Technik** zum Schutz der verarbeiteten und genutzten personenbezogenen Daten aus der DS-GVO gesetzlich verpflichtet.

Die DS-GVO fordert

– technische und organisatorische Maßnahmen nach Stand der Technik
– die Datenschutz-Folgenabschätzung als Teil des risikobasierten Ansatzes
– die Pflicht zur Einführung interner Richtlinien und Verfahren
– konkrete Maßnahmen zur technischen Absicherung, wie Verschlüsselung und Pseudonymisierung
– konkrete Abwägungskriterien

Im Zusammenhang mit den technisch-organisatorischen Maßnahmen kommen die Begriffe **Datenschutz und Datensicherung** ins Spiel, was bei IT-Mitarbeitern Verwirrung stiften kann. Das Gesetz will die Persönlichkeitsrechte natürlicher Personen dadurch schützen, dass es ihre personenbezogenen Daten schützt. Es bezieht sich beim Begriff der Datensicherung der personenbezogenen Daten auf die Gefahr des Verlustes, des Missbrauchs, der Beschädigung oder Zerstörung der verwendeten IT-Systeme (Hard- und Software), sowie deren benutzter Infrastruktur. Geschützt werden müssen somit Hard- und Software, Daten und Informationen. Wendet man diese berechtigten Forderungen auf moderne IT-Infrastrukturen an, so werden die Ausdehnung und der Komplexitätsgrad dieser gesetzlichen Anforderungen für viele Unternehmen zu einer Herausforderung.

Dabei kommt insbesondere dem Auftragsverarbeiter eine besondere Aufmerksamkeit zu, da der Verantwortliche nachprüfen und nachweisen können muss, dass der Auftragsverarbeiter alle Anforderungen der DS-GVO erfüllt (vgl. ErwG 81 DS-GVO). Die nachfolgende Prüfliste soll diese Forderung der DS-GVO nachhaltig unterstützen und den Nachweis in dokumentierter Form ermöglichen. So wird ein Bestandteil der Rechenschaftspflicht erfüllt.

In der Praxis zeigt sich, dass die **im Gesetz zu findende juristisch ausformulierte Anwendung dieser Maßnahmen für technisch oder branchenorientierte Mitarbeiter ein Show-Stopper** (ein Fehler, der einen ganzen Prozess blockiert) bei der Umsetzung von Datenschutzmaßnahmen und damit bei dem Aufbau der Datenschutzorganisation ist. Die nachfolgende Tabelle gibt somit eine kleine Übersetzung aus dem Gesetz in die Praxis. In → E.III.2. (Prüfliste) werden die zu prüfenden Punkte für jede Maßnahmenforderung aufgeführt.

Maßnahmenforderung	gesetzliche Anforderung	Umsetzung in der Praxis
Zutrittskontrolle	Unbefugten den Zutritt zu DV-Anlagen verwehren	Sicherheitszonen, Schließanlagen, Schlüsselverwaltung, zentraler Empfang/Anmeldung u. Ä.

Maßnahmenforderung	gesetzliche Anforderung	Umsetzung in der Praxis
Zugangskontrolle	Nutzung von DV-Anlagen durch Unbefugte verhindern	personalisierte Nutzerkennungen, Passwortrichtlinien, Umgang mit IT-Ausstattung u. Ä.
Zugriffskontrolle	Gewährleistung der Benutzung einer DV-Anlage und der gespeicherten Daten entsprechend der Berechtigung	Berechtigungskonzepte, Kontrolle, Protokollierungen u. Ä.
Weitergabekontrolle/ Übermittlungskontrolle	Übermittlung von Daten darf nur an berechtigte Empfänger geschehen	Daten-/Verbindungswegverschlüsselung, Authentifizierung, digitale Signatur u. Ä.
Eingabekontrolle/ Plausibilitätskontrolle/ Transaktionskontrolle	Gewährleistung der Nachverfolgbarkeit von (gewollten und ungewollten) Datenmanipulationen	Plausibilitätsprüfungen, Protokollierungen, Formatbeschränkungen u. Ä., Nachvollziehbarkeit der Nutzereingaben durch Zeitstempel, Nutzernamen und andere nicht manipulierbare Werte in Systemen, Applikationen und Datenbanken
Auftragskontrolle/ Vertragskonformitätskontrolle	Sicherstellung der weisungsgemäßen Verarbeitung von Daten im Auftrag	Vorort-Prüfungen, Dokumentensichtung, Vertragsergänzungen u. Ä.
Verfügbarkeitskontrolle	Sicherung von Daten gegen zufällige Zerstörung oder Verlust	Backup-/Recovery-Verfahren, Notfallmanagement, Redundanz, Unterbrechungsfreie Stromversorgung (USV) u. Ä.
Datentrennungskontrolle/ Mandantentrennungskontrolle	Sicherstellung der Trennung zu unterschiedlichen Zwecken erhobener Daten	Einsatz mandantenfähiger Systeme, Instanziierung in Datenbanken, Archivierungskonzept, Richtlinien u. Ä.

Grundsätzlich gilt, dass die technischen und organisatorischen Maßnahmen unter Berücksichtigung des konkreten Einzelfalls unter Beachtung des Stands der Technik und des Grundsatzes der Verhältnismäßigkeit umgesetzt werden müssen. Der Aufwand muss in einem angemessenen Verhältnis zum Schutzzweck stehen. Die Entscheidung darüber, was ein „angemessenes Verhältnis" zwischen Aufwand und Schutzzweck ist, kann nur im konkreten Fall und auf der Grundlage einer entspre-

Müller

chenden Risikoanalyse ermittelt werden (weiterführend *Gola/Jaspers/Müthlein*, Datenschutz-Grundverordnung im Überblick, S. 57 ff.).

Gem. Art. 28 DS-GVO ist der Auftraggeber für die Einhaltung des Datenschutzes verantwortlich, selbst wenn er Daten durch eine andere Stelle im Auftrag verarbeiten lässt. Der Gesetzgeber legt besonderen Wert auf die Eignung der technischen und organisatorischen Maßnahmen des Auftragnehmers und fordert vom Verantwortlichen nur mit Auftragsverarbeitern, die hinreichend Garantien dafür bieten, dass geeignete technische und organisatorische Maßnahmen eingesetzte werden zusammenzuarbeiten – und zwar auf der Grundlage eines Vertrags oder eines anderen Rechtsinstruments nach dem Unionsrecht oder dem Recht der Mitgliedstaaten.

Die Anwendung der technisch-organisatorischen Maßnahmen aus Art. 32 DS-GVO kann aus drei unterschiedlichen Perspektiven heraus betrachtet werden, die im Folgenden in drei Kategorien unterteilt in ihrer Umsetzung dargestellt werden.

Kategorie 1 – Im Unternehmen:

Die Kategorie 1 betrifft jede verantwortliche Stelle, die personenbezogene Daten selbst oder im Auftrag verarbeitet oder nutzt, z.B. in der Personalabteilung. Um die Umsetzung der gesetzlichen Anforderungen aus der DS-GVO entsprechend zu prüfen, ist die Prüfliste zu verwenden. Diese Prüfliste ermöglicht es jedem Datenschutzbeauftragten unter Beachtung der Hinweise, eine fundierte und nachhaltige Prüfung der technischen und organisatorischen Maßnahmen nach Stand der Technik in den drei Kategorien durchzuführen. Die Prüfliste enthält überwiegend Ankreuzfelder, von denen fallbezogen auch bei einer Frage mehrere Felder angekreuzt werden können. Sie bietet darüber hinaus den dokumentierten Nachweis gem. der Rechenschaftspflicht aus der DS-GVO.

Auf Basis der Prüfungsergebnisse kann der prüfende Datenschutzbeauftragte eine risikobasierte Bewertung vornehmen, anhand derer er die Entscheidung über Auflagen zu Maßnahmen für die geprüften Unternehmensbereiche definiert. Entscheidend hierbei ist Kritikalität der betroffenen Geschäftsprozesse, die branchenabhängig ist. Anforderungen zu Umsetzungen können über die Unternehmensleitung in die jeweiligen Linien (Fachbereiche) des Unternehmens (Sonderstellung bei Konzernen mit Beherrschungsvertrag) zur Umsetzung beauftragt werden. Die Prüfliste sollte versioniert und mit dem jeweiligen Prüfdatum versehen archiviert werden. Das Anmerkungsfeld kann zum Nachhalten von Einzelprüfungen verwendet werden. Nach Umsetzung der auferlegten Maßnahmen werden diese in den Fachbereichen auf ihre Wirksamkeit überprüft. So kann die Prüfliste bis zur nächsten Prüfung aktualisiert werden. Die Prüfungen sollten regelmäßig, mindestens einmal jährlich durchgeführt werden. Der Wiederholungsturnus kann sich durch Änderungen der Standorte, der Technik oder der Organisation verändern. Wenn beispielsweise Änderungen in Technik oder Organisation durchgeführt werden, die Auswirkung auf den Datenschutz haben (positiv wie negativ), wird eine komplette Neuprüfung notwendig.

Da der Datenschutzbeauftragte mit der Datenschutz-Folgenabschätzung beauftragt ist, kann diese Prüfliste auch für die Konzeptionierung, Bauphase eines Rechenzentrums, Umorganisation der IT-Abteilung und vor allem für die Anwendung bei der Planung von Outtasking oder Outsourcing (siehe Folgeabschnitt) eingesetzt werden.

Müller

Kategorie 2 – Als Outsourcing-Auftraggeber:

Die Kategorie 2 betrifft jede verantwortliche Stelle als Auftraggeber (Verantwortlicher im Sinne der DS-GVO), die personenbezogene Daten im Auftrag von einer anderen Stelle verarbeiten lässt (Auftragsverarbeitung, Outtasking, Outsourcing), z.B. Lohn- und Gehaltsabrechnungsunternehmen, Rechenzentrumsdienstleister. In Abgrenzung zu den Ausführungen in Anm. 1 zur Anwendung bei interner Verarbeitung betreffen die Kategorien 2 und 3 die Verwendung durch außenstehende Stellen.

Um die Umsetzung der gesetzlichen Anforderungen aus der DS-GVO entsprechend prüfen, ist die nachfolgende Prüfliste zu verwenden. Diese Prüfliste ermöglicht es jedem Datenschutzbeauftragten, eine fundierte und nachhaltige Prüfung der technischen und organisatorischen Maßnahmen nach Stand der Technik in den drei Kategorien durchzuführen. Die Prüfliste enthält überwiegend Ankreuzfelder von denen fallbezogen auch bei einer Frage mehrere Felder angekreuzt werden können.

Auf Basis der Prüfungsergebnisse kann der prüfende Datenschutzbeauftragte des Auftraggebers eine risikobasierte Bewertung vornehmen, anhand derer er der Unternehmensleitung, der Rechtsabteilung (Hausjustitiar oder extern beratender Rechtsanwalt), sowie dem verantwortlichen (zeichnenden) Manager Empfehlungen zur Risikominimierung des geprüften Unternehmens macht. Eine intensive Abstimmung mit dem betrieblichen Datenschutzbeauftragten des Auftragnehmers ist dringend zu empfehlen. Die Gegenseite kann hierbei positiv auf Veränderungen im eigenen Unternehmen hinwirken.

Beim Auftragnehmer kommt die nachfolgende Prüfliste als Nachweis zur Einhaltung der gesetzlichen Anforderungen aus dem Auftragsverhältnis zum Einsatz. Der Einsatz der Liste in regelmäßigen Prüfungen der IT-Systeme und der Infrastruktur, die für Kunden bereitgestellt wird, ermöglicht dem betrieblichen Datenschutzbeauftragten eine nachhaltige Dokumentation der datenschutzrechtlich relevanten Einheiten im Unternehmen. Gegenüber Kunden kann diese Liste bei der Vertragsgestaltung viel Arbeit sparen. Sofern die Liste im Außenverhältnis zum Einsatz kommt, ist darauf zu achten, dass immer nur aktuelle und vom Datenschutzbeauftragten freigegebene Versionen mit entsprechendem Vertraulichkeitsvermerk an potentielle Kunden und Auftraggeber weitergegeben werden.

Kategorie 3 – Als Outsourcing-Auftragnehmer:

Die Kategorie 3 betrifft jede als Auftragnehmer personenbezogene Daten eines anderen Verantwortlichen verarbeitet oder nutzt, z.B. Lohn- und Gehaltsabrechnungsunternehmen, Rechenzentrumsdienstleister.

Die Beantwortung der Fragen ermöglicht dem Datenschutzbeauftragten eine angemessene Risikoeinschätzung und eine Nachvollziehbarkeit durch die Archivierung der vollständig ausgefüllten Prüflisten, sowie eine Trenderkennung.

2. Formular zur Prüfung der technischen und organisatorischen Maßnahmen

Wenn anhand vorstehender Übersichten bestimmt wurde, wie die Umsetzung der Auftragsdatenverarbeitung zu erfolgen hat, kann die folgende Prüfliste angewandt werden.

Müller

§ 1 Allgemeine Informationen

a) Geltungsbereich[1]

Dieses Dokument ist Teil der Datenschutzdokumentation des Datenschutzmanagementsystems der [Firma]. Das vorliegende Dokument ist ein Dokument der Ebene [Bezeichnung][2] gemäß den Kennzeichnungs- und Klassifizierungsrichtlinien der [Firma]. Aufgrund der Vereinfachung der Darstellung wird im Folgenden für alle Rollen-, Stellen-, und Funktionsbezeichnungen die männliche Form, stellvertretend für die weibliche und männliche Schreibweise, verwendet.

Dieses Dokument gilt für die informationsverarbeitenden Systeme und Netzwerke, Dokumente und Informationen der (gesamten) [Firma], mit denen personenbezogene Daten erhoben, verarbeitet und genutzt (gespeichert) werden.

Diese Version des Dokumentes ersetzt alle früheren Versionen und Ausgaben. Sollten vertragliche oder gesetzliche Festlegungen dieses Dokument oder Teile hiervon berühren, haben diese in jedem Fall Vorrang. Die Aktualisierung und Weiterentwicklung dieses Dokumentes obliegt dem Datenschutzbeauftragten der [Firma]. Der Ausdruck dieses Dokumentes mit dem Vermerk „Original" stellt eine gelenkte[3] Kopie dar und unterliegt dem Änderungsdienst.[4]

Die nachfolgende Liste dient nur der erläuternden Darstellung gesetzlicher Anforderungen in Bezug auf den Datenschutz.[5] Die Rechte und Pflichten der Parteien ergeben sich allein aus den vertraglichen Vereinbarungen und den gesetzlichen Bestimmungen zum Datenschutz. Insofern können aus dieser Liste keine Ansprüche abgeleitet werden. Technische Änderungen und/oder Änderungen in der Organisation, die keinen Einfluss auf die Erfüllung der gesetzlichen Anforderungen der DS-GVO in der jeweils aktuellen Fassung haben, bedürfen keiner gesonderten Information gegenüber dem Vertragspartner. Die angegebenen Punkte können je nach Vertrag/Leistungsschein[6] variieren. Die Weitergabe an Dritte ist untersagt. Nur gültig für Vertragskunden.

b) Beschreibung des Aufbaus der Prüfliste

Die Fragen der Prüfliste sind mit folgenden Punkten überschrieben:

Nr.	laufende Nummerierung der jeweiligen Prüfabschnitte
Frage	datenschutzrelevante Fragestellung
Antwort	Beantwortung auf Basis aktueller Prozesse und Verfahren im Unternehmen[7] Ankreuzantworten nach Stand der Technik
Anmerkung	Kommentar- oder Anmerkungsfeld für erklärende Hinweise zur Art der Umsetzung oder Notizen für den Datenschutzbeauftragten

c) geprüftes Rechenzentrum[8]

genaue Anschrift des geprüften Rechenzentrums:

PLZ und Ort:	
Straße und Hausnummer:	
Etage, Raumnummer:	

Müller

Systemstandort:
Käfignummer
Schranknummer (Rack)
Höheneinheit

Bezeichnung

d) Unterauftragnehmer[9]

Genaue Firmierung:

Datenschutzbeauftragter:

PLZ und Ort:

Straße und Hausnummer:

Etage, Raumnummer:

e) Prüfung

	Prüfer	begleitet/abgenommen durch Verantwortlichen des Kunden:[10]
Vor-/Nachname:		
Rolle:		
Unternehmen:		
beauftragt durch:		
bestätigt am:		
	Datum und Unterschriften der Datenschutzbeauftragten[11]	

f) gültige Zertifizierungen[12]

Zertifizierungen hier genau aufführen:	gültig bis:

g) geplante Zertifizierungen[13]

§ 2 Zutrittskontrolle[14]

Nr.	Frage	Antwort	Anmerkungen
2.1	Wer ist für die Zutrittskontrolle beim Auftragnehmer verantwortlich?	☐ RZ-Verantwortlicher ☐ Abteilung bei Auftragnehmer ☐ Sonstige: _____ ☐ Regelung vorhanden: ja/nein	

Müller

Nr.	Frage	Antwort	Anmerkungen
2.2	Wer legt die zu sichernden Objekte und Bereiche beim Auftragnehmer fest?	☐ IS-/IT-Sicherheitsbeauftragte(r) ☐ RZ-Verantwortlicher ☐ Andere: _____ ☐ Regelung vorhanden: ja/nein	
2.3	Werden die Zutrittsrechte dokumentiert?	ja/nein Dokument: Datum/Version:	
2.4	Gibt es ein dokumentiertes Verfahren für die Vergabe/Entzug von Zutrittsrechten?	ja/nein	
2.5	Werden Anwesenheitsaufzeichnungen im Sicherheitsbereich geführt?	ja/nein	
2.6	Welche Personen, die nicht beim Auftragnehmer angestellt sind, verfügen über Zutrittsberechtigungen?	☐ keine ☐ Liste vorhanden ☐ Datum der Liste:_____	
2.7	Durch welche weiteren organisatorische/technische Maßnahmen wird die Zutrittskontrolle unterstützt?	☐ Alarmanlage ☐ Videoüberwachung Gebäudebewachung (Wachschutz) ☐ Vereinzelungsschleuse ☐ Andere: _____	
2.8	Sind die Eingangstüren und Nebentüren gesichert, so dass ein Schutz vor unbemerktem Betreten/Verlassen der Gebäude besteht?	ja/nein	
2.9	Werden Externe in den Gebäuden beaufsichtigt?	ja/nein	
2.10	Werden Besucher zum Besuchten begleitet bzw. von ihm abgeholt?	ja/nein	
2.11	Werden Besucher erfasst?	☐ Besucherbuch/-liste ☐ elektronisches Ausweissystem ☐ Andere: _____	
2.12	Werden Fenster und nach außen gehende Türen verschlossen, wenn die Räume, in denen der Auftragnehmer Daten des Auftraggebers verarbeitet, nicht besetzt sind?	ja/nein	
2.13	Sind einstiegsgefährdete Fenster und Türen in Gebäuden, in denen der Auftragnehmer Daten des Auftraggebers verarbeitet, gegen Einbruch abgesichert?	ja/nein	

Müller

Nr.	Frage	Antwort	Anmerkungen
2.14	Welche Personen dürfen die Serverräume und/oder das Rechenzentrum betreten?	Serverräume: ☐ Haustechnik ☐ Infrastrukturteam ☐ IT-Systemtechniker ☐ Geschäftsführung ☐ Reinigungspersonal ☐ Sonstige: _____ Rechenzentrum: ☐ Haustechnik ☐ Infrastrukturteam ☐ IT-Systemtechniker ☐ Geschäftsführung ☐ Reinigungspersonal ☐ Sonstige: _____	
2.15	Sind die Serverräume bzw. das Rechenzentrum vor dem Zutritt unberechtigter Personen – insbesondere auch außerhalb der Geschäftszeiten – geschützt?	Serverräume: ja/nein Rechenzentrum: ja/nein	
2.16	Durch welche Maßnahmen wird der Zutritt zu DV-, TK-Systemen für Unbefugte verwehrt?	Einteilung in Sicherheitszonen/Sperrbereiche ☐ Closed Shop Betrieb[15] ☐ automatische Zutrittskontrolle ☐ Berechtigungsausweis ☐ Schlüsselregelung Personenkontrolle durch Pförtner ☐ Sonstiges:_____	
2.17	Welche störenden Einflüsse existieren beim Auftragnehmer in Räumen bzw. Gebäuden, in denen der Auftragnehmer Daten des Auftraggebers verarbeitet?	☐ Hitze, Kälte, Feuchtigkeit HF-Strahlung und elektromagnetische Kraftfelder ☐ Bahnanlagen/Oberleitungen Stromausfall oder Stromschwankungen während des laufenden Betriebs ☐ Sonstiges:_____	
2.18	Werden schädigende Umgebungseinflüsse in Räumen bzw. Gebäuden, in denen der Auftragnehmer Daten des Auftraggebers verarbeitet, bei der Installation und der Benutzung von IT-Komponenten beachtet?	ja/nein	

§ 3 Zugangskontrolle[16]

Nr.	Frage	Antwort	Anmerkungen
3.1	Welche Maßnahmen schützen IT-Systeme vor unbefugter Nutzung?	☐ Passwortvergabe ☐ Protokollierung der Passwortnutzung ☐ Sonstige: _____	

Müller

Nr.	Frage	Antwort	Anmerkungen
3.2	Existieren für Mitarbeiter(innen) des Auftragnehmers, die Daten des Auftraggebers verarbeiten und/ oder speichern bzw. Systeme betreuen, Hinweise über den Umgang mit administrativen Passwörtern?	ja/nein Dokument: _____ Version/Datum: _____	
3.3	Verfügt jeder Berechtigte über ein eigenes, nur ihm bekanntes Passwort?	ja/nein	
3.4	Gibt es Gruppenpasswörter[17], die von mehreren Nutzern eingesetzt werden?	ja/nein	
3.5	In welchen Bereichen und zu welchem Zweck werden Gruppenpasswörter eingesetzt?	Bereich _____ Zweck	
3.6	Wird dokumentiert, wann welcher Mitarbeiter das Gruppenpasswort benutzt hat?	ja/nein	
3.7	Gibt es eine Passwortrichtlinie, die die Struktur eines Passwortes, sowie die Änderungsintervalle und Nutzung beschreibt?	ja/nein Dokument: _____ Version/Datum: _____	
3.8	Sind Mitarbeiter des Auftragnehmers, die Daten des Auftraggebers verarbeiten/ speichern aufgefordert komplexe Passwörter einzusetzen?	ja/nein	
3.9	Wann werden Passwörter für IT-Systeme/Nutzer gewechselt?	IT-Systeme: nie/alle ___ Tage Nutzer: nie/alle ___ Tage ☐ Regelung vorhanden: ja/nein	
3.10	Welche Mindestlänge haben diese Passwörter?	Anzahl der Stellen:___ ☐ Regelung vorhanden: ja/nein	
3.11	Werden Passwörter für IT-Systeme/Nutzer nur verschlüsselt abgespeichert oder übertragen?	IT-Systeme: ja/nein Nutzer: ja/nein	
3.12	Gibt es für IT-Systeme/Nutzer eine Passwort-Historie, um zu vermeiden, dass alte Passwörter weiterverwendet werden?	IT-Systeme: ja/nein Nutzer: ja/nein	
3.13	Werden Administrationspasswörter für IT-Systeme gesichert aufbewahrt?	ja/nein	
3.14	Werden Schlüssel für Kryptographie-Verfahren gesichert aufbewahrt?	ja/nein	

Müller

Nr.	Frage	Antwort	Anmerkungen
3.15	Wie oft kann sich ein Benutzer an IT-Systemen vergeblich anmelden, bis der Zugriff automatisch gesperrt wird?	☐ unbegrenzt ☐ nach __ Anmeldeversuchen	
3.16	Wie erfolgt im Falle der Sperrung eines Administrationszugangs die Entsperrung vorgenommen?	☐ undokumentiertes Verfahren[18] ☐ Service Desk	
3.17	Sind die Passwörter der Mitarbeiter(innen) für IT-Systeme auch dem Administrator und/oder dem Management bekannt?	ja/nein	
3.18	Werden über alle Aktivitäten auf DV-Anlagen automatisch Protokolle erstellt?	ja/nein	
3.19	Von wem werden diese Protokolle hinsichtlich etwaiger Unregelmäßigkeiten ausgewertet und in welchen zeitlichen Abständen erfolgt dies?	Auswertung: ☐ manuell ☐ automatisiert Zeitintervalle: ___ (tägl./wöchentl./monatl.) ☐ nie	
3.20	Wie werden IT-Systeme gegen unbefugte Nutzung abgesichert?	☐ Standleitung ☐ Wählleitung mit automatischem Rückruf ☐ Teilnehmerkennung ☐ 2-Faktor-Authentifizierung ☐ funktionelle Zuordnung einzelner Datenendgeräte ☐ Protokollierung der Systemnutzung und Protokollauswertung ☐ Sonstige: _____	
3.21	Werden mobile PCs, die Daten des Auftraggebers verarbeiten bzw. speichern außerhalb der Bürozeiten unter Verschluss gehalten?	ja/nein	
3.22	Werden Räume, in denen IT-Systeme aufgestellt sind mit einem Zugangskontrollsystem ausgestattet?	ja/nein	
3.23	Wie findet die Identifizierung an IT-Systemen statt?[19]		
3.24	Wie findet die Authentifizierung bei IT-Systemen statt?[20]		
3.25	Wer genehmigt die Zugangsberechtigungen bei IT-Systemen?	☐ benannter Systemeigentümer ☐ bekannter Verantwortlicher des Auftraggebers ☐ Sonstige: _____ ☐ Regelung vorhanden: ja/nein	

Müller

Nr.	Frage	Antwort	Anmerkungen
3.26	Werden die Zugangsberechtigungen dokumentiert?	ja/nein	
3.27	Von wem werden die Einstellungen im BIOS-Setup vorgenommen?	☐ IT-Administrator ☐ Sonstige: _____ ☐ Regelung vorhanden: ja/nein	
3.28	Ist der unbefugte Zugang zum BIOS-Setup möglich?	ja/nein	
3.29	Wird bei Arbeitsunterbrechungen ein passwortgeschützter Bildschirmschoner aktiviert?	ja/nein	
3.30	Sind die Daten auf mobilen IT-Systemen verschlüsselt?	ja/nein ☐ komplettes System ☐ nur Daten	

§ 4 Zugriffskontrolle[21]

Nr.	Frage	Antwort	Aktivität
4.1	Wie werden Datenträger vor unbefugtem Lesen, Kopieren, Verändern oder Entfernen geschützt?	☐ es gibt einen Verantwortlichen für Datenträgerverwaltung ☐ Verschlüsselung ☐ Biometrie ☐ Bestandskontrolle ☐ Mehraugenprinzip ☐ kontrollierte Vernichtung ☐ Anderes: _____	
4.2	Wo werden Datenträger außerhalb der Arbeitszeiten aufbewahrt?	☐ Datenträgerarchiv ☐ verschließbare Schränke ☐ frei zugänglich ☐ an der Datenträgerverarbeitungslage ☐ Sonstige: _____	
4.3	Wie wird die Datenträgerverwaltung durchgeführt?		
4.4	Wird durch eine Zugriffskontrolle sichergestellt, dass Mitarbeiter(innen) nur auf Programme und Daten zugreifen können, die sie zur Aufgabenerfüllung benötigen ("Need-to-know-Prinzip")?	ja/nein	
4.5	Durch welche Maßnahmen wird die Einschränkung der Zugriffsmöglichkeit der zur Benutzung eines IT-Systems Berechtigten auf ausschließlich die seiner Zugriffsberechtigung unterliegenden Daten gewährleistet?	☐ funktionale Zuordnung einzelner Datenendgeräte ☐ automatische Prüfung der Zugriffsberechtigung ☐ Protokollierung der Zugriffsberechtigung ☐ Protokollierung der Systemnutzung und Protokollauswertung ☐ ausschließlich Menüsteuerung	

Müller

Nr.	Frage	Antwort	Aktivität
4.6	Wie ist die differenzierte Zugriffsberechtigung aufge-teilt?	☐ Dateien ☐ Datensätze ☐ Datenfelder ☐ Anwendungsprogramme ☐ Betriebssystem ☐ Server/IT-System ☐ Sonstige: _____	
4.7	Wie sind die differenzierten Verarbeitungsmöglichkeiten aufgeteilt?	☐ Lesen ☐ Ändern ☐ Löschen ☐ Sonstige: _____	
4.8	Sind die Daten auf mobilen IT-Systemen verschlüsselt?	☐ ja/nein ☐ komplettes System ☐ nur Daten	
4.9	Können Nutzer nur auf geteste-te und freigegebene Anwen-dungssoftware zugreifen?	ja/nein ☐ Liste freigegebener Software	
4.10	Auf wessen Veranlassung wer-den Zugriffsrechte für IT-Systeme vergeben?	☐ Geschäftsleitung ☐ disziplinarische(r) Vorge-setzte(r) ☐ Fachverantwortliche(r) ☐ Applikationsverantwort-liche(r) ☐ Sonstige: _____ ☐ Regelung vorhanden: ja/nein	
4.11	Wer genehmigt die Zugriffsbe-rechtigungen auf Daten und Applikationen?	☐ Geschäftsleitung ☐ disziplinarische(r) Vorge-setzte(r) ☐ Fachverantwortliche(r) ☐ Applikationsverantwort-liche(r) ☐ IT-Administrator ☐ Sonstige: _____ ☐ Regelung vorhanden: ja/nein	
4.12	Wer vergibt die Zugriffsberech-tigungen im System?	☐ IT-Administrator ☐ Sonstige: _____ ☐ Regelung vorhanden: ja/nein	
4.13	Werden Zugriffsrechte doku-mentiert?	ja/nein	
4.14	Wie oft werden Zugriffsrechte überprüft?	☐ nie ☐ alle ___ Wo-chen/Monate/Jahre	
4.15	Sind die Wechseldatenträger-laufwerke (z. B. DVD, USB-Sticks, ext. Festplatten) gegen unbefugte Benutzung gesichert?	ja/nein ☐ komplettes System ver-schlüsselt ☐ nur Daten verschlüsselt	
4.16	Gibt es ein Änderungsmanage-ment (Changemanagement)?[22]	ja/nein	

Müller

Nr.	Frage	Antwort	Aktivität
4.17	Wer darf die genehmigte Konfigurationsänderung vornehmen?	☐ IT-Administrator ☐ Sonstige: _____ ☐ Regelung vorhanden: ja/nein	
4.18	Gibt es Sicherungsmaßnahmen gegen unbefugtes Kopieren von Daten auf lokale Rechner?[23]	ja/nein	

§ 5 Weitergabekontrolle/Übermittlungskontrolle[24]

Nr.	Frage	Antwort	Anmerkungen
5.1	Wird der Versand von Datenträgern durch Registrierung, Begleitzettel und/oder Lieferscheine kontrolliert?	ja/nein	
5.2	Besteht ein Verbot der Mitnahme von Behältnissen in Räume mit DV-Anlagen oder in Datenträgerarchive und ist das Mitbringen privater Datenträger untersagt?	Mitnahme: ja/nein Mitbringen: ja/nein	
5.3	Werden stichprobenartige Kontrollen der Mitarbeiter (Taschenkontrolle o. ä.) durchgeführt?	ja/nein	
5.4	Wo befinden sich unbenutzte Datenträger?	☐ verschlossenes Behältnis ☐ Safe/Tresor ☐ Datenträgertresor[25] ☐ ungeschützt ☐ Sonstige: _____ ☐ Regelung vorhanden: ja/nein	
5.5	Wie werden Datenträger vernichtet?	magnetische Datenträger: ☐ mehrfaches Überschreiben durch sicheres Verfahren ☐ physische Vernichtung ☐ zertifizierter Entsorger Sonstige: _____ optische Datenträger und defekte Festplatten: ☐ physische Vernichtung ☐ zertifizierter Entsorger Sonstige:_____ Papier/Mikrofilm: ☐ bereitgestellte Aktenvernichter ☐ zertifizierter Entsorger Sonstige:_____	
5.6	Wie werden Datenträger transportiert?	☐ unkontrolliert ☐ ungeschützt ☐ in speziellen Transportbehältnissen ☐ Andere:_____	

Müller

Nr.	Frage	Antwort	Anmerkungen
5.7	Wie werden Daten auf dem Übertragungsweg und beim Transport gegen das unbefugte Lesen, Kopieren, Verändern oder Entfernen geschützt?	☐ Standleitung ☐ Wählleitung mit automatischem Rückruf ☐ Datenverschlüsselung[26] ☐ Botentransport durch Auftragnehmer/Auftraggeber ☐ Postversand ☐ verschlossen in Transportbehältern ☐ Transportbegleitung ☐ Vollständigkeits-/Richtigkeitsprüfung ☐ Sonstige:_____	
5.8	Werden Empfangsbestätigungen, Lieferschein o. ä. verwendet?	ja/nein	
5.9	Werden zum Transport vorgesehene Daten mit sensitivem Inhalt (Art. 32 DS-GVO) verschlüsselt?	Datenträger: ja/nein mobile Endgeräte: ja/nein Datenübertragungsleitungen: ja/nein	
5.10	Wird das Internet zur Weitergabe personenbezogener Daten genutzt?	ja/nein	
5.11	Welche Dienste werden dabei genutzt?	☐ E-Mail ☐ WWW ☐ FTP ☐ elektronischer Geldverkehr ☐ Sonstige: _____	
5.12	Welche Sicherungsmechanismen werden bei den unter 5.11 genannten Diensten eingesetzt?	☐ alle Protokolle via VPN/IPsec gesichert ☐ E-Mail mit SMIME oder PGP ☐ WWW mit https oder SSL/TLS ☐ SFTP ☐ elektronischer Geldverkehr nach PCI DSS über ZDA (PKI)[27] ☐ Sonstige: _____	
5.13	Welche Sicherheitsmaßnahmen existieren?	☐ Firewall ☐ Intrusion Detection System (IDS) ☐ Intrusion Prevention System (IPS) ☐ Virtual Private Network (VPN) ☐ Content Filter ☐ Weitere: _____	
5.14	Durch welche Maßnahmen kann überprüft und festgestellt werden, an welche Stellen Da-	☐ Dokumentation der vorgesehenen Abruf- und Übermittlungswege	

Müller

Nr.	Frage	Antwort	Anmerkungen
	tenübermittlung durch Einrichtung zur Datenübertragung vorgesehen ist?	☐ Dokumentation der Übermittlungsstellen und -wege ☐ Sonstige: _____	
5.15	Sind IT-Systeme in einem verschlossenen Raum?	ja/nein	
5.16	Sind die Server-Konsolen gesperrt?	ja/nein	
5.17	Gibt es ein Berechtigungskonzept, in dem Netzwerkfreigaben und Zugriffsberechtigungen auf Ordner und Dateien für einzelne Benutzergruppen festgelegt sind?	ja/nein ☐ Dokument: _____ Version/Datum: _____	
5.18	Wird das o. g. Konzept regelmäßig geprüft und aktualisiert?	☐ Anzahl Prüfungen/Zeitraum: _____/_____ ☐ Anzahl Aktualisierungen/Zeitraum _____/_____ ☐ Keine Prüfung ☐ Keine Aktualisierung	
5.19	Werden bei Versetzung eines Mitarbeiters nicht mehr benötigte Zugangsberechtigungen entzogen?	ja/nein[28]	
5.20	Werden bei Ausscheiden eines Mitarbeiters Zugänge zu IT-Systemen gesperrt?	ja/nein	
5.21	Welche Maßnahmen werden realisiert, wenn Rechner oder Datenträger von externen Dienstleistern mitgenommen werden müssen?	Daten werden ☐ logisch gelöscht ☐ ___ -fach überschrieben ☐ verschlüsselt Datenträger wird ☐ physisch zerstört ☐ vertraglich mit dem Dienstleister geregelt ☐ der Dienstleister belässt Datenträger auch bei Reparaturen immer beim Kunden[29] ☐ Sonstige:_____	
5.22	Werden externe Dienstleister schriftlich auf den Datenschutz verpflichtet?	☐ ja/nein ☐ Regelung vorhanden: ja/nein[30]	
5.23	Wie werden geschäfts-/personenbezogene Daten bei Wartungs-/Reparaturarbeiten vor dem Zugriff durch externe Dienstleister geschützt?	☐ Regelung vorhanden: ja/nein Maßnahmen: Begleitung/Beaufsichtigung ☐ temporär ☐ dauerhaft	
5.24	Werden externe Dienstleister bei ihren Aktivitäten beaufsichtigt?	ja/nein	

Müller

Nr.	Frage	Antwort	Anmerkungen
5.25	Werden Passwörter gewechselt, falls sie einem externen Dienstleister bekannt geworden sind?	ja/nein	
5.26	Werden die Möglichkeiten zur Fernwartung nur fallbezogen freigegeben?	ja/nein	
5.27	Wer genehmigt die Fernwartung	☐ Geschäftsleitung ☐ verantwortlicher Abteilungsleiter ☐ Netzwerkadministrator ☐ Sonstige: _____ ☐ Regelung vorhanden: ja/nein	
5.28	Gibt es eine vertragliche Grundlage, die die Fernwartung regelt?	ja/nein[31]	
5.29	Wer baut die Fernwartungsverbindung zwischen IT-Systemen und dem externen Dienstleister auf?	☐ Auftraggeber initiiert Aufbau ☐ Netzwerkadministrator führt aus ☐ Sonstige: _____ ☐ Regelung vorhanden: ja/nein	
5.30	Gibt es einen Freigabeprozess?	ja/nein ☐ Regelung vorhanden: ja/nein	
5.31	Gibt es bei der Fernwartung Schutzfunktionen gegen den Zugriff eines externen Dienstleisters auf Daten/Informationen der verantwortlichen Stelle?	ja/nein welche: _____	

§ 6 Eingabekontrolle/Plausibilitätskontrolle[32]

Nr.	Frage	Antwort	Anmerkungen
6.1	Durch welche Maßnahmen kann nachträglich überprüft und festgestellt werden, ob und von wem Daten in IT-Systeme eingegeben, verändert oder entfernt worden sind?	☐ Erfassungsbelege mit Erfassungs- und Prüfbestätigungen ☐ Protokollierung eingegebener Daten ☐ Verarbeitungskontrolle (Transaktionskontrolle) der Anwendung ☐ Sonstige: _____	
6.2	Gibt es einen Schadsoftwareschutz?[33]	ja/nein	
6.3	In welchen Intervallen wird die Integrität der Partitionstabelle, des Bootsektors, des Hauptverzeichnisses und aller Programmdaten mit einem Prüf-	täglich: ☐ Schadsoftwareschutz ☐ Prüfsummenprogramm bei jedem Rechnerstart:	

Müller

Nr.	Frage	Antwort	Anmerkungen
	summenprogramm und/oder einem Schadsoftwareschutz geprüft?	☐ Schadsoftwareschutz ☐ Prüfsummenprogramm Bezeichnung: _____	
6.4	Wie und wann erfolgt ein Update des Schadsoftwareschutzes?	☐ automatisch ☐ manuell ☐ Sonstige: _____ ☐ täglich[34] ☐ wöchentlich ☐ Sonstige: _____	
6.5	Werden sicherheitsrelevante Updates und Patches für Betriebssysteme und Anwendungsprogramme regelmäßig und zeitnah eingespielt?	ja/nein innerhalb von __ Tagen nach Veröffentlichung durch den Hersteller	
6.6	Werden Daten und Programme in unterschiedlichen Verzeichnissen abgespeichert?	ja/nein	
6.7	Werden Daten und Programme in unterschiedlichen Partitionen abgespeichert?	ja/nein	
6.8	Gibt es eine vollständige und aktuelle Netzwerkdokumentation?[35]	ja/nein	
6.9	Wird die Integrität und Installation von erhaltenen Programmen[36] überprüft?	ja/nein	
6.10	Werden erhaltene oder auszuliefernde Datenträger einem Schadsoftwarecheck unterzogen?	ja/nein	
6.11	Erfolgt bei Wiederverwendung bereits beschriebener Datenträger eine ausreichend starke Löschung der vorherigen Daten?	☐ nein ☐ ja eingesetzte Software: _____ Optionen: _____	
6.12	Werden die durchgeführten Wartungs-, Fernwartungs- oder Reparaturarbeiten dokumentiert?	ja/nein	
6.13	Wird die Integrität von Datenträgern von externen Dienstleistern überprüft, bevor diese eingesetzt werden?	ja/nein	
6.14	Wird vor größeren Wartungs-, Fernwartungs- oder Reparaturarbeiten eine komplette Sicherung der betroffenen Systeme erstellt?	ja/nein	

Nr.	Frage	Antwort	Anmerkungen
6.15	Wird der Fernwartungsvorgang dauerhaft überprüft oder aufgezeichnet?	☐ nein ☐ ja, durch einen Mitarbeiter der IT-Abteilung ☐ ja, durch Mitschnitt der Remotesession[37]	
6.16	Findet nach den durchgeführten Wartungs-, Fernwartungs- oder Reparaturarbeiten eine Integritätsprüfung statt?	ja/nein	

§ 7 Auftragskontrolle/Vertragskonformitätskontrolle[38]

Nr.	Frage	Antwort	Anmerkungen
7.1	Durch welche Maßnahmen kann nachträglich überprüft und festgestellt werden, ob und von wem Daten in IT-Systeme eingegeben, verändert oder entfernt worden sind?	☐ Erfassungsbelege mit Erfassungs- und Prüfbestätigungen ☐ Protokollierung eingegebener Daten ☐ Verarbeitungskontrolle (transaktionsbasiert) ☐ Sonstige: _____	
7.2	Durch welche Maßnahmen wird gewährleistet, dass die Verarbeitung personenbezogener Daten im Auftrag nur entsprechend den Weisungen des Auftraggebers erfolgt?	☐ schriftliche Weisung ☐ Angebot und Auftragsbestätigung ☐ Auftraggeber erhält alle Datenausgaben zur Kontrolle ☐ vertraglich festgelegte Verantwortlichkeiten ☐ Sonstige: _____	
7.3	Wie wird bei Änderungen im Verfahrensablauf/Programmänderungen durch den Auftragnehmer verfahren?	Maßnahmen:	
7.4	Wird der Auftraggeber über Programmabbrüche/Programmfehler informiert?	ja/nein	
7.5	Welche Maßnahmen werden zur Sicherung der Fernwartung/Fernadministration angewendet?	☐ Ereignisauslösung vom Auftraggeber ☐ Rückrufautomatik ☐ Einmal-Passwort ☐ Protokollierung ☐ Virtual Private Network (VPN) ☐ Andere: _____	

§ 8 Verfügbarkeitskontrolle[39]

Nr.	Frage	Antwort	Anmerkungen
8.1	Wie wird gewährleistet, dass Daten gegen zufällige Zerstörung oder Verlust geschützt sind?	☐ tägliches Backup ☐ wöchentliches Backup ☐ Backup-Plan liegt vor ☐ SAN[40]-Snapshots[41]	

Müller

Nr.	Frage	Antwort	Anmerkungen
		☐ Festplattenspiegelung (RAID o. ä.) ☐ Havariearchivierung (Auslagerung) ☐ unterbrechungsfreie Stromversorgung (USV) ☐ Überspannungsfilter ☐ Sonstige: _____	
8.2	Gibt es Notfall und Krisenmanagement (BCM[42])?	ja/nein	
8.3	Gibt es ein Backup-Rechenzentrum?	ja/nein	
8.4	Wer ist für die Sicherung der Daten zuständig?[43]	☐ Auftragnehmer[44] ☐ Auftraggeber[45] ☐ Backup-Administrator ☐ Andere: _____ ☐ Regelung vorhanden: ja/nein[46]	
8.5	Wie viele Generationen[47] von Sicherungskopien existieren?	Anzahl: ___	
8.6	In welchen Intervallen wird eine Datensicherung durchgeführt?	☐ täglich ☐ wöchentlich ☐ Sonstige: _____	
8.7	Wird eine regelmäßige Sicherung von datenverarbeitenden mobilen Endgeräten gewährleistet?	ja/nein	
8.8	Wird das allgemeine Backup-Verfahren regelmäßig kontrolliert?	ja/nein	
8.9	Werden Sicherungsprotokolle[48] erstellt und geprüft?	ja/nein	
8.10	Ist das Backup-Verfahren dokumentiert?	ja/nein	
8.11	Welche Backup-Methode wird angewendet?	☐ Totalsicherung ☐ Selektiv-Sicherung (nur Datenbestände) ☐ veränderte Daten	
8.12	Wo werden Backup-Medien aufbewahrt?	☐ Safe/Tresor ☐ Datenträgertresor ☐ anderer Brandabschnitt ☐ anderes Gebäude ☐ im Rechenzentrum ☐ ungeschützt ☐ Sonstige: _____ ☐ Regelung vorhanden: ja/nein	
8.13	Werden gesetzliche Aufbewahrungsfristen[49] beachtet?	ja/nein	
8.14	Werden die gesetzlichen Vorgaben zur Löschung, Ein-	ja/nein	

Nr.	Frage	Antwort	Anmerkungen
	schränkung und dem „Recht auf Vergessen werden"[50] eingehalten?		
8.15	Werden E-Mails, die die Geschäftsbeziehung mit dem Auftraggeber betreffen bzw. Daten enthalten, die für die Auftragsabwicklung notwendig sind, regelmäßig archiviert?	ja/nein	
8.16	Wie werden E-Mails archiviert?	☐ automatisch durch: _____ ☐ zentral durch Administratoren ☐ zentral durch Archivsystem	
8.17	Ist das Archivsystem zertifiziert?	ja/nein zertifiziert durch: _____	
8.18	Welche störenden Einflüsse existieren beim Auftragnehmer in Räumen bzw. Gebäuden, in denen der Auftragnehmer Daten des Auftraggebers verarbeitet?	☐ Hitze, Kälte, Feuchtigkeit ☐ HF-Strahlung und elektromagnetische Kraftfelder ☐ Bahnanlagen ☐ Stromausfall oder Stromschwankungen während des laufenden Betriebs ☐ Sonstige:_____	
8.19	Werden schädigende Umgebungseinflüsse in Räumen bzw. Gebäuden, in denen der Auftragnehmer Daten des Auftraggebers verarbeitet, bei der Installation und der Benutzung von IT-Komponenten beachtet?	ja/nein	
8.20	Gibt es eine Risikobewertung und einen Risikobehandlungsplan?	ja/nein	
8.21	Gibt es in den Serverräumen wasserführende Leitungen oder leichtbrennbare oder entzündliche Gegenstände?	☐ ja, wassergekühlte Schranksysteme[51] ☐ ja, wasserführende Leitungen ☐ ja, leichtbrennbare Gegenstände ☐ nein	
8.22	Sind in den Serverräumen Feuchtigkeits-, Rauch-, Wärmesensoren installiert?	☐ Brandmelder ☐ Rauchansaugsystem ☐ Feuchtigkeitssensoren ☐ Wärmesensoren ☐ Leckagemelder ☐ Weitere: _____	
8.23	Stehen in den Serverräumen entsprechend zugelassene Feuerlöscher[52]/Löschanlagen zur Verfügung?	ja/nein	

Müller

Nr.	Frage	Antwort	Anmerkungen
8.24	Wie wird ein zuständiger Mitarbeiter bei einem Alarmsignal eines Sensors über den kritischen Zustand in den Serverräumen des Rechenzentrums informiert?	☐ Telefon ☐ SMS ☐ Anderes: _____	
8.25	Ist die Erreichbarkeit eines zuständigen Mitarbeiters im Katastrophenfall jederzeit gewährleistet?	ja/nein ☐ Rufbereitschaft ☐ 24/7 Betrieb	
8.26	Gibt es Eskalationspläne?	ja/nein	
8.27	Sind die Serverräume vor Einbruch ausreichend geschützt?	ja/nein	
8.28	Sind die Serverräume entsprechend der technischen Spezifikation ausreichend klimatisiert?	ja/nein	
8.29	Stehen die Server in 19"-Racks?	ja/nein	
8.30	Mit welcher Tür sind die Serverräume ausgestattet?	☐ normale Tür ☐ feuersichere Tür ☐ Stahltür ☐ Andere: _____	
8.31	Werden verfahrensfremde Datenträger mit eindeutiger Zuordnung verwaltet?	ja/nein	
8.32	Besteht eine Archivordnung?	ja/nein	
8.33	Ist ein Archivverwalter bestellt?	ja/nein	
8.34	Existiert ein eigener Archivraum (Sicherungsbereich)?	ja/nein	
8.35	Besteht lediglich ein beschränkter Zugang zum Archivbereich?	ja/nein	
8.36	Erfolgt die Ein- und Ausgabe von Datenträgern nur durch die Archivverwaltung?	ja/nein	
8.37	Wird die Ein- und Ausgabe von Datenträgern revisionsfähig protokolliert?	ja/nein	
8.38	Erfolgen regelmäßige Bestandskontrollen der Datenträger durch Soll-/Ist-Vergleich?	ja/nein	
8.39	Ist das Mitnehmen von Taschen und Mänteln in die Sicherheitszonen (Archiv) untersagt?	ja/nein	
8.40	Ist das Mitnehmen von Telefonen, Fotoapparaten und anderen elektronischen Geräten in	ja/nein	

Müller

Nr.	Frage	Antwort	Anmerkungen
	Sicherheitszonen (Archiv) untersagt?		
8.41	Wer ist für die Einhaltung von Wartungsintervallen, der Auswahl und Beauftragung von Wartungsunternehmen verantwortlich?	☐ IT-Leitung ☐ IT-Administrator ☐ Fachvorgesetzter ☐ Sonstige: _____ ☐ Regelung vorhanden: ja/nein	

§ 9 Datentrennungskontrolle/Mandantentrennungskontrolle[53]

Nr.	Frage	Antwort	Anmerkungen
9.1	Wie wird gewährleistet, dass zu unterschiedlichen Zwecken erhobene Daten getrennt verarbeitet werden können?	☐ softwareseitiger Ausschluss (Mandantentrennung) ☐ Dateiseparierung ☐ Datenbankprinzip (Trennung über Zugriffsregelungen) ☐ eigene Datenbankinstanz[54] ☐ Trennung von Test- und Routineprogrammen ☐ Trennung von Test- und Produktivdaten ☐ eigene IT-Systeme je Auftraggeber ☐ Sonstige: _____	
9.2	Aus welchen Gründen ist eine Trennung nicht möglich/notwendig?		

§ 10 Prüfung der Betriebsorganisation[55] und Rechenschaftspflicht[56]

Nr.	Frage	Antwort	Anmerkungen
10.1	Durch welche Maßnahmen ist die innerbetriebliche Organisation so gestaltet, dass sie den besonderen Anforderungen des Datenschutzes gerecht wird?	☐ Verfahrensregister beim Auftraggeber sind vorhanden, vollständig, aktuell ☐ Verfahrensregister beim Auftragnehmer sind vorhanden, vollständig, aktuell ☐ Nachweise über durchgeführte Schulungen der Mitarbeiter zum Datenschutz liegen vor ☐ Nachweise über Einhaltung der datenschutzrechtlichen Verpflichtungen der verarbeitenden Mitarbeiter liegen vor ☐ Datenschutzbeauftragter ist schriftlich bestellt ☐ Fachkundenachweise des Datenschutzbeauftragten liegen vor ☐ Stellenbeschreibung für den Datenschutzbeauftragten liegt vor	

Müller

Nr.	Frage	Antwort	Anmerkungen
		☐ Datenschutzordnung liegt vor ☐ Sicherheitskonzept liegt vor ☐ Sicherheitskonzept wird regelmäßig aktualisiert ☐ schriftliche Arbeitsanweisungen/Richtlinien/Merkblätter liegen vor ☐ Programme/Verfahren sind ordnungsgemäß dokumentiert ☐ Aufbewahrung/Archivierung aller maschinell erzeugten Protokolle ist geregelt ☐ Programmfreigabeverfahren ist eingerichtet ☐ Datenschutzfolgen-Abschätzung gem. Art. 35 DS-GVO wurden durchgeführt und protokolliert ☐ Funktionstrennung im IT-Bereich existiert ☐ Abstimm- und Kontrollverfahren sind eingerichtet ☐ Vier-Augen-Prinzip wird angewendet bei: _____ ☐ Es ist sichergestellt, dass bei der Übermittlung personenbezogener Daten außerhalb der EU in Drittstaaten ein angemessenes Datenschutzniveau nach Art. 44, 46, 49 DS-GVO eingehalten wird. ☐ Einwilligungen Art. 6 Abs. 1 lit. a bis f DS-GVO liegen vor ☐ Benachrichtigungen, Auskunftsersuchen, Anliegen bezüglich Berichtigung, Löschung oder Sperrung wurden dokumentiert ☐ ordnungsgemäßer Einsatz von Video-/Web-Kameras ist gesichert ☐ ordnungsgemäßer Einsatz von Chipkartentechnik, Biometrie oder ähnlicher Technologien ist gesichert ☐ es existiert ein Bereich Revision, der auch den Datenschutz abdeckt ☐ weitere Punkte:	

Müller

Anmerkungen

1. Geltungsbereich. Der Prüfliste sollte unter dem Gliederungspunkt „Geltungsbereich" ein erläuternder Text vorangestellt werden, für den der Textvorschlag verwendet werden kann. Beachten Sie, dass bei unterschiedlicher Anwendung je nach Kategorie für das „eigene Unternehmen", als „Outsourcing-Auftraggeber" oder als „Outsourcing-Auftragnehmer" die Textinhalte variieren.

2. Dokumentenebene. Die Ebene der Dokumente und deren Bezeichnung ist in einer unternehmensweiten Dokumentenrichtlinie vorgegeben und legt die Einordnung von Dokumenten nach bestimmten Kriterien fest.

3. Dokumentenlenkung. Durch die Dokumentenlenkung wird sichergestellt, dass alle Personen und Abteilungen, die Kenntnis von dem betreffenden Dokument haben müssen, das Dokument und alle künftigen Änderungen zur Kenntnisnahme erhalten. Es werden explizit nur die Dokumente bereitgestellt, die von den involvierten Personen und Abteilungen benötigt werden, um keine Informationsflut zu erzeugen.

4. Änderungsdienst. Angelehnt an Qualitätsmanagementsysteme nach ISO/IEC 9001 unterliegen gelenkte Dokumente dem Änderungsdienst: Erstellung, Änderung, Prüfung und Freigabe von gelenkten Dokumenten, festgelegt in einer Verfahrensanweisung.

5. Geltungsbereich Abs. 2. Dieser Absatz bezieht sich ausschließlich auf den Einsatz im Außenverhältnis und dient der rechtlichen Abgrenzung zum eigentlichen Vertrag.

6. Leistungsschein. Leistungsscheine sind Vertragsanlagen in denen technische Ausführungen zum Leistungsinhalt des Vertrages ausgeführt sind. Ein Leistungsschein enthält u.a. die Beschreibung von Messverfahren um die Dienstqualität (Service Level), die Übergabepunkte für Leistungen und Dienste, Preismodelle und Verrechnungsgrößen, Mitwirkungspflichten, Leistungsabgrenzungen, Regelungen für das Berichtswesen (Reporting), Leistungskategorien und Standorte der im Vertrag vereinbarten Dienstleistungen auszuführen. Aufgrund der technologischen Dynamik sind solche Leistungsscheine praktikabel, um aufwändige Vertragsänderungen zu vermeiden (*Rauschhofer,* IT-Outsourcing – Auslagerung vertraglich regeln, Internetworld 11/04, S. 42 f.).

7. Fragenbeantwortung. Die Beantwortung der Frage erfolgt aus verschiedenen Gesichtspunkten. Entscheidend ist hierbei die Einordnung in die beschriebenen Kategorien:
– Unternehmen
– Outsourcing-Auftraggeber
– Outsourcing-Auftragnehmer.
Sofern es sich um eine Prüfliste handelt, die für den internen Gebrauch, also für die eigene Verarbeitung personenbezogener Daten bestimmt ist, werden alle internen Prozesse und Verfahren Anwendung finden. Alle Punkte müssen sorgfältig geprüft und nachvollziehbar sein. Das Hinterfragen der korrekten Einschätzung der Antworten ist auch in der internen Organisation erlaubt.

Müller

8. Adresse des geprüften Rechenzentrums. Die genaue Lagebezeichnung des Rechenzentrums ist wichtig. Insbesondere, wenn es sich um Rechenzentren größerer Ausgestaltung handelt, ist die genaue Lage des Rechenzentrumsraumes oder der durch Gitterkäfige („Cage") abgetrennte Bereich prüfrelevant. Die Prüfliste erhebt den Anspruch, für annähernd alle derzeit am Markt befindlichen Typen von Rechenzentren einsetzbar zu sein.

9. Unterauftragnehmer. Die Weiterverlagerung von Tätigkeiten auf Dritte (Unterauftragnehmer, Subunternehmer) und die Modalitäten dieser Weiterverlagerung bedürfen der schriftlichen Zustimmung des Auftraggebers. Der Auftragnehmer ist verpflichtet, seine vertraglichen Vereinbarungen mit dem Unterauftragnehmer nur im Einklang mit den Regelungen des (Haupt-)Vertrages auszugestalten. Fehlt eine Regelung in den Verträgen, sollte umgehend eine Zusatzvereinbarung zum Vertrag ausgestaltet werden, da nach Art. 28 Abs. 2 DS-GVO Unterauftragsverhältnisse einer schriftlichen Genehmigung durch den Verantwortlichen bedürfen.

10. Auftragsverarbeitung. Diese Felder finden nur Anwendung in der Kategorie Outsourcing-Auftraggeber und Outsourcing-Auftragnehmer Art. 28 DS-GVO für den Fall der Auftragsdatenverarbeitung.

11. Unterschriften. Im Unterschriftenfeld unterzeichnet der Prüfer die Richtigkeit der durchgeführten Prüfung (Prüfbericht). Im Falle der Anwendung für die eigene Datenverarbeitung ist dies der betriebliche Datenschutzbeauftragte gem. Art. 37 DS-GVO. Dieser muss das Prüfergebnis unterschreiben. Der Prüfbericht erfüllt im Wesentlichen eine Nachweisfunktion, der ohne Unterschrift des Prüfers nicht genügt wäre. Sofern die Prüfliste für eine Auftragsverarbeitung im Außenverhältnis verwendet wird, unterschreiben hier beide betrieblichen Datenschutzbeauftragte. Sofern die Zeichnungsvollmacht nicht besteht, sollte im Außenverhältnis nach der jeweiligen Unterschriftenregelung des Unternehmens verfahren werden. Dies birgt in der Praxis die Gefahr, dass sich die Unterzeichnung eines solchen Dokumentes hinziehen kann. Es sollte also aktiv zeichnungsberechtigtes Management in den Vorgang einbezogen werden.

Es besteht eine grundsätzliche Empfehlung zur Unterzeichnung von Dokumentationen, die im Zusammenhang mit Datenschutzverträgen stehen, um die Richtigkeit aller gemachten Angaben und deren Wirksamkeit sicher zu stellen (*Müthlein*, Workshop Auftragsdatenverarbeitung, S. 60 und 63).

12. Aktuelle Zertifizierungen der IT-Sicherheitsmaßnahmen. Eine Zertifizierung ist ein Verfahren, mit dem durch unabhängige Dritte die Überprüfung nach einem gültigen Anforderungskatalog (Prüfkatalog) eines Produktes, eines Verfahrens oder einer Betriebsorganisation überprüft und dessen Zertifizierungsreife nachgewiesen wird (dazu auch → C.IV.2.). Im Zusammenhang mit Zertifizierungen ist grundsätzlich zu beachten, in wessen Hoheit die Ausstellung eines Zertifikates vorgenommen wird. Zertifikate werden u.a. von akkreditierten Zertifizierungsstellen, Bundesämtern, Prüfverbänden, Prüfinstituten, Prüflaboren, Gutachtern und Wirtschaftsprüfungsgesellschaften ausgestellt. Seitens des Auftraggebers ist zu prüfen, welche Zertifizierungen das Rechenzentrum, die Betriebsorganisation oder der Betreiber des Rechenzentrums hat. Zu beachten sind die Art des Zertifikates, die ausstellende Zertifizierungsstelle, der Geltungsbereich („Scope") und die Gültigkeit des Zertifikates (Ablaufdatum). Bei den Zertifikaten gibt es Normzertifikate und sog. freiwil-

Müller

lige Prüfzeichen. Normzertifikate werden von akkreditierten Zertifizierungsstellen (z. B. Dekra, DeuZert, SGS, TÜV) auf Basis einer gültigen internationalen Norm nach erfolgreicher Auditierung erteilt und haben eine begrenzte Gültigkeit (siehe ISO/IEC 17021:2011, 9.1.1.2 und Zertifizierungsschema BSI 1.11, Kap. 2.1 und 2.8.3). In der Zeit bis zum Ablaufdatum gibt es zwei Wiederholungsaudits, in der die Aufrechterhaltung des Zertifikates geprüft wird. Zum Ablaufdatum des Zertifikates wird ein Rezertifizierungsaudit durchgeführt, bei dem das Zertifikat erneut erteilt wird. Zu den im Bereich des Datenschutzes relevanten Normzertifizierungen gehört insbesondere die ISO/IEC 27001:2005–2013 die das Informationssicherheitsmanagementsystem eines Unternehmens betrifft (siehe ISO/IEC 27001:2013, Anhang A – Referenzmaßnahmenziele und -maßnahmen). Zertifizierungen zu Managementsystemen werden Prozessaudits genannt. Das heißt, dass dokumentierte Organisationsprozesse und deren Funktionalität (Maßnahmen und Maßnahmenziele) im Unternehmen auf die Wirksamkeit geprüft werden.

Wichtig ist die genaue Betrachtung des zertifizierten Geltungsbereiches auf dem Hauptzertifikat unter dem Namen des zertifizierten Unternehmens: Ist diese für die Beauftragung relevant oder handelt es sich möglicherweise um eine andere Betriebseinheit oder einen anderen Standort? Freiwillige Zertifizierungen basieren auf Prüfkatalogen der jeweiligen ausstellenden Zertifizierungsstellen. Hier ist der Inhalt des Prüfungsverfahrens relevant. Freiwillige Zertifizierungen für Rechenzentren sind beispielsweise das Zertifikat „Trusted Site Infrastructure" des TÜViT oder das in drei Stufen unterteilte Prüfzeichen der Zertifizierungsstelle TÜV InterCert SAAR (hierzu *Meinig/Müller* in: Schartner/Taeger (Hrsg.), DACH Security 2011, S. 533 f.).

Eine besondere Stellung nimmt die vom BSI propagierte ISO 27001-Zertifizierung auf der Basis von IT-Grundschutz ein. Vor der Erteilung eines ISO 27001-Zertifikats auf der Basis von IT-Grundschutz wird eine Überprüfung durch einen durch das BSI zertifizierten ISO 27001-Auditor durchgeführt. Diese Zertifizierung wird ausschließlich durch das Bundesamt gesteuert und ist nach dem Gesetz zur Stärkung der Sicherheit in der Informationstechnik des Bundes (BSIG) die nationale Zertifizierungsstelle der Bundesverwaltung für IT-Sicherheit (§ 9 Abs. 1 BSIG). Das BSI ist zudem befugt, einheitliche und strenge Sicherheitsstandards für die Bundesverwaltung zu definieren und bei Bedarf geeignete Produkte entwickeln zu lassen beziehungsweise auszuschreiben und bereitzustellen (§ 8 BSIG).

Das BSI bietet für dedizierte Geltungsbereiche eigene Zertifizierungen an. Außerdem erstellt das BSI Vorgaben in Form einer Technischen Richtlinie (TR) ohne hierfür selbst Zertifizierungen anzubieten. Das BSI behält sich das Recht vor Ausnahmen zu definieren bei denen das Vorliegen eines hoheitlichen Interesses gegeben ist (weiterführend: Hinweis für Zertifizierungsstellen von sektorspezifischen Managementsystemen basierend auf ISO/IEC 27001, BSI). Hierbei wird die Konformität zwischen einem Managementsystem nach internationaler Norm (ISO) durch eine DAkkS-akkreditierte Zertifizierungsstelle mit BSI-qualifizierten Auditoren und/oder Fachexperten auf Grundlage einer Technischen Richtlinie durchgeführt und von der Zertifizierungsstelle überwacht und nach Abschluss durch ein Zertifikat bestätigt (https://www.bsi.bund.de/DE/Themen/ZertifizierungundAnerkennung/Management systemzertifizierung/27001X-Zertifizierung/27001x_Zertifizierung_node.html).

Beachten Sie ebenfalls den Aspekt der positiven Auswirkung einer Zertifizierung in Beziehung zur Art der Auftragsverarbeitung. Selbst wenn die Zertifizierungsart keine direkte Auswirkung auf den Datenschutz hat, kann sie trotzdem erhebliche

Auswirkungen auf die Arbeitsweise einer Betriebsorganisation haben. Wählt ein Auftraggeber beispielsweise einen PCI DSS-zertifizierten Dienstanbieter (Payment Card Industry Data Security Standard) als Auftragnehmer für ihre Auftragsdatenverarbeitung aus, obwohl er keinen elektronischen Zahlungsverkehr abwickelt, und ist die ausführende Abteilung des Outsourcenden im Geltungsbereich des Zertifikates, hat der Auftraggeber hiervon womöglich einen großen Nutzen, denn das Zwölf-Punkte-Programm des PCI-Standards sichert auch ausgelagerte IT-Systeme entsprechend ab.

Zu den zuvor beschriebenen Zertifizierungsformen kommt eine in der letzten Zeit verstärkt angewandte Methode der Testierung oder Konformitätsbewertung hinzu. Hierbei werden sektorspezifische Normen der ISO 27000-Familie herangezogen und in einem gesonderten Audit geprüft. Dieses Audit wird auch als Konformitätsaudit bezeichnet. Hierbei werden die in der sektorspezifischen Norm, z.B. ISO/IEC 27019 oder 27018, aufgeführten Controls (Prüfpunkte) auditiert und in einem Testat oder einer Konformitätserklärung durch die durchführende Zertifizierungsstelle bestätigt (der durchführende Auditor gibt nur eine Empfehlung an die Zertifizierungsstelle ab, diese entscheidet über die Ausstellung des Zertifikates oder des Testates/Konformitätsbescheinigung). Vorangestellt sein muss aber immer eine ISO 27001-Zertifizierung und deren erfolgreiche Zertifizierung. Denn die sektorspezifische Norm, wie z.B. die ISO 27018, setzt auf den bereits existierenden Sicherheitsstandards wie ISO 27001 und ISO 27002 (Maßnahmenkatalog) auf.

Die ISO/IEC 27018 beschäftigt sich ausschließlich mit der Regulierung der Speicherung und Verarbeitung von personenbezogenen Daten in der Cloud, also bei einem Cloud-Service-Provider. Es werden darin datenschutzrechtliche Anforderungen für Cloud-Dienste formuliert, Grundlage hierfür ist der Maßnahmenkatalog ISO/IEC 27002. Die ISO 27018 richtet sich deutlich an den Schutz-, Sicherheits-und Überwachungspflichten der geltenden europäischen Datenschutzgesetze aus. Bei erfolgreichem Durchlaufen eines kombinierten Audits erhält das geprüfte Unternehmen ein akkreditiertes Zertifikat für die ISO 27001:2013 (Deutsche Akkreditierungsstelle GmbH [DAkkS]) und ein nicht akkreditiertes Testat für ISO 27018:2014 von der prüfenden Zertifizierungsstelle.

13. Geplante Zertifizierungen. Hat das Unternehmen nachweislich die Durchführung einer Zertifizierung geplant oder wird eine Zertifizierung derzeit durchgeführt? Laufende oder beauftragte Zertifizierungen werden auf Anfrage von den durchführenden/beauftragten Zertifizierungsstellen schriftlich bestätigt. Sofern eine solche Bestätigung vorliegt, kann die geplante Zertifizierung entsprechend gewürdigt werden. Beachten Sie den genannten Geltungsbereich, der für die Zertifizierung vorgesehen ist.

14. Zutrittskontrolle. Nicht befugten Personen wird der Zutritt zu Datenverarbeitungsanlagen verwehrt, mit denen personenbezogene Daten verarbeitet werden. Da Unbefugte keine Möglichkeit erhalten sollen, sich in Räumen aufzuhalten, in denen sich Datenverarbeitungsanlagen befinden, muss das Betreten der Räume kontrolliert werden. Es muss nachvollziehbar sein, wer sich zu welchem Zeitpunkt in einem Raum, in dem eine solche Datenverarbeitungsanlage steht, aufgehalten hat.

15. Closed Shop-Betrieb. Der IT-Betrieb erfolgt ausschließlich durch dediziertes (eindeutig bestimmbares) und berechtigtes Personal. Der Begriff Closed-Shop-Betrieb stammt aus dem Bereich des Rechenzentrumsbetriebs. Hier unterscheidet

Müller

man drei Betriebsarten in denen das Rechenzentrum für die Kunden betrieben wird. Im Closed-Shop-Betrieb erfolgt die Steuerung und Administration des gesamten Systems ausschließlich über die verantwortlichen Administratoren und Betriebsverantwortlichen. Daneben gibt es den Open-Shop-Betrieb in dem das System von Administratoren, Operatoren und Programmierern gesteuert wird, sowie den Misch-Betrieb in dem die Steuerung und der Betrieb über beauftrage (Power-)User und Administratoren erfolgt.

16. Zugangskontrolle. Durch die Zugangskontrolle soll verhindert werden, dass Datenverarbeitungssysteme von Unbefugten genutzt werden können. Folglich muss die Benutzung von Datenverarbeitungssystemen kontrolliert werden. Hält sich die bei Zutritt kontrollierte Person bereits in einem Raum auf, in dem sich die Datenverarbeitungsanlage befindet, sichergestellt werden, dass betreffende Person diese Datenverarbeitungsanlage benutzen darf. Es muss nachvollziehbar sein, wer wann welches Datenverarbeitungssystem benutzt hat.

17. Gruppenpasswörter/Gruppenkonten. Gruppenkonten (Group Accounts) sind Benutzerkonten, die von mehr als einem Benutzer (User) verwendet werden. Das Passwort (Kennwort) dieses Kontos wird somit von mehr als einer Person verwendet. Unter dieser Kennung ausgeübte Tätigkeiten, insbesondere unter der Kennung verursachte Fehler, können so keiner Person eindeutig zugeordnet werden. Es gibt heute keine technologische oder organisatorische Begründung, die die Anwendung solcher Gruppenkennworte zwingend notwendig machen würde. Der Grund der heute noch vielfachen Anwendung liegt ausschließlich in den Lizenzmodellen der Softwarehersteller, die pro Benutzerkonto abrechnen. Das Sicherheitsrisiko von Gruppenkennungen steht nicht im Verhältnis zur betriebswirtschaftlichen Einsparung. Es sollte daher auf ihre Verwendung verzichtet werden.

18. Undokumentiertes Verfahren. Bei undokumentierten Verfahren erfolgt die Aufhebung von Kontensperrungen nach dem „Hey-Joe-Prinzip", also auf Zuruf und ist damit nicht dokumentiert. Solche Verfahren sind stets zu dokumentieren, da Änderungen ansonsten im Nachgang nicht nachvollziehbar wären.

19. Identifikation. Die Überprüfung der Identität eines Benutzers, Prozesses oder Gerätes anhand von Merkmalen ist Voraussetzung für den Zugriff auf die Ressourcen eines IT-Systems, z. B. Benutzername und Kennwort.

20. Authentifizierung. Die Überprüfung der Identität eines Benutzers, Prozesses oder Gerätes, die oft Voraussetzung für den Zugriff auf schützenswerte Ressourcen ist. Die Authentifizierung ist der Beweis dafür, dass sich ein Mensch oder Gerät erfolgreich gegenüber einem anderen Menschen oder Gerät authentisiert hat (http://authentifizierung.org/). Die Authentifizierung prüft durch Identifikation, ob der Benutzer, der Prozess oder das Gerät berechtigt ist, auf die angeforderten Ressourcen zugreifen zu dürfen.

21. Zugriffskontrolle. Es wird gewährleistet, dass die Berechtigten ausschließlich auf die Daten zugreifen können, für die sie eine Zugriffsberechtigung besitzen (need-to-know-Prinzip) und dass personenbezogene Daten bei der Verarbeitung, Nutzung und nach der Speicherung nicht unbefugt gelesen, kopiert, verändert oder entfernt werden können. Der Zugriff auf personenbezogene Daten wird kontrolliert, indem dieser in Logdateien des Systems manipulationssicher protokolliert

wird. Wenn sich eine befugte Person in einem Raum mit einer Datenverarbeitungsanlage befindet und das System benutzt, muss sichergestellt sein, dass sie nur auf die
Daten zugreifen kann, für die sie die entsprechende Berechtigung besitzt (Berechtigungskonzept). Dabei muss nachvollziehbar sein, wer wann auf welche Daten zugegriffen hat.

22. Änderungsmanagement. Durch ein funktionierendes Änderungsmanagement
(„Changemanagement") wird innerhalb der Betriebsorganisation durch standardisierte Prozesse, Methoden und Verfahren sichergestellt, dass Änderungen in der Infrastruktur (damit auch an Hard- und Software) dokumentiert, strukturiert, geprüft
und so zuverlässig durchgeführt werden.

23. Data Leak Prevention. Dies ist der Schutz vor unerwünschtem Daten-/Infor-
mationsabfluss aus dem Unternehmen. Sicherungsmaßnahmen gegen Informationsabfluss sind organisatorische Maßnahmen, wie die Einführung und Umsetzung einer Kennzeichnungs- und Klassifizierungsrichtlinie, und technische Maßnahmen wie
der Einsatz einer geeigneten Software, etwas Digital Rights Management-Produkte
(dazu z.B. Microsoft, Identity, authentication, and authorization in Office 2013,
http://technet.microsoft.com/de-de/library/dn166704.aspx) oder Mailfilter (dazu
z.B. Microsoft, Verhinderung von Datenverlust, http://technet.microsoft.com/de-
de/library/jj150527(v=exchg.150).aspx).

24. Weitergabekontrolle/Übermittlungskontrolle. Personenbezogene Daten dürfen bei der elektronischen Übertragung oder während des Transportes nicht von
Unbefugten gelesen, kopiert, verändert oder entfernt werden. Es muss jederzeit
überprüfbar und feststellbar sein, an welchen Stellen eine Übermittlung personenbezogener Daten vorgesehen ist. Technisch ist dies durch eine Verschlüsselung bei der
Übertragung zu erreichen, was in Art. 32 Abs. 1 lit. a DS-GVO explizit gefordert
wird. Die Sicherheit von Daten ist in der Praxis besonders kritisch bei E-Mail-
Verkehr, Nutzung von Funknetzen, Transport von Datenträgern oder bei Ausdrucken auf Papier. Maßnahmen im Bereich der Weitergabekontrolle sind daher
insbesondere in diesen Bereichen zu kontrollieren (ist der Einsatz von SSL/HTTPS-
verschlüsselter Übertragung möglich oder ein VPN-vorhanden?). Die Überprüfbarkeit und Feststellbarkeit, an welchen Stellen die Übermittlung personenbezogener
Daten durch Einrichtungen zur Übertragung von Daten vorgesehen ist, stellt sich in
der Praxis insbesondere bei der Nutzung von Fernwartungszugängen auch für Tele-
kommunikationsanlagen (neuerlich auch über All-IP), Backup-Datenleitungen,
Funk-Netzwerke, Infrarot- und Bluetooth-Netze sowie im Mobilfunk als besonders
problematisch dar.

25. Datenträgertresor. Datenträgertresore unterscheiden sich von anderen Treso-
ren durch die besondere Beständigkeit gegen Hitze und Wasser. Professionelle Datenträgertresore sind zertifiziert nach S 60 DIS (60 Minuten Feuersicherheit für Datenträger nach DIN/EN 1047-1) oder S 120 DIS (120 Minuten). Angaben zum
Brandschutz sind unabhängig von anderen Angaben zu Einbruchssicherheit oder
Sicherheitsstufe.

26. Verschlüsselung. Art. 6 Abs. 3 lit e und Art. 30 Abs. 1 lit a DS-GVO fordern
eine Verschlüsselung der personenbezogenen Daten zum Schutz dieser Daten. Hierzu fordert das BSI ein erhöhtes Sicherheitsniveau von 120 Bit ab dem Jahr 2023 in
der Änderung seiner derzeitigen Krypto-Richtlinien der Serie TR-02102. (weiterfüh-

Müller

rend: https://www.bsi.bund.de/DE/Presse/Pressemitteilungen/Presse2017/Aktuali-sierte_Krypto-Richtlinien_TR-02102_20032017.html).

27. PKI/ZDA. Public Key Infrastructure ist eine IT-Infrastruktur, die Zertifikats-dienste zur verschlüsselten Übertragung bereitstellen. Zertifizierungsdiensteanbieter (ZDA) sind öffentliche Anbieter, die qualifizierte Zertifikate ausstellen oder qualifi-zierte Zeitstempeldienste nach dem Signaturgesetz (SigG) bereitstellen (Bundesnetz-agentur Referat IS 16, Regelungen für die Registrierungs- und Zertifizierungsinstanz TKÜV-CA der Bundesnetzagentur und BSI, S. 4 ff.).

28. Mitarbeiterwechsel. Erfahrungsgemäß sind bei Mitarbeiterwechseln Stich-proben sinnvoll, bei denen verifiziert wird, ob ein bereits ausgeschiedener Mitarbei-ter noch aktive Berechtigungen im System hat. Sofern dies der Fall ist, sind umge-hend Maßnahmen zur Behebung und zur Feststellung möglicher Schäden oder anderer Verstöße durch eine mögliche unberechtigte Nutzung vorzunehmen. Dies steht insbesondere im Zusammenhang mit Mitarbeiteraustritten.

29. Garantieabwicklung bei Datenträgerausfällen. Hersteller und Dienstleister bieten aufgrund der Kritikalität in Bezug auf die Daten auf den Datenträgern ver-schiedene Methoden an, die den Kunden entsprechend absichern. Neben anderen vertraglichen Vereinbarungen bieten zunehmend namhafte Hersteller und Groß-händler Gewährleistung auch durch Mitnahme des abgeschraubten Teiles eines Da-tenträgers, auf dem sich die Seriennummer befindet, an. So verbleibt das eigentliche Datenträgermedium zur weiteren Vernichtung im Unternehmen.

30. Externe Dienstleister. Externe Dienstleister sind Unterauftragnehmer und daher Dritte (Art. 4 Nr. 10 DS-GVO) oder Auftragsverarbeiter (Art. 4 Nr. 8 DS-GVO). Auch in diesem Fall empfehlen sich Stichprobenkontrollen durch den Auftraggeber, da er letztlich für seine personenbezogenen Daten verantwortlich bleibt.

31. Fernwartung. Fernwartung bzw. Remotezugriffe auf interne Systeme mit per-sonenbezogenen Daten sind stets über eine vertragliche Vereinbarung zu regeln (ausführlich → G.III.).

32. Eingabekontrolle/Plausibilitätskontrolle/Transaktionskontrolle. Nachträg-lich kann überprüft und festgestellt werden, ob und von wem personenbezogene Daten in Datenverarbeitungssysteme eingegeben, verändert oder entfernt worden sind. Im Zusammenhang mit der Eingabekontrolle hat sich die Wortschöpfung eines Wirtschaftsprüfers seit einigen Jahren durchgesetzt: Revisionssicherheit. Folgende grundsätzlichen Kriterien gelten nach *Kampffmeyer* (der diesen Begriff in den frü-hen 1990er Jahren prägte), http://www.project-consult.de/files/S 113EIA_H_2013. pdf, S. 17 ff. für die Revisionssicherheit von Archivierungssystemen: Ordnungsmä-ßigkeit, Vollständigkeit, Sicherheit des Gesamtverfahrens, Schutz vor Veränderung und Verfälschung, Sicherung vor Verlust, Nutzung nur durch Berechtigte, Einhal-tung der Aufbewahrungsfristen, Dokumentation des Verfahrens, Nachvollziehbar-keit, Prüfbarkeit. Die Eingabekontrolle selbst setzt eine wirksame Zugangs- und Zugriffskontrolle voraus. Eine funktionierende Eingabekontrolle besteht nicht nur aus organisatorischen Maßnahmen, sondern erfordert auch ein technisches Verfah-ren. Dieses technische Verfahren kann entweder in der Applikation selbst vorhan-den sein oder durch ein entsprechendes Zusatzsystem, welches der Applikation hin-zugefügt wird, realisiert werden. Die beste technische Lösung funktioniert natürlich

nur, wenn sie verbunden ist mit zuverlässiger Organisation der Kontrolle und Auswertung der Eingabekontrolle, z. B. dem Vier-Augen-Prinzip.

33. Schadsoftware. Als Schadsoftware wird ein Programm bezeichnet, das ver-
borgen auf einem Computer installiert wird und das die Vertraulichkeit, Integrität
und Verfügbarkeit von Daten und Anwendungen gefährdet. Diese wird oft auch
heute noch allgemein als Virus bezeichnet. Insbesondere im Zusammenhang mit
Schadsoftwareschutz wird der ältere Begriff Antivirusprogramm verwendet. Dies ist
jedoch nicht zeitgemäß, da Viren nur eine Art von Schadsoftware sind. Darüber
hinaus gibt es weitere Schadsoftwarearten, wie Trojaner, Würmer, Spyware, Ransomware, u. v. m. (weiterführend z. B. Microsoft Corporation, Microsoft Security Intelligence Report Volume 20, July through December, 2015).

34. Aktualisierungszyklen von Schadsoftwareprogrammen. Eine tägliche Aktualisierung der Musterkennung (Virenpattern) des Schadsoftwareschutzes durch den
Hersteller entspricht den allgemeinen Bereitstellungzyklen. Das Augenmerk sollte
hier vielmehr auf der Reaktionszeit des Herstellers bei der Veröffentlichung von Aktualisierungen liegen.

35. Netzwerkdokumentation. Die Mindestanforderung an eine Netzwerkdokumentation sollte einem bereinigten Netzplan entsprechen. Handelt es sich um Auftragsdatenverarbeitung, sollte darüber hinaus vom Auftragnehmer eine Anwen-
dungslandkarte mit den Informationsflüssen der beauftragten IT-Umgebung
bereitgestellt werden.

36. Integritätsprüfung von Software. Die Problematik der Integritätsprüfung von
Software betrifft vornehmlich Individualsoftware, da einige Softwareanbieter aus
Kostengründen auf die Implementierung geeigneter Prüfmechanismen verzichten.
Namhafte Hersteller handelsüblicher Standardsoftware haben geeignete Prüfungs-
mechanismen in ihren Softwaremodulen zumeist bereits integriert.

37. Remotesession. Eine Remotesession bezeichnet eine im Rahmen eines Fern-
zugriffes auf dem Zielsystem ausgeführte Sitzung (Session, Programmablauf) die einem bestimmten Nutzer (User) durch eine Sitzungsnummer (Session-ID) zugeordnet
werden kann. Diese kann durch ein Zusatzprogramm aufgezeichnet werden. Dadurch ist es auch zu einem späteren Zeitpunkt möglich, den kompletten Ablauf einer Sitzung insgesamt nachzuvollziehen.

38. Auftragskontrolle/Vertragskonformitätskontrolle. Bei der Auftragskontrolle
wird gewährleistet, dass die personenbezogenen Daten, die im Auftrag verarbeitet
werden, nur auf Grundlage des Vertrages entsprechend den Weisungen des Auftraggebers (Verantwortlichen) verarbeitet werden. In Art. 28 Abs. 3 lit. a DS-GVO wird
klargestellt, dass die Auftragsverarbeitung durch den Auftragsverarbeiter (Auftragnehmer) nur auf „dokumentierte Weisung des Verantwortlichen" durchgeführt
werden darf.

39. Verfügbarkeitskontrolle. Personenbezogene Daten sind gegen Zerstörung
oder Verlust zu schützen. Die Verfügbarkeit der Daten wird kontrolliert, d. h. es
wird sichergestellt, dass die personenbezogenen Daten zu festgelegten Zeiten im
festgelegten Umfang zur Verfügung gestellt werden. Die Verfügbarkeit selbst muss
dabei den rechtlichen und betrieblichen Erfordernissen entsprechen, so dass u. a. bei
Wartungsfenstern für die Pflege und Wartung der Systeme und Software, diese den
laufenden Betrieb nicht negativ beeinflussen.

Müller

40. Storage Area Network (SAN). Speichernetzwerke bezeichnen ein Netzwerk, bei dem Speichersysteme über eine Netzwerkinfrastruktur an Serversysteme angebunden sind (weiterführend Veritas Storage Foundation: High End-Computing für UNIX Design und Implementation von Hochverfügbarkeitslösungen mit VxVM und VCS, 2006).

41. Snapshot. Aktuelle IT-Systeme und deren Betriebssysteme bieten die Möglichkeit des sog. Snapshots, einer funktionalen Momentaufnahme des aktuellen Zustandes des Systems. Dies gilt auch für Speichernetze wie SAN, bei denen im laufenden Betrieb und unter minimaler Speicherbelegung zeitbasierte Datenkopien gefertigt werden. Diese dienen der Absicherung vor logischen Fehlern, da das System schnell auf einen zuvor gefertigten Schnappschuss (snapshot) zurückgesetzt werden kann. Snapshots sind kein Ersatz für eine klassische Datensicherung (Backup/Restore), da nur hier auch physische Fehler, wie Systemausfälle, Speicherdefekte, Plattenfehler, abgesichert sind.

42. Business Continuity Management (BCM). Betriebliches Kontinuitätsmanagement beschreibt den Aufbau und die kontinuierliche Pflege eines funktionalen Notfall- und Krisenmanagements zur Aufrechterhaltung des Geschäftsbetriebes. Da IT-Systeme heute einen fundamentalen Anteil an der Erbringung betrieblicher Geschäftsprozesse haben, ist ein in das unternehmensweite BCM eingebettetes IT-Notfallsystem von immanenter Wichtigkeit. In Deutschland wird die ISO 22301 zunehmend durch international aufgestellte Konzerne/Unternehmen bei Lieferanten und Auftragnehmern angefragt, um die Zulieferketten sicherzustellen und so möglichen Verlusten entgegenzuwirken. Die ISO 22301:2012 (deutsche Version: Sicherheit und Schutz des Gemeinwesens – Business Continuity Management System – Anforderungen (ISO 22301:2012); Deutsche Fassung DIN EN ISO 22301:2014) enthält Anforderungen für die Erstellung und den Umgang mit dem betrieblichen Kontinuitätsmanagementsystem. Die ISO 22301 legt fest, wie ein dokumentiertes Managementsystem geplant, implementiert und betrieben wird, um sich gegen Betriebsunterbrechungen zu schützen und Wahrscheinlichkeit des Auftreten zu minimieren, sowie nach einer eingetretenen Betriebsunterbrechung angemessen zu reagieren und zeitnah wieder den Normalbetrieb zu erreichen (weiterführend https://www.beuth.de/de/norm/din-en-iso-22301/215741063).

43. Zuständigkeit. In diesem Prüfpunkt wird die Zuständigkeit der Durchführung der Datensicherung geprüft. Die Verantwortung ist nicht delegierbar und verbleibt damit immer beim Auftraggeber. Der Auftraggeber sollte daher darauf achten, dass eine Datensicherung beauftragt und nach den vertraglichen Vorgaben durchgeführt wird (OLG Hamm, Urt. v. 1.12.2003 – 13 U 133/03, MMR 2004, 487). Es muss klar geregelt sein, wer welche Datensicherung in welchem Umfang durchführt. Nach außen ist letztlich immer der Auftraggeber datenschutzrechtlich verantwortlich und trägt damit das Risiko von Schadensersatzforderungen und Bußgeldern.

44. Auftragnehmer. Soll der Auftragnehmer im Rahmen der Auftragsverarbeitung für die Datensicherung im Innenverhältnis zum Auftraggeber zuständig sein, empfiehlt sich der Abschluss einer entsprechenden schriftlichen Vereinbarung. Ist zum Zeitpunkt der Prüfung kein Datensicherungsverfahren festgelegt, ist umgehend ein solches zu erstellen und von beiden Seiten als Vertragsanlage zu unterzeichnen.

Müller

45. Auftraggeberzuständigkeit. Je nach Vertrag kann die Datensicherung in der Zuständigkeit (im Rahmen des ausgelagerten Prozesses) des Auftraggebers verbleiben, der diese dann operativ durchführen muss. Es sollte geprüft werden, ob die vertraglich vereinbarte Datensicherung den Ansprüchen der Beteiligten sowie den gesetzlichen Anforderungen genügt.

46. Regelung für Datensicherung. Eine vertragliche Regelung über Art, Umfang und Aufbewahrungsdauer muss vorhanden sein. Ist zum Zeitpunkt der Prüfung kein Datensicherungsverfahren festgelegt, ist umgehend ein solches zu erstellen und von beiden Seiten als Vertragsanlage zu unterzeichnen.

47. Sicherungsgenerationen. Das Datensicherungsprinzip „Großvater-Vater-Sohn" ist ein zuverlässiges und weltweit eingesetztes Rotationsverfahren zur Sicherung von Daten auf Speichermedien (*Little/Chapa*, Implementing Backup and Recovery, S. 17 f.). Die erste Generation bildet die tägliche Sicherung („Sohn"). Für jeden Wochentag erfolgt eine inkrementelle oder differenzielle Sicherung auf ein eigenes Speichermedium. Das heißt, es werden nur diejenigen Daten gesichert, die geändert wurden oder hinzugekommen sind. Einmal wöchentlich erfolgt eine Vollsicherung, meist Freitag, ebenfalls auf jeweils einem eigenen Medium. Die Vollsicherung stellt die zweite Generation dar („Vater"). Zum Monatsanfang wird die Wochensicherung aus dem Rotationsverfahren entnommen und dem Monatszyklus hinzugefügt, die dritte Generation („Großvater"). Zum Ende des Jahres wird aus dem Monatszyklus die Jahressicherung (vierte Generation) entnommen und sicher aufbewahrt.

48. Sicherungsprotokolle. Es empfiehlt sich, eine regelmäßige Sichtkontrolle der Protokolle vorzunehmen.

49. Aufbewahrungsfristen. Die gesetzlichen Vorgaben des § 257 HGB, des Steuerrechts, sowie branchenspezifische Aufbewahrungspflichten (Iron Mountain (Hrsg.), Document Retention Guide Germany 2013, S. 17 f.) sind zu beachten.

50. „Recht auf Vergessenwerden". Dazu → F.IV.1.

51. Wasserkühlung. Moderne Rechenzentren verfügen aktuell über Wasserkühlung in den Schranksystemen (Server-Racks), deren Betrieb dahingehend abgesichert ist, dass technische Geräte hierdurch keinen Schaden nehmen.

52. Feuerlöscher. In Rechenzentren und Serverräumen, in denen ausschließlich IT-Systeme betrieben werden, kommen CO_2-Feuerlöscher zum Einsatz (VdS 2001, Regeln für die Ausrüstung von Arbeitsstätten mit Feuerlöschern), die – wie andere Feuerlöscher auch – regelmäßig zu überprüfen und mit entsprechenden Prüfplaketten zu versehen sind.

53. Gewährleistung getrennter Verarbeitung. Durch eine sog. Mandantentrennungskontrolle wird gewährleistet, dass Daten, die zu unterschiedlichen Zwecken erhoben wurden, getrennt verarbeitet werden. Dies ist beispielsweise von großer Bedeutung im Bereich der Marktforschung oder für andere Forschungszwecke, wenn mehrfach Daten bei einer Person für unterschiedliche Zwecke erhoben werden. Ein weiterer wichtiger Anwendungsbereich ist in Unternehmen, die Kundenbeziehungssoftware (CRM-Systeme) einsetzen. Eine Vermischung oder anders geartete Verarbeitung sowie insbesondere eine Datenanreicherung zu den personenbezogenen Daten muss durch technische Maßnahmen vermieden werden.

Müller

54. Datenbankinstanz. Eine Datenbankinstallation wird als Instanz bezeichnet. Datenbankserver erlauben es, mehrere Instanzen zu installieren, bei denen jede Instanz eine eigene Datenbank umfasst. Jede Instanz verfügt über einen eindeutigen Namen und nutzt eigene Dienste, so dass die Instanzen unabhängig voneinander betrieben werden können. Die Standardinstanz verwendet den Dienst mit z.B. den Namen DBMYSQLSERVER und DBMYSQLSERVERAGENT. Somit werden weitere benannte Instanzen jeweils wie folgt benannt DBMYSQL$<Instanzname> und DBMYSQLAGENT$<Instanzname> (<Instanzname> sind Platzhalter für unterschiedliche Namensbezeichnungen). Jede Instanz nutzt somit eigene Dienste und ist logisch unabhängig von anderen Instanzen, wodurch u.a. eine Mandantentrennung erreicht wird. Für eine physikalische Trennung wären eigene physikalische Server nötig. Über definierte TCP- oder UDP-Ports (ähnlich Zugangstüren zu Räumen) werden Anfragen über definierte Transportprotokolle an die jeweiligen Datenbankinstanzen gestellt (weiterführend *Feit,* TCP/IP, 1998).

55. Betriebsorganisation. Die Sicherheitsziele der Datensicherung unter Beachtung der gesetzlichen Anforderungen lassen sich aus der spezifischen Sicht des betreibenden Unternehmens ableiten. Die Verfügbarkeit, Integrität, Vertraulichkeit und Authentizität, stehen damit als Ziele zur Gewährleistung dieser Anforderungen im Vordergrund. Wie in → E.I. ausgeführt, sind diese Ziele auch in anderem Kontext und anderen Rollen und Funktionen in jeder Organisation eines Unternehmens zu finden. Jede Organisation, die selbst oder im Auftrag personenbezogene Daten erhebt, verarbeitet oder nutzt, muss gem. Art. 32 DS-GVO die technischen und organisatorischen Maßnahmen nach dem Stand der Technik treffen, die zur Erfüllung der Anforderungen der DS-GVO sind. Datensicherungsmaßnahmen sind im Gegensatz zu den anderen Vorschriften der DS-GVO, die unabhängig von der Schutzbedürftigkeit der Daten gelten, nur erforderlich, soweit der Aufwand in angemessenem Verhältnis zu dem angestrebten Schutzzweck steht. Die im Einzelnen zu treffenden technischen und organisatorischen Maßnahmen ergeben sich daher jeweils aus der konkreten Betrachtung des Einzelfalls und der Datenschutz-Folgenabschätzung. Hierzu dient die Durchführung einer Risikoanalyse. Je nach Schutzbedarf bestimmt sich der Umfang der zu treffenden Sicherungsmaßnahmen, wobei hier immer der Grundsatz der Verhältnismäßigkeit gilt. Grundsätzlich ist bei allen diesen Sicherungsmaßnahmen der Stand der technischen Entwicklung zu berücksichtigen und umzusetzen.

Eine besondere Bedeutung kommt in der Praxis dem Art. 32 Abs. 1 lit. a DS-GVO zu. Hier werden unter Berücksichtigung des Stands der Technik Maßnahmen gefordert, die unter anderem die Pseudonymisierung und Verschlüsselung personenbezogener Daten fordern. Danach müssen personenbezogene Daten bei der Zugangskontrolle, der Zugriffskontrolle und der Weitergabekontrolle nach dem Stand der Technik verschlüsselt werden. In der Umsetzung bedeutet dies:

– Bei Zugang zu personenbezogenen Daten muss ein verschlüsselter Zugang zur Anwendung kommen, etwa SSL (Secure Sockets Layer) oder die Nachfolgertechnologie TLS (Transport Layer Security), womit sichere Zugriffe mittels Webbrowser möglich sind.
– Bei Zugriff auf personenbezogene Daten muss die Datenbank, der Ordner oder die Datei verschlüsselt sein, z.B. durch integrierte Verschlüsselungsmechanismen, wie BitLocker (Windows) und FileVault (Mac) (Verschlüsselungsprogramme für

Müller

Datenträger). Es können auch Verschlüsselungsmechanismen für dedizierte Ordner und Dateien oder für die Datenbankinstanz zum Einsatz kommen. Das
verbreitete Verschlüsselungsprogramm TrueCrypt ist seit Mai 2014 in der Weiterentwicklung eingestellt und als unsicher eingestuft, siehe http://truecrypt.source-
forge.net/.
– Bei der Weitergabe der personenbezogenen Daten muss ein verschlüsselter Über-
tragungsweg gewählt werden, z. B. ein VPN (Virtual Private Network).

Selbst wenn die zuvor genannten Umsetzungsmöglichkeiten technischer Natur
sind, bedingen diese eine prozessorientierte Betriebsorganisation, die nachhaltig für
die Umsetzung der technischen Verfahren sorgt. Viele technische Sicherheitsmaßnahmen sind erfahrungsgemäß oft nicht oder nur mangelhaft implementiert. Hinzu
kommt, dass bekannte Schwachstellen und Sicherheitslücken aufgrund organisatorischer Schwächen nicht oder zu spät behoben werden. Dies birgt erhebliche Risiken
für Auftraggeber und Auftragnehmer.

56. Rechenschaftspflicht. Nach Art. 5 Abs. 2 DS-GVO ist der Verantwortliche
zur Rechenschaft verpflichtet. D. h., dass der Auftraggeber die maßgebenden Informationen seiner Tätigkeiten und Ausführungen aus dem Auftrag, den Status, den
Zustand, die Risiken und weitere vertraglich vereinbarte Meldungen berichten
muss. Die Berichterstattung hat als dokumentierte Information zum Nachweis
schriftlich zu erfolgen, um eine Nachvollziehbarkeit sicherzustellen. Zur Rechenschaftspflicht gehören somit neben schriftlichen Verträgen und deren Anlagen auch
dokumentierte Datenschutzkonzepte und Verfahren, Aufzeichnungen und Berichte,
sowie Protokolle (von Meetings) und Log-Dateien aus Systemen zum Nachweis der
korrekten Durchführung (vgl. → A. I.).

Müller

III. Prüfkontrolle

Vor der Beauftragung einer Auftragsverarbeitung ist der Auftraggeber zunächst verpflichtet zu prüfen, ob es sich im vorliegenden Fall tatsächlich um eine **Auftrags-verarbeitung** im Sinne der DS-GVO handelt. Erfolgt die Verarbeitung personenbezogener Daten durch den Auftragnehmer vollständig weisungsgebunden, handelt es sich um eine Auftragsverarbeitung. Künftig erhöht sich die Verantwortung des Auftragnehmers, für den eine Vielzahl von Vorschriften der DS-GVO direkt anwendbar sind (näher → G.I.).

Mit dem vorliegenden Formular können **alle Prüfungsvarianten** durchgeführt und dokumentiert werden: Erstprüfung, regelmäßige Kontrollprüfung und interne Kontrollen.

Der Auftraggeber hat in der **Erstprüfung** zu prüfen, ob die von ihm **getroffene Auswahl potentieller Auftragnehmer entsprechend geeignet** ist. Hierzu muss der potentielle Auftragnehmer dem Auftraggeber einen Nachweis über die vorhandenen technisch-organisatorischen Maßnahmen nach Stand der Technik (Art. 32 DS-GVO) erbringen. Dieses enthält ein Datenschutzkonzept (welches aus der Rechenschaftspflicht nach Art. 5 Abs. 2 DS-GVO folgt), sowie eine genaue Beschreibung der technisch-organisatorischen Maßnahmen (dazu → E.II.) und kann durch entsprechende Zertifizierungen (dazu → C.IV.2.) belegt werden. Eine Integration in ein Informationssicherheitskonzept ist möglich und sinnvoll. Die Datenschutzaufsichtsbehörden können vorfallbezogen diese Unterlagen zur Prüfung anfordern. Die vorhandenen Maßnahmen des Auftragnehmers müssen in Gänze denen des Auftraggebers entsprechen. Abweichungen können schriftlich festgehalten werden und bis zu einem definierten Zeitpunkt durch den Auftragnehmer nachweislich behoben werden. Bei diesem Vorgehen handelt es sich um eine **reine Dokumentprüfung,** so dass eine Prüfung der Wirksamkeit der dokumentierten Maßnahmen nicht erfolgt ist. Die Ausnahme bilden Auftragnehmer, die den Nachweis geeigneter prozessorientierter Zertifizierungen (z.B. ISO 27001, SAS 70 Type II, „Geprüfter Datenschutz" oder nach Art. 42 DS-GVO akkreditierte Zertifikate zum Datenschutz) in einem für den Auftraggeber relevanten Geltungsbereich des Zertifikates nachweisen können.

Ist die Auswahl eines geeigneten Auftragnehmers erfolgt, folgt der **vertragliche Teil der Auftragsvergabe.** Nach Art. 32 Abs. 1 lit. d DS-GVO ist ein Verfahren zur regelmäßigen Überprüfung, Bewertung und Evaluierung der Wirksamkeit der technischen und organisatorischen Maßnahmen zur Gewährleistung der Sicherheit der Verarbeitung zu etablieren. Somit ist vor Beginn der Auftragsverarbeitung und sodann regelmäßig die Einhaltung der beim Auftragnehmer getroffenen technischen und organisatorischen Maßnahmen in Bezug auf deren Wirksamkeit zu überprüfen. Im Einklang mit dem Grundsatz der Rechenschaftspflicht ist das Ergebnis der entsprechenden Prüfungen zu dokumentieren.

Zu den Kontrollpflichten des Auftraggebers gehört also eine Erstprüfung des Auftragnehmers, wobei eine **Vor-Ort-Prüfung nicht zwingend notwendig** sein muss. Der Auftraggeber kann seiner Kontrollpflicht auch durch eine Dokumentenprüfung, durch geeignete Fragebögen oder durch den Nachweis geeigneter Zertifizierungen nachkommen. Die Prüfungsmaßnahmen und deren Dokumentierung sind Bestandteil eines vollständigen schriftlichen Auftrages zur Auftragsverarbeitung.

Die Art der Dokumentation ist im Gesetz nicht vorgegeben, jedoch ist eine ordnungsgemäße Durchführung der Kontrollen zu belegen. Die vollständig ausgefüllten und unterschriebenen Formulare können auch als Nachweis gegenüber Aufsichtsbehörden dienen und sind daher zu archivieren. Die Aufbewahrungsdauer sollte mindestens der Laufzeit des Vertrages entsprechen, eine längere Aufbewahrung wird empfohlen. Eine elektronische Archivierung kann unter Einhaltung der Regeln für eine rechtssichere Archivierung nach BSI TR 03125 (Technische Richtlinie des Bundesamtes für Sicherheit in der Informationstechnik, BSI TR-03125 TR-ESOR – Beweiswerterhaltung kryptographisch signierter Dokumente) für digitale Archivierungssysteme erfolgen. Mit dieser Richtlinie stellt das BSI einen Leitfaden zur Verfügung, der beschreibt, wie der Beweiswert elektronisch signierter Daten und Dokumente über lange Zeiträume aufrechterhalten werden kann. Im privatwirtschaftlichen Bereich gewinnt dieses Thema zunehmend an Relevanz, im öffentlichen Sektor hat es sich in den vergangenen Jahren bereits etabliert.

Bei Durchführung einer **Auftragsverarbeitung ist eine regelmäßige Kontrolle** notwendig. Im Rahmen anstehender Verfahren und Projekte, die von Dritten oder Dienstleistern erbracht werden sollen, ist ggf. vorab eine Datenschutz-Folgenabschätzung vorzunehmen, wenn die Auslagerung mit einem hohen Risiko für die Rechte der Betroffenen verbunden ist (Art. 35, ErwG. 89 f. DS-GVO). Im Rahmen der Prüfung der korrekt durchgeführten Auftragsverarbeitung sollten auch die technisch-organisatorischen Maßnahmen nach Art. 32 DS-GVO (dazu → E.II.) durchzuführen. Ziel der Prüfung ist die **Feststellung der Eignung des Dienstleisters zur Durchführung der beauftragten Leistungen** im Zusammenhang mit personenbezogenen Daten. Prüfgegenstand sind die gesetzlichen Anforderungen zur Auftragsverarbeitung gem. Art. 28 f. DS-GVO. Die Führung des Verzeichnisses von Verarbeitungstätigkeiten obliegt einerseits dem Verantwortlichen (Art. 30 Abs. 1 DS-GVO), andererseits über Abs. 2 dem Auftragsverarbeiter. Änderungen in den Verfahren sind durch den Auftragnehmer mitzuteilen und im Rahmen der Pflegepflicht durch die zuständigen Datenschutzbeauftragten zu aktualisieren.

Der Gesetzgeber fordert vom Auftraggeber die Wahrnehmung seiner Kontrollrechte gegenüber dem Auftragnehmer, dem gleichermaßen eine Mitwirkungspflicht auferlegt wird.

Neben der Darstellung der ermittelten Ergebnisse und einer abschließenden Empfehlung durch den verantwortlichen Datenschutzbeauftragten sollte auch eine Bewertung des sich darstellenden Gesamtbildes des Auftragnehmers in die Betrachtung und **Abschlussstellungnahme** einfließen.

Bei **Vor-Ort-Prüfungen** ist eine Liste der Teilnehmer (alle die, die der Prüfung beiwohnen, ggf. auch nur teilweise) und deren Rollen und Funktion zu erstellen und dem Abschlussbericht beizufügen.

Art. 32 DS-GVO verlangt ein Verfahren zur regelmäßigen Überprüfung, Bewertung und Evaluierung der Wirksamkeit der technischen und organisatorischen Maßnahmen zur Gewährleistung der Sicherheit der Verarbeitung. Die Prüfungen müssen also in einer Erstprüfung und sodann regelmäßig erfolgen. Da der Verantwortliche für jeden Verstoß des Auftragsverarbeiters bei der Verarbeitung personenbezogener Daten mit einem Bußgeld belegt werden kann, ergibt sich eine re-

Müller

gelmäßige Kontrollpflicht. Der Gesetzgeber hat keine genaue zeitliche Folge der regelmäßigen Kontrollen festgelegt, vielmehr sollte so regelmäßig eine Kontrolle erfolgen, dass das Risiko von Rechtsverstößen möglichst minimiert werden kann. Da in der Praxis in Abhängigkeit zu den vertraglichen Einzelfällen unterschiedliches Risikopotential besteht, ist die **Abwägung der Zyklen** durch den Verantwortlichen bzw. durch den Datenschutzbeauftragten des Auftraggebers festzulegen. Dabei ist eine Gewichtung nach Sensibilität sinnvoll und beispielsweise eine besondere Kritikalität der Daten ein Indiz für die Angemessenheit von Fristen von weniger als einem Jahr.

Auch eine **interne Kontrolle** hat regelmäßig zu erfolgen. Gemäß Datenschutzgrundverordnung kann eine Unternehmensgruppe einen gemeinsamen Datenschutzbeauftragten (auch als Konzerndatenschutzbeauftrager bezeichnet; vgl. Art. 37 Abs. 2 DS-GVO; dazu → B.I.) berufen. Insofern können konzern- oder holdingübergreifende zentrale Dienste (sog. **Shared Services**), wie Personal- oder CRM-Datenbanken, aus Sicht der DS-GVO unter die Obhut des gemeinsamen Datenschutzbeauftragten gestellt werden.

Alle beteiligten Unternehmen eines Konzerngefüges oder einer Holdingstruktur sind demnach angehalten, die Einhaltung der Vorschriften der DS-GVO zur Auftragsverarbeitung zu praktizieren. Eine vertragliche Absicherung der Auftragsverarbeitung der juristischen Personen kann durch entsprechende Vertragsanlagen zu **Intercompany-Verträgen** erreicht werden, in denen die Auftragsdatenverarbeitung universal und bidirektional geregelt ist. Dies umfasst sowohl die notwendigen regelmäßigen Prüfungen der technisch-organisatorischen Maßnahmen, als auch die weiteren Vorschriften und Regelungen im Falle von Änderungen in den zu Grunde liegenden Verträgen und Verfahren. Dies empfiehlt sich unabhängig von gesetzlichen Regelungen, wie der DS-GVO.

Konzern- und Holdinggesellschaften, die eine **Leistungsbeziehung** zu einer anderen Gesellschaft des gleichen Gesellschaftsgefüges aufbauen, müssen vor Beginn der Leistungserbringung rechtsverbindliche Vertragsvereinbarungen schriftlich zur Regelung der rechtlichen wie wirtschaftlichen Rahmenbedingungen abschließen. Diese sog. Intercompany-Verträge enthalten regelmäßig mindestens die Inhalte zu: Leistungsbeschreibung, Mengen und Preisangaben, Zahlungsbedingungen, Lieferbedingungen, Datenschutz- und Vertraulichkeitsvereinbarungen, Kündigungsrecht, Rücktrittsrecht, ggf. Sondervereinbarungen und Vereinbarungen zu branchenspezifischen Regelungen. Auch müssen die Belange aller Beteiligten angemessen berücksichtigt werden. Die Verträge sind grundsätzlich schriftlich abzuschließen. Leistungsbeschreibung, Bepreisung, Menge, Zahlungs- und Lieferbedingungen sowie Kündigungsrechte sind vertraglich festzulegen. Ein- und Ausgangsbelege aus Intercompany-Verträgen sind zu archivieren.

Formular zur dokumentierten Protokollierung der Prüfung von Maßnahmen gem. Art. 28 ff. DS-GVO

Aktenzeichen: Empfängerverteiler:[1]

Datum dieser Prüfung: ☐ Erstprüfung[2]   ☐ Folgeprüfung[3]

Datum der letzten Prüfung:

Müller

Prüfungsdurchführender:[4]

Prüfungsbegleiter des Auftragnehmers:[5]

Vertragsreferenzierung:[6]

Vertragsmanagement durch:[7]

AV-Vertrag (PEV):[8]

Vertragsbeginn:

Vertragsende:

Datenschutzbeauftragter des Auftraggebers:

Datenschutzbeauftragter des Auftragnehmers:

Verantwortlich für das Verfahren:[9]

Weisungsempfänger des Auftragnehmers:

Geschäftsführer/verantwortlicher Abteilungsleiter des Auftragnehmers:

Auftragsdaten

Art des Verfahrens:[10]

Art der Daten:[11]

Kritikalität der Daten:[12]   ☐ gering   ☐ mittel   ☐ hoch

Verantwortliche Abteilung:[13]

Hauptauftragnehmer:[14]

Genehmigte Subunternehmer:[15]

Leistungsart (Kurzbeschreibung):[16]

Leistungsende:[17]

Prüfungsart und Umfang

☐ Vor-Ort-Prüfung des Auftragnehmers   Prüfungsort (Anschrift):

☐ Vor-Ort-Prüfung des/der Subunternehmer:

Name des Subunternehmens: Prüfungsort (Anschrift):

ggf. weitere Subunternehmer:

☐ Prüfung nach Dokumentenlage   Liste der geprüften Dokumente mit Versionsangabe und Datum als Anlage zu diesem Formular

☐ Prüfung technisch organisatorischer Maßnahmen (TOM) gem. Prüfliste[18]

☐ Prüfung TOM nicht notwendig, weil   ☐ gültiges ISO 27001-Zertifikat

Zertifikatsaussteller: gültig bis:

☐ SAS 70 Type II oder SSAE16   ☐ Datenschutz-Zertifikat

Aussteller des Testats: gültig bis: Zertifikatsaussteller: gültig bis:

☐ ITIL-Zertifizierung: ☐ andere vergleichbare Zertifizierung:

Zertifikatsaussteller: gültig bis: Zertifikatsaussteller: gültig bis:

Müller

☐ Prüfung technisch-organisatorischer Maßnahmen konnte entfallen – Begründung:[19]

☐ Prüfungsausschlüsse und Begründung:

Ergebniszusammenfassung:

allgemeine Anforderungen[20]	☐ geprüft
	☐ konform
	☐ Konformitätsabweichung:
vertragliche Anforderungen[21]	☐ geprüft
	☐ konform
	☐ Konformitätsabweichung:
gesetzliche Anforderungen[22]	☐ geprüft
	☐ konform
	☐ Konformitätsabweichung:
technische und organisatorische Maßnahmen[23]	☐ geprüft
	☐ konform
	☐ Konformitätsabweichung:
branchenspezifische Anforderungen[24]	☐ geprüft
	☐ konform
	☐ Konformitätsabweichung:

| ☐ Behebung der Abweichungen bis zum: | ☐ Überprüfung der Korrektivmaßnahmen bei der Folgeprüfung |

nächste Prüfung geplant am:

   Seitens des geprüften Unternehmens wurden alle Fragen des Prüfers beantwortet und bei Vor-Ort-Prüfungen zu allen im Geltungsbereich der Prüfung liegenden Räumlichkeiten Zutritt gewährt. Trotz sorgfältiger und fachkundiger Prüfung stellen insbesondere technische und organisatorische Maßnahmenprüfungen eine Stichprobenprüfung dar. Es können daher Konformitätsabweichungen vorhanden sein, die nicht festgestellt wurden. Dieser Prüfbericht enthält Anlagen und wird vom verantwortlichen Prüfer den gesetzlichen Vorschriften entsprechend aufbewahrt. Die ordnungsgemäße Durchführung der Prüfung wird bestätigt. Die Prüfungsbegleitung bestätigt, dass die Prüfung den Geltungsbereich des oben genannten Vertrages umfasst.

| Ort, Datum, Unterschrift des Prüfers | Unterschrift des Prüfungsbegleiters, des Auftragnehmers |

Müller

Anmerkungen

1. Empfängerverteiler. Der Empfängerverteiler listet die Namen der Personen, die eine Kopie des Formulars erhalten, auf. In der Regel handelt es sich hierbei den Datenschutzbeauftragten des Auftraggebers und des Auftragnehmers, sowie die Rechtsabteilung in der dies als Anlage zum Vertrag aufbewahrt wird.

2. Erstprüfung. Handelt es sich um die erste Prüfung für dieses ausgelagerte Verfahren, so ist dies entsprechend anzukreuzen. Die Auswahl des Auftragnehmers (Dienstleisters) ist vom Auftraggeber mit entsprechender Sorgfalt vorzunehmen. Der Verantwortliche (Auftraggeber) arbeitet nur mit Auftragsverarbeitern, die hinreichend Garantien dafür bieten, dass geeignete technische und organisatorische Maßnahmen so durchgeführt werden, dass die Verarbeitung im Einklang mit den Anforderungen der Datenschutzgrundverordnung erfolgt und den Schutz der Rechte der betroffenen Person gewährleistet. Auch darf der Auftragsverarbeiter ohne vorherige gesonderte oder allgemeine schriftliche Genehmigung des Verantwortlichen keine Unterauftragnehmer mit der Durchführung von Tätigkeiten betrauen, die im Zusammenhang mit dieser Beauftragung stehen. Insofern kommt der Erstprüfung eine besondere Bedeutung zu, denn der Gesetzgeber verlangt auch, dass der Auftragsverarbeiter und jede dem Verantwortlichen oder dem Auftragsverarbeiter unterstellte Person, die Zugang zu personenbezogenen Daten hat, diese Daten ausschließlich auf Weisung des Verantwortlichen verarbeiten dürfen (Art. 29 DS-GVO). Dem Verantwortlichen (Auftraggeber) sind seitens des Auftragsverarbeiters (Auftragnehmer) alle erforderlichen Informationen zum Nachweis der Einhaltung der im Vertrag und der DS-GVO (Art. 28 f. DS-GVO) niedergelegten Pflichten zur Verfügung zu stellen und Überprüfungen, Audits oder Inspektionen, die durch den Verantwortlichen oder einem anderen von ihm beauftragten Prüfer/Auditoren durchgeführt werden, zu ermöglichen (Art. 28 Abs. 3 lit. h DS-GVO). Das zuvor in den Kapiteln bereits mehrfach implizit angesprochene Auditrecht ist nun in der DS-GVO gesetzlich verankert, was zu deutlichen Markttransparenz beitragen wird.

3. Folgeprüfung. Handelt es sich um eine Folgeprüfung für dieses Verfahren, so ist dies entsprechend anzukreuzen und das Datum der letzten Prüfung im entsprechenden Feld zu vermerken.

4. Prüfungsdurchführender. Die Prüfung kann durch den Datenschutzbeauftragten des Auftraggebers oder durch einen beauftragten qualifizierten Dritten erfolgen. Die Beauftragung eines Dritten zur Prüfung vor Ort kann bei großen Entfernungen zwischen Auftraggeber und Auftragnehmer sinnvoll sein. Bei der Beauftragung externer Dienstleister sind diese mit entsprechender Sorgfalt auszuwählen. Auf die nachgewiesene Fach- und Sachkunde ist zu achten. Eine Beauftragung erfolgt regelmäßig in schriftlicher Form (für spätere Nachweise). Die Qualifikation des Dienstleisters kann durch entsprechende Personenzertifikate nachgewiesen werden. Hierzu zählt u.a. eine Zertifizierung als Datenschutzbeauftragter (z.B. DIN EN ISO/IEC 17024, UDISzert oder GDDcert) oder weitere Personenzertifikate im Rahmen der DS-GVO.

5. Prüfungsbegleiter des Auftragnehmers. Fachverantwortlicher des Auftragnehmers, nicht zwingend auch der Weisungsempfänger des Auftragnehmers.

Müller

6. Vertragsreferenzierung. Die Vertragsreferenzierung gibt den Hauptvertrag an und verwendet die im Unternehmen gültigen Kriterien für die Ablage von Verträgen. Sofern Rahmenverträge angewandt werden, sind die jeweiligen ADV-Verträge nur als Projekteinzelverträge zugeordnet. Eine genaue Zuordnung der jeweiligen Prüfformulare muss sichergestellt sein.

7. Vertragsmanagement. Notwendig für das Vertragsmanagement ist die Angabe der Abteilung, die die Verträge beim Auftraggeber verwaltet, z. B. die Rechtsabteilung.

8. PEV. Sofern mit Rahmenverträgen gearbeitet wird, wird hier der Projekteinzelvertrag (PEV) benannt. Werden ADV-Verträge als eigenständiger Vertragsteil angewandt, ist auch der Hauptvertrag zu benennen.

9. Verfahrensverantwortlicher. Verantwortlich für das Verfahren beim Auftraggeber ist die Person, die in der Abteilung oder Organisation die wesentlichen Entscheidungen im Zusammenhang mit der ausgelagerten Datenverarbeitung trifft (i. A. Abteilungsleiter oder Fachverantwortlicher). Die Benennung des Verfahrensverantwortlichen ist vor dem Hintergrund der Rechenschaftspflicht besonders bedeutend, da die Person intern für die Einhaltung der Datenschutz-Grundsätze verantwortlich ist (vgl. → A.I.).

10. Art des Verfahrens. Genaue Bezeichnung des Verfahrens laut dem Auftragsdatenverarbeitungsvertrag.

11. Art der Daten. Dazu → E.II.

12. Kritikalität der Daten. Dazu → E.II.

13. Verantwortliche Abteilung. Dazu → E.II.

14. Hauptauftragnehmer. Direkter Vertragspartner für die Auftragsdatenverarbeitung.

15. Genehmigte Subunternehmer. Vom Auftraggeber autorisierte Unterauftragnehmer, die im Vertrag aufgeführt sind.

16. Leistungsart. Kurzbeschreibung, welche Art von Leistung erbracht wird, z. B. Output-Management, Mailings, Datenbankhosting, o. ä.

17. Leistungsbeginn/Leistungsende. Nennt das Datum, an dem mit der Leistungserbringung begonnen wird. Ist nicht zwingend identisch mit dem Vertragsbeginn. Das Leistungsende muss nicht identisch mit dem Vertragsende sein. Hier kann die Laufzeit auch im Zusammenhang mit einem definierten Projektablauf und dessen Ende stehen.

18. Prüfliste der TOM. Prüfliste der *Technisch-Organisatorischen Maßnahmen* (dazu → E.II.)

19. Begründung. Eine stichhaltige Begründung warum die Prüfung der technisch-organisatorischen Maßnahmen nicht durchgeführt wurde, ist stichpunktartig zu dokumentieren. Mögliche Begründung sind u. a. eine adäquate und gültige Zertifizierung, eine bereits bestehende Geschäftsbeziehung mit einer Prüfung im Zusammenhang mit einer ähnlichen Beauftragung oder ein Audit des Dienstleisters im Rahmen der Vorabkontrolle (Verweis auf Auditbericht; GDD, GDD-Ratgeber Datenschutz beim Outsourcing, S. 96 ff.).

Müller

20. Allgemeine Anforderungen. Gegenstand und Dauer des Auftrages sind im Vertrag beschrieben. Die beauftragende Abteilung des Verfahrens beim Auftraggeber ist klar beschrieben und weisungsberechtigte Personen des Auftraggebers sowie die Weisungsempfänger des Auftragnehmers sind dokumentiert. Der Kreis der betroffenen Daten (Kunden, Lieferanten, Interessenten, Patienten, Mandanten, o.a.) ist klar festgelegt. Das Verzeichnis von Verarbeitungstätigkeiten ist entsprechend angepasst.

21. Vertragliche Anforderungen. Umfang, Art und Zweck sind vertraglich festgelegt. Die Art der verwendeten Personendaten sind im Vertrag oder einer zugehörigen Anlage entsprechend beschrieben, Unterauftragsverhältnisse sind bekannt und dokumentiert. Die Beendigung des Vertragsverhältnisses ist ebenso geregelt wie die Rückgabe und Vernichtung von Datenträgern.

22. Gesetzliche Anforderungen. Die vorgeschriebenen Vertragsinhalte und Kontrollen gemäß Art. 28 DS-GVO werden eingehalten.

23. Technische und organisatorische Maßnahmen. Organisationskontrollen, Zutrittskontrollen, Zugangskontrollen, Zugriffskontrollen, Weitergabekontrollen/Übermittlungskontrollen, Eingabekontrollen/Plausibilitätskontrolle/Transaktionskontrolle, Verfügbarkeitskontrollen, Datentrennungskontrolle/Mandantentrennungskontrolle, Auftragskontrollen/Vertragskonformitätskontrolle wurden durchgeführt und die Rechenschaftspflicht eingehalten (dazu → E.II.).

24. Branchenspezifische Anforderungen. Hier kann geprüft werden, ob die Anforderungen aus für den Auftraggeber möglicherweise einschlägigen Gesetzen, wie EnWG, TKG, IT-SiG, eingehalten werden.

Müller

IV. Formular zur Prüfung von Berechtigungskonzepten

Jeder Mitarbeiter eines Unternehmens, auch externe Mitarbeiter, besitzen zwar das Recht, morgens den Betrieb selbst zu betreten. Jedoch besteht **kein allgemeines Recht, alle Räume zu betreten, in jeden Schrank und jeden Ordner zu schauen.** Zutrittsberechtigungen in Räume werden beispielsweise durch Schlösser und die sinnvolle Vergabe der dazugehörigen Schließberechtigung in Form eines Schlüssels an die zutrittsberechtigten Mitarbeiter vergeben. Die Übergabe des Schlüssels an den Mitarbeiter ist zu quittieren und die Quittung mit einem vom Mitarbeiter unterschriebenen Übergabeschein in der Personalakte zu hinterlegen. Ergänzend kann ein Eintrag im Schlüsselbuch vorgenommen werden. Verlässt der Mitarbeiter das Unternehmen, hat dieser den Schlüssel zurückzugeben. Der Erhalt ist zu quittieren der Schlüssel an einem sicheren Ort aufzubewahren.

Dieser einfache Prozess stellt eine organisatorische Maßnahme dar, die so in gleicher Weise auch **technisch in der Datenverarbeitung abgebildet** wird. Mitarbeiter bekommen Berechtigungen, Zugriff auf Applikationen, Administratoren bekommen spezielle Berechtigungen für die Verwaltung der IT-Systeme u. v. m. Die Vergabe, der Wechsel oder das Entziehen der Berechtigungen muss nachhaltig dokumentiert werden. Dies ergibt sich aus der Anwendung der Datenschutzgrundverordnung ebenso wie aus den Compliance-Anforderungen (IKS als Teil des ordnungsgemäßen Geschäftsbetriebs, § 93 AktG), wie auch aus den Normen und Regeln der Informations- und IT-Sicherheit (ISO 27001 u. a.) und den Grundsätzen ordnungsgemäßer Buchführung (dazu allgemein → E. I.).

Das **Berechtigungskonzept** beschreibt das Zusammenspiel zwischen Rollen, Benutzern und Gruppen und die mit diesen Rollen verbundenen Eigenschaften zur Steuerung von Rechten für Zugang und Zugriff auf Systeme. Eine Rolle steht in direkter Verbindung mit der auszuübenden Tätigkeit einer Person und muss mit dem verantwortlichen Manager (Abteilungsleiter) abgestimmt werden. Das generelle Prinzip für die Vergabe aller Berechtigungen ist das Need-to-know-Prinzip (Einsicht nur wo nötig) (BSI, IT-Grundschutz-Kataloge, M 2.8). Aufgrund gesetzlicher und betrieblicher Vorgaben sind Rollentrennungen vorzunehmen. Dabei sind Rollenkonflikte, Funktionen und nicht miteinander vereinbare Rollen zu vermeiden. Rollenzuordnungen werden durch die unternehmensinterne verantwortliche Abteilung in Persona durch den verantwortlichen Manager (Abteilungsleiter) vergeben und dokumentiert (diese Aufgaben können delegiert werden, die Verantwortung verbleibt beim Abteilungsleiter). Jedem Benutzer muss eine eigene Benutzerkennung mit Kennwort zugeordnet sein. Es dürfen nicht mehrere Benutzer unter derselben Kennung (sog. Gruppenkennungen) arbeiten. Gruppenkennungen sind grundsätzlich nicht zu verwenden, da dadurch keine eindeutige Nachvollziehbarkeit im Fehler- oder Missbrauchsfall möglich ist. Gruppenkennungen werden oft eingesetzt, um Lizenzkosten zu sparen. Die Rechtmäßigkeit dieser Art der Nutzung kann im Lizenzvertrag der Software ausgeschlossen sein.

Gruppen dienen der Verbesserung der **Übersicht** zu Berechtigungen und **vereinfachen** die IT-Administration. Benutzer werden Gruppen zugeordnet. Gruppen stehen

Müller

in direkter Verbindung zu einer Rolle, in dem Sinne, dass Berechtigungen auf Objekte/Daten/Ansichten durch eine Rolle (z. B. Sachbearbeiter oder Administration) und der Zugehörigkeit zu einer Abteilung (z. B. Finanzbuchhaltung) gebildet werden. Ein Benutzer kann, unter Berücksichtigung der Rollentrennung, mehreren Gruppen zugeordnet sein. Von der Vergabe von Einzelberechtigungen auf Objekte/Daten/Ansichten wird abgeraten, da diese zu hohem Komplexitätsgrad führen, schwer dokumentiert werden können und somit nicht nachvollziehbar gepflegt werden können. **Organisatorische Regelungen** für die Einrichtung von Benutzern, Gruppen und Rollen sind die **Voraussetzung** für eine angemessene Vergabe von Zugriffsrechten und für die Sicherstellung **eines geordneten und kontrollierten IT-Betriebs.**

Die Ergebnisse werden in einem Berechtigungskonzept schriftlich dokumentiert:
– Welche Abteilung ist für die Zuordnung der Berechtigung zuständig?
– Welcher Abteilungsleiter ist **verantwortlich?**
– Welche Rolle, unter Beachtung der **Funktionstrennung,** ist mit welchen Zugriffsrechten/Gruppenzuordnungen ausgestattet?
– Welche Person nimmt welche Rolle/Funktion wahr?
– Welche Gruppen sind eingerichtet?
– Welche **Rollenkonflikte** wurden festgestellt?
(Eine Liste der Rollenkonflikte in Form einer Matrix bietet eine übersichtliche Form der Darstellung, dazu → E.I.4.)

Das folgende Formular zur Prüfung von Berechtigungskonzepten dient der **inhaltlichen wie auch der prozessorientierten Prüfung eines allgemeinen Berechtigungskonzeptes** für Unternehmen, Institute oder Behörden.

Prüfliste zur Inhaltsprüfung von Berechtigungskonzepten

Die Prüfung des Berechtigungskonzeptes erstreckt sich auf mehrere Dokumente,[1] welche im Zusammenhang mit den Rollen und Berechtigungskonzepten stehen. Mitarbeiter erhalten Basisberechtigungen,[2] Zugriff auf spezielle Fachapplikationen. Administratoren erhalten höher privilegierte, administrative Berechtigungen[3] für die Systemverwaltung. IT-Systeme erhalten Berechtigungen um untereinander zu kommunizieren. Die Vergabe, der Wechsel oder das Entziehen der Berechtigungen muss nachhaltig dokumentiert werden. Die nachfolgenden Paragraphen definieren die inhaltlichen Prüfpunkte zur Prüfung des Berechtigungskonzeptes und der mitgeltenden Dokumente.

§ 1 Geltungsbereich

(1) Dieses Berechtigungskonzept ist verbindlich für alle Mitarbeiter oder spezielle Bereiche [des Unternehmens]. Es gilt ebenso für alle eingesetzten externen Dienstleister und deren Mitarbeiter, sowie für alle [ODER: speziell benannte] informationsverarbeitenden Systeme (IT, Hardware, Software, Anwendungen etc.). Sofern Kundendaten[4] oder klassifizierte Dokumente und Informationen verarbeitet werden, so ist dies ebenfalls hier zu vermerken.

(2) Das Dokument ist offiziell im Unternehmen freigegeben und von den Verantwortlichen genehmigt.

Müller

§ 2 Gegenstand

Das Dokument beschreibt das allgemein gültige Berechtigungskonzept, das der Berechtigungsvergabe, Berechtigungsänderungen und dem Berechtigungsentzug für die Mitarbeiter des jeweiligen Unternehmens zugrunde liegt. Es beschreibt (ggf. in einem gesonderten Dokument oder einer Software-Anwendung)[5] den Prozess und das Verfahren zur Vergabe und Genehmigung von Berechtigungen. In Listen werden darüber die hinaus die vergebenen Rollen und Funktionen den jeweiligen Benutzern zugeordnet (nachfolgende Liste ist beispielhaft).

			Mitarbeitername und Rolle	Mitarbeitername und Rolle	Mitarbeitername und Rolle	kompensierende Kontrollen[6]
Portokasse						
a.	führt Barauszahlungen durch					
b.	prüft Kassenbestand					
c.	füllt Kasse mit Bargeld auf					
d.	pflegt Kassenaktivitäten im Hauptbuch					
Vorschläge für Best Practices						
	Im Allgemeinen sollte eine Person zur Kassenüberwachung ernannt werden. Diese Person zahlt aus der Portokasse aus und prüft Belege zur Auszahlung.					
	Die Person, die die Kasse überwacht, sollte keinen Zugang zum Hauptbuch und kein Recht zum Auffüllen der Kassenbestände haben.					
	Portokassenprüfungen sollten auf periodischer Basis von jemandem durchgeführt werden, der vom gesamten Prozess der Portokasse unabhängig ist.					

§ 3 Zielsetzung

Ziel des Berechtigungskonzeptes ist die Kontrolle des geregelten Zugangs und Zugriffs auf Informationen. Befugten Benutzern soll der Zugang und Zugriff zu Informationen in Systemen gesichert ermöglicht und unbefugter Zugang und Zugriff unterbunden werden.

§ 4 Begriffsdefinitionen[7]

(1) Benutzer: Ein Benutzer ist eine Person, die im Unternehmen mit IT-Systemen und -Ressourcen (z.B. Verzeichnisse, Dateien, Programme) arbeitet und diese benutzt.

(2) Benutzerkonto: Für jeden Benutzer sind ein oder mehrere Benutzerkonten mit bestimmten Eigenschaften vorhanden. Diese Eigenschaften werden über Attribute festgelegt. Ein Benutzerkonto darf nur einem Benutzer zugeordnet sein.

(3) Berechtigungen: Eine Berechtigung regelt den Zugriff auf Ressourcen und legt fest, welche Aktionen (z.B. Lesen, Schreiben, Ändern) ein Benutzer mit dieser Ressource ausführen kann. Für unterschiedliche Objekte, wie beispielsweise Dateien, Verzeichnisse oder Programme, können einzelnen Benutzern, Gruppen oder Rollen Berechtigungen zugeordnet werden.

Müller

(4) Principal of Least Privilege (POLP): Allgemein gilt dieses Prinzip der geringsten Berechtigung. Dieses besagt, dass ein Benutzer nur mit den Berechtigungen ausgestattet wird, welche er für die Erfüllung seiner dienstlichen Aufgaben benötigt. Sollten sich für seine Aufgaben weitergehende Anforderungen ergeben, werden die Berechtigungen nach Genehmigung durch die verantwortliche Stelle (Vorgesetzter, Abteilungsleiter, Führungskraft) erweitert.

(5) Gruppe: Zur Übersicht über die vergebenen Berechtigungen und der Gewährleistung einer möglichst einfachen Administration, werden Gruppen definiert. Diese Gruppen können mehrere Berechtigungen und Benutzer zusammenfassen, so dass alle Mitglieder einer Gruppe über dieselben Befugnisse verfügen. Dadurch entfällt die aufwändige und fehleranfällige Zuweisung von einzelnen Berechtigungen zu einem Benutzer. Daher ist eine Zuordnung von Berechtigungen zu Gruppen vorzugswürdig gegenüber der Zuordnung von Berechtigungen zu einzelnen Benutzern.

(6) Rolle: Die Rolle bildet die Grundlage der Einordnung eines Benutzers in das Berechtigungskonzept. Hierüber wird festgelegt, welche Aufgaben er wahrnimmt und welche Berechtigungen er dazu benötigt. Eine Rolle repräsentiert somit die Funktion des Benutzers im Unternehmen und muss mit der verantwortlichen Stelle (siehe zuvor) abgestimmt werden. Abweichend davon kann eine Rolle aus technischer Sicht (als Dienst) definiert sein, z.B. Internetbenutzer oder Postfachverwalter. Bezieht sich die Rollensicht auf die Organisation, so können andere Bezeichnungen angewandt werden, z.B. Kassenverwalter oder Sachmittelverwalter. Basiert die Organisation des Unternehmens auf einer Regionssicht, so kann sich die Rolle auf Niederlassungen, Vertriebsregionen oder Länder und Orte beziehen. Die gewählte Rollensicht ist abhängig von den spezifischen Anforderungen des Unternehmens und differiert von Branche zu Branche.

Jede Rolle beinhaltet drei wesentliche Eigenschaften:
– Welche Funktionen sind verfügbar? Beispiel: Rechtevergabe in der Administration, Dateneingaben der Sachbearbeiter.
– Zu welchen Daten ist der Zugriff gestattet? Beispiel: Firmendaten, personenbezogene Daten, Vertragsdaten, Projektdaten.
– Was darf mit den Daten gemacht werden, auf die zugegriffen werden darf? Lesen, Schreiben, Verändern, Löschen.

Es ist möglich, dass ein Benutzer mehrere Rollen wahrnimmt. Aufgrund gesetzlicher- oder betrieblicher Vorgaben ist es jedoch notwendig, in bestimmten Fällen eine Rollentrennung („Segregation of Duties") vorzunehmen. Dabei wird festgelegt, welche Rollen nicht miteinander vereinbar sind und daher nicht von einer Person gleichzeitig wahrgenommen werden dürfen (z.B. Rechnungsfreigabe und Zahlungsanweisung). Es empfiehlt sich vor allem, die Trennung zwischen der operationellen und kontrollierenden Rolle einzurichten (z.B. Anwendungsprogrammierung und Qualitätskontrolle), um eine Selbstkontrolle zu unterbinden. Diese Rollentrennungen sind grundlegend wichtig, da sie Missbrauchs- und Betrugsfälle minimieren und auch gesetzlich vorgeschrieben sind.[8]

(7) Organisatorische Anforderungen: Um eine zuverlässige Verwaltung der Berechtigungen zu gewährleisten, müssen zunächst grundlegende organisatorische Abläufe in Form von definierten Prozessen eingerichtet werden.

Müller

(8) Zugriffsrechte: Zugriffsrechte beschreiben organisatorische Anforderungen an die Verwaltung (Administration) von Benutzern, Gruppen, Rollen oder Berechtigungen sowie die nachhaltige Dokumentation.

§ 5 Prüfung der einzelnen Phasen der Berechtigungsverwaltung.

(1) Definition der Zugriffsrechte: Systemtechnische Rollen und deren Aufgaben müssen durch die verantwortlichen Stellen (Management, Geschäftsführung) definiert werden. Daraus ergibt sich die Festlegung von Zugriffsrechten auf unterschiedliche Ressourcen und deren Zusammenfassung zu Gruppen.

Die nachfolgenden Fragestellungen müssen eindeutig beantwortet werden können:

Fragestellung
Welche Rollen gibt es?
Welche Berechtigungen sind für die Wahrnehmung der Aufgaben notwendig?
Welche Rollenkonflikte sind möglich?
Welche Aufgaben hat eine Rolle?
Zu welchen Gruppen können diese Berechtigungen zusammengefasst werden?
Welche Rollen/Aufgaben/Berechtigungen können zusammengefasst werden?

Sollten im späteren Verlauf weitere bzw. neue Rollen identifiziert werden, so sind diese ebenfalls unter den genannten Fragestellungen zu betrachten.

(2) Zuweisung der Zugriffsrechte: Jeder Benutzer wird durch die verantwortliche Stelle mindestens einer Rolle zugeordnet und erhält damit die für seine Tätigkeit erforderlichen Rechte. Es dürfen immer nur die Zugriffsrechte vergeben werden, die für die Aufgabenwahrnehmung des einzelnen Benutzers notwendig sind (Principal of Least Privilege). Dabei ist die Einhaltung der Rollentrennung zu beachten. Die Zuweisung der Zugriffsrechte ist in entsprechenden Prozessübersichten dokumentiert.

Jedem Benutzer muss eine eigene Benutzerkennung mit Kennwort zugeordnet sein. Es dürfen nicht mehrere Benutzer unter derselben Kennung arbeiten.

Falls Zugriffsberechtigungen vergeben werden, die über die zugeteilten Standardberechtigungen der Rollen hinausgehen, ist dies von der jeweils verantwortlichen Stelle zu veranlassen und begründet zu dokumentieren.

Sofern temporäre Berechtigungen zum Einsatz kommen, ist sicherzustellen, dass dies nur geschieht, wenn es erforderlich ist und dass diese Berechtigungen sorgfältig überwacht werden. Der ordnungsgemäße Entzug (Beendigung) der Berechtigung ist zu überwachen und zu dokumentieren.

(3) Administration der Zugriffsrechte: Es ist festzulegen,[9] aufgrund welcher Veranlassung Benutzerkonten, Rollen, Berechtigungen etc. administriert werden. Bei der Administration sind Unternehmensvorgaben[10] und allgemeine Sicherheitsempfehlungen[11] des Unternehmens und gängiger Normen und Standards[12] zu beachten.

Müller

(4) Kontrolle der Zugriffsrechte: Um die Aktualität der Berechtigung zu gewährleisten und Missbrauch zu vermeiden, sind die Berechtigungen regelmäßig[13] zu überprüfen.

(5) Benutzung von privilegierten Benutzerkonten: Die Benutzung und Aktualität privilegierter Benutzerkonten, d. h. Konten mit erweiterten Rechten und Berechtigungen wie etwa Administratoren, sind regelmäßig[14] zu überprüfen.

(6) Named Admin Konzept: Jede administrative Kennung kann eindeutig einem Mitarbeiter oder externen Dienstleistern mit beauftragten administrativen Tätigkeiten oder Systemdiensten zugeordnet werden. Die Nutzung eines Kontos von mehreren Mitarbeitern[15] ist stets zu vermeiden, da hier keine Nachvollziehbarkeit gegeben ist. Eine entsprechende Dokumentation ist vorhanden.

(7) Regelung zum Umgang mit administrativen Kennungen: Eine Regelung zum Umgang mit administrativen (höher privilegierten Rechten und Berechtigungen) ist in schriftlicher Form zu dokumentieren. Administrative Konten haben aus der Funktionalität heraus Zugriff auf alle Details eines IT-Systems, einer Anwendung oder Datenbank für die diese Berechtigung vergeben wurde. Eine besondere Verpflichtung zur regelmäßigen Kontrolle durch neutrale Instanzen (interne Revision, Wirtschaftsprüfer, Auditoren) ist daher unverzichtbar.

(8) Regelung zum Umgang mit technischen Benutzern (System-Accounts, Dienstkonten): Dienstkonten verfügen über die mit Abstand umfangreichsten Rechte und Berechtigungen. Diese müssen separat von anderen Rollen und administrativen Konten angelegt werden und die Passwörter hierzu stets nur den verantwortlichen Personen bekannt sein. Eine Hinterlegung in einem verschlossenen Umschlag im Tresor oder digital verschlüsselt in einer entsprechenden Passwortsicherungssoftware ist notwendig. Diese Konten dürfen keinesfalls für die Administration verwendet werden oder deren Passworte der Administration bekannt sein.

(9) Fehlgeschlagene Zugriffsversuche (Berechtigungsverstöße): Sofern verdächtige bzw. unregelmäßige Zugriffe auf Verzeichnisse, Dateien oder die Registrierung festgestellt wurden, ist das jeweilige Sicherheitsprotokoll der Anwendung zu überprüfen. Werden Auffälligkeiten[16] oder Berechtigungsverstöße festgestellt, muss deren Ursache ermittelt werden. Dazu muss vorab festgelegt werden, ab wann Ereignisse als auffällig anzusehen sind.

(10) Unbenutzte Benutzerkonten: Es ist sicherzustellen, dass inaktive Benutzerkonten nach einem angemessenen Zeitraum[17] gesperrt bzw. vom System gelöscht werden.

(11) Benutzer- und Gruppenberechtigungen: Die Rollen- und Gruppenmitgliedschaften sind zu überprüfen, wenn sich die Aufgabe oder die Organisationseinheit eines Benutzers ändert.

(12) Zeitlich beschränkte Berechtigungen: Gelten bestimmte Berechtigungen nur für einen gewissen Zeitraum, müssen diese Berechtigungen regelmäßig[18] überprüft werden, um zu gewährleisten, dass sie fristgerecht wieder entzogen werden.

(13) Sicherheitsbewusstsein: Es ist sicherzustellen, dass die verantwortlichen Stellen (Abteilungsleiter, Geschäftsführung, Behördenleitung) von Dateien und Verzeichnissen ihrer Verpflichtung nachkommen und anderen Benutzern nur dann Zugriff gewähren, wenn dies erforderlich ist.

Müller

(14) Entzug der Zugriffsrechte: Arbeitet eine Person nicht länger mit den IT-Systemen, beispielsweise da der Mitarbeiter das Unternehmen verlässt (Kündigung, Ruhestand, Zeitarbeiter, externer Dienstleister), so ist in einem definierten Verfahren sicher zu stellen, dass alle verbundenen Berechtigungen aus den IT-Systemen entfernt bzw. dauerhaft gesperrt werden.

(15) Dokumentation der Zugriffsrechte: Zur Gewährleistung der Nachvollziehbarkeit und Verantwortlichkeiten bei den Zugriffsrechten, sind die jeweiligen Ergebnisse zu dokumentieren und sollten die folgenden Informationen enthalten.

Definition:
Welche Stelle bzw. Person ist für die Definition und Zuweisung der jeweiligen Rolle verantwortlich?
Welche Rollen wurden nach welchem Berechtigungskonzept definiert?
Welche Rolle ist mit welchen Zugriffsrechten oder Gruppenzuordnungen ausgestattet?
Welche Rollenkonflikte können entstehen und wie sind sie dokumentiert?
Zuweisung:
Welche Rolle ist Personen zuordnet?
Welche Berechtigungen einer Person ergeben sich über die Rollenzuweisung?
Unterliegen die Benutzerkennungen einer einheitlichen Semantik?
Welche Benutzerkennung verwendet eine Person?
Sind Konflikte bei der Zuweisung von Rollen aufgetreten und wie wurden diese gelöst?
Welche zusätzlichen Rechte (Einzelberechtigungen) sind Benutzern zugewiesen worden?
Welche Berechtigungen sind zeitlich begrenzt?
Administration:
Welche administrativen Aufgaben sind für die jeweilige Rolle notwendig?
Wird das definierte Freigabeverfahren zur Beantragung, Festlegung und Veränderung von Zugriffsrechten angewendet?
Wurden die administrativen Aufgaben konkret durchgeführt? (Nachvollziehbarkeit z. B. Ticketsystem)
Kontrolle:
Welche Kontrollen wurden seit der letzten Prüfung durchgeführt?
Liegen dokumentierte Ergebnisse dieser Kontrollen vor?
Wurde bei festgestellten Abweichungen die verantwortliche Stelle nachweislich informiert?
Welche Maßnahmen wurden eingeführt um die Abweichungen künftig zu beheben/minimieren?

Müller

Entzug:
Welchen Personen wurden welche Berechtigungen entzogen?
Ist der Entzug der Berechtigung nachvollziehbar?

(16) Anmeldevorgang: Der Anmeldevorgang eines Benutzers muss die nachfolgenden Mindestanforderungen erfüllen:
– Authentifizierung des Benutzers erfolgt durch Eingabe von Benutzername und Kennwort.
– Benutzername und Kennwort werden gemäß den Unternehmensrichtlinien erstellt.
– Die Autorisierung auf Dateien, Verzeichnisse, oder Programme erfolgt nach erfolgreicher Authentifizierung anhand der Rollenzuordnung.
– Die Authentifizierung muss so gestaltet sein, dass ein Benutzer eindeutig identifiziert und einem Benutzerkonto zugeordnet werden kann. Die Authentifizierung muss vor jeder anderen Interaktion zwischen System und Benutzer erfolgen. Die Authentifizierungsinformationen müssen so gespeichert sein, dass nur autorisierte Benutzer darauf Zugriff haben.

(17) Kontrolle der Protokolldateien: Die Protokollierung hat die Zielsetzung, den ordnungsgemäßen Betrieb zu überwachen, Fehlerzustände möglichst frühzeitig zu erkennen und den ordnungsgemäßen Umgang mit informationstechnischen Einrichtungen zu dokumentieren. Fehlgeschlagene Anmeldeversuche können auf die Nichtbeachtung des Berechtigungskonzeptes oder Manipulationsversuche hindeuten. Protokollaufzeichnungen müssen daher regelmäßig geprüft werden.

Anmerkungen

1. Mitgeltende Dokumente. Zur Prüfung herangezogen werden alle wesentlichen Dokumente zum Berechtigungskonzept. Dies sind u.a. eine Leit-/Richtlinie zum Umgang mit Berechtigungen, das Berechtigungskonzept, die Prozess- und Verfahrensbeschreibungen, sowie die Rollen- und Berechtigungsmatrix mit den ausgewiesenen Rollenkonflikten.

2. Basisberechtigungen. In Unternehmen werden jedem Mitarbeiter ein System- und ein Mail-Account zugewiesen. Dieses Bereitstellen von Benutzerberechtigungen (auch Provisionierung bzw. Provisioning genannt) ist ein äußerst wichtiger Bestandteil innerhalb der IT-Systemverwaltung, die in der IT-Betriebsorganisation angesiedelt ist und eine direkte Schnittstelle zur Personalabteilung bildet. Sie befasst sich mit der Verwaltung der Benutzer, deren Rechten, Berechtigungen und (berechtigten) Ressourcen, der Bereitstellung von Kommunikationsverbindungen zu IT-Systemen (Hardware, Software, Dienste und Anwendungen). Ziel ist die Schaffung eines sicheren und effektiven Managementsystems zur Bereitstellung der Berechtigungen und Ressourcen, um so den richtigen Personen zur richtigen Zeit die richtigen Ressourcen zur Verfügung zu stellen. Im Rahmen der Provisionierung (Bereitstellung) werden die Eingabe, die laufende Pflege und der Entzug der Anwenderkonten für jeden einzelnen Benutzer der Soft- und Hardware-Ressourcen durchgeführt und überprüft. Die Verwaltung der Benutzeridentität und der Zugangs- und Zugriffs-

Müller

kontrolle für die von Benutzern (User) genutzten Ressourcen obliegt der IT-Abteilung. Die Zuweisung der Nutzungsrechte der Ressourcen aufgrund von Abteilungszugehörigkeit obliegt dem verantwortlichen Abteilungsleiter und kann in den IT-Systemen durch Gruppenzugehörigkeiten abgebildet werden.

3. Administrative Berechtigungen. Als administrative Tätigkeiten werden technische Verwaltungstätigkeiten (z. B. an IT-Komponenten, Servern, Anwendungen, Diensten und Netzwerken) unter Verwendung von besonderen (privilegierten) Zugriffsrechten auf Informationen oder Konfigurationsdaten verstanden und bezeichnet.

4. Kundendaten. Vertragliche oder gesetzliche Festlegungen haben Vorrang vor den Festlegungen des Dokumentes und können ggf. abweichen.

5. Prozessdokumentation. In vielen Unternehmen werden Prozessabläufe und Verfahren auf unterschiedliche Art und Weise dokumentiert. Neben der einfachen Form in einem Textverarbeitungs- oder Präsentationsprogramm können Prozessabläufe in einer speziellen Softwareanwendung in Bild und Schrift dokumentiert sein.

6. Kompensierende Kontrollen. Kompensierende Kontrollen sind nötig, um mangelnde Funktionstrennungen zu identifizieren und Missbrauch oder Betrug zu verhindern. Kompensierende Kontrollen sind detektiver Natur, kommen also erst nach Beendigung einer Transaktion zum Einsatz.

7. Begriffsdefinitionen. Eine klare und durchgängige Anwendung der verwendeten Begriffe ist notwendig, um die korrekte Anwendung des Berechtigungskonzeptes sicher zu stellen. Die Definition und Zuweisung von Rollen und Berechtigungen ist notwendig, um festzulegen, welche Berechtigungen die Mitarbeiter für ihre Aufgaben benötigen. Zudem wird dadurch die Dokumentation, welche Personen auf welche Ressourcen zugreifen können, ermöglicht. Ordnungsgemäße Berechtigungen vereinfachen administrative Aufgaben und verbessern die Sicherheit der IT-Systeme.

8. Gesetzliche Vorschriften zur Rollentrennung. Insbesondere in Abteilungen mit Rechnungslegungs- und Zahlungsanweisungsvorgängen kann eine fehlende Trennung von Berechtigungen folgenschwere Auswirkungen haben. Ein funktionierendes und aktuelles Berechtigungssystem ist ein wesentlicher Faktor zur Verhinderung betrügerischer Handlungen (engl. „Fraud"). Das Bilanzrechtsmodernisierungsgesetz (BilMoG) schreibt Unternehmen eine Stärkung des internen Kontrollsystems (IKS) vor, um so vor Wirtschaftskriminalität zu schützen. Neben einem ordnungsgemäßen IKS gehören dazu die Überwachung der vergebenen Berechtigungen in den Systemen sowie die Erfüllung der Anforderungen der Grundsätze zur ordnungsmäßigen Führung und Aufbewahrung von Büchern, Aufzeichnungen und Unterlagen in elektronischer Form sowie zum Datenzugriff (GoBD).

9. Festlegung der Zugriffsrechte. Zugriffsrechte werden von den verantwortlichen Abteilungsleitern festgelegt.

10. Unternehmensvorgaben. Unternehmensvorgaben ergeben sich aus gesetzlichen Vorgaben wie § 93 AktG zum ordnungsgemäßen Geschäftsbetriebs und der Einführung eines internen Kontrollsystems und sind in Verfahrensanweisungen der Fachabteilungen dokumentiert.

11. Allgemeine Sicherheitsempfehlungen. Dazu → E.I.1. und → E.II.1.

Müller

12. Normen und Standards. Dazu → E.I.1.

13. Regelmäßige Kontrolle. Die verantwortliche Abteilungsleitung muss überprüfen, ob die dem Mitarbeiter zugeteilten Rechte nur die für die Aufgabe notwendigen Berechtigungen beinhaltet. Prüfungen erfolgen jährlich im Rahmen der Jahresabschlussprüfung durch den Steuerberater oder Wirtschaftsprüfer und unterjährig durch die interne oder externe Revision – falls zutreffend im Rahmen von Zertifizierungsaudits durch den Auditor einer Zertifizierungsstelle, z.B. DEKRA, DeuZert, DQS, TÜV.

14. Regelmäßige Kontrolle. Die verantwortliche IT-Leitung muss überprüfen, ob die Administrationsrechte der IT-Mitarbeiter nur die für die Aufgabe notwendigen Berechtigungen enthält. Die falsche Vergabe von zu vielen Berechtigungen kann beispielsweise dazu führen, dass Administratoren von Mailsystemen in der Lage sind, alle Mail-Inhalte zu lesen oder gar zu löschen. Der Verantwortliche haftet nach Art. 82 DS-GVO in Verbindung mit § 823 Abs. 2 BGB bei unrechtmäßigem Zugriff auf personenbezogene Daten (Bitkom, Leitfaden Matrix der Haftungsrisiken – IT-Sicherheit – Pflichten und Risiken, S. 9).

15. Nutzung eines Kontos von mehreren Mitarbeitern. Die Nutzung eines Benutzerkontos durch mehrere Benutzer wird im Fachjargon als Gruppenkonto bezeichnet. Hier kann es zur Verwechslung kommen, da der Begriff Gruppe mehrere gleichartige Benutzerkonten zusammenfasst und somit die Verwaltung dahingehend vereinfacht, dass Regelsätze auf eine solche Gruppe für alle darin befindlichen Benutzerkonten gültig sind. Bei der Nutzung eines einzigen Benutzerkontos durch mehrere Benutzer ist eine Nachvollziehbarkeit nicht mehr gegeben, da nicht festgestellt werden kann, welcher von den Benutzern eine Konfigurierung, Buchung oder andere Transaktionen durchgeführt hat. Betrugsfälle sind so nicht aufzudecken. Diese Art der Gruppenkonten wird oft verwendet, um Lizenzkosten zu sparen. Die Rechtmäßigkeit einer solchen Nutzung ist in den Lizenznutzungsverträgen zu prüfen.

16. Auffälligkeiten. Zugriffe auf sensible oder geschäftskritische Verzeichnisse oder Anwendungen können in IT-Systemen protokolliert (Log-Dateien) werden. Hier können Auffälligkeiten erkannt werden, beispielsweise durch fehlgeschlagene Zugriffsversuche auf Gehaltsunterlagen.

17. Angemessener Prüfungszeitraum. Verlassen Mitarbeiter mit Berechtigungen in den IT-Systemen das Unternehmen, muss sichergestellt sein, dass sie nicht mehr auf ihre Benutzerkonten zugreifen können. Unternehmen verfügen über eine Vielzahl verteilter IT-Systeme mit Fachanwendungen, die über eigene Berechtigungssysteme verfügen. In der Prüfung wird in allen Systemen geprüft, ob alle ausgetretenen Mitarbeiter seit der letzten Prüfung keine Berechtigungen mehr in diesen Systemen haben. Je nach Geschäftskritikalität und damit für das Unternehmen verbundenen Risiken ist eine solche Prüfung regelmäßig, z.B. quartalsweise durchzuführen.

18. Regelmäßige Prüfung. Zeitlich beschränkte Benutzerkonten werden an Zeitarbeiter, externe Dienstleister oder Mitarbeiter mit befristeten Verträgen vergeben. In Abhängigkeit eines technischen Automatismus (zeitlich definierbarer Ablauf) hat eine Prüfung einmal jährlich zu erfolgen und ist Gegenstand der Jahresabschlussprüfung durch den Steuerberater oder Wirtschaftsprüfer.

Müller

F. Rechte der betroffenen Person

I. Informationspflicht bei Erhebung von personenbezogenen Daten (Art. 13 f. DS-GVO)

Die stärkere Gewährleistung von Transparenz für die betroffenen Personen hinsichtlich der Verarbeitung ihrer personenbezogenen Daten durch den Verantwortlichen stellt eine der maßgeblichen Änderungen durch die DS-GVO dar: Die Information der betroffenen Person wird sogar Teil der Prüfung der Zulässigkeit einer Datenverarbeitung: Bislang verlangte Art. 6 Abs. 1 lit. a DSRL nur, dass personenbezogene Daten nach „Treu und Glauben und auf rechtmäßige Art und Weise verarbeitet werden". Diese Gesetzesformulierung reichte dem EuGH aus, um die Information der betroffenen Personen über eine Datenverarbeitung als Teil der Zulässigkeitsprüfung zu führen und eine intransparente Datenverarbeitung für rechtswidrig zu erklären (EuGH, Urt. v. 1.10.2015 – C-201/14, ZD 2015, 577 m. zust. Anm. *Petri*). Art. 1 DS-GVO verlangt nun über die Regelung der DSRL hinaus, dass die Verarbeitung „nach Treu und Glauben und in einer für die betroffenen Personen nachvollziehbaren Weise" erfolgen müsse. Ergänzt wird die abstrakte Vorgabe durch die Informationspflicht nach Art. 13 und 14 DS-GVO. Die Informationen zur Datenverarbeitung müssen **bei jeder Verarbeitung personenbezogener Daten** durch den Verantwortlichen erteilt werden, sei es bei Abschluss eines Vertrages (im Ladengeschäft wie im Online-Shop), der Bereitstellung von Websites im Internet oder anderen digitalen Verarbeitungsvorgängen (z.B. mobile Apps). Aus der Formulierung in Art. 5 DS-GVO und der Berücksichtigung der früheren EuGH-Entscheidung wird deutlich, dass die ausführliche Information der betroffenen Personen über die Verarbeitung mehr denn je Teil der Zulässigkeitsvoraussetzung der Datenverarbeitung wird.

Der europäische Gesetzgeber erachtete die **Transparenz der Datenverarbeitung** gegenüber dem Betroffenen als elementare Voraussetzung für die Möglichkeit, die Zulässigkeit der Datenverarbeitung bewerten und so sein Recht auf informationelle Selbstbestimmung und seine Betroffenenrechte ausüben zu können (Art. 8, 47 GRCh, vgl. Artikel-29-Datenschutzgruppe, Working Paper 260, S. 5 f.; Kühling/Buchner/*Bäcker*, Art. 13 Rn. 7 ff.). Daher sehen Art. 13 und 14 DS-GVO weitreichende Informationspflichten vor, die nur durch die Bereitstellung einer ausführlichen Datenschutzerklärung erfüllt werden können. Die Rahmenbedingungen werden in Art. 12 DS-GVO festgelegt. Die Informationspflichten werden durch weitergehende Betroffenenrechte unterstützt, insb. das Auskunftsrecht nach Art. 15 DS-GVO (→ F.II.). In engem Zusammenhang stehen die Einwilligungen in die Nutzung von Daten zu Zwecken der Werbung, bspw. zum Werbeversand (→ I.III.).

Die Abgrenzung zwischen TMG und BDSG ist künftig bei Websites bedeutungslos. Bei Datenverarbeitungen außerhalb von Telemediendiensten fand bislang § 4 Abs. 3 BDSG a.F. Anwendung, laut dem bei einer Verarbeitung personenbezo-

Lachenmann

gener Daten über Zweck, Mittel sowie mögliche Empfänger Auskunft zu erteilen war (zur alten Rechtslage z.B. Taeger/Gabel/*Taeger*, BDSG, § 4 Rn. 73 ff.). Für Telemedien sahen §§ 13–15 TMG Sonderregelungen vor, nach denen zu Beginn des Datenverarbeitungsvorgangs eine konkrete Auskunft über die verarbeiteten Daten und die Verwendungszwecke zu erteilen war (§ 13 Abs. 1 TMG). Die Trennung in die beiden Gesetze führte zu der schwierigen Abgrenzungsfrage von Inhalts-, Nutzungs- sowie Bestandsdaten (hierzu z.B. *Lachenmann* in: Koreng/Lachenmann (Hrsg.), Formularhandbuch Datenschutzrecht, 1. Aufl. 2015, B. IX. 1. Anm. 4; *Lachenmann*, Datenübermittlung im Konzern, S. 130 f.). Nunmehr gelten für jede Art von Verarbeitung personenbezogener Daten die Informationspflichten nach Art. 12 ff. DS-GVO, soweit nicht andere Normen des EU-Gesetzgebers strengere Regelungen vorsehen. Angesichts der Ausgestaltung der DS-GVO als „Grund-"Verordnung stellen weitere Verordnungen in diesem Zusammenhang eine Ergänzung bzw. leges speciales dar, die grundsätzlich den gleichen Verarbeitungsprinzipien unterliegen (vgl. z.B. Ehmann/Selmayr/*Selmayr/Ehmann*, DS-GVO, Einf. Rn. 99 ff.). Daher ist der ePrivacy-VO-E eine bloße Ergänzung zur DS-GVO. Die Anforderungen an die Transparenz bei Telemedien (wie Websites oder Apps) unterliegen damit grundsätzlich identischen Anforderungen wie die Verarbeitung im Offline-Bereich.

Nachfolgend werden die beiden wichtigsten Praxisbeispiele von Datenschutzerklärungen als Muster dargestellt: eine Datenschutzerklärung für Websites (→ 1.) sowie eine Datenschutzerklärung für Mobile Apps (→ 2.). Anschließend folgen Formulierungsvorschläge für eine Vielzahl verschiedener möglicher Funktionen von Websites und Apps. Die in → 3.–7. dargestellten Datenschutzinformationen können modular je nach tatsächlicher Nutzung in den Angeboten bei der Datenschutzerklärung ergänzt werden.

1. Datenschutzerklärung für Websites

Websites benötigen eine Datenschutzerklärung – an dieser Rechtslage ändert sich nichts. Änderungen ergeben sich allein aus den Rechtsgrundlagen und den bereitzustellenden Informationen, die weitergehend als bislang sein werden. Beispielsweise ist künftig über die zu Grunde gelegten Rechtsgrundlagen ebenso zu informieren wie über die Erforderlichkeit für einen Vertragsabschluss oder ob eine andere Verpflichtung zur Bereitstellung der Daten besteht. Viele der durch das Gesetz verlangten Informationen müssen für jede Funktion der Website gesondert bewertet werden. Daher bleibt es nicht aus, dass der Umfang der Datenschutzerklärungen weiter zunehmen wird. Die Informationen müssen gem. Art. 13 Abs. 1 DS-GVO „bei Erhebung" der personenbezogenen Daten gegeben werden. Daher sollte die Datenschutzerklärung – wie bislang – regelmäßig mit nur einem Klick erreichbar sein (Artikel-29-Datenschutzgruppe, Working Paper 260, S. 8; zum BDSG a.F. bereits *Wintermeier*, ZD 2013, 21 (23 f.); beim Impressum sind hingegen zwei Klicks ausreichend, BGH, Urt. v. 20.3.2006 – I ZR 228/03, MMR 2007, 40). Dem kann durch die Aufnahme des Links im Header oder Footer neben dem Impressum nachgekommen werden.

Die Sanktionen bei Nichteinhaltung der Informationspflichten sind gravierender als unter Geltung des BDSG a. F. bzw. der DSRL. Einerseits führt nunmehr ein Fehlen der Informationen in der Regel dazu, dass die Datenverarbeitung rechtswidrig

Lachenmann

wird, da allein die mangelnde Transparenz für den Betroffenen ausreichend für eine Rechtswidrigkeit der Datenverarbeitung sein soll. Darüber hinaus gelten die weiteren Sanktionsmechanismen, insbesondere die Verhängung von Bußgeldern im hohen Bußgeldrahmen nach Art. 83 Abs. 5 DS-GVO. Bei fehlerhafter Erfüllung der Informationspflichten ist weiterhin eine deliktische Haftung auf Schadensersatz gem. Art. 82 DS-GVO bzw. § 823 Abs. 2 BGB i. V. m. der jeweiligen Sachnorm durch den Betroffenen, sowie die Geltendmachung eines Unterlassungsanspruchs (Kühling/Buchner/*Bergt*, DS-GVO, Art. 79 Rn. 9) möglich. Darüber hinaus können Verbraucherschutzverbände (Art. 80 Abs. 1 DS-GVO i. V. m. UKlaG) sowie Datenschutzvereine (Art. 80 Abs. 2 DS-GVO) gegen einen Website-Betreiber ohne Datenschutzerklärung vorgehen. Weiterhin drohen Abmahnungen durch Mitbewerber: Bereits unter Geltung von BDSG a. F. und TMG nahmen Gerichte vielfach an, dass Datenschutzvorschriften Marktverhaltensregeln darstellten und daher über das UWG abmahnfähig seien (z. B. OLG Hamburg, Urt. v. 27.6.2013 – 3 U 26/12, ZD 2013, 511, m. zust. Anm. *Schröder*; zustimmend z. B. *Galetzka* in: Taeger (Hrsg.), Big Data & Co, S. 485; a. A. noch z. B. OLG München, Urt. v. 12.1.2012 – 29 U 3926/11, MMR 2012, 330 m. abl. Anm. *Schröder*; Plath/*Hullen*/*Roggenkamp*, BDSG, § 13 TMG Rn. 12 m. w. N.). Unter Geltung der DS-GVO werden Datenschutznormen, wie bislang, als Marktverhaltensregelung eingestuft werden können. Die DS-GVO festigt und erweitert mithin die Sanktionsmöglichkeiten gegen Datenschutzverstöße (ausführlich z. B. Kühling/Buchner/*Bergt*, DS-GVO, vor Art. 77–84 Rn. 1 f.).

Das nachfolgende Muster ist modular aufgebaut und sieht einen „allgemeinen Teil" sowie verschiedene besondere Verarbeitungssituationen vor: Zu Beginn werden die allgemeinen Informationen bereitgestellt, die stets bei Aufruf einer Website verarbeitet werden (§§ 1–4), anschließend wird in §§ 5–6 eine Formulierung dargestellt, die einzusetzen ist, wenn weitere Funktionen und Interaktionsmöglichkeiten auf der Website eingesetzt werden. Es schließen sich mehrere Kapitel an, die diverse in der Praxis regelmäßig eingesetzte spezielle Funktionen für Websites beschreiben, die je nach Einsatz modular in der Datenschutzerklärung angehängt werden können (→ 3.–7.).

Datenschutzerklärung

§ 1 Information über die Erhebung personenbezogener Daten

(1) Im Folgenden informieren wir über die Erhebung personenbezogener Daten bei Nutzung unserer Website. Personenbezogene Daten sind alle Daten, die auf Sie persönlich beziehbar sind, z. B. Name, Adresse, E-Mail-Adressen, Nutzerverhalten.[1]

(2) Verantwortlicher gem. Art. 4 Abs. 7 EU-Datenschutz-Grundverordnung (DS-GVO) ist [Name, ladungsfähige Anschrift, E-Mail-Adresse] (siehe unser Impressum). [Unseren Datenschutzbeauftragten erreichen Sie unter [Datenschutz@example.com] oder unserer Postadresse mit dem Zusatz „der Datenschutzbeauftragte".][2]

(3) Bei Ihrer Kontaktaufnahme mit uns per E-Mail oder über ein Kontaktformular werden die von Ihnen mitgeteilten Daten (Ihre E-Mail-Adresse, ggf. Ihr Name und Ihre Telefonnummer) von uns gespeichert, um Ihre Fragen zu beantworten. Die in diesem Zusammenhang anfallenden Daten löschen wir, nachdem die Speicherung

Lachenmann

nicht mehr erforderlich ist, oder schränken die Verarbeitung ein, falls gesetzliche Aufbewahrungspflichten bestehen.

(4) Falls wir für einzelne Funktionen unseres Angebots auf beauftragte Dienstleister zurückgreifen oder Ihre Daten für werbliche Zwecke nutzen möchten, werden wir Sie untenstehend im Detail über die jeweiligen Vorgänge informieren. Dabei nennen wir auch die festgelegten Kriterien der Speicherdauer.

§ 2 Ihre Rechte

(1) Sie haben gegenüber uns folgende Rechte hinsichtlich der Sie betreffenden personenbezogenen Daten:[3]
– Recht auf Auskunft,
– Recht auf Berichtigung oder Löschung,
– Recht auf Einschränkung der Verarbeitung,
– Recht auf Widerspruch gegen die Verarbeitung,
– Recht auf Datenübertragbarkeit.

(2) Sie haben zudem das Recht, sich bei einer Datenschutz-Aufsichtsbehörde über die Verarbeitung Ihrer personenbezogenen Daten durch uns zu beschweren.

§ 3 Erhebung personenbezogener Daten bei Besuch unserer Website

(1) Bei der bloß informatorischen Nutzung der Website, also wenn Sie sich nicht registrieren oder uns anderweitig Informationen übermitteln, erheben wir nur die personenbezogenen Daten, die Ihr Browser an unseren Server übermittelt. Wenn Sie unsere Website betrachten möchten, erheben wir die folgenden Daten, die für uns technisch erforderlich sind, um Ihnen unsere Website anzuzeigen und die Stabilität und Sicherheit zu gewährleisten (Rechtsgrundlage ist Art. 6 Abs. 1 S. 1 lit. f DS-GVO):[4]
– IP-Adresse
– Datum und Uhrzeit der Anfrage
– Zeitzonendifferenz zur Greenwich Mean Time (GMT)
– Inhalt der Anforderung (konkrete Seite)
– Zugriffsstatus/HTTP-Statuscode
– jeweils übertragene Datenmenge
– Website, von der die Anforderung kommt
– Browser
– Betriebssystem und dessen Oberfläche
– Sprache und Version der Browsersoftware.

(2) Zusätzlich zu den zuvor genannten Daten werden bei Ihrer Nutzung unserer Website Cookies auf Ihrem Rechner gespeichert. Bei Cookies handelt es sich um kleine Textdateien, die auf Ihrer Festplatte dem von Ihnen verwendeten Browser zugeordnet gespeichert werden und durch welche der Stelle, die den Cookie setzt (hier durch uns), bestimmte Informationen zufließen. Cookies können keine Programme ausführen oder Viren auf Ihren Computer übertragen. Sie dienen dazu, das Internetangebot insgesamt nutzerfreundlicher und effektiver zu machen.

(3) Einsatz von Cookies:

a) Diese Website nutzt folgende Arten von Cookies, deren Umfang und Funktionsweise im Folgenden erläutert werden:

Lachenmann

– Transiente Cookies (dazu b)
– Persistente Cookies (dazu c).

b) Transiente Cookies werden automatisiert gelöscht, wenn Sie den Browser schließen. Dazu zählen insbesondere die Session-Cookies. Diese speichern eine sogenannte Session-ID, mit welcher sich verschiedene Anfragen Ihres Browsers der gemeinsamen Sitzung zuordnen lassen. Dadurch kann Ihr Rechner wiedererkannt werden, wenn Sie auf unsere Website zurückkehren. Die Session-Cookies werden gelöscht, wenn Sie sich ausloggen oder den Browser schließen.

c) Persistente Cookies werden automatisiert nach einer vorgegebenen Dauer gelöscht, die sich je nach Cookie unterscheiden kann. Sie können die Cookies in den Sicherheitseinstellungen Ihres Browsers jederzeit löschen.

d) Sie können Ihre Browser-Einstellung entsprechend Ihren Wünschen konfigurieren und z.B. die Annahme von Third-Party-Cookies oder allen Cookies ablehnen. Wir weisen Sie darauf hin, dass Sie eventuell nicht alle Funktionen dieser Website nutzen können.

[e) Wir setzen Cookies ein, um Sie für Folgebesuche identifizieren zu können, falls Sie über einen Account bei uns verfügen. Andernfalls müssten Sie sich für jeden Besuch erneut einloggen.][5]

[f) Die genutzten Flash-Cookies werden nicht durch Ihren Browser erfasst, sondern durch Ihr Flash-Plug-in. Weiterhin nutzen wir HTML5 storage objects, die auf Ihrem Endgerät abgelegt werden. Diese Objekte speichern die erforderlichen Daten unabhängig von Ihrem verwendeten Browser und haben kein automatisches Ablaufdatum. Wenn Sie keine Verarbeitung der Flash-Cookies wünschen, müssen Sie ein entsprechendes Add-On installieren, z.B. „Better Privacy" für Mozilla Firefox (https://addons.mozilla.org/de/firefox/addon/betterprivacy/) oder das Adobe-Flash-Killer-Cookie für Google Chrome. Die Nutzung von HTML5 storage objects können Sie verhindern, indem Sie in Ihrem Browser den privaten Modus einsetzen. Zudem empfehlen wir, regelmäßig Ihre Cookies und den Browser-Verlauf manuell zu löschen.][6]

Anmerkungen

1. Einleitung. Eine Definition von personenbezogenen Daten (dazu z.B. Kühling/Buchner/*Klar/Kühling*, DS-GVO, Art. 4 Rn. 3 ff.) muss in der Datenschutzerklärung nicht enthalten sein, erleichtert jedoch für Nicht-Juristen das Verständnis über die Bedeutung der vorliegenden Datenschutzerklärung. Auf eine Formulierung wie „Wir nehmen den Schutz Ihrer Daten sehr ernst" sollte verzichtet werden, da eine solche Aussage meist als (hohle) Floskel erscheint.

Die DS-GVO gilt grundsätzlich für jede Art der Verarbeitung von personenbezogenen Daten, so dass die frühere Abgrenzung zwischen BDSG a.F., TMG a.F. und TKG a.F. kaum mehr relevant wird (dazu z.B. *Kremer*, CR 2012, 438 (440 f.)). Laut Art. 95 DS-GVO ist für alle „öffentlich zugänglichen elektronischen Kommunikationsdienste" die ePrivacy-RL bzw. künftig die ePrivacy-VO (als lex specialis) vorrangig zu berücksichtigen. Demnach soll die DS-GVO keine zusätzlichen Pflichten gegenüber der aktuellen Richtlinie bzw. der künftigen Verordnung aufstellen, so dass auch ein von der ePrivacy-RL/ePrivacy-VO-E vorgesehenes, niedrigeres Schutz-

Lachenmann

niveau der DS-GVO vorgehen würde. Insofern sollten auch (Internet-)Kommunikationsdienste, sog. Over-the-top-Dienste (OTT), an der DS-GVO gemessen werden. Erfasst sind damit distanzüberwindende Kommunikationsdienste wie Webmail, Instant-Messenger und Internettelefoniedienste. Soweit die ePrivacy-RL Sonderregelungen vorsieht, sind diese vorrangig zu beachten. Überzeugend ist es bei allgemeinen Regeln, wie Betroffenenrechten, auf die DS-GVO zurückzugreifen, solange die Spezialnormen nichts Entsprechendes regeln (Kühling/Buchner/*Kühling/Raab*, Art. 95 Rn. 2 und 5 ff.). So sollen Bestimmungen der ePrivacy-RL nur vorgehen, wenn spezifische Regelungen auch zu den in der DS-GVO geregelten Situationen vorliegen. Auch die Verarbeitung von Verkehrs- und Standortdaten soll auf Basis der DS-GVO erfolgen, soweit die ePrivacy-VO keine expliziten Regelungen trifft (Ehmann/Selmayr/*Klabunde/Selmayr*, DS-GVO, Art. 95 Rn. 16 ff.). Anpassungen können mit Inkrafttreten der ePrivacy-VO (vgl. ErwG 173 DS-GVO) notwendig werden.

2. Kontaktdaten des Verantwortlichen. Den betroffenen Personen muss eine Kontaktmöglichkeit eröffnet werden. Daher verlangt Art. 13 Abs. 1 lit. a DS-GVO die Angabe von Namen und „Kontaktdaten" des Verantwortlichen. Der Name ist vollständig und bei juristischen Personen mit Firmierung anzugeben. Als Kontaktdatum ist zumindest eine zustellungsfähige Anschrift anzugeben. Überzeugend ist es zu verlangen, dass die Kontaktaufnahme ohne Medienbruch möglich sein muss, so dass bei Websites eine E-Mail-Adresse oder ein einfach zu nutzendes Kontaktformular bereitgestellt werden sollte (Kühling/Buchner/*Bäcker*, DS-GVO, Art. 13 Rn. 22).

Weiterhin sind gem. Art. 13 Abs. 1 lit. b DS-GVO die Kontaktdaten des Datenschutzbeauftragten anzugeben, falls ein solcher bestellt wurde. Der Name muss nicht angegeben werden. Ausreichend ist die Nennung von generisch benannten Daten, wie sie im Muster beispielhaft genannt wurden (Artikel-29-Datenschutzgruppe, Working Paper 243, S. 12 f., zwar zu Art. 37 Abs. 7 DS-GVO, jedoch kann die Wertung übertragen werden, da wortgleich von „Kontaktdaten" gesprochen wird; a. A. Kühling/Buchner/*Bäcker*, DS-GVO, Art. 13 Rn. 23). Die Einrichtung einer speziell bezeichneten Datenschutz-Mailadresse trennt alle Datenschutzanfragen von anderen E-Mails und ermöglicht die Einhaltung der strikten Fristen nach Art. 12 DS-GVO. Falls ein Vertreter in der Europäischen Union nach Art. 27 DS-GVO bestellt ist, muss dieser ebenfalls genannt werden.

Durch den Link zum Impressum (§ 5 TMG; dazu z. B. *Oelschlägel* in: Oelschlägel/Scholz (Hrsg.), Rechtshandbuch Onlineshop, S. 11 ff.) wird die Datenschutzerklärung an dieser Stelle nicht unnötig umfangreich. Demgegenüber hat die Aufnahme der Informationen unmittelbar in der Datenschutzerklärung den Vorzug, dass dadurch jede Diskussion darüber, ob die Informationen ordnungsgemäß zugänglich waren, von vornherein vermieden wird. Im Fall der Verlinkung ist unbedingt darauf zu achten, dass der Link stets zum richtigen Ziel führt und immer erreichbar ist.

3. Nennung der Rechte der betroffenen Personen. Die Pflicht zur Mitteilung ergibt sich aus Art. 13 Abs. 2 lit. b DS-GVO. Die Norm spricht ausdrücklich davon, dass nur über „das Bestehen" der Rechte informieren ist. Nähere Erläuterungen zu den Inhalten der Rechte werden nicht gefordert, sind jedoch optional möglich. Aufgrund der weitreichenden Informationspflichten, die in der Regel zu sehr umfangreichen Datenschutzerklärungen führen, wird die vorliegende, eher kurze, Variante gewählt.

4. Regelmäßig verarbeitete personenbezogene Daten. Die Auflistung im Muster nennt die in aller Regel von der betroffenen Person an den Verantwortlichen bereitgestellten Daten. Die Informationen ergeben sich aus einer Logfile-Zeile, die im Falle des weit verbreiteten „Apache"-Webservers typischerweise wie folgt aussieht: 111.111.111.11 - - [20/Dez/2013:00:16:00 +0200] „GET /article.pdf HTTP/1.0" 200 1500 „http://beispiel.de/website/" „Mozilla/5.0 (X11; U; Linux i686; de-DE; rv:1.7.6)". Technisch erforderlich ist dabei jedenfalls die Angabe einer IP-Adresse, um die Anzeige zu gewährleisten. Ausführlich zu den technisch erhobenen Informationen http://httpd.apache.org/docs/2.2/logs.html; *Stiemerling/Lachenmann,* ZD 2014, 133.

Noch immer ist in vielen Datenschutzerklärungen zu lesen, dass bei informatorischer Nutzung keine personenbezogenen Daten erhoben würden. Eine solche Formulierung ist fehlerhaft, da – spätestens seit dem Urteil des Europäischen Gerichtshofes in Sachen *Breyer* – bereits ein für den Verantwortlichen pseudonymes Datum als personenbezogenes Datum gewertet werden muss (EuGH, Urt. v. 19.10.2016 – C-582/14, ZD 2017, 24 m. Anm. *Klar/Kühling;* nachfolgend BGH, Urt. v. 16.5.2017 – VI ZR 135/13, MMR 2017, 605 m. Anm. *Kipker/Kubis;* dazu z. B. *Moos* in: Taeger (Hrsg.), Recht 4.0, S. 211 (211)). Zu solchen Pseudonymen gehören z. B. die IP-Adresse oder ein Device- oder Browser-Fingerprint, die Zusammenführung von technischen Metadaten, wie Browser-Einstellungen, Ortsangaben usw. (dazu z. B. *Karg/Kühn,* ZD 2014, 285). Jedenfalls ist eine IP-Adresse personenbezogen, wenn sie mit anderen Daten zusammengeführt wird, z. B. durch Angabe von Personalien oder Account-Informationen (*BGH,* Urt. v. 16.5.2017 – VI ZR 135/13, MMR 2017, 605 m. Anm. *Kipker/Kubis,* Rn. 46; *Schleipfer,* RDV 2010, 168 (170f.); zum Personenbezug bei Big Data: *Schefzig* in: Taeger (Hrsg.), Big Data & Co, S. 103; ausführliche Darstellung zum Personenbezug bei *Karg,* DuD 2015, 520).

5. Information über Nutzung von Cookies. Vorangestellt wird eine Definition zu Cookies zur Information der Nutzer, danach folgt eine Auflistung über die auf der Website eingesetzten Cookies. Die Notwendigkeit dieser Information ergibt sich bislang aus Art. 5 Abs. 3 ePrivacy-RL (bzw. „Cookie-Richtlinie"). Die Richtlinie wurde nie gesondert in deutsches Recht umgesetzt und es bestand bis zuletzt Unklarheit darüber, inwieweit eine Umsetzung notwendig ist und wie weitgehend eine Einwilligung in die Cookie-Nutzung eingeholt werden sollte (zum Streitstand z. B. *Steinhoff* in: Taeger (Hrsg.), Law as a Service, S. 143).

Die gesetzlichen Bestimmungen zur elektronischen Kommunikation müssen erneuert und an die DS-GVO angepasst werden. Daher hat die EU-Kommission am 10.1.2017 den Entwurf für eine neue ePrivacy-VO vorgestellt, der EU-Rat einen geänderten Entwurf am 8.9.2017. Der endgültige Text steht noch nicht fest, so dass nach Verabschiedung eine Kontrolle des Textmusters erfolgen muss. Das vorliegende Muster informiert die Nutzer ausführlich über die Nutzung von Cookies, so dass die Fassung voraussichtlich auch nach Inkrafttreten der ePrivacy-VO-E eingesetzt werden kann.

Die Unterscheidung nach den in der Erklärung genannten drei Obergruppen ist üblich und basiert auf den Ausführungen der Artikel-29-Datenschutzgruppe,

Lachenmann

Working Paper 194 v. 7.6.2012. Eine nähere Unterteilung in der Datenschutzerklärung scheint nicht notwendig, da sich die datenschutzrechtlichen Spezifika auf die hier beschriebene Unterscheidung beschränken. Der Einsatz von persistenten Cookies ist grundsätzlich unzulässig, da jene dauerhaft Daten erheben können, selbst wenn es zur Erbringung der Zwecke nicht mehr erforderlich wäre. Dennoch müssen nicht nur Session Cookies eingesetzt werden. Die weitergehenden Cookies sind zulässig, wenn sie mit einer zeitlichen Begrenzung versehen werden, so dass sie z.B. zwei Monate nach deren Setzung automatisch gelöscht werden. Wenn die Cookies nicht notwendig sind, um die gewünschte Leistung erbringen zu können, ist eine Einwilligung des Nutzers einzuholen, bzw. die Datenschutzkonformität mittels der hier im Folgenden verwendeten Klauseln sicherzustellen.

Die Darstellung der eingesetzten Cookies und der Möglichkeiten der betroffenen Personen, über die Verarbeitung ihrer Daten zu bestimmen, wird zunehmend nutzerfreundlich aufbereitet. Diverse Anbieter ermöglichen es inzwischen, eine individuelle Personalisierung vorzusehen, bei der anschaulich beschrieben wird, welche Optionen der Nutzer bei Besuch der Website hat und wie weitgehend er eine Verarbeitung seiner personenbezogenen Daten zulassen möchte. Dabei kann dem Nutzer beispielsweise ermöglicht werden, zwischen der Verwendung von für die Anzeige der Website erforderlichen, dem Nutzerkomfort dienenden, statistische Auswertungen ermöglichenden oder werbliches Tracking ermöglichenden Cookies zu unterscheiden. Über eine solche „granulare" Opt-ins bzw. Opt-outs kann ein praktikabler Ausgleich von Interessen betroffener Personen und Verantwortlichen erreicht werden (vgl. https://datareality.eu/en/granular-opt-in/).

6. Flash-Cookies und HTML5 storage objects. Die beschriebenen Flash-Cookies und HTML5 storage objects haben deutlich umfangreichere Möglichkeiten des Nutzer-Trackings als Browser-Cookies, so dass im Falle einer Nutzung solcher eine gesonderte Beschreibung notwendig ist. Es gibt bislang keine Entscheidungen oder Veröffentlichungen der Aufsichtsbehörden, die Stellung dazu nehmen, wie deren Nutzung im Detail auszugestalten ist. Das vorliegende Muster versucht, eine ausreichende Information darzustellen. Jedoch ist nicht klar, ob diese als rechtmäßig gewertet würde (zur Technik von Flash-Cookies z.B. *Stiemerling/Lachenmann*, ZD 2014, 133 (136); zur rechtlichen Bewertung unter Geltung des BDSG a.F. *Schröder*, ZD 2011, 59; zu Technik und rechtlicher Bewertung von HTML5 storage objects z.B. https://www.w3.org/TR/html5; *Dieterich*, ZD 2015, 199; *Conrad/Dovas/Klatte* in: Forgó/Helfrich/Schneider (Hrsg.), Betrieblicher Datenschutz, Kap. 4 Rn. 85 ff.).

Kumulativ: Ergänzend zu erteilende Informationen bei zusätzlichen Verarbeitungsvorgängen

Der modulare Aufbau des vorliegenden Musters ermöglicht die einfache Ergänzung der zuvor dargestellten allgemeinen Darstellung für die Betroffene. Wenn die Website irgendwelche zusätzlichen Datenverarbeitungsvorgänge über die bloße Anzeige der Website zur informatorischen Nutzung hinaus vorsieht, müssen die nachfolgend dargestellten Formulierungen als zweiter Schritt ergänzt werden. Dazu gehören insbesondere die allgemeinen Beschreibungen der Datenverarbeitungsvor-

Lachenmann

gänge und Einbindung von Auftragsverarbeitern, aber auch Widerspruchsrechte gegen die Verarbeitung von Daten auf Basis der Interessenabwägung und zu Zwecken der Werbung.

Im anschließenden dritten Schritt können aus den in Kapiteln → 3.–7. dargestellten Klauseln die jeweils einschlägigen Funktionen gewählt werden.

§ 4 Weitere Funktionen und Angebote unserer Website

(1) Neben der rein informatorischen Nutzung unserer Website bieten wir verschiedene Leistungen an, die Sie bei Interesse nutzen können. Dazu müssen Sie in der Regel weitere personenbezogene Daten angeben, die wir zur Erbringung der jeweiligen Leistung nutzen und für die die zuvor genannten Grundsätze zur Datenverarbeitung gelten.

(2) Teilweise bedienen wir uns zur Verarbeitung Ihrer Daten externer Dienstleister. Diese wurden von uns sorgfältig ausgewählt und beauftragt, sind an unsere Weisungen gebunden und werden regelmäßig kontrolliert.[7]

(3) Weiterhin können wir Ihre personenbezogenen Daten an Dritte weitergeben, wenn Aktionsteilnahmen, Gewinnspiele, Vertragsabschlüsse oder ähnliche Leistungen von uns gemeinsam mit Partnern angeboten werden. Nähere Informationen hierzu erhalten Sie bei Angabe Ihrer personenbezogenen Daten oder untenstehend in der Beschreibung des Angebotes.[8]

(4) Soweit unsere Dienstleister oder Partner ihren Sitz in einem Staat außerhalb des Europäischen Wirtschaftsraumen (EWR) haben, informieren wir Sie über die Folgen dieses Umstands in der Beschreibung des Angebotes.[9]

§ 5 Widerspruch oder Widerruf gegen die Verarbeitung Ihrer Daten

(1) Falls Sie eine Einwilligung zur Verarbeitung Ihrer Daten erteilt haben, können Sie diese jederzeit widerrufen. Ein solcher Widerruf beeinflusst die Zulässigkeit der Verarbeitung Ihrer personenbezogenen Daten, nachdem Sie ihn gegenüber uns ausgesprochen haben.[10]

(2) Soweit wir die Verarbeitung Ihrer personenbezogenen Daten auf die Interessenabwägung stützen, können Sie Widerspruch gegen die Verarbeitung einlegen. Dies ist der Fall, wenn die Verarbeitung insbesondere nicht zur Erfüllung eines Vertrags mit Ihnen erforderlich ist, was von uns jeweils bei der nachfolgenden Beschreibung der Funktionen dargestellt wird. Bei Ausübung eines solchen Widerspruchs bitten wir um Darlegung der Gründe, weshalb wir Ihre personenbezogenen Daten nicht wie von uns durchgeführt verarbeiten sollten. Im Falle Ihres begründeten Widerspruchs prüfen wir die Sachlage und werden entweder die Datenverarbeitung einstellen bzw. anpassen oder Ihnen unsere zwingenden schutzwürdigen Gründe aufzeigen, aufgrund derer wir die Verarbeitung fortführen.[11]

(3) Selbstverständlich können Sie der Verarbeitung Ihrer personenbezogenen Daten für Zwecke der Werbung und Datenanalyse jederzeit widersprechen. Über Ihren Werbewiderspruch können Sie uns unter folgenden Kontaktdaten informieren: [alle Kontaktdaten].[12]

Lachenmann

Anmerkungen

7. Datenverarbeitung durch Auftragsverarbeiter. Die Erläuterung zur Datenverarbeitung in § 5 des Musters geht knapp auf die Datenweitergabe an Auftragsverarbeiter ein. Die Auftragsverarbeitung ist zwar Teil der Verarbeitung nach Art. 4 Abs. 2 DS-GVO, führt jedoch über Art. 28 DS-GVO dazu, dass der Auftragsverarbeiter kein Dritter nach Art. 4 Abs. 10 DS-GVO wird. Daher ist der Daten empfangende Auftragsverarbeiter kein eigenständiger Verantwortlicher und muss gegenüber der betroffenen Person nicht ausdrücklich erwähnt werden. Da der Auftragsverarbeiter wie eine interne Stelle des Verantwortlichen behandelt wird und nicht als eigener Verantwortlicher gilt, ist die Information nicht notwendig, kann sich aber zur Klarstellung empfehlen (zur Auftragsverarbeitung → G.I.).

Die Information kann jedoch dazu dienen, der Vorgabe des Art. 13 Abs. 1 lit. e DS-GVO nachzukommen, wonach die Kategorien von Empfängern zu benennen sind. Der vorliegende Textvorschlag nennt die Dienstleister als sehr abstrakte Kategorie, die im weiteren Verlauf der Datenschutzerklärung durch die Beschreibung der einzelnen vertieft wird. Der Hinweis wird zudem aus Transparenzgründen aufgenommen, um die Erwartungshaltung der betroffenen Person, dass sämtliche Daten nur intern verarbeitet würden, aufzubrechen. Wichtig ist weiterhin, dass alle Voraussetzungen zu Art. 28 DS-GVO eingehalten werden, also insbesondere die sorgfältige Auswahl des Dienstleisters, der Abschluss eines Vertrages sowie die regelmäßige Überwachung der Einhaltung der Vorgaben. Um der Rechenschaftspflicht zu genügen, muss die interne Dokumentation sichergestellt sein (→ A.I.).

8. Weitergabe an Dritte. Eine Offenlegung von Nutzerdaten an weitere Verantwortliche (z.B. Onlinemarketing-Anbieter, Finanzdienstleister), ist nur zulässig, wenn ein Erlaubnistatbestand nach Art. 6 Abs. 1 S. 1 DS-GVO erfüllt ist und die betroffene Person bei Erhebung ihrer personenbezogenen Daten informiert wird. Die Information über die Dritten als Empfänger kann beispielsweise bei der genauen Beschreibung der Funktionen auf der Website sowie in der Datenschutzerklärung bei den jeweiligen Funktionen erfolgen. Dabei sollte eine Verlinkung auf die Datenschutz- und Vertragsbestimmungen des Dritten erfolgen. Die vorliegende Formulierung ist allgemein gehalten und muss unten bei der Beschreibung der einzelnen Funktionen ergänzt werden.

9. Datentransfers außerhalb des EWR. Für den in diesem Muster gewählten Ausgangspunkt einer Datenerhebung innerhalb Deutschlands ist eine Verarbeitung personenbezogener Daten unproblematisch möglich, soweit diese innerhalb des EWR vorgenommen wird. Bei einem Transfer in Drittstaaten ohne Angemessenheitsentscheidung der EU-Kommission (im Online-Bereich insbesondere die USA), muss der Verantwortliche zusätzliche Schutzvorkehrungen treffen (→ G.VII.).

Über die Absicherung des Datentransfers zwischen Verantwortlichem und Dritten hinaus, muss die betroffene Person gem. Art. 13 Abs. 1 lit. f DS-GVO über die Tatsache des Drittstaatentransfers informiert werden, sowie dazu, auf welche konkrete Garantien der Datentransfer gestützt wird. Mitzuteilen ist also, ob ein Angemessenheitsbeschluss der EU-Kommission nach Art. 45 DS-GVO vorhanden ist, eine geeignete Garantie nach Art. 46, 49 DS-GVO eingesetzt wird oder ob eine Ausnahme nach Art. 49 DS-GVO vorliegt. Bei Einsatz geeigneter Garantien ist zudem notwen-

Lachenmann

dig darzustellen, wie eine Kopie der Dokumente zu erhalten ist. Der Bereitstellungs-verpflichtung kann bei online vorhandenen Informationen über einen Link nachge-kommen werden. Ansonsten muss der betroffenen Person dargestellt werden, wie sie die Dokumente erhalten kann, z.B. über eine Anfrage an den Datenschutzbeauf-tragten des Verantwortlichen (vgl. Kühling/Buchner/*Bäcker*, DS-GVO, § 13 Rn. 34). Obwohl sich die Bereitstellungverpflichtung nicht auf den Angemessenheitsbe-schluss bezieht („oder im Falle von Übermittlungen gemäß"), kann über das „EU-US Privacy Shield" in einem Link informiert und so ein höheres Nutzervertrauen geschaffen werden.

10. Hinweis auf Widerrufbarkeit einer Einwilligung. Die DS-GVO sieht verschie-dene Varianten vor, wann sich eine betroffene Person gegen die Verarbeitung ihrer Personen wenden kann. Über alle diese Rechte muss die betroffene Person infor-miert werden. Das Muster deckt alle relevanten Hinweispflichten der DS-GVO ab. Regelmäßig sollte die betroffene Person über ihre Rechte bei Einwilligungen und sonstigen Datenverarbeitungen gesondert informiert werden.

Eine Einwilligung ist nur wirksam erteilt, wenn sie jederzeit widerruflich ist (Art. 7 Abs. 3 S. 1 DS-GVO) und die betroffene Person über diese Möglichkeit des jederzeitigen Widerrufs in Kenntnis gesetzt wird (Art. 7 Abs. 3 S. 3 DS-GVO). Zur Sicherstellung der Kenntnis, muss die betroffene Person in der Einwilligungserklä-rung stets über das Widerrufsrecht informiert werden. Daher sollte bereits eine all-gemeine Information über die Widerrufbarkeit der Einwilligung vorangestellt wer-den, die in den konkret eingeholten Einwilligungserklärungen nochmals wiederholt werden sollte.

11. Widerspruch gegen die Datenverarbeitung bei Interessenabwägung. Gegen eine auf der Interessenabwägung nach Art. 6 Abs. 1 S. 1 lit. f DS-GVO beruhende Datenverarbeitung kann eine betroffene Person jederzeit Widerspruch einlegen, wenn sie Gründe, „die sich aus ihrer besonderen Situation ergeben", darlegen kann (Art. 21 Abs. 1 DS-GVO). Damit ist bei einem informatorischen Angebot einer Website ohne Zusatzfunktionen, bei dem die Daten nach Art. 6 Abs. 1 S. 1 lit. f DS-GVO verarbeitet werden, kein Widerspruch der betroffenen Person gegen die Verarbeitung ihrer personenbezogenen Daten möglich. Für jeden anderen Daten-verarbeitungsvorgang, der auf die Interessenabwägung gestützt wird (z.B. die Analyse der Daten zu Werbezwecken), ist hingegen ein Widerspruch grundsätzlich möglich.

Folge des Widerspruchsrechts ist, dass eine betroffene Person gegen bestimmte Datenverarbeitungen begründeten Widerspruch einlegen und sich der Verantwortli-che in der Folge möglichen Ansprüchen ausgesetzt sehen kann. In der Literatur ist umstritten, unter welchen Voraussetzungen der Betroffene ein Widerspruchsrecht ausüben kann: So wird teilweise davon ausgegangen, dass es genüge, wenn die be-troffene Person schlicht erklärt, dass sie keine Datenverarbeitung wünscht, also keine inhaltliche Begründung notwendig sei (BeckOK DatenSR/Wolff/Brink/*Forgó*, Art. 21 Rn. 8). Dies kann jedoch nicht überzeugen, da der Gesetzeswortlaut eindeu-tig eine Begründung aus der persönlichen Situation heraus erfordert und diese For-mulierung schon unter der DSRL enthalten war, bei der sehr hohe Anforderungen an die Begründung gestellt wurden (vgl. Simitis/*Dix*, BDSG, § 35 Rn. 58). Daher ist es überzeugend, dass die betroffene Person konkrete und ernstzunehmende Gründe vorbringen muss, warum die Interessenabwägung in dem angegriffenen Verarbei-

Lachenmann

tungsvorgang zu ihren Gunsten ausfällt (z.B. *Lachenmann*, Datenübermittlung im Konzern, S. 287 f.; Paal/Pauly/*Martini*, DS-GVO, Art. 21 Rn. 30 f.).

Unabhängig davon, wie weitgehend eine Begründung erfolgen muss: Die betroffene Person muss gem. Art. 21 Abs. 4 DS-GVO auf ihr Widerspruchsrecht hingewiesen werden. Für den Hinweis wird eine Formulierung nahe am Wortlaut vorgeschlagen, um der betroffenen Person zu verdeutlichen, dass sie ernsthafte Gründe gegen die Verarbeitung vorbringen muss. Der Hinweis muss in einer „von anderen Informationen getrennten Form" erfolgen, was hier durch jeweils eigene Absätze und die Unterstreichung deutlich gemacht wird.

12. Widerspruch gegen Direktmarketing. Neben dem allgemeinen Widerspruchsrecht besteht ein Widerspruchsrecht, wenn die personenbezogenen Daten zu Zwecken des „Direktmarketings" eingesetzt werden. Da die DS-GVO den Begriff des Direktmarketings nicht definiert, sollte die Information über die Widerspruchsmöglichkeit gegen die Nutzung der Daten für Werbe- und Analysezwecke eher weit formuliert in die Datenschutzerklärung aufgenommen werden.

Die Hinweispflicht gegen Direktwerbung folgt aus Art. 21 Abs. 2 und 4 DS-GVO, die eine besondere Hervorhebung durch eine von anderen Informationen getrennten Form, eine verständliche Formulierung und die Erteilung der Information spätestens zum Zeitpunkt der ersten Kommunikation verlangen. Den Informationspflichten wird in § 5 Abs. 3 des Musters nachgekommen. Die Unterstreichung hebt den Text von der restlichen Erklärung ab. Ergänzend sollte der Text in Fettdruck und z.B. über einen Rahmen um den Abschnitt hervorgehoben werden.

2. Datenschutzerklärung für mobile Apps

Für mobile Apps gelten die **gleichen Grundsätze wie bei Websites,** jedoch bestehen einige **Besonderheiten bei der Datenerhebung sowie der Formulierung** der Datenschutzerklärung. Nachfolgend wird zu Beginn eine vollständige Datenschutzerklärung für Apps abgedruckt, die als Basisversion bei geringem Funktionsumfang einen Ausgangspunkt für einen individuellen Entwurf eingesetzt werden kann. Das Muster basiert auf dem Text zu Websites, ist aber für den eigenständigen Einsatz in mobilen Apps, ohne die Notwendigkeit von Textverweisen, konzipiert. Nach der allgemeinen Datenschutzerklärung folgen optionale Formulierungen zur Ergänzung. Auch die Datenschutzhinweise nach → F.I.3.–7. können je nach eingesetzten Funktionen übernommen werden, wobei die Formulierungen an Apps anzupassen sind (auch für eine Reichweitenmessung finden die in → F.I.5. dargestellten Grundsätze Anwendung, so Düsseldorfer Kreis, Orientierungshilfe zu den Datenschutzanforderungen an App-Entwickler und App-Anbieter v. 16.6.2014, http://www.lda.bayern. de/lda/datenschutzaufsicht/lda_daten/Orientierungshilfe_Apps_2014.pdf, S. 12). Zu berücksichtigen ist, dass sich die technischen **Eigenheiten der verschiedenen Anbieter von App-Betriebssystemen** (insbesondere Google Android, Apple iOS, Blackberry App World und Microsoft Windows Phone) unterscheiden, so dass für jede App eines anderen Betriebssystems Anpassungen an der Datenschutzerklärung vorzunehmen sind.

Besonderheiten ergeben sich bei der Platzierung der Anbieterkennzeichnung und Datenschutzerklärung. Hier kann die Anforderung der § 5 TMG, § 55 RStV kaum

Lachenmann

sinnvoll erfüllt werden, dass innerhalb der App ständig Impressum und Daten-schutzerklärung abrufbar sind. Dennoch sollte versucht werden, die Erklärungen stets über zwei Klicks erreichbar zu halten (z. B. über „Menü", „Datenschutzerklä-rung"). Jedenfalls müssen die Informationen **auf der Startseite** der mobilen App mit-tels klarer Bezeichnung dargestellt werden. Die Pflichtangaben sind **zusätzlich auf der Angebotsseite des App-Stores bereitzustellen** (Apple und Google bieten diese Möglichkeit) bzw. auf der Website, von der die App heruntergeladen werden kann, oder vor dem Start der App. Wer bereits im Angebot einen Link vorsieht und dies auf der Startseite der App einbindet, ist dann rechtlich abgesichert (bereits Düssel-dorfer Kreis v. 18.6.2014, S. 18 f.). An den **Umfang der Information** bestehen auch innerhalb einer App keine anderen Anforderungen als bei Websites.

Da die Unübersichtlichkeit aufgrund des großen Umfangs auf den kleinen Anzei-gegeräten jedoch dazu führen könnte, dass die Erklärung nicht gelesen wird, sollte der Text in Kapitel unterteilt werden, die einzeln geöffnet werden können. Ergän-zend können beispielsweise Icons verwendet werden (*Sachs/Meder*, ZD 2013, 303 (305 f.)), wie Art. 12 Abs. 7 DS-GVO nunmehr vorsieht. Daher ist zu empfehlen, für die Datenschutzerklärung der mobilen App generell eine aufklappbare Information vorzusehen, bei der die Überschriften angezeigt werden und der Nutzer bei Interesse einzelne Themen auswählen kann, die ihm dann direkt angezeigt werden. Ein sol-cher „Layer Approach" für einen „One Pager" wird bspw. in der Orientierungshilfe BMJV, „Verbraucherfreundliche Best-Practice bei Apps" vom Februar 2017 vorge-schlagen. So kann eine übersichtliche Darstellung der Datenschutzerklärung inner-halb einer App erreicht werden. Eine Alternative wäre, zu Beginn der Datenschutz-erklärung die wichtigsten Informationen in aller Kürze zusammenzufassen und die ausführliche Beschreibung erst anschließend aufzuzeigen.

Verwendung unserer mobilen App

§ 1 Information über die Erhebung personenbezogener Daten[1]

(1) Wir stellen Ihnen neben unserem Online-Angebot eine mobile App zur Verfü-gung, die Sie auf Ihr [mobiles Endgerät] herunterladen können. Im Folgenden in-formieren wir über die Erhebung personenbezogener Daten bei Nutzung unserer mobilen App. Personenbezogene Daten sind alle Daten, die auf Sie persönlich be-ziehbar sind, z. B. Name, Adresse, E-Mail-Adressen, Nutzerverhalten.

(2) Verantwortlicher gem. Art. 4 Abs. 7 EU-Datenschutz-Grundverordnung (DS-GVO) ist [Name, ladungsfähige Anschrift, E-Mail-Adresse] (siehe unser Impres-sum). [Unseren Datenschutzbeauftragten erreichen Sie unter [Datenschutz@exam-ple.com] oder unserer Postadresse mit dem Zusatz „der Datenschutzbeauftragte".]

(3) Bei Ihrer Kontaktaufnahme mit uns per E-Mail oder über ein Kontaktformu-lar wird Ihre E-Mail-Adresse und, falls Sie von Ihnen angegeben werden, Ihr Name und Ihre Telefonnummer von uns gespeichert, um Ihre Fragen zu beantworten. Die in diesem Zusammenhang anfallenden Daten löschen wir, nachdem die Speicherung nicht mehr erforderlich ist, oder – im Falle von gesetzlichen Aufbewahrungspflich-ten – schränken die Verarbeitung ein.

(4) Falls wir für einzelne Funktionen unseres Angebots auf beauftragte Dienstleister zurückgreifen oder Ihre Daten für werbliche Zwecke nutzen möchten,

Lachenmann

werden wir Sie untenstehend im Detail über die jeweiligen Vorgänge informieren. Dabei nennen wir auch die festgelegten Kriterien der Speicherdauer.

§ 2 Ihre Rechte

(1) Sie haben gegenüber uns folgende Rechte hinsichtlich der Sie betreffenden personenbezogenen Daten:
– Recht auf Auskunft,
– Recht auf Berichtigung oder Löschung,
– Recht auf Einschränkung der Verarbeitung,
– Recht auf Widerspruch gegen die Verarbeitung,
– Recht auf Datenübertragbarkeit.

(2) Sie haben zudem das Recht, sich bei einer Datenschutz-Aufsichtsbehörde über die Verarbeitung Ihrer personenbezogenen Daten in unserem Unternehmen zu beschweren.

§ 3 Erhebung personenbezogener Daten bei Nutzung unserer mobilen App

(1) Bei Herunterladen der mobilen App werden die erforderlichen Informationen an den App Store übertragen, also insbesondere Nutzername, E-Mail-Adresse und Kundennummer Ihres Accounts, Zeitpunkt des Downloads, Zahlungsinformationen und die individuelle Gerätekennziffer. Auf diese Datenerhebung haben wir keinen Einfluss und sind nicht dafür verantwortlich. Wir verarbeiten die Daten nur, soweit es für das Herunterladen der mobilen App auf Ihr mobiles Endgerät notwendig ist. [EVENTUELL ZUSÄTZLICH: Diese mobile App können Sie zudem kostenlos über unsere Website direkt auf Ihr mobiles Endgerät laden. Bei Download werden über die Website weitere Nutzerdaten verarbeitet, über die wir in der Datenschutzerklärung unserer Website [Link] informieren.].[2]

(2) Bei Nutzung der mobilen App erheben wir die nachfolgend beschriebenen personenbezogenen Daten, um die komfortable Nutzung der Funktionen zu ermöglichen. Wenn Sie unsere mobile App nutzen möchten, erheben wir die folgenden Daten, die für uns technisch erforderlich sind, um Ihnen die Funktionen unserer mobilen App anzubieten und die Stabilität und Sicherheit zu gewährleisten (Rechtsgrundlage ist Art. 6 Abs. 1 S. 1 lit. f DS-GVO):[3]
– IP-Adresse
– Datum und Uhrzeit der Anfrage
– Zeitzonendifferenz zur Greenwich Mean Time (GMT)
– Inhalt der Anforderung (konkrete Seite)
– Zugriffsstatus/HTTP-Statuscode
– jeweils übertragene Datenmenge
– Website, von der die Anforderung kommt
– Browser
– Betriebssystem und dessen Oberfläche
– Sprache und Version der Browsersoftware.

(3) Weiterhin benötigen wir [Ihre Gerätekennzeichnung, eindeutige Nummer des Endgerätes (IMEI = International Mobile Equipment Identity), eindeutige Nummer des Netzteilnehmers (IMSI = International Mobile Subscriber Identity), Mobilfunknummer (MSISDN), MAC-Adresse für WLAN-Nutzung, Name Ihres mobilen Endgerätes, E-Mail-Adresse].[4]

Lachenmann

(4) [ENTWEDER: Die mobile App setzt keine Cookies ein.] [ODER: Zusätzlich zu den zuvor genannten Daten werden bei Ihrer Nutzung unserer mobilen App Cookies auf Ihrem Rechner gespeichert. Bei Cookies handelt es sich um kleine Textdateien, die im Gerätespeicher Ihres mobilen Endgerätes abgelegt und der von Ihnen verwendeten mobilen App zugeordnet gespeichert werden. Durch Cookies können der Stelle, die den Cookie setzt (hier: uns), bestimmte Informationen zufließen. Cookies können keine Programme ausführen oder Viren auf Ihr mobiles Endgerät übertragen. Sie dienen dazu, mobile Apps insgesamt nutzerfreundlicher und effektiver zu machen.

a) Diese mobile App nutzt folgende Arten von Cookies, deren Umfang und Funktionsweise im Folgenden erläutert werden:
– Transiente Cookies (dazu b)
– Persistente Cookies (dazu c).

b) Transiente Cookies werden automatisiert gelöscht, wenn Sie unsere mobile App schließen. Dazu zählen insbesondere die Session-Cookies. Diese speichern eine sogenannte Session-ID, mit welcher sich verschiedene Anfragen Ihrer mobilen App zuordnen lassen. Dadurch kann Ihr mobiles Endgerät wiedererkannt werden, wenn Sie unsere mobile App erneut nutzen. Die Session-Cookies werden gelöscht, wenn Sie sich ausloggen oder die App schließen.

c) Persistente Cookies werden automatisiert nach einer vorgegebenen Dauer gelöscht, die sich je nach Cookie unterscheiden kann. Sie können die Einstellungen Ihres mobilen Betriebssystems und der App nach Ihren Wünschen konfigurieren und z. B. die Annahme von Third-Party-Cookies oder allen Cookies ablehnen. Wir weisen Sie darauf hin, dass Sie eventuell nicht alle Funktionen unserer mobilen App nutzen können.]

[Eventuell ergänzen: Bei der Nutzung verwenden wir statt Cookies eine in ihrer Funktion vergleichbare Technik.][5]

[ALTERNATIVE bei mobilen Apps ohne Datenerhebung: Die mobile App wird auf Ihr mobiles Endgerät geladen und kann ohne Zugriff auf das Internet verwendet werden. Bei ihrer Nutzung werden keine personenbezogenen Daten erhoben.][6]

[(4) Für Werbezwecke nutzen wir den sog. „Advertising Identifier" (IDFA). Dieser ist eine einzigartige, jedoch nicht-personalisierte und nicht dauerhafte Identifizierungsnummer für ein bestimmtes Endgerät, der durch iOS bereitgestellt wird. Die über den IDFA erhobenen Daten werden nicht mit sonstigen gerätebezogenen Informationen verknüpft. Den IDFA verwenden wir, um Ihnen personalisierte Werbung bereitzustellen und Ihre Nutzung auswerten zu können. Wenn Sie in den iOS-Einstellungen unter „Datenschutz" – „Werbung" die Option „kein Ad-Tracking" aktivieren, können wir nur folgende Maßnahmen vornehmen: Messung Ihrer Interaktion mit Bannern durch Zählung der Anzahl der Anzeigen eines Banners ohne Klick darauf („frequency capping"), Klickrate, Feststellung einzigartiger Nutzung („unique user") sowie Sicherheitsmaßnahmen, Betrugsbekämpfung und Fehlerbeseitigung. Sie können in den Geräteeinstellungen jederzeit den IDFA löschen („Ad-ID zurücksetzen"), dann wird ein neuer IDFA erstellt, der nicht mit den früher erhobenen Daten zusammengeführt wird. Wir weisen Sie darauf hin, dass Sie eventuell nicht alle Funktionen unserer App nutzen können, wenn Sie die Nutzung des IDFA beschränken.][7]

Lachenmann

Anmerkungen

1. Individuelle Gestaltung der Datenschutzerklärungen von mobilen Apps. Der Funktionsumfang von mobilen Apps ist sehr groß und individuell, so dass die Datenschutzerklärung stark auf den jeweiligen Einzelfall abzustimmen ist. Dieses Muster kann insofern nur einen typisch vorkommenden Sachverhalt aufgreifen. Regelmäßig ist eine Anpassung im Einzelfall unter Einbindung der Programmierer nötig.

2. Datenerhebung bei Herunterladen der mobilen App. Unabhängig von den Funktionen und technischen Verarbeitungsprozessen der mobilen App werden bei Herunterladen der mobilen App im App Store regelmäßig personenbezogene Daten der Nutzer an den Betreiber des Apps Stores, z.B. Apple App Store oder Google Play, übertragen (zu Vertragsbeziehungen bei Apps allgemein *Lachenmann* in: Solmecke/Taeger/Feldmann (Hrsg.), Mobile Apps, S. 25 ff.; *Kremer*, CR 2011, 765). Für die Übertragung von Zahlungs- und Kaufdaten ist der App-Store-Betreiber datenschutzrechtlich verantwortlich (Artikel-29-Datenschutzgruppe, Working Paper 202, S. 15; → F.I. 6. Anm. 3), darüber sollte kurz informiert werden. Wird die App über die Website eines Anbieters direkt erworben, ist eine ergänzende Formulierung für den Webshop mit aufzunehmen.

3. Datenerhebung bei Nutzung der mobilen App. Wenn die mobile App eine Internetverbindung aufbaut und auf einen Server zugreift, wird grundsätzlich das gleiche Logfile verwendet, wie es für die Website dargestellt wurde, so dass ein zu den Websites vergleichbares Muster vorgeschlagen wird (zum Muster für eine Website → F.I. 1.). Bei Nutzung der mobilen App mit Verbindung zum Internet werden weitere Daten übertragen, die je nach Funktion sehr unterschiedlich sein können und daher je nach Einzelfall darzulegen sind. Vorliegend können daher nur die Ansatzpunkte für eine Datenschutzerklärung dargelegt werden.

4. Personenbezug der Gerätekennziffer. Alle mobilen Endgeräte haben eine Gerätekennziffer, mit denen diese eindeutig identifiziert werden können (z.B. UDID bei Apple, DeviceID bei Android). Apple bietet mit dem „Advertising Identifier" eine Cookie-ähnliche Tracking-Möglichkeit (→ Anm. 7), da Apps inzwischen der Zugriff auf die UDID verweigert wird. Zudem können durch die App Informationen wie die IMEI erhoben werden, die weltweit einmalig sind und deren Zuordnung den Netzbetreibern möglich ist (*Sachs/Meder*, ZD 2013, 303 (304)). Die Gerätekennziffern bildet mithin Pseudonyme und gelten damit als personenbezogen (bereits Düsseldorfer Kreis v. 18.6.2014, S. 5 f.; *Taeger* in: Solmecke/Taeger/Feldmann (Hrsg.), Mobile Apps, S. 220 f. und zur Datenerhebung durch App-Stores und -Anbieter S. 235 ff.; Grundlegend zum Datenschutz bei mobilen Apps nach dem BDSG *Kremer*, CR 2012, 438; Artikel-29-Datenschutzgruppe, Working Paper 202, S. 10 f.).

5. Programmierung und Cookies bei Apps. Ob Cookies verwendet werden, ist von der App abhängig und von dem Entwickler zu erfragen. Dies ist nicht notwendig, jedoch beispielsweise möglich bei Web-Apps, die in HTML, CSS oder JavaScript programmiert werden (*Sachs/Meder*, ZD 2013, 303). Vorliegend wird ein Beispiel gegeben, wie die Datenschutzerklärung mit Verwendung von Cookies lauten kann. Da es sich bei Apps um Software handelt, liegen vielfach andere Technologien

Lachenmann

zu Grunde liegen (die Apps werden programmiert in Objective-C bzw. Swift bei iOS, Java bei Android, C# bei Windows Phone). In diesen Fällen ist von den Entwicklern die entsprechende Information einzuholen, welche Daten im Detail übermittelt werden.

6. Apps ohne Datenerhebung. Viele Apps laufen, nachdem sie heruntergeladen wurden, nur auf dem mobilen Endgerät, ohne eine Internetverbindung zu benötigen. Solche Apps bauen keinen Kontakt zum Server auf und übertragen mithin auch keine Daten. Die hier abgedruckte alternative Formulierung greift diesen Sachverhalt auf. Selbst wenn die DS-GVO keine Anwendung findet, wenn beim Betrieb der App keine personenbezogenen Daten verarbeitet werden, empfiehlt sich als vertrauensbildende Maßnahme ein entsprechender Hinweis in der Datenschutzerklärung, der zudem auf die Datenverarbeitung beim Download der App hinweist.

7. Datenschutz bei Verwendung des Advertising Identifier. Die Identifizierung von iPhones, insbesondere zu Werbezwecken, erfolgt über den beschriebenen IDFA, der durch die Nutzer jederzeit gelöscht werden kann und einen weitgehenden Opt-out aus Werbetracking vorsieht, insbesondere durch Einstellungsmöglichkeiten der Nutzer (*Engelhardt* in: Solmecke/Taeger/Feldmann (Hrsg.), Mobile Apps, S. 222). Der IDFA ermöglicht die Verknüpfung mit weiteren personenbezogenen Daten, durch die ein Personenbezug hergestellt werden kann, nicht jedoch mit dauerhaft dem Gerät zugeordneten Daten. Dieses Datum kann daher wie ein Cookie verwendet werden (*Lober/Falkner,* K&R 2013, 357f.). Die beschriebenen Funktionen sind für Entwickler von Apps und Werbe-APIs durch Apple in den Nutzungsbedingungen für Entwickler vorgegeben (Nr. 3.3.12f. des iOS Developer Program License Agreement, Version 9/12/12; Definitionen in Nr. 1.2). Früher erfolgte das Tracking bei Apple über die sog. UDID („Unique Device Identifier"), eine 40-stellige Nummer zur weltweit einzigartigen Identifikation jedes Geräts. Diese wird zwar weiterhin ausgegeben, darf seit iOS 6 jedoch nicht mehr durch App-Anbieter verwendet werden.

Wenn die Option „kein Ad-Tracking" bzw. „Limited Advertising Purposes" aktiviert wird, sind laut der Definition in Nr. 1.2 des iOS Agreements nur die in der Erklärung beschriebenen Funktionen gestattet. Jedoch sind darüber hinaus solche Maßnahmen erlaubt, die in der Dokumentation zur Ad Support API freigegeben werden. Setzt der Anbieter solche Funktionen ein, ist die Datenschutzerklärung entsprechend zu erweitern. Diese sollte bevorzugt in die Einstellungen der App integriert werden. Für die Widerspruchsmöglichkeit gegen Verwendung der IDFA ist es einerseits ausreichend, die Nutzer auf die Abschaltung in den System-Einstellungen zu verweisen. Andererseits sollte mittels einer konkreten Anleitung beschrieben werden, wie dieser Opt-out in den Einstellungen des Betriebssystems durchgeführt werden kann.

Das hier für Apple iOS beschriebene Muster gilt für jede Art von Tracking in allen Betriebssystemen. Zu beachten ist weiterhin, dass die Möglichkeit des Widerspruchs per E-Mail/Post laut Datenschutzaufsichtsbehörden nicht ausreichend ist, da aufgrund des Medienbruchs keine Zuordnung erfolgen könne (Düsseldorfer Kreis v. 18.6.2014, S. 10ff.). Bei Android wird mit ähnlicher Funktionsweise die Werbe-ID verwendet, die unter „Einstellungen/Konto/Google/Anzeigen" zurückgesetzt werden kann.

Lachenmann

Kumulativ: Ergänzend zu erteilende Informationen bei besonderen Nutzungsformen der mobilen Apps

1. Verwendung Ihres Adressbuchs, Ihres Kalenders, Ihrer Fotos und Ihrer Erinnerungen

(1) Zu Beginn der Nutzung unserer mobilen App bitten wir Sie in einem Pop-up um die Erlaubnis zur Nutzung [Ihres Adressbuchs, Ihres Kalenders, Ihrer Fotos und Ihrer Erinnerungen]. Wenn Sie die Erlaubnis nicht erteilen, nutzen wir diese Daten nicht. Eventuell können Sie in diesem Fall nicht alle Funktionen unserer App nutzen. Sie können die Erlaubnis später in den Einstellungen [der App oder] des Betriebssystems unter [Einstellungen, ...] erteilen oder widerrufen.[8]

(2) Wenn Sie den Zugriff auf diese Daten gestatten, wird die mobile App nur auf Ihre Daten zugreifen und sie auf unseren Server übertragen, soweit es für die Erbringung der Funktionalität notwendig ist. Ihre Daten werden von uns vertraulich behandelt und gelöscht, wenn Sie die Rechte zur Nutzung widerrufen oder zur Erbringungen der Leistungen nicht mehr erforderlich sind und keine rechtlichen Aufbewahrungspflichten bestehen. Rechtsgrundlage für die Verarbeitung ist Art. 6 Abs. 1 S. 1 lit. f DS-GVO.[9]

2. Erhebung Ihrer Standortdaten

(1) Unser Angebot umfasst sogenannte Location Based Services[10], mit welchen wir Ihnen spezielle Angebote bieten, die auf Ihren jeweiligen Standort zugeschnitten sind. Diese Funktionen können Sie erst nutzen, nachdem Sie über ein Pop-up zugestimmt haben, dass wir zu Zwecken der Leistungserbringung Ihre Standortdaten mittels GPS und Ihre IP-Adresse in anonymisierter Form erheben können. Sie können die Funktion in den Einstellungen der App oder Ihres Betriebssystems jederzeit erlauben oder widerrufen, indem Sie in unter „Einstellungen" [...] aufrufen.[11] Ihr Standort wird nur an uns übertragen, wenn Sie bei Nutzung der App Funktionen in Anspruch nehmen, die wir Ihnen nur bei Kenntnis Ihres Standortes anbieten können.[12] [ODER: Ihr Standort wird nach Ihrer Bestätigung regelmäßig an uns übertragen, wobei wir nur Ihren jeweils zuletzt mitgeteilten Standort nutzen und die vorherigen Standortmitteilungen löschen. Wenn die Standorterhebung aktiv ist, zeigt ihr [iPhone] die Datenverarbeitung über ein Kompass-Symbol in der oberen Leiste an.][13]

(2) Zu Zwecken der Werbung, Marktforschung und bedarfsgerechten Gestaltung des Angebotes erstellen wir Nutzungsprofile unter Verwendung von Pseudonymen. Diese Daten werden nicht mit anderen personenbezogenen Daten zusammengeführt. Dem können Sie widersprechen, indem Sie in den Einstellungen der App den Button [...] betätigen. Gerne können Sie sich auch an [Datenschutz@example.com] oder die im Impressum angegebene Anschrift wenden. [ODER: Ihre Standortdaten werden nicht dazu verwendet, über Ihren aktuellen Standort hinaus Bewegungsprofile anzulegen.][14]

3. Datenschutzerklärung zur Nutzung des Messverfahrens der INFOnline GmbH[15]

Unsere Applikation nutzt das Messverfahren („SZMnG") der INFOnline GmbH (https://www.infonline.de) zur Ermittlung statistischer Kennwerte über die Nutzung unserer Angebote. Ziel der Reichweitenmessung ist es, die Nutzungsintensität, die Anzahl der Nutzer einer Applikation und das Nutzungsverhalten statistisch – auf Basis eines einheitlichen Standardverfahrens – zu bestimmen und somit marktweit vergleichbare Werte zu erhalten. Für Angebote, die Mitglied der Informationsgemeinschaft zur Feststellung der Verbreitung von Werbeträgern e. V. (IVW – http://www.ivw.eu) sind oder an den Studien der Arbeitsgemeinschaft Online-Forschung e. V. (AGOF – http://www.agof.de) teilnehmen, werden die Nutzungsstatistiken regelmäßig von der AGOF und der Arbeitsgemeinschaft Media-Analyse e. V. (agma – http://www.agma-mmc.de), sowie der IVW veröffentlicht und können auf den jeweiligen Webseiten eingesehen werden.

(1) Datenverarbeitung

Die INFOnline GmbH erhebt und verarbeitet Daten nach deutschem Datenschutzrecht. Durch technische und organisatorische Maßnahmen wird sichergestellt, dass einzelne Nutzer zu keinem Zeitpunkt identifiziert werden können. Daten, die möglicherweise einen Bezug zu einer bestimmten, identifizierbaren Person haben, werden frühestmöglich anonymisiert.

1.1 Anonymisierung der IP-Adresse

Im Internet benötigt jedes Gerät zur Übertragung von Daten eine eindeutige Adresse, die sogenannte IP-Adresse. Die zumindest kurzzeitige Speicherung der IP-Adresse ist aufgrund der Funktionsweise des Internets technisch erforderlich. Die IP-Adressen werden vor jeglicher Verarbeitung gekürzt und nur anonymisiert weiterverarbeitet. Es erfolgt keine Speicherung oder Verarbeitung der ungekürzten IP-Adressen.

1.2 Geolokalisierung bis zur Ebene der Bundesländer/Regionen

Eine sogenannte Geolokalisierung, also die Zuordnung eines Nutzungsvorganges zum Ort des Aufrufs, erfolgt ausschließlich auf der Grundlage der anonymisierten IP-Adresse und nur bis zur geographischen Ebene der Bundesländer/Regionen. Aus den so gewonnenen geographischen Informationen kann in keinem Fall ein Rückschluss auf den konkreten Wohnort eines Nutzers gezogen werden.

1.3 Identifikationsnummer des Gerätes

Die Reichweitenmessung verwendet zur Wiedererkennung von Geräten eindeutige Kennungen des Endgerätes, die ausschließlich anonymisiert übermittelt werden oder eine anonyme Signatur, die aus verschiedenen automatisch übertragenen Informationen Ihres Gerätes erstellt wird.

1.4 Anmeldekennung

Zur Messung von verteilter Nutzung (Nutzung eines Dienstes von verschiedenen Geräten) kann die Nutzerkennung beim Login, falls vorhanden, als anonymisierte Prüfsumme an INFOnline übertragen werden.

2. Löschung

Die gespeicherten Nutzungsvorgänge werden nach spätestens sieben Monaten gelöscht. Weitere Informationen zum Datenschutz im Messverfahren finden Sie auf der Webseite der INFOnline GmbH (https://www.infonline.de), die das Messverfahren betreibt, der Datenschutzwebseite der AGOF (http://www.agof.de/datenschutz) und der Datenschutzwebseite der IVW (http://www.ivw.eu).

Lachenmann

Wenn Sie an der Messung nicht teilnehmen möchten, können Sie hier widersprechen

[Aufruf der Opt-Out Funktion der INFOnline Library (z. B. als Button)]

(2) Wir nutzen das SZM-Verfahren, um die Nutzung unserer mobilen App analysieren und regelmäßig verbessern zu können. Über die gewonnenen Statistiken können wir unser Angebot verbessern und für Sie als Nutzer interessanter ausgestalten. Rechtsgrundlage für die Nutzung des SZM-Verfahrens ist Art. 6 Abs. 1 S. 1 lit. f DS-GVO.

Anmerkungen

8. Zustimmung und Einwilligung zur Datenverarbeitung. Dient der Zugriff auf persönliche Daten der mobilen App, wie Adressbuch oder Kalender, der Erbringung vertraglicher Leistungen (z. B. Zugriff auf den Kalender im Fall einer Kalender-App) ist die Erhebung dieser Inhaltsdaten bereits gem. Art. 6 Abs. 1 S. 1 lit. b DS-GVO erlaubt (so zu Art. 7 Abs. 1 lit. b DSRL bereits Düsseldorfer Kreis v. 18.6.2014, S. 9 ff.). Selbst bei einer pauschalen Berechtigungserteilung kann der Erlaubnistatbestand nur insoweit herangezogen werden, als die Daten tatsächlich für den vertraglichen Zweck erforderlich sind (vgl. Düsseldorfer Kreis v. 18.6.2014, S. 17; Hess. DSB, Aufgabe für App-Anbieter – Transparenz für Android App-Nutzer herstellen!, Juni 2014). Grundsätzlich sollten die jeweiligen Daten möglichst restriktiv erhoben werden, um durch einen hohen Datenschutzstandard Nutzervertrauen zu schaffen. Dienste wie WhatsApp oder Facebook, die deutlich mehr Daten übertragen als sie müssten, stehen regelmäßig in der öffentlichen Kritik. Erfolgt eine Verwendung der Daten über die bloße vertragliche Leistungserbringung hinaus, z. B. Speicherung der Daten auf dem Server des Anbieters und Auswertung der Daten zu anderen Zwecken, ist gem. Art. 6 Abs. 1 S. 1 lit. a DS-GVO eine Einwilligung des Nutzers zwingend nötig (zu §§ 4a BDSG a. F., 12 Abs. 1, 13 Abs. 2 TMG bereits Artikel-29-Datenschutzgruppe, Working Paper 202, S. 21).

Eine datenschutzrechtlich einwandfreie Einwilligung wäre nur erteilt, wenn in dem in der mobilen App erscheinenden Pop-up über die Datenverarbeitung im Detail aufgeklärt oder auf eine entsprechende Informationsseite verlinkt würde. Dies wird jedoch derzeit durch die mobilen Betriebssysteme nicht ermöglicht. Dem Anbieter bleibt nur, die Einwilligung in der Datenschutzerklärung in der App und im App Store niederzulegen. Unabhängig davon, ob nach europäischem Recht die Einwilligung notwendig ist, fordern die Nutzungsbedingungen für App-Entwickler bei Apple die Erteilung einer Einwilligung (Nr. 3.3.8–3.3.13, 3.3.16, 3.3.37 iOS Agreement, dazu *Engelhardt* in: Solmecke/Taeger/Feldmann (Hrsg.), Mobile Apps, S. 85 ff.). Jedoch ist auch bei einer solchen Einwilligung die Datenerhebung nicht uferlos auszuweiten. Beispielsweise wird es als kritisch angesehen, das gesamte Adressbuch auf den eigenen Server hochzuladen, da dadurch auch personenbezogene Daten Dritter ohne deren Wissen erhoben werden (Artikel-29-Datenschutzgruppe, Working Paper 202, S. 18 ff.). Es ist auch hier eine eindeutige Widerrufsmöglichkeit gegen die Datennutzung bereitzustellen, bevorzugt in den Optionen der App. Daneben sollte beschrieben werden, wie ein Widerspruch in den Einstellungen des Betriebssystems durchgeführt werden kann.

Lachenmann

9. Löschung der Daten bei Widerruf. Anbieter mobiler Apps sollten gewährleisten, dass die personenbezogenen Daten der Nutzer möglichst umfassend gelöscht werden. Bereits der Düsseldorfer Kreis bemängelte in seiner Stellungnahme vom 4./5.5.2011 (https://www.ldi.nrw.de/mainmenu_Service/submenu_Entschliessungsarchiv/Inhalt/Beschluesse_Duesseldorfer_Kreis/Inhalt/2011/Datenschutzgerechte_ Smartphone-Nutzung_ermoeglichen_/Datenschutzgerechte_Smartphone-Nutzung_ erm__glichen_.pdf), dass die Datenspuren nicht gelöscht werden könnten. Daher sollten, wenn ein Nutzer später die Einwilligung in die Datennutzung über die Einstellungen widerruft, auch seine Datenspuren gelöscht oder nur anonymisiert weiterverarbeitet werden. Dieses Erfordernis ergibt sich bereits aus Art. 17 Abs. 1 DS-GVO und der Zweckbindung. Um die Datenlöschung bei Löschung der App gewährleisten zu können, wird den Herstellern der Betriebssysteme empfohlen, entsprechende APIs vorzusehen. Solange der App-Anbieter dies nicht feststellen kann, sollen die Daten nach einer gewissen Zeit der Nutzerinaktivität und vorheriger Warnung des Nutzers gelöscht werden (*Lober/Falkner*, K&R 2013, 357 (363)).

10. Ortungsdienste und Standortdaten. Es existieren inzwischen eine Vielzahl von Diensten, die anhand des konkreten Standortes des Nutzers eines mobilen Endgerätes spezielle Dienste anbieten, von der Umkreissuche von Sehenswürdigkeiten bis hin zu Flirt-Diensten, die suchende Personen in der eigenen Umgebung anzeigen (siehe *Rammos* in: Taeger (Hrsg.), Die Welt im Netz, S. 493 (501 ff.); *Franck/Müller-Peltzer* in: Taeger (Hrsg.) Smart World – Smart Law?, S. 199). Das Formulierungsbeispiel geht davon aus, dass ein zwei-Personen-Verhältnis zwischen einem Telemediendienst und dem Nutzer vorliegt. Jedoch gilt nichts anderes für sog. „Friend-Finder"-Dienste, bei denen mehrere Teilnehmer den gleichen Dienst nutzen.
Das Muster geht von der am weitesten verbreiteten Möglichkeit der Ortung eines Nutzers mittels Satellit (GPS) und der IP-Adresse aus. Für eine solche Bestimmung mittels Satellit findet das TKG keine Anwendung, da es sich um kein Telekommunikationsnetz handelt, also die Daten nicht aus dem Kommunikationsverkehr herrühren (*Ulmer* in: Hilber (Hrsg.), Handbuch Cloud Computing, S. 592 f.). Die Ortsdaten unterfallen hingegen den Vorgaben der DS-GVO (zu Nutzungsdaten gem. § 15 TMG *Jandt/Schnabel*, K&R 2008, 723 (724 f.)). Die Anwendung der DS-GVO ergibt sich auch, wenn die Ortung über WLAN-Netze in Verbindung mit einer Geodatenbank erfolgt, da die Kontrolle über die Erhebung der Ortsdaten beim Nutzer liegt (zu Apples iBeacon-Technologie nach TMG *Schürmann/von der Heide* in: Taeger (Hrsg.), Big Data & Co, S. 637).
Demgegenüber findet das TKG Anwendung, wenn die Ortung über das Einloggen in einen konkreten WLAN-Hotspot oder über das GSM/UMTS-Netz („Cell of Origin") erfolgt, so dass in diesen Fällen bei jedem Fall einer Verarbeitung von Positionsdaten gem. §§ 98, 94 TKG eine Einwilligung des Nutzers einzuholen ist (*Jandt/Schnabel*, K&R 2008, 723 (727 f.)). Gleiches gilt bei Einsatz von Bluetooth für die Web Beacons oder Geofencing: Dabei wird zu Beginn eine Zone definiert, wenn Nutzer identifiziert werden sollen. Wenn sich sodann eine betroffene Person in dieser Zone bewegt, wird das Event und die Ad-ID weitergesendet. Ebenfalls könnten WiFi-Hotspots als Standortfestlegung dienen. Gegenüber Telekommunikationsanbietern gilt § 98 Abs. 1 TKG, so dass der Teilnehmer (§ 3 Nr. 14 TKG) eine (schriftliche) Einwilligung zu erteilen hat. Zudem ist gem. § 98 Abs. 1 S. 2 und 5 TKG der

Lachenmann

Nutzer mittels einer Textmitteilung zu informieren (*Sieling/Philipp*, ITRB 2013, 255 (257 f.)). Bei mehreren beteiligten Personen, die über verschiedene Wege Standortdaten erheben, ist je nach Art der Erhebung für jeden Beteiligten die entsprechende Rechtsgrundlage heranzuziehen.

11. Auswahl der Nutzer in den System-Einstellungen. Ein ergänzender Hinweis, dass der Nutzer die Daten in der App selbst löschen kann, sollte erfolgen, da in der Regel der Nutzer selbst die Einstellung einfach vornehmen kann und so zu viele Widerrufe an den App-Anbieter vermieden werden. Die Details sind abhängig von dem jeweiligen Betriebssystem sowie den Funktionalitäten der App, so dass die Formulierung entsprechend anzupassen ist. Dabei sollten in der Datenschutzerklärung die Schritte konkret erläutert werden (Düsseldorfer Kreis v. 18.6.2014, S. 10 ff.).

12. Datenschutzkonforme Erhebung von Ortsdaten ohne Einwilligung. Wenn eine mobile App spezielle Dienste anbietet, die nur bei Nutzung der Ortsdaten des Nutzers möglich sind (z. B. Umkreissuche von Sehenswürdigkeiten oder Live-Routenplaner), ist die Nutzung dieser Daten gem. Art. 6 Abs. 1 S. 1 lit. f DS-GVO ohne Einwilligung zulässig. Denn in diesen Fällen werden die Daten durch den Nutzer selbst bereitgestellt und deren Erhebung ist erforderlich, um die Inanspruchnahme der Funktion zu ermöglichen (zur DSRL *Sachs/Meder*, ZD 2013, 303 (306); Artikel-29-Datenschutzgruppe, Working Paper 185, S. 9 ff.). Diese Ortsdaten sollten, soweit als möglich, nur lokal auf dem Endgerät und „verwaschen", also nur in der unbedingt nötigen Auflösung, verarbeitet werden. Dies kann z. B. durch Nullung von Dezimalstellen der GPS-Koordinaten erreicht werden (Düsseldorfer Kreis v. 18.6.2014, S. 25 f.). Die Formulierung geht von einer sehr restriktiven Nutzung aus, bei der die Ortsdaten nur erhoben werden, wenn der Nutzer die Funktion verwenden möchte. Ortsdaten sollten nur anonymisiert oder pseudonymisiert erhoben werden § 94 TKG. Das Urteil des LG Berlin, das eine solche den gesetzlichen Anforderungen entsprechende Klausel für rechtswidrig erklärte (LG Berlin, Urt. v. 30.4.2013 – 15 O 92/12 m. Anm. *Schröder*; dazu *Kremer/Buchalik*, CR 2013, 789), blieb zu Recht ohne größere Bedeutung.

Eine Einwilligung der Nutzer des Dienstes ist einzuholen, wenn die Erhebung oder Verarbeitung der Daten über die Notwendigkeit für die konkrete Erbringung des Dienstes hinausgeht. Für eine solche Einwilligung ist die detaillierte Information über die Nutzung notwendig, die z. B. über ein spezielles Pop-up dem Nutzer komplett angezeigt werden muss (zu BDSG a. F./TMG *Sieling/Philipp*, ITRB 2013, 255 (257 f.)). Zu den Einwilligungen sind die Bestimmungen des Art. 7 DS-GVO zu beachten.

13. Erhebung der Standortdaten. Profile können ergänzt werden, indem die jeweiligen Standortdaten erhoben und gespeichert werden. Bei kurzen Abständen der Erhebung können so Bewegungsprofile von Nutzern erstellt werden. Dies ist nur zulässig, wenn dies für die Erbringung der Funktionen notwendig ist, ansonsten mit Einwilligung. Grundsätzlich sind die Abtastintervalle so einzustellen, dass sie Standortdaten nur erheben, soweit es für die Funktion der App notwendig ist (Düsseldorfer Kreis v. 18.6.2014, S. 26). Für die mobilen, standortbasierten Werbemaßnahmen sollte zudem eine Pseudonymisierung der Ortsdaten erfolgen (vgl. zu BDSG

Lachenmann

a.F./TMG Düsseldorfer Kreis, Orientierungshilfe zu den Datenschutzanforderungen an App-Entwickler und App-Anbieter v. 16.6.2014, S. 25 f.).

14. Profilerstellung bei mobiler Werbung. Zu beachten für den Ortsbezug von Werbung bei Online-Profilen ist, dass die Ortsdaten ebenso wie die Werbeprofile pseudonym behandelt werden müssen. Zwar können die Ortsdaten mit dem Pseudonym verknüpft werden, um die Werbung ortsgebunden betreiben zu können. Dies findet seine Grenze jedoch dann, wenn sich der Nutzer dadurch identifizieren lässt, also aufgrund der erhobenen Ortsdaten individualisiert werden kann oder das Pseudonym des Profils mit personenbezogenen Daten verknüpft wird (ausführlich *Arning/Moos*, ZD 2014, 126 (129 ff.).

15. Nutzertracking in der mobilen App. Das Nutzerverhalten kann in mobilen Apps genauso überprüft werden, wie auf Websites mit Angeboten wie Google Analytics. Die INFOnline GmbH stellt eine Musterformulierung zur Nutzung innerhalb von mobilen Apps bereit, die hier abgedruckt ist. Ergänzt wurde Abs. 2, der neue Vorgaben zur Information aus Art. 13 DS-GVO ergänzt (zu Webtracking → F.I.5.).

3. Besondere Nutzungsformen von Websites

Die im Folgenden unter → 3.–8. dargestellten Klauseln können bei der in → 1. dargestellten Datenschutzerklärung für Websites oder in → 2. dargestellten Datenschutzerklärung für Apps **ergänzt werden,** wenn die jeweiligen Funktionen in der Website oder App eingebaut sind. Es können jeweils die **Textbausteine modular** aus den diversen Mustern gewählt werden, die die genutzten Funktionen beschreiben.

1. Nutzung der Blog-Funktionen

(1) In unserem Blog, in dem wir verschiedene Beiträge zu Themen rund um unsere Tätigkeiten veröffentlichen, können Sie öffentliche Kommentare abgeben. Ihr Kommentar wird mit Ihrem angegebenen Nutzernamen bei dem Beitrag veröffentlicht. Wir empfehlen, ein Pseudonym statt Ihres Klarnamens zu verwenden. Die Angabe von Nutzernamen und E-Mail-Adresse ist erforderlich, alle weiteren Informationen sind freiwillig. Wenn Sie einen Kommentar abgeben, speichern wir weiterhin Ihre IP-Adresse, die wir nach [einer Woche] löschen. Die Speicherung ist für uns erforderlich, um uns in Fällen einer möglichen Veröffentlichung widerrechtlicher Inhalte gegen Haftungsansprüche verteidigen zu können. Ihre E-Mail-Adresse benötigen wir, um mit Ihnen in Kontakt zu treten, falls ein Dritter Ihren Kommentar als rechtswidrig beanstanden sollte. Rechtsgrundlagen sind Art. 6 Abs. 1 S. 1 lit. b und f DS-GVO. Die Kommentare werden vor Veröffentlichung nicht geprüft. Wir behalten uns vor, Kommentare zu löschen, wenn sie von Dritten als rechtswidrig beanstandet werden.[1]

[Eventuell zusätzlich:

(2) Beim Schreiben Ihres Kommentars können Sie einen Haken bei unserem E-Mail-Service setzen. Dadurch werden Sie informiert, wenn weitere Nutzer einen Kommentar zu dem Beitrag hinterlassen. Für diesen Service setzen wir das sog.

Lachenmann

Double-opt-in-Verfahren ein, d. h. Sie erhalten eine E-Mail, in der Sie bestätigen müssen, dass Sie Inhaber dieser E-Mail-Adresse sind und den Erhalt der Benachrichtigungen wünschen. Die Benachrichtigungen können Sie jederzeit abbestellen, indem Sie auf den in der E-Mail enthaltenen Link klicken. Ihre personenbezogenen Daten, inklusive E-Mail-Adresse, Ihre Zeitpunkte der Registrierung für den Service und Ihre IP-Adresse werden von uns gespeichert, bis Sie sich von dem Hinweis-Service abmelden.][2]

[Eventuell zusätzlich:

(3) Unsere Kommentierungsfunktion nutzt das Plug-in „Disqus", das von der Big Head Labs, Inc., http://www.disqus.com, betrieben wird, die für die Verarbeitung der Kommentare verantwortlich sind (künftig: „Disqus").[3] Mit Disqus können Sie einen Kommentar zu unseren Beiträgen abgeben, der solange gespeichert und angezeigt wird, wie der kommentierte Beitrag auf unserer Website online ist, falls Sie den Kommentar nicht zuvor löschen. Die Kommentarfunktion können Sie unregistriert als Gast ebenso nutzen wie als angemeldeter Nutzer von Disqus auf allen Disqus nutzenden Websites. Darüber hinaus können Sie sich über Ihre Accounts der Drittanbieter Facebook, Twitter oder Google anmelden. Bei Anmeldung über die Zugangsdaten eines Drittanbieters wird auch dieser Ihre personenbezogenen Daten verarbeiten, wobei uns die Details nicht bekannt sind. Durch Disqus werden uns die durch die Kommentierungsfunktion erhobenen Daten bereitgestellt. Rechtsgrundlage ist Art. 6 Abs. 1 S. 1 lit. f DS-GVO. [Da Ihre personenbezogenen Daten in den USA verarbeitet werden, haben wir Standarddatenschutzklauseln abgeschlossen.] Die Kontaktdaten des Verantwortlichen lauten: Big Head Labs, Inc., San Francisco, USA. Nutzungsbedingungen: http://help.disqus.com/customer/portal/articles/466260-terms-of-service/; Nähere Informationen zur Verarbeitung Ihrer Daten können Sie den Datenschutzbestimmungen des Anbieters entnehmen: http://help.disqus.com/customer/portal/articles/466259-privacy-policy.]

2. Nutzung unseres Webshops

(1) Wenn Sie in unserem Webshop bestellen möchten, ist es für den Vertragsabschluss erforderlich, dass Sie Ihre persönlichen Daten angeben, die wir für die Abwicklung Ihrer Bestellung benötigen. Für die Abwicklung der Verträge notwendige Pflichtangaben sind gesondert markiert, weitere Angaben sind freiwillig. Die von Ihnen angegebenen Daten verarbeiten wir zur Abwicklung Ihrer Bestellung. Dazu können wir Ihre Zahlungsdaten an unsere Hausbank weitergeben. Rechtsgrundlage hierfür ist Art. 6 Abs. 1 S. 1 lit. b DS-GVO.

[Optional: Sie können freiwillig ein Kundenkonto anlegen, durch das wir Ihre Daten für spätere weitere Einkäufe speichern können. Bei Anlegung eines Accounts unter „Mein Konto" werden die von Ihnen angegebenen Daten widerruflich gespeichert. Alle weiteren Daten, inklusive Ihres Nutzerkontos, können Sie im Kundenbereich stets löschen.][4]

Wir können die von Ihnen angegebenen Daten zudem verarbeiten, um Sie über weitere interessante Produkte aus unserem Portfolio zu informieren oder Ihnen E-Mails mit technischen Informationen zukommen lassen.[5]

(2) Wir sind aufgrund handels- und steuerrechtlicher Vorgaben verpflichtet, Ihre Adress-, Zahlungs- und Bestelldaten für die Dauer von zehn Jahren zu speichern. Allerdings nehmen wir nach [zwei Jahren] eine Einschränkung der Verarbeitung

Lachenmann

vor, d.h. Ihre Daten werden nur zur Einhaltung der gesetzlichen Verpflichtungen eingesetzt.[6]

(3) Zur Verhinderung unberechtigter Zugriffe Dritter auf Ihre persönlichen Daten, insbesondere Finanzdaten, wird der Bestellvorgang per TLS-Technik verschlüsselt.[7]

3. Nutzung unseres Portals[8]

(1) Soweit Sie unser Portal nutzen möchten, müssen Sie sich mittels Angabe Ihrer E-Mail-Adresse, eines selbst gewählten Passworts sowie Ihres frei wählbaren Benutzernamens registrieren. Es besteht kein Klarnamenszwang, eine pseudonyme Nutzung ist möglich.[9] Wir verwenden für die Registrierung das sog. Double-opt-in-Verfahren, d.h. Ihre Registrierung ist erst abgeschlossen, wenn Sie zuvor Ihre Anmeldung über eine Ihnen zu diesem Zweck zugesandte Bestätigungs-E-Mail durch Klick auf den darin enthaltenem Link bestätigt haben. Falls Ihre diesbezügliche Bestätigung nicht binnen [24 Stunden] erfolgt, wird Ihre Anmeldung automatisch aus unserer Datenbank gelöscht.[2] Die Angabe der zuvor genannten Daten ist verpflichtend, alle weiteren Informationen können Sie freiwillig durch Nutzung unseres Portals bereitstellen.

(2) Wenn Sie unser Portal nutzen, speichern wir Ihre zur Vertragserfüllung erforderlichen Daten, auch Angaben zur Zahlungsweise, bis Sie Ihren Zugang endgültig löschen. Weiterhin speichern wir die von Ihnen angegebenen freiwilligen Daten für die Zeit Ihrer Nutzung des Portals, soweit Sie diese nicht zuvor löschen. Alle Angaben können Sie im geschützten Kundenbereich verwalten und ändern. Rechtsgrundlage ist Art. 6 Abs. 1 S. 1 lit. f DS-GVO.

(3) Wenn Sie das Portal nutzen, können Ihre Daten entsprechend der Vertragsleistung anderen Teilnehmern des Portals zugänglich werden. Nicht angemeldete Mitglieder erhalten keine Informationen über Sie. Für alle angemeldeten Mitglieder sind Ihr [Benutzername und Foto] sichtbar, unabhängig davon, ob Sie diese freigegeben haben. Demgegenüber ist ihr gesamtes Profil mit den von Ihnen freigegebenen Daten für alle Mitglieder sichtbar, die Sie als persönlichen Kontakt bestätigt haben. Wenn Sie Ihren persönlichen Kontakten Inhalte zugänglich machen, die Sie nicht mittels einer privaten Nachricht senden, sind diese Inhalte für Dritte einsehbar, soweit Ihr persönlicher Kontakt die Freigabe erteilt hat. Soweit Sie Beiträge in öffentlichen Gruppen einstellen, sind diese für alle angemeldeten Mitglieder des Portals sichtbar.

(4) Um unberechtigte Zugriffe Dritter auf Ihre persönlichen Daten, insbesondere Finanzdaten, zu verhindern, wird die Verbindung per TLS-Technik verschlüsselt.[7]

4. Nutzung unseres Forums[10]

(1) Unser Forum kann gelesen werden, ohne dass eine Anmeldung erforderlich ist. Wenn Sie an dem Forum aktiv mitwirken möchten, müssen Sie sich mittels Angabe Ihrer E-Mail-Adresse, eines selbst gewählten Passworts sowie Ihres frei wählbaren Benutzernamens registrieren. Es besteht kein Klarnamenszwang, eine pseudonyme Nutzung ist möglich.[9] Wir verwenden für die Registrierung das sog. Double-opt-in-Verfahren, d.h. Ihre Registrierung ist erst abgeschlossen, wenn Sie zuvor Ihre Anmeldung über eine Ihnen zu diesem Zweck zugesandte Bestätigungs-E-Mail

Lachenmann

durch Klick auf den darin enthaltenen Link bestätigt haben. Falls Ihre diesbezügliche Bestätigung nicht binnen [24 Stunden] erfolgt, wird Ihre Anmeldung automatisch aus unserer Datenbank gelöscht.[2]

(2) Wenn Sie einen Foren-Account anmelden, speichern wir bis zu Ihrer Abmeldung neben Ihren Anmeldedaten alle Angaben, die Sie in dem Forum tätigen, also öffentliche Beiträge, Pinnwandeinträge, Freundschaften, private Nachrichten usw., um das Forum zu betreiben.[11] Rechtsgrundlage ist Art. 6 Abs. 1 S. 1 lit. f DS-GVO.

(3) Wenn Sie Ihren Account löschen, bleiben Ihre öffentlichen Äußerungen, insbesondere Beiträge zum Forum, weiterhin für alle Leser sichtbar, Ihr Account ist jedoch nicht mehr abrufbar und im Forum mit „[Gast]" gekennzeichnet. Alle anderen Daten werden gelöscht. [Optional: Wenn Sie wünschen, dass auch Ihre öffentlichen Beiträge gelöscht werden, wenden Sie sich bitte unter den oben angegebenen Kontaktdaten an den Verantwortlichen.]

[Optional: (4) Das Forum ist auch über die mobile App [Name] für [iOS/Android/Windows Phone etc.] zugänglich. Wenn Sie die mobile App installieren, unterliegt die Nutzung ihrer Daten dem Betreiber der mobilen App. Über die mobile App werden Ihr Nutzernamen, Passwort und ggf. private Nachrichten zwischen dem Forum und der mobilen App übertragen, nicht jedoch auf die Server des App-Anbieters. Die Nutzung unterliegt den Datenschutzbestimmungen von [Name, Adresse und Link zu Datenschutzbestimmungen des App-Anbieters].][12]

Anmerkungen

1. **Speicherung von Nutzerdaten wegen Haftung für fremde Inhalte.** Kommentiert ein Nutzer (Blog-)Beiträge auf einer Website, muss er zumindest einen (ggf. pseudonymen) Namen und den Kommentar angeben, um dem Zweck der Interaktion zu genügen. Darüber hinaus kann die Angabe von weiteren Informationen verlangt werden und der Websitebetreiber kann Metadaten, wie IP-Adresse und Zeitpunkt der Posts speichern, um Haftungsrisiken zu minimieren.

Die Speicherung weiterer Informationen über die Nutzer von Angeboten wie Blogs, Foren oder Bewertungsportalen, die eigene Beiträge auf der Website eines Betreibers (künftig: Host-Provider) schreiben, kann erforderlich sein, da Host-Provider für diese Inhalte haften könnten. Zwar unterliegen Host-Provider grundsätzlich einer Privilegierung, dennoch können sie unter bestimmten Voraussetzungen selbst für diese fremden Inhalte haften. Für eigene Inhalte haftet der Host-Provider nach allgemeinen zivilrechtlichen Vorschriften, also gem. §§ 823 ff., 276 BGB. Dies gilt auch für fremde Inhalte, wenn sie vom Provider bzw. seinen Mitarbeitern selbst veröffentlicht wurden (BGH, Urt. v. 4.7.2013 – I ZR 39/12, NJW 2014, 552). Hinsichtlich fremder Inhalte sind auch nach Inkrafttreten der DS-GVO die §§ 7 ff. TMG anwendbar, was die Haftungsprivilegierung gem. § 10 TMG beinhaltet.

Die frühere ständige Rechtsprechung des BGH, dass die Privilegierung des § 10 TMG nicht auf Unterlassungsansprüche anzuwenden sei, sondern nur auf strafrechtliche Verantwortlichkeit und Schadensersatzhaftung (BGH, Urt. v. 22.7.2010 – I ZR 139/08, MMR 2011, 172 m. Anm. *Engels*), wurde von dem für den Bereich des Marken-, Urheber- und Wettbewerbsrecht zuständigen I. Zivilsenat aufgegeben (BGH, Urt. v. 17.8.2011 – I ZR 57/09, MMR 2012, 178). Die Änderung ist folge-

Lachenmann

richtig, da der EuGH zuvor klargestellt hatte, dass das Haftungsprivileg gem. Art. 12–15 RL 2000/31/EG den Host-Provider unterschiedslos von jeder Verantwortlichkeit freistelle (EuGH, Urt. v. 12.7.2011 – C-324/09, GRUR 2011, 1025). Die durch den für das Delikts- und Äußerungsrecht zuständigen VI. Zivilsenat beibehaltene Unterscheidung (BGH, Urt. v. 25.10.2011 – VI ZR 93/10, MMR 2012, 124, 126 m. Anm. *Hoeren*) ist mithin insoweit nicht mehr zutreffend und führt zu Rechtsunsicherheit. Relevant werden dürfte diese Frage jedoch in der Regel nur im Fall von Zweitverstößen (*Koreng/Feldmann* in: Hoeren/Bensinger (Hrsg.), Haftung im Internet, Kap. 8 Rn. 45).

Die Haftung des Host-Providers ergibt sich für eigene Inhalte auch aus § 7 TMG. Die identische strenge Haftung ergibt sich zudem für zu Eigen gemachte Inhalte, selbst wenn diese von den Nutzern eingestellt wurden (vgl. insb. BGH, Urt. v. 12.11.2009 – I ZR 166/07, MMR 2010, 556 m. Anm. *Engels*). Darunter werden Inhalte gefasst, die nach dem objektiven Empfängerhorizont eines Durchschnittsbetrachters als Inhalte des Host-Providers erscheinen. Nicht ausreichend für ein zu Eigen machen ist der reine Betrieb einer Plattform für Drittinhalte (BGH, Urt. v. 11.3.2004 – I ZR 304/01, MMR 2004, 668 m. Anm. *Hoeren*). Auch ein wirtschaftliches Interesse, z. B. durch Schaltung von Werbung, führt als solches nicht dazu. Ein Zu-Eigen-Machen kann allerdings angenommen werden, wenn sich der Provider Nutzungsrechte an den Fremdinhalten einräumen lässt oder sie an Dritte weiterlizenziert (*Koreng/Feldmann* in: Hoeren/Bensinger (Hrsg.), Haftung im Internet, Kap. 8 Rn. 26).

Hinsichtlich der Haftung für fremde Inhalte gelten die Grundsätze der sog. „Störerhaftung", die aus § 1004 BGB hergeleitet werden (zur ebenfalls möglichen Gehilfenhaftung z. B. *Ensthaler/Heinemann*, GRUR 2012, 433). Den Begriff des „Störers" definieren der I. und der VI. Zivilsenat des BGH unterschiedlich. Während der VI. Zivilsenat von einem weiten Störerbegriff ausgeht, nach dem jeder als Störer anzusehen ist, der die Störung herbeigeführt hat oder dessen Verhalten eine Beeinträchtigung befürchten lässt, wobei es ausdrücklich nicht auf Art und Umfang des Tatbeitrags ankommen soll (BGH, Urt. v. 14.5.2013 – VI ZR 269/12, NJW 2013, 2348, dies umfasst auch Täter und Teilnehmer) ist der Störerbegriff des I. Zivilsenats deutlich enger und umfasst denjenigen, der „ohne Täter oder Teilnehmer zu sein in irgendeiner Weise willentlich und adäquat kausal zur Verletzung eines geschützten Gutes beiträgt" (BGH, Urt. v. 11.3.2004 – I ZR 304/01, NJW 2004, 3102). Übereinstimmend gilt allerdings nach der Rechtsprechung beider Senate, dass die Haftung des Störers die Verletzung von ihm obliegenden Prüfungspflichten voraussetzt. Diese entstehen aber in der Regel erst, wenn der Provider auf den Rechtsverstoß hingewiesen wird (aus der Rechtsprechung des VI. Zivilsenats BGH, Urt. v. 25.10.2011 – VI ZR 93/10, NJW 2012, 148; aus der Rechtsprechung des I. Senats BGH, Urt. v. 17.8.2011 – I ZR 57/09, GRUR 2011, 1038). Dabei ist für den Host-Provider entscheidend, dass er einerseits überhaupt nicht haftet, wenn die Störung binnen angemessener Frist (einzelfallabhängig, in der Regel mindestens 24 Stunden) nach Inkenntnissetzung beseitigt wird (zur näheren Rechtsprechung und deren Widersprüchlichkeiten *Koreng/Feldmann* in: Hoeren/Bensinger (Hrsg.), Haftung im Internet, Kap. 8 Rn. 44). Andererseits haftet er grundsätzlich für eine vollendete Rechtsverletzung nach Kenntnis, also für im Kern gleichartige Folgeverstöße (BGH, Urt. v. 30.6.2009 – VI ZR 2010/08, K&R 2009, 644). Daher ist es nach Mitteilung eines Rechtsverstoßes die Aufgabe des Host-Providers, sicherzustellen, dass

Lachenmann

keine gleichartigen Verstöße mehr begangen werden. Im Hinblick auf urheber- oder markenrechtliche Verletzungen gilt beispielsweise bei Blogs, Foren oder Meinungsportalen, dass die Gewährleistung der Rechte aus Art. 5 GG (Meinungs- und Äußerungsfreiheit) bei der Bemessung der dem Provider im Einzelfall obliegenden Prüfungspflichten zu berücksichtigen ist (str., vgl. im Einzelnen *Koreng/Feldmann* in: Hoeren/Bensinger (Hrsg.), Haftung im Internet, Kap. 8 Rn. 73 ff.). Daraus folgert eine überzeugende Ansicht, dass im Bereich des Presse- und Äußerungsrechts generell keine Pflicht zur Verhinderung künftiger Rechtsverstöße bestehen kann, da eine solche in die Zukunft gerichtete Verpflichtung die Installation einer semantischen Kontrolle für jegliche von Nutzern in Zukunft hochgeladene Inhalte voraussetzen und somit generelle proaktive Überwachungspflichten bedeuten würde (EuGH, Urt. v. 16.2.2012 – C-360/10, GRUR 2012, 382; LG Hamburg, Urt. v. 22.2.2013 – 324 O 92/12 n. v.; *Roggenkamp* in: JurisPK-Internetrecht, Kap. 10 Rn. 463). Diese im Vordringen befindliche Auffassung kann allerdings noch nicht als herrschend bezeichnet werden und entspricht auch noch keiner gefestigten Rechtsprechung, so dass in der Praxis noch ein hohes Risiko für Host-Provider besteht, auch in diesem Rechtsgebiet für Folgeverstöße in Haftung genommen zu werden.

Wer also ein Blog oder Forum betreibt, haftet für Beiträge von Nutzern grundsätzlich nicht, solange er sich diese nicht zu eigen macht und keine Kenntnis von ihnen hat (siehe auch *Krupna*, MMR 2013, 556 (558); *Spindler*, CR 2012, 176 (177 f.)). Möglich wäre eine Haftung indes, wenn er die Beiträge genehmigt hat (daher ist allgemein anzuraten, dass Kommentare ohne Prüfung automatisch freigeschaltet werden sollten) oder wenn er ihm obliegende Prüfungspflichten verletzt hat, da dann eine Kenntnis des Host-Providers angenommen werden kann. Wird eine Rechtsverletzung durch Nutzerbeiträge geltend gemacht, hat der Verantwortliche nach den detaillierten Vorgaben des VI. Zivilsenats des BGH das folgende Prozedere durchzuführen: Zunächst muss er nach entsprechender Mitteilung des Betroffenen Kontakt mit dem eigentlichen Autor des als rechtsverletzend angegriffenen Beitrags aufnehmen, ihn zu einer Stellungnahme auffordern und danach entscheiden, ob tatsächlich eine Rechtsverletzung vorliegt (BGH, Urt. v. 1.3.2016 – VI ZR 34/15, GRUR 2016, 855; BGH, Urt. v. 25.10.2011 – VI ZR 93/10, MMR 2012, 124 m. Anm. *Hoeren*; dazu *Feldmann*, K&R 2012, 113 (114)). Daran knüpft sich die Frage an, ob er den angegriffenen Inhalt löscht oder nicht. Häufig verlangt der Betroffene vom Provider auch die Mitteilung der Identität oder die Herausgabe der Daten desjenigen Nutzers, der den angeblich rechtsverletzenden Beitrag verfasst hat. Dies war nach richtiger Auffassung des BGH nicht zulässig, weil weder das TMG noch andere Gesetze eine Rechtsgrundlage für eine solche Übermittlung vorsahen, so dass aufgrund von § 12 Abs. 2 TMG eine Einwilligung notwendig wäre, an der es regelmäßig fehlt (BGH, Urt. v. 1.7.2014 – VI ZR 345/13, ZD 2014, 520 m. Anm. *Krupna*; *Sander/Schöning* in: Taeger (Hrsg.), Big Data & Co, S. 555). Zu beachten ist künftig weiterhin das neue Netzwerkdurchsetzungsgesetz, das soziale Netzwerke Überwachungsvorschriften hinsichtlich strafbarer Inhalte unterwirft. Weiterhin sieht § 14 Abs. 2 TMG n. F., i. d. F. von Art. 2 NetzDG eine relevante Änderung für alle Diensteanbieter vor: künftig sollen auch „andere absolut geschützte Rechte" vom Schutzbereich erfasst werden (vgl. *Koreng*, GRURPrax 2017, 203).

Wie die Rechtslage zur Herausgabe der Kontaktdaten der Nutzer nach der DS-GVO beurteilt wird, ist offen. Es könnte argumentiert werden, dass die Weitergabe der Nutzerdaten an einen sich verletzt Fühlenden gem. Art. 6 Abs. 1 S. 1 lit. f

Lachenmann

DS-GVO zulässig sei, da auch die Verarbeitung zur Wahrung der Interessen eines Dritten zulässig ist. Jedoch sind stets die Interessen der betroffenen Person zu berücksichtigen, die ein überwiegendes Interesse daran hat, dass ihre Daten nicht an Jedermann weitergeben werden, der eine Verletzung seiner Rechte geltend macht.

Im Spannungsverhältnis zur Frage der Haftung für rechtswidrige Inhalte Dritter steht das Datenschutzrecht: Die durch die Rechtsprechung aufgestellten Pflichten zur Verhinderung von Rechtsverletzungen erfordern eine Speicherung von personenbezogenen Daten (z.B. Namen und Kontaktmöglichkeiten von Beteiligten, aber ggf. auch weitergehende Daten, um die Zulässigkeit oder Unzulässigkeit einer Bewertung prüfen zu können – der VI. Zivilsenat hat in seiner jüngeren Rechtsprechung sogar implizit die Speicherung von Gesundheitsdaten für erforderlich gehalten, vgl. BGH, Urt. v. 1.3.2016 – VI ZR 34/15, GRUR 2016, 855). Eine umfangreiche Registrierungspflicht in Blogs würde einerseits viele Nutzer von Beiträgen abhalten und andererseits Art. 25 DS-GVO widersprechen. Aus haftungsrechtlicher Sicht ist es zu empfehlen, E-Mail- und IP-Adresse der Nutzer zu speichern, obwohl zweifelhaft ist, ob der Täter dadurch ermittelt werden kann, da zumindest eine Missbrauchskontrolle möglich ist. Der Umfang der Datenspeicherung von E-Mail- und IP-Adresse ist zudem über weit verbreitete Systeme wie Wordpress vorgesehen. Insbesondere die E-Mail-Adresse ist notwendig, um dem vom VI. Senat des BGH vorgesehenen System der Rede und Gegenrede nachzukommen. Problematisch ist jedoch, dass die Systeme IP-Adressen häufig unbegrenzt speichern, obwohl diese spätestens nach einer Woche nicht mehr einem Nutzer zuordenbar sind und die Aufsichtsbehörden generell die Zulässigkeit der Speicherung ablehnen (https://www.datenschutzzentrum.de/ip-adressen). Eine dauerhafte Speicherung der IP-Adressen über die Systeme wäre daher ein Verstoß gegen Art. 25 DS-GVO. Daher muss ein automatisches Löschkonzept sicherstellen, dass die IP-Adresse und mögliche andere Pseudonyme oder Metadaten mit erlöschender Zuordnungsmöglichkeit automatisiert nach einer bestimmten Frist gelöscht wird, z.B. nach einer Woche (vgl. BGH, Urt. v. 3.7.2014 – III ZR 391/13, NJW 2014, 2500). Die E-Mail-Adresse dürfte demgegenüber gespeichert werden dürfen, solange die Kommentare online einsehbar sind.

Nach Ansicht mancher Datenschutzaufsichtsbehörden sollte die Speicherung von E-Mail- und IP-Adressen unter Geltung des BDSG a.F. generell datenschutzrechtswidrig sein. Diese Ansicht war schon bislang abzulehnen und kann auf Basis der DS-GVO erst Recht nicht überzeugen. Wie aufgezeigt, ist die Erhebung dieser Daten (z.B. der E-Mail-Adresse, die für das Veröffentlichen des Beitrages nicht notwendig ist) für Host-Provider zivilrechtlich erforderlich, da sich Host-Provider nur so vor zivilrechtlichen Ansprüchen schützen können und die Aufrechterhaltung des Geschäftsbetriebes ansonsten nicht möglich wäre. Die Nutzung der Kontaktdaten zur Erfüllung der Haftungspflichten des Host-Providers erscheint zulässig zur „Ausgestaltung" des Vertragsverhältnisses, da der Nutzer verpflichtet ist, keine rechtswidrigen Inhalte zu veröffentlichen. Dies sollte sich aus den Nutzungsbedingungen bzw. der sog. Netiquette ergeben, die der Nutzer bei Registrierung zu bestätigen hat, kann aber auch aus den vertraglichen Nebenpflichten hergeleitet werden. Die bisherige Unterscheidung zwischen Nutzungs- und Bestanddaten nimmt die DS-GVO nicht vor, alle personenbezogenen Daten werden gleichbehandelt. Für die Verarbeitung aller Daten kann sich der Host-Provider auf die Interessenabwägung nach

Lachenmann

Art. 6 Abs. 1 S. 1 lit. f DS-GVO stützen, da die Verarbeitung entweder zur Darstellung der Beiträge erforderlich ist oder zum Schutz vor Rechten Dritter.

Daher kann eine Speicherung der Nutzerdaten und eventuellen Kontaktaufnahme für die Dauer einer Registrierung gerechtfertigt sein – nicht jedoch die Weitergabe dieser Bestandsdaten an Dritte. Problematisch verbleibt die Zulässigkeit einer weitergehenden Speicherung dieser Daten, nachdem der Account gelöscht wurde. Diese Rechtsfragen sind bislang von der Rechtsprechung nicht behandelt, so dass keine abschließende Bewertung erfolgen kann.

Eine Lösung zur Umgehung dieser Rechtsfragen wäre die Einholung einer Einwilligung des Nutzers zur Speicherung seiner Daten (freilich mit dem Risiko, dass die Einwilligungserklärung angegriffen werden könnte). Die Einwilligung könnte folgendermaßen formuliert werden: „Mit Absenden Ihres Blogbeitrages willigen Sie darin ein, dass Ihre E-Mail- und IP-Adresse von uns gespeichert werden, solange der Beitrag online verfügbar ist. Die Speicherung erfolgt mit Blick auf eine eventuelle Verantwortlichkeit für rechtswidrige Inhalte. Ihre Daten werden ausschließlich dazu verwendet, um a) Sie zu kontaktieren, falls ein Dritter uns gegenüber geltend macht, in seinen Rechten verletzt zu sein und b) um im Falle eines solchen Vorwurfs zu verhindern, dass von Ihnen in Zukunft gleichgelagerte Verstöße ausgehen. Im letzteren Fall speichern wir Ihre Daten dauerhaft. Falls ein Dritter eine Verletzung seiner Rechte behauptet, können wir gesetzlich verpflichtet sein, Ihre gespeicherten Daten an den angeblich Verletzten oder (Strafverfolgungs-)Behörden herauszugeben. Diese Daten werden nicht mit anderen Daten zusammengeführt.".

2. Versand von E-Mails nach Double-opt-in-Verfahren. Ein Benachrichtigungsservice ermöglicht zwar dem Websitebetreiber, mit dem kommentierenden Nutzer zu interagieren, birgt jedoch das Risiko, dass die E-Mails an einen falschen Empfänger gesandt und als unerlaubte Werbung nach § 7 Abs. 2 UWG eingestuft werden. Daher sollten auch für kommentierende Nutzer die Grundsätze zur Risikominimierung bei der Newsletter-Anmeldung umgesetzt werden, obwohl keine Einwilligung in den Benachrichtigungsversand notwendig ist. Insbesondere muss das Double-opt-in-Verfahren eingesetzt werden, bei dem der kommentierende Nutzer bestätigen muss, dass die E-Mail-Adresse tatsächlich ihm zugeordnet ist. Weiterhin ist die jederzeitige Abbestellung der Meldungen zu ermöglichen, am besten mittels eines Links in jeder E-Mail. Ausführlich zu Newslettern und Kontrolle der E-Mail-Adressen → 4.

3. Umsetzung der datenschutzrechtlichen Vorgaben bei Disqus. Der Service von http://www.disqus.com ist ein beliebtes Plug-in bei Blog-Betreibern, mit dem Kommentare von Website-Nutzern verarbeitet werden können und eine Verknüpfung mit Social Media-Profilen möglich ist (→ 6. Anm. 3). Wie jedes Plug-in ist auch Disqus aus datenschutzrechtlicher Sicht sehr kritisch zu bewerten, da die Daten der Nutzer für den Websitebetreiber in unbekanntem Umfang in den USA verarbeitet (z. B. für Spam-Filter) und ggf. mit den Daten von sozialen Netzwerken verknüpft werden. Problematisch ist, dass die aus der Rechenschaftspflicht folgenden Dokumentationspflichten nicht erfüllt und die Datenverarbeitungsvorgänge nicht kontrolliert werden können, obwohl die Aufsichtsbehörden eine datenschutzrechtliche Verantwortlichkeit des Website-Betreibers annehmen. Auch die Vorgaben an einen Datentransfer nach Art. 44 ff. DS-GVO müssten erfüllt und ein angemessenes Da-

Lachenmann

tenschutz-Niveau gewährleistet werden, z. B. durch Vereinbarung von Standarddatenschutzklauseln nach Art. 46 Abs. 2 lit. c DS-GVO (→ 1. Anm. 9).

Werden Programme von Drittanbietern eingebaut, muss möglichst weitreichend versucht werden, die Vorgaben der DS-GVO umzusetzen. Minimalvoraussetzung wird, Betroffene in der Datenschutzerklärung über die Funktion zu informieren und auf den Drittanbieter für weitere Informationen zu verweisen. Regelmäßig sollte die Zwei-Klick-Lösung angeboten werden, selbst wenn die „Usability" dadurch eingeschränkt wird. Zudem sollten die Anbieter der Plug-ins aktiv aufgefordert werden, den aus der DS-GVO folgenden Pflichten nachzukommen, insbesondere den Rechenschaftspflichten, der Darstellung der Zwecke und Mittel der Verarbeitung sowie zur Erfüllung der Grundsätze der Datenminimierung.

4. Verarbeitung der Kundendaten. Die Verarbeitung der Kundendaten zur Erfüllung des über den Webshop getätigten Vertrages ist bereits nach Art. 6 Abs. 1 S. 1 lit. b DS-GVO zulässig. Die betroffene Person ist gem. Art. 13 Abs. 2 lit. e DS-GVO darüber zu informieren, dass die Angabe für den Vertragsabschluss erforderlich ist. Die Pflichtangaben sollten über einen Sternchenhinweis o. Ä. in den Formularen markiert werden, um den betroffenen Personen deutlich zu machen, welche ihrer Daten sie anzugeben haben. Dabei ist restriktiv vorzugehen und Pflichtangaben nur bei den Feldern zu verlangen, die tatsächlich zur Abwicklung des Vertrages erforderlich sind. Die oft zu sehende Praxis, möglichst viele Daten als Pflichtangaben auszugestalten, sollte aufgrund der bußgeldbewehrten Vorgaben des Art. 25 DS-GVO unterbleiben, da zu umfangreiche Pflichtangaben als Angriffspunkt für die Aufsichtsbehörden ausreichen können.

Die Anlage eines Kundenkontos sollte aufgrund von Art. 25 DS-GVO regelmäßig freiwillig ausgestaltet werden, eine Bestellung im Webshop als Gast sollte daher regelmäßig möglich sein. Auch bei Anlage des Kundenkontos sollten möglichst wenige Pflichtangaben verlangt werden. Die Speicherung der Daten im Kundenkonto dürfte ebenfalls auf Art. 6 Abs. 1 S. 1 lit. b (alternativ lit. f) DS-GVO gestützt werden können, da der Kunde das Konto anlegen möchte und die Speicherung seiner Daten so einen kostenlosen Vertrag der Parteien darstellt. Der Kunde kann innerhalb seines Kontos entscheiden, welche seiner Daten gespeichert werden. Analysen innerhalb des Kundenkontos sollten durch den Verantwortlichen nur durchgeführt werden, wenn sie sich auf die Interessenabwägung stützen lassen und der Betroffene ausreichend informiert wird.

5. Werbliche Nutzung der Kundendaten. Das Muster geht davon aus, dass die Kundendaten regelmäßig auch zu werblichen Zwecken verarbeitet werden sollen. Aufgrund der gängigen Praxis, über einen Webshop erhaltene Kundendaten für weitere werbliche Maßnahmen, z. B. die Zusendung eines Kataloges oder die Auswertung von Käufen auf Basis der Interessen zu verarbeiten, sollte der Betroffene von Anfang an über diese Nutzung seiner Daten informiert werden. Die Information stellt sicher, dass die Transparenzanforderungen für die betroffene Person gewahrt sind und eine vereinfachte Zweckänderung nach Art. 6 Abs. 4 DS-GVO möglich wird. Auf Basis der Interessenabwägung nach Art. 6 Abs. 1 S. 1 lit. f DS-GVO können Analysen durchgeführt werden oder dem Betroffenen Briefpost zugesandt oder ggf. die Adressdaten gehandelt werden. Hier ist die Formulierung jeweils im Einzelfall anzupassen.

Lachenmann

Die Zusendung von E-Mails in Bezug auf die Bestellung eines Kunden ist ohne eine gesonderte Einwilligung des Kunden zulässig, also insbesondere der Versand der Bestellbestätigung mit Angabe der bestellten Produkte und Dienstleistungen sowie der rechtlich verpflichtenden Informationen. Demgegenüber gilt aufgrund der weitreichenden Definition der aggressiven Geschäftspraxis nach Nr. 26 S. 1 Anh. I, Art. 8 f. UGP-RL die Zusendung jeder Information, die über die notwendigen Pflichtinformationen hinausgeht, als unzulässige Werbung (vgl. Köhler/Bornkamm/ *Köhler*, UWG, § 7 Rn. 98 ff.). Daher sollte auch die Information über technische Belange (z. B. zu zwischenzeitigen Abschaltungen des Angebots wegen Wartungsarbeiten) möglichst restriktiv erfolgen. Die Information über den möglichen Versand von E-Mails über die zur Bestellung erforderlichen Informationen hinaus sind nicht zwingend nötig, können jedoch zur Klarstellung aufgenommen werden. An dieser Rechtslage werden sich nach aktuellem Stand über den ePrivacy-VO-E keine Änderungen ergeben.

Verzichtet werden sollte auf sog. Bestellabbrecher-E-Mails, die einen potentiellen Kunden, der während des Bestellprozesses abbrach, später bewegen sollen, einen Vertrag einzugehen. Solche E-Mails sind ohne vorherige Einwilligung als unzumutbare Belästigung anzusehen, da die E-Mails der Umsatzsteigerung dienen (zur Unzulässigkeit von Zufriedenheitsabfragen nach einem tatsächlichen Kauf: OLG Dresden, Urt. v. 24.4.2016 – 12 U 1773/13; OLG Köln, Urt. v. 30.3.2012 – 6 U 191/11, MMR 2012, 535; a. A. LG Coburg, Urt. v. 17.2.2012 – 33 S 87/11, MMR 2012, 608; Plath/*Plath*, BDSG, § 28 Rn. 104). Auch die datenschutzrechtliche Zulässigkeit der Speicherung der diesen Mails zugrundeliegenden Daten ist zweifelhaft, da eine Verknüpfung des Verkaufsprozesses mit der E-Mail-Adresse erfolgen muss. Bestellabbrecher-E-Mails können daher nur nach einer Einwilligung rechtmäßig versandt werden.

6. Gesetzliche Aufbewahrungspflichten. Die Bestellhistorie eines Kunden darf nicht dauerhaft aufbewahrt werden, falls der Kunde nicht seine Einwilligung dazu erteilt hat. Gem. Art. 17 Abs. 1 lit. a DS-GVO sind personenbezogene Daten zu löschen, sobald sie für die Zwecke ihrer Erhebung nicht mehr notwendig sind. Daher sind Bestelldaten an sich nur aufzubewahren, bis die Abwicklung des Vertrages abgeschlossen ist. Im operativen System können die Daten aufbewahrt werden, während die Kunden Gewährleistungsansprüche geltend machen können, also grundsätzlich bis zwei Jahre nach dem Kauf einer Ware. Die vielfach anzutreffende Praxis, dass Online-Shops die gesamte Bestellhistorie, auch über viele Jahre, speichern und dem Kunden über das Kundenkonto bereitstellen, sollte nur bei dem Vorliegen einer Einwilligung fortgeführt werden. Die strikten Vorgaben an die Löschung personenbezogener Daten und die Absicherung über den hohen Bußgeldrahmen lassen ein deutliches Archivierungs- und Löschkonzept als unumgänglich erscheinen (→ D.IV.).

Im Anschluss an die Phase der Vertragsabwicklung folgen vielfach gesetzliche Aufbewahrungspflichten nach § 257 HGB, § 147 AO, GoBD, GOBS, die eine Aufbewahrung von Unterlagen im Original vorsehen. Bei online abgeschlossenen Verträgen müssen die Daten in elektronischer Form gespeichert werden, wobei die Nachvollziehbarkeit, Vollständigkeit, Richtigkeit, Zeitgerechtheit, Ordnung und Sicherheit, Unveränderlichkeit sowie Datensicherheit sichergestellt sein müssen (vgl. *Conrad/Hausen* in: Forgo/Helfrich/Schneider (Hrsg.), Betrieblicher Datenschutz,

Lachenmann

S. 291 f.). Da die Archivierungspflichten im Widerspruch zu der Löschverpflichtung stehen, muss – wie bislang – eine Archivierung und Sperrung der Daten vorgenommen werden. Während nach bisherigem Recht die Archivierung aufgrund von § 35 Abs. 3 Nr. 1 BDSG a. F. direkt aus der gesetzlichen Regelung hergeleitet werden konnte, ist nach der DS-GVO eine andere systematische Herangehensweise notwendig. Art. 17 Abs. 3 DS-GVO sieht keine Ausnahmen von der Löschungspflicht für Archivierungspflichtige Daten vor, da keiner der dortigen Normen einschlägig ist (es handelt sich auch nicht um eine Ausübung von Rechtsansprüchen nach Art. 17 Abs. 3 lit. e DS-GVO). Die bekannte „Sperrung" wird nun unter die Einschränkung der Verarbeitung gefasst, die allerdings ebenfalls für die Rechtfertigung einer Archivierung nicht angewandt werden kann, da keiner der Tatbestände nach Art. 18 DS-GVO einschlägig ist.

Die Zulässigkeit einer (eingeschränkten) Verarbeitung personenbezogener Daten zu Zwecken der Erfüllung der gesetzlichen Archivierungs- und Aufbewahrungspflichten folgt aus Art. 6 Abs. 1 S. 1 lit. c DS-GVO. Nach dieser Norm ist eine Verarbeitung zur Erfüllung einer rechtlichen Verpflichtung, der der Verantwortliche unterliegt, zulässig – dazu zählen die steuerrechtlichen Aufbewahrungspflichten. Die Verarbeitung muss dabei auf den Zweck begrenzt werden, so dass aus dem Rechtsgedanken von Art. 18 DS-GVO sowie den Vorgaben an die Datenminimierung nach Art. 25 DS-GVO folgt, dass die Daten aus dem operativen System zu entfernen und auf einem gesonderten Laufwerk zu speichern sind. Der Zugang auf die Daten muss auf wenige Personen beschränkt werden, die eindeutige Vorgaben erhalten, wann ein Zugriff möglich ist.

7. Transportverschlüsselung. Die Einrichtung einer Transportverschlüsselung ist anerkannter Standard im Netz, um vor allem den Zugriff durch Kriminelle auf die persönlichen Daten zu verhindern (LfD BW, 31. Tätigkeitsbericht 2012/2013, S. 164 ff.; *Krügel* in: Heidrich/Forgó/Feldmann (Hrsg.), Heise Online Recht, C. I. 4.3.1). Eine TLS-Verschlüsselung ist stets vorzusehen, wenn persönliche Daten der Kunden übertragen werden, also Passwörter, Adress- und Bankdaten usw.

8. Individuelle Beschreibung bei Portalangeboten. Weder ist der Begriff eines (Web-)Portals bzw. einer Online-Plattform feststehend definiert, noch ist es möglich, sämtliche Nutzungsvarianten (z. B. soziale Netzwerke oder Jobbörsen) in einem Muster abzubilden. Daher wird hier eine allgemein gehaltene Formulierung bereitgestellt, die viele Nutzungsvarianten umfassen soll. Sie ist im Einzelfall auf die Bedürfnisse des Plattformbetreibers abzustimmen und mit der Beschreibung in den AGB zu verknüpfen. Vorliegend wird davon ausgegangen, dass Nutzer sich registrieren können und dort Zugriff auf digitale Inhalte erhalten und Kommentare durch Nutzer möglich sind. Der Formulierungsvorschlag kann als Ausgangspunkt für soziale Netzwerke eingesetzt werden, der je nach den möglichen Funktionen im Einzelfall deutlich umfangreicher auszugestalten sein wird. Informationen und Vertragsbestimmungen sind bei Portalen meist zweigeteilt: Einerseits akzeptiert der Nutzer bei seiner Anmeldung die Nutzungsbedingungen (AGB) des Portals, andererseits unterliegt er bei der Nutzung den in der Datenschutzerklärung beschriebenen Datenverarbeitungsvorgängen. Vorliegend wird den Informationspflichten zur Datenverarbeitung über die Datenschutzerklärung nachgekommen.

Bei Konzeption des Portals sollten in der Grundeinstellung möglichst wenige personenbezogene Daten öffentlich einsehbar sein, selbst wenn anderweitig ein größe-

Lachenmann

rer Werbeeffekt für das Portal erzielt werden könnte. So kann das Nutzervertrauen gestärkt werden und ein Baustein zur Umsetzung der Datenvermeidung und Datensparsamkeit nach Art. 25 DS-GVO sichergestellt werden. Die Sichtbarkeit wird aufgegliedert in die Stufen: Nicht-angemeldete Nutzer, angemeldete Nutzer und in Kontakt getretene Nutzer. Das vorliegende Muster beschreibt verschiedene Funktionen nur knapp, diese sollten je nach Nutzungsmöglichkeiten im Einzelfall konkreter ausformuliert werden.

9. Grundsätzliche Zulässigkeit eines Klarnamenszwangs. Unter Geltung von BDSG a.F. und TMG war es aufgrund von § 13 Abs. 6 S. 2 TMG strittig, ob ein Klarnamenszwang – die Verpflichtung, im Online-Dienst mit echtem Namen aufzutreten – zulässig ist (überzeugend für Zulässigkeit, wenn das gesamte Geschäftsmodell auf der Nutzung des Klarnamens beruht Plath/*Hullen/Roggenkamp*, BDSG, § 13 TMG Rn. 8; für Rechtswidrigkeit *Stadler*, ZD 2011, 57; offen gelassen OVG Schleswig, Beschl. v. 22.4.2013 – 4 MB 11/13, ZD 2013, 364 = K&R 2013, 523 m. Anm. *Meyer*).

In der DS-GVO könnte aus der Vorgabe der Datenminimierung nach Art. 25 DS-GVO eine entsprechende Vorgabe hergeleitet werden, da die Verwendung von Pseudonymen die betroffenen Personen schützen kann. Jedoch kann die bisherige Argumentation überzeugen, dass Angebote gezielt auf den Kontakt miteinander bekannter Personen gerichtet sind, z.B. bei sozialen Netzwerken wie Xing oder LinkedIn. Unter Zugrundelegung des Zwecks der Datenverarbeitung kann nicht pauschal ein Klarnamenszwang untersagt werden. Für eher dem privaten Bereich zuzuordnende soziale Netzwerke hingegen wäre auch die Verwendung von Pseudonymen ausreichend.

10. Einzelfälle bei Foren. Internetforen dienen der gemeinschaftlichen Diskussion der Teilnehmer zu allen Lebensbereichen. Der Zweck eines Forums liegt gerade darin, durch Inhalte der Nutzer mit Leben gefüllt zu werden. Der erste Satz ist wegzulassen oder zu beschränken, wenn die Forenbeiträge nur für registrierte Nutzer sichtbar sind. Dieses Muster geht davon aus, dass es nicht möglich ist, als unangemeldeter Gast Beiträge zu schreiben; falls dies gestattet ist, ist die Formulierung entsprechend anzupassen.

Es ist üblich, dass Beiträge von gelöschten Nutzern im Forum enthalten bleiben, da ansonsten die Diskussionen nicht mehr nachvollziehbar sind. Die Weiterverwendung (auch urheberrechtlich geschützter) Texte nach Kündigung des Nutzerzugangs ist notwendig, um die Gesprächsverläufe nachvollziehbar zu halten (*Schwenke*, WRP 2013, 37 (40)). Selbst wenn die Rechtmäßigkeit der Datenverarbeitung nach Art. 6 Abs. 1 S. 1 lit. f DS-GVO zu werten ist, können die Nutzer grundsätzlich nicht die Löschung ihrer Beiträge verlangen, da sie diese freiwillig veröffentlicht haben. Bei einem Widerspruch nach Art. 21 Abs. 1 DS-GVO würden die Interessen des Forenbetreibers überwiegen, da er den anderen Nutzern einen vollständigen Gesprächsverlauf zur Verfügung zu stellen hat. Dies sollte allerdings über eine entsprechende Klausel in den Nutzungsbedingungen des Forums abgesichert werden, um dem Nutzer von Beginn an zu verdeutlichen, dass seine Beiträge grundsätzlich dauerhaft im Forum enthalten bleiben. Möglich ist es jedoch im Sinne der Datenminimierung, auf Anfrage des Nutzers die Beiträge vollständig und dauerhaft zu löschen oder den Nutzernamen zu löschen und durch ein „Gast" zu ersetzen, entsprechend wäre der Text zu formulieren.

Lachenmann

11. Private Nachrichten. Neben der öffentlichen Diskussion ermöglichen in der Regel auch Foren die Versendung privater Nachrichten. Diese entsprechen E-Mails und sind mithin nicht für die Öffentlichkeit bestimmt, so dass diese von den öffentlichen Inhalten strikt zu trennen sind. Denn werden E-Mails mitgelesen, sei es auch nur ein automatisiertes Scannen auf Stichworte zur Schaltung personalisierter Werbung, liegt in der Regel eine Strafbarkeit aufgrund des Ausspähens von Daten, § 202a StGB (*Dietrich*, NStZ 2011, 247), sowie Verletzung des Fernmeldegeheimnisses vor, § 88 Abs. 3 TKG (BVerfG, Urt. v. 11.3.2008 – 1 BvR 2074/05 u.a., BVerfGE 120, 378). Ebenfalls möglich wäre eine Strafbarkeit gem. § 206 StGB. Daher ist sicherzustellen, dass ein Forenbetreiber keinen Zugriff auf versandte private Nachrichten erhält.

12. Forumszugriff über mobile Apps. Die Formulierung beruht auf der Annahme, dass der Betreiber das Forum bei bestimmten Drittanbietern eingerichtet hat, so dass es durch die mobile Apps für mobile Endgeräte erreichbar ist. Da der Nutzer die App über die App-Stores herunterladen muss, um auf das Forum zugreifen zu können, ist der Anbieter der App Verantwortlicher nach Art. 4 Abs. 1 DS-GVO für die Datenerhebung durch die mobile App. Für die Daten des Forums selbst bleibt demgegenüber der Forenbetreiber Verantwortlicher. Bei der Auswahl des Drittanbieters der mobilen App ist darauf zu achten, dass keine persönlichen Daten an den Drittanbieter übertragen werden, sondern ein Datenaustausch nur zwischen Forum und mobilen App erfolgt. Dies ist insbesondere wichtig in Bezug auf private Nachrichten.

4. Newsletter

Ein seit langem übliches und bewährtes Werbemittel sind Newsletter, also E-Mails, die (un-)regelmäßig an betroffene Personen wie Interessenten oder Kunden versandt werden. Enthalten sind in der Regel Informationen über angebotene Waren und Dienstleistungen, die auf eine Website verlinkt werden. Die wettbewerbsrechtliche Frage, wann der Versand von werblichen E-Mails erfolgen darf und wie ein Nachweis der Einwilligung zu erfolgen hat, ist ein „Klassiker", der nichts an Bedeutung verloren hat. Die **Rechtslage** nach Art. 16 ePrivacy-VO-E **bleibt ähnlich streng** wie derzeit nach § 7 UWG. Von Interesse ist für Unternehmen ist weniger der rein lineare Versand von Texten. Wichtiger ist die Interaktion mit dem Kunden und das Messen von Erfolgen. Daher wird bei Newslettern vielfach über Techniken wie spezielle Links oder Tracking-Pixel eine Messung des Erfolgs der Werbemaßnahmen durchgeführt. Solches Tracking bedarf einer besonderen Einwilligung durch die Nutzer.

Nachfolgend wird ein Beispiel für eine Formulierung für den Text der Datenschutzerklärung dargestellt, der durch die jeweils konkreten Einwilligungserklärungen ergänzt werden muss (→ I.III.). Die Formulierung ist als Ergänzung zu dem in → 1. dargestellten Basis-Muster einzusetzen.

1. Newsletter

(1) Mit Ihrer Einwilligung können Sie unseren Newsletter abonnieren, mit dem wir Sie über unsere aktuellen interessanten Angebote informieren. Die beworbenen Waren und Dienstleistungen sind in der Einwilligungserklärung benannt.[1]

Lachenmann

(2) Für die Anmeldung zu unserem Newsletter verwenden wir das sog. Double-opt-in-Verfahren. Das heißt, dass wir Ihnen nach Ihrer Anmeldung eine E-Mail an die angegebene E-Mail-Adresse senden, in welcher wir Sie um Bestätigung bitten, dass Sie den Versand des Newsletters wünschen. Wenn Sie Ihre Anmeldung nicht innerhalb von [24 Stunden] bestätigen, werden Ihre Informationen gesperrt und nach einem Monat automatisch gelöscht. Darüber hinaus speichern wir jeweils Ihre eingesetzten IP-Adressen und Zeitpunkte der Anmeldung und Bestätigung. Zweck des Verfahrens ist, Ihre Anmeldung nachweisen und ggf. einen möglichen Missbrauch Ihrer persönlichen Daten aufklären zu können.[2]

(3) Pflichtangabe für die Übersendung des Newsletters ist allein Ihre E-Mail-Adresse. [Die Angabe weiterer, gesondert markierter Daten ist freiwillig und wird verwendet, um Sie persönlich ansprechen zu können.][3] Nach Ihrer Bestätigung speichern wir Ihre E-Mail-Adresse zum Zweck der Zusendung des Newsletters. Rechtsgrundlage ist Art. 6 Abs. 1 S. 1 lit. a DS-GVO.[4]

(4) Ihre Einwilligung in die Übersendung des Newsletters können Sie jederzeit widerrufen und den Newsletter abbestellen. Den Widerruf können Sie durch Klick auf den in jeder Newsletter-E-Mail bereitgestellten Link, [über dieses Formular der Website,] per E-Mail an [Newsletter@example.com] oder durch eine Nachricht an die im Impressum angegebenen Kontaktdaten erklären.[5]

[(5) Wir weisen Sie darauf hin, dass wir bei Versand des Newsletters Ihr Nutzerverhalten auswerten. Für diese Auswertung beinhalten die versendeten E-Mails sogenannte Web-Beacons bzw. Tracking-Pixel, die Ein-Pixel-Bilddateien darstellen, die auf unserer Website gespeichert sind. Für die Auswertungen verknüpfen wir die in § 3 genannten Daten und die Web-Beacons mit Ihrer E-Mail-Adresse und einer individuellen ID. [OPTIONAL: Auch im Newsletter erhaltene Links enthalten diese ID.][6] [ENTWEDER:] Die Daten werden ausschließlich pseudonymisiert erhoben, die IDs werden also nicht mit Ihren weiteren persönlichen Daten verknüpft, eine direkte Personenbeziehbarkeit wird ausgeschlossen.[7] [ODER:] Mit den so gewonnen Daten erstellen wir ein Nutzerprofil, um Ihnen den Newsletter auf Ihre individuellen Interessen zuzuschneiden. Dabei erfassen wir, wann Sie unsere Newsletter lesen, welche Links Sie in diesen anklicken und folgern daraus Ihre persönlichen Interessen. Diese Daten verknüpfen wir mit von Ihnen auf unserer Website getätigten Handlungen.[8] [ENDE der Alternativen]

Sie können diesem Tracking jederzeit widersprechen, indem Sie den gesonderten Link, der in jeder E-Mail bereitgestellt wird, anklicken oder uns über einen anderen Kontaktweg informieren. Die Informationen werden solange gespeichert, wie Sie den Newsletter abonniert haben. Nach einer Abmeldung speichern wir die Daten rein statistisch und anonym. [OPTIONAL: Ein solches Tracking ist zudem nicht möglich, wenn Sie in Ihrem E-Mail-Programm die Anzeige von Bildern standardmäßig deaktiviert haben. In diesem Fall wird Ihnen der Newsletter nicht vollständig angezeigt und Sie können eventuell nicht alle Funktionen nutzen. Wenn Sie die Bilder manuell anzeigen lassen, erfolgt das oben genannte Tracking.]

Lachenmann

Anmerkungen

1. Newsletter-Versand nur nach Einwilligung. Die werbliche Ansprache und zugehörige Datenverarbeitung sind nur nach einer Einwilligung der betroffenen Personen nach Art. 6 Abs. 1 S. 1 lit. a DS-GVO zulässig. Das Einwilligungserfordernis folgt aus Art. 16 Abs. 1 ePrivacy-VO-E, Art. 95 DS-GVO (noch: RL 2002/58/EG i. d. F. 2009/136/EG und § 7 UWG). Neben der Einwilligung (→ I.III.) muss die betroffene Person über die Datenverarbeitung nach Art. 13 DS-GVO informiert werden. Dabei kann insbesondere das Double-opt-in-Verfahren beschrieben werden und eine erteilte Einwilligungserklärung erneut abgebildet werden.

2. Nachweis an die Erteilung einer Einwilligung des Nutzers. Die Pflicht zum Nachweis der erteilten Einwilligung durch den Verantwortlichen folgt einerseits aus der datenschutzrechtlichen Vorschrift des Art. 7 Abs. 1 DS-GVO, andererseits aus den wettbewerbsrechtlichen Vorschriften, insbes. § 7 UWG bzw. Art. 16 ePrivacy-VO-E. Falls eine betroffene Person geltend macht, unerwünscht E-Mail-Werbung erhalten zu haben, muss der Verantwortliche nachweisen können, dass eine Einwilligung vorlag. Die Anforderungen an einen solchen Nachweis sind in der Praxis nur schwer zu führen, dennoch muss eine möglichst genaue Dokumentation erfolgen. Entscheidend für den Nachweis der Einwilligung sind zwei Bereiche: Einerseits muss die Einwilligung inhaltlich die Datenverarbeitung ausreichend beschreiben (→ I.III.). Andererseits muss nachgewiesen werden, dass die individuell betroffene Person tatsächlich einwilligte.

Die Anforderungen an den Nachweis der Einwilligung können bei Anwendung von Art. 16 Abs. 1 ePrivacy-VO-E weitgehend nach den von § 7 Abs. 2 Nr. 3 UWG bekannten Grundsätzen gelöst werden (ausführlich z.B. Harte-Bavendamm/Henning-Bodewig/*Schöler*, UWG, § 7 Rn. 139 ff., insb. Rn. 332). Unzulässig ist ein Opt-out, bei dem der Nutzer den Haken entfernen muss; vielmehr muss die betroffene Person selbst einen Haken in dem Feld zur Bestellung des Newsletters setzen (vgl. ErwG 32 DS-GVO; BGH, Urt. v. 16.7.2008 – VIII ZR 348/06, MMR 2008, 731 m. Anm. *Grapentin; Plath/Frey*, CR 2009, 613 (618)). Darüber hinaus lässt sich mit einem einmaligen Opt-in nicht nachweisen, dass die betroffene Person tatsächlich einwilligte, da grundsätzlich jedermann die E-Mail-Adresse eines Dritten angeben könnte. Der Wille zum Empfang des Newsletters muss daher durch den Nutzer bestätigt werden, um dem Verantwortlichen im Streitfall den Nachweis zu ermöglichen, dass der Nutzer einwilligte. Dies wird in der Praxis über das Double-opt-in-Verfahren umgesetzt, bei dem der Nutzer eine Bestätigungs-Mail erhält (die neutral, also ohne werblichen Inhalt, zu formulieren ist, da selbst die erste Bestätigungs-E-Mail als Werbung gewertet werden könnte, vgl. OLG München, Urt. v. 27.9.2012 – 29 U 1682/12, MMR 2013, 38 m. Anm. *Heidrich*; AG Düsseldorf, Urt. v. 9.4.2014 – 23 C 3876/13, BeckRS 2014, 09774; a. A. OLG Celle, Urt. v. 15.5.2014 – 13 U 15/14, MMR 2014, 611) und erst nach Bestätigung dieser zu dem Newsletter angemeldet wird (näher z.B. *Scheja/Haag* in: Leupold/Glossner (Hrsg.), Münchener Anwaltshandbuch IT-Recht, Teil 4 Rn. 81 ff.). Die Bestätigung der E-Mail-Adresse durch die betroffene Person sollte nur binnen einer kurzen zeitlichen Frist möglich sein, anschließend sollte eine Löschung der E-Mail-Adresse und zugespeicherten Daten erfolgen. Die Frist sollte nicht mehr als 24 Stunden betragen, um sich nicht dem

Lachenmann

Vorwurf der zu langen Speicherung nicht benötigter Daten auszusetzen. Kritisch zu bewerten sind auch Erinnerungs-E-Mails, mit denen nicht zeitnah einwilligenden Nutzern eine nochmalige Aufforderung zur Bestätigung gesendet wird. Selbst wenn dazu noch keine gerichtlichen Entscheidungen ersichtlich sind, ist davon auszugehen, dass auch dies von den Gerichten als eine unzulässige Werbung für den Newsletter gesehen wird. Dies wird evident bei Nutzern, die bereits die erste Bestätigungs-E-Mail nicht bestellt hatten und sich bei einer Erinnerung besonders belästigt fühlen könnten. Insbesondere wenn längere Zeit vergangen ist, würde so auf eine zu lange Speicherdauer der Daten hingewiesen.

Die Beweislast für die Anmeldung durch den Nutzer obliegt dem Versender der E-Mail selbst bei Verwendung des Double-opt-in-Verfahrens, auch für die erste Bestätigungs-E-Mail, insbesondere wenn der Betroffene die Anmeldung substantiiert bestreitet. Der BGH verlangt, dass bei Registrierung der Einwilligung der jeweils verwendete Einwilligungstext dem einzelnen Empfänger zugeordnet werden kann (BGH, Urt. v. 10.2.2011 – I ZR 164/09, MMR 2011, 662), was technisch nur aufwendig möglich ist. Die Speicherung der Anmeldedaten zum Schutz gegen zivil- und wettbewerbsrechtliche Ansprüche ist für den Newsletter-Versender als datenschutzkonform gem. Art. 6 Abs. 1 S. 1 lit. a und c, Art. 7 Abs. 1 DS-GVO zu werten. Die Speicherung der IP-Adressen ist insofern kritisch, als eine sichere Zuordnung zu einem Nutzer grundsätzlich nur solange möglich ist, als der Access-Provider die Speicherung vornimmt. Als Mindestanforderungen zum Nachweis der Anmeldung sollten bei jeder Newsletter-Anmeldung im Rahmen des Double-opt-in-Verfahrens folgende Daten der betroffenen Personen registriert und gespeichert werden:
– die IP-Adressen des Anmeldenden und Bestätigenden;
– die Zeitpunkte von Anmeldung und Bestätigung sowie dem Versand der ersten Opt-in-E-Mail;
– Speicherung der verwendeten Texte bei Anmeldung sowie Bestätigung (als Inhalt der Einwilligungserklärungen).

3. Freiwillige Personalisierung des Newsletters. Ist der Newsletter personalisierbar, z. B. über die Angabe des Namens zur persönlichen Ansprache der Empfänger, muss diese Angabe als freiwillig gekennzeichnet werden und vor dem Bestellkasten ein entsprechender Hinweis erfolgen. Zudem darf aufgrund des Kopplungsverbots nach Art. 7 Abs. 4 DS-GVO die Angabe des Namens nicht zwingend verlangt werden (→ I.III.).

4. Auftragsverarbeitung bei Einsatz von Newsletter-Dienstleistern. Die Versendung von Newslettern wird meist durch spezielle Anbieter vorgenommen, die die Übertragung der Nutzerdaten voraussetzen (Überblick z. B. bei http://t3n.de/news/e-mail-marketing-anbieter-280807). Die Datenübertragung an die Dienstleister ist datenschutzrechtlich abzusichern. Besonders aufwendig ist die Berücksichtigung des Datenschutzes, wenn die Dienstleister in Drittländern ansässig sind, insbesondere in den USA. Eine Übermittlung der personenbezogenen Daten an andere Verantwortliche ist nur zulässig, wenn die Einwilligungserklärung entsprechend ausgestaltet ist und die betroffene Person informiert wird. Wird der Newsletter-Versand durch den Dienstleister hingegen als Auftragsverarbeitung ausgestaltet, müssen die betroffenen Personen nicht gesondert über den Einsatz des Dienstleisters informiert werden. Die Ausgestaltung als Auftragsverarbeitung setzt voraus, dass ein entsprechender Vertrag mit dem Dienstleister geschlossen wird (→ G.I.), was bereits aufgrund der Re-

Lachenmann

chenschaftspflicht nachzuweisen ist. Bei Wahl eines Anbieters aus den USA oder einem anderen Drittstaat muss zusätzlich eine Absicherung des Datentransfers außerhalb der EU erfolgen (z. B. über die Teilnahme des Dienstleisters am EU-US Privacy Shield oder die Vereinbarung von Standarddatenschutzklauseln (→ G.II.2.), zudem muss ein Hinweis in die Datenschutzerklärung aufgenommen werden, dass die Daten in dem Drittstaat verarbeitet werden.

Vor Beauftragung sind regelmäßig die Datenschutzbestimmungen der Anbieter zu prüfen, ob eine Einhaltung der Vorgaben der DS-GVO erfolgt. Problematisch ist in der Praxis insbesondere, wenn ein Anbieter eigenstände Analysen durchführt und sich so zu einem eigenen Verantwortlichen aufschwingt, oder wenn nicht alle Vorgaben aus der Auftragsverarbeitung eingehalten werden. Beispielsweise sieht der weit verbreitete Dienst „MailChimp" in Nr. 5.5 seiner Datenschutzbestimmungen (http://mailchimp.com/legal/privacy/) vor: „We use web beacons on our Websites and in our emails. When we send emails to Members, we may track behavior such as who opened the emails and who clicked the links. This allows us to measure the performance of our email campaigns and to improve our features for specific segments of Members." Eine solche Verarbeitung führt in aller Regel bereits zu einer eigenen Verantwortlichkeit des Dienstleisters und wäre nach EU-Datenschutzrecht nur mit einer Einwilligung zulässig.

5. Jederzeitiger Widerruf der Einwilligung. Die Einwilligung der Nutzer in den Newsletter-Versand muss aus Wettbewerbs- und Datenschutzrecht heraus jederzeit widerruflich sein, Art. 7 Abs. 3 S. 1 DS-GVO, Art. 16 ePrivacy-VO-E. Form und Art des Widerrufs stehen der betroffenen Person frei, insbesondere muss der Widerruf so einfach wie die Erteilung der Einwilligung sein, Art. 7 Abs. 3 S. 4 DS-GVO. Die betroffene Person muss zudem auf das Widerrufsrecht ausdrücklich hingewiesen werden, Art. 21 Abs. 4 DS-GVO. Dem wird in vorliegendem Muster bereits durch § 5 Abs. 3 nachgekommen (→ 1.), ergänzend erfolgt bei der Beschreibung des Newsletters ein weiterer Hinweis.

Jede nach einem Widerspruch versendete E-Mail oder Datenspeicherung ist unzulässig. Daher ist unbedingt sicherzustellen, dass auch ein nicht über das Newsletter-Formular erfolgender Widerspruch umgehend an die zuständige Abteilung weitergeleitet wird. Alle bekannten Newsletter-Systeme sehen eine Widerrufsmöglichkeit über einen speziellen Link vor. Da dies die einfachste Möglichkeit darstellt, sollte sie den Empfängern gegenüber besonders betont werden. Eine weitere Möglichkeit ist das Bereitstellen einer Abmeldungsmöglichkeit neben der Bestellmöglichkeit auf der Website (zur konkreten Umsetzung → I.III.).

6. Newsletter-Tracking mittels Web-Beacons. Ein bloßer Versand von E-Mails an Interessenten ist für Unternehmen nur eingeschränkt interessant. Besondere Bedeutung hat einerseits die Überprüfung des Erfolgs der Werbemaßnahmen, um den Newsletter regelmäßig zu verbessern, andererseits die individuelle Gestaltung der Newsletter für jeden Empfänger, um besonders interessante Angebote anzeigen zu können. Sowohl die Analyse des Nutzerverhaltens als auch die individuelle Erstellung von Newslettern wird von vielen Newsletter-Dienstleistern angeboten. Der Versender hat so eine bessere Kontrolle darüber, dass Inhalt und Form des Newsletters bei den Kunden für Interesse sorgen. Technisch werden die jeweiligen IDs und E-Mail-Adressen den Web-Beacons oder Links zugeordnet. Das vorliegende Muster sieht beide Varianten vor und ist entsprechend der individuellen Verwendung anzu-

Lachenmann

passen. Die Einzelheiten der Datenverarbeitung sind durch den Newsletter-Dienstleister bereitzustellen. Die spezielle Datenverarbeitung ist zudem bei dem Auftragsverarbeitungsvertrag zu berücksichtigen.

7. Pseudonymisierung der Nutzerdaten. Eine Variante beim Tracking von Newslettern ist, dass nur pseudonymisierte Daten über die Nutzung erhoben werden. So können Statistiken erstellt werden, z. B. zu welchen Zeiten die Newsletter bevorzugt gelesen werden oder wie viele und welche Links angeklickt werden. Eine solche pseudonymisierte Profilbildung ist gem. Art. 6 Abs. 1 S. 1 lit. f, Art. 25 DS-GVO (früher: § 15 Abs. 3 TMG) zulässig, wenn dem Nutzer ein Widerspruchsrecht eingeräumt wird und keine Verknüpfung mit anderen Nutzerdaten erfolgt. Daher sollten diese Daten getrennt von anderen Nutzerdaten erhoben und soweit als möglich anonymisiert werden, etwa durch Löschung des letzten Oktetts der IP-Adressen und ohne spätere Verknüpfung von ID und E-Mail-Adresse. Die hier genannten Vorgaben orientieren sich an den Anforderungen der Aufsichtsbehörden zu Web Analytics (→ 5.).

8. Individualisierte Auswertung der Nutzerdaten. Wenn individualisierte Newsletter versandt werden sollen und eine Verknüpfung mit Nutzerdaten erfolgen soll, muss neben der ausführlichen Einwilligungserklärung auch in der Datenschutzerklärung eine weitergehende Information erfolgen. Die hier vorgeschlagene Formulierung dient nur als Ausgangspunkt und ist entsprechend den Leistungen und der Datenverarbeitung durch den Newsletter-Dienstleister anzupassen.

5. Web Analytics

Die Nutzung von Analysen zur Nutzung der eigenen Website ist heutzutage Standard. Betreiber von Websites möchten bspw. wissen, wie viele Nutzer ihre Seite besuchen, welche Information am gefragtesten sind, wie Nutzer das Angebot auffinden. So können die Angebote nutzerfreundlich ausgestaltet werden und der Umsatz der Unternehmen erhöht werden. Gebräuchlich ist der Begriff Web Analytics, regelmäßig finden sich auch Begriffe wie Web-Tracking oder Datenverkehrsanalyse. Beschrieben wird damit jede Erhebung von Zugriffsdaten auf Websites und die **Auswertung des Verhaltens der Besucher.** Die Analyse-Tools erfordern die Ermittlung einzelner Besucher, um das individuelle Verhalten auswerten zu können. Eine persönliche Identifizierung ist hingegen grundsätzlich nicht erforderlich, da nur statistische Daten erstellt werden sollen. Üblich ist es daher, auch aufgrund des Vorgehens der Datenschutz-Aufsichtsbehörden, dass die IP-Adresse nur verkürzt erhoben und direkt um das letzte Oktett gekürzt wird, so dass die zuvor personenbezogenen Nutzerdaten direkt anonymisiert werden und keine Zuordnung zu einem individuellen Nutzer erfolgen kann. Die Aufsichtsbehörden haben unter Geltung der DSRL verschiedene Anforderungen an die Nutzung von Web Analytics aufgestellt. Die Vorgaben lassen sich auf die DS-GVO übertragen, müssen jedoch um verschiedene Vorgaben erweitert werden.

Nachfolgend werden Beschreibungen einer Datenschutzerklärung als mögliche Ergänzung der in → 1. dargestellten Basiserklärung für in der Praxis häufig eingesetzte Angebote dargestellt und die weiteren Anforderungen beschrieben.

Lachenmann

1. Einsatz von Google Analytics[1]

(1) Diese Website benutzt Google Analytics, einen Webanalysedienst der Google Inc. („Google"). Google Analytics verwendet sog. „Cookies", Textdateien, die auf Ihrem Computer gespeichert werden und die eine Analyse der Benutzung der Website durch Sie ermöglichen. Die durch den Cookie erzeugten Informationen über Ihre Benutzung dieser Website werden in der Regel an einen Server von Google in den USA übertragen und dort gespeichert. Im Falle der Aktivierung der IP-Anonymisierung auf dieser Website, wird Ihre IP-Adresse von Google jedoch innerhalb von Mitgliedstaaten der Europäischen Union oder in anderen Vertragsstaaten des Abkommens über den Europäischen Wirtschaftsraum zuvor gekürzt. Nur in Ausnahmefällen wird die volle IP-Adresse an einen Server von Google in den USA übertragen und dort gekürzt. Im Auftrag des Betreibers dieser Website wird Google diese Informationen benutzen, um Ihre Nutzung der Website auszuwerten, um Reports über die Website-Aktivitäten zusammenzustellen und um weitere mit der Website-Nutzung und der Internetnutzung verbundene Dienstleistungen gegenüber dem Website-Betreiber zu erbringen.

(2) Die im Rahmen von Google Analytics von Ihrem Browser übermittelte IP-Adresse wird nicht mit anderen Daten von Google zusammengeführt.

(3) Sie können die Speicherung der Cookies durch eine entsprechende Einstellung Ihrer Browser-Software verhindern; wir weisen Sie jedoch darauf hin, dass Sie in diesem Fall gegebenenfalls nicht sämtliche Funktionen dieser Website vollumfänglich werden nutzen können. Sie können darüber hinaus die Erfassung der durch das Cookie erzeugten und auf Ihre Nutzung der Website bezogenen Daten (inkl. Ihrer IP-Adresse) an Google sowie die Verarbeitung dieser Daten durch Google verhindern, indem sie das unter dem folgenden Link verfügbare Browser-Plug-in herunterladen und installieren: http://tools.google.com/dlpage/gaoptout?hl=de.

(4) Diese Website verwendet Google Analytics mit der Erweiterung „_anonymizeIp()". Dadurch werden IP-Adressen gekürzt weiterverarbeitet, eine Personenbeziehbarkeit kann damit ausgeschlossen werden. Soweit den über Sie erhobenen Daten ein Personenbezug zukommt, wird dieser also sofort ausgeschlossen und die personenbezogenen Daten damit umgehend gelöscht.

(5) Wir nutzen Google Analytics, um die Nutzung unserer Website analysieren und regelmäßig verbessern zu können. Über die gewonnenen Statistiken können wir unser Angebot verbessern und für Sie als Nutzer interessanter ausgestalten. Für die Ausnahmefälle, in denen personenbezogene Daten in die USA übertragen werden, hat sich Google dem EU-US Privacy Shield unterworfen, https://www.privacy-shield.gov/EU-US-Framework. Rechtsgrundlage für die Nutzung von Google Analytics ist Art. 6 Abs. 1 S. 1 lit. f DS-GVO.[2]

(6) Informationen des Drittanbieters: Google Dublin, Google Ireland Ltd., Gordon House, Barrow Street, Dublin 4, Ireland, Fax: +353 (1) 436 1001. Nutzerbedingungen: http://www.google.com/analytics/terms/de.html, Übersicht zum Datenschutz: http://www.google.com/intl/de/analytics/learn/privacy.html, sowie die Datenschutzerklärung: http://www.google.de/intl/de/policies/privacy.

[(7) Diese Website verwendet Google Analytics zudem für eine geräteübergreifende Analyse von Besucherströmen, die über eine User-ID durchgeführt wird. Sie

Lachenmann

können in Ihrem Kundenkonto unter „Meine Daten", „persönliche Daten" die geräteübergreifende Analyse Ihrer Nutzung deaktivieren.][3]

2. Einsatz von Piwik[4]

(1) Diese Website nutzt den Webanalysedienst Piwik, um die Nutzung unserer
Website analysieren und regelmäßig verbessern zu können. Über die gewonnenen
Statistiken können wir unser Angebot verbessern und für Sie als Nutzer interessanter ausgestalten. Rechtsgrundlage für die Nutzung von Piwik ist Art. 6 Abs. 1 S. 1
lit. f DS-GVO.[2]

(2) Für diese Auswertung werden Cookies (näheres dazu in § 3) auf Ihrem Computer gespeichert. Die so erhobenen Informationen speichert der Verantwortliche
ausschließlich auf seinem Server in [Deutschland]. Die Auswertung können Sie einstellen durch Löschung vorhandener Cookies und die Verhinderung der Speicherung von Cookies. Wenn Sie die Speicherung der Cookies verhindern, weisen wir
darauf hin, dass Sie gegebenenfalls diese Website nicht vollumfänglich nutzen können. Die Verhinderung der Speicherung von Cookies ist durch die Einstellung in ihrem Browser möglich. Die Verhinderung des Einsatzes von Piwik ist möglich, indem
Sie den folgenden Haken entfernen und so das Opt-out-Plug-in aktivieren: [Piwik
iFrame].

(3) Diese Website verwendet Piwik mit der Erweiterung „AnonymizeIP". Dadurch werden IP-Adressen gekürzt weiterverarbeitet, eine direkte Personenbeziehbarkeit kann damit ausgeschlossen werden. Die mittels Piwik von Ihrem Browser
übermittelte IP-Adresse wird nicht mit anderen von uns erhobenen Daten zusammengeführt.

(4) Das Programm Piwik ist ein Open-Source-Projekt.[5] Informationen des Drittanbieters zum Datenschutz erhalten Sie unter http://piwik.org/privacy/policy.

3. Einsatz von eTracker[6]

(1) Auf dieser Website werden mit Technologien der etracker GmbH (http://
www.etracker.com) Daten zu Marketing- und Optimierungszwecken gesammelt
und gespeichert. Aus diesen Daten können unter einem Pseudonym Nutzungsprofile
erstellt werden. Hierzu können Cookies eingesetzt werden. Bei Cookies handelt es
sich um kleine Textdateien, die lokal im Zwischenspeicher des Internet-Browsers
des Seitenbesuchers gespeichert werden. Die Cookies ermöglichen die Wiedererkennung des Internet-Browsers. Die mit den eTracker-Technologien erhobenen Daten
werden ohne die gesondert erteilte Zustimmung des Betroffenen nicht dazu benutzt,
den Besucher dieser Website persönlich zu identifizieren und nicht mit personenbezogenen Daten über den Träger des Pseudonyms zusammengeführt. Der Datenerhebung und -speicherung kann jederzeit mit Wirkung für die Zukunft widersprochen
werden.

Bitte schließen Sie mich von der eTracker-Zählung aus. [Link]

(2) Wir nutzen eTracker, um die Nutzung unserer Website analysieren und regelmäßig verbessern zu können. Über die gewonnenen Statistiken können wir unser
Angebot verbessern und für Sie als Nutzer interessanter ausgestalten. Die erhobenen
Daten werden dauerhaft gespeichert und pseudonym analysiert. Rechtsgrundlage
für die Nutzung von eTracker ist Art. 6 Abs. 1 S. 1 lit. f DS-GVO.[2]

Lachenmann

(3) Informationen des Drittanbieters: etracker GmbH, Erste Brunnenstraße 1, 20459 Hamburg; https://www.etracker.com/de/datenschutz.html. Rechtsgrundlage für die Nutzung von eTracker ist Art. 6 Abs. 1 S. 1 lit. f DS-GVO.

4. Einsatz von Jetpack/ehem. Wordpress.com-Stats[7]

(1) Diese Website nutzt den Webanalysedienst Jetpack (früher: WordPress.com-Stats), um die Nutzung unserer Website analysieren und regelmäßig verbessern zu können. Über die gewonnenen Statistiken können wir unser Angebot verbessern und für Sie als Nutzer interessanter ausgestalten. Weiterhin nutzen wir das System für Maßnahmen zum Schutz der Sicherheit der Website, z.B. dem Erkennen von Angriffen oder Viren. Für die Ausnahmefälle, in denen personenbezogene Daten in die USA übertragen werden, hat sich Automattic Inc. dem EU-US Privacy Shield unterworfen, https://www.privacyshield.gov. Rechtsgrundlage für die Nutzung von Jetpack ist Art. 6 Abs. 1 S. 1 lit. f DS-GVO.[2]

(2) Für diese Auswertung werden Cookies (näheres dazu in § 3) auf Ihrem Computer gespeichert. Die so erhobenen Informationen werden auf einem Server in den USA gespeichert. Wenn Sie die Speicherung der Cookies verhindern, weisen wir darauf hin, dass Sie gegebenenfalls diese Website nicht vollumfänglich nutzen können. Die Verhinderung der Speicherung von Cookies ist möglich durch die Einstellung in ihrem Browser oder indem Sie den Button „Click here to Opt-out" unter http://www.quantcast.com/opt-out betätigen.

(3) Diese Website verwendet Jetpack mit einer Erweiterung, durch die IP-Adressen direkt nach ihrer Erhebung gekürzt weiterverarbeitet werden, um so eine Personenbeziehbarkeit auszuschließen.

(4) Informationen des Drittanbieters: Automattic Inc., 60 29th Street #343, San Francisco, CA 94110-4929, USA, https://automattic.com/privacy, sowie des Drittanbieters der Trackingtechnologie: Quantcast Inc., 201 3rd St, Floor 2, San Francisco, CA 94103-3153, USA, https://www.quantcast.com/privacy.

5. Adobe Analytics (Omniture)[8]

(1) Diese Website nutzt den Webanalysedienst Adobe Analytics (Omniture), um die Nutzung unserer Website analysieren und regelmäßig verbessern zu können. Über die gewonnenen Statistiken können wir unser Angebot verbessern und für Sie als Nutzer interessanter ausgestalten. Für die Ausnahmefälle, in denen personenbezogene Daten in die USA übertragen werden, hat sich Adobe dem EU-US Privacy Shield unterworfen, https://www.privacyshield.gov/EU-US-Framework. Rechtsgrundlage für die Nutzung von Adobe Analytics ist Art. 6 Abs. 1 S. 1 lit. f DS-GVO.[2]

(2) Für diese Auswertung werden Cookies (näheres dazu in § 3) auf Ihrem Computer gespeichert. Die so erhobenen Informationen werden auf Servern, auch in den USA, gespeichert. Wenn Sie die Speicherung der Cookies verhindern, weisen wir darauf hin, dass Sie dann gegebenenfalls diese Website nicht vollumfänglich nutzen können. Die Verhinderung der Speicherung von Cookies ist möglich durch die Einstellung in ihrem Browser oder indem Sie die Buttons „Abmelden" unter http://www.adobe.com/de/privacy/opt-out.html betätigen.

Lachenmann

(3) Diese Website verwendet Adobe Analytics (Omniture) mit den Einstellungen „Before Geo-Lookup: Replace visitor's last IP octet with 0" und „Obfuscate IP-Removed", durch die Ihre IP-Adresse um das letzte Oktett gekürzt und durch eine generische IP-Adresse, also eine nicht mehr zuordenbare, ersetzt wird. Eine Personenbeziehbarkeit ist damit auszuschließen.

(4) Informationen des Drittanbieters: Adobe Systems Software Ireland Limited, Ireland, 4–6 Riverwalk, Citywest Business Campus, Dublin 24, Republic of Ireland; privacy@adobe.com; Datenschutzhinweise: http://www.adobe.com/de/privacy/policy.html.

6. Nutzung des Skalierbaren Zentralen Messverfahrens (SZM)[9]

(1) Unsere Webseite nutzt das Messverfahren („SZMnG") der INFOnline GmbH (https://www.infonline.de) zur Ermittlung statistischer Kennwerte über die Nutzung unserer Angebote. Ziel der Reichweitenmessung ist es, die Nutzungsintensität, die Anzahl der Nutzer einer Webseite und das Surfverhalten statistisch – auf Basis eines einheitlichen Standardverfahrens - zu bestimmen und somit marktweit vergleichbare Werte zu erhalten.

Für Web-Angebote, die Mitglied der Informationsgemeinschaft zur Feststellung der Verbreitung von Werbeträgern e. V. (IVW – http://www.ivw.eu) sind oder an den Studien der Arbeitsgemeinschaft Online-Forschung e. V. (AGOF – http://www.agof.de) teilnehmen, werden die Nutzungsstatistiken regelmäßig von der AGOF und der Arbeitsgemeinschaft Media-Analyse e. V. (agma – http://www.agma-mmc.de), sowie der IVW veröffentlicht und können auf den jeweiligen Webseiten eingesehen werden.

1. Datenverarbeitung

Die INFOnline GmbH erhebt und verarbeitet Daten nach deutschem Datenschutzrecht. Durch technische und organisatorische Maßnahmen wird sichergestellt, dass einzelne Nutzer zu keinem Zeitpunkt identifiziert werden können. Daten, die möglicherweise einen Bezug zu einer bestimmten, identifizierbaren Person haben, werden frühestmöglich anonymisiert.

1.1 Anonymisierung der IP-Adresse

Im Internet benötigt jedes Gerät zur Übertragung von Daten eine eindeutige Adresse, die sogenannte IP-Adresse. Die zumindest kurzzeitige Speicherung der IP-Adresse ist aufgrund der Funktionsweise des Internets technisch erforderlich. Die IP-Adressen werden vor jeglicher Verarbeitung gekürzt und nur anonymisiert weiterverarbeitet. Es erfolgt keine Speicherung oder Verarbeitung der ungekürzten IP-Adressen.

1.2 Geolokalisierung bis zur Ebene der Bundesländer/Regionen

Eine sogenannte Geolokalisierung, also die Zuordnung eines Webseitenaufrufs zum Ort des Aufrufs, erfolgt ausschließlich auf der Grundlage der anonymisierten IP-Adresse und nur bis zur geographischen Ebene der Bundesländer/Regionen. Aus den so gewonnenen geographischen Informationen kann in keinem Fall ein Rückschluss auf den konkreten Wohnort eines Nutzers gezogen werden.

1.3 Identifikationsnummer des Gerätes

Die Reichweitenmessung verwendet zur Wiedererkennung von Computersystemen alternativ entweder ein Cookie mit der Kennung „ioam.de", ein „Local Stora-

Lachenmann

ge Object" oder eine anonyme Signatur, die aus verschiedenen automatisch übertragenen Informationen Ihres Browsers erstellt wird. Die Gültigkeit des Cookies ist auf maximal 1 Jahr beschränkt.

1.4 Anmeldekennung

Zur Messung von verteilter Nutzung (Nutzung eines Dienstes von verschiedenen Geräten) kann die Nutzerkennung beim Login, falls vorhanden, als anonymisierte Prüfsumme an INFOnline übertragen werden.

2. Löschung

Die gespeicherten Nutzungsvorgänge werden nach spätestens 7 Monaten gelöscht.

3. Widerspruch

Wenn Sie an der Messung nicht teilnehmen möchten, können Sie unter folgendem Link widersprechen: http://optout.ioam.de

Weitere Informationen zum Datenschutz im Messverfahren finden Sie auf der Webseite der INFOnline GmbH (https://www.infonline.de), die das Messverfahren betreibt, der Datenschutzwebseite der AGOF (http://www.agof.de/datenschutz) und der Datenschutzwebseite der IVW (http://www.ivw.eu).

(2) Wir nutzen das SZM-Verfahren, um die Nutzung unserer Website analysieren und regelmäßig verbessern zu können. Über die gewonnenen Statistiken können wir unser Angebot verbessern und für Sie als Nutzer interessanter ausgestalten. Rechtsgrundlage für die Nutzung des SZM-Verfahrens ist Art. 6 Abs. 1 S. 1 lit. f DS-GVO.[2]

Anmerkungen

1. **Vorgaben zum Datenschutz bei Google Analytics und Universal Analytics.** Der Einsatz von Google Analytics war unter Geltung des BDSG a. F. weitgehend rechtssicher möglich, da sich die deutschen Aufsichtsbehörden auf bestimmte Voraussetzungen verständigt und mit Google abgestimmt hatten, bei deren Einhaltung Website-Betreiber Google Analytics ohne Beanstandung einsetzen konnten. Die vormals komfortable Situation der klaren Anforderungen der Aufsichtsbehörden muss durch die DS-GVO neu bewertet werden. Darüber hinaus liegen noch keine Äußerungen zum Einsatz von Universal Analytics vor, durch das ein geräteübergreifendes Tracking ermöglicht wird. Daher erfolgt vorliegend eine enge Orientierung an den bisherigen Vorgaben, die mit den neuen Anforderungen des DS-GVO abgestimmt werden. Auch der vorgeschlagene Text bleibt weitgehend identisch mit dem Muster, das Google in Abstimmung mit den Aufsichtsbehörden vormals bereitgestellt hatte (hier auf die Absätze 1–3 aufgeteilt). Die herangezogenen Kriterien (die grundsätzlich auf alle Webtracking-Dienste angewandt werden können) handelte es sich um folgende fünf Kriterien (http://www.lfd.niedersachsen.de/themen/internet/google_analytics/google-analytics-google-setzt-forderungen-der-aufsichtsbehoerden-um-98936.html):

a) Information über die Nutzung von Google Analytics in der Datenschutzerklärung. Ergänzend zur Aufnahme des Textes in die Datenschutzerklärung muss den

Lachenmann

betroffenen Personen eine Möglichkeit zum Opt-out über das Setzen des Links bereitgestellt werden.

b) Wenn die Website auch von Browsern aufgerufen werden soll, die ein reguläres Opt-out nicht ermöglichen, insbesondere bei mobilen Web-Apps, mobilen Ansichten von Websites sowie mobilen Apps, ist eine eigene Widerspruchslösung zu implementieren. Diese sollte laut Forderung der Aufsichtsbehörden den Schalter „ga-disable-UA-XXXXXX-Y" verwenden, durch den Tracking programmgesteuert unterbunden wird. Dabei ist zu beachten, dass das Script auf jeder getrackten Seite eingebunden werden muss, da nur so bei jedem Seitenabruf geprüft wird, ob ein Opt-out vorlag. Demgegenüber ist es ausreichend, den html-Link zum Opt-out auf der Seite der Datenschutzerklärung zu platzieren. Informationen stellt Google unter https://developers.google.com/analytics/devguides/collection bereit.

c) Aktivierung der Anonymisierungsfunktion, durch die die IP-Adresse direkt nach Erhebung automatisiert gekürzt wird. Für viele Website-Systeme, wie Wordpress, gibt es spezielle Plug-ins, mit der die Anforderung einfach umgesetzt werden kann.

d) Abschluss eines Vertrages zur Auftragsverarbeitung mit Google. Die aktuelle Fassung zum BDSG a. F. berücksichtigt das EU-US Privacy Shield (Download des Vertrages: http://www.google.com/analytics/terms/de.pdf). Eine Fassung, die explizit auf die Rechtslage nach der DS-GVO zugeschnitten ist, liegt bislang nicht vor.

e) Die Aufsichtsbehörden verlangten zudem, dass alle Altdaten, die vor Umsetzung dieser Anforderungen erhoben wurden, zu löschen waren. Letztere Anforderung ist nur über die wenig praktikable Lösung umzusetzen, das bestehende Google-Analytics-Profil bzw. die Web-Property-ID zu löschen.

2. Weitere Informationen zum Webtracking nach der DS-GVO. Die zuvor beschriebenen Anforderungen an Webtracking-Tools nach BDSG a. F. können grundsätzlich auch unter Geltung der DS-GVO angewandt werden, da die Informationspflichten nach Art. 13 DS-GVO und die Interessenabwägung nach Art. 6 Abs. 1 S. 1 lit. f DS-GVO vergleichbar sind. Die zusätzlichen Anforderungen nach der DS-GVO sollen im Muster über Absatz 5 abgedeckt werden. Dazu gehören die Zwecke der Verarbeitung und die berechtigten Interessen des Verantwortlichen sowie die Rechtsgrundlage für die Verarbeitung der personenbezogenen Daten (vor ihrer Anonymisierung), Art. 13 Abs. 1 lit. c und d DS-GVO. Der nach Art. 13 Abs. 1 lit. f DS-GVO vorgeschriebenen Information über die Gewährleistung eines angemessenen Datenschutzniveaus (→ F.I.1. Anm. 9) wird ebenfalls nachgekommen, indem vorrangig auf eine mögliche Zertifizierung nach dem EU-US Privacy Shield verwiesen werden sollte.

3. Einsatz von Universal Analytics. In der Praxis kommt inzwischen meistens Universal Analytics zu Anwendung. Diese Funktion ermöglicht ein geräteübergreifendes Tracking der Nutzer und führt zu verfeinerten Informationen für die Verantwortlichen (allgemein https://support.google.com/analytics/answer/2790010). Eine Stellungnahme der Aufsichtsbehörden hierzu liegt noch nicht vor. Jedenfalls muss die betroffene Person über die erweiterte Nutzung informiert und ihr die Möglichkeit zum Opt-out aufgezeigt werden.

4. Einsatz des lokalen Dienstes Piwik. Piwik ist ein weit verbreiteter und kostenloser Open-Source-Webanalysedienst, der anders als Google Analytics auf dem nut-

Lachenmann

zereigenen Server gehostet wird. Dies bietet den Vorteil, dass keine personenbezogenen Daten in die USA übertragen werden und die Datenschutzvorgaben so relativ einfach umgesetzt werden können. Nachteil kann sein, dass der Umfang der über den Dienst erhobenen Daten, die beim Anbieter selbst gespeichert werden müssen, sehr groß werden kann. Piwik wurde durch das unabhängige Landeszentrum für Datenschutz Schleswig-Holstein unter Geltung des BDSG a. F. als daten-schutzkonform eingestuft, wenn der Nutzer gewisse Voraussetzungen einhält. Die Anforderungen werden ausführlich beschrieben in dem ULD-Papier vom 15.3.2011, https://www.datenschutzzentrum.de/tracking/piwik/20110315-webanalyse-piwik.pdf.

Neben den zwingenden Voraussetzungen wird dort zusätzlich verlangt, Referrer „sparsam" zu verwenden (→ Nr. 3.3), die Lebensdauer von Cookies so kurz wie möglich, maximal bei einer Woche, zu halten (→ Nr. 3.6) und die Datensätze regelmäßig nach Erstellung der Statistiken zu löschen (→ Nr. 3.5). Diese Punkte sind einerseits so offen formuliert und würden andererseits das Tracking kaum sinnvoll anwendbar bestehen lassen, dass diese Voraussetzungen wohl nur als Programmsätze zu werten sind. Weder das ULD noch Piwik stellen einen Formulierungsvorschlag für die Datenschutzerklärung bereit. Daher wird ein eigener Vorschlag unterbreitet, in welchem die vom ULD aufgestellten Anforderungen an den Verantwortlichen sowie die Vorgaben der DS-GVO berücksichtigt werden. Weiterhin empfiehlt das ULD in seinem Papier zu Piwik sogar die Kürzung von zwei Oktetten (→ Nr. 3.1). Dies hat jedoch keine rechtliche Grundlage, da eine Anonymisierung bereits durch die Kürzung eines Oktetts erreicht wird.

Als Opt-out-Möglichkeit ist der von Piwik bereitgestellte iFrame einzufügen. Dabei ist darauf zu achten, dass für deutsche Websites der deutsche Text verwendet wird. Die technische Umsetzung ist im Papier des ULD unter → Nr. 3.2 beschrieben.

5. Verlinkung der Datenschutzerklärung. Die Angabe von Anbieterinformationen wie Name und Adresse ist rechtlich nicht notwendig, da Piwik intern auf der Website betrieben wird, so dass Verantwortlicher der Betreiber der Website ist. Dies wird dem Nutzer kurz erläutert und auf die (nur auf Englisch verfügbare) Datenschutzerklärung verlinkt. Das Muster sieht vor, dass auf die Datenschutzerklärung von Piwik verlinkt wird, um den betroffenen Personen weitergehende Informationen bereitzustellen.

6. Anforderungen an die Nutzung des Programms eTracker. Das Programm eTracker ist ein weitverbreiteter und kostenpflichtiger Webanalysedienst, der alle Daten in Deutschland hostet und keine Nutzerdaten in die USA überträgt. eTracker erfüllte laut eigenen Angaben alle von der Hamburger Datenschutzbehörde unter dem BDSG aufgestellten Anforderungen. Die als Absatz 1 abgedruckte Datenschutzerklärung wurde auf der Website von eTracker bereitgestellt (die unter https://www.etracker.com/datenschutz/ ein ausführliches FAQ enthält). Die Opt-out-Möglichkeit im letzten Satz ist um den Link zu erweitern, wobei in der eckigen Klammer ein individueller Code, den der Verantwortlicher erhält, einzufügen ist: https://www.etracker.com/privacy?et=[etracker Secure Code].

Da die Daten durch eTracker erhoben werden, muss eine Vereinbarung zur Auftragsverarbeitung unterzeichnet werden. Zudem muss die Datenschutzoption „Erweiterte Datenschutzkonformität" aktiviert sein.

Lachenmann

7. Kritische Datenschutzkonformität von Jetpack. Ein weiteres verbreitetes Tracking-Tool ist das Programm Jetpack, das über WordPress einfach zu installieren ist. Die vorliegende Datenschutzerklärung orientiert sich an den anderen hier aufgeführten Beispielen und ist auf die Speicherung in den USA abgestimmt. Da kein Vertrag zur Auftragsverarbeitung geschlossen werden kann und die genaue Datenverarbeitung in den USA nicht bekannt ist, besteht die Gefahr, dass die Datenschutzbehörden den Einsatz dieses Plug-ins als generell unzulässig ansehen. Dies insbesondere vor dem Hintergrund des großen Funktionsumfangs, der z. B. auch einen Spamschutz durch Analyse von IP-Adressen erfasst. Weiterhin ist die Einhaltung der Vorgaben an internationale Datentransfers nach Art. 45 ff. DS-GVO kritisch, zumal sich nur Automattic, Inc. dem EU-US Privacy Shield unterworfen hat. Angesichts der erhöhten Verpflichtungen an den Verantwortlichen in der DS-GVO sollte ein Einsatz sorgfältig abgewogen werden, wenn für Jetpack keine Anpassung an die Vorgaben des europäischen Rechts erfolgt.

8. Datenschutzvorgaben von Adobe Analytics. Ein weiterer Webanalysedienst ist Adobe Analytics (Omniture). Zu dessen Einsatz veröffentlichte das BayLDA im Juni 2013 eine Stellungnahme (http://www.lda.bayern.de/onlinepruefung/adobe-analytics.html). Die hier beschriebenen und in der Website umzusetzenden Punkte berücksichtigen alle durch die Aufsichtsbehörden aufgestellten Anforderungen. Auf Anfrage stellte Adobe einen Vertrag zur Auftragsdatenverarbeitung zur Verfügung. Hier ist sicherzustellen, dass der neue Vertrag alle Anforderungen der DS-GVO an die Auftragsverarbeitung einhält (→ G.I.). Zudem ist darauf zu achten, dass das Cookie eine Laufzeit von maximal 24 Monaten aufweist.

9. Tracking durch INFOnline. Die in Absatz 1 abgedruckte Datenschutzerklärung wird von der INFOnline GmbH bereitgestellt. Die Nummerierung wurde beibehalten. Der Text ist bislang nicht auf die DS-GVO abgestimmt und wurde daher vorliegend um die weiteren Informationen in Absatz 2 erweitert. Das Unternehmen erfüllte unter Geltung der DSRL die Anforderungen, die die Datenschutzbehörden an Google Analytics stellten und die grundsätzlich weiterhin gelten. Das Unternehmen stellt einen Vertrag zur Auftragsverarbeitung bereit, dessen wirksame Vereinbarung durch den Verantwortlichen sicherzustellen ist. Die Dokumente sind unter https://www.infonline.de/de/extra/datenschutz abrufbar. Die weiteren Entwicklungen, sowohl hinsichtlich möglicher Anpassungen durch die INFOnline GmbH als auch mit Blick auf mögliche Stellungnahme der Aufsichtsbehörden, müssen jedenfalls verfolgt werden und könnten Anpassungen an dem Text und den Datenverarbeitungsvorgängen erfordern.

6. Social Media

Social Media ist nicht nur in Form sozialer Netzwerke fester Bestandteil der Internet-Nutzung, sondern auch in der Verknüpfung zwischen Websites und den Anbietern von Social Media. Nach der Definition des BVDW e. V. kann Social Media verstanden werden als „eine Vielfalt digitaler Medien und Technologien, die es Nutzern ermöglichen, sich untereinander auszutauschen und mediale Inhalte einzeln oder in Gemeinschaft zu gestalten. Die Interaktion umfasst den gegenseitigen Austausch von Informationen, Meinungen, Eindrücken und Erfahrungen sowie das

Lachenmann

Mitwirken an der Erstellung von Inhalten. Die Nutzer nehmen durch Kommentare, Bewertungen und Empfehlungen aktiv auf die Inhalte Bezug und bauen so eine soziale Beziehung untereinander auf." (http://www.bvdw.org/medien/glossar-social-media?media=7164). Zur Sicherstellung einer solchen **Interaktion zwischen Nutzern** auch über Websites, die zu einer Ausweitung der Reichweite des eigenen Web-Angebots führt, werden diverse Plug-ins oder Widgets von Drittanbietern auf Websites eingebunden. Durch die Plug-ins können Besucher der Website direkt mit den sozialen Netzwerken interagieren. Das in der Praxis am weitesten bekannte und verbreitete Social-Media-Plug-in dürfte der „Like Button" von Facebook darstellen, selbst wenn fast jeder Anbieter sozialer Netzwerke eine entsprechende Möglichkeit zur Verlinkung anbietet. Darüber hinaus existieren eine Vielzahl anderer Plug-ins bzw. Widgets, die als fremde Angebote in die eigene Website integriert werden können, z. B. die Karteneinbindung von Google Maps oder Videos über YouTube. Praktisch allen Social-Media-Plug-ins ist gemein, dass die personenbezogenen Daten der Website-Besucher an die Plug-in-Anbieter übermittelt und auf unbekannte Art und Weise verarbeitet, zudem mit anderen Daten zusammengeführt werden. Die Plug-ins und Anbieter sozialer Netzwerke stehen daher seit Jahren unter Kritik und waren Gegenstand diverser Gerichtsverfahren und aufsichtsbehördlicher Anordnungen (z. B. zum Like-Button OLG Düsseldorf, Beschl. v. 19.1.2017 – I-20 U 40/16, MMR 2017, 254 m. Anm. *Meyer*; zu Fanpages BVerwG, Beschl. v. 25.2.2016 – 1 C 28.14, ZD 2016, 393 m. Anm. *Petri*, anhängig beim EuGH als Rs. C-210/16; Düsseldorfer Kreis, Beschl. v. 8.12.2011, Datenschutz in sozialen Netzwerken).

Das Risiko bei der Nutzung von Social-Media-Plug-ins wird unter Geltung der DS-GVO gegenüber der bestehenden Rechtslage weiter zunehmen, so dass Website-Betreibern stets das Risiko der neuen Sanktionen droht. Die Umsetzung der datenschutzrechtlichen Vorgaben ist nur möglich, wenn die Anbieter der Plug-ins die Vorgaben der DS-GVO berücksichtigen (orientiert am Prinzip des „Datenschutzes durch Technikgestaltung und durch datenschutzfreundliche Voreinstellung", Art. 25, Art. 5 Abs. 1 lit. c DS-GVO). Die Erfahrung der letzten Jahre lehrt allerdings, dass vor allem außerhalb Europas ansässige Anbieter keine Rücksicht auf europäische Datenschutzvorgaben nehmen, so dass – trotz erweiterter Möglichkeiten der Datenschutzaufsichtsbehörden gegen Anbieter in Drittstaaten – **Website-Betreiber die datenschutzrechtlichen Vorgaben kaum einhalten** können. Die Übermittlung der Daten der betroffenen Personen von den Website-Betreibern an die Plug-in-Anbieter müsste entweder über eine Auftragsverarbeitung nach Art. 28 DS-GVO oder vertragliche Vorgaben zur Absicherung der Übermittlung auf Basis der Interessenabwägung nach Art. 6 Abs. 1 S. 1 lit. f DS-GVO abgesichert werden. Dazu gehört die Transparenz über die durch den Anbieter verarbeiteten personenbezogenen Daten und die Zwecke. Werden die Anforderungen nicht umgesetzt, kann aufgrund des Grundsatzes der Rechenschaftspflicht nach Art. 5 Abs. 2, Art. 24 DS-GVO ein **Verstoß einfach nachgewiesen** werden.

Zur Minimierung der Risiken sollte soweit als möglich die Zwei-Klick-Lösung eingesetzt werden, bei der die Plug-ins nicht direkt auf die Website eingebunden sind, sondern der Nutzer erst aktiv werden muss, um sie zu aktivieren. Während diese Lösung bei Like-Buttons inzwischen üblich ist und die Nutzer daran gewöhnt sind, kann sie vielfach nicht eingesetzt werden, ohne die praktikable Nutzung der Website stark einzuschränken. Je nach Plug-in muss daher eine individuelle Lösung gesucht werden. Nachfolgend werden die „Like-Buttons" ebenso erläutert wie ver-

Lachenmann

schiedene andere Plug-ins bzw. Widgets, die als mögliche Ergänzung der in → 1. dargestellten Basiserklärung eingesetzt werden können.

1. Einsatz von Social-Media-Plug-ins

(1) Wir setzen derzeit folgende Social-Media-Plug-ins ein: [Facebook, Google+, Twitter, Xing, T3N, LinkedIn, Flattr].[1] Wir nutzen dabei die sog. Zwei-Klick-Lösung.[2] Das heißt, wenn Sie unsere Seite besuchen, werden zunächst grundsätzlich keine personenbezogenen Daten an die Anbieter der Plug-ins weitergegeben. Den Anbieter des Plug-ins erkennen Sie über die Markierung auf dem Kasten über seinen Anfangsbuchstaben oder das Logo. Wir eröffnen Ihnen die Möglichkeit, über den Button direkt mit dem Anbieter des Plug-ins zu kommunizieren. Nur wenn Sie auf das markierte Feld klicken und es dadurch aktivieren, erhält der Plug-in-Anbieter die Information, dass Sie die entsprechende Website unseres Online-Angebots aufgerufen haben. Zudem werden die unter § 3 dieser Erklärung genannten Daten übermittelt. Im Fall von Facebook und Xing wird nach Angaben der jeweiligen Anbieter in Deutschland die IP-Adresse sofort nach Erhebung anonymisiert. Durch die Aktivierung des Plug-ins werden also personenbezogene Daten von Ihnen an den jeweiligen Plug-in-Anbieter übermittelt und dort (bei US-amerikanischen Anbietern in den USA) gespeichert. Da der Plug-in-Anbieter die Datenerhebung insbesondere über Cookies vornimmt, empfehlen wir Ihnen, vor dem Klick auf den ausgegrauten Kasten über die Sicherheitseinstellungen Ihres Browsers alle Cookies zu löschen.

(2) Wir haben weder Einfluss auf die erhobenen Daten und Datenverarbeitungsvorgänge, noch sind uns der volle Umfang der Datenerhebung, die Zwecke der Verarbeitung, die Speicherfristen bekannt. Auch zur Löschung der erhobenen Daten durch den Plug-in-Anbieter liegen uns keine Informationen vor.[3]

(3) Der Plug-in-Anbieter speichert die über Sie erhobenen Daten als Nutzungsprofile und nutzt diese für Zwecke der Werbung, Marktforschung und/oder bedarfsgerechten Gestaltung seiner Website. Eine solche Auswertung erfolgt insbesondere (auch für nicht eingeloggte Nutzer) zur Darstellung von bedarfsgerechter Werbung und um andere Nutzer des sozialen Netzwerks über Ihre Aktivitäten auf unserer Website zu informieren. Ihnen steht ein Widerspruchsrecht gegen die Bildung dieser Nutzerprofile zu, wobei Sie sich zur Ausübung dessen an den jeweiligen Plug-in-Anbieter wenden müssen. Über die Plug-ins bietet wir Ihnen die Möglichkeit, mit den sozialen Netzwerken und anderen Nutzern zu interagieren, so dass wir unser Angebot verbessern und für Sie als Nutzer interessanter ausgestalten können. Rechtsgrundlage für die Nutzung der Plug-ins ist Art. 6 Abs. 1 S. 1 lit. f DS-GVO.

(4) Die Datenweitergabe erfolgt unabhängig davon, ob Sie ein Konto bei dem Plug-in-Anbieter besitzen und dort eingeloggt sind. Wenn Sie bei dem Plug-in-Anbieter eingeloggt sind, werden Ihre bei uns erhobenen Daten direkt Ihrem beim Plug-in-Anbieter bestehenden Konto zugeordnet. Wenn Sie den aktivierten Button betätigen und z. B. die Seite verlinken, speichert der Plug-in-Anbieter auch diese Information in Ihrem Nutzerkonto und teilt sie Ihren Kontakten öffentlich mit. Wir empfehlen Ihnen, sich nach Nutzung eines sozialen Netzwerks regelmäßig auszuloggen, insbesondere jedoch vor Aktivierung des Buttons, da Sie so eine Zuordnung zu Ihrem Profil bei dem Plug-in-Anbieter vermeiden können.

Lachenmann

(5) Weitere Informationen zu Zweck und Umfang der Datenerhebung und ihrer Verarbeitung durch den Plug-in-Anbieter erhalten Sie in den im Folgenden mitgeteilten Datenschutzerklärungen dieser Anbieter. Dort erhalten Sie auch weitere Informationen zu Ihren diesbezüglichen Rechten und Einstellungsmöglichkeiten zum Schutze Ihrer Privatsphäre.

(6) Adressen der jeweiligen Plug-in-Anbieter und URL mit deren Datenschutzhinweisen:

a) [Facebook Inc., 1601 S California Ave, Palo Alto, California 94304, USA; http://www.facebook.com/policy.php; weitere Informationen zur Datenerhebung: http://www.facebook.com/help/186325668085084, http://www.facebook.com/about/privacy/your-info-on-other#applications sowie http://www.facebook.com/about/privacy/your-info#everyoneinfo. Facebook hat sich dem EU-US-Privacy-Shield unterworfen, https://www.privacyshield.gov/EU-US-Framework.

b) Google Inc., 1600 Amphitheater Parkway, Mountainview, California 94043, USA; https://www.google.com/policies/privacy/partners/?hl=de. Google hat sich dem EU-US-Privacy-Shield unterworfen, https://www.privacyshield.gov/EU-US-Framework.

c) Twitter, Inc., 1355 Market St, Suite 900, San Francisco, California 94103, USA; https://twitter.com/privacy. Twitter hat sich dem EU-US-Privacy-Shield unterworfen, https://www.privacyshield.gov/EU-US-Framework.

d) Xing AG, Gänsemarkt 43, 20354 Hamburg, DE; http://www.xing.com/privacy.

e) T3N, yeebase media GmbH, Kriegerstr. 40, 30161 Hannover, Deutschland; https://t3n.de/store/page/datenschutz.

f) LinkedIn Corporation, 2029 Stierlin Court, Mountain View, California 94043, USA; http://www.linkedin.com/legal/privacy-policy. LinkedIn hat sich dem EU-US-Privacy-Shield unterworfen, https://www.privacyshield.gov/EU-US-Framework.

g) Flattr Network Ltd. mit Sitz in 2nd Floor, White bear yard 114A, Clerkenwell Road, London, Middlesex, England, EC1R 5DF, Großbritannien; https://flattr.com/privacy.]

2. AddThis-Bookmarking[5]

(1) Unsere Webseiten enthalten zudem AddThis-Plug-ins. Diese Plug-ins ermöglichen Ihnen das Setzen von Bookmarks bzw. das Teilen von interessanten Inhalten mit anderen Nutzern. Über die Plug-ins bieten wir Ihnen die Möglichkeit, mit den sozialen Netzwerken und anderen Nutzern zu interagieren, so dass wir unser Angebot verbessern und für Sie als Nutzer interessanter ausgestalten können. Rechtsgrundlage für die Nutzung der Plug-ins ist Art. 6 Abs. 1 S. 1 lit. f DS-GVO.

(2) Über diese Plug-ins baut Ihr Internetbrowser eine direkte Verbindung mit den Servern von AddThis und gegebenenfalls dem gewählten sozialen Netzwerk- oder Bookmarking-Dienst auf. Die Empfänger erhalten die Information, dass Sie die entsprechende Website unseres Online-Angebots aufgerufen haben und die unter § 3 dieser Erklärung genannten Daten. Diese Informationen werden auf den Servern von AddThis in den USA verarbeitet. [Wir haben Standarddatenschutzklauseln mit AddThis abgeschlossen.]. Wenn Sie Inhalte auf unserer Webseite an soziale

Lachenmann

Netzwerke oder Bookmarking-Dienste senden, kann eine Verbindung zwischen dem Besuch unserer Webseite und Ihrem Nutzerprofil bei dem entsprechenden Netzwerk hergestellt werden. Wir haben weder Einfluss auf die erhobenen Daten und Datenverarbeitungsvorgänge, noch sind uns der volle Umfang der Datenerhebung, die Zwecke der Verarbeitung, die Speicherfristen bekannt. Auch zur Löschung der erhobenen Daten durch den Plug-in-Anbieter liegen uns keine Informationen vor.

(3) Der Plug-in-Anbieter speichert diese Daten als Nutzungsprofile und nutzt diese für Zwecke der Werbung, Marktforschung und/oder bedarfsgerechten Gestaltung seiner Website. Eine solche Auswertung erfolgt insbesondere (selbst für nicht eingeloggte Nutzer) zur Erbringung von bedarfsgerechter Werbung und um andere Nutzer des sozialen Netzwerks über Ihre Aktivitäten auf unserer Website zu informieren. Ihnen steht ein Widerspruchsrecht zu gegen die Bildung dieser Nutzerprofile, wobei Sie sich zur Ausübung dessen an den jeweiligen Plug-in-Anbieter richten müssen.

(4) Wenn Sie nicht an diesem Verfahren teilnehmen möchten, können Sie der Datenerhebung und -speicherung jederzeit durch Setzen eines Opt-out-Cookies mit Wirkung für die Zukunft widersprechen: http://www.addthis.com/privacy/opt-out. Alternativ können Sie Ihren Browser so einstellen, dass er das Setzen eines Cookies verhindert.

(5) Weitere Informationen zu Zweck und Umfang der Datenerhebung und ihrer Verarbeitung durch den Plug-in-Anbieter sowie weitere Informationen zu Ihren diesbezüglichen Rechten und Einstellungsmöglichkeiten zum Schutze Ihrer Privatsphäre erhalten Sie bei: AddThis LLC, 1595 Spring Hill Road, Sweet 300, Vienna, VA 22182, USA, www.addthis.com/privacy.

3. Einbindung von YouTube-Videos

(1) Wir haben YouTube-Videos in unser Online-Angebot eingebunden, die auf http://www.YouTube.com gespeichert sind und von unserer Website aus direkt abspielbar sind. [Diese sind alle im „erweiterten Datenschutz-Modus" eingebunden, d. h. dass keine Daten über Sie als Nutzer an YouTube übertragen werden, wenn Sie die Videos nicht abspielen. Erst wenn Sie die Videos abspielen, werden die in Absatz 2 genannten Daten übertragen. Auf diese Datenübertragung haben wir keinen Einfluss.][6]

(2) Durch den Besuch auf der Website erhält YouTube die Information, dass Sie die entsprechende Unterseite unserer Website aufgerufen haben. Zudem werden die unter § 3 dieser Erklärung genannten Daten übermittelt. Dies erfolgt unabhängig davon, ob YouTube ein Nutzerkonto bereitstellt, über das Sie eingeloggt sind, oder ob kein Nutzerkonto besteht. Wenn Sie bei Google eingeloggt sind, werden Ihre Daten direkt Ihrem Konto zugeordnet. Wenn Sie die Zuordnung mit Ihrem Profil bei YouTube nicht wünschen, müssen Sie sich vor Aktivierung des Buttons ausloggen. YouTube speichert Ihre Daten als Nutzungsprofile und nutzt sie für Zwecke der Werbung, Marktforschung und/oder bedarfsgerechten Gestaltung seiner Website. Eine solche Auswertung erfolgt insbesondere (selbst für nicht eingeloggte Nutzer) zur Erbringung von bedarfsgerechter Werbung und um andere Nutzer des sozialen Netzwerks über Ihre Aktivitäten auf unserer Website zu informieren. Ihnen steht ein

Lachenmann

Widerspruchsrecht zu gegen die Bildung dieser Nutzerprofile, wobei Sie sich zur Ausübung dessen an YouTube richten müssen.

(3) Weitere Informationen zu Zweck und Umfang der Datenerhebung und ihrer Verarbeitung durch YouTube erhalten Sie in der Datenschutzerklärung. Dort erhalten Sie auch weitere Informationen zu Ihren Rechten und Einstellungsmöglichkeiten zum Schutze Ihrer Privatsphäre: https://www.google.de/intl/de/policies/privacy. Google verarbeitet Ihre personenbezogenen Daten auch in den USA und hat sich dem EU-US-Privacy-Shield unterworfen, https://www.privacyshield.gov/EU-US-Framework.

4. Einbindung von Google Maps[7]

(1) Auf dieser Webseite nutzen wir das Angebot von Google Maps. Dadurch können wir Ihnen interaktive Karten direkt in der Website anzeigen und ermöglichen Ihnen die komfortable Nutzung der Karten-Funktion.

(2) Durch den Besuch auf der Website erhält Google die Information, dass Sie die entsprechende Unterseite unserer Website aufgerufen haben. Zudem werden die unter § 3 dieser Erklärung genannten Daten übermittelt. Dies erfolgt unabhängig davon, ob Google ein Nutzerkonto bereitstellt, über das Sie eingeloggt sind, oder ob kein Nutzerkonto besteht. Wenn Sie bei Google eingeloggt sind, werden Ihre Daten direkt Ihrem Konto zugeordnet. Wenn Sie die Zuordnung mit Ihrem Profil bei Google nicht wünschen, müssen Sie sich vor Aktivierung des Buttons ausloggen. Google speichert Ihre Daten als Nutzungsprofile und nutzt sie für Zwecke der Werbung, Marktforschung und/oder bedarfsgerechten Gestaltung seiner Website. Eine solche Auswertung erfolgt insbesondere (selbst für nicht eingeloggte Nutzer) zur Erbringung von bedarfsgerechter Werbung und um andere Nutzer des sozialen Netzwerks über Ihre Aktivitäten auf unserer Website zu informieren. Ihnen steht ein Widerspruchsrecht zu gegen die Bildung dieser Nutzerprofile, wobei Sie sich zur Ausübung dessen an Google richten müssen.

(3) Weitere Informationen zu Zweck und Umfang der Datenerhebung und ihrer Verarbeitung durch den Plug-in-Anbieter erhalten Sie in den Datenschutzerklärungen des Anbieters. Dort erhalten Sie auch weitere Informationen zu Ihren diesbezüglichen Rechten und Einstellungsmöglichkeiten zum Schutze Ihrer Privatsphäre: http://www.google.de/intl/de/policies/privacy. Google verarbeitet Ihre personenbezogenen Daten auch in den USA und hat sich dem EU-US Privacy Shield unterworfen, https://www.privacyshield.gov/EU-US-Framework.

Anmerkungen

1. **Gemeinsamer Text für alle „Like-Plug-ins".** Das Muster erläutert alle eingesetzten Social-Media-Plug-ins in einem einzelnen Gliederungspunkt, der alle von Art. 12 ff. DS-GVO verlangten Informationen beschreiben soll. Zwar können auch die verschiedenen Vorschläge der Anbieter verwendet werden, jedoch würde die Datenschutzerklärung dadurch erheblich länger und unübersichtlicher. Zudem können die von Anbietern vorgegebenen Erklärungen fehlerhaft sein, insbesondere wurden vielfach noch keine Texte in Bezug auf die DS-GVO bereitgestellt. Bei Erstellung der Datenschutzerklärung muss eine Einzelfallprüfung des Textes erfolgen. Jedenfalls

Lachenmann

müssen unter Absatz 1 die verwendeten Plug-ins angegeben werden und in Absatz 5 die jeweiligen Adressen der Anbieter.

Im Umfeld der Buttons auf der Website ist ein Link aufzunehmen, in dem eine Kurzinformation mit einem Link zu den ausführlichen Informationen in der Datenschutzerklärung enthalten sein muss.

2. Einsatz der Zwei-Klick-Lösung. Der Zwiespalt, den Nutzern die direkte Verbindung mit sozialen Netzwerken zu bieten und dennoch datenschutzrechtliche Vorgaben einzuhalten, kann nur praktikabel gelöst werden, indem die Like-Buttons nicht jedem Website-Besucher angezeigt werden, sondern nur den Nutzern, die die Funktion nutzen möchten. In der Praxis hat sich daher die Zwei-Klick-Lösung weitestgehend durchgesetzt, die auch als Ein-Klick-Lösung, sog. Shariff, einsetzbar ist (*Splittgerber* in: Splittgerber (Hrsg.), Social Media, S. 155 ff.). So können die Plug-ins angeboten werden, aber gleichzeitig eine Einschränkung der Weitergabe von Nutzerdaten an Drittanbieter erfolgen, was zu einer Verringerung des Risikos einer Inanspruchnahme von Verantwortlichen führt. Damit werden nicht willkürlich personenbezogene Daten jeder betroffenen Person erhoben, die die Plug-in-Anbieter zur Erstellung von Nutzerprofilen nutzen können. Stattdessen werden nur Daten der Nutzer erhoben, deren ausdrücklicher Wunsch die Weitergabe ihrer Daten an die Anbieter ist. Durch die Zwei-Klick-Lösung wird dem eigentlichen Plug-in-Button ein zweiter Button vorangestellt, der anzeigt, zu welchen Social-Media-Anbietern verlinkt werden kann. Damit wird das Plug-in erst aktiv und damit die Datenübertragung aktiviert, wenn der Nutzer auf den vorgeschalteten Button klickt. Der Nutzer kann damit selbst entscheiden, ob seine Daten übertragen werden sollen. Die Datenschutzaufsichtsbehörden bestätigten verschiedentlich noch unter Geltung des BDSG a. F., dass das Verfahren beanstandungsfrei eingesetzt werden könne (BayLDA, Pressemitteilung v. 27.8.2013, http://www.datenschutz-bayern.de/presse/20130826_SocialPlugins.html; LfD BW, Tätigkeitsbericht 2012/2013, S. 159). Die vorliegende Formulierung orientiert sich zudem an den Informationspflichten, die das unabhängige Zentrum für Datenschutz Schleswig-Holstein an den Einsatz dieser Plug-ins stellte, ohne diese vollumfänglich umzusetzen (https://www.datenschutzzentrum.de/facebook/faq_de.html#6). Diese verlangten eine Sicherstellung, dass „der Nutzer die Einwilligung bewusst und eindeutig erteilt hat, sie protokolliert wird, der Inhalt der Einwilligung jederzeit abrufbar ist und ein späterer Widerspruch möglich ist". Diese Forderung erscheint verfehlt, da die DS-GVO insoweit keine Einwilligung verlangt, da der Nutzer die Datenverarbeitung initiiert und selbst wünscht, so dass auf Art. 6 Abs. 1 S. 1 lit. f DS-GVO rekurriert werden kann. Zudem würde eine Protokollierung dem Gebot der Datensparsamkeit widersprechen. Davon unabhängig ist freilich im Rahmen der E-Privacy-RL bzw. ePrivacy-VO-E eine Einwilligung für den Einsatz der Cookies einzuholen.

Zwei Herausforderungen – und damit deutliche Risiken für Verantwortliche – bleiben bei Einsatz der Zwei-Klick-Lösung unter der DS-GVO bestehen: Da die von den Plug-in-Anbietern durchgeführten Datenverarbeitungsvorgänge den Website-Betreibern nicht bekannt sind, können weder die Transparenzanforderungen gegenüber den betroffenen Personen vollumfänglich erfüllt werden (Düsseldorfer Kreis, Beschl. v. 8.12.2011, Datenschutz in sozialen Netzwerken), noch kann die Zulässigkeit der Datenverarbeitung durch die Drittanbieter sichergestellt werden. Ohne

Lachenmann

weitreichende Umsetzung der DS-GVO-Anforderungen durch die Anbieter der Plug-ins wird immer ein Risiko für die Website-Betreiber verbleiben.

3. Verantwortlichkeit für die Datenverarbeitung bei Plug-ins. Bei Einbindung von Drittanbietern im Online-Bereich stellt sich regelmäßig die umstrittene Frage, wer Verantwortlicher nach Art. 4 Abs. 7 DS-GVO ist. Der Betreiber der Website entschließt sich dazu, Funktionen auf seine Website einzubauen, über die personenbezogene Daten der Besucher an Dritte weitergeleitet werden. Daher wird vertreten, dass der Website-Betreiber vollumfänglich für die Datenverarbeitung verantwortlich sei, da er über den Einbau der Plug-ins entscheide (*Weichert*, ZD 2014, 605; *Petri*, ZD 2015, 103; *Krebs/Lange*, ITRB 2014, 278). Jedoch hat der Betreiber der Website i.d.R. keinen Einfluss darauf, welche personenbezogenen Daten zu welchen Zwecken und Mitteln durch die Drittanbieter verarbeitet werden. Daher überzeugt es ebenfalls nicht, aus der Verknüpfung zwischen Einbau eines Plug-ins auf die Homepage und der Verarbeitung durch die Plug-in-Anbieter eine gemeinsame Verantwortlichkeit für die Datenverarbeitung durch Website-Betreiber und Plug-in-Betreiber gleichzeitig anzunehmen, da dieses Modell nur zur Anwendung kommt, wenn alle Beteiligten weitgehend gleichermaßen über Zwecke und Mittel der Verarbeitung bestimmen (vgl. Artikel-29-Datenschutzgruppe, Working Paper 169, S. 10 ff.; *Lachenmann*, Datenübermittlung im Konzern, S. 60 ff.; → G.V.). Eine Stelle, die weder einen rechtlichen noch einen tatsächlichen Einfluss auf die Entscheidung hat, wie personenbezogene Daten verarbeitet werden, kann nicht als Verantwortlicher gesehen werden kann (BVerwG, Beschl. v. 25.2.2016 – 1 C 28.14, BeckRS 2016, 44371, Rn. 22 ff.). Denn eine datenschutzrechtliche Verantwortlichkeit kann stets nur insoweit bestehen, als die Stelle über Zwecke und Mittel der Verarbeitung bestimmt (vgl. Artikel-29-Datenschutzgruppe, Working Paper 169, S. 15). Gesicherte Rechtsprechung gibt es insoweit nicht, jedoch wurde dem Europäischen Gerichtshof die Frage der Verantwortlichkeit im Zusammenhang mit Facebook-Fanpages vorgelegt (anhängig unter Rs. C-210/16, vgl. GA *Bot* v. 19.9.2017).

Einem Website-Betreiber, der Angebote Dritter auf seine Website einbaut und so das „Initial" der Datenverarbeitung setzt, muss eine datenschutzrechtliche Verantwortung zukommen, die Erhebungsvorgänge sind ihm in einer gewissen Weise zuzurechnen (*Lachenmann*, Datenübermittlung im Konzern, S. 42 f.). Überzeugend erscheint es dabei, die Verantwortlichkeit nach den faktisch durchgeführten Schritten zu bemessen, für die eine Stelle tatsächlich über Zwecke und Mittel bestimmt. Diese sogenannte abgestufte Verantwortlichkeit orientiert sich in ihrer Wertung an den Stellungnahmen der Artikel-29-Datenschutzgruppe (Working Paper 169, S. 25; Working Paper 171, S. 12 ff.) und den überzeugenden Grundsätzen des VG Schleswig (Urt. v. 9.10.2013 – 8 A 218/11, ZD 2014, 51 m. Anm. *Karg*). Die Wertung der Aufsichtsbehörden zum Online Behavioral Advertising kann auf andere Problematiken wie Facebook-Fanpages oder Social-Media-Plug-ins angewandt werden. Der Schutz der Grundrechte der betroffenen Personen kann über die jeweilige Verantwortlichkeit für die jeweils ausgeführten Verarbeitungsstufen sichergestellt werden. Die Problematik, dass die Drittanbieter meistens in Drittstaaten außerhalb der EU, insbesondere des USA sitzen, wird dank der DS-GVO deutlich abgeschwächt: Die Verarbeitung unterliegt den Vorgaben der DS-GVO, sobald personenbezogene Daten von in der EU befindlichen Personen verarbeitet werden, Art. 3 Abs. 2 DS-GVO. Über Vorgaben wie zum Datenschutz durch Technik nach Art. 25 DS-GVO und zur

Lachenmann

Bestellung eines Vertreters innerhalb der Union nach Art. 27 DS-GVO ist in deutlich weitergehendem Maße als unter der DSRL sichergestellt, dass auch die Anbieter von Online-Diensten die Vorgaben des europäischen Datenschutzrechts einzuhalten haben. Durch die abgestufte Verantwortlichkeit wird eine Trennung der Verantwortlichkeiten erreicht, indem jede beteiligte Stelle die von ihr durchgeführten Datenverarbeitungsvorgänge und die daraus jeweils folgenden Verpflichtungen bewerten kann. Denn Anbieter von Online-Inhalten speichern vielfach keine personenbezogenen Informationen, so dass die Anwendung einiger Verpflichtungen der DS-GVO keinen Sinn hätte (Artikel-29-Datenschutzgruppe, Working Paper 171, S. 14). Aus der abgestuften Verantwortlichkeit ergibt sich, dass der Website-Betreiber insoweit als datenschutzrechtlich verantwortlich anzusehen ist, als er personenbezogene Daten auf der Website verarbeitet oder das Tor zu einer Datenverarbeitung durch Dritte eröffnet.

Daher muss der Betreiber einer Website alles für ihn Mögliche tun, um die Datenverarbeitung der DS-GVO entsprechend auszugestalten. Dazu gehört in erster Linie die Information des Betroffenen über die Datenschutzerklärung, Art. 13 DS-GVO. Bei Einsatz von Cookies oder anderen technischen Funktionen, über die auf das Endgerät des Nutzers zugegriffen wird, sind die Vorgaben der ePrivacy-VO-E durch den Website-Betreiber zu erfüllen. Für die weitere Datenverarbeitung sind dann die Anbieter der Plug-ins zuständig (ausführlich zur abgestuften Verantwortlichkeit *Lachenmann*, Datenübermittlung im Konzern, S. 46 ff. m.w.N.). Selbst wenn eine abgestufte Verantwortlichkeit angenommen wird, muss die Teilnahme des Betroffenen an den Datenverarbeitungsvorgängen berücksichtigt werden. Dies zeigen auch die Vorgaben zur Datenminimierung nach Art. 25 DS-GVO, die es erfordern, dass möglichst wenige personenbezogene Daten der betroffenen Personen verarbeitet werden. Folge für Social Media Plug-ins ist daher, dass nicht die Daten eines jeden Homepage-Besuchers über den allgemeinen Einbau des Plug-ins an die Social Media-Anbieter weitergegeben werden dürfen. Eine Weitergabe darf nur auf Wunsch der betroffenen Person erfolgen, was durch die Zwei-Klick-Lösung sichergestellt werden kann.

Problematisch bleiben alle Plug-ins für Websites, bei denen die Zwei-Klick-Lösung nicht praktikabel ist. Für alle Widgets oder sonstige Plug-ins, die für moderne Websites im Sinne von Nutzerfreundlichkeit, schönen Designs und internationaler Standards eingesetzt werden müssen, erfolgt eine Datenverarbeitung durch die Anbieter dieser Widgets bzw. Plug-ins. Ein Ausschluss sämtlicher Plug-ins auf einer Website ist nicht praktikabel. Insofern ist auch hier die betroffene Person über die Nutzung zu informieren. Zudem sollten Anbieter ausgewählt werden, die möglichst wenige personenbezogene Daten weiterverarbeiten und transparent darstellen, wie die Daten verarbeitet werden. Zudem obliegt es den Datenschutzaufsichtsbehörden, gegenüber den Anbietern der Plug-ins sicherzustellen, dass die Vorgaben der DS-GVO eingehalten werden.

4. Informationen zu den Anbietern der Plug-ins. Zur Sicherstellung der Transparenz über die Weitergabe sind die Namen, Adressen und Links zu Datenschutzhinweisen der Social-Media-Anbieter gesondert mitzuteilen (die Angabe muss je nach eingesetzten Plug-ins angepasst werden). So wird im Rahmen der abgestuften Verantwortlichkeit den Anforderungen nachgekommen, die der Website-Betreiber erfüllen kann.

Lachenmann

Zudem hat der Hinweis auf die Datenübermittlung in die USA bzw. andere Dritt-staaten und die getroffene Absicherung nach Art. 13 Abs. 1 lit. f DS-GVO zu erfol-gen (→ F.I. 1. Anm. 9).

5. Einbindung von Plug-ins mittels AddThis. Verschiedene Angebote ermöglichen die Einbindung einer großen Zahl der Plug-ins sozialer Netzwerke. Beispielhaft wird hier das Angebot von AddThis genannt, die Formulierungen können jedoch auf an-dere Angebote übertragen werden. Zu bedenken ist, dass solche Angebote dazu füh-ren können, dass eine Verbindung zu deutlich mehr sozialen Netzwerken hergestellt wird, als es in der Datenschutzerklärung abzubilden ist. Die Risiken für Website-Betreiber steigen damit.

6. Erweiterter Datenschutzmodus bei YouTube. Für selbst bei YouTube einge-stellte und anschließend in die Website eingebundene Videos kann eine deutliche Minimierung des datenschutzrechtlichen Risikos durch die Verwendung des sog. erweiterten Datenschutzmodus erfolgen (https://support.google.com/youtube/answer/171780). Dies sollte für eigene YouTube-Videos bereits im Sinne der Daten-sparsamkeit nach Art. 25 DS-GVO eingesetzt werden. Wenn Fremdvideos verlinkt werden, kann nicht auf den erweiterten Datenschutzmodus verwiesen werden.

7. Einbindung von Google Maps. Selbst bei Einbindung eines Kartenausschnitts von Google Maps besteht die Problematik, dass Google personenbezogene Daten der Website-Besucher erheben und ggf. mit den bei Google vorhandenen Profilen der Nutzer verknüpfen kann. Dies wird in den Google-„Nutzungsbedingungen", auf die in den eingebundenen Karten verlinkt wird, erläutert (https://www.google.com/intl/de_US/help/terms_maps.html). Auch hier erscheint es überzeugend, eine Verantwortlichkeit Googles anzunehmen, nicht eine des Website-Betreibers. Die Transparenz wird über die Beschreibung in der Datenschutzerklärung gewährleistet. Zudem ist in der eingebundenen Karte ein Link auf die Nutzungsbedingungen von Google enthalten, in denen Google über die Art und Weise der Datenerhebung in-formiert.

7. Online-Werbung

Der Markt von Online-Werbung erfasst schon lange nicht mehr linear ausge-strahlte Werbung, bei der bestimmte Werbeanzeigen allen Nutzern identisch ange-zeigt werden. Schwerpunkt des Online-Marketings liegt in **möglichst individuellen Werbeanzeigen,** die interessenbasiert für die individuellen Nutzer ausgespielt wer-den. Die individuelle Anzeige von Werbung basiert auf einer **Profilbildung** über ei-nen möglichst langen Zeitraum, in dem u.a. Suchanfragen, besuchte Websites und gelesene Inhalte berücksichtigt werden. Allgemein übliche Werbemaßnahmen sind derzeit insbesondere Retargeting und Remarketing, bei denen ein Nutzer zu anderen Zeiten und Orten im Netz erneut angesprochen werden kann, z.B. durch Anzeigen von Produkten, die er zuvor auf anderen Websites besucht hatte oder die für den Nutzer von Interesse sein könnten. Die Auswahl der Anzeigen erfolgt meist auf Ba-sis eines Algorithmus, der die Wahrscheinlichkeit berechnet, dass die Anzeige dem Nutzer gefällt (zu Begriffen und Funktionsweise von Online-Werbung z.B. *Rammos* in: Taeger (Hrsg.), Die Welt im Netz, S. 493; BVDW e.V., http://www.bvdw.org/

Lachenmann

mybvdw/media/download/bvdw-leitfaden-zielgruppenbasierter-online-werbung.pdf?
file=2489). Regelmäßig werden für die Online-Werbung Techniken wie Real Time
Bidding (RTB) bzw. Programmatic Targeting eingesetzt, bei denen Plätze für Werbeanzeigen auf Supply- und Demand-Side-Plattformen an den meistbietenden Werbenden „versteigert" werden, die Abrechnung erfolgt meist über die „Views" der
Website-Besucher in Einheiten wie dem Tausender-Kontakt-Preis (TKP).

Technisch erfolgt das Online Tracking in der Regel über **Werbe-IDs,** bei denen
über Cookies durch die Anbieter von Werbenetzwerken Profile von Nutzern erstellt
werden und bei Aufruf einer Website auf Basis des Cookie-Profils die Werbeanzeige
geschaltet wird. Durch den Einsatz von Tracking-Pixeln auf diversen Webseiten
wird bei dem ersten Besuch eines Nutzers auf einer Website des Werbepartners eine
Speicherung von Cookies auf den Endgeräten der Nutzer durch die Werbepartner
veranlasst. Durch solche Remarketing-Angebote kann ein Nutzer im Internet „verfolgt" werden und ihm (vermeintlich) besonders interessante Angebote angezeigt
werden. Die eingesetzten Techniken werden stets verfeinert, so dass das Tracking
mittels Cookies zusehends an Bedeutung verliert. Vielfach wird das Tracking über
sog. Browser Fingerprints durchgeführt, bei denen Informationen wie die individuelle Einstellung von Bildschirmauflösung, Farbtiefe, Zeitzone und installierte Plug-
ins genutzt werden, um Nutzer bzw. Nutzergruppen zu erkennen. Ein solches Tracking kann selbst nach Setzen eines Opt-out-Cookies durchgeführt werden. Die
Einholung einer Einwilligung vor dem Fingerprinting ist kaum möglich, da bei einem Ablehnen durch den Nutzer auch Betrugserkennung und Spamschutz deaktiviert werden müssten (zu Technik und Rechtslage z.B. *Karg/Kühn,* ZD 2014, 285).
Zu unterscheiden ist nach prädikativen Profilen, bei denen das individuelle und kollektive Nutzerverhalten beobachtet wird und Gruppenbildungen (z.B. nach Alters-
gruppen und Geschlecht) erfolgen oder explizite Profile, durch die eine Person individuell bestimmt wird (z.B. durch Zuordnung zu einem Log-in eine Website bzw.
ein bestehendes Kundenkonto; vgl. Artikel-29-Datenschutzgruppe, Working Paper
171, S. 8).

Ein Verantwortlicher sollte sorgfältig abwägen, ob er tatsächlich ein Remarketing
durchführen möchte. Denn ein solches führt zu einem erheblichen Kontrollverlust
hinsichtlich der erhobenen Daten. Weiterhin ist eine **Monetarisierung der Daten des
Verantwortlichen** durch die Retargeting-Anbieter wahrscheinlich. Bspw. führt der
Anbieter Criteo in Nr. 9 der AGB (Version 2.2 v. 22.4.2016) aus, dass Criteo sämtliche erhobenen Daten nicht nur für die Erbringung der Services, sondern auch „zur
Verbesserung der Criteo-Technologie bzw. zur Bereitstellung und Verbesserung anderer Criteo-Produkte oder Services verwendet, an denen der Kunde zu gegebener
Zeit interessiert sein kann". Ähnliche Klauseln finden sich bei allen anderen nam-
haften Anbietern. Dadurch bestimmen die Anbieter selbst über Zwecke und Mittel
der Verarbeitung und werden selbst zu Verantwortlichen. Eine Kontrollmöglichkeit
der Datenverarbeitung durch den Website-Betreiber besteht nicht, hingegen das Risiko einer Beanstandung durch die Datenschutz-Aufsichtsbehörden. Durch die Verknüpfung können die Retargeting-Anbieter zu jedem Nutzer die von dem Website-
Betreiber ermöglichten Informationen bereitstellen. Dies erhöht die wirtschaftliche
Bedeutung des Datensatzes erheblich, da derartige Daten sehr gefragt sind. Aufgrund der Unwägbarkeiten wählen Unternehmen die Werbeanbieter sorgfältiger aus
und achten verstärkt auf die durchgeführten Verarbeitungsvorgänge. So kann der
Verlust der Hoheit über die erhobenen Daten und die Ermöglichung der weitergehen-

Lachenmann

den Fremdnutzung der eigenen Daten durch Drittanbieter eingeschränkt oder vermieden werden. Anbieter sollten daher eine sorgfältige Entscheidung treffen, ob die wirtschaftlichen Vorteile des Retargetings mit dem Verlust der Hoheit über die Nutzerdaten aufgewogen werden können.

Zu Werbemöglichkeiten wie Online Targeting, Retargeting oder Remarketing kann festgehalten werden, dass praktisch kein Anbieter am Markt existiert, der die Vorgaben europäischen Datenschutzrechts, insbesondere nach der DS-GVO, einhält. Daher sollten die Nutzung und die Risiken sorgfältig abgewogen werden und eine bedachte Auswahl der Anbieter getroffen werden (mit einem Fokus auf europäische Anbieter). Nachfolgend werden Beispiele für Datenschutzerklärungen von besonders praxisrelevanten Angeboten beschrieben, die je nach Einsatz auf der Website in der Datenschutzerklärung (→ 1.) ergänzt werden können.

1. Einsatz von Google AdSense[1]

(1) Diese Website verwendet den Online-Werbedienst Google AdSense, durch den Ihnen auf Ihre Interessen ausgelegte Werbung präsentiert werden kann.[2] Wir verfolgen damit das Interesse, Ihnen Werbung anzuzeigen, die für Sie von Interesse sein könnte, um unsere Website für Sie interessanter zu gestalten. Hierzu werden statistische Informationen über Sie erfasst, die durch unsere Werbepartner verarbeitet werden. Diese Werbeanzeigen sind über den Hinweis „Google-Anzeigen" in der jeweiligen Anzeige erkennbar.

(2) Durch den Besuch unserer Website erhält Google die Information, dass Sie unsere Website aufgerufen haben. Dazu nutzt Google einen Web Beacon, um einen Cookie auf Ihrem Rechner zu setzen. Es werden die unter § 3 dieser Erklärung genannten Daten übermittelt. Wir haben weder Einfluss auf die erhobenen Daten, noch ist uns der volle Umfang der Datenerhebung und die Speicherdauer bekannt.[3] Ihre Daten werden in die USA übertragen und dort ausgewertet. Wenn Sie mit Ihrem Google-Account eingeloggt sind, können Ihre Daten diesem direkt zugeordnet werden. Wenn Sie die Zuordnung mit Ihrem Google-Profil nicht wünschen, müssen Sie sich ausloggen. Es ist möglich, dass diese Daten an Vertragspartner von Google an Dritte und Behörden weitergegeben werden. Rechtsgrundlage für die Verarbeitung Ihrer Daten ist Art. 6 Abs. 1 S. 1 lit. f DS-GVO. [ENTWEDER: Diese Website schaltet über Google AdSense keine Anzeigen von Drittanbietern.] [ODER: Diese Website hat auch Google AdSense-Anzeigen von Drittanbietern aktiviert. Die vorgenannten Daten können an diese Drittanbieter (benannt unter https://support. google.com/dfp_sb/answer/94149) übertragen werden.][4]

(3) Sie können die Installation der Cookies von Google AdSense auf verschiedene Weise verhindern: a) durch eine entsprechende Einstellung Ihrer Browser-Software, insbesondere führt die Unterdrückung von Drittcookies dazu, dass Sie keine Anzeigen von Drittanbietern erhalten; b) durch Deaktivierung der interessenbezogenen Anzeigen bei Google über den Link http://www.google.de/ads/preferences, wobei diese Einstellung gelöscht wird, wenn Sie Ihre Cookies löschen; c) durch Deaktivierung der interessenbezogenen Anzeigen der Anbieter, die Teil der Selbstregulierungs-Kampagne „About Ads" sind, über den Link http://www.aboutads.info/choices, wobei diese Einstellung gelöscht wird, wenn Sie Ihre Cookies löschen; d) durch dauerhafte Deaktivierung in Ihren Browsern Firefox, Internetexplorer oder Google Chrome unter dem Link http://www.google.com/settings/ads/plugin.[5] Wir weisen

Lachenmann

Sie darauf hin, dass Sie in diesem Fall gegebenenfalls nicht alle Funktionen dieses Angebots vollumfänglich nutzen können.

(4) Weitere Informationen zu Zweck und Umfang der Datenerhebung und ihrer Verarbeitung sowie weitere Informationen zu Ihren diesbezüglichen Rechten und Einstellungsmöglichkeiten zum Schutze Ihrer Privatsphäre erhalten Sie bei: Google Inc., 1600 Amphitheater Parkway, Mountainview, California 94043, USA; Datenschutzbedingungen für Werbung: http://www.google.de/intl/de/policies/technologies/ads. Google hat sich dem EU-US Privacy Shield unterworfen, https://www.privacyshield.gov/EU-US-Framework.

2. Amazon Partnerprogramm[5]

(1) [Name des Website-Betreibers] ist Teilnehmer des Partnerprogramms von Amazon Europe S. à. r. l. und Partner des Werbeprogramms, das zur Bereitstellung eines Mediums für Websites konzipiert wurde, mittels dessen durch die Platzierung von Werbeanzeigen und Links zu amazon.de Werbekostenerstattungen verdient werden können. Wir verfolgen mit dem Programm das Interesse, Ihnen Werbung anzuzeigen, die für Sie von Interesse ist und unsere Website für unsere Nutzer interessanter wird.

(2) Für die Bereitstellung der Werbeanzeigen werden statistische Informationen über Sie erfasst, die durch unsere Werbepartner verarbeitet werden. Durch den Besuch auf der Website erhält Amazon die Information, dass Sie die entsprechende Seite unserer Website aufgerufen haben. Dazu ermittelt Amazon über Web Beacons Ihren Bedarf und setzt ggf. ein Cookie auf Ihrem Rechner. Es werden die unter § 3 dieser Erklärung genannten Daten übermittelt. Wir haben weder Einfluss auf die erhobenen Daten, noch ist uns der volle Umfang der Datenerhebung und die Speicherdauer bekannt. Wenn Sie bei Amazon eingeloggt sind, können Ihre Daten direkt Ihrem dortigen Konto zugeordnet werden. Wenn Sie die Zuordnung mit Ihrem Amazon-Profil nicht wünschen, müssen Sie sich ausloggen. Es ist möglich, dass Ihre Daten an Vertragspartner von Amazon und Behörden weitergegeben werden. Wir haben weder Einfluss auf die erhobenen Daten, noch ist uns der volle Umfang der Datenerhebung bekannt. Die Daten werden in die USA übertragen und dort ausgewertet. Rechtsgrundlage für die Verarbeitung Ihrer Daten ist Art. 6 Abs. 1 S. 1 lit. f DS-GVO.

(3) Sie können die Installation der Cookies des Amazon Partnerprogramms auf verschiedene Weise verhindern: a) durch eine entsprechende Einstellung Ihrer Browser-Software, insbesondere führt die Unterdrückung von Drittcookies dazu, dass Sie keine Anzeigen von Drittanbietern erhalten; b) durch Deaktivierung der interessenbezogenen Anzeigen bei Amazon über den Link http://www.amazon.de/gp/dra/info; c) durch Deaktivierung der interessenbezogenen Anzeigen der Anbieter, die Teil der Selbstregulierungs-Kampagne „About Ads" sind, über den Link http://www.aboutads.info/choices, wobei diese Einstellungen gelöscht werden, wenn Sie Ihre Cookies löschen. Wir weisen Sie darauf hin, dass Sie in diesem Fall gegebenenfalls nicht sämtliche Funktionen dieses Angebotes vollumfänglich nutzen können.[1]

(5) Weitere Informationen zu Zweck und Umfang der Datenerhebung und ihrer Verarbeitung sowie weitere Informationen zu Ihren diesbezüglichen Rechten und Einstellungsmöglichkeiten zum Schutze Ihrer Privatsphäre erhalten Sie über die

oben genannte Datenschutzerklärung hinaus auch bei: Amazon EU S.à.r.l, die Amazon Services Europe S.à.r.l. und die Amazon Media EU S.à.r.l., alle drei ansässig 5, Rue Plaetis, L-2338 Luxemburg; E-Mail: ad-feedback@amazon.de. Amazon hat sich dem EU-US Privacy Shield unterworfen, https://www.privacyshield.gov/EU-US-Framework. Weitere Informationen zur Datennutzung durch Amazon erhalten Sie in der Datenschutzerklärung des Unternehmens: http://www.amazon.de/gp/help/customer/display.html/ref=footer_privacy?ie=UTF8&nodeId=3312401 sowie unter: http://www.amazon.de/gp/BIT/InternetBasedAds.

3. Einsatz von Google Adwords Conversion[6]

(1) Wir nutzen das Angebot von Google Adwords, um mit Hilfe von Werbemitteln (sogenannten Google Adwords) auf externen Webseiten auf unsere attraktiven Angebote aufmerksam zu machen. Wir können in Relation zu den Daten der Werbekampagnen ermitteln, wie erfolgreich die einzelnen Werbemaßnahmen sind. Wir verfolgen damit das Interesse, Ihnen Werbung anzuzeigen, die für Sie von Interesse ist, unsere Website für Sie interessanter zu gestalten und eine faire Berechnung von Werbe-Kosten zu erreichen.

(2) Diese Werbemittel werden durch Google über sogenannte „Ad Server" ausgeliefert. Dazu nutzen wir Ad Server Cookies, durch die bestimmte Parameter zur Erfolgsmessung, wie Einblendung der Anzeigen oder Klicks durch die Nutzer, gemessen werden können. Sofern Sie über eine Google-Anzeige auf unsere Website gelangen, wird von Google Adwords ein Cookie in ihrem PC gespeichert. Diese Cookies verlieren in der Regel nach 30 Tagen ihre Gültigkeit und sollen nicht dazu dienen, Sie persönlich zu identifizieren. Zu diesem Cookie werden in der Regel als Analyse-Werte die Unique Cookie-ID, Anzahl Ad Impressions pro Platzierung (Frequency), letzte Impression (relevant für Post-View-Conversions) sowie Opt-out-Informationen (Markierung, dass der Nutzer nicht mehr angesprochen werden möchte) gespeichert.

(3) Diese Cookies ermöglichen Google, Ihren Internetbrowser wiederzuerkennen. Sofern ein Nutzer bestimmte Seiten der Webseite eines Adwords-Kunden besucht und das auf seinem Computer gespeicherte Cookie noch nicht abgelaufen ist, können Google und der Kunde erkennen, dass der Nutzer auf die Anzeige geklickt hat und zu dieser Seite weitergeleitet wurde. Jedem Adwords-Kunden wird ein anderes Cookie zugeordnet. Cookies können somit nicht über die Webseiten von Adwords-Kunden nachverfolgt werden. Wir selbst erheben und verarbeiten in den genannten Werbemaßnahmen keine personenbezogenen Daten. Wir erhalten von Google lediglich statistische Auswertungen zur Verfügung gestellt. Anhand dieser Auswertungen können wir erkennen, welche der eingesetzten Werbemaßnahmen besonders effektiv sind. Weitergehende Daten aus dem Einsatz der Werbemittel erhalten wir nicht, insbesondere können wir die Nutzer nicht anhand dieser Informationen identifizieren.

(4) Aufgrund der eingesetzten Marketing-Tools baut Ihr Browser automatisch eine direkte Verbindung mit dem Server von Google auf. Wir haben keinen Einfluss auf den Umfang und die weitere Verwendung der Daten, die durch den Einsatz dieses Tools durch Google erhoben werden und informieren Sie daher entsprechend unserem Kenntnisstand: Durch die Einbindung von AdWords Conversion erhält Google die Information, dass Sie den entsprechenden Teil unseres Internetauftritts aufgerufen oder eine Anzeige von uns angeklickt haben. Sofern Sie bei einem Dienst

Lachenmann

von Google registriert sind, kann Google den Besuch Ihrem Account zuordnen. Selbst wenn Sie nicht bei Google registriert sind bzw. sich nicht eingeloggt haben, besteht die Möglichkeit, dass der Anbieter Ihre IP-Adresse in Erfahrung bringt und speichert.

(5) Sie können die Teilnahme an diesem Tracking-Verfahren auf verschiedene Weise verhindern: a) durch eine entsprechende Einstellung Ihrer Browser-Software, insbesondere führt die Unterdrückung von Drittcookies dazu, dass Sie keine Anzeigen von Drittanbietern erhalten; b) durch Deaktivierung der Cookies für Conversion-Tracking, indem Sie Ihren Browser so einstellen, dass Cookies von der Domain „www.googleadservices.com" blockiert werden, https://www.google.de/settings/ads, wobei diese Einstellung gelöscht werden, wenn Sie Ihre Cookies löschen; c) durch Deaktivierung der interessenbezogenen Anzeigen der Anbieter, die Teil der Selbstregulierungs-Kampagne „About Ads" sind, über den Link http://www.about-ads.info/choices, wobei diese Einstellung gelöscht wird, wenn Sie Ihre Cookies löschen; d) durch dauerhafte Deaktivierung in Ihren Browsern Firefox, Internetexplorer oder Google Chrome unter dem Link http://www.google.com/settings/ads/plugin. Wir weisen Sie darauf hin, dass Sie in diesem Fall gegebenenfalls nicht alle Funktionen dieses Angebots vollumfänglich nutzen können.[1]

(6) Rechtsgrundlage für die Verarbeitung Ihrer Daten ist Art. 6 Abs. 1 S. 1 lit. f DS-GVO. Weitere Informationen zum Datenschutz bei Google finden Sie hier: http://www.google.com/intl/de/policies/privacy und https://services.google.com/sitestats/de.html. Alternativ können Sie die Webseite der Network Advertising Initiative (NAI) unter http://www.networkadvertising.org besuchen. Google hat sich dem EU-US Privacy Shield unterworfen, https://www.privacyshield.gov/EU-US-Framework.

4. Remarketing[7]

Neben Adwords Conversion nutzen wir die Anwendung Google Remarketing. Hierbei handelt es sich um ein Verfahren, mit dem wir Sie erneut ansprechen möchten. Durch diese Anwendung können Ihnen nach Besuch unserer Website bei Ihrer weiteren Internetnutzung unsere Werbeanzeigen eingeblendet werden. Dies erfolgt mittels in Ihrem Browser gespeicherter Cookies, über die Ihr Nutzungsverhalten bei Besuch verschiedener Websites durch Google erfasst und ausgewertet wird. So kann von Google Ihr vorheriger Besuch unserer Website festgestellt werden. Eine Zusammenführung der im Rahmen des Remarketings erhobenen Daten mit Ihren personenbezogenen Daten, die ggf. von Google gespeichert werden, findet durch Google laut eigenen Aussagen nicht statt. Insbesondere wird laut Google beim Remarketing eine Pseudonymisierung eingesetzt.

5. DoubleClick by Google[8]

(1) Diese Webseite nutzt weiterhin das Online Marketing Tool DoubleClick by Google. DoubleClick setzt Cookies ein, um für die Nutzer relevante Anzeigen zu schalten, die Berichte zur Kampagnenleistung zu verbessern oder um zu vermeiden, dass ein Nutzer die gleichen Anzeigen mehrmals sieht. Über eine Cookie-ID erfasst Google, welche Anzeigen in welchem Browser geschaltet werden und kann so verhindern, dass diese mehrfach angezeigt werden. Darüber hinaus kann DoubleClick mithilfe von Cookie-IDs sog. Conversions erfassen, die Bezug zu Anzeigenanfragen

haben. Das ist etwa der Fall, wenn ein Nutzer eine DoubleClick-Anzeige sieht und später mit demselben Browser die Website des Werbetreibenden aufruft und dort etwas kauft. Laut Google enthalten DoubleClick-Cookies keine personenbezogenen Informationen.

(2) Aufgrund der eingesetzten Marketing-Tools baut Ihr Browser automatisch eine direkte Verbindung mit dem Server von Google auf. Wir haben keinen Einfluss auf den Umfang und die weitere Verwendung der Daten, die durch den Einsatz dieses Tools durch Google erhoben werden und informieren Sie daher entsprechend unserem Kenntnisstand: Durch die Einbindung von DoubleClick erhält Google die Information, dass Sie den entsprechenden Teil unseres Internetauftritts aufgerufen oder eine Anzeige von uns angeklickt haben. Sofern Sie bei einem Dienst von Google registriert sind, kann Google den Besuch Ihrem Account zuordnen. Selbst wenn Sie nicht bei Google registriert sind bzw. sich nicht eingeloggt haben, besteht die Möglichkeit, dass der Anbieter Ihre IP-Adresse in Erfahrung bringt und speichert.

(3) Sie können die Teilnahme an diesem Tracking-Verfahren auf verschiedene Weise verhindern: a) durch eine entsprechende Einstellung Ihrer Browser-Software, insbesondere führt die Unterdrückung von Drittcookies dazu, dass Sie keine Anzeigen von Drittanbietern erhalten; b) durch Deaktivierung der Cookies für Conversion-Tracking, indem Sie Ihren Browser so einstellen, dass Cookies von der Domain „www.googleadservices.com" blockiert werden, https://www.google.de/settings/ads, wobei diese Einstellung gelöscht wird, wenn Sie Ihre Cookies löschen; c) durch Deaktivierung der interessenbezogenen Anzeigen der Anbieter, die Teil der Selbstregulierungs-Kampagne „About Ads" sind, über den Link http://www.aboutads.info/choices, wobei diese Einstellung gelöscht wird, wenn Sie Ihre Cookies löschen; d) durch dauerhafte Deaktivierung in Ihren Browsern Firefox, Internetexplorer oder Google Chrome unter dem Link http://www.google.com/settings/ads/plugin. Wir weisen Sie darauf hin, dass Sie in diesem Fall gegebenenfalls nicht alle Funktionen dieses Angebots vollumfänglich nutzen können.[1]

(4) Rechtsgrundlage für die Verarbeitung Ihrer Daten ist Art. 6 Abs. 1 S. 1 lit. f DS-GVO. Weitere Informationen zu DoubleClick by Google erhalten Sie unter https://www.google.de/doubleclick und http://support.google.com/adsense/answer/2839090, sowie zum Datenschutz bei Google allgemein: https://www.google.de/intl/de/policies/privacy. Alternativ können Sie die Webseite der Network Advertising Initiative (NAI) unter http://www.networkadvertising.org besuchen. Google hat sich dem EU-US Privacy Shield unterworfen, https://www.privacyshield.gov/EU-US-Framework.

6. Facebook Custom Audiences[9]

(1) Weiterhin verwendet die Website die Remarketing-Funktion „Custom Audiences" der Facebook Inc. („Facebook"). Dadurch können Nutzern der Website im Rahmen des Besuchs des sozialen Netzwerkes Facebook oder anderer das Verfahren ebenfalls nutzende Websites interessenbezogene Werbeanzeigen („Facebook-Ads") dargestellt werden. Wir verfolgen damit das Interesse, Ihnen Werbung anzuzeigen, die für Sie von Interesse ist, um unsere Website für Sie interessanter zu gestalten.

(2) Aufgrund der eingesetzten Marketing-Tools baut Ihr Browser automatisch eine direkte Verbindung mit dem Server von Facebook auf. Wir haben keinen Ein-

Lachenmann

fluss auf den Umfang und die weitere Verwendung der Daten, die durch den Einsatz dieses Tools durch Facebook erhoben werden und informieren Sie daher entsprechend unserem Kenntnisstand: Durch die Einbindung von Facebook Custom Audiences erhält Facebook die Information, dass Sie die entsprechende Webseite unseres Internetauftritts aufgerufen haben, oder eine Anzeige von uns angeklickt haben. Sofern Sie bei einem Dienst von Facebook registriert sind, kann Facebook den Besuch Ihrem Account zuordnen. Selbst wenn Sie nicht bei Facebook registriert sind bzw. sich nicht eingeloggt haben, besteht die Möglichkeit, dass der Anbieter Ihre IP-Adresse und weitere Identifizierungsmerkmale in Erfahrung bringt und speichert.

(3) Die Deaktivierung der Funktion „Facebook Custom Audiences" ist [hier und] für eingeloggte Nutzer unter https://www.facebook.com/settings/?tab=ads#_ möglich.

(4) Rechtsgrundlage für die Verarbeitung Ihrer Daten ist Art. 6 Abs. 1 S. 1 lit. f DS-GVO. Weitere Informationen zur Datenverarbeitung durch Facebook erhalten Sie unter https://www.facebook.com/about/privacy.

7. A/B-Testing[10]

(1) Diese Website führt weiterhin Analysen des Nutzerverhaltens über ein sog. A/B-Testing durch. Dabei können wir Ihnen unsere Websites mit leicht variierten Inhalten anzeigen, je nach einer erfolgten Profilzuordnung. So können wir unser Angebot analysieren, regelmäßig verbessern und für Sie als Nutzer interessanter ausgestalten. Rechtsgrundlage für das A/B-Testing ist Art. 6 Abs. 1 S. 1 lit. f DS-GVO.

(2) Für diese Auswertung werden Cookies (näheres dazu in § 3) auf Ihrem Computer gespeichert. Die so erhobenen Informationen speichert der Verantwortliche ausschließlich auf seinem Server in [Deutschland]. Die Auswertung können Sie durch Löschung vorhandener Cookies und die Verhinderung der Speicherung von Cookies verhindern. Wenn Sie die Speicherung der Cookies verhindern, weisen wir darauf hin, dass Sie unsere Website gegebenenfalls nicht vollumfänglich nutzen können. Die Verhinderung der Speicherung von Cookies ist durch die Einstellung in ihrem Browser möglich. Die Verhinderung des Einsatzes des A/B-Testings ist möglich, indem Sie [den folgenden Haken entfernen und so das Opt-out-Plug-in aktivieren:].

(3) Vor Durchführung der Analysen werden die IP-Adressen gekürzt weiterverarbeitet, eine direkte Personenbeziehbarkeit kann damit ausgeschlossen werden. Die von Ihrem Browser übermittelte IP-Adresse wird nicht mit anderen von uns erhobenen Daten zusammengeführt.

(4) Dienstleister der Analyse ist [...]. Informationen des Drittanbieters zum Datenschutz erhalten Sie unter [...].

Anmerkungen

1. Anforderungen an die datenschutzrechtliche Erlaubnis von Online-Werbung. Eine verlässliche Grundlage zur rechtlichen Bewertung von Nutzertracking zu Werbezwecken existiert derzeit nicht. Die Verwendung der eindeutigen Kennziffer durch Rückgriff auf das Endgerät einer betroffenen Person ist ein Vorgang, der nach den

Lachenmann

Vorgaben der ePrivacy-RL grundsätzlich nur mit Einwilligung des Betroffenen zulässig sein soll. Das Eindringen in das Endgerät mittels eines Cookies, JavaScript oder sonstiger Techniken erfordert demnach eine Einwilligung des Betroffenen. Dieser Punkt wird durch die geplante ePrivacy-VO-E nochmals bestätigt.

Als datenschutzrechtliche Lösungsansätze sind die Einholung einer Einwilligung, ein abgestuftes Opt-in oder ein bloßes Opt-out möglich. Der sicherste Weg besteht darin, vom Kunden eine Einwilligung in die Nutzung seiner Werbe-ID für weitergehende Werbezwecke durch die Werbenetzwerke einzuholen (z. B. Artikel-29-Datenschutzgruppe, Working Paper 171, S. 15 ff.). Dies gelingt in der Praxis jedoch nicht sinnvoll, da die Einwilligung sämtliche Zwecke und Mittel der Datenverarbeitung erfassen müsste, die durch die Werbenetzwerke bestimmt werden. Den konkreten Umfang der werblichen Nutzung legen die verschiedenen Werbenetzwerke nicht offen, so dass eine Einwilligungsklausel stets defizitär wäre. Hinzu kommt, dass die Werbenetzwerke die anfallenden Daten einer betroffenen Person aggregiert zu ihrer User-ID speichern und nicht nach den verschiedenen Auftraggebern trennen. Dadurch wird zu einer User-ID ein umfassendes Interessenprofil angelegt, für das die werbliche Nutzung eines einzelnen Website-Betreibers nur ein Aspekt ist. Verantwortliche, die keinen Opt-in einholen möchten, müssen als kleinstmögliche Lösung einen Opt-out durch den Nutzer ermöglichen. Dabei wird im Rahmen der Datenschutzerklärung deutlich ausgeführt, dass eine eindeutige Kennung für weitergehende Werbezwecke im Wege des Retargetings verwendet wird und die betroffene Person dieser Nutzung widersprechen kann. Während diese Lösung bereits auf Basis der DSRL und ePrivacy-RL kritisch war, kann sie unter Geltung der DS-GVO und ePrivacy-VO-E nicht mehr empfohlen werden, da für die Verarbeitung der Daten über ein Cookie eine Einwilligung verlangt wird.

Als praktikable Lösung ist daher auch unter der DS-GVO zu empfehlen, ein abgestuftes Opt-in über einen Cookie-Hinweis einzuholen. Hierbei wird der Cookie-Banner genutzt, um von der betroffenen Person eine allgemeine Einwilligung für den Zugriff und die Weiterleitung der Werbe-ID an Werbenetzwerke einzuholen. Dadurch wird die betroffene Person darüber informiert, dass die Nutzung ihrer User-ID durch Werbenetzwerke erfolgt und der User der werblichen Nutzung widersprechen kann. So wird nur eine Einwilligung für das Eindringen in das Endgerät des Nutzers und die Weiterleitung der Werbe-ID an das Werbenetzwerk eingeholt und die Vorgaben von ePrivacy-RL bzw. ePrivacy-VO-E soweit als möglich berücksichtigt. Da bei den US-amerikanischen Werbenetzwerken das Problem verbleiben wird, dass die Vorgaben der DS-GVO nicht vollständig berücksichtigt werden, sollte über den Cookie-Banner ein Verweis auf eine Cookie-Einwilligung oder die Datenschutzerklärung erfolgen, in der eine ausführliche Beschreibung der Werbemaßnahmen zusammen mit einer Opt-out-Möglichkeit vorgesehen wird. Dadurch stützt sich die Verarbeitung maßgeblich auf die Einwilligung, ergänzt um die Interessenabwägungsklausel des Art. 6 Abs. 1 S. 1 lit. f DS-GVO (vgl. zum Online-Marketing *Drewes*, CR 2016, 721 (725 f.)).

Es kann daher festgehalten werden: Als Mindestanforderung für Website-Betreiber im Sinne einer „Best Practice" ist zu empfehlen, dass der Website-Betreiber eine Rechtsgrundlage für die Datenverarbeitung vorweisen kann und den Nutzer transparent informiert. Ersteres erfasst das Setzen von Cookies (in einem Cookie-Banner), letzteres den Hinweis auf die Datenverarbeitung in der Datenschutzerklärung. Regelmäßig müssen Widerspruchsmöglichkeiten (Opt-out) vorgesehen und

Lachenmann

transparent dargestellt werden. Die Einholung einer Einwilligung in die Nutzung von Cookies ist aufgrund der ePrivacy-RL und künftigen ePrivacy-VO-E häufig zwingend (vgl. Artikel-29-Datenschutzgruppe, Working Paper 171, S. 15 ff.).

2. Personenbezug bei Online-Tracking. Die mobile Advertiser-ID ist eine eindeutige Kennung, zu der Vorlieben und Interessen eines Nutzers gespeichert werden können. Somit werden aus Handlungen der Nutzer, z. B. Suchanfragen oder angesehenen Webseiten, mögliche Eigenschaften einer natürlichen Person abgeleitet und zu einer Kennziffer gespeichert. Diese Profildaten gelten nach Art. 4 Abs. 1, ErwG 26, 30 DS-GVO regelmäßig als personenbezogen, selbst wenn die Advertiser-ID nicht dem individuellen Namen der erfassten Person zugeordnet wird (vgl. EuGH, Urt. v. 19.10.2016 – C-582/14 – *Breyer*, ZD 2017, 24 m. Anm. *Klar/Kühling*; BGH, Urt. v. 16.5.2017 – VI ZR 135/13, BeckRS 2017, 114664). Denn, wie bereits von der Artikel-29-Datenschutzgruppe vertreten (Working Paper 136, S. 16), ist es für die Bejahung des Personenbezugs ausreichend, dass anhand einer ID und der zu ihr gespeicherten Interessen einzelne betroffene Personen herausgegriffen und unterschiedlich behandelt werden können („to single out" bzw. „eine Unterscheidung dieser Person von anderen Personen ermöglicht"). Daher sind derartige Kennziffern auf Basis der DS-GVO eindeutig als personenbeziehbar zu werten und solche pseudonymen Daten vollständig dem Anwendungsbereich der Datenschutzgesetze zu unterwerfen.

Google verwendet für AdSense sog. DoubleClick-Cookies, mit denen für Nutzer relevante Anzeigen geschaltet und verhindert werden soll, dass Nutzer die gleiche Werbung mehrmals sehen. Diese sollen laut der Informationsseite von Google keine personenbezogenen Daten speichern: https://support.google.com/adsense/answer/ 2839090. Damit ist wohl nur das Cookie selbst gemeint und nicht die an Google anhand des Cookies übertragenen und dort gespeicherten Daten (vgl. EuGH, Urt. v. 19.10.2016 – C-582/14, ZD 2017, 24 m. Anm. *Klar/Kühling*).

3. Verantwortlichkeit bei Online-Werbung. Die datenschutzrechtliche Verantwortlichkeit für die Datenverarbeitung bei Online-Werbung ist bislang nicht geklärt. Überzeugend ist es, sowohl dem Website-Betreiber als auch dem Werbepartner eine Verantwortlichkeit zuzuweisen, jeweils auf abgestufter Basis der jeweils durchgeführten Verarbeitungsschritte, da der Einbau einer Funktion „nicht die Einhaltung eines Großteils der Verpflichtungen erforderlich machen" kann (Artikel-29-Datenschutzgruppe, Working Paper 171, S. 12 ff.; Working Paper 169, S. 25; → 6. Anm. 3). Da der Website-Betreiber über die Einbindung der Tracking-Pixel und Nutzung der Werbenetzwerke entscheidet und hierdurch das weitere Tracking der Nutzer und ggf. eine Übermittlung weiterer Nutzerdaten zum Werbepartner auslöst, ist zumindest insoweit eine Verantwortlichkeit des Website-Betreibers anzunehmen. Darüber hinaus gilt, dass der Verantwortliche keine eigenen Daten speichert oder übermittelt. Er hat keinerlei Einfluss auf die Verarbeitung, außer dass er sie initiiert; er erhält keine für ihn auswertbaren Daten (*Alich/Voigt*, CR 2012, 344 (347)). Zwar erhält der Betreiber der Webseite anschließend Informationen von Google über den Erfolg der Werbekampagnen und durch das Remarketing wiederkehrende Nutzer. Dies sind bloß statistische, anonyme Daten.

4. Übermittlung an Drittanbieter. Wenn Anzeigen von Drittanbietern aktiviert sind, werden personenbezogene Daten nicht nur an Google und direkte Partner, sondern weiterhin an diverse Drittanbieter weitergegeben. Ist bereits der Einsatz

Lachenmann

von Google AdSense ohne Drittanbieter datenschutzrechtlich problematisch, ist er es mit Drittanbietern umso mehr. Denn es ist völlig unklar, welche Daten an welche weltweiten Anbieter weitergegeben werden und wie sie verarbeitet werden. Es wird daher empfohlen, die von Google bereitgestellte Funktion zu deaktivieren und Drittanbieter nicht zuzulassen: https://support.google.com/adsense/answer/30629.

5. Amazon Partnerprogramm. Das weit verbreitete Amazon Partnerprogramm unterliegt denselben Bedenken wie alle großen Werbenetzwerke. Während Amazon früher in den Teilnahmebedingungen des Amazon Partnerprogramms vorsah, dass ein feststehender Text in die Website aufzunehmen war, ist diese Anforderung inzwischen entfallen (https://partnernet.amazon.de/help/operating/newde). Der vorliegende Text ist daher ein individueller Vorschlag, der im Einzelfall zu überprüfen ist.

6. Conversion Tracking. Durch Conversion Tracking kann der Erfolg von Werbekampagnen überprüft werden. Die Werbeanzeigen werden mit einem Tracking Pixel versehen, dank dem ermittelt werden kann, ob Nutzer auf Werbeanzeigen klicken und Besuchern der Website zuvor die Werbeanzeige eingeblendet worden war. Die Anbieter der Werbenetzwerke erheben die Nutzerdaten und informieren die Werbetreibenden über die Erfolge der Kampagnen über verschiedene Key Performance Indicators (KPI). Die Informationen werden in der Regel zugleich zu Abrechnungszwecken eingesetzt. Am weitesten verbreitet sind die Abrechnungsmethoden Cost per Order (CPO) oder Cost per Lead (CPL). Dabei stellen sich die bekannten datenschutzrechtlichen Probleme, da Nutzerdaten verarbeitet werden und der Website-Betreiber keinen Einfluss auf die Datenverarbeitung durch die Werbeanbieter hat.

Das hier dargestellte Muster gibt einen Vorschlag für Google AdWords Conversion. Es kann bei anderen Anbietern eingesetzt werden, wenn der Text entsprechend modifiziert und auf das jeweilige Programm abgestimmt wird.

7. Remarketing. Ein rechtssicherer Betrieb des Remarketings kann unter Geltung der DS-GVO nicht gewährleistet werden, obwohl der Einsatz des Retargetings in der Praxis üblich und weit verbreitet ist, da beim Retargeting personenbezogene und vielfach mit einem konkreten Nutzer verknüpfbare Daten vorliegen (kritisch z.B. BlnDSB, Tätigkeitsbericht 2015, S. 138 ff.). Auch bei Nutzung dieser weiteren Funktion, über die Nutzer Werbeanzeigen für zuvor interessierte Angebote anzeigen kann, kann das bestehende Risiko minimiert werden, indem in der Datenschutzerklärung informiert und zusätzlich über einen Cookie-Hinweis eine Einwilligung des Nutzers in das Tracking eingeholt wird. Zwingend notwendig ist auch hier ein Opt-out-Link, durch den ein Cookie seitens Google auf dem Rechner des Nutzers gesetzt wird, mit dem jener das Retargeting abschalten kann. Ein solcher Link wird von Google bereitgestellt und in die Musterformulierung aufgenommen.

Das bestehende Risiko beim Einsatz von Conversion-Tracking kann über eine Formulierung in der Datenschutzerklärung mit der Einholung einer Einwilligung minimiert werden. Orientiert an der „Cookie-Richtlinie" 2002/58/EG kann eine Einwilligung der Nutzer in die Datenweitergabe an Google eingeholt werden (vgl. Artikel-29-Datenschutzgruppe, Working Paper 171, S. 13). Zur Absicherung, insbesondere im Hinblick auf die weitgehende Datenverarbeitung durch das Google-Remarketing, ist der Einsatz eines Cookie-Banners zu empfehlen. Problematisch bleibt, dass die Einwilligungserklärung die geplante Datenverarbeitung transparent beschreiben muss, was aufgrund fehlender Informationen zum Umfang der Daten-

Lachenmann

verarbeitung seitens Google unmöglich ist. Insofern ist der Einsatz der Einwilligung rechtlich zwar nicht ausreichend, jedoch die einzig sinnvolle Lösung und daher „Best Practice". Die vorgesehene Datenverarbeitung kann annäherungsweise umschrieben und so dem Betroffenen die Risiken aufgezeigt werden. Die Einwilligung müsste für eine möglichst weitgehende Sicherheit durch ein Pop-Up-Fenster eingeholt werden, die erst nach Bestätigung durch den Betroffenen zum Setzen des Google Pixels führt. Dies würde erfordern, dass jeder Website-Besucher vor der vollständigen Anzeige der Website seine Einwilligung erteilen müsste. Dies ist meines Erachtens nicht praktikabel.

Bei Einsatz von Remarketing müsste in dem Cookie-Banner der Website eine Einwilligungsklausel enthalten sein, die den Umfang der Datenverarbeitung beim Retargeting transparent aufzeigt. Kritisch sind die strengen Anforderungen der Rechtsprechung an die Transparenz der Einwilligungsklausel, da derartige Klauseln der sog. AGB-Kontrolle nach § 307 BGB unterliegen. Danach sind Klauseln, die für den Betroffenen nicht klar und verständlich sind, unwirksam. Dies ist in der Praxis bei dem Retargeting eine hohe Hürde. Als Text im Cookie-Banner könnte folgende Formulierung eingesetzt werden, die am Ende ein „OK"-Button und einen mit „mehr Informationen" bezeichneten Link zur ausführlichen Information über das Retargeting (mit Nennung der Zielunternehmen) enthalten sollte:

„[…] verwendet Cookies, um die Webseite bestmöglich an die Bedürfnisse unserer Besucher anpassen zu können, Zugriffe und unsere Marketingmaßnahmen zu analysieren, sowie Ihnen auf weiteren Websites Informationen zu Angeboten von uns und unseren Partnern zukommen zu lassen. Diese Informationen geben wir an unsere Partner für Medienwerbung und Analysen weiter. Wenn Sie auf der Seite weitersurfen stimmen Sie zu, dass Cookies für diesen Zweck auf Ihrem Rechner gespeichert und verwendet werden dürfen".

8. DoubleClick. Wenn auf den Webseiten die Dienste „DoubleClick by Google" eingesetzt werden, sind jedenfalls die Texte aus dem Muster der Datenschutzerklärung zu ergänzen. Wie bereits zu Remarketing beschrieben, ist der Einsatz von Tools zur verhaltensbasierten Werbung aus datenschutzrechtlicher Sicht kritisch und erfordert eine Einwilligung über einen Cookie-Banner.

9. ID-Matching. Das Remarketing kann über ein ID-Matching durchgeführt werden, wie es vielfach bei Facebook Custom Audiences eingesetzt wird. Dabei wird die – grundsätzlich pseudonyme – Cookie-ID eines Nutzers durch Eingabe einer mit einem SALT versehenen und anschließend verschlüsselten E-Mail-Adresse des Nutzers codiert und zusammen mit codierten Profildaten (z.B. Branche, Unternehmensgröße) an den Remarketing-Anbieter übertragen. Dadurch kann gegenüber den Zielgruppen im Netzwerk des Werbeanbieters besonders detaillierte Werbung geschaltet werden. Die Erhebung der Nutzerdaten erfolgt dabei über die Websites von Betreibern, bei denen sich der Kunde einloggt, z.B. über einen Webshop. Das ID-Matching erfolgt z.B. nach Anmeldung zum Newsletter bei einer Interaktion des Nutzers mit dem Newsletter oder bei Registrierung eines Nutzer-Accounts und dem Kauf von Waren. Das Landesamt für Datenschutzaufsicht in Bayern vertritt daher die Ansicht, dass Facebook Custom Audiences über Nutzung der Kundenliste nur mit Einwilligung des Betroffenen datenschutzkonform betrieben werden könne, das Pixel-Verfahren hingegen über die Information und Opt-out-Möglichkeit der Nutzer (vgl. BayLDA, PM v. 4.10.2017; Tätigkeitsbericht 2015/16, S. 30).

Lachenmann

Eine rechtlich sichere Lösung kann auch bei ID-Matching nur erreicht werden, wenn eine transparente Einwilligung von den betroffenen Personen eingeholt wird. Das bereits zum Retargeting Gesagte gilt umso mehr für das ID-Matching, da einer betroffenen Person zuordenbare Informationen mit der DoubleClick-ID zusammengeführt werden. Dieser Personenbezug kann in der Regel nicht durch die eingesetzten HASH-Verfahren behoben werden, da die Anbieter vielfach keine ausreichende Anonymisierung der Nutzerdaten vornehmen. Vielfach wird noch immer ein MD5-HASH eingesetzt, der nach Ansicht der Aufsichtsbehörden nur zu einer Pseudonymisierung führt und somit den Personenbezug nicht entfallen lässt (BayLDA, Tätigkeitsbericht 2013/2014, S. 172; zu Facebook Custom Audiences; BayLDA, Tätigkeitsbericht 2015/16, S. 30; zum weitreichenden Personenbezug im Online-Marketing Artikel-29-Datenschutzgruppe, Working Paper 216).

Zudem ist zu berücksichtigen, dass die Einwilligung nach Art. 7 Abs. 1 DS-GVO für die betroffenen Personen freiwillig sein muss und jederzeit widerrufen werden kann. Daher kann das ID-Matching nicht für alle Nutzer eingesetzt werden. Selbst bei Einholung einer Einwilligung verbleibt das Problem, dass die Datenverarbeitung durch die Werbeanbieter nicht transparent beschrieben werden kann. Die Einwilligung für das ID-Matching kann eingeholt werden, wenn die personenbezogenen Daten von der betroffenen Person erhoben werden, z. B. bei Anmeldung zu einem Newsletter oder Anlegung eines Kunden-Accounts. Eine solche Einwilligung ist zudem notwendig, wenn das weitere Nutzungsverhalten zu Newslettern nutzerbezogen erfasst und ausgewertet werden soll (→ 4. Anm. 6–8). Neben der Einwilligung muss in der Datenschutzerklärung die weitere Erklärung zum ID-Matching hinzugefügt werden.

Die Opt-out-Lösung beim ID-Matching ist kritisch, insbesondere unter Geltung der DS-GVO, sollte aber zumindest als Minimallösung eingesetzt werden. Das BayLDA sieht das Opt-out von Facebook nicht als ausreichend an, vielmehr müsse ein eigenes Verfahren programmiert werden (BayLDA, PM v. 4.10.2017). Bei Opt-out eines Nutzers sei ein persistentes HTML5-Storage-Objekt mit unbegrenzter Lebensdauer auf den Rechner der Nutzer zu setzen. Unter Geltung der DSRL wurde teilweise ausdrücklich die Anwendung der Interessenabwägung bejaht, da das Interesse des Nutzers an interessengerechter Werbung nicht grundsätzlich zu einer Unzulässigkeit des ID-Matchings führen würde (z. B. *Arning/Moos*, ZD 2014, 242).

10. A/B-Testing. Durch A/B-Tests können Websites dynamisch personalisiert werden, also verschiedenen Nutzern verschieden aufgebaute Websites angezeigt werden. Anhand von Nutzersegmentierungen erfolgt eine Analyse des Nutzerverhaltens, hauptsächlich durch „Klick-Tracking". Anhand der Auswertung der Logfile-Daten kann z. B. ermittelt werden, wie die einzelnen Nutzersegmente auf der Webseite navigieren oder welche Landing-Pages sie aufsuchen. Weiterhin kann die Nutzung von Bestell- und Anmeldeformularen analysiert werden, etwa nach Anzahl der Besucher, Conversion Rate oder Absprungrate pro Seite. So kann etwa bei der Einführung neuer Produkte ein A/B-Testing durchgeführt werden und auf Basis der Erkenntnisse eine Personalisierung der Webseite für die Nutzer vorgenommen werden. Im Rahmen der Personalisierung erfolgen zunächst eine Identifikation und eine Wahl von Zielsegmenten. Die relevanten Kriterien für die Zielsegmente werden auf Basis von Nutzerpfaden, Marketingkanälen und Kaufverhalten entwickelt. Aufbauend auf diesen Daten werden entsprechende Szenarien für die Personalisierung geschaffen. Daran schließt sich ein Setup der Personalisierungsmaßnahmen an. Er-

Lachenmann

kennt die Software einen User etwa anhand einer Markierung durch einen Cookie, kann eine Personalisierung der Webseite erfolgen.

Aus datenschutzrechtlicher Sicht kann auf Basis von Art. 6 Abs. 1 S. 1 lit. f DS-GVO eine Zulässigkeit der Verarbeitung erreicht werden, wenn verschiedene Anforderungen an die Verarbeitungsvorgänge eingehalten werden. Mindestvoraussetzungen sind: Information der Nutzer in der Datenschutzerklärung, Anonymisierung der IP-Adresse, Ermöglichung eines Opt-out für die Nutzer und Abschluss eines Auftragsverarbeitungsvertrages. Technisch kann ein Tracking-Pixel auf der Website eingebunden werden, durch den einem Nutzer eine interne Kennung (ID) zugeordnet wird, zu der die anfallenden Nutzungsdaten gespeichert werden. Die IP-Adressen der Nutzer werden anonymisiert, die vollständigen IP-Adressen unmittelbar nach Bearbeitung der Anfrage gelöscht. Anhand der ID können die Daten erfasst und analysiert werden. Dieses Vorgehen konnte sich früher auf § 15 Abs. 3 TMG stützen, kann aber auf Basis der DS-GVO im Rahmen der Interessenabwägung fortgeführt werden, da die Pseudonymisierung eine besonders datenschutzfreundliche Ausgestaltung darstellt. Zu bedenken ist zudem, dass eine Einwilligung in die Cookie-Nutzung einzuholen ist (vgl. Art. 6 ePrivacy-VO-E). Bei Beachtung dieser Anforderungen dürften sowohl das klassische A/B-Testing mit Anzeige von zwei verschiedenen Websites für unterschiedliche Nutzergruppen, als auch die nachgelagerte Personalisierung auf Basis der Profilbildung zulässig sein.

Lachenmann

II. Auskunftsrecht der betroffenen Person (Art. 15 DS-GVO)

1. Auskunftsverlangen der betroffenen Person

An die
[…] GmbH[1]

Berlin, den (…)

Sehr geehrte Damen und Herren,
im Zusammenhang mit der Beantragung eines Bankkredits hat mir meine Hausbank, die X AG mitgeteilt, dass ein Kredit mir nicht zugesagt werden könne, weil mein von Ihnen berechneter „Score-Wert" zu schlecht sei. Mir war bislang nicht bewusst, dass Sie überhaupt Daten über mich speichern. Insbesondere ist mir nicht bekannt, woher diese Daten stammen und in welcher Weise Sie die Daten verarbeiten.[2]

Ich bitte Sie daher gemäß Art. 15 Abs. 1 DS-GVO um Bestätigung, ob Sie mich betreffende personenbezogene Daten verarbeiten.[3] Sollte dies tatsächlich der Fall sein, so bitte ich Sie um Auskunft über diese personenbezogenen Daten und alle in Art. 15 Abs. 1 DS-GVO genannten weiteren Informationen[4] sowie um eine Kopie dieser Daten[5].

Dies betrifft insbesondere, aber nicht ausschließlich, die Zwecke der Verarbeitung meiner Daten, die Empfänger, gegenüber denen Sie die Daten offengelegt haben oder dies noch beabsichtigen, alle verfügbaren Informationen über die Herkunft der Daten[6] sowie aussagekräftige Informationen über die involvierte Logik der automatisierten Entscheidungsfindung.[7] Sollten Sie meine personenbezogenen Daten in das Ausland übermitteln, so bitte ich außerdem um Auskunft über die geeigneten Garantien gemäß Art. 46 DS-GVO mit Blick auf diese Übermittlung.[8]

Zur Erteilung dieser Auskünfte setze ich Ihnen eine Frist[9] von einem Monat, also bis einschließlich

[Datum] (Eingang hier).

Sollten Sie die Auskünfte nicht fristgerecht oder nicht vollständig erteilen, behalte ich mir weitere Schritte vor.[10]
Mit freundlichen Grüßen
(…)

Anmerkungen

1. Auskunftspflichtige Stelle. Zur Auskunft ist der Verantwortliche verpflichtet, also die natürliche oder juristische Person, Behörde, Einrichtung oder andere Stelle, die allein oder gemeinsam mit anderen über die Zwecke und Mittel der Verarbei-

Koreng

tung von personenbezogenen Daten entscheidet (Art. 4 Nr. 7 DS-GVO). Da aus
Sicht der anspruchsberechtigten betroffenen Person (Art. 4 Nr. 1 DS-GVO) nicht
immer klar ist, ob eine bestimmte Stelle überhaupt personenbezogene Daten dieser
Person verarbeitet (und damit „Verantwortlicher" im Sinne der DS-GVO ist), ist der
Auskunftsanspruch nach Art. 15 Abs. 1 DS-GVO zweistufig gestaltet: In einem ersten Schritt kann die betroffene Person eine „Bestätigung" darüber verlangen, ob die
betreffende Stelle ihre personenbezogenen Daten verarbeitet. Fällt diese Bestätigung
positiv aus, so besteht Anspruch in dem in Art. 15 Abs. 1 und 2 DS-GVO definierten Umfang, andernfalls besteht Anspruch auf eine Negativauskunft (BeckOK Da-
tenSR/Wolff/Brink/*Schmidt-Wudy*, Art. 15 Rn. 51). Grenzen der Auskunftpflicht
ergeben sich aus Art. 12 DS-GVO. So besteht keine Auskunftspflicht, wenn der Verantwortliche glaubhaft machen kann, nicht im Stande zu sein, die betroffene Person
zu identifizieren (Art. 12 Abs. 2 S. 2 i. V. m. Art. 11 Abs. 2 DS-GVO).

Offensichtlich unbegründete oder „exzessive" Anträge muss der Verantwortliche
nicht beantworten (Art. 12 Abs. 5 S. 2 lit. b DS-GVO), alternativ hat er in einem
solchen Fall die Möglichkeit, ein angemessenes Entgelt für die Bearbeitung zu verlangen (Art. 12 Abs. 5 S. 2 lit. a DS-GVO). Von einem exzessiven Antrag ist nach
dem Wortlaut der Vorschrift jedenfalls dann auszugehen, wenn dieser (ohne tragfähigen Grund) häufig gleichlautendwiederholt wird. Ob darüber hinaus auch der
„unverhältnismäßige Umfang" zu einem Verweigerungsrecht führen kann (so
Paal/Pauly/*Paal*, DS-GVO, Art. 12 Rn. 64), erscheint zweifelhaft, da der Betroffene
auch und gerade in dem Fall, dass seine Daten in ganz erheblichem Umfang durch
Dritte verarbeitet werden, einen Auskunftsanspruch haben muss und sich eine entsprechende Einschränkung dem Wortlaut des Gesetzes nicht entnehmen lässt. Klar
ist jedenfalls, dass die Beweislast für den exzessiven Charakter einer Anfrage beim
Verantwortlichen liegt (Art. 12 Abs. 5 S. 3 DS-GVO). Insofern dürften hohe Anforderungen gelten (im Einzelnen: Artikel-29-Datenschutzgruppe, Working Paper 242;
Paal/Pauly/*Paal*, DS-GVO, Art. 12 Rn. 70). Als exzessiv werden auch Anträge zu
gelten haben, die offenkundig unbegründet sind (BeckOK DatenSR/Wolff/Brink/
Quaas, Art. 12 Rn. 44).

Mit Blick auf die erheblichen Sanktionen, die im Fall einer unberechtigten Aus-
kunftsverweigerung verhängt werden können ist dem Verantwortlichen anzuraten,
im Zweifelsfall eher großzügig mit dem Auskunftsanspruch des Betroffenen zu verfahren.

2. Form und Begründung des Auskunftsverlangens. Der Antrag des Betroffenen
kann formfrei gestellt werden. Zu beachten ist allerdings, dass gem. Art. 15 Abs. 3
S. 3 DS-GVO ein elektronisches Auskunftsverlangen dazu führt, dass die Antwort in
einem „gängigen elektronischen Format" zur Verfügung gestellt werden muss, wobei die Vorschrift keine Anhaltspunkte zur Beantwortung der Frage enthält, was
ein „gängiges" elektronisches Format ist. Man wird wohl davon ausgehen dürfen,
dass insbesondere solche Formate, die mit weit verbreiteter oder frei verfügbarer
Software gelesen werden können, als „gängig" anzusehen sind (BeckOK Da-
tenSR/Wolff/Brink/*Schmidt-Wudy*, Art. 15 Rn. 46.1). Nach ErwG 59 DS-GVO soll
der Verantwortliche „auch dafür sorgen, dass Anträge elektronisch gestellt
werden können, insbesondere wenn die personenbezogenen Daten elektronisch verarbeitet werden". Da dieser Appell indes nur in den Erwägungsgründen seinen Niederschlag gefunden hat, wird man daraus keine rechtlich sanktionierte Verpflich-

Koreng

tung ableiten können, zumal selbst die Formulierung im Erwägungsgrund nicht als feststehende Verpflichtung, sondern lediglich als „Soll" formuliert ist.

Das Auskunftsverlangen bedarf im Grundsatz keiner Begründung. Die im hier vorgeschlagenen Formular enthaltene Begründung ist daher entbehrlich, wenngleich es umgekehrt nicht schädlich ist, dem Antrag ggf. eine knappe Begründung voranzustellen, die es dem Verantwortlichen im Einzelfall unter Umständen leichter machen kann, den Betroffenen zu identifizieren. Zu beachten ist, dass einige Auskünfte nur unter bestimmten Voraussetzungen erteilt werden müssen. Dies betrifft beispielsweise die Auskunft über die Herkunft der Daten nach Art. 15 Abs. 1 lit. g DS-GVO, die nur erteilt werden muss, wenn die Daten nicht beim Betroffenen erhoben wurden, die Auskunft über die involvierte Logik bei automatisierter Entscheidungsfindung und Profiling nach Art. 15 Abs. 1 lit. h DS-GVO, oder auch die Auskunft über die geeigneten Garantien, die nur im Fall der Drittstaatenübermittlung erteilt werden muss (Art. 15 Abs. 2 DS-GVO). Insofern kann es zumindest sinnvoll sein, darauf hinzuweisen, dass bzw. weshalb man als Betroffener auch insoweit von einer Antwortpflicht ausgeht.

3. Zweistufiges Auskunftsverfahren. Das Auskunftsverfahren nach Art. 15 DS-GVO ist zweistufig. Zunächst hat der Betroffene Anspruch auf eine „Bestätigung", dass der Verantwortliche ihn betreffende personenbezogene Daten verarbeitet, hieraus ergibt sich auch der Anspruch auf eine Negativauskunft (BeckOK DatenSR/Wolff/Brink/*Schmidt-Wudy*, Art. 15 Rn. 50). Wird die Verarbeitung positiv bestätigt, so hat der Betroffene in einem zweiten Schritt Anspruch auf Erteilung der weiteren in Art. 15 Abs. 1 und Abs. 2 DS-GVO genannten Auskünfte. In der Praxis dürfte es sich regelmäßig anbieten, die beiden Stufen des Auskunftsverlangens in einem einzigen Schreiben zusammenzufassen, da zwei getrennte Schritte einen für beide Seiten überflüssigen Aufwand bedeuten würden. Dabei sollte um eine Bestätigung (erste Stufe) gebeten werden und für den Fall, dass diese positiv ausfällt, um die Erteilung der weitergehenden Auskünfte (zweite Stufe). Ein Auskunftsverlangen, das sich dem Wortlaut nach nur auf die zweite Stufe bezieht, dürfte regelmäßig dahingehend auszulegen sein, dass es auch die erste Stufe impliziert (Paal/Pauly/*Paal*, DS-GVO, Art. 15 Rn. 21).

4. Umfang der Auskunftspflicht. Der Umfang der Auskunftspflicht ist von der jeweiligen Datenverarbeitung durch den Verantwortlichen abhängig und ergibt sich aus Art. 15 Abs. 1 und Abs. 2 DS-GVO. Im Hinblick auf die Empfänger personenbezogener Daten (Art. 15 Abs. 1 lit. c DS-GVO) gilt insoweit, dass der Verantwortliche ein Wahlrecht darüber hat, ob er über die konkreten Empfänger, oder aber nur über die Kategorien von Empfängern Auskunft erteilt (*Liedke*, K&R 2014, 709 (714)). Auskünfte über die Herkunft der Daten (Art. 15 Abs. 1 lit. g DS-GVO) müssen nur erteilt werden, wenn die Daten nicht direkt beim Betroffenen erhoben wurden und Auskünfte über die involvierte Logik müssen nur im Fall von automatisierter Entscheidungsfindung und Profiling erteilt werden. Zu einer Unterrichtung des Betroffenen über die geeigneten Garantien i.S.v. Art. 46 DS-GVO ist der Verantwortliche – natürlich – nur verpflichtet, wenn eine Drittstaatenübermittlung stattfindet (Abs. 2). Der Verantwortliche hat dem Betroffenen gem. Art. 15 Abs. 1 S. 2 lit. e DS-GVO auch Auskunft über dessen Rechte aus Art. 16 DS-GVO (Berichtigung), Art. 17 DS-GVO (Löschung), das Recht auf Einschränkung der Verarbeitung (Art. 18 DS-GVO) und das Widerspruchsrecht (Art. 21 DS-GVO) zu erteilen. Hinzu

Koreng

tritt die Pflicht des Verantwortlichen, den Betroffenen über sein Beschwerderecht bei einer Aufsichtsbehörde zu informieren (Art. 15 Abs. 1 S. 2 lit. f DS-GVO). Anzugeben ist dabei die Aufsichtsbehörde am Sitz des Verantwortlichen, auch wenn es dem Betroffenen nach Art. 77 DS-GVO freisteht, sich an eine beliebige Aufsichtsbehörde seiner Wahl zu wenden (Paal/Pauly/*Paal*, DS-GVO, Art. 15 Rn. 29).

5. Kopie der personenbezogenen Daten. Der Antragsteller hat gemäß Art. 15 Abs. 3 DS-GVO einen Anspruch auf eine unentgeltliche Kopie der personenbezogenen Daten. Bei der Beantragung weiterer Kopien kann der Verantwortliche ein angemessenes Entgelt auf der Grundlage der Verwaltungskosten verlangen oder bei einem Missbrauchsfall auch die Bereitstellung verweigern. Die Daten sind bei elektronischen Anträgen, etwa bei einem Antrag per E-Mail oder mittels Online-Formular, grundsätzlich ebenso elektronisch in einem gängigen Format (z.B. als PDF-Datei) zur Verfügung zu stellen, kann jedoch von der betroffenen Person auch als Kopie in Papierform verlangt werden. Bei der Herausgabe von Kopien muss der Verantwortliche die Rechte und Freiheiten Dritter, insbesondere Geschäftsgeheimnisse und Rechte des geistigen Eigentums (vgl. ErwG 63 DS-GVO), berücksichtigen (Art. 15 Abs. 4 DS-GVO; bei dem dortigen Verweis auf „Absatz 1b" handelt es sich offensichtlich um einen redaktionellen Fehler, da entsprechend der englischen Fassung richtigerweise auf Abs. 3 zu verweisen wäre; vgl. BeckOK DatenSR/Wolff/ Brink/*Schmidt-Wudy*, Art. 15, Rn. 95; Paal/Pauly/*Paal*, DS-GVO, Art. 15 Rn. 40). Werden Rechte Dritter durch das Auskunftsersuchen tangiert, so sind die entsprechenden Informationen aus der Auskunft zu entfernen bzw. zu schwärzen. Eine vollständige Verweigerung der Auskunft wäre demgegenüber nicht zulässig, was wiederum aus ErwG 63 DS-GVO folgt.

6. Auskunft über Herkunft der Daten. Der Verantwortliche muss Auskunft über die Informationsquellen geben, sofern die Daten nicht bei der betroffenen Person selbst erhoben wurden. Bei einer Erhebung der Daten aus öffentlichen Quellen sind diese möglichst konkret zu benennen, wobei alle dem Verantwortlichen verfügbaren Informationen über die Quelle mitzuteilen sind.

7. Auskunft bei automatisierter Entscheidungsfindung und Profiling. Die betroffene Person kann Auskunft darüber verlangen, ob ihre Daten zur automatisierten Entscheidungsfindung oder für ein Profiling genutzt werden. Im Falle einer solchen Nutzung sind der betroffenen Person die Folgen der automatisierten Entscheidungsfindung oder des Profiling mitzuteilen. Hierfür sind aussagekräftige Informationen über die involvierte Logik sowie über die Tragweite und die angestrebten Auswirkungen einer solchen Verarbeitung zu erteilen. Allerdings müssen nur die Grundannahmen der Algorithmus-Logik, nicht aber der tatsächlich verwendete Algorithmus offenbart werden (Paal/Pauly/*Paal*, DS-GVO, Art. 13 Rn. 31). Über die Folgen muss die betroffene Person in einer für sie verständlichen Weise aufgeklärt werden. So muss für sie etwa erkennbar werden, dass eine durch das verwendete Verfahren ermittelte schlechte Bonität zu Nachteilen bei der Kreditvergabe oder zu Einschränkungen in der Zahlungsweise führen kann (vgl. *Bräutigam/Schmidt-Wudy*, CR 2015, 56 (62)).

8. Erweiterte Auskunft bei Drittstaatsübermittlung. Bei einer Übermittlung von Daten an ein Drittland oder eine internationale Organisation auf der Grundlage von geeigneten Garantien gem. Art. 46 DS-GVO, hat die von dieser Übermittlung

Koreng

betroffene Person ein Recht auf Unterrichtung über diese geeigneten Garantien. Ein solches Recht besteht nicht, wenn die Übermittlung auf einem Angemessenheitsbeschluss nach Art. 45 DS-GVO beruht, da in diesem Fall die Rechtsgrundlage ohnehin transparent ist. Ein Auskunftsrecht über potentielle Empfänger von Daten in Drittländern besteht bereits nach Art. 15 Abs. 1 lit. c DS-GVO.

9. Frist. Nach Art. 12 Abs. 3 S. 1 DS-GVO sind Informationen, die auf der Grundlage des Art. 15 DS-GVO beantragt wurden, unverzüglich, in jedem Fall aber innerhalb eines Monats nach Eingang des Antrags zur Verfügung zu stellen. Allerdings kann die Frist um zwei Monate verlängert werden, sofern aufgrund der Komplexität oder der hohen Zahl der Anträge dem Antrag nicht nachgekommen werden kann. Über diese Verlängerung muss der Antragsteller – mit entsprechender Begründung – innerhalb der Regelfrist von einem Monat unterrichtet werden.

10. Durchsetzung des Auskunftsanspruchs. Falls der Verantwortliche dem Antrag nicht nachkommt, ist er nach Art. 12 Abs. 4 DS-GVO dazu verpflichtet, die betroffene Person „ohne Verzögerung", spätestens innerhalb eines Monats nach Antragstellung über die Gründe hierfür zu unterrichten. Darüber hinaus wird der Verantwortliche von der Norm sogar verpflichtet, der betroffenen Person die Möglichkeit der aufsichtsbehördlichen Beschwerde und eines gerichtlichen Rechtsbehelfs aufzuzeigen. Einen solchen wirksamen gerichtlichen Rechtsbehelf zur Durchsetzung der Rechte aus der DS-GVO garantiert Art. 79 Abs. 1 DS-GVO den betroffenen Personen. Kommt der Verantwortliche also dem Auskunftsersuchen des Antragstellers nicht fristgerecht nach, kann dieser seinen Auskunftsanspruch gerichtlich durchsetzen. Zuständig sind hierfür nach Art. 79 Abs. 2 S. 1 DS-GVO die Gerichte des Mitgliedstaats, in dem der Verantwortliche eine Niederlassung hat. Allerdings kann der Betroffene wahlweise auch bei den Gerichten des Mitgliedstaats klagen, in dem er seinen Aufenthaltsort hat, Art. 79 Abs. 2 S. 2 DS-GVO. Eine Beschwerde bei einer Aufsichtsbehörde nach Art. 77 DS-GVO ist statthaft, wenn die betroffene Person der Ansicht ist, dass die Verarbeitung durch den Verantwortlichen gegen die DS-GVO verstößt. Eine Mitteilung des Verstoßes gegen Art. 15 DS-GVO an die Aufsichtsbehörde kann jedoch zu einer Geldbuße durch die Aufsichtsbehörde nach Art. 83 Abs. 5 lit. b DS-GVO führen.

2. Antwort auf Auskunftsverlangen mit Recht auf Kopie (Art. 15 DS-GVO)

Sehr geehrte/r [Anrede Kunde],

vielen Dank für Ihre Anfrage vom [Datum].[1]

[ENTWEDER:][2]

Aktuell sind bei uns die nachstehenden Kategorien personenbezogener Daten über Sie gespeichert, die wir entgegen Ihrem Wunsch derzeit weder löschen noch sperren können.[3]

–   [Auflistung der Kategorien von Daten]

Eine Kopie der Daten in einem gängigen elektronischen Format erhalten Sie mittels eines gängigen Browsers (z. B. Internet Explorer) unter [URL einfügen]. Um die Daten einsehen zu können, benötigen Sie ein Passwort, welches eine begrenzte Gültig-

Kremer/Sander

keitsdauer besitzt und bei uns zu den üblichen Geschäftszeiten telefonisch gegen Beantwortung einer Sicherheitsfrage erfragt werden kann: [Telefonnummer einfügen].

Die Verarbeitung dieser Daten durch uns ist erforderlich zur Durchführung des mit Ihnen am [Datum] abgeschlossenen Vertrags über [Vertragsgegenstand]. Zur Durchführung des mit Ihnen geschlossenen Vertrags wurden bzw. werden diese Daten auch – soweit erforderlich – an folgende Kategorien von Empfängern übermittelt:[3]

–   [Auflistung der Kategorien von Empfängern]

Übermittlungen von uns an Empfänger in sog. Drittländern, das heißt in Staaten außerhalb der Europäischen Union (EU), oder an internationalen Organisationen werden durch uns [ENTWEDER:] nicht vorgenommen. [ODER:] nur an folgende Empfänger ausgeführt:

–   [Auflistung der Empfänger, nebst jeweiliger Dokumentation geeigneter Garantien i. S. v. Artikel 46 DS-GVO]

Wir werden die vorgenannten Kategorien von Daten noch für folgende Zeiträume speichern:

–   [Auflistung der jeweiligen Speicherdauer entsprechend den Kategorien von Daten]

Die Verarbeitung der auf Sie bezogenen Daten durch uns steht nicht im Zusammenhang mit einer automatisierten Entscheidungsfindung oder einem Profiling.

Sie haben das Recht, Berichtigung oder Löschung der Sie betreffenden personenbezogenen Daten oder die Einschränkung der Verarbeitung dieser Daten durch uns zu verlangen sowie das Recht, einen Widerspruch gegen die Verarbeitung durch uns einzulegen.

[ENDE DER ALTERNATIVE][3]

[ODER:][4]

Derzeit sind bei uns [EVENTUELL ZUSÄTZLICH: weiterhin] folgende personenbezogene Daten über Sie gespeichert, die insgesamt als nur eingeschränkt zu verarbeiten gekennzeichnet sind. Diese personenbezogenen Daten werden ohne Ihre Einwilligung für die Dauer der Kennzeichnung von uns nur noch gespeichert oder zur Geltendmachung, Ausübung oder Verteidigung von Rechtsansprüchen oder zum Schutz der Rechte einer anderen natürlichen oder juristischen Person oder aus Gründen eines wichtigen öffentlichen Interesses der Union oder eines Mitgliedstaats verarbeitet.

–   [Auflistung]

[ODER:][5]

Aktuell sind bei uns keine Daten in Bezug auf Ihre Person gespeichert.

[ODER:][6]

Auf der Grundlage der von Ihnen zu Ihrer Person mitgeteilten Informationen sind wir leider nicht in der Lage, Sie zu identifizieren. Ob wir Daten in Bezug auf Ihre Person verarbeiten, können wir über die mitgeteilten Informationen nicht beantworten, da unsere Systeme eine Suche nach personenbezogenen Daten anhand der von

Kremer/Sander

Ihnen mitgeteilten Informationen nicht erlauben. Gerne prüfen wir Ihre Anfrage nochmals und möchten Sie dazu darum bitten, uns folgende Informationen über Sie mitzuteilen:

– [Auflistung der Suchkriterien]
[ENDE DER ALTERNATIVE]

Sollten Sie der Auffassung sein, dass die Verarbeitung der Sie betreffenden personenbezogenen Daten durch uns rechtswidrig ist oder wir ggf. aus anderen Gründen gegen Datenschutzrecht verstoßen, können Sie sich bei der für uns zuständigen Aufsichtsbehörde beschweren: [7]

[Kontaktdaten der Aufsichtsbehörde]
[EVENTUELL ZUSÄTZLICH:][8]

Auch ohne eine besondere Aufforderung durch unsere Kunden kommen wir selbstverständlich unseren Verpflichtungen zum Löschen personenbezogener Daten nach. Solche Verpflichtungen ergeben sich z.B. aus Art. 17 DS-GVO. Es gibt jedoch personenbezogene Daten, die von dieser Pflicht zum Löschen ausgenommen sind und bei denen wir sogar durch andere Gesetze verpflichtet sind, sie weiterhin zu speichern. So bestehen etwa Pflichten zur Aufbewahrung nach § 257 Handelsgesetzbuch (HGB) und § 147 Abgabenordnung (AO). Nach der Entscheidung des Gesetzgebers muss Ihr persönliches Interesse an der Löschung dieser durch uns gespeicherten Daten für die Dauer der gesetzlich festgelegten Aufbewahrungsfrist hinter dem öffentlichen Interesse an einer von uns zu gewährleistenden ordnungsgemäßen Buchführung zurückstehen.

Daher müssen wir Ihnen leider mitteilen, dass wir Ihrem Wunsch nach Löschung der Daten zum jetzigen Zeitpunkt nicht entsprechen dürfen.

Wir speichern diese Daten nur noch zur Erfüllung gesetzlicher Aufbewahrungspflichten. Mit Ablauf der Aufbewahrungsfristen werden wir diese Daten unverzüglich löschen, ohne dass Sie uns dazu erneut auffordern müssen.
[ENDE DES ZUSATZES]

Wir hoffen, Ihnen mit dieser Auskunft weitergeholfen zu haben.
[Grußformel des Verantwortlichen]

Anmerkungen

1. **Identität der betroffenen Person und Gegenstand ihrer Anfrage.** Gegenüber betroffenen Personen haben Verantwortliche Informationspflichten aus Art. 13, 14 DS-GVO, die unaufgefordert zu erfüllen sind. Ebenso haben betroffene Personen Rechte gegenüber Verantwortlichen aus den Art. 15 ff. DS-GVO, die sie jederzeit geltend machen können und die gem. Art. 12 Abs. 5 DS-GVO außer bei „offenkundig unbegründeten" oder „exzessiven" Anträgen unentgeltlich vom Verantwortlichen zu erfüllen sind. Schon für das frühere Recht war anerkannt, dass Anfragen betroffener Personen grundsätzlich formfrei möglich sind (Simitis/*Dix*, BDSG, § 34 Rn. 13 und § 35 Rn. 68). Hieran ändert sich durch die DS-GVO nichts. Die bereits

Kremer/Sander

nach dem BDSG a. F. angenommene Pflicht des Verantwortlichen, die Identität der betroffenen Person vor der Erteilung von Auskünften zu prüfen, dient unter der DS-GVO nicht länger nur der Vermeidung einer nach Art. 83 Abs. 5 lit. a DS-GVO bußgeldbewehrten, datenschutzrechtswidrigen Verarbeitung durch Offenlegung personenbezogener Daten der betroffenen Person gegenüber einem Dritten, sondern zugleich der Erfüllung des der betroffenen Person durch die DS-GVO ausdrücklich über Art. 12 Abs. 2, Abs. 6 i. V. m. Art. 11 Abs. 2 DSGO eingeräumten, bei Zuwiderhandlungen selbständig mit einem Bußgeld nach Art. 83 Abs. 5 lit. b DS-GVO ahndungsfähigen, Anspruchs auf Identifizierung durch den auskunftspflichtigen Verantwortlichen (*Laue/Nink/Kremer*, Das neue Datenschutzrecht in der betrieblichen Praxis, Kap. 4 Rn. 7). Liegt, wie im Muster angenommen, eine schriftliche Anfrage vor und stimmen die in der Anfrage angegebenen Adressdaten der betroffenen Person mit den bei der verantwortlichen Stelle gespeicherten Angaben überein, darf wie früher schon (*Gola/Schomerus*, BDSG, § 34 Rn. 7) von der Berechtigung des Auskunftsersuchens ausgegangen werden. Indes steht es der betroffenen Person ausweislich ErwG 59 DS-GVO frei, ihre Rechte gegenüber dem Verantwortlichen aus Art. 15 ff. DS-GVO auch elektronisch (z. B. per E-Mail) oder mündlich geltend zu machen. ErwG 64 DS-GVO sieht in solchen Fällen ausdrücklich vor, insbesondere bei Online-Diensten und Online-Kennungen, dass der Verantwortliche „alle vertretbaren Mittel" zur Überprüfung der Identität nutzen soll. Da der Verantwortliche entscheidet, wie er die Voraussetzungen für die Erfüllung der Betroffenenrechte schafft, insbesondere wie er die im Muster angesprochene „Auflistung" der gespeicherten Daten generiert, sollte der Verantwortliche bereits bei Einführung neuer Verarbeitungstätigkeiten diese mit Blick auf die Rechte der betroffenen Personen auswählen, bzw. ausgestalten. So sollten die Verarbeitungstätigkeiten Schnittstellen bereitstellen, die – unter Beachtung der Pflichten aus Art. 32 Abs. 1 DS-GVO – einen schnellen und unmittelbaren Zugriff auf die von der jeweiligen Verarbeitungstätigkeit betroffenen personenbezogenen Daten ermöglichen, einschließlich eines Filters zur Suche nach einer bestimmten betroffenen Person. Dies gilt unter der DS-GVO umso mehr, als Art. 15 Abs. 3 S. 13 DS-GVO der betroffenen Person ein Recht auf Herausgabe einer Kopie der sie betreffenden personenbezogenen Daten gewährt, die bei elektronischer Antragstellung „in einem gängigen elektronischen Format" bereitzustellen ist. Als einen Weg hierfür erlaubt ErwG 63 DS-GVO ausdrücklich auch die Herausgabe über einen „Fernzugang zu einem sicheren System", mit welchem der „betroffenen Person direkte[r] Zugang zu ihren personenbezogenen Daten" ermöglicht wird (weitere Beispiele bei *Laue/Nink/Kremer*, Das neue Datenschutzrecht in der betrieblichen Praxis, Kap. 4 Rn. 24 ff.).

2. Antwort auf Auskunftsverlangen. Die Auskunft ist gem. Art. 12 Abs. 1 DS-GVO in präziser, transparenter, verständlicher und leicht zugänglicher Form in einer klaren und einfachen Sprache zu übermitteln; dies gilt insbesondere für Informationen, die sich speziell an Kinder richten. Die Übermittlung der Informationen erfolgt schriftlich oder in anderer Form, ggf. auch elektronisch. Damit ist nicht nur die Textform gemeint (§ 126b BGB, insb. Papier, E-Mail, Fax, im Einzelnen NomosKommentar/*Noack/Kremer*, BGB, § 126b Rn. 10 ff.), sondern darüber hinaus jede andere elektronische Bereitstellung, z. B. über eine Website, selbst wenn diese nicht die Voraussetzungen der Textform erfüllen sollte (*Laue/Nink/Kremer*, § 2 Rn. 8; a. A. Paal/Pauly/*Martini*, DS-GVO, Art. 28 Rn. 75). Auch wenn es in Art. 12

Abs. 1 S. 2 DS-GVO heißt, dass Anfragen auf Verlangen der betroffenen Person auch „mündlich" beantwortet werden können, sollten mit Blick auf die Haftungsrisiken und die den Verantwortlichen treffende Darlegungs- und Beweislast für die Erfüllung der Rechte der betroffenen Personen mündliche oder andere flüchtige Auskunfterteilungen vermieden werden, selbst wenn der Betroffene eine solche ausdrücklich verlangt. In Abhängigkeit vom Gegenstand der gespeicherten personenbezogenen Daten kann ausnahmsweise eine strengere Form als die schlichte Bereitstellung in Textform oder einem anderen elektronischen Format geboten sein, etwa wenn die betroffene Person von über sie gespeicherten Gesundheitsdaten zuvor noch keine Kenntnis hatte (so schon zum alten Recht Simitis/*Dix*, BDSG, § 34 Rn. 54). Bei bestimmten Diagnosen kann dies die Vermittlung der Informationen durch einen Arzt erforderlich machen (vgl. § 25 Abs. 2 SGB X). Zeitlich ist die Auskunft gem. Art. 15 Abs. 3 DS-GVO unverzüglich, spätestens innerhalb von einem Monat nach Eingang des Antrags der betroffenen Person zu erteilen. Eine Verlängerung dieser Regelfrist, deren Überschreitung nach Art. 83 Abs. 5 lit. b DS-GVO bußgeldbewehrt ist, um bis zu zwei Monate kommt nur ausnahmsweise in Betracht, wenn dies unter Berücksichtigung der Komplexität und – kumulativ – der Anzahl der Anträge erforderlich ist.

3. Umfang der Auskünfte. Die der betroffenen Person gem. Art. 15 Abs. 1, Abs. 2 DS-GVO zu erteilende Auskunft ist umfangreicher als jene nach § 34 Abs. 1 BDSG a. F. (Vergleich zwischen DS-GVO und BDSG bei *Laue/Nink/Kremer*, Das neue Datenschutzrecht in der betrieblichen Praxis, Kap. 4 Rn. 24). Sie muss umfassen: a) Eine Angabe über die zur betroffenen Person verarbeiteten Kategorien von Daten (Art. 15 Abs. 1 lit. b DS-GVO). b) Alle „verfügbaren" Informationen über die Herkunft der Daten, sofern die Daten nicht direkt bei der betroffenen Person erhoben wurden (Art. 15 Abs. 1 lit. g DS-GVO). Mit der Klarstellung, wonach nur die „verfügbaren" Informationen herauszugeben seien, wurde der frühere Meinungsstreit zu § 34 Abs. 1 S. 1 Nr. 1 BDSG a. F. dahingehend beigelegt, dass den Verantwortlichen keine selbstständige Pflicht zur Speicherung von Angaben zur Herkunft der Daten trifft (so früher schon *Gola/Schomerus*, BDSG, § 34 Rn. 10). c) Die Zwecke der Verarbeitung durch den Verantwortlichen (Art. 15 Abs. 1 lit. a DS-GVO). Gemeint sind, wie früher schon alle vom Verantwortlichen festgelegten Zwecke, nicht nur ein ggf. vorhandener Primärzweck (→ C.II.). Treten später neue Zwecke z. B. über Art. 6 Abs. 4 DS-GVO hinzu, sind diese nicht vorab als potentiell oder abstrakt denkbare Zwecke zu beauskunften; vielmehr ist die betroffene Person im Zeitpunkt der Zweckänderung oder Zweckerweiterung wegen Art. 13 Abs. 3, Art. 14 Abs. 4 DS-GVO hierüber zu informieren. d) Den Empfänger oder die Kategorien von Empfängern, an die Daten weitergegeben worden sind oder noch weitergegeben werden (Art. 15 Abs. 1 lit. c DS-GVO). Diese Angaben decken sich mit denen im Verzeichnis der Verarbeitungstätigkeiten. Zu beauskunften sind insbesondere Empfänger in Drittländern oder bei internationalen Organisationen i. S. v. Art. 4 Nr. 26 DS-GVO, wobei gem. Art. 15 Abs. 2 DS-GVO in diesen Fällen die betroffene Person ergänzend über die Garantien gem. Art. 46 DS-GVO zu unterrichten ist. Wegen der Sensibilisierung der Öffentlichkeit für Übermittlungen in die USA und andere Drittländer wurde im Muster ein vom Gesetz nicht verlangter, freiwilliger Zusatz mit Angaben aus dem Verzeichnis der Verarbeitungstätigkeiten entsprechend Art. 30 Abs. 1 lit. e DS-GVO vorgesehen (→ C.II. Anm. 10). Zugunsten der Verantwortli-

Kremer/Sander

chen ist die Pflicht aus § 34 Abs. 1 S. 3 BDSG a. F. weggefallen, wonach Angaben über die Herkunft und die Empfänger für geschäftsmäßig zum Zweck der Übermittlung gespeicherte personenbezogene Daten auch dann zu machen waren, wenn diese Angaben nicht gespeichert waren. e) Angaben zur Dauer der Speicherung oder dazu, wie die Kriterien für die Festlegung der Speicherdauer sind (Art. 15 Abs. 1 lit. d DS-GVO). f) Angaben darüber, ob die Verarbeitung im Zusammenhang mit einer automatisierten Entscheidungsfindung einschließlich Profiling i. S. v. Art. 22 Abs. 1, Abs. 4 DS-GVO steht und – falls dem so ist – „aussagekräftige Informationen über die involvierte Logik sowie die Tragweite und die angestrebten Auswirkungen einer derartigen Verarbeitung für die betroffene Person" (Art. 15 Abs. 1 lit. h DS-GVO). Ein Anspruch auf Auskunft über die abstrakte Gewichtung der Wahrscheinlichkeitswerte in einer automatisierten Entscheidungsfindung besteht jedoch nicht (so zum BDSG a. F. BGH, Urt. v. 28.1.2014 – VI ZR 156/13, MMR 2014, 489 m. zust. Anm. *Taeger*), was nunmehr der Wortlaut von Art. 15 Abs. 1 lit. h DS-GVO ausdrücklich bestätigt. Der vom BGH gefundene Ausgleich zwischen dem Auskunftsinteresse der betroffenen Person einerseits und dem Interesse des Verantwortlichen am Schutz von Geschäftsgeheimnissen gilt damit auch unter der DS-GVO. g) Hinweis auf das Beschwerderecht bei einer Aufsichtsbehörde (Art. 15 Abs. 1 lit. f DS-GVO). ErwG 63 DS-GVO sieht bei einer Verarbeitung großer Mengen von Daten über eine betroffene Person, dass der Verantwortliche durch eine Rückfrage verlangen darf, dass die betroffene Person konkretisiert, auf „welche Information oder welche Verarbeitungsvorgänge" sich das Auskunftsersuchen bezieht. Damit kann sich der Verantwortliche Zeit und Aufwand sparen, sofern die betroffene Person nicht (frei von Missbrauch, → Anm. 6) auf die Nachfrage mit „alle" antwortet.

4. Auskünfte über Daten, deren Verarbeitung eingeschränkt wurde. Die frühere Sperrung ist in der DS-GVO durch die Einschränkung der Verarbeitung nach Art. 18 DS-GVO ersetzt worden. Die Kennzeichnungspflicht nach § 3 Abs. 4 Nr. 4 BDSG a. F. und Verwendungsbeschränkung für gesperrte Daten aus § 35 Abs. 8 BDSG a. F. sind damit ersatzlos entfallen. Auch über in der Verarbeitung eingeschränkte personenbezogene Daten hat der Verantwortliche vollumfänglich Auskunft zu erteilen (zum BDSG a. F. AG Hamburg-Altona, Urt. v. 17.11.2004 – 317 C 328/04, BeckRS 2004, 17101).

5. Keine Daten zur Auskunft vorhanden. Es kommt vor, dass vermeintlich betroffene Personen einen Auskunftsanspruch geltend machen, obwohl über sie keinerlei personenbezogene Daten bei dem Verantwortlichen gespeichert sind. Da der Antragsteller in diesen Fällen keine betroffene Person i. S. v. Art. 4 Nr. 1 DS-GVO ist, aber nur eine solche Person einen Anspruch nach Art. 15 DS-GVO geltend machen kann, ist nach dem BDSG a. F. davon ausgegangen worden, dass hier kein Auskunftsanspruch bestünde (*Gola/Schomerus*, BDSG, § 34 Rn. 5a; a. A. Simitis/*Dix*, BDSG, § 34 Rn. 18). Dies lässt sich vor dem Hintergrund von Art. 15 Abs. 1 S. 1 BDSG, der eine Bestätigung des Verantwortlichen darüber verlangt, ob er personenbezogene Daten einer betroffenen Person verarbeitet (oder nicht), nicht länger aufrechthalten. Auch vor dem Hintergrund von Art. 12 Abs. 4 DS-GVO ist in solchen Fällen zukünftig eine Negativauskunft des Verantwortlichen verpflichtend. Andernfalls würde der Anspruch der betroffenen Person auf Kenntnis des „ob" der Verarbeitung aus Art. 15 Abs. 1 S. 1 DS-GVO keinen Sinn machen (→ F.II.1. Anm. 1).

Kremer/Sander

6. Fehlende Identifizierbarkeit, Untätigkeit und berechtigte Weigerungen des Verantwortlichen. Die Nichtbearbeitung der Anfrage einer (ggf. nur vermeintlich) betroffenen Person ist eine Ordnungswidrigkeit gem. Art. 83 Abs. 5 lit. b DS-GVO. Selbst dann, wenn der Verantwortliche das Begehren der betroffenen Person nicht erfüllen will oder kann, muss er auf die Anfrage gem. Art. 12 Abs. 4 DS-GVO binnen eines Monats antworten (zur Verlängerungsmöglichkeit → Anm. 1). Wird die begehrte Auskunft nicht erteilt, ist vom Verantwortlichen zu begründen, warum er nicht tätig wird, und auf die Möglichkeit zur Beschwerde bei einer Aufsichtsbehörde oder Einlegung eines gerichtlichen Rechtsbehelfs hinzuweisen.

Sind die von der betroffenen Person mit der Anfrage mitgeteilten Informationen nicht zu deren Identifizierung ausreichend (→ Anm. 1), muss der Verantwortliche gem. Art. 11 Abs. 2 DS-GVO die betroffene Person hierauf hinweisen – nicht etwa aktiv Nachfragen, vgl. ErwG 57 DS-GVO – und ihr Gelegenheit zur Übermittlung zusätzlicher, die Identifizierung ermöglichender Informationen geben. Nur wenn die Identifizierung gleichwohl scheitert, entfällt die Verpflichtung zur Auskunftserteilung. Art. 11 Abs. 2 DS-GVO muss als verunglückt bezeichnet werden, weil hierdurch die Grenzen des Anwendungsbereichs des Datenschutzrechts verwischt werden. Seine Anwendung führt dazu, dass vormals nicht auf eine i. S. d. Art. 4 Nr. 1 DS-GVO bestimmbare Person beziehbare, damit aber nicht unter die DS-GVO fallende Informationen durch das Verknüpfen mit von der betroffenen Person selbst bereitgestellten weiteren Informationen zu personenbezogenen Daten werden. Damit kann allein durch die Anfrage einer potentiell betroffenen Person, in der zur Herstellung einer Personenbeziehbarkeit geeignete „Zusatzinformationen" enthalten sind (zur Weite dieses Begriffs s. EuGH, Urt. v. 19.10.2016 – C-582/14, NJW 2016, 3579), der Anwendungsbereich das Datenschutzrecht auf vermeintlich anonyme Daten ausgeweitet werden. Dies kann wegen der den Verantwortlichen treffenden Folgen, u. a. zur Gewährleistung der Sicherheit der Verarbeitung aus Art. 32 DS-GVO, erhebliche Auswirkungen haben.

Das Auskunftsrecht besteht im Übrigen nicht, wenn der Verantwortliche die Entscheidung trifft („kann … sich weigern" i. S. v. Art. 12 Abs. 5 S. 2 DS-GVO), auf eine „offenkundig unbegründete" oder „exzessive" Anfrage der betroffenen Person die Auskunftserteilung gem. Art. 12 Abs. 5 S. 2 lit. b DS-GVO zu verweigern. Der bloße Charakter der Anfrage als „offenkundig unbegründet" oder „exzessiv", für den der Verantwortliche beweisbelastet ist (Art. 12 Abs. 5 S. 3 DS-GVO), führt noch nicht zum Fortfall des Auskunftsrechts, so dass auch die Entscheidungsfindung im Einzelfall zu dokumentieren ist. Für den exzessiven Charakter einer Anfrage enthält die DS-GVO das Regelbeispiel der häufigen Wiederholung, was unter dem BDSG als rechtsmissbräuchliche Geltendmachung des Auskunftsrechts bereits dazu führte, dass die Auskunft nicht erteilt werden musste (statt vieler Plath/*Kamlah*, BDSG, § 34 Rn. 75 m. w. N.). Im Übrigen sieht § 34 BDSG n. F. in Ausfüllung der Öffnungsklausel aus Art. 23 DS-GVO vor, dass das Auskunftsrecht der betroffenen Person ausnahmsweise nicht besteht, wenn gemäß § 33 Abs. 1, Abs. 3 BDSG n. F. schon kein Informationsanspruch der betroffenen Person nach Art. 14 DS-GVO besteht, oder gemäß § 34 Abs. 1 Nr. 2 BDSG n. F. ähnlich wie nach § 34 Abs. 7 BDSG a. F. die personenbezogenen Daten nur deshalb gespeichert sind, weil sie aufgrund gesetzlicher, satzungsmäßiger oder vertraglicher Aufbewahrungsvorschriften nicht gelöscht werden dürfen oder ausschließlich Zwecken der Datensicherung oder der Datenschutzkontrolle dienen, die Auskunftserteilung einen unverhältnismäßigen

Kremer/Sander

Aufwand erfordern würde und eine Verarbeitung zu anderen Zwecken durch geeignete technische und organisatorische Maßnahmen ausgeschlossen ist.

7. Recht auf Beschwerde. Art. 15. Abs. 1 lit. f DS-GVO verlangt vom Verantwortlichen, die betroffene Person über das Bestehen eines Beschwerderechts bei einer Aufsichtsbehörde zu informieren. Ein solches Recht besteht in allen Fällen, so dass die Formulierung des Art. 15 DS-GVO insoweit missverständlich ist. Betroffene Personen haben stets das Recht, sich zu beschweren (vgl. Art. 77 Abs. 1 DS-GVO). Die im Muster vorgesehene Angabe der Kontaktdaten „der" Aufsichtsbehörde ist freiwillig, schon allein deshalb, weil es für diese Beschwerden nicht immer nur eine zuständige Behörde gibt. Deshalb kann es für den Verantwortlichen nützlich erscheinen, wenn er die Beschwerden betroffener Personen bei seiner Heimatbehörde zu bündeln versucht, indem er (nur) deren Kontaktdaten angibt.

8. Antwort auf Löschungsbegehren. Die im Muster als Eventualzusatz formulierte Antwort an die betroffene Person kann auch isoliert verwendet werden, falls die betroffene Person ausschließlich Löschung der über sie gespeicherten personenbezogenen Daten begehrt. Das Recht der betroffenen Person auf Löschung ergibt sich unmittelbar aus Art. 17 Abs. 1 DS-GVO (zum sogenannten Recht auf Vergessenwerden aus Art. 17 Abs. 2 DS-GVO ausführlich *Laue/Nink/Kremer*, Das neue Datenschutzrecht in der betrieblichen Praxis, Kap. 4 Rn. 46 ff.). Ungeachtet dessen lässt sich ein Löschungsanspruch auch aus §§ 823 Abs. 1, 1004 BGB i. V. m. Art. 2 Abs. 1 GG herleiten, weil die fortdauernde Speicherung personenbezogener Daten nach Zweckfortfall oder Zweckerreichung ein Eingriff in das Recht auf informationelle Selbstbestimmung der betroffenen Person ist (BeckOK/*Brink*, BDSG, § 35 Rn. 6 m. w. N.). Die Löschung ist ausnahmsweise in den in Art. 17 Abs. 3 DS-GVO bezeichneten Fällen ausgeschlossen. Dies greift insbesondere, wenn gem. Art. 17 Abs. 3 lit. b DS-GVO die weitere Speicherung zur Erfüllung einer durch Gesetz begründeten rechtlichen Verpflichtung des Verantwortlichen erforderlich ist (z. B. bei den gesetzlichen Aufbewahrungspflichten aus § 257 HGB und § 147 AO), sowie, wenn gem. Art. 17 Abs. 3 lit. e DS-GVO die weitere Speicherung zur Geltendmachung, Ausübung oder Verteidigung von Rechtsansprüchen angezeigt ist. § 35 BDSG n. F. erweitert die Ausnahmen von der Löschungspflicht insbesondere über § 35 Abs. 1 BDSG n. F. auf Fälle, bei denen wie früher schon in § 35 Abs. 3 Nr. 3 BDSG a. F. die Löschung „wegen der besonderen Art der Speicherung nicht oder nur mit unverhältnismäßig hohem Aufwand" möglich ist, sowie über § 35 Abs. 3 BDSG n. F. auf satzungsmäßige oder vertragliche Aufbewahrungspflichten.

Kremer/Sander

III. Recht auf Berichtigung (Art. 16 DS-GVO)

An die

X GmbH[1]

Berlin, den (...)

Sehr geehrte Damen und Herren,

bei der Durchsicht Ihrer Auskunft vom [Datum] zu den bei Ihnen gespeicherten, mich betreffenden personenbezogenen Daten habe ich festgestellt, dass die bei Ihnen geführte Anschrift

[falsche/unvollständige Daten]

nicht mit meiner tatsächlichen Anschrift übereinstimmt. Wie Sie dem Anhang[2] entnehmen können, müssten meine Adressdaten wie folgt lauten:

[richtige/vollständige Daten]

Ich bitte Sie daher gemäß Art. 16 Abs. 1 DS-GVO um unverzügliche Berichtigung[3] [bzw. Vervollständigung[4]] der bei Ihnen gespeicherten personenbezogenen Daten und um eine entsprechende Bestätigung bis spätestens zum

[Datum].[5]

Des Weiteren bitte ich Sie, mir Auskunft über die Empfänger meiner Daten zu erteilen[6], denen Daten zu meiner Person offengelegt wurden, und diesen die Berichtigung meiner Daten mitzuteilen.[7]

Sollten Sie die Berichtigung [bzw. Vervollständigung] nicht fristgerecht oder nicht vollständig vornehmen, behalte ich mir weitere Schritte vor.[8]

Mit freundlichen Grüßen

(...)

Anmerkungen

1. **Berichtigungspflichtige Stelle.** Zur Berichtigung ist der Verantwortliche, also die natürliche oder juristische Person, Behörde, Einrichtung oder andere Stelle verpflichtet, die allein oder gemeinsam mit anderen über die Zwecke und Mittel der Verarbeitung von personenbezogenen Daten entscheidet (Art. 4 Nr. 7 DS-GVO). Wie bei den weiteren Betroffenenrechten in der DS-GVO sind etwaige Auftragsverarbeiter nicht unmittelbar Anspruchsgegner. Diese sind vielmehr auf Antrag der betroffenen Person durch den Verantwortlichen über die Berichtigung zu benachrichtigen. Durchsetzbar ist die Berichtigung gegenüber Auftragsverarbeitern lediglich mit Hilfe der Aufsichtsbehörde, die Maßnahmen nach Art. 58 DS-GVO ergreifen

Koreng

und Geldbußen nach Art. 83 Abs. 5 lit. b DS-GVO verhängen kann (→ Anm. 8). Bei anderen Empfängern, die die offengelegten Daten selbst als Verantwortliche weiterverarbeiten, besteht ein unmittelbarer Berichtigungsanspruch mit entsprechender gerichtlicher Durchsetzbarkeit nach Art. 79 Abs. 1 DS-GVO. Das Berichtigungsverlangen kann formfrei gestellt werden und die Berichtigung bzw. Vervollständigung ist grundsätzlich unentgeltlich. Bei offensichtlich unbegründeten oder „exzessiven" Anträgen (→ F.II.2. Anm. 6) muss der Verantwortliche diese nicht umsetzen bzw. kann die Umsetzung von einem angemessenen Entgelt abhängig machen (Art. 12 Abs. 5 S. 2 DS-GVO).

2. Darlegungs- und Beweislast. Die Darlegungs- und Beweislast für die Unrichtigkeit bzw. Unvollständigkeit trägt der Anspruchsteller, dessen Daten berichtigt bzw. vervollständigt werden sollen. Dies kann u. U. voraussetzen, dass dem Antrag ein Beleg darüber beizufügen ist, dass die verarbeiteten Daten unwahr bzw. unvollständig sind und dass die genannten richtigen Daten tatsächlich inhaltlich wahr sind. Im Fall der Vervollständigung kann es außerdem erforderlich sein, zu belegen, dass die Ergänzung zum „Zweck der Verarbeitung" notwendig ist. Darüber hinaus kann der Verantwortliche zusätzliche Informationen anfordern, sofern er „begründete Zweifel an der Identität" des Antragstellers hat (Art. 12 Abs. 6 DS-GVO).

3. Berichtigung. Die Berichtigung von unrichtigen personenbezogenen Daten setzt voraus, dass inhaltlich unwahre Tatsachen durch den Verantwortlichen verarbeitet und diese durch inhaltlich wahre Daten ersetzt werden. Berichtigung bedeutet also, dass die Daten „mit der Wirklichkeit in Übereinstimmung gebracht werden" (BeckOK DatenSR/Wolff/Brink/*Worms,* Art. 16 Rn. 61).

4. Vervollständigung. Der Anspruch auf Ergänzung von unvollständigen personenbezogenen Daten nach Art. 16 Abs. 2 DS-GVO hat zwei Voraussetzungen. Zunächst müssen Lücken in den verarbeiteten personenbezogenen Daten bestehen. Allerdings führt dies erst dann zu einer Unvollständigkeit der Daten, wenn eine Schließung der Lücken unter Berücksichtigung der Zwecke der Verarbeitung notwendig ist. Ein Anspruch besteht also erst dann, wenn der mit der Verarbeitung verfolgte Zweck ohne die Vervollständigung nicht erreicht werden kann, wobei in die Beurteilung auch die mit der Unvollständigkeit der Daten einhergehenden Risiken für den Betroffenen einzubeziehen sind (BeckOK DatenSR/Wolff/Brink/*Worms,* Art. 16 Rn. 58). Dies kann z. B. der Fall sein, wenn Adressdaten zwar richtig, aber etwa aufgrund fehlender Hausnummer unvollständig sind und damit das Risiko für die betroffene Person besteht, dass sie Postzustellungen nicht erreichen (Plath/*Kamlah,* BDSG/DSGVO, Art. 16 Rn. 10). Gegebenenfalls kann eine ergänzende Erklärung erforderlich sein, wenn ein Datum in einen Kontext gesetzt werden muss, um Missverständnisse zu vermeiden. Dies ist etwa der Fall, wenn in einer Bonitätsauskunft ersichtlich ist, dass eine Kreditforderung nicht mehr bedient wurde, dies jedoch dadurch gerechtfertigt ist, dass der Schuldner mit der Bank einen Vergleich geschlossen hat, sodass die Forderung nicht mehr besteht (*Laue/Nink/Kremer,* Das neue Datenschutzrecht in der betrieblichen Praxis, D. § 4 Rn. 36).

5. Frist. Die Berichtigung muss unverzüglich erfolgen, Art. 16 S. 1 DS-GVO. Damit ist die Frist einzelfallabhängig und nach der konkreten Verarbeitung sowie dem erforderlichen Berichtigungsaufwand zu bestimmen (Paal/Pauly/*Paal,* DS-GVO, Art. 16 Rn. 17). Im Gegensatz zu den Informationsrechten, bei denen sich die Unverzüglichkeit aus Art. 12 Abs. 3 DS-GVO ergibt, wird im Rahmen des Art. 16 S. 1 DS-GVO ausdrücklich im Normtext selbst die Unverzüglichkeit der Berichtigung vorgeschrieben. Daher ist insoweit ein engeres Verständnis des Unverzüglichkeitsbegriffs als bei den Informationsrechten geboten. Ob allerdings, wie teilweise vertreten wird, für die Definition des Begriffs „unverzüglich" auf § 121 Abs. 1 S. 1 BGB abgestellt werden kann, erscheint fraglich, da die DS-GVO einen europaweit einheitlichen Standard schaffen will und insofern für ihre Auslegung schwerlich auf einzelstaatliche Vorschriften abgestellt werden kann (BeckOK DatenSR/Wolff/Brink/*Worms*, Art. 16 Rn. 64). Ungeachtet dessen wird man aber davon ausgehen können, dass „unverzüglich" im europäischen Kontext nicht wesentlich anders zu interpretieren sein dürfte, als nach dem BGB. Dies folgt bereits daraus, dass schon bei den Informationsrechten eine Frist von einem Monat die Ausnahme darstellen soll. Demgemäß wird eine so lange Frist beim Berichtigungsanspruch nur in äußersten Ausnahmefällen zulässig sein, etwa wenn die Identität des Antragstellers nicht vorher geklärt werden kann oder ein außerordentlich hoher Berichtigungsaufwand erforderlich ist. In der Regel dürfte eine Frist von zwei Wochen daher noch als unverzüglich gelten. Falls der Verantwortliche dem Antrag nicht nachkommt, ist er nach Art. 12 Abs. 4 DS-GVO dazu verpflichtet, den Antragsteller „ohne Verzögerung", spätestens innerhalb eines Monats, über die Gründe hierfür zu unterrichten. Darüber hinaus muss der Verantwortliche der betroffenen Person die Möglichkeit der aufsichtsbehördlichen Beschwerde und eines gerichtlichen Rechtsbehelfs aufzeigen.

6. Auskunft über Empfänger der Daten. Nach Art. 19 S. 2 DS-GVO kann die von einer unrichtigen Verarbeitung betroffene Person von dem Verantwortlichen verlangen, über etwaige Empfänger der unrichtigen Daten unterrichtet zu werden. Unter den Begriff des Empfängers ist jeder zu fassen, dem personenbezogene Daten offengelegt werden, unabhängig davon, ob es sich dabei um einen Dritten handelt oder nicht (Art. 4 Nr. 9 S. 1 DS-GVO). Die Mitteilung setzt einen entsprechenden Antrag der betroffenen Person voraus, der gemeinsam mit dem Berichtigungsverlangen gestellt werden kann.

7. Drittmitteilung bei Offenlegung der unrichtigen/unvollständigen Daten. Bei einer Offenlegung von personenbezogenen Daten des Anspruchstellers an einen oder mehrere Empfänger gem. Art. 4 Nr. 9 DS-GVO, sind diesen Empfängern alle Berichtigungen ohne weiteren Antrag mitzuteilen. Allerdings empfiehlt es sich für den Antragsteller, eine entsprechende Aufforderung deklaratorisch in den Antrag aufzunehmen. Eine Pflicht zur Drittmitteilung besteht jedoch nicht, wenn sich diese als unmöglich erweist oder mit einem unverhältnismäßigen Aufwand verbunden ist.

8. Durchsetzung des Anspruchs. Art. 79 Abs. 1 DS-GVO garantiert den betroffenen Personen einen wirksamen gerichtlichen Rechtsbehelf zur Durchsetzung ihrer Rechte aus der DS-GVO. Kommt der Verantwortliche dem Berichtigungs- oder Vervollständigungsersuchen des Antragstellers nicht fristgerecht nach, so kann dieser seinen Anspruch gerichtlich durchsetzen. Zuständig sind hierfür nach Art. 79 Abs. 2 S. 1 DS-GVO die Gerichte des Mitgliedstaats, in dem der Verantwortliche eine Niederlassung hat. Allerdings kann der Betroffene wahlweise auch bei den Gerichten des Mitgliedstaats klagen, in dem er seinen Aufenthaltsort hat, Art. 79 Abs. 2 S. 2 DS-GVO. Hinsichtlich des Rechtswegs ist danach zu unterscheiden, ob es sich bei dem Verantwortlichen um ein privates Unternehmen handelt (dann muss der Betroffene den ordentlichen Rechtsweg beschreiten) oder um eine Behörde. Im letzteren

Koreng

Fall ist nach § 40 Abs. 1 S. 1 VwGO der Verwaltungsrechtsweg einschlägig. Dabei wird es sich bei der Ablehnung eines Berichtigungsverlangens in den meisten Fällen um einen Verwaltungsakt i.S.d. § 35 S. 1 VwVfG handeln, so dass die Verpflichtungsklage nach § 42 Abs. 1, 2. Var. VwGO die statthafte Klageart sein wird (BeckOK DatenSR/Wolff/Brink/*Worms*, Art. 16 Rn. 33). Darüber hinaus ist eine Beschwerde bei einer Aufsichtsbehörde nach Art. 77 DS-GVO statthaft, da die Verarbeitung unrichtiger und unvollständiger Daten mit dem Grundsatz der Datenrichtigkeit gem. Art. 5 Abs. 1 lit. d DS-GVO unvereinbar ist und damit gegen die DS-GVO verstößt. Außerdem kann die Aufsichtsbehörde nach Art. 83 Abs. 5 lit. b DS-GVO eine Geldbuße festsetzen. Die Einschaltung der Aufsichtsbehörde kann insbesondere bei der Verarbeitung unrichtiger personenbezogener Daten durch Auftragsverarbeiter als Empfänger i.S.d. Art. 4 Nr. 9 DS-GVO für die Durchsetzung der Berichtigung notwendig sein, da für die betroffene Person keine Möglichkeit besteht, den Anspruch unmittelbar gegenüber den Auftragsverarbeitern gerichtlich durchzusetzen.

IV. Rechte auf Löschung und Mitteilung (Art. 17, 19 DS-GVO)

1. Recht auf Löschung und „Recht auf Vergessenwerden" (Art. 17 DS-GVO)

An die

[...] GmbH[1]

Berlin, den (...)

Sehr geehrte Damen und Herren,

auf Ihrem Portal [Webseite ...] berichten Sie in einem Artikel über die Pfändung eines privaten Grundstücks und bringen diese mit meinem Namen in Verbindung[2]. Der Artikel ist unter folgender URL abrufbar:

[URL].

Für eine Speicherung und Offenlegung dieser meine Person betreffenden personenbezogenen Daten habe ich Ihnen weder eine Einwilligung erteilt noch besteht eine anderweitige Rechtsgrundlage für diese Verarbeitungen.[3] Sie können auch keinen Ausnahmetatbestand nach Art. 17 Abs. 3 DS-GVO geltend machen, zumal ich keine Person des öffentlichen Lebens bin.[4]

Ich bitte Sie daher gemäß Art. 17 Abs. 1 DS-GVO um unverzügliche Löschung[5] der bei Ihnen gespeicherten personenbezogenen Daten und um eine entsprechende Bestätigung bis spätestens zum

[Datum][6].

Des Weiteren weise ich Sie darauf hin, dass Sie nach Art. 17 Abs. 2 DS-GVO aufgrund der Veröffentlichung der Daten dazu verpflichtet sind, alle angemessenen Maßnahmen zu treffen, um andere Verantwortliche, insbesondere Suchmaschinenbetreiber, die die oben aufgeführten personenbezogenen Daten verarbeiten, über meinen Antrag auf Löschung aller Links, Kopien oder Replikationen in Bezug auf diese personenbezogenen Daten zu unterrichten.[7]

Außerdem bitte ich Sie, mir gemäß Art. 19 S. 2 DS-GVO etwaige Empfänger, denen die meine Person betreffenden Daten offengelegt wurden, mitzuteilen und diese über mein Löschungsersuchen gemäß Art. 19 S. 1 DS-GVO zu unterrichten.[8]

Für Rückfragen und falls Sie weitere Angaben – etwa zum Nachweis meiner Identität – benötigen, stehe ich Ihnen zur Verfügung.[9]

Sollten Sie die Löschung nicht fristgerecht oder nicht vollständig vornehmen, behalte ich mir eine gerichtliche Geltendmachung des Löschungsanspruchs vor.[10]

Mit freundlichen Grüßen

(...)

Koreng

Anmerkungen

1. Löschungspflichtige Stelle. Zur Löschung ist allein der Verantwortliche (Art. 4 Nr. 7 DS-GVO) verpflichtet. Wie bei den weiteren Betroffenenrechten in der DS-GVO sind etwaige Auftragsverarbeiter dagegen nicht unmittelbar Anspruchsgegner. Diese sind vielmehr auf Antrag der betroffenen Person durch den Verantwortlichen über die Löschung zu benachrichtigen, Art. 19 S. 2 DS-GVO. Wurde das zu löschende personenbezogene Datum öffentlich gemacht, so sind nach Art. 17 Abs. 2 DS-GVO unter Berücksichtigung der verfügbaren Technologie und der Implementierungskosten alle angemessene Maßnahmen, zu treffen, um Verantwortliche darüber zu informieren, dass eine betroffene Person von ihnen die Löschung aller Links zu diesen personenbezogenen Daten oder von Kopien oder Replikationen dieser personenbezogenen Daten verlangt hat („Recht auf Vergessenwerden"; → F.IV.2.). Die Anträge können formfrei gestellt werden und die Löschung ist grundsätzlich unentgeltlich vorzunehmen. Bei offensichtlich unbegründeten oder „exzessiven" Anträgen muss der Verantwortliche diese allerdings nicht umsetzen bzw. kann die Umsetzung von einem angemessenen Entgelt abhängig gemacht werden (Art. 12 Abs. 5 S. 2 DS-GVO; → F.II.2. Anm. 6).

2. Anspruchsberechtigung. Anspruchsberechtigt ist die betroffene Person, die durch die zu löschenden personenbezogenen Daten identifiziert oder identifizierbar ist (Art. 4 Nr. 1 DS-GVO).

3. Löschungsgrund. Art. 17 Abs. 1 DS-GVO benennt die Gründe für eine Löschung (vgl. im Einzelnen Paal/Pauly/*Paal*, DS-GVO, Art. 17 Rn. 22 ff.). Der Verantwortliche hat danach – korrespondierend zum entsprechenden Recht der betroffenen Personen – eine Pflicht zur Löschung, wenn die personenbezogenen Daten für den Erhebungszweck nicht mehr erforderlich sind (lit. a), wenn die Einwilligung widerrufen wurde und auch keine anderweitige Rechtsgrundlage besteht (lit. b), wenn ein Widerspruch gegen die Verarbeitung nach Art. 21 DS-GVO eingelegt wurde (lit. c), die personenbezogenen Daten unrechtmäßig verarbeitet wurden (lit. d), der Verantwortliche nach dem Recht der Union oder eines Mitgliedstaats zur Löschung verpflichtet ist (lit. e) oder wenn die Daten von Kindern erhoben wurden (lit. f). Ob der letztgenannte Löschungsgrund gegenüber dem Widerruf der Einwilligung einen eigenständigen Charakter haben kann, ist fraglich. Versteht man ihn als von einem Antrag des Betroffenen unabhängige Löschungsverpflichtung, so würde dies den Erlaubnistatbestand aus Art. 8 Abs. 1 DS-GVO sinnlos machen. Versteht man ihn hingegen – was wohl richtig sein dürfte – dahingehend, dass er einen entsprechenden Antrag des Betroffenen voraussetzt, so hat er gegenüber Art. 17 Abs. 1 lit. b DS-GVO keine eigenständige Bedeutung (Paal/Pauly/*Paal*, DS-GVO, Art. 17 Rn. 28 m. w. N.).

4. Ausnahmetatbestände. Eine Pflicht zur Löschung durch den Verantwortlichen besteht gem. Art. 17 Abs. 3 DS-GVO dann ausnahmsweise nicht, wenn die Verarbeitung zur Ausübung des Rechts auf freie Meinungsäußerung und Information (lit. a) oder im öffentlichen Interesse zur Erfüllung einer rechtlichen Verpflichtung (lit. b), aus Gründen der öffentlichen Gesundheit (lit. c), für Archivzwecke (lit. d) oder zur Geltendmachung, Ausübung oder Verteidigung von Rechtsansprüchen (lit. e) erfor-

Koreng

derlich ist. In der künftigen Praxis dürfte der Ausnahmetatbestand der freien Meinungsäußerung und Information eine erhebliche Rolle spielen (vgl. BeckOK DatenSR/Wolff/Brink/*Worms*, Art. 17 Rn. 81). Insbesondere Medienunternehmen können sich damit gegen das Verlangen auf Löschung wegen unliebsamer Berichterstattung wehren. Auch die bestehenden Aufbewahrungspflichten, etwa aus §§ 238, 257 Abs. 1 Nr. 4, Abs. 4 HGB oder § 147 Abs. 1 Nr. 4, Abs. 3 AO (vgl. *Laue/Nink/ Kremer*, Das neue Datenschutzrecht in der betrieblichen Praxis, E. § 4 Rn. 50), können dem Löschungsbegehren entgegengehalten werden. Für die Voraussetzungen der Ausnahmetatbestände liegt die Beweislast auf Seiten des Verantwortlichen.

5. Umfang der Löschungsverpflichtung. Wie die Löschung zu erfolgen hat, ist in der Verordnung nicht vorgegeben. Allerdings deutet die Formulierung in Art. 4 Nr. 2 DS-GVO („das Löschen oder die Vernichtung") an, dass die Löschung nicht zwingend eine Zerstörung der Daten oder Datenträger erforderlich macht (Paal/ Pauly/*Paal*, DS-GVO, Art. 17 Rn. 30). Vielmehr ist damit, wie bisher nach § 3 Abs. 4 Nr. 5 BDSG, das Unkenntlich- bzw. Unbrauchbarmachen gespeicherter personenbezogener Daten ausreichend. Im Regelfall wird dies durch technische Löschung oder Überschreibung elektronischer Daten erfolgen. Der Grad der Unkenntlichmachung dürfte von dem Risiko für die betroffene Person abhängig sein.

6. Frist. Die Löschung muss unverzüglich erfolgen, Art. 17 Abs. 1 DS-GVO. Damit ist die Frist einzelfallabhängig und nach der konkreten Verarbeitung sowie dem erforderlichen Berichtigungsaufwand zu bestimmen (Paal/Pauly/*Paal*, DS-GVO, Art. 17 Rn. 31). Im Gegensatz zu den Informationsrechten, bei denen sich die Unverzüglichkeit aus Art. 12 Abs. 3 DS-GVO ergibt, wird im Rahmen des Art. 17 Abs. 1 DS-GVO ausdrücklich im Normtext selbst die Unverzüglichkeit der Berichtigung vorgeschrieben. Daher ist insoweit ein engeres Verständnis des Unverzüglichkeitsbegriffs als bei den Informationsrechten geboten. Da bei den Informationsrechten eine Frist von einem Monat bereits die Ausnahme darstellen soll, wird die Ausschöpfung dieser Frist beim Löschungsanspruch nur in äußersten Ausnahmefällen zulässig sein, etwa wenn eine umfassende Prüfung der Ausnahmetatbestände nach Art. 17 Abs. 3 DS-GVO erforderlich ist, die Identität des Antragsstellers nicht vorher geklärt werden kann oder ein außerordentlich hoher Löschungsaufwand erforderlich ist. In der Regel dürfte eine Frist von zwei Wochen noch als unverzüglich gelten (Paal/Pauly/*Paal*, DS-GVO, Art. 17 Rn. 31; BeckOK DatenSR/Wolff/Brink/ *Worms*, 20. Edition, Stand: 1.5.2017, Art. 17 Rn. 57 nimmt – methodisch insoweit nicht frei von Zweifeln (→ F.III. Anm. 5)– Bezug auf § 121 BGB und gelangt zum gleichen Ergebnis). Falls der Verantwortliche dem Antrag nicht nachkommt, ist er nach Art. 12 Abs. 4 DS-GVO dazu verpflichtet, den Antragsteller „ohne Verzögerung", spätestens innerhalb eines Monats, über die Gründe hierfür zu unterrichten. Darüber hinaus muss der Verantwortliche der betroffenen Person die Möglichkeit der aufsichtsbehördlichen Beschwerde und eines gerichtlichen Rechtsbehelfs aufzeigen.

7. Drittmitteilung bei Veröffentlichung der Daten. Bei einer Offenlegung von personenbezogenen Daten des Anspruchstellers an einen oder mehrere Empfänger gem. Art. 4 Nr. 9 DS-GVO, sind diesen Empfängern alle zu löschenden Daten ohne weiteren Antrag mitzuteilen (→ F.IV.2.). Allerdings empfiehlt es sich für den Antragsteller, eine entsprechende Aufforderung deklaratorisch in den Antrag aufzunehmen. Eine Pflicht zur Drittmitteilung besteht jedoch dann nicht, wenn sich diese als unmöglich

Koreng

erweist oder mit einem unverhältnismäßigen Aufwand verbunden ist (→ F.IV.2. Anm. 1 und 2).

8. Auskunft und Unterrichtung bei Offenlegung der Daten an Empfänger. Nach Art. 19 S. 2 DS-GVO kann die betroffene Person von dem Verantwortlichen verlangen, über etwaige Empfänger (Art. 4 Nr. 9 DS-GVO), insbesondere Auftragsverarbeiter, der zu löschenden Daten unterrichtet zu werden. Diese Mitteilung setzt einen entsprechenden Antrag der betroffenen Person voraus, der gemeinsam mit dem Löschungsverlangen gestellt werden kann.

9. Darlegungs- und Beweislast. Die Darlegungs- und Beweislast für den Anspruch auf Löschung sowie die Veröffentlichung der Daten im Fall des „Rechts auf Vergessenwerden" trägt der Anspruchsteller, dessen Daten gelöscht werden sollen. Dies kann u. U. voraussetzen, dass dem Antrag ein Beleg darüber beizufügen ist, dass ein Löschungsgrund nach Art. 17 Abs. 1 DS-GVO gegeben ist. Darüber hinaus kann der Verantwortliche zusätzliche Informationen anfordern, sofern er „begründete Zweifel an der Identität" des Antragstellers hat (Art. 12 Abs. 6 DS-GVO). Die Darlegungs- und Beweislast für die Ausnahmetatbestände aus Art. 17 Abs. 3 DS-GVO trägt demgegenüber der Verantwortliche (→ Anm. 4).

10. Durchsetzung des Anspruchs. Art. 79 Abs. 1 DS-GVO garantiert den betroffenen Personen einen wirksamen gerichtlichen Rechtsbehelf zur Durchsetzung ihrer Rechte aus der DS-GVO und den aus dieser abgeleiteten Rechtsakten. Kommt der Verantwortliche dem Löschungsersuchen des Antragstellers nicht fristgerecht nach, kann dieser also seinen Anspruch gerichtlich durchsetzen. Zuständig sind hierfür nach Art. 79 Abs. 2 S. 1 DS-GVO die Gerichte des Mitgliedstaats, in dem der Verantwortliche eine Niederlassung hat. Allerdings kann der Betroffene wahlweise auch bei den Gerichten des Mitgliedstaats klagen, in dem er seinen Aufenthaltsort hat, Art. 79 Abs. 2 S. 2 DS-GVO.

Darüber hinaus ist eine Beschwerde bei einer Aufsichtsbehörde nach Art. 77 DS-GVO statthaft, da die Verweigerung der Löschung beim Vorliegen der Anspruchsvoraussetzungen gegen eine Pflicht aus der DS-GVO verstößt. Außerdem kann die Aufsichtsbehörde nach Art. 83 Abs. 5 lit. b DS-GVO eine Geldbuße festsetzen. Dies kann insbesondere bei der Durchsetzung einer Löschung von Daten bei einem Auftragsverarbeiter notwendig sein, da für die betroffene Person keine Möglichkeit besteht, den Anspruch unmittelbar gegenüber dem Auftragsverarbeiter gerichtlich durchzusetzen.

2. Informationspflicht an Dritte bei einem Löschungsersuchen (Art. 17 Abs. 2 DS-GVO)

An die

X GmbH[1]

Berlin, den (...)

Sehr geehrte Damen und Herren,

hiermit möchten wir Ihnen mitteilen[2], dass unser Kunde [Name] am [Datum][3] sein Recht auf Löschung der ihn betreffenden personenbezogener Daten [zu löschendes

Datum], einschließlich sämtlicher Links, Kopien oder Replikationen zu diesen Daten gemäß Art. 17 Abs. 1 DS-GVO geltend gemacht[4] hat und wir bereits sämtliche den Kunden betreffende Daten gelöscht haben. Wir sind nach Art. 17 Abs. 2 DS-GVO gehalten, Sie darüber in Kenntnis zu setzen, damit auch Sie Ihrer ggf. bestehenden Löschungsverpflichtung nachkommen können.[5]

Mit freundlichen Grüßen

(...)

Anmerkungen

1. Adressat der Mitteilung. Die grundsätzliche Konzeption eines „Rechts auf Vergessenwerden" ist nicht ganz frei von Bedenken, entspricht es doch ständiger Rechtsprechung des BVerfG, dass es kein allgemeines Recht des Einzelnen gibt, öffentlich nur in einer Weise dargestellt zu werden, die ihm genehm ist und dass dem Einzelnen kein absolutes Verfügungsrecht über „seine" Daten zusteht (statt aller nur BVerfG, Beschl. v. 18.2.2010 – 1 BvR 2477/08, GRUR 2010, 544 (545 m.w.N.); zu den prinzipiellen Bedenken gegen ein „Recht auf Vergessenwerden" siehe auch *Koreng/Feldmann*, ZD 2012, 311). Eine umfangreiche juristische und rechtspolitische Debatte zum „Recht auf Vergessenwerden" hat der EuGH ausgelöst, als er – noch auf Grundlage von Art. 12 lit. b DSRL – in seiner „Google Spain"-Entscheidung einen Anspruch gegenüber Suchmaschinenbetreibern auf Entfernung von Einträgen aus Suchergebnislisten angenommen hat (EuGH, Urt. v. 13.5.2014 – C-131/12, NJW 2014, 2257 ff. – Google Spain). Die bislang vereinzelt gebliebenen Versuche, die im Rahmen von „Google Spain" für große Suchmaschinen aufgestellten Grundsätze zu verallgemeinern (OLG Hamburg, Urt. v. 7.7.2015 – 7 U 29/12, AfP 2015, 447 ff.; krit. *Koreng*, AfP 2015, 514 ff.), dürften unter Geltung der DS-GVO neuen Schwung erhalten.

Die Pflicht zur Drittmitteilung nach Art. 17 Abs. 2 DS-GVO besteht, wenn der Verantwortliche die personenbezogenen Daten öffentlich gemacht hat und nach Abs. 1 zur Löschung verpflichtet ist. Er hat in diesem Fall auch diejenigen Stellen von dem Löschungsbegehren in Kenntnis zu setzen, die im Rahmen einer regulären Nutzung der von dem Verantwortlichen veröffentlichten Daten diese selbst verarbeiten. Sie trifft dann die Verpflichtung, eigenverantwortlich zu prüfen, ob auch sie die Daten löschen müssen (BeckOK DatenSR/Wolff/Brink/*Worms*, Art. 17 Rn. 68).

Der Sinn dieser auch als „Recht auf Vergessenwerden" bezeichneten Vorschrift liegt darin, dem Betroffenen in gewissem Umfang ein Bestimmungsrecht über das eigene Bild in der Öffentlichkeit zu geben (BeckOK DatenSR/Wolff/Brink/*Worms*, Art. 17 Rn. 63). Das bisherige Recht kannte mit § 35 Abs. 7 BDSG bereits eine ähnliche, wenngleich nicht so weitreichende Pflicht, wonach von der „Berichtigung unrichtiger Daten, der Sperrung bestrittener Daten sowie der Löschung oder Sperrung wegen Unzulässigkeit der Speicherung" diejenigen Stellen zu verständigen waren, „denen im Rahmen einer Datenübermittlung diese Daten zur Speicherung weitergegeben wurden, wenn dies keinen unverhältnismäßigen Aufwand erfordert und schutzwürdige Interessen des Betroffenen nicht entgegenstehen". Dieser Vorschrift aus dem bisherigen Datenschutzrecht entspricht im Wesentlichen der neue Art. 19 S. 1 DS-GVO, nach dem der Verantwortliche allen Empfängern, denen personenbe-

Koreng

zogenen Daten offengelegt wurden, jede Berichtigung oder Löschung der personenbezogenen Daten oder eine Einschränkung der Verarbeitung mitzuteilen hat, es sei
denn, dies erweist sich als unmöglich oder ist mit einem unverhältnismäßigen Aufwand verbunden. Die Unterschiede zwischen § 38 Abs. 7 BDSG und Art. 19 S. 1
DS-GVO sind marginal, neu ist hingegen die von Art. 19 S. 2 DS-GVO vorgesehene
Unterrichtungspflicht zu Gunsten des Betroffenen, der nun ein Recht hat, auf Verlangen vom Verantwortlichen über Empfänger, denen personenbezogenen Daten offengelegt wurden, informiert zu werden.

In der Praxis hatte § 35 Abs. 7 BDSG schon wegen seines eingeschränkten Tatbe-
standes allenfalls geringe Relevanz. Zudem ging man bislang davon aus, dass die
Benachrichtigungspflicht schon dann wegen Unverhältnismäßigkeit entfiel, wenn
„der Zweck, zu dem die Daten übermittelt wurden, für die übermittelnde Stelle erkennbar entfallen ist und die Daten bei dem Empfänger nach aller Wahrscheinlichkeit nicht mehr gespeichert werden" (Gola/Schomerus/*Klug/Körffer*, BDSG, § 35
Rn. 23). Ob diese schon bislang nicht zweifelsfreie Interpretation auch unter der
Geltung von Art. 19 S. 1 DS-GVO beibehalten werden kann, ist fraglich. Wahrscheinlich wird die Norm aber neben dem schon begrifflich eher schillernden Recht
auf Vergessenwerden aus Art. 17 Abs. 2 DS-GVO weiterhin tendenziell ein Schat-
tendasein fristen. Art. 17 Abs. 2 DS-GVO ist im Vergleich zu Art. 19 S. 1 DS-GVO
einerseits im Tatbestand enger, greift er doch nur im Fall einer Veröffentlichung von
personenbezogenen Daten und nur dann, wenn der Verantwortliche zu deren Löschung verpflichtet ist. Andererseits geht er in der Rechtsfolge weiter, weil den Verantwortlichen auch eine Informationspflicht bei reinen Verlinkungen trifft. Etwas
unklar ist die vom Verordnungsgeber getroffene Unterscheidung zwischen einer
„Offenlegung" (Art. 19 S. 1 DS-GVO) und einem öffentlich machen (Art. 17 Abs. 2
DS-GVO). Während erstere in Art. 4 Nr. 2 DS-GVO immerhin noch als Oberbegriff
der Übermittlung, Verarbeitung oder Bereitstellung definiert wird, findet sich im
Gesetz für zweiteres keine klare Definition. Gemeint ist wohl die Bereitstellung der
Daten für einen unbestimmten Personenkreis (BeckOK DatenSR/Wolff/Brink/
Worms, Art. 17 Rn. 70 m.w.N.). Der Sache nach kann jedenfalls das hier vorge-
schlagene Muster auch für die Situation des Art. 19 S. 1 DS-GVO Verwendung fin-
den, der Verweis auf Art. 17 Abs. 2 DS-GVO wäre in diesem Fall freilich durch
Art. 19 S. 1 DS-GVO zu ersetzen und der Satzteil „einschließlich sämtlicher Links,
Kopien oder Replikationen zu diesen Daten" müsste entfallen.

Der von einer betroffenen Person zur Löschung verpflichtete Verantwortliche
muss nach Art. 17 Abs. 2 DS-GVO auf entsprechenden Antrag weitere Verantwortliche über das Löschungsersuchen unterrichten, sofern er die Daten veröffentlicht
hat. Unklar ist, wem gegenüber bei einer Veröffentlichung die Mitteilung sich noch
als angemessene Maßnahme darstellt. Denn der Kreis der Adressaten ist bei einer
Veröffentlichung typischerweise unbegrenzt. Gegenüber wem die Mitteilung zu erfolgen hat, bestimmt sich somit nach der Angemessenheit einer solchen Maßnahme
im Einzelfall. Klar ist, dass es dem Verantwortlichen kaum möglich sein wird, überhaupt zuverlässig zu ermitteln, wer die veröffentlichten Daten zu eigenen Zwecken
nutzt. Gerade bei Telemediendiensten, die auf dem Prinzip geschlossener Nutzergruppen basieren, wie zum Beispiel bei sozialen Netzwerken, anmeldepflichtigen
Diskussionsforen und dergleichen mehr, ist es von außen gar nicht erkennbar, welche Daten dort vorhanden sind und genutzt werden. Eine konkrete Nachfrage
durch den Verantwortlichen dahingehend, ob bestimmte personenbezogene Daten

Koreng

dort vorhanden sind, dürfte sich aber auch verbieten, da darin wohl wiederum eine unzulässige Datenübermittlung läge. Schon alleine die Eingabe der Daten in eine Suchmaschine, um eventuelle Nutzungen zu ermitteln, wäre wohl mit den Vorgaben der DS-GVO unvereinbar. Hinzu tritt das Problem, dass häufig nicht erkennbar sein wird, aus welcher Quelle ein weiterer Nutzer bestimmter personenbezogener Daten diese erhalten hat. Hat der Betroffene bestimmte Daten an anderer Stelle selbst zur Verfügung gestellt, stellt sich die Frage, ob auch hinsichtlich dieser Daten eine Verpflichtung zur Drittmitteilung bestehen kann, die dann möglicherweise sogar den Interessen des Betroffenen entgegenliefe. Anders als noch § 35 Abs. 7 BDSG („und schutzwürdige Interessen des Betroffenen nicht entgegenstehen") sieht Art. 17 Abs. 2 DS-GVO hier in bemerkenswerter Weise keine Einschränkungen vor. Sofern von der Veröffentlichung eine eingrenzbare und für den Verantwortlichen erkennbare Anzahl von Stellen betroffen ist, sind zumindest diese Stellen über das Löschungsersuchen zu informieren. Einfache Fälle dürften etwa solche sein, in denen dem Verantwortlichen positiv bekannt ist, dass die Daten auch von einem Dritten vorgehalten bzw. verarbeitet werden oder er dies selbst veranlasst hat. Zu denken wäre beispielsweise an den Betrieb einer (einfachen) Website: Hier dürfte klar sein, dass die auf der Website veröffentlichten Daten typischerweise auch im Google-Cache vorgehalten werden, dessen Löschung zu veranlassen wäre, wenn ein Löschungsersuchen eines Betroffenen eingeht.

Die Drittmitteilung ist nicht an eine bestimmte Form gebunden. Nach Art. 70 Abs. 1 lit. d DS-GVO hat der Europäische Datenschutzausschuss Leitlinien, Empfehlungen und Verfahren für die Löschung der Links und Kopien oder Replikationen durch Dritte bereitzustellen, was der Vereinheitlichung dienen soll. Die Drittmitteilung ist grundsätzlich unentgeltlich vorzunehmen. Lediglich bei offensichtlich unbegründeten oder „exzessiven" Anträgen muss der Verantwortliche die Drittmitteilung nicht vornehmen bzw. kann die Umsetzung von einem angemessenen Entgelt abhängig machen (Art. 12 Abs. 5 S. 2 DS-GVO).

2. Umfang der Informationspflicht. Nach Art. 17 Abs. 2 DS-GVO muss der Verantwortliche unter Berücksichtigung der verfügbaren Technologie und der Implementierungskosten alle angemessenen Maßnahmen treffen, um Verantwortliche darüber zu informieren, dass eine betroffene Person von ihnen die Löschung aller Links zu diesen personenbezogenen Daten oder von Kopien oder Replikationen dieser personenbezogenen Daten verlangt hat („Recht auf Vergessenwerden"), wenn er nach Art. 17 Abs. 1 DS-GVO zur Löschung verpflichtet ist. Maßnahmen werden insbesondere dann als angemessen gelten müssen, wenn sie automatisiert erfolgen können (Pauly/Paal/*Paal*, DS-GVO, Art. 17 Rn. 36). Aufschluss über das konkrete Verfahren zur Löschung wird möglicherweise der Europäische Datenschutzausschuss geben, der gem. Art. 70 Abs. 1 DS-GVO verpflichtet ist, Verfahrensregeln für die Löschung von Links zu personenbezogenen Daten, Kopien oder Replikationen aus öffentlich zugänglichen Kommunikationsdiensten zur Verfügung zu stellen.

3. Frist. Die Drittmitteilung ist nicht ausdrücklich an eine Frist gebunden. Allerdings ist sie aufgrund der vergleichbaren Interessenlage – entsprechend der anderen Mitteilungs- und Informationsrechte – nach Art. 12 Abs. 4 DS-GVO ebenso unverzüglich, spätestens innerhalb eines Monats, vorzunehmen.

Koreng

4. Darlegungs- und Beweislast. Die Darlegungs- und Beweislast für den Anspruch auf Drittmitteilung trägt hinsichtlich der Veröffentlichung der Daten im Fall des „Rechts auf Vergessenwerden" der Anspruchsteller, dessen Daten gelöscht werden sollen. Dies kann u. U. voraussetzen, dass dem Antrag der betroffenen Person nicht nur ein Beleg darüber beizufügen ist, dass ein Löschungsgrund nach Art. 17 Abs. 1 DS-GVO gegeben ist, sondern auch darüber, dass eine Veröffentlichung der zu löschenden Daten durch den Verantwortlichen erfolgt ist. Darüber hinaus kann der Verantwortliche zusätzliche Informationen anfordern, sofern er „begründete Zweifel an der Identität" des Antragstellers hat (Art. 12 Abs. 6 DS-GVO).

5. Durchsetzung des Anspruchs. Art. 79 Abs. 1 DS-GVO garantiert den betroffenen Personen einen wirksamen gerichtlichen Rechtsbehelf zur Durchsetzung ihrer Rechte aus der DS-GVO und den aus dieser abgeleiteten Rechtsakten. Kommt der Verantwortliche der aus dem Löschungsersuchen des Antragstellers folgenden Drittmitteilungspflicht nicht fristgerecht nach, kann dieser also seinen Anspruch grundsätzlich auch gerichtlich durchsetzen. Allerdings wird regelmäßig streitig sein, welche Maßnahmen des Verantwortlichen noch angemessen sind. Der Verantwortliche hat hingegen keine Ansprüche gegenüber den Mitteilungsempfängern. Ausreichend ist, dass der Verantwortliche die Drittmitteilung vornimmt, der Empfänger der Mitteilung hat dann in eigener Verantwortung zu prüfen, ob er zur Löschung verpflichtet ist. Der Verstoß gegen die Pflicht zur Drittmitteilung ist bußgeldbewehrt.

Koreng

V. Recht auf Einschränkung der Verarbeitung (Art. 18 DS-GVO)

An die

X GmbH[1]

Berlin, den (...)

Sehr geehrte Damen und Herren,

mit Schreiben vom [...] habe ich Widerspruch gegen die Verarbeitung mich betreffender personenbezogener Daten,[2] die Sie im Rahmen des Forschungsprojekts [...] von mir erhoben haben, eingelegt, und habe meine Gründe dargelegt.

Sie haben mir daraufhin mit Schreiben vom [...] mitgeteilt, dass aus Ihrer Sicht die von Ihnen vorgenommene Verarbeitung der Daten aufgrund Ihrer im öffentlichen Interesse liegenden Aufgabe erforderlich sei.

Ich bitte Sie unter Berufung auf Art. 18 Abs. 1 lit. d DS-GVO, die Verarbeitung der mich betreffenden personenbezogenen Daten unverzüglich[3] einzuschränken,[4] bis feststeht, ob Ihre berechtigten Gründe gegenüber den meinen überwiegen.

Ich weise Sie darauf hin, dass Sie mich im Falle einer Aufhebung der Einschränkung gemäß Art. 18 Abs. 3 DS-GVO über die Aufhebung zu unterrichten haben.[5] Außerdem bitte ich Sie, mir gemäß Art. 19 S. 2 DS-GVO etwaige Empfänger, denen die meine Person betreffenden Daten offengelegt wurden, mitzuteilen und diese gemäß Art. 19 S. 1 DS-GVO über die Einschränkung der Verarbeitung meiner Daten zu unterrichten.[6]

Für Rückfragen und falls Sie weitere Angaben – etwa zum Nachweis meiner Identität – benötigen, stehe ich Ihnen zur Verfügung.[7]

Sollten Sie die meine Person betreffenden Daten weiterhin verarbeiten, ohne Ihr überwiegendes Interesse darzulegen, behalte ich mir weitere Schritte vor.[8]

Mit freundlichen Grüßen

(...)

Anmerkungen

1. **Einschränkungspflichtige Stelle.** Zur Einschränkung ist der Verantwortliche verpflichtet. Wie bei den weiteren Betroffenenrechten in der DS-GVO sind etwaige Auftragsverarbeiter nicht unmittelbar Anspruchsgegner. Diese sind vielmehr auf Antrag der betroffenen Person durch den Verantwortlichen zu benachrichtigen. Die Anträge können formfrei gestellt werden und die Sperrung ist grundsätzlich unentgeltlich vorzunehmen. Bei offensichtlich unbegründeten oder „exzessiven" Anträgen muss der Verantwortliche diese allerdings nicht umsetzen bzw. kann die Umsetzung von einem angemessenen Entgelt abhängig machen (Art. 12 Abs. 5 S. 2 DS-GVO; → F.II.2. Anm. 6).

2. Anspruchsberechtigung. Anspruchsberechtigt ist die betroffene Person, die durch die einzuschränkenden personenbezogenen Daten identifiziert oder identifizierbar ist (Art. 4 Nr. 1 DS-GVO).

3. Frist. Wann die Einschränkung zu erfolgen hat, ist in der Verordnung nicht ausdrücklich geregelt. Allerdings dürfte dem Löschungsanspruch entsprechend eine unverzügliche Einschränkung geboten sein. Die Frist ist demnach ebenso einzelfallabhängig und nach der konkreten Verarbeitung sowie dem erforderlichen Berichtigungsaufwand zu bestimmen (vgl. Paal/Pauly/*Paal*, DS-GVO, Art. 17 Rn. 31). Da bei den Informationsrechten eine Frist von einem Monat bereits die Ausnahme darstellen soll, wird die Ausschöpfung dieser Frist ähnlich wie im Fall des Löschungsanspruchs nur in äußersten Ausnahmefällen zulässig sein, etwa wenn die Identität des Antragsstellers nicht vorher geklärt werden kann oder ein außerordentlich hoher Aufwand zur Einschränkung der Verarbeitung erforderlich ist. In der Regel dürfte eine Frist von zwei Wochen noch als unverzüglich gelten (→ F.IV.1. Anm. 6). Falls der Verantwortliche dem Antrag nicht nachkommt, ist er nach Art. 12 Abs. 4 DS-GVO dazu verpflichtet, den Antragsteller „ohne Verzögerung", spätestens innerhalb eines Monats, über die Gründe hierfür zu unterrichten. Darüber hinaus muss der Verantwortliche, der betroffenen Person die Möglichkeit der aufsichtsbehördlichen Beschwerde und eines gerichtlichen Rechtsbehelfs aufzuzeigen.

4. Einschränkungsvoraussetzungen. Art. 18 Abs. 1 DS-GVO benennt die Voraussetzungen für eine Einschränkung der Verarbeitung. Der Verantwortliche hat danach – korrespondierend zum entsprechenden Recht der betroffenen Personen – eine Pflicht zur Einschränkung der Verarbeitung, bis zur Überprüfung durch den Verantwortlichen, wenn die Richtigkeit der personenbezogenen Daten bestritten wird (lit. a), wenn die Verarbeitung unrechtmäßig ist, die betroffene Person aber die Löschung ablehnt (lit. b), wenn der Verantwortliche die Daten nicht mehr, jedoch die betroffene Person diese etwa zur Geltendmachung von Ansprüchen benötigt (lit. c) oder wenn – wie in der hier zugrundeliegenden Fallkonstellation – die betroffene Person Widerspruch gegen die Verarbeitung eingelegt hat und ein etwaiges Überwiegen der Interessen des Verantwortlichen noch nicht feststeht (lit. d). Nach Art. 18 Abs. 2 DS-GVO können eingeschränkte Daten nur noch dann verarbeitet werden, wenn eine entsprechende Einwilligung der betroffenen Person vorliegt, die Daten zur Geltendmachung, Ausübung oder Verteidigung von Rechtsansprüchen erforderlich sind, zum Schutz der Rechte Dritter oder aus Gründen eines wichtigen öffentlichen Interesses (im Einzelnen BeckOK DatenSR/Wolff/Brink/*Worms*, Art. 18 Rn. 26 ff.).

5. Unterrichtungspflicht bei Aufhebung der Einschränkung. Art. 18 Abs. 3 DS-GVO verpflichtet den Verantwortlichen, die betroffene Person im Falle der Aufhebung der Einschränkung der Verarbeitung hierüber zu unterrichten.

6. Auskunft und Unterrichtung bei Offenlegung der Daten an Empfänger. Nach Art. 19 S. 2 DS-GVO kann die betroffene Person von dem Verantwortlichen verlangen, über etwaige Empfänger (Art. 4 Nr. 9 DS-GVO), insbesondere Auftragsverarbeiter der in der Verarbeitung einzuschränkenden Daten unterrichtet zu werden.

Koreng

Diese Mitteilung setzt einen entsprechenden Antrag der betroffenen Person voraus, der gemeinsam mit dem Einschränkungsverlangen gestellt werden kann.

7. Darlegungs- und Beweislast. Die Darlegungs- und Beweislast für den Anspruch auf Einschränkung trägt der Anspruchsteller, der die Einschränkung verlangt. Da der Anspruch auf Einschränkung je nach konkreter Fallkonstellation bestimmte weitere Voraussetzungen haben kann – im hier gegebenen Fall (Art. 18 Abs. 1 lit. d DS-GVO) etwa einen vorangegangenen Widerspruch der betroffenen Person nach Art. 21 Abs. 1 DS-GVO – hat die betroffene Person ggf. auch diese weiteren Voraussetzungen darzulegen und zu beweisen. Dazu gehört im Fall von Art. 18 Abs. 1 lit. d DS-GVO auch die Geltendmachung von „Gründen, die sich aus ihrer besonderen Situation ergeben" (Art. 21 Abs. 1 S. 1 DS-GVO). Hierzu soll es allerdings bereits ausreichen, dass der Betroffene geltend macht, er wünsche die Datenverarbeitung nicht (so jedenfalls BeckOK DatenSR/Wolff/Brink/*Forgó*, Art. 21 Rn. 8; a.A. *Lachenmann*, Datenübermittlung im Konzern, S. 287 f.; wohl auch Paal/Pauly/*Martini*, DS-GVO, Art. 21 Rn. 29 ff.). Darüber hinaus kann der Verantwortliche zusätzliche Informationen anfordern, sofern er „begründete Zweifel an der Identität" des Antragstellers hat (Art. 12 Abs. 6 DS-GVO).

8. Durchsetzung des Anspruchs. Art. 79 Abs. 1 DS-GVO garantiert den betroffenen Personen einen wirksamen gerichtlichen Rechtsbehelf zur Durchsetzung ihrer Rechte aus der DS-GVO und den aus dieser abgeleiteten Rechtsakten. Kommt der Verantwortliche dem Einschränkungsersuchen des Antragstellers nicht fristgerecht nach, kann dieser also seinen Anspruch gerichtlich durchsetzen. Zuständig sind hierfür nach Art. 79 Abs. 2 S. 1 DS-GVO die Gerichte des Mitgliedstaats, in dem der Verantwortliche eine Niederlassung hat. Allerdings kann der Betroffene wahlweise auch bei den Gerichten des Mitgliedstaats klagen, in dem er seinen Aufenthaltsort hat, Art. 79 Abs. 2 S. 2 DS-GVO. Darüber hinaus ist eine Beschwerde bei einer Aufsichtsbehörde nach Art. 77 DS-GVO statthaft, da die Verweigerung der Einschränkung beim Vorliegen der Anspruchsvoraussetzungen gegen die entsprechende Pflicht aus der DS-GVO verstößt. Außerdem kann die Aufsichtsbehörde nach Art. 83 Abs. 5 lit. b DS-GVO eine Geldbuße festsetzen. Dies kann insbesondere bei der Durchsetzung einer Einschränkung der Verarbeitung von Daten bei einem Auftragsverarbeiter notwendig sein, da für die betroffene Person keine Möglichkeit besteht, den Anspruch unmittelbar gegenüber dem Auftragsverarbeiter gerichtlich durchzusetzen.

Koreng

VI. Recht auf Datenübertragbarkeit (Art. 20 DS-GVO)

An die

X GmbH[1]

Berlin, den (...)

Sehr geehrte Damen und Herren,

ich nutze das von Ihnen hergestellte Fitnessarmband [Name des Modells] zusammen mit Ihrer Anwendung [Name der Anwendung]. Da ich inzwischen ein neues Fitnessarmband und eine neue Anwendung nutze, benötige ich die bei Ihnen gespeicherten Daten, um diese Daten weiterhin nutzen und ihre Anwendung ohne Datenverlust löschen zu können.[2]

Unter Verweis auf mein Recht auf Datenübertragbarkeit (Art. 20 Abs. 1 DS-GVO) bitte ich Sie hiermit, mir die über das von Ihnen hergestellte Fitnessarmband erhobenen und gespeicherten personenbezogenen Daten unverzüglich, spätestens jedoch bis zum

[Datum][3]

in einem technisch interoperablen Format[4] zur Verfügung zu stellen.

[Alternativ:

Unter Verweis auf mein Recht auf Datenübertragbarkeit (Art. 20 Abs. 2 DS-GVO) bitte ich Sie hiermit, meine über das von Ihnen hergestellte Fitnessarmband erhobenen und gespeicherten personenbezogenen Daten an meinen neuen Anbieter [Name] unverzüglich, spätestens jedoch bis zum

[Datum]

zu übertragen.[5]]

Für Rückfragen und weitere Angaben – etwa zum Nachweis meiner Identität – stehe ich Ihnen zur Verfügung.[6]

Sollten Sie der beantragten Übertragung der meine Person betreffenden Daten nicht fristgerecht nachkommen können, sind Sie nach Art. 12 Abs. 4 DS-GVO verpflichtet, mich ohne Verzögerung, spätestens innerhalb eines Monats, über die Gründe hierfür zu unterrichten.

Sollten Sie meinem Antrag nicht fristgerecht entsprechen oder im Falle einer Verzögerung diese nicht hinreichend begründen, behalte ich mir eine gerichtliche Durchsetzung meines Anspruchs vor.[7]

Mit freundlichen Grüßen

(...)

Anmerkungen

1. Anspruchsgegner. Zur Übertragung der Daten ist der Verantwortliche verpflichtet. Wie bei den weiteren Betroffenenrechten in der Verordnung sind etwaige Auftragsverarbeiter nicht unmittelbar Anspruchsgegner. Der ausschließlich bei einem Auftragsverarbeiter befindliche Datensatz kann zwar mittelbar über den Verantwortlichen herausverlangt werden. Durchsetzbar ist der Anspruch jedoch allein gegen den Verantwortlichen (→ Anm. 7).

2. Anspruchsvoraussetzungen. Nach Art. 20 Abs. 1 DS-GVO können nur dann personenbezogene Daten von dem Verantwortlichen herausverlangt werden, wenn fünf Voraussetzungen kumulativ erfüllt sind: Erstens muss es sich bei dem betreffenden Datensatz um personenbezogene Daten i.S.d. Art. 4 Nr. 1 DS-GVO handeln. Zweitens müssen die Daten dem Verantwortlichen durch den Anspruchsteller bereitgestellt worden sein. Drittens müssen die Daten auf der Grundlage einer Einwilligung vom Anspruchsteller bereitgestellt worden sein oder die entsprechende Verarbeitung muss auf einem Vertrag beruhen. Viertens muss die Verarbeitung mithilfe automatisierter Verfahren erfolgen und fünftens darf gem. Art. 20 Abs. 4 DS-GVO die Herausgabe der Daten keine Beeinträchtigung von Rechten und Freiheiten anderer Personen mit sich bringen. Bei dem Verweis in Abs. 4 in der deutschen Fassung handelt es sich um einen redaktionellen Fehler. Richtigerweise müsste entsprechend der englischen Fassung auf Abs. 1 verwiesen werden (Paal/Pauly/*Paal*, DS-GVO, Art. 20 Rn. 25). Die letztgenannte Tatbestandseinschränkung dürfte den Anspruch in der Praxis erheblich eingrenzen, da sie insbesondere zur Folge hat, dass Daten, die mit Daten Dritter verknüpft sind, kaum jemals übertragen werden dürfen. Damit dürfte der Anspruch insbesondere bei E-Mail-Providern und sozialen Netzwerken etwa hinsichtlich der Übertragung von Nachrichtenverläufen und Kontaktdatenbanken ausscheiden, da hier regelmäßig personenbezogene Daten anderer Personen betroffen sind. Der Anspruch ist vielmehr lediglich bei Datensätzen gegeben, bei denen ausschließlich Daten des Anspruchstellers gesammelt wurden, also etwa bei Verträgen mit Energieversorgern, Banken oder Versicherungen, Gesundheitsdaten beim Wechsel des Arztes, Fitnessarmbändern oder Sozialdaten, sofern nur der Anspruchsteller betroffen ist. Das Recht auf Datenübertragbarkeit besteht lediglich für den nichtöffentlichen Bereich. Die Artikel-29-Datenschutzgruppe das Working Paper 242 zum Recht auf Datenportabilität herausgegeben, das über den Wortlaut der Vorschrift teilweise deutlich hinausgeht. So soll das Recht auf Datenübertragbarkeit hiernach auch für durch Nutzeraktivität generierte Daten gelten, ausgenommen sollen nur abgeleitete und geschlussfolgerte Daten sein. Dies steht in latentem Widerspruch zum Wortlaut von Art. 20 Abs. 1 S. 1 Hs. 1 DS-GVO, nach dem ausdrücklich nur von der betroffenen Person „bereitgestellte" Daten erfasst sein sollen. Auch vertritt die Artikel-29-Datenschutzgruppe die Auffassung, dass das empfangende Unternehmen eine Pflicht trifft, die Daten tatsächlich in seine eigenen Systeme einzupflegen. Eine solche Verpflichtung lässt sich dem Wortlaut des Art. 20 DS-GVO indes nicht entnehmen.

3. Frist. Wie bei den Informationsrechten ergibt sich – mangels spezieller Regelung – die angemessene Frist zur Übertragung der Daten aus Art. 12 Abs. 3 DS-GVO. Danach sind die Daten unverzüglich, in jedem Fall aber innerhalb eines Mo-

Koreng

nats nach Eingang des Antrags zur Verfügung zu stellen. Falls der Verantwortliche dem Antrag nicht nachkommt, ist er nach Art. 12 Abs. 4 DS-GVO dazu verpflichtet, den Antragsteller „ohne Verzögerung", spätestens innerhalb eines Monats, über die Gründe hierfür zu unterrichten. Darüber hinaus muss der Verantwortliche der betroffenen Person die Möglichkeit der aufsichtsbehördlichen Beschwerde und eines gerichtlichen Rechtsbehelfs aufzeigen.

4. Format. Nach Art. 20 Abs. 1 DS-GVO sind die Daten in einem strukturierten, gängigen und maschinenlesbaren Format zu übertragen. Die Artikel-29-Datenschutzgruppe verweist in ihrem Working Paper 242 für die Definition des Begriffs „maschinenlesbar" auf ErwG 21 der Richtlinie 2013/37/EU, wonach ein Dokument dann als „maschinenlesbar" gelten solle, wenn es „in einem Dateiformat vorliegt, das so strukturiert ist, dass Softwareanwendungen die konkreten Daten einfach identifizieren, erkennen und extrahieren können." Dies kann der Vermeidung sog. „Lock-in"-Effekte dienen (*Roßnagel/Richter/Nebel*, ZD 2013, 103 (107)). Die Anforderungen an das Format, in dem der Datensatz zu übertragen ist, richtet sich nach dem konkreten Einzelfall (hierzu näher *Schätzle*, PinG 2016, 71 (74)). Dabei darf die Weiterverwendung der Daten von einem neuen Verantwortlichen nicht durch den bisherigen Verantwortlichen behindert werden. Die Verantwortlichen sind nunmehr gehalten, interoperable Formate zu entwickeln, die die Datenübertragbarkeit ermöglichen. Allerdings soll durch das Recht auf Datenübertragbarkeit für Verantwortliche nicht die Pflicht begründet werden, technisch kompatible Datenverarbeitungssysteme zu übernehmen oder beizubehalten. Die anderslautende Auffassung der Artikel-29-Datenschutzgruppe in der oben genannten Guideline, wonach der Verantwortliche verpflichtet sein soll, die Daten kompatibel mit Datenformaten anderer Verantwortlicher bereitstellen, dürfte zu weit gehen. Sie lässt sich dem Art. 20 DS-GVO nicht entnehmen, sondern hat ihren Niederschlag nur als unverbindliche Empfehlung in ErwG 68 DS-GVO gefunden. Gleichwohl ist es freilich ratsam, sich an den Richtlinien der Artikel-29-Datenschutzgruppe zu orientieren, zumal es keinen Grundsatz dahingehend gibt, stets nur die gesetzlich vorgeschriebenen Minimalstandards umzusetzen.

5. Übertragungsalternativen. Der Anspruchsteller kann einerseits die Übertragung des Datensatzes an sich (Art. 20 Abs. 1 DS-GVO) oder direkt an einen etwaigen neuen Verantwortlichen (Art. 20 Abs. 2 DS-GVO) verlangen. Dabei handelt es sich zwar um eine Verarbeitung von personenbezogenen Daten, die eines Erlaubnistatbestandes bedarf. Allerdings ist diese Verarbeitung bei Vorliegen der Anspruchsvoraussetzungen zur Erfüllung einer rechtlichen Verpflichtung des Verantwortlichen erforderlich und damit gem. Art. 6 Abs. 1 lit. c DS-GVO zulässig.

6. Darlegungs- und Beweislast. Die Darlegungs- und Beweislast für den Anspruch auf Datenübertragung trägt der Anspruchsteller, dessen Daten übertragen werden sollen. Darüber hinaus kann der Verantwortliche zusätzliche Informationen anfordern, sofern er „begründete Zweifel an der Identität" des Antragstellers hat (Art. 12 Abs. 6 DS-GVO).

7. Durchsetzung des Anspruchs. Art. 79 Abs. 1 DS-GVO garantiert den betroffenen Personen einen wirksamen gerichtlichen Rechtsbehelf zur Durchsetzung ihrer Rechte aus der DS-GVO. Kommt der Verantwortliche dem Übertragungsersuchen des Antragstellers nicht fristgerecht nach, kann dieser also seinen Anspruch gerichtlich durchsetzen. Zuständig sind hierfür nach Art. 79 Abs. 2 S. 1 DS-GVO die Gerichte des Mitgliedstaats, in dem der Verantwortliche eine Niederlassung hat. Allerdings kann der Betroffene wahlweise auch bei den Gerichten des Mitgliedstaats klagen, in dem er seinen Aufenthaltsort hat, Art. 79 Abs. 2 S. 2 DS-GVO. Darüber hinaus ist eine Beschwerde bei einer Aufsichtsbehörde nach Art. 77 DS-GVO statthaft, da die unberechtigte Verweigerung der Datenübertragung gegen die DS-GVO verstößt. Außerdem kann die Aufsichtsbehörde nach Art. 83 Abs. 5 lit. b DS-GVO eine Geldbuße festsetzen. Dies kann insbesondere dann für die Durchsetzung des Rechts auf Datenübertragung notwendig sein, wenn für die betroffene Person keine Möglichkeit besteht, den Anspruch unmittelbar gegenüber den Empfängern gerichtlich durchzusetzen, etwa wenn der Datensatz ausschließlich bei einem Auftragsverarbeiter verarbeitet wird. Da das Recht auf Datenübertragbarkeit das Recht auf Löschung der Daten unberührt lässt, sollte – sofern gewünscht – ggf. gleichzeitig die (anschließende) Löschung der entsprechenden Daten verlangt werden.

G. Zusammenarbeit mit anderen Unternehmen

I. Vereinbarung der Auftragsverarbeitung (Art. 28 f. DS-GVO)

1. Vergleich Auftragsverarbeitung nach dem BDSG und der DS-GVO

Die Auftragsverarbeitung ist für die Datenverarbeitung in Unternehmen von höchster Relevanz, für Einzelunternehmer ebenso wie für Gesellschaften und Konzerne. Denn eine Weitergabe von personenbezogenen Daten an Verantwortliche außerhalb des Unternehmens bedarf grundsätzlich eines speziellen Erlaubnistatbestandes (Art. 6 DS-GVO) oder der Einwilligung des Betroffenen (Art. 7 Abs. 1 S. 1 lit. a DS-GVO). Dieses als **„Verbot mit Erlaubnisvorbehalt"** bezeichnete Prinzip ergibt sich aus Art. 6, 9 DS-GVO (zur Bezeichnung Taeger/Gabel/*Taeger*, BDSG, § 4 Rn. 1). Durch die Auftragsverarbeitung nach Art. 28 und 29 DS-GVO ist ein Erlaubnistatbestand für die interne Verarbeitung bei dem Verantwortlichen ausreichend.

Die Regelungen zur Auftragsverarbeitung im Rahmen der DS-GVO entsprechen in großem Umfang den bislang geltenden nationalen Vorgaben aus Art. 17 DSRL und hinsichtlich des abzuschließenden Vertrags § 11 Abs. 2 BDSG (ausführlich z. B. *Kort*, DB 2016, 711 ff.; *Müthlein*, RDV 2016, 74 ff.; *Koós/English*, ZD 2014, 276 ff.; *Lachenmann*, Datenübermittlung im Konzern, S. 290 ff.). Bei Auslegung der Auftragsverarbeitung in der DS-GVO kann auf das Verständnis der DSRL zurückgegriffen werden, da die neue Verordnung auf der Richtlinie aufbaut und diese im Sinne einer „Evolution" fortentwickelt (vgl. z. B. Kühling/Buchner/*Kühling/Raab*, DS-GVO, Einf. Rn. 77 und 99 ff.). Daher ist von einer weiten Definition des Auftragsverarbeiters auszugehen, die über das bislang nach dem BDSG a. F. geltende technische Verständnis des „verlängerten Arms" hinausgeht. Insoweit ist es durchaus möglich, dass die Auftragsverarbeitung weiter an Bedeutung gewinnen wird. Anderseits könnte man argumentieren, durch die DS-GVO trete eine Erschwerung der konzerninternen Datenverarbeitung ein, da die Privilegierung des Auftragsverarbeiters nicht mehr so deutlich sei wie im BDSG, die vertraglichen Verpflichtungen im Gesamtkontext jedoch deutlich ausgeprägter sind als nach bisherigem Recht (*Hullen* in: von dem Bussche/Voigt (Hrsg.), Konzerndatenschutz, S. 373 (398)). Nach bisheriger Rechtslage wurde die Auftragsverarbeitung überwiegend als formaljuristische Privilegierung eingestuft, welche die Weitergabe von Daten ohne die strengen Voraussetzungen der Übermittlungsvorschriften gestattet (z. B. *Lachenmann*, Datenübermittlung im Konzern, S. 89, 95; Plath/*Plath*, BDSG, § 11 Rn. 2 ff.; *Weber/Voigt*, ZD 2011, 74). Als Ausgleich für diese rechtliche Privilegierung sah der deutsche Gesetzgeber in § 11 Abs. 2 BDSG eine Vielzahl von Kontrollpflichten vor (→ E.II.–IV.; BeckOK/*Spoerr*, BDSG, § 11 Rn. 80 ff.).

Schwiering/Lachenmann

Zur Auftragsverarbeitung im Rahmen der DS-GVO wird teilweise vertreten, durch die fehlende Definition der Übermittlung in der DS-GVO läge künftig in allen Fällen der Auftragsverarbeitung eine Übermittlung vor, die durch einen Erlaubnistatbestand nach Art. 6 DS-GVO abgesichert sein müsse. Es sei unbeachtlich, dass Art. 4 Nr. 10 DS-GVO den Auftragsverarbeiter nicht als Dritten bewerte, da die Definition der Übermittlung davon unabhängig keinen Ausschluss der Auftragsverarbeitung vornehmen (z.B. *Eckhardt/Kramer*, DuD 2013, 287 (291); *Roßnagel/Kroschwald*, ZD 2014, 495 (497)). Folgte man dieser Ansicht, müsste zur Legitimation der Übermittlung der Erlaubnistatbestand der berechtigten Interessen nach Art. 6 Abs. 1 S. 1 lit. f DS-GVO herangezogen werden. Diese Ansicht überzeugt jedoch nicht, da die Definition im BDSG von der DSRL abwich, die nur eine Definition von Verarbeitung vorsah. Dementsprechend vertrat die Artikel-29-Datenschutzgruppe bereits unter Geltung der DSRL, dass das Verhalten des für die Verarbeitung Verantwortlichen und das Verhalten des Auftragsverarbeiters einander zuzurechnen seien (Artikel-29-Datenschutzgruppe, Working Paper 169, S. 7f.). Damit bilden – nach Konzeption der DSRL ebenso wie der DS-GVO – eigene Mitarbeiter, der Auftragsverarbeiter und der Verantwortliche den „inneren Kreis der Datenverarbeiter"; sie werden im Verhältnis zueinander nicht als Dritte, sondern als rechtliche Einheit gewertet. Da der Verantwortliche über Zwecke und Mittel der Verarbeitung bestimmt, hat er das Recht, eine Datenverarbeitung selbst oder durch einen Dienstleister durchführen zu können – daher folgt die Legitimation der Auftragsverarbeitung immanent aus der Konzeption des Verantwortlichen (Artikel-29-Datenschutzgruppe, Working Paper 169, S. 30; *Drewes/Monreal*, PinG 2014, 143 (145); *Lachenmann*, Datenübermittlung im Konzern, S. 293f.). Aus der Sicht bzw. Funktion der verantwortlichen Stelle bedarf es daher eines Erlaubnistatbestands für die Verarbeitung personenbezogener Daten, nicht jedoch für deren Weitergabe an einen Auftragsverarbeiter.

Zur Einordnung der Änderungen an der Auftragsverarbeitung und als möglichen Abgleich des Anpassungsbedarfs von Verträgen zur Auftragsverarbeitung werden nachfolgend frühere und aktuelle gesetzliche Bestimmungen gegenübergestellt, um als Checkliste zu dienen.

§ 1 Überblick einzelner Rahmenbedingungen nach BDSG a. F. und DS-GVO

	DS-GVO	*BDSG*
Art des Vertragsschlusses	Eine rechtliche Bindung der Beteiligten kann durch Vertrag oder ähnlichen Rechtsakt erfolgen (Art. 28 Abs. 3 DS-GVO).	Es ist ein Vertrag zwischen der verantwortlichen Stelle und dem Auftragsdatenverarbeiter zu schließen (§ 11 Abs. 2 BDSG a. F.)
Form des Vertragsschlusses[1]	Der Vertragsschluss hat „schriftlich" zu erfolgen (Art. 28 Abs. 9 DS-GVO). Ausreichend kann ein elektronisches Format oder doku-	Der Auftrag ist schriftlich zu erteilen (§ 11 Abs. 2 S. 2 BDSG a. F., § 126a BGB). Ein Vertragsschluss per Textform (z. B. per

	DS-GVO	BDSG
	mentierte Textform sein. Die Definition ist nicht im Sinne des § 126a BGB zu verstehen.	E-Mail, Fax, oder Webformular) ist nicht möglich.
Verantwortlichkeit	Der Auftragsverarbeiter ist datenschutzrechtlich verantwortlich für die Datenverwendungen (vgl. Art. 27 Abs. 1, Art. 31, Art. 32, Art. 82 DS-GVO). Wesentliche Datenschutzpflichten, die in den Erwägungsgründen genannt werden, werden durch die DS-GVO ausdrücklich sowohl dem Verantwortlichen als auch dem Auftragsverarbeiter auferlegt.	Der Auftragsdatenverarbeiter ist der „verlängerte Arm" der verantwortlichen Stelle und damit nur eine nachgeordnete und unselbständige Stelle. Datenschutzrechtlich verantwortlich bleibt ausschließlich die verantwortliche Stelle nach § 3 BDSG a. F.
Weisungen	Weisungen sind zu dokumentieren, Art. 28 Abs. 3 lit. a DS-GVO.	Keine gesetzliche vorgeschriebene Pflicht zur Dokumentation von Weisungen.
Datengeheimnis	Eine unmittelbare Verpflichtung auf das Datengeheimnis kennt die DS-GVO nicht. Nach Art. 32 Abs. 4 und Art. 29 DS-GVO gelten jedoch dem BDSG ähnliche Überwachungspflichten, die eine Kontrolle fordern und so über die bisherigen Pflichten weit hinausgehen.	Die Verpflichtung, Mitarbeiter auf das Datengeheimnis nach § 5 BDSG a. F. verpflichtet zu haben, ergab aus § 11 Abs. 4 BDSG a. F.
Kontrolle von Auftragsverarbeitern[2]	Zertifizierungen von Auftragsverarbeitern die Datenverarbeitung mit weniger organisatorischem Aufwand sicherstellen und so Vor-Ort-Kontrollen vermeiden können, Art. 28 Abs. 5 DS-GVO.	Kontrollen sind durch die verantwortliche Stelle durchzuführen. Die h. M. verlangte grundsätzlich Vor-Ort-Kontrollen. Die Verwendung von Zertifikaten oder zuverlässiger Dritter war zulässig.
(Regelmäßige) Kontrolle der Einhaltung der technisch-organisatorischen Maßnahmen	Keine ausdrückliche gesetzliche Kontrollverpflichtung. Dennoch ist eine strengere Überwachung des Dienstleisters als bislang notwendig,	Ausdrückliche Kontrollverpflichtung des Auftraggebers im Hinblick auf technisch- und organisatorische Maßnahmen gem.

	DS-GVO	*BDSG*
	um die Dokumentationspflichten, Art. 5, 24 DS-GVO, erfüllen zu können.	§ 11 Abs. 2 S. 4 BDSG a.F.: Vor Beginn der Datenverarbeitung und sodann regelmäßig.
Verzeichnis von Verarbeitungstätigkeiten[3]	Gem. Art. 30 Abs. 1 DS-GVO hat der Verantwortliche ein Verzeichnis aller Verarbeitungstätigkeiten zu führen. Neu ist, dass in Art. 30 Abs. 2 DS-GVO auch dem Auftragsverarbeiter das Führen eines solchen Verzeichnisses auferlegt wird, wenngleich mit reduzierten inhaltlichen Anforderungen.	Nach § 4g BDSG a.F. ist von der verantwortlichen Stelle eine Übersicht über die in § 4e S. 1 Nr. 1–8 BDSG a.F. genannten Angaben sowie über zugriffsberechtigte Personen zur Verfügung zu stellen.
Haftung	Jede Person, der wegen eines Verstoßes gegen die Verordnung ein materieller oder immaterieller Schaden entstanden ist, hat Anspruch auf Schadenersatz gegen den Verantwortlichen oder gegen den Auftragsverarbeiter, Art. 82 Abs. 1 DS-GVO. Der Auftragsverarbeiter kann sich von dieser Haftung nur befreien, sofern er nachweist, dass er in keinerlei Hinsicht für den Umstand verantwortlich ist, durch den der Schaden eingetreten ist, Art. 82 Abs. 3 DS-GVO. Es empfiehlt sich, die Haftung der Parteien im Innenverhältnis im Hauptvertrag zu regeln.	Haftungstatbestände knüpfen grundsätzlich an die Eigenschaft als Verantwortliche Stelle an, sodass eine Haftung des Auftragnehmers grundsätzlich lediglich im Innenverhältnis gegenüber dem Auftragsverarbeiter bestehen kann. Im Übrigen besteht nach dem BDSG keine unmittelbare Haftung für immaterielle Schäden.
Transparenz	Art. 13 bzw. Art. 14 Abs. 1 lit. e DS-GVO sehen eine Offenlegung aller Empfänger oder der Kategorien von Empfängern (vgl. Art. 4 Ziff. 9 DS-GVO) vor.	Betroffene sind nur dann über die Einschaltung eines Dienstleisters zu unterrichten, wenn sie nach den Umständen des Einzelfalls nicht mit der Übermittlung an diesen rechnen mussten,

	DS-GVO	BDSG
	Der Begriff „Kategorien von Empfängern" dient dabei der Zusammenfassung mehrerer gleicher Empfänger, die auf Grund eines ähnlichen Sachverhalts die Daten erhalten. Dabei sind die Empfänger nicht namentlich zu benennen, sondern abstrakt.	vgl. §§ 4 Abs. 3 S. 1 Nr. 3, 33 Abs. 1 BDSG a. F. Sonst reicht eine allgemeine Beschreibung der Dienstleistergruppen.
Privilegierung von Dienstleistern im EU-/EWR-Raum	Die DS-GVO enthält keine Beschränkung der Privilegierung der Auftragsverarbeitung auf den EU-/EWR-Raum, so dass nunmehr auch mit Auftragsverarbeitern in Drittstaaten entsprechende Verträge geschlossen werden können. Voraussetzung ist, dass die Vorgaben zum internationalen Datentransfer eingehalten werden, Art. 44 ff. DS-GVO.	Beschränkung der Privilegierung der Auftragsdatenverarbeitung auf den EU-/EWR-Raum, § 3 Abs. 8 S. 3 BDSG a. F. Dies verstieß jedoch gegen Art. 26 DSRL.
Vertreter in der EU[4]	In Fallgestaltungen mit Beteiligung von nicht in der EU ansässigen Verantwortlichen oder Auftragsverarbeitern haben der Verantwortliche bzw. der Auftragsverarbeiter gem. Art. 27 Abs. 1 DS-GVO grundsätzlich einen in der EU ansässigen Vertreter schriftlich zu bestellen.	Keine entsprechende Regelung im BDSG a. F., jedoch in Art. 4 Abs. 2 DSRL.
Wartungsverträge[5]	Soweit im Rahmen der Wartung ein Zugriff auf personenbezogene Daten nicht Teil des Vertrages ist, jedoch nicht ausgeschlossen werden kann (z. B. technische Kontrollen), ist in der Literatur umstritten, ob es des Abschlusses eines ADV-Vertrags bedarf. Nach hier vertretener Auffassung ist kein Abschluss eines ADV-Vertrages notwendig, es genügt eine Verschwiegenheitsvereinbarung (NDA).	Für alle Sachverhalte, bei denen ein Zugriff auf personenbezogene Daten nicht ausgeschlossen werden kann (insbesondere Wartungsverträge) besteht die Pflicht eine Vereinbarung zur Datenverarbeitung im Auftrag zu schließen, §§ 11 Abs. 5, Abs. 1 und 2 BDSG a. F.

§ 2 Vergleich der gesetzlichen Anforderungen an die Vertragsgestaltung nach BDSG und DS-GVO

Regelungsgegenstand	DS-GVO	BDSG a. F.
Gegenstand und Dauer des Auftrags	Art. 28 Abs. 3 S. 1	§ 11 Abs. 2 S. 2 Nr. 1
Art, Umfang und Zweck der Datenerhebung	Art. 28 Abs. 3 S. 1	§ 11 Abs. 2 S. 2 Nr. 2
Art der Daten	Art. 28 Abs. 3 S. 1	§ 11 Abs. 2 S. 2 Nr. 2
Kreis bzw. Kategorien der Betroffenen	Art. 28 Abs. 3 S. 1	§ 11 Abs. 2 S. 2 Nr. 2
technisch-organisatorische Maßnahmen	Art. 28 Abs. 3 S. 2 lit. c	§ 11 Abs. 2 S. 2 Nr. 3
Berichtigung, Löschung, Sperrung von Daten	Art. 28 Abs. 3 S. 2 lit. e i. V. m. Art. 12 ff.	§ 11 Abs. 2 S. 2 Nr. 4
eigene Datenschutzkontrollen	Art. 28 Abs. 3 S. 2 lit. c i. V. m. Art. 32 lit. d	§ 11 Abs. 2 S. 2 Nr. 5
Unterauftragsverhältnisse[6]	Art. 28 Abs. 3 S. 2 lit. d	§ 11 Abs. 2 S. 2 Nr. 6
Kontrollrechte des Auftraggebers	Art. 28 Abs. 3 S. 2 lit. h	§ 11 Abs. 2 S. 2 Nr. 7
Mitwirkungspflichten des Auftragnehmers[7]	Art. 28 Abs. 3 S. 2 lit. h i. V. m. Art. 5 und 24	§ 11 Abs. 2 S. 2 Nr. 7
Meldepflicht bei Datenschutzverstößen	Art. 28 Abs. 3 S. 2 lit. f i. V. m. Art. 32 ff.	§ 11 Abs. 2 S. 2 Nr. 8
Umfang der Weisung	Art. 28 Abs. 3 S. 2 lit. a	§ 11 Abs. 2 S. 2 Nr. 9
Abwicklung nach Vertragsbeendigung	Art. 28 Abs. 3 S. 2 lit. g	§ 11 Abs. 2 S. 2 Nr. 10
Verpflichtung auf das Datengeheimnis	Art. 28 Abs. 3 S. 2 lit. b i. V. m. Art. 29	§ 11 Abs. 4 S. 1 i. V. m. § 5

Anmerkungen

1. Form des Vertragsschlusses. Der Vertragsschluss kann nicht nur über eine qualifizierte elektronische Signatur getätigt werden. Teilweise wird der Wortlaut so ausgelegt, dass „eine gegenseitige Zeichnung" für den wirksamen Abschluss des Auftragsverarbeitungsvertrages notwendig sei (*Müthlein*, RDV 2016, 74 (76)). Dies ist jedoch abzulehnen. Vielmehr ist es nach Art. 28 Abs. 9 DS-GVO ausreichend, dass der Auftragsverarbeitungsvertrag durch zwei gegenseitige Willenserklärungen i. S. v. §§ 145 ff. BGB geschlossen und zumindest elektronisch „abgefasst" wird. Entscheidend ist, dass der Vertragsschluss in irgendeiner Form dokumentiert wird. Einer Verkörperung, z.B. als Ausdruck, bedarf es zwar nicht, jedoch muss das gewählte Format sicherstellen, dass nachträgliche Änderungen technisch unmöglich sind und ersichtlich bleibt, dass zwei kongruente Willenserklärungen vorlagen. Als Formerfordernis ausreichend ist die Textform i.S.d. § 126b BGB, da ein Vergleich mit anderen europäischen Rechtsnormen keinen Hinweis darauf gibt, dass vorliegend eine qualifizierte elektronische Signatur verlangt würde (ausführlich Kühling/Buchner/*Hartung*, DS-GVO, Art. 28 Rn. 94 ff.; hingegen wird teilweise davon ausgegangen, dass das elektronische Format strenger als die Textform sei, *Laue/Nink/Kremer*, Das neue Datenschutzrecht in der betrieblichen Praxis, § 2 Rn. 8; a.A. Paal/Pauly/ *Martini*, DS-GVO, Art. 28 Rn. 75). Daher kann selbst eine einfache E-Mail ausreichend sein. Es ist zu begrüßen, dass das der DSRL widersprechende Schriftformerfordernis des deutschen Rechts nicht übernommen wurde (vgl. Art. 17 Abs. 4 DSRL). Die Erleichterung bei der Formvorgabe vereinfacht die Möglichkeit des Vertragsabschlusses, so dass eine Stärkung der Betroffenenrechte erreicht wird. Daraus folgt, dass nunmehr bei einem Onlinevertragsschluss der Vertrag über die Auftragsverarbeitung digital bereitgestellt werden kann. Weitergehend kann es bei einer online erfolgenden invitatio ad offerendum ausreichend sein, dass der bestellende Kunde eine Checkbox betätigt und so ein rechtswirksames Angebot auf einen bereitgestellten Vertrag abgeben kann, das der Vertragspartner sodann mit dem Hauptvertrag annimmt, wenn der Vertrag speicher- und druckbar ist (*Laue/Nink/ Kremer*, Das neue Datenschutzrecht in der betrieblichen Praxis, § 5 Rn. 13 f.). So kann unkompliziert im Onlinegeschäft ein Vertrag zur Auftragsverarbeitung abgeschlossen und so das Datenschutzniveau erhöht werden.

2. Kontrolle von Auftragsverarbeitern. Der in der Praxis bislang oftmals aufwendige Nachweis der Einhaltung der datenschutzrechtlichen Vorgaben durch Vor-Ort-Kontrollen soll durch von der Kommission festgelegte Standardvertragsklauseln sowie durch Zertifizierungen nach Art. 42 DS-GVO oder anhand von nach Art. 40 DS-GVO eingehaltenen Verhaltensregeln erfolgen können (→ G.I.4. Anm. 22; → C.IV.).

3. Verzeichnis von Verarbeitungstätigkeiten. Die inhaltlichen Anforderungen ergeben sich aus Art. 30 Abs. 1 DS-GVO (→ C.II.; → G.I.4. Anm. 20).

4. Vertreter in der EU. Der Vertreter muss gem. Art. 27 Abs. 2 DS-GVO in einem EU-Mitgliedstaat niedergelassen sein, in dem sich i.S.d. Art. 3 Abs. 2 DS-GVO von der Auftragsverarbeitung Betroffene befinden. Aufgabe des Vertreters ist es, als Ansprechpartner für Aufsichtsbehörden zur Verfügung zu stehen. Bei Verstößen soll er in der Lage sein, die Einhaltung der DS-GVO gegenüber dem von ihm Vertretenen durchzusetzen (vgl. Kühling/Buchner/*Hartung*, DS-GVO, Art. 27 Rn. 15 ff.; → G.I.4. Anm. 6).

5. Wartungsverträge. Zur Frage, ob auf Wartungsverträge Auftragsverarbeitungsverträge abzuschließen sind, vgl. z.B. Kühling/Buchner/*Hartung*, DS-GVO, Art. 28 Rn. 53 f.; → G.I.4. Anm. 6; → G.I.4. Anm. 4.

6. Unterauftragsverhältnis. Im Unterauftragsverhältnis muss die Geltung aller Bestimmungen des eigentlichen Auftragsverhältnisses auch für das Verhältnis zwischen Auftragsverarbeiter und Sub-Auftragsverarbeiter vereinbart werden, wobei der erste Auftragsverarbeiter für die weiteren Verarbeiter haftet, Art. 28 Abs. 4 DS-GVO.

Schwiering/Lachenmann

7. Mitwirkungspflicht des Auftragnehmers. Der Auftragsverarbeiter muss den Auftraggeber mit geeigneten Maßnahmen dabei unterstützen, die Umsetzung der Betroffenenrechte zu gewährleisten. Dazu müssen alle zum Nachweis der Einhaltung der niedergelegten Pflichten notwendigen Informationen erbracht werden, was bereits aus dem Grundsatz der Rechenschaftspflicht folgt (→ A.I.).

2. Richtlinie Auftragsverarbeitung

Liegt eine **Auftragsverarbeitung** vor, sollte in einer **unternehmensinternen Richtlinie** festgelegt und erläutert werden, wie die entsprechende Vereinbarung durch die Mitarbeiter umzusetzen ist. So kann in der Praxis das **Unternehmen als Auftraggeber** sicherstellen, dass durch die Mitarbeiter die gesetzlichen Vorgaben zum Datenschutzrecht umgesetzt werden. Hierzu sollte eine Mustervorlage zur Auftragsverarbeitung vorgelegt werden, die durch die Mitarbeiter ausgefüllt werden soll. Die vorliegende Richtlinie soll den Mitarbeitern den Rechtsrahmen aus Sicht des Auftraggebers erläutern und konkrete Hinweise zur Ausgestaltung des Mustervertrages geben.

§ 1 Zielsetzung und Geltungsbereich dieser Richtlinie[1]

(1) Diese Richtlinie soll gewährleisten, dass die Auftragsverarbeitungsverträge richtig angewendet werden. Durch die korrekte Ausgestaltung des Vertrages können die gesetzlichen sowie internen Compliance-Anforderungen eingehalten werden.

(2) Diese Richtlinie erläutert vorab die Bewertung von Auftragnehmern und Unterauftragnehmern. Daran schließt sich die Anwendung bei im Ausland befindlichen Parteien an. Sodann erläutert sie die konkrete Umsetzung und Vertragsgestaltung eines Auftragsverarbeitungsvertrages und das praktische Verfahren beim Vertragsschluss. Abschließend wird dargestellt, was während der Vertragslaufzeit zu beachten ist.

(3) Diese Richtlinie findet Geltung für alle Unternehmen des [Konzerns], an denen die [AG] eine Beteiligung von mehr als [50 %] mittelbar oder unmittelbar hält oder deren wirtschaftliche Führung sie innehat. Sie gilt jedoch nur, wenn der Sitz oder eine Niederlassung des auftraggebenden Unternehmens in Deutschland ist, unabhängig vom Sitz des Auftragnehmers.

§ 2 Vertragliche Umsetzung der Pflichten des Auftraggebers

(1) Im Rahmen der Auftragsverarbeitung darf der Auftragnehmer nur nach Weisung des Auftraggebers handeln (Art. 28 Abs. 3 lit. a DS-GVO). Die Verpflichtungen des Auftragnehmers ergeben sich einerseits aus dem Vertrag, andererseits aus Gesetz (Art. 28 Abs. 3 DS-GVO). Die Weisungen sind zu dokumentieren. Auf die Einhaltung der Pflichten hat der Auftraggeber hinzuwirken, insbesondere durch die schriftliche Festlegung wichtiger Grundlagen wie folgt:

(2) Vor Vertragsschluss hat der Auftraggeber eine sorgfältige Auswahl des Auftragnehmers zu treffen. Hinsichtlich der Auswahl bestimmt Art. 28 Abs. 1 DS-GVO, dass nur solche Auftragsverarbeiter beauftragt werden dürfen, die hinreichend Ga-

rantien dafür bieten, dass geeignete technische und organisatorische Maßnahmen so durchgeführt werden, dass die Verarbeitung im Einklang mit den Anforderungen der DS-GVO erfolgt und den Schutz der Rechte der betroffenen Person gewährleistet. Die Durchführung dieser zwingenden Maßnahme ist zu dokumentieren. Der Konzerndatenschutzbeauftragte führt diese Kontrolle auf Basis eines gesonderten Musters durch.[2]

(3) Gegenstand und Dauer des Auftrages werden in dem Mustervertrag [§ …] festgelegt. Der Vertrag ist schriftlich oder in elektronischem Format zu schließen, um einen ordnungsgemäßen Vertrag nachweisen zu können.[3]

(4) In dem Mustervertrag wird darauf hingewiesen, wo Umfang, Art und Zweck der vorgesehenen Erhebung, Verarbeitung oder Nutzung von Daten [§ …], die Art der Daten [§ …] und den Kreis der Betroffenen [§ …] beschrieben werden sollen. Dies ist je nach abzuschließendem Vertrag im Einzelfall auszufüllen. Dabei ist zu berücksichtigen, dass eine möglichst genaue Beschreibung der vertraglichen Leistungen vorzunehmen ist.

(5) Die nach Art. 28 Abs. 3 S. 2 lit. c i.V.m. Art. 32 DS-GVO durch den Auftragnehmer zu treffenden technischen und organisatorischen Maßnahmen legt der Mustervertrag in [§ …] fest. Diese dürfen nur nach Rücksprache mit [dem Konzerndatenschutzbeauftragten] geändert werden.[4]

(6) In [§ …] wird ein Konzept für die Rechte der Betroffenen und korrespondierende Pflichten des Verantwortlichen der Daten festgelegt. Dabei ist zu beachten, dass der Auftragsverarbeiter die Daten nur solange wie nötig vorhalten sollte. Um das Missbrauchsrisiko zu minimieren, sollten diese nach Abschluss einer Aufgabe gelöscht werden. Für den Fall, dass die Daten später noch benötigt werden, sollte eine Einschränkung umgesetzt werden, also eine spezielle Kennzeichnung der Daten, durch die deren weitere Verwendung verhindert wird. Wird eine Partei, die die Daten speichert, darauf aufmerksam gemacht, dass diese fehlerhaft sind, sind sie zu korrigieren und dem jeweils anderen Vertragspartner mitzuteilen. Im Übrigen sollten sowohl Auftraggeber als auch Auftragsverarbeiter ihre internen Datenverarbeitungsprozesse den neuen Anforderungen, bspw. im Hinblick auf die Themen Beweislast oder das Recht auf Datenübertragbarkeit nach Art. 20 DS-GVO, entsprechend anpassen.[5]

(7) Die Pflichten des Auftragnehmers werden in [§ …] aufgeführt. Durchzuführen ist eine Verpflichtung der Mitarbeiter des Auftragnehmers auf das Datengeheimnis, die auf Anfrage nachzuweisen ist. Ebenso muss der Auftragnehmer nachweisen, dass er einen betrieblichen Datenschutzbeauftragten bestellt hat. Dies soll sicherstellen, dass dem Auftraggeber ein fachkundiger Ansprechpartner zur Seite steht. Ebenfalls wird bestimmt, dass der Auftragnehmer den Auftraggeber unverzüglich zu unterrichten hat, falls die Aufsichtsbehörde Maßnahmen gegen den Auftragnehmer ergreift. Die Pflicht gilt erst Recht, wenn die Aufsichtsbehörde ein Auskunftsersuchen stellt. Zudem wird der Auftragnehmer verpflichtet, Unterstützung zu liefern, falls die Aufsichtsbehörde den Auftraggeber zur Auskunft ersucht. Weiterhin hat der Auftragnehmer die Verpflichtung, den Auftraggeber darauf hinzuweisen, wenn seiner Ansicht nach rechtswidrige Weisungen erteilt werden, vgl. Art. 28 Abs. 3 lit. h S. 2 DS-GVO. Dies beruht auf dem Gedanken, dass der Auftragnehmer mit der Rechtslage oft besser vertraut ist.

Schwiering/Lachenmann

(8) Es ist ausdrücklich im Vertrag zu regeln, ob der Auftragnehmer Unterauftragsverhältnisse eingehen darf (im Vertragsmuster: [§ ...]). Wenn dies gestattet wird, sind die Unterauftragnehmer in einer Anlage mit Namen und Adressen aufzuführen. Dies wird ausführlich in § 4 dieser Richtlinie erläutert.

(9) Die jederzeit bestehenden Kontrollrechte der auftraggebenden Konzerngesellschaft werden in [§ ...] ebenso geregelt wie Duldungs- und Mitwirkungspflichten des Auftragnehmers. Dies stellt vertraglich sicher, dass der Auftragnehmer sich an die engen Vorgaben hält. Beachten Sie dazu auch die weiteren Erläuterungen zu den Pflichten des Auftragnehmers im folgenden Paragraphen.[6]

(10) [§ ...] enthält eine Liste mit Verstößen des Auftragnehmers oder bei ihm beschäftigten Personen gegen die vertraglichen und gesetzlichen Pflichten, bei denen der Auftraggeber informiert werden muss. Änderungen an dieser Liste sind mit [dem Konzerndatenschutzbeauftragten] abzusprechen.

(11) Der Auftraggeber hat umfangreiche Weisungsbefugnisse gegenüber dem Auftragnehmer. Diese werden in [§ ...] aufgezählt. Sie sind je nach Art des Vertragsverhältnisses zu ergänzen.

(12) Zuletzt werden in [§ ...] die Pflichten bei der Beendigung des Vertragsverhältnisses geregelt. Dies betrifft insbesondere die Rückgabe überlassener Datenträger und die Löschung beim Auftragnehmer gespeicherter Daten. Ziel dieser Regelungen ist es, dass der Auftragnehmer nach Vertragsende keine Daten einbehält, sondern alle Daten vollständig an den Auftraggeber zurückgegeben werden. So soll Missbrauch der Daten verhindert werden.

§ 3 Pflichten des Auftragnehmers

(1) Der Auftragnehmer hat auf Anfrage nachzuweisen,[7] dass seine Mitarbeiter eine Verpflichtung auf das Datengeheimnis unterschrieben haben. Der Vertrag stellt dies kurz klar. Soweit die Auftragsverarbeitung auch Telekommunikationsdienstleistungen umfasst, ist zusätzlich eine Verpflichtung auf das Fernmeldegeheimnis (§ 88 TKG) einzuholen. Aus den Datengeheimnissen folgt, dass es Mitarbeitern untersagt ist, personenbezogene Daten unbefugt zu erheben, zu verarbeiten oder zu nutzen. Das Datengeheimnis besteht selbst nach dem Ausscheiden eines Mitarbeiters aus dem Unternehmen fort.[8]

(2) Ein Vertrag zur Auftragsverarbeitung darf nur eingegangen werden, wenn der Auftragnehmer nachgewiesen hat, dass er einen betrieblichen Datenschutzbeauftragten bestellt hat. Der Nachweis sollte als Anlage an den Vertrag angehängt und in [der Vertragsdatenbank] abgelegt werden.[9]

(3) Der Auftragnehmer hat den Auftraggeber unverzüglich zu unterrichten, falls die Aufsichtsbehörde Maßnahmen gegen den Auftragnehmer ergreift. Diese Unterrichtungspflicht ergibt sich nicht aus dem Gesetz, ist in den von uns gestellten Verträgen jedoch regelmäßig enthalten. Dem Auftragnehmer ist es untersagt, Auskünfte zu erteilen, bevor wir den Sachverhalt prüfen konnten und ausdrücklich zugestimmt haben. Umgekehrt ist es natürlich ebenso möglich, dass die Aufsichtsbehörde von uns als Auftraggeber Details über die Datenverarbeitung und -weitergabe erfahren möchte. Für diese Fälle wird der Auftragnehmer dazu verpflichtet, soweit als möglich Unterstützung zu leisten und Auskunft zu erteilen. Die Rechte der Aufsichtsbe-

Schwiering/Lachenmann

hörde, inklusive der Festsetzung von Bußgeldern, ergeben sich vor allem aus Art. 58, 83 ff. DS-GVO.[10]

(4) Der Auftragnehmer muss den Auftraggeber darauf hinweisen, wenn er eine Weisung erhält, die nach seiner Ansicht gegen gesetzliche oder vertragliche Bestimmungen verstößt. Wenn Ihnen eine solche Mitteilung gemacht wird, sollten Sie umgehend [den Konzerndatenschutzbeauftragten] informieren. Dies geht so weit, dass der Auftragnehmer den ganzen Auftrag zurückzuweisen hat, wenn ihm Rechtsverstöße auffallen. Im laufenden Betrieb hat der Auftragnehmer der Weisung vorerst keine Folge zu leisten, sondern eine Klärung herbeizuführen. Dies ändert nichts daran, dass das auftraggebende Unternehmen weiterhin rechtlich verantwortlich bleibt, so dass solche Warnungen unbedingt ernst zu nehmen sind.[11]

§ 4 Auftragsverarbeitung durch Unterauftragnehmer

(1) Der Auftragnehmer kann die ihm übertragenen Aufgaben von einem weiteren Auftragnehmer erledigen lassen, der als Unterauftragnehmer tätig wird. Dies ist jedoch nur zulässig, wenn der Auftragnehmer dazu im Auftragsverarbeitungsvertrag durch den Auftraggeber ermächtigt wurde. Die Unterbeauftragung muss dieselben Regelungen erfüllen wie die Beauftragung. Insbesondere müssen dem Unterauftraggeber dieselben Weisungs- und Kontrollrechte zustehen wie dem Auftraggeber, so dass diese in der Regel durchgereicht werden. Somit wird durch ein Unterauftragsverhältnis die Vertragskette verlängert.[12]

(2) Wenn der Auftraggeber dem Auftragnehmer die Begründung von Unterauftragsverhältnissen ausdrücklich gestattet, hat der Auftragnehmer (= Unterauftraggeber) sicherzustellen, dass in dem Vertragsverhältnis zu seinem Unterauftragnehmer dieselben hohen Sicherheitsstandards vereinbart sind und Garantien dafür geboten werden, dass die geeigneten technischen und organisatorischen Maßnahmen durchgeführt werden, die auch in dem zu Grunde liegenden Auftragsverhältnis bestehen. Insbesondere ist auf die Sicherstellung der Kontrollrechte zu achten, die neben dem Unterauftraggeber auch dem Auftraggeber zuzubilligen sind. Da der Auftraggeber für seine Daten auch bei Unterauftragsverhältnissen verantwortlich bleibt, sind bei diesen Verträgen alle hier dargestellten Grundsätze ebenso zu beachten.

(3) Es ist möglich, dass die Kette der Unterauftragsverhältnisse erweitert wird, indem der Unterauftragnehmer einen Unter-Unterauftragnehmer bestimmt. Im [Konzern] sind grundsätzlich maximal [zwei] Unterauftragsverhältnisebenen zulässig. Soll eine weitergehende Kette gebildet werden, was in Einzelfällen notwendig sein kann, ist das durch [den Konzerndatenschutzbeauftragten] zu bestätigen. Auch auf den unteren Ebenen ist die Einhaltung der vorgenannten Anforderungen sicherzustellen.

§ 5 Datenverarbeitung in Drittstaaten[13]

(1) Bei Datenverarbeitungen in Drittstaaten besteht wegen der verschiedenen nationalen gesetzlichen Regelungen und Standards zum Datenschutzrecht die Gefahr, dass personenbezogene Daten keinem hinreichenden Schutzniveau unterliegen. Zudem besteht bei Datenverarbeitungen in Drittstaaten häufig das Problem, dass die Betroffenenrechte praktisch nicht durchsetzbar sind.

Schwiering/Lachenmann

(2) Für eine Reihe von Staaten hat die EU-Kommission eine sogenannte Angemessenheitsentscheidung getroffen, laut der regelmäßig ein angemessenes Datenschutzniveau vorliegt. Dies sind derzeit die Staaten: Andorra, Argentinien, Australien, Färöer-Inseln, Guernsey, Isle of Man, Israel, Jersey, Kanada, Neuseeland, Schweiz, Uruguay. Eine stets aktuelle Liste der Länder finden Sie unter: http://ec.europa.eu/justice/data-protection/international-transfers/adequacy/index_en.htm.[14]

[(3) Der [Konzern] stellt einen internationalen Privacy Code of Conduct („CoC") bereit, der von den Datenschutzaufsichtsbehörden der europäischen Länder akzeptiert wurde.]

[(4) Daneben besteht die Möglichkeit, Binding Corporate Rules im Konzern einzuführen, die dazu führen, dass internationale Übermittlungen zwischen allen teilnehmenden Gesellschaften des [Konzerns] ein angemessenes Sicherheitsniveau aufweisen. Soll die internationale Datenübertragung darauf basieren, ist der Nachweis erforderlich, dass die ausländische Tochter den CoC unterschrieben hat.][14]

(5) Eine zuverlässige Möglichkeit, ein angemessenes Datenschutzniveau international sicherzustellen, sind die EU-Standarddatenschutzklauseln. Diese Vertragsmuster werden von der EU-Kommission vorgelegt und sind ähnlich einem Auftragsverarbeitungsvertrag zu verwenden. Die Muster (bitte verwenden Sie im Zweifel stets das dritte Muster) finden sich [im Intranet] und sind der Stelle vorzulegen, an die Daten übermittelt werden. Die Muster dürfen nicht verändert werden, individuelle Regelungen dürfen nur in den Anlagen enthalten sein. Zudem ist sicherzustellen, dass die Stelle die Verpflichtungen der Standardvertragsklauseln einhält. Beachten Sie: Selbst, wenn ein Auftragnehmer innerhalb des EWR sitzt und ein Unterauftragnehmer mit Sitz im Drittland eingesetzt wird, ist der Abschluss einer EU-Standardvertragsklausel direkt mit dem Unterauftragnehmer nötig.[15]

(6) Bei einer Datenübermittlung in die USA ist es möglich, auf die EU-US Privacy Shield-Zertifizierung zurückzugreifen. Darauf sollte jedoch nur zurückgegriffen werden, wenn aus stichhaltigen Gründen keine andere Möglichkeit besteht. Denn die Rechtslage zu EU-US Privacy Shield ist derzeit unklar.[16]

(7) Bei Beteiligungen von nicht in der EU niedergelassener Verantwortlichen oder Auftragsverarbeitern ist der Verantwortliche bzw. der Auftragsverarbeiter nach Art. 27 Abs. 1 DS-GVO grundsätzlich verpflichtet, einen in der EU ansässigen Vertreter schriftlich zu bestellen.[17]

§ 6 Berücksichtigung eines Rahmenvertrages[18]

(1) Bei Auftragnehmern, mit denen regelmäßig in verschiedenen Projekten zusammengearbeitet wird, ist ein Rahmenvertrag abzuschließen, der anschließend durch Einzelverträge ergänzt wird. Dies sorgt für eine vereinfachte Vertragskatalogisierung. Die Muster für den Rahmenvertrag und die Einzelvereinbarungen sind abrufbar unter [im Intranet].

(2) Vor Abschluss einer Vereinbarung sollte regelmäßig überprüft werden, ob bereits ein Rahmenvertrag mit dem Auftragnehmer abgeschlossen wurde. In solchen Fällen ist es bei einer neuen Beauftragung ausreichend, einen Einzelvertrag zur Auftragsverarbeitung abzuschließen. Für diese gelten ebenfalls die in der vorliegenden Richtlinie geschilderten Grundsätze.

Schwiering/Lachenmann

§ 7 Verfahren

(1) Das hier dargestellte Vorgehen eines Vertragsschlusses zur Auftragsverarbeitung kann anhand folgender Tabelle nochmals überprüft werden:

zu prüfen	*Kommentar*
Besteht ein ADV-Rahmenvertrag?	Siehe § 6.
Werden Weisungen des Verantwortlichen an den Auftragsverarbeiter dokumentiert?	Siehe § 2 Abs. 1.
Wurde die Auswahl des Auftragnehmers sorgfältig getroffen?	Siehe § 2 und 3.
Wurde der Vertrag schriftlich oder im elektronischen Format geschlossen und dafür das betreffende Vertragsmuster verwendet?	Siehe § 2 Abs. 3.
Wurde der Vertrag durch den intern Zuständigen unterschrieben?	Im Zweifel derjenige, der den Dienstleistungsvertrag unterschreibt.
Wurde eine Prüfung der technisch-organisatorischen Maßnahmen des Auftragnehmers durchgeführt? Wurde dies protokolliert und gespeichert?	Erläuterungen siehe § 2 Abs. 5; die entsprechenden Muster finden sich [im Intranet].
Nach Beginn der Datenverarbeitung: Sind die Wiedervorlagen zur regelmäßigen Kontrolle hinterlegt? Werden diese Kontrollen durchgeführt und protokolliert?	Erläuterungen siehe § 8; die entsprechenden Muster finden sich [im Intranet].

§ 8 Nach Vertragsschluss/während der Vertragsdurchführung

(1) Nach Vertragsschluss, also während der Durchführung des Vertrages, ist das Datenschutzrecht weiterhin zu beachten. Dabei gilt insbesondere, dass die getroffenen Vereinbarungen des Vertrages auch einzuhalten sind.

(2) Zur Prüfung, ob der Auftragnehmer die technischen und organisatorischen Maßnahmen einhält (Art. 28 Abs. 3 lit. h DS-GVO), müssen während der Vertragslaufzeit regelmäßige Kontrollen beim Auftragnehmer durchgeführt werden. In diesem Zusammenhang sollte darüber hinaus auch die Einhaltung der vertraglichen Verpflichtungen stichprobenartig kontrolliert werden. Da das Gesetz keine zeitlichen Vorgaben benennt, ist im Vertrag eine konkrete Zeitspanne zu vereinbaren. Diese sollte nicht mehr als [ein Jahr] betragen. Die Durchführung der Kontrollen ist zu dokumentierten. Die konzerninterne Vorgabe ist, dass die regelmäßigen Kontrollen durch [Verwendung des Formulars „Regelmäßige ADV-Kontrolle"/Vorlageverlangen des Sicherheitskonzeptes des Auftragnehmers/Vorlageverlangen von

Berichten der Wirtschaftsprüfer bzw. der Revision bzw. des betrieblichen Daten-schutzbeauftragten des Auftragnehmers/Mitteilung der Ergebnisse eines Daten-schutzaudits/Vorlage eines Datenschutzaudits bzw. Zertifizierungen/eigene Über-prüfung vor Ort] erfolgen sollen.[19]

§ 9 Ansprechpartner/Impressum[20]

(1) Ansprechpartner für Rückfragen zur Umsetzung, für Änderungsvorschläge oder Anmerkungen zu dieser Policy ist: [...].

(2) Impressum: [...].

§ 10 Anhang

(1) Die Freigabe dieser Richtlinie durch den Konzerndatenschutzbeauftragten wurde erteilt am [Datum].[21]

(2) Es wird darauf hingewiesen, dass die Geltung der folgenden Dokumente zu beachten ist: [Unternehmensrichtlinie Datenschutz; Code of Conduct].[21]

(3) Abkürzungsverzeichnis: [...].

(4) Änderungshistorie: [...].

Anmerkungen

1. Einbindung in übergeordnete Organisation. Der Datenschutz ist in der Regel bei dem (Konzern-)Datenschutzbeauftragten eingebunden, der wiederum eng mit der Compliance-Organisation zusammenarbeiten wird (zur Abgrenzung der Aufga-benbereiche → E.I. und → B.I.). Der Abschluss aller notwendigen Verträge zur Si-cherstellung der Datenschutzkonformität ist für den Datenschutzbeauftragen nicht alleine zu leisten. Vielmehr sollten Strukturen eingeführt werden, anhand derer die Mitarbeiter selbständig eine Prüfung vornehmen und entsprechende Verträge ab-schließen können. Wenn beispielsweise die Wartung einer Software mit einem exter-nen Dienstleister vereinbart wird, sollte die zuständige Abteilung selbstständig einen Vertrag zur Auftragsverarbeitung mit abschließen. Die vorliegende Richtlinie soll ein entsprechendes Bewusstsein bei den Mitarbeitern schaffen und verhindern, dass zur Umsetzung ständig Rückfragen beim Datenschutzbeauftragten erfolgen.

2. Kontrolle vor Beginn der Datenverarbeitung. → E.II. und → E.IV.

3. Keine Schriftform. Das Textformerfordernis ergibt sich aus Art. 28 Abs. 3 i.V.m. Art. 28 Abs. 6, 9 DS-GVO. Dass der Vertragsschluss nach dem Wortlaut des Art. 28 Abs. 9 DS-GVO schriftlich zu erfolgen hat, ist nicht i.S.d. § 126a BGB zu verstehen, da die Norm klarstellt, dass auch ein elektronisches Format ausreichen kann. Sowohl aus Beweissicherungszwecken als auch zur Vermeidung von etwaigen Bußgeldern gem. Art. 83 DS-GVO sollte auch die interne Richtlinie die Schriftform bzw. ein elektronisches Format ausdrücklich vorschreiben.

4. Technisch-organisatorische Maßnahmen. → E.

5. Betroffenenrechte. Diese Rechte zählen gem. Art. 5 Abs. 1 sowie Art. 11–20 DS-GVO zu den Rechten des Betroffenen. Nicht nur Mitarbeiter sind auf diese Rechte hinzuweisen, sondern ebenso Auftragnehmer. Zu beachten ist, dass die Be-

Schwiering/Lachenmann

troffenenrechte durch das BDSG n.F. eingeschränkt werden, vgl. §§ 32, 33 BDSG n.F. In § 32 Abs. 1 BDSG n.F. findet sich eine Auflistung von Ausnahmetatbeständen, bei welchen kein Anspruch auf Auskunft und Erhalt einer Kopie gem. Art. 15 DS-GVO besteht. Entsprechend schränkt § 35 BDSG n.F. das Recht auf Löschung ein, wenn eine Löschung aufgrund der besonderen Art der Speicherung nicht oder nur mit unverhältnismäßigem Aufwand möglich ist. In diesem Fall tritt an die Stelle einer Löschung eine Einschränkung der Verarbeitung gemäß Art. 18 DS-GVO.

6. Kontrollrechte des Auftraggebers. Die Kontrollrechte des Auftraggebers sind grundsätzlich entlang den Prüfungen gem. Art. 28 Abs. 3 lit. h DS-GVO vorzunehmen (→ E.III.).

7. Umfang der Pflichten des Auftragnehmers. In welchem gesetzlichen Umfang Pflichten des Auftragnehmers bestehen, ergibt sich aus Art. 28 DS-GVO. Neben den schon adressierten Pflichten bestehen allgemein verschiedene Verpflichtungen für den Auftragnehmer, die im Folgenden aufgezählt werden.

8. Verpflichtung auf Daten- und Telekommunikationsgeheimnis. Art. 28 Abs. 3 S. 2 lit. b i.V.m. Art. 29 DS-GVO stellt nur eine Möglichkeit der Umsetzung der Verpflichtung der Mitarbeiter auf das Datengeheimnis, so dass eine vertragliche Regelung vereinbart werden sollte (→ C.VII.).

9. Bestellung eines betrieblichen Datenschutzbeauftragten. → A.I. und → B.II.

10. Unterrichtungspflicht und Mitwirkungshandlungen. Anfragen der Aufsichtsbehörde sowohl an Auftragnehmer wie an Auftraggeber sind jederzeit möglich. Diese kommen insbesondere vor, wenn ein Bürger eine Eingabe tätigt und eine Verletzung seiner Rechte behauptet. Die Klausel im Vertrag sieht vor, dass der Auftragnehmer Informationen nicht frei herausgeben darf, da dadurch regelmäßig die Gefahr von aufsichtsbehördlichen Maßnahmen gegen den Auftraggeber besteht. Umgekehrt hat der Auftragnehmer über die konkrete Art der Datenverarbeitung Auskunft zu erteilen, wenn die Aufsichtsbehörde prüft, ob der Auftraggeber rechtswidrig handelte. Dies gilt erst Recht, wenn die Aufsichtsbehörde konkrete Maßnahmen eingeleitet hat (zum BDSG a.F. Taeger/Gabel/*Gabel*, BDSG, § 11 Rn. 46).

11. Hinweispflicht bei Rechtsverstößen. Die Hinweispflicht besteht nur, wenn Anhaltspunkte vorliegen, dass die Weisung unzulässig sein könnte. Es besteht keine generelle Prüfpflicht (vormals Plath/*Plath*, BDSG, § 11 Rn. 116; *Gola/Schomerus*, BDSG, § 11 Rn. 25). Allerdings ist es im Interesse des Auftraggebers, möglichst weitreichend über eventuelle Verstöße im Datenschutz informiert zu werden, um schnell gegen mögliche Risiken vorgehen zu können.

12. Voraussetzungen für Unterauftragsverhältnisse. Diese sind gem. Art. 28 Abs. 3 S. 2 lit. d DS-GVO nur zulässig, wenn sie dem Auftragnehmer vertraglich gestattet wurden und der Auftragsverarbeiter hinreichende Garantien dafür geboten hat, dass die geeigneten technischen und organisatorischen Maßnahmen durchgeführt werden. Bei der Auswahl des Unterauftragnehmers ist dieselbe Sorgfalt anzuwenden wie für die Auswahl eines Auftragnehmers. In Unterauftragsverhältnissen ist sicherzustellen, dass ausreichende Durchgriffs- und Kontrollmöglichkeiten in Bezug auf die Subunternehmer bestehen (dazu ausführlich *Kremer*, ITRB 2014, 60; *Bongers/Krupna*, RDV 2014, 19).

Schwiering/Lachenmann

13. Datenverarbeitung in Drittstaaten. Grundlegend für die Vertragsgestaltung bei einer Datenübertragung in Drittstaaten ist, dass die Privilegierung des Art. 28 DS-GVO ebenfalls gilt, sofern ein nicht in der EU niedergelassener Verantwortlicher oder Auftragsverarbeiter beteiligt ist, wenn das Anbieten von Waren oder Dienstleistungen (Art. 3 Abs. 2 lit. a DS-GVO) oder die Beobachtung von Verhaltensweisen von EU-Bürgern (Art. 3 Abs. 2 lit. b DS-GVO) Gegenstand der Auftragsdatenverarbeitung ist.

14. Binding Corporate Rules. Dieser Absatz ist nur dann aufzunehmen, wenn tatsächlich ein internationaler Privacy Code of Conduct (→ C.IV.) bzw. Binding Corporate Rules (→ G.VII.3.) abgeschlossen und von den Aufsichtsbehörden anerkannt wurden.

15. Standarddatenschutzklauseln. → G. VII.2.

16. EU-US Privacy Shield. Die Privacy Shield-Zertifizierung geht zurück auf eine Vereinbarung der EU-Kommission mit dem US-Handelsministerium. Auch dieses Abkommen steht, wie sein Vorgänger Safe Harbor in der Kritik, den datenschutzrechtlichen Anforderungen des EuGH nicht zu genügen (z.B. http://www. europarl.europa.eu/news/en/news-room/20170329IPR69067/data-privacy-shield-meps-alarmed-at-undermining-of-privacy-safeguards-in-the-us). Aufgrund der noch unklaren Rechtslage ist es zu empfehlen, eine Übermittlung in die USA möglichst auf andere Instrumente zu stützen (zur Handlungsempfehlungen der EU zu Privacy Shield: http://ec.europa.eu/justice/data-protection/document/citizens-guide_en.pdf.

17. Vertreter in EU-Mitgliedstaat. Ausnahmen zu der Bestellpflicht sind in Art. 27 Abs. 2 DS-GVO geregelt. Der Vertreter muss in einem EU-Mitgliedstaat niedergelassen sein, in dem sich der von der Auftragsverarbeitung Betroffene befindet. Seine Aufgabe besteht insbesondere darin, als Ansprechpartner für die Aufsichtsbehörden zur Verfügung zu stehen sowie bei Verstößen die Einhaltung der DS-GVO gegenüber dem von ihm Vertretenen durchzusetzen.

18. ADV-Rahmenverträge. Rahmenverträge bieten sich immer dann an, wenn regelmäßig Verträge mit dem Auftragnehmer abgeschlossen werden. Die Richtlinie sollte die Mitarbeiter klar darauf hinweisen, dass solche Rahmenverträge zu berücksichtigen sind.

19. Kontrollpflichten während der Vertragslaufzeit. Es gibt eine Vielzahl von Möglichkeiten, wie die haftungsrechtlich für den Auftraggeber sinnvollen regelmäßigen Prüfungen durchgeführt werden können (z.B. → E.; zur früheren Rechtlage Taeger/Gabel/*Gabel*, BDSG, § 11 Rn. 48). Die Formulierung in dieser Richtlinie sollte den vertraglichen Vereinbarungen entsprechen. Meist nicht erforderlich ist eine regelmäßige eigene Vor-Ort-Kontrolle (Prüfungsbogen → E.III.2.). Die Anforderungen können sich erhöhen, wenn beispielsweise besondere personenbezogene Daten verarbeitet werden oder wenn ein Verdacht auf Unregelmäßigkeiten bekannt wird. Zu berücksichtigen sind insbesondere Größe und Komplexität der Datenverarbeitung und das durch die Weitergabe entstehende Gefährdungspotential für die Betroffenen (BeckOK/*Spoerr*, BDSG, § 11 Rn. 92 f.).

20. Benennung Ansprechpartner. Die Richtlinie soll dem Anwender ermöglichen, den Datenschutzbeauftragten möglichst weit zu entlasten. Dennoch ist die rechtlich korrekte Vorgehensweise entscheidend, so dass dem Anwender ein konkreter An-

Schwiering/Lachenmann

sprechpartner genannt werden sollte, der die Mitarbeiter bei der Erstellung unterstützt.

21. Prüfung durch die Geschäftsleitung. Da die Richtlinie nur die Mitarbeiter unterstützt, die gesetzlichen Vorgaben einzuhalten, wird die Geschäftsleitung nicht aus ihrer Verantwortung entlassen. Daher sind entsprechende Vorkehrungen zu treffen und die Einhaltung der Vorgaben zu überprüfen.

22. Weiterführende Verweise. Die Richtlinie ist nur ein kleiner Teil der Datenschutz-Organisation, so dass Verweise auf die wichtigsten weiteren Dokumente erfolgen sollten.

3. Prüfliste vor Vertragsabschluss einer Auftragsverarbeitung

Die DS-GVO fordert den **Aufbau einer Datenschutzorganisation.** Diese ist unabhängig von der Bestellung eines Datenschutzbeauftragten zu implementieren. Dabei orientiert sich die DS-GVO an etablierten Systemen aus der Informationssicherheit, insbesondere im Hinblick auf dokumentierte Nachweise (Rechenschaftspflicht) der technischen und organisatorischen Maßnahmen. Die zuvor beschriebene Methodik (→ E.I.) setzt hier stark auf die **Verknüpfung und Integration der vorhandenen Managementsysteme** mit den implementierten Kontrollen, wie u.a. den internen Audits und den kontinuierlichen Verbesserungsprozess (PDCA, dazu → E.I.5. Anm. 10; *Gola/Jaspers/Müthlein,* Datenschutz-Grundverordnung im Überblick S. 55 ff.).

Die Sicherheitsmaßnahmen zum Schutz der personenbezogenen Daten sind im Rahmen der DS-GVO unter **Wahrung der Verhältnismäßigkeit mit technischen und organisatorischen Maßnahmen** abzusichern, die zur Schaffung eines Schutzniveaus geeignet sind, das dem Risiko für die Rechte und Freiheiten der Betroffenen angemessen ist. Welche Maßnahmen dies konkret sind, ist vom jeweiligen Einzelfall abhängig. So sind die Risiken, z.B. bei **der Auslagerung in die Cloud (private, hybrid, public),** in ihrer unterschiedlichen Ausprägung anders im Risiko zu bewerten als die Auslagerung und/oder **Vorverarbeitung im Fog Computing** (Fog Computing, dazu: CISCO, whitepaper – Fog Computing and the Internet of Things), denn viele dieser Daten sind mit **personenbezogenen Inhalten** versehen oder lassen die Bestimmung und die **Herstellung eines direkten Bezuges auf eine natürliche Person** zu (hier sei auf das Blockchain Energy hingewiesen, weiterführend: *Burger/Kuhlmann/u.a.,* Blockchain in the energy transition).

Aufgrund des hohen Datenvolumens bei der Übertragung in die Cloud wollen die Anbieter eine **Zwischenebene der Datenverarbeitung** einführen, um die Leitungen nicht zu überlasten. Die wird i.A. als Fog Computing bezeichnet. Die Daten und Informationen werden hierzu bereits in Speicher- und Netzwerkkomponenten innerhalb der Infrastruktur vorverarbeitet, um so die Datenübertragungsvolumina zu minimieren.

Blockchain ist ein in der Energiewirtschaft **neues digitales Verfahren für Transaktionen.** Blockchain ist ein dezentraler Ansatz, um mit Daten für einen direkten Austausch **zwischen dezentralen Energieerzeugern und -verbrauchern** direkt zu kommunizieren, wobei der Datenaustausch sicher und verschlüsselt erfolgen soll.

Müller

Die **sichere Prozessgestaltung** ist gem. Art. 35 DS-GVO vorgesehen, wenn automatisierte Verarbeitungen Risiken für die Rechte und Freiheiten natürlicher Personen aufweisen. Dabei ist der Gegenstand der **Risikoabschätzung** ein Verfahren zur automatisierten Verarbeitung, also ein aus einzelnen Verarbeitungspaketen bestehendes „Verarbeitungspaket" unter Verwendung neuer Technologien. Der Verantwortliche hat nun festzustellen, ob **geeignete Sicherheitsmaßnahmen die Vertraulichkeit, Integrität, Verfügbarkeit** und Belastbarkeit im Rahmen des festgestellten Schutzbedarfes sicherstellen (*Gola/Jaspers/Müthlein*, Datenschutz-Grundverordnung im Überblick, S. 59 ff.). Eine Prüfliste unterstützt im Rahmen der Vorprüfung zu einer Auftragsverarbeitung und dokumentiert diese. Anhand der Informationen aus dem Ergebnis der Prüfung kann das **Vorliegen „hoher Risiken"** festgestellt werden, die die weitere Prüfung im Rahmen der Datenschutz-Folgenabschätzung notwendig machen (dazu → C.III.). Beim Datenschutzbeauftragten liegt also nicht nur die Zuständigkeit für die Datenschutz-Folgenabschätzung, sondern auch die Kompetenz zur Beurteilung, ob die „Sicherheit der Verarbeitung" nach Art. 32 DS-GVO vorliegt.

Die Prüfliste zur Vorabprüfung unterliegt der hier beschriebenen **Anwendung und Verfahrensweise.** IT-Systeme und Applikationen unterliegen einer steten Aktualisierung und einer großen Dynamik aufgrund der softwaretechnischen Möglichkeiten und deren weiträumiger Vernetzung über Unternehmens- und Staatsgrenzen hinweg. Eine **zeitgerechte Durchführung** der Prüfung ist eine inhärente Anforderung jedes betriebswirtschaftlich motivierten modernen Unternehmens und stellt für den Verantwortlichen eine große Herausforderung dar. Jede nicht funktionale Projektverzögerung wird als Behinderung eingestuft, da sie als nicht notwendig zur Erreichung der Unternehmensziele angesehen wird. Datenschutz, Informationssicherheit und IT-Sicherheit werden in Projekten üblicherweise vorausgesetzt. Diese Annahme ist auch eine grundsätzliche Auslegung durch die DS-GVO (*Gola/Jaspers/Müthlein*, Datenschutz-Grundverordnung im Überblick, S. 58). Aus Unternehmenssicht lassen sich Funktionserweiterungen hingegen nach Außen als Mehrwert anbieten und tragen so zur Gewinnmaximierung, der Grundmotivation eines Unternehmens, bei. Für den Verantwortlichen und den Datenschutzbeauftragten ist es daher wichtig, **frühzeitig in die Projektinitiierung eingebunden** zu sein und das Projekt zu begleiten. Durch **regelmäßige Jour Fixe** (Treffen eines festgelegten Personenkreises, das regelmäßig an einem bestimmten Wochentag stattfindet) mit dem CIO (Chief Information Officer, verantwortlicher IT-Leiter, → E.I.3. Anm. 13) können hier die aktuellen Informationen zu Projektanforderungen und Änderungswünschen in IT-Systemen, -Infrastruktur und -Applikationen empfangen und bewertet werden. Alle Beteiligten haben so frühzeitig die Möglichkeit, Fragen zu klären, Anforderungen zu bewerten und Maßnahmen in die Projekte einfließen zu lassen. Durch die **standardisierte Aufbereitung** (dazu → E.I.5.) in Form von Prüflisten können verantwortliche Abteilungsleiter, Fachverantwortliche und Projektleiter umfassend und effektiv zu einer datenschutzrechtlichen Konformität des Gesamtunternehmens beitragen. Prüflisten unterliegen einem ständigen Verbesserungsprozess, wodurch interne Abläufe stetig störungsfreier werden und als Beitrag zur Unternehmenseffizienz anzusehen sind.

Die Durchführung der Prüfung stützt sich im Wesentlichen auf das von **der IT-Leitung vorgelegte Fachkonzept.** In diesem Fachkonzept werden die Anforderungen an ein System und grundsätzliche Überlegungen zu dessen Umsetzung dargelegt.

Müller

Das Konzept beinhaltet keine technischen Details, jedoch die erste Grobplanung des Projektes (Roadmap, Projektplan, Gesamtprojektübersicht, Gantt-Diagramm, http://www.gantt.com/ge). Hieraus sind die für die Vorprüfung notwendigen Informationen zu entnehmen. Alle Informationen zum Abschnitt „Verfahrensinformation" sollten aus dem Fachkonzept und der groben Gesamtprojektübersicht entnommen werden können. Die Inhalte, die nötig sind, um den Abschnitt „Prüfungsergebnis" bewerten zu können, sind dem Datenschutzbeauftragten aus seinen Aufgaben und Tätigkeiten heraus bekannt. Wenn sich der **Aufstellungsort der Systeme im Unternehmen** (also auf dem Hoheitsgebiet der juristischen Person als der verantwortlichen Stelle) selbst befinden, so sind die Serverräume oder das Rechenzentrum bzw. die Rechenzentren bereits hinsichtlich der Einhaltung der technischen und organisatorischen Maßnahmen geprüft und die Ergebnisse können herangezogen werden. Dies gilt auch für das **Datensicherungskonzept,** denn hier können bereits angewandte Regeln aus Verfahren gleichartiger Daten angewandt werden (dazu → E.I.1.). Die eingesetzte Applikation, mit der die Daten verarbeitet werden, muss sich auf der Liste der genehmigten und eingesetzten Produkte des Unternehmens befinden. Der IT-Leiter ist dafür verantwortlich, eine solche Übersicht in seinem Bereich zu pflegen. Durch Softwarelizenzverträge sind Unternehmen häufig dazu verpflichtet, eine Übersicht der eingesetzten Software vorzuhalten (dazu z.B. *Marly,* Praxishandbuch Softwarerecht, S. 507 ff. und 751 ff.; *Buchalik* in: Taeger (Hrsg.), Big Data & Co, S. 779). Diese Übersicht kann herangezogen werden, wenn das Unternehmen nicht über ein dediziertes Genehmigungsverfahren für die Genehmigung unternehmensweit einzusetzender Software verfügt.

Für die Beantwortung der Fragen nach Vertraulichkeit, Integrität und Verfügbarkeit der Daten kann der **Informations- oder IT-Sicherheitsbeauftragte herangezogen** werden (→ E.I.4.). Die Risikobewertung ist Inhalt der Projektinitiierung (Projektrisiken) und kann leicht um die ergänzenden sechs Fragepunkte erweitert werden.

Der letzte Abschnitt der Prüfliste enthält eine **kurze Stellungnahme des Datenschutzbeauftragten.** Hier können Hinweise an die verantwortliche Stelle und das Projekt gegeben werden (z.B. die Sorgfaltspflicht der Projektleitung auf die Einhaltung des Datenschutzes und die Unterstützung durch den Datenschutzbeauftragten zu einer projektspezifischen Schulung der Projektmitarbeiter zu den betreffenden Datenschutzthemen).

Sofern die Prüfung nicht in Gänze alle notwendigen Ergebnisse enthält, kann eine **Nachprüfung** oder aber ein Nachreichen fehlender Dokumente angesetzt werden. Für Nachprüfungen und Nachreichen von Dokumenten sind Termine zu setzen. Die Prüfliste sieht auch vor, das aufgrund umfassender Änderungen an Inhalt und Verfahren eine erneute Prüfung auf Basis dieser Prüfliste erfolgen kann.

Diese Art der Vorprüfung ist keine Rechtmäßigkeitsvoraussetzung für die Durchführung der Verarbeitung. Das heißt, dass der Datenschutzbeauftragte weder eine Genehmigung noch eine Ablehnung erteilt. Der Datenschutzbeauftragte hat kein formales Genehmigungsrecht, daher ist das inhaltliche Votum des Datenschutzbeauftragten für die verantwortliche Stelle nicht als Genehmigung oder Ablehnung zu verstehen. Der Datenschutzbeauftragte prüft die rechtliche Zulässigkeit der beabsichtigten Verarbeitung und die vorgesehenen technischen und organisatorischen Maßnahmen nach dem Stand der Technik auf deren Angemessenheit. Er führt hierzu eine Risikoanalyse (PIA, → E.I.3. Anm. 3; → C.III.) durch und erstellt ein Sicherheitskonzept (*Friedewald,* Whitepaper – Datenschutz-Folgenabschätzung – Ein

Werkzeug für einen besseren Datenschutz, S. 28). Wurden im Rahmen dieser Prüfung erhebliche Risiken oder datenschutzrechtliche Abweichungen festgestellt, so ist zu entscheiden, ob eine Datenschutz-Folgenabschätzung durchzuführen ist, denn die verantwortliche Stelle trägt im Sinne der DS-GVO das Risiko der Einführung. Die schriftliche Bestätigung der Kenntnisnahme der Prüfungsergebnisse durch den Verfahrensverantwortlichen ist somit von wichtiger Bedeutung für den Datenschutzbeauftragten und die Sicherstellung der Rechenschaftspflicht.

Prüfliste vor Vertragsabschluss einer Auftragsverarbeitung

Aktenzeichen:	Empfängerverteiler:[1]
Datum dieser Prüfung:	☐ erste Prüfung vor Vertragsabschluss
Datum der letzten Prüfung:	☐ Folgeprüfung wegen umfassender Änderungen an Inhalt und Verfahren
Verfahrensinformationen:	
Verfahrensbezeichnung:[2]	
Art des Verfahrens:[3]	
Art der Daten:[4]	
Kritikalität[5] der Daten:	☐ gering ☐ mittel ☐ hoch
Rechtsgrundlage für die Speicherung:[6]	
Kreis der Betroffenen:[7]	
verantwortliche Abteilung:[8]	
zugriffsberechtigter Personenkreis:[9]	
ist eine Auftragsverarbeitung (ADV) geplant:	☐ nein ☐ ja (weitere Prüfungen zu ADV)
geplanter Beginn:	☐ unbefristet ☐ befristet bis:

Prüfungsergebnis:	
die Art der Daten des geprüften Verfahrens erfordern die gesetzlich vorgeschriebenen Regelungen der DS-GVO	☐ nein ☐ ja
es sind Übermittlungen geplant[10]	☐ nein ☐ ja
ein valides Berechtigungskonzept wurde vorgelegt	☐ nein ☐ ja
es sind Löschfristen zu beachten	☐ nein ☐ ja
die Rechte der Betroffenen werden gewahrt	☐ nein ☐ ja
ein Verzeichnis von Verarbeitungstätigkeiten[11] wurde vorgelegt	☐ nein ☐ ja
	falls nein, wird nachgereicht bis:
Vertraulichkeit der Daten ist gesichert	☐ nein ☐ ja
Integrität der Daten ist gesichert	☐ nein ☐ ja
Verfügbarkeit der Daten ist gesichert	☐ nein ☐ ja

Müller

wurde eine Risikobewertung durchgeführt

1. zu Missbrauch und daraus resultie-
render Folgen   ☐ nein ☐ ja

2. zu Nachteilen für die Betroffenen[12]   ☐ nein ☐ ja

3. zu möglichen Schadenersatzansprü-
chen   ☐ nein ☐ ja

4. zu finanziellen Folgeschäden   ☐ nein ☐ ja

5. zu Imageverlust und anderen immate-
riellen Schäden   ☐ nein ☐ ja

die verarbeitenden Systeme befinden
sich in der Hoheit der verantwortlichen   ☐ nein ☐ ja
Stelle

der Aufstellungsort entspricht den An-
forderungen an die technischen, organi-   ☐ nein ☐ ja
satorischen Maßnahmen und den Stand
der Technik nach DS-GVO

Datensicherungskonzept liegt vor   ☐ nein ☐ ja

die verwendete Applikation ist auf der
Liste der unternehmensweit genehmig-
ten Produkte   ☐ nein ☐ ja

---

kurze Stellungnahme des Datenschutzbeauftragten:

die Vorprüfung   ☐ wurde komplett durchgeführt.
                                        ☐ konnte nicht abgeschlossen werden,
                                        da Unterlagen fehlen*)
                                        ☐ ergab erhebliche Risiken, siehe **)

*) folgende Unterlagen bitte nachrei-   **) folgende Maßnahmen sollten einge-
chen   führt werden
bis zum: Maßnahme:
bis zum: Maßnahme:
Die Durchführung einer Datenschutz   ☐ wird empfohlen
Folgenabschätzung   ☐ ist aufgrund des Prüfungsergebnisses
                                        nicht notwendig
Zur weiteren Bearbeitung und Durch-   Verantwortlicher Datenschutzbeauftrag-
führung der Datenschutzfolgen-   ter:
Abschätzung weitergeleitet an:
Datum: Datum:
                                        Kenntnisnahme bestätigt durch Unter-
                                        schrift des verfahrensverantwortlichen
                                        Abteilungsleiters:

Unterschrift des Datenschutzbeauftragten

Müller

Anmerkungen

1. Empfängerverteiler. Der Empfängerverteiler listet die Namen der Personen auf, die eine Kopie des Formulars erhalten.

2. Verfahrensbezeichnung. Kurzbezeichnung für das Verfahren, z. B. Personalabrechnung, Kundenwechselprozess, Kundenabrechnungsverfahren für Produkte.

3. Art des Verfahrens. Genaue Zweckbestimmung des Verfahrens, z. B. Abrechnung, Zahlung und Verbuchung von Kundenaufträgen.

4. Art der Daten. In der Praxis ist abzugrenzen zwischen Personaldaten, Kundendaten, Lieferantendaten sowie besonderen Arten personenbezogener Daten wie Patientendaten, Gesundheitsdaten oder andere gem. Art. 9 DS-GVO.

5. Kritikalität der Daten. Kritikalität wird verwendet, um eine Risikoklassifizierung der Auftragsverarbeitung vorzunehmen. Folgende Kritikalitätsstufen werden angewandt, um insbesondere die in Art. 35 DS-GVO risikobasierte Datenschutz-Folgenabschätzung abzubilden (angelehnt an *Gola/Jaspers/Müthlein*, Datenschutz-Grundverordnung im Überblick S. 59):
- Normal – personenbezogene Daten, die keine besonderen Arten personenbezogener Daten enthalten, geringer Datenbestand, kurze Beauftragungszeit oder allgemein zugängige Daten für Mitarbeiter;
- Hoch – personenbezogene Daten, die keine besonderen Arten personenbezogener Daten enthalten, längerfristige Beauftragung, es handelt sich um Auftragsverarbeitung oder ist Teil wesentlicher Geschäftsprozesse und vertrauliche Daten die einem kleinen Personenkreis zugänglich sind;
- Sehr hoch – personenbezogene Daten, die besondere Arten personenbezogener Daten enthalten, ggf. genetische oder biometrische Daten (gem. Art. 9, ErwG 51 DS-GVO), längerfristige Beauftragung, Auftragsverarbeitung oder Teil wesentlicher IT-Infrastruktur-Dienstleistungen oder wesentlicher, für die Aufrechterhaltung des Geschäftsbetriebs notwendiger IT-Applikationen.
- Die Zuordnung zu einer Kritikalitätsklasse (auch als Schutzklasse bezeichnet) kann außerdem durch weitere, auch externe Faktoren (z. B. mögliche Beschwerdepotentiale, öffentliche Diskussionen über die Zuverlässigkeit des Dienstleisters und Betroffenenrisiken) beeinflusst und verändert werden.

6. Rechtsgrundlage für die Speicherung. Als Rechtsgrundlage für die Speicherung können u. a. Art. 6, 9, 10 DS-GVO, Abgabenordnung, TKG, Betriebsvereinbarungen und Einwilligung des Betroffenen herangezogen werden.

7. Kreis der Betroffenen. In Betracht kommen beispielsweise Mitarbeiter, Kunden oder Patienten.

8. Verantwortliche Abteilung. Benennung der internen Abteilung, die für das Verfahren verantwortlich ist. Diese ist Teil der oben bezeichneten verantwortlichen Stelle, so dass nur eine interne Datenverarbeitung vorliegt, wenn diese Daten zwischen verantwortlichen Abteilungen weitergegeben werden, → G.I.

9. Zugriffsberechtigter Personenkreis. Anzugeben sind Unternehmensabteilungen, die auf die Daten zugreifen sollen, Rollen und Funktionen aus der Organisation oder aus der Applikation (Rechteverwaltung) selbst.

Müller

10. Übermittlungen. Nach Art. 44, 45, 46 und ErwG 101, 110 ff. DS-GVO gelten für die Datenübermittlung ins Ausland besondere Regelungen, → G.VII.

11. Verzeichnis der Verarbeitungstätigkeiten. → C.II.

12. Nachteile für die Betroffenen. Art. 35 Abs. 1 S. 1 DS-GVO fordert explizit eine Risikobetrachtung für die Betroffenen, sofern die Verarbeitung und die angewandte Technologie „ein hohes Risiko für die Rechte und Freiheiten natürlicher Personen zur Folge" haben kann (vgl. *Veil*, ZD 2015, 347).

4. Vertragsmuster Auftragsverarbeitung

Die moderne Dienstleistungsgesellschaft ist arbeitsteilig. Nicht nur aus Kostengründen, sondern auch mit Blick auf eine optimale Ressourcenverwendung im Unternehmen werden daher immer mehr Arbeitsschritte aus den betriebsinternen Abläufen ausgegliedert und an dafür spezialisierte, häufig international tätige Dienstleister vergeben. Ein Schwerpunkt solcher Dienstleistungen liegt in der Verarbeitung personenbezogener Daten im Auftrag und für Zwecke des Verantwortlichen (Auftragsverarbeitung). Diese zeichnet sich durch die Weisungsabhängigkeit des Auftragnehmers gegenüber dem Auftraggeber aus, der alleine die Verarbeitungszwecke setzt und überwacht, während der Auftragnehmer über die Erbringung seiner Dienstleistung hinaus keine eigenen Verarbeitungszwecke verfolgt und in der Regel den Betroffenen nicht kennt, bzw. zu ihm keine vertragliche Beziehung hat. Klassische Geschäftsfelder von Auftragsverarbeitern sind das Cloud Computing, Callcenter-Dienste, Dienstleistungen beim Versand von Briefen oder E-Mails, einfache technische Datenerfassungsmaßnahmen durch Scan-Dienstleister sowie die Datenlöschung und fachgerechte Datenträgerentsorgung.

Das Datenschutzrecht trägt dieser Entwicklung durch eine Privilegierung solcher Dienstleistungsverhältnisse Rechnung: Anders als bei anderen Datenübermittlungen können diese ohne vorherige Einbeziehung des Betroffenen durchgeführt werden; ein berechtigtes, die Betroffeneninteressen prinzipiell überwiegendes Verarbeitungsinteresse des Verantwortlichen wird unterstellt. Zum Ausgleich dafür sah das BDSG bislang in § 11 gesteigerte Aufsichts- und Sorgfaltspflichten des Verantwortlichen vor, der seinen Dienstleister mit Bedacht auswählen (§ 11 Abs. 2 S. 1 BDSG a.F.), mit klaren Handlungsaufträgen versehen und genau kontrollieren musste. Dazu sah § 11 Abs. 2 S. 2 BDSG a.F. einen umfangreichen Katalog an vertraglichen Festlegungen vor, welche der Verantwortliche mit dem Auftragnehmer und Datenverarbeiter schriftlich zu vereinbaren hatte. Besonders wichtig waren dabei die Pflichten der verantwortlichen Stelle, die Zwecke der Datenverwendung vorzugeben, die vom Dienstleister zu treffenden technisch-organisatorischen Maßnahmen nach § 9 BDSG a.F. (samt Anlage) festzulegen, Kontrollrechte des Auftraggebers sowie die Berechtigung des Auftragnehmers zur Erteilung von Unteraufträgen zu regeln. Im BDSG a.F. stand die fortdauernde Verantwortlichkeit der verantwortlichen Stelle im Vordergrund, der Auftragnehmer wurde lediglich den Pflichten nach §§ 5 und 9 BDSG a.F. sowie der Kontrolle der Aufsichtsbehörde unterworfen (§ 11 Abs. 4 BDSG a.F.).

Art. 28 DS-GVO regelt nunmehr die materiellen und formellen Anforderungen an eine Auftragsverarbeitung (Legaldefinition in Art. 4 Ziff. 8 DS-GVO). Der nach Art. 28 Abs. 3 DS-GVO vorgesehene Mindestinhalt entspricht im Wesentlichen den

Schmidt/Brink

bekannten Vorgaben aus § 11 BDSG a.F. (*Schantz*, NJW 2016, 1841 (1846);
→ B. V.1.). Änderungen gibt es in terminologischer Hinsicht: Aus der verantwortlichen Stelle wird der Verantwortliche (Art. 4 Ziff. 7 DS-GVO), aus dem Auftragsdatenverarbeiter der Auftragsverarbeiter (Art. 4 Ziff. 8 DS-GVO).

Die umsichtige Auswahl eines geeigneten Dienstleisters steht nach wie vor im Mittelpunkt der fortdauernden Verantwortung des Auftraggebers (*Petri*, ZD 2015, 305 (309 m.w.N.)). Er muss sicherstellen, dass er nur mit solchen Auftragsverarbeitern zusammenarbeitet, die hinreichende Garantien dafür bieten, dass geeignete technische und organisatorische Maßnahmen so durchgeführt werden, dass die Verarbeitung im Einklang mit den Anforderungen der Verordnung erfolgt und den Schutz der Rechte der betroffenen Person gewährleistet (Art. 28 Abs. 1 DS-GVO). Diese zentrale Pflicht des Verantwortlichen, die der Dokumentationspflicht nach Art. 5 Abs. 2 DS-GVO unterliegt, wird durch die DS-GVO wesentlich erleichtert: Erstmals ist ausdrücklich bestimmt, dass der Verantwortliche hinreichende Garantien i.S.v. Abs. 1 (vgl. Art. 28 Abs. 5 DS-GVO) mit Blick auf die Einhaltung genehmigter Verhaltensregeln und Zertifizierungen als „Faktor" nachweisen kann. Dies wird die Inanspruchnahme von Internet-Dienstleistungen wie Cloud Computing bei nationalen und internationalen Dienstleistern deutlich vereinfachen, da Vor-Ort-Kontrollen ausdrücklich nicht zwingend notwendig sind.

Wie bereits das BDSG sieht auch die DS-GVO ein Verbot mit Erlaubnisvorbehalt vor: Jede Datenverarbeitung des Verantwortlichen ist rechtswidrig, wenn nicht eine besondere Legitimationsgrundlage vorliegt. Gem. Art. 6 Abs. 1 S. 1 DS-GVO ist eine Verarbeitung personenbezogener Daten nur rechtmäßig, wenn sie auf einen Erlaubnistatbestand gestützt werden kann. Die wesentlichen Erlaubnistatbestände der DS-GVO sind: die Einwilligung, die Datenverarbeitung zur Durchführung/Erfüllung eines Vertrages, die Datenverarbeitung zur Erfüllung rechtlicher Verpflichtung sowie die Datenverarbeitung zur Wahrung berechtigter Interessen als eine Art „Auffangerlaubnistatbestand", dessen Voraussetzungen weniger spezifisch als der anderen Tatbestände sind (Art. 6 Abs. 1 S. 1 lit. f DS-GVO). Die Verarbeitung personenbezogener Daten ist nach Art. 6 Abs. 1 S. 1 lit. f DS-GVO auch dann rechtmäßig, wenn sie zur Wahrung berechtigter Interessen des Verantwortlichen oder eines Dritten erforderlich ist, sofern nicht die Interessen oder Grundrechte und Grundfreiheiten der betroffenen Person überwiegen. Bei der Auftragsverarbeitung geht die DS-GVO davon aus, dass dies der Fall ist.

Auftragsverarbeitung kommt in unterschiedlichen Konstellationen vor: zwischen Unternehmen und externen Dienstleistern, aber auch in Unternehmensgruppen und Konzernen. Nach ErwG 48 DS-GVO können Verantwortliche, die Teil einer Unternehmensgruppe sind, ein berechtigtes Interesse daran haben, personenbezogene Daten innerhalb der Unternehmensgruppe für interne Verwaltungszwecke, einschließlich der Verarbeitung personenbezogener Daten von Beschäftigten, zu übermitteln. Art. 6 Abs. 1 S. 1 lit. f DS-GVO stellt damit einen Erlaubnistatbestand dar, der es Unternehmen gestattet, die konzernweite Datenübermittlung zu gestalten (z.B. zur Erbringung von Personalservices, Reisekostenabrechnungen o.Ä.), ohne dass es in der DS-GVO ein formuliertes Konzernprivileg gibt (*Sörup/Marquardt*, ArbRAktuell 2016, 103; *Lachenmann*, Datenübermittlung im Konzern, S. 258f.).

Wie bereits nach den Regelungen des BDSG a.F. muss der Verantwortliche nach der DS-GVO mit dem Auftragsverarbeiter einen Vertrag über die Auftragsverarbeitung schließen. Dieser kann schriftlich oder in einem elektronischen Format abge-

Schmidt/Brink

fasst werden (Art. 28 Abs. 9 DS-GVO). Die Formvorgabe entspricht damit der Text-form des § 126b BGB. Einer Verkörperung, z. B. als Ausdruck bedarf es zwar nicht, jedoch muss das gewählte Format sicherstellen, dass nachträgliche Änderungen technisch unmöglich sind. Dies wäre z. B. beim Versand von schreibgeschützten PDF-Dateien der Fall. Eine einfache E-Mail wäre somit – anders als eine solche mit elektronischer Signatur – nicht ausreichend (vgl. Paal/Pauly/*Martini*, DS-GVO, Art. 28 Rn. 75). Das Formerfordernis gilt auch für das Verhältnis zwischen Auf-tragsverarbeiter und Unterauftragnehmern nach Art. 28 Abs. 4 DS-GVO.

Unterschiede zwischen den Regelungen des DS-GVO und des BDSG a. F. sind aber durchaus erkennbar und relevant: Zum einen wurde die Pflichtenstellung des Auftragsverarbeiters deutlich angehoben. Ihn treffen jetzt selbst Datenschutzpflich-ten hinsichtlich der Datenverarbeitungen (vgl. Art. 27 Abs. 1, Art. 31, Art. 32, Art. 82 DS-GVO) und er ist nicht nur nachgeordnete und unselbständige Stelle des Verantwortlichen. Die DS-GVO legt wesentliche Datenschutzpflichten ausdrücklich sowohl dem Verantwortlichen als auch dem Auftragsverarbeiter auf, dieses Be-griffspaar zieht sich durch das gesamte Regelungswerk von DS-GVO und Erwä-gungsgründen. So kann die Datenverarbeitung durch den Auftragsverarbeiter auch Gegenstand eigenständiger Rechtsbehelfe des Betroffenen sein (vgl. Art. 79 Abs. 2 DS-GVO) und er ist selbst Adressat von Schadensersatzansprüchen (Art. 82 Abs. 1 DS-GVO, wenn auch in reduziertem Umfang, vgl. Art. 82 Abs. 2 S. 2 DS-GVO). Be-sondere Relevanz erlangt dies, da Art. 82 Abs. 1 DS-GVO den Schadensersatzan-spruch ausdrücklich auf den Ersatz immaterieller Schäden erstreckt. Nach dem BDSG a. F. waren Schadensersatzansprüche aus §§ 7 und 8 BDSG a. F. nach § 11 Abs. 1 S. 2 BDSG a. F. (ausschließlich) gegenüber der verantwortlichen Stelle geltend zu machen. Mit der Regelung der DS-GVO korrespondiert, dass die Befugnisse der Aufsichtsbehörde nach Art. 58 DS-GVO auch gegenüber Auftragsverarbeitern bestehen. Im Verhältnis zum Auftraggeber als Verantwortlichem (Art. 5 Abs. 2 DS-GVO) bleibt die Pflichtenstellung des Auftragsverarbeiters jedoch reduziert, etwa mit Blick auf Transparenz- (vgl. Art. 12 DS-GVO) und Nachweispflichten (vgl. Art. 24 Abs. 1 S. 1 DS-GVO). Dies ändert sich erst in dem Moment, in dem der Auf-tragsverarbeiter eigene Verarbeitungszwecke setzt und sich so selbst zum Verant-wortlichen aufschwingt (Art. 28 Abs. 10 DS-GVO).

Zum anderen finden sich durchaus maßgebliche Bestimmungen des BDSG a. F., nicht in der DS-GVO wieder, etwa sind die Regelungen zu Wartung und Fernzugriff (§ 11 Abs. 5 BDSG a. F.) ersatzlos entfallen. Anders als § 3 Abs. 8 S. 3 BDSG a. F. enthält die DS-GVO, wie bereits die DSRL, keine Beschränkung der Privilegierung der Auftragsverarbeitung auf den EU-/EWR-Raum, so dass nunmehr auch mit Auf-tragsverarbeitern in Drittstaaten entsprechende Verträge geschlossen werden kön-nen, sofern die entsprechenden Vorgaben (insbesondere solche zum internationalen Datentransfer, vgl. Art. 44 ff. DS-GVO) eingehalten werden. Ebenfalls im Wandel befindet sich die Transparenz der Auftragsverarbeitung: Während nach § 4 Abs. 3 S. 1 Nr. 3 (vgl. auch § 33 Abs. 1 BDSG a. F.) der Betroffene nur dann über die Ein-schaltung eines Dienstleisters (selbst das nur als Kategorie) zu unterrichten war, wenn er nach den Umständen des Einzelfalls nicht mit der Übermittlung an diesen rechnen musste, sieht Art. 13 bzw. Art. 14 Abs. 1 lit. e DS-GVO eine Offenlegung aller Empfänger, zumindest der Kategorien von Empfängern (vgl. Art. 4 Ziff. 9 DS-GVO), vor. Der Begriff „Kategorien von Empfängern" dient dabei der Zusam-menfassung mehrerer gleicher Empfänger, die auf Grund eines ähnlichen Sachver-

Schmidt/Brink

halts die Daten erhalten. Dabei sind die Empfänger nicht namentlich zu benennen, sondern abstrakt: als Kreditinstitute oder Adressdatenhändler, ggf. auch Mitarbeiter des Verantwortlichen (vgl. Rat, 7978/1/15 REV 1, S. 23 Fn. 77).

Gemäß Art. 28 Abs. 7 und 8 DS-GVO können die Kommission und die Aufsichtsbehörden der Mitgliedstaaten Standardvertragsklauseln zu Verarbeitungen durch Auftragsverarbeiter nach Abs. 3 und 4 entwickeln (dazu *Schantz*, NJW 2016, 1841 (1846)). Um einen rechtssicheren Vertrag über Auftragsverarbeitung zu schließen, können die Parteien statt individueller Vereinbarungen diese Standardvertragsklauseln nutzen. In ErwG 81 DS-GVO heißt es insoweit: „Der Verantwortliche und der Auftragsverarbeiter können entscheiden, ob sie einen individuellen Vertrag oder Standardvertragsklauseln verwenden, die entweder unmittelbar von der Kommission erlassen oder aber nach dem Kohärenzverfahren von einer Aufsichtsbehörde angenommen und dann von der Kommission erlassen wurden." Es ist nicht abzusehen, wann solche Standardvertragsklauseln vorliegen werden. Allerdings ist die Beobachtung der Regulierungsbestrebungen von Kommission und Aufsichtsbehörden dringend anzuraten, da erst durch solche Standardisierungen ein hinreichendes Maß an Rechtssicherheit bei der Auftragsverarbeitung zu erzielen sein wird.

Das vorliegende Muster verzichtet auf Ergänzungen zu allgemeinen Geheimhaltungspflichten und zum Bank- und Telekommunikationsgeheimnis; es gilt nicht für öffentliche Stellen, die Daten im Auftrag verarbeiten oder verarbeiten lassen.

Vertrag zur Auftragsverarbeitung[1]

zwischen

[Unternehmen X]

als Verantwortlicher (hier bezeichnet als „Auftraggeber")

und

[Unternehmen Y]

als Auftragsverarbeiter (hier bezeichnet als „Auftragnehmer")

Präambel

Der Auftraggeber möchte den Auftragnehmer mit den in § 3 genannten Leistungen beauftragen. Teil der Vertragsdurchführung ist die Verarbeitung von personenbezogenen Daten. Insbesondere Art. 28 DS-GVO stellt bestimmte Anforderungen an eine solche Auftragsverarbeitung. Zur Wahrung dieser Anforderungen schließen die Parteien die nachfolgende Vereinbarung, deren Erfüllung nicht gesondert vergütet wird, sofern dies nicht ausdrücklich vereinbart ist.[2]

§ 1 Begriffsbestimmungen

(1) Verantwortlicher ist gem. Art. 4 Abs. 7 DS-GVO die Stelle, die allein oder gemeinsam mit anderen Verantwortlichen über die Zwecke und Mittel der Verarbeitung von personenbezogenen Daten entscheidet.

(2) Auftragsverarbeiter ist gem. Art. 4 Abs. 8 DS-GVO eine natürliche oder juristische Person, Behörde, Einrichtung oder andere Stelle, die personenbezogene Daten im Auftrag des Verantwortlichen verarbeitet.[3]

Schmidt/Brink

(3) Personenbezogene Daten sind gem. Art. 4 Abs. 1 DS-GVO alle Informationen, die sich auf eine identifizierte oder identifizierbare natürliche Person (im Folgenden „betroffene Person") beziehen; als identifizierbar wird eine natürliche Person angesehen, die direkt oder indirekt, insbesondere mittels Zuordnung zu einer Kennung wie einem Namen, zu einer Kennnummer, zu Standortdaten, zu einer Online-Kennung oder zu einem oder mehreren besonderen Merkmalen, die Ausdruck der physischen, physiologischen, genetischen, psychischen, wirtschaftlichen, kulturellen oder sozialen Identität dieser natürlichen Person sind, identifiziert werden kann.

(4) Besonders schutzbedürftige personenbezogene Daten sind personenbezogenen Daten gem. Art. 9 DS-GVO, aus denen die rassische und ethnische Herkunft, politische Meinungen, religiöse oder weltanschauliche Überzeugungen oder die Gewerkschaftszugehörigkeit von Betroffenen hervorgehen, personenbezogene Daten gem. Art. 10 DS-GVO über strafrechtliche Verurteilungen und Straftaten oder damit zusammenhängende Sicherungsmaßregeln sowie genetische Daten gem. Art. 4 Abs. 13 DS-GVO, biometrischen Daten gem. Art. 4 Abs. 14 DS-GVO, Gesundheitsdaten gem. Art. 4 Abs. 15 DS-GVO sowie Daten zum Sexualleben oder der sexuellen Orientierung einer natürlichen Person.

(5) Verarbeitung ist gem. Art. 4 Abs. 2 DS-GVO jeder mit oder ohne Hilfe automatisierter Verfahren ausgeführte Vorgang oder jede solche Vorgangsreihe im Zusammenhang mit personenbezogenen Daten wie das Erheben, das Erfassen, die Organisation, das Ordnen, die Speicherung, die Anpassung oder Veränderung, das Auslesen, das Abfragen, die Verwendung, die Offenlegung durch Übermittlung, Verbreitung oder eine andere Form der Bereitstellung, den Abgleich oder die Verknüpfung, die Einschränkung, das Löschen oder die Vernichtung.[4]

(6) Aufsichtsbehörde ist gem. Art. 4 Abs. 21 DS-GVO eine von einem Mitgliedstaat gem. Art. 51 DS-GVO eingerichtete unabhängige staatliche Stelle.

§ 2 Angabe der zuständigen Datenschutz-Aufsichtsbehörde

(1) Zuständige Aufsichtsbehörde für den Auftraggeber ist [Der Landesbeauftragte für den Datenschutz ...].[5]

(2) Zuständige Aufsichtsbehörde für den Auftragnehmer ist [Der Landesbeauftragte für den Datenschutz ...].[5]

(3) [Var.] Der Auftragnehmer hat als Vertreter nach Art. 27 Abs. 1 DS-GVO benannt: [...].[6]

(4) Der Auftraggeber und der Auftragnehmer und gegebenenfalls deren Vertreter arbeiten auf Anfrage mit der Aufsichtsbehörde bei der Erfüllung ihrer Aufgaben zusammen.[7]

§ 3 Vertragsgegenstand

(1) Der Auftragnehmer erbringt für den Auftraggeber Leistungen im Bereich [...] auf Grundlage des Vertrags vom [...] („Hauptvertrag"). Dabei erhält der Auftragnehmer Zugriff auf personenbezogene Daten und verarbeitet diese ausschließlich im Auftrag und nach Weisung des Auftraggebers. Umfang und Zweck der Datenverarbeitung durch den Auftragnehmer ergeben sich aus dem Hauptvertrag (und der da-

Schmidt/Brink

zugehörigen Leistungsbeschreibung).[8] Dem Auftraggeber obliegt die Beurteilung der Zulässigkeit der Datenverarbeitung.

(2) Zur Konkretisierung der beiderseitigen datenschutzrechtlichen Rechte und Pflichten schließen die Parteien die vorliegende Vereinbarung. Die Regelungen der vorliegenden Vereinbarung gehen im Zweifel den Regelungen des Hauptvertrags vor.

(3) Die Bestimmungen dieses Vertrages finden Anwendung auf alle Tätigkeiten, die mit dem Hauptvertrag in Zusammenhang stehen und bei der der Auftragnehmer und seine Beschäftigten oder durch den Auftragnehmer Beauftragte mit personenbezogenen Daten in Berührung kommen, die vom Auftraggeber stammen oder für den Auftraggeber erhoben wurden.

(4) Die Laufzeit dieses Vertrags richtet sich nach der Laufzeit des Hauptvertrages, sofern sich aus den nachfolgenden Bestimmungen nicht darüberhinausgehende Verpflichtungen oder Kündigungsrechte ergeben.

§ 4 Weisungsrecht [9]

(1) Der Auftragnehmer darf Daten nur im Rahmen des Hauptvertrags und gemäß den Weisungen des Auftraggebers erheben, verarbeiten oder nutzen; dies gilt insbesondere in Bezug auf die Übermittlung personenbezogener Daten in ein Drittland oder an eine internationale Organisation. Wird der Auftragnehmer durch das Recht der Europäischen Union oder der Mitgliedstaaten, dem er unterliegt, zu weiteren Verarbeitungen verpflichtet, teilt er dem Auftraggeber diese rechtlichen Anforderungen vor der Verarbeitung mit.[10]

(2) Die Weisungen des Auftraggebers werden anfänglich durch diesen Vertrag festgelegt und können vom Auftraggeber danach in schriftlicher Form oder in Textform durch einzelne Weisungen geändert, ergänzt oder ersetzt werden (Einzelweisung). Der Auftraggeber ist jederzeit zur Erteilung entsprechender Weisungen berechtigt. Dies umfasst Weisungen in Hinblick auf die Berichtigung, Löschung und Sperrung von Daten. Die weisungsberechtigten Personen ergeben sich aus Anlage 5. Bei einem Wechsel oder einer längerfristigen Verhinderung der benannten Personen ist dem Vertragspartner unverzüglich der Nachfolger bzw. Vertreter in Textform zu benennen.

(3) Alle erteilten Weisungen sind sowohl vom Auftraggeber als auch vom Auftragnehmer zu dokumentieren.[9] Weisungen, die über die hauptvertraglich vereinbarte Leistung hinausgehen, werden als Antrag auf Leistungsänderung behandelt.

(4) Ist der Auftragnehmer der Ansicht, dass eine Weisung des Auftraggebers gegen datenschutzrechtliche Bestimmungen verstößt, hat er den Auftraggeber unverzüglich darauf hinzuweisen.[11] Der Auftragnehmer ist berechtigt, die Durchführung der betreffenden Weisung solange auszusetzen, bis diese durch den Auftraggeber bestätigt oder geändert wird. Der Auftragnehmer darf die Durchführung einer offensichtlich rechtswidrigen Weisung ablehnen.[12]

§ 5 Art der verarbeiteten Daten, Kreis der Betroffenen [8]

(1) Im Rahmen der Durchführung des Hauptvertrags erhält der Auftragnehmer Zugriff auf die in Anlage 1 näher spezifizierten personenbezogenen Daten. Diese Daten umfassen

[Var. 1:] keine

[Var. 2:] die in Anlage 1 aufgeführten und als solche gekennzeichneten besonderen Kategorien personenbezogener Daten.

(2) Der Kreis der von der Datenverarbeitung Betroffenen ist in Anlage 2 dargestellt.

§ 6 Schutzmaßnahmen des Auftragnehmers[13]

(1) Der Auftragnehmer ist verpflichtet, die gesetzlichen Bestimmungen über den Datenschutz zu beachten und die aus dem Bereich des Auftraggebers erlangten Informationen nicht an Dritte weiterzugeben oder deren Zugriff auszusetzen. Unterlagen und Daten sind gegen die Kenntnisnahme durch Unbefugte unter Berücksichtigung des Stands der Technik[14] zu sichern.

(2) Der Auftragnehmer wird in seinem Verantwortungsbereich die innerbetriebliche Organisation so gestalten, dass sie den besonderen Anforderungen des Datenschutzes gerecht wird. Er trifft alle erforderlichen technischen und organisatorischen Maßnahmen zum angemessenen Schutz der Daten des Auftraggebers gem. Art. 32 DS-GVO, insbesondere mindestens die in Anlage 3 aufgeführten Maßnahmen der

a) Zutrittskontrolle

b) Zugangskontrolle

c) Zugriffskontrolle

d) Weitergabekontrolle

e) Eingabekontrolle

f) Auftragskontrolle

g) Verfügbarkeitskontrolle

h) Trennungskontrolle

Eine Änderung der getroffenen Sicherheitsmaßnahmen bleibt dem Auftragnehmer vorbehalten, wobei er sicherstellt, dass das vertraglich vereinbarte Schutzniveau nicht unterschritten wird.

(3) Beim Auftragnehmer ist als betrieblicher Datenschutzbeauftragter/als Ansprechpartner für den Datenschutz (sofern ein Datenschutzbeauftragter nach Art. 37 Abs. 1 DS-GVO nicht bestellt werden muss) bestellt: [...]. Der Auftragnehmer veröffentlicht die Kontaktdaten des Datenschutzbeauftragten auf seiner Internetseite und teilt sie der Aufsichtsbehörde mit. Veröffentlichung und Mitteilung weist der Auftragnehmer auf Anforderung des Auftraggebers in geeigneter Weise nach.[15]

(4) Den bei der Datenverarbeitung durch den Auftragnehmer beschäftigten Personen ist es untersagt, personenbezogene Daten unbefugt zu erheben, zu verarbeiten oder zu nutzen. Der Auftragnehmer wird alle Personen, die von ihm mit der Bearbeitung und der Erfüllung dieses Vertrages betraut werden (im folgenden Mitarbeiter genannt), entsprechend verpflichten (Verpflichtung zur Vertraulichkeit, Art. 28 Abs. 3 lit. b DS-GVO) und mit der gebotenen Sorgfalt die Einhaltung dieser Verpflichtung sicherstellen.[16] Diese Verpflichtungen müssen so gefasst sein, dass sie auch nach Beendigung dieses Vertrages oder des Beschäftigungsverhältnisses zwischen dem Mitarbeiter und dem Auftragnehmer bestehen bleiben. Dem Auftraggeber sind die Verpflichtungen auf Verlangen in geeigneter Weise nachzuweisen.[17]

Schmidt/Brink

§ 7 Informationspflichten des Auftragnehmers[18]

(1) Bei Störungen, Verdacht auf Datenschutzverletzungen oder Verletzungen vertraglicher Verpflichtungen des Auftragnehmers, Verdacht auf sicherheitsrelevante Vorfälle oder andere Unregelmäßigkeiten bei der Verarbeitung der personenbezogenen Daten durch den Auftragnehmer, bei ihm im Rahmen des Auftrags beschäftigten Personen oder durch Dritte wird der Auftragnehmer den Auftraggeber unverzüglich in Schriftform oder Textform informieren. Dasselbe gilt für Prüfungen des Auftragnehmers durch die Datenschutz-Aufsichtsbehörde. Die Meldung über eine Verletzung des Schutzes personenbezogener Daten enthält zumindest folgende Informationen:

a) eine Beschreibung der Art der Verletzung des Schutzes personenbezogener Daten, soweit möglich mit Angabe der Kategorien und der Zahl der betroffenen Personen, der betroffenen Kategorien und der Zahl der betroffenen personenbezogenen Datensätze;

b) eine Beschreibung der von dem Auftragnehmer ergriffenen oder vorgeschlagenen Maßnahmen zur Behebung der Verletzung und gegebenenfalls Maßnahmen zur Abmilderung ihrer möglichen nachteiligen Auswirkungen.[19]

(2) Der Auftragnehmer trifft unverzüglich die erforderlichen Maßnahmen zur Sicherung der Daten und zur Minderung möglicher nachteiliger Folgen der Betroffenen, informiert hierüber den Auftraggeber und ersucht um weitere Weisungen.

(3) Der Auftragnehmer ist darüber hinaus verpflichtet, dem Auftraggeber jederzeit Auskünfte zu erteilen, soweit dessen Daten von einer Verletzung nach Absatz 1 betroffen sind.

(4) Sollten die Daten des Auftraggebers beim Auftragnehmer durch Pfändung oder Beschlagnahme, durch ein Insolvenz- oder Vergleichsverfahren oder durch sonstige Ereignisse oder Maßnahmen Dritter gefährdet werden, so hat der Auftragnehmer den Auftraggeber unverzüglich darüber zu informieren, sofern ihm dies nicht durch gerichtliche oder behördliche Anordnung untersagt ist. Der Auftragnehmer wird in diesem Zusammenhang alle zuständigen Stellen unverzüglich darüber informieren, dass die Entscheidungshoheit über die Daten ausschließlich beim Auftraggeber als „Verantwortlichem" im Sinne der DS-GVO liegen.

(5) Über wesentliche Änderung der Sicherheitsmaßnahmen nach § 6 Abs. 2 hat der Auftragnehmer den Auftraggeber unverzüglich zu unterrichten.

(6) Ein Wechsel in der Person des betrieblichen Datenschutzbeauftragten/Ansprechpartners für den Datenschutz ist dem Auftraggeber unverzüglich mitzuteilen.

(7) Der Auftragnehmer und gegebenenfalls sein Vertreter führen ein Verzeichnis zu allen Kategorien von im Auftrag des Auftraggebers durchgeführten Tätigkeiten der Verarbeitung, das alle Angaben gem. Art. 30 Abs. 2 DS-GVO enthält. Das Verzeichnis ist dem Auftraggeber auf Anforderung zur Verfügung zu stellen.[20]

(8) An der Erstellung des Verfahrensverzeichnisses durch den Auftraggeber hat der Auftragnehmer im angemessenen Umfang mitzuwirken. Er hat dem Auftraggeber die jeweils erforderlichen Angaben in geeigneter Weise mitzuteilen.

§ 8 Kontrollrechte des Auftraggebers[21]

(1) Der Auftraggeber überzeugt sich vor der Aufnahme der Datenverarbeitung und sodann regelmäßig [FESTLEGUNG EINES KONKRETEN ZEITRAUMES]

Schmidt/Brink

von den technischen und organisatorischen Maßnahmen des Auftragnehmers.[22] Hierfür kann er z. B. Auskünfte des Auftragnehmers einholen, sich vorhandene Testate von Sachverständigen, Zertifizierungen oder internen Prüfungen vorlegen lassen oder die technischen und organisatorischen Maßnahmen des Auftragnehmers nach rechtzeitiger Abstimmung zu den üblichen Geschäftszeiten selbst persönlich prüfen bzw. durch einen sachkundigen Dritten prüfen lassen, sofern dieser nicht in einem Wettbewerbsverhältnis zum Auftragnehmer steht. Der Auftraggeber wird Kontrollen nur im erforderlichen Umfang durchführen und die Betriebsabläufe des Auftragnehmers dabei nicht unverhältnismäßig stören.

(2) Der Auftragnehmer verpflichtet sich, dem Auftraggeber auf dessen mündliche oder schriftliche Anforderung innerhalb einer angemessenen Frist alle Auskünfte und Nachweise zur Verfügung zu stellen, die zur Durchführung einer Kontrolle der technischen und organisatorischen Maßnahmen des Auftragnehmers erforderlich sind.

(3) Der Auftraggeber dokumentiert das Kontrollergebnis und teilt es dem Auftragnehmer mit. Bei Fehlern oder Unregelmäßigkeiten, die der Auftraggeber insbesondere bei der Prüfung von Auftragsergebnissen feststellt, hat er den Auftragnehmer unverzüglich zu informieren. Werden bei der Kontrolle Sachverhalte festgestellt, deren zukünftige Vermeidung Änderungen des angeordneten Verfahrensablaufs erfordern, teilt der Auftraggeber dem Auftragnehmer die notwendigen Verfahrensänderungen unverzüglich mit.

(4) Der Auftragnehmer stellt dem Auftraggeber auf dessen Wunsch ein umfassendes und aktuelles Datenschutz- und Sicherheitskonzept für die Auftragsverarbeitung sowie über zugriffsberechtigte Personen zur Verfügung.

(5) Der Auftragnehmer weist dem Auftraggeber die Verpflichtung der Mitarbeiter nach § 6 Abs. 4 auf Verlangen nach.

§ 9 Einsatz von Subunternehmern[23]

(1) [Variante 1:] Der Auftragnehmer ist im Rahmen seiner vertraglichen Verpflichtungen nicht zur Begründung von Unterauftragsverhältnissen mit Subunternehmern („Subunternehmerverhältnis") befugt.[24]
[Variante 2:] Die vertraglich vereinbarten Leistungen bzw. die nachfolgend beschriebenen Teilleistungen werden unter Einschaltung der in Anlage 4 genannten Subunternehmer durchgeführt. Der Auftragnehmer ist im Rahmen seiner vertraglichen Verpflichtungen zur Begründung von weiteren Unterauftragsverhältnissen mit Subunternehmern („Subunternehmerverhältnis") befugt, soweit er den Auftraggeber hiervon vorab in Kenntnis setzt und dieser der Beauftragung des Subunternehmers vorab schriftlich zugestimmt hat. Der Auftragnehmer ist verpflichtet, Subunternehmer sorgfältig nach deren Eignung und Zuverlässigkeit auszuwählen. Der Auftragnehmer hat bei der Einschaltung von Subunternehmern diese entsprechend den Regelungen dieser Vereinbarung zu verpflichten und dabei sicherzustellen, dass der Auftraggeber seine Rechte aus dieser Vereinbarung (insbesondere seine Prüf- und Kontrollrechte) direkt gegenüber den Subunternehmern wahrnehmen kann.[26] Sofern eine Einbeziehung von Subunternehmern in einem Drittland erfolgen soll, hat der Auftragnehmer sicherzustellen, dass beim jeweiligen Subunternehmer ein angemessenes Datenschutzniveau gewährleistet ist (z. B. durch Abschluss einer Vereinba-

Schmidt/Brink

rung auf Basis der EU-Standarddatenschutzklauseln). Der Auftragnehmer wird dem Auftraggeber auf Verlangen den Abschluss der vorgenannten Vereinbarungen mit seinen Subunternehmern nachweisen.

[Variante 3:] Die vertraglich vereinbarten Leistungen bzw. die nachfolgend beschriebenen Teilleistungen werden unter Einschaltung der in Anlage 4 genannten Subunternehmer durchgeführt. Der Auftragnehmer ist im Rahmen seiner vertraglichen Verpflichtungen zur Begründung von weiteren Unterauftragsverhältnissen mit Subunternehmern („Subunternehmerverhältnis") befugt. Er setzt den Auftraggeber hiervon unverzüglich in Kenntnis. Der Auftragnehmer ist verpflichtet, Subunternehmer sorgfältig nach deren Eignung und Zuverlässigkeit auszuwählen. Der Auftragnehmer hat bei der Einschaltung von Subunternehmern diese entsprechend den Regelungen dieser Vereinbarung zu verpflichten und dabei sicherzustellen, dass der Auftraggeber seine Rechte aus dieser Vereinbarung (insbesondere seine Prüf- und Kontrollrechte) auch direkt gegenüber den Subunternehmern wahrnehmen kann.[26] Sofern eine Einbeziehung von Subunternehmern in einem Drittland erfolgen soll, hat der Auftragnehmer sicherzustellen, dass beim jeweiligen Subunternehmer ein angemessenes Datenschutzniveau gewährleistet ist (z.B. durch Abschluss einer Vereinbarung auf Basis der EU-Standarddatenschutzklauseln). Der Auftragnehmer wird dem Auftraggeber auf Verlangen den Abschluss der vorgenannten Vereinbarungen mit seinen Subunternehmern nachweisen.

(2) Ein Subunternehmerverhältnis im Sinne dieser Bestimmungen liegt nicht vor, wenn der Auftragnehmer Dritte mit Dienstleistungen beauftragt, die als reine Nebenleistungen anzusehen sind. Dazu gehören z.B. Post-, Transport- und Versandleistungen, Reinigungsleistungen, Telekommunikationsleistungen ohne konkreten Bezug zu Leistungen, die der Auftragnehmer für den Auftraggeber erbringt und Bewachungsdienste. Wartungs- und Prüfleistungen stellen zustimmungspflichtige Subunternehmerverhältnisse dar, soweit diese für IT-Systeme erbracht werden, die auch im Zusammenhang mit der Erbringung von Leistungen für den Auftraggeber genutzt werden.

§ 10 Anfragen und Rechte Betroffener[27, 28]

(1) Der Auftragnehmer unterstützt den Auftraggeber nach Möglichkeit mit geeigneten technischen und organisatorischen Maßnahmen bei der Erfüllung von dessen Pflichten nach Art. 12–22 sowie 32 und 36 DS-GVO.

(2) Macht ein Betroffener Rechte, etwa auf Auskunftserteilung, Berichtigung oder Löschung hinsichtlich seiner Daten, unmittelbar gegenüber dem Auftragnehmer geltend, so reagiert dieser nicht selbstständig, sondern verweist den Betroffenen unverzüglich an den Auftraggeber und wartet dessen Weisungen ab.

§ 11 Haftung[29]

(1) Für den Ersatz von Schäden, die ein Betroffener wegen einer nach den Datenschutzgesetzen unzulässigen oder unrichtigen Datenverarbeitung oder Nutzung im Rahmen der Auftragsverarbeitung erleidet, ist im Innenverhältnis zum Auftragnehmer alleine der Auftraggeber gegenüber dem Betroffenen verantwortlich.[30]

(2) Die Parteien stellen sich jeweils von der Haftung frei, wenn eine Partei nachweist, dass sie in keinerlei Hinsicht für den Umstand, durch den der Schaden bei einem Betroffenen eingetreten ist, verantwortlich ist.

Schmidt/Brink

§ 12 Außerordentliches Kündigungsrecht

(1) Der Auftraggeber kann den Hauptvertrag fristlos ganz oder teilweise kündigen, wenn der Auftragnehmer seinen Pflichten aus diesem Vertrag nicht nachkommt, Bestimmungen der DS-GVO vorsätzlich oder grob fahrlässig verletzt oder eine Weisung des Auftraggebers nicht ausführen kann oder will. Bei einfachen – also weder vorsätzlichen noch grob fahrlässigen – Verstößen setzt der Auftraggeber dem Auftragnehmer eine angemessene Frist, innerhalb welcher der Auftragnehmer den Verstoß abstellen kann.[31]

§ 13 Beendigung des Hauptvertrags

(1) Der Auftragnehmer wird dem Auftraggeber nach Beendigung des Hauptvertrags oder jederzeit auf dessen Anforderung alle ihm überlassenen Unterlagen, Daten und Datenträger zurückgeben oder – auf Wunsch des Auftraggebers, sofern nicht nach dem Unionsrecht oder dem Recht der Bundesrepublik Deutschland eine Verpflichtung zur Speicherung der personenbezogenen Daten besteht – löschen. Dies betrifft auch etwaige Datensicherungen beim Auftragnehmer. Der Auftragnehmer hat den dokumentierten Nachweis der ordnungsgemäßen Löschung noch vorhandener Daten zu führen. Zu entsorgende Unterlagen sind mit einem Aktenvernichter nach DIN 32757-1 zu vernichten. Zu entsorgende Datenträger sind nach DIN 66399 zu vernichten.[32]

(2) Der Auftraggeber hat das Recht, die vollständige und vertragsgerechte Rückgabe bzw. Löschung der Daten beim Auftragnehmer in geeigneter Weise zu kontrollieren.

(3) Der Auftragnehmer ist verpflichtet, auch über das Ende des Hauptvertrags hinaus die ihm im Zusammenhang mit dem Hauptvertrag bekannt gewordenen Daten vertraulich zu behandeln. Die vorliegende Vereinbarung bleibt über das Ende des Hauptvertrags hinaus solange gültig, wie der Auftragnehmer über personenbezogene Daten verfügt, die ihm vom Auftraggeber zugeleitet wurden oder die er für diesen erhoben hat.

§ 14 Schlussbestimmungen

(1) Die Parteien sind sich darüber einig, dass die Einrede des Zurückbehaltungsrechts durch den Auftragnehmer i.S.d. § 273 BGB hinsichtlich der zu verarbeitenden Daten und der zugehörigen Datenträger ausgeschlossen ist.

(2) Änderungen und Ergänzungen dieser Vereinbarung bedürfen der Schriftform. Dies gilt auch für den Verzicht auf dieses Formerfordernis. Der Vorrang individueller Vertragsabreden bleibt hiervon unberührt.[33]

(3) Sollten einzelne Bestimmungen dieser Vereinbarung ganz oder teilweise nicht rechtswirksam oder nicht durchführbar sein oder werden, so wird hierdurch die Gültigkeit der jeweils übrigen Bestimmungen nicht berührt.

(4) Diese Vereinbarung unterliegt deutschem Recht. Ausschließlicher Gerichtsstand ist [...].

Anlagen
Anlage 1 – Beschreibung der besonders schutzbedürftigen Daten/Datenkategorien
Anlage 2 – Beschreibung der Betroffenen/Betroffenengruppen

Schmidt/Brink

Anlage 3 – Technische und organisatorische Maßnahmen des Auftragnehmers
Anlage 4 – Genehmigte Subunternehmer
Anlage 5 – Weisungsberechtigte Personen

Datum und Unterschriften

Anlage 1 – Beschreibung der besonders schutzbedürftigen Daten/Datenkategorien[34]
[z. B. Vorname, Nachname, E-Mail-Adresse etc.]

Anlage 2 – Beschreibung der Betroffenen/Betroffenengruppen
[z. B. Mitarbeiter, Lieferanten, Kunden etc.]

Anlage 3 – Technische und organisatorische Maßnahmen des Auftragnehmers[35]
[...]

Anlage 4 – Genehmigte Subunternehmer[36]
Die nachfolgenden Unternehmen sind genehmigte Subunternehmer im Sinne des § 9:
[UNTERNEHMEN MIT NAMEN, RECHTSFORM, KONTAKTDATEN UND LADUNGSFÄHIGER ANSCHRIFT]

Anlage 5 – Weisungsberechtigte Personen
Weisungsberechtigte Personen des Auftraggebers sind
[...]
Weisungsempfänger beim Auftragnehmer sind
[...]

Anmerkungen

1. Standardvertrag. An die Stelle eines individuellen Vertrags, wie ihn dieses Muster vorsieht, kann auch ein sog. Standardvertrag treten. Art. 28 Abs. 6 DS-GVO regelt dazu: Unbeschadet eines individuellen Vertrags zwischen dem Verantwortlichen und dem Auftragsverarbeiter kann der Vertrag oder das andere Rechtsinstrument i. S. d. Absätze 3 und 4 des vorliegenden Artikels ganz oder teilweise auf den in den Absätzen 7 und 8 des vorliegenden Artikels genannten Standardvertragsklauseln beruhen, auch wenn diese Bestandteil einer dem Verantwortlichen oder dem Auftragsverarbeiter gem. Art. 42 und 43 DS-GVO erteilten Zertifizierung sind. Nach Art. 28 Abs. 7 und 8 DS-GVO können sowohl die Kommission, als auch jede Aufsichtsbehörde solche Standardvertragsklauseln festlegen. Bisher haben weder die Kommission, noch die Aufsichtsbehörden von dieser Befugnis Gebrauch gemacht.

2. Anforderungen an Auftragsverarbeiter. Nach Art. 28 Abs. 1 DS-GVO darf ein Verantwortlicher nur Auftragsverarbeiter einsetzen, die hinreichende Garantien dafür bieten, dass sie im Einklang mit der DS-GVO Daten verarbeiten, den Schutz der Betroffenenrechte sowie die gebotenen technischen und organisatorischen Maßnahmen (vgl. Art. 25 Abs. 1, Art. 32 DS-GVO) gewährleisten. Die Auswahlpflicht des Verantwortlichen bezieht sich insbesondere auf die Aspekte Fachwissen, Zuverlässigkeit und Ressourcen des Auftragsverarbeiters (vgl. ErwG 81 DS-GVO).

Insoweit besteht eine Dokumentationsobliegenheit des Verantwortlichen (vgl. auch Art. 28 Abs. 5 DS-GVO). Da Art. 28 Abs. 1 DS-GVO nicht isoliert auf den

Schmidt/Brink

Zeitpunkt der Begründung des Auftragsverhältnisses abstellt, muss sich der Verantwortliche fortwährend vergewissern, ob der Auftragsverarbeiter die durch Art. 28 Abs. 1 DS-GVO gestellten Anforderungen dauerhaft erfüllt und diese Kontrollen auch dokumentieren. Stellt der Verarbeiter fest, dass hinreichende Garantien i.S.d. Art. 28 Abs. 1 DS-GVO nicht (mehr) vorliegen, muss der Verarbeiter den Vertrag beenden. Tut er dies trotz dieser Kenntnis nicht, handelt es sich um eine Pflichtverletzung. Die Aufsichtsbehörde kann einen Verstoß des Verantwortlichen gegen die ihm obliegende Auswahlpflicht durch die Verhängung einer Geldbuße gem. Art. 83 Abs. 4 lit. a DS-GVO sanktionieren (*Faust/Spittka/Wybitul*, ZD 2016, 120).

3. Auftragsverarbeiter. Unbeschadet der Art. 82, 83 und 84 DS-GVO gilt ein Auftragsverarbeiter, der unter Verstoß gegen die DS-GVO die Zwecke und Mittel der Verarbeitung bestimmt, in Bezug auf diese Verarbeitung als Verantwortlicher. Dabei geht es in der Regel um Fälle, in denen der Auftragsverarbeiter in rechtswidriger Weise seine Befugnisse überschreitet. Art. 28 Abs. 10 DS-GVO ordnet für diese Fälle die Verantwortlichkeit des eigenmächtigen Auftragsverarbeiters an, was bedeutet, dass er zum einen seinen haftungsprivilegierten Status verliert und ihn zum anderen auch alle in der DS-GVO festgelegten Pflichten eines Verantwortlichen treffen.

4. Systemwartung. Unter den Begriff der Verarbeitung fällt auch die Systemwartung, also die Prüfung oder Wartung von Software oder Hardware, da der Auftragnehmer bei seiner Tätigkeit in der Regel die Möglichkeit hat, auf personenbezogene Daten des Auftraggebers zuzugreifen. Die Systemwartung stellt ohne Weiteres einen „Vorgang … im Zusammenhang mit personenbezogenen Daten" dar und fällt damit direkt unter den Anwendungsbereich des Art 28 Abs. 1 DS-GVO, ohne dass es nach Wegfall des § 11 Abs. 5 BDSG a.F. einer analogen Anwendung der DS-GVO bedarf (so auch *Schmidt/Freund*, ZD 2016, 14; a.A. *Lachenmann*, Datenübermittlung im Konzern, S. 292).

5. Zuständige Aufsichtsbehörde. Die zuständige Aufsichtsbehörde bestimmt sich nach der Hauptniederlassung der jeweiligen Partei. Die Hauptniederlassung ist stets für die einzelne Verarbeitung festzustellen. Die Legaldefinition zur Hauptniederlassung des Verantwortlichen und des Auftragsverarbeiters findet sich in Art. 4 Ziff. 16 lit. a und b DS-GVO. Danach ist im Regelfall die Hauptniederlassung bei Verantwortlichen mit Niederlassungen in mehreren Mitgliedstaaten der Ort der Hauptverwaltung in der EU. Anders ist es, wenn eine andere Niederlassung in der EU die Entscheidungen über Zwecke und Mittel der Verarbeitung trifft und befugt ist, diese Entscheidungen umsetzen zu lassen. Bei Auftragsverarbeitern mit Niederlassungen in mehreren Mitgliedstaaten ist Hauptniederlassung der Ort der Hauptverwaltung in der EU. Wenn keine Hauptverwaltung in der EU existiert, ist Hauptniederlassung die EU-Niederlassung, im Rahmen derer Tätigkeiten die Verarbeitungtätigkeiten hauptsächlich stattfinden.

Es muss für jede konkrete Verarbeitungtätigkeit geprüft werden, ob die Entscheidungen über Zwecke und Mittel der Verarbeitung ggf. in einer anderen Niederlassung als der Hauptniederlassung getroffen werden. Dies bedeutet, dass für verschiedene Verarbeitungtätigkeiten auch verschiedene Niederlassungen als Hauptniederlassung im Sinne der DS-GVO gelten und damit, insbesondere bei grenzüberschreitenden Verarbeitungen, unterschiedliche Aufsichtsbehörden federführend sein können.

Schmidt/Brink

Darüber hinaus bestimmt Art. 3 DS-GVO den räumlichen Anwendungsbereich der DS-GVO. Danach findet die Verordnung Anwendung auf die Verarbeitung personenbezogener Daten, soweit diese im Rahmen der Tätigkeiten einer Niederlassung eines Verantwortlichen oder eines Auftragsverarbeiters in der Union erfolgt, unabhängig davon, ob die Verarbeitung in der Union stattfindet (Art. 3 Abs. 1 DS-GVO). Die DS-GVO findet auch Anwendung auf die Verarbeitung personenbezogener Daten von betroffenen Personen, die sich in der Union befinden, durch einen nicht in der Union niedergelassenen Verantwortlichen oder Auftragsverarbeiter, wenn die Datenverarbeitung im Zusammenhang damit steht, a) betroffenen Personen in der Union Waren oder Dienstleistungen anzubieten, unabhängig davon, ob von diesen betroffenen Personen eine Zahlung zu leisten ist oder b) das Verhalten betroffener Personen zu beobachten, soweit ihr Verhalten in der Union erfolgt (Absatz 2). Damit wird der Anwendungsbereich der DS-GVO aus Gründen des umfassenden Betroffenenschutzes auf Verarbeitungen außerhalb der EU ausgeweitet. Dies reagiert auf die beobachtete Praxis einiger außereuropäischer Verarbeiter, bewusst keinen Sitz innerhalb der EU zu wählen und trifft zukünftig insbesondere Online- und Cloud-Dienstleister.

Im Working Paper 244 der Artikel-29-Datenschutzgruppe wird die Frage der federführenden Aufsichtsbehörde ebenfalls erörtert (http://ec.europa.eu/newsroom/document.cfm?doc_id=44102).

6. Vertreter bei Auftragsverarbeiter in Drittstaaten. Verarbeitet ein nicht in der Union niedergelassener Auftragsverarbeiter personenbezogene Daten von betroffenen Personen, die sich in der Union befinden gem. Art. 3 Abs. 2 DS-GVO, so hat der Auftragsverarbeiter schriftlich einen Vertreter in der Union zu bestellen (Art. 27 Abs. 1 DS-GVO). Der Vertreter soll den Aufsichtsbehörden als Anlaufstelle dienen und mit ihnen zusammenarbeiten und es nicht in der EU niedergelassenen Auftragsverarbeitern erschweren, sich dem normativen Geltungsanspruch der DS-GVO faktisch durch Nichtpräsenz vor Ort zu entziehen. ErwGr 80 S. 6 DS-GVO betont, dass bei Verstößen des Auftragsverarbeiters der bestellte Vertreter Durchsetzungsverfahren unterworfen werden soll. Ein Verstoß gegen diese Bestellpflicht wird mit einer Geldbuße nach Art. 83 Abs. 4 lit. a DS-GVO geahndet.

7. Zusammenarbeit mit Aufsichtsbehörden. Nach Art. 31 DS-GVO arbeiten der Verantwortliche und der Auftragsverarbeiter, sowie ggf. deren Vertreter auf Anfrage mit der Aufsichtsbehörde bei der Erfüllung ihrer Aufgaben zusammen. Die vertragliche Pflicht zur Zusammenarbeit umfasst insbesondere die Angabe der den Parteien bekannten Tatsachen und Beweismittel. Aus dem Wortlaut des Art. 31 DS-GVO („arbeiten [...] zusammen") lässt sich ableiten, dass eine Zusammenarbeit verpflichtend vorgeschrieben wird (ebenso BeckOK DatenSR/*Spoerr*, DS-GVO Art. 31 Rn. 9–10; *Härting* ITRB 2016, 137 (138)). Auch in Satz 2 des ErwGr 82 heißt es insoweit: „Jeder Verantwortliche und jeder Auftragsverarbeiter sollte verpflichtet sein, mit der Aufsichtsbehörde zusammenarbeiten". Aus dem Pflichtcharakter des Art. 31 DS-GVO folgt, dass eine Verletzung gem. Art. 83 Abs. 4 lit. a DS-GVO bußgeldbewehrt ist. Der Auftraggeber muss insoweit sicherstellen, dass der Auftragnehmer ihm gegenüber zur Zusammenarbeit verpflichtet ist.

8. Umfang und Zweck der Datenverarbeitung. Nach Art. 28 Abs. 3 S. 1 DS-GVO erfolgt die Verarbeitung durch einen Auftragsverarbeiter auf der Grundlage eines

Schmidt/Brink

Vertrags, der den Auftragsverarbeiter in Bezug auf den Verantwortlichen bindet und in dem Gegenstand und Dauer der Verarbeitung, Art und Zweck der Verarbeitung, die Art der personenbezogenen Daten, die Kategorien betroffener Personen und die Pflichten und Rechte des Verantwortlichen festgelegt sind.

Eine Bezugnahme auf den hinter dem Vertrag stehenden Hauptvertrag ist zulässig und sinnvoll, solange der Hauptvertrag hinreichend spezifische und konkrete Einzelangaben zu den angeführten Punkten enthält. Mit dem Begriff „Gegenstand und Dauer" bezeichnet die DS-GVO das Objekt der Verarbeitungstätigkeit (z.B. „Verarbeitung von Personaldaten") und deren zeitlichen Rahmen.

Mit „Art und Zweck der Verarbeitung" sind zum einen die in Art. 4 Ziff. 2 DS-GVO genannten Vorgänge gemeint, bei denen eine Verarbeitung stattfinden kann (Erheben, Erfassen, Ordnen, Speichern, Auslesen, Offenlegen etc.), zum anderen auch die damit verfolgte Intention. Konkrete Angaben zum Zweck sind dabei besonders wichtig, da durch dessen Eingrenzung die Zweckbindung nach Art. 5 Abs. 1 lit. b, Art. 6 Abs. 4 DS-GVO wirksam wird (BeckOK DatenSR/*Spoerr*, DS-GVO, Art. 28 Rn. 68–74).

Mit der „Art der personenbezogenen Daten" ist nach Art. 6 Abs. 4 lit. c DS-GVO insbesondere zu dokumentieren, ob besondere Kategorien personenbezogener Daten gem. Art. 9 DS-GVO oder personenbezogene Daten über strafrechtliche Verurteilungen und Straftaten gem. Art. 10 DS-GVO verarbeitet werden. Der Begriff „Kategorien betroffener Personen" meint nach Typisierungsgraden abstrakt zusammengefasste Gruppen, die gemeinsame Merkmale teilen.

9. Weisungsrecht. Nach Art. 29 DS-GVO dürfen der Auftragsverarbeiter und jede dem Verantwortlichen oder dem Auftragsverarbeiter unterstellte Person, die Zugang zu personenbezogenen Daten hat, diese Daten ausschließlich auf Weisung des Verantwortlichen verarbeiten. Werden Daten nicht nach Weisung verarbeitet, so muss der Verantwortliche aktiv werden, um auf die zukünftige Einhaltung der Weisungen hinzuwirken. Wenn der Auftragsverarbeiter wiederholt gegen Art. 29 DS-GVO verstößt, kann der Auftraggeber auch gezwungen sein, die Zusammenarbeit zu beenden (Paal/Pauly/*Martini*, DS-GVO, Art. 29 Rn. 23 f.). Der Auftragsverarbeiter macht sich darüber hinaus schadensersatzpflichtig.

10. Dokumentationspflicht. Nach Art. 28 Abs. 3 S. 2 lit. a DS-GVO sieht der Vertrag insbesondere vor, dass dem Auftragsverarbeiter die Pflicht auferlegt wird, die personenbezogenen Daten nur auf dokumentierte Weisung des Verantwortlichen – auch in Bezug auf die Übermittlung personenbezogener Daten in ein Drittland oder an eine internationale Organisation – zu verarbeiten. Die Weisung des Verantwortlichen selbst kann also formfrei erfolgen, der Auftragsverarbeiter muss die Weisung jedoch dokumentieren (schriftlich oder elektronisch). Zu Beweiszwecken ist es jedoch sinnvoll, dass beide Parteien Weisungen dokumentieren. Das Muster sieht dies daher vor.

Der Auftragsverarbeiter darf nur dann unabhängig von einer Weisung verarbeiten, wenn er durch das Recht der Union oder der Mitgliedstaaten, dem er unterliegt, zu einer Verarbeitung verpflichtet ist. In einem solchen Fall teilt der Auftragsverarbeiter dem Verantwortlichen diese rechtlichen Anforderungen vor der Verarbeitung mit, sofern das betreffende Recht eine solche Mitteilung nicht wegen eines wichtigen öffentlichen Interesses verbietet. Der Verantwortliche muss dann entsprechend entscheiden, ob er die Zusammenarbeit dennoch fortsetzen kann.

Schmidt/Brink

11. Informationspflicht. Mit Blick auf Art. 28 Abs. 3 S. 2 lit. h DS-GVO informiert der Auftragsverarbeiter den Verantwortlichen unverzüglich, falls er der Auffassung ist, dass eine Weisung gegen diese Verordnung oder gegen andere Datenschutzbestimmungen der Union oder der Mitgliedstaaten verstößt. Art. 28 Abs. 3 S. 2 DS-GVO regelt jedoch nicht, dass der Auftragnehmer eine rechtswidrige Weisung nicht befolgen darf. Dennoch kann der Auftragnehmer nicht zur Ausführung einer als rechtswidrig erkannten Weisung verpflichtet sein, da er sich sonst einem Haftungsrisiko gegenüber Dritten und/oder den Betroffenen aussetzt.

12. Rechtswidrige Weisung. In Hinblick auf Art. 82 Abs. 2 DS-GVO sollte insbesondere der Fall rechtswidriger Weisungen des Auftraggebers vertraglich geregelt werden. Besteht ein Leistungsverweigerungsrecht des Auftragnehmers bei rechtswidrigen Weisungen, so folgt daraus, dass nur rechtmäßig erteilte Weisungen Bindungswirkung haben und der Auftragnehmer eine rechtswidrige Weisung ablehnen darf, aber nicht muss. Räumt der Verantwortliche auf die Information über eine nach Ansicht des Auftragnehmers rechtswidrige Weisung die Bedenken nicht aus, muss es dem Auftragnehmer möglich sein, nach Verantwortungssphären zu differenzieren. Liegt in der Sphäre des Auftragnehmers eine Rechtswidrigkeit vor und würde er vorsätzlich in ordnungswidriges oder gar strafbares Handeln involviert, muss er mit Blick auf das Straf- und Haftungsrisiko die Weisung ablehnen können. Bei einer Rechtswidrigkeit in der Sphäre des Auftraggebers und einer Bestätigung der Weisung durch den Auftraggeber besteht eine Ablehnungspflicht dagegen nur in extremen Fällen (so auch BeckOK DatenSR/*Spoerr*, DS-GVO, Art. 29 Rn. 15–21), denn nach der DS-GVO ist grundsätzlich nur der Auftraggeber für die Rechtmäßigkeit der Verarbeitung verantwortlich. Seine Weisungen sind daher, mit den vorgenannten Ausnahmen, grundsätzlich zu befolgen.

13. Schutzmaßnahmen. Nach Art. 28 Abs. 3 S. 2 lit. c DS-GVO hat der Vertrag insbesondere vorzusehen, dass der Auftragsverarbeiter alle gem. Art. 32 DS-GVO erforderlichen Maßnahmen ergreift. Er muss den Verarbeitungsprozess gegen Angriffe von außen sowie gegen allgemeine Sicherheitsrisiken absichern und die Maßnahmen ergreifen, die ein dem Risiko angemessenes Schutzniveau gewährleisten. Dazu gehören bei der Datenspeicherung unter anderem Pseudonymisierung und Verschlüsselung, Möglichkeiten der Wiederherstellung von Daten im Falle eines physischen oder technischen Zwischenfalls sowie Überprüfungs-, Bewertungs- und Evaluierungsverfahren (Paal/Pauly/*Martini*, DS-GVO, Art. 28 Rn. 44 f.). Daneben muss der Auftragnehmer die Sicherung gegenüber unberechtigten Zugriffen auf personenbezogene Daten von innen gewährleisten.

14. Berücksichtigung des Stands der Technik. Zum Stand der Technik in Bezug auf die Verarbeitungssicherheit vgl. Art. 28 Abs. 3 lit. c i.V.m. Art. 32 DS-GVO (ausführlich → C.V.).

15. Datenschutzbeauftragter. Nach Maßgabe von Art. 37 DS-GVO benennt auch der Auftragsverarbeiter einen Datenschutzbeauftragten oder, sofern ein solcher nicht bestellt werden muss, einen Ansprechpartner für den Datenschutz. Die Beauftragung eines Auftragnehmers, der keine der vorgenannten Personen benennen kann, dürfte bereits ein Verstoß gegen Art. 28 Abs. 1 DS-GVO darstellen, da ein solcher Auftragnehmer die Einhaltung der Anforderungen der DS-GVO wohl nicht gewährleisten kann. Das Muster sieht darüber hinaus vor, dass der Auftragnehmer

Schmidt/Brink

die Daten seines Datenschutzbeauftragten zu veröffentlichen und der Aufsichtsbehörde mitzuteilen hat. Zwar sieht die DS-GVO keine konkrete Veröffentlichungsform vor, jedoch sollte sichergestellt werden, dass eine permanente Abrufbarkeit der Kontaktdaten sichergestellt ist (vgl. *Weichert*, CuA 4/2016, 8 (10)). Eine Veröffentlichung innerhalb der Datenschutzerklärung der Webseite des Auftragnehmers ist daher sinnvoll.

16. Verpflichtung der Mitarbeiter auf Vertraulichkeit. Nach Art. 28 Abs. 3 S. 2 lit. b DS-GVO sieht der Vertrag insbesondere vor, dass der Auftragsverarbeiter gewährleistet, dass sich die zur Verarbeitung der personenbezogenen Daten befugten Personen zur Vertraulichkeit verpflichtet haben oder einer angemessenen gesetzlichen Verschwiegenheitspflicht unterliegen (ausführlich → C.VII.1.).

17. Überwachungs- und Dokumentationspflicht. Gemäß Art. 32 Abs. 4 DS-GVO unternehmen der Verantwortliche und der Auftragsverarbeiter Schritte, um sicherzustellen, dass ihnen unterstellte natürliche Personen, die Zugang zu personenbezogenen Daten haben, diese nur auf Anweisung des Verantwortlichen verarbeiten, es sei denn, sie sind nach dem Recht der Union oder der Mitgliedstaaten zur Verarbeitung verpflichtet. Verantwortlichem und Auftragsverarbeiter wird also eine organisatorische Gewährleistungspflicht auferlegt. Dazu können neben förmlichen Verpflichtungen der Mitarbeiter (bisher nach § 5 BDSG) und der Einführung von Verhaltensregeln und Dienstanweisungen auch stichprobenhafte Kontrollen des Verantwortlichen auf Einhaltung seiner Weisungen sowie entsprechende Schulungsmaßnahmen gehören. Bei Fehlverhalten müssen die Weisungen durch die arbeitsrechtlich zulässigen Mittel der Sanktionierung durchgesetzt werden.

18. Informationspflichten des Auftragnehmers. Nach Art. 33 Abs. 2 DS-GVO meldet der Auftragsverarbeiter dem Verantwortlichen unverzüglich, wenn ihm eine Verletzung des Schutzes personenbezogener Daten bekannt wird. Das Muster sieht vor, dass die Meldung in Schrift- oder Textform zu erfolgen hat. Das Formerfordernis sichert beide Parteien für den Fall ab, dass Unstimmigkeiten über den Zeitpunkt und Inhalt einer solchen Meldung bestehen, bzw. beugt diesen vor.

19. Verpflichtende Angaben. Gemäß Art. 33 Abs. 1 DS-GVO muss der Verantwortliche die Verletzung des Schutzes personenbezogener Daten möglichst binnen 72 Stunden der zuständigen Aufsichtsbehörde melden und dabei die in Art. 33 Abs. 2 DS-GVO genannten Informationen angeben. Der Verantwortliche ist dabei in Fällen, in denen der Auftragnehmer ihm die Verletzung gemeldet hat, in der Regel darauf angewiesen, dass die Meldung diese notwendigen Angaben enthält. Das Muster sieht daher verpflichtende Angaben vor, um sicherzustellen, dass der Verantwortliche seiner Verpflichtung der Aufsichtsbehörde gegenüber nachkommen kann.

20. Verzeichnis von Verarbeitungstätigkeiten. Nach Art. 30 Abs. 2 DS-GVO ist der Auftragsverarbeiter zur Führung eines (reduzierten) Verzeichnisses von Verarbeitungstätigkeiten verpflichtet. Das Verzeichnis dient dem Nachweis der Einhaltung der Vorgaben der DS-GVO. In ErwG 82 heißt es: „Zum Nachweis der Einhaltung dieser Verordnung sollte der Verantwortliche oder der Auftragsverarbeiter ein Verzeichnis der Verarbeitungstätigkeiten, die seiner Zuständigkeit unterliegen, führen. Jeder Verantwortliche und jeder Auftragsverarbeiter sollte verpflichtet sein, mit der

Schmidt/Brink

Aufsichtsbehörde zusammenzuarbeiten und dieser auf Anfrage das entsprechende Verzeichnis vorzulegen, damit die betreffenden Verarbeitungsvorgänge anhand dieser Verzeichnisse kontrolliert werden können." Jeder Auftragsverarbeiter und ggf. sein Vertreter führen danach ein Verzeichnis zu allen Kategorien von im Auftrag eines Verantwortlichen durchgeführten Tätigkeiten der Verarbeitung, das gegenüber dem Verzeichnis der Verantwortlichen geringere inhaltliche Anforderungen stellt. Ausnahmen gibt es insoweit gem. Art. 30 Abs. 5 DS-GVO für kleinere Betriebe mit weniger als 250 Mitarbeitern, „sofern die von ihnen vorgenommene Verarbeitung nicht ein Risiko für die Rechte und Freiheiten der betroffenen Personen birgt, die Verarbeitung nicht nur gelegentlich erfolgt oder nicht die Verarbeitung besonderer Datenkategorien gemäß Artikel 9 Absatz 1 bzw. die Verarbeitung von personenbezogenen Daten über strafrechtliche Verurteilungen und Straftaten im Sinne des Artikels 10 einschließt".

21. Kontrollrechte. Nach Art. 28 Abs. 3 S. 2 lit. h DS-GVO sieht der Vertrag insbesondere vor, dass der Auftragsverarbeiter dem Verantwortlichen alle erforderlichen Informationen zum Nachweis der Einhaltung der in diesem Artikel niedergelegten Pflichten zur Verfügung stellt und Überprüfungen – einschließlich Inspektionen –, die vom Verantwortlichen oder einem anderen von diesem beauftragten Prüfer durchgeführt werden, ermöglicht und dazu beiträgt.

Die DS-GVO legt den für die Datenverarbeitung verantwortlichen Unternehmen Rechenschaftspflichten nach Art. 5 Abs. 2 DS-GVO und umfangreiche Compliance-Pflichten auf. Das mit Art. 5 Abs. 2 DS-GVO eingeführte Rechenschaftsprinzip wird durch die Regelung in Art. 24 Abs. 1 S. 1 DS-GVO ergänzt. Der Verantwortliche muss damit sicherstellen, dass er den Nachweis dafür führen kann, dass personenbezogene Daten nur in Übereinstimmung mit der DS-GVO verarbeitet werden. Den Verantwortlichen treffen also umfangreiche Dokumentations- und Nachweispflichten, die er nur erfüllen kann, wenn ihm der Auftragsverarbeiter die entsprechenden Informationen liefert. Die Compliance-Pflichten umfassen beispielsweise die Melde- und Benachrichtigungspflichten aufgrund von Art. 33 und 34 DS-GVO. Auftragsverarbeiter werden zum Teil (z.B. in Art. 33 Abs. 2 DS-GVO) in die Verantwortung genommen, zum Teil werden sie jedoch auch „nur" zur Unterstützung des Verantwortlichen verpflichtet (vgl. Art. 28 Abs. 3 lit. e, f DS-GVO). Aufgrund der bei Pflichtverstößen für beide Vertragsparteien drohenden hohen Bußgelder sollte die Umsetzung der gesetzlichen Compliance-Pflichten vertraglich im Einzelnen festgelegt werden. Dies beinhaltet beispielsweise die Dokumentation der Weisungen und die Benennung konkreter Ansprechpartner im Falle von Datenschutzverstößen, um „unverzügliche" Meldungen nicht zu gefährden.

22. Möglichkeiten der Kontrolle. Der Auftraggeber ist berechtigt, die in Art. 28 Abs. 3 lit. h DS-GVO vorgesehene Auftragskontrolle jederzeit beim Auftragnehmer selbst oder durch Dritte durchzuführen. Im Rahmen der Auftragskontrolle gewährt der Auftragnehmer dem Auftraggeber alle notwendigen Auskunfts-, Einsichts- und Zugangsrechte und stellt die entsprechenden Nachweise zur Verfügung. Der Auftraggeber hat insbesondere das Recht, die beim Auftragnehmer getroffenen technischen und organisatorischen Maßnahmen zu kontrollieren. Der Auftraggeber kann dabei insbesondere dann, wenn er selbst nicht über das erforderliche Fachwissen verfügt, um eine Überprüfung durchzuführen, einzelne Kontroll- und Nachweiselemente teilweise oder auch ganz dadurch substituieren, dass der Auftragnehmer ihm

Schmidt/Brink

die Einhaltung genehmigter Verhaltensregeln oder eines genehmigten Zertifizierungsverfahrens nachweist. Eine tendenziell stärkere Nachweiswirkung als die Einhaltung genehmigter Verhaltensregeln dürften dabei Zertifizierungen haben, weil sie
auf eine umfassende Fremdkontrolle gerichtet sind (BeckOK DatenSR/*Spoerr*, DS-
GVO, Art. 28 Rn. 107–111).

23. Subunternehmer. Art. 28 Abs. 2 DS-GVO statuiert einen Genehmigungsvor-
behalt des Verantwortlichen für den Einsatz von Subunternehmern durch den Auftragsverarbeiter. Der Auftragsverarbeiter darf danach keinen weiteren Auftragsverarbeiter ohne vorherige gesonderte oder allgemeine schriftliche Genehmigung des
Verantwortlichen in Anspruch nehmen. Im Fall einer allgemeinen schriftlichen Genehmigung informiert der Auftragsverarbeiter den Verantwortlichen immer über
jede beabsichtigte Änderung in Bezug auf die Hinzuziehung oder die Ersetzung anderer Auftragsverarbeiter, wodurch der Verantwortliche die Möglichkeit erhält, gegen
derartige Änderungen Einspruch zu erheben. Hieraus ergeben sich die dargestellten
Einsatzvarianten für Subunternehmer. Aufgrund des in Art. 28 Abs. 2 DS-GVO geregelten Schriftformerfordernisses ist anders als in Art. 28 Abs. 9 DS-GVO die
elektronische Form an dieser Stelle nicht ausreichend. Das bedeutet, dass bei Nutzung der im Muster genannten Varianten der gesamte Vertrag in schriftlicher Form
abgeschlossen werden muss und Textform nicht ausreichend ist.

24. Bedingungen der Inanspruchnahme. Nach Art. 28 Abs. 3 S. 2 lit. d DS-GVO
sieht der Vertrag insbesondere vor, dass der Auftragsverarbeiter die in den Abs. 2
und 4 genannten Bedingungen für die Inanspruchnahme der Dienste eines weiteren
Auftragsverarbeiters einhält.

25. Subunternehmerhaftung. Gem. Art. 28 Abs. 4 S. 2 DS-GVO haftet der (erste)
Auftragsverarbeiter gegenüber dem Verantwortlichen für die Einhaltung der Pflich-
ten des Sub-Auftragsverarbeiters, ohne dass der Verantwortliche die Möglich-
keit der Durchgriffshaftung auf den Sub-Auftragsverarbeiter hat. Der Sub-
Auftragsverarbeiter haftet ihm jedoch im Außenverhältnis nach Maßgabe von
Art. 82 DS-GVO.

26. Prüf- und Kontrollrechte. Der Auftragsverarbeiter kann die Dienste eines
weiteren Auftragsverarbeiters in Anspruch nehmen, um bestimmte Verarbeitungstätigkeiten im Namen des Verantwortlichen auszuführen. Diesem weiteren Auftragsverarbeiter werden im Wege eines Vertrags oder eines anderen Rechtsinstruments
nach dem Unionsrecht oder dem Recht des betreffenden Mitgliedstaats dieselben
Datenschutzpflichten auferlegt, die in dem Vertrag oder anderen Rechtsinstrument
zwischen dem Verantwortlichen und dem Auftragsverarbeiter gem. Art. 28 Abs. 3
DS-GVO festgelegt sind. Dabei müssen insbesondere hinreichende Garantien dafür
geboten werden, dass die geeigneten technischen und organisatorischen Maßnahmen so durchgeführt werden, dass die Verarbeitung entsprechend den Anforderungen dieser Verordnung erfolgt. Nach Art. 28 Abs. 5 DS-GVO kann als Nachweis
wiederum die Bestätigung der Einhaltung genehmigter Verhaltensregeln oder eines
genehmigten Zertifizierungsverfahrens durch den Auftragsverarbeiter herangezogen
werden.

27. Anfragen Betroffener. Nach Art. 28 Abs. 3 S. 2 lit. e DS-GVO sieht der Vertrag insbesondere vor, dass der Auftragsverarbeiter angesichts der Art der Verarbei-

tung den Verantwortlichen nach Möglichkeit mit geeigneten technischen und organisatorischen Maßnahmen dabei unterstützt, seiner Pflicht zur Beantwortung von Anträgen auf Wahrnehmung der in Kapitel III genannten Rechte der betroffenen Person nachzukommen. Hinsichtlich des Umfangs und der Reichweite der Unterstützungspflichten kommt es auf den jeweiligen Datenverarbeitungsauftrag an. Es besteht keine unbegrenzte Pflicht zur Unterstützung und es muss bei einer „Unterstützung" bleiben, es dürfen also nicht die den Verantwortlichen treffenden Pflichten vollumfänglich auf den Auftragsverarbeiter verlagert werden.

28. Unterstützung bei Anfragen Betroffener. Nach Art. 28 Abs. 3 S. 2 lit. f DS-GVO sieht der Vertrag insbesondere vor, dass der Auftragsverarbeiter unter Berücksichtigung der Art der Verarbeitung und der ihm zur Verfügung stehenden Informationen den Verantwortlichen bei der Einhaltung der in den Art. 32–36 DS-GVO genannten Pflichten unterstützt. Da der Verantwortliche nicht selbst über alle relevanten Informationen verfügen wird, um den Pflichten der DS-GVO sinnvoll nachzukommen, ist es zwingend erforderlich, dass dem Auftragsverarbeiter im Vertrag eine Unterstützungspflicht auferlegt wird (so auch Paal/Pauly/*Martini*, DS-GVO, Art. 28 Rn. 49).

29. Haftung. Der Auftragsverarbeiter schuldet dem Verantwortlichen seine Leistung gemäß des (haupt-)vertraglich Vereinbarten, hilfsweise haftet er deliktisch. Grundsätzlich sollten Haftungsfragen daher nur im Hauptvertrag geregelt werden. Das Muster sieht daher nur eine Regelung hinsichtlich der Schäden von Betroffenen vor und ist insoweit eher auftragnehmerfreundlich. Aus Auftraggebersicht kann es aber durchaus auch wünschenswert sein hinsichtlich der Auftragsverarbeitung gerade im Vergleich zum Hauptvertrag verschärfte Haftungsmaßstäbe anzulegen. Solche müssten dann an dieser Stelle ergänzt werden.

30. Schadensersatzansprüche. Nach Art. 82 Abs. 1 und 2 DS-GVO besteht der Schadensersatzanspruch des Betroffenen wegen Verletzung seiner Rechte aus der DS-GVO sowohl gegenüber dem Verantwortlichen und als auch gegenüber dem Auftragsverarbeiter. Der Betroffene kann beide grundsätzlich gemeinsam für Datenschutzverstöße in Anspruch nehmen. In ErwG 146 DS-GVO wird die Vorschrift wie folgt erläutert: „Der Verantwortliche oder der Auftragsverarbeiter sollte Schäden, die einer Person aufgrund einer Verarbeitung entstehen, die mit dieser Verordnung nicht im Einklang steht, ersetzen. Der Verantwortliche oder der Auftragsverarbeiter sollte von seiner Haftung befreit werden, wenn er nachweist, dass er in keiner Weise für den Schaden verantwortlich ist. Der Begriff des Schadens sollte im Lichte der Rechtsprechung des Gerichtshofs weit auf eine Art und Weise ausgelegt werden, die den Zielen dieser Verordnung in vollem Umfang entspricht. Dies gilt unbeschadet von Schadensersatzforderungen aufgrund von Verstößen gegen andere Vorschriften des Unionsrechts oder des Rechts der Mitgliedstaaten. Zu einer Verarbeitung, die mit der vorliegenden Verordnung nicht im Einklang steht, zählt auch eine Verarbeitung, die nicht mit den nach Maßgabe der vorliegenden Verordnung erlassenen delegierten Rechtsakten und Durchführungsrechtsakten und Rechtsvorschriften der Mitgliedstaaten zur Präzisierung von Bestimmungen der vorliegenden Verordnung im Einklang steht. Die betroffenen Personen sollten einen vollständigen und wirksamen Schadensersatz für den erlittenen Schaden erhalten. Sind Verantwortliche oder Auftragsverarbeiter an derselben Verarbeitung beteiligt, so sollte jeder Verant-

Schmidt/Brink

wortliche oder Auftragsverarbeiter für den gesamten Schaden haftbar gemacht werden. Werden sie jedoch nach Maßgabe des Rechts der Mitgliedstaaten zu demselben Verfahren hinzugezogen, so können sie im Verhältnis zu der Verantwortung anteilmäßig haftbar gemacht werden, die jeder Verantwortliche oder Auftragsverarbeiter für den durch die Verarbeitung entstandenen Schaden zu tragen hat, sofern sichergestellt ist, dass die betroffene Person einen vollständigen und wirksamen Schadensersatz für den erlittenen Schaden erhält. Jeder Verantwortliche oder Auftragsverarbeiter, der den vollen Schadensersatz geleistet hat, kann anschließend ein Rückgriffsverfahren gegen andere an derselben Verarbeitung beteiligte Verantwortliche oder Auftragsverarbeiter anstrengen." Der Betroffene kann also grundsätzlich beide Beteiligten – ggf. auch weitere Subauftragnehmer – gemeinsam für Datenschutzverstöße in Anspruch nehmen. Das bedeutet, dass ein Betroffener seinen gesamten Schaden sowohl vom Verantwortlichen als auch vom Auftragsverarbeiter verlangen kann; nach Art. 82 Abs. 2 S. 2 DS-GVO haftet ein Auftragsverarbeiter für den durch eine Verarbeitung verursachten Schaden allerdings nur dann, wenn er seinen speziell den Auftragsverarbeitern auferlegten Pflichten aus dieser Verordnung nicht nachgekommen ist oder unter Nichtbeachtung der rechtmäßig erteilten Weisungen des Verantwortlichen oder gegen die erteilten Weisungen gehandelt hat. Der Auftragsverarbeiter kann nach Art. 82 Abs. 3 DS-GVO diesem Anspruch nur den Nachweis entgegensetzen, dass er für den schadensverursachenden Umstand „in keinerlei Hinsicht" verantwortlich ist. Der Verantwortliche und der Auftragsverarbeiter können mit diesem Einwand gegenüber dem Betroffenen aber auch vollständig von der Haftung befreit werden. Den Ausgleich innerhalb der Schuldnergemeinschaft von Verantwortlichem oder Auftragsverarbeiter regelt Art. 82 Abs. 5 DS-GVO nach den jeweiligen Verantwortungsanteilen.

31. Außerordentliches Kündigungsrecht. Der Auftraggeber muss berechtigt sein, sich vom Vertrag zu lösen, wenn der Auftragnehmer seinen Pflichten nicht nachkommt, Bestimmungen der DS-GVO vorsätzlich oder grob fahrlässig verletzt oder eine Weisung des Auftraggebers nicht ausführen kann oder will. Wenn erforderlich, können die Parteien weitere außerordentliche Kündigungsgründe angeben. Dies ist aber in der Regel nicht erforderlich.

32. Rückgabe und Löschung. Nach Art. 28 Abs. 3 S. 2 lit. g DS-GVO sieht der Vertrag, in Umsetzung des allg. Grundsatzes der „Datenminimierung" nach Art. 5 Abs. 1 lit. c DS-GVO, insbesondere vor, dass der Auftragsverarbeiter nach Abschluss der Erbringung der Verarbeitungsleistungen alle personenbezogenen Daten nach Wahl des Verantwortlichen entweder löscht oder zurückgibt, sofern nicht nach dem Unionsrecht oder dem Recht der Mitgliedstaaten eine Verpflichtung zur Speicherung der personenbezogenen Daten besteht. Beim Auftragnehmer dürfen keine Daten verbleiben. Das „oder" in Art. 28 Abs. 3 S. 2 lit. g DS-GVO ist daher nicht so zu verstehen, dass eine Rückgabe eine Löschung ausschließt, sondern es soll sichergestellt werden, dass z. B. auch alle elektronischen Kopien (die eventuell nicht zurückgegeben werden können) gelöscht werden.

33. Vorrang individueller Vertragsabreden. Ausführlich → B.II.1. Anm. 9.

34. Daten bzw. Datenkategorien. Bei der Angabe der Datenarten sind soweit möglich die einzelnen Datenfelder zu nennen (z. B. Vorname, Nachname, E-Mail-Adresse etc.). Nur wenn dies nicht oder nicht abschließend möglich ist, sollten

Oberbegriffe (z.B. Nutzungsdaten, Verkehrsdaten, Bestandsdaten) genutzt werden. Auch die Angaben zu den Betroffenen sollten so genau wie möglich gemacht werden (z.B. Mitarbeiter, Lieferanten, Kunden etc.).

35. Datensicherheitsmaßnahmen. Die technischen und organisatorischen Maßnahmen (Datensicherheitsmaßnahmen), die der Auftragsverarbeiter zum Schutz der Daten treffen muss, müssen konkret und spezifisch festgelegt werden. Es ist nicht ausreichend, in der Anlage pauschale Aussagen und Wiederholungen des Gesetzestextes aufzuführen, selbst wenn Art. 32 DS-GVO verschiedene Maßnahmen deutlich weniger konkretisiert, als es in der Anlage zu § 9 BDSG der Fall war. So hat das Bayerische Landesamt für Datenschutzaufsicht im Jahr 2015 gegen ein Unternehmen eine Geldbuße in fünfstelliger Höhe festgesetzt, welches keine konkreten technisch-organisatorischen Maßnahmen zum Schutz der Daten festgelegt hatte, sondern bei dem die Aufträge nur einige wenige pauschale Aussagen und Wiederholungen des Gesetzestextes enthielten (BayLDA, Pressemitteilung v. 20.8.2015, https://www.lda.bayern.de/media/pm2015_11.pdf). Den gesetzlichen Maßstab für die festzulegenden technisch-organisatorischen Maßnahmen bilden die Anforderungen des Art. 32 DS-GVO, der Maßnahmen in den Bereichen Zutritts-, Zugangs-, Zugriffs-, Weitergabe-, Eingabe-, Auftrags-, Verfügbarkeits- und Trennungskontrolle verlangt. Der Wortlaut des Art. 32 DS-GVO („unter anderem") verdeutlicht, dass die Aufzählung nicht abschließend ist. Grundsätzlich muss der schriftliche Auftrag daher spezifische Festlegungen zu diesen Fragen enthalten. Nur wenn die vom Auftragnehmer konkret ergriffenen Maßnahmen aufgeführt bzw. die erforderlichen Maßnahmen festgelegt werden, kann der Auftraggeber beurteilen, ob die personenbezogenen Daten ausreichend geschützt sind. In der Praxis wird die Anlage daher vom Auftragnehmer auszufüllen und vom Auftraggeber zu kontrollieren und zu vervollständigen sein. Auch seinen Kontrollpflichten kann der Auftraggeber nur nachkommen, wenn er Maßnahmen kontrollieren kann, die vorher konkret vereinbart wurden.

36. Auflistung der Subunternehmer. Die Subunternehmer sind mit vollständiger Firmierung, Rechtsform, ladungsfähiger Anschrift (keine Postfächer), Kontaktdaten und Ansprechpartner anzugeben. Nur so kann der Auftraggeber sicherstellen, dass er seine entsprechenden Rechte auch bei den Subunternehmern geltend machen bzw. durchsetzen kann. Außerdem ist eine Beschreibung der jeweiligen Teilleistung(en) vorzunehmen.

5. Ergänzungsvertrag zum Video-Ident-Verfahren

Nach dem „Gesetz über das Aufspüren von Gewinnen aus schweren Straftaten" (Geldwäschegesetz – GwG) sind etliche Personen und Unternehmen in der Pflicht (z.B. auch Personen, die gewerblich mit Gütern handeln (§ 2 Abs. 1 Nr. 13 GwG), wie z.B. Juweliere, Goldschmiede, Kunsthändler etc.), ihre **Geschäftspartner zu identifizieren.** Das Muster unterstellt beispielhaft den Sachverhalt, dass ein Kreditinstitut – im Folgenden nur kurz: die Bank – eine Person, die ein Girokonto eröffnen möchte, via Internet und Webcam identifiziert (anstatt durch Inaugenscheinnahme des Kunden und seines Ausweises in der Filiale). Die eigentliche

Sander/Diekmann

Durchführung der Identifizierung soll dabei an den Auftragnehmer **ausgelagert** werden, den im Muster angegeben Vertragspartner der Bank. Das Video-Ident-Verfahren ist längst nicht mehr nur eine theoretische Alternative, sondern wird von etlichen Banken der unterschiedlichsten Größen im Tagesgeschäft eingesetzt und teils massiv beworben. Bei den übrigen Verpflichteten des GwG fand es bislang kaum Verbreitung, kann jedoch auch von diesen genutzt werden.

Das Muster geht davon aus, dass es einen **Hauptvertrag** der Parteien dazu gibt, der im Wesentlichen die kaufmännischen Regelungen beinhaltet, insbesondere Beschreibung der Leistung und Gegenleistung (die ggf. auch nicht nur auf die Identifizierung im Auftrag beschränkt, sondern deutlich umfänglicher sind), Service-Level-Agreements usw. Zu diesem Hauptvertrag soll das Muster als Ergänzung dienen, um für die datenschutzkonforme Durchführung einer Auftragsverarbeitung eine i.S.v. Art. 28 DS-GVO ausreichende vertragliche Grundlage zu schaffen und die bankaufsichtsrechtlichen Anforderungen (→ Anm. 4) an die vertragliche Grundlage der Zusammenarbeit zu erfüllen. Soweit das Muster von den übrigen Verpflichteten des GwG genutzt werden soll, kann das Muster ggf. um die aus dem KWG herrührenden Anforderungen bereinigt werden.

§ 1 Verhältnis zwischen Haupt- und Ergänzungsvertrag[1]

(1) Mit den nachfolgenden Bestimmungen ergänzen

die	[Name des Verantwortlichen, Straße/Hausnummer, PLZ/Ort] – im Folgenden *Bank* genannt –
und	[Name des Auftragsverarbeiters, Straße/Hausnummer, PLZ/Ort] – im Folgenden *Auftragnehmer* genannt –

den [ENTWEDER:] zwischen ihnen bestehenden Vertrag vom _____ [ODER:] gleichzeitig abzuschließenden Vertrag [ENDE DER ALTERNATIVE] über die Erbringung von Leistungen des Auftragnehmers[2] im Bereich _____ (im Folgenden „Hauptvertrag" genannt) [EVENTUELL ZUSÄTZLICH:], den die Bank mit der internen Vertragsnummer _____ referenziert [ENDE DES ZUSATZES]. Danach ist der Auftragnehmer von der Bank beauftragt, für diese die Identifizierung von Personen i.S.v. § 4 GwG via Internet abzuwickeln (Video-Ident-Verfahren).

(2) Da die Leistungserbringung des Auftragnehmers unter dem Hauptvertrag mit der Verarbeitung personenbezogener Daten einhergeht, für die die Bank i.S.v. Art. 4 Nr. 7 DS-GVO verantwortlich ist, bzw. nach dem Willen der Parteien alleine verantwortlich sein soll, dient die Ergänzung des Hauptvertrags dem Zweck, eine ausreichende Grundlage für die Durchführung einer Auftragsverarbeitung[3] i.S.v. Art. 28 DS-GVO zu schaffen. Des Weiteren unterliegt die Bank Vorgaben des KWG zum Risikomanagement, die ebenfalls durch diesen Ergänzungsvertrag erfüllt werden sollen.[4]

(3) Bei Widersprüchen gehen die Bestimmungen dieses Vertrags den Bestimmungen des Hauptvertrags vor. Soweit dieser Vertrag ähnliche Gegenstände regelt, wie der Hauptvertrag, sollen beide Verträge weitest möglich zur Anwendung kommen, wobei im Zweifel die jeweils zu Lasten des Auftragnehmers strengere Bestimmung, bzw. die die Bank meist begünstigende Bestimmung gilt.

Sander/Diekmann

§ 2 Auftragsspezifische Festlegungen[5]

(1) Gegenstand und Dauer der Verarbeitung

Zwecks Durchführung der Identifizierung im Sinne des Geldwäschegesetzes (GwG) bildet die Verarbeitung der nachstehend angegebenen Arten von Daten, welche sich aus dem jeweiligen Ausweisdokument oder aus der Datenbank der Bank ergeben, sowie die Verarbeitung audio-visueller Daten, welche mittels einer „Webcam" und eines Mikrofones von Geräten der Informationstechnologie (z. B. PC, Mobilgeräte wie Smartphone, Tablet etc.) erfasst und übermittelt werden, den Gegenstand der vertragsgemäßen Verarbeitungen.

Die Dauer des Auftrags ergibt sich aus den Regelungen zur Laufzeit des Hauptvertrags, zuzüglich § 9 dieses Ergänzungsvertrags.

(2) Art und Zweck der Verarbeitung

Die personenbezogenen Daten übermittelt der jeweilige Nutzer des Video-Identifizierungs-Verfahrens, also der zu Identifizierende, auf seine Initiative hin über das von ihm selbst bediente Gerät der Informationstechnologie, wie z. B. PC, Smartphone, Tablet etc. Der Auftragnehmer führt eine Direkterhebung im Auftrag der Bank aus. Durch manuelles Aktivieren der Audio-/Videoeinheit des jeweiligen Gerätes kann der Nutzer seinen Personalausweis dem Auftragnehmer zeigen und ggf. Fragen dazu beantworten. Der Auftragnehmer gleicht die zuvor durch den Nutzer im Internet eingetragenen Daten zu seiner Person mit dem durch den Nutzer in die Kamera gehaltenen Ausweis sowie mit dem Gesicht des Nutzers ab. Der Zweck der Verarbeitung besteht in der Umsetzung aufsichtsrechtlicher Anforderungen an eine Identifizierung im Sinne des GwG.

(3) Art der personenbezogenen Daten

Verarbeitet werden personenbezogene Daten (Name, Geburtsort, Geburtsdatum, Staatsangehörigkeit, Wohnanschrift oder postalische Anschrift, Augenfarbe, Körpergröße, Unterschrift), biometrische Daten (Videostream mit der Darstellung und der Stimme des zu Identifizierenden, Passfoto) und eine nationale Kennziffer (Nummer des Personalausweises).

(4) Kategorien betroffener Personen

Der Kreis der betroffenen Personen besteht aus der Menge der zu Identifizierenden, d. h. Vertragspartner, potentielle Vertragspartner, Vertreter von Vertragspartnern sowie wirtschaftlich Berechtigte im Sinne des GwG, die der Bank gegenüber treten.

§ 3 Weisungsgebundene Durchführung des Auftrags

(1) Die Parteien stellen klar, dass es sich im Hinblick auf den vorstehend beschriebenen Auftrag nicht um eine Zusammenarbeit auf Augenhöhe, sondern um ein Über-/Unterordnungsverhältnis handelt. Der Auftragnehmer wird als ausführendes Organ, bzw. als verlängerter Arm der Bank ausschließlich weisungsgebunden tätig.[6]

(2) Der Auftragnehmer ist an die Vorgaben dieses Vertrags und die, diese abändernden oder ergänzenden Weisungen der Bank gebunden.[7] Eine eigene Verarbeitung der personenbezogenen Daten, die der Auftragnehmer für die Bank aus Anlass dieses Auftrags verarbeitet, ist dem Auftragnehmer untersagt, sofern er nicht durch das Recht der Europäischen Union oder der Mitgliedstaaten, dem der Auftragneh-

mer unterliegt, hierzu verpflichtet ist. Über derartige Verpflichtungen unterrichtet der Auftragnehmer die Bank vor der Verarbeitung, sofern das betreffende Recht eine solche Mitteilung nicht wegen eines wichtigen öffentlichen Interesses verbietet.[8]

(3) Der Bank steht ein umfassendes Weisungsrecht im Hinblick auf die im Auftrag auszuführenden Verarbeitungen personenbezogener Daten zu, einschließlich der Frage, welche ggf. zusätzlichen Verarbeitungen Gegenstand des Auftrags sind. Soweit zur Ausführung von Weisungen in Bezug auf das Ob und das Wie eine Verarbeitung die Schaffung von technischen Voraussetzungen notwendig ist, erstreckt sich die Weisung darauf, dass der Auftragnehmer diese unverzüglich zu schaffen hat.

(4) Dem Auftragnehmer sind Weisungen mindestens in Textform, ausschließlich an folgende Person, bzw. folgende Adresse mitzuteilen: _____.[9] [EVENTUELL ZUSÄTZLICH:] Die Person, die die Weisung erteilt, ist in der Mitteilung eindeutig zu bezeichnen. Weisungsbefugt sind ausschließlich die in der Anlage 2 genannten Personen.[10] Nur diese Personen sind ermächtigt, sich im Namen der Bank in Bezug auf diesen Vertrag zu äußern. [ENDE DES ZUSATZES] Der Auftragnehmer ist verpflichtet, eine strukturierte Sammlung aller von der Bank erhaltenen Weisungen vorzuhalten und diese der Bank jederzeit auf Verlangen unter Verzicht auf jegliche Leistungsverweigerungs- und Zurückbehaltungsrechte herauszugeben.[11]

(5) Der Auftragnehmer informiert die Bank unverzüglich, falls er der Auffassung ist, dass eine Weisung gegen geltendes Datenschutzrecht verstößt.[12] In einem solchen Fall ist der Auftragnehmer berechtigt, die Durchführung der Weisung solange auszusetzen, bis die Bank die Weisung überprüft und gegenüber dem Auftragnehmer als vom Auftragnehmer auszuführende Weisung bestätigt hat.

§ 4 Subunternehmer und Personal

(1) Der Auftragnehmer hat die von ihm übernommenen Pflichten ausschließlich selbst bzw. durch eigenes Personal zu erfüllen. Für die Verarbeitungen im Namen der Bank darf der Auftragnehmer nur solches Personal einsetzen, welches für die Durchführung von Identifizierungen natürlicher Personen im Sinne des GwG besonders geschult und hierfür ausgebildet wurde. Es ist ihm untersagt, sich zur Erfüllung seiner vertraglichen Pflichten gegenüber der Bank der Hilfe von Subunternehmern zu bedienen oder Leiharbeitnehmer als Personal hierfür einzusetzen.[13]

(2) Die vorgenannte Ausbildung des Personals umfasst dabei mindestens die Vermittlung der Kenntnis der mittels Videoidentifizierung prüfbaren Merkmale einschließlich der anzuwendenden Prüfverfahren derjenigen Dokumente, die im Rahmen des Videoidentifizierungsverfahrens akzeptiert werden, samt gängiger Fälschungsmöglichkeiten dieser Dokumente sowie die Kenntnis der maßgeblichen geldwäscherechtlichen und datenschutzrechtlichen Vorschriften und der im Rundschreiben der BaFin 3/2017 gestellten Anforderungen. Zu den akzeptierten Dokumenten, ihren prüfbaren Merkmalen und den entsprechenden Schulungsmaßnahmen muss eine geeignete Dokumentation vorliegen. Die vorgenannten Inhalte müssen dem Personal vor Aufnahme der Identifizierungstätigkeit angemessen vermittelt und nachfolgend in regelmäßigen Abständen (mindestens einmal jährlich)

sowie bei Bedarf aktualisiert werden. Ein Bedarf kann z.B. in einer Änderung der gesetzlichen und/oder aufsichtsrechtlichen bzw. datenschutzrechtlichen Anforderungen oder im Falle eines Auftretens einer signifikanten Zahl von Betrugsversuchen, des Bekanntwerdens neuer Betrugsmöglichkeiten oder sonstigen Fehlern im Verfahrensablauf begründet sein. Die Bank kann den Auftragnehmer anweisen, Schulungen aufgrund eines von ihr als solchem bewerteten Bedarf durchzuführen.[13]

(3) Der Auftragnehmer wird nur solches Personal für die Verarbeitungen im Auftrag der Bank einsetzen, welches er zuvor zur Vertraulichkeit verpflichtet hat oder welches einer angemessenen gesetzlichen Verschwiegenheitspflicht unterliegt.[14] Die vom Personal des Auftragnehmers unterschriebenen Verpflichtungserklärungen sind der Bank jederzeit auf Verlangen zur Einsicht vorzulegen.

§ 5 Technische und organisatorische Maßnahmen

(1) Der Auftragnehmer garantiert der Bank, dass die in der Anlage 1 beschriebenen technischen und organisatorischen Maßnahmen vor Beginn der Verarbeitung in Namen der Bank vollständig realisiert und funktionsfähig sind und während der Ausführung der Verarbeitungen in diesem Zustand von ihm erhalten werden. Gleiches gilt für später hinzutretende Maßnahmen dieser Art zum Schutze der personenbezogenen Daten.

(2) Der Auftragnehmer garantiert der Bank, dass technische und organisatorische Maßnahmen so durchgeführt werden, dass die Verarbeitung personenbezogener Daten im Einklang mit der DS-GVO sowie den Anforderungen dieser Art aus dem BaFin-Rundschreiben 3/2017 steht, indem er sich wegen Art, Umfang sowie Art und Weise der Durchführung der vom Auftragnehmer zu realisierenden Maßnahmen dem Weisungsrecht der Bank unterwirft.[15]

(3) Der Auftragnehmer ist verpflichtet, die allgemeine sowie die bezogen auf seine Organisation konkrete Bedrohungslage für die im Namen der Bank zu verarbeitenden Daten, sowie seine Fähigkeit zur ordnungsgemäßen Erledigung der von ihm versprochenen Leistungen fortlaufend zu überwachen und der Bank so früh wie möglich Hinweise darauf zu geben, dass das bei Vertragsschluss bestandene Schutzniveau oder seine Fähigkeit zur ordnungsgemäßen Erledigung der versprochen Leistungen abgesunken ist oder sein könnte bzw. absinken wird. Derartige Hinweise sind vom Auftragnehmer regelmäßig mit Vorschlägen zu verbinden, wie dies verhindert werden kann, insbesondere durch welche anderen oder zusätzlichen technischen und organisatorischen Maßnahmen das Schutzniveau mit Blick auf die Veränderungen der Bedrohungslage verbessert werden kann. Auf Verlangen der Bank hat der Auftragnehmer Vorschläge dieser Art jederzeit zu unterbreiten, die sich auch im Allgemeinen auf die Verbesserung des Schutzniveaus beziehen können.[16]

(4) Der Auftragnehmer überwacht fortlaufend seine Beschäftigten im Hinblick auf die Einhaltung der Vorgaben dieses Vertrags sowie der Vorgaben der DS-GVO und anderer datenschutzrechtlicher Vorschriften der Europäischen Union sowie des Mitgliedstaats der Europäischen Union, in dem die Verarbeitung ausgeführt wird.

(5) Das zur Videoidentifizierung eingesetzte Personal muss sich während der Identifizierung in abgetrennten und mit einer Zugangskontrolle ausgestatteten Räumlichkeiten befinden.[17]

Sander/Diekmann

§ 6 Pflichten der Bank

Die Bank informiert den Auftragnehmer, wenn die Bank Fehler oder Unregelmäßigkeiten der Verarbeitungen erkennt oder vermutet.

§ 7 Pflichten des Auftragnehmers

(1) Der Auftragnehmer garantiert der Bank, dass er die ihn treffenden Pflichten aus der DS-GVO ab dem 25. Mai 2018 stets vollständig und rechtzeitig erfüllt.

(2) Art und Umfang der Mitwirkungspflichten des Auftragnehmers in Bezug auf Pflichten, die die Bank gegenüber Dritten (insbesondere betroffenen Personen und Behörden) zu erfüllen hat, bestimmt die Bank nach billigem Ermessen. Soweit seine Mitwirkung für die Bank im Hinblick auf die Erfüllung ihrer Pflichten aus der DS-GVO erforderlich oder nützlich erscheint, wird der Auftragnehmer ihm zumutbare Mitwirkungshandlungen auf erstes Anfordern ausführen. Ungeachtet der Frage der Zumutbarkeit garantiert der Auftragnehmer der Bank seine uneingeschränkte und sofortige Unterstützung, wenn und soweit es um die Erfüllung von Rechten betroffener Personen nach der DS-GVO geht.[18]

(3) Nach Zustandekommen dieses Vertrags, jedoch vor Beginn der Verarbeitungen im Auftrag wird der Auftragnehmer die Bank zu den auszuführenden Verarbeitungen befragen und ein darauf bezogenes Verzeichnis der Verarbeitungstätigkeiten erstellen. Die Bank wird dazu dem Auftragnehmer einen qualifizierten Ansprechpartner benennen. Ist das Verzeichnis fertiggestellt, übermittelt der Auftragnehmer es der Bank in Kopie und nimmt die Ausführung der Verarbeitungen auf.[19]

(4) Bei Ausführung der Verarbeitungen ist der Auftragnehmer verpflichtet, fortlaufend die Angaben im Verzeichnis der Verarbeitungstätigkeiten auf Korrektheit zu überprüfen und ggf. zu berichtigen, bzw. zu ergänzen. Jede neue Fassung des Verzeichnisses übermittelt der Auftragnehmer unverzüglich an die Bank.[17]

(5) Der Auftragnehmer ist verpflichtet, die Verarbeitungen in Namen der Bank auf dem Gebiet der Bundesrepublik Deutschland durchzuführen. Mit Zustimmung der Bank, die nicht unbillig verweigert werden darf, darf der Auftragnehmer die Verarbeitung in einen Mitgliedstaat der Europäischen Union verlagern. Verlagerungen der Verarbeitungen in ein Drittland sind dem Auftragnehmer untersagt. Wird ein Mitgliedstaat zu einem Drittland, sind alle dort ausgeführten Verarbeitungen unverzüglich in einen Mitgliedstaat der Europäischen Union zu verlagern.

(6) Über bei der Verarbeitung auftretende technische oder organisatorische Störungen und beim Verdacht auf Datenschutzverletzungen i. S. d. Art. 33, 34 DS-GVO hat der Auftragnehmer eine Dokumentation anzufertigen und die Bank unverzüglich zu benachrichtigen und das weitere Vorgehen, insbesondere die Fortsetzung der Verarbeitung mit der Bank abzustimmen. Der Auftragnehmer wird alle erforderlichen und zumutbaren Maßnahmen zur Absicherung der Verarbeitungen und zur Minderung möglicher Nachteile der Bank ergreifen.

(7) Der Auftragnehmer garantiert der Bank seine uneingeschränkte und sofortige Unterstützung bei der Einhaltung der der Bank gem. Art. 32–36 DS-GVO obliegenden Pflichten, insbesondere der Informationspflichten gegenüber betroffenen Personen.[20] Stellt der Auftragnehmer fest, dass die Voraussetzungen einer solchen Informationspflicht wegen der Verarbeitung für die Bank vorliegen könnten, teilt der

Auftragnehmer dies der Bank im Hinblick auf jede betroffene Person in jedem Einzelfall unverzüglich und unaufgefordert mit.

(8) Über Ermittlungen beim und Maßnahmen gegen den Auftragnehmer – insbesondere durch eine Datenschutzaufsichtsbehörde, die allgemeine Gewerbaufsicht, die Bankenaufsicht sowie Strafverfolgungsbehörden – informiert der Auftragnehmer die Bank unaufgefordert und unverzüglich, sofern hierdurch die Verarbeitungen im Namen der Bank betroffen sind oder sein bzw. werden könnten. Gleiches gilt bei der Inanspruchnahme des Auftragnehmers vor einem Gericht oder durch eine hoheitlich handelnde Stelle auf Auskunft, wenn die Auskunft personenbezogene Daten, die im Namen der Bank verarbeitet werden, beinhalten könnte. Gleiches gilt, falls der Auftragnehmer einer ggf. durch Zwangsmittel vollstreckbaren Maßnahme unterworfen wird, die auf die Herausgabe von personenbezogene Daten, die im Namen der Bank verarbeitet werden, hinauslaufen könnte.

(9) Wird der Auftragnehmer mit der Geltendmachung von Rechten betroffener Personen konfrontiert, verweist er denjenigen, der diese Rechte geltend macht, unverzüglich an die Bank. Ohne vorherige Zustimmung und eine entsprechende Weisung der Bank wird der Auftragnehmer das an ihn herangetragene Begehren nicht bearbeiten.

(10) Der Auftragnehmer hat durch sein Personal darauf hinzuwirken, dass die zu identifizierende Person zu Beginn einer Videoidentifizierung ihr ausdrückliches Einverständnis damit erklärt, dass der gesamte Identifizierungsprozess sowie Fotos bzw. Screenshots ihrer Person und ihres Ausweisdokuments aufgezeichnet werden. Das Einverständnis ist explizit zu protokollieren bzw. aufzuzeichnen.[21] Gibt die zu identifizierende Person kein solches Einverständnis ab oder widerruft sie es während der Durchführung der Videoidentifizierung, muss der Auftragnehmer sicherstellen, dass bislang über diese Person aus Anlass des begonnen Identifizierungsverfahrens erhobene und gespeicherte Daten unverzüglich gelöscht werden. Das Identifizierungsverfahren ist abzubrechen. Gleiches gilt, falls die visuelle Überprüfung – etwa aufgrund von schlechten Lichtverhältnissen oder einer schlechten Bildqualität/-übertragung – und/oder eine sprachliche Kommunikation mit der zu identifizierenden Person nicht möglich ist oder sich sonstigen Unstimmigkeiten oder Unsicherheiten ergeben.[21] Gleiches gilt ferner, wenn das Identifizierungsverfahren mangels erfolgreichen systemseitigen Abgleichs der TAN nicht abgeschlossen werden konnte. Diese Ziffernfolge hat die zu identifizierende Person, welche sie vom Personal des Auftragnehmers während der Videoübertragung per E-Mail oder SMS übermittelt erhält, unmittelbar online einzugeben und damit an das zur Identifizierung eingesetzte Personal zurück zu senden.[21]

(11) Der gesamte Prozess der Videoidentifizierung ist vom Auftragnehmer für die interne Revision der Bank, die externe Revision in Gestalt von z.B. Wirtschaftsprüfung, steuerlicher Außenprüfung usw. sowie für die BaFin nachprüfbar in allen Einzelschritten aufzuzeichnen und aufzubewahren. Die Dokumentationspflicht erfordert eine visuelle und akustische Aufzeichnung und Aufbewahrung des erfolgten Verfahrensablaufs, auf die sich das Einverständnis der zu identifizierenden Person beziehen muss. Aus den Aufzeichnungen muss neben der Einhaltung der an geldwäscherechtliche Identifizierungen allgemein gestellten Anforderungen insbesondere die Einhaltung der im BaFin-Rundschreiben 3/2017 genannten Mindestanforde-

rungen für Videoidentifizierungen ersichtlich sein. Der Auftragnehmer hat die Aufzeichnungen mit dem Datum ihrer Entstehung zu kennzeichnen und fünf Jahre aufzubewahren. Sollte der Hauptvertrag enden, sind alle im Beendigungszeitpunkt vorhandenen Aufzeichnungen an die Bank herauszugeben.[21]

§ 8 Kontrollrechte der Bank und der BaFin[22]

(1) Die Bank oder ein von ihr beauftragter Prüfer sind jederzeit befugt, unangekündigte Kontrollen der Verarbeitungen im Namen der Bank beim Auftragnehmer vor Ort durchzuführen. Der Auftragnehmer räumt der Bank und den von ihr beauftragten Prüfern hierzu das Recht ein, Zugang zu seinen Geschäftsräumen, einschließlich aller Datenverarbeitungsanlagen und -geräte zu erhalten, um diese Kontrollen durchführen zu können. Regelmäßig soll die Bank Kontrollen ankündigen und zur Minimierung der Beeinträchtigung der Betriebsabläufe beim Auftragnehmer mit diesem terminlich abstimmen. Der Auftragnehmer verpflichtet sich jedoch, jegliche Kontrollen zu dulden.

(2) Der Auftragnehmer ist verpflichtet, der Bank und den von ihr beauftragten Prüfern jederzeit umfassend Auskünfte auf alle Fragen zu erteilen, soweit die Verarbeitungen im Namen der Bank betroffen sind oder sein bzw. werden könnten. Zugriffe auf IT-Systeme und Einsichten in geschäftliche Unterlagen sind der Bank und den von ihr beauftragten Prüfern zu ermöglichen, soweit diese für die Überprüfung der Einhaltung dieses Vertrags sowie der Vorgaben der DS-GVO und anderer datenschutzrechtlicher Vorschriften der Europäischen Union sowie des Mitgliedstaats der Europäischen Union, in dem die Verarbeitung ausgeführt wird, erforderlich sind. Auf Dokumentationen und andere Unterlagen, die mit den Verarbeitungen im Namen der Bank in Zusammenhang stehen, insbesondere das Verzeichnis der Verarbeitungstätigkeiten, die strukturierte Sammlung aller von der Bank erhaltenen Weisungen sowie die Dokumentation der technischen oder organisatorischen Störungen hat der Auftragnehmer im Rahmen einer Kontrolle unaufgefordert hinzuweisen und diese auf Verlangen der Bank oder den von ihr beauftragten Prüfern vorzulegen.[11]

(3) Zusätzlich zu den Kontrollen vor Ort oder alternativ zu diesen kann die Bank zu Kontrollzwecken die Beantwortung schriftlich an den Auftragnehmer gestellter Fragen von diesem verlangen (Selbstauskünfte). Soweit der Auftragnehmer über Testate von Dritten verfügt, kann er diese der Bank vorlegen, welche sie nach eigenem Ermessen im Rahmen ihrer Kontrolltätigkeit berücksichtigt. Die Vorlage solcher Testate befreit den Auftragnehmer jedoch nicht davon, nach freier Entscheidung der Bank vor Ort kontrolliert zu werden.

(4) Alle vorstehenden Befugnisse der Bank und der von ihr beauftragten Prüfer sowie die korrespondierenden Pflichten des Auftragnehmers gelten nicht nur für Prüfungen zu datenschutzrechtlichen Gesichtspunkten, sondern für Prüfungen unter dem Gesichtspunkt des Risikomanagements auch zugunsten der internen Revision der Bank, der externen Revision in Gestalt von z.B. Wirtschaftsprüfungen, steuerlicher Außenprüfungen, usw. sowie zugunsten der BaFin.[23]

§ 9 Laufzeit und Beendigung der Leistungserbringung

(1) Die Bestimmungen dieses Ergänzungsvertrags können nicht vom Hauptvertrag losgelöst beendet werden, solange der Auftragnehmer Verarbeitungen in Na-

men der Bank ausführt. Endet der Hauptvertrag, bleiben die Bestimmungen dieses Ergänzungsvertrags solange in Kraft, bis der Auftragnehmer alle personenbezogenen Daten, die mit Verarbeitungen in Namen der Bank in Zusammenhang stehen, herausgegeben bzw. gelöscht hat.

(2) Nach der Leistungserbringung, die den Anlass für die Verarbeitungen im Auftrag gab, sind damit im Zusammenhang stehende personenbezogene Daten – sofern noch nicht geschehen – an die Bank zu übermitteln und alle beim Auftragnehmer verbliebenen Kopien zu löschen, sofern nicht nach diesem Vertrag, dem Unionsrecht oder dem Recht des Mitgliedstaats, dem der Auftragnehmer unterliegt, eine Verpflichtung zur Speicherung der personenbezogenen Daten besteht.[24]

(3) Fällt die Verpflichtung zur Speicherung später fort, z.B. bei zeitlicher Begrenzung wegen Zweckerreichung, sind die Daten vom Auftragnehmer sodann unverzüglich zu löschen. Für die Dauer der pflichtgemäßen Speicherung in vorstehendem Sinne hat der Auftragnehmer die Verarbeitung der Daten einzuschränken. Über jede Aufhebung der Einschränkung hat er die Bank zu informieren.[21]

(4) Endet der Hauptvertrag vorhersehbar oder aufgrund eines dem Auftragnehmer vorwerfbaren Verhaltens plötzlich, wird der Auftragnehmer die in diesem Ergänzungsvertrag angesprochenen Leistungen auf Verlangen der Bank noch zu den zuletzt gültigen Bedingungen des Hauptvertrags und dieses Ergänzungsvertrags fortführen, bis die Bank alle internen Vorbereitungen abgeschlossen hat, um diese Leistungen durch eigenes Personal wieder selbst erbringen zu können, längstens jedoch für sechs Monate. Der Auftragnehmer verpflichtet sich, trotz der Beendigung des Hauptvertrags die Kontinuität und Qualität der bislang von ihm erbrachten Leistungen, die in diesem Ergänzungsvertrag angesprochen sind, für diesen Zeitraum weiterhin zu gewährleisten.[25] Der Auftragnehmer wird die Leistungen ausführen, ohne weitere Kosten in Rechnung zu stellen.

(5) Endet der Hauptvertrag aufgrund eines der Bank vorwerfbaren Verhaltens plötzlich, gilt vorstehende Ziffer zur Fortführung der Leistungen durch den Auftragnehmer entsprechend, jedoch mit der Maßgabe, dass der Auftragnehmer nur höchstens drei Monate leisten muss und für diese Zeit eine angemessene Erhöhung seiner Vergütung neben einer etwaigen Kompensation für das vorwerfbare Verhalten der Bank verlangen kann. Die Vergütung wird um maximal 25 % der zuletzt geltenden Bedingungen des Hauptvertrags erhöht.[25]

(6) Ungeachtet der Bestimmungen des Hauptvertrags kann die Bank den Hauptvertrag in Bezug auf die Leistungen des Auftragnehmers, die eine Auftragsverarbeitung darstellen, zum Ende eines jeden Kalenderjahrs unter Beachtung einer Frist von drei Monaten kündigen. Das Nichtbefolgen einer zur Ausführung bestätigten Weisung, die Verweigerung einer Vor-Ort-Kontrolle während der üblichen Geschäftszeiten des Auftragnehmers, die unterlassene Mitteilung gegenüber der Bank über eine vom Auftragnehmer festgestellte Datenschutzverletzung im Sinne der Art. 33, 34 DS-GVO oder andere Verstöße gegen diesen Ergänzungsvertrag von vergleichbarer Schwere der Schuld stellen Beispiele wichtiger Gründe dar, die die Bank berechtigten, den Hauptvertrag in Bezug auf die Leistungen des Auftragnehmers, die eine Auftragsverarbeitung darstellen, fristlos zu kündigen.[26]

Sander/Diekmann

§ 10 Schlussbestimmungen

(1) Aufwendungen, Verwendungen und sonstige Kosten, die dem Auftragnehmer durch die Erfüllung seiner Pflichten aus diesem Vertrag entstehen, trägt der Auftragnehmer. Sie sind in der im Hauptvertrag vereinbarten Vergütung des Auftragnehmers berücksichtigt und mit dieser abgegolten.

(2) Änderungen und Ergänzungen dieses Vertrags, die Erklärung einer Kündigung sowie die Abänderung dieser Klausel bedürfen zu ihrer Wirksamkeit der Schriftform (§ 126 Abs. 1, Abs. 2 BGB).[27] Die Ersetzung der Schriftform durch die elektronische Form (§§ 126 Abs. 3, 126a BGB) oder die Textform (§ 126b BGB) ist ausgeschlossen. Der Vorrang individueller Vertragsabreden bleibt hiervon unberührt.

(3) Ist oder wird eine Bestimmung dieses Vertrags nichtig, unwirksam oder undurchführbar, soll dies die Wirksamkeit der anderen Bestimmungen dieses Vertrags nicht beeinträchtigen.

§ 11 Anlagen und Unterschriften[27]

Die in den Bestimmungen dieses Ergänzungsvertrags referenzierten Anlagen sind Bestandteile dieses Vertrags. Übersicht:

Anlage 1 – Datensicherheitskonzept

Anlage 2 – Weisungsberechtigte Personen

Für die Bank:

_____   _____
(Ort, Datum)   (Unterschrift, Funktion des Unterzeichners)

Für den Auftragnehmer:

_____   _____
(Ort, Datum)   (Unterschrift, Funktion des Unterzeichners)

Anmerkungen

1. **Sachverhalt und Vertragsstruktur.** Das Nummerieren von Verträgen auf Seiten des Auftraggebers ist überall dort üblich, wo es ausgewiesene Mitarbeiter oder Abteilungen für die sog. „Dienstleistersteuerung" gibt, die bei Banken mittlerer und größerer Art (vor dem Hintergrund des BaFin-Rundschreibens 10/2012, Teil AT 9, 7.) typischerweise anzutreffen sind. Soweit durch das Muster nicht nur bankaufsichts-rechtlichen Vorgaben, sondern auch den Anforderungen von Art. 28 DS-GVO entsprochen werden soll, sei bzgl. Letzterem der Vollständigkeit halber darauf aufmerksam gemacht, dass es zukünftig „offizielle Muster" für die Durchführung von Auftragsverarbeitungen geben kann (sog. Standardvertragsklauseln i. S. v. Art. 28 Abs. 6 DS-GVO, nicht zu verwechseln mit sog. Standarddatenschutzklauseln i. S. v. Art. 46 Abs. 2 lit. c DS-GVO).

2. Die Person des Auftragnehmers. Nach alter Rechtslage in Deutschland (die gegen die europäischen Vorgaben der vollharmonisierenden DSRL verstieß, *Lachenmann*, Datenübermittlung im Konzern, S. 6 ff.) musste der Auftragnehmer zwingend

Sander/Diekmann

seinen Sitz in der EU, bzw. dem EWR haben, damit ein Vertrag, der die Vorgaben des § 11 BDSG a.F. erfüllte, überhaupt die privilegierende Wirkung des § 3 Abs. 8 S. 3 BDSG a.F. herbeiführen konnte (bei „Geeignetheit des Sachverhalts" im Übrigen, d.h. Einhaltung des ungeschriebenen Tatbestandsmerkmals der „strikt weisungsgebundenen Ausführung" des Auftrags, vgl. *Kremer/Sander*, ITRB 2014, 187 (188); nunmehr in Art. 28 Abs. 10 DS-GVO, zur Überschreitung der dortigen Grenze → Anm. 12). Unter der DS-GVO kann eine Auftragsverarbeitung auch durch einen Dienstleister aus einem Drittland i.S.d. Art. 44ff. DS-GVO (zukünftig voraussichtlich auch Großbritannien; dazu z.B. *von Brühl/Nietsch* in: Taeger (Hrsg.), Tagungsband Herbstakademie 2017, S. 171 (i.E.)) erbracht werden, da es eine entsprechende Einschränkung in Art. 4 Nr. 8 DS-GVO nicht gibt. Vielmehr behandelt ErwG 101 DS-GVO ausdrücklich die „Auftragsverarbeiter in Drittländern". Für Auftragsverarbeiter in Drittländern beansprucht die DS-GVO indes gem. Art. 3 Abs. 2 lit. a i.V.m. ErwG 23 DS-GVO auch Geltung. Diese müssen daher gem. Art. 27 Abs. 1 DS-GVO schriftlich einen Vertreter benennen. Es muss ausdrücklich davor gewarnt werden, sich unbedacht als „Vertreter" eines ausländischen Auftragsverarbeiters herzugeben, da es in ErwG 80 DS-GVO heißt: „Bei Verstößen des Verantwortlichen oder Auftragsverarbeiters sollte der bestellte Vertreter Durchsetzungsverfahren unterworfen werden." Für Rechtsverstöße des Auftragsverarbeiters hat daher der Vertreter mit den dazugehörigen Geldbußen zu rechnen.

3. Das Privileg der Auftragsverarbeitung. Anknüpfend an die soeben dargestellte Möglichkeit der Auftragsverarbeitung durch Auftragnehmer in Drittländern (→ Anm. 2) ist auf ErwG 101, 108 und 114 DS-GVO hinzuweisen. Diese formulieren die Erwartungshaltung, dass die „Übermittlung" der Daten an einen Auftragsverarbeiter in einem Drittland, für welches kein Angemessenheitsbeschluss vorliegt, durch geeignete Garantien i.S.d. Art. 44ff. DS-GVO abgesichert wird (anders als unter dem BDSG a.F. ist eine Übermittlung i.S.v. Art. 4 Nr. 2 DS-GVO jede aktive Handlung, mit der personenbezogene Daten gegenüber einem einzelnen oder einem bestimmten Kreis von Empfängern offengelegt werden (→ I.III. Anm. 3)). Um Missverständnissen vorzubeugen ist besonders zu betonen, dass es sich bei den Übermittlungen (a) vom Verantwortlichen an den Auftragsverarbeiter und (b) vom Auftragsverarbeiter an den Verantwortlichen nach ungeschriebener Ausnahme, gleichwohl systemimmanent zwingend nicht um Vorgänge handelt, die dem Verbot mit Erlaubnisvorbehalt der Art. 6, 9 und 10 DS-GVO unterfallen. Die Verarbeitungen, die bei Ausführung des Auftrags durchgeführt werden (d.h. „im Namen des Verantwortlichen" i.S.v. ErwG 81 DS-GVO), bedürfen natürlich eines Erlaubnistatbestands, jedoch gemessen an der Perspektive des Verantwortlichen und den Art. 6, 9 und 10 DS-GVO. Die vorbezeichnete Kommunikation zwischen Verantwortlichem und Auftragsverarbeiter ist indes für die DS-GVO transparent. Es bleibt insoweit bei dem tradierten Verständnis (statt vieler *von Holleben/Knaut* CR 2017, 299 (301); BeckOK DatenSR/*Spoerr*, § 11 BDSG Rn. 142), dass diese Vorgänge, bzw. diese Kommunikation dahingehend privilegiert behandelt werden, dass sie nicht erlaubnisbedürftig sind. Dies ist das Wesen, bzw. das Privileg der Auftragsverarbeitung. Wollte man die DS-GVO mit einigen Stimmen in der Literatur (*Laue/Nink/Kremer*, Das neue Datenschutzrecht in der betrieblichen Praxis, Kap. 5, Rn. 10; von dem Bussche/Voigt/*Hullen*, Konzerndatenschutz, Teil 8 Rn. 84; *Koos/Englisch*, ZD 2014, 276 (284); *Eckhardt/Kramer*, DuD 2013, 287 (291); *Roßna-*

gel/Richter/Nebel, ZD 2013, 103 (105); *Nebel/Richter,* ZD 2012, 411) so interpretieren, dass sie insoweit mit dem überkommenen Verständnis bricht und diese Übermittlungen dem Verbot mit Erlaubnisvorbehalt unterstellt, führte dies unweigerlich zu nicht gewollten Ergebnissen. Aus folgenden Gründen kann ein solches Auslegungsergebnis nicht sachgerecht sein: Weil die Voraussetzung einer „Einwilligung von jeder betroffenen Person" für die Beauftragung eines Auftragsverarbeiters eine in der Praxis unüberwindbare Hürde wäre und angesichts der Widerruflichkeit jeder einzelnen Einwilligung eine irrwitzige Voraussetzung für die Zulässigkeit der Zusammenarbeit mit dem Auftragsverarbeiter formuliert würde, würde ein solches Verständnis den Art. 28 DS-GVO ad absurdum führen. Mithin käme für Verantwortliche, die keine Behörden sind, ausschließlich Art. 6 Abs. 1 S. 1 lit. f DS-GVO als Erlaubnisnorm für diese Übermittlungen in Betracht (zu dieser Ansicht → G.I.4. Vorb.), die dem Grunde nach ebenfalls eine Einzelfallbetrachtung für jede betroffene Person erfordert. Behörden wäre gem. Art. 6 Abs. 1 S. 2 DS-GVO die Beauftragung eines Auftragsverarbeiters gänzlich verwehrt. Die Verarbeitung von Daten i.S.v. Art. 9 Abs. 1 DS-GVO im Auftrag wäre vollständig verboten. Dieser Ansicht kann bzw. darf daher nicht gefolgt werden. Sie würde ganzen Wirtschaftszweigen die Tätigkeit de facto verbieten und würde zur Unverhältnismäßigkeit der Regelungen führen. Deshalb ist die dargestellte, ungeschriebene Ausnahme vom Verbot mit Erlaubnisvorbehalt systemimmanent (so auch → G.I.1. Vorb.). Zur weitergehenden Begründung ist auf den Sinn und Zweck des Datenschutzrechts abzustellen, denn das Recht auf Schutz der personenbezogenen Daten ist kein uneingeschränktes Recht; es muss im Hinblick auf seine gesellschaftliche Funktion gesehen und unter Wahrung des Verhältnismäßigkeitsprinzips gegen andere Grundrechte abgewogen werden (ErwG 4 DS-GVO; ebenso schon BVerfG, Urt. v. 15.12.1983 – 1 BvR 209/ 83 u.a. – Volkszählungsurteil).

4. Rechtliche Vorgaben. Die Bundesanstalt für Finanzdienstleistungsaufsicht (BaFin) veröffentlicht fortlaufend in Rundschreiben, wie sie die aus verschiedenen Gesetzen (z.B. KWG, GwG) herrührenden Anforderungen an die ihrer Aufsicht unterliegenden Personen interpretiert. Dabei handelt es sich um nicht mehr und nicht weniger als die Rechtsauffassung der Behörde. Zum Video-Ident-Verfahren, wie es im Markt heißt, bzw. Videoidentifizierungsverfahren, hat sich die BaFin schon mehrfach geäußert, erstmals in Ziff. III des Rundschreibens 1/2014 vom 5.3.2014. Schon dort, aber auch in den folgenden Rundschreiben 4/2016 und 3/2017 hieß es stets, dass sich die Interpretationen ausdrücklich nicht auf datenschutzrechtliche Anforderungen beziehen würden, die parallel zu beachten seien. Im Schreiben des Bundesministeriums der Finanzen vom 17.4.2015 sind Rechtsansichten der Bundesbeauftragten für Datenschutz und der Informationsfreiheit (BfDI) wiedergegeben, die als datenschutzrechtliche Leitlinien zum Video-Ident-Verfahren bezeichnet wurden. In der juristischen Literatur wurde die Frage geklärt, ob und wenn ja unter welchen Voraussetzungen, die Auslagerung der Identifizierung, also das Durchführenlassen des Video-Ident-Verfahrens durch einen Dienstleister, datenschutzrechtlich zulässig ist, ob es sich als Funktionsübertragung (→ Anm. 6) realisieren lässt und welche Anforderungen abstrakt zu beachten sind (*Sander/Diekmann,* PinG 2015, 275). Das vorliegende Muster dient der Erfüllung der dort aufgezeigten Anforderungen, wobei als Eingangsvoraussetzung schon dort dargestellt wurde, dass die Durchführung einer Identifizierung i.S.v. § 4 GwG gem. § 7 Abs. 2 GwG überhaupt

Sander/Diekmann

ausgelagert werden darf. Von den zuvor genannten Rundschreiben der BaFin zum Videoidentifizierungsverfahren gilt seit dem 15.7.2017 nur noch das Rundschreiben 3/2017, welches bei Abfassung des Musters berücksichtigt wurde. Laut Mitteilung der BaFin vom 10.4.2017 stellt dieses klar, dass das Videoidentifizierungsverfahren durch alle Verpflichteten nach dem GwG angewendet werden darf, die unter der Aufsicht der BaFin stehen. Demnach bietet sich das Muster auch darüber hinausgehend zur Verwendung durch alle Verpflichteten nach dem GwG bei einer Auslagerung der Videoidentifizierung zur Verwendung an (wobei natürlich die KWG-bezogenen Besonderheiten, z.B. das Recht zum Audit zugunsten der BaFin, bei allen sonstigen Verpflichteten i.S.v. § 2 GwG gestrichen werden können). Unklar geblieben ist leider die Frage, ob neben den Anforderungen des Rundschreibens 3/2017, welches das GwG im Hinblick auf den Einsatz des Video-Ident-Verfahrens durch die Bank interpretiert, im Falle der Auslagerung der Durchführung des Video-Ident-Verfahrens durch eine Bank an einen Dienstleister (also im hier beispielhaft unterstellten Sachverhalt) zusätzlich auch die Vorgaben des Rundschreibens 10/2012 über die „Mindestanforderungen an das Risikomanagement" (MaRisk) beachtet werden müssen, welches das KWG interpretiert. Nach hier vertretener Auffassung sind die MaRisk parallel zu beachten. Ob die Auslagerung eine wesentliche Tätigkeit i.S.v. § 25b KWG betrifft, soll hier indes offenbleiben; die Anforderungen von AT9 der MaRisk im Hinblick auf die Auslagerung wesentlicher Prozesse wurden bei Abfassung des Musters vorsorglich beachtet. Abschließend ist insoweit darauf hinzuweisen, dass gegenwärtig die fünfte Novelle der MaRisk erarbeitet wird und dass die in den MaRisk enthaltenen Anforderungen an die IT-Systeme der Institute zusätzlich durch die geplanten „Bankaufsichtlichen Anforderungen an die IT" (BAIT) weitergehend konkretisiert werden sollen. Weder die fünfte MaRisk Novelle (die sich in einer zweiten, nicht-öffentlichen Konsultationsphase befinden), noch die BAIT wurden beim Abfassen des Musters berücksichtigt. Bei Inkrafttreten dieser beiden Verlautbarungen von Rechtsansichten der Behörde könnte für Kreditinstitute zum Zwecke der Streitvermeidung mit der BaFin eine Anpassung des Musters vor der Verwendung im Einzelfall angezeigt sein.

5. Auftragsspezifische Festlegungen. Art. 28 Abs. 3 S. 1 DS-GVO benennt einige Mindestinhalte des Vertrags. Inhaltlich ist diese Vorgabe deckungsgleich mit § 11 Abs. 2 S. 2 Nr. 1, 2 BDSG a. F., abgesehen davon, dass Festlegungen zum „Umfang der Verarbeitung" nicht mehr gefordert werden. Soweit es heißt, dass auch „Pflichten und Rechte des Verantwortlichen" geregelt werden müssen, handelt es sich um eine ausfüllungsbedürftige Worthülse, die keine eigene inhaltliche Anforderung an den Vertrag stellt. Sie wird ausgefüllt durch die Aufzählung in Art. 28 Abs. 3 S. 2 DS-GVO. Im Muster werden diese Punkte unter eigenen Überschriften behandelt, unter Aussparung der (übergeordneten) Überschrift „Pflichten und Rechte des Verantwortlichen" (zur einzig weiteren Anforderung des Art. 28 Abs. 3 S. 1 DS-GVO, der „Bindung" des Auftragnehmers → Anm. 7). Jene Aufzählung, die im Wortlaut eingeleitet wird mit „insbesondere", ist von abschließender Natur, soweit es darum geht, eine ausreichende vertragliche Grundlage für die DS-GVO-konforme Durchführung einer Auftragsverarbeitung zu schaffen. Das Wort „insbesondere" bedeutet darüber hinaus nur, dass die Inhalte des Vertrags nicht auf die in Art. 28 Abs. 3 S. 2 DS-GVO aufgezählten Inhalte begrenzt, sondern zusätzliche Regelungen zulässig sind. Weitere Rechte und Pflichten des Verantwortlichen sowie des Auftragsverar-

Sander/Diekmann

beiters, die aus Gründen des Datenschutzes notwendig sind, regelt die DS-GVO im Übrigen selbst. Die Beschreibung des Gegenstands der Verarbeitungen setzt zugleich die Anforderungen aus Teil AT 9, 6. lit. a des BaFin-Rundschreibens 10/2012 um. Da es sich bei der Erhebung der Daten bei dem Nutzer selbst um eine Direkterhebung handelt, sind die Informationspflichten des Art. 13 DS-GVO zu beachten.

6. Abgrenzung zur Gestaltung als rechtfertigungsbedürftige Übermittlung. Diese Klausel soll beiden Parteien ihre jeweiligen Rollen vor Augen führen, damit es möglichst nicht in der gelebten Praxis dazu kommt, dass trotz sorgfältiger Vertragsgestaltung ein nicht privilegierbarer Sachverhalt (*Kremer/Sander,* ITRB 2014, 187 (188)) vorliegt, weil die Parteien den Auftragnehmer im Tagesgeschäft doch das ein oder andere selbst entscheiden lassen. Durch ein solches Verhalten würde nachträglich eine vormals als „Funktionsübertagung" bezeichnete Datenverarbeitung vorliegen, anstatt einer Auftragsverarbeitung, die nach hier vertretener Auffassung (korrespondierend mit → Anm. 3) auch unter der DS-GVO jeweils noch gegeneinander abzugrenzen sind (für den hier beispielhaft unterstellten Sachverhalt *Sander/Diekmann,* PinG 2015, 275 (278)).

7. Das Weisungsrecht. Es gehört weiterhin zu den Mindestinhalten eines Vertrags über die Durchführung einer Auftragsverarbeitung, dass der Auftragnehmer durch entsprechende Regelungen i.S.v. Art. 28 Abs. 3 S. 1 DS-GVO „in Bezug auf den Verantwortlichen gebunden" wird. Diese unklare Anforderung wird auch nicht durch ErwG 81 DS-GVO präzisiert, soweit dieser ergänzt: „[...], wobei die besonderen Aufgaben und Pflichten des Auftragsverarbeiters bei der geplanten Verarbeitung und das Risiko für die Rechte und Freiheiten der betroffenen Person zu berücksichtigen sind." Mit der Bindung an den Verantwortlichen ist mehr gemeint, als der bloße Umstand, dass ein Vertrag eine rechtliche Bindungswirkung erzeugt. Eine solche geht von jedem Vertrag aus (pacta sunt servanda). Den zur Aufklärung der Frage entscheidenden Hinweis liefert der Anfang des Satzes 3 des ErwG 81 DS-GVO: „Die Durchführung einer Verarbeitung [...]". Mit der Bindung an den Verantwortlichen ist daher der Kern, bzw. das Wesen einer Auftragsdatenverarbeitung gemeint, nämlich der Umstand, dass der Auftragsverarbeiter keinen eigenen Entscheidungsspielraum bezüglich des „Ob?" und des „Wie?" einer im Auftrag auszuführenden Verarbeitung haben, sondern ausschließlich als verlängerter Arm des Verantwortlichen tätig werden darf. Die besonderen Aufgaben und Pflichten des Auftragsverarbeiters i.S.d. ErwG 81 DS-GVO werden durch Art. 28 Abs. 3 S. 2 DS-GVO benannt. Damit verbleibt als Aussage des ErwG 81 DS-GVO, dass das Risiko für die Rechte und Freiheiten der betroffenen Person zu berücksichtigen ist. Jenseits der (datenschutzrechtlichen) Mindestinhalte des Vertrags darf aber auch die Wirtschaftlichkeit nicht außer Acht gelassen werden, weshalb sich das Muster klar dazu äußert, worauf sich das Weisungsrecht der Bank bezieht. Entscheidungen über das „Ob?" der Datenverarbeitung können das wirtschaftliche Gleichgewicht des Vertrags gefährden, z.B. wenn ein Festpreis anstatt einer aufwandsbezogenen Vergütung vereinbart wird. Ähnliche Schwierigkeiten drohen hinsichtlich der Frage, „Wie?" eine Datenverarbeitung auszuführen ist. Beinhaltet das Weisungsrecht z.B. die Befugnis zur Festlegung, welche Software der Auftragnehmer zur Erfüllung des Auftrags zu verwenden hat oder festzulegen, welche technischen und organisatorischen Maßnahmen vom Auftragnehmer umzusetzen sind. Muss er ggf. zur Einhaltung der Weisungen Investitionen tätigen und wenn ja, soll der Aufwand dafür als mit der Vergütung abgegolten gelten? Das Muster sieht hierzu als unverbindlichen Vorschlag mit der Kostentragungspflicht in den Schlussbestimmungen eine Meistbegünstigung der Bank vor. Diese Bestimmung des Musters setzt zugleich die Anforderungen aus Teil AT 9, 6. lit. d des BaFin-Rundschreibens 10/2012 um.

8. Verarbeitungen durch den Auftragsverarbeiter außerhalb des Auftrags. Abweichend von der früheren Rechtslage, nach der klar war, dass der Auftragnehmer die Daten nur im Rahmen der Weisungen des Auftraggebers verarbeiten durfte (§ 11 Abs. 3 S. 1 BDSG a. F.), sieht Art. 28 Abs. 3 S. 2 lit. a DS-GVO als Mindestinhalt des Vertrags diese, im Muster angeführte Klausel vor – und eröffnet damit dem Auftragsverarbeiter eigene Verarbeitungen, außerhalb der Bindung seines Auftrags. Die DS-GVO bezieht sich an dieser Stelle auf Rechtspflichten zu Verarbeitungen, die außerhalb von ihr selbst begründet liegen. Zu beachten ist, dass es sich hierbei nicht um den Fall handelt, der in Art. 28 Abs. 10 DS-GVO (klarstellend) erwähnt ist („unter Verstoß gegen diese Verordnung"). Eine Rechtsgrundlage für diese Verarbeitung durch den „Auftragsverarbeiter", der insoweit als Verantwortlicher handelt, stellt indes weder die vertragliche Vereinbarung, noch unmittelbar Art. 28 Abs. 3 S. 2 lit. a DS-GVO dar. Der „Auftragsverarbeiter" ist für diese eigene Verarbeitung vielmehr darauf angewiesen, eine Rechtsgrundlage ausfindig zu machen, insb. in Art. 6, 9 und 10 DS-GVO (naheliegend z. B. Art. 6 Abs. 1 lit. c DS-GVO i. V. m. jener, den Auftragsverarbeiter treffenden Rechtspflicht; zur Grenzüberschreitung im Übrigen → Anm. 12).

9. Form von Weisungen. Als ein neuer Mindestinhalt von Verträgen über die Durchführung einer Auftragsverarbeitung ergibt sich aus Art. 28 Abs. 3 S. 2 lit. a DS-GVO, dass der Auftragsverarbeiter die Daten nur auf „dokumentierte" Weisung des Verantwortlichen hin verarbeitet. Das war auch nach früherer Rechtslage schon tunlich, allerdings kannte § 11 Abs. 3 S. 1 BDSG a. F. keine Verpflichtung zur Dokumentation von Weisungen. Da sich aus der DS-GVO keine Anforderungen an die Dokumentation ergeben, ist im Muster für Weisungen „mindestens Textform" i. S. v. § 126b BGB vorgesehen. Die Begrenzung auf einen bestimmten Weisungsempfänger, bzw. eine Adresse zur Entgegennahme von Weisungen soll es ermöglichen, alle Weisungen vollständig an einer Stelle zu erfassen (→ Anm. 11).

10. Weisungsberechtigte Personen. Diese Klausel dient beiden Seiten, da sie Transparenz dahingehend schafft, auf wessen Zuruf der Auftragnehmer zu reagieren hat. Die in der Anlage genannten Personen erhalten durch ihre Nennung im Vertrag eine (Außen-)Vollmacht, für die Bank in Bezug auf den Vertrag und seine Durchführung entscheiden und handeln zu können.

11. Sammlung der Weisungen. Mit dieser Klausel soll Art. 28 Abs. 3 S. 2 lit. h DS-GVO Rechnung getragen werden, soweit es dort heißt: „[...] dem Verantwortlichen alle erforderlichen Informationen zum Nachweis der Einhaltung der in diesem Artikel niedergelegten Pflichten zur Verfügung stellt". Übergeordneter Kontext ist die Rechenschaftspflicht des Verantwortlichen aus Art. 5 Abs. 2 DS-GVO. Soweit die Klausel die Aufgabe der Erstellung einer umfassenden Dokumentation dem Auftragnehmer zuweist, wiederholt sie die vorgenannte Norm der DS-GVO nur in anderen Worten. Diese Interpretation der DS-GVO ist zwingend, da der erste Entwurf der Kommission in Art. 26 Abs. 3 die Aufgabe noch nicht so eindeutig zuordnete, da es dort hieß: „Der für die Verarbeitung Verantwortliche und der Auftragsverarbeiter dokumentieren die Anweisungen [...]". Der im Muster vorgesehene Verzicht auf Leis-

Sander/Diekmann

tungsverweigerungs- und Zurückbehaltungsrechte muss vereinbart werden, um dem Verantwortlichen bei „schwierigem" Umgang mit dem Auftragsverarbeiter gleichwohl die Erfüllung seiner Rechenschaftspflichten uneingeschränkt zu ermöglichen.

12. Potentiell rechtwidrige Weisungen. Die im Muster vorgesehene Pflicht zur unverzüglichen Mitteilung darüber, dass eine Weisung rechtswidrig sein könnte, ist eine rein deklaratorische Wiederholung des Wortlauts von Art. 28 Abs. 3 S. 3 DS-GVO. Zur Vermeidung von Schwebezuständen und Unklarheiten wird sodann durch den Vertrag das Recht des Auftragnehmers begründet, die Weisung vorerst nicht ausführen zu müssen, welches jedoch durch die Bestätigung der Weisung begrenzt ist. Das Risiko der Rechtswidrigkeit der Verarbeitung trägt allein der Verantwortliche, da die Durchführung der Auftragsverarbeitung strikt weisungsgebunden stattfindet (vorbehaltlich der Rechtspflichten des Auftragsverarbeiters, Art. 28 Abs. 3 S. 2 lit. a DS-GVO → Anm. 8) und es daher dem Auftragsverarbeiter verwehrt ist, sich über Weisungen des Verantwortlichen dauerhaft hinweg zu setzen. Denn dann überschreitet der Auftragsverarbeiter die in Art. 28 Abs. 10 DS-GVO angesprochene Grenze. Am Rande bemerkt sie die Rechtsfolge der Überschreitung: Ausschließlich der Auftragnehmer ist dann allein verantwortlich für diese Verarbeitung außerhalb des Auftrags, für die es ihm in fast allen Fällen an einer Erlaubnis i. S. d. Art. 6, 9 und 10 DS-GVO fehlen wird. Abweichend vom ersten Entwurf der Kommission in Art. 26 Abs. 4 führt die Grenzüberschreitung nicht zu zwei gemeinsam Verantwortlichen, sondern gem. Art. 28 Abs. 10 DS-GVO zur vollständigen Entlastung des (eigentlichen) Verantwortlichen. Ein Recht zur vorläufigen Aussetzung des Vollzugs einer Weisung kennt die DS-GVO nicht und eine solche Klausel ist auch kein Mindestinhalt eines Vertrags über eine Auftragsverarbeitung. Gleichwohl ist dazu zu raten, vertraglich zu regeln, wie mit einer als rechtswidrig beanstandeten Weisung vorläufig umgegangen werden soll. Klauseln der vorgeschlagenen Art haben sich in der Praxis bewährt. Auf die konkreten Umstände des Einzelfalls wird es für die Beurteilung der Frage ankommen, wie die neue, in Art. 82 DS-GVO vorgesehene gesamtschuldnerische Haftung von Verantwortlichem und Auftragsverarbeiter auf Schadensersatz im Außenverhältnis, zum Zwecke des Regresses im Innenverhältnis, zu verteilen ist. Hat der Auftragsverarbeiter auf die Rechtswidrigkeit einer Weisung hingewiesen und der Verantwortliche die Weisung als auszuführen bestätigt, darf den Auftragsverarbeiter – bei wertender Betrachtung – keine Haftung treffen, da er sich entsprechend seiner Rolle (→ Anm. 6) verhalten und seine Pflichten eingehalten hat. Zur Erreichung dieses Ergebnisses ist der Regressanspruch des Art. 82 Abs. 5 DS-GVO entsprechend zu bemessen, der dem in Anspruch genommenen Auftragsverarbeiter gegen den Verantwortlichen zusteht und welcher dem originären Gesamtschuldnerinnenausgleich des § 426 Abs. 1 BGB entspricht.

13. Subunternehmer. Anders als nach früherer Rechtslage (§ 11 Abs. 2 S. 2 Nr. 6 BDSG a. F.) gehört das Thema Subunternehmer nicht mehr zu den Mindesteinhalten eines Vertrags zur Durchführung einer Auftragsverarbeitung. Damals waren Verträge ohne eine Klausel zu diesem Thema datenschutzrechtlich unwirksam, d.h. sie entfalteten nicht die beabsichtigte, privilegierende Wirkung der Fiktion des § 3 Abs. 8 S. 3 BDSG a. F. (→ Anm. 3). Stattdessen hat der Gesetzgeber eine Wertentscheidung in die DS-GVO aufgenommen. Während das Thema früher in keiner Weise durch das BDSG a. F. präjudiziert wurde und deshalb zwingend von den Parteien des Vertrags geregelt werden musste, gilt heute – mangels abweichender Vereinba-

Sander/Diekmann

rung der Parteien, die eine „Zustimmung" beinhaltet – das Verbot der Einsetzung von Subunternehmer gem. Art. 28 Abs. 2 S. 1 DS-GVO. Eine andere vertragliche Gestaltung war hier auch nicht zulässig, mit Blick auf Teil B. I. des BaFin-Rundschreibens 3/2017, dem auch die Klausel zur Ausbildung des Personals geschuldet ist. Hinsichtlich des Wissensstands ist zudem noch wegen der akzeptierten Dokumente und anzuwendenden Prüfverfahren, die im Vertrag lediglich in dieser Allgemeinheit in Bezug genommen werden können, auf Teil B. V. und VI. des BaFin-Rundschreibens 3/2017 hinzuweisen. Entsprechend dem typischen Schutzbedarf der Daten bei Aufträgen dieser Art wurde dem Auftragnehmer im Weiteren auch der Einsatz von Leiharbeitern untersagt, die aus der Natur der Sache heraus schneller und häufiger fluktuieren, als die eigenen Arbeitnehmer. Trotz des Datengeheimnisses (→ Anm. 14) kann wohl kaum in Abrede gestellt werden, dass sich Mitarbeiterfluktuation beim Auftragsverarbeiter und Risiko für den Verantwortlichen proportional zu einander verhalten.

14. Verschwiegenheit des Personals und das Datengeheimnis. Soweit in § 5 BDSG a. F. im Gesetz ein Verbot für die „bei der Datenverarbeitung beschäftigten Personen" vorgesehen war, diese Daten unbefugt zu verarbeiten, findet sich dieses heute in Art. 29 DS-GVO wieder. Die „Verpflichtung" dieser Personen auf dieses Verbot durch die verantwortliche Stelle i. S. v. § 5 BDSG a. F. stellte sich als bloße Pflicht zur Aufklärung der Beschäftigten über dieses kraft Gesetzes bestehende Verbot dar, die in den Bereich der arbeitsvertraglichen Schutz- und Fürsorgepflichten des Arbeitgebers fiel. Dieser Teil findet sich heute in Art. 32 Abs. 4 DS-GVO wieder. Allerdings war es damals nicht erforderlich, mit diesen Personen Pflichten zur Unterlassung eines bestimmten Verhaltens zu vereinbaren, die neben die sich unmittelbar aus § 5 BDSG a. F. ergebenden Pflichten traten oder über diese hinausgingen. Art. 32 Abs. 4 DS-GVO ist insoweit unklar, worauf sogleich zurückzukommen sein wird. Art. 28 Abs. 3 S. 2 lit. b DS-GVO sieht als Mindestinhalt des Vertrags vor, dass der Auftragnehmer gegenüber dem Auftraggeber die vertragliche Zusicherung abgibt, dass die von ihm eingesetzten, sog. „befugten" Personen durch ihn zur Vertraulichkeit verpflichtet wurden – oder dass diese ohnehin einer angemessenen, gesetzlichen Verschwiegenheitspflicht unterliegen. Unklar ist insoweit, ob die DS-GVO mit der Wendung „befugte Personen" nur die eigenen Beschäftigten meint, wie in Art. 32 Abs. 4 DS-GVO, oder auch die, ggf. berechtigterweise, eingesetzten Subunternehmer miterfasst, die in Art. 29 DS-GVO ausdrücklich separat erwähnt werden. In der Gesamtschau der Norm spricht indes alles dafür, dass Art. 28 Abs. 3 S. 2 lit. b DS-GVO sich nur auf die „natürlichen Personen" i. S. v. Art. 32 Abs. 4 DS-GVO bezieht. Denn die Subunternehmer sind in Art. 28 Abs. 4 DS-GVO einer gegenüber Art. 28 Abs. 3 S. 2 lit. b DS-GVO spezielleren Regelung zugeführt worden. Weiterhin ist zu bemerken, dass die Begriffe Vertraulichkeit, bzw. Verschwiegenheit, die in Art. 28 Abs. 3 S. 2 lit. b DS-GVO verwendet werden, in der Regel etwas anderes bezeichnen, als die Vorgaben des Datenschutzrechts für die Zulässigkeit von Übermittlungen an Dritte. Es sind in der Regel strengere Vorgaben, die Handlungen verbieten, welche als Übermittlungen datenschutzrechtlich durchaus zulässig sein könnten (zum Spannungsverhältnis, vgl. § 1 Abs. 3 S. 2 BDSG a. F.). Die Pflicht zur vertraglichen Vereinbarung über eine entsprechende Zusicherung seitens des Auftragsverarbeiters so zu verstehen, dass eine Vertraulichkeit, bzw. Verschwiegenheit im Sinne von Verschwiegenheitsvereinbarungen oder Berufsgeheimnissen gemeint ist, er-

Sander/Diekmann

scheint indes nicht sachgerecht. Derartige Vereinbarungen sehen nämlich regelmäßige vertragsstrafenbewehrte Schweigepflichten vor. Solche wirksam mit Arbeitnehmern zu vereinbaren, ist indes in Deutschland schwierig (da zum Schutz des Arbeitnehmers ein strenger Maßstab angelegt wird, vgl. z. B. BAG, Urt. v. 17.3.2016 – 8 AZR 665/14) und die zu beachtenden Anforderungen sind europaweit nicht einheitlich geregelt. Daher kann die DS-GVO nur so verstanden werden, dass sie eben nicht routinemäßige jedem Auftragsverarbeiter abverlangt, mit seinen Beschäftigten Verschwiegenheitsvereinbarungen zu treffen und den Abschluss solcher Vereinbarungen dem Verantwortlichen vertraglichen zuzusichern. Mit „Vertraulichkeit" ist insoweit gem. ErwG 39 S. 12 nur gemeint, dass Unbefugte keinen Zugang zu den Daten haben und weder die Daten noch die Geräte, mit denen diese verarbeitet werden, benutzen können (Paal/Pauly/*Martini*, DS-GVO, Art. 28 Rn. 43). Folglich ist der überschießende Wortlaut des Art. 28 Abs. 3 S. 2 lit. b DS-GVO in vorstehendem Sinne einschränkend auszulegen. Die genannte „Verpflichtung zur Vertraulichkeit" durch den Auftragsverarbeiter ist ein „Schritt" i. S. v. Art. 32 Abs. 4 DS-GVO, mit dem sichergestellt werden soll, dass die dem Auftragsverarbeiter unterstellten natürlichen Personen, die Zugang zu personenbezogenen Daten haben, diese nur auf Anweisung des Verantwortlichen verarbeiten (vgl. Richtlinie zur Auftragsverarbeitung → G. I. 2.). Ob indes die „Verpflichtung zur Vertraulichkeit", die Art. 28 Abs. 3 S. 2 lit. b DS-GVO scheinbar von den Beschäftigten verlangt, ebenso nur Hinweis auf die Rechtslage ist, wie die damalige Verpflichtung i. S. v. § 5 BDSG a. F., ist offen. Der Wortlaut von Art. 32 Abs. 4 DS-GVO spricht dafür, dass es mit einem Hinweis auf die Rechtslage zwecks Aufklärung des Arbeitnehmers (auch zu seinem eigenen Wohl) insgesamt wohl nicht getan sein dürfte – denn die Schritte sollen dazu dienen, die Einhaltung des Verbots aus Art. 29 DS-GVO „sicherzustellen". Es bleibt abzuwarten, wie die Rechtsprechung sich zu dieser Frage positionieren wird. Nach hier vertretener Auffassung beschränkt sich jedenfalls die Pflicht zur Zusicherung einer Verpflichtung zur Vertraulichkeit i. S. v. Art. 28 Abs. 3 S. 2 lit. b DS-GVO auf die Zusicherung eines Hinweises an die Beschäftigten auf die Rechtslage, so dass der Auftragsverarbeiter nur zusagen muss, seine Beschäftigten „belehrt", bzw. i. S. v. § 5 BDSG a. F. „verpflichtet" zu haben. Damit kann hier der genaue Inhalt von Art. 32 Abs. 4 DS-GVO offenbleiben.

15. Technische und organisatorische Maßnahmen. Wie bereits nach altem Recht (§ 11 Abs. 2 S. 2 Nr. 3 BDSG a. F.) gehört dieses Thema gem. Art. 28 Abs. 3 S. 2 lit. c DS-GVO zu den Mindesteinhalten des Vertrags über die Durchführung einer Auftragsverarbeitung. Entgegen der weit verbreiteten Praxis bei Vertragsverhandlungen, wonach häufig die konkreten Maßnahmen vom Auftragsverarbeiter vorgeschlagen werden, liegt der gesetzgeberischen Konzeption nach wie vor der Gedanke zugrunde, dass der Verantwortliche sich vor dem Beginn der Vertragsverhandlungen über den Schutzbedarf der im Auftrag zu verarbeiteten Daten und die mit der Verarbeitung einhergehenden Risiken ein Bild macht und daraus konkrete technische und organisatorische Maßnahmen ableitet. Denn es obliegt ausschließlich dem Verantwortlichen (der nunmehr für Fehleinschätzungen in diesem Bereich, d. h. allein für zu wenige, bzw. zu schlechte Maßnahmen dieser Art mit Bußgeldern zu rechnen hat, vgl. Art. 83 Abs. 4 lit. a, Art. 32 Abs. 1 DS-GVO) zu beurteilen, welche von den geeigneten Maßnahmen erforderlich sind, um ein dem Risiko angemessenes Schutzniveau zu gewährleisten. Für diese Beurteilung sind auch Eigenschaften des Verant-

Sander/Diekmann

wortlichen bzw. des Auftragsverarbeiters bezogen auf seine wirtschaftliche Leistungsfähigkeit zu berücksichtigen (vgl. Art. 32 Abs. 1 und ErwG 83, 84, 94 DS-GVO („in Bezug auf Implementierungskosten vertretbare Mittel")). Der Gesetzgeber geht sodann davon aus, dass der Verantwortliche die tatsächliche Umsetzung der von ihm zusammengestellten technischen und organisatorischen Maßnahmen dem Auftragsverarbeiter als von ihm zu erfüllende Vertragspflichten auferlegt (vgl. Anlage 1 des Musters → G.I.6.). Der Auftragsverarbeiter soll insoweit nur über den Preis verhandeln können. Änderungen der vom Auftragsverarbeiter zu realisierenden technischen und organisatorischen Maßnahmen nach Vertragsschluss waren seit jeher problematisch, weil sie unmittelbaren Einfluss auf das Gleichgewicht von Leistung und Gegenleistung (Äquivalenzinteresse) haben, wobei sich die Rechtslage hier zulasten der Auftragsverarbeiter verändert hat. Während sich das Weisungsrecht des Auftraggebers früher nur ausnahmsweise, nämlich im Kontext des Sozialdatenschutzes (§ 80 Abs. 3 SGB X) auch auf die technischen und organisatorischen Maßnahmen bezog, sollte es sich heute regelmäßig auch auf diese beziehen (umfassend *Sander*, PinG 2017, 250). Dies ergibt sich aus einem formellen und einem materiellen Gesichtspunkt: Einerseits liegt nur bei Unterwerfung unter ein entsprechendes Weisungsrecht eine „hinreichende Garantie" i.S.v. Art. 28 Abs. 1 DS-GVO vor. Denn die Alternative zur einseitigen Erzwingbarkeit (etwa bei einer Änderung der Schutzbedürftigkeit oder der Bedrohungslage für die Daten) ist nur die einvernehmliche Vertragsänderung, der der Auftragsverarbeiter aber nicht zustimmen muss, so dass es an der hinreichenden Garantie fehlt. Andererseits wird der Verantwortliche nur so in die Lage versetzt, seine Pflichten aus Art. 25 DS-GVO zu erfüllen, die den Auftragsverarbeiter nicht treffen. Hiernach ist nicht nur eine sorgfältige Auswahl der Mittel vor Beginn der Datenverarbeitung gefordert, sondern auch eine fortlaufende Überprüfung der Mittel („als auch zum Zeitpunkt der eigentlichen Verarbeitung") und entsprechende Handlungen in Folge der Überprüfungen. Wie aber soll nachjustiert werden, wenn der Vertrag dafür kein Weisungsrecht vorsieht und der Auftragsverarbeiter (ggf. aus rein monetären Gründen) einer Vertragsänderung nicht zustimmt? Eine außerordentliche fristlose Kündigung wegen Unzumutbarkeit (die darin besteht, den Verantwortlichen in den Rechtsverstoß laufen zu lassen) ist unwirksam, weil der Verantwortliche durch die Vertragsgestaltung die Umstände, die die Unzumutbarkeit begründen, selbst herbeigeführt hätte. Im Übrigen ist auf den Katalog von Anforderungen hinzuweisen, die aus Teil B.IV. des BaFin-Rundschreibens 3/2017 herrühren und die von der Bank in konkrete technische und organisatorische Maßnahmen umzusetzen sind.

16. Beobachtungs- und Informationspflichten des Auftragnehmers. Diese Bestimmung des Musters setzt die Anforderungen aus Teil AT 9, 6. lit. h des BaFin-Rundschreibens 10/2012 um.

17. Separate Räumlichkeiten. Diese Bestimmung des Musters setzt die Anforderungen aus Teil B.II. des BaFin-Rundschreibens 3/2017 um.

18. Unterstützung zur Erfüllung der Rechte betroffener Personen. Als Mindestinhalt des Vertrags bestimmt Art. 28 Abs. 3 S. 2 lit. e DS-GVO diese oder eine ähnliche Klausel. Angesprochen ist hier die Unterstützung durch den Auftragnehmer im Kontext der Pflichten der Bank gegenüber der betroffenen Person, die aus den Art. 12–23 DS-GVO resultieren.

Sander/Diekmann

19. Verzeichnis von Verarbeitungstätigkeiten. Mit der DS-GVO wurde die Rechtslage dahingehend geändert, dass nunmehr auch der Auftragsverarbeiter ein „Verfahrensverzeichnis" zu führen hat, in dem alle Verfahren gelistet sind, die er im Auftrag von Auftraggebern ausführt (→ C.II. Anm. 12). Die Klausel sieht im Übrigen vor, dass sich die Bank die Arbeit spart, für eben diese Verfahren selbst eine Verfahrensbeschreibung auszuarbeiten. Stattdessen lässt sie diese durch den Auftragsverarbeiter erstellen und sich anschließend vorlegen. Diese Angaben muss die Bank nämlich sodann auch in ihr Verzeichnis von Verarbeitungstätigkeiten aufnehmen, so dass die Verzeichnisse beider Beteiligten, bezogen auf die jeweilige, vertragsgegenständliche Verarbeitung, mit Blick auf mögliche Kontrollen der Aufsichtsbehörden harmonisiert sein sollten.

20. Unterstützung zur Pflichterfüllung. Als Mindestinhalt des Vertrags bestimmt Art. 28 Abs. 3 S. 2 lit. f DS-GVO diese oder eine ähnliche Klausel. Angesprochen ist hier die Unterstützung durch den Auftragnehmer im Kontext der Pflichten der Bank bei der Sicherheit der Verarbeitung (Art. 32 DS-GVO), Datenschutzverletzungen gem. Art. 33, 34 DS-GVO (Fortführung von § 42a BDSG a.F.), zur Datenschutz-Folgenabschätzung und vorherigen Konsultation gem. Art. 35, 36 DS-GVO („Ersatz" für die entfallene Vorabkontrolle durch die Datenschutzbeauftragten i.S.v. § 4e Abs. 5 BDSG a.F.).

21. Einverständnis der Person, TAN, Abbruch des Verfahrens und Aufzeichnungen. Diese Bestimmungen des Musters setzen die Anforderungen aus Teil B.III., VIII., IX. und X. des BaFin-Rundschreibens 3/2017 um. Dass die BaFin ein Einverständnis der zu identifizierenden Person fordert, wie auch immer dieses erklärt werden soll und welche inhaltlichen Anforderungen daran auch zu stellen sein mögen (z.B. Informiertheit?), könnte daran liegen, dass im Schreiben des Bundesministeriums der Finanzen vom 17.4.2015 eine der Rechtsansichten der BfDI lautete, dass eine Einwilligung der betroffenen Person (aus Perspektive des Datenschutzrechts) erforderlich sei. Eine Begründung für diese Ansicht bleibt aus und es findet sich die fragwürdige Aussage, dass nach Ansicht der BfDI drei Voraussetzungen erfüllt sein müssten, damit die Einwilligung wirksam ist: freiwillig, informiert und dokumentiert. Was mit dem Wort „dokumentiert" gemeint sein soll, bleibt unerwähnt, indes darf wohl davon ausgegangen werden, dass die Voraussetzungen von § 13 Abs. 2 TMG gemeint sind. Dass überhaupt eine (datenschutzrechtliche) Einwilligung erforderlich sein soll, ist für die der Aufsicht der BaFin unterstehenden Unternehmen nunmehr schwerlich wegzudiskutieren. Denn diese Anforderung hielt Einzug in das BaFin-Rundschreiben 3/2017, obwohl die Anforderung nicht dem GwG zu entnehmen ist. Datenschutzrechtlich ist die Einwilligung nicht erforderlich, da es eine gesetzliche Erlaubnis für Verarbeitung gibt. Nach alter Rechtslage lag diese in einer anderen Rechtsvorschrift, die die Verarbeitung „anordnet", i.S.v. § 4 Abs. 1 BDSG a.F., nämlich in der Pflicht zur Identifizierung gem. § 4 GwG. Nunmehr ergibt sich ein deutlich erkennbarer Erlaubnistatbestand aus Art. 6 Abs. 1 S. 1 lit. c DS-GVO i.V.m. § 4 GwG. Für das biometrische Passfoto hingegen ist Art. 9 Abs. 2 lit. g DS-GVO i.V.m. § 4 GwG heranzuziehen.

22. Kontrollen. In Abkehr von der bisherigen Rechtslage nach § 11 Abs. 2 S. 4, S. 5 BDSG a.F., die Art. 17 Abs. 2 Hs. 2 DSRL umsetzte, ist der Auftragsverarbeiter während der Durchführung der Auftragsverarbeitung nicht mehr zwingend durch

Sander/Diekmann

den Verantwortlichen zu kontrollieren. Die Kontrollen, die in der Vergangenheit „vor Beginn der Datenverarbeitung und sodann regelmäßig" erfolgen mussten, sind durch die DS-GVO dem Verantwortlichen nicht mehr vorgeschrieben. Im ersten Entwurf der DS-GVO von Seiten der Kommission hieß es noch am Ende des heutigen Art. 28 Abs. 1 DS-GVO: „zudem sorgt er dafür, dass diese Maßnahmen eingehalten werden." Hier hätte man eine Pflicht des Verantwortlichen zur regelmäßigen Kontrolle verorten können. Dieser Halbsatz wurde jedoch während des Trilogs gestrichen. Die Wendung „überprüft" in der deutlich schwächeren Formulierung des Art. 24 Abs. 1 S. 2 DS-GVO könnte man zwar so weit fassen, dass sie eine Pflicht zur Vornahme von Kontrollen beinhaltet. Diese Regelung relativiert sich jedoch selbst bis ins Ungewisse durch das Wort „erforderlichenfalls", so dass die neue Rechtslage jedenfalls nicht mit der alten vergleichbar ist. Übrig geblieben ist nur die Verpflichtung zur Vornahme der dritten, nach altem Recht bekannten Kontrolle, nämlich vor Beauftragung im Zuge der Auswahl des Auftragnehmers (versteckt enthalten in Art. 28 Abs. 1 DS-GVO; *Laue/Nink/Kremer,* Das neue Datenschutzrecht in der betrieblichen Praxis, Kap. 5, Rn. 11). Davon abgesehen ist es entsprechend § 11 Abs. 2 S. 2 Nr. 7 BDSG a. F. unverändert dabei geblieben, dass der Vertrag gem. Art. 28 Abs. 3 S. 2 lit. h DS-GVO eine Vereinbarung enthalten muss, die Überprüfungen, einschließlich Inspektionen, die vom Verantwortlichen oder einem anderen von diesem beauftragten Prüfer durchgeführt werden, ermöglicht und den Auftragsverarbeiter dazu verpflichtet, an diesen mitzuwirken. Soweit auf die Datenverarbeitungsanlagen und -geräte abgestellt wird, lehnt sich die Formulierung an Art. 58 Abs. 1 lit. f DS-GVO an.

23. Kontrollen durch die Revision und die BaFin. Diese Bestimmung des Musters setzt die Anforderungen aus Teil AT 9, 6. lit. b, c des BaFin-Rundschreibens 10/2012 um.

24. Beendigung der Leistungen. Art. 28 Abs. 3 S. 2 lit. g DS-GVO führt unverändert die Pflicht fort, im Vertrag zu regeln, was mit den personenbezogenen Daten bei Beendigung des Auftrags geschehen soll (vgl. § 11 Abs. 2 S. 2 Nr. 10 BDSG a. F.). Zur Verdeutlichung für die Parteien wiederholt diese Klausel die Aussage von ErwG 81 DS-GVO, der klarstellt, dass es bei der Speicherpflicht auf das Recht ankommt, dem der Auftragsverarbeiter unterliegt. Insoweit wird auch hier eine Verarbeitung außerhalb der Grenzen des Auftrags zugelassen (→ Anm. 8, → Anm. 12). Die Ergänzungen im Hinblick auf das Ende der Speicherpflicht und die vertraglich begründete Pflicht zur Einschränkung der Verarbeitungen i. S. v. Art. 18 DS-GVO (entspricht in der Umsetzung einer Sperrung i. S. v. § 35 Abs. 3 BDSG a. F., wenngleich die gesetzlich bestimmten Fälle nunmehr andere sind) sind marktübliche Vereinbarungen.

25. Kontinuität der Identifizierungsleistungen trotz Vertragsbeendigung. Diese Bestimmung des Musters setzt die Anforderungen aus Teil AT 9, 5. des BaFin-Rundschreibens 10/2012 um.

26. Kündigungsmöglichkeiten und wichtige Kündigungsgründe. Diese Bestimmung des Musters setzt die Anforderungen aus Teil AT 9, 6. lit. f des BaFin-Rundschreibens 10/2012 um.

27. Formklausel und Unterschriften. Gem. Art. 28 Abs. 9 DS-GVO ist der Vertrag schriftlich abzufassen, was auch in einem „elektronischen Format" (vertiefend:

Sander/Diekmann

Laue/Nink/Kremer, Das neue Datenschutzrecht in der betrieblichen Praxis, Kap. 2, Rn. 8 und Kap. 5, Rn. 13) erfolgen kann. Unabhängig von der Auslegung der DS-GVO wird mit der hier vorgeschlagenen Formklausel (→ B.II.1. Anm. 9) jedenfalls eine gewillkürte Schriftform i.S.v. § 127 BGB vorgesehen, die durch die eigenhändige Unterschrift beider Parteien auf der Vertragsurkunde gewahrt wird. Damit kommt es nicht darauf an, was unter „schriftlich abzufassen" i.S.v. Art. 28 DS-GVO zu verstehen ist (i.E. wohl deckungsgleich mit den Anforderungen der Textform i.S.v. § 126b BGB). Indes kann das BGB die Antwort auf die Frage, was der Begriff „schriftlich" meint, nicht liefern, weil das europäische Recht aus sich heraus und europaweit einheitlich auszulegen ist. Schon der Wortlaut von Art. 28 Abs. 9 DS-GVO, der das elektronische Format zulässt, zeigt, dass hinsichtlich der Formanforderung an den Vertrag eine Änderung der Rechtslage gegenüber § 11 Abs. 2 S. 2 BDSG a.F. i.V.m. § 126 BGB eingetreten ist.

6. Maßnahmenübersicht und deren risikobasierte Bewertung bei der Auftragsverarbeitung

Nach Art. 28 Abs. 1 DS-GVO hat der Verantwortliche nur mit Auftragsverarbeitern zu arbeiten, die hinreichend Garantien für geeignete technische und organisatorische Maßnahmen bieten. Nach Art. 28 Abs. 3 lit. c DS-GVO hat der Auftragsverarbeiter alle gem. Art. 32 DS-GVO erforderlichen Maßnahmen zu ergreifen. Dies ist im Rahmen des abgeschlossenen Vertrags oder des stattdessen gewählten Rechtsinstruments festzulegen. Zudem muss der Auftragsverarbeiter nach Art. 28 Abs. 3 lit. f DS-GVO den Verantwortlichen bei der Erfüllung von dessen Pflichten aus Art. 32 DS-GVO unterstützen. Dem Verantwortlichen sind alle nötigen Informationen zum entsprechenden Nachweis nach Art. 28 Abs. 3 lit. h DS-GVO zur Verfügung zu stellen und entsprechende Überprüfungen durch den Verantwortlichen oder einem anderen von diesem beauftragten Prüfer zu ermöglichen. Aus diesen Gründen ist auch bei der Beurteilung der vom Auftragsverarbeiter getroffenen Maßnahmen eine risikobasierte Bewertung durchzuführen.

§ 1 Standortbezogene Maßnahmen

Der Auftragsverarbeiter hat folgende standortbezogene Maßnahmen ergriffen (in der Spalte „zugesichert" bitte entsprechend ankreuzen):

			betrifft Schutzziel			
Nr.	Maßnahme	zuge-sichert	Vertrau-lichkeit	Inte-grität	Verfüg-barkeit	Belast-barkeit
1.1	Alle Standorte, an denen personenbezogene Daten des Verantwortlichen gespeichert werden, befinden sich in der EU.		x		x	
1.2	Alle Standorte, von denen aus auf personenbezogene Daten des Verantwortlichen zugegriffen werden, befinden sich ent-		x		x	

Nr.	Maßnahme	zuge-sichert	Vertrau-lichkeit	Inte-grität	Verfüg-barkeit	Belast-barkeit
				betrifft Schutzziel		
	weder in der EU, in einem Drittstaat mit ausreichendem Datenschutzniveau oder sind in einem EU-Standardvertrag bzw. in genehmigten Verhaltensregeln eingebunden.					
1.3	Der Zutritt zum Gebäude, von dem heraus auf personenbezogene Daten des Verantwortlichen zugegriffen wird, ist nur befugten Personen gestattet bzw. möglich.		x		x	
1.4	Vergabe und Entzug von Zutrittsmitteln ist vollständig dokumentiert.		x			
1.5	Besucher, die Zutritt zum Gebäude erhalten, in dem personenbezogene Daten des Verantwortlichen verarbeitet werden, werden begleitet oder auf Vertraulichkeit verpflichtet.		x			
1.6	Besucher sind dazu verpflichtet, während ihres Besuches im Gebäude, in dem personenbezogene Daten des Verantwortlichen verarbeitet werden, einen Besucherausweis zu tragen.		x			
1.7	Am Standort eingesetztes Fremdpersonal (z.B. Reinigungskräfte, Sicherheitskräfte, Hausmeister) ist auf Vertraulichkeit verpflichtet worden.		x			
1.8	Soweit die Auftragstätigkeit für den Verantwortlichen eine Verarbeitung in einer besonderen Schutzzone erfordert, ist sichergestellt, dass für die zugehörigen Räume dieser Schutzzone besondere Zutrittsmittel nötig sind, die dazu		x			

Witt

Nr.	Maßnahme	zuge-sichert	betrifft Schutzziel			
			Vertrau-lichkeit	Inte-grität	Verfüg-barkeit	Belast-barkeit
	beitragen, dass nur Befugte Zutritt zu diesen Schutzzonen erhalten.					
1.9	Soweit für die besonderen Schutzzonen darüber hinaus spezifische Vorkehrungen (wie z.B. Einbau einer Alarmanlage, Videoüberwachung, Einbruchssicherung) zu treffen sind, sind diese umgesetzt.					
1	Anzahl erfüllter Schutzziele[1]					

§ 2 Maßnahmen zum Schutz der Verarbeitungsanlage

Der Auftragsverarbeiter hat folgende verarbeitungsanlagenbezogene Maßnahmen ergriffen (in der Spalte „zugesichert" bitte entsprechend ankreuzen):

Nr.	Maßnahme	zuge-sichert	betrifft Schutzziel			
			Vertrau-lichkeit	Inte-grität	Verfüg-barkeit	Belast-barkeit
2.1	Die zur Verarbeitung eingesetzten Server befinden sich in einem Serverraum, der als besondere Schutzzone behandelt wird.		x	x		
2.2	Im Serverraum, in dem sich Server befinden, mit deren Hilfe personenbezogene Daten des Verantwortlichen verarbeitet werden, befinden sich keine Wasserleitungen ohne ausreichenden Überlaufschutz und keine unnötigen Brandlasten.				x	
2.3	Wartungstätigkeiten durch Fremdpersonal erfolgen im Serverraum nur unter Beaufsichtigung.		x	x	x	
2.4	Der Serverraum verfügt über einen Mechanismus, der einen unbefugten Zutritt deutlich erschwert (z.B. Knauf an der Außentür, Zuzieher).		x	x	x	

Witt

Nr.	Maßnahme	zuge-sichert	betrifft Schutzziel			
			Vertrau-lichkeit	Inte-grität	Verfüg-barkeit	Belast-barkeit
2.5	Server, auf denen personenbezogene Daten des Verantwortlichen verarbeitet werden, und für die Verarbeitung genutzte Netzwerkkomponenten sind gehärtet, soweit dies aus funktionalen und wartungstechnischen Gründen möglich ist.		x	x	x	
2.6	Der Server wird nur mit personalisierten Administratoren-Accounts betrieben.		x	x	x	
2.7	Für den administrativen Zugang zum Server besteht ein besonderer Schutz (z. B. dedizierter Zugang, Zugang nur aus Administrationsnetzwerk, Zwei-Faktor-Authentifizierung, Transportverschlüsselung).		x	x	x	
2.8	Administrator-Accounts gewährleisten eine höhere Sicherheit als normale Nutzer-Accounts (z. B. durch signifikant längeres Kennwort, umfassende Kennworthistorie).		x	x	x	
2.9	Bei den eingesetzten Servern und zur Verarbeitung genutzten Netzwerkkomponenten wurden etwaige Standardpasswörter neu gesetzt.		x	x	x	
2.10	Soweit zur Administration des Servers funktionale Accounts genutzt werden, werden die Kennwörter dieser Accounts neu gesetzt, sobald ein zugangsbefugter Admin aus dem Team ausgeschieden ist.		x	x	x	
2.11	Auf dem Server durchgeführte Changes werden dokumentiert und wurden zuvor vom Auftragsverarbeiter sicherheitstechnisch geprüft.		x	x	x	

Nr.	Maßnahme	zuge-sichert	betrifft Schutzziel			
			Vertrau-lichkeit	*Inte-grität*	*Verfüg-barkeit*	*Belast-barkeit*
2.12	Erforderliche Sicherheitspatches werden zeitnah eingespielt.		x	x	x	
2.13	Für die Server besteht eine eine sichere und ausreichend robuste Default-Einstellung, um einen abgesicherten Wiederanlauf des Serversystems in der vorgesehenen Zeit durchführen zu können.					x
2	Anzahl erfüllter Schutzziele[2]					

§ 3 Maßnahmen für einen ordnungsgemäßen Betrieb

Der Auftragsverarbeiter hat folgende Maßnahmen für den laufenden Betrieb der vereinbarten Tätigkeit ergriffen (in der Spalte „zugesichert" bitte entsprechend ankreuzen):

Nr.	Maßnahme	zuge-sichert	betrifft Schutzziel			
			Vertrau-lichkeit	*Inte-grität*	*Verfüg-barkeit*	*Belast-barkeit*
3.1	Für die beim Auftragsverarbeiter gespeicherten personenbezogenen Daten des Verantwortlichen besteht eine Datensicherung nach dem Stand der Technik.			x	x	x
3.2	Zur Datensicherung eingesetzte Medien werden im Rahmen der Archivierung getrennt von produktiven Servern, mit denen personenbezogene Daten des Verantwortlichen verarbeitet werden, aufbewahrt.				x	x
3.3	Die Wirksamkeit von Datensicherungen wird regelmäßig durch Wiedereinspieltests überprüft.				x	x
3.4	Server, auf denen personenbezogene Daten des Verantwortlichen gespeichert werden, verfügen über eine ausreichend			x	x	

Witt

Nr.	Maßnahme	zuge-sichert	betrifft Schutzziel			
			Vertrau-lichkeit	Inte-grität	Verfüg-barkeit	Belast-barkeit
	dimensionierte unterbre-chungsfreie Stromversorgung.					
3.5	Die beim Auftragsverarbeiter gespeicherten personenbezo-genen Daten des Verantwortli-chen werden nach Ablauf der festgelegten Speicherdauer ge-löscht.		x			
3.6	Die zur Auftragserledigung genutzte Infrastruktur wird mit tagesaktuellen Virenscan-nern vor Malware geschützt.			x		
3.7	Beim Auftragsverarbeiter be-steht eine ausreichende Netz-werksegmentierung und Netz-werksegregation.		x	x	x	
3.8	Die Durchführung der Auf-tragsarbeiten wird mindestens einmal pro Jahr hinsichtlich der Wirksamkeit getroffener Maßnahmen kontrolliert.		x	x	x	x
3.9	Wenn das Serversystem insge-samt oder für den Betrieb des Serversystems eingesetzte Komponenten ausgewechselt werden sollen, ist sicherge-stellt, dass sich auf zu entsor-genden Datenträgern keine lesbaren Daten des Verant-wortlichen mehr befinden.		x			
3.10	Wenn Datenträger entsorgt werden sollen, die Daten des Verantwortlichen enthalten, welche mittels des eingesetzten Serversystems gespeichert, übertragen oder ausgewertet werden, werden diese Da-tenträger entweder physisch zerstört oder mittels einer Löschungssoftware so über-schrieben, dass eine Rekon-struktion der Daten mit ver-		x			

Nr.	Maßnahme	zuge-sichert	betrifft Schutzziel			
			Vertrau-lichkeit	Inte-grität	Verfüg-barkeit	Belast-barkeit
	tretbarem Aufwand nicht mehr möglich ist.					
3.11	Die Client-Systeme der Personen, die im Rahmen der Auftragserledigung auf personenbezogene Daten des Verantwortlichen zugreifen, weisen einen Bildschirmschutz auf, der nach ausreichend kurzer Zeit der Inaktivität, eine automatische Sperrung auslösen, die nur durch Eingabe eines Kennwortes aufgehoben werden kann.		x	x	x	
3.12	Benutzerpasswörter der zur Auftragserledigung eingesetzten Personen weisen eine hohe Passwortkomplexität mit mindestens acht Zeichen und unter Verwendung von Groß-, Kleinbuchstaben, Zahlen und Sonderzeichen auf.		x	x	x	
3.13	Zugangsberechtigungen werden mit Ende der Gültigkeit der Berechtigungen unverzüglich gesperrt.		x	x	x	
3.14	Personen, die personenbezogene Daten des Verantwortlichen verarbeiten, werden über die von ihnen einzuhaltenden Pflichten informiert.		x	x	x	
3.15	Im laufenden Betrieb festgestellte Sicherheitsvorfälle, die personenbezogene Daten des Verantwortlichen betreffen, werden dem Verantwortlichen unverzüglich gemeldet.					x
3	Anzahl erfüllter Schutzziele[3]					

§ 4 Überprüfung ausreichender Zusagen des Auftragsverarbeiters

(1) Anhand der Zusagen des Auftragsverarbeiters ist zu prüfen,[4] ob jeweils ein ausreichender Schutz in Bezug auf die Schutzziele besteht, indem die jeweiligen

Kreuze in den Spalten aufsummiert werden, die vom Auftragsverarbeiter zugesagt wurden.

(2) Sind für das zu betrachtende Auftragsverhältnis weitere Schutzmaßnahmen erforderlich, sind diese weiteren Maßnahmen entweder an passender Stelle zu ergänzen oder es ist ein weiterer Paragraph hierfür einzufügen.

(3) Wurde zu einer zu beauftragenden Verarbeitungstätigkeit, z.B. im Zuge einer Datenschutz-Folgenabschätzung oder Risikoanalyse, ermittelt, dass vom Auftragsverarbeiter bestimmte Zusagen gemacht werden müssen, ist die Nichterfüllung zu bewerten, mit dem Auftragsverarbeiter abzustimmen und kann unter Umständen dazu führen, dass der geplante Auftragsverarbeiter als ungeeignet anzusehen ist.

§ 5 Referenzwerte für eine risikobasierte Prüfung zugesicherter Maßnahmen

(1) Für die standortbezogenen Maßnahmen gilt:

Nr.	Maßnahme	zuge-sichert	betrifft Schutzziel			
			Vertrau-lichkeit	Integri-tät	Verfüg-barkeit	Belast-barkeit
1	Anzahl erfüllter Schutzziele		9	0	3	0
1	nötig bei mittlerem Risiko		6	0	2	0
1	nötig bei hohem Risiko		8	0	2	0

(2) Für Maßnahmen zum Schutz der Verarbeitungsanlage gilt:

Nr.	Maßnahme	zuge-sichert	betrifft Schutzziel			
			Vertrau-lichkeit	Inte-grität	Verfüg-barkeit	Belast-barkeit
2	Anzahl erfüllter Schutzziele		11	11	11	1
2	nötig bei mittlerem Risiko		8	8	6	1
2	nötig bei hohem Risiko		9	9	8	1

(3) Für Maßnahmen für einen ordnungsgemäßen Betrieb gilt:

Nr.	Maßnahme	zuge-sichert	betrifft Schutzziel			
			Vertrau-lichkeit	Inte-grität	Verfüg-barkeit	Belast-barkeit
3	Anzahl erfüllter Schutzziele		9	9	10	5
3	nötig bei mittlerem Risiko		6	6	5	3
3	nötig bei hohem Risiko		8	8	7	4

Anmerkungen

1. Erforderlicher Mindestschutz bei den standortbezogenen Maßnahmen. Von den angegebenen Maßnahmen zu den Schutzzielen Vertraulichkeit und Integrität

Witt

müssen bereits bei normalem Risiko mindestens zwei Drittel der Maßnahmen vom Auftragsverarbeiter zugesichert werden, bei hohem Risiko mindestens 80 %.

Von den vorgegebenen Maßnahmen zu den Schutzzielen Verfügbarkeit und Belastbarkeit müssen bei normalem Risiko mindestens die Hälfte vom Auftragsverarbeiter zugesichert werden und bei hohem Risiko mindestens zwei Drittel.

Unter Umständen kann es je nach Art der Verarbeitung, die durch den Auftragsverarbeiter durchgeführt wird, notwendig sein, dass spezifische Maßnahmen zwingend zuzusichern und zu erfüllen sind.

2. Erforderlicher Mindestschutz bei den Maßnahmen zum Schutz der Verarbeitungsanlage. Von den angegebenen Maßnahmen zu den Schutzzielen Vertraulichkeit und Integrität müssen bereits bei normalem Risiko mindestens zwei Drittel der Maßnahmen vom Auftragsverarbeiter zugesichert werden, bei hohem Risiko mindestens 80 %.

Von den vorgegebenen Maßnahmen zu den Schutzzielen Verfügbarkeit und Belastbarkeit müssen bei normalem Risiko mindestens die Hälfte vom Auftragsverarbeiter zugesichert werden und bei hohem Risiko mindestens zwei Drittel.

Unter Umständen kann es je nach Art der Verarbeitung, die durch den Auftragsverarbeiter durchgeführt wird, notwendig sein, dass spezifische Maßnahmen zwingend zuzusichern und zu erfüllen sind.

3. Erforderlicher Mindestschutz bei den Maßnahmen für einen ordnungsgemäßen Betrieb. Von den angegebenen Maßnahmen zu den Schutzzielen Vertraulichkeit und Integrität müssen bereits bei normalem Risiko mindestens zwei Drittel der Maßnahmen vom Auftragsverarbeiter zugesichert werden, bei hohem Risiko mindestens 80 %.

Von den vorgegebenen Maßnahmen zu den Schutzzielen Verfügbarkeit und Belastbarkeit müssen bei normalem Risiko mindestens die Hälfte vom Auftragsverarbeiter zugesichert werden und bei hohem Risiko mindestens zwei Drittel.

Unter Umständen kann es je nach Art der Verarbeitung, die durch den Auftragsverarbeiter durchgeführt wird, notwendig sein, dass spezifische Maßnahmen zwingend zuzusichern und zu erfüllen sind.

4. Prüfung der Zusagen des Auftragsverarbeiters. Jede Auftragsverarbeitung wird wenigstens an einem Standort, unter Verwendung wenigstens einer Verarbeitungsanlage und im Rahmen des auftragsspezifischen Betriebs durchgeführt, welcher ordnungsgemäß durchzuführen ist. Damit müssen alle drei Dimensionen jeweils ein ausreichendes Schutzniveau aufweisen.

Unter Umständen kommen noch weitere Dimensionen hinzu, z.B. zum Datentransfer oder zur Vergabe von Unteraufträgen, welche weitere Maßnahmen erfordern. Eine „Verrechnung" von Maßnahmen zwischen den verschiedenen Dimensionen ist abhängig von den Verarbeitungstätigkeiten und dem zu gewährleistenden Schutzbedarf der Daten grundsätzlich möglich. Dies ist insoweit bei der Bewertung der Prüfung ausdrücklich zu dokumentieren, aber in der Regel nicht sinnvoll.

Für jede Dimension ist separat zu prüfen, ob die vom Auftragsverarbeiter zugesicherten Zusagen ein ausreichendes Schutzniveau beschreiben. Im ersten Schritt kann diese Prüfung „auf dem Papier" durchgeführt werden. Bei längerfristiger bzw. wiederholt erteilter Auftragsvergabe und soweit die vom Auftragsverarbeiter verarbeiteten Daten einen hohen Schutzbedarf aufweisen, sollte die Prüfung entweder durch Vorlage einer ausreichend vertrauenswürdigen Bestätigung einer unabhängigen Stelle (z. B. Datenschutzbeauftragter, Zertifizierungsstelle, fachlich ausgewiesenem Auditor) oder durch eine selbst beim Auftragsverarbeiter durchgeführte und aussagekräftig dokumentierte Auftragskontrolle erfolgen.

II. Formulare während der Laufzeit der Auftragsverarbeitung (Art. 28 DS-GVO)

1. Genehmigung von Unterauftragnehmern

Gem. Art. 28 Abs. 2 S. 1 DS-GVO ist es dem Auftragsverarbeiter (Auftragnehmer) nicht gestattet, ohne vorherige gesonderte oder allgemeine schriftliche Genehmigung des Verantwortlichen einen Unterauftragnehmer in Anspruch zu nehmen. Im Fall einer allgemeinen schriftlichen Genehmigung informiert der Auftragsverarbeiter den Verantwortlichen immer über jede beabsichtigte Änderung in Bezug auf die Hinzuziehung oder die Ersetzung anderer Auftragsverarbeiter, wodurch der Verantwortliche die Möglichkeit erhält, gegen derartige Änderungen Einspruch zu erheben (Art. 28 Abs. 2 S. 2 DS-GVO). Das nachfolgende Formular ist sowohl vor Beginn der Auftragsverarbeitung, wie auch im Laufe der Vertragserfüllung und Leistungserbringung durch den Auftragnehmer stets aktuell zu halten und die **Genehmigung durch den Auftraggeber schriftlich einzuholen**. Beide Parteien sind zu einer aktuellen, schriftlichen Dokumentation verpflichtet (Rechenschaftspflicht, Art. 5 Abs. 2 DS-GVO; → A. I.).

Vertragsseitig muss somit festgelegt sein, dass die **Einbeziehung weiterer Unterauftragnehmer nur mit schriftlicher Zustimmung** des Auftraggebers gestattet ist. Die zum **Zeitpunkt des Vertragsabschlusses** benannten Unterauftragnehmer sind bereits bekannt. Im Laufe der Leistungserbringung kann es seitens des Auftragnehmers beispielsweise wirtschaftliche Gründe für den **Wechsel von Unterauftragnehmern** geben. Der Datenschutzbeauftragte des Auftraggebers kann sich diese Gründe darlegen lassen und in einer **Stellungnahme zur Risikobewertung** (hier kann die Datenschutz Folgenabschätzung von Bedeutung sein, → C. III.) die veränderte Situation dokumentieren und den jeweiligen Beteiligten des Verantwortlichen zur Kenntnis bringen. Ein im Auftragsverarbeitungsvertrag festgelegtes **Sonderkündigungsrecht** des Auftraggebers kann unter Umständen ausgeübt werden, wenn der Auftragnehmer dem Auftraggeber den Einsatz von Unterauftragnehmern verschwiegen hat und hierdurch erhebliche Risiken für den Auftraggeber entstehen.

Die DS-GVO regelt in Art. 28 Abs. 4 S. 2 auch die Haftung im Falle von Datenschutzvorfällen oder -verstößen. Demnach „haftet der erste Auftragsverarbeiter gegenüber dem Verantwortlichen für die Einhaltung der Pflichten jenes anderen Auftragsverarbeiters", selbst wenn der erste Auftragnehmer die Verursachung nicht ursächlich zu vertreten hat.

Soweit mit der Verarbeitung oder Nutzung personenbezogener Daten des Auftraggebers beim Auftragnehmer **Unterauftragnehmer** eingesetzt werden, wird dies in der Praxis grundsätzlich nur unter folgenden Bedingungen genehmigt:
– Der Auftragnehmer benennt die Unterauftragnehmer.
– Der Auftragnehmer benennt genau die von den Unterauftragnehmern durchgeführten Tätigkeiten in Bezug auf den betroffenen Vertrag.

Müller

– Der Auftragnehmer hat die vertraglichen Vereinbarungen mit den Unterauftragnehmern so zu gestalten, dass sie den Datenschutzbestimmungen der DS-GVO
  und den im Vertrag festgelegten Bestimmungen entsprechen. In dem Fall, dass der
  Auftragsverarbeiter die Dienste eines weiteren Auftragsverarbeiters (Subunternehmer, Unterauftragnehmer) in Anspruch nimmt, um bestimmte Verarbeitungstätigkeiten durchführen zu lassen, muss dieser dieselben Datenschutzpflichten einhalten, die sich aus dem Vertrag mit dem Verantwortlichen ergeben. Hierzu
  gehören insbesondere die Anforderungen an geeignete technische und organisatorische Maßnahmen (→ G.I.3.).
– Bei der Unterbeauftragung stehen dem Auftraggeber aus dem Vertrag (basierend
  auf der DS-GVO) entsprechende **Kontroll- und Überprüfungsrechte beim Unter-**
  auftragnehmer (Auditrecht, → E.IV.) zu. Dies umfasst auch das Recht des Auftraggebers, auf schriftliche Anforderung vom Auftragnehmer Auskunft über den
  wesentlichen Vertragsinhalt und die Umsetzung der datenschutzrelevanten Verpflichtungen im Unterauftragsverhältnis, erforderlichenfalls durch Einsicht in die
  relevanten Vertragsunterlagen, zu erhalten.
– Die Verarbeitung und Speicherung der Daten findet ausschließlich im Gebiet der
  Bundesrepublik Deutschland und der Europäischen Union (EU) bzw. dem Europäischen Wirtschaftsraum (EWR) statt. Jede **Verlagerung in ein Drittland** bedarf
  der vorherigen Zustimmung des Auftraggebers und darf nur erfolgen, wenn die
  besonderen Voraussetzungen der Art. 44 ff. DS-GVO erfüllt sind.

Formular zur Genehmigung der Beauftragung eines Unterauftragnehmers
(ein Formblatt je Unterauftragnehmer)

Auftragnehmer (Firmierung und An-schrift) Ansprechpartner und Telefon:	Vertragsnummer: Vertragsbezeichnung: Gesamtanzahl Subunternehmer:[1] --- Vertragsinhalt:[2]
Unterauftragnehmer (Firmierung und Anschrift):	Weisungsempfänger des Auftragnehmers: Datenschutzbeauftragter des Unterauf-tragnehmers:

Der zuvor genannte Unterauftragnehmer ist mit folgendem Auftragsinhalt[3] vom
Auftragnehmer beauftragt und mit der Verarbeitung von personenbezogenen Daten
in dem dort genannten Umfang beschäftigt:

Die Beauftragung von Unterauftragnehmern (Subunternehmern) ist nur mit schriftlicher Zustimmung des Auftraggebers zugelassen. Der Auftragnehmer hat in diesem
Falle vertraglich sicherzustellen, dass die vereinbarten Regelungen auch gegenüber
Subunternehmern gelten. Er hat die Einhaltung dieser Pflichten regelmäßig zu überprüfen. Die Weiterleitung von Daten ist erst zulässig, wenn der Subunternehmer die
Verpflichtung nach Art. 28 DS-GVO erfüllt hat. Die Mitarbeiter des Unterauftragnehmers sind schriftlich auf das Datengeheimnis zu verpflichten.

Müller

Die Verarbeitung und Speicherung der Daten findet ausschließlich im Gebiet der Bundesrepublik Deutschland und der Europäischen Union (EU) bzw. dem Europäischen Wirtschaftsraum (EWR) statt. Jede Verlagerung in ein Drittland bedarf der vorherigen Zustimmung des Auftraggebers und darf nur erfolgen, wenn die besonderen Voraussetzungen der Art. 44 ff. DS-GVO erfüllt sind.

Die notwendigen Prüfungen des Unterauftragnehmers wurden durchgeführt.[4]
Mit der Beauftragung erklärt sich der Auftraggeber hiermit ausdrücklich einverstanden.

Ort, Datum: Datenschutzbeauftragter des Auftraggebers:[5]

Ort, Datum: Für das ausgelagerte Verfahren verantwortlicher Abteilungsleiter:

Anmerkungen

1. Gesamtanzahl Subunternehmer. Der Auftragnehmer darf nur dann Subunternehmer einsetzen, wenn es ausdrücklich durch den Auftraggeber gestattet wird. Die Subunternehmer sind den gleichen vertraglichen Pflichten zu unterwerfen, wie sie dem Auftragnehmer obliegen (→ G.I.2. Anm. 2). Die Gesamtanzahl der leistenden Unterauftragnehmer sollte stets aktuell gepflegt werden, da sich mit steigender Anzahl der Subunternehmer die Risiken des Gesamtvertrages erhöhen.

2. Vertragsinhalt. Kurzbezeichnung der Vertragsinhalte, z.B. Hosting eines IT-Systems für die Personaldatenverarbeitung. Zusätzlich sollte auf den Hauptvertrag, auf dem die Auftragsdatenverarbeitung beruht, verwiesen werden.

3. Auftragsinhalt. Hier wird der Auftragsinhalt, den der Unterauftragnehmer für den Auftragnehmer erfüllt, beschrieben, z.B. Erbringung von Telekommunikationsdienstleistungen für die Bereitstellung von Internetzugangsdiensten.

4. Prüfungen des Unterauftragnehmers. Unterauftragnehmer sind nach denselben Kriterien zu prüfen wie der Auftragnehmer selbst. Die Prüfungen können nicht an den Auftragnehmer delegiert werden, da die Verantwortung beim Auftraggeber verbleibt.

5. Unterschrift des Datenschutzbeauftragten. Es besteht eine grundsätzliche Empfehlung zur Unterzeichnung von Dokumentationen die im Zusammenhang mit Verträgen stehen, um die Richtigkeit aller gemachten Angaben und deren Wirksamkeit sicher zu stellen (Rechenschaftspflicht) (*Gola/Jaspers/Müthlein*, Datenschutz-Grundverordnung im Überblick, S. 60).

2. Änderung bei den Weisungsberechtigten/-empfängern

Der Umgang mit personenbezogenen Daten erfolgt ausschließlich im Rahmen der getroffenen Vereinbarungen aus dem Vertrag zur Auftragsverarbeitung und **nach Weisung des Auftraggebers** (Art. 29 DS-GVO). Der Auftraggeber benennt weisungsberechtigte Personen, die gegenüber dem Auftragnehmer schriftliche Weisun-

Müller

gen erteilen dürfen. Der Auftraggeber behält sich im Rahmen der getroffenen Auftragsbeschreibung aus dem Vertrag ein umfassendes Weisungsrecht über Art, Umfang und Verfahren der Datenverarbeitung vor. Er kann dieses durch detaillierte Einzelanweisungen konkretisieren. Änderungen des Verfahrens oder des Verarbeitungsgegenstandes sind durch den Auftraggeber zu genehmigen (→ G.II.4.) und zu dokumentieren. Auskünfte an Dritte oder Betroffene darf der Auftragnehmer nur nach vorheriger schriftlicher Zustimmung durch den Auftraggeber erteilen. Mündliche Weisungen sind unverzüglich schriftlich oder per E-Mail (in Textform) zu bestätigen.

Die weisungsberechtigten Personen des Auftraggebers und deren Weisungsempfänger beim Auftragnehmer sind als Anlage in den jeweiligen Verträgen aufgeführt. Bei einem Wechsel oder einer längerfristigen Verhinderung des Ansprechpartners ist dem Vertragspartner unverzüglich schriftlich der Nachfolger bzw. der Vertreter mitzuteilen.

Formular zur kontinuierlichen Fortschreibung der Weisungsberechtigten und der Weisungsempfänger (Vertragsanlage)

Auftragnehmer (Firmierung und Anschrift)	Vertragsnummer: Anlage Nr.: Vertragsbezeichnung:
Ansprechpartner und Telefon:	Vertragsinhalt:[1]

Sofern der Auftragnehmer personenbezogene Daten verarbeitet, tut er dies ausschließlich im Rahmen der getroffenen Vereinbarungen und nach Weisungen des Auftraggebers. Er hat personenbezogene Daten zu berichtigen, löschen und zu sperren, wenn der Auftraggeber dies in der getroffenen Vereinbarung oder einer Weisung verlangt.[2]

Weisungsberechtigter des Auftraggebers:	Weisungsempfänger des Auftragnehmers:
Datum der Berechtigung:	Datum der Berechtigung:

Ort, Datum:	Datenschutzbeauftragter des Auftraggebers:
Ort, Datum:	Datenschutzbeauftragter des Auftragnehmers:
Ort, Datum:	für das ausgelagerte Verfahren verantwortlicher Abteilungsleiter:
Ort, Datum:	verantwortlicher Abteilungsleiter des Auftragnehmers:

Änderung der Personen:

Weisungsberechtigter des Auftraggebers:	Weisungsempfänger des Auftragnehmers:
Datum der Berechtigung:	Datum der Berechtigung:

Ort, Datum:	Datenschutzbeauftragter des Auftraggebers:
Ort, Datum:	Datenschutzbeauftragter des Auftragnehmers:
Ort, Datum:	für das ausgelagerte Verfahren verantwortlicher Abteilungsleiter:
Ort, Datum:	verantwortlicher Abteilungsleiter des Auftragnehmers:

Müller

Anmerkungen

1. Vertragsinhalt. Kurzbezeichnung der Vertragsinhalte, z. B. Hosting eines IT-Systems für die Personaldatenverarbeitung.

2. Weisungsrechte des Auftraggebers. Der Auftraggeber hat sicherzustellen, dass auch der Unterauftragnehmer alle den Betroffenen zustehenden Rechte einhält. Dies geschieht insbesondere über die Weisungsrechte.

3. Änderung beim Datenschutzbeauftragten

Anbieter und somit Auftragnehmer von Auftragsverarbeitungsleistungen (Outsourcing, Outtasking, Cloud Services) sind verpflichtet, einen **Wechsel des verantwortlichen Datenschutzbeauftragten dem Auftraggeber umgehend mitzuteilen.** Der Auftragnehmer hat entsprechend den gesetzlichen Vorschriften einen Datenschutzbeauftragten zu bestellen (Art. 37 Abs. 1 lit. a–c DS-GVO). Gem. Art. 37 Abs. 5 DS-GVO muss der Datenschutzbeauftragte auf „Grundlage seiner beruflichen Qualifikation und insbesondere des Fachwissens benannt" werden, „das er auf dem Gebiet des Datenschutzrechts und der Datenschutzpraxis besitzt". Außerdem muss er die Fähigkeit zur Erfüllung der in Art. 39 DS-GVO genannten Aufgaben haben:
– Unterrichtung und Beratung des Verantwortlichen oder des Auftragsverarbeiters und der Beschäftigten die mit personenbezogenen Daten arbeiten
– Unterrichtung und Beratung gemäß DS-GVO und deren Vorschriften sowie sonstige Datenschutzvorschriften
– Überwachung der Einhaltung der DS-GVO und anderer Datenschutzvorschriften
– Sensibilisierung und Schulung der an den Verarbeitungsvorgängen beteiligten Mitarbeiter und der diesbezüglichen Überprüfungen
– Beratung im Zusammenhang mit der Datenschutz-Folgenabschätzung und Überwachung ihrer Durchführung
– Ansprechpartner für die Aufsichtsbehörde und die Zusammenarbeit mit der Behörde
– Beratung zu allen sonstigen Fragen bzgl. Datenschutz und Datensicherheit und ggf. Konsultation der Aufsichtsbehörde.
Die namentliche Nennung und Veröffentlichung der Kontaktdaten des Datenschutzbeauftragten durch den Verantwortlichen und den Auftragsverarbeiter sind gem. Art. 37 Abs. 7 DS-GVO ebenso verpflichtend wie die Mitteilung dieser Daten an die Aufsichtsbehörde. Hieraus ergibt sich zwingend die Mitteilungspflicht bei Wechsel des Datenschutzbeauftragten. Gem. § 38 BDSG n. F. wird die bisherige Regelung aus dem früheren Bundesdatenschutzgesetz bezüglich der verpflichtenden Benennung eines Datenschutzbeauftragten beibehalten. Eine Bestellung soll verpflichtend sein ab zehn Personen, die ständig mit der Verarbeitung personenbezogener Daten beschäftigt sind.
Auftragnehmer von Auftragsverarbeitung müssen regelmäßig bei Wechsel ihres Datenschutzbeauftragten alle Vertragskunden in geeigneter Form über den neuen Datenschutzbeauftragten informieren. Ein entsprechendes Formular, welches als Vertragsanlage dient, ist ein geeignetes Mittel.

Müller

Mitteilung über die Änderung des Datenschutzbeauftragten beim Auftragnehmer (Vertragsanlage)

Auftraggeber (Firmierung und Anschrift)	Vertragsnummer: Anlage Nr.: Vertragsbezeichnung:
Ansprechpartner und Telefon:	Vertragsinhalt:[1]

Sofern der Auftragnehmer personenbezogene Daten verarbeitet, erfolgt dies ausschließlich im Rahmen der getroffenen Vereinbarungen und dem geltenden Datenschutzrecht. Auskünfte an Dritte oder den Betroffenen darf der Auftragnehmer nur nach vorheriger schriftlicher Zustimmung durch den Auftraggeber erteilen.

Ein Wechsel des Datenschutzbeauftragten ist dem Auftraggeber unverzüglich mitzuteilen.

Vereinbarungsgemäß wird hiermit der Wechsel des bisherigen betrieblichen Datenschutzbeauftragten mitgeteilt.

Mit Wirkung zum _____ (Datum der Berufung) wurde beim Auftragnehmer der betriebliche Datenschutzbeauftragte

_____ (Name, Kontaktdaten)
berufen. Der bisherige Datenschutzbeauftragte wurde abberufen.

Ort, Datum:	Datenschutzbeauftragter des Auftragnehmers:
Ort, Datum:	Geschäftsleitung des Auftragnehmers:

Anmerkung

1. Vertragsinhalt. Kurzbezeichnung der Vertragsinhalte, z. B. Hosting eines IT-Systems für die Personaldatenverarbeitung. Zusätzlich sollte auf den Hauptvertrag, auf dem die Auftragsdatenverarbeitung beruht, verwiesen werden.

4. Änderungen in den Verfahren

Grundsätzlich gilt, dass für die Sicherheit erhebliche Entscheidungen zur Organisation der Datenverarbeitung und zu den angewandten Verfahren mit dem Auftraggeber abzustimmen sind. An der **Erstellung der Verzeichnisse von Verarbeitungstätigkeiten** hat der Auftragnehmer mitzuwirken. Er hat die erforderlichen Angaben dem Auftraggeber zuzuleiten.

Dem Auftragnehmer obliegen nach Art. 28 DS-GVO die gleichen Pflichten wie dem Auftraggeber **zur Einhaltung der gesetzlichen Vorschriften.** Dazu gehört auch die Unterstützung bei der Erstellung der Verzeichnisse von Verarbeitungstätigkeiten, für das der Auftraggeber als verantwortliche Stelle zuständig ist. Dies kann, soweit im Auftragsverarbeitungsvertrag nicht entsprechend vermerkt, zu Diskussionen zwischen den kaufmännischen Ansprechpartnern der Vertragsparteien führen. Dem kann durch die Formulierung „An der Erstellung der Verfahrensverzeichnisse hat

Müller

auf gesonderten Auftrag und gegen entsprechende Vergütung der Auftragnehmer mitzuwirken" entgegengewirkt werden. Ein Muster des Verzeichnisses von Verarbeitungstätigkeiten ist abgedruckt unter → C.II.

Der Auftragnehmer ist nach Art. 30 Abs. 2 DS-GVO ebenfalls verpflichtet, Verzeichnisse von Verarbeitungstätigkeiten für die im Auftrag durchgeführten Verarbeitungstätigkeiten zu führen. Das Verzeichnis ist schriftlich zu führen, was auch in einem elektronischen Format erfolgen kann (Art. 30 Abs. 3 DS-GVO).

Genehmigung zur Änderung datenschutzrechtlich relevanter Verfahren beim Auftragnehmer (Vertragsanlage)

Auftraggeber (Firmierung und Anschrift) Ansprechpartner und Telefon:	Vertragsnummer: Anlage Nr.: Vertragsbezeichnung: Vertragsinhalt:[1]

Der Auftragnehmer beachtet die Grundsätze ordnungsgemäßer Datenverarbeitung. Er gewährleistet die vertraglich vereinbarten und gesetzlich vorgeschriebenen Datensicherheitsmaßnahmen. Die technischen und organisatorischen Maßnahmen können im Laufe des Auftragsverhältnisses der technischen und organisatorischen Weiterentwicklung angepasst werden. Wesentliche Änderungen sind schriftlich unter zu Hilfenahme dieses Formulars zu vereinbaren.

betroffenes Verfahren:[2]

geplante Änderungen am bisherigen Verfahren:[3]

☐ der Verfahrensänderung wird zugestimmt	☐ der Verfahrensänderung wird mit folgenden Ergänzungen zugestimmt:[4]
Ort, Datum: Datenschutzbeauftragter des Auftraggebers: Ort, Datum: Datenschutzbeauftragter des Auftragnehmers: Ort, Datum: für das ausgelagerte Verfahren verantwortlicher Abteilungsleiter des Auftraggebers:	

Anmerkungen

1. Vertragsinhalt. Kurzbezeichnung der Vertragsinhalte, z.B. Hosting eines IT-Systems für die Personaldatenverarbeitung.

2. Betroffenes Verfahren. Kurzbezeichnung des betroffenen Verfahrens unter Zuhilfenahme der Vertragsinhalte, z.B. Hosting eines IT-Systems für die Personaldatenverarbeitung.

3. Geplante Änderungen am bisherigen Verfahren. Als Verfahrensänderung sind grundsätzlich alle Änderungen zu betrachten, die zu einem erhöhten Risiko bei der Auftragsdatenverarbeitung führen. Eine Verfahrensänderung kann z.B. in der Verlegung eines Rechenzentrums an einen anderen Standort oder einer deutlichen Änderung an der IT-Infrastruktur liegen.

Müller

4. Zustimmung mit Ergänzungen. In diesem Fall stimmt der Auftraggeber den beantragten Verfahrensänderungen nur unter dem Vorbehalt der Umsetzung der beschriebenen Ergänzungen zu. Die Umsetzung der Ergänzungsmaßnahmen ist durch den Auftraggeber nach deren Umsetzung auf ihre Korrektheit zu überprüfen. Soll z.B. die Verlagerung der IT-Systeme in ein anderes Rechenzentrum stattfinden, so könnten sich risikoerhöhende Faktoren durch andere technische und organisatorische Maßnahmen am neuen Standort ergeben. Entsprechende Maßnahmen zur Risikominimierung sind hier zu dokumentieren.

5. Meldebogen Datenschutz- oder IT-Sicherheitsvorfall im Innenverhältnis

Der **Aufbau eines Datenschutzmanagements** ist eine der Grundlagen für funktionierenden Datenschutz im Unternehmen. Dazu gehört eine kontinuierliche Sensibilisierung der Mitarbeiter durch regelmäßige Schulungen, denn technische Sicherheitseinrichtungen sind nur eine Unterstützung und können nicht verhindern, dass Ereignisse, Vorfälle oder Verstöße eintreten. Gut geschulte Mitarbeiter minimieren die Risiken deutlich.

Dem Vorgehen im Falle eines Datenschutzereignisses kommt eine große Bedeutung zu. In Art. 33, 34 DS-GVO ist geregelt, dass der Verantwortliche sämtliche Datenschutzverstöße, deren Auswirkungen sowie die ergriffenen Abhilfemaßnahmen in für die Aufsichtsbehörden nachvollziehbarer Weise zu dokumentieren hat (*Gola/Jaspers/Müthlein*, Datenschutz-Grundverordnung im Überblick, S. 49 ff.). Die Meldung muss unverzüglich oder binnen 72 Stunden an die zuständige Aufsichtsbehörde erfolgen, spätere Meldungen sind zu begründen. Es besteht keine Meldepflicht, wenn die Datenschutzverletzung voraussichtlich nicht zu einem Risiko für die Rechte und Freiheiten des/der Betroffenen führt. I.S.d. Art. 5 DS-GVO ist daher die Dokumentation von Datenschutzereignissen, -vorfällen und -verstößen zunächst intern zu bewerten, um festzustellen, ob eine Meldung an die Aufsichtsbehörde erfolgen muss (→ C.VI.).

Der Ausfall eines Systems oder einer Kommunikationsverbindung, die Offenlegung von personenbezogenen Daten oder die Verfälschung von Daten stellen ein **Datenschutzereignis** dar. In Folge der Bewertung stellt sich heraus, ob es sich um einen Datenschutzvorfall oder um einen Datenschutzverstoß handelt. Jede Abweichung zu den definierten Anforderungen an Verfügbarkeit, Integrität und Vertraulichkeit ist prinzipiell ein Datenschutzereignis (in Anlehnung an BSI, IT-Grundschutz-Kataloge, M 6.62, S. 104 ff.).

Ein **Datenschutzvorfall** ist ein kategorisiertes Datenschutzereignis mit hoher Priorität, welches Auswirkungen nach sich ziehen kann, die einen großen Schaden anrichten können. Hierzu gehören unter anderem Schadsoftwarebefall, Hackerangriffe und unberechtigte Zugriffe auf personenbezogene Daten und Informationen. In Folge des Vorfalles können beispielsweise Daten gestohlen, verfälscht oder fremdverschlüsselt werden, Verträge verletzt oder sensitive Personendaten für Insider-Geschäfte genutzt werden. „Ein Datenschutzvorfall liegt vor, wenn personenbezogene Daten unrechtmäßig übermittelt oder auf sonstige Weise Dritten unrechtmäßig zur Kenntnis gelangen und dabei Beeinträchtigungen der Rechte oder schutzwürdi-

Müller

gen Interessen der Betroffenen drohen" (*Loomans/Matz/Wichtermann*, Anforderungen an ein Datenschutz Managementsystem, S. 15).

Ein **Datenschutzverstoß** ist ein grob fahrlässig oder vorsätzlich herbeigeführter Datenschutzvorfall (in Anlehnung an BSI, IT-Grundschutz-Kataloge, M 6.62, S. 104 ff.). Es kann sich dabei um die Nutzung von personenbezogenen Unternehmensinformationen für illegale Zwecke handeln oder um das Umgehen des Vier-Augen-Prinzips für betrügerische Zwecke. Bei einem Datenschutzverstoß sind disziplinarische wie auch weitere Maßnahmen (Hinzuziehung einer anwaltlichen Beratung oder ermittelnder Behörden) in Betracht zu ziehen. Unter Umständen müssen Beweise in gerichtsverwertbarer Weise gesichert werden, was eine Hinzuziehung forensischer Experten erfordern kann.

Das unrechtmäßige Erheben personenbezogener Daten oder deren fehlerhafte Verarbeitung oder Nutzung hat erhebliche Folgen für die Verantwortlichen und das betroffene Unternehmen. Die Unternehmensleitung ist grundsätzlich für die Sicherheit ihrer Prozesse bei der Verarbeitung personenbezogener Daten verantwortlich und haftbar. Dies birgt nicht nur finanzielle Risiken, sondern kann nachhaltig das Vertrauen der Kunden und den Ruf des Unternehmens schädigen. Hinzu kommen menschliche Aspekte wie kriminelle Energie, Frust oder naiver Spieltrieb. Es zeigt sich oft, dass Schwachstellen und Sicherheitslücken durch naiven Spieltrieb ausgenutzt werden, ohne dass ein konkretes Ziel bei Ausführung vorhanden war (vgl. *Meyer/Hülsbömer*, Computerwoche v. 22.1.2014, S. 3 ff.).

Zunehmend ist ein verstärktes Auftreten von Ransomware (Erpressungs-Schadsoftware) zu verzeichnen, bei der sich die Quote von 5 auf 19 Prozent vervierfacht hat und annähernd jede vierte betroffene Organisation mindestens drei Mal erpresst wurde, einige sogar bis zu zehn Mal. In einigen Fällen entstanden dabei Schäden von über 1 Million EUR (weiterführend *Geschonneck, Sauermann*, e-Crime in der deutschen Wirtschaft, 2017). „Als Ransomware werden Schadprogramme bezeichnet, die den Zugriff auf Daten und Systeme einschränken oder verhindern und diese Ressourcen nur gegen Zahlung eines Lösegeldes wieder freigeben." (BSI, Lagedossier Ransomware, Stand Mai 2016, S. 5) Der Begriff Ransomware (Erpressungs-Software) ist ein Kunstwort welches sich aus den Begriffen „ransom" für Lösegeld und „malware" für den aktuellen Begriff von Schadsoftware (früher auch als Virenprogramm bezeichnet) zusammensetzt. Ransom-Schadsoftware verhindert den Zugang zu den Daten des Benutzers und verschlüsselt diese zudem mit einem Schlüssel, den der Nutzer (angeblich) gegen Zahlung einer Summe (Lösegeld) erhält. Dabei ist nicht immer sichergestellt, dass Benutzer nach Zahlung des Lösegeldes tatsächlich einen gültigen Schlüssel erhalten. Im Rahmen von Umfragen hat das BSI im April 2016 fast 600 Rückmeldungen aus der deutschen Wirtschaft zum Thema „Ransomware" ausgewertet. Danach sind 32 Prozent der befragten Unternehmen unabhängig von der Unternehmensgröße innerhalb des letzten halben Jahres durch Ransomware betroffen gewesen. Das BSI teilte in diesem Zusammenhang mit, dass Kenntnis darüber vorliegt, dass „Ransomware-Infektionen in den Bereichen Gesundheit, Versicherung, Verkehr sowie Wasserver- und -entsorgung in Deutschland" vorliegen (weiterführend: BSI, Lagedossier Ransomware, v. Mai 2016). Da selbst bei genauester Risikobetrachtung immer Restrisiken verbleiben, muss dem durch entsprechende organisatorische Verfahren entgegengewirkt werden. Dies geschieht durch den Aufbau eines Meldesystems für Datenschutzereignisse (Datenschutzkataster), welches durch klare Verantwortlichkeiten gestützt

Müller

ist. Eine Richtlinie mit einem definierten Verfahren (Handlungsanweisungen, Meldewege) ist den Mitarbeitern zur Kenntnis zu bringen. Der Aufbau eines solchen Meldesystems, einhergehend mit Schulungen und einer dadurch erhöhten Sensibilität der Mitarbeiter, führt in der Folge zu einem Anstieg der Anzahl der erkannten Datenschutzereignisse im Unternehmen. Dies ist eine direkte Folge klar geregelter Melde- und Berichtswege, denn vor Aufbau solcher organisatorischen Maßnahmen sind solche Vorfälle häufig lediglich nicht bekannt. Es empfiehlt sich daher vor Aufbau eines solchen Verfahrens, die Unternehmensleitung über den erwarteten Anstieg der Datenschutzereignisse deutlich in Kenntnis zu setzen.

Jedes wesentliche Ereignis muss gem. Art. 33 Abs. 5 DS-GVO dokumentiert werden, um so eine nachvollziehbare Bewertung des Risikos, der korrektiven Maßnahmen und der Prüfung, ob eine Meldepflicht gem. Art. 33 und 34 DS-GVO besteht, vorzunehmen. Eine mögliche Unsicherheit bei der Bewertung ist durch die Inanspruchnahme externer, beispielsweise anwaltlicher Beratung auszuräumen. Aus der Art und Anzahl von Datenschutzvorfällen können Trends abgeleitet werden, denen durch gezielte Schulungen und ggf. mögliche technische Maßnahmen entgegengewirkt werden kann.

Gemäß der Nachvollziehbarkeit und Rechenschaftspflicht (→ A.I.) gilt die Empfehlung zu einer in regelmäßigen Abständen zu vollziehenden Berichterstattung. Die schriftlich dokumentierte und somit nachvollziehbare kontinuierliche Führung von Meldebögen ist eine geeignete Möglichkeit, die zudem das Erstellen regelmäßiger Jahresberichte des Datenschutzbeauftragten deutlich vereinfacht.

Schriftlich zu regeln ist, welche Datenschutzverstöße und welches auftragswidrige Verhalten eines Auftragnehmers und seiner Beschäftigten dem Auftraggeber zu melden ist, da Meldungen an die Aufsichtsbehörden „eine Beschreibung der von dem Verantwortlichen ergriffenen oder vorgeschlagenen Maßnahmen zur Behebung der Verletzung des Schutzes personenbezogener Daten" enthalten müssen (Art. 33 Abs. 3 lit. d DS-GVO). Eine Übersicht solcher meldepflichtigen Vorfälle sollte zwischen dem Datenschutzbeauftragten und der Geschäftsleitung abgestimmt werden. Es besteht die Möglichkeit, dass ein Verstoß vorliegt, der dazu führen kann, dass Dritte unrechtmäßig Kenntnis von personenbezogenen Daten erlangen. Das kann weitere Pflichten nach Art. 33 und 34 DS-GVO nach sich ziehen, deren Verletzung bußgeldbewehrt ist und mögliche Schadenersatzpflichten des Verantwortlichen wie des Auftragsverarbeiters gleichermaßen zur Folge haben können.

Das dargestellte Meldeformular kann ebenso bei der Auftragsverarbeitung gem. Art. 28 DS-GVO angewandt werden, sofern Kontrollhandlungen beim Auftragnehmer durchgeführt werden oder angekündigt sind. Eine unverzügliche Information des Auftraggebers über Kontrollhandlungen und Maßnahmen der Aufsichtsbehörde nach Art. 33 DS-GVO hat zu erfolgen.

§ 1 Meldebogen für Datenschutz- und Sicherheitsereignisse

Ereignisnummer:	Vertraulichkeits-kennzeichnung[1]	gemeldet am:	Status: offen/geschlossen
eröffnet am:		Verteiler:[2]	
Ereignisdatum:	geschlossen am:	gemeldet von:	Priorität gem. § 2:[3] niedrig/mittel/hoch

Müller

verantwortlicher Bearbeiter:	geschlossen von:		Kategorie:[4] ☐ Datenschutz ☐ Informationssicher- heit ☐ IT-Sicherheit ☐ andere:
Kurzbeschreibung:[5]			
ausführliche Beschreibung:[6]			
betroffene Kompo- nenten:[7]	System:[8]	Standort:	verantwortliche Abteilung:
Sofortmaßnahmen[9] Maßnahmen:		Effekt in Prozent:[10]	Einführungsdatum:
Fehlerursachen[11] Ursachen:		Effekt in Prozent:	Einführungsdatum:
geplante Korrektiv- maßnahmen[12] Maßnahmen:		kontrolliert durch:	Kontrolldatum:
Information an Betroffene ☐ nötig ☐ nicht nötig. Begründung:[13]		Art (E-Mail/Fax/Brief):	Datum:
☐ Rechtsabteilung eingebunden[14] Begründung: Datum: Bearbeiter:		☐ Behörde eingebunden[15] Begründung: Datum: Bearbeiter:	
		☐ Vorgang geschlossen: Datum: Bearbeiter:	

§ 2 Priorisierungstabelle

Mit der Priorisierungstabelle erfolgt die Festlegung der Priorität. Für eine einfache und übersichtliche Priorisierung wird mit vier Prioritäten gearbeitet (Auswirkung/Schaden): katastrophal und existenzbedrohlich (1), großer Schaden (2), mittlerer Schaden (3), geringer Schaden (4).

Durch die Bestimmung der Kategorie und deren Auswirkung wird eine Priorisierung des Datenschutzereignisses gemäß nachfolgender Tabelle abgeleitet:

Kategorie	geringe Auswir- kung/Schaden	mittlere Aus- wirkung/ Schaden	große Auswir- kung/Schaden	katastrophale Auswirkung/ Schaden
Diebstahl von Kundendaten	2	2	1	1
Verletzung des Datenschutzes	3	2	1	1
Verstoß gegen Gesetze	4	2	1	1
Hackerangriff	4	3	1	1

Müller

Um die Priorisierung und die damit zusammenhängenden Ereignisse zuordnen zu können, ist das Arbeiten mit entsprechenden tabellarischen Übersichten geeignet. Beispielhaft sind nachfolgend die Ereignisse aus der oben dargestellten Tabelle beschrieben.

Diebstahl von personenbezogenen Daten[16]		
Auswirkung		*Priorität*
gering	nicht klassifizierte Personendaten wurden unautorisiert kopiert	2
mittel	vertrauliche Personendaten wurden unautorisiert kopiert	2
groß	vertrauliche Personendaten werden veröffentlicht; Schadensersatzforderungen von Betroffenen möglich Mitteilung nach Art. 33 und 34 DS-GVO notwendig	1
katastrophal	sensible Personendaten werden veröffentlicht; sehr hohe Schadensersatzforderungen von Betroffenen möglich; Meldung nach Art. 33 und 34 DS-GVO notwendig; Imageschaden für das Unternehmen	1

Verletzung des Datenschutzes		
Auswirkung		*Priorität*
gering	versehentliche Weitergabe von personenbezogenen Daten innerhalb des Unternehmens	3
mittel	unbeabsichtigte personenbezogene Daten in Auswertungen personenbezogene Daten ohne Zweckbindung in Log-Dateien Informationspflicht nach Art. 33 und 34 DS-GVO notwendig	2
groß	grob fahrlässige Offenbarung personenbezogener Daten gegenüber Dritten, Verletzung des Trennungsgebots Informationspflicht nach Art. 33 und 34 DS-GVO notwendig	1
katastrophal	Veröffentlichungen von personenbezogenen Daten; Zweckmissbrauch Diebstahl von personenbezogenen Daten; Unerlaubte Nutzung von personenbezogenen Daten zur Verhaltenskontrolle Informationspflicht nach Art. 33 und 34 DS-GVO notwendig	1

Müller

Verstoß gegen Gesetze		
Auswirkung		*Priorität*
gering	geringfügiger Verstoß gegen den Datenschutz ohne erkennbaren Vorsatz keine Außenwirkung Vorfall kann intern (ggf. mit disziplinarischen Mitteln) geregelt werden	4
mittel	Ordnungswidrigkeit mittelschwerer Verstoß gegen den Datenschutz Einsatz disziplinarischer zwingend Mittel erforderlich Prüfung der Hinzuziehung der entsprechend Behörden notwendig möglicherweise Informationspflicht nach Art. 33 und 34 DS-GVO notwendig	2
groß	Rechtsverstoß Hinzuziehung der entsprechenden Behörden notwendig Informationspflicht nach Art. 33 und 34 DS-GVO notwendig	1
katastrophal	strafrechtliche Relevanz mit eindeutig erkennbaren Vorsatz Einschaltung der Strafermittlungsbehörden zwingend erforderlich hohe Außenwirkung mit Imageverlust für das Unternehmen Informationspflicht nach Art. 33 und 34 DS-GVO notwendig	1

Hackerangriff		
Auswirkung		*Priorität*
gering	Angriff auf IT-Systeme mit personenbezogenen Daten Angriff ohne nachweislichen Schaden (z.B. Versuch eines Hackereinbruchs wird rechtzeitig erkannt und vereitelt)	4
mittel	Angriff mit geringfügiger Verschlechterung der Verfügbarkeit Angriff auf die IT-Infrastruktur wird durch entsprechende technische Frühwarnsysteme erkannt und führt zur vorübergehenden Si-	3

Müller

Hackerangriff		
Auswirkung		*Priorität*
	cherheitsabschaltung dedizierter Systeme oder Segmente	
groß	Hackerzugriff auf zentrale Verarbeitungssysteme	1
	Diebstahl von Passwortdateien	
	massive Beeinträchtigungen der Dienste	
	Hinzuziehung der entsprechenden Behörden notwendig	
	Informationspflicht nach Art. 33 und 34 DS-GVO notwendig	
katastrophal	Ausfall von Systemen durch Hackerangriffe	1
	Verlust von Daten durch Hacker	
	Diebstahl von personenbezogenen Daten	
	Offenlegung von personenbezogenen durch Hacker	
	hohe Außenwirkung mit Imageverlust für das Unternehmen	
	Einschaltung der Strafermittlungsbehörden zwingend erforderlich	
	Informationspflicht nach Art. 33 und 34 DS-GVO notwendig	

Anmerkungen

1. Vertraulichkeitskennzeichnung. Alle Dokumente unterliegen der im Unternehmen gültigen Kennzeichnungs- und Klassifizierungspflicht. Aufgrund Art. 38 Abs. 5 DS-GVO sind alle Informationen des Meldebogens mit Bezug zu personenbezogenen Daten als „vertraulich" zu kennzeichnen. Da es sich bei dem vorliegenden Formular um ein unternehmensinternes Dokument handelt, ist darauf zu achten, dass die darin enthaltenen Informationen in einem kleinen Kreis beteiligter Mitarbeiter verbleiben, um dem Risiko negativer Verbreitung von Gerüchten aus Fehlinformationen entgegen zu wirken.

2. Verteiler. Der erfasste Vorfall ist zu analysieren und zu bewerten, dabei ist der Risikobezug für das Unternehmen zu beachten. Der Meldebogen ist entsprechend den enthaltenen Informationen in geeigneter Weise (entsprechend den Meldewegen des jeweiligen Unternehmens) an die verantwortlichen und zuständigen Entscheidungsträger weiterzuleiten.

Sofern sich aus den enthaltenen Informationen Risiken mit bestandsgefährdendem Charakter ableiten lassen, muss auch die Unternehmensleitung (Vorstand, Geschäftsführer) informiert werden. Der Meldeweg sollte auf vorhandenen Strukturen im Rahmen des Risikomanagementprozesses aufsetzen.

Müller

3. Festlegung der Priorität. Für eine einfache und übersichtliche Priorisierung kann mit vier Prioritäten gearbeitet werden (Auswirkung/Schaden): katastrophal und existenzbedrohlich (1), großer Schaden (2), mittlerer Schaden (3), geringer Schaden (4). Zur genaueren Festlegung der Kategorien dient § 2 der Priorisierungstabelle. Durch die Bestimmung der Kategorie und deren Auswirkung kann eine Priorisierung des Datenschutzereignisses abgeleitet werden, die Priorisierungstabelle ist beispielhaft.

4. Kategorie. Sofern der Meldebogen nur für die Kategorie Datenschutz eingesetzt wird, können die anderen Kategorien entfallen.

5. Kurzbeschreibung. Dies enthält eine kurze Beschreibung über die Art des Ereignisses, z.B. „Fehler bei der Zuordnung von Berechtigungen im Personalsystem".

6. Ausführliche Beschreibung. In diesem Feld ist der Tatbestand ausreichend ausführlich zu beschreiben.

7. Betroffene Komponenten. Hier ist die betroffene Software oder Infrastruktur zu spezifizieren.

8. System. Das Feld beschreibt das betroffene IT-System durch Bezeichnung der von der IT-Abteilung verwendeten Namensbezeichnung, oft als Hostname bekannt.

9. Sofortmaßnahmen. Beschreibung der umgehend ausgeführten Sofortmaßnahmen unter Angabe der Effektivität (in Prozent), z.B. „Sperrung der Benutzer, die von den falsch vergebenen Berechtigungen betroffen sind", „Effektivität 100 %".

10. Effekt in Prozent. Diese Angabe dient der nachgelagerten Risikobewertung und ist optional.

11. Fehlerursachen. Hier ist eine genaue Beschreibung, was zu dem Fehler geführt hat, vorzusehen, z.B. „menschlicher Fehler durch ungenaues Arbeiten", „technisches Problem in der Applikation".

12. Geplante Korrektivmaßnahmen. Die durchgeführten Korrektivmaßnahmen, z.B. „Nachschulung der Mitarbeiter", „Update wird durch Softwarehersteller bereitgestellt", sind auf deren Wirksamkeit zu überprüfen.

13. Information an Betroffene. Sofern nicht sichergestellt ist, dass kein Datenabfluss stattgefunden hat, sind die Betroffenen zu informieren (Informationspflicht gem. Art. 34 DS-GVO; → C.VI.2.). Eine kurze Begründung ist zu hinterlegen. Es sei darauf hingewiesen, dass digitale Daten kopiert werden können, wenn Leseberechtigungen bestehen.

14. Einbindung der Rechtsabteilung. Die Rechtsabteilung ist einzubinden, wenn es sich um vorsätzliche und/oder kriminelle Handlungen handelt/handeln kann. Die Juristen der Abteilung übernehmen den gesamten Ablauf in Bezug auf strafrechtliche oder zivilrechtliche Tätigkeiten. Eine enge Abstimmung zwischen Datenschutzbeauftragten und dem bearbeitenden Juristen ist erforderlich. Die Unternehmensleitung (Vorstand, Geschäftsführer) bzw. die Rechtsabteilung ist umgehend in den Verteiler einzubinden.

15. Behörden. Ermittlungsbehörden oder Landesdatenschutzbehörden müssen unter bestimmten Umständen eingebunden werden. Dies können z.B. fortbestehende Risiken für Betroffene sein, wenn die eingeleiteten Maßnahmen nicht ausreichende Wirksamkeit haben oder Fremdrisiken hinzukommen. Auch hier erfolgt eine Abstimmung mit der Rechtsabteilung. Die Unternehmensleitung (Vorstand, Geschäftsführung) ist umgehend in den Verteiler einzubinden.

16. Einordnung der Schadensauswirkung. Um die Priorisierung und die damit zusammenhängenden Ereignisse zuordnen zu können, ist das Arbeiten mit entsprechenden tabellarischen Übersichten wie § 2 der Priorisierungstabelle geeignet. Die aufgeführten Ereignisse sind ggf. um entsprechende branchen- und firmenspezifische Ereignisse zu ergänzen.

6. Prüfliste für Auftragsverarbeitung bei Insolvenz des Auftraggebers/Auftragnehmers

Aufgrund der zunehmenden Komplexität und des starken Kostendrucks in der Informations- und Telekommunikationstechnologiebranche stellt die **Insolvenz eines Auftragnehmers** einer Auftragsverarbeitung ein **zunehmendes Risiko** dar. Auftraggeber wie Auftragnehmer sollten gleichermaßen für den Insolvenzfall ihres Vertragspartners vorbereitet sein.

Im Rahmen des internen Kontrollsystems (IKS) des Unternehmens sind angemessene **Verfahren zur Risikofrüherkennung** zu implementieren. Risikofrüherkennung bedeutet die Identifikation, Bewertung und Kommunikation von Risiken, die den Fortbestand des Unternehmens gefährden. Das Gesetz zur Kontrolle und Transparenz im Unternehmensbereich (KonTraG) fordert die Einführung eines angemessenen Risikomanagements von börsennotierten Aktiengesellschaften. Nach § 91 Abs. 2 AktG hat „der Vorstand geeignete Maßnahmen zu treffen, insbesondere ein Überwachungssystem einzurichten [...], damit den Fortbestand der Gesellschaft gefährdende Entwicklungen früh erkannt werden". Doch das KonTraG betrifft weiterhin Kommanditgesellschaften auf Aktien (KGaA) und Gesellschaften mit beschränkter Haftung (GmbH) und zwar dann, wenn in diesen Gesellschaften ein fakultativer Aufsichtsrat existiert. Ohne eine gesetzliche Verpflichtung, also freiwillig, (im Gesellschaftsvertrag) kann ein Aufsichtsrat als Kontrollorgan für eine GmbH gebildet werden, der sog. fakultative Aufsichtsrat (§ 52 Abs. 1 GmbHG). Seine Aufgabe ist die Überwachung der Geschäftsführung.

Die präventive Einrichtung von Richtlinien und Verfahren für den Fall der Insolvenz von Geschäftspartnern sind Bestandteil des unternehmensinternen Notfall- und Krisenmanagements (BCM). Dies umfasst angemessene Reaktionen zur Wiederherstellung beeinträchtigter Geschäftsabläufe in einem akzeptablen und zuvor definierten Niveau. Die BCM-Aktivitäten müssen direkt an die Geschäftsstrategien und Ziele des Unternehmens angepasst sein, um Gegenmaßnahmen für Ereignisse und Störungen im Betriebsablauf zu entwickeln, zu planen und zu erstellen. Die Basis hierfür bildet ein umfassendes Unternehmensrisikomanagement (*von Rössing,* Betriebliches Kontinuitätsmanagement, S. 36 ff.).

Insolvenzen in der Auftragsverarbeitung führen bei Auftraggebern wie Auftragnehmern zu einem Anstieg der Risiken. Dem Datenschutzbeauftragten kommt in diesen Fällen eine enge Begleitung der vertraglichen Abwicklung zu. Dies betrifft die Fortführung der Verfahren bei einem anderen Dienstleister oder die Rückführung in das eigene Unternehmen (Insourcing). Wird das **Insolvenzverfahren eröffnet** und ein

Müller

Insolvenzverwalter benannt, tritt dieser an die Stelle der Geschäftsleitung. Erhöhte Risiken ergeben sich für die Verarbeitung auch durch Wechsel von Mitarbeitern oder psychologisch bedingte Schlechtleistung. Die Fortführung der Auftragsverarbeitung in der Insolvenz muss bei abrechnungsrelevanten IT-Systemen ggf. auch zu erheblich reduzierten Leistungsvergütungen fortgeführt werden.

Unter Zuhilfenahme der nachfolgenden Prüfliste kann der Datenschutzbeauftragte den **aktuellen Status des Verfahrens nachverfolgen** und hat stets einen Überblick über die jeweiligen verantwortlichen Ansprechpartner/Abteilungen.

Prüfliste zur Beendigung der Auftragsdatenverarbeitung im Insolvenzfall

Auftragnehmer/Auftraggeber (exakte Firmierung und Anschrift)		Vorgangsverantwortlicher beim Auftragnehmer/Auftraggeber:	
kaufmännischer Ansprechpartner und Telefon:		☐ Auftraggeber[1] ☐ Auftragnehmer	
ursprüngliches Vertragsende:	Insolvenzantrag gestellt am:	zuständiges Insolvenzgericht:	bestellter Insolvenzverwalter: Bearbeiter Name:
technischer Ansprechpartner des Auftraggebers und Telefon:	Systeme werden im Minimalbetrieb weiter betrieben bis:	Systemzustand wird eingefroren mit Datum:	Empfänger der technischen Systeme beim Insolvenzverwalter:
Systemübergabe an Kunden (nur nach schriftlicher Vereinbarung durch den Insolvenzverwalter) Datum:			Vorgang komplett und ordnungsgemäß abgeschlossen Datum:
betroffene Systeme	Standort	Applikationen/ Modul	technischer Ansprechpartner

Lfd. Nr.	Tätigkeiten	verantwortlich/ zuständig	erledigt/ berücksichtigt Datum	Hinweis/ Bemerkung
1	Information aller am Prozess Beteiligten	Rechtsabteilung (oder externer		zusätzliche Ansprechpartner:

Müller

Lfd. Nr.	Tätigkeiten	verantwortlich/ zuständig	erledigt/ berücksichtigt Datum	Hinweis/ Bemerkung
		Rechtsberater) IT-Leiter für Outsourcing zuständiger kaufmännischer Kundenbetreuer zuständiger technischer Kundenbetreuer		
2	Datum und Uhrzeit zur Erstellung eines definierten Systemstandes zur Übergabe	IT-Leiter Outsourcing zuständiger technischer Kundenbetreuer		schriftliche Abstimmung liegt vor, Insolvenzverwalter hat zugestimmt, Rechtsabteilung hat zugestimmt
3	sicherstellen, dass keine weiteren Änderungen nach Einfrieren des Systems vorgenommen werden können	IT-Leiter Outsourcing zuständiger technischer Kundenbetreuer		alle Mitarbeiter mit Zugang zum System sind in Kenntnis gesetzt
4	Systemstand in Kopie an Kunden geben und Konsistenz prüfen und bestätigen lassen	zuständiger technischer Kundenbetreuer IT-Leiter Outsourcing Datenschutzbeauftragter	verantwortlicher Manager (Name)	Systemkonsistenzbestätigung; Original: Rechtsabteilung Kopien: Datenschutzbeauftragter
5	ordnungsgemäße Systemübernahme durch Verantwortlichen (schriftlich bestätigen lassen)		verantwortlicher Manager (Name)	Übernahmeschein Original: Rechtsabteilung Kopie: Datenschutzbeauftragter, Buchhaltung
6	mit dem Auftraggeber vereinbaren, dass das System in abgeschaltetem Zustand ab Empfang der ordnungsgemäßen Systemübernahme durch den Auftraggeber drei Monate für eventuelle Einsichtnahmen und Prüfungen zur Verfügung steht	zuständiger technischer Kundenbetreuer IT-Leiter Outsourcing Datenschutzbeauftragter	(nur notwendig, wenn das System nicht im Eigentum des Auftraggebers ist)	Übernahmeschein Original: Rechtsabteilung Kopie: Datenschutzbeauftragter Buchhaltung
7	sämtliche Kundenunterlagen gegen Lieferschein übergeben	zuständiger technischer Kundenbetreuer zuständiger kaufmännischer Kundenbetreuer	verantwortlicher Manager (Name)	Lieferschein Original: Rechtsabteilung Kopie: IT-Leiter, Datenschutzbeauftragter

Müller

Lfd. Nr.	Tätigkeiten	verantwortlich/ zuständig	erledigt/ berücksichtigt Datum	Hinweis/ Bemerkung
8	sämtliche digitalen Dokumente, die für den weiteren Betrieb notwendig sind, sichern und auf einem Datenträger gegen Lieferschein übergeben	zuständiger technischer Kundenbetreuer	verantwortlicher Manager (Name)	Lieferschein Original: Rechtsabteilung Kopie: IT-Leiter, Datenschutzbeauftragter
9	14 Tage vor Ablauf der Dreimonatsfrist den Auftraggeber schriftlich informieren, dass alle noch vorhandenen Daten und Informationen auf den Systemen unwiederbringlich gelöscht werden und schriftliche Bestätigung anfordern	Rechtsabteilung zuständiger technischer Kundenbetreuer IT-Leiter Outsourcing Datenschutzbeauftragter	(nur notwendig, wenn das System nicht im Eigentum des Auftraggebers ist)	Kundenfreigabe zur endgültigen Löschung Original: Rechtsabteilung Kopie: IT-Leiter, Datenschutzbeauftragter
10	die Daten auf den Systemen mit einer anerkannten Löschsoftware löschen und ein Protokoll erstellen	ein technischer Mitarbeiter und der zuständige technische Kundenbetreuer (Vier-Augen-Prinzip)	verantwortlicher Manager (Name)	Löschprotokolle Original: Buchhaltung Original: Rechtsabteilung Kopie: IT-Leiter, Datenschutzbeauftragter
		Ort, Datum:	Unterschrift:	

Anmerkung

1. Auftraggeber/Auftragnehmer. Das Formular ist gleichermaßen für beide Anwendungsfälle geeignet.

Müller

III. Fernwartung durch Drittunternehmen

Der **Fernzugriff auf IT-Ressourcen** eines Unternehmens ist aus der heutigen Zeit nicht mehr wegzudenken. Dies gilt sowohl für den Zugriff durch Mitarbeiter (dazu → D. III. 3.), als auch von externen Parteien zum Zwecke der Fernwartung. Diese **Fernwartung** – oder **Remote-Zugriff** – birgt unterschiedliche **Risiken**. Diese liegen beispielsweise in der **ungewollten Preisgabe** unternehmenskritischer, wirtschaftlich sensibler Informationen (dazu → E. I.) oder personenbezogener Daten, die dem Datenschutz unterliegen. Darüber hinaus besteht die Möglichkeit, **Schadsoftware** durch externe Dienstleister in das eigene Unternehmen zu schleusen. Daher muss das zugriffgewährende Unternehmen sowohl technische, als auch organisatorische Maßnahmen ergreifen, um die eigene Infrastruktur und Informationen gegen ungewollte Veröffentlichung, Veränderung oder Zerstörung zu schützen. Der Begriff Infrastruktur wird analog zum Begriff Netzwerk verwendet. Unter Netzwerk ist die physische Hardware eines Unternehmens zu verstehen. Hierzu zählen Server (physisch und virtuell) sowie Kommunikationseinrichtungen wie Router, Switche und Telefonanlagen. Das Netzwerk bzw. die Infrastruktur stellt den **Unterbau für die Kommunikation** innerhalb eines Unternehmens dar. In den Themenbereich des Remote-Zugriffs gehören neben der reinen Fernwartung auch Migrationsprojekte/-tätigkeiten und **Auftragsverarbeitung**. Unter Remote-Zugriff ist ein datenbezogener Kommunikationsaufbau einer externen Stelle auf die IT-Ressourcen eines Unternehmens zu verstehen.

Durch die DS-GVO wird in Art. 28, 29, 30 DS-GVO kein Bezug auf das Thema Fernwartung genommen. Sofern im Unternehmen Fernwartung eingesetzt werden soll, gibt die DS-GVO hierzu keine expliziten Anforderungen. Aus Gründen der Dokumentation und der weiterhin bestehenden Nichtausschließbarkeit einer Kenntniserlangung können im Rahmen der Fernwartung die bisherigen datenschutzrechtlichen Anforderungen berücksichtigt und angewendet werden. Es gilt zu beachten, dass **eine Fernwartung je nach Einzelfall eine Auftragsverarbeitung darstellen kann.** Für den Auftraggeber vereinfacht es den gesamten Prozess, Fernwartung wie eine Auftragsverarbeitung anzusehen und die gleichen Anforderungen daran zu stellen, selbst wenn in einer entsprechenden Tätigkeit ein Zugriff auf personenbezogene Daten explizit und nachhaltig ausgeschlossen werden kann. Dies ist z. B. bei einer Fernwartung für rein technische Systeme ohne Benutzerdatenspeicherung der Fall.

Bei der Verwendung der nachfolgend dargestellten Vereinbarungen ist zu beachten, dass der gesamte Text in einer einzigen Vereinbarung zusammengefasst werden kann, um das **Management von Dienstleistungsverträgen** zu vereinfachen. Zusätzlich ist den Vereinbarungstexten ein Entwurf zu einer **Arbeitsanweisung zur Fernwartung** für Dienstleister angehängt. Das folgende Muster versucht eine vollständige Darstellung der möglichen Fernwartungsfälle; es ist daher im jeweiligen Einzelfall anzupassen.

Die folgenden Muster für Fernwartungs-, Datenschutz- und Vertraulichkeitsvereinbarungen können je nach Verwendung entsprechend zusammengefügt werden. Das Kapitel schließt mit allgemeinen Vertragsklauseln.

Jaenichen

1. Anlage zur Fernwartung für externe Dienstleister

§ 1 Gegenstand der Vereinbarung

(1) Der Auftraggeber hat den Auftragnehmer mit der Fernwartung der beim Auftraggeber vorhandenen informationstechnischen Systemen durch Aufbau externer Kommunikationsverbindungen („Remote-Zugriff") beauftragt. Auf den entsprechenden Vertrag vom […] wird Bezug genommen. Im Rahmen der Fernwartung werden direkt oder indirekt personenbezogene Daten verarbeitet. Die Einzelheiten dieser Fernwartung richten sich nach den folgenden Vorschriften.[1]

(2) Der Auftragnehmer führt ausschließlich die Tätigkeiten durch, die zur Erfüllung der beauftragten Leistungen erforderlich sind. Er führt sie ausschließlich im Rahmen der getroffenen Vereinbarungen und nach Weisungen des Auftraggebers durch. Änderungen des Tätigkeitsfeldes und Verfahrensänderungen sind schriftlich zu vereinbaren. Der Auftragnehmer speichert oder verarbeitet personenbezogene Daten ausschließlich im Auftrag und auf Weisung des Auftraggebers.

(3) Für den Auftragnehmer gelten die folgenden allgemeinen Richtlinien und Verfahren des Auftraggebers zum Umgang mit informationsverarbeitenden Systemen und zur Informationssicherheit: […].

(4) Eine Verarbeitung erfolgt nur, soweit es im zugrunde liegenden Leistungsvertrag vereinbart ist. Hierunter fallen ebenfalls Tätigkeiten, bei denen Daten von einem System in ein anderes migrieren.[2]

(5) Wenn es sich bei diesen Daten um personenbezogene Daten handelt oder handeln könnte, liegt eine Auftragsverarbeitung vor. [Die Parteien schließen in Ergänzung zu diesem Vertrag eine Vereinbarung zur Auftragsverarbeitung ab, die als Anlage […] dem Vertrag angehängt ist.]

(6) Die beim Auftraggeber durch einen Remotezugriff oder eine Datenmigration betroffenen personenbezogenen Daten sind nach ihrem Umfang, der Art und dem Zweck der vorgesehenen Verarbeitung von Daten, der Art der Daten und dem Kreis der Betroffenen vom Auftraggeber vor der Auftragserteilung schriftlich zu fixieren. Das Dokument wird als Anlage […] Bestandteil der jeweiligen Vereinbarung.[3]

§ 2 Rechte und Pflichten des Auftraggebers

(1) Für die Beurteilung der Zulässigkeit der Datenverarbeitung sowie für die Wahrung der Rechte der Betroffenen ist allein der Auftraggeber verantwortlich. Der Auftragnehmer unterstützt den Auftraggeber bei dieser Aufgabe.[4]

(2) Änderungen des Verarbeitungsgegenstandes und Verfahrensänderungen sind gemeinsam abzustimmen.

(3) Der Auftraggeber hat das Recht, in folgendem Umfang Weisungen gegenüber dem Auftragnehmer zu erteilen:
– Der Auftraggeber behält sich ein umfassendes Weisungsrecht über Art, Umfang und Verfahren der Datenverarbeitung vor, das er durch Einzelanweisungen konkretisieren kann. Auskünfte an Dritte oder den Betroffenen darf der Auftragnehmer nur nach vorheriger schriftlicher Zustimmung durch den Auftraggeber ertei-

Jaenichen

len.[5] Mündliche Weisungen sind unverzüglich schriftlich oder per E-Mail (in Textform) zu bestätigen.[6]
– Weisungsberechtigte Personen sind in den jeweiligen Einzelverträgen namentlich benannt.
– Bei einem Wechsel oder einer längerfristigen Verhinderung des Ansprechpartners ist dem Vertragspartner unverzüglich schriftlich der Nachfolger bzw. der Vertreter mitzuteilen.[7]

(4) Die Parteien informieren sich unverzüglich gegenseitig, wenn sie Fehler oder Unregelmäßigkeiten bei Prüfung der Auftragsergebnisse oder der Verarbeitungsschritte feststellen.[8]

(5) Der Auftraggeber wird dem Auftragnehmer nur die für die Durchführung der vereinbarten Tätigkeiten benötigten Zugriffsrechte bereitstellen, deren Aktualität regelmäßig überprüfen und gegebenenfalls Korrekturen vornehmen. Der Auftragnehmer darf von den ihm eingeräumten Zugriffsrechten nur in dem für die Durchführung der Tätigkeiten unerlässlich notwendigen Umfang Gebrauch machen.[9]

(6) Der Auftraggeber hat das Recht, den Zugriff des Auftragnehmers auf die informationstechnischen Systeme des Auftraggebers zu unterbrechen. Dies gilt insbesondere, wenn der Verdacht besteht, dass unbefugt auf Informationen und Ressourcen zugegriffen wird.[10]

(7) Der Auftraggeber ist berechtigt, die Einhaltung der Vorschriften aus dieser Vereinbarung im erforderlichen Umfang zu kontrollieren oder kontrollieren zu lassen. Der Auftragnehmer gewährt dazu nach Absprache ungehinderten Zutritt, Zugang und Zugriff zu informationsverarbeitenden Systemen, Programmen, Dateien und Informationen, die mit der Durchführung der Tätigkeiten in Verbindung stehen. Dem Auftraggeber sind durch den Auftragnehmer alle Auskünfte zu erteilen, die zur Erfüllung der Kontrollfunktion benötigt werden.[11]

(8) Notwendige Datenübertragungen zu Zwecken des Zugriffs müssen in hinreichend verschlüsselter Form erfolgen; Ausnahmen sind besonders zu begründen.[12]

(9) Der Auftraggeber ist berechtigt, die ordnungsgemäße Einhaltung der Vorschriften aus dieser Vereinbarung in der Umgebung, aus der heraus die Tätigkeiten erfolgen[13] zu kontrollieren oder kontrollieren zu lassen.

(10) Der Auftraggeber ist berechtigt, sämtliche Aktionen des Auftragnehmers innerhalb seiner Infrastruktur zu protokollieren und auszuwerten.[14]

§ 3 Rechte und Pflichten des Auftragnehmers

(1) Der Auftragnehmer hat personenbezogene Daten zu berichtigen, löschen und einzuschränken, wenn der Auftraggeber oder der Betroffene dies verlangt.

(2) Der Auftragnehmer verwendet die zur Datenverarbeitung überlassenen Daten für keine anderen als die vertraglich vorgesehenen Zwecke. Kopien oder Duplikate werden ohne Wissen des Auftraggebers nicht erstellt.

(3) Informationen, Daten und Programme dürfen lediglich im Rahmen der Erfüllung der vereinbarten Tätigkeiten und nach der Genehmigung durch den Auftraggeber von oder aus der Infrastruktur des Auftraggebers übertragen bzw. installiert werden.[15]

Jaenichen

(4) Der Zugriff darf nur von Systemen aus erfolgen, deren Sicherheitsniveau den Vorgaben der Informationssicherheit beim Auftraggeber (als Anlage beizufügen) entspricht.

(5) Der Auftragnehmer sichert zu, dass die verarbeiteten Daten von sonstigen Datenbeständen strikt getrennt werden.[16]

(6) Innerhalb von [vierzehn (14) Tagen] sind nach der schriftlichen Aufforderung durch den Auftraggeber von dem Auftragnehmer[17] alle ihm vorliegenden vertraulichen Informationen und aufgrund dieser Informationen gefertigten weiteren Unterlagen, dem Auftraggeber zurückzusenden bzw. nachvollziehbar zu vernichten.[18]

(7) Der Auftragnehmer ist verpflichtet, alle im Rahmen des Vertragsverhältnisses erlangten Kenntnisse von Geschäftsgeheimnissen und Datensicherheitsmaßnahmen des Auftraggebers vertraulich zu behandeln, auch über das Vertragsende hinaus.[19]

(8) Der Auftragnehmer ist zur Einhaltung dieser Regelungen auch dann verpflichtet, wenn bei der Fernwartung der Zugriff auf personenbezogenen Daten nicht ausgeschlossen werden kann.

(9) Der Auftragnehmer stellt im Zusammenhang mit datenschutzrelevanten Tätigkeiten die gem. Art. 28 Abs. 1 DS-GVO zu treffenden technischen und organisatorischen Maßnahmen sicher. Die technischen und organisatorischen Maßnahmen sind im Laufe des Auftragsverhältnisses der technischen und organisatorischen Weiterentwicklung anzupassen.[20]

(10) Der Auftragnehmer beachtet die Grundsätze ordnungsgemäßer Datenverarbeitung. Er gewährleistet die gesetzlich vorgeschriebenen Datensicherheitsmaßnahmen.

(11) Der Auftragnehmer hat in geeigneter Weise an der Erstellung der Verfahrensbeschreibungen[21] mitzuwirken, wenn dies im Rahmen der vertraglichen Leistungserbringung vorgeschrieben ist oder vom Auftraggeber gewünscht wird.

(12) Soweit die beim Auftragnehmer getroffenen Sicherheitsmaßnahmen den Anforderungen des Auftraggebers nicht genügen, benachrichtigt der Auftragnehmer den Auftraggeber unverzüglich. Entsprechendes gilt für Störungen, Verstöße des Auftragnehmers oder der bei ihm beschäftigten Personen gegen datenschutzrechtliche Bestimmungen oder die im Auftrag getroffenen Festlegungen sowie bei Verdacht auf Datenschutzverletzungen oder Unregelmäßigkeiten bei der Verarbeitung personenbezogener Daten.

(13) Der Auftragnehmer ist verpflichtet, dem Auftraggeber jederzeit nach Vorankündigung die Kontrolle der Einhaltung der Vorschriften über den Datenschutz und der vertraglichen Vereinbarungen im erforderlichen und gesetzlich zulässigen Umfang zu gewähren, insbesondere durch die Einholung von Auskünften und die Einsichtnahme in die gespeicherten Daten und die Datenverarbeitungsprogramme.

(14) Der Auftragnehmer hat die Pflichten gem. Art. 28 Abs. 3 DS-GVO einzuhalten, insbesondere die von ihm vorzunehmenden Kontrollen.

(15) Der Auftragnehmer wird den Auftraggeber unverzüglich darauf aufmerksam machen, wenn eine vom Auftraggeber erteilte Weisung seiner Meinung nach gegen gesetzliche Vorschriften verstößt. Der Auftragnehmer ist berechtigt, die Durchführung der entsprechenden Weisung solange auszusetzen, bis sie durch den Verantwortlichen beim Auftraggeber bestätigt oder geändert wird.[22]

Jaenichen

(16) Der Auftragnehmer teilt dem Auftraggeber mit, welche Mitarbeiter er zur Erfüllung der Tätigkeiten einsetzt und wie sich diese identifizieren werden. Hierfür werden hinreichend sichere Identifizierungsverfahren[23] verwendet, die entsprechend zu schützen sind. Sollten die Identifizierungsmerkmale offengelegt werden, ist der Auftraggeber unverzüglich hierüber zu informieren.

(17) Der Auftragnehmer stellt sicher, dass die Infrastruktur des Auftraggebers nicht durch seine Tätigkeiten negativ beeinflusst wird. Unter negativer Beeinflussung ist das unregelmäßige, abnormale Verhalten der Infrastruktur zu verstehen, das zu einem Versagen einzelner Komponenten oder des gesamten Systems führt und der Auftragnehmer verschuldet hat.[24]

(18) Nach Abschluss der vertraglichen Arbeiten hat der Auftragnehmer sämtliche in seinen Besitz gelangten Unterlagen und erstellten Verarbeitungs- oder Nutzungsergebnisse, die im Zusammenhang mit dem Auftragsverhältnis stehen, dem Auftraggeber auszuhändigen. Die Datenträger des Auftragnehmers sind danach physisch zu löschen. Test- und Ausschussmaterial ist unverzüglich zu vernichten oder dem Auftraggeber auszuhändigen. Die Löschung bzw. Vernichtung ist dem Auftraggeber mit Datumsangabe schriftlich zu bestätigen.

(19) Die Einschaltung von Unterauftragnehmern ist ausgeschlossen. Soll im Einzelfall davon abgewichen werden, bedarf dies der gesonderten schriftlichen Zustimmung des Auftraggebers. Der Auftragnehmer stellt in diesem Falle vertraglich sicher, dass die vereinbarten Regelungen auch gegenüber Subunternehmern gelten. Er hat die Einhaltung dieser Pflichten regelmäßig zu überprüfen. Die Weiterleitung von Daten ist erst zulässig, wenn der Subunternehmer die Datenschutzerklärung und Vertraulichkeitsvereinbarung unterzeichnet hat.

(20) Die Verarbeitung und Speicherung der Daten findet ausschließlich im Gebiet der Europäischen Union statt. Jede Verlagerung in ein Drittland bedarf der vorherigen Zustimmung des Auftraggebers und darf nur erfolgen, wenn die besonderen Voraussetzungen der Art. 44–49 DS-GVO erfüllt sind. Falls ein Unterauftragnehmer beauftragt werden soll, gelten diese Anforderungen zusätzlich zu den Bestimmungen in Abs. 13 dieser Vereinbarung.

Anmerkungen

1. Ausgestaltung als Vertragsanlage. Die Vereinbarung zur Fernwartung stellt im Allgemeinen lediglich eine Vertragsanlage zu einem zugrundeliegenden Leistungsvertrag dar, der die durchzuführenden Tätigkeiten festlegt. Es empfiehlt sich, die einzusetzenden Gerätetypen (Desktop-Computer, Notebooks, mobile Endgeräte wie Smartphones oder Tablet-Computer) einzuschränken und festzulegen, um dadurch die potentielle Sicherheit der eigenen Daten und Informationen zu verbessern. Ebenfalls ist darauf zu achten, dass eigene Regelungen zur IT- und Informationssicherheit (→ E.) auch für externe Dienstleister – besonders im Fernwartungszusammenhang – Gültigkeit haben. Da sich eine regelmäßige Kontrolle der eingesetzten Geräte in der Fernwartung als schwierig erweisen kann, sollte in jedem Fall berücksichtigt werden, dass der Einsatz privater Hardware (→ D.III.4.) strengstens untersagt ist. Die betroffenen Anwendungen, Systeme und/oder Netzwerke sind im Rahmen des Leistungsvertrages als Anlage zu definieren. Hierdurch soll sichergestellt werden, dass

Jaenichen

der externe Dienstleister eine Handlungssicherheit bekommt, da der Einsatzrahmen genau gesetzt ist. Zudem hat der Auftraggeber in diesem Zusammenhang eine bessere Handlungsmöglichkeit, sofern der Dienstleister unberechtigt auf andere Anwendungen, Systeme und/oder Netzwerke ohne Auftrag zugreift. Änderungen an den Einsatzbereichen sollten schriftlich festgehalten werden. Regelungen zur Fernwartung sollten in der Regel als Anlage zum eigentlichen Leistungsvertrag abgeschlossen werden. Hierdurch sind Änderungen möglich, ohne den eigentlichen Vertrag anpassen zu müssen.

2. Fernwartung und Auftragsverarbeitung. Das Thema Remote-Zugriff ist dem Grunde nach unabhängig vom Datenschutz. Sofern allerdings im Rahmen der Fernwartung auf personenbezogene Daten zugegriffen wird oder zugegriffen werden kann, ist dies in der Zusatzvereinbarung zur Fernwartung zu berücksichtigen. Sollte sichergestellt sein, dass ein Zugriff auf personenbezogene Daten ausgeschlossen ist, kann zwar eine weichere Formulierung verwendet werden, ein Vertrag zur Auftragsverarbeitung sollte dennoch geschlossen werden.

Es empfiehlt sich für den Auftraggeber, allgemeine Richtlinien für den Umgang mit informationsverarbeitenden Systemen zu verabschieden (→ 4.). Sofern diese nicht vorliegen, sollten zumindest Regelungen für Dienstleister zur Verwendung und Einsatz von Datenverarbeitungssystemen des Auftraggebers erstellt werden. Ein Informationssicherheitsmanagementsystem nach ISO/IEC 27001:2013 erleichtert in diesem Fall die Arbeit, da die notwendigen Regelungen vorliegen bzw. kurzfristig erstellt werden (→ E.I.). Um die AGB-rechtliche Einbeziehung zu gewährleisten, sind diese Regelungen klar bezeichnet im Vertrag aufzuführen und als Anhang am Vertrag oder sicher abrufbar vorzuhalten. Unter Migration ist in der IT ein Wechsel von einem Stand zu einem anderen Stand zu verstehen. Bei einer Datenmigration werden bestehende Daten aus einem Altsystem so verarbeitet, dass diese Daten in ein neues System eingepflegt und weiter genutzt werden können (vgl. Die Beauftragte der Bundesregierung für Informationstechnik, Migrationsleitfaden – Leitfaden für die Migration von Software, S. 6).

3. Inhalte zur Auftragsverarbeitung. An dieser Stelle ist eine separate Vereinbarung zur Auftragsverarbeitung abzuschließen (→ G.I.). Dieses Vorgehen empfiehlt sich, da hierdurch die besondere Stellung der Auftragsverarbeitung hervorgehoben wird. Alternativ können auch die entsprechenden Regelungen in die vorliegende Zusatzvereinbarung übernommen werden. Sinnvoll kann dies sein, wenn bereits ein Vertrag zur Auftragsverarbeitung mit dem entsprechenden Dienstleister vorliegt.

Zum Gegenstand des Auftrages, der Dauer, dem Umfang, der Art und dem Zweck der Datenverarbeitung sowie der Art der Daten und dem Kreis der Betroffenen wird auf den zu Grunde liegenden Rahmen- und Einzelvertrag Bezug genommen. Der Dokumentationsrahmen wird in der DS-GVO für Verarbeitungstätigkeiten separat für das eingesetzte Verfahren gem. Art. 30 Abs. 1 DS-GVO (vormals § 4e BDSG a. F.) festgelegt und Gegenstand der vertraglichen Regelung. Über die Mitwirkungspflichten des Auftragnehmers ist geregelt, dass die Beschreibung des Gegenstandes des Auftrages, der Dauer, des Umfangs, der Art und des Zweckes der Datenverarbeitung erstellt wird. Dies dient der Einhaltung der datenschutzrechtlichen Pflicht des Auftraggebers aus Art. 30 Abs. 1 DS-GVO zur Dokumentation. Zusätzlich hat der Auftragsverarbeiter nach Art. 30 Abs. 2 DS-GVO die Pflicht, ebenfalls ein Ver-

Jaenichen

zeichnis über Verarbeitungstätigkeiten zu führen, die die Auftragsverarbeitung betreffen.

4. Rechte und Zuständigkeiten. Die Rechte des Betroffenen auf Benachrichtigung, Auskunft, Berichtigung, Löschung und Sperrung ergeben sich aus Art. 5 Abs. 1 sowie Art. 11–20 DS-GVO (vormals §§ 33–35 BDSG a. F.) (näher → F.II.).

5. Festlegung der Kommunikation. Da es sich bei Verträgen zum Remote-Zugriff um Dienst- oder Werkverträge handeln kann, ist besondere Sorgfalt bei der Formulierung der Leistungsbeschreibung gefragt, um zur gewünschten Gestaltung zu gelangen. Sofern es für den Auftraggeber einen unverhältnismäßig hohen Aufwand darstellt, Auskunftsersuchen von Betroffenen im Rahmen der Auftragsverarbeitung eigenständig zu beantworten, kann diese Aufgabe an den Auftragnehmer delegiert werden. Dieses Verfahren sollte allerdings durch interne Stellen beim Auftraggeber geprüft werden. Es gilt zu berücksichtigen, dass der Auftraggeber dem Betroffenen gegenüber als Verantwortlicher nach Art. 4 Abs. 7 DS-GVO auftritt. Somit laufen alle Anfragen der Betroffenen über den Auftraggeber. Eine Kommunikation mit dem Betroffenen über den Auftragnehmer begegnet aus rechtlicher Sicht unter Einhaltung der geltenden Regelungen keinen prinzipiellen Bedenken, kann aber beim Betroffenen zu Verwunderungen und Nachfragen führen. Daher sollte die Kommunikation generell ausschließlich über den Auftraggeber (verantwortliche Stelle) abgewickelt werden. Dieser kanalisiert dadurch auch sämtliche Anfragen an den Auftragnehmer.

6. Schrift- und Textform. Da im Geschäftsverkehr nicht nur schriftliche Vereinbarungen über Aufträge und Änderungen, sondern auch mündliche Absprachen getroffen werden können, ist es besonders für den Auftragnehmer im Interesse der Rechtssicherheit und Nachweisbarkeit wesentlich, diese Absprachen zu quittieren und zu bestätigen. Die gewählte Form sollte der Absprache angemessen sein. Nur bedingt auftragsrelevante Änderungen können in Textform, z. B. per E-Mail, bestätigt werden. Hierzu sollten aus Gründen der Rechtssicherheit einige Grundlagen aufgestellt und eingehalten werden.

Die Bestätigung sollte am gleichen, spätestens am folgenden Werktag erfolgen. Bei einer Bestätigung via E-Mail sollte der Auftragnehmer eine Sende- und Empfangsbestätigung anfordern und diese zu den Auftragsunterlagen legen. Hierbei handelt es sich allerdings nicht um einen rechtssicheren Kommunikationsweg, sofern keine qualifizierte, digitale Signatur nach den Maßgaben des Signaturgesetzes verwendet wird (dazu OLG Frankfurt a. M., Urt. v. 30.4.2012 – 4 U 269/11, MMR 2013, 133). Entsprechend Art. 28 Abs. 9 DS-GVO ist die elektronische Form für einen Vertrag zur Auftragsverarbeitung ebenfalls möglich. Ein höheres Maß an Rechtssicherheit bietet die Schriftform mit geeigneter Zustellungsart. Der Auftragnehmer hat sicherzustellen, dass nur berechtigte Personen an der mündlichen Absprache beteiligt sind. Im Falle einer Auftragsverarbeitung sind diese in der entsprechenden Vereinbarung genannt. Zur Sicherstellung der Rechtmäßigkeit sollte der Auftraggeber auf den korrekten Ansprechpartner achten.

Zur Problematik der AGB-rechtlichen Zulässigkeit von Schriftformklauseln → B. II. 1. Anm. 9.

7. Weisungsberechtigte und Weisungsempfänger. Entsprechend der aus Art. 28 Abs. 3 S. 2 lit. a DS-GVO abgeleiteten Anforderungen empfiehlt es sich, eine Liste

Jaenichen

mit Personen zu führen, die auf Seiten des Auftraggebers zur Weisungsgabe und auf Seiten des Auftragnehmers zum Weisungsempfang berechtigt sind (→ G. I.). Diese bzw. ähnliche Regelungen finden sich auch in den weiteren Festlegungen zur Auftragsverarbeitung. Entsprechend Anm. 5 und 6 ergibt sich bei einem Wechsel von Ansprechpartnern auf beiden Seiten eine gegenseitige Informationspflicht über diesen Sachverhalt (→ G. II.2.). Dies gilt somit insbesondere für den Fall der Auftragsverarbeitung; es ist aber darüber hinaus empfehlenswert, dies in jedem Fall zu vereinbaren, um die Sicherheit der beteiligten Parteien bezüglich der Leistungserbringung zu erhöhen.

8. Anzeige von Unregelmäßigkeiten. Die Anforderung an die Information des Auftraggebers bei Bekanntwerden von Unregelmäßigkeiten ergibt sich für die Auftragsverarbeitung zumindest mittelbar aus Art. 33 Abs. 2 DS-GVO und Art. 4 Abs. 12 sowie Art. 33 DS-GVO. Der Zusammenhang dieser Normen ergibt sich besonders im Fernwartungskontext mit der Auftragsverarbeitung, da der Auftraggeber Verantwortlicher für die Datenverarbeitung bleibt und bei Unregelmäßigkeiten dazu verpflichtet ist, eine entsprechende Benachrichtigung an die Betroffenen zu versenden. Sollte der Dienstleister oder eingeschaltete Unterauftragnehmer bei einem Remote-Zugriff einen Verarbeitungsfehler begehen, muss der Auftraggeber hierüber zwingend informiert werden, da dieser gegebenenfalls verpflichtet sein kann, dies der zuständigen Aufsichtsbehörde zu melden. Andernfalls können dem Auftraggeber Bußgelder drohen (Art. 83 f. DS-GVO). Da im Vorfeld nicht ausgeschlossen werden kann, dass ein Dienstleister – auch versehentlich im Fehlerfall – Zugriff auf personenbezogene Daten erhält, gelten die Anforderungen der DS-GVO, auch wenn diese ursprünglich nicht in den Kontext des eigentlichen Leistungsvertrages gefallen sind. Allerdings ist es für den Auftraggeber sinnvoll, sich über Unregelmäßigkeiten in der Fernwartung – selbst wenn es nicht um personenbezogene Daten geht – informieren zu lassen, da wirtschaftlich sensible oder vorteilhafte Informationen des Auftraggebers hiervon betroffen sein können, deren Veröffentlichung, Verfälschung oder Zerstörung einen deutlichen Schaden für den Auftraggeber darstellen kann. Diese Kommunikation sollte in beide Richtungen vorgenommen werden und gilt somit auch, wenn der Auftraggeber Fehler bei der Verarbeitung durch den Dienstleister feststellt. Aus internen Anforderungen zur Nachverfolgung und Aufklärung von Sicherheitsereignissen muss allen Parteien von Störungen im Ablauf berichtet werden, um die notwendigen Maßnahmen ergreifen zu können, beispielsweise um die Vernichtung von Beweismaterial zu vermeiden.

9. Zugriffsberechtigungen für Auftragnehmer. Die Verantwortung für die eingeräumten Zugriffsrechte obliegt dem Auftraggeber. Bei einer unrechtmäßigen Nutzung der Zugriffsrechte entsteht ein Haftungsanspruch seitens des Auftraggebers gegenüber dem Auftragnehmer. Um sicherzustellen, dass es aufgrund von Zugriffsverletzungen nicht zu ungeklärten Haftungsfragen kommt, sollte der Auftraggeber, die eingeräumten Rechte in regelmäßigen Abständen prüfen. Um auf die Relevanz der Einhaltung von Zugriffsrechten – sowohl im datenschutzrechtlichen, als auch im privatwirtschaftlichen Kontext – hinzuweisen, kann es sinnvoll sein, eine entsprechende Pönal-Klausel inklusive der Möglichkeit der fristlosen Kündigung und dem Vorbehalt der behördlichen Strafverfolgung – je nach Schwere des Verstoßes – in die Vereinbarung aufzunehmen.

Jaenichen

10. Dienstleisterprüfung und -kontrolle. Im Rahmen der kontinuierlichen Prüfung der Tätigkeiten des Dienstleisters (→ Anm. 7) kann es dazu kommen, dass, je nach Umsetzung, der Auftraggeber bei Unregelmäßigkeiten eine Unterbrechung des Fernzugriffs vornehmen muss. Dies kann z. B. bei eindeutiger Missachtung von Weisungen oder bei aktiven Bemühungen des Auftragnehmers, vertrauliche Informationen auszulesen, notwendig werden. Bei einer Unterbrechung der Verbindung haftet der Auftragnehmer auch für Fehler in der Datenverarbeitung, sofern nachgewiesen werden kann, dass dieser tatsächlich gegen die Regelungen dieser Vereinbarung verstoßen hat. Im Falle einer unrechtmäßigen Unterbrechung der Verbindung durch den Auftraggeber sollte vereinbart werden, dass dieser für auftretende Fehler haftet. Um willkürliche Kontrollen durch den Auftraggeber zu vermeiden, ist diesem ein Kontrollrecht in geeigneter Weise gem. Art. 28 Abs. 3 DS-GVO und nach Ankündigung eingeräumt. Weiterhin muss der Auftraggeber im Falle einer Auftragsverarbeitung gegebenenfalls Änderungen am Verfahren gem. Art. 30 Abs. 1 sowie für Auftragsverarbeiter gem. Art. 30 Abs. 2 DS-GVO. Zusätzlich ist für alle neuen Verfahren zur automatisierten Datenverarbeitung eine Datenschutz-Folgenabschätzung nach Art. 35, 36 DS-GVO durchzuführen.

Um Sicherheit über die Durchführung der Tätigkeiten des Auftragnehmers zu erhalten, kann es für den Auftraggeber sinnvoll sein, diese Maßnahmen auch außerhalb einer Auftragsverarbeitung durzusetzen. Für den Auftraggeber ist es darüber hinaus wichtig, dass ihm alle eingesetzten Mitarbeiter vor Tätigkeitsaufnahme bekannt gegeben werden und dass sie über den Inhalt der Vereinbarungen unterrichtet worden sind, sowie auf die Vertraulichkeit verpflichtet sind (Art. 28 Abs. 3 S. 2 lit. b DS-GVO).

11. Direkte Auftragnehmerkontrolle. Es gibt verschiedene Möglichkeiten, die Tätigkeiten des Auftragnehmers an einem Kontrollbildschirm zu verfolgen. Zum einen besteht die Möglichkeit, den Bildschirminhalt des Auftragnehmers zu spiegeln und bei einer verantwortlichen Person beim Auftraggeber zur Anzeige zu bringen, zum anderen ist es möglich, die durchzuführenden Tätigkeiten nach Anleitung durch einen Mitarbeiter des Auftraggebers durchführen zu lassen und den Bildschirminhalt dem Auftragnehmer darzustellen.

Die zusätzlich genannte Mitwirkungspflicht birgt das Risiko eines möglichen Verzugs der Leistungserbringung in sich. Dieses Risiko geht auf den Auftraggeber über. Das genannte Vorgehen kann bei sensiblen Operationen innerhalb der Infrastruktur des Auftraggebers sinnvoll sein, um einem Verlust der Vertraulichkeit, Integrität und Verfügbarkeit von Informationen und personenbezogenen Daten vorzubeugen. Zusätzlich kann für den Auftraggeber das Recht bestehen, die bestehende Verbindung bei Auffälligkeiten oder unbefugtem Umgang zu unterbrechen, um Schutz von ihm selbst abzuwenden.

12. Verschlüsselung des Fernwartungszugangs. Die technische Implementierung eines verschlüsselten Fernwartungszuganges sollte dem aktuellen Stand der Technik entsprechen, da der Schutzbedarf der übermittelten Informationen oder personenbezogener Daten sehr hoch sein kann (vgl. Art. 32 Abs. 1 lit. a DS-GVO). Hierzu ist es ratsam, die Hinweise des Bundesamtes für Sicherheit in der Informationstechnik (BSI) aus den Grundschutz-Katalogen zu beachten (dazu Bundesamt für Sicherheit in der Informationstechnik, Sicherer Fernzugriff auf das interne Netz (ISi-Fern)).

Jaenichen

Verschlüsselungsanforderungen können aus Art. 32 Abs. 1 lit. a DS-GVO entnommen werden (→ C. V.; → E. II.).

13. Orte der Fernwartung. Im Bereich der Fernwartung ergibt sich aus der Begrifflichkeit bereits, dass die Leistung von einem beliebigen Ort aus erbracht werden kann. Der Ort der Leistungserbringung kann sich in den Geschäftsräumen des Auftragnehmers befinden, zwingend ist das allerdings nicht. So ist es auch möglich, Fernwartung von unterwegs oder aus dem Home Office zu tätigen. Der Auftraggeber sollte die erlaubten Orte der Ausführung in einer Fernwartungsrichtlinie vorgeben. Die Themen Mobilität und Home Office bedeuten eine nicht zu vernachlässigende Bedrohung für die Daten und Informationen des Auftraggebers, da besonders der Bereich der mobilen Fernwartung nur schwer zu kontrollieren ist. Sofern Mitarbeiter des Auftragnehmers von zu Hause aus auf die Ressourcen des Auftraggebers zugreifen, muss sichergestellt sein, dass sich das Kontrollrecht des Auftraggebers auch auf den Heimarbeitsplatz des Mitarbeiters des Auftragnehmers bezieht. Der allgemeine Umgang mit Remote-Zugriffen eigener Mitarbeiter wird in → D. III. 3. aufgezeigt. Hiermit gehen häufig Heimarbeitsplätze einher (→ D. III. 2.).

14. Externe Auftragnehmerkontrollen. Aus Sicht des Auftraggebers kann es sinnvoll sein, die Kontrollrechte durch eine dritte Instanz (z. B. eine entsprechend qualifizierte Prüfungseinrichtung) ausüben zu lassen. Entsprechende Möglichkeiten schafft auch die DS-GVO. Mit der Beschreibung eines Datenschutzzertifizierungsverfahrens wird die Möglichkeit für eine externe Begutachtung – wenngleich nicht zwingend auf Wunsch des Auftraggebers – in Art. 41–43 DS-GVO geschaffen. Eine entsprechende Zertifizierung kann sowohl für die Begründung einer Auftragsverarbeitung, als auch für die externe Auftragnehmerkontrolle herangezogen werden. Dies ist besonders dann eine geeignete Maßnahme, wenn das notwendige Methodenwissen beim Auftraggeber nicht vorhanden ist, oder die Fernwartung Bestandteil einer Zertifizierung nach einem nationalen oder internationalen Standard (z. B. BSI IT-Grundschutz, ISO/IEC 27001:2013) ist. Diese Art der Dienstleisterkontrolle hat sich in der Praxis als überaus sinnvoll erwiesen. Die Möglichkeit, einen Nachweis über durchgeführte Tätigkeiten zu erhalten, bringt viele Vorteile im Bereich der Nachvollziehbarkeit für den Auftraggeber. Besonders im Zusammenhang mit Security Information and Event Management (SIEM) sind Synergieeffekte zu erzielen. Unter SIEM ist die Echtzeitanalyse von Sicherheitsmeldungen von Netzwerkkomponenten und Anwendungen zu verstehen (dazu Swift, A Practical Application of SIM/SEM/SIEM Automating Threat Identification, SANS Institute, http://www.sans. org/reading-room/whitepapers/logging/practical-application-sim-sem-siem-automa ting-threat-identification-1781, S. 3 ff.).

15. Lizenzierung in der Fernwartung. Die Nutzung von Software unterliegt lizenzrechtlichen Bestimmungen. Um für den Auftraggeber die Gefahr möglicher Lizenzverletzungen zu minimieren, ist es wichtig, die jeweilige Softwarenutzung zu kontrollieren. Dies gilt ebenfalls für die Softwarenutzung durch Auftragnehmer und umfasst unter anderem die Anzahl von Installationen, die gleichzeitige Nutzung einer Instanz sowie die Anzahl der verfügbaren Zugänge (Business Software Alliance, 2. Ratgeberserie für Unternehmen – Gefährden Sie nicht Ihr Unternehmen – So gewährleisten Sie die Lizenzierung Ihrer Software, http://ww2.bsa.org/country/~/ media/Files/Tools_And_Resources/Guides/RiskManagementGuide/Risk_DE.ashx, S. 5).

Jaenichen

Aus Sicherheitsgründen hinsichtlich der eigenen Infrastruktur ist es darüber hinaus wichtig festzulegen, dass Auftragnehmer nicht ohne entsprechende Genehmigung eine Installation von Software innerhalb der Infrastruktur des Auftraggebers vornehmen. In einem Zivilrechtstreit musste ein Ingenieurbüro eine Strafzahlung in Höhe von 60.000 EUR tätigen, nachdem ein IT-Dienstleister nicht lizenzierte Software auf den Systemen des Auftraggebers installiert hatte (dazu *Sicking*, Unlizenzierte Software: Strafzahlungen auf neuem Höchststand, 8.2.2012, http://heise.de/-1428015).

16. Datenrückgabe und Datentrennung. Je nach Auftrag kann es notwendig werden, dass der Auftraggeber dem Auftragnehmer Daten übermittelt. In Abhängigkeit von dem Umfang der Daten kann diese Übermittlung auch mittels Datenträgern erfolgen. Der Auftragnehmer hat hierzu einen entsprechenden Prozess zu etablieren, der sicherstellt, dass die Datenträger nach abgeschlossener Nutzung wieder an den Auftraggeber zurückgegeben werden. Der Auftraggeber sollte zudem einen Prozess zur sicheren Löschung und Vernichtung von Datenträgern gem. Art. 28 Abs. 3 lit. g DS-GVO einrichten. Zertifizierungen nach ISO/IEC 27001:2013 können anerkannt werden, wenn ein entsprechender Geschäftsprozess zur nachweislichen und sicheren Vernichtung von Informationen dokumentiert und etabliert ist. Auch außerhalb der Grenzen der Auftragsverarbeitung ist es sinnvoll, im Rahmen der Fernwartung als Auftraggeber eine explizite Informationstrennung zu fordern.

17. Gegenseitiges Schutzinteresse. Im Rahmen der Fernwartung kann es notwendig werden, dass auch der Auftraggeber Zugriff auf die Ressourcen des Auftragnehmers erhält. Dies ist z.B. bei einer Prüfung der ordnungsgemäßen Durchführung des Auftrages der Fall. Aus diesem Grund ist es wichtig, ein Prinzip der Gegenseitigkeit zu wahren, um auch die Schutzinteressen des Auftragnehmers und dessen Kunden an geistigem Eigentum nicht zu verletzen.

18. Datenlöschung durch zertifizierte Vernichtung. Sofern analoge Kopien und Datenträger des Auftraggebers an den Auftragnehmer übergeben worden sind, muss sichergestellt werden, dass die betreffenden Informationen geregelt an den Auftraggeber zurückgegeben werden. Entsprechendes gilt für digitale Kopien und Datenträger des Auftragnehmers, dass diese nachvollziehbar vernichtet werden. Unter nachvollziehbarer Vernichtung ist die Vernichtung durch einen entsprechend zertifizierten Dienstleister nach DIN 66399 zu verstehen. Die DIN 66399 besteht aus drei Teilen, die Grundlagen und Begriffe, Anforderungen an Maschinen zur Vernichtung von Datenträgern und den Prozess der Datenträgervernichtung beschreibt (dazu DIN 66399-1, 2012). Der Schutz von Immaterialgüterrechten ist ein wesentlicher Aspekt im Bereich der Fernwartung. Das Risiko einer Duplizierung von Informationen durch den Auftragnehmer ist jeder Fernwartung immanent. Deshalb ist der Schutz vor missbräuchlicher Verwendung vertraglich festzulegen.

19. Vertraulichkeit. Unabhängig von der Art der verarbeiteten Informationen gilt die Vertraulichkeit als Grundwert der Informationssicherheit (→ E.I.; zur Vertraulichkeitsvereinbarung → G.IV.1.). Um die internen Geschäftsprozesskosten für den Auftraggeber so gering wie möglich zu halten, empfiehlt es sich, keine Unterscheidung zwischen personenbezogenen Daten und wirtschaftlich sensiblen Informationen vorzunehmen. Somit erfolgt eine Übertragung der Datenschutzanforderungen auf allgemeine Geschäftstätigkeiten inklusive der Dauer der Vertraulichkeit analog zu Art. 28 Abs. 3 lit. b und Art. 29 DS-GVO.

Jaenichen

20. Datenschutzaudit und technische und organisatorische Maßnahmen. An dieser Stelle können entsprechende Zertifikate anerkannt werden. Die rechtlichen Grundlagen für ein Datenschutzaudit ergeben sich aus Art. 41–43 DS-GVO und werden in den Kapiteln → C.I. und → E.III. näher beschrieben.

Der Auftragnehmer ist wie der Auftraggeber zur Einhaltung dieser Maßnahmen verpflichtet. Dies gilt sowohl für die eigenen, wie auch die DV-Systeme des Auftraggebers. In der Fernwartung sind vom Auftragnehmer besonders die Bereiche Zugang, Zugriff, Weitergabe, Eingabe und Datentrennung zu beachten – ohne hierbei die weiteren Regelungen zu vernachlässigen. Diese Präzisierung lässt sich aus dem Aufgabengebiet der Fernwartung ableiten. Es geschieht ein Zugriff auf Daten des Kunden über ein bereitgestelltes Authentifizierungsverfahren. Hierbei sind Aufgaben nach Weisung durchzuführen. Die Daten des Auftraggebers dürfen dabei nicht mit anderen Datenbeständen vermischt werden.

Da die Fernwartung grundsätzlich nicht immer zugleich eine Auftragsverarbeitung darstellt, finden die Regelungen der DS-GVO nicht immer aus sich heraus Anwendung. Jedoch ist es dem Auftraggeber stets zu empfehlen, regelmäßig auf die Einhaltung der datenschutzrechtlichen Vorgaben zu drängen, da dies ebenso in Bezug auf andere als personenbezogene Daten für den Auftraggeber von Vorteil ist. Der Auftragnehmer wird im Regelfall für Schäden, die er im Rahmen der Leistungserbringung innerhalb der Infrastruktur des Auftraggebers verursacht, haftbar gemacht werden können (§ 280 BGB). Dies beinhaltet u.a. Schäden durch Fehlkonfiguration von Soft- und Hardware, aber auch Verlust der Vertraulichkeit, Integrität oder Verfügbarkeit von Informationen durch beispielsweise das Einschleusen von Schadsoftware. Diese Beispiele leiten sich aus Art. 32 DS-GVO ab. Um sich hiervor zu schützen, sollte der Auftragnehmer Verfahren und Maßnahmen zum Schadsoftwareschutz und Patch-Management (das Einspielen von Aktualisierungen für Anwendungen und Betriebssysteme) für eingesetzte Software oder eigenentwickelte Softwareprodukte eingeführt haben. Hilfreich in der Beurteilung des Auftragnehmers durch den Auftraggeber sind Zertifizierungen wie z.B. eines Informationssicherheitsmanagementsystems nach ISO/IEC 27001:2013 (→ E.III.).

21. Verfahrensbeschreibung. Eine Beschreibung der Verarbeitungstätigkeit nach Art. 30 DS-GVO ist auch für Verfahren, die innerhalb der Auftragsverarbeitung im Rahmen der Fernwartung durchgeführt werden, zu erstellen (→ C.II.). Da der Auftraggeber die genauen – vor allem technischen – Abläufe nicht kennen kann, ist es Aufgabe des Auftragnehmers, den Auftraggeber bei der Erstellung der Verfahrensbeschreibung zu unterstützen. Die Informations- und Mitwirkungspflichten des Auftragnehmers enden, sobald Daten oder die Verarbeitung für andere Kunden des Auftragnehmers betroffen sind. Dies soll die unbefugte Einsichtnahme des Auftraggebers in Fremddaten unterbinden. Für Fernwartungsvorgänge ohne Auftragsverarbeitung kann auf die Ausformulierung dieses Abschnittes verzichtet werden.

22. Sorgfaltspflicht und Weisungsbindung. Die DS-GVO legt fest, dass der Auftraggeber Kontrollen beim Auftragnehmer durchführt. Diese entstammen im Rahmen der Auftragsverarbeitung für Auftragnehmer aus Art. 28 Abs. 3 S. 2 lit. h, Art. 29 DS-GVO. Der Auftragnehmer hat die Pflicht, auf die Einhaltung der DS-GVO zu achten, sofern er Leistungen im Rahmen einer Auftragsverarbeitung erbringt. Dieser Umstand entbindet ihn nicht von den gebotenen Sorgfaltspflichten. Sollte also eine Anweisung des Auftraggebers gegen die Regelungen der DS-GVO

Jaenichen

verstoßen oder daraus ein Verstoß gegen geltendes Recht resultieren, muss der Auftragnehmer den Auftraggeber gem. Art. 28 Abs. 3 lit. b DS-GVO hierüber informieren und die gegenständliche Tätigkeit aussetzen. Durch die Weisungsbindung an den Auftraggeber entfällt für den Auftragnehmer somit nicht die Verantwortung für durchgeführte Tätigkeiten.

23. Authentifizierungsmöglichkeiten in der Fernwartung. Um eine Fernwartung durchführen zu können, müssen sich die Mitarbeiter des Auftragnehmers an dem Unternehmensnetzwerk von Orten außerhalb der Räumlichkeiten des Auftraggebers anmelden können. Zu diesem Zweck muss ein Verfahren etabliert sein, das eine – den Sicherheitsanforderungen des Auftraggebers entsprechend – hinreichende Authentifizierung des entsprechenden Mitarbeiters ermöglicht. Hier hat sich in der Praxis die sog. Zwei-Faktor-Authentifizierung etabliert. Dabei muss sich die Person über ein identifizierendes Kürzel (Benutzername), ein Passwort (Wissen) und einen sog. Token (Besitz) an den Anmeldesystemen des Auftraggebers authentifizieren. Bei einem Token kann es sich beispielsweise um Hardware handeln, die nach einem speziellen Algorithmus einen einzugebenden Code anzeigt, der parallel innerhalb der Infrastruktur des Auftraggebers ebenfalls berechnet und abgeglichen wird. Alternativen bestehen in Chipkarten – sog. Smart Cards – die über ein entsprechendes Lesegerät den Benutzer der Karte zusammen mit Benutzername und Passwort authentifizieren (dazu BSI, IT-Grundschutz-Kataloge, M 5.15).

24. Bekanntgabe und Erstindentifikation externer Mitarbeiter. Alle Mitarbeiter des Auftragnehmers sind dem Auftraggeber bekannt zu geben. Je nach Regelungen beim Auftraggeber erfolgt die Identifizierung über festgelegte Verfahren. Dies betrifft sowohl eine Erstidentifikation beim Auftraggeber (z. B. Identifikation mittels Personalausweis/Reisepass/Einmal-ID des Auftraggebers), als auch Zugangsdaten zu datenverarbeitenden Systemen für den dauerhaften Einsatz im Rahmen der Tätigkeitsdurchführung. Diese Identifikationsmerkmale sind vertraulich zu behandeln und vor Offenlegung zu schützen. Da eine solche Offenlegung ein nicht unerhebliches Risiko für den Auftraggeber darstellen kann, ist dieser in einem solchen Fall direkt und umgehend über die Offenlegung zu informieren. Dies beinhaltet u. a. Schäden durch Fehlkonfiguration von Soft- und Hardware, aber auch Verlust der Vertraulichkeit, Integrität oder Verfügbarkeit von Informationen durch beispielsweise das Einschleusen von Schadsoftware. Diese Beispiele leiten sich aus der ehemaligen Anlage zu § 9 S. 1 BDSG a. F. ab, die weiter als Orientierung herangezogen werden kann. Um sich hiervor zu schützen sollte der Auftragnehmer Verfahren und Maßnahmen zum Schadsoftwareschutz und Patch-Management (das Einspielen von Aktualisierungen für Anwendungen und Betriebssysteme) für eingesetzte Software oder eigenentwickelte Softwareprodukte eingeführt haben. Hilfreich in der Beurteilung des Auftragnehmers durch den Auftraggeber sind Zertifizierungen wie z. B. eines Informationssicherheitsmanagementsystems nach ISO/IEC 27001:2013 (→ E. III.).

2. Datenschutzvereinbarung für den Remotezugriff

Die nachfolgend dargestellte Klausel soll vor allem sicherstellen, dass der **Auftragnehmer die eingesetzten Mitarbeiter** auf die **Vertraulichkeit nach Art. 28 Abs. 3**

Jaenichen

lit. b DS-GVO i. V. m. Art 29 DS-GVO verpflichtet hat. Es empfiehlt sich aus Gründen der Rechtssicherheit, den Auftragnehmer auf die Gefahr des Zugriffs auf personenbezogene Daten mittels einer entsprechenden Datenschutzvereinbarung hinzuweisen. Ein Muster für die Verpflichtung auf das Datengeheimnis wird in → C. VII. 1. dargestellt.

Inhalt der Vereinbarung

(1) Für sämtliche Mitarbeiter des Auftragnehmers gilt aufgrund ihrer Aufgabenstellungen die Vertraulichkeit nach Art. 28 Abs. 3 lit. b DS-GVO. Nach dieser Vorschrift ist es ihnen untersagt, personenbezogene Daten unbefugt zu verarbeiten.

(2) Gem. Art. 28 Abs. 3 lit. b DS-GVO ist jeder Mitarbeiter verpflichtet, die Vertraulichkeit der verarbeiteten Daten zu wahren. Diese Verpflichtung besteht auch über das Ende seiner Tätigkeit im Unternehmen hinaus.[1]

(3) Der Auftragnehmer stellt unter Wahrung der Verhältnismäßigkeit alle organisatorischen und technischen Maßnahmen zum Schutz personenbezogener Daten gem. Art. 32 DS-GVO sicher.

(4) Der Auftraggeber ist berechtigt, die Einhaltung der Vorschriften aus dieser Vereinbarung im erforderlichen Umfang zu kontrollieren oder kontrollieren zu lassen. Der Auftragnehmer gewährt dazu nach Absprache ungehinderten Zutritt, Zugang und Zugriff zu informationsverarbeitenden Systemen, Programmen, Dateien und Informationen, die mit der Durchführung der Tätigkeiten in Verbindung stehen. Dem Auftraggeber sind durch den Auftragnehmer alle Auskünfte zu erteilen, die zur Erfüllung der Kontrollfunktion benötigt werden.

(5) Beim Auftragnehmer ist als Beauftragter für den Datenschutz […] ordnungsgemäß bestellt. Beim Auftraggeber ist als Beauftragter für den Datenschutz […] ordnungsgemäß bestellt.

(6) Ein Wechsel des Datenschutzbeauftragten haben sich die Parteien unverzüglich mitzuteilen.[2]

(7) Der Auftragnehmer darf Subunternehmer lediglich nach schriftlicher Genehmigung durch den Auftraggeber im Rahmen der Erfüllung der vertraglich beauftragten Tätigkeiten einsetzen.[3]

(8) Über datenschutzrelevante Vorfälle und Verstöße gegen die vertraglichen Regelungen unterrichtet der Auftragnehmer den Auftraggeber schriftlich und unverzüglich. Es wird darauf hingewiesen, dass Verstöße gegen das Datengeheimnis nach Art. 83, 84 DS-GVO und anderen Strafvorschriften mit Freiheits- oder Geldstrafe geahndet werden können.

(9) Sich gegebenenfalls aus der Vertragsbeziehung ergebende allgemeine oder weitergehende Geheimhaltungsverpflichtungen werden durch diese Erklärung nicht berührt.

Anmerkungen

1. Verpflichtung auf das Datengeheimnis. Art. 28 Abs. 3 lit. b DS-GVO fordert eine Verpflichtung von Mitarbeitern beim Auftragsverarbeiter, personenbezogene Daten vertraulich zu behandeln. In Kapitel G.III. wird eine allgemeine Verschwie-

Jaenichen

genheitsverpflichtung für die Fernwartung dargestellt. Unabhängig von der tatsächlichen Verpflichtung der Mitarbeiter beim Auftragnehmer ist es ein wesentlicher Bestandteil der Pflichten des Auftragnehmers, im Rahmen der Fernwartung seine Mitarbeiter auf die Vertraulichkeit nach Art. 28 Abs. 3 lit. b DS-GVO zu verpflichten.

2. Beauftragter für den Datenschutz. Um sicherzustellen, dass datenschutzrelevante Anfragen beider Parteien zielgerichtet bearbeitet werden können ist es sinnvoll, die jeweils benannten Datenschutzbeauftragten in der Vereinbarung festzuhalten. Besonders in Verfahrensfragen zur Auftragsverarbeitung besteht eine Notwendigkeit dazu. Hieraus ergibt sich auch – besonders für den Auftragnehmer – die Pflicht, einen Wechsel des Beauftragten für den betrieblichen Datenschutz unverzüglich anzuzeigen. Gesetzlich ist festgelegt, dass der Auftragnehmer nach Art. 37 Abs. 1 DS-GVO i. V. m. Art. 38, 39 DS-GVO einen Datenschutzbeauftragten ordnungsgemäß zu bestellen hat, wenn die Tatbestandsmerkmale aus Art. 37 Abs. 1 DS-GVO erfüllt sind.

3. Erweiterte Begründung von Unterauftragsverhältnissen. Unabhängig von der Fernwartungsvereinbarung sollte auch in allgemeinen Fragen des Datenschutzes beachtet werden, dass die Einschaltung von Unterauftragnehmern einer Genehmigung des Auftraggebers bedarf, so dass eine weitere Informationsverteilung nicht ohne Wissen des Auftraggebers stattfindet (vgl. zur Auftragsverarbeitung Art. 28 Abs. 2 und 4 DS-GVO; hierzu z. B. Kühling/Buchner/*Hartung*, DS-GVO, Art. 28 Rn. 85 ff.). Dies kann unter Berücksichtigung weiterer vertraglicher oder rechtlicher Anforderungen gegenüber weiteren Parteien zu vertragsrechtlichen Konsequenzen führen. Die deutlich schärferen Regelungen aus der Fernwartungsvereinbarung bleiben bestehen und verlieren nicht ihre Gültigkeit.

3. Allgemeine Bestimmungen

Schlussbestimmungen

(1) Sollte eine der Bestimmungen nichtig sein oder werden, so wird die Wirksamkeit der übrigen Bestimmungen hierdurch nicht berührt.[1]

(2) Die Inhalte der zugrunde liegenden Vereinbarung sind allen Mitarbeitern, die einen Zugriff auf Informationen des Auftraggebers haben, mitzuteilen. Sobald einzelne Punkte der Vereinbarung die Kompetenzen des einzelnen Mitarbeiters überschreiten, geht die Verantwortung auf die jeweilige Organisation über.

(3) Sofern der Auftragnehmer dem Auftraggeber zur Sicherung Datenträger überlässt, auf denen sich Dateien befinden, die Daten des Auftraggebers enthalten, sind diese Datenträger entsprechend durch diejenige Partei zu kennzeichnen, die Kenntnis über den Inhalt der Datenträger hat.

(4) Sollte das Eigentum des Auftraggebers beim Auftragnehmer durch Maßnahmen Dritter (etwa durch Pfändung oder Beschlagnahme), durch ein Insolvenz- oder Vergleichsverfahren oder durch sonstige Ereignisse gefährdet werden, so hat der Auftragnehmer den Auftraggeber unverzüglich zu verständigen.

(5) Ein Zurückbehaltungsrecht besteht hinsichtlich der verarbeiteten Daten und der zugehörigen Datenträger nicht.

Jaenichen

(6) Die Kündigungsmodalitäten richten sich nach dem zugrunde liegenden Vertrag [...].

(7) Die Haftungsmodalitäten richten sich nach dem zugrunde liegenden Vertrag [...].[2]

(8) Sofern beide Parteien Kaufmann, juristische Person des öffentlichen Rechts oder öffentlich-rechtliches Sondervermögen sind, ist [...] Gerichtsstand für alle Rechtsstreitigkeiten, die sich unmittelbar oder mittelbar aus dem Vertragsverhältnis zwischen den Parteien ergeben. Dies gilt auch, wenn eine der Parteien nach Vertragsschluss ihren Sitz oder gewöhnlichen Aufenthaltsort nicht im Geltungsbereich der Bundesrepublik Deutschland hat oder aus dem Geltungsbereich der Bundesrepublik Deutschland verlegt. Dies gilt auch, falls der Wohnsitz oder gewöhnliche Aufenthalt der Partei im Zeitpunkt der Klageerhebung nicht bekannt ist.[3]

(9) Diese Vereinbarung unterliegt ausschließlich dem Recht der Bundesrepublik Deutschland.[4]

Anmerkungen

1. Salvatorische Klausel. → B.II.2. Anm. 33.

2. Haftungsklauseln. Zu Haftungsklauseln ausführlich z.B. *von Westphalen* in: von Westphalen/Thüsing (Hrsg.), Vertragsrecht und AGB-Klauselwerke, Vertragsrecht, Nr. 13.

3. Gerichtsstand. Dazu z.B. *Thüsing* in: von Westphalen/Thüsing (Hrsg.), Vertragsrecht und AGB-Klauselwerke, Vertragsrecht, Nr. 16.

4. Anwendbares Recht. Dazu z.B. *Thüsing* in: von Westphalen/Thüsing (Hrsg.), Vertragsrecht und AGB-Klauselwerke, Vertragsrecht, Nr. 28.

4. Arbeitsanweisung zur Fernwartung für Dienstleister

Als Anlage zur Vereinbarung zur Fernwartung, Vertraulichkeit und Datenschutz erhält **jeder Mitarbeiter des Dienstleisters** die nachfolgende **Arbeitsanweisung zur Fernwartung für Dienstleister**. Diese regelt den allgemeinen Umgang mit Zutritts-, Zugangs- und Zugriffsberechtigungen. Die Regelungen dieser Arbeitsanweisungen sind verbindlich und können bei Nichteinhalten – je nach Schwere des Verstoßes – zu einer **fristlosen Kündigung** des Dienstleisters oder aber zur **Neubesetzung der Stelle** des Mitarbeiters des Dienstleisters führen.

§ 1 Zutritt

Der Mitarbeiter des Dienstleisters erhält nach vorheriger Beauftragung einen persönlichen Zutritt zu Datenverarbeitungsanlagen, sofern es im Rahmen der Aufgabenerfüllung notwendig ist. Die Zutrittsberechtigung ist nicht auf Dritte übertragbar.

Jaenichen

§ 2 Zugang

Der Mitarbeiter des Dienstleisters erhält zur Aufgabenerfüllung einen Zugang zu den Datenverarbeitungssystemen. Dieser besteht aus einer eindeutigen, persönlichen Benutzerkennung und einem Passwort. Zusätzlich erhält der Mitarbeiter des Dienstleisters einen Zugang zur Fernanmeldung.

Für das Passwort gelten die folgenden Komplexitätsanforderungen, die auch bei einer Änderung zu berücksichtigen sind. Das Initialpasswort muss bei der ersten Anmeldung und danach alle [30 Tage] geändert werden. Das Passwort
– enthält keine logische Zeichenfolge (z.B. Abfolge direkt benachbarter Zeichen auf der Tastatur),
– lässt sich nicht leicht erraten oder ableiten (z.B. Lebensmittel, Musik, Wörterbuchbegriffe),
– nutzt Groß- und Kleinschreibung,
– hat zwölf Zeichen als Mindestlänge,
– nutzt Ziffern (0–9),
– nutzt Sonderzeichen (z.B. &, §, >, #).[1]

Sollte es zu Problemen oder technischem Fehlverhalten kommen, ist der Benutzerservice hierüber zu informieren. Der Benutzerservice unterstützt bei der Lösung und steht bei Fragen zur Anmeldung zur Verfügung. Er ist zu erreichen unter folgenden Kontaktdaten: [...].

§ 3 Zugriff

Der Zugriff auf Unternehmensressourcen darf lediglich im Rahmen des Vertrages erfolgen. Die entsprechenden Zugriffsrechte werden durch den Auftraggeber vergeben. Ein Zugriff auf nicht benötigte Informationen ist untersagt.[2] Sollte dem Mitarbeiter des Dienstleisters auffallen, dass Zugriffsberechtigungen falsch vergeben sind, so ist dies unverzüglich dem Auftraggeber mitzuteilen. Dieser veranlasst umgehend eine Anpassung der Zugriffsberechtigungen. Die Ausnutzung fehlerhafter Zugriffsberechtigungen ist untersagt.

§ 4 Sicherheitshinweise

Sollte die Zugangsprüfung nicht auf andere Weise erfolgen (z.B. Active Directory,[3] Single Sign On), sind für unterschiedliche Anwendungen unterschiedliche Passwörter zu verwenden. Passwörter, die zur Anmeldung bei Dienstleistern im Internet[4] genutzt werden, dürfen nicht zur Anmeldung am Netzwerk des Auftraggebers verwendet werden. Passwörter sind unbeobachtet einzugeben. Für diese Identifikationsmerkmale gilt, dass eine Veröffentlichung, Weitergabe oder missbräuchliche Nutzung ausdrücklich untersagt ist. In Anwendungen vorhandene Funktionen zur Passwortspeicherung sind nicht zu verwenden. Ebenso ist das Niederschreiben der Benutzerkennung und des Passwortes untersagt. Besteht die Notwendigkeit der Speicherung von Passwörtern, kann ein Passwort-Safe genutzt werden.

Anmerkungen

1. Passwörter und Verschlüsselung. Die Anforderungen an die Sicherheit eines Passworts sind durch den Auftraggeber genauer zu spezifizieren und hängen von der

Jaenichen

eingesetzten Lösung, je nachdem, wie der Zugang gewährt wird (z. B. VPN, Direct Access, SSL-gestütztes Anmeldeverfahren über einen Internet-Browser), ab. Die Verwendung von Sonderzeichen kann bei unterschiedlichen Anwendungen zu Problemen führen. Aus diesem Grund ist den Mitarbeitern des Dienstleisters mitzuteilen, an welchen Stellen keine Sonderzeichen zu verwenden sind. Es existieren unterschiedliche Software-Programme, die dem Nutzer zufällig generierte, sichere Passwörter zur Nutzung vorschlagen. Es ist dabei grundsätzlich wichtig, die Passwörter nicht unverschlüsselt zu speichern (z. B. schlichtes Aufschreiben auf Papier, Speicherung in einer Datei). Die Nutzung eines so genannten Passwort-Safes (verschlüsselte Datenablage in einer Software zur Passwortverwaltung) empfiehlt sich für die verschlüsselte Ablage von Informationen. Die Verschlüsselung hängt, wie die Stärke eines Passwortes, von der Schlüssellänge ab (dazu European Network of Excellence in Cryptology II, ECRYPT II Yearly Report on Algorithms and Keysizes v. 30. Juni 2011, http://www.ecrypt.eu.org/documents/D. SPA.17.pdf). Eine entsprechende Software sollte beim Auftraggeber eingeführt sein. Es stehen am Markt dabei sowohl kostenpflichtige wie auch kostenlose Anwendungen zur Verfügung, darunter solche, die für den betrieblichen Einsatz lizenzrechtlich freigegeben sind.

2. Fehlerhafte Zugriffsberechtigungen. Auch im Falle von fehlerhaft vergebenen Zugriffsberechtigungen ist es dem Auftragnehmer untersagt, auf diese Daten zuzugreifen, sofern sich für ihn die Vertraulichkeit der Daten ergibt oder diese offensichtlich außerhalb seines zugewiesenen Tätigkeitsbereiches liegen.

3. Active Directory. Ein Active Directory ist ein von Microsoft entwickelter Verzeichnisdienst zur Verwaltung von Benutzern, Gruppen und Rechten. Hierüber können u. a. Anmelderegeln für Windows-basierende Systeme festgelegt und verteilt werden (dazu http://technet.microsoft.com/en-us/library/dd578336 (WS.10).aspx).

4. Internetkonten. Gemeint ist jedes privat wie dienstlich durch den Mitarbeiter des Auftragnehmers verwendete Passwort zur Authentifizierung an Online-Diensten, wie z. B. soziale Netzwerke, Freemail-Dienste etc. Das Verbot, solche Passwörter auch zur Anmeldung bei Datenverarbeitungssystemen des Auftraggebers zu nutzen ist wichtig, da diese Fremdsysteme durch Angriffe ausgelesen und die Anmeldedaten offengelegt und missbräuchlich genutzt werden könnten.

Jaenichen

IV. Vertraulichkeitsvereinbarungen

1. Vertraulichkeitsvereinbarung bei Dienstleistungsverträgen

Eine Vertraulichkeitsvereinbarung (auch Non-Disclosure-Agreement (NDA) oder Confidentiality Agreement) **sichert vertragliche und gesetzliche Verschwiegenheitspflichten ab.** Die Verpflichtung zur Vertraulichkeit durch Dritte dient dem Schutz vertraulicher Unternehmensdaten, z.B. bei einer Fernwartung (→ G.III.), bei Videoüberwachung durch Dienstleister (→ H.III.) oder bei der Durchführung von Datenschutzaudits (→ C.I.). Daher existieren in vielen Unternehmen **unternehmensinterne Richtlinien zur Vertraulichkeit,** die häufig dem Themengebiet der **Informationssicherheit** entstammen (abgeleitete Anforderung aus ISO/IEC 27001:2013 oder ISO/IEC 27018 bzgl. Cloud Diensten). Insbesondere bei der Weitergabe von sensiblen Unternehmensdaten sollte sich die Verpflichtung zur Verschwiegenheit nicht auf eine einfache Vertragsklausel (wie z.B. „Der Auftragnehmer verpflichtet sich zur Verschwiegenheit über die erlangten Informationen") beschränken, sondern es sollte eine gesonderte Vereinbarung getroffen werden. Denn dies verdeutlicht einerseits dem Auftragnehmer die Wichtigkeit seiner Verpflichtung und erweitert andererseits die sich gesetzlich ergebenden Verschwiegenheitpflichten (insbesondere §§ 17 f. UWG, aber auch §§ 241 Abs. 2, 311 Abs. 2 Nr. 1, 2 BGB, Art. 6 Abs. 1 lit. b, d, e, f DS-GVO, §§ 202a ff. StGB, §§ 85 i.V.m. 43 Abs. 2 GmbHG, § 93 Abs. 1 S. 2 AktG; → C.VII.3. Vorb.; *Ohly,* GRUR 2014, 1; *Gennen* in: Conrad/Grützmacher (Hrsg.), Recht der Daten und Datenbanken im Unternehmen, S. 155).

Abseits des Datenschutzes hat das BSI mit den IT-Grundschutz-Katalogen einen Rahmen geschaffen, der auf die Punkte Vertraulichkeit, Integrität und Verfügbarkeit eingeht. Die Vertraulichkeits- und Remotezugriffsvereinbarung zielt neben der Einhaltung der datenschutzrechtlichen Anforderungen auf die **Gewährleistung der Vertraulichkeit von verwendeten Informationen** im beidseitigen Verhältnis der beteiligten Unternehmen. Das BSI gibt zum Thema „Verlust der Vertraulichkeit von Informationen" folgende Erläuterung: „Jedes Unternehmen weiß, dass interne, vertrauliche Daten über Umsatz, Marketing, Forschung und Entwicklung die Konkurrenz interessieren. Die ungewollte Offenlegung von Informationen kann in vielen Bereichen schwere Schäden nach sich ziehen." Um einem solchen Schaden entgegenzuwirken ist es notwendig, alle beteiligten Personen auf die Vertraulichkeit zu verpflichten. Vertraulichkeit ist dabei der Schutz vor unbefugter Preisgabe von Informationen. Vertrauliche Daten und Informationen dürfen ausschließlich Befugten zugänglich sein.

Eine Verschwiegenheitsverpflichtung für datenschutzrechtlich relevante Sachverhalte **dient dem Schutz der Daten des Auftraggebers.** In Dienstleistungsverträgen werden regelmäßig vertrauliche Unternehmensdaten erlangt, die für Dritte von hohem Interesse sein können. Ein Beispiel sind Festplatten in Druckern, die Kopien der gedruckten Informationen zwischenspeichern und nicht zwingend nachweislich löschen. Hierdurch können Geschäftszahlen, Konstruktionszeichnungen, Kunden-

und auch Mitarbeiterlisten ungewollt weitergegeben werden. Besonders letzteres ist im konkreten Datenschutz- und Sicherheitskontext zu sehen. Das vorliegende Muster soll als **Ergänzung von Dienstleistungsverträgen** dienen, wie sie in diesem Buch beschrieben sind. Vertraulichkeitsvereinbarungen in M&A-Transaktionen weisen typischerweise weitere Besonderheiten auf und sollten durch eigene umgesetzt werden (dazu → G.IV.2.). Das Muster ist als eigenständiger Vertrag ausgelegt, die Klauseln können aber ebenso in einen umfangreicheren Vertrag integriert werden.

§ 1 Inhalt und Zweck dieser Vertraulichkeitsvereinbarung

(1) Die Parteien haben mit Datum vom [...] einen Vertrag über [die Durchführung von Fernwartung] geschlossen. Dieser Vertrag schützt die vertraulichen Informationen, die sich aus der Zugriffsmöglichkeit des Auftragnehmers auf vertrauliche Informationen des Auftraggebers ergeben.

(2) Die Verwendung der vertraulichen Informationen ist nur im Rahmen und zum Zwecke der zwischen den Parteien vertraglich vereinbarten Tätigkeiten zulässig.

§ 2 Definitionen

(1) „Vertrauliche Informationen"[1] sind wirtschaftlich, rechtlich, steuerlich oder technisch sensible oder vorteilhafte Informationen des Auftraggebers, die dem Auftragnehmer bekannt werden. Vertrauliche Informationen können solche Informationen sein, die in irgendeiner Weise als vertraulich oder gesetzlich geschützt[2] erkennbar bezeichnet werden oder deren vertraulicher Inhalt offensichtlich ist. Der Begriff umfasst sowohl jegliches Anschauungsmaterial wie Unterlagen, Schriftstücke, Notizen, Dokumente, digitale Aufzeichnungen etc. als auch mündliche Mitteilungen. [Weiterhin gelten als vertrauliche Informationen, dass [der Hauptvertrag] sowie diese Verschwiegenheitsvereinbarung geschlossen wurden, sowie deren Inhalte.]

(2) Öffentlich bekannte Informationen sind solche, die nachweislich vor ihrer Bekanntgabe bereits dem Auftragnehmer oder seinen Organen, Angestellten und Bevollmächtigten (im folgenden „Vertreter") zugänglich waren bzw. ohne deren Verschulden während der Geltungsdauer dieser Vereinbarung öffentlich bekannt wurden.[3] Der Begriff „vertrauliche Information" umfasst weiterhin nicht solche Informationen, die der Auftragnehmer sich selbst erschlossen hat, vorausgesetzt, dass dies durch schriftliche Aufzeichnungen dieser Partei oder auf sonstige Weise belegt wird und keine in dieser Vereinbarung festgelegten Pflichten unterlaufen werden.[4]

(3) „Partei" ist sowohl der Auftraggeber als auch der Auftragnehmer, sowie deren verbundene Gesellschaften, Organe, Mitarbeiter, Berater und eventuell sonstige für diese tätigen Dritten, soweit diese einer den Anforderungen dieses oder des Hauptvertrages entsprechenden Vertraulichkeitsverpflichtung unterliegen.[5]

(4) Verbundene Gesellschaften sind alle Unternehmen der Parteien, an denen die jeweilige Partei eine Beteiligung von mehr als 50 % mittelbar oder unmittelbar hält oder deren wirtschaftliche Führung sie innehat.[6]

(5) Mitarbeiter sind Arbeitnehmer, freie Mitarbeiter und Zeitarbeitskräfte der jeweiligen Partei.

§ 3 Verpflichtung zur Vertraulichkeit

(1) Der Auftragnehmer verpflichtet sich, die von dem Auftraggeber erhaltenen vertraulichen Informationen vertraulich zu behandeln.

(2) Das bedeutet insbesondere, dass der Auftragnehmer diese Informationen an Dritte weder selbst noch durch Mitarbeiter bekanntzugeben oder sonst für andere als die vertraglich zwischen den Parteien vereinbarten Zwecke zu nutzen hat.

(3) Eine anderweitige Nutzung oder Weitergabe der Informationen ist nur zulässig, wenn und soweit der Auftraggeber zuvor schriftlich eingewilligt hat.

(4) Der Auftragnehmer verpflichtet sich, die von dem Auftraggeber erhaltenen vertraulichen Informationen mindestens mit der Sorgfalt zu behandeln, die er in eigenen Angelegenheiten anwendet.

(5) Der Auftragnehmer verpflichtet sich, bei Verarbeitung der vertraulichen Informationen die gesetzlichen und vertraglichen Vorschriften zum Datenschutz einzuhalten. Dies beinhaltet auch dem aktuellen Stand der Technik angepasste technische Sicherheitsmaßnahmen (Art. 32 DS-GVO) und die Verpflichtung der Mitarbeiter auf das Datengeheimnis (Art. 28 Abs. 3 lit. b DS-GVO).

(6) Der Auftragnehmer nutzt die erhaltenen vertraulichen Informationen ausschließlich zur Erfüllung des [Hauptvertrages]. Die Rechte an den Informationen, die der Auftragnehmer von dem Auftraggeber erhalten hat, verbleiben beim Auftraggeber, soweit nichts anderes vertraglich geregelt wird.[7]

§ 4 Ausnahmen von der Vertraulichkeitsverpflichtung

(1) Diese Verpflichtung zum Schutze vertraulicher Information beinhaltet nicht solche Informationen, die öffentlich bekannt sind.[8]

(2) Die Pflicht zur Vertraulichkeit besteht nicht gegenüber Gerichten und Behörden, soweit eine (auch strafrechtliche) Rechtspflicht zur Weitergabe/Herausgabe besteht oder die jeweilige Information in einem zivilrechtlichen Prozess zwischen den Parteien oder einer der Parteien und einem Dritten relevant ist. Über eine Herausgabe von vertraulichen Informationen ist der Auftraggeber unverzüglich zu benachrichtigen. [Optional: Der Auftragnehmer verpflichtet sich, den Auftraggeber vor Offenlegung vertraulicher Informationen zu informieren, es sei denn eine solche Mitteilung ist gesetzlich nicht zulässig (bspw. Informationspflichten nach dem Geldwäschegesetz)].[9]

§ 5 Weitergabe an Dritte/Subunternehmer

(1) Die überlassenen Informationen oder Teile hiervon können nur an externe Berater, die zur Vertraulichkeit verpflichtet sind oder solche Vertreter weitergegeben werden, die zur betreffenden Auftragsdurchführung benötigt werden und von der Vertraulichkeit der gegebenen Informationen unterrichtet und gleichlautend verpflichtet wurden.[10] Die Parteien erklären ausdrücklich, für jegliche schuldhafte Verletzung durch ihre Vertreter einzustehen.

(2) Der Auftragnehmer darf Subunternehmer lediglich nach schriftlicher Genehmigung durch den Auftraggeber im Rahmen der Erfüllung der beauftragten Tätigkeiten einsetzen. Die sich aus dieser Vereinbarung ergebenden Verpflichtungen sind auch diesen aufzuerlegen.

Schwiering/Jaenichen/Lachenmann

§ 6 Vertragsstrafe[11]

(1) Für jeden Fall eines schuldhaften Verstoßes gegen die sich aus dieser Vereinbarung ergebenden Verpflichtungen hat der Auftragnehmer an den Auftraggeber eine Vertragsstrafe in Höhe von [...] Euro zu zahlen.

(2) Die Geltendmachung weiterer Ansprüche, wie auf Schadensersatz oder Unterlassung, bleibt dem Auftraggeber vorbehalten.

(3) Die Vertragsstrafe wird auf einen eventuell zu leistenden Schadensersatz angerechnet.

§ 7 Kontroll- und Löschrechte

(1) Innerhalb von vierzehn (14) Tagen nach schriftlicher Aufforderung des Auftraggebers wird der Auftragnehmer alle vorliegenden vertraulichen Informationen und aufgrund dieser Informationen gefertigten weiteren Unterlagen an den Auftraggeber zurücksenden bzw. ihm die Vernichtung der Informationen und Unterlagen nachvollziehbar nachweisen. Dies gilt nicht, soweit eine Verpflichtung zur Aufbewahrung aus Gesetz oder aufgrund behördlicher bzw. gerichtlicher Anordnung besteht. [In letztgenanntem Fall ist die weitere Speicherung der vertraulichen Informationen durch den Auftragnehmer nur zum Zwecke der Erfüllung dieser Verpflichtungen zulässig.][12]

(2) Der Auftraggeber ist berechtigt, die Einhaltung dieser Vereinbarung im erforderlichen Umfang zu kontrollieren oder kontrollieren zu lassen.[13] Der Auftragnehmer gewährt dazu nach Absprache ungehinderten Zutritt und Zugang zu informationsverarbeitenden Systemen, Dateien und Informationen, die mit der Durchführung der Tätigkeiten in Verbindung stehen. Dem Auftraggeber sind durch den Auftragnehmer alle Auskünfte zu erteilen, die zur Erfüllung der Kontrollfunktion benötigt werden. Der Auftragnehmer hat dem Auftraggeber auf Aufforderung mitzuteilen, welche vertraulichen Informationen zurückgesendet oder vernichtet und welche aufbewahrt wurden. Die Mitteilung, dass bestimmte Unterlagen oder Informationen aufbewahrt wurden, ist zu begründen.

(3) Sollte eine Partei Kenntnis davon erlangen, dass vertrauliche Informationen entgegen dieser Vertraulichkeitsvereinbarung weitergegeben wurden, hat die Partei die jeweils andere Partei umgehend zu informieren.

§ 8 Laufzeit

Die Laufzeit dieser Vereinbarung beginnt ab Unterzeichnung und entspricht der des [Hauptvertrages]. Ab dessen Beendigung bestehen die Verpflichtungen zur Vertraulichkeit [... Jahre] fort.[14]

§ 9 Schlussbestimmungen

(1) Sollten einzelne Bestimmungen dieser Vertraulichkeitsvereinbarung im Ganzen oder in Teilen unwirksam oder undurchführbar sein oder werden, berührt dies nicht die Wirksamkeit der sonstigen Bestimmungen.[15]

(2) Änderungen und Ergänzungen dieser Vertraulichkeitsvereinbarung, die Erklärung einer Kündigung sowie die Abänderung dieser Klausel bedürfen zu ihrer Wirksamkeit der Schriftform (§ 126 Abs. 1, Abs. 2 BGB). Die Ersetzung der Schriftform

durch die elektronische Form (§§ 126 Abs. 3, 126a BGB) oder die Textform (§ 126b BGB) ist ausgeschlossen.[16]

(3) Anwendbares Recht und Gerichtsstand richten sich nach [dem Hauptvertrag].[17]

(4) Die Haftung richtet sich nach [dem Hauptvertrag].[18]

Anmerkungen

1. Definition der vertraulichen Informationen. Eine hohe Relevanz ist der Definition der vertraulichen Informationen beizumessen (*von Werder/Kost*, BB 2010, 2903 (2905 f.)). Diese sind in vorliegendem Muster allgemein beschrieben und sollten im jeweiligen Einzelfall je nach Hauptvertrag angepasst werden. Wird keine vertragliche Definition vorgenommen, gelten die Regelungen der §§ 17 f. UWG. Erfasst davon werden alle Geschäfts- und Betriebsgeheimnisse, die nicht offenkundig sind und für die ein Geheimhaltungswille und -interesse des Inhabers dieser Geheimnisse (im Muster: des Auftraggebers) besteht (dazu z.B. Harte-Bavendamm/Henning-Bodewig/*Harte-Bavendamm*, UWG, § 17 Rn. 1 ff.; siehe auch *Alfes* in: Beck'sche Online-Formulare Vertragsrecht, Nr. 20.2 Anm. 2). Zu solchen vertraulichen Informationen zählen z.B. Gehälter, Mitarbeiterdaten, technische Zeichnungen, Kundenlisten, Auftragsdaten, Prozessorganisation, Software-Quelltext, Geschäftspläne, Finanzpläne, Prognosen, nicht-patentierte Erfindungen, anderes Know-how oder auch Rechenzentrumspläne und Gebäudeüberwachungsmaßnahmen.

Alternativ zu dieser allgemeinen Formulierung ist es möglich, die Vertraulichkeitsvereinbarung nur auf konkret bestimmte Informationen zu beziehen und so eine abschließende Definition darzustellen. Während in Vertraulichkeitsvereinbarungen im M&A-Bereich eine solch weitgehende Formulierung üblich ist, kann es im Fall der datenschutzrechtlichen Vertraulichkeitsvereinbarung angemessen sein, die vertraulichen Informationen einzuschränken. So kann auch Bedenken gegen eine AGB-rechtliche Unzulässigkeit einer weitergehenden Klausel wegen unangemessener Benachteiligung gem. § 307 BGB begegnet werden. In diesem Fall sind die konkret als vertraulich vereinbarten Informationen in der Definition einzeln aufzulisten. Dazu sollten die ersten beiden Sätze des oben genannten Absatzes gelöscht und durch eine Formulierung ersetzt werden, die lauten könnte: „Als „vertrauliche Informationen" gelten die folgenden Informationen: [...]"

2. Geheimschutz. Unter gesetzlich geschützten Informationen sind auch Verschlusssachen des Geheimschutzes zu verstehen (dazu Bundesministerium für Wirtschaft und Technologie, GHB – Handbuch für den Geheimschutz in der Wirtschaft, https://bmwi-sicherheitsforum.de/ghb). Diese enthalten Kennzeichnungen nach folgender Nomenklatur:
– Streng geheim
– Geheim
– VS – vertraulich
– VS – nur für den Dienstgebrauch
Der Umgang mit dieser Art von Informationen ist amtlich geregelt und unterliegt starken Reglementierungen. Dies berücksichtigt das vorliegende Muster bei den Anforderungen des Auftraggebers.

Schwiering/Jaenichen/Lachenmann

Bei Emittenten von Finanzinstrumenten könnte man neben den gesetzlich geschützten Informationen hier zusätzlich Insiderinformationen gem. Art. 7 EU Marktmissbrauchsverordnung (EU VO Nr. 596/2014) (vormals § 13 WpHG) aufführen.

3. Klassifizierung von Informationen. Die Vereinbarung zur Vertraulichkeit von Unternehmensinformationen verfolgt das Ziel, eines der wichtigsten Güter eines Unternehmens – seine Informationen – vor einem Verlust der Vertraulichkeit, Integrität und Verfügbarkeit zu schützen. Dies wird darin deutlich, dass die Regelungen zur Vertraulichkeit auch auf nicht gekennzeichnete Informationen anzuwenden sind, sofern es ersichtlich ist, dass es sich um vertrauliche Informationen handelt. Dies gilt z.B. für Konstruktionszeichnungen oder Quellcode. Öffentlich bekannte Informationen fallen nicht unter die Regelungen der Vertraulichkeit. Hierbei kann es sich nicht abschließend um Werbematerial, Anleitungen, Handbücher und Informationsbroschüren handeln. Sollte dem Auftragnehmer die Einstufung nicht klar ersichtlich sein, sollte vereinbart werden, dass dieser im Zweifelsfall den Auftraggeber um eine Kennzeichnung und Klassifizierung bittet. Die Formulierung sollte selbst beibehalten werden, wenn der Vertrag die vertraulichen Informationen einzeln aufzählt (→ Anm. 1). Denn diese allgemeine Ausnahme gilt regelmäßig dem Schutz des Verpflichteten.

Es sollte davon abgesehen werden, Klauseln zur Beweislast (z.B. „Die Beweislast für die Tatsache, dass die Information öffentlich bekannt ist, trägt der Auftragnehmer") in Vertraulichkeitsvereinbarungen mit aufzunehmen, obwohl dies im M&A-Bereich üblich ist (*von Werder/Kost*, BB 2010, 2903 (2906); *Schiffer/Bruß*, BB 2012, 847). Denn solche Klauseln sind in der Regel in Hinblick auf § 309 Nr. 12 lit. a BGB (auch gegenüber Unternehmern) AGB-rechtlich unzulässig (dazu *von Westphalen* in: von Westphalen/Thüsing (Hrsg.), Vertragsrecht und AGB-Klauselwerke, Vertragsrecht, Nr. 9 Rn. 33 ff.). Durch die vorliegende Formulierung besteht keine Beweislastumkehr, da mit dieser die natürlichen Risikosphären beibehalten werden, sowohl für eine Veröffentlichung, als auch zur Frage öffentlich bekannter Informationen (*Redeker* in: Redeker (Hrsg.), IT-Verträge, Kap. 6.4, Rn. 19 ff.).

4. Notwendigkeit von Dokumentationen. Sowohl in wirtschaftlichen Kooperationen, als auch bei Fernwartungsverträgen kann es vorkommen, dass beide Parteien in ähnlichen Tätigkeitsfeldern aktiv sind und forschen bzw. entwickeln. Damit keine der beteiligten Parteien einen unrechtmäßigen Anspruch geltend machen kann, ist diesem Umstand Rechnung getragen. Trotzdem sollten beide Parteien darauf achten, dass die Entwicklungsdokumentation vollständig und nachvollziehbar ist. Besonders im Bereich der Fernwartung ist dies relevant, da hier – auch unbeaufsichtigt – auf Ressourcen des Auftraggebers zugegriffen werden kann. Sollte durch eine fehlerhafte Berechtigung der Zugriff auf sensible Informationen möglich sein, kann es zu einem ungewollten Informationsabfluss kommen.

5. Partei-Begriff. Die Vereinbarung sollte eine Klarstellung enthalten, welche Personen und Gesellschaften der primären Unterlassungspflicht unterliegen. Dieses Muster geht von einem Auftragnehmer aus, der gegenüber einem Auftraggeber Geheimhaltungspflichten unterliegt. Ansonsten wäre dies durch Auslegung des Vertrages (§§ 133, 157 BGB) zu ermitteln. Zu erfassen sind alle Beteiligten, für die eine gesetzliche Verpflichtung zur Geheimhaltung besteht, also insbesondere das Daten erhaltende Unternehmen und dessen Mitarbeiter. Dabei ist zu berücksichtigen, dass

Schwiering/Jaenichen/Lachenmann

auch die Regelungen zum Datengeheimnis (dazu → C. VII. 1.) und zur Auftragsverarbeitung eingehalten werden.

6. Erfasste Gesellschaften. Möglich ist es, durch eine Liste mit namentlicher Aufzählung aller verbundenen Gesellschaften als Anhang zur Vertraulichkeitsvereinbarung die Anzahl informationsberechtigter Unternehmen zu begrenzen.

7. Know-how-Schutz. Einer der größten Werte eines Unternehmens liegt in seinen Informationen. Hierbei handelt es sich sowohl um Verwaltungsdaten, als auch Informationen zu Geschäftsabläufen, Produkten oder Geschäftsbeziehungen. In genau diesen Geschäftsbeziehungen ist darauf zu achten, dass die Parteien nicht ungewollt auf Informationen zugreifen, die vor einer Veröffentlichung oder Weitergabe zu schützen sind. Im Rahmen einer Zusammenarbeit kann es darüber hinaus notwendig werden, dass bestimmte Informationen der anderen Partei offengelegt werden. Diese unterliegen dann weiterhin der Vertraulichkeit und dürfen nicht ohne Einwilligung der einen Partei öffentlich bekannt gemacht werden. Schließlich kann es im Zusammenhang mit Joint Ventures, Spin-Offs o. ä. dazu kommen, dass ein Transfer der Rechte an Informationen stattfindet. Dieser ist separat zu der vorliegenden Vereinbarung festzulegen.

8. Ausnahmen von der Vertraulichkeitsverpflichtung. Ausnahmen von der Verschwiegenheitsverpflichtung sollten der Übersicht halber getrennt festgelegt werden. Regelmäßig sind dies öffentlich bekannte Informationen wie Werbung, Veröffentlichungen und frei zugängliche Handbücher. Weitere Ausnahmen können im Einzelfall ergänzt werden. Zu Besonderheiten bei börsennotierten Unternehmen oder gesellschaftsrechtlichen Folgepflichten, die im Rahmen von M&A-Deals regelmäßig relevant werden können, z. B. → G. IV. 2.; BeckOF Vertrag/*Alfes*, 20.2 Anm. 4; *Hölters*, Handbuch Unternehmenskauf, Rn. 1523 ff.).

9. Offenlegung aufgrund gesetzlicher Verpflichtung. Die Verpflichtung zur Vertraulichkeit ist insoweit einzuschränken, als rechtliche Verpflichtungen, insbesondere behördliche oder gerichtliche Anordnungen, zur Offenlegung bestehen. Eine vertragliche Klarstellung schützt den Auftragnehmer. Im Gegenzug sollte eine Pflicht zur Mitteilung einer erfolgten Offenlegung an den Auftraggeber aufgenommen werden (*von Werder/Kost*, BB 2010, 2903 (2909)), sofern dies nicht gegen andere rechtliche Anforderungen verstößt. Denkbar ist auch eine Mitteilung darüber zu verlangen, dass eine Offenlegung geplant ist, soweit es zeitlich möglich ist. In manchen Vereinbarungen finden sich auch Regelungen dazu, ob und inwieweit Rechtsmittel einzulegen sind, wenn von öffentlichen Stellen die Offenlegung von Informationen verlangt wird und ob/wie die Kosten zwischen den Parteien zu teilen sind. Die Mitteilungspflicht kann problematisch sein, wenn eine Mitteilung gesetzlich verboten ist, z. B. bei einer Mitteilung nach dem Geldwäschegesetz.

10. Schutzbedarf von Informationen. Analog zu Art. 28 Abs. 3 lit. b DS-GVO (dazu → C. VII. 1.) werden Regelungen für den Umgang mit Informationen festgelegt. Hierbei ist darauf zu achten, dass sowohl wirtschaftlich sensible Informationen, als auch personenbezogene Daten vergleichbar schutzbedürftig sein können und daher ähnlich behandelt werden sollten. Eine einheitliche Sicht ermöglicht es dem Auftraggeber, ein einheitliches Vorgehen und eine einheitliche Struktur zum Umgang mit Informationen aufzubauen und umzusetzen und hierdurch Doppelarbeit und Mehraufwand zu verringern. Wichtig bei einer solchen Betrachtung ist jedoch, dass die höchste und strengste Anforderung für die Vereinheitlichung zugrunde gelegt werden sollte. In diesem Fall sind die Anforderungen und Regelungen der DS-GVO das Mindestmaß. Sinnvolle Ergänzungen können im Rahmen eines Informationssicherheits-Managementsystems nach ISO/IEC 27001:2013 oder ISO/IEC 27018 gemacht werden (dazu → E.I.1.).

11. Vereinbarung einer Vertragsstrafe. Regelmäßig sollte eine Verschwiegenheitsverpflichtung durch die Vereinbarung einer Vertragsstrafe abgesichert werden. Dadurch erhöht sich das Interesse beider Parteien an der Einhaltung der vertraglichen Verpflichtungen. Dabei liegt regelmäßig ein unselbständiges Versprechen vor, §§ 339 ff. BGB, da das Vertragsstrafeversprechen an die vertraglichen Verpflichtungen zur Verschwiegenheit anknüpft. Die AGB-rechtliche Zulässigkeit bestimmt sich dabei zum einen nach § 309 Nr. 6 BGB, der bei einer Vertraulichkeitsvereinbarung jedoch grundsätzlich nicht relevant wird. Zum anderen sind § 307 Abs. 1 bzw. Abs. 2 Nr. 1 BGB einschlägig, nach denen von der Zulässigkeit des Vertragsstrafeversprechens auszugehen ist, wenn der Verwender ein berechtigtes Interesse an der Absicherung geltend machen kann. Dies ist der Fall, wenn der Verwender einen Schadensersatzanspruch durchsetzen könnte, die Regelung auf einen schuldhaften Verstoß beschränkt ist und die Höhe der Vertragsstrafe angemessen ist (*Thüsing* in: von Westphalen/Thüsing, Vertragsrecht und AGB-Klauselwerke, Vertragsrecht, Nr. 43 Rn. 14 ff.).

Bei der Formulierung ist darauf zu achten, dass an die Erfüllung der Hauptverbindlichkeit angeknüpft wird und so eine Abgrenzung zur Schadenspauschalierung erfolgt, für deren AGB-rechtliche Zulässigkeit § 309 Nr. 5 lit. b BGB gelten würde. Eine solche Schadenspauschalierung läge vor, wenn die Durchsetzung eines als bestehend vorausgesetzten Schadensersatzanspruchs ermöglicht werden soll (*Thüsing* in: von Westphalen/Thüsing, Vertragsrecht und AGB-Klauselwerke, Vertragsrecht, Nr. 43 Rn. 3). Dies kann in Einzelfällen auch bei Verschwiegenheitsvereinbarungen relevant werden.

Eine alternative, ausführlichere Formulierung einer Vertragsstrafen-Klausel ist abgedruckt in → C.VII.6., § 8.

12. Aufbewahrungspflichten. Das Interesse des Auftraggebers, vertrauliche Informationen möglichst schnell zurückzuerhalten, kollidiert in der Praxis oft mit den gesetzlichen Anforderungen oder Compliance-Richtlinien der Auftragnehmer. In diesen Fällen wird der Auftraggeber einerseits durch die über die Vertragslaufzeit hinausgehende Verschwiegenheitsverpflichtung, andererseits durch die in § 7 Abs. 2 vereinbarten Kontrollrechte geschützt. Ergänzend kann für die aufzubewahrenden Informationen eine strikte Zweckbindung für den alleinigen Zweck der Speicherung vereinbart werden (*von Werder/Kost*, BB 2010, 2903 (2909)).

13. Dienstleisterprüfung. Sofern es dem Auftraggeber an Wissen oder Fachpersonal für eine solche Kontrolle mangelt, ist dieser berechtigt, einen entsprechenden Prüfauftrag an eine Prüfungsgesellschaft zu vergeben. Hierdurch kann die Objektivität der erzielten Ergebnisse erhöht werden, da etwaige Verbindungen zwischen Auftraggeber und Auftragnehmer für die prüfende Instanz nicht relevant sind. Mit der Prüfung können Wirtschaftsprüfungsgesellschaften, technische Überwachungsvereine oder andere Zertifizierungsunternehmen, die beispielsweise bei der deutschen Akkreditierungsstelle akkreditiert sind, beauftragt werden.

Schwiering/Jaenichen/Lachenmann

14. Laufzeitvereinbarung. Da das vorliegende Muster davon ausgeht, dass ein Hauptvertrag geschlossen wurde, knüpft die Laufzeitvereinbarung an diesen an. So wird sichergestellt, dass während dessen Laufzeit auch die Verschwiegenheitsvereinbarung nicht ordentlich gekündigt werden kann. Eine dauerhafte Verpflichtung zur Verschwiegenheit kann zumindest insoweit nicht bestehen, als die Informationen allgemein bekannt werden oder sich Sachverhaltsänderungen ergeben.

Auch nach Ende der Vertragslaufzeit müssen die Verschwiegenheitsverpflichtungen im Rahmen des Daten- und Know-how-Schutzes in aller Regel längerfristig weiterbestehen, da der Schutz der Informationen weiterhin von hoher Relevanz ist. So ist es beispielsweise notwendig, dass ein die Videoüberwachung in einem Unternehmen betreuender Dienstleister nach Vertragsende die im Rahmen des Vertragsverhältnisses erlangten Informationen nicht an Dritte weitergibt. Auch Informationen über Unternehmensprozesse, gewerbliche Schutzrechte und sonstigem Know-how bedürfen eines längerfristigen Schutzes. Daher sollte regelmäßig eine lange Fortdauer der Verschwiegenheitsverpflichtungen vereinbart werden. Während bei M&A-Transaktionen selten eine längere Zeit als zwei Jahre vereinbart wird (→ G.IV.2.; *von Werder/Kost*, BB 2010, 2903 (2911)), sind im hier vorliegenden Bereich des Know-how-Schutzes regelmäßig längere Zeitspannen zu vereinbaren. Diese sollten zumindest so lange bestehen, wie der Empfänger die Daten aufbewahrt (bereits → Anm. 12). Neben der hier vorgeschlagenen Erstreckung auf alle vertraulichen Informationen ist die Beschränkung auf bestimmte Informationen möglich, was ggf. in einer eigenen Anlage erfolgen kann. Ebenfalls ist es möglich, eine zeitlich unbegrenzte Verschwiegenheitsverpflichtung vorzusehen.

15. Salvatorische Klausel. → D.III.1. Anm. 39.

16. Schriftformklausel. Zur Problematik der AGB-rechtlichen Zulässigkeit von Schriftformklauseln → B.II.1. Anm. 9.

17. Anwendbares Recht und Gerichtsstand. Dazu z.B. *Thüsing* in: von Westphalen/Thüsing, Vertragsrecht und AGB-Klauselwerke, Vertragsrecht, Nr. 28 und 16.

18. Haftungsklauseln. Zu Haftungsklauseln ausführlich z.B. *von Westphalen* in: von Westphalen/Thüsing, Vertragsrecht und AGB-Klauselwerke, Vertragsrecht, Nr. 13.

2. Vertraulichkeitsvereinbarung bei M&A-Transaktionen

Der Begriff M&A steht für Mergers & Acquisitions, zu Deutsch: Verschmelzungen und Übernahmen, und wird als Oberbegriff für Unternehmens(anteils)käufe und Fusionen verwendet (*G. Picot/M. Picot* in: G. Picot (Hrsg.), Handbuch Mergers & Acquisitions, S. 25). Zwei Charakteristika von M&A-Transaktionen sind besonders maßgeblich für die Gestaltung der Vertraulichkeitsvereinbarung im Vorfeld der Transaktion: der große Umfang des Transaktionsobjekts und die große Zahl der direkt oder indirekt beteiligten und betroffenen juristischen und natürlichen Personen.

Die Vorbereitung und Durchführung solcher Transaktionen ist aufwendig (nähere Informationen zum Ablauf *G. Picot/M. Picot* in: G. Picot (Hrsg.), Handbuch Mergers & Acquisitions, S. 26 ff.). Gegenstand der Transaktion ist nicht nur ein konkretes Vertragsverhältnis. Vielmehr bezieht sich die Transaktion auf den gesamten Geschäftsbetrieb eines oder mehrerer Unternehmen, einschließlich ihrer vertraglichen und gesetzlichen Schuldverhältnisse und sonstigen Rechtspositionen. All diese sind bei der Prüfung des Kaufgegenstandes einzubeziehen.

Das zweite Charakteristikum von M&A-Transaktionen ist, dass regelmäßig nicht nur zwei Parteien, sondern eine Vielzahl von Akteuren direkt oder indirekt in die Transaktion involviert sind. Diese sind einerseits die unmittelbar betroffenen Gesellschaften, also die verkaufte Gesellschaft oder die zu verschmelzenden Gesellschaften. Beteiligt sind darüber hinaus auch die jeweiligen Gesellschafter der betroffenen Unternehmen. Über die Veräußerung oder den Erwerb der Anteile oder über die Verschmelzung von Gesellschaften entscheiden nicht die Gesellschaften, die Objekt der Transaktion sind, sondern deren Gesellschafter. Hinzu kommen weitere Dritte in verschiedenen Funktionen. Das sind zum einen Investment-Banken, die als M&A-Berater – je nach Beauftragung – potentielle Käufer und strategische Partner ermitteln, Parameter für die Transaktion vorschlagen, bei der Vorbereitung und Strukturierung der Transaktion beraten und die gesamte Durchführung organisatorisch begleiten (*Hölters* in: Hölters (Hrsg.), Handbuch Unternehmenskauf, Rn. 1.99 ff., 1.102 ff.). Ein weiteres Beispiel für dritte Beteiligte sind Banken, die eine Unternehmensübernahme oder einen Anteilserwerb finanzieren. Auch sie benötigen, um die Werthaltigkeit der gebotenen Sicherheit zu messen, einen fundierten Einblick in das Zielunternehmen.

Die vorgenannten Beteiligten haben jeweils ein eigenständiges Interesse, einen tiefen Einblick in das Zielunternehmen sowie in die Details der in Betracht gezogenen Transaktion zu erhalten. Zur Due Diligence (der gebotenen Sorgfalt) gehört es, vor der Transaktion das Zielunternehmen intensiv zu prüfen (*Hölters* in: Hölters (Hrsg.), Handbuch Unternehmenskauf, Rn. 7.44). Der Prozess sieht vor, zunächst alle relevanten Unterlagen des Zielunternehmens zu untersuchen. Verbleibende offene Fragen werden dann im darauf folgenden Q&A (Questions and Answers)-Prozess mit dem Vertragspartner geklärt. Im Rahmen der Due Diligence müssen alle maßgeblichen (oder auch alle wertbildenden) Faktoren des Zielunternehmens geprüft werden, insbesondere seine rechtlichen, steuerrechtlichen, finanziellen, wirtschaftlichen und technischen Verhältnisse (*Semler* in: Hölters (Hrsg.), Handbuch Unternehmenskauf, Rn. 7.43).

Demgegenüber steht das Interesse vieler Stakeholder, den Einblick so gering wie möglich zu halten und bestimmte Informationen ganz dem Einblick der an der Transaktion Beteiligten zu entziehen.

Eigene Geschäftsgeheimnisse: Sensibel zu behandeln sind insbesondere die Geschäftsgeheimnisse der vor der Transaktion untersuchten Zielgesellschaft. Geschäftsführer einer GmbH und Vorstände einer AG müssen bei der Vorbereitung der Transaktion berücksichtigen, dass sie im Rahmen ihrer allgemeinen Treuepflicht grundsätzlich Verschwiegenheit über die Verhältnisse der Gesellschaft zu wahren haben (*Semler* in: Hölters (Hrsg.), Handbuch Unternehmenskauf, Rn. 7.69 ff.). Die Gewährung von Einsicht in die Unterlagen der Gesellschaft darf nur erfolgen, wenn sie im Interesse der Gesellschaft steht. Hierüber muss nach pflichtgemäßem Ermessen entschieden werden. Bei einem beabsichtigten Verkauf der gesamten Gesellschaft sollten Geschäftsführer einer GmbH vor Gewährung von Einblick zudem die Zustimmung sämtlicher Gesellschafter suchen (strittig, zum Meinungsstand siehe *Ziemons/Jaeger/Haas/Ziemons*, BeckOK GmbHG, § 43 Rn. 200 ff.).

In den Unterlagen des zu untersuchenden Zielunternehmens finden sich allerdings nicht nur Daten und Informationen, über die die Zielgesellschaft, ihre Gesellschafter oder andere an dem NDA beteiligte Parteien nach eigenem Ermessen frei disponieren können. Aus vielen weiteren Gründen kann die Offenlegung von Informationen im Rahmen des Due Diligence Prozesses verboten oder problematisch sein:

Datenschutzrechtliche Vorschriften, insbesondere die DS-GVO: An erster Stelle drängt sich die Frage nach dem Schutz personenbezogener Daten auf. Die Due Diligence richtet sich regelmäßig auch auf Unterlagen, die personenbezogene Daten enthalten. Das sind beispielsweise Arbeitsverträge und Personalakten, die im Rahmen der arbeitsrechtlichen Due Diligence geprüft werden und die umfangreiche Daten über Mitarbeiter des Zielunternehmens enthalten (zur Übermittlung von Arbeitnehmerdaten im Rahmen einer Due Diligence *Sander/Schumacher/Kühne*, ZD 2017, 105). Das können ferner (insbesondere bei Unternehmen, die im B2C-Bereich tätig sind) Kundendaten sein, die sich beispielsweise aus Adressdatenbanken und Bestellübersichten ergeben. Schließlich können auch personenbezogene Daten von Dritten betroffen sein, wenn beispielsweise das Zielunternehmen als Auftragsverarbeiter für andere tätig ist.

Gemäß Art. 4 Ziff. 2 DS-GVO stellt „die Offenlegung durch Übermittlung, Verbreitung oder eine andere Form der Bereitstellung" personenbezogener Daten eine Verarbeitung dar. Für die Offenlegung personenbezogener Daten in einem Datenraum ist daher die Einwilligung der Betroffenen oder ein gesetzlicher Rechtfertigungsgrund erforderlich.

Gelegentlich sieht man inzwischen, dass Unternehmen bereits vor Erhebung von personenbezogenen Daten ihre Kunden dazu auffordern, in die Offenlegung dieser Daten im Rahmen einer zukünftigen Unternehmenstransaktion einzuwilligen. Das sieht man beispielsweise bei Start-Ups und etablierten digitalen Dienstleistern, die bereits sehr früh den Einstieg von Investoren oder den Verkauf des Unternehmens im Rahmen eines Exits im Blick haben. So findet man z. B. in der Datenschutzerklärung von Microsoft die Zustimmung dazu, personenbezogene Daten im Rahmen „einer Fusion oder der Veräußerung von Vermögenswerten" weitergeben zu dürfen (https://privacy.microsoft.com/de-de/privacystatement/). Apple lässt sich das Recht einräumen, im Falle „einer Sanierung, eines Zusammenschlusses oder eines Verkaufs sämtliche personenbezogenen Daten" zu übermitteln (http://www.apple.com/de/privacy/privacy-policy/). Allerdings ist das zum einen noch eine große Ausnahme. Zum anderen müsste in jedem Fall geprüft werden, ob und welche Daten von so einer Einwilligung wirksam umfasst werden.

Daneben kommt Art. 6 Abs. 1 S. 1 lit. f DS-GVO als gesetzlicher Rechtfertigungsgrund für die Offenlegung der Daten im Rahmen der Due Diligence in Betracht. Bereits nach dem weitgehend gleichlautenden § 28 Abs. 1 S. 1 Nr. 2 BDSG wurde die Offenlegung von personenbezogenen Daten im Rahmen der Due Diligence für zulässig erachtet, soweit eine Anonymisierung nicht möglich ist und die Weitergabe im konkreten Fall erforderlich ist (*Sander/Schumacher/Kühne*, ZD 2017, 105 (109); Plath/*Plath*, BDSG, § 28 Rn. 66 m. w. N.). Dabei ist jedoch wichtig zu beachten, dass auch hier das berechtigte Interesse sorgfältig abzuwägen und zu prüfen ist (siehe ErwG 47 DS-GVO).

Problematisch ist zudem, dass die Offenlegung personenbezogener Daten im Rahmen der Due Diligence eine Weiterverarbeitung derselben „zu einem anderen Zweck" darstellen dürfte. Als Konsequenz dürfte der Betroffene nach Art. 13 Abs. 3 DS-GVO **vorab** über die geplante Verarbeitung gem. Art. 6 Abs. 1 S. 1 lit. f DS-GVO zu informieren sein (siehe ErwG 50 DS-GVO). Denn die Grundsätze einer fairen und transparenten Verarbeitung machen es erforderlich, dass die betroffene Person über die Existenz des Verarbeitungsvorgangs und seine Zwecke unterrichtet wird (ErwG 60 DS-GVO). Der Betroffene könnte dann gem. Art. 15 DS-GVO umfangreiche Auskunftsansprüche geltend machen oder der Offenlegung seiner Daten gem. Art. 21 DS-GVO widersprechen.

Unter dem BDSG wurde eine Mitteilung an den Betroffenen noch für entbehrlich gehalten (*Göpfert/Meyer*, NZA 2011, 486 (489)). Denn im Gegensatz zu Art. 13 Abs. 3 DS-GVO sah die korrespondierende Regelung in § 33 Abs. 1 BDSG a. F. noch vor, dass der Betroffene nur bei der **erstmaligen Speicherung** seiner Daten zu informieren ist, nicht bei einer späteren Weiterverarbeitung oder Änderung des Zwecks. Der Verkäufer bzw. die Zielgesellschaft musste den Kaufinteressenten also nicht zwingend über eine bevorstehende Due Diligence informieren. Der Empfänger der Daten, die Partei welche die Due Diligence durchführt, konnte sich dagegen unter Umständen gem. § 33 Abs. 2 S. 1 Nr. 3 BDSG a. F. auf ein überwiegendes rechtliches Interesse an der Geheimhaltung berufen (*Göpfert/Meyer*, NZA 2011, 486 (490)).

Mit Inkrafttreten der DS-GVO kann die Mitteilung dagegen nicht mehr unterbleiben. Eine Mitteilung an Betroffene ist jedoch ebenfalls regelmäßig nicht ohne weiteres möglich oder erwünscht. Die Ermittlung und Kontaktierung aller potentiell Betroffenen wird in der Regel außerordentlich aufwendig sein. Widersprüche (Art. 21 DS-GVO) und Auskunftsbegehren (Art. 15 DS-GVO) können die Durchführung der Due Diligence blockieren oder verzögern. Selbst die Tatsache, dass überhaupt eine Unternehmenstransaktion in Betracht gezogen wird, dürften viele Unternehmen äußerst vertraulich behandeln wollen. Hierbei können zum einen geschäftliche Interessen eine Rolle spielen. Zum anderen gelten gerade für börsennotierte Unternehmen strenge Rahmenbedingungen dafür, wann und in welcher Form eine geplante Transaktion der Öffentlichkeit durch eine Ad-Hoc Mitteilung publik zu machen ist und bis wann sie vertraulich zu behandeln ist (→ Anm. 3).

Vertraulichkeitsvereinbarungen mit Dritten: Immer häufiger findet man zudem in Verträgen mit Kunden oder Lieferanten Vertraulichkeitsklauseln. Die Geheimhaltungspflicht kann sich zum einen auf die im Rahmen der Geschäftsbeziehung ausgetauschten Informationen (insbesondere Geschäftsgeheimnisse wie technisches Know-how und/oder Datensammlungen) beziehen. Zum anderen kann sich die Geheimhaltungspflicht auf die Vertragsinhalte selbst beziehen, etwa weil ein Unternehmen verhindern will, dass die eingeräumten Vertragskonditionen oder das Bestehen der Geschäftsbeziehung insgesamt publik werden. Ohne Zustimmung des jeweiligen Vertragspartners dürfen solche Dokumente und Informationen dann nicht im Due Diligence Prozess offen gelegt werden.

Wertpapierhandelsgesetz und EU-Marktmissbrauchsverordnung (MAR): Verschiedene Informationen, die im Rahmen der Due Diligence offengelegt werden, können Insiderinformationen im Sinne der Marktmissbrauchsverordnung (Verordnung (EU) Nr. 596/2014, MAR) darstellen. Insiderinformationen sind gem. Art. 7 Abs. 1 MAR unter anderem nicht öffentlich bekannte präzise Informationen, die ein am Kapitalmarkt gelistetes Unternehmen betreffen und die, wenn sie öffentlich bekannt würden, geeignet wären, den Kurs der entsprechenden Finanzinstrumente erheblich zu beeinflussen. Die Weitergabe von Insiderinformationen im Rahmen der Due Diligence und die Nutzung von Insiderinformationen bei einer M&A-Transaktion ist in der MAR und im WpHG streng reglementiert und durch zahlreiche strafbewährte Verbote flankiert (*Söhner*, BB 2017, 259; *Kumpan*, DB 2016, 2039).

Werkzeuge für die Wahrung der Vertraulichkeit: Den Parteien stehen diverse Werkzeuge zur Verfügung, um ihren Geheimhaltungsverpflichtungen nachzukommen und die Transaktion gleichwohl durchführen zu können. Die Offenlegung vertraulicher Informationen kann in bestimmten Bereichen dadurch vermieden werden, dass in den offengelegten Dokumenten sensible Informationen geschwärzt werden. Bei personenbezogenen Daten kann die verantwortliche Stelle ebenfalls vor Bereitstellung der Unterlagen Schwärzungen vornehmen, um diese so zu anonymisieren oder zu pseudonymisieren. Können Dokumente aufgrund von Schwärzungen nicht mehr auf eine identifizierte oder identifizierbare natürliche Person bezogen werden, so greifen die Grundsätze des Datenschutzes gem. ErwG 26 DS-GVO für diese Informationen nicht. Bei einer reinen Pseudonymisierung (z.B. wenn die Kundennummer sichtbar bleibt), sind dagegen die Grundsätze für identifizierbare Personen anwendbar (ErwG 26 DS-GVO). Gleiches gilt für Verträge und andere Dokumente mit vertraulichen wirtschaftlichen oder technischen Daten. Die Weitergabe von Dokumenten kann auch dadurch ersetzt werden, dass man beispielsweise als Verkäufer für alle oder für bestimmte Dokumente eine sogenannte Vendor Due Diligence durchführt und den potentiellen Käufern nur den selbst erstellten Bericht zur Verfügung stellt (*G. Picot/M. Picot* in: G. Picot (Hrsg.), Handbuch Mergers & Acquisitions, S. 188f.). Damit verbunden ist dann das Angebot an den potentiellen Käufer, sich auf diesen Bericht zu verlassen, anstatt selbst Einsicht in die Unterlagen und Dokumente zu nehmen (sog. „Reliance Letter"). Vergleichbar damit ist die Übernahme umfangreicher Garantien im Unternehmenskaufvertrag oder im Verschmelzungsvertrag. Auch in solchen Fällen übernimmt der Verkäufer die Garantie dafür, dass das Kaufobjekt eine bestimmte Beschaffenheit hat, ohne dass sich der potentielle Käufer persönlich durch Einsichtnahme in die Dokumente überzeugen muss (*Hölters* in: Hölters (Hrsg.), Handbuch Unternehmenskauf, Rn. 7.44).

Diese Maßnahmen sind aber nicht immer ausreichend oder zielführend. Werden Dokumente zu freigiebig geschwärzt, lassen sich zentrale Informationen nicht mehr entnehmen. Hält sich die verantwortliche Stelle mit Schwärzungen zurück, kann gegebenenfalls dennoch auf die betroffene Person geschlossen werden. Zudem wird ein Anwalt ungern eine verbindliche Einschätzung zu einem Dokument abgeben wollen, bei dem er nicht beurteilen kann, was in den geschwärzten Bereichen steht.

Bei der Vendor Due Diligence stellt sich die Problematik, dass der Verfasser des Due Diligence Berichts oder der Verkäufer die Haftung für die Richtigkeit und Vollständigkeit des Berichts übernehmen muss, damit sich die andere Seite auf diesen Bericht verlassen kann. Dadurch wird ein schwer bewertbares Haftungsrisiko begründet und über Jahre mitgeführt.

Daher kommt in der Regel eine Kombination verschiedener Maßnahmen zum Einsatz. Gelegentlich wird der Datenraum aufgeteilt in einen „grünen Datenraum" mit einer begrenzten Anzahl an Dokumenten oder mit Dokumenten, die umfangreich anonymisiert oder geschwärzt sind. In einem weiteren Datenraum (dem „roten Datenraum") werden sensiblere Informationen zusammengestellt. Im roten Datenraum sind dann zusätzliche Dokumente enthalten oder bisher geschwärzte Dokumente werden mit weniger oder keinen Schwärzungen vorgehalten. Dem potentiellen Vertragspartner der Unternehmenstransaktion wird dann zunächst Einblick in den grünen Datenraum gewährt. Ist das Ergebnis der Prüfung des grünen Datenraums positiv und schreiten die Verhandlungen voran, so wird (häufig erst kurz vor Signing) Zugang zum roten Datenraum gewährt. Sind die Verhandlungen schon so weit fortgeschritten, kann auch vorab eine Ad-hoc-Mitteilung über die geplante Transaktion erfolgen und Betroffene können über die bevorstehende Offenlegung ihrer personenbezogenen Daten im Voraus informiert werden. Auch dann können noch Informationen und Dokumente verbleiben, die selbst im roten Datenraum nicht offen gelegt werden können. Hier besteht nur die Möglichkeit, verbleibende Risiken durch einen, nunmehr im Umfang begrenzten, Reliance Letter oder durch Garantien im Vertrag aufzufangen.

Konsequenzen für die Vertragsgestaltung: Dieser Konflikt zwischen dem Interesse an der Offenlegung von Informationen und dem Interesse, Informationen vertraulich zu halten ist es, der zentral die Struktur des NDA bestimmt und der bei der Ausgestaltung der einzelnen Klauseln maßgeblich Berücksichtigung finden muss. Die verschiedenen Werkzeuge, diesen Konflikt zu bewältigen, sollten bereits in dem NDA aufgegriffen werden. Insbesondere muss vermieden werden, das NDA an den realen Bedürfnissen vorbei pauschal zu freizügig oder auch zu streng zu formulieren. Dies würde, wenn man im Transaktionsverlauf gleichwohl die allseitigen Interessen ausreichend berücksichtigen will, entweder dazu führen, dass im Einzelfall einvernehmlich das NDA gebrochen wird, oder aber dass viele Punkte nachverhandelt werden müssen. Die erste Variante führt zu großer Rechtsunsicherheit und beide Varianten bremsen die Transaktion, da immer wieder Unklarheiten beseitigt werden müssen.

Die Aufgabe des NDA sollte es daher sein, möglichst den Prozess im Voraus zu gestalten und den unterschiedlichen Informationsbedarf der beteiligten Akteure angemessen zu berücksichtigen.

Non-Disclosure Agreement[1]

zwischen[2]

[...] (nachfolgend „Verkäufer")

und

[...] (nachfolgend „Bieter")

Präambel

Die Parteien des Vertrages beabsichtigen über die Veräußerung des Geschäftsbetriebs der [... GmbH] (nachfolgend „Zielgesellschaft") im Wege eines Share-Deals oder Asset-Deals („Transaktion") zu verhandeln. Zur Evaluierung des Geschäftsbetriebs der Zielgesellschaft und zur Vorbereitung eines Gebots benötigt der Bieter Einblick in vertrauliche Informationen der Zielgesellschaft. Voraussetzung für die Gewährung dieses Einblicks ist die Unterzeichnung dieser Vertraulichkeitsvereinbarung („NDA").

Dies vorausgeschickt vereinbaren die Parteien das Folgende:

§ 1 Gegenstand der Vertraulichkeit

(1) „Vertrauliche Informationen"[3] im Sinne dieses Vertrages sind:

Abedin

a. Das Bestehen und der Inhalt dieses NDA,

b. sämtliche Inhalte der Vertragsverhandlungen sowie der jeweilige Verhandlungsstand (1) zu diesem NDA und (2) zu der Transaktion, insbesondere Preisvorschläge, Term Sheets, Vertragsentwürfe sowie jeweils Kommentare und Anmerkungen zu diesen,

c. vertrauliche Informationen des Verkäufers,

d. vertrauliche Informationen der Zielgesellschaft und

e. vertrauliche Informationen des Bieters[4].

(2) Vertrauliche Informationen eines Beteiligten („Beteiligte" in diesem Sinne sind die Parteien dieses Vertrages und die Zielgesellschaft) sind sämtliche im Rahmen der Due Diligence, im Q&A-Prozess oder sonst im Rahmen der Vertragsverhandlungen übermittelten oder direkt oder indirekt offen gelegten Informationen – unabhängig davon, ob dies schriftlich, in Textform, mündlich oder auf sonstige Weise durch Einräumung eines Zugangs oder Gewährung des Zugriffs auf Informationen erfolgt – des jeweiligen Beteiligten, insbesondere

a. Daten und Kennzahlen über die wirtschaftlichen Verhältnisse,

b. technische und operative Prozesse im Unternehmen,

c. Know-how und technische Daten,

d. Unternehmens- und Produktstrategien,

e. Daten über Mitarbeiter, insbesondere die Struktur, Anzahl und Qualifikation von Mitarbeitern in verschiedenen Geschäftsbereichen sowie die personenbezogenen Daten der Mitarbeiter,

f. Kunden, Lieferanten und sonstige Vertragspartner,

g. Daten von sonstigen Dritten, für die oder über die der Verkäufer oder das Zielunternehmen Daten verarbeiten und

h. alle Erkenntnisse, Berichte, Auswertungen und alle direkt oder indirekt abgeleiteten Daten, die eine Partei aus den vertraulichen Informationen der anderen Partei alleine oder aus der Kombination von vertraulichen Informationen der anderen Partei mit anderen verfügbaren Informationen generiert.

(3) Eine Information gilt nicht als vertrauliche Information soweit sie der Partei, die diese Information nutzen oder verbreiten will, (1) nachweislich bereits vor Unterzeichnung dieses Vertrages bekannt war, (2) von der betreffenden Partei nachweislich selbständig ohne Nutzung vertraulicher Informationen entwickelt wurde oder (3) ohne Verletzung dieser Verschwiegenheitsvereinbarung öffentlich bekannt geworden ist.

§ 2 Nutzung des Datenraums[5]

(1) Zur Evaluierung der Transaktion gewährt der Verkäufer dem Bieter Einblick in die Unterlagen der Zielgesellschaft. Hierzu errichtet der Verkäufer einen physischen oder elektronischen Datenraum.[6] Je nach Art und Vertraulichkeit der zur Einsicht bereitgestellten Daten können durch den Verkäufer technische oder organisatorische Beschränkungen für die Einsichtnahme vorgegeben werden.[7] Insbesondere kann der Verkäufer vorgeben,[8]

o dass nur eine bestimmte Anzahl von Personen einen Zugang zum Datenraum erhält,

o dass bei einem physischen Datenraum nur an bestimmten Orten Einsicht in die bereitgestellten Unterlagen genommen werden kann,

Abedin

o dass bei einem elektronischen Datenraum nur von bestimmten IP-Adressen aus Einsicht in den Datenraum genommen werden kann oder

o dass bestimmte Dokumente nur Berufsgeheimnisträgern zugänglich gemacht werden.

(2) Der Verkäufer behält sich vor, bestimmte besonders sensible Dokumente nicht im regulären Datenraum („Grüner Datenraum")[9] sondern in einem separaten besonders geschützten Datenraum („Roter Datenraum")[10] abzulegen. Zu dem roten Datenraum erhalten nur die zur Berufsverschwiegenheit verpflichteten Berater des Bieters Zugang.[11]

(3) Der Bieter verpflichtet sich, alle technischen und organisatorischen Vorgaben zu beachten. Er verpflichtet sich, keine technischen oder organisatorischen Schutzmaßnahmen im Datenraum zu umgehen und insbesondere keine unberechtigten Abschriften oder Fotografien anzufertigen.

[(4) Der Verkäufer dokumentiert und analysiert den Zugriff auf Daten und Dokumente im Datenraum mit dem ausschließlichen Zweck, einen möglichen Missbrauch oder eine Verletzung der Vertraulichkeit identifizieren oder die für eine Verletzung verantwortliche Person im Nachhinein ermitteln zu können.][12]

[(5) Der Verkäufer wird Nutzer des Datenraums vor Einräumung eines Zugangs über diese Beschränkungen informieren und die Zustimmung zu einer korrespondierenden Verschwiegenheitsverpflichtung fordern.][13]

§ 3 Zulässige Verwendung von Daten

(1) Der Bieter darf die vertraulichen Informationen des Verkäufers sowie die vertraulichen Informationen der Zielgesellschaft ausschließlich zum Zwecke der Evaluierung und Vorbereitung der Transaktion nutzen. Hierzu darf der Bieter seinen an der Transaktion beteiligten Mitarbeitern und seinen berufsrechtlich zur Verschwiegenheit verpflichteten Beratern[14] im für die Transaktion erforderlichen Maße vertrauliche Informationen des Verkäufers und der Zielgesellschaft zugänglich machen. Eine darüberhinausgehende Nutzung, insbesondere die Nutzung der vertraulichen Informationen nach Scheitern der Verhandlungen über die Transaktion oder die Nutzung oder Zusammenführung der vertraulichen Informationen mit anderen Daten zu anderen Zwecken ist strikt untersagt.

(2) Die Weitergabe von vertraulichen Informationen des Verkäufers und der Zielgesellschaft ist im Übrigen ohne Zustimmung des Verkäufers nicht gestattet. Die Parteien sind sich einig, dass bestimmte Daten und Informationen an die Aktionäre des Bieters oder an eine oder mehrere die Transaktion finanzierende Banken weitergegeben werden sollen. Der Verkäufer entscheidet nach pflichtgemäßem Ermessen über die Weitergabe von vertraulichen Informationen, ohne die Zustimmung treuwidrig zu verweigern. Der Verkäufer kann dabei verlangen, dass nur die zwingend erforderlichen Informationen weitergegeben werden oder dass bestimmte Informationen von der Weitergabe ausgeschlossen sind. Die Weitergabe von personenbezogenen Daten ohne gesetzliche Rechtfertigung ist immer ausgeschlossen. Der Verkäufer kann die Zustimmung zur Weitergabe von Informationen an die finanzierenden Banken von der Unterzeichnung einer angemessenen Verschwiegenheitsverpflichtung abhängig machen. Diese Verschwiegenheitsverpflichtung kann auch die Verhängung angemessener und marktüblicher Vertragsstrafen für den Fall der Vertragsverletzung enthalten.

Abedin

(3) Im Falle des Scheiterns der Vertragsverhandlungen oder jederzeit auf Verlangen des Verkäufers hat der Bieter sämtliche vertraulichen Informationen des Verkäufers oder der Zielgesellschaft unverzüglich zu löschen und Aufzeichnungen zu vernichten. Die Löschung und Vernichtung ist dem Verkäufer anzuzeigen. Dies gilt nicht, soweit und solange vertrauliche Informationen aufgrund gesetzlicher Fristen weiter aufbewahrt werden müssen. In diesem Fall hat der Bieter dem Verkäufer anzuzeigen, welche Informationen aus welchem Grund weiter aufbewahrt werden und wann diese gelöscht werden sollen. Die Löschung nach Ablauf der Aufbewahrungsfrist ist dann ebenfalls anzuzeigen.[15]

§ 4 Umfang der Vertraulichkeit

(1) Beide Parteien verpflichten sich, die in § 1 bezeichneten Informationen, soweit dieser Vertrag nicht ausdrücklich etwas anderes bestimmt, streng vertraulich zu behandeln und vor dem Zugriff Dritter zu schützen. Die Pflicht des Bieters, vertrauliche Informationen der Zielgesellschaft vertraulich zu halten gilt als Vertrag zu Gunsten Dritter auch zu Gunsten der Zielgesellschaft.

(2) Die Pflicht des Bieters zur Vertraulichkeit beinhaltet auch das Verbot, Mitarbeiter der Zielgesellschaft ohne Zustimmung des Verkäufers direkt anzusprechen.[16]

(3) Die Pflicht zur Verschwiegenheit gilt nicht, soweit die Weitergabe von Informationen gesetzlich vorgeschrieben ist oder zur Rechtsverfolgung erforderlich ist. Sollte eine Partei der Ansicht sein, dass sie gesetzlich dazu verpflichtet ist, vertrauliche Informationen, die nicht ihre eigenen vertraulichen Informationen sind, an Dritte zu übermitteln, so wird sie im Voraus die andere Partei informieren. Sofern eine Mitteilung im Voraus nicht möglich ist wird die Mitteilung unverzüglich nachgeholt. Eine Mitteilung ist nur soweit entbehrlich, wie die Mitteilung selbst rechtswidrig wäre.[17]

(4) Sollte bei Fortschreiten der Verhandlungen über die Transaktion die Pflicht zu einer Mitteilung nach Art. 17 Marktmissbrauchsverordnung (Verordnung (EU) Nr. 596/2014) wahrscheinlich werden, so werden die Parteien im Voraus ein gemeinsames Vorgehen beschließen.[18]

(5) Sollte für das Gewähren von Einblick in personenbezogene Daten gem. Art. 13 Abs. 3 oder gem. Art. 14 DS-GVO eine Mitteilung an die betroffenen Personen erforderlich sein, so werden die Parteien im Voraus ein gemeinsames Vorgehen festlegen.

§ 5 Vertragsstrafe[19]

(1) Für jeden Fall eines schuldhaften Verstoßes des Bieters gegen die sich aus dieser Vereinbarung ergebenden Verpflichtungen hat der Bieter an den Verkäufer eine Vertragsstrafe in Höhe von [...] EUR zu zahlen.[20]

(2) Nutzt der Bieter vertrauliche Informationen des Verkäufers oder der Zielgesellschaft zu Zwecken, die mit dem Geschäftsbetrieb des Verkäufers oder der Zielgesellschaft in Wettbewerb stehen, so beträgt die Vertragsstrafe [...] EUR pro Verstoß. Dauert diese Nutzung mehr als einen Kalendermonat an, so gilt jeder weitere angebrochene Kalendermonat als neuer Verstoß, für den eine eigenständige Vertragsstrafe in gleicher Höhe zahlbar ist.[21]

Abedin

(3) Verletzt der Bieter durch den Verstoß Vorschriften zum Schutz der personenbezogenen Daten, für die der Verkäufer oder die Zielgesellschaft die verantwortliche Stelle sind, so beträgt die Vertragsstrafe abweichend von Absatz 1 [...] EUR pro Betroffenem, dessen personenbezogene Daten rechtswidrig verarbeitet wurden.

(4) Die Geltendmachung weiterer Ansprüche, wie auf Schadensersatz oder Unterlassung, bleibt dem Verkäufer vorbehalten.

(5) Die Vertragsstrafe wird auf einen eventuell zu leistenden Schadensersatz angerechnet.

§ 6 Rechtswahl und Schiedsgerichtsbarkeit

(1) Dieser Vertrag untersteht der Anwendung deutschen Rechts unter Ausschluss der Vorschriften des Internationalen Privatrechts und unter Ausschluss des UN-Kaufrechts (United Nations Convention on Contracts for the International Sale of Goods).

(2) Alle Streitigkeiten, die sich im Zusammenhang mit diesem Vertrag oder über seine Gültigkeit ergeben, werden nach der Schiedsgerichtsordnung der [...] unter Ausschluss des ordentlichen Rechtsweges endgültig entschieden. Der Ort des Schiedsverfahrens ist der Sitz der Zielgesellschaft. Die Anzahl der Schiedsrichter beträgt drei. Die Sprache des Schiedsverfahrens ist deutsch.[22]

§ 7 Schlussbestimmungen

(1) Erklärungen nach diesem Vertrag, insbesondere die Zustimmung zu einer Nutzung oder Weitergabe von Daten, gelten im Zweifel nur dann als erteilt, wenn sie schriftlich erklärt werden. Die telekommunikative Übermittlung einer in Schriftform erstellten Urkunde ist ausreichend.

(2) Sollten einzelne Bestimmungen dieser Vertraulichkeitsvereinbarung im Ganzen oder in Teilen unwirksam oder undurchführbar sein oder werden, so bleiben die übrigen Bestimmungen dieser Vereinbarung hiervon unberührt.

Anmerkungen

1. Vertragsbezeichnung. Neben bzw. statt einem „Non-Disclosure Agreement" („NDA") wird häufig auch ein „Letter of Intent" oder seltener ein „Term Sheet" unterzeichnet. Wie sich aus dem Namen ergibt, geht es bei einem Non-Disclosure Agreement primär oder ausschließlich um Vereinbarungen rund um den Themenkomplex Vertraulichkeit. Letters of Intent („LoI") und Term Sheets enthalten darüber hinaus gelegentlich noch weitere Klauseln. Beispielsweise kann in einem LoI zusätzlich noch vereinbart werden, dass der Verkäufer für eine bestimmte Zeit exklusiv mit einem konkreten Interessenten verhandelt. Dann darf das Zielunternehmen während dieser Zeit keinem Dritten angeboten werden. Darüber hinaus können auch Vereinbarungen zur Verteilung bestimmter Kosten für die Vorbereitung oder Durchführung der Transaktion enthalten sein. In einem Term Sheet (und manchmal auch in einem LoI) werden zusätzlich grob die Konditionen festgehalten, mit denen die Transaktion bei erfolgreicher Due Diligence durchgeführt werden

Abedin

könnte und die dann in den Unternehmenskaufvertrag oder in den Verschmelzungsvertrag aufgenommen werden sollen. So kann bereits vor Durchführung der Due Diligence (und dem Anfallen der damit verbunden Kosten) festgestellt werden, ob die Parteien vergleichbare Vorstellungen von den wirtschaftlichen Eckdaten für die Transaktion haben. In der Regel wird aber ausdrücklich vereinbart, dass lediglich die Klauseln betreffend Vertraulichkeit und ggf. die Exklusivität bindende Wirkung entfalten sollen, während die anderen Vorschriften nicht-bindenden Charakter haben sollen.

2. Parteien. Bei einem NDA für M&A-Transaktionen besteht die Besonderheit, dass schon die Bestimmung der passenden Vertragsparteien nicht ganz selbstverständlich ist. Dies liegt daran, dass die Parteien des NDA nicht immer mit den späteren Parteien der Transaktion identisch sein müssen. Insbesondere ist es üblich, dass in einem Konzern die Konzernmutter die Transaktion vorbereitet, während später eine operative Tochtergesellschaft die Unternehmenstransaktion durchführt. Das gilt sowohl für die Käufer- als auch Verkäuferseite. Ein weiterer Fall ist, dass sich eine der Parteien nicht zu erkennen geben will, bevor die andere Partei eine Verschwiegenheitsverpflichtung unterschrieben hat. Dahinter kann insbesondere das Interesse stehen, dass nicht jeder im Markt mitbekommen soll, dass und zu welchen Konditionen ein Unternehmen im Markt zum Verkauf angeboten wird oder dass ein Käufer nach einer bestimmten Art von Objekten sucht. In solchen Fällen wird ein Mittler (häufig Anwaltskanzleien oder Investmentbanken als M&A-Berater) damit beauftragt, an den potentiellen Käufer/Verkäufer heranzutreten und ein NDA unterschreiben zu lassen, bevor weitere Details bekannt gegeben werden. In solchen Fällen muss darauf geachtet werden, das NDA als Vertrag zu Gunsten Dritter zu gestalten. Hierzu kann gem. § 328 BGB festgelegt werden, welche Dritten unmittelbar Ansprüche aus dem NDA ableiten können.

3. Gegenstand der Verschwiegenheitsverpflichtung. Vertraulich zu behandeln sind bei M&A-Transaktionen nicht nur die im Rahmen der Due Diligence übermittelten oder offen gelegten Informationen. Vielmehr kann schon die Tatsache, dass ein Unternehmen zum Verkauf angeboten wird oder dass ein Unternehmen am Kauf eines anderen interessiert ist, eine marktrelevante Bedeutung haben. Problematisch ist das Bekanntwerden der Verkaufsverhandlungen beispielsweise dann, wenn Kunden oder Partner der beteiligten Unternehmen sensibel auf eine solche Nachricht reagieren würden. Kunden eines zum Verkauf stehenden Unternehmens könnten die Zusammenarbeit mit einem potentiellen Käufer ablehnen und daher bestehende Vertragsverhältnisse vorsorglich kündigen oder weitere Aufträge aussetzen – unabhängig davon, ob die Verkaufsverhandlungen letztlich erfolgreich oder erfolglos geführt werden. Partner und Dienstleister des zum Verkauf stehenden Unternehmens könnten ebenfalls eine weitere Zusammenarbeit in Frage stellen, beispielsweise dann, wenn sie mit dem potentiellen Käufer in Konkurrenz stehen. Daher kann das zu frühe Bekanntwerden der Vertragsverhandlungen geschäftsschädigend für ein oder alle beteiligten Unternehmen sein. Dieser Schaden kann bei erfolgreichem Vertragsabschluss hingenommen werden. Bei einem Scheitern der Verhandlungen wäre der Schaden aber vergebens eingetreten. Sehr problematisch kann das zu frühe Bekanntwerden der Vertragsverhandlungen aber auch bei Unternehmen sein, deren Anteile an einem geregelten Markt gehandelt werden. Bereits das Bestehen von Vertragsverhandlungen kann nämlich Auswirkungen auf den Kurs der entsprechenden

Finanzinstrumente haben. Befindet sich ein Unternehmen beispielsweise in finanzieller Notlage, so kann der Verkauf des Geschäftsbetriebs oder eines Teils davon vom Markt als „Rettung" wahrgenommen werden und starke Kursschwankungen auslösen.

Für den Umgang mit Insiderinformationen gelten strenge und strafbewehrte gesetzliche Vorgaben. Zwar gelten Vertragsverhandlungen in einem frühen Stadium in der Regel nicht als Insiderinformation, da sie noch nicht hinreichend konkret sind (Emittentenleitfaden der Bundesanstalt für Finanzdienstleistungsaufsicht, 4. Aufl., S. 33; https://www.bafin.de/SharedDocs/Downloads/DE/Leitfaden/WA/dl_emittentenleitfaden_2013.pdf?__blob=publicationFile&v=1). Allerdings können bereits Gerüchte die Beteiligten unter Zugzwang setzen und eine Pflicht zur Offenlegung (Ad-hoc-Publizität gem. Art. 17 MAR) begründen (Emittentenleitfaden der Bundesanstalt für Finanzdienstleistungsaufsicht, a.a.O.). Insiderinformationen sind gem. Art. 17 MAR „so bald wie möglich" der Öffentlichkeit bekannt zu geben. Allerdings hat diese öffentliche Bekanntgabe bestimmten Kriterien zu genügen. Eine unrechtmäßige Weitergabe von Insiderinformationen dagegen kann gem. Art. 14 lit. c MAR i.V.m. § 38 Abs. 3 WpHG strafbar sein. Alle Parteien haben daher ein starkes Interesse daran, das Bestehen der Vertragsverhandlungen zunächst geheim zu halten.

4. Vertrauliche Informationen des Bieters. Es kann vorkommen, dass der potentielle Käufer im Rahmen der Vertragsverhandlungen viele sensible Informationen offenlegen muss oder will. Das ist insbesondere dann der Fall, wenn bereits bei der Vorbereitung der Transaktion von beiden Parteien gemeinschaftlich geprüft wird, ob und wie sich das Zielunternehmen beim potentiellen Käufer in den laufenden Geschäftsbetrieb und/oder in die Unternehmensstruktur eingliedern lässt. Selbst wenn solche Erwägungen nicht konkret Gegenstand der Vertragsverhandlungen sind, so lassen sich häufig aus den vom Käufer gestellten Fragen Rückschlüsse auf seinen Geschäftsbetrieb und seine strategischen Pläne ableiten. Um den potentiellen Käufer angemessen zu schützen, kann daher auch für vertrauliche Informationen des Käufers eine Geheimhaltungspflicht vereinbart werden.

5. Organisatorische Maßnahmen bei der Übermittlung von Insiderinformationen. Werden im Datenraum auch Insiderinformationen offengelegt, so müssen zusätzlich noch die spezifischen Vorgaben der MAR berücksichtigt werden, beispielsweise das Führen von Insiderlisten oder die Berücksichtigung bestimmter Meldepflichten (*Söhner*, BB 2017, 259).

6. Datenraum. Die Einrichtung eines elektronischen Datenraums hat sich inzwischen zum Standard entwickelt. Sie bietet den Vorteil, dass von verschiedenen Orten auf den Datenraum zugegriffen werden kann und der Zugriff zeitlich flexibel erfolgen kann. Hierzu hat sich eine Vielzahl von Dienstleistern etabliert, die insbesondere ein professionelles Dokumenten- und Rechtemanagement erlauben. Ein solcher Dienstleister wäre als Auftragsverarbeiter ebenfalls zur Vertraulichkeit zu verpflichten. Aber auch die Einrichtung von physischen Datenräumen ist durchaus noch üblich. Sie bieten den Vorteil, dass der Zugriff auf die Dokumente besser kontrolliert werden kann. Ferner können in einem physischen Datenraum auch die originalen Dokumente und nicht lediglich Kopien eingesehen werden. So kann sich der Bieter von der Authentizität der Dokumente überzeugen. Und nicht zuletzt erspart die Bereitstellung von Unterlagen in einem physischen Datenraum den Aufwand, diese in eine digitale Form zu überführen und in einer einheitlichen Struktur abzulegen (sofern die Dokumente nicht bereits strukturiert in digitaler Form vorliegen).

7. Technische Maßnahmen zum Schutz vertraulicher Daten. Beruft man sich für die Übermittlung personenbezogener Daten auf Art. 6 Abs. 1 S. 1 lit. f DS-GVO, so ist es wichtig, den Eingriff durch bestimmte organisatorische Maßnahmen so gering wie möglich zu halten. Hierzu kann im Rahmen der Due Diligence vorgesehen werden, dass nur bestimmte Personen Zugriff auf diese Daten erhalten. Ferner können technische Maßnahmen vorgesehen werden, die gewährleisten, dass Daten nicht in großem Umfang vom Bieter erhoben und gespeichert werden können. Bei besonders sensiblen Daten wird daher nur ein physischer Datenraum zur Verfügung gestellt. Bei elektronischen Datenräumen wird häufig versucht, bestimmte Funktionalitäten für alle Dokumente oder für bestimmte Dokumente auszuschalten. Beispielsweise kann der Datenraum so konfiguriert werden, dass die Funktionen zum lokalen Abspeichern oder Drucken von Dokumenten ausgeschaltet sind. Allerdings ist zu berücksichtigen, dass sich solche Maßnahmen mit geringem technischem Know-how umgehen lassen. Die zusätzliche vertragliche Verpflichtung auf die Vertraulichkeit soll daher das Bewusstsein für den Schutz dieser Daten erhöhen und (insbesondere, wenn Vertragsstrafen vereinbart werden) abschreckend wirken.

8. Kosten technischer Beschränkungen. Ob und inwieweit solche Vorgaben zu machen sind, muss der Verkäufer (ggf. je nach Art der betroffenen Daten unterschiedlich) im Einzelfall entscheiden. Je größer die technischen Beschränkungen, desto aufwändiger und schwieriger ist die Durchführung der Due Diligence. Hierdurch steigen in der Regel die Kosten für die Durchführung oder die Qualität des Due Diligence Berichts sinkt. Dies kann also die Transaktion bremsen oder potentielle Bieter abschrecken.

9. Roter und grüner Datenraum. Die Aufteilung des Datenraums in einen roten und einen grünen Datenraum wird vorgenommen, um Daten mit unterschiedlich großem Geheimhaltungsinteresse adäquat verwalten zu können. Teilweise werden im Rahmen der Due Diligence Dokumente geprüft, die auch allgemein (vollständig oder teilweise) zugänglich sind. Dazu gehört häufig die Satzung einer GmbH, die Gesellschafterliste, Jahresberichte, Patente und Marken. Daneben gibt es weitere Informationen, die je nach Einzelfall weniger sensibel sein können, etwa Kundenlisten und Auftragsbestand bei Unternehmen im B2B-Bereich. Schließlich werden im grünen Datenraum häufig Dokumente bereitgestellt, die zwar sensible Informationen enthalten, die jedoch durch umfangreiche Schwärzungen entschärft wurden.

10. Einsatzmöglichkeiten des roten Datenraums. Der rote Datenraum bietet die Möglichkeit, Informationen bereit zu halten, die entweder nur einem beschränkten Personenkreis zur Verfügung gestellt oder erst in einer späten Phase der Transaktion für alle Berater des Bieters geöffnet werden sollen. Im zweiten Fall hat sich der Bieter bereits durch die Due Diligence einen weitgehenden Eindruck von dem Zielunternehmen verschafft. Es geht in diesem Fall nur noch darum, spezifische Fragen oder Risiken zu klären.

11. Nutzungsbeschränkungen für roten Datenraum. Der Zugang zum roten Datenraum kann auch derart gestaltet sein, dass die zugelassenen Berater in den hinterlegten Dokumenten nur bestimmte Fragen untersuchen dürfen, im Übrigen keine weiteren Informationen aus den Dokumenten aufnehmen oder weitergeben dürfen.

Abedin

Dieses Vorgehen kann sinnvoll sein, wenn das Schwärzen der Unterlagen nicht zielführend ist. Werden in einem Dokument umfangreiche Schwärzungen vorgenommen, um sensible Informationen zu schützen, ist es dem potentiellen Käufer und seinen Beratern nicht mehr möglich zu beurteilen, ob und in welchem Umfang in den geschwärzten Teilen Verbindlichkeiten oder Risiken enthalten sind, die für die Transaktion von Bedeutung wären. Beispielsweise können Technologielizenzverträge umfangreiche technische Anhänge oder Preiskalkulationen enthalten. Will man diese schwärzen (was nicht unüblich ist), so findet sich im Datenraum ein Dokument mit vielen Seiten geschwärzter Information.

12. Prävention von Leaks. Bei großen Transaktionen mit vielen Beteiligten und sensiblen Inhalten wird versucht, „Leaks" durch durchgehende Kontrolle zu verhindern. Durch eine durchgängige Dokumentation von Zugriffen versucht man genau nachvollziehen zu können, wo die Quelle eines Datenlecks liegt. Hierzu wird genau erfasst, wer wann welche Dokumente abgerufen hat. Sämtliche abgerufenen Dokumente werden mit einem Wasserzeichen und einem persönlichen Stempel versehen, der den Namen und die E-Mail-Adresse der abrufenden Person, die Zeit des Abrufs/Downloads sowie den Dokumentennamen und die Dokumentennummer enthalten kann. Werden geleakte oder „im Zug vergessene" Dokumente gefunden, soll sich so nachvollziehen lassen, wer für den Fehler verantwortlich ist. Aus datenschutzrechtlicher Sicht ist hier zwischen der Protokollierung von Zugriffen auf der einen Seite und der Identifizierung abgerufener Dokumente durch einen persönlichen Stempel auf der anderen Seite zu unterscheiden. Die mit einem entsprechenden Stempel versehenen Dokumente liegen bestimmungsgemäß nur bei dem Betroffenen selbst vor, der diese Dokumente abgerufen hat. Er bestimmt also über die dadurch ermöglichte Datenverarbeitung. Problematisch kann dagegen die Protokollierung von Zugriffen in Verbindung mit dem Namen der zugreifenden Person und den Zugriffszeiten sein. Die Frage nach der Zulässigkeit einer solchen Maßnahme kann nicht pauschal beantwortet werden. Ein solches Vorgehen kann zum Beispiel zum Schutz berechtigter Interessen des Verkäufers gem. Art. 6 Abs. 1 S. 1 lit. f DS-GVO zulässig sein. Zudem kann eine solche Maßnahme im Rahmen der Zugriffs- oder Weitergabekontrolle sogar geboten sein, wenn personenbezogene Daten Dritter im Datenraum abrufbar sind. Die Zulässigkeit dieser Maßnahme wäre deshalb im Einzelfall zu prüfen.

13. Einzelverträge mit Nutzern des Datenraums. Teilweise fordert der Verkäufer von jedem Nutzer des Datenraums die Unterzeichnung einer eigenständigen Verschwiegenheitsvereinbarung, um die Mitarbeiter des Bieters und seiner Berater noch einmal besonders für die Vertraulichkeit zu sensibilisieren. Werden, wie in § 2 Abs. 4 der Vereinbarung vorgeschlagen, auch personenbezogene Daten erhoben, kann den Betroffenen gleichzeitig mit dieser Vereinbarung eine Datenschutzerklärung übersandt werden.

14. Berufsrechtliche Pflicht zur Verschwiegenheit. Berufsrechtlich zur Verschwiegenheit verpflichtete Berater (also insbesondere Rechtsanwälte gem. § 43a Abs. 2 S. 1 BRAO, Steuerberater gem. § 57 Abs. 1 StBerG und Wirtschaftsprüfer gem. § 43 Abs. 1 WPO) sind geübter im Umgang mit vertraulichen Daten. Die Beschränkung auf diese Berater soll dabei helfen, einen besseren Schutz für diese Daten zu erreichen. Gegebenenfalls benötigt der Käufer im Rahmen der Due Diligence weitere Berater, die nicht berufsrechtlich zur Verschwiegenheit verpflichtet sind. Insbesondere werden häufig im Rahmen der „technischen Due Diligence" weitere technische Berater benötigt. Sollte dies der Fall sein, muss das im Einzelfall angemessen berücksichtigt werden. Diesen Beratern sollte gleichwohl kein Zugang zum gesamten Datenraum gewährt werden, sondern lediglich zu den technisch relevanten Daten. Unter Umständen können sich die Parteien darauf einigen, dass die technischen Berater vom Verkäufer beauftragt werden.

15. Auditrecht. In anderen Verschwiegenheitsverpflichtungen kann einer Partei das Recht eingeräumt werden, sich durch einen Audit davon zu überzeugen, dass die eigenen vertraulichen Informationen vollständig gelöscht wurden oder sonst ordnungsgemäß verwahrt und insbesondere nicht zu rechtswidrigen Zwecken eingesetzt werden. Bei technischem Know-how kann in einem Audit zu einem gewissen Grad nachvollzogen werden, ob und inwieweit es rechtswidrig weiterverwendet wird. Bei Informationen, die in einem Due Diligence Prozess erhoben und verarbeitet werden, würde eine solche Aufgabe deutlich schwerer fallen. E-Mail-Korrespondenz sowie interne Berichte und Präsentationen sind stark verteilt und unterliegen automatischen Archivierungsvorgängen (*G. Picot/M. Picot* in: G. Picot (Hrsg.), Handbuch Mergers & Acquisitions, S. 182). Damit wird die Erfüllung der Löschverpflichtung praktisch nicht zu kontrollieren sein. Aus diesem Grund wurde in diesem Muster auf ein entsprechendes Auditrecht verzichtet.

16. Mitarbeiter des Transaktionsobjekts. Ob und in welchem Umfang Mitarbeiter des Zielunternehmens in die Vorbereitung der Transaktion einbezogen werden, ist sehr unterschiedlich. In der Regel will man die eigenen Mitarbeiter nicht unnötig durch die Ankündigung einer möglichen Transaktion verunsichern. Ferner wird die mögliche Transaktion auch vor den eigenen Mitarbeitern geheim gehalten, um so die Vertraulichkeit im Allgemeinen besser zu schützen. Letztlich obliegt es dem Verkäufer festzulegen, welche seiner Mitarbeiter er wann und wie über die mögliche Transaktion informieren will.

17. Ausnahmen von der Vertraulichkeit. Die Verpflichtung zur Vertraulichkeit ist insoweit einzuschränken, als rechtliche Verpflichtungen, insbesondere behördliche oder gerichtliche Anordnungen, zur Offenlegung bestehen. Eine vertragliche Klarstellung schützt die beteiligten Parteien. Im Gegenzug sollte eine Pflicht zur Mitteilung einer geplanten oder bereits erfolgten Offenlegung an die jeweils andere Partei aufgenommen werden (*von Werder/Kost,* BB 2010, 2903 (2909)). In manchen Vereinbarungen finden sich Regelungen dazu, ob und inwieweit Rechtsmittel einzulegen sind, wenn von öffentlichen Stellen die Offenlegung von Informationen verlangt wird und ob/wie die Kosten des Rechtmittelverfahrens zwischen den Parteien aufzuteilen sind. Die Pflicht, die andere Partei über eine geplante oder bereits erfolgte Mitteilung zu informieren, kann problematisch sein, wenn eine Mitteilung gesetzlich verboten ist, z.B. bei einer Meldung nach dem Geldwäschegesetz (siehe § 12 Abs. 1 GwG).

18. Ad-Hoc-Publizität gem. Art. 17 MAR. Gem. Art. 17 MAR sind Insiderinformationen „so bald wie möglich" der Öffentlichkeit bekannt zu geben. Der M&A-Prozess ist in der Regel das, was in den Erwägungsgründen zur MAR als gestreckter Vorgang bezeichnet wird, da über zeitlich gestreckte Einzelschritte Entscheidungen getroffen werden, die jeweils für sich markterheblich sein können. Mit jedem Schritt wird die Wahrscheinlichkeit, dass die Transaktion durchgeführt wird, erhöht. Es

Abedin

kann dagegen nicht ein einziger Akt festgemacht werden, der als einziger eine marktrelevante Bedeutung hat (ErwG 16 zur MAR). Die Parteien müssen daher gemeinsam eruieren, ab wann die Vertragsverhandlungen so konkret geworden sind, dass sie eine Pflicht zur Ad-Hoc Publizität gem. Art. 17 MAR begründen.

19. Vertragsstrafen. Zur Frage der AGB-rechtlichen Zulässigkeit von Vertragsstrafen und eine alternative, ausführlichere Formulierung einer Vertragsstrafen-Klausel → C.VII.5., § 4; → C.VII.6., § 8. Ob die Vereinbarung einer Vertragsstrafe sinnvoll ist, muss von Fall zu Fall einzeln entschieden werden. Je nach ausgetauschten Daten unterliegt die vertragswidrige Weitergabe von Informationen bereits strafrechtlicher Sanktionen aus dem Gesetz. Das gilt regelmäßig insbesondere für die rechtswidrige Weitergabe oder Nutzung von Insiderinformationen (§§ 38, 39 WpHG) und personenbezogenen Daten (§§ 41–43 BDSG n. F.). Die Vereinbarung einer Vertragsstrafe kann daher insbesondere sinnvoll sein, wenn nicht die Verletzung einer gesetzlichen Verschwiegenheitspflicht befürchtet wird, sondern dass Geschäftsgeheimnisse der offenbarenden Partei von der anderen Partei vertragswidrig für eigene Zwecke verwertet werden. Der Schutz nach § 17 UWG (→ C.VII.3. und 4.) greift in der Regel nicht, da sich der Bieter nicht in einem Dienstverhältnis zum Inhaber der Geschäftsgeheimnisse befindet und sich diese auch nicht unbefugt verschafft. Allerdings ist zu erwarten, dass der Schutz von Geschäftsgeheimnissen durch die Umsetzung der Geheimnisschutzrichtlinie (RL (EU) 2016/943) in nationales Recht bis zum 9.6.2018 weiter ausgebaut wird.

20. Allgemeine und spezielle Vertragsstrafe. Die Formulierung ist hier allgemein gehalten. Da sie auch kleinere Verstöße umfasst, kann der Betrag der Vertragsstrafe nicht zu hoch angesetzt werden. Um den Verkäufer auch bei schwerwiegenden Verstößen angemessen zu schützen, kann für bestimmte Verstöße eine abweichende, deutlich höhere Vertragsstrafe festgelegt werden.

21. Mehrfachverstöße. Wann bei mehrfachen oder länger anhaltenden Verstößen die Vertragsstrafe mehrfach verwirkt wird, muss nach der Rechtsprechung des BGH durch Auslegung des Vertrages ermittelt werden (BGH, Urt. v. 25.1.2001 – I ZR 323/98). Daher bietet sich eine ausdrückliche Regelung im Vertrag an (*Meyer-Sparenberg* in: Hoffmann-Becking/Rawert (Hrsg.), Beck'sches Formularbuch Bürgerliches, Handels- und Wirtschaftsrecht, II.11. Anm. 5).

22. Schiedsgerichtsbarkeit. Das schiedsrechtliche Verfahren ist in Deutschland gesetzlich geregelt im zehnten Buch der ZPO. Eine Schiedsvereinbarung erlaubt den Ausschluss der staatlichen Gerichtsbarkeit durch Parteivereinbarung (Musielak/ *Voit*, ZPO, § 1025 Rn. 1). Zu den Vorteilen eines Schiedsverfahrens wird insbesondere die Möglichkeit gezählt, vorbehaltlich der zwingenden Vorschriften des zehnten Buches der ZPO das Verfahren selbst oder durch Bezugnahme auf eine schiedsrichterliche Verfahrensordnung zu regeln (§ 1042 Abs. 3 ZPO). So ist es insbesondere üblich, das gesamte Schiedsverfahren vertraulich durchzuführen und die an dem Verfahren Beteiligten (auch Zeugen und Sachverständige) zur Verschwiegenheit zu verpflichten (siehe z. B. § 43 DIS-Schiedsgerichtsordnung 98, http://www.disarb.org/de/16/regeln/dis-schiedsgerichtsordnung-98-id2). In der ordentlichen Gerichtsbarkeit ist das gesamte Verfahren, einschließlich der Urteilsverkündung, grundsätzlich öffentlich durchzuführen (§ 169 GVG). Zwar kann auch in der ordentlichen Gerichtsbarkeit das Gericht für die Verhandlung oder für einen Teil da-

Abedin

von die Öffentlichkeit ausschließen, wenn „ein wichtiges Geschäfts-, Betriebs-, Erfindungs- oder Steuergeheimnis zur Sprache kommt, durch dessen öffentliche Erörterung überwiegende schutzwürdige Interessen verletzt würden" (§ 172 Nr. 2 GVG). Gleichwohl bleibt es von Vorteil, wenn diese Frage dem Ermessen des Gerichts entzogen und a priori festgelegt wird.

Aus der Natur der Sache ergibt sich bei einem NDA, dass Streitigkeiten vorzugsweise unter Ausschluss der Öffentlichkeit von einem Schiedsgericht abschließend entschieden werden sollten. Üblicherweise wird auf die Schiedsordnung einer bestehenden Schiedsorganisation zurückgegriffen. In Deutschland wird häufig auf die Deutsche Institution für Schiedsgerichtsbarkeit e. V. (DIS) in Köln zurückgegriffen (siehe z. B. *Hoffmann-Becking/Rawert* in: Hoffmann-Becking/Rawert (Hrsg.), Beck'sches Formularbuch Bürgerliches, Handels- und Wirtschaftsrecht, XII. 2.). Den Parteien steht es dabei aber auch frei, jede andere Schiedsordnung einer nationalen oder internationalen Organisation zu vereinbaren (§ 1042 ZPO). Ebenso kann auch die Anwendung einer ausländischen Rechtsordnung (§ 1051 ZPO) oder die Durchführung im Ausland vereinbart werden (§ 1043 ZPO). Das ist insbesondere dann hilfreich, wenn Verkäufer und Bieter ihren Sitz nicht in dem gleichen Land haben, in dem die Zielgesellschaft ihren Sitz hat. (Für weitere Muster und Anmerkungen siehe *Hoffmann-Becking/Rawert* (Hrsg.), Beck'sches Formularbuch Bürgerliches, Handels- und Wirtschaftsrecht, XII.).

Abedin

V. Gemeinsam für die Verarbeitung Verantwortliche (Art. 26 DS-GVO)

In Art. 26 DS-GVO werden die Ausgestaltung der gemeinsam für die Verarbeitung Verantwortlichen und ihre Rechtsfolgen näher ausgeführt. Die in der DS-GVO aufgenommene Regelung stellt keinen Erlaubnistatbestand dar, auch stellt sie keine Anforderungen an die Rechtmäßigkeit der Datenverarbeitung bei gemeinsam Verantwortlichen auf. Dennoch ist die Regelung ein Fortschritt gegenüber der DSRL bzw. dem BDSG a. F. Die DSRL kannte zwar grundsätzlich die Möglichkeit, doch mussten Aufbau und Rechtsfolgen der gemeinsamen Verantwortlichkeit aus den allgemeinen Grundsätzen hergeleitet werden, insbesondere unter Bezugnahme auf die Stellungnahme der Artikel-29-Datenschutzgruppe, Working Paper 169, die auch für die DS-GVO wichtige Anwendungshinweise geben. Das BDSG a. F. konnte so ausgelegt werden, dass gemeinsam Verantwortliche existieren konnten, wobei auf die allgemeinen Grundsätze zurückzugreifen war (grundlegend zu den bisherigen Anforderungen *Lachenmann*, Datenübermittlung im Konzern, S. 49 ff.).

Die Konzeption des Verantwortlichen nach Art. 4 Abs. 7 DS-GVO erlaubt es, Datenverarbeitungen alleine oder gemeinsam (voll verantwortlich) durchzuführen oder einen Dienstleister (Auftragsverarbeiter nach Art. 4 Abs. 8 DS-GVO) ganz oder teilweise mit der Durchführung zu beauftragen. Gemeinsam für die Verarbeitung verantwortlich sind zwei oder mehr Verantwortliche, die gemeinsam über Zwecke und Mittel der Verarbeitung bestimmen (Art. 26 Abs. 1 S. 1, Art. 4 Abs. 7 DS-GVO). Damit wird keine neue Rechtspersönlichkeit geschaffen, sondern lediglich die gemeinsame Verarbeitung geregelt. Soweit der Tatbestand innerhalb der DS-GVO; alles Weitere ist Rechtsfolge. Hergeleitet werden kann daraus, dass bei Vorliegen einer Auftragsverarbeitung keine gemeinsame Verantwortlichkeit vorliegt. Weiterhin kann eine gemeinsame Verantwortlichkeit nur vorliegen, wenn die gesonderten Verantwortlichen die Zwecke und Mittel einer Datenverarbeitung gemeinsam statt einseitig bestimmen. Eine gemeinsame Verantwortlichkeit liegt daher nicht vor, wenn ein Verantwortlicher die Daten an einen dritten Verantwortlichen weitergibt und dabei über die konkrete Verwendung der Daten bestimmt (z. B. ein Outsourcing-Vertrag, mit dem der Verantwortliche dem empfangenden Unternehmen eine konkrete Art und Weise der Verarbeitung der Daten aufgibt). Nicht jede Verarbeitung von Daten durch mehrere Stellen stellt automatisch eine gemeinsame Verantwortlichkeit dar. Aufgrund der hohen formellen Anforderungen kann es auch sinnvoll sein, eine Datenverarbeitung nicht als gemeinsame Verantwortung auszugestalten.

Die Auftragsverarbeitung ist völlig unabhängig von der gemeinsamen Verantwortlichkeit zu bewerten. Denn selbst wenn ein Auftragsverarbeiter durch Bestimmung über Zweck und Mittel zum Verantwortlichen aufstiege, wäre der ehemalige Auftragsverarbeiter in der Regel ein eigenständiger Verantwortlicher, da zwischen dem Verantwortlichen und dem ehemaligen Auftragsverarbeiter ein Subordinationsverhältnis besteht. Bricht der Auftragsverarbeiter dieses Verhältnis auf, indem er selbst über die Zwecke und Mittel der Verarbeitung bestimmt, liegt eine eigenständige alleinige Datenverarbeitung vor (a. A. wohl *Dovas*, ZD 2016, 512 (516), aller-

Lachenmann

dings ist Art. 28 Abs. 9 DS-GVO keine neue Regelung, sondern war bereits unter
Geltung des BDSG a. F. Standard). Für die Interpretation der gemeinsamen für die
Verarbeitung Verantwortlichen kann somit insbesondere die Bewertung der Artikel-
29-Datenschutzgruppe herangezogen werden, der zufolge die gemeinsame Bestimmung über Zweck und Mittel der Verarbeitung als maßgebliches Kriterium für eine
gemeinsame Verantwortlichkeit zu sehen ist.

Bei Einrichtung einer Datenverarbeitung durch gemeinsam Verantwortliche muss
zu Beginn gefragt werden, ob die gemeinsame Erfassung aller Daten der betroffenen
Personen für den Betrieb des Systems erforderlich ist. Besteht bei allen beteiligten
Stellen gleichermaßen das Interesse, dass jede Stelle die Möglichkeit hat, Einfluss
auf die konkrete Datenverarbeitung zu nehmen, kann die Einrichtung einer gemeinsamen Verantwortlichkeit sinnvoll sein. Eine gemeinsame Verantwortlichkeit kann
beispielsweise vorliegen, wenn in einer konzerninternen Datenbank die verschiedenen beteiligten Konzernunternehmen gleichberechtigt über die Inhalte der Verarbeitung bestimmen, z. B. wenn jedes Konzernunternehmen autorisiert ist, selbstständig
und nach eigenem Ermessen personenbezogene Daten eintragen und verändern zu
können.

Folge der gemeinsamen Verantwortlichkeit ist nach der DS-GVO, dass ein Vertrag
zwischen den teilnehmenden gemeinsamen verantwortlichen Stellen zu vereinbaren
ist. In diesem Vertrag sollen die Datenverarbeitungsvorgänge sowie die konkreten
Verantwortlichkeiten für bestimmte Vorgänge in transparenter Art und Weise beschrieben werden. Dabei sind insbesondere die Rechte der Betroffenen nach
Art. 12 ff. zu berücksichtigen (bislang abgedeckt über § 6 Abs. 2 S. 2 BDSG a. F.).
Weiterhin kann eine Stelle als Anlaufpunkt für die Betroffenen ausgewählt werden
(Art. 26 Abs. 1 S. 3 DS-GVO). Der abgeschlossene Vertrag soll die jeweiligen Rollen
und Verhältnisse der beteiligten Verantwortlichen „gebührend widerspiegeln". Gemeint ist, dass die tatsächlichen Datenverarbeitungsvorgänge abzubilden sind, da
die faktisch stattfindenden Datenflüsse die Basis für die vertragliche Absicherung
bilden (Artikel-29-Datenschutzsruppe, Working Paper 169, S. 29 f.). Der „Kern der
Vereinbarung" ist zu veröffentlichen und den Betroffenen bereitzustellen. Erfasst
werden sollen hierbei zumindest die Bestimmungen, die für den Betroffenen zur
Gewährleistung der Transparenz notwendig sind. Da die Norm bußgeldbewehrt ist,
sollte im Zweifel die gesamte vertragliche Vereinbarung veröffentlicht werden.

Das folgende Dokument dient der Bewertung innerhalb des Unternehmens, ob
bei einer Datenverarbeitung gemeinsam für die Verarbeitung Verantwortliche vorliegen oder ob es sinnvoll ist, eine Entscheidung für die gemeinsame Festlegung der
Zwecke und Mittel zu treffen und eine solche einzurichten. Zudem wird die Prüfung ermöglicht, welche Rechtsfolgen sich aus den gemeinsam Verantwortlichen ergeben. Ermöglicht werden soll eine praktische Handhabung zur Verringerung des
Verwaltungsaufwands bei der Umsetzung der Verarbeitung personenbezogener Daten, insbesondere in Konzernen.

Die Einrichtung gemeinsam Verantwortlicher bietet den Vorteil, dass mit einem
klar definierten technisch-organisatorischen Aufwand eine Datenverarbeitung nach
gemeinsam festgelegten Zwecken und Mitteln erfolgen kann. Die Übermittlung der
personenbezogenen Daten an die weiteren Verantwortlichen ist nach denselben
Maßstäben rechtfertigungsbedürftig, wie die Verarbeitung durch einen Verantwortlichen. Dadurch können alle Beteiligten gleichermaßen auf das System und die vorhandenen Daten zugreifen. Es ist kein umfangreiches Geflecht von Auftragsverar-

beitungsvereinbarungen oder von Verträgen zur Übermittlung notwendig. Durch die einmalige Festlegung der Verwendungsbestimmungen kann die Übermittlung der Daten zwischen den verschiedenen Stellen ermöglicht werden. Aus der gemeinsamen Verantwortlichkeit ergeben sich keine Einschränkungen der Rechte der Betroffenen, da über die Vereinbarung zwischen den Verantwortlichen die Einhaltung der Betroffenenrechte sichergestellt wird.

Prüftabelle gemeinsam für die Verarbeitung Verantwortliche

Das Dokument unterstützt die Bewertung eines Datenverarbeitungsvorgangs in Bezug auf die Frage des Vorliegens von gemeinsam für die Verarbeitung Verantwortlichen. So wird eine Bestimmung der Vorgaben der DS-GVO ermöglicht.

Bei Fragen wenden Sie sich bitte an den Datenschutzbeauftragten unter den Kontaktdaten: […].

I. Basisdaten zum Datenverarbeitungsprozess

An der Datenverarbeitung beteiligte Stellen:	
Als für die Daten verantwortlich vorgesehene Stelle:	
Stelle, die die Daten ursprünglich erhoben hat:	
Gegenüber den Betroffenen als Verantwortlicher genannt:	

II. Fragenkatalog zur Bestimmung der Verantwortlichkeit

Bewertungskriterien	*Antwort*	*Kommentar*
Werden von einem Verantwortlichen konkrete Weisungen gegenüber anderen beteiligten Stellen hinsichtlich der Datenverarbeitung erteilt?		
Liegt eine Auftragsverarbeitung vor?[1]		
Werden die Daten in einer gemeinsamen Datenbank gespeichert?[2]		
Einigen sich alle beteiligten Stellen gleichermaßen auf Zweck und Mittel der Verarbeitung, indem alle gleichermaßen festlegen, wie die Datenverarbeitung erfolgt?		

III. Angaben zur organisatorischen Umsetzung

Notwendige Maßnahmen	*Antwort*	*Kommentar*
Welche Daten werden innerhalb der Datenbank erfasst?[3]		
Sind vom Zugriff besondere Arten personenbezogener Daten erfasst?		
Welche Daten werden im Einzelnen unter welchen Voraussetzungen an eine zuständige Stelle übermittelt?[4]		

Lachenmann

Notwendige Maßnahmen	Antwort	Kommentar
Ist eine gemeinsame Erfassung aller Daten der betroffenen Personen für den Betrieb des Systems erforderlich? Wenn ja, warum?[5]		
Ist sichergestellt, dass die Betroffenenrechte jederzeit erfüllt werden können?		
Gibt es eine Verfahrensdokumentation?[6]		
Wurde eine Datenschutz-Folgenabschätzung durchgeführt?		
Wurde der Datenschutzbeauftragte hinzugezogen?		
Besteht ein Zugriffs-, Berechtigungs- und Rechtekonzept?		
Welchen Mitarbeitern/Gruppen werden Datenzugriffe gestattet?		
Welche technisch-organisatorischen Maßnahmen nach Art. 32 DS-GVO wurden getroffen?		
Ist ein Prozess zur Benachrichtigung bei Verletzungen des Schutzes personenbezogener Daten vorgesehen?		
Ist die Einhaltung der Betroffenenrechte nach Art. 12 ff. DS-GVO sichergestellt?		
Werden Zertifikate genutzt oder ein Code of Conduct herangezogen?		
Erfolgt eine regelmäßige und dokumentierte Überprüfung der Maßnahmen?		
Wurde das Muster für die Vereinbarung über die gemeinsame Verantwortlichkeit bereits ausgefüllt?[7]		
Erfolgt eine Information der Betroffenen über die gemeinsam Verantwortlichen und wird der wesentliche Teil der gemeinsamen Vereinbarung zur Verfügung gestellt?[8]		

Name und Kontaktdaten des Unterzeichners:

[Datum, Ort, Unterschrift]

Anmerkungen

1. Einseitige Erteilung von Weisungen oder Auftragsverarbeitung. Die gemeinsame Verantwortlichkeit ist von der Auftragsverarbeitung strikt zu trennen, da es sich bei beiden Instrumenten um Ausgestaltungen mit unterschiedlicher Zielrichtung handelt. Eine Auftragsverarbeitung liegt vor, wenn der Verantwortliche konkrete

Lachenmann

Weisungen an eine andere Stelle gibt und Verarbeitungstätigkeiten aufgrund eines Auftragsverhältnisses durchführt. Werden Weisungen durch eine Stelle gegenüber anderen, an einer Datenverarbeitung beteiligten Stellen erteilt, kann keine gemeinsame Verantwortlichkeit vorliegen. Es besteht ein Weisungsverhältnis, in dem eine anweisende Stelle über Zwecke und Mittel der Verarbeitung bestimmt und in einem zweiten Schritt die Ausführung von Vorgaben durch eine andere Stelle erfolgt. Aus diesem Grund liegt gerade keine gemeinsame Bestimmung über die Zwecke und Mittel vor. Der Auftragsverarbeiter ist zwar eine externe Stelle, wird aber wie eine interne Stelle des Verantwortlichen tätig und führt die Datenverarbeitungsvorgänge nach den vereinbarten Vorgaben aus. Der Auftragsverarbeiter kann nur über die Mittel der Verarbeitung, nicht jedoch über die Zwecke bestimmen (Artikel-29-Datenschutzgruppe, Working Paper 169, S. 15 ff.).

Bei gemeinsam Verantwortlichen liegt – wie der Begriff bereits impliziert – eine deutlich andere Situation als bei der Auftragsverarbeitung vor: Hier existieren zwei oder mehrere Stellen, die gleichermaßen und mit denselben Rechten und Pflichten über die Zwecke und Mittel der Datenverarbeitung bestimmen. Zwar können unterschiedliche Einzelweisungen existieren, jedoch werden Zwecke und Mittel der Verarbeitung durch alle beteiligten Stellen in der Vereinbarung gleichberechtigt festgelegt.

Wenn hingegen ein Auftragsverarbeiter selbst beginnen würde, über Zwecke und Mittel der Verarbeitung zu bestimmen, bestünde kein Gleichlauf der Interessen der Verantwortlichen und des Auftragsverarbeiters. Vielmehr würde der Auftragsverarbeiter eigenständig tätig und wäre somit ein eigener Verantwortlicher, da die beteiligten Stellen nicht gemeinsam über Zwecke und Mittel der Verarbeitung bestimmten (*Lachenmann*, Datenübermittlung im Konzern, S. 60; *Kühling/Buchner/Hartung*, DS-GVO, Art. 26 Rn. 12). Für eine Auftragsverarbeitung ist mithin ein Vertrag über die Auftragsverarbeitung gem. Art. 28 DS-GVO abzuschließen (→ G. I.).

2. Speicherungen einer gemeinsamen Datenbank. Die Speicherung von Daten in einer gemeinsamen Datenbank kann je nach Ausgestaltung eine gemeinsame Verantwortlichkeit oder ein Subordinationsverhältnis mit Auftragsverarbeitern und Verantwortlichen darstellen. Entscheidend ist, ob ein bloßer Abruf der Daten durch verschiedene Stellen erfolgen kann oder ob alle an der Datenbank beteiligten Stellen gemeinsam Daten speichern, ändern und/oder abrufen können. In ersterem Falle würde – vergleichbar mit dem früheren automatischen Abrufverfahren gem. § 10 BDSG a. F. (hierzu *Lachenmann*, Datenübermittlung im Konzern, S. 116 ff.) – eine einzelne Verantwortlichkeit des Bereitstellenden bestehen. In solchen Fällen liegt in der Regel eine Auftragsverarbeitung oder eine sonstige Datenübermittlung vor, da die Bestimmung über Zwecke, Mittel und Inhalte der Datenbank durch nur eine Stelle erfolgt. Nur wenn alle beteiligten Stellen auf gleicher Ebene über Zwecke und Mittel der Verarbeitung bestimmen können, liegt tatsächlich eine gemeinsame Verantwortlichkeit i. S. v. Art. 26 DS-GVO vor. In diesem Fall wäre eine gemeinsame Vereinbarung zu schließen.

3. Nennung der verarbeiteten Daten. Die erfassten Datenkategorien sollten wie bei einer Auftragsverarbeitung aufgelistet werden. Dies gilt insbesondere für besondere Arten personenbezogener Daten. Denn die Verantwortlichen müssen sich stets darüber im Klaren sein, welche Daten durch sie verarbeitet werden. Nur auf dieser

Lachenmann

Basis kann überprüft werden, ob eine Zulässigkeit oder Erforderlichkeit der Daten-verarbeitungen vorliegt. Erfahrungsgemäß ist von einem besonderen Interesse für die Aufsichtsbehörden, die die Zulässigkeit der Datenverarbeitung prüfen, welche personenbezogenen Daten und/oder Datenkategorien verarbeitet werden. Bei be-sonderen Arten personenbezogener Daten sind erhöhte Schutzvorkehrungen zu tref-fen. Das höhere Risiko einer Einschränkung der Rechte der Betroffen muss in die Vereinbarung über die gemeinsam für die Verarbeitung Verantwortlichen aufge-nommen und durch technisch-organisatorische Maßnahmen abgesichert werden.

4. Tatsächlich übermittelte Daten. Der Grundsatz der Erforderlichkeit und Zweckbindung gilt auch zwischen den gemeinsam für die Verarbeitung Verantwort-lichen. Selbst wenn die personenbezogenen Daten zwischen verschiedenen Stellen übermittelt werden dürften, ist davon keine freie Verarbeitung durch jede Stelle er-fasst. Vielmehr darf – ganz wie einzelne Abteilungen innerhalb eines Verantwort-lichen – eine Verarbeitung der Daten nur erfolgen, wenn es für die Zweckerfüllung erforderlich ist. Daher ist auch bei einer gemeinsamen Verantwortlichkeit im Ein-zelnen festzulegen, wann personenbezogene Daten von einem Verantwortlichen an einen weiteren Verantwortlichen übermittelt werden. Anschließend ist zu fragen, ob der Empfänger der Daten eine Erforderlichkeit für die Verarbeitung nachweisen kann.

5. Beschreibung der Erforderlichkeit. Bei Verarbeitung personenbezogener Daten durch gemeinsam für die Verarbeitung Verantwortliche muss für alle Beteiligten nachgewiesen werden, dass die Verarbeitung aufgrund der festgelegten Zwecke er-forderlich ist. Falls es für den Betrieb des Systems ausreichend ist, dass nur eine Stel-le Zugriff auf die Daten erhält und die IT-Infrastruktur die gemeinsame Verarbei-tung nicht bedingt, kann aufgrund mangelnder Erforderlichkeit keine gemeinsame Verarbeitung erfolgen. Eine gemeinsame Verarbeitung aller Daten ist erforderlich, wenn innerhalb einer Datenbank jederzeit ein Zugriff und eine Änderung der Da-tensätze gewollt ist oder die Erfüllung der Verarbeitungszwecke nur gemeinsam er-reicht werden kann.

6. Bedeutung der Verfahrensdokumentation. Die Verfahrensdokumentation ist notwendig im Rahmen der Rechenschaftspflicht und zur Festlegung der Grundlagen des Verfahrens (→ A.I.; C.II.). Sie kann zudem gemeinsam mit dem Beschluss über die gemeinsame Verarbeitung einen Ausgangspunkt bieten, um auf Basis der Ent-scheidung gemeinsam mit der Entscheidung die Vereinbarung über die gemeinsame Verantwortlichkeit erstellt werden.

7. Vertragliche Vereinbarung. Bei Vorliegen von gemeinsam für die Verarbeitung Verantwortlichen muss ein Vertrag zwischen den beteiligten Stellen geschlos-sen werden, der die Umstände der Datenverarbeitung detailliert regelt, Art. 26 Abs. 1 DS-GVO. Über den Vertrag müssen die Verantwortlichen sicherstellen, dass die Daten entsprechend den gleichen einheitlichen Vorgaben verarbeitet werden und so ein hohes Schutzniveau für den Betroffenen sichergestellt ist (vgl. *Lachenmann*, Datenübermittlung im Konzern, S. 312 ff.). Der Vertrag ist nicht konstitutiv für das Vorliegen von gemeinsam Verantwortlichen (so auch Paal/Pauly/*Martini*, DS-GVO, Art. 26 Rn. 22), was bereits daraus folgt, dass die tatsächliche gemeinsame Bestim-mung über Zwecke und Mittel entscheidend ist. Das Fehlen einer Vereinbarung ist jedoch gem. Art. 83 Abs. 4 lit. a DS-GVO bußgeldbewehrt, so dass der Abschluss in

Lachenmann

Text- oder Schriftform erfolgen sollte (Kühling/Buchner/*Hartung*, DS-GVO, Art. 26 Rn. 20).

8. Transparente Darstellung gegenüber den Betroffenen. Nach Art. 26 Abs. 2 S. 2 DS-GVO muss „das Wesentliche der Vereinbarung" den Betroffenen bereitgestellt werden. Dabei ist nach ErwG 58 DS-GVO eine einfache und präzise Sprache zu verwenden. Zur Darstellung der Datenflüsse und Verantwortlichkeiten wird zudem nahegelegt, Abbildungen zu verwenden.

VI. Einsatz von Cloud Computing im Unternehmen

„Cloud Computing" ist weiterhin eine der kommerziell und strukturell relevantesten IT-Entwicklungen der vergangenen Jahre. In Skizzen von IT-Landschaften beschreibt die Wolke anschaulich, dass die Speicherung oder Verarbeitung bestimmter Daten nicht in einem konkreten IT-System erfolgt, sondern an einem oder mehreren nicht genau zu identifizierenden Orten. Doch so diffus und ungenau diese Beschreibung bewusst ist, so unklar ist bisweilen auch, was genau unter einer Cloud-Lösung zu verstehen ist.

Verbreitet ist die Definition der US-amerikanischen Standardisierungsbehörde „**National Institute of Standards and Technology**" (NIST), die auch vom deutschen Bundesamt für Sicherheit in der Informationstechnik (BSI) übernommen wurde. In der deutschen Übersetzung (*BSI*, Eckpunktepapier „Sicherheitsempfehlungen für Cloud-Anbieter", S. 14) lautet sie: „Cloud Computing ist ein Modell, das es erlaubt, bei Bedarf jederzeit und überall bequem über ein Netz auf einen geteilten Pool von konfigurierbaren Rechnerressourcen (z.B. Netze, Server, Speichersysteme, Anwendungen und Dienste) zuzugreifen, die schnell und mit minimalem Managementaufwand oder geringer Serviceprovider-Interaktion zur Verfügung gestellt werden können." (hierzu → § 1). Innerhalb der diversen Cloud-Angebote wird insbesondere zwischen Software as a Service (**SaaS**), Platform as a Service (**PaaS**) und Infrastructure as a Service (**IaaS**) unterschieden (→ § 2).

Die rechtlichen Fragestellungen bei der Nutzung von Cloud-Angeboten hängen weitgehend mit Aspekten der **Auftragsverarbeitung** zusammen (→ § 3). Durch die oft fehlende Spezifizierung der in die Datenverarbeitung involvierten Rechenzentren und Staaten werden bei der Cloud Antworten auf diese Fragestellungen oft erschwert. Bei PaaS und IaaS kommt hinzu, dass nur eine Plattform bzw. eine Infrastruktur zur Verfügung gestellt wird. Der Kunde hat daher einen extrem breiten Spielraum, zu welcher Art von Datenverarbeitung er das Angebot nutzen möchte. Folglich kann der Anbieter, anders als bei SaaS-Angeboten, nicht in Standardverträgen vorformulieren, welche Daten zu welchem Zweck verarbeitet werden sollen, obwohl Art. 28 Abs. 3 S. 1 DS-GVO **konkrete Vereinbarungen** hierzu verlangt. Da es sich bei den standardisierten und margenarmen Cloud-Diensten, anders als im klassischen und individuell geprägten IT-Outsourcing, um ein **Massengeschäft** handelt, sind jedoch auch keine individuellen Festlegungen mit den einzelnen Kunden vorgesehen (allgemein siehe auch *Spies* in: von dem Bussche/Voigt (Hrsg.), Konzerndatenschutz, S. 345 ff.).

Neben der formalrechtlichen Bewertung nach Gesichtspunkten der Auftragsverarbeitung sollte im Rahmen der gesamten IT-Sicherheit jedes Unternehmen bewerten, wie es im internationalen Kontext mit **Sicherheitsrisiken** durch Tätigkeiten von Geheim- und Sicherheitsdiensten umgeht. Hierbei sind auch deren spezielle, auch „exterritoriale", Auskunftsrechte zu berücksichtigen. Zu dem ersten Bereich gehören die Themen, die insbesondere durch Edward Snowden bekannt geworden sind. Zu dem zweiten Bereich zählen z.B. die Auskunfts- und Beschlagnahmerechte von US-amerikanischen Behörden (**search warrant, subpoena**), die laut US-District

Court Southern District of New York, Entsch. v. 25.4.2014 – 13 Mag. 2814, ZD 2014, 346, auch Cloud-Daten im Ausland erfassen können (vgl. hierzu *Schröder/Spies*, ZD 2014, 348). 2016 hat der United States Court of Appeals for the Second Circuit in dieser Sache zugunsten von Microsoft und dem Account-Inhaber entschieden (Entsch. v. 14.7.2016 – #14–2985, http://www.ca2.uscourts.gov/decisions); Präsident Donald Trump hatte sich später im Sinne eines „America First" dazu geäußert. Zusammengefasst ist die Rechtslage undurchsichtig und veränderbar (zu Befugnissen von US-Behörden aufgrund des USA PATRIOT Act z.B. *von dem Bussche/Voigt* in: von dem Bussche/Voigt (Hrsg.), Konzerndatenschutz, S. 141 ff.). Damit besteht faktisch ein IT-Sicherheitsrisiko dahingehend, dass entsprechende Daten in die Hände der US-amerikanischen Verwaltung gelangen. Doch auch wenn der Fokus der Berichterstattung oft auf den USA liegt: Sehr weitgehende geheimdienstliche Praktiken und Rechte gibt es in sehr vielen Staaten und auch in der EU, für die Art. 44 Abs. 1 DS-GVO wie auch schon die DSRL von einem besonders hohem Schutzniveau ausgeht.

Nach der eingangs erwähnten Definition des National Institute of Standards and Technology (NIST) sind folgende fünf Eigenschaften für Cloud-Angebote essenziell (vgl. *Mell/Grance*, The NIST Definition of Cloud Computing, S. 2; nachfolgend frei übersetzt).

§ 1 Definition von Cloud-Angeboten

Eigenschaft	Inhalt
On-demand self-service (bedarfsbezogene Selbstbedienung)	Der Nutzer kann einseitig die Rechnerkapazitäten (wie Rechnerleistung und Speicherplatz) entsprechend seinem Bedarf automatisch anpassen, ohne dass es der Interaktion mit einem Mitarbeiter des Anbieters bedarf.
Broad network access (vielfältige Möglichkeiten des Netzwerkzugriffs)	Die Dienste sind über ein Netzwerk verfügbar und können durch diverse Endgeräte (wie Mobiltelefone, Tablets, Notebooks oder Arbeitsplatzrechner) benutzt werden.
Resource pooling (gemeinsame Nutzung von Ressourcen)	Die IT-Ressourcen des Anbieters, wie Rechnerkapazität, Speicher und Bandbreite, werden zusammengelegt und dienen einer Vielzahl von Kunden, wobei die Ressourcen den Kunden bedarfsgerecht zugewiesen werden. Der Kunde hat in der Regel keine Kontrolle und keine Kenntnis über den genauen Ort der Leistungserbringung, kann teilweise aber generelle Vorgaben treffen, etwa hinsichtlich eines Landes oder Rechenzentrums.
Rapid elasticity (schnell und flexibel)	Die Kapazitäten können flexibel zugewiesen werden, um sofort an den jeweiligen Bedarf angepasst zu werden. Für den Kunden scheinen sie daher unbegrenzt zu sein. Sie können ihm jederzeit in jeder Größe zugewiesen werden.

Koglin

Eigenschaft	Inhalt
Measured service (Messung der Leistungen)	Cloud-Lösungen messen die Verwendung ihrer Ressourcen, um deren Einsatz automatisch zu optimieren. Die Daten werden auch dem Kunden zur Verfügung gestellt und typischerweise auch für Abrechnungszwecke verwendet.

§ 2 Einordnung verschiedener Cloud-Angebote[1]

Kategorisierung	Inhalt
Betriebsart: Public vs. Private Cloud	Hinsichtlich des Nutzerspektrums wird zwischen der (üblichen) Public Cloud, bei der die Leistungen einer Vielzahl von Kunden angeboten wird, und der Private Cloud unterschieden. Bei letzterer wird die Cloud nur von einem Kunden genutzt, so dass das Merkmal des „resource pooling" entfällt.[2] Die Private Cloud kann extern oder vom Nutzer selbst betrieben werden.
Art der Services	Die zweite Differenzierung erfolgt über die Art des angebotenen Service. Basierend darauf, dass der Nutzer eine Leistung, die aus hochkomplexen Hardware-, Netzwerk- und Softwarekomponenten besteht, ganz unkompliziert „as a service" erhält, wird zwischen Software as a Service (SaaS), Platform as a Service (PaaS) und Infrastructure as a Service (IaaS) unterschieden.[3]
SaaS	Bei SaaS wird ein Programm, das klassisch als eigene Software verkauft bzw. lizenziert worden wäre, nun im Wege des „resource Pooling"[4] als Rundum-Dienstleistung einschließlich der Rechenleistung, laufenden Updates/Upgrades und weiterer Services angeboten. Beispiele sind die Vertriebsplattform Salesforce, Googles E-Mail-Produkt Gmail oder Office 365, mit dem Microsoft seine Office-Suite aus der Cloud heraus anbietet.
PaaS, IaaS	Im Rahmen von PaaS wird Kunden eine bereits mit dem Internet vernetzte Plattform zur Verfügung gestellt, auf der sie z. B. Web-Anwendungen oder Apps testen und bereitstellen können. Bekannte Anbieter sind Amazon Web Services (AWS) oder Google App Engine. Bei IaaS ist die bereitgestellte Leistung, nämlich (virtuelle) IT-Infrastruktur, noch breiter verwendbar. Der Übergang von PaaS zu IaaS ist fließend. So wird der Microsoft-Dienst Azure wird teils als PaaS und teils als IaaS eingestuft; ähnlich ist

Kategorisierung	Inhalt
	es bei den „virtuellen Maschinen" Google Compute Engine oder VMware.

§ 3 Unterschiede zur typischen Auftragsverarbeitung

Aspekt	Problematik	Lösung
Anwendbarkeit des Datenschutzrechts/ Vorliegen personenbezogener Daten auch bei Verschlüsselung	In praktisch jeder Cloud werden Daten gespeichert und verarbeitet, die als personenbezogene Daten i.S.d. Art. 4 Nr. 1 DS-GVO in den sachlichen Anwendungsbereich der DS-GVO (vgl. deren Art. 2 Abs. 1) fallen. Sofern jedoch die Daten dergestalt verschlüsselt werden, dass der Cloud-Anbieter und dessen Mitarbeiter und Subunternehmer sie mit realistischem Aufwand nicht entschlüsseln können, sprechen unter Berücksichtigung der verschiedenen Ansichten zum Personenbezug gute Gründe dafür, diesen Daten in Bezug auf den Cloud-Anbieter den Personenbezug abzusprechen.[5] Mit dieser Argumentation erübrigen sich weitere Ausführungen zum oder Einschränkungen durch das Datenschutzrecht. Ein Teil der Literatur sowie die Aufsichtsbehörden gingen – teils ohne weitere Erörterung dieser sich aufdrängenden Fragestellung – indes bislang davon aus, dass die in der Cloud gespeicherten Daten auch für den Anbieter der Cloud personenbezogene Daten darstellen.[6]	Die Verschlüsselung ist bereits aus Gründen der Datensicherheit durchzuführen und wird von praktisch jedem Cloud-Dienstleister eingesetzt. Sie bringt jedoch hinsichtlich des Umgehens des Anwendungsbereiches der DS-GVO keine durchgreifende Verbesserung gegenüber der Rechtslage unter dem bisherigen BDSG und der Datenschutz-Richtlinie. Zudem müssen die Daten nach heutigem Stand in den meisten Cloud-Rechnern wieder entschlüsselt werden, um dort verarbeitet werden zu können.
Vorliegen einer Auftragsverarbeitung	Die Leistungen des Cloud-Anbieters werden zumeist als Auftragsverarbeitung i.S.d. Art. 28 DS-GVO und nicht als Weitergabe an einen Dritten angesehen.[7] Denn der Cloud-Anbieter trifft keine eigenen Entscheidungen über die inhaltliche Verarbeitung der Daten.	Die Vereinbarung einer ordnungsgemäßen Vereinbarung über die Auftragsverarbeitung gehört bei Cloud-Verträgen zum Standard. Die Frage

Aspekt	Problematik	Lösung
	Vielmehr legt der Cloud-Kunde durch seine Voreinstellungen und Nutzung in aller Regel selbst fest, welche Daten in welcher Form zu welchem Zweck verarbeitet werden soll. Eine Funktionsübertragung oder eine gänzlich eigene Funktion kommen daher meist nicht in Betracht.[7]	ist nicht das Ob, sondern das Wie; siehe hierzu die nachfolgenden Punkte.
Angaben u. a. über den Auftrag, Art und Zweck der Verarbeitung, Art der Daten, betroffene Personen.	Angesichts der Qualifikation als Auftragsverarbeitung sind die Angaben nach Art. 28 Abs. 3 S. 1 DS-GVO zu machen. Bei Cloud-Angeboten kann dies häufig nicht in der erforderlichen konkreten Art und Weise erfolgen. Während bei SaaS-Diensten durch die Vorgaben der virtuellen Software zumindest eine vorgegebene Nutzungsform existiert (wie etwa bei den Cloud-basierten Lösungen für E-Mails), sind PaaS und IaaS jeweils eine Stufe abstrakter. Wenn diese für immer wieder neue Lösungen eingesetzt werden sollen, ist eine entsprechende Dokumentation nur mit einer starken Bürokratie möglich.	Den formalen Anforderungen des Art. 28 Abs. 3 S. 1 DS-GVO kann bei PaaS und IaaS nur schwer entsprochen werden. Sofern der Cloud-Vertrag nicht regelmäßig angepasst werden soll, werden in Rahmenverträgen oft breite, aber mit konkreten Beispielen veranschaulichte Szenarien vereinbart.[8]
Technische und organisatorische Maßnahmen	Die Definition der technischen und organisatorischen Maßnahmen ist bei Cloud-Angeboten dadurch gekennzeichnet, dass die Anbieter über vergleichsweise anspruchsvolle und anerkannte Zertifizierungen verfügen, wie etwa ISO/IEC 27001, speziell für Cloud-Technologien ISO/IEC 27017/27018 oder die insbesondere in den USA noch sehr verbreitete Zertifizierung SAS 70 Type II. In aller Regel gibt es im Cloud-Massengeschäft Vertragsklauseln, nach denen der Anbieter einzelne technische Spezifikationen auch ohne Einverständnis des Kunden	Die Verwendung von Zertifikaten ist grundsätzlich nicht zu beanstanden. Perspektivisch werden auch genehmigte Zertifizierungsverfahren und genehmigte Verhaltensregeln (Art. 42 bzw. Art. 40 DS-GVO, vgl. Art. 28 Abs. 5 sowie Abs. 3 S. 2 lit. c i. V. m. 32 Abs. 3 DS-GVO).

Koglin

Aspekt	Problematik	Lösung
	ändern kann, sofern das vereinbarte Sicherheitsniveau hierdurch nicht verschlechtert wird. Deutlich knapper als in individuellen Verträgen über die Auftragsverarbeitung sind oft die Festlegungen zu technischen und organisatorischen Maßnahmen, die vorrangig vom Verantwortlichen (dem Kunden) festgelegt werden, wie Berechtigungsmanagement und Zugriffskontrolle.	Auch zu den vom Auftragnehmer (Kunde) gemanagten Punkten sollten zumindest allgemeine Festlegungen getroffen werden, um den Anforderungen der Art. 28, 32 DS-GVO zumindest in formaler Hinsicht zu genügen.
Vor-Ort-Prüfung	Der Verantwortliche (Kunde) hat den Auftragsverarbeiter gem. Art. 28 Abs. 3 S. 2 lit. h DS-GVO darauf zu verpflichten, ihm Informationen zur Überprüfung seiner Vertragseinhaltung zur Verfügung zu stellen und Überprüfungen einschließlich einer möglichen Inspektion zu unterstützen und zu ermöglichen. Im Gegensatz zu § 11 Abs. 2 S. 4 BDSG a. F. ergibt sich unmittelbar aus Art. 28 DS-GVO keine ausdrückliche Pflicht, eine solche Überprüfung durchzuführen. Insbesondere ist eine Vor-Ort-Prüfung nicht zwingend vorgesehen und erscheint im Rahmen von Cloud-Angeboten, bei denen der für die betreffenden Leistungen eingesetzte Server vielleicht ebenso wenig feststeht wie das genutzte Rechenzentrum, nicht wirklich sinnvoll.[9]	Da eine Vor-Ort-Prüfung nicht zwingend vorgesehen ist, kann der Auftraggeber sich auch auf andere Weise von der Einhaltung der Vorgaben überzeugen. Hierzu kommen neben genehmigten Verhaltensregeln und genehmigten Zertifikaten (Art. 40 bzw. 42 DS-GVO) auch „einfache", d. h. (noch) nicht nach Art. 42 DS-GVO genehmigte Zertifizierungen in Betracht.
Übermittlung in Drittländer; Subunternehmer	Sofern personenbezogen Daten in Länder außerhalb von EU/EWR (Drittländer) übertragen werden oder von dort aus in anderer Weise Zugriffsmöglichkeiten bestehen, sind besondere Regeln zu beachten. Zwar bieten immer mehr Cloud-Dienstleister an, ein Rechenzentrum innerhalb von EU/EWR oder gar eines in	Ein Teil der Lösung besteht in dem von der Artikel-29-Datenschutzgruppe bei Microsoft Office 365 akzeptierten Weg, parallel zur Auftragsverarbeitungsvereinbarung mit einer eu-

Aspekt	Problematik	Lösung
	Deutschland zu nutzen. Sehr häufig dabei werden dabei aber dennoch personenbezogene oder zumindest personenbeziehbare Daten in Drittländer übertragen. Teilweise betrifft dies nur die Nutzerverwaltung oder Supportpersonal. In diesen Fällen muss für die Verarbeitung im Drittland ein angemessenes Datenschutzniveau sichergestellt werden.[10]	ropäischen Gesellschaft des Dienstleisters auch die EU Model Clauses mit der US-Gesellschaft abzuschließen, wenn diese Zugriff auf die in der EU/dem EWR gespeicherten Daten hat.[11]
Verarbeitung besonderer Kategorien personenbezogener Daten	Die sog. Privilegierung der Datenweitergabe an einen Auftragsverarbeiter wurde unter der DS-GVO teilweise als unklar angesehen.[12] Soweit dies als nicht-privilegierte Verarbeitung angesehen wird, wäre für die Offenlegung der Daten an den Dienstleister eine besondere Rechtsgrundlage erforderlich. Da die Verarbeitung besonderer Kategorien von Daten nach Art. 9 DS-GVO nicht auf ein berechtigtes Interesse gestützt werden kann, käme in der Praxis (und zugleich praxisfern) nur eine Einwilligung in Betracht. Auch bei der Verarbeitung von Daten von Kindern kann es schwierig sein, diese auf ein berechtigtes Interesse zu stützen.	

Anmerkungen

1. **Differenzierung und Einteilung von Cloud-Dienstleistungen.** Ausführlich dazu *Bräutigam/Thalhöfer* in: Bräutigam (Hrsg.), IT-Outsourcing und Cloud Computing, S. 1200 ff.

2. **Resource Pooling und weitere Merkmale.** Zum Resource Pooling und weiteren Merkmalen von Cloud-Dienstleistungen *BSI*, Eckpunktepapier „Sicherheitsempfehlungen für Cloud-Anbieter", S. 17; *Bräutigam/Thalhöfer* in: Bräutigam (Hrsg.), IT-Outsourcing und Cloud Computing, S. 1201.

3. **Arten der zu erbringenden Cloud-Dienstleistungen.** Zu Software as a Service (SaaS), Platform as a Service (PaaS) und Infrastructure as a Service (IaaS) ausführlich *BSI*, Eckpunktepapier „Sicherheitsempfehlungen für Cloud-Anbieter", S. 17 ff.;

Bräutigam/Thalhöfer in: Bräutigam (Hrsg.), IT-Outsourcing und Cloud Computing, S. 1200 f. *Heidrich/Wegener* in: Forgó/Helfrich/Schneider (Hrsg.), Betrieblicher Datenschutz, S. 475 ff.

4. Resource Pooling und weitere Merkmale. Zum Resource Pooling und weiteren Merkmalen von Cloud-Dienstleistungen BSI, Eckpunktepapier „Sicherheitsempfehlungen für Cloud-Anbieter“, S. 17; *Bräutigam/Thalhöfer* in: Bräutigam (Hrsg.), IT-Outsourcing und Cloud Computing, S. 1201.

5. Entfallen des Personenbezugs durch Verschlüsselung. Zur bisherigen Rechtslage mit ausführlicher Begründung *Kroschwald* in: Taeger (Hrsg.), Law as a Service, S. 289 (299 m. w. N.). Mit der DS-GVO erfolgte leider keine Beantwortung der bislang ungeklärten Frage, ob es im Rahmen der sog. Personenbeziehbarkeit auf die Zusatzkenntnisse des konkreten „Datenbesitzers“ (des Verantwortlichen oder einer anderen Person, vgl. ErwG 26 S. 3 DS-GVO) oder auf jegliches Zusatzwissen ankommt, also ob es auf einen relativen oder auf einen absoluten Begriff (teils auch als subjektiv vs. objektiv/abstrakt bezeichnet, vgl. Gola/*Gola*, DS-GVO, Art. 4 Rn. 16) ankommt. Der Wortlaut des Art. 4 Nr. 1 DS-GVO ist hierzu nicht ergiebig. Der (für die Auslegung sekundäre) ErwG 26 DS-GVO enthält verschiedene Aussagen, die sowohl für die eine als auch für die andere Ansicht sprechen können. Dessen Sätze 3 und 4 lassen aber eine Tendenz erkennen, wonach eine objektivierte Bewertung vorzunehmen ist, welche Mittel und welchen Aufwand der Dateninhaber „nach allgemeinen Ermessen wahrscheinlich“ nutzen wird. Ähnlich auch Kühling/Buchner/ *Klar/Kühling*, DS-GVO, Art. 4 Nr. 1 Rn. 26 unter Verweis auf die *Breyer*-Entscheidung des EuGH (Urt. v. 19.10.2016 – C-582/14, NJW 2016, 3579). Zum bisherigen Recht (DSRL/TMG); vgl. zum weiteren Instanzenzug BGH, Urt. v. 16.5.2017 – VI ZR 135/13, NJW 2017, 2416.

Bei der Überlegung, durch Verschlüsselung für den Auftragsverarbeiter den Personenbezug entfallen zu lassen, ist jedoch zu beachten, dass nach Art. 4 Nr. 2 DS-GVO eine datenschutzrelevante Verarbeitung bereits dann vorliegt, wenn die Daten einem anderen bereitgestellt werden (ähnlich dem früheren Bereithalten zum Abruf nach § 3 Abs. 4 Nr. 3 lit. b BDSG a. F.). Daher entfiele der Personenbezug nur, wenn ein Zugriff des Cloud-Betreibers auf die Daten entweder technisch vollkommen ausgeschlossen ist oder wenn durch entsprechende Verschlüsselungsverfahren zwar technisch auf die gespeicherten Daten zugegriffen werden kann, diese jedoch dergestalt verschlüsselt sind, dass sie für den Cloud-Anbieter nicht personenbeziehbar, also anonym, sind. Letzteres scheitert aber bislang daran, dass die meisten Cloud-Lösungen nicht nur verschlüsselt eingereichte Daten speichern sollen, sondern bei allen Cloud-Formen (SaaS, PaaS und IaaS) die Daten in den Cloud-Rechenzentren verarbeitet werden müssen. Dies ist nur möglich, wenn die Daten unverschlüsselt zur Verarbeitung vorliegen. Um dieses Dilemma zu lösen, wird an sog. homomorphen Verschlüsselungstechniken geforscht, die aber bislang dem Markt nicht zur Verfügung stehen (vgl. hierzu *Kroschwald* in: Taeger (Hrsg.), Law as a Service, S. 289 (299); *Kast* in: Conrad/Grützmacher (Hrsg.), Recht der Daten und Datenbanken im Unternehmen, S. 1079; BMWi-Forschungsprojekt „Sealed Cloud“). Bei einer reinen „Miete“ von Rechnerkapazität, also insbesondere bei IaaS, ist jedoch zu erörtern, ob der Anbieter Zugriff und die Möglichkeit der der Kenntnisnahme der personenbezogenen Daten hat. Ist dies nicht der Fall, liegt – bezogen auf den IaaS-Dienstleister – mangels Verarbeitung personenbezogener Daten die An-

Koglin

nahme eines datenschutzrechtlich irrelevanten Sachverhaltes nahe. In der Praxis gibt
es aber, zumindest für seltene technische Eingriffe, auf Seiten des Anbieters Admi-
nistrator-Rechte mit der Möglichkeit des Zugriffs auf den gespeicherten Content.

6. Bestehen des Personenbezugs. Siehe hierzu Konferenz der Datenschutzbeauftragten des Bundes und der Länder, „Orientierungshilfe ‚Cloud Computing'", S. 8.

7. Cloud Computing als Auftragsverarbeitung. Hierzu allgemein → G.I. und II.
Anders wird es teilweise bei den (SaaS-)Leistungen gesehen, die Microsoft zum Betriebssystem „Windows 10" erbringt. Hierzu gehören in verschiedenen sog. „Tele-
metrie-Klassen" diverse Sicherheits- und Analysefunktionen, die zentrale Vorgabe
von Datum und Uhrzeit, aber auch zusätzliche Dienste wie „Cortana".

8. Konkrete Angaben in der Auftragsverarbeitungs-Vereinbarung. Mit diesem
Vorgehen kann den Gefahren entgegengewirkt werden, entweder die Angaben zu
eng gemacht zu haben oder aber später mit dem großen Aufwand einer späteren
Vertragsänderung nachdokumentieren zu müssen. Risikoseitig ist festzuhalten, dass
eine zu enge Definition einen eindeutigen und nach Art. 83 Abs. 4 lit. a DS-GVO
bußgeldbewehrten Verstoß darstellt. Hingegen dürfte das eventuell überflüssige
Nennen (noch) nicht durchgeführter Datenverarbeitungsschritte, zu weit gefasster
Gruppen von Betroffenen oder zusätzlicher Zwecke wohl kaum zu rechtlichen Konsequenzen führen, sofern nicht die Grenze zur vorsätzlichen Falschangabe oder zur
Vertuschung erreicht ist und damit mangels tatsächlicher Festlegung ein Verstoß gegen die Anforderungen aus Art. 28 Abs. 3 DS-GVO vorliegt (ein solcher Extremfall
dürfte auch mit einem Verstoß gegen die Rechenschaftspflicht (Art. 5 Abs. 2 DS-
GVO) einhergehen, und in Extremfällen sogar insoweit ein nichtiges Scheingeschäft
nach § 117 BGB vorliegen).

9. Vor-Ort-Audit. Eine Vor-Ort-Prüfung war weder unter dem BDSG a. F. zwingend vorgesehen, noch ist sie es nach Art. 32 DS-GVO (vgl. nur *Gola/Schomerus*,
BDSG, § 11 Rn. 21; Plath/*Plath*, BDSG, § 11 Rn. 113; Gola/*Klug*, DS-GVO, Art. 28
Rn. 11).
Zwar kann sie bei größeren Outsourcing-Projekten durchaus angemessen und
sinnvoll sein. Wenn bei einer Cloud-Lösung aber zahlreiche, über die Welt verteilte
Rechenzentren in Frage kommen und im Extremfall weder der Verantwortliche
noch der Auftragsverarbeiter im Voraus wissen, in welchem Land die Daten gespeichert werden, erscheint ein Vor-Ort-Audit nicht zielführend. Hinzu kommt, dass die
großen Cloud-Rechenzentren meist über exzellente Zertifizierungen verfügen und
Verstöße oder rechtlich bedenkliche Vorgehensweisen – wie der Datenzugriff durch
Sicherheitsbehörden in einem Umfang, der den Vorgaben der DS-GVO vielleicht
nicht Stand hält – bei einem Ortstermin nicht zu Tage treten würden.

10. Datentransfers in Drittländer. Zu den inhaltlichen Anforderungen des Datentransfers in Länder außerhalb des Europäischen Wirtschaftsraums ausführlich
→ G.VII. Diese Anforderungen können in der Unternehmenspraxis durch eine Konzernrichtlinie zur Auftragsverarbeitung verpflichtend umgesetzt werden (→ G.I.2.).

11. Vertrag über Auftragsverarbeitung plus EU-Standardvertragsklauseln. Hierbei werden mit den europäischen Gesellschaften normale Verträge über die Auftragsverarbeitung geschlossen. Parallel wird mit der (Mutter-)Gesellschaft in den
USA ein Vertrag mit den EU-Standardvertragsklauseln (sog. Model Clauses) abgeschlossen. Dies erscheint dogmatisch nicht konsequent, da unklar ist, welche Gesell-

schaft des Dienstleisters anzuweisen ist. Gleichwohl verfasste die Artikel-29-Datenschutzgruppe in diesem Kontext eine schriftliche Bestätigung (http://ec.europa.eu/justice/data-protection/article-29/documentation/other-document/files/2014/20140402_microsoft.pdf), die öffentlich so interpretiert wurde, dass die Artikel-29-Datenschutzgruppe diesem Vorgehen insgesamt ihren „Segen erteilt" habe (http://www.rdv-online.com/aktuelles/microsoft-erhaelt-segen-der-artikel-29-datenschutzgruppe).

12. Privilegierung der Auftragsverarbeitung; Verarbeitung besonderer Kategorien von Daten. Zur Problematik ausführlich → Einl. zu G.I.1. In die besonderen Kategorien personenbezogener Daten (Art. 9 DS-GVO) fallen u. a. Informationen über Gesundheit und Religionszugehörigkeit. Diese sind in geringem Umfang in E-Mails von Unternehmen enthalten (z. B. Krankmeldung vorab per E-Mail; Angaben zu Lohnsteuerklasse und Kirchenzugehörigkeit). Demnach dürften diese besonders sensiblen personenbezogenen Daten nur übermittelt werden, wenn eine Einwilligung oder andere, ganz enge Tatbestandsmerkmale wie etwa der Schutz lebenswichtiger Interessen (Art. 9 Abs. 2 DS-GVO) erfüllt sind. Diese Voraussetzungen können beim Cloud-Einsatz realistischer Weise nicht erfüllt werden. Damit wäre ein Cloudbasiertes Chat- oder E-Mail-System mit Administrationszugriff aus Drittstaaten in der EU rechtskonform kaum zu betreiben, wenn der Auffassung zur Auftragsverarbeitung gefolgt würde, nach der bei der Auftragsverarbeitung eine Übermittlung bzw. Offenlegung vorliege.

Koglin

VII. Datentransfers in Drittstaaten

1. Übersicht über internationale Datentransfers (Art. 44 ff. DS-GVO)

Die DS-GVO knüpft, wie bereits die DSRL, **besondere Bedingungen** an die Übermittlung personenbezogener Daten in ein sog. „Drittland" außerhalb der Europäischen Union und legt diese Bedingungen in Kapitel V fest. Der Grund für diese besonderen Bedingungen liegt in der gesetzgeberischen Annahme, dass durch die unionsweit gleichmäßige und einheitliche Anwendung von Vorschriften zum Schutz der Grundrechte und Grundfreiheiten von natürlichen Personen – so auch der DS-GVO – unter den Mitgliedstaaten der Europäischen Union ein gleichwertiges Datenschutzniveau gegeben ist (vgl. ErwG 10 DS-GVO). Länder, die sich durch das Abkommen über den Europäischen Wirtschaftsraum ebenfalls auf die Einhaltung dieser Vorschriften verpflichtet haben, sollen ebenfalls vom besagten gleichwertigen Schutzniveau profitieren können. Allerdings muss die DS-GVO formal noch in den Geltungsbereich des Abkommens über den Europäischen Wirtschaftsraum einbezogen werden.

Ergänzend zu den Drittländern führt die DS-GVO die Kategorie der „internationalen Organisationen" ein, wobei solche durch mindestens zwei Staaten oder andere Völkerrechtssubjekte auf Dauer hinsichtlich der Erfüllung überstaatlicher Aufgaben gebildet werden (Art. 4 Nr. 26 DS-GVO). Sie sind damit nicht mit internationalen Unternehmensgruppen des Privatrechts gleichzusetzen. Ziel der Vorgaben des Kapitels V ist es, das durch die DS-GVO gewährleistete Schutzniveau nicht zu untergraben. Dies gilt auch für die **Weiterübermittlung** von personenbezogenen Daten durch das jeweilige Drittland oder die internationale Organisation an ein anderes Drittland oder eine andere internationale Organisation (vgl. Art. 44 S. 1 Hs. 2 DS-GVO).

Hinsichtlich der Prüfabfolge im Falle eines „Drittlandsbezugs" kann auf die etablierte **Zwei-Stufen-Prüfung** zurückgegriffen werden, wobei zunächst nach der Zulässigkeit der Datenverarbeitung insgesamt zu fragen ist (erste Stufe). Hierzu zählen alle Vorgaben der DS-GVO zur Verarbeitung personenbezogener Daten gem. Art. 4 Nr. 1 und 2 DS-GVO. Sodann werden die Anforderungen des Kapitel V an Drittlandtransfers geprüft (zweite Stufe; vgl. Datenschutzkonferenz, Kurzpapier Nr. 4, Datenübermittlung in Drittländer). Betroffene Personen sind bei einem beabsichtigten Datentransfer in ein Drittland nach den Vorgaben des Art. 13 DS-GVO zu **informieren**. Die Information hat die Angabe eines gültigen oder fehlenden Angemessenheitsbeschlusses der Kommission oder anderer geeigneter und angemessener Garantien nach den Art. 46, 47 oder 49 Abs. 1 DS-GVO zu beinhalten. Bei Verwendung anderer angemessener Garantien ist auf die Möglichkeit des Erhalts einer Kopie dieser Garantien hinzuweisen bzw. hat ein Hinweis zu erfolgen, wo diese verfügbar sind (vgl. Art. 13 Abs. 1 lit. f. DS-GVO).

Die DS-GVO enthält **Ausnahmen** vom grundsätzlich geforderten angemessenen Schutzniveau beim Datenempfänger außerhalb der EU. Diese Ausnahmen entsprechen im Wesentlichen denen des Art. 26 Abs. 1 DSRL, der über § 4c Einzug in das BDSG gehalten hat.

Weiß

§ 1 Werkzeuge zur Gewährleistung eines angemessenen Datenschutzniveaus

Werkzeug zur Gewährleistung eines angemessenen Datenschutzniveaus	*Genehmigung durch zuständige Aufsichtsbehörde oder Kommission erforderlich*
Angemessenheitsbeschluss[1] der Kommission	Nein
verbindliche interne Datenschutzvorschriften[2]	Ja, durch die zuständige Aufsichtsbehörde, aber nicht für den darauf beruhenden Datenexport
Standarddatenschutzklauseln der Kommission[3]	Nein, wenn Vertragsklauseln unverändert übernommen werden
Standarddatenschutzklauseln der Aufsichtsbehörden[4]	Ja, durch die Kommission, aber nicht für den darauf beruhenden Datenexport
Standarddatenschutzklauseln von Verantwortlichen oder Auftragsverarbeitern[5]	Ja, durch die zuständige Aufsichtsbehörde, aber nicht für den darauf beruhenden Datenexport
Verwaltungsvereinbarungen[6]	Ja, durch die zuständige Aufsichtsbehörde, aber nicht für den darauf beruhenden Datenexport
Verhaltensregeln[7] gem. Art. 40 DS-GVO	Ja, durch die zuständige Aufsichtsbehörde Aufsichtsbehörde und die Kommission, aber nicht für den darauf beruhenden Datenexport
Zertifizierungsverfahren[8] gem. Art. 42 DS-GVO	Ja, durch die zuständige Aufsichtsbehörde, aber nicht für den darauf beruhenden Datenexport

§ 2 Ausnahmen vom Erfordernis des angemessenen Datenschutzniveaus

Ausnahme vom Erfordernis eines angemessenen Datenschutzniveaus	*Genehmigung durch zuständige Aufsichtsbehörde oder Kommission erforderlich*
ausdrückliche Einwilligung des Betroffenen[9]	Nein
Erfüllung eines Vertrages mit dem Betroffenen oder die Durchführung vorvertraglicher Maßnahmen[10]	Nein
Abschluss oder Erfüllung eines Vertrages im Interesse des Betroffenen[11]	Nein
Wahrung wichtiger öffentlicher Interessen[12]	Nein
Geltendmachung, Ausübung oder Verteidigung von Rechtsansprüchen[13]	Nein
Wahrung lebenswichtiger Interessen[14]	Nein

Weiß

Ausnahme vom Erfordernis eines angemessenen Datenschutzniveaus	Genehmigung durch zuständige Aufsichtsbehörde oder Kommission erforderlich
Datenübermittlung aus für die Öffentlichkeit bestimmten Registern[15]	Nein
einmalige Datenübermittlung[16]	Nein

Anmerkungen

1. Angemessenheitsbeschluss der Kommission. Besteht für die internationale Organisation oder das Drittland ein Angemessenheitsbeschluss der EU-Kommission, soll das durch die DS-GVO etablierte Schutzniveau auch beim Empfänger gewahrt sein (Art. 45 Abs. 1 DS-GVO), wobei die DS-GVO nunmehr von einem „der Sache nach gleichwertigen Schutzniveau ausgeht" (vgl. ErwG 104 DS-GVO; zum „angemessenen Schutzniveau" auf Basis der RL 95/46/EG und einer darauf basierenden Angemessenheitsentscheidung vgl. *Weiß*, RDV 2013, 273). Neben Ländern können nunmehr selbst Gebiete oder ein bzw. mehrere spezifische Sektoren von einem Angemessenheitsbeschluss profitieren. Datenexporte an Empfänger im Geltungsbereich eines Angemessenheitsbeschlusses bedürfen keiner Genehmigung der zuständigen Aufsicht (Art. 45 Abs. 1 S. 2 DS-GVO). Bei der Prüfung der Angemessenheit des Schutzniveaus gibt die DS-GVO der Kommission Parameter vor, an die sie sich zu halten hat (vgl. Art. 45 Abs. 2 DS-GVO). Hintergrund der Parameter sind die Vorgaben des EuGH an Angemessenheitsentscheidungen der Kommission, die im Zuge der Entscheidung zu Safe Harbor ergangen sind (EuGH, Urt. v. 6.10.2015 – C-362/14, MMR 2015, 753 ff.). Gefordert wird unter anderem die Prüfung von Zugriffsberechtigungen von Behörden auf personenbezogene Daten. Ferner soll die Kommission ihre getroffenen Beschlüsse mindestens alle vier Jahre überprüfen, was bis dato nur bei Anhaltspunkten für eine Verletzung von Datenschutzvorschriften oder einem Schaden für den Betroffenen vorgesehen war. Ferner obliegen der Kommission fortlaufende Überwachungspflichten für das jeweilige Drittland bzw. die internationale Organisation (Art. 45 Abs. 4 DS-GVO). Sollte die Kommission eine Angemessenheitsentscheidung widerrufen, ändern oder aussetzen, können Verantwortliche weiterhin auf alternative Garantien zur Gewährleistung eines angemessenen Schutzniveaus zurückgreifen (Art. 45 Abs. 7 DS-GVO). Drittländer mit einem angemessenen Schutzniveau sowie solche, bei denen ein angemessenes Datenschutzniveau nicht mehr gegeben ist, werden im Amtsblatt der Europäischen Union sowie auf der Webseite der Kommission veröffentlicht (Art. 45 Abs. 8 DS-GVO). Bestehende Angemessenheitsbeschlüsse bleiben in Kraft, bis sie durch die Kommission geändert, ersetzt oder aufgehoben oder durch eine Entscheidung des EuGH für ungültig erklärt werden.

2. Verbindliche interne Datenschutzvorschriften. Während die DSRL die verbindlichen internen Datenschutzvorschriften („Binding Corporate Rules" bzw. „BCR") noch nicht explizit adressiert (ausführlich hierzu *Filip*, ZD 2013, 51), sondern diese vielmehr auf Basis aufsichtsbehördlicher Praktiken sowie Stellungnahmen der Artikel-29-Datenschutzgruppe entwickelt wurden, formuliert Art. 47 DS-GVO konkrete Anforderungen an BCR. Demnach soll es Mitgliedern einer Unternehmensgruppe

Weiß

nach Art. 4 Nr. 19 DS-GVO, aber auch einer Gruppe von Unternehmen, die eine gemeinsame Wirtschaftätigkeit ausüben, möglich sein, mittels durch die zuständige Aufsicht im Kohärenzverfahren genehmigter interner Datenschutzvorschriften personenbezogene Daten an Empfänger in Drittländer zu übermitteln. Die DS-GVO nimmt keine Abgrenzung zwischen einer „Unternehmensgruppe" und einer „Gruppe von Unternehmen" vor. Der Wortlaut lässt jedoch bei der Gruppe von Unternehmen auf die Möglichkeit des Zusammenschlusses von Geschäftspartnern mit gemeinsamer wirtschaftlicher Tätigkeit schließen, zumal das Merkmal der „Zuordnung zu einer zentralen Stelle" fehlt (vgl. ErwG 48 und 110 DS-GVO sowie BeckOK DatenSR/*Lange*/*Filip*, DS-GVO, Art. 47 Rn. 4). Zu den verbindlichen internen Datenschutzvorschriften ausführlich → G.VII.3.

3. Standarddatenschutzklauseln der Kommission. Die Standarddatenschutzklauseln der Kommission (ausführlich hierzu Paal/Pauly/*Pauly*, DS-GVO, Art. 46 Rn. 17 ff.) sind eine weitere geeignete Garantie für die Datenübermittlung in ein Drittland oder an eine internationale Organisation und werden durch die EU-Kommission über das Ausschussverfahren erlassen (vgl. Art. 46 Abs. 2 DS-GVO). Eine besondere Genehmigungspflicht für den Einsatz der Standarddatenschutz-klauseln besteht nicht, wodurch die bisherige uneinheitliche Rechtslage auf nationaler Ebene mit bestehenden Genehmigungs- bzw. Vorlagepflichten (vgl. https://www.nymity.com/products/~/media/NymityAura/Resources/Featured%20Research/Model%20Contracts%20_%20Standard%20Contractual%20Clauses.ashx) harmonisiert wird. Fundamentale Voraussetzung für die Genehmigungsfreiheit ist die unveränderte Übernahme der enthaltenen Datenschutzklauseln bei bestehender Konkretisierungspflicht der Annexe hinsichtlich der besonderen Verfahrensspezifika (→ G.VII.2.). Die bestehenden EU-Standardvertragsklauseln behalten weiterhin ihre Gültigkeit, bis sie durch Beschluss der Kommission geändert, ersetzt oder aufgehoben (Art. 46 Abs. 5 S. 2 DS-GVO) oder durch ein Urteil des EuGH für ungültig erklärt werden (vgl. Art. 263 und 264 AEUV).

4. Standarddatenschutzklauseln der Aufsichtsbehörden. Neben der Kommission können auch Aufsichtsbehörden eigens entwickelte Standarddatenschutzklauseln annehmen und durch das Ausschussverfahren durch die Kommission genehmigen lassen (Art. 46 Abs. 2 lit. d DS-GVO).

5. Standarddatenschutzklauseln von Verantwortlichen oder Auftragsverarbeitern. Auch Verantwortliche oder Auftragsverarbeiter können eigene Vertragsklauseln für den Drittlandtransfer entwickeln und durch die zuständige Aufsicht genehmigen lassen (Art. 46 Abs. 3 lit. a DS-GVO).

6. Verwaltungsvereinbarungen. Im öffentlichen Bereich können von der Aufsicht genehmigte Verwaltungsvereinbarungen Datentransfers an Stellen außerhalb der EU legitimieren (Art. 46 Abs. 3 lit. b DS-GVO). Sie sind ihrem Wesen nach nicht rechtsverbindlich (so z. B. als reine Absichtserklärung) und von rechtlich bindenden und durchsetzbaren Dokumenten zwischen Behörden und öffentlichen Stellen gem. Art. 46 Abs. 2 lit. a DS-GVO zu unterscheiden. Nichtsdestotrotz müssen auch die Verwaltungsvereinbarungen des Art. 46 Abs. 3 lit. b DS-GVO für den Betroffenen durchsetzbare Rechte und Rechtsbehelfe enthalten (vgl. ErwG 108 DS-GVO). Auf Ebene der Europäischen Union bestehen beispielsweise solche Vereinbarungen mit Behörden in Drittländern (vgl. http://ec.europa.eu/anti-fraud/sites/antifraud/files/

Weiß

list_signed_acas_en.pdf) zu Zwecken der Betrugsbekämpfung zum Nachteil des EU-Haushalts (sog. „OLAF-Progamm"). Unklar ist, wer die „zuständige Aufsichtsbehörde" für die Genehmigung von Verwaltungsvereinbarungen sein soll, zumal zwei Parteien an der Verwaltungsvereinbarung beteiligt sein werden. Eine vergleichbare Situation wie bei der Bestimmung einer federführenden Aufsichtsbehörde liegt nicht vor, zumal die Mittel und Zwecke der zugehörigen Datenflüsse in der Regel gemeinschaftlich bestimmt werden.

7. Verhaltensregeln. Ein angemessenes Schutzniveau im Drittland oder bei der internationalen Organisation soll auch durch genehmigte Verhaltensregeln gem. Art. 40 DS-GVO zusammen mit rechtsverbindlichen und durchsetzbaren Verpflichtungen des Verantwortlichen oder Auftragsverarbeiters im Drittland zur Anwendung der geeigneten Garantien, einschließlich der Rechte der Betroffenen (vgl. Art. 46 Abs. 2 lit. e DS-GVO), hergestellt werden können. Verhaltensregeln können grundsätzlich durch Verbände und andere Vereinigungen, die Kategorien von Verantwortlichen oder Auftragsverarbeitern vertreten, ausgearbeitet und der zuständigen Aufsicht vorgelegt werden (ausführlich zu Verhaltensregeln *Bergt*, CR 2016, 670 ff.; *Schwartmann/Weiß*, RDV 2016, 240; → C. IV.1.). Ob es zur Rechtfertigung eines Datenexports allerdings erforderlich ist, dass die Verhaltensregeln durch die Kommission für allgemeingültig erklärt werden, ist noch umstritten (für das Erfordernis einer Allgemeingültigkeitsentscheidung der Kommission Kühling/Buchner/*Bergt*, DS-GVO, Art. 40 Rn. 47 m.w.N.; a.A. Ehmann/Selmayr/*Schweinoch*, DS-GVO, Art. 40 Rn. 31).

8. Zertifizierungsverfahren. Ebenso wie bei den Verhaltensregeln müssen Zertifizierungsverfahren gem. Art. 42 DS-GVO rechtsverbindliche und durchsetzbaren Verpflichtungen des Verantwortlichen oder Auftragsverarbeiters im Drittland zur Anwendung der geeigneten Garantien, einschließlich der Rechte der Betroffenen (vgl. Art. 46 Abs. 2 lit. f DS-GVO) vorsehen, um ein angemessenes Datenschutzniveau herstellen zu können. Stellen, die Zertifizierungsverfahren betreiben, müssen durch eine nationale Akkreditierungsstelle akkreditiert werden, bevor ihre Verfahren besiegelte Zusicherungen nach der DS-GVO geben können (Art. 43 Abs. 1 DS-GVO; z.B. *Spindler*, ZD 2016, 407 (410)). Bezüglich der Art der im jeweiligen Verfahren verwendeten Garantien für den Drittlandtransfer schweigt die DS-GVO, so dass in einer Gesamtschau bei der Genehmigung der Zertifizierungskriterien zu beurteilen ist, ob die getroffenen vertraglichen oder sonstigen verbindlichen Maßnahmen als ausreichend zu erachten sind. Allerdings können Zertifizierungen auch für reine EU-Sachverhalte vorgesehen werden; in diesem Fall müssen die Kriterien keine Garantien für Datenexporte vorsehen (Kühling/Buchner/*Bergt*, DS-GVO, Art. 42 Rn. 14).

9. Ausdrückliche Einwilligung. Art. 49 Abs. 1 lit. a DS-GVO gestattet eine Übermittlung, wenn der Betroffene hierzu seine ausdrückliche Einwilligung erteilt hat. Die Einwilligung in der DS-GVO wird in Art. 4 Nr. 11 definiert und enthält dort bereits Anforderungen für deren Wirksamkeit, die durch weitere Bedingungen für eine Einwilligung über Art. 7 DS-GVO ergänzt werden (zur Einwilligung → G. IV.4.). Im Rahmen der Drittlandtransfers genügt jedoch nicht jede Willensbekundung, vielmehr muss sich die Einwilligung ausdrücklich auf eine Übermittlung in ein Drittland oder an eine internationale Organisation ohne das Vorliegen eines Angemessenheitsbeschlusses oder anderer geeigneter Garantien beziehen (vgl. Art. 49 Abs. 1

Weiß

lit. a DS-GVO und den darin enthaltenen Informationspflichten gegenüber dem Betroffenen).

10. Erfüllung eines Vertrages mit dem Betroffenen. Art. 49 Abs. 1 lit. b DS-GVO greift ein, sofern die Datenübermittlung für die Erfüllung eines Vertrags zwischen dem Betroffenen und der verantwortlichen Stelle oder zur Durchführung von vorvertraglichen Maßnahmen, die auf Veranlassung des Betroffenen erfolgen, erforderlich ist. Bei vorvertraglichen Beziehungen versucht die DS-GVO insofern, Bestrebungen potenzieller Vertragspartner entgegenzuwirken, die noch unklare Situation zu nutzen, um Daten der Betroffenen in Drittländer weiterzugeben, indem sie hierfür eine aktive Mitwirkung der Betroffenen verlangt. Erforderliche Datenübermittlungen zur Vertragserfüllung können etwa angenommen werden, wenn ein Kunde bei der eigenen Bank internationale Überweisungen in Auftrag gibt oder über ein deutsches Reisebüro eine Vermittlung von Hotelübernachtungen oder sonstigen Reiseleistungen im Drittland erfolgt (weitere Beispiele bei *Gola*, DS-GVO, Art. 49 Rn. 6). Die Übermittlung von Beschäftigtendaten von einem europäischen Tochterunternehmen zur Muttergesellschaft im Drittland zu Zwecken der zentralen Personalverwaltung kann in der Regel nicht über die Erfüllung arbeitsvertraglicher Pflichten legitimiert werden, da eine solche Datenübermittlung hierzu nicht im Zusammenhang steht (Artikel-29-Datenschutzgruppe, Working Paper 114, S. 15).

11. Abschluss oder Erfüllung eines Vertrages im Interesse des Betroffenen. Nach Art. 49 Abs. 1 lit. c DS-GVO sind Datenübermittlungen in Drittländer gestattet, wenn sie zum Abschluss oder zur Erfüllung von Verträgen erforderlich sind, die im Interesse des Betroffenen vom Verantwortlichen mit einem Dritten geschlossen wurden oder geschlossen werden sollen. Gemeint sind damit Verträge, an denen die Betroffenen zwar nicht beteiligt sind, von denen sie aber begünstigt werden. Typische Anwendungsfälle für die Norm ergeben sich insbesondere im Bereich des Beschäftigtendatenschutzes, z. B. der Abschluss von Mitarbeiterversicherungen bei ausländischen Gesellschaften oder die Weitergabe von Beschäftigtendaten durch den Arbeitgeber im Rahmen eines Reisevertrags an ein Hotel im Drittland. Die Ausnahme soll hingegen nicht anwendbar sein, wenn ein in einem Drittland ansässiger Dienstleister mit dem Gehaltszahlungsmanagement oder der Verwaltung von Aktienoptionen beauftragt wird (vgl. *Gola*, DS-GVO, Art. 49 Rn. 7 m. w. N.).

12. Wahrung wichtiger öffentlicher Interessen. Ein weiterer Ausnahmetatbestand, wonach eine Weitergabe von personenbezogenen Daten an Stellen in Drittländern auch ohne angemessenes Schutzniveau zulässig ist, betrifft die Notwendigkeit der Datenübermittlung zur Wahrung wichtiger öffentlicher Interessen (Art. 49 Abs. 1 lit. d DS-GVO). Diese Interessen müssen sich allerdings aus einer europäischen bzw. nationalen Gesetzgebung ergeben (vgl. Artikel-29-Datenschutzgruppe, Working Paper 158, S. 10).

13. Geltendmachung, Ausübung oder Verteidigung von Rechtsansprüchen. Eine Datenübermittlung kann ausnahmsweise zur Geltendmachung, Ausübung oder Verteidigung von Rechtsansprüchen erforderlich sein, so beispielsweise, wenn die im Drittland niedergelassene Muttergesellschaft von einem Angestellten des Konzerns, der in einem europäischen Tochterunternehmen arbeitet, verklagt wird. Allerdings dürfen die erforderlichen Daten nur auf eine gerichtliche Anordnung hin übermittelt werden, wenn diese auf einer internationalen Übereinkunft basiert. Der Export per-

Weiß

sonenbezogener Daten für ein gerichtliches Verfahren in den USA wird durch die
DS-GVO damit nur noch eingeschränkt möglich sein. Art. 48 DS-GVO verlangt,
dass jeglicher Datenfluss in ein Drittland, der auf dem Urteil eines Gerichts oder einer anderen Entscheidung einer Verwaltungsbehörde im Drittland basiert, nur dann
anerkannt und vollstreckbar werden soll, wenn ihm eine internationale Übereinkunft, so beispielsweise ein Rechtshilfeabkommen zwischen dem ersuchenden Drittland und der Europäischen Union oder einem Mitgliedstaat, zugrunde liegt. Verfahren, die in Ländern wie den USA als „Pre-Trial Discovery of Documents"
bezeichnet werden, erfüllen derzeit nicht die Vorgaben des Art. 48 DS-GVO, da sie
nicht durch ein Rechtshilfeabkommen mit der Bundesrepublik Deutschland begleitet werden (*Deutlmoser/Filip*, ZD-Beil. 6/2012, 11).

14. Wahrung lebenswichtiger Interessen. Ein Datenexport in ein Drittland kann
zur Wahrung lebenswichtiger Interessen des Betroffenen oder anderer Personen erforderlich sein (Art. 49 Abs. 1 lit. f DS-GVO). Dies betrifft jedoch nur Einzelfälle, in
denen der Betroffene beispielsweise bewusstlos ist und dringend ärztliche Hilfe benötigt, allerdings nur der in einem Land der Europäischen Union niedergelassene
behandelnde Arzt die für die akut notwendige Behandlung erforderlichen Daten liefern kann (vgl. Artikel-29-Datenschutzgruppe, Working Paper 114, S. 15).

15. Datenübermittlung aus für die Öffentlichkeit bestimmten Registern. Die DS-
GVO erlaubt eine Datenübermittlung aus Registern in ein Land ohne angemessenes
Schutzniveau (Art. 49 Abs. 1 lit. g DS-GVO), wobei diese Register gemäß den
Rechts- oder Verwaltungsvorschriften des jeweiligen Mitgliedstaats zur Information
der Öffentlichkeit bestimmt sein müssen, so beispielsweise das Handels- oder Ver-
einsregister in Deutschland. Ebenso erfasst sind solche Register, die auf Basis eines
berechtigten Interesses bestimmter Personen zur Einsicht offenstehen, so beispielsweise das Grundbuch (Paal/Pauly/*Pauly*, DS-GVO, Art. 49 Rn. 26). Eine Übermittlung aus Registern, deren Zugang nur Berechtigten vorbehalten sein soll, ist von
Art. 49 Abs. 1 lit. g DS-GVO nicht umfasst.

16. Einmalige Datenübermittlung. Für den Fall, dass keine der Ausnahmen für
die Datenübermittlung greift, kein Angemessenheitsbeschluss der Kommission vorliegt und keine Garantien des Art. 46 Abs. 2 DS-GVO zugunsten des Betroffenen
geschaffen werden können, ermöglicht Art. 49 Abs. 1 S. 2 DS-GVO eine einmalige
Datenübermittlung in ein Drittland oder an eine internationale Organisation ohne
angemessenes Schutzniveau, vorausgesetzt diese betrifft nur eine begrenzte Zahl von
betroffenen Personen, ist zur Wahrung der zwingenden berechtigten Interessen des
Verantwortlichen erforderlich, die gegenüber den Interessen oder Rechten und Freiheiten des Betroffenen überwiegen und der Verantwortliche alle Umstände der Datenübermittlung beurteilt und auf Grundlage der Beurteilung angemessene Garantien in Bezug auf den Schutz personenbezogener Daten vorgesehen hat. Welche
Garantien als angemessen zu erachten sind, spezifiziert die DS-GVO nicht. Diese
können grundsätzlich vertraglicher, aber auch technisch-organisatorischer Natur
sein.

In welchem Umfang diese Ausnahme für Verantwortliche nutzbar ist, ist offen.
Fortlaufende Übermittlungen im Rahmen des Beschäftigtendatenschutzes dürften
hiervon jedoch nicht umfasst sein. Art. 49 Abs. 1 S. 2 DS-GVO sollte nur für außer-
gewöhnliche Umstände gelten, in denen ein Datenexport in ein Drittland realisiert

Weiß

werden muss. Hierbei ist im Sinne der Rechenschaftspflicht des Art. 5 Abs. 2 DS-GVO darauf zu achten, dass die geforderten berechtigten Interessen und realisierten Garantien ausreichend dokumentiert sind. Ferner sind die zuständige Aufsichtsbehörde und der Betroffene von der Übermittlung in Kenntnis zu setzen, wobei dem Betroffenen – neben den Informationspflichten des Art. 13 DS-GVO – die zwingenden berechtigten Interessen zu kommunizieren sind, die mit der Übermittlung verfolgt werden.

2. Anhänge zu den Standarddatenschutzklauseln

Die Standardvertragsklauseln der EU-Kommission bestehen u.a. aus den hier behandelten Annexen bzw. Anhängen. Diese sind Teil des Standardvertrages und bilden gleichzeitig die Basis für den Nachweis eines ausreichenden Datenschutzniveaus. Während **Anhang 1** die **Grundlagen des dem Standardvertrag zugrundeliegenden Datenaustausches** beinhaltet, muss **Anhang 2** den **Nachweis der ausreichenden Datensicherheit** bei dem nicht in der EU ansässigen Empfänger abbilden. Die Standardvertragsklauseln sind jedoch nur dann notwendig, wenn nicht bereits anderweitig ein adäquates Datenschutzniveau in dem entsprechenden Nicht-EU-Staat existiert. Anhang 2 erfasst somit im Wesentlichen die **technischen und organisatorischen Maßnahmen** gem. Art. 32 Abs. 1 DS-GVO.

Diese Muster sind zwingend einzuhalten, wenn der Verantwortliche nicht riskieren will, dass ein veränderter Text zur **unzulässigen Datenübermittlung** führen könnte. Zwar ist es prinzipiell zulässig, weitere geschäftsbezogene Klauseln aufzunehmen; diese dürfen jedoch **nicht im Widerspruch zu den Standardvertragsklauseln** stehen (ErwG 4 2010/87/EU – Beschluss der Kommission vom 5.2.2010). Werden einzelne Klauseln verändert, bedarf es einer (erneuten) **Genehmigung durch die jeweils zuständige Aufsichtsbehörde** (vgl. https://www.ldi.nrw.de/mainmenu-Datenschutz/submenu_Datenschutzrecht/Inhalt/InternationalerDatenver kehr/Inhalt2/Schutz_der_Persoenlichkeitsrechte/Schutz_der_Persoenlichkeitsrechte. php, Ziff. 2.2.2.). Es ist darauf zu achten, dass **stets die aktuellsten Muster der EU-Kommission** verwendet werden (dazu ausführlich Paal/Pauly/*Pauly,* DS-GVO, Art. 46 Rn. 17ff.). Wer noch die bis 2010 gültigen Standardverträge mit seinen Vertragspartnern im aktiven Einsatz hat, muss diese zumindest dann erneuern, sofern sich die Angaben in den Anhängen 1 und/oder 2 inhaltlich geändert haben (vgl. https://www.ldi.nrw.de/mainmenu_Datenschutz/submenu_Datenschutzrecht/Inhalt/I nternationalerDatenverkehr/Inhalt2/Schutz_der_Persoenlichkeitsrechte/Schutz_der_ Persoenlichkeitsrechte.php, Ziff. 2.2.2.).

Vorliegend werden, am Beispiel von Software-Pflege- und Supportverträgen, die Anhänge 1 und 2 des Musters zum Standardvertrag (contractual clauses) der EU-Kommission „Decision 2010/87/EU (and repealing Decision 2002/16/EC)" inhaltlich behandelt (controller to processor, Beschluss der Kommission vom 5.2.2010, Az. K(2010) 593; veröffentlicht im Amtsblatt der Europäischen Union vom 12.2.2010, L 39/5). Nach BDSG a.F. galt hingegen Folgendes bzgl. der Prüfung oder Wartung automatisierter Verfahren: Im Rahmen der Abwicklung von Software-Pflege- und Supportverträgen kann es häufig vorkommen, dass sog. **Dump-Files oder Log-Files** an ein drittes Unternehmen zum Zwecke der Fehleranalyse und -behebung versandt werden oder ein **Fernwartungszugriff** auf diese bzw. auf die Sys-

Diekmann

teme des Verantwortlichen aus einem Drittstaat erfolgen muss. In derartigen Fällen waren stets Verträge zur Auftragsdatenverarbeitung mit dem Pflege- bzw. Supportdienstleister abzuschließen; verließen die Daten dabei die EU bzw. erfolgte ein Zugriff von außerhalb der EU, war zusätzlich ein Standardvertrag zu schließen. Da die DS-GVO jedoch eine mit § 11 Abs. 5 BDSG a. F. vergleichbare Regelung nicht mehr kennt, können Software-Pflegeleistungen bzw. Hardware-Wartungsleistungen, bei denen beispielsweise ein Zugriff auf die dort enthaltenden Speichermedien (RAM etc.) möglich ist, nicht unter Art. 28 DS-GVO zu subsumieren sein und folglich nicht mehr als Auftragsverarbeitungen angesehen werden. Die Zulässigkeit auf der ersten Stufe richtet sich diesbezüglich fortan nach Art. 6 DS-GVO; findet die Verarbeitung (auch) außerhalb der EU statt, müssen weiter auf der zweiten Stufe – wie im folgenden Muster – auch die Anforderungen der Art. 45 ff. DS-GVO erfüllt sein.

Die Muster der Kommission sind unter http://eur-lex.europa.eu/legal-content/EN/TXT/?uri=celex%3A32010D0087 abrufbar. Der vorgenannte Beschluss soll jedoch nicht gelten, wenn ein in der EU ansässiger Auftragsverarbeiter (Art. 28 DS-GVO) wiederum einen Unterauftragsverarbeiter, der sich in einem Drittland befindet, einschaltet (ErwG 23 des Kommissionsbeschlusses 2010/87/EU). Dies ist insofern zweifelhaft, als dass es primär auf die (vertragliche) **Sicherstellung eines adäquaten Schutzniveaus** auch in dem (Dritt-) Land ankommt, in bzw. aus welchem der Unterauftragsverarbeiter den Support erbringt. Dieses Schutzniveau lässt sich jedoch gleichfalls vertraglich, auch gegenüber dem Unterauftragsverarbeiter, vereinbaren.

Anhang 1:

– Datenexporteur:[1]

Der Datenexporteur ist (bitte erläutern Sie kurz Ihre Tätigkeiten, die für die Übermittlung von Belang sind):

[[Firma, Anschrift des Datenexporteurs] als Verantwortlicher ist auf dem Gebiet der Hard- und Softwareherstellung tätig und vertreibt diese in dem/n [Land/Länder] und leistet 1st und 2nd Level-Support für seine Kunden in der EU.]
....

– Datenimporteur:[2]

Der Datenimporteur ist (bitte erläutern Sie kurz Ihre Tätigkeiten, die für die Übermittlung von Belang sind):

[[Firma, Anschrift des Datenimporteurs] ist Hersteller von Hard- und Software, welche von der [Firma, Anschrift des Datenexporteurs] eingesetzt und an ihre Kunden weiter vertrieben und supportet wird. Der Datenimporteur leistet im Fehlerfalle bezüglich seiner Hard- und Software den anschließenden 3rd Level-Support für die Kunden des Datenexporteurs. Systemkritische Fehler können nur in den Speziallaboren des Datenimporteurs analysiert und behoben werden. Dazu bedarf es eines Zugriffes auf Dump- bzw. Log-Files des Datenexporteurs.]
....

– Betroffene Personen:[3]

Die übermittelten personenbezogenen Daten betreffen folgende Kategorien betroffener Personen (bitte genau angeben):

Diekmann

[Betroffen können sein: Kunden des Datenexporteurs, sowie Mitarbeiter des Datenexporteurs.]

....

– Kategorien von Daten:[4]
   Die übermittelten personenbezogenen Daten gehören zu folgenden Datenkategorien (bitte genau angeben):
   [Verarbeitet werden sog. Dump-Files bzw. Log-Files, als sog. Fehlerdateien, welche von der Software des Datenimporteurs auf der Hardware des Datenexporteurs in einem Fehlerfalle automatisch erstellt werden. In diesen Daten können Adress- und Kontaktdaten enthalten sein.]

....

– Besondere Datenkategorien:[5]
   Die übermittelten personenbezogenen Daten umfassen folgende besondere Datenkategorien (bitte genau angeben):
   [Nicht ausgeschlossen werden kann das Vorhandensein von biometrischen Daten.]

....

– Verarbeitung:[6]
   Die übermittelten personenbezogenen Daten werden folgenden grundlegenden Verarbeitungsmaßnahmen unterzogen (bitte genau angeben):
   [Um eine Fehlerbehebung durchführen zu können, ist es erforderlich, Fehlerdaten an das Speziallabor des Datenimporteuer zu geben, oder dem Datenimporteur Zugriff auf diese Dateien zu gewähren. Im Wege der Fehleranalyse und Fehlerbehebung ist es nicht auszuschließen, dass die vorgenannten Datenkategorien von dem Datenexporteuer erfasst bzw. ausgelesen und damit ihm oder seinen Mitarbeitern bekannt werden. Die weitergehende Verarbeitung dieser Daten über die eigentliche Erforderlichkeit im Rahmen des Supportfalles hinaus, ist kein Zweck der Übermittlung.]

....

DATENEXPORTEUR[7]

Name: ...

Unterschrift des/der Bevollmächtigten: ...

DATENIMPORTEUR

Name: ...

Unterschrift des/der Bevollmächtigten: ...

Anhang 2:

   Beschreibung der technischen oder organisatorischen Sicherheitsmaßnahmen, die der Datenimporteur gemäß Klausel 4 Buchstabe d und Klausel 5 Buchstabe c eingeführt hat (oder Dokument/Rechtsvorschrift beigefügt):[8]

Diekmann

[a) Zutrittskontrolle:
Für den Zutritt in die Gebäude des Datenimporteurs werden generell Codekarten benötigt, in Ausnahmefällen Schlüssel, wobei die Schlüsselvergabe protokolliert wird. Gäste bekommen eine codierte Zutrittskarte, welche auf den Besuchstag eingeschränkt ist. Die Aushändigung wird protokolliert. Zudem werden sie von Mitarbeitern begleitet.

b) Zugangskontrolle:
Ein Zugang zu IT-Systemen ist nur durch verifizierte Mitarbeiter des Datenimporteurs möglich. Benötigt wird ein zu jedem Userprofil generiertes Passwort. Das Passwort muss mindestens zehnstellig sein und aus Buchstaben, Zahlen und Sonderzeichen bestehen. Fernwartungszugriffe bedürfen einer zeitlich eingeschränkten Zugangsgewährung mittels einer Kombination aus einem Gast-User kombiniert mit einem Passwort. Zugriffe werden protokolliert.

c) Zugriffskontrolle:
Ausschließlich interne Mitarbeiter haben über ein Berechtigungskonzept Zugriff auf die für Sie zwingend erforderlichen Systeme. Zeitlich ausgelaufene Profile werden gesperrt und später gelöscht. Berechtigungsbewilligungen werden durch den/die jeweilige/n Vorgesetzte/n erteilt. Technisch erfolgt die Umsetzung durch Mitarbeiter in der EDV-Abteilung mit Administrationsrechten.

d) Weitergabekontrolle:
Eine Weiterleitung von personenbezogenen Daten erfolgt auf verschlüsseltem Wege. Neben einer Ende-zu-Ende-Verschlüsselung erfolgt der Einsatz einer Secure-Socket-Layer-Verschlüsselung (SSL), sowie der Einsatz der VPN-Technologie.

e) Eingabekontrolle:
Jegliche Eingaben in das DV-System werden protokolliert. Die Protokolldateien werden nach vier Wochen nach Zweckerreichung gelöscht. Organisatorisch geregelte Beschränkung auf Mitarbeiter, dessen Mitwirkung für die Durchführung des Auftrages erforderlich ist.

f) Auftragskontrolle:
Es existieren konsequent vertragliche Regelungen über die strikte Zweckbindung, Art und Umfang der beauftragten Verarbeitung der personenbezogenen Daten des Datenexporteurs. Es ist ein betrieblicher Datenschutzbeauftragter bestellt, welcher in alle datenschutzrechtlich relevanten Vorgänge zwingend einzubeziehen ist. Vor-Ort-Kontrollen ermöglichen eine Überwachung der datenschutzrechtlich notwendigen Pflichten. Die ISO-Zertifizierung 27001 erfolgt regelmäßig; entsprechende Dokumentationen können ausgehändigt werden.

g) Verfügbarkeitskontrolle:
Um eine zufällige Zerstörung oder den Verlust von personenbezogenen Daten zu verhindern, sind Notstromaggregate vorhanden, die eine unterbrechungsfreie Stromversorgung gewährleisten (USV-Anlagen). Back-Ups werden regelmäßig (wöchentlich) durchgeführt (RAID-Verfahren). Zum Einsatz kommen darüber hinaus Firewall, SPAM-Filter, Virenscanner.

h) Trennungskontrolle:
Neben einem Berechtigungskonzept erfolgt eine strikte Mandantentrennung.]

Diekmann

BEISPIEL FÜR EINE ENTSCHÄDIGUNGSKLAUSEL (FAKULTATIV):[9]

Die Parteien erklären sich damit einverstanden, dass, wenn eine Partei für einen Verstoß gegen die Klauseln haftbar gemacht wird, den die andere Partei begangen hat, die zweite Partei der ersten Partei alle Kosten, Schäden, Ausgaben und Verluste, die der ersten Partei entstanden sind, in dem Umfang ersetzt, in dem die zweite Partei haftbar ist.

Die Entschädigung ist abhängig davon, dass

a) der Datenexporteur den Datenimporteur unverzüglich von einem Schadenersatzanspruch in Kenntnis setzt und

b) der Datenimporteur die Möglichkeit hat, mit dem Datenexporteur bei der Verteidigung in der Schadenersatzsache bzw. der Einigung über die Höhe des Schadenersatzes zusammenzuarbeiten.

Anmerkungen

1. Datenexporteur. Das Muster der Kommission sieht vor, dass die Tätigkeit erläutert wird, die für die Übermittlung von Belang ist. Im Beispiel wird das Geschäftsgebiet einerseits und das damit verbundene mögliche Datenverarbeitungserfordernis andererseits dargestellt.

2. Datenimporteur. Es muss die Tätigkeit des Datenempfängers näher beschrieben werden, welcher in einem Nicht-EU-Mitgliedstaat ansässig ist bzw. von dort aus auf personenbezogene Daten des Datenexporteurs zugreift oder zugreifen könnte, beispielsweise im Zusammenhang mit Fernwartung von IT-Systemen. Im Beispiel gewährleistet der Auftragsverarbeiter einen Third-Level-Support für den Datenexporteur.

3. Betroffene Person. Anzugeben sind die Kategorien von möglichen betroffenen Personen. Dies können als Oberbegriffe Kunden, Mitarbeiter, Interessenten, Geschäftspartner etc. sein.

4. Kategorien von Daten. Anzugeben sind die Kategorien von personenbezogenen Daten, die über die EU bzw. EWR-Grenzen ausgetauscht werden sollen z.B. Adressdaten, Kontaktdaten, Abrechnungsdaten, Kontodaten etc.

5. Besondere Datenkategorien Art. 9 Abs. 1 DS-GVO. Falls besondere Datenkategorien wie bspw. Gesundheitsdaten, Video-, Audio-, Bilddaten, übermittelt werden sollen, sind diese Kategorien genau zu benennen. Video-, Audio-, und Bilddaten sind unter das in die DS-GVO neu eingefügte Merkmal der „biometrischen Daten" (Art. 4 Nr. 14 DS-GVO) zu subsumieren, sofern diese eine konkrete Identifizierung einer natürlichen Person ermöglichen, vgl. ErwG 51 S. 3 DS-GVO.

6. Verarbeitung. Anzugeben sind die möglichen, grundlegenden Maßnahmen der Verarbeitung i.S.d. Art. 4 Nr. 2 DS-GVO, die personenbezogenen Daten betreffen oder betreffen können. Zwischen dem Datenexporteuer und dem Datenimporteuer sollte stets zu Beginn zusätzlich eine Vertraulichkeitsvereinbarung geschlossen werden. Eine solche zielt auf die Geheimhaltungsverpflichtung von Betriebsgeheimnissen ab und gilt neben den datenschutzrechtlichen Verträgen. Näher → G.IV.1. Anm. 2.

Diekmann

7. Unterschriften. Anhang 1 ist von beiden Vertragsparteien, ggf. durch die jeweils Bevollmächtigten, zu unterschreiben.

8. Technische und organisatorische Maßnahmen. Detailliert aufzuführen sind die technischen und organisatorischen Maßnahmen des Datenimporteurs. Diese müssen den Anforderungen des Art. 32 DS-GVO, konkretisiert durch ErwG 78 S. 3 DS-GVO, standhalten können. Zu beachten ist, dass die Ausgestaltung der Maßnahmen über den Grad der Verantwortung, sowohl des Verantwortlichen, als auch des Auftragsverarbeiters, mit auschlaggebend sind und somit auch die Höhe eines etwaigen Bußgeldes durch die Aufsichtsbehörde beeinflussen, Art. 83 Abs. 2 lit. d DS-GVO (dazu weitergehend *Spindler*, DB 2016, 937 (947)). Art. 32 Abs. 1 DS-GVO zählt beispielhaft auf:

a) die Pseudonymisierung (Art. 4 Nr. 5 DS-GVO) und Verschlüsselung personenbezogener Daten (ErwG 83 S. 1 DS-GVO),

b) die Fähigkeit, die Vertraulichkeit, Integrität, Verfügbarkeit und Belastbarkeit der Systeme und Dienste im Zusammenhang mit der Verarbeitung auf Dauer sicherzustellen,

c) die Fähigkeit, die Verfügbarkeit der personenbezogenen Daten und den Zugang zu ihnen bei einem physischen oder technischen Zwischenfall rasch wiederherzustellen,

d) ein Verfahren zur regelmäßigen Überprüfung, Bewertung und Evaluierung der Wirksamkeit der technischen und organisatorischen Maßnahmen zur Gewährleistung der Sicherheit der Verarbeitung.

Aus ErwG 78, 83 DS-GVO ergibt sich jedoch, dass diese Aufzählung nicht zwingend abschließend als Mindestanforderung zu verstehen ist. Sie bildet zwar den wesentlichen Kern der Anforderungen, der jedoch in der Ausgestaltung immer unter Abwägung der in Art. 32 Abs. 1 DS-GVO aufgezählten Kosten, Umstände, Zwecke der Verarbeitung sowie unter Berücksichtigung der Eintrittswahrscheinlichkeit und Schwere des Risikos für die Rechte und Freiheiten natürlicher Personen, variieren kann (vgl. Paal/Pauly/*Martini*, DS-GVO, Art. 32 Rn. 30 ff.). ErwG 78 S. 2 DS-GVO fokussiert insbesondere die Einhaltung des Datenschutzes durch Technik (data protection by design) und durch datenschutzfreundliche Voreinstellungen (data protection by default). Im Ergebnis dürften wohl die bisherigen Ausgestaltungen, wie bereits unter Anwendung des § 11 i. V. m. § 9 BDSG nebst Anlage, als Orientierung genommen werden (näher → E. II.; G. I. 6.).

Der „Stand der Technik" ist dabei zu wahren, Art. 32 Abs. 1 DS-GVO i. V. m. ErwG 78 S. 4, 83 S. 2 DS-GVO. Mit „Stand der Technik" ist – zumindest nach deutschem Verständnis – das Niveau einer anerkannten und in der Praxis bewährten, fortschrittlichen technischen Entwicklung gemeint, das ein Erreichen des gesetzlich vorgegebenen Ziels gesichert erscheinen lässt (BT-Drs. 16/887, 30). Insbesondere im IT-Umfeld bleibt der Begriff wenig konkret (so auch *Thalhofer* in: Auer-Reinsdorff/Conrad, Handbuch IT- und Datenschutzrecht, § 19 Rn. 67 f.). Ob im Detail damit die nicht legal definierten „Allgemein anerkannten Regeln der Technik", der „Stand der Technik" oder der „Stand von Wissenschaft und Technik" als Maßstab angelegt werden sollen und so auf die „Drei-Stufen-Theorie" des BVerfG, Beschl. v. 8.8.1978 – 2 BvL 8/77, BVerfGE 49, 89 (135 f.) Bezug genommen werden kann, ist fraglich (vgl. ausführlich zur Differenzierung der drei Stufen *Seibel*, NJW 2013, 3000). Der „Stand der Technik" bewegt sich in seinem Anforderungsprofil

Diekmann

zwischen „allgemein anerkannten Regeln der Technik" und dem Stand der Wissenschaft und Technik" (Paal/Pauly/*Martini*, DS-GVO, Art. 25 Rn. 39 m. w. N.). Unter Berücksichtigung der sich rasant weiterentwickelnden technischen Möglichkeiten Daten kompromittieren zu können, greift ein Maßstab, welcher lediglich an den „allgemein anerkannten Regeln der Technik" ausgerichtet ist, sicherlich zu kurz. Andererseits würden durch die Erfordernisse an den „Stand von Wissenschaft und Technik" zu hohe und kaum zu realisierende Hürden geschaffen werden, die wiederum auch nicht mit den Abwägungskriterien des Art. 32 Abs. 1 DS-GVO in Einklang stünden. Der nach deutschem Verständnis etablierte „Stand der Technik", welcher ein dynamisches Element besitzt (*Seibel*, NJW 2013, 3000 (3003)), sollte daher bei der Prüfung der Angemessenheit der bei dem Datenimporteuer etablierten technischen und organisatorischen Maßnahmen prinzipiell als Orientierung herangezogen werden. Je nach Einzelfall muss jedoch dem in Art. 32 Abs. 1, 2 DS-GVO verankertem risikobasierten Ansatz Rechnung getragen werden. Diesem liegt die Idee zu Grunde, dass das datenschutzrechtliche Instrumentarium in Abhängigkeit von der Gefahr, die von der Datenverarbeitung im Einzelfall für den Betroffenen ausgeht, angewendet werden sollte, um so ein vernünftiges Aufwand-Nutzen-Verhältnis herzustellen (*Veil*, ZD 2015, 347 (348)).

9. Haftung. Ausweislich des Musters der Kommission ist die Regelung der Haftung rein fakultativ und kann – zumindest im Rahmen des Anhangs 1 und 2 – prinzipiell entfallen. Sie bezweckt die klare Regelung, dass ein Ausgleichsanspruch entweder des Datenexporteurs oder des Datenimporteurs gegen die jeweilige andere Partei im Verhältnis des jeweiligen Verschuldensanteils im Innenverhältnis besteht. Im Unterschied zum BDSG a. F., welches die Verantwortlichkeit allein bei der verantwortlichen Stelle beließ (vgl. § 11 Abs. 1 S. 1 BDSG a. F.), wird durch die DS-GVO ein davon abweichendes Regelungsfeld eröffnet. Die bisherige Haftungslücke mit Blick auf Auftragsverarbeiter wurde durch Art. 82 Abs. 1, 2 DS-GVO nunmehr geschlossen (vgl. *Schantz*, NJW 2016, 1841 (1847)). Jeder an einer Datenverarbeitung Beteiligte haftet verschuldensunabhängig für Schäden, die durch eine nicht der Verordnung entsprechende Verarbeitung verursacht werden (*Wybitul*, ZD 2016, 253 (253 f.)). Diese im Außenverhältnis zur betroffenen Person bestehende verschuldensunabhängige Haftung wird im Innenverhältnis zwischen Verantwortlichem und Auftragsverarbeiter jedoch durch Art. 82 Abs. 5 DS-GVO durchbrochen. Es liegt nunmehr insbesondere an einer konkreten vertraglichen Ausgestaltung, wer für welche Pflichten wie im Innenverhältnis beider Parteien zueinander verantwortlich ist. Im Außenverhältnis steht es der betroffenen Person nach Art. 82 Abs. 1 DS-GVO frei, sich entweder an den Verantwortlichen oder an den Auftragsverarbeiter zu wenden. Über Art. 82 Abs. 4 DS-GVO besteht daher zugunsten der betroffenen Person eine Gesamtschuldnerschaft (vgl. Paal/Pauly/*Frenzel*, DS-GVO, Art. 82 Rn. 16 f.), wenn der Verantwortliche und der Auftragsverarbeiter an derselben Verarbeitung beteiligt waren und beide gemäß Art. 82 Abs. 2 und 3 DS-GVO für einen durch die Verarbeitung verursachten Schaden verantwortlich sind. Der betroffenen Person steht damit ein Wahlrecht zu, gegen wen sie ihre Ansprüche geltend machen will. Im Innenverhältnis kann wiederum ein quotaler Ausgleichsanspruch zwischen dem Verantwortlichen und dem Auftragsverarbeiter bestehen, welcher über Art. 82 Abs. 5 DS-GVO normiert ist. Somit kann – je nach Einzelfall – ein gesamtschuldnerischer Innenausgleich vorzunehmen sein (*Spindler*, DB 2016, 937 (947)). Art. 82

Abs. 5 DS-GVO bildet damit eine eigene Anspruchsgrundlage für Schadensersatzforderungen zwischen dem Verantwortlichen und dem Auftragsverarbeiter gleichermaßen.

Der Auftragsverarbeiter haftet nach Art. 82 Abs. 2 S. 2 DS-GVO nur dann, wenn
er seinen speziell ihm auferlegten Pflichten dieser Verordnung nicht nachgekommen
ist. Dazu zählen auch Verstöße gegen die ggf. vertraglich vereinbarten Pflichten und
Anweisungen durch den Verantwortlichen. Die Beweislast liegt damit bei dem Verantwortlichen, sofern keine anderweitige vertragliche Regelung besteht.

Ist ein Schaden durch eine nicht der DS-GVO entsprechende Verarbeitung entstanden (Art. 82 Abs. 2 DS-GVO), so besteht über Art. 82 Abs. 3 DS-GVO eine Ex-
kulpationsmöglichkeit sowohl für den Verantwortlichen als auch für den Auftragsverarbeiter, wenn eine Nichtverantwortlichkeit nachgewiesen wird (Paal/Pauly/
Frenzel, DS-GVO, Art. 82 Rn. 15).

Wird zwischen dem Verantwortlichen und dem Auftragsverarbeiter keine konkrete Regelung zur Haftung bezüglich einzelner Zuständigkeiten getroffen, dürfte von
einer hälftigen Quotelung der Verantwortlichkeit beider Vertragsparteien im Innenverhältnis auszugehen sein, da Auftraggeber und Auftragnehmer u.U. jeweils
(gleichrangig) als Verantwortliche gelten können, sofern diese die Zwecke und Mittel der Verarbeitung selbst bestimmen, Art. 28 Abs. 10 DS-GVO.

3. Binding Corporate Rules

Verbindliche interne Datenschutzvorschriften („Binding Corporate Rules", bzw.
„BCR") sind in der DS-GVO in einer eigenen Vorschrift, **Art. 47 DS-GVO,** umfas-
send geregelt. Unter der alten Rechtslage wurden die rechtlichen Wirkungen von
BCR auf Art. 26 Abs. 2 DSRL und § 4c BDSG gestützt, allerdings ohne in diesen
Bestimmungen ausdrücklich erwähnt zu sein.

Art. 4 Nr. 20 DS-GVO definiert BCR als Maßnahmen zum Schutz personenbezogener Daten, zu deren Einhaltung sich ein im Hoheitsgebiet eines Mitgliedstaats niedergelassener Verantwortlicher oder Auftragsverarbeiter verpflichtet, um
Übermittlungen personenbezogener Daten in ein oder mehrere Staaten außerhalb
der EU bzw. des EWR („Drittländer") zu ermöglichen. Die Datenübermittlungen erfolgen an einen Verantwortlichen (vgl. Art. 4 Abs. 7 DS-GVO) oder Auftragsverarbeiter (vgl. Art. 4 Abs. 8 DS-GVO) derselben Unternehmensgruppe (vgl.
Art. 4 Abs. 19 DS-GVO) oder derselben Gruppe von Unternehmen (vgl. Art. 4
Nr. 18 DS-GVO), die eine gemeinsame Wirtschaftstätigkeit ausüben. Die DS-GVO
sieht damit entsprechend der bestehenden Praxis unter der DSRL sowohl die Möglichkeit von **BCR für die Übermittlung an einen Verantwortlichen** in einem Drittland als auch die Möglichkeit von **BCR für die Übermittlung an Auftragsverarbeiter**
vor.

Art. 47 DS-GVO stellt klar, dass eine **Genehmigung durch die zuständige Aufsichtsbehörde** (vgl. Art. 57 DS-GVO) gemäß dem Kohärenzverfahren nach Art. 63
DS-GVO erforderlich ist, damit verbindliche interne Datenschutzvorschriften die
gewünschte Wirkung entfalten können.

Die DS-GVO erwähnt verbindliche interne Datenschutzregelungen außerdem im
Kapitel III (Rechte der betroffenen Person) im Rahmen der **Informationspflichten**
gem. Art. 13 Abs. 1 lit. f DS-GVO (Informationspflicht bei Erhebung von personen-

bezogenen Daten bei der betroffenen Person) und Art. 14 Abs. 1 lit. f DS-GVO (Informationspflicht, wenn die personenbezogenen Daten nicht bei der betroffenen Person erhoben werden).

Art. 57 Abs. 1 lit. s DS-GVO verpflichtet die zuständige Aufsichtsbehörde, in ihrem Hoheitsgebiet verbindliche interne Unternehmensregelungen, die den Vorgaben gem. Art. 47 DS-GVO entsprechen, zu genehmigen, Art. 58 Abs. 3 lit. j DS-GVO räumt der zuständigen Aufsichtsbehörde die korrespondierenden **Genehmigungs-befugnisse und beratenden Befugnisse** ein, die es der zuständigen Aufsichtsbehörde gestatten, verbindliche interne Datenschutzvorschriften gem. Art. 47 DS-GVO zu genehmigen.

Art. 64 Abs. 1 lit. f DS-GVO sieht eine **Stellungnahme des Europäischen Daten-schutzausschusses** (vgl. Art. 68 DS-GVO) vor, wenn die zuständige Aufsichtsbehörde beabsichtigt, verbindliche interne Vorschriften i. S. v. Art. 47 DS-GVO zu genehmigen; der entsprechende Beschlussentwurf ist dem Ausschuss zu übermitteln. Sofern die zuständige Aufsichtsbehörde dieser Stellungnahme nicht oder teilweise nicht folgt, leitet der Vorsitz des Europäischen Datenschutzausschusses das Streit-beilegungsverfahren nach Art. 65 DS-GVO ein, Art. 64 Abs. 8 DS-GVO.

Art. 70 Abs. 1 lit. c DS-GVO beauftragt den Ausschuss, die Kommission über das Format und die Verfahren für den Austausch von Informationen zwischen den Verantwortlichen, den Auftragsverarbeitern und den Aufsichtsbehörden in Bezug auf verbindliche interne Datenschutzvorschriften zu beraten. Art. 70 Abs. 1 lit. i DS-GVO beauftragt den Ausschuss mit der Bereitstellung von **Leitlinien, Empfehlungen und bewährten Verfahren zu näheren Bestimmung der in Art. 47 DS-GVO aufge-führten Kriterien und Anforderungen** für die Übermittlungen personenbezogener Daten, die auf verbindlichen internen Datenschutzvorschriften von Verantwortlichen oder Auftragsverarbeitern beruhen, und der dort aufgeführten weiteren erforderlichen Anforderungen zum Schutz personenbezogener Daten der betroffenen Personen.

Verbindliche interne Datenschutzvorschriften werden in zwei Erwägungsgründen erwähnt: **ErwG 108 DS-GVO** erläutert, dass die in der DS-GVO vorgesehenen Garantien sicherstellen sollen, dass die Datenschutzvorschriften und die Rechte der betroffenen Personen auf eine der Verarbeitung innerhalb der Union angemessene Art und Weise beachtet werden; dies gelte auch hinsichtlich der Verfügbarkeit von durchsetzbaren Rechten der betroffenen Person und von wirksamen Rechtsbehelfen einschließlich des Rechts auf wirksame verwaltungsrechtliche oder gerichtliche Rechtsbehelfe sowie des Rechts auf Geltendmachung von Schadenersatzansprüchen in der Union oder in einem Drittland. Die Garantien sollten sich insbesondere auf die Einhaltung der allgemeinen Grundsätze für die Verarbeitung personenbezogener Daten, die Grundsätze des Datenschutzes durch Technik und durch datenschutz-freundliche Voreinstellungen beziehen. **ErwG 110 DS-GVO** stellt klar, dass jede Unternehmensgruppe oder jede Gruppe von Unternehmen, die eine gemeinsame Wirtschaftstätigkeit ausüben, für ihre internationalen Datenübermittlungen aus der Union an Organisationen derselben Unternehmensgruppe oder derselben Gruppe von Unternehmen, die eine gemeinsame Wirtschaftstätigkeit ausüben, genehmigte verbindliche interne Datenschutzvorschriften anwenden dürfen sollte, sofern diese sämtliche Grundprinzipien und durchsetzbaren Rechte enthalten, die geeignete Garantien für die Übermittlungen bzw. Kategorien von Übermittlungen personenbezogener Daten bieten.

Braun

In der **DSRL** waren verbindliche interne Datenschutzvorschriften noch nicht ausdrücklich erwähnt. Allerdings hat die Artikel-29-Datenschutzgruppe in den letzten Jahren dieses Instrument in einer Reihe von Dokumenten entwickelt und teilweise sehr operative Vorgaben gemacht, die bis zu Checklisten und einem Antragsformular reichen, das als Datei für Textverarbeitungssoftware zur Verfügung gestellt wurde. Auch wenn eine ausdrückliche Anpassung an die DS-GVO noch aussteht, ist davon auszugehen, dass sich die Aufsichtsbehörden weiterhin weitgehend an diesen Dokumenten orientieren werden. So wurde z. B. das Working Paper 155 im Februar 2017 nochmals überarbeitet.

Die derzeit maßgeblichen Working Paper sind:
- WP 12 vom 24.7.1998, Arbeitsunterlage „Übermittlungen personenbezogener Daten an Drittländer: Anwendung von Artikel 25 und 26 der Datenschutzrichtlinie der EU". Dieses frühe Working Paper enthält eine allgemeine Darstellung von Übermittlungen auf Basis von Art. 25 und 26 DSRL. Die Rolle der Selbstkontrolle der Wirtschaft wird umfassend thematisiert, der Begriff BCR aber noch nicht verwendet.
- WP 74 vom 3.6.2003, „Arbeitsdokument: Übermittlung personenbezogener Daten in Drittländer: Anwendung von Artikel 26 Absatz 2 der EU-Datenschutzrichtlinie auf verbindliche unternehmensinterne Vorschriften für den internationalen Datenverkehr". Dies ist das erste Working Paper der Artikel-29-Datenschutzgruppe zum Thema. Es enthält die grundlegenden Überlegungen, auf die in der Folgezeit immer wieder Bezug genommen wird.
- WP 102 vom 25.11.2004, „Muster-Checkliste – Antrag auf Genehmigung verbindlicher Unternehmensregelungen". Die Aufsichtsbehörden haben sich immer wieder bemüht, die Anforderungen an Unternehmen, die BCR zur Genehmigung vorlegen wollen, möglichst praxisnah zusammen zu stellen. Dies erfolgte 2004 zunächst in Form einer Checkliste.
- WP 107 vom 14.4.2005, „Arbeitsdokument Festlegung eines Kooperationsverfahrens zwecks Abgabe gemeinsamer Stellungnahmen zur Angemessenheit der verbindlich festgelegten unternehmensinternen Datenschutzgarantien". Für BCR ist eine Genehmigung in jedem Mitgliedstaat erforderlich, in dem das betreffende Unternehmen über eine Niederlassung verfügt. Mit diesem Working Paper wurde ein Kooperationsverfahren eingeführt, um den bis zu diesem Zeitpunkt sehr umständlichen Prozess zu straffen und die Kooperation der Aufsichtsbehörden in dieser Frage zu stärken. Derzeit arbeiten 21 Aufsichtsbehörden in diesem Mechanismus zusammen (http://ec.europa.eu/justice/data-protection/international-transfers/binding-corporate-rules/mutual_recognition/index_en.htm).
- WP 108 vom 14.4.2005, Arbeitsdokument „Muster-Checkliste für Anträge auf Genehmigungen verbindlicher unternehmensinterner Datenschutzregelungen". Dieses Dokument ist deutlich umfangreicher als Working Paper 102 und gibt damit operativ noch besser nutzbare Hinweise zu den im Genehmigungsverfahren erforderlichen Angaben.
- WP 133 vom 10.1.2007, „Recommendation 1/2007 on the Standard Application for Approval of Binding Corporate Rules for the Transfer of Personal Data". Dieses Dokument ist nur im RTF-Dateiformat und in englischer Sprache verfügbar und erlaubt es dem betreffenden Unternehmen, die Angaben unmittelbar in der Datei einzutragen. Insbesondere die Anforderungen aus Working Paper 74 und 108 sind hier eingearbeitet.

Braun

- WP 153 vom 24.6.2008, „Arbeitsdokument mit einer Übersicht über die Bestandteile und Grundsätze verbindlicher unternehmensinterner Datenschutzregelungen (BCR)". Dieses Dokument konsolidiert die bisherigen Working Papers und stellt insbesondere klar, welche Angaben in welchem Dokument gemacht werden sollten.
- WP 154 vom 24.6.2008, Arbeitsdokument „Rahmen für verbindliche unternehmensinterne Datenschutzregelungen (BCR)". Auch dieses Dokument hat stark operativen Charakter und stellt eine Art Mustergliederung für BCR vor.
- WP 155 Rev. 05 (Stand: 7.2.2017), „Working Document on Frequently Asked Questions (FAQs) related to Binding Corporate Rules". Dieses Dokument bemüht sich um Antworten auf in der Praxis immer wieder gestellte Fragen. Die aktuellste Fassung des Dokuments liegt derzeit nur in englischer Sprache vor, die Vorversionen gibt es auch in deutscher Sprache.
- WP 195 vom 6.6.2012, „Arbeitsdokument 02/2012 mit einer Übersicht über die Bestandteile und Grundsätze verbindlicher unternehmensinterner Datenschutzregelungen (BCR) für Auftragsverarbeiter". Dies ist das erste Dokument, das sich mit BCR für Auftragsverarbeiter befasst.
- WP 195a vom 17.9.2012, „Recommendation 1/2012 on the Standard Application form for Approval of Binding Corporate Rules for the Transfer of Personal Data for Processing Activities". Auch für BCR für Auftragsverarbeiter legten die Aufsichtsbehörden ein direkt ausfüllbares Dokument vor (RTF-Format). Auch von diesem gibt es nur eine englische Sprachfassung.
- WP 204 Rev. 01 (Stand: 22.5.2015), „Explanatory Document on the Processor Binding Corporate Rules". Dieses in der aktuellen Fassung nur in englischer Sprache verfügbare Dokument konsolidiert die Anforderungen für BCR für Auftragsverarbeiter.
- WP 212 vom 27.2.2014, „Stellungnahme 02/2014 zu einem Regelwerk für die Anforderungen an verbindliche unternehmensinterne Regelungen, die den nationalen Datenschutzbehörden der EU vorgelegt werden, und an Regelungen für den grenzüberschreitenden Datenschutz, die den von der APEC anerkannten „CBPR Accountability Agents" vorgelegt werden". Ziel dieses Dokuments ist eine Hilfestellung für Unternehmen, die eine Genehmigung von BCR und/oder eine Genehmigung grenzüberschreitender Datenübermittlungen im Rahmen des von der APEC vorgelegten Cross Border Privacy Rules (CBPR) anstreben. Die Anforderungen beider Regimes werden vergleichend dargestellt.

Verbindliche interne Datenschutzvorschriften

§ 1 Anwendungsbereich[1]

In den Anwendungsbereich dieser verbindlichen internen Datenschutzvorschriften („BCR") fallen alle Konzerngesellschaften des [...-Konzerns]. Die BCR gelten für die Verarbeitung aller personenbezogenen Daten aus der EU/dem EWR, auf die die EU-Datenschutz-Grundverordnung 2016/679 („DS-GVO") Anwendung findet und für alle personenbezogenen Daten ungeachtet ihres Herkunftslandes, sofern sie von einer Konzerngesellschaft an eine andere Konzerngesellschaft übermittelt werden.

Braun

§ 2 Verbindlichkeit der BCR[2]

Die BCR sind von allen Konzerngesellschaften verbindlich zu beachten und einzuhalten. Zur Dokumentation der Anerkennung und Umsetzung der BCR ist von der Leitung der jeweiligen Konzerngesellschaft eine ausdrückliche schriftliche Verpflichtungserklärung auf die Regelungen der BCR abzugeben. Mit Abgabe dieser schriftlichen Verpflichtungserklärung sind die BCR-Regelungen für die Konzerngesellschaft individuell verbindlich. Die Verpflichtungserklärung ist durch die Leitung der Konzerngesellschaft zu unterzeichnen und an die Muttergesellschaft zurückzureichen. Die Muttergesellschaft führt ein elektronisches Verzeichnis der Konzerngesellschaften, die sich durch Verpflichtungserklärung oder Beitrittsvertrag zur Einhaltung der Regelungen der BCR verpflichtet haben.

Auch die Mitarbeiter der teilnehmenden Gesellschaften sind an die Regelungen der BCR gebunden.[3] Die Geschäftsführung jeder Konzerngesellschaft hat die Verpflichtung, die rechtliche Bindungswirkung der BCR für alle Mitarbeiter in geeigneter Weise sicherzustellen. Der Text der Regelungen der BCR steht den Mitarbeitern der teilnehmenden Unternehmen jederzeit zur Verfügung. Die teilnehmenden Unternehmen unterrichten ihre Mitarbeiter darüber, dass die Nichteinhaltung der BCR zu disziplinarischen oder arbeitsrechtlichen Maßnahmen (z.B. Abmahnung, Kündigung) führen kann.

Die Regelungen der BCR sind – im Wege der Drittbegünstigung – auch gegenüber betroffenen Personen verbindlich.[4] Die betroffenen Personen sind berechtigt, die Einhaltung der drittbegünstigenden Rechte durch eine Konzerngesellschaft, einschließlich des Rechts, nicht einer ausschließlich auf einer automatisierten Verarbeitung, einschließlich Profiling, beruhenden Entscheidung unterworfen zu werden, durch eine Beschwerde bei der zuständigen Datenschutzaufsicht oder durch die Geltendmachung eines Rechtsbehelfs bei den zuständigen Gerichten durchzusetzen. Die betroffenen Personen können dabei Wiedergutmachung und gegebenenfalls Schadensersatz geltend machen.

§ 3 Folgen von Verstößen

Im Falle eines Verstoßes gegen die Regelungen der BCR durch eine Konzergesellschaft mit Sitz außerhalb des EWR sind somit auch Gerichte und Behörden im EWR zuständig. Der betroffenen Person stehen in diesen Fällen gegenüber der Muttergesellschaft[5] dieselben Rechte zu, wie wenn der Verstoß von der Muttergesellschaft begangen worden wäre und nicht von einer Konzerngesellschaft mit Sitz außerhalb des EWR.

§ 4 Beschreibung der Datenübermittlungen[6]

Die teilnehmenden Unternehmen nutzen personenbezogenen Daten der betroffenen Personen zu folgenden Zwecken:
– Zurverfügungstellung von Produkten, Dienstleistungen und Informationen.
– Identifikation der betroffenen Person identifizieren, wenn sie Kontakt mit den teilnehmenden Unternehmen aufnimmt.
– Unterstützung bei der Verbesserung der Qualität von Produkte und Dienstleistungen der teilnehmenden Unternehmen.
– Angebot von Produkte und Dienstleistungen.

Braun

– Verbesserung der Kommunikation mit der betroffenen Person und individuelle Betreuung.
– Erfüllung gesetzlicher Vorschriften wie z. B. zur Betrugs- und Geldwäscheprävention.
– Zu sonstigen Zwecken nur, soweit dies erforderlich und rechtlich zulässig ist.

Alle Arten personenbezogener Daten, die für die vorgenannten Zwecke verarbeitet werden, sind von diesen BCR umfasst, darunter personenbezogene Daten von Mitarbeitern, Kunden, Lieferanten, Aktionären sowie von allen sonstigen – gegenwärtigen oder künftigen – Vertrags- und Geschäftspartnern der Konzerngesellschaften und sonstiger Betroffener.

Die Daten werden in folgende Drittstaaten übermittelt:

[...]

§ 5 Materielle Grundsätze für die Verarbeitung personenbezogener Daten[7]

Bei der Verarbeitung personenbezogener Daten durch Konzerngesellschaften im Rahmen dieser BCR gelten die folgenden Grundsätze, die sich insbesondere aus der DS-GVO ableiten:

Allgemeine Grundsätze für die Verarbeitung personenbezogener Daten. Personenbezogene Daten müssen
– auf rechtmäßige Weise, nach Treu und Glauben und in einer für die betroffene Person nachvollziehbaren Weise verarbeitet werden („Rechtmäßigkeit, Verarbeitung nach Treu und Glauben, Transparenz");
– für festgelegte, eindeutige und legitime Zwecke erhoben werden und dürfen nicht in einer mit diesen Zwecken nicht zu vereinbarenden Weise weiterverarbeitet werden; eine Weiterverarbeitung für im öffentlichen Interesse liegende Archivzwecke, für wissenschaftliche oder historische Forschungszwecke oder für statistische Zwecke gilt nicht als unvereinbar mit den ursprünglichen Zwecken („Zweckbindung");
– dem Zweck angemessen und erheblich sowie auf das für die Zwecke der Verarbeitung notwendige Maß beschränkt sein („Datenminimierung");
– sachlich richtig und erforderlichenfalls auf dem neuesten Stand sein; es sind alle angemessenen Maßnahmen zu treffen, damit personenbezogene Daten, die im Hinblick auf die Zwecke ihrer Verarbeitung unrichtig sind, unverzüglich gelöscht oder berichtigt werden („Richtigkeit");
– in einer Form gespeichert werden, die die Identifizierung der betroffenen Personen nur so lange ermöglicht, wie es für die Zwecke, für die sie verarbeitet werden, erforderlich ist; personenbezogene Daten dürfen länger gespeichert werden, soweit die personenbezogenen Daten vorbehaltlich der Durchführung geeigneter technischer und organisatorischer Maßnahmen, die von dieser Verordnung zum Schutz der Rechte und Freiheiten der betroffenen Person gefordert werden, ausschließlich für im öffentlichen Interesse liegende Archivzwecke oder für wissenschaftliche und historische Forschungszwecke oder für statistische Zwecke verarbeitet werden („Speicherbegrenzung");
– in einer Weise verarbeitet werden, die eine angemessene Sicherheit der personenbezogenen Daten gewährleistet, einschließlich Schutz vor unbefugter oder unrechtmäßiger Verarbeitung und vor unbeabsichtigtem Verlust, unbeabsichtigter Zerstörung oder unbeabsichtigter Schädigung durch geeignete technische und organisatorische Maßnahmen („Integrität und Vertraulichkeit").

Braun

Jede Konzerngesellschaft ist für die Einhaltung dieser Grundsätze verantwortlich und muss deren Einhaltung nachweisen können („Rechenschaftspflicht").

Datenschutz durch Technikgestaltung. Unter Berücksichtigung des Stands der Technik, der Implementierungskosten und der Art, des Umfangs, der Umstände und der Zwecke der Verarbeitung sowie der unterschiedlichen Eintrittswahrscheinlichkeit und Schwere der mit der Verarbeitung verbundenen Risiken für die Rechte und Freiheiten natürlicher Personen treffen die teilnehmenden Unternehmen sowohl zum Zeitpunkt der Festlegung der Mittel für die Verarbeitung als auch zum Zeitpunkt der eigentlichen Verarbeitung geeignete technische und organisatorische Maßnahmen – wie z.B. Pseudonymisierung, die dafür ausgelegt sind, die Datenschutzgrundsätze wie etwa Datenminimierung wirksam umzusetzen und die notwendigen Garantien in die Verarbeitung aufzunehmen, um den datenschutzrechtlichen Anforderungen zu genügen und die Rechte der betroffenen Personen zu schützen.

Datenschutz durch datenschutzfreundliche Voreinstellungen. Die teilnehmenden Unternehmen treffen geeignete technische und organisatorische Maßnahmen, die sicherstellen, dass durch Voreinstellung grundsätzlich nur personenbezogene Daten, deren Verarbeitung für den jeweiligen bestimmten Verarbeitungszweck erforderlich ist, verarbeitet werden. Diese Verpflichtung gilt für die Menge der erhobenen personenbezogenen Daten, den Umfang ihrer Verarbeitung, ihre Speicherfrist und ihre Zugänglichkeit. Solche Maßnahmen müssen insbesondere sicherstellen, dass personenbezogene Daten durch Voreinstellungen nicht ohne Eingreifen der Person einer unbestimmten Zahl von natürlichen Personen zugänglich gemacht werden.

Informationspflichten. Jedes teilnehmende Unternehmen erfüllt gegenüber der betroffenen Person alle gesetzlichen Informationspflichten und stellt insbesondere alle Informationen, die notwendig sind, um eine faire und transparente Verarbeitung zu gewährleisten, in präziser, transparenter, verständlicher und leicht zugänglicher Form in einer klaren und einfachen Sprache zur Verfügung. Beabsichtigt eine Konzerngesellschaft, die personenbezogenen Daten für einen anderen Zweck weiterzuverarbeiten als den, für den die personenbezogenen Daten erhoben wurden, so stellt sie der betroffenen Person vor dieser Weiterverarbeitung Informationen über diesen anderen Zweck und alle anderen maßgeblichen Informationen zur Verfügung.

§ 6 Verarbeitung besonderer Kategorien von personenbezogenen Daten[8]

Die Verarbeitung personenbezogener Daten, aus denen die rassische und ethnische Herkunft, politische Meinungen, religiöse oder weltanschauliche Überzeugungen oder die Gewerkschaftszugehörigkeit hervorgehen, sowie die Verarbeitung von genetischen Daten, biometrischen Daten zur eindeutigen Identifizierung einer natürlichen Person, Gesundheitsdaten oder Daten zum Sexualleben oder der sexuellen Orientierung einer natürlichen Person ist untersagt.

Ausnahmen gelten nur in folgenden Fällen:
- Die betroffene Person hat in die Verarbeitung der genannten personenbezogenen Daten für einen oder mehrere festgelegte Zwecke ausdrücklich eingewilligt, es sei denn, nach dem anwendbaren Datenschutzrecht kann das Verbot der Verarbeitung durch die Einwilligung der betroffenen Person nicht aufgehoben werden,
- die Verarbeitung ist erforderlich, damit die betreffende Konzerngesellschaft oder die betroffene Person die ihm bzw. ihr aus dem Arbeitsrecht und dem Recht der

sozialen Sicherheit und des Sozialschutzes erwachsenden Rechte ausüben und seinen bzw. ihren diesbezüglichen Pflichten nachkommen kann, soweit dies nach Unionsrecht oder dem Recht der Mitgliedstaaten oder einer Kollektivvereinbarung nach dem Recht der Mitgliedstaaten, das geeignete Garantien für die Grundrechte und die Interessen der betroffenen Person vorsieht, zulässig ist,

– die Verarbeitung ist zum Schutz lebenswichtiger Interessen der betroffenen Person oder einer anderen natürlichen Person erforderlich und die betroffene Person ist aus körperlichen oder rechtlichen Gründen außerstande, ihre Einwilligung zu geben,

– die Verarbeitung bezieht sich auf personenbezogene Daten, die die betroffene Person offensichtlich öffentlich gemacht hat,

– die Verarbeitung ist zur Geltendmachung, Ausübung oder Verteidigung von Rechtsansprüchen oder bei Handlungen der Gerichte im Rahmen ihrer justiziellen Tätigkeit erforderlich,

– die Verarbeitung ist auf der Grundlage des anwendbaren Datenschutzrechts aus Gründen eines erheblichen öffentlichen Interesses erforderlich,

– die Verarbeitung ist für Zwecke der Gesundheitsvorsorge oder der Arbeitsmedizin, für die Beurteilung der Arbeitsfähigkeit des Beschäftigten, für die medizinische Diagnostik, die Versorgung oder Behandlung im Gesundheits- oder Sozialbereich oder für die Verwaltung von Systemen und Diensten im Gesundheits- oder Sozialbereich auf der Grundlage des anwendbaren Datenschutzrechts oder aufgrund eines Vertrags mit einem Angehörigen eines Gesundheitsberufs erforderlich,

– die Verarbeitung ist aus Gründen des öffentlichen Interesses im Bereich der öffentlichen Gesundheit, wie dem Schutz vor schwerwiegenden grenzüberschreitenden Gesundheitsgefahren oder zur Gewährleistung hoher Qualitäts- und Sicherheitsstandards bei der Gesundheitsversorgung und bei Arzneimitteln und Medizinprodukten, auf der Grundlage anwendbaren Datenschutzrechts erforderlich, oder

– die Verarbeitung ist auf der Grundlage des anwendbaren Datenschutzrechts, für im öffentlichen Interesse liegende Archivzwecke, für wissenschaftliche oder historische Forschungszwecke oder für statistische Zwecke erforderlich.

§ 7 Datensicherheit[9]

Unter Berücksichtigung des Stands der Technik, der Implementierungskosten und der Art, des Umfangs, der Umstände und der Zwecke der Verarbeitung sowie der unterschiedlichen Eintrittswahrscheinlichkeit und Schwere des Risikos für die Rechte und Freiheiten natürlicher Personen treffen die teilnehmenden Unternehmen geeignete technische und organisatorische Maßnahmen, um ein dem Risiko angemessenes Schutzniveau zu gewährleisten; diese Maßnahmen schließen unter anderem Folgendes ein:

– die Pseudonymisierung und Verschlüsselung personenbezogener Daten;

– die Fähigkeit, die Vertraulichkeit, Integrität, Verfügbarkeit und Belastbarkeit der Systeme und Dienste im Zusammenhang mit der Verarbeitung auf Dauer sicherzustellen;

– die Fähigkeit, die Verfügbarkeit der personenbezogenen Daten und den Zugang zu ihnen bei einem physischen oder technischen Zwischenfall rasch wiederherzustellen;

Braun

– ein Verfahren zur regelmäßigen Überprüfung, Bewertung und Evaluierung der Wirksamkeit der technischen und organisatorischen Maßnahmen zur Gewährleistung der Sicherheit der Verarbeitung.

Bei der Beurteilung des angemessenen Schutzniveaus sind insbesondere die Risiken zu berücksichtigen, die mit der Verarbeitung – insbesondere durch Vernichtung, Verlust oder Veränderung, ob unbeabsichtigt oder unrechtmäßig, oder unbefugte Offenlegung von beziehungsweise unbefugten Zugang zu personenbezogenen Daten, die übermittelt, gespeichert oder auf andere Weise verarbeitet wurden – verbunden sind.

Die teilnehmenden Unternehmen ergreifen angemessene Maßnahmen, um sicherzustellen, dass ihnen unterstellte natürliche Personen, die Zugang zu personenbezogenen Daten haben, diese nur auf Anweisung des jeweiligen teilnehmenden Unternehmens verarbeiten, es sei denn, sie sind nach dem anwendbaren Datenschutzrecht zur Verarbeitung verpflichtet.

§ 8 Weitere Übermittlungen[10]

Die weitere Übermittlung von personenbezogenen Daten von einer Konzerngesellschaft an Nicht-Konzerngesellschaften ist nur unter den folgenden Voraussetzungen zulässig:
– Die Nicht-Konzerngesellschaft gewährleistet ein angemessenes Datenschutzniveau i.S.v. Art. 45 DS-GVO oder die Weiterübermittlung ist aus anderen Gründen, die im Einklang mit Kapitel V der DS-GVO stehen, zulässig;
– Sofern es sich bei der Nicht-Konzerngesellschaft um einen Auftragsverarbeiter handelt, müssen die Voraussetzungen der Art. 28 DS-GVO ergänzend erfüllt werden.

§ 9 Information über die BCR[11]

Die BCR einschließlich der Drittbegünstigungsklausel sind für die betroffenen Personen einfach zugänglich, u.a. auf den Internetseiten des teilnehmenden Unternehmens. Der Betroffene kann sich außerdem an den Datenschutz-Ansprechpartner der betreffenden Konzerngesellschaft wenden.

§ 10 Aufgaben der mit der Überwachung der Einhaltung der BCR betrauten Stellen und Personen[12]

In den teilnehmenden Unternehmen und folgende Stellen mit der Überwachung der Einhaltung der BCR betraut:
– Bestimmte teilnehmende Unternehmen haben betriebliche Datenschutzbeauftragte. Diese nehmen die Aufgaben gem. Art. 37 DS-GVO wahr, außerdem beobachten sie die allgemeine Rechtsentwicklung in den Drittländern, für die sie zuständig sind;
– Teilnehmende Unternehmen, die keinen eigenen Datenschutzbeauftragten ernannt haben, haben Ansprechpartner für den Datenschutz. Diese führen u. a. Datenschutz-Schulungen durch, sind primäre Ansprechpartner bei Beschwerden von betroffenen Personen und beraten die Geschäftsleitung bei der Umsetzung der BCR; außerdem beobachten sie die allgemeine Rechtsentwicklung in den Drittländern, für die sie zuständig sind;
– Die Audit-Abteilung überwacht die Einhaltung der BCR in dem in diesen BCR dargestellten Umfang.

Braun

§ 11 Beschwerdeverfahren[13]

Jede betroffene Person kann sich jederzeit mit Beschwerden wegen Verstoßes gegen die BCR durch eine Konzerngesellschaft sowie mit Fragen an die zuständigen Kontaktstellen [Liste, jeweils mit Kontaktinformationen] wenden. Der Eingang der Beschwerde wird zeitnah, in der Regel innerhalb eines Monates, bestätigt und die Beschwerde innerhalb angemessener Frist, innerhalb eines Monats, beantwortet.

Die bei der zuständigen Beschwerdestelle mit der Beschwerdebearbeitung befassten Mitarbeiter verfügen über ein hinreichendes Maß an Unabhängigkeit bei der Wahrnehmung dieser Aufgabe.

Die Konzerngesellschaft ist verpflichtet, ggf. mit der Datenschutzaufsicht im jeweiligen Land zu kooperieren und deren Entscheidungen zu respektieren.

Weitere Einzelheiten – Form der Beschwerde, Bearbeitungsfristen, weiteres Vorgehen bei Anerkennung und/oder Ablehnung der Beschwerde, weiterführende Rechtsbehelfe – sind in einem separaten Beschwerdekonzept geregelt.

§ 12 Überprüfung der Einhaltung der BCR[14]

Die teilnehmenden Unternehmen haben das interne Audit- und Kontrollsystem um ein BCR-Audit Programm ergänzt, um sicherzustellen, dass die Einhaltung eines angemessenen Datenschutzniveaus nach Maßgabe der BCR-Regelungen in den Konzerngesellschaften regelmäßig kontrolliert wird.

Die primäre Zuständigkeit für die Durchführung von turnusmäßigen papierbasierten BCR-Audits, turnusmäßigen Vor-Ort-BCR-Audits sowie von anlassbezogenen ad-hoc BCR-Audits liegt bei der zentralen Auditabteilung. Alternativ kann ein BCR-Audit im Bedarfsfall von einem akkreditierten externen Auditor vorgenommen werden.

Einmal jährlich findet ein BCR-Audit in Gestalt eines Self-Assessments (Ausfüllen eines Fragebogens) durch die Konzerngesellschaften statt. Die zentrale Auditabteilung erhält die Ergebnisse dieses turnusmäßigen Self-Assessments.

Im Falle besonderer Umstände (z.B. Datenschutzvorfälle, Beschwerden Betroffener, festgestellte Defizite) können neben den vorgenannten Audits auch noch weitere ad-hoc BCR-Audits durchgeführt werden.

BCR-Audits beziehen sich auf alle Aspekte der BCR. Soweit ein BCR-Audit zu dem Ergebnis kommt, dass Abhilfemaßnahmen wegen eines BCR-Verstoßes zu treffen sind, hat das BCR-Audit auch für eine Umsetzung der erforderlichen Abhilfemaßnahmen Sorge zu tragen.

Die Ergebnisse des BCR-Audits werden der Geschäftsleitung der Muttergesellschaft und den betroffenen teilnehmenden Unternehmen zur Verfügung gestellt. Auf Anfrage erhält die zuständige Datenschutzaufsichtsbehörde die Ergebnisse ebenfalls. Soweit erforderlich, können hierbei Teile der Prüfungsdaten unkenntlich gemacht werden, um den Schutz vertraulicher Unternehmensinformationen sicherzustellen.

Weitere Einzelheiten des BCR-Audits sind in einem separaten BCR-Audit-Konzept geregelt.

§ 13 Zusammenarbeit mit der Aufsichtsbehörde[15]

Alle teilnehmenden Gesellschaften werden bei Anfragen und Beschwerden Betroffener im Hinblick auf die Nichteinhaltung der BCR vertrauensvoll zusammenarbeiten und einander unterstützen.

Braun

Die teilnehmenden Gesellschaften verpflichten sich ferner, im Zusammenhang mit der Implementierung der BCR vertrauensvoll mit den zuständigen Datenschutzaufsichtsbehörden zusammenzuarbeiten. Sie werden auf BCR bezogene Anfragen der Datenschutzaufsichtsbehörde innerhalb angemessener Frist und auf angemessene Weise antworten und die Ratschläge und Entscheidungen der zuständigen Datenschutzaufsichtsbehörde im Hinblick auf die Umsetzung der BCR befolgen.

§ 14 Änderungen von rechtlichen Bestimmungen in Drittländern[16]

Datenschutzbeauftragte und Ansprechpartner für den Datenschutz in den Konzerngesellschaften beobachten die Rechtsentwicklung in den Ländern, für die sie zuständig sind. Soweit sich die in einem Drittland geltenden rechtlichen Bestimmungen dahingehend verändern, dass Nachteile für die Garantien entstehen können, die die BCR bieten, wird diese Information an die Muttergesellschaft weitergegeben. Die Muttergesellschaft und die betroffenen Konzerngesellschaften berichten dann der zuständigen Aufsichtsbehörde und beraten über mögliche Konsequenzen.

§ 15 Schulungen[17]

Ein zentraler Aspekt der ordnungsgemäßen Umsetzung der BCR ist die entsprechende Unterrichtung und Instruktion der Mitarbeiter. Hierzu zählt auch der Hinweis, dass Verstöße gegen die BCR strafrechtliche, haftungsrechtliche oder arbeitsrechtliche Konsequenzen für den Mitarbeiter nach sich ziehen können.

Die teilnehmenden Unternehmen bieten individuelle Informationen sowie spezielle Schulungsmaßnahmen zu den BCR an, die auf eine angemessene Information und Schulung der Mitarbeiter aller teilnehmenden Unternehmen zum korrekten Umgang mit sowie zum Schutz personenbezogener Daten im Rahmen der Umsetzung der BCR abzielen. Adressat der Schulungsmaßnahmen sind insbesondere die Mitarbeiter, die ständigen oder regelmäßigen Umgang mit personenbezogenen Daten haben. Für diese Mitarbeiter ist die Teilnahme an den Schulungen verpflichtend. Die Schulungen zu den BCR werden in regelmäßigen, angemessenen Abständen zu wiederholt.

Informations- und Schulungsmaßnahmen können – unter anderem – die Durchführung von Web Based Trainings, das Angebot geeigneter Präsentationen und Schulungsmaterialien zum Selbststudium, Präsenzschulungen sowie die Organisation von speziell auf Mitarbeiter zugeschnittenen Workshops umfassen.

Die erfolgreiche Teilnahme der Mitarbeiter an der Schulung ist zu dokumentieren.

Weitere Einzelheiten sind in einem detaillierten Schulungskonzept geregelt.

§ 16 Änderungen[18]

Die teilnehmenden Unternehmen behalten sich das Recht zu einer jederzeitigen Änderung und/oder Aktualisierung dieser BCR vor. Eine solche Aktualisierung der BCR kann insbesondere durch geänderte rechtliche Anforderungen, durch maßgebliche Änderungen in der Konzernstruktur oder durch Auflagen der zuständigen Datenschutzaufsichtsbehörden geboten sein.

Wesentliche Änderungen der BCR bedürfen unter Umständen einer erneuten Genehmigungserteilung durch die zuständigen Datenschutzaufsichtsbehörden. Alle übrigen Änderungen der BCR sind auch ohne solche erneute Genehmigung möglich.

Die Muttergesellschaft führt eine Übersicht über alle seit Inkrafttreten der BCR vorgenommenen Änderungen und Aktualisierungen der BCR. Sie führt ferner eine regelmäßig aktualisierte Liste aller teilnehmenden Gesellschaften, die wirksam an die BCR gebunden sind („Statusübersicht").

Änderungen der BCR sowie Änderungen der Statusübersicht teilt die Muttergesellschaft der zuständigen Datenschutzbehörde, die die BCR genehmigt hat auf Anfrage, und nach offizieller Genehmigung der BCR mindestens einmal jährlich mit. Solche Mitteilungen enthalten eine summarische Begründung für die vorgenommenen Änderungen.

Anmerkungen

1. Anwendungsbereich. Art. 47 Abs. 1 lit. a DS-GVO fordert Geltung der verbindlichen internen Datenschutzvorschriften für alle betreffenden Mitglieder der Unternehmensgruppe (Art. 4 Nr. 19 DS-GVO) oder einer Gruppe von Unternehmen, die eine gemeinsame Wirtschaftätigkeit ausüben (Art. 4 Nr. 18 DS-GVO). Es muss eine Durchsetzung durch die Mitglieder der Unternehmensgruppe oder einer Gruppe von Unternehmen, die eine gemeinsame Wirtschaftätigkeit ausüben, erfolgen.

2. Verbindlichkeit. Art. 47 Abs. 1 lit. a und Abs. 2 lit. c DS-GVO erfordern Angaben in den BCR zu interner und externer Rechtsverbindlichkeit der betreffenden internen Datenschutzvorschriften. Es ist nicht erforderlich, dass alle Mitglieder der Unternehmensgruppe in die verbindlichen internen Datenschutzvorschriften eingeschlossen werden, da Art. 47 Abs. 1 lit. a DS-GVO nur von den „betroffenen" Mitgliedern spricht (Kühling/Buchner/*Schröder*, DS-GVO, Art. 47 Rn. 16). Die Verbindlichkeit kann z.B. über vertragliche Vereinbarungen zwischen den Unternehmen, einseitige Erklärungen, Verpflichtungen seitens des Mutterunternehmens (soweit für die anderen Unternehmen verbindlich), Aufnahme in die allgemeinen Unternehmensgrundsätze mit Verhaltensregeln hergestellt werden (Paal/Pauly/*Pauly*, DS-GVO, Art. 47 Rn. 16).

Art. 47 Abs. 2 lit. a DS-GVO fordert als Bestandteil von verbindlichen internen Datenschutzvorschriften Angaben zu Struktur und Kontaktdaten der Unternehmensgruppe oder Gruppe von Unternehmen, die eine gemeinsame Wirtschaftätigkeit ausüben, und jedes ihrer Mitglieder. Hierfür kann z.B. ein Organigramm des Konzerns in die BCR aufgenommen werden (*Knyrim* in: Knyrim (Hrsg.), Praxishandbuch DS-GVO, S. 269).

Art. 47 Abs. 1 lit. b DS-GVO erfordert die ausdrückliche Einräumung durchsetzbarer Rechte der betroffenen Personen in Bezug auf die Verarbeitung ihrer personenbezogenen Daten (ErwG 108 DS-GVO). Dies sollte in den BCR ausdrücklich berücksichtigt werden.

3. Verbindlichkeit für Mitarbeiter. Gem. Art. 47 Abs. 1 lit. a DS-GVO müssen die BCR auch für die Beschäftigten der Mitglieder der Unternehmensgruppe oder einer Gruppe von Unternehmen, die eine gemeinsame Wirtschaftätigkeit ausüben, verbindlich gelten. Die Verbindlichkeit kann z.B. über den Arbeitsvertrag (Paal/Pauly/

Pauly, DS-GVO, Art. 47 Rn. 17), oder bindende Weisungen (Kühling/Buchner/ *Schröder*, DS-GVO, Art. 47 Rn. 19) erreicht werden.

4. Rechte der betroffenen Personen. Art. 47 Abs. 2 lit. e DS-GVO erfordert Angaben zu den Rechten der betroffenen Personen in Bezug auf die Verarbeitung und die diesen offenstehenden Mittel zur Wahrnehmung dieser Rechte einschließlich des Rechts nach Art. 22 DS-GVO, nicht einer ausschließlich auf einer automatisierten Verarbeitung – einschließlich Profiling – beruhenden Entscheidung unterworfen zu werden sowie des in Art. 79 DS-GVO niedergelegten Rechts auf Beschwerde bei der zuständigen Aufsichtsbehörde beziehungsweise auf Einlegung eines Rechtsbehelfs bei den zuständigen Gerichten der Mitgliedstaaten und im Falle einer Verletzung der verbindlichen internen Datenschutzvorschriften Wiedergutmachung und gegebenenfalls Schadenersatz zu erhalten. In den BCR ist darzulegen, wie die betroffene Person diese Rechte ausüben kann, also in welcher Form und gegenüber wem (*Knyrim* in: Knyrim, Praxishandbuch DS-GVO, S. 270). Im Ergebnis soll die betroffene Person so gestellt sein, als ob ihre personenbezogenen Daten die EU nie verlassen hätten (Paal/Pauly/*Pauly*, DS-GVO, Art. 47 Rn. 23).

Die Einräumung muss Regelungen enthalten, die es ermöglichen, die Rechte als Drittbegünstigte geltend zu machen (Paal/Pauly/*Pauly*, DS-GVO, Art. 47 Rn. 18). Dies kann erreicht werden über vertragliche Klauseln mit Drittbegünstigung oder über einen Garantievertrag mit nicht zugangsbedürftiger Abnahmeerklärung (Paal/Pauly/*Pauly*, DS-GVO, Art. 47 Rn. 18).

5. Haftung der Muttergesellschaft. Art. 47 Abs. 2 lit. f DS-GVO verlangt Angaben zu der von dem in einem Mitgliedstaat niedergelassenen Verantwortlichen oder Auftragsverarbeiter übernommene Haftung für etwaige Verstöße eines nicht in der Union niedergelassenen betreffenden Mitglieds der Unternehmensgruppe gegen die verbindlichen internen Datenschutzvorschriften. Der Verantwortliche oder der Auftragsverarbeiter ist nur dann teilweise oder vollständig von dieser Haftung befreit, wenn er nachweist, dass der Umstand, durch den der Schaden eingetreten ist, dem betreffenden Mitglied nicht zur Last gelegt werden kann, Art. 82 Abs. 3 DS-GVO.

Die betroffene Person soll einen Anspruch innerhalb der EU haben, auch wenn es zu einem Verstoß in einem Drittland kam; die Ausgestaltung kann unterschiedlich erfolgen, z.B. als Übernahme der Haftung durch die Hauptniederlassung oder gesamtschuldnerische Haftung (vgl. *Knyrim* in: Knyrim (Hrsg.), Handbuch DS-GVO, S. 271).

6. Beschreibung der Datenübermittlungen. Art. 47 Abs. 2 lit. b DS-GVO verlangt eine Beschreibung der betreffenden Datenübermittlungen oder Reihen von Datenübermittlungen einschließlich der betreffenden Arten personenbezogener Daten, Art und Zweck der Datenverarbeitung, Art der betroffenen Personen und das betreffende Drittland beziehungsweise die betreffenden Drittländer. Diese Anforderung ist vergleichbar mit den in die Anhänge der Standardvertragsklauseln aufzunehmenden Angaben (→ G.VII.2.). Wie bei den Standardvertragsklauseln stellt sich die Herausforderung, dass bei zu präziser Beschreibung ständiger Änderungsbedarf an den verbindlichen internen Datenschutzvorschriften entstehen würde. Daher werden die Beschreibungen innerhalb der BCR in der Praxis eher generisch ausfallen (vgl. Kühling/Buchner/*Schröder*, DS-GVO, Art. 47 Rn. 31 f.).

Inhaltlich ist nur erforderlich, dass aus der EU stammende personenbezogene Daten in die verbindlichen internen Datenschutzvorschriften umfasst sind. Andere personenbezogene Daten können mit einbezogen werden, insbesondere um konzernintern eine einheitliche Behandlung aller personenbezogener Daten zu erreichen; erforderlich ist das aber nicht (Kühling/Buchner/*Schröder*, DS-GVO, Art. 47 Rn. 17).

7. Allgemeine Datenschutzgrundsätze. Art. 47 Abs. 2 lit. d DS-GVO fordert Angaben zur Anwendung der allgemeinen Datenschutzgrundsätze, insbesondere Zweckbindung, Datenminimierung, begrenzte Speicherfristen, Datenqualität, Datenschutz durch Technikgestaltung und durch datenschutzfreundliche Voreinstellungen. Erforderlich sind klare Regelungen, die von den Personen verstanden und tatsächlich angewandt werden können (Paal/Pauly/*Pauly*, DS-GVO, Art. 47 Rn. 22).

Insbesondere hier gilt die Empfehlung der Artikel-29-Datenschutzgruppe, die Beschreibungen in der Terminologie der Datenschutz-Grundverordnung zu halten, um Irritationen und Missverständnisse nach Möglichkeit auszuschließen (vgl. Artikel-29-Datenschutzgruppe, Working Paper 155, Nr. 8).

Die hier vorgeschlagenen Formulierungen lehnen sich insbesondere an Art. 5, 6 und 25 DS-GVO sowie die Informationspflichten in Abschnitt 1 von Kapitel III der DS-GVO an. Sobald weiterführende Stellungnahmen der Aufsichtsbehörden zu diesen Themenkreisen vorliegen, wird u. U. eine weitergehende Detaillierung der Formulierungen geboten sein. Dies sollte in den kommenden Jahren beobachtet werden, da die Aufsichtsbehörden Aktualisierungen der BCR fordern können.

8. Besondere Kategorien von personenbezogenen Daten. Art. 47 Abs. 2 lit. d DS-GVO erfordert Angaben zur Rechtsgrundlage für die Verarbeitung, Verarbeitung besonderer Kategorien von personenbezogenen Daten. Der hier vorgeschlagene Wortlaut lehnt sich eng an die Regelung in Art. 9 DS-GVO an.

9. Datensicherheit. Art. 47 Abs. 2 lit. d DS-GVO erfordert eine Darstellung der Maßnahmen zur Sicherstellung der Datensicherheit. Der hier vorgeschlagene Wortlaut lehnt sich eng an Art. 32 DS-GVO an. In der Praxis dürfte vielfach eine Anlage mit einer Beschreibung der konkret ergriffenen Maßnahmen zielführend sein (→ G.I.6.; E.II.). Der Detailgrad der Darstellung sollte so gewählt werden, dass externe Angreifer aus der Darstellung keine Hinweise auf mögliche Schwachstellen und Angriffsmöglichkeiten erhalten.

10. Weiterübermittlungen. Art. 47 Abs. 2 lit. d DS-GVO fordert Angaben zu den Anforderungen für die Weiterübermittlung an nicht an diese internen Datenschutzvorschriften gebundene Stellen.

11. Informationen über verbindliche interne Datenschutzvorschriften. Art. 47 Abs. 2 lit. g DS-GVO fordert Angaben zur Art und Weise, wie die betroffenen Personen über die Bestimmungen der Art. 13 und 14 DS-GVO hinaus über die verbindlichen internen Datenschutzvorschriften und insbesondere über die unter Art. 47 Abs. 2 lit. d, lit. e und lit. f DS-GVO genannten Aspekte informiert werden.

In der Praxis sollten Unternehmen auch in der Kommunikation mit den betroffenen Personen, insbesondere im Zusammenhang mit der Datenerhebung (vgl. Art. 13, 14 DS-GVO) aktiv auf die verbindlichen internen Datenschutzvorschriften hinweisen. Zu viel Passivität, z. B., wenn die verbindlichen internen Datenschutzvorschriften nur auf Anfrage zur Verfügung gestellt werden, dürfte in der Regel nicht ausreichen (*Knyrim* in: Knyrim (Hrsg.), Praxishandbuch DS-GVO, S. 271).

Braun

12. Aufgabenbeschreibungen. Art. 47 Abs. 2 lit. h DS-GVO verpflichtet zu Angaben zu den Aufgaben jedes gem. Art. 37 DS-GVO benannten Datenschutzbeauftragten oder jeder anderen Person oder Einrichtung, die mit der Überwachung der Einhaltung der verbindlichen internen Datenschutzvorschriften in der Unternehmensgruppe oder Gruppe von Unternehmen, die eine gemeinsame Wirtschaftstätigkeit ausüben, sowie mit der Überwachung der Schulungsmaßnahmen und dem Umgang mit Beschwerden befasst ist.

13. Beschwerdeverfahren. Art. 47 Abs. 2 lit. i DS-GVO fordert Angaben zu den Beschwerdeverfahren. Faktisch führt das zu der Notwendigkeit, ein System zum Beschwerdemanagement aufzubauen.

14. Überprüfung der Einhaltung der verbindlichen internen Datenschutzvorschriften. Art. 47 Abs. 2 lit. j DS-GVO erfordert Angaben zu den innerhalb der Unternehmensgruppe oder Gruppe von Unternehmen, die eine gemeinsame Wirtschaftstätigkeit ausüben, bestehenden Verfahren zur Überprüfung der Einhaltung der verbindlichen internen Datenschutzvorschriften. Derartige Verfahren beinhalten Datenschutzüberprüfungen und Verfahren zur Gewährleistung von Abhilfemaßnahmen zum Schutz der Rechte der betroffenen Person. Die Ergebnisse derartiger Überprüfungen sollten der in Art. 47 Abs. 2 lit. h DS-GVO genannten Person oder Einrichtung sowie dem Verwaltungsrat des herrschenden Unternehmens einer Unternehmensgruppe oder der Gruppe von Unternehmen, die eine gemeinsame Wirtschaftstätigkeit ausüben, mitgeteilt werden und der zuständigen Aufsichtsbehörde auf Anfrage zur Verfügung gestellt werden. Letztlich erfordert die Regelung den Aufbau eines internen Kontrollsystems (→ A.II.; A.III.). Eingesetzt werden können interne oder externe Auditoren (Paal/Pauly/*Pauly*, DS-GVO, Art. 47 Rn. 28).

15. Zusammenarbeit mit der Aufsichtsbehörde. Art. 47 Abs. 2 lit. l DS-GVO erfordert Angaben zu den Verfahren für die Zusammenarbeit mit der Aufsichtsbehörde, die die Befolgung der Vorschriften durch sämtliche Mitglieder der Unternehmensgruppe oder Gruppe von Unternehmen, die eine gemeinsame Wirtschaftstätigkeit ausüben, gewährleisten, insbesondere durch Offenlegung der Ergebnisse von Überprüfungen der in Art. 47 Abs. 2 lit. j DS-GVO genannten Maßnahmen gegenüber der Aufsichtsbehörde.

16. Änderungen von rechtlichen Bestimmungen in Drittländern. Art. 47 Abs. 2 lit. m DS-GVO fordert Angaben zu den Meldeverfahren zur Unterrichtung der zuständigen Aufsichtsbehörde über jegliche für ein Mitglied der Unternehmensgruppe oder Gruppe von Unternehmen, die eine gemeinsame Wirtschaftstätigkeit ausüben, in einem Drittland geltenden rechtlichen Bestimmungen, die sich nachteilig auf die Garantien auswirken könnten, die die verbindlichen internen Datenschutzvorschriften bieten. Im Ergebnis benötigen die Unternehmen damit ein Monitoring-System für Drittländer, in die unter Geltung verbindlicher interner Datenschutzvorschriften Daten übermittelt werden, um Änderungen der Rechtslage mit möglicherweise nachteiligen Konsequenzen zu identifizieren und ggf. entsprechend zu reagieren. Die Schwelle sind hier Veränderungen der Rechtslage, die über die Beschränkungen hinausgehen, die aus einem der in Art. 23 Abs. 1 DS-GVO genannten Gründe als Mindestmaß für eine demokratische Gesellschaft absolut notwendig sind (vgl. hierzu insbesondere auch EuGH, Urt. v. 6.10.2015 – C-362/14, ECLI:EU:C:2015:650, Rn. 92 f., durch die sich der hier bestehende Spielraum reduziert haben dürfte).

Braun

17. Schulungen. Art. 47 Abs. 2 lit. n DS-GVO erfordert Angaben zu geeigneten Datenschutzschulungen für Personal mit ständigem oder regelmäßigem Zugang zu personenbezogenen Daten. Die Unternehmen haben hier Freiräume bezüglich der Ausgestaltung z. B. als Präsenzschulungen oder Web-Based Training. Inhaltlich ist erforderlich, die Pflichten aus den BCR und den anwendbaren juristischen Regelungen zu schulen. Die Teilnahme sollte dokumentiert werden. Die Schulungen sollten in angemessenen Abständen wiederholt bzw. aufgefrischt werden.

18. Änderungen der verbindlichen internen Datenschutzvorschriften. Art. 47 Abs. 2 lit. k DS-GVO enthält eine Verpflichtung, Angaben zu den Verfahren für die Meldung und Erfassung von Änderungen der Vorschriften und ihre Meldung an die Aufsichtsbehörde in die verbindlichen internen Datenschutzvorschriften aufzunehmen. Nach der bisherigen Praxis der Artikel-29-Datenschutzgruppe führen bloße Aktualisierungen der verbindlichen internen Datenschutzvorschriften nicht zu neuem Genehmigungserfordernis, sondern nur signifikante Änderungen, z. B. bei Änderungen der Verarbeitungsziele, Datenkategorien oder Kategorien betroffener Personen (vgl. Artikel-29-Datenschutzgruppe, Working Paper 204, Ziff. 3.2, und Kühling/Buchner/*Schröder*, DS-GVO, Art. 47 Rn. 51).

4. Einwilligung der betroffenen Personen

Art. 49 Abs. 1 S. 1 lit. a DS-GVO korrespondiert mit dem bisherigen § 4c Abs. 1 S. 1 Nr. 1 BDSG a. F. Das vorliegende Muster beruht auf einer Einwilligung einer natürlichen Person gegenüber einem Unternehmen, welches für die betroffene Person z. B. eine Dienstleistung erbringen soll. Eine Einwilligung muss gem. Art. 7 Abs. 2 DS-GVO in verständlicher und leicht zugänglicher Form in einer klaren und einfachen Sprache erfolgen. Die Einwilligungserklärung sollte gleichzeitig **so transparent wie möglich** über die Verarbeitung aufklären, da nur eine **informierte Einwilligung** einer Überprüfung standhalten kann (Art. 7 Abs. 2 S. 2 DS-GVO i. V. m. ErwG 42 S. 1 DS-GVO; näher *Wybitul*, BB 2016, 1077 (1079)). Art. 4 Nr. 11 DS-GVO definiert die Einwilligung als jede freiwillig für den bestimmten Fall, in informierter Weise und unmissverständlich abgegebene Willensbekundung. Mögliche Besonderheiten für eine Einwilligung durch ein Kind, Art. 8 i. V. m. ErwG 38 DS-GVO, sind nicht Gegenstand des folgenden Musters (näher *Ernst*, ZD 2017, 110 (111)).

Einwilligung in die Übermittlung personenbezogener Daten in ein Drittland[1]

des/der [Name, Anschrift]
– „betroffene Person" –

gegenüber

[Firma, Anschrift]
– „Verantwortlicher" –

Diekmann

§ 1 Zweck der Datenverarbeitung

Um den/die [Bezeichnung/Titel des Auftrags/der Dienstleistung] gemäß Vertrag [Vertragsnummer] vom [Datum des Vertragsschlusses]² für den Kunden ausführen zu können, bedarf es einer Übermittlung und damit einer Verarbeitung der vom Kunden bereitgestellten, personenbezogenen Daten durch den Verantwortlichen an das Unternehmen [Firma, Anschrift des Subunternehmens], welches als Subunternehmen³ eingebunden ist und die Datenverarbeitung an seinen Unternehmenssitz in [Land in dem der Datenimporteur seinen Sitz hat und die Daten verarbeitet werden] vollzieht. Die Einbindung des Subunternehmens erfolgt aufgrund des Umstands, dass der Verantwortliche selbst die zur Erfüllung des Vertrages mit Herrn/Frau [Name der betroffenen Person] erforderliche Tätigkeit [genaue Bezeichnung des Zwecks der Einschaltung des Subunternehmens]⁴ nicht erbringen kann.

[EVENTUELL ZUSÄTZLICH:] § 2 Besonders schützenswerte Daten

Zur Durchführung des erteilten Auftrags wird es erforderlich sein, auch besonders schützenswerte Kategorien personenbezogener Daten an das Subunternehmen zu übermitteln. Dies können, je nachdem welche Daten konkret für die Durchführung des Auftrags erforderlich sind, personenbezogene Daten sein, aus denen die rassische und ethnische Herkunft, politische Meinungen, religiöse oder weltanschauliche Überzeugungen oder die Gewerkschaftszugehörigkeit hervorgehen, sowie genetische Daten, biometrische Daten, Gesundheitsdaten oder Daten zum Sexualleben oder der sexuellen Orientierung.

Für den hier relevanten Auftrag ist es erforderlich [Bezeichnung einer oder mehrerer besonderer Kategorien] an das Subunternehmen zum Zwecke der [Nennung des Zwecks] zu übermitteln.⁵

§ 3 Angemessenheitsbeschluss

Für das Land, in dem das vorgenannte Subunternehmen seinen Sitz hat und die personenbezogenen Daten verarbeitet, besteht aktuell kein Angemessenheitsbeschluss der EU-Kommission im Sinne des Art. 45 Abs. 1, 3 Datenschutzgrundverordnung (DS-GVO). Das heißt, dass die EU-Kommission bislang nicht positiv festgestellt hat, dass das landesspezifische Datenschutzniveau des Landes [Sitz des Subunternehmers an dem die Datenverarbeitung stattfindet] dem der Europäischen Union aufgrund der DS-GVO entspricht.⁶

§ 4 Geeignete Garantien

Die DS-GVO setzt für eine Datenübermittlung in ein Drittland oder an internationale Organisationen, sog. geeignete Garantien voraus, Art. 46 Abs. 2, 3 DS-GVO. So sind beispielsweise unternehmensinterne, von einer Aufsichtsbehörde genehmigte Datenschutzvorschriften, Standardverträge der EU aktuell von dem Subunternehmen nicht umgesetzt.

[EVENTUELL ZUSÄTZLICH: Wir als Verantwortlicher haben jedoch mit dem Subunternehmen einen individuellen Vertrag geschlossen, der die geforderten Voraussetzungen berücksichtigt. Die diesbezügliche Genehmigung der zuständigen Aufsichtsbehörde ist zum aktuellen Zeitpunkt noch nicht erteilt.⁷]

Diekmann

§ 5 Mögliche Risiken

Mögliche Risiken, die sich im Zusammenhang mit den vorgenannten §§ 3, 4 aktuell nicht ausschließen lassen, sind insbesondere:[8]
- Ihre personenbezogenen Daten könnten möglicherweise über den eigentlichen Zweck der Auftragserfüllung hinaus durch das Subunternehmen an andere Dritte weitergegeben werden, die z.B. Ihre Daten zu Werbezwecken verwenden.
- Sie können Ihre Auskunftsrechte gegenüber dem Subunternehmen möglicherweise nicht nachhaltig geltend machen bzw. durchsetzen.
- Es besteht möglicherweise eine höhere Wahrscheinlichkeit, dass es zu einer nicht korrekten Datenverarbeitung kommen kann, da die technischen und organisatorischen Maßnahmen des Subunternehmens zum Schutze personenbezogener Daten quantitativ und qualitativ nicht vollumfänglich den Anforderungen der DS-GVO entsprechen.
[EVENTUELL ZUSÄTZLICH: Mit Erteilung der ausstehenden Genehmigung der Aufsichtsbehörde für den geschlossenen Individualvertrag, der ein hohes Datenschutzniveau sicherstellt, werden die hier in § 5 aufgezeigten Risiken in größtmöglichem Umfange verhindert.[9]]

§ 6 Einwilligung/Widerruf

Ich bin mit der Übermittlung meiner personenbezogenen Daten zur Durchführung des von mir gewünschten Auftrags bzw. der Dienstleistung an das Subunternehmen [Firma, Anschrift], welches sich in dem [Land/Staat] befindet, einverstanden. Diese Einwilligung kann ich jederzeit gegenüber [Firma, Anschrift, E-Mail, Fax] als Verantwortlichem widerrufen. Durch einen Widerruf wird die Rechtmäßigkeit der aufgrund der Einwilligung bis zum Widerruf erfolgten Verarbeitung nicht berührt. In diesem Fall kann der Verantwortliche den (Haupt-)Vertrag nicht erfüllen und diesen daher auch nicht abschließen bzw. er ist zur sofortigen Vertragsbeendigung mir gegenüber berechtigt.]. [10]

Ort, Datum

_____

Unterschrift Frau/Herr [ ]

_____

Unterschrift in DRUCKBUCHSTABEN[11]

[EVENTUELL ZUSÄTZLICH:[12]]

Ich bin mit der Übermittlung der besonderen Kategorie(n) meiner personenbezogenen Daten i.S.d. Art. 9 Abs. 1 DS-GVO zur Durchführung des von mir gewünschten Auftrags bzw. Dienstleistung an das Subunternehmen im Land [...] befindet, einverstanden. Diese Einwilligung kann ich jederzeit widerrufen. Durch einen Widerruf wird die Rechtmäßigkeit der aufgrund der Einwilligung bis zum Widerruf erfolgten Verarbeitung nicht berührt. In diesem Fall kann der Verantwortliche den

(Haupt-)Vertrag nicht erfüllen und diesen daher auch nicht abschließen bzw. er ist zur sofortigen Vertragsbeendigung mir gegenüber berechtigt.]

Ort, Datum

_____

Unterschrift Frau/Herr [ ]

_____

Unterschrift in Druckbuchstaben]

Anmerkungen

1. Form der Einwilligung. Die Einwilligungserklärung sollte stets zumindest in Textform, z.B. Fax, E-Mail, durch den Verantwortlichen eingeholt werden, da diesen die Nachweispflicht trifft, Art. 7 Abs. 1 DS-GVO. Das Schriftformerfordernis aus § 4a Abs. 1 S. 3 BDSG a.F. ist durch die DS-GVO nicht übernommen worden. ErwG 42 S. 1 DS-GVO erfordert aber, dass eine Einwilligung der betroffenen Person nachzuweisen sein muss. Zwar ist auch eine konkludente Einwilligung möglich (*Krohm*, ZD 2016, 368 (371)), um den notwendigen Beweis leicht führen zu können, sollte dieser Weg der Einwilligung möglichst vermieden werden.

Regelmäßig wird eine vom Unternehmen vorbereitete Einwilligungserklärung als AGB zu qualifizieren sein und damit selbst der AGB-rechtlichen Bewertung nach den §§ 305 ff. BGB unterliegen (BeckOK DatenSR/*Kühling*, § 4a BDSG Rn. 36, 46).

Ob eine vorformulierte Einwilligungserklärung in AGB im Lichte der DS-GVO überhaupt noch wirksam möglich sein kann, wird teilweise zumindest kritisch gesehen (vgl. *Spindler*, DB 2016, 937 (940 m.w.N.)). Bei einer schriftlichen Einwilligung, die noch andere Sachverhalte betrifft, muss zudem das Ersuchen um Einwilligung vom Rest abgesetzt werden und „in verständlicher und leicht zugänglicher Form in einer klaren und einfachen Sprache erfolgen" (Art. 7 Abs. 2 DS-GVO), was auch die Formulierung des Einwilligungstexts umfasst (*Dammann*, ZD 2016, 307 (308)). Im Unterschied zum BDSG a.F. wird jedoch ein explizites „Hervorheben" des datenschutzrechtlichen Einwilligungstextes innerhalb von allgemeinen Geschäftsbedingungen nicht verlangt (*Dammann*, ZD 2016, 307 (308)). Eine Einwilligung eines Betroffenen kann zumindest nicht durch eine Datenschutzerklärung erfolgen (BeckOK DatenSR/*Schild*, Justiz Rn. 44; → I.II.).

2. Vertragsbezeichnung. Zur Gewährleistung der Transparenz muss der zugrundeliegende Vertrag, der eine Übermittlung bzw. Verarbeitung von personenbezogenen Daten in einem Drittland erfordert, genau bezeichnet werden. Pauschaleinwilligungen sind ausgeschlossen (Paal/Pauly/*Pauly*, DS-GVO, Art. 49 Rn. 9).

3. Subunternehmen/Empfänger. Ein Subunternehmen kann sowohl als Auftragsverarbeiter, Art. 4 Nr. 8 DS-GVO, als auch als Empfänger, Art. 4 Nr. 9 DS-GVO gelten. Sofern ein Unternehmen, beispielsweise ein Rechenzentrum, für seine Unternehmenskunden als Auftragsverarbeiter gemäß Art. 28 DS-GVO tätig ist, wäre dieses gleichzeitig unter den Begriff des Empfängers zu subsumieren, da auch personenbezogene Daten i. S. d. Art. 4 Nr. 9 S. 1 DS-GVO offengelegt werden.

4. Zweck. Gemäß ErwG 42 S. 3 DS-GVO sollte der betroffenen Person zumindest einerseits die genaue Bezeichnung des Verantwortlichen selbst mitgeteilt werden. Andererseits ist so detailliert wie möglich aufzuklären, zu welchen Zwecken
ihre personenbezogenen Daten verarbeitet werden, um eine umfangreiche Transparenz zu gewähren.

5. Besondere Kategorien personenbezogener Daten. Sofern zumindest eine der in
Art. 9 Abs. 1 DS-GVO genannte Kategorie personenbezogener Daten verarbeitet
werden soll oder eine solche Verarbeitung nicht ausgeschlossen werden kann, muss
dies explizit und gesondert herausgestellt werden, Art. 9 Abs. 2 lit. a DS-GVO.

6. Angemessenheitsbeschluss. Art. 49 Abs. 1 S. 1 lit. a DS-GVO erfordert die
transparente Aufklärung des Einwilligenden darüber, dass kein Angemessenheitsbeschluss gemäß Art. 45 Abs. 3 DS-GVO vorliegt.

7. Garantien. Art. 49 Abs. 1 S. 1 lit. a DS-GVO verlangt die transparente Aufklärung der betroffenen Person darüber, dass keine der geeigneten Garantien im Sinne
des Art. 46 Abs. 2 DS-GVO vorliegen. Auf das Fehlen von adäquaten Voraussetzungen muss umfassend hingewiesen werden (Paal/Pauly/*Pauly*, DS-GVO, Art. 49
Rn. 6 f.). Das Beispiel berücksichtigt hingegen nicht Konstellationen zwischen Behörden und öffentlichen Stellen; daher ist auf Art. 46 Abs. 2 lit. a, sowie Abs. 3 lit. b
DS-GVO nicht eingegangen worden. Art. 46 Abs. 2 lit. b DS-GVO bezieht sich auf
die sog. Binding Corporate Rules (BCR; → G.VII.3.). Art. 46 Abs. 2 lit. c bezieht
sich auf die bisherigen von der EU-Kommission erlassenen Model Clauses (EU-
Standardvertragsklauseln) (ausführlich *Lachenmann*, Datenübermittlung im Konzern, S. 260 ff. m. w. N.). Art. 46 Abs. 2 lit. d DS-GVO bezieht sich hingegen auf die
Aufgaben der jeweiligen Landesdatenschutzbehörde gemäß Art. 57 Abs. 1 lit. j
i. V. m. Art. 58 Abs. 3 lit. g DS-GVO einerseits und der Kommission gemäß dem
Prüfverfahren nach Art. 93 Abs. 2 DS-GVO andererseits. Danach hat jede einzelne
Aufsichtsbehörde in Ihrem Hoheitsgebiet zunächst die Befugnis und gleichzeitig die
Pflicht, (eigene) Standardvertragsklauseln im Sinne des Art. 46 Abs. 2 lit. d DS-GVO
festzulegen. Diese müssen von der Kommission selbst genehmigt werden, um das
Garantieerfordernis des Art. 46 Abs. 1 DS-GVO erfüllen zu können. Die mit Art. 40
DS-GVO angesprochenen Verhaltensregeln betreffen ausweislich ErwG 98 f. DS-
GVO nur Verbände und Vereine, die möglicherweise solche Vorgaben für ihre Mitglieder ausgearbeitet haben. Mit Blick auf Art. 46 Abs. 3 lit. a DS-GVO kann ergänzend darauf verwiesen werden, dass − sofern dies zutrifft − eigene, individuelle Vertragsklauseln mit dem Subunternehmen vereinbart worden sind, diese jedoch (nur)
noch der Genehmigung durch die zuständige Aufsichtsbehörde bedürfen. Art. 46
Abs. 3 lit. a DS-GVO entspricht damit inhaltlich § 4c Abs. 2 BDSG a. F. Die inhaltlichen Anforderungen an eine Individualvereinbarung können demgemäß nach
wie vor Artikel-29-Datenschutzgruppe, Working Paper 12, Kapitel 4 entnommen
werden   (http://ec.europa.eu/justice/policies/privacy/docs/wpdocs/1998/wp12_de.
pdf#h2−15).

8. Mögliche Risiken. Art. 49 Abs. 1 S. 1 lit. a DS-GVO verlangt ein vorheriges
Aufklären über mögliche Risiken, die daraus resultieren können, dass gerade kein
Angemessenheitsbeschluss und bzw. oder keine geeigneten Garantien i. S. d. § 46

Diekmann

Abs. 2 DS-GVO bestehen. Eine vollumfängliche Aufzählung aller erdenklichen Risiken ist jedoch weder praktisch darstellbar, noch objektiv möglich. Zumindest sollten einige der möglichen Risiken benannt werden. Dass die Aufzählung der möglichen Risiken im hier behandelten Muster nicht abschließend ist, folgt aus der Formulierung „insbesondere".

9. Eventueller Zusatz. Sofern der unter § 4 genannte Zusatz verwendet wird, sollte auch der Zusatz in § 5 korrespondierend aufgenommen werden. Dies unterstreicht zusätzlich den von der DS-GVO geforderten Transparenzgedanken (näher dazu *Wybitul*, BB 2016, 1077 (1079); ausführlich *Lachenmann*, Datenübermittlung im Konzern, S. 289 f. m. w. N.).

10. Echte oder freie Wahl. Der Wille der betroffenen Person sollte so deutlich wie möglich dokumentiert werden. ErwG 42 S. 5 DS-GVO verlangt eine „echte oder freie Wahl" der betroffenen Person, um eine Freiwilligkeit der betroffenen Person belegen zu können. Diese Wahl kann die betroffene Person prinzipiell durch Setzen oder Verweigern ihrer Unterschrift oder durch ein Opt-in vollziehen. Die Ausgestaltung in Form eines Opt-out ist hingegen nicht zulässig, ErwG 32 S. 3 DS-GVO (näher *Krohm*, ZD 2016, 368 (372)).

Gem. Art. 7 Abs. 3 S. 1 DS-GVO hat die betroffene Person das Recht, ihre Einwilligung jederzeit zu widerrufen. Auf dieses Recht und den Umstand, dass durch den Widerruf die Rechtmäßigkeit des bis zum Zeitpunkt des Widerrufs erfolgten Datenverarbeitung rechtmäßig war und bleibt, ist gem. Art. 7 Abs. 3 S. 3 DS-GVO im Vorfeld hinzuweisen. Bestehen bereits Einwilligungserklärungen, die schon vor Inkrafttreten der DS-GVO die Anforderungen der DS-GVO vollumfänglich erfüllen, so sind diese auch weiterhin wirksam, ErwG 171 S. 3 DS-GVO. Unter Geltung des BDSG a. F. bestand jedenfalls auch regelmäßig ein jederzeitiges Recht, die erteilte Einwilligung zu widerrufen (näher Gola/Schomerus/*Gola/Klug/Körffer*, BDSG, § 4a Rn. 38). Der Wortlaut von Art. 7 Abs. 3 S. 3 DS-GVO ist hingegen eindeutig – frühere Einwilligungen, die selbst keinen Hinweis auf die jederzeitige Möglichkeit des Widerrufes innehatten, sind ab dem 25.5.2018, unwirksam. Eine dann weiterhin auf eine solche Einwilligung gestützte Verarbeitung ist rechtswidrig. An den Widerruf dürfen zudem keine höheren Anforderungen gestellt werden, als es die Einwilligung erfordert (Art. 7 Abs. 3 S. 4 DS-GVO). Sofern die Einwilligung online bzw. elektronisch erfolgt, muss der Widerruf auf gleichem oder weniger anspruchsvollem Wege, z. B. per E-Mail, möglich sein. Unter Umständen kann ein Widerruf nach §§ 226, 242 BGB unwirksam sein, wenn dieser rein rechtsmissbräuchlich ausgeübt wird (*Franck*, RDV 2016, 111 (113)).

Während § 28 Abs. 3b BDSG a. F. nur im Bereich der Werbeeinwilligung ein Kopplungsverbot vorsah (→ I. II.; I. III.), sieht die DS-GVO – im praktischen Ergebnis – ein allgemeines striktes Kopplungsverbot vor, Art. 7 Abs. 4 DS-GVO (*Schantz*, NJW 2016, 1841 (1845); *Dammann*, ZD 2016, 307 (311); a. A. Paal/Pauly/*Frenzel*, DS-GVO, Art. 7 Rn. 18 und Kühling/Buchner/*Buchner/Kühling*, DS-GVO, Art. 7 Rn. 8). Das Kopplungsverbot ist eine spezielle Ausprägung des Gebots der Freiwilligkeit der Einwilligung (BeckOK DatenSR/*Wolff*, BDSG, § 28 Rn. 168). Die notwendige Freiwilligkeit der Einwilligung beurteilt sich danach, ob von der betroffenen Person personenbezogene Daten abverlangt werden, die für die Erfüllung des eigentlichen (Haupt-)Vertrages gerade nicht notwendig sind, Art. 7 Abs. 4 DS-GVO (näher *Spindler*, DB 2016, 937 (940)). Ist das der Fall, soll diesem Umstand „in

Diekmann

größtmöglichem Umfang Rechnung getragen werden", Art. 7 Abs. 4 DS-GVO. Um das dort verankerte Kopplungsverbot nicht gänzlich auszuhöhlen, muss die Bestimmung restriktiv verstanden werden. Das Merkmal der Freiwilligkeit kann daher in der Regel nicht erfüllt sein, wenn die Einwilligung (auch) für personenbezogene Daten erklärt wird, welche für die eigentliche Auftragserfüllung nicht erforderlich sind, ErwG 43 S. 2 DS-GVO. Die Einwilligung wäre unwirksam und die Verarbeitung der personenbezogenen Daten rechtswidrig, sofern nicht ein anderer Erlaubnistatbestand bestehen sollte. Anderes kann nur gelten, wenn personenbezogene Daten, die für die Erfüllung des Vertrages nicht erforderlich sind, zumindest auch abgefragt würden und darüber transparent belehrt wird, dass es sich um eine freiwillige Zusatzangabe handelt und deren Nichtbeantwortung keine Auswirkungen auf den eigentlichen Vertrag hat. Gesondert – z.B. im Wege eines eigenen Opt-ins – sollte hierfür die aktive Einwilligung eingeholt werden. Vereinzelt wird auch ein Tausch Leistung gegen Daten angenommen und als „schlichter Datenhandel" kategorisiert (näher Kühling/Buchner/*Buchner/Kühling*, DS-GVO, Art. 7 Rn. 51 m.w.N.). Wird von einem marktbeherrschenden Unternehmen eine Einwilligung – auch in Daten verlangt, die nicht für die Durchführung des Vertrages notwendig sind – so ist dies nicht an Art. 7 Abs. 4 DS-GVO sondern an Art. 102 AEUV bzw. § 19 GWB zu messen (Paal/Pauly/*Frenzel*, DS-GVO, Art. 7 Rn. 21). Verstöße gegen Art. 7 Abs. 4 DS-GVO fallen unter Art. 83 Abs. 5 lit. a DS-GVO und können durch die zuständige Aufsichtsbehörde geahndet werden.

11. Unterschrift. Zu empfehlen ist, eine Zeile vorzusehen, in der die betroffene Person ihren Namen auch in Druckbuchstaben aufführt, um später mögliche Fragen nach der wirklichen Identität zu verhindern, wenn die Unterschrift selbst objektiv nur schwer lesbar ist. Wird die Einwilligung hingegen „online" eingeholt, so kann das Unterschriftenfeld in Gänze entfallen. Die betroffene Person wird sich zuvor anderweitig, z.B. durch eine Registrierung, authentifizieren müssen, um den Onlinevorgang abschließen zu können.

12. Besondere Arten von Daten, Art. 9 Abs. 1 DS-GVO. Sofern besondere Kategorien i.S.d. Art. 9 Abs. 1 DS-GVO verarbeitet werden sollen, sollte dies mit Blick auf Art. 9 Abs. 2 lit. a Hs. 1 DS-GVO über eine eigene, aktive Bestätigungshandlung der betroffenen Person innerhalb der Einwilligung durch eine Opt-In Möglichkeit bzw. durch ein weiteres, gesondertes Unterschriftenfeld, dokumentiert werden (dazu *Wybitul*, BB 2016, 1077 (1079); *Spindler*, DB 2016, 937 (940)). Schon zur Dokumentation der erteilten Information sollte eine entsprechende Klausel vom Kunden immer gesondert unterschrieben werden (Hoeren/Sieber/Holznagel/*Redeker*, Multimedia-Recht, 42. EL, Rn. 114). Mit Blick auf § 51 Abs. 5 BDSG n.F., welcher zwar ausschließlich die Richtlinie 2016/680 betrifft, dürfte aber wohl die nationale Haltung zu der Ausgestaltung einer Einwilligung als zusätzliche, gesonderte Einwilligung für besondere Arten von Daten, anzunehmen sein (vgl. Ziff. 4, 7 https://www.lda.bayern.de/media/info_einwilligung.pdf).

Diekmann

5. Antrag auf Genehmigung des Transfers personenbezogener Daten in ein Drittland ohne ausreichendes Datenschutzniveau (Art. 46 Abs. 3 DS-GVO)

An die

Datenschutzbehörde [...][1]

[Berlin], den [...]

Antrag auf Genehmigung von Vertragsklauseln zur Datenübermittlung gemäß Art. 46 Abs. 3 lit. a DS-GVO[2]

Sehr geehrte(r) Frau/Herr [...],

hiermit zeige ich unter Hinweis auf die beigefügte Originalvollmacht[3] an, dass ich die [X GmbH] vertrete. In deren Namen beantrage ich, gemäß Art. 58 Abs. 3 lit. h i. V. m. Art. 46 Abs. 3 lit. a DS-GVO die diesem Schreiben als Anlage beigefügten Vertragsklauseln als geeignete Garantien für die Übermittlung personenbezogener Daten in das Ausland zu genehmigen.

Wie Ihnen bekannt ist, betreibt meine Mandantin derzeit mehrere Rechenzentren im Bundesland [L]. Sie beabsichtigt nunmehr, eines ihrer Rechenzentren ins Ausland, nämlich nach [Y] zu verlegen, um von der dort besseren Internetanbindung und den günstigeren Energiekosten zu profitieren. In dem ins Ausland zu verlagernden Rechenzentrum sollen künftig personenbezogene Daten von Kunden meiner Mandantin verarbeitet werden. Der Staat [Y] gehört nicht zur Europäischen Union. Ein Angemessenheitsbeschluss der Europäischen Kommission nach Art. 45 DS-GVO liegt für den Staat [Y] bislang nicht vor.

Für den Umzug hat meine Mandantin in Abstimmung mit ihrem betrieblichen Datenschutzbeauftragten ein Konzept entworfen. Hiernach wird meine Mandantin eine Betriebsgesellschaft nach dem Recht des Staates [Y] als hundertprozentige Tochtergesellschaft gründen. Diese wird das Rechenzentrum betreiben. Zu diesem Zweck wird ein Vertrag zwischen meiner Mandantin und der noch zu gründenden Tochtergesellschaft geschlossen werden, nach dem die Daten ausschließlich auf Weisung meiner Mandantin verarbeitet werden. Dieser Vertrag, den ich diesem Schreiben als Entwurf beigefügt habe, entspricht im Wesentlichen den von der Europäischen Kommission gebilligten Standarddatenschutzklauseln vom 5.2.2010.[4] Von den Standarddatenschutzklauseln beabsichtigt meine Mandantin insoweit abzuweichen, als die Haftungsklausel (Klausel 6) dahingehend geändert wird, dass die Haftung nur für grob fahrlässige oder vorsätzliche herbeigeführte Schäden besteht, sofern sie nicht Folge einer schuldhaften Verletzung der Gesundheit, des Körpers oder des Lebens sind oder eine Haftung nach dem Produkthaftungsgesetz vorgesehen ist. In diesem Umfang ist eine Haftungseinschränkung nach deutschem Recht erlaubt, so dass ich der Auffassung bin, dass diese geringfügige Einschränkung nichts daran ändert, dass das Vertragswerk eine geeignete Garantie i. S. v. Art. 46 Abs. 1 DS-GVO darstellt. Den betroffenen Personen stehen im Staat [Y] durchsetzbare Rechte und wirksame Rechtsbehelfe zu.[5]

Koreng

Daneben sind umfangreiche organisatorische und technische Maßnahmen zur Datensicherheit geplant, deren Details Sie dem diesem Schreiben als Anlage beigefügten Konzept entnehmen können.

Ich bitte Sie daher, meinem obigen Antrag zu entsprechen.

Mit freundlichen Grüßen

Rechtsanwalt

Anmerkungen

1. Zuständige Behörde. Rechtsgrundlage der Genehmigung ist Art. 58 Abs. 3 lit. h DS-GVO. Die Genehmigung ist bei der Behörde zu beantragen, die für das antragstellende Unternehmen nach Art. 55 Abs. 1 zuständig ist (Paal/Pauly/*Körffer*, DS-GVO, Art. 55 Rn. 2).

2. Rechtsnatur der Genehmigung. Bei der Genehmigung nach Art. 58 Abs. 3 lit. h i. V. m. Art. 46 Abs. 3 lit. a DS-GVO handelt es sich um einen Verwaltungsakt. Ihm dürfte, wie schon nach bisheriger Rechtslage (§ 4c Abs. 2 BDSG, vgl. hierzu Taeger/Gabel/*Taeger*, BDSG, § 4c Rn. 19; Plath/*von dem Bussche*, BDSG, § 4c Rn. 22) Drittwirkung zukommen, so dass jeder von der Datenübermittlung Betroffene ihn mit den üblichen verwaltungsrechtlichen Mitteln (ggf. Widerspruch und Anfechtungsklage) angreifen kann (zur bisherigen Rechtslage Plath/*von dem Bussche*, BDSG, § 4c Rn. 22). Umgekehrt kann das antragstellende Unternehmen auch auf Erteilung der Genehmigung klagen, wobei hierfür die Verpflichtungsklage gem. § 42 Abs. 1, 2. Var. VwGO statthaft ist (wiederum zur bisherigen Rechtslage, die sich insofern nicht geändert hat Däubler/Klebe/Wedde/Weichert/*Däubler*, BDSG, § 4c Rn. 14; Plath/*von dem Bussche*, BDSG, § 4c Rn. 22).

3. Originalvollmacht. → J. I. Anm. 2.

4. Standardvertragsklauseln. Die Datenübermittlung in einen Drittstaat gestattet die DS-GVO nur, wenn ein Angemessenheitsbeschluss der Europäischen Kommission nach Art. 45 DS-GVO für dieses Land vorliegt, oder aber „geeignete Garantien" nach Art. 46 DS-GVO bestehen und den betroffenen Personen durchsetzbare Rechte und wirksame Rechtsbehelfe zur Verfügung stehen. Zu den „geeigneten Garantien" gehören – wie schon nach bisheriger Rechtslage – insbesondere Standarddatenschutzklauseln (Art. 46 Abs. 2 lit. c DS-GVO) und verbindliche interne Datenschutzvorschriften („Binding Corporate Rules") nach Art. 46 Abs. 2 lit. b DS-GVO. Die Europäische Kommission hat auf der Grundlage von Art. 26 Abs. 4 RL 95/46/EG mittlerweile drei Sets von Standardvertragsregelungen herausgegeben (näher hierzu Taeger/Gabel/*Taeger*, BDSG, § 4c Rn. 23). Das neueste Set stammt vom 5.2.2010 (2010/87/EU) und ist auch online über das Internetangebot EURLex der Europäischen Union abrufbar. Die Standardvertragsklauseln werden zwar derzeit überarbeitet, gelten aber nach dem ausdrücklichen Wortlaut des Art. 46 Abs. 5 S. 2 DS-GVO fort, bis sie durch einen entsprechenden Beschluss der Kommission geändert, ersetzt oder aufgehoben werden. Eine Pflicht zur Verwendung dieser Vertragsklauseln besteht nicht, vielmehr kann dem Wortlaut von Art. 46 Abs. 3 DS-GVO unzweifelhaft entnommen werden, dass auch individuelle Vertragsklauseln verein-

Koreng

bart werden können, sofern diese den Anforderungen an „geeignete Garantien"
i.S.v. Art. 46 Abs. 1 DS-GVO genügen. Der Vorteil bei der Verwendung der von der
Kommission herausgegebenen Standardvertragsklauseln nach Art. 26 Abs. 4 RL 95/
46/EG besteht allerdings darin, dass deren Verwendung ein Genehmigungsverfahren
nach Art. 46 Abs. 3 DS-GVO obsolet macht, sofern keine Änderungen an den Vertragsklauseln vorgenommen werden (Paal/Pauly/*Pauly*, DS-GVO, Art. 46 Rn. 19
m.w.N.). Werden die Standardvertragsklauseln geändert, so muss die Datenübermittlung jedoch nach Art. 46 Abs. 3 DS-GVO durch die zuständige Aufsichtsbehörde genehmigt werden. Ob dies auch bei Änderungen gilt, die dem Betroffenen günstig sind, ist umstritten (zum Diskussionsstand Paal/Pauly/*Pauly*, DS-GVO, Art. 46
Rn. 19 m.w.N.). Es empfiehlt sich aufgrund der unklaren Rechtslage, jede Änderung der zuständigen Aufsichtsbehörde zur Genehmigung vorzulegen.

5. Maßstab für die Genehmigung. Ein datenschutzrechtliches Konzernprivileg
gibt es nicht, so dass auch bei der Datenübermittlung zwischen Konzerngesellschaften die Sicherstellung „geeigneter Garantien" und deren Genehmigung nach Art. 46
Abs. 3 lit. a DS-GVO grundsätzlich erforderlich ist. Die Datenschutz-Grundverordnung enthält über den Begriff der „geeigneten Garantien" hinaus keine näheren
Tatbestandsvoraussetzungen für die Genehmigungsfähigkeit von Vertragsklauseln.
Maßgeblich für die Frage, ob die Datenübermittlung genehmigungsfähig ist, dürfte
demnach alleine sein, ob die Vertragsbestimmungen geeignet sind, das fehlende angemessene Datenschutzniveau in dem betreffenden Drittstaat durch vertragliche
Gewährleistungen auszugleichen. Die an solche Vertragsklauseln zu stellenden Mindestanforderungen haben sich demnach an den Kriterien, die für einen Angemessenheitsbeschluss nach Art. 45 DS-GVO gelten, zu orientieren (Paal/Pauly/*Pauly*,
DS-GVO, Art. 46 Rn. 9). Dabei ist eine Verpflichtung auf die grundlegenden Bestimmungen des Datenschutzes unerlässlich. Die im hier gegebenen Beispiel vorgenommenen Änderungen der Standardvertragsklauseln dürften nach hier vertretener
Auffassung den Anforderungen an „geeignete Garantien" wohl genügen. Dass die
Haftung dem Umfang nach begrenzt wurde, ändert am Datenschutzniveau deshalb
nichts, weil auch im Fall einer inländischen Datenverarbeitung eine entsprechende
Haftungsbeschränkung möglich wäre. Es ist kein Grund ersichtlich, weshalb eine
solche Beschränkung dann bei einer Datenverarbeitung im Ausland nicht gestattet
sein sollte.

Koreng

H. Beschäftigtendatenschutz

I. Einwilligung durch Beschäftigte

1. Einwilligungserklärung zur Veröffentlichung von Mitarbeiterfotos

Namen, Kontaktdaten und Fotos von Mitarbeitern auf der Website oder in Werbematerialien sind in vielen Unternehmen zum Standard geworden. Bei **Funktionen mit Außenkontakt** – etwa als Kundenbetreuer, Pressesprecher oder Geschäftsführerin – dürfen **Name und dienstliche Kontaktdaten ohne Einwilligung** des jeweiligen Mitarbeiters veröffentlicht werden (zum BDSG Taeger/Gabel/*Taeger*, BDSG, § 4a Rn. 75). Allerdings dürfte es sich im Hinblick auf die Problematik der Privatnutzung dienstlicher E-Mail-Accounts (→ D. III. 1.) empfehlen, statt personenbezogenen E-Mail-Adressen nur Funktionsadressen, wie z. B. vertrieb@example.com, zu veröffentlichen. Fehlt es jedoch an einer gesetzlichen Erlaubnis, kann eine Veröffentlichung nur auf Basis einer Einwilligung erfolgen. Eine **Einwilligung** ist insbesondere für die Veröffentlichung von **Mitarbeiterfotos** praktisch immer erforderlich, wobei letztlich offenbleiben kann, ob §§ 22, 23 KUG im Beschäftigungsverhältnis auf Basis von Art. 88 DS-GVO beibehalten werden können (wohl nicht, da Art. 88 nur Präzisierungen erlaubt, Kühling/Buchner/*Maschmann*, DS-GVO, Art. 88 Rn. 32), ob § 24 BDSG n. F. angewandt wird, der inhaltlich im Wesentlichen § 32 BDSG a. F. entspricht, oder mit Art. 6 Abs. 1 Abs. 1 lit. f DS-GVO die allgemeine Regelung.

Eine Einwilligung ist unabhängig von der rechtlichen Grundlage nur dann wirksam, wenn sie **informiert und freiwillig** erfolgt, vgl. die Definition in Art. 4 Nr. 11 DS-GVO. Der Mitarbeiter muss daher zunächst **Zweck, Art und Umfang** der geplanten Veröffentlichung kennen (vgl. zur Einwilligung unter der DS-GVO Kühling/Buchner/*Buchner/Kühling*, DS-GVO, Art. 7 Rn. 59; unter dem KUG BeckOK KUG/*Engels*, § 22 Rn. 33; Dreier/Schulze/*Dreier*, UrhG, § 22 KUG Rn. 18). Diese sollten sinnvollerweise in einem schriftlichen Einwilligungsformular angegeben werden, auch wenn für die Einwilligung unter der DS-GVO keine Schriftform mehr erforderlich ist (Kühling/Buchner/*Buchner/Kühling*, DS-GVO, Art. 7 Rn. 27). Die Rechtsprechung des BAG, das unter der Geltung des § 22 KUG im Arbeitsverhältnis aus vermeintlichen verfassungsrechtlichen Gründen die Einwilligung einem Schriftformerfordernis unterworfen hat (BAG, Urt. v. 11.12.2014 – 8 AZR 1010/13, ZD 2015, 330 (332)), ist damit auf Basis der DS-GVO nicht mehr haltbar (Kühling/Buchner/*Maschmann*, DS-GVO, Art. 88 Rn. 49) und kann auch auf Basis des § 26 Abs. 2 S. 3 BDSG n. F. in ihrer Pauschalität nicht beibehalten werden. Abgesehen davon hat das BAG unzulässig aus der Notwendigkeit für den Arbeitgeber, die freie Entscheidung des Arbeitnehmers nachzuweisen, auf ein Formerfordernis geschlossen. Auch unter der DS-GVO muss der Arbeitgeber alle Tatbestandsvoraussetzungen der Einwilligung nachweisen, also auch die Freiwilligkeit (Art. 4 Nr. 10 DS-GVO). In der Praxis wird dies meist nur über eine **schriftliche Einwilligungserklärung** erfolgen können, doch lässt sich aus dieser reinen Obliegenheit nicht auf ein vom Gesetzgeber nicht vorgesehenes Formerfordernis schließen. Für das Beschäftigungsverhältnis hat der deutsche Gesetzgeber allerdings in § 26 Abs. 2 S. 3 BDSG n. F. auf der Basis von Art. 88 DS-GVO ein Schriftformerfordernis eingeführt, von dem nur unter besonderen Umständen abgewichen werden darf. Der Wortlaut der Vorschrift entspricht § 4a Abs. 1 S. 3 BDSG a. F., doch ist bei der Heranziehung der bisherigen Rechtsprechung zu berücksichtigen, dass § 26 Abs. 2 S. 3 BDSG n. F. nur im Beschäftigungskontext gilt, wo eine schriftliche Einwilligung viel einfacher einzuholen ist als etwa im Rahmen einer Online-Anmeldung (für die § 4a Abs. 1 S. 3 BDSG a. F. ebenfalls galt).

Richtig ist, dass die Frage der Freiwilligkeit einer durch Beschäftigte erklärten Einwilligung sehr kritisch zu betrachten ist – ein Problem, das in allen Arten von Abhängigkeitsverhältnissen besteht. Im rechtlichen Sinne frei und damit wirksam ist eine Einwilligung nur dann, wenn der Arbeitnehmer **effektiv die Möglichkeit hat, selbst zu bestimmen, ob und wie seine Daten verwendet werden,** d. h. er ohne Angst vor nachteiligen Auswirkungen seine Einwilligung auch verweigern kann (ErwG 42 S. 5 DS-GVO; Artikel-29-Datenschutzgruppe, Working Paper 249, Kap. 6.2). Der Vorschlag der Kommission (ErwG 34 DS-GVO-E-KOM), Einwilligungen im Arbeitsverhältnis grundsätzlich als unwirksam anzusehen, konnte sich im Gesetzgebungsverfahren nicht durchsetzen. Art. 88 DS-GVO ermöglicht den Mitgliedstaaten allerdings, die Zulässigkeit von Einwilligungen im Beschäftigungskontext zu beschränken (ErwG 155 DS-GVO), Art. 9 Abs. 4 DS-GVO gibt diese Möglichkeit auch hinsichtlich der Verarbeitung von genetischen, biometrischen oder Gesundheitsdaten.

Das folgende Formular stellt eine Einwilligung für die Fälle dar, in denen Mitarbeiter mit Fotos, Namen und Kontaktdaten Außenstehenden vorgestellt werden sollen. Als Alternative wird sodann ein Muster dargestellt, mit dem Mitarbeiter allgemein abgebildet werden sollen, beispielsweise im Rahmen von Werbebroschüren. Es wird davon ausgegangen, dass alle Informationen gem. Art. 13 DS-GVO den Mitarbeitern bereits vorliegen bzw. gesondert gegeben werden. Zu einer allgemeinen Checkliste für Einwilligungen → I.II.

Einwilligungserklärung zur Veröffentlichung von Fotos im Rahmen einer Vorstellung der Person

[Arbeitgeber] beabsichtigt, die Mitarbeiter der [X]-Abteilung mit Kontaktdaten (Name, dienstliche Telefonnummer, dienstliche E-Mail-Adresse) und Foto im Internet und auf gedruckten Werbematerialien vorzustellen. Dadurch soll eine bessere Kundenbindung erreicht werden, indem die Kunden sich ein besseres Bild von ihrem Ansprechpartner machen können.[1]

Ich willige ein, dass zu diesem Zweck ein Porträtfoto von mir ins Internet eingestellt und in gedruckte Werbematerialien aufgenommen wird.[2] Soweit sich aus meinem Foto Hinweise auf meine ethnische Herkunft, Religion oder Gesundheit ergeben (z. B. Hautfarbe, Kopfbedeckung, Brille), bezieht sich meine Einwilligung auch auf diese Angaben.[3]

Informationen im Internet sind weltweit zugänglich und können mit Suchmaschinen gefunden und mit anderen Informationen verknüpft werden, woraus sich unter

Bergt

Umständen Persönlichkeitsprofile über mich erstellen lassen. Ins Internet gestellte Informationen, einschließlich Fotos, können problemlos kopiert und weiterverbreitet werden. Es gibt spezialisierte Archivierungsdienste, deren Ziel es ist, den Zustand bestimmter Websites zu bestimmten Terminen dauerhaft zu dokumentieren. Dies kann dazu führen, dass im Internet veröffentlichte Informationen auch nach ihrer Löschung auf der Ursprungs-Seite weiterhin andernorts aufzufinden sind.[4]

[Optional: Mein Foto darf auch bei [Dienst] veröffentlicht werden, obwohl nach den derzeit bekannten Informationen Fotos und Daten bei [Dienst] überhaupt nicht mehr gelöscht werden können, sondern nur nicht mehr öffentlich gezeigt werden. Über die interne Nutzung von Fotos und Daten durch [Dienst] – etwa zur Bildung von Persönlichkeitsprofilen – gibt es derzeit keine ausreichenden Informationen.][5]

[Optional: ☐ Eine gute Auffindbarkeit in Suchmaschinen ist für den Erfolg der Website wichtig. Deshalb bin ich auch damit einverstanden, dass die Veröffentlichung im Internet kein ausdrückliches „virtuelles Hausverbot" für Suchmaschinen enthält. ☐ Nein, ich verlange ein „virtuelles Hausverbot" für Suchmaschinen für die WWW-Seite, die meine Daten/mein Foto enthält. Ob und wie weit sich die Suchmaschinen an dieses Verbot halten, liegt jedoch allein im Ermessen der Suchmaschine.[6]]

Diese Einwilligung ist freiwillig. Ich kann sie ohne Angabe von Gründen verweigern, ohne dass ich deswegen Nachteile zu befürchten hätte. Ich kann diese Einwilligung zudem jederzeit in Textform (z.B. Brief, E-Mail) widerrufen.[7] Mein Foto wird dann unverzüglich aus dem Internetangebot von [Arbeitgeber] entfernt und nicht mehr für neue Drucksachen verwendet.[8]

Alternative: Einwilligungserklärung zur Veröffentlichung von Fotos zu Illustrationszwecken

[Arbeitgeber] beabsichtigt, zur Darstellung des Unternehmens im Internet und auf gedruckten Werbematerialien Fotos zu veröffentlichen, auf denen auch Mitarbeiter zu sehen sind. Dabei erfolgt keine Nennung der Namen der abgebildeten Mitarbeiter und es werden nicht gezielt einzelne Mitarbeiter vorgestellt.[9]

Ich willige ein, dass zu diesem Zweck Fotos, auf denen ich zu sehen bin, ins Internet eingestellt und in gedruckte Werbematerialien aufgenommen werden. Soweit sich aus meinem Foto Hinweise auf meine ethnische Herkunft, Religion oder Gesundheit ergeben (z.B. Hautfarbe, Kopfbedeckung, Brille), bezieht sich meine Einwilligung auch auf diese Angaben.

Informationen im Internet sind weltweit zugänglich und können mit Suchmaschinen gefunden und mit anderen Informationen verknüpft werden, woraus sich unter Umständen Persönlichkeitsprofile über mich erstellen lassen. Ins Internet gestellte Informationen, einschließlich Fotos, können problemlos kopiert und weiterverbreitet werden. Es gibt spezialisierte Archivierungsdienste, deren Ziel es ist, den Zustand bestimmter Websites zu bestimmten Terminen dauerhaft zu dokumentieren. Dies kann dazu führen, dass im Internet veröffentlichte Informationen auch nach ihrer Löschung auf der Ursprungs-Seite weiterhin aufzufinden sind.

[Optional: Mein Foto darf auch bei [Dienst] veröffentlicht werden. Nach den derzeit bekannten Informationen können Fotos und Daten bei [Dienst] überhaupt nicht mehr gelöscht werden, sondern werden nur nicht mehr öffentlich gezeigt.

Über die interne Nutzung von Fotos und Daten durch [Dienst] – etwa zur Bildung von Persönlichkeitsprofilen – gibt es derzeit keine ausreichenden Informationen.]

[Optional: ☐ Eine gute Auffindbarkeit in Suchmaschinen ist für den Erfolg der Website wichtig. Deshalb bin ich auch damit einverstanden, dass die Veröffentlichung im Internet kein ausdrückliches „virtuelles Hausverbot" für Suchmaschinen enthält. ☐ Nein, ich verlange ein „virtuelles Hausverbot" für Suchmaschinen für die WWW-Seite, die mein Foto enthält. Ob und wie weit sich die Suchmaschinen an dieses Verbot halten, liegt jedoch allein im Ermessen der Suchmaschine.]

Diese Einwilligung ist freiwillig. Ich kann sie ohne Angabe von Gründen verweigern, ohne dass ich deswegen Nachteile zu befürchten hätte. Ich kann diese Einwilligung zudem jederzeit in Textform (z.B. Brief, E-Mail) widerrufen. Fotos, auf denen ich erkennbar bin und die im Wesentlichen nur mich zeigen (z.B. beim Telefonieren oder bei einer typischen Tätigkeit), werden dann unverzüglich aus dem Internetangebot von [Arbeitgeber] entfernt und nicht mehr für neue Drucksachen verwendet. Sofern ich auf dem Foto zusammen mit anderen Personen abgebildet bin, muss das Foto nicht entfernt werden, sondern es genügt, wenn ich unverzüglich auf dem Foto unkenntlich gemacht werde (z.B. durch Verpixelung).[10] Bin ich auf dem Foto zusammen mit anderen Personen abgebildet und möchte [Arbeitgeber] die Möglichkeit zur Verpixelung nicht nutzen, sondern es direkt durch ein neues Foto ersetzen (etwa weil das Foto eine besondere Bedeutung für die Website hat), beträgt die Frist für den Austausch des Fotos einen Monat.[11]

Anmerkungen

1. Verweis. Zur Erläuterung des Formulars sei ergänzend auf die Anmerkungen in der → Vorb. und der Checkliste → I.II. verwiesen. Das Formular kann entsprechend auch für die Veröffentlichung von Videos verwendet werden.

2. Abbildung des Fotos. Eine höhere Zustimmungsquote kann ggf. dadurch erreicht werden, dass die Einwilligung erst nach dem Fotoshooting eingeholt und auf „das folgend abgebildete Foto" bezogen wird. Datenschutzrechtlich ist eine solche Einschränkung jedoch nicht erforderlich.

3. Sensitive Daten. Soll sich eine Einwilligung auch auf besondere Kategorien personenbezogener Daten (Art. 9 Abs. 1 DS-GVO) beziehen, müssen diese ausdrücklich genannt werden. Hierzu gehört bereits die Eigenschaft als Brillenträger (Paal/Pauly/*Ernst*, DS-GVO, Art. 4 Rn. 109; Kühling/Buchner/*Weichert*, DS-GVO, Art. 9 Rn. 22). Sollten sich in Ausnahmefällen aus einem Foto Angaben über weitere Arten sensitiver Daten ergeben (z.B. Gewerkschafts-Button, politisches T-Shirt), ist die Aufzählung zu ergänzen. Die Mitgliedstaaten können die Verarbeitung sensitiver Daten auf Basis einer Einwilligung verbieten, Art. 9 Abs. 2 lit. a DS-GVO; in Deutschland ist dies nicht geplant.

4. Informierte Einwilligung. Vielen Menschen ist nicht bewusst, dass einmal im Internet veröffentlichte Informationen unter Umständen nie wieder gelöscht werden können. Um den Beschäftigten eine informierte Entscheidung und damit eine wirksame Einwilligung (vgl. Art. 4 Nr. 11 DS-GVO) zu ermöglichen, empfiehlt es sich, auf die mit einer Internetveröffentlichung verbundenen Risiken ausdrücklich hinzuweisen. Dies beugt auch nachträglichen Auseinandersetzungen vor, weil der Beschäftigte nicht mehr behaupten kann, er hätte niemals eingewilligt, wenn ihn jemand über die Risiken informiert hätte.

5. Facebook. Eine Veröffentlichung von Fotos oder Mitarbeiterdaten bei Facebook oder anderen Diensten, bei denen von einer Löschung nicht mehr benötigter Daten eher nicht ausgegangen werden kann, sollte im Hinblick auf die Fürsorgepflichten des Arbeitgebers möglichst unterbleiben; dies mag anders zu bewerten sein, sollte sich Facebook unter dem Eindruck der DS-GVO künftig an EU-Recht halten. Sollen dennoch dort Mitarbeiterfotos veröffentlicht werden, sollte zumindest der Warnhinweis um diesen Absatz ergänzt werden. Ob eine Einwilligung in die Veröffentlichung bei Facebook angesichts dieser Unklarheiten überhaupt wirksam möglich ist, bleibt aber zweifelhaft (vgl. auch → F.I.6.).

6. Suchmaschinen-Opt-out. Nach der Rechtsprechung hamburger und kölner Gerichte (OLG Köln, Urt. v. 9.2.2010 – 15 U 107/09, MMR 2011, 323; LG Hamburg, Urt. v. 16.6.2010 – 325 O 448/09, RDV 2011, 98; OLG Hamburg, Urt. v. 13.3.2012 – 7 U 89/10, openJur 2013, 45219) soll in dem Einstellen oder der etwa dem Arbeitgeber erteilten Erlaubnis zum Einstellen des eigenen Fotos ins Internet eine Einwilligung in die Verbreitung durch (Personen-)Suchmaschinen liegen, wenn der Betroffene keine technischen Maßnahmen zum Schutz gegen Suchmaschinen vorsieht. Hier wird eine Analogie zur urheberrechtlichen BGH-Rechtsprechung zu Vorschaubildern (BGH, Urt. v. 29.4.2010 – I ZR 69/08, BGHZ 185, 291; BGH, 19.10.2011 – I ZR 140/10, NJW 2012, 1886) gezogen. Ob dies auch unter Geltung der DS-GVO noch so gelten kann, ist angesichts der Anforderungen des Art. 4 Nr. 11 DS-GVO, nach der eine Einwilligung „unmissverständlich" und „für den bestimmten Fall" gegeben werden muss und ein Unterlassen keine Einwilligung darstellt, sehr zweifelhaft, betrifft aber jedenfalls nicht das Verhältnis zwischen Arbeitgeber und Arbeitnehmer. Nach der oben genannten Entscheidung des LG Hamburg dürfte der Arbeitgeber nur auf ausdrückliche Aufforderung dazu verpflichtet sein, mittels „robots"-Anweisungen Suchmaschinen zu verbieten, Mitarbeiterfotos in ihren Datenbestand aufzunehmen. Die Wahlmöglichkeit ist daher optional, da das Risiko der Auffindbarkeit mittels Suchmaschinen bereits zuvor angesprochen worden ist. Ein Suchmaschinen-Nein erfordert in jedem Fall eine Umsetzung durch den Arbeitgeber. Den Mitarbeitern sollte deshalb nur dann eine Wahlmöglichkeit gegeben werden, wenn die technische Umsetzung sichergestellt ist.

7. Widerruf der Einwilligung. Die Einwilligung ist jederzeit frei widerruflich, Art. 7 Abs. 3 S. 1 DS-GVO. Dies dürfte bei den hier in Rede stehenden individuellen, die Person des Mitarbeiters vorstellenden Website-Fotos auch unter Berücksichtigung der einschränkenden Rechtsprechung des BAG (→ Anm. 9) gelten. Im Hinblick darauf und auf die bei einer Einschränkung der Widerruflichkeit denkbare Zurückhaltung der Mitarbeiter gegenüber einer Einwilligung sieht das Muster eine jederzeitige Widerruflichkeit ausdrücklich vor. Nach Ausscheiden des Mitarbeiters endet die Nutzungsberechtigung für individuelle Mitarbeiterfotos (bzw. eine individuelle Darstellung des Mitarbeiters) automatisch (LAG Hessen, Urt. v. 24.1.2012 – 19 SaGa 1480/11, NJW 2012, 32). Um die Zustimmungsquote der Mitarbeiter zu erhöhen, kann es sich empfehlen, dies ausdrücklich in die Einwilligung aufzunehmen. Für rein dekorative Nutzung vgl. die folgende Abwandlung der Einwilligungserklärung.

Bergt

Der Widerruf der Einwilligung kann formlos erklärt werden. Es ist wohl – anders als unter Geltung des BDSG a. F. – nicht mehr zulässig, den Widerruf an die gleiche Form zu knüpfen, die bei der Erteilung der Einwilligung eingehalten wurde. Denn Art. 7 Abs. 3 S. 4 DS-GVO verlangt, dass der Widerruf der Einwilligung so einfach sein muss wie die Erteilung der Einwilligung. Es kann aber aufwendiger sein, eine mündlich erteilte Einwilligung auch mündlich zu widerrufen (etwa bei schlechter Erreichbarkeit des Unternehmens), und eine schriftlich während der Beschäftigungszeit erteilte Einwilligung schriftlich zu widerrufen, stellt einen erheblich höheren Aufwand dar als die ohne Aufwand vor Ort während der Arbeit erteilte Einwilligung. Ohnehin dürfte die hier vorgeschlagene Klausel nicht klar genug formuliert sein, um einen formlosen Widerruf auszuschließen. Dafür müsste etwa formuliert werden: „Ich kann diese Einwilligung zudem jederzeit, jedoch nur in Textform (z. B. Brief, E-Mail) widerrufen.", außerhalb von AGB ginge auch „in Schriftform, d. h. mit Original-Unterschrift". Eine solche Formulierung ist jedoch psychologisch ungünstig. In jedem Fall ist § 309 Nr. 13 lit. b BGB zu beachten, der eine strengere Form als die Textform in AGB verbietet.

8. Frist zur Entfernung. Art. 17 Abs. 1 lit. b DS-GVO schreibt eine unverzügliche Löschung personenbezogener Daten vor, wenn die Verarbeitung auf eine Einwilligung gestützt und diese widerrufen wurde und es an einer anderweitigen Rechtsgrundlage für die Verarbeitung fehlt. Für die Einräumung einer festen Frist zur Entfernung des Fotos scheint damit kein Raum mehr zu sein, so dass das Foto „ohne schuldhaftes Zögern" (Kühling/Buchner/*Herbst*, DS-GVO, Art. 17 Rn. 45) oder „ohne unangemessene Verzögerung" (Gola/*Nolte/Werkmeister*, DS-GVO, Art. 17 Rn. 8; *Wybitul*, BB 2016, 1077 (1080)) gelöscht werden muss, was letztlich dasselbe bedeutet. Falls das arbeitsrechtliche Rücksichtnahmegebot (dazu Tschöpe/*Rinck*, Arbeitsrecht, Teil 2 A Rn. 179 ff.; Schaub/*Linck*, Arbeitsrechts-Handbuch, § 53 Rn. 2 ff.) das Widerrufsrecht einschränken kann (streitig, → Anm. 9), dürfte der Widerruf wohl nicht bereits gedruckte Werbematerialien erfassen können; diese muss der Arbeitgeber noch eine angemessene Zeit lang verwenden dürfen. Entsprechendes muss für ein mit hohem Aufwand erstelltes Werbevideo gelten; hier wäre ggf. eine entsprechende Regelung aufzunehmen.

9. Illustrationsfotos. Wenn Fotos nur der allgemeinen Illustration dienen und der Mitarbeiter nicht besonders herausgestellt wird, bleibt die Einwilligung auch über das Ende des Arbeitsverhältnisses bestehen (BAG, Urt. v. 11.12.2014 – 8 AZR 1010/13, ZD 2015, 330 (333); LAG Rheinland-Pfalz, Urt. v. 30.11.2012 – 6 Sa 271/12, BB 2013, 2107; LAG Schleswig-Holstein, Urt. v. 23.6.2010 – 3 Sa 72/10, MMR 2011, 482; LAG Köln, Urt. v. 10.7.2009 – 7 Ta 126/09, K&R 2010, 144). An einem solchen individuellen Bezug fehlt es, wenn der Aussagegehalt des Fotos auch durch Abbildung einer beliebigen anderen – auch unternehmensfremden – Person in gleicher Pose zu erzielen wäre (LAG Köln, Urt. v. 10.7.2009 – 7 Ta 126/09, K&R 2010, 144). Der Mitarbeiter muss in diesem Fall ausdrücklich seine Einwilligung widerrufen, wenn er keine weitere Veröffentlichung wünscht; teilweise wird als Grund für den Widerruf nicht einmal das Ende des Arbeitsverhältnisses als ausreichend angesehen (LAG Rheinland-Pfalz, Urt. v. 8.5.2013 – 8 Sa 30/13, BeckRS 2013, 73087), sondern verlangt, dass der Mitarbeiter „einen Grund i. S. e. Erklärung angibt, warum er nunmehr, anders als bei der Jahre zurückliegenden Erteilung der Einwilligung, sein Recht auf informationelle Selbstbestimmung gegenläufig ausüben will"

Bergt

(BAG, Urt. v. 11.12.2014 – 8 AZR 1010/13, ZD 2015, 330 (333)). Ob diese auf dem arbeitsvertraglichen Rücksichtnahmegebot basierende Rechtsprechung des BAG mit Art. 7 Abs. 3 S. 1 und S. 4 DS-GVO vereinbar ist, ist umstritten (dafür BeckOK DatenSR/*Riesenhuber*, Art. 88 DS-GVO Rn. 40; Gola/*Schulz*, DS-GVO, Art. 7 Rn. 57; dagegen *Spelge*, DuD 2016, 775 (781); Kühling/Buchner/*Maschmann*, DS-GVO, Art. 88 Rn. 50; im Rahmen umfassender Vertragsverhältnisse das Widerrufsrecht einschränkend Kühling/Buchner/*Buchner/Kühling*, DS-GVO, Art. 7 Rn. 38). Nennt die nach Art. 7 Abs. 3 S. 3 DS-GVO vorgeschriebene Information über das Widerrufsrecht keine Einschränkungen, kann sich der Arbeitgeber allerdings nicht auf eine Beschränkung berufen, weil der Arbeitnehmer sonst jedenfalls irreführend informiert worden wäre.

10. Entfernung oder Verpixelung. Bei Gruppenfotos kann der Mitarbeiter nicht die Entfernung des Fotos an sich verlangen, sondern nur die Unkenntlichmachung seines Bildes (ArbG Frankfurt a. M., Urt. v. 20.6.2012 – 7 Ca 1649/12, ZD 2012, 530), wodurch das Foto den Status als Bildnis i. S. v. § 22 KUG bzw. als personenbezogenes Datum i. S. v. Art. 4 Nr. 1 DS-GVO verliert. Wichtig ist dabei, dass eine „halbe" Unkenntlichmachung, etwa nur durch einen schmalen Balken über den Augen, nicht ausreicht. Ob ein verpixeltes Foto für den Arbeitgeber noch brauchbar ist, ist davon unabhängig zu bedenken.

11. Frist bei Austausch. Gruppenfotos sind häufig nicht innerhalb weniger Tage ersetzbar. Soweit das arbeitsrechtliche Rücksichtnahmegebot (dazu Tschöpe/*Rinck*, Arbeitsrecht, Teil 2 A Rn. 179 ff.; Schaub/*Linck*, Arbeitsrechts-Handbuch, § 53 Rn. 2 ff.) das Widerrufsrecht einschränken kann (streitig, → Anm. 9), dürfte es dem Mitarbeiter daher zuzumuten sein, dass solche Fotos noch eine gewisse Zeit weiter genutzt werden, wenn der Arbeitgeber etwa aus ästhetischen Gründen keine verpixelten Fotos nutzen möchte (vgl. LAG Rheinland-Pfalz, Urt. v. 30.11.2012 – 6 Sa 271/12, BB 2013, 2107: sechs Wochen über Weihnachten). Geht es gar um ein Firmenvideo, dürfte diese Frist angesichts der mit einem Werbefilm verbundenen Kosten sogar bis zu mehrere Jahre betragen. Im nächsten Werbefilm darf der Mitarbeiter allerdings nicht mehr gezeigt werden. Wer im Hinblick auf die ungeklärte Frage, ob das arbeitsrechtliche Rücksichtnahmegebot das Widerrufsrecht einschränken kann (→ Anm. 9) kein Risiko eingehen möchte, muss auch Gruppenfotos unverzüglich austauschen oder verpixeln.

2. Einwilligungserklärung zur Speicherung von Bewerberdaten

Unternehmen, die immer wieder ähnliche Stellen zu besetzen haben, möchten oftmals die Daten zunächst nicht erfolgreicher Bewerber speichern, wenn diese möglicherweise für die nächste freie Stelle in Betracht kommen (oder um sich den Aufwand erneuter Bewerbungsverfahren bei ungeeigneten Kandidaten zu ersparen). Dem steht jedoch entgegen, dass die Daten nach dem **Abschluss des Bewerbungsverfahrens** nicht mehr für ihren ursprünglichen Zweck benötigt werden und daher nach Art. 17 Abs. 1 lit. a DS-GVO **zu löschen** sind. Die Daten müssen allerdings nicht gelöscht werden, solange noch mit Klagen wegen Verstoßes gegen das AGG zu rechnen ist (*Kort*, NZA-Beilage 2016, 62 (71); vgl. zu § 32 BDSG a. F., der durch § 26 BDSG n. F. im Wesentlichen unverändert beibehalten wird, Plath/*Stamer/*

Bergt

Kuhnke, BDSG/DS-GVO, § 32 Rn. 31). Sollen die Profile zunächst nicht berücksichtigter Bewerber in einen „Bewerberpool" aufgenommen werden, ist eine **Einwilligung erforderlich** (*Kort*, NZA-Beilage 2016, 62 (71); zu § 32 BDSG a.F. Simitis/*Seifert*, BDSG, § 32 Rn. 55; *Greßlin*, BB 2015, 117 (120 f.)). Die gesetzlichen Transparenzpflichten sind ggf. ergänzend zu beachten (→ F.I.).

Einwilligungserklärung zur Speicherung von Bewerberdaten

Sollte meine Bewerbung nicht erfolgreich sein, willige ich ein, dass [Arbeitgeber] meine personenbezogenen Daten, die ich im Rahmen des gesamten Bewerbungsverfahrens mitgeteilt habe (zum Beispiel in Anschreiben, Lebenslauf, Zeugnissen, Bewerber-Fragebögen, Bewerber-Interviews[1, 2]), über das Ende des konkreten Bewerbungsverfahrens hinaus speichert. Ich willige ein, dass [Arbeitgeber] diese Daten nutzt, um mich später zu kontaktieren und das Bewerbungsverfahren fortzusetzen, falls ich für eine andere Stelle in Betracht kommen sollte.

[Optional: Sofern ich in meinem Bewerbungsschreiben oder anderen von mir im Bewerbungsverfahren eingereichten Unterlagen selbst „besondere Kategorien personenbezogener Daten" nach Art. 9 der Datenschutz-Grundverordnung mitgeteilt habe (z.B. ein Foto, das die ethnische Herkunft erkennen lässt, Angaben über Schwerbehinderteneigenschaft, usw.), bezieht sich meine Einwilligung auch auf diese Daten.[3] [Arbeitgeber] möchte allerdings alle Bewerber nur nach ihrer Qualifikation bewerten und bittet daher, auf solche Angaben in der Bewerbung möglichst zu verzichten.[4]]

[Optional: Diese Einwilligung gilt zudem für Daten über meine Qualifikationen und Tätigkeiten aus allgemein zugänglichen Datenquellen (insbesondere berufliche soziale Netzwerke), die [Arbeitgeber] im Rahmen des Bewerbungsverfahrens zulässig erhoben hat.][5] Meine Daten werden nicht an Dritte weitergegeben.[6]

Diese Einwilligung ist freiwillig und hat keine Auswirkungen auf meine Chancen im jetzigen Bewerbungsverfahren.[7] Ich kann sie ohne Angabe von Gründen verweigern, ohne dass ich deswegen Nachteile zu befürchten hätte. Ich kann meine Einwilligung zudem jederzeit [– zum Beispiel online[8] über das Bewerbungssystem –] widerrufen;[9] in diesem Fall werden meine Daten nach Abschluss des Bewerbungsverfahrens unverzüglich gelöscht.[10]

Zusatzerklärung bei besonderen Kategorien von Daten:

Meine Bewerbung bei [Arbeitgeber] enthält besondere Kategorien personenbezogener Daten (z.B. Angaben zum Familienstand, die Informationen über mein Sexualleben oder meine sexuelle Orientierung geben können; Angaben zu meiner Gesundheit; ein Foto, das Rückschlüsse auf meine ethnische Herkunft und ggf. meine Sehkraft und/oder Religion erlaubt; ähnlich sensible Daten im Sinne von Artikel 9 der Datenschutz-Grundverordnung). Meine Bewerbung darf daher in der vorliegenden Form nur mit meiner Einwilligung verarbeitet werden. Ich willige ein, dass [Arbeitgeber] die besonderen Kategorien personenbezogener Daten, die in meinem Bewerbungsschreiben und den beigefügten Unterlagen enthalten sind, zum Zweck der Durchführung des Bewerbungsverfahrens verarbeitet. Diese Einwilligung dient ausschließlich dazu, die Bewerbung in ihrer vorliegenden Form überhaupt berücksichtigen zu können. Die Informationen werden keine Berücksichtigung im Bewer-

bungsprozess finden, soweit nicht – insbesondere bei Schwerbehinderten – eine gesetzliche Verpflichtung hierfür besteht. Meine Daten werden nicht an Dritte weitergegeben. Ich bin nicht verpflichtet, diese Einwilligung zu erteilen und kann stattdessen eine um die besonderen Kategorien personenbezogener Daten bereinigte
Bewerbung einreichen, ohne dass dies Auswirkungen auf meine Chancen im Bewerbungsverfahren hätte. Ich kann meine Einwilligung ohne Angabe von Gründen
verweigern und eine erteilte Einwilligung jederzeit [– am besten online über das Bewerbungssystem –] widerrufen. Im Fall des Widerrufs werden meine von der Einwilligung umfassten Daten unverzüglich gelöscht. Im Fall der Nichterteilung oder des
Widerrufs der Einwilligung kann meine bereits eingereichte Bewerbung allerdings
nicht in der vorliegenden Form berücksichtigt werden.

Anmerkungen

1. Arbeitsrechtliches Frageverbot. Die Einwilligung ist unwirksam, soweit dadurch das arbeitsrechtliche Frageverbot umgangen würde (*Kort*, NZA-Beilage
2016, 62 (68); zu § 32 BDSG a. F., der durch § 26 BDSG n. F. im Wesentlichen unverändert übernommen wird, Plath/Stamer/*Kuhnke*, BDSG/DS-GVO, § 32 Rn. 24).
Sollte also in einem Bewerber-Fragebogen oder im Rahmen eines Bewerbungsge-
sprächs eine unzulässige Frage gestellt worden sein, müssen die diesbezüglichen Daten gelöscht werden.

2. Bestimmtheit der Einwilligung. Eine Einwilligung ist nur wirksam, wenn sie
sich auf den konkreten Fall bezieht. Daher sind im Rahmen der Einwilligung die
Arten der betroffenen Daten zu benennen (Kühling/Buchner/*Buchner/Kühling*,
DS-GVO, Art. 7 Rn. 59). Insoweit war unter Geltung des BDSG a. F. anerkannt,
dass dies durch Bezugnahme auf „die oben angegebenen Daten" (o. ä.) erfolgen
kann (vgl. BGH, Urt. v. 16.7.2008 – VIII ZR 348/06, NJW 2008, 3055). Da die Anforderungen der DS-GVO sich insoweit nicht von den Anforderungen der DSRL unterscheiden, kann die bisherige Rechtsprechung weiterhin herangezogen werden. Jedenfalls wenn die Einwilligungserklärung zeitgleich oder nachfolgend abgegeben
wird, sollte die Bezugnahme auf die selbst mitgeteilten Daten ausreichen.

Bedenken gegen die Wirksamkeit bestehen dennoch, wenn die Einwilligung bereits zu Beginn des Bewerbungsverfahrens eingeholt werden soll (dann bezieht sie
sich auf noch nicht definierte Datenarten, die der Bewerber – soweit es sich um Fragebögen oder Interview-Fragen handelt – nicht einmal kennen kann). Ebenfalls
problematisch ist es, wenn die Einwilligung so lange im Nachhinein eingeholt wird,
dass der Bewerber sich vielleicht nicht mehr an den Inhalt von Fragebogen oder In-
terview erinnert. Daher wäre es besser, die Einwilligung auf die im Bewerbungsschreiben mitgeteilten Angaben zu beschränken: „(…), die ich in meinem Bewerbungsschreiben nebst Anlagen mitgeteilt habe, (…)".

3. Besondere Kategorien personenbezogener Daten. Wenn sich eine Einwilligung
auf „besondere Kategorien personenbezogener Daten" (Art. 9 DS-GVO) bezieht,
muss die Einwilligungserklärung diese ausdrücklich einbeziehen (Art. 9 Abs. 2 lit. a
DS-GVO). Eigentlich müsste die Einwilligungserklärung aufzählen, um welche der
in Art. 9 DS-GVO genannten Angaben es sich handelt (Laue/Nink/*Kremer*, Das
neue Datenschutzrecht in der betrieblichen Praxis, § 2 Rn. 62; vgl. auch Kühling/

Bergt

Buchner/Buchner/Kühling, DS-GVO, Art. 7 Rn. 59 f.), z. B. „Gesundheitsdaten" oder „Angaben zur ethnischen Herkunft". Allerdings ist auch bei „normalen" Einwilligungserklärungen die Angabe der Datenarten erforderlich, so dass auf die Ausführungen in → Anm. 2 verwiesen wird.

Die meisten besonderen Kategorien personenbezogener Daten dürfen nach § 7 i. V. m. § 1 AGG nicht berücksichtigt werden, so dass bereits während des laufenden Bewerbungsverfahrens keine gesetzliche Rechtfertigung zu ihrer Speicherung besteht. Wenn aber ein Bewerber etwa seiner Bewerbung freiwillig ein Foto beifügt (und damit Angaben zu seiner ethnischen Herkunft macht) oder im Text Ausführungen zu seiner Religion oder seinem Familienstand macht (Angaben zu Ehe, eingetragener Lebenspartnerschaft oder Kindern enthalten Informationen zum Sexualleben oder der sexuellen Orientierung), erscheint es übertrieben, den Arbeitgeber dazu zu zwingen, nur mit einer Kopie der Bewerbung zu arbeiten, auf der das Foto oder die betreffenden Textteile geschwärzt sind. Es ist offensichtlich, dass der Bewerber damit einverstanden ist, dass nach seinem Willen Informationen, die er selbst in seine Bewerbungsunterlagen aufnimmt, nicht überklebt oder ausgeschnitten werden müssen und so zumindest datenschutzrechtlich im Bewerbungsverfahren verwendet werden sollen, selbst wenn eine Verwertung aus Sicht des AGG unzulässig ist.

Allerdings verlangt Art. 9 Abs. 2 lit. a DS-GVO eine „ausdrückliche" Einwilligung in die Verarbeitung sensitiver Daten. Sobald also der weite Anwendungsbereich der DS-GVO (Art. 2 Abs. 1 DS-GVO) eröffnet ist – dazu gehört bereits, dass Papier-Bewerbungen etwa alphabetisch sortiert aufbewahrt werden (Kühling/Buchner/*Kühling/Raab,* DS-GVO, Art. 2 Rn. 18; § 32 BDSG a. F. und der diesen weitgehend unverändert übernehmende § 26 BDSG n. F. gehen noch weiter) –, müsste streng genommen nicht nur die „Schere im Kopf" (*Kort,* NZA-Beilage 2016, 62 (71)) angesetzt werden, sondern auch die Schere am Papier, weil diese Informationen ansonsten im weiteren Verfahren unzulässig verarbeitet werden.

Neben der „Schere am Papier" wäre die einzig sichere Lösung, unmittelbar nach dem ersten Erkennen sensitiver Daten in einer Bewerbung dem Bewerber zu antworten, dass seine Bewerbung sensitive Daten enthält und daher nicht weiterbearbeitet werden kann, solange er nicht entweder eine bereinigte Bewerbung übersendet oder ausdrücklich seine Einwilligung zur weiteren Verarbeitung auch der sensitiven Daten erklärt. Ein Formulierungsvorschlag für eine solche Einwilligung ist als Zusatzerklärung abgedruckt.

Unklar bleibt, ob ein Bewerberfoto tatsächlich bereits ein sensitives Datum darstellt: ErwG 51 S. 3 DS-GVO hält fest, dass Lichtbilder nicht grundsätzlich als sensitive Daten angesehen werden sollen, da sie nur dann von der Definition des Begriffs „biometrische Daten" erfasst werden, wenn sie mit speziellen technischen Mitteln verarbeitet werden, die die eindeutige Identifizierung oder Authentifizierung einer natürlichen Person ermöglichen (Art. 4 Nr. 14 DS-GVO; vgl. auch die von Art. 9 Abs. 1 DS-GVO geforderte Zweckbestimmung „zur eindeutigen Identifizierung"). Dass ein Foto eines Menschen naturgemäß Auskunft über seine ethnische Herkunft gibt, spricht der Gesetzgeber nicht an, obwohl es insoweit für das Vorliegen besonderer Kategorien personenbezogener Daten nach Art. 9 Abs. 1 DS-GVO genügt, dass aus den Daten die sensitiven Informationen „hervorgehen". Über den Verwendungszusammenhang wird teilweise versucht, den Begriff der besonderen Kategorien personenbezogener Daten einzuschränken (Kühling/Buchner/*Weichert,*

Bergt

DS-GVO, Art. 9 Rn. 3; Paal/Pauly/*Frenzel*, DS-GVO, Art. 9 Rn. 9). In der Folge wird teilweise vertreten, dass ein Foto eines Brillenträgers noch kein Gesundheitsdatum sei (Kühling/Buchner/*Weichert*, DS-GVO, Art. 4 Nr. 15 Rn. 7; a. A. Paal/Pauly/*Ernst*, DS-GVO, Art. 4 Rn. 109). Jedenfalls im Hinblick auf die ethnische Herkunft erscheint es im Bewerbungszusammenhang ausgeschlossen, über den Kontext eine Einschränkung des Begriffs der besonderen Kategorien personenbezogener Daten zu erreichen, weil ein Ausblenden dieser Information faktisch nicht möglich ist (vgl. Däubler/Klebe/Wedde/Weichert/*Däubler*, BDSG, § 32 Rn. 40a).

An die Eigenschaft als Schwerbehinderter knüpfen sich nach § 81 Abs. 1 SGB IX Rechtsfolgen, so dass sie vom Verwertungsverbot ausgenommen ist: Die Schwerbehinderteneigenschaft darf zwar nicht aktiv erfragt werden, aber wenn sie freiwillig mitgeteilt wird, ist für ihre Verarbeitung nach Art. 9 Abs. 2 lit. b DS-GVO keine Einwilligung erforderlich, solange die restliche Bewerbung rechtmäßig gespeichert bleibt.

Die Einwilligung in die Verarbeitung der in der Bewerbung enthaltenen sensitiven Daten darf keinesfalls verpflichtend mit einer Einwilligung in eine Aufnahme in einen Bewerberpool oder sonstigen nicht zusammenhängenden Verarbeitungen kombiniert werden, ErwG 43 S. 2 DS-GVO, sondern es muss etwa verschiedene Ankreuzmöglichkeiten geben. Insgesamt lässt sich festhalten, dass ein solches Verfahren angesichts der damit verbundenen Verzögerungen, des Aufwands und des absehbaren Herausfallens von Bewerbern offensichtlich unpraktikabel wäre.

In jedem Fall sollten – mit Ausnahme der Schwerbehinderteneigenschaft – besondere Kategorien personenbezogener Daten, die der Bewerber während des Bewerbungsverfahrens mündlich mitteilt, nicht notiert werden. Das Muster der Einwilligungserklärung für die Speicherung sensitiver Daten beschränkt sich daher auf vom Bewerber eingereichte Unterlagen; aktives Fragen verbietet sich von selbst. Angesichts der dargestellten problematischen Rechtslage unter der DS-GVO ist das Muster der Einwilligungserklärung für die Speicherung sensitiver Daten ausdrücklich optional vorgesehen. Immerhin ist darauf hinzuweisen, dass selbst *Weichert* eine schlüssige Einwilligung in die Verarbeitung sensitiver Daten nicht vollständig ausschließt (Kühling/Buchner/*Weichert*, DS-GVO, Art. 9 Rn. 47).

In der Praxis erscheint es empfehlenswert, bereits in der Stellenausschreibung bzw. im Online-Bewerbungssystem sehr deutlich darauf hinzuweisen, dass Fotos des Bewerbers, Angaben zum Familienstand und sonstige sensitive Daten – mit Ausnahme einer eventuellen Eigenschaft als Schwerbehinderter, wenn der Bewerber diese aus freier Entscheidung offenlegen möchte – ausdrücklich unerwünscht sind.

4. AGG-relevante Daten. Wenn Bewerber sensitive Daten mitteilen, erhöht sich immer die Gefahr eines Konflikts mit dem AGG. Aus diesem Grund und weil sich die Frage des Umgangs mit solchen Angaben stellt (→ Anm. 3), ist es wünschenswert, dass Bewerbungen von vornherein keine derartigen Daten enthalten. Zudem kann ein solcher Hinweis als Argument für die AGG-Compliance des Arbeitgebers verwendet werden. Ein Bewerbungsfoto darf in keinem Fall verlangt werden (*Kort*, NZA-Beilage 2016, 62 (67)).

5. Background-Checks. Soweit Recherchen über den Bewerber im Internet überhaupt zulässig sind (Artikel-29-Datenschutzgruppe, Working Paper 249, Kap. 5.1; zur Rechtslage unter dem BDSG a. F. *Forst*, NZA 2010, 427; trotz Erleichterungen durch die DS-GVO weiterhin kritisch *Kort*, NZA-Beilage 2016, 62 (68)), ergibt sich das Problem, dass die Arten der dort zu erhebenden Daten kaum vorab in der nötigen Konkretisierung (→ Anm. 2) zu beschreiben sind. Eine allgemeine, nicht auf bestimmte Datenarten beschränkte Klausel ist daher unwirksam. Möchte ein Arbeitgeber tatsächlich Background-Checks durchführen, empfiehlt sich die Entwicklung einer detaillierten Richtlinie, die auch die berücksichtigten Netzwerke und die zu erhebenden Datenarten definiert. Diese Liste kann in die Einwilligungserklärung aufgenommen werden.

6. Weitergabe an Dritte, etwa im Konzern. Soll der Bewerberpool nicht nur dem Unternehmen dienen, bei dem sich der Bewerber beworben hat, sondern etwa dem gesamten Konzern, muss die Einwilligung diese Unternehmen einzeln aufführen. Selbst wenn die DS-GVO Datenübermittlungen im Konzern vereinfacht, gibt es weiterhin kein Konzernprivileg (Kühling/Buchner/*Hartung*, DS-GVO, Art. 24 Rn. 8 und Art. 26 Rn. 27; *Laue/Nink/Kremer*, Das neue Datenschutzrecht in der betrieblichen Praxis, § 2 Rn. 36).

7. Freiwilligkeit der Einwilligung. Die endgültige Fassung der DS-GVO schließt Einwilligungen auch im Beschäftigungsverhältnis nicht aus, gibt den Mitgliedstaaten allerdings in Art. 88 DS-GVO die Möglichkeit zu Beschränkungen, wie ErwG 155 DS-GVO ausdrücklich festhält. Die Mindestanforderungen der DS-GVO sind in jedem Fall einzuhalten, insbesondere muss die Einwilligung freiwillig erteilt werden. Dies ist nur dann der Fall, wenn der Arbeitnehmer effektiv die Möglichkeit hat, selbst zu bestimmen, ob und wie seine Daten verwendet werden, d.h. er eine echte Wahlmöglichkeit hat und ohne Angst vor nachteiligen Auswirkungen seine Einwilligung auch verweigern kann (ErwG 42 S. 5 DS-GVO; Kühling/Buchner/*Maschmann*, DS-GVO, Art. 88 Rn. 51; Artikel-29-Datenschutzgruppe, Working Paper 249, Kap. 6.2). Obwohl im Bewerbungsverfahren eine rechtlich freie Entscheidung in aller Regel ausscheidet und erklärte Einwilligungen daher unwirksam sind (*Kort*, NZA-Beilage 2016, 62 (65); im Ergebnis auch Kühling/Buchner/*Maschmann*, DS-GVO, Art. 88 Rn. 51), liegt bei der Einwilligung in eine fortgesetzte Datenspeicherung in einem Bewerberpool eine der wenigen Ausnahmen vor (im Ergebnis auch *Kort*, NZA-Beilage 2016, 62 (71)). Denn der Bewerber hat eine echte Wahl zwischen Zustimmung und Ablehnung, ohne dass er für die Verweigerung der Zustimmung im aktuellen Bewerbungsverfahren irgendwelche negativen Konsequenzen befürchten müsste. Seine Nachteile beschränken sich darauf, dass er sich der Chance begibt, demnächst vielleicht eine ähnliche Stelle angeboten zu bekommen. Dieser Nachteil ist naturgemäß unvermeidbar. Da es für die Frage der Freiwilligkeit auf die konkreten Umstände des Einzelfalls ankommt (Kühling/Buchner/*Buchner/Kühling*, DS-GVO, Art. 7 Rn. 44), ist die Einwilligung trotz des extremen Ungleichgewichts wirksam.

8. Online-Bewerbungssysteme. Werden Online-Bewerbungssysteme eingesetzt, ist unbedingt darauf zu achten, dass alle nach Art. 32 DS-GVO erforderlichen Sicherheitsmaßnahmen eingesetzt werden (→ E.II.). Insbesondere muss jeder unverschlüsselte Zugriff auf die hochvertraulichen Bewerberdaten ausgeschlossen sein. Sowohl die Eingabeseite als auch das Backend müssen daher HTTPS-verschlüsselt werden, wobei auf die Nutzung sicherer Algorithmen zu achten ist (z.B. nur Perfect-Forward-Secrecy-fähige Algorithmen – dazu *Schmidt*, c't 18/2013, 16; *Fox*, DuD 2013, 729 –, Verzicht auf RC4, MD5, SHA-1; vgl. auch den „Mindeststandard des BSI nach § 8 Abs. 1 Satz 1 BSIG für den Einsatz des SSL/TLS-Protokolls in

Bergt

der Bundesverwaltung", https://www.bsi.bund.de/DE/Themen/StandardsKriterien/ Mindeststandards/SSL-TLS-Protokoll/SSL-TLS-Protokoll_node.html; *Bergt*, CR 2014, 726 (730)). Es dürfen auch keine Bewerbungen per unverschlüsselter E-Mail weitergesendet werden oder Zugriffsmöglichkeiten auf den Server per unverschlüsseltem FTP bestehen. Sollen Bewerbungen per E-Mail angenommen werden, sollte ein PGP-Key bereitgestellt werden (zu Verschlüsselungsverfahren *Bleich*, c't 22/2013, 136; *Hemker*, DuD 2010, 626).

Zwar kann selbst auf einer einfachen WWW-Seite wirksam eine Einwilligung erteilt werden (ErwG 32 S. 1 DS-GVO). Die bisherigen Anforderungen des § 13 Abs. 2 Nr. 3 TMG (Protokollierung und jederzeitige Abrufbarkeit) gelten nicht mehr. Wegen der Nachweispflicht des Unternehmens nach Art. 7 Abs. 1 DS-GVO und des Widerrufsrechts des Bewerbers (→ Anm. 9) sollte die Einwilligung dennoch revisionssicher protokolliert und für die betroffene Person jederzeit zugänglich sein (Kühling/Buchner/*Buchner/Kühling*, DS-GVO, Art. 7 Rn. 28).

Zu beachten ist, dass eine Einwilligung nach Art. 4 Nr. 11 DS-GVO eine „unmissverständlich" abgegebene Willensbekundung in Form einer Erklärung oder einer sonstigen „eindeutigen" Handlung voraussetzt. Eine vorausgewählte Checkbox wie jede andere Form des Opt-out genügt diesen Anforderungen nicht (ErwG 32 DS-GVO; Kühling/Buchner/*Buchner/Kühling*, DS-GVO, Art. 7 Rn. 57 f.). Dies gilt jedenfalls dann, wenn eine irgendwie geartete andere Erklärung zeitgleich abgegeben wird (z. B. Button-Beschriftung „Bewerbung einreichen") oder – wenn keine zusätzlichen Erklärungen abgegeben werden – der anzuklickende Button nicht eindeutig beschriftet ist. Unwirksam wäre damit z. B. eine voraktivierte Checkbox für die Einwilligung und eine Button-Beschriftung „Weiter". Vorausgesetzt, es werden keine zusätzlichen Erklärungen abgegeben, wäre die Button-Beschriftung „Ich erteile die oben aktivierte(n) Einwilligung(en)" dagegen wohl wirksam. Der Wortlaut „aktiviert" könnte allerdings als auf eine aktive Handlung des Erklärenden i. S. v. „durch mich aktiviert/ausgewählt/angeklickt" hinweisend verstanden werden, womit Unwirksamkeit vorläge; sicher wirksam wäre nur eine Formulierung, die verdeutlicht, dass auch voraktivierte Checkboxen umfasst sind. Wenn ausschließlich datenschutzrechtliche Einwilligungen erteilt werden, können damit trotz Voraktivierung mehrere Einwilligungteile auf einmal erklärt werden – eine Auswahlmöglichkeit bei trennbaren Einwilligungen verlangt ErwG 43 S. 2 DS-GVO –, weil die Einwilligungserklärung an sich eindeutig und aktiv gegeben wird, der Erklärende letztlich nur ihren Umfang festlegt. Das Verbot von Opt-out-Gestaltungen gilt natürlich auch, wenn dem Bewerber ein Papierformular vorgelegt wird, in dem neben anderen Angaben oder Erklärungen die Einwilligungserklärung enthalten ist. In diesem Fall ist zudem die Hervorhebungspflicht nach Art. 7 Abs. 2 DS-GVO zu beachten (Kühling/Buchner/*Buchner/Kühling*, DS-GVO, Art. 7 Rn. 25).

9. Widerruf. Die Einwilligung ist jederzeit frei widerruflich, Art. 7 Abs. 3 S. 1 DS-GVO. Darauf muss der Bewerber vor Abgabe der Einwilligung hingewiesen werden, Art. 7 Abs. 3 S. 3 DS-GVO. Der Widerruf der Einwilligung kann formlos erklärt werden. Es ist wohl – anders als unter Geltung des BDSG a. F. – nicht mehr zulässig, den Widerruf an die gleiche Form zu knüpfen, die bei der Erteilung der Einwilligung eingehalten wurde. Denn Art. 7 Abs. 3 S. 4 DS-GVO verlangt, dass der Widerruf der Einwilligung so einfach sein muss wie die Erteilung der Einwilligung. Es kann aber aufwendiger sein, eine mündlich erteilte Einwilligung auch mündlich zu widerrufen (etwa bei schlechter Erreichbarkeit des Unternehmens), und eine schriftlich beim Bewerbungsgespräch erteilte Einwilligung schriftlich zu widerrufen, stellt einen erheblich höheren Aufwand dar als die ohne Aufwand vor Ort erteilte Einwilligung. Bei einem Online-Bewerbungssystem darf dementsprechend kein schriftlicher Widerruf verlangt werden, und es muss eine Widerrufsmöglichkeit im Online-Bewerbungssystem vorhanden sein, die nicht aufwendiger gestaltet ist als die Einwilligung. Einschränkungen der zulässigen Form des Widerrufs können sich letztlich nur aus eventuellen Zweifeln an der Identität des Erklärenden ergeben. Dann muss es zulässig sein, zu verlangen, dass der Bewerber sich mit seinen Zugangsdaten, seinem elektronischen Personalausweis o.ä. anmeldet, um sich zu identifizieren. Anderenfalls kann von ihm die Nutzung eines anderen Kommunikationsweges verlangt werden, der eine Identifizierung ermöglicht, etwa die Eingabe eines Bestätigungscodes, der an die in der Bewerbung angegebene E-Mail-Adresse oder Handynummer gesendet wird, oder der Widerruf mittels einer E-Mail, die entweder qualifiziert signiert ist oder bei der (etwa über eine DKIM-Signatur, RFC 6376) festgestellt werden kann, dass sie tatsächlich von der im Bewerbungssystem gespeicherten E-Mail-Adresse stammt. Ausreichend dürfte regelmäßig etwa auch sein, dass die widerrufende Person die vollständigen Bewerbungsunterlagen vorlegen kann.

Selbst wenn eine Beschränkung auf eine bestimmte Form des Widerrufs zulässig sein sollte, müsste dies eindeutig formuliert werden, etwa bei einer schriftlichen Einwilligung: „Ich kann diese Einwilligung jederzeit, jedoch nur in Schriftform (mit Originalunterschrift) widerrufen." Eine solche Formulierung ist aus psychologischen Gründen nicht empfehlenswert. In der Praxis sollte es allerdings nicht zu Streitigkeiten kommen, weil es bereits nicht im Interesse des Arbeitgebers liegt, Bewerber in seiner Datenbank zu behalten, die kein Interesse an einer Tätigkeit für den Arbeitgeber haben.

10. Löschung. Die Daten (zu sensitiven Daten jedoch → Anm. 3) dürfen während des laufenden Bewerbungsverfahrens auch ohne Einwilligung auf der Basis von Art. 6 Abs. 1 lit. b DS-GVO (bzw. § 26 Abs. 1 S. 1 BDSG n.F.) verwendet werden. Die Einwilligung bezieht sich daher nur auf den Zeitraum nach Ende des Bewerbungsverfahrens, so dass sich auch der Widerruf nur auf diesen Zeitraum beziehen kann. Das Bewerbungsverfahren ist abgeschlossen, wenn diejenige Frist abgelaufen ist, in der noch mit Klagen wegen Verstoßes gegen das AGG zu rechnen ist (zu § 32 BDSG, der als § 26 BDSG n.F. weitgehend übernommen wurde, Plath/*Stamer*/*Kuhnke*, BDSG/DS-GVO, § 32 Rn. 31; *Greßlin*, BB 2015, 117 (120); vgl. auch *Kort*, NZA-Beilage 2016, 62 (71)). Dies dürfte etwa drei bis vier Monate nach dem Versand der Ablehnungen der Fall sein (*Ohlendorf*/*Schreier*, BB 2008, 2458 (2464); *Schafft*, AuA 2006, 517 (518): fünf Monate), wenn bis dahin keine Klage bzw. Geltendmachung nach § 15 Abs. 4 AGG eingegangen ist. Nach fristgerechter schriftlicher Geltendmachung ist die Dreimonatsfrist des § 61b Abs. 1 ArbGG zuzüglich ein bis zwei Monate für die Zustellung der Klage abzuwarten. Die Löschung hat unverzüglich nach Entfallen des Erlaubnistatbestands zu erfolgen, Art. 17 Abs. 1 lit. b DS-GVO, also ohne schuldhaftes Zögern (Kühling/Buchner/*Herbst*, DS-GVO, Art. 17 Rn. 45 ff.), sobald keine Klagen wegen Verstoßes gegen das AGG mehr zu erwarten sind bzw. nach Zugang des Widerrufs, je nachdem, was später eintritt.

Bergt

II. Beschäftigtendatenschutz bei Arbeitsunfähigkeit und betrieblichem Eingliederungsmanagement

Zur **Begründung, Durchführung und Beendigung von Arbeitsverhältnissen** ist der Arbeitgeber auf eine ganze Reihe von personenbezogenen Daten über seine (künftigen) Beschäftigten angewiesen. Dies spiegelt sich datenschutzrechtlich in den Regelungen der **Art. 6 Abs. 1 S. 1 lit. b, 9 Abs. 2 lit. b DS-GVO, § 26 BDSG n. F.** wieder, die dem Arbeitgeber (mit Unterschieden im Einzelnen) die Erhebung, Verarbeitung und Nutzung der zu diesen Zwecken erforderlichen Daten gestatten, ohne dass es einer ausdrücklichen vorherigen Einwilligung i. S. d. Art. 6 Abs. 1 S. 1 lit. a DS-GVO, § 51 BDSG n. F. durch den Beschäftigten bedürfte. Der Begriff der Erforderlichkeit weist auf die **Verhältnismäßigkeitsprüfung** hin, die jede Datenverarbeitung in diesem Zusammenhang bestehen muss. Er ist nach der noch zum bisherigen Recht ergangenen Rechtsprechung des BAG und richtigerweise auch auf Grundlage von DS-GVO und BDSG n. F. nicht allzu eng zu verstehen (kritisch zu dem Begriff daher auch *Thüsing*, Beschäftigtendatenschutz und Compliance, § 3 Rn. 20 f.). Es geht nicht um zwingende oder unumgängliche Notwendigkeit der Daten, sondern um eine **Abwägung zwischen dem Informationsinteresse des Arbeitgebers und dem allgemeinen Persönlichkeitsrecht des Beschäftigten** bzw. seinem vom BVerfG etablierten **Recht auf informationelle Selbstbestimmung** (BAG, Urt. v. 22.10.1986 – 5 AZR 660/85, NZA 1987, 415 (416 f.)). Das BAG hat auf die damalige Rechtslage bezogen früh zumindest in Ansätzen darauf hingewiesen, dass auch die Erhebung und Speicherung solcher Daten zulässig ist, derer der Arbeitgeber zwar aktuell nicht bedarf, die aber typischerweise zu einem späteren Zeitpunkt Bedeutung erlangen können (BAG, Urt. v. 22.10.1986 – 5 AZR 660/85, NZA 1987, 415 (417)). Heute bestehen daher auch keine ernsthaften Zweifel daran, dass der Arbeitgeber Daten, derer er z. B. zur Durchführung einer späteren Sozialauswahl nach § 1 Abs. 3 KSchG bedürfte, auch bereits dann erheben und speichern darf, wenn eine (betriebsbedingte) Kündigung aktuell nicht geplant ist (zum Problem und zur Abgrenzung zur unzulässigen Vorratsdatenspeicherung etwa Simitis/*Seifert*, BDSG, § 32 Rn. 57 f. m. w. N.).

In gewissen Fallkonstellationen bedarf der Arbeitgeber auch näherer **Daten über den Gesundheitszustand des Beschäftigten**. Manche dieser Fallkonstellationen zählen zum unternehmerischen Alltag – man denke nur an die **Krankmeldungen** durch Beschäftigte, verbunden meist mit dem Einreichen ärztlicher **Arbeitsunfähigkeitsatteste**. Andere treten seltener auf und sind im Bewusstsein mancher Arbeitgeber noch wenig verankert – hierzu zählt etwa das **betriebliche Eingliederungsmanagement** (kurz: BEM; dazu noch unten) nach § 84 Abs. 2 SGB IX. Um zu klären, ob ein BEM durchzuführen ist, benötigt der Arbeitgeber die Information, wie lange der Beschäftigte insgesamt in den vergangenen zwölf Monaten krankheitsbedingt arbeitsunfähig gewesen ist. Bleiben Beschäftigte der Arbeit fern, so braucht der Arbeitgeber zum Beispiel die schlichte Information, dass der Beschäftigte krank (genau genommen: durch Arbeitsunfähigkeit infolge Krankheit an seiner Arbeitsleistung verhin-

Huth

dert – § 3 Abs. 1 EFZG) ist. Sonst kann der Arbeitgeber nicht wissen, ob der Beschäftigte rechtmäßig oder vertragswidrig nicht zur Arbeit erscheint. Zur Prüfung der **Entgeltfortzahlungspflicht** nach § 3 EFZG kommt weiterer Informationsbedarf zwingend hinzu: Von wann bis wann ist der Beschäftigte krank? Handelt es sich um dieselbe oder eine andere Erkrankung als beim letzten Mal?

Ohne dass er dieser weiteren Informationen zwingend bedürfte, erfährt der Arbeitgeber daneben oftmals auch, von welchem Arzt sich der Beschäftigte hat behandeln (und krankschreiben) lassen, über welche Qualifikation dieser Arzt verfügt (und somit, welche Krankheitsbilder grob in Betracht kommen), in welcher Stadt sich der Beschäftigte am Tag der Krankschreibung aufgehalten hat. Jedenfalls die gesundheitsbezogenen Daten hierunter zählen ausweislich der ausdrücklichen Regelungen zu den **besonderen Kategorien personenbezogener Daten i. S. d. Art. 9 Abs. 1 DS-GVO, § 22 BDSG n. F.**, deren Verarbeitung im Grundsatz untersagt ist.

Eine Einwilligung des Beschäftigten wird sich dem bloßen Überlassen des ärztlichen Attests oder der schieren Krankmeldung im Regelfall nicht entnehmen lassen, schon weil es angesichts der gesetzlichen Verpflichtung und des aus der Sorge um den Erhalt des Arbeitsplatzes resultierenden Zwangs meist an der Freiwilligkeit fehlen dürfte. Vor allem aber wird in den seltensten Fällen die von Art. 9 Abs. 2 lit. a DS-GVO geforderte **Ausdrücklichkeit** vorliegen.

Die rechtmäßige Verarbeitung der erforderlichen Gesundheitsdaten wird dem Arbeitgeber aber durch Art. 9 Abs. 2 lit. b DS-GVO in Verbindung mit der nationalen Regelung in § 26 Abs. 3 BDSG n. F. eröffnet. Danach ist die Verarbeitung „für Zwecke des Beschäftigungsverhältnisses zulässig, wenn sie zur Ausübung von Rechten oder zur Erfüllung rechtlicher Pflichten aus dem Arbeitsrecht, dem Recht der sozialen Sicherheit und des Sozialschutzes erforderlich ist und kein Grund zu der Annahme besteht, dass das schutzwürdige Interesse der betroffenen Person an dem Ausschluss der Verarbeitung überwiegt". Dies deckt den gesamten Anwendungsbereich des bisherigen § 28 Abs. 6 Nr. 3 BDSG ab und erfasst damit insbesondere die typische Datenverarbeitung im Zusammenhang mit den Krankmeldungen und ärztlichen Arbeitsunfähigkeitsattesten. Ebenso unverändert bestehen allerdings auch die schon bislang teils diffizilen Abgrenzungsfragen weiter. So ist etwa betreffend die Frage nach der sozialrechtlichen **Schwerbehinderteneigenschaft** eines Beschäftigten (nicht: nach einer Körperbehinderung) anerkannt, dass sie vor Begründung des Arbeitsverhältnisses, also etwa im Bewerbungsgespräch unzulässig ist, während sie während des laufenden Arbeitsverhältnisses gestellt werden darf, weil es für den Arbeitgeber z. B. zu klären gilt, ob er die **Mindestbeschäftigtenquote nach § 71 SGB IX** (mind. 5% der Arbeitsplätze sind mit Schwerbehinderten zu besetzen) erfüllt oder ob vor Ausspruch einer Kündigung das örtliche **Integrationsamt** einzuschalten ist (§ 85 SGB IX).

Klargestellt ist nach neuem Recht immerhin, dass der Arbeitgeber zur Legitimation der Datenverarbeitung keine eigenen rechtlichen Ansprüche verfolgen muss, sondern die Erfüllung einer rechtlichen Pflicht genügt. Auf Basis des bisherigen Rechts, das in § 28 Abs. 6 Nr. 3 BDSG ausdrücklich nach der Erforderlichkeit der Daten zwecks Geltendmachung, Ausübung oder Verteidigung rechtlicher Ansprüche verlangte, bedurfte es noch einer vom BAG umfassend begründeten richtlinienkonformen Auslegung des deutschen Rechts unter Heranziehung von Art. 8 Abs. 2 lit. b DSRL, um den Arbeitgeber aus der Zwickmühle zu befreien, entweder gegen das Datenschutzrecht oder gegen seine Verpflichtung zur Durchführung eines BEM aus

Huth

§ 84 Abs. 2 SGB IX zu verstoßen (BAG, Beschl. v. 7.2.2012 – 1 ABR 46/10, NZA 2012, 744 (746 ff.)). Denn ein Anspruch ist nach § 194 Abs. 1 BGB das Recht, von einem anderen ein Tun oder Unterlassen zu verlangen. Einen solchen Anspruch auf Durchführung des BEM besitzt der Arbeitgeber jedoch gegen den betroffenen Beschäftigten unzweifelhaft nicht (und auch nicht gegen andere potentielle Verfahrensbeteiligte). Für Ansprüche enthält Art. 9 Abs. 2 lit. f DS-GVO im neuen Recht eine gesonderte Rechtsgrundlage.

Für die unternehmerische Praxis ist es wichtig zu bedenken, dass der Arbeitgeber – auch soweit eine dem Grunde nach zulässige Verwendung der besonderen personenbezogenen Daten vorliegt – dazu verpflichtet ist, die durch das Erforderlichkeitsgebot gesetzlich zum Ausdruck gebrachte sowie in Art. 5 Abs. 1 lit. b DS-GVO auch ausdrücklich benannte enge rechtfertigende **Zweckbindung** der Datenverarbeitung sorgfältig zu beachten. Daraus folgt unter anderem, dass die Daten **nur einem beschränkten Personenkreis zugänglich** gemacht werden dürfen, dass sie **gegen** eine **zufällige** – und dann nicht dem rechtfertigenden Zweck dienliche – **Kenntnisnahmemöglichkeit gesichert** werden müssen und dass sie **nicht länger als erforderlich gespeichert** werden dürfen, sondern anschließend gelöscht werden müssen. Konkret zu **Gesundheitsdaten** von Beschäftigten vertritt das BAG spätestens seit seiner Entscheidung vom 12.9.2006 (BAG, Urt. v. 12.9.2006 – 9 AZR 271/06, NZA 2007, 269) in ständiger Rechtsprechung explizit die Auffassung, dass diese **getrennt von der allgemeinen Personalakte** und besonders gegen zufällige Kenntnisnahme gesichert aufzubewahren sind, etwa in einer separaten (und gesondert gelagerten) **Beiakte oder** (dann als Teil der allgemeinen Personalakte) in einem **verschlossenen Umschlag.** Bewahre der Arbeitgeber die sensiblen Gesundheitsdaten dagegen ungeschützt – gemeint war: in der allgemeinen Personalakte – auf, so verletze er das grundrechtlich geschützte allgemeine Persönlichkeitsrecht des Mitarbeiters. Das BAG hat seine Entscheidung rechtlich auf § 611 BGB in Verbindung mit §§ 12, 862, 1004 BGB und damit auf nicht spezifisch datenschutzrechtliche Normen gestützt, so dass Änderungen an dieser Rechtsprechung nach Inkrafttreten der DS-GVO nicht zu erwarten sind.

Erfahrungsgemäß missachten zahlreiche Unternehmen (wohl meist in Unkenntnis) die rechtlichen Vorgaben, indem sie etwa ärztliche Arbeitsunfähigkeitsatteste und möglicherweise auch Hinweise auf die Ursachen der Erkrankung (z.B. Aktenvermerke des Vorgesetzten über ein Krankenrückkehrgespräch) in der allgemeinen Personalakte aufbewahren. Diese Nachlässigkeit muss und kann leicht vermieden werden, indem die Atteste wie andere gesundheitsbezogene Unterlagen in einer separaten Beiakte abgelegt werden, die beispielsweise beim Personalleiter unter Verschluss liegt und nur von diesem und seinem Stellvertreter eingesehen und darüber hinaus nur an den tatsächlich zuständigen Personalsachbearbeiter zur kurzzeitigen Bearbeitung herausgegeben werden darf.

Vergleichbar ist erst recht mit **Unterlagen zu einem betrieblichen Eingliederungsmanagement** zu verfahren, das im Vergleich zum relativ „harmlosen" Arbeitsunfähigkeitsattest zu einer wahren Flut teils besonders detaillierter und damit besonders vertraulicher Gesundheitsdaten führen kann. Das betriebliche Eingliederungsmanagement (BEM) ist ein sozial- und arbeitsrechtliches Instrument, welches der Gesetzgeber im Rahmen der Novellierung des Schwerbehindertenrechts zum 1.5.2004 neu geschaffen hat. Trotz der Normierung in § 84 Abs. 2 SGB IX – also im Schwerbehindertenrecht – ist die Vorschrift zum BEM **auf alle Arbeitnehmerinnen und Arbeitnehmer anwendbar.** Dies hat das BAG angesichts eines damaligen Streits in der

Huth

rechtswissenschaftlichen Literatur früh klargestellt (BAG, Urt. v. 12.7.2007 – 2 AZR 716/06, NZA 2008, 173 (175); BAG, Urt. v. 20.11.2014 – 2 AZR 755/13, NZA 2015, 612 (614)).

Die sozialrechtliche Norm richtet sich an den Arbeitgeber krankheitsbedingt arbeitsunfähiger Mitarbeiter, der verpflichtet wird, mit dem betroffenen Mitarbeiter, mit dem Betriebsrat (bzw. Personalrat usw.; vgl. im Einzelnen § 93 SGB IX) sowie ggf. mit der Schwerbehindertenvertretung die **Möglichkeiten zu klären, wie die Arbeitsunfähigkeit möglichst überwunden sowie mit welchen Leistungen und Hilfen erneuter Arbeitsunfähigkeit vorgebeugt und der Arbeitsplatz erhalten werden kann** (§ 84 Abs. 2 S. 1 SGB IX). Gegebenenfalls sind Werks- oder Betriebsarzt und für schwerbehinderte Mitarbeiter das Integrationsamt hinzuzuziehen (§ 84 Abs. 2 S. 2 und 4 SGB IX).

Etwas abstrakter lassen sich diese **drei Ziele des BEM** zusammenfassen als verstärkte Gesundheitsprävention, Reduzierung betrieblicher Belastungen und Beschäftigungssicherung (*Schiefer*, RdA 2016, 196 (196)). Die Gesetzesbegründung betont, dass durch die gemeinsame Anstrengung aller Beteiligten das Arbeitsverhältnis durch geeignete Gesundheitsprävention möglichst dauerhaft gesichert werden soll (BT-Drs. 15/1783, 15 f.).

Auslöser für die Verpflichtung des Arbeitgebers zur Durchführung dieses potentiell recht aufwändigen Verfahrens ist eine **länger als sechs Wochen andauernde krankheitsbedingte Arbeitsunfähigkeit** des betroffenen Mitarbeiters **innerhalb eines Jahres**, wobei mit dem Referenzzeitraum von einem Jahr nach einhelliger Meinung nicht das Kalenderjahr gemeint ist, sondern die jeweils zuletzt vergangenen zwölf Monate (*Schiefer*, RdA 2016, 196 (197); Müller-Glöge/Preis/Schmidt/*Rolfs*, Erfurter Kommentar, § 84 SGB IX Rn. 5). Hinsichtlich der Fehlzeiten des Mitarbeiters kommt es weder darauf an, ob die Arbeitsunfähigkeit unterbrochen oder ununterbrochen besteht (so ausdrücklich § 84 Abs. 2 S. 1 SGB IX), noch darauf, ob ihr verschiedene Krankheitsbilder oder immer dieselbe Erkrankung zugrunde liegen (siehe etwa BAG, Urt. v. 20.11.2014 – 2 AZR 755/13, NZA 2015, 612 (616)). Ohne Bedeutung ist auch, ob die Erkrankung länger andauernde Einschränkungen nach sich ziehen oder aller Voraussicht nach folgenlos verheilen wird. Selbst auf die Ursache der Arbeitsunfähigkeit kommt es nicht an (Müller-Glöge/Preis/Schmidt/*Rolfs*, Erfurter Kommentar, § 84 SGB IX Rn. 5), so dass es insbesondere keine Rolle spielt, ob die Ursache der krankheitsbedingten Fehlzeit inner- oder außerhalb des beruflichen Umfelds zu suchen ist. Das Gesetz und auch die dazu ergangene Rechtsprechung kennen solche Differenzierungen nicht. Beispielsweise löst also die achtwöchige Krankschreibung des Sachbearbeiters nach einem Skiunfall mit kompliziertem, aber folgenlos verheilenden Beinbruch die BEM-Pflicht aus, obwohl relativ klar sein dürfte, dass der Arbeitgeber wenig bis gar nichts zur Überwindung der Arbeitsunfähigkeit oder zur vermeidenden Vorbeugung beitragen kann und dass der Arbeitsplatz überhaupt nicht in Gefahr ist, dass also im konkreten Einzelfall keines der drei gesetzlichen Ziele ein aufwändiges BEM-Verfahren erforderlich macht. Dies und damit die Hinfälligkeit des BEM festzustellen und ggf. gemeinsam zu entscheiden, dass es keiner weiteren Maßnahmen bedarf, kann ohne weiteres **Gegenstand** und Ergebnis des BEM sein und zu dessen rascher Beendigung führen, rechtfertigt aber nicht, ein BEM erst gar nicht einzuleiten.

Weitere Voraussetzungen als die länger als sechs Wochen innerhalb eines Jahres andauernde krankheitsbedingte Arbeitsunfähigkeit besitzt die Verpflichtung zur

Durchführung eines BEM nicht. Insbesondere sind **weder die Betriebsgröße noch die Dauer der Betriebszugehörigkeit des betroffenen Mitarbeiters entscheidend.** Das BEM ist auch dann durchzuführen, wenn der betreffende Betrieb nicht über einen Betriebsrat (oder Personalrat) oder nicht über eine Schwerbehindertenvertretung verfügt. Zwar sind diese Gremien nach der Idee des Gesetzgebers zu beteiligen und daher auch in § 84 Abs. 2 SGB IX ausdrücklich benannt, doch findet das BEM in betriebsratslosen Betrieben eben ohne Beteiligung einer kollektiven Arbeitnehmervertretung statt.

Der Arbeitgeber muss (und darf) das BEM allerdings **nur mit Zustimmung des betroffenen Mitarbeiters** durchführen. Das ergibt sich unmittelbar aus § 84 Abs. 2 S. 1 SGB IX. Ausdrücklich ist der betroffene Mitarbeiter zuvor **auf die Ziele des BEM sowie auf Art und Umfang der hierfür erhobenen und verwendeten Daten hinzuweisen** (§ 84 Abs. 2 S. 3 SGB IX).

Soweit bisweilen verlangt wird, die Zustimmung des Mitarbeiters zum BEM müsse ausdrücklich (BAG, Urt. v. 24.3.2011 – 2 AZR 170/10, NZA 2011, 992 (994) m. w. N.) oder gar schriftlich (*Schiefer*, RdA 2016, 196 (201)) erteilt werden, findet dies keine Stütze im Gesetz. Es dürfte sich um die verkürzende Darstellung der Auswirkungen der jedenfalls bis zum Inkrafttreten der DS-GVO gültigen datenschutzrechtlichen Bestimmungen handeln. Die im Rahmen des BEM erhobenen und verarbeiteten Gesundheitsdaten zählen zu den sensiblen bzw. besonderen Arten personenbezogener Daten i. S. d. § 3 Abs. 9 BDSG a. F. Deshalb gelten für die Einwilligung in deren Erhebung unter anderem das Schriftform- sowie das Ausdrücklichkeitserfordernis des § 4 Abs. 1 und 3 BDSG a. F. (zum Schriftformerfordernis zuletzt *Rupp*, NZA 2017, 361 (363)). Dies betrifft allerdings schon nach bisherigem Recht nur die Einwilligung in die Datenverarbeitung, nicht hingegen die Zustimmung zum BEM im Übrigen, die also formfrei möglich ist.

Unter Geltung der DS-GVO bedarf es der datenschutzrechtlichen Einwilligung des Mitarbeiters ohnehin nicht mehr. Denn Art. 6 Abs. 1 lit. c, Art. 9 Abs. 2 lit. b DS-GVO gestatten die Verarbeitung der Gesundheitsdaten, die zu den besonderen Kategorien personenbezogener Daten i. S. d. Art. 9 Abs. 1 DS-GVO zählen, auch ohne Einwilligung, weil der Arbeitgeber sie zur Erfüllung seiner arbeits- und sozialversicherungsrechtlichen Verpflichtung aus § 84 Abs. 2 SGB IX zur Durchführung des BEM benötigt. Um Abgrenzungsschwierigkeiten auszuschließen, die insbesondere aus der Frage erwachsen können, ob alle verarbeiteten Gesundheitsdaten für die Durchführung des BEM im engeren Sinne erforderlich waren, bietet es sich aus Arbeitgebersicht an, vorsorglich gleichwohl eine Einwilligung des betroffenen Mitarbeiters in die Datenverarbeitung einzuholen. Diese muss dann neben den allgemeinen Voraussetzungen des Art. 7 DS-GVO auch dem Ausdrücklichkeitskriterium des Art. 9 Abs. 2 lit. a DS-GVO entsprechen, nicht jedoch einem (der DS-GVO fremden) Schriftformerfordernis.

Dagegen sind die Erhebung, die Verarbeitung und die Nutzung derjenigen Daten, die der Arbeitgeber **zur Prüfung des Sechs-Wochen-Kontingents** benötigt, **ohne besonderes Zustimmungsbedürfnis** bereits durch **Art. 6 Abs. 1 lit. c DS-GVO i. V. m. § 84 Abs. 2 SGB IX** legalisiert. Der Arbeitgeber benötigt diese personenbezogenen Daten, um seine Verpflichtung aus § 84 Abs. 2 SGB IX zu erfüllen. Hierfür wird der Arbeitgeber also zumindest die Anzahl der krankheitsbedingten Arbeitsunfähigkeitstage mitarbeiterbezogen für die Dauer von (etwas mehr als) einem Jahr speichern dürfen. Anders kann er nicht prüfen, ob die Grundvoraussetzung eines BEM –

Huth

mehr als sechs Wochen krankheitsbedingter Arbeitsunfähigkeit binnen eines Jahres – vorliegt. Nach bisherigem Recht ließ sich darüber streiten, ob sich dieselbe Rechtsfolge aus § 32 BDSG oder aus **§ 28 Abs. 6 BDSG** ergab (BAG, Beschl. v. 7.2.2012 – 1 ABR 46/10, NZA 2012, 744 (746); *Schiefer*, RdA 2016, 196 (202)). Die Diskussion ist unter Geltung der DS-GVO hinfällig.

Fehleranfällig ist in der Praxis erfahrungsgemäß die Aufbewahrung sowohl der zur Überprüfung der Durchführungspflicht als auch der für das konkrete BEM erhobenen Daten. Jedenfalls letztere sollten **keinesfalls in der üblichen Personalakte**, sondern z.B. **in einer separaten BEM-Akte** abgelegt und gespeichert werden, zu der eine besonders **strikte Zugriffsregelung** gelten muss. Jedenfalls muss eine zufällige Kenntnisnahme der BEM-Daten ausgeschlossen werden (*Schiefer*, RdA 2016, 196 (204)). Zudem muss der Arbeitgeber bedenken, dass er die im Rahmen des BEM aufgrund der ausdrücklichen Einwilligung des Mitarbeiters erhobenen und gespeicherten Daten ausschließlich für Zwecke des BEM – einschließlich der Vorsorge und der Arbeitsplatzerhaltung, also durchaus auch künftig – verwenden darf. Dies schließt eine **Nutzung** zum Zwecke der Verteidigung der arbeitgeberseitigen Rechtsposition **im Kündigungsschutzverfahren** über eine etwaige spätere krankheitsbedingte Kündigung gleichwohl nicht zwingend aus (*Schiefer*, RdA 2016, 196 (204)).

In besonderem Maße stellt sich die Frage, nach welcher Zeit die spezifischen BEM-Daten (die Beiakte BEM) vernichtet werden sollten. Dem besonderen Vertraulichkeitsinteresse des Beschäftigten steht das Interesse des Arbeitgebers entgegen, die getroffenen Vereinbarungen zwecks Kontrolle der Einhaltung einsehen zu können, die ordnungsgemäße Durchführung des BEM zwecks Meidung eigener Nachteile jederzeit konkret belegen zu können und potentiell auch, die gewonnenen Daten im Rahmen eines denkbaren späteren Kündigungsschutzprozesses verwenden zu können. Die Literatur plädiert für das bisherige Recht zum Teil für die sofortige Löschung nach Beendigung des BEM oder jedenfalls für die Löschung nach **Zeiträumen von z.B. drei bis fünf Jahren** (Simitis/*Seifert* § 32 BDSG Rn. 67 m.w.N.). Das erscheint jedenfalls für solche Fälle zu kurz, in denen die im Rahmen des BEM getroffenen Vereinbarungen über den genannten Zeitraum hinauswirken oder in denen plausiblerweise auch nach Ablauf eines solchen Zeitraums mit erneuten krankheitsbedingten Fehlzeiten zu rechnen ist, die ein erneutes BEM nach sich ziehen können, in dessen Rahmen es wiederum hilfreich oder gar notwendig sein könnte, auf das frühere Verfahren zurückzugreifen. Letztlich werden die vorgeschlagenen starren Regelungen der skizzierten Interessenlage nicht gerecht. Vielmehr ist auf den Einzelfall und mit Art. 17 Abs. 1 lit. a DS-GVO auf die Frage abzustellen, ob die Daten für ihren ursprünglichen Zweck noch notwendig sind. Im Sinne der Transparenz und um allzu viele rechtliche Unwägbarkeiten zu vermeiden, bietet es sich an, mit dem betroffenen Mitarbeiter im Rahmen der BEM-Vereinbarung auch den Zeitpunkt der Löschung der Daten (oder der Einschränkung ihrer Verarbeitung i.S.v. Art. 18 DS-GVO) ausdrücklich zu vereinbaren. Ist dies unterblieben, erscheint auch der Vorschlag erwägenswert, den Beschäftigten nach Ablauf von z.B. fünf Jahren danach zu befragen, ob er mit der Vernichtung der BEM-Akten einverstanden ist (*Bergmann/Möhrle/Herb*, Datenschutzrecht, § 32 BDSG Rn. 162, dort auch Nachweise zu den anderen Vorschlägen); ggf. kann im Zuge einer solchen Befragung dann eine ausdrückliche Einwilligung des Betroffenen in eine längerfristige Speicherung erteilt werden.

Huth

Das eigentliche Verfahren des BEM ist gesetzlich nicht geregelt. Der Arbeitgeber soll und muss im Einzelfall entscheiden, welche Vorgehensweise angemessen ist. Dem Gesetz lässt sich neben der dreigeteilten Zielsetzung des BEM lediglich entnehmen, dass das Verfahren nach mehr als sechswöchiger Erkrankung innerhalb eines Jahres anzustoßen ist, dass es mit der Information des Mitarbeiters nach § 84 Abs. 2 S. 3 SGB IX zu beginnen hat und welche weiteren Personen zu beteiligen sind. Dies bedeutet für den Arbeitgeber einen hohen Aufwand; formularhaftes Vorgehen verbietet sich. Das BAG hat jüngst seine bisherige Rechtsprechung bestätigt, nach der ein **unverstellter, verlaufs- und ergebnisoffener Suchprozess zu etablieren** ist; der **Prozess der Klärung der Möglichkeiten** in § 84 Abs. 2 S. 1 SGB IX sei **nicht als ein formalisiertes Verfahren beschrieben**, sondern **lasse den Beteiligten Spielraum** (BAG, Beschl. v. 22.3.2016 – 1 ABR 14/14, NZA 2016, 1283 (1284)). Er diene unter anderem dazu, **individuell angepasste Lösungen zur Vermeidung zukünftiger Arbeitsunfähigkeit zu ermitteln** (BAG, Urt. v. 20.11.2014 – 2 AZR 755/13, NZA 2015, 612). Gleichwohl stehen die Offenheit und Einzelfallbezogenheit des Prozesses nicht einem geordneten und für alle BEM-Fälle gleichermaßen geltenden Verfahrensrahmen entgegen. Im Gegenteil wird sich die Etablierung einer Art Verfahrensordnung jedenfalls für größere Unternehmen oder Betriebe anbieten, allein schon deshalb, weil die in diesem Zusammenhang bestehenden teils zwingenden sozialen Mitbestimmungsrechte des Betriebsrats nach § 84 BetrVG in aller Regel durch Abschluss einer Betriebsvereinbarung gewahrt werden.

Unklar sind im Einzelnen noch die **Rechtsfolgen eines gesetzwidrig nicht durchgeführten BEM** (einen guten Überblick hierzu sowie im Ganzen sehr anschauliche und aktuelle Einführungen in das Thema des BEM liefern die Kommentierung bei Ascheid/Preis/Schmidt/*Vossen*, Kündigungsrecht, § 1 KSchG Rn. 196–197i; sowie *Schiefer*, RdA 2016, 196; *Britschgi*, Betriebliches Eingliederungsmanagement). Als weitgehend geklärt darf gelten, dass das rechtswidrige Unterlassen eines BEM **nicht als Indiz i. S. d. § 22 AGG** für die Benachteiligung Schwerbehinderter anzusehen ist, und zwar schon deshalb, weil die Verpflichtung des Arbeitgebers zur Durchführung eines BEM nach § 84 Abs. 2 SGB IX nicht auf schwerbehinderte Arbeitnehmer beschränkt ist, sondern für alle Arbeitnehmer gilt (vgl. nur BAG, Urt. v. 28.4.2011 – 8 AZR 515/10, NJW 2011, 2458 (2460); *Schiefer*, RdA 2016, 196 (204) m. w. N.; a. A. offenbar Müller-Glöge/Preis/Schmidt/*Rolfs*, Erfurter Kommentar, § 84 SGB IX Rn. 4 m. w. N.). Dagegen ist nach wie vor umstritten, ob der von der Arbeitsunfähigkeit betroffene Arbeitnehmer **einen eigenen, einklagbaren Anspruch auf Durchführung des BEM** hat (dafür z. B. Müller-Glöge/Preis/Schmidt/*Rolfs*, Erfurter Kommentar, § 84 SGB IX Rn. 5 m. w. N.; dagegen z. B. *Schiefer*, RdA 2016, 196 (201) mit Nachweisen auch zur Gegenauffassung, der zugleich und zu Recht darauf hinweist, dass sich ein Anspruch aber z. B. aus einer Betriebsvereinbarung ergeben könne). Dasselbe gilt für die Frage, ob der Betriebsrat die Durchführung des BEM oder zumindest seine Beteiligung daran durchsetzen kann. Richtig dürfte sein, dass den Arbeitgeber lediglich eine öffentlich-rechtliche Pflicht trifft und § 84 Abs. 2 SGB IX also keine einklagbaren individuellen Ansprüche schafft.

Das BAG betont in ständiger Rechtsprechung (siehe nur BAG, Urt. v. 10.12.2009 – 2 AZR 400/08, NZA 2010, 398 (399); BAG, Urt. v. 20.11.2014 – 2 AZR 755/13, NZA 2015, 612 (615)) dass die **regelkonforme Durchführung des BEM keine formelle Wirksamkeitsvoraussetzung einer krankheitsbedingten Kündigung** sei. Gleichwohl sei § 84 Abs. 2 SGB IX kein bloßer Programmsatz, sondern **konkretisie-**

Huth

re den (dem Kündigungsrecht zugrundeliegenden) **Verhältnismäßigkeitsgrundsatz.**
Mildere Mittel als die Kündigung könnten mit Hilfe des BEM möglicherweise er-
kannt und entwickelt werden. Das BEM selbst ist aber nicht das mildere Mittel im
Sinne der Verhältnismäßigkeit (BAG, Urt. v. 10.12.2009 – 2 AZR 400/08, NZA
2010, 398 (399); *Schiefer*, RdA 2016, 196 (202), mit kritischen weiteren Anmer-
kungen zu der Rechtsprechung des BAG und mit zahlreichen weiteren Nachweisen).
Letztlich löst die Rechtsprechung den Konflikt zwischen (nicht durchgeführtem)
BEM und krankheitsbedingter Kündigung also auf der **prozessualen Vortrags- und
Beweislastebene** (wie die Urteilsbegründung in BAG, Urt. v. 20.11.2014 – 2 AZR
755/13, NZA 2015, 612 (617) sehr deutlich herausarbeitet; siehe auch Ascheid/
Preis/Schmidt/*Vossen*, Kündigungsrecht, § 1 KSchG Rn. 197 ff.): Führt der Arbeit-
geber pflichtwidrig kein BEM durch oder erfüllt sein BEM nicht alle Anforderungen
des § 84 Abs. 2 SGB IX, so trägt er im Falle anschließender krankheitsbedingter
Kündigung die volle Vortrags- und Beweislast dafür, dass ihm kein milderes Mittel
als die Kündigung zur Reaktion auf die krankheitsbedingten Einschränkungen zur
Verfügung stand, dass insb. keine Versetzung des Mitarbeiters auf einen anderen
Arbeitsplatz und keine leidensgerechte Unterstützung des Mitarbeiters auf seinem
bisherigen Arbeitsplatz möglich waren. Wurde hingegen das BEM ordnungsgemäß
durchgeführt, so streitet letztlich eine Vermutung dafür, dass alle anderen Möglichkeiten bereits abgewogen und ausgeschlossen worden sind.

Selbst wenn § 84 Abs. 2 SGB IX keinerlei Sanktion oder andere Rechtsfolge für
das rechtswidrige Unterlassen des BEM vorsieht, ist der Arbeitgeber also vor allem
dann gut beraten, ein ordnungsgemäßes BEM durchzuführen, wenn jedenfalls nicht
ausgeschlossen erscheint, das Arbeitsverhältnis mit dem betroffenen Arbeitnehmer
in Zukunft krankheitsbedingt kündigen zu wollen.

In kollektivarbeitsrechtlicher Hinsicht ist das **Recht des Betriebsrats anerkannt,
auch die Gesundheitsunterlagen der Beschäftigten** einzusehen, jedenfalls soweit dies
zur Wahrnehmung der gesetzlichen Befugnisse und Aufgaben des Betriebsrats erforderlich ist. Zu diesen Aufgaben zählt nach § 80 Abs. 1 Nr. 1 BetrVG, darüber zu
wachen, dass die zugunsten der Arbeitnehmer geltenden Gesetze durchgeführt werden. Will der Betriebsrat beispielsweise überprüfen, ob der Arbeitgeber seiner gesetzlichen Verpflichtung nach § 84 Abs. 2 SGB IX nachkommt, allen Mitarbeitern
ein BEM anzubieten, die in den vergangenen zwölf Monaten insgesamt länger als
sechs Wochen krankheitsbedingt arbeitsunfähig waren, so kommt er nicht umhin,
die Krankenstatistik des Arbeitgebers einzusehen und diese anhand der individuellen Arbeitsunfähigkeitsunterlagen der Mitarbeiter zumindest stichprobenartig zu
prüfen. Der Betriebsrat hat nach § 80 Abs. 2 S. 2 BetrVG i. V. m. § 84 Abs. 2 SGB IX
einen gesetzlichen Anspruch auf Einsichtnahme in diese Daten, ohne dass es auf
eine Einwilligung der betroffenen Arbeitnehmer ankäme (BAG, Beschl. v. 7.2.2012 –
1 ABR 46/10, NZA 2012, 744 (745 f.)). Das BAG erteilt insbesondere datenschutzrechtlichen Bedenken an dieser Lösung eine ausdrückliche Absage. Nicht nur die
Erhebung, Verarbeitung und Nutzung der sensiblen BEM-relevanten Daten, sondern
auch deren Weitergabe an den Betriebsrat seien von § 28 Abs. 6 Nr. 3 BDSG gedeckt, zumal keine Datenübermittlung an Dritte vorliege. Das BAG hat klargestellt,
dass der **Betriebsrat Teil des Arbeitgebers als verantwortliche Stelle** i. S. d. § 3 Abs. 7
BDSG ist, nicht etwa außenstehender Dritter i. S. d. § 3 Abs. 4 Ziffer 3 BDSG.
Das BAG erinnert zudem daran, dass der Betriebsrat die betrieblichen und gesetzlichen Datenschutzbestimmungen einzuhalten, insbesondere das Datengeheimnis zu

wahren hat. Im Ergebnis nichts anderes dürfte nach Art. 9 Abs. 2 lit. b DS-GVO gelten.

Welche Mitbestimmungsrechte des Betriebsrats betreffend die Methoden der Datenerhebung im Vorfeld des BEM und betreffend die Festlegung der Regularien zur Durchführung des BEM insbesondere aus § 87 BetrVG folgen können, ist eine Frage des Einzelfalls (→ Anm. 1). Empfehlenswert kann der **Abschluss einer Betriebsvereinbarung** auch aus Arbeitgebersicht aber ungeachtet etwaiger erzwingbarer Mitbestimmungsrechte sein, um den konkreten Umgang mit Daten zur Arbeitsunfähigkeit und/oder zum BEM für jedermann transparent und damit nicht zuletzt auch Vertrauen schaffend festzulegen.

1. Betriebsvereinbarung zu Kranken- und BEM-Unterlagen

Betriebsvereinbarung[1]

zum innerbetrieblichen Umgang mit Arbeitsunfähigkeitsmeldungen,
ärztlichen Attesten und sonstigen Kranken- bzw. Gesundheitsdaten
der Beschäftigten einschließlich der Rahmenbedingungen zur Durchführung
eines betrieblichen Eingliederungsmanagements

(BV Gesundheitsunterlagen)

Zwischen der [......] GmbH

und dem bei ihr für den Betrieb [.....] gebildeten Betriebsrat[2]

wird Folgendes vereinbart:

Abschnitt 1 (Allgemeines)

§ 1 Zielsetzung[3]

(1) Der Arbeitgeber erhält während seiner unternehmerischen Tätigkeit zahlreiche Informationen über den Gesundheitszustand der einzelnen Beschäftigten. Bei den Gesundheitsdaten handelt es sich um eine besondere Kategorie personenbezogener Daten i. S. d. Art. 9 Abs. 1 DS-GVO, die einem besonderen Datenschutzniveau unterliegen. Die Betriebsparteien erkennen an, dass gerade solche Daten möglichst sparsam zu erheben, zu verarbeiten und zu nutzen sind. Soweit sie gleichwohl notwendig sind, sind die Daten mit möglichst restriktiven Zugriffsmöglichkeiten und nicht länger als erforderlich zu speichern, wobei zugleich die Handlungsfähigkeit und andere berechtigte Interessen des Arbeitgebers an den Daten nicht übermäßig eingeschränkt werden dürfen.

(2) In dieser Betriebsvereinbarung ist angesichts dessen vereinbart, wie der Arbeitgeber sowie Betriebsrat und Schwerbehindertenvertretung mit Gesundheitsdaten der Beschäftigten umgehen.

§ 2 Geltungsbereich

(1) Diese Betriebsvereinbarung gilt für alle Arbeitnehmerinnen und Arbeitnehmer des Arbeitgebers i. S. d. § 5 BetrVG (im Folgenden auch: Beschäftigte) einschließlich der Auszubildenden.[4]

Huth

(2) Sie gilt inhaltlich für die Erhebung, Verarbeitung und Speicherung von Gesundheitsdaten der Beschäftigten sowie in ihrem Abschnitt 3 (BEM) für die dort genannten Fälle.

(3) Gesundheitsdaten im Sinne dieser Betriebsvereinbarung sind sämtliche personenbezogenen oder personenbeziehbaren[5] Informationen über den Gesundheitszustand der Beschäftigten, insbesondere

a) der Umstand, dass der Beschäftigte krankheitsbedingt arbeitsunfähig ist oder war;

b) der Zeitraum, während dessen der Beschäftigte krankheitsbedingt arbeitsunfähig ist oder war;

c) die Frage, an welcher Erkrankung oder an welchen Symptomen der Beschäftigte litt oder leidet;

d) die Frage, ob es sich bei einer der Arbeitsunfähigkeit zugrundeliegenden Erkrankung um dieselbe Erkrankung wie bei einer zurückliegenden Arbeitsunfähigkeit handelt oder gehandelt hat oder nicht;[6]

e) der Gesamtzeitraum, während dessen der Beschäftigte innerhalb der vergangenen zwölf Monate oder innerhalb eines anderen Referenzzeitraums krankheitsbedingt arbeitsunfähig war;[7]

f) der Umstand, welcher Arzt den Beschäftigten behandelt und/oder krankgeschrieben hat, und über welche Qualifikation bzw. Fachrichtung dieser Arzt verfügt;

g) der Umstand, dass sich der Beschäftigte in einem Krankenhaus oder einer anderen Einrichtung stationär oder ambulant behandeln lässt oder hat behandeln lassen;

h) der Umstand, dass sich der Beschäftigte einer Kur, Rehabilitationsmaßnahme oder Entzugsmaßnahme unterzieht oder hat unterziehen lassen;

i) der Umstand, dass mit dem Beschäftigten ein betriebliches Eingliederungsmanagement (BEM) durchgeführt wurde und mit welchen Ergebnissen und Feststellungen;

j) der Umstand einer festgestellten Schwerbehinderung oder Gleichstellung des Beschäftigten i. S. d. SGB IX.

(4) Medizinische Unterlagen des Betriebsarztes zählen nicht zu den Gesundheitsdaten im Sinne dieser Betriebsvereinbarung; sie gelangen nicht in den Besitz des Arbeitgebers, sondern werden vom Betriebsarzt vertraulich gehandhabt.[8]

Abschnitt 2 (innerbetrieblicher Umgang mit den Gesundheitsdaten)

§ 3 Erhebung, Verarbeitung und Nutzung von Gesundheitsdaten

(1) Der Arbeitgeber wird nur diejenigen Gesundheitsdaten erheben, verarbeiten und nutzen, zu deren Erhebung, Verarbeitung und Nutzung er berechtigt ist.

(2) Insbesondere wird der Arbeitgeber einen Beschäftigten nicht dazu bestimmen, ihm Mitteilungen über die Art oder andere Einzelheiten der einer Arbeitsunfähigkeit zugrundeliegenden Erkrankung zu machen.[9] Vorgesetzte wird der Arbeitgeber dazu anhalten, derartige Fragen nicht zu stellen und Nachforschungen zu unterlassen. Unberührt bleiben die Rechte des Arbeitgebers etwa zur Überprüfung der Arbeitsunfähigkeit.[10]

(3) Die zulässig erhobenen Gesundheitsdaten wird der Arbeitgeber getrennt von der übrigen Personalakte besonders geschützt aufbewahren, speichern und verarbei-

ten.[11] Hierzu zählt insbesondere, dass die Daten nur denjenigen Personen zugänglich gemacht werden, die sie zur Ausübung ihrer jeweiligen Tätigkeit benötigen. Die Übermittlung – auch innerbetrieblich – per E-Mail ist möglichst zu unterlassen.[12] Soweit sie im Einzelfall stattfindet (etwa wenn ein Beschäftigter sich per E-Mail krankgemeldet hat), sind die Verteiler so klein wie möglich zu halten.

§ 4 Krankmeldung und Attest[13]

(1) Krankmeldungen (wie etwa nach § 5 Abs. 1 S. 1 EFZG) hat der Beschäftigte grundsätzlich gegenüber seinem direkten Vorgesetzten abzugeben. Zugleich soll er den für ihn zuständigen Sachbearbeiter in der Personalabteilung, hilfsweise den Personalleiter informieren. Ist dies nicht erkennbar geschehen, informiert der Vorgesetzte nach Eingang der Krankmeldung den für den Mitarbeiter zuständigen Sachbearbeiter in der Personalabteilung, hilfsweise den Personalleiter.[14] Für die innerbetriebliche Kommunikation sind die telefonische Übermittlung oder die Übermittlung von Schriftstücken im verschlossenen Umschlag der Übermittlung per E-Mail vorzuziehen.

(2) Ärztliche Arbeitsunfähigkeitsatteste (wie etwa nach § 5 Abs. 1 S. 2 EFZG) hat der Beschäftigte unmittelbar an den für ihn zuständigen Sachbearbeiter in der Personalabteilung, hilfsweise an den Personalleiter zu senden. Er soll auch den Vorgesetzten informieren, jedoch lediglich über die ärztlich attestierte voraussichtliche Dauer der Arbeitsunfähigkeit. Ist dies nicht erkennbar geschehen, informiert die Personalabteilung den Vorgesetzten nach Eingang des Attests über die ärztlich attestierte voraussichtliche Dauer der Arbeitsunfähigkeit, ohne das Attest im Ganzen zu überlassen.[15]

(3) Krankmeldung und Attest dürfen der für die Gehaltsabrechnung zuständigen Stelle (interne oder externe[16] Lohnabrechnung) zum Zwecke der Abrechnung zugänglich gemacht werden. Sie sind dort nicht länger aufzubewahren als für die aktuelle Bearbeitung erforderlich.

§ 5 Beiakte Gesundheitsdaten[17]

(1) Der Arbeitgeber führt für jeden Beschäftigten eine Beiakte Gesundheitsdaten. Diese Beiakte ist tatsächlich getrennt von der übrigen Personalakte. Nur der zuständige Personalsachbearbeiter, der Personalleiter und sein Stellvertreter haben Zugriff auf diese Beiakte.[18] Das gilt auch für die elektronische Speicherung.[19] Nimmt ein anderer Berechtigter Einblick in die allgemeine Personalakte, so ist ihm – außer im begründeten Ausnahmefall – gleichwohl kein Einblick in die Beiakte Gesundheitsdaten zu gewähren.

(2) Die Beiakten Gesundheitsdaten sämtlicher Beschäftigter werden in einem separaten, verschlossenen und besonders gegen unbefugten Zugriff gesicherten Schrank aufbewahrt, in dem nicht auch allgemeine Personalakten gelagert werden.[20] Die elektronische Speicherung der Beiakten Gesundheitsdaten erfolgt ebenso separat und unter Sicherstellung der in Abs. 1 genannten besonders beschränkten Zugriffsberechtigungen.

(3) Sämtliche Gesundheitsdaten des Beschäftigten werden ausschließlich in seiner Beiakte Gesundheitsdaten abgelegt und gespeichert. Dies gilt insbesondere auch für Krankmeldungen, ärztliche Arbeitsunfähigkeitsatteste und jedwede hierauf bezogene Notiz oder Korrespondenz.[21]

Huth

(4) Aus der Beiakte Gesundheitsdaten sind die Daten, insbesondere die Krankmeldungen, Atteste und die darauf bezogenen Unterlagen, jeweils fünf Jahre nach der letzten darauf bezogenen Änderung zu entfernen und elektronisch zu löschen. Nach Ablauf dieser fünf Jahre werden die Daten lediglich noch im Rahmen der individuellen Arbeitsunfähigkeitsstatistik aufbewahrt und gespeichert (s. § 6 Abs. 1). Auch diese Daten sind nach Ablauf weiterer fünf Jahre zu statistischen Zwecken in eine anonymisierte Form zu überführen und im Übrigen zu löschen.[22]

(5) Allein solche Daten, die aufgrund ihrer Eigenart über den in Abs. 4 genannten Aufbewahrungszeitraum hinaus Bedeutung haben, bewahrt der Arbeitgeber länger auf. Dies gilt etwa für die Eigenschaft als Schwerbehinderter oder Gleichgestellter und für vom Beschäftigten übermittelte Informationen zu dauerhaften oder jedenfalls langwierigen Erkrankungen und/oder damit verbundene Einschränkungen (etwa den freiwillig und vorsorglich gegebenen Hinweis, regelmäßig bestimmte Medikamente einnehmen zu müssen oder an schwerwiegenden Allergien o.dgl. zu leiden). Für Gesundheitsdaten im Zusammenhang mit einem BEM gelten die Vereinbarungen in Abschnitt 3 (BEM).

§ 6 Arbeitsunfähigkeitsstatistik[23]

(1) Der Arbeitgeber hält jede krankheitsbedingte Arbeitsunfähigkeit arbeitnehmerbezogen unter Angabe von Datum und Dauer, unter Anbringung eines Vermerks, für welche Zeiträume Entgeltfortzahlung geleistet wurde, sowie – soweit bekannt – unter Angabe des Arbeitsunfähigkeitsgrundes tabellarisch fest und speichert diese Erhebung zur Beiakte Gesundheitsdaten des jeweiligen Beschäftigten (individuelle Arbeitsunfähigkeitsstatistik).

(2) Eine Kopie der Angaben übernimmt er in eine Tabelle, in der er die Daten sämtlicher Beschäftigter zusammenführt und auf die ausschließlich der Personalleiter und dessen Stellvertreter Zugriff haben (allgemeine Arbeitsunfähigkeitsstatistik). Diese Statistik ermöglicht dem Arbeitgeber eine individuell-personenbezogene, aber auch eine abteilungsbezogene[24] statistische Auswertung der Zeiten krankheitsbedingter Arbeitsunfähigkeit. Sie dient dem Zweck, besondere Gefährdungen und Entwicklungen rechtzeitig erkennen zu können, sowie dem Zweck, über die Einleitung eines individuellen BEM entscheiden zu können. Die Datenerhebung, -verarbeitung und -nutzung ist daher nach Art. 9 Abs. 2 lit. b DS-GVO i. V. m. §§ 3 ff. ArbSchG, 84 Abs. 2 SGB IX zulässig.

(3) Die in der allgemeinen Arbeitsunfähigkeitsstatistik enthaltenen Gesundheitsdaten sind jeweils 18 Monate nach jedem einzelnen Tag krankheitsbedingter Arbeitsunfähigkeit zu anonymisieren und lediglich noch abteilungsbezogen zu speichern und zu nutzen. Eine Zuordnung zu einem konkreten Arbeitnehmer nach Ablauf der 18 Monate ist auszuschließen;[25] diese darf sich nur noch aus der individuellen Beiakte Gesundheitsdaten ergeben. Durch die länger andauernde Speicherung der anonymisierten Daten wird der Arbeitgeber in die Lage versetzt, denkbare mittel- und langfristige Schwerpunkte krankheitsbedingter Arbeitsunfähigkeit nach Abteilungen zu erkennen. Die anonymisierten Daten sind nach Ablauf des zehnten Kalenderjahrs nach dem Datum der Arbeitsunfähigkeit endgültig zu löschen.[26]

Huth

§ 7 Einsichtnahmerechte

(1) Jeder Beschäftigte ist berechtigt, die auf ihn bezogen geführte Personalakte nebst Beiakten jederzeit während der üblichen Dienststunden der Personalabteilung einzusehen. Er ist berechtigt, ein Mitglied des Betriebsrats hinzuzuziehen.[27]

(2) Der Betriebsrat ist berechtigt, die allgemeine Arbeitsunfähigkeitsstatistik einmal je Quartal oder bei besonderem Anlass einzusehen.[28]

(3) Zur Ausübung seiner Aufgaben, insbesondere soweit er darüber wacht, dass alle im Betrieb tätigen Personen nach den Grundsätzen von Recht und Billigkeit behandelt werden, kann der Betriebsrat vom Arbeitgeber auch andere konkrete Informationen aus den Personalakten – in besonderen Fällen und nach umfassender Interessenabwägung ggf. auch aus den besonders geschützten Beiakten – verlangen. Der Betriebsrat oder einzelne seiner Mitglieder sind jedoch außer mit ausdrücklicher Einwilligung des betroffenen Beschäftigten nicht berechtigt, eine Personalakte in Gänze oder Teilen einzusehen.[29]

Abschnitt 3 (BEM)[30]

§ 8 Zwecksetzung des BEM

(1) § 84 Abs. 2 SGB IX verpflichtet den Arbeitgeber für dort näher bestimmte Fälle der längeren oder häufigen Erkrankung von Arbeitnehmern zu Handlungen mit dem Ziel, die Arbeitsunfähigkeit möglichst zu überwinden, einer erneuten Arbeitsunfähigkeit vorzubeugen und die Arbeitsplätze der betroffenen Arbeitnehmer zu erhalten (betriebliches Eingliederungsmanagement – BEM). An den Maßnahmen sind neben dem jeweils betroffenen Arbeitnehmer auch der Betriebsrat sowie gegebenenfalls der Betriebsarzt, die Schwerbehindertenvertretung und das Integrationsamt sowie weitere öffentliche Stellen zu beteiligen.

(2) Die Wiederherstellung und Erhaltung der Gesundheit jedes einzelnen Belegschaftsangehörigen sowie die Vermeidung krankheitsbedingter Arbeitsplatzverluste liegen im Interesse aller Beteiligter. Der Arbeitgeber, der Betriebsrat und die Schwerbehindertenvertretung schaffen mit dieser Betriebsvereinbarung auf Basis des § 84 Abs. 2 SGB IX ein Handlungsgerüst, an das sich die einzelfallbezogenen Maßnahmen des Arbeitgebers zum betrieblichen Eingliederungsmanagement zu halten haben.[31]

§ 9 BEM-Beauftragte des Arbeitgebers

(1) Der Arbeitgeber bestellt nach freiem Ermessen aus der Belegschaft mindestens drei[32] BEM-Beauftragte. Die Bestellung bedarf der Zustimmung des jeweilige BEM-Beauftragten und kann zeitlich befristet oder unbefristet erfolgen. Sie ist in jedem Fall für den Arbeitgeber und den BEM-Beauftragten selbst frei widerruflich.[33]

(2) Die jeweils aktuellen BEM-Beauftragten werden als Anlage zu dieser BV BEM sowie außerdem im Intranet des Arbeitgebers an geeigneter Stelle und für jeden Arbeitnehmer zugänglich aufgeführt; über Änderungen informiert der Arbeitgeber die Belegschaft über das Intranet[34] sowie gesondert den Betriebsrat und die Schwerbehindertenvertretung umgehend. Die Liste der aktuellen BEM-Beauftragten kann zudem jeder Arbeitnehmer jederzeit während der dortigen Dienststunden in der Personalabteilung, im Betriebsratsbüro oder bei der Schwerbehindertenvertretung erfragen.

Huth

(3) Die BEM-Beauftragen werden als Fallmanager in den einzelnen BEM tätig. Die Zuweisung der BEM-Fälle zu den BEM-Beauftragen erfolgt in freier Abstimmung der BEM-Beauftragten untereinander; können diese sich nicht einigen, so erfolgt die Zuweisung reihum. Soweit der betroffene Arbeitnehmer einen bestimmten BEM-Beauftragen als Fallmanager wünscht, ist dieser – vorbehaltlich seiner Verfügbarkeit – auszuwählen.[35]

(4) Als Fallmanager leiten die BEM-Beauftragten das gesamte individuelle BEM.[36] Sie sind nach Zustimmung des betroffenen Mitarbeiters befugt, dessen Personalakte sowie BEM-Akte einzusehen. Sie sind jedoch nicht befugt, Entscheidungen für den Arbeitgeber zu treffen; vielmehr bereiten sie diese lediglich vor.[37]

(5) Die Tätigkeit der BEM-Beauftragten erfolgt in deren Arbeitszeit. Sie sind also um ein entsprechendes Kontingent von ihrer regulären Arbeit zu entlasten. Aufgrund der BEM-Tätigkeit erforderlich werdende Mehrarbeit und/oder Überstunden kann neben dem Vorgesetzten auch der Personalleiter anordnen oder genehmigen.[38]

(6) Der Personalleitung obliegen die Überwachung der individuellen BEM-Prozesse sowie die Qualitätssicherung betreffend das BEM einschließlich der geeigneten Schulung der BEM-Beauftragten.

§ 10 Weitere einbezogene Personen

(1) Der Betriebsrat bestimmt nach freiem Ermessen aus seiner Mitte drei[39] Mitglieder als BR-Ansprechpartner BEM.

(2) Die jeweils aktuellen BR-Ansprechpartner BEM werden als Anlage zu dieser BV BEM sowie außerdem im Intranet des Arbeitgebers[40] an geeigneter Stelle und für jeden Arbeitnehmer zugänglich aufgeführt; über Änderungen informiert der Betriebsrat umgehend die Schwerbehindertenvertretung sowie den Arbeitgeber, der seinerseits umgehend die Belegschaft über das Intranet informiert. Die Liste der aktuellen BR-Ansprechpartner BEM kann zudem jeder Arbeitnehmer jederzeit während der dortigen Dienststunden in der Personalabteilung, im Betriebsratsbüro oder bei der Schwerbehindertenvertretung erfragen.

(3) Jeweils ein BR-Ansprechpartner BEM unterstützt den BEM-Beauftragen in dessen einzelfallbezogener Tätigkeit.[41] Welcher BR-Ansprechpartner BEM im jeweiligen Einzelfall tätig wird, entscheiden die BR-Ansprechpartner BEM unter sich. Der Ausgewählte soll während des laufenden individuellen BEM außer auf Wunsch des betroffenen Arbeitnehmers nicht ausgetauscht werden. Soweit der betroffene Arbeitnehmer einen bestimmten BR-Ansprechpartner BEM wünscht, ist dieser – vorbehaltlich seiner Verfügbarkeit – auszuwählen.[42]

(4) Handelt es sich bei dem betroffenen Arbeitnehmer um einen Schwerbehinderten oder einen Gleichgestellten oder besteht konkreter Anlass zu der Vermutung, dass die aktuelle Erkrankung oder Verletzung zu einer Anerkennung als Schwerbehinderter oder einer Gleichstellung führen wird, so ist zudem die Schwerbehindertenvertretung zum BEM hinzuzuziehen.[43]

(5) Außerdem können je nach Einzelfall und auf Wunsch oder mit Zustimmung des betroffenen Mitarbeiters auch weitere interne oder externe Personen oder Institutionen mit einbezogen werden, etwa[44]
  a) der unmittelbare Vorgesetzte[45] des betroffenen Mitarbeiters,

Huth

b) ein anderer Arbeitnehmer des Arbeitgebers (soweit dieser aus konkreten Gründen des Einzelfalls besonders geeignet erscheint, das BEM zu fördern[46]),
c) der Betriebsarzt,
d) ein weiteres Mitglied des Betriebsrats,
e) die Schwerbehindertenvertretung (auch soweit die Voraussetzungen des Abs. 4 nicht erfüllt sind, soweit die Hinzuziehung der Schwerbehindertenvertretung aus konkreten Gründen des Einzelfalls gleichwohl als besonders geeignet erscheint, das BEM zu fördern[47]),
f) die Fachkraft für Arbeitssicherheit,
g) ein Vertreter der Personalabteilung,
h) der Kranken-, Unfall- oder Rentenversicherungsträger,
i) die Agentur für Arbeit,
j) das Integrationsamt (soweit es sich bei dem betroffenen Arbeitnehmer um einen Schwerbehinderten oder einen Gleichgestellten handelt),
k) der Berufsbildungsträger (soweit es sich bei dem betroffenen Arbeitnehmer um einen Auszubildenden handelt),
l) der arbeitsmedizinische od. arbeitspsychologische Dienst,
m) der behandelnde Arzt[48] des betroffenen Mitarbeiters
n) der Rechtsanwalt oder ein anderer Rechtsbeistand des Mitarbeiters.

Die genannten Personen und Institutionen sowie weitere Dritte sind zwingend hinzuzuziehen, soweit § 84 Abs. 2 SGB IX dies verlangt und soweit der betroffene Arbeitnehmer nicht widerspricht.

§ 11 Einleitung des BEM

(1) Die Personalabteilung meldet den BEM-Beauftragten auf Basis der Auswertung der allgemeinen Arbeitsunfähigkeitsstatistik diejenigen Arbeitnehmer namentlich, für die ein BEM durchzuführen ist. Sie fügt die in der Statistik gespeicherten individuellen Daten sowie die unternehmensinternen Kontaktdaten oder – bei aktuell noch krankgeschriebenen Arbeitnehmern – die Postanschrift des betroffenen Mitarbeiters hinzu.

(2) Durchzuführen ist ein BEM nach Maßgabe des § 84 Abs. 2 S. 1 SGB IX, wenn ein Arbeitnehmer innerhalb eines Zeitraums von einem Jahr – nicht notwendigerweise innerhalb eines Kalenderjahres – insgesamt mehr als sechs Wochen wiederholt oder ununterbrochen krankheitsbedingt arbeitsunfähig war. Ungeachtet dieser Voraussetzung steht dem Arbeitgeber frei, ein BEM auch solchen Arbeitnehmern anzubieten, deren Fehlzeiten innerhalb eines Jahres sich nicht auf mehr als sechs Wochen summieren; es soll auch für solche Arbeitnehmer durchgeführt werden, wenn dies im Sinne der in § 8 dieser Betriebsvereinbarung bzw. in § 84 SGB IX erwähnten Zwecksetzung tunlich ist.[49]

(3) Der jeweils zugewiesene BEM-Beauftragte tritt mit einem Anschreiben auf Basis des dieser Betriebsvereinbarung als Anlage beigefügten Formbriefes[50] an den betroffenen Mitarbeiter schriftlich heran und lädt ihn zu einem Beratungsgespräch über das BEM ein. Er unterrichtet die Personalabteilung sowie die BR-Ansprechpartner BEM und im Falle einer Schwerbehinderung oder Gleichstellung des betroffenen Mitarbeiters auch die Schwerbehindertenvertretung jeweils durch Überlassung einer Kopie.

Huth

(4) Die Teilnahme am BEM ist für den betroffenen Arbeitnehmer freiwillig.[51] Er kann ein BEM ablehnen oder ein begonnenes BEM jederzeit ohne Angabe von Gründen abbrechen. Nach Abbruch besteht kein Anspruch auf Wiederaufnahme des BEM, soweit nicht das Gesetz etwas anderes vorschreibt.[52] Die Ablehnung oder der Abbruch werden nicht zum Nachteil des betroffenen Arbeitnehmers verwendet; insbesondere können Abmahnungen oder Kündigungen hierauf nicht gestützt werden.[53]

§ 12 Durchführung des BEM

(1) Kommt es zu dem Beratungsgespräch, so sind Ziele dieses Gesprächs
a) die Information des betroffenen Arbeitnehmers über die Ziele und Aufgaben des BEM sowie über Art und Umfang der im Rahmen des BEM erhobenen und verwendeten Daten,
b) die Beantwortung etwaiger Rückfragen des betroffenen Arbeitnehmers hierzu und
c) die Erklärung des betroffenen Arbeitnehmers, ob er die Durchführung des BEM wünscht oder nicht und – falls ja – ob er einen anderen BEM-Beauftragten als Fallmanager und welche weiteren Personen oder Institutionen er aktuell hinzuzuziehen wünscht.
Die Erklärung des betroffenen Arbeitnehmers muss nicht bereits während des Beratungsgesprächs, sondern kann später und gesondert erfolgen.[54] Wünsche zur Person des BEM-Beauftragten und zur Hinzuziehung Dritter kann der betroffene Arbeitnehmer in jedem Fall auch noch nach begonnenem BEM äußern und ändern.

(2) Entscheidet sich der betroffene Arbeitnehmer für die Durchführung eines BEM, so findet ein erstes inhaltliches Orientierungsgespräch unter Beteiligung sämtlicher vom betroffenen Arbeitnehmer benannter Personen und Institutionen statt. Gegenstand dieses Orientierungsgesprächs ist eine erste gemeinsame Analyse der aktuellen Situation unter Einschluss der Frage, ob betriebliche oder berufliche Umstände ursächlich oder mitursächlich für die zum BEM veranlassende Arbeitsunfähigkeit des betroffenen Arbeitnehmers sind oder ob es sich um sonstige Ursachen handelt. Auf diesen individuellen Feststellungen basierend sollen jedenfalls im Falle interner (Mit-)Ursachen erste gemeinsame Überlegungen zu denkbaren Maßnahmen im Rahmen des BEM unter Einschluss der Frage nach der Beteiligung weiterer Personen oder Institutionen erfolgen.[55] Außer auf ausdrücklichen Wunsch des betroffenen Arbeitnehmers soll das BEM allenfalls dann bereits nach dem Orientierungsgespräch für beendet erklärt werden, wenn die festgestellten Ursachen ausschließlich externer und vorübergehender Natur sind (z.B. privater Sportunfall ohne bleibende Schäden, zufällig vermehrt auftretende Allgemeinerkrankungen wie grippale Infekte).[56] Insbesondere im Falle psychischer Belastungen sowie falls dauerhafte Einschränkungen zu erwarten sind, sollen alle Beteiligten behutsam auf eine Fortsetzung des BEM hinarbeiten.[57]

(3) Die im Rahmen des ersten inhaltlichen Orientierungsgesprächs erfolgten Analysen, Festlegungen und Planungen sind jederzeit während des laufenden BEM kritisch zu überprüfen und gegebenenfalls zu korrigieren oder anzupassen.

§ 13 Beendigung des BEM

(1) Das BEM ist abgeschlossen, wenn entweder

Huth

a) der BEM-Beauftragte im schriftlich dokumentierten Einvernehmen mit dem betroffenen Arbeitnehmer feststellt, dass die Ziele und Aufgaben des BEM erreicht wurden, oder

b) der BEM-Beauftragte im schriftlich dokumentierten Einvernehmen mit dem betroffenen Arbeitnehmer feststellt, dass sich die Ziele und Aufgaben des BEM nicht (mehr) erreichen lassen, oder

c) der betroffene Arbeitnehmer das BEM abbricht oder

d) das Arbeitsverhältnis endet.

(2) Der BEM-Beauftragte informiert Personalleitung, BR-Ansprechpartner BEM und – im Falle einer Schwerbehinderung oder Gleichstellung des betroffenen Arbeitnehmers – Schwerbehindertenvertretung unverzüglich über den Abschluss des BEM unter Angabe des abstrakten Grundes (vorstehend a) bis d)), ohne jedoch die Einzelheiten zu nennen. Ein neues BEM kommt erst nach erneutem Erfüllen der Voraussetzungen und im Regelfall frühestens ein Jahr nach Abschluss des vorherigen BEM in Betracht.[58]

§ 14 Dokumentation

(1) Die Personalabteilung legt für den Mitarbeiter eine gesonderte Beiakte BEM zur allgemeinen Personalakte an, die sowohl von der allgemeinen Personalakte als auch von der Beiakte Gesundheitsdaten tatsächlich getrennt ist und dementsprechend auch separat aufbewahrt wird. Die Regelungen zur Beiakte Gesundheitsdaten gelten entsprechend.

(2) Der Beiakte Gesundheitsdaten ist ein Vermerk beizufügen, aus dem sich die Anlage der Beiakte BEM unter Beifügung des Datums ergibt.[59] Zusätzlich sind der Beiakte Gesundheitsdaten beizufügen[60]

a) das schriftliche Angebot des Arbeitgebers, ein BEM durchzuführen,

b) das Einverständnis des betroffenen Arbeitnehmers,

c) die Erklärung des BEM-Beauftragten zur Beendigung des BEM.

Hat der betroffene Arbeitnehmer das BEM von vornherein abgelehnt oder hat er sich nicht geäußert, so ist eine Beiakte BEM obsolet. Die Beiakte Gesundheitsdaten enthält dann

a) das schriftliche Angebot des Arbeitgebers, ein BEM durchzuführen,

b) die Ablehnung des Angebots durch den betroffenen Arbeitnehmer bzw. den Vermerk des Arbeitgebers, weshalb mit einer Antwort des Arbeitnehmers nicht mehr zu rechnen ist.

(3) Während des laufenden BEM bewahrt der BEM-Beauftragte die Beiakte BEM bei sich und unter besonderem Verschluss auf. Ist dies nicht möglich, ist sie auch während des laufenden BEM außer zum Zwecke der unmittelbaren Bearbeitung durch die Personalabteilung wie üblich gesondert aufzubewahren. Der BEM-Beauftragte dokumentiert den gesamten Verlauf des BEM[61] und legt diese Protokolle sowie alle sonstigen dem BEM zugehörigen Unterlagen ausschließlich in der Beiakte BEM ab. Nach Abschluss des BEM ist die BEM-Akte dem Personalleiter oder seinem Stellvertreter zum Zwecke der weiteren Aufbewahrung zu übergeben.

(4) Die Beiakte BEM ist zu vernichten und die elektronisch gespeicherten Daten sind zu löschen, sobald sie der Arbeitgeber zur Erfüllung seiner gesetzlichen Pflichten nicht mehr benötigt. Hat der betroffene Arbeitnehmer ein BEM abgelehnt oder hat er es vorzeitig abgebrochen, so erfolgt die Löschung spätestens drei Monate

Huth

nach der Ablehnung bzw. dem Abbruch. Ist das BEM auf andere Weise abgeschlossen, so ist die Beiakte BEM spätestens ein Jahr nach dem Abschluss zu löschen bzw., wenn das BEM mit einer Vereinbarung abgeschlossen wurde, die Wirkungen für die Zukunft hat, spätestens fünf Jahre nach dem Abschluss. Vor jeder Löschung wird der Arbeitgeber den betroffenen Arbeitnehmer danach befragen, ob er mit der Löschung einverstanden ist. Widerspricht der Arbeitnehmer der Löschung, so darf sie erst mit Beendigung des Arbeitsverhältnisses stattfinden, sofern der Arbeitnehmer nicht doch noch die frühere Löschung verlangt.[62]

Abschnitt 4 (Schlussbestimmungen)

§ 15 Inkrafttreten, Kündigung, Nachwirkung

(1) Diese Betriebsvereinbarung tritt mit ihrer Unterzeichnung in Kraft.

(2) Sie ist kündbar mit einer Frist von sechs Monaten zum Ende eines Kalenderjahres. Die Teilkündigung nur des Abschnitts 3 (BEM) ist zulässig.[63]

(3) Im Falle der Kündigung wirkt der gekündigte Teil nach bis zum Inkrafttreten einer neuen Regelung.[64]

Anmerkungen

1. Mitbestimmung. Ein Mitbestimmungsrecht ergibt sich nur für Teile der im Folgenden vorgestellten Betriebsvereinbarung aus § 87 Abs. 1 BetrVG, und zwar insb. aus Nr. 1 (betreffend allgemeine Verfahrensfragen), Nr. 6 (Nutzung und Verarbeitung von Gesundheitsdaten) und Nr. 7 (Ausgestaltung des Gesundheitsschutzes). Für andere Teile besteht keine zwingende Mitbestimmung, so dass der Betriebsrat die hier vorgeschlagene Betriebsvereinbarung nicht in Gänze im Wege des Einigungsstellenverfahrens (§ 76 BetrVG) durchsetzen könnte. Vgl. hierzu (bezogen auf das BEM) sehr instruktiv LAG Hamburg, Beschl. v. 20.2.2014 – 1 TaBV 4/13, NZA-RR 2014, 295 und die kürzlich erfolgte Bestätigung durch das BAG, Beschl. v. 22.3.2016 – 1 ABR 14/14, NZA 2016, 1283 sowie die darauf bezogene Darstellung von *Hoffmann-Remy*, NZA 2016, 1261.

2. Zuständiges Gremium. Statt einer betriebsbezogenen Betriebsvereinbarung durch den örtlichen Betriebsrat kommt je nach Gegebenheiten auch eine Gesamt- oder Konzernbetriebsvereinbarung in Betracht, die vom Gesamt- bzw. Konzernbetriebsrat mit dem Arbeitgeber zu verhandeln und zu vereinbaren wäre.

3. Zielsetzung. Es handelt sich um einen programmatischen Absatz, der aber jedenfalls im Rahmen der Auslegung der Betriebsvereinbarung auch rechtliche Bedeutung gewinnen kann. Der Inhalt solcher Programmsätze wird zu wesentlichen Teilen von den Verhandlungen unter den Betriebsparteien abhängen. Alternative Formulierungsanregungen enthalten insbesondere auch die Gebote des Art. 5 Abs. 1 DS-GVO (u. a. Rechtmäßigkeit, Transparenz, Zweckbindung, Datenminimierung/Datensparsamkeit und Speicherbegrenzung). Wichtig ist vor allem, dass die Parteien zum Ausdruck bringen, in Ausübung ihrer gemeinsamen Verantwortung zum Wohle der Beschäftigten, zum Zwecke der Umsetzung gesetzlicher Pflichten und im Geiste eines fairen – also verhältnismäßigen – Interessenausgleichs zu handeln. Neben den ausdrücklich genannten Aspekten hat eine solche Betriebsvereinbarung den Zweck,

Huth

die Informationspflichten des Arbeitgebers nach den Art. 13 f. DS-GVO gegenüber den Beschäftigten zu erfüllen. Die hier angeregte Ausführlichkeit etwa in § 2 Abs. 3 des Musters geht auch darauf zurück.

4. Persönlicher Geltungsbereich. Die Anwendbarkeit auch auf Auszubildende hat deklaratorischen Charakter. Entsprechend der Zuständigkeit des Betriebsrats ist die Betriebsvereinbarung hingegen auf leitende Angestellte i. S. d. § 5 BetrVG nicht anwendbar. Soweit nicht ein Sprecherausschuss besteht, mit dem eine entsprechende Regelung getroffen werden kann, kann die Betriebsvereinbarung allenfalls klarstellen, dass der Arbeitgeber auch mit den Daten leitender Angestellte in derselben Weise verfahren wird und dass das gesetzlich vorgesehene BEM-Verfahren auch für leitende Angestellte anzuwenden ist. Verfahrensregelungen betreffend die leitenden Angestellten erübrigen sich hingegen, da der Betriebsrat insoweit weder zuständig ist noch den erforderlichen Zugriff auf die Akten der leitenden Angestellten hat. Betreffend im Betrieb tätige Leiharbeitnehmer ist der Betriebsrat nur hinsichtlich besonderer Regelungsgegenstände zuständig (siehe dazu *Müller-Glöge/Preis/Schmidt/Koch,* Erfurter Kommentar zum Arbeitsrecht, § 5 BetrVG Rn. 4 m. w. N.). Der Umgang mit den in dieser Betriebsvereinbarung thematisierten Gesundheitsdaten sowie das BEM dürften nicht dazuzählen, da diese Aspekte thematisch dem Vertragsarbeitgeber (Verleiher) zugewiesen sind.

5. Personenbezug und Personenbeziehbarkeit. Durch Erwähnung auch der Personenbeziehbarkeit werden auch solche Daten ausdrücklich erfasst, die zwar keinem Mitarbeiter namentlich oder sonst unmittelbar zugeordnet sind, die sich aber mehr oder weniger einfach auf einen konkreten Mitarbeiter beziehen lassen – etwa wenn eine vordergründig abstrakte Abteilungsstatistik angefertigt wird, die Abteilung aber nur aus einem einzigen Mitarbeiter besteht, oder wenn für jede Abteilung unter Frauen und Männer differenziert wird, in einer Abteilung aber nur ein einziger Mann unter zahlreichen Frauen tätig ist. Diese Fälle werden in der Regel bereits durch die gesetzliche Definition der Personenbezogenheit in Art. 4 Nr. 1 DS-GVO erfasst sein, die den Begriff der „identifizierten oder identifizierbaren natürlichen Person" (§ 3 Abs. 1 BDSG: „bestimmte oder bestimmbare natürliche Person") verwendet; gleichwohl erscheint die Klarstellung in der Betriebsvereinbarung sinnvoll.

6. Ersterkrankung und Fortsetzungserkrankung. Die Frage hat Bedeutung für den Umfang der gesetzlichen Entgeltfortzahlungspflicht nach § 3 Abs. 1 EFZG. Auf dem ärztlichen Arbeitsunfähigkeitsattest ist die zutreffende Kategorie angekreuzt.

7. Gesamtzeitraum der Arbeitsunfähigkeit in den vergangenen zwölf Monaten. Bezogen auf den Zwölfmonatszeitraum hat diese Angabe Bedeutung für die Einleitung eines BEM nach § 84 Abs. 2 SGB IX. Der Arbeitgeber mag eine solche Statistik aber aus anderen Gründen auch für abweichende Referenzzeiträume führen, sei es, um einen Gesamtüberblick über den längerfristigen Krankenstand zu haben, sei es, um eine potentielle krankheitsbedingte Kündigung vorzubereiten oder aus anderen Gründen.

8. Medizinische Unterlagen des Betriebsarztes. Diese gehören nie in die Personalakte, da der Arbeitgeber kein Einsichtnahmerecht besitzt. Dies folgt aus der Verschwiegenheitspflicht des Betriebsarztes nach § 8 Abs. 1 S. 3 ASiG. Die Erwähnung hat deklaratorischen Charakter.

Huth

9. Angaben zum Grund der Arbeitsunfähigkeit. Der Arbeitnehmer ist nicht verpflichtet, gegenüber dem Arbeitgeber Angaben zur Art seiner Erkrankung zu machen. Folglich sollte es eine Selbstverständlichkeit sein, auch nicht danach zu fragen. Erfahrungsgemäß wird das aber vielfach anders gehandhabt und erlebt, so dass eine Klarstellung in der Betriebsvereinbarung durchaus geboten erscheint. Äußert sich der Mitarbeiter freiwillig, meldet er sich etwa per E-Mail mit den Worten krank, er habe die Grippe, so bleibt dies selbstverständlich zulässig. Der Vorgesetzte sollte dies aber nicht an die Personalabteilung weitergeben und schon gar nicht – wie es in der Praxis aber häufig geschieht – an die Kollegen.

10. Überprüfung der Arbeitsunfähigkeit. Durch die Regelung in Absatz 3 S. 2 und 3 des Musters darf das Recht des Arbeitgebers nicht beeinträchtigt werden, im Falle von Zweifeln an der Arbeitsunfähigkeit des Mitarbeiters diesen Zweifeln nachzugehen. Zu der Aufklärung kann durchaus das Gespräch mit dem Mitarbeiter zählen, im Rahmen dessen dem Mitarbeiter auch verdeutlicht wird, dass er durch Offenheit betreffend seine Erkrankung ggf. Zweifel aus dem Weg räumen kann. Der Arbeitgeber befindet sich dann auf rechtlich schwierigem Terrain. Die Klärung unter Angaben zur Erkrankung kann aber durchaus auch dem Mitarbeiter nutzen. So wird beispielsweise jeder Arbeitgeber argwöhnisch, wenn er einen krankgeschriebenen Mitarbeiter beim Fußballtraining, beim lokalen Volkslauf oder beim Pflastern der Hofeinfahrt des Nachbarn antrifft. Solche Aktivitäten stehen schnell in dem Verdacht, wahlweise genesungswidrig oder ein Indiz für eine in Wahrheit gar nicht bestehende Erkrankung zu sein. Klärt der Arbeitnehmer in einer solchen Situation über seine Erkrankung auf, so kann sich zwanglos und ohne aufwendiges und auch für den Arbeitnehmer belastendes Verfahren (Einschaltung des medizinischen Dienstes der Krankenkassen, Einstellung der Lohnfortzahlung, außerordentliche Kündigung – das potentielle Instrumentarium des Arbeitgebers ist großkalibrig; Näheres etwa bei Richardi/Wißmann/Wlotzke/Oetker/*Schlachter*, Münchener Handbuch zum Arbeitsrecht, § 75 Rn. 23 ff.) herausstellen, dass der Verdacht ins Leere geht. Beispielsweise können Sport und andere körperliche Aktivitäten insb. bei psychischen Erkrankungen durchaus unschädlich oder sogar Teil der Therapie oder wenigstens der ärztlichen Verhaltensempfehlungen sein (siehe aber auch BAG, Urt. v. 2.3.2006 – 2 AZR 53/05, NZA 2006, 636).

11. Getrennte und besonders geschützte Aufbewahrung der Gesundheitsdaten. Die Pflicht zur getrennten und besonders geschützten Aufbewahrung ist zwingende Folge der Rechtsprechung seit BAG, Urt. v. 12.9.2006 – 9 AZR 271/06, NZA 2007, 269. Das Inkrafttreten des DS-GVO ändert daran nichts (→ Vorb.).

12. Übermittlung per E-Mail. Die E-Mail ist – sofern sie nicht ausnahmsweise verschlüsselt wird – bekanntermaßen ein unter den Gesichtspunkten der Vertraulichkeit und des Datenschutzes recht unsicheres Übertragungsmedium. Die Bedenken gegen ihren Gebrauch sinken, wenn im konkreten Unternehmen der Zugriff anderer Personen als des Postfachbesitzers ausgeschlossen oder weitgehend ausgeschlossen ist. Kann hingegen ein ganzes Team auf die E-Mails des Teamleiters zugreifen, ist die Betriebsbekanntheit von per E-Mail übermittelten Gesundheitsdaten kaum aufzuhalten. Ein absolutes Verbot der Nutzung der E-Mail erscheint gleichwohl aus praktischen Gründen überzogen. Gerade wenn ein Mitarbeiter selbst die E-Mail als Übertagungsmedium für seine Krankmeldung oder gar sein Attest gewählt hat – wie es praktisch zuhauf vorkommt – erscheint es inadäquat, dem

Empfänger dieser E-Mail die Weiterleitung an die Personalabteilung oder auch nur die Beantwortung der E-Mail des erkrankten Mitarbeiters rigoros und mit der Folge naheliegender Pflichtenverstöße zu untersagen.

13. Krankmeldung und Attest. Die Regelung bezieht sich auf die in § 5 EFZG geregelten Verpflichtungen des Beschäftigten im Falle seiner krankheitsbedingten Arbeitsunfähigkeit. Die Krankmeldung und das anschließend eingeholte ärztliche Attest dürften die zahlenmäßig allermeisten Gesundheitsdaten enthalten, die in einem durchschnittlichen Unternehmen anfallen. (Anders mag dies in Unternehmen sein, die sich ihrem Zweck nach mit Gesundheitsdaten wesentlich intensiver befassen, etwa Krankenhäuser oder Kranken- bzw. Lebensversicherer.) Für diese alltäglich anfallenden Daten ist eine detaillierte Regelung nicht primär aus rechtlichen Gründen empfehlenswert, sondern schlicht, um den beteiligten Personen, der erkrankte Mitarbeiter eingeschlossen, einen Handlungsleitfaden an die Hand zu geben. Erfahrungsgemäß besteht nicht selten Ungewissheit unter Mitarbeitern, wie und an wen sie ihre krankheitsbedingte Arbeitsunfähigkeit zu melden und ihr Attest zu übersenden haben, ebenso wie die Empfänger solcher Sendungen bisweilen unsicher sind, wie damit weiter zu verfahren ist.

14. Informationswege. Welche Personen zu informieren sind und in welcher Priorisierung, mag für jedes Unternehmen unterschiedlich entschieden werden. Vorgesetzter und Personalabteilung bedürfen aber in jedem Falle der Information. Der Vorgesetzte, weil er den Ausfall der Arbeitskraft durch organisatorische Maßnahmen auffangen muss, die Personalabteilung, weil sie die ihr obliegenden statistischen Angaben zu übernehmen hat und – ggf. zusammen mit der Lohnabrechnungsstelle – über die Entgeltfortzahlung entscheiden muss.

15. Datensparsamkeit. Geht entsprechend dem im Muster dargestellten Vorschlag das Attest in der Personalabteilung ein, so erlangt lediglich diese Kenntnis von den näheren Umständen der Erkrankung (behandelnder Arzt samt Fachrichtung; Folge- oder Ersterkrankung). Der Vorgesetzte benötigt diese Angaben nicht; für ihn ist lediglich die voraussichtliche Dauer der Erkrankung von Bedeutung, die ihm deshalb mitgeteilt werden sollte.

16. Externe Lohnabrechnungsstelle. In diesem vor allem für kleinere und mittlere Unternehmen gängigen Fall liegt häufig eine Auftragsverarbeitung i. S. d. Art. 28 DS-GVO vor.

17. Beiakte Gesundheitsdaten. Das Erfordernis einer Beiakte folgt letztlich aus der Kategorisierung der Gesundheitsdaten als besondere Kategorie personenbezogener Daten i. S. d. Art. 9 Abs. 1 DS-GVO. Diese sensiblen Daten bedürfen eines besonderen Schutzes gegen unbefugte Einsichtnahme, vor allem auch gegen eine Nutzung über die enge ihre Erhebung und Verarbeitung rechtfertigende Zweckbindung hinaus. Bereits die Einleitung zu diesem Kapitel enthält den Hinweis auf die eindeutige Rechtsprechung des BAG, die die Aufbewahrung bzw. Speicherung von Gesundheitsdaten der Mitarbeiter getrennt von der allgemeinen Personalakte und besonders gegen zufällige Kenntnisnahme gesichert verlangt und das grundrechtlich geschützte allgemeine Persönlichkeitsrecht des Mitarbeiters verletzt sieht, wenn der Arbeitgeber die sensiblen Gesundheitsdaten stattdessen ohne besonderen Schutz – gemeint war: in der allgemeinen Personalakte – aufbewahrt (BAG, Urt. v. 12.9.2006 – 9 AZR 271/06, NZA 2007, 269). Letztlich kommen nur die separate Beiakte oder

Huth

ein in die allgemeine Personalakte eingelegter verschlossener Umschlag mit den Gesundheitsdaten in Betracht. Insoweit erscheint die separate Beiakte organisatorisch, aber auch datenschutzrechtlich vorzugswürdig.

18. Zugriffsbefugnisse. Diese können je nach den betrieblichen Gegebenheiten anders ausgestaltet sein, müssen aber (siehe nur BAG, Urt. v. 12.9.2006 – 9 AZR 271/06, NZA 2007, 269) im Vergleich zum Zugriff auf die allgemeine Personalakte erkennbar und deutlich restriktiver sein. Keinesfalls sollte ein Fachvorgesetzter ohne weiteres in die Beiakte Gesundheitsdaten Einsicht nehmen können.

19. Elektronische Beiakte. Es wird der Praxis entsprechen, die Beiakte nicht nur in Papierform, sondern auch elektronisch anzulegen. Sofern die Sicherungsbedürfnisse gewahrt sind, spricht auch datenschutzrechtlich zunächst einmal nichts dagegen. Ob dem Beschäftigten ein Widerspruchsrecht betreffend die elektronische Speicherung zustehen kann, wie *Bergmann/Möhrle/Herb*, Datenschutzrecht, § 32 BDSG Rn. 161, unter Berufung auf § 35 Abs. 5 BDSG (bzw. für öffentliche Stellen auf § 20 Abs. 5 BDSG) vertreten, erscheint schon nach bisherigem Recht zweifelhaft. Denn der Arbeitgeber dürfte z. B. im Falle der Einwilligung des Beschäftigten in die Durchführung des BEM nach § 84 Abs. 2 SGB IX verpflichtet sein, die von der Einwilligung erfassten, relevanten Gesundheitsdaten zu erheben, zu verarbeiten und zu nutzen, so dass nach §§ 20 Abs. 5 S. 2, 35 Abs. 5 S. 2 BDSG das Widerspruchsrecht von vornherein ausgeschlossen wäre. Teilt man diese Auffassung nicht, so scheitert der dann grundsätzlich statthafte Widerspruch in aller Regel an der fehlenden besonderen persönlichen Situation des Arbeitnehmers, welche im Rahmen der gebotenen Interessenabwägung ausnahmsweise die elektronische Speicherung der rechtmäßig erhobenen, verarbeiteten und genutzten Daten ausschließen könnte. Die insoweit von der Literatur bemühten Beispiele sind alles andere als alltäglich und betreffen außerordentliche Ausnahmesituationen (z. B. Gefährdung an Leib und Leben durch Datenverarbeitung, Simitis/*Dix*, BDSG, § 35 Rn. 58, dort und in Rn. 37 weitere Beispiele und Nachweise; Teilnahme an einem Zeugenschutzprogramm, Plath/*Kamlah*, BDSG, § 35 Rn. 49). Solche persönlichen Extremsituationen sind zwar denkbar, sollten aber auch für die Betriebsparteien das Führen einer elektronischen Gesundheits- oder auch BEM-Akte nicht verhindern.

20. Separate Aufbewahrung. Auch hierbei handelt es sich um die Umsetzung der aus der Entscheidung BAG, Urt. v. 12.9.2006 – 9 AZR 271/06, NZA 2007, 269 ersichtlichen rechtlichen Vorgaben. Die separate Lagerung bewahrt insbesondere vor dem versehentlichen Gewähren der Einsichtnahme, aber auch vor dem vermeidbaren Zugriff anderer Personalsachbearbeiter als des für den Einzelfall zuständigen etwa im Vertretungsfall.

21. Gesundheitsdaten nur in die Beiakte. Das Muster stellt ausdrücklich klar, dass sämtliche Gesundheitsdaten einschließlich der recht alltäglich auftretenden Krankmeldungen und Atteste ausschließlich in der Beiakte Gesundheitsdaten und also nie in der allgemeinen Personalakte aufzubewahren sind. Aus der Norm folgt auch, dass Vorgesetzte keine eigenen Gesundheitsakten über ihre Mitarbeiter führen dürfen. Dies kann in einer Betriebsvereinbarung auch ausdrücklich erwähnt werden. Um kein Misstrauen zu schüren, sollte diese Erwähnung aber möglichst nur dann erfolgen, wenn Anlass zu der Vermutung besteht, dass anderenfalls solche Geheim- und Parallelakten geführt werden.

Huth

22. Aufbewahrungsfristen. Personenbezogene Daten, die zu eigenen Zwecken verarbeitet worden sind, sind zu löschen, sobald ihre Kenntnis für die Erfüllung des Zwecks nicht mehr erforderlich ist (Art. 17 Abs. 1 lit. a DS-GVO). Daher stellt sich die Frage, wann die – zweifellos personenbezogenen – Gesundheitsdaten zu löschen sind. Insoweit bietet sich eine allgemeingültige Regelung an, die trotz der datenschutzrechtlichen Erfordernisse eine nicht zu knapp bemessene Aufbewahrungsfrist vorsehen sollte. Vor allem falls der Arbeitgeber für eine krankheitsbedingte Arbeitsunfähigkeit keine Lohnfortzahlung geleistet haben sollte, kann der Arbeitnehmer noch nach drei Jahren unverjährte Gehaltsforderungen erheben. Der Arbeitgeber wird dann der damaligen Arbeitsunfähigkeitsatteste noch bedürfen, beispielsweise um zu belegen, dass der Arzt seinerzeit eine Folgeerkrankung diagnostiziert hatte. Zudem ist die Verwendung von Gesundheitsdaten im Rahmen der Begründung einer ordentlichen personenbedingten (hier: krankheitsbedingten) Kündigung i.S.d. § 1 KSchG durchaus zulässig und für den Arbeitgeber zur prozessual angemessenen Verteidigung gegen eine Kündigungsschutzklage auch essentiell. Nur auf Basis der früheren Arbeitsunfähigkeitsdaten kann er die für die soziale Rechtfertigung der Kündigung erforderliche Gesundheitsprognose erstellen und belegen. In der Regel werden die Fehlzeiten der vergangenen drei bis fünf Jahre herangezogen, weshalb eine weitgehende Löschung der Gesundheitsdaten nach diesem Zeitraum sinnvoll erscheint. Der Vorschlag ordnet dann für einen Übergangszeitraum von weiteren fünf Jahren die quantitative Statistik an, die anschließend völlig zu anonymisieren ist, falls die Fehlzeiten noch länger erfasst werden sollen. Die jeweiligen Aufbewahrungszeiträume können gewiss kürzer gefasst werden; sie dürften in etwa die Obergrenze des Zulässigen darstellen.

23. Arbeitsunfähigkeitsstatistik. Nahezu jeder Arbeitgeber wird die Fehlzeiten seiner Mitarbeiter statistisch erfassen wollen. Das ist dem Grunde nach nicht zu beanstanden; der Arbeitgeber ist berechtigt, etwa diejenigen Angaben zu erfassen und auszuwerten, die als Basis für jene Gesundheitsprognose in Betracht kommen, die sozialer Rechtfertigungsgrund für eine krankheitsbedingte Kündigung (personenbedingte Kündigung i.S.d. § 1 Abs. 1 KSchG) sein kann. Hierfür bedarf es der Speicherung der Daten über einen Zeitraum von mehreren Jahren. Auch um prüfen zu können, ob die Voraussetzungen zur Durchführung eines BEM vorliegen, kommt der Arbeitgeber nicht umhin, die krankheitsbedingten Fehltage sämtlicher Mitarbeiter zu erfassen und zumindest so lange und mit den Informationen abzuspeichern, wie es zur Entscheidung über die Einleitung eines BEM erforderlich ist. Hierfür bedarf es allerdings keiner mehrjährigen Statistik, sondern lediglich der Kontrollmöglichkeit für die jeweils zurückliegenden zwölf Monate. Zusätzlich hat der Arbeitgeber u.a. aus Arbeitsschutzgedanken heraus ein schützenswertes Interesse daran, die mittel- und langfristige Entwicklung des Krankenstandes zu beobachten. Der hiesige Vorschlag schafft daher eine zweigeteilte Statistik, nach der die individuellen Daten in der allgemeinen Statistik wenig über die Jahresfrist des § 84 Abs. 2 SGB IX hinaus gespeichert werden, anonymisierte Daten jedoch wesentlich länger zur Verfügung stehen, um die längerfristige Entwicklungen der Krankenstände beobachten und ggf. gegensteuern zu können.

24. Abteilungsbezogene Auswertung. Siehe zunächst die Hinweise in der vorstehenden → Anm. 23. Die hier vorgeschlagene BV ermöglicht neben der individuellen eine abteilungsbezogene Auswertung. Andere Begriffe und Abgrenzungen als nach

Huth

der Abteilung sind denkbar, etwa eine Auswertung nach Hierarchie- oder Vergütungslevel, nach Einsatzort, nach Arbeitszeit (Nachtschicht vs. Tagschicht) oder dergleichen.

25. Aufbewahrung der nicht anonymisierten Daten. Der Arbeitgeber muss zu Zwecken des BEM jederzeit feststellen können, ob jeder einzelne Arbeitnehmer innerhalb der vergangenen zwölf Monate mehr als sechs Wochen lang krankheitsbedingt arbeitsunfähig war. Die Mindestaufbewahrungsfrist der zu diesem Zweck erhobenen Daten beträgt also ein Jahr und wenige Tage. Um untunlichen Zeitdruck zu vermeiden, vor allem aber auch, um dem Betriebsrat die Kontrolle zu ermöglichen, ob der Arbeitgeber wirklich in jedem einschlägigen Fall ein BEM eingeleitet hat, muss die Frist angemessen verlängert werden, ohne dass dies zu einer übermäßigen Datenspeicherung führt. Angesichts des hier vorgeschlagenen quartalsweise gewährten Einsichtnahmerechts des Betriebsrats (siehe § 7 Abs. 2 der Betriebsvereinbarung) erscheinen 18 Monate als genügend lange und datenschutzrechtlich noch akzeptable Frist. Die Frist ist aber für jeden Betrieb unter Abwägung der für ihre Verkürzung und für ihre Verlängerung sprechenden Argumente individuell festzulegen.

26. Aufbewahrung der anonymisierten Daten. Um mittel- und längerfristige Entwicklungen erkennen zu können, bedarf der Arbeitgeber eines umfassenden Zeitraums, für den die nicht mehr dem einzelnen Arbeitnehmer zuzuordnenden Daten zur Verfügung stehen. Auch diese Frist ist für jeden Betrieb unter Abwägung der für ihre Verkürzung und für ihre Verlängerung sprechenden Argumente individuell festzulegen.

27. Einsichtnahmerecht des betroffenen Mitarbeiters. Das Einsichtnahmerecht nebst Recht auf Begleitung durch den Betriebsrat folgt aus § 83 Abs. 1 BetrVG und lässt sich nicht beschneiden (Wiese/Kreutz/Petker/Raab/Weber/Franzen/*Franzen*, GK-BetrVG, § 83 Rn. 2).

28. Regelmäßiges Einsichtnahmerecht des Betriebsrats. Dem Betriebsrat sollte die Möglichkeit eingeräumt werden, jedenfalls diejenigen Unterlagen regelmäßig einzusehen, die er benötigt, um seinen gesetzlichen Aufgaben etwa nach §§ 75 Abs. 1, 80 Abs. 1 Ziffer 1 BetrVG nachzukommen und darüber zu wachen, dass alle im Betrieb tätigen Personen nach den Grundsätzen von Recht und Billigkeit behandelt werden und dass die zugunsten der Arbeitnehmer geltenden Gesetze durchgeführt werden. Das bezieht sich im hiesigen Zusammenhang vor allem auf die Verpflichtung des Arbeitgebers zur Einleitung von BEM nach § 84 Abs. 2 SGB IX. Zu diesem Zweck ist die allgemeine Arbeitsunfähigkeitsstatistik hilfreich, weil sie dem Betriebsrat die Prüfungsmöglichkeit nur anhand der hierfür erforderlichen Angaben und ohne Einsichtnahme in die gesamte Personalakte eröffnet (zum Einsichtnahmerecht des Betriebsrats in Personalakten auch → Anm. 29). Die Einzelheiten, vor allem die Häufigkeit der Einsichtnahme können aber anders als hier vorgeschlagen ausgestaltet werden. Ggf. wären die Aufbewahrungsfristen dann abweichend zu dimensionieren.

29. Weiteres Einsichtnahmerecht des Betriebsrats. Anders als vielfach praktiziert besteht ein allgemeines Einsichtnahmerecht des Betriebsrats in Personalakten grundsätzlich nicht (vgl. etwa BAG, Beschl. v. 20.12.1988 – 1 ABR 63/87, NZA 1989, 393, sowie sehr klar LAG Berlin-Brandenburg, Beschl. v. 12.11.2012 – 17

TaBV 1318/12, NZA-RR 2013, 293). Um jedoch seiner gesetzlichen Aufgabe gerecht werden zu können, über die Rechtmäßigkeit der Behandlung der Arbeitnehmer durch den Arbeitgeber zu wachen (§§ 75 Abs. 1, 80 Abs. 1 Nr. 1 BetrVG), bedarf der Betriebsrat bisweilen der Information durch den Arbeitgeber auch über Daten, die in Personalakten abgelegt sind. Diese Auskünfte hat der Arbeitgeber zu erteilen, ohne aber Einsicht in die gesamte Akte zu gewähren. Dies ergibt sich aus § 80 Abs. 2 BetrVG und ist betreffend die Überwachung der Verpflichtung zur Durchführung von BEM sogar für sensible Gesundheitsdaten ausdrücklich so entschieden. Von der Zweckbestimmung der Datenerhebung, -speicherung und -nutzung sei die Information des Betriebsrats auch ohne ausdrückliche Einwilligung der betroffenen Arbeitnehmer gedeckt, da die Datennutzung aufgrund der gesetzlichen Pflichten des Betriebsrats erfolge und der Arbeitgeber (Arbeitgeber und Betriebsrat bilden zwei Teile derselben datenverantwortlichen Stelle i.S.d. § 3 Abs. 7 BDSG; nichts anderes dürfte nach Art. 4 Nr. 7 DS-GVO gelten) die sensiblen Daten also im Sinne der Rechtsprechung des BAG „zur Erfüllung seiner gesetzlichen Pflichten" benötige (so BAG, Beschl. v. 7.2.2012 – 1 ABR 46/10, NZA 2012, 744 (747)). Die gesetzliche Pflicht des Betriebsrats ergibt sich dabei betreffend das BEM ausdrücklich aus § 84 Abs. 2 S. 7 SGB IX. Gleichwohl ordnet die vorliegende Betriebsvereinbarung vorsichtshalber lediglich die Einsichtnahme in die von der individuellen Personalakte getrennte allgemeine Arbeitsunfähigkeitsstatistik an, um die gelegentliche Kenntnisnahme weiterer persönlicher Daten durch den Betriebsrat auszuschließen. Denn ihm sind eben nur die „zur Durchführung seiner Aufgaben erforderlichen Unterlagen zu Verfügung zu stellen" (§ 80 Abs. 2 BetrVG); die Preisgabe weiterer Daten wäre weder vom BetrVG noch vom Datenschutzrecht gedeckt.

30. Abschnitt 3 (BEM). Dieser Teil der Betriebsvereinbarung ist recht spezifisch und geht über das rein datenschutzrechtliche Interesse am Umgang mit den Gesundheitsdaten der Mitarbeiter hinaus. Es erscheint jedoch nicht sinnvoll, die Datenschutzfragen des BEM ohne eine einigermaßen umfassende Verfahrensregelung zu beantworten. Der Vorschlag zur Betriebsvereinbarung ist gleichwohl so angelegt, dass Abschnitt 3 (BEM) gestrichen werden kann, ohne dass sich Brüche im verbleibenden Teil der Betriebsvereinbarung ergeben. Lediglich wären der abschließende Abschnitt und Paragraph in der Nummerierung anzupassen. Außerdem wären einige Kürzungen in der Überschrift (Benennung) der Betriebsvereinbarung und in wenigen Textpassagen vorzunehmen.

31. Handlungsgerüst. Mehr als ein Handlungsgerüst kann das per Betriebsvereinbarung festgelegte Procedere nicht sein. Denn das BEM ist individuell auf den Einzelfall und auf die Bedürfnisse des einzelnen betroffenen Arbeitnehmers zugeschnitten und entzieht sich somit einer detaillierten allgemeinen Regelung.

32. Anzahl der BEM-Beauftragten. Die Zahl sollte sich an der Belegschaftsstärke und der Häufigkeit von BEM-Verfahren orientieren, die Anzahl zwei aber keinesfalls und die Anzahl drei möglichst nicht unterschreiten. Dies hat mehrere Gründe: So sind Vertretungen der BEM-Beauftragten untereinander erforderlich, sollte den betroffenen Arbeitnehmern angesichts der sehr persönlichen Erörterungen eine echte Auswahl unter mehreren BEM-Beauftragten eingeräumt sein, ist das im Betrieb bei den BEM-Beauftragten vorhandene Know-how auch für den Fall des Ausscheidens einzelner BEM-Beauftragter aus dem Arbeitsverhältnis zu erhalten, sollten die BEM-Beauftragten auch für den Fall mehrerer gleichzeitig durchzuführender BEM-

Huth

Verfahren zeitlich auch angesichts ihrer regulären Arbeitsaufgaben nicht überfordert werden. Andererseits sollte die Anzahl nicht so hoch gewählt werden, dass der einzelne BEM-Beauftragte allenfalls alle paar Jahre einmal tätig werden muss und es ihm deshalb naturgemäß an Erfahrung fehlt. Durch das Wörtchen „mindestens" in der Regelung erlangt der Arbeitgeber Flexibilität, über das vereinbarte Mindestmaß hinaus BEM-Beauftragte zu bestellen; dieses Wörtchen ist daher aus Arbeitgebersicht ratsam und sollte auf Betriebsratsseite nicht auf Widerstand stoßen. Der Arbeitgeber ist ohne Festlegung, z.B. durch eine Betriebsvereinbarung, nicht verpflichtet, überhaupt dauerhafte BEM-Beauftragte zu ernennen. Er kann stattdessen von Fall zu Fall entscheiden, wen er mit dem BEM beauftragt. Jedenfalls für größere Betriebe werden sich aber eine dauerhafte Beauftragung und die Schulung dieser Beauftragten anbieten.

33. Widerruflichkeit der BEM-Beauftragung. Die Widerruflichkeit einzelner Vertragsbestandteile unterliegt recht strengen arbeitsrechtlichen Vorgaben. Es ist daran zu denken, die Widerrufsgründe von vornherein auch in der BV ausdrücklich zu benennen. Keinesfalls wäre die Beauftragung frei widerruflich, wenn sie mit Leistungen des Arbeitgebers (z.B. Tätigkeitszulage für BEM-Beauftragung) einhergehen sollte. Dies sollte schon deshalb vermieden werden.

34. Intranet. An die Stelle des hier erwähnten Intranets muss ggf. dasjenige Informationsmedium treten, das im konkreten Betrieb üblicherweise zur Information aller Mitarbeiter über allgemeine organisatorische Hinweise verwendet wird. Klassisch wäre das Schwarze Brett, das es so aber nur noch vereinzelt gibt. Zur Information der Belegschaft über die jeweiligen BEM-Beauftragten ist der Arbeitgeber nicht aus § 84 Abs. 2 SGB IX und auch nicht aus einer anderen Norm verpflichtet, so dass diese Teilregelung der BV nicht mitbestimmungspflichtig und daher auch nicht erzwingbar sein kann.

35. Für den Einzelfall zuständiger BEM-Beauftragter. Selbstverständlich sind abweichende Zuweisungsregelungen denkbar. In jedem Fall sollte aber der ausdrückliche Wunsch des betroffenen Arbeitnehmers für (oder auch gegen) einen bestimmten BEM-Beauftragten Berücksichtigung finden, wenn das BEM Erfolg haben soll, welches ja die Öffnung des betroffenen Arbeitnehmers voraussetzt. Persönliche Aversionen, Misstrauen oder auch besonderes Vertrauen sind angesichts dessen keine Nebensächlichkeiten.

36. Fallmanager vs. Integrationsteams. In der Praxis weisen zahlreiche Betriebsvereinbarungen zum BEM die Aufgabe der Leitung des individuellen BEM (also des Fallmanagements) statt dem Beauftragten des Arbeitgebers einem meist so genannten Integrationsteam zu. Das Integrationsteam ist in der Regel aus Beauftragten des Arbeitgebers und des Betriebsrats gebildet und umfasst bisweilen weitere Personen (Schwerbehindertenvertretung, Betriebsarzt, nicht-ständige Mitglieder; vgl. etwa den Vorschlag zu einer Betriebsvereinbarung zum BEM bei *Britschgi*, Betriebliches Eingliederungsmanagement, Nr. 4.3, S. 118 ff.). Der Arbeitgeber ist aber nach § 84 Abs. 2 SGB IX nur zur Einbeziehung des Betriebsrats, nicht zur gemeinsamen Entscheidung mit ihm – und schon gar nicht mit einzelnen Mitgliedern des Betriebsrats – verpflichtet. Auch ist der Arbeitgeber nicht verpflichtet, Entscheidungen zum BEM auf ein wie immer besetztes Integrationsteam zu übertragen. An Betriebsvereinbarungen, die ein Integrationsteam etablieren und ihm BEM-Aufgaben zuweisen, kann daher kein erzwingbares Mitbestimmungsrecht des Betriebsrats bestehen, so dass weder eine solche Betriebsvereinbarung noch die Etablierung eines Integrationsteams für den Betriebsrat per Einigungsstellenverfahren erzwingbar sein können (vgl. hierzu die bereits in → Anm. 1 genannten Veröffentlichungen).

37. Entscheidungsbefugnisse der BEM-Beauftragten. Das Verfahren wird verschlankt, wenn die BEM-Beauftragten für den Arbeitgeber entscheidungsbefugt sind. Das wird aber nur in Ausnahmefällen ernsthaft in Betracht kommen, etwa wenn – vor allem in kleineren Betrieben – ein Geschäftsführer, der Personalleiter oder eine vergleichbar hochrangige Person die Aufgaben selbst übernehmen.

38. Arbeitszeit der BEM-Beauftragten. Ihre besonders zugewiesene Tätigkeit leisten die BEM-Beauftragten als Teil ihrer regelmäßigen Arbeitszeit, sofern nicht ausdrücklich und eher im Ausnahmefall gesondert vereinbart. Für den Fall, dass BEM-bedingt Mehrarbeit und/oder Überstunden zu leisten sind, sollten sowohl der Fachvorgesetzte als auch der Personalleiter oder eine andere übergeordnete BEM-verantwortliche Person darüber entscheiden dürfen. Die Regelung in der BV muss auf die im Betrieb vorhandene Mehrarbeits- und Überstundenregelung abgestimmt sein.

39. BR-Ansprechpartner BEM. Es empfiehlt sich, dass der Betriebsrat – wie der Arbeitgeber – einige dauerhafte Ansprechpartner für BEM-Fragen benennt. Die Gründe und die Überlegungen zur Anzahl entsprechen weitgehend denen zu den BEM-Beauftragten des Arbeitgebers (→ Anm. 32).

40. Intranet. → Anm. 34.

41. Aufgaben des BR-Ansprechpartners BEM. Nach dem hier vorgestellten Konzept leitet der BEM-Beauftragte des Arbeitgebers den einzelnen BEM-Prozess als Fallmanager und wird von Seiten des BR lediglich „unterstützt". Dem BR-Ansprechpartner können aber auch weitergehende Rechte eingeräumt werden. Ist ein Integrationsteam oder eine ähnliche Lösung geplant, wird er mehr oder weniger gleichberechtigt neben dem Arbeitgebervertreter stehen. Gesetzlich ist der gesamte Betriebsrat als Gremium am BEM zu beteiligen, weshalb das BAG ausdrücklich festgestellt hat, dass die Übertragung von Kompetenzen auf einzelne Personen oder auch auf ein Integrationsteam zwar nicht unzulässig, sondern nach § 28 Abs. 2 BetrVG im Sinne einer freiwilligen Übereinkunft betriebsverfassungsrechtlich möglich, für den Betriebsrat aber eben nicht nach § 87 BetrVG erzwingbar ist (BAG, Beschl. v. 22.3.2016 – 1 ABR 14/14, NZA 2016, 1283 (1285)).

42. Für den Einzelfall zuständiger BR-Ansprechpartners BEM. Die Ausführungen in → Anm. 18 zur Bestimmung des im konkreten Einzelfall zuständigen BEM-Beauftragten des Arbeitgebers gelten entsprechend.

43. Beteiligung der Schwerbehindertenvertretung. Diese ist nach § 84 Abs. 2 S. 1 SGB IX obligatorisch, sofern der betroffene Mitarbeiter schwerbehindert ist und der Beteiligung nicht widerspricht. Für Gleichgestellte gilt dasselbe (§ 68 Abs. 3 SGB IX). Das vorgelegte Muster sieht vor, die Schwerbehindertenvertretung außerdem dann hinzuzuziehen, wenn zu erwarten ist, dass die aktuellen gesundheitlichen Schwierigkeiten des betroffenen Arbeitnehmers zu einer Anerkennung als schwerbehindert oder gleichgestellt führen werden. Dieser Passus ist für den Betriebsrat nicht erzwingbar, weil er über die gesetzlichen Verpflichtungen des Arbeitgebers hinausgeht. Er erscheint aber hilfreich, weil die Schwerbehindertenvertretung dann von

Beginn an ihr Know-how einbringen kann und weil das BEM-Verfahren nicht dadurch verkompliziert wird, dass die Schwerbehindertenvertretung ggf. während seines Verlaufs und wegen einer inzwischen anerkannten Schwerbehinderung oder Gleichstellung nachträglich hinzugezogen werden muss.

44. Beteiligung weiterer Dritter. Durch das Wörtchen „etwa" wird angezeigt, dass die nachfolgende Enumeration nicht abschließend ist. Besondere Fälle können die Beteiligung besonderer Dritter ratsam machen; dies sollte schon sprachlich nicht ausgeschlossen werden.

45. Beteiligung des unmittelbaren Vorgesetzten. Die Einbeziehung des unmittelbaren Vorgesetzten kann aus zweierlei Gründen sachdienlich sein. Zum einen vermag er das (bisherige) Tätigkeitsgebiet des betroffenen Arbeitnehmers im Zweifel am besten einzuschätzen; zum zweiten vermag er auch den betroffenen Arbeitnehmer selbst und seine individuellen Stärken und Schwächen meist sehr gut einzuschätzen. Beides verhilft ihm zu einem guten Überblick über denkbare Hilfestellungen im Sinne des BEM, sowohl zwecks Verhinderung künftiger Arbeitsunfähigkeit als auch zwecks Erhaltung des Arbeitsplatzes.

46. Beteiligung anderer Arbeitnehmer. Anstelle des unmittelbaren Vorgesetzten können andere Kolleginnen und Kollegen in Betracht kommen, etwa frühere Vorgesetzte, höherrangige Vorgesetzte oder der Leiter einer anderen Einheit, in der eine Weiterbeschäftigung des betroffenen Arbeitnehmers in Betracht kommen könnte, wenn die Fortsetzung am bisherigen Arbeitsplatz ausgeschlossen erscheint.

47. Freiwillige Beteiligung der Schwerbehindertenvertretung. Die Beteiligung der Schwerbehindertenvertretung kann auch in Fällen sachdienlich sein, in denen der betroffene Arbeitnehmer nicht schwerbehindert oder gleichgestellt ist. Im Einzelfall kann die Schwerbehindertenvertretung mithilfe ihrer Erfahrungen und ihres Knowhows Anregungen zur Lösungsfindung geben.

48. Beteiligung des behandelnden Arztes. Das wird schon aus Gründen der unklaren Kostentragung, über die dann im Einzelfall zu sprechen wäre, eher selten in Betracht kommen, erscheint aber nicht ausgeschlossen, weil der Arzt möglicherweise – und selbstverständlich nur, wenn und soweit ihn der betroffene Arbeitnehmer von der Schweigepflicht entbindet – viel zum Einfluss der konkret angedachten künftigen Bedingungen am Arbeitsplatz beitragen können wird.

49. Durchführungsvoraussetzungen. Die Voraussetzungen, unter denen dem betroffenen Mitarbeiter ein BEM anzubieten ist, ergeben sich aus § 84 Abs. 2 SGB IX und sind hier lediglich zusammengefasst. Der Einleitungssatz hat also nur deklaratorische Bedeutung. Nicht zwingend, im Falle seiner Verwendung aber konstitutiv, ist dagegen der zweite Satz: Es erscheint sinnvoll, das BEM-Verfahren darüber hinaus auch auf Mitarbeiter anzuwenden, die zwar die formalen Voraussetzungen der mindestens sechswöchigen Arbeitsunfähigkeit binnen Jahresfrist nicht erfüllen, für die aber eine vergleichbare Interessenlage besteht. Zu denken ist z.B. an Mitarbeiter, die mehrere Jahre in Folge jeweils genau oder knapp sechs Wochen erkrankt sind, von denen zu vermuten steht, dass sie des Öfteren trotz fehlender Gesundheit zur Arbeit kommen und nur deshalb das Sechs-Wochen-Kontingent nicht überschreiten oder betreffend deren Erkrankung als nicht unwahrscheinlich erscheint, dass sie betriebliche Ursachen hat und längerfristig bestehen wird oder sich betrieblich (etwa auf die Leistungsfähigkeit) auswirken kann.

Huth

50. Formbrief Einladung zum Beratungsgespräch. Ein Formulierungsvorschlag für einen solchen Formbrief findet sich im Anschluss an die BV.

51. Freiwilligkeit des BEM für den Arbeitnehmer. Die Freiwilligkeit der Teilnahme am BEM für den Arbeitnehmer ergibt sich ausdrücklich aus § 84 Abs. 2 S. 1 SGB IX und wird auch vom BAG betont. Das BAG hat ergänzend darauf hingewiesen, dass der betroffene Arbeitnehmer nicht nur auf die Freiwilligkeit des BEM im Ganzen hinzuweisen ist, sondern auch auf die Freiwilligkeit der Beteiligung des Betriebsrats (BAG, Beschl. v. 22.3.2016 – 1 ABR 14/14, NZA 2016, 1283 (Ls. 2)). Dies wird man auf die übrigen denkbaren Beteiligten auszudehnen haben. Der betroffene Arbeitnehmer ist also ausdrücklich darauf hinzuweisen, dass er sich auch dafür entscheiden kann, am BEM teilzunehmen, aber unter Ausschluss des Betriebsrats. Das hier (→ 2.) empfohlene Einladungsschreiben berücksichtigt dies.

52. Kein Anspruch auf Wiederaufnahme eines abgebrochenen BEM. Solange die gesetzlichen Voraussetzungen des BEM nicht erneut erfüllt sind, kann kein Anspruch des Arbeitnehmers auf Wiederaufnahme eines von ihm freiwillig abgebrochenen BEM bestehen. Das sollte dem Arbeitnehmer klar vor Augen geführt werden. Anderenfalls drohen endlos verzögerte und immer wieder erneut aufgenommene BEM-Verfahren.

53. Keine arbeitsrechtlichen Konsequenzen einer Verweigerung des BEM. Die Teilnahme am BEM ist für den Arbeitnehmer freiwillig; er ist weder für die Gründe seiner anfänglichen Ablehnung noch für die Gründe eines späteren Abbruchs rechenschaftspflichtig. Im Übrigen entspricht es allgemeiner Meinung, dass krankgeschriebene Arbeitnehmer keine Pflicht zum größtmöglichen Bemühen um Genesung trifft, sondern sie sich lediglich nicht genesungswidrig verhalten dürfen (z. B. Müller-Glöge/Preis/Schmidt/*Preis*, Erfurter Kommentar, § 611 BGB Rn. 731; Ascheid/Preis/Schmidt/*Vossen*, Kündigungsrecht, § 626 BGB Rn. 244 jeweils m. w. N. auch zur Rechtsprechung). Da der Arbeitnehmer also im Falle einer Ablehnung des BEM gegenüber dem Arbeitgeber keine Pflicht verletzt, kann der Arbeitgeber auf die Ablehnung als solche insbesondere keine verhaltensbedingte Kündigung oder auch nur eine Abmahnung stützen und bestehen keinerlei Schadenersatzansprüche o. dgl. Das ändert nichts daran, dass der Arbeitgeber nach den allgemeinen Kriterien berechtigt sein kann, das Arbeitsverhältnis beispielsweise krankheitsbedingt zu kündigen. Insoweit vermag die Ablehnung des BEM durch den Arbeitnehmer sogar prozessuale Nachteile nach sich zu ziehen (zu den prozessualen Auswirkungen im Kündigungsschutzprozess siehe etwa *Oelkers/Brugger*, NJW-Spezial 2010, 370 f.).

54. Zeitpunkt der Erklärung des Arbeitnehmers über die Teilnahme am BEM. Das Gesetz enthält keinerlei Anhaltspunkte zu der Frage, wann ein Arbeitnehmer sich über seine Bereitschaft zur Teilnahme am BEM erklären muss. Es dürfte der Einschätzung des Arbeitgebers nach umfassender Interessenabwägung im Einzelfall unterliegen, wie lange der Arbeitgeber auf eine Antwort warten muss, ehe er das BEM-Verfahren für gescheitert (oder mangels Zustimmung des Arbeitnehmers für endgültig nicht eröffnet) erklärt. Für die Praxis empfiehlt sich eine ausdrückliche Vereinbarung am Ende des Beratungsgesprächs darüber, bis wann sich der Arbeitnehmer erklären wird, und im Falle des Ausbleibens der Erklärung eine einmalige, nicht zu kurz zu setzende Nachfrist. Im Regelfall werden jeweils wenige Wochen genügen, aber auch zu verlangen sein. Übermäßige Eile und vor allem Zeitdruck auf den betroffenen Arbeitnehmer sind insbesondere dann nicht geboten, wenn dieser weiterhin krankheitsbedingt arbeitsunfähig sein sollte.

55. Ergebnisoffener Suchprozess. Aufgabe des BEM ist es in den Worten des BAG, einen unverstellten, verlaufs- und ergebnisoffenen Suchprozess zu etablieren, wobei den Beteiligten für den Prozess der Klärung der Möglichkeiten in § 84 Abs. 2 S. 1 SGB IX Spielraum eröffnet sei (BAG, Beschl. v. 22.3.2016 – 1 ABR 14/14, NZA 2016, 1283 (1284)). Dieser Prozess ist im ersten inhaltlichen Orientierungsgespräch jedenfalls anzustoßen und dann fortzuentwickeln.

56. Rasche Beendigung des BEM-Prozesses als Ausnahme. Soweit nicht der betroffene Arbeitnehmer seine weitere Mitwirkung verweigert, widerspräche es dem mit § 84 Abs. 2 SGB IX verfolgten gesetzgeberischen Ziel, einen BEM-Prozess allzu früh wieder einzustellen, etwa weil die Lösungsfindung schwieriger als erwartet ist. In Betracht kommt die rasche Beendigung aber etwa dann, wenn alle Beteiligten feststellen, dass die augenblickliche gesundheitliche Beeinträchtigung des Arbeitnehmers vorübergehender Natur ist (also keine langfristige Beobachtung, Rücksichtnahme und Hilfestellung erfordert) und außerdem keine innerbetriebliche Ursache hat (also keine Veränderungen der Abläufe oder sonstigen Gegebenheiten mit dem Ziel der Vermeidung künftiger Beeinträchtigungen geboten sein können).

57. Psychische Ursachen. Besonders umsichtig sollten der Arbeitgeber und ein von ihm eingesetzter BEM-Beauftragter oder ein Integrationsteam immer dann sein, wenn psychische Ursachen für die gesundheitlichen Einschränkungen des Arbeitnehmers bestehen oder jedenfalls nicht ausgeschlossen erscheinen. Gerade angesichts zunehmender Häufigkeit psychischer Erkrankungen mit Auswirkungen auch im Arbeitsumfeld sollte zwar Druck auf den bereits erkrankten Arbeitnehmer möglichst vermieden werden, ihm aber auch das offene Gesprächsangebot sehr deutlich als Hilfe unterbreitet werden. Viele psychisch belastete Arbeitnehmer mögen es anderenfalls als willkommenen, jedoch nur scheinbaren Ausweg ansehen, das BEM-Verfahren, das für sie Aufwand und Überwindung erfordern mag, rasch wieder zu beenden. Nur sind dann auch die Chancen des BEM auf sinnvolle Hilfestellung im Betrieb verspielt.

58. Weitere BEM-Verfahren. Bereits → Anm. 52. Der gesetzliche Anlass zur Durchführung eines BEM ist mit dem abgeschlossenen BEM verbraucht. Es erscheint nicht zwingend, aber richtig, davon auszugehen, dass ein neuer Sechs-Wochen-Zeitraum binnen eines Jahres erst nach Ablauf dieses weiteren Jahres erfüllt sein kann. Anderenfalls bestünden letztlich durchgängig täglich neue Anlässe zur Durchführung von BEM-Verfahren, ohne dass zu erwarten stünde, dass zwei kurz aufeinander folgende BEM-Verfahren zu unterschiedlichen Ergebnissen kommen könnten. Eine Ausnahme – und der hier vorgeschlagene Entwurf lässt diese durch Verwendung des Begriffs „im Regelfall" zu – mag etwa dann bestehen, wenn beim Arbeitnehmer eine neue Erkrankung oder eine erhebliche Veränderung des bisherigen Krankheitsbilds auftreten, die andere als die bislang erwogenen Lösungen rechtfertigen könnten.

59. Hinweis auf Beiakte BEM in der Beiakte Gesundheitsdaten. Ohne einen solchen Hinweis wäre die Beiakte BEM letztlich nicht auffindbar. Alternativ zum Hinweis in der Beiakte Gesundheitsdaten könnte sich der Hinweis auch in der allge-

Huth

meinen Personalakte finden. Der hiesige (restriktivere) Vorschlag geht auf die Überlegung zurück, das aus Gründen des Datenschutzes die in der Personalabteilung und für Fachvorgesetzte meist relativ problemlos zugängliche Personalakte so wenige Hinweise wie möglich auf das BEM enthalten sollte.

60. Weitere Notizen in der Beiakte Gesundheitsdaten. Wichtig ist, nicht erst in der Beiakte BEM zu dokumentieren, dass und mit welchem wesentlichen Ergebnis ein BEM-Verfahren stattgefunden hat. Nur so ist ohne Heranziehung der besonders vertraulichen Beiakte BEM zu erkennen, ob der Arbeitgeber seinen gesetzlichen Verpflichtungen nach § 84 Abs. 2 SGB IX nachgekommen ist.

61. Verlaufsdokumentation. Ohne solche Dokumentation könnte weder eine sinnvolle Qualitätskontrolle erfolgen noch der Arbeitgeber im Streitfalle seiner prozessualen Darlegungs- oder gar Beweispflicht genügen. Auch wären die im Rahmen des BEM getroffenen Vereinbarungen nicht festgehalten oder jedenfalls nicht erkennbar, welche Alternativen erörtert und aus welchen Gründen verworfen worden sind.

62. Löschung der Beiakte BEM. Aus datenschutzrechtlichen Gründen sind die im Rahmen des BEM erhobenen und gespeicherten Gesundheitsdaten zu löschen, sobald sie nicht mehr benötigt werden, Art. 17 Abs. 1 lit. a DS-GVO. Für den Arbeitgeber kann aber schwierig zu entscheiden sein, ob er der Daten noch einmal bedürfen wird. Klar ist zwar, dass er die Daten nicht zweckentfremden und etwa einer krankheitsbedingten Kündigung zugrunde legen darf. Doch können sich auch nach Abschluss des BEM noch Situationen ergeben, in denen der Rückgriff auf die damaligen Unterlagen zumindest hilfreich, wenn nicht geboten wäre. Die hier vorgeschlagene Regelung sucht einen Ausgleich zwischen der in der Literatur v. a. von *Seifert* (Simitis/*Seifert*, BDSG, § 32 Rn. 67 m. w. N.) zur bisherigen, durch Inkrafttreten der DS-GVO aber wohl insoweit nicht maßgeblich veränderten Rechtslage vertretenen Auffassung, die Daten seien sofort zu löschen, und dem unterstellten Aufbewahrungsinteresse des Arbeitgebers, indem sie nach dem Grund für die Beendigung des BEM und nach Umständen staffelt, die eine längere Aufbewahrung sinnvoll und erforderlich machen könnten. Durch die mehrfache Verwendung des Begriffs „spätestens" ist angezeigt, dass die genannten Aufbewahrungsfristen keinesfalls in jedem Einzelfall ausgenutzt werden dürfen, sondern dass der Arbeitgeber stets individuell prüfen muss, wann eine Löschung geboten ist. Die genannten Aufbewahrungsfristen verstehen sich also als Höchstdauer. Die zudem angeregte, stets einzuholende Zustimmung des Arbeitnehmers in die Löschung erscheint sinnvoll, weil auch der Arbeitnehmer ein Interesse daran haben kann, die Daten länger aufzubewahren, etwa, wenn ein medizinischer Rückfall droht und anderenfalls sämtliche frühere Daten erneut beschafft werden müssten.

63. Kündigungsregelung. Ohne explizite Regelung beträgt die Kündigungsfrist drei Monate zu jedem denkbaren Beendigungstermin, § 77 Abs. 5 BetrVG. Zudem wäre die Betriebsvereinbarung dann nur im Ganzen kündbar. Angesichts des abgrenzbaren Regelungsgegenstands des Abschnitts 3 (BEM) sollte jedoch die separate Kündbarkeit des Abschnitts 3 (BEM) unter den Betriebsparteien zumindest erwogen werden. Anderenfalls wären zwingend die Regelungen zum Umgang mit den Gesundheitsdaten im Ganzen zu kündigen, nur weil sich aus der Sicht einer Partei die Vereinbarungen zum BEM oder einzelne Vereinbarungen davon als untauglich oder als nicht interessengerecht erweisen.

Huth

64. Regelung der Nachwirkung. Gerade weil große Teile der Betriebsvereinbarung nicht der zwingenden Mitbestimmung nach § 87 BetrVG (→ Anm. 1) und damit nicht der gesetzlich angeordneten Nachwirkung nach § 77 Abs. 6 BetrVG unterliegen, kann es ratsam sein, die Nachwirkung einvernehmlich festzulegen. Für den Arbeitgeber kann sich allerdings alternativ anbieten, die Nachwirkung ausdrücklich auszuschließen oder keine Regelung zu treffen, weil er sich so leichter der bindenden Wirkung insbesondere auch der Regelungen zum BEM entledigen kann.

2. Einladungsschreiben zum BEM

[Arbeitgeber[1]

(Name) als BEM-Beauftragter[2]

(Anschrift des Arbeitgebers)]

[Herrn/Frau .....

(Anschrift des betroffenen Mitarbeiters)]

Einladung zur Durchführung eines betrieblichen Eingliederungsmanagements

[(Ort), den (Datum)]

[Sehr geehrter Herr ... / Sehr geehrte Frau ...],

während der vergangenen zwölf Monate waren Sie krankheitsbedingt insgesamt länger als sechs Wochen arbeitsunfähig. Ich wünsche Ihnen zunächst einmal weiter gute Besserung.[3]

Das Gesetz sieht für einen solchen Fall in § 84 Abs. 2 SGB IX (Sozialgesetzbuch, Band 9; der Wortlaut des Gesetzes ist diesem Schreiben beigefügt[4]) vor, dass der Arbeitgeber mit der zuständigen Interessenvertretung, bei schwerbehinderten Menschen außerdem mit der Schwerbehindertenvertretung, mit Zustimmung und Beteiligung der betroffenen Person (also Ihnen) die Möglichkeiten klären soll, wie die Arbeitsunfähigkeit möglichst überwunden werden und mit welchen Leistungen oder Hilfen erneuter Arbeitsunfähigkeit vorgebeugt und der Arbeitsplatz erhalten werden kann. Der Gesetzgeber nennt diesen Klärungsprozess „betriebliches Eingliederungsmanagement" – kurz „BEM".

Einzelheiten zum grundlegenden BEM-Verfahren sind in unserer Betriebsvereinbarung zum innerbetrieblichen Umgang mit Arbeitsunfähigkeitsmeldungen, ärztlichen Attesten und sonstigen Kranken- bzw. Gesundheitsdaten der Beschäftigten einschließlich der Rahmenbedingungen zur Durchführung eines betrieblichen Eingliederungsmanagements (BV Gesundheitsunterlagen) geregelt, deren aktuelle Fassung ich Ihnen zur Kenntnisnahme beifüge.[5] Ich bin von unserem Arbeitgeber mit dem Management von BEM-Fällen beauftragt und wende mich in dieser Funktion an Sie. Neben mir sind auch [Herr/Frau ... und Herr/Frau ...] zu BEM-Beauftragten bestellt. Sollten Sie die Kommunikation statt mit mir lieber mit einem dieser beiden anderen BEM-Beauftragten führen wollen, so teilen Sie mir dies gern mit oder wenden Sie sich unmittelbar an einen der beiden Kollegen.[6]

Wir führen das betriebliche Eingliederungsmanagement nur mit Ihrer ausdrücklichen Zustimmung durch, die Sie uns gegenüber schriftlich erklären müssten. Ich möchte Sie bereits jetzt ausdrücklich darauf hinweisen, dass nicht nur Ihre Teilnahme am BEM im Ganzen freiwillig ist, sondern Sie im Falle Ihrer grundsätzlichen Zustimmung auch frei darüber entscheiden dürfen, ob Sie die Beteiligung des Betriebsrats, im Falle Ihrer Schwerbehinderung oder Gleichstellung die Beteiligung der Schwerbehindertenvertretung sowie die Beteiligung jeder anderen Person oder Institution wünschen oder nicht.[7] Jede etwaige Zustimmung können Sie übrigens auch jederzeit widerrufen, so dass das BEM unverzüglich beendet würde bzw. die betroffene Person oder Institution vom weiteren Verfahren ausgeschlossen wäre. Entscheiden Sie sich gegen die Teilnahme am BEM oder gegen die Beteiligung einzelner Personen oder Institutionen, so bedarf dies keinerlei Rechtfertigung uns gegenüber.

Hiermit möchte ich Ihnen jedoch vorab ein erstes Beratungsgespräch anbieten, in dem ich oder einer der beiden BEM-Kollegen Sie nochmals in Ruhe über die Einzelheiten und Möglichkeiten eines BEM aufklären und in dessen Rahmen wir ggf. auch bereits erste gemeinsame Schritte besprechen können. Das Beratungsgespräch hat im Wesentlichen zum Ziel[8],

a) Sie umfassend über die Ziele und Aufgaben des BEM sowie über Art und Umfang der im Rahmen des BEM erhobenen und verwendeten Daten zu informieren,

b) Ihre etwaigen Rückfragen hierzu zu beantworten und

c) damit die Grundlagen für Ihre Erklärung zu schaffen, ob Sie die Durchführung des BEM wünschen oder nicht und – falls ja – zu welchen Rahmenbedingungen. Diese Entscheidung müssen Sie aber nicht bereits während des Beratungsgesprächs treffen.

Auch dieses erste Beratungsgespräch ist für Sie vollkommen freiwillig. Bitte setzen Sie sich gern mit mir oder einem der beiden anderen BEM-Beauftragten in Verbindung, um die Frage Ihrer Teilnahme sowie etwaige Einzelheiten vor allem zur Teilnahme weiterer Personen abzustimmen.

Ich möchte Sie guter Ordnung halber darauf hinweisen, dass mir und unserem Arbeitgeber derzeit die Gründe für Ihre Arbeitsunfähigkeit nicht im Einzelnen bekannt sind. Sie sind auch künftig nicht dazu verpflichtet, uns diese offenzulegen. Andererseits kann ein BEM nur Erfolg haben, wenn wir in dessen Rahmen möglichst offen über Ihre gesundheitlichen Einschränkungen sprechen. Näheres könnte im Beratungsgespräch erörtert werden. In jedem Fall unterliegen sämtliche am BEM beteiligten Personen einer Schweigepflicht über den Inhalt der Gespräche und Unterlagen. Keine Informationsweitergabe und keine Maßnahme werden im Rahmen des BEM erfolgen, ohne dass Sie ausdrücklich eingewilligt haben.

Vorerst würden im Falle Ihrer Zustimmung zum Beratungsgespräch nur die folgenden Daten[9] erhoben und gespeichert sowie für den Zweck des BEM, im Übrigen aber allenfalls und dann in anonymisierter Form zur Auswertung auch über Ihr individuelles BEM hinaus, genutzt:

a) Ihr voller Name;

Huth

b) Ihr Geburtsdatum;

c) Ihre Ausbildung und Qualifikation;

d) Ihr Eintrittsdatum in unser Unternehmen;

e) die Abteilung/Kostenstelle, der Sie aktuell angehören;

f) Ihre aktuell bzw. zuletzt ausgeübte Tätigkeit in unserem Unternehmen;

g) Umfang und Lage Ihrer regelmäßigen Arbeitszeit;

h) Ihre etwaige Schwerbehinderung oder Gleichstellung;

i) Ihre krankheitsbedingten Fehlzeiten in den vergangenen [...] Jahren;

j) Daten über Verlauf und Ergebnis des BEM bzw. des Beratungsgesprächs.

Welche weiteren Daten im Verlauf eines BEM erhoben und dann verarbeitet werden, hängt sehr stark vom individuellen Fall ab und wäre im Verlauf des BEM stets intensiv unter uns abzustimmen, wobei Sie allein darüber entscheiden. Sie werden für jede einzelne Phase des BEM erneut und jeweils freiwillig festlegen können, welcher Datenerhebung und -nutzung Sie zustimmen und welcher nicht.[10]

Alle im Zusammenhang mit dem BEM erhobenen Gesundheitsdaten werden wir ausschließlich in einer separaten Beiakte zu Ihrer Personalakte ablegen und auch elektronisch speichern. Sowohl die Papierakte als auch die elektronische Beiakte werden von uns separat von Ihren übrigen Personalunterlagen aufbewahrt und gespeichert. Sie sind – außer während des laufenden BEM für die Beteiligten – nur durch unseren Personalleiter und seinen Stellvertreter sowie durch die Geschäftsführung einzusehen. Daneben hat der Betriebsrat gesetzliche Befugnisse zur Einsichtnahme insb. zu Prüfungszwecken.

Schließlich möchte ich Sie noch darauf hinweisen, dass uns bislang keine Hinweise darauf vorliegen, dass Sie schwerbehindert oder einem Schwerbehinderten gleichgestellt im Sinne des SGB IX (Sozialgesetzbuch, Band 9) sind. Ich gehe daher aktuell davon aus, die bei uns gebildete Schwerbehindertenvertretung sowie im Falle der Durchführung des BEM auch das örtliche Integrationsamt nicht beteiligen zu müssen. Sollte diese Annahme unzutreffend sein, so steht es Ihnen selbstverständlich frei, mich darauf unter Überlassung eines Belegs hinzuweisen.[11]

Ich würde mich freuen, mit Ihnen weitere Einzelheiten in einem ersten Beratungsgespräch erörtern zu können, und im Anschluss daran mit Ihnen gemeinsam nach Möglichkeiten suchen zu können, wie wir Sie unterstützen können. Sollten Sie sich jedoch weder bei mir noch bei einem der beiden anderen BEM-Beauftragten melden, so gehe ich davon aus, dass Sie an einem BEM kein Interesse haben und sich auch das Gesprächsangebot erledigt hat.[12]

Ihre Einwilligung in ein erstes Beratungsgespräch zu den vorstehend skizzierten Rahmenbedingungen oder Ihre Ablehnung eines solchen Gesprächs teilen Sie mir am besten mit, indem Sie die beigefügte Zweitschrift dieses Schreibens nach Ankreuzen der von Ihnen gewünschten Option unterschrieben an mich zurücksenden.

Mit freundlichen Grüßen

(Name), BEM-Beauftragter[13]

Erklärung des Beschäftigten:[14]

Ich, _____ (Name),

erkläre hiermit, an dem mir vorgeschlagenen ersten Beratungsgespräch für ein betriebliches Eingliederungsmanagement (BEM)

O <u>nicht</u> teilnehmen zu wollen.

O teilnehmen zu wollen, jedoch mit den folgenden Abweichungen zu den mir vorgeschlagenen Rahmenbedingungen:

_____

_____

_____

_____

(Hier können Sie eintragen, wenn Sie mit einzelnen Vorschlägen zur Beteiligung
weiterer Personen oder Institutionen nicht einverstanden sind, wenn Sie weitere Personen Ihrer Wahl zum ersten Beratungsgespräch hinzuziehen wollen, wenn Sie einzelnen Vorschlägen zur Datenerhebung, -verarbeitung und -nutzung widersprechen
wollen, wenn Sie die Bearbeitung durch einen anderen BEM-Beauftragen wünschen oder wenn Sie andere Widersprüche, Wünsche oder Hinweise äußern möchten.)

Mir ist bewusst, dass ich diese Entscheidung – auch in ihren einzelnen Bestandteilen – jederzeit frei widerrufen kann. Hierfür bedarf es der formlosen Erklärung gegenüber dem BEM-Beauftragten oder der Geschäftsführung.

O teilnehmen zu wollen zu den mir vorgeschlagenen Rahmenbedingungen, mit denen ich mich einschließlich der erläuterten Datenerhebung, -verarbeitung und
-nutzung einverstanden erkläre. Mir ist bewusst, dass ich diese Entscheidung –
auch in ihren einzelnen Bestandteilen – jederzeit frei widerrufen kann. Hierfür
bedarf es der formlosen Erklärung gegenüber dem BEM-Beauftragten oder der
Geschäftsführung.

_____   _____
Ort und Datum   Unterschrift des Beschäftigten

Anmerkungen

1. Einladung. Im konkreten Beispiel wird zunächst nur zu einem ersten Beratungsgespräch über das BEM eingeladen. Ziel dessen ist es, durch die Kombination
aus ausführlichem Einladungsschreiben und nachfolgendem Beratungsgespräch sicherzustellen, dass der Arbeitgeber seinen Informationsverpflichtungen nach § 84
Abs. 2 S. 3 SGB IX nachkommt und dies bestmöglich dokumentiert ist. Anderenfalls
drohen dem Arbeitgeber im Falle eines späteren Kündigungsschutzprozesses über
eine krankheitsbedingte Kündigung prozessuale Nachteile wegen des nicht ordnungsgemäß durchgeführten BEM bzw. der Nichterweislichkeit der ordnungsgemäßen Durchführung (vgl. etwa BAG, Urt. v. 20.11.2014 – 2 AZR 755/13, NZA 2015,
612 (617); Näheres → Vorb.).

2. Ansprechpartner. Sollte kein BEM-Beauftragter bestellt sein (wie es die hier
vorgeschlagene BV jedoch anregt), sind Absender und Ansprechpartner entsprechend abweichend zu bezeichnen. In Betracht kommt etwa ein Schreiben des ganz
regelmäßig etwa durch den Personalleiter oder die Geschäftsführung vertretenen
Arbeitgebers oder eines eingerichteten Integrationsteams.

Huth

3. Genesungswünsche. Diese können auch unterbleiben. Hat die Arbeitsunfähigkeit bereits geendet und arbeitet der betroffene Arbeitnehmer bereits wieder, werden sie jedenfalls unterbleiben oder durch eine Formulierung ersetzt werden wie: „Ich freue mich, dass es Ihnen bereits wieder besser geht, und hoffe, dass Ihre Erkrankung inzwischen vollständig ausgeheilt ist." Stets aber ist das Risiko zu bedenken, dass derartige Äußerungen vom Arbeitnehmer als aufgesetzt, als Ironie oder gar als Sarkasmus empfunden werden könnten.

4. Gesetzestext. Dem Schreiben sollte der vollständige Gesetzestext des § 84 Abs. 2 SGB IX beigefügt werden. Das dient der Offenheit.

5. Betriebsvereinbarung. Die Betriebsvereinbarung ist naturgemäß nur beizufügen, wenn sie existiert. Gibt es keine solche Regelung, ist der Hinweis zu streichen.

6. BEM-Beauftragter. Sollte das Verfahren im konkreten Unternehmen oder Betrieb anders geregelt sein und der Arbeitgeber keine BEM-Beauftragten bestellt oder ein umfassenderes Integrationsteam eingesetzt haben, so ist der Passus entsprechend anzupassen. Der hiesige Formulierungsvorschlag nimmt Bezug auf die zuvor vorgestellte Betriebsvereinbarung.

7. Freiwilligkeit. Das BAG hat entschieden, dass der betroffene Arbeitnehmer nicht nur auf die Freiwilligkeit des BEM im Ganzen hinzuweisen ist, sondern auch darauf, dass er selbst über die Beteiligung des Betriebsrats entscheiden kann (BAG, Beschl. v. 22.3.2016 – 1 ABR 14/14, NZA 2016, 1283 (Ls. 2)). Anderenfalls sei das BEM nicht ordnungsgemäß durchgeführt. Dies wird man auf die übrigen denkbaren Beteiligten auszudehnen haben. Der ausdrückliche Hinweis empfiehlt sich also dringend.

8. Ziele des Beratungsgesprächs. Diese müssen mit der zugrundeliegenden Betriebsvereinbarung – und ohnehin mit dem Gesetz – in Einklang stehen und sind daher ggf. anzupassen.

9. Datenerhebung vor der Durchführung des eigentlichen BEM. Die hier aufgeführten Daten wird der Arbeitgeber auch ohne ausdrückliche Einwilligung des betroffenen Arbeitnehmers erheben, speichern und nutzen dürfen, weil sie zur Erfüllung seiner gesetzlichen Verpflichtungen und zur gesetzeskonformen Durchführung des Arbeitsverhältnisses erforderlich sind, Art. 9 Abs. 2 lit. b DS-GVO i. V. m. § 26 Abs. 3 BDSG n. F. Die Liste ist vom Verwender strikt auf Notwendigkeit jedes einzelnen aufgeführten Datums zu prüfen und ggf. anzupassen.

10. Fortlaufender Prozess. Dies betonen insbesondere *Bergmann/Möhrle/Herb*, Datenschutzrecht, § 32 BDSG Rn. 159 zu Recht. Es gilt auch unter der DS-GVO. Auch wenn Art. 9 Abs. 2 lit. b DS-GVO mindestens die Verarbeitung der erforderlichen Gesundheitsdaten erlaubt, lässt sich nicht ausschließen, dass es im Rahmen des BEM zum Bekanntwerden und zumindest zwischenzeitlichen Speichern von Gesundheitsdaten kommt, von denen retrospektiv feststehen wird, dass sie nicht zwingend erforderlich waren. So kann z. B. der Beschäftigte selbst ausführlich von sich und seinen Erkrankungen berichten und dabei auch gesundheitliche Aspekte aufdecken, die für das BEM irrelevant sind. Um sich davor zu schützen, wegen der irrtümlichen Speicherung solcher Daten zur Verantwortung gezogen zu werden, sollte sich der Arbeitgeber nicht ausschließlich auf Art. 9 Abs. 2 lit. b DS-GVO verlassen, sondern sorgsam darauf achten, ergänzend auch die Einwilligung des Beschäftigten in die Verarbeitung sämtlicher zur Rede gebrachter Daten einzuholen.

11. Schwerbehinderung. Sollte dem Arbeitgeber eine Schwerbehinderung oder Gleichstellung bekannt sein oder sollte er diese vermuten, so ist dies mitzuteilen und dieser Absatz im Einladungsschreiben also entsprechend anzupassen.

12. Rückmeldung des betroffenen Arbeitnehmers. In der Regel wird es nicht tunlich sein, dem betroffenen Arbeitnehmer bereits beim Erstkontakt zum BEM eine Rückmeldefrist zu setzen. Nach einigen Wochen sollte der Arbeitgeber (bzw. der BEM-Beauftragte) jedoch noch einmal nachfragen, ob er mit einer Antwort rechnen darf oder ob das Ausbleiben einer Antwort als Ablehnung der Einladung zum BEM zu verstehen ist, so dass das BEM-Verfahren als beendet zu gelten habe. Wann diese Nachfrage erfolgt, ist einzelfallabhängig. Vorsorglich sollte sie beweiskräftig festgehalten werden. Dies gilt vor allem dann, wenn das Einladungsschreiben per normaler Post und damit ohne Zugangsnachweis versandt worden sein sollte; in diesem Fall sollte der Nachfrage auch eine Abschrift des vollständigen Einladungsschreibens beigefügt werden, um das ordnungsgemäße BEM-Angebot des Arbeitgebers dokumentieren zu können.

13. Unterschrift. → Anm. 2.

14. Erklärung des Beschäftigten. Die hier vorgeschlagene Erklärung ist ausschließlich als Einwilligung in das Angebot zum ersten Beratungsgespräch gedacht, in dem noch keine weiteren Gesundheitsdaten erhoben werden, sondern die Möglichkeiten und der Ablauf des BEM erörtert und Fragen des Beschäftigten beantwortet werden sollen (oder selbstverständlich als Ablehnung dieses Gesprächsangebots). Gleichwohl wird es in dem ersten Gespräch oftmals bereits zu Äußerungen des Beschäftigten über seine Erkrankung kommen. Für diesen Fall sollte deshalb vorsorglich bereits auch die datenschutzrechtliche Einwilligung eingeholt sein. Die vorgesehene Unterschrift des Beschäftigten erleichtert dem Arbeitgeber den nach Art. 7 Abs. 1 DS-GVO erforderlichen Nachweis der Einwilligung. Anders als nach bisherigem Recht (§ 4a BDSG a. F.) bedarf die Einwilligungserklärung jedoch keiner Schriftform, so dass die Übermittlung des gegengezeichneten Schriftstücks als Anlage zu einer E-Mail oder per Telefax genügt. Die hier vorgesehene Erklärung genügt aber nicht den Anforderungen des Art. 9 Abs. 2 lit. a DS-GVO für den weiteren Verlauf des BEM. Insoweit werden immer wieder erneute Einwilligungserklärungen des Beschäftigten erforderlich werden (→ Anm. 10).

III. Videoüberwachung auf Firmengeländen

Die Bewertung von Videoüberwachung schwankt in der öffentlichen Meinung in einer Ambivalenz zwischen einem Sicherheitsbedürfnis der Bevölkerung und ihrer Sorge vor flächendeckender Erhebung privater Daten (BeckOK/*Brink*, BDSG, § 6b Rn. 4). Dabei ist ein **Interesse von Unternehmen am Schutz ihres Betriebsablaufs** und Eigentums aufgrund der Gewährleistungen der Art. 15–17 GrCh, Art. 12 und 14 GG ebenso **anzuerkennen,** wie das Interesse des Einzelnen am Schutz seiner Rechte aus Art. 7 und 8 GrCh, Art. 2 Abs. 1 i.V.m. 1 Abs. 1 GG. Die DS-GVO hat verschiedene Änderungen gegenüber der bislang geltenden Rechtslage zur Folge. Dabei kann weitgehend auf bestehenden Strukturen aufgebaut werden, dennoch sind künftig zusätzliche Anforderungen zu berücksichtigen.

In der DS-GVO bezieht sich praktisch keine Regelung wörtlich auf die Videoüberwachung. Da aus den allgemeinen Regelungen – insbesondere Art. 6 Abs. 1 S. 1 lit. f, Art. 5 Abs. 1, Art. 88 Abs. 2 DS-GVO – restriktive Bestimmungen zur Videoüberwachung herzuleiten sind, wird künftig eine strengere Reglementierung der Ausgestaltung von Videoüberwachung von betroffenen Personen, auch Beschäftigten, gelten. Bereits die DSRL traf keine ausdrücklichen Regelungen zur Videoüberwachung. Bislang wurde aus dem Umkehrschluss des ErwG 16 DSRL hergeleitet, dass Videoaufnahmen von der DSRL erfasst und deren Bestimmungen anzuwenden waren (*Zscherpe* in: Taeger/Gabel (Hrsg.), BDSG, § 6b Rn. 13). Die europarechtlichen Regelungen werden künftig ergänzt durch § 4 BDSG n.F. sowie die nationalen Regelungen zum Beschäftigtendatenschutz, für die die bestehenden Regelungen beibehalten werden sollen, vgl. § 26 BDSG n.F., Art. 88 Abs. 1 DS-GVO. Da der BGH schon nach alter Rechtslage bei der Bewertung der Videoüberwachung auf §§ 1004, 823 BGB abstellte und als Anknüpfungspunkt für eine Interessenabwägung nach § 6b BDSG a.F. heranzog, können die bereits bekannten Abwägungsgrundsätze herangezogen werden, die an die neuen Vorgaben der DS-GVO anzupassen sind.

Keine Anwendung finden die DS-GVO und das BDSG n.F. bei privaten Räumen und rein persönlichen oder familiären Tätigkeiten, wie Privatwohnungen, Art. 1 Abs. 2 DS-GVO. Die datenschutzrechtlichen Vorgaben finden hingegen stets Anwendung, sobald öffentlich zugängliche Räume erfasst werden (übertragbar von der früheren Rechtslage, EuGH, Urt. v. 11.12.2014 – C-212/13, ZD 2015, 79 m.Anm. *Lachenmann; Lang*, K&R 2015, 105 f.). Somit sind die Anforderungen der DS-GVO und des BDSG n.F. durch nicht-öffentliche Stellen zu berücksichtigen. Für Unternehmen liegt ein öffentlicher Raum vor, soweit Kunden und Lieferanten Zutritt zu den videoüberwachten Bereichen haben, z.B. Verkaufsräume oder Besucherbüros (vgl. noch OVG Lüneburg, Urt. v. 29.9.2014 – 11 LC 114/13, NJW 2015, 502). Die Videoüberwachung des Unternehmensgrundstücks kann daher bei Einhaltung der Anforderungen von DS-GVO und BDSG gerechtfertigt werden. Sobald eine Kamera öffentliche Bereiche umfasst, z.B. Gehweg und Straße vor dem Firmengelände, unterliegt die Videoüberwachung erheblich höheren Anforderungen, die in der Regel zu einer Unzulässigkeit der Überwachung führen werden (bereits

Lachenmann

BGH, Urt. v. 24.5.2013 – 5 ZR 220/12, ZD 2013, 447; BGH, Urt. v. 8.4.2011 – 5 ZR 210/12, NJW-RR 2011, 949; BGH, Urt. v. 16.3.2010 – 6 ZR 176/09, MMR 2010, 502; ausführlich zur alten Rechtslage z. B. *Lachenmann* in: Taeger, Big Data & Co., S. 391 ff.; zu mobiler Videoüberwachung im Straßenverkehr *Lachenmann/Schwiering*, NZV 2014, 291).

Die Videoüberwachung von Beschäftigten am nicht öffentlich zugänglichen Arbeitsplatz bestimmt sich grundsätzlich ebenfalls nach den Vorgaben der DS-GVO. Da der deutsche Gesetzgeber jedoch in § 26 BDSG n. F. Sonderregelungen zum Beschäftigtendatenschutz traf und die bestehende Rechtslage beibehalten wollte (BT-Drs. 18/11325, S. 96 f.), ist für die Videoüberwachung der Beschäftigten weiterhin die Rechtsprechung des BAG anzuwenden. Die Öffnungsklausel des Art. 88 Abs. 1 DS-GVO gestattet eine solche Öffnung bei Einhaltung der Anforderungen des Art. 88 Abs. 2 DS-GVO (vgl. *Traut*, RDV 2016, 312). Den Vorgaben der DS-GVO soll über § 26 Abs. 5 BDSG n. F. nachgekommen werden, indem der Verantwortliche auf die Umsetzung der Maßnahmen des Art. 5 DS-GVO verpflichtet wird – obwohl der pauschale Verweis nicht ausreichen kann, die strengen Vorgaben des Art. 88 Abs. 2 DS-GVO umzusetzen (*Wybitul*, NZA 2017, 413 (415 f.)). Daraus ergibt sich, dass für die Videoüberwachung von Beschäftigten grundsätzlich die identischen Maßstäbe wie im Fall von öffentlich zugänglichen Bereichen anzuwenden sind – allerdings unter Berücksichtigung der Besonderheiten der Rechtsprechung des BAG. Daraus folgen Einschränkungen bei der Überwachung von Innenbereichen, die – wie unten dargestellt wird – grundsätzlich nur zeitlich und räumlich begrenzt stattfinden darf, erst Recht bei verdeckter Videoüberwachung. Die ständige Rechtsprechung des BAG, wonach Videoüberwachung am Verhältnismäßigkeitsprinzip zu messen war und nach § 32 Abs. 1 S. 1 BDSG a. F. einer Interessenabwägung unterlag, kann mithin auf die DS-GVO übertragen werden.

Die folgende Darstellung von Aspekten, die bei der Videoüberwachung zu berücksichtigen sind, beginnt mit einer allgemeinen Checkliste (→ 1.). Daran schließt sich als Schwerpunkt die Richtlinie für den Einsatz von Videoüberwachung in Innen- und Außenbereichen eines Betriebs an (→ 2.). Dabei wird die Form einer einseitig bestimmten internen Richtlinie/Policy gewählt. Das Muster nimmt auf die Interessen von Beschäftigten gleichermaßen Rücksicht und könnte daher direkt im Betrieb eingesetzt werden. Ebenso sind Formulierungsvorschläge für die Ausgestaltung als Betriebsvereinbarung enthalten, so dass das Muster als Ausgangspunkt für die Aushandlung einer Betriebsvereinbarung dienen kann. Ist bereits eine Betriebsvereinbarung geschlossen, muss diese an die neuen Vorgaben der DS-GVO angepasst werden. Es schließen sich **zwei Tabellen** an, die zwar in der Richtlinie referenziert werden, die jedoch darüber hinaus **allgemein vor Inbetriebnahme einer Videoüberwachungsanlage eingesetzt** werden können (→ 3. und 4.). Beide Formulare sind vor jeder Inbetriebnahme sorgfältig auszufüllen und dem jeweiligen System zuzuordnen. Das Formular ist zu archivieren und bei Bedarf der Datenschutzaufsichtsbehörde vorzulegen. Die Tabellen können nicht nur in Unternehmen eingesetzt werden, sondern ebenso in anderen Bereichen, beispielsweise bei der Überwachung eines Wohnhauses. Das Kapitel schließt mit einem kurzen Vorschlag für eine Dokumentation der Überprüfung der Anforderungen (→ 5.).

Lachenmann

1. Checkliste zur Videoüberwachung

§ 1 Bewertung der Technik des Kamera-Systems
– Liegt ein rein übertragendes System vor („Monitoring" bzw. „Kamera-Monitor-System")?
– Ermöglicht das System eine Aufzeichnung?
– Handelt es sich um ein System mit automatischer Auswertung der Aufzeichnungen ohne Speicherung von Bildern?
– Unterstützt das System eine Erfassung biometrischer Merkmale?
– Bei Aufzeichnungen: Wird ein Ringspeicher oder eine dauerhafte Videoaufzeichnung eingesetzt?
– Erfolgt eine bloße Fotoaufzeichnung (ggf. mit E-Mail-Versand)?
– Handelt es sich um bloße Kamera-Attrappen?
– Sind die Kameras noch nicht und nicht mehr funktionsfähig?
– Wurden Maßnahmen zum Datenschutz durch Technikgestaltung geprüft und dokumentiert?
– Wurde die Einhaltung datenschutzfreundlicher Voreinstellungen geprüft und dokumentiert?

§ 2 Abwägung der verschiedenen Interessen
– Aus welchem Grund soll eine Videoüberwachung eingerichtet werden?
– Wurde der Zweck der Überwachung hinreichend präzise festgelegt?
– Betrifft die Videoüberwachung die Sicherstellung des Hausrechts oder die Wahrung berechtigter Interessen des Unternehmens (z. B. Schutz von Eigentum, Waren oder der Beschäftigten)?
– Betrifft die Videoüberwachung öffentlich zugängliche, großflächige Anlagen, die von vielen Personen betreten werden können?
– Welcher Zweck soll mit der Überwachung erreicht werden?
– Ist die Videoüberwachung geeignet, den verfolgten Zweck zu erreichen?
– Gibt es mildere Mittel, durch die der Zweck ohne die Videoüberwachung erreicht werden kann?
– Gibt es Anhaltspunkte dafür, dass das Interesse der betroffenen Personen, nicht überwacht zu werden, das Interesse des Unternehmens überwiegt?
– Welche Kamera-Typen sollen installiert werden, wie viele und wo?
– Besteht eine konkrete Gefährdungslage? Wenn ja, auf welche Tatsachen gründet sich diese?

§ 3 Prüfung bei Datenweitergabe an Dritte
– Ist die Weitergabe an Dritte erforderlich, oder kann der Zweck genauso durch eine interne Verarbeitung erreicht werden?
– Welche Übertragungswege werden genutzt?
– Sind die externen Unternehmen mit Namen, Adressen und Kontaktdaten festgelegt?
– Sind Verträge über Auftragsverarbeitung geschlossen?
– Werden die vertraglichen Regelungen zur technisch-organisatorischen Sicherheit umgesetzt?

Lachenmann

§ 4 Möglichkeiten der Einschränkung der Überwachungsmöglichkeiten
- Erfolgte die Anbringung der Kamera deutlich sichtbar?
- Sind Hinweisschilder mit den notwendigen Informationen außerhalb der über-
  wachten Bereiche bereitgestellt?
- Soll eine verdeckte Installation erfolgen?
- Sind die Kameras fernsteuerbar (Zoomobjektive, Schwenkbarkeit)? Dies ist nur
  begründet möglich.
- Wie wird der zeitliche Betrieb eingeschränkt? Ein 24h-Betrieb ist im Innenbereich
  nur in begründeten Einzelfällen möglich.
- Erfolgt ein Abgleich von Kamerabildern mit einer Bilddatenbank?
- Soll eine akustische Überwachung stattfinden?
- Ist die Überwachung über das „Kamera-Monitor-Prinzip"/eine Live-Übertragung
  möglich?
- Erfolgt die unmittelbare Übermittlung von Videobildern an andere Stellen nur in
  begründeten Einzelfällen?
- Ist es möglich, eine Sichtfeld-Einschränkung vorzusehen?
- Kann ein automatisches Ausblenden bzw. Verpixeln von Personen implementiert
  werden?
- Sind nicht-erforderliche Funktionen temporär oder dauerhaft deaktiviert?

§ 5 Interessenabwägung bei Speicherung der Daten
- Lagen bei Aufzeichnung berechtigte Interessen des Verantwortlichen vor?
- Aus welchem Grund soll eine Speicherung der Videoüberwachung vorgenommen
  werden?
- Besteht eine konkrete Gefährdungslage? Wenn ja, auf welche Tatsachen gründet
  sich diese?
- Welcher Zweck soll mit der Speicherung erreicht werden?
- Ist die Speicherung der Videoüberwachung geeignet, den verfolgten Zweck zu er-
  reichen?
- Gibt es mildere Mittel, die den Zweck ohne die Speicherung der Videoüberwa-
  chung erreichen können?
- Gibt es Anhaltspunkte, dass das Interesse der betroffenen Personen, keine Speicherung seines Bildnisses ausgesetzt zu sein, das Interesse des Unternehmens
  überwiegt?
- Welches Aufzeichnungssystem soll verwendet werden? Erfolgt die Aufzeichnung
  analog oder digital?
- Sollen die gespeicherten Aufnahmen an Dritte weitergeben werden? Wenn ja, ist
  das notwendig? Sind Voraussetzungen für die Weitergabe schriftlich festgelegt
  (Verfahrensbeschreibung, Dienst-/Geschäftsanweisung)?

§ 6 Sicherstellung der Betroffenenrechte
- Erfolgt die Information über die Aufzeichnung?
- Wird die betroffene Person im Falle einer Identifizierung bei Speicherung der Aufnahmen informiert?
- Kann einem Auskunftsersuchen einer betroffenen Person binnen eines Monats
  nach Eingang nachgekommen werden? Kann eine Kopie der Aufnahmen bereitgestellt werden?

Lachenmann

– Kann dem Recht auf Berichtigung und Ergänzung binnen eines Monats nach Eingang nachgekommen werden?
– Besteht ein Löschkonzept? Ist eine regelabhängige Archivierung und Löschung der Daten technisch umsetzbar?
– Wann erfolgt eine Löschung/Überschreibung der gespeicherten Daten? Dies hat grundsätzlich unverzüglich zu erfolgen, sobald die Daten zur Zweckerreichung nicht mehr notwendig sind.
– Bei Weitergabe an Dritte: Kann dem „Recht auf Vergessenwerden" binnen eines Monats nach Eingang nachgekommen werden? Kann eine Information über die Änderungen an die Dritten erfolgen?
– Wird dem Recht auf Einschränkung nachgekommen (automatisiert und auf Anfrage)?
– Kann das Recht auf Datenübertragbarkeit binnen eines Monats nach Eingang berücksichtigt werden?
– Ist sichergestellt, dass nach Widerspruch einer betroffenen Person fristgerecht eine Einschränkung der Verarbeitung und Prüfung der Gründe erfolgt? Besteht ein Muster für die Interessenabwägung?
– Liegt ein Muster für die Beantwortung von Auskunftsanfragen vor?

§ 7 Restriktives Zugangskonzept

– Liegt ein Zugriffsberechtigungskonzept vor?
– Wer hat Zugriff auf die Aufzeichnungen? Nur Mitarbeiter oder auch externe Personen?
– Ist die Zugriffsberechtigung einzeln namentlich dokumentiert?
– Welche Voraussetzungen wurden bestimmt, nach denen ein Zugriff erteilt wird?
– Bei externen Anbietern: Wurde ein Vertrag über eine Auftragsverarbeitung abgeschlossen und der Zugriff dort entsprechend geregelt?
– Wenn ein externer Anbieter Wartungsdienstleistungen durchführt, wurden ein gesonderter Vertrag zur Auftragsverarbeitung, mit Festlegung der technisch-organisatorischen Maßnahmen, und eine Geheimhaltungsvereinbarung geschlossen?
– Wurden angemessene Maßnahmen zur Verhinderung des Zugriffs auf die Aufzeichnungen getroffen?
– Findet eine Übermittlung von Originalaufzeichnungen bzw. kopierten Videosequenzen statt? Wenn ja: Wohin und zu welchem Zweck?
– Sind die Modalitäten der Übermittlung schriftlich geregelt (insbesondere: revisionssichere Protokollierung von Übergabe und Rücknahme)?

§ 8 Organisatorische Maßnahmen

– Wurde ein Datenschutzbeauftragter bestellt?
– Wurde eine Datenschutz-Folgenabschätzung durchgeführt? Wenn Nein, sind die Gründe dokumentiert, aufgrund derer keine solche notwendig ist?
– Führt der Verlust von Daten zu einer potentiellen Meldepflicht gegenüber der Aufsichtsbehörde oder sogar den betroffenen Personen? Ist gewährleistet, dass jeder Datenschutzverstoß in die interne Übersicht aufgenommen wird?
– Wurde die Videoüberwachung in das Verzeichnis von Verarbeitungstätigkeiten aufgenommen?

Lachenmann

2. Richtlinie und Betriebsvereinbarung zur Videoüberwachung im Betrieb

§ 1 Geltungsbereich und Gegenstand

(1) Diese Richtlinie regelt, unter welchen Voraussetzungen im [Unternehmen] Videoüberwachung in Innen- und Außenbereichen eingesetzt werden und eine Auswertung erfolgen darf. Sie gilt für alle Beschäftigten [und Beamte] des Unternehmens in [der Niederlassung ...].[1]

[ODER, bei Betriebsvereinbarungen: (1) Diese Richtlinie regelt, unter welchen Voraussetzungen im [Unternehmen] Videoüberwachung eingesetzt werden und eine Auswertung der Aufnahmen erfolgen darf. Sie gilt für alle Arbeitnehmerinnen und Arbeitnehmer, die dem Betrieb [...] angehören. Für alle Mitarbeiterinnen und Mitarbeiter, die nicht unter den Arbeitnehmerbegriff des § 5 BetrVG fallen, wird eine Videoüberwachung nach den identischen Vorgaben dieser Betriebsvereinbarung, sowie § 26 BDSG n. F., Art. 88 DS-GVO sichergestellt. Nachfolgend werden alle erfassten Personen gemeinsam als „Beschäftigte" bezeichnet.]

(2) Der Begriff Videoüberwachung umfasst in dieser Richtlinie den Betrieb aller Videokameras, soweit Anbringung und/oder Betrieb auf Veranlassung von oder durch [Unternehmen] erfolgen. Erfasst sind rein übertragende („Monitoring") ebenso wie aufzeichnende Systeme, Kamera-Attrappen sowie noch nicht und nicht mehr funktionsfähige Kameras.[2]

(3) Eine Leistungskontrolle durch die Videoüberwachung ist unzulässig. Eine Verhaltens- oder Anwesenheitskontrolle ist nur zulässig, soweit es die in Anlage 1 festgelegte Zweckbestimmung gestattet.[3]

(4) Die Richtlinie umfasst nicht solche Videosysteme, die allein der Überwachung von technischen Abläufen dienen. Dies gilt jedoch nur, wenn ausgeschlossen ist, dass Personen erfasst werden und/oder Rückschlüsse auf das Arbeitsverhalten von Beschäftigten möglich sind. Diese Kamerasysteme sind ohne Zoom-, Schwenk- oder Aufnahmefunktion fest zu installieren.[4]

(5) Die Richtlinie gilt nicht bei der Kommunikation dienenden Systemen, also insbesondere Webcams, Bildschirmarbeitsplätze und Videokonferenzen.[5]

§ 2 Umfang und Zweck der Videoüberwachung[6]

(1) Die Videoüberwachung erfolgt in den gesetzlichen Grenzen, insbesondere des Bundesdatenschutzgesetzes (BDSG n. F.) und der EU-Datenschutz-Grundverordnung (DS-GVO). Die Videoüberwachung darf nur das Betriebsgelände erfassen, keinen öffentlichen Straßenraum.[7]

(2) Vor der Installation eines Kamera-Systems ist eine Dokumentation von Zweck und Grund der Videoüberwachung in dem in Anlage 1 dargestellten Formblatt schriftlich festzulegen. Die Videoüberwachung ist nur zulässig, soweit es die Interessen von [Unternehmen] erfordern und keine berechtigten Interessen der Beschäftigten oder außenstehender Personen entgegenstehen. Die Erforderlichkeit zur Erreichung der Zwecke ist grundsätzlich anhand der Tabelle 1 für jede Kamera gesondert zu prüfen. Der Kamerabetrieb ist ausschließlich zu den vor Inbetriebnahme festgelegten Zwecken zulässig.[8] [ZUSÄTZLICH, bei Betriebsvereinbarungen: Das Formblatt ist dem Betriebsrat vor Einsatz des Kameras-Systems zur Prü-

fung vorzulegen. Diese Betriebsvereinbarung dient zudem der Erfüllung des Mitbestimmungsrechts des Betriebsrats nach § 87 Abs. 1 Ziff. 6 BetrVG. Nach dem über-
einstimmenden Willen der Parteien stellt diese Betriebsvereinbarung eine anderweitige Rechtsvorschrift dar, die eine Datenverarbeitung gestattet.][9]

(3) Im Innenbereich, also innerhalb der Gebäude-Außenwände, ist die Videoüberwachung während der Betriebszeiten [Uhrzeit] nur bei Vorliegen eines auf
konkrete Personen bezogenen Verdachts einer strafbaren Handlung zulässig. Diese
Feststellungen, die den konkreten Verdacht einer strafbaren Handlung gegenüber
bestimmten Personen begründen, beispielsweise Sachbeschädigungen oder abhan-
denkommendes Eigentum, sind im Formblatt Anlage 1 schriftlich zu dokumentieren. [ZUSÄTZLICH, bei Betriebsvereinbarungen: Diese Informationen sind dem
Betriebsrat vor Inbetriebnahme vorzulegen und unterliegen der Geheimhaltungspflicht des § 79 BetrVG.] Die Überwachung ist auf den räumlichen Bereich zu beschränken, dem der konkrete Verdacht zugeordnet werden kann. Eine verdachtsunabhängige, rein präventive Inbetriebnahme der Überwachungsanlage ist unzulässig.
Es sind maximal [sechs] Kameras einzusetzen. An einem konkreten Ort ist die Überwachung höchstens [vier Wochen] lang zulässig. Die Dauer der Videoaufzeichnung
ist auf den erforderlichen Umfang zu beschränken. Sie ist unverzüglich einzustellen,
sobald das Ziel erreicht wurde. Außerhalb der Betriebszeiten ist die Innenüberwachung mit Aufzeichnung zulässig, soweit die Voraussetzungen dieser Richtlinie eingehalten sind.[10]

(4) Eine verdeckte Videoüberwachung von Beschäftigten darf nur durchgeführt
werden, wenn der konkrete Verdacht einer strafbaren Handlung oder einer anderen
schweren Verfehlung zu Lasten des [Unternehmens] besteht, weniger einschneidende Mittel zur Aufklärung des Verdachts ergebnislos ausgeschöpft sind und die verdeckte Videoüberwachung damit praktisch das einzig verbleibende Mittel zur Aufklärung der Straftaten darstellt. Dies ist vor Inbetriebnahme im Formblatt Anlage 1
darzulegen und dabei insgesamt eine Verhältnismäßigkeitsprüfung durchzuführen.
Die verdeckte Videoüberwachung ist in diesen Einzelfällen nur gegen einen zuvor
festgelegten räumlich und funktional abgrenzbaren Kreis von Arbeitnehmern
durchzuführen.[11]

(5) Im Außenbereich (das Betriebsgelände zwischen Gebäudetüren und Außen-
zaun) ist eine dauerhafte Videoüberwachung auch während der Betriebszeiten zulässig, soweit die Voraussetzungen dieser Richtlinie eingehalten sind.[12]

(6) Eine Videoüberwachung von Ruhebereichen, Pausenräumen oder Umkleide-
kabinen findet nicht statt.[13]

§ 3 Technische Einschränkung der Videoüberwachung

(1) Alle verwendeten Kamerasysteme sind in der als Anlage 2 dargestellten Tabelle aufzuführen, wobei Art des Systems, Leistungsmerkmale (Reichweite, Zoom-
funktion, Schwenkfunktion usw.) sowie Anzahl und Standorte der Kameras, Auf-
zeichnungsgeräte, Monitore und weiterer technischer Geräte zu dokumentieren
sind.[14]

(2) Es sind grundsätzlich nur fest installierte Kameras ohne Zoom- oder
Schwenkfunktion einzusetzen. Ausnahmen sind nur im Außenbereich zulässig, soweit keine Arbeitsplätze erfasst werden.

Lachenmann

(3) Regelmäßig ist vorrangig zu prüfen, ob automatisierte Sichtfeld-Einschränkungen vorgenommen werden können und ob ein automatisiertes Ausblenden oder Verpixeln von Personen implementiert werden kann. Für aufzeichnende Systeme gelten ergänzend die Regelungen des § 5.[15]

(4) Nicht erforderliche Funktionen der Systeme, z.B. Mikrofone oder eine lokale Speicherung von Daten, sind vorrangig dauerhaft, ansonsten temporär zu deaktivieren.

(5) Die jeweiligen Prüfungen, insbesondere Gründe der Nichtimplementierung von Schutzmaßnahmen, sind in dem Formblatt Anlage 1 zu dokumentieren.

(6) Eine akustische Überwachung findet nicht statt.[16]

(7) Bei allen Videoaufnahmen ist stets die Datums- und Zeitangabe im Bild einzublenden.[17]

(8) Die jeweiligen Kamerasysteme sind getrennt voneinander zu betreiben und, soweit möglich, nicht mit sonstigen IT-Systemen zu verknüpfen. Die Datenübertragung hat, soweit technisch möglich, verschlüsselt zu erfolgen. Es ist das in Anlage 2 dokumentierte Berechtigungskonzept mit kontinuierlicher Pflege der Berechtigungen zu führen.[18]

(9) Ein Abgleich von Kamerabildern mit einer Bilddatenbank ist nur in begründeten Einzelfällen zulässig, insbesondere wenn eine Handlung entdeckt wird, die laut dem Zweck der Videoüberwachung erfasst werden soll. Der Abgleich hat im Beisein des Datenschutzbeauftragten [und des Betriebsrates] zu erfolgen. Werden bei Auswertung der Aufnahmen bzw. dem Abgleich mit der Bilddatenbank einzelne Personen identifiziert, sind diese per E-Mail oder Post zu informieren.[19]

[(10) Jede Änderung der Standorte und der Anzahl der Kameras sowie jede technische Leistungsänderung, die den Betrieb der Videoanlage, ihre Nutzung, die Speicherung von Daten und/oder deren Auswertung betrifft, bedarf der Zustimmung des Betriebsrats.]

§ 4 Technisch-organisatorische Sicherheit

(1) Die Einrichtung der Videoüberwachungsanlage ist durch eine spezialisierte Firma unter Aufsicht des Datenschutzbeauftragten vorzunehmen.

(2) Bei Durchführung einer Videoüberwachung sind regelmäßig die gesetzlich vorgeschriebenen technischen und organisatorischen Maßnahmen zu beachten (Art. 32 DS-GVO). Diese werden dargestellt in [der Konzernrichtlinie].[20]

(3) Der Zugang zu den Daten ist grundsätzlich nur Personen unter ihren persönlichen Zugangsdaten zu gewähren, die vorher namentlich festgelegt wurden. Es sollten, soweit möglich, nur betriebsinterne Personen gewählt werden oder Mitarbeiter eines externen Sicherheitsunternehmens (wenn die Voraussetzungen des § 5 Abs. 7 eingehalten werden). Diese Personen führen auch sonstige notwendige Bedienungen durch (z.B. Behebung technischer Störungen) bzw. sind anwesend, während ein Dritter unter Einhaltung der Voraussetzungen des § 5 Abs. 8 diese durchführt. Der Datenschutzbeauftragte hat stets ein Kontrollrecht.

(4) Die Videoüberwachungsanlage ist in einem mittels Schloss besonders geschützten Raum zu betreiben, so dass er nur von [den Mitarbeitern der Abteilung …] betreten werden kann. Der Zugang zur Videoüberwachungsanlage ist aus-

Lachenmann

schließlich auf dem Administrationsserver des Kamerasystems zu ermöglichen. Dieser ist in einem Schrank zu betreiben, der durch zwei getrennte Schlösser zu sichern ist und zu dem nur die berechtigten Personen Zugang haben. Ein Schlüssel ist durch den Arbeitgeber aufzubewahren, der andere durch den Datenschutzbeauftragten [ODER: den Betriebsrat].[21]

(5) Bei Videoüberwachungsanlagen mit Echtzeitübertragung auf Monitore sind die Bilder ausschließlich in die in Anlage 2 festgelegten Räume zu übertragen, zu denen nur die dort namentlich genannten Personen Zutritt haben.

§ 5 Besondere Regelungen für aufzeichnende Systeme[22]

(1) Sollen die Videoüberwachungsanlagen die Aufnahmen nicht nur anzeigen, sondern auch speichern und verarbeiten, gelten zusätzlich die Regelungen dieser Bestimmung. Die Speicherung und Verarbeitung von Aufnahmen ist nur zulässig im Rahmen des in § 1 genannten Geltungsbereichs.

(2) Als Aufzeichnungssystem ist ein gesondert betriebenes digitales System zu verwenden, das entsprechend den Regelungen des § 4 gegen unrechtmäßigen Zugriff gesichert ist. Die Aufzeichnungen sind auf dem zentralen Administrationsserver der Videoüberwachungsanlage zu speichern und nach Stand der Technik zu verschlüsseln.

(3) Aufnahmen von Außenbereichen (§ 2 Abs. 5) sind 72 Stunden nach ihrer Herstellung automatisiert zu löschen. Der Betrieb hat mittels einer „Black Box" zu erfolgen, in der die Aufnahmen durch einen Ringspeicher nach 72 Stunden automatisiert überschrieben werden. Aufnahmen von Innenbereichen (§ 2 Abs. 3 und 4) sind unverzüglich nach ihrer Auswertung, jedoch spätestens [60] Tage nach ihrer Herstellung automatisiert zu löschen. Eine längere Speicherung ist nur zulässig, wenn die Daten aufgrund eines konkreten Vorkommnisses im Rahmen des Zwecks der Anlage 1 zur Beweissicherung benötigt werden. Werden Daten länger aufbewahrt, ist regelmäßig zu prüfen, ob die Voraussetzungen der Speicherung weiter vorliegen. Die Löschung hat unverzüglich zu erfolgen, sobald die Daten zur Zweckerreichung nicht mehr notwendig sind.[23] Bei Videoüberwachungsanlagen mit Echtzeitübertragung auf Monitore kann eine Speicherung von Bildern durch die Überwachungsperson manuell ausgelöst und beendet werden, wenn sie dies in Anwendung pflichtgemäßen Ermessens zum Ziele der Zweckerreichung nach Anlage 1 für erforderlich hält und unverzüglich [den Datenschutzbeauftragten und den Betriebsrat] informiert.

(4) Soweit es für die Beweissicherung oder Beweisverwertung erforderlich ist, können beweiserhebliche Aufnahmen auf einem anderen Datenträger (z.B. externe Festplatte, Magnetband, USB-Stick) gespeichert werden. Der Schutz des Datenträgers gegen unbefugten Zugriff und die Verschlüsselung nach jeweiligem Stand der Technik muss gewährleistet sein. Die Aufnahmen auf anderen Datenträgern sind, sobald sie nicht mehr zur Beweissicherung benötigt werden, unverzüglich vollständig zu löschen, wenn eine längere Aufbewahrungsdauer nicht gesetzlich vorgeschrieben ist. Soweit die Daten über die genannte Speicherdauer hinaus gespeichert werden, sind diese gem. Art. 18 Abs. 1 DS-GVO in der Verarbeitung zu beschränken und unverzüglich zu löschen, nachdem der Zweck der Speicherung weggefallen ist.

Lachenmann

(5) Eine Auswertung der Aufnahmen durch visuelle Sichtung via Bildschirm darf nur für die in Anlage 1 festgelegten Zwecke durch die zuvor in Anlage 2 festgelegten, qualifizierten Personen erfolgen. Eine zweckändernde Nutzung ist ausgeschlossen. Die Auswertungen sind nur im Beisein des betrieblichen Datenschutzbeauftragten [und eines Betriebsratsmitglieds] zulässig. Für jede Auswertung ist ein Protokoll gemäß Anlage 3 zu erstellen, in dem Zeitpunkt, Anlass und Ergebnis von den auswertenden Personen niedergeschrieben werden. Die Protokolle sind mit den weiteren Anlagen aufzubewahren.

(6) Eine Herausgabe der gespeicherten Aufnahmen an staatliche Stellen ist nur nach einer entsprechenden Anordnung der Staatsanwaltschaft oder einer richterlichen Entscheidung zulässig. Übergabe und Rücknahme der Aufnahmen sind revisionssicher zu protokollieren.[24] Ein Vertreter von Strafverfolgungsbehörden oder staatlichen Gerichten (Polizei, Staatsanwaltschaft, Richter) kann bei der internen Auswertung anwesend sein.

(7) [ENTWEDER:] Eine Übermittlung der gespeicherten Aufnahmen an private Dritte (z.B. Sicherheitsunternehmen) ist nur in Einzelfällen statthaft, wenn die Weitergabe zu deren Aufgabenerfüllung notwendig ist und ein Auftragsverarbeitungsvertrag sowie eine Geheimhaltungsvereinbarung abgeschlossen wurden, die auch die technisch-organisatorische Datensicherheit angemessen berücksichtigen. Vor Übermittlung der Daten an Dritte ist der entsprechende Teil des Formblatts der Anlage 1 auszufüllen. Übergabe und Rücknahme sind revisionssicher zu protokollieren. [ODER:] Eine Übermittlung der gespeicherten Aufnahmen an private Dritte ist unstatthaft.

(8) Vor Durchführung von Wartungen oder anderen Eingriffen in das System ist [der Datenschutzbeauftragte/der Betriebsrat] in Textform zu unterrichten. [ENTWEDER:] Wenn ein externer Anbieter Wartungsdienstleistungen durchführt, ist gesondert eine Geheimhaltungsvereinbarung abzuschließen. [ODER:] Es erfolgt keine Fernwartung der Kamerasysteme.[25]

§ 6 Information der Beschäftigten über die Videoüberwachung[26]

(1) Eine eingerichtete Videoüberwachung ist den betroffenen Personen stets erkennbar zu machen. Es muss immer ersichtlich sein, welche Videokamera jeweils aktiviert ist.

(2) Die Kenntlichmachung erfolgt weiterhin durch ein gut sichtbares Hinweisschild, das so angebracht sein muss, dass es vor Eintritt der betroffenen Person in den Radius der Videoüberwachung sichtbar ist. [Es wird nur das standardisierte Hinweisschild mit folgendem Aussehen eingesetzt: [DIN 33450].] Das Hinweisschild hat zusätzlich den Namen des für die Videoüberwachung Verantwortlichen, dessen Kontaktdaten zur Einholung von Auskünften über die Überwachungskamera sowie einen Link auf die ausführliche Datenschutzerklärung zu enthalten.

(3) Spätestens [einen Monat] vor erstmaliger Inbetriebnahme der Videoüberwachung sind die Beschäftigten über die vorliegende Richtlinie durch eine interne E-Mail zu informieren. Neu eingestellten Mitarbeitern ist die Information spätestens zu Beginn des Arbeitsverhältnisses zu erteilen. Darüber hinaus wird im Eingangsbereich ein deutlich lesbarer Lageplan mit sämtlichen Kameras (Innen- und Außenbereich) sowie der erfassten Bereiche angebracht.

Lachenmann

(4) Die Einhaltung der Rechte der Betroffenen nach Art. 15 bis 21 DS-GVO wird sichergestellt.

§ 7 Einbindung des Datenschutzbeauftragten

(1) Vor Einrichtung der Videoüberwachung ist eine Datenschutz-Folgenabschätzung nach Art. 35 f. DS-GVO durch die Geschäftsleitung mit Unterstützung des betrieblichen Datenschutzbeauftragten [Kontaktdaten] durchzuführen. Die Durchführung und das Ergebnis der Datenschutz-Folgenabschätzung sind zu dokumentieren und gemeinsam mit den weiteren Prüfunterlagen aufzubewahren.[27]

(2) Der Datenschutzbeauftragte ist frühzeitig über die Einrichtung der Videoüberwachung zu informieren. Er ist in die Erstellung des Überwachungsplanes und der Anlagen 1 und 2 einzubeziehen. Ihm sind alle für die Ausübung seiner Kontrollfunktion notwendigen Dokumente und Informationen zur Verfügung zu stellen. Bei geplanten Änderungen an der Videoüberwachung ist der Datenschutzbeauftragte möglichst frühzeitig zu informieren. Seine Stellungnahmen sind zu dokumentieren und gemeinsam mit den weiteren Prüfunterlagen aufzubewahren.

(3) Die Videoüberwachung ist in das Verzeichnis von Verarbeitungstätigkeiten aufzunehmen.[28]

[§ 8 Einbindung des Betriebsrats[29]

(1) Der Betriebsrat hat das Recht zur Beteiligung an der Einrichtung der Videoüberwachungsanlage mit einem seiner Mitglieder und zur Überwachung der Einhaltung der Voraussetzungen dieser Betriebsvereinbarung. Er hat dazu ein Zutrittsrecht zu den Anlagen und Räumen und ein Recht zur Einsichtnahme in sämtliche relevanten Unterlagen.

(2) Änderungen des Überwachungssystems sind dem Betriebsrat rechtzeitig vorher mitzuteilen und mit ihm zu beraten. Sie sind nur mit Zustimmung des Betriebsrates zulässig. Erforderlichenfalls entscheidet die Einigungsstelle. Dies gilt auch für alle anderen Streitigkeiten zwischen [Unternehmen] und dem Betriebsrat aus dieser oder über diese Betriebsvereinbarung.

§ 9 Schlussbestimmungen der Betriebsvereinbarung

(1) Die vorliegende Betriebsvereinbarung tritt mit Unterzeichnung in Kraft. [Sie ersetzt sämtliche übrigen Betriebsvereinbarungen zu demselben Themenkreis, insbesondere die Betriebsvereinbarung [Bezeichnung] vom [Datum].]

(2) Die Betriebsvereinbarung kann mit einer Frist von [sechs] Monaten zum Ende eines [Kalenderjahres] gekündigt werden [, frühestens jedoch zum [Datum]].

[(3) Für den Fall der Kündigung dieser Betriebsvereinbarung wirkt sie nach, bis sie durch eine andere Abmachung ersetzt wird.]]

Anlagen:

Anlage 1: Festlegungen vor Inbetriebnahme der Videoüberwachung [→ 3.]

Anlage 2: Maßnahmen zum Schutz der betroffenen Personen [→ 4.]

Anlage 3: Protokoll der Auswertung von Videoaufnahmen [→ 5.]

Anlage 4: Vertrag über die Auftragsverarbeitung [→ G.I.4.]

Anlage 5: Geheimhaltungsvereinbarung [→ G.IV.]

[Datum, Unterschriften]

Lachenmann

Anmerkungen

1. Betroffene Personen und Verantwortlicher. Bei einer Richtlinie, die für alle im Unternehmen tätigen Personen gelten soll, kann der Oberbegriff „Beschäftigte" gewählt werden – orientiert an Art. 88 DS-GVO. Wird eine Betriebsvereinbarung geschlossen, gilt sie aufgrund der Regelungskompetenz des Betriebsrats nur für Arbeitnehmerinnen und Arbeitnehmer gem. § 5 Abs. 1 BetrVG (§ 77 BetrVG; dazu ausführlich z. B. *Kilian* in: Kilian/Heussen (Hrsg.), Computerrecht, Teil 7, Kollektives Arbeitsrecht, Kollektivvereinbarungen, Rn. 38 ff.).

Datenschutzrechtlich ist Verantwortlicher der Videoaufnahmen (Art. 4 Abs. 7 DS-GVO) jedes Unternehmen, das die Aufnahmen beeinflussen kann und Zugriff auf sie hat (zum BDSG a. F. *Taeger*, ZD 2013, 571 (573)). Während die Wertung bei einem Einzelunternehmen regelmäßig unproblematisch ist (wenn nicht z. B. der Vermieter als Dritter die Aufgabe übernimmt), sind bei Betriebsgeländen von Konzernen in der Regel verschiedene juristische Personen vor Ort. Datenschutzrechtlich gibt es in Konzernsachverhalten in der Regel mehrere Verantwortliche, von denen jeder für sich auf die Einhaltung der rechtlichen Vorschriften zu achten hat. Die Übermittlung der Daten darf nur in von der Richtlinie erfassten Fällen erfolgen. Arbeitsrechtlich ist ergänzend dazu der jeweilige Arbeitgeber der Beschäftigten für die rechtskonforme Ausgestaltung der Videoüberwachung zuständig.

2. Attrappen und defekte Geräte. Es ist geboten, der Richtlinie zur Videoüberwachung auch Attrappen und sonstige nicht funktionsfähige Kameras zu unterwerfen, da solche Einrichtungen keine personenbezogenen Daten verarbeiten und daher rechtlich nicht der DS-GVO unterfallen (zum BDSG a. F. Simitis/*Scholz*, BDSG, § 6b Rn. 41. m. w. N.). Dennoch besteht für solche Einrichtungen der allgemeine zivilrechtliche Abwehranspruch gem. §§ 1004, 823 BGB (st. Rspr., zuletzt BGH, Urt. v. 24.5.2013 – V ZR 220/12, ZD 2013, 447; dazu *Taeger*, ZD 2013, 571). Denn selbst durch nicht funktionsfähige Kameras werden betroffene Personen einem gefühlten Überwachungsdruck ausgesetzt und so zu einer Anpassung ihrer Handlungsweisen veranlasst (BGH, Urt. v. 16.3.2010 – VI ZR 176/09, NJW 2010, 1533). Durch die Erfassung unter die Richtlinie wird dem Schutz der betroffenen Personen gedient und die praktische Anwendung für Verantwortliche erleichtert, da die Regelungen der DS-GVO gleichermaßen Anwendung finden.

3. Leistungs-, Verhaltens- und Anwesenheitskontrollen. Zwar ist es in der Praxis teilweise durchaus geboten, Verhalts- und Leistungskontrollen durchzuführen. Diese können beispielsweise hinsichtlich einer ordnungsgemäßen Compliance oder zur Gehaltsabrechnung notwendig sein. Andererseits ist das Persönlichkeitsrecht der Mitarbeiter zu beachten, so dass verdachtsunabhängige Routinekontrollen (auch z. B. hinsichtlich Drogensucht) oder eine Vollkontrolle unzulässig sind. Daher ist auch bei der Videoüberwachung mit Stichprobenkontrollen zu arbeiten, um eine Gesamterfassung und Bildung von Profilen der Arbeitnehmer zu verhindern (ausführlich bereits Taeger/Gabel/*Zöll*, BDSG, § 32 Rn. 29 ff.).

4. Erfassung technischer Abläufe. Es wird nur selten vorkommen, dass bei der Überwachung technischer Abläufe die Richtlinie keine Anwendung findet, da oft Rückschlüsse auf das Arbeitsverhalten einzelner Arbeitnehmer gezogen werden

Lachenmann

können. Insbesondere soll eine Leistungskontrolle vermieden werden. Wenn ein rechtswidriges Verhalten (bzw. der Verdacht darauf) bei Mitarbeitern in der Fertigung vorliegt, gelten ebenfalls die strengen Regelungen der Richtlinie. Dennoch versucht die Richtlinie, die Möglichkeit der Überwachung technischer Abläufe aufrecht zu erhalten. Soll diese Möglichkeit nicht gegeben werden, könnte formuliert werden: „Diese Richtlinie gilt auch bei Videosystemen, die allein der Überwachung von technischen Abläufen dienen."

5. Geltung bei Webcams. Bei Webcams ist zu unterscheiden: Dienen sie der Überwachung von Personen, unterfallen sie ebenfalls der vorliegenden Richtlinie. Denn nur so ist der Schutzzweck gewahrt, zumal über Webcams auch Live-Aufnahmen ins Internet gestellt werden können und dadurch eventuell bewirkte Persönlichkeitsverletzungen nicht rückgängig zu machen sind (Düsseldorfer Kreis, Orientierungshilfe „Videoüberwachung durch nicht-öffentliche Stellen" v. 19.2. 2014, S. 13). Dienen die Webcams hingegen der Kommunikation untereinander, also z. B. bei einer Videokonferenz mit Kunden oder einem Gespräch mittels Webcam mit einem Kollegen, unterfallen sie nicht der Richtlinie.

6. Beweisverwertungsverbot und Sachvortragsverwertungverbot bei rechtswidriger Videoüberwachung im Beschäftigungsverhältnis. Aus einer rechtswidrigen Videoaufnahme kann nach der Rechtsprechung des BAG eine „Regelvermutung" eines Beweisverwertungsverbots abgeleitet werden, das die prozessuale Verwertbarkeit bei der Beweiswürdigung ausschließt (BAG, Urt. v. 20.10.2016 – 2 AZR 395/15, NZA 2017, 443; BAG, Urt. v. 22.9.2016 – 2 AZR 848/15, NZA 2017, 112; BAG, Urt. v. 20.6.2013 – 2 AZR 546/12, ZD 2014, 260 m. Anm. *Wybitul/Astor*; BAG, Urt. v. 21.11.2013 – 2 AZR 797/11, NJW 2014, 810; ausführlich *Fuhlrott/Schröder*, NZA 2017, 278 (insb. 282); *Wybitul/Pötters*, BB 2014, 437; *Lachenmann*, ZD 2017, 407). Wenn die Rechtmäßigkeitsprüfung des Handelns ergibt, dass die Beweismittel durch einen Datenschutzverstoß erlangt wurden, unterliegen diese einem prozessualen Beweisverwertungsverbot, wenn durch die gerichtliche Verwertung ein erneuter bzw. fortgesetzter ungerechtfertigter Eingriff in das Persönlichkeitsrecht des Arbeitnehmers erfolgt – was den Regelfall darstellt. Darüber hinaus bejahte das BAG sogar eine Fernwirkung des Verwertungsverbots und ein weitergehendes Erhebungsverbot, insoweit als die den Datenschutzverstoß begehenden Personen nicht als Zeugen für die Handlung gehört werden können (*Brink/Wybitul*, ZD 2014, 225 (229)).

Zwar ist selbst eine Verwertung rechtswidrig erlangter Beweise grundsätzlich möglich, da eine sachlich richtige Entscheidung der Gerichte über den Grundsatz der freien Beweiswürdigung nach § 286 ZPO gewährleistet sein soll und jeder Prozesspartei ein Anspruch auf rechtliches Gehör gem. Art. 103 Abs. 1 GG zusteht (vgl. *Fuhlrott/Schröder*, NZA 2017, 278 (281)). Daher bedarf die Annahme eines Beweisverwertungsverbotes einer besonderen Legitimation und gesetzlichen Grundlage. Gleiches gilt für ein Sachvortragsverwertungsverbot, durch das ein Gericht eingebrachte Beweise nicht würdigen darf, selbst wenn der Prozessgegner sie nicht bestreitet (BAG, Urt. v. 20.10.2016 – 2 AZR 395/15, NZA 2017, 443; BAG, Urt. v. 22.9.2016 – 2 AZR 848/15, NZA 2017, 112). Das Beweisverwertungsverbot folgt oft aus einer Güter- und Interessenabwägung, wenn die Interessen des Verantwortlichen nicht überwiegen (BAG, Urt. v. 20.6.2013 – 2 AZR 546/12, ZD 2014, 260 m. Anm. *Wybitul/Astor*; BAG, Urt. v. 21.11.2013 – 2 AZR 797/11, NJW 2014, 810;

Lachenmann

BGH, Urt. v. 15.5.2013 – XII ZB 107/08, NJW 2013, 2668). Insbesondere besteht ein solches, wenn es aufgrund einer verfassungsrechtlich geschützten Position einer Person zwingend geboten ist (BVerfG, Urt. v. 13.2.2007 – 1 BvR 421/05, NJW 2007, 753; BAG, Urt. v. 20.10.2016 – 2 AZR 395/15, NZA 2017, 443). Allein das Interesse, sich ein Beweismittel für zivilrechtliche Ansprüche zu sichern, reicht nicht aus, um die Persönlichkeitsrechtsverletzung zu rechtfertigen. Vielmehr müssen weitere Aspekte hinzutreten, die die Verwertung rechtswidrig erlangter Beweise rechtfertigen, so dass sich gerade diese Art der Informationsbeschaffung als gerechtfertigt erweist (BVerfG, Urt. v. 13.2.2007 – 1 BvR 421/05, NJW 2007, 753; BVerfG, Beschl. v. 9.10.2002 – 1 BvR 1611/96 u.a., NJW 2002, 3619; BGH, Urt. v. 15.5.2013 – XII ZB 107/08, NJW 2013, 2668, Rn. 22; BGH, Urt. v. 18.2.2003 – XI ZR 165/02, NJW 2003, 1727, Ls. c); BAG, Urt. v. 20.10.2016 – 2 AZR 395/15, NZA 2017, 443).

Darüber hinaus besteht vielfach ein Sachvortragsverwertungsverbot, da eine Partei zur Wahrung ihrer Rechte nicht gezwungen werden kann, Tatsachen bestreiten zu müssen, die grundrechtswidrig erlangt worden waren (BAG, Urt. v. 20.10.2016 – 2 AZR 395/15, NZA 2017, 443; BAG, Urt. v. 22.9.2016 – 2 AZR 848/15, NZA 2017, 112; zuvor BAG, Urt. v. 16.12.2010 - 2 AZR 485/08, NZA 2011, 571). Erfasst wird dabei neben einer Inaugenscheinnahme der Videoaufzeichnungen auch deren mittelbare Verwertung, etwa durch Vernehmung eines Zeugen über den Inhalt des Bildmaterials (BVerfG, Urt. v. 31.7.2001 – 1 BvR 304/01; BAG, Urt. v. 20.10.2016 – 2 AZR 395/15, NZA 2017, 443).

Im Beschäftigtendatenschutz kann aufgrund der konsequenten BAG-Rechtsprechung (BAG, Urt. v. 20.10.2016 – 2 AZR 395/15, NZA 2017, 443; BAG, Urt. v. 22.9.2016 – 2 AZR 848/15, NZA 2017, 112; BAG, Urt. v. 15.4.2014 – 1 ABR 2/13 (B), NZA 2014, 551; BAG, Urt. v. 16.12.2010 – 2 AZR 485/08, NZA 2011, 571; BAG, Urt. v. 29.11.2007 – 2 AZR 724/06, DB 2008, 709; BAG, Urt. v. 27.3.2003 – 2 AZR 51/02, NZA 2003, 1193) klar umrissen werden, wann die Beweisverwertung von Videoaufnahmen zulässig ist: Bei der Güter- und Interessenabwägung ist insbesondere danach zu fragen, ob ein vorheriger konkreter Verdacht einer strafbaren Handlung oder anderer schwerer Verfehlungen zu Lasten des Verantwortlichen bestand, weniger einschneidende Mittel zur Aufklärung des Verdachts ausgeschöpft sind und daher die Videoaufnahmen das praktisch einzig verbleibende Mittel bleiben. Kriterien sind insbesondere: ein bestehender Verdacht strafbarer Handlungen, die fehlende Möglichkeit zur effektiven Kontrolle der Arbeitnehmer durch Vorgesetzte, kein milderes Mittel vorhanden – z.B. greifen Leibesvisitationen stärker in Persönlichkeitsrechte ein – und ein räumlich abgrenzbar erfasster Bereich. Dabei besteht bei einer verdeckten Videoüberwachung regelmäßig ein höheres Risiko eines Beweisverwertungsverbotes, da weitergehende Anforderungen an die Rechtmäßigkeit gestellt werden (*Bergwitz*, NZA 2012, 1205 (1207)). Dies entspricht der allgemeinen Linie des BAG, wonach die Kündigung eines Arbeitgebers stützende Informationen in datenschutzrechtlich zulässiger Weise erhoben werden müssen. Werden sie dies nicht, ist die Kündigung gem. § 138 BGB nichtig (vgl. BAG, Urt. v. 15.11.2012 – 6 AZR 339/11, ZD 2013, 235 m.Anm. *Wybitul*). Aufgrund der strengen Anforderungen des BAG ist es von besonderer Bedeutung, dass alle rechtlichen Voraussetzungen der Videoüberwachung eingehalten werden, da nur so die gewonnenen Ergebnisse in Rechtsstreitigkeiten verwendet werden können.

Lachenmann

7. Erfassung öffentlichen Straßenraumes. Die Videoüberwachung des öffentlichen Raums unterliegt besonders hohen Anforderungen und ist daher in der Regel unzulässig (→ Vorb.). Neben dem Schutz der mit dem Unternehmen verbundenen Personen sollte die Richtlinie auch den Schutz der Allgemeinheit berücksichtigen. Dies schützt das Unternehmen, da es sich bei Erfassung öffentlichen Raumes rechtlichen Ansprüche durch Jedermann ausgesetzt sehen kann (zu möglichen zivil- und öffentlich-rechtlichen Ansprüchen die unter Geltung von DS-GVO und BDSG n.F. grundsätzlich weiterbestehen, *Horst*, NZM 2002, 688; *Lachenmann/Schwiering*, NZV 2014, 291).

8. Vorherige Dokumentation. Ein Beispiel für das im Muster genannte Formblatt ist dargestellt unter → 3.

9. Betriebsvereinbarungen. Die Regelungsmöglichkeiten durch Betriebsvereinbarungen bleiben unter Geltung der DS-GVO vergleichbar mit der bisherigen Rechtslage. Art. 88 Abs. 1 DS-GVO gestattet es den Mitgliedstaaten, den Einsatz von Kollektivvereinbarungen im Beschäftigungskontext durch nationale Regelungen zu gestatten. Durch § 26 Abs. 4 BDSG n.F. schuf der deutsche Gesetzgeber eine entsprechende Regelung. Dadurch können Betriebsvereinbarungen – ganz wie bislang – Erlaubnistatbestände schaffen, durch die die Verarbeitung von Beschäftigtendaten gestattet wird (ausführlich *Lachenmann*, Datenübermittlung im Konzern, S. 203 ff. und 304 f.). Die Betriebsvereinbarung sollte ausdrücklich vorsehen, dass sie einen eigenständigen Erlaubnistatbestand zur Datenverarbeitung schafft. Betriebsvereinbarungen unterliegen zweierlei Anforderungen: zum einen sind sie einer Verhältnismäßigkeitsprüfung zu unterziehen (vgl. BAG, Beschl. v. 9.7.2013 – 1 ABR 2/13, ZD 2014, 256 m. Anm. *Wybitul*), zum anderen sind die Vorgaben von Art. 88 Abs. 2 DS-GVO einzuhalten. Soweit die Betriebsvereinbarungen diesen Vorgaben Rechnung tragen, kann durch sie eine erhöhte Rechtssicherheit für die Beteiligten geschaffen werden.

Die Pflicht zur Information des Betriebsrates, insbesondere über die vor der Inbetriebnahme getroffenen Feststellungen, sollte zur Klarstellung knapp geregelt werden, obwohl sie sich bereits aus §§ 90 Abs. 1 Nr. 2, Abs. 2, 80 Abs. 2 i.V.m. Abs. 1 Nr. 1 BetrVG ergibt. Dadurch wird der Betriebsrat in die Lage versetzt, selbst zu beurteilen, ob die Feststellungen den konkreten Verdacht einer strafbaren Handlung gegen bestimmte Personen begründen und den vorgesehenen räumlichen Bereich der Überwachungsmaßnahme sowie deren zeitliche Dauer rechtfertigen, → Anm. 29.

10. Überwachung von Innenbereichen. Eine Überwachung von Arbeitnehmern in Innenbereichen, also meist an ihrem Arbeitsplatz, ist nur unter sehr engen Voraussetzungen möglich. Die Rechtslage unter der DS-GVO bleibt insofern gegenüber dem BDSG a.F. weitgehend unverändert. Insbesondere haben konkrete Tatsachen vorzuliegen, die eine Videoüberwachung erforderlich machen. Der Absatz der Richtlinie, inklusive der vorgeschlagenen Kameraanzahl, orientiert sich bei den Voraussetzungen an dem Umfang der Videoüberwachung, der durch das BAG für zulässig erklärt worden war (BAG, Beschl. v. 26.8.2008 – 1 ABR 16/07, NZA 2008, 1187; zur verfassungsrechtlichen Bewertung *Wiese*, AP BetrVG 1972 § 75 Nr. 54). Die Überwachung von Innenbereichen ist nur örtlich und zeitlich begrenzt zulässig. So wurde in dem genannten Urteil eine Klausel für rechtswidrig erklärt, die eine pauschale und unbegrenzte Ausdehnung auf weitere Innenbereiche vorsah ("Hat die Videoaufzeichnung des überwachten Bereichs i.S.d. Abs. 5 zu keiner Überführung

Lachenmann

des Täters oder der Täterin geführt, kann die Videoaufzeichnung auf weitere Bereiche oder ggf. das gesamte Briefzentrum erstreckt werden [...]").

Hinsichtlich der zeitlichen Komponente der Überwachung erklärte das BAG (Urt. v. 29.6.2004 – 1 ABR 21/03, NJW 2005, 313) Regelungen für rechtswidrig, laut denen die Möglichkeit verdachtsunabhängiger Aufzeichnung auf 50 Stunden pro Woche „beschränkt" sein sollte. Dies komme einer Überwachungsmöglichkeit während der gesamten Arbeitszeit gleich und es entstehe ein ständiger Überwachungsdruck, da den Arbeitnehmern nicht bekannt werde, wann die Kameras eingeschaltet seien. Dabei orientierte sich das BAG an den Bewertungsmaßstäben des öffentlichen Rechts für Strafverfolgungsbehörden. Gem. § 163f StPO ist bei zureichenden tatsächlichen Anhaltspunkten für eine Straftat von erheblicher Bedeutung eine Videoüberwachung mit einer Zeitdauer von maximal einem Monat zulässig. Eine Verlängerung der Anordnung ist nur durch einen Richter möglich. Derselbe Zeitraum wird von § 23 Abs. 3 S. 2 BKAG genannt. Ähnlich äußerte sich das BAG in einer späteren Entscheidung: Unzulässig ist eine Aufnahmezeit von 60 Stunden pro Woche, wenn z.B. für die Durchführung der Videoüberwachung nur pauschal auf „Verdachtsmomente" abgestellt wird, bei denen eine weitgehende Überwachung zulässig sein soll (BAG, Beschl. v. 14.12.2004 – 1 ABR 34/03, RDV 2005, 216). Daher sollte zeitlich eine absolute Beschränkung von vier Wochen und möglichst auf mehrere Stunden pro Tag vorgesehen werden.

11. Zulässigkeit verdeckter Videoüberwachung. Eine verdeckte Videoüberwachung von Beschäftigten dürfte zulässig bleiben. Aufgrund der Bestimmungen in § 26 BDSG n.F., Art. 88 Abs. 1 DS-GVO ist es angemessen, Einschränkungen der Transparenzverpflichtung im Beschäftigtendatenschutz zuzulassen. § 26 Abs. 1 BDSG n.F. macht von der Öffnungsklausel des Art. 88 Abs. 1 DS-GVO Gebrauch, so dass grundsätzlich die bislang bestehende deutsche Rechtslage für die Verarbeitung von Beschäftigtendaten beibehalten wird. Ergänzend wird der Verantwortliche nach § 26 Abs. 5 BDSG n.F. verpflichtet, die Grundlagen der Datenverarbeitung nach Art. 5 DS-GVO einzuhalten. Daher steht das Transparenzerfordernis der DS-GVO im Widerspruch zur bisherigen Rechtsprechung des BAG zur heimlichen Überwachung Beschäftigter (nach *Traut*, RDV 2016, 312, sind die Mitgliedstaaten weitgehend frei darin, nationale Regelungen zum Beschäftigtendatenschutz zu treffen; restriktiver z.B. *Wybitul*, NZA 2017, 413 (415), laut dem das Schutzniveau der DS-GVO nicht erhöht oder gesenkt werden dürfe). Anstelle einer direkten Anzeigepflicht könnte angedacht werden, bei Notwendigkeit einer verdeckten Videoüberwachung die Transparenz gegenüber einem Dritten wie dem Betriebsrat oder einem Rechtsanwalt herzustellen, der die Einhaltung der gesetzlichen Verpflichtungen überprüfen könnte. Das durch Art. 88 Abs. 2 DS-GVO festgelegte Schutzniveau dürfte dadurch eingehalten werden, sollte es bei den von der Rechtsprechung derzeit zugrunde gelegten Maßstäben bleiben.

Für die verdeckte Videoüberwachung von Beschäftigten kann die bisherige BAG-Rechtsprechung weiter angewandt werden. Die Formulierung im vorliegenden Muster orientiert sich an Leitsatz und Begründung der grundlegenden Entscheidung BAG, Urt. v. 21.6.2012 – 2 AZR 153/11, ZD 2012, 568 m.Anm. *Sörup* (zuvor BAG, Entsch. v. 27.3.2003 – 2 AZR 51/02, NJW 2003, 3436; bestätigend BAG, Urt. v. 21.11.2013 – 2 AZR 797/11, NJW 2014, 814). Den Wertungen des BAG wurde in der h.L. zugestimmt (z.B. *Bergwitz*, NZA 2012, 1205; *Forst*, RDV 2009,

204 (209); BeckOK/*Riesenhuber*, BDSG, § 32 Rn. 132; *Grimm/Strauf*, ZD 2011, 188).

Begeht ein Arbeitnehmer bei oder im Zusammenhang mit seiner Arbeit rechtswidrige und vorsätzliche Handlungen unmittelbar gegen das Vermögen seines Arbeitgebers, liegt darin ein Sachverhalt, der an sich geeignet ist, einen wichtigen Grund für eine außerordentliche Kündigung i.S.d. § 626 Abs. 1 BGB zu bilden. Der Arbeitnehmer verletzt durch sein Verhalten in schwerwiegender Weise seine schuldrechtliche Pflicht zur Rücksichtnahme (§ 241 Abs. 2 BGB) und missbraucht das in ihn gesetzte Vertrauen. Dies gilt sogar, wenn nur Sachen von geringem Wert betroffen sind oder ein nur geringfügiger oder kein Schaden vorliegt. Denn entscheidend sei der Vertrauensbruch (z. B. BAG, Urt. v. 16.12.2010 – 2 AZR 485/08, NZA 2011, 571; Palandt/*Weidenkaff*, BGB, § 626 Rn. 42 ff.).

Dem Arbeitgeber wird ein Interesse an Erlangung und Verwertung von Tatsachen zugestanden, die Anlass zu einer fristlosen Kündigung geben. Da hierbei regelmäßig in die Persönlichkeitsrechte der Beschäftigten eingegriffen wird, müssen über das Beweisinteresse hinaus weitere Aspekte vorliegen, die eine bestimmte Informationsbeschaffung und Beweiserhebung als legitim qualifizieren (BVerfG, Urt. v. 9.10.2002 – 1 BvR 1611/96,1 BvR 805/98, MMR 2003, 35 (40); BAG, Urt. v. 13.12.2007 – 2 AZR 537/06, NJW 2008, 2732). Daraus ergibt sich, dass eine allgemeine Mutmaßung, es könnten Straftaten begangen worden sein, nicht ausreicht. Der Verdacht auf konkrete strafbare Handlungen oder andere schwere Verfehlungen zu Lasten des Arbeitgebers muss sich gegen einen einzelnen, bestimmten Arbeitnehmer oder gegen einen bestimmten, eingrenzbaren Kreis von Verdächtigen richten. Nicht ausreichend ist daher die Geltendmachung allgemeiner Inventurdifferenzen. Vielmehr müssen konkrete Tatsachen vorgelegt werden (BAG, Urt. v. 21.6.2012 – 2 AZR 153/11, ZD 2012, 568 m. Anm. *Sörup*; BAG, Urt. v. 27.3.2003 – 2 AZR 51/02, NJW 2003, 3436). Verdeckte Videoüberwachung ist mithin nur repressiv, also zur Aufklärung von Straftaten zulässig, nicht aber zu ihrer präventiven Verhinderung (*Hanloser* in: Forgó/Helfrich/Schneider (Hrsg.), Betrieblicher Datenschutz, S. 331 (368)).

Aus der BAG-Rechtsprechung, die über § 26 BDSG n.F., Art. 88 DS-GVO weiterhin zur Anwendung kommen kann, lassen sich die folgenden, kumulativ zu erfüllenden Kriterien bestimmen, unter denen eine verdeckte Videoüberwachung zulässig und deren Einhaltung in dem Formblatt zu dokumentieren ist (vgl. *Sörup*, ZD 2012, 568):
– konkreter Verdacht einer strafbaren Handlung oder einer anderen schweren Verfehlung zu Lasten des Arbeitgebers (legitimer Zweck);
– weniger einschneidende Mittel zur Aufklärung des Verdachts sind ergebnislos ausgeschöpft (kein milderes Mittel);
– die verdeckte Videoüberwachung stellt (damit) das einzig verbleibende Mittel zur Aufklärung dar (Erforderlichkeit);
– abschließende Verhältnismäßigkeitsprüfung im engeren Sinne (Angemessenheit).

12. Überwachung von Außenbereichen. Im Gegensatz zu Innenbereichen, deren Videoüberwachung nur unter sehr engen Voraussetzungen zulässig ist, ist in Außenbereichen des Firmengeländes eine deutlich weitergehende Videoüberwachung zulässig. Denn hier werden einerseits Arbeitnehmer in der Regel nur kurzzeitig erfasst, andererseits besteht ein größeres Interesse des Arbeitgebers, sich präventiv vor

Lachenmann

Diebstählen, Sachbeschädigungen oder Störungen von außen zu schützen. Hier ist der allgemeine Erlaubnistatbestand des Art. 6 Abs. 1 S. 1 lit. f DS-GVO heranzuziehen, da dem Verantwortlichen die Sicherstellung seines Hausrechts zu gestatten ist. Ebenso wirksame, die Persönlichkeitsrechte der betroffenen Beschäftigten weniger belastende Maßnahmen waren in dem entschiedenen Fall nicht ersichtlich. Daher sah das BAG eine durchgehende Videoüberwachung des Außenbereiches selbst dann als zulässig an, wenn dabei anliefernde LKW-Fahrer für höchstens 15 Minuten bei ihrer Arbeit gefilmt wurden (BAG, Beschl. v. 26.8.2008 – 1 ABR 16/07, NZA 2008, 1187). Dennoch ist zu empfehlen, die Bereiche, in denen sich regelmäßig Arbeitnehmer aufhalten, automatisiert auszublenden oder zu verpixeln, um so den Überwachungsdruck für Arbeitnehmer abzumildern (Düsseldorfer Kreis, Orientierungshilfe „Videoüberwachung durch nichtöffentliche Stellen" v. 19.2.2014, S. 14).

13. Beschränkung der Videoüberwachung. Jedenfalls haben Eingriffe in die Intimsphäre der Arbeitnehmer zu unterbleiben. Die Überwachung von Toiletten- oder Umkleideräumen war und ist stets unzulässig (vgl. *Forst*, RDV 2009, 204 (209)). Der Schutz dieser besonders gegen Einblick geschützten Bereiche ergibt sich zudem aus § 201a StGB (*Oberwetter*, NZA 2008, 609 (610); *Fischer*, StGB, § 201a Rn. 8). Der Privatsphäre dienen auch Rückzugsorte wie Pausenräume, so dass eine Überwachung regelmäßig unzulässig ist (Düsseldorfer Kreis, Orientierungshilfe „Videoüberwachung durch nichtöffentliche Stellen" v. 19.2.2014, S. 15; BeckOK/*Riesenhuber*, BDSG, § 32 Rn. 130).

14. Leistungsbeschreibung. Die genaue und transparente Darstellung der verwendeten Kameras dient zum einen der Informationspflicht gegenüber den Beschäftigten nach Art. 5 Abs. 1 lit. a; 12 ff. DS-GVO, zum anderen der Mitteilung an die Datenschutzaufsichtsbehörden gem. Art. 58 Abs. 1 lit. a und b, Abs. 3 lit. a DS-GVO. Dabei sind die genannten Leistungsmerkmale, inklusive aller Systemfunktionen und Schnittstellen sowie die Standorte der Kameras genau aufzuführen. Eine ausführliche Beschreibung von möglichen Systemkomponenten findet sich z.B. bei *Lang*, Private Videoüberwachung im öffentlichen Raum, S. 37 ff.

15. Technische Möglichkeiten zum Schutz der betroffenen Personen. Bei digitalen Kamerasystemen ist eine Vielzahl von Mechanismen zum Schutz der Aufgenommenen umsetzbar. Im Gegensatz können automatische Auswertungsmechanismen stehen, bei denen z.B. die Gesichtsausdrücke von Beschäftigten erfasst werden können, was in aller Regel unzulässig ist (Artikel-29-Datenschutzgruppe, Working Paper 249, S. 19).

Der technische Schutz der Beschäftigten erfolgt teilweise durch automatisierte Informationsbearbeitung im System, die dem Beobachter nur einen eingeschränkten Teil der Informationen zur Verfügung stellt. Beispielsweise können Gesichter automatisch verpixelt oder durch eine automatische, systeminterne Auswertung der Bilder nur das zu Sehende als Informationen mitgeteilt werden. Zum speziellen Schutz des Einzelnen durch intelligente Videoüberwachungstechnik bereits *Bier/Spiecker gen. Döhmann*, CR 2012, 610; *Spiecker gen. Döhmann*, K&R 2014, 549.

16. Verbot akustischer Überwachung. Eine akustische Überwachung ist vollständig zu untersagen und technisch abzuschalten. Denn diese ist in der Regel strafbar gem. § 201 StGB (Düsseldorfer Kreis, Orientierungshilfe „Videoüberwachung durch nicht-öffentliche Stellen" v. 19.2.2014, S. 12; dazu z.B. *Fischer*, StGB, § 201 Rn. 3 ff.).

17. Einblendung der Aufzeichnungszeiten. Im Bild sollte zum Schutz der Arbeitnehmer stets die korrekte Datums- und Zeitangabe eingeblendet werden, da so die Einhaltung der zeitlichen Vorgaben besser sichergestellt werden kann. Überdies werden der Nachweis und die Dokumentation von Verstößen erleichtert. Dadurch ist es zudem möglich, bei der Verwendung der Videobeweise nur Ausschnitte aus dem Gesamtmaterial vorzulegen, da eine Manipulation durch diese im Bild mitlaufenden Zeit- und Datumsangaben praktisch ausgeschlossen ist. Der Beweiswert wird dadurch nicht gemindert (BAG, Urt. v. 21.6.2012 – 2 AZR 153/11, ZD 2012, 568 (570)).

18. Betrieb auf IT-Systemen. Eine vollständige Trennung der Kamerasysteme von der allgemeinen Firmen-IT ist mit aktueller Technik nicht realisierbar. Viele Videoüberwachungssysteme nutzen nicht nur die IT-Infrastruktur (LAN, WLAN), sondern zudem die IT-Systeme (Speicherung, E-Mail, Alarmierung, Monitoring). Die vorliegende Regelung ist daher ein bloßer Programmsatz. Eine Trennung erfolgt in der Praxis fast ausschließlich über Berechtigungsverfahren, die allerdings meist schlecht dokumentiert und gepflegt sind. Daher legt die Formulierung besonderen Wert auf eine saubere Pflege der Berechtigungsdatenbank. Zudem ist eine Verschlüsselung der Aufnahmen, insbesondere während der Übertragung sicherzustellen, was bereits aus der Vorgabe des Art. 25 Abs. 1 DS-GVO folgt.

19. Benachrichtigungspflicht bei Personenzuordnung. Eine Pflicht zur Benachrichtigung einer betroffenen Person, der durch Videoüberwachung erhobene Daten zugeordnet werden, soll sich künftig durch § 4 Abs. 4 BDSG n.F. ergeben. Die DS-GVO sieht eine solche Verpflichtung bei einer Verknüpfung personenbezogener Daten nicht vor. Die Information über die Durchführung von Videoüberwachung ist gem. Art. 13 DS-GVO bei Erhebung der personenbezogenen Daten, also der Anfertigung der Aufnahmen, bereitzustellen. Während § 33 Abs. 2 BDSG a.F. vielfältige Ausnahmen von der Benachrichtigungspflicht vorsah (dazu *Gola/Klug*, RDV 2004, 65 (74)), sieht Art. 13 DS-GVO keine Ausnahmetatbestände vor. Ausnahmen könnten zwar nach Art. 14 Abs. 5 DS-GVO gegeben sein, jedoch erfolgte – selbst bei einer Zuordnung von Aufnahmen zu einer Person – die Erhebung beim Betroffenen, so dass nur Art. 13 DS-GVO einschlägig ist.

Wird eine betroffene Person benachrichtigt, sind ihr nach § 4 Abs. 4 BDSG n.F. alle Informationen mitzuteilen, die Art. 13 und 14 DS-GVO verlangen (zu den Angaben generell → F.I.). Erfasst werden zudem alle Umstände der Videoüberwachung, über die bereits aufgrund von Art. 5 Abs. 1 S. 1 lit. a und Art. 13 DS-GVO am Hinweisschild zu informieren war. Daher sollten die bereits generell zur Verfügung gestellten Informationen zur Absicherung den konkret identifizierten Personen erneut bereitgestellt werden. Dies erfasst insbesondere der Umstand der Überwachung und seiner Aufzeichnung, die Art der Daten (inklusive Kamerastandorten und eventuellen Sonderfunktionen), Zweckbestimmung der Verarbeitung, Identität der verantwortlichen Stelle und ggf. die Tatsache der Übermittlung an einen Dritte (vergleichbar zum BDSG a.F., Simitis/*Scholz*, BDSG, § 6b Rn. 129 ff.).

20. Technische und organisatorische Maßnahmen. Aufgrund der neuen Rechtslage wird die Berücksichtigung technischer Aspekte der Videoüberwachung eine

Lachenmann

umso größere Rolle spielen. Erfasst werden insbesondere die Datenminimierung im IT-System (Art. 25 DS-GVO) und die Schaffung angemessener IT-Sicherheitsmaßnahmen (Art. 32 DS-GVO). Aus Art. 25 Abs. 1 und 2 DS-GVO folgt, dass eine Black Box für Aufzeichnungen zu verwenden ist, bei der über einen Ringspeicher Aufnahmen regelmäßig überschrieben werden, wenn nicht manuell die Aufbewahrung aktiviert wird (→ Anm. 22 f.). Weiterhin sind strenge Zugriffsbeschränkungen vorzusehen. Nicht ausreichend ist selbstredend die noch oft anzutreffende Praxis, die Aufnahmen per unverschlüsseltem WLAN zu übertragen oder sogar offen ohne Zugangsschutz im Netzwerk bereitzustellen. Insofern kann hinsichtlich der technisch-organisatorischen Maßnahmen das als zulässig bewertet werden, was bereits bislang zulässig war (Brem. LfDI, 39. Tätigkeitsbericht 2016, S. 23; zu IT-Sicherheitsmaßnahmen → E. II.).

Eine Stärkung der Rechtsposition kann auch für die IT-Sicherheitsmaßnahmen durch eine Zertifizierung des Videoüberwachungssystems gem. Art. 42 DS-GVO oder der Verpflichtung zur Befolgung eines – zu schaffenden – Code of Conduct, Art. 40 DS-GVO erreicht werden (ausführlich *Bergt*, CR 2016, 670; → C.IV.1.).

21. Schutz durch Zwei-Schlüssel-System. Um sicherzustellen, dass kein unbefugter Zugriff zur Videoüberwachungsanlage möglich ist, sollte das Zwei-Schlüssel-System vorgesehen werden. Dieses erklärte das BAG als zum Schutz der betroffenen Personen geeignet. Dadurch werde das Recht des Betriebsrats zur Mitbeurteilung beim konkreten Einsatz der Überwachungsanlage abgesichert. So sei es dem Verantwortlichen nicht möglich, die Videoanlage ohne Mitwirkung des Betriebsrats in Betrieb zu nehmen und deren Einschaltzeit zu programmieren (BAG, Beschl. v. 26.8.2008 – 1 ABR 16/07, NZA 2008, 1187). Eine Umsetzung kann z.B. durch Verteilung des Passwortes in einen Teil für die Geschäftsleitung und einen für den Betriebsrat erfolgen.

Die hier beschriebene Lösung ist in größeren Unternehmen meist nur schwer realisierbar, da sich die Videoüberwachungssysteme im Serverraum oder Rechenzentrum befinden. Eine Trennung der Systeme kann dort durch getrennte Rack-Bereiche erzielt werden. Für das Überwachungssystem ist ein gesonderter Schlüsselkreis oder ein gesondertes elektronisches Zahlenschloss vorzusehen, das das Zwei-Schlüssel-System einhält. Dies ist auch bei Dokumentation der Schließberechtigungen dieser Racks im Serverraum/Rechenzentren zu berücksichtigen.

22. Zulässigkeit der Speicherung von Aufnahmen. Eine Speicherung und Auswertung der Aufnahmen ist zulässig, soweit es für die Erreichung des vorher festgelegten Zwecks notwendig ist, was bereits aus Art. 6 Abs. 1 S. 1 lit. e und f DS-GVO folgt. Die DS-GVO bewertet die Verarbeitung personenbezogener Daten als einen einheitlichen Prozess. Demgegenüber wurde über § 4 Abs. 3 S. 1 und 2 BDSG n.F. versucht, die bestehende Rechtslage des § 6b Abs. 3 BDSG a.F. beizubehalten und die Speicherung der Aufnahmen einer erneuten Zulässigkeitsprüfung zu unterziehen. In der Praxis dürften sich keine Unterschiede zwischen deutschem und europäischem Recht ergeben, da sämtliche Schritte der Verarbeitung gem. Art. 4 Abs. 2 DS-GVO an den Vorgaben der DS-GVO zu messen sind.

Die sog. Black Box ist ein anerkanntes System zum Schutz der betroffenen Personen (vgl. noch Simitis/*Scholz*, BDSG, § 6b Rn. 118 f.; LDI NRW, Videoüberwachung in öffentlichen Verkehrsmitteln, S. 2; Düsseldorfer Kreis, Orientierungshilfe „Videoüberwachung in öffentlichen Verkehrsmitteln", Beschl. v. 16.9.2015). Zwar er-

Lachenmann

folgt eine Aufnahme der Personen, jedoch werden die Aufnahmen grundsätzlich nicht eingesehen und ausgewertet. Sie werden vielmehr gespeichert und nur abgerufen, wenn ein Vorfall eingetreten ist (z. B. Einbruch auf das Firmengelände). Über einen Ringspeicher wird sichergestellt, dass die jeweils ältesten Aufnahmen gelöscht und überschrieben werden. Eine Black Box ist jedenfalls vorzusehen, wenn die Überwachung präventiv und dauerhaft erfolgt.

Für die Innenüberwachung ist eine Einzelauswertung bei Sachverhalten wie in dem hier vorliegenden Muster zulässig: Sollen gezielt einzelne Bereiche oder Arbeitnehmer überwacht werden, muss insoweit eine Einzelauswertung der Videoaufnahmen möglich sein, da nur so der Zweck erreicht werden kann. Die Rechtmäßigkeit wird durch die zuvor erfolgte Verhältnismäßigkeitsprüfung gewahrt.

23. Zulässige Speicherdauer. Bereits aus den Grundsätzen der Zweckbindung, Datenminimierung und Speicherbegrenzung (Art. 5 Abs. 1 lit. b, c und e DS-GVO) folgt, dass Videoaufnahmen nur für eine begrenzte Zeit aufbewahrt werden dürfen. Konkret verdeutlicht Art. 17 Abs. 1 lit. a DS-GVO, dass erhobene Daten zu löschen sind, wenn ihre Verarbeitung für die Zwecke nicht mehr erforderlich ist. Die Zwecke der Videoüberwachung erfordern regelmäßig eine zeitnahe Prüfung der getätigten Aufnahmen. Nach der ergebnislosen Prüfung oder ohne besondere Vorkommnisse sind die Aufnahmen zu löschen. Die Wertungen des BAG zur möglichen Zeitdauer der Aufzeichnung von Beschäftigten können aufgrund der Bestimmungen in § 26 Abs. 5 BDSG n. F., Art. 88 DS-GVO auf die Geltung der DS-GVO übertragen werden, da das BAG mit dem Zweckbindungsgrundsatz (und der wortgleich in die DS-GVO übernommenen Regelung des § 6b Abs. 5 BDSG a. F.) argumentiert hatte. Hinsichtlich der zulässigen Speicherdauer entschied das BAG, „dass aufgezeichnete Bilddaten unverzüglich nach ihrer Auswertung, spätestens jedoch 60 Tage nach ihrer Herstellung gelöscht werden [müssen], es sei denn, sie werden zur Beweissicherung benötigt" (BAG, Beschl. v. 26.8.2008 – 1 ABR 16/07, NZA 2008, 1187). Diese sehr lange Speicherdauer erstaunte insbesondere vor dem Hintergrund, dass die h. M. und die Aufsichtsbehörden eine Höchstspeicherdauer von 48 Stunden annahmen (z. B. Düsseldorfer Kreis, Orientierungshilfe „Videoüberwachung durch nicht-öffentliche Stellen" v. 19.2.2014, S. 11 f.; Simitis/*Scholz*, BDSG, § 6b Rn. 144; zu Recht kritisch gegen die BAG-Entscheidung *Lang* in: Moos (Hrsg.), Datenschutz- und Datennutzungsverträge, S. 511). Demgegenüber argumentierte das OVG Lüneburg überzeugend und nahm eine mögliche Speicherfrist von zehn Tagen an (OVG Lüneburg, Urt. v. 29.9.2014 – 11 LC 114/13, NJW 2015, 502).

In dem vorliegenden Muster wurde eine Differenzierung vorgenommen: Außenaufnahmen, die meist anlasslos und präventiv erfolgen, sind nach 72 Stunden zu löschen. Damit ist – auch an Wochenenden – ausreichend Zeit zur Feststellung, ob ein Ereignis eingetreten ist, das die längere Speicherung der Aufnahmen erforderlich macht. Für Innenaufnahmen wird die vom BAG akzeptierte Frist angenommen, da bereits die Einrichtung der Videoüberwachungsanlage höheren Anforderungen unterliegt und potentiell größere Nachteile für den Arbeitgeber drohen, die es zu rechtfertigen scheinen, dem Arbeitgeber einen größeren Spielraum bei der Auswertung der Daten zuzubilligen. Im Sinne eines größeren Schutzes der Arbeitnehmer und mit Blick auf die Ansicht der Aufsichtsbehörden sollte jedoch auch hier die Frist auf 72 Stunden oder zumindest zehn Tage begrenzt werden, insbesondere zur Absicherung aufgrund der Vorgaben der Art. 17 Abs. 1; 88 Abs. 2 DS-GVO.

Lachenmann

24. Weitergabe gespeicherter Daten an Behörden. Das Muster wählt eine zurückhaltende Klausel, die die Weitergabe der Aufzeichnungen an Behörden nur bei förmlichen Beschlüssen gestattet. Dadurch soll zum Schutze der Beschäftigten und anderer betroffener Personen auch die extensive Möglichkeit zur Zweckänderung nach § 4 Abs. 3 S. 3 BDSG n.F. ausgeschlossen werden.

25. Auftragsverarbeitung und Verschwiegenheitsverpflichtung bei Weitergabe. Bei einer Weitergabe der Videoaufnahmen an Dritte, beispielsweise ein externes Sicherheitsunternehmen, liegt in der Regel eine Auftragsverarbeitung vor, zu der eine entsprechende Vereinbarung zu schließen ist (vgl. *Gola/Klug*, RDV 2004, 65 (70); → G.I.). Dabei ist zu beachten, dass dem Unternehmen kein eigener Beurteilungsspielraum hinsichtlich der Verwendung der Daten zustehen darf, sondern klar geregelt werden muss, unter welchen Bedingungen das Unternehmen auf die Daten zugreifen kann. Zudem sollte mit den Dienstleistern regelmäßig eine Geheimhaltungsvereinbarung geschlossen werden. Dies dient auch dem Schutz von Unternehmensdaten, da Informationen zu Geschäftsräumen oder Produktionsabläufen für Dritte von Bedeutung sein können. In diesem Zusammenhang sollte festgeschrieben werden, dass die Tätigkeiten der Dienstleister nicht als Referenzen beworben werden dürfen.

Unabhängig von dem Betrieb der Videoüberwachungssysteme ist es zumindest möglich, dass deren Wartung durch spezialisierte Anbieter durchgeführt wird. Wenn die Wartung rein technischer Natur und es nicht Zweck des Wartungsvertrages ist, zielgerichtet die gespeicherten personenbezogenen Daten zu prüfen, muss – im Gegensatz zur bisherigen Regelung nach § 11 Abs. 5 BDSG a.F. – kein gesonderter Vertrag zur Auftragsverarbeitung geschlossen werden (a.A. z.B. Ehmann/Selmayr/ *Bertermann*, DS-GVO, Art. 28 Rn. 7; → G.I.4. Anm. 4). Ausreichend ist eine Verschwiegenheitsvereinbarung (*Lachenmann*, Datenübermittlung im Konzern, S. 292; wohl ebenso Kühling/Buchner/*Hartung*, DS-GVO, Art. 28 Rn. 53 f.).

26. Gesetzliche Informationspflicht. Eine Informationspflicht über die Videoüberwachung vor den Aufnahmebereichen der Kameras durch ein Hinweisschild folgt bereits aus Art. 5 Abs. 1 lit. a i.V.m. Art. 13 DS-GVO. Dies wird im Beschäftigungskontext durch § 26 Abs. 4 S. 2 BDSG n.F. i.V.m. Art. 88 Abs. 2 DS-GVO betont (vgl. Artikel-29-Datenschutzgruppe, Working Paper 249, S. 9). Verdeutlicht wird die Anforderung aber besonders durch die Wertung des EuGH – schon unter Geltung der DSRL –, dass die Transparenz der Datenverarbeitung Bedingung für ihre Rechtmäßigkeit ist (EuGH, Urt. v. 1.10.2015 – C-201/14, ZD 2015, 577 m. zust. Anm. *Petri*; ausführlich *Lachenmann*, ZD 2017, 407). Bei einer Betriebsvereinbarung ergibt sich die Informationspflicht bereits aus § 77 Abs. 2 S. 3 BetrVG. Unberührt bleiben natürlich die weiteren Rechte der Betroffen, §§ 15 ff. DS-GVO. Die Anforderungen an die Information der erfassten Personen steigen mithin gegenüber der bisherigen Rechtslage. Eine abgestufte Information, durch die den betroffenen Personen auf mehreren Ebenen jeweils die Informationen mitgeteilt werden, die sie zur Einordnung der jeweiligen Situation und damit der Entscheidungsfindung benötigen, ist möglich. Die Informationspflichten sind dann vollständig erfüllt, wenn den gesetzlichen Anforderungen innerhalb des Gesamtformats, also allen Ebenen zusammengenommen, nachgekommen wird (vgl. Artikel-29-Datenschutzgruppe, Working Paper 100, S. 6 ff.). Im Beschäftigtendatenschutz bleiben Ausnahmen von der Transparenzpflicht bestehen, wenn eine verdeckte Videoüberwachung erforderlich ist.

Lachenmann

Um den Informationspflichten nachzukommen, sind insbesondere die folgenden Maßnahmen zu empfehlen (vgl. *Lachenmann*, ZD 2017, 407; Artikel-29-Datenschutzgruppe, Working Paper 100, S. 9):

– Anbringen eines Informationsschildes vor den überwachten Bereichen (nach DIN 33450), das zumindest Informationen über Namen und Adresse des Verantwortlichen mit einem Verweis auf die Bereitstellung der weiteren Informationen nach Art. 13 Abs. 1 und 2 DS-GVO enthält.

– Zur Absicherung können in dem Informationsschild zusätzlich in Schlagworten Zweck und Rechtsgrundlage, sowie die Dauer der Speicherung genannt werden (so die – zu weitgehende – Forderung der Brem. LfDI, 39. Tätigkeitsbericht 2016, S. 22).

– Der Verweis auf die ausführlichen Informationen kann als Link auf eine Website oder das Intranet, ggf. mit QR-Code oder per Push-Mitteilung bei Nutzung von Web-Beacons, erfolgen. Zusätzlich kann auf den Betriebsrat oder die vorliegende Richtlinie verwiesen oder ein Papier-Flyer vor Ort bereitgestellt werden.

– Die vollständigen Informationen müssen allgemein einsehbar, z.B. über die Website des Unternehmers, bereitgestellt werden. Die betroffenen Personen müssen jederzeit darauf zugreifen können. In Betrieben kann ein Lageplan mit der Darstellung der Aufnahmefelder im Intranet bereitgestellt werden.

27. Datenschutz-Folgenabschätzung und Datenschutzbeauftragter. Nach Art. 35 Abs. 3 lit. c, ErwG 91 S. 3 DS-GVO ist die Durchführung einer Datenschutz-Folgenabschätzung (→ C.III.) erforderlich, wenn eine „systematische umfangreiche Überwachung öffentlich zugänglicher Bereiche" durchgeführt wird. Daher sind Videoüberwachungssysteme stets einer DSFA unterworfen, wenn Publikumsverkehr auf dem Betriebsgelände herrscht oder Beschäftigte regelmäßig von größeren Systemen erfasst werden (vgl. Artikel-29-Datenschutzgruppe, Working Paper 243, S. 8 f.; weiterhin Brem. LfDI, 39. Tätigkeitsbericht 2016, S. 21; *Martini* in: Paal/Pauly (Hrsg.), DS-GVO, Art. 35 Rn. 31). Daher ist bei Einrichtung einer Videoüberwachung, die nicht nur aus einzelnen Kameras besteht, regelmäßig eine Datenschutz-Folgenabschätzung durchzuführen.

Nach deutschem Recht wird bei der Durchführung größerer Videoüberwachung stets ein Datenschutzbeauftragter zu bestellen sein, da die Verpflichtung zur Durchführung einer Datenschutz-Folgenabschätzung eine Bestellpflicht zur Folge hat, Art. 38 Abs. 1 S. 2 BDSG n. F. (der den Rahmen der Öffnungsklausel in Art. 37 Abs. 4 S. 1 Hs. 2 DS-GVO in zulässiger Weise nutzt). Demgegenüber wird die Bestellung eines Datenschutzbeauftragten nach der DS-GVO nur verpflichtend, wenn in ihr die Kerntätigkeit des Unternehmens liegt. Die Artikel-29-Datenschutzgruppe nennt die Aufzeichnung und Speicherung von Videos als Beispiel für einen Verarbeitungsvorgang nach Art. 37 Abs. 1 lit. b DS-GVO, der eine umfangreiche, regelmäßige und systematische Überwachung von betroffenen Personen erforderlich macht (Artikel-29-Datenschutzgruppe, Working Paper 243, S. 8 f.; ebenso *Bergt* in: Kühling/Buchner (Hrsg.), DS-GVO, Art. 37 Rn. 23). Im Regelfall wird die Videoüberwachung jedoch nur als Nebentätigkeit zum eigenen Geschäftszweck durchgeführt, so dass aus diesem Grund auf Grundlage der DS-GVO kein Datenschutzbeauftragter zu bestellen ist (vgl. Artikel-29-Datenschutzgruppe, Working Paper 243, S. 6 f., wonach Verarbeitungsvorgänge zur Unterstützung des Geschäftszwecks nicht als Kern-

Lachenmann

tätigkeit zu werten sind; zur Ausgestaltung z.B. *Bergt* in: Kühling/Buchner (Hrsg.), DS-GVO, Art. 37 Rn. 18 ff.).

28. Verzeichnis von Verarbeitungstätigkeiten. Die Videoüberwachung in Unternehmen ist regelmäßig in das Verzeichnis von Verarbeitungstätigkeiten einzutragen (→ C.II.). Wie bislang ist es ausreichend, die Angaben zu den Erhebungsvorgängen pauschal zu tätigen, so dass eine verdeckte Videoüberwachung dadurch nicht offenzulegen ist (vgl. *Gola/Klug*, RDV 2004, 65 (73)).

29. Mitbestimmung. Eine Videoüberwachungsanlage stellt regelmäßig eine technische Einrichtung dar, die dazu bestimmt ist, das Verhalten oder die Leistung der Arbeitnehmer zu überwachen (ErfK/*Kania*, § 87 BetrVG Rn. 48). Die Einführung und Anwendung einer solchen technischen Einrichtung unterliegt daher der zwingenden Mitbestimmung nach § 87 Abs. 1 Ziff. 6 BetrVG. Auch dann, wenn der Arbeitgeber die Arbeitnehmer anweist, sich in einem Drittbetrieb der dort eingerichteten technischen Überwachungseinrichtung zu unterziehen, besteht ein Mitbestimmungsrecht (BAG, Beschl. v. 27.1.2004 – 1 ABR 7/03, NZA 2004, 556 ff.). Als Gegenstand der zwingenden Mitbestimmung ist der Betrieb einer Videoüberwachungsanlage Gegenstand von Betriebsvereinbarungen gem. § 77 BetrVG. Die Mitbestimmungsrechte des Betriebsrats sind allerdings eingeschränkt, wenn der Betrieb einer Videoüberwachungsanlage gesetzlich vorgegeben ist wie z.B. gem. § 10a Abs. 1 S. 1, Abs. 3 des Gesetzes über die Zulassung öffentlicher Spielbanken in Berlin (SpBG), das einen Betrieb von Videoüberwachungslagen in Spielbanken ausdrücklich vorschreibt. Solche Vorgaben können nicht durch Betriebsvereinbarungen eingeschränkt werden (BAG, Beschl. v. 11.12.2012 – 1 ABR 78/11, ZD 2013, 352 m. Anm. *Tiedemann; Taeger*, ZD 2013, 571 (572)). Denn: „Wo für den Arbeitgeber nichts zu entscheiden ist, gibt es für den Betriebsrat nichts mitzubestimmen."

Die allgemeinen Aufgaben und Rechte des Betriebsrates sind in § 80 BetrVG genannt. Hierzu zählt auch die Überwachung der Einhaltung der arbeitnehmerschützenden Normen und Regelungen. Um seinen Aufgaben nachkommen zu können, werden dem Betriebsrat gem. § 80 Abs. 2 BetrVG Unterrichtungs- und Informationsrechte eingeräumt. Die vorliegende Klausel hat daher nur klarstellende Wirkung, da sich die Rechte des Betriebsrates bereits aus dem Gesetz ergeben. Dem Betriebsrat sind alle Möglichkeiten zur Überprüfung der Einhaltung der Betriebsvereinbarung einzuräumen. Jedoch hat der Betriebsrat kein generelles Zugriffsrecht auf die gespeicherten Daten, vielmehr unterliegt er denselben Anforderungen wie der Verantwortliche. Hierbei ist auch zu berücksichtigen, dass intensiver in die Rechte der betroffenen Personen eingegriffen wird, je mehr Personen Zugriff auf die gespeicherten Daten haben (BAG, Urt. v. 20.6.2013 – 2 AZR 546/12, ZD 2014, 260 m. Anm. *Wybitul/Astor*).

3. Festlegungen vor Inbetriebnahme der Videoüberwachung

Nr.	Frage	Antwort
1.	Aufstellungsort der Video- überwachung	[Niederlassung X: Außenbereich: Alle vier Hausecken. Innenbereich: Decke des Versandlagers, Halle 1]

Lachenmann

Nr.	Frage	Antwort
2.	erfasste Bereiche	[Erfasst wird der gesamte Außenbereich zwischen den Gebäudemauern und der Außenumgrenzung. Im Innenbereich werden in Halle 1 die Orte erfasst, in denen die Waren zum Versand eingepackt werden. Die Bereiche sind in dem angehängten Lageplan eingezeichnet.][1]
3.	Anbringungsorte der Hinweisschilder	[Im Außenbereich wird am Zaun alle 300m ein Hinweisschild aufgestellt. An der Zufahrt wird ein gut sichtbares Hinweisschild vor dem Erfassungsbereich der Kamera aufgestellt. Im Innenbereich werden Hinweisschilder zumindest 5m vor dem Erfassungsbereich der Kamera auf jedem Zugangsweg aufgestellt. Die Standorte der Hinweisschilder sind im Lageplan eingezeichnet.]
4.	Zeitraum der Überwachung	[Im Außenbereich ist die Überwachung vorerst auf zwei Jahre ab dem [...] beschränkt. Während des Betriebs erfolgt eine regelmäßige Auswertung der erzielten Erfolge. Im Innenbereich wird die Kamera vorerst nur im Monat Dezember des Jahres 2017 betrieben. Vor einer erneuten Überwachung wird der Erfolg der Maßnahme ausgewertet. Zudem wird die Kamera pro Tag insgesamt höchstens acht Stunden betrieben, davon höchstens vier Stunden in einer Schicht.]
5.	Grund der Einführung	[Außenbereich: In den letzten zwei Jahren wurde X mal in das Betriebsgelände eingebrochen, was zu erheblichem Sachschaden führte.] Innenbereich: Innerhalb des letzten Jahres wurden durch Kunden [...] nicht erhaltene Warensendungen angezeigt sowie in [...] Fällen reklamiert, dass auf der Rechnung aufgeführte Waren nicht enthalten waren. Weiterhin entstanden innerhalb des Lagers [...] Inventurdifferenzen, bei denen Diebstähle durch Mitarbeiter vermutet werden.]

Nr.	Frage	Antwort
6.	konkreter Zweck	[Außenbereich: Es sollen zum Schutze des Hausrechts Einbrüche, Vandalismus und sonstige Straftaten durch einen Abschreckungseffekt präventiv verhindert bzw. die Täter ermittelt werden können. Innenbereich: Ziel ist es, „Sendungsverluste, Sendungsbeschädigungen sowie Inhaltsschmälerungen zu vermindern und aufzuklären, das Eigentum der Arbeitgeberin, ihrer Kunden, Lieferanten und Beschäftigten zu schützen und das Postgeheimnis zu wahren." Die Videoüberwachungsanlage wird ausschließlich zur Aufklärung sowie zur Vorbeugung von Straftaten betrieben.][2]
7.	vorher ergriffene Maßnahmen	[Im Außenbereich ist ein Zaun aufgestellt, zudem kontrolliert ein Sicherheitsdienst mehrmals jede Nacht. Dennoch kam es im letzten Jahr zu […] Einbruchsversuchen und […] Fällen von Vandalismus. Zum Schutz gegen Warendiebstähle durch Mitarbeiter wurden vor sechs Monaten Kontrollgänge durch Sicherheitsdienste sowie Torkontrollen von Mitarbeitern eingeführt. Dennoch stieg in diesem Zeitraum die Zahl nicht mehr auffindbarer Waren um 5 % an. Daher erscheinen die zuvor versuchten, gegenüber der Videoüberwachung milderen Maßnahmen als nicht wirksam.]
8.	konkrete Feststellungen des Sachverhalts	[Abgleiche im Warenwirtschaftssystem sowie gezielte Kontrollen von Lagermitarbeitern führten zu keinem konkreten Verdacht gegen Mitarbeiter. Bei Stichprobenkontrollen der Lieferfahrer ergaben sich bei den gelieferten Paketen keine auffälligen Differenzen. Da Kunden von nicht oder fehlerhaft erhaltenen Lieferungen berichten, ist davon auszugehen, dass die Warenverluste dort entstehen, wo die Waren zum Versand verpackt werden. Daher sollen diese Mitarbeiter überwacht werden, um diesen Verdacht zu überprüfen zu können.][3]

Nr.	Frage	Antwort
9.	Abwägung der Interessen	[Aufgrund des vorgenannten Sachverhalts erscheint die Durchführung einer zeitlich beschränkten Videoüberwachung als letzte Möglichkeit, um die auftretenden Warenverluste zu verringern. Mildere Maßnahmen hatten keinen Erfolg. Zum Schutz der Mitarbeiter wird die Überwachung des Innenbereichs entsprechend der oben genannten Zeiten nur zeitlich begrenzt durchgeführt. Zum Schutz der Mitarbeiter werden weiterhin die unter Anlage 2 genannten technischen und organisatorischen Maßnahmen implementiert. Die Rechte der Beschäftigten überwiegen vorliegend nicht die Interessen von [Unternehmen], da der verfolgte Zweck legitim ist und erreicht werden kann sowie Maßnahmen zum Schutz der Betroffenen getroffen wurden.]
10.	Notwendigkeit einer verdeckten Überwachung	[Die Außenüberwachung erfolgt offen, entsprechend den in der Richtlinie genannten Anforderungen. Die Innenüberwachung erfolgt im Verpackungsraum 1 entsprechend obenstehender Maßstäbe. Im Verpackungsraum 2 erfolgt die Videoüberwachung verdeckt. Denn der Warenverlust ist bei in diesem Raum verpackten Waren um 75 % höher als in Raum 1. Zudem berichteten mehrere Mitarbeiter davon, dass die Türe teilweise überraschend verschlossen gewesen sei oder ihnen der Zutritt durch einen dort arbeitenden Mitarbeiter verwehrt worden wäre. Schließlich wurden bei den durchgeführten Taschenkontrollen am [Datum] bei zwei dort beschäftigten Mitarbeitern Waren aus dem Lager gefunden. Daher soll zum einen bei diesen beiden Mitarbeitern geprüft werden, ob sie öfters Warendiebstähle begehen, zum anderen werden aufgrund dieser Feststellungen auch andere Mitarbeiter der Abteilung verdächtigt. Eine offene Videoüberwachung würde nicht zur Überführung dieser Mitarbeiter führen.][4]

Nr.	Frage	Antwort
11.	Übermittlung der Daten an Dritte	[Das Kamerasystem wird durch die Firma […]installiert und gewartet, die langjährige Erfahrung hinsichtlich Videoüberwachungen aufweist. Sie ist zertifiziert nach […] und wird zur Umsetzung des Datenschutzrechts von der Kanzlei […] beraten. Ein Vertrag über Auftragsverarbeitung sowie eine Geheimhaltungsvereinbarung sind abgeschlossen und als Anlagen 4 und 5 angehängt. Weiterhin wird im Falle eines aktiven Außenalarms außerhalb der Betriebszeiten eine Live-Schaltung zu dem Unternehmen aufgebaut, das den Sicherheitsdienst und die Polizei unterstützen kann. Wird ein konkreter Schaden entdeckt, übernimmt das Unternehmen die Durchsicht der Aufnahmen, um Feststellungen über die Täter treffen zu können. Sind relevante Aufnahmen enthalten, werden diese an die Geschäftsleitung übergeben, die über eine Weiterverwertung entscheidet.] [ODER: Aufbau und Betrieb des Videoüberwachungssystems erfolgen nur intern durch die Abteilung […].][5]
12.	Auswertung der Daten	[Die Außenaufnahmen auf der Black Box dürfen nur ausgewertet werden, wenn ein Ereignis im Sinne der in Nr. 6 genannten Zweckbestimmung eingetreten ist. Der Verdacht einer Straftat in diesem Sinne liegt stets vor, wenn der Vorfall mittels Strafanzeige der Polizei mitgeteilt wird. Die Innenaufnahmen können zur Erreichung des Zwecks ausgewertet werden. Zur Auswertung befugt sind nur die zuvor festgelegten Personen. Weiter darf nur das tatsächlich relevante Videomaterial gespeichert werden, sonstige Aufnahmen sind umgehend zu löschen.]
13.	Kontrolle der Sicherheitsmaßnahmen	[Festzulegen ist abschließend, wie die Einhaltung von Verwendungsbeschränkungen effektiv kontrolliert wird. Dies wird in Anlage 2 dargestellt.]

Lachenmann

Anmerkungen

1. Genaue Standortbeschreibung der Kameras. Aus Transparenzgründen sollte der Standort der Kameras so genau wie möglich beschrieben werden. Dies betrifft neben dem Ort der Aufstellung auch eine Kennzeichnung der Bereiche, die von der Kamera erfasst werden. Wenn bei Aufnahmen bestimmte Bereiche ausgeblendet werden, sollte eine entsprechende Markierung erfolgen.

2. Darlegung eines legitimen Zwecks. Die Bedeutung der sauberen Festlegung des Zwecks der Videoüberwachung kann nicht hoch genug eingeschätzt werden, da an ihm die Zulässigkeit der Videoüberwachung gemessen wird (Art. 5 Abs. 1 lit. c, Art. 88 Abs. 2 DS-GVO, § 26 Abs. 4 S. 2 BDSG n. F.; BGH, Urt. v. 24.5.2013 – V ZR 220/12, ZD 2013, 447; Artikel-29-Datenschutzgruppe, Working Paper 249, S. 12 ff.; *Lachenmann* in: Taeger (Hrsg.), Big Data & Co, S. 391). Eine eindeutige Zweckfestlegung hat vor Inbetriebnahme der Videoüberwachungsanlage zu erfolgen. Der Verantwortliche ist an diesen Zweck gebunden – die Aufnahmen können also im weiteren Verlauf nicht für andere Zwecke genutzt werden. Der im Zitat genannte Zweck wurde durch BAG, Beschl. v. 26.8.2008 – 1 ABR 16/07, NZA 2008, 1187 für legitim befunden, so dass sich die Zweckbestimmung weiterhin an dieser Entscheidung orientieren kann (→ 2. § 2).

3. Prüfung milderer Mittel. Von hoher Bedeutung ist weiterhin die Prüfung des Vorliegens milderer Mittel. Aus diesem Erfordernis ergibt sich, dass vor Einrichtung der Videoüberwachungsanlage andere Maßnahmen versucht werden müssen. Mildere Mittel sind beispielsweise Torkontrollen (dazu BAG, Beschl. v. 9.7.2013 – 1 ABR 2/13, ZD 2014, 256 m. Anm. *Wybitul*), Stichprobenkontrollen wie Testkäufe oder Kontrollgänge durch Sicherheitsdienste. Es ist zu dokumentieren, welche milderen Mittel eingesetzt wurden und dass diese nicht den gewünschten Effekt brachten, bzw. dass ein milderes Mittel nicht versucht werden musste, da es nicht ebenso erfolgreich wäre. Dies geht einher mit einer genauen Feststellung des Sachverhaltes.

4. Darlegung konkreter Tatsachen für verdeckte Überwachung. Die verdeckte Überwachung bedeutet einen besonders schweren Eingriff in die Rechte der Beschäftigten. Daher sind in diesen Fällen die Feststellungen möglichst umfangreich und im Detail in dem Formblatt zu beschreiben, die den konkreten Verdacht einer strafbaren Handlung gegenüber bestimmten Personen oder Personengruppen begründen. Es müssen besondere Tatsachen für die Annahme einer besonderen Gefährdungslage möglichst genau dargelegt werden, eine allgemeine Beschreibung wie „es gibt Warenverluste" reicht nicht aus. Zudem ist darzulegen, weshalb mildere Mittel erfolglos waren bzw. nicht erfolgsversprechend sind (→ 2. Anm. 11).

5. Abwägung bei Datenerhebung durch Dritte. Es kann sinnvoll sein, die Kontrolle der Videoüberwachung einem externen Sicherheitsdienst aufzutragen. Dies kann zu günstigeren Kosten führen oder einer Einbindung in ein Sicherheitsgesamtkonzept dienen, wenn der Anbieter weitere Sicherheitsdienstleistungen übernimmt. Zudem haben solche Dienstleister häufig eine besondere Spezialisierung in Belangen des Datenschutzes, z. B. Zertifizierungen. Da jedoch durch die Auslagerung von Daten stets Gefahren für den Datenschutz entstehen, ist eine Vereinbarung zur Auf-

Lachenmann

tragsverarbeitung unabdingbar. Damit gelten alle Rechte und Pflichten der Richtlinie auch für den externen Dienstleister, inklusive namentlicher Benennung der Mitarbeiter mit Zugriffserlaubnis. Die Gründe für ein Outsourcing der Dienstleistung sollten ebenfalls in das Formblatt aufgenommen werden.

4. Maßnahmen zum Schutz der betroffenen Personen

§ 1 Art des Kamerasystems[1]

Kamera-system	Kamera-anzahl	Standort der Kameras	Art des Systems	Leistungs-merkmale	Aufzeich-nungs-möglichkeit	Anzeige-geräte	weitere Einsatz-möglich-keiten
[Außen-überwa-chung; Standort X]	[8]	[Ecken des Gebäudes]	[digi-tal]	[Reichweite: 50 m; Kein Zoom; Keine Schwenk-funktion]	[Ja]	[Nur bei manuel-lem Ab-ruf]	[Nein]

§ 2 Implementierung technischer Einschränkungen

1.	Hat das System eine Zoom- oder Schwenkfunktion?	[Nein]
2.	Sind automatisierte Sichtfeldein-schränkungen möglich?	[Nein, aber die Außenkameras sind so eingestellt, dass kein öf-fentlicher Straßenraum erfasst wird.]
3.	Ist ein automatisiertes Ausblen-den/Verpixeln von Personen möglich?	[Nein, würde den in Anlage 1 ge-nannten Zwecken entgegenste-hen.]
4.	Ist der Einsatz einer bloßen Monitor-Übertragung ohne Aufzeichnung möglich? Warum nicht?	[Nein, würde den in Anlage 1 ge-nannten Zwecken entgegenste-hen.]
5.	Besitzt das System nicht benötigte Funktionen? Wenn ja, wurden diese temporär oder dauerhaft deaktiviert? Insbesondere: Wurde die akustische Aufnahmefunktion deaktiviert?	[Das System ist ab Werk ohne spezielle Funktionen ausgestattet. Insbesondere besteht keine akus-tische Aufnahmefunktion.]
6.	Ist sichergestellt, dass die Datums- und Zeitangaben im Bild stets einge-blendet werden?	[Ja]
7.	Ist sichergestellt, dass die verschiede-nen Kamerasysteme getrennt vonein-ander betrieben werden?	[Ja]

Lachenmann

8.	Ist sichergestellt, dass die Kamerasysteme nur soweit technisch zwingend notwendig mit weiteren IT-Systemen verknüpft sind?	[Die Daten werden über das interne LAN und WLAN verschlüsselt übertragen. Die Aufnahmen werden in einem getrennten Rack des Rechenzentrums […] gespeichert. Schlüssel zu diesem Rack besitzen nur die in § 4 genannten Personen.]
9.	Falls die Kamerabilder in Einzelfällen mit einer Bilddatenbank abgeglichen werden sollen: mit welcher?	[Es erfolgt kein Abgleich mit einer Bilddatenbank.]
10.	Ist eine Automatik implementiert, dass bei der Überwachung identifizierte Einzelpersonen persönlich oder per Post informiert werden?	[Die Mitarbeiter sind angewiesen, diese Information in Einzelfällen per Post durchzuführen.]

§ 3 Dokumentation der Konfigurationseinstellungen[2]

	Ordnungsnummer der Konfiguration	Speicherung der Konfigurationseinstellungen durch	Uhrzeit und Datum der Einstellung	Name, Kontaktdaten und Abteilung des verantwortlichen Veranlassers	Name, Kontaktdaten und Abteilung des durchführenden Administrators/ Technikers	Unterschriften
1.						
2.						

§ 4 Personen mit Zugriffsberechtigung auf das Überwachungssystem

	Name	*Kontaktdaten/ Abteilung*	*Hat Zugriff auf*	*Verantwortlicher*
1.			[Aufnahmen]	
2.			[Technische Konfiguration]	

§ 5 Berechtigungskonzept

[→ E. IV.]

Anmerkungen

1. **Sicherstellung des Schutzes der betroffenen Personen.** Die Anlage 2 sollte für jedes Kamerasystem getrennt bzw. jede Kamera ausgefüllt werden. Sie stellt so in

Lachenmann

der Praxis die Einhaltung der in der Richtlinie genannten Anforderungen sicher. Hier können die Einzelfallabwägungen für die jeweiligen Kamerasysteme getroffen werden und so die Einhaltung der gesetzlichen Anforderungen sichergestellt werden.

2. Schutz vor Änderungen durch Dokumentation. Die bei Einrichtung der Überwachungsanlage vorgenommenen Konfigurationseinstellungen sollten dokumentiert werden. So kann später nachvollzogen werden, ob unzulässige Änderungen vorgenommen wurden. Dadurch ist dem Schutz der gefilmten Personen ebenso wie dem Schutz der Geschäftsgeheimnisse gedient. Die Dokumentation kann bspw. über einen Screenshot erfolgen, der ausgedruckt und mit Datum und Unterschrift des verantwortlichen Veranlassers der Konfiguration und des durchführenden Administrators/Technikers versehen wird.

5. Protokoll zur Auswertung von Videoaufnahmen

Protokoll der Auswertung

Nr.	
Datum, Uhrzeit:	
anwesende Personen:	
Anlass der Auswertung der Videoaufnahmen:	
Ergebnis der Auswertung der Videoaufnahmen:[1]	☐ Auswertung ergebnislos, kein relevanter Sachverhalt sichtbar. ☐ Der untersuchte Vorfall ist auf den Aufnahmen enthalten. ☐ Individuelle Personen konnten ermittelt werden, die für die Untersuchung relevant sein können. ☐ Keine individuelle Person zu dem Vorfall kann ermittelt werden. ☐ Ein anderer Sachverhalt als der vorliegend durchsuchte Vorfall als der untersuchte wurde festgestellt.[2] ☐ Sonstiges:
Speicherung der Videoaufnahmen weiter notwendig:	☐ Weiterleitung an die Personalabteilung. ☐ Weiterleitung an die Staatsanwaltschaft. ☐ Weiterleitung an die Geschäftsführung. ☐ Vernichtung der Aufnahmen ist möglich. ☐ Sonstiges:
Unterschriften der anwesenden Personen[3]	

Lachenmann

Anmerkungen

1. Dokumentation des Ergebnisses. Eine weitere Speicherung von Aufnahmen ist nur zulässig, wenn ein Sachverhalt ermittelt werden kann, der im Rahmen des Zwecks der Erhebung einschlägig ist. Wenn ein konkretes Ereignis sichtbar ist, das mit Hilfe der Aufnahmen untersucht werden sollte, können die Aufnahmen für die weiteren Schritte eingesetzt werden. Ansonsten sind die Aufnahmen als nicht relevant einzustufen und unverzüglich zu löschen.

2. Zufallsfunde. Bei Auswertung von Videoaufnahmen können zufällig Sachverhalte festgestellt werden, die nicht untersucht wurden. Sind diese Entdeckungen vom ursprünglichen Zweck der Videoüberwachung abgedeckt, ist eine Verwertung der Aufnahmen möglich. Das BAG bestätigte ausdrückliche, dass solche Zufallsfunde verwertbar sind, wenn die Videoüberwachung an sich rechtmäßig durchgeführt worden war (BAG, Urt. v. 22.9.2016 – 2 AZR 848/15, NZA 2017, 112; als „noch vertretbar" bewertend *Fuhlrott/Schröder*, NZA 2017, 278 (283)).

3. Sicherung des Protokolls. Eine Abschrift des Protokolls sollte bei jedem Beteiligten gesondert aufbewahrt werden.

IV. Tor- und Spindkontrollen bei Beschäftigten

Taschenkontrollen zählen seit jeher zum Instrumentarium der Kontrollmöglichkeiten von Arbeitgebern. Die arbeitsrechtliche und unternehmensberatende Praxis belegt, dass sie bis heute vielfach üblich sind. Dies dürfte auf das Zusammenwirken zweier Ursachen zurückzuführen sein: Zum einen ist die **Diebstahlsprävention** als der zentrale Grund, derartige Kontrollen durchzuführen, zeitlos. Zum anderen können auch moderne und technisierte Überwachungstechniken wie die **Videoüberwachung** oder die im Einzelhandel teils üblichen **Diebstahlsicherungen** und **Warensicherungsetiketten** Diebstähle nicht verlässlich verhindern. Sicherungsetiketten sind im Zuge der Herstellung von Waren untauglich (weil immer ein Zeitraum besteht, in dem sie noch nicht angebracht sein können, und weil sich zahlreiche Gegenstände zu einer solchen Sicherung nicht oder kaum eignen), Videoüberwachungsmaßnahmen unterliegen engen rechtlichen Zulässigkeitsvoraussetzungen (→ H.III.) und können vor allem das Einstecken kleiner Gegenstände kaum zuverlässig aufdecken.

In generalisierter Form finden Taschenkontrollen in der Regel beim Verlassen des Betriebsgeländes oder bestimmter Teile des Betriebsgeländes, also am „Werkstor", statt (**Torkontrollen**). Dienstleister und Verwaltungen, die ihre Mitarbeiter typischerweise in reinen Bürogebäuden beschäftigen, werden solche Kontrollen nur in den seltensten Fällen vornehmen; in Produktionsunternehmen sowie im Handel und in der Logistik müssen sich Mitarbeiter hingegen nicht selten solchen Überprüfungsprozeduren stellen. Es dürfte die Schlussfolgerung gelten, dass Torkontrollen in einer Branche umso häufiger stattfinden, desto zahlreicher oder besser zugänglich die Möglichkeiten der Mitarbeiter sind, dem Arbeitgeber (oder auch – etwa bei der gewerblichen Einlagerung von Fremdwaren – einem Dritten) Schaden durch verbotswidriges Entwenden von Gegenständen zuzufügen. Diebstähle kommen überall vor; aber sie sind nicht überall gleich häufig und wirtschaftlich nicht überall gleichermaßen schädigend.

Als **Objekte von Diebstahl oder Unterschlagung** kommen einerseits Fertig- und Halbfertigprodukte in Betracht, sofern diese leicht transportierbar sind, zum anderen Ersatzteile, Bestandteile, Werkzeuge sowie ggf. Rohstoffe. In der Regel geht es bei Torkontrollen hingegen nicht um den Schutz besonderer Daten einschließlich besonderen Know-hows.

Torkontrollen finden meist **laufend** – also jeden Tag und von früh bis spät – statt, betreffen aber in aller Regel nicht jeden das Werkstor passierenden Mitarbeiter bzw. betreffen ihn nicht jeden Tag. Das folgt neben rechtlichen Erfordernissen auch aus der Praktikabilität. Schon aus Kapazitätsgründen werden Torkontrollen meist nur stichprobenartig durchgeführt. Die Auswahl erfolgte früher nach den verschiedensten Kriterien oftmals durch Personen wie etwa den Pförtner, heute aber in aller Regel durch einen automatischen **Zufallsgenerator,** was wesentlich weniger fehler- und vor allem manipulationsanfällig ist, vor allem aber den von der Kontrolle betroffenen Mitarbeiter auch deutlich **weniger stigmatisiert.** Auch der zentralen Entscheidung des BAG zu dieser Thematik lässt sich dieser Gedanke entnehmen (BAG, Beschl. v. 15.4.2014 – 1 ABR 2/13, NZA 2014, 551), was die Schlussfolgerung

Huth

rechtfertigt, dass eine Abweichung von der Zufallsabhängigkeit unter dem Gesichtspunkt der Verhältnismäßigkeit allenfalls in gut begründeten Einzelfällen hin-
nehmbar sein kann.

Nach ihrer **Intensität** können Torkontrollen von der eher oberflächlichen Sichtung insbesondere der mitgeführten Behältnisse (Taschen) über deren genauere In-
spektion sowie die Kontrolle auch der (Ober-)Bekleidung der Mitarbeiter bis hin
zur persönlichen Leibesvisitation reichen. Mit fortschreitender Technisierung kommen außerdem Taschen- und Personenkontrollen durch Scan-Einrichtungen in Betracht, wie sie etwa auch bei der Sicherheitskontrolle an Flughäfen verwendet werden. Mit zunehmender Kontrollintensität wird auch das Persönlichkeitsrecht der
kontrollierten Mitarbeiter zunehmend tangiert, so dass die rechtlichen und inhaltlichen Anforderungen an eine wirksame Regelung solcher Kontrollen steigen.

In Betrieben, die seit eh und je Torkontrollen durchführen, kommt es erfahrungsgemäß recht selten zu ernsthaften inhaltlichen Auseinandersetzungen zwischen Arbeitgeber und Belegschaft über deren Berechtigung. Das spiegelt sich darin, dass
nicht allzu viel einschlägige Rechtsprechung der obersten Arbeitsgerichte zu diesem
Thema existiert. Das wird man als Hinweis auf die **weitgehende Akzeptanz solcher
Kontrollmechanismen** werten können. Letztlich äußert das Bundesarbeitsgericht
keine Bedenken an der **Zulässigkeit von Torkontrollen**, da kein weniger einschnei-
dendes, wenigstens gleich gut geeignetes Mittel zur Eindämmung von Diebstählen
durch das Personal zur Verfügung stehe (BAG, Beschl. v. 15.4.2014 – 1 ABR 2/13,
NZA 2014, 551 (555 f.)). Voraussetzung für die arbeitsrechtliche Unbedenklichkeit
dürfte allerdings die automatisiert-zufällige Auswahl der zu kontrollierenden Mitarbeiter und deren Kontrolle in einem abgeschlossenen, von außen uneinsehbaren
Raum sein. Zudem dürfen Mitarbeiter keinesfalls zur Leibesvisitation durch Nicht-
Polizisten gezwungen werden und spielt unter dem Gesichtspunkt der Verhältnismäßigkeit auch die Kontrolldichte, also die Häufigkeit bzw. Anzahl der Kontrollen
eine Rolle.

In der Vorinstanz hatte das hessische LAG ergänzend festgestellt, dass zweifellos
auch noch **nach Dienstschluss** die (Neben-)Pflicht des Arbeitnehmers bestehen kann,
sich am Werkstor kontrollieren zu lassen. Der Arbeitnehmer kann sich also nicht
mit dem bloßen Hinweis der Kontrolle entziehen, er habe jetzt frei. Allenfalls sei die
Frage zu klären, ob die Dauer der Kontrolle als Arbeitszeit zu vergüten sei (LAG
Hessen, Urt. v. 10.8.2011 – 8 Sa 1945/10, Rn. 37 – juris).

Erst recht werden spezifisch datenschutzrechtliche Aspekte in der Rechtsprechung
der Arbeitsgerichte bislang nur selten thematisiert. Gleichwohl handelt es sich um
Maßnahmen des Arbeitgebers, die nicht nur am klassischen individuellen und kollektiven Arbeitsrecht zu messen sind, sondern auch am Datenschutzrecht. Soweit
ersichtlich werden außer von *Joussen* (NZA 2010, 254 (257 ff.) mit zweifelhafter
und wohl überholter Begründung; ausdrücklich offengelassen in BAG, Beschl. v.
15.4.2014 – 1 ABR 2/13, NZA 2014, 551 (556)) kaum Zweifel daran geäußert,
dass **Torkontrollen an § 32 BDSG a. F. zu messen** sind, selbst wenn im Einzelnen
Uneinigkeit darüber herrscht, nach welchen Kriterien und unter welche Teilnorm
des § 32 BDSG a. F. die Torkontrollen im Einzelfall zu kategorisieren und zu subsumieren sind. Richtigerweise ist mit *Stahmer* und *Kuhnke* (Plath/*Stahmer/Kuhnke*,
BDSG, § 35 Rn. 135 f.) danach zu differenzieren, ob es einem konkreten Straftat-
verdacht nachzugehen gilt (dann § 32 Abs. 1 S. 2 BDSG a. F.) oder ob die Kontrolle
präventiv, also mit dem Ziel der Vermeidung von Straftaten erfolgt (dann § 32

Abs. 1 S. 1 BDSG a. F.). Jeweils dürfte § 32 Abs. 2 BDSG a. F. hinzuzuziehen sein, da die Erhebung der Daten im Rahmen der Tor- oder Taschenkontrollen typischerweise nicht automatisiert erfolgt.

Auch die neue **DS-GVO** enthält keine Klarstellung zu diesem Thema. Im Gegenteil verweist sie hinsichtlich des Beschäftigtendatenschutzes nur recht vage auf grundlegende Prinzipien und überlässt die Einzelheiten der Umsetzung dem nationalen Gesetzgeber, wobei sie Kollektivvereinbarungen ausdrücklich als Rechtsquelle nationalen Rechts zulässt (Art. 88 Abs. 1 DS-GVO). Der dortige Begriff der Kollektivvereinbarungen erfasst für das deutsche Recht auch Betriebsvereinbarungen, ErwG 155 DS-GVO (z.B. *Taeger/Rose*, BB 2016, 819 (821 f.); *Kort*, DB 2016, 711 (716)). Von seiner Möglichkeit, die vagen Vorgaben der DS-GVO für der deutschen Rechtsordnung unterliegende Sachverhalte zu präzisieren, hat der deutsche Gesetzgeber in § 26 BDSG n. F. leider keinen nennenswerten Gebrauch gemacht. Stattdessen wurde auch die unklare Abgrenzung zwischen § 32 Abs. 1 S. 1 und S. 2 BDSG a. F. beibehalten.

Arbeitgeber, die mit Diebstählen durch die Belegschaft in nennenswertem Umfang zu kämpfen haben, sollten zunächst anhand der nachfolgenden **Checkliste** prüfen, ob Torkontrollen in ihrem Fall praktisch möglich und rechtlich zulässig sein können. Ist dies der Fall, müssen sie das Gespräch mit dem Betriebsrat zum Zwecke der Einführung solcher Kontrollen suchen und haben mit diesem eine Einigung möglichst im Wege der **Betriebsvereinbarung** zu erzielen. Die **Mitbestimmungspflicht** folgt zwingend **aus § 87 Abs. 1 Ziff. 1 BetrVG.** Nur in Betrieben, für die kein Betriebsrat zuständig ist, kann der Arbeitgeber die Regelung als einseitige Anordnung erlassen und/oder als Anlage zu künftigen Arbeitsverträgen aufnehmen.

1. Checkliste zu Tor- und Spindkontrollen

§ 1 Bestimmung der Kontrollnotwendigkeit einschließlich Abwägung der Interessen

- Besteht der Verdacht, dass Mitarbeiter Eigentum des Arbeitgebers in nennenswertem Maße und Werte stehlen?
  - Lässt sich dieser Verdacht objektiv belegen (z.B. Inventurergebnisse und Ausschluss anderer Verlustgründe)?
  - Lassen sich solche Diebstähle durch Tor- und/oder Spindkontrollen verhindern oder jedenfalls eindämmen?
  - Bestehen einfachere, insbesondere in das Persönlichkeitsrecht der Mitarbeiter weniger eingreifende Kontroll- oder Verhinderungsmöglichkeiten (z.B. Videoüberwachung am Ausgang; Ausgabe bestimmter Werkzeuge nur gegen Quittung)?
- Gibt es Anhaltspunkte dafür, dass das vom allgemeinen Persönlichkeitsrecht der Mitarbeiter geschützte Interesse, nicht untersucht und allgemein verdächtigt zu werden, im konkreten Fall das Interesse des Arbeitgebers an der Kontrolle überwiegt?

§ 2 Bestimmung der Kontrollmöglichkeiten

- Verlassen die Mitarbeiter ausschließlich über einige wenige Ausgänge das Betriebsgelände? Verlassen die Mitarbeiter das Gelände an diesen Stellen typischerweise zu Fuß?

Huth

– Falls nein: Gibt es andere Stellen, die alle Mitarbeiter zwingend zu Fuß passieren, wenn sie nach der Arbeit den Heimweg antreten?
– Falls ja: Besteht an diesen Ausgängen die Möglichkeit, Ausgangssperren wie z. B. Drehkreuze und zusätzlich Kartenlesegeräte oder dergleichen zwecks Türöffnung zu installieren?
– Falls ja: Besteht die technische Möglichkeit und Bereitschaft, Werksausweise in Form technisch lesbarer Karten oder anderer Tokens zu verwenden, oder werden diese gegebenenfalls bereits verwendet?
– Besteht die örtlich-räumliche Möglichkeit, die Torkontrollen in einem von außen nicht einsehbaren Raum durchzuführen?
– Besteht die Möglichkeit, die Torkontrollen durchzuführen, ohne dass der Heimweg der Mitarbeiter – abgesehen vom Kontrollfall selbst – unangemessen verzögert oder sonst erschwert wird?
– Besteht die personelle Möglichkeit zu Torkontrollen? Werden insbesondere die Ausgänge von zahlenmäßig genügend und genügend ausgebildetem Personal überwacht?

§ 3 Prüfung des Datenschutzes
– Ist die Datenerhebung im Rahmen der Kontrollen konkret erforderlich oder kann auf die Erhebung bestimmter Daten verzichtet werden?
– Ist die Datenspeicherung im Rahmen der Kontrollen konkret erforderlich oder kann auf die Speicherung bestimmter Daten verzichtet werden?
– Ist die Dauer der Datenspeicherung im Rahmen der Kontrollen konkret erforderlich, oder können zumindest bestimmte Daten früher gelöscht werden?
– Ist die Datenverarbeitung im Rahmen der Kontrollen konkret erforderlich, oder kann auf die Verarbeitung bestimmter Daten verzichtet werden?
– Werden die Daten ausreichend vertraulich und ausreichend gegen den unbefugten Zugriff Dritter geschützt aufbewahrt bzw. gespeichert?
– Werden die sonstigen Anforderungen des Datenschutzes beachtet?

2. Betriebsvereinbarung
über die Durchführung von Tor- und Spindkontrollen

Zwischen der [......] GmbH

und dem bei ihr für den Betrieb [.....] gebildeten Betriebsrat

wird Folgendes vereinbart:[1]

§ 1 Geltungsbereich
  Diese Betriebsvereinbarung gilt räumlich für den Betrieb [...] der [...] GmbH und persönlich für alle in diesem Betrieb Beschäftigten einschließlich der dort eingesetzten Arbeitnehmer von Zeitarbeitsunternehmen.[2]
§ 2 Torkontrollen
  In dem Betrieb [...] werden Torkontrollen nach folgender Maßgabe durchgeführt:

Huth

(1) Kontrollen finden an beiden Ausgängen vom Werksgelände (Tor 1 und Tor 2) statt.[3] An beiden Ausgängen sind die Beschäftigten verpflichtet, zum Verlassen des Werksgeländes das jeweils angebrachte Drehkreuz zu passieren und sich vor dem Passieren durch das Vorhalten des persönlichen Werksausweises an dem vor dem Drehkreuz montierten elektronischen Lesegerät auszuweisen.[4]

(2) Das Drehkreuz ist während der Betriebszeiten in der Regel frei beweglich. Nach Auswahl durch einen elektronischen Zufallsgenerator sperrt das Kreuz jedoch von Zeit zu Zeit nach Vorhalten des Werksausweises den Durchgang. In diesen Fällen muss sich der zufällig ausgewählte Beschäftigte einer Kontrolle unterziehen.[5] Der Kontrollzyklus wird vom Arbeitgeber von Zeit zu Zeit nach billigem Ermessen geändert, worüber der Arbeitgeber den Betriebsrat jeweils unverzüglich informiert.[6]

(3) Die Kontrolle findet durch die am jeweiligen Werkstor eingesetzten Mitarbeiterinnen und Mitarbeiter des Wachschutzes [je nach Gegebenheiten stattdessen: Pförtner] statt. Sie wird in dem eigens dafür vorgesehenen Raum des Pförtnerhauses durchgeführt, der von außen nicht einsehbar ist. Der zu kontrollierende Beschäftigte hat sämtliche mitgeführten Behältnisse und Taschen zu öffnen und der Kontrollperson die eingehende Durchsicht zu ermöglichen. Dies gilt insbesondere für Hand- und Aktentaschen, Rucksäcke und Koffer sowie außerdem für Jacken- und Manteltaschen einschließlich der Taschen von Jacketts und Blazern. Im begründeten Verdachtsfall fordert die Kontrollperson den Beschäftigten zudem auf, sämtliche Taschen seiner Bekleidung zu leeren, also insbesondere auch Hosen-, Rock-, Kleid-, Hemd- und Blusentaschen. Der Beschäftigte ist nicht verpflichtet, dieser weitergehenden Aufforderung Folge zu leisten und/oder diese weiteren Taschen von der Kontrollperson durchsehen zu lassen. Weigert er sich, kann die Kontrollperson jedoch die Kontrolle durch die Polizei durchführen lassen.[7]

(4) Für im Betrieb hergestellte Produkte, die der kontrollierte Beschäftigte bei sich führt, hat er einen geeigneten Berechtigungsnachweis bei sich zu führen (z. B. Kassenbon Personaleinkauf).[8] Finden sich bei der Kontrolle Gegenstände, die dem Arbeitgeber oder einem anderen Betriebsangehörigen gehören oder zu gehören scheinen und an denen der kontrollierte Beschäftigte keine Berechtigung nachweist, so ist die Kontrollperson berechtigt, diese Gegenstände einzubehalten und unter Verschluss zu nehmen. Die Kontrollperson informiert unverzüglich den Arbeitgeber.

(5) Über jede Kontrolle – insbesondere auch über die Kontrolle ohne Befund – fertigt die Kontrollperson das als Anlage 1 dargestellte Protokoll[9] an, welches sie unterzeichnet und welches der kontrollierte Beschäftigte gegenzeichnet. Einbehaltene Gegenstände werden im Protokoll aufgeführt; etwaige Verweigerungen des Beschäftigten zur Durchführung der Kontrolle werden vermerkt. Weigert sich der kontrollierte Beschäftigte, das Protokoll zu unterzeichnen, so ist eine zweite Kontrollperson oder – falls eine solche nicht verfügbar oder die Hinzuziehung untunlich ist – die Polizei hinzuzuziehen.

(6) Das Verlassen des Werksgeländes auf einem anderen Wege als durch die beiden Werkstore ist außer für den Notfall (Flucht- und Rettungswege) untersagt.[10] Der Arbeitgeber ist berechtigt, jeden Beschäftigten einer Kontrolle entsprechend dieser Betriebsvereinbarung zu unterziehen, der auf anderem Wege das Werksgelände verlässt; dies gilt auch, wenn ein Beschäftigter versucht, das Werksgelände zwar durch eines der beiden vorgesehenen Werkstore, jedoch ohne Vorhalten seines persönlichen Werksausweises zu verlassen.

Huth

§ 3 Besondere Taschenkontrollen

Im Falle konkreten Diebstahlsverdachts[11] sind die Kontrollpersonen berechtigt, Kontrollen entsprechend § 2 dieser Betriebsvereinbarung selbst ohne Auslösen des Zufallsgenerators durchzuführen. Verweigert sich der Beschäftigte, ist die Polizei hinzuzuziehen. Auch hierüber ist ein Protokoll entsprechend § 2 anzufertigen. Der Arbeitgeber ist unverzüglich und durch diesen binnen drei Arbeitstagen der Betriebsrat zu informieren.

§ 4 Spindkontrollen

Bestehen gegen einen Beschäftigten nach einer Torkontrolle nach § 2 oder nach der besonderen Taschenkontrolle nach § 3 Verdachtsmomente, dass der Beschäftigte ein Diebstahls-, Unterschlagungs- oder ähnliches Delikt begangen haben könnte, so kann der Arbeitgeber oder die Kontrollperson den Beschäftigten auffordern, den ihm zugewiesenen persönlichen Spind in Anwesenheit der Kontrollperson und einer hierfür hinzuzuziehenden weiteren Person (weitere Kontrollperson oder ein Mitglied der Geschäftsführung, der Personalabteilung oder des Betriebsrats) zu öffnen und vollständig einschließlich sämtlicher darin enthaltener Behältnisse durchsuchen zu lassen. Dies gilt auch, wenn aus anderem Grunde der konkrete Verdacht besteht, dass der Beschäftigte einen Diebstahl, eine Unterschlagung oder ein ähnliches Delikt zu Lasten des Arbeitgebers oder eines Betriebsangehörigen oder zu Lasten von Kunden, Lieferanten oder anderen Geschäftspartnern des Arbeitgebers begangen hat. Weigert sich der Beschäftigte, so kann die Polizei hinzugezogen werden, um die Spindkontrolle durchzuführen.[12] § 2 Abs. 4 und 5 gelten entsprechend.

§ 5 Protokolle, Datenspeicherung

(1) Die Kontrollprotokolle werden in einem verschlossenen Schrank im Pförtnerhaus für Dritte uneinsehbar aufbewahrt und durch einen Mitarbeiter der Personalabteilung [zusammen mit einem Mitglied des Betriebsrats] regelmäßig, mindestens alle vierzehn Tage abgeholt. Nach Durchsicht und Kategorisierung (siehe Abs. 2) werden sie durch die Personalabteilung binnen höchstens weiterer vierzehn Tage den einzelnen Personalakten[13] der kontrollierten Mitarbeiter zugeordnet.[14] Aus der Personalakte werden die Protokolle nach Ablauf von 24 Monaten entfernt, sofern im Falle von Auffälligkeiten auf den jeweiligen Vorfall bezogen keine arbeitsrechtlichen oder anderen zivilrechtlichen Maßnahmen (z.B. Ermahnung, Abmahnung, Kündigung, Herausgabeforderung, Schadenersatzforderung) ergriffen worden sind. Sind solche Maßnahmen ergriffen worden, so verbleiben die entsprechenden Protokolle für 48 Monate in der Personalakte, im Falle einer Auseinandersetzung über die Maßnahme mindestens aber bis zur rechtskräftigen Entscheidung darüber. Im Falle einer Abmahnung werden die entsprechenden Protokolle zusammen mit der Abmahnung aus der Personalakte entfernt.[15]

(2) Die Kategorisierung erfolgt tabellarisch (z.B. Excel) ohne Zuordnungsmöglichkeit zu einer konkreten Person[16] nur nach folgenden Daten:
– Kalendermonat der Kontrolle
– Wochentag der Kontrolle
– Uhrzeit der Kontrolle
– Ergebnis der Kontrolle (mit/ohne Befund)
– Gegenstände einbehalten (ja/nein)

Huth

– Anzeige erstattet (ja/nein)
– Verdacht später entkräftet (ja/nein)
– Personalmaßnahme eingeleitet (außerordentliche Kündigung/ordentliche Kündigung/Abmahnung/Ermahnung)
    Aus dieser Tabelle werden die einzelnen Daten nach Ablauf von zehn Jahren entfernt. Der Betriebsrat ist jederzeit berechtigt, diese Tabelle einzusehen.

(3) Die Kartenlesegeräte an den Ausgängen dienen ausschließlich dazu, die Türsperre durch den elektronischen Zufallsgenerator auszulösen und zu belegen, dass sich jeder Beschäftigte dort ausweist. Die mittels Lesegerät gespeicherten Daten, also die Information, welcher Mitarbeiter um welche Uhrzeit welches Tor passiert, werden zu keinem anderen Zweck – insb. nicht zur Arbeitszeitkontrolle – verwendet und nach 24 Stunden automatisch gelöscht.[17] Die automatische Löschung darf der Arbeitgeber manuell verhindern, wenn und soweit der konkrete Verdacht besteht, dass ein oder mehrere Beschäftigte das Tor ohne ordnungsgemäßen Ausweis passiert haben. In diesem Fall sind die Daten unverzüglich zu löschen, sobald und soweit sie zum Nachweis dessen nicht mehr benötigt werden.

§ 6 Inkrafttreten, Kündigung, Nachwirkung

    Diese Betriebsvereinbarung tritt mit ihrer Unterzeichnung in Kraft. Sie ist kündbar mit einer Frist von sechs Monaten zum Ende eines Kalenderjahres.[18] Im Falle ihrer Kündigung wirkt sie nach bis zum Inkrafttreten einer neuen Regelung.[19]

– Anlage –

Muster eines Protokolls i. S. v. § 5 Abs. 2 der Betriebsvereinbarung[20]

Protokoll
über eine Personalkontrolle am Werkstor entsprechend der Betriebsvereinbarung über die Durchführung von Tor- und Spindkontrollen vom [Datum der Betriebsvereinbarung]
    I. allgemeine Angaben
        1. Werkstor, an dem die Kontrolle stattgefunden hat: _____
        2. Datum der Kontrolle: _____
        3. Uhrzeit der Kontrolle: _____
        4. Name der Kontrollperson: _____
        5. Name weiterer Anwesender: _____
    II. Angaben zur kontrollierten Person
        1. Name der kontrollierten Person: _____
        2. Identitätsfeststellung anhand:
            O Werksausweis Nr. _____
            O Personalausweis Nr. _____
            O der Kontrollperson in Person bekannt
            O sonstige: _____
        3. Personalnummer der kontrollierten Person (sofern bekannt): ____
        4. mitgeführte Taschen od. sonstige Behältnisse:
            _____
            _____
            _____

Huth

III. Angaben zur Kontrolle
   1. Anlass für die Kontrolle:
     O Auswahl per Zufallsgenerator
     O konkreter Verdacht:

       _____

       _____

       _____

   2. Verhalten der kontrollierten Person (Mehrfachauswahl möglich):
     O kooperativ
     O unkooperativ
     O Einwilligung in Maßnahmen
     O keine Einwilligung in Maßnahmen
   3. folgende Behältnisse und Taschen wurden geöffnet und von der Kontrollperson mit folgenden Ergebnissen durchgesehen:

Handtasche	ja / nein / nicht vorhanden
	Öffnung gestattet / Öffnung verweigert
	keine Funde / folgende Funde: _____
Aktentasche	ja / nein / nicht vorhanden
	Öffnung gestattet / Öffnung verweigert
	keine Funde / folgende Funde: _____
Rucksack	ja / nein / nicht vorhanden
	Öffnung gestattet / Öffnung verweigert
	keine Funde / folgende Funde: _____
Koffer	ja / nein / nicht vorhanden
	Öffnung gestattet / Öffnung verweigert
	keine Funde / folgende Funde: _____
Mantel-/Jackentaschen	
	ja / nein / nicht vorhanden
	Öffnung gestattet / Öffnung verweigert
	keine Funde / folgende Funde: _____
Jackett-/Blazertaschen	
	ja / nein / nicht vorhanden
	Öffnung gestattet / Öffnung verweigert
	keine Funde / folgende Funde: _____
sonstige	ja / nein / nicht vorhanden
	Wenn ja: Welche? _____
	Öffnung gestattet / Öffnung verweigert
	keine Funde / folgende Funde: _____

   4. aufgrund Verdachts forderte die Kontrollperson ergänzend zur Entleerung folgender Behältnisse und Taschen auf:

Handtasche	ja / nein / nicht vorhanden
	Entleerung erfolgt / Entleerung verweigert
	keine Funde / folgende Funde: _____
Aktentasche	ja / nein / nicht vorhanden
	Entleerung erfolgt / Entleerung verweigert
	keine Funde / folgende Funde: _____
Rucksack	ja / nein / nicht vorhanden
	Entleerung erfolgt / Entleerung verweigert

Huth

                     keine Funde / folgende Funde: _____

Koffer   ja / nein / nicht vorhanden
                     Entleerung erfolgt / Entleerung verweigert
                     keine Funde / folgende Funde: _____

Mantel-/Jackentaschen
                     ja / nein / nicht vorhanden
                     Entleerung erfolgt / Entleerung verweigert
                     keine Funde / folgende Funde: _____

Jackett-/Blazertaschen
                     ja / nein / nicht vorhanden
                     Entleerung erfolgt / Entleerung verweigert
                     keine Funde / folgende Funde: _____

Hosen-/Rock-/Kleidertaschen
                     ja / nein / nicht vorhanden
                     Entleerung erfolgt / Entleerung verweigert
                     keine Funde / folgende Funde: _____

Hemd-/Blusentaschen
                     ja / nein / nicht vorhanden
                     Entleerung erfolgt / Entleerung verweigert
                     keine Funde / folgende Funde: _____

sonstige   ja / nein / nicht vorhanden
                     Wenn ja: Welche? _____
                     Entleerung erfolgt / Entleerung verweigert
                     keine Funde / folgende Funde: _____

5. der Verdacht stützte sich auf folgende Gründe:

        _____

        _____

        _____

6. Polizei hinzugezogen?   nein / ja

7. a. im Betrieb hergestellte Produkte aufgefunden?
     nein / ja: _____
  b. wenn ja: Berechtigungsnachweis lag vor?
     nein / ja: _____
  c. wenn nein: Einbehalt des Gegenstandes?
     nein / ja (genaue Bezeichnung unter a. erforderlich!)

8. a. sonstige offenbar dem Arbeitgeber oder einem Betriebsangehörigen gehörende Gegenstände aufgefunden?
     nein / ja: _____
  b. wenn ja: Berechtigungsnachweis lag vor?
     nein / ja: _____
  c. wenn nein: Einbehalt des Gegenstandes?
     nein / ja (genaue Bezeichnung unter a. erforderlich!)

IV. Kontrollergebnis
  1. Gesamtergebnis
    O unauffällig = kein Straftatverdacht
    O auffällig = Straftatverdacht
  2. Einbehalte
    O keine Gegenstände einbehalten

Huth

O Gegenstände einbehalten (s. o.)
3. Polizei
    O keine Polizei hinzugezogen
    O Polizei hinzugezogen

_____	_____
Ort und Datum	Unterschrift der Kontrollperson

_____	_____
Ort und Datum	Unterschrift der kontrollierten Person

Im Falle der nicht geleisteten Unterschrift:

_____	_____
Ort und Datum	Unterschrift der hinzugezogenen weiteren Kontrollperson

Anmerkungen

1. Zwingende Mitbestimmung. Die vorgeschlagene Betriebsvereinbarung regelt u. a. das Verhalten der Arbeitnehmer im Betrieb, indem sie Regelungen zum Passieren der Werkstore aufstellt. Das Mitbestimmungsrecht des Betriebsrats ergibt sich daher aus § 87 Abs. 1 S. 1 BetrVG.

2. Geltungsbereich. Gehen in dem Betrieb auch Angestellte anderer Betriebe desselben Arbeitgebers und/oder Angestellte von konzernangehörigen Unternehmen ein und aus, ist eine Gesamt- oder Konzernbetriebsvereinbarung vorzugswürdig, die auch die Kontrolle der betriebsfremden Mitarbeiter ermöglicht. Arbeits- wie datenschutzrechtlich sind im Betrieb eingesetzte Leiharbeitnehmer von der Betriebsvereinbarung erfasst, worauf das BAG zutreffend hinweist (BAG, Beschl. v. 15.4.2014 – 1 ABR 2/13, NZA 2014, 551 (556 m. w. N.)). Dagegen vermag eine Betriebsvereinbarung nie die Kontrolle Betriebsfremder (z. B. Kunden oder Lieferanten) zu ermöglichen, weil den Betriebsparteien dazu das Regelungsmandat fehlt. Der Arbeitgeber könnte Taschenkontrollen insoweit ggf. durch eine Hausordnung oder im Rahmen seiner sonstigen AGB einführen, doch unterliegen solche Regelungen einem abweichenden Prüfungsmaßstab (siehe etwa BGH, Urt. v. 3.7.1996 – VIII ZR 221/95, BGHZ 133, 184 (190 f.)).

3. Örtliche Gegebenheiten. Eine Torkontrolle wie hier vorgeschlagen ist faktisch nur möglich, wenn es eine eng begrenzte Anzahl von Ausgängen vom Betriebsgelände gibt und diese Ausgänge im Wesentlichen zu Fuß oder per Fahrrad, jedenfalls nicht zuhauf per Pkw passiert werden. Ggf. sind mehrere Drehkreuze je Ausgang erforderlich, um der Anzahl der passierenden Personen zu genügen. Zu bedenken ist auch, dass höhere Kontrollhäufigkeiten, aber auch insgesamt größere Zeitverluste für die Mitarbeiter entstehen können, wenn das Werkstor mehrmals am Tag passiert werden muss (etwa zur Frühstücks- und zur Mittagspause). Es wird nicht wenige Unternehmen geben, in denen die Torkontrolle schlicht unpraktikabel ist, zumal sie

Huth

erhebliche Kosten für Personal und Technik bedeutet, die nur für größere Unternehmen zu stemmen sein dürften.

4. Zwingende Mitbestimmung nach § 87 Abs. 1 Nr. 6 BetrVG. Wird – wie im Vorschlag – ein elektronischer Werksausweis zum Vorhalten an ein Kartenlesegerät verwendet, ergibt sich zusätzlich zu § 87 Abs. 1 Nr. 1 BetrVG die zwingende Mitbestimmung des Betriebsrats auch aus § 87 Abs. 1 Nr. 6 BetrVG. Denn dann liegt eine technische Einrichtung vor, die dazu geeignet ist, das Verhalten oder die Leistung der Arbeitnehmer zu überwachen. Entgegen dem Wortlaut der Norm besteht das Mitbestimmungsrecht, obwohl die Einrichtung im konkreten Fall nicht zu der Überwachung bestimmt, sondern lediglich dazu geeignet ist. Dies entspricht ständiger Rechtsprechung seit BAG, Beschl. v. 9.9.1975 – 1 ABR 20/74, NJW 1976, 261, und heute einhelliger Auffassung in der Literatur (statt aller Müller-Glöge/Preis/Schmidt/*Kania*, Erfurter Kommentar zum Arbeitsrecht, § 87 BetrVG Rn. 55 m. w. N.).

5. Alternativen zum Drehtor. Eine alternative Gestaltung wäre z. B., statt des Drehtores und seiner Sperrfunktion nur die Verpflichtung zum Vorhalten des Werksausweises am Lesegerät zu regeln und dort durch ein akustisches und/oder optisches Signal (Piepen, grüne/rote Lampe) die Kontrollauswahl anzuzeigen. Das erfordert allerdings eine wachsamere Beobachtung durch den Pförtner oder eine andere Person.

6. Kontrollzyklus. Die Kontrolldichte, also die Häufigkeit der Kontrollen und damit die Wahrscheinlichkeit, das Persönlichkeitsrecht des jeweiligen Mitarbeiters häufig beeinträchtigen zu müssen, wird vom BAG im Rahmen der Verhältnismäßigkeitsprüfung herangezogen. Viel Zahlenmaterial gibt es dazu nicht. Jedenfalls wurden 89 Kontrollen an insgesamt 30 Tagen innerhalb eines Kalenderjahres angesichts eines unbestrittenen jährlichen Verlusts i. H. v. 250.000 EUR durch Diebstahl von rd. 1.900 Produkten als unproblematisch angemessen angesehen, wobei der Betrieb offenbar um die 2.000 Mitarbeiter beschäftigt hat, da im Urteil von einem Betriebsrat mit 19 Mitgliedern die Rede ist (BAG, Beschl. v. 15.4.2014 – 1 ABR 2/13, NZA 2014, 551 (552)).

7. Ablauf der jeweiligen Torkontrolle. Die hier angeregte Regelung der Abläufe ähnelt derjenigen, die der Entscheidung BAG, Beschl. v. 15.4.2014 – 1 ABR 2/13, NZA 2014, 551 zugrunde lag. Das BAG hatte die Verhältnismäßigkeit der ihm vorgelegten Betriebsvereinbarung unter Berücksichtigung zahlreicher Einzelaspekte der Regelung betont. Es erscheint im Sinne der Rechtssicherheit sinnvoll, künftige Regelungen an den damaligen Kriterien zu orientieren, jedenfalls aber eine stark differenzierende, stufenweise Kontrolle vorzusehen, um für den Streitfall Argumente für die Verhältnismäßigkeit der eigenen Regelung zu haben.

8. Personaleinkauf. Dieser Satz kann entfallen, wenn ein Personalverkauf o. dgl. auf dem Betriebsgelände nicht stattfindet und nicht aus anderem Grunde zu vermuten ist, dass die Beschäftigten im Betrieb hergestellte Produkte mit zur Arbeit und wieder mit nach Hause führen. An solche Fälle wäre z. B. in der Bekleidungsindustrie zu denken, in denen Mitarbeiter ein im Betrieb hergestelltes Bekleidungsstück im freien Handel erworben haben könnten.

9. Protokollierung. Das BAG (BAG, Beschl. v. 15.4.2014 – 1 ABR 2/13, NZA 2014, 551) sieht eine solche Protokollierung als datenschutzrechtlich letztlich unproblematisch an. Es lässt offen, welcher Fall des § 32 BDSG a. F. einschlägig sein

Huth

könnte, weil die Zulässigkeit bereits aus § 4 Abs. 1 BDSG a. F. folge, da die Betriebsvereinbarung eine Rechtsvorschrift sei, die die Datenerhebung, -speicherung und -nutzung erlaube, zumal da sie den Vorgaben des § 75 Abs. 2 BVerfG zur Berücksichtigung der Persönlichkeitsrechte der betriebsangehörigen Arbeitnehmer entspreche.

10. Weitere Ausgänge. Alternativ sind für andere Ausgänge (z. B. Parkhausausfahrt) andere, vergleichbare Kontrollmechanismen zu schaffen.

11. Konkreter Tatverdacht. Bliebe es bei der ausschließlichen Kontrolle auf Basis des Zufallsgenerators, wäre die individuelle Kontrolle nicht einmal dann zugelassen, wenn ein Mitarbeiter das Diebesgut offen vor sich herträgt. Für diesen unrealistischen Sonderfall mag das allgemeine Festhalterecht nach § 127 Abs. 1 StPO genügen. Realitätsnäher sind Fälle auffällig klandestinen Verhaltens, ausgebeulter Taschen, auffallend großer mitgeführter Behältnisse u. dgl. Erreichen solche oder vergleichbare Merkmale ein Maß, das einen konkreten Verdacht – nicht lediglich ein allgemein ungutes Gefühl – rechtfertigt, sollte die Kontrolle zugelassen sein. Deshalb und weil ein Abtasten durch den Werksschutz gegen den Willen der kontrollierten Person auch für diesen Fall ausgeschlossen ist, dürfte die vorgeschlagene Regelung dem Verhältnismäßigkeitsgrundsatz noch entsprechen, obwohl für solche Fälle trotz Untersuchung im uneinsehbaren Raum eine Stigmatisierung des kontrollierten Mitarbeiters nicht ausgeschlossen ist. Das BAG hat eine weniger eindeutige Regelung jedenfalls nicht zum Anlass genommen, die damalige Betriebsvereinbarung für unzulässig zu halten. Dort hieß es, dass „bei Verdacht des Diebstahls […] außerhalb der Zufallskontrolle weitergehende Kontrollmaßnahmen an den Werkstoren […] angeordnet werden" können (BAG, Beschl. v. 15.4.2014 – 1 ABR 2/13, NZA 2014, 551 (552)).

12. Spindkontrolle. Der einem Arbeitnehmer zur Aufbewahrung eigener Sachen zugewiesene, abschließbare Schrank oder Spind zählt zur Privatsphäre des Arbeitnehmers. Gleichwohl wird man das Bestehen von Kontrollbefugnissen des Arbeitgebers nicht völlig ausschließen können. Die Kontrolle muss stets dem strengen Maßstab der Verhältnismäßigkeit entsprechen. Das spricht in nahezu allen Fällen gegen eine heimliche Spindkontrolle gegen den Willen bzw. ohne das Wissen des Arbeitnehmers. Die offene, also unter Beteiligung des Arbeitnehmers durchgeführte Spindkontrolle ist in ihrer Eingriffsintensität gegen die direkte Personenkontrolle abzuwägen; der Arbeitgeber muss unter mehreren gleich geeigneten das mildere Mittel wählen (zu allem Vorstehenden ausführlich BAG, Urt. v. 20.6.2013 – 2 AZR 546/12, NZA 2014, 143 (146 ff.)). Die hier vorgeschlagene Regelung berücksichtigt diese Aspekte, indem sie ausschließlich die offene Spindkontrolle in Anwesenheit des Mitarbeiters mit seiner Zustimmung gestattet. Für den Fall der Weigerung kann der Arbeitgeber die Polizei hinzuziehen, die anhand der strafprozessualen Kriterien zu entscheiden hat, ob sie selbst eine Durchsuchung oder eine Beschlagnahme des Spindes durchführt.

13. Personalakte. Je nach dem, wie die Zugriffsrechte auf die Personalakte in dem betreffenden Unternehmen ausgestaltet sind, kann erwogen werden, die Protokolle statt in der allgemeinen Personalakte aus Datenschutzgründen in einer separaten Beiakte abzulegen, die zusätzlich gegen zufällige oder unbefugte Einsichtnahme geschützt aufbewahrt wird.

Huth

14. Speicherung und Kategorisierung der Daten. Die Protokolle sind jederzeit vor unbefugtem Zugriff zu sichern. Aus dem Pförtnerhaus sind sie deshalb rasch zu entfernen und in die unmittelbare Obhut der Personalabteilung zu übernehmen. Je nach Kontrolldichte und organisatorischen Gegebenheiten sollte die Verweildauer im Pförtnerhaus noch kürzer als hier angeregt sein. Die Protokolle sind dann den geschützt aufbewahrten Personalakten zuzuführen. Zum weiteren Verbleib → Anm. 15. Zum Hintergrund der Kategorisierung → Anm. 16.

15. Aufbewahrungsdauer in der Personalakte. Entsprechend den Geboten der Datensparsamkeit und der Zweckbegrenzung sind die Kontrolldaten aus der Personalakte zu entfernen, sobald sie dort nicht mehr benötigt werden. Der Arbeitgeber ist auf derartige Daten angewiesen, um arbeitsrechtliche Maßnahmen wie eine verhaltensbedingte Kündigung oder eine Abmahnung rechtfertigen oder um zivilrechtlichen Schadenersatz fordern zu können. An sich würde dies eine rasche Löschung ermöglichen, weil der Arbeitgeber typischerweise schnell reagieren wird. Allerdings kommt in Betracht, den zurückliegenden Diebstahl später im Rahmen einer auf einen neuen Vorfall gestützten Kündigung argumentativ heranzuziehen. Vor diesem Hintergrund sollte der Arbeitgeber einerseits an einer möglichst langen Aufbewahrungsfrist interessiert sein, die andererseits dem datenschutzrechtlichen Verhältnismäßigkeitsprinzip noch genügt. Leitet der Arbeitgeber strafrechtliche Schritte ein, wird er der längerfristigen Speicherung nicht bedürfen, weil die Unterlagen bei den Ermittlungsbehörden erfasst und gespeichert werden. Im Falle der Abmahnung folgt die Entfernung der Belege der Entfernung der Abmahnung; allerdings wird man seit der aufsehenerregenden Emmely-Entscheidung des BAG (BAG, Urt. v. 10.6.2010 – 2 AZR 541/09, NZA 2010, 1227) davon auszugehen haben, dass nur in Ausnahmefällen Anspruch auf Entfernung einer Abmahnung aus der Personalakte bestehen kann, obwohl sich das BAG in der genannten Entscheidung nicht zu der Frage der Entfernung einer Abmahnung äußert. *Müller-Glöge* weist aber zu Recht darauf hin, dass der Arbeitgeber nach Entfernung der Abmahnung im Fall einer möglicherweise viel später ausgesprochenen verhaltensbedingten Kündigung nicht – wie vom BAG in der Emmely-Entscheidung gefordert – substantiiert zum Auf- und Abbau des objektiv zu messenden besonderen Vertrauenskapitals des langjährigen Mitarbeiters vortragen kann (Müller-Glöge/Preis/Schmidt/*Müller-Glöge,* Erfurter Kommentar zum Arbeitsrecht, § 626 BGB Rn. 35a m. w. N., auch zur Gegenauffassung).

16. Keine personenbezogenen Daten. Durch die Auflösung des Personenbezugs bestehen gegen die längerfristige Aufbewahrung der verbleibenden rein statistischen Daten keine durchgreifenden Bedenken. Arbeitgeber wie Betriebsrat bedürfen einer solchen Tabelle, um die Wirksamkeit der Überwachungsmaßnahmen auch vor dem Hintergrund ihrer Verhältnismäßigkeit evaluieren und ggf. Änderungen vornehmen zu können (arg. §§ 75 Abs. 1 und Abs. 2, 80 Abs. 1 Nr. 1 BetrVG).

17. Daten der Torpassage. Da die Verwendung des Werksausweises in dem Zusammenhang auf die Funktionalität der zufallsbezogenen Torkontrolle beschränkt ist, besteht kein billigenswertes Interesse des Arbeitgebers daran, die Daten zur Passage des Werkstors für längere Zeit zu speichern. Eine sofortige Löschung ist gleichwohl nicht zu empfehlen, um denkbare Auseinandersetzungen über die Frage, ob der Mitarbeiter den Werksausweis ordnungsgemäß an das Lesegerät gehalten hat oder nicht, problemlos durch Auslesen der Daten zur Torpassage klären zu können.

Huth

18. Kündigungsfrist. Ohne explizite Regelung beträgt die Kündigungsfrist drei Monate zu jedem denkbaren Beendigungstermin, § 77 Abs. 5 BetrVG.

19. Nachwirkung. Obwohl die Vereinbarung der Nachwirkung angesichts der zwingenden Mitbestimmung nach § 87 Abs. 1 Nr. 1 BetrVG an sich entbehrlich wäre (§§ 77 Abs. 6, 87 Abs. 2 BetrVG), ist sie zum Zwecke der Klarstellung ratsam. Denn sobald die Betriebsvereinbarung sowohl mitbestimmungspflichtige als auch nicht mitbestimmungspflichtige Aspekte regelt, ist anderenfalls fraglich und streitanfällig, ob und inwieweit Nachwirkung nach § 77 Abs. 6 BetrVG besteht. Zu dieser Schwierigkeit sog. teilmitbestimmter Betriebsvereinbarungen siehe Müller-Glöge/Preis/Schmidt/*Kania*, Erfurter Kommentar zum Arbeitsrecht, § 77 BetrVG Rn. 108 ff. mit zahlreichen weiteren Nachweisen, auch zu der Entwicklung in der Rechtsprechung.

20. Muster für Protokoll. Das als Anlage zu der Betriebsvereinbarung und in deren § 5 Abs. 2 angesprochene Muster eines Kontrollprotokolls nimmt inhaltlich Bezug auf die Betriebsvereinbarung und ist im Falle abweichender Regelung anzupassen.

V. Detektiveinsatz gegen Beschäftigte

Das deutsche Arbeitsrecht ist weitgehend als Arbeitnehmerschutzrecht ausgestaltet. Abgesehen vom materiellrechtlichen Inhalt zahlreicher Normen zeigt sich dies am prozessualen Beweisrecht, vor allem an der Beweislastverteilung. Jedenfalls bei Anwendbarkeit des Kündigungsschutzgesetzes, also nach Ablauf von sechs Monaten im Arbeitsverhältnis und außerhalb des Kleinbetriebs (§§ 1, 23 KSchG), trägt der Arbeitgeber die **Beweislast für die soziale Rechtfertigung der ordentlichen Kündigung**, also z. B. für vertragsbrüchiges oder aus anderem Grunde rechtswidriges Verhalten des Mitarbeiters, wenn der Arbeitgeber aus einem im Verhalten des Mitarbeiters liegenden Gründen i. S. d. § 1 Abs. 2 KSchG gekündigt hat. Erst Recht hat der Arbeitgeber nach allgemeinen Regeln den wichtigen Grund i. S. d. § 626 Abs. 1 BGB im Fall der außerordentlichen Kündigung zu beweisen. Auch in Streitigkeiten über Entgeltfortzahlungsansprüche kann der Arbeitgeber in **Beweisnot** geraten. Zu denken ist an Situationen, in denen der Arbeitgeber dem Mitarbeiter eine verbotene Neben- oder gar Konkurrenztätigkeit während des Erholungsurlaubs oder genesungswidriges Verhalten während einer Krankschreibung vorwirft oder in denen er als Arbeitgeber die Krankschreibung als solche anzweifelt.

Vermutet der Arbeitgeber vorwerfbares Fehlverhalten des Mitarbeiters, fällt es ihm oftmals schwer, den Sachverhalt vollständig aufzuklären und erst Recht die Umstände so gut zu dokumentieren, dass er in der gerichtlichen Auseinandersetzung notfalls den Vollbeweis erbringen kann. Für einige Sonderfälle hat sich zwar das Institut der **Verdachtskündigung** entwickelt, welches dem Arbeitgeber ermöglicht, jedenfalls im Falle des dringenden, auf objektive Umstände gestützten Verdachts einer Straftat oder anderen schwerwiegenden Pflichtverletzung ohne Nachweis der Tat das Arbeitsverhältnis durch Kündigung zu beenden (siehe etwa Müller-Glöge/Preis/Schmidt/*Müller-Glöge*, Erfurter Kommentar, § 626 BGB Rn. 173 ff., mit zahlreichen weiteren Nachweisen). Doch zum einen ist diese Hürde hoch, zum anderen besteht keine vergleichbare Hilfestellung für den Arbeitgeber, wenn es nicht um eine Kündigung, sondern „nur" um Fragen der Entgeltfortzahlung, des Schadenersatzes oder des Unterlassungsanspruchs geht.

Sofern sich der Arbeitgeber nicht staatlicher Ermittlungsbehörden bedienen kann – was den Anfangsverdacht einer Straftat voraussetzt – ist er darauf angewiesen, den wahren Sachverhalt auf eigene Faust zu erforschen. Hierzu kann er den betroffenen Mitarbeiter selbst, andere Mitarbeiter oder geeignete Betriebsfremde **befragen oder eigene Beobachtungen anstellen**. Manche Fälle lassen sich durch stationäre oder betriebliche Überwachungseinrichtungen (Videoüberwachung, Taschenkontrollen o. ä.; → H.III. bzw. H.IV.) klären. Vielfach aber wird allenfalls eine **gezielte Beobachtung des Mitarbeiters außerhalb des Betriebes** Klarheit liefern können. Will oder kann der Arbeitgeber in einem solchen Fall die Beobachtungen nicht selbst durchführen und/oder strebt er an, in der Auseinandersetzung einen fremden Dritten als Zeugen benennen zu können, so bietet sich der **Einsatz eines Detektivs** an.

Notwendig kann der Detektiveinsatz etwa erscheinen, weil zufällige Beobachtungen durch andere Dritte in der Regel auf einen kurzen Augenblick beschränkt sind und dem Mitarbeiter die Möglichkeit eröffnen, sich gegen den Vorwurf der Pflichtverletzung relativ einfach zu verteidigen, etwa durch den Hinweis, er habe keineswegs auf einer fremden Baustelle entgeltlich gearbeitet, sondern nur einem Freund kurz auf dessen Grundstück geholfen. Der Detektiveinsatz ermöglicht die **Dokumentation** der Tätigkeiten des potentiell vertragsbrüchigen Mitarbeiters über einen längeren Zeitraum – seien es einige Stunden oder mehrere Tage – und durch einen auf das Beobachten und Dokumentieren spezialisierten Fachmann. Er mag deshalb verlockend erscheinen.

Auf der anderen Seite tangiert die Beobachtung eines Menschen über einen längeren Zeitraum und jedenfalls teilweise während dessen Freizeit gravierend das durch Art. 2 GG geschützte **Persönlichkeitsrecht des Beobachteten**. Zudem können weitere Personen von der Beobachtung betroffen sein, etwa Ehepartner und andere Familienmitglieder. Werden die Beobachtungen des Detektivs durch Fotos oder gar Filmaufnahmen belegt und dauerhaft festgehalten und jedenfalls potentiell für eine Vielzahl von Personen zugänglich, ist der **Eingriff in die Privat- und Persönlichkeitssphäre** umso gravierender. Das BAG hat das von einem Detektiv aufgenommene Bild als personenbezogenes Datum i.S.d. § 3 Abs. 1 BDSG a.F. und Art. 2 lit. a DSRL anerkannt (BAG, Urt. v. 19.2.2015 – 8 AZR 1007/13, NZA 2015, 994) und kann sich dabei auf die Rechtsprechung des EuGH stützen (EuGH, Urt. v. 11.12.2014 – C 212/13, NJW 2015, 463). Für gerechtfertigt hält das BAG den Detektiveinsatz potentiell dann, wenn **konkrete Tatsachen den Verdacht rechtfertigen, dass der Mitarbeiter eine Straftat begangen hat bzw. begeht**. Geht es um die Frage der **krankheitsbedingten Arbeitsunfähigkeit**, müssen angesichts ihres hohen Beweiswertes zumindest **begründete Zweifel an der Richtigkeit einer ärztlichen Arbeitsunfähigkeitsbescheinigung** bestehen (BAG, Urt. v. 19.2.2015 – 8 AZR 1007/13, NZA 2015, 994). In ausdrücklicher Ablehnung der entgegengesetzten Auffassung der Vorinstanz (LAG Baden-Württemberg) hat das BAG kürzlich ausdrücklich klargestellt, dass Detektiveinsätze nicht nur zur Aufdeckung von Straftaten, sondern auch von anderen schwerwiegenden Pflichtverletzungen zulässig sein können (BAG, Urt. v. 29.6.2017 – 2 AZR 597/16, NJW 2017, 2853).

Der Arbeitgeber darf also nicht aufs Geratewohl oder auf einen kaum belegbaren Verdacht hin durch Detektiveinsatz ermitteln. Selbst wenn im Einzelfall die erforderlichen konkreten Tatsachen oder begründeten Zweifel bestehen (die der Arbeitgeber im Falle einer Auseinandersetzung um die Rechtmäßigkeit des Detektiveinsatzes nach allgemeinen Regeln vorzutragen und im Streitfall zu beweisen hat), unterliegen die Einzelheiten des Detektiveinsatzes ergänzend einer weiteren **Rechtfertigungs- und Verhältnismäßigkeitsprüfung** (BAG, Urt. v. 19.2.2015 – 8 AZR 1007/13, NZA 2015, 994, 997; instruktiv *Eylert*, NZA-Beilage 2015, 100 (insb. 104 ff.)). Auch begründete Zweifel rechtfertigen also stets und allenfalls **nur das für den Aufklärungszweck notwendige Maß der Einschränkung der Privatsphäre** des Mitarbeiters (hierzu insb. EuGH, Urt. v. 11.12.2014 – C 212/13, NJW 2015, 463, Rn. 28 m.w.N.). Beobachtungen in oder gar Aufzeichnungen aus dessen Privaträumen dürften wegen des betroffenen **Kernbereichs des Grundrechtsschutzes** nach Art. 1, 2 GG stets ausgeschlossen sein (vgl. etwa LAG Hamm, Urt. v. 8.3.2007 – 17 Sa 1604/06, Rn. 154 – juris, m.w.N.).

Ein **allgemeines Beweisverwertungsverbot** kennt das arbeitsgerichtliche Prozessrecht für rechtswidrig erlangte Beweismittel bislang nicht. Gleichwohl ist in der Rechtsprechung anerkannt, dass Beweismittel, die unter Verstoß gegen das allgemeine Persönlichkeitsrecht eines Betroffenen erlangt worden sind, im Zivilprozess nicht ohne weiteres verwertet werden dürfen (BVerfG, Urt. v. 13.2.2007 – 1 BvR 421/05, NJW 2007, 753 (757 f.); BAG, Urt. v. 20.6.2013 – 2 AZR 546/12, NZA 2014, 143, Urt. v. 27.3.2003 – 2 AZR 51/02, NZA 2003, 1193; Müller-Glöge/Preis/Schmidt/*Schmidt*, Erfurter Kommentar, Art. 2 GG Rn. 74). Doch selbst wenn im Einzelfall ein Beweisverwertungsverbot eingreifen sollte, sieht sich der Mitarbeiter – einmal mit den Behauptungen konfrontiert – in einem wahrhaftigen **Dilemma:** Bestreitet er wahrheitswidrig die Behauptungen des Arbeitgebers, so begibt er sich in Gefahr, strafbaren Prozessbetrug (oder dessen ebenfalls strafbaren Versuch) zu begehen. Denn er unterliegt der Wahrheitspflicht. Bestreitet er andererseits die Behauptungen nicht, so gelten die vom Arbeitgeber vorgetragenen Tatsachen als zugestanden und sind dem Urteil zugrunde zu legen, selbst wenn der Arbeitgeber nur auf unzulässigem Wege von den vorgetragenen Tatsachen Kenntnis erlangt haben mag. Um dem Betroffenen in einem solchen Fall zu helfen, werden **Tatsachenverwertungsverbote** betreffend die mittels rechtswidriger Überwachung ermittelten Umstände **diskutiert** und für besondere Fälle in der Tendenz befürwortet (eingehend, wenngleich im konkreten Fall betreffend eine Betriebsvereinbarung zur Videoüberwachung ablehnend: BAG, Urt. v. 13.12.2007 – 2 AZR 537/06, NZA 2008, 1008).

Der (unbedachte) Detektiveinsatz ist für den Arbeitgeber also durchaus risikobehaftet. Nicht nur sind Verstöße etwa gegen das Datenschutzrecht bußgeld- und ggf. sogar strafbewehrt. Vielmehr gesteht das BAG dem rechtswidrig beobachteten Mitarbeiter gegen den Arbeitgeber sogar einen Entschädigungsanspruch nach § 823 Abs. 1 BGB i.V.m. Art. 2 und 1 Abs. 1 GG, Art. 8 Abs. 1 EMRK und §§ 3, 7, 32 Abs. 1 BDSG a. F. zu (BAG, Urt. v. 19.2.2015 – 8 AZR 1007/13, NZA 2015, 994). Auch der dem Grunde nach denkbare, von der Rechtsprechung aber nur unter besonderen Voraussetzungen anerkannte Ersatz der **Detektivkosten** (denkbare Anspruchsgrundlagen sind insbesondere § 280 BGB und § 823 BGB) durch den Mitarbeiter setzt nicht nur voraus, dass dieser tatsächlich des vorgeworfenen Verhaltens überführt wurde, sondern auch, dass der Detektiveinsatz rechtmäßig war (siehe etwa BAG, Urt. v. 28.10.2010 – 8 AZR 547/09, NZA-RR, 2011, 231; BAG, Urt. v. 26.9.2013 – 8 AZR 1026/12, NZA 2014, 301). Schließlich drohen jedenfalls für gravierende Eingriffe in das Persönlichkeitsrecht des Überwachten Beweis- oder gar Tatsachenverwertungsverbote und damit die arbeitsrechtliche Nutzlosigkeit des Detektiveinsatzes.

Der Einsatz von Detektiven gegen Mitarbeiter sollte daher aus verschiedenen Gründen die absolute Ausnahme darstellen. Doch gerade weil er nicht zum alltäglichen Repertoire des Arbeitgebers zählt, sondern außergewöhnlich ist und **einzelfallbezogen** erfolgt, dürfte sich nur für die wenigsten Unternehmen anbieten, eine allgemeine Regelung – etwa in Form einer Betriebsvereinbarung – zu schaffen. Um den entscheidungsbefugten Mitarbeitern etwa in der Personalabteilung gleichwohl eine möglichst konkrete Richtschnur für die Vorgehensweise in derartigen Ausnahmefällen an die Hand zu geben, bietet sich die Erarbeitung einer Checkliste nach folgendem Muster an:

Checkliste zum Einsatz von Detektiven gegen Mitarbeiter

§ 1 Verdacht der rechtswidrigen Handlung eines Mitarbeiters[1]
– Besteht der Verdacht, dass ein Mitarbeiter rechtswidrige Handlungen begeht, die zu Ansprüchen oder anderen Rechtspositionen des Arbeitgebers führen könnten?[2]
– In Betracht kommen insbesondere Ansprüche auf Unterlassung oder Schadenersatz sowie das Recht, eine Ermahnung, Abmahnung oder Kündigung auszusprechen oder Zahlungen wie z.B. die Lohn- oder Lohnfortzahlung zu verweigern oder zu kürzen.

§ 2 Rechtfertigung des Verdachts durch konkrete Tatsachen
– Rechtfertigen konkrete Tatsachen diesen Verdacht?[3]
– Soweit es um das Infragestellen einer ärztlichen Arbeitsunfähigkeitsbescheinigung geht: Bestehen begründete Zweifel an deren Richtigkeit?[4]
– Soweit konkrete Tatsachen nicht vorliegen: Lassen sich solche konkreten Tatsachen anders als durch den Detektiveinsatz ermitteln? Als Alternativen kommen u. a. Taschenkontrollen, Befragung des Mitarbeiters oder die Befragung von Zeugen in Betracht.

§ 3 Beweisbarkeit der konkreten Tatsachen
– Lassen sich die konkreten Tatsachen, die den Verdacht rechtfertigen, erforderlichenfalls beweisen?[5]
– Falls nein: Wie lässt sich eine etwaige Beweisführung sichern?

§ 4 Geeignetheit des Detektiveinsatzes
– Ist der beabsichtigte Detektiveinsatz geeignet, den konkreten Verdacht erhärten oder entkräften zu können?[6] Vermag er insbesondere ohne das Eindringen in die Privaträume oder das Ausspähen der Privaträume des Mitarbeiters oder fremder Dritter die erforderlichen Tatsachen zu ermitteln?[7]
– Weisen die Tatsachen, die der Detektiv ermitteln könnte, insbesondere eindeutig auf eine rechtswidrige Handlung hin oder könnten sie auch im Rahmen rechtmäßigen Tuns auftreten? Nur im ersten Fall kann der Detektiveinsatz im rechtlichen Sinne „geeignet" sein.[8]

§ 5 Verhältnismäßigkeit des Detektiveinsatzes
– Ist der beabsichtigte Detektiveinsatz im engeren Sinne verhältnismäßig, ist also der vorgeworfene Verstoß gegen die Rechtsordnung so gravierend, dass er die konkret beabsichtigten Ermittlungsmethoden und die dabei notwendigerweise eintretende Beeinträchtigung der Persönlichkeitsrechte des Mitarbeiters und ggf. unbeteiligter Dritter rechtfertigen kann?[9]
– Steht insbesondere ein milderes, den Betroffenen weniger belastendes Mittel zur Ermittlung des Sachverhalts zu Verfügung?[10]
– Ist dafür Sorge getragen, dass der Detektiveinsatz so rasch wie möglich abgebrochen wird, sobald er taugliche Beweismittel zu Tage gefördert hat?[11]

Huth

§ 6 Prüfung des Datenschutzes

– Ist insbesondere die durch den Detektiveinsatz erfolgende Datenerhebung im Rahmen der Sachverhaltsermittlung konkret erforderlich oder kann auf die Erhebung bestimmter Daten oder die Verwendung bestimmter Erhebungsmethoden (z.B. Filmaufnahmen) verzichtet werden?[12]
– Ist die Datenspeicherung im Rahmen der Kontrollen konkret erforderlich oder kann auf die Speicherung bestimmter Daten verzichtet werden?
– Ist die Dauer der Datenspeicherung im Rahmen der Kontrollen konkret erforderlich oder können zumindest bestimmte Daten früher gelöscht werden?
– Werden die Daten ausreichend vertraulich und ausreichend gegen den unbefugten Zugriff Dritter geschützt aufbewahrt bzw. gespeichert?[13]

§ 7 Prüfung der Mitbestimmungsrechte

– Besteht ein zwingendes Mitbestimmungsrecht des Betriebsrats bzw. des Personalrats in sozialen Angelegenheiten?[14]
– Besteht ausnahmsweise ein zwingendes Mitbestimmungsrecht des Betriebsrats bzw. des Personalrats in personellen Angelegenheiten?[15]

§ 8 Interne Entscheidungsbefugnisse

– Wurde der betriebliche Datenschutzbeauftragte hinzugezogen und hat er gegebenenfalls Bedenken gegen den beabsichtigten Detektiveinsatz erhoben?[16]
– Wurden Geschäftsleitung/Rechtsabteilung/externe Rechtsberater[17] in die Beauftragung der Detektei einbezogen und befürworten diese den beabsichtigten Auftrag?

Anmerkungen

1. Adressat. Die Checkliste sollte der Arbeitgeber in Zusammenarbeit mit dem Datenschutzbeauftragten sowie ggf. dem Betriebsrat (obwohl dieser keinen Anspruch auf Mitbestimmung haben dürfte, → Anm. 14) erarbeiten und denjenigen Personen zur jederzeitigen Verwendung an die Hand geben, die mit der Frage eines Detektiveinsatzes konfrontiert sein könnten. Dies sind typischerweise diejenigen Mitarbeiter, die Entscheidungen über Kündigungen und andere arbeitsrechtliche Maßnahmen zu treffen oder zumindest vorzubereiten haben. Wer dies ist, ist in jedem Unternehmen anders zu beantworten. In diesem Personenkreis sollte wegen der komplexen Anforderungen an einen rechtmäßigen Detektiveinsatz und der nicht unerheblichen Rechtsfolgen für den Fall eines rechtswidrigen Einsatzes ein klares Bewusstsein für die Problematik der Materie erzeugt werden.

2. Verdacht der fortgesetzten rechtswidrigen Handlung. Der Detektiveinsatz kann nur gerechtfertigt sein, wenn der Arbeitgeber den Verdacht hegt, dass der Mitarbeiter rechtswidrig handelt und dies fortsetzen wird. Fehlt es an diesem Rechtswidrigkeitsverdacht, besteht kein Aufklärungsinteresse des Arbeitgebers (BAG, Urt. v. 19.2.2015 – 8 AZR 1007/13, NZA 2015, 994 (997)), so dass der Detektiveinsatz immer gegen das durch Art. 2 Abs. 1, 1 Abs. 1 GG geschützte allgemeine Persönlichkeitsrecht des Mitarbeiters verstoßen und seinerseits rechtswidrig sein wird.

Huth

Fehlt es an der fortgesetzten Handlung – oder jedenfalls dem diesbezüglichen Verdacht – so wird der Detektiveinsatz für gewöhnlich keine neuen Erkenntnisse versprechen, da er nur künftige Geschehnisse aufdecken kann. Er wäre dann nicht geeignet und folglich nicht verhältnismäßig i. S. d. § 26 Abs. 1 S. 2 BSDG n. F. (der nahezu wörtlich dem bisherigen § 32 Abs. 1 S. 2 BDSG a. F. entspricht). Aufklärungsmethoden wie das Durchstöbern privater Unterlagen des Mitarbeiters, ggf. sogar in dessen Privaträumen, sind per se und unter den allgemeinen Voraussetzungen den staatlichen Ermittlungsbehörden vorbehalten, da der Detektiv anderenfalls unbefugt in fremde Räume eindringen müsste (was mindestens nach § 123 StGB strafbar wäre).

3. Konkreter Verdacht als Mindestvoraussetzung. Die Rechtsprechung verlangt zur Rechtfertigung des mit dem Detektiveinsatz verbundenen Eingriffs in das allgemeine Persönlichkeitsrecht des Mitarbeiters konkrete Tatsachen, die den gegen den Mitarbeiter gehegten Verdacht bzw. die gegen ein ärztliches Arbeitsunfähigkeitsattest gerichteten Zweifel nähren. Ein bloß allgemeiner Verdacht genügt nicht (→ Vorb.).

4. Begründete Zweifel gegen Richtigkeit eines ärztlichen Attests. Geht es dem Arbeitgeber darum, die Fehlerhaftigkeit eines ärztlichen Arbeitsunfähigkeitsattests nachzuweisen, so ist der Detektiveinsatz nur bei „begründeten Zweifeln" gerechtfertigt (BAG, Urt. v. 19.2.2015 – 8 AZR 1007/13, NZA 2015, 994 (997)). Die Anforderungen entsprechen denen an die „konkreten Tatsachen" betreffend denkbare Rechtsverstöße des Mitarbeiters (so bereits → Anm. 3 sowie → Vorb.).

5. Beweisbarkeit der Verdachtstatsachen. Nach der Rechtsprechung müssen konkrete Tatsachen den bestehenden Verdacht gegen den Mitarbeiter rechtfertigen, damit der Detektiveinsatz rechtmäßig sein kann (näheres → Vorb.). Um sich nicht selbst dem Vorwurf rechtswidrigen Handelns und außerdem der Gefahr der Nichtverwertbarkeit der durch den Detektiveinsatz beschafften Beweise auszusetzen, wird der Arbeitgeber dafür Sorge tragen müssen, die den Verdacht rechtfertigenden Tatsachen in der streitigen Auseinandersetzung konkret erläutern und vortragen und im Bestreitensfalle auch beweisen zu können.

6. Geeignetheit des Detektiveinsatzes. Nach der Regelung in § 26 Abs. 1 S. 2 BDSG n. F. genügt der auf konkrete Tatsachen gestützte Verdacht rechtswidrigen Handelns nicht ohne weiteres, um einen Detektiveinsatz zu rechtfertigen. Vielmehr muss der Einsatz allgemeinen Rechtmäßigkeits- sowie Verhältnismäßigkeitskriterien entsprechen. Darauf weist zu Recht das BAG hin (etwa in BAG, Urt. v. 19.2.2015 – 8 AZR 1007/13, NZA 2015, 994 (996 f.), noch zum insoweit identischen BDSG a. F.). Zur Verhältnismäßigkeit zählt nach allgemeinen Maßstäben zunächst, dass das gewählte Mittel grundsätzlich geeignet ist, das erstrebte Ziel erreichen zu können (BAG, Beschl. v. 14.12.2004 – 1 ABR 34/03, NJOZ 2005, 2708 (2711)). Konkret muss es möglich sein, den Mitarbeiter bei seinem (vermuteten) rechtswidrigen Tun außerhalb der Betriebsräume zu beobachten, ohne dass der Detektiv seinerseits Rechte verletzt. Beispielsweise werden sich abfällige Bemerkungen, die ein Mitarbeiter daheim über seinen Arbeitgeber verbreitet, durch detektivische Beobachtung im öffentlich zugänglichen Raum schlicht nicht feststellen lassen.

7. Beobachtung faktisch nur im öffentlich zugänglichen Raum. Dieser Satz ergänzt den vorangehenden Satz, indem er betont, dass der Detektiveinsatz im rechtlichen Sinne nur dann geeignet sein kann, wenn er die Unverletzlichkeit der Wohnung nicht angreift. Die Checkliste sollte deshalb den Adressaten ausdrücklich daran erinnern, dass der Detektiv Privaträume des Mitarbeiters oder Dritter nicht betreten und den Mitarbeiter – sowie erst recht unbeteiligte Dritte – auch nicht in Privaträumen beobachten darf. § 201a Abs. 1 Nr. 1 StGB stellt ausdrücklich unter Freiheits- oder Geldstrafe, von einer anderen Person, die sich in einer Wohnung oder einem gegen Einblick besonders geschützten Raum befindet, unbefugt eine Bildaufnahme herzustellen und dadurch den höchstpersönlichen Lebensbereich der abgebildeten Person zu verletzen. Zu den besonders geschützten Räumen im Sinne dieser Vorschrift zählt etwa eine öffentliche Toilettenanlage; bereits für eine öffentliche Sauna ist das zweifelhaft (verneinend für eine große Saunalandschaft eines Schwimmbads etwa OLG Koblenz, Beschl. vom 11.11.2008 – 1 Ws 535/08, Rn. 7 – juris).

8. Ambivalenz potentieller Ermittlungsergebnisse. Zur Geeignetheitsprüfung zählt auch, kritisch zu hinterfragen, ob eine unterstellte Feststellung Beleg oder zumindest aussagekräftiges Indiz für die Rechtswidrigkeit des Handelns des Mitarbeiters sein kann oder ob denkbare Feststellungen letztlich ambivalent und damit als Beweis ungeeignet sein werden. Steht beispielsweise von vornherein fest, dass sich zwar ggf. nachweisen lässt, dass der Mitarbeiter in seiner Freizeit bestimmte Gebäude betritt, nicht aber, was er darin tut, dürfte für die meisten Fälle der Beweis der rechtswidrigen Tat ausscheiden. Dann sollte der Arbeitgeber bereits im Eigeninteresse auf den letztlich nutzlosen Detektiveinsatz verzichten; rechtlich wäre der Einsatz in diesen Fällen unzulässig, weil unverhältnismäßig.

9. Verhältnismäßigkeit im engeren Sinne. § 26 Abs. 1 S. 2 BDSG n. F. als Erlaubnisnorm verlangt wortgleich mit dem bisherigen § 32 Abs. 1 S. 2 BDSG a. F., dass der Detektiveinsatz nach „Art und Ausmaß im Hinblick auf den Anlass nicht unverhältnismäßig" ist, ohne dieses Kriterium der Verhältnismäßigkeit noch näher zu konkretisieren. Nach den allgemeinen und den von §§ 26 Abs. 1 S. 2 BDSG n. F., 32 Abs. 1 S. 2 BDSG a. F. angeordneten Maßstäben wird die Intensität des durch den Detektiveinsatz ausgelösten Eingriffs in die Rechte des Mitarbeiters (sowie ggf. fremder Dritter) mit der Schwere der Vorwürfe bzw. Verdachtsmomente gegen den Mitarbeiter abzuwägen sein (den Begriff der Gesamtabwägung oder Interessenabwägung statt der Verhältnismäßigkeit verwendet das LAG Hamm, Urt. v. 8.3.2007 – 17 Sa 1604/06 – juris, unter zutreffender Berufung auf BAG, Beschl. v. 14.12.2004 – 1 ABR 34/03, NJOZ 2005, 2708 (2711)). Inhaltlich ist dasselbe gemeint: Bildlich gesprochen darf der Arbeitgeber nicht mit Kanonen auf Spatzen schießen. Das Beweisführungsinteresse des Arbeitgebers wird dabei als durchaus hoch eingeschätzt, wie bspw. die zitierten Entscheidungen des LAG und des BAG belegen.

10. Mildestes Mittel. Zur Verhältnismäßigkeitsprüfung gehört die Frage nach der Erforderlichkeit, also nach denkbaren milderen Mitteln, die wenigstens ebenso gute Erfolge liefern könnten (siehe z. B. BAG, Beschl. v. 14.12.2004 – 1 ABR 34/03, NJOZ 2005, 2708 (2711)). Steht dem Arbeitgeber eine Ermittlungsmethode zur Verfügung, die weniger als der Detektiveinsatz in die Rechte des Betroffenen eingreift, so hat er die andere Methode zu wählen. Zu denken ist etwa an die Befragung bereits zur Verfügung stehender Zeugen oder die Konfrontation des beschuldigten Mitarbeiters mit den Vorwürfen. Die Rechtsprechung geht zudem

Huth

offenkundig in der Tendenz davon aus, dass die Kontrolle am Arbeitsplatz die Rechte des Betroffenen gegenüber der Überwachung der privaten Lebensführung außerhalb des Arbeitsplatzes weniger stark verletzt (siehe etwa LAG Hamm, Urt. v. 8.3.2007, 17 Sa 1604/06, Rn. 154 – juris).

11. Dauer des Detektiveinsatzes. Unter dem Gesichtspunkt der Verhältnismäßigkeit sollte auch der Aspekt der Dauer der detektivischen Überwachung bedacht werden. Zwar hat das LAG Hamm (Urt. v. 8.3.2007 – 17 Sa 1604/06 – juris) im Fall einer auf eine Woche angelegten Überwachung keinerlei Bedenken geäußert, doch hat das BAG die Frage der Dauer jedenfalls kursorisch unter dem Aspekt der Verhältnismäßigkeit ausdrücklich angesprochen (BAG, Beschl. v. 14.12.2004 – 1 ABR 34/03, NJOZ 2005, 2708 (2712)). Der Arbeitgeber muss daher mit dem Detektiv klare Absprachen etwa über die Häufigkeit und den arbeitgeberseitigen Adressaten von Zwischenberichten treffen. Arbeitgeberseitig muss auch kurzfristig eine Entscheidung über den Abbruch des Detektiveinsatzes sichergestellt sein. Dies erfordert zum einen, dass auf Seiten des Arbeitgebers Know-how und Erfahrung betreffend die Beweisführung (z. B. im Kündigungsschutzprozess) vorliegen (ggf. durch Mandatierung eines Rechtsanwalts), und zum anderen, dass der Dienstleistungsvertrag mit dem Detektiv den kurzfristigen Abbruch möglichst bei angemessener Begrenzung der Kosten ermöglicht.

12. Datensparsamkeit. Als Ausfluss aus dem allgemeinen Verhältnismäßigkeitsgebot sowie in Achtung des datenschutzrechtlichen Gebots der Datensparsamkeit (Art. 25 DS-GVO) ist jedenfalls dafür Sorge zu tragen, dass nicht mehr Daten erhoben werden als für die angestrebte Beweisführung erforderlich sind. Es genügt beispielsweise zu dokumentieren, dass der Mitarbeiter mehrere Tage in Folge auf einer fremden Baustelle arbeitet. Nicht notwendig ist es, jeden anderen dort tätigen Arbeiter bildlich zu erfassen.

13. Schutz der Daten vor unberechtigtem Zugriff; Löschung der Daten. Eine Selbstverständlichkeit sollte es sein, die von der Detektei erhobenen Daten sparsam zu verbreiten, insbesondere vor dem unberechtigten Zugriff (auch betriebsinterner) Unbeteiligter zu schützen und zudem zu löschen, sobald sie nicht mehr benötigt werden. Diesen Grundsatz legt Art. 5 Abs. 1 lit. c DS-GVO unter dem Begriff der Datenminimierung ausdrücklich fest.

14. Keine Mitbestimmung bei Kontrolle des Leistungsverhaltens. Ein Mitbestimmungsrecht des Betriebsrats kann sich insbesondere aus § 87 Abs. 1 Nr. 1 BetrVG ergeben, wonach Fragen der Ordnung des Betriebs und des Verhaltens der Arbeitnehmer im Betrieb mitbestimmungspflichtig sind. Geht es also darum, das Ordnungsverhalten des Mitarbeiters zu überwachen, ist der Betriebsrat zwingend und vorab zu beteiligen. Das gilt nach ständiger, wenngleich bisweilen kritisierter Rechtsprechung des BAG nicht, soweit das Leistungsverhalten des Mitarbeiters überwacht werden soll. Kontrolliert der Arbeitgeber also mittels Detektiveinsatz, ob der Mitarbeiter der arbeitsvertraglich geregelten Arbeitsverpflichtung nachkommt, besteht kein Mitbestimmungsrecht des Betriebsrats (BAG, Beschl. v. 26.3.1991 – 1 ABR 26/90, NZA 1991, 729 (729 f.); BAG, Beschl. v. 18.11.1999, 2 AZR 743/98, NZA 2000, 418 (421); LAG Hamm, Urt. v. 8.3.2007 – 17 Sa 1604/06, Rn. 142 – juris, auch für das Personalvertretungsrecht NRW; Wiese/Kreutz/Oetker/Raab/ Weber/Franzen/*Wiese*, GK-BetrVG, § 87 Rn. 194 m. Nachw. auch zur Gegenauffas-

sung; zumindest zweifelnd Fitting/Engels/Schmidt/Trebinger/Linsenmaier, BetrVG,
§ 87 Rn. 73 f.). Ein Mitbestimmungsrecht – darauf hat das BAG ebenfalls wiederholt hingewiesen (siehe nur BAG, Beschl. v. 26.3.1991, 1 ABR 26/90, NZA 1991,
729 (730)) – könne auch nicht aus § 87 Abs. 1 Nr. 6 BetrVG folgen, solange keine
technischen Einrichtungen für die Kontrolle verwendet werden. Obwohl ein Pro-
zessbeteiligter dies nahegelegt hatte, ist das BAG in derselben Entscheidung auf eine
Analogie zu Ziff. 6 nicht mit einem Wort eingegangen.

15. Mitbestimmung im Falle des eingeschleusten Detektivs. Bisweilen werden
Detektive mit Wissen des Arbeitgebers als Arbeitnehmer in den Betrieb eingeschleust, um so Feststellungen über das Ordnungs- oder Leistungsverhalten einzelner oder mehrerer Mitarbeiter treffen zu können. Dies hält die Rechtsprechung dem
Grunde nach für zulässig (z. B. LAG Hamm, Urt. v. 8.3.2007 – 17 Sa 1604/06,
Rn. 144 ff. – juris). Wird der Detektiv allerdings als Arbeitnehmer – und nicht etwa
nur als freier Mitarbeiter oder als Kunde – eingeschleust, bedarf die Einstellung des
Detektivs als Arbeitnehmer wie auch die Einstellung eines jeden anderen Arbeitnehmers der Zustimmung des Betriebsrats nach §§ 99 ff. BetrVG. Ein Verstoß gegen
das Mitbestimmungsrecht des Betriebsrats dürfte angesichts der von der Rechtsprechung entwickelten Grundsätze allerdings gleichwohl getroffene Feststellungen des
Detektivs in ihrer Verwertbarkeit nicht beeinträchtigen; die Rechtsprechung diskutiert Beweis- oder sogar Tatsachenverwertungsverbote allenfalls in Fälle des verletzten allgemeinen Persönlichkeitsrechts, nicht bereits im Falle einfacher Rechtsverstöße (zahlreiche Nachweise → Vorb.).

16. Datenschutzbeauftragter. Der Detektiveinsatz wird nahezu unvermeidlich mit
der Erhebung, Speicherung, Weitergabe und Nutzung persönlicher Daten einhergehen. Damit ist der in Art. 38 f. DS-GVO sowie bislang in § 4 f BDSG a. F. umrissene
Zuständigkeitsbereich des Datenschutzbeauftragten unmittelbar betroffen, der etwaige Bedenken gegen die beabsichtigte Vorgehensweise möglichst rechtzeitig einbringen können soll.

17. Sorgfältige Entscheidungsfindung. Detektiveinsätze gegen Mitarbeiter dürften in den allermeisten Unternehmen die absolute Ausnahme, jedenfalls nicht die
Regel darstellen. Gerade deshalb ist allgemein anzuraten, die Entscheidung zur
Durchführung einer solchen Maßnahme nicht auf Sachbearbeiterebene zu treffen,
sondern dem Sachbearbeiter mithilfe der Checkliste vielmehr eine Richtschnur an
die Hand zu geben, wen er in die Entscheidung einzubeziehen oder wem er die Entscheidung sogar zu überlassen hat. Je nach Organisationsgrad des Unternehmens
kann die Geschäftsführung oder Rechtsabteilung, jedenfalls aber die Personalleitung
beteiligt werden. Zu denken ist auch daran, das Einschalten eines qualifizierten externen Beraters – etwa eines Rechtsanwalts – vorzugeben oder zumindest zu empfehlen. Dieser kann die aktuell gültigen Voraussetzungen für den Detektiveinsatz
prüfen und Ratschläge geben, welche ggf. alternative Vorgehensweise sich gerade
aus prozessualen Gründen empfiehlt.

Huth

VI. Betriebsvereinbarung zum Terrorlisten-Screening

Als vor einigen Jahren in den Medien berichtet wurde, dass der Daimler-Konzern eine Betriebsvereinbarung geschlossen hatte, um Mitarbeiterdaten (Name, Adresse, Geburtsdatum) alle drei Monate mit „Terrorlisten" der EU und der USA abzugleichen, reichte die Einordnung von „Skandal" und „Terror-Generalverdacht" über „rechtliche Grauzone" bis zu „zwingend notwendig". Entsprechend umstritten ist das Thema bis heute.

Zentral für Inhalt und Reichweite der EU-„Anti-Terror"-Sanktionsmaßnahmen sind neben länderbezogenen Embargos die Verordnungen

– (EG) Nr. 2580/2001 des Rates vom 27.12.2001 über spezifische, gegen bestimmte Personen und Organisationen gerichtete restriktive Maßnahmen zur Bekämpfung des Terrorismus,
– (EG) Nr. 881/2002 des Rates vom 27.5.2002 über die Anwendung bestimmter spezifischer restriktiver Maßnahmen gegen bestimmte Personen und Organisationen und
– (EG) Nr. 753/2011 des Rates vom 1.8.2011 über restriktive Maßnahmen gegen bestimmte Personen, Gruppen, Unternehmen und Einrichtungen angesichts der Lage in Afghanistan.

Sie führen Personen und Organisationen auf, denen weder direkt noch indirekt wirtschaftliche Ressourcen bereitgestellt werden dürfen. Dies betrifft Finanzdienstleistungen, Industrie- und (Groß-)Handelsgüter, Erwerbsgeschäfte, aber auch die Auszahlung von Löhnen und Gehältern, sowohl bei Neueinstellungen wie auch an langjährige Mitarbeiter (vgl. zum Spektrum *Schlarmann/Spiegel*, NJW 2007, 870 (872)). Die genannten Verordnungen sind unmittelbar geltendes Recht und werden fortlaufend aktualisiert, mehrfach monatlich bis zu täglich. Es steht auch eine konsolidierte Liste in englischer Sprache zur Verfügung, in der sämtliche aktuellen Vorgaben zusammengeführt werden (https://eeas.europa.eu/headquarters/headquarters-homepage_en/8442/Consolidated%20list%20of%20sanctions).

Durch die Mitgliedstaaten sind bei Verstößen gegen die Bestimmungen einer solchen Verordnung Sanktionen vorzusehen, die „wirksam, verhältnismäßig und abschreckend" sein sollen. In Deutschland sieht § 18 Abs. 1 Nr. 1 lit. a AWG für eine vorsätzliche Verletzung des Bereitstellungsverbots eine Freiheitsstrafe von drei Monaten bis zu fünf Jahren vor. Zwar ist durch die Reform des Außenwirtschaftsrechts der Fahrlässigkeitsstraftatbestand entfallen. Die fahrlässige Begehung ist aber in § 19 Abs. 1 AWG weiterhin als Ordnungswidrigkeit mit einem Bußgeld bis zu 500.000 EUR sanktioniert. Hinzu kommen Risiken aus Aufsichtspflichtverletzungen gem. § 130 OWiG und unternehmensbezogene Risiken wie Verbandsgeldbußen gem. § 30 OWiG, letzteres mit einem Bußgeldrahmen von 10 Mio. EUR bei vorsätzlichen Verstößen und 5 Mio. EUR bei Fahrlässigkeit (vgl. *Spoerr/Gäde*, CCZ 2016, 77). Auch droht z.B. die Eintragung in das Gewerbezentralregister gem. § 149 Abs. 2 GewO (*Elking*, AuA 2016, 604 (605)).

Falls die Akteure auch US-Recht zu beachten haben, kommt eine Vielzahl weiterer Sanktionslisten in Betracht. Am umfangreichsten ist die Specially Designated

Nationals and Blocked Persons („SDN List") des Office of Foreign Assets Control
(„OFAC") (zu weiteren US-Listen vgl. *Behling*, NZA 2015, 1359 ff.). Bei Bezug
zu Großbritannien ist die "Consolidated List of Financial Sanctions Targets in the
UK" zu berücksichtigen, die die europäischen Vorgaben ihrerseits ergänzt. In der
Schweiz wird eine Sanktionsliste vom Staatssekretariat für Wirtschaft (SECO) her-
ausgegeben. Inwieweit allerdings deutsche (Tochter-)Unternehmen tatsächlich gehal-
ten sind, derartige ausländische Sanktionslisten zu beachten, bedarf gründlicher
Prüfung.

Inzwischen hält eine Vielzahl von Anbietern kommerzielle Software-Lösungen für
elektronische Screenings mit unterschiedlicher Reichweite bereit, um den Abgleich
mit den diversen Sanktionslisten zu erleichtern oder überhaupt erst realistisch zu
ermöglichen. Die stetig fortschreitenden technischen Möglichkeiten begegnen aber
datenschutzrechtlicher Kritik: Denn wie den Sanktionsvorgaben konkret innerbetrieblich Rechnung getragen werden soll, ist ungeregelt und den Wirtschaftsbeteiligten selbst überlassen (vgl. BT-Drs. 17/4136, S. 2). Sofern in der Diskussion vielfach
von einer aus den unmittelbar geltenden Verordnungen erwachsenden „Pflicht zum
automatisierten Screening" die Rede ist, findet dies in den Verordnungstexten keine
unmittelbare Stütze. Rein rechtlich sind tatsächlich nur Bereitstellungen von Ressourcen an gelistete Personen und Organisationen verboten, nicht aber zugleich
branchenunabhängige konkrete interne Sicherungsmaßnahmen geboten.

Der Düsseldorfer Kreis fordert für die Datenabgleiche in Beschlüssen vom
23./24.4.2009   (https://www.ldi.nrw.de/mainmenu_Service/submenu_Entschlie
ssungsarchiv/Inhalt/Beschluesse_Duesseldorfer_Kreis/Inhalt/2009/Datenschutzrecht
liche_Aspekte_des_Mitarbeiter-Screenings_in_international_t_tigen_Unternehmen/
Beschluss_TOP_18.pdf) und vom 22./23.11.2011 (https://www.ldi.nrw.de/main
menu_Service/submenu_Entschliessungsarchiv/Inhalt/Beschluesse_Duesseldorfer_
Kreis/Inhalt/2011/Beschaeftigtenscreening_AEO/33_Beschaeftigtenscreening_bei_
AEO_Zertifizierung.pdf) eine spezielle Rechtsgrundlage. Der Abgleich diene nicht
dem Beschäftigungsverhältnis. Im Übrigen würden schutzwürdige Interessen der Betroffenen überwiegen. Eine Einwilligung scheitere an der mangelnden Freiwilligkeit.
Gegner der Screenings betonen meist auch, dass bereits die in den Zahlungsverkehr
eingebundenen Kreditinstitute gem. § 25h KWG zu „Internen Sicherungsmaßnahmen" und zur Kontrolle ihrer Kontoinhaber verpflichtet seien.

Letzterer Argumentation ist grundsätzlich zuzugeben, dass ein unternehmensinterner Abgleich reiner Stammdaten keinen Erkenntnisgewinn über die bankinternen
Kontrollen hinaus liefert. Anders ist dies z.B. für eingehende Zahlungen im Bereich
der Geldwäschebekämpfung. Auch dort greifen Güterhändler zur Umsetzung des
Know-Your-Customer-Prinzips vielfach auf Systeme des Sanktionslisten-Screenings
zurück. Beim Abgleich können sie jedoch zusätzlich kunden- und transaktionsbezo-
gene Details in die Prüfung und Gesamtabwägung einfließen lassen, die dem Ban-
ken-Kontrollsystem nicht zur Verfügung stehen. Für das Screening von Stammdaten
ist hingegen kein solcher Wissens- und Informationsvorsprung ersichtlich. Strukturell wird im Regelfall lediglich ein doppelter Datenabgleich stattfinden.

Die Prüfung der Banken ist jedoch intransparent und eine Informationsweitergabe an die Unternehmen ist gesetzlich nicht sichergestellt. Angesichts des stetig wachsenden Verordnungsregelwerks und der ebenfalls noch steigenden Frequenz der Anpassung, streitet daher in der Gesamtbetrachtung viel für eine datenschutzrechtliche
Erforderlichkeit und mögliche Angemessenheit eines automatisierten Abgleichs. Der

Nolde

BFH hat ein Screening mit Urteil v. 19.6.2012 – VII R 43/11, ZD 2013, 129 jedenfalls für den Zweck der zollrechtlichen Anerkennung als „Zugelassener Wirtschaftsbeteiligter" (ZWB) bzw. „Authorized Economic Operator" (AEO) als zulässig bewertet. Das AEO-Zertifikat „Zollrechtliche Vereinfachungen/Sicherheit" dürfte in sicherheitsrelevanten Bereichen davon abhängig gemacht werden, dass tätige Personen einer Sicherheitsüberprüfung anhand der Anhänge der oben genannten Verordnungen unterzogen werden.

Die Entscheidung des BFH stützt sich auf den Beschäftigtendatenschutz als Rechtsgrundlage (§ 32 BDSG a. F., nunmehr § 26 BDSG n. F.). Die Datenverarbeitung sei für die Durchführung des Beschäftigtenverhältnisses erforderlich. Flankierend empfiehlt das Gericht, eine Einwilligung einzuholen (vgl. zu den dafür erforderlichen Rahmenparametern der Freiwilligkeit allerdings *Behling*, NZA 2015, 1359 (1362)). Das Zollrecht hat seit der genannten Entscheidung zwar wesentliche Änderungen durchlaufen, zuletzt insbesondere im Mai 2016. Auch nach den Bestimmungen des Zollkodexes der Union (§§ 38, 39 UZK) bildet der AEO-Status – in den Varianten „Zollrechtliche Vereinfachungen" (AEOC), „Sicherheit" (AEOS) und kombiniert – allerdings einen zentralen Bestandteil des EU-Sicherheitskonzepts. Der Status führt jeweils zu zahlreichen Vereinfachungen bei Zollvorschriften bzw. Zollkontrollen.

Das Urteil hat die datenschutzrechtliche Kritik gleichwohl nicht einmal für AEO-bezogene Screenings zum Verstummen gebracht. Die Aufsichtsbehörden zweifeln weiter an einer tragfähigen Rechtsgrundlage und der Erforderlichkeit der Maßnahme. Zwar verschließen auch diese die Augen nicht vor der drohenden AWG-Sanktion und den zollrechtlichen Anforderungen. Die Datenabgleiche werden aber allenfalls „bis auf weiteres hingenommen", weil „die Bundeszollverwaltung nicht an einem Strang mit der Konferenz der Datenschutzaufsichtsbehörden" ziehe (32. Tätigkeitsbericht des Landesbeauftragten für den Datenschutz Baden-Württemberg 2014/2015, S. 146/147).

Auch die Anknüpfung des BFH an das Regelungsregime des Beschäftigtendatenschutzes ist umstritten. Nach der Gegenauffassung ist der Abgleich für die Durchführung des Beschäftigungsverhältnisses nicht relevant. Vielmehr sei die auf das berechtigte Interesse abstellende Norm des § 28 Abs. 1 Nr. 1 S. 2 BDSG a. F. heranzuziehen, dementsprechend Art. 6 Abs. 1 S. 1 lit. f DS-GVO. In der Diskussion wird teils auch auf Art. 7 lit. c DSRL, künftig also Art. 6 Abs. 1 S. 1 lit. c DS-GVO verwiesen (vgl. *Lachenmann*, Datenübermittlung im Konzern, S. 158 m. w. N.).

Wer per Datenabgleich sicherstellen will, dass er nicht durch Zuwendung von Geld oder anderen Ressourcen gegen ein Bereitstellungsverbot verstößt, gerät somit schnell in ein Compliance-Dilemma: Denn Datenschutz-Verstößen soll bezeichnenderweise ebenfalls „wirksam, verhältnismäßig und abschreckend" begegnet werden, so Art. 83 Abs. 1 DS-GVO. Zwar sieht Art. 88 DS-GVO vor, dass die Datenverarbeitung im Beschäftigungskontext durch Rechtsvorschriften oder Tarifvereinbarungen spezifischer auf nationaler Ebene zu regeln sei. Art. 83 Abs. 5 lit. d DS-GVO sanktioniert jedoch Verstöße gegen „alle Pflichten gemäß den Rechtsvorschriften der Mitgliedstaaten, die im Rahmen des Kapitels IX erlassen wurden", worunter auch die genannte Öffnungsklausel fällt. Der Sanktionsrahmen reicht bei einem verantwortlichen Unternehmen „bis zu 4 % seines gesamten weltweit erzielten Jahresumsatzes des vorangegangenen Geschäftsjahrs". Vor dem Hintergrund des Verweises auf Art. 101, 102 AEUV in ErwG 150 DS-GVO könnte dabei, wenn auch bereits intensiv diskutiert (vgl. *Faust/Spittka/Wybitul*, ZD 2016, 120 (123); *Cornelius*,

NZWiSt 2016, 421 (423)), nicht nur der Umsatz der konkreten Konzerngesellschaft, sondern der des ganzen Konzerns maßgeblich sein. Aus den ersten Positionierungen der Aufsichtsbehörden (vgl. etwa den Jahresbericht der Berliner Beauftragten für Datenschutz und Informationsfreiheit 2016, S. 32 f.) wird bereits deutlich, dass diese den funktionalen Unternehmensbegriff heranziehen wollen, sich an der kartellrechtlichen Rechtsprechung orientieren und „deutliche Änderungen" in der Bußgeldpraxis avisieren. Eine Berücksichtigung der Detail-Unterschiede zwischen Kartell- und Datenschutzrecht dürfte sich daher erst in der Auseinandersetzung in kommenden Bußgeldverfahren ausbilden.

Die Risiken infolge der geschilderten rechtlichen Unsicherheiten haben sich somit durch die DS-GVO noch einmal verschärft. Da der Forderung nach einer bereichsspezifischen, der KWG-Norm zu internen Sicherungsmaßnahmen vergleichbaren Regelung auch in der neuen nationalen Regelung nicht nachgekommen wurde, bietet sich an, dem Dilemma durch eine Betriebsvereinbarung zu begegnen. Eine solche Betriebsvereinbarung, die das „Wie" – die konkreten Parameter – des Abgleichs regelt, kann als eigenständiger Erlaubnistatbestand jedenfalls zu einem erheblichen Zugewinn an Rechtssicherheit beitragen. Auch nach der DS-GVO bleiben Betriebsvereinbarungen eine Rechtsgrundlage (*Wybitul*, ZD-Aktuell 2017, 05483), sofern sie die Anforderungen des Art. 88 Abs. 2 DS-GVO berücksichtigen, somit „angemessene und besondere Maßnahmen zur Wahrung der menschlichen Würde, der berechtigten Interessen und der Grundrechte der betroffenen Person, insbesondere im Hinblick auf die Transparenz der Verarbeitung, die Übermittlung personenbezogener Daten innerhalb einer Unternehmensgruppe" umfassen.

Zu regeln sind der personelle und räumliche Geltungsbereich, miteinander abzugleichende Daten (Auswahl der Mitarbeiterdaten und relevante Verordnungen), das „Treffermanagement", die Rechte der betroffenen Mitarbeiter, Mitbestimmung und Schlussbestimmungen zur Laufzeit und zu Kündigungsmöglichkeiten. Das aufgezeigte Compliance-Dilemma wird dabei am besten durch eine angemessene Balance gelöst: einerseits zwischen maximaler Absicherung gegen eine unzulässige Bereitstellung gem. §§ 18, 19 AWG und andererseits gegen eine unzulässige Verarbeitung von Beschäftigtendaten i. S. d. Art. 83 Abs. 5 lit. d DS-GVO (i. V. m. § 26 BDSG n. F.). Aus straf- und ordnungswidrigkeitenrechtlicher Sicht bietet eine Betriebsvereinbarung, die zwischen beiden Polen einen vermittelnden Ausgleich sucht, bestmögliches Verteidigungspotential in beide Richtungen.

Die nachfolgenden Formulierungsvorschläge verfolgen daher vor allem das Ziel, einen Weg aus dem eingangs skizzierten Sanktionsdilemma zu zeigen und zusätzliche Rechtssicherheit zu verschaffen. Die rechtsstaatlichen Bedenken, die sich gegen die Sanktionsmaßnahmen im Wege solcher Listungen, die stark eingeschränkte rechtliche Überprüfbarkeit und die komplexen Rechtsbehelfe wie Entlistungsverfahren richten, bleiben bestehen.

Betriebsvereinbarung über den Abgleich von Beschäftigtendaten mit Sanktionslisten

[Unternehmen/Firma] und der [Gesamt-/Konzern-]Betriebsrat
schließen folgende Vereinbarung über den Abgleich von Beschäftigtendaten mit EU-Sanktionslisten:

Nolde

Präambel und Zwecksetzung[1]

Seit den Anschlägen vom 11.9.2001 verhängt der Rat der Europäischen Union im Rahmen der Außen- und Sicherheitspolitik durch eine Vielzahl unmittelbar geltender Verordnungen wirtschaftliche Sanktionsmaßnahmen (sog. smart sanctions). Diese Rechtsakte sind teils länderbezogen, teils listen sie auch bestimmte Personen, Organisationen, Unternehmen und Einrichtungen auf, denen weder unmittelbar noch mittelbar Gelder, andere finanzielle Vermögenswerte und wirtschaftliche Ressourcen bereitgestellt werden dürfen. Das Außenwirtschaftsgesetz sanktioniert auf nationaler Ebene nicht nur vorsätzliche, sondern sogar fahrlässige Verstöße gegen das Bereitstellungsverbot. Wie mit den Listungen allerdings innerbetrieblich umzugehen ist, um nicht dem Vorwurf einer Sorgfaltspflichtverletzung ausgesetzt zu sein, obliegt den Wirtschaftsbeteiligten selbst ohne weitere gesetzliche Konkretisierung.

Die Sanktionslisten wachsen in Anzahl und Umfang bis heute stetig weiter und werden sehr engmaschig aktualisiert. Eine manuelle Kontrolle ist unter Risikogesichtspunkten nicht mehr leistbar. Spezielle Software ermöglicht einen automatischen Abgleich. Die Durchführung dieses Screenings von Beschäftigtendaten mit den EU-Anti-Terror-Verordnungen regelt die vorliegende [Gesamt/Konzern-] Betriebsvereinbarung. Weder mit der Durchführung noch mit der zugrundeliegenden Vereinbarung wird ein Generalverdacht gegen Mitarbeiter verbunden. Das Gegenteil ist der Fall. Der Prozess der Listung selbst ist rechtsstaatlich nicht frei von Bedenken, welche die Verbindlichkeit der Verordnungen und der Bereitstellungsverbote jedoch nicht aufheben. Ziel der vorliegenden Vereinbarung ist auch, unter diesen schwierigen Bedingungen den Schutz der Persönlichkeitsrechte der Beschäftigten zu gewährleisten. Alle Beteiligten sind sich bewusst, dass auch im Fall einer festgestellten Übereinstimmung zunächst die Unschuldsvermutung fortbesteht.

[UND/ODER ALTERNATIVE 1 – betreffend den Erhalt des AEO-Status:] Mit dieser Vereinbarung wird [zugleich] eine Grundlage für die zollrechtliche Anerkennung als sog. „zugelassener Wirtschaftsbeteiligter" (ZWB) bzw. „Authorised Economic Operator" (AEO) geschaffen. Die Globalisierung des Handels und die immer komplexere internationale Sicherheitslage haben die Weltzollorganisation (WZO) [zudem] veranlasst, mit einem „Framework of Standard to Secure and Facilitate Global Trade" (SAFE) weltweite Rahmenbedingungen für ein effektives Risikomanagement in den Zollverwaltungen zu schaffen. Dies hat u. a. zu einer Sicherheitsinitiative der Europäischen Union geführt. Seit 2005 sind mehrere Verordnungen und Reformen zu berücksichtigen. Aktuell finden die Bestimmungen des Zollkodex der Union (UZK), der Durchführungsverordnung (IA), der Delegierte Verordnung (DA) und die Übergangsbestimmungen (TDA) Anwendung.

Ein Ziel ist die Absicherung der gesamten Lieferkette („end-to-end-supply chain") vom Warenhersteller bis zum Endverbraucher. Als wichtiges Element dieses Sicherheitskonzepts wurde der AEO-Status eingeführt, der Unternehmen im Fall der Bewilligung Erleichterungen und Vereinfachungen bei sicherheitsrelevanten Zollkontrollen bzw. Ausfuhrverfahren sichert. Voraussetzung sind Nachweise der Zuverlässigkeit, Zahlungsfähigkeit und Einhaltung der maßgeblichen Rechtsvorschriften.

Der Bundesfinanzhof hat mit Urteil vom 19.6.2012 – VII R 43/11, entschieden, dass ein AEO-Zertifikat von einer Sicherheitsüberprüfung anhand der Anhänge europäischer Verordnungen wie u. a. (EG) Nr. 2580/2001 des Rates vom 27.12.2001 abhängig gemacht werden darf, da angemessene Sicherheitsstandards nachzuweisen sind. [Unternehmen/Firma] führt zur [Erlangung/Erhaltung] des AEO-Status vom BFH als zulässig erachtete Datenabgleiche von Beschäftigtendaten mit bestimmten, nachfolgend näher bezeichneten Verordnungen bzw. Sanktionslisten durch.

Die Durchführung dieses Screenings von Beschäftigtendaten mit den EU-Anti-Terror-Verordnungen regelt die vorliegende Betriebsvereinbarung. [ENDE DER ALTERNATIVE 1]

[UND/ODER ALTERNATIVE 2 – zur Einhaltung von OFAC-Standards:] [Unternehmen/Firma] berücksichtigt als Tochtergesellschaft eines US-Konzerns auch die Vorgaben des Office of Foreign Asset Controls (OFAC) des US Department of the Treasury. Das OFAC sieht orientiert an der US-Außenpolitik Wirtschaftssanktionen gegen Staaten, Unternehmen und natürliche Personen vor, die inhaltlich teilweise über die in Deutschland zu beachtenden EU-Verordnungen hinausgehen. Dies betrifft insbesondere die „Specially Designated Nationals and Blocked Persons List (SDN)", aber auch weitere OFAC-Standards, die in einer konsolidierten Liste zusammengefasst sind. Um zu verhindern, dass unter Verstoß gegen eine solche Listung wirtschaftliche Ressourcen bereitgestellt werden, sieht sich [Unternehmen/Firma] gehalten, als Tochter eines US-Unternehmens nicht nur Lieferanten und Kunden, sondern ebenfalls Beschäftigtendaten auch mit US-Sanktionslisten abzugleichen. [ENDE DER ALTERNATIVE 2]

§ 1 Räumlicher Geltungsbereich

Der räumliche Geltungsbereich dieser [Gesamt-/Konzern-] Betriebsvereinbarung umfasst alle in Deutschland gelegenen Betriebe der [Unternehmen/Firma].

§ 2 Persönlicher Geltungsbereich[2]

In personeller Hinsicht gilt diese [Gesamt-/Konzern-] Betriebsvereinbarung für alle Arbeitnehmer, Bewerber, Diplomanden, Auszubildenden, Werkstudenten und sonstige Praktikanten der [Unternehmen/Firma].

Die Vereinbarung gilt nicht für leitende Angestellte i. S. d. § 5 Abs. 3 BetrVG. Für diese Personengruppe wird eine entsprechende Anwendung der Regelungen dieser Vereinbarung auf geeignete Weise sichergestellt.

Dem Zweck der Vereinbarung entsprechend werden auch ehemalige Beschäftigte einbezogen, sofern sie noch Zahlungsleistungen beziehen. Leiharbeitnehmer sind mangels einer direkt an sie erfolgenden Zahlung von einem Datenabgleich im Sinne der Präambel ausgenommen.

§ 3 Mitarbeiterdaten als Gegenstand des Abgleichs[3]

Für den Datenabgleich im Sinne der Präambel erstellt die Abteilung [HR] unter Nutzung der unternehmensinternen Datenverarbeitungssysteme eine Mitarbeiterliste, die ausschließlich die folgenden Daten der dem Geltungsbereich unterfallenden Personen enthält:

Titel
Vorname(n) und Nachname
Geburtsdatum

Nolde

Geburtsort
Staatsangehörigkeit
Mitarbeiternummer.

Diese Liste wird [monatlich/quartalsweise] aktualisiert.

Zur Überprüfung von Bewerbern, deren Einstellung sich bereits konkretisiert hat, wird anlassbezogen ein bewerberbezogener Datensatz desselben Inhalts erstellt.

§ 4 Datenabgleich/Screening[4]

Die Personabteilung leitet die gem. § 3 erstellte Liste bzw. den Datensatz bei Bewerbern vor einer sich konkret abzeichnenden Einstellung und im Fall aller weiteren vom persönlichen Geltungsbereich dieser Verordnung umfassten Personen

[monatlich zum ... (Stichtag)

ODER

in der ersten Woche eines neuen Quartals]

zum Zwecke des Datenabgleichs im Sinne der Präambel an die Abteilung [...] weiter. Dies erfolgt per E-Mail mit einer passwortgeschützten Liste im Anhang.

Die Abteilung [...] initiiert sodann den Abgleich, der automatisiert unter Nutzung der [...] Software zur Sanktionslistenprüfung erfolgt. Das entsprechende System wird auf einem Server in [Deutschland] betrieben.

Die gem. § 3 erstellte Liste wird dabei mit folgenden Sanktionslisten abgeglichen:
– jeweils gültige, aktuellste von der EU bereitgestellte konsolidierte Liste der Personen, Gruppen und Organisationen, die von Finanzsanktionen betroffen sind   (https://eeas.europa.eu/headquarters/headquarters-homepage_en/8442/Consolidated%20list%20of%20sanctions).

[UND ...

ggf. SDN-Listen/OFAC-Standard UND/ODER weitere – ggf. im Konzern – verbindlich zu berücksichtigende Sanktionsmaßnahmen.]

Beschäftigtendaten werden im Zusammenhang mit diesem Datenabgleich nicht zur Leistungs- oder Verhaltenskontrolle erhoben, verarbeitet oder genutzt.

§ 5 Treffermanagement[5, 6]

Als Treffer gilt nur eine [...]%ige Übereinstimmung des Vor- und des Nachnamens eines Beschäftigten mit einem Eintrag aus einer § 4 geprüften Sanktionsliste.

Im Fall eines solchen Treffers erfolgt eine ergänzende manuelle Prüfung der Personenidentität durch Mitarbeiter der Abteilung [...] anhand des Geburtsdatums und des Geburtsorts sowie der Staatsangehörigkeit des Beschäftigten.

Der datenschutzrechtlich Verantwortliche gewährleistet, dass nur im Datenschutzrecht geschulte und zuverlässige, auf die Wahrung des Datengeheimnisses verpflichtete Mitarbeiter mit der Überprüfung befasst werden. Sämtliche Prüfungen und weiteren Verarbeitungen sowie die mit der Prüfung befassten Personen werden dokumentiert.

Der Betroffene wird durch die Abteilung [...] benachrichtigt und zur Stellungnahme [binnen ... Tagen] aufgefordert (Anlage 1).

Nolde

Bei festgestellter Personenidentität und in fortbestehenden Zweifelsfällen wird der Treffer den zuständigen Behörden [– dem Servicezentrum Finanzsanktionen der Deutschen Bundesbank und dem Bundesamt für Wirtschaft und Ausfuhrkontrolle (BAFA) –] gemeldet und diesen zur Prüfung vorgelegt.

Das vertraglich vereinbarte Gehalt wird bis zur Klärung des festgestellten Treffers nicht an den Betroffenen ausbezahlt, sondern auf ein Treuhandkonto überwiesen. Die den Betroffenen beschäftigende Konzerngesellschaft prüft ferner im Einzelfall und im Kontakt mit den zuständigen Behörden, wie mit Steuern und Sozialversicherungsbeiträgen zu verfahren ist. Zu prüfen ist ferner, ob Gegenstände in der Verfügungsgewalt des Betroffenen zurückzufordern sowie evtl. Vollmachten, Prokura, etc. zu widerrufen sind.

Eine Freistellung des Beschäftigten bis zur Klärung des festgestellten Treffers ist im Einzelfall zu prüfen.

§ 6 Rechte des Betroffenen[7]

Vor dem ersten Screening auf Basis dieser Vereinbarung wird die Bekanntmachung gem. § 77 Abs. 2 BetrVG sichergestellt. Auf Anfrage ist den Beschäftigten jederzeit Auskunft über die beim Datenabgleich verwendeten Daten, die Frequenz und die eingesetzte Software zu geben.

Im Falle einer festgestellten Übereinstimmung wird der Betroffene unverzüglich mit der Aufforderung zur Stellungnahme über den Treffer informiert (Anlage 1). Der Betroffene hat das Recht, die jeweiligen Daten vor der Stellungnahme einzusehen und dabei ein Mitglied des Betriebsrats hinzuzuziehen.

In Zweifelsfällen unterstützt das [den Betroffenen beschäftigende Konzern-] Unternehmen den Betroffenen bei der Beantragung einer Ausnahmegenehmigung für die Zahlung des Lohns beim Finanzservicezentrum der Deutschen Bundesbank bzw. für die Überlassung von sonstigen Vermögenswerten beim BAFA.

Im Fall von Fehlern im Rahmen des Screenings oder einer Entkräftung der Listung im Nachgang wird erforderlichenfalls eine Rehabilitation der Reputation des unrechtmäßig betroffenen Beschäftigten angestrebt.

§ 7 Beteiligung des Betriebsrats und des Datenschutzbeauftragten[8]

Die Informations- und Mitbestimmungsrechte des Betriebsrats finden Beachtung.

Der Betriebsrat sowie der Datenschutzbeauftragte werden insbesondere unverzüglich über festgestellte Übereinstimmungen/Treffer informiert, die weiteren Handlungsbedarf auslösen.

Sofern aufgrund des Datenabgleichs arbeitsrechtliche Maßnahmen gegen eine dem persönlichen Geltungsbereich dieser Vereinbarung (§ 3) unterfallende Person ergriffen werden müssen, wird der Betriebsrat entsprechend seiner Mitbestimmungsrechte beteiligt.

§ 8 Datenspeicherung

Sofern sich keine Übereinstimmung ergibt, werden durch die Screening-Software keine Beschäftigtendaten gespeichert. In diesem Fall wird lediglich der Prozess aus Compliance-Gründen dokumentiert.

Nolde

Im Fall einer Übereinstimmung erfolgt eine Speicherung zu Dokumentationszwecken für die Dauer von [fünf] Jahren. Die Mitarbeiter werden entsprechend unterrichtet.

Als „falsch positiv" identifizierte Treffer werden auf einer Whitelist – anbieterseitig teils als „Goodguy-List" bezeichnet – gespeichert, um eine Wiederholung der unzutreffenden Bewertung zu vermeiden.

§ 9 Schlussbestimmungen[9]

Diese Betriebsvereinbarung tritt mit dem Tag der Unterzeichnung in Kraft. Sie ist auf unbestimmte Zeit geschlossen und kann mit einer Frist von drei Monaten zum Jahresende gekündigt werden. Die Kündigung bedarf der Schriftform. Die Vereinbarung wirkt im Falle der Kündigung nach.

Anlage 1 (Aufforderung des Beschäftigten zur Stellungnahme im Rahmen des Treffermanagements)

[Anschreiben mit Anrede und Grußformel]

Auf europäischer Ebene wurden im Rahmen der Außen- und Sicherheitspolitik wirtschaftliche Sanktionsmaßnahmen erlassen. Dabei wurden u. a. bestimmte Personen gelistet, denen weder unmittelbar noch mittelbar Gelder oder andere Ressourcen bereitgestellt werden dürfen. Vorsätzliche und sogar fahrlässige Verstöße gegen dieses sog. „Bereitstellungsverbot" werden sanktioniert.

Auf Basis einer Betriebsvereinbarung vom [...] führen wir deshalb unter Nutzung der Screening-Software [...] einen Abgleich bestimmter Beschäftigtendaten mit den Verordnungen durch, um einen Verstoß zu vermeiden. [Als Tochterunternehmen eines US-Konzerns binden wir dabei auch OFAC-Standards in die Prüfung ein.]

Dieser automatisierte Abgleich hat am [...] eine [#-prozentige] Übereinstimmung Ihres Vor- und Nachnamens mit folgendem Eintrag in der Anlage zur Verordnung [...] erbracht, der sich durch die Einbeziehung von Geburtsdatum und -ort sowie der Nationalität nicht entkräften ließ:

[...].

Rechtsstaatliche Bedenken gegen diese Art der Sanktionsmaßnahmen wie auch Schwächen des automatisierten Abgleichs sind uns bekannt. Mit der Feststellung dieser Übereinstimmung verbinden wir keinesfalls eine Vorverurteilung. Gleichwohl sind wir mit Blick auf das o. g. Bereitstellungsverbot bis zur weiteren Klärung gehindert, die monatlichen Gehaltszahlungen auf Ihr Konto [...] zu erbringen. Wir werden den Betrag stattdessen auf ein Anderkonto leisten und uns mit den zuständigen Behörden zur Klärung des Umgangs mit Steuern und Abgaben in Verbindung setzen.

Wir fordern Sie zudem auf, bis zum [...] schriftlich gegenüber den Unterzeichnern zur obigen Übereinstimmung Stellung zu nehmen und damit zur raschen Klärung beizutragen.

Selbstverständlich können Sie sich jederzeit mit dem – im Rahmen seiner Informations- und Mitbestimmungsrechte einbezogenen – Betriebsrat wie auch direkt mit den Unterzeichnern in Verbindung setzen.

[Ort, Datum, Unterschrift, Name des Unterzeichners]

Nolde

Anmerkungen

1. Unterschiedliche Präambeln. Für den spezifischen Regelungsgehalt, aber auch die Risikobewertung insgesamt ist die Motivlage des Unternehmens maßgeblich,
– ob ausschließlich ein Verstoß gegen das Außenwirtschaftsrecht vermieden werden und die Mitarbeiterrechte dabei bestmöglich gewahrt werden sollen,
– ob es dem Unternehmen auch um die Vergünstigungen des AEO-Status geht und
– ob lediglich EU-Recht zu beachten ist oder die OFAC- und weitere US-Vorgaben für das Unternehmen verbindlich sind.

Auswirkungen hat dies vordergründig nur für die Zwecksetzung, die ggf. bereits in der Präambel erfolgen kann. Bei einer unternehmensinternen Kumulation der Zwecke sollten diese bereits sämtlich in der Vereinbarung abgebildet werden, damit sich eine spätere Verarbeitung nicht als Zweckänderung darstellt. Auch die Bewertung, ob das Screening in der konkreten Ausgestaltung erforderlich und ggf. auch im engeren Sinne verhältnismäßig ist, wird in der Abwägung von der verfolgten Motivlage abhängen.

Geht es im konkreten Unternehmen auch um den AEO-Status, streitet im sicherheitsrelevanten Bereich zusätzlich die eingangs zitierte BFH-Rechtsprechung für die Zulässigkeit. Soweit hingegen auch US-Sanktionslisten und OFAC-Standards einbezogen werden sollen, wird der Abgleich in der datenschutzrechtlichen Diskussion weiterhin als „besonders problematisch" (*Thannheiser/Westermann*, EU-Antiterror-Vereinbarungen und Mitarbeiter-Screening, https://www.boeckler.de/pdf/mbf_bvd_mitarbeiter_screening.pdf, S. 9) wahrgenommen, da US-Gesetze auch für deutsche Tochterunternehmen von US-Konzernen keine in Deutschland geltenden Rechtsvorschriften darstellten. Auch entsprechende konzerninterne Vorgaben werden in Frage gestellt. Die Betriebsvereinbarung mag gerade in diesen Fällen Rechtssicherheit schaffen. Bei den konkreten Formulierungen sollte jedoch darauf geachtet werden, dass keine „auch in Deutschland gesetzlich zwingende" Befolgung der OFAC-Vorgaben suggeriert wird (mit dem Muster einer Gesamtbetriebsvereinbarung zur Einhaltung des OFAC-Standards *Bachner/Heilmann*, Handbuch Betriebsvereinbarungen, S. 218).

2. Geltungsbereich. Die Rechtssetzungsbefugnis beschränkt sich auf die betriebliche Einheit, für die der Betriebsrat gewählt worden ist. Gesamt- und Konzernbetriebsvereinbarungen gelten räumlich für alle Betriebe des Unternehmens oder des Konzerns (*Oberthür/Seitz*, Betriebsvereinbarungen, S. 22 f.). Insoweit ergeben sich aus dem konkreten Gegenstand des „Terrorlisten-Abgleichs" keine Besonderheiten.

Der Geltungsbereich umfasst in persönlicher Hinsicht die in einem Arbeitsverhältnis zu dem Arbeitgeber stehenden Arbeitnehmer des Betriebs i.S.v. § 5 Abs. 1 BetrVG. Dazu gehören auch Teilzeitbeschäftigte und Praktikanten. Um einen Verstoß gegen ein Bereitstellungsverbot effektiv auszuräumen, müssen sämtliche Personengruppen einbezogen werden, denen wirtschaftliche Ressourcen zur Verfügung gestellt werden können (vgl. BDA, Leitfaden „Antiterrorgesetzgebung", http://www.arbeitgeber.de/www%5Carbeitgeber.nsf/res/Leitfaden-Antiterrorgesetzgebung.pdf/$file/Leitfaden-Antiterrorgesetzgebung.pdf, S. 3).

Nolde

Die Vereinbarung greift für diese Personengruppen auch, wenn der Betriebseintritt erst nach Abschluss der Vereinbarung erfolgt.

Die Erforderlichkeit der Einbeziehung in das Screening ist gerade in den Grenzbereichen der Betriebszugehörigkeit (Bewerber und ausgeschiedene Mitarbeiter) restriktiv zu beurteilen und gilt nur dann, wenn tatsächlich (schon oder noch) konkrete Auszahlungen in Betracht kommen.

Leitende Angestellte sind – wie der Arbeitgeber selbst – vom Anwendungsbereich der Vereinbarung ausgenommen (§ 5 Abs. 2, 3 BetrVG).

In Bezug auf Leih-/Zeitarbeitnehmer droht mangels einer unmittelbaren Zahlung grundsätzlich kein direkter Verstoß gegen das Bereitstellungsverbot. Strukturell ist aber beim Fahrlässigkeitsvorwurf eine Vorverlagerung des Sorgfaltspflichtverstoßes durch die Leistung an den Einsatzbetrieb denkbar, ferner ein Abstellen auf die indirekte Bereitstellung im Sinne der EU-Verordnungen, weshalb empfohlen wird, zu Dokumentationszwecken eine Compliance-Erklärung des betreffenden Arbeitgebers zu verlangen (vgl. BDA, Leitfaden „Antiterrorgesetzgebung", S. 3).

3. Mitarbeiterdaten, die Gegenstand des Abgleichs sind. Bei der Auswahl der Daten, die jeweils in das Screening einbezogen werden, ist für die Erforderlichkeit zentral zu beachten, dass keine Daten(arten) aufgenommen werden, die in den jeweiligen Anlagen zur Verordnung kein Pendant finden. Beispielsweise ist zu einer in Anlage 1 zur VO 753/2011 („Afghanistan-Verordnung") gelisteten Person zu einem *Vor- und dem Nachnamen* (A. B.) folgender Datensatz aufgenommen:

„Titel: a) Maulavi, b) Mullah. Gründe für die Aufnahme in die Liste: a) Gouverneur der Provinzen Khost und Paktika während des Taliban-Regimes, b) Vizeminister für Information und Kultur während des Taliban-Regimes, c) Konsularabteilung, Außenministerium unter dem Taliban-Regime. Geburtsdatum: Um 1962. Geburtsort: Jalalabad-Stadt, Provinz Nangarhar, Afghanistan. Staatsangehörigkeit: Afghanisch. Weitere Angaben: Soll sich im Grenzgebiet Afghanistan/Pakistan aufhalten. Tag der VN-Bezeichnung: 23.2.2001."

Die Einbindung z.B. der Adresse in die Mitarbeiterliste ist daher zur Durchführung des Screenings nicht erforderlich. Selbst zur weiteren manuellen internen Aufklärung, die in ihrer Berechtigung und Reichweite ohnehin umstritten ist, vermag die Anschrift wenig beizutragen. Der Datensatz pro Mitarbeiter sollte sich daher auf die in den Verordnungen maximal verfügbaren Angaben beschränken (vgl. mit Blick auf die Datensparsamkeit des FG Düsseldorf v. 9.8.2017 – 4 K 1404/17 Z zur Steuer-ID von Mitarbeitern, die von der Zollverwaltung umstrittenerweise verlangt wurde.

4. Frequenz und Inhalt des Datenabgleichs. Der Abgleich mit den Sanktionslisten kann auch ohne kommerzielle Software erfolgen. Hierzu steht z.B. auch über das Justizportal des Bundes und der Länder eine Abfragemaske bereit (http://www.finanz-sanktionsliste.de/fisalis/jsp/index.jsf). Im vorliegenden Zusammenhang wird allerdings davon ausgegangen, dass beim Anstreben einer Betriebsvereinbarung auch die Anzahl der Mitarbeiter so groß ist, dass der Einsatz einer Software-Lösung faktisch unverzichtbar ist.

Zum Screening steht inzwischen ein breites Spektrum kommerzieller Software zur Verfügung, darunter Anbieter im Inland und Ausland, Inhouse- und Web- bzw. Online-Lösungen sowie allein auf die Sanktionsliste fokussierte oder Kombinations-Ansätze (vgl. dazu *Faßold*, Prüfsoftware für Sanktionslisten, AN-Prax 2009, 370,

http://www.malbuntampere.de/publikationen/Pruefsoftware_fuer_Sanktionslisten.p
df). Zu berücksichtigen ist dabei auch der individuelle Bedarf an Schnittstellen zu
bereits eingesetzter Software. Die Sanktionslistenprüfung lässt sich überwiegend bereits in die Oberfläche und Standardprozesse von Enterprise-Resource-Planning
(ERP) und Customer Relationship Management (CRM) Systemen integrieren.

Eine Querschnittsbetrachtung der Literatur und der praxisorientierten Materialien zeigt zudem – der Regelungsmaterie entsprechend – ein breites Spektrum
,on der Fokussierung auf Arbeitgeberbelange (http://www.arbeitgeber.de/
www%5Carbeitgeber.nsf/res/Leitfaden-Antiterrorgesetzgebung.pdf/$file/Leitfaden-
Antiterrorgesetzgebung.pdf) bis zu überwiegenden Arbeitnehmerinteressen (*Thann-
heiser/Westermann*, EU-Antiterror-Vereinbarungen und Mitarbeiter-Screening,
https://www.boeckler.de/pdf/mbf_bvd_mitarbeiter_screening.pdf). Dies betrifft unterschiedliche Stellschrauben, u.a. auch die Frequenz.

In Bezug auf Geschäftskontakte läuft entsprechende Screening-Software vielfach
bereits fortlaufend automatisiert im Hintergrund, häufig bezogen auf jeden Stamm-
datensatz in der Auftragsabwicklung ab seinem Hinzutreten. (Nur) im Fall einer
Übereinstimmung mit den Sanktionslisten wird ein entsprechender Prozess zur Benachrichtigung – in der Regel der für die Exportkontrolle verantwortlichen Personen – initiiert.

Da sich bei Beschäftigten die relevante Bereitstellung von Ressourcen planbarer
auf die monatliche Gehaltszahlung fokussiert, ist eine abweichende Frequenz des
Screenings denkbar. Anwendungsbeispiele aus der Praxis reichen von einem Drei-
Wochen-Takt bis zu einmal jährlich. Das mit dem Screening auch maßgeblich verfolgte Verteidigungspotential gegen einen Vorwurf (fahrlässig) unerlaubter Bereitstellung von Ressourcen reduziert sich allerdings bei einer nur jährlichen Prüfung
angesichts der heutigen Geschwindigkeit der Verordnungsaktualisierung deutlich,
wenn nicht weitere Maßnahmen der Absicherung hinzutreten. Ob dagegen monatlich vor den Gehaltszahlungen oder z.B. quartalsweise abgeglichen wird, hängt
maßgeblich von der Größe, Leistungsfähigkeit und den Zumutbarkeitsgrenzen des
jeweiligen Unternehmens oder Konzern ab. Auch das Bundesamt für Wirtschaft und
Ausfuhrkontrolle (BAFA) weist grundsätzlich darauf hin, dass die Umsetzung „im
Interesse der spezifischen Unternehmenssituation, die flexible Lösungen erfordert,
von der Ausgestaltung der betriebsinternen Abläufe des jeweiligen Unternehmens
abhängig ist. Unabhängig von der individuellen Situation des einzelnen Unternehmens ist jedoch zu beachten, dass die Namenslisten regelmäßig aktualisiert werden."(http://www.bafa.de/SharedDocs/Downloads/DE/Aussenwirtschaft/afk_merkbl
att_embargomassnahmen_terrorismusbek%C3%A4mpfung.pdf?__blob=publicatio
nFile&v=2, S. 9).

5. Anforderungen an relevante Übereinstimmungen/„Treffer". Interessenabwägungen der konkreten Ausgestaltung stellen sich nicht nur für die Frequenz des Abgleichs, sondern vor allem auch bei der Reichweite der Analyse. Auch hier sind im
Spektrum der Vereinbarungen deutliche Unterschiede – je nach den im Schwerge-
wicht verfolgten Interessen – erkennbar, insbesondere hinsichtlich der Entscheidung
für oder gegen Unschärfe-Suchalgorithmen bzw. „Fuzzy Matching" beim reinen
Abgleich von Vor- und Nachnamen, gerade mit Blick auf ausländische Schriftzei-
chen. Bei den Algorithmen sind in den letzten Jahren starke Verbesserungen bei unterschiedlichen Schreibweisen und ähnlicher Phonetik der gelisteten Namen zu ver-

Nolde

zeichnen. Ob ein solches „fehlertolerantes" Matching unter Einbeziehung sog. Fuzzy-Logik und phonetischer Logik im Rahmen des Mitarbeiter-Screenings eingesetzt werden soll, ist allerdings umstritten und individuell in der Auseinandersetzung zwischen Betriebsrat und Unternehmen im Rahmen der Betriebsvereinbarung sowie bei der Auswahl des Anbieters festzulegen.

In der Querschnittsbetrachtung zeigt sich, dass die eher arbeitnehmernahen Gestaltungsempfehlungen von derartigen Unschärfe-Suchen strikt absehen und nur eine 100 %-Überstimmung mit dem Original-Mitarbeiter-Datensatz als „Treffer" werten wollen. Auf Einbeziehung von Fuzzy-Logik sei vollumfänglich zu verzichten.

In der Gesamtbetrachtung ist bezüglich Frequenz und Reichweite der Analyse aber auch der Eindruck eines reinen „Compliance-Feigenblatt"-Screenings zu vermeiden. Angesichts der fehlenden rechtlichen Verpflichtung zum automatisierten Vorgehen sollte von einem Abgleich mit einem derart groben Netz dann besser ganz abgesehen und zu alternativen Compliance-Maßnahmen gegriffen werden. Zugleich ist aber, sofern sich die Parteien – im Interesse eines risikoaversen Vorgehens hinsichtlich § 19 AWG – für eine Einbeziehung von Fuzzy-Logik entscheiden, insoweit auf einen Schwellenwert zu achten, der den Umfang falsch positiver Treffer sehr niedrig hält.

An dieser Balance und der Risikobereitschaft in Konzern bzw. Unternehmen sind die Abstufungen der Sensitivität der auszuwählenden und eingesetzten Software auszurichten. Dies gilt insbesondere, da die zusätzlichen unternehmensinternen Aufklärungs- und Verdachtsentkräftungsmöglichkeiten nach einem Treffer vergleichsweise gering sind. Wie der Beispielsdatensatz unter 3. gezeigt hat, sind nicht einmal zu Geburtsdatum oder -ort immer vollständige Daten enthalten. Die Trefferwahrscheinlichkeit, z. B. bei einem „Allerweltsnamen" mit einer auf eine Jahreszahl beschränkten Geburtsangabe in der Verordnung, ist gerade bei Berücksichtigung unterschiedlicher Schreibweisen nicht zu vernachlässigen und birgt erhebliche Folgerisiken, bis hin zur Aussprache von Verdachtskündigungen und Weitermeldungen unschuldiger, falsch positiv nach Fuzzy-Suche identifizierter Mitarbeiter an die Behörden. Gerade in diesem Zusammenhang sind die Risiken eines AWG-Verstoßes mit denen einer über die Erforderlichkeit hinausgehenden unbefugten Datenverarbeitung – und den entsprechenden Sanktionsrisiken – abzuwägen.

Aus dem gleichen Grund ist davon abzuraten, beim Sanktionslisten-Screening überobligatorisch auch die US-Embargo-Listen einzubeziehen, wenn es nicht zugleich auch konkreten Anlass zur Einhaltung der OFAC-Standards gibt. In diesem Zusammenhang ist auch auf praktische Erfahrungen und Wechselwirkungen mit dem Geldwäschegesetz (GwG) und seinem Know-Your-Customer-Prinzip hinzuweisen. Auch dort kann eine im Ursprung überobligatorische Prüfung, z. B. unter unüberlegt standardisierter Einbeziehung von US-Sanktionslisten, Anhaltspunkte erbringen, dass Vermögenswerte einer Transaktion im Zusammenhang mit Geldwäsche bzw. Terrorismusfinanzierung stehen, und damit ggf. erheblichen weiteren Prüfungsaufwand (bis hin zum Absehen von der Transaktion) verursachen, der bei einem adäquat datensparsamen Vorgehen nie entstanden wäre.

6. Treffermanagement. Auch im Bereich des Treffermanagements sehen zahlreiche Software-Anbieter bereits „selbstaktive" Prozesse vor, samt in die jeweilige ERP-Umgebung eingegliederten Sperreinträgen, „Goodguy"-/White-Listen bei falsch-positiven Treffern und BAFA-Meldungen, wenn sich ein Verdacht nicht ausräumen lässt.

Nolde

Schon bei der Auswahl des Screening-Anbieters sollte dieses Treffermanagement in den Blick genommen und auf die Datenschutz-Konformität der vorgesehenen Prozesse überprüft werden.

Die Rolle des Unternehmens ist im vorliegenden Zusammenhang eine andere als die z.B. im Geldwäschegesetz (GwG) durch die Verdachtsmeldung vorgesehene Inpflichtnahme der Privatwirtschaft zur Strafverfolgungsvorsorge. Ein Verbot der Informationsweitergabe im Verdachtsfall, wie es § 47 GwG in Bezug auf Auftraggeber oder Dritte statuiert, wird sich daher erst an den – hier in der Regel eher fernliegenden – Grenzen vorsätzlicher Strafvereitelung ergeben. Der Beschäftigte sollte daher grundsätzlich mit dem Treffer konfrontiert und zur Stellungnahme aufgefordert werden (Muster in Anlage 1).

Neben dieser Auseinandersetzung mit dem Mitarbeiter und ggf. der Hinzuziehung von Betriebsrat und Datenschutzbeauftragtem wird im Fall eines nicht entkräfteten Treffers vor allem auch der Behördenkontakt auf der Agenda des Arbeitgebers stehen. Dies ist auch vor dem Hintergrund flankierender Risiken – etwa aus § 266a StGB bezüglich etwaig zurückgehaltener Sozialversicherungsbeiträge – und der zu berücksichtigenden steuerlichen Folgefragen geboten (*Meyer/Macke*, HRRS 2007, 445 (448), http://www.hrr-strafrecht.de/hrr/archiv/07–12/index.php? &sz=6).

Anzustreben sind dabei neben Transparenz zur Reduktion eigener Haftungsrisiken auch individuelle Lösungen, die ggf. im Einzelfall auch eine Fortbeschäftigung des Betroffenen ermöglichen und eine andernfalls drohende Freistellung entbehrlich machen. Denkbar ist dann z.B. auch die Lohnfortzahlung auf ein ggf. ohnehin eingefrorenes Konto des Beschäftigten bei Sicherstellung von Ressourcen für den allgemeinen Lebensbedarf.

Aktuelle Regelungen vergleichbarer Inpflichtnahmen der Privatwirtschaft im Rahmen der Sicherheitsarchitektur sehen grundsätzlich Haftungsfreistellungen vor (vgl. etwa Art. 6 der Verordnung Nr. 881/2002, ähnlich § 48 GwG bei einer fahrlässig unzutreffenden Geldwäsche-Verdachtsmeldung). Eine solche Privilegierung statuieren die EU-Verordnungen noch nicht einheitlich. Der Rechtsgedanken dürfte sich aber übertragen oder ggf. aus einer Pflichtenkollision ableiten lassen. Ungeachtet dessen sind die eigenen Haftungsrisiken des Unternehmens auch mit den Mitarbeiterfürsorgepflichten auszutarieren.

7. Beschäftigtenrechte. Die Beschäftigten sind – im Zusammenhang mit der Betriebsvereinbarung oder bei einem späteren Unternehmenseintritt im Zuge der Einstellung – über das Screening und den oder die damit verfolgten Zwecke zu informieren.

Inwieweit unabhängig vom allgemeinen Prozess und ggf. erforderlichem Treffermanagement auch vor jedem erneuten Abgleich darüber in Kenntnis zu setzen ist, dürfte von der konkret gewählten Frequenz abhängen. Erfolgt der Abgleich nur einmal jährlich, kann die Information zur allgemeinen Transparenz der Verarbeitungsvorgänge beitragen. Bei einer Routine gewordenen automatisierten Überprüfung dürfte ein z.B. monatlicher Hinweis den allgemeinen Informations- und Hinweis-Dschungel und damit die Intransparenz eher vergrößern.

In die Gesamtabwägung der Interessen fließt auch ein, dass das BVerfG in der Mikado-Entscheidung (Beschl. v. 17.2.2009 – 2 BvR 1372/07) einen Eingriff in das informationelle Selbstbestimmungsrecht bei einer hoheitlichen Abfrage von Kredit-

kartendaten verneint hat, soweit die Daten „maschinell geprüft, aber mangels Erfüllung der Suchkriterien schon bei den Unternehmen nicht als Treffer angezeigt"
wurden.

Teilweise sehen Muster einer Betriebsvereinbarung zur Regelung des Sanktionslisten-Screenings auch noch vor, dass rechtsstaatliche Defizite, die im Zusammenhang
mit solchen Sanktionsmaßnahmen zu beklagen sind, durch Unterstützungsleistungen und überobligatorisches Entgegenkommen des Unternehmens weitestmöglich
auszugleichen sind. Formulierungsbeispiele, die Beschäftigtenrechte in dieser Weise
einseitig betonen, wurden vorliegend allerdings nicht mit aufgenommen. Dies gilt
etwa für die Vorschläge, dass das Unternehmen die Rechtsanwaltskosten für den Betroffenen übernimmt, die „zu Unrecht" gelistet wurden, oder dass eine Kündigung
nur bei einer „strafrechtlichen Verurteilung zu einer langjährigen Haftstrafe" erfolgen soll (vgl. dazu *Thannheiser/Westermann*, EU-Antiterror-Vereinbarungen und
Mitarbeiter-Screening, https://www.boeckler.de/mbf_bvd_gr_mitarbeiter_screening.
pdf, S. 3). Grenzen ergeben sich hier auch aus der über § 266 StGB strafbewehrten
Vermögensbetreuungspflicht, wobei insoweit berücksichtigt werden kann, dass auch
das Unternehmen selbst Interesse an einer schnellen Aufklärung festgestellter Verdachtsmomente hat.

Dem Arbeitgeber, der ohne eigenes Zutun durch die – faktische – Inpflichtnahme
zu Screening-Maßnahmen in das Konfliktfeld der Sanktionsmaßnahmen hineingezogen wird, kann grds. nur abverlangt werden, die Situation des Beschäftigten
durch unrechtmäßige oder fehleranfällige Screenings oder ein ineffizientes Treffermanagement nicht noch zusätzlich zu verschlechtern. Wenn ihm dazu noch die Verantwortung auferlegt werden soll, die rechtsstaatlich zweifelhafte Gesamtsituation
in jeder Hinsicht zugunsten des Beschäftigten abzufedern, stellt dies schlicht eine
Überforderung dar. Ausnahmen im Einzelfall sollten nicht die Leitlinie der Betriebsvereinbarung vorgeben.

8. **Einbeziehung des Betriebsrats.** Der allgemeine Informationsanspruch des Betriebsrats gem. § 80 Abs. 1 Nr. 1 BetrVG ist zu berücksichtigen. Mitbestimmungsrechte gem. § 87 BetrVG sind in diesem Regelungskontext umstritten. Die Heranziehung von § 87 Abs. 1 Ziff. 1 BetrVG wird verneint, weil – allenfalls – ein Bezug
zu *außerbetrieblichem* Verhalten bestehe (vgl. BDA, Leitfaden „Antiterrorgesetzgebung", S. 5). Aufgrund des elektronischen Abgleichs und des Softwareeinsatzes wird
daneben auf § 87 Abs. 1 Nr. 6 BetrVG verwiesen. Dies wird von einer Auffassung
abgelehnt, weil der konkret verarbeitete Datenumfang des Stammdaten-Screenings
keine Beurteilung von Verhalten oder Leistung zulasse. Die Gegenauffassung stellt
allerdings auf die automatisierte Verarbeitung und Verknüpfung mit anderen Daten
– jenen der Sanktionslisten – ab, die durchaus ermöglichen solle, das Verhalten des
Beschäftigten zu kontrollieren: nämlich auf seine „potenziellen terroristischen Aktivitäten" (vgl. *Thannheiser/Westermann*, EU-Antiterror-Vereinbarungen und Mitarbeiter-Screening, http://www.boeckler.de/pdf/mbf_bvd_mitarbeiter_screening.pdf,
S. 27). Dem ist entgegenzuhalten, dass die Listung als solche bei konsequent kritischer Betrachtung gerade keine Rückschlüsse auf das Verhalten zulässt. Dies ergibt
sich nicht zuletzt aus der fortbestehenden Unschuldsvermutung und dem selbst bei
einem Treffer unveränderten Informationsdefizit zu den Hintergründen der jeweiligen Listung. Hauptzweck des Screenings ist, im Unternehmensinteresse einen Verstoß gegen das Bereitstellungsverbot zu vermeiden, ungeachtet einer berechtigten

Nolde

oder unberechtigten Listung oder des zugrundeliegenden Verhaltens des Beschäftigten. Selbst arbeitsrechtliche Konsequenzen im Rahmen des Treffermanagements würden vor diesem Hintergrund nicht primär auf das vermeintliche Verhalten oder den Verdacht gestützt, sondern wären davon beeinflusst, dass eine Fortbeschäftigung bei gleichzeitig fehlender Möglichkeit der leistungsgerechten Entlohnung widersprüchlich wäre.

Der Streitstand kann an dieser Stelle nicht abschließend entschieden werden. Er muss dies auch insbesondere dann nicht, wenn in die Vereinbarung klarstellend aufgenommen wird, dass der Betriebsrat im Rahmen seiner Mitbestimmungsrechte einbezogen wird. Relevant wird dies spätestens, wenn das Treffermanagement und die weitere Analyse und Befassung mit dem Vorgang auch eine verhaltens- oder leistungsbezogene Beurteilung erfordern und ggf. arbeitsrechtliche Konsequenzen bis zur mitunter notwendigen Kündigung nach sich ziehen (vgl. Leitfaden „Antiterrorgesetzgebung" der Bundesvereinigung der Deutschen Arbeitgeberverbände, http://www.arbeitgeber.de/www%5Carbeitgeber.nsf/res/Leitfaden-Antiterrorgesetzgebung.pdf/$file/Leitfaden-Antiterrorgesetzgebung.pdf, S. 5).

9. Schlussbestimmungen. In Bezug auf die Schlussvorschriften ergeben sich aus dem Regelungsgegenstand keine Besonderheiten.

Nolde

I. Kundendatenschutz

I. Organisation des Kundendatenschutzes

Einen speziellen „Kundendatenschutz" sieht die DS-GVO ebenso wenig vor wie die bisherigen Rechtsnormen, also die DSRL und das BDSG a.F. Vor dem Datenschutzgesetz sind mit Ausnahme der besonderen Regeln für Beschäftigte (§ 32 BDSG a.F. bzw. § 26 BDSG n.F.) alle Personen gleich. Besondere Erlaubnistatbestände, die wie Art. 6 Abs. 1 S. 1 lit. b DS-GVO **ein Vertragsverhältnis** voraussetzen, gelten gleichermaßen für Kunden, Lieferanten und andere Vertragspartner. In der Wirtschaft sind freilich (potentielle) Kunden die **interessanteste Personengruppe**, und hierbei sind Endkunden, also meist Privatpersonen, in ihrer Masse und ihrer datenschutzrechtlichen Kritikalität eine Gruppe, die besonderer Behandlung bedarf.

Kundendatenschutz besteht zunächst aus dem Schutz der Daten über bestehende oder ehemalige Kunden. Im weiteren Sinne zählen dazu auch **Daten potenzieller Kunden**. Dies umfasst das Sammeln von Daten, z.B. über Gewinnspiele sowie die Selektion von Kundengruppen, das auf Werbung, Vermarkung und Verkauf ausgerichtete Erstellen **pseudonymer Nutzerprofile** von Website- und App-Nutzern nach § 15 Abs. 3 TMG a.F. bzw. unter Art. 8 Abs. 1, 9 und 10 der kommenden ePrivacy-VO-E, wie z.B. Tracking und Retargeting, das Ausspielen und Auswerten von Werbekampagnen an Individuen nebst dem Adresshandel (zu Werbeversand und Newslettern → I.III.) sowie die möglichst umfangreiche Verwendung dieser Daten einschließlich der Anreicherung durch zusätzliche Daten („Big Data") – kurzum die volle Klaviatur von (**Online-)Marketing** und **Customer Relationship Management (CRM)**.

Kundendatenschutz wird dabei meist auf **private Endkunden**, aber nicht auf den B2B-Bereich bezogen. Der Begriff ist, parallel zum „Mitarbeiterdatenschutz", durch Medienberichte über „**Datenschutzskandale**" in das öffentliche Interesse gerückt. Dadurch ist für Unternehmen die datenschutzrechtliche Positionierung ein zweischneidiges Schwert: Aus **Image- und Compliance-Gründen** sollen Verstöße und negative Berichterstattung über das Unternehmen möglichst vermieden werden. Andererseits stellen Werbemaßnahmen in oder jenseits der rechtlichen Grauzone das süße Gift dar, mit dem Umsätze in die Höhe getrieben werden können. Und jeder Berater auf dem Gebiet des Datenschutzes hat sicherlich schon einmal gehört, dass eine bestimmte Vorgehensweise doch bei den Wettbewerbern oder gleich der ganzen Branche üblich sei, weshalb das eigene Unternehmen darauf nicht verzichten könne. Diese Positionierungsproblematik wird noch dadurch erschwert, dass Normen zur Rechtmäßigkeit der Datenverarbeitung (Art. 6 DS-GVO) sowie den werberelevanten Themen Einwilligung (Art. 4 Nr. 11, Art. 7, ErwG 42 und 43 DS-GVO) und Zweckänderung (Art. 6 Abs. 4 DS-GVO) **wenig übersichtlich** sind und durch **komplexe Interessenabwägungen** eine eindeutige Bewertung oft nicht möglich ist. Hinzu kommt, dass sie mit Parallelnormen aus der ePrivacy-VO oder dem bisherigen, auf der ePrivacy-Richtlinie basierenden § 7 Abs. 3 UWG bisweilen mit dem restlichen Datenschutzrecht wenig abgestimmt zu sein scheinen, und dass Rechtsprechung zur DS-GVO noch nicht existiert. Kurzum: Die Bereitschaft, datenschutzseitig bis an die Grenzen des rechtlich Zulässigen zu gehen, ist aus wirtschaftlichen Gründen sehr hoch, und die Rechtssicherheit sehr gering.

Gleichzeitig drohen **hohe Bußgelder,** da gem. Art. 83 Abs. 5 DS-GVO u. a. bei Verstößen gegen die Art. 5, 6 und 7 DS-GVO das höhere Bußgeld von 20 Mio. EUR bzw. 4 % des weltweiten Vorjahresumsatzes verhängt werden kann. Bei der **Buß-geldbemessung** ist gem. Art. 83 Abs. 1 S. 2 lit. a DS-GVO die Zahl der von der Verarbeitung betroffenen Personen zu berücksichtigen, die bei der Verarbeitung von Kundendaten sehr hoch sein kann.

Um Risiken, Chancen und Datenschutz-Compliance auszutarieren, sollte guter Kundendatenschutz folgende Punkte berücksichtigen – sei es in Form einer Richtlinie oder einer Checkliste:

Gebiet/Verarbeitungsstufe	*Voraussetzungen und Herausforderungen*
§ 1 formale Datenschutz-Compliance mit Bezug zum Kundendatenschutz[1]	1.1 Bestellung eines Datenschutzbeauftragten; Nachweis seiner Fachkenntnis.[2] 1.2 Führung eines vorzeigbaren Verarbeitungsverzeichnisses.[3] 1.3 Bei CRM und anderen Systemen, die Kundendaten verarbeiten: Akkurate Vereinbarungen zur Auftragsverarbeitung.[4] 1.4 Kurzfristige, vollständige und professionelle Beantwortung von Anfragen Betroffener.[5] 1.5 Im Fall von Datenpannen erfolgt die ggf. erforderliche Benachrichtigung der Aufsichtsbehörde nach Art. 33 DS-GVO sowie die etwaig erforderliche Benachrichtigung an die betroffenen Personen gem. Art. 34 DS-GVO.[6] 1.6 Internen Dokumentationspflichten wird nachgekommen, neben der allgemeinen Rechenschaftspflicht[1] (Art. 5 Abs. 2 DS-GVO) u. a. für die eindeutige Festlegung des Zweckes der Datenerhebung (Art. 5 Abs. 1 lit. b DS-GVO) und im Kontext der Einwilligung (Art. 7 DS-GVO). 1.7 Weitere, nicht kundenspezifische Anforderungen wie Richtigkeit der Daten (Art. 5 Abs. 1 lit d DS-GVO) oder angemessene technische und organisatorische Maßnahmen.[7]
§ 2 Erhebung von Kundendaten (einschließlich Interessenten und	2.1 Erlaubnisvorbehalt: Vor jeder Erhebung von Kundendaten mit Personenbezug

Gebiet/Verarbeitungsstufe	Voraussetzungen und Herausforderungen
Werbekontakten): Erlaubnisvorbehalt, Transparenz/Informationspflichten, Datenminimierung	muss geklärt und sollte dokumentiert sein, auf welcher Rechtsgrundlage (Art. 6 Abs. DS-GVO) dies erfolgt. In Betracht kommen im Rahmen des Kundendatenschutzes insb. die Einwilligung, die Vertragserfüllung und das berechtigte Interesse (Art. 6 Abs. 1 S. 1 lit. a, b sowie f DS-GVO).[8] 2.2 Bei Einwilligungen von Kindern ist Art. 8 DS-GVO zu beachten.[9] 2.3 Für (Werbe-)Einwilligungen gelten zahlreiche Besonderheiten.[10] 2.4 Bei Einwilligungen im Geltungsbereich der e-PrivacyVO-E sind die Besonderheiten aus Art. 8 Abs. 1 lit. b i. V. m. Art. 9 und 10 ePrivacy-VO-E zu beachten und im Kontext der DS-GVO zu verstehen (u. a. Kopplungsverbot, Art. 7 Abs. 4 DS-GVO).[11] 2.5 Verschiedene Informationen und Erklärungen, z. B. aus Einwilligungen, AGB und Datenschutzerklärungen, sollten nicht nur jeweils für sich transparent und korrekt, sondern auch untereinander widerspruchsfrei sein. 2.6 Berücksichtigung des Prinzips der Datenminimierung (u. a. Art. 5 Abs. 1 lit c DS-GVO; beachte auch Privacy by Design und by Default). Es werden nur die Daten erhoben, die für den jeweiligen Vertrag bzw. Zweck erforderlich sind.[12] 2.7 Im Rahmen der Datensparsamkeit ist auch die rechtzeitige Datenlöschung zu berücksichtigen (siehe unten § 7).
§ 3 Datensparsamkeit vs. Dokumentation und Rechtssicherheit; insbesondere bei (Werbe-)Einwilligungen	3.1 Im gesetzlich zulässigen Umfang können und sollten auch Sekundärdaten hinzugespeichert werden, die z. B. vom Auskunftsrecht des Betroffenen umfasst sind oder für etwaige Rechtsstreitigkeiten erforderlich sein können.[13] 3.2 Besondere Relevanz hat dies bei Werbeeinwilligungen, zumal diese regelmäßig genutzt werden müssen, um nicht zu verfallen.[14]

Koglin

Gebiet/Verarbeitungsstufe	Voraussetzungen und Herausforderungen
§ 4 Zweckbindung und Festlegung des Zweckes	4.1 Der Grundsatz der Zweckbindung ist bei allen Verarbeitungsschritten zu beachten. Die Einhaltung der Zweckbindung erfordert in der Regel, dass zu einem Datensatz der Zweck der Verarbeitung gespeichert wird oder sich aus dem Kontext (z. B. durch die Speicherung im System „Abo-Verwaltung") ergibt. 4.2 Bei der Gestaltung von Nutzungsbedingungen und AGB sollte auch bei der Formulierung der Leistungsbeschreibung die datenschutzrechtliche Relevanz dieser Texte präsent sein. In bestimmten Grenzen kann durch die Definition des Vertragszwecks und der Pflichten auch der Zweck der Datenverarbeitung festgelegt werden.[15] 4.3 Die Verwendung der Daten zu einem anderen als dem ursprünglich vorgesehenen Zweck ist nur unter engen Voraussetzungen möglich und vorab nach den Kriterien des Art. 6 Abs. 4 DS-GVO zu prüfen, die unter anderem die Kompatibilität der beiden Zwecke, den Zusammenhang der ursprünglichen Datenerhebung sowie die Abwägung von Risiken, Folgen und Gegenmaßnahmen beinhalten.
§ 5 Nutzung zu Werbezwecken; Werbeeinwilligung (Opt-in)	5.1 Zur Werbung für eigene ähnliche Waren oder Dienstleistungen ist davon auszugehen, dass auch unter der zukünftigen Rechtslage eine privilegierende Sonderregelung vorhanden sein wird, die wie bislang einen entgeltlichen Vertrag und die Einhaltung der entsprechenden Informationspflichten vorsehen wird. Letzteres ist im Hinblick auf etwaige Rechtstreitigkeiten „gerichtsfest" zu dokumentieren. In einzelnen Fällen kann z. B. die Datenverarbeitung zum Zwecke des Direktmarketings auch auf ein berechtigtes Interesse gestützt werden.[16]

Koglin

Gebiet/Verarbeitungsstufe	*Voraussetzungen und Herausforderungen*
	5.2 Im Übrigen kommt für digitale Werbemaßnahmen und werbeähnliche Newsletter als Rechtsgrundlage meist nur eine Einwilligung in Betracht. An diese werden hohe Anforderungen gestellt.
§ 6 Weitergabe an Dritte	6.1 Die Übermittlung oder anderweitige „Offenlegung" (Art. 4 Nr. 2 DS-GVO) von Daten an Dritte bedarf einer entsprechenden Ermächtigungsgrundlage nach Art. 6 Abs. 1 DS-GVO. 6.2 Als Erlaubnistatbestände kommen neben der Einwilligung in bestimmten Konstellationen auch ein berechtigtes Interesse oder der Vertragszweck in Betracht.[17] 6.3 Bei Dienstleistern ist genau zu prüfen, ob es sich um eine Auftragsverarbeitung durch den Dienstleister oder um eine Daten-Offenlegung an Dritte handelt. Auch die datenschutzrechtliche Stellung sog. „freier Mitarbeiter" ist zu untersuchen.[18] 6.4 Im Rahmen der Weitergabe an Dritte sind auch die besonderen Auskunftsrechte der Strafverfolgungsbehörden zu berücksichtigen.[19]
§ 7 Beendigung/Auslaufen des Vertragsverhältnisses mit dem Kunden	7.1 Nach Ablauf der entsprechenden Fristen sind personenbezogene Daten zu löschen oder zu sperren, sofern kein anderer Grund zur Aufbewahrung vorliegt. 7.2 Die jeweiligen Fristen, Interessenabwägungen und Besonderheiten können den Mitarbeitern in den IT- und Fachabteilungen nicht ohne weiteres bekannt sein. Daher ist es erforderlich, dass seitens des Unternehmens konkrete Löschkonzepte bereitgestellt werden.[20] 7.3 Zusätzlich zur bloßen Erstellung eines Löschkonzeptes ist auch erforderlich, dass den relevanten Mitarbeitern das konkrete Wissen vermittelt und die Umsetzung des Löschkonzeptes regelmäßig überprüft wird.

Anmerkungen

1. Formale Aspekte. Da die Einhaltung formaler Vorschriften viel einfacher zu überprüfen ist als inhaltliche Aspekte, bei denen eine ausführlichere Betrachtung und vielleicht sogar eine belastbare Interessenabwägung erforderlich sind, spielt die Einhaltung formaler Vorgaben (leider) bei Audits (→ C.I.) und Abmahnungen eine sehr große Rolle. Zusätzlich zu den nachfolgend erwähnten Einzelthemen ist außerdem damit zu rechnen, dass in Zukunft auf Basis der Rechenschaftspflicht des Verantwortlichen nach Art. 5 Abs. 2, 24 DS-GVO (→ A.I.) viel breitere Prüfungen erfolgen, da die Rechenschaftspflicht zu einer Beweislastumkehr führen kann.

2. Bestellung eines Datenschutzbeauftragten. Zu den häufig geprüften Vorgaben zählt die ordnungsgemäße Bestellung eines geeigneten Datenschutzbeauftragten → B.I.1.

3. Führen eines Verarbeitungsverzeichnisses. Selbst wenn es unter der DS-GVO kein öffentliches Verzeichnis mehr gibt, wird die Überprüfung eines ordnungsgemäßen Verarbeitungsverzeichnisses (→ C.II.) sicherlich auch in Zukunft regelmäßig geprüft werden. Denn die Aufsichtsbehörden werden dieses als wichtigen Bestandteil des Nachweises ordnungsgemäßer Datenverarbeitung heranziehen.

4. Vereinbarungen über die Auftragsvereinbarung. Im Fokus von Datenschutz-Audits stehen auch immer die Vereinbarungen über die Auftragsverarbeitung (→ G.I.). Hierbei erweist sich für Unternehmen häufig nicht nur der Abschluss selbst, sondern auch die dazugehörige Dokumentation während der Laufzeit (→ G.II.) und das „Wiederfinden" der Vereinbarung im Fall eines Audits als anfällig.

5. Umgang mit Betroffenenrechten. Unmittelbaren Bezug zum „Kundendatenschutz" haben die Rechte der Kunden und anderer Personen, zu denen dem Verantwortlichen Daten vorliegen. Dies betrifft neben den (einseitigen) Informationspflichten wie Web-Impressum und Datenschutzerklärung (→ F.I.) vor allem die vom Grundsatz her auch aus dem bisherigen BDSG bekannten Auskunfts- und Löschrechte (ausführlich → F.II.–V.), aber auch das neue Recht auf Datenportabilität aus Art. 20 DS-GVO (→ F.VI.).

6. Meldung von Datenschutzverletzungen (Data Breach Notification). Da bei IT-Pannen oder Hackerangriffen meist (auch) Kundendaten betroffen sind, gehört die Meldung nach Art. 33 DS-GVO ebenfalls zum Kundendatenschutz (→ C.VI.). Entsprechendes gilt für die Benachrichtigung an die betroffenen Personen nach Art. 34 DS-GVO.

7. Weitere Anforderungen. Zu den technischen und organisatorischen Anforderungen → C.V. und → E.; zu Bonitätsprüfungen → I.IV.

8. Erlaubnisvorbehalt und Dokumentation der Rechtsgrundlagen im Rahmen der Rechenschaftspflicht. Im Rahmen der von der DS-GVO vorgegebenen Grundsätze der Rechtmäßigkeit der Verarbeitung (Art. 5 Abs. 1 lit. a DS-GVO) und der Rechenschaftspflicht (Art. 5 Abs. 2, 24 DS-GVO) sowie dem Erlaubnisvorbehalt (Art. 6 Abs. 1 DS-GVO) ist die rechtliche Grundlage der Verarbeitung nicht nur festzustellen, sondern auch zu dokumentieren. Im Rahmen der Dokumentation

Koglin

ist auch die Einhaltung der Informationspflichten nach Art. 13 f. DS-GVO festzuhalten.

9. Einwilligungen von Kindern. Als „Kind" werden durch Art. 8 Abs. 1 DS-GVO Personen besonders geschützt, die das 16. Lebensjahr nicht vollendet haben, die also umgangssprachlich „unter 16" sind. Von der Möglichkeit, nach Art. 8 Abs. 1 S. 3 DS-GVO durch die Mitgliedstaaten eine niedrigere Grenze festzulegen, hat die Bundesrepublik im BDSG n.F. keinen Gebrauch gemacht. Bei Kindern muss die Einwilligung durch die Erziehungsberechtigten oder mit deren Zustimmung erteilt werden. Der Verantwortliche ist nach Art. 8 Abs. 2 DS-GVO zu entsprechenden Maßnahmen verpflichtet, um sich von der Einhaltung dieser Vorgaben zu vergewissern.

10. Werbeeinwilligungen (Opt-ins). Ein heikles Thema im Rahmen der Kundenkontakte sind Werbe-Opt-ins, also Einwilligungen in die Zusendung von Werbung oder in ähnliche Maßnahmen. Provokant stellt *Bahr*, Recht des Adresshandels, Rn. 245 dazu fest, dass „eine rechtskonforme und zugleich wirtschaftlich sinnvolle Einwilligung nicht existiert. Wer etwas anderes behauptet, der lügt oder verfügt über keine tiefergehenden juristischen Kenntnisse."

Das Dilemma besteht darin, eine Vielzahl unterschiedlicher Anforderungen in Einklang zu bringen, die sich aus der DS-GVO und deren Informations- und Transparenzpflichten, dem bisherigen UWG bzw. zukünftig der ePrivacy-VO sowie den wirtschaftlichen und technisch-medialen Vorgaben ergeben. Zu den rechtlichen Anforderungen der DS-GVO ausführlich → F.I. Hinzu kommen weitere Informationspflichten, wenn im Rahmen eines entgeltlichen Vertrags über Waren oder Dienstleistungen auf Basis der Privilegierung der Werbung für ähnliche eigene Leistungen die E-Mail-Adresse des Kunden genutzt werden soll (§ 7 Abs. 3 UWG und Art. 13 Abs. 2 der bisherigen ePrivacy-RL; weitgehend identisch in den Entwürfen für die ePrivacy-VO). In der Praxis des Kundendatenschutzes bleiben etliche Fragen und Probleme, unter anderem:

Über die allgemeine Rechenschaftspflicht (vgl. Art. 5 Abs. 2 DS-GVO und → A.I.) und Beweislast hinaus verlangt Art. 7 Abs. 1 DS-GVO zudem, dass der Verantwortliche ggf. nachweisen muss, dass der Betroffene entsprechend eingewilligt hat. Relevant sind neben den genannten Artikeln der DS-GVO auch die ausführlichen ErwG 32, 42 und 43 DS-GVO. Die sich daraus ergebenden Anforderungen, namentlich einer revisionssicheren Protokollierung und langer Speicherfristen, stehen naturgemäß im Konflikt mit den Anforderungen an Datenminimierung und Privacy by Design (Art. 5 Abs. 1 lit. c, 25 DS-GVO).

Unkonkrete Angaben wie „von unseren Partnern", „andere interessante Angebote" etc. sind zwar weit verbreitet, aber unwirksam (zum bisherigen Recht BGH, Urt. v. 14.3.2017 – VI ZR 721/15, MDR 2017, 571; OLG Hamburg, Urt. v. 4.3.2009 – 5 U 62/08, GRUR-RR 2009, 351 (352); *Bahr*, Recht des Adresshandels, Rn. 283 ff.). Da die Anforderungen unter der DS-GVO eher strenger werden als unter dem bisherigen Recht, bleiben solche Klauseln wohl auch zukünftig unwirksam. Die berechtigten Unternehmen (und damit die Vertragspartner für die „Opt-in-Vereinbarung") müssen mühelos feststellbar sein. Verweise auf gesonderte Listen sind in der Regel nicht zulässig, ebenso allzu flexible Klauseln wie „sowie Unternehmen, die zum Zeitpunkt der Werbezusendung mit uns verbunden Unternehmen i.S.d. §§ 15 ff. AktG sind" (vgl. zum bisherigen Recht Taeger/Gabel/*Taeger*, BDSG, § 4a

Koglin

Rn. 30; → I.II. und III.). Keinesfalls zulässig ist die allgemeine Ermächtigung zugunsten nicht näher spezifizierter „Dritter" (OLG Köln, Urt. v. 29.4.2009 – 6 U
218/08, MMR 2009, 470).

Ungeachtet des Platzbedarfes konnte ein sehr langer Opt-in-Text, der eine Vielzahl von konkreten Berechtigungen aufführt, sich schon unter dem bisherigen Recht
schnell dem Vorwurf der fehlenden Transparenz aussetzen. Der eher der Werbewirt-
schaft zugeneigte „Ehrenkodex eMail-Marketing des DDV" (Fassung vom September 2009) empfiehlt eine Beschränkung auf maximal zehn sog. „Sponsoren" (vgl.
dazu *Meyer/Lachenmann*, MMR 2016, 245). Unter der DS-GVO muss die Einwilligung „für den bestimmten Fall" abgegeben werden, weshalb Pauschal- oder Blan-
koeinwilligungen wie auch z.B. eine generelle Einwilligung in „Big-Data-Analysen"
nicht möglich sein soll (Gola/*Schulz*, DS-GVO, Art. 7 Rn. 31 f.).

All dies wird bei entgeltlichen Verträgen um eine Vielzahl weiterer Texte ergänzt.
Im E-Commerce wären dies neben der Widerrufsbelehrung für den Kaufvertrag die
Zusammenfassung der wichtigsten Vertragsdaten, die vor dem „zahlungspflichtig
bestellen"-Button angezeigt werden, vgl. § 312j BGB i.V.m. Art. 246a EGBGB
(dazu z.B. *Oelschlägel* in: Oelschlägel/Scholz (Hrsg.), Handbuch Versandhandelsrecht, S. 81 ff.).

11. Beachtung der Sonderregelungen der ePrivacy-VO. Die Zitierung der ePrivacy-VO erfolgt auf Basis des Kommissionsentwurfes vom 10.1.2017. Bezüglich der
Relevanz von Browsereinstellungen siehe zudem ErwG 32 DS-GVO.

12. Datenminimierung und Umfang der erhobenen Daten. Der Umfang der Daten orientiert sich am (Vertrags-)Zweck. So besteht bei einem entgeltlichen Vertrag
mit Vorleistung des Unternehmens ein berechtigtes Interesse an Angaben, die den
Käufer eindeutig identifizieren und ein etwaig notwendig werdendes Inkasso ermöglichen. Bei unentgeltlichen Verträgen oder gar Gewinnspielteilnahmen ist hingegen
das vollständige Geburtsdatum nicht erforderlich.

13. Speicherung zusätzlicher Informationen („Sekundärdaten"). Zusätzlich zur
Speicherung der Kundendaten muss das Unternehmen im Rahmen der Rechenschaftspflicht (Art. 5 Abs. 2 DS-GVO, (→ Anm. 1; ausführlich A.I.) die Einhaltung
der datenschutzrechtlichen Vorgaben dokumentieren. Mit Art. 7 Abs. 1 DS-GVO
existiert darüber hinaus eine Spezialnorm zur Nachweispflicht des Verantwortlichen
bei der Nutzung von Einwilligungen, und auch die Pflicht zur Information über das
Widerrufsrecht nach Art. 7 Abs. 3 S. 3 DS-GVO sowie die laufende Widerrufsin-
formationspflicht nach Art. 16 Abs. 2 ePrivacy-VO-KOM, die dem bisherigen § 17
Abs. 3 UWG entspricht, führt zu weiteren Dokumentationspflichten oder zumindest
Dokumentationsobliegenheiten. Hierdurch entstehen weitere personenbezogene
(Sekundär-)Daten. Zu diesen Pflichtdaten kommt ein eigenes Interesse, z.B. Vertragsabschlüsse oder die Verwendung der Daten zu dokumentieren und die Werthaltigkeit von Daten-Assets abzusichern (z.B. durch den Verwendungszwang bei Werbeeinwilligungen, → Anm. 14).

**14. Sonderfall: Sekundärdaten durch Verwendungszwang bei Werbeeinwilligun-
gen.** Bei Werbeeinwilligungen ist nicht nur die Identität des Einwilligenden im
Rahmen des sog. Double-opt-in-Verfahrens besonderes zu überprüfen und zu dokumentieren. Vielmehr muss die Einwilligung, zumindest nach bisherigem Recht,
auch regelmäßig genutzt (der betroffenen Person also Werbung zugesandt werden),

damit die Einwilligung nicht „verfällt". Denn die Rechtsprechung geht teilweise davon aus, dass Werbeeinwilligungen (Opt-ins) wertlos werden, wenn sie über einen längeren Zeitraum nicht genutzt werden (LG Berlin, Urt. v. 2.7.2004 – 15 O 653/03, MMR 2004, 688: Verfall bei Nichtnutzung nach vier Jahren; LG München I, Urt. v. 8.4.2010 –17 HKO 138/10: ungefähr zwei Jahre; AG Hamburg, Urt. v. 24.8.2016 –9 C 106/16: ohne Angabe eines Zeitraumes; vgl. auch *Bahr*, Recht des Adresshandels, Rn. 311 ff.). Denn die Einwilligung soll nicht so lange zurückliegen, dass sie dem Erklärenden nicht mehr präsent ist (so zur bisherigen Rechtslage *Gola/Schomerus*, BDSG, § 4a Rn. 12a). Daher sind Unternehmen auch mit Blick auf die zukünftige Rechtslage gut beraten, die Opt-ins regelmäßig zu benutzen und auch dies gerichtsfest zu dokumentieren, um ihre Daten-Assets von Risiken durch die deutsche „Verfall-Rechtsprechung" freizuhalten.

15. Breite Zweckdefinition durch entsprechende Vertragsgestaltung. Die (zivilrechtliche) Definition des Leistungsgegenstandes und damit zumindest implizit auch des Vertragszweckes strahlt auch auf den datenschutzrechtlichen Zweck aus. Diesbezüglich besteht zwar kaum Handlungsspielraum bei Rechtsgeschäften, die sich in die kodifizierten Vertragsformen des BGB einordnen lassen (müssen), insbesondere nicht beim Kaufvertrag. Anders kann es bei weniger transaktionsbasierten Geschäften aussehen, etwa bei einem – ggf. unentgeltlichen – Vertrag über die Nutzung einer App, mit der die User auch über bestimmte Themen oder Neuigkeiten informiert werden wollen. Ein solcher Gestaltungsspielraum bei der datenschutzrechtlichen Zweckbestimmung besteht z.B. bei Vermittlungsleistungen und werbenahen Dienstleistungen, etwa einem Immobilienportal oder einem Einkaufsführer zu bestimmten Angeboten. So kann es zum Beispiel bei einem Angebots- und Einkaufsführer im Rahmen der Hauptpflichten des Anbieters heißen „… und Information des Nutzers über weitere Angebote über Push-Nachrichten und Newsletter."

16. Sonderregelungen zur Werbung bei Bestandskunden. Eine explizite Privilegierung ist nicht in der DS-GVO, sondern im „ePrivacy-Recht" geregelt. Sie war bereits bislang durch Art. 13 Abs. 2 der ePrivacy-RL vorgegeben und in Deutschland durch § 7 Abs. 3 UWG umgesetzt. Angesichts der Entwurfsfassungen zur ePrivacy-VO ist davon auszugehen, dass auch in Zukunft eine weitgehend identische Privilegierung bestehen wird. Im Rahmen der DS-GVO kann laut ErwG 47 DS-GVO das Direktmarketing als berechtigtes Interesse „betrachtet werden". Dies bedeutet jedoch nicht, dass jegliches Direktmarketing auf ein berechtigtes Interesse i.S.d. Art. 6 Abs. 1 S. 1 lit. f DS-GVO gestützt werden kann. Es ist stets eine entsprechende Interessenabwägung durchzuführen; zudem sind neben rein datenschutzrechtlichen Fragen auch werbe- und persönlichkeitsrechtliche Aspekte zu berücksichtigen (ausführlich *Drewes*, CR 2016, 721 (723)).

17. Berechtigtes Interesse oder Vertragszweck als Rechtsgrundlage zur Datenübermittlung. Dies ist der Fall, wenn bei einem Vermittlungsportal die Daten der Demand- und der Supply-Side ausgetauscht werden, wenn also durch das Portal die Daten des Käufers, Ersteigerers oder Interessenten an den Verkäufer, Versteigerer oder Makler/Vermittler weitergegeben werden. Eine Berechtigung zur Datenweitergabe kommt auch in Betracht, wenn z.B. im Rahmen von Gewinnspielen die Daten des Gewinners an denjenigen weitergebenen werden, der den Preis ausgelobt hat oder die Leistung erbringt. Zu beachten ist eine etwaige Pflicht zur Benachrichtigung der betroffenen Person über die Weitergabe seiner Daten.

Koglin

18. Dienstleister, Auftragsverarbeitung und Stellung als „Dritte". Beim Einsatz von Dienstleistern ist zu differenzieren, ob sie im Rahmen einer Auftragsverarbeitung i. S. d. Art. 28 DS-GVO für den Verantwortlichen tätig werden oder ob sie als Dritter eigenverantwortliche Funktion übernehmen, womit die Datenweitergabe eine Übermittlung oder sonstige Offenlegung darstellt (letztes wird umgangssprachlich teils als „Funktionsübertragung" bezeichnet). Zur Privilegierung des Auftragsverarbeiters dahingehend, dass keine Offenlegung von Daten an ihn stattfindet, → G. I. 1. Vorb. Bei der Verarbeitung durch sog. „Freie Mitarbeiter" dürfte danach zu differenzieren sein, ob es sich in Wahrheit um Scheinselbständige innerhalb des Verarbeiters (also steuer- und sozialversicherungspflichtig falsch eingruppierte, aber in Wahrheit als Angestellte tätige Personen des Verantwortlichen) oder um tatsächliche Fremddienstleister handelt. Personen, die im Rahmen der Arbeitnehmerüberlassung für den Verantwortlichen tätig sind, sollten ebenfalls als Teil des Verantwortlichen und nicht als Dritte angesehen werden. Zur Datenweitergabe zum Zwecke einer Bonitätsprüfung → I.IV.

19. Auskunftsrechte der Strafverfolgungsbehörden. → I.V.

20. Löschkonzepte. → D.IV.

II. Einwilligungen durch betroffene Personen

Die Einwilligung hat – trotz aller Kritik (Kühling/Buchner/*Buchner*/*Kühling*, DS-GVO, Art. 7 Rn. 9 ff.) – auch unter der DS-GVO an Bedeutung nicht verloren, sondern wurde eher aufgewertet. Dabei gibt es einige **Änderungen gegenüber der Rechtslage unter dem BDSG a. F.** Bedeutsame Einschränkungen sind das **Kopplungsverbot** und das **Verbot von Opt-out-Lösungen.** Dafür ist das grundsätzliche **Schriftformerfordernis** entfallen, wenn auch die Nachweisführung letztlich regelmäßig schriftliche Einwilligungen oder zumindest eine klare Dokumentation erfordert.

Einwilligungen, die nach dem BDSG a. F. wirksam erteilt wurden, bleiben auch unter Geltung der DS-GVO wirksam, wenn sie den Anforderungen der DS-GVO entsprechen. Die Erfüllung der **erweiterten Informationspflichten nach Art. 13 DS-GVO** ist in weiten Bereichen nicht Voraussetzung für die Wirksamkeit der Einwilligung (→ Anm. 7), so dass die meisten Alt-Einwilligungen hiervon unberührt bleiben. Darüber hinaus sieht ErwG 171 DS-GVO vor, dass Alt-Einwilligungen fortgelten, „wenn die Art der bereits erteilten Einwilligung den Bedingungen dieser Verordnung entspricht". Der Düsseldorf Kreis nimmt dies für **bisher rechtsgültige Einwilligungen** an, wenn die **Freiwilligkeit,** insbesondere das **Kopplungsverbot,** und im Fall von **Minderjährigen** die Altersgrenze des Art. 8 DS-GVO beachtet wurden (Beschl. vom 13./14. September 2016 zur Fortgeltung bisher erteilter Einwilligungen unter der Datenschutz-Grundverordnung). *Plath* dagegen geht auf Basis der englischen Sprachfassung davon aus, dass Einwilligungen wohl nur fortbestehen können, wenn alle Bedingungen der DS-GVO eingehalten werden (Plath/*Plath*, BDSG/DS-GVO, Art. 7 Rn. 2). Diese Ansicht berücksichtigt allerdings nicht, dass auch die englische Sprachfassung nur verlangt, dass die Art der Einwilligung („the manner in which the consent has been given") DS-GVO-konform ist (entsprechend auch diverse andere Sprachfassungen). Richtig erscheint es, unter die „Art der Einwilligung" auch das **Verbot von Opt-out-Lösungen** (→ Anm. 10) zu fassen (ebenso Gola/*Schulz,* DS-GVO, Art. 7 Rn. 59), weil das Verlangen nach einer unmissverständlich abgegebenen Willensbekundung eine Grundentscheidung des DS-GVO-Gesetzgebers war. Darüber hinaus ist zu berücksichtigen, dass der Düsseldorfer Kreis bereits unter dem BDSG a. F. einen **Hinweis auf die Widerruflichkeit** der Einwilligung (jetzt verpflichtend nach Art. 7 Abs. 3 S. 3 DS-GVO) verlangt hat (Orientierungshilfe zur datenschutzrechtlichen Einwilligungserklärung in Formularen, Stand März 2016), so dass davon auszugehen ist, dass der Düsseldorfer Kreis den Hinweis auf das Widerrufsrecht bereits als Bestandteil der Anforderung einer nach BDSG a. F. rechtsgültigen Einwilligung sieht. Diese Ansicht des Düsseldorfer Kreises ist ausweislich des Wortlauts des § 28 Abs. 3a S. 1 BDSG ausschließlich für elektronisch erklärte Einwilligungen in die Datenverarbeitung zu Werbezwecken richtig, doch wäre denkbar, angesichts der Stärkung des Widerrufsrechts durch die DS-GVO auch einen Hinweis auf das Widerrufsrecht als Wirksamkeitsvoraussetzung anzusehen (→ Anm. 12). Dem Zweck der DS-GVO wird allerdings auch durch eine **Nachbelehrung** Genüge getan, so dass Einwilligungen, bei deren Einholung nicht auf das Widerrufsrecht hingewiesen wurde, jedenfalls dann fortgelten können, wenn die betroffenen

Personen nachbelehrt werden. Es empfiehlt sich aus Transparenzgründen, ist aber rechtlich nicht erforderlich, diese Belehrung mit den Informationen nach Art. 13 DS-GVO zu kombinieren. Soweit ausschließlich die **Einwilligung Rechtsgrundlage der Speicherung** und nicht nur anderer Verarbeitungen ist, sollte die **Nachbelehrung vor dem 25. Mai 2018** erfolgen, weil – Erforderlichkeit der Nachbelehrung vorausgesetzt – sonst spätestens am 25. Mai 2018 die Daten gelöscht werden müssten (Art. 17 Abs. 1 lit. b DS-GVO).

Für die **allgemeine Prüfung, ob eine erteilte Einwilligung wirksam ist,** empfiehlt sich folgende **Checkliste:**

1. Konkret[1]

Bezieht sich die Einwilligung auf einen oder mehrere konkret benannte Fälle (Art. 4 Nr. 11, Art. 6 Abs. 1 Abs. 1 lit. a, ErwG 32 S. 1 DS-GVO)?

2. Einwilligung erforderlich[2]

Bezieht sich die Einwilligung nur auf Datenverwendungen, die nicht bereits auf gesetzlicher Grundlage erlaubt sind?

3. Freie Entscheidung, Kopplungsverbot[3]

Hat die betroffene Person die Einwilligung aufgrund einer freien Entscheidung erteilt (Art. 4 Nr. 11 DS-GVO)? Hatte sie eine echte Wahl zwischen Zustimmung und Ablehnung, ohne Nachteile zu erleiden (ErwG 42 S. 5 DS-GVO)?

4. Freie Entscheidung im Beschäftigungsverhältnis[4]

Können Beschäftigte ihre Einwilligung ohne Nachteile verweigern? Sind sie darüber informiert worden? Werden auch in der Praxis keine negativen Konsequenzen aus der Verweigerung gezogen?

5. Betriebsrat[5]

Im Arbeitsverhältnis: Sind eventuelle Mitbestimmungsrechte des Betriebsrats (insbesondere § 87 Abs. 1 Nr. 1 und 6 BetrVG) gewahrt?

6. Minderjährige[6]

Haben spätestens ab einem Alter von 14 Jahren der Minderjährige und beide Eltern (§ 1629 Abs. 1 S. 2 BGB) bzw. Personensorgeberechtigten die Einwilligung erklärt (für Dienste der Informationsgesellschaft gelten Sonderregeln)?

7. Informierte Einwilligung[7]

Hat die betroffene Person alle erforderlichen Informationen erhalten, um die Vor- und Nachteile einer Einwilligung bewerten zu können (Art. 4 Nr. 11 DS-GVO)?

8. Nachweisbarkeit[8]

Kann der Verantwortliche nachweisen, dass die betroffene Person ihre Einwilligung wirksam erteilt hat?

9. Sprache, Transparenz, Hervorhebung[9]

Ist die Sprache klar, verständlich und einfach? Wenn die Einwilligung zusammen mit anderen Erklärungen abgegeben wird: Ist (nur) sie besonders hervorgehoben, etwa durch Fettdruck, Umrandung, Farbe (Art. 7 Abs. 2 S. 1 DS-GVO: „klar zu unterscheiden")?

10. Opt-in[10]

Ist die Einwilligung unmissverständlich durch eine Erklärung oder eine sonstige eindeutige bestätigende Handlung erteilt (Art. 4 Nr. 11 DS-GVO)? Wenn die Einwilligungserklärung in AGB aufgenommen worden ist: Bezieht sich die Einbeziehungsklausel auch ausdrücklich auf die datenschutzrechtliche Einwilligung und nicht nur auf die AGB? Verweist die Einbeziehungsklausel bei umfangreichen AGB auf die genaue Fundstelle der Einwilligungsklausel in den AGB?

11. Sensitive Daten[11]

Wenn besondere Kategorien personenbezogener Daten (Art. 9 DS-GVO) verarbeitet werden sollen: Bezieht sich die Einwilligungserklärung ausdrücklich auf diese, zumindest durch Nennung von Oberbegriffen wie „Gesundheitsdaten"? Ist die Einwilligung ausdrücklich erteilt?

12. Widerruf[12]

Wurde die betroffene Person vor Abgabe ihrer Einwilligung informiert, dass sie ihre Einwilligung jederzeit widerrufen kann? Ist der Widerruf der Einwilligung so einfach wie die Erteilung der Einwilligung? Wenn sich der Verantwortliche auf eine Einschränkung der Widerruflichkeit oder auf eine gesetzliche Erlaubnis für die fortgesetzte Verarbeitung berufen will: Wird diese Einschränkung im Hinweis auf das Widerrufsrecht präzise kommuniziert?

13. Höchstpersönlichkeit[13]

Hat die betroffene Person selbst die Einwilligung erklärt?

14. Kürze, Verlinkung[14]

Beinhaltet die Einwilligungserklärung ausschließlich die unbedingt erforderlichen Angaben und verlinkt nur auf den Rest?

Anmerkungen

1. Konkret. Generaleinwilligungen sind unwirksam (Kühling/Buchner/*Buchner*/*Kühling*, DS-GVO, Art. 7 Rn. 62; Gola/*Schulz*, DS-GVO, Art. 7 Rn. 31). Im Fall medizinischer Forschung kann ausnahmsweise auch ein so genannter „broad consent" wirksam sein, ErwG 33 DS-GVO. Bei Werbeeinwilligungen verlangt der BGH unter Rückgriff auf die insoweit vergleichbare Definition der DSRL die Angabe, welche Produkte oder Dienstleistungen welcher Unternehmen umfasst sein sollen (BGH, Urt. v. 14.3.2017 – VI ZR 721/15, Rn. 24 m.w.N.).

2. Einwilligung erforderlich. Die DS-GVO hat zwar in Art. 17 Abs. 1 lit. b DS-GVO klargestellt, dass sich ein Verantwortlicher selbst dann auf einen gesetzlichen Erlaubnistatbestand berufen kann, wenn die betroffene Person ihre Einwilligung widerrufen hat. Allerdings dürfte es mit den Grundsätzen des Art. 5 Abs. 1 lit. a DS-GVO, namentlich der Verarbeitung nach Treu und Glauben und der Transparenz, nicht vereinbar sein, durch Einholung einer Einwilligung und Hinweis auf deren Widerruflichkeit der betroffenen Person den Eindruck zu vermitteln, sie hätte es in der Hand, durch einen Widerruf die Datenverarbeitung zu beenden (vgl. Kühling/Buchner/*Buchner*/*Petri*, DS-GVO, Art. 6 Rn. 23, 60; Kühling/Buchner/*Buchner*/

Bergt

Kühling, DS-GVO, Art. 7 Rn. 18: „in sich widersprüchlich"; vgl. zur DSRL Artikel-29-Datenschutzgruppe, Working Paper 48, S. 28: „irreführend"). Diese Fehlvorstellung kann dadurch vermieden und eine Rechtmäßigkeit der weiteren Verarbeitung hergestellt werden, wenn bei der Einholung der Einwilligung ausdrücklich darauf hingewiesen wird, dass gesetzliche Erlaubnistatbestände von einem Widerruf der Einwilligung unberührt bleiben (ähnlich Kühling/Buchner/*Buchner/Kühling,* DS-GVO, Art. 7 Rn. 18). Darüber hinaus muss jedermann damit rechnen (vgl. ErwG 47 S. 3 DS-GVO), dass Backups und revisionssichere Archivierungen bestehen, so dass insoweit ein Hinweis entbehrlich sein dürfte, wenn der Verantwortliche den Fortbestand dieser Verarbeitungen nach Widerruf der Einwilligung durch Art. 6 Abs. 1 S. 1 lit. f DS-GVO rechtfertigen will. Um eine Irreführung zu vermeiden, dürfte es wohl nicht genügen, ausschließlich in nur verlinkten Informationen gem. Art. 13 DS-GVO auf den beabsichtigten Austausch der Rechtsgrundlage der Verarbeitung nach Widerruf der Einwilligung hinzuweisen.

3. Freie Entscheidung, Kopplungsverbot. Wenn zwischen der betroffenen Person und dem Verantwortlichen ein klares Ungleichgewicht besteht und es deshalb in Anbetracht aller Umstände des Einzelfalls unwahrscheinlich ist, dass die Einwilligung freiwillig gegeben wurde, ist die Einwilligung unwirksam (ErwG 43 S. 1 DS-GVO). Musterbeispiel ist eine Einwilligung gegenüber einer Behörde. Auch die Kopplung eines Vertrags an eine Einwilligung, die über das für die Vertragserfüllung Notwendige hinausgeht, macht die Einwilligung regelmäßig unwirksam, Art. 7 Abs. 4 DS-GVO (allerdings nicht stets, vgl. Kühling/Buchner/*Buchner/Kühling,* DS-GVO, Art. 7 Rn. 46 ff.). Vermeintlich kostenfreie Online-Dienste, die letztlich mit personenbezogenen Daten bezahlt werden, bleiben allenfalls dann zulässig, wenn sie diese Verknüpfung von Leistung und Gegenleistung transparent machen (Kühling/Buchner/*Buchner/Kühling,* DS-GVO, Art. 7 Rn. 51; Gola/*Schulz,* DS-GVO, Art. 7 Rn. 27). Verschiedene Einwilligungen, die nicht allesamt zwingend für die Vertragserfüllung notwendig sind, müssen regelmäßig getrennt gegeben werden können (vgl. ErwG 43 S. 2 DS-GVO), weil sonst eine nicht erforderliche Kopplung vorliegt. Unwirksam sind zudem Einwilligungen, die dazu dienen, bestehende Grenzen eines Fragerechts zu umgehen (z. B. für Arbeitgeber oder Vermieter, vgl. Gola/*Schulz,* DS-GVO, Art. 7 Rn. 47 f.). Auch bei einer Überrumpelung kann es an der Freiwilligkeit fehlen (*Ernst,* ZD 2017, 110 (112)).

4. Freie Entscheidung im Beschäftigungsverhältnis. Die Einwilligung eines Beschäftigten ist (von extremen Ausnahmefällen abgesehen, → H.I.2.) nur freiwillig und damit wirksam, wenn er sie ohne Nachteile verweigern kann (Arikel-29-Datenschutzgruppe, Working Paper 249, Kap. 6.2). Einwilligungserklärungen von Bewerbern dürften aufgrund der Drucksituation des Bewerbungsverfahrens nahezu immer unfreiwillig und damit unwirksam sein (*Kort,* NZA-Beilage 2016, 62 (65); *Spelge,* DuD 2016, 775 (780); vgl. auch Gola/*Schulz,* DS-GVO, Art. 7 Rn. 48; Kühling/Buchner/*Maschmann,* DS-GVO, Art. 88 Rn. 51; *Ernst,* ZD 2017, 110 (112); zur DRSL Artikel-29-Datenschutzgruppe, Working Paper 48, S. 27; Sonderfall → H.I.2.). Denn im Bewerbungsverfahren wird die mangelnde Freiwilligkeit offensichtlich: Bewerber, die bereits bei der Bewerbung nicht in eine Datenerhebung einwilligen, kommen nicht in die nähere Auswahl. Gleiches gilt für eine Einwilligung, die bereits im Arbeitsvertrag erklärt wird, obwohl es dafür keinen zwingenden Grund gibt (wirksam wäre z. B. eine Einwilligung in eine Datenweitergabe für ein

Bergt

Aktienoptionsprogramm, das Gehaltsbestandteil ist). Prototyp einer mangels Freiwilligkeit unwirksamen Einwilligung ist die „Einwilligung" eines Beschäftigten in eine „Zuverlässigkeitsüberprüfung", meist im Rahmen von Großveranstaltungen (LfD BW, 30. TB, 2. Teil 1. Abschn. Kap. 2.8; Entschließung der 75. Konferenz der Datenschutzbeauftragten des Bundes und der Länder am 3. und 4. April 2008 in Berlin): Der Arbeitnehmer kann sich hier nur entscheiden, ob er „einwilligt" oder auf die Arbeitsstelle verzichtet. Bestehen ausnahmsweise überhaupt die erforderlichen Rechtsgrundlagen (§ 45a ASOG Berlin, § 21 Abs. 1 Nr. 5 PolEDVG Hamburg, § 17 Abs. 4 VerfSchG Hamburg, § 44 PolG Sachsen), verlangen diese eine „Einwilligung", die sich mangels abweichender Definition nach der allgemeinen Bedeutung des Begriffs richtet; auch sind diese Zuverlässigkeitsüberprüfungen nicht vorgeschrieben, sondern die Gesetze enthalten nur eine Ermächtigungsgrundlage für die Sicherheitsbehörden. Sicherheitsüberprüfungen nach dem SÜG werden dagegen durch § 2 Abs. 1 S. 1 SÜG zwingend vorgeschrieben, so dass eine Erlaubnisnorm nach Art. 6 Abs. 1 lit. c DS-GVO besteht; erforderlich ist zudem nur eine „Zustimmung" des Betroffenen, keine rechtlich freiwillige Einwilligung. Entsprechendes gilt für Zuverlässigkeitsüberprüfungen nach § 7 LuftSiG („Antrag") und § 12b AtG („Zustimmung").

5. Betriebsrat. Zu den Mitbestimmungsrechten des Betriebsrats ausführlich Forgó/Helfrich/Schneider/*Helfrich*, Betrieblicher Datenschutz, Teil IV. Kap. 3 Rn. 28 ff.

6. Minderjährige. Rechtsnatur und Anforderungen an die Einwilligung Minderjähriger sind weiterhin umstritten (Gola/*Schulz*, DS-GVO, Art. 7 Rn. 8; a. A. Kühling/Buchner/*Buchner/Kühling*, DS-GVO, Art. 7 Rn. 67: entscheidend ist Einsichtsfähigkeit). Nur für Dienste der Informationsgesellschaft wie Social Media enthält Art. 8 Abs. 1 DS-GVO eine ausdrückliche Regelung. Danach ist die Einwilligung eines „Kindes", also einer Person unter 18 Jahren, im Zusammenhang mit Diensten der Informationsgesellschaft wirksam, wenn (1) das „Kind" mindestens 16 Jahre alt ist oder (2) eine im nationalen Recht abweichend gesetzte Grenze von mindestens 13 Jahren erfüllt ist oder (3) die Personensorgeberechtigten oder das „Kind" mit deren Zustimmung eingewilligt haben. Im Umkehrschluss aus ErwG 38 S. 3 DS-GVO könnte man annehmen, dass eine Einwilligung im Übrigen der Zustimmung der Eltern bedarf. Ebenso wäre es aber denkbar, auf die Einsichtsfähigkeit abzustellen, wogegen allerdings ErwG 65 S. 3 DS-GVO spricht, der eine „im Kindesalter" abgegebene Einwilligung als wirksam behandelt, auch wenn die betroffene Person die Konsequenzen ihrer Einwilligung noch nicht vollständig überblicken konnte. Angesichts dieser Rechtsunsicherheit ist es dringend empfehlenswert, entsprechend dem bisherigen deutschen Konzept eine „Doppelzuständigkeit" anzunehmen, so dass spätestens ab einem Alter von 14 Jahren sowohl beide Personensorgeberechtigten als auch der Jugendliche selbst einwilligen müssen (Dreier/Schulze/*Dreier*, UrhG, § 22 KUG Rn. 24 ff.; BGH, Urt. v. 28.9.2005 – VI ZR 305/03, NJW 2005, 56).

7. Informierte Einwilligung. Nach Art. 4 Nr. 11 DS-GVO muss eine Einwilligung „in informierter Weise" abgeben werden. Zu den erforderlichen Informationen gehören einerseits die Person des Verantwortlichen und der Zweck der Verarbeitung, die ErwG 42 S. 4 DS-GVO ausdrücklich nennt, andererseits die Art der betroffenen Daten, die Speicherdauer (wenn nicht aus der Natur der Sache bis auf Widerruf) und eine mögliche Übermittlung an Dritte, die den „Umfang" der Einwilligung wesentlich bestimmen (ErwG 42 S. 2 DS-GVO). Darüber hinaus schreibt Art. 13 DS-

Bergt

GVO eine Vielzahl weiterer Informationen vor, die letztlich auch Bestandteil der Informiertheit der Einwilligung sind, deren Fehlen die Einwilligung aber nicht notwendig unwirksam macht (vgl. Gola/*Schulz*, DS-GVO, Art. 7 Rn. 33; Plath/*Kamlah*,
BDSG/DSGVO, Art. 13 Rn. 17; *Ernst*, ZD 2017, 110 (112); Beschl. des Düsseldorfer Kreises vom 13./14. September 2016 zur Fortgeltung bisher erteilter Einwilligungen unter der Datenschutz-Grundverordnung; a. A. → F.I. Vorb.). Zu beachten
ist, dass Art. 13 Abs. 2 lit. e DS-GVO eine Information nur hinsichtlich der Pflicht
zur Bereitstellung der Daten bzw. der Folgen ihrer Nichtbereitstellung vorschreibt,
eine informierte Entscheidung aber regelmäßig auch die logisch vorangehende Frage
nach (jedenfalls erheblichen und nicht offensichtlichen) Folgen der Verweigerung
der Einwilligung umfassen muss (vgl. Gola/*Schulz*, DS-GVO, Art. 7 Rn. 36). Insoweit gibt es Überschneidungen zur Freiwilligkeit, die, wie unter dem Stichpunkt
freie Entscheidung bereits ausgeführt, bei vermeidbaren Nachteilen entfällt. Umstritten ist, ob die Informationen des Art. 13 Abs. 2 DS-GVO stets gegeben werden
müssen (bejahend Kühling/Buchner/*Bäcker*, DS-GVO, Art. 13 Rn. 20; verneinend
Gola/*Franck*, DS-GVO, Art. 7 Rn. 5; Plath/*Kamlah*, BDSG/DS-GVO, Art. 13
Rn. 16). Im Hinblick auf die auch ohne Verschulden (Kühling/Buchner/*Bergt*, DS-
GVO, Art. 83 Rn. 35) drohende Sanktion (Art. 83 Abs. 5 lit. b DS-GVO) sollten alle
Informationen zumindest eindeutig verlinkt werden, bei Offline-Datenerhebungen
zusätzlich auch mit dem Angebot, sich die Informationen z. B. per Post zuschicken
zu lassen. Denn auch im Fall extrem beschränkten Platzes wie bei einem Bestellcou-
pon ist zumindest die Angabe einer WWW-Seite möglich, auf der alle Informationen
zu finden sind, oder einer Telefonnummer (kostenlos oder Festnetz-Normaltarif),
unter der diese angefordert werden können (vgl. Artikel-29-Datenschutzgruppe,
Working Paper 100, S. 10, die allerdings nur eine kostenfreie Telefonnummer nennt;
doch zwischenzeitlich sind Flatrates weit verbreitet und ist Telefonieren sehr viel bil-
liger. Analog EuGH, Urt. v. 2.3.2017 – C-568/15, GRUR 2017, 395, wäre sogar an
die Zulassung von normal tarifierten Mobilfunknummern zu denken. Unklar bleibt
im Working Paper 100, ob die Informationen am Telefon angehört werden können
müssen oder ob es genügt, sie auf telefonische Anforderung auf Papier zuzuschi-
cken). Dadurch wird die „leichte Zugänglichkeit", die Art. 12 Abs. 1 S. 1 DS-GVO
verlangt, wohl noch gewährleistet (zur Frage der Zulässigkeit von Medienbrüchen
Gola/*Schulz*, DS-GVO, Art. 7 Rn. 37; Gola/*Franck*, DS-GVO, Art. 13 Rn. 34). Umgekehrt darf die eigentliche Einwilligungserklärung auch nicht unnötig mit Details
überfrachtet werden, sondern nähere Informationen sollten von der eigentlichen Erklärung getrennt und es sollte nur (präzise und unmittelbar) auf diese verwiesen
werden (*Ernst*, ZD 2017, 110 (113)). Dies entspricht auch dem Konzept der Mehr-
ebenen-Datenschutzerklärungen, wie sie die europäischen Aufsichtsbehörden bereits
unter Geltung der DSRL akzeptiert haben (Artikel-29-Datenschutzgruppe, Working
Paper 100, S. 8 ff.).

8. Schriftform, Nachweisbarkeit. Ein Formerfordernis für die Einwilligung sieht
die DS-GVO nicht vor. Allerdings muss der Verantwortliche die Einwilligung nachweisen können, Art. 7 Abs. 1 DS-GVO. Hierfür ist außer in extremen Sonderfällen
eine Dokumentation der Einwilligung erforderlich, wofür sich die Schriftform anbietet. Im Online-Bereich ist eine Protokollierung erforderlich, die revisionssicher
erfolgen sollte. Die Wirksamkeit der Einwilligung bleibt von einer fehlenden Dokumentation unberührt, wenn sie irgendwie anders nachgewiesen werden kann.

Bergt

9. Sprache, Transparenz, Hervorhebung. Klare, verständliche und einfache Sprache ist entgegen Art. 7 Abs. 2 S. 1 DS-GVO eine Anforderung nicht nur an schriftliche, sondern an alle Einwilligungserklärungen. Juristendeutsch macht die Einwilligung unwirksam, wenn sie sich nicht ausnahmsweise an ein entsprechend vorgebildetes Publikum wendet. Noch kritischer ist die Nutzung von Fremdsprachen. Zur Hervorhebung (Art. 7 Abs. 2 S. 1 DS-GVO; BeckOK DatenSR/*Stemmer*, DS-GVO Art. 7 Rn. 66 will es genügen lassen, die Einwilligung in einen eigenen Absatz zu fassen; richtigerweise a.A. Kühling/Buchner/*Buchner/Kühling*, DS-GVO, Art. 7 Rn. 25) sollte auf Text in reinen Großbuchstaben verzichtet werden, weil dieser schlecht lesbar ist.

10. Opt-in. Eine Einwilligung durch unterlassenes Opt-out ist nach Art. 4 Nr. 11 DS-GVO nicht wirksam. Vorausgewählte Checkboxen, Schweigen, Untätigkeit und ähnliche Gestaltungen stellen keine Einwilligung dar (ErwG 32 S. 2 DS-GVO; Kühling/Buchner/*Buchner/Kühling*, DS-GVO, Art. 7 Rn. 57 f.; zu Grenzfällen → H.I.2. Anm. 8). Wenn die Einwilligungserklärung in AGB aufgenommen wird, muss sich die Einbeziehungsklausel auch ausdrücklich auf die datenschutzrechtliche Einwilligung und nicht nur auf die AGB beziehen (Gola/*Schulz*, DS-GVO, Art. 7 Rn. 43; *Ernst*, ZD 2017, 110 (113)). Bei umfangreichen AGB muss die Einwilligung auch auf die genaue Fundstelle der Einwilligungsklausel in den AGB verweisen; es ist der betroffenen Person nicht zuzumuten, selbst zu suchen, wo sich der Klauseltext finden könnte.

11. Sensitive Daten. Art. 9 Abs. 2 lit. a DS-GVO schließt konkludente Einwilligungen bei sensitiven Daten aus. Soll sich eine Einwilligung auch auf besondere Kategorien personenbezogener Daten (Art. 9 Abs. 1 DS-GVO) beziehen, müssen diese ausdrücklich genannt werden. Die Mitgliedstaaten können die Verarbeitung sensitiver Daten auf Basis einer Einwilligung verbieten, Art. 9 Abs. 2 lit. a DS-GVO; in Deutschland ist dies nicht geplant.

12. Widerruf. Die Einwilligung ist jederzeit frei widerruflich, Art. 7 Abs. 3 S. 1 DS-GVO, worüber die betroffene Person zu informieren ist, Art. 7 Abs. 3 S. 3 DS-GVO. Der Widerruf der Einwilligung kann formlos erklärt werden und muss so einfach sein wie die Erteilung der Einwilligung, Art. 7 Abs. 3 S. 4 DS-GVO. Es ist daher wohl nicht mehr zulässig, den Widerruf an die gleiche Form zu knüpfen, die bei der Erteilung der Einwilligung eingehalten wurde (im Detail → H.I.2. Anm. 9). In jedem Fall ist § 309 Nr. 13 lit. b BGB zu beachten, der eine strengere Form als die Textform in AGB verbietet. Gesetzliche Erlaubnistatbestände bleiben von einem Widerruf der Einwilligung unberührt, Art. 17 Abs. 1 lit. b a.E. DS-GVO. Allerdings muss der Verantwortliche bei der Einholung der Einwilligung auf seine Absicht hinweisen, sich bei einem Widerruf der Einwilligung auf gesetzliche Erlaubnisnormen zu stützen (→ Anm. 2). Entsprechendes gilt, wenn die Einwilligung aus besonderen Gründen nicht oder nur eingeschränkt widerruflich sein soll (→ H.I.1. Anm. 9). Ob der Hinweis auf das Widerrufsrecht Bedingung für die Wirksamkeit der Einwilligung ist, ist nicht ganz eindeutig. Dafür spricht die Überschrift des Art. 7 DS-GVO „Bedingungen für die Einwilligung". Zwar regelt Art. 7 Abs. 3 nicht ausdrücklich, dass die Einwilligung bei Verstößen gegen die dort genannten Anforderungen unwirksam sein soll, anders als Art. 7 Abs. 2 S. 2 DS-GVO (so ein Argument von Plath/*Plath*, BDSG/DSGVO, Art. 7 Rn. 11). Doch bezieht sich Art. 7 Abs. 2 S. 2 DS-GVO allgemein auf „Teile der Erklärung", „wenn sie einen Verstoß gegen diese

Bergt

Verordnung darstellen". Darunter ließen sich wohl ohne unzulässige Überdehnung des Wortlauts auch die Anforderungen des Art. 7 Abs. 3 DS-GVO fassen. Klarheit wird erst eine Entscheidung des EuGH bringen (unentschieden auch Plath/*Plath*, BDSG/DS-GVO, Art. 7 Rn. 11; mit einer Tendenz zur Wirksamkeitsvoraussetzung auch BeckOK DatenSR/*Stemmer*, DS-GVO, Art. 7 Rn. 55, 93 f.). In der Praxis sollte jedenfalls immer auf die Widerruflichkeit hingewiesen werden.

13. Höchstpersönlichkeit. Ob eine Einwilligung höchstpersönlich abgegeben werden muss, ist umstritten (bejahend *Ernst*, ZD 2017, 110 (111); wohl auch Gola/*Schulz*, DS-GVO, Art. 7 Rn. 8; verneinend, aber strenge Anforderungen anlegend, Kühling/Buchner/*Buchner*/*Kühling*, DS-GVO, Art. 7 Rn. 31). Außerhalb von Sonderfällen wie Minderjährigkeit und Betreuung sollte daher stets die betroffene Person selbst die Einwilligung erklären.

14. Kürze, Verlinkung. Grundsätzlich ohne Auswirkung auf die Wirksamkeit der Einwilligung sollen elektronische Einwilligungserklärungen „in klarer und knapper Form und ohne unnötige Unterbrechung des Dienstes" eingeholt werden, ErwG 32 S. 6 DS-GVO. Die nicht unbedingt für eine informierte Einwilligung erforderlichen Angaben (→ Anm. 7) sollten daher nur verlinkt werden (vgl. Gola/*Schulz*, DS-GVO, Art. 7 Rn. 44). Wird die Einwilligungserklärung mit Details überfrachtet, droht ihr mangels Transparenz das Schicksal der Unwirksamkeit.

III. Einwilligung in Werbeversand/Newsletter

Die Vollharmonisierung durch die DS-GVO führt im werbespezifischen Bereich zu einem Wegfall der einschlägigen Normen des BDSG sowie zu einer Verdrängung der bisher im TMG anwendbaren Vorschriften. Nach derzeitigem Stand werden die Regelungen im UWG zur werblichen Ansprache mittels elektronischer Kommunikation teilweise durch die Regelungen der künftigen, derzeit im Entwurf vorliegenden ePrivacy-VO-E verdrängt. Die Regelung in § 7 Abs. 3 UWG zur vereinfachten Erlaubnis für Werbung per E-Mail unter Einhaltung der weiteren Voraussetzungen soll künftig in Art. 16 Abs. 2 ePrivacy-VO-E überführt werden.

Da die DS-GVO keine weiteren Detailregelungen für den Bereich der Werbung bereithält, sondern in Art. 95 DS-GVO eine Öffnungsklausel für speziellere EU-Normen vorsieht, ist im Rahmen der werblichen Ansprache mittels elektronischer Kommunikation zunächst gem. Art. 16 Abs. 1 ePrivacy-VO-E grundsätzlich auf eine Einwilligung zurückzugreifen. Sofern keine elektronische Kommunikation zum Einsatz kommen soll und der Geltungsbereich der ePrivacy-VO-E nicht eröffnet ist, kommt Art. 6 Abs. 1 DS-GVO zur Anwendung. Hier ist zunächst eine Einwilligung in einen Werbeversand gem. Art. 6 Abs. 1 S. 1 lit. a DS-GVO denkbar oder es greift die allgemeine Interessenabwägung nach Art. 6 Abs. 1 S. 1 lit. f DS-GVO. Im Rahmen der Interessenabwägung ist ErwG 47 DS-GVO zu berücksichtigen. Nach diesem kann die Verarbeitung personenbezogener Daten zum Zwecke der Direktwerbung als eine dem berechtigten Interesse dienende Verarbeitung betrachtet werden. Dies gilt für eigene Werbemaßnahmen und für Werbemaßnahmen Dritter.

Werden Newsletter versendet oder Werbeanrufe getätigt, ist hierfür gem. Art. 16 Abs. 1 ePrivacy-VO-E grundsätzlich eine **wettbewerbsrechtliche Einwilligung der Empfänger** nötig. Im Online-Bereich sollte das Double-opt-in-Verfahren durchgeführt und die näheren Umstände der Datenverarbeitung in der Datenschutzerklärung erläutert werden. Zusätzlich ist die rechtmäßige Erhebung der Daten zu beachten. Die Anmeldung zum Newsletter erfolgt in der Regel mittels eines Kastens für die Angabe der E-Mail-Adresse und einem zu klickenden Button, oft ergänzt durch weitere Hinweise und Formulierungen. Durch die Rechtsprechung wurden in den letzten Jahren eine Reihe wichtiger Entscheidungen gefällt, die inzwischen eine **klare Leitlinie für Werbeeinwilligungen vorgeben** – selbst wenn die Möglichkeiten für Werbende dadurch massiv eingeschränkt sind (zuletzt BGH, Urt. v. 14.3.2017 – VI ZR 721/15 m.w.N.). Regelmäßig zu berücksichtigen ist zum einen, dass sicherzustellen ist, dass die **Einwilligung tatsächlich durch den Empfänger der Werbung erteilt** wurde. Zum anderen werden die Einwilligungsformulare nur als rechtmäßig angesehen, wenn eine **deutliche Trennung von den weiteren Vertragsklauseln** vorliegt (z.B. durch eine visuelle Hervorhebung und getrennte Einwilligungsmöglichkeiten) und wenn die verschiedenen Werbekanäle getrennt werden (der Empfänger also selbst entscheiden kann, auf welchen Kanälen er Werbung erhalten möchte), dazu z.B. *Vander* in: Taeger (Hrsg.), Die Welt im Netz, S. 511 (519 ff.).

Es ist wichtig, dass für den Nutzer eindeutig erkennbar ist, dass er eine Einwilligung erteilt, ohne dass eine Formulierung wie „ich willige ein …" notwendig wäre. Ausreichend zur Einholung der Einwilligung sind auch Formulierungen wie „ich

Rehker/Lachenmann

möchte erhalten" oder „bitte senden Sie mir". Nach der DS-GVO besteht kein allgemeines Schriftformerfordernis für Einwilligungen (siehe diesbezüglich aber die ge-
steigerten Anforderungen in Art. 7 Abs. 2 DS-GVO). Eine Verarbeitung oder Nutzung personenbezogener Daten zu Werbe- und Adresshandelszwecken bestimmt
sich nach den allgemeinen rechtlichen Maßstäben, ohne dass eine etwaige Begrenzung auf Listendaten existiert.

Regelmäßig besteht die Möglichkeit, dass **Einwilligungserklärungen der AGB-
Kontrolle** unterliegen. Einwilligungen dürfen keine missbräuchlichen Klauseln enthalten (ErwG 42 DS-GVO). Ein besonderes Augenmerk sollte auf Fälle gelegt werden, in denen sie zusammen mit anderen vertraglichen Regelungen abgefragt werden. Hier wäre unter anderem zu prüfen, ob die Einwilligungserklärungen auch
einer Inhaltskontrolle gem. § 307 BGB Stand halten (BGH, Urt. v. 25.10.2012 –
I ZR 169/10, NJW 2013, 2683; *Laue/Nink/Kremer*, Das neue Datenschutzrecht in
der betrieblichen Praxis, § 2 Rn. 9).

§ 1 E-Mail-Newsletter

1. Zum Newsletter anmelden: [Feld für E-Mail-Adresse][1] [Eventuell zusätzlich:]
[Feld für Name*][2]

[Hier Anmelden] [EVENTUELL zusätzlich:] [Hier Abmelden] [ENDE Zusatz]

Ihre Einwilligung in den Versand ist jederzeit widerruflich (per E-Mail an [News-
letter@example.com] oder an die im Impressum angegebenen Kontaktdaten).[3] Der
Newsletter-Versand erfolgt entsprechend unserer Datenschutzerklärung [Link][4] und
zur Bewerbung eigener Produkte und Dienstleistungen, die unter folgendem Link
näher beschrieben werden [Link].[5]

[Eventuell zusätzlich: Um Ihnen eine Vorstellung unseres Newsletters zu vermitteln, können Sie hier [Link zu einem Beispielnewsletter] ein Newsletter-Beispiel einsehen.]

[Optional:* Die Angabe Ihres Namens ist freiwillig und dient ausschließlich dazu,
Sie im Newsletter persönlich ansprechen zu können.]

2. Formulierung der Bestätigungs-E-Mail[6]

Sehr geehrte Damen und Herren [Alternativ.: Frau/Herr Name],

Danke für Interesse an unserem Newsletter! Bitte bestätigen Sie Ihre Anmeldung
durch Klick auf den folgenden Link: [Link].

Nach Ihrer Bestätigung sind Sie zu unserem Newsletter angemeldet. Sollten Sie
den Newsletter nicht bestellt haben, bedauern wir die fehlerhafte Zusendung. Sie
haben in diesem Falle nichts weiter zu tun, Ihre E-Mail-Adresse wird von uns
[EVENTUELL: nach 24 Stunden] automatisch gelöscht.

Ihre Einwilligung in den Versand ist jederzeit widerruflich (per E-Mail an [News-
letter@example.com] oder an die im Impressum angegebenen Kontaktdaten).[3] Der
Newsletter-Versand erfolgt entsprechend unserer Datenschutzerklärung [Link][4] und
nur zur Bewerbung eigener Produkte und Dienstleistungen, die unter folgendem
Link näher beschrieben werden [Link].[5]

Mit freundlichen Grüßen

Ihr [Unternehmen]

Rehker/Lachenmann

3. Widerrufshinweis in Werbe-E-Mail

Sie erhalten diesen Newsletter, weil Sie sich unter [www.domain.tld] zu unserem Newsletter angemeldet haben. Der Versand erfolgt entsprechend unserer Datenschutzerklärung [ggf. Link].[4] Wenn Sie den Newsletter künftig nicht mehr erhalten möchten, können Sie ihn jederzeit abbestellen indem Sie [hier] klicken. Auch können Sie uns dies per E-Mail an [Newsletter@example.com] oder an die im Impressum angegebenen Kontaktdaten mitteilen.[3]

4. Formulierung Abmeldungsbestätigung[7]

Sehr geehrte Damen und Herren [bzw.: Frau/Herr Name],

hiermit bestätigen wir Ihnen Ihre Abmeldung von unserem Newsletter.

Mit freundlichen Grüßen

Ihr [Unternehmen]

Alternative 1: Werbeeinwilligung bei Vertragsschluss

[Checkbox][8] Ja, ich stimme mit meiner Bestellung zu, an die angegebene E-Mail-Adresse weitere Angebote, die unter folgendem Link näher beschrieben werden [Link] von [Unternehmensname], erhalten zu wollen. Die Einwilligung in den Versand ist jederzeit widerruflich (per E-Mail an [Newsletter@example.com] oder an die im Impressum angegebenen Kontaktdaten) und erfolgt entsprechend der Datenschutzerklärung des Anbieters.

[Eventuell zusätzlich: Um Ihnen eine Vorstellung unseres Newsletters zu vermitteln, können Sie hier [Link zu einem Beispielnewsletter] ein Newsletter-Beispiel einsehen.]

Alternative 2: Werbeeinwilligung bei Gewinnspielteilnahme

[Checkbox][9] Ja, ich möchte mittels [Werbekanal] über aktuelle Produkte und Dienstleistungen, die unter folgendem Link näher beschrieben werden [Link] von [Angabe von Unternehmensnamen mit Kontaktdaten] informiert werden.[10] Dazu willige ich ein, dass meine hier angegebenen Kontaktdaten an diese Unternehmen weitergegeben werden. Der Versand ist jederzeit widerruflich (per E-Mail an [Newsletter@example.com], an unsere [nebenstehend] angegebenen Kontaktdaten oder an die oben genannten jeweiligen Unternehmen) und erfolgt entsprechend unserer Datenschutzerklärung [Link].[11]

§ 2 Opt-out-Regelung bei Vertragsschluss

1. Hinweis in den Datenschutzbestimmungen

Wenn Sie bei uns Waren kaufen oder Dienstleistungen in Anspruch nehmen, werden wir Ihnen in Zukunft Informations-E-Mails für ähnliche Waren oder Dienstleistungen zusenden.[12] [EVENTUELL: Der Versand dieser E-Mails erfolgt nur nach Abschluss einer Bestellung und unter Einsatz des sog. Double-opt-in-Verfahrens. Das heißt, wir werden Ihnen erst die Informations-E-Mails zusenden, wenn Sie zuvor Ihre Anmeldung über eine zugesandte Bestätigungs-E-Mail per darin enthaltenem Link bestätigen.][13] Sie können jederzeit verlangen, von uns keine

Rehker/Lachenmann

solchen Informations-E-Mails mehr zu erhalten. Wenden Sie sich dazu bitte per E-Mail an [Newsletter@example.com] oder an die im Impressum angegebenen Kontaktdaten oder klicken Sie auf den Link am Ende der Informations-E-Mails. Dabei entstehen Ihnen keine anderen als die Übermittlungskosten nach den Basistarifen.[14]

2. Hinweis bei Erhebung der Adresse

Wir nutzen Ihre E-Mail-Adresse neben der Vertragsabwicklung, um Sie per E-Mail über ähnliche Waren/Dienstleistungen zu informieren. Ihre Einwilligung in den Versand ist jederzeit widerruflich, ohne dass Ihnen dabei andere als die Übermittlungskosten nach den Basistarifen entstehen. Die Verarbeitung Ihrer Daten erfolgt entsprechend unserer Datenschutzerklärung [Link].[4]

[ODER, wenn ein Feld zum Opt-out vorgesehen ist:]

[Checkbox mit voreingestelltem Häkchen] Ich nehme zur Kenntnis, dass ich nach meiner Bestellung an meine angegebene E-Mail-Adresse über weitere ähnliche Waren/Dienstleistungen von [Unternehmen] informiert werde. Wenn ich dies nicht wünsche, entferne ich den Haken im Kasten. Meine Einwilligung kann ich später jederzeit widerrufen (per E-Mail an [Newsletter@example.com], an die im Impressum angegebenen Kontaktdaten oder über den Link am Ende der Informations-E-Mails),[3] ohne dass dabei andere als die Übermittlungskosten nach den Basistarifen entstehen.[14] Die Verarbeitung der Daten erfolgt entsprechend der Datenschutzerklärung [Link].[4]

3. Widerrufshinweis in Werbe-E-Mail

Sie erhalten diese E-Mail, weil Sie bei uns bereits eine Bestellung getätigt hatten. Sie können entsprechend unserer Datenschutzerklärung jederzeit verlangen, dass Ihnen künftig keine solchen E-Mails mehr zugesendet werden (per E-Mail an [Newsletter@example.com], an die im Impressum angegebenen Kontaktdaten oder über den Link am Ende der Informationsmails). Dabei entstehen Ihnen keine anderen als die Übermittlungskosten nach den Basistarifen.

§ 3 Werbeeinwilligung für verschiedene Werbeformen

Ich möchte – jederzeit widerruflich – Werbung über aktuelle eigene [ähnliche] Produkte und Dienstleistungen von [Unternehmen] erhalten und auf folgenden Kanälen informiert werden:

[Checkbox] E-Mail

[Checkbox mit voreingestelltem Häkchen] Post (Wenn nicht erwünscht, bitte streichen)[15]

[Checkbox] Telefon[16]

[Checkbox] Telefax[17]

Meine Kontaktdaten lauten: [Felder für entsprechende Daten]

[Hier anmelden]

Alle Angaben sind freiwillig. Ihre Einwilligung in den Versand ist jederzeit widerruflich (per E-Mail an [Newsletter@example.com] oder an die im Impressum angegebenen Kontaktdaten).[3] Die Verarbeitung Ihrer Daten erfolgt entsprechend unserer Datenschutzerklärung [Link].[4]

Rehker/Lachenmann

§ 4 Einwilligung in personalisierte Datenauswertung

[Checkbox] Ja, ich möchte per E-Mail [EVENTUELL: Erweiterungen auf verschiedene Kanäle gemäß dem Beispiel unter § 3] über aktuelle Produkte und Dienstleistungen [Link zu Produkten und Dienstleistungen, weitere Erläuterungen zum Produktportfolio auf der Anmeldeseite darstellen – dazu unten die Ausführungen unter der Überschrift „auf der Anmeldeseite"] von [Unternehmensname einfügen] und von weiteren verbundenen Unternehmen innerhalb des Konzerns [hier weitere Unternehmen konkret benennen oder einen Hinweis auf einen Link einfügen unter diesem die Unternehmen aufgezählt werden] informiert werden.

[Checkbox][18] Ja, ich möchte, dass diese Informationen auf meine persönlichen Interessen zugeschnitten sind. Erläuterungen zu Informationen auf Basis persönlicher Interessen erhalten Sie hier [Link zur Erläuterung zu Informationen auf Basis persönlicher Interessen].

Ihre Einwilligung können Sie jederzeit unter diesem Link [Abmeldelink] oder mittels einer E-Mail an [Newsletter@example.com] widerrufen. Ihr Widerruf führt zur Löschung der von uns erhobenen Daten. Weitere Informationen erhalten Sie in unseren Datenschutzhinweisen [Link zur Newsletter-Passage in den Datenschutzhinweisen].

Erläuterung zu Informationen auf Basis persönlicher Interessen

Sofern Sie uns Ihre Einwilligung dazu geben, werden wir Ihr Nutzerverhalten auf unseren Webauftritten sowie innerhalb der von uns versendeten Newsletter auswerten und Ihrer E-Mail-Adresse/Ihrem Nutzerprofil innerhalb unserer Datenbank zuordnen. Wir speichern weiterhin Informationen über den von Ihnen verwendeten Browser und die vorgenommenen Einstellungen in Ihrem verwendeten Betriebssystem sowie Informationen zu Ihrer Internetverbindung, mit der Sie unsere Website erreichen. In dem an Sie versendeten Newsletter erhalten wir unter anderem Empfangs- und Lesebestätigungen sowie Informationen über die Links auf die Sie in unserem Newsletter geklickt haben. Auch speichern wir, welche Bereiche Sie innerhalb unseres Webauftritts und in unseren Apps besucht haben. Durch das Erstellen eines persönlichen Benutzerprofils möchten wir unsere werbliche Ansprache auf Ihre Interessen ausrichten und unsere Angebote auf unserer Website für Sie optimieren.

[Auf der Anmeldeseite:]

Vorteile und Inhalte unseres Newsletters: [INHALTE INDIVIDUELL BESCHREIBEN]

Alternativ: Mit Ihrer Anmeldung erhalten Sie Zugang zu den folgenden Informationen:

[PRODUKTE UND DIENSTLEISTUNGEN INDIVIDUELL BESCHREIBEN]

Erläuterungen zum Produktportfolio:

Sie erhalten Informationen aus den Bereichen: [PRODUKTPORTFOLIO INDIVIDUELL BESCHREIBEN]

Anmerkungen

1. Einwilligung in Erhalt von E-Mail-Newslettern. Der Versand von E-Mail-Newslettern unterliegt den Anforderungen der DS-GVO und dem UWG, wobei in

Rehker/Lachenmann

Zukunft voraussichtlich die ePrivacy-VO-E die maßgeblichen Vorschriften des UWG ablösen wird. Grundsätzlich kann man davon ausgehen, dass Einwilligungen nach dem Datenschutz- und dem Wettbewerbsrecht gleichen Voraussetzungen unterliegen (bislang BGH, Urt. v. 25.10.2012 – I ZR 169/10, NJW 2013, 2683). Das Inkrafttreten der ePrivacy-VO-E wird hier künftig nicht zu Veränderungen führen, denn gem. Art. 9 ePrivacy-VO-E unterliegt eine Einwilligung in den Erhalt von Direktwerbung über elektronische Kommunikationsdienste den identischen Voraussetzungen einer Einwilligung nach der DS-GVO. Bei einer Einwilligung in den Versand von Newslettern sind daher zunächst die Regelungen im UWG bzw. der ePrivacy-VO-E zu beachten, nachrangig kommen die Regelungen in der DS-GVO zur Anwendung.

In dem hier vorgestellten Muster wird das Formular selbst sehr knapp gehalten, da die datenschutzrechtliche Zulässigkeit sich bereits daraus ergibt, dass die E-Mail-Adresse angegeben werden muss, um die E-Mails erhalten zu können (→ Vorbem.). Den weiteren Voraussetzungen, insbesondere des Wettbewerbsrechts, wird durch den ergänzenden Hinweis Rechnung getragen, der in direktem Zusammenhang zu dem Adressfeld zu platzieren ist. Die Einhaltung weiterer wettbewerbsrechtlicher Anforderungen wird über das im Folgenden dargestellte Double-opt-in-Verfahren sichergestellt. Die Eingabewerbeseiten sollten den Voraussetzungen in Art. 32 DS-GVO entsprechen (→ E.; → I.II.1. Anm. 8).

In der Vergangenheit erteilte Werbeeinwilligungen bleiben nur wirksam, wenn die Art der bereits erteilten Einwilligung den Bedingungen der DS-GVO entspricht (vgl. ErwG 171 DS-GVO; Beschluss des Düsseldorfer Kreises vom 13./14.9.2016 zur Fortgeltung bisher erteilter Einwilligungen unter der DS-GVO). Daher sollte jede erteilte Einwilligung überprüft werden. Sehr wichtig ist, dass bei der Überprüfung ein besonderes Augenmerk auf die Freiwilligkeit der bereits abgegebenen Einwilligung (Art. 7 Abs. 4 i. V. m. ErwG 42 f. DS-GVO) und eine eventuell fehlende Einwilligungsfähigkeit aufgrund einer nicht erreichten Altersgrenze von 16 Jahren gelegt werden (von der im Rahmen der DS-GVO gegebenen Möglichkeit der Absenkung dieser Altersgrenze auf bis zu dem vollendeten dreizehnten Lebensjahr hat Deutschland keinen Gebrauch gemacht → I.II.1. Anm. 6).

Das Kopplungsverbot in der DS-GVO ist umfassend und geht daher über das innerhalb von § 28 Abs. 3b BDSG a. F. normierte werbespezifische Kopplungsverbot hinaus. Um eine freiwillige Einwilligung zu erhalten, sollte für verschiedene Verarbeitungsvorgänge eine gesonderte Einwilligung erteilt werden können und es dürfen keine Verträge oder die Erbringung einer Dienstleistung von der Abgabe einer Einwilligung in eine Verarbeitung abhängig gemachen, wo es an deren Erforderlichkeit für eine Vertragserfüllung fehlt (sog. Kopplungsverbot Art. 7 Abs. 4 i. V. m. ErwG 43 DS-GVO). Auch ein Ungleichgewicht zwischen einer betroffenen Person und dem Verantwortlichen führt zu einer fehlenden Freiwilligkeit (ErwG 43 DS-GVO; → I.II.1. Anm. 3).

Ein weiteres besonderes Merkmal im Rahmen der Abgabe einer Einwilligung ist, dass diese immer informiert erfolgen muss (vgl. Art. 4 Nr. 11 DS-GVO i. V. m. ErwG 32 und 42 DS-GVO) und für einen bestimmten Fall abgegeben werden muss (vgl. Art. 4 Nr. 11 i. V. m. ErwG 32 DS-GVO). Hinsichtlich der Formulierung ist bei einer schriftlichen Erklärung im Sinne der DS-GVO eine klare und einfache Sprache zu wählen. Weitere Voraussetzungen sind die Verwendung einer verständlichen und leicht zugänglichen Form sowie eine klare Abgrenzung und Hervorhebung der da-

Rehker/Lachenmann

tenschutzrechtlichen Relevanz sofern die Einwilligung im Kontext mit anderen Sachverhalten steht (vgl. Art. 7 Abs. 2, ErwG 42 DS-GVO). Ebenso dürfen vorformulierte Einwilligungserklärungen keine missbräuchlichen Klauseln enthalten (ErwG 42 DS-GVO). Eine Einwilligung muss eine unmissverständliche Willensbekundung darstellen, Stillschweigen oder Untätigkeit und bereits vorangekreuzte Kästchen können daher nicht zu einer wirksamen Einwilligung führen (Art. 4 Nr. 11; ErwG 32 DS-GVO). Für eine Einwilligung in die Verarbeitung besonderer Kategorien personenbezogener Daten (Art. 9 Abs. 2 lit. a DS-GVO und für eine Einwilligung im Rahmen einer Übermittlung von personenbezogenen Daten an ein Drittland oder an eine internationale Organisation im Rahmen von Art. 49 Abs. 1 lit. a DS-GVO muss diese Einwilligung stets ausdrücklich gegeben werden. Fordert man auf elektronischem Wege auf, eine Einwilligung abzugeben, muss diese Aufforderung in klarer und knapper Form und ohne unnötige Unterbrechung des Dienstes erfolgen (ErwG 32 DS-GVO). Für den Verantwortlichen besteht die Pflicht, nachweisen zu können, dass eine Einwilligung in die Verarbeitung erfolgt ist (vgl. Art. 7 DS-GVO; ErwG 42 DS-GVO; → I.II. zur Einwilligung; → I.II.1. Anm. 8 zur Nachweispflicht).

Eine Einwilligung muss folgende Mindestinhalte aufweisen: Betroffene Datenkategorien, die Art und den Zweck der Verarbeitung, sofern Daten übermittelt werden die konkrete Bezeichnung des Empfängers der Daten sowie einen Hinweis über Bestehen und Form der Ausübung des Widerrufsrechts (*Laue/Nink/Kremer*, Das neue Datenschutzrecht in der betrieblichen Praxis, § 2 Rn. 23). Zusätzlich könnten im Rahmen des Transparenzgebotes einzelfallbedingt weitere Informationen erforderlich sein. Weitere Datenschutzinformationen können nach ErwG 58 DS-GVO auch auf einer für die Öffentlichkeit bestimmten Webseite gegeben werden.

2. Freiwillige weitere Angaben. Datenschutzrechtlich unproblematisch ist allein die Erhebung der E-Mail-Adresse, um den Newsletter versenden zu können. Soll der Newsletter mit einer namentlichen Anrede personalisiert werden, kann ein zusätzliches Feld für die Angabe des Namens ergänzt werden. Die Angabe des Namens muss freiwillig bleiben und entsprechend markiert sein, denn sie ist für den Empfang eines Newsletters generell nicht erforderlich. Gem. Art. 5 Abs. 1 lit. c, Art. 25 DS-GVO muss die Erhebung personenbezogener Daten auf das für die Zwecke der Verarbeitung notwendige Maß beschränkt sein ("Datenminimierung"). Bei der freiwilligen Angabe des Namens ist diese von der Einwilligung des Nutzers umfasst (Art. 16 Abs. 1 ePrivacy-VO-E, Art. 6 Abs. 1 S. 1 lit. a DS-GVO).

3. Jederzeitige Widerrufsmöglichkeit. Aus wettbewerbs- und datenschutzrechtlichen Gründen muss dem Newsletter-Versand jederzeit widersprochen werden können, unabhängig von dem durch den Nutzer gewählten Weg, worauf der Nutzer bereits bei der Einwilligung hinzuweisen ist (Art. 7 Abs. 3, 13 Abs. 2 lit. c.DS-GVO; Art. 16 Abs. 2 ePrivacy-VO-E; § 7 Abs. 2 UWG; so schon zur alten Rechtslage OLG Koblenz, Urt. v. 26.3.2014 – 9 U 1116/13, ZD 2014, 526 m.Anm. *Laoutoumai/Sanli*). Diese Pflicht besteht unabhängig davon, ob eine Einwilligung schriftlich oder elektronisch eingeholt wird. Jede versendete E-Mail nach einem erfolgten Widerspruch, birgt die Gefahr einer Abmahnung und eines Bußgeldes. Daher ist unbedingt sicherzustellen, dass ein nicht über das Formular erfolgender Widerspruch umgehend an den zuständigen Mitarbeiter weitergeleitet wird. Alle bekannten Newsletter-Systeme sehen eine Widerrufsmöglichkeit über einen speziellen Link vor.

Rehker/Lachenmann

Da die Integration eines speziellen Links in einen Newsletter die einfachste Widerrufsmöglichkeit darstellt, sollte diese den Empfängern gegenüber besonders betont werden. Diese heutzutage bereits gängige Praxis wird gem. Art. 16 Abs. 6, 2. Hs. ePrivacy-VO-E in Zukunft verpflichtend (siehe dazu auch ErwG 35 ePrivacy-VO-E). Eine weitere Möglichkeit ist das Bereitstellen einer Abmeldungsmöglichkeit neben der Bestellmöglichkeit auf der Website.

Zudem sollte das Widerspruchsrecht in Art. 21 DS-GVO beachtet werden, sofern man sich gem. Art. 6 Abs. 1 S. 1 lit. f DS-GVO auf die Verarbeitung personenbezogener Daten zur Wahrung der berechtigten Interessen stützen möchte. In diesem Fall sollte man im Rahmen der ersten Kommunikation auf das Widerspruchsrecht hinweisen. Dies sollte abgehoben von anderen Informationen erfolgen.

4. Verweis auf die Datenschutzerklärung und das Impressum. Die näheren Informationen zur Datenverarbeitung sollten über einen Link zur Datenschutzerklärung bereitgestellt werden. Die in Art. 13 DS-GVO geforderten Angaben müssen zum Zeitpunkt der Erhebung der Daten der betroffenen Person zur Verfügung gestellt werden (→ F.I.).

Auch ein Impressum muss im Newsletter enthalten sein, weil es sich dabei um ein eigenständiges Telemedium handelt und der Newsletter somit einer gesonderten Impressumspflicht nach § 5 TMG und ggf. § 55 Abs. 2 RStV unterliegt (dazu *Schirmbacher/Schätzle*, WRP 2014, 1143 (1150 f.)).

5. Einwilligung auf konkreten Fall. Die Erteilung der Einwilligung ist nur gültig, wenn sie für den konkreten Fall erfolgt. Dies setzt voraus, dass klar wird, welche Produkte oder Dienstleistungen welcher Unternehmen konkret erfasst werden (BGH, Urt. v. 14.3.2017 – VI ZR 721/15, NJW 2017, 2119 m. Anm. *Möller*; BGH, Urt. v. 25.10.2012 – I ZR 169/10, NJW 2013, 2683, Rn. 24 f.). Daher sollten Einwilligungserklärungen in den Erhalt von Werbung stets den Namen des werbenden Unternehmens nennen und beschreiben, welche Art von Werbung versendet werden soll. Die zu bewerbenden Produkte oder Dienstleistungen müssen bestimmt werden können, um den Transparenzerfordernissen des BGH Genüge zu tun (BGH, Urt. v. 14.3.2017 – VI ZR 721/15, NJW 2017, 2119 m. Anm. *Möller*, Rn. 24 m. w. N.). Als ausreichend anzusehen ist es, wenn eine Kategorisierung der Werbemaßnahmen vorgenommen wird, mithin auf „eigene ähnliche Produkte und Dienstleistungen" abgestellt wird. Dabei sollte eine derartige Einschränkung auf „ähnliche" Produkte jedoch nur dann aufgenommen werden, wenn die Einwilligung bei Kauf oder Bestellungen von Waren/Dienstleistungen erhoben und die Werbung dann tatsächlich darauf beschränkt wird.

6. Keine Werbung in der Bestätigungs-E-Mail. Die E-Mail, über die der Nutzer seine Identität bestätigt, sollte neutral gehalten werden, also keinesfalls bereits Werbung enthalten, sondern allein das weiter durchzuführende Verfahren beschreiben. Da das OLG München in einer zu Recht kritisierten Entscheidung bereits eine Bestätigungs-Mail als rechtswidrig wertete, ist die Wichtigkeit des Verzichts auf werbliche Inhalte – wie auch die weitere Protokollierung der Einwilligung – nicht zu unterschätzen (OLG München, Urt. v. 27.9.2012 – 29 U 1682/12, MMR 2013, 38 m. Anm. *Heidrich*; zurecht a. A. OLG Celle, Urt. v. 15.5.2014 – 13 U 15/14, MMR 2014, 611; Taeger/Gabel/*Taeger*, BDSG, § 28 Rn. 182).

7. Keine Werbung in der Abmeldebestätigung. Die Versendung einer Abmeldebestätigung ist nicht notwendig. Es ist ausreichend, wenn die Abmeldung bereits im

Browser bestätigt wird. Eine solche E-Mail birgt die Gefahr, dass bei einem späteren versehentlichen erneuten Versand einer E-Mail der Nutzer dadurch einfacher nachweisen kann, dass er sich bereits abgemeldet hatte. Zudem ist es – je nach Inhalt der E-Mail – denkbar, dass die E-Mail mit der Abmeldebestätigung ihrerseits als unerwünschte Werbung beurteilt wird.

Soll eine Abmeldebestätigung per E-Mail versendet werden, darf auch diese keine Werbung enthalten. Es sollte daher selbst auf Formulierungen wie „wir würden uns freuen, wenn Sie sich auch später für unsere Produkte oder unseren Newsletter interessieren" verzichtet werden, da der Nutzer bereits zum Zeitpunkt des Erhalts der Abmeldebestätigung mitgeteilt hatte, keine Werbung mehr erhalten zu wollen. Nach dem Urteil des BGH v. 15.12.2015 – VI ZR 134/15, NJW 2016, 870 ist bereits Werbung in einer den Eingang einer Anfrage bestätigenden E-Mail (Autoreply) unzulässig. Auch eine E-Mail, mit der die Eröffnung eines Kundenkontos bestätigt wurde, kann unter Umständen Werbung darstellen und darf nur bei Vorliegen einer (nachweisbaren) Einwilligung verschickt werden (AG Pankow/Weißensee, Urt. v. 16.12.2014 – 101 C 1005/14, ZD 2015, 607).

8. Einwilligungseinholung bei Vertragsschluss. Oft wird im Rahmen des Bestellvorgangs eines Onlineshops dem Kunden angeboten, in den Erhalt von Werbung einzuwilligen. Dies erfolgt in der Regel über Checkboxen (siehe ErwG 32 DS-GVO). Grundsätzlich dürfen die Checkboxen nicht voreingestellt sein. Eine Einwilligungseinholung bei Vertragsschluss ist auch für verschiedene Werbekanäle möglich. Diese dürfen lediglich bei Postwerbung ein Opt-out vorsehen, ansonsten ist ein Doubleopt-in notwendig. Die Einwilligung ist getrennt und hervorgehoben gegenüber weiteren Informationen wie AGB und Widerrufsbelehrung darzustellen. Dabei sind die vorstehend beschriebenen Anforderungen einzuhalten.

9. Zulässigkeit von Werbeeinwilligungen bei Gewinnspielen. Es ist grundsätzlich zulässig, die Einwilligung in den Erhalt von Werbung auch für Dritte einzuholen, was insbesondere bei Gewinnspielen praxisrelevant und üblich ist. Dies unterliegt jedoch besonders hohen Anforderungen an die Sicherstellung des möglichen Widerrufs und an die Einwilligungserklärung (BGH, Urt. v. 14.3.2017 – VI ZR 721/15, NJW 2017, 2119 m. Anm. *Möller*; BGH, Urt. v. 25.10.2012 – I ZR 169/10, NJW 2013, 2683). Neben den sich daraus ergebenden Anforderungen ist zu beachten, dass regelmäßig eine gesonderte – nur auf die Einwilligung bezogene – Zustimmungserklärung des Betroffenen vorausgesetzt wird. Somit darf keine textliche Vermengung der Einwilligung mit anderen Erklärungen stattfinden, also beispielsweise keine Verknüpfung von Gewinnspielteilnahme und Einwilligung in den Erhalt von Werbung. Aufgrund des Kopplungsverbots (Art. 7 Abs. 4, ErwG 43 DS-GVO) sind zwei gesonderte Checkboxen vorzusehen, wenn man im Rahmen eines Gewinnspiels auch eine Werbeeinwilligung einholen möchte.

10. Genaue Bezeichnung von Werbung und Werbenden. Bei einer Einwilligung in Werbung durch Dritte sind die Unternehmen, an die die Werbeeinwilligung weitergegeben wird, klar und eindeutig zu bezeichnen und es muss deutlich herausgestellt werden, ob auch fremde Produkte oder Dienstleistungen erfasst werden sollen (BGH, Urt. v. 14.3.2017 – VI ZR 721/15, NJW 2017, 2119 m. Anm. *Möller*; OVG Koblenz, Urt. v. 26.3.2014 – 9 U 1116/13, ZD 2014, 524 m. Anm. *Laoutoumai/Sunli*). Weiter sind die Arten der beworbenen Produkte zu kategorisieren. Dies kann bei einer elektronischen Einwilligung mittels eines Links geschehen, bei nicht-

Rehker/Lachenmann

elektronischen Einwilligungen sind diese Angaben hingegen in die Einwilligungserklärung selbst aufzunehmen. Die Beschreibung der Produkte/Dienstleistungen sollte nicht zu allgemein gehalten werden (z. B. „interessante Angebote" oder „alle Produkte der genannten Unternehmen"), sondern einen klaren Rahmen setzen (z. B. „Sportkleidung", „Finanzprodukte zur Altersvorsorge"). Bei der Nennung der Drittunternehmen ist zudem klarzustellen, ob die Werbung nur durch diese oder auch durch das die Daten erhebende Unternehmen genutzt werden sollen (BGH, Urt. v. 18.7.2012 – VIII ZR 337/11, NJW 2013, 291 (297)). Bei der Angabe weiterer Unternehmen sollte darauf geachtet werden, dass aus Gründen der Übersichtlichkeit die Liste der weiteren Unternehmen eine gewisse Länge nicht überschreitet (BGH, Urt. v. 14.3.2017 – VI ZR 721/15, NJW 2017, 2119 m. Anm. *Möller*; OLG Frankfurt a.M., Urt. v. 17.12.2015 – 6 U 30/15, MMR 2016, 245 mit Anm. *Meyer/Lachenmann*). Es bleibt für die Wirksamkeit der Einwilligung entscheidend, dass aus ihr hinreichend deutlich hervorgeht, welche konkreten Unternehmen für welche Produkte werben werden.

11. Berücksichtigung des Widerrufs. Besondere Sorgfalt nach einer Weitergabe von Werbedaten an Dritte ist auf die Berücksichtigung des Widerrufs zu legen. Dieser wird grundsätzlich gegenüber dem Unternehmen ausgesprochen, dem die Einwilligung erteilt worden war. Daher hat dieses Prozesse vorzusehen, um den Widerruf selbst zu verarbeiten und diesen gleichzeitig an die Drittunternehmen weiterzugeben (Art. 19 DS-GVO). Zusätzlich ist es möglich, dass der Empfänger den Widerruf direkt einem Drittunternehmen gegenüber erklärt, auch hier sollten also entsprechende Prozesse implementiert werden, damit der Widerruf verarbeitet wird.

12. Zulässige Opt-out-Erklärung bei Vertragsschluss. Gem. § 7 Abs. 3 UWG, Art. 16 Abs. 2 ePrivacy-VO-E ist es unter besonderen Voraussetzungen zulässig, E-Mails ohne eine Einwilligung des Empfängers zu versenden. Die Variante sollte nur gewählt werden, wenn der Empfänger nicht bereits im Rahmen des Bestellprozesses um seine Einwilligung gebeten wird (Alt. 1) und wenn mit den E-Mails nur eigene ähnliche Waren/Dienstleistungen beworben werden. Die Mitteilung sollte jedenfalls in der Datenschutzerklärung erfolgen, in den AGB ist es optional. Die Versendung bleibt, nach umstrittener Auffassung, selbst dann wirksam, wenn der Vertrag später widerrufen wird (*Faber*, GRUR 2014, 337 m. w. N. auch zur Gegenansicht). Aus datenschutzrechtlicher Sicht ist das Versenden von E-Mails gem. Art. 6 Abs. 1 S. 1 lit f. i. V. m. ErwG 47 S. 6 DS-GVO gestattet, sofern der Empfänger nicht widersprochen hat (Direktmarketing als berechtigtes Unternehmensinteresse bei der Betroffenengruppe der Bestandskunden, die damit rechnen, dass sie Werbung erhalten, siehe auch *Schirmbacher*, ITRB 2016, 274 (277)).

Unter folgenden kumulativen Voraussetzungen ist es zulässig, in E-Mail-Werbung ein Opt-out vorzusehen (ausführlich z. B. Köhler/Bornkamm/*Köhler*, UWG, § 7 Rn. 202 ff.; *Schirmbacher/Schätzle*, WRP 2014, 1143 (1148 f.)):

a) Wenn der Unternehmer im Zusammenhang mit dem Verkauf einer Ware oder Dienstleistung von dem Kunden dessen elektronische Postadresse erhalten hat. Diese Art der Versendung von Werbemails kann also neben Webshops auch bei Offline-Geschäften zulässig sein, wenn dabei eine E-Mail-Adresse rechtmäßig erhoben wurde. Jedoch muss es tatsächlich zu einem Vertragsschluss zwischen Versender und Empfänger gekommen sein.

Rehker/Lachenmann

b) Wenn der Unternehmer die Adresse zur Direktwerbung für eigene ähnliche Waren oder Dienstleistungen verwendet. Dieses Merkmal ist unklar und oft ist nur im Einzelfall zu bestimmen, was „ähnliche" Waren/Dienstleistungen sind (vgl. *Decker*, GRUR 2011, 774; Köhler/Bornkamm/*Köhler*, UWG, § 7 Rn. 203 ff.). Keinesfalls kann diese Variante daher verwendet werden, um die E-Mail-Adressen für den allgemeinen Newsletter des Unternehmens zu verwenden, wenn dieser nicht im Inhalt stark begrenzt ist. Zudem muss es sich um eigene Produkte handeln, also nur solche, die selbst angeboten werden. Werbung für Angebote anderer (Konzern-)Unternehmen ist nicht zulässig.

c) Wenn der Kunde der Verwendung nicht widersprochen hat. Ein Widerspruch ist zu berücksichtigen (→ Anm. 3), bei dieser Variante ist auch auf im Vorfeld ausgesprochene Widersprüche zu achten.

d) Zuletzt, wenn der Kunde bei Erhebung der Adresse und bei jeder Verwendung klar und deutlich darauf hingewiesen wird, dass er der Verwendung jederzeit widersprechen kann, ohne dass hierfür andere als die Übermittlungskosten nach den Basistarifen entstehen. (→ Anm. 14).

13. Double-opt-in als Sonderfall. Dem Prinzip des Opt-out folgend ist eigentlich kein spezieller Opt-in notwendig, was jedoch auch hier voraussetzt, dass die korrekte E-Mail-Adresse erfasst wurde. Sofern beispielsweise in einem Onlineshop bei Gastbestellungen von Waren eine E-Mail-Adresse erhoben wird, um die Bestellbestätigung zu versenden, kann dies grundsätzlich gem. § 7 Abs. 3 UWG bzw. Art. 16 Abs. 2 ePrivacy-VO-E mit dem Versand eines Newsletters unter Einhaltung der obigen Voraussetzungen verknüpft werden. Allerdings besteht hier die Gefahr, dass bereits bei einem kleinen Tippfehler die Bestellbestätigung und auch der Newsletter an eine falsche E-Mail-Adresse und damit einen falschen Empfänger versendet werden. Anders kann die Wertung bei Angeboten sein, zu denen sich ein Kunde kostenpflichtig anmeldet und einen Online-Zugang erhält. In diesen Fällen wird bereits bei Begründung des Vertragsverhältnisses ein Double-opt-in-Verfahren durchgeführt, was die optionale Formulierung aufgreift.

14. Spezieller Hinweis zum Widerruf. Zwingend notwendig ist gem. § 7 Abs. 3 Nr. 4 UWG bzw. Art. 16 Abs. 2 ePrivacy-VO-E der hier vorgesehene Hinweis, dass dem Kunden ein Widerspruch jederzeit möglich ist und dadurch keine besonderen Kosten entstehen. Ein solcher Hinweis ist direkt neben die Erhebung der E-Mail-Adresse zu setzen sowie in die jeweiligen Mails aufzunehmen und kann zudem in der Datenschutzerklärung erläutert werden. Es ist zulässig, nur einen Hinweis in Textform zu erteilen und so dem Empfänger einen manuellen Widerruf aufzuerlegen. Weiterhin ist es möglich, jedoch nicht verpflichtend, dass man den Hinweis bei Erhebung der E-Mail-Adresse mit einer bereits vorangekreuzten Checkbox kombiniert, die dem Kunden ermöglicht, den vorgesetzten Haken selbständig zu entfernen. Diese Kundenfreundlichkeit könnte jedoch negative Auswirkungen auf die Konversionsrate haben.

15. Werbung per Briefpost. Per Post ist es auch ohne ausdrückliche Einwilligung zulässig, als solche erkennbare Werbung zu versenden, wenn der Empfänger nicht deutlich macht, dass er keine solche erhalten möchte, z.B. über Mitteilung an das werbende Unternehmen (BGH, Urt. v. 3.3.2011 – I ZR 167/09, GRUR 2011, 747; Köhler/Bornkamm/*Köhler,* UWG, § 7 Rn. 112 ff.). Daraus folgt, dass für die Versendung von Werbung per Post kein Opt-in notwendig ist, sondern ein Opt-out aus-

Rehker/Lachenmann

reicht (BGH, Urt. v. 16.7.2008 – VIII ZR 348/06, MMR 2008, 731 m. Anm. *Grapentin*). Für die Einwilligung in Briefwerbung besteht kein Unterschied zwischen Online- und Offline-Einholung der Einwilligung, die vom BGH aufgestellten Grundsätze gelten gleichermaßen (Plath/*Hullen/Roggenkamp*, BDSG, § 13 TMG Rn. 23 m. w. N.). Bei einem Online-Formular kann daher ausschließlich bei der Werbung durch Briefpost der Haken bereits gesetzt sein, was dem Empfänger die Möglichkeit gibt, dies abzulehnen (Opt-out). Bei schriftlicher Einwilligung kann ein Kasten vorangekreuzt sein und ein Hinweis auf eine mögliche Streichung erfolgen oder ein Kasten mit dem Hinweis „Wenn Sie keine Briefwerbung erhalten möchten, kreuzen sie bitte den Kasten an" versehen werden. Wenn ein Opt-out gewählt wird, sollte hinter dem Formular der Posteinwilligung ein Hinweis auf die Freiwilligkeit aufgenommen werden, wie er oben beispielhaft formuliert wurde. Dies gilt bei einer elektronisch eingeholten Einwilligung ebenso wie bei auf sonstigen Wegen eingeholten Einwilligungen. Grundsätzlich kann die Rechtmäßigkeit der Verarbeitung auch durch die berechtigten Interessen eines Verantwortlichen begründet sein, sofern die Interessen oder die Grundrechte und Grundfreiheiten der betroffenen Person nicht überwiegen (Art. 6 Abs. 1 S. 1 lit. f DS-GVO; hierzu *Drewes*, CR 2016, 721).

Im Rahmen der Abwägung sind die vernünftigen Erwartungen der betroffenen Person, die auf ihrer Beziehung zu dem Verantwortlichen beruhen, zu berücksichtigen. Ferner spielt es innerhalb der Abwägung eine Rolle, ob eine betroffene Person zum Zeitpunkt der Erhebung der personenbezogenen Daten und angesichts der Umstände, unter denen sie erfolgt, vernünftigerweise absehen kann, dass möglicherweise eine Verarbeitung für diesen Zweck erfolgen wird. Dies wäre z. B. im Rahmen einer vertraglichen Beziehung anzunehmen, wenn die betroffene Person ein Kunde des Verantwortlichen ist bzw. der Verantwortliche als Dienstleister Tätigkeiten für den Kunden erbringt. Auch die Verarbeitung personenbezogener Daten zum Zwecke der Direktwerbung kann als eine einem berechtigten Interesse dienende Verarbeitung betrachtet werden (zu diesem Gesamtkomplex ErwG 47 DS-GVO). Sofern man Marketingmaßnahmen auf das berechtigte Interesse nach Art. 6 Abs. 1 S. 1 lit. f DS-GVO stützt, sind detaillierte Angaben zur vorgenommenen Abwägung innerhalb eines Datenschutzhinweises darzulegen (Art. 13 Abs. 1 lit. d DS-GVO).

16. Werbung per Telefon. Telefonwerbung ist angesichts des hohen Grades an Belästigung nur nach ausdrücklicher vorheriger Einwilligung zulässig (vgl. Art. 16 ePrivacy-VO-E). Die Anforderungen entsprechen denen, die an die Einwilligung in E-Mail-Werbung gestellt werden. Notwendig ist damit eine vorherige und ausdrückliche Einwilligung des Angerufenen, die auch als vorformulierte Klausel eingeholt werden kann. Sie muss den datenschutzrechtlichen Einwilligungsanforderungen entsprechen und inhaltlich konkret deutlich machen, welchem Unternehmen gegenüber und worin der Empfänger einwilligt (BGH, Urt. v. 25.10.2012 – I ZR 169/10, NJW 2013, 2683; Köhler/Bornkamm/*Köhler,* UWG, § 7 Rn. 142 ff.). Die Einholung der Werbeeinwilligung soll auch im Rahmen einer Zufriedenheitsabfrage unzulässig sein, da zuvor nicht in die Verarbeitung der Daten zu Werbezwecken eingewilligt worden war (OVG Berlin-Brandenburg, Urt. v. 31.7.2015 – 12 N 71/14, ZD 2016, 37).

Künftig ist wie bislang auch ein Double-opt-in-Verfahren bei der Einholung einer Einwilligung in Telefonwerbung notwendig. Im Rahmen der geforderten Nachweise bei der Abgabe einer Einwilligung in der DS-GVO, die über Art. 9 Abs. 1 ePrivacy-

VO-E auch für selbige gelten, werden Nachweise für eine abgegebene Einwilligung gefordert. Dabei stellt sich insbesondere die Umsetzung des Double-opt-in-Verfahrens bei Telefonwerbung als problematisch dar. Bereits seit der BGH in der Vergangenheit klargestellt hat, dass ein Double-opt-in-Verfahren auch bei Telefonwerbung anzuwenden ist (BGH, Urt. v. 10.2.2011 – I ZR 164/09, GRUR 2011, 936 m. Anm. *Laible/Günther*), besteht große Unsicherheit, wie dies umzusetzen ist. Ein elektronisch durchgeführtes Double-opt-in-Verfahren führt nicht zwangsläufig zu einer Beweiserleichterung für den Werbenden. Dieser muss zusätzlich beweisen, dass der angegebene Telefonanschluss der E-Mail-Adresse, unter der die Bestätigung abgesandt wurde, zuzuordnen ist (BGH, Urt. v. 10.2.2011 – I ZR 164/09, GRUR 2011, 936 m. Anm. *Laible/Günther*).

Grundsätzlich bestehen weitere Möglichkeiten zur Durchführung eines Double-opt-in-Verfahrens, die jedoch alle mit Risiken behaftet sind (instruktiv *Vander* in: Taeger (Hrsg.), Die Welt im Netz, S. 511 (515 ff.)):

– Möglich wäre die Übersendung einer Bestätigungs-SMS an die angegebene Nummer entsprechend des in § 45 Abs. 3 TKG genannten Verfahrens für Premium-SMS-Dienste (dazu z. B. Spindler/Schuster/*Ditscheid/Rudloff*, Recht der elektronischen Medien, § 45 TKG Rn. 30). Dies stellt die juristisch sicherste Möglichkeit dar, auch wenn sie vor allem bei Mobilgeräten sinnvoll einzusetzen ist. Denn bei von mehreren Personen genutzten Anschlüssen ist schwer feststellbar, ob der Empfänger die Einwilligung erteilte.

– Ferner möglich ist die Tätigung eines Anrufs zur Bestätigung der Einwilligung, ähnlich der E-Mail-Bestätigung als telefonisches Double-opt-in. Auch hier ist streng darauf zu achten, dass bei dem Anruf selbst noch keine Werbung getätigt wird, sondern allein die zweite Einwilligung des Werbeempfängers eingeholt wird. Zudem muss zum Nachweis im Streitfalle das Gespräch aufgezeichnet werden (sog. „Audiofile"-Verfahren), worüber der Empfänger zu Beginn des Gesprächs vor der Aufzeichnung zu informieren ist und in die der Empfänger gleichfalls einwilligen muss. Bei dieser Variante besteht die Gefahr, dass angesichts der hohen Eingriffsintensität eines Anrufs bereits der Bestätigungsanruf als unzulässige Werbung gesehen werden könnte, auch wenn dieser vereinzelt als zulässig angesehen wird (vgl. Köhler/Bornkamm/*Köhler*, UWG, § 7 Rn. 154 ff.).

– Die weiterhin erwähnte Methode zur Bestätigung der Einwilligung, einen schriftlichen Einwilligungsvermerk an den Empfänger zu versenden und diesen zu einer unterschriebenen Rücksendung des Vermerks aufzufordern, ist aufgrund der zu erwartenden sehr geringen Rücklaufquote nicht praktikabel und darüber hinaus wirklichkeitsfremd (siehe hierzu Köhler/Bornkamm/*Köhler*, UWG, § 7 Rn. 154c).

– Theoretisch wäre es außerdem möglich, über zusätzlich einzuholende Informationen über den Empfänger sicherzustellen, dass dieser tatsächlich eingewilligt hat, z. B. über Personalausweisdaten oder das Geburtsdatum. Allerdings stünde dies im Konflikt mit dem Gebot der Datenminimierung, Art. 5 Abs. 1 lit. c, Art. 25 DS-GVO und könnte angesichts der hohen durch den BGH gesetzten Anforderungen dennoch kaum sicherstellen, dass der Telefonanschluss tatsächlich korrekt zugeordnet ist, so dass diese Variante nicht zu empfehlen ist.

Besondere Vorkehrungen sind immer bei Mehrpersonenhaushalten zu treffen, da der Anruf nur gegenüber dem Einwilligenden zulässig ist. Der Anrufende muss sich umgehend mit dem Empfänger verbinden lassen, ansonsten liegt ein unzulässiger Anruf vor (Köhler/Bornkamm/*Köhler*, UWG, § 7 Rn. 144). Bei einem Telefonge-

Rehker/Lachenmann

spräch sind dann, wenn ein Fernabsatzvertrag geschlossen werden soll, die Identität des Unternehmers und der geschäftliche Zweck des Gesprächs offen zu legen, § 312c Abs. 2 BGB. Zudem ist die Rufnummernunterdrückung bußgeldbewehrt untersagt, §§ 102 Abs. 2, 149 Abs. 1 Nr. 17c TKG, Art. 16 Abs. 3 ePrivacy-VO-E.

17. Werbung per Telefax. Werbung durch sonstige Fernkommunikationsmittel ist nur zulässig, wenn der Empfänger in den Erhalt eingewilligt hat. Dies gilt auch für Werbung per Telefax, für die eine vorherige ausdrückliche Einwilligung notwendig ist. Zu Recht wird hier ohne Einwilligung regelmäßig eine unzumutbare Belästigung angenommen, da hierbei u.a. Papier und Toner des Empfängers verwendet werden (Köhler/Bornkamm/*Köhler,* UWG, § 7 Rn. 191 ff.). Auch ist sicherzustellen, dass die angegebene Faxnummer tatsächlich die des Empfängers ist, was z.B. im Rahmen eines Double-opt-ins mittels einer Faxbestätigung verifiziert werden kann.

18. Einwilligung in personalisierte Newsletter. Aufgrund des bestehenden Kopplungsverbots (Art. 7 Abs. 4, ErwG 43 DS-GVO) wird im vorliegenden Muster davon ausgegangen, dass der Newsletter in zwei Varianten (gewöhnlicher Newsletter und personalisierter Newsletter auf Interessenbasis) bezogen werden kann. Bietet man einen personalisierten Newsletter auf Interessenbasis mittels einer integrierten Trackingfunktion an, muss man grundsätzlich zwei Einwilligungen einholen, die jeweils mit einer Checkbox für ein Opt-in ausgestaltet sind. Eine Einwilligung bietet dem Kunden die Möglichkeit zum Abonnement des Newsletters, eine weitere Checkbox ermöglicht dem Kunden auf Basis eines durchgeführten Trackings einen auf seine persönlichen Interessen abgestimmten Newsletter zu erhalten. Mittels der Trackingfunktion können Nutzerdaten und ein Nutzungsverhalten, verschiedene Ereignisse sowie Systemdaten des Nutzers erfasst werden (→ F.I.4.). Was exakt das Tracking umfassen soll, kann dem Informationsbedürfnis des Unternehmens individuell angepasst werden. Diese individuelle Anpassung des Trackings muss sich in einer transparenten Darstellung innerhalb der Erläuterung zum Informationserhalt auf Basis persönlicher Interessen wiederfinden.

Insofern sei nochmals darauf hingewiesen, dass die hier gewählte Formulierung nur beispielhaften Charakter hat und unbedingt auf die individuellen Gegebenheiten und das individuell ausgestaltete Tracking angepasst werden muss.

IV. Bonitätsprüfung natürlicher Personen

Unter Bonität oder Kreditwürdigkeit wird in der Finanzwirtschaft die prognostizierte Eigenschaft eines Schuldners (Kreditnehmers, Emittenten) verstanden, zukünftige Zahlungsverpflichtungen vollständig und fristgerecht erfüllen zu können und zu wollen (*Heldt/Hölscher/Erdmann* in: Gabler Wirtschaftslexikon, Stichwort: Bonität, http://wirtschaftslexikon.gabler.de/Archiv/731/bonitaet-v8.html). Formulare zur Eruierung dieser Eigenschaft sind Gegenstand dieses Kapitels. Die Geschäftsfähigkeit, also die Fähigkeit, rechtswirksame Verträge zu schließen, wird vorliegend hingegen vorausgesetzt und unterstellt.

In der Wirtschaftspraxis besteht in verschiedensten Konstellationen großes Interesse daran, die Bonität des Vertragspartners zu ermitteln. Ursächlich hierfür ist dabei regelmäßig das Vorliegen einer sog. „asymmetrischen Information". Mit diesem Begriff wird die Situation beschrieben, dass ein Kreditgeber das zukünftige Verhalten des potenziellen Kreditnehmers nur unvollständig einschätzen kann, wohingegen der Kreditnehmer in der Regel genau um die eigenen Handlungsabsichten und persönlichen Risiken weiß (*Schröder/Lang/Lerbs/Radev* in: Schröder/Taeger (Hrsg.), Scoring im Fokus, S. 11). Eine vergleichbare Situation kann bei dem Versand von Waren gegen Rechnung oder der Erbringung von Leistungen, deren Gegenleistungen erst über einer längeren Vertragslaufzeit erbracht wird, oder bei der Eingehung eines Mietvertrages bestehen (hierzu *Achtermann*, Wahrung von Betriebs- und Geschäftsgeheimnissen, S. 54 f. m. w. N.). Eine hohe Praxisrelevanz weisen in diesem Zusammenhang Online-Vertragsabschlüsse auf, da die Käufer dem Verkäufer meist unbekannt sind und daher das Kreditausfallrisiko für den Verkäufer nicht vorhersehbar ist. Eine Bonitätsprüfung soll in dieser Konstellation dazu dienen, dem kreditierenden Geschäftspartner eine Einschätzung der Erfüllungswahrscheinlichkeit des angefragten Kredits bzw. Vertrages zu geben. Eigene wirtschaftliche Interessen können mithin in diesen Situationen Anlass einer Bonitätsprüfung sein. Die Kreditwürdigkeit ist gegeben, wenn die Kreditvergabe unter sachlichen und persönlichen Erwägungen vertretbar erscheint.

Des Weiteren besteht in bestimmten Konstellationen für das kreditierende Unternehmen zudem eine Pflicht, eine Kreditwürdigkeitsprüfung durchzuführen. Im Rahmen der Umsetzung der WohnimmobilienkreditRL 2014/17/EU mit Wirkung vom 21.3.2016 wurden die §§ 505a–505d BGB neu in das BGB eingefügt, welche an Stelle des bisherigen § 509 BGB traten. Gem. § 505a Abs. 1 S. 1 BGB hat der Darlehensgeber nunmehr vor dem Abschluss eines Verbraucherdarlehensvertrags die Kreditwürdigkeit des Darlehensnehmers zu prüfen. Ein Unternehmer darf demnach gem. § 505a Abs. 1 S. 2 BGB einen Verbraucherdarlehensvertrag nur abschließen, wenn aus der Kreditwürdigkeitsprüfung hervorgeht, dass bei einem Allgemein-Verbraucherdarlehensvertrag keine erheblichen Zweifel daran bestehen und dass es bei einem Immobiliar-Verbraucherdarlehensvertrag zudem wahrscheinlich ist, dass der Darlehensnehmer seinen Verpflichtungen, die im Zusammenhang mit dem Darlehensvertrag stehen, vertragsgemäß nachkommen wird. Die Anforderungen für Allgemein-Verbraucherdarlehensverträge sind demgemäß geringer als bei einem Immobiliar-Verbraucherdarlehensvertrag (BT-Drs. 18/5922, 98). Bei Allgemein-

Verbraucherdarlehensverträgen können gem. § 505b Abs. 1 BGB Auskünfte des Darlehensnehmers Grundlage für die Kreditwürdigkeitsprüfung sein. Erforderlichenfalls eignen sich ferner Auskünfte von Stellen, die geschäftsmäßig personenbezogene Daten, die zur Bewertung der Kreditwürdigkeit von Verbrauchern genutzt werden dürfen, zum Zweck der Übermittlung erheben, speichern, oder verändern. Hier findet die Selbstauskunft mithin ausdrückliche Erwähnung. Bei Immobiliar-Verbraucherdarlehensverträgen hat der Darlehensgeber hingegen gem. § 505b Abs. 2 BGB die Kreditwürdigkeit des Darlehensnehmers auf der Grundlage notwendiger, ausreichender und angemessener Informationen zu Einkommen, Ausgaben sowie anderen finanziellen und wirtschaftlichen Umständen des Darlehensnehmers eingehend zu prüfen. § 505b Abs. 3 BGB konkretisiert dies dahingehend, dass der Darlehensgeber die gem. Abs. 2 erforderlichen Informationen aus einschlägigen internen oder externen Quellen, wozu Auskünfte des Darlehensnehmers gehören, ermittelt. Zudem ist der Darlehensgeber verpflichtet, die Informationen in angemessener Weise zu überprüfen, soweit erforderlich auch durch Einsichtnahme in unabhängig nachprüfbare Unterlagen.

Die WohnimmobilienkreditRL diente der Umsetzung der Rechtsprechung des EuGH, demzufolge bereits der VerbrKrRL 2008/48/EG (Transformation in nationales Recht durch § 509 BGB a. F.) ein individuell-verbraucherschützender Charakter zukam, weil sie einen Schutz vor der Gefahr der Überschuldung und der Zahlungsunfähigkeit beabsichtigte (EuGH, Urt. v. 27.3.2014 – C-565/12, NJW 2014, 1941). Eine Beschränkung auf entgeltliche Finanzierungshilfen wurde aufgegeben und zudem eine entsprechende Anwendbarkeit auf unentgeltliche Verbraucherdarlehensverträge gem. § 514 BGB und auf unentgeltliche Finanzierungshilfen gem. § 515 BGB eingeführt.

Für Kreditinstitute gilt zudem die Spezialvorschrift des § 18a Abs. 1 KWG, der eine zwar nicht wort-, jedoch inhaltsgleiche Verpflichtung enthält. § 18a Abs. 3 und 4 KWG legen zudem die Grundlagen für die Kreditwürdigkeitsprüfung fest, welche den vorgenannten Vorgaben der §§ 505b Abs. 2 und 3 BGB weitestgehend entsprechen. Eine entsprechend inhaltsgleiche Verpflichtung statuiert zudem § 2 Abs. 3 S. 4 und 5 ZAG für sog. Zahlungsinstitute i. S. d. § 1 Abs. 2a ZAG. Vereinfacht dargestellt handelt es sich hierbei um Unternehmen, die entweder gewerbsmäßig oder in einem Umfang, der einen in kaufmännischer Weise eingerichteten Geschäftsbetrieb erfordert, Zahlungsdienste erbringen und um Unternehmen, die das E-Geld-Geschäft betreiben. Diese Normen drücken das öffentliche Interesse an der Vermeidung von notleidenden Krediten aus (Bamberger/Roth/*Möller*, BeckOK BGB, § 505a, Rn. 3). § 505b Abs. 5 BGB stellt jedoch klar, dass bei der Datenerhebung und bei der Verwendung der Daten die Bestimmungen zum Schutz personenbezogener Daten zu beachten sind. Dieser Schutz ist angesichts der Aussagekraft der eingeholten und ausgewerteten personenbezogenen Daten unerlässlich (BT-Drs. 18/5922, 100). Eine vergleichbare Regelung enthält § 18a Abs. 9 KWG. Nachfolgende Muster dienen der Eruierung der Bonität natürlicher Personen.

1. Bonitätsprüfung und Informationen bei Kaufverträgen

In Verträgen von Online-Shops ist in der Regel ein Abschnitt enthalten, der über die Datenverarbeitung informiert. Der Informationsumfang richtet sich künftig in

Achtermann/Lachenmann

der Regel nach Art. 13 DS-GVO, da die betroffene Person ihre Daten dem Verantwortlichen bereitstellt. Das nachfolgende Muster erfasst die Erfüllung der Informationspflichten ebenso wie eine Einwilligungserklärung hinsichtlich der Bonitätsprüfung. Der Text kann den Kunden der Online-Shops parallel zu den AGB bereitgestellt werden.

Hinweise zum Datenschutz und Einwilligungserklärung

(1) Im Folgenden informieren wir über die Erhebung personenbezogener Daten bei Geschäftsabschlüssen. Personenbezogene Daten sind alle Daten, die auf Sie persönlich beziehbar sind, also z.B. Name, Adresse, E-Mail-Adressen, Zahlungsdaten, bestellte Waren.[1] Verantwortlicher gemäß Art. 4 Abs. 7 DS-GVO ist [Name und Kontaktdaten des Verantwortlichen sowie seines Vertreters].[2]

(2) Die Daten werden von uns erhoben, gespeichert und ggf. weitergegeben, soweit es erforderlich ist, um die vertraglichen Leistungen zu erbringen. Die Erhebung, Speicherung und Weitergabe erfolgt mithin zum Zwecke der Erfüllung des Vertrages und auf Grundlage des Art. 6 Abs. 1 S. 1 lit. b DS-GVO.[3] Eine Nichtbereitstellung dieser Daten kann zur Folge haben, dass der Vertrag nicht geschlossen werden kann. Wenn wir Ihnen Waren liefern, geben wir Ihre Daten an das beauftragte Versandunternehmen weiter, soweit diese zur Lieferung benötigt werden. [Wir übermitteln personenbezogene Daten zudem an [AUFZÄHLUNG DER EMPFÄNGER ODER KATEGORIEN VON EMPFÄNGERN]][4] Eine weitergehende Verarbeitung erfolgt nur, wenn Sie eingewilligt haben oder eine gesetzliche Erlaubnis vorliegt.

Teilweise bedienen wir uns externer Dienstleister mit Sitz im europäischen Wirtschaftsraum, um Ihre Daten zu verarbeiten. [Die personenbezogenen Daten werden nach [DRITTLAND] übermittelt. Ein Angemessenheitsbeschluss der Kommission gemäß Art. 45 Abs. 3 DS-GVO liegt [nicht] vor. [BEI NICHTVORLIEGEN WEITER: Der Auftragsverarbeiter [….] hat eine geeignete Garantie abgegeben, welche online unter [http://www.example.com] eingesehen werden kann.][5] Diese Dienstleister wurden von uns sorgfältig ausgewählt, schriftlich beauftragt und sind an unsere Weisungen gebunden. Sie werden von uns regelmäßig kontrolliert. Die Dienstleister werden diese Daten nicht an Dritte weitergeben, sondern sie nach Vertragserfüllung und dem Abschluss gesetzlicher Speicherfristen löschen, soweit Sie nicht in eine darüberhinausgehende Speicherung eingewilligt haben.[6]

(3) Ihre Zahlungsdaten werden je nach dem von Ihnen ausgewählten Zahlungsmittel an den entsprechenden Zahlungsdienstleister übermittelt. Die Verantwortung für Ihre Zahlungsdaten trägt der Zahlungsdienstleister. Informationen insbesondere über die verantwortliche Stelle der Zahlungsdienstleister, die Kontaktdaten der Datenschutzbeauftragten der Zahlungsdienstleister und die Kategorien personenbezogener Daten, die von den Zahlungsdienstleistern verarbeitet werden, erhalten Sie unter der Internet-Adresse [http://www.example.com].[7]

(4) [BEI SCORING ERGÄNZEN: Gerne können Sie Ihre Bestellung auch auf Rechnung bezahlen. Wir machen Sie darauf aufmerksam, dass wir bei der Auswahl dieser Bezahlmethode eine Beurteilung des Kreditrisikos auf Basis von mathematisch-statistischen Verfahren bei der Wirtschaftsauskunftei [Name, Adresse] durchführen (Scoring). Dazu werden die personenbezogenen Daten, die zu der Bonitätsprüfung nötig sind, [Name, Geburtsdatum, Adresse, Bankdaten, ggf. zutreffendes

Achtermann/Lachenmann

ergänzen], an die Wirtschaftsauskunftei übertragen, wobei auch Ihre Adressdaten berücksichtigt werden. Die Erhebung, Speicherung und Weitergabe erfolgt mithin zum Zwecke der Bonitätsprüfung zur Vermeidung eines Zahlungsausfalles und auf Grundlage des Art. 6 Abs. 1 S. 1 lit. b DS-GVO und des Art. 6 Abs. 1 S. 1 lit. f , DS-GVO. Auf Basis dieser Informationen wird eine statistische Wahrscheinlichkeit für einen Kreditausfall und damit Ihre Zahlungsfähigkeit berechnet. Wenn die Bonitätsprüfung positiv ausfällt, ist eine Bestellung auf Rechnung möglich. Fällt die Bonitätsprüfung negativ aus, wird unser Shopsystem Ihnen keine Bezahlung auf Rechnung anbieten.

[EVENTUELL ZUSÄTZLICH: Die Entscheidung, ob eine Bestellung auch auf Rechnung möglich ist, basiert einzig auf einer automatisierten Entscheidung unseres Online-Shopsystems, die die von uns beauftragte Wirtschaftsauskunftei durchführt, so dass eine manuelle Prüfung Ihrer Unterlagen durch einen unserer Mitarbeiter nicht gesondert erfolgt.

Die von Ihnen erteilte Einwilligung hinsichtlich dieser automatisierten Entscheidung lautet:

☐ „Mit Ihrer Bestätigung dieses Häkchens und dem Klick auf den Button „Bestellprozess fortsetzen" willigen Sie in die nachfolgend erläuterte automatisierte Entscheidung ein. Wir verarbeiten Ihre personenbezogenen Daten im Hinblick auf die automatisierte Entscheidung, ob der Kaufvertrag gegen Rechnung mit Ihnen abgeschlossen werden kann. Diese Entscheidung beruht ausschließlich auf einer automatisierten Verarbeitung Ihrer personenbezogenen Daten im Rahmen des vorgenannten Scorings. Wenn Ihre Bonitätsprüfung positiv ausfällt, ist eine Bestellung auf Rechnung möglich. Fällt die Bonitätsprüfung negativ aus, wird unser Shopsystem Ihnen keine Bezahlung auf Rechnung anbieten. Die Entscheidung erfolgt somit ohne Prüfung Ihres Kaufinteresses auf Rechnung oder sonstige Einwirkung auf das Entscheidungsverfahren durch einen unserer Mitarbeiter. Soweit bei der automatisierten Entscheidung gewisse Wahrscheinlichkeitswerte berücksichtigt werden, beruhen diese auf einem wissenschaftlich anerkannten mathematisch-statistischen Verfahren. Sie können diese Einwilligung jederzeit widerrufen. Durch den Widerruf wird jedoch die Rechtmäßigkeit der aufgrund der Einwilligung bis zum Widerruf erfolgten Verarbeitung nicht berührt.]

Sie können der Übermittlung dieser Daten an die Wirtschaftsauskunftei jederzeit widersprechen, allerdings ist dann keine Bestellung auf Rechnung mehr über unsere Webseite möglich. Die Tragweite des Scorings [und der automatisierten Entscheidung] beschränkt sich allein darauf, ob eine Bestellung auch auf Rechnung möglich ist. Wir nutzen das Scoring [und die automatisierte Entscheidung unseres Shopsystems] allein, um uns vor möglichen Zahlungsausfällen zu schützen.[8]

[EVENTUELL ZUSÄTZLICH: Darüber hinaus übermitteln wir an die Wirtschaftsauskunftei [Name] gegebenenfalls Informationen über nichtforderungsbezogenes Verhalten, das Ihre Vertrauenswürdigkeit erschüttert (beispielsweise im Fall von Kreditkartenbetrug). Dies erfolgt, entsprechend den gesetzlichen Anforderungen, soweit es zur Wahrung unserer berechtigten Interessen und der berechtigten Interessen Dritter erforderlich ist und kein Grund zu der Annahme besteht, dass Ihre Interessen oder Grundrechte und Grundfreiheiten, die den Schutz personenbezogener Daten erfordern, überwiegen. Die Erhebung, Speicherung und Weitergabe er-

Achtermann/Lachenmann

folgt mithin zum Zwecke der Betrugsprävention auf der Grundlage des Art. 6 Abs. 1 S. 1 lit. f DS-GVO.][9]

[EVENTUELL ZUSÄTZLICH: Darüber hinaus übermitteln wir Ihre Daten [Name, Geburtsdatum, Adresse, Bankdaten, ggf. zutreffendes ergänzen] an die Wirtschaftsauskunftei [Name] zum Zwecke einer Identitätsprüfung [UND/ODER: Altersprüfung]. Anhand einer Ähnlichkeitsberechnung in Prozentwerten kann festgestellt werden, ob Person und Anschrift der Wirtschaftsauskunftei [Name] bekannt sind. [Die Prüfung der Volljährigkeit einer Person erfolgt durch die Prüfung des Geburtsdatums in einer Datenbank]. Wir speichern im Falle des Vertragsschlusses nur die Information, dass diese Überprüfung erfolgt ist. Dies erfolgt, entsprechend den gesetzlichen Anforderungen, soweit es zur Wahrung unserer berechtigten Interessen erforderlich ist und kein Grund zu der Annahme besteht, dass Ihre Interessen oder Grundrechte und Grundfreiheiten, die den Schutz personenbezogener Daten erfordern, überwiegen. Die Erhebung, Speicherung und Weitergabe erfolgt mithin zum Zwecke einer Identitätsprüfung, um sicherstellen zu können, dass wir unsere Leistungen nur an den richtigen Vertragspartner erbringen [UND/ODER: einer Altersprüfung, da wir unsere Leistungen nur an volljährige Personen erbringen können] auf der Grundlage des Art. 6 Abs. 1 S. 1 lit. f DS-GVO.][9]

Das Scoring-Verfahren wird in unserer Datenschutzerklärung näher beschrieben. Informationen darüber, aus welcher Quelle die personenbezogenen Daten stammen und gegebenenfalls, ob sie aus öffentlich zugänglichen Quellen stammen erhalten Sie über unsere Internet-Adresse [http://www.example.com] ebenso wie bei der Wirtschaftsauskunftei unter der Internetadresse [http://www.example.com].[10]

(5) Wir unterhalten aktuelle technische Maßnahmen zur Gewährleistung des Schutzes personenbezogener Daten. Diese werden dem aktuellen Stand der Technik jeweils angepasst.[11]

(6) Sie haben das Recht, von uns jederzeit über die zu Ihnen bei uns gespeicherten personenbezogenen Daten (Art. 15 DS-GVO) Auskunft zu verlangen. Dies betrifft auch die Empfänger oder Kategorien von Empfängern, an die diese Daten weitergegeben werden und den Zweck der Speicherung. Zudem haben Sie das Recht, unter den Voraussetzungen des Art. 16 DS-GVO die Berichtigung und/oder unter den Voraussetzungen des Art. 17 DS-GVO die Löschung und/oder unter den Voraussetzungen des Art. 18 DS-GVO die Einschränkung der Verarbeitung zu verlangen. Ferner können Sie unter den Voraussetzungen des Art. 20 DS-GVO jederzeit eine Datenübertragung verlangen. Personenbezogene Daten werden nur solange gespeichert, als es zur jeweiligen Zweckerreichung erforderlich ist. Dies entspricht in der Regel der Vertragsdauer.

Im Fall einer Verarbeitung personenbezogener Daten zur Wahrnehmung von im öffentlichen Interesse liegenden Aufgaben (Art. 6 Abs. 1 S. 1 lit. e DS-GVO) oder zur Wahrnehmung berechtigter Interessen (Art. 6 Abs. 1 S. 1 lit. f DS-GVO), können Sie der Verarbeitung der sie betreffenden personenbezogenen Daten jederzeit mit Wirkung für die Zukunft widersprechen. Im Fall des Widerspruchs haben wir jede weitere Verarbeitung Ihrer Daten zu den vorgenannten Zwecken zu unterlassen, es sei denn,
– es liegen zwingende, schutzwürdige Gründe für eine Verarbeitung vor, die Ihre Interessen, Rechte und Freiheiten überwiegen, oder

Achtermann/Lachenmann

– die Verarbeitung ist zur Geltendmachung, Ausübung oder Verteidigung von Rechtsansprüchen erforderlich.

Einer Verwendung Ihrer Daten zum Zwecke der Direktwerbung können Sie jederzeit mit Wirkung für die Zukunft widersprechen; dies gilt auch für ein Profiling, soweit es mit der Direktwerbung in Verbindung steht. Im Fall des Widerspruchs haben wir jede weitere Verarbeitung ihrer Daten zum Zwecke der Direktwerbung zu unterlassen.

[Hinsichtlich der automatisierten Einzelentscheidung haben Sie zudem gemäß Art. 22 Abs. 3 DS-GVO das Recht auf das Eingreifen einer Person auf Seiten des Verantwortlichen, auf Darlegung des eigenen Standpunkts und auf Anfechtung der Entscheidung.][12]

(7) Alle Informationswünsche, Auskunftsanfragen, Widerrufe oder Widersprüche zur Datenverarbeitung richten Sie bitte per E-Mail an unseren Datenschutzbeauftragten unter[13] [Datenschutz@Domain.tld] oder an] die unter [...] genannte Adresse. Für nähere Informationen verweisen wir auf den vollständigen Text der DS-GVO, welcher im Internet unter [http://www.example.com] verfügbar ist [und unsere Datenschutzerklärung, welche im Internet unter [http://www.example.com] einsehbar ist]. Ferner haben Sie die Möglichkeit, sich bei der zuständigen Aufsichtsbehörde über datenschutzrechtliche Sachverhalte zu beschweren.[14]

Anmerkungen

1. Information der betroffenen Person über Erhebung personenbezogener Daten. Eine Verpflichtung zur ausdrücklichen Information über erhobene Daten besteht gem. Art. 13 Abs. 4 bzw. Art. 14 Abs. 5 lit. a DS-GVO nur insoweit, als die betroffene Person nicht bereits über die Informationen verfügt.

2. Pflichtangaben der verantwortlichen Stelle. Es empfiehlt sich regelmäßig, vollständige Kontaktangaben anzugeben, um so den Informationspflichten der §§ 312a Abs. 2, 312d BGB i.V.m. Art. 246, 246a EGBGB (dazu z.B. *Oelschlägel* in: Oelschlägel/Scholz (Hrsg.), Rechtshandbuch Online-Shop, S. 56 ff.) oder der Dienstleistungs-Informationspflichten-VO (dazu z.B. Köhler/Bornkamm/*Köhler*, UWG, S. 1591 ff. DL-InfoV) nachzukommen. Nach Art. 13 Abs. 1 lit. a DS-GVO sind nunmehr Name und Kontaktdaten des Verantwortlichen sowie gegebenenfalls seines Vertreters aufzuführen. Neben der exakten Firmierung ist die postalische Anschrift anzugeben (Plath/*Kamlah*, BDSG/DSGVO, Art. 13 DS-GVO Rn. 9). Um den Kunden eine Kontaktaufnahme ohne Medienbruch zu ermöglichen, ist ferner bei vorliegender Datenerhebung über das Internet eine netzbasierte Kontaktmöglichkeit zu eröffnen (Kühling/Buchner/*Bäcker*, DS-GVO, Art. 13 Rn. 22). Näher zu datenschutzrechtlich mitzuteilenden Kontaktdaten → F.I.1. Anm. 2.

3. Informationspflichten und Transparenz. Gem. Art. 13 Abs. 1 lit. c DS-GVO sind die Zwecke sowie die Rechtsgrundlage für die Verarbeitung anzugeben. Wenn die Verarbeitung auf Art. 6 Abs. 1 S. 1 lit. f DS-GVO beruht, sind zudem die berechtigten Interessen, die von dem Verantwortlichen oder einem Dritten verfolgt werden, zu beachten.

Achtermann/Lachenmann

4. Empfänger oder Kategorien von Empfängern. Gemäß Art. 13 Abs. 1 lit. e. DS-GVO ist ferner drüber zu informieren, an welche Empfänger oder Kategorien von Empfängern personenbezogene Daten zu übermitteln sind.

5. Datenübermittlung an Drittland. Sofern der Verantwortliche beabsichtigt, die personenbezogenen Daten in ein Drittland zu übermitteln, ist dies sowie das Vorhandensein oder das Fehlen eines Angemessenheitsbeschlusses der Kommission mitzuteilen. Im Falle von Übermittlungen gem. Art. 46 oder Art. 47 oder Art. 49 Abs. 1 S. 2 DS-GVO ist über geeignete oder angemessene Garantien und die Möglichkeit, wie eine Kopie von diesen zu erhalten ist, oder wo sie verfügbar sind, gem. Art. 13 Abs. 1 lit. f bzw. Art. 14 Abs. 1 lit. f DS-GVO zu informieren. Diese Informationspflicht besteht jedoch erst, wenn der Drittlandverkehr unmittelbar bevorsteht oder geplant ist (Plath/*Kamlah*, BDSG/DSGVO, Art. 13 Rn. 14).

6. Zulässigkeit der Datenerhebung. Soweit die Erhebung der Daten notwendig ist, um die vertraglichen Leistungen zu erbringen, ist sie gem. Art. 6 Abs. 1 S. 1 lit. b DS-GVO zulässig. Bei einer Bestellung in einem Webshop sind dies bspw. Adress- und Zahlungsdaten. Eine Datenverarbeitung kann weiterhin gem. Art. 6 Abs. 1 S. 1 lit. f DS-GVO zulässig sein, wenn eine Abwägung zwischen berechtigten Interessen des Händlers und des Käufers ergibt, dass die Interessen des Händlers überwiegen. Dies betrifft auch die Übermittlung der Daten an das Versandunternehmen (vgl. *Laue/Nink/Kremer*, Das neue Datenschutzrecht in der betrieblichen Praxis, § 2 Rn. 26).

7. Fremde Zahlungsdienstleister. Eine zulässige Datenübermittlung an Dritte ist beispielsweise unproblematisch möglich, wenn der Onlinehändler einen Zahlungsdienstleister einsetzt, um die Zahlungen der Kunden abzuwickeln. Wählt der Kunde für die Bezahlung einen Dienstleister aus (z.B. Kreditkarte, E-Wallet), obliegt dem Dienstleister die Verantwortung für die Datenverarbeitung. Für den Bezahlvorgang ist dieser Dienstleister Verantwortlicher. Dem Kunden wird dabei regelmäßig offengelegt, an welchen Anbieter die Daten übermittelt werden. Dies ist notwendig für die Durchführung des Bezahlvorgangs, so dass sich die Zulässigkeit der Übermittlung und Verarbeitung aus Art. 6 Abs. 1 S. 1 lit. b DS-GVO ergibt. Ergänzend müssen dem Kunden die genauen Kontaktdaten des Empfängers mitgeteilt werden, Art. 13 Abs. 1 lit. e DS-GVO. Aus Transparenzgründen sollte zudem ein Link zur Datenschutzerklärung des Zahlungsdienstleisters mitgeteilt werden. Auch in diesem Verhältnis sind die datenschutzrechtlichen Normen zu beachten, so dass nur Anbieter mit Sitz innerhalb des EWR gewählt werden sollten (andernfalls sind ebenfalls die Ergänzungen zu Ziffer 4 erforderlich.

8. Bonitätsprüfung bei Wirtschaftsauskunfteien. Ein Recht zur Überprüfung der Bonität des Kunden bei einer Wirtschaftsauskunftei, wie der Schufa, besteht nicht generell. Hat der Kunde Vorkasse zu leisten, ist eine solche Abfrage nicht nötig. Wenn der Kunde jedoch die Leistung erhält, bevor er zahlen musste, besteht für das Unternehmen ein Interesse an einer Bonitätsprüfung. Die Übermittlung von Kundendaten durch den Verantwortlichen an eine Wirtschaftsauskunftei vor Abschluss eines entsprechend kreditierten Geschäfts stellt dann eine zur Vertragserfüllung nach Art. 6 Abs. 1 S. 1 lit. b DS-GVO gerechtfertigte Verarbeitung dar (vgl. zum Abschluss eines Kreditvertrages Gola/*Schulz*, DS-GVO, Art. 6 Rn. 37; *Laue/Nink/Kremer*, Das neue Datenschutzrecht in der betrieblichen Praxis, § 2 Rn. 26).

Achtermann/Lachenmann

Da der Kunde die Leistung erhält, bevor er zahlen musste, besteht aufgrund der Kreditierung für das Unternehmen zudem ein berechtigtes Interesse an einer Bonitätsprüfung gem. Art. 6 Abs. 1 S. 1 lit. f DS-GVO, um die Gefahr eines Zahlungsausfalls und eines etwaigen Insolvenzrisikos zu vermeiden. Da Art. 6 Abs. 1 S. 1 lit. f DS-GVO zudem auch Interessen eines weiteren Verantwortlichen berücksichtigt, etwas die Interessen einer Wirtschaftsauskunftei, welche die Daten von Wirtschaftsunternehmen erhält und diese als weitere Verantwortliche verarbeitet, könnten die Daten auch unter diesem Aspekt im Einzelfall weitergegeben werden (vgl. Plath/*Kamlah*, BDSG/DSGVO, Art. 6 DS-GVO, Rn. 18, 21). In diesem Fall hat der Dritte jedoch eine gesonderte Abwägung vorzunehmen und ggf. eine Einwilligung einzuholen (Ehmann/Selmayr/*Heberlein*, DS-GVO, Art. 6 Rn. 25).

Dem Kunden sind in diesem Zusammenhang die Empfänger oder Kategorien von Empfängern der personenbezogenen Daten gem. Art. 13 Abs. 1 lit. e DS-GVO mitzuteilen. Ferner ist der Kunde gem. Art. 13 Abs. 1 lit. c DS-GVO über die Zwecke, für die die personenbezogenen Daten verarbeitet werden sollen, sowie die Rechtsgrundlage für die Verarbeitung zu informieren. Da die Datenverarbeitung vorliegend auch auf Art. 6 Abs. 1 S. 1 lit. f DS-GVO beruht, sind zudem die berechtigten Interessen, die von dem Verantwortlichen oder einem Dritten verfolgt werden – hier also die Bonitätsprüfung – zu benennen. Eine Einwilligung ist in diesem Falle nicht nötig (so zur vergleichbaren Rechtslage des § 28 Abs. 1 S. 1 Nr. 2 BDSG: BlnDSB, TB 2012, S. 133; *Oelschlägel* in: Oelschlägel/Scholz (Hrsg.), Handbuch Versandhandelsrecht, S. 188 f.; anders jedoch u. a. LfD BaWü, TB 2014/2015, S. 158 ff.).

Die Ermittlung des Scores, um die Entscheidung über Begründung, Durchführung oder Beendigung eines Vertragsverhältnisses zu treffen, unterliegt den Voraussetzungen des § 31 BDSG n. F. Will ein Verkäufer eine solche Einkunft einholen, setzt dies mithin voraus, dass die Verarbeitung der Daten nach Art. 6 Abs. 1 S. 1 lit. b oder f DS-GVO bereits zulässig ist und die Score-Werte entsprechend § 31 BDSG n. F. erhoben wurden. Die vorliegende Formulierung geht davon aus, dass die Wirtschaftsauskunftei die gesetzlichen Voraussetzungen einhält und informiert darüber.

Soweit die Entscheidung über die Ermöglichung der Bezahlung per Rechnung ausschließlich auf Basis einer auf automatisierter Verarbeitung beruhenden Entscheidung getroffen wird, ist der Anwendungsbereich des Art. 22 DS-GVO eröffnet (vgl. Paal/Pauly/*Martini*, DS-GVO, Art. 22 Rn. 24). Dies wird dadurch begründet, dass die automatisierte Entscheidung in diesem Fall eine rechtliche Wirkung nach sich zieht. Eine rechtliche Wirkung entfaltet eine Maßnahme unabhängig davon, ob sie eine wirtschaftlich vorteilhafte oder nachteilhafte Rechtsfolge auslöst (Paal/Pauly/*Martini*, DS-GVO, Art. 22 Rn. 26). Soweit für § 6a BDSG a. F. anerkannt ist, dass diese Norm nur bei belastenden Entscheidungen Anwendung findet, ist der Wortlaut des Art. 22 Abs. 1 DS-GVO an dieser Stelle nicht eindeutig (Paal/Pauly/*Martini*, DS-GVO, Art. 22 Rn. 28). Selbst wenn der Wortlaut des Art 22 Abs. 2 DS-GVO („erheblich beeinträchtigt") eine entsprechende Auslegung ermöglicht, sollte vorsichtshalber davon ausgegangen werden, dass auch ein Verfahrensablauf, welcher eine menschliche (Nach-)Kontrolle für den Fall eines negativen Scoring-Ergebnisses vorsieht, dem Anwendungsbereich des Art. 22 DS-GVO unterfällt. Die Auswahlmöglichkeit, die Entscheidung über die Kreditierung der Bezahlung einzig von einer automatisierten Einzelentscheidung abhängig zu machen, dürfte nach derzeit noch nicht hinreichend klarer Rechtslage ausnahmsweise zulässig sein, da diese

Achtermann/Lachenmann

Entscheidung für den Abschluss oder die Erfüllung des Vertrages erforderlich ist, vgl. Art. 22 Abs. 2 DS-GVO. Die Kriterien des nunmehr bestehenden Tatbestandsmerkmals der Erforderlichkeit dürften nicht allzu streng auszulegen sein, wenn die automatisierte Einzelentscheidung, wie im vorliegenden Fall, der betroffenen Person dadurch zu Gute kommt, dass die allgemeinen Geschäftsprozesskosten des Verantwortlichen sinken und dies gleichzeitig dazu führt, dass im Bereich des E-Commerce schnelle und positive Entscheidungen getroffen werden (vgl. Plath/*Kamlah*, BDSG/DSGVO, Art. 22 Rn. 8). Rein vorsorglich wird ergänzend eine gesonderte Einwilligung zu der Durchführung der automatisierten Einzelentscheidung eingeholt, welche den Voraussetzungen der Art. 4 Nr. 11 und Art. 7 DS-GVO genügen muss (Plath/*Kamlah*, BDSG/DSGVO, Art. 22 Rn. 12). Aus Art. 7 i.V.m. ErwG 32 DS-GVO folgt, dass die Einwilligung elektronisch erfolgen kann. Art. 7 Abs. 1 DS-GVO legt dem Verantwortlichen jedoch die Beweislast bezüglich des Vorliegens einer wirksamen Einwilligung auf (Ehmann/Selmayr/*Heckmann*/*Paschke*, DS-GVO, Art. 7 Rn. 20). Zur Erbringung dieses Nachweises hat sich das Double-Opt-in-Verfahren als Standard etabliert, bei dem die Abgabe der Einwilligungserklärung eine zweite, separate Bestätigung durch Anklicken eines per E-Mail versandten, personalisierten Hyperlinks abzugeben ist. Dieses Verfahren wird auch im Geltungsbereich der DS-GVO beibehalten werden können (Ehmann/Selmayr/*Heckmann*/ *Paschke*, DS-GVO, Art. 7 Rn. 21f.; Plath/*Kamlah*, BDSG/DSGVO, Art. 7 Rn. 4) und sollte vorliegend verwandt werden. Da die vorliegende Einwilligungserklärung schriftlich erfolgt, welche auch noch andere Sachverhalte betrifft, greift ferner das Trennungs- und Transparenzgebot des Art. 7 Abs. 2 DS-GVO. Die Einwilligung muss daher „in klarer und verständlicher Sprache" und in „leicht zugänglicher Form" erfolgen und von den anderen Sachverhalten unterscheidbar sein. Auch wenn eine graphische Hervorhebung der Einwilligung in der DS-GVO nicht ausdrücklich vorgesehen ist, wird diese vorliegend vorsorglich zur Verdeutlichung hinsichtlich der gesamten Passage zur Einwilligung verwandt. Zudem wird der Kunde gem. Art. 7 Abs. 3 S. 3 DS-GVO über das Bestehen seines Widerrufsrechts informiert.

Ferner ist gem. Art. 13 Abs. 2 lit. f DS-GVO über das Bestehen einer automatisierten Entscheidungsfindung einschließlich Profiling gem. Art. 22 Abs. 1 und 4 DS-GVO zu informieren und – zumindest in diesen Fällen – aussagekräftige Informationen über die involvierte Logik sowie die Tragweite und die angestrebten Auswirkungen einer derartigen Verarbeitung für die betroffene Person zu erteilen. Da der Anwendungsbereich und Umfang durch diese Formulierung unklar bleibt (vgl. Plath/*Kamlah*, BDSG/DSGVO, Art. 6 Rn. 27f.), erfolgt vorliegend vorsorglich eine umfassende Information.

Auch in diesem Verhältnis sind die datenschutzrechtlichen Normen zu beachten, so dass nur Anbieter mit Sitz innerhalb des EWR gewählt werden sollten (andernfalls sind ebenfalls die Ergänzungen zu Ziffer 4 erforderlich).

Die Einholung einer vorherigen Einwilligung zur Durchführung einer Bonitätsprüfung, die den Zweck hat, die nach entsprechender Prüfung zur Verfügung stehenden Zahlungsarten anzuzeigen, unterliegt dem Kopplungsverbot gem. Art. 7 Abs. 4 DS-GVO. Nach Art. 4 Abs. 11 DS-GVO ist eine Einwilligung nur wirksam, wenn sie freiwillig erteilt wurde. Nach ErwG 43 DS-GVO gilt die Einwilligung als nicht freiwillig erteilt, „wenn die Erfüllung eines Vertrags, einschließlich der Erbringung einer Dienstleistung, von der Einwilligung abhängig ist, obwohl diese Einwilli-

Achtermann/Lachenmann

gung für die Erfüllung nicht erforderlich ist." Sofern also kein kreditorisches Risiko besteht – z.B. wenn der Kunde Vorkasse wünscht – ist die Einholung einer generellen Einwilligung unzulässig. Am praktikabelsten dürfte es daher fortan sein – wie in diesem Formular vorgesehen – dass nur bei der Auswahl einer Zahlungsart mit kreditorischem Risiko eine Bonitätsabfrage eingeholt wird.

Dem Formular liegt die Konstellation zugrunde, dass eine einzelne Wirtschaftsauskunftei sämtliche hier vorgeschlagenen Prüfungsalternativen vornimmt. Sofern unterschiedliche Wirtschaftsauskunfteien die einzelnen hier vorgeschlagenen Prüfungsalternativen durchführen, sind die nachfolgenden Klauseln entsprechend anzupassen.

9. Übermittlung von Negativdaten und Identitätsprüfung. Ein Interesse zur Übermittlung von Negativdaten und/oder Daten zur Identitätsprüfung kann unabhängig von den gesetzlichen Spezialregelungen zu Wirtschaftsauskunfteien bestehen. Als sog. Negativdaten können daher z.B. Seriositätsmerkmale, allgemeine Verhaltensdaten oder vertragswidriges Verhalten gem. Art. 6 Abs. 1 S. 1 lit. f DS-GVO zulässig übermittelt werden (Plath/*Kamlah*, BDSG/DSGVO, Art. 6 Rn. 17f.). Ein berechtigtes Interesse liegt daher insbesondere bei der Verarbeitung zum Zwecke der Betrugsprävention vor (Ehmann/Selmayr/*Heberlein*, DS-GVO, Art. 6 Rn. 22; Kühling/Buchner/*Buchner*/*Petri*, DS-GVO, Art. 6 Rn. 147). Liegen hingegen forderungsbezogene Daten vor, wie z.B. ein Zahlungsausfall nach einem Vertragsschluss, so sind die Voraussetzungen des § 31 BDSG n.F. zur Verwendung eines von Auskunfteien ermittelten Scorings zu berücksichtigen. Da die Datenverarbeitung vorliegend auf Art. 6 Abs. 1 S. 1 lit. f DS-GVO beruht, sind zudem die berechtigten Interessen, die von dem Verantwortlichen oder einem Dritten verfolgt werden, zu benennen.

10. Weitere Informationspflichten zur Wirtschaftsauskunftei. Art 14 Abs. 2 DS-GVO sieht bei einer Erhebung personenbezogener Daten, die nicht bei der betroffenen Person erfolgt, ergänzend zu den bisherigen Ausführungen vor, dass gem. Art. 14 Abs. 2 lit. f DS-GVO darüber zu informieren ist, aus welcher Quelle die personenbezogenen Daten stammen und gegebenenfalls, ob sie aus öffentlich zugänglichen Quellen stammen.

11. Maßnahmen zum Schutz personenbezogener Daten. Die Verpflichtung zur Vorhaltung von technischen und organisatorischen Maßnahmen ergibt sich nunmehr insbesondere aus Art. 5 Abs. 1 lit. f, Art. 24, Art. 25 und Art. 32 DS-GVO. Die Information darüber ist freiwillig.

12. Auskunftsanfragen und Widersprüche. Art. 13 Abs. 2 DS-GVO bzw. Art. 14 Abs. 2 DS-GVO sehen vor, dass der Verantwortliche weitere Informationen mitteilt, die notwendig sind, um eine faire und transparente Verarbeitung zu gewährleisten.

So ist gem. Art. 13 Abs. 2 lit. b (bzw. Art. 14 Abs. 2 lit. c) DS-GVO auf die Rechte des Betroffenen gem. Art. 15ff. DS-GVO auf Auskunft, Berichtigung, Löschung, Einschränkung der Verarbeitung, Widerspruch gegen die Verarbeitung sowie auf das Recht auf Datenübertragbarkeit hinzuweisen. Es dürfte nicht erforderlich sein, die einzelnen Artikel im Wortlaut wiederzugeben, so dass der Hinweis auf das Bestehen der entsprechenden Rechte mit den jeweiligen Verweisen auf die entsprechenden Artikel ausreichen wird (so auch Plath/*Kamlah*, BDSG/DSGVO, Art. 13 Rn. 19). Rein vorsorglich wird zudem am Ende der Ziff. 7 auf die entsprechende Datenschutzerklärung, welche ggf. entsprechend ergänzt werden kann, und auf den vollständigen Wortlaut der DS-GVO, hingewiesen.

Achtermann/Lachenmann

Zusätzlich zu den bereits erteilten Informationen ist gem. Art. 13 Abs. 2 lit. a (bzw. Art. 14 Abs. 2 lit. a) DS-GVO über die Dauer, für die die personenbezogenen Daten gespeichert werden oder, falls dies nicht möglich ist, die Kriterien für die Festlegung dieser Dauer zu informieren. Zulässig ist es, wie vorliegend vorgesehen, auf den Erforderlichkeitsgrundsatz abzustellen (Plath/*Kamlah*, BDSG/DSGVO, Art. 13 Rn. 18).

Die Information über das bestehende Widerspruchsrecht gem. Art. 13 Abs. 2 lit. b (bzw. Art. 14 Abs. 2 lit. c i. V. m. DS-GVO Art. 21) muss zudem in einer verständlichen und von den anderen Informationen getrennten Form erfolgen, weshalb sich eine drucktechnische Hervorhebung durch Fettschrift oder Unterstreichung empfiehlt (vgl. Plath/*Kamlah*, BDSG/DSGVO, Art. 21 Rn. 13; vorliegende Formulierung zum Widerspruchsrecht nach *Sörup*, ArbRAktuell 2016, 207 (212)).

Abschließend wird vorsorglich, sofern eine automatisierte Einzelentscheidung erfolgt, über die Rechte des Kunden hinsichtlich der automatisierten Einzelentscheidung gem. Art. 22 Abs. 3 DS-GVO informiert.

13. Datenschutzbeauftragter Sofern ein Datenschutzbeauftragter bestellt ist, sind dessen Kontaktdaten bei der Erhebung personenbezogener Daten anzugeben. Da die Bekanntgabe des Namens des Datenschutzbeauftragten nicht erforderlich ist, reicht es aus, wenn eine E-Mail-Adresse mit „Datenschutz" oder „Datenschutzbeauftragter" angegeben wird (Artikel-29-Datenschutzgruppe, Working Paper 243, S. 14 f.; Plath/*Kamlah*, BDSG/DSGVO, Art. 13 Rn. 10).

14. Beschwerderecht. Auch auf das Bestehen eines Beschwerderechts bei einer Aufsichtsbehörde ist gem. Art. 13 Abs. 2 lit. d (bzw. Art. 14 Abs. 2 lit. e) DS-GVO hinzuweisen. Sofern die Erhebung von Daten durch den Verantwortlichen gesetzlich oder vertraglich vorgeschrieben ist, muss zudem darüber belehrt werden, ob die betroffene Person verpflichtet ist, die personenbezogenen Daten bereitzustellen, und welche mögliche Folgen die Nichtbereitstellung hätte, Art. 13 Abs. 2 lit. e DS-GVO. Da diese Konstellation in dem Zusammenhang der Webshop-Nutzung keinen Praxisbezug aufweist, wurde auf die Formulierung einer entsprechenden Passage verzichtet.

2. Darlehen-Selbstauskunft

Das Verständnis hinsichtlich des Begriffes Selbstauskunft differiert nach Bereich und Branche, da eine Legaldefinition dieses Begriffes nicht existiert. Vorliegende Selbstauskunft soll es dem Verwender ermöglichen, aus den von dem Adressaten erhobenen Daten Rückschlüsse auf die Bonität des Adressaten zu ziehen. Aus Beweis- und Nachweisgründen sollte die Datenerhebung in Schriftform erfolgen. Regelmäßig empfiehlt es sich als Verwender zudem, weitere Dokumente anzufordern, welche die Angaben der Selbstauskunft belegen (vgl. § 505b Abs. 3 BGB).

Bei der formularmäßigen Erhebung dieser Daten sind auch die Vorschriften zur Beurteilung der Wirksamkeit von allgemeinen Geschäftsbedingungen gem. §§ 305 ff. BGB zu berücksichtigen, da Selbstauskunftsformulare der Inhaltskontrolle des § 307 BGB unterliegen (LG Bonn, Urt. v. 5.12.2013 – 8 S 192/13, BeckRS 2014).

Zur Wahrung des Datenschutzes sind die Vorschriften der DS-GVO, insbesondere die relevanten Grundsätze des Prinzipienkataloges des Art. 5 DS-GVO einzu-

Achtermann

beziehen. Der Beauskunftete ist gemäß dem Grundsatz der Transparenz nach Art. 5 Abs. 1 lit. a DS-GVO – insbesondere konkretisiert durch die Art. 12 - 14 DS-GVO – ausführlich und umfassend zu informieren. Bedeutsam im Rahmen der Selbstauskunft ist ferner das Prinzip der Zweckbindung gem. Art. 5 Abs. 1 lit. b, 1. Hs. DS-GVO. Personenbezogene Daten müssen demnach für festgelegte, eindeutige und legitime Zwecke erhoben werden und dürfen nicht in einer mit diesen Zwecken unvereinbaren Weise weiterverarbeitet werden. Die DS-GVO eröffnet jedoch durch diese Zweckfestlegung auch für „vereinbare" Zwecke – anders als das BDSG – einen Spielraum für Zweckänderungen (vgl. *Laue/Nink/Kremer*, Das neue Datenschutzrecht in der betrieblichen Praxis, § 2 Rn. 40). Das Prinzip der Datenminimierung gem. Art. 5 Abs. 1 lit. c DS-GVO gibt ferner vor, dass personenbezogene Daten nur für die Zwecke, zu denen sie verarbeitet werden, angemessen, erheblich sowie auf das für ihre Verarbeitung notwendige Maß beschränkt sein müssen. ErwG 39 S. 8 DS-GVO konkretisiert dieses Prinzip dahingehend, dass die Speicherfrist für personenbezogene Daten auf das unbedingt erforderliche Mindestmaß beschränkt bleibt. Daraus folgt, dass der Beauskunftete die Löschung bzw. Vernichtung oder Herausgabe seiner Selbstauskunft verlangen kann, wenn es nicht zu dem beabsichtigten Vertragsschluss kommt. ErwG 39 S. 9 DS-GVO sieht ferner vor, dass personenbezogene Daten nur verarbeitet werden dürfen, wenn der Zweck der Verarbeitung nicht in zumutbarer Weise durch andere Mittel erreicht werden kann. Dies kann insbesondere Einfluss auf die Zulässigkeit einzelner Fragen im Rahmen der Selbstauskunft haben. Auch der Grundsatz der Richtigkeit ist stets zu wahren. Nach ErwG 39 S. 11 DS-GVO sollten alle vertretbaren Schritte unternommen werden, damit unrichtige personenbezogene Daten gelöscht oder berichtigt werden. Sofern diese Prinzipien eingehalten werden, können wissentlich falsche oder unvollständige Angaben im Rahmen der Selbstauskunft Sanktionen nach sich ziehen. Insoweit unterliegt der Vertragspartner einer Mitwirkungspflicht.

Bei den im Rahmen der Selbstauskunft angeforderten Daten handelt es sich in der Regel um personenbezogene Daten, so dass es aufgrund des auch in der DS-GVO geltendem Verbotsprinzips des Vorliegens eines Erlaubnistatbestandes gem. Art. 6 Abs. 1 S. 1 DS-GVO bedarf. Die Einwilligung als Erlaubnistatbestand scheidet aus, da zu den Voraussetzungen einer Einwilligung zwingend die „Freiwilligkeit" der Einwilligungserklärung zählt, Art. 7 Abs. 4 DS-GVO. Daran fehlt es nach ErwG 43 DS-GVO, wenn zwischen der betroffenen Person und dem Verantwortlichen ein klares Ungleichgewicht besteht. Da von der Abgabe und dem Inhalt einer Selbstauskunft regelmäßig der Abschluss des nachgelagerten Vertrages abhängig gemacht werden wird, besteht keine Wahlfreiheit hinsichtlich der Abgabe der Selbstauskunft. Obwohl § 505b Abs. 1 BGB, § 18a Abs. 1 KWG und § 2 Abs. 3 ZAG rechtliche Verpflichtungen enthalten, sind die gesonderten datenschutzrechtlichen Vorgaben ausdrücklich (§ 505b Abs. 5 BGB, § 18a Abs. 9 KWG, § 2 Abs. 3 S. 5 ZAG) jeweils nicht suspendiert. Es bedarf folglich eines gesonderten datenschutzrechtlichen Erlaubnistatbestandes.

Die Zulässigkeit der Datenerhebung und -verarbeitung im Rahmen einer Selbstauskunft ist regelmäßig aus Art. 6 Abs. 1 S. 1 lit. b DS-GVO abzuleiten. Die Verarbeitung der erhobenen Adressdaten ist für die Erfüllung des Vertrags, dessen Vertragspartei die betroffene Person ist, oder zur Durchführung vorvertraglicher Maßnahmen erforderlich.

Achtermann

Die weitergehende datenschutzrechtliche Zulässigkeit der Erhebung und Verarbeitung kann jedoch, wie bereits bei Geltung des BDSG, zur Wahrung der berechtigten Interessen des Verantwortlichen gegeben sein. Ohne die im Rahmen der Selbstauskunft erhobenen Daten ist eine Beurteilung der ggf. obligatorischen Kreditwürdigkeitsprüfung nicht möglich. Insoweit kam es zu keiner Änderung des bisherigen Rechtszustands (z.B. § 28 Abs. 1 S. 1 Nr. 2 BDSG), der eine offene Abwägungsformel enthält (vgl. *Weichert*, Die Europäische Datenschutz-Grundverordnung – ein Überblick, S. 11). Die Verarbeitung ist (weiterhin) in diesem Fall gem. Art. 6 Abs. 1 S. 1 lit. f DS-GVO erforderlich, sofern nicht die Interessen oder Grundrechte und Grundfreiheiten der betroffenen Person, die den Schutz personenbezogener Daten erfordern, überwiegen. Das Bestehen eines berechtigten Interesses erfordert eine Abwägung, wobei auch zu prüfen ist, ob eine betroffene Person zum Zeitpunkt der Erhebung der personenbezogenen Daten und angesichts der Umstände, unter denen sie erfolgt, vernünftigerweise absehen kann, dass möglicherweise eine Verarbeitung für diesen Zweck erfolgen wird (Standpunkt (EU) Nr. 6/2016 des Rates in erster Lesung vom 3.5.2016 (2016/C 159/02), I.B.3.1.2.). Nur nach Vornahme dieser Interessenabwägung zulässige Fragen müssen im Rahmen einer Selbstauskunft wahrheitsgemäß beantwortet werden (vgl. Schmidt-Futterer/*Blank*, Kommentar zum Mietrecht, § 543 Rn. 204; *Intveen*, MietRB 2006, 222 (222)).

Die nachfolgende Selbstauskunft berücksichtigt die berechtigten Interessen eines Darlehensgebers unter Beachtung des informationellen Selbstbestimmungsrechts des Betroffenen.

Selbstauskunft bei Darlehen

§ 1. Angaben zur Person[1]

Nr.	1. Angaben zur Person	Antragsteller	Mitantragsteller
1	Vorname		
2	Name (ggf. Geburtsname)		
3	Geburtsdatum		
4	Geburtsort		
5	Anschrift		
6	E-Mail		
7	Telefon		
8	Zahl unterhaltsberechtigter Personen		
9	Familienstand		
10	Güterstand		
11	Staatsangehörigkeit		
12a	Arbeitgeber (mit Anschrift)		
12b	befristet bis		
12c	beschäftigt seit		
12d	beschäftigt als		

Achtermann

§ 2. Angaben zu den wirtschaftlichen Verhältnissen[2]

(1) Einkommen

Nr.	2a. Einkommen p. a. (netto) in EUR	Antragsteller		Mitantragsteller	
13	laufendes und vorheriges Jahr				
14	aus Gewerbebetrieb				
15	aus selbstständiger Arbeit				
16	aus nicht selbstständiger Arbeit				
17	aus Beteiligungen				
18	aus sonstigen Kapitalvermögen				
19	aus Vermietung und Verpachtung				
20	Rente/Pension				
21	Kindergeld				
22	Unterhaltszahlungen				
23	sonstige Einkünfte				
24	Summe				

(2) Ausgaben

Nr.	2b. Ausgaben p. a. in EUR	Antragsteller	Mitantragsteller
25	Lebenshaltungskosten		
26	Mieten		
27	Leasingraten		
28	private Krankenversicherung		
29	Berufsunfähigkeitsversicherung		
30	Lebens-/Rentenversicherung		
31	sonstige Versicherungen		
32	Kapitaldienst Immobilienkredite		
33	Kapitaldienst sonstige Kredite		
34	Steuern und Abgaben		
35	Kfz-Kosten		
36	Sparraten		
37	Unterhaltszahlungen		
38	sonstige Zahlungen		
39	Summe		

2c. Vermögensverhältnisse

Nr.	2c. Vermögensverhältnisse in EUR	Antragsteller	Mitantragsteller
40	Verkehrswert Immobilien		

Achtermann

Nr.	2c. Vermögensverhältnisse in EUR	Antragsteller	Mitantragsteller
41	Bankguthaben		
42	Kurswert Wertpapiere		
43	Verkehrswert anderweitige Beteiligungen		
44	Betriebsvermögen		
45	sonstiges Vermögen		

2d. Verbindlichkeiten

Nr.	2d. Verbindlichkeiten in EUR	Antragsteller	Mitantragsteller
46	Valuta von Grundschulden/Hypotheken		
47	Wechselverbindlichkeiten		
48	Bürgschaften		
49	Steuerverbindlichkeiten		
50	sonstige Verbindlichkeiten (auch Banken)		

§ 3. Gerichtliche Verfahren[3]

Wurden in den letzten 5 Jahren Mahnverfahren, Zahlungsklagen, Zwangsvollstreckungen, Insolvenzverfahren oder Verfahren zur Abgabe einer eidesstattlichen Versicherung gegen den Antragsteller und/oder Mitantragsteller angestrengt?

Nr.	3. gerichtliche Verfahren	Antragsteller	Mitantragsteller
51	Nein		
52	Ja		
53	und zwar:		
54			
55			
56			

§ 4. Auskunftsberechtigung[4]

Der Darlehensgeber ist bei vorliegendem berechtigten Interesse zur Bonitätsprüfung befugt, jederzeit Einkünfte beim Einwohnermeldeamt, Grundbuchamt, Handelsregister und Güterrechtsregister einzuholen und die öffentlichen Register und Akten, insbesondere das Grundbuch und die Grundakten einzusehen und einfache oder beglaubigte Abschriften und Auszüge zu beantragen. Ebenso ist der Darlehensgeber bei vorliegendem berechtigten Interesse befugt, Auskünfte bei sonstigen Behörden und Stellen einzuholen, die der Darlehensgeber zur Beurteilung der Kreditanfrage für erforderlich hält. Der Darlehensgeber wird im Rahmen dieser Auskunftsberechtigung die berechtigten Interessen der potenziellen Darlehensnehmer, insbesondere beim Nachweis des eigenen berechtigten Interesses, wahren.

Achtermann

§ 5. Informationen[5]

Im Folgenden informieren wir Sie über die Erhebung personenbezogener Daten bei Geschäftsabschlüssen. Personenbezogene Daten sind alle Daten, die auf Sie persönlich beziehbar sind, also z.B. Name, Adresse und E-Mail-Adressen. Verantwortlicher gem. Art. 4 Abs. 7 DS-GVO ist [Name und Kontaktdaten des Verantwortlichen sowie seines Vertreters].

Namens- und Adressdaten werden von uns erhoben, gespeichert und ggf. weitergegeben, soweit es erforderlich ist, um die vertraglichen Leistungen zu erbringen. Die Erhebung, Speicherung und Weitergabe erfolgt mithin zum Zwecke der Erfüllung des Vertrages auf Grund der Rechtsgrundlage des Art. 6 Abs. 1 S. 1 lit. b DS-GVO. Die Erhebung, Speicherung und Weitergabe sämtlicher personenbezogener Daten erfolgt zudem zum Zwecke der Bonitätsprüfung auf Grund der Rechtsgrundlage des Art. 6 Abs. 1 S. 1 lit. f DS-GVO. Eine Nichtbereitstellung dieser Daten kann zur Folge haben, dass der Vertrag nicht geschlossen werden kann. [OPTIONAL: Wir übermitteln personenbezogene Daten an [EMPFÄNGER ODER KATEGORIEN VON EMPFÄNGERN]].

Sie haben das Recht, von uns jederzeit Auskunft zu verlangen über die zu Ihnen bei uns gespeicherten personenbezogenen Daten (Art. 15 DS-GVO). Dies betrifft auch die Empfänger oder Kategorien von Empfängern, an die diese Daten weitergegeben werden und den Zweck der Speicherung. Zudem haben Sie das Recht, unter den Voraussetzungen des Art. 16 DS-GVO die Berichtigung und/oder unter den Voraussetzungen des Art. 17 DS-GVO die Löschung und/oder unter den Voraussetzungen des Art. 18 DS-GVO die Einschränkung der Verarbeitung zu verlangen. Ferner können Sie unter den Voraussetzungen des Art. 20 DS-GVO jederzeit eine Datenübertragung verlangen. Personenbezogene Daten werden nur solange gespeichert, als dies zur jeweiligen Zweckerreichung, dies entspricht in der Regel der Vertragsdauer, erforderlich ist. [Die Erhebung der Daten durch den Verantwortlichen ist [gesetzlich gem. [Gesetzesnorm] ODER vertraglich gem. [VERTRAGSBEZEICHNUNG] vorgeschrieben, so dass eine Nichtbereitstellung [KONSEQUENZ DER NICHTBEREITSTELLUNG] zur Folge hätte.]

Im Fall einer Verarbeitung personenbezogener Daten zur Wahrnehmung von im öffentlichen Interesse liegenden Aufgaben (Art. 6 Abs. 1 S. 1 lit. e DS-GVO) oder zur Wahrnehmung berechtigter Interessen (Art. 6 Abs. 1 S. 1 lit. f DS-GVO), können Sie der Verarbeitung der sie betreffenden personenbezogenen Daten jederzeit mit Wirkung für die Zukunft widersprechen. Im Fall des Widerspruchs haben wir jede weitere Verarbeitung ihrer Daten zu den vorgenannten Zwecken zu unterlassen, es sei denn,
– es liegen zwingende, schutzwürdige Gründe für eine Verarbeitung vor, die ihre Interessen, Rechte und Freiheiten überwiegen, oder
– die Verarbeitung ist zur Geltendmachung, Ausübung oder Verteidigung von Rechtsansprüchen erforderlich.
Einer Verwendung ihrer Daten zum Zwecke der Direktwerbung können Sie jederzeit mit Wirkung für die Zukunft widersprechen; dies gilt auch für ein Profiling, soweit es mit der Direktwerbung in Verbindung steht. Im Fall des Widerspruchs haben wir jede weitere Verarbeitung ihrer Daten zum Zwecke der Direktwerbung zu unterlassen.

Achtermann

Alle Informationswünsche, Auskunftsanfragen oder Widersprüche zur Datenverarbeitung richten Sie bitte per E-Mail an [SOFERN EIN DATENSCHUTZBEAUFTRAGTER BESTELLT IST: unseren Datenschutzbeauftragten unter] [Datenschutz@Domain.tld] oder an die unter [...] genannte Adresse. Für nähere Informationen verweisen wir auf den vollständigen Text der DS-GVO, welcher im Internet unter [http://www.example.com] verfügbar ist [und unsere Datenschutzerklärung, welche im Internet unter [http://www.example.com] einsehbar ist]. Ferner haben Sie die Möglichkeit, sich bei der [ZUSTÄNDIGE AUFSICHTSBEHÖRDE] über datenschutzrechtliche Sachverhalte zu beschweren.

§ 6. Vollständigkeitsvermutung[6]

Es wird vermutet, dass die Angaben vollständig und richtig sind. Mündliche Angaben sind vom Unterzeichner zu beweisen.

§ 7. Unterschriften[7]

Nr.	6. Unterschriften	Antragsteller	Mitantragsteller
57	Ort, Datum		
58	Unterschrift		

Anmerkungen

1. Angaben zur Person. Das Formular differenziert zwischen den Daten hinsichtlich des Antragstellers und des Mitantragstellers. Regelmäßig erfolgt eine Kreditvergabe nicht nur an eine Person. Als Mitantragsteller kommen häufig Ehegatten oder Bürgen in Betracht. Sofern ein Bürge als Sicherheit eines Engagements dienen soll, ist es zum Teil erforderlich, dass Bürgen ihre Vermögensverhältnisse offenlegen, damit eine Bürgschaft als solide Kreditsicherheit gelten und ihr tatsächlicher Wert bestimmt werden kann (*Hundt/Grabau/Stobinski*, BC 2003, 38 (41)). Zudem gilt es, etwaige Unwirksamkeitsgründe einer Bürgschaft aufgrund der Vermögenslosigkeit naher Angehöriger auszuschließen.

2. Angaben zu den wirtschaftlichen Verhältnissen. Das Einkommen ist für das laufende und das vorangegangene Kalenderjahr anzugeben. Ältere Daten sind in der Regel weniger aussagekräftig. Die Angaben zum Einkommen und zu den Ausgaben erfolgen dabei in EUR. Zur Validierung des Verkehrswertes der Immobilien (Zeile 40) kann ein externer Sachverständige belastbare Daten ermitteln.

3. Gerichtliche Verfahren. Die Kenntnis etwaiger gerichtlicher Verfahren in Vermögensangelegenheiten der potentiellen Darlehensnehmer ist für eine Kreditentscheidung wesentlich. Der Zeitraum dürfte zumindest für die zurückliegenden fünf Jahre zulässig sein (vgl. zu Räumungsklagen im Mietrecht: LG Wuppertal, Urt. v. 17.11.1998 – 16 S 149/98, WuM 1999, 39 (39 f.)).

4. Auskunftsberechtigung. Grundsätzlich sind bei der Erhebung personenbezogener Daten, welche nicht direkt bei dem Betroffen erfolgt, diverse Informationspflichten gem. Art. 14 DS-GVO zu beachten. Da die oben genannten Stellen jedoch jeweils auf Grund spezialgesetzlicher Normen nur bei berechtigtem Interesse des

Achtermann

Darlehensgebers Informationen erteilen, kann die Informationserteilung ausnahmsweise gem. Art. 14 Abs. 5 lit. c DS-GVO unterbleiben. Vorliegende Information über
die etwaige Einholung weiterer Informationen bei Dritten stellt eine freiwillige Klarstellung dar.

5. Informationen. Eine Verpflichtung zur ausdrücklichen Information über erho-
bene Daten besteht gem. Art. 13 Abs. 4 DS-GVO nur insoweit, als die betroffene
Person nicht bereits über die Informationen verfügt. Sofern anderweitig eine ent-
sprechende Information erfolgt, kann das Muster entsprechend angepasst werden.
Grundsätzlich empfiehlt sich ein entsprechender ausführlicher Hinweis in der
Selbstauskunft.

Nach Art. 13 Abs. 1 lit. a DS-GVO sind Namen und Kontaktdaten des Verant-
wortlichen sowie gegebenenfalls seines Vertreters aufzuführen. Neben der exakten
Firmierung genügt die postalische Anschrift (Plath/*Kamlah*, BDSG/DSGVO, Art. 13
DS-GVO, Rn. 9).

Gem. Art. 13 Abs. 1 lit. c DS-GVO sind die Zwecke sowie die Rechtsgrundlage
für die Verarbeitung anzugeben. Soweit die Erhebung der Daten notwendig ist,
um die vertraglichen Leistungen zu erbringen, ist sie gem. Art. 6 Abs. 1 S. 1 lit. b
DS-GVO zulässig. Bei dem Abschluss eines Darlehensvertrages sind dies bspw. Na-
mens- und Adressdaten. Im Rahmen der Entscheidung über den Abschluss eines
Darlehensvertrages dürfte jedoch die Erhebung sämtlicher bonitätsrelevanter Daten
notwendig sein, um die vertraglichen Leistungen zu erbringen (Gola/*Schulz*, DS-
GVO, Art. 6 Rn. 37). Eine Datenverarbeitung kann weiterhin gem. Art. 6 Abs. 1 S. 1
lit. f DS-GVO zulässig sein, wenn eine Abwägung zwischen berechtigten Interessen
des Darlehensgerbers und des Darlehensnehmers ergibt, dass die Interessen des Darlehensgebers überwiegen. Darlehensgeber haben grundsätzlich ein berechtigtes Interesse daran, die Bonität ihrer Kunden zu prüfen, um die Gefahr eines Zahlungsausfalles zu vermeiden (zum vergleichbaren berechtigten Interesse der Auskunfteien
Plath/*Kamlah*, BDSG/DSGVO, Art. 6 DS-GVO, Rn. 21). Da die entsprechende
Datenverarbeitung auf Art. 6 Abs. 1 S. 1 lit. f DS-GVO beruht, sind die berechtigten
Interessen, die durch den Verantwortlichen oder einem Dritten verfolgt werden,
hier die Bonitätsprüfung, zu benennen. Eine Einwilligung ist in diesem Falle nicht
nötig (so zur vergleichbaren Rechtslage des § 28 Abs. 1 S. 1 Nr. 2 BDSG: BlnDSB,
TB 2012, S. 131; Oelschlägel/Scholz/*Oelschlägel*, Handbuch Versandhandels-
recht, S. 188 f.; Forgó/Helfrich/Schneider/*Conrad*/*Klatte*, Betrieblicher Datenschutz,
S. 732 f.).

Art. 13 Abs. 2 DS-GVO sieht vor, dass der Verantwortliche weitere Informationen
erteilt, die notwendig sind, um eine faire und transparente Verarbeitung zu gewährleisten. Sofern die Erhebung von Daten durch den Verantwortlichen gesetzlich oder
vertraglich vorgeschrieben ist, muss zudem darüber belehrt werden, ob die betroffene Person verpflichtet ist, die personenbezogenen Daten bereitzustellen, und welche
mögliche Folgen die Nichtbereitstellung hätte, Art. 13 Abs. 2 lit. e DS-GVO. Die
Verpflichtung zur Datenerhebung könnte sich aus den in der Einleitung genannten
Gründen zur Bonitätsprüfung oder zur Betrugs- und/oder Geldwäschebekämpfung
ergeben (vgl. Plath/*Kamlah*, BDSG/DSGVO, Art. 13 DS-GVO, Rn. 22), was im Muster aufzunehmen wäre. Die Weigerung der Bereitstellung dieser Daten dürfte dazu
führen, dass der betreffende Vertrag nicht geschlossen werden darf (vgl. Plath/
Kamlah, BDSG/DSGVO, Art. 13 DS-GVO, Rn. 22), was ebenfalls im Muster aufzu-

Achtermann

nehmen wäre. Die Informationen können wie vorliegend direkt in der Selbstauskunft erfolgen.

Gem. Art. 13 Abs. 1 lit. e DS-GVO ist über die Empfänger oder Kategorien von
Empfängern der personenbezogenen Daten zu informieren.

Zudem ist gem. Art. 13 Abs. 2 lit. b DS-GVO auf die Rechte des Betroffenen gem.
Art. 15 ff. DS-GVO, mithin das Bestehen eines Rechts auf Auskunft seitens des Verantwortlichen über die betreffenden personenbezogenen Daten sowie auf Berichtigung oder Löschung oder auf Einschränkung der Verarbeitung oder eines Widerspruchsrechts gegen die Verarbeitung sowie des Rechts auf Datenübertragbarkeit,
hinzuweisen. Es dürfte nicht erforderlich sein, die einzelnen Artikel im Wortlaut
wiederzugeben, so dass der Hinweis auf das Bestehen der entsprechenden Rechte
mit den jeweiligen Verweisen auf die entsprechenden Artikel ausreichen dürfte (so
auch Plath/*Kamlah*, BDSG/DSGVO, Art. 13 DS-GVO, Rn. 19). Rein vorsorglich
wird zudem am Ende des § 5 auf die entsprechende Datenschutzerklärung, welche
ggf. entsprechend ergänzt werden kann, und auf den vollständigen Wortlaut der
DS-GVO, hingewiesen.

Zusätzlich zu den bereits erteilten Informationen ist gem. Art. 13 Abs. 2 lit. a
DS-GVO über die Dauer, für die die personenbezogenen Daten gespeichert werden
oder, falls dies nicht möglich ist, die Kriterien für die Festlegung dieser Dauer zu informieren. Zulässig ist es, wie vorliegend vorgesehen, auf den Erforderlichkeitsgrundsatz abzustellen (Plath/*Kamlah*, BDSG/DSGVO, Art. 13 DS-GVO, Rn. 18).

Die Information über das bestehende Widerspruchsrecht gem. Art. 13 Abs. 2 lit. b
i.V.m. Art. 21 DS-GVO muss zudem in einer verständlichen und von den anderen
Informationen getrennten Form erfolgen, weshalb sich eine drucktechnische Hervorhebung durch Fettschrift oder Unterstreichung empfiehlt (vgl. Plath/*Kamlah*,
BDSG/DSGVO, Art. 21 DS-GVO, Rn. 13; vorliegende Formulierung zum Widerspruchsrecht nach *Sörup*, ArbRAktuell 2016, 207 (212)).

Sofern ein Datenschutzbeauftragter bestellt ist, sind dessen Kontaktdaten bei der
Erhebung personenbezogener Daten anzugeben, Art. 13 Abs. 1 lit. b DS-GVO. Da
die Bekanntgabe des Namens des betrieblichen Datenschutzbeauftragten nicht
erforderlich ist, reicht es aus, wenn eine E-Mailadresse mit „Datenschutz" oder
„Datenschutzbeauftragter" angegeben wird (Plath/*Kamlah*, BDSG/DSGVO, Art. 13
DS-GVO, Rn. 10).

Auch auf das Bestehen eines Beschwerderechts bei einer Aufsichtsbehörde ist
gem. Art. 13 Abs. 2 lit. d DS-GVO hinzuweisen.

6. Vollständigkeitsvermutung. Die Vollständigkeitserklärung dient insbesondere
dazu, dem Unterzeichner die Bedeutung seiner Angaben eindringlich deutlich zu
machen. Die Angaben sollen richtig und zugleich vollständig sein. Eine unzutreffen-
de Angabe kann im Einzelfall dem Darlehensgeber das Recht zur außerordentlichen
Kündigung ermöglichen. Diese Klausel dürfe einer AGB-Kontrolle gem. § 309
Nr. 12 BGB standhalten, da es dem Antragsteller nicht verwehrt ist, zu beweisen,
dass mündliche Angaben getätigt wurden (vgl. Ulmer/Brandner/Hensen/*Habersack*,
AGB-Recht, § 309 Nr. 12 BGB Rn. 23). Eine andere Bewertung würde allenfalls
dazu führen, dass die Klausel des § 6 unwirksam wäre und damit ersatzlos entfiele
(Clemenz/Kreft/Krause/*Schlewing*, AGB-Arbeitsrecht, § 309 BGB Rn. 152).

7. Unterschriften. Die Selbstauskunft endet mit den Unterschriften der Antragsteller. Hierbei sind Ort und Datum anzugeben.

Achtermann

3. Mieter-Selbstauskunft

Hinsichtlich des Begriffes und den grundsätzlichen gesetzlichen Vorgaben zu einer
Selbstauskunft kann auf die Ausführungen zu der Selbstauskunft bei Darlehen verwiesen werden (→ I.IV.2.). Selbstauskünfte des Mietbewerbers sowie Mieterangab-
en im Mietvertrag unterliegen dem Datenschutz (*Lammel* in: AnwK WRMR,
§ 535 BGB, Rn. 40). Wie bei der Selbstauskunft bei Darlehen bedarf es aufgrund
des Verbotsprinzips des Vorliegens eines Erlaubnistatbestandes des Art. 6 DS-GVO.
Die Einwilligung scheidet hier als Erlaubnistatbestand aus, da die „Freiwilligkeit"
der Einwilligungserklärung nicht vorliegt.

Die Erhebung und Verarbeitung der Daten ist zunächst insoweit zulässig, als es
für die Erfüllung eines Vertrags, dessen Vertragspartei die betroffene Person ist, oder
zur Durchführung vorvertraglicher Maßnahmen erforderlich ist. Bei dem Abschluss
eines Mietvertrages sind bspw. die Adressdaten des Mietbewerbers betroffen. „Zur
Erfüllung des Vertragsverhältnisses" setzt jedoch begrifflich voraus, dass ein vertragliches Schuldverhältnis zwischen dem Vermieter und dem Mietbewerber begründet ist. Spätestens mit Erklärung des Mietbewerbers, die konkrete Wohnung
mieten zu wollen, entsteht ein derartiges vorvertragliches Schuldverhältnis. Das
nachfolgende Formular ist auf eine Verwendung in diesem Stadium zugeschnitten.
Eine Datenverarbeitung kann weiterhin gem. Art. 6 Abs. 1 S. 1 lit. f DS-GVO zulässig sein, wenn eine Abwägung zwischen berechtigten Interessen des Darlehensgebers
und des Darlehensnehmers ergibt, dass die Interessen des Darlehensgebers an der
Datenverarbeitung überwiegen. Vermieter haben grundsätzlich ein berechtigtes Interesse daran, die Bonität ihrer zukünftigen Mieter zu prüfen, um die Gefahr eines
Zahlungsausfalles zu vermeiden. Eine Einwilligung ist in diesem Falle nicht nötig.
Maßgeblich für die Zulässigkeit der einzelnen Fragen des Vermieters ist, inwieweit
die Angaben mit dem Mietverhältnis über Wohnraum in einem objektiven Zusam-
menhang stehen und ob schutzwürdige Interessen des Mietinteressenten am Aus-
schluss der Datenerhebung bestehen (zum BDSG *Polenz*, VuR 2014, 99 (100)). Das
Fragerecht des Vermieters reicht mithin nur soweit, als der Vermieter ein berechtig-
tes und billigenswertes und schutzwürdiges Interesse an der Beantwortung seiner
Fragen besitzt (*Wietz*, WuM 2014, 518 (532 m. w. N.)). Per se unzulässig sind daher
Fragen nach Heiratsabsichten, Schwangerschaften, Kinderwünschen, Vorstrafen und
Mitgliedschaften in Parteien oder Mietvereinen, wohingegen Fragen nach Religion,
Rasse oder ethnischer Herkunft Verstöße gegen das Gleichbehandlungsgesetz dar-
stellen dürften (zum BDSG *Bose*, ZD-Aktuell 2016, 05132; Beschl. des Düsseldorfer
Kreises vom 27.1.2014, Orientierungshilfe zur „Einholung von Selbstauskünften bei
Mietinteressenten", S. 3 f.). Nur zulässige Fragen im Rahmen einer Selbstauskunft
müssen wahrheitsgemäß beantwortet werden (vgl. Schmidt-Futterer/*Blank*, Kom-
mentar zum Mietrecht, § 543, Rn. 204; *Intveen*, MietRB 2006, 222 (222)).

Eine vorsätzlich falsche Selbstauskunft zu vertragswesentlichen Punkten kann ein
Recht zur Anfechtung des Mietvertragsabschlusses gem. § 123 BGB begründen
(OLG Koblenz, Beschl. v. 6.5.2008 – 5 U 28/08, WuM 2008, 471; LG Itzehoe, Urt.
v. 28.3.2008 – 9 S 132/07, WuM 2008, 281 (281 f.)). Weiterhin entsteht ein Recht
zur außerordentlichen Kündigung gem. §§ 543 Abs. 1, 569 BGB (OLG Koblenz,
Beschl. v. 6.5.2008 – 5 U 28/08, WuM 2008, 471; LG München I, Urt. v. 25.3.2009
– 14 S 18532/08, WuM 2009, 348; Erman/*Lützenkirchen*, BGB Kommentar, § 543

BGB, Rn. 8). Teilweise wird vertreten, dass nach Invollzugsetzung des Mietverhältnisses die Anfechtungsregeln dem Charakter des Dauerschuldverhältnisses nicht mehr gerecht werden und insoweit von den Spezialvorschriften des Mietrechts verdrängt werden (so wohl das LG Wiesbaden, Urt. v. 29.4.2004 – 2 S 112/03, WuM 2004, 399; LG Wuppertal, Urt. v. 17.11.1998 – 16 S 149/98, WuM 1999, 39), so dass in diesem Fall die Kündigung vorrangig vor der Anfechtung zur Anwendung käme.

Mieter-Selbstauskunft

Nr.	Selbstauskunft	Mietinteressent	ggf. Mitbewerber
1.	Personalien[1] vollständiger Name (ggf. mit Geburtsname) Geburtsdatum und Geburtsort derzeitige Anschrift E-Mail Telefon		
2.	Beruf[2]		
3.	derzeitiger Arbeitgeber[3]		
4.	Name, Anschrift und Telefon des bisherigen Vermieters[4]		
5.	ist ein Gewerbebetrieb beabsichtigt?[5]		
6.	welche Haustiere (außer Kleintiere) sollen gehalten werden?[6]		

7. Angaben zum im Haushalt lebenden Personen, die nicht Mietpartei werden:[7]

Name	Vorname	Geburtsdatum	Verwandtschaftsgrad

8. Liegen oder lagen gegen den Mietinteressenten bzw. den Mitbewerber in den letzten fünf Jahren Einkommenspfändungen vor? Falls ja, in welcher Höhe?[8]

Mietinteressent	Mitbewerber
Ja/Nein	Ja/Nein
Höhe:	Höhe:

9. Hat der Mietinteressent oder der Mitbewerber in den letzten fünf Jahren eine Vermögensauskunft (eidesstattliche Versicherung) abgegeben?[9]

Mietinteressent	Mitbewerber
Ja/Nein	Ja/Nein

Achtermann

10. Führen der Mietinteressent oder der Mitbewerber derzeit ein außergerichtliches Schuldenbereinigungsverfahren zur Vorbereitung eines Insolvenzverfahrens durch, ist über deren Vermögen das Insolvenzverfahren innerhalb der letzten fünf Jahre eröffnet worden oder ist dessen Eröffnung beantragt?[10]

Mietinteressent	Mitbewerber
Ja/Nein	Ja/Nein
Aktueller Sachstand:	Aktueller Sachstand:

11. Sind gegen den Mietinteressenten oder den Mitbewerber in den letzten fünf Jahren Vollstreckungsmaßnahmen oder Räumungsklagen eingeleitet oder durchgeführt worden?[11]

Mietinteressent	Mitbewerber
Ja/Nein	Ja/Nein
Falls ja, welche?	Falls ja, welche?

12. Informationen[12]

Im Folgenden informieren wir Sie über die Erhebung personenbezogener Daten bei Geschäftsabschlüssen. Personenbezogene Daten sind alle Daten, die auf Sie persönlich beziehbar sind, also z.B. Name, Adresse und E-Mail-Adressen. Verantwortlicher gem. Art. 4 Ziffer 7 DS-GVO ist [Name und Kontaktdaten des Verantwortlichen sowie seines Vertreters]. Namens- und Adressdaten werden von uns erhoben, gespeichert und ggf. weitergegeben, soweit es erforderlich ist, um die vertraglichen Leistungen zu erbringen. Die Erhebung, Speicherung und Weitergabe erfolgt mithin zum Zwecke der Erfüllung des Vertrages auf Grund der Rechtsgrundlage des Art. 6 Abs. 1 S. 1 lit. b DS-GVO. Die Erhebung, Speicherung und Weitergabe sämtlicher personenbezogener Daten erfolgt zudem auf Grund der Rechtsgrundlage des Art. 6 Abs. 1 S. 1 lit. f DS-GVO zum Zweck der Prüfung der Bonität (Fragen 1–4 und 8–11) und zum Zweck der Prüfung, ob die örtlichen Gegebenheiten die voraussichtliche Nutzung adäquat ermöglichen (Fragen 5–7). Eine Nichtbereitstellung dieser Daten kann zur Folge haben, dass der Vertrag nicht geschlossen werden kann. [Wir übermitteln personenbezogene Daten an […]]. Eine nicht-öffentliche Quelle, aus der personenbezogene Daten von Ihnen stammen, kann Ihr vorheriger Vermieter sein.

Sie haben das Recht, von uns jederzeit Auskunft zu verlangen über die zu Ihnen bei uns gespeicherten personenbezogenen Daten (Art. 15 DS-GVO). Dies betrifft auch die Empfänger oder Kategorien von Empfängern, an die ihre Daten weitergegeben werden und den Zweck der Speicherung. Zudem haben Sie das Recht, unter den Voraussetzungen des Art. 16 DS-GVO die Berichtigung und/oder unter den Voraussetzungen des Art. 17 DS-GVO die Löschung und/oder unter den Voraussetzungen des Art. 18 DS-GVO die Einschränkung der Verarbeitung zu verlangen. Ferner können Sie unter den Voraussetzungen des Art. 20 DS-GVO jederzeit eine Datenübertragung verlangen. Personenbezogene Daten werden nur solange gespeichert, als dies zur jeweiligen Zweckerreichung, dies entspricht in der Regel der Vertragsdauer, erforderlich ist.

Im Fall einer Verarbeitung personenbezogener Daten zur Wahrnehmung von im öffentlichen Interesse liegenden Aufgaben (Art. 6 Abs. 1 S. 1 lit. e DS-GVO) oder

zur Wahrnehmung berechtigter Interessen (Art. 6 Abs. 1 S. 1 lit. f DS-GVO), können Sie der Verarbeitung der Sie betreffenden personenbezogenen Daten jederzeit mit Wirkung für die Zukunft widersprechen. Im Fall des Widerspruchs haben wir jede weitere Verarbeitung ihrer Daten zu den vorgenannten Zwecken zu unterlassen, es sei denn,
– es liegen zwingende, schutzwürdige Gründe für eine Verarbeitung vor, die ihre Interessen, Rechte und Freiheiten überwiegen, oder
– die Verarbeitung ist zur Geltendmachung, Ausübung oder Verteidigung von Rechtsansprüchen erforderlich.
Einer Verwendung ihrer Daten zum Zwecke der Direktwerbung können Sie jederzeit mit Wirkung für die Zukunft widersprechen; dies gilt auch für ein Profiling, soweit es mit der Direktwerbung in Verbindung steht. Im Fall des Widerspruchs haben wir jede weitere Verarbeitung ihrer Daten zum Zwecke der Direktwerbung zu unterlassen.

Alle Informationswünsche, Auskunftsanfragen oder Widersprüche zur Datenverarbeitung richten Sie bitte per E-Mail an [SOFERN EIN DATENSCHUTZBEAUFTRAGTER BESTELLT IST: unseren Datenschutzbeauftragten unter] [Datenschutz@Domain.tld] oder an die unter [...] genannte Adresse. Für nähere Informationen verweisen wir auf den vollständigen Text der DS-GVO, welcher im Internet unter [http://www.example.com] verfügbar ist [und unsere Datenschutzerklärung, welche im Internet unter [http://www.example.com] einsehbar ist]. Ferner haben Sie die Möglichkeit, sich bei der für sie zuständige Aufsichtsbehörde über datenschutzrechtliche Sachverhalte zu beschweren.

13. Vollständigkeitsvermutung[13]

Es wird vermutet, dass die Angaben vollständig und richtig sind. Mündliche Angaben sind vom Unterzeichner zu beweisen.

14. Unterschriften[14]

Nr.	Unterschriften	Antragsteller	Mitantragsteller
	Ort, Datum		
	Unterschrift		

Anmerkungen

1. Angaben zur Person. Angaben zur Person sind erforderlich, um den zukünftigen Vertragspartner identifizieren zu können (Lützenkirchen/*Dickersbach*, Anwalts-Handbuch Mietrecht, Kap. I., Rn. 185m m.w.N.). Zu den hierzu erforderlichen Daten gehören der vollständige Name, die Anschrift, das Geburtsdatum, der Geburtsort, die derzeitige Anschrift und aktuelle Kommunikationsdaten wie E-Mailadresse und/oder Telefonnummer.

2. Beruf und derzeitiger Arbeitgeber. Da Beruf (zum BDSG LG München, Urt. v. 25.3.2009 – 14 S 18532/08, WuM 2009, 348 (348); LG Itzehoe, Urt. v. 28.3.2008 – 9 S 132/07, WuM 2008, 281 (281); Lützenkirchen/*Dickersbach*, Anwalts-Handbuch Mietrecht, Kap. I., Rn. 185m; *Intveen*, MietRB 2006, 222 (222);

Achtermann

Polenz, VuR 2014, 99 (101)) und Arbeitsstelle (zum BDSG LG Köln, Urt. v.
1.12.1983 – 1 S 73/83, WuM 1984, 297 (298); AG Bonn, Urt. v. 23.7.1991 – 6 C
271/91, WuM 1992, 597 (597); Lützenkirchen/*Dickersbach,* Anwalts-Handbuch
Mietrecht, Kap. I., Rn. 185m; *Polenz,* VuR 2014, 99 (101); a. A. AG Rendsburg,
Urt. v. 5.7.1990 – 3 C 241/90, WuM 1990, 507 (507); AG Kaiserslautern, Urt. v.
29.1.1987 – C 20/87, WuM 1987, 378 (379)) regelmäßig die Basis für den Bezug
eines Einkommens darstellen, sind entsprechende Fragen zulässig (so auch Beschl.
des Düsseldorfer Kreises vom 27.1.2014, Orientierungshilfe zur „Einholung von
Selbstauskünften bei Mietinteressenten", S. 4; a.A. zum BDSG AG Rendsburg, Urt.
v. 5.7.1990 – 3 C 241/90, WuM 1990, 507). Vom Sicherungsbedürfnis eines Vermieters nicht mehr gedeckt sind hingegen Fragen zur Dauer einer Beschäftigung,
da in einer mobilen Gesellschaft die Beantwortung dieser Frage keine verlässliche
Aussage mehr über die Fortdauer und Beständigkeit einer Beschäftigung zulässt
(Beschl. des Düsseldorfer Kreises vom 27.1.2014, Orientierungshilfe zur „Einholung von Selbstauskünften bei Mietinteressenten", S. 4; vgl. zum BDSG *Polenz,*
VuR 2014, 99 (101)).

   3. Einkommen. Mit Blick auf die Ausführungen zu Anm. 2 ist auch die Frage
nach der Höhe des Einkommens zulässig (LG München I, Urt. v. 25.3.2009 – 14
S 18532/08, WuM 2009, 348 (348); LG Itzehoe, Urt. v. 28.3.2008 – 9 S 132/07,
WuM 2008, 281 (281); Lützenkirchen/*Dickersbach,* Anwalts-Handbuch Mietrecht,
Kap. I., Rn. 185m). Zur Überprüfung der Angaben dürfte auch das Verlangen nach
entsprechenden (Gehalts-)Nachweisen nicht zu beanstanden sein (vgl. zum BDSG
Polenz, VuR 2014, 99 (102)). Zur Berücksichtigung der Interessen des zukünftigen
Mieters ist ein entsprechendes Verlangen jedoch erst berechtigt, wenn Adressat die-
ses Verlangens der letztlich verbleibende Mietinteressent ist und irrelevante Daten
geschwärzt werden (vgl. zum BDSG *Polenz,* VuR 2014, 99 (102)).

   4. Name, Anschrift und Telefon bisheriger Vermieter. Die Frage nach den Kontaktdaten des bisherigen Vermieters ist auch nach Einführung der DS-GVO strittig,
dürfte unter Abwägung beiderseitiger Interessen jedoch nunmehr zulässig sein, da
dem Vermieter hierdurch die Möglichkeit eingeräumt wird, Störungen des vorherigen Mietverhältnisses zu erfragen (a. A. zum BDSG *Bose,* ZD-Aktuell 2016, 05132;
Lützenkirchen/*Dickersbach,* Anwalts-Handbuch Mietrecht, Kap. I., Rn. 185m; *Polenz,* VuR 2014, 99 (102); Beschl. des Düsseldorfer Kreises vom 27.1.2014, Orientierungshilfe zur „Einholung von Selbstauskünften bei Mietinteressenten", S. 5).
Konnte bei Geltung des BDSG noch vertreten werden, dass diese Frage zu einem
Verstoß gegen den Grundsatz der Direkterhebung gem. § 4 Abs. 2 BDSG a. F. führte,
kann dieses Argument nach Einführung der DS-GVO nicht länger verfangen, da die
DS-GVO den Grundsatz der Direkterhebung nicht übernommen hat (*Härting,* Datenschutzgrundverordnung, Rn. 118 f.).

   5. Beabsichtigter Gewerbebetrieb. Der Vermieter hat ein berechtigtes Interesse
daran, zu erfahren, ob der Mietbewerber die Ausübung eines Gewerbes in der Wohnung beabsichtigt, da es ihm die Beantwortung dieser Fragen ermöglicht einzuschätzen, ob die örtlichen Gegebenheiten die voraussichtliche Nutzung adäquat ermöglichen.

   6. Haustiere. Stets zulässig ist die Frage des Vermieters zur beabsichtigten Einbringung von Haustieren, welche nicht mehr als Kleintiere gelten (Lützenkir-

chen/*Lützenkirchen*, Mietrecht, § 535 BGB, Rn. 491; *Manger*, GE 2006, 488 (490); Schmidt-Futterer/*Blank*, Mietrecht, § 543, Rn. 204; *Weichert*, WuM 1993, 723 (725); Beschl. des Düsseldorfer Kreises vom 27.1.2014, Orientierungshilfe zur „Einholung von Selbstauskünften bei Mietinteressenten", S. 2). Unzulässig wäre die Frage nur, was bei der Vermietung von Wohnraum jedoch eine Ausnahme darstellen dürfte, wenn die Tierhaltung zum vertragsgemäßen Gebrauch der Mietsache zählt. Falsche Angaben über die Tierhaltung eröffnen jedoch in der Regel lediglich die Möglichkeit einer Unterlassungsklage oder einer ordentlichen Kündigung nach vorheriger erfolgloser Abmahnung (LG Berlin, Urt. v. 13.7.1998 – 62 S 91/98, ZMR 1999, 28 (29)).

7. Angaben zu den im Haushalt lebenden Personen. Vergleichbar mit der Begründung zur Anm. 6 hat der Vermieter zudem ein berechtigtes Interesse hinsichtlich Anzahl und Alter derjenigen Personen, welche – ohne Mietpartei zu werden – die Wohnung beziehen wollen (Lützenkirchen/*Dickersbach*, Anwalts-Handbuch Mietrecht, Kap. I., Rn. 185m). Die Beantwortung dieser Fragen ermöglicht es dem Vermieter einzuschätzen, ob die örtlichen Gegebenheiten die voraussichtliche Nutzung adäquat ermöglichen. Allein die Frage nach dem Familienstand wäre hingegen unzulässig (*Polenz*, VuR 2014, 99 (101); a.A. LG Itzehoe, Urt. v. 28.3.2008 – 9 S 132/07, WuM 2008, 281 (281); LG Landau, Urt. v. 22.1.1985 – 1 S 226/84, WuM 1986, 133 (133); AG Hannover, WuM 1983, 142; Lützenkirchen/*Dickersbach*, Anwalts-Handbuch Mietrecht, Kap. I., Rn. 185m). Da sich zwischenmenschliche Beziehungen naturgemäß verändern können, dürfte eine Falschbeantwortung zum Familienstand regelmäßig folgenlos bleiben.

8. Einkommenspfändungen. Wegen der zentralen Bedeutung der Zahlungsfähigkeit des Mieters sind vorvertragliche Fragen des Vermieters nach einer Pfändung des Arbeitseinkommens, sonstigen Zwangsvollstreckungsmaßnahmen usw. zulässig (OLG Koblenz, Beschl. v. 6.5.2008 – 5 U 28/08, WuM 2008, 471; vgl. auch Lützenkirchen/*Dickersbach*, Anwalts-Handbuch Mietrecht, Kap. I., Rn. 185m).

9. Vermögensauskunft (eidesstattliche Versicherung). Aus den zu Anm. 8 genannten Gründen ist ebenfalls die Frage, ob in den letzten fünf Jahren vor Erteilung der Selbstauskunft eine Vermögensauskunft (eidesstattliche Versicherung) abgegeben wurden, zulässig (LG Wuppertal, Urt. v. 17.11.1998 – 16 S 149/98, WuM 1999, 39 (40); AG München, Urt. v. 10.7.2015 – 411 C 26176/14, ZMR 2016, 121 (122)).

10. Außergerichtliche Schuldenbereinigung/Insolvenzverfahren. Sofern über das Vermögen eines Mietinteressenten bzw. Mietbewerbers das Insolvenzverfahren eröffnet wurde, besteht vor Abschluss eines Mietvertrages die Pflicht, den potentiellen Vermieter ungefragt darüber aufzuklären (LG Bonn, Beschl. v. 16.11.2005 – 6 T 312/05 und 6 S 226/05, WuM 2006, 24 (24); vgl. auch AG Hamburg, Urt. v. 6.5.2003 – 48 C 636/02, ZMR 2003, 744 (744)). Angesichts der Bedeutung der Verfahren für die Beurteilung der Bonität ist auch die Frage nach der Durchführung eines außergerichtlichen Schuldenbereinigungsverfahrens zur Vorbereitung eines Insolvenzverfahrens und die Frage nach einem gestellten Insolvenzeröffnungsantrag zulässig.

11. Räumungsklagen/Vollstreckungsmaßnahmen. In Anbahnung des Mietverhältnisses ist bei Einholung einer Selbstauskunft die Frage zulässig, ob in den letzten

Achtermann

fünf Jahren Vollstreckungsmaßnahmen oder Räumungsklagen eingeleitet oder durchgeführt wurden (LG Wuppertal, Urt. v. 17.11.1998 – 16 S 149/98, WuM 1999, 39 (40)).

12. Informationen. Personenbezogene Daten, die zur Erfüllung von Verträgen erhoben werden, unterfallen der DS-GVO. Eine Verpflichtung zur ausdrücklichen Information über erhobene Daten besteht gem. Art. 13 Abs. 4 DS-GVO nur insoweit, als die betroffene Person nicht bereits über die Informationen verfügt. Sofern anderweitig eine entsprechende Information erfolgt, kann das Muster entsprechend angepasst werden.

Grundsätzlich empfiehlt sich ein entsprechender ausführlicher Hinweis in der Selbstauskunft. Nach Art. 13 Abs. 1 lit. a DS-GVO sind Namen und die Kontaktdaten des Verantwortlichen sowie gegebenenfalls seines Vertreters aufzuführen. Neben der exakten Firmierung genügt die postalische Anschrift (Plath/*Kamlah*, BDSG/ DSGVO, Art. 13 DS-GVO, Rn. 9). Gem. Art. 13 Abs. 1 lit. c DS-GVO sind die Zwecke sowie die Rechtsgrundlage für die Verarbeitung anzugeben. Soweit die Erhebung der Daten notwendig ist, um die vertraglichen Leistungen zu erbringen, ist diese gem. Art. 6 Abs. 1 S. 1 lit. b DS-GVO zulässig. Bei dem Abschluss eines Mietvertrages sind dies bspw. Adressdaten. Im Rahmen der Entscheidung über den Abschluss eines Mietvertrages dürfte jedoch die Erhebung sämtlicher bonitätsrelevanten Daten notwendig sein, um die vertraglichen Leistungen zu erbringen (vgl. Gola/*Schulz*, DS-GVO, Art. 6 Rn. 37). Eine Datenverarbeitung kann weiterhin gem. Art. 6 Abs. 1 S. 1 lit. f DS-GVO zulässig sein, wenn eine Abwägung zwischen berechtigten Interessen des Vermieters und des Mieters ergibt, dass die Interessen des Vermieters überwiegen. Vermieter haben ein grundsätzlich berechtigtes Interesse daran, die Bonität ihrer zukünftigen Mieter zu prüfen, um die Gefahr eines Zahlungsausfalles zu vermeiden. Ebenfalls besteht ein berechtigtes Interesse zur Prüfung, ob die örtlichen Gegebenheiten die voraussichtliche Nutzung adäquat ermöglichen. Da die entsprechende Datenverarbeitung sodann auf Art. 6 Abs. 1 S. 1 lit. f DS-GVO beruht, sind die berechtigten Interessen, die von dem Verantwortlichen oder einem Dritten verfolgt werden, hier die Bonitätsprüfung und die Wohnungseignungsprüfung, zu benennen. Eine Einwilligung ist in diesem Falle nicht nötig (so zur vergleichbaren Rechtslage des § 28 Abs. 1 S. 1 Nr. 2 BDSG a. F. BlnDSB, TB 2012, S. 131; Oelschlägel/Scholz/*Oelschlägel*, Handbuch Versandhandelsrecht, S. 188 f.; Forgó/Helfrich/Schneider/*Conrad/Klatte*, Betrieblicher Datenschutz, S. 732 f.).

Gem. Art. 13 Abs. 1 lit. e DS-GVO ist über die Empfänger oder Kategorien von Empfängern der personenbezogenen Daten zu informieren.

Art. 14 Abs. 2 lit. f DS-GVO sieht ferner eine Informationspflicht darüber vor, aus welcher Quelle die personenbezogenen Daten stammen und ob diese gegebenenfalls aus öffentlich zugänglichen Quellen stammen. Als nicht öffentliche Quelle kann dies vorliegend der Vormieter sein.

Zudem ist gem. Art. 13 Abs. 2 lit. b DS-GVO auf die Rechte des Betroffenen gem. Art. 15 ff. DS-GVO, mithin das Bestehen eines Rechts auf Auskunft seitens des Verantwortlichen über die betreffenden personenbezogenen Daten sowie auf Berichtigung oder Löschung oder auf Einschränkung der Verarbeitung oder eines Widerspruchsrechts gegen die Verarbeitung sowie des Rechts auf Datenübertragbarkeit, hinzuweisen. Nach hier vertretener Ansicht dürfte es nicht erforderlich sein, die einzelnen Artikel im Wortlaut wiederzugeben, so dass der Hinweis auf das Bestehen der entsprechenden Rechte mit den jeweiligen Verweisen auf die entsprechenden Artikel ausreichen dürfte (so auch (Plath/*Kamlah*, BDSG/DSGVO, Art. 13 DS-GVO, Rn. 19). Rein vorsorglich wird zudem am Ende der Ziffer 12 auf die entsprechende Datenschutzerklärung, welche ggf. entsprechend ergänzt werden kann, und auf den vollständigen Wortlaut der DS-GVO, hingewiesen.

Zusätzlich zu den bereits erteilten Informationen ist gem. Art. 13 Abs. 2 lit. a DS-GVO über die Dauer, für die die personenbezogenen Daten gespeichert werden oder, falls dies nicht möglich ist, über die Kriterien für die Festlegung dieser Dauer zu informieren. Zulässig ist es, wie vorliegend vorgesehen, auf den Erforderlichkeitsgrundsatz abzustellen (Plath/*Kamlah*, BDSG/DSGVO, Art. 13 DS-GVO Rn. 18).

Sofern die Erhebung von Daten durch den Verantwortlichen gesetzlich oder vertraglich vorgeschrieben ist, muss zudem gem. Art. 13 Abs. 2 lit. e DS-GVO darüber belehrt werden, ob die betroffene Person verpflichtet ist, die personenbezogenen Daten bereitzustellen, und welche möglichen Folgen die Nichtbereitstellung hätte. Im Einzelfall könnte dies die Betrugs- und/oder Geldwäschebekämpfung sein (vgl. Plath/*Kamlah*, BDSG/DSGVO, Art. 13 DS-GVO, Rn. 22), was sodann im Muster zu ergänzen wäre. Die Informationen könnten wie vorliegend direkt in der Selbstauskunft erfolgen.

Die Information über das bestehende Widerspruchsrecht gem. Art. 13 Abs. 2 lit. b i. V. m. Art. 21 DS-GVO muss zudem in einer verständlichen und von den anderen Informationen getrennten Form erfolgen, weshalb sich eine drucktechnische Hervorhebung durch Fettschrift oder Unterstreichung empfiehlt (vgl. Plath/*Kamlah*, BDSG/DSGVO, Art. 21 DS-GVO, Rn. 13; vorliegende Formulierung zum Widerspruchsrecht nach *Sörup*, ArbRAktuell 2016, 207 (212)).

Sofern ein Datenschutzbeauftragter bestellt ist, sind dessen Kontaktdaten bei der Erhebung personenbezogener Daten anzugeben, Art. 13 Abs. 1 lit. b DS-GVO. Da die Bekanntgabe des Namens des betrieblichen Datenschutzbeauftragten nicht erforderlich ist, reicht es aus, wenn eine E-Mailadresse mit „Datenschutz" oder „Datenschutzbeauftragter" angegeben wird (Plath/*Kamlah*, BDSG/DSGVO, Art. 13 DS-GVO, Rn. 10). Art. 13 Abs. 2 DS-GVO sieht vor, dass der Verantwortliche weitere Informationen erteilt, die notwendig sind, um eine faire und transparente Verarbeitung zu gewährleisten.

Auch auf das Bestehen eines Beschwerderechts bei einer Aufsichtsbehörde ist gem. Art. 13 Abs. 2 lit. d DS-GVO hinzuweisen.

13. Vollständigkeitsvermutung. → I.IV.2. Anm. 14.

14. Unterschriften. → I.IV.2. Anm. 15.

4. Haushaltsrechnung natürlicher Personen

Die Haushaltsrechnung stellt die Basis jeder soliden Kreditfinanzierung bei natürlichen Personen dar. Durch eine möglichst detaillierte Gegenüberstellung der Einnahmen und Ausgaben im Haushalt wird ermittelt, welcher Betrag zur Verfügung steht, um zukünftig einen etwaigen Kapitaldienst zu erbringen. Die Kenntnis der Kapitaldienstfähigkeit ist neben der Besicherung und der persönlichen Einschätzung des Darlehensnehmers die bedeutendste Determinante der Kreditentscheidung.

Achtermann

Die Datenbasis der Haushaltsrechnung kann hierbei die Selbstauskunft des potenziellen Darlehensnehmers sein (→ I.IV.2.). Da nunmehr jedoch die Fähigkeit ermittelt werden soll, monatlich fällig werdende Raten zurück zu führen, sind die Daten zum Einkommen und zu Ausgaben auf eine monatliche Betrachtung umzustellen.

Haushaltsrechnung natürlicher Personen

§ 1 Einkommen p. M. [1]

Nr.	1. Einkommen p. M. (netto) in EUR	Antragsteller	Mitantragsteller
1	aus Gewerbebetrieb		
2	aus selbstständiger Arbeit		
3	aus nicht selbstständiger Arbeit		
4	aus Beteiligungen		
5	aus sonstigen Kapitalvermögen		
6	aus Vermietung und Verpachtung		
7	Rente/Pension		
8	Kindergeld		
9	Unterhaltszahlungen		
10	sonstige Einkünfte		
11	Summe		

§ 2 Ausgaben p. M. [2]

Nr.	2. Ausgaben p. a. in EUR	Antragsteller	Mitantragsteller
12	Lebenshaltungskosten		
13	Mieten		
14	Leasingraten		
15	private Krankenversicherung		
16	Berufsunfähigkeitsversicherung		
17	Lebens-/Rentenversicherung		
18	sonstige Versicherungen		
19	Kapitaldienst Immobilienkredite		
20	Kapitaldienst sonstige Kredite		
21	Steuern und Abgaben		
22	Kfz-Kosten		
23	Sparraten		
24	Unterhaltszahlungen		
25	sonstige Zahlungen		
26	Summe		

Achtermann

§ 3 frei verfügbares Einkommen[3]

Nr.	3. frei verfügbares Einkommen	Antragsteller	Mitantragsteller
27	Feld 11 – Feld 26		
28	+ Korrekturen (z.B. Mietersparnis)		
29	– Korrekturen (z.B. zukünftige Raten)		
30	frei verfügbares Einkommen		

Anmerkungen

1. Einkommen pro Monat. Es empfiehlt sich, Sondereffekte in Form von Einmalzahlungen wie Überstundenzuschläge, Einmalzahlungen, Urlaubsgeld, freiwillige Gratifikationen und/oder Weihnachtsgeld, welche nicht monatlich fällig werden, nicht in die Haushaltsrechnung einzubeziehen. Es wäre für den Darlehensnehmer unvorteilhaft, derartige Einmaleffekte, obwohl diese nicht monatlich effektiv als Zahlungsstrom fließen, hypothetisch als effektiven monatlichen Zahlungsstrom anzunehmen. Dies würde zu einer Verzerrung der tatsächlich nachhaltigen monatlichen Kapitaldienstfähigkeit führen. Ferner können diese Zahlungen auch aus verschiedenen Gründen wegfallen. Derartige Sondereffekte können jedoch bei der Vereinbarung von etwaigen Sondertilgungsmöglichkeiten Berücksichtigung finden.

2. Ausgaben pro Monat. Besondere Schwierigkeiten bereitet indes regelmäßig die zutreffende Ermittlung der Lebenshaltungskosten. Diese differieren erfahrungsgemäß teilweise erheblich je nach Lebensstil des Darlehensnehmers. Die beste Grundlage für eine belastbare Ermittlung ist ein Haushaltsbuch.

3. Frei verfügbares Vermögen. Durch eine Subtraktion wird schließlich das frei verfügbare Vermögen ermittelt. Bevor feststeht, welcher Betrag grundsätzlich monatlich für die Rückzahlung von Zins und Tilgung des geplanten Kredites zur Verfügung steht, können im Einzelfall noch Korrekturbuchungen erforderlich werden. Dies ist insbesondere der Fall, wenn mit den Darlehensmitteln Dinge finanziert werden, die sich unmittelbar auf der Einnahmen- und/oder Ausgabenseite auswirken. Als Beispiel sei der Erwerb einer Immobilie genannt, welcher zur Folge hat, dass zukünftig Mietzahlungen entfallen. Ferner ist zu berücksichtigen, dass sich durch die Darlehensaufnahme auch die Ausgabenseite entsprechend verändert.

Achtermann

V. Checkliste bei polizeilichen Auskunftsverlangen

Auskunftsverlangen können von verschiedenen Behörden, von betroffenen Personen sowie von Einrichtungen, Organisationen oder Vereinigungen i. S. v. Art. 80 DS-GVO an den Verantwortlichen gestellt werden. Nachfolgend sollen indes nur die von deutschen Strafverfolgungsbehörden an Verantwortliche gestellten Auskunftsverlangen betrachtet werden, bzw. **nur die** darauf vom Verantwortlichen **zu gebende Auskunft.** Derartige Verlangen betreffen in unterschiedlichen Konstellationen **rein textliche personenbezogene Daten,** u. U. einer Vielzahl von betroffenen Personen, bis hin zu Audio-, Bild- und Videodaten einzelner Personen. **Audio-, Bild- und Videodaten** fallen – abhängig von der konkreten Beschaffenheit im Einzelfall, jedoch regelmäßig unter die biometrischen Daten i. S. v. Art. 4 Nr. 14 DS-GVO und sind deshalb, insbesondere mit Blick auf Art. 9 DS-GVO, mit besonderem Augenmerk zu behandeln.

Im Vorfeld stellt sich mit Blick auf den **sachlichen Anwendungsbereich der DS-GVO** die Frage, ob diese überhaupt einschlägig ist. Gem. Art. 2 Abs. 2 lit. d DS-GVO findet die Verordnung gerade keine Anwendung auf die Verarbeitung personenbezogener Daten „durch zuständige Behörden zum Zwecke der Verhütung, Ermittlung, Aufdeckung oder Verfolgung von Straftaten oder der Strafvollstreckung, einschließlich des Schutzes vor und der Abwehr von Gefahren für die öffentliche Sicherheit". Diesbezüglich sind die „grundlegende" **RL (EU) 2016/680** zum Schutz natürlicher Personen bei der Verarbeitung personenbezogener Daten durch die zuständigen Behörden zum Zwecke der Verhütung, Ermittlung, Aufdeckung oder Verfolgung von Straftaten oder der Strafvollstreckung sowie zum freien Datenverkehr" (JI-RL) sowie die speziellere RL (EU) 2016/681 „über die Verwendung von Fluggastdatensätzen (PNR-Daten) zur Verhütung, Aufdeckung, Ermittlung und Verfolgung von terroristischen Straftaten und schwerer Kriminalität" am 4.5.2016 erlassen worden. Die erstgenannte, allgemeinere Richtlinie bezweckt die Sicherung eines Standards des Datenschutzes **auf dem Gebiet der Gefahrenabwehr und der Strafverfolgung** (vgl. LfDI Rheinland-Pfalz, Datenschutzjahresbericht 2014/2015, S. 17). Sie ist spätestens bis 6.5.2018 in nationales Recht umzusetzen und ersetzt damit den Rahmenbeschluss 2008/977/JI des Rates (näher dazu *Schwichtenberg*, DuD 2016, 605). Das BDSG n. F. setzt die Richtlinie in den §§ 45–84 mit dem 25.5.2018 um. Das Audio-, Bild-, oder Videomaterial dient der Polizeibehörde, in ihrer Funktion als eigene Verantwortliche i. S. d. Art. 46 Ziff. 7 BDSG n. F., zur **Analyse des Tathergangs** und **Identifikation einer oder mehrerer Personen(en).** Dies entspricht zwar der vorgenannten Aufzählung des Art. 2 DS-GVO. Jedoch betrifft **Art 2 Abs. 2 lit. d DS-GVO** die Verarbeitung der personenbezogenen Daten **nur im Hoheitsbereich der Behörde.** Ohne dass es notwendig wäre, verweist ErwG 19 DS-GVO insoweit auf die genannte RL (EU) 2016/680, welche als spezifischeres Unionsrecht der DS-GVO vorgeht. Gegenstand der hiesigen Betrachtung ist jedoch die auf das Verlangen ggf. zu gebende Auskunft, d. h. die mit dem Verlangen zusammenhängende **Verarbeitung** personenbezogener Daten **im Herrschaftsbereich des Verantwortlichen** i. S. v. Art. 4 Nr. 7 DS-GVO (der nicht zugleich Verantwortlicher, bzw. zuständige Behörde i. S. v.

Art. 4 Nr. 7, 8 RL (EU) 2016/680 ist). Für diese Verarbeitung, welche aufgrund des Auskunftsverlangens erfolgt, ist der sachliche Anwendungsbereich der DS-GVO eröffnet. Die Checkliste für diese Verarbeitung ist damit insbesondere für die Verwendung durch Kreditinstitute vorgesehen, die regelmäßig mit entsprechenden Auskunftsverlangen konfrontiert werden.

Checkliste

§ 1 Allgemeine Identifikation[1]
- Auf welchem Kommunikationsweg wurde das Auskunftsverlangen gestellt? (telefonisch / per E-Mail / per Fax / per Post / ...)
- bei telefonischem Verlangen: Name und Ausweisnummer des Dienstausweises des Beamten sowie Bezeichnung der Behörde notiert?

§ 2 Formelle Voraussetzungen[2]
- Gibt es einen richterlichen Beschluss?
- Falls nein: Tritt die Polizei als solche auf, oder in der Funktion als Ermittlungspersonen der Staatsanwaltschaft?
- Welche Rechtsgrundlage ist für das Auskunftsverlangen genannt?
- Welcher Sachverhalt hat die Veranlassung für die Polizei gegeben?
- Ist die/der Datenschutzbeauftragte eingebunden?
- Ist die (interne) Revision eingebunden werden?
- Informationspflicht gegenüber dem Betroffenen?

§ 3 Materielle Voraussetzungen[3]
- Werden personenbezogene Daten besonderer Kategorien verlangt?[4]
- Wurden die verlangten Daten (auch) zum Zwecke der Strafverfolgung erhoben?
- Werden Daten verlangt, die zur Erfüllung der Identifizierungspflichten gem. §§ 3, 4 GWG erhoben wurden?[5]

§ 4 Voraussetzungen der Übermittlung (systemtechnisch) [6]
- Identifizierung des konkret angeforderten Audio-, Bild-, oder Videomaterials, bzw. Zeitabschnitts?
- Werden die Daten postalisch übergeben?
- Werden die Daten digitalisiert auf einem festen Speichermedium übergeben?
- Werden die Daten online versandt/bereitgestellt?
- Sind die Daten auf dem Datenträger für den Transportweg nach dem aktuellen Stand der Technik verschlüsselt?
- Sofern online übertragen wird: Ist der Transportweg nach dem aktuellen Stand der Technik verschlüsselt/gesichert?

§ 5 Dokumentation[7]
- WER hat eine Herausgabe verlangt (genaue Identifikationsmerkmale sind zu erfassen und revisionssicher zu verwahren (z.B. Nr. des Dienstausweises, Behördenstelle, Name etc.))?
- WAS wurde genau verlangt (Audio-, Bild-, Videoaufzeichnungen? Welche Zeitabschnitte der Aufnahme)?

Sander/Diekmann

– WAS wurde an die Polizei herausgegeben (genaue Beschreibung des Gegenstandes)?
– WANN wurde dies an die Polizei herausgegeben (genaues Datum und Uhrzeit)?
– WIE wurde dies übergeben/übermittelt (z. B. verschlüsselt/postalisch)?
– Wurde der Erhalt der Daten durch die Polizeibehörde „quittiert", bzw. der elektronische Eingang bestätigt?

Anmerkungen

1. Identifizierung. Eine eindeutige Vorgabe zur Art und Weise der Identifizierung der anfragenden Behörde, ist der DS-GVO für die vorliegende Konstellation, Auskunftsverlangen bzgl. Videoaufzeichnungen, nicht unmittelbar zu entnehmen. Dies steht somit im Einklang mit der Ausrichtung der DS-GVO, welche selbst keine explizite Erwähnung bzw. Regelungen zu Videoüberwachungen beinhaltet und somit diese Konstellation nicht unmittelbar berücksichtigt. Die Voraussetzungen einer zulässigen Videoüberwachung sind nun vielmehr dem allgemeinen Schutz personenbezogener Daten zugeordnet (ausführlich → H. III.; *Venetis/Oberwetter*, NJW 2016, 1051 (1056 f.)). Jedoch ergibt sich zumindest mittelbar aus Art. 4 Ziff. 10 i. V. m. ErwG 31 DS-GVO, sowie aus Art. 15 Abs. 1 i. V. m. ErwG 64 DS-GVO, dass sich der Verantwortliche (z. B. die Bank) die wesentlichen Stammdaten des auskunftersuchenden Beamten nachweisen lassen muss. Dies sollte üblicherweise bereits durch eine schriftliche Anfrage der Behörde, z. B. per Post, oder praktikabler per Fax erfolgen, aus der sich die entsprechenden Identifikationsmerkmale, wie z. B. die Dienstnummer, der Name und Dienstrang, die ausstellende Behörde, der Sitz und die Kontaktdaten der Behörde ergeben. Aufgrund der erhöhten Dokumentationspflichten, welche sich aus der DS-GVO im Vergleich zum BDSG a. F. ergeben, sollten diese Informationen zumindest in Textform, dokumentiert und archiviert werden (→ A. I.). Dies dient dem Nachweis, dass der Verantwortliche nicht fahrlässig personenbezogene Daten an einen nicht legitimierten Dritten herausgegeben hat. Die Behörde ist hier „Dritter" i. S. d. Art. 4 Ziff. 10 DS-GVO; hingegen nicht „Empfänger", vgl. Art. 4 Ziff. 9 S. 2 Hs. 2 DS-GVO.

Telefonische Auskunftsverlangen sollten nicht nur aus den vorgenannten Gründen sehr zurückhaltend begegnet werden, zumal das Missbrauchsrisiko in diesem Falle sehr hoch ist. Insbesondere ist über diesen Weg eine nachweisliche Verifizierung für die entscheidende Einstufung unmöglich, ob die Polizei in eigener Sache, oder im Auftrage der Staatsanwaltschaft agiert, → Anm. 2.

2. Formelle Voraussetzungen. Zu prüfen ist durch den Verantwortlichen weiter, ob ein richterlicher Beschluss zur Herausgabe z. B. des konkreten Videomaterials vorliegt. Ist dies der Fall, sollte dieser zu den Akten genommen werden und die Herausgabe kann an die legitimierte Person erfolgen.

Staatsanwaltschaftliche Auskunftsersuchen sind daraufhin zu kontrollieren, ob sie unterschrieben wurden. Dabei sollte ergänzend geprüft werden, ob ein Aktenzeichen enthalten ist und sich das Verlangen z. B. auf § 161 i. V. m. § 161a StPO stützt (vgl. *Gürtler* in: Vahldiek (Hrsg.), Datenschutz in der Bankpraxis, S. 194). Sofern eine materiell-rechtliche Prüfung des Auskunftsersuchens verlangt wird (so z. B. *Kamp*,

Sander/Diekmann

RDV 2007, 236 (240)), ist dies regelmäßig durch den Verantwortlichen nicht und erst Recht nicht mit Blick auf die Dringlichkeit im Zusammenhang mit derartigen Auskunftsersuchen leistbar. Eine materiell-rechtliche Prüfungspflicht bezüglich eines staatsanwalschaftlichen Auskunftsersuchens selbst ist für den durchschnittlichen Verantwortlichen regelmäßig unverhältnismäßig. Eine Ausnahme besteht hinsichtlich der Frage, ob dem Verantwortlichen ein Zeugnisverweigerungsrecht zusteht, → Anm. 3. Das regelmäßig aufgrund vertraglicher Vereinbarung bestehende Bankgeheimnis bei Kreditinstituten steht einem solchen Auskunftsverlangen nicht entgegen (so auch *Warg*, MMR 2006, 77 (79 f. m. w. N.)).

Tritt die Polizeibehörde nachweislich als sog. „Ermittlungspersonen der Staatsanwaltschaft" auf, da sie zuvor von der Staatsanwaltschaft eingeschaltet und mit dem Einfordern der Auskunft bei dem Verantwortlichen beauftragt wurde, so stehen ihr dieselben Rechte und Befugnisse zu, wie der Staatanwaltschaft selbst, § 161 Abs. 1 S. 2 StPO. Handelt hingegen die Polizei in eigener Sache, so kann sie sich nur auf § 163 StPO berufen und bedarf in diesem Fall für ein Auskunftsverlangen der „Gefahr in Verzug", § 163 Abs. 1 S. 2 StPO (vgl. *Gürtler* in: Vahldiek (Hrsg.), Datenschutz in der Bankpraxis, S. 194). Gefahr in Verzug dürfte jedoch in kaum einem Fall gegeben sein, so dass zumindest die Polizei nachweislich als Ermittlungspersonen der Staatsanwaltschaft eingeschaltet sein sollte.

Mitgeteilt werden sollte durch die Polizei im Wege des Auskunftsersuchens, welcher Sachverhalt zugrunde liegt, um den eigentlichen Zweck der späteren Herausgabe der Daten belegen zu können. Auch ist die Rechtsgrundlage durch die Behörde anzugeben, vgl. Art. 6 Abs. 3 S. 2 DS-GVO. In Betracht kommen regelmäßig §§ 160, 161, 161a, 163 StPO. Es besteht danach die Möglichkeit, das Unternehmen als Zeugen zu befragen. Gem. § 161a StPO sind Zeugen verpflichtet, zur Sache auszusagen; der Polizeibehörde gegenüber wäre eine Auskunft allerdings freiwillig, sofern nicht Gefahr im Verzug vorliegt. Über die §§ 95 ff. StPO besteht des Weiteren die Möglichkeit der Beschlagnahme, sofern sich der Verantwortliche einer Herausgabe verweigert.

Der Datenschutzbeauftragte sollte frühzeitig mit eingebunden werden. Um innerbetriebliche Vorgaben bei dem Verantwortlichen zu wahren, sollte – sofern vorhanden – auch stets die interne Revision eingeschaltet werden.

Sofern die Polizeibehörde als „Ermittlungspersonen der Staatsanwaltschaft" agiert, die Herausgabe auf § 161 i. V. m. § 161a StPO gestützt wird und die zuvor genannten Formalien eingehalten wurden, ist die Herausgabe von nicht biometrischen Daten sowohl nach Art. 6 Abs. 1 S. 1 lit. c DS-GVO, als auch nach Art. 6 Abs. 1 S. 1 lit. f DS-GVO bzw. für Audio-, Bild- und Videodateien nach Art. 9 Abs. 2 lit. f DS-GVO, legitimiert (→ Anm. 3). Die verlangte „Erforderlichkeit" dürfte dabei regelmäßig vorliegen. Art. 6 Abs. 4 DS-GVO scheidet hingegen als angegebene Rechtsgrundlage regelmäßig aus, da die Verarbeitung, also die Herausgabe der (Video-)Aufzeichnung, gerade nicht zu einem anderen Zweck als demjenigen erfolgt, zu dem die personenbezogenen Daten erhoben wurden. Die (Video-) Aufzeichnung erfolgt gerade bei Kreditinstituten zum Zwecke der Aufklärung von Straftaten. Die Zwecke sind mithin innerbetrieblich im Wege des Verzeichnisses von Verarbeitungstätigkeiten, Art. 30 DS-GVO, festzuschreiben.

3. Materielle Voraussetzungen. Auch in der DS-GVO ist das aus dem BDSG bekannte Verbot mit Erlaubnisvorbehalt verankert, vgl. Art. 6 Abs. 1, Art. 9 Abs. 1

DS-GVO. Daher ist weiterhin davon auszugehen, dass es stets einer rechtsgeschäftlichen (Einwilligung) oder gesetzlichen Erlaubnis bedarf, damit der Verantwortliche personenbezogene Daten an die Polizeibehörde herausgeben darf. Folgende Überlegungen zeigen zwar deutliche Schwächen im Text der DS-GVO auf, führen allerdings schlussendlich nicht zu solchen Zweifeln, die ein anderes Ergebnis rechtfertigen würden. Die Auskunft an die Behörde erfüllt aus Sicht des Verantwortlichen den Tatbestand einer Verarbeitung i.S.v. Art. 4 Nr. 2 DS-GVO, falls eine „Offenlegung durch Übermittlung, Verbreitung oder eine andere Form der Bereitstellung" oder eine „Verwendung" vorliegt. Mit Blick auf die Frage, ob die Erteilung der Auskunft an die Behörde eine Übermittlung ist, ist zu beachten, dass abweichend vom früheren § 3 Abs. 4 S. 2 Nr. 3 BDSG a.F. die DS-GVO nicht regelt, was unter einer Übermittlung zu verstehen ist. Auch die Erwägungsgründe schweigen hierzu. Durch die zitierte Phrase ergibt sich aber, dass die „Offenlegung" rein begrifflich die Obermenge, die „Übermittlung" eine Teilmenge der verschiedenen Offenlegungen ist. Früher unterschied man nach der Bekanntgabe (anstatt Offenlegung) gegenüber Dritten, die den Tatbestand der Übermittlung personenbezogener Daten erfüllte, sowie der Bekanntgabe gegenüber z.B. einer anderen Abteilung innerhalb der verantwortlichen Stelle oder gegenüber dem Auftragsverarbeiter, die mangels Bewertung des Empfängers als Drittem nicht als Übermittlung, sondern als Nutzen personenbezogener Daten i.S.v. § 3 Abs. 5 BDSG zu bewerten war (*Lachenmann*, Datenübermittlung im Konzern, S. 38 ff.).

Heute führt jede Offenlegung (durch den Verantwortlichen) wegen Art. 4 Ziff. 9 S. 1 DS-GVO dazu, dass es zwingend einen „Empfänger" auf der anderen Seite gibt. Da der Empfänger jedoch ausweislich des Wortlauts nicht notwendiger Weise ein Dritter sein muss und die „Offenlegung durch eine andere Form der Bereitstellung" lediglich auf die passive Variante des alten Übermittlungsbegriffs abstellt (vgl. dazu § 3 Abs. 4 S. 2 Nr. 3 lit. b BDSG a.F.: „zum Abruf bereithalten"), spricht alles dafür, das alte (deutsche) Begriffsverständnis der Übermittlung aufzugeben, d.h. keinen „Dritten" mehr zu fordern. Vielmehr ist eine Übermittlung jede aktive Handlung, die eine Offenlegung gegenüber einem einzelnen oder einem bestimmten Kreis von Empfängern (das heißt „zielgerichtet", in Abgrenzung zur „Verbreitung", die einen unbestimmten Kreis von Empfängern adressiert (Zeitung, Internet)) darstellt. Schließlich ist festzuhalten, dass eine „Weitergabe" (bewusst nicht: „Offenlegung" (es droht ein Zirkelschluss, da die Offenlegung einen Empfänger voraussetzt)) von personenbezogenen Daten an einen Dritten i.S.v. Art. 4 Ziff. 10 DS-GVO (wie z.B. hier an die Strafverfolgungsbehörde) in Ermangelung eines Empfängers (vgl. Art. 4 Ziff. 9 S. 2 und ErwG 31 DS-GVO) als „Verwendung" i.S.v. Art. 4 Ziff. 2 DS-GVO (bzw. früher „Nutzen") durch den Verantwortlichen zu werten ist. Welche Bedeutung Art. 4 Ziff. 9 S. 2 DS-GVO zukommt, kann hier offenbleiben. Denn die hilfsweise Bewertung als „Verwendung" durch den Verantwortlichen ergibt sich zwingend aus ErwG 50 DS-GVO, soweit es dort heißt: „Der Hinweis des Verantwortlichen auf mögliche Straftaten oder Bedrohungen der öffentlichen Sicherheit und die Übermittlung der maßgeblichen personenbezogenen Daten […] an eine zuständige Behörde sollten als berechtigtes Interesse des Verantwortlichen gelten." Diese und weitere Ausführungen in Bezug auf Art. 6 Abs. 1 S. 1 lit. f DS-GVO wären gegenstandslos, wenn die Weitergabe der Daten an die Behörde schon keine dem Verbot mit Erlaubnisvorbehalt unterliegende Verarbeitung i.S.v. Art. 4 Nr. 2 DS-GVO durch den Verantwortlichen wäre.

Sander/Diekmann

4. Daten (besonderer Kategorien) zum Zwecke der Strafverfolgung. Es können prinzipiell zwei wesentliche, praxisrelevante Konstellationen unterschieden werden:
– Auskunftsverlangen durch die Staatsanwaltschaft selbst oder durch die Polizei im Auftrag der Staatsanwaltschaft („Ermittlungspersonen" der Staatsanwaltschaft, § 161 Abs. 1 StPO),
– Auskunftsverlangen der Polizei, ohne dass die Polizei im Rahmen eines konkreten Auftrags der Staatsanwaltschaft handelt, § 163 Abs. 1 StPO (Regelfall).

In der ersten Konstellation wird der Verantwortliche als Zeuge i.S.d. §§ 48 StPO herangezogen. Ihn treffen daher die dort ausgestalteten Zeugenpflichten. Soweit die Auskunft personenbezogene Daten besonderer Kategorien i.S.v. Art. 9 Abs. 1 DS-GVO beinhaltet (dazu zählen sowohl alle „personenbezogene Daten besonderer Art" i.S.d. § 3 Abs. 9 BDSG a.F., als auch zusätzlich die (in Art. 4 DS-GVO näher definierten) genetischen und biometrischen Daten), ist die vorrangige Sonderregelung des Art. 9 DS-GVO anwendbar. Sie stellt insoweit die Voraussetzungen für die Zulässigkeit der Datenweitergabe an die Polizei abschließend auf, so dass es auf Art. 10 DS-GVO nicht ankommt. Sollte es in Deutschland speziellere Normen geben, insb. in Bezug auf die Verarbeitung von Audio-, Bild- und Videodaten, die aufgrund der Öffnungsklausel in Art. 9 Abs. 4 DS-GVO eingeführt oder aufrechterhalten worden sind, sind die Voraussetzungen dieser Normen vorrangig zu prüfen und die Voraussetzungen von Art. 9 Abs. 2 DS-GVO irrelevant. Diesbezüglich sei auf § 4 BDSG n.F. hingewiesen, welcher nunmehr die „Videoüberwachung öffentlich zugänglicher Räume" regelt, wozu auch die außerhalb einer Bank liegenden Bereiche mit Geldausgabegeräte (SB-Geräte) zählen. Bzgl. der „Interessenabwägung" (sollte die Videoüberwachung wenigstens auch zum Zwecke der Verfolgung von Straftaten eingerichtet sein) bzw. die Feststellung der „Erforderlichkeit" der Datenweitergabe (sollte die Videoüberwachung nur zu anderen Zwecken eingerichtet sein) ist der oben genannte ErwG 50 DS-GVO zu berücksichtigen, wonach der Gesetzgeber ein berechtigtes Interesse vermutet. Unerheblich ist, ob der potentielle Täter oder ein Dritter die aufgezeichnete betroffene Person ist. Wegen der auf dem Video zu sehenden, nach Ansicht des Verantwortlichen an der Tat nicht beteiligten Dritten ergeben sich deshalb keine Bedenken, weil eine Unkenntlichmachung dieser Personen (die im Angesicht der strafprozessualen Zeugenpflicht tunlichst unterlassen werden sollte) weitere Ermittlungstätigkeiten (z.B. das Ausfindigmachen von weiteren Zeugen) verhindern könnte und unter Umständen den Verantwortlichen in die Nähe der Strafvereitelung (§ 258 StGB) bringt. Für Audio- und Bilddaten sowie für Videomaterial außerhalb des Anwendungsbereichs von § 4 BDSG n.F. sowie solches Videomaterial, welches früher unter § 6b BDSG a.F. fiel, ergibt sich die Zulässigkeit der Weitergabe an die Strafverfolgungsbehörde aus Art. 9 Abs. 2 lit. g DS-GVO i.V.m. § 4 BDSG n.F. (das „erhebliche öffentliche Interesse" besteht an der Erfüllung der Aussagepflicht des Zeugen aus § 48 Abs. 1 S. 2 StPO). Strafprozessrechtliche Zeugnisverweigerungsrechte i.S.d. §§ 52ff. StPO müssen zwar im Einzelfall geprüft werden, sind jedoch regelmäßig nicht ersichtlich, insbesondere begründet das Bankgeheimnis kein derartiges Verweigerungsrecht (anders als der Zeuge im Zivilprozess, vgl. § 383 Abs. 1 S. 6 ZPO). Anzumerken ist im Übrigen, dass die DS-GVO im Bereich der personenbezogenen Daten besonderer Kategorien keine besonderen Zulässigkeitsvoraussetzungen für den Fall kennt, in dem die Daten zu anderen Zwecken (als die Weitergabe an die Strafverfolgungsbehörde) erhoben worden waren (anders vgl. Art. 6 Abs. 4 DS-GVO).

Sander/Diekmann

Soweit die Auskunft keine personenbezogenen Daten besonderer Kategorien i.S.v. Art. 9 Abs. 1 DS-GVO beinhaltet, sind Art. 9 DS-GVO und § 4 Abs. 3 S. 3 BDSG n.F. nicht einschlägig. Die Rechtmäßigkeit der Weitergabe richtet sich dann nach Art. 6 DS-GVO, ggf. i.V.m. Art. 10 DS-GVO. Ob Art. 10 DS-GVO anwendbar ist und die Zulässigkeit der Datenweitergabe an die Polizei davon abhängt, dass diese „nur unter behördlicher Aufsicht" durchgeführt wird, ist vom Tätigwerden des deutschen Gesetzgebers abhängig. Denn Art. 10 DS-GVO enthält diesbezüglich eine Öffnungsklausel. ErwG 50 DS-GVO hilft in Bezug auf die Frage, die Art. 10 DS-GVO aufwirft, nicht weiter. Denn dieser stellt lediglich fest, dass ein berechtigtes Interesse des Verantwortlichen vorliegt, also ein Fall von Art. 6 Abs. 1 S. 1 lit. f DS-GVO, an den Art. 10 DS-GVO dann jedoch erst tatbestandlich noch anknüpft. Festzuhalten bleibt hier schon einmal, dass das Tatbestandsmerkmal „Straftat" i.S.v. Art. 10 DS-GVO nicht erst erfüllt ist, wenn ein Strafgericht festgestellt hat, dass der Angeklagte eine Tat begangen hat. Denn dann wäre das selbstständige Tatbestandsmerkmal „strafrechtliche Verurteilung" des Art. 10 DS-GVO gegenstandslos. Daher muss der Begriff „Straftat" weit gefasst werden und alle personenbezogenen Daten erfassen, aus denen sich ein Tun oder Unterlassen der betroffenen Person ergibt, welches durch ein Gericht als Straftat gewürdigt werden könnte. Insoweit ist eine Abgrenzung zu Daten, die lediglich den Verdacht einer Straftat begründen, praktisch nicht umsetzbar, so dass auch solche personenbezogenen Daten, aus denen sich der Verdacht einer Straftat ergibt, in den Anwendungsbereich von Art. 10 DS-GVO fallen. Bei Anwendung von Art. 6 DS-GVO ist sodann zu unterscheiden, ob die von der Behörde angefragten Daten wenigstens auch „zum Zwecke der Strafverfolgung" erhoben wurden oder nicht. Im zuerst genannten Fall ist die Datenweitergabe zulässig gem. Art. 6 Abs. 1 S. 1 lit. c DS-GVO (zur Zeugnisverweigerung Art. 9 Abs. 2 lit. g DS-GVO). Im zweiten Fall – die Daten wurden zu anderen Zwecken erhoben – ist zu beachten, dass § 48 Abs. 1 S. 2 StPO eine Rechtsvorschrift eines Mitgliedstaats ist, „die in einer demokratischen Gesellschaft eine notwendige und verhältnismäßige Maßnahme zum Schutz der in Artikel 23 Absatz 1 genannten Ziele darstellt" (hier: Art. 23 Abs. 1 lit. d DS-GVO mit Blick auf die Ziele Strafverfolgung und Gefahrenabwehr).

In der zweiten Konstellation treffen den Verantwortlichen keine strafprozessualen Zeugenpflichten, insbesondere nicht die Aussagepflicht des § 48 Abs. 1 S. 2 StPO. Die vorstehenden Ausführungen gelten im Wesentlichen entsprechend. Soweit die Auskunft keine personenbezogenen Daten besonderer Kategorien i.S.v. Art. 9 Abs. 1 DS-GVO beinhaltet, richtet sich die Zulässigkeit der Datenweitergabe an die Polizei jedoch nur nach Art. 6 Abs. 1 S. 1 lit. f DS-GVO (weil es einer „rechtlichen Verpflichtung" i.S.v. Art. 6 Abs. 1 S. 1 lit. c DS-GVO fehlt). Anders als im Vorstehenden sind in Fällen dieser Art stets die Erforderlichkeit der Datenweitergabe für die Wahrung berechtigter Interessen des Verantwortlichen in jedem Einzelfall streng zu prüfen und im Rahmen der Abwägung gegen die Interessen der betroffenen Person ist zu berücksichtigen, ob der Betroffene z.B. Kunde der Bank ist (vgl. „sonstigen verbindlichen Pflicht zur Geheimhaltung" i.S.v. ErwG 50 am Ende).

5. Datenidentität bei Anforderungen des GWG. Ungeachtet der Unterscheidungen zwischen den beiden Konstellationen einerseits und den Anwendungsbereichen der Art. 6 und Art. 9 DS-GVO andererseits ist im Hinblick auf die weitergehenden Informationen, etwa die Kopien von Personalausweisen, die zur Erfüllung der Identi-

fizierungspflichten gem. §§ 3, 4 GWG erhoben und zur Erfüllung von Aufzeich-
nungspflichten gem. § 8 Abs. 1 GWG gespeichert wurden, auf § 15 Abs. 1 GWG
hinzuweisen. Hiernach dürfen jene Aufzeichnungen ausschließlich zur Verfolgung
von Straftaten nach § 261 StGB oder der in § 129a Abs. 2 oder § 261 Abs. 1 StGB
genannten Straftaten herangezogen oder verwendet werden. Stehen die Ermittlungen daher nicht im Zusammenhang mit derartigen Straftaten, dürfen die zwecks
Identifizierung erhobenen Daten nicht an die Strafverfolgungsbehörden weitergegeben werden.

6. Voraussetzungen der Übermittlung. Das Auskunftsersuchen hat konkret zu
benennen, welcher aufgezeichnete Zeitabschnitt, z.B. einer Videoaufzeichnung, für
die Ermittlungen notwendig ist. Eine Herausgabe eines längeren Aufnahmeberei-
ches, oder sogar der gesamten (Video-)Aufzeichnung ist hingegen unzulässig. Eine
Übermittlung eines „Mehr" an Daten würde u.a. dem Grundsatz der Datenminimierung (vormals „Datensparsamkeit"), Art. 5 Abs. 1 lit. c i.V.m. ErwG 39 S. 7
DS-GVO, entgegenstehen und ohne Rechtsgrundlage erfolgen. Die Folge wäre die
Auslösung des Bußgeldtatbestandes, Art. 83 DS-GVO.
Die eigentliche Übergabe, bzw. Übermittlung an die Polizeibehörde muss den An-
forderungen an „Integrität und Vertraulichkeit" genügen, vgl. Art. 5 Abs. 1 lit. f
DS-GVO. Die aufgezeichneten digitalen Daten, müssen für die Übermittlung dem
jeweils aktuellen Stand der Technik entsprechend geschützt sein (→ E., G.VII.2.
Anm. 8). Das heißt, dass bei einer elektronischen Versendung neben einer Ende-zu-
Ende-Verschlüsselung auch das Datenpaket selbst in ausreichender Bittiefe, aktuell
mindestens 256-Bit, verschlüsselt sein sollte. Das entsprechende Passwort sollte
mindestens zehnstellig und aus Buchstaben, Zahlen sowie Sonderzeichen zusam-
mengesetzt sein. Dem Dritten ist das Passwort stets auf einem (technisch) getrennten
Wege mitzuteilen, um eine Missbrauchsgefahr zu minimieren. Gleiches gilt z.B.,
wenn das Datenmaterial auf einem Datenträger gespeichert wird und dieser der Polizeibehörde übergeben bzw. übersandt werden soll.
Sofern eine Bereitstellung über eine „Cloud" geplant ist, gelten die vorgenannten
Anforderungen entsprechend. Hinzu kommt, dass die „Cloud", also die ggf. weltweit vernetzten Server, selbst möglichst in der EU gehostet werden sollte und mit
dem Cloudanbieter entsprechende Verträge zur Auftragsverarbeitung geschlossen
werden müssen (→ G.I.4. und 5.).

7. Dokumentation. Art. 5 Abs. 2 DS-GVO weist (allein) dem Verantwortlichen
die Nachweispflicht für die Einhaltung sämtlicher Grundsätze des Art. 5 Abs. 1
DS-GVO zu. Um die Nachweise ausreichend qualifiziert erbringen zu können, sollten, bezogen auf die Anforderungen des Art. 5 Abs. 1 lit. a–f DS-GVO, die internen,
fallbezogenen Überlegungen und Handlungen zumindest in Textform dokumentiert
und archiviert werden (→ A.I.).

J. Behördliches und verwaltungsgerichtliches Verfahren

Die Datenschutzbehörden der Länder sind, ungeachtet ihrer näheren Organisation, als **Behörden** im verwaltungsverfahrensrechtlichen Sinne (§ 1 Abs. 4 VwVfG bzw. der jeweiligen landesrechtlichen Norm) zu qualifizieren, weil sie Stellen sind, die Aufgaben der öffentlichen Verwaltung wahrnehmen. Sie sind als solche an die allgemeinen Vorschriften gebunden, die für alle Hoheitsträger gelten, so insbesondere an die **Grundrechte** des Grundgesetzes und der jeweiligen Landesverfassung. Soweit die Datenschutzbehörden mit der Durchführung der DS-GVO betraut sind, sind sie nach Art. 51 Abs. 1 S. 2 GRCh, die ihrerseits nach Art. 6 Abs. 1 EUV Teil des europäischen Primärrechts ist, darüber hinaus auch unmittelbar an die in der GRCh niedergelegten Grundrechte gebunden.

Werden die Datenschutzbehörden nach Außen mit dem Ziel tätig, einen Verwaltungsakt zu erlassen oder diese Möglichkeit zu prüfen, binden sie auch die Vorschriften des (jeweiligen) **Verwaltungsverfahrensgesetzes** (§ 9 VwVfG). Daher gelten für die Tätigkeit einer Datenschutzbehörde zunächst einmal die gleichen Grundsätze, die auch sonst für jede behördliche Tätigkeit gelten, insbesondere unterliegt ihre Tätigkeit dem **Vorrang und Vorbehalt des Gesetzes**, so dass sie gegenüber Privaten nur dann und in dem Umfang tätig werden darf, wie es ein gesetzlicher **Erlaubnistatbestand** gestattet (vgl. BVerfG, Beschl. v. 28.10.1975 – 2 BvR 883/73, 379/74, 497/74, 526/74, BVerfGE 40, 237, 248 f.; BVerfG, Beschl. v. 8.8.1978 – 2 BvL 8/77, BVerfGE 49, 89, 126; vgl. auch *Petri/Tinnefeld*, MMR 2010, 157 (160 f.)).

Den Datenschutzbehörden kommt allerdings eine gewisse **Sonderrolle** zu. Denn gem. Art. 52 Abs. 1 DS-GVO handeln die Aufsichtsbehörden „bei der Erfüllung ihrer Aufgaben und bei der Ausübung ihrer Befugnisse" aus der Verordnung „völlig unabhängig". Dies entspricht der schon bisher geltenden Regelung aus Art. 28 Abs. 1 RL 95/46/EG, auch dort war bereits von völliger Unabhängigkeit die Rede. Auch das europäische Primärrecht schreibt vor, dass die Datenschutzaufsichtsbehörden unabhängig zu sein haben (Art. 16 Abs. 2 S. 2 AEUV; Art. 8 Abs. 3 GRCh). Insofern dürfte mit der Verordnung keine wesentliche Änderung des Status der Aufsichtsbehörden einhergehen, wenngleich es zu begrüßen ist, dass die Verordnung sich in ihrem Art. 52 DS-GVO ausführlicher dazu verhält, welche Rechte und Pflichten genau mit dem Status der völligen Unabhängigkeit einhergehen. Klar ist jedenfalls, dass der unabhängige Status der Behörden einerseits durch mannigfaltige rechtliche Bindungen eingeschränkt ist, die sich aus der DS-GVO selbst ergeben (z.B. Art. 60, 64 Abs. 2 DS-GVO), andererseits aber auch durch die den Behörden zur Verfügung gestellten Mittel faktisch begrenzt wird. Letzteres betreffend bleibt insbesondere zu hoffen, dass der appellhaft formulierte Auftrag an die Mitgliedstaaten, sicherzustellen, dass die Aufsichtsbehörden mit ausreichenden Ressourcen zur Aufgabenwahrnehmung ausgestattet werden (Art. 52 Abs. 4 DS-GVO) nicht ungehört verhallt (vgl. im Einzelnen das Gutachten von *Roßnagel*, Zusätzlicher Arbeitsaufwand für die Aufsichtsbehörden der Länder durch die Datenschutz-

Grundverordnung, Kassel 2017, dort S. 33 f., http://suche.transparenz.hamburg.de/
dataset/gutachten-zum-zusaetzlichen-arbeitsaufwand-fuer-die-aufsichtsbehoerden-
der-laender-durch-d-2017). Soweit sich auch nach neuem Recht noch Auslegungs-
fragen auftun, dürfte es zulässig sein, auf bereits zu diesem Problemfeld ergangene
Rechtsprechung zurückzugreifen. Insofern ist hervorzuheben, dass der EuGH (Urt.
v. 9.3.2010 – C-518/07, NJW 2010, 1265) die Bundesrepublik Deutschland verurteilt hatte, weil sie die erforderliche Unabhängigkeit der Datenschutzbehörden in
Bund und Ländern nicht ausreichend gewährleistet hatte. Dem lag zugrunde, dass
die Datenschutzbehörden seinerzeit als Teil der Staatsverwaltung der staatlichen
Aufsicht, etwa durch das jeweils zuständige Ministerium, unterlagen. Der EuGH
führte in seiner Entscheidung aus, dass eine derartige staatliche Aufsicht über die
Datenschutzbehörden mit Art. 28 Abs. 1 RL 95/46/EG unvereinbar sei. Der Begriff
„völlige Unabhängigkeit" in der Richtlinie sei dahingehend auszulegen, dass es der
Behörde möglich sein müsse, „ihre Aufgaben ohne äußere Einflussnahme wahrzunehmen", was insbesondere „jegliche Einflussnahme seitens der kontrollierten Stelle", aber auch sonst jede politische Einflussnahme ausschließen muss (EuGH, Urt. v.
9.3.2010 – C-518/07, NJW 2010, 1265 (1266)). Wie eine europarechtskonforme
Ausgestaltung der Datenschutzaufsicht in Deutschland aussehen müsste, war in der
Folge Gegenstand von Diskussionen, die an dieser Stelle nicht in der gebotenen Ausführlichkeit referiert werden können. Zusammenfassend lässt sich aber sagen, dass
es wohl zweckdienlich sein dürfte, den Landesdatenschutzbehörden entweder den
Status von obersten Landesbehörden (*Gola/Schomerus*, BDSG, § 38 Rn. 31) oder
aber von unabhängigen Anstalten des öffentlichen Rechts (so z.B. in Schleswig-
Holstein) einzuräumen (zum Stand der Diskussion siehe *Ziebarth*, CR 2013, 60;
Taeger, K&R 2010, 330 und *Petri/Tinnefeld*, MMR 2010, 157). Die DS-GVO fordert hier keine Änderungen, die über den bisherigen Stand hinausgehen, betont aber
die Unabhängigkeit der Aufsichtsbehörden noch stärker, als dies nach der Richtlinie
der Fall war.

Das bedeutet freilich nicht, dass die Datenschutzbehörden gleichsam im rechtsfreien Raum operieren, was nunmehr auch die DS-GVO mehrfach betont (ErwG
118 und Art. 78 DS-GVO). In Deutschland unterliegen die Behörden insoweit, da
sie aufgrund von öffentlich-rechtlichen Normen handeln (§ 40 Abs. 1 VwGO), der
Kontrolle durch die Verwaltungsgerichtsbarkeit (vgl. *Ziebarth*, CR 2013, 60 (66));
Simitis/*Petri*, BDSG, § 38 Rn. 12; siehe hierzu die nachfolgenden Muster). Daneben
unterliegen die Datenschutzbeauftragten der Länder typischerweise auch einer zumindest eingeschränkten Dienstaufsicht, die in den Ländern unterschiedlich geregelt
ist. Abgeschafft wurde hingegen die Dienst- und die Fachaufsicht über die Aufsichtsbehörden, was allerdings auch nicht gänzlich ohne Kritik geblieben ist (siehe
hierzu die Nachweise bei *Gola/Schomerus*, BDSG, § 38 Rn. 32). Insoweit folgen aus
der Verordnung keine Änderungen hinsichtlich des rechtlichen Status.

Einige Datenschutzaufsichtsbehörden sind nach derzeit noch geltendem Recht
ausdrücklich als **oberste Landesbehörden** konstituiert (z.B. § 22 Abs. 2 S. 1
BlnDSG; § 21 Abs. 3 S. 1 NdsDSG; § 31 Abs. 3 S. 2 DSG NRW; § 23 Abs. 3 DSG
RLP; § 21 Abs. 1 S. 3 DSG LSA), in Schleswig-Holstein als rechtsfähige **Anstalt des
öffentlichen Rechts** (§ 32 Abs. 1 DSG SH), sonst sind die Landesdatenschutzbeauf-
tragten teilweise an die jeweiligen **Landesparlamente** angegliedert (§ 26 Abs. 3 S. 1
DSG BW; Art. 29 Abs. 3 S. 1 BayDSG; § 22 Abs. 4 S. 1 BbgDSG, § 29 Abs. 1 DSG
MV; § 25 Abs. 3 S. 1 SaarDSG; § 25 Abs. 1 S. 1 SächsDSG; § 36 Abs. 1 S. 3

ThürDSG). Inwieweit die mit Blick auf das Inkrafttreten der DS-GVO erforderliche Anpassung auch der Landesdatenschutzgesetze hier Änderungen mit sich bringen wird, ist derzeit noch nicht absehbar. Entsprechende Entwürfe sind bislang noch nicht veröffentlicht worden.

In den meisten derzeit noch geltenden Landesdatenschutzgesetzen finden sich, in offenkundiger Anlehnung an Art. 97 Abs. 1 GG, entsprechende Formulierungen, wonach die Aufsichtsbehörde unabhängig und nur dem Gesetz unterworfen sei (z.B. § 26 Abs. 2 S. 1 DSG BW; Art. 35 Abs. 2 S. 1 BayDSG; § 22 Abs. 2 S. 1 BlnDSG; § 22 Abs. 4 S. 1 BbgDSG; § 25 S. 1 BremDSG; § 22 Abs. 1 S. 1 HmbDSG; § 22 HessDSG; § 29 Abs. 6 S. 1 DSG MV; § 21 Abs. 2 S. 4 DSG NRW; § 23 Abs. 1 S. 1 DSG RLP; § 25 Abs. 4 S. 1 SächsDSG; § 21 Abs. 1 S. 1 DSG LSA; § 39 Abs. 1 S. 1 DSG SH; § 36 Abs. 1 S. 1 ThürDSG; schwächer die Formulierung in § 21 Abs. 3 S. 1 NdsDSG und § 25 Abs. 3 S. 2 SaarDSG).

In Bayern gilt es die Besonderheit zu berücksichtigen, dass das Gesetz zwischen der Aufsicht über öffentliche und nicht-öffentliche Stellen unterscheidet. In den übrigen Bundesländern liegt die **Aufsicht** über die Einhaltung datenschutzrechtlicher Vorschriften im öffentlichen und nicht-öffentlichen Bereich **in einer Hand** (*Gola/Schomerus*, BDSG, § 38 Rn. 32).

Die nachfolgenden Muster sollen einige typische Konstellationen im Umgang mit den Landesdatenschutzbehörden abbilden. Ein **aufsichtsbehördliches Verfahren** wird häufig dadurch veranlasst, dass eine natürliche Person („Betroffener") sich mit einer **Eingabe** an eine Aufsichtsbehörde wendet, weil er sein Persönlichkeitsrecht durch den Umgang einer Behörde oder einer nicht-öffentlichen Stelle („verantwortliche Stelle") mit seinen personenbezogenen Daten verletzt sieht. Nach Art. 77 Abs. 1 DS-GVO muss jedermann die Möglichkeit haben, sich mit derartigen Eingaben an die Aufsichtsbehörde zu wenden.

Erlässt die Aufsichtsbehörde sodann gegenüber der verantwortlichen (nicht-öffentlichen) Stelle nach entsprechender Anhörung (§ 28 Abs. 1 VwVfG) einen Bescheid, wozu sie im Rahmen des Art. 58 DS-GVO befugt ist, so kann die verantwortliche Stelle sich hiergegen im Wege einer Klage vor dem Verwaltungsgericht wehren. Ein Widerspruch ist gem. § 20 Abs. 6 BDSG n.F. nicht mehr statthaft.

Das **Verwaltungsverfahren** richtet sich in den Ländern grundsätzlich nach den deren jeweiligen Verwaltungsverfahrensgesetzen. Aus Gründen der Vereinfachung wird an dieser Stelle allerdings stets nur das Verwaltungsverfahrensgesetz des Bundes zitiert, zumal die meisten Bundesländer dessen Geltung auch für das Verwaltungsverfahren der Landesbehörden angeordnet haben (siehe z.B. § 1 Abs. 1 BlnVwVfG).

Die Datenschutzbehörden sind aufgrund europarechtlicher Vorgaben zwar unabhängig, gleichwohl unterliegt ihr Handeln als Träger der öffentlichen Gewalt der vollen Kontrolle durch die Gerichte (vgl. Art. 1 Abs. 3, 19 Abs. 4 GG und ErwG 118 DS-GVO). Diese Kontrolle wird, weil bzw. soweit es sich bei dem Datenschutzrecht um öffentlich-rechtliche Vorschriften handelt, vornehmlich durch die Verwaltungsgerichte ausgeübt (§ 40 Abs. 1 VwGO), in gewissem Umfang auch mittelbar durch die ordentlichen Gerichte, wenn es um datenschutzrechtliche Straf- oder Bußgeldverfahren geht. Die DS-GVO räumt den Datenschutzbehörden in erheblichem Umfang **unmittelbare Eingriffsbefugnisse** gegenüber Privaten ein, indem sie zum Erlass von Verwaltungsakten ermächtigen (vgl. Art. 58 DS-GVO). Hiergegen besteht selbstverständlich der gleiche Rechtsschutz, wie er auch gegenüber jedem anderen behördlichen Verwaltungsakt besteht. Daneben werden die Datenschutzbehörden aber – man möchte sagen: traditionell – in gewissem Umfang auch auf anderen grundrechtssensible Weise tätig, etwa durch die von einigen Behörden recht offensiv gepflegte und durchaus als robust zu bezeichnende Öffentlichkeitsarbeit. Auch insofern handeln die Behörden nicht im rechtsfreien Raum, sondern sind insbesondere den Grundrechten der Betroffenen verpflichtet. Diese Gesetzesbindung unterliegt selbstverständlich ebenfalls gerichtlicher Kontrolle.

Hinsichtlich des klassischen Verwaltungsprozessrechts sind auch mit Blick auf das Datenschutzrecht bestimmte Konstellationen typisch. Das betrifft etwa die Anfechtungsklage gegen einen Bescheid einer Aufsichtsbehörde (→ III.), aber auch den Antrag auf Wiederherstellung der aufschiebenden Wirkung für den Fall, dass die Behörde die sofortige Vollziehung eines Bescheids angeordnet hat (→ II.) oder auf Feststellung der aufschiebenden Wirkung, falls sie die aufschiebende Wirkung einer Anfechtungsklage missachtet (→ II.).

Da das Datenschutzrecht zum einen eine vergleichsweise junge Rechtsmaterie ist und zum anderen bislang nur in verhältnismäßig geringem Umfang Gegenstand gerichtlicher Auseinandersetzungen war, haben sich – soweit dies zu überblicken ist – noch keine als „typisch" zu bezeichnenden Konstellationen herausgebildet. In materiellrechtlicher Hinsicht orientieren sich die nachfolgenden Formulare daher an einer Auswahl der wenigen bekannten Fälle datenschutzrechtlichen Einschlags, mit denen die Gerichte tatsächlich bereits befasst waren. Das Muster für die Anfechtungsklage ist dem Urteil des VG Berlin vom 24.5.2011 – 1 K 133.10, CR 2012, 191 nachgebildet, das Muster für den Antrag auf Erlass einer einstweiligen Anordnung folgt dem Beschluss des Schleswig-Holsteinischen Verwaltungsgerichts vom 5.11.2013 – 8 B 50/13, ZD 2014, 102 m. Anm. *Abel.* Für den Antrag auf Wiederherstellung der aufschiebenden Wirkung wird ergänzend auf den Beschluss des OVG Schleswig vom 22.4.2013 – 4 MB 11/13, NJW 2013, 1977 verwiesen, der allerdings sowohl in rechtlicher, als auch tatsächlicher Hinsicht zu komplex und zu außergewöhnlich war, um ihn zum Gegenstand eines Formularmusters zu machen.

Koreng

I. Eingabe an eine Aufsichtsbehörde

An die
Datenschutzbehörde [...][1]

[Berlin], den [...]

Sehr geehrte(r) Frau/Herr [...],

ich zeige hiermit an, dass ich Frau [...] vertrete. Die ordnungsgemäße Originalvollmacht übersende ich anbei.[2]

Ich wende mich an Sie, weil das Recht auf informationelle Selbstbestimmung meiner Mandantin durch die [X GmbH] und die [Y OHG], beide mit Sitz in [...] verletzt wurde. Es scheint sich hierbei um eine strukturelle Missachtung datenschutzrechtlicher Vorgaben zu handeln, so dass ich der Auffassung bin, dass Ihr Tätigwerden angezeigt ist.[3]

I.

Meine Mandantin meldete sich am [...] bei dem von der [X GmbH] betriebenen Online-Shop [example.com] an, um dort einige Weihnachtsgeschenke für ihre Kinder zu erwerben. Im Zuge der Anmeldung war es unter anderem erforderlich, eine E-Mail-Adresse anzugeben. Meine Mandantin gab dort ihre E-Mail-Adresse [...] an, die sie erst einen Tag zuvor eingerichtet hatte. Die E-Mail-Adresse ist sonst noch niemandem bekannt und wurde von meiner Mandantin nicht anderweitig verwendet. Die neue E-Mail-Adresse hat sich meine Mandantin einrichten lassen, nachdem ihre alte Adresse infolge zu hohen Werbeaufkommens faktisch nicht mehr nutzbar war. Im Zuge der Anmeldung beim Online-Shop erteilte meine Mandantin keine Einwilligung in die Übersendung von Werbung oder in eine sonstige Nutzung ihrer E-Mail-Adresse außer zu Zwecken der Abwicklung des Kaufs.

Gleichwohl erhielt meine Mandantin bereits drei Tage später die diesem Schreiben als Anlage beigefügte Werbe-E-Mail der [Y OHG]. In der E-Mail wird sie namentlich angesprochen. Meine Mandantin war hierüber extrem verwundert, weil ihr die [Y OHG] bislang nicht bekannt war und sie mit dieser auch in keiner Geschäftsbeziehung stand. Sie rief daraufhin bei der [Y OHG] an und fragte nach, weshalb sie die Werbe-E-Mail erhalten habe. Dort teilte man ihr mit, die [Y OHG] habe ihre E-Mail-Adresse zusammen mit hundert weiteren käuflich von der [X GmbH] erworben und setze sie nun zu Werbezwecken ein.[4]

II.

Als Datenschutzbeauftragte(r) des Bundeslandes [...] sind Sie dafür zuständig, die Einhaltung des Datenschutzrechts durch in diesem Land ansässige Unternehmen zu überwachen.[5] Das betrifft auch die [X GmbH] und die [Y OHG]. Diese Unternehmen haben datenschutzrechtliche Vorschriften missachtet:

Bei der E-Mail-Adresse meiner Mandantin handelt es sich um ein personenbezogenes Datum. Darunter sind gemäß Art. 4 Nr. 1 DS-GVO alle Informationen zu verstehen, die sich auf eine identifizierte oder identifizierbare natürliche Person beziehen. Das trifft auch auf die E-Mail-Adresse meiner Mandantin zu.[6]

Gemäß Art. 6 DS-GVO ist die Verarbeitung solcher Daten nur unter den dort genannten Voraussetzungen zulässig. Unter einer Verarbeitung ist gemäß Art. 4 Nr. 2 DS-GVO auch die Übermittlung an Dritte zu verstehen.

Eine Zustimmung meiner Mandantin lag nicht vor. Auch ansonsten ist keine gesetzliche Grundlage für die Übermittlung der Daten durch die [X GmbH] an die [Y OHG] ersichtlich, so dass die [X GmbH] die E-Mail-Adresse und mindestens auch den Namen meiner Mandantin unrechtmäßig an die [Y OHG] übermittelt hat.[7] Die [Y OHG] hat diese Daten sodann unrechtmäßig verwendet i. S. v. Art. 4 Nr. 2 DS-GVO, indem sie meiner Mandantin Werbe-E-Mails geschickt hat. Denn es fehlt an der hierfür erforderlichen Einwilligung. Gesetzliche Erlaubnistatbestände sind offensichtlich nicht gegeben.[8]

Ich bitte Sie, mich nach Möglichkeit über den Fortgang der Sache zu informieren.[9] Für Rückfragen stehe ich Ihnen gerne zur Verfügung.

Mit freundlichen Grüßen

Rechtsanwalt

Anmerkungen

1. Aufsichtsbehörde. Zunächst einmal gilt es, die Eingabe an die zuständige Aufsichtsbehörde zu adressieren. Für die Zuständigkeit ergibt sich aus der DS-GVO eine Neuerung. Während nach bisheriger Rechtslage für die örtliche Zuständigkeit auf die allgemeinen verwaltungsrechtlichen Grundsätze (§ 3 Abs. 1 Nr. 1 VwVfG) abzustellen war und es insofern maßgeblich auf den Sitz der verantwortlichen Stelle ankam, gilt nach neuem Recht Art. 77 DS-GVO jedenfalls im Verhältnis zum Petenten nun als *lex specialis*. Dieser eröffnet dem Petenten nun ein Wahlrecht, indem er anordnet, dass die betroffene Person sich „bei einer Aufsichtsbehörde, insbesondere in dem Mitgliedstaat ihres Aufenthaltsorts, ihres Arbeitsplatzes oder des Orts des mutmaßlichen Verstoßes" beschweren kann. Dies kann sinnvoll nur dahingehend verstanden werden, dass sich der Petent mit seinem Anliegen an jede beliebige Aufsichtsbehörde wenden kann. Davon betroffen ist freilich nur die Zuständigkeit der Aufsichtsbehörde im Verhältnis zum Petenten. Die Bestimmung der im Verhältnis zur verantwortlichen Stelle zuständigen Aufsichtsbehörden richtet sich nach Art. 55 Abs. 1 DS-GVO, wonach die Aufsichtsbehörde ihre Aufgaben im Hoheitsgebiet ihres eigenen Mitgliedstaats wahrnimmt und ihre Befugnisse ebendort ausübt. Soweit dies zur Folge hat, dass die Aufsichtsbehörden mehrerer Mitgliedstaaten mit einem Sachverhalt beschäftigt werden, richtet sich deren Zusammenarbeit nach dem sog. „Kohärenzverfahren" (Art. 60 ff. DS-GVO). Im Verhältnis zum Betroffenen bleibt es indes dabei, dass dieser nur mit derjenigen Behörde kommuniziert, bei der er die Beschwerde eingereicht hat. Hat der Petent aber sein Wahlrecht ausgeübt, so kann er sich nicht zusätzlich an weitere Aufsichtsbehörden wenden (vgl. ErwG 141 DS-GVO). Die vom Betroffenen mit der Sache befasste Aufsichtsbehörde wird dann zur „betroffenen Aufsichtsbehörde" i. S. v. Art. 4 Nr. 22 lit. c DS-GVO. Die sachliche Zuständigkeit richtet sich weiter alleine nach nationalem Recht, so dass in allen Ländern außer Bayern (→ Vorb.) die Zuständigkeit für die Aufsicht über die Datenverarbeitung öffentlicher Stellen mit der hinsichtlich nicht-öffentlicher Stellen in der Hand der gleichen Behörde liegt. In Bayern ist das Landesamt für Datenschutzaufsicht mit der Beaufsichtigung nicht-öffentlicher Stellen und öffentlich-rechtlicher Wettbewerbsunternehmen betraut (Art. 34 Abs. 1 BayDSG), während der Landesbeauftragte für den Datenschutz gem. Art. 30 Abs. 1 BayDSG die Einhaltung des Datenschutzrechts bei den öffentlichen Stellen beaufsichtigt.

2. Vollmacht. Die Vorlage einer schriftlichen Vollmacht ist zwar grundsätzlich nur auf Verlangen der Behörde erforderlich (§ 14 Abs. 1 S. 3 VwVfG), bietet sich jedoch zur Vermeidung jedweder hierüber ansonsten ggf. zu führender Diskussion von vornherein an.

3. Anlass und Eingriffsschwelle. Zwar sind die Aufsichtsbehörden von Gesetzes wegen grundsätzlich dazu berufen, von Amts wegen die Einhaltung der datenschutzrechtlichen Vorschriften innerhalb ihres Zuständigkeitsbereichs zu überwachen (*Gola/Schomerus*, BDSG, § 38 Rn. 3). In der Praxis gestaltet sich dies allerdings aus Kapazitätsgründen schwierig, so dass die Behörden vorzugsweise in Fällen tätig werden, die entweder besonders öffentlichkeitswirksam sind, oder auf welche sie durch Hinweise von Betroffenen aufmerksam gemacht wurden (Simitis/*Petri*, BDSG, § 38 Rn. 32: „Praktischer Regelfall").

Die Behandlung von Eingaben der Bürger bezeichnen *Petri/Tinnefeld*, MMR 2010, 157 (158) sogar als zu den „Kernaufgaben der Aufsichtsbehörden" gehörig. Zwar gibt es keinen gesetzlichen Grundsatz, wonach die Aufsichtsbehörde nur in besonders schweren Fällen oder bei struktureller Missachtung datenschutzrechtlicher Vorschriften tätig werden darf. Vielmehr schreibt Art. 77 Abs. 1 DS-GVO vor, dass „jede betroffene Person" das Recht auf Beschwerde bei einer Aufsichtsbehörde hat. Allerdings stellt sich nach neuem Recht die Frage, ob das Beschwerderecht an eine individuelle Betroffenheit geknüpft ist. Der Begriff der „betroffenen Person" ist auslegungsbedürftig. Nach Art. 4 Nr. 1 DS-GVO ist „betroffene Person" eine „identifizierte oder identifizierbare natürliche Person", wobei als identifizierbar eine Person definiert wird, „die direkt oder indirekt (…) identifiziert werden kann." Ein fast lehrbuchmäßiger Pleonasmus. Unklar bleibt danach, ob Art. 77 DS-GVO jede Person meint, die (abstrakt) als Subjekt einer Datenverarbeitung in Betracht kommt, oder nur den, der (konkret) von einer bestimmten Datenverarbeitung tatsächlich betroffen ist. Weil die Formulierung „dass die Verarbeitung der sie betreffenden personenbezogenen Daten nicht mit dieser Verordnung vereinbar ist" sinnlos wäre, wenn eine abstrakte Betroffenheit genügte, ist der letztgenannten Auslegung der Vorzug zu geben. Dem steht auch nicht der Einwand entgegen, dass ein Betroffener nicht stets wissen kann, ob und ggf. welche seiner Daten verarbeitet wurden. In diesem Fall ist er zunächst auf die Ausübung seines Auskunftsanspruchs nach Art. 15 DS-GVO zu verweisen.

Gleichwohl sollte sorgfältig erwogen werden, ob es sich lohnt, eine Eingabe an die Aufsichtsbehörde zu verfassen. Einerseits ist über diesen Umweg selten ein schnellerer und effektiverer Rechtsschutz für den Betroffenen zu erlangen, als über den nach Art. 79 Abs. 1 DS-GVO gleichfalls zur Verfügung stehenden Zivilrechtsweg, der zur Unterbindung von Datenschutzverstößen oftmals auch das einstweilige

Verfügungsverfahren eröffnet. Daneben sollte auch bedacht werden, dass die beschränkten Kapazitäten der Behörde im allgemeinen Interesse eher für die Behandlung grundsätzlicher Angelegenheiten oder die Bekämpfung erheblicher, struktureller Missachtungen des Datenschutzrechts eingesetzt werden sollten, zumal häufige Beschwerde in Bagatellfällen schnell einen querulatorischen Eindruck erwecken können. In diesem Zusammenhang soll auch nicht unerwähnt bleiben, dass die DS-GVO mit Art. 57 Abs. 4 S. 1 nunmehr auch eine Missbrauchsklausel enthält, wonach die Aufsichtsbehörde offenkundig unbegründete „exzessive" Anfragen mit einer „angemessenen Gebühr" belegen oder deren Bearbeitung verweigern kann. Nicht verschwiegen werden darf auch, dass es nicht selten Konkurrenten sind, die ihre Wettbewerber durch anonyme Hinweise an die Aufsichtsbehörde wegen tatsächlicher oder vermeintlicher Datenschutzverstöße anschwärzen wollen. Dadurch wird der nach neuerer Rechtsprechung über § 3a UWG (ehemals § 4 Nr. 11 UWG a. F.) grundsätzlich mögliche (OLG Hamburg, Urt. v. 27.6.2013 – 3 U 26/12, GRUR-RR 2013, 482), aber deutlich stärker risiko- und konfliktbehaftete Weg einer wettbewerbsrechtlichen Auseinandersetzung vermieden. Mit der Frage, ob und unter welchen Voraussetzungen ein Anspruch auf Nennung eines solchen Hinweisgebers besteht, hat sich das VG Bremen, Urt. v. 30.3.2010 – 2 K 548/09, RDV 2010, 129, befasst, worauf hier nur der Vollständigkeit halber hingewiesen werden soll.

4. Begründung der Eingabe. Die Begründung der Eingabe sollte den wesentlichen Sachverhalt und seine datenschutzrechtliche Relevanz erkennen lassen. Die Verordnung verhält sich nicht näher zu der Frage, in welchem Umfang und in welcher Intensität der Betroffene seine Eingabe zu begründen hat. Insofern kann dem Betroffenen sicherlich keine umfassende juristische Prüfung zugemutet werden, das wäre mit dem Charakter des Art. 77 Abs. 1 DS-GVO als Jedermannsrecht nicht zu vereinbaren. Andererseits wird der Betroffene den tatsächlichen Sachverhalt so zu schildern haben, dass auf Basis dessen wenigstens eine Plausibilitätsprüfung möglich ist. Rechtliche Ausführungen des Betroffenen dürften danach durchweg entbehrlich sein. Sollte die Eingabe des Betroffenen offensichtlich unschlüssig oder unvollständig sein, wird die Aufsichtsbehörde mit Blick auf ihre aus § 25 Abs. 2 VwVfG (bzw. den entsprechenden Vorschriften des Landesrechts) folgende Beratungspflicht auf eine sachdienliche Schilderung des Sachverhalts hinzuwirken haben. Im Übrigen ist die Behörde nach allgemeinen verwaltungsrechtlichen Grundsätzen (u. a. § 24 Abs. 1 S. 1 VwVfG), die der EuGH ausdrücklich auch für das Europarecht anerkannt hat (EuGH, Urt. v. 21.11.1991 – C-269/90, Rn. 14), zur Amtsermittlung verpflichtet.

5. Örtliche Zuständigkeit der Aufsichtsbehörde. Der Betroffene ist in der Wahl der Aufsichtsbehörde, bei der er seine Eingabe macht, frei (so auch *Paal/Pauly/Körffer*, DS-GVO, Art. 77 Rn. 4; *Laue/Nink/Kremer*, Das neue Datenschutzrecht in der betrieblichen Praxis, § 1 Rn. 33). Welche Aufsichtsbehörde für Maßnahmen gegenüber der verantwortlichen Stelle zuständig ist, ergibt sich aus Art. 55 ff. DS-GVO.

6. E-Mail-Adresse als personenbezogenes Datum. Ob eine E-Mail-Adresse als solche ein personenbezogenes Datum ist, lässt sich nicht allgemein sagen. Es dürfte richtigerweise wohl darauf ankommen, ob es der jeweiligen Stelle möglich ist, die Adresse einer konkreten natürlichen Person zuzuordnen (*Gola/Schomerus*

BDSG, § 3 Rn. 10a; zur parallelen Diskussion bei IP-Adressen vgl. EuGH, Urt. v. 19.10.2016 – C-582/14). Im Bereich des Adresshandels werden indes nur selten E-Mail-Adressen isoliert verkauft. Der Regelfall ist vielmehr der Verkauf ganzer Datensätze. Hier dürfte es auf den Einzelfall ankommen. Enthält die unerwünschte Werbe-E-Mail – wie im hier gegebenen Fall – eine persönliche Anrede, so liegt der Personenbezug auch der sonstigen Daten auf der Hand.

7. Adresshandel. Der Adresshandel zu Werbezwecken war nach der bisherigen Rechtslage in engen Grenzen zulässig (§ 28 Abs. 3 S. 4 BDSG). Unter Geltung der DS-GVO ändert sich das nicht. Der insoweit einschlägige Erlaubnistatbestand dürfte Art. 6 Abs. 1 lit. f DS-GVO sein, der eine Datenverarbeitung gestattet, sofern diese zur Wahrung der berechtigten Interessen des Verantwortlichen oder eines Dritten erforderlich ist, sofern nicht die Interessen der betroffenen Person überwiegen. Die Vorschrift erfordert also eine Abwägung, wobei der Verordnungsgeber davon ausgeht, dass die Datenverarbeitung zu Zwecken der Direktwerbung als einem berechtigten Interesse dienend angesehen werden kann (ErwG 47 DS-GVO; vgl. hierzu im Einzelnen *Drewes*, CR 2016, 721 (723 ff.)). Nach dem Willen des Verordnungsgebers wäre dabei insbesondere zu prüfen, ob der Betroffene vernünftigerweise absehen konnte, dass möglicherweise eine solche Verarbeitung erfolgen wird (ErwG 47 DS-GVO). Dabei wird der Information nach Art. 13 Abs. 1 lit. c DS-GVO eine wesentliche Rolle zukommen: Wird der Betroffene bei der Datenerhebung auf die beabsichtigten Nutzungszwecke (und die Rechtsgrundlage, also Art. 6 Abs. 1 lit. f DS-GVO) hingewiesen, wird die dementsprechende, spätere Nutzung seiner Erwartungshaltung nicht widersprechen. Ist eine solche Information allerdings nicht erfolgt, wird man umgekehrt wohl zumeist von entgegenstehenden Interessen des Betroffenen ausgehen müssen, weil es nicht vernünftigerweise abzusehen ist, dass eine zu Zwecken der Vertragsabwicklung erhobene Adresse zu Zwecken des Direktmarketings weiterverkauft wird. Das wird regelmäßig auch nicht im Interesse des Betroffenen liegen.

8. Werbung per E-Mail. Nach § 7 Abs. 2 Nr. 3 UWG ist Werbung per E-Mail stets als unzumutbare Belästigung zu qualifizieren, es sei denn, es liegt eine entsprechende Einwilligung des Adressaten vor oder die Ausnahmeregelung des § 7 Abs. 3 UWG greift. Beides ist in Fällen wie dem hier zugrundeliegenden nicht der Fall, denn § 7 Abs. 3 UWG gestattet von vornherein nur E-Mail-Werbung desjenigen Unternehmens, welches das personenbezogene Datum selbst erhoben hat (§ 7 Abs. 3 Nr. 2 UWG: „für eigene ähnliche Waren oder Dienstleistungen"). Das Problem der E-Mail-Werbung wird auch vom Entwurf der ePrivacy-VO adressiert. Im Kommissionsentwurf vom 10.1.2017 heißt es in Art. 16 Abs. 1 insoweit, dass hierzu grundsätzlich die Einwilligung des Empfängers erforderlich sei. Eine Ausnahme vom Erfordernis der Einwilligung gilt nach Art. 16 Abs. 2 ePrivacy-VO-E, wenn der Versender die E-Mail-Adresse des Empfängers im Zusammenhang mit dem Verkauf eines Produkts oder einer Dienstleistung im Einklang mit der DS-GVO erhalten hat, und er Empfänger „klar und deutlich" die Möglichkeit hat, einer werblichen Nutzung der Adresse „kostenlos und auf einfache Weise" zu widersprechen. Hinzu treten bestimmte Informationspflichten (Art. 16 Abs. 6 ePrivacy-VO-E). Dies entspricht im Wesentlichen der gegenwärtigen Rechtslage nach § 7 Abs. 3 UWG. Es ist allerdings ratsam, die weitere Entwicklung in Bezug auf die ePrivacy-Verordnung zu verfolgen, da sich im weiteren Verlauf des Gesetzgebungsverfahrens noch Änderun-

Koreng

gen ergeben können. Zur rechtmäßigen Erhebung von E-Mail-Adressen zur Online-Werbung → F.I.4.

9. Information des Betroffenen. Nach Art. 77 Abs. 2 DS-GVO muss die Aufsichtsbehörde den Betroffenen darüber informieren, wie mit seiner Eingabe weiter verfahren wurde und ihn auf die Möglichkeit eines gerichtlichen Rechtsbehelfs (Art. 78 DS-GVO) hinweisen.

II. Antrag auf Wiederherstellung der aufschiebenden Wirkung

An das
Verwaltungsgericht [...][1]

[Berlin], den [...]

Antrag auf Wiederherstellung der aufschiebenden Wirkung

des [...],

– Antragsteller –

gegen

die Datenschutzbehörde [...],[2]

– Antragsgegnerin –

wegen: Wiederherstellung der aufschiebenden Wirkung eines Widerspruchs gegen eine datenschutzrechtliche Anordnung gemäß Art. 58 Abs. 2 lit. d DS-GVO.

Namens und im Auftrag des Antragstellers beantrage ich, wie folgt zu beschließen:

I. Die aufschiebende Wirkung des Widerspruchs des Antragstellers vom [...] gegen den Bescheid der Antragsgegnerin vom [...], Az. [...] wird wiederhergestellt.[3]

II. Die Antragsgegnerin trägt die Kosten des Verfahrens.

Begründung:

A) Sachverhalt

Der Antragsteller betreibt gewerbsmäßig eine private Personal- und Stellenvermittlung. Gesetzliche Basis dieser Tätigkeit sind §§ 296 ff. SGB III. Durch die Erteilung von Vermittlungsgutscheinen wird das Gewerbe des Klägers staatlich gefördert. Der Antragsteller ist Anlaufstelle für Arbeitslose und Arbeitssuchende, die ihm durch die Agentur für Arbeit zugeführt werden.

Der Antragsteller erfasst die Bewerberdaten, erstellt hieraus ein Bewerberprofil und übermittelt dieses an potenzielle Arbeitgeber, von denen er aufgrund besonderer Sachkenntnis weiß oder vermutet, dass dort Arbeitskräfte benötigt werden. Zu diesem Zweck muss der Antragsteller selbstverständlich die personenbezogenen Daten der Arbeitssuchenden verarbeiten. Gesetzliche Erlaubnisnorm der Datenverarbeitung durch den Kläger ist § 298 SGB III. Bei den erhobenen Daten handelt es sich um das zwingende Mindestmaß, um einer wirkungsvollen Vermittlung nachzugehen.

Die Arbeitssuchenden willigen in die Verarbeitung und Übersendung ihres Kurzprofils an potenzielle Arbeitgeber schriftlich ein. Der Vertrag (Anlage AST 1) zwischen dem Antragsteller und dem Arbeitssuchenden enthält einen von dem übrigen Text abgesetzten und von dem Arbeitsuchenden gesondert zu unterschreibenden eigenen Abschnitt zum Datenschutz. Dieser enthält eine Einwilligung des Arbeitssu-

Koreng

chenden in die Erhebung, Verarbeitung und Nutzung der Daten zum Zwecke der Vermittlung, insbesondere auch der zu diesem Zweck notwendigen Weitergabe der Daten an Dritte.

Diese Daten werden dem potentiellen Arbeitgeber erst auf ausdrücklichen Wunsch des Arbeitnehmers herausgegeben oder wenn sich die Erlangung der Stelle so weit verdichtet hat, dass eine unmittelbare und schnelle Kommunikation zwischen Arbeitgeber und Arbeitsuchenden erforderlich wird. Die Übermittlung der Daten erfolgt via unverschlüsselter E-Mail.

Am [...] ordnete die Antragsgegnerin mit dem hier angegriffenen Bescheid (Anlage AST 2) an, dass der Antragsteller im Rahmen seiner Tätigkeit als Arbeitsvermittler die Bewerberdaten nur verschlüsselt oder pseudonymisiert verschicken darf.

Hiergegen legte der Antragsteller mit Schreiben vom [...] Widerspruch (Anlage AST 3) ein.

Auf den Widerspruch hin ordnete die Antragsgegnerin mit Bescheid vom [...] (Anlage AST 4) die sofortige Vollziehung des Bescheids vom [...] an, begründete dies aber nicht gesondert.

Gegen diese Anordnung der sofortigen Vollziehung richtet sich der vorliegende Antrag.

B) Rechtliche Würdigung

Der Antrag ist zulässig und begründet.

I. Zulässigkeit[4]

Der Antrag ist zulässig. Das Verwaltungsgericht [...] ist das Gericht der Hauptsache, weil es gemäß § 20 Abs. 3 BDSG n. F. auch für die gegen den Bescheid gerichtete Anfechtungsklage zuständig ist. Der Antrag ist auch bereits vor Erhebung der Anfechtungsklage zulässig (§ 80 Abs. 5 S. 2 VwGO). Die Anfechtungsklage gegen den Ausgangsbescheid wurde fristgerecht erhoben.

II. Begründetheit[5]

Der Antrag ist auch begründet. Gemäß § 80 Abs. 5 S. 1 VwGO kann das Gericht die aufschiebende Wirkung der gegen einen Verwaltungsakt gerichteten Anfechtungsklage im Falle des § 80 Abs. 2 Nr. 4 VwGO ganz oder teilweise wiederherstellen. Die hierfür geltenden Voraussetzungen liegen vor.

1. Formelle Rechtswidrigkeit der Anordnung der sofortigen Vollziehung

Im Fall des § 80 Abs. 2 Nr. 4 VwGO ist der Antrag nach § 80 Abs. 5 VwGO bereits dann begründet, wenn die Anordnung der sofortigen Vollziehung durch die Behörde formell oder materiell rechtswidrig ist. Das ist hier der Fall, denn es fehlt der Anordnung an der nach § 80 Abs. 3 S. 1 VwGO erforderlichen, gesonderten schriftlichen Begründung.

2. Anfechtungsklage mit überwiegender Wahrscheinlichkeit erfolgreich

Ungeachtet dessen ist der Antrag auch deshalb begründet, weil im Rahmen der nach § 80 Abs. 5 VwGO erforderlichen Interessenabwägung das Interesse des Antragstellers an der Aussetzung der Vollziehung gegenüber dem öffentlichen Interesse am Sofortvollzug überwiegt. Diese Interessenabwägung hat sich an den Erfolgsaussichten der Anfechtungsklage in der Hauptsache zu orientieren. Überwiegt die Wahrscheinlichkeit, dass der Bescheid im Rahmen der Hauptsacheklage aufgehoben werden wird, so ist der Antrag nach § 80 Abs. 5 VwGO begründet. So liegt der Fall auch hier. Denn gemäß Art. 25 Abs. 1 DS-GVO können dem Antragsteller nur solche Maßnahmen abverlangt werden, deren Aufwand in einem angemessenen Verhältnis zum angestrebten Schutzzweck steht. In diesem Sinn ist die Vorgabe, sämtliche Daten nur noch verschlüsselt zu versenden, unverhältnismäßig.

Es ist hierbei zu berücksichtigen, dass es sich lediglich um Daten aus der Sozialsphäre handelt und der Betroffene der Verarbeitung und Vermittlung gemäß Art. 6 Abs. 1 S. 1 lit. a DS-GVO zugestimmt hat. Zudem ist die Übermittlung und leichte Lesbarkeit zwingende Voraussetzung zur Erfüllung des Vertrages zwischen dem Antragsteller und dem Arbeitsuchenden. Die Verschlüsselung und/oder unvollständige Übermittlung der Bewerbungsdaten würde in der Praxis dazu führen, dass keine Arbeitsstellen von Anbietern wie dem Antragsteller vermittelt werden könnten. Wie die Regelungen in §§ 296 ff. SGB III zeigen, ist die Tätigkeit von Arbeitsvermittlern wie dem Antragsteller gerade durch den Gesetzgeber gewollt und privilegiert. Diese Privilegierung hat auch Auswirkungen auf die Beurteilung der Verhältnismäßigkeit zugunsten des Antragstellers.

Es ist ferner allgemein bekannt, dass insbesondere im Ablauf einer Personalabteilung eines potentiellen Arbeitgebers nur vollständige, leicht zu bearbeitende Bewerbungen berücksichtigt werden und damit Aussicht auf Erfolg haben. Jeder weitere bürokratische Schritt und/oder jede weitere zusätzliche finanzielle Belastung der potentiellen Arbeitgeber lässt die Chance auf eine erfolgreiche Vermittlung für den Arbeitsuchenden schwinden.

Der Einsatz von Programmen zur Verschlüsselung von E-Mails ist absolut unüblich. Der Antragsteller müsste sich vor der Übermittlung einer E-Mail zunächst darüber vergewissern, dass der potentielle Arbeitgeber eine kompatible Verschlüsselungssoftware einsetzt. Wenn dies nicht der Fall sein sollte, müsste der Antragsteller die Kompatibilität durch Erwerb der Software, die auch der Arbeitgeber einsetzt, herstellen oder den Arbeitgeber dazu bewegen, eine kompatible Software herunterzuladen und zu installieren. Dadurch würden die Chancen einer erfolgreichen Vermittlung faktisch auf Null sinken. Der Antragsteller hätte keine Möglichkeit mehr, seine berufliche Tätigkeit sinnvoll weiter auszuüben. Er müsste seinen Geschäftsbetrieb letztlich einstellen. Die Anordnung verletzt deshalb auch sein Grundrecht aus Art. 12 Abs. 1 GG.

Die Anfechtungsklage gegen den Ausgangsbescheid wäre daher mit überwiegender Wahrscheinlichkeit erfolgreich, so dass die im Rahmen von § 80 Abs. 5 VwGO erforderliche Interessenabwägung hier zugunsten des Antragstellers ausgeht.

Einfache und beglaubigte Abschrift anbei.

Rechtsanwalt

Anmerkungen

1. Zuständiges Gericht. Nach § 20 Abs. 1 BDSG n.F. ist für Streitigkeiten zwischen einer natürlichen oder einer juristischen Person und einer Aufsichtsbehörde der Verwaltungsrechtsweg gegeben. Für das Verfahren nach § 80 Abs. 5 VwGO ist gem. § 80 Abs. 7 S. 1 VwGO das Gericht der Hauptsache zuständig, also das in erster Instanz für ein (hypothetisches) Hauptsacheverfahren zuständige Verwaltungsgericht (§ 45 VwGO). Während nach bisheriger Rechtslage insoweit die Anwendung von § 52 Nr. 3 S. 1 VwGO zur Folge hatte, dass das Gericht zuständig war, in dessen Bezirk die den Verwaltungsakt erlassende Behörde ihren Sitz hat, so ergibt sich dies künftig ausdrücklich aus § 20 Abs. 3 BDSG n. F. Der auf den Antrag folgende Beschluss kann auch vom Vorsitzenden alleine erlassen werden (§ 80 Abs. 8 VwGO).

2. Antragsgegner. Im Hinblick auf die Akzessorietät zur Anfechtungsklage in der Hauptsache richten sich die sonstigen Sachurteilsvoraussetzungen grundsätzlich nach denen der Anfechtungsklage. Daher ergibt sich der richtige Antragsgegner auch hier aus § 78 Abs. 1 Nr. 1 VwGO, wobei § 20 Abs. 4 BDSG n. F. anordnet, dass die Aufsichtsbehörde selbst beteiligungsfähig im verwaltungsgerichtlichen Verfahren ist. Der Antrag richtet sich daher künftig nicht mehr gegen den Rechtsträger der Behörde, sondern gegen die Behörde selbst. Verfügte die Aufsichtsbehörde über eine eigene Rechtsfähigkeit, etwa weil sie als öffentlich-rechtliche Anstalt konstituiert war, so war sie bereits bislang unmittelbar Antragsgegnerin.

3. Antragsfassung. Der Antrag nach § 80 Abs. 5 VwGO ist – in Abgrenzung zu demjenigen nach § 123 Abs. 1 VwGO – nur dann statthaft, wenn in der Hauptsache eine Anfechtungsklage zu erheben wäre, also ein belastender Verwaltungsakt i. S. v. § 35 VwVfG vorliegt. Bei der Antragsfassung kommt es darauf an, ob der Verwaltungsakt von Gesetzes wegen sofort vollziehbar ist, oder ob die Behörde seine sofortige Vollziehbarkeit angeordnet hat (§ 80 Abs. 2 S. 1 Nr. 4 VwGO). Was dies betrifft, gilt es allerdings zu berücksichtigen, dass die Anordnung der sofortigen Vollziehung gegenüber einer Behörde oder deren Rechtsträger gem. § 20 Abs. 7 BDSG n. F. ausgeschlossen ist. Weil es im Datenschutzrecht keine gesetzlich angeordnete sofortige Vollziehbarkeit von Verwaltungsakten gibt, ist, soweit es nicht um die Anforderung von Kosten geht (§ 80 Abs. 2 S. 1 Nr. 1 VwGO), mangels entsprechender Regelungen (§ 80 Abs. 2 S. 1 Nr. 3 VwGO) nur die behördlich angeordnete sofortige Vollziehbarkeit als Gegenstand eines Antrags nach § 80 Abs. 5 VwGO denkbar. Dies hat sich im Antrag dahingehend widerzuspiegeln, dass beantragt werden muss, die aufschiebende Wirkung des Rechtsmittels wiederherzustellen. Da das Widerspruchsverfahren nach § 20 Abs. 6 BDSG n. F. abgeschafft ist, kommt als solches Rechtsmittel nur die Anfechtungsklage in Betracht.

4. Zulässigkeit des Antrags. Die Zulässigkeitsvoraussetzungen des Antrags nach § 80 Abs. 5 VwGO richten sich im Wesentlichen nach denen der Anfechtungsklage. Die Anfechtungsklage muss in der Hauptsache gem. § 80 Abs. 5 S. 2 VwGO noch nicht erhoben sein, der Antrag nach § 80 Abs. 5 VwGO kann – obwohl es dann freilich missglückt ist, von der „Wiederherstellung" der aufschiebenden Wirkung zu sprechen – auch schon vor Klageerhebung gestellt werden.

5. Begründetheit des Antrags. Im Fall des § 80 Abs. 2 S. 1 Nr. 4 VwGO sind im Rahmen der Begründetheit zwei Prüfungsschritte zu unternehmen: Zunächst einmal ist die behördliche Anordnung der sofortigen Vollziehung auf ihre formelle und materielle Rechtmäßigkeit hin zu untersuchen. Zeigt sich schon in diesem Schritt, dass die Anordnung der sofortigen Vollziehung rechtswidrig ist, so ist der Antrag schon

Koreng

aus diesem Grund erfolgreich (*Kopp/Schenke*, VwGO, § 80 Rn. 148). Zur formellen Rechtmäßigkeit der Anordnung gehört, dass diese mit einer gesonderten Begründung versehen ist. Die materielle Rechtmäßigkeit der Anordnung erfordert es, dass die Behörde im Rahmen des ihr eingeräumten Ermessens eine Abwägungsentscheidung zwischen dem Aussetzungsinteresse des Betroffenen und dem öffentlichen Interesse an der sofortigen Vollziehung des Ausgangsbescheids getroffen und begründet hat. Hier gestatten einige Verwaltungsgerichte der Behörde allerdings auch ein nachträgliches Auswechseln der Begründung, so dass materielle Fehler bei der Anordnung der sofortigen Vollziehbarkeit nicht notwendigerweise ohne weiteres zu einer Wiederherstellung der aufschiebenden Wirkung führen müssen (vgl. hierzu *Kopp/Schenke*, VwGO, § 80 Rn. 149 m. w. N.).

Ergibt sich in diesem ersten Prüfungsschritt noch nicht, dass der Antrag Erfolg haben muss, so hat das Gericht in einem zweiten Schritt eine Interessenabwägung zwischen dem öffentlichen Interesse an der sofortigen Vollziehung und dem Interesse des Antragstellers an der Aussetzung der sofortigen Vollziehung vorzunehmen, wobei maßgeblich die Erfolgsaussichten einer Anfechtungsklage in der Hauptsache in die Abwägung einzubeziehen sind, wie sie sich dem Gericht bei summarischer Prüfung der aktuellen Sachlage darstellen. Erweist sich demnach, dass der Ausgangsbescheid in einem Hauptsacheverfahren aufzuheben wäre, so überwiegt das Interesse des Antragstellers an der Aussetzung der Vollziehung. Umgekehrt überwiegt das öffentliche Vollziehungsinteresse, wenn die Erfolgsaussichten einer Hauptsacheklage gering sind (*Kopp/Schenke*, VwGO, § 80 Rn. 152). Sind die Erfolgsaussichten einer Hauptsacheklage vollkommen offen, so wird das Gericht in der Regel die Vollziehung auszusetzen haben, weil es – jedenfalls im Bereich von § 80 Abs. 2 S. 1 Nr. 4 VwGO – der gesetzgeberischen Grundentscheidung entspricht, dass die aufschiebende Wirkung die Regel und die sofortige Vollziehung die Ausnahme sein soll (*Kopp/Schenke*, VwGO, § 80 Rn. 152a).

**Alternative für den Fall, dass die Behörde
die aufschiebende Wirkung der Anfechtungsklage missachtet[1]**

An das
Verwaltungsgericht [...]

[Berlin], den [...]

Antrag auf Feststellung der aufschiebenden Wirkung

des [...],

– Antragstellers –

gegen
die Datenschutzbehörde [...],

– Antragsgegnerin –

wegen: Feststellung der aufschiebenden Wirkung einer Anfechtungsklage gegen eine datenschutzrechtliche Anordnung gemäß Art. 58 Abs. 2 lit. d DS-GVO.

Koreng

Namens und im Auftrag des Antragstellers beantrage ich, wie folgt zu beschließen:

I. Die aufschiebende Wirkung der Anfechtungsklage des Antragstellers vom [...] gegen den Bescheid der Antragsgegnerin vom [...], Az. [...] wird festgestellt.

II. Die Antragsgegnerin trägt die Kosten des Verfahrens.

Begründung:

A) Sachverhalt

Der Antragsteller betreibt gewerbsmäßig eine private Personal- und Stellenvermittlung. Gesetzliche Basis dieser Tätigkeit sind die §§ 296 ff. SGB III. Der Antragsteller erfasst Bewerberdaten, erstellt hieraus ein Bewerberprofil und übermittelt dieses an potenzielle Arbeitgeber, von denen er aufgrund besonderer Sachkenntnis weiß oder vermutet, dass dort Arbeitskräfte benötigt werden. Die Arbeitssuchenden willigen in die Verarbeitung und Übersendung ihres Kurzprofils an potenzielle Arbeitgeber schriftlich ein. Die Übermittlung der Daten erfolgt via unverschlüsselter E-Mail.

Am [...] ordnete die Antragsgegnerin gegenüber dem Antragsteller an, dass dieser im Rahmen seiner Tätigkeit als Arbeitsvermittler die Bewerberdaten nur verschlüsselt oder pseudonymisiert verschicken darf (Anlage AST 1).

Hiergegen erhob der Antragsteller mit Schriftsatz vom [...] Anfechtungsklage zum Verwaltungsgericht [...] (Anlage AST 2).

Trotz des Widerspruchs drohte die Antragsgegnerin dem Antragsteller mit Schreiben vom [...] ein Zwangsgeld zur Durchsetzung der Anordnung an (Anlage AST 3).

Daher ist nun die gerichtliche Feststellung der aufschiebenden Wirkung erforderlich.

B) Rechtliche Würdigung

Gemäß § 80 Abs. 5 S. 1 VwGO kann das Gericht der Hauptsache die aufschiebende Wirkung der gegen einen Verwaltungsakt gerichteten Anfechtungsklage im Falle des § 80 Abs. 2 Nr. 4 VwGO ganz oder teilweise wiederherstellen. In analoger Anwendung dieser Vorschrift hat das Gericht, wenn sich eine Behörde über eine von Rechts wegen bestehende aufschiebende Wirkung einer solchen Anfechtungsklage hinwegsetzt, das Bestehen der aufschiebenden Wirkung festzustellen (*Kopp/Schenke*, VwGO, § 80 Rn. 181). Diese Voraussetzungen liegen vor.

I. Zulässigkeit

Der Antrag ist zulässig. Das Verwaltungsgericht [...] ist das Gericht der Hauptsache, weil es gemäß § 20 Abs. 3 BDSG n. F. auch für die gegen den Bescheid gerichtete Anfechtungsklage zuständig ist.

II. Begründetheit[2]

Der Antrag ist auch begründet. In Fällen, in denen die Behörde die aufschiebende Wirkung einer Anfechtungsklage faktisch missachtet, ist der Antrag ohne weitergehende Interessenabwägung begründet, wenn die Voraussetzungen der sofortigen Vollziehung tatsächlich nicht vorliegen. So liegt der Fall hier: Eine sofortige Vollzie-

Koreng

hung nach § 80 Abs. 2 Nr. 4 VwGO ist nicht angeordnet worden, auch ist der Ausgangsbescheid nicht von Gesetzes wegen sofort vollziehbar und kann daher (derzeit)
nicht taugliche Grundlage eines Verwaltungsvollstreckungsverfahrens sein (§ 6
Abs. 1 VwVG).

Einfache und beglaubigte Abschrift anbei.

Rechtsanwalt

Anmerkungen

1. Antrag auf Feststellung der aufschiebenden Wirkung. Es ist anerkannt, dass
ein Antrag analog § 80 Abs. 5 VwGO auch in Fällen faktischer Vollziehung statthaft
ist, also wenn die Behörde die von Gesetzes wegen bestehende aufschiebende Wirkung einer Anfechtungsklage missachtet und Vollzugsmaßnahmen trifft (*Kopp/
Schenke*, VwGO, § 80 Rn. 181). In diesen Fällen kommt eine Aussetzung der sofortigen Vollziehung nach § 80 Abs. 5 VwGO nicht in Betracht, weil diese ja bereits
von Gesetzes wegen besteht. Stattdessen kann das Gericht in entsprechender Anwendung von § 80 Abs. 5 VwGO die von Rechts wegen bestehende aufschiebende
Wirkung auf Antrag feststellen (*Kopp/Schenke*, VwGO, § 80 Rn. 181). Nach verbreiteter Ansicht soll analog § 80 Abs. 5 VwGO auch der Antrag zulässig sein, der
Behörde die Vollziehung des Verwaltungsakts zu untersagen (*Kopp/Schenke*,
VwGO, § 80 Rn. 181).

2. Begründetheit des Antrags. Der Antrag ist ohne weitere Interessenabwägung
begründet, wenn die Behörde die aufschiebende Wirkung einer Anfechtungsklage
gegen einen Verwaltungsakt missachtet, den Verwaltungsakt also trotz wirksam eingelegter Anfechtungsklage vollzieht, obgleich er weder bestandskräftig, noch sofort
vollziehbar ist (*Kopp/Schenke*, VwGO, § 80 Rn. 181).

Koreng

III. Klage gegen eine Anordnung der Aufsichtsbehörde

An das
Verwaltungsgericht [...][1]

[Berlin], den [...]

Klage

des [...],

– Klägers –

gegen
die Datenschutzaufsichtsbehörde [...],[2]

– Beklagte –

wegen: Datenschutzrechtliche Anordnung gemäß Art. 58 Abs. 2 lit. d DS-GVO.

Namens und im Auftrag des Klägers erhebe ich Klage mit dem Antrag:

I. Der Bescheid der Datenschutzaufsichtsbehörde vom [...], Az. [...], wird aufgehoben.[3]

II. Die Beklagte trägt die Kosten des Verfahrens.[4]

Begründung:

A) Sachverhalt

Der Klage liegt folgender Sachverhalt zugrunde:

I. Der Kläger

Der Kläger betreibt gewerbsmäßig eine private Personal- und Stellenvermittlung. Gesetzliche Basis dieser Tätigkeit sind die §§ 296 ff. SGB III. Durch die Erteilung von Vermittlungsgutscheinen wird das Gewerbe des Klägers staatlich gefördert. Der Kläger ist Anlaufstelle für Arbeitslose und Arbeitssuchende, die ihm durch die Agentur für Arbeit zugeführt werden.

II. Die beanstandete Datenverarbeitung

Der Kläger erfasst die Bewerberdaten, erstellt hieraus ein Bewerberprofil und übermittelt dieses an potenzielle Arbeitgeber, von denen er aufgrund besonderer Sachkenntnis weiß oder vermutet, dass dort Arbeitskräfte benötigt werden. Zu diesem Zweck muss der Kläger personenbezogene Daten der Arbeitssuchenden verarbeiten. Gesetzliche Erlaubnisnorm der Datenverarbeitung durch den Kläger ist § 298 SBG III.

Bei alledem erhebt der Kläger von den Arbeitssuchenden nur Daten, die diese auch im Rahmen einer direkten Bewerbung auf eine Arbeitsstelle gegenüber einem potentiellen Arbeitgeber angeben. Die von dem Kläger erhobenen Daten umfassen

Koreng

Name, Vorname, Geburtsdatum, Anschrift, Kontaktdaten (Telefon, Fax, E-Mail), Familienstand, Nationalität, Fremdsprachen- und PC-Kenntnisse, Führerschein, Interessen sowie sonstige freiwillige Angaben des Arbeitssuchenden, die dieser selbst für berichtenswert erachtet.

Darüber hinaus werden zu diesen Daten Informationen über die Ausbildung, den beruflichen Werdegang und die zuständige Arbeitsagentur gespeichert. Schließlich erfragt der Kläger die Vorstellungen des Arbeitssuchenden zu der gewünschten Arbeitsstelle. Bei den erhobenen Daten handelt es sich um das zwingende Mindestmaß, um einer wirkungsvollen Vermittlung nachzugehen.

Der Kläger sucht auf Grundlage der ihm von den Arbeitssuchenden zur Verfügung gestellten Daten geeignete Stellen für den Arbeitssuchenden und versucht den Arbeitgebern, von denen er weiß oder vermutet, dass sie eine offene Stelle zu besetzen haben, die Vorzüge des Arbeitssuchenden zu präsentieren.

Die Arbeitssuchenden willigen in die Verarbeitung und Übersendung ihres Kurzprofils an potentielle Arbeitgeber schriftlich ein. Der Vertrag zwischen dem Kläger und dem Arbeitssuchenden enthält einen von dem übrigen Vertrag abgesetzten und von dem Arbeitssuchenden gesondert zu unterschreibenden eigenen Abschnitt zum Datenschutz. Dieser enthält eine Einwilligung des Arbeitssuchenden in die Erhebung, Verarbeitung und Nutzung der Daten zum Zwecke der Vermittlung, insbesondere auch der zu diesem Zweck notwendigen Weitergabe der Daten an Dritte.

Beweis: Vermittlungsvertrag des Klägers,

Anlage K1

Von den erhobenen Daten werden nicht alle im ersten Schritt an den potentiellen Arbeitgeber weiter gegeben. Zunächst erhält der potentielle Arbeitgeber lediglich ein Kurzprofil. Dieses Kurzprofil enthält beispielsweise nicht die Telefonnummer oder die Anschrift.

Beweis: Musterkurzprofil

Anlage K2

Diese Daten werden dem Arbeitgeber erst auf ausdrücklichen Wunsch des Arbeitnehmers herausgegeben oder wenn sich die Erlangung der Stelle so weit verdichtet hat, dass eine unmittelbare und schnelle Kommunikation zwischen Arbeitgeber und Arbeitssuchenden erforderlich wird. Die Übermittlung der Kurzprofile erfolgt via unverschlüsselter E-Mail.

III. Das Verwaltungsverfahren

Mit Schreiben vom [...] forderte die Beklagte den Kläger auf, diverse datenschutzrechtliche Fragen bezüglich seiner Tätigkeit als Arbeitsvermittler zu beantworten.

Beweis: Schreiben der Datenschutzaufsichtsbehörde vom [...],

Anlage K3

Mit Schreiben vom [...] erwiderte der Kläger auf die Fragen der Beklagten unter ausführlicher Darstellung seiner Tätigkeit, der erhobenen Daten und der Verarbeitung dieser Daten, der Einwilligung in die Verarbeitung und Übersendung der Daten sowie der Notwendigkeit einer unverschlüsselten E-Mail-Übertragung der Daten.

Beweis: Schreiben des Klägers vom [...],

Anlage K4

Gleichwohl erließ die Beklagte am [...] unter anderem die Anordnung, dass der Kläger im Rahmen seiner Tätigkeit als Arbeitsvermittler, die Bewerberdaten nur verschlüsselt oder pseudonymisiert verschicken darf.

Beweis: Anordnung der Datenschutzaufsichtsbehörde vom [...],

Anlage K5

Hiergegen richtet sich die vorliegende Klage.

B) Rechtliche Würdigung

Die zulässige Klage ist begründet, denn die angefochtene Anordnung ist rechtswidrig.

I. Bescheid rechtswidrig

Der angegriffene Bescheid der Beklagten ist rechtswidrig und verletzt den Kläger in seinen Rechten (§ 113 Abs. 1 S. 1 VwGO).[5]

Der Bescheid ist materiell rechtswidrig. Grundlage der getroffenen Anordnung kann alleine Art. 58 Abs. 2 lit. d DS-GVO sein. Hiernach kann die Aufsichtsbehörde den Verantwortlichen anzuweisen, Verarbeitungsvorgänge gegebenenfalls auf bestimmte Weise und innerhalb eines bestimmten Zeitraums in Einklang mit der DS-GVO zu bringen.[6]

Diese Voraussetzungen liegen nicht vor. Die Beklagte geht rechtsirrig davon aus, dass die unverschlüsselte Übermittlung nicht-pseudonymisierter Daten nicht mit Art. 25 Abs. 1 S. 1 DS-GVO vereinbar sei. Der Aufwand für die von der Beklagten geforderte Verschlüsselung sämtlicher Korrespondenz mit potentiellen Arbeitgebern steht i. S. v. Art. 25 Abs. 1 S. 1 DS-GVO außer Verhältnis zum erstrebten Schutzzweck. Im Einzelnen:

Bei der nach Art. 25 Abs. 1 S. 1 DS-GVO erforderlichen Abwägung, welche Datensicherheitsmaßnahmen erforderlich sind, müssen auch die Interessen der datenverarbeitenden Stelle berücksichtigt werden. Der Verantwortliche muss danach keine Maßnahmen ergreifen, deren Implementierungskosten außer Verhältnis zur Steigerung des Schutzniveaus stehen (Paal/Pauly/*Martini*, DS-GVO, Art. 25 Rn. 38).

Zur Erfüllung des Vermittlungsvertrages ist es erforderlich, die Daten in einer Weise zu übermitteln, dass sie vom potentiellen Arbeitgeber gelesen, verwertet und für den Auswahlprozess berücksichtigt werden können. Dies ist jedoch nur möglich, wenn die Daten vollständig – also nicht in pseudonymisierter Form – und nicht verschlüsselt übersendet werden. Eine verschlüsselte Übersendung führt zu einem erheblichen und unangemessenen bürokratischen Mehraufwand, sowohl auf der Seite des Klägers als auch auf der Seite des potentiellen Arbeitgebers, da die Verschlüsselungssoftware sowohl auf Absender als auch auf Empfängerseite identisch sein muss und trotz zeitgemäßem technischen Stand dennoch erhebliches Fehlerpotential beim

Verschlüsseln und Entschlüsseln aufweist. Somit haben alle an der Übermittlung Beteiligten – der Kläger, der potentielle Arbeitgeber und insbesondere der Arbeitsuchende – ein zwingendes Interesse an der unverschlüsselten Übermittlung der vollständigen Daten.

Es ist hierbei zu berücksichtigen, dass die mit der Verarbeitung der Daten verbundenen Risiken für die Rechte und Freiheiten der Betroffenen marginal sind. Bei den in Rede stehenden Daten handelt es sich lediglich um Daten mit Berufsbezug, also keine besonders sensiblen Daten. Auch haben die Betroffenen der Verarbeitung und Vermittlung zugestimmt. Zudem ist die einfache Übermittlung und leichte Lesbarkeit der Daten zwingende Voraussetzung zur Erfüllung des Vertrages zwischen dem Kläger und dem jeweiligen Arbeitsuchenden. Die Verschlüsselung und/oder unvollständige Übermittlung der Bewerbungsdaten würde in der Praxis dazu führen, dass keine Arbeitsstellen von Anbietern wie dem Kläger vermittelt werden könnten.

Es ist ferner allgemein bekannt, dass insbesondere im Ablauf einer Personalabteilung eines potentiellen Arbeitgebers nur vollständige, leicht zu bearbeitende Bewerbungen berücksichtigt werden und damit Aussicht auf Erfolg haben. Jeder weitere bürokratische Schritt und/oder jede weitere zusätzliche finanzielle Belastung der potentiellen Arbeitgeber lässt die Chance auf eine erfolgreiche Vermittlung für den Arbeitsuchenden schwinden.

Hinzu kommt, dass der Kläger bereits Maßnahmen zum Schutz vor Missbrauch und zum Schutz der Persönlichkeitsrechte des Arbeitsuchenden getroffen hat. Der Kläger übermittelt nämlich lediglich Kurzprofile direkt an den potentiellen Arbeitgeber und zwar ohne Anschrift und Telefonnummern. Er übermittelt die Daten auch nur an bestimmte Empfänger, also insgesamt einen überschaubaren und abgrenzbaren Personenkreis.

Der Kläger wird durch die Anordnung der Beklagten in seinen Rechten aus Art. 12 Abs. 1, 2 Abs. 1 GG verletzt. Durch die angegriffene Anordnung der Beklagten kann der Kläger seine Tätigkeit als Arbeitsvermittler faktisch nicht mehr ausführen.

Zwei beglaubigte Abschriften anbei.

Rechtsanwalt

Anmerkungen

1. Zuständiges Gericht. Zuständig für die Anfechtungsklage gegen eine datenschutzrechtliche Anordnung ist das Verwaltungsgericht (§ 45 VwGO), in dessen Bezirk die Aufsichtsbehörde ihren Sitz hat (§ 20 Abs. 3 BDSG n. F.).

2. Klagegegner. Richtiger Beklagter ist die jeweilige Aufsichtsbehörde, die nach § 20 Abs. 4 BDSG n. F. selbst beteiligungsfähig ist. Dort, wo die Aufsichtsbehörde selbst rechtsfähig ist, etwa als öffentlich-rechtliche Anstalt, war sie schon nach bisherigem Recht beteiligungsfähig.

3. Klageart und Antrag. Typischerweise wird es sich bei einer datenschutzrechtlichen Anordnung Art. 58 Abs. 2 DS-GVO um einen Verwaltungsakt i. S. v. § 35 S. 1

Koreng

VwVfG handeln, so dass die Anfechtungsklage gem. § 42 Abs. 1, 1. Var. VwGO die
statthafte Klageart ist. Im Klageantrag ist deutlich zu machen, dass die Aufhebung
eines Verwaltungsakts begehrt wird. Dieser sollte mit erlassender Behörde, Datum
und ggf. Aktenzeichen näher konkretisiert werden. Ein Vorverfahren ist nach § 20
Abs. 6 BDSG n. F. nicht mehr statthaft, so dass ein Widerspruchsbescheid nicht
mehr Gegenstand der Klage sein kann.

   4. Weitere Anträge. Über die Kosten des Rechtsstreits hat das Gericht an sich von
Amts wegen zu entscheiden (§ 161 Abs. 1 VwGO). Gleichwohl ist es üblich und un-
schädlich, dies explizit zu beantragen, um zu verhindern, dass der Kostenpunkt vom
Gericht versehentlich übergangen wird.

   5. Begründetheit der Klage. Die Klage ist gem. § 113 Abs. 1 VwGO begründet,
wenn der angegriffene Bescheid rechtswidrig ist und den Kläger in seinen Rechten
verletzt. Beide Voraussetzungen fallen dann zusammen, wenn der Kläger zugleich
auch Adressat des Verwaltungsakts ist. Denn in diesem Fall ist er wegen der sogenannten „Adressatentheorie" ohne Weiteres schon dadurch in seinem aus Art. 2
Abs. 1 GG folgenden Grundrecht der allgemeinen Handlungsfreiheit verletzt,
wenn und weil er Adressat eines rechtswidrigen staatlichen Akts ist (vgl. *Kopp/
Schenke*, VwGO, § 42 Rn. 69 m. w. N.). Zu prüfen ist demnach, ob der angegriffene
Bescheid der Behörde von der jeweiligen Ermächtigungsgrundlage gedeckt ist
(→ Anm. 6).

   6. Die Anordnung nach Art. 58 Abs. 2 lit. d DS-GVO. Die Eingriffsbefugnisse der
Aufsichtsbehörden ergeben sich aus Art. 58 DS-GVO. Nach Art. 58 Abs. 2 lit. d DS-
GVO kann die Behörde den Verantwortlichen anweisen, Verarbeitungsvorgänge in-
nerhalb eines bestimmten Zeitraums in Einklang mit der DS-GVO zu bringen. Einer
solchen Anordnung kommt, weil sie die Tatbestandsvoraussetzungen von § 35 S. 1
VwVfG typischerweise erfüllen wird, regelmäßig Verwaltungsaktsqualität zu. Ihr
sollte gem. § 24 VwVfG in aller Regel eine Ermittlung des Sachverhalts vorangehen.
Hierfür gibt die Verordnung der Behörde in Art. 58 Abs. 1 DS-GVO verschiedene
Instrumente an die Hand, deren Anwendung der verantwortlichen Stelle gegenüber
ebenfalls Verwaltungsaktsqualität zukommen kann. Unter welchen Voraussetzungen
eine Datenverarbeitung mit den Anforderungen der Verordnung nicht in Einklang
steht, ergibt sich aus dem jeweiligen materiellen Recht. Die denkbaren Fallgestaltungen sind freilich zu zahlreich, um sie an dieser Stelle abschließend darzustellen.

IV. Einstweiliger Rechtsschutz gegen Informationstätigkeit der Aufsichtsbehörde

An das
Verwaltungsgericht [...][1]

[Berlin], den [...]

Antrag auf Erlass einer einstweiligen Anordnung

der [...],

– Antragstellerin –

gegen

die Datenschutzbehörde [...],[2]

– Antragsgegnerin –

wegen: Persönlichkeitsrechtsverletzung.

Namens und im Auftrag der Antragstellerin beantrage ich, wegen Dringlichkeit ohne mündliche Verhandlung im Wege der einstweiligen Anordnung wie folgt zu beschließen:

I. Der Antragsgegnerin wird es unter Androhung der gesetzlichen Ordnungsmittel[3] untersagt, über die Antragstellerin zu behaupten und/oder zu verbreiten, das Geschäftsmodell der Antragstellerin sei illegal, wenn dies geschieht wie in der unter [...] abrufbaren Pressemitteilung vom [...].[4]

II. Die Antragsgegnerin trägt die Kosten des Verfahrens.[5]

Begründung:

A) Sachverhalt[6]

Die Antragstellerin hat ihren Sitz im Bundesland [X]. Sie ist eine Gesellschaft mit beschränkter Haftung. Ihr Geschäftsgegenstand ist der Handel mit Adressdaten. Sie veranstaltet Gewinnspiele über das Internet. Im Rahmen der Registrierung für ein Gewinnspiel wird ein Teilnehmer aufgefordert, sein Einverständnis zu Telefon- und E-Mail-Werbung durch die Antragstellerin und die Sponsoren des Gewinnspiels (sog. Gewinnspielsponsoren) zu erklären. Auf diese Weise erhält die Antragstellerin von den Teilnehmern Werbeeinverständnisse, die auch den Sponsoren rechtmäßige Telefon- und E-Mail-Werbung ermöglichen. Die gewonnenen Datensätze mit Werbeeinverständnissen werden über Adresslieferungsverträge an die Gewinnspielsponsoren veräußert.

Die Antragsgegnerin ist Anstalt des öffentlichen Rechts[7] und Datenschutzbehörde des Bundeslandes [Y].

Am [...] veröffentlichte die Antragsgegnerin auf ihrer Website eine Pressemitteilung. In dieser Pressemitteilung heißt es über die Antragstellerin unter anderem, sie

Koreng

betreibe ein illegales Geschäftsmodell, weil der Handel mit Adressen natürlicher Personen nach deutschem Datenschutzrecht generell sittenwidrig und daher unzulässig sei.

Glaubhaftmachung: Pressemitteilung der Antragsgegnerin vom [...]

Anlage AST 1

Hiervon erlangte die Antragstellerin am [...] Kenntnis. Sofort am darauffolgenden Tag ließ die Antragstellerin die Antragsgegnerin unter Setzung einer Frist von drei Tagen anwaltlich auffordern, die Pressemitteilung zu löschen und sich strafbewehrt zu verpflichten, die angegriffene Behauptung künftig nicht erneut aufzustellen.

Glaubhaftmachung: Anwaltliche Abmahnung der Antragstellerin vom [...]

Anlage AST 2

Hierauf antwortete die Antragsgegnerin mit Schreiben vom [...] und teilte mit, sie halte die Pressemitteilung für rechtmäßig und werde daher keine Unterlassungserklärung abgeben.

Glaubhaftmachung: Schreiben der Antragsgegnerin vom [...]

Anlage AST 3

Daher war nun die Inanspruchnahme gerichtlicher Hilfe geboten.

B) Rechtliche Würdigung

Der Antrag ist zulässig und begründet. Nach § 123 Abs. 1 S. 2 VwGO kann das Gericht, auch schon vor Klageerhebung, eine einstweilige Anordnung zur Regelung eines vorläufigen Zustands in Bezug auf ein streitiges Rechtsverhältnis erlassen, wenn diese Regelung zur Abwendung wesentlicher Nachteile, zur Verhinderung drohender Gewalt oder aus anderen Gründen nötig erscheint.[8] Diese Voraussetzungen liegen vor.

I. Zulässigkeit[9]

Der Antrag ist zulässig. Er ist insbesondere statthaft, weil in der Hauptsache die allgemeine Leistungsklage zu erheben wäre. Das angerufene Gericht ist auch in der Hauptsache zuständig. Der Antrag ist nicht befristet (*Kopp/Schenke*, VwGO, § 123 Rn. 21).

II. Begründetheit[10]

Der Antrag ist auch begründet. Voraussetzung hierfür ist, dass der Antragsteller sowohl einen Anordnungsanspruch, als auch einen Anordnungsgrund glaubhaft macht. Das ist hier der Fall.

1. Anordnungsanspruch

Der Antragstellerin steht gegen die Antragsgegnerin ein öffentlich-rechtlicher Unterlassungsanspruch dahingehend zu, dass es die Antragsgegnerin unterlässt, das Geschäftsmodell der Antragstellerin als illegal zu bezeichnen.

Voraussetzung eines öffentlich-rechtlichen Unterlassungsanspruchs ist ein hoheitlicher Eingriff in ein Grundrecht des Betroffenen, den dieser nicht zu dulden braucht.[11]

Koreng

Die Behauptung, das Geschäftsmodell der Antragstellerin sei illegal, verletzt ihre Grundrechte aus Art. 12 Abs. 1 GG (Berufsfreiheit) sowie aus Art. 2 Abs. 1 GG (sozialer Geltungsanspruch).

a) Berufsfreiheit

Vom sachlichen Schutzbereich der grundgesetzlichen Berufsfreiheit geschützt ist jede auf Dauer angelegte, der Schaffung und Erhaltung einer Lebensgrundlage dienende Tätigkeit (BVerfGE 115, 276 (300)), worunter demgemäß auch der gewerbliche Adresshandel fällt.

Auf das Grundrecht der Berufsfreiheit können sich nach Art. 19 Abs. 3 GG auch inländische juristische Personen des Privatrechts berufen. Als in Deutschland ansässige GmbH nach deutschem Recht steht das Grundrecht daher auch der Antragstellerin zu.[12]

Die Äußerung der Antragsgegnerin, das Geschäftsmodell der Antragstellerin sei illegal, greift auch in den so definierten Schutzbereich der Berufsfreiheit der Antragstellerin ein. Ein Grundrechtseingriff liegt in jedem staatlichen Handeln, das ein grundgesetzlich geschütztes Verhalten ganz oder teilweise unmöglich macht (vgl. BVerfG, Urt. v. 26.6.2002 – 1 BvR 670/91, BVerfGE 105, 279 (303)). Indem die Antragsgegnerin öffentlich behauptet, das Geschäftsmodell der Antragstellerin sei illegal, schädigt sie ihre Position am Markt und hält potentielle Kunden und Geschäftspartner davon ab, geschäftliche Beziehungen mit der Antragstellerin einzugehen und zu pflegen, da diese stets befürchten müssen, sich an rechtswidrigem Verhalten zu beteiligen.

Dieser Eingriff in die Berufsfreiheit der Antragstellerin ist nicht gerechtfertigt und muss daher von ihr nicht geduldet werden. Nach Art. 12 Abs. 1 S. 2 GG sind Eingriffe in die Berufsfreiheit nur durch ein Gesetz oder aufgrund eines Gesetzes gestattet. Eine gesetzliche Ermächtigungsgrundlage für den Grundrechtseingriff ist nicht ersichtlich. Auch aus der Schutzpflichtendimension der Grundrechte folgt eine solche Ermächtigung nicht. Zwar ist anerkannt, dass eine Behörde in Wahrnehmung solcher Schutzpflichten legitimiert sein kann, die Öffentlichkeit über das (rechtswidrige) Verhalten Privater zu informieren und entsprechende Warnhinweise zu erteilen. Das setzt allerdings einen hinreichend gewichtigen Anlass, einen im Wesentlichen zutreffend gewürdigten Tatsachenkern und die Wahrung der gebotenen Sachlichkeit voraus (BVerfG, Beschl. v. 15.8.1989 – 1 BvR 881/89, NJW 1989, 3269 (3270)). Ein legitimierender Anlass kann indes nur dann angenommen werden, wenn eine Gefahr für Verfassungsrechtsgüter oder ein entsprechender, begründeter Verdacht besteht (OVG Münster, Beschl. v. 31.5.1996 – 5 B 993/95, NVwZ 1997, 302). Des Weiteren muss die Behörde bei ihrer Öffentlichkeitsarbeit den Verhältnismäßigkeitsgrundsatz strikt beachten (BVerfG, Beschl. v. 15.8.1989 – 1 BvR 881/89, NJW 1989, 3269 (3270)).

Daran fehlt es hier. Es besteht bereits kein legitimierender Anlass, weil eine Gefahr für verfassungsrechtlich geschützte Rechtsgüter nicht besteht. In Betracht kommt hier alleine das Recht auf informationelle Selbstbestimmung (Art. 2 Abs. 1, 1 Abs. 1 GG) der Gewinnspielteilnehmer. Dieses wird allerdings durch das Verhalten der Antragstellerin nicht verletzt, denn der Adresshandel ist rechtskonform und durch die Einwilligung (Art. 6 Abs. 1 S. 1 lit. a DS-GVO) der Gewinnspielteilnehmer gedeckt. Überdies ist die Öffentlichkeitsarbeit der Antragsgegnerin unsachlich

Koreng

und unverhältnismäßig, denn selbst wenn das Geschäftsmodell der Antragstellerin rechtlich bedenklich wäre, wäre es nicht nötig gewesen, es sogleich öffentlich als „illegal" zu brandmarken. Zunächst hätte Kontakt mit der Antragstellerin aufgenommen und ein förmliches Verfahren eingeleitet werden müssen. Überdies ist die Antragsgegnerin als Datenschutzbehörde des Landes [Y] schon gar nicht für die Antragstellerin, die im Land [X] ansässig ist, zuständig.

b) Sozialer Geltungsanspruch

Darüber hinaus greift die angegriffene Äußerung auch den sozialen Geltungsanspruch der Antragstellerin ein, der ihr als juristischer Person des Privatrechts über Art. 2 Abs. 1, 19 Abs. 3 GG zusteht. Auch dieser Eingriff ist nicht gerechtfertigt. Insofern verweise ich zur Vermeidung von Wiederholungen auf meine obigen Ausführungen.

c) Wiederholungsgefahr

Es besteht auch Wiederholungsgefahr. Einerseits dauert der Eingriff nach wie vor an, da die Äußerung bis heute noch über die Homepage der Antragsgegnerin abrufbar ist. Andererseits hat die Antragsgegnerin auch keine Unterlassungserklärung abgeben wollen.[13]

2. Anordnungsgrund[14]

Auch der erforderliche Anordnungsgrund ist gegeben. Der Erlass einer einstweiligen Anordnung ist nötig, um wesentliche Nachteile von der Antragstellerin abzuwenden (§ 123 Abs. 1 S. 2 VwGO). Denn weil die angegriffene Äußerung nach wie vor auf der Homepage der Antragsgegnerin abrufbar ist, besteht der Eingriff in die Grundrechte der Antragstellerin fort. Die Antragstellerin muss es nicht bis zum rechtskräftigen Abschluss eines verwaltungsgerichtlichen Hauptsacheverfahrens hinnehmen, dass sich die Antragsgegnerin weiter in derart rufschädigender Weise öffentlich über sie äußert.

Einfache und beglaubigte Abschrift anbei.

Rechtsanwalt

Anmerkungen

1. Rechtsweg und zuständiges Gericht. Welche Zulässigkeitsvoraussetzungen für ein gerichtliches Vorgehen gegen die Informationstätigkeit einer Datenschutzbehörde gelten, erscheint fraglich. Der deutsche Gesetzgeber hat mit § 20 BDSG n. F. einige spezielle Vorschriften für gerichtliche Auseinandersetzungen mit Aufsichtsbehörden geschaffen, die vom normalen Verwaltungsprozessrecht abweichen. Insbesondere hat er angeordnet, dass die Behörde ihrerseits selbst beteiligungsfähig ist (§ 20 Abs. 4 BDSG n. F.) und besondere Zuständigkeitsregeln geschaffen (§ 20 Abs. 3 BDSG n. F.). Diese Vorschriften sollen aber nur für Streitigkeiten „über Rechte gemäß Artikel 78 Absatz 1 und 2" der DS-GVO gelten. Diese Formulierung ist ohnehin schon schief, weil sich aus Art. 78 DS-GVO keine „Rechte" ergeben, sondern dort nur die rechtsstaatliche Selbstverständlichkeit ausgesprochen wird, dass die Aufsichtsbehörden nicht im kontrollfreien Raum agieren. Ungeachtet dessen zeigt der Verweis auf Art. 78 DS-GVO aber, dass die besonderen Vorschriften aus

§ 20 BDSG n. F. nur für Rechtsbehelfe gelten sollen, die eine natürliche oder juristische Person „gegen einen sie betreffenden rechtsverbindlichen Beschluss" einer Aufsichtsbehörde eingelegt hat. Gegenstand einer Unterlassungsklage gegen behördliche Informationstätigkeit ist aber gerade kein „rechtsverbindlicher Beschluss", sondern ein schlicht-hoheitliches Verhalten. Demgemäß dürften nach hier vertretener Auffassung die besonderen Vorschriften aus § 20 BDSG n. F. nicht für Rechtsstreitigkeiten gelten, die eine behördliche Informationstätigkeit zum Gegenstand haben. Was diese betrifft, bleibt es bei den allgemein geltenden Vorschriften des Verfahrensrechts.

Insoweit gilt, dass für die gerichtliche Geltendmachung von Unterlassungsansprüchen gegen behördliche Äußerungen gem. § 40 Abs. 1 S. 1 VwGO der Verwaltungsrechtsweg eröffnet ist, sofern der jeweilige Amtswalter in Ausübung seines öffentlichen Amtes gehandelt hat (*Burkhardt* in: Wenzel (Hrsg.), Das Recht der Wort- und Bildberichterstattung, Kap. 12 Rn. 115). Das ist bei Presseerklärungen, die von einer Behörde in ihrem Namen und mit Bezug auf ihre amtliche Tätigkeit herausgegeben werden, regelmäßig der Fall (*Burkhardt* in: Wenzel (Hrsg.), Das Recht der Wort- und Bildberichterstattung, Kap. 12 Rn. 111). Umso mehr gilt das, wenn diese Erklärungen auf der Homepage der Behörde veröffentlicht werden. Zuständig für den Erlass einer einstweiligen Anordnung ist gem. § 123 Abs. 2 S. 1 VwGO das Gericht der Hauptsache, also grundsätzlich (§ 123 Abs. 2 S. 2 VwGO) das in erster Instanz für ein (hypothetisches) Hauptsacheverfahren zuständige Verwaltungsgericht (§ 45 VwGO). Der Antrag ist auch dann statthaft, wenn die Hauptsacheklage noch nicht erhoben ist. Da es sich bei behördlichen Äußerungen der in Frage stehenden Art im Regelfall nicht um Verwaltungsakte i. S. d. § 35 S. 1 VwVfG handelt, richtet sich die örtliche Zuständigkeit in solchen Fällen nach § 52 Nr. 5 VwGO, so dass das Verwaltungsgericht, in dessen Bezirk der Antragsgegner (→ Anm. 2) seinen Sitz hat, zuständig ist. Gem. § 123 Abs. 2 S. 3 i. V. m. § 80 Abs. 8 VwGO kann auch der Vorsitzende alleine die einstweilige Anordnung erlassen, was in der Praxis allerdings nur ausnahmsweise vorkommt.

2. Antragsgegner. Für die Zulässigkeit des Antrags im Übrigen und somit auch für die Frage, wer der richtige Antragsgegner ist, gelten die allgemeinen Vorschriften, wie sie für die jeweils einschlägige Hauptsacheklage gelten (*Kopp/Schenke*, VwGO, § 123 Rn. 18). Demnach ist der Antrag vorbehaltlich anderslautenden Landesrechts analog § 78 Abs. 1 Nr. 1 VwGO gegen den Rechtsträger der jeweiligen Behörde zu richten.

3. Ordnungsmittelandrohung. Bei Anträgen, die auf die Untersagung eines bestimmten Verhaltens gerichtet sind, ist es zulässig und üblich, bereits mit dem Unterlassungsantrag einen dahingehenden Antrag zu verbinden, dass für den Fall der Zuwiderhandlung die gesetzlichen Ordnungsmittel angedroht werden (*Kopp/ Schenke*, VwGO, § 123 Rn. 40). Diese Androhung richtet sich gem. § 167 Abs. 1 S. 1 VwGO nach § 890 ZPO.

4. Antragsfassung. Zur Fassung des Antrags und dem weiteren Prozedere gilt allgemein, dass für den Antrag auf Erlass einer einstweiligen Anordnung gem. § 123 Abs. 3 VwGO grundsätzlich die Vorschriften der ZPO entsprechend gelten. Nach dem daher anwendbaren § 938 Abs. 1 ZPO hat das Gericht ein relativ weitgehendes Ermessen im Hinblick auf die Tenorierung, muss sich aber zumindest innerhalb des vom Antragsteller vorgegebenen Streitgegenstands halten und sollte sich zweckdienlicherweise am – hypothetischen – Hauptsachetenor orientieren. In der zivilgerichtlichen Rechtsprechung hat sich mittlerweile die Erkenntnis durchgesetzt, dass der Unterlassungstenor stets auf die konkrete Verletzungsform beschränkt sein muss (z. B. BGH, Urt. v. 17.3.2011 – I ZR 81/09, GRUR 2011, 934). Dem wird üblicherweise dadurch Rechnung getragen, dass dem Antrag die Wendung „wenn dies geschieht, wie (…)" angehängt wird (z. B. BGH, Urt. v. 7.4.2011 – I ZR 34/09, NJW 2011, 2787). Dadurch macht der Antragsteller deutlich, dass er kein abstrakt-generelles Verbot einer bestimmten Verhaltensweise begehrt, sondern lediglich das Verbot einer konkreten, rechtsverletzenden Handlung. Dies ist deshalb von großer Relevanz, weil sich zumeist erst aus dem konkreten Kontext heraus die Rechtswidrigkeit oder Rechtmäßigkeit einer Handlung ergibt. Gerade im Äußerungsrecht gilt, dass eine bestimmte Äußerung niemals aus ihrem Kontext herausgerissen und isoliert beurteilt werden darf, sondern dass dabei stets der Sinnzusammenhang zu berücksichtigen ist, in dem sie steht (BVerfG, Urt. v. 11.3.2003 – 1 BvR 426/02, BVerfGE 107, 275 (282)).

5. Kostenantrag. Der Kostenantrag ist gebräuchlich, aber nicht erforderlich (§ 154 Abs. 1 VwGO).

6. Glaubhaftmachung. Gem. § 123 Abs. 3 VwGO i. V. m. § 920 Abs. 2 ZPO hat der Antragsteller sowohl die Voraussetzungen des Verfügungsanspruchs, als auch die des Verfügungsgrundes glaubhaft zu machen. Die Glaubhaftmachung richtet sich nach § 294 ZPO. In Fällen wie dem hier gegebenen wird eine Glaubhaftmachung in der Regel durch Vorlage von Screenshots oder Ausdrucken der beanstandeten Äußerung erfolgen. Eine dem Publikum gegenüber lediglich mündlich erfolgte Äußerung wird wohl nur durch eine eidesstattliche Versicherung von Zuhörern glaubhaft zu machen sein.

7. Rechtliche Verfasstheit der Behörde. Die Datenschutzbehörden der Länder sind unterschiedlich rechtlich organisiert (→ Vorb.). Dies hat, da § 20 Abs. 4 BDSG n. F. auf Streitigkeiten über schlicht-hoheitliches Handeln nicht anwendbar sein dürfte (→ Anm. 1), Auswirkungen darauf, wer der richtige Antragsgegner ist (→ Anm. 2).

8. Abgrenzung von Sicherungs- und Regelungsanordnung. Im Schrifttum ist die Abgrenzung der Sicherungsanordnung nach § 123 Abs. 1 S. 1 VwGO von der Regelungsanordnung gem. § 123 Abs. 1 S. 2 VwGO seit jeher umstritten. In der Praxis ist dieser Streit eher von untergeordneter Bedeutung. Nach einer allgemein anerkannten Formel ist die Sicherungsanordnung dann einschlägig, wenn es dem Antragsteller darum geht, den status quo zu erhalten (*Kopp/Schenke*, VwGO, § 123 Rn. 7), während die Regelungsverfügung auf eine Weiterung des eigenen Rechtskreises abzielt (*Kopp/Schenke*, VwGO, § 123 Rn. 8). Bei Unterlassungsanträgen gegen Behörden wird man in der Regel davon auszugehen haben, dass eine Regelungsanordnung erwirkt werden soll, sofern die Äußerung im Internet noch abrufbar ist. Denn dann zielt der Antrag zunächst einmal maßgeblich darauf ab, die Äußerung aus dem Internet zu entfernen, was eine Änderung des status quo bedeutet. Soll hingegen a priori verhindert werden, dass eine Äußerung veröffentlicht wird, dürfte eine Sicherungsanordnung das Ziel sein, weil es dann darum geht, den status quo zu erhalten. In der Praxis wird zwischen den beiden Anordnungsarten zumeist nicht unterschieden (*Kopp/Schenke*, VwGO, § 123 Rn. 6).

Koreng

9. Zulässigkeit. Der Antrag nach § 123 VwGO ist – in Abgrenzung zu dem nach § 80 Abs. 5 VwGO – immer dann statthaft, wenn in der Hauptsache eine andere Klage als die Anfechtungsklage zu erheben wäre (*Kopp/Schenke*, VwGO, § 123 Rn. 4).

10. Begründetheit des Antrags. Der Antrag ist begründet, wenn der Antragsteller sowohl den Anordnungsanspruch, als auch den Anordnungsgrund glaubhaft machen konnte. Das Gericht prüft auf der Grundlage des glaubhaft gemachten Sachverhalts summarisch, ob eine überwiegende Wahrscheinlichkeit für deren Vorliegen spricht. Liegen beide Voraussetzungen vor, muss das Gericht die Anordnung erlassen, wobei es hinsichtlich der Tenorierung eine gewisse Freiheit genießt (§ 123 Abs. 3 VwGO i. V. m. § 938 Abs. 1 ZPO). Zu den Voraussetzungen eines öffentlich-rechtlichen Unterlassungsanspruchs → Anm. 11. Das hier gegebene Beispiel ist dem Beschluss des VG Schleswig vom 5.11.2013 – 8 B 50/13, ZD 2014, 102 m. Anm. *Abel*, nachgebildet, der vom OVG Schleswig mit Beschluss vom 28.2.2014 (4 MB 82/13, ZD 2014, 536) mit gewissen Einschränkungen im Wesentlichen bestätigt wurde. Im Ansatz geht das OVG jedenfalls davon aus, dass ein Landesdatenschutzbeauftragter durchaus zur Öffentlichkeitsarbeit befugt ist und sich dabei auch zu Sachverhalten äußern darf, die an sich nicht in seiner örtlichen Zuständigkeit liegen. Dabei sei aber besondere Zurückhaltung geboten, wenn es um Fragen geht, die rechtlich umstritten seien und die insbesondere von der örtlich zuständigen Behörde abweichend beurteilt werden. Diese Zurückhaltung werde verlassen, so das OVG, wenn die eigene Position durch die Behörde „unangemessen verabsolutiert oder in skandalisierender oder diskreditierender Weise überzeichnend" dargestellt werde „und dadurch die gebotene Sachbezogenheit" verloren gehe.

11. Öffentlich-rechtlicher Unterlassungsanspruch. Gegen die rechtswidrige Informationstätigkeit einer Behörde steht dem Betroffenen ein öffentlich-rechtlicher Unterlassungsanspruch zu. Dieser setzt einen – auch durch schlicht-hoheitliches Handeln bewirkten (BVerwG, Urt. v. 21.5.2008 – 6 C 13/07, ZUM 2010, 74 (75 f.)) – Eingriff eines Hoheitsträgers in subjektive Rechte des Betroffenen voraus, den der Betroffene nicht dulden muss (zusammenfassend OVG Nordrhein-Westfalen, Beschl. v. 9.9.2013 – 5 B 417/13, DVBl. 2013, 1460). Bei berufsbezogenen Äußerungen einer Behörde wird dem Betroffenen insofern häufig die grundgesetzlich geschützte Berufsfreiheit (Art. 12 GG) zur Seite stehen (dazu noch näher → Anm. 12), daneben dürften abträgliche Äußerungen in aller Regel auch das Persönlichkeitsrecht (Art. 2 Abs. 1, 1 Abs. 1 GG) des Betroffenen tangieren, auf das sich jedenfalls nach der Rechtsprechung der Fachgerichte auch juristische Personen des Privatrechts berufen können (z. B. BVerwG, Urt. v. 21.5.2008 – 6 C 13.07, ZUM 2010, 74 (76); eine ausführliche Darstellung des Diskussionsstandes mit entsprechenden Nachweisen aus der Rechtsprechung findet sich bei *Koreng*, GRUR 2010, 1065; zum Sonderproblem der Persönlichkeitsrechtsverletzung bei öffentlich-rechtlichen Körperschaften siehe auch HessVGH, Beschl. v. 26.4.1989 – 6 TG 748/89, NJW 1990, 1005).

Eine Duldungspflicht für die mit einer behördlichen Äußerung einhergehende Beeinträchtigung des subjektiven Rechts des Betroffenen muss ihre Grundlage in einem Gesetz finden (BVerfG, Urt. v. 24.5.2005 – 1 BvR 1072/01, BVerfGE 113, 63 (87)). Insoweit gilt bei behördlichen Äußerungen, dass diese sich zunächst an den allgemeinen Grundsätzen für rechtsstaatliches Verhalten in der Ausprägung des Willkürverbots und des Verhältnismäßigkeitsgrundsatzes zu orientieren haben. Sie dürfen insbesondere nicht auf sachfremden Erwägungen beruhen, ihnen muss also insbesondere ein im Wesentlichen zutreffender oder zumindest sachgerecht und vertretbar gewürdigten Tatsachenkern zugrunde liegen. Sie müssen außerdem sachlich gehalten sein. Rechtliche Wertungen sind auf ihre Vertretbarkeit zu überprüfen. Sofern Unsicherheiten verbleiben, müssen Marktteilnehmer auf diese verbleibenden Unsicherheiten hingewiesen werden (OVG Münster, Beschl. v. 23.4.2012 – 13 B 127/12, NVwZ 2012, 767 (767) m. w. N.).

Weitergehende Anforderungen gelten allerdings dann, wenn die behördliche Informationsmitteilung geeignet ist, als funktionales Äquivalent für eine förmliche Verbotsverfügung zu wirken, diese also in ihrer Wirkung zu ersetzen. In diesen Fällen beschränkt sich die Prüfung durch das Gericht nicht auf die Vertretbarkeit der rechtlichen Wertung. Vielmehr muss die rechtliche Beurteilung der Behörde in diesen Fällen abschließend zutreffend sein (OVG Münster, Beschl. v. 23.4. 2012 – 13 B 127/12, NVwZ 2012, 767 (768)). Das bedeutet, dass in solchen Fällen eine vollständige Prüfung dahingehend zu erfolgen hat, ob die Behörde für ein hypothetisches Vorgehen gegen den Betroffenen zuständig ist und ob ihre materiell-rechtliche Wertung (hier z.B. die datenschutzrechtliche Unzulässigkeit einer bestimmten Datenverarbeitung) zutrifft.

12. Berufsfreiheit. Die Berufsfreiheit schützt grundsätzlich jede Tätigkeit, die auf Dauer angelegt ist und der Schaffung und Erhaltung einer Lebensgrundlage dient (BVerfG, Urt. v. 28.3.2006 – 1 BvR 1054/01, BVerfGE 115, 276 (300)). Wer also gewerblich mit personenbezogenen Daten umgeht, wird sich für diese Tätigkeit jedenfalls im Grundsatz typischerweise auf den Schutz der Berufsfreiheit berufen können. Allerdings wird teilweise ein Ausschluss für solche Verhaltensweisen diskutiert, die generell verboten sind (z.B. OVG Münster, Beschl. v. 19.11.1985 – 13 B 2140/85, NJW 1986, 2783), dem Menschenbild des Grundgesetzes widersprechen (z.B. Sachs/*Mann*, Grundgesetz, Art. 12 Rn. 54) oder schlechthin sozialschädlich sind (BVerfG, Urt. v. 28.3.2006 – 1 BvR 1054/01, BVerfGE 115, 276 (301)). Letztlich kann dies hier offen bleiben. Man wird den Adresshandel ungeachtet möglicherweise bestehender (einfachgesetzlicher) Bedenken im Einzelfall nicht als generell derart schädlich brandmarken können, dass er aus dem Schutzbereich des Grundgesetzes herausfällt, zumal dies auf eine bedenkliche Einengung des Grundrechtsschutzes schon auf Schutzbereichsebene hinausliefe, die auch ein von der Verfassung ersichtlich nicht gewolltes Unterlaufen der grundgesetzlichen Schrankenregelung zur Folge hätte.

13. Wiederholungsgefahr. Der öffentlich-rechtliche Unterlassungsanspruch setzt grundsätzlich voraus, dass eine Rechtsverletzung unmittelbar droht oder fortdauert. Nach der ständigen Rechtsprechung zumindest der Zivilgerichte indiziert die erstmalige rechtswidrige Äußerung eine Wiederholungsgefahr für die Zukunft, an deren Ausräumung hohe Anforderungen zu stellen sind. Hiernach soll es im Regelfall erforderlich sein, eine strafbewehrte Unterlassungs- und Verpflichtungserklärung abzugeben (statt aller BGH, Urt. v. 8.2.1994 – VI ZR 286/93, NJW 1994, 1281 (1283)). Ob diese Grundsätze im Verwaltungsrecht mit gleicher Strenge anzuwenden sind, erscheint zweifelhaft. In der Praxis der Verwaltungsgerichtsbarkeit ist festzustellen, dass die Anforderungen an eine Widerlegung der Wiederholungsgefahr jedenfalls durch Hoheitsträger eher geringer angesetzt werden. Der BayVGH hat es beispielsweise für ausreichend gehalten, wenn der Beklagte sowohl „gegenüber dem

Kläger als auch gegenüber dem Adressatenkreis der ursprünglichen Äußerung zu erkennen gegeben, dass sie die Beanstandung als berechtigt anerkennt und nicht beabsichtigt, die Äußerung zu wiederholen." (BayVGH, Beschl. v. 25.5.2010 – 7 ZB 09.2655, juris; ähnlich weitgehend auch BayVGH, Beschl. v. 13.6.2013 – 4 CE 13.944, juris). Mit dem BVerwG (Urt. v. 21.5.2008 – 6 C 13/07, ZUM 2010, 74 (76)) ist die erforderliche Wiederholungsgefahr jedenfalls dann gegeben, wenn die fragliche Äußerung noch im Internet abrufbar ist. Das Schleswig-Holsteinische Verwaltungsgericht nimmt in seinem Beschluss vom 5.11.2013 – 8 B 50/13, ZD 2014, 102 m. Anm. *Abel*, an, dass die Wiederholungsgefahr dann fortbesteht, wenn der Antragsgegner an seinen Äußerungen festhält und keine Unterlassungserklärung abgibt. Diese Auffassung hat das OVG Schleswig-Holstein mit Beschluss vom 28.2.2014, 4 MB 82/13, ZD 2014, 536 bestätigt. Nach dessen Auffassung begründet die Weigerung, einer Unterlassungserklärung abzugeben, eine in die Zukunft gerichtete Wiederholungsgefahr.

14. Anordnungsgrund. Der für den Erlass einer einstweiligen Anordnung erforderliche Anordnungsgrund, der ebenfalls glaubhaft zu machen ist (§ 123 Abs. 3 VwGO i. V. m. § 920 Abs. 2 ZPO), ist dann anzunehmen, wenn dem Antragsteller bei Berücksichtigung seiner Interessen sowie dem öffentlichen Interesse bzw. dem Interesse Dritter das Abwarten einer Hauptsacheentscheidung nicht zugemutet werden kann (*Kopp/Schenke*, VwGO, § 123 Rn. 26). Gerade bei geschäftsschädigenden Äußerungen, die fortdauernd über das Internet abrufbar sind, wird man in der Regel davon ausgehen müssen, dass ein Abwarten eines verwaltungsgerichtlichen Hauptsacheverfahrens dem Betroffenen nicht zugemutet werden kann, zumal umgekehrt das öffentliche Interesse an einer dauerhaften Abrufbarkeit datenschutzbehördlicher Pressemitteilungen, anders als beispielsweise im klassischen Fall von Warnungen vor gefährlichen Lebensmitteln oder Produkten, eher gering sein wird. Die Internetpräsenzen von Datenschutzbehörden dürfen nicht zum Pranger für sich vermeintlich datenschutzwidrig verhaltende Unternehmen werden. Zur Beseitigung datenschutzwidriger Zustände sieht das Gesetz ein bestimmtes Instrumentarium vor, dessen Förmlichkeit nicht durch die sog. und in Teilen durchaus zweifelhafte Informationspolitik einiger Behörden unterlaufen werden darf.

Sachverzeichnis

Fette Zahlen bezeichnen die Kapitel, magere Zahlen deren Anmerkungen